Theodor Fontane

Wanderungen durch die Mark Brandenburg

II/III

Das Oderland / Havelland

atb aufbau taschenbuch

THEODOR FONTANE wurde am 30. Dezember 1819 im märkischen Neuruppin geboren. Zwischen 1862 und 1882 erschienen die vier Teile der »Wanderungen durch die Mark Brandenburg«, der Band »Fünf Schlösser« folgte 1889. Weitere Texte, die in den Umkreis der »Wanderungen« gehören, sind unter dem Titel »Das Ländchen Friesack und die Bredows« sowie »Dörfer und Flecken im Lande Ruppin« im Aufbau Verlag veröffentlicht worden. Fontane starb am 20. September 1898 in Berlin.

Das Oderland: Die gute Aufnahme des ersten »Wanderungen«-Bandes ermunterte Autor wie Verleger zur Fortsetzung des Unternehmens. Während Fontane das Material für die Schlusskapitel noch beschaffen und aufbereiten musste, saß er bereits an der Korrektur der schon gesetzten ersten Teile – ein waghalsiges Verfahren. »Das Oderland« erschien 1863. Bei Gelegenheit einer zustimmenden Kritik bekannte Fontane: »Die zwei Bände, die bis jetzt erschienen sind, lassen das, worauf es mir ankommt, erst erraten: die Belebung des Lokalen, die Poetisierung des Geschehenen, so daß (ganz wie es am Rhein, in der Schweiz, in Schottland und an vielen Orten ist) in Zukunft jeder Märker, wenn er einen märkischen Orts- oder Geschlechtsnamen hört, sofort ein bestimmtes Bild mit diesem Namen verknüpft [...].«

Havelland: Unmittelbar nach Abschluss des »Oderland«-Buches begann Fontane mit der Arbeit an einem neuen Band. Zur Vorbereitung seiner Mai-Wanderung – »bevor nicht die Bäume grün sind, verlohnt es sich nicht« – beschäftigte er sich in den Wintermonaten 1863/64 mit den Klöstern Lehnin und Chorin, mit den Zisterziensern in der Mark und der Lehninschen Weissagung und studierte havelländische Familien-Geschichten. Unterbrochen durch zahlreiche andere Arbeiten und durch die Kriegsereignisse 1870, zog sich die Fertigstellung des Dritten Teils bis 1872 hin. Zur Einstimmung in die Lektüre empfahl Fontane das »Marquardt«-Kapitel, »da haben Sie alle Züge des Buches vereinigt: Schloss-, Park- und Landschaftsbeschreibung, Historisches, Anekdotisches, Familienkram und Spukgeschichte. Mehr kann man am Ende nicht verlangen.«

Theodor Fontane

Wanderungen durch die Mark Brandenburg

Zweiter Teil

Das Oderland

Barnim-Lebus

Dritter Teil

Havelland

Die Landschaft um Spandau, Potsdam, Brandenburg

Herausgegeben von
Gotthard Erler und Rudolf Mingau

atb aufbau taschenbuch

Identisch mit der Abteilung »Wanderungen durch die Mark Brandenburg«, Band 2 und 3, der Großen Brandenburger Fontane-Ausgabe (GBA) des Aufbau Verlages

Mit 17 Abbildungen

Fontane, Wanderungen (5 Bände)
ISBN 978-3-7466-2845-5

Bd. 2/Teil II/III (Oderland / Havelland)
ISBN 978-3-7466-2847-9

Aufbau Taschenbuch ist eine Marke der Aufbau Verlag GmbH & Co. KG

1. Auflage 2012

Diese Ausgabe erschien 1997 innerhalb der Großen Brandenburger Fontane-Ausgabe (GBA) bei Aufbau; Aufbau ist eine Marke der Aufbau Verlag GmbH & Co. KG
Umschlaggestaltung Torsten Lemme
unter Verwendung eines Fotos von Beate Schubert
Satz LVD GmbH, Berlin
Druck und Binden CPI – Clausen & Bosse, Leck
Printed in Germany

www.aufbau-verlag.de

THEODOR FONTANE

WANDERUNGEN DURCH DIE MARK BRANDENBURG

DAS ODERLAND

VORWORT
ZUR DRITTEN AUFLAGE

Die neue (dritte) Auflage von »Oderland« hat mir erwünschte Gelegenheit geboten, auch diesem Bande, wie Band I, eine seinem Titel in größerer Genauigkeit entsprechende Gestalt zu geben. Es wurden alle Kapitel – bis auf eines: »Schloß Kossenblatt«* –, die sich aus benachbarten Landesteilen hier eingedrängt hatten, ausgeschieden und durch andre, die dem Oderlande beziehungsweise dem Lande Barnim-Lebus ihrem Stoffe nach angehören, ersetzt. Es sind dies namentlich die Kapitel: »Gusow«, »Küstrin«, »Prenden«.

Und auch diesmal wieder hat diese strenger durchgeführte lokale Begrenzung einige Vorteile mit sich gebracht oder wenigstens nicht ausgeschlossen, und wie Band I es mir gestattete, die Tage des großen Königs in einer gewissen, wenn auch selbstverständlich, der ganzen Anlage des Werkes nach, vielfach eingeschränkten und lückenhaften Ausführlichkeit zu schildern, so hat Band II es mir ermöglicht, die Tage des Großen Kurfürsten in einer ähnlich bedingten Vollständigkeit zu geben. In »Prenden«, »Friedersdorf«, »Gusow«, »Tamsel«, »Möglin« und »Prädikow« steckten, lokaliter eingekapselt, die Lebensgeschichten der Sparrs, Görtzkes, Derfflingers, Schönings und Barfus', und in diesen Lebensgeschichten wiederum lebte die Geschichte der ganzen Zeit.

Auch in Zukunft werd ich ähnliche Zusammenfassungen, die Darstellung ganzer Epochen innerhalb eines engen Rahmens, als wünschenswertes Ziel im Auge behalten.

Für heute beschränk ich mich auf den Wunsch, diesem zweiten Bande der »Wanderungen« auch in seiner neuen Gestalt die Zustimmung alter Freunde gewahrt zu sehen.

Berlin, 18. Oktober 1879

Th. F.

* Schloß Kossenblatt, wiewohl *örtlich* einem andern Landesteile (Beeskow-Storkow) zugehörig, mußte hier *inhaltlich*, um der Biographie des Feldmarschalls von Barfus einen Abschluß zu geben, mit aufgenommen werden.

DAS ODERBRUCH
UND SEINE UMGEBUNGEN

VON FRANKFURT BIS SCHWEDT

Saßen all auf dem Verdecke,
Glocken klangen, alte Zeit,
Und der Himmel wurde blauer,
Und die Seele wurde weit.

Zwischen Frankfurt und Stettin ist während der Sommermonate ein ziemlich reger *Dampfschiff*verkehr. Schleppschiffe und Passagierboote gehen auf und ab, und die Rauchsäulen der Schlote ziehen ihren Schattenstrich über die Segel der Oderkähne hin, die oft in ganzen Geschwadern diese Fahrt machen.

Von besonderer Wichtigkeit sind die Schleppdampfer. Handelt es sich darum, eine wertvolle Ladung in kürzester Frist stromauf zu schaffen, so wird ein Schleppschiff als Vorspann genommen, und in vierundzwanzig Stunden ist erreicht, was sonst vielleicht vierzehn Tage gedauert hätte. Ihre eigentlichen Triumphe aber feiern diese Schleppschiffe, wenn sie, wie von ohngefähr, plötzlich inmitten einer kritisch gewordenen Situation erscheinen und durch ihre bloße Erscheinung die Herzen der geängstigten Schiffer wieder mit Hoffnung erfüllen. Sie sind dann, was der Führer für den Verirrten, was der Zuzug für die Geschlagenen ist, und beherrschen natürlich die Situation. Diese Situation ist fast immer dieselbe: entweder hat der Rettung erwartende Kahn sich festgefahren und müht umsonst sich ab, wieder flott zu werden, oder aber, er ist in ein mit Flößen verfahrenes Défilé geraten, so daß jeden Augenblick ein Zusammenstoß zu gewärtigen steht. Im ersteren Falle handelt es sich um *Kraft*, im anderen Falle um *Geschick* und *Schnelligkeit*, um das Bedenkliche der Lage zu überwinden, und der Schleppdampfer ist in der glücklichen Verfassung, beides, je nach Bedürfnis, bieten zu können. Aber freilich – gegen Zahlung. Nun beginnen die tragikomischsten Unterhaltungen, die man sich denken kann. Sie werden vom Kajütendach des Oderkahns einerseits, andererseits vom Radkasten des Dampfers aus geführt. Der geängstigte Schiffer hebt zunächst einfach seine Hand in die Höh, alle fünf Finger deutungsreich ausspreizend. Der Mann auf dem Radkasten schlägt eine verächtliche Lache auf und donnert seinen Befehl zu größerer Eile in den Maschinenraum hinunter, bis das bittende »Hallo« des Schiffers ihn wieder zu einem »stop« bestimmt. Der Schiffer hebt jetzt seine Hand mit den gespreizten Fingern *zweimal* in die Luft. Dasselbe Lachen als Antwort. So geht es weiter, bis der Kahnführer, der, namentlich wenn er zwischen Holzflößen steckt, seinen Ruin vor Augen sieht, die Summe bewilligt, die der Kapitän des Dampfers zu fordern für gut befindet. Diese Forderungen wechseln, da der letztere, mit scharfem Auge, je nach dem Grad der Gefahr, auch die Taxe bestimmt. Es kommt vor, daß der geängstigte Schiffer seine fünf Finger *zehnmal* erheben, das heißt also, seine Befreiung aus dem verfahrenen Défilé mit fünfzig Talern preußisch bezahlen muß.

Die Schleppdampfer, wie hieraus genugsam erhellen wird, spielen also auf der Oderstrecke, die sie befahren, die Doppelrolle des *Retters* und des *Tyrannen,* und im Einklang mit dieser Doppelrolle ist auch die Empfindung, mit der sie seitens der Schiffer betrachtet werden. Man liebt sie oder haßt sie. Alles, je nachdem die Gefahr im Anzuge oder glücklich überwunden ist. Die am Horizont heraufdämmernde oder wieder verschwindende Dampfsäule wird erst als Hoffnungsbanner begrüßt, dann als abziehende Piratenflagge verwünscht. Dazwischen liegt die Rettung. Nichts ist kürzer als Dank. Die Kapitäne wissen das; aber als praktische Männer kennen sie keine Empfindelei und halten sich schadlos beim nächsten Fall. Sie haben zudem die ruhige Überlegenheit der herrschenden Kaste.

Die *Schiffer* blicken, wie wir gesehen haben, mit *geteilter* Empfindung auf den Schleppdampfer – nicht so die Floßführer. Diese geben sich ungeschwächt einer einzigen Empfindung, und zwar ihrem polnischen oder böhmisch-oberschlesischen Hasse, hin. Sie können es wagen. Das Floß, das an manchen Stellen die halbe Breite der Oder deckt, kann wohl den Schleppschiffen, aber das Schleppschiff kann nie und nimmer dem Floße gefährlich werden. Wenigstens nicht ernstlich. Es liegt also kein Grund vor, weshalb sie mit ihrer

Abneigung hinter dem Berge halten sollten. Und zu dieser Abneigung ermangelt es nicht an triftigsten Gründen. Die Schleppdampfer nämlich, weil sie den Flößen in Wahrheit weder nützen noch schaden können, begnügen sich damit, die reizbare slawische Natur zu nergeln und zu ärgern. Wie Reiter, die lustig durch einen Tümpel jagen, alles, was in der Nähe ist, nach rechts und links hin mit Wasser und Schlamm bespritzen, so jagen hier die Dampfer an dem schwerfällig zur Seite liegenden Floß vorüber und unterhalten sich damit, das Floß unter Wasser zu setzen. Die zur Seite gedrückte Welle eilt, immer höher werdend, auf das Floß zu; jetzt trifft sie den ersten Balken und spritzt hoch auf. Aber nicht genug damit; die Hälfte der Welle gleitet unter dem Floß hin fort, und überall da, wo eine Lücke sich bietet, nach oben tretend, setzt sie, an sechs, acht Stellen zugleich, das Floß unter Wasser. Nun sollte man glauben, die Flößer müßten gleichgültig sein gegen ein solches Fußbad; aber als wär es Feuer, sieht man jetzt die Besatzung des Floßes auf den Bäumen und Querbalken hin und her springen, als gält es, vor ihrem bittersten Feinde zu fliehen. Diese Zickzacksprünge nehmen sich ebenso komisch wie malerisch aus. Mit vielem Geschick wissen sie immer eine Stelle zu treffen, wo ein Querbalken, ein Holzblock oder am liebsten einer jener Erd- und Rasenhügel sich vorfindet, deren viele sich nicht nur über das Floß hin ausbreiten, sondern auch einen wesentlichen Teil der häuslichen Einrichtung desselben bilden. Bei dieser häuslichen oder wirtschaftlichen Einrichtung des Floßes hab ich noch einen Augenblick zu verweilen.

Die Gesamtökonomie eines solchen Floßes besteht aus zwei gleich wichtigen Teilen, aus einem Kochplatz und einem Aufbewahrungsplatz, oder aus *Küche* und *Kammer*. Beide sind von gleich einfacher Konstruktion. Der Kochplatz, der Herd, besteht aus dem einen oder andern jener eben erwähnten Erdhügel, das heißt aus ein paar Dutzend Rasenstücken, die morgens am Ufer frisch abgestochen und wie Mauersteine neben- und aufeinandergelegt wurden. An jedem Morgen entsteht ein neuer Herd. Den alten Herdstellen aber gönnt man ihren alten Platz und benutzt sie entweder als Inseln, wenn die Wellen kommen, oder nimmt sie auch wohl, nach einigen Tagen, als Herdstelle wieder auf. Auf diesem improvisierten Herde wird nun gekocht, was sich malerisch genug ausnimmt, besonders um die Abendstunde, wenn die Feuer wie Irrlichter auf dem Wasser zu tanzen scheinen. Ebenso wichtig wie der Kochplatz ist der Aufbewahrungsplatz. Seine Konstruktion ist von noch größerer Einfachheit und besteht aus einem halbausgebreiteten Bündel Heu. Auf dieser Heuschicht liegen die Röcke, Jacken, Stiefel der Floßleute, und ausgerüstet mit diesen primitivsten Formen einer Küche und Kammer, machen die Flößer ihre oft wochenlange Reise.

Nach dieser Beschreibung wird es jedem klar sein, was eine solche Dampfschiffsneckerei für die Floßleute zu bedeuten hat. Jede aus den Lücken des Floßes hervorbrodelnde Welle spült nicht bloß über die Füße der Betroffenen hin, sondern schädigt sie auch wirklich an ihrem Hab und Gut, als handele es sich um eine Überschwemmung im kleinen. Hier fährt das Wasser zischend in das Herdfeuer und löscht es aus, dort hebt es das Heubündel mitsamt seinen Garderobestücken von unten her in die Höhe und tränkt es entweder mit Wasser oder schwemmt es gar hinweg. Das weckt dann freilich Stimmungen, die der Vorstellung von einer wachsenden »Fraternität« des Menschengeschlechts völlig hohnsprechen und zu Unterhaltungen führen, von denen es das beste ist, daß sie im Winde verklingen.

Soviel von den Schleppschiffen. Von geringerer Bedeutung sind die Passagierboote, die übrigens, wie sich von selbst versteht, gelegentlich die Rolle tauschen und auch ihrerseits als »Retter« und »Tyrannen« ganz in der oben geschilderten Weise debütieren.

Die Passagierboote gehen von Frankfurt aus zweimal wöchentlich, Mittwoch und Sonnabend, und machen die Fahrt nach Küstrin in zwei, nach Schwedt in acht, nach Stettin in zehn Stunden. Die Benutzung erfolgt mehr stationsweise und auf kleineren Strecken als für die ganze Tour. Schon deshalb, weil die Eisenbahnverbindung die Reisenden eher und sicherer ans Ziel führt. *Eher* unter allen Umständen, und zwar um so mehr, als es bei niedrigem Wasserstande vorkommt, daß die Fahrt auf Stunden unterbrochen oder gar wohl ganz eingestellt werden muß. Die Regulierung des Oderbetts, ein in den Zeitungen stehend gewordener Artikel, würde diesem Übelstande vielleicht abhelfen und eine Konkurrenz der Dampfschiffe mit der Eisenbahn möglich machen. Damit hat es aber noch gute Wege; Flußregulierungen sind nicht unsre starke Seite, und so werden sich die beiden Passagierboote, die jetzt das Bedürfnis decken, noch längere Zeit mit *dem* Publikum behelfen müssen, das jetzt zu ihnen hält. Dies Publikum, wenn auch nicht zahlreich, ist immerhin mannigfach genug. Tagelöhner, die auf die Güter, Handwerker, die zu Markte ziehen, dazu Kaufleute und Gutsbesitzer, auch gelegentlich Badereisende, besonders solche, die in den schlesischen Bädern waren. Nur *eine* Klasse fehlt, der man sonst wohl auf den Flußdampfern unserer Heimat, besonders im Westen und Süden, zu begegnen pflegt: der *Tourist vom Fach,* der eigentliche Reisende, der keinen andern Zweck verfolgt, als Land und Leute kennenzulernen.

Dieser »Eigentliche« fehlt noch, aber er wird nicht immer fehlen; denn ohne das unfruchtbare und mißliche Gebiet der Vergleiche betreten zu wollen, so sei doch das eine hier versichert, daß an den Ufern der Oder hin allerlei Städte und reiche Dörfer liegen, die wohl zum Besuche einladen können, und daß, wenn Sage und Legende auch schweigen, die Geschichte um so lauter und vernehmbarer an dieser Stelle spricht.

Sehen wir selbst.

Es ist Sonnabend um fünf Uhr morgens. An dem breiten Quai der alten Stadt Frankfurt, hohe Häuser und Kirchen zur Seite – das Ganze mehr oder weniger an den Kölner Quai zwischen der Schiffbrücke und der Eisenbahnbrücke erinnernd –, liegt der Dampfer und hustet und prustet. Es ist höchste Zeit. Kaum daß wir an Bord, so wird auch das Brett schon eingezogen, und der Dampfer, ohne viel Kommando und Schiffshallo, löst sich leicht vom Ufer ab und schaufelt stromabwärts. Zur Linken verschwindet die Stadt im Morgennebel; nach rechts hin, zwischen Pappeln und Weiden hindurch, blicken wir in jenes Hügelterrain hinein, dessen Name historischen Klang hat trotz einem – Kunersdorf. Wir werden noch oft, während unserer Fahrt, an dieses Terrain und diesen Namen erinnert werden.

Der Morgen ist frisch; der Wind, ein leiser, aber scharfer Nordost, kommt uns entgegen, und wir suchen den Platz am

Schornstein auf, der Wärme gewährt und zugleich Deckung gegen den Wind. Es ist nicht leicht mehr, ein gutes Unterkommen zu finden, denn bereits vor uns hat ein Gipsfigurenhändler, mit seinem Brett voll Puppen, an ebendieser Stelle Platz genommen. Er ist aber umgänglich, rückt sein Brett beiseite und wartet auf Unterhaltung. Das Puppenbrett bietet den besten Anknüpfungspunkt. König und Königin; Amor und Psyche; Goethe, Schiller, Lessing; drei »betende Knaben« und zwei Windhunde, außerdem, alle andern überragend, eine Aurora und eine Flora bilden die Besatzung des Brettes. Der Aurora sind ihre beiden Flügel, der Flora das Bouquet genommen; beides, Bouquet und Flügel, liegen, wie abgelegter Schmuck, zu Füßen der Figuren.

»Was geht denn so am besten?« eröffne ich die Konversation.

»Ja, das ist schwer zu sagen, mein Herr«, erwidert der Figurenmann (der sich durch das hierlands selten gebrauchte »mein Herr« sofort als ein Mann von gewissen »Allüren« einführt), »es richtet sich nach der Gegend.«

»Ich dachte, König und Königin.«

»Versteht sich, versteht sich«, unterbricht er mich lebhaft, als sei er mißverstanden, »königliches Haus und Goethe-Schiller immer voran. Selbstverständlich.«

»Aber außerdem?«

»Ja, das war es eben, mein Herr. Hier herüber« – und dabei deutete er, nach rechts hin, in die Sandgegenden der Neumark hinein –, »hier herüber verkauf ich wenig oder nichts, nur dann und wann einen ›betenden Knaben‹. Ich könnte von meinem Standpunkt aus sagen« – und dabei überflog ein feines Lächeln sein Gesicht –, »wo der gute Boden aufhört, da fängt der ›betende Knabe‹ an.«

»Nun, da gehen *diese* wohl ins Bruch«, erwiderte ich lachend, indem ich auf Flora und Aurora zeigte.

»Aurora und Flora gehen ins Bruch«, wiederholte er mit humoristischer Würde. »Auch *Amor* und Psyche.«

Ich nickte verständnisvoll.

Wir standen nun auf und traten an die Schiffswandung. Er sah, daß ich einen Blick in die Landschaft tun wollte, und wartete, bis ich die Unterhaltung wieder aufnehmen würde.

Das linke Oderufer ist hüglig und malerisch, das rechte

flach und reizlos. Der eigentliche Uferrand ist aber auch hier steil und abschüssig und die Wandung mit Weidengebüsch besetzt. Inmitten des gelblichen, um die Sommerzeit ziemlich wasserarmen Stromes schwimmen Inseln, und die Passage erweist sich, selbst bei genauer Kenntnis des Fahrwassers, als sehr schwierig. Vorn am Bugspriet stehen zwei Schiffsknechte mit langen Stangen und nehmen beständig Messungen vor, die um so unerläßlicher sind, als die Sandbänke ihre Stelle wechseln und heute hier und morgen dort sich finden.

Fluß, Ufer, Fahrt, alles hat den norddeutschen Charakter. Inzwischen ist es heller geworden, die Nebel haben der Sonne Platz gemacht, und mit dem Sonnenschein zugleich dringen, von rechts her, Glockenklänge zu uns herüber. Dorf und Kirche aber sind nicht sichtbar. Ich horche eine Weile; dann wend ich mich zu meinem Nachbar und frage: »Wo klingt das her?«

»Das ist die Siebenzentnerige von Groß-Rade – mein besonderer Liebling.«

»Was tausend«, fahr ich fort, »kennen Sie die Glocken hier herum so genau?«

»Ja, mein Herr, ich kenne sie alle. Viele davon sind meine eigenen Kinder, und hat man selber erst Kinder, so kümmert man sich auch um die Kinder anderer Leute.«

»Wie das? Haben Sie denn die Glocken gegossen? Sind Sie Gürtler oder Glockengießer? Oder sind Sie's gewesen?«

»Ach, mein Herr, ich bin sehr vieles gewesen: Tischler, Korbmacher, dazwischen Soldat, dann Former, dann Glokkengießer; nun gieß ich Gips. Es hat mir alles nicht recht gefallen, aber das *Glockengießen* ist schön.«

»Da wundert's mich doppelt, daß Sie vom Erz auf den Gips gekommen sind.«

»Mich wundert es nicht, aber es tut mir leid. Wenn der ›Zink‹ nicht wäre, so göß ich noch Glocken bis diesen Tag.«

»Wieso?«

»Seit der Zink da ist, ist es mit dem reellen Glockenguß vorbei. In alten Zeiten hieß es ›Kupfer und Zinn‹, und waren's die rechten Leute, gab's auch wohl ein Stück Silber mit hinein. Damit ist's vorbei. Jetzt wird abgezwackt; von Silber ist keine Rede mehr; wer's billig macht, der hat's. Der Zink regiert die Welt und die Glocken dazu. Aber dafür klappern sie auch wie die Bunzlauer Töpfe. Ich kam bald zu kurz; die Elle wurde länger als der Kram; wer noch für Zinn ist, der kann nicht bestehen, denn Zinn ist teuer, und Zink ist billig.«

»Wieviel Glocken haben Sie wohl gegossen?«

»Nicht viele, aber doch sieben oder acht; die Groß-Radener ist meine beste.«

»Und alle für die Gegend hier?«

»Alle hier herum. Und wenn ich mir mal einen Feierabend machen will, da nehm ich ein Boot und rudere stromab, bis über Lebus hinaus. Wenn dann die Sonne untergeht und rechts und links die Glocken den Abend einläuten und *meine Glocken dazwischen*, dann vergeß ich vieles, was mir im Leben schiefgegangen ist, und vergeß auch den ›Turban‹ da.« – Dabei zeigte er auf die runde, kissenartige Mütze, die die Gipsfigurenhändler zu tragen pflegen und die jetzt, in Ermangelung eines anderen Platzes, der Goethe-Schiller-Statue über die Köpfe gestülpt war.

So plaudernd, waren wir, eine Viertelstunde später, bis Lebus gekommen. Der Gipsfigurenmann verabschiedete sich hier, und während das Boot anlegte, hatt ich Gelegenheit, die »alte Bischofsstadt« zu betrachten.

Freilich erinnert hier nichts mehr an die Tage früheren Glanzes und Ruhmes. Die alte Kathedrale, das noch ältere Schloß, sie sind hin, und eines Lächelns kann man sich nicht erwehren, wenn man in alten Chroniken liest, daß um den Besitz von Lebus heiße Schlachten geschlagen wurden, daß hier die slawische und die germanische Welt, Polenkönige und thüringische Herzöge, in heißen Kämpfen zusammenstießen und daß der Schlachtruf mehr als einmal lautete: »Lebus oder der Tod«. Unter allen aber, denen dieser Schlachtruf jetzt ein Lächeln abnötigt, stehen wohl die Lebuser selbst obenan. Ihr Stadtsiegel ist ein »Wolf mit einem Lamm im Rachen«; die neue Zeit ist der Wolf, und Lebus selbst ist das Lamm. Mitleidslos wird es verschlungen.

Lebus, die Kathedralenstadt, ist hin, aber Lebus, das vor dreihundert Jahren einen *fleißigen Weinbau* trieb, *das* Lebus existiert noch. Wenigstens landschaftlich. Nicht daß es noch

Wein an seinen Berglehnen zöge, nur eben der malerische Charakter eines Winzerstädtchens ist ihm erhalten geblieben.

Die Stadt, so klein sie ist, zerfällt in eine Ober- und Unterstadt. Jene streckt sich, so scheint es, am First des Berges hin, diese zieht sich am Ufer. entlang und folgt den Windungen von Fluß und Hügel. Zwischen beiden, am Abhang, und, wie es heißt, an selber Stelle, wo einst die alte Kathedrale stand, erhebt sich jetzt die Lebuser Kirche, ein Bau aus neuer Zeit. Die »Unterstadt« hat Höfe und Treppen, die an das Wasser führen; die »Oberstadt« hat Zickzackwege und Schluchtenstraßen, die den Abhang bis an die Unterstadt herniedersteigen. Auf diesen Wegen und Straßen bewegt sich ein Teil des städtischen Lebens und Verkehrs. Gänse und Ziegen weiden dort unter Gras und Gestrüpp; Frauengestalten, zum Teil in die malerische Tracht des Oderbruchs gekleidet, schreiten bergab; den Zickzackweg hinauf aber steigt eben unser Freund, der Gipsfigurenmann, und seine »Aurora« schimmert im Morgenstrahl.

Nun aber Kommandowort vom Radkasten aus, und unser Dampfer schaufelt weiter.

Lebus liegt zurück, und wir treten jetzt, auf etwa eine Meile hin, in jenes Terrain ein, wo Stadt und Dorf, zu beiden Seiten des Flusses, an die Tage mahnen, die jenem Kunersdorfer 12. August *vorausgingen* und ihm *folgten.* Es sind drei Namen vorzugsweise, denen wir hier begegnen: Reitwein, Göritz und Ötscher, alle drei mit der Geschichte jener Tage verwoben.

In Reitwein erschien am 10. August die Avantgarde des Königs, um eine Schiffbrücke vom linken aufs rechte Oderufer zu schlagen. Man wählte dazu die Schmälung des Flusses, wo die alte Stadt Göritz, malerisch am Hügelabhang, dem Dorfe Reitwein gegenüberliegt. Am 10. abends erschien der König selbst und führte seine Bataillone (sechzig an der Zahl) ans andre Ufer; die Kavallerie ging durch eine Furt. In Göritz aber blieb General Flemming mit sieben Bataillons zur Deckung der Schiffbrücke zurück. Zwei Tage später, am Abend des 12., befanden sich die Trümmer der geschlagenen Armee an derselben Furt, an derselben Schiffbrücke. Aber das Spiel war vertauscht; statt von links nach rechts, ging es jetzt von rechts nach links. Die Brücke, die am Abend des 10. von Reitwein nach Göritz *vorwärts* geführt hatte, führte jetzt, am Abend des 12., von Göritz nach Reitwein *zurück*

Der König verbrachte die Nacht, eine Viertelmeile südlich von der Schiffbrücke, im Dorfe Ötscher; er schlief auf Stroh in einer verödeten Bauernhütte. Auf dem Rücken Rittmeisters von Prittwitz, der ihn gerettet, schrieb er mit Bleistift die Worte an den Minister Finckenstein: »Alles ist verloren, retten Sie die königliche Familie; Adieu für immer.« Anderntags nahm er Quartier in Reitwein, damals noch den Burgsdorfs gehörig. Hier war es, wo er die berühmte, an den General Finck gerichtete Instruktion aufsetzte, in der er den Prinzen Heinrich zum Generalissimus ernannte und den Willen aussprach, daß die Armee seinem Neffen schwören sollte.

An *diesen* Plätzen führt uns jetzt unsere Fahrt vorüber. Ötscher, wiewohl nah gelegen, verbirgt sich hinter Hügeln, desto malerischer treten Reitwein und Göritz hervor. Schöner freilich muß der Anblick dieses Bildes gewesen sein, als die alte Göritzer Kirche, ein berühmter Wallfahrtsort, auf der *Höhe* des *Hügels* lag und sich mit der Kirche von Reitwein drüben begrüßte. Aber Göritz und seine Kirche sind in jedem Sinne von ihrer Höhe herabgestiegen. Keine Wallfahrer kommen mehr, und als sei es nicht länger mehr nötig, das berühmte Wallfahrtshaus, die Kirche, schon von weither sichtbar zu machen, hat man die neue Kirche (nachdem die alte, kurz vor der Zorndorfer Schlacht, von den Russen zerstört worden war) in der Tiefe wieder aufgebaut.

Die Göritzer Kirche hat uns zu guter Zeit an die Russen und die Zorndorfer Schlacht gemahnt; denn wir verlassen eben das Kunersdorfer Terrain, um in das von Zorndorf einzutreten.

Was wir zunächst erblicken, ist Küstrin, turmlos, grau, in dünne Nebel gehüllt, die alte neumärkische Hauptstadt, um deren Rettung es sich handelte, als am 21. August 1758 der König von Schlesien her am linken Oderufer erschien. Alle Namen zu beiden Seiten des Flusses erinnern auch hier an Tage bitterer Bedrängnis und schwer erkauften Siegs.

Zuerst Gorgast am linken Oderufer. In Gorgast war es, wo der König seine chiffonniert aussehenden Truppen mit den glatt und wohlgenährt dastehenden Regimentern Dohnas vereinigte und sein Mißfallen in die Worte kleidete: »Meine sehen aus wie Grasteufel, aber sie beißen.«

Weiter flußabwärts die Fähre von Güstebiese. Ein wenig poetischer Name, aber doch voll guten Klangs. Hier setzte der König seine Regimenter über, als er von Küstrin aus jenen glänzenden Bogenmarsch ausführte, der ihn, genau da, wo der Gegner einen Frontangriff erwartete, plötzlich in den *Rücken* desselben führte.

Rechts hin, fast am Ufer des Flusses entlang, dehnt sich die Drewitzer Heide – ein grüner Schirm, der das eigentliche Schlachtfeld dem Auge des Vorüberfahrenden entzieht. Dahinter liegen die Dörfer und Stätten, deren Namen mit der Geschichte jenes blutigen Tages verwoben sind: die Neudammsche Mühle, der Zaber- und Galgengrund, endlich Zorndorf selbst.

Wir haben Küstrin passiert – ein scheuer Blick nur traf jenen halb verbauten Wallgang zwischen Bastion König und Bastion Brandenburg, wo am 6. November 1730 Kattes Haupt in den Sand rollte –; auch das Schlachtfeld liegt bereits hinter uns, das achtundzwanzig Jahre später diesen Terrainabschnitt zu historischem Ansehen erhob, und wir fahren nun, als hätten sich die Flußufer vorgesetzt, durch Kontraste zu wirken, in jene friedlich-fruchtbaren Gegenden ein, die, vor 100 oder 150 Jahren noch ein ödes, wertloses Sumpfland, seitdem so vielfach und mit so vielem Recht die Kornkammern unseres Landes genannt worden sind. Das *Oderbruch* dehnt sich auf Meilen hin zu unserer Linken aus.

Der Anblick, den es, im Vorüberfahren, vom Fluß aus gewährt, ist weder schön und malerisch, noch verrät er eine besondere Fruchtbarkeit; gegenteils, das Vorland, das sich dem Auge bietet, macht kaum den Eindruck eines gehegten Stück Wiesenlands, während die Raps- und Gerstenfelder, die sich golden dahinter ausdehnen, dem Auge durch endlose Damm- und Deichwindungen entzogen werden. Durch Damm und Deiche, die freilich, indem sie die Niederung gegen ihre früheren Überschwemmungen schützten, erst den

Reichtum schufen, der sich jetzt hinter diesen Linien verbirgt.

Der Reichtum dieser Gegenden offenbart sich uns nicht in seinen goldenen Feldern, aber wir erkennen ihn doch an seinen ersten und natürlichsten Folgen – an den Dörfern, die er geschaffen. Da gibt es kein Strohdach mehr, der rote Ziegel lacht überall aus dem Grün der Wiesen hervor, und statt der dürftig hölzernen Kirchtürme des vorigen Jahrhunderts, die kümmerlich wie ein Schilderhaus auf dem Kirchendach zu sitzen pflegten, wachsen jetzt in solidem Backsteinbau – die Campanellen Italiens oft nicht unglücklich kopierend – die Kirchtürme in die Luft. An diesem Reichtume nehmen die Dörfer des andern (rechten) Oderufers teil, und ansteigend an der Hügelkette gelegen, die sich eine Meile unterhalb Küstrin am rechten Oderufer hinzuziehen beginnt, gesellen sich Schönheit und malerische Lage, viel mehr, als man in diesen Gegenden erwartet, zu dem Eindruck des Reichtums und beinahe holländischer Sauberkeit.

Nun sind wir über Amt Kienitz (ein altes Dorf, vor zwei Jahrhunderten dem General Görtzke, dem »Paladin des Großen Kurfürsten«, gehörig) und nun über Kloster Zellin hinaus; der Fluß wird schmäler, aber tiefer, und das Landschaftsbild verändert sich. Der Barnim liegt hinter uns, und wir fahren in die Uckermark hinein, wo sich uns Uferlandschaften erschließen, sehr ähnlich denen, wie sie die Stettiner Umgegend dem Auge bietet. Andere Namen, in nichts mehr an die triviale Komik von »Güstebiese« oder »Lietzegöricke« erinnernd, tauchen auf – Namen voll poetischem Klang und Schimmer: Hohensaaten, Raduhn und Hohen-Kränig.

Der Fluß, bis dahin im wesentlichen in *einem* Bette fließend, fängt an, ein Netz von Kanälen durch die Landschaft zu ziehen; hierhin, dorthin windet sich der Dampfer, aber eh es uns noch gelungen ist, uns in dem malerischen Wirrsal zurechtzufinden, tauchen plötzlich weiße Giebelwände, von Türmen und hohen Linden überragt, aus dem Landschaftsbilde auf. Noch eine Biegung, und das übliche Hoi-ho, das immer laut wird, wenn das Schiff sich einer Landungsstelle nähert, läßt sich aufs neue vernehmen. Eine alte Holzbrücke, mit Hunderten von Menschen besetzt, sperrt uns den Weg; ein Fangseil fliegt über unsere Köpfe weg, dem Brückengeländer zu; der Dampfer legt an. Ein Drängen, ein Grüßen, dazwischen das Läuten der Glocke. Vom linken Ufer her aber wirft ein weitläuftiger Bau, in Bäumen und Laubgängen halb versteckt, sein Spiegelbild in den Fluß. Es ist das alte Markgrafenschloß. Wir sind in Schwedt.

DAS ODERBRUCH

1. Wie es in alten Zeiten war

Wasser, Wasser überall,
Die Tiefe selbst verfaulte,
Schlammtiere krabbeln zahllos rings
Auf schlammiger Moderflut.

Freiligrath,
nach Samuel Taylor Coleridge

Am Westufer der Oder, nach rechts hin vom Flusse selber begrenzt, nach links hin von den Abhängen des Barnim-Plateaus wie von einem gebogenen Arm umfaßt, liegt das *Oderbruch.* Es ist eine sieben Meilen lange und etwa zwei Meilen breite Niederung, die, ihrem Hauptbestandteile nach, in ein *hohes* und *niederes* Bruch, das Oberbruch und das Niederbruch, zerfällt. An diese beiden schließt sich noch, nach Norden hin, also flußabwärts, das *Mittelbruch.* Diese Bezeichnung ist schlecht gewählt und wird die Ursache beständiger Verwechselungen. Als »Mittelbruch« vermutet man es im Zentrum, *zwischen* dem Ober- und Niederbruch gelegen, während es doch, umgekehrt, am *äußersten Flügel* des Bruches liegt. Seinen Namen, der besser einem andern Platz machte, hat es wahrscheinlich daher, weil es *inmitten* zweier Oderarme sich ausbreitet. Neueren Arbeiten, namentlich einem vorzüglichen Aufsatze des Geheimen Rat Wehrmann, »Die Eindeichung des Oderbruches«, entnehme ich, daß man angefangen hat, diese schlechte Bezeichnung »Mittelbruch« in amtlichen Erlassen wenigstens ganz fallenzulassen. Man spricht nur noch von einem *Ober-* und *Niederbruch,* und so ist es in der Ordnung.

Das Bruch ist ein Bauernland, eine Art Dithmarschen*; aber

* Die Bewohner des Oderbruchs sind auch an Kraft und Mut – manches andere fehlt freilich noch – den Dithmarschen verwandt. Mit dem Bewußtsein hiervon geht wie gewöhnlich viel Übermut Hand in Hand, und die Brücher, zumal auf den Kantonversammlungen, lieben es, die »hungrigen Kerle von der Höhe« zu tyrannisieren. Einer (ein Angermünder Postillon), der mir davon erzählte und seinerseits unter dieser Tyrannei gelitten haben mochte, fügte hinzu: »Es wäre mitunter nicht auszuhalten, wenn nicht die *Uckermärker* wären. Die aber brächten alles wieder *zurechte.*«

adlige Güter blicken rundum, wie von hoher Warte, in das schöne, fruchtbare Bruchland hinein. Eine ganze Anzahl dieser auf der Höhe gelegenen altadligen Güter werden wir noch in ausführlicheren Schilderungen kennenlernen; nur ihre Namen sowie die Namen der alten, zum Teil ausgestorbenen Familien, die ihnen im Laufe der Jahrhunderte zu Ruhm und Ansehn verhalfen, mögen schon hier eine Stelle finden. Auch einem neuen Namen werden wir begegnen: Albrecht Thaer. Es wird dem Leser, mit bloßer Hülfe dieser Aufzählung, der Reichtum historischen Lebens entgegentreten, der sich hier, unmittelbar am Rande des Bruchs, auf dem Raum weniger Meilen zusammenfindet. Ich folge der Linie von Nord nach Süd.

Hohenfinow: Sparr, Schlick*, Vernezobre.
Cöthen und Falkenberg: von Jena.
Freienwalde: Uchtenhagen.
Ranft: von Marschall.
Möglin: Albrecht Thaer.
Batzlow: Barfus.
Ihlow: Ihlow oder Illo.**

Ringenwalde: Bredow.
Kunersdorf und Friedland: Lestwitz und Itzenplitz.
Buckow: von Pfuel, von Flemming.
Quilitz: Prittwitz, Hardenberg.

* Hieronymus Schlick, Minister des Kurfürsten Joachim Friedrich, war ein Ururenkel des berühmten Kaiserlichen Kanzlers Caspar Schlick. Er trat wahrscheinlich schon vor 1598 in brandenburgischen Dienst. Gleich nach dem Tode des Kurfürsten verschwindet er wieder vom Schauplatz. Er scheint ohne Nachkommenschaft um 1610 gestorben zu sein, nachdem er sein märkisches Gut Hohenfinow verkauft hatte, und zwar an Matthias Thurn, den bekannten Führer des Böhmischen Aufstandes von 1618.

** Der aus Schillers »Wallenstein« männiglich bekannte Feldmarschall Illo schrieb sich eigentlich Ilow oder Ylow, auch Ihlow (alle drei Schreibarten, und noch einige andre, kommen vor), und war keineswegs aus Böhmen oder Kroatien, sondern aus dem sternbergischen Kreise in der Neumark gebürtig. Dorf Ihlow im Oberbarnim aber ist mutmaßlich das Stammgut der Familie. Noch jetzt ist das Ihlowsche Wappen sowie ein Ihlowscher Leichenstein in der Kirche des letztgenannten Dorfes zu finden. Kein andres Land war übrigens während des Dreißigjährigen Krieges so ergiebig an Generalen und Kriegsobersten als die Mark. Ich nenne hier nur folgende: Hans Georg von Arnim, von Königsmarck, Otto Christoph von Sparr, Ernst Georg von Sparr, Götz, Illo, Adam von Pfuel, Joachim Ernst von Görtzke, vieler andrer von minderer Berühmtheit, wie Klitzing, Rochow, Kracht etc., zu geschweigen.

Gusow: Derfflinger.
Friedersdorf: Görtzke, Marwitz.
Lietzen: Johanniter-Komturei.
Hohenjesar: Burgsdorf.
Reitwein: Finckenstein.

Von allen diesen Punkten, selbst von Buckow aus, das am meisten zurückgelegen liegt, ermöglicht sich ein Blick in die fruchtbare Tiefe; dabei wechselt der Charakter der Landschaft so oft und so anmutig, daß jeder, der am Rande des Plateaus, etwa von Freienwalde bis Seelow, oder selbst bis Frankfurt hin, diese Fahrt zu machen gedenkt, einer langen Reihe der mannigfachsten und anziehendsten Bilder begegnen wird.

Eine solche Fahrt auf der Höhe hin werden wir mehrfach zu machen haben, und manche dieser Fahrten (zum Beispiel der Weg von Falkenberg bis Freienwalde) wird uns Gelegenheit zu dem Versuch eines Landschaftsbildes geben; heute jedoch ist es das Bruch selbst, das in der Tiefe gelegene Bauernland, das uns beschäftigen soll, und wir werden erst bei den alten Zuständen dieses Sumpflandes, dann bei seiner Eindeichung und Entwässerung, endlich bei seiner Kolonisierung zu verweilen haben.

Alle noch vorhandenen Nachrichten stimmen darin überein, daß das Oderbruch vor seiner Urbarmachung eine wüste und wilde Fläche war, die, sehr wahrscheinlich unsrem *Spreewalde* verwandt, von einer unzähligen Menge größerer und kleinerer Oder-Arme durchschnitten wurde. Viele dieser Arme breiteten sich aus und gestalteten sich zu Seen, deren manche, wie der Liepesche bei Liepe, der Kietzer und der Kloster-See bei Friedland, noch jetzt, wenn auch in sehr veränderter Gestalt, vorhanden sind. Das Ganze hatte, dementsprechend, *mehr einen Bruch- als einen Waldcharakter*, obwohl ein großer Teil des Sumpfes mit Eichen bestanden war. Alle Jahre stand das Bruch zweimal unter Wasser, nämlich im Frühjahr um die Fastenzeit, nach der Schneeschmelze an *Ort* und *Stelle*, und um Johanni, wenn der Schnee in den *Sudeten* schmolz und Gewitterregen das Wasser verstärkten. Dann glich die ganze Niederung einem gewaltigen Landsee, aus welchem nur die höher gelegenen

Teile hervorragten; ja selbst diese wurden bei hohem Wasser überschwemmt.

Wasser und Sumpf in diesen Bruchgegenden beherbergten natürlich eine eigne Tierwelt, deren Reichtum, über den die Tradition berichtet, allen Glauben übersteigen würde, wenn nicht urkundliche Belege diese Traditionen unterstützten. In den Gewässern fand man: Zander, Fluß- und Kaulbarse, Aale, Hechte, Karpfen, Bleie, Aland, Zährten, Barben, Schleie, Neunaugen, Welse und Quappen. Letztere waren so zahlreich (zum Beispiel bei Quappendorf), daß man die fettesten in schmale Streifen zerschnitt, trocknete und statt des Kiens zum Leuchten verbrauchte. Die Gewässer wimmelten im strengsten Sinne des Worts von Fischen, und ohne viele Mühe, mit bloßen Handnetzen, wurden zuweilen in Quilitz an einem Tage über 500 Tonnen gefangen. In den Jahren 1693, 1701 und 1715 gab es bei Wriezen der Hechte, die sich als *Raubfische* diesen Reichtum zunutze machten, so viele, daß man sie mit Keschern fing und selbst mit Händen greifen konnte. Die Folge davon war, daß in Wriezen und Freienwalde eine eigne Zunft der Hechtreißer existierte. An den Markttagen fanden sich aus den Bruchdörfern Hunderte von Kähnen in Wriezen ein und verkauften ihren Vorrat an Fischen und Krebsen an die dort versammelten Händler. Ein bedeutender Handel wurde getrieben, und der Fischertrag des Oderbruchs ging bis Böhmen, Bayern, Hamburg, ja die geräucherten Aale bis nach *Italien*. Kein Wunder deshalb, daß in diesen Gegenden unter allem Haus- und Küchengerät der *Fischkessel* obenan stand und so sehr als wichtigstes Stück der Ausstattung betrachtet wurde, daß er, nach gesetzlicher Anordnung, beim Todesfalle der Frau, wenn andres Erbe zur Verteilung kam, dem überlebenden Gatten verblieb.

In großer Fülle lieferte die Bruchgegend *Krebse*, die zuzeiten in solchem Überfluß vorhanden waren, daß man zu Colerus' Zeiten, ausgangs des sechzehnten Jahrhunderts, sechs Schock schöne, große Krebse für sechs Pfennige meißnerischer Währung kaufte. Zu Küstrin wurde von 100 Schock durchgehender Krebse ein Schock als Zoll abgegeben, bei welcher Gelegenheit der vorerwähnte Colerus versichert, daß dieser *Zoll* in einem Jahre 325 000 Schock Krebse eingetragen habe. Danach wären denn bloß in dieser einen

Stadt in einem Jahre 32½ Millionen Schock Krebse versteuert worden. Im Jahre 1719 war das Wasser der Oder, bei der großen Dürre, ungewöhnlich klein geworden; Fische und Krebse suchten die größten Tiefen auf, und diese wimmelten davon. Da das Wasser aber von der Hitze zu warm wurde, krochen die Krebse aufs Land ins Gras oder wo sie sonst Kühlung erwarteten, selbst auf die Bäume, um sich unter das Laub zu bergen, von welchen sie dann wie Obst herabgeschüttelt wurden. Auch die gemeine Flußschildkröte war im Bruch so häufig, daß sie von Wriezen fuhrenweise nach Böhmen und Schlesien versendet oder vielmehr abgeholt wurde.

Ein so lebendiges Gewimmel im Wasser mußte notwendig sehr vielen anderen Geschöpfen eine mächtige Lockspeise sein. Schwärme von wilden Gänsen bedeckten im Frühjahr die Gewässer, ebenso Tausende von Enten, unter welchen letzteren sich vorzugsweise die Löffelente, die Quackente und die Krickente befanden. Zuweilen wurden in einer Nacht so viele erlegt, daß man ganze Kahnladungen voll nach Hause brachte. Wasserhühner verschiedener Art, besonders das Bleßhuhn, Schwäne und mancherlei andre Schwimmvögel belebten die tieferen Gewässer, während in den Sümpfen Reiher, Kraniche, Rohrdommeln, Störche und Kiebitze in ungeheurer Zahl fischten und Jagd machten. Im Dorfe Letschin trug jedes Haus drei, auch vier Storchnester. Rings um das Bruch und in den Gebüschen und Horsten im Innern desselben fand man Trappen, Schnepfen, Ortolane und andre zum Teil selten gewordene Vögel; über dem allem aber schwebte, an stillen Sommerabenden, ein unermeßlicher *Mükkenschwarm,* der besonders die Gegenden von Freienwalde und Küstrin in Verruf brachte. »Sie schwärmten« – so erzählt Bekmann – »in solcher Menge, daß man in der Luft dicke Säulen von Mücken beobachtete, und gaben ein solches Getöse von sich, daß es, wenn man nicht scharf darauf achtete, klang, als würden in der Ferne die Trommeln gerührt.« Biber und Fischottern bauten sich zahlreich an den Ufern an, und wurden die ersteren als große Zerstörer der später errichteten Dämme, die anderen als große Fischverzehrer fleißig gejagt. Jeder konnte auf sie Jagd machen, wodurch sie gänzlich ausgerottet wurden.

Die Vegetation stand natürlich mit dem ganzen Charakter dieser Gegenden in Einklang: Alle Wasser- und Sumpfpflanzen kamen reichlich vor, breite Gürtel von Schilf und Rohr faßten die Ränder ein, und Eichen und Elsen überragten das Ganze.

Im Spätsommer, wenn sich die Wasser endlich verlaufen hatten, traten für den Rest des Jahres fruchtbare *Wiesen* zutage, und diese Wiesen, die ein vortreffliches Futter gaben, sicherten, nebst dem Fischreichtum dieser Gegenden, den Bewohnern des Bruchs ihre Existenz. Darüber hinaus ging es nicht, vielleicht deshalb nicht, weil der enorme Reichtum an Fischen und Heu beides halb wertlos machte.

Einzelne benachbarte Kavallerieregimenter zogen um die Mitte des vorigen Jahrhunderts von diesem Heureichtum mehr Vorteil als die Bruchbewohner selbst. Es war damals noch im Schwange, daß die Eskadronchefs selber für die Unterhaltung der Pferde Sorge tragen mußten. Daher bestrebten sich viele der in den Nachbarstädten, auch in der Residenz selbst garnisonierenden Rittmeister respektive Obristwachtmeister, ihre Pferde in den Bruchdörfern auf Grasung zu geben. Zu dem Ende wurden dieselben auf Flößen und zusammengebundenen Kähnen übergeführt. Hauptsächlich waren es drei Regimenter, die Nutzen davon zogen, nämlich das Zietensche, später Göckingksche Husarenregiment sowie die Gensdarmes und die Pfalzbayern-Dragoner. Zuweilen lag in einem Dorfe eine ganze Eskadron. Doch hatten die Dorfbewohner, wie schon angedeutet, wenig Vorteil von solcher Einquartierung, da monatlich im Durchschnitt nur ein Taler Futtergeld pro Pferd gezahlt wurde.

2. DIE VERWALLUNG

Graben und Wall
Haben bezwungen das Element,
Und nun blüht es von End zu End
Allüberall.

Fische und Heu hatten jahrhundertelang den einzigen Reichtum der Oderbruchgegenden gebildet; die Bewohner hatten davon gelebt, indessen, im großen und ganzen, selbst in guten Jahren kärglich genug. Gute Jahre gab es aber nicht immer. Gab es statt dessen ein Wasserjahr, so daß die Überschwemmungen weiter gingen oder länger andauerten als gewöhnlich, so war Not und Elend an allen Enden.

Zwar wurden schon im sechzehnten Jahrhundert Versuche gemacht, der Wassersnot durch Eindeichung des *linken* Oderufers, namentlich auf der Straße von Frankfurt bis Küstrin, ein Ziel zu setzen, aber alle diese Arbeiten waren teils auf kleinere Strecken beschränkt, teils mangelhaft in sich. Schon unter der Regierung des Kurfürsten Johann George, etwa um 1593, hatte man mit solchen Verwallungen den Anfang gemacht und Arbeiter aus Holland, Brabant, Schlesien herbeigerufen; die aufgeführten Dämme zwischen Reitwein und dem Küstriner Kietz bewährten sich aber schlecht, und 1613 brach die Oder von neuem durch. Auch der Große Kurfürst zog Holländer und Bewohner der unteren Elbufer, also Leute, die sich auf Damm- und Deichwirtschaft verstanden, ins Oderbruch hinein, ihre sehr beschränkten Mittel indessen reichten nicht aus, eine viele Meilen lange Schutzmauer aufzuführen, ohne welche die Anstrengungen des einzelnen in den meisten Fällen nutzlos bleiben mußten. Nur einige wenige Dominien, die durch kleine Höhenzüge eines natürlichen Schutzes genossen und vielleicht nur an einer schmalen Stelle noch eines Damms bedurften, waren glücklicher und brachten es dahin, sich zu einer Art Festung zu machen, in die das Wasser nicht hinein konnte.

Eine solche kleine Festung, die den Anprall des Wassers glücklich abgeschlagen hatte, lernte König Friedrich Wilhelm I. kennen, als ihn eine Reiherbeize, die er bekanntlich sehr liebte, in dem großen Überschwemmungsjahre 1736 in diese Gegenden führte. Der König sah die Verheerungen, die das Oderwasser angerichtet hatte, sah aber auch zu gleicher Zeit, daß die geschickt eingedeichten Besitzungen seines Staatsministers von Marschall auf Ranft von diesen Verheerungen wenig oder gar nicht betroffen worden waren. Was er in Ranft im kleinen so glücklich ausgeführt sah, mußte bei größeren Mitteln und Anstrengungen auf der ganzen Strecke des Oderbruches, zwischen Frankfurt und Oderberg, möglich sein, und energisch, wie er ans Werk gegangen war, das große Havelländische Luch trockenzulegen, war er jetzt nicht minder entschlossen, auch das Oderbruch zu einem nutzbaren Fleck Landes zu machen.

Er nahm die Sache persönlich in Angriff und beauftragte seinen Kriegsrat Haerlem, einen Holländer, der sich schon durch ähnliche Wasserbauarbeiten ausgezeichnet hatte, ihm ein Gutachten einzureichen, ob das Oderbruch auf seiner ganzen Strecke eingedämmt und gegen Überschwemmungen gesichert werden könne. Haerlems Gutachten lautete dahin: »daß das allerdings geschehen könne; daß die Arbeit aber schwierig, weit aussehend und *kostspielig* sei«.

Dem König schien dies einleuchtend, und so vertagte er ein Unternehmen, dessen Wichtigkeit er sehr wohl erkannte, mit den Worten: »Ich bin schon zu alt und will es meinem Sohn überlassen.«

Es ist anzunehmen, daß Friedrich II. von dieser Äußerung seines Vaters Kenntnis erhielt und Veranlassung daraus nahm, bald nach seinem Regierungsantritt einesteils zur Entwässerung, andererseits zur Eindeichung des Bruchs Veranstaltungen zu treffen. Dies geschah nach Beendigung des Zweiten Schlesischen Krieges.

Der Plan zur Ausführung des Werkes wurde sehr wahrscheinlich von demselben Manne, Kriegsrat von Haerlem, entworfen, der schon unter Friedrich Wilhelm I. sein Gutachten in dieser Angelegenheit abgegeben hatte; um aber bei einem Unternehmen von solchem Umfange möglichst sicherzugehen, wurde von seiten des Königs noch eine besondere Kommission zur örtlichen Besichtigung und zur Begutachtung des Unternehmens ernannt. Es war dabei der ausdrückliche Befehl des Königs, daß der berühmte Mathematiker Bernhard Euler, dazumal anwesendes Mitglied der Berliner Akademie der Wissenschaften, an den Beratungen dieser Kommission teilnehmen solle. Der König hatte guten Grund, nach Möglichkeit Autoritäten und berühmte Namen in diese Kommission hineinzuziehen, da er im voraus von dem Widerstande überzeugt war, dem er, wie immer in solchen Fällen, bei den Anwohnern des Bruchs, den adligen und den bäuerlichen, begegnen würde. Etwas von der Opposition, die später, und zwar namentlich von 1748 bis 1752, der am Rande des Oderbruches reichbegüterte Markgraf Karl machte, mochte schon damals zu Ohren des Königs gedrungen sein.

Die Kommission ging ans Werk und stattete ihren Bericht ab. Dieser Bericht, von Schmettau, Haerlem und Euler unterzeichnet, ist umfangreich, aber in Erwägung der Schwierigkeit und Wichtigkeit der Materie verhältnismäßig kurz gefaßt und läuft, hinsichtlich seiner Vorschläge, auf drei Hauptpunkte hinaus:

1. der Oder einen *schnellen Abfluß* zu verschaffen,
2. die Oder mit tüchtigen *Dämmen* einzufassen,
3. das *Binnenwasser aufzufangen* und abzuführen.

Alle drei Aufgaben sind im wesentlichen gelöst worden.

Ad 1. Um der Oder einen schnelleren Abfluß zu verschaffen, wurde ihr auf der Strecke von Güstebiese bis Hohensaaten ein *neues Bett*, und zwar zur *Abkürzung ihres Laufs*, gegraben. Die Oder nahm früher, das heißt also vor den Arbeiten von 1746 bis 1753 (sieben Jahre, weshalb man von einem in der »Stille geführten Siebenjährigen Krieg« gesprochen hat), auf der eben angegebenen Strecke einen anderen Lauf als jetzt; sie machte, statt in gerader Linie weiterzufließen, drei Biegungen, und zwar zuerst bei Güstebiese nach Westen, dann bei Wriezen nach Norden, endlich bei Freienwalde nach Osten, so daß sie, mehrfach ein Knie bildend, auf ihrem langen Umwege *drei* Linien statt *einer* beschrieb. Diesem Umwege, der dem raschen Abfluß hinderlich war, sollte abgeholfen werden; mit anderen Worten, der Lauf des Flusses, der bis dahin etwa diese Gestalt

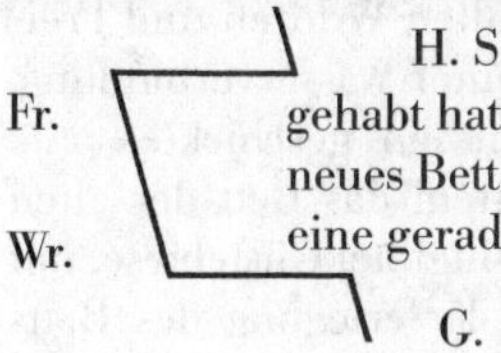

gehabt hatte, sollte durch ein neues Bett nunmehr einfach eine gerade Richtung erhalten.

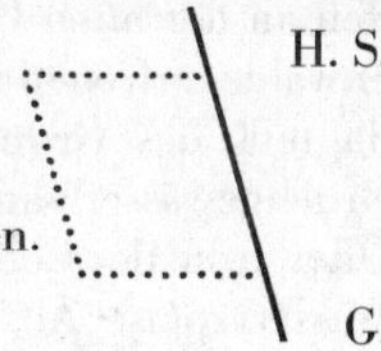

Der Kanal wurde gegraben, und die Oder fließt seitdem in einem *neuen Bett*, das nur zweieinhalb Meilen statt sechs Meilen Länge hat. Dies ist die sogenannte *»neue Oder« zwischen* Güstebiese und Hohensaaten (H. S.). Aber das alte Bett wurde durch diesen geradlinigen Durchstich, wie sich denken läßt, nicht absolut wasserleer, es blieb vielmehr Wasser genug in der »alten Oder«, um den verschiedenen an ihr gelegenen Städten und Dörfern mehr oder weniger ihren alten Wasserverkehr zu erhalten. Erst 1832 kam dieser Wasserverkehr in Gefahr. Die Verwallung, wie sie bis dahin bestand, hatte im Lauf der Jahrzehnte verschiedene Mängel gezeigt, und namentlich war der flußabwärts gelegene Teil des Niederbruchs, das sogenannte Mittelbruch, nach wie vor vielfachen Überschwemmungen ausgesetzt gewesen. Dem vorzubeugen, entwarf der Geheime Oberbaurat Cochius schon zwischen 1810 und 1818 einen kühnen Plan, der darauf hinausging, *die alte Oder bei Güstebiese* zu *schließen*, das heißt also, einen Riegel vorzuschieben. Dieser vorgeschobene Riegel, ein Damm, eine Zuschüttung, sollte alles Wasser zwingen, im *Bett der neuen Oder* zu bleiben, und ein teilweises Abfließen des Wassers in das *Bett der alten Oder* unmöglich machen. Der Plan war kühn, weil die dadurch im Bett der neuen Oder sehr wesentlich wachsende Wassermasse leicht Gefahren (Deichbrüche) im Geleite haben konnte. Außerdem war das Aufhören jeder Wasserverbindung, wenn auch das *Ganze* dadurch gewann, für viele Bewohner des Mittelbruchs eine wenig wünschenswerte Sache. Alles wurde indessen glänzend hinausgeführt. Die wachsende Wassermasse der neuen Oder schuf *keine* Gefahren, oder man wußte doch diesen Gefahren zu begegnen, und, was ebenfalls wichtig war, eine absolute Trockenlegung der alten Oder erfolgte durch Vorschiebung jenes Riegels ebensowenig, wie sie siebzig Jahre früher durch Grabung des neuen Oderbettes erfolgt war. Die Anwohner, namentlich in den an der *alten* Oder gelegenen Städten Wriezen und Freienwalde, erfreuen sich nach wie vor einer Wasserverbindung, da teils das Grundwasser, teils auch ein geschicktes, alle Bruchgewässer sammelndes Kanalsystem das Bett der alten Oder, trotz der Coupierung (Zuschüttung) bei Güstebiese, mit Wasser speist. Ausbaggerungen und Tieferlegung des Betts halfen nach.

Man darf sagen, daß sich die Herstellung eines geradlinigen und dadurch verkürzten Oderbetts (»die neue Oder«) in allen Punkten bewährt hat, nur vielleicht in *dem einen* nicht, den man dabei zunächst und vorzugsweise im Auge hatte. Man hatte, wie schon angedeutet, von diesem neuen, kürzeren Bett eine Verbesserung des Oderfahrwassers erwartet und gehofft, daß das raschere Fließen des Wassers an dieser Stelle das Flußbett vertiefen, den Strom einengen, konzentrieren und dadurch die *Stromkraft* steigern werde. Dies alles ist wenig oder gar nicht in Erfüllung gegangen. Der vielfach versandete Fluß ist nach wie vor mehr breit als tief, die Schifffahrt nach wie vor schwierig, oft ganz unterbrochen, und sogar die Kanalanlage selbst hat ihren ursprünglichen Charakter zum Teil verloren und ist breiter und infolge davon wieder flacher und sandiger geworden.

Ad 2. Die zweite Aufgabe war die Anlegung von *»tüchtigen Dämmen«*. Das sogenannte Oberbruch, wie wir gesehen haben, hatte solche Dämme schon. Es handelte sich also vorwiegend um Eindämmung des *Niederbruchs*, eine Aufgabe, die dadurch so kompliziert wurde, daß nicht nur die »neue Oder« auf ihrer Strecke von Küstrin bis Saaten, sondern vor allem auch die sich in weiten Windungen durch das Land ziehende »alte Oder« eingedämmt werden mußte. Große Anstrengungen und große Geldsummen waren dazu erforderlich. Endlich glückte es. Die Gesamtstrecke der hier im Nieder-Oderbruche angelegten Deiche beträgt über zehn Meilen. Diese Deiche waren nicht gleich anfangs, was sie jetzt sind, weder an Höhe noch Festigkeit. So kam es, daß auch *nach* Anlage derselben verschiedene große Überschwemmungen stattfanden, zum Beispiel 1786 und 1838. Auch jetzt noch ist die Möglichkeit solcher Überschwemmungen nicht ausgeschlossen: ein Dammbruch kann stattfinden, oder die Höhe des Wassers kann die Höhe der Dämme übersteigen.

Indessen verringert sich diese Möglichkeit von Jahr zu Jahr, da die Dämme, wie nach immer verbesserten fortifikatorischen Prinzipien gemodelte Festungen, alljährlich an Ausdehnung und Widerstandskraft gewinnen.

Ad 3. Die dritte Aufgabe war, das *Binnenwasser* abzufangen. Dies war kaum minder wichtig als die Anlegung der Dämme. Die Dämme schützten gegen die von *außen her* hereinbrechenden Fluten; aber sie konnten nicht schützen gegen *das* Wasser, das teils sichtbar in Sümpfen, Pfuhlen und sogenannten »faulen Seen« dastand, teils als Grundwasser unter dem Erdreich lauerte, jeden Augenblick bereit, zu wachsen und an die Oberfläche zu treten. Um diesem Übelstande abzuhelfen, ohne den eine eigentliche Trockenlegung nicht möglich war, bedurfte es eines ausgedehnten *Kanalsystems*. Auch ein solches wurde geschaffen. Zahllose Abzugsgräben, kleine und große und unter den verschiedensten Namen, wurden hergestellt, die sämtlich in den sogenannten »Landgraben« und mittelst desselben, an Wriezen und Freienwalde vorüber, in die »neue Oder« mündeten. Zum Teil sind es auch wohl diese Gräben, die das tiefer gelegene Bett der »alten Oder« mit Wasser speisen und dasselbe vor völligem Austrocknen schützen. Dies ganze Kanalsystem, ebenso wie die Verwallung, ist im Lauf der Jahrzehnte vielfach verbessert worden, und weite Strecken, die noch vor vierzig Jahren eine durchaus unsichere Heuernte gaben, zeigen jetzt um die Sommerzeit die schönsten Raps- und Gerstenfelder.

Das *Wesentliche* dieser Arbeiten – die selbstverständlich nie ganz ruhten und bis diesen Tag fortgesetzt werden – war bereits vor Ausbruch des Siebenjährigen Krieges beendet.* Niemand ahnte damals, was im Laufe der Zeit durch den Einfluß von Luft und Sonne, durch den Fleiß der Bewohner, durch Verstärkung der Dämme, durch Erweiterung und bessere Richtung der Abzugsgräben aus diesem Landesteile werden würde – man hielt es überwiegend nur zum Graswuchs und zur Weide geeignet. Der Brief eines Reisenden,

* Es heißt, Friedrich der Große habe bei seinem berühmten Flankenmarsche, der der Schlacht von Zorndorf vorherging (vergleiche »Zorndorf«), bereits Vorteile von der veränderten, das heißt mehr passierbaren Gestalt des Bruchs gezogen. Dies ist jedoch höchstwahrscheinlich eine zu Ehren des Bruchs und seiner Melioration erfundene Geschichte, da die Zorndorfer Schlacht am 25. August stattfand, also zu einer Jahreszeit, wo das Bruch *immer* trocken und passierbar zu sein pflegte.

der das Bruch im Jahre 1764 passierte, gibt Auskunft darüber. Der Brief lautet:

»So angenehm auch diese Gegend geworden (denn es ist die ebenste Pläne, die Wege mit Weiden besetzt, wie auch die Deiche, und zwar mit mehreren Reihen, nicht nur auf dem Kamm, sondern auch auf der Böschung zu beiden Seiten, damit sie von den verwachsenen Wurzeln eine mehrere Festigkeit bekommen), so haben die neuen Dörfer doch mehrfach schon durch Überschwemmung gelitten, so daß man mit Kähnen die Einwohner retten oder ihnen doch, da sie auf die Böden ihrer Häuser geflüchtet, zu Hülfe kommen mußte. Der eingedeichte Acker dürfte wohl mit der Zeit der Wische in der Altmark ähnlich werden; aber noch ist er es nicht… In den ersten Jahren gab der Roggen fast gar kein Mehl, sondern lauter Kleie, und die Gerste taugte gar nicht zu Malz, weil es lauter Lagerkorn gewesen war.«

Seitdem ist es unser eigentliches *Gerstenland* geworden. Neuerdings blüht in ihm die Rübenkultur. Große Zuckerfabriken existieren auf den Ämtern, und immer neue Unternehmungen treten ins Leben. Der Anblick dieses fruchtbaren Landesteiles aber ruft immer wieder die Worte des großen Königs in unser Gedächtnis zurück: »Hier hab ich *im Frieden* eine Provinz erobert.«

3. Die alten Bewohner

Alte Zeit und alte Sitt
Hielt mit dem Neuen nicht länger Schritt,
Aber sieh da, das alte *Kleid*
Hat länger gelebt als Sitt und Zeit.

Das Oderbruch – oder doch wenigstens das Niederbruch, von dem wir im nachstehenden ausschließlich sprechen – blieb sehr lange wendisch. Wahrscheinlich waren alle seine Bewohner, bis in die Mitte des vorigen Jahrhunderts hinein, von ziemlich unvermischter slawischer Abstammung. Die deutsche Sprache war eingedrungen (es ist nicht festzustellen, *wann*), aber nicht das deutsche *Blut*. Die Gegend war auch nicht dazu angetan, zu einer Übersiedelung einzuladen.

Ackerland gab es nicht, desto mehr Überschwemmungen, und der Fischfang, den die Wenden, wenigstens in diesen Gegenden, vorzugsweise betrieben, hatte nichts Verlockendes für die Deutschen, die zu allen Zeiten entweder den Ackerbau oder die Meerfahrt, aber nicht den Fischfang liebten. Dazu kam, daß die alten Wenden, wie es scheint, von sehr nationaler und sehr exklusiver Richtung waren und den wenigen deutschen Kolonisten, die sich hier niederließen (zum Beispiel unter dem Großen Kurfürsten), das Leben so schwer wie möglich machten.

Über die Art nun, wie die wendischen Bewohner im Innern des Bruches lebten, wissen wir wenig, und das beste Teil unsrer Kenntnis haben wir aus Vergleichen und Schlußfolgerungen zu schöpfen. Die mehr und mehr unter deutsche Kultur geratenden »*Randdörfer*« – *zu* denen die »*Bruchdörfer*« alsbald in dem Verhältnis mittelalterlich-wendischer Kietze standen – hätten uns in ihren Amts- und Kirchenbüchern allerhand aufschlußgebende Aufzeichnungen hinterlassen können; aber es gebrach an dem erforderlichen historischen Sinn, und so ging die Zeit dafür verloren. Diese schloß etwa mit der Mitte des vorigen Jahrhunderts ab. Ein geübtes Auge würde freilich auch heute noch in der aus den verschiedensten Elementen gemischten Bevölkerung eine Fülle speziell wendischer Eigentümlichkeiten herauslesen können; es gehört aber dazu eine exakte Kenntnis der verschiedenen slawischen und deutschen Stammeseigentümlichkeiten, daß ich es nicht wage, mich in solche Scheidungen und Bestimmungen einzulassen.

Ich gebe zunächst nur das wenige, was ich über die alten *wendischen* Bruchdörfer und ihre Bewohner als direkte Schilderung aus älterer Zeit her habe auffinden können.

»Die Dörfer im Bruch« – so sagt eine in Buchholtz' »Geschichte der Kurmark Brandenburg« abgedruckte Schilderung (Vorrede zu Band II) – »lagen vor der Eindeichung und Neubesetzung dieses ehemaligen Sumpflandes auf einem *Haufen* mit ihren Häusern, das heißt also, weder *vereinzelt* noch in *langgestreckter* Linie, und waren meistens von gewaltigen, häuserhohen, aus Kuhmist aufgeführten Wällen umzingelt, die ihnen Schutz vor Wind und Wetter und vor den Wasserfluten im Winter und Frühling gewährten und den Sommer über zu Kürbisgärten dienten. Den übrigen Mist warf man aufs Eis oder ins Wasser und ließ ihn mit der Oder forttreiben. Einzeln liegende Gehöfte, deren jetzt viele Hunderte vorhanden sind, gab es im Bruche nicht ein einziges. Im Frühling, und sonderlich im Mai, pflegte die Oder die ganze Gegend zu zehn bis zwölf, ja vierzehn Fuß hoch zu überschwemmen, so daß zuweilen das *Wasser die Dörfer durchströmte* und *niemand anders als mit Kähnen zu dem andern kommen konnte.*« (Dafür, daß das ganze Bruch damals sehr oft unter Wasser stand und keine andere Kommunikation als mittelst *Kahn* zuließ, spricht auch die Einleitung zu der vorstehenden Schilderung. Diese lautet: »Ich habe das Bruch unzähligemal durchreist, sowohl *ehedem zu Wasser* als auch jetzt, nachdem es urbar gemacht worden ist, zu Lande.«)

Diese Beschreibung, kurz, wie sie ist, ist doch das Beste und Zuverlässigste, was sich über den Zustand des Bruchs, wie es *vor* der Eindeichung war, beibringen läßt. Der neumärkische Geistliche, von dem die Schilderung herrührt, hatte die alten Zustände wirklich noch *gesehn*, und so wenig das sein mag, was er in dieser seiner Beschreibung beibringt, es gibt doch ein klares und bestimmtes Bild. Wir erfahren aus diesem Briefe dreierlei: 1. daß das Bruch den größten Teil des Jahres über unter Wasser stand und nur zu Wasser passierbar war; 2. daß auf den kleinen Sandinseln dieses Bruchs Häusergruppen (»in *Haufen*«, sagt der Briefschreiber) lagen, die uns also die Form dieser wendischen Dörfer veranschaulichen; und 3. daß es kleine schmutzige Häuser, entweder aus *Holzblökken* aufgeführt oder aber sogenannte *Lehmkaten*, waren, die meistens von *Kuhmistwällen* gegen das andringende Wasser verteidigt wurden.

Man hat dies Bild durch die Hinzusetzung vervollständigen wollen, »daß also nach diesem allen die alten wendischen Bruchdörfer den noch jetzt existierenden Spreewalddörfern mutmaßlich sehr ähnlich gewesen wären«, und wenn man dabei lediglich den *Grundcharakter* der Dörfer ins Auge faßt, so wird sich gegen einen solchen Vergleich wenig sagen lassen. Die Spreewäldler sind Wenden bis diesen Tag; sie leben zwischen Wasser und Wiese, wie die Oderbrücher vor hundert Jahren, und ziehen einen wesentlichen Teil ihres Unterhalts aus Heumand und Fischfang; sie leben in stetem Kampf mit dem Element; sie unterhalten ihren Verkehr ausschließlich mittelst Kähnen (der Kahn ist ihr Fuhrwerk), und ihre Blockhäuser, zum Beispiel in den zwei Musterdörfern Lehde und Leipe, sind bis diesen Tag von *Kuhmistwällen* eingefaßt, die, ganz nach dem Bericht unsres neumärkischen Geistlichen, halb zum Schutz gegen das Wasser, halb zu Kürbisgärten dienen. Daß der Spreewäldler jetzt statt der Kürbisse die besser rentierenden *Gurken* etc. zieht, macht keinen Unterschied.

Der oben mitgeteilte Brief hat uns ziemlich anschaulich die Lokalität der alten Oderbruchdörfer gegeben; die Frage bleibt noch: Wie waren die Bewohner nach Charakter, Sitte, Tracht?

Zunächst ihr *Charakter*. Wie gut auch das Zeugnis ist, das noch jetzt an einigen Stellen des Oderbruchs den Überresten der wendischen Bevölkerung im Gegensatz zu den »Pfälzern« ausgestellt wird, so ist es doch nicht sehr wahrscheinlich, daß es vor hundert Jahren und darüber mit diesen von der Welt abgeschnittenen, von jeder Idealität losgelösten Existenzen etwas Besonderes auf sich gehabt habe. Es waren vielleicht gutgeartete, aber jedenfalls rohe, in Aberglauben und Unwissenheit befangene Gemeinschaften*, die trotz ihres christlichen Bekenntnisses mit den alten Wendengöttern nie recht gebrochen hatten. Der Aberglaube hatte in diesen Sümpfen eine wahre Brutstätte. Kirchen gab es zwar ein paar; aber der Geistliche erschien nur alle sechs oder acht Wochen, um eine Predigt zu halten, und der Verkehr mit den glücklicheren Randdörfern oder gar mit den Städten, wohin sie eingepfarrt waren, war durch Überschwemmungen und grundlose Wege erschwert. Man darf mit nur allzu gu-

* Über Charakter und Erscheinung der jetzt noch in einigen Bruchdörfern vorkommenden wendischen Bevölkerung schreibt man mir aus einem dieser Dörfer: »Man gibt hier im allgemeinen dem Charakter der wendischen Bevölkerung vor dem der deutschen Kolonisten den Vorzug. Die Wenden sind allerdings schwerfällig, abergläubisch und geistig weniger begabt als die ›Pfälzer‹ (die allgemeine Bezeichnung für die Deutschen), aber an Kraft, Fleiß und Ausdauer sind sie den Deutschen gleich, während sie dieselben an Treue und Zuverlässigkeit übertreffen. Die Männer haben ausdrucksvolle Gesichter, sind nicht schön und mehr hager als beleibt; die Mädchen und jungen Frauen hingegen zeigen vollere Formen, frische Farben statt des Leder- und Pergamentteints anderer Luch- und Bruchgegenden und sind oft sehr hübsch; die dunklen Augen voll Feuer und Leben.«

tem Rechte behaupten, daß die Brücher in allem, was geistlichen Zuspruch und geistiges Leben anging, von den Brosamen lebten, die von des Herren Tische fielen. Die Toten, um ihnen eine ruhige Stätte zu gönnen (denn die Fluten hätten die Gräber aufgewühlt), wurden auf dem Wriezener Kirchhof oder auf den Höhe-Dörfern begraben, und die Taufe der Kinder erfolgte vielleicht vier- oder sechsmal des Jahres in ganzen Trupps. Es wurden dann Boote nach der benachbarten Stadt abgefertigt, die dem dortigen Geistlichen die ganze Taufsendung zuführten, wobei sich's nicht selten ereignete, daß von diesen in *großen Körben* transportierten Kindern das eine oder andere auf der Überfahrt starb.

Die geistige Speise, die geboten wurde, war spärlich und die leibliche nicht minder; Korn wurde wenig oder gar nicht gebaut, die Kartoffel war noch nicht gekannt oder, wo sie gekannt war, als Feind und Eindringling verabscheut; ein weniges an Gemüse gedieh auf den »Kuhmistwällen«, sonst – Fisch und Krebse und Krebse und Fisch. Seuchen konnten nicht ausbleiben; dennoch wird eigens berichtet, daß ein kräftiger Menschenschlag, wie jetzt noch, hier heimisch war und daß Leute von neunzig und hundert Jahren nicht zu den Seltenheiten zählten.

Ein hervorstechender Zug der Wenden, zum Beispiel auch der Spreewaldwenden, ist ihre Heiterkeit und ihre ausgesprochene Vorliebe für Musik und Gesang. Ob eine solche Vorliebe auch bei den Wenden des Oderbruchs zu finden war? Möglich, aber nicht wahrscheinlich. Eins spricht entschieden dagegen. Volkslieder haben ein langes Leben und überdauern vieles; aber nirgends begegnet man ihnen bei den Brüchern. Diese singen jetzt, was anderen Orts gesungen wird. Keine Spur wendischer Eigenart; woraus sich schließen läßt, daß überhaupt wenig davon vorhanden war.*

* In neuerer Zeit hat sich ein geborener Oderbrücher, der Lehrer Rubehn in Groß Neuendorf, der dankenswerten, aber freilich schwierigen Aufgabe unterzogen, der wendischen Vorgeschichte des Oderbruchs nachzuspüren und Material dafür zu sammeln. Dies Material, in das mir ein Blick gestattet war, ist reich und instruktiv; der Sammler indes scheint mir darin irrezugehn, daß er geneigt ist, den Sprüchen und Sagen, deren er viele zusammengetragen hat, ein größeres Alter beizumessen, als ihnen zukommt. Mit anderen Worten, er vermutet da Wendisch-Ursprüngliches oder im Oderbruch Gewachsenes, wo nur *Deutsch-Importiertes* vorliegt. Die Sagen, die ich seiner Mitteilung verdanke, finden sich, fast ohne Ausnahme, in den Landesteilen (Pfalz, Schwaben, Niedersachsen) wieder, aus denen die Kolonisierung des Oderbruchs er-

Das einzige, was sich, ähnlich wie im Altenburgischen, auch hier im Bruche länger als jede andre Spur nationalen Lebens erhalten hat, ist die *Tracht*. Über diese noch ein paar Worte.

Wir begegnen ihr nicht *inmitten* des Bruchs, wo sich das Wendentum bis 1747 ziemlich unvermischt erhielt, sondern umgekehrt am *Rande*, wo die Berührung mit der deutschen Kulturwelt schon durch Jahrhunderte hin stattgefunden hatte. Aber dies darf nicht überraschen. Diese Berührung blieb in den Randdörfern eine spärliche, mäßige, wie sie es immer gewesen war, während das durch Jahrhunderte hin wendisch intakt erhaltene Zentrum, als diese Berührung überhaupt einmal begonnen hatte, durch Masseneinwanderung solche Dimensionen annahm, daß das Wendentum in kürzester Frist darunter ersticken mußte. Die Gäste wurden die Wirte und gaben nun den Ton an. Anders in den Randdörfern, wenigstens in einzelnen derselben. An dem Abhange des Barnim-Plateaus, in der ehemaligen »Derfflingerschen Herrschaft«, liegen noch einige Dörfer, drin sich Überreste wendischer Tracht bis auf diesen Tag erhalten haben. In Vollständigkeit existiert sie nur noch in Quilitz, dem gegenwärtigen Neu-Hardenberg.

folgte. Eine unter diesen Sagen indes, wiewohl sicherlich ebenfalls deutsch, mag um ihrer selbst willen einen Platz an dieser Stelle finden. Es ist das die Geschichte von *»Rotmützeken«*:

Bei einem Reetzer Fischer vermietete sich einst ein Knecht, der immer eine rote Mütze trug, weshalb er im Dorf *»Rotmützeken«* genannt wurde. Alle Sonntag, wenn die andern Leute zur Kirche gingen, stieg er auf den Stallboden, wo allerlei kleine Männer, die »Untererdschken«, zu ihm kamen und Spiel und Lärm und lautes Lachen mit ihm vollführten. Wenn dann die Hausleute aus der Kirche zurückkamen, kam »Rotmützeken« wieder vom Stallboden herunter und war munter und guter Dinge. Das dauerte eine ganze Zeit, wohl über Tag und Jahr. Eines Sonntags, es war der Sonntag nach Weihnachten, stieg er auch wieder auf den Stallboden, während die andern nach der Kirche waren, und das Lärmen und Poltern und Lachen nahm wieder seinen Anfang wie früher, nur viel wilder und lauter. So ging es wohl eine Stunde; als aber der Prediger auf der Kanzel eben amen gesagt hatte, da gab es einen Knall, der die Kirche und alle Häuser im Dorf erschütterte, und als die Leute nach Hause stürzten, fanden sie die Stallbodentür weit auf die Straße geschleudert, Rotmützeken aber an einem Kreuzbalken erhängt. Sie begruben ihn in einer Ecke des Kirchhofs. Er hatte aber nicht Ruh im Grabe. Immer in der Sonntagsnacht nach Weihnachten erschien er auf dem Kirchhof, und die Hirten, die damals (wo im Sommer das Bruch unter Wasser stand) oft noch um die Weihnachtszeit ihr Vieh auf die Weide trieben, sahen ihn dann, wie er auf dem bretternen Kirchhofszaun saß und mit dem Kopf schüttelte. Er war dürr wie ein Skelett, aber er trug immer noch die rote Mütze. Daran hatten sie auch erkannt, daß es kein andrer sein konnte als »Rotmützeken«.

Diese Kleidung, soweit die Frauen in Betracht kommen, besteht aus einem kurzen roten Friesrock mit etwa handbreitem, gelbem Rand; ferner aus einem beblümten, dunkelfarbigen, vorn ausgeschnittenen Leibchen und aus einem weißen Hemd, dessen Ärmel bis zum Mittelarm reichen, während Latz und getollter Kragen über Brust und Nacken fallen. Dazu Kopftuch und Schürze. Die Tracht ist alltags und sonntags dieselbe und nur im Stoff verschieden. Alltags: blaue geblümte Kattun- oder Leinwandschürze und Kopftuch von demselben Zeug; sonntags: weiße Schürze und *schwarzseidenes Kopftuch.* Der rote Friesrock ist das Ständige, und die *Schürze ist jedesmal um eine Handbreit länger als der Rock*. Wie Alltag oder Sonntag, so macht natürlich auch arm und reich einen Unterschied. Bei den Ärmeren legt sich der Friesrock in wenige, bei den Reichen in viele Falten und erreicht seine Höhe, so wenigstens wird erzählt, wenn er so viele Falten hat wie Tage im Jahre. Für das Leibchen ist Manchester ein sehr bevorzugter Stoff. Weiße Zwikkelstrümpfe vollenden den Anzug, und massive silberne Ohrgehänge sind beliebt.

Diese wendische Tracht nimmt sich höchst malerisch aus und ist so ziemlich die kleidsamste unter allen Nationaltrachten, die mir in den verschiedenen Teilen Norddeutschlands vorgekommen sind. Es ist damit kein übertriebenes Lob gespendet, da diese Trachten, sosehr ich sie liebe und sosehr ich ihrer Konservierung das Wort reden möchte, doch vielfach nichts weniger als schön zu nennen sind. Oft sind sie entschieden häßlich. Ich erinnere nur an die Altenburgerinnen, die wie steif ausgestopfte Bachstelzen einherschreiten. Alle diese Nationaltrachten indes, ob schön oder häßlich, sind meist sehr kostspielig zu beschaffen, und dieser Umstand hat entschieden mitgewirkt, der städtischen Mode, will sagen dem billigeren Kattunkleide, den Eingang zu verschaffen. Auch in Quilitz – das, nachdem es dem Staatskanzler Fürsten Hardenberg als Dotation zugefallen war, den Namen Neu-Hardenberg erhielt – würden wir höchstwahrscheinlich einer Wandlung zum Modernen hin begegnen, wenn nicht allerhand Rücksichten eine künstliche Konservierung der alten Sitte herbeigeführt hätten. Schon der Fürst-Staatskanzler selbst, der ein feines Auge für derlei Dinge hatte, hielt darauf, daß die Frauen und Mädchen des Dorfs in der alten wendischen Tracht vor ihm erscheinen mußten, und auch später noch haben alle Mägde, die den bevorzugten Dienst im Schloß antreten wollten, sich zu Mieder, Kopftuch und Friesrock zu bequemen gehabt.

Dem *gesamten* Oderbruch aber ist als Hinterlassenschaft aus der Zeit wendischer Tracht her das *schwarze seidene Kopftuch* geblieben, das, jedem jugendlichen Gesichte gut stehend, die Oderbrücherinnen, zum Teil ziemlich unverdient, in den Ruf gebracht hat, ganz besondere Schönheiten zu sein.

4. Die Kolonisierung und die Kolonisten

Es fiel zu leicht euch in den Schoß,
»Zu glücklich sein« war euer Los.
Wie heißt der Spruch im goldnen Buch?
»Reichtum ist Segen, und Reichtum ist Fluch.«

Die umfangreichen Arbeiten, die unter Friedrich dem Großen von 1746 bis 1753 ausgeführt wurden, kamen dem gesamten Oderbruche zustatten; in besonderem Maße aber doch nur dem nördlichen Teile desselben, dem *Niederbruch*. Dies war auch Zweck. Das *Oberbruch* zwischen Frankfurt und Küstrin war längst unter Kultur*; das *sumpfige Niederbruch*, zwischen Küstrin und Freienwalde, war der Kultur erst zu erobern.

Diese Eroberung des *Nieder*bruchs, mit dem wir uns auch hier wieder ausschließlich beschäftigen, geschah, wie ich schon in dem Kapitel »Die Verwallung« gezeigt habe, a) durch das neue Oderbett, b) durch die Eindeichung, c) durch Abzugskanäle.

* Zum Oberbruch, auch das *hohe* Bruch genannt, gehörten schon damals folgende Ortschaften: Gusow, Kienitz, Platkow, Quappendorf, Quilitz (jetzt Neu-Hardenberg), Rathstock, Sachsendorf, Tucheband, Manschnow, Gorgast, Golzow, Zechin, Werbig, Letschin, Genschmar, Langsow, Hathenow, Sietzing, Wuschewier, Friedland, Metzdorf, Kunersdorf, Bliesdorf, Ortwig, Neuendorf, Hackenow, Werder, Wollup (berühmt durch Koppe, der es dreißig Jahre lang bewirtschaftete). Diese Ortschaften sind seitdem an Reichtum und Bedeutung gewachsen, aber ihre *Zahl* hat sich, ein paar Ausnahmen abgerechnet, im Gegensatz zum *Nieder*bruche *nicht* erweitert.

Das *Niederbruch*, vor Ausführung dieser Arbeiten, war ein drei bis vier Quadratmeilen großes Stück Sumpfland, auf dessen wenigen, etwas höher gelegenen Sandstellen sich acht kümmerliche Dörfer vorfanden. Diese waren:

Reetz, Meetz,
Lebbin, Trebbin,
Großbaaren, Kleinbaaren,
Wustrow und Altwriezen.

So, wie hier aufgeführt, wurden diese Dörfer früher geschrieben. Die Rechtschreibung einzelner dieser Namen ist seitdem eine andre geworden: Meetz ist Mädewitz, Lebbin ist Lewin, Großbaaren und Kleinbaaren ist Groß- und Kleinbarnim. In der Volkssprache aber leben die alten Namen noch fort. Man sagt noch jetzt: Meetz, Lebbin und jedenfalls Groß- und Kleinbaaren.

Diesen acht kümmerlichen Fischerdörfern zuliebe konnte natürlich seitens des großen Königs die Entwässerung von drei oder vier Quadratmeilen Sumpfland nicht vorgenommen werden, um so weniger, als er sehr wohl wußte, daß die Reetzer und Meetzer Fischer, wenn er ihnen auch alles entwässerte Land abgaben- und mühelos zu Füßen gelegt hätte, doch, nach Art solcher Leute, nur über den Verlust ihrer alten Erwerbsquellen (Heumand und Fischerei) geklagt haben würden. Der König verfuhr also anders. Er hatte durch *seine* Mittel das Land gewonnen und verteilte das Gewonnene nach seinem Belieben. Einen wesentlichen Teil behielt er selbst (königlicher Anteil), den Rest erhielten die angrenzenden Städte und Rittergüter, einiges auch die alten Dorfschaften. Das gewonnene Land betrug im ganzen 130 000 Morgen, auf welches nun, wie man sonst Bäume pflanzt oder einsetzt, 1300 *Familien* »angesetzt« wurden. Das geschah in dreiundvierzig neugegründeten Kolonistendörfern. Die Gründung dieser Kolonistendörfer war Sache des Königs auf dem königlichen Anteil, Sache der Städte und Rittergüter auf *den* Anteilen, die diesen zugefallen waren. So entstanden *königliche, städtische* und *adlige* Kolonistendörfer.

Die *königlichen* Kolonistendörfer waren von Anfang an die größten und wichtigsten und sind es wohl auch geblieben. Mit Ausnahme von Herrenhof und Herrenwiese führen sie sämtlich die Namen *alter Bruch-* und Uferdörfer, denen nur, zur Unterscheidung, die Silbe »Neu« hinzugefügt worden ist. Es sind folgende:

Neubarnim	Neulietzegöricke
Neulewin	Neumädewitz
Neutrebbin	Neureetz
Neukietz	Neurüdnitz
Neuküstrinchen	Neutornow
Neuglietzen	Neuwustrow.

Die meisten Kolonisten wurden in den drei erstgenannten Dörfern, in Neubarnim, Neulewin und Neutrebbin, angesetzt, und ist diesen drei Ortschaften auch eine gewisse Superiorität verblieben. Sie zählen bis zu 2000 Einwohnern und darüber.

Werfen wir noch einen Blick auf jene ersten Jahre nach der Trockenlegung des Bruchs. 1300 Kolonistenfamilien sollten angesetzt werden, vielleicht waren auch die Häuser dazu bereits aufgeführt. Aber wo die Menschen hernehmen? Das war nichts Leichtes. Eine eigne »Kommission zur Herbeischaffung von Kolonisten« wurde gegründet, und diese Kommission ließ durch alle preußische Gesandtschaften »fleißige und arbeitsame Ausländer« zum Eintritt in die preußischen Staaten einladen. Diese Einladungen hatten in der Tat Erfolg; an Versprechungen wird es nicht gefehlt haben. So kamen Pfälzer, Schwaben, Polen, Franken, Westfalen, Vogtländer, Mecklenburger, Östreicher und Böhmen, die größte Anzahl aus den drei erstgenannten Ländern. Neubarnim ist eine Pfälzerkolonie, ebenso Neutrebbin. Neulewin wurde mit Polen, auch wohl mit Böhmen, jedenfalls mit slawischen Elementen besetzt. Die Unterschiede zeigen sich zum Teil noch jetzt in Erscheinung und Charakter der Bewohner. In den Pfälzerdörfern begegnet man einem mehr blonden, in Neulewin einem mehr brünetten Menschenschlag. Auch von der Ausgelassenheit und dem leichten, lebhaften Sinn der Pfälzer hört man erzählen.* Jede Familie er-

* Wie die Bewohner, so sind auch die Dörfer selbst in ihrer Erscheinung verschieden, doch ist es fraglich, ob sich diese Verschiedenartigkeit auf etwas *Nationales* zurückführen läßt. Vielleicht sind die Gründe nur *lokaler* Natur. Das Vorhandensein oder das Fehlen eines Wassers, anderer Zufälligkeiten zu geschweigen, mag solche

hielt neunzig, sechzig, fünfundvierzig, zwanzig und ein größerer Teil zehn Morgen Ackers von dem entwässerten Boden, bei welcher Verteilung man, wie billig, auf die Stärke der Familie und die Größe des Vermögens Rücksicht nahm. Jegliche Religionsausübung war frei. Der König ließ sechs neue Kirchen bauen, setzte vier Prediger, zwei reformierte und zwei lutherische, ein und gab jedem Dorf eine Schule. Der Unterricht war frei; Pfarre und Schule erhielten Ländereien. Noch andere Vorteile wurden den Ansiedlern gewährt. Allen denen, die sich niederließen, ward eine vollständige Freiheit von allen Lasten auf fünfzehn Jahre gewährt, wie sie denn auch – kein geringes Vorrecht in jenen Tagen – für *ihre Person samt Kind und Kindeskind von aller Werbung frei waren.* Dem König, wie wohlbekannt, lag vor allem daran, seine dünn besäeten Staaten reicher bevölkert zu sehen. Nach der Verteilung der Ländereien blieben ihm noch 20 000 Morgen, in betreff deren ein benachbarter Gutsbesitzer dem Könige bemerkte, »daß sich vorzügliche Domainen-Vorwerke daraus würden bilden lassen«. Der König sah den Ratgeber durchdringenden Blickes an und erwiderte scharf: »Wär ich, was Er ist, so würd ich auch so denken. Da ich aber König bin, so muß ich *Untertanen* haben.« Er gab auch diese 20 000 Morgen noch fort.

Die Kolonisten waren nun angesetzt, und die Urbarmachung begann. Das nächste, was der Trockenlegung folgte, war die *Ausrodung*. Diese Ausrodung führte zu seltsamen Szenen, wie sie seitdem, wenigstens in unserer Provinz, wohl nicht wieder beobachtet worden sind. Die ausgerodeten Bäume und Sträucher – da keine Gelegenheit gegeben war, die ganze Fülle dieses Holzreichtums zu verkaufen oder

Unterschiede geschaffen haben. Neubarnim (Pfälzerdorf) ist langgestreckt, und eine Baumanlage, die sich mitten durch die breite Dorfstraße zieht, teilt diese in drei Längsteile, in zwei Fahrwege, rechts und links, und einen Baumgang zwischen denselben. Neutrebbin ist ähnlich, wenn ich nicht irre. Neulewin aber (das mit Polen besetzte Dorf) präsentiert sich malerischer. Die Dorfstraße entlang läuft ein Fließ, das auf seiner ganzen Länge von schräg oder auch terrassenförmig ansteigenden Gärten eingefaßt ist. Zwischen den Häusern und diesen Gärten zieht sich rechts und links der Fahrweg. Die Häuser selbst haben vielfach Lauben und Veranden, und der Fußwanderer, der hier an einem Sommerabend des Weges kommt und vor den Häusern das Singen hört, während die dunklen, schöngewachsenen Mädchen mit den klappernden Eimern zum Brunnen gehen, vergißt auf Augenblicke wohl, daß er das verspottete Sumpf- und Sandland der Mark Brandenburg durchreist.

wirtschaftlich zu verwerten – wurden zu mächtigen Haufen aufgeschichtet und endlich, nachdem sie völlig ausgetrocknet waren, angezündet und verbrannt. Aber das Austrocknen dieser Massen dauerte oft monatelang, und so kam es, daß dieselben eine willkommene Zufluchtsstätte für all die Tiere wurden, die bei der Ausrodung aus ihren Schlupfwinkeln aufgescheucht worden waren. In diesen Holz- und Strauchhaufen steckten nun diese Tiere drin, bis der Tag des Anzündens kam. Dann, wenn Qualm und Feuer aufschlugen, begann es, bei hellem Tagesschein, in dem Strauchhaufen lebendig zu werden, und nach allen Seiten hin jagten nun die geängstigten Tiere, wilde Katzen, Iltisse, Marder, Füchse und Wölfe, über das Feld. Ebenso wurde ein Vernichtungskrieg gegen Wildbret und Geflügel geführt, und jeder Haushalt hatte Überfluß an Hirschen, Rehen, Hasen, Sumpfhühnern und wilden Enten. Hasen gab es so viel, daß die Knechte, wenn sie gemietet wurden, sich ausmachten, nicht öfter *als zweimal wöchentlich Hasenbraten zu kriegen.*

Der Boden im Bruch war ein schönes, fettes Erdreich, mit vielem Humus, der sich seit Jahrhunderten aus dem Schlamme der Oder und aus der Verwesung vegetabilischer Substanzen erzeugt hatte. Dies erleichterte die Bewirtschaftung; auch diejenigen Kolonisten, die nicht als Ackersleute ins Land gekommen waren, fanden sich leicht in die neue Arbeit und Lebensweise hinein, die, ob ernster oder leichter betrieben, jedem seinen Erfolg sicherte. Man streute aus und war der Ernte gewiß. Es wuchs ihnen zu. Alles wurde reich über Nacht.

Dieser Reichtum war ein Segen, aber er war zum großen Teil so mühelos errungen worden, daß er vielfach in Unsegen umschlug. Man war eben *nur* reich geworden; Bildung, Gesittung hatten nicht Schritt gehalten mit dem rasch wachsenden Vermögen, und so entstanden wunderliche Verhältnisse, übermütig-sittenlose Zustände, deren erste Anfänge noch der große König, der »diese Provinz im Frieden erobert hatte«, miterlebte und die bis in die Mitte dieses Jahrhunderts hinein fortgedauert haben. Ein Brief aus dem Jahre 1838 schildert die Zustände des *damaligen* Oderbruchs wie folgt:

»Die Verhältnisse, die ich hier vorgefunden, sind die, durch alle Jahrhunderte hin immer wiederkehrenden, einer Viertel- und Halbkultur, Zustände, wie sie zu jeder Zeit und an jedem Orte sich einstellen, wo in noch völlig rohe und barbarische Gemeinschaften, ohne Zutun, ohne Mitwirkung, ohne rechte Teilnahme daran, ein Stück Kultur von außen her hineingetragen wird. Das Wesen dieser Art von Existenzen ist die Disharmonie, der Mißklang, der Widerstreit. Durch gewisse Bildungsmanieren bricht immer wieder die alte Roheit durch, und im Einklange hiermit begegnet man auch in diesen reichen Oderbruchdörfern einem beständigen Gegensatze von Sparsamkeit und Verschwendung, von Kirchlichkeit und Aberglauben, von Ehrbarkeit und Sittenverderbnis. Der Bauer schreitet im langen Rock, ein paar weiße Handschuh an den Händen, langsam und gravitätisch nach der Kirche; aber er sitzt am Abend oder Nachmittag desselben Tages (einige beginnen gleich nach der Kirche) im ›Gasthofe‹ des Dorfes und vergnügt sich bei Spiel und Wein. Die Würfel rollen über das Brett, der sogenannte ›Tempel‹ wird mit Kreide auf den Tisch gemalt, alle Arten von Hasardspiel lösen sich untereinander ab, und um hundert Taler ärmer oder reicher, wüst im Kopfe, geht es weit nach Mitternacht nach Haus.

Und ähnlich in den Haushaltungen; krasser Luxus und das völlig mangelnde Verständnis für das, was wohltut und gefällt, laufen nebeneinanderher. In dem Wohnzimmer steht ein großes Sofa mit blauseidenem Überzug, aber der Überzug ist zerrissen und eingefettet. Der Kupferstich an der Wand hängt völlig schief, und kein Auge sieht es. Das Glas des andern Bildes ist mitten durchgesprungen, und niemand denkt daran, es zu ersetzen. Die eine Tochter des Hauses sitzt am Fenster und näht, aber in dem Zimmer, das, ebensogut wie ein Sofa und Fortepiano, doch auch einen Nähtisch haben könnte, fehlt dieser, und auf dem Fensterbrette steht nichts als ein Zigarrenkasten, der als Herberge für Knöpfe und Knäuel, für Lappen und Flicken dient. Nun geht es zu Tisch. Alles reichlich, aber auch nichts mehr. Die Magd mit klappernden Holzpantinen setzt die Speisen auf, das Stück Fleisch liegt unschön zerhackt auf der Schüssel; die Teller sind verschieden an Stoff und Form, die Messer und Gabeln sind abgewaschen, aber nicht blank geputzt; von Tischgebet keine Rede. So nimmt man Platz, und schweigend, unschön, ohne Dank beginnt und endet die Mahlzeit.

So ist es alltags. Einzelnen, für schweres Geld erstandenen Glanz- und Prachtstücken wird die Pflicht des Repräsentierens auferlegt; die Personen aber entschlagen sich desselben. Denn es ist unbequem. Das Ganze, um es noch einmal zu sagen, ein bunter Widerstreit von herrschaftlicher Prätension und bäuerlicher Gewohnheit.

Die Festtage des Hauses ändern das Bild, aber sie bessern es nicht. Ich habe hier Taufen und Hochzeiten beigewohnt, die mir unvergeßlich bleiben werden. Wirt und Gäste wetteifern in Staat. Wagen auf Wagen rollt vor: Chaisen mit niedergeschlagenem Verdeck; die wohlgenährten Pferde tragen mit Silber beschlagenes Geschirr, der Kutscher ist in Livrée, und die Damen, die aussteigen, sind in Samt und Seide. Musici spielen; die Tische brechen unter der Last der Speisen; die Champagnerpfropfen knallen, und der Flur ist mit Zucker bestreut, um die Fliegen von den Tafelgästen möglichst fernzuhalten. Dann wildes Juchen und Lichter, halberstickt in Tabaksqualm. Spiel und Tanz und Lärm und ein Faustschlag auf den Tisch machen den Schluß des Festes. Bauernhochzeiten zeichnen sich freilich überall durch eine gewisse Reichtumsentfaltung aus, aber diese selbstbewußte, zur Schau getragene Opulenz hält sich an andern Orten innerhalb gewisser bäuerlicher Traditionen. Hier sind diese Traditionen durchbrochen, und jeder versucht es, gleichsam auf eigne Hand, seiner Eitelkeit, und meist nur dieser, ein Genüge zu tun.

Auch Gutem und Tüchtigem bin ich in diesen Dörfern vielfach begegnet; aber zumeist doch jener Tüchtigkeit nur, die aus einem starken Egoismus und dem Instinkte des Vorteils hervorgeht. Die Wurzeln aller Kräfte, die hier tätig sind, sind *Selbstsucht* und *Selbstbewußtsein.* Die Zeit soll noch erst kommen, wo die *hohen* Kräfte des Lebens hier lebendig werden.«

Seit jenem Briefe, der die damaligen (1838) Sittenzustände des Bruchs eher zu mild als zu streng schildert, sind mehr als vierzig Jahre vergangen, und dieser Zeitraum hat bis auf einen gewissen Punkt die Wünsche erfüllt, mit denen der

Brief schließt. Es ist besser geworden. Der bloße Geld- und Bauernstolz hat dem Gefühl von den *Aufgaben* des Reichtums Platz gemacht, und an die Stelle jener Selbstsucht, die nur an sich und den engsten Kreis denkt, ist der wenigstens erwachende Sinn für das Allgemeine getreten. Es dämmert eine Vorstellung in den Gemütern von der Gegenseitigkeit der Pflichten, eine Ahnung davon, daß die blanken Taler einen andern Zweck haben, als bei dem Nachbar Geizhals im Kasten zu liegen oder vom Bruder Verschwender bei Vingt-un und »Blüchern« vergeudet zu werden. Die üblen Folgen des »Rasch-reich-geworden-Seins« verschwinden mehr und mehr, und die Segnungen festen, soliden, ererbten Besitzes treten in den Vordergrund. Man läßt den *Schein* fallen und fängt nicht nur an, sich des dünn aufgetragenen und überall absplitternden Lacks zu schämen, sondern lebt sich auch mehr und mehr in jenes Adels- und Standesgefühl hinein, das durch Jahrhunderte hin die niedersächsischen Bauern so rühmlich auszeichnete.

Mögen unsere Oderbrücher, nach der wilden Jugend ihres ersten Jahrhunderts, immer fester werden in Schlichtheit, Sitte, Zucht.

FREIENWALDE

1. Von Falkenberg nach Freienwalde. Die Stadt. Der Ruinenberg. Monte Caprino

Hier schmucke Häuschen, schimmernd
Am grünen Bergeshang;
Dort Sicheln und Sensen, blitzend
Die reiche Flur entlang;
Und weiterhin die Ebne,
Die stolz der Strom durchzieht …

Uhland

Nehmt, Kinder, nehmt! Es ist kein Traum!
Es kommt aus Gottes Haus.

W. Müller

Freienwalde – hübsches Wort für hübschen Ort. Seine Rechtschreibung schwankt; aber ob wir Freienwalde schreiben (von »frei im Wald«) oder Freyenwalde (von Freyja im Wald), in den Marken gibt es wenig Namen von besserm Klang.

Viele Wege führen hin; dies hat es mit berühmteren Plätzen gemein. Wir wählen heute nicht die kürzeste Strecke quer über das Plateau des Barnim, sondern die üblichste, über Neustadt-Eberswalde, die trotz des Umweges am raschesten zum Ziele führt. Bis Neustadt Eisenbahn, von da aus Post. Der Neustädter Postillon, einer von den alten, mit zwei Tressen auf dem Arm, bläst zum Sammeln, und während links die weiße Wolke des dampfenden Zuges am Horizont verschwindet, biegt unser Postwagen rechts in die Chaussee ein, die uns auf der ersten Hälfte des Weges abwechselnd über Tal und Hügel, dann aber vom schönen Falkenberg aus, am *Fuße* des Barnim-Plateaus hin, dem Zielpunkt unserer Reise entgegenführt.

Wie oft bin ich dieses Wegs gekommen. Um Pfingsten, wenn die Bäume weiß waren von Blüten, und um Weihnachten, wenn sie weiß waren von Schnee; heut aber machen wir den

Weg zur Pflaumenzeit und freuen uns des Segens, der lachend und einladend zugleich an den gestützten Zweigen hängt. Es ist um die vierte Stunde, der Himmel klar, und die niedersteigende Sonne kleidet die herbstliche Landschaft in doppelt schöne Farben. Der Wagen, in dem wir fahren, hindert uns nicht, uns des schönen Bildes zu freuen; es ist keine übliche Postchaise mit Ledergeruch und kleinen Fenstern, es ist einer von den großen Sommerwagen, ein offenes Gefährt mit zwanzig Plätzen und einem »Himmel« darüber, der auf vier Stangen ruht. Dieser »Himmel« – die Urform eines Baldachins, der Wagen selbst aber dem alten Geschlecht der *Kremser* nah verwandt, an deren Stelle mehr und mehr das Kind der Neuzeit, »der Omnibus«, zu treten droht.

In leichtem Trabe geht es auf der Chaussee wie auf einer Tenne hin, links Wiesen, Wasser, weidendes Vieh und schwarze Torfpyramiden, rechts die steilen, aber sich buchtenden Hügelwände, deren natürlichen Windungen die Freienwalder Straße folgt. Aber nicht viele befinden sich auf unserem Wagen, denen der Sinn für Landschaft aufgegangen; Erwachsene haben ihn selten, Kinder beinah nie, und die Besatzung unseres Wagens besteht aus lauter Kindern. Sie wenden sich denn auch immer begehrlicher dem näher liegenden Reiz des Bildes, den blauen Pflaumen, zu. In vollen Büscheln hängen sie da, eine verbotene Frucht, aber desto verlockender. »Die schönen Pflaumen«, klingt es von Zeit zu Zeit, und sooft un-ser Kremser den Bäumen nahe kommt, fahren etliche kleine Hände zum Wagen hinaus und suchen die nächsten Zweige zu haschen. Aber umsonst. Die Bewunderung fängt schon an in Mißstimmung umzuschlagen. Da endlich beschleicht ein menschliches Rühren das Herz des Postillons, und auf jede Gefahr, selbst auf die der Pfändung oder Anzeige, hin links einbiegend, fährt er jetzt mit dem wachsleinenen Baldachin mitten in die Zweige des nächsten Baumes hinein. Ein Meistercoup. Wie aus einem Füllhorn fällt es von Front und Seite her in den offenen Wagen; alles greift zu; der Kleinste aber, ein Blondkopf, der vorne sitzt und die Leine mit halten durfte, als führ er selber, deklamiert jetzt auf den schmunzelnden Postillon ein: »Das ist der Daum, der schüttelt die Pflaum«, und an Landhäusern und Wassermühlen, an Gärten und Fischernetzen vorüber geht es unter endloser Wiederholung des Kinderreims, in den der ganze Chorus einfällt, in das hübsche, aber holprige Freienwalde hinein.

Freienwalde ist eine Bergstadt, aber nicht minder ist es ein Badeort, eine *Fremdenstadt.* Wir haben erst eine einzige Straße passiert, und schon haben wir fünf Hôtels und eine Hofapotheke gezählt; noch sind wir nicht ausgestiegen, und schon rasseln andere Postwagen von rechts und links heran; das Blasen der Postillone nimmt kein Ende; Herren in grünen Reiseröcken und Tiroler Spitzhüten wiegen sich auf ihren Stöcken und umstehen das Posthaus, bloß in der vagen Hoffnung, ein bekanntes oder gar ein hübsches Gesicht zu sehen; Hausknechte erheben ihre Stimme zu Ehren der »Drei Kronen« oder der »Stadt Berlin«, und die ersten Anfänge des Ciceronetums, rätselhafte Gestalten in Flausröcken und Strohmützen, stellen sich schüchtern dem Neuankommenden vor und erbieten sich, ihm die Schönheiten der Stadt zu zeigen. Nur der fliegende Buchhändler fehlt noch, der die »Schönheiten Freienwaldes«, besungen und lithographiert, mit beredter Zunge anzupreisen verstände.

Freienwalde ist ein Badeort, eine Fremdenstadt, und trägt es auf Schritt und Tritt zur Schau; was ihm aber ein ganz eigentümliches Gepräge gibt, das ist das, daß alle Bade- und Brunnengäste, alle Fremden, die sich hier zusammenfinden, eigentlich keine Fremden, sondern märkische Nachbarn, *Fremde aus nächster Nähe,* sind. Dadurch ist der Charakter des Bades vorgeschrieben. Es ist ein *märkisches* Bad und zeigt als solches in allem jene Leichtbegnüglichkeit, die noch immer einen Grundzug unseres märkischen Wesens bildet. Und zwar mehr noch, einzelne Residenzausnahmen zugegeben, als wir selber wissen. Freienwalde ist kein Roulette- und Equipagenbad, kein Bad des Rollstuhls und des galonierten Bedienten, am wenigsten ein Bad der fünfmal gewechselten Toilette. Der breite Stempel, den die echten und unechten Engländer seit fünfzig Jahren allen europäischen Badeörtern aufzudrücken wußten, *hier* fehlt er noch, hier ist der komplizierte »Breakfast-Tisch« noch ein kaum geahntes Geheimnis, hier wird noch *gefrühstückt,* hier sucht noch kein grüner und schwarzer Tee die alte Herrschaft des Morgenkaffee zu untergraben, hier herrscht noch die vaterländische Semmel und weiß nichts von Buttertoast und Muffin, des Luftbrotes (aërated bread) und anderer Neuerungen von jenseit des Kanals ganz zu geschweigen.

Und einfach wie die Frühstücksfrage, so löst sich auch die Frage des Kostüms. Der Shawl, der früher eine Mantille, oder die Mantille, die früher ein Shawl war, der Hut mit der neuen »Rüsche«, der Handschuh, der dreimal durch die Brönnerprobe ging – *hier* haben sie noch Hausrecht, und das zwölf Jahr gediente Leihbibliothekenbuch, hier ruht es noch frei und offen auf dem Antimakassar-Stuhl, mit der ganzen Unbefangenheit eines guten Gewissens. Nichts von Hyperkultur, wenig von Komfort. Während überall sonst ein gewisser Kosmopolitismus die Eigenart jener Städte, die das zweifelhafte Glück haben, »Badeörter« zu sein, abzuschwächen oder ganz zu verwischen wußte, ist Freienwalde eine *märkische* Stadt geblieben. Kein Wunder. Nicht der Welttourist, *nur die Mark selber kehrt hier zum Besuche bei sich ein.*

Freienwalde, wie wir sahen, ist eine Bergstadt; kleine Bergstädte aber sind selten die Stätten einer glänzenden Architektur. Die Häuser, überall ein »bestes Plätzchen« suchend, schaffen mehr Gassen und Winkel als eigentliche Straßen, und das Beste, was wir von Freienwalde zu sagen wissen, ist, daß es von dem bedenklich-pittoresken Vorrechte derartiger Bergstädte keinen allzu starken Gebrauch macht. Die Budengasse, der Seidene Beutel, der Köter- oder Rosmarinweg sind freilich Lokalitäten, die dem Klange ihres Namens so ziemlich gleichkommen, aber der Marktplatz mit seiner kahlen Geräumigkeit macht vieles wieder gut. Mehr als gut. Weite hier und Enge dort hätten sich gegenseitig aushelfen können.

Die Schönheit der eigentlichen Stadt ist mäßig, ihr Reiz liegt draußen auf den Bergen. Diesen Bergen verdankt es alles, was es ist: von dort aus kommen seine Quellen, und von dort aus gehen die Fernsichten ins Land hinein. Wer nicht kommt, um hier die Eisenquelle zu trinken, der kommt doch, um einen Blick in die »Märkische Schweiz« zu tun. Und diesen Freienwalder Bergen, den Hütern, Wächtern und zum Teil Ernährern der Stadt, schreiten wir jetzt zu.

Zunächst der *Ruinenberg*. Er erhebt sich unmittelbar im

Rücken der Stadt und hat mit dem bekannten Potsdamer »Brauhausberge« das eine gemein, daß er, wie dieser, die älteste Aussichtsfirma und nach Ansicht vieler auch noch immer die bestfundierte repräsentiert. Er ist am leichtesten zu ersteigen. Das ist eins, was ihn empfiehlt. Bequeme Terrassen bilden den Weg, so daß man die Höhe plaudernd erreicht, als erstiege man die Treppen eines Renaissanceschlosses. Der Blick vom Ruinenberg aus hat nur in Front eine Bedeutung, wo man zunächst auf die malerisch in der Tiefe liegende Stadt, dann über die Türme und Dächer hinweg in die duftige Frische der Bruchlandschaft herniederblickt. Wie ein Bottich liegt diese da, durchströmt von drei Wasserarmen: der Faulen, Alten und Neuen Oder, und eingedämmt von Bergen hüben und drüben, die, wie ebenso viele Dauben, die grüne Tiefe umstehen. Meilenweit nur Wiesen; keine Fruchtfelder, keine Dörfer, nichts als Heuschober, dicht und zahllos, die, immer kleiner und grauer werdend, am Horizonte endlich zu einer weidenden Herde zusammenzuschrumpfen scheinen. Nur Wiesen, nur grüne Fläche; dazwischen einige Kropfweiden; mal auch ein Kahn, der über diesen oder jenen Arm der Oder hingleitet, dann und wann ein mit Heu beladenes Fuhrwerk oder ein Ziegeldach, dessen helles Rot wie ein Lichtpunkt auf dem Bilde steht. Der Anblick ist schön in seiner Art, und wessen Auge krank geworden in Licht und Staub und all dem Blendwerk großer Städte, der wird hier Genesung feiern und dies Grün begrüßen, wie ein Durstiger einen Quell begrüßt. Aber der Anblick, so erlabend er ist, erleidet doch Einbuße durch seine Monotonie. Erst weiter südwärts, nach Frankfurt zu, verändert das Bruch seinen Charakter, erweitert ihn und schafft ein Bild voll Schönheit und Fruchtbarkeit, wie es die Mark in dieser Vereinigung nicht zum zweiten Male besitzt.

Der Ruinenberg blickt weit ins Bruch hinein. Wodurch er sich indessen von den Nachbarbergen am wesentlichsten unterscheidet, das ist der schon erwähnte Blick auf das ihm zu Füßen liegende Freienwalde. Außerdem hat er seine historischen Traditionen, Erinnerungen, denen wir es nicht zum Bösen anrechnen wollen, daß sie sich in sagenhafte Vorzeit verlieren. Es hat dies folgenden Zusammenhang. Bei Nachgrabungen, die im Spätherbst 1820 hier angestellt wurden, stieß man, etwa vier Fuß tief unter der Erde, auf Fundamente, die nach sorglicher Ausmessung eine Länge von 136 Fuß ergaben. Es war just die Zeit, wo man hierlandes, über das »wendische Interregnum« hinaus, alles auf Langobarden- und Semnonentum zurückzuführen trachtete. Und das Badecomité, wie alle Badecomités, stand natürlich auf der Höhe seiner Zeit. Die Folge davon war, daß seitens desselben das 136 Fuß lange Fundament ohne weiteres als die Seitenwand eines Freyja-Tempels festgestellt und, zwei Fliegen mit einer Klappe schlagend, jeder Streit über »Freienwalde« oder »Freyenwalde« ein für allemal zugunsten der letzteren Version entschieden wurde. Das Fundament selbst aber, alsbald ans Licht geschafft, erfuhr eine doppelte Verwendung. Die eine Hälfte ward als Mauerbruchstück aufgerichtet und erhielt eine Tafel mit der Geschichte der Auffindung des Freyja-Tempels, während die andere Hälfte, ebenfalls nach Sitte der Zeit, als künstlicher »Ruinenturm« in eine neue Phase des Daseins trat. Inschrift: »Wie schön ist Gottes Erde.«

Unser nächster Besuch gilt dem *Ziegenberg*, früher »Zickenberg«, der sich jedoch an seiner einfachen Erhebung ins Hochdeutsche nicht genügen ließ und in einen »Monte Caprino« verwandelt wurde. Von seiner Höhe blickt man ebenfalls in die Bruchlandschaft hinein, aber die Stadt im Vordergrunde fehlt. Dies mag uns Veranlassung geben, die sich um Freienwalde herumgruppierenden Bergpartien auf ihre Formation hin ein wenig näher anzusehen. Ihre Eigentümlichkeit besteht nämlich darin, daß sie, wiewohl frei und offen daliegend, doch zugleich einen sehr *exklusiven Charakter* haben und untereinander, wenigstens landschaftlich, in gar keiner oder sehr geringer Verbindung stehn. Wir beschreiben diese hufeisenförmigen Täler vielleicht am besten, wenn wir sie als ebenso viele Amphitheater bezeichnen. Da alle diese Amphitheater am Bruche entlang liegen und nach vorn hin geöffnet sind, so ist der Blick auf das Bruch das *allen Gemeinsame*; alles das aber, was sie von rechts und links her mit ihren Flanken umspannen, ist ihre jedesmalige Spezialität und kann nur von den verschiedenen Plätzen des eignen, nicht aber von den Plätzen des angrenzenden Amphitheaters aus gesehen werden.

Wenn wir den Ruinenberg die »älteste Firma« nannten, so ist der Monte Caprino die jüngste. Professor Valentini, manchem unsrer Leser aus alten Berliner Tagen her bekannt, hat dem Städtchen, in das er sich zurückzog, diesen Berg erobert und die höchste Kuppe desselben in die Liste der Freienwalder Schönheiten eingereiht. Wofür ihm zu danken. Ob wir ihm auch für das Häuschen zu danken haben, das unter dem Namen »Valentinis Ruh« sich an höchster Stelle des Berges erhebt und, mit blau und roten Gläsern ausstaffiert, den Besucher auffordert, die Wiesenlandschaft abwechselungshalber auch mal *blau* und *rot* auf sich wirken zu lassen, ist ungewiß. Als desto gewisser aber wird es gelten können, daß die doppelspaltige, fünf Fuß hohe Inschrift des Häuschens auf den Professor allerpersönlichst zurückgeführt werden muß. Wer hier gestanden und diesen Versen gegenüber nach Verständnis gerungen, denkt mit Wehmut an den Ruinenberg und den kurzgefaßten Höltyschen Nachklang zurück.

Wenige freilich werden angesichts dieser lachenden Landschaft Lust bezeugen, unsern alten Professor auf die Monte-Caprino-Höhe seines mißverstandenen Pantheismus zu begleiten, wenige werden ihn lesen, und sie tuen recht daran. Aber eine Aufgabe, deren sich der freie Wandersmann entschlagen kann, wird zur unabweislichen Pflicht für den ex officio Reisenden, der lesen *muß* und der in nachstehendem aphoristisch enthüllt, was er an Ort und Stelle gewissenhaft verzeichnet hat. Das Ganze ist ein ins Religiöse hinüberklingender Naturhymnus, in dem Logik und Grammatik, wie der Lahme und Blinde, einen wunderlichen Wettlauf anstellen. »Gott ist die Seele seiner Schöpfung, in *der* Er sich gleichsam wie in ein herrliches Gewand hüllt.« Dieser Dativ überrascht. Aber Valentini bringt alles wieder ins Gleichgewicht. »Wie ein freundlicher Talisman erhält uns die Religion über die Wellen im Schiffbruch des Lebens.« So vollzieht er in seinem eignen Hymnus einen Akt der Gerechtigkeit und zahlt schließlich dem Akkusativ die Schuld zurück, die er anfangs bei ihm eingegangen.

Denken wir milde darüber, hat er doch selber seitdem die letzte Schuld gezahlt. Auf »Valentinis Ruh« rasten jetzt andere; er selber aber ist, am Fuße des Hügels, längst eingegangen zu dauernder Ruh.

2. Falkenberg

> Da liegt zu Füßen ein schimmernd Bild,
> An die Berge geschmiegt das weite Gefild,
> Falter fliegen im Sonnenstrahl.
>
> *Paul Heyse*

Etwa wie sich Heringsdorf zu Swinemünde verhält, so verhält sich Falkenberg zu Freienwalde. Ein Dorf, das, durch seine schöne Lage, vielleicht auch durch den schlichten Zauber des *Ländlichen* bevorzugt, dem eigentlichen Badeorte gefährlich zu werden droht. So dort wie hier. Und wie sich zwischen Heringsdorf und Swinemünde ein tannenbekränzter Dünenrücken zieht, der von seinen höchsten Punkten einen prächtigen Blick in die grünliche See hinaus gestattet, so ziehen sich zwischen Freienwalde und Falkenberg die steilen, tannen- und laubholzbesetzten Abhänge des Barnim-Plateaus, dessen Kuppen meilenweit in das grüne Bruchland herniedersehen.

Der Weg von Freienwalde nach Falkenberg ist begreiflicherweise derselbe wie von Falkenberg nach Freienwalde; wir fahren also, am Fuße des Plateaus hin, denselben malerischen Weg *zurück*, auf dem wir im vorigen Kapitel Freienwalde entgegenfuhren. Die Pflaumenbäume sind noch dieselben wie am Tage vorher, aber nicht nur die Kinder fehlen, deren Übermut wir etwas zugute halten durften, auch der *Baldachin* fehlt, dessen ausgezackte Wachsleinwand gestern die Pflaumen von den Bäumen harkte. Ohne Erlebnis, ohne Lärm und Jubel, nur dem stillen Eindruck der Landschaft und der Herbstesfrische hingegeben, beenden wir unsern Weg und biegen jetzt, mit plötzlicher Schwenkung nach links, in die Falkenberger Dorfstraße ein. Bis dahin am *Rande* der Berge fahrend, sind wir mit Hülfe dieser Biegung nicht nur in das Dorf, sondern auch in die Berge selbst geraten. Die steile Wand, die eben noch frei ins Bruch blickte, blickt jetzt auf eine Hügelwand *gegenüber*; das Bild hat seinen Charakter geändert, und unser Weg ist ein Hohlweg, eine Schlucht geworden. *In dieser Schlucht liegt Falkenberg.* Die einschließenden Berge gewähren die schönste und wechselndste Aussicht; der Abhang rechts blickt in das Bruch, die Wände und

Kuppen zur Linken aber blicken in die Verschlingungen und Kesseltiefen der eigentlichen Wald- und Berglandschaft hinein.

Ehe wir indessen diese Wände und Kuppen ersteigen, um von ihnen aus Umschau zu halten, steigen wir in die zuunterst gelegene Gasse des Dorfes nieder, wohin uns die weiße Wand und mehr noch der melodische Lärm einer Wassermühle lockt. Dort sind wir willkommen. Wir nehmen Platz neben der Tür, und die Steinbrücke vor uns, unter der hinweg der Mühlbach schäumt, pickende Hühner um uns her und Sommerfäden in der Luft, so rasten wir und plaudern von Falkenberg und seinen Bewohnern.

Falkenberg ist doppellebig. Seine Natur bringt das so mit sich, und während es die Wiesen zu einem Bruchdorfe machen, machen es die Berge mit ihren Quellen und schattigen Plätzen zu einem Brunnen- und Badedorf. Im Einklang mit dieser Doppellebigkeit unterscheiden wir denn auch einen Sommer- und einen Winter-Falkenberger.

Der Winter-Falkenberger oder der Falkenberger *außerhalb* der Saison ist ein ganz anderer wie der Sommer-Falkenberger oder der Falkenberger *in* der Saison. Der Winter-Falkenberger ist ganz Märker, das heißt ein Norddeutscher mit starkem Beisatz von *wendischem* Blut. Er ist fleißig, ordentlich, strebsam, aber mißtrauisch, eigensinnig und zu querulieren geneigt. Hört man ihn selbst darüber sprechen, so hat er freilich recht. Die Heuwirtschaft bleibt doch immer die Hauptsache für ihn, das Fundament seines Wohlstandes, und seine Wiese, dies Stück Bruchland, ist mit Abgaben überbürdet. »Die Verwallung«, so hebt der Winter-Falkenberger an, »hat uns Gutes gebracht, aber auch viel Böses. Sonst stand das Wasser auf unsern Wiesen, und wir hatten eine unsichere oder auch gar keine Heuernte; jetzt haben wir die Eindeichung und bringen unser Heu trocken herein, aber wir müssen für den Deich, der uns schützt, eine so hohe Abgabe oder Beisteuer zahlen, daß mancher schon gedacht hat: ohne Deich wär es besser. Unser ganzes Unglück ist, daß sie ›da oben‹ die Abgaben und die Beisteuer ungerecht verteilen. Die Herren von der Regierung sagen: ›Wir haben den Damm gebaut und das Oderbruch trockengelegt. Wo wir das Bruch von vielem Wasser befreit haben, da muß auch viel gezahlt werden, und wo wir es von wenig Wasser befreit haben, da wird auch nur wenig bezahlt.‹ Das klingt sehr schön und sehr gerecht, ist aber Ungerechtigkeit von Anfang bis Ende. Hier bei uns stand das Wasser alle Frühjahr am höchsten, elf Fuß hoch und drüber, während es in andern Teilen des Bruches, und zwar in den besten und reichsten, nur einen Fuß hoch stand. Was geschieht nun? Wir müssen das Elffache bezahlen, denn man hat uns ja von der elffachen Wassermasse befreit. Aber überschwemmtes Land ist überschwemmtes Land, und es ist ganz gleich, ob das Wasser einen Fuß oder elf Fuß hoch auf Wiese und Acker gestanden hat.«

So der Winter-Falkenberger. Ich habe ihm anfänglich alles geglaubt und ihn wochenlang als ein Opfer des Deichverbandes oder gar einer Regierungslaune angesehen, bis ich schließlich mich überzeugt habe, daß das »wendische Blut« ihn doch auf falsche Wege geführt und ihn bitterer und eigensinniger gemacht hat als nötig. Die Sache ist nämlich die: Bruchländereien, in denen das Wasser vordem elf Fuß hoch zu stehen pflegte, genossen das traurige Vorrecht, *alle* Jahre überschwemmt zu werden, während Ländereien mit *einem* Fuß Wasser jahrelang von jeder Überschwemmung befreit blieben. *Ein* Fuß Wasser oder *elf* Fuß Wasser ist freilich gleichgültig, aber die Elf-Fuß-Wasser-Leute hatten eben das Wasser *immer*, während es die Ein-Fuß-Wasser-Leute vielleicht nur *alle elf* Jahre hatten. Müssen aber doch *alljährlich* ihre Beisteuer zahlen.

Der Winter-Falkenberger ist *märkisch*, der Sommer-Falkenberger ist *thüringisch*, eine Art Ruhlenser: freundlich, gebildet, entgegenkommend. Der Vorübergehende bietet guten Tag, gibt Auskunft, zeigt den Weg. Überall gute Form und gute Sitte, eine »Manierlichkeit«, wie sie sonst in den Marken, zumal in den Odergegenden, nicht leicht betroffen wird. Diese Manierlichkeit ist freilich zum guten Teil etwas bloß Angenommenes, aber doch nicht allein. Der modelnde Einfluß, den die Wohnstätte des Menschen auf den Menschen selber übt, zeigt sich auch hier. Die Falkenberger, solange sich ihr Auge nur auf Wasser und Wiese richtete, blieben wendisch-märkische Fischersleute von altem, etwas gröblichem Schrot und Korn; von dem Augenblick an aber, wo sie sich um die Sommerzeit ihren Bergen zuwandten, begann auch der Anblick des Schönen den Formensinn zu bilden, die Sitte zu modeln, und unter dem Einfluß einer so nah gelegenen und doch so spät erst entdeckten thüringischen Natur entstand etwas von thüringischer Sitte, von sächsischem Schliff. – Welch Unterschied jetzt zwischen einem märkischen Sanddorf und diesem gebirgsdorfartigen Falkenberg! In jenem findet sich nur, was nötig, im glücklichsten Falle, was nützlich ist, aber nichts von dem, was ziert und schmückt. Zieht sich nichtsdestoweniger eine Allee durch solch ein Sanddorf hin, so darf man sicher sein, daß sie ein *Befehl* ins Leben gerufen hat. Der freie Wille, der eigene Trieb der Dörfler hätte sie nie gepflanzt. Wie anders hier. Um die alten Obstbaumstämme rankt sich der sorglich gepflegte Efeu am Gitterdraht, Weingänge laufen an der Rückfront der Häuser hin, der Ebereschenbaum lehnt sich an den Vorbau der Häuser, und Bank und Laube haben ihren bestimmten Platz. Der Brunnen, das Bienenhaus, Kleines und Großes fügt sich malerisch in das Ganze ein, denn der Sinn für das, was gefällt, ist lebendig geworden und wirkt *selbständig-tätig* in jedem Moment.

Aber freilich Anleitung und Schulung ging dem »Selbständig-tätig-Sein« der Falkenberger voraus, und das Beste nach dieser Seite hin verdanken sie wohl dem Natur- und Schönheitssinn ihres nächsten Nachbars, des Besitzers von Cöthen, eines Dorfes, dessen Bergpartien und Hügelabhänge den malerischen Rahmen des mehr in der Tiefe gelegenen Falkenbergs bilden.

In dies Cöthener Bergterritorium hinein ermöglichen sich nun, als vorzüglichster Reiz eines Falkenberger Aufenthalts, allerhand Ausflüge und Partien. Wir treffen aber wohl das Richtige, wenn wir nur drei Punkte besonders namhaft machen und ihnen den Preis der Schönheit zuerkennen. Es sind dies die *Karlsburg*, die *Idas-Eiche* und der *Cöthener Park* Einer kurzen Beschreibung derselben schick ich eine Beschreibung des ihnen gemeinschaftlichen Terrains voraus. Dieses Terrain ist ein nach vorn hin geöffnetes Kesseltal und hat die Form eines Hufeisens oder eines griechischen $_{a}\overset{c}{\Omega}_{b}$. Auf der geschlungenen Berglinie, die das Kesseltal bildet, befinden sich Kuppen, unter denen die zumeist nach vorn hin gelegenen: die Karlsburg und die Idas-Eiche (a und b), mit Recht als die schönsten gelten. Am meisten zurück gelegen liegt das Dorf Cöthen (c). Von ihm aus zieht sich dann, an einem Bach oder Fließ entlang und von Bergwänden eingefaßt, der Cöthner Park bis an die Grenze des Falkenberger Gebiets.

Die *Karlsburg*, ein heiteres, villenartiges Gebäude, blickt von dem sogenannten Paschenberg aus in die Oderbruchlandschaft hinein. Was ihr als Aussichtspunkt einen besondern Reiz verleiht, ist die aparte Schönheit des Vordergrundes, des Dorfes Falkenberg *selbst*, über dessen Schluchten, Dächer und Türme hinweg der Blick zu der weiten, grünen Fläche des Bruches hinüberschweift. Leicht vom Dorf aus zu erreichen, ist, zumal um die Mittagsstunde, die Karlsburg der bevorzugte Platz der Falkenberger Sommergäste, und hier in Front des Hauses, unter dem säulengetragenen, geißblattumrankten Vorbau, klingen bei festlichen Gelegenheiten (die sich ja immer finden) die Gläser zusammen, und die bereitstehenden Böller donnern dazwischen und wecken das Echo in den Bergen.

Noch schöner ist die *Idas-Eiche*. Der Blick ins Bruch ist derselbe, der in die Berge aber umfaßt den ganzen Inhalt des zu Füßen liegenden Kesseltales: Berglehnen und geschlungene Wege, Laubholzgruppen, Häuser und Hütten. Man kann hier von einem Avers und Revers der Landschaft sprechen. Nach beiden Seiten hin ein gleich gewinnendes Bild. Was übrigens diesem Punkte seine begeistertsten Freunde wirbt, ist ein bloßes genrehaftes Beiwerk: eine breite Treppe, die sich spiralförmig um den alten Stamm der Eiche windet und oben in einen Rundtisch oder, poetischer, in eine »Tafelrunde« ausmündet. Die höchste Krone des Baumes spannt sich dann als Schirm über dieser gitterumfaßten Plattform, und wenn der Karlsburg, nach altem Herkommen, der helle Mittag gehört, so gehört der Idas-Eiche die Dämmerstunde, wenn »auf am Himmelsbogen die goldnen Sterne zogen«. Dann ist diese Plattform ein Balkon, wie ich hierlands auf keinem schöneren gesessen. Aus dem Dunkel des Waldes blinken einzelne Lichter herauf, am Horizonte, jenseits des Bruches, ziehen lichtweiße Streifen und verschwinden wieder – nichts ist wach als der Abendwind, der die Eiche, die uns trägt, in ein leises Schwanken bringt. Und das Geplauder wird stiller und stiller, bis es endlich schweigt. Immer heller funkeln die Sterne, immer weiter wird der Blick, bis endlich, wie aus Bann und Märchenschlummer, erst das Rasseln eines schweren Postwagens und dann das begleitende Posthorn uns weckt, das von der Falkenberger Berglehne her herüberklingt.

Der *Cöthener Park*. Von der Idas-Eiche bis Dorf Cöthen ist wenig weiter als 1000 Schritt, und die Cöthener Dorfstraße passierend, führt uns unser Weg unmittelbar an den Eingang des Parks. Er ist etwas altfränkisch und stammt noch aus einer Zeit, wo man gewissen perspektivischen Künsten den Vorrang einräumte vor der landschaftlichen Schönheitslinie. Marmorköpfe, über deren Bedeutung an der speziell von ihnen eingenommenen Stelle vielleicht immer ein Dunkel walten wird, blicken rätselhaft aus allerhand Felsgemäuer hervor, und Delphine und Löwen speien Wasser und lassen es sich nicht anfechten, daß ihre alabasterweißen Unterkiefer von Eisenocker längst braun geworden sind. Dazu Tempelchen und Muschelgrotten und all die Künste jener alten Parks, deren Musterstücken wir nach wie vor in Schwetzingen und Wörlitz begegnen. Dennoch hat dieser Cöthener Park seine Eigentümlichkeit, weil das Stück Natur *eigentümlich* war, das zu seiner Anlage genommen wurde. Es ist eine reich mit Laubholz, namentlich mit schönen Buchen, besetzte Schlucht, durch die sich ein Fließ, ein Bach, zieht. Dieser Bach, der in seiner künstlich vielfachen Verzweigung dem Parke hier und dort den Charakter eines Elsbruches gibt, ist in Wahrheit der Quell seiner Schönheit überhaupt. Er begleitet uns von Schritt zu Schritt und ist unser Führer durch die labyrinthischen Gänge. Und nicht genug damit, alle Minuten hält er an, um noch ein übriges für uns zu tun: hier stürzt er sich vom Wehr, aber nur, um an nächster Stelle schon als Springbrunnen wieder aufzusteigen; hier treibt er ein Wasserrad, dort speist er eine überlaufende Vase, und aus der langsam sich drehenden Scheibe daneben spritzen seine dünnen Strahlen zugleich als Schmuck und als treibende Kraft.

Am wenigsten glücklich ist der Park in *Inschriften*. Wir entschlagen uns ihrer aber und folgen lieber dem plätschernden Fließ, dessen Lauf uns nach einem kurzen Spaziergange durch die Mitte des umwaldeten Kesseltals in die malerisch verschlungenen Straßen von Dorf Falkenberg zurückführt.

3. Das Schloss

Dies weiße Häuschen find ich zum Entzücken,
Die Wand ist sauber bis hinauf zum Dache,
Und heitre Fenster sind es, die es schmücken.

B. von Lepel

Freienwalde hatte von alters her ein »Schloß«, erst ein Uchtenhagensches, dann ein kurfürstliches, zuletzt ein königliches.

Das Schloß, das die Uchtenhagens innehatten und in das sie wahrscheinlich einzogen, nachdem ihre Burg auf dem Schloßberge (siehe das entsprechende Kapitel) zerstört worden war, lag unmittelbar hinter der Freienwalder Kirche und blickte auf die Oder hinaus, die damals bis dicht an die Stadt herantrat. Eine Abbildung in Philipp von der Hagens »Beschreibung der Stadt Freienwalde« stellt höchstwahrscheinlich dies alte Uchtenhagensche Schloß dar. Woher er dies Bild genommen, darüber gibt er nicht Aufschluß. Es ist ein einfaches, beinah fensterloses Gebäude mit einem gotischen Erkerturm als einzigem Schmuck.

Das *kurfürstliche* Schloß, in unscheinbaren Resten noch erhalten, erhob sich an derselben Stelle, wo vorher, durch zwei Jahrhunderte hin, das eben beschriebene Stadtschloß der alten Uchtenhagen gestanden hatte. Der Große Kurfürst ließ es 1687 zu »künftigem bequemen Aufenthalte daselbst« erbauen. Näheres über diesen Bau aber: *wann* er beendigt wurde, *wer* daselbst residierte, hab ich nicht in Erfahrung bringen können. Die Nachrichten, die man am Orte selber einzieht, widersprechen einander, und ein Befragen der reichen »Freienwalder Literatur« fördert uns, das Günstigste zu sagen, um nicht viel. Nur soviel scheint gewiß, daß der ursprünglich als Jagd- oder Sommerschloß intendierte Bau weder vom Großen Kurfürsten noch von seinem Nachfolger,

König Friedrich I., bewohnt, vielmehr sehr bald nach seiner Fertigstellung als königliches Amts-, später dann als städtisches Schul- und Rathaus benutzt worden ist.

Das *königliche* Schloß Freienwalde liegt nicht innerhalb der Stadt, sondern unmittelbar *vor* derselben, auf dem Wege zum Brunnen hinaus, fast am Fuße des ehemaligen Apothekerberges.* »Die Gemahlin Friedrich Wilhelms II.«, so versichert Dr. Heidecker in seiner Beschreibung der Stadt Freienwalde, »fand die Lage dieses Berges so reizend, daß sie von 1790 an alljährlich mehrere Wochen während der Badezeit in Freienwalde zubrachte und das Haus des Oberförsters Wiprecht, das zu diesem Zweck erweitert und eingerichtet worden war, bewohnte. Sie ließ zugleich neben der Oberförsterwohnung eine geschmackvolle Sommerwohnung bauen, die aus einem Saale, vier Cabinets und einer Küche bestand – den jetzigen *Pavillon.*«

Dieser Pavillon genügte bis 1795, und erst als zwei Jahre später, nach dem inzwischen erfolgten Tode des Königs, die nunmehr verwitwete Königin ihren Lieblingssitz Freienwalde zu ihrem *Witwensitze* erhob, entstand das gegenwärtige »königliche Schloß«. Wahrscheinlich um 1800.

Die Frage drängt sich auf: Wie verflossen ihr hier die Tage ihrer Witwenzeit? Still, und deshalb nicht eingetragen in die Blätter der Geschichte. Aber einzelnes lebt doch in schriftlicher oder mündlicher Überlieferung fort, das uns einigermaßen in den Stand setzt, uns ein Bild dieser stillen Tage zu entwerfen. Die königliche Frau, ausharrend in ihrer Liebe für die Stadt, der sie seit Jahren ihre besondere Gunst geschenkt hatte, fuhr mit regem Eifer fort, sich die Verschönerung Freienwaldes angelegen sein zu lassen und besonders die Landschaft durch Zugänglichmachung ihrer schönsten Punkte zu erschließen.** Überall entstanden Partien und

* Dieser Berg heißt jetzt der »*Schloßgartenberg*« und ist nicht mit dem »Schloßberg« zu verwechseln, der, halben Weges zwischen Freienwalde und Falkenberg gelegen, die Ruinen der alten Uchtenhagen-Burg auf seiner Kuppe trägt.

** Zu einem solchen »Erschließen« war auch in Freienwalde, wie überall im Lande, noch vollauf Gelegenheit gegeben. Denn der Sinn für die »schöne Landschaft« ist wie die Landschaftsmalerei von sehr modernem Datum. Namentlich in der Mark. Die *eigentliche* märkische Bevölkerung hat noch jetzt diesen Sinn beinah gar nicht, wovon sich jeder überzeugen kann, der an hübsch gelegenen Orten einer Vergnügungspartie märkischer Stadt- und Dorfbewohner beiwohnt. Sie sind ganz bei ihrem *Vergnügen*, aber gar nicht bei der »Landschaft«, der sie in der Regel den Rücken zu-

Promenaden, Eremitagen und Tempel. Abhänge wurden bepflanzt, dichte Waldpartien gelichtet und gerodet. Sie kaufte den »Poetenberg«, bepflanzte ihn mit Kastanien, mit Pappeln und Akazien und errichtete, wie uns überliefert wird, ein Haus im *japanischen* Geschmack, das den Namen »Otahaiti« erhielt. Man nahm es damals nicht so genau.

Wir könnten noch von vielen Verschönerungen dieser Art erzählen, deren Verdienstlichkeit es wenig Abbruch tut, daß das Maß ihrer Schönheit oft ein höchst bescheidenes oder zweifelhaftes war; wir ziehen es jedoch vor, uns nunmehr jenen Besuchs- und Familientagen von Schloß Freienwalde zuzuwenden, wo die »Kinder« von Berlin herüberkamen: der König, die Königin und mit ihnen die drei ältesten Enkel: Fritz, Charlotte und Wilhelm. Vieles im Schloß erinnert noch an jene Tage stillen Glücks, und besonders ist es »Kronprinz Fritz«, dessen Spuren sich verfolgen lassen. Es scheint fast, daß er oft längere Zeit bei der Großmutter zum Besuche war; er drechselte, spielte und kletterte im Park umher, und allerhand Anekdoten kursieren noch von alten, viel verfolgten Hofdamen, die, besonders an Winterabenden, auf dem Heimweg vom Schloß durch schattenhaftes Hinundherhuschen, durch Geraschel in den Zweigen und später am Abend durch Kratzen an der Haustür oder durch leises, gespenstisches Klingeln in ihrer Einsamkeit erschreckt wurden. Das interessanteste Überbleibsel aus jener Zeit aber ist ein Leierkasten, der damals dem Kronprinzen zum Geschenk gemacht wurde und dessen Hauptstück die Papageno-Arie war: »Ein Mädchen oder Weibchen wünscht Papageno sich.«

1805 starb die Königinwitwe, und das Schloß zu Freienwalde stand auf lange hin leer. Erst in den dreißiger Jahren hören wir wieder von bestimmten Besuchern. Prinzeß Luise Radziwill brachte hier die Sommermonate von 1836 zu; sie sehnte sich nach Stille, nach Ruhe, und sie fand sie hier.

Seit jener Zeit vergingen wohl nur wenige Sommer, wo das Schloß am Schloßgartenberg nicht auf längere oder kürzere Wochen seine Besucher gehabt hätte; aber eine Resi-

kehren. Der Berliner »Sommerwohner« ist nicht deshalb so bescheiden in seinen Ansprüchen, weil ihm die märkische Natur nichts bietet, sondern weil es ihm schließlich gar nicht darauf ankommt, ob die Sache so oder so ist.

denz, der Sitz eines Hofhalts, ist es seit den Tagen der Königinwitwe nicht wieder gewesen.

Wir treten nun an das Schloß selbst heran. Es hat mehr den Charakter eines stattlichen, geschmackvoll aufgeführten Privathauses als den eines Schlosses. Unter Laub und Blumen gelegen, aus denen, überall unterbrochen, die gelben Wände hervorleuchten, macht das Ganze einen durchaus heitern Eindruck, und doch heißt es auch von diesen Mauern: »Sie haben Leides viel gesehn.« Stilles Leid, aber um so tiefer vielleicht, je stiller es getragen wurde.

Von dem Innern des Schlosses gilt dasselbe, was von seiner äußern Erscheinung gilt: geräumige Zimmer sind da, aber weder breite Treppen noch lange Korridore, weder Hallen noch Säle. Ein Bau für eine Königin*witwe*, die sich selber leben will, nicht für eine *Königin*, die anderen leben muß. Ausschmückung und Herrichtung erweisen sich als die üblichen; nur statt des etwas nüchternen Stils der Außenseite begegnen wir einzelnen Anklängen an die viel verurteilte und doch so behagliche Rokokozeit. Chinesische Zimmer und Paradiesvogelzimmer wechseln untereinander ab, dazwischen Rosenstrauchtapeten und buntbedruckte Kattune. In den Zimmern zerstreut stehen alte Erinnerungsstücke, oft mehr absonderlich als schön und mehr bemerkenswert um der *Personen* willen, denen sie zugehörten, als um ihrer selbst willen. An solchen eigentümlichen Wertstücken sind die Schlösser der Hohenzollern reich, und wie in manchem andern, so gibt sich auch hierin eine Eigentümlichkeit ihres Hauses zu erkennen. Sie haben nämlich nicht das Bedürfnis, sich ausschließlich mit hoher, besternter Kunst zu umgeben, sondern gestatten mit Bereitwilligkeit, ja mit Vorliebe fast, auch dem Niedriggebornen in der Kunst, dem mit schüchterner Hand geschehenen *Versuche*, den Zutritt in ihr Haus. Wer die Zimmer kennt, die Friedrich Wilhelm III. zu bewohnen pflegte, wird diese Bemerkung am ehesten verstehn. Es spricht sich beides in dieser Erscheinung aus – ein *Mangel* und ein *Vorzug*. Die Hohenzollern waren nicht immer ästhetisch-feinfühlig, aber sie waren jederzeit human.

Zu diesen Betrachtungen gibt auch Schloß Freienwalde genügende Veranlassung. Da sind komplizierte »Strohnähtische« mit eingeflochtenen Namenszügen, da sind Stühle mit hochzuschraubenden Lehnen, da sind endlich Tische, aus deren Platten sich, durch Druck und Zug, *Stehleitern* vor dem erstaunten Auge aufrichten. Lauter Dinge, vor denen der eigentliche Kunstsinn erschrickt, während ein freundlicher Sinn sie gelten läßt und sich am Streben freut. Aber, gut oder nicht, es sind nicht *diese* Schöpfungen, bei denen wir zu verweilen hätten. Wir treten lieber aus dem Paradiesvogelzimmer auf den Korridor hinaus und steigen einige Stufen treppab, um nach jenem besten Erinnerungsstück des Hauses zu suchen, das vor siebzig Jahren oder mehr der Jubel eines heiteren Prinzen und der Schrecken alter Hofdamen war. Wir meinen natürlich die Drehorgel. Da steht sie verstaubt im Keller. Wir legen die Kurbel an, die sich unter einem Ballen Flachs und Hede findet, und beginnen zu drehen. Aber die Harmonie ist hin. Die heiteren Töne springen nicht mehr elastisch vom Lager auf; lahm, gebrochen, verstimmt ziehen sie langsam durch die Luft und hallen düster und unheimlich von der Kellerwand zurück.

Schloß Freienwalde ist unbewohnt jetzt. Von Zeit zu Zeit hat es freilich noch seine Gäste, aber Laune und Zufall gefallen sich darin, die sommerliche Villa vor allem zu einem winterlichen Jagdschloß zu machen. Im Dezember, bei grauem Himmel, wenn Weg und Steg unter fußhohem Schnee liegen, *dann* wird es lebendig hier. Aber nur auf Stunden.

Dann, um Mitternacht, mit Peitschenknall und Schellengeläut, jagen Schlitten durch die Straßen der tiefstillen Stadt, den Berg hinauf, den Park hindurch, bis vor das verschneite Schloß. Fackeln und Windlichter werfen ihren Schein auf die aussteigenden Gäste – hohe, heitere Gestalten, die den Schnee von ihren Pelzen schütteln. Sie treten auf wie solche, die hier zu Hause sind. Diener mit Taschen und Jagdgerät, mit Büchsensäcken von rotem Juchtenleder fliegen treppauf, alle Fenster werden hell, hinter den herabgelassenen Rouleaux bewegen sich einzelne Schatten, dann wieder wird es stiller, und nur von Zimmer zu Zimmer knarrt noch der Ton, womit der müde Fuß aus dem Stiefel fährt. Noch ein kurzer Befehl, eine »gute Nacht«, und alle Lichter löschen aus.

Eh der Tag graut, ist das Schloß wieder leer. Nur halbverwehte Schlittengeleise und lange Streifen, die die Spitze der Parforcepeitsche durch den Schnee zog, zeigen noch den Weg, den die Gäste auf ihrer Weiterfahrt genommen.

Und das Schloß liegt stiller da wie zuvor.

Alles, was kam und ging, war wie ein Traum.

4. Der Gesundbrunnen

Hier an der Bergeshalde
Verstummet ganz der Wind –
Die Zweige hängen nieder.
Th. Storm

»Der Freienwalder Gesundbrunnen liegt eine kleine Viertelmeile von der Stadt gen Süden hin, in einem von ziemlich hohen Bergen eingeschlossenen, anmutigen Tal; die Berge sind mit Eichen, Buchen, Fichten, auch niedrigem Baum- und Strauchwerk bewachsen und haben viele gute Kräuter.« So schrieb Thomas Philipp von der Hagen, dem wir die erste Beschreibung Freienwaldes verdanken, vor etwa hundert Jahren, und wir wüßten nicht, was wir an dieser Darstellung zu ändern hätten.

Aber wenn nicht das Brunnental selbst, so hat doch der Weg hinaus seinen Charakter verändert. Was damals eine »Allee« war, ist jetzt eine städtische »Straße« geworden, und hinter den schönen Lindenbäumen, die nach wie vor den Weg einfassen, erheben sich, des Schlosses und Schloßgartens zu geschweigen, allerhand Villen, Hôtels und Gärten, aus denen hervor im Mai die weißen Blüten und im September die roten Äpfel lachen. Der ganze Weg zum Brunnen hinaus der einen oder andern unserer Tiergartenstraßen nicht unähnlich!

Dieselben Hügelreihen, die den Weg zum Brunnen bilden, bilden schließlich auch das Brunnental selbst, das nichts anderes ist als eine etwas erweiterte Talschlucht, ein Kessel, zu dem sich der Weg verhält wie eine schmale Straße zu einem breiten Platz, auf den sie mündet.

Es ist ein Septembernachmittag. An Linden und Sommerhäusern, zuletzt an der reizend gelegenen Pappenmühle vorbei, über deren stillen Teich die Schwäne ziehn, haben wir unsern Gang von der Stadt aus gemacht und unser Ziel: den Gesundbrunnen, erreicht. Die Saison ist schon vorüber; aber die Quellen sprudeln weiter, und die Nachmittagssonne steht ruhig über dem Tal und wärmt mit ihren Strahlen die schon herbstesfrische Luft. Ein Kellner, der die traurige Verpflichtung hat, seine Zeit hier abzuwarten, bis die de facto bereits beendigte Saison auch de jure geschlossen sein wird, begrüßt uns, wie der Gefangene den Schmetterling begrüßt, der an seinem Fenster vorüberfliegt. Wir erschienen ihm wie Boten aus dem Lande seiner Sehnsucht. Jedenfalls ließ seine Willfährigkeit nichts zu wünschen übrig, und gemeinschaftlich anfassend, ward an der sonnigsten Stelle des Gartens ein Kaffeeplatz ohne Zwang und Mühe arrangiert. Die Zusammensetzung geschah aus den üblichen Requisiten: einem weißgestrichenen Tisch mit einem Riß in der Mitte und einem Stuhl mit bereits schräg gedrückter Lehne.

Der Kaffee kam, die Sonne labte uns, alles war frisch und erquicklich; nur eines ging wie ein Schatten über das heitre Bild: der Kellner stand wie angewurzelt an unserem Tisch. Ich hätt ihn wegschicken können, aber auch das erschien mir untunlich. Es war ersichtlich, er sehnte sich nach dem süßen Laut menschlicher Stimme, einer Stimme, die ihn vergewissern konnte: »Kroll lebt noch, und das Odeum ist kein leerer Wahn.« Ich ließ ihn also stehen und führte eine jener Unterhaltungen, die man im Lauf der Jahre, ohne Wissen und Wollen, führen lernt und die, einen gewissen öden Mittelkurs innehaltend, dem Angeredeten das Recht gönnen, weiterzusprechen, aber zugleich durchklingen lassen: er täte besser, auf dieses Recht zu verzichten. Dieser Verzicht trat auch endlich ein, und ich war allein.

Ich hatte einen prächtigen Platz inne, der Zufall war mir günstig gewesen, und dem sogenannten Kapellenberg, der das Tal schließt, den Rücken zukehrend, überblickte ich die ganze Anlage des Brunnens: den Park, die Gartenpartien, die Baulichkeiten. Diese Baulichkeiten, neuerer Anfügungen zu geschweigen, gehören drei verschiedenen Regierungszeiten an und werden danach genannt. Man unterscheidet bis diesen Tag einen kurfürstlichen, einen altköniglichen und einen neuköniglichen Flügel. An Schönheit lassen alle drei gleichviel zu wünschen übrig; die »Kolonnade« jedoch, die sich, unserer ehemaligen Stechbahn nicht unähnlich, unter diesen Flügeln hinzieht, gibt, neben manchem andern, dem Ganzen einen aparten und zugleich gemütlichen Charakter und veranschaulicht uns auf einen Blick die Geschichte der verschiedenen Epochen des Bades überhaupt.

Diese Geschichte ist in kurzem die folgende.

Wann zuerst des Bades Erwähnung geschieht, ist nicht mit voller Gewißheit festzustellen. Leonhart Thurneysser, der bekannte Alchimist, schrieb zwar schon um 1572: »Zwischen Freienwalde und Neustadt, am Gebirge, ist ein Flüßlein, das führt Rubinlein mit sich, gar klein, aber schön an Farbe« – es bleibt indessen zweifelhaft, ob unter diesem Flüßlein das Quellgewässer des Freienwalder Gesundbrunnens zu verstehen ist. Wenigstens fehlen jetzt die »Rubinlein«, die kleinen wie die großen.

Es scheint, daß man in alten Zeiten die Quelle einfach in die Talschlucht ausströmen und ihren Weg sich suchen ließ. Nur bei den armen Leuten der Nachbarschaft genoß der »Brunnen« schon damals eines gewissen Ansehns, und man trank ihn als ein bewährtes Mittel gegen hartnäckige Fieber. Was dabei wirksam war, ist schwer zu sagen. Auch Augenkranke kamen. Sie legten von dem braunen Ockerschlamm auf das Auge und sahen nach kurzer Zeit wieder klarer und besser. Schwerlich war es der braune Eisenschlamm als solcher, der so vorteilhaft wirkte, vielmehr die anhaftende Flüssigkeit, die Eisenvitriol enthielt. Gehört doch der Zinkvitriol (eine Art Geschwisterkind des obengenannten Eisensalzes) bis diese Stunde noch zu den bevorzugten Mitteln der Augenheilkunde.

Jedenfalls war der Ruf und Ruhm des Freienwalder Quells allerlokalster Natur, bis 1684 die Kunde nach Berlin und bis in das kurfürstliche Schloß drang, daß in Freienwalde ein »mineralisches Wasser« entdeckt worden sei. Einige mit Fieber und Lähmung Behaftete seien gesund geworden. Der Kurfürst, bereits in seinen alten Tagen und von der Gicht schwer geplagt, schöpfte Hoffnung, daß ihm vielleicht das eigne Land gewähren möchte, was ihm so viele fremde Heilquellen bis dahin versagt hatten, und er schickte seinen Kammerdiener und Chemikus, den als Entdecker des Phosphors berühmt gewordenen Kunckel, nach Freienwalde, um sich von der mineralischen Kraft des neu entdeckten Quells zu überzeugen. Der Bericht lautete günstig, und noch im selben Jahre trafen der Kurfürst und seine Gemahlin als *erste Brunnengäste* im Bade zu Freienwalde ein.

Nun brachen glänzende Tage an. Der Ruf von der Heilkraft des Brunnens verbreitete sich bis in ferne Gegenden, und im nächsten Jahre, 1685, fanden sich 1500 Gäste in Freienwalde zusammen. Freilich waren es nicht samt und sonders *Brunnengäste.* »Der Kurfürst, der auch in diesem Jahre zur Kur erschienen war, ließ zehn Wispel Getreide verbacken und die Brote samt einer Geldbeisteuer wöchentlich zweimal verteilen« – woraus genugsam zu ersehen ist, daß die kurfürstliche Gegenwart allerhand armes Volk herbeigelockt hatte, nur um von der Mildtätigkeit des Fürsten Nutzen zu ziehen. 1686 wurde das erste und älteste »Brunnenhaus« gebaut, dasselbe, das unter dem Namen der »kurfürstliche Flügel« bis diesen Tag existiert. Dazu kamen allerhand Vorkehrungen und Einrichtungen: zwei Betstunden täglich, zwei Jahrmärkte die Woche; eine Brunnenkapelle und ein Brunnenkoch. Was diesen letzteren angeht, so hatte er die Verpflichtung, für anderthalb Silbergroschen ein »gutes Mittagbrot« zu liefern. Freilich nur für die Armen. Der Kurfürst tat in allem, was er konnte. Das nächste Jahr machte er seinen letzten Besuch.

Unter der Regierung seines Nachfolgers, König Friedrichs I., hielt sich Freienwalde im wesentlichen auf der Höhe seines Ansehens. Die Heilkraft des Brunnens stand noch in so gutem Rufe, daß das Wasser desselben behufs mineralischer Bäder für den König nach Altlandsberg und Niederschönhausen gebracht wurde. 1704 und die zwei folgenden Jahre kam er selbst und bezog 1706 das »Schloß am Brunnen«, das schon in dem vorhergehenden Jahre (1705) von dem berühmten Andreas Schlüter für ihn aufgeführt worden war. Dieses Schloß, wennschon ein bloßer Holzbau, war ein prächtiges, zwei Stock hohes Gebäude, dessen oberster Stock aus vierundsechzig Säulen bestand, auf denen alsdann das Dach ruhte. Eine Schilderung, die ziemlich phantastisch klingt, mit der es aber doch seine Richtigkeit hat. Bekmann, in seiner »Beschreibung der Kurmark Brandenburg«, gibt, Teil I,

Seite 595, eine sehr hübsche Abbildung dieses Sommerschlosses, das mit seiner Fülle leichter, graziöser Säulen von äußerst malerischer Wirkung gewesen sein muß. Im obersten Stock war ein Speisesaal. Dies Schlütersche Bauwerk hatte nicht langen Bestand. Regengüsse unterwühlten es schon 1707, so daß der König es rasch verlassen und seine Rückkehr beschleunigen mußte.* 1722 ward es unbewohnbar gefunden und abgebrochen.

Schon während der letzten Regierungsjahre des ersten Königs hatte das Bad an Ansehen verloren; unter seinem Nachfolger, dem »Soldatenkönig«, sank es mehr und mehr. Ein glückliches Ohngefähr aber wollt es, daß im Jahre 1733 einige von den allerlängsten Potsdamer Grenadieren ihre Gesundheit daselbst wiederfanden, und von diesem Augenblick an war das Bad zu Freienwalde dem Könige bestens empfohlen. Ein neuer Flügel, der *alt*königliche, wurde gebaut, die Quellen erhielten eine neue Fassung, und über der bedeutendsten derselben ward ein auf acht Säulen ruhendes, natürlich hölzernes Brunnenhaus errichtet, das den stolzen Namen »Tempel« führte. Seine Inschrift aber lautete:

Steh stille, Wanderer, betrachte diese Quellen,
Sie helfen wunderbar in vielen Krankheitsfällen.
Eh du von dannen gehst, gedenk an deine Pflicht,
Sei dankbar gegen Gott, vergiß der Armen nicht.
Hast du dies Haus und Bad bewundernd angeschaut
Und fragst, warum es denn nach Tempelart gebaut –
So wisse, Gott ist ja der Segensquell allein,
Darum muß unser Herz auch hier sein Tempel sein.

* Ist dieser Bericht zuverlässig, und es liegt kein Grund vor, dies zu bezweifeln, so wirft der hier erzählte Vorgang ein interessantes und mancherlei erklärendes Licht auf die beinahe gleichzeitigen Vorkommnisse in Berlin. 1706 stürzte am Schloß der von Schlüter erbaute Münzturm ein, und von da ab begann die siegreiche Kabale seiner Gegner. Das Verfahren gegen Schlüter ist immer als hart und ungerecht verurteilt worden. Bringt man nun aber andererseits in Anschlag, daß fast unmittelbar darauf, im Sommer 1707, das »Münzturm-Malheur« sich in Freienwalde *wiederholte, so* erscheint das harte Verfahren gegen Schlüter um vieles verzeihlicher. Die Kabale bleibt verwerflich, aber der König urteilte nach dem Augenschein. (Neue Arbeiten Professor Adlers haben aus den damaligen Berliner Bauakten ohnehin dargetan, daß Schlüter, bei all seiner Größe und Genialität, doch keineswegs schuldlos war und daß er in allem, was konstruktive Kenntnis angeht, hinter seinem ihm sonst in keiner Weise ebenbürtigen Rivalen Eosander von Göthe zurückblieb.)

Wie der unbekannte Verfasser diese letzte Zeile hat aufrechthalten wollen, ist schwer einzusehen. Je mehr das Herz ein Tempel, desto weniger nötig wurde dieser Holzbau. Gleichviel indes. Alles ist längst hinüber, die Inschrift mit, und ihre Alexandriner geben keine Rätsel mehr auf.

Auch Friedrich II. fügte ein neues Brunnenhaus, das *neu*-königliche, den schon vorhandenen Gebäuden hinzu und gab dadurch dem Brunnental, wenn wir von einzelnen feineren Zügen absehen, den Charakter, den es noch jetzt besitzt. Eine besondere Teilnahme scheint der große König dem Bade nicht geschenkt zu haben. An Schönheit der Natur bot ihm die Umgegend Potsdams kaum Geringeres, und was die Heilkraft des Brunnens angeht, so war es verzeihlich, wenn er den Skeptizismus, der ihn auf allen Gebieten auszeichnete, auch auf den »flüchtigen Schwefel- und Brunnengeist«, den »spiritus sulphuris volatilis«, der Freienwalder Heilquelle übertrug. Es war übrigens die Zeit gekommen, wo Private das Bad in ihre schützende Obhut nahmen, besonders Herr Wegely aus Berlin, der unter mannigfach anderem auch Freibäder für die Armen stiftete und deshalb ebenfalls in einer Inschrift verherrlicht wurde. Der Schluß derselben:

Was für die Armen hier Herr Wegely getan,
Zeigt dieses Brunnenhaus der *fernsten* Nachwelt an,

erhebt einen Anspruch, dem sich das Brunnenhaus seit längerer Zeit *nicht* mehr zu unterziehen vermag, da es wie der »Tempel« inzwischen vom Schauplatz abgetreten ist.

An die Stelle dieser Werke der Architektur ist inzwischen aber, und zwar als Brunnenhüterin, ein Werk der *Skulptur* getreten: eine Najade mit einem Ruderstück in der Rechten, die lässig hingestreckt über dem Heilquell ruht, während aus der Urne neben ihr ein Wasserstrahl niederfließt. Soweit alles gut. Aber eine sonderbare Ökonomie hat darauf gedrungen, daß das Wasser nicht frei in ein Bassin oder eine Rinne strömt, sondern in ein untergestelltes Gefäß, das zwischen Blumenvase und Topf nur notdürftig die Mitte hält. Der Effekt ist überaus komisch, und man begreift den pausbackigen Amorin durchaus, der, über die Brust der Najade hinweg, lächelnd in den Topf und auf das fließende Wasser blickt. Das Ganze vielleicht ein Unikum heiterer Naivetät, und während es, in

Form und Gegenstand, die Antike zu kopieren meint, erinnert es doch, dem Geiste nach, der es schuf, an den Humor des Mittelalters, am meisten vielleicht an die bekannte kleine Brunnenfigur in Brüssel.

Der Reiz aller dieser Werke der Skulptur und Architektur ist nicht groß, und wenn es doch einen Zauber hat, in dieses Brunnental einzukehren, so muß es ein anderes sein, was uns an dieser Stelle erquickt und labt. Und ich glaube zu wissen, was es ist. Es ist das Gefühl eines vollen Geschützt- und Geborgenseins, die Stille dieses Tales, vor allem seine *Herbstesstille*.

Gewiß, daß es hier auch schön ist, wenn die Saison auf ihrer Höhe steht, die Brunnenmusik ihre Märsche spielt, die Toiletten rauschen und die jungen Paare kichern – aber die schönste Zeit bleibt doch immer die, wo der Herbst hier einzieht, wo die letzte Sommerrose hinüber ist und selbst die Malve hinblaßt, um der Aster das Feld zu räumen.

Und ein solcher Herbstestag ist heute. Hoch in der Luft, über die Berge hin, zieht der Wind, und mitunter ist es, als kläng er bis ins Tal hernieder. Aber wir hören nur den Streit hoch oben, die Luft unten steht unbewegt. Die Vögel singen nicht mehr oder sind schon fort, nur noch das Sonnenlicht hüpft in den Zweigen. Die Tannenäpfel fallen nieder auf den Kiesweg des Parks, aber nicht losgelöst von der Schüttelhand des Windes, nur losgelöst von Alter und eigner Schwere. Die Quellen rauschen, die Sommerfäden ziehen, Bilder kommen und gehen. Dem Ohre klingt es wie leise Musik.

Von wannen kommt sie? Ist es die Luft, die klingt, oder ist es das eigene Herz?

5. Der Rosengarten. Der Baa-See

Und wo der Rosengarten war,
Da soll der Liliengarten werden.
Uhland

Das Brunnental ist still und windgeschützt, aber in seinem Rücken liegt eine stillere Stelle – der Friedhof. Es ist ein kleiner, von einer niedrigen Steinmauer eingefaßter, mitten im Wald gelegener Begräbnisort, so recht ein Platz, wo

– jeder eitle Kummer
Dir wie ein Traum zerfließt
Und dich der letzte Schlummer
Im Bienenton begrüßt –

ein Platz, der uns mit dem Gedanken des Scheidens versöhnt und uns im Tiefsten empfinden läßt:

Die Ruh ist wohl das beste
Von all dem Glück der Welt.

Die Tür, einladend, steht immer offen, die Waldblumen blühen draußen und drinnen, und die Buchen legen von außen her ihre grüne Hand auf die Gräber, als wollten sie den Schlummer derer, die drunten ruhn, noch ruhiger machen.

Es ist dies die Begräbnisstätte nicht für Freienwalde selbst, sondern für die, die als Gäste kamen, um Genesung zu suchen und sie schließlich an *dieser* Stelle zu finden.

Dieser Friedhof heißt der *Rosengarten*.

Er heißt so, nicht aus Laune oder Einfall, vielmehr führte der ganze Fleck Landes diesen Namen, lange bevor der erste Gast in diesen Garten einzog. Es hat das folgenden Zusammenhang. Die weiten Waldreviere, die Freienwalde nach Westen hin umgeben und alle Talschluchten mit Laubholz füllen, waren in alten Zeiten schon mit weiß und rot und gelb blühenden Wildrosen dicht überwuchert, und wer um die Johanniszeit durch diese Schluchten hinschritt, dem war es, als flögen bunte Schmetterlinge vor ihm her. Die Stelle aber, wo die Rosensträucher am dichtesten standen und einen kleinen Wald im Walde bildeten, diese Stelle lag im Rücken des Brunnentals und hieß der »Rosengarten«. Die

Sträucher verschwanden allmählich, das erste Grab erhob sich, andere folgten, die Steinmauer wurde gezogen – aber der Name blieb, und von den Gestorbenen heißt es sinnig und ungezwungen: »Sie schlafen im Rosengarten.«

Weiter in den Wald hinein, etwa eine halbe Meile im Rücken des Rosengartens, liegt der *Baa-See*, der Liebling und der Stolz der Freienwalder. Sie überschätzen ihn offenbar, vielleicht weil er das landschaftlich einzig in Betracht kommende Wasserstück ihrer schönen, aber etwas monotonen Landschaft ist, vielleicht auch, weil er Versteckens spielt und nach Art vielumworbener Schönen sich dem Werber entzieht.

Auch wir suchten ihn, ohne ihn finden zu können, und ermattet warfen wir uns nieder ins Moos und schlossen die Augen. Als wir wieder aufblickten, wurden wir waldeinwärts, aber dicht hinter uns, zweier Mädchengestalten gewahr, die tief in Farrenkraut standen und nur mit Kopf und Brust über das grüne Blattwerk hinwegragten. Ein Bild wie aus den »Fleurs animées«! Wir schwankten noch, ob wir sie nach dem Wege fragen sollten, als sie von selbst schon, barfuß und hochgeschürzt, aus dem grünen Gestrüpp heraustraten und uns zuriefen: »Der See liegt da hinauf!« Dabei machten sie eine Handbewegung nach rechts und zeigten auf die Schlucht, durch die wir, auf unsern Irrfahrten, eben herabgestiegen waren.

Beide Mädchen waren noch jung, die jüngere, hübschere noch ein halbes Kind, und nachdem wir Begrüßungsworte mit ihnen gewechselt und uns an dem bescheiden-kecken Ton beider gefreut hatten, wurden wir einig, daß sie uns bis zum Baa-See hin als Führer begleiten sollten.

Es ist immer schwer, mit jungen Dirnen in ein einfach Gespräch zu kommen und den klaren, sprudelnden Ton zu treffen, in dem ihrer Seele wohl wird, wie der Forelle im Quellwasser; aber es ist doppelt schwer mitten im Wald, über dem die Mittagsschwüle brütet und in dem nichts vernehmbar ist als der Specht im Tann und dann und wann das Rufen des Pfingstvogels, Zu der Scheu der Geister kommt eine Scheu der Natur.

Wir versuchten ein Geplauder, aber es scheiterte. Die Einsamkeit, die sonst so naheführt, hier zog sie eine Schranke.

Und so gaben wir's auf, und beide Mädchen, fortan unbelästigt durch unsere Fragen, schritten vor uns her, die Schlucht hinauf. Zu beiden Seiten stand der Wald und schloß sich über dem Hohlweg, der tief und vom Regen ausgewaschen war. Die Wandungen rechts und links zeigten allerlei Wurzelgeflecht, das phantastisch aus der roten Erde hervorsah. Keines der beiden Mädchen blickte sich um, keine sprach mit der andern, aber beide hatten einen elastischen Gang, und wie bei guten Schlägern nicht die Bewegung des Armes, sondern die Biegung des Gelenks entscheidet, so bewegten sich auf dem Bilde vor uns nur Hüfte und Nacken, während der Unterkörper, trotz rüstigen Schreitens, in statuarischer Ruhe zu verharren schien. Die ältere wollte gefallen, die jüngere dalberte nur, und während jene mit einem gewissen koketten Ernst ihre Schritte tat, kicherte die andere und errötete über Ohr und Hals.

Nun kletterten sie die Wandung des Hohlweges hinauf und liefen waldeinwärts. Als wir sie wiederfanden, stand die jüngere auf einem steil abfallenden Bergeck und hielt sich mit der linken Hand an einem Wacholderbusch, während sie mit der rechten in die Tiefe zeigte. Unten lag der Baa-See, das ersehnte Ziel unserer Wanderung. Wir traten heran und hielten Umschau. Aber das Bild des Mädchens war schöner als der See; die Staffage ging über die Landschaft.

Was den Baa-See zu keiner tieferen Wirkung kommen läßt, ist wohl das, daß er jener Mischgattung von Seen angehört, die zu finster sind, um zu erheitern, und doch wieder zu heiter, um den vollen Eindruck des Schauerlichen zu machen. Viel freilich hängt dabei von der Beleuchtung und noch mehr vielleicht von der Jahreszeit ab.

Wir sahen ihn bei Sonnenschein. Ein Boot mit zwei Jägerburschen fuhr über den See; der eine ruderte, während der andere von Zeit zu Zeit Hornsignale in den Wald blies.

Ungleich schöner muß es an dieser Stelle sein, wenn das Laub hin ist und statt der grünen Kronen die grauverzweigten Buchen ihr Bild in den See werfen. Am schönsten aber in Sturm- und Winternächten, wenn der Mond grell-eisig am Himmel steht und statt des Jagdhorns des Jägerburschen, das eben verklingt, das Hallo des Wilden Jägers über Wald und See zieht.

6. Hans Sachs von Freienwalde

Ich habe schon wieder auf Lieder gedacht,
Ich fühle so frisch mich, so jung.
Chamisso

Die Straßen in Freienwalde sind Hügelstraßen und führen bergauf und bergab. Die belebteste derselben, die Berliner Straße, haben wir eben ihrer ganzen Länge nach passiert und noch immer nicht gefunden, was wir suchen. Aber *das* muß es sein – es ist das letzte Haus. Ein Berg und eine Kirche bilden den Hintergrund, nach der Straße zu stehen drei Linden, und inmitten dieser Landschaftsrequisiten erhebt sich ein alter Fachwerkbau, an dem ein erkerartig vorspringendes Fenster und zwei Rosenbäume so ziemlich das Beste sind. Die Rosenbäume fassen das Fenster ein, aber sie müssen den schmalen Raum mit zwei Aushängebrettern teilen, auf denen wir im Lapidarstil lesen: »Schirme repariert; Drechslerarbeit in Holz und Horn.« Dazu eine große, in Holz geschnittene Tabakspfeife, die als Ornament deutungsreich über dem Ganzen schwebt.

Das ist allerdings, was wir suchen. Hier wohnt Karl Weise, Poet und Drechslermeister von Freienwalde,

Drechselt Pfeifen in guter Ruh
Und macht auch wohl 'nen Vers dazu.

Das Ganze hat das Anheimelnde einer Poetenwohnung alten Stils, und wir treten guten Mutes ein. Eine Türklingel – nicht eine von den geräuschvollen, die, einmal in Bewegung gesetzt, wie ein bellender Dorfspitz gar kein Ende finden können, sondern eine von den leisen, wohlerzogenen – kündigt unser Eintreten an, und eh wir uns noch in dem Halbdunkel, für das die draußen stehenden drei Linden ausgiebig sorgen, zurechtgefunden haben, erscheint aus der Werkstatt her, wo wir eben noch das Schnurren des Rades hörten, ein stattlicher Mann, hemdsärmlig, in Arbeitskostüm, und sieht uns freundlich fragend an, Er ist brünett, groß, breitschultrig, in seiner ganzen Erscheinung von südslawischem Typus und nach Teint, Haltung und Schnurrbart viel eher ein Sereschaner-Hauptmann als ein Drechslermeister oder Poet. Nichtsdestoweniger ist er beides, und in dem friedliebendsten Dialekt der Welt, im reinen Hallensisch, erkundigt er sich nach unsrem Begehr.

Wir reichen ihm die Hand, sagen ihm, daß wir als gelegentlich ebenfalls Versbeflissene gekommen wären, »um das Handwerk zu grüßen«, und daß wir vorhätten, wenn irgend möglich, den Abend mit ihm draußen zu verplaudern.

Unser Poet schlägt ein, die eben untergehende Sonne mahnt ohnehin an Feierabend, und sich auf Minuten bei uns entschuldigend, führt er uns zunächst in das nebenan gelegene Zimmer, das mit seinen geschmückten Wänden die Honneurs des Hauses macht.

Wir benutzen diese Pause, uns in dem Putz- und Empfangszimmer neugierig umzusehen, und sind überrascht von der Sinnigkeit der Anordnung. Wenn das ganze Haus ein Poetenhaus ist, so ist dies das Poetenstübchen. Blumen und Bilder wechseln untereinander ab; Geranium und Primel blicken schüchtern zu einer gipsernen Flora auf, Efeutöpfe spannen ihren grünen Bogen über Schrank und Spiegel, und zwischen allermodernste Farbendrucke drängen sich, in breitem Ebenholzrahmen, ein paar altfranzösische Stiche: »Vue des environs de Saverne; dédié à Madame la Marquise de Vilette, Dame de Ferney-Voltaire«. Das scheint nicht zueinander zu passen, aber es paßt alles sehr gut. Was unsere modernen Zimmereinrichtungen so langweilig macht, das ist das *Schablonenhafte* und das *Beziehungslose.* Hier hat alles eine Beziehung, eine Geschichte, wäre diese Beziehung oft auch keine andere als innerhalb der Kleinwelt eine mühevolle Eroberungsgeschichte.

Unser Poet hat sich inzwischen reisefertig gemacht und bietet uns freundlich seine Führerdienste an. Wer wäre dazu geeigneter als er, der nicht nur alle Wege und Stege der Umgegend kennt, sondern auch die schönsten Punkte in Berg und Tal besungen hat; die vorgeschrittene Stunde aber macht es uns wünschenswert, auf entferntere Touren zu verzichten, und unsere Wünsche bescheidentlich in ein »je näher, je besser« kleidend, schreiten wir dem unmittelbar vor der Stadt gelegenen Schloßgartenberg zu, dessen bauliche Anlagen (Schloß, Pavillon etc.) wir schon in einem früheren Kapitel kennenlernten.

Aber heute lassen wir Schloß und Pavillon am Abhange des Berges liegen und steigen höher hinauf, wo schmale, durchs Parkholz geschlagene Wege in endlosen Windungen die obere Hälfte des Hügels umziehen. Kein besserer Plauderweg denkbar als solch ein Schlängelweg. Die gerade Linie, die den Raum mißt, hat auch etwas von einem Zeitmesser, und die siebenmal auf und ab geschrittene Avenue wirkt unwillkürlich wie ein siebenmal gerückter Zeiger; aber der Schlängelweg entzieht sich einer derartigen Zeitcontrôle, und die Frage nach dem »Zuviel« wird rein praktisch durch den ermüdeten oder nicht ermüdeten Fuß entschieden. Die Füße aber ermüden schwer bei guter Unterhaltung, und solcher erfreuen wir uns an der Seite unseres Führers und Genossen. Von Zeit zu Zeit, wo eine Lichtung im Park einen Blick ins Freie gestattet, stockt das Gespräch, aber es ist nur ein lässiges Fallenlassen des Fadens – er ruht nur, er ist nicht abgeschnitten. Ungesucht nimmt sich das Gespräch an selber Stelle wieder auf, und in den Hintergrund der stillen Abendlandschaft stellt sich immer klarer das Bild unseres Freundes, wie sein eignes Wort es vor uns entrollt.

Er beginnt mit Schilderungen aus seiner Heimat, seiner Kindheit. Am Giebichenstein spielt er umher; er singt und klettert unter Fels und Trümmern und tut unbewußt seinen ersten Trunk aus Romantik und Märchenwelt. Er singt »Des Knaben Berglied«, er hat eine klare Kinderstimme; aber was frommt »armer Leute Kind« Lied und Gesang, wenn beide nicht zu erwerben verstehen? Und so finden wir unsern jungen Freund in den dunkeln Straßen Halles wieder – er trägt den Kurrendemantel und singt ums Brot. Sei's drum, es haben es Bessere vor ihm getan. Aber Frau Musika führt einen knappen Haushalt, und andere freie Künste müssen helfen. Zunächst die Dichtkunst. Zunftmäßig tritt er bei ihr ein; Friederike Schmidt, eine blinde Dichterin seiner Vaterstadt, diktiert ihm ihre Lieder, und gelehrig, wie er ist, lernt er der Frau Meisterin die paar Hantierungen ab, die ihre Kunst ausmachen, und versucht sich selbst alsbald in seinen ersten Versen.

Glückliche Jahre waren es, diese Lehrjahre bei der freien Zunft, aber *wirkliche* Lehrjahre sollten folgen, die Drechslerkunst löste die Reimkunst ab, und an die Stelle der blinden

»Frau Meisterin« trat ein Meister, der scharf nach dem Rechten sah.

Wer indessen, der gesunden und vor allem poetischen Geistes ist, trüge nicht verhältnismäßig leicht diese Tage des Lernens und der Laune, diese Tage voll Zwang und Druck und Enge? Man sieht ein Ende ab. In weiter, aber doch immer kleiner und kürzer werdender Ferne, jetzt drei Jahre, nun zwei, jetzt nur noch *eins*, steht es wie ein Lichtschein und wächst und nimmt Gestalt an, und endlich erkennbar geworden, sehen wir, wie die Gestalt nach *außen* zeigt, *jenseit* des Gittertores, in ein weites Land der Freiheit hinein. Das sind die Wanderjahre, die den Lehrjahren folgen – ein Wechsel, den das Leben jedem beschert, er sei hoch oder niedrig geboren, sei »Bursch« oder Handwerksbursch.

Diese Zeit der Freiheit kam endlich auch unserm Poeten – er wanderte. Er wanderte mit Lust, und seine Lieder selbst haben uns ein paar Klänge davon aufbewahrt. Er zog weit umher, arm, glücklich, liederfroh, bis er plötzlich, wie mancher vor ihm, eine Leere und eine Sehnsucht in seinem Herzen wach werden und wachsen fühlte, die ihn nun wieder heimwärts trieb. Er sang:

Wir sind nicht bloß zum Wandern
(Wie's immer auch gefällt),
Wir sind zu manchem andern
Und Beßrem in der Welt.

Und mit dieser Betrachtung kehrte er in seine Vaterstadt heim.

Diese nahm ihn wieder auf, und wenn sein Wanderleben lyrisch-poetisch gewesen war, so genoß er jetzt des zweifelhaften Vorzugs, sich sein Daheimleben dramatisch gestalten zu sehn. An Effektszenen kein Mangel.

Die Personen, die bei diesem Drama mitwirkten, leben zu großem Teile noch, und so sind uns an dieser Stelle nur Andeutungen gestattet. Verlobungen aus Träumerei und romantischem Ehrbegriff, Trauungen auf dem Totenbette, rätselhafte Wiedergenesungen, Entsagungen aus phantastischer Opferfreudigkeit und Trennungen aus Liebe, dabei Armut in Reichtum und Reichtum in Armut, so jagen sich die wunderlichsten Szenen und Gegensätze, bis wir, nach einem Leben, das »den Roman auf seinem eigenen Felde schlägt«, unsern Freund in die einfachsten Verhältnisse zurückkehren und an der Seite der schlichtesten, aber besten Frau endlich Ruhe finden sehen.

Diese Ruhe indessen entbehrte der Sorge nicht. Schwere Zeiten kamen, und in diesen stillen und doch schweren Zeiten begann die Saite wieder zu klingen, die in den Jahren sich drängender Erlebnisse geschwiegen hatte. An der Drehbank, unter dem Surren des Rades, fielen mit den phantastisch gekräuselten Flocken auch wieder die ersten Lieder ab. Sie fanden freundliche Hörer, bald auch Leser, und jenen ersten Liedern sind seitdem andere gefolgt.

Wir wenden uns hier von unserm plaudernden Freunde, nach dessen Mitteilungen wir diese Skizze zu zeichnen versuchten, ab und statt dessen seinen Liedern zu.

In seiner ersten Sammlung, die den fast allzu poetischen Titel »Blumen der Wälder« führt, erblicken wir ihn *nicht* auf seinem eigentlichsten Gebiet, überhaupt aber mit einer Aufgabe beschäftigt, die schwerlich jemals von einem Dichter gelöst worden ist. Es handelt sich in diesen Liedern um eine Verherrlichung der Freienwalder Natur, und die ursprüngliche Absicht des Dichters scheint auf nichts Geringeres ausgegangen zu sein, als in einem wahrhaft beängstigenden Drange nach Vollständigkeit jeder Kuppe, jedem landschaftlichen Punkt einen poetischen Zettel umzuhängen. Das glückt aber nie. Eine solche Aufgabe ist unpoetisch in sich, und in derselben Weise, wie es unmöglich ist, auf sämtliche Schiffe der englischen Flotte oder auf sämtliche Regimenter der preußischen Armee einen Sonettenzyklus zu machen, so verbietet es sich auch, die weitausgespannte Freienwalder Landschaft Nummer für Nummer zu besingen. Der Verfasser scheint dies schließlich auch selber empfunden und den zweiten, bereits angekündigten Band, der weitere zwanzig Lieder bringen sollte, glücklich unterschlagen zu haben.

Was diesen »Blumen der Wälder« indessen einen Wert verleiht, das ist ein zufälliger, in gar keiner Beziehung zu dem übrigen Inhalt stehender Anhängsel, worin der Dichter unserm Altmeister Friedrich Rückert seine Huldigung darbringt. Dies Lied nennt sich »Meister Rückert und sein Lehrjunge« und ist ein sehr glücklicher Griff. Es ist frisch, natürlich, originell. Der geschilderte Hergang aber ist der folgende: Unser Freienwalder Freund hat vor, dem alten Rückert zu seinem siebzigsten Geburtstage in Versen zu gratulieren. Er schickt Frau und Kinder möglichst früh zu Bett und setzt sich bei der sprüchwörtlich gewordenen »Poetenlampe« nieder, um Gedanken und Reime zu Papier zu bringen. Aber auch Poetenlampen verzehren Öl, und die wackere Hausfrau stellt endlich von ihrem Bett aus ziemlich einschneidende Betrachtungen über diesen Gegenstand an. Endlich, auf der Höhe des Konflikts, tritt unser Dichter aus der Wolke des Geheimnisses heraus und erklärt, um was es sich handle. Nun wendet sich das Blatt. »Mit Vater Rückert ist das was andres«; über unsere Poetenfrau kommt ein wahrer Opfermut, und siehe da,

Als durchs Immergrün umschmückte
Niedre Werkstattfensterlein
Goldner Frühstrahl mich erquickte,
Schloß *ihr* Kranz *mein* Liedchen ein;
Schüchtern wag ich's darzubringen –
Vieler Lied wird heut dir klingen,
Sinn'ger alle wohl wie meins,
Inn'ger aber doch wohl keins.

Dies Lied weckte unserm Poeten viel Freunde, aber was wichtiger ist, es stellte ihn und sein Talent an den rechten Fleck. Er selbst schon, in dunkler Ahnung davon, hatte diesem Liede das Motto gegeben: »*Geh vom Häuslichen aus* und verbreite dich, so gut du kannst, über die Welt.« Wie diese Worte Motto seines Liedes gewesen waren, so wurden sie nun der Leitstern für sein poetisches Schaffen überhaupt. Das *Haus* und sein persönliches Erlebnis innerhalb desselben, vor allem seine blonde Frau, in ihrer Schlichtheit und Tüchtigkeit, wurden der Mittelpunkt seiner Dichtung, und mit innigem Gefühl konnte er von jener singen:

Als Bestes wardst *du* mir gegeben,
Du, die nicht meine Lieder liest
Und dennoch Stoff aus ihrem Leben
In jedes meiner Lieder gießt.

Ein neuer Geist kam in seine Produktion, das Gezwungene fiel fort, das Natürliche trat an die Stelle, und ein Jahr später konnte er der Welt seine erste *wirkliche* Dichtung bieten. Sie führt den Titel »Die Braut des Handwerkers« und ist ein anmutiges Idyll, das uns, in fünf Kapiteln, vom Morgen bis zum Abend des Hochzeitstages geleitet. Alles, was uns ein Menschenherz lieb und wert machen kann, das klingt hier zusammen: Genügsamkeit, kindlich-einfacher Sinn, Liebe, Pietät und Gottvertrauen. Die ersten Gesänge, vielleicht die gelungneren, zeigen uns die Braut, wie sie das »eingebrachte Gespinst« vor dem Bräutigam ausbreitet, darunter auch ein Leinenstück, bei dessen Anblick ihr unwillkürlich die Tränen aus den Augen brechen. Es erinnert sie an ihre Kinderjahre, an den Tag, wo, nach Feuersbrunst und Not und Krankheit, die fleißige Hand ihrer Mutter das Garn zu *diesem* Stück zu spinnen begann. Sie entsinnt sich auch der Worte, die damals die Mutter zu ihr sprach, und sie wiederholt sie jetzt:

»Setz auf den Herrn dein ganzes Hoffen,
Laß nie von ihm bei andrer Spott;
Je mehr das Unglück dich betroffen,
Je inn'ger schließe dich an Gott;
Laß Fleiß durch deine Tage blühen,
Und heiter lächeln wird ihr Glanz,
Hoff und vertrau, auf Schweiß und Mühen
Legt endlich Gott den Segenskranz.

Es wird das Häuschen neu erstehen,
Wir werden es nach Gottes Rat
Im Schmuck der Reben wiedersehen –
Aus Tränen sprießt die Freudensaat.
Und nun, mein Kind, frisch angefangen,
Bring Arbeit mir ans Lager her,
Beim Schaffen haben Gram und Bangen
Auf unser Herz die Macht nicht mehr.«

Mit diesen Worten, die sich mehr denn einmal auch an unsrem Freunde selber bewährt haben, nehmen wir Abschied von ihm. Not und Sorge sind ihm reich aufgebürdet worden, und er liebt es wohl, nicht ohne einen leisen Anflug von

Bitterkeit, sein Leben mit dem des Gellertschen Esels zu vergleichen, den alle drei Brüder benutzen und futtern sollten; »sie benutzten ihn auch alle drei, aber keiner futterte ihn«. Indessen, sei es drum. Ebender Segen der Arbeit, von dem jene Strophen sprechen, hat auch ihm über vieles hinweggeholfen; Humor und Dichtkunst haben ein weiteres getan und werden es ferner tun.

Vor allem aber möge ihm in Leben und Dichten der glücklich bescheidne Sinn verbleiben, der ihn an die Spitze seiner ersten Liedersammlung die Worte stellen ließ:

Wenn du auch nur Kleines leistest,
Wird dir's doch zum Ruhm gereichen,
Wenn du nur dich nicht erdreistest,
Es dem Großen zu vergleichen.

DER SCHLOSSBERG BEI FREIENWALDE UND DIE UCHTENHAGENS

Und irr ich nicht, so zieht ein Feuerstrudel
Auf seinen Pfaden hinterdrein. –
Ich sehe nichts als einen schwarzen Pudel.
Goethe

Ein Kind aus schwarzer Menge blickt,
Es lächelt sterbensweh und nickt
Und macht im Saal die Runde.
E. Mörike

Die Hügel sind Freienwaldes Schönheit und sein Schatz. Wer, der je in der Märkischen Schweiz war, hätte nicht vom Ruinen- und Kapellenberg, von der Königshöhe und dem Monte Caprino gehört; heute jedoch, an allen diesen Punkten schöner Aussicht vorübergehend, machen wir dem entfernter gelegenen, halb verwilderten *Schloßberg* unsren Besuch, auf dem laut Sage die alte Burg der Uchtenhagens stand.

Vorher, einleitend, ein Wort über den Ursprung dieses Geschlechts.

Die Uchtenhagens saßen hier, um Freienwalde herum, drei, vielleicht auch vier Jahrhunderte lang, und emsiger, neurer Forschung ist es gelungen, die Schicksale derselben, die lange Zeit hindurch nur unklar dämmerten, wieder klar und deutlich an das Licht der Geschichte zu ziehn. Aber die historische Forschung, soviel ihr gelang, vermochte doch nicht bis auf die Anfänge des Geschlechtes zurückzugehen. Diese Anfänge sind in Dämmerung geblieben, und wir scheiden deshalb alles, was wir von den Uchtenhagens zu sagen haben werden, in eine *sagenhafte* und eine *historische* Zeit. Die historische Zeit, auf die wir weiterhin eingehender zurückzukommen gedenken, beginnt mit dem Ausgange des vierzehnten Jahrhunderts, zu welcher Epoche sich die Familie bereits in Freienwalde vorfindet. Aber nur die *Sage* beantwortet uns die Frage: Wie kamen die Uchtenhagens nach Freienwalde *hin*?

Und dieser Sage wenden wir uns zuvörderst zu.

Henning von Jagow, »klein an Gestalt, aber hoch an Gemüt«, nachdem er sich, verdient oder unverdient, die Ungnade des Markgrafen zugezogen hatte, war aus dem Lande verbannt worden. Ein Preis stand auf seinen Kopf. Jagow indessen, unwillig, das Land zu verlassen, daran er hing, zog sich bis an die Oder, in die Sumpf- und Waldreviere, zurück, die damals die Ostgrenze des markgräflichen Besitzes bildeten, also aller Wahrscheinlichkeit nach in die Berge und Brüche der Freienwalder Gegend. Hier lebte er mit anderen Verbannten und Ausgestoßenen das Leben des Geächteten, ungekannt, namenlos, aber sicher im Schutz der Wälder. Es war ein Leben voll Kampf und Gefahr, voll Freiheit und Übermut, ähnlich dem, das uns alte Balladen und Volksgesänge als das Leben Robin Hoods, dieses unerreichten Vorbilds poetischen Wald- und Räuberlebens, geschildert haben; aber unser Jagow trug doch schwer daran, denn es zog ihn unter die Menschen und in die Nähe des Markgrafen zurück, und seine Seele trachtete mehr und mehr nach einer Gelegenheit, sich die Gunst seines Herrn, den er liebte, neu zu erwerben. Und diese Gelegenheit bot sich endlich. Es kam zu einem Kriege mit den Pommern, und um Freienwalde herum stießen die Heere des Pommernherzogs und des Markgrafen aufeinander. Man focht Mann gegen Mann (collato pede, wie der Chronist erzählt), und der Sieg neigte sich schon den Pommern zu, als Jagow aus der Waldestiefe mit seinen Geächteten hervorbrach. Er faßte den Feind im Rücken, und nach tapferer Gegenwehr wandten sich die Pommern zur Flucht, der Oder zu, die jedoch nur von wenigen erreicht wurde. Die Mehrzahl färbte den Boden mit ihrem Blut. Und die Stelle, wo das Blut floß, heißt bis diesen Tag das »rote Land«. Jagow aber, vor den Markgrafen geführt, wurde mit dem Lande belehnt, auf dem er so glücklich gekämpft hatte, und empfing, auf daß sein Name nicht fürder mehr an alte Zeit und alten Groll erinnere, den Namen *Uchtenhagen*, weil er »uht dem Hagen«, das heißt aus dem Walde, zu seiner, des Markgrafen, Rettung herbeigekommen war.

Soweit die Sage, von der ich annehmen möchte, daß sie der Klasse der bloß aus dem Namen hergeleiteten Zurechtmachungen, also jenen nachträglichen Erfindungen angehört, an denen das siebzehnte und noch mehr das achtzehnte Jahrhundert auf dem Gebiete der Adelsgeschichte so fruchtbar war.

Aber das mangelnde historische Fundament soll uns nicht undankbar machen gegen die Sage selbst, die, sie sei jung oder alt, verwirrend oder die rechten Wege führend, um ihrer selbst willen ihre Berechtigung hat. Wir überlassen uns deshalb, eh wir in das Gebiet der Geschichte eintreten, auch im weiteren noch ihrer Führung und erfahren von ihr mit der ihr eigenen Bestimmtheit, daß es der *Schloßberg* war, auf dem sich die erste und älteste Burg der Uchtenhagen erhob.

Und diesem *Schloßberg*, ohne längeres Verweilen, gilt jetzt unser Besuch.

Wir haben Freienwalde mit der Nachmittagspost erreicht und einem jener Cicerones, die den Posthof zu umstehen pflegen, vertraulich mitgeteilt, daß wir noch vor Sonnenuntergang oder doch vor dem Hereinbrechen vollständiger Dunkelheit den Schloßberg zu sehen wünschten, zu Fuß, wenn möglich, zu Wagen, wenn nötig. Da in den Cicerones von Freienwalde gemeinhin mehrere Ämter kumulieren, mindestens aber die Metiers des Führers und des Fuhrmanns zusammentreffen, so ist die Antwort selbstverständlich, und nach einer halben Stunde rollt ein Einspänner vor, der nicht voll bis in die Zeit der Uchtenhagens zurückreicht, aber doch beinah. Der Hintersitz ist leer; auf dem Vordersitz befindet sich der Führer selbst, nunmehr als Kutscher, und knipst mit der Peitsche, um sich in seinem neuen Amte zu beglaubigen. Er trägt einen hellgrauen Flausrock, dazu eine schwarze Tuchmütze, deren Schirm halb über sein Gesicht fällt. Was auf den ersten Blick überrascht, ist, daß er nicht raucht. Aber freilich, jene sonderbare Klasse von Personen, der er zugehört und von der jedes Dorf oder jedes Ackerstädtchen wenigstens ein Exemplar aufzuweisen hat, raucht *nie*. Es sind dies die Träger der Volkspoesie, die Sagenhüter, die Märchenerzähler des Nordens. Sie sind gutgeartet, redselig und schweigsam zugleich, lieben die Scholle, darauf sie geboren, haben einen Anflug von Kränklichkeit und wandern, halb bewundert und halb belächelt, aber wegen ihrer Verträglichkeit wohlgelitten, wie Fremdlinge zwischen ihrer derberen Umgebung. Obwohl gelegentlich von einer überraschenden Scharfsinnigkeit, haben sie in den gewöhnlichen Fällen des Lebens doch nichts von jener Bauernschlauheit, die sprüchwörtlich geworden ist. Das Feld ihres Geistes ist von der Phantasie überwuchert, und so gleichen sie jenem Acker, der zu schwach ist, um ernste und solide Frucht zu tragen, aber, dem schönen Unkraut Platz gönnend, desto üppiger in roten und blauen Blumen steht.

So auch unser Führer und Fuhrmann. Über den Platz, den wir einzunehmen haben, sind wir nicht lange in Zweifel. Natürlich überlassen wir den in Riemen hängenden »Fond« seinem Schicksal und setzen uns auf das Vorderbrett unmittelbar neben den Flausrock, nicht gewillt, eine zweifelhafte Bequemlichkeit auf Kosten besserer Unterhaltung zu erkaufen. Denn es unterhält sich schlecht auf den Rücken anderer Leute los.

Noch einmal ein Peitschenknips, diesmal nicht in die Luft, sondern in die Weichen des Einspänners, und über das Straßenpflaster hin, das noch die alten Traditionen des Ortes wahrt, holpert und rasselt unser Wagen, dessen Hintersitz die komischsten Sprünge macht, in den Freienwalder Kiez hinein, bis plötzlich das Holpern und Rasseln einem süßen Gefühl der Glätte und jenem leis knirschenden Tone weicht, den jeder kennt, der aus dem Sturm und Drang schlecht gepflasterter Straßen in den stillen Hafen einer Lehm- und Kieschaussee eingemündet ist.

Der Abend ist schön, und Duft und Nebel steigen aus den Wiesengründen auf. Der Wald zur Linken steht, wie es im Liede heißt, »schwarz und schweigend«, und nur vor uns, nach Nordwesten zu, glüht noch der Abendhimmel in wunderbaren Farbenspielen durch die Nebelschleier hindurch. Es ist just die Stunde, um den *Schloßberg* und die Burg der Uchtenhagen zu besuchen, denn die Landschaft selbst erscheint wie ein weit aufgetanes Tor, um uns rot und golden in das Land der Sage einzuführen.

Es labt uns das Bild und die Frische des Abends, aber endlich haben wir abgeschlossen mit der Landschaft und fühlen ein leises Unbehagen über das Schweigen unseres Führers, an dessen Seite wir doch Platz genommen um bequemerer Unterhaltung willen. Die vordersten Hügelpartien liegen bereits hinter uns, wir müssen bald halben Weges sein, aber er schweigt noch immer. Da der Berg nicht zum Propheten kommt, so bleibt nichts anderes übrig als das alte Auskunftsmittel, und blindlings in die allerbequemste Form der Unterhaltung hineintappend, beginn ich mit der Frage:

»Sagen Sie, wie denken Sie über die Uchtenhagens?«

Der Angeredete läßt sich Zeit, und zweimal mit der Leine klatschend, um die lange Pause minder auffällig zu machen, antwortet er endlich in absichtlich unbestimmten Ausdrücken:

»Ja, da ist viel.«

Und so rollen wir weiter in den stillen Abend hinein, dessen allerstillste Stelle unser Wagen zu werden droht. Ich will aber dies Schweigen unterbrechen, es koste, was es wolle, und so fahr ich denn fort:

»Es soll hier eine große Schlacht gewesen sein. Hier hinter den Bergen. Ich glaube, sie nennen es das ›rote Land‹.«

Er nickte mit dem Kopfe.

»Nun sagen Sie mir: Ist denn das Land noch immer rot?«

»So rot«, antwortete er halb wie im Echo und machte dabei eine Handbewegung, als ob er sagen wollte: »Lieber Herr, sprechen wir *davon* lieber nicht.«

Nichtsdestoweniger hatte diese Frage das Eis gebrochen, ich sah es an seiner veränderten Haltung, und mit der Rechten auf die quadratmeilenweite Umgebung deutend, fuhr ich fort: »Sie müssen sehr reich gewesen sein … Ich meine die Uchtenhagens.«

Er sah unter seinem Mützenschirm zu mir auf, ein halb wehmütiges Lächeln flog über sein Gesicht, und er wiederholte auch jetzt nur meine Worte: »… *sehr* reich … *sehr*!«

Es war ersichtlich, daß er einen Nachsatz machen wollte, ihn aber rücksichtsvoll verschwieg. Ich kam ihm also auf halbem Wege entgegen und ergänzte:

»Sehr reich; aber *wie*?«

Dies Wort schien ihm Gewißheit zu geben, daß ich einer von dem romantischen Geheimbund sein müsse, der nach Art anderer Geheimbünde zwar seine nicht ausgesprochenen, aber nichtsdestoweniger ganz bestimmten Erkennungszeichen hat. Er wußte nun, daß er sprechen dürfe, ohne Furcht vor Profanation.

Und er wartete auch keine weitere Frage ab, rückte vielmehr vertraulich näher und sagte: »Wissen Sie denn, was sich die Kiezer hier erzählen? Da war hier in Freienwalde, in der Uchtenhagenschen Zeit, ein Böttcher, der wohnte neben dem Kirchhof und hieß Trampe. Das Wasser stand damals bis an die Stadt heran, und zwischen Trampes Haus und dem Wasser lag bloß der Kirchhof. Eines Nachts hörte nun Trampe ein Knurren und Winseln, und er trat ans Fenster, um zu sehen, was es sei. Er sah aber nichts als den Vollmond, der am Himmel stand. Er legte sich also wieder nieder und warf sich eben auf die rechte Seite, da hörte er seinen Namen rufen: ›Trampe‹, dreimal. Und dann wurd es wieder still. Und in der nächsten Nacht ebenso. Trampe meinte nicht anders, als er werde nun sterben müssen, und er ergab sich auch in sein Schicksal und dachte: ›Wenn es wieder ruft, dann wirst du folgen, es sei, wohin es sei.‹ Und in der dritten Nacht rief es wieder. Trampe trat nun auf den Kirchhof hinaus, und als er sich umsah, war es ihm, als liefe was wie ein Hund zwischen den Gräbern hin und her. Er konnt es aber nicht genau sehen, denn das Kirchhofsgras stand sehr hoch. Trampe folgte der Spur, die nach der Wasserseite des Kirchhofs ging, und als er an den Strom kam, sah er einen Kahn, der mit dem Vorderteil im Wasser und mit dem Hinterteil auf dem Trocknen lag. An der äußersten Spitze des Kahns aber stand ein schwarzer Pudel mit zwei Feueraugen und sah Trampen so an, daß dieser dachte, hier ist Einsteigen das beste. Und kaum daß er saß, so fuhr der Kahn, als ob er von hundert Händen geschoben würde, wie ein Pfeil in den Fluß hinein und über das Wasser fort.«

Hier unterbrach sich der Erzähler einen Augenblick, um mir die Linie zu beschreiben, die der Kahn damals gezogen haben müsse, und fuhr dann fort:

»Keiner steuerte, keiner führte das Ruder, aber der Kahn ging rechts und links, immer wie der Pudel den Kopf drehte; so kamen sie bis an den Schloßberg. Der Kahn lief jetzt auf, beide sprangen ans Ufer und stiegen bergan. Inzwischen war es dunkel geworden, der Mond war unter; aber ob nun der Hund rückwärts bergan lief oder ob er den Kopf nach hinten zu gedreht hatte, soviel ist gewiß, Trampe sah immer die zwei Feueraugen vor sich, die ihm bis oben hinauf den Weg zeigten. Und als er nun in den Burghof trat, standen da wohl hundert Fässer, alle voll Gold. Das war so blank, daß es im Dunkeln blitzte. Das Schloß selbst aber lag in Nacht, und nur mitunter glühten die Fenster auf, und allerlei Gestalten wurden sichtbar, Ritter und Edelfräulein, die kicherten und lachten. Dahinter klang es dann wie Tanzen und leise Musik. Trampe sah und horchte. Aber nicht lange, so trat ein Ritter an ihn heran, legte ihm eine schwere Hand auf die Schulter und fragte, ›ob er der Böttcher aus Freienwalde sei‹. Und als Trampe bejaht hatte, befahl er ihm, die Fässer zuzuschlagen: ›Das dreizehnte Faß ist für dich.‹ Und nun ging Trampe an die Arbeit und schlug alle Fässer zu. Das dreizehnte aber, das er vorsichtig gleich beiseite gestellt hatte, rollte er den Berg hinunter. Er war nun fertig und wollte wieder gehn. Da fuhr es ihm mit eins durch den Kopf, ›ob nicht der Ritter *jedes* dreizehnte Faß gemeint haben könnte‹, und als er noch so dachte, rollte er auch schon heimlich ein zweites Faß bergab. Als er aber unten ankam, lag nur *ein* Faß da. ›Hm‹, dachte Trampe, ›wirst es noch mal versuchen‹, und stieg wieder bergauf und rollte ein drittes Faß hinunter. Und sehen Sie, das war es ja grade, was sie gewollt hatten, und als er wieder unten war, war alles verschwunden, auch das *erste* Faß, und nur an der Vorderspitze des Kahns saß wieder der Pudel und sagte: ›Trampe, du hast verspielt.‹ Das ärgerte Trampen, und er dachte, als sie zurückfuhren: ›Das soll dir auch nicht wieder passieren.‹ Ist ihm auch nicht wieder passiert, denn die Uchtenhagens haben ihn nie wieder holen lassen, wenn sie einen brauchten, um ihre Fässer zuzuschlagen.«

Die Geschichte, die bedeutungsvoll mit dem Zusatz: »wie sie sich die Kiezer erzählen«, eingeführt worden war, war kaum zu Ende, so hielten wir auch schon am Fuß des Schloßberges, vielleicht an derselben Stelle, wo an jenem Abend der bedenkliche Uchtenhagensche Fährmann seinen Kahn gelandet hatte. Wir sprangen vom Wagen, schirrten aus, schlugen die Leine vorsichtshalber um einen Baumstamm, wiewohl der Charakter unseres Einspänners alle möglichen Garantien für sein Wohlverhalten bot, und stiegen den Berg hinan. Es war inzwischen immer finsterer geworden, und dichte Schatten lagen um uns her, die durch zwei Lichter am Ausgang einer seitwärts gelegenen Schlucht nur noch zu wachsen schienen. Ich war etwas zurück geblieben und beeilte mich, weil ich an Trampe dachte, wieder an die Seite des Führers zu kommen. Und es gelang auch. In demselben Augenblick aber, wo ich seinen Arm streifte, klang es wie Hundeblaff von der Schlucht her über den Berg, und ich zuckte zusammen und stand. Der Führer, der meinem Gedankengange gefolgt sein mußte, sagte ruhig: »Das ist dem *Müller* seiner; der *andere* blafft nicht.« Und die Ruhe, mit der er dies sagte, überhob mich jeder Verlegenheit. So kamen wir endlich auf der Kuppe des Hügels an.

An der Rückseite desselben befinden sich noch halbmannshohe Mauerreste, mit deren Hülfe sich die Grundform der ehemaligen Burg, besonders aber des Burgtors, vielleicht bestimmen ließe. Der Eingang in das letztere, noch deutlich erkennbar, wird irrtümlich als Kellereingang bezeichnet, weil sich die Phantasie der Kiezer am liebsten mit Kellergewölben und den Trampeschen Fässern beschäftigt.

Wir unsrerseits maßen zunächst die Überbleibsel der alten Umfassungsmauer aus, setzten uns dann, einen Strauch als Lehne, auf die Trümmerwand und blickten in die Schlucht nieder, auf der Elsen- und Birkengebüsch so dicht, so still, so schwellend heraufzusteigen schien, wie Blätter aus einem Korbe quellen, in den sie zuvor gepreßt wurden. Und dazu klang es in der Tiefe wie ein Quell, der über Kiesel fällt. Ich fragte: »Ist das ein Wasser unten?« – »Ja.« – »Wie heißt es?« – »Das *klingende Fließ.*« Sonst war alles ruhig. Der Führer, längst gesprächig geworden, fing an zu erzählen von Pfingst- und Maiennächten, wenn unten in Tal und Schlucht die Rehe schrein und hoch über dem Berg, als wär es der Kyffhäuser, die Dohlen kreischen. Aber es war nicht Mai, nicht Pfingsten mehr, kein Reh schrie durch die Nacht, selbst der Hundeblaff in der Mühle schwieg. Nur das klingende Fließ klang nach wie vor im Silberton zu uns herauf.

So fanden wir den Schloßberg. Wir verließen ihn, um heimkehrend uns der Frage zuzuwenden: Was erzählt uns die *Geschichte* – *sie*, die jede Auskunft über den Schloßberg selbst verweigert – von den *Bewohnern* desselben, von den Uchtenhagens?

Die *historische* Zeit der Uchtenhagen umfaßt einen Zeitraum von etwa drittehalb Jahrhunderten. 1367 wird ihrer zum ersten Male gedacht, und 1618 erlischt das Geschlecht. Eine Urkundensammlung, wie sie neuerdings unter Benutzung der verschiedensten Archive veröffentlicht worden ist, hat die Herstellung einer Stammtafel ermöglicht, der wir – und dadurch mittelbar der Urkundensammlung selbst – einen mühelosen Verkehr zwischen oben und unten, zwischen Anfang und Ende des Geschlechts verdanken. Aber wir verdanken ihr nichts, was als eine *historische* Tat der Uchtenhagens angesehen werden könnte. Vielmehr fehlt nach dieser Seite hin all und jedes. Wir begegnen ihnen weder in Kostnitz noch in Worms; wir sehen sie weder unter Friedrich dem Eisernen vor Bernau noch zu Joachim Hektors Zeiten bei Mühlberg; wir sehen sie weder gegen die Hussiten noch gegen die Türken im Felde und dürfen eben nur *annehmen*, daß sie nirgends gefehlt haben werden, wo es galt, dem Rufe des Kurfürsten zu folgen oder für die Ehre des Landes einzustehen.

Noch einmal also, das urkundliche Material bietet uns landes- oder allgemeingeschichtlich nichts, es belehrt uns aber über die Vermögensverhältnisse der Familie und zeigt uns dieselbe in ihren Beziehungen zu ihren Lehnsmännern, Burgleuten und Hintersassen oder, wenn uns der Ausdruck gestattet ist, in den Verwaltungsgrundsätzen, wonach sie die Regierung ihres ziemlich ausgedehnten Besitzes leiteten, eines Besitzes, der nach Quadratmeilen rechnete und Städte umschloß. Da finden wir denn die Uchtenhagens, allen alten Sagen, »wie sie sich die Kiezer erzählen«, zum Trotz, als wahre Muster ritterlichen Wandels; fromm, sittig, ehrbar in ihrem Hause, mild, helfend, fürsorglich nach außen hin. Sie bauen Kirchen und schenken Glocken, sie schützen die Bürger in ihrem Recht und ihrem Besitz, sie belohnen den Rat Freienwaldes mit neuen Feldmarken, sie vertreten die Stadt vor dem Kurfürsten und erwirken ihr Jahrmarktstage und

Freiheit von Zoll und Abgaben. Nichts, was die finsteren Märchen rechtfertigte, die in Spinnstuben bis diesen Tag mit Graus und Behagen geflüstert werden, vielmehr in allem die Anzeichen einer Regierungskunst im kleinen, dabei, in bestem Sinne, das Bewußtsein von den Rechten und Pflichten des Regiments. Ein Spruch im Freienwalder Stadtarchive gibt uns Auskunft darüber, aus welchem Glauben und Meinen heraus die Uchtenhagen ihre Herrschaft übten.

All' Obrigkeit, die ist von Gott
Und soll handhaben sein Gebot.

Es soll ihr gehorchen alle Welt,
Nicht leben, wie's Lust und Laune gefällt.

Das Schwert gab Gott in ihre Hand,
Damit zu wahren Leute und Land.

Dem Guten soll sie geben Schutz,
Den Bösen strafen, dem Guten zu Nutz.

Eines Vaters Herz aber soll sie ha'n
Zu denen, so ihr sind untertan.

So war der Spruch, nach welchem die Uchtenhagen in Haus und Hof ihre Rechte wahrten, ihre Pflicht erfüllten; nichts, was auf Fluch und Untat hinwiese, auf Taten, die unsühnbar gewesen wären. Wohl im Lauf der Jahrhunderte mischte sich auch ein blutbeflecktes Blatt in die Geschichte des Hauses, ein Vetter erstach den andern im Zweikampf oder aus Notwehr, aber dem Verbrechen folgte die Reue auf dem Fuße, und Kurfürst Albrecht Achill nahm den Bußfertigen wieder in seine Huld und Gnade auf, »gleichweis, als ob die Geschichte nie geschehen wäre«.

Durch sechs Generationen hin, der vorhistorischen Zeit zu geschweigen, hatte der alte Stamm geblüht, nicht voll, nicht zahlreich, aber doch immerhin geblüht. Da, in der zweiten Hälfte des sechzehnten Jahrhunderts, trieb er plötzlich neue Sprossen in Fülle: acht Söhne und fünf Töchter wurden geboren, und Freude war im alten Haus der Uchtenhagen. Aber es war das reiche Blühen vor dem Tode. Eh ein Menschenalter um war, noch vor Schluß des Jahrhunderts, waren alle Söhne des Hauses tot bis auf einen, und der überlebende achte, inzwischen vermählt mit Sophie von Sparr, einer Vaterschwester des berühmten Feldmarschalls, schaukelte ein einzig Kind auf seinen Knien – ein zartes Kind, die blauen Adern sichtbar unter der feinen Haut. Dies Kind, ein Knabe, war Kaspar von Uchtenhagen, der letzte seines Geschlechts. Er starb, neun Jahr alt, und wurde in der Kirche zu Freienwalde beigesetzt. Es heißt im Volk, daß er vergiftet worden sei, und die Sage – die hier wieder für die Geschichte eintritt – erzählt sein Ende so:

Einer der Lehnsvettern des Hauses, voll Verlangen nach dem Besitz der Uchtenhagens, wußte dem Knaben eine prächtige Goldbirne zu reichen, die mit einem langsam wirkenden Gifte vergiftet war. Ein Bologneser Hündchen, das den Knaben auf Schritt und Tritt zu begleiten pflegte, sprang, als dieser die Birne essen wollte, an ihm herauf, halb liebkosend, halb geängstigt, um dem Knaben mit der Vorderpfote die Birne aus der Hand zu reißen, aber Kaspar nannte ihn lachend ein »neidisches Tier« und aß die Birne. Eine Traurigkeit, so fährt die Sage fort, begann alsbald den Knaben zu beschleichen, seine Lebendigkeit verlor sich, und sein Auge wurde matt. So verging er wie eine Blume. Seine Mutter saß in der Sterbenacht an seinem Bett; da richtete er sich noch einmal auf, küßte der Mutter die Hand und sprach sterbend, aber leise-vernehmlich vor sich hin:

»Alle Liebe ist nicht stark genung,
Ich muß doch sterben und bin so jung.«

So die Sage. Eh wir aber auf dieselbe in aller Kürze noch einmal zurückkommen, begleiten wir die Uchtenhagen durch ihre letzten Jahre bis zum völligen Erlöschen des Geschlechts.

Hans von Uchtenhagen, der überlebende Vater des früh heimgegangenen Kindes, den Freuden dieser Welt für immer abgewandt und ohne tieferes Interesse, das alte Erbe des Hauses zusammenzuhalten, verkaufte, bald nach dem Tode Kaspars von Uchtenhagen, die Stadt Freienwalde samt allen seinen sonstigen Gütern an den Kurfürsten Johann Sigismund, zugleich sich verpflichtend, die reichen Besitzungen *jenseits* der Oder, die sogenannte Insel Neuenhagen, sofort in kurfürstlichen Besitz übergehen zu lassen. Andererseits ward ihm, dem Hans von Uchtenhagen, die Beibehaltung aller *diesseits* der Oder gelegenen Besitzungen, namentlich der Stadt Freienwalde, auf die Dauer seines Lebens zugestanden, auch das Recht ihm eingeräumt, bei etwaiger Geburt eines Erben, gegen Rückzahlung der Kaufsumme, in den alten Besitz wieder eintreten zu können. Aber kein Erbe wurde geboren, und in das alte, still und freudlos gewordene Stadthaus der Uchtenhagens, das sich, mit Turm und Zinnen, ein alter gotischer Bau, neben der Freienwalder Kirche erhob, trat nur noch der Engel des Todes. Dem Sohne folgte drei Jahre später die Mutter, bis nach abermals zwölf Jahren voll stillen Leids und frommer Betrachtung auch Hans von Uchtenhagen aus der Unrast dieser Zeit eintrat in das Reich des ewigen Friedens. Das Kirchenbuch berichtet:

»Anno Domini 1618, am Abend Judica des 21. Martii, zwischen zwölf und ein Uhr, ist der edle, gestrenge und ehrenfeste Hans von Uchtenhagen, dieses Städtleins Erbherr und Junker und der letzte dieses Geschlechts, selig im Herrn eingeschlafen und verschieden und danach, am Sonntag Exaudi (war der 17. Mai), allhier in Sankt-Nikolaus-Kirche unter den Altar in sein gewölbtes Begräbnis, nach adliger Weise, zu seiner in Gott ruhenden Frauen und Söhnlein gesetzet, da er in seinem ganzen Alter das vierundsechzigste Jahr erreicht hatte.« Soweit das Kirchenbuch.

Helm und Schild waren ihm in die Gruft gefolgt, Freienwalde wurde kurfürstlich, und nur das Wappen der Stadt: das rote Rad im silbernen Felde, deutet bis diesen Tag auf die Uchtenhagensche Zeit.

Das Geschlecht ist erloschen, und es erübrigt uns nur noch die Frage: Was blieb in Freienwalde und Umgebung von Erinnerungsstücken an die Uchtenhagensche Zeit? Doch noch mancherlei. Das wohlerhaltene und bis diese Stunde bewohnte Amtshaus des Dorfes Neuenhagen, früher eines der Schlösser der alten Familie, darf an sich als ein solches Erinnerungsstück gelten, und die gewölbte Schloßkapelle mit

Stuckaltar und symbolischen Figuren* verlohnte wohl, zu anderer Zeit, eine eingehendere Besprechung, als ich ihr in unten stehender Anmerkung gebe.

Aber heute verweilen wir an dieser Stelle nicht länger und treten vielmehr *dort* ein, wo die alte Zeit der Uchtenhagens in Bild und Wort am vernehmlichsten zu uns spricht: in die alte *Kirche* von Freienwalde. Die Uchtenhagens haben sie gebaut, und sie ist das eigentliche und beste Monument des heimgegangenen Geschlechts. Bis vor wenigen Jahren lagen noch verschiedene Grabsteine vor den Stufen des Altars, unter dem in gewölbter Gruft die Toten ruhten – nun sind die Grabsteine fort, und die Gruft ist verschüttet. Aber anderes ist geblieben. Über der niedrigen Sakristeitür, zur Linken des Altars, befindet sich das beinah lebensgroße Bildnis Kaspars von Uchtenhagen, desselben, von dem die Sage erzählt, daß Bosheit ihn vergiftet habe. Das Bild ist, mit Rücksicht auf die Zeit, in der es entstand, eine vorzügliche Arbeit. Beschreib ich es. Ein Tischchen steht zur Seite, mit einer roten Decke darüber; *auf* dem Tische liegt die hohe Sammetmütze des Knaben, in Form und Farbe den Otterfellmützen nicht unähnlich, denen man noch jetzt in den Oderbruchgegenden begegnet; *vor* dem Tisch aber steht der Knabe selbst,

* Das Schloß Neuenhagen jenseits der Oder ist verhältnismäßig wohl erhalten bis auf den heutigen Tag. Es wird noch bewohnt und bietet, wie wir nicht zweifeln, einen besseren Aufenthalt als mancher moderne Bau. Die alten Uchtenhagen-Räume dienen den verschiedensten ökonomischen Zwecken: das Burgverlies ist ein Wirtschaftskeller, die große Halle eine Waschküche geworden. Ein anderes Zimmer (man verzeihe diesen Exkurs), drin ein schwedischer Oberst in der nach-Uchtenhagenschen Zeit den Amtmann von Neuenhagen über Strohfeuer rösten ließ, um die verborgenen Schätze zu erkunden, diente, dieser Reminiszenzen unerachtet, noch vor kurzem als Schlafzimmer. Ich hätte mir ein anderes gewählt. Was aber besser als alles andere erhalten ist und mehr als alles andere interessiert, das ist ein gewölbter Raum: jetzt Amtsstube, früher die Schloßkapelle der Uchtenhagens. Die Altarwand, noch vollkommen gut erhalten, ist ein umfangreiches, aus verschiedenen Teilen zusammengesetztes Stuckrelief, das, nach Art solcher Stuckbilder, nicht einen frei stehenden Schrein bildet, sondern in das Mauerwerk selber, wie eine Wandverzierung, eingelassen ist. Es besteht aus einem Christus am Kreuze, zu dem zwei Heilige aufblicken; dies Hauptstück des Bildes ruht aber auf einer Art Fries, in dessen Feldern wir die symbolischen Figuren des Hahns, des Greifen, des Pelikans und des Wiedehopfs erblicken. – In der *Kirche zu* Neuenhagen befindet sich übrigens noch ein gut erhaltener Grabstein aus der Uchtenhagener Zeit. Seine Inschrift lautet! »Das Blut Jesu Christi reiniget uns von allen unseren Sünden. Johannes 3. Anno Domini 1592 den 13. Dezember. Hier ruhet … die viel tugendreiche Hippolyta von Uchtenhagen, in Gott selig entschlafen.« Hippolyta, dem Bilde nach etwa vierzig Jahr, war eine ledig gebliebene Schwester von Hans von Uchtenhagen.

blaß, durchsichtig, mit schmalen Lippen und rotblondem Haar, ein feines Köpfchen, klug und durchgeistigt, aber wie vorausbestimmt zu Leid und frühem Tod. Seine Kleidung zeigt reicher Leute Kind. Über dem roten Unterkleid trägt er einen grünen Überwurf mit reichem Goldbesatz, und eine getollte Halskrause, weiße Ärmelchen und schwarze Sammetschuhe vollenden seine Kleidung und Erscheinung. In der Rechten hält er eine schöne, große Birne, während ein Bologneser Hündchen bittend, liebkosend an ihm emporspringt. Die Umschrift aber lautet: »Da ich, Kaspar von Uchtenhagen, bin gewest diesergestalt, war ich viertehalb Jahr alt, Anno 1597, den 18. November.«

Es ist ersichtlich, daß dies überaus anziehende Bild, das wirklich eine Geschichte *herauszufordern* scheint, die äußere Veranlassung zu jener Sage gegeben hat, die ich bereits erzählt habe. Die Birne, das Hündchen, der Ausdruck von Wehmut in den Zügen, dazu der frühe Tod – es hätte, der Kiezer und ihrer sagenbildenden Kraft ganz zu geschweigen, in den Herzen der Freienwalder selbst kein Fünkchen Poesie lebendig sein müssen, wenn sie sich die Gelegenheit hätten entgehen lassen wollen, aus so dankbarem und so naheliegendem Stoff eine Sage ins Leben zu rufen.

Wir freuen uns, daß die Sage da ist, möchten sie nicht missen, aber sie ist eben Sage und nicht mehr. Der Beweis ist mit Leichtigkeit zu führen. Das Bildnis selbst belehrt uns in seiner Umschrift, daß es gemalt wurde, als Kaspar von Uchtenhagen ist »vierthalb Jahre alt gewest«. Er muß also, da wir die Birne auf diesem Bilde bereits erblicken, besagte Birne, wenn er sie überhaupt aß, mit viertehalb Jahren gegessen haben. Kaspar von Uchtenhagen starb aber erst sechs Jahre *später*, und würden wir, um der Sage gewaltsam eine historische Grundlage zu geben, durchaus annehmen müssen, daß die durch Brauen von Gifttränken niemals berühmt gewesene Mark Brandenburg eine selbst Italien überbietende Meisterschaft in der Aqua-Tofana-Kunst besessen habe.

Kaspar von Uchtenhagen, wie uns sein eigen Bild am besten belehrt, starb einfach daran, daß seine Seele von Geburt an in einem halbverklärten Leibe gewohnt hatte. Er starb und ward in »der Gruft unterm Altar beigesetzt«. An der hintern Wandung des Altars aber, schlecht übermalt und minder gut erhalten als das erste, bereits beschriebene Bildchen, begegnen wir einem zweiten Bilde des Knaben, das ihn uns zeigt, wie der nunmehr Neunjährige, blaß und die Ruhe des Todes auf der Stirn, im offenen, blumenüberstreuten Sarge liegt. Er trägt ein weißes Sterbehemd und in dem glatt anliegenden Haar einen blühenden Rosmarinkranz; um den Hals aber schlingt sich ein schwarzes Band, daran, bis zur Brust hernieder, eine Schaumünze und ein länglich viereckiges Medaillon hängt. Eine Unterschrift gibt Tag und Stunde seines Todes; die Wappen der Sparrs und der Uchtenhagens schieben sich in die oberen Ecken des Bildes ein, und daneben lesen wir, nicht ohne an den Vollklang lateinischer Kirchenlieder erinnert zu werden:

Ah tibi Jesu lectulum
In me para mollissimum,
Meo quiesce pectore
Et intime servabo te;

Worte, denen als deutscher Text der dreizehnte Vers von Luthers Liede »Vom Himmel hoch, da komm ich her« beigefügt ist:

Ach mein herzlieb Jesulein,
Mach dir ein rein sanft Bettelein,
Zu ruhen in meins Herzens Schrein,
Daß ich nimmer vergesse dein.

Noch wenige Worte. Kaspar von Uchtenhagen ruhte bereits länger denn zweihundert Jahr in der Gruft seiner Väter, und wenige waren es, die nach dem Bilde hinterm Altar blickten. Das blasse Gesicht und der Rosmarinkranz im Haar rührten kein Herz mehr, und kaum jemand existierte, für den die Schaumünze und das Medaillon, die auf dem Herzen des Knaben ruhten, eine Bedeutung gehabt hätten. Man nahm sie als Ornament, als Einfall des Malers. Da, während der zwanziger oder dreißiger Jahre dieses Jahrhunderts, als ein Umbau nötig geworden, stiegen die Uchtenhagens noch einmal aus ihrer Gruft an das Tageslicht hinauf, und in langer Reihe, das Kirchenschiff hinunter, standen ihre Kupfer- und

Eichensärge. Vor dem Altar aber stand ein kleiner Sarg, der Sarg Kaspars von Uchtenhagen. Man nahm den Deckel ab, und siehe da, da lag das Kind ganz wie auf dem Bilde mit Kranz und Krause. Erst bei der Berührung zerfiel alles zu Staub, und Form und Hülle waren hin. Aber das schwarze Seidenband hielt noch, und an dem Seidenbande hingen, wie das Bildnis es zeigt, eine Schaumünze und ein Medaillon. Beide werden aufbewahrt und sind eine Sehenswürdigkeit von Stadt und Kirche. Die Schaumünze hat das übliche Ansehn, das Medaillon aber, etwa anderthalb Zoll lang und einen Zoll breit, ist in zierlichster Weise den Formen eines alten Gebetbuches nachgebildet, mit geripptem Rücken und zwei kleinen Klammern daran. Diese Klammern sind festgenietet und öffnen also weder sich selbst noch das Buch, wohl aber bewegt sich an der Stelle, die dem Schnitt des Buches entsprechen würde, ein kleiner Schieber hin und her und ermöglicht, eine Reliquie oder eine geweihte Hostie in das Büchelchen hineinzulegen. Nichts der Art indessen ward an jenem Tage, wo die Särge noch einmal ans Licht emporstiegen, in dem goldenen Büchelchen gefunden, und nur ein Zettel fiel heraus, auf dem geschrieben stand: »Psalm 63,10.« Diese Stelle aber lautet: »Sie stehen nach meiner Seele, mich zu überfallen«, und die darin liegende Hindeutung hat der alten Sage, wie sie vorstehend erzählt wurde, zu neuem Leben verholfen.

Ja, sie wächst wieder. Um Mitternacht, so heißt es jetzt, glühen die Fenster der alten Kirche plötzlich in rotem Lichte auf, und die Gestalt Kaspars von Uchtenhagen in weißem Sterbekleide und mit glatt anliegendem Haar tritt vor den Altar und spricht leis, aber vernehmlich das Kirchenschiff hinunter:

»Alle Liebe ist nicht stark genung,
Ich muß doch sterben und bin so jung.«

Und wenn der Ruf verhallt ist, erlischt der rote Schein in den Fenstern, und alles ist wieder wie zuvor.

So erzählen Sage und Geschichte vom alten Geschlecht der Uchtenhagen.

BUCKOW

Das dritte, das dritte, noch wissen wir's nicht,
Doch bleibt es das Best an der ganzen Geschicht,
Courage, Courage!

Chamisso

Buckow hat einen guten Klang hierlands, ähnlich wie Freienwalde, und bei bloßer Nennung des Namens steigen freundliche Landschaftsbilder auf: Berg und See, Tannenabhänge und Laubholzschluchten, Quellen, die über Kiesel plätschern, und Birken, die, vom Winde halb entwurzelt, ihre langen Zweige bis in den Waldbach niedertauchen.

Ja, Buckow ist schön, aber doch mit Einschränkung. Es hängt alles davon ab, ob wir Buckow die *Gegend* oder Bukkow die *Stadt* meinen – allen Respekt vor jener, aber Vorsorge gegen *diese*. Seine Häuser kleben wie Nester an Abhängen und Hügelkanten, und sein Straßenpflaster, um das Schlimmste vorwegzunehmen, ist lebensgefährlich. Es weckt mit seiner hals- und wagenbrechenden Passage die Vorstellung, als wohnten nur Schmiede und Chirurgen in der Stadt, die schließlich auch leben wollen. Von Löchern ist längst keine Rede mehr; wo dergleichen waren, sind sie zu einer rinnenartigen Vertiefung geworden, und als Friedrich Wilhelm IV. vor einer Reihe von Jahren Buckow passierte, sah sich die Kommune veranlaßt, die Hauptstraße der Stadt fußhoch mit Sand bestreuen zu lassen. Dieser Beschluß wurde aber nicht gleich gefaßt. Viele hatten vielmehr vorgeschlagen, das Pflaster zu lassen, wie es sei, um den König desto eher zu einer milden Beisteuer zu bewegen, in dankbarer Erinnerung »an Rettung aus Lebensgefahr«. Aber der Vorschlag mußte freilich scheitern, weil eben niemand diese Rettung als gesichert voraussagen durfte. So wurde denn Sand gestreut und das alte Pflaster der Stadt erhalten, Für schwache Achsen ist Buckow dasselbe, was Wien für schwache Lungen ist – keiner kommt heil heraus.

Buckow war einmal wohlhabend, aber das ist lange her. Im

vierzehnten Jahrhundert, auch später noch, blühte hier der Hopfenbau und gab dreiunddreißig Hopfengärtnern reichliche Nahrung. Sie gewannen jährlich weit über 1000 Wispel, und der Buckower Hopfen war es, der dem Bernauer Bier zu seinem Ruhme half. Noch gibt es Hopfengärten in Buckow, aber ihre Bedeutung für die Stadt ist hin, und die überall siegreiche Kartoffel erobert auch hier das Terrain. Kümmerlich schlägt sich die Stadt mit Spaten und Hacke durch; Kommunalvermögen ist nicht da; die vier Jahrmärkte werden nicht besucht, und die alte Hügelkirche, mit reichem Altar und mächtigen Glocken, würde schwerlich in solcher Stattlichkeit auf die Stadt herabsehen, wenn sie vom *jetzigen* Buckow gebaut werden sollte.

Die Buckower sind ordentliche, fleißige Leute, die sich's sauer werden lassen; aber sei es, daß ihre wendisch-deutsche Blutmischung nicht ganz die richtige ist oder daß sie's nicht verwinden können, vor lieber langer Zeit einmal reich gewesen zu sein, gleichviel, sie haben eine Vorliebe fürs Prozessieren und gelegentlich auch wohl für die Selbsthülfe. Es existieren darüber viel heitre und viel traurige Geschichten. Eine Geschichte dieser Art, die lustig und traurig zugleich, spielte vor kurzem erst, als die Buckower mit ihrem »Grafen« – dem Grafen Flemming, Besitzer der *Herrschaft* Buckow – in Streit gerieten. Dieser Streit nahm ein paar Tage lang den Charakter an, als habe sich ein Vorgang aus dem fünfzehnten Jahrhundert in unsre Zeit hinein verirrt; die Bürger zogen zu Felde, schlugen die gräflichen Mannen in die Flucht, nahmen Posseß vom streitigen Terrain und pflanzten ihr Banner auf dem eroberten Grund und Boden auf. Kurzum, eine *mittelalterliche Fehde* in bester Form. Streitobjekt war ein Forst, den der Graf als *seine*, die Stadt als *ihre* beanspruchte. Die Gerichte hatten zugunsten des Grafen entschieden, aber die Stadt schüttelte den Kopf, und so geschah, was eben gemeldet. Ein Bänkelsänger, der just des Weges kam, hörte von dem kaum geschlichteten Streit, und das Balladenhafte des Vorganges rasch erkennend, brachte er alles in »neue Reime aus diesem Jahr«. Ich habe das Blatt zufällig in die Hand bekommen und gebe etliche Strophen daraus.

Die Bürger von Buckow saßen beim Bier,
Das gab ein Lärmen und Streiten,
Sie sprachen vom Grafen und ihrem Prozeß,
Von Instanzen, ersten und zweiten.

Sie wußten es alle klipp und klar,
Daß der Graf die Richter betörte
Und daß der Forst, trotz erster Instanz,
Von je zur Stadt gehörte.

Drum (hieß es) hätten sie appelliert,
Und sie wußten aus guten Gründen,
Daß über ein kleines, in Woch oder Tag,
Die Sachen ganz anders stünden.

So klang es. Nur einer saß am Tisch,
Der spielte mit Gabel und Teller
Und rief jetzt: »He! zwei Seidel frisch,
Zwei bayrisch aus dem Keller.«

Er leerte das aufgehobene Glas
Mit einem einzigen Zuge
(Seine blinzelnden Augen tranken zugleich
Aus dem stehengebliebenen Kruge);

Er strich den Schaum sich aus dem Bart
Und wetterte über die Tische:
»He, Bürger von Buckow, was immer ihr prahlt,
's sind alles faule Fische.

Ihr habt keinen Mut; dieweil ihr hie
Abschießt eure Pfeile und Bolzen,
Läßt draußen der Graf in eurem Forst
Die Tannen niederholzen.

Ihr habt keinen Mut; ich sprech es mit Scham,
Ihr seid wie andre Philister;
Wer heute die Orgel spielen will,
Der braucht ein tiefer Register.

Ihr wißt nichts von der hohen Magie,
Von dem Zauber dieser Tage,
Der Zauber nennt sich fait accompli,
Und sein Spruch ist: Tu und wage.

Ihr kommet nie und nimmer zum Ziel
Mit Klagen, Akten und Pakten,
Es gibt nur eines, das heut hilft:
Tatsachen, Griffe, Fakten.

Greift zu, verschafft euch selber Recht
Mit euren eignen Händen –
Die Schläger des Grafen schlagen im Wald,
Wohlan, ihr müßt sie pfänden.«

Nun folgen sechs, acht Strophen, in denen beschrieben wird, wie alles dem Redner zujubelt, wie die Bürger sich rüsten und andern Tages wirklich ausziehen, um die »Pfändung der Gräflichen« vorzunehmen. Drei andre Strophen schildern den Zug selbst*; dann endlich treten sie in den Wald.

Und als sie sich nahten dem strittigen Grund –
Da, vernehmbar aus dem Gehege
Her klangen schon durch die stille Luft
Der Holzaxt dumpfe Schläge.

Der Tag war heiß, die Luft war still,
Der Wald schwieg wie beklommen,

* Die drei Strophen, die den Zug schildern, sind folgende:

Der Führer ritt einen Scheckenfuchs,
Er ritt ihn kurz auf Trense,
Dann folgten die Schützen; dann ackerlich Volk
Mit Sichel und mit Sense.

Die Schützen trugen manch Rüstungsstück
Mit Scharten und mit Beule,
Zuletzt nachrückte das corps d'armée
Mit Knittel und mit Keule.

Im ganzen waren es fünfzig Mann
In Rotten zu sechs und sieben,
Nur der Mann der Fakten, des fait accompli,
War ruhig zu Hause geblieben.

Nur leise rauschten die Wipfel sich zu:
»Sie sind es; die Buckower kommen.«

Der Kampf ist nun kurz. Die gräflichen Holzschläger strekken die Waffen, und die Sägen und Äxte werden gepfändet. Ein Hurra klingt dreimal durch den Wald. Aber der Sieg ist von keiner Dauer. Die Gräflichen verstärken sich und rücken andrentags, unterstützt durch die ganze Polizeimacht der Kreise Barnim und Lebus, ins Feld. Die Polizei, bekanntlich ein prosaisches Institut ohne Glauben an Gespenster, hat auch kein Herz für Romantik und Mittelalter und schickt die Buckower in sehr bestimmten Ausdrücken heim.

Die Buckower sprechen noch immerzu
Vom Forst und ihrem Streite;
Und doch, wo das strittige Waldstück stand,
Da stehen jetzt Klafter und Scheite.

Und kommt ein Buckower still entlang,
Halb traurig und halb verbissen,
Da singen die Vögel so lustig. Warum?
Die Vögel werden's schon wissen.

Aber ich habe vielleicht zu lange schon bei den Buckowern verweilt; wenden wir uns wieder ihrer Stadt zu. Buckow und seine Umgebungen bilden die »Märkische Schweiz«. Freilich geht es der Stadt mit diesem Namen und Anspruch nicht viel besser als mit ihrem Forst, denn Freienwalde tritt mit überlegener Miene in die Schranken und sagt: »Dieser Name ist mein.«

Wo liegt denn nun aber die *wirkliche* Märkische Schweiz? Wir werden uns einen Dualismus, wie auch sonst wohl, gefallen lassen müssen. Freienwalde ist immerhin eine Dame, Buckow ist eine ländliche Schönheit, die mit nacktem Fuß in den See tritt und unter Weidenzweigen ihr Haar flicht. Nun wähle jeder nach seinem Sinn. Binnen kurzem wird sich solche Wahl erleichtern. Die neuprojektierte Eisenbahn zwischen Berlin und Küstrin führt auf kürzeste Entfernung an Buckow vorüber, und einmal in den Verkehr hineingezogen, wird das »Aschenputtel« von heute ihrer bevorzugten Schwester vielleicht schon morgen gefährlich werden.

Buckow liegt in einem Kesseltale, dessen Sohle von einem großen See gebildet wird. Dieser See hat die Form eines abgestumpften Halbmonds, ist also bohnen- oder nierenförmig und heißt der Schermützel-See. Wir werden noch weiter von ihm hören. An der konkaven Seite des Sees, ziemlich genau an der Stelle, wo sich das hüglige Erdreich in den See hineinbuchtet, liegt die Stadt, von der aus sich in kürzester Zeit und mit leichtester Mühe die verschiedensten Ausflüge in die Umgegend ermöglichen. Alle diese Ausflüge, verschieden, wie sie sind, lassen sich nichtsdestoweniger in drei ganz bestimmte Gruppen bringen: in Spazierfahrten über den See, in Besteigung des Bollersdorfer Plateaus und in Wanderungen durch die Täler und Schluchten der nach Nord und Ost hin gelegenen »Märkischen Schweiz«.

Besteigen wir zunächst das Plateau.

Wir wählen dazu, statt der Fahrt über den See, einen Umweg, und zwar durch jene lieblichen Schluchten und Waldpartien, die von einem Bergwasser, dem Marienfließ, durchflossen werden. Alles hat hier den mitteldeutschen Charakter. Wer den Harz, wer Thüringen und die Sächsische Schweiz kennt, ist manche liebe Stunde unter gleichen Bildern und Eindrücken bergan gestiegen. Tannen und Lärchenbäume fassen zu beiden Seiten die Hügelabhänge ein, Buchen und Birken sind in das Nadelholz eingestreut, der Kuckuck ruft, der Bach plätschert, und auf dem frischen Rasen, der das Wandern so leicht macht, liegen die Tannenäpfel oder spielen die Schatten und Lichter der Nachmittagssonne. So auch hier. Über die primitivsten Brücken hinweg – sechs Feldsteine quer durch den Bach – schreiten wir vom linken auf das rechte und wieder vom rechten auf das linke Ufer, bis wir, nach halbstündigem Marsche den Tann ohne Weg und Steg durchbrechend, uns plötzlich auf dem ersehnten Plateau befinden, das wir, den Windungen des Baches folgend, fast wie auf einer Wendeltreppe ohne Stufen erstiegen haben. Aber noch wissen wir es kaum, daß es ein Höhepunkt ist, auf dem wir stehen, denn das Plateau dehnt sich bis zum Horizont hin wie eine Ebene vor uns aus, und erst am Ausgang eines tiefen Ackereinschnitts, der uns einer hier und dort unterbrochenen Wand von Brombeer- und Weißdornsträuchern entgegenführte, blicken wir überrascht in eine völlig senkrechte Tiefe nieder. Fünfhundert Fuß unter uns der See.

Wir nehmen nun unsern Stand und haben vielleicht das schönste Landschaftsbild vor uns, das die »Märkische Schweiz« oder doch der »Kanton Buckow« aufzuweisen vermag. Links und rechts, in gleicher Höhe mit uns, die Raps- und Saatfelder des Plateaus, unmittelbar unter uns der blaue, leis gekräuselte Schermützel-See, drüben am andern Ufer, in den Schluchten verschwindend und wieder zum Vorschein kommend, die Stadt und endlich hinter derselben eine bis hoch hinauf mit jungen frischgrünen Kiefern und dunklen Schwarztannen besetzte Berglehne. Die Nachmittagssonne fällt auf die Stadt, die mit ihren roten Dächern und weißen Giebeln wie ein Bild auf dem dunklen Hintergrunde der Tannen steht, das Auge aber, wohin es auch durch die Mannigfaltigkeit des Bildes gelockt werden möge, kehrt immer wieder auf den rätselvollen See zurück, der in genau zu verfolgenden Linien unter uns liegt.

Auf den rätselvollen See. Noch wissen wir es nicht, aber wir ahnen es, daß er unter andern Schätzen auch einen Sagenschatz umschließen muß, und unser Führer, ein Bukkower Fischer, der uns bis hierher schweigend geleitet, hebt jetzt an: »Dort unten liegt die alte Stadt. Drüben am andern Ufer, wo Sie die spiegelglatte Stelle sehen, dort hat Alt-Buckow gestanden. Wir kennen die Stelle ganz genau. Von dem Eck dort, wo die Binsen hundert Schritt weit in den See hineingehen, bis hier gradüber von uns, wo die Weiden ins Wasser hängen – so weit ging die Stadt. Ich spreche nicht von Glocken, die bei Sonnenuntergang klingen, Alt-Buckow hatte schwerlich Glocken, aber das müssen Sie schon glauben, daß wir an klaren Tagen zehn Fuß tief unterm Spiegel allerhand Pfahlwerk stehen sehn, Blockhäuser vielleicht, jedenfalls Zaun und Steg, und mancher unter uns hat etwas von dem Pfahlwerk herausgeholt und ihm einen guten Platz im Hausflur gegeben. Wir denken, es ist ein Segen dabei.« Der Erzählende machte hier eine Pause, während deren er mich scharf ansah. Dann fuhr er fort:

»Drüben, wo die Stadt stand, ist der See flach, wenigstens eine kurze Strecke; hier unter uns aber ist er tief, an hundert Fuß und darüber; hier wimmelt es auch von Fischen, aber wir haben wenig davon. Wenn wir hier Netze ziehn, so gehen die Fische tiefer, und wollen wir ihnen nach, so kommen wir in den alten Eichwald, der hier unten steht. Die Maschen zerreißen dann, die Fische schlüpfen durch, und ein paar abgebrochene Zacken sind alles, was wir mit nach oben bringen. Ja, so hat sich's geändert. Einst war alles Berg hier, und Stadt und Wald standen zwischen hüben und drüben, wie wir beide jetzt auf dieser Höhe stehn. In einer Nacht aber war alles vorbei. Der Berg ging nach unten, und der See kam herauf.«

Eine kühle Luft wehte über das Feld, und ein leises Unbehagen lief mir über den Rücken. Indessen, ich wußte doch nun, was es war, daß mich der Schermützel so ganz anders angeblickt hatte wie manch andrer See, und ich warf mich nieder und streckte den Kopf über den Abgrund hinaus, wenigstens den Wunsch im Herzen, unten ein Eichenskelett bis an den Wasserspiegel heraufragen und die Fische durch seine Zackenkronen hindurchhuschen zu sehn. Ich sah es auch wirklich, aber mit dem Bewußtsein, daß es Täuschung sei.

Wir traten nun den Rückweg an und plauderten über dies und das. Des Sees Sagen verließen mich nicht und begleiteten mich bis schließlich wieder daheim, wo ich in Büchern nachzuschlagen und nach der Vorgeschichte des »großen Schermützel« zu suchen begann. Was ich fand, ist das. Viele unsrer märkischen Seen und seeartigen Vertiefungen sollen durch sogenannte Erdfälle entstanden sein. Man hat keine andre Erklärung. Plötzlich und unvermittelt inmitten eines Plateaus auftretend, wie dies namentlich beim Schermützel-See der Fall ist, ist es nicht möglich, von hereinbrechenden Wasserfluten, von Flußbett oder Strömungen zu sprechen. Es ist nichts von *außen Herantretendes*, was die Erklärung geben kann, es muß vielmehr ein *innerlicher* Vorgang, ein eminent *lokaler* sein. Man denkt sich die Sache so. Das Innere der Erde hat Höhlen, deren Wände und Deckengewölbe die Hand der Natur mit Kalk oder Gipsmassen umkleidet hat. Solche natürlichen Tunnel sind entweder völlig hohl und leer oder aber mehr oder weniger mit Wasser gefüllt. Über solchem gewölbten Riesentunnel liegt Erdreich, wieviel, ist gleichgültig, und auf dem Erdreich steht eine Stadt oder wächst ein Wald. So geht es durch ein Jahrtausend. Da plötzlich, sei es durch einen Ruck von unten oder durch sickernde Wasser von oben her, bricht das Tunnelgewölbe ein, und wie ein Haus, das seine Balkenlage verliert, in den Keller stürzt, so fährt nun das Erdreich mit allem, was darauf wuchs und stand, in die plötzlich geöffnete Tiefe herab. War der Tunnel leer, so zeigt sich nunmehr einfach eine Vertiefung, wo sonst eine Fläche war, war der Tunnel aber umgekehrt ein riesiges übermauertes Wasserreservoir, so schlagen nun die frei gewordenen Wasser über allem, was niedergefahren ist, zusammen, und – ein See steht ruhig über Stadt und Wald.

Eine geognostische Autorität hat die hübsche Wendung gebraucht: »daß die Natur bei der Bildung von *Erdfällen nur erst selten auf frischer Tat ertappt worden sei*«, ein Umstand, zu dem wir uns, so lehrreich das Gegenteil auch sein würde, im ganzen genommen zu gratulieren haben. Wär es anders, wären wir in der Lage, diese »Erdfälle«, wie Sternschnuppenfälle im August, regelmäßig beobachten zu können, so würde das mit Vulkanen übersäete Zentralamerika ein vergleichungsweise bequemer Aufenthalt sein. Denn was sind schließlich *»Erdbeben«* gegen solche *»Erdfälle«*, wo die Erde gleichsam sich selbst zu verschlingen beginnt. Sind übrigens die Annahmen über die Bildung mehrerer unsrer größten und schönsten Seen nur halbwegs richtig, so haben die Vorbewohner der Mark von diesen »interessanten Naturerscheinungen« mehr denn zur Genüge gehabt. Der Kressinsche See nicht weit von Saarmund, der Gohlitz-See im Amt Lehnin, der Gudelack-See bei Lindow und der große Paarsteiner See bei Kloster Chorin sollen durch solche Erdfälle entstanden sein, der zahlreichen, überall vorkommenden Teufelsseen ganz zu geschweigen. Wo zwischen zwei abschüssigen Hügelwänden sich plötzlich ein trichterförmiger See einklemmt, der weder Zu- noch Abfluß, wohl aber eine bedeutende Tiefe hat, da liegt immer Grund vor, einen früher oder später erfolgten »Erdfall« zu vermuten. Erzählt aber gar die Sage von untergegangenen Dörfern und

Städten, so ist es gut, dem Volksmunde zu glauben und die Zweifel zu Haus zu lassen. Ob die Glocken dann abends in der Tiefe klingen oder nicht – der ist nicht beneidenswert, der sie schlechterdings nicht zu hören vermag.

DER GROSSE UND KLEINE TORNOW-SEE

Im Mummelsee, im dunklen See,
Da blühn der Lilien viele.
Schnezler

Die »Märkische Schweiz« um Buckow herum ist zum großen Teil ein Besitztum der Grafen Flemming und Itzenplitz.

Der Itzenplitzsche Anteil an diesem Stück schöner Natur liegt im Norden und Nordosten des großen Schermützel-Sees und umfaßt das Areal der Güter Bollersdorf und Pritzhagen.

Von dem Bollersdorfer *Plateau* sprachen wir bereits im vorigen Kapitel; ebenso von dem schönen Blick, den der abschüssige Rand desselben auf den unten liegenden Schermützel-See gestattet.

Dorf Bollersdorf, dessen kleine gotische Kirche dem kahlen Plateau einen malerischen Reiz verleiht, ist ohne Bedeutung. Seine Besitzer wechselten oft. In der zweiten Hälfte des siebzehnten Jahrhunderts war es Eigentum des Generallieutenant von Görtzke, der, nach Ankauf des jetzt Marwitzschen Friedersdorf, auch noch Kienitz und Bollersdorf an sich brachte. Nach seinem Tode aber scheint es sofort in andre Hände übergegangen zu sein. Die schon genannte Kirche geht bis ins vierzehnte Jahrhundert zurück. Bei einem vor Jahresfrist stattfindenden Umbau wurden in der geöffneten Gruft Särge der alten, im Lande Beeskow-Storkow begüterten Familie Löschebrand gefunden.

1763 kam Bollersdorf durch Schenkung in Besitz des Generalmajors von Lestwitz und teilte seitdem, hinsichtlich seiner Besitzverhältnisse, das Schicksal des Lestwitz-Itzenplitzischen Güterkomplexes: Friedland, Kunersdorf, Bollersdorf, Pritzhagen, dem es von da ab zugehörte.

Pritzhagen liegt mehr östlich, und das coupierte Terrain gestattet keinen Blick auf den Schermützel-See. Das Dorf selbst ist unbedeutend wie Bollersdorf. Viele Jahrhunderte lang besaßen es die »Rutze« oder die »von Reutze«, wie sie später genannt wurden. Schon 1375 finden sie sich, dem Landbuche nach, an dieser Stelle. Der letzte, wie es scheint, war »Junker Hans«, ein Weidmann von altem Schrot und Korn, der seine Passion mit dem Leben bezahlte. Sein Name lebt fort in der Junker-Hansens-»Kehle«, was in der Gebirgssprache der »Märkischen Schweiz« soviel wie Schlucht bedeutet. In Pritzhagen weiß und erzählt noch jedes Kind von dem »tollen Junker«, der bei Verfolgung eines Hirsches in die »Kehle« fiel und den Hals brach. Eine Meile weiter aber weiß niemand mehr von ihm. Ein allerlokalster Ruhm.

Pritzhagen bedeutet wenig, seine Berge und Schluchten jedoch bedeuten viel, selbst seine »Kehlen«.

Als einer seiner reizendsten Punkte gilt der *Dachsberg*, kaum eine Viertelstunde vom Dorf entfernt und mit Recht ein Lieblingsplatz aller märkischen Touristen. Auch Berliner huldigen ihm. Und das ist doch schließlich immer das Entscheidende!

Aber den Dachsberg in Ehren, in Wahrheit sind es doch seine beiden Seen, wie namentlich auch die Schlucht, die diese verbindet, was seine Schönheit ausmacht. Die beiden Seen heißen der kleine und große Tornow-See, und die Schlucht heißt die *»Silberkehle«*. Jene blicken zu dem Berge hinauf, der seinerseits terrassenförmig ansteigt. Am Fuße der Treppe breitet sich der *große* Tornow aus, auf dem mittleren Absatz aber liegt der *kleine* Tornow, dunkel und still und in verschwiegener Tiefe.

Von der Kuppe des Hügels herab überblickt man nur den kleineren See; Baumpartien fassen ihn ein und beschränken die weitere Fernsicht. Das Terrassenförmige des Berges kommt deshalb wenig zur Erscheinung. Möglich, daß das Landschaftsbild an Reiz gewönne, wenn ein unbehindertes Auge, die Stufen der Treppen herniedersteigend, erst bei der kleineren und dann endlich tief unten bei der größeren Wasserfläche verweilen könnte. Aber auch wie es ist, ist es schön.

Der *kleine* Tornow ist einer jener »Teufelsseen«, denen man in der Mark, an den Abhängen der Hügel, so oft begegnet. Ihr Name bezeichnet ihren Charakter. Das Wasser ist schwarz, dunkle Baumgruppen schließen es ein, breite Teichrosenblätter bilden einen Uferkranz, und die Oberfläche bleibt spiegelglatt, auch wenn der Wind durch den Wald zieht. Es ist, als hätten diese dunklen Wasser einen besonderen Zug in die *Tiefe* und als stünden sie fester und unbeweglicher da als andere.*

So ist auch der kleine Tornow einer von jenen Seen, an denen Sage und Märchen am liebsten verweilen und von Prinzessinnen erzählen, die in der Johannisnacht aus dem dunklen Wasser steigen und mit Silberrosen im Haar freundlich-traurig am Ufer sitzen.

Nicht so der *große* Tornow-See, der funfzig Fuß tiefer seine breite und hellere Wasserfläche am Fuß des Berges ausdehnt. Ihm schreiten wir jetzt zu. Unser Weg dahin ist die Silberkehle.

Die *Silberkehle* führt ihren poetischen Namen daher, weil an beiden Abhängen, wo das von Moos und Humus entkleidete Erdreich sichtbar wird, eine Wand von *Glimmersand* zutage tritt. Dieser Glimmersand blitzt und glitzert wie Silber und liegt so fest auf, daß es möglich ist, Namen und Figuren wie in Sandstein hineinzuschneiden. Die Silberkehle hat völlig den Charakter einer Gebirgsschlucht und zeigt auf ihrem Lauf ein tief ausgehöhltes Bett mit all den Zerstörungen niederstürzender Bäche. Feldsteine, fest in den Sand gerammt, Laubholzbäume rechts und links über den Weg geworfen, Spuren von Wind und Wasser überall. Aber heute, wo wir des Weges kommen, ruht ringsumher der Streit der Elemente. Wie eine Mühle am Sonntag, so liegt die Silberkehle da, das Triebrad steht still, das Wehr ist gesperrt. Erst im Frühjahr, wenn der Schnee schmilzt, oder im Sommer, wenn die Regengüsse kommen, dann wird es wieder lebendig hier. Dann jagt das Wasser zu Tale, dann ist es wieder, als schäumten und klapperten hundert Räder hier, und wieder

* Der schönste See der Art im nördlichen Deutschland war vielleicht der Jordan-See auf der Insel Wollin. Still, dunkel, einsam, von Kiefern eingeschlossen, lag er da. Braune, halbverfaulte Baumstämme überragten hier und da seine Fläche, so daß es war, als richteten sich Krokodile auf und sögen mit zurückgebogenem Kopf die Nachtluft ein. Die Blätter und Stiele der Nymphäen machten den See unpassierbar. Guter Wille und wenig Geschmack haben dies kostbare Stück Natur zerstört. Die Baumstümpfe sind fort und die Nymphäen auch. Statt ihrer ist ein Kahn da, der nun über die glatte, prosaisch gewordene Fläche hingleitet, als war es ein See wie jeder andre.

werden neue Bäume unterhöhlt und gefällt und die eingerammten Steine wie Kiesel weiter nach unten gerissen.

Wir sahen das Bild bei Herbstesstille; nur am Fuße des Berges plätscherten ein paar Quellen. So traten wir aus der Enge der Schlucht ins Freie und blickten auf die Fläche des großen Sees. Er ist dem kleinen Tornow unähnlich, liebt das Licht wie dieser den Schatten und gewährt ein Bild heiterer Ruhe. Grün ansteigende Ufer fassen ihn ein, rote Fichtenstämme spiegeln sich, und wenn erst, wie beabsichtigt, der Wasserdruck des höher gelegenen kleinen Sees benutzt sein wird, um mitten auf dem großen einen natürlichen Springbrunnen steigen zu lassen, so wird dieser Eindruck des Heiteren noch gewachsen sein.

Am Ufer des großen Tornow-Sees erhebt sich eine Villa, ein Schweizerhaus. Der Erbauer, in Huldigung gegen den Ort, an dem er den zierlichen Bau entstehen ließ, hat ihm den Namen »Haus Tornow« gegeben. Das hat einen guten Klang. Stille weilt rundum. Es ist ein Platz für Rast und Ruhe, und wer empfände nicht die Sehnsucht danach! Bilder schmücken die Zimmer der Villa, und Wein und Blumen ranken sich an Wand und Laubengang empor. Aber der schönste Blick, den »Haus Tornow« gewährt, bleibt doch der auf den See. Ein Kahn liegt bereit und trägt uns darüberhin, leicht und glatt. Denn hier walten keine tückischen Mächte. Aus der Tiefe des »kleinen Tornow« herauf könnt uns eine Hand, eine Stimme vielleicht nach unten ziehn, aber das Wasser des großen Tornow, das eben in tausend Tropfen von unserm Ruder fällt, funkelt in allen Farben des Lichts. Ein Schwarm Tauben blitzt durch die Luft, und ein Reh tritt aus dem Wald ans Ufer und blickt uns an. Es weiß, es darf es.

»Friede« ist die Parole am großen Tornow-See.

MÖGLIN

Das Kleine blieb,
Das Große ist vergessen.
Die Zeit verfließt, wohl hundert Jahr
Verflossen unterdessen.

Etwa eine halbe Meile vom Westrande des Oderbruchs entfernt liegt Möglin, ein nur zwölf Häuser zählendes, weder durch Größe noch Bodenbeschaffenheit ausgezeichnetes Dorf, dem nichtsdestoweniger der Ruhm zufiel, in alter und neuer Zeit unter den historischen Dörfern des Landes genannt zu werden.

Drei Jahrhunderte lang lebten hier die im Ober-Barnim reichbegüterten Barfuse*, die sich, wie wir das noch in dem Kapitel »Prädikow« hervorheben werden, in zwei Linien teilten, in die Barfuse von Prädikow und in die Barfuse von Möglin. Der berühmteste Barfus (Hans Albrecht von B.; Feldmarschall unter König Friedrich I.) war ein *Mögliner* Barfus; er verließ aber früh sein väterliches Gut, kehrte nie wieder dahin zurück und ist deshalb der Erinnerung des Dorfes verlorengegangen.

Aber von einem unberühmten Barfus geht noch die Sage daselbst. Das macht, der lokale Vorfall ist immer siegreich über das historische Ereignis; das Allgemeine verblaßt, das Besondere gewinnt an Kraft.

Dieser einzige Barfus, von dem Möglin und seine Bewohner noch wissen, ist Dietlof von Barfus. Sie wissen von ihm, daß er reich war, daß er vierzig Dörfer besaß und daß er in einer Winternacht, als er zu Schlitten von Wriezen kam, seinen plötzlichen Tod fand. Es war Schneetreiben, nicht Weg, nicht Steg erkennbar. Durch die nächtliche Öde hin, immer gradaus, dem Instinkt der Pferde das Beste überlassend, so

* Zu Anfang des vorigen Jahrhunderts scheint die Mehrzahl aller Rittergüter des Kreises in Händen der Barfuse gewesen zu sein, da es heißt, daß auf einem 1720 abgehaltenen Kreistage nur zwei Stimmen *nicht* barfusisch gewesen seien. Diese zwei waren: von Jena und von Pfuel.

ging die Fahrt. Schon waren sie dicht am Dorf, da, auf einem überschneiten und nur mit dünnem Eis bedeckten Sumpfloch, brach der Schlitten ein, und alles ging in die Tiefe.

Die kleine Feldsteinkirche (ohne Turm) ist aus der ersten christlichen Zeit und stand hier um vieles früher, als die Barfuse nach Möglin kamen. In der Kirche selbst aber, aus verhältnismäßig später Zeit, hängt ein Wappenschild des alten Geschlechts, schmucklos, grün und rot übermalt und mit der Umschrift: »Alexander von Barfus, geboren 1580, den 11. Decembris, gestorben den 19. Decembris 1647.« Wahrscheinlich ein Onkel, vielleicht auch der Großvater Hans Albrechts.

Die Pfuels, die Möglin in ältester Zeit besaßen, hatten es hundert Jahre, die Barfuse dreihundert inne. Dazwischen lag ein Interregnum, das zwanzig oder dreißig Jahre gedauert haben mag und von dem wir, mit Hülfe des Schloßregisters von 1450, nur erfahren, *»daß in Möglin ein Schäfer war«*. Das klingt wie eine Verheißung für die Zukunft, und der Schäfer von 1450 erscheint uns fast wie der Schatten, den Albrecht Thaer, »der Mögliner Schäfer par excellence«, durch vier Jahrhunderte rückwärts wirft. *Ihm*, der dem Namen »Möglin« zu einem weit über die Grenzen unseres Landes hinausgehenden Ruhme verholfen hat, wenden wir uns nunmehr ausführlicher zu.

Albrecht Daniel Thaer

Ehre jedem Heldentume,
Dreimal Ehre deinem Ruhme,
Aller Taten beste Tat
Ist: Keime pflanzen für künftige Saat.

Albrecht Daniel Thaer wurde am 14. Mai 1752 zu Celle geboren. Sein Vater, Hofmedikus ebendaselbst, stammte aus Liebenwerda in Sachsen; seine Mutter war die Tochter des Landrentmeisters Saffe zu Celle. Seine ersten Studien machte Albrecht Thaer auf dem Gymnasium seiner Vaterstadt, aber er verfuhr dabei in so unregelmäßiger Art und Weise, daß er, um ihn selbst zu zitieren, »im sechzehnten

Jahre französisch und englisch sprechen konnte, aber kein Wort lateinisch verstand«. Die Lehrer ließen es eben gehen. Endlich entdeckte er sich dem Rektor des Gymnasiums, nahm Privatstunden und holte in einem einzigen Jahre alles Versäumte so völlig nach, daß er, abermals ein Jahr später, imstande war, nach Göttingen zur Universität abzugehen.

Sein ganzes Wesen damals, im Gegensatz zu seinen reiferen Jahren, war genialisch und exzentrisch; er hatte etwas Wunderkindartiges an Gaben wie an Unarten. Mit großem Eifer wandt er sich der Medizin zu und schien namentlich bestimmt, in der *Chirurgie* Bedeutendes zu leisten. Er verweilte tagelang, das Seziermesser in der Hand, auf dem anatomischen Saal, sah aber bei der ersten Operation, der er beiwohnte, daß er seltsamerweise wohl zum Anatomen am leblosen, aber nie und nimmer zum Chirurgen am lebendigen Organismus bestimmt sein könne, denn er fiel in Ohnmacht – eine Erscheinung, die sich wiederholte, sooft er den Versuch machte, die angeborene Scheu zu überwinden. Er wählte nun Pathologie, hörte Collegia bei den berühmten Professoren Schröder und Baldinger, die beide ein ganz besonderes Vertrauen zu ihm faßten, und genoß, trotz seiner noch knabenhaften Erscheinung, ein solches Ansehen bei alt und jung, daß kein erheblicher Krankheitsfall vorkam, bei dem er nicht zu Rate gezogen worden wäre. Dies gab ihm, neben vielem Selbstgefühl, auch eine besondere Position, eine Art Mittelstellung zwischen Lehrern und Schülern.

Den eigentlich studentischen Kreisen, namentlich seinen speziellen Fachgenossen, wurd er immer fremder, und nur Bücher, philosophische Studien und philosophische Freunde schienen ihm eines vertrauteren Umgangs wert. Unter den letzteren nahm Johann Anton Leisewitz, der Dichter des »Julius von Tarent«, den ersten Rang ein. Thaer selbst schreibt darüber: »Unsere Seelen waren in beständigem Einklang, fast hatten wir nur ein Herz.« Ihre Freundschaft wurzelte, neben den Beziehungen des Herzens, in gleichen Interessen und Bestrebungen, und wiewohl Thaer, nach unbedeutenden ersten Versuchen, die noch in seine Schulzeit fielen, die dichterische Produktion nicht als sein eigentliches Feld erkannt hatte, so war er doch, neben philosophischem Scharfblick, mit so viel ästhetischer Fühlung ausgerüstet, daß er dem dichterisch produktiven Freunde als Kritiker hoch willkommen war. Sie lebten drei Jahre mit- und nebeneinander; auch nachdem beide Göttingen verlassen (1774), bestand ihr Freundschaftsverhältnis fort, und die wenigen Briefe, die, aus einer gewiß sehr lebhaften Korrespondenz zwischen den beiden, noch jetzt existieren, geben Auskunft darüber, welchen Einfluß Leisewitz dem kritischen Freunde auf seine Arbeiten gestattete. Einer dieser aufbewahrten Briefe enthält eine sehr eingehende Kritik des »Julius von Tarent«, und ein aufmerksames Verfolgen des berühmten Trauerspiels in seiner gegenwärtigen Gestalt zeigt zur Genüge, wie bereitwillig die wohlmotivierten Bemerkungen Thaers von dem Freunde und Dichter benutzt worden sind.

Aus dieser Zeit studentischen Zusammenlebens mit Leisewitz datieren aber noch andere Arbeiten Thaers, die ihn uns nicht nur auf kritischem, sondern auch auf produktivem Gebiete zeigen, freilich auf einem der Kritik verwandten, auf dem der philosophisch-theologischen Untersuchung. Thaer selbst schreibt über diese später in etwas veränderter Gestalt so berühmt gewordene Arbeit: »Ich erschuf mir damals – gleich wenig mit den Orthodoxen wie mit den neuern sogenannten ›Berliner Theologen‹ einverstanden – ein selbständiges religionsphilosophisches System und brachte es flüchtig zu Papier. Es ward wider meinen Willen abgeschrieben, fiel in die Hände eines großen Mannes, der den Stil etwas umänderte und einen Teil davon, als Fragment eines unbekannten Verfassers, herausgab. Bis jetzt wissen es nur drei lebende Menschen, daß ich der Urheber bin.« In diesen Worten Thaers wird weder Lessing genannt noch mit Bestimmtheit angegeben, welches der »Fragmente eines Wolfenbüttelschen Unbekannten« Thaer für sich in Anspruch nimmt; es ist aber nach den scharfsichtigen und sehr eingehenden Untersuchungen W. Körtes, des Thaerschen Anverwandten und Biographen, sehr wahrscheinlich, daß die kleine, bis dahin Lessing zugeschriebene Schrift »Über die Erziehung des Menschengeschlechts« eine Jugendarbeit Albrecht Thaers ist, die, von Leisewitz an Lessing übergeben, von diesem teils überarbeitet, teils fortgesetzt wurde.

Fast gleichzeitig mit diesem Aufsatze schrieb Thaer seine Doktordissertation. Sie erschien 1774 zu Göttingen unter dem

Titel: »De actione systematis nervosi in febribus«. Bald darauf kehrte er in seine Vaterstadt Celle zurück, um sich daselbst als *praktischer Arzt* niederzulassen.

Hier hatte er zunächst durch eine harte Schule zu gehen. Weder gefiel die Stadt ihm noch er der Stadt. *Ihm* erschien alles klein, beschränkt, krähwinklig; *er* erschien allen eitel und eingebildet. Seine Jugend und das noch Unentwickelte seiner Erscheinung ließen ihn, bei den Ansprüchen, die er erhob, fast in komischem Lichte erscheinen, und an die Stelle der Auszeichnungen, die ihm in Göttingen so reich zuteil geworden waren, traten nun Kränkungen. Der Prophet galt nichts in der Heimat.

Jahre vergingen in Unmut und Unbefriedigtheit, aber seine bedeutende ärztliche Begabung drang doch endlich siegreich durch, und vor Ablauf von fünf oder sechs Jahren sah er sich, als der bedeutendste Arzt in Celle, hochgeehrt und von allen gesucht. Sein alter Vater, der noch weiter praktizierte, fand einst Gelegenheit, sich von dem wachsenden Ruhme des Sohnes zu überzeugen. Jener nämlich begegnete, als er eben seine Krankenbesuche beginnen wollte, einem Bauer auf der Treppe, und folgendes Zwiegespräch griff Platz:

»Zu wem will Er?«

»Is woll de Doktor Thaer to Huus? Ick bin krank un möcht em spräken.«

»Ich bin der Doktor Thaer.«

»Ja, he is de olle; ick will abersch den jungschen spräken, *de is klöger.*«

Vater Thaer lachte und gönnte dem Sohn seinen Triumph.

Um diese Zeit etwa hatte Thaer auch in Gemeinschaft mit Leisewitz seine erste Reise nach Berlin gemacht und Spalding, Mendelssohn, Engel, Nicolai, Madame Bamberger (»eine Frau, die über die abstraktesten Materien der Philosophie rosenfarbenes Licht und Grazie zu verbreiten weiß«) kennengelernt. Es war von einer Übersiedelung nach Berlin die Rede, aber es zerschlug sich wieder. Bald nach seiner Rückkehr nach Celle lernte er Philippine von Willich, eine Tochter des Vizepräsidenten am Oberappellationsgericht zu Celle, Georg Wilhelm von Willich, kennen, und nachdem er das Glück gehabt hatte, sie von einer schweren Krankheit wiederherzustellen, erfolgte 1785 die Verlobung und im folgenden Jahre die Vermählung des jungen Paares. Thaer war damals Stadtphysikus und Hofmedikus und genoß eines großen ärztlichen Ansehens.

Aber sein ärztliches Wirken genügte ihm nicht. Er hatte in seiner Dissertation die Heilkunst als das Herrlichste, Angenehmste, ja, innerhalb aller menschlichen Bestrebungen Nützlichste gepriesen; je mehr er jedoch fortschritt, desto zweifelhafter erschien ihm der Anspruch auf das Lob, das er gespendet, und desto mehr beschlich ihn die Vorstellung, daß eine andere, segensreichere Kunst dasein müsse, herrlicher, nützlicher, *heilender* als die Heilkunst. Nach dieser Kunst begann sein Herz zu suchen. Er fand sie. Aber erst allmählich und von Stufe zu Stufe.

Als diese schönste, segensreichste Heilkunst erschien ihm der Ackerbau. Ihrem Dienste beschloß er sich zu widmen. Von kleinen Anfängen ging er aus.

Er hatte sich in Celle ein geräumiges Haus mit einem sehr großen Hofraum gekauft, welchen er zu einem kleinen *Garten* benutzte. Er wandte sich alsbald mit Vorliebe der *Blumenzucht zu* und bezeigte ein besonderes Geschick und eine glückliche Hand im Variieren von Nelken und Aurikeln. Es sprach sich hierin schon dieselbe Neigung für das »Prinzip der Kreuzung« aus, das er später, innerhalb der Tierwelt, so glänzend durchführte.

Der kleine Raum hinterm Hause genügte dem »Hofmedikus« bald nicht mehr; er kaufte einen größeren, vor dem Tore gelegenen Garten mit einem daranstoßenden Kamp von meist dürrem Flugsandboden, aber mit schönen Gruppen alter Eichen und Buchen besetzt. Garten und Kamp umfaßten sechzehn Morgen, und der Bebauung und Verschönerung dieses Fleckchens Erde waren von nun an alle seine Mußestunden gewidmet. Akazien, Lärchenbäume, Pappeln wurden gepflanzt; Weißdorn- und Buchenhecken zogen sich als lebendiger Zaun um die Anlage, Rasenflächen wurden geschaffen und *Obstbaumplantagen* angelegt. Dazwischen Fruchtsträucher aller Art. *Gartenbau* trat an die Stelle der Pflege von Nelken und Aurikeln – aus dem *Blumisten* war ein Gärtner geworden.

So ging es eine Weile. Aber wie ihm das Blumenbeet zu beschränkt geworden war, so wurd ihm jetzt der Garten, trotz seiner relativen Größe, zu klein. Er kaufte deshalb in kurzer Zeit noch so viele Ländereien hinzu, daß alles zusammen eine zwar bescheidene, aber ziemlich anständige Wirtschaft ausmachen konnte. Diese Wirtschaft lag nur eine Viertelstunde vor dem Tore, zog sich am Aller-Fluß entlang und umfaßte ohngefähr 110 Morgen unterm Pfluge und 18 Morgen natürliche Wiesen. Da er kein Wirtschaftsgebäude vorfand, so entwarf er einen Plan zu einem »Gehöft« und ließ Wohnhaus und Wirtschaftsgebäude nach seinem eigenen Plane aufführen. Er hatte dabei überall nur das Zweckmäßige, nirgends die Eleganz im Auge und verfuhr ganz nach der Regel des M. P. Cato: »Baue dein Gehöft so, daß es weder den Gebäuden an Ländereien noch den Ländereien an Gebäuden fehlt.« Der Boden bestand aus Lehm und Sand; drei Arbeitspferde und vierzehn Kühe wurden angeschafft und zwei Knechte und zwei Mägde in Dienst genommen.

So war Thaer, nachdem er die Stadien des Blumisten und Gärtners durchgemacht hatte, zum *Landwirt* geworden. Er blieb noch Arzt, sogar ein vielbeschäftigter, vielfach ausgezeichneter (1786 ward er zum Leibarzt des Königs Georg III. ernannt), aber sein Herz, sein Sinnen und Trachten gehörte der »Wirtschaft« draußen, und die Sommermonate pflegte er, samt seiner Familie, auf dem »Gute« zu wohnen. Sein Leben war ein sehr angestrengtes; die Frühstunden von vier bis sieben und der Spätabend gehörten seinen landwirtschaftlichen Studien, der Tag seinem ärztlichen Beruf. Nur die *Passion* half über alles hinweg.

Es lag ihm zunächst daran, seiner Umgebung augenscheinlich darzutun, daß es einen Ackerbau gebe, der vollkommener und ergiebiger sei als der, welchen man im Celleschen Felde betreibe. Er wollte durch sein eignes Beispiel zeigen, wie man den Ackerbau, mit höchstem Unrecht, nur als ein Handwerk, ja oft noch geringer ansehe, in der Meinung, daß weniger Kunst dazu gehöre, einen Acker zu bestellen als einen Schuh zu machen. Er wollte die Betreibung dieses wichtigen, verwickelten, dieses unerschöpflich künstlichen Gewerbes zu wohlverdienten Ehren bringen. Er stellte sich bei seiner kleinen Wirtschaft einen doppelten Zweck: den zum Teil widerstrebenden Boden in eine möglichst hohe Kulturstufe zu heben und vor allem eine *Experimentalwirtschaft* zu seiner eignen Belehrung und Förderung zur Hand zu haben.

Selbstdenkend, aber auch Rat nicht verschmähend, wie gute Bücher oder bewährte Landwirte ihn boten, ging er ans Werk. Er belächelte die Bauernweisheit, die damals, häufiger noch als jetzt, sich in dem Satze gefiel: »Ein günstiger Regen ist besser als alles Geschreibse der Federfuchser«, und zu seinen Lieblingssätzen gehörte der Ausspruch Zimmermanns: »Ein Trommelschläger, der in *zwanzig* Schlachten trommelte, weiß doch weniger vom Kriege wie König Friedrich, als er *eine* gewonnen hatte.« Gegen die Trommelschläger, die in zwanzig Schlachten getrommelt, zog Thaer jetzt zu Felde; auch seine ärztliche Praxis mochte ihm gezeigt haben, daß es mit der »Erfahrung« untergeordneter Naturen ein eigen Ding sei und daß sie nur da belehre, wo eine Neigung vorhanden sei, sich belehren zu lassen. Wo diese Neigung fehlt, glauben die Männer der Erfahrung wohl an Tücken der Natur, aber nie an Fehler des Systems.

Thaer begann, die Anfänge einer rationellen Landwirtschaft in seinem Kopfe allmählich auszuarbeiten, und fing mit der Aufstellung gewisser Probleme an. Das erste Problem, dessen Lösung er zustrebte, war folgendes:

> die größte Masse zur tierischen Nahrung geeigneter Pflanzen auf einer bestimmten Fläche Landes zu gewinnen.

Das zweite, nicht minder wichtige Problem bestand darin:

> die verschiedenen Frucht*kräfte* jedes Bodens für die verschiedenen, dieser Fruchtkräfte bedürftigen Frucht*arten* soviel als möglich und in einer der *Regeneration des Absorbierten* günstigen *Wechselfolge zu* benutzen. Also die Brache entbehrlich zu machen.

Die Lösung des ersten Problems fand er im *Anbau der Futtergewächse*, ganz besonders der Kartoffel, die Lösung des zweiten Problems in der seitdem siegreich durchgedrungenen »Lehre von der Fruchtfolge«.

Für die *Kartoffel* trat er überall in die Schranken und widerlegte alte Vorurteile. Er wies darauf hin, daß die *Irländer* die stärksten und ältesten Kartoffelesser und zugleich, unter allen europäischen Racen, vielleicht die gesundeste, kräftigste und schönste seien; und dem Grafen Podewils, der ihn auf diesem Gebiete freundlich bekämpfte, antwortete er in späteren Jahren: »Der Herr Graf ist mein sehr verehrter Freund, aber der Kartoffelbau ist mein Kind.«

Seine Lehre von der »Fruchtfolge« stieß anfangs auf vielen Widerspruch, und da er seine eigenen Felder danach bestellte, prophezeite man ihm, daß seine Äcker nach vier Jahren völlig ausgesogen sein würden. Thaer ließ sich das nicht anfechten. Schon Friedrich der Große hatte sich seinerzeit für ein rationelles, aber *konstantes* Tragen der Felder ausgesprochen und den Widerspruch mit den Worten zurückgewiesen: »Seh Er doch nur sein Gartenbeet an, wie das *alljährlich* trägt.« Thaer war gewillt, die treffende Bemerkung des Königs sich selber gesagt sein zu lassen. Er überzeugte sich alsbald, daß der Acker nicht dadurch ausgesogen wird, daß man ihn *alljährlich* tragen läßt, sondern dadurch, daß man ihn nicht *das* tragen läßt, was er zur Wiederherstellung seiner Kräfte bedarf. Es führte das später zu dem Axiom, daß den Acker, wie den Menschen, nichts so sehr entnerve und aussauge als das *Nichtstun*, das *Nichttragen*. Aber auf das *richtige*, das ihm *passende* Tragen kommt es an.

Das System des *Fruchtwechsels*, das, um es zu wiederholen, die *Brache* entbehrlich machte, trat nunmehr siegreich ins Leben, wiewohl zunächst nur mangelhaft und weitab von dem Grade von Vollkommenheit, dem es später entgegenging. Thaer überzeugte sich alsbald, daß es mit dem bloßen *Saat-* und *Fruchtwechsel* an und für sich nicht getan sei, daß vielmehr eine genaue Kenntnis des Bodens vorausgehen müsse, um die für eine bestimmte Örtlichkeit jedesmal vorteilhafteste Produktion von vornherein feststellen zu können. Wenn mancher Landwirt immerfort klagte, »daß sein Lein fast alljährlich mißrate«, so lachte Thaer, daß der Betreffende, ohne alle Not, unverbesserlich darauf aus sei, seinen Lein selber bauen zu wollen, und setzte hinzu: »Ein Landwirt, der *alles* baut, was er braucht, ist ein Schneider, der sich seine Schuhe selber macht.« Thaer verlangte von jedem Boden etwas, aber er verlangte nicht alles von allem. Wo kein Lein wachsen wollte, da gab er es auf, einen kümmerlichen Ertrag desselben zu erzwingen, und den Boden genau untersuchend, der eine Leinernte verweigerte, stellte er nunmehr fest: auf einem Boden von der und der Beschaffenheit hat sich der Fruchtwechsel in dem und dem Kreise zu drehen, *unter Ausschluß von Lein.* Glücklicherweise begann eben damals *die* Wissenschaft, welche ganz besonders zur Bodenkenntnis hinführt, die *Chemie*, sich zu jener Stufe hoher Ausbildung zu erheben, auf der wir sie jetzt erblicken. Thaer widmete ihr die größte Aufmerksamkeit, und die chemische Zusammensetzung der verschiedensten Bodenarten mit ihrer speziellen Tragfähigkeit oder Unfähigkeit vergleichend, glückte es ihm, seine speziellen Erfahrungen zu allgemeinen Gesetzen zu erheben. Die Frucht aller dieser seiner Anstrengungen war, daß er auch seine schlechtesten Felder nutzbar zu machen wußte und *jeden* Boden, nach Verhältnis seiner Güte und seines Wertes, bei kluger Bewirtschaftung für einträglich erklärte.

In einzelnen Kreisen, wenn auch nicht gerade in nächster Nähe von Celle, begann die kleine Thaersche Wirtschaft Aufmerksamkeit zu erregen, Besucher kamen, Briefe wurden ausgetauscht, Anregungen gegeben und empfangen. Es ist aber trotz alledem mindestens zweifelhaft, ob Thaer jemals aus seinem engsten Kreise herausgetreten und epochemachend für die Landwirtschaft geworden wäre, wenn sich nicht zu seiner praktischen Tätigkeit eine emsige Beschäftigung mit den Büchern und, als letzte Frucht praktischer Erfahrung und wissenschaftlichen Studiums, ein *literarisches Auftreten* gesellt hätte.

Die deutsche landwirtschaftliche Literatur, die er in all ihren Erscheinungen kannte, hatte ihn im *einzelnen* angeregt und belehrt, im *ganzen* aber unbefriedigt gelassen. Dasselbe galt von den englischen landwirtschaftlichen Schriften, soweit er dieselben aus *Übersetzungen* kennengelernt hatte. Er schloß sich dem Spott derer an, die damals von einer »Anglomanie« zu sprechen begannen, und war – etwa gegen Anfang der achtziger Jahre – der festen Überzeugung, daß auch aus England nichts zu holen sei und daß die deutsche Landwirtschaft sich selber helfen müsse.

Genau um diese Zeit war es, als ein Ohngefähr ihm einige landwirtschaftliche Schriften im englischen *Original* zuführte. Wie war er freudig überrascht, darin die genauesten Beobachtungen, die sorgfältigsten Versuche, die lichtvollsten Verhandlungen und Forschungen zu finden! Das war ja genau, was ihm als Ziel einer rationellen Landwirtschaft vorgeschwebt hatte. Alles, wonach sein Streben ging – die *Engländer hatten es bereits.* Seitdem studierte Thaer die englische Landwirtschaft mit solcher Aufmerksamkeit, daß die Engländer selbst ihm zugestanden: er kenne ihr Land, wie wenn er es jahrelang durchreist habe.

Die Frucht dieser ernsten und anhaltenden Studien war sein berühmtes Werk, dessen erster Teil 1798 unter dem Titel erschien: »*Einleitung zur Kenntnis der englischen Landwirtschaft* und ihrer neueren praktischen und theoretischen Fortschritte, in Rücksicht auf Vervollkommnung deutscher Landwirtschaft für denkende Landwirte und Kameralisten«.* Der *zweite* Band folgte 1800 und 1801, der *dritte* Band 1804. In derselben Zeit, von 1799 bis 1804, erschienen die »*Annalen der niedersächsischen Landwirtschaft*«. Sechs Jahrgänge.

Das Aufsehen, das diese Bücher und Schriften machten, war ein ganz außerordentliches. Man begreift diesen Erfolg nur, wenn man im Auge behält, daß sich ganz Deutschland eben damals nach einem besseren Ackerbausystem sehnte. »Wie ein leitendes Gestirn erschienen diese Werke am Horizont, freudig begrüßt von der landwirtschaftlichen Welt.« Nicht nur in Schriften, sondern auch in den Salons der Residenzen und in den Wein- und Bierstuben der Marktstädte wurde mit Enthusiasmus dafür, mit Wut dagegen gestritten, oft von beiden Seiten gleich unverständig. Seine eigenen Erfolge, die von Jahr zu Jahr wuchsen, unterstützten sein Ansehn, so daß ihm ein großer hannöverscher Grundbesitzer schrieb: »Wenn ich diesen Abend einen Brief von Ihnen erhalte, daß ich meine Gebäude anstecken soll, so stehen sie vor Nacht schon in Flammen.« Alles verlangte seinen Rat, erbat seine oberste Leitung, so daß demselben Manne (dazu noch immer »Leibmedikus«), dessen eigenes Gutsareal sich auf kaum 130 Morgen belief, 100 000 Morgen des verschiedensten Bodens derart zur Verfügung standen, daß er, in An-

* Dies Werk »Einleitung zur Kenntnis der englischen Landwirtschaft« ist allerdings teilweis eine *Kompilation*, aber es ist *keine Übersetzung*. Thaers Arbeit ist aus der gründlichen Kenntnis und Benutzung von mehr als hundert englischen Werken hervorgegangen. Die englische landwirtschaftliche Literatur lieferte ihm das Material, eine Fülle von Details; das Zusammenfassen, Ordnen, Aufbauen, das Licht-Hineintragen in das Chaos, ist Thaers Verdienst.

sehung der *Bewirtschaftung*, damit schalten und walten konnte wie mit seinem Eigentum. Sein Buch aber gewährte ihm vor allem die Befriedigung: »das Nachdenken besserer Köpfe über Landwirtschaft geweckt und zu energischerer Tätigkeit angespornt zu haben«.

Im Jahre 1802 traten auch die Anfänge seiner *»landwirtschaftlichen Akademie«* ins Leben. Diese Akademie erwuchs organisch zwangslos; sie machte sich von selbst und ging mehr aus einem glücklichen Ohngefähr als aus einem festen Entschluß hervor, wiewohl Thaer in seinen Schriften bereits auf das Wünschenswerte eines landwirtschaftlichen Lehrinstituts hingewiesen und seine Ideen darüber geäußert hatte. Im genannten Jahre kamen mehrere junge Männer, darunter der später durch sein Buch »Der isolierte Staat« so berühmt gewordene Herr von Thünen, nach Celle, um an Ort und Stelle die Methode und die Erfolge der Thaerschen Bestellungsart kennenzulernen. Sie blieben den ganzen Sommer über. Um diese jungen Leute nicht unbeschäftigt zu lassen, entschloß sich Thaer, ihnen Vorlesungen über Landwirtschaft zu halten und einigen Unterricht in der Naturkunde, Chemie und Botanik hinzuzufügen. Der Fleiß und Eifer, womit man ihm entgegenkam, übertrafen seine Erwartung, aus den zwanglosen Vorlesungen wurde ein »Institut«, das im kleinen bereits all die Züge der erst mehrere Jahre später ins Leben tretenden *Mögliner Akademie* besaß.

So kam das Jahr 1804, das unsern Thaer nach Preußen führte.

Schon 1799 und 1801 hatte er Reisen in die Mark, besonders in die Oderbruchgegenden, gemacht und dabei die Frau, von Friedland, eine Tochter des Generals von Lestwitz, sowie deren Tochter und Schwiegersohn, den Landrat Grafen von Itzenplitz, kennengelernt. Der Aufenthalt in Kunersdorf, dem schönen Gute der Frau von Friedland, wo diese ausgezeichnete, mit allen Details der Wirtschaftsführung vertraute Frau lebte, war ihm genuß- und lehrreich gewesen, und vielfach erstarkt und ermutigt, war er nach seinem Landgütchen an der Aller zurückgekehrt. Die Hauptbedeutsamkeit dieser Reisen lag aber darin, daß sie zu seiner Übersiedelung nach Preußen erheblich mitwirkten.

Die nächste Veranlassung zu dieser Übersiedelung entsproß

aus der politischen Lage. Der Wiederausbruch des Krieges zwischen Frankreich und England hatte zur Besetzung Hannovers durch die Franzosen geführt. Die Not des Landes schmerzte ihn tief, trotzdem er *persönlich* unter der französischen Okkupation nicht zu leiden hatte. Ja, General Mortiers Anordnungen behandelten ihn als Verfasser der »Englischen Landwirtschaft« mit besonderem Respekt. Nichtsdestoweniger konnte ihn sein persönliches Gesichertsein über die allgemeine Lage nicht trösten.

In dieser Zeit war es, daß Thaer sein Auge auf Preußen richtete, auf Preußen, das er für die einzige feste Vormauer gegen hereinbrechende Anarchie und Despotismus hielt. Die Idee einer Übersiedelung kam ihm; Briefe, nach Kunersdorf hin gerichtet, sprachen verwandte Wünsche aus, und Graf Itzenplitz – übrigens bei Hardenberg und Beyme dem entschiedensten Entgegenkommen begegnend – führte mit Umsicht und Gewandtheit die ganze Angelegenheit zu einem glücklichen Ende. Schon im Februar 1804 erhielt Thaer einen Brief vom Minister Hardenberg, in dem es hieß: »Für mich würde nichts erwünschter sein als die Möglichkeit, mich recht oft Ihres angenehmen und lehrreichen Umgangs erfreuen zu können, aber noch weit größer würde meine Zufriedenheit sein, wenn ich Sie dem preußischen Staate erwerben könnte … Eröffnen Sie mir freimütig Ihre Wünsche und die Bedingungen, die Sie verlangen würden.« Thaer reiste gleich nach Eingang dieses Briefes nach Berlin, »um das Eisen zu schmieden, solang es noch heiß sei«, und bereits am 19. März erhielt er folgendes königliche Schreiben:

»Mein Herr Leibmedikus! Ich habe mit Vergnügen vernommen, daß Sie entschlossen sind, sich in Meinen Staaten niederzulassen und Ihr *landwirtschaftliches Lehrinstitut* hierher zu verlegen, wenn Sie für die mit dieser Veränderung verbundenen Schäden und Kosten entschädigt und in den Stand gesetzt würden, Ihre gemeinnützlichen Arbeiten für die Verbesserung der Landwirtschaft, welche künftig vorzüglich die Landeskultur in den preußischen Staaten bezwecken werden, fortzusetzen. Da Ich mir nun von Ihrem rühmlichst bekannten Eifer, Fleiße und Kenntnissen den größten Nutzen für die Landeskultur verspreche, so habe

Ich Ihnen sehr gern die gemachten Bedingungen, wie Sie aus der abschriftlich anliegenden erlassenen Ordre ersehen werden, bewilligt und wünsche, daß Sie recht bald imstande sein mögen, Ihre Niederlassung in Meinen Staaten auszuführen. Bis dahin verbleibe Ich Ihr gnädiger

Friedrich Wilhelm.«

Die beigelegte Ordre enthielt, außer der Aufnahme in die Akademie der Wissenschaften und dem Charakter als Geheimer Kriegsrat, folgende Zugeständnisse: 1. drei- bis vierhundert Morgen Acker des Amts Wollup in Erbpacht; 2. die Erlaubnis, diese Erbpacht zu veräußern und ein Rittergut dafür zu kaufen; 3. Schutz und Begünstigung des landwirtschaftlichen Instituts.

Thaer nahm an; verkaufte den ihm in Erbpacht gegebenen Teil des später durch Koppe so berühmt gewordenen Amtes Wollup, erstand dafür das Rittergut Möglin nebst dem Vorwerk Königshof, schloß im Herbst (1804) sein bis dahin in Celle fortgeführtes Lehrinstitut, »dem der Ruhm verbleiben wird, die *erste, landwirtschaftliche Lehranstalt* in Deutschland gewesen zu sein«, und wanderte, einige Wochen später, mit dreiundzwanzig Personen in sein neues Vaterland ein.

Thaer hatte in Celle zunächst eine *Experimental*wirtschaft, dann – nachdem seine Versuche fast durchgängig von Erfolg gekrönt worden waren – eine *Modell*wirtschaft geführt; in Möglin wurde die *Modell*wirtschaft zu einer *Muster*wirtschaft. Hierin liegt der alleinige Unterschied zwischen der Celler und der Mögliner Wirtschaftsführung ausgesprochen. Die Modellwirtschaft in Celle legte denen, die sie kennengelernt hatten, die Mühewaltung, oft auch geradezu die Schwierigkeit des Transponierens aus kleinen in große Verhältnisse auf, die Mögliner Wirtschaft hingegen war für die Mehrzahl der Fälle ohne weiteres ein Muster. Natürlich innerhalb der Grenzen, wie sie sich auf einem Gebiet, das einem lebendigen Organismus gleicht, von selbst verstehn.

Möglin war *Muster*, Celle war *Modell*, aber den räumlichen Unterschied beiseite gelassen, liefen im übrigen, um es zu wiederholen, beide Wirtschaften in ihren Prinzipien und Qualitäten auf dasselbe hinaus. Deshalb werden wir hier, in Erwägung, daß wir die Celler Wirtschaft ausführlich besprochen haben, bei der Mögliner nur kurz verweilen und nur dasjenige betonen, wodurch sich dieselbe *sachlich* und qualitativ von der Celler Wirtschaft unterschied.

Es war dies vorzüglich die Einführung einer veredelten *Schafzucht*, die Herstellung einer ausgezeichneten Wolle, der besten, die bis dahin in Deutschland produziert worden war. Die Kunst, die Thaer zwanzig oder dreißig Jahre früher, halb spielend, geübt hatte, als es sich in seinem Celler Garten um Gewinnung immer neuer und immer schönerer Nelken- und Aurikelarten gehandelt hatte – diese Kunst der Kreuzung kam ihm jetzt trefflich zustatten. Was ihm innerhalb der vegetabilischen Welt überraschend geglückt war, glückte ihm innerhalb der animalischen doppelt und dreifach. Er erschien wie auserwählt für diesen wichtigen Zweig landwirtschaftlicher Tätigkeit: physiologisches Wissen, angeborene feine Instinkte und eine glückliche Hand – alles vereinigte sich bei ihm, um zu den überraschendsten Resultaten zu führen.

Nicht gleich in den ersten Jahren seines Mögliner Aufenthalts, vielmehr erst 1811 bis 1813, nachdem Koppe als Gehülfe und Wirtschaftsführer bei ihm eingetreten war, hatte Thaer eine Schäferei – wozu er Merinoschafe aus Sachsen erhielt – einzurichten begonnen. Es ging auch nicht von Anfang an alles vortrefflich, aber schon 1815 und 1816 wurde seine Wolle auf dem Berliner Wollmarkt für die beste erklärt. 1817 schrieb er an seine Frau: »Für mich ist der diesmalige Wollmarkt zwar nicht der pekuniär beste, aber der gloriöseste, den ich erlebt habe. Meine Wolle ist zwanzig Prozent geringer verkauft als im vorigen Jahre, aber um zwanzig Prozent *höher*, als irgendeine Wolle hier und in ganz Deutschland verkauft ist und werden wird. Unter allen Wollhändlern und allen Wollproduzenten ist es ganz entschieden angenommen, daß meiner Wolle *keine in ganz Europa nahekomme*, viel weniger ihr an die Seite zu setzen sei. Dies ist so das Tagesgespräch geworden und so über das Gemeine hinweggehoben, daß ich auch keine Spur des Neides bemerke. Jeder erkennt es an, daß ich das Außerordentliche errungen, worauf kein anderer Anspruch machen kann. ›Solche

Wolle‹, sagt man, ›kann man erzeugen, denn Möglin *hat* sie erzeugt.‹ Wenn ich auf den Markt komme, so steht alles mit dem Hut in der Hand. Ich heiße bereits der Wollmarktskönig

Thaer erzielte dies alles durch sein *Kreuzungsprinzip* und die geschickte, scharfsinnige Handhabung desselben. Jedem wäre es freilich nicht geglückt. Einem sehr erfahrenen Wollhändler sagte er: »Zeigen Sie mir nur irgendein Vlies, wie Sie es zu haben wünschen, und ich werde Ihnen in der dritten oder vierten Generation einen Stamm herstellen, der nur *solche* Vliese liefert.« Man hielt dies für Übertreibung, überzeugte sich aber bald, daß er nicht zuviel gesagt hatte. Es glückte ihm mit der *Woll*produktion wie dem berühmten englischen Viehzüchter Backwell mit der *Fleisch*produktion, der Schafe herstellte, die vor Beleibtheit auf ihren kurzen Beinen kaum gehen konnten, so daß er sich veranlaßt sah, allmählich wieder Schafe mit längeren Beinen zu machen. Man sagte von ihm: »es sei, als ob er sich ein Schaf nach seinem Ideale schnitzen und demselben dann das Leben geben könne«. Dies paßte auf Thaer so gut wie auf Backwell.

Es konnte nicht ausbleiben, daß das Thaersche Züchtungsverfahren, das geniale Operieren mit der Natur, auch Gegner fand. Diese warfen ihm vor, daß er, bei seiner Art und Weise der Züchtung, die Natur schließlich dahin zwinge, wohin sie nicht wolle, und daß er sie dadurch schwächen und ermüden werde. Denn die Kunst, wie groß auch, werde nie die natürlichen Anlagen ersetzen können. Er rechtfertigte sich mit Shakespeares tiefgeschöpfter Lehre (»Wintermärchen« IV,3):

Doch wird Natur durch keine Art gebessert,
Schafft nicht *Natur* die Art. So, ob der Kunst,
Die, wie du sagst, Natur *bestreitet*, gibt es
Noch eine Kunst, von der *Natur erschaffen*.
Du siehst, mein holdes Kind, wie wir vermählen
Den edlern Sproß dem allerwildsten Stamm;
Befruchten so die Rinde schlechtrer Art
Durch Knospen edler Frucht: Dies ist 'ne Kunst,
Die die Natur *verbessert*, mindstens *ändert*:
Doch *diese Kunst ist selbst Natur*.

Thaer erfuhr Angriffe, aber sie waren vereinzelt, und speziell auf dem Gebiete der Schafzucht ward er mehr und mehr eine europäische Autorität. Bei Errichtung (1816) der beiden auf Rechnung des Staates gegründeten Stammschäfereien zu Frankenfelde in der Mark und zu Panten in Schlesien wurde Thaer zum Generalintendanten derselben ernannt, und 1823, als auf seine Veranlassung in Leipzig der erste »Wollzüchterkonvent« zusammentrat, huldigte man ihm nicht nur als dem Präsidenten, sondern speziell auch als dem *Meister* der Versammlung.

Aber der Weg zu diesen Erfolgen war ein weiter und mühevoller. Unter den denkbar ungünstigsten Verhältnissen waren ihm die ersten Jahre seiner Mögliner Wirtschaftsführung vergangen. Zu den Sorgen und Fehlschlägen, die, namentlich nach dem unglücklichen Kriege von 1806, *alle* damaligen Grundbesitzer trafen, gesellten sich für ihn noch ganz besondere Schwierigkeiten: sein relatives Fremdsein in der neuen Heimat und – das »Institut«.

Die Herstellung einer landwirtschaftlichen Lehranstalt war, wie bereits erwähnt, bei Thaers Übersiedelung nach Möglin allerdings in Erwägung gezogen, aber von seiten der preußischen Regierung mehr als ein Anspruch, den Thaer erheben könne, wie als eine Pflicht, die er zu erfüllen habe, angesehen worden. Thaer ging indes sofort an die Errichtung eines »Instituts«, ähnlich dem, das er in Celle geleitet hatte. Und in der Tat, alles ließ sich vielversprechend an. Schon im Jahre 1805 traf er Vorbereitungen zum Bau eines Instituthauses; da es jedoch an den erforderlichen Mitteln gebrach, so machte er den Plan, den Bau auf *Aktien* zu unternehmen. Von allen Seiten kamen Zuschriften; schon im Juli 1806 konnte er bekanntmachen, daß die Unterzeichnung nunmehr geschlossen sei. Ziemlich um dieselbe Zeit berichtete Thaer dem König, »daß die Eröffnung des Mögliner Instituts in der Mitte Oktober erfolgen werde«. Und wirklich, das Wohnhaus mit vierundzwanzig Zimmern, außer dem Souterrain, stand fertig da; einundzwanzig junge Leute hatten sich zum Eintritt gemeldet; alles versprach einen glänzenden Anfang.

Aber die Mitte des Oktober 1806 brachte andere Ereignisse; der siegreiche Feind überschwemmte die Marken, und statt der angemeldeten einundzwanzig jungen Leute kamen *drei*. Im Frühjahr 1807 waren es acht. Die Zahl wuchs später, da aber, bei der völligen Zerrüttetheit aller Geldverhältnisse, viele Söhne sonst wohlhabender Eltern mit ihren Pensionen im Rückstand blieben, andere, die Aktien genommen hatten, ihre Aktienbeiträge nicht zahlen konnten, so entstanden, ohne daß von irgendwelcher Seite her eine Verschuldung vorgelegen hätte, die schwersten Verlegenheiten für Thaer, der, dem guten Sterne Preußens vertrauend, in freilich schon bedrohter Zeit, dies Institut ins Leben gerufen hatte. Sechs Jahre später, während des Befreiungskrieges, wiederholten sich diese Verlegenheiten. Alles war in den Krieg (auch Thaers drei Söhne), und so kam es, daß die Lehranstalt, die doch einmal da war, ohne Verlust weder aufgegeben noch fortgeführt werden konnte. In Not und Sorge schrieb er seiner damals abwesenden Frau: »Wollte Gott, daß ich das Institut nicht angelegt hätte, denn es ist die Quelle aller Verlegenheiten und Sorgen geworden. Aber es ist für unser Land zu wichtig, und nun es einmal da ist, muß es bleiben.« Ein Glück, daß es blieb. Mit dem Frieden kamen gesegnetere Zeiten, und wie Thaer, während des letzten Jahrzehnts, das ihm noch zu leben und zu wirken vergönnt war, seinen Ruhm wachsen und die verschiedenen Zweige seiner Wirtschaft prosperieren sah, so wuchs auch das »Institut« (seit 1819 *»Königliche akademische Lehranstalt des Landbaus«*) von Jahr zu Jahr an Ausdehnung und Ansehn. Anfangs hatte Thaer es für das Zweckmäßigste gehalten, das Instituthaus auf den Fuß eines *Gast-* und *Logierhauses zu* setzen, damit jeder Akademiker nach Vermögen, Geschmack und Gewohnheit darin leben und zehren könne. Allein dies erwies sich bald als nachteilig für alle Teile. Nur ungern entschloß er sich endlich dazu, einen gemeinschaftlichen Mittags- und Abendtisch zu halten. Die Mitglieder des Instituts waren, nach Thaers ausdrücklicher Bestimmung, nicht Studenten im gewöhnlichen Universitätssinne. Am wenigsten waren sie Schüler. Thaer äußerte sich dahin: »Schulmeister können wir nicht sein, sondern müssen unsere Zuhörer wie freie vernünftige Männer betrachten, die nur allein ein lebhafter Trieb zu den hier zu lehrenden Wissenschaften zu uns geführt. Kein Zwang. Aber freilich würd es andererseits schmerzlich für uns sein, wenn wir uns zu der sonst bewährten Maxime gezwungen sähen: ›Sumimus pecuniam et mittimus asinum in patriam.‹« – Das Institut wurde von einer ähnlichen Bedeutung für unser Land wie die »Forstakademie« in dem benachbarten Eberswalde. Die große Wirksamkeit jenes hat darin bestanden, daß mit Hülfe der darin gebildeten und später zur Selbständigkeit gelangten Männer eine höhere, umfassendere Ansicht des landwirtschaftlichen Betriebes weiter und allgemeiner verbreitet worden ist, *als jemals durch Schriften hätte geschehen können.* Namentlich hat es das siegreiche Vordringen der Thaerschen Prinzipien beschleunigt und, um eines speziell hervorzuheben, ein Zurücksinken der landwirtschaftlichen Sprache und Ausdrucksweise in das alte wirre Chaos unmöglich gemacht.*

Wir wenden uns zum Schluß noch einmal der *literarischen* Tätigkeit Thaers zu.

Auch in Möglin, wie Körte sich ausdrückt, war Thaer ebenso tätig am Schreibtisch wie auf dem Ackerfeld. In den ersten zehn Jahren seines Aufenthalts in der neuen Heimat würd es ihm sogar sehr schlimm ergangen sein, wenn der Erwerb seiner Feder nicht dem stockenden Erwerbe des Pfluges zu Hülfe gekommen wäre. Mannigfaches erschien in jenen Jahren von ihm, vor allem jedoch sei hier seines Meisterwerkes gedacht, das unter dem Titel »*Grundzüge der rationellen Landwirtschaft*« (vier Bände) 1810 bis 1812 ver-

* Das »Institut«, nachdem es noch im Jahre 1856 das fünfzigjährige Fest seines Bestehens gefeiert hatte, ist bald darauf eingegangen. Es war das, bei total veränderten Zeitverhältnissen, das Verständigste, was geschehen konnte. Der damalige Besitzer von Möglin, Landesökonomierat A. Thaer, hatte die Akademie wie eine Ehrenerbschaft angetreten und hielt es, durch dreißig Jahre hin, für seine Pflicht, die Schöpfung seines Vaters, selbst mit Opfern, aufrechtzuerhalten. Es kam aber endlich die Zeit, wo das Gefühl, durch ähnliche Institute, die der Staat mit reichen Mitteln ins Leben gerufen hatte, *überflügelt* zu sein, sich nicht länger zurückweisen ließ und wo die Wahrnehmung eines wachsenden Mißverhältnisses zwischen Aufgabe und Opfer endlich den Rat eingab, diese Opfer einzustellen. Und so wird denn der Mögliner Akademie nicht nur das Verdienst bleiben, als *erstes* Institut der Art und als Muster aller folgenden in Deutschland dagestanden zu haben, es wird sich zu diesem Verdienst auch noch die Ehre gesellen: zu rechter Zeit vom Schauplatz abgetreten zu sein. 773 Landwirte haben im Lauf eines halben Jahrhunderts ihre wissenschaftliche Ausbildung in Möglin empfangen, und was die Landwirtschaft in unsren alten Provinzen jetzt ist, das ist sie zum großen Teil durch Thaer und seine Schule. Natürlich sind »die Jungen immer klüger als die Alten«, und der »überwundene Standpunkt« spielt auch hier seine Rolle. Aber selbst unter den Fortgeschrittensten wird niemand sein, der undankbar genug wäre, die schöpferische Bedeutung Thaers und mittelbar auch seiner Akademie in Zweifel zu ziehen.

öffentlicht wurde. Das Werk, wie alle Welt jetzt weiß, war epochemachend. Dennoch hätte er sich schwerlich schon damals zur Herausgabe desselben verstanden, wenn nicht die pressende Not, in der er sich befand, ihm keine Wahl gelassen hätte. Er beklagte dies oft, denn wie groß die Freude gewesen war, mit der die landwirtschaftliche Welt dieses Werk begrüßt hatte, *ihm selbst genügte es keineswegs.* Wir können indes auf Thaer und sein berühmtes Werk anwenden, was Luther einst bei Tisch vom Melanchthon sagte: »Magister Philippus hätte Apologiam Confessionis zu Augsburg nimmermehr geschrieben, wenn er nicht wäre so getrieben und gezwungen worden; *er hätte wollen es immer noch besser machen.*« Die »Rationelle Landwirtschaft« hat verschiedene Auflagen erlebt und ist in verschiedene Sprachen übersetzt worden; zu einer Umarbeitung aber ist Thaer nicht gekommen, wie sehr dieselbe auch innerhalb seiner Wünsche lag. Die anderweiten Schriften seiner Mögliner Epoche, namentlich verschiedene Bücher und Broschüren über Schafzucht und Wollproduktion, übergehen wir hier. Es mögen statt dessen von ihm selbst herrührende Worte hier Platz finden, die ihn uns, bis in sein hohes Alter hinein, von einer seltenen Frische des Geistes und von einer steten Geneigtheit zeigen, das Gute durch das Bessere zu ersetzen. »Meine Meinung«, so schreibt er, »habe ich über verschiedene Dinge in meinem Leben oft geändert und hoffe es, wenn mir Gott Leben und Verstand erhält, noch mehrmals zu tun. Es freut mich immer, wenn ich Gründe dazu habe, denn so komme ich in meinem Wissen vorwärts. *Ich halte den für einen Toren, der in Erfahrungssachen seine Meinung zu ändern nicht geneigt ist.*«

Wir werfen noch einen Blick auf die letzten Jahre seines Lebens. Nachdem er schon seit 1810 und 1811 mittelbar im Staatsdienste tätig gewesen und zum Beispiel 1813 eine *Gemeinheitteilungsordnung* – eine Angelegenheit, mit der er auch später praktisch viel beschäftigt war – entworfen hatte, wurd er 1819 zum Geheimen Oberregierungsrat ernannt. 1823 folgte der schon erwähnte Leipziger Wollkonvent, dem er präsidierte; das Jahr darauf (1824) feierte er unter zahlreicher Beteiligung von nah und fern sein Doktorjubiläum. Unter den vielen Geschenken und Überraschungen, die der Tag brachte, war auch ein Goethesches, eigens für diesen Tag gedichtetes Lied:

Wer müht sich wohl im Garten dort
Und mustert jedes Beet?

1825 auf 1826 erweiterte er seinen Besitz durch Ankauf der benachbarten Rittergüter Lüdersdorf und Biesdorf, und dieser neue Besitz regte seinen landwirtschaftlichen Eifer noch einmal auf das lebhafteste an. Aber das Feuer war im Erlöschen. Schon das Jahr zuvor hatte er an seinen Schwager Jacobi in Celle geschrieben: »Wir haben nun bald unsere Laufbahn auf dieser Welt vollendet. Wir können vor vielen andern sagen, daß unser Leben köstlich gewesen, aber doch nur ein elend jämmerlich Ding. Mit Sehnsucht erwarten wir ein anderes; Gott erleichtere uns den Übergang in dasselbe.« Noch einige Jahre waren ihm gegönnt, aber Schmerzensjahre. Er litt an rheumatischen Beschwerden, endlich bildete sich ein schmerzhaftes Fußleiden aus, der *Altersbrand.* Er litt sehr. Des berühmten Dieffenbach Heilversuche schafften vorübergehend Linderung, aber die Uhr war abgelaufen: Thaer entschlief am 26. Oktober 1828.

Thaer war von mittlerer Größe, fein und schlank gebaut, in allen Teilen von gutem Verhältnis und von fester, ruhiger, immer bequemer Haltung und Bewegung. Sein Äußeres war im ganzen nichts weniger als imponierend, hatte jedoch etwas trocken Ablehnendes, so daß sich der Fremde nicht leicht auf den ersten Blick zu ihm hingezogen fühlte. Seine Züge zeigten wenig Beweglichkeit; der Mund war geschlossen, zurückgezogen, schweigsam, aber mit dem unverkennbaren Ausdruck der absichtslosesten Güte. Seine Augen waren rechte Künstleraugen, sehr bedeutend und von ungewöhnlicher Klarheit; dabei ruhig prüfend, man fühlte, daß er auch den verborgenen Fleck traf. Sein gutes, weiches Herz verriet sich leicht, auch bei geringerer zufälliger Anregung. Was man jedoch ein *gefälliges* Wesen nennt, war ihm sowenig eigen wie jede Art oberflächlicher Liebenswürdigkeit. Als Schriftsteller innerhalb seines Fachs gehört Thaer in den höchsten Rang. Er war nicht eigentlich ein erfindendes Genie, aber er fand seine Stärke in der beharrlichsten Anwendung seines gesunden Verstandes und sehr ausgebildeten Scharfsinns. Daß er gleich anfangs sich einer fast allgemeinen Anerkennung zu erfreuen hatte, verdankte er ganz vorzüglich seiner *Aufrichtigkeit* und *Treue* in Erzählung von Tatsachen und der edlen *Offenherzigkeit,* mit welcher er auch das erzählte, worin er sich früher geirrt hatte. Das Bewußtsein seines großen Ziels machte ihn stark, fest, beharrlich, mutig; seine Leistungen aber schienen ihm immer unzulänglich, ja selbst geringfügig gegen das, was seiner Seele vorschwebte. Ein Jagen nach Berühmtheit, wie es sich bei weniger Begabten so oft findet, blieb ihm durchaus fremd. Untersuchen, forschen, prüfen war ihm von Jugend auf wie zur zweiten Natur geworden, und die Verse Hagedorns erschienen wie an ihn gerichtet:

> Der ist beglückt, der sein darf, was er ist,
> Der Bahn und Ziel nach *eignem* Auge mißt;
> Nie sklavisch folgt, oft selbst die Wege weiset,
> Ununtersucht nichts tadelt und nichts preiset.

Sein Leben, wie er selbst schreibt, war köstlich gewesen, dennoch empfand er zuletzt die »Sehnsucht nach einem anderen«, wo kein Suchen und kein Forschen ist. Wir aber, die wir noch inmitten des Kampfes stehn, den die Erde von uns heischt, haben ihm zu danken, daß er *gesucht* und *geforscht.*

Nachdem wir bis hierher dem Manne gefolgt sind, dessen Name unzertrennlich von dem Namen Möglins geworden, wenden wir uns nunmehr wieder der Stätte zu, wo er gelebt.

Möglin, auch äußerlich genommen, ist, wenn man den Ausdruck gestatten will, *»nur Thaer«*, und in diesem Umstande liegt sein Reiz und seine Eigentümlichkeit. Im übrigen wirkt das ganze Dorf fast wie eine *Überraschung.* Etwas in der Tiefe gelegen und durch keinen Kirchturm in die Weite hin verraten, tritt man plötzlich, unter alten Bäumen hindurch, wie in ein Kamp, eine Niederlassung ein und hat hier, malerisch gruppiert, alles zusammen, was zur Bedeutung und zur Poesie des Ortes gehört.

Den Mittelpunkt des Ganzen bildet ein Teich, den nach rechts hin hohe Schilfwände, nach links hin hohe Erlenbäume umfassen. Diesseits des Teichs, neben der Stelle, wo wir uns befinden, steht die alte Feldsteinkirche, von einer Linde, die nicht viel jünger sein mag als die Kirche selbst, überschattet. Jenseits des Teichs, freundlich blinkend im Schmuck eines angebauten Glashauses, steht das Wohngebäude; dahinter ein Haus von ähnlicher Größe – die ehemalige Akademie. Die Wirtschaftsgebäude, darunter die berühmte Stammschäferei, verstecken sich zum Teil hinter den hohen Bäumen, die den engen Kreis des Bildes: Teich, Kirche, Wohnhaus, Akademie, umzirken.

Persönlichkeiten, von zum Teil hervorragender Stellung in Leben oder Wissenschaft, drängten sich an dieser Stelle während der letzten funfzig Jahre, und. so darf es nicht wundernehmen, daß jeder Fußbreit Erde hier seine Erinnerungen hat. Am Südrande des Teichs, der Kirche zunächst, fällt uns eine Erdpyramide auf, von Blumen überdeckt und terrassenförmig sich zuspitzend. Es ist ein Grabhügel. Unter ihm ruht Albrecht Thaer, und auf den Treppenstufen des Hügels, der mehr ein Blumengarten als ein Grab ist, blühen, den Sommer hindurch, viele Hunderte von Blumen.

Am Westrande des Teichs bemerken wir den zersplitterten Stamm eines vom Winde abgebrochenen Baumes. Das sind die Überbleibsel der »Herzogsweide«, die hier stand. Zu den ersten Freunden und Genossen Thaers, bei seiner Übersiedelung nach Möglin, gehörte der Herzog von Holstein-Beck, damals ein Mann von nah an funfzig, ein Vertrauter des Kaisers Paul, wie er vorher ein Freund des Rheinsberger Prinzen Heinrich gewesen war. Der Herzog lebte monatelang als Mögliner Gast, und diese Weide am Teich war sein bevorzugter Aufenthalt, wo er zu sitzen und zu sinnen liebte. Es durfte wohl so sein. Die Zweige des Baumes hingen in den Teich nieder, das blaugraue Laub war doppelt schön auf einem Hintergrunde dunkler Erlen, und der an der Wurzel sieben Fuß dicke Stamm teilte sich höher hinauf in zwei Stämme. Zwischen diesen hatte der Herzog seinen Platz. Beim Abschiede schrieb er, in dankbarer Erinnerung an die hier verträumten Stunden:

Gedenket auch an dieser Stelle
Des Freundes, der hier oftmals saß

Und bei dem stillen Spiel der Welle
Die weite Welt um sich vergaß.

Es wird sein Geist euch hier umschweben,
Sein Dank an eurer Seite sein;
Hier erst erfaßt' er *wahres* Leben
Und lernte, schaffend, glücklich sein.

Das Wohngebäude, reich an Erinnerungsstücken aller Art, an Bildern und Büsten, ist fast ebensosehr ein *Thaer-Museum* als ein Wohnhaus. Auf Namhaftmachung dieser Erinnerungsstücke, meist Darbringungen von nah und fern, leisten wir hier Verzicht; ebenso auf eine Schilderung des Akademiegebäudes, der Lehr- und Wohnzimmer, der Bibliothek und der naturwissenschaftlichen Sammlungen, die sich darin vorfinden.

Wir verweilen nicht bei diesen Dingen, die, trotz ihrer Einfachheit, an die glänzendste Periode der Akademie erinnern, wir treten lieber aus den öden Zimmern wieder ins Freie, wo ein zierlicher, in Front des Gebäudes aufsteigender Obelisk uns ein schönes Fest zurückruft, das hier gefeiert wurde. Die Inschrift bezeichnet die Art des Festes. Sie lautet: »Zur Erinnerung an das fünfzigjährige Bestehen der landwirtschaftlichen Akademie zu Möglin, im Oktober 1856.« An der andern Seite befindet sich Thaers Reliefbild; darunter die Namen aller Schüler, die zur Errichtung dieses Denksteins beitrugen.

Diese Feier, wie sie das halbhundertjährige Bestehen bezeichnete, bezeichnete doch auch zugleich den »Anfang vom Ende«. Und vielleicht war es diese Stimmung, die dem Fest eine besondere poetische Weihe gab. Viele waren gekommen, alt und jung, um dieser Stätte und dem Gedächtnis des Mannes, der hier in seltenem Maße segensreich gewirkt hatte, ihren Dank darzubringen. Und dieser Dank fand in dem Liede eines jüngeren Festgenossen seinen Ausdruck. Das Lied selbst, das wir aus dem Gedächtnis wiedergeben, lautete:

Es steht in preuß'schen Landen
Ein Kirchlein, alt und stumm,
Und rings an seinen Wanden
Schlingt Efeu sich herum.

Und Schatten streut die Linde,
Ein uralt mächt'ger Stamm,
Die grüne Kron im Winde,
Sie neigt sich dann und wann.

Und neben dieser Stelle,
Da liegt der schöne Teich,
Es plaudern mit der Welle
Die Zweige allzugleich.

Und zwischen Teich und Linde,
In Stufen auf und ab
(Kein schöner Grab ich finde),
Da liegt ein Blumengrab.

Und drunter schläft in Frieden,
Nach ruheloser Bahn,
Ein Mann, dem viel beschieden,
Der viel geschafft, getan.

Er hat den Sieg erstritten
In Arbeit und in Ehr,
Er ist *vorangeschritten* –
Wir folgen Vater Thaer.

Wir aber nehmen Abschied jetzt von dieser Stätte und von Möglin. Unser Heimweg führt uns an dem Grabhügel vorüber, der in Blumen steht, rot und weiß, als gäb es keinen Herbst und kein Scheiden. Die alte Steinkirche daneben, die schon so vieles überdauert, wird vielleicht auch diesen Hügel überdauern, aber nicht das Andenken an *ihn*, der unter diesem Hügel schläft.

QUILITZ ODER NEU-HARDENBERG

Nun, König Edward, flieh,
Hier halt ich fest die Feinde dein,
Hier glückt es oder nie.

G. Hesekiel

Selig, wem Tatkraft und behaglichen Sinn leiht Gegenwart,
Wer neu sich fühlt, Neues zu bilden bedacht ist.

Platen

Die Geschichte von Quilitz bis zum Jahre 1763 hin ist arm und dunkel. Der Besitz wechselte vielfach, so daß wir einer Menge von Namen begegnen, ohne weiter etwas zu haben als ebendiese Namen. Zu Anfang des fünfzehnten Jahrhunderts, also zur Zeit, als die Hohenzollern ins Land kamen, finden wir in Quilitz die Höndorps, Beerfeldes und Schapelows; gegen Ausgang desselben Jahrhunderts haben sich die Besitzverhältnisse geändert, und wir hören von den Eyckendorps, Pfuels und Barfus. Lauter Familien, die, mit Ausnahme der beiden letztern, in Barnim und Lebus nicht länger existieren. Um 1685 kam Quilitz, und auch wohl das benachbarte Kloster Friedland, in Besitz der markgräflich Schwedter Linie des Hauses Brandenburg und verblieb bei dieser Linie bis zum Tode des Markgrafen Karl, 1763.

Alles dies bedeutet wenig, und die üblichen Details über Besitzverhältnisse, Hufenzahl, Hebungen, Verpfändungen etc., die wir den spärlich vorhandenen Urkunden entnehmen könnten, würden das Bild wohl erweitern, aber nicht lebendiger machen. Auch das, was wir sonst wohl heranzuziehen gewohnt sind: die Grabsteine in der Kirche, die Sagen und Traditionen im Dorfe selbst – alles versagt gleicherweise den Dienst. Die Kirche hat aufgeräumt mit den alten Hinterlassenschaften, selbst der Name Quilitz ging verloren, und nur die Kleidung seiner Bewohnerinnen ist noch wie eine Art Tradition aus der Wendenzeit her geblieben. Frauen und Mädchen des Dorfes tragen noch den roten, vielgefalteten Friesrock, das geblümte

Mieder, den breiten Überfallkragen, das ganze malerische Kostüm, das ich an anderer Stelle bereits (siehe Seite 39 ff.) ausführlicher beschrieben habe.

Einigermaßen Leben und Farbe gewinnt die Geschichte von Quilitz erst mit dem Jahre 1763, und wir wenden uns deshalb, mit Übergehung alles dessen, was vorher liegt, dieser Epoche zu.

Quilitz
von 1763 bis 1814

Nach dem Tode des Markgrafen Karl fielen die am Rande des Oderbruchs gelegenen Güter desselben, Friedland und Quilitz, an die Krone zurück. Aber nicht auf lange; Friedrich II. verschenkte sie im selbigen Jahre noch, und zwar gab er Friedland an den damaligen Major von Lestwitz, »den Sieger von Torgau«, Quilitz an den Oberstlieutenant von Prittwitz, der in der Schlacht bei Kunersdorf, als Rittmeister bei den Zietenschen Husaren, den König vor drohender Gefangenschaft gerettet hatte. Gegen beide Offiziere unterhielt der König seit den genannten beiden Tagen ein verwandtes Gefühl besonderer Dankbarkeit. »Lestwitz hat den *Staat*, Prittwitz hat den *König* gerettet«, so hieß es damals sprichwörtlich. »Lestwitz a sauvé l'état, Prittwitz a sauvé le roi.«

Die Rettung des Königs durch Prittwitz wird verschieden erzählt. Die gewöhnliche Darstellung des Hergangs ist die folgende:

»Als gegen Abend die preußischen Truppen nach übermenschlicher Anstrengung und Tapferkeit endlich zurückgeworfen waren und fast aufgelöst das Schlachtfeld verließen, war der große König in Verzweiflung, und man hörte ihn die Worte rufen: ›Kann mich denn heute keine verwünschte Kugel treffen!‹ Zwei Pferde waren ihm unter dem Leibe erschossen worden, und eine dritte Kugel hatte ihm ein goldenes Etui in seiner Westentasche zerdrückt.* Nach dem schnellen Rückzuge des Heeres streifte noch Joachim Bern-

* Etui und Kugel existieren noch und werden, unter andern Erinnerungsstücken der Art, auf dem Stadtschloß zu Potsdam gezeigt. Das Etui (Gold und Emaille) hat die Form einer Schachtel und steckt in einem mit Sammet gefütterten Gehäuse. Die Kugel ist ganz platt gedrückt.

hard von Prittwitz mit einem Trupp von etwa fünfzig seiner Zietenschen Husaren auf dem Schlachtfelde umher. Als auch er endlich sich vor den andrängenden Kosakenschwärmen zurückziehen wollte, rief ihm der Unteroffizier Velten, der, später geadelt, als Major in der Rheincampagne fiel, zu: ›Herr Rittmeister, da steht der *König*!‹ Sich umwendend, erblickte Prittwitz den König, der fast allein und nur in Begleitung eines Pagen, welcher sein Pferd hielt, auf einem Sandhügel des sogenannten Mühlberges stand. Er hatte seinen Degen vor sich in die Erde gestoßen und blickte mit verschränkten Armen dem herannahenden Verderben entgegen. Eilig sprengte Joachim Bernhard auf ihn zu, doch nur mit Mühe vermocht er ihn zu überreden, sich aufs Pferd zu werfen und auf seine Rettung bedacht zu sein. Endlich folgte der König seinen Bitten, indem er rief: ›Nun, Herr, wenn Ihr meint, vorwärts.‹ Aber schon waren die Kosaken ganz nahe gekommen. Joachim Bernhard wandte sich um und schoß den feindlichen Offizier vom Pferde. Dies machte die Verfolger einen Augenblick stutzen, der König gewann mit seiner kleinen Schar einen Vorsprung, und jene vermochten ihn nicht wieder einzuholen. Mehrmals rief er dabei aus: ›Prittwitz, ich bin verloren!‹ Auf diese Weise rettete sich Friedrich vom Mühlberg herab ins Tal, über die sogenannte große Mühle, hinter deren Défilén er vorläufig sicher war. Hier ritt er auf die erste Anhöhe und sah auf die zerschossenen Bataillone, die vorüberzogen. Mit Tränen in den Augen rief er ihnen zu: ›Kinder, verlaßt mich heute nicht, euren König, euren Vater.‹ Und dann ritt er weiter und kam spätabends nach dem Dorfe Ötscher. Auf dem Rücken Joachim Bernhards schrieb er hier mit Bleistift an den Minister Finckenstein in Berlin die berühmt gewordenen Worte: ›Alles ist verloren, retten Sie die königliche Familie, Adieu für immer.‹ Während in Ötscher der unglückliche König, nur von wenigen Getreuen umgeben, sich aufs Stroh warf, sammelte Joachim Bernhard die aufgelösten Trümmer der Armee, etwa 3000 bis 4000 Mann, so daß ihm nicht nur der Ruhm gebührt, den König, sondern auch den Rest der Armee gerettet zu haben. Denn wurden diese Truppenreste nicht in der Nacht noch nach Ötscher, wo die Schiffbrücken waren, dirigiert, so waren sie auf dem rechten Oderufer verloren. Als er dem Könige melden wollte, daß sich einige Bataillone gesammelt hätten, verhinderten ihn die Adjutanten daran, die bei der verzweifelten Stimmung des Königs fürchteten, derselbe werde, sobald er erführe, er habe noch Truppen in Händen, den unglücklichen Kampf von neuem beginnen.«

So erzählen die meisten zeitgenössischen Schriftsteller. Etwas abweichend davon berichtet Frau von Blumenthal in ihrer trefflichen Lebensbeschreibung Zietens über denselben Hergang, und in Erwägung des Umstandes, daß Prittwitz selbst eine Vorrede zu dieser Lebensbeschreibung schrieb, also das Buch oder doch wenigstens *diese* ihn selbst so nah angehende Stelle gelesen haben muß, können wir nicht umhin, dieser andern Darstellung eine vorzugsweise Bedeutung beizulegen. In dieser heißt es:

»Am Abend der unglücklichen Schlacht stand das Détachement von Zieten-Husaren zur Rechten des Königs, als der Monarch für seine Person noch nicht die Hoffnung zum Siege aufgeben wollte, obgleich schon aller Anschein dazu verloren war. Der König warf sich mit etwas Infanterie in das stärkste Feuer. Ihm wurde das Pferd, das er ritt, erschossen; sein Adjutant, der Oberst von Goetz, gab ihm zwar das seinige, allein eben jetzt drängte auch die österreichische Reiterei des General Laudon mächtig auf ihn ein, und Friedrichs Person geriet in augenscheinliche Gefahr, um so mehr, als er nicht zurückgehen und auf seine Sicherheit bedacht sein wollte. In diesem furchtbaren Augenblicke, an dem Preußens Glück und Ehre hing, sprengten, entflammt von Wut und Rache, die Zietenschen Husaren herbei, hieben mit Nachdruck in die österreichische Reiterei ein und hielten sie von dem Regiment von Diricke – an dessen Spitze der König stand – bis zur Rettung des letztern glücklich entfernt. Unter ihnen zeichnete sich besonders der Lieutenant Velten aus, indem er der erste war, der einen Trupp österreichischer reitender Grenadiere zurückwarf, die schon den König umringen wollten. Der Rittmeister von Prittwitz, nachmaliger General der Kavallerie, hatte unterdessen den Mut, daß er sich ohne Anfrage zum Geleitsmann des Königs aufwarf, ihn halb mit Gewalt aus dem Feuer herauszog und ihn über das Défilé bei der Mühle bis zur Schiffbrücke bei Göritz durchbrachte, wo sich die Armee bald darauf wieder formierte.

So wurde Prittwitz der Retter Friedrichs und der Retter des Vaterlandes.«

Der Krieg war zu Ende und Prittwitz Herr auf Quilitz. Es war ein schönes Gut, aber unwohnlich geworden, wie die meisten Güter, die lang in Pächterhänden sind, und da der nunmehrige Oberstlieutenant von P., der kurz zuvor (1762) eine Freiin Seher-Thoß geheiratet hatte, standesgemäß zu leben gedachte, so mußt er vor allem darauf aussein, ein Haus aufzuführen, das den Ansprüchen seiner übrigens auch in Schlesien begüterten Gemahlin entsprach. Der Bau ward unverzüglich begonnen und war schon bis zu den ersten Steinen des ersten Stocks gediehn, als König Friedrich des Weges kam, sei es auf einer seiner Revuereisen in die östlichen Provinzen oder eigens zu dem Zwecke, das Oderbruch und die Melioration desselben zu inspizieren. »Prittwitz, Er baut ja ein *Schloß*; Er will ja hoch hinaus«, waren die nicht allzu gnädigen Worte, mit denen der König sich an den zur Seite stehenden Oberstlieutenant wandte, der nunmehr seinerseits nichts Eiligeres zu tun hatte, als dem Wunsch und Winke des Königs nachzukommen und unter Fortlassung einer Beletage sofort das Dach auf das Erdgeschoß setzen zu lassen. Erst in den zwanziger Jahren dieses Jahrhunderts wurde durch Schinkel ein Umbau des Schlosses vorgenommen.

Stell ich nunmehr zusammen, was in Quilitz noch an die Prittwitz-Zeit erinnert. Die Zimmer des Erdgeschosses sind im wesentlichen dieselben geblieben, namentlich gilt dies von dem großen, mit Stuckreliefs geschmückten Gartensalon, der auf eine Parkwiese und jenseits derselben auf die Wasser- und Baumpartien des Parkes blickt. Auch dieser Park selbst stammt noch aus der Prittwitzschen Zeit, ebenso wie zwei seiner Gedenksteine. Der eine derselben ist ein unscheinbarer Grabstein, unter dem der *Schimmel* begraben wurde, den Rittmeister von Prittwitz in der Schlacht bei Kunersdorf ritt, der also den historischen Moment der Rettung des Königs miterlebte respektive seinen Anteil daran hatte. Der Grabstein ist jetzt seinerseits wieder unter Laub und Moos halb begraben, so daß es unmöglich ist, eine Inschrift zu entziffern. Man hat deshalb die ganze Erzählung von dem im Park bestatteten Schimmel wieder in Zweifel ziehen wollen. Aber gewiß mit Unrecht. Äußere und innere Gründe sprechen dafür. Der Stein hat ganz die Form eines Grabsteins. Außerdem ging der König selbst, der auf der obersten Terrasse von Sanssouci nicht nur sein Pferd und seine Lieblingswindspiele begraben ließ, sondern auch inmitten derselben begraben sein wollte, seinen Generalen mit dem entsprechenden guten Beispiele voran. Man liebte damals dergleichen.

Ebenfalls im Park, dem Gartensalon gegenüber und eine Wand dunkler Bäume als Hintergrund, erhebt sich malerisch das Marmordenkmal, das Prittwitz im Jahre 1792 dem Andenken des großen Königs errichten ließ. Die Zeichnung zu diesem Monumente wurde von Johann Meil, dem damaligen Vizedirektor der Berliner Akademie der Künste, entworfen, die Ausführung in karrarischem Marmor aber einem Bildhauer in Lucca, namens Joseph Martini, anvertraut. Die Worte, die dieser an der linken Seite des Denkmals eingraviert hat, lauten: »Joseph Martini Lucensis inventor faciebat 1792«; also etwa: »Joseph Martini von Lucca hat es *erfunden* und ausgeführt, oder *erdacht* und gemacht.« Das Wort inventor muß hier überraschen, wenn man es mit der vorzitierten, der Schadowschen Autobiographie entlehnten Notiz zusammenhält, »daß Meil den Entwurf gemacht habe«, also der Inventor gewesen sei. Die Komposition ist etwas steif, etwas herkömmlich und in vielen Stücken angreifbar, aber dennoch eine gute Durchschnittsarbeit. Ein Säulenstumpf trägt das Reliefbild des großen Königs; ein trauernder Mars, kniend, umklammert von der einen Seite her die abgebrochene Säule, während sich eine aufrecht stehende Minerva von der andern Seite her an den Säulenstumpf lehnt. Das Hauptinteresse, das diese Gruppe einflößt, ist das, daß es das *erste Denkmal* ist, das dem Andenken des großen Königs errichtet wurde. Schadows Friedrichs-Statue auf dem Stettiner Exerzierplatz ist erst das zweite. Allerhand kleine Anekdoten knüpfen noch an dieses Denkmal an. So heißt es, daß eine Eule längere Zeit im Schutz der Minerva genistet habe. Fraglich. Aber bis diesen Tag ist die Statue, namentlich der offen am Boden liegende Helm des Mars, der bevorzugte Platz nesterbauender Schwalben. Am anziehendsten ist die einfache Auslegung, die die Quilitzer den Gestalten des Mars und der Minerva gegeben haben. Sie sagen, »es sei Prittwitz und seine Frau, die um den Alten Fritz trauern«.

Wir begegnen der Prittwitz-Zeit, oder doch einer Mahnung an dieselbe, auch noch in der alten, übrigens durch Schinkel völlig umgebauten Kirche. Einige Schritte vor dem Altar ist eine Erztafel in die roten Ziegel des Fußbodens eingelassen, auf der wir in Vergoldung ein kurzes römisches Schwert erblicken, um das sich ein Lorbeer windet. Darunter lesen wir: »Joachim Bernhard von Prittwitz, königlich preußischer General der Kavallerie, Ritter des Schwarzen Adler- und Sankt-Johanniter-Malteser-Ordens, geboren 3. Februar 1727, gestorben 4. Juni 1793; und seine Gattin Maria Eleonora von Prittwitz, geborne Freiin von Seher-Thoß, geboren 1739, gestorben 1799.« Unter dieser Tafel befindet sich höchstwahrscheinlich die Gruft, in der das Prittwitzsche Paar beigesetzt wurde; die Tafel selbst aber stammt ersichtlich erst aus den zwanziger Jahren dieses Jahrhunderts, wo die Kirche restauriert wurde. 1793 hatte man noch die altherkömmlichen Grabsteine. Die Benutzung von Gußeisen deutet auf die Schinkelsche Zeit.

Zum Schluß nennen wir noch zwei Portraits, denen wir in einem Zimmer des Schlosses begegnen und die höchstwahrscheinlich der Prittwitzschen Hinterlassenschaft angehören. Es sind dies: der Alte Fritz und General von Prittwitz selbst. Das erste Bild wurde 1786, kurz vor dem Tode des Königs, von Bardou gemalt. Die Auffassung weicht ab von dem Herkömmlichen. Neben dem Ausdruck physischen Leidens ist es ein Zug milder Schwermut, der den Kopf charakterisiert und anziehend macht. Das Portrait des alten Prittwitz, ebenfalls Brustbild, zeigt uns den General wahrscheinlich in der Uniform des Regiments Gensdarmes, dessen Commandeur en chef er seit 1775 war. Auf dem roten (pfirsichblütfarbenen) Frack ruht das breite Orangeband des Schwarzen Adlerordens. Die Farbe des Ordensbandes wirft einen gelben Reflex auf das ohnehin leberfarbene, wenig anziehende Gesicht, dessen Griesgrämigkeit unter dem gelben Lichte noch zu wachsen scheint.

1793 starb General von Prittwitz, 1799 seine Witwe. Quilitz blieb aber noch eine Reihe von Jahren hindurch in Händen der Familie, und zwar im Besitz des Geheimen Finanzrats

Friedrich Wilhelm Bernhard von Prittwitz, geboren 1764, gestorben 1843, ältesten Sohnes des Generals. Herr von Prittwitz stand zu Hardenberg und Stein in naher Beziehung, nahm aber 1808 seinen Abschied und lebte seitdem ganz in Quilitz, bis er die Herrschaft 1810 an den Staat verkaufte (mittelst Tausch) und dafür die frühere Propstei Kasimir im Leobschützer Kreise Oberschlesiens erwarb.

Aus diesen Jahren, wo von Prittwitz der Jüngere die Herrschaft innehatte, wissen wir wenig über Quilitz zu berichten, es sei denn, daß von 1801 bis 1803 der damals zwanzigjährige Schinkel hier seine ersten architektonischen Versuche machte. Er begann mit dem Kleinsten, und zwar mit zwei Wirtschaftsgebäuden, von denen das eine auf dem Vorwerk Stuthof, das andere auf dem Vorwerk Bärwinkel errichtet wurde – zwei Ortsnamen, die fast noch weniger wie die Aufgabe selbst imstande waren, seinen Genius zu beflügeln. Aber dieser war eben da und bewies sich im Kleinen, wie er sich später im Großen bewies. Wenn an diesen frühesten Bauten Schinkels – nur ein Gartensaal im Flemmingschen Schloß zu Buckow ist noch älter – etwas zu tadeln ist, so ist es das, daß der Genius des jungen Baumeisters, der Zug nach idealeren Formen sich hier an der unrechten Stelle zeigt. Diese Wirtschaftsgebäude machen etwa den Eindruck, wie wenn ein junger Poet einen wohlstilisierten und bilderreichen Brief an seine Wirtsfrau oder deren Tochter schreibt. Der Stil, die Sprache sind an und für sich tadellos, nur die Gelegenheit für den poetischen Ausdruck ist schlecht gewählt; Gemeinplätze wären besser. Schinkel selbst, der in späteren Jahren mit so besonderem Nachdruck der Anlehnung an das Bedürfnis das Wort redete, würde diese, einer höheren Form huldigenden Wirtschaftsgebäude, speziell das auf dem Vorwerk Bärwinkel, zwar mit Interesse, aber sicherlich auch mit Lächeln wieder betrachtet haben. Indessen, wie jugendlich immer: ex ungue leonem. Je unverkennbarer dies hervortritt, um so auffallender ist es, daß eine Zuschrift an Herrn von Wolzogen, den Herausgeber der Schinkelschen Briefe, gerade dieses interessante, aus Raseneisenstein und Eisenschlacken errichtete Wirtschaftsgebäude dem Zimmermeister Tietz in Friedland und dem Maurermeister Neubarth in Wriezen hat zusprechen wollen. Herr von Wolzogen hält dieser Zuschrift gegenüber seine ursprüngliche, auf einen Ausspruch Waagens gestützte Ansicht zwar aufrecht, aber doch mit einer gewissen Unsicherheit, die, wir zweifeln nicht daran, beim Anblick des Gebäudes selbst sofort der festen Überzeugung Platz machen würde: *dies ist von Schinkel* und von niemand andrem. Es ist sehr die Frage, ob die architektonischen Kräfte zweier kleiner Städte selbst in unsern Tagen, nachdem Schinkel eine Schule herangebildet hat, fähig sein würden, einen so originellen, alle Schablone vielleicht nur allzusehr verleugnenden Bau aufzuführen, damals aber (1803) vermochten es die vereinten Baukräfte von Friedland und Wriezen sicherlich *nicht*. Ich neige mich sogar der Ansicht zu, daß die Verwendung von Schlacke und Raseneisenstein, eines Materials, das hierlandes nie als Baumaterial verwendet worden ist, dort aber zufällig zur Hand war, allein schon als Beweis dafür dienen darf, daß der Bau von Schinkel herrühren muß. Gerade in dieser genialen Benutzung des zufällig Gebotenen war er ja so hervorragend. Das Ganze (ein Molkenhaus) hat die Form einer Basilika: ein Hochschiff und zwei niedrige Seitenschiffe. Wenn aber eine Basilika die prachtvolle breite Giebelwand nach vorne stellt und dieselbe als Portal benutzt, so hat Schinkel bei diesem Bau das umgekehrte Arrangement getroffen. Er hat den breiten Frontgiebel als Hintergrund und die Apsis nach vorne genommen, die nun als Eingang dient. Und wie vieles auch sich gegen ein Basilika-Molkenhaus sagen lassen mag, darüber kann für mich kein Zweifel sein, daß Friedland-Wriezen damals solchen Einfalles nicht fähig war.

Neu-Hardenberg (Quilitz) seit 1814

1810, wie bereits erwähnt, war Quilitz aus den Händen des jüngeren Prittwitz in den Besitz der Krone übergegangen, aber auch diesmal nur auf kurze Zeit. Wie 1763 dem General von Prittwitz, so wurde Quilitz im November 1814 dem Fürsten-Staatskanzler von Hardenberg als Dotationsgut verliehen und der alte Name Quilitz, ihm zu Ehren, in Neu-Hardenberg umgeändert. Der Fürst besaß es – samt dreizehn andern Gütern, die zusammen die »Herrschaft Neu-Hardenberg« bilden – bis zu seinem am 26. November 1822 in Genua erfolgten Tode, um welche Zeit, nach dem Rechte der Erstgeburt, der gesamte Besitz an den Sohn des Staatskanzlers, den dänischen Geheimen Konferenzrat Grafen von Hardenberg-Reventlow, kam. Dieser starb am 16. September 1840 ohne männliche Nachkommen, und die Herrschaft fiel nunmehr dem nächsten Erbberechtigten, dem Grafen Karl Adolf Christian von Hardenberg, zu.

Der Fürst-Staatskanzler war acht Jahre lang im Besitz von Neu-Hardenberg; es scheint jedoch, wenn wir diese seine letzten Lebensjahre von Monat zu Monat verfolgen, daß er nicht allzu viele Mußetage für eine Villeggiatur auf seinen Gütern fand. Nur von wenigen Fällen haben wir eine bestimmte Kunde, zum Beispiel von seinem Einzug in Quilitz, wahrscheinlich im Sommer 1816, und von der Feier seines siebzigjährigen Geburtstages am 31. Mai 1820. Über den Einzugstag leben noch einige Traditionen fort, ziemlich farblose Berichte von Triumphbogen und Eichenlaubguirlanden, von spalierbildender Jugend und plattdeutschen Empfangsgedichten – die letzteren von den zwei hübschesten Mädchen des Dorfes in ihrer wendischen Nationaltracht vorgetragen. Aber hiermit schließt die Reihe der halbverblaßten Bilder ab, die in der Tat nur durch den Quilitzer roten Friesrock ein bestimmtes Kolorit erhalten. Mehr schon wissen wir von dem siebzigsten Geburtstage, wiewohl der Fürst beschlossen hatte, ihn in Stille zu feiern. Mancher Gratulant traf ein: unter diesen Beglückwünschenden, freilich brieflich nur, auch Goethe. Die Zeilen, die er schrieb – wie wir offen gestehen müssen, etwas gezwungen und schwerverständlich –, waren folgende:

Wer die Körner wollte zählen,
Die dem Stundenglas entrinnen,
Würde Zeit und Ziel verfehlen,
Solchem Strome nachzusinnen.

Auch vergehn uns die Gedanken,
Wenn wir in dein Leben schauen,
Freien Geist in Erdesschranken,
Festes Handeln und Vertrauen.

So entrinnen jeder Stunde
Fügsam glückliche Geschäfte.
Segen dir von Mund zu Munde!
Neuen Mut und frische Kräfte.

Am 13. Oktober 1817 hatte die festliche Einweihung der durch Schinkel restaurierten Neu-Hardenberger Kirche statt, und das Interesse, das der Staatskanzler dieser Kirche widmete (er vermachte ihr eine Dotation und fehlte nie beim Gottesdienst), läßt darauf schließen, daß er bei dieser Einweihung zugegen war.

Auch ein anekdotenhafter Vorfall mit seinem Schwiegersohn, dem Fürsten Pückler, zeigt uns den Staatskanzler in seinem Hardenberger Schloß. Der Park hinter dem Hause war bei jedem Besuch ein Punkt freundschaftlichen Disputs zwischen Schwiegervater und Schwiegersohn. Das feine Auge des letztern hatte seit lange gegen die altfränkisch-steife Anlage, die damals noch vorhanden war, protestiert, und das in andrem Sinne feine Gefühl des Schwiegervaters hatte mit gleicher Beharrlichkeit die Neuerungen abgelehnt, weil diese Neuerungen gleichbedeutend waren mit Entfernung eines Dutzend der allerschönsten Bäume. Davon wollte der Staatskanzler nichts wissen; man sieht, er hatte auch seine Pietät. Der Schwiegersohn aber, als er alle Überredungskünste scheitern sah, schritt endlich auf jede Gefahr hin zu Tat und Abhülfe. Ein Kreis nächster Freunde war bei Tisch versammelt, und in dem schon erwähnten Gartensalon aus der Prittwitz-Zeit herrschte jene Tafelheiterkeit, an der das Herz des Fürsten hing und auf deren Pflege und Hervorrufung er sich so wohl verstand. Nun war das Mahl beendet, und Wirt und Gäste traten auf die Veranda hinaus, die den Blick hat auf Wiese und Park und Monument. Der alte Fürst stand wie getroffen – das war der Park nicht mehr, dessen großen Mittelgang er noch vor Tisch in lebhaftem Geplauder durchschritten hatte. In der Tat, der Park war während der Stunden des Diners ein andrer geworden, ein solcher, wie er jetzt ist, wie er nach des Schwiegersohnes Ansicht werden *mußte*. Eine Allee war verschwunden, und wo ein Elsbruch war, war eine Parkwiese entstanden, an deren Ausgang das Wasser des Kanals blitzte. Der Fürst, im ersten Augenblicke sichtlich unangenehm berührt, war doch artiger Wirt und guter Schwiegervater genug, um gute Miene zum bösen Spiele zu machen, und die jetzigen Besucher mögen sich des Einfalls freuen. Wir aber entnehmen diesem kleinen Hergang abermals das Faktum einer längeren oder kürzeren Anwesenheit des Staatskanzlers auf seinem Neu-Hardenberger Schlosse.

Gleichviel indes, wie selten oder wie häufig seine Besuche stattfanden, jedenfalls war von Anfang an seine Sorgfalt diesem neuen Besitze zugewandt, und Schloß, Park, Kirche sind in ihrer jetzigen Gestalt seine Schöpfung.

Machen wir zuerst einen Rundgang durch die Zimmer des *Schlosses.* Wir werden hier einer reichen Anzahl von Kunstschätzen begegnen, die der Aufmerksamkeit des Besuchers wert sind. Das Schloß erinnert nach dieser Seite hin am meisten an Schloß Tegel, welches letztere freilich den Vorrang behauptet. Vielleicht wäre dies anders, wenn Neu-Hardenberg alle die Kunstschätze umschlösse, die es umschließen müßte, wenn nicht eine großmütige Laune des Staatskanzlers es darum gebracht hätte.

Es hat das folgenden Zusammenhang. Der Staatskanzler hatte bereits im Jahre 1804 – also lange bevor ihm die Herrschaft Neu-Hardenberg zufiel – das im lebusischen Kreise gelegene Gut Tempelberg käuflich an sich gebracht und daselbst ein Schloß aufgeführt, das, zu anererbtem Hardenbergschen Familienbesitz, auch noch jene Fülle von Kunstschätzen beherbergte, die der kunstliebende Fürst auf seinen Wanderungen durch Europa an sich gebracht hatte.* Es war dies eine außerordentlich wertvolle Sammlung. Das Beste derselben ging nach der Schlacht bei Jena verloren. Davoust nämlich, auf seinem Raub- und Siegeszuge durch die Mark,

* Es war dies eine Fülle von Dingen. Vieles, namentlich Bilder und Stiche, hatte er in früheren Jahren in England gekauft, andres rührte aus der Zeit seiner Ansbach-Bayreuther Verwaltung her. Es ist bekannt, mit welchem Eifer er die Archive jener Landesteile durchforschen ließ; von allem nahm er Abschrift. Eins der wichtigsten Resultate dieser Untersuchungen war die Auffindung der »Memoiren der Markgräfin von Bayreuth«. Ein feiner, literarisch-ästhetischer Sinn, ein Sinn für das Sammeln historischer Erinnerungsstücke oder auch bloßer Kuriositäten, begleitete ihn durchs Leben. In sehr charakteristischer Weise zeigte sich dies im Jahre 1786, unmittelbar nach dem Tode Friedrichs des Großen, als er das in Braunschweig deponierte Testament des Königs nach Berlin brachte und sich als Belohnung lediglich eines der *Windspiele* des großen Königs erbat.

ließ vier Wagen voll dieser Kunstschätze nach Paris schaffen*, und als im Jahre 1814 die Rückgabe alles dessen erfolgte, was Napoleon in zehn Siegesjahren mit nach Paris geschleppt hatte, leistete der Fürst-Staatskanzler auf die Rückforderung des ihm *persönlich* Genommenen Verzicht. Welche Gründe ihn dabei leiteten, ist nicht recht klar. Doch scheint es, daß er in jener vornehmen Feinfühligkeit, die ihm allerdings eigen war, von seinen eigenen Ansprüchen absah, um die Wiedererstattung all dessen, was anderen (auch dem Staate) genommen worden war, mit um so mehr Nachdruck, weil mit größerer Unbefangenheit, betreiben zu können. So blieb denn der größte Teil jener Kunstschätze, die einst die Säle von Schloß Tempelberg geschmückt hatten, in Paris zurück, und nur die von Davoust übersehenen Reste wurden 1814 von Tempelberg nach Neu-Hardenberg hinübergeschafft. Allerdings erfuhr diese Sammlung, bis zum Tode des Staatskanzlers, durch einzelne Ankäufe und Geschenke eine Erweiterung, aber immerhin blieb sie nur ein Bruchstück der alten Herrlichkeit.

Wir schreiten nun dazu, diese Bruchstücke, zumal Portraits und Bilder, in Augenschein zu nehmen.

Im Billardzimmer:

1. Alte Familienportraits des freiherrlichen Hauses Hardenberg, bis zurück ins sechzehnte Jahrhundert. Das älteste und deshalb interessanteste dieser Bilder ist klein, nicht ganz handhoch und zeigt die Jahreszahl 1558. Es stellt dar: Eler Hardenberg, seines Alters zweiundsechzig Jahr.

2. Portrait des Staatskanzlers; von dem französischen Maler Quinzon. – Naglers Künstlerlexikon bringt diesen Namen nicht, auch keinen ähnlich klingenden, so daß ich, hinsichtlich der Rechtschreibung, nicht sicher bin.

3. Portrait des Sohnes des Staatskanzlers, damals etwa fünfzehn Jahr alt. Ein sehr hübsches Bild. – Christian Heinrich August Graf von Hardenberg-Reventlow, einziger Sohn des

* Davoust war wohl kein Mann der Literatur. Dieser Umstand mag es erklären, daß er sich mit der Wegführung glänzender, als wertvoll in die Augen springender Kunstwerke begnügte und die 16 000 Bände zählende Bibliothek in Tempelberg zurückließ. Ebenso entging seinem Auge eine Anzahl Mappen, mit alten, zum Teil seltnen Stichen gefüllt. Bibliothek und Kupferstichmappen befinden sich noch im Neu-Hardenberger Schloß.

Fürsten-Staatskanzlers aus seiner ersten Ehe mit Friederike Juliane Christine Gräfin von Reventlow, wurde am 19. Februar 1775 geboren und starb als dänischer Hofjägermeister und Geheimer Konferenzrat am 16. September 1840. Er war von Jugend an in dänischen Diensten. Im Jahre 1814 führte dies zu einer eigentümlichen Begegnung, wie sie die Annalen der Diplomatie vielleicht nicht zum zweiten Male aufzuweisen haben. Am 25. August des genannten Jahres wurde zwischen Preußen und Dänemark, das bekanntlich auf französischer Seite gefochten hatte, der Friede zu Berlin geschlossen. Die Beauftragten waren *Vater* und *Sohn*: der Staatskanzler Fürst Hardenberg für Preußen, der Geheime Konferenzrat Graf Hardenberg-Reventlow für Dänemark. Der letztere verblieb in seinen alten Beziehungen und ging darin so weit, daß er sogar auf den Fürstentitel verzichtete, als ihm, nach dem im November 1822 erfolgten Tode seines Vaters, die Herrschaft Neu-Hardenberg zugefallen war. Man hat preußischerseits dies ablehnende Verhalten getadelt, ein Verhalten, das im wesentlichen sagte: »Ich zieh es vor, ein *dänischer* Graf zu bleiben.« Aber wenn es dieser Ablehnung allerdings an Verbindlichkeit gegen Preußen gebrach, so geziemt sich doch andererseits die Frage: »War der Sohn zu solcher Verbindlichkeit überhaupt verpflichtet?« Man darf wohl antworten: »Nein.« Der jüngere Hardenberg war ein geborner Hannoveraner, seine Mutter war eine Dänin. Als sein Vater in den preußischen Staatsdienst trat, gehörte er (der Sohn) bereits mit Leib und Leben dem dänischen Staate an. Wenn durchaus eine Schuld gefunden werden soll, so liegt sie jedenfalls nicht bei dem Sohne, sondern in häuslichen Verhältnissen, die *er* am wenigsten ändern konnte. 1787 oder 1788 trennten sich bereits die Eltern, und die begleitenden Umstände, vor allem die bald erfolgende Wiederverheiratung des Vaters, ließen es ratsam oder selbst geboten erscheinen, daß der erst zwölfjährige Sohn der Mutter folgte. Unter Einfluß und Leitung des Vaters wäre er natürlich *preußisch* geworden, dieser Leitung indes enthoben, war es selbstverständlich, daß die dänische Aussaat auch dänische Frucht trug.

Neben dem Billardzimmer:

1. Die alte Burg Hardenberg im Hannoverschen, wie sie noch vor etwa 150 Jahren war.

2. Die jetzige Burg Hardenberg (Ruine).

3. Ein eingerahmtes Blatt mit den oben mitgeteilten Versen Goethes, die derselbe zum siebzigjährigen Geburtstag des Staatskanzlers an diesen richtete.

Im Gartensalon und dem angrenzenden Zimmer:

1. Große Malachitvase; Geschenk des Kaisers von Rußland.

2. Portrait Friedrich des Großen; von Bardou gemalt (schon erwähnt; vielleicht aus der Prittwitz-Zeit).

3. General von Prittwitz.

4. Portrait des Staatskanzlers aus der Zeit seines ersten oder zweiten Aufenthalts in England (1772 oder 1781). Ein Pastellbild von Benjamin West.

5. Napoleon; von Gérard.

6. Blücher; ein Geschenk von diesem selbst an den Staatskanzler.

7. Friedrich Wilhelm III. (jung) in österreichischer Husarenuniform.

8. Ein prachtvoller Mosaikkopf, der, von Hardenberg etwa zwischen 1790 und 1805 angekauft, durch einen Zufall dem Auge Davousts entging und der Tempelberger Sammlung verblieb. Von dort kam er 1814 nach Neu-Hardenberg. Es ist eine vorzügliche Arbeit; ein Frauenkopf, Halbprofil, von weißem Teint und dunkelblondem Haar. Die Lippen sinnlich, die Augen groß, und schwärmerisch; ein Halbmond auf der schönen Stirn. – Ich habe nicht in Erfahrung bringen können, welcher Zeit das Bild angehört, auch nicht, wen es darstellt. Doch glaube ich nicht zu irren, wenn ich es für einen Kopf der Beatrice Cenci halte, die hier im Kostüm der Diana auftritt.

Ein großes Mosaikbild: Die Tempelruinen von Paestum. Ein Geschenk, das Papst Pius VII. etwa um 1820 an den Fürsten-Staatskanzler machte. Das Bild ist gegen vier Fuß lang und einen Fuß hoch. Ein breiter Rahmen umgibt es, der oben, als beinah fußhohes Ornament, das päpstliche Wappen trägt. Die drei Tempelruinen nehmen die Mitte des

Bildes ein; rechts Baumgruppen im frischesten Grün, links Trümmerreste unter wucherndem Strauchwerk; im Hintergrunde Bergzüge, vorn ein paar Gestalten. Das Bild wurde bei seinem Eintreffen in Berlin so schön gefunden, daß König Friedrich Wilhelm III. ein gleiches oder ähnliches zu haben wünschte und deshalb in Rom unterderhand anfragen ließ: was der Preis eines solchen Mosaikbildes sei. Die Rückantwort, wahrscheinlich Niebuhrs, lautete: 6000 Taler. Als bei Hofe über diese Summe gesprochen wurde, soll der General von Rohr halb erschrocken, halb treuherzig bemerkt haben: »Aber doch mit dem Rahmen.«

Im Eßzimmer:

1. Eine Landschaft von Schinkel. Im Hintergrunde die Ruinen der Burg Hardenberg. Ein Festzug: Landvolk, geschmückte Stiere etc., kommt den Hügel herab und bewegt sich, an einer alten Eiche vorbei, einem Ceres- oder Pomona-Bilde entgegen. Eine Kopie des Bildes befindet sich in der Wagner-Galerie zu Berlin.

2. Eine Mondlandschaft von van der Neer. Ein vorzügliches Bild, braun im Ton; von Schinkel, bei seinen Besuchen in Neu-Hardenberg, immer sehr bewundert.

3. Luther; von Holbein.

4. Katharina von Bora; von Holbein. Auf der Rückseite dieses Bildes, auf Holz gemalt, befindet sich ein zweites Bild, und zwar ein Totenkopf. Unter demselben stehen, auf einem sauber gemalten Zettel, folgende Worte:

Entgèn den tot ist kein schilt,
Darum leebe, als du sterve wilt.

»Entgèn« meint entgegen oder gegen; »schilt« ist Schild.

5. Eine Maria mit dem Kinde. Wie es heißt, von Rubens; aber andern Bildern des Meisters sehr unähnlich.

6. und 7. Zwei kleine Landschaften, sehr blau im Ton, vom Landschafts-Bruegel.

8. und 9. Zwei Landschaften von Nikolaus Berghem.

10. Die Feuerprobe der Kaiserin Kunigunde, Gemahlin des Gegenkaisers Rudolf. Ein figurenreiches Bild von Lucas Cranach. Der Kaiser, ein Bischof, Ratsherrn und Edelfräulein stehen zur Seite der Kaiserin; diese, als Zeichen ihrer Treue,

legt eben ihre Finger in den Rachen eines »glühenden Löwen«.

11. Violinspieler; von van den Bosch.

12. Wirtshausszene; von Teniers. Ein Stammgast der niedrigsten Art legt voll bedenklichen Einverständnisses seine Hand auf die Schulter der Wirtin, einer runzligen, alten Weibsperson, deren Kopf in einer Nachtmütze steckt. Der Stammgast und, wie es scheint, Galan hält ihr das Glas hin, und sie schenkt ein. Ein Alter, mutmaßlich der Ehemann, schaut aus einem kleinen Alkovenfenster, mit sauer-süßem Gesicht, der Szene zu. Die Alte in der Nachtmütze ist vortrefflich.

13. Ein Bürger- oder Ratsherrnkopf; von Rembrandt. Das Prachtstück der Sammlung.

14. Die Adamiten; von Rubens. Etwa zwölf Weiber und drei oder vier Männer sind gemeinschaftlich, wie es die Sekte vorschreibt, im Bade. – Als im Jahre 1840, bei Übernahme des Schlosses, auch die Bildergalerie gerichtlich taxiert wurde, hatte der Wriezener Aktuarius dieses Bild wie folgt bezeichnet: »Nackte Weibsbilder von einem gewissen Rubens. 15 Silbergroschen.«

Unser letzter Besuch gilt der *Kirche*.

Sie wurde, wie schon bemerkt, in den Jahren 1816 und 1817 durch Schinkel restauriert und im Oktober 1817 eingeweiht. Schinkel ließ von dem alten Bau wohl nur die Umfassungsmauern stehen – der Turmaufsatz, das Mausoleum und das Innere der Kirche selbst sind sein Werk. Der Turm ist ein Kuriosum. Auf dem Unterbau desselben, der etwa bis an den Dachfirst reicht, hat er eine kleinere Etage aufgesetzt, dieser Etage aber nicht die Form eines Würfels, sondern eines niedrigen, von zwei Seiten her zusammengepreßten Zylinders gegeben. Das Ganze sieht nicht nur aus, sondern entspricht auch den Proportionen, wie wenn man ein *ovales* Serviettenband auf eine oblong geformte Teebüchse stellt. Wie Schinkel zu dieser Sonderbarkeit gekommen ist, ist schwer zu sagen. Er hielt viel vom *Ausprobieren*. Erwiesen ist, daß er Dinge, die gezeichnet seinen Beifall hatten, hinterher änderte, weil er fand, daß sie sich in Wirklichkeit anders ausnahmen als im Bilde. Diese häufige Wahrnehmung ließ ihn vielleicht sagen: »So vieles, was die Theorie gutheißt, macht sich hinterher schlecht; sei's drum einmal versucht, ob nicht das, was die Theorie verwirft, sich hinterher gut mache.« So setzte er, wenn wir überhaupt richtig erklärt haben, eine elliptische Etage auf einen oblongen Unterturm. Aber freilich war es ein mißglückter Versuch. Wir zweifeln nicht, daß er ihn später selber als solchen angesehen hat.

An der entgegengesetzten Giebelwand der Kirche befindet sich ein auf dorischen Säulen ruhendes Giebelfeld: das *Mausoleum*. Es verhält sich zu einem frei und selbständig dastehenden Bau etwa, wie sich ein Hautrelief zu einer vollen, plastischen Figur verhält, steckt zu größerem Teil in der Kirchenwand drin und bildet eigentlich bloß eine Mausoleums*front*.

Das Innere der Kirche – an den Berliner Dom erinnernd und in der Tat um dieselbe Zeit aufgeführt (1817), in der Schinkel die Restaurierung des Domes leitete – ist hell, geräumig, lichtvoll, ein wenig nüchtern. Das Ganze mehr ein Betsaal als ein Kirchenschiff. Eigentümlich ist der Altar. Hinter demselben, die Kirche chorartig schließend, erhebt sich eine hohe Nischenwand, deren halbkreisförmige Fläche durch gemalte Säulen in fünf Felder geteilt wird. Aus dem Mittelfelde springt die Kanzel hervor, nach rechts und links hin von je zwei Feldern flankiert. In diesen befinden sich die Kolossalfiguren der vier Evangelisten, und zwar Johannes und Lukas zur Linken, Matthäus und Markus zur Rechten der Kanzel. Die Bilder sind von ungleichem Wert: Matthäus, Johannes, Lukas lassen viel zu wünschen übrig; der Markus aber ist im ganzen genommen vorzüglich. Sie rühren von einem gewissen Bertini her, den der Staatskanzler – bekanntlich ein Mäzen der schönen Künste – nach Italien schickte, um diese Bilder nach den Vorbildern großer Meister zu fertigen. Trotz ihrer Mängel bilden alle vier einen Bilderschmuck, wie er *derart* in märkischen Dorfkirchen schwerlich zum zweiten Male gefunden wird.

Der Altar der Kirche weist noch eine andere Sehenswürdigkeit auf: das Herz des Fürsten-Staatskanzlers. Auf einem Kissen ruht es, von einer Glasglocke umschlossen. Der Schrein aber, der das Ganze birgt, trägt an seiner Außenseite folgende Strophe:

Des Fürsten *Herz*, das liebend treu geschlagen
Für seinen König und fürs Vaterland,
Das – in den schweren, blut'gen Kampfestagen,
Wo vielen auch die letzte Hoffnung schwand –,
Durch Mut und Weisheit stark, in kühnem Wagen
Des Vaterlandes Ruhm und Rettung fand
Und, nach vollbrachtem Werk, gebaut dem heil'gen Worte
Des Herrn den Tempel hier – *das* ruht an diesem Orte.

Diese Strophe, die dem Andenken des Fürsten eine maßvolle und wohlverdiente Huldigung darbringt, böte eine schickliche Gelegenheit, wenigstens den Versuch einer Charakteristik zu wagen. Ich nehme aber Abstand davon. Was ich sagen könnte, ist oft gesagt; Neues, Schärferes, Zutreffenderes kann nur von denen erbracht werden, die im Vollbesitz des Materiales sind. Eine solche Charakteristik des Fürsten gehört der Zukunft an. Eines aber möge schon heute hier seinen Ausdruck finden, die Überzeugung, daß Hardenberg ein auserwählter Mann war, dem, nach dem Willen Gottes, die Aufgabe zufiel, die Rettung unseres Vaterlandes glücklich durchzuführen. *Selbst seine Schwächen leisteten dieser Aufgabe Vorschub.* Ein bloßer sans peur et sans reproche – etwa wie Stein oder Marwitz, zu denen wir freilich freudiger und gehobener aufblicken – hätte es mutmaßlich *nicht* vermocht. Der Fürst war *kein* sans reproche, seine Fehler liegen klar zutage, und man braucht, wie einer seiner Biographen sich ausdrückt, »kein moralischer Herschel zu sein, um diese Fehler mühlos zu entdecken«. Aber diese Mischung von Edlem und minder Edlem, von Schlauheit und Offenheit, von Nachgiebigkeit und Festigkeit, war genau *das*, was die Situation erheischte. Eigensinn und Prinzipienreiterei hätten uns verdorben. Sein Leben, Vorbild oder nicht, hat uns gerettet. Wie er selber in Bescheidenheit hinzusetzen würde: »durch *die Gnade Gottes*«.

FRIEDLAND

Der Nixen muntre Scharen,
Sie schwimmen stracks herbei,
Nun einmal zu erfahren,
Was in den Mauern sei.
Uhland

Altfriedland, vormals Kloster Friedland, bildet die zweite Hälfte des Besitzes, den Markgraf Karl von Schwedt in diesen Gegenden, das heißt am Rande des Oderbruchs, innehatte.

Friedland war in alten Zeiten ein Nonnenkloster des Zisterzienserordens. Was die Geschichte diesem Orden im allgemeinen nachrühmt, das traf innerhalb der Marken, drin alles »wüst und leer« war, in verdoppeltem Maße zu. »Die Zisterzienser waren frei von jener geistigen Zerstreutheit, welche damals die gewöhnliche Folge scholastischer Streitigkeiten war. Sie waren ausgezeichnete Landwirte, immer voran mit ihrer Hände Arbeit. Aber ihrer Hände Arbeit bestand nicht bloß außerhalb der Klostermauern im Ausroden des Waldes, im Fällen der Bäume, im Umgraben der Erde, sondern auch innerhalb des Klosters im Abschreiben der Bücher. Sie brachten nicht nur das Christentum, sie brachten auch die Kultur; sie bauten, sie lehrten. Dabei waren sie vor andern ausgezeichnet in der Kunst der Bekehrung.« So beschreibt sie die Geschichte des Ordens.

Wann Kloster Friedland gegründet wurde, ist nicht mehr mit Bestimmtheit festzustellen, da im Jahre 1300 das *alte* Kloster samt seinen Urkunden verbrannte. Doch läßt sich nachweisen, daß es bereits ziemlich lange vor 1271 bestand, also durchaus in die erste Zeit der Germanisierung dieser Landesteile zurückreicht. Der Evangelist Johannes war der Schutzheilige des Klosters; die Kloster*kirche* war der Heiligen Jungfrau geweiht.

Wahrscheinlich in demselben Jahre (1300), in dem das *alte* Kloster niederbrannte, schritt man auch bereits zu dem Aufbau eines neuen. In ebendiesem Jahre ward eine Urkunde ausgestellt, worin Markgraf Albrecht dem Kloster seinen alten Besitz bestätigte. Dieser war: das Städtchen (jetzt Dorf) Friedland; die Dörfer Ringenwalde, Biesdorf und Lüdersdorf; ferner Anteile an den Dörfern Metzdorf, Löwenberg, Beiersdorf, Börnecke, Ladeburg, Kleinbarnim und Marzahne; ferner, ganz oder teilweis, die Alebrand-Mühle bei Friedland, die Lapenowsche Mühle bei Ringenwalde und die Dornbusch-Mühle bei Bliesdorf. Besonders reich aber war Kloster Friedland an schönen Seen, deren Fischertrag für die frommen Jungfrauen ausgereicht haben würde, wenn auch das ganze Jahr aus Festtagen bestanden hätte. Das Kloster besaß nämlich: den Kloster- und Kietzer-See bei Friedland, den großen und kleinen Tornow-See bei Probsthagen (jetzt Pritzhagen), den Griepen-See, den Buckowschen See, den Weißen-See und zum Teil den großen Schermützel-See, alle vier bei Buckow gelegen. Dazu gesellte sich ein Weinberg bei Wriezen und von seiten der obengenannten Dornbusch-Mühle die Verpflichtung: *den Nonnen zu Friedland täglich vor Sonnenaufgang eine warme Semmel zu liefern.* Diese »warme Semmel« gönnt uns Einblick in die gemütliche Seite des Klosterlebens.

Es scheint indessen bei bloßen Gemütlichkeiten nicht lange geblieben zu sein, denn die nächste Urkunde, freilich fünfundachtzig Jahre später, ist bereits darauf aus, durch Erlasse und Befehle dem um sich greifenden Sittenverfall zu steuern. Es war die Zeit, wo die strenge Klosterregel überall einer »milden Praxis« zu weichen begann, ganz besonders in der Mark, wo die kaum bezähmte Wildheit der Bewohner unter der bayrischen und luxemburgischen Herrschaft neu hervorbrach. Auch die Klöster wurden davon berührt. Einst war das Leben innerhalb derselben stark genug gewesen, nach außen hin bildend und sittigend zu wirken, jetzt, schwach geworden, drang der allgemeine Sittenverfall von außen her in die Klostermauern ein. Das ersehen wir mit aller Bestimmtheit aus der zweiten Urkunde vom 3. Juli 1381, der Riedel die Überschrift gegeben hat: »Dietrich, Bischof von Brandenburg, ordnet die Einrichtungen des Klosters Friedland«. Sie ist die wichtigste unter allen Urkunden, die auf das Kloster Bezug nehmen, weshalb wir uns ausführlicher mit derselben beschäftigen. Es ist dreierlei, was wir aus ihr ersehn: 1. das *Regiment* des Klosters; 2. die *Tatsache* des Verfalls; 3. die *Mittel* und *Wege*, diesem Verfall zu steuern.

1. Die Urkunde beginnt, Einblicke in das »Regiment des Klosters« gönnend, wie folgt:

»Dietrich, durch die Gnade Gottes und des Heiligen Stuhles Bischof von Brandenburg, entbietet der in Christo geheiligten Abbatissin, der Priorin und dem ganzen Kloster der Heiligen Frauen in Fredelant sowie auch dem sehr ehrenwerten Präpositus derselben Gruß im Herrn und ermahnet sie, unseren Statuten, Ordinatorien und Mandaten fest und treu zu gehorsamen.«

Gleich dieser erste Satz der Urkunde belehrt uns über manches Abweichende. Wir sehen zunächst das Kloster unter dem Bischof stehen. Dies war nicht das Herkömmliche. Wir finden in der Geschichte des Zisterzienserordens folgendes: »Der heilige Stephan (Stephan Harding, ein Engländer) hatte mit den Bischöfen, in deren Diözesen die Klöster standen, einen wichtigen Vertrag geschlossen. Er versprach ihnen nämlich, daß in ihren bischöflichen Sprengeln nie ohne ihre Gutheißung ein Kloster errichtet werden sollte, und sie gaben ihm ihrerseits wiederum die Versicherung, daß sie *freiwillig auf ihr Recht hinsichtlich der Beaufsichtigung verzichten wollten.*« Soweit die Geschichte des Ordens. Doch ist es möglich, daß in der Mark Brandenburg von Anfang an diese Dinge sich anders gestalteten und die Klöster in eine Abhängigkeit von den Bischöfen eintraten.

Das andere, was in den zitierten Eingangsparagraphen auffällt, ist das Vorhandensein einer Priorin neben der Äbtissin, während doch die Klöster im allgemeinen nur eine Äbtissin *oder* Priorin hatten.

2. Die Urkunde fährt nun, die *Tatsache des Verfalls* konstatierend, folgendermaßen fort:

»Wir wissen und haben aus der Evidenz der Tatsachen erfahren, daß überall, wo die Herrschaft der Zucht verachtet wird, die Religion selber Schiffbruch leidet. Wir haben daher Vorsorge getroffen, damit nicht, durch Verachtung dieser Zucht, an denen, die sich Christo verlobt haben, Unpassendes wahrgenommen werde, Unpassendes, das allemalen angetan ist, dem Ruhm der Tugend und Ehrbarkeit einen Makel anzuheften oder die göttliche Majestät zu beleidigen. So denn haben wir, mit Übergehung geringerer Dinge, in nachstehendem in Betracht gezogen, wie euer Zustand *würdig und angemessen zu reformieren sei.*«

Der Zustand des Klosters war also der Reform bedürftig. Es scheint aber fast, daß er derselben sogar *dringend* bedürftig war, denn der letzte Satz der Urkunde, den wir zu diesem Zweck vorwegnehmen, schließt mit folgender Androhung:

»Wer aber unter euch, sei es im einzelnen oder in all und jedem, noch zwölf Tage nachdem diese Statuten, Ordinationen und Befehle zu eurer Kenntnis gelangt sind, als frecher Verletzer oder freche Verletzerin sich erblicken läßt, erfährt die Sentenz der Exkommunikation, von welcher der Betroffene, es sei denn, er stürbe (nisi in mortis articulo), nicht ohne unsere spezielle Erlaubnis absolviert werden wird.«

3. Den Hauptinhalt der Urkunde bildet aber die Aufzählung der *verschiedenen Punkte*, die der *Reform bedürftig* sind, und die Angabe des Guten und der Ordensregel Entsprechenden, das an die Stelle eingerissener Unordnung zu setzen ist. Die Urkunde sagt darüber:

a) »So denn, nach fleißiger Beratung und Verhandlung, setzen wir fest, ordinieren und befehlen wir, inwieweit ihr Nonnen unter *fester Klausur zu* verbleiben habt. Zu allen Türen, deren Eingang und Ausgang erforderlich ist, sollt ihr zwei verschiedene Schlüssel haben, der eine, von innen her, für Euch, Abbatissin, der andere, von außen her, für Euch, Herr Präpositus, so daß niemand ein oder aus gehen kann ohne Wissen und Zulassung von euch beiden. Wir ordnen dabei ferner an, daß keine der Nonnen, unter was immer für Vorwand, Erlaubnis haben soll, außerhalb des Klosters wohnende Freunde noch auch überhaupt draußen Lebende zu besuchen, so wie wir auch befehlen, daß niemand ohne spezielle Erlaubnis der Abbatissin oder des Präpositus an das Küchenfenster (ad fenestram collationi) herantreten soll. Auch soll keine der Nonnen eine besondere Wohnung (habitaculum) oder sonstige Bequemlichkeit haben, noch auch außerhalb des gemeinschaftlichen Refektoriums oder eines andern gemeinschaftlichen Eßraumes (cenaculum) zu Mittag oder zu Abend essen.* Nur in gewissen Fällen wird die Abbatissin von dieser Anordnung Abstand nehmen können, aber doch immerhin nur so, daß alsdann an einem andern, eigens und speziell dazu bestimmten Orte die Mahlzeit eingenommen werden muß.

b) Im übrigen, in Gemäßheit der zweiten Ordensregel und nach alter löblicher Gewohnheit dieses Klosters, sollt ihr der Abbatissin folgsam und *gehorsam* sein. Und wenn eine unter euch, wegen Ausschreitung und Unterlassung, Mahnung oder Strafe verdient, so soll sie dem Ausspruch der Abbatissin, in Gemäßheit der Ordensregel, Gehorsam leisten, soll auch nicht von irgendeiner andern gegen die Abbatissin verteidigt werden, außer wenn es die Ordensregel gestattet.

c) Und ihr sollt ferner keine *Mägde* oder besondere weltliche Dienerinnen, weder innerhalb des Klosters noch auch außerhalb desselben, zu diesem oder jenem Geschäfte haben, außer solche, welche durch euren Präpositus zugelassen und zu eurer Bedienung speziell erlesen sind; noch auch soll euch gestattet sein, unter was immer für Vorgabe, irgendeine weltliche Jungfrau in euer Kloster auf längere oder kürzere Zeit als *Mitbewohnerin* aufzunehmen, es sei denn auf spezielle Erlaubnis. Und wenn ihr infolge unserer Erlaubnis eine solche unter euch aufgenommen habt, so soll sich diese Aufgenommene (suscepta) kleiden wie ihr, in ein ebensolches Kleid und eine graue Tunika darüber. Und einmal aufgenommen, soll sie das Kloster nicht wieder verlassen, unter was immer für Vorgabe, vor Ablauf einer festgesetzten Zeit, es sei denn, daß sie unsere Erlaubnis dazu erhielte. Und für den Fall, daß

* Diese Verordnungen waren gewiß um so nötiger, aber freilich auch um so schwieriger durchzuführen, als *alle* solche Klöster, die wie Kloster Friedland nur eine lokale Bedeutung hatten, wie von selber aus einem *kirchlichen* zugleich auch zu einem *gesellschaftlichen* Mittelpunkte des Kreises wurden. Die Pfuels und die Ilows, die Eyckendorps und die Höndorps, die Stranze, Barfuse und Wulffens, wie sie ihre Güter in nächster Nähe *um Kloster Friedland herum* hatten, so hatten sie auch ihre Töchter *in* demselben. Die einfache Folge davon war, daß das Kloster in gutem und oft auch wohl in *nicht* gutem Sinne des Worts zu einem Rendezvousplatze wurde, wohin die adeligen Insassen des Kreises ihre Neuigkeiten trugen, um sie gegen andere auszutauschen. Die Welt innerhalb und außerhalb der Klostermauern war dieselbe. Alles war versippt, verschwägert, und die Kordialität, die Familienzugehörigkeit mußte natürlich die Aufrechterhaltung der Disziplin erschweren.

etwas für die Kosten solcher Mitbewohnerin beigesteuert wird, sollt ihr dies dem Präpositus geben oder irgendeinem andern, in den ihr Vertrauen setzt.

d) Im übrigen sollt ihr eine *Lehrschwester* oder *Schulmeisterin* sowie auch eine Gemeindeschule für Knaben und Mädchen (ad omnes moniales juniores) haben, und zwar dergestalt, daß die Knaben von seiten der Lehrschwester und Schulmeisterin zu bestimmten und herkömmlichen Zeiten unterrichtet werden, wobei sie (die Knaben) in allem, was Zucht und Schulwissenschaft angeht, der Lehrschwester zu gehorchen haben.

e) Und keine unter euch soll über Bedürfnis *Speis und Trank* fordern oder nehmen, sondern soll zufrieden sein mit dem, was durch den Präpositus gegeben wird. Außerdem sollt ihr bestrebt sein, durch *Tracht und Kleid* (vestitu et habitu), in Schuhen, in Haarschleifen, in eng schließenden Gürteln, in Gürtelschnebben keinen anderen Schmuck zu haben als solchen, welchen die Kirche zuläßt; noch sollt ihr, weil es der Scham, der Sitte und eurem Geschlechte widerstreitet, Maskenspiel und Maskenscherze treiben, noch auch sollt ihr die Geburtstage oder andere jährlich wiederkehrende Feste besonders halten und festlich begehen.

f) Ebenso, wenn es sich trifft, daß ihr gemeinschaftlich ausgehet und in Prozession das Cimiterium umschreitet, so werde keine von irgendwem berührt oder nach Sitte weltlicher Frauen an Hand oder Arm geführt, vielmehr kehret alle nach dem Umgang in euer Kloster zurück, so daß kein anderer Zutritt zu euch offensteht wie der, der oben beschrieben wurde.

g) Im übrigen, auf daß ihr aufmerksamer den heiligen Gebräuchen (divino cultui) obliegen könnt, sollt ihr nicht versuchen, Brote oder Backwerk zu Hochzeiten oder anderen Festlichkeiten zu machen, zu kochen oder zu schicken.«

Dann wird der Präpositus ermahnt, auch seinerseits das Rechte und Billige zu tun, niemand darben zu lassen, niemandem Grund zur Klage zu geben. Jedes Klostermitglied aber, das alsdann noch zu Übertretungen schreitet und Gehorsam weigert, wird, wie oben schon wörtlich mitgeteilt, mit der Sentenz der Exkommunikation bedroht.

Ob und inwieweit dieser Erlaß des brandenburgischen Bischofs der eingerissenen »milden Praxis« ein Ziel setzte, das erfahren wir nicht. Zwar sind es noch verschiedene Urkunden, denen wir auf dem langen Wege von 1381 bis zur Aufhebung des Klosters begegnen, aber außer den Namen einzelner Äbtissinnen, Priorinnen und Propste entnehmen wir denselben nichts weiter, als daß gelegentlich ein Pfuel oder Wulffen eine Schenkung machte oder ein Ilow oder Platen dies oder das – meist Zölle und Hebungen – an das Kloster Friedland verpfändete. Dieses scheint also immer bei Kasse gewesen zu sein.

So gingen die Dinge bis zum Jahre 1540, wo die Säkularisation erfolgte. Man zog die Klostergüter ein, respektierte jedoch die Personen, das heißt beließ die Nonnen spittelfrauenhaft in ihren Zellen und wartete ihr Aussterben ab. Dies Aussterben ließ aber lange auf sich warten. Die Luft um Friedland herum war sehr gesund.

Kloster Friedland ging inzwischen, gleich innerhalb der ersten zwei Dezennien, aus einer Hand in die andere, wobei die Nonnen, wie ein altes Inventarium, immer mit überliefert wurden.

Erst 1568 regelten sich die Dinge in einer zufriedenstellenden Weise. Schon vier Jahre früher hatte Joachim von Roebel die gesamten Kirchengüter durch Kauf an sich gebracht, jetzt (1568) gelang es ihm auch, die Nonnen zu einem Aufgeben ihrer Wohnungsansprüche zu vermögen. Eine Urkunde darüber ward aufgenommen, die noch existiert. Es heißt darin, mit einem leisen Vorwurf gegen den säkularisierenden Kurfürsten:

»Und dieweil hin und wieder in der Welt, sonderlich auch im Heiligen Römischen Reich, allerhand Permutationen hinsichtlich der Klöster und geistlichen Güter vorgefallen sind *(Veränderungen, die wir diejenigen verantworten lassen, denen es gebührt und zugesteht)*, so haben wir gedachtem Joachim Roebel, unserm Schwager, Freund und Landsmann, dieses Kloster gegönnt und ihm Brief, Siegel und *Wohnung* abgetreten.«

Aus ebendieser Urkunde lernen wir auch die Namen derjenigen Damen kennen, die damals noch, wie eine Hinterlassenschaft aus der katholischen Zeit her, als Nonnen von

Kloster Friedland lebten. Es waren: Ursula von Barfus, Priorin. – Anna von Krummensee, Schaffnerin. – Ursula von Pfuel. – Margarete von Stranz, Küsterin. – Ursula von Barfus II., Nonne. – Magdalene von Löwenberg. – Ursula von Hoppenrade.

Ursula von Hoppenrade war die *jüngste*. Sie war zweiundvierzig Jahre früher als letzte Nonne aufgenommen worden, jetzt also, bei Unterzeichnung der Urkunde, mutmaßlich eine Dame von einigen sechzig Jahren. Es drängt sich unwillkürlich die Frage auf, wie alt die älteste gewesen sein möge.

Kloster Friedland blieb lange Zeit im Besitz der Roebels, bis es um die Mitte des vorigen Jahrhunderts, zusammen mit Quilitz, an den Markgrafen Karl kam, der sich wenigstens vorübergehend hier aufzuhalten pflegte. Seine bevorzugte Geliebte, eine Mamsell Siebert, der er in der Köpnicker Straße zu Berlin ein schönes Haus bauen ließ, war eine Taglöhnertochter aus Friedland.

Wie Friedland endlich an den General von Lestwitz und dadurch an die Familie Itzenplitz kam, erzähle ich im folgenden Kapitel, unter »Kunersdorf«.

Die Lage Kloster Friedlands – auf einem schmalen Landstreifen zwischen zwei Seen, dem Kloster- und dem Kietzer-See – muß von nicht gewöhnlicher Schönheit gewesen sein, als die umgebende Bruchlandschaft noch ihren alten Charakter hatte und die hohen Giebel des Klosters abwechselnd in den einen oder andern See ihren Schatten warfen. Aber ein solches Bild bietet sich dem Auge nicht länger dar, und die Ruinen anderer märkischer Klöster machen einen tieferen und poetischeren Eindruck, teils weil die Trümmer selber pittoresker, teils weil ihre Umgebungen, bei sonst mannigfach Verwandtem, ansprechender sind. Die Lage zum Beispiel des zur Schwedenzeit durch Feuer zerstörten Jungfrauenklosters zu Lindow, in der Grafschaft Ruppin, ist der Lage Kloster Friedlands nahe verwandt, aber die efeuumrankten Mauern, die storchnestgeschmückten Giebel, vielleicht auch die *Hügel*lage zwischen den Seen, leihen jenem einen romantischen Reiz, den dieses entbehrt.

Kloster Lindow ist schöner gelegen, vielleicht auch malerischer in sich selbst, aber Kloster Friedland ist besser erhalten, und die Umfassungsmauer, das Haus des Propstes, ein Stück

Kreuzgang, vor allem das Refektorium zeigen sich teilweise noch in gutem Zustand.

Das Refektorium, jetzt als Malzplatz benutzt, läßt sich in seinen Einzelheiten am besten verfolgen. Es scheint der Stil früherer Gotik. Das *alte* Kloster, das 1300 großenteils durch Feuer zerstört wurde, war ein romanischer Bau*, den nun ein gotischer Bau, mutmaßlich im Stile des uns erhalten gebliebenen Refektoriums, ersetzte. Die gewölbte Decke desselben wird von drei Säulenpfeilern getragen. Zwei dieser Pfeiler sind rund, der dritte (mittelste) vier- oder sechseckig. Die auf den Pfeilern stehenden Gewölbe sind vielgerippt, so daß immer sechzehn Rippen auf einem Pfeiler ruhen oder aus demselben palmenhaft aufwachsen. Der Abstand zwischen den Pfeilern ist verschieden, und von oben nach unten zu abgeschritten, bemerkt man, daß der Zwischenraum von Pfeiler zu Pfeiler immer um ein bis zwei Fuß kleiner wird. Es stehe dahin, ob dies Absicht oder Zufall ist.

Neben dem Kloster, und vielleicht früher in unmittelbarem Zusammenhange mit ihm, steht die ehemalige *Klosterkirche*, jetzt die Dorfkirche. Sie ist nicht mehr, was sie war. Der Turm ist kein eigentlicher Turm mehr, und die Kirche selbst hat unter den verschiedenen Umbauten, denen sie unterworfen wurde, ihren gotischen Charakter beinah völlig verloren. Sie besitzt aber aus alter katholischer Zeit her noch mehrere Wertstücke, von denen Kuglers Kunstgeschichte vor allem eines *Taufbeckens* Erwähnung tut. Wohl in einiger Überschätzung. Es finden sich, ähnlich wie die Reste vergoldeter Schnitzaltäre, solche Taufbecken zu vielen Hunderten in unserer Mark.

Was aber nicht nach Hunderten anzutreffen ist und was in der Tat eine Sehenswürdigkeit der Friedländer Kirche bildet, das sind drei reichvergoldete Abendmahlskelche, die noch, als Wert- und Erinnerungsstücke aus der vorlutherischen Zeit her, im Pfarrhause aufbewahrt werden. Alle drei sind

* Die größte unter den Filialkirchen des Klosters war die zu Ringenwalde, eine alte, im romanischen Stile aufgeführte Feldsteinkirche, die sich bis diesen Tag trefflich erhalten hat und uns veranschaulicht, wie vor 600 Jahren von den Christentum und Kultur bringenden Zisterziensern märkische Dorfkirchen gebaut wurden. Alles zeigt noch durchaus den Charakter der »geistlichen Burg«: hoch hinaufgehende Feldsteinmauern, dann, ziemlich dicht unterm Dach, *kleine* rundgewölbte Fenster mit Öffnungen wie Schießscharten.

von verwandter Form und nur der Größe nach verschieden. Auf einem breiten Fuße ruht ein tulpenförmiger Kelch, in der Mitte des kurzen Stiels aber, der diese Kelchtulpe trägt, legt sich ein sechseckiges Ornament ringförmig um den Stiel herum. Eins dieser sechseckigen Ornamente ist hohl und von durchbrochener Arbeit; innerhalb desselben klappert eine Reliquie, ein Knochensplitter oder der Zahn eines Heiligen. Derselbe Kelch, einer der kleineren, trägt auch zugleich die Namen: »Martha. Johannes. Welsickendorp«. Ein anderer, der größte und schönste, zeigt statt der Namen drei sauber einradierte Marienbilder nach Stellen aus der Offenbarung und abwechselnd mit diesen drei Radierungen drei kleine Goldskulpturen, hautreliefartig auf den Fuß des Kelches aufgelötet. Diese kleinen Goldfigürchen stellen »Maria und Johannes zu beiden Seiten des Gekreuzigten«, ferner »Sankt Georg, den Drachen tötend«, und schließlich noch ein drittes dar, dessen Entzifferung mir nicht gelungen ist.

Die Kelche beweisen zur Genüge, daß Kloster Friedland zu den reicheren Stiftungen des Landes gehörte. Es darf auch nicht wundern: zählten doch die Barfus, die Pfuels, die Krummensee und Ilows, deren Töchtern wir vorzugsweise in Kloster Friedland begegnen, zu den begütertsten und angesehensten Familien des Landes. Über den Ort, wo die Kelche herstammen, ist nichts bekannt.

Die Geschichte »Kloster Friedlands« hatte mit dem Eingehen desselben ihre Endschaft nicht erreicht. Die Roebels und der Markgraf Karl von Schwedt folgten, wie schon hervorgehoben, im Besitz; aber keiner von ihnen hat nachträglich dem alten stillen Klosterdorf einen anderweiten Charakter aufzudrücken vermocht. Es konnte auch kaum anders sein. Die Roebels lebten in Buch (bei Berlin), das ihnen schon, um der Nähe der Hauptstadt willen, lieber sein mußte, und scheinen in Friedland niemals dauernd Wohnung genommen zu haben. Der Markgraf erschien allerdings von Zeit zu Zeit; aber seine Besuche waren doch zu flüchtig und zu selten, als daß der Wunsch in ihm hätte lebendig werden können, ein Schloß an dieser Stelle aufführen zu lassen. Ein einfaches Wohnhaus genügte dem Bedürfnis. Dies Wohnhaus existiert noch und *in* ihm, als einziges direktes Erinnerungsstück an die Zeit des Markgrafen, ein trefflich gemaltes Bildnis desselben in halber Figur. Ich weiß nicht, ob andere Portraits von ihm vorhanden sind; wäre es das einzige, so würde es schon um deshalb einen gewissen historischen Wert beanspruchen können.

Das Bild erinnert noch an Markgraf Karl und, nicht zu vergessen, eine andre Hinterlassenschaft noch: eine Glocke, die er der Kirche seinerzeit zum Geschenk machte. Sie führt nicht den Namen eines Heiligen, sondern heißt: »Markgraf Karl«. Ob er selber durch Beispiel und Mahnung die Dörfler jemals zur Kirche gerufen, ist mindestens zweifelhaft (es waren nicht die Zeiten danach), aber die Glocke tut es jetzt statt seiner, und sooft sie am Sonntagmorgen erklingt, heißt es im Dorfe: *Markgraf Karl* ruft.

KUNERSDORF

Und welchen Gott so reich bedacht,
Daß er ein Held ist in der Schlacht
Und hat dazu ein *gläubig* Herz,
Dem kann man trauen allerwärts.

Otto Roquette

Kunersdorf ist Nachbargut von Kloster Friedland und gehört, wie dieses, der Itzenplitzischen Familie an. Es ist zunächst, ohne seinem eignen Ruhme zu nahe treten zu wollen, nicht zu verwechseln mit dem berühmteren *Schlachten-Kunersdorf* (zum Unterschied gewöhnlich mit einem K geschrieben), das, weiter östlich, eine halbe Meile jenseits Frankfurt gelegen ist, während *unser* Kunersdorf diesseits der Oder, zwischen Wriezen und Seelow liegt.

Um Ober Kunersdorf zu schreiben, ist es nötig, noch einmal auf Kloster Friedland und das Jahr 1763 zurückzugehen, in welchem Jahre – wie schon früher hervorgehoben – die bis dahin Markgraf Karlschen Güter Quilitz und Friedland an die Krone zurückfielen. Sie blieben aber, um auch das zu wiederholen, nicht lange bei der Krone, indem der König, im selben Jahre noch, beide Güter als Dotationsgüter an zwei seiner Lieblingsoffiziere verlieh. Quilitz schenkte er an den damaligen Obristlieutenant von Prittwitz; *Friedland erhielt der Major (oder Obristlieutenant) von Lestwitz.* Und noch einmal sei hier das Wort zitiert: *»Prittwitz a sauvé le roi, Lestwitz a sauvé l'état.«*

Lestwitz besaß nun Friedland. Wie aber kam er zu Kunersdorf? Das geschah so.

Lestwitz war in Zweifel darüber, ob er Friedland als Lehn oder als Allod erhalten habe, und scheute sich doch, bei dem Könige deshalb anzufragen. War es Lehn, so fiel es, da er keinen Sohn hatte, nach seinem Tode an die Krone zurück. In dieser Verlegenheit – einerseits von dem lebhaften Wunsche erfüllt, seiner einzigen Tochter ein Gut als Erbe zu hinterlassen, und andererseits von der berechtigten Vorstellung ausgehend, daß es mißlich sei, ohne ausdrückliche Erklärung des Königs, Friedland als Allodium und freien Besitz anzusehen – entschied er sich dafür, das benachbarte, vormals von Barfussche Gut Kunersdorf anzukaufen und sich dadurch in die Lage zu bringen, seiner Tochter, wie immer späterhin auch die Ansicht des Königs sich herausstellen möge, jedenfalls *einen* Landbesitz hinterlassen zu können. *Er kaufte also Kunersdorf.*

Bald darauf sah Lestwitz die Notwendigkeit ein, sich auf einem seiner Güter standesgemäß einzurichten, daß heißt ein Schloß zu bauen. Da ihm der dauernde Besitz Friedlands, dauernd über seine eigene Lebenszeit hinaus, immer noch zweifelhaft war, so entschied er sich selbstverständlich dafür, das Schloß in dem neu erworbenen Kunersdorf* aufführen zu lassen. Als der Bau halb fertig war, kam der König auf einer seiner Inspektionsreisen des Weges. »*Lestwitz, warum baut Er denn in Kunersdorf und nicht in Friedland?*« Jetzt war der Moment der Erklärung gekommen. Lestwitz antwortete, daß er keine Söhne und nur eine Tochter habe und davon ausgegangen sei, daß Friedland nach seinem (Lestwitz') Tode an den König zurückfallen werde. »Ich weiß ja, daß Er keine Söhne hat«, antwortete der König gnädig, »*es soll alles Seiner Tochter verbleiben.*«

So kamen Kunersdorf und Friedland an die Familie Lestwitz, Friedland als freier Besitz aus Königs Hand, Kunersdorf durch Kauf. Friedland, das einst eine glänzende Zeit gehabt hatte, verlor mehr und mehr. Nur Kirchdorf blieb es. In Schloß Kunersdorf aber lebten die Lestwitze und nach ihnen die Itzenplitze, von denen beiden ich in nachstehendem zu erzählen haben werde.

* In Kunersdorf war zwar, noch aus der Barfus-Zeit her, ein Herrenhaus, aber weder geräumig genug noch standesgemäß in seiner Einrichtung. Dies alte Barfussche Herrenhaus existiert noch (es steht dem Schloß gegenüber) und veranschaulicht sehr gut, wie der Adel vor 200 Jahren lebte.

Hans Georg Sigismund von Lestwitz 1763–1788

Lestwitz, ebenso wie Prittwitz, gehört in die Reihe derjenigen Offiziere des großen Königs, denen es bei verhältnismäßig jungen Jahren vergönnt war, durch irgendeine glänzende Kriegstat in die Geschichte einzutreten, denen wir aber während der letzten dreißig Jahre ihres Lebens kaum wieder begegnen, weil ihnen der andauernde Friede jede Gelegenheit zu historisch aufzeichnenswerten Taten versagte. Ich gebe hier alles, was ich über Lestwitz habe in Erfahrung bringen können.

Hans Sigismund von Lestwitz wurde am 19. Juni 1718 zu Kontopp im Glogauschen geboren. Sein Vater war der spätere Generallieutenant Johann George von Lestwitz, seine Mutter Helene geborne Freiin von Kottwitz. Die Lestwitze, die im Mannesstamme mit unserm Hans Sigismund ausstarben, gehörten den fünf alten schlesischen Familien an: Rothkirch, Lestwitz, Prittwitz, Strachwitz, Zedlitz, die schon bei Liegnitz in der Mongolenschlacht gefochten hatten. Hans Sigismund machte seine Studien auf der Universität zu Frankfurt a. d. O. und trat 1734 als Fahnjunker in das daselbst garnisonierende Schwerinsche Regiment. Er machte die beiden Schlesischen Kriege mit, focht bei Mollwitz, Chotusitz, Hohenfriedberg und Soor mit Auszeichnung und erhielt gleich in der ersten Schlacht des Siebenjährigen Krieges (bei Lobositz) den Pour le mérite. 1757 ward er Major im Regiment Alt-Braunschweig. Er war noch Major in ebendiesem Regiment, als die blutige Schlacht bei Torgau, am 3. November 1760, ihm Gelegenheit gab, sich in besonderem Grade auszuzeichnen. Eine vortreffliche, von Graf Waldersee herrührende Schilderung der »Schlacht bei Torgau« sagt darüber im wesentlichen folgendes:

»Der Flügel des Königs war geschlagen; nur vier Bataillone vom Regiment Schenkendorf standen noch in Reserve; unter ihrem Schutze sollte sich die Armee wieder sammeln. Der König fühlte sich durch eine starke Kontusion (eine Kartätschenkugel hatte ihn besinnungslos vom Pferde geworfen) so ermattet, daß er sich nicht mehr fähig hielt, das Kommando der Armee fortzuführen. Er trat es also

– auch Markgraf Karl war blessiert – an den Generallieutenant von Hülsen ab. Er selbst zog sich aus dem Getümmel zurück.

Um diese Zeit war es, daß einzelne Offiziere die Mannschaften wieder zu sammeln suchten. Besonders zeichnete sich der Major von Lestwitz vom Regiment Alt-Braunschweig dabei aus. Es war ihm bereits gelungen, einige hundert Infanteristen von verschiedenen Regimentern und eine Anzahl *Tambours* in eine Masse zu formieren, als der König in der Absicht, das Schlachtfeld zu verlassen, vorüberritt.

›Wer ist Er, und was will Er hier machen?‹ fragte der König.

›Ew. Majestät, ich bin der Major Lestwitz von Alt-Braunschweig und sammle Offiziere und Leute, um mit ihnen die Höhen zu stürmen.›

›Na, Herr, das ist brav, sehr brav. Da mach Er nur geschwind und formier Er einige Bataillone.‹

Beim Fortreiten wandte der König sein Pferd noch einmal um und sagte: ›Hör Er, mein lieber Lestwitz, sei Er versichert, daß ich *Ihm dies nie vergessen werde.*‹

Der König mochte sich erinnern, daß der Major von Lestwitz der Sohn des Generallieutenants von Lestwitz* war, den wegen der unglücklichen Kapitulation von Breslau (1757) die Ungnade des Königs und die ganze Schwere der Militärgesetze getroffen hatte.

Es glückte Lestwitzen in der Tat, aus den Zersprengten drei Bataillone zu bilden, zu denen sich nun die vier noch intakt gebliebenen Bataillone des Regiments Schenkendorf

* Der Vater – von dem es heißt, daß er an militärischen Gaben den Sohn überragte – war durch die Kapitulation von Breslau (1757) in Ungnade gefallen und wurde durch den erzürnten König auf die Festung geschickt. Er verblieb indessen, vielleicht mit Rücksicht auf sein hohes Alter (er war bereits siebzig), nur kurze Zeit in eigentlicher Haft und erhielt von da ab bloßen *Stadtarrest.* Er durfte nunmehr in Berlin leben, war aber durch Ehrenwort verpflichtet, nie das Stadtviertel zu verlassen, das einerseits durch die Koch- und Zimmer-, andererseits durch die Friedrichs- und Wilhelmsstraße gebildet wird. Hier starb er auch (1767). *Nur einmal erhielt er Urlaub.* Als sein Sohn, der spätere Generalmajor, zum ersten Male nach Amt Friedland reiste, um von dem schönen Gute Besitz zu nehmen, durfte ihm der alte Lestwitz dahin folgen, um Zeuge von dem Glück seines Sohnes zu sein. Der König, der ein Interesse an diesem Ereignis nahm, hatte ihm eigens zwei Adjutanten mitgegeben, damit der Alte, an diesem Ehrentage seines Sohnes, auch seinerseits in allen Ehren eines Generallieutenants erscheinen könne. Anderen Tages kehrte der sechsundsiebzigjährige Herr nach Berlin zurück und trat wieder seinen »Stadtarrest zwischen Koch- und Zimmerstraße« an.

gesellten. Diese sieben Bataillone waren es, die, als spät am Abend Zieten die Süptitzer Höhen in der Front attackierte, diesen Frontangriff durch einen Flankenangriff unterstützten und dadurch den Tag entschieden.«

Der König schrieb – vielleicht nicht ohne eine gewisse Ungerechtigkeit gegen Zieten, den er übrigens anderntags unter Tränen umarmte – den Erfolg dieses Gefechtes, nächst dem Major von Lestwitz, dem Regimente Schenkendorf zu. Er vergaß auch Lestwitzen nicht. Unmittelbar nach dem Kriege, wie wir bereits gesehen haben, erhielt er Amt Friedland, also die Hälfte des ehemaligen Markgraf Karlschen Besitzes, und der König, wie um zu zeigen, daß Prittwitz und Lestwitz seinem Herzen gleich naheständen, verfuhr bei der Teilung mit solcher Gewissenhaftigkeit, daß er zum Beispiel dem etwas kleineren Amt Friedland einige Quilitzer Höfe hinzufügte.

1765 wurde Lestwitz Oberst, 1766 Chef des Leib-Grenadierbataillons, 1767 Generalmajor. Er blieb ein Liebling König Friedrichs, der ihn oft in seine Gesellschaft zog. Auch das Testament des Königs vom 8. Januar 1769 erwähnt seiner wenigstens mittelbar. Es heißt darin §28: »Einem jeden Stabsoffizier von meinem Regiment und von Lestwitz, wie auch von der Garde du Corps, vermache ich eine goldene Denkmünze, die bei Gelegenheit unserer glücklichen Waffen und der Vorteile, die unsere Truppen unter meiner Anführung erhalten haben, geprägt worden ist.« 1779, wahrscheinlich unmittelbar nach dem Bayrischen Erbfolgekrieg, an dem er noch teilnahm, zog sich von Lestwitz aus dem Dienste zurück. Er starb 1788 am 16. Februar.

Frau von Friedland
1788–1803

Hans Sigismund von Lestwitz war am 16. Februar 1788 zu Berlin gestorben, seine Leiche aber nach Kunersdorf übergeführt worden. Da ihm, wie wir gesehen haben, Amt Friedland als freies Eigentum von seiten des Königs verliehen worden war, so ging nun die ganze Herrschaft Friedland, die bereits eine ganze Anzahl von Gütern zählte, auf seine Erbtochter über, die damals schon den Namen »*Frau von Friedland*« führte. Mit diesem Namen hat es folgende Bewandtnis:

Helene Charlotte von Lestwitz, geboren am 18. November 1754, vermählte sich 1771, also kaum siebzehn Jahre alt, mit Adrian Heinrich von Borcke, Königlichem Gesandten in Dresden, später in Stockholm. Die Ehe war jedoch, durch Schuld des Gemahls, keine glückliche und wurde, bald nach der Geburt einer Tochter Henriette Charlotte, spätere Gräfin von Itzenplitz, wieder getrennt.

Da die Geschiedene sowenig wie möglich an eine Ehe erinnert sein wollte, die ihr eine Last und Kränkung gewesen war, so nahm sie, unter Zustimmung des Königs, den Namen einer Frau von Friedland an und führte das Lestwitzsche Wappen fort. Gleichzeitig kehrte sie nach Schloß Kunersdorf, in das elterliche Haus, zurück und lebte daselbst ausschließlich der Erziehung ihrer Tochter und der Ausbildung ihres eigenen Geistes. Nach dem Tode des Generals, ihres Vaters, übernahm sie sofort die Verwaltung der beiden Güter, und da es ihrem scharfen Auge nicht entging, daß die Bewirtschaftung, um zu größeren Erfolgen zu gelangen, vor allem eines größeren Betriebskapitals als bisher bedürfe, so verkaufte sie ihren Schmuck und ihre Juwelen, um sich in den Besitz eines solchen Kapitals zu bringen.

Dieser erste Schritt, mit dem sie die Verwaltung ihrer Güter begann, zeigt am besten, welcher raschen und energischen Entschlüsse sie fähig war. Es war eine seltene und ganz eminente Frau; ein Charakter durch und durch. General von der Marwitz auf Friedersdorf, der ihr Gutsnachbar war, hat uns in seinen Memoiren eine Schilderung dieser ausgezeichneten Frau hinterlassen. Er schreibt: »Das meiste in der Landwirtschaft – ungefähr alles, was ich nicht schon aus der Kindheit wußte und nachher aus der Erfahrung erwarb – habe ich von einer sehr merkwürdigen Frau in unserer Nachbarschaft gelernt, von einer Frau von Friedland. Als ich sie kennenlernte (1802), war sie ungefähr zwölf Jahre im Besitz der Güter und führte alles mit beispielloser Ausdauer und Umsicht. Es waren sechs große Wirtschaften, die sie selbst leitete; Unterbeamte hatte sie keine andern als Bauern, die sie selbst dazu gebildet hatte. Nicht nur war der Ackerbau im blühendsten Zustande, sondern sie hatte ihre Wälder aus sumpfigen Niederungen auf bisher öde Berge versetzt, diese Niederungen aber in Wiesen verwandelt, und so in allen Stücken. Ein solches Phänomen war natürlicherweise weit und breit verschrien. Man sagte, sie ritte auf den Feldern umher (das war wahr) und hätte beständig die Peitsche in der Hand, womit sie die Bauern zur Arbeit treibe – das war erlogen. Ich fand im Gegenteil eine wahre Mutter ihrer Untergebenen in ihr. Wo sie sich sehen ließ, und das war den ganzen Tag bald hier, bald dort, redete sie freundlich mit ihnen, und den Leuten leuchtete die Freude aus den Augen. Aber gehorchen mußte alles. Sie war aber nicht bloß eine Landwirtin, sondern eine höchst geistreiche und in allen Dingen unterrichtete Frau. Ich schulde ihr sehr viel; sie hatte mir, als ich Friedersdorf übernahm, die nötigen Wirtschaftsbeamten verschafft und die Rechnungsbücher einrichten lassen.«

Soweit Marwitz über Frau von Friedland. Sehr ähnlich, aber noch lebhafter, wärmer, begeisterter äußert sich Thaer über dieselbe, der sie im Sommer 1801, nachdem er schon 1799 ihre erste Bekanntschaft gemacht hatte, bei seinem zweiten Besuch in der Mark näher kennenlernte. Er schreibt: »Auf der Grenze ihrer Herrschaft kam uns Frau von Friedland, eine der merkwürdigsten Frauen, die je existiert haben, in vollem Trabe entgegen, sprang vom Pferde und setzte sich zu uns in den Wagen. Nun ging es in vollem Galopp über Dämme und Gräben weg. Wir fuhren vier volle Stunden von einem Ort zum andern. Fünf bis sechs Verwalter, Schreiber usw. waren immer neben und hinter dem Wagen und mußten bald eine Herde Kühe, bald eine Herde Schafe oder Schweine herbeiholen. Da indessen einige der Gesellschaft nicht länger verhehlen konnten, daß ihnen nach einem Imbiß verlange, sagte Frau von Friedland: ›Wir sind sehr bald zu Hause; wollen Sie aber im Freien essen, kann ich Ihnen sogleich etwas schaffen.‹ Als wir letzteres versicherten, ging es sofort in einen prächtigen Wald hinein, einen steilen Berg hinauf, wo wir erst ein Feuer und bald darauf eine gedeckte Tafel erblickten, auf einem Platze, wo wir im Vordergrunde dichte Waldung, zur Seite einen großen See und in der Ferne eine weite Aussicht in das herrliche Oderbruch hatten. Eine Menge von Schüsseln, die schönsten Weine und ein Dessert von Ananas, Weintrauben usw. ward aufgetragen. Aber sie ließ uns zum Essen und Trinken nicht eben viel Zeit. Es ging bald wieder fort, von einer Feldflur zur andern, und so waren wir gewiß funfzehn Meilen die Kreuz und Quer gefahren, ehe wir auf ihrem gewöhnlichen Wohnsitze, auf Schloß Kunersdorf, ankamen. Sie hat außerdem noch sieben bis acht völlig eingerichtete Wohnungen, wo sie, wie es ihr einfällt, Mittag oder nachts bleibt. Ihre Leute wissen es keine Stunde vorher, wo sie essen oder schlafen will.«

Im weitern Verlauf der Schilderung, die Thaer von ihr entwirft, heißt es an anderer Stelle:

»Heute von morgens sechs Uhr an, bis jetzt, abends zehn Uhr, hat sie uns nicht fünf Minuten Ruhe gelassen. Wir haben gewiß vier Spann Pferde müde gefahren. So etwas von Aktivität ist mir noch nie vorgekommen. Sie hat über ein Dutzend Verwalter, Schreiber und Meier, und dennoch kennt sie jeden kleinen Gartenfleck, jeden Baum, jedes Pferd, jede Kuh und bemerkt jeden kleinen Fehler, der in der Bestellung vorgefallen ist, jede Lücke in einer Hecke, jeden falsch gestellten Pflug. Sie hat nicht nur mehrere große Branntweinbrennereien und Brauereien, sondern betreibt auch ein starkes Mühlengewerbe, weshalb sie sich förmlich in das Müllergewerk hat einschreiben lassen, so daß sie das Meisterrecht hat und Lehrburschen ein- und losschreiben kann.«

Diese Schilderungen, sowohl die Thaerschen wie die von Marwitz herrührenden, deuten bereits den Punkt an, worin Frau von Friedland ganz besonders hervorragte; ich meine ihr Organisations- und Erziehungstalent, ihre Gabe, Leute aus dem Bauernstande zu treuen und tüchtigen Verwaltern, Förstern und Jägern heranzubilden. Sie zeigte dabei ebensoviel Menschenkenntnis, wie sie zugleich ihrerseits Gelegenheit fand, sich von der Bildungsfähigkeit der hier lebenden deutsch-wendischen Mischrace zu überzeugen.

Die meisten und besten Grundstücke der Herrschaft Kunersdorf-Friedland gehörten jenem Teile des Oderbruchs an, der erst durch die von Friedrich dem Großen ausgeführte Oder-Melioration dem Wasser und Sumpf abgerungen wurde. Diese Grundstücke waren nicht sofort fruchtbar, mehrere Dezennien vergingen, ehe, bei dem damaligen mangelhaften Zustande des Ackerbaus in unserer Provinz, auf diesem eroberten Grund und Boden auch nur mäßige Ernten erzielt werden konnten. Hier treten uns nun die ganz besonderen Verdienste der Frau von Friedland entgegen.

Aber auch verwandten Gebieten wandte sie ihre Aufmerksamkeit und ihren Eifer zu. Ihre Baumschulen, ihre Pflanzungen erregten Erstaunen, so wie denn zum Beispiel im Frühjahr 1803 ein Vorrat von fünfundzwanzig *Wispeln Kienäpfel* zur Aussaat sich vorfand. Auch auf Verschönerungen war sie feinen Sinnes bedacht, und die reizenden Partien zwischen Buckow und Pritzhagen, die »Springe«, die »Silberkehle« und andere Glanzpunkte der Märkischen Schweiz, sind, ihrer ersten Anlage nach, ihr Werk.

Durch Umsicht, Sorgsamkeit und Anspannung aller ihr zur Verfügung stehenden Mittel den Reichtum des Bruchbodens gefördert und seine Naturkräfte lebendig gemacht zu haben wird immer ein besonderes und nicht leicht zu überschätzendes Verdienst dieser ausgezeichneten Frau verbleiben. Was sie tat, wurde Beispiel, weckte Nacheiferung und wurde, wie ihr zum Nutzen, so dem ganzen Landesteile zum Segen. Sie starb, noch nicht neunundvierzig Jahr alt, am 23. Februar 1803 infolge einer heftigen Erkältung, die sie sich, zu rascher Hülfe herbeieilend, bei einem in der Nähe von Kunersdorf ausgebrochenen Feuer zugezogen hatte. Ihr Gedächtnis lebt segensreich in‹ jenen Oderbruchsgegenden fort, die ihrem Vorbild, ihrem Rat und ihrer Hülfe so viel verdanken.

Graf und Gräfin Itzenplitz
1803–1848

General Lestwitz hatte eine einzige Tochter, die Frau von Friedland, gehabt, an die Kunersdorf-Friedland und die dazu gehörigen Güter übergegangen waren. Frau von Friedland hatte wiederum eine einzige Tochter: Henriette Charlotte, die nun das reiche Erbe antrat.

Diese einzige Tochter, Henriette Charlotte von Borcke, geboren zu Potsdam am 18. Juli 1772, vermählte sich am 23. September 1792 mit dem eben damals zum Kriegs- und

Domainenrat ernannten Peter Alexander von Itzenplitz, geboren am 24. August 1768 zu Groß Behnitz im Havelland, eine Vermählung, infolge deren das Lestwitz-Erbe an die Familie Itzenplitz überging. Gleich nach der Hochzeit trat das junge Paar eine besonders auch auf landwirtschaftliche Zwecke gerichtete Reise nach Holland und England an. Während dieses Aufenthaltes in England schrieb von Itzenplitz, auf ausdrücklichen Wunsch des damaligen Ministers von Struensee, verschiedene Berichte über landwirtschaftliche und kommerzielle Fragen, worin er seine Beobachtungen und seine Ansichten über das, was sich seinem Auge dargeboten hatte, niederlegte. Diese landwirtschaftliche Reise dehnte sich bis ins zweite Jahr hinein aus. Das junge Paar würde gern auch Frankreich besucht und die Agrikulturverhältnisse dieses Landes kennengelernt haben, wenn nicht die Französische Revolution, die eben damals auf ihrer Schreckenshöhe stand, die Ausführung dieses Planes verhindert hätte. Bei der Rückkehr erwies sich die Reise von den segensreichsten Folgen für die Bewirtschaftung der eigenen Güter. Besonders waren es die englischen Verhältnisse, denen, als einem Vorbilde, nachgestrebt wurde. In allem sah sich von Itzenplitz von seiner Gemahlin unterstützt, die den Geist ihrer Mutter geerbt hatte und namentlich nach dem Tode dieser die Verwaltung der Güter mit einer dort heimisch gewordenen Umsicht und Energie betrieb.

Von 1794 bis 1804 war von Itzenplitz Landrat des havelländischen Kreises. In dieser Zeit machte er auch die Bekanntschaft Thaers, der das junge Itzenplitzsche Paar auf Schloß Kunersdorf, im Hause der damals noch lebenden Frau von Friedland, kennenlernte. Die Beziehungen gestalteten sich so freundschaftlich, daß im Jahre 1803, bei Gelegenheit der französischen Okkupation Hannovers, Thaer seine Frau und Töchter zu größerer Sicherheit nach Kunersdorf schicken konnte, wo sie von dem Itzenplitzschen Ehepaar auf das fürsorglichste aufgenommen wurden. An anderer Stelle habe ich ausführlicher erzählt, wie es vorzugsweise die freundschaftliche Vermittelung Itzenplitz' war, die im Jahre darauf (1804) zur Übersiedelung Thaers von Celle nach Möglin führte. Itzenplitz befürwortete jene günstigen Bedingungen, ohne welche Thaer seine alte sichere Stellung nicht hätte aufgeben können, um eine neue, immerhin unsichere anzutreten.

1804 legte von Itzenplitz sein Landratsamt nieder, um sich ausschließlicher der Verwaltung seiner Güter widmen zu können. 1810 indes zum Geheimen Staatsrat und Generalintendanten der Domainen und Forsten ernannt, gab er sich ganz dieser schwierigen Verwaltungstätigkeit hin, doppelt schwierig und verantwortungsvoll eben damals, wo die Kriegsdrangsale die Veräußerung der königlichen Domainen nötig machten. Er blieb in dieser verantwortungsvollen, das höchste Vertrauen bekundenden Stellung bis 1814, wo er ausschied. Das Jahr darauf ward er wegen seiner in den Kriegsjahren betätigten aufopfernden Vaterlandsliebe in den Grafenstand erhoben, während zugleich auf seinen und seiner Gemahlin Wunsch das Wappen des inzwischen ausgestorbenen Lestwitzschen Geschlechts mit dem Itzenplitzschen Wappen vereinigt wurde.

Seit 1815 lebte Graf Itzenplitz auf seinen Gütern, namentlich auf Kunersdorf. Das Beispiel, das seine und seiner Gemahlin Art der Güterbewirtschaftung sowohl in der Mark wie in Pommern gab, hat in beiden Provinzen höchst segensreich gewirkt und die Agrikultur weiter Distrikte auf eine höhere Stufe gehoben. Aber der im besten Sinne reformatorische Eifer des gräflichen Paares beschränkte sich nicht auf Ackerbestellung und Bodenkultur, auch die schwierigen Verhältnisse der Gutsherrschaft zu den Bauern wurden auf den Itzenplitzschen Gütern durch freies Übereinkommen geregelt und die Hofedienste in mäßige Geld- und Kornabgaben umgewandelt, lange bevor an eine Gesetzgebung von 1811 gedacht war. Ebenso sind bei allen Gemeinheitsteilungen und Servitutsablösungen die Itzenplitzschen Güter immer Muster und Vorbild gewesen.

Graf Peter Alexander von Itzenplitz starb am 14. September 1834 zu Groß Behnitz im Havellande; seine Gemahlin zu Berlin am 13. April 1848.

Die Herrschaft Friedland ging an den zweiten Sohn, den Grafen Heinrich August Friedrich von Itzenplitz (geboren den 23. Februar 1799), über.

Nachdem ich bis hierher die *Personen* vorgeführt habe, die seit 1763 in Kunersdorf heimisch waren, versuch ich nunmehr, die *Lokalität* und, anknüpfend an diese, die *lokalen* Ereignisse während eines halben Jahrhunderts zu schildern.

Lestwitz baute das Schloß. Wie er es baute, ist es noch. Eine Einfahrt von der Dorfgasse her bildet zugleich die Scheidelinie zwischen den ausgedehnten Wirtschaftsgebäuden zur linken und den Wohngebäuden zur rechten Seite. Das Schloß ist in jenem Stil gebaut, der damals in der Mark ausschließlich Geltung hatte und am richtigsten als »verflachte Renaissance« bezeichnet worden ist. Ein Erdgeschoß, eine Beletage, eine Rampe, ein geräumiges Treppenhaus, ein Vorflur, dahinter ein Gartensalon und von dem Salon aus ein Blick in den Park. Das Ganze breit, behaglich, gediegen. 1765 hatte der damalige Oberst von Lestwitz Kunersdorf gekauft, aber erst 1773, wie die Jahreszahl über dem Portal besagt, wurde der Schloßbau beendet. Bis zu diesem Jahre also haben wir unseren Lestwitz, kurze Besuche behufs Inspizierung des Baues abgerechnet, schwerlich in Kunersdorf zu suchen; ohnehin hielt ihn der Dienst bei dem Bataillon Garde, das er kommandierte, in Potsdam fest. Dieser Dienst gestattete auch wohl von 1773 ab einen immer nur gelegentlichen Aufenthalt, und von einem wirklichen Beziehen des Schlosses, von einem Heimischwerden darin konnte wohl erst die Rede sein, als unser Lestwitz, inzwischen zum Generalmajor avanciert, den Dienst überhaupt quittiert hatte. Dies war 1779. Von da ab bis zum Tode des Generals (1788) gehörten die Sommermonate Kunersdorf, während der Winter in der Hauptstadt zugebracht wurde. Die Stadtwohnung war das wohlbekannte Nicolaische Haus in der Brüderstraße.

Vielleicht das wichtigste Ereignis, das in diesen neun Jahren Schloß Kunersdorf und seine Bewohner traf, war die große Oderüberschwemmung im Jahre 1785. Es war dieselbe, der, in dem benachbarten Frankfurt, der junge Herzog Leopold von Braunschweig zum Opfer fiel. Weder vorher noch nachher hat das Oderwasser in diesen Gegenden eine gleiche Höhe erreicht. Ein Pfeil am Kunersdorfer Schlosse zeigt noch, wie hoch damals das Wasser stand. Die Fluten strömten in die Küche ein, und mit ihnen kamen allerlei Fische, groß und klein, und plätscherten ungefährdet und wie zum Spott in den eingemauerten Kesseln umher, aus denen sie dann bei guter Zeit ihren Rückzug antraten. Der Park stand unter Wasser, und in halber Höhe der Rampe, auf der sonst die Equipagen vorfuhren, legten die Kähne an.

Das war ein Ereignis. Sonst vergingen die Tage in jener stillen Weise, die das Leben alter Militärs, vielleicht nach einem Naturgesetze, so oft kennzeichnet. Der Lärm und die Leidenschaften des Kriegshandwerks machen sie doppelt begierig nach der Stille des Friedens und des Alters. So war es auch hier. Alte Kameraden kamen oft und waren gern gesehen; im Wort lebte wieder auf (auch wohl ausgeschmückt), was einst Tat gewesen war. Die großen Tage wurden wieder lebendig. Ein Gang durch den Park, ein Ritt ins Feld, die Freuden der Tafel, auch Billardspiel füllten den Tag aus. Zur Jagd war man zu alt; auch war sie nicht Mode unter dem großen König. Der Abend gehörte dem Tarock oder dem Geplauder. Festtage waren die Besuchstage in der Umgegend, zumal bei »Prittwitzens« in dem nahe gelegenen Quilitz. Mit allen Dehors, die dem gegenseitigen Range gebührten, ging man dabei zu Werke; sechs Pferde, nie weniger, wurden vor die Staatskarosse gelegt, der Staub auf dem ziemlich öden und sandigen Wege wirbelte auf, und der Kutscher beschrieb mit möglichster Eleganz die Kurve, die das langgespannte Gefährt auf die Rampe des Quilitzer Schlosses führte. Aber solche Besuche fanden nicht häufig statt. Prittwitz spielte *hoch* (noch 1790 nahm er dem Herzog von Mecklenburg 30 000 Taler in einer Nacht ab), und Lestwitz war ein guter Wirt und frommer Christ.

So vergingen die Tage in Schloß Kunersdorf bis 1788, vielleicht bis zu der Zeit, wo die Generalin von Lestwitz ihrem Gatten folgte. Von da ab wurd es lebendiger. Sinn und Geschmack der Frau von Friedland lagen nach anderer Seite hin, und statt der »alten Kameraden«, die nichts hatten als ihre Erinnerungen und nichts liebten als ihre Spielpartie, wurden nun – gleichsam eine andere Hinterlassenschaft aus der friderizianischen Zeit her – die Berliner Savants, die Akademiker und Philosophen, in Schloß Kunersdorf heimisch. Zum Teil mochte das Nicolaische Haus, in welchem Frau von Friedland ihre Stadtwohnung beibehielt, eine äußerliche Veranlassung dazu bieten; was aber den Ausschlag gab, das lag tiefer. Die Epoche der geistreichen Zirkel, die später in der Prinz-Louis-Ferdinand-Zeit ihren Höhepunkt erreichte, war eben angebrochen; Geburt war nicht viel, oder *sollte* nicht viel sein; Talent war alles. Dieser damals herrschenden Anschauung neigte man sich auch in Schloß Kunersdorf zu; Buttmann und Bode, Engel und Spalding, Biester und Nicolai waren gern gesehene Gäste, und die Vertreter historisch berühmter Namen galten wenig, wenn sie nicht ihresteils gewirkt und geschafft und das ererbte Pfund durch eigene Kraft gemehrt hatten.

Der Tod der Frau von Friedland änderte hierin nichts Wesentliches; ihre Tochter, die Gräfin Itzenplitz, trat eben in *jedem* Sinne die Erbschaft der Mutter an, und alles, was hervorragte, sei es in Staat, Leben, Wissenschaft, fand nach wie vor die gastlichen Tore von Schloß Kunersdorf offen. Wenn sich ein Unterschied zeigte, so war es vielleicht der, daß die einseitige Bevorzugung des Talents, wie es die Zeitströmung mit sich gebracht hatte, nunmehr einer nach allen Seiten hin gerechteren Würdigung des Lebens und seiner tausend Kräfte Platz machte. Die persönlichen Neigungen der Tochter lagen im wesentlichen nach derselben Seite hin wie die der Mutter; die Wissenschaften standen in erster Reihe, unter diesen die Botanik obenan, und Klaproth, Wildenow, Lichtenstein, Erman, beide Humboldts, Leopold von Buch, dazu Savigny, Ranke, Knesebeck, Reden, Marwitz, Oberst von Romberg, vor allem der alte Oberpräsident von Vincke waren Freunde und Gäste des Hauses. Aber, wie schon angedeutet, der Kreis war doch ein weiter gezogener als früher, und die *Kunst*, deren erstes Dämmern in diesem Lande Frau von Friedland nur eben noch erlebt hatte, fand jetzt ein eingehenderes Verständnis und, soweit es die Zeit und Mittel eines Privathauses überhaupt gestatteten, auch Förderung und Pflege. Rauch, Friedrich Tieck, Wach (der beiden Altmeister Schadow und Weitsch zu geschweigen) traten, teils gesellschaftlich, teils künstlerisch, in nähere Beziehung zu dem Itzenplitzschen Hause, und der Verlauf dieses Aufsatzes wird mir noch Gelegenheit geben, ihre Werke, soweit sie auf Schloß Kunersdorf Bezug haben, aufzuzählen.

Die eben genannten Namen haben uns fast bis an die Grenze der Gegenwart geführt. Aber noch haben wir in aller

Kürze von Tagen zu erzählen, die dem Anfange dieses Jahrhunderts angehören, der Epoche von Jena bis Leipzig. Auch Kunersdorf hat seine Erinnerungen und sogar seine kleinen historischen Momente aus jener Zeit her.

Die Schlacht von Jena war geschlagen, und die Sieger gingen wie eine Welle über das Land. Indessen scheint Kunersdorf von dieser ersten Not des Krieges wenig oder gar nicht berührt worden zu sein, und erst der Rückschlag der Welle, wie er dem Frieden von Tilsit folgte, brachte den Feind auch in diese Gegenden. Die Marken, unter allerhand Vorwand, blieben okkupiert, trotzdem der Wortlaut des Friedens alles Land östlich der Elbe dem besiegten Preußen gelassen hatte, und von den okkupierenden Truppen kamen die berühmten Kavallerieregimenter, die die Division Nansouty bildeten, in die Oderbruchdörfer zu liegen. Die Wahl war gut getroffen. Wo hätten die 10 000 Pferde sich wohler fühlen können als in der Korn- und Heukammer der Provinz? In Schloß Kunersdorf allein lagen achtundvierzig Franzosen in Quartier, darunter wenigstens zehn Offiziere. Einzelne gehörten guten Familien an, die meisten aber waren roh und ungebildet und machten es der Itzenplitzschen Familie unmöglich, mit ihnen zu leben. Zehn Monate lang lag diese »schwere Kavallerie« (schwer in jedem Sinne) in den Oderbruchdörfern; endlich rückte sie westwärts. Liebesaventuren, Händel, Hasard und Pistolenschießen hatten plötzlich ein Ende, und Schloß Kunersdorf wurde gelüftet und gebadet, als wäre der Böse darin gewesen. Die Regimenter zogen nach Spanien, später, wenigstens teilweis, nach Rußland.

Aber wenn man im Oderbruch und speziell in Kunersdorf dieser schweren Kavallerie nicht vergaß, so vergaß auch diese nicht, wie »fette Weide« sie hier gefunden hatte. Im Januar 1813 kamen Quartiermacher durch das Dorf und gaben Zettel im Schloß und auf dem Schulzenamt ab, in denen die nahe Ankunft der »Nansoutyschen« und ihrer Anverwandten (nunmehr, wenn wir nicht irren, unter dem Oberbefehl des General Sebastiani) fast wie ein bevorstehendes freudiges Ereignis angekündigt wurde. Aber ob nun diese nachrükkenden Reiter, die meist keine Reiter mehr waren, eine andere Route nahmen oder ob diese Zettel einzig und allein den Zweck verfolgten, die Gegenden, durch die man kam, immer noch an das Vorhandensein einer Grande armée glauben machen zu wollen, gleichviel, die schwere Kavallerie kam nicht. Wer kam, das waren andere.

Am 18. Februar, als man es mit gutem Grunde längst aufgegeben hatte, die Nansoutyschen wiederzusehn, hielten plötzlich, unvermutet und unangemeldet, struppige Pferde vor jedem Ausgange des Dorfes, und auf den kleinen abgetriebenen Gäulen saßen seltsame Leute mit Pelzmützen und Piken, wie sie seit den Tagen von Zorndorf und Schlachten-Kunersdorf in diesen Gegenden nicht mehr gesehen worden waren. Es waren Kosaken.

Damit hatte es folgenden Zusammenhang. General Tschernyschew, der Führer der russischen Avantgarde, nachdem seine Vorhut unter Oberst von Tettenborn bereits am Tage zuvor bis Werneuchen und Altlandsberg vorgedrungen war, hatte am 18. in der Mittagsstunde die Oder passiert. »Ein Alliierter von Rußland her«, so schreibt Friedrich Adami, »hatte ihm und seinen 2000 Pferden die Brücke dazu gebaut: die Oder trug noch ihre Eisdecke. Wenige Stunden später, um vier Uhr nachmittags, brach das Eis, auf dem drei russische Regimenter: Kosaken, Dragoner, Husaren, ihren Übergang bewerkstelligt hatten. Es hatte, so schien es, nur eben noch die Landsleute des harten, nordischen Winters hinüberlassen wollen. Diese 2000 Reiter erschienen jetzt in den Dörfern zwischen Wriezen und Möglin. Tschernyschew selbst übernachtete in Kunersdorf.«

In Schloß Kunersdorf selbst erzählt man den Hergang etwas abweichend. Danach erschien Tschernyschew nicht spätnachmittags, sondern bereits früh am Morgen, übernachtete auch nicht im Schloß, sondern brach nach kurzer Rast und nachdem alle 2000 Reiter im Dorfe gefuttert hatten, in der Richtung von Strausberg und Herzfelde auf. Dafür, daß alle 2000 Reiter Kunersdorf passierten, scheint allerdings der Umstand zu sprechen, daß, nach einer noch fortlebenden Erinnerung, an jenem *einem* Vormittage siebzehn Wispel Hafer verfuttert wurden.

Das Jahr 1813 brachte noch einen andern Gast nach Schloß Kunersdorf, und mit seinem Besuche schließen wir wie mit einem Idyll. Dieser Gast war Chamisso.

Chamisso, bekanntlich infolge der Französischen Revolution aus Frankreich emigriert*, hatte als preußischer Offizier die unglückliche, Campagne von 1806 und speziell die Kapitulation von Hameln mit durchgemacht. Seitdem lebte er ausschließlich den Wissenschaften, besonders dem Studium der Botanik. Im Frühjahr 1813 waren seine Mittel erschöpft, und Professor Lichtenstein, dem Itzenplitzschen Hause befreundet, empfahl den jungen Botaniker nach Kunersdorf hin, wo er, nach bald erfolgtem Eintreffen, die Anlegung einer großen Pflanzensammlung unternahm, eines Herbariums, das einerseits die Flora des Oderbruchs, andererseits alle Garten- und Treibhauspflanzen des Schlosses selbst enthalten sollte. Chamisso verweilte einen Sommer lang in dieser ländlichen Zurückgezogenheit und unterzog sich seiner Aufgabe mit gewissenhaftem Fleiß. Das von ihm herrührende Herbarium existiert noch. Die Mußestunden gehörten aber der Dichtkunst, und im Kunersdorfer Bibliothekzimmer war es, wo unser Chamisso, am offenen Fenster und den Blick auf den schönen Park gerichtet, den »Peter Schlemihl«, seine bedeutendste und originellste Arbeit, niederschrieb.

Einige Stellen aus Briefen, die er damals an Varnhagen und Hitzig richtete, mögen hier auszugsweise einen Platz finden.

Er schreibt an Varnhagen, Kunersdorf, den 27. Mai 1813:

»Lieber Varnhagen, tun und lassen war für mich gleich schmerzhaft; durch den Machtspruch von Ehrenmännern in Untätigkeit gebannt, bring ich den Sommer bei dem Herrn von Itzenplitz auf seinen Gütern zu, in Kunersdorf bei Wriezen, und beschäftige mich allein mit Botanik, wozu ich die herrlichsten Hülfen habe. Ich helfe hier übrigens auch den

* Zwei ältere Brüder Adelbert von Chamissos: Hippolyte und Karl, waren Leibpagen im Dienste Ludwigs XVI., und Karl war unausgesetzt um die Person des unglücklichen Monarchen in dessen bedrängtesten Lagen, namentlich am 10. August 1792. Bei einem Auflauf zerschlagen und verwundet, wurde Karl von Chamisso nur mit Mühe gerettet. Der König verkannte das Verdienst nicht, das sich der Page um ihn erworben hatte, und fand Gelegenheit, ihm einen Degen zuzustecken, den er, der König, in glücklicheren Jahren getragen hatte. Zu gleicher Zeit schrieb er auf einem nur etwa talergroßen Zettelchen: »Ich empfehle Herrn von Chamisso, einen meiner treuen Diener, meinen Brüdern. Er hat mehrere Male sein Leben für mich auf das Spiel gesetzt. Ludwig.« Dies Zettelchen und der Degen befinden sich bis diesen Tag in Händen der Familie. Der älteste Sohn Adelbert von Chamissos besitzt beides.

Landsturm exerzieren, und kommt es zu einem Bauernkrieg, so kann ich mich wohl darein mischen – pro aris et focis. – *Mit euch unterzugehen, will ich nicht verneinen.*«*

An Hitzig, Kunersdorf, Juni 1813:

»Ich arbeite immer an meinen Pflanzen, gehe mit meinem Gärtner botanisieren, vergleiche meine Kataloge, korrigiere die französischen Aufsätze der jungen Leute, unterweise sie etwas in der Botanik ... Das war ein schwerer Mai (Lützen und Bautzen). Wie klingt doch so seltsam mit einem Male in mir das Wort Fouqués:

Im Mai, im Mai, im jüngsten Mai,
Wo alles Leben sonst geht auf,
Da ist des jungen Helden Lauf
Ganz wider Blumenart vorbei.

O Gott, möchte er es nicht von sich selber gesungen haben! Grüß mir die Bekannten und Freunde, die Dir in den Wurf kommen. Gott verzeihe mir meine Sünden; aber es ist wahr:

Das ist die schwere Zeit der Not,
Das ist die Not der schweren Zeit,
Das ist die schwere Not der Zeit,
Das ist die Zeit der schweren Not.

Da hast Du ein Thema.«

An Hitzig (Kunersdorf; wahrscheinlich im September):

»... Du hast nichts weniger von mir erwartet als ein Buch! Lies das Deiner Frau vor, heute abend, wenn Du Zeit hast. Wenn sie neugierig wird zu erfahren, wie es Schlemihl

* Er fühlte sich, trotz der natürlichen Bande, die ihn an Frankreich knüpften, so ganz als Deutscher, daß er im Jahre 1818 bei seiner Rückkehr von der »Reise um die Welt«, die er unter Otto von Kotzebue an Bord des »Rurik« gemacht hatte, auf der Reede von Swinemünde schreiben konnte:

Heimkehret fernher, aus den fremden Landen,
In seiner Seele tief bewegt, der Wanderer;
Er legt von sich den Stab und kniet nieder
Und feuchtet deinen Schoß mit stillen Tränen,
O deutsche Heimat! – Woll ihm nicht versagen
Für viele Liebe nur die eine Bitte:
Wann müd am Abend seine Augen sinken,
Auf *deinem* Grunde laß den Stein ihn finden,
Darunter er zum Schlaf sein Haupt verberge.

weiter ergangen, und besonders, wer der Mann im grauen Kleide war, so schick mir gleich morgen das Heft wieder, auf daß ich daran schreibe – wo nicht, so weiß ich schon, was die Glocke geschlagen hat. Vom dritten Kapitel ist das erst der Anfang; dies und das folgende sind mir sehr beschwerlich – es stehen die Ochsen am Berge.«

An Hitzig (Kunersdorf, Spätherbst 1813):

»Dieses zur Erinnerung, daß Du einen Freund in Kunersdorf hast, dem Du eben nicht sehr oft schreibst. Es ist eine ganz fatale Empfindung, wenn alle Tage der Postbote einläuft und die Austeilung der Briefe im Salon geschieht und für einen jeden etwas da ist und für den Herrn von Chamisso – nischt niche!

... Ich kratze immer an meinem ›Schlagschatten‹, und, wenn ich's Dir gestehen muß, lache und fürchte ich mich manchmal darüber, sowie ich daran schreibe – wenn die andern nur für mich nicht darüber gähnen. Mein viel gefürchtetes viertes Kapitel habe ich mir, nach vielem Kauen, gestern aus einem Stücke, wie eine Offenbarung, aus der Seele geschnitten und heute abgeschrieben. Es ist auch schon eher Morgen als Nacht, darum ade. Das Blitz-Prosa-Schreiben wird mir ungeheuer sauer, mein Brouillon sieht toller aus als alle Verse, die ich je gemacht.«

Bald nach diesem Briefe scheint Chamisso nach Berlin zurückgekehrt zu sein. Es wird zwar in Kunersdorf erzählt, er habe sich zunächst nach Nennhausen hin, zu Fouqué, auf den Weg gemacht, um diesem seinen »Schlemihl« vorzulesen; es liegen aber doch wohl Monate dazwischen, da, wie wir aus dem letztzitierten Briefe ersehen, bis etwa Mitte Oktober erst *vier* Kapitel von elf beendigt waren. Übrigens stand Fouqué damals auch wohl im Felde.

So waren die Erlebnisse von Schloß Kunersdorf, so waren die Personen, die, während eines halben Jahrhunderts und darüber, dort kamen und gingen.

Wir durchschreiten jetzt zunächst die Zimmer und Säle des Erdgeschosses und verweilen vor älteren und neueren

Familienportraits von zum Teil künstlerischem Interesse. Die Aufzeichnung dieser Bilder aber für eine andere Gelegenheit vertagend, wenden wir uns nunmehr dem im obern Stockwerk gelegenen Bibliothekzimmer zu, wo wir zunächst den Bildnissen derer begegnen, die einst Freunde des Kunersdorfer Hauses waren: Thaer, Wildenow, Alexander von Humboldt, Reil etc. Was aber unser Interesse lebhafter in Anspruch nimmt, das ist ein großer pultartiger Schrank, der in seinen verschiedenen Kästen und Fächern alles das umschließt, was sich auf den Generalmajor von Lestwitz bezieht. Das ganze Arrangement erinnert mehr oder weniger an die großen Glaskästen, in denen man in England (im Britischen Museum, im Greenwich-Hospital, in Abbotsford etc.) allerhand Erinnerungsstücke an historische Persönlichkeiten, zum Beispiel an Nelson, Walter Scott oder Sir John Franklin, auszustellen pflegt. Auch unsere »Kunstkammer« hat ähnliches.

In diesem Lestwitz-Schranke, dessen oberer Teil aus ebensolchem Glaskasten besteht, befinden sich folgende Gegenstände:

1. Die beiden Degen des Generalmajors von Lestwitz, jeder mit drahtumsponnenem Griff und einfacher Lederscheide.

2. Der Schlachtplan von Torgau (»der Lestwitz-Tag«), groß und in sauberster Ausführung: Dazu: »Ausführlicher Bericht, wie die merkwürdige Schlacht bei Süptitz, ohnweit Torgau, am 3. November 1760 geschehen ist. Leipzig, bei Christian Gottlieb Hilscher«.

3. Karten und Manöverpläne, die der Generalmajor von Lestwitz selbst gebraucht.

4. Karten, die auf den Siebenjährigen Krieg Bezug haben, bis 1763.

5. Militärische Pläne und Karten seit 1763.

Alle unter 3, 4 und 5 angeführten Karten und Pläne befinden sich in großen Mappen und sind zum Teil für den Lestwitzschen Privatgebrauch gezeichnet und getuscht, teils im Buchhandel erschienen. Bei den letztern lesen wir abwechselnd: »Zu finden in Johann Jakob Korns Buchhandlung in Breslau« oder »Gestochen von Glaßbach in Berlin«.

In demselben Schranke finden wir noch ein anderes historisches Wertstück, das freilich nicht mehr der Lestwitz-Zeit angehört, sondern vom Grafen Peter Alexander von Itzenplitz, von Groß Behnitz im Havellande her, mit nach Kunersdorf gebracht wurde. Es ist dies

6. *der Flötenkasten Friedrichs des Großen*, den – bald nach dem Tode des großen Königs – Friedrich Wilhelm II. an seinen Minister Wöllner zum Geschenk machte. Der Minister Wöllner war mit einer Groß Behnitzer Itzenplitz vermählt, wodurch dies historische Wertstück (da das Wöllnersche Paar kinderlos starb) in die Itzenplitzsche Familie kam.

Es ist ein weißer, in der geschmackvollsten Weise mit Rosen, Erdbeeren und allerlei Blumenguirlanden bemalter Porzellankasten von etwa fünf Zoll Höhe bei sieben Zoll Breite und elf Zoll Länge. In diesem Kasten, der zwei Etagen hat und mit rotem Samt ausgeschlagen ist, liegt die Ebenholzflöte des Königs. Sie besteht aus acht Stücken: einem Mundstück, einem Klappenstück und sechs Einsatzstücken, jedes Stück von einem Elfenbeinrande eingefaßt. Dazu gehört noch (zugleich als Autograph von der Hand des Königs) eine sieben Seiten lange Partitur. Die Überschrift derselben lautet: »Aria per il Paulino del opera di Demofonté, allegro di molto: Non odi consiglio.« Rechts oben in der Ecke: »di Frederico«.

Vielleicht die größte Sehenswürdigkeit von Schloß Kunersdorf ist die *Begräbnisstätte* für die Familie Lestwitz-Itzenplitz. Dieselbe liegt an der anderen Seite der Dorfstraße, und die verschlungenen Pfade eines Obstgartens – an Blumenbeeten und dem hohen Schilf eines kleinen Teiches vorbei – führen zu dieser Stätte hin. Eine hohe Schwarztanne, deren Zweige weit in den Friedhof hineinragen, bezeichnet den Eingang. Dieser Friedhof, den eine ziemlich niedrige Feldsteinmauer umfaßt, erinnert zumeist an die Begräbnisstätten der Familie Marwitz in Friedersdorf und der Familie Humboldt in Tegel. Mit beiden hat er eine gewisse Eigentümlichkeit der Anlage gemein, und wenn er vielleicht einerseits hinter der christlich-poetischen Schlichtheit des einen wie anderseits hinter der klassisch-ästhetischen Feinheit des andern zurückbleibt, so übertrifft er doch beide sowohl durch Mannigfaltigkeit wie durch den Reichtum des künstlerisch Gebotenen. Die Anlage, wenn ich nicht irre, von Frau von

Friedland herrührend, die auch hierin die Selbständigkeit ihres Wesens zeigte, ist folgende. An der Einfassung entlang, aber diese bedeutend überragend, zieht sich, wie ein solider Wandschirm, ein Stück Mauerwerk entlang, dessen Rückseite glatt ist, während die Front (der Begräbnisstätte zugekehrt) eine Anzahl von Nischen zeigt. Einfache Säulen fassen nach links und rechts diese Nischen ein und tragen einen wenig vorspringenden Sims. Zu Füßen jeder Nische liegt ein Grabstein, während in der Nische selbst die Aschenkrüge mit den Reliefbildnissen der Verstorbenen oder sonstige Mementos stehen. Um die Grabsteine rankt sich Efeu; Geißblatt und Immergrün steigen zu den Säulen empor. Die ganze Anlage hat den Vorteil, daß sie sich ohne Mühe durch Anbau einer neuen Nische erweitern läßt. Der Bau, wie er jetzt ist, besteht aus neun Nischen, und die Mitglieder der Lestwitz-Itzenplitzschen Familie, die hier ihre Ruhestätte gefunden haben, sind, unter wörtlicher Zitierung der Inschriften, die folgenden:

1. »Gruft des irdischen Überrestes von Hans Sigismund von Lestwitz, königlich preußischen Generalmajors der Infanterie. Geboren zu Kontopp in Schlesien am 19. Junius 1718; gestorben zu Berlin am 16. Februar 1788.« *Denkmal:* eine über zwei Fuß hohe Urne von grauem schlesischem Marmor; in Front der Urne der Reliefkopf des Generals; oben auf der Urne Helm, Schwert, Handschuh. Von Schadow zwischen 1790 und 1803 ausgeführt.

2. »Dies Denkmal bedeckt den sterblichen Teil von Katharina Charlotte von Lestwitz, gebornen von Treskow. Geboren zu Schlagenthin im Magdeburgischen am 3. Januar 1734, gestorben zu Berlin am 14. Januar 1789.« *Denkmal:* Urne von grauschwarzem Marmor mit Reliefbild. Ebenfalls von Schadow.

3. »Dem tätigen Geiste, der diese Fluren belebte, ordnete und nun schützt, Helenen Charlotten von Friedland, gebornen von Lestwitz. Geboren zu Breslau am 18. November 1754, gestorben zu Kunersdorf den 23. Februar 1803.« *Denkmal:* Ein Säulenabschnitt, an dem sich das Reliefbild der Heimgegangenen befindet, trägt eine Marmorurne. Diese Urne zeigt am oberen Rande, auch reliefartig, die Attribute der Landwirtschaft: Pflug, Egge, Sense, Sichel, Harke. Dar-

unter ein Genius, mit dem Schmetterling in der Hand; im Hintergrunde zwei weibliche Figuren, von denen die eine einen Blütenzweig, vielleicht eine Lotosblume oder doch eine Blume von ähnlicher allegorischer Bedeutung, in der Hand hält, während die andere sich, durch eine Schere in ihrer Rechten, als eine der Parzen kennzeichnet. Dies Denkmal, von Enrigo Keller in Rom herrührend, gilt für ein ausgezeichnetes Kunstwerk. Die Basreliefs an der Urne sind nach antiken Vorbildern ausgeführt.* Ich bekenne indes, daß ich die hohe Schönheit speziell dieses antiken Reliefbildes (der Genius mit dem Schmetterlinge gleicht einem Amor, den eine Biene gestochen hat) nicht habe empfinden können. Der unten in der Anmerkung abgedruckte Brief Wilhelm von Humboldts widerlegt mich – ohne mich zu überzeugen.

4. »Peter Alexander Graf von Itzenplitz. Zu Groß Behnitz geboren den 24. August 1769, gestorben den 18. September 1834. Sein Herz, reich an umfassender Liebe, sein Geist voll Durst nach Wissen wirkte mit lebendiger Einsicht und beharrlicher Kraft, was in dauernder Frucht uns trostvoll umgibt.« *Denkmal:* Ein zugeschrägter griechischer Altar trägt zuoberst das Reliefportrait des Grafen. Darunter ein anderes Reliefbild, das *alte* und das *neue Oderbruch*, das heißt den Zustand, wie es *war*, und den Zustand, wie es *ist*, allegorisch darstellend. Wasser entströmt der Urne der Najade, und Eiche, Storch und Reiher, die im Sumpf ihre Heimat haben, bezeichnen das *alte* Oderbruch. Aber das abgewandt entströmende Wasser legt den Vordergrund trocken, und ein pflügendes Stiergespann, Apfelbaum und Garbe versinnbildlichen das Oderbruch, wie es jetzt ist. – Von Rauch herrührend.

5. »Henriette Charlotte Gräfin von Itzenplitz, geborne von Borcke, genannt von Friedland, geboren zu Potsdam 18. Juli 1772, vermählt zu Kunersdorf 23. September 1792, gestor-

* Wilhelm von Humboldt wurde durch die befreundete Itzenplitzsche Familie aufgefordert, die Anfertigung eines Grabdenkmals, am besten durch einen italienischen Künstler, zu vermitteln. Humboldt unterzog sich gern dieser Aufgabe und schrieb an Enrigo Keller: »Auf der Urne wünscht man ein allegorisches Basrelief, wozu das bekannte Basrelief von dem *Genius und dem Schmetterlinge* und zwei andern allegorischen Figuren, das sich auf der Vase im Palast Chigi befindet, das beste und schicklichste wäre.«

ben zu Berlin 13. April 1848.« *Denkmal:* Eine zugeschrägte Marmortafel trägt die entsprechenden Reliefs. Gräfin Itzenplitz sitzt, mit dem Ausdruck heiterer Ruhe, auf einer Bank. Neben ihr ein Fruchtkorb, auf dem die Linke ruht; in der Rechten hält sie ein aufgeschlagenes Pflanzenbuch, zum Hinweis auf ihre Vorliebe für Garten- und Pflanzenkunde. – Ebenfalls von Rauch.

6. »Gräfin von Itzenplitz, geborne Gräfin von Bernstorff.« *Denkmal:* Der Engel des Todes entführt die Mutter ihren Kindern; aber noch im Scheiden sucht sie schützend ihren Schleier um alle die zu breiten, die sie zurückläßt. – Eine vortreffliche Arbeit von Friedrich Tieck.

7. »Gräfin von Itzenplitz, geborne von Sierstorpff.« *Denkmal:* ein einfaches Marmorkreuz.

8. »Gräfin von Itzenplitz, geborne von Kröcher.« *Denkmal:* Die Sterbende preßt das Kreuz an ihre Brust, während ihr der Engel des Todes den Kranz reicht. – Von Hugo Hagen.

Der Platz der neunten Nische ist noch frei. Graf Heinrich von Itzenplitz, der gegenwärtige Besitzer der Herrschaft, hat ihn für sich reserviert, um hier an der Seite der Seinen zu ruhen. Der Friedhof selbst aber, von dem wir jetzt Abschied nehmen und von dem wenige wissen, bildet eine Sehenswürdigkeit unserer Mark auch nach der Seite des Künstlerischen hin. Die besten bildnerischen Kräfte, die unser Land hervorgebracht, *hier* waren sie tätig:. Schadow, Rauch, Tieck. Und keiner von ihnen ist an dieser Stelle hinter sich selbst zurückgeblieben.

Die schönste Stunde im Schloß ist die Morgenstunde. Noch ist alles still; draußen leuchtet ein klarer Septemberhimmel, Luft und Sonne strömen durch das offene Fenster ein. Unter dem Fenster hin zieht sich ein Garten, mit Rasenplatz und Blumenrondell. Die Gänge sind frisch geharkt; keine Fußspur unterbricht die glatten Furchen; nur hier und da sieht man ein Gekräusel im Sand, von einem Huhn herrührend, das sich aus dem Hof in den Garten stahl. Die Bosquets sind abgeblüht; die Spätlinge des Jahres, meist rote Verbenen, haben an der Rampenwand ein warmes Plätzchen gesucht; dort trifft sie eben die volle Morgensonne.

Hinter dem Garten steigt der Park auf, und mitten durch den Park hin, in grader Linie auf das Schloß zu, zieht sich, kanalartig, ein breiter Teich. Die Bäume zur Rechten des Wassers stehen dicht und dunkel; aber nach links hin lichten sie sich, und durch die Lichtungen hindurch, über weiße Birkenbrücken hinweg, blicken wir weit in das offene Wiesenland hinein.

Friede ringsum. Auf das Fensterbrett vor mir setzt sich ein Spatz und zwitschert und sieht mich an, als erwart er sein Morgenbrot von mir. Er pickt die Krumen auf, die ich ihm hingeworfen, und unterwegs seine Flügel ins Wasser tauchend, fliegt er über die Breite des Teiches hin.

Einzelne Sträucher lachen mit roten Beeren aus dem Unterholz des Parkes hervor; die große Linde, halb herbstlich schon, streut bei jedem Luftzug ein gelbes Blatt auf die Gänge nieder; aber im Fallen zögern einzelne Blätter wieder und raffen sich auf, als überlegten sie, ob sie nicht lieber steigen sollen. Vereinzelte Vogelstimmen singen in den Morgen hinein; sonst alles still; nur das Wasser, nun fast ein Jahrhundert schon, fällt an derselben Stelle melodisch-einförmig über das Wehr, wie ein Ewiges, das die Bilder der Zeitlichkeit umschließt.

GUSOW

Und das Gold schwamm auf den Feldern,
Und des Segens war kein Ende
Im gelobten Hamyar.

Chr. Friedr. Scherenberg

Eine Nachtfahrt hat uns an Rüdersdorf und Müncheberg vorbei bis in das Städtchen Seelow geführt. Wir gönnen uns eine Stunde Rast und fahren nun, in nördlicher Richtung, bei Morgenlicht und Lerchenjubel in das tief vor uns gelegene Bruch hinein. Halben Weges, ebenda, wo das Plateau abzufallen beginnt und eine Pappelallee ihre Vorposten hoch hinaufschickt, halten wir, um uns an dem Landschaftsbilde zu freuen, das sich jetzt in überraschender Schönheit vor uns ausbreitet. Der Gottessegen berührt hier das Herz mit einem ganz eigentümlichen Zauber, mit einer fromm gestimmten Freude, wie sie die Patriarchen empfinden mochten, wenn sie inmitten menschenleerer Gegenden den gottgeschenkten Segen ihres Hauses und den Reichtum ihrer Herden zählten. Wo die Hand des Menschen in harter, nie rastender Arbeit der ärmlichen Scholle ein paar ärmliche Halme abgewinnt, da kann die Vorstellung in ihm Platz greifen, als sei *er* es, der diesen armen Segen geschaffen habe; wo aber die Erde hundertfältige Frucht trägt und aus jedem eingestreuten Korne einen Reichtum schafft, da fühlt sich das Menschenherz der Gnade Gottes direkt gegenüber und begibt sich aller Selbstgenügsamkeit. Ein Blick von dieser Seelower Höhe läßt uns in solchen Gottessegen schauen. Die ohnehin dicht gelegenen Dörfer rücken in dem endlosen Coulissenbilde immer dichter zusammen, und alles verschmilzt zu einer weitläufig gebauten Riesenstadt, zwischen deren einzelnen Quartieren die Fruchtfelder wie üppige Gärten blühen. Wer hier um die Sommerzeit seines Weges kommt, wenn die Rapsfelder in Blüte stehn und ihr Gold und ihren Duft über das Bruchland hin ausstreuen, der glaubt sich wie durch Zauberschlag in ferne Wunderländer versetzt, von denen er als Kind geträumt und gelesen. Unvergeßlich aber wird der Eindruck für den, den ein glückliches Ohngefähr an einem Pfingstheiligabend an diesen Höhenrand führt. Die Feuchte des Bruches liegt dann wie ein Schleier über der Landschaft, alles Friede, Farbe, Duft, und der ferne, halb ersterbende Klang von dreißig Kirchtürmen klingt in der Luft zusammen, als läute der Himmel selber die Pfingsten des nächsten Morgens ein.

Die Pappelallee geleitet uns bergab und macht erst am Fuße des Hügels einem breiten Kastanienwege Platz, der uns bis an den Eingang des Dorfes führt. Dieses Dorf ist Gusow, eins der größten und vornehmsten jener alten Wendendörfer, die, lange vor der Urbarmachung, die sumpfige Niederung des Bruches in weitem Zirkel umspannten. Schon um die Mitte des funfzehnten Jahrhunderts, unter Kurfürst Friedrich Eisenzahn, saßen hier die reichbegüterten Schapelows und verblieben im Besitze bis 1649, wo die beiden minderjährigen Söhne des von einem seiner Knechte erschlagenen Maximilian Wilhelm von Schapelow das verschuldete Gut nicht länger zu behaupten vermochten. Gusow kam zu gerichtlicher Versteigerung und wurde von dem bis kurz zuvor in schwedischen Diensten gestandenen Obersten Georg von Derfflinger, der sich schon drei Jahre früher mit einer von Schapelow vermählt hatte, teils sub hasta erstanden, teils freihändig angenommen.

Der alte Derfflinger

Die Stettiner hatten sich unterfangen,
Eine Schere ausgehangen
Dem Feldmarschall nur zum Hohn.
»Wart', ich will euch auf der Stelle
Nehmen Maß mit meiner Elle,
Kreuzmillionenschockschwernot.«

Lied vom Derfflinger

Georg Freiherr von Derfflinger wurde den 10. März 1606 zu Neuhofen in Oberösterreich geboren. Die Bedrückungen, denen sich die der neuen Lehre zugetanen Eltern um ihres Glaubens willen ausgesetzt sahen, führten zu einer

Übersiedelung nach Böhmen, dem damaligen »Protestantenlande«.

Wie hier die Jugend des jungen Derfflinger verlief, ist nur zu mutmaßen. »Er wuchs auf in Gottesfurcht und Redlichkeit, und sein Vater, um niemanden zu beschweren, ließ ihn Schneider werden.« So berichtet Pauli in seinem »Leben großer Helden«, und aller entrüsteten Gelehrsamkeit zum Trotz ist es im Herzen des Volkes dabei geblieben. Und warum uns auch gewaltsam um jeden hübschen poetischen Zug in unseren Überlieferungen bringen!

Indessen, Schneider oder nicht, keinenfalls war er es lange. Der Held steckte drin und wollte heraus. Dazu waren denn die damaligen Tage die besten Tage. Alles stand in Krieg, und Böhmen war sein eigentlichster Schauplatz. Wenigstens zu Beginn der Verwickelungen. Derfflinger trat als Gemeiner unter die Freischaren des Matthias von Thurn, machte alle Streifzüge mit und war mutmaßlich unter denen, die sich, nach Zersprengung des Corps, mit dem Führer desselben nach Ostpreußen wandten, um daselbst unter schwedischer Fahne weiterzukämpfen. Einzelheiten über diesen Abschnitt seines Lebens fehlen, ebenso über seine Teilnahme an den großen Kämpfen, die, nach der Landung Gustav Adolfs, in Sachsen und Mitteldeutschland folgten. Nichts verlautet über Lützen, Nördlingen, Wittstock, doch muß seine Stellung bereits um 1637 eine derartig befestigte gewesen sein, daß ein arger Échec, den er um ebendiese Zeit erfuhr, sein Ansehn im schwedischen Heere nicht mehr erschüttern konnte. Im genannten Jahre nämlich befand er sich mit einer Armeeabteilung in Thüringen, und Banér ließ ihn auf seinem Weiterzuge zurück, um die Brandschatzungsgelder daselbst einzutreiben. Er lag in Hettstedt, eine Meile von Mansfeld, und hier war es, wo er von einem kaiserlichen Obersten namens Druckmüller mit 1000 Kroaten und 1500 Reitern überfallen wurde. Der Échec war ein totaler: 400 Mann wurden niedergehauen, 500 Mann gefangen, und nur mit Mühe gelang es ihm, sich mit etwa 60 Pferden durchzuschlagen. »Aber«, wie Pauli metaphorisch hervorhebt, »Unglücksfälle sind zuweilen einem Wasserdurchbruche gleich, wodurch ein Stein mit fortgeschwemmt wird, der auf einem Samenkorne lag. Und nun geht das Samenkorn auf und bestaudet sich nur um so stärker.« Jedenfalls wurde der Ausgang dieser Affaire, wie schon angedeutet, unserem Derfflinger nicht zum Übeln angerechnet, und als zwei Jahre später Leonhard Torstenson an die Spitze des Heeres trat, erfolgten besondre Vertrauensstellungen, darunter eine Mission an den siebenbürgischen Fürsten Georg Rákóczi, der in das Bündnis gegen den Kaiser hineingezogen und zu einer Diversion bestimmt werden sollte. Das Jahr drauf, unmittelbar nach der zweiten Leipziger Schlacht gegen Piccolomini, wurde Derfflinger nach Stockholm hin abgeschickt, um der Königin Christine mündlich die Siegesnachricht zu bringen, und dies mochte der Zeitpunkt sein, den Pauli, zu seinem Lieblingsbilde zurückgreifend, in folgenden Worten geschildert hat: »Bis dahin war Derfflinger einer Staude gleich gewesen, die neben unzähligen andern unbeobachtet fortwächset. Endlich aber kommt die Zeit, wo man gar besonderer Umstände an ihr gewahr wird. Denn sobald an einer Staude nicht nur ungewöhnlich viel Halme zu schießen beginnen, sondern jeder Halm auch Ähren von ungewöhnlicher Zahl und Länge treibt, pflegen wir unsere Freunde hinzuzuführen, und auch Fremde kommen, um die völlige Reife dieser vorzüglichen Staude zu beobachten und zu bewundern.« So Pauli. Wo indessen viel Preis ist, ist auch viel Neid, und von diesem Augenblicke höchster Auszeichnung an scheint sich Derfflinger, wo nicht in seiner Stellung, so doch jedenfalls in seinem Behagen, erschüttert gefühlt zu haben. So kam es denn, daß er unmittelbar nach dem Friedensschlusse seinen Abschied nahm und 1654 als ältester Generalwachtmeister und Regimentsinhaber in die Dienste Kurbrandenburgs trat, dem er, wie schon erwähnt, um diese Zeit ohnehin bereits durch seine Gemahlin und seine Besitzungen angehörte.

Und es sollt ihm alsbald nicht an Gelegenheit fehlen, sich auch in seinem neuen Dienste geltend zu machen. Der Kurfürst – mit in den Krieg verwickelt, der damals zwischen König Karl Gustav X. von Schweden und dem Könige Johann Kasimir von Polen geführt wurde – fand es seinen politischen Zwecken entsprechend, auf die Seite Schwedens zu treten, und schlug mit ihm gemeinschaftlich die dreitägige, siegreiche Schlacht bei Warschau. Über den Anteil Derfflingers an diesem Siege liegen keine direkten Mitteilungen vor, doch wird über kleinere Aktionen: Erstürmung des Klosters Prement und des Städtchens Bomst, berichtet, die wahrscheinlich unter seiner speziellen Leitung ausgeführt wurden. Der Kurfürst erhob ihn zum Generallieutenant und Wirklichen Geheimen Kriegsrat, zugleich unter der Zusicherung, »daß ihm im Kommando nur der Feldmarschall Sparr und der General Graf Waldeck vorangehen, sonst aber keiner ihm vorgezogen werden solle«.

Dies war 1656.

Die politische Lage verschob sich indessen rasch, und schon das Jahr darauf war aus dem Bündnisse mit Schweden gegen Polen ein Bündnis mit Polen gegen Schweden geworden. Die machiavellistische Politik jener Zeit gestattete solche Sprünge, die wir heute verwerfen oder mindestens mehr verkleiden würden. Der Krieg wurde wechselsweis in Pommern und Dänemark geführt, Derfflinger war mit vor Alsen und Tönningen, auch wohl vor Fünen, und schickte sich eben zu weiteren Operationen an, als der Friede zu Oliva 1660 den Feindseligkeiten ein Ende machte.

Es folgten nun vierzehn Friedensjahre*, bis 1674 das mit immer neuen Ansprüchen an Kaiser und Reich hervortretende Frankreich den Kurfürsten abermals zu Felde rief. Er brach mit 16 000 Mann an den Oberrhein auf und vereinigte sich bei Straßburg mit dem Kaiserlichen Oberfeldherrn Herzog von Bournonville. Mit ihm war Derfflinger. Beider Truppen bezogen ein Lager bei Blaesheim. Am 8. Oktober ging man über den Breusch-Fluß und nahm hier, angesichts des gelagerten Feindes, eine Stellung. Bournonville befehligte den rechten, der Kurfürst den linken Flügel. Der Feind war nicht stark, und diesseitig erwartete man den Befehl zum Angriff. Ja mehr, man drang darauf. Aber Bournonville suchte Ausflüchte und hob insonderheit hervor, daß ein breiter und tiefer Graben vor der Front des Feindes läge. Der Kurfürst ließ nun Brücken über den Graben schlagen und leitete seinerseits das Gefecht durch ein paar Stückkugeln ein, ohne jedoch den Oberfeldherrn durch ein solches Vorgehen umstimmen zu können. Es wurde vielmehr ein Kriegsrat einberufen, der erst die Frage: »Angriff oder

* Eine kurze Kriegführung, die durch den Frieden zu Vossem 1673 beigelegt wurde, hab ich in vorstehendem unerwähnt gelassen.

nicht«, entscheiden sollte. Derfflinger war zugegen und nahm das Wort. »Er habe den Feind zweimal rekognosziert, und eine bessere Gelegenheit, ihn anzugreifen, sei nicht denkbar.« Aber Bournonville beharrte bei seiner entgegengesetzten Ansicht. Im Zorn erhob sich jetzt der Alte und erklärte, dem Kriegsrat nicht länger beiwohnen zu wollen. Unter ähnlichen Streitigkeiten vergingen Wochen und Monate, bis endlich, am 4. Januar 1675, der Kurfürst aufbrach, um in Franken die Winterquartiere zu beziehen.

Hier lag er noch in Nähe von Schweinfurt, als ihm in der letzten Maiwoche die Nachricht kam, daß die Schweden, als Verbündete Frankreichs, in die Kurmark eingebrochen seien und schlimmer als in den Zeiten des Dreißigjährigen Krieges darin hausten. Sofort brach der Kurfürst auf, um seinem bedrängten Lande zu Hülfe zu eilen. Mit ihm Derfflinger, der am 14. Juni vor Rathenow erschien und am 15. die vom Obersten Wangelin verteidigte Stadt im Sturme nahm. Unverzüglich ging es weiter, quer durch das Luch auf Kremmen und Linum und zuletzt auf Fehrbellin zu. Die sich nun entspinnende Schlacht, in der sich namentlich auch Derfflinger durch Scharfblick und Selbständigkeit des Urteils auszeichnete, geb ich nach den Aufzeichnungen, die der kurfürstliche Kammerjunker Dietrich Sigismund von Buch in seinem Tagebuche darüber gemacht hat.

»... Seine Kurfürstliche Durchlaucht sagten mir am 17., ich solle ihn in der Schlacht nicht verlassen, sondern immer bei seiner Person bleiben, und ich füge hinzu, daß dies Vertrauen, welches er mir zeigte, mich mehr verpflichtete, als hätte er mir 1000 Taler geschenkt. Er sagte auch, ich solle aufmerksam sein, wenn jemand in der Hitze des Kampfes sich an ihn schliche, so daß sich niemand nähern könne, ohne daß ich acht darauf hätte. Ich antwortete ihm, daß ich alles tun würde, was ein anständiger Mann tun könne. Da sagte Seine Kurfürstliche Durchlaucht: ›Ja, ich weiß es, daß Ihr es tut, und Ihr habt es bis jetzt immer getan.‹

Nachdem wir noch eine gute Stunde marschiert waren, ließ uns Generalmajor Lüdecke – der an diesem Tage die Avantgarde führte – sagen, daß der Feind zum größten Teil den Paß überschritten habe. Andere hielten noch in der geschlossenen Stadt; er bäte Seine Kurfürstliche Durchlaucht, ihm Dragoner zu senden …« (Dies geschah. Generalmajor Lüdecke warf den Feind aus der Stadt hinaus und empfing von dem nachrückenden Kurfürsten Befehl, statt bloßer weiterer Verfolgung eine Tournierung und Überholung zu versuchen, um so die Flüchtigen zwischen zwei Feuer nehmen zu können. Dieses in Erwägung der Terrainbeschaffenheit *sehr* schwierige Manöver führte Generalmajor Lüdecke auch aus, ohne jedoch den vorgedachten Zweck zu erreichen. Das Tagebuch erwähnt dieses Scheiterns in aller Kürze. Und zwar wie folgt:)

»Anderen Tages, am 18., brachen wir von dem Städtchen Kremmen her auf. Unterwegs stießen wir auf den uns entgegenkommenden Generalmajor Lüdecke, der den sich eilig zurückziehenden Feind nicht mehr zu überflügeln vermocht hatte. Jetzt bat der Prinz von Homburg um die Avantgarde, und nachdem er sie erhalten, folgte derselbige dem Feinde in gutem Trabe. Unterdessen beriet sich Seine Kurfürstliche Durchlaucht mit Herrn Derfflinger, was unter diesen Umständen zu tun sei. Derfflinger war der Meinung, alle Brücken und Dämme zu zerstören, dadurch dem Feinde jeden Sukkurs, aber zugleich auch jeden Rückzug abzuschneiden und ihn auf diese Weise zu zwingen, in spätestens zwei Tagen um sein Leben zu bitten.

Das war ein guter Plan; aber Seine Kurfürstliche Durchlaucht meinte, da man so nah am Feinde sei, müsse derselbe Fell oder Federn lassen, worauf der Feldmarschall Derfflinger antwortete: ›Wohlan, Monseigneur, ich glaubte, als General verbunden zu sein, meine Meinung zu sagen, welcher Art ich es für am vorteilhaftesten und sichersten hielte; aber wenn es Eure Hoheit gefällt, die andre Meinung zu wählen, so hält mich dies nicht ab, dem Feinde allen Schaden zu tun, wenn dies auch mit mehr Gefahr und größerem Wagnis verbunden ist.‹

Der Feind hatte mittlerweile, durch den Prinzen von Homburg gedrängt, seinen Rückzug immer weiter fortgesetzt und stand jetzt bei dem Dorfe Hakenberg, zwischen Linum und Fehrbellin. Er sperrte den über das Plateau führenden Weg und hatte das Luch zur linken, ein Gehölz zur rechten Hand. In Nähe dieses Gehölzes befand sich ein kleiner Sumpf, daneben ein paar Sandhügel, auf deren Höhe

Strauchwerk wuchs. An *dieser* Stelle drangen wir vor, postierten auf die Höhe der Sandhügel unsre Geschütze und gaben ihnen, da wir keine Infanterie zur Hand hatten, das Regiment Derfflinger-Dragoner zur Bedeckung, das an diesem Tage, da sein Oberstlieutenant bei Rathenow getötet worden war, vom Capitain von Kottwitz geführt wurde. Bei jedem Geschütze standen 50 bis 100 Mann, einigermaßen durch die Büsche geschützt. Gleichzeitig stellten wir noch vier Schwadronen auf: eine von den Trabanten und drei vom Regiment Anhalt. Sie waren nicht gut placiert; aber wir mußten es, da das Fußvolk fehlte und wir die Geschütze nicht ohne Deckung lassen durften.

Der Prinz von Hessen-Homburg stand dem feindlichen linken Hügel gegenüber, also dem Luche zu.

Nun begannen wir, unsere Geschütze spielen zu lassen. Der Feind indessen, als er wahrnahm, daß wir kein Fußvolk hatten, avancierte mit einem Infanterieregiment gegen unsere Hügelposition. Dies wurde von G. E.* bemerkt. Er eilte sofort zum Generalfeldmarschall Derfflinger und sagte ihm: ›wenn er nicht schnell die vier Eskadrons von den Trabanten und dem Regiment Anhalt unterstütze, würden die Geschütze verlorengehen‹. Da er sich dabei ein gewisses Ansehen gab, welches dem Generalfeldmarschall Derfflinger nicht gefiel, so sagte dieser: ›er solle sich keine Sorgen machen, sondern nur tuen, was seine Schuldigkeit sei‹. Da ich mittlerweile sah, daß die Not wirklich drängte, so sagte ich dem Feldmarschall, während ich zugleich um der Freiheit willen, die ich mir nahm, um Entschuldigung bat, ›daß die Feinde schon mit gefällten Piken vorrückten und daß es sich vielleicht empfehlen würde, zwei oder drei weitere Eskadrons durch das kleine, ganz unbesetzte Holz vorrücken zu lassen, um die vier gefährdeten Eskadrons sowie die seines eigenen Regiments zu soutenieren‹. Dies fand er gut. Er sagte mir also: ›Mein Herr, da Sie heute die Gegend rekognosziert haben, kennen Sie die Situation; und so bitte ich Sie, drei Eskadrons, die Sie zuerst finden, durch das lichte Holz zu füh-

* Das Tagebuch, wie sehr oft, gibt auch hier nur Buchstaben statt des Namens. Wahrscheinlich soll es heißen: General d'Espence. Dieser war Oberstallmeister und Kommandeur der hier mit einer Eskadron engagierten Trabantengarde. In dieser Doppelstellung mocht er glauben, dem alten Feldmarschall gegenüber eine freiere Sprache führen zu dürfen.

ren und die Geschütze dadurch besser zu decken.‹ Als ich drei Eskadrons zur Hand hatte, begegnete ich dem Prinzen von Homburg. Er fragte mich, ›wohin ich wolle‹, und als ich ihm die erhaltenen Befehle mitteilte, antwortete er mir, ›er wolle mitgehen‹. Und so nahm er das Kommando. Es war die höchste Zeit. Denn die vier Eskadrons von den Trabanten und dem Regiment Anhalt flohen bereits und schrien die Derfflinger-Dragoner um Hülfe an. Diese aber, die gewillt waren, sich bei den Geschützen niederhauen zu lassen, konnten ihnen keine Hülfe gewähren. In diesem Augenblicke war der Prinz von Homburg heran und attackierte das schwedische Fußvolk. Es war das Infanterieregiment Dalwigk, früher Königsmarck, und nachdem der Kampf eine Weile hin und her geschwankt hatte, wurde der Feind in Stücke gehauen. Nicht zwanzig Mann entkamen; sechzig oder siebzig wurden gefangengenommen, der Rest war getötet. Unter ihnen der Kommandeur, Oberstlieutenant von Maltzahn. Er fiel an der Tête des Regiments. Dies war ein sehr tapferer Mann, der in großer Achtung bei den Schweden stand. Er starb ja auch gut.«

Ich breche hier die Mitteilungen aus »von Buchs Tagebuch« ab, da mir nur daran lag, aus jenen Mitteilungen das herauszugreifen, was in nähere Beziehung zu Derfflinger tritt.

Fehrbellin war geschlagen, aber der Krieg nicht beendet. Zur Strafe für den tückischen Angriff sollten die Schweden jetzt in ihren eigenen pommerschen Besitzungen angegriffen werden. Und in der Tat, am 9. November selbigen Jahres ward ihnen Wolgast entrissen, damals der »Schlüssel zu Stettin«. Der schwedische Feldmarschall Mardefeld versuchte zwar eine Wiedereroberung und drang auch, da der Frost alle Gräben mit Eis bedeckt hatte, mit stürmender Hand bis an die Festungswälle vor, als er jedoch zur Wiederholung des Sturmes schritt, erschien Derfflinger und entsetzte die Stadt.

So blieb Wolgast unser.

Freilich, Anklam, Demmin und Stettin, dazu Rügen, Stralsund und Greifswald waren nach wie vor in Händen des Feindes, und es bedurfte noch einer beinah dreijährigen Kriegführung, ihnen auch diese Punkte zu entreißen.

Besonders bemerkenswert war die Eroberung von Rügen und Stralsund. Dabei wirkte die holländische Flotte mit. Auf einer Flotte von 210 Schiffen und 140 Booten – so schreibt Pauli – befand sich die kurfürstliche Macht. Den Oberbefehl führte Derfflinger. Der holländische Seeheld Tromp befand sich ebenfalls an Bord. Drüben auf Rügen befehligte Graf Königsmarck die feindlichen Streitkräfte. Am 13. September setzten sich die diesseitigen Boote auf die Insel zu in Bewegung. Königsmarck ließ sie mit acht Kanonen angreifen, aber sie landeten, und ihre Mannschaften erstiegen das Ufer. Zuletzt war auch Reiterei drüben. Derfflinger setzte sich an die Spitze derselben, nahm den Schweden eine Standarte und 200 Gefangene ab und vertrieb den Rest von der Insel. An diese Wegnahme Rügens schloß sich die von Stralsund. Ende September erfolgte die Zernierung, und am 10. Oktober eröffnete der berühmte Artillerieoberst Ernst Weiler das Bombardement. Und zwar aus achtzig Halbkartaunen, zweiundzwanzig Mörsern und fünfzig Haubitzen. Schon mit anbrechendem Morgen stand die Stadt in Flammen, und man sah alsbald drei weiße Fahnen auf Mauern und Türmen. Derfflinger ritt mit einem Trompeter heran, um die Meinung der Stadt zu hören, aber man wollte von Kapitulation nichts wissen, und so begann um neun Uhr die Beschießung von neuem. Und nun erschienen Abgesandte der Stadt. Die Verhandlungen wurden eingeleitet, und am 20. hielt der Kurfürst seinen sieghaften Einzug.

Diesem pommerschen Kriege, der von 1675 bis 1678 gedauert hatte, folgte wenige Monate später der so berühmt gewordene Feldzug in Ostpreußen. General Horn war von Livland aus über den Njemen gegangen und bedrohte Königsberg, und wie der Kurfürst im Mai 1675 in fliegender Eile von Schweinfurt aufgebrochen war, um die Schweden aus der Kurmark zu jagen, so brach er jetzt im Januar 1679 von Berlin her auf, um denselben Feind aus Ostpreußen hinauszuwerfen. »Der Schrecken ging vor ihm her, und der Sieg war sein Begleiter.« Die Schweden retirierten, und Derfflinger, ihnen den Rückzug abzuschneiden, ging in Schlitten über das Kurische Haff. Aber es gelang nur, ihren Nachtrab einzuholen. Daß sie nichtsdestoweniger beinah völlig vernichtet wurden, war den Strapazen und der Kälte zuzuschreiben. Ausführlicher über diesen Feldzug hab ich weiterhin in dem Kapitel »Tamsel« berichtet.

Endlich war wieder Frieden, und eine Reihe stiller Jahre begann, bis abermalige Zerwürfnisse mit Frankreich auch abermals an den Rhein und im Laufe des Feldzuges zur Belagerung von Bonn führten. Das war 1689. »Dieser Tage«, so heißt es in dem Belagerungsjournal, »ist der alte Feldmarschall Derfflinger angekommen«, und andern Aufzeichnungen entnehmen wir, »daß nach Ankunft des Feldmarschalls dann und wann eine Kriegskonferenz gehalten wurde«. Bald darauf ergab sich die Stadt. Am 10. Oktober.

Dies alles war wie der Nachklang eines kriegerischen Lebens, und der nun dreiundachtzigjährige Derfflinger zog sich, »des Treibens müde«, in sein ihm immer lieber gewordenes Gusow zurück. Er lebte hier ganz seinen nächsten Interessen, vor allem aber der Verschönerung und Pflege seines Parkes. Hof und Haus waren seine Welt geworden. Am 4. Februar 1695 starb er und wurde, seinem Letzten Willen gemäß, in dem schon fünfundzwanzig Jahre vorher von ihm erbauten Erbbegräbnisse beigesetzt, »ohne Gepränge und ohne Lobrede auf sein Leben und seine Taten«. Der Geistliche – Salomon Sannovius – hatte sich in seiner Predigt auf den Ausspruch zu beschränken, »Gott habe den Entschlafenen in fast fünfundsiebzigjährigen Kriegsdiensten von der niedrigsten bis zur höchsten Stufe gelangen lassen«.

Kurfürst Friedrich III. ließ seinem Feldmarschall zu Ehren eine Gedächtnismünze prägen, die auf der einen Seite Derfflingers Portrait, auf der andern sein Wappen zeigt. Darunter ein Mars und ein Herkules mit der Umschrift: »His Majoribus.« – »Durch *diese* Ahnen.«

Derfflinger war rüstig und stark, und die Natur schien ihn zum Krieger gebildet zu haben. Unter einer breiten Stirn eine römische Nase; dazu volles krauses Haar und starke Augenbrauen, aber nur wenig Bart über der Oberlippe und etwas verstutztes Haar am Kinn.

Soviel über seine äußere Erscheinung.

Was seinen *Charakter* angeht, so leuchtet sein großer Mut hervor, oder, wie sein ältester Biograph im Stile seiner Zeit sich ausdrückt: »Der Mut war sein Vater und die Schlacht seine Mutter, während sein Zelt dem eisernen Bette des Riesen Og von Basan glich.«

Es war ihm ein Stolz, sich aus allerniedrigster Lebenssphäre zur höchsten emporgearbeitet zu haben, und wohl durft er – dazu herausgefordert – dem französischen Gesandten Grafen Rebenac antworten: »Ja, Herr, der Schneider bin *ich.* Und *hier* die Elle, womit er alle feigen Seelen der Läng und Breite nach zu messen pflegt.« Der Hergang wird verschieden erzählt, aber im wesentlichen läuft er in all seinen Versionen auf dasselbe hinaus.

Durch und durch ein »Charakter«, scheint er all sein Leben lang zu den spezifisch Unbequemen gehört zu haben, obschon der Italiener Leti von ihm rühmt, »daß er sich bei Hofe in angemessener Sanftheit und Feinheit bewegt habe«. Aber wenn dies auch zutreffen sollte, so wird doch sein Auftreten »im Dienst« von seinem Auftreten bei Hofe sehr verschieden gewesen sein. »Tuen wir unsere Schuldigkeit als Generals«, rief er in einem Kriegsrat am 25. Dezember 1674 dem kaiserlichen Obergeneral Herzog von Bournonville zu, »und sitzen wir hier nicht still wie alte Weiber.« An solchen und ähnlichen Aussprüchen ist kein Mangel. Ohne Menschenfurcht, war er in seiner Rede voller Freimut. Es scheint aber doch, als ob er nicht nur freimütig, sondern auch in hohem Grade erregbar gewesen sei. Wir finden ihn immer unzufrieden, immer verletzt, eine Gemütsstimmung, der er denn auch in einem Reime Ausdruck gab, den er dem sächsischen Feldmarschall Grafen Baudissin in das Stammbuch schrieb:

Wind und Regen
Ist mir oft entgegen,
Ducke mich, laß es vorübergan,
Das Wedder will seinen Willen han.

Und dieses alles richtete sich im wesentlichen gegen seinen »gnädigen Herrn, den Kurfürsten«, der seinerseits, bei sonst hitzigem Temperament, seinem Feldmarschall-Murrkopf gegenüber eine wahrhaft bewundernswerte Nachsicht und Langmut an den Tag legte. Meist waren es Rangfragen, die den Unmut des alten »Grognard« erregten, und ähnliche Szenen, wie sie schon 1670 gespielt haben, als er sich dem

Fürsten Johann Georg von Anhalt-Dessau (Vater des »alten Dessauers«) nachgestellt glaubte*, wiederholten sich, als der Große Kurfürst siebzehn Jahre später dem Grafen von Schomberg das Kommando der brandenburgischen Armee übertrug. Es entspann sich ein sehr gereizter Briefwechsel, aus dem zur Charakterisierung beider Briefschreiber, des Kurfürsten und seines Feldmarschalls, folgende Stellen hier einen Platz finden mögen.

»Wollgeborner besonders lieber General-Feldmarschall.

Es ist Euch annoch außer Zweifel erinnerlich, was ich mit Euch zum öftern wegen eines tüchtigen und capablen Generals, den ich meine Armee und Militz en Chef zu kommandiren anvertrauen könnte, in gnädigstem Vertrauen geredet, weßgestalt Ihr auch jedesmal dafür gehalten, daß unter andern Qualitäten, die zu einer so vornehmen Charge erfordert werden, Ich insonderheit darauf zu reflektiren hätte, daß er ein Teutscher, der teutschen Sprache kundig sein müsse. Nachdem ich nun von Tag zu Tage mehr wahrnehme und spüre, wie nützlich und nöthig mir eine solche Person sei, auf die Ich mich verlassen und welche allemahl bei mir gegenwärtig sein könne, umb bei allerhand vorfallenden wichtigen Angelegenheiten mir mit raht und taht an Hand zu gehen, zumahlen da Ihr nach Gottes Verhängniß nun eine so geraume Zeit hero unpäßlich und nicht im stande gewesen Eure Dienste bei mir zu versehen, als hat es sich neulicher Tagen also gefüget, daß der Maréchal Graf von Schomberg,

* Bei dieser Gelegenheit zog er sich, um seinem Unmut Ausdruck zu geben, einfach nach Gusow zurück und wartete hier das Weitere ab. Der Kurfürst lenkte wirklich wieder ein und ließ ein Promemoria veröffentlichen, in dem es hieß: »Daß dem ›Herrn Derfflinger‹ im Kommando kein Tort geschehen solle, sei demselben durch Seine Kurfürstliche Durchlaucht versichert worden. Dies hätte jedoch bei dem Herrn Feldmarschall nicht gewirkt, da derselbe mit höchster Hartnäckigkeit darauf bestanden, daß, wenn er mit ins Feld ziehen sollte, *der Fürst von Anhalt zurückbleiben müsse.* Dieser Ungehorsam sei eigentlich sträflich, dennoch wolle Seine Kurfürstliche Durchlaucht es dabei bewenden lassen, daß Derfflinger sich auf seine Güter begeben habe.« – Viel bitterer noch war ein andrer zwischen Herr und Diener geführter Streit. Derfflinger verlangte mitten im Kriege, 1678, den Abschied, worauf es der Kurfürst seinem (Derfflingers) eigenen Ermessen anheimstellte, »*ob er hierdurch nicht seine wohlerworbene Ehre beflecken würde*«, hinzufügend, »er müsse bleiben und ausharren, schon weil *er* viel Saures und Süßes in seinem Dienste gekostet habe«. Der Alte war durch solche Worte schwer getroffen und betonte, »*daß er seiner Ehre zuwider nie etwas in der Welt vorgenommen habe*«, was aber das Saure und Süße anginge, »*so sei des Sauren viel mehr gewesen*«.

welcher der Religion halber Frankreich und Portugal verlassen müssen, sich allhier bei Mir eingefunden und sich nicht abgeneigt gezeiget, meine Dienste allen anderen zu präferiren, ungeachtet Ihm vom Kayser, Engelland und Prinz von Oranien allerhand stattliche und vortheilhafte Conditions offeriret worden. Ich habe mich solchem nach in Gottes Namen resolviret, denselben in Meinen Diensten zu accomodiren, und ihm die Stadthalterschaft in Preußen, wie auch das Generalat über meine Truppen zu conferiren ... Und gleichwie Ich der Zuversicht lebe, daß er Mir und Meinem kurfürstlichen Hause gute und nützliche Dienste werde leisten können, also bin ich auch versichert, Ihr werdet als *einer meiner liebsten ältesten und treuesten Diener diese meine gefaßte Resolution und Wahl allerdings in unterthänigkeit approbiren.*«

Dem alten Feldmarschall aber, der sich einfach zurückgesetzt fühlte (er war einundachtzig), genügten diese huldvollen Ausdrücke keineswegs, und er antwortete:

»*Durchlauchtigster Churfürst, Gnädigster Herr.*

Eure Kurfürstliche Durchlaucht gnädigstes Rescript unterm Dato Cölln an der Spree den 16. April habe ich heute mit unterthänigstem Respekt erhalten und mit mehreren daraus verstanden, wie Eure Churfürstl. Durchlaucht gnädigst resolviret, den Herrn Marschall Grafen von Schomberg das Generalat über Dero Truppen zu conferiren. Ob ich nun zwar woll gemeinet, daß Ew. Churfürstl. Durchlaucht meine denenselben treu geleisteten unterthänigsten, langwierigsten Dienste, wozu ich auch den Rest meines Lebens gänzlich gewidmet gehabt, hätten gnädigst consideriren wollen, insonderheit da mir Gott nunmehro einen guten Anfang zu meiner Besserung verliehen hat, so habe ich doch Ew. Churfürstl. Durchlaucht gefaßte *anderweite* gnädigste Resolution (die mir in meinem hohen Alter niemand vermuthet) vernehmen müssen.«

Und so klagt er weiter und schließt damit, daß er persönlich »vorstellig« werden wolle.

Der Kurfürst gab auch *diesmal* wieder, soweit er konnte, der Empfindlichkeit seines Dieners nach und ernannte den

Duc *nicht* zum Feldmarschall, sondern beließ ihm nur seinen Titel als »Maréchal«, den er bereits in französischen Diensten geführt hatte.

Aber neben dieser Empfindlichkeit her ging ein sehr feines Pflicht- und Ehrgefühl, so daß Pöllnitz mit allem Rechte von ihm schreiben durfte: »Das elende Handwerk eines Hofmannes war ihm fremd; Eigennutz und Prachtliebe haßte er gleich stark«, Äußerungen, die lebhaft an die Worte erinnern, die Prinz Heinrich dem alten Zieten widmete: »Was ihn mehr auszeichnete als sein rascher Blick und sein hoher Mut, das waren seine Rechtschaffenheit und Uninteressiertheit und seine Verachtung gegen alle diejenigen, die sich auf Kosten unterdrückter Völker bereicherten.« Überhaupt zeigen diese beiden, neben Blücher und Seydlitz populärsten preußischen Reiterführer eine große Übereinstimmung: Frömmigkeit, Ehrlichkeit, Derbheit. Daneben eine bevorzugte Stellung zu den zwei größten Hohenzollern und das Aussterben ihrer Familie in der nächsten Generation. Auch darin sind sie sich ähnlich, daß beide gute Landwirte, überhaupt gute Wirte waren und etwas vor sich brachten.

Dies führt uns auf Derfflingers *Besitzverhältnisse*. Diese waren die glänzendsten, und Graf Lippe, in seiner trefflichen, an mehr als einer Stelle von mir benutzten Biographie des Helden, durfte von ihm sagen, »daß er zu den märkischen Granden erster Klasse« gehört habe. Seine bloßen jährlichen Gehälter beliefen sich auf etwa 18 000 Taler, die er aus seinen hohen Stellungen als Generalfeldmarschall, Geheimer Kriegsrat, Statthalter von Hinterpommern, Obergouverneur aller Festungen und Oberster dreier Regimenter* zog. Zu diesen Gehältern kam ein bedeutendes Barvermögen und die Revenue von sechs märkischen und vierzehn ostpreußischen Gütern, den sogenannten »Quittainenschen«. Die sechs märkischen Güter waren: Gusow, Platkow, Wulkow, Hermsdorf, Klessin und Schildberg, letzteres 1684

* Diese drei Regimenter waren die folgenden: *Infanterie*regiment Derfflinger, 1200 Mann stark, in Küstrin und Kolberg; *Kürassier*regiment Derfflinger, 600 Mann stark, in der Neumark; *Dragoner*regiment Derfflinger, 720 Mann stark, in Pommern. Das letztgenannte Regiment »Derfflinger-Dragoner« wurde 1683, wohl aus Courtoisie gegen den Alten, nach Berlin gezogen und erhielt seine Stallungen in Nähe des Schönhauser Tores. Daraus entstand später die Dragonerstraße.

käuflich erstanden. Die ostpreußischen oder »quittainenschen« waren: Quittainen selbst, Grünhagen, Mäcken, Skollmen, Matzweissen, Pergusen, Weinings, Groß-Thierbach, Klein-Thierbach, Krönau, Köllming, Greissings, Lägs, Trauten. Dazu kamen zwei Häuser: eins in Königsberg, eins in Berlin, an welch letzterem Ort er auch einen Garten: »Derfflings Weinberg«, vor dem Landsberger Tore, besaß. Auf diesem Weinberge steht jetzt die Bartholomäuskirche. Das Königsberger Haus kam mit anderem Derfflinger-Besitz an den Feldmarschall Hans Albrecht von Barfus. Das vorerwähnte Berliner Haus steht noch, und zwar am Cölinischen Fischmarkt Nummer 4. Es ist das sogenannte d'Heureusesche Haus am Abschluß der Breiten Straße. Derfflinger erhielt es 1683 als Entschädigung für die während des Schwedenkrieges in Holstein rückständig gebliebene Besoldung. Er ließ das alte Gebäude, das er vorfand, niederreißen und das jetzige, seinem hohen Range entsprechend, durch Nering, den Erbauer des Zeughauses, aufführen.*

Derfflinger war zweimal verheiratet, und zwar in erster Ehe, wie bereits eingangs erwähnt, mit Margareta Tugendreich von Schapelow, Erbanwärterin auf das Lehn Gusow, in zweiter Ehe mit Barbara Rosina von Beeren, auf Kleinbeeren und Wilmersdorf.

Aus seiner ersten Ehe mit der Schapelow, die nur von kurzer Dauer gewesen sein kann, ward ihm eine Tochter, aus seiner zweiten Ehe mit der Beeren eine Reihe von Kindern geboren: zwei Söhne und vier Töchter.

Die Namen aller sieben Kinder waren, nach Pauli, die folgenden:

1. Beate Luise (Tochter erster Ehe), geboren 1647. Sie vermählte sich 1674 »der Kriegstroublen halber« ziviliter und

* Diesem Hause, Cöllnischer Fischmarkt 4, war es vorbehalten, am 18. März 1848 noch einmal eine historische Rolle zu spielen, freilich keine, die dem alten Derfflinger gefallen haben würde. Hier sowohl wie in dem gegenüberliegenden Rathause hatten sich die Aufständischen verschanzt und wurden erst nach hartnäckigem Kampf überwunden. Die Verteidiger des Rathauses wurden alle niedergemacht, bis auf den Führer, den sein Mut und seine Geistesgegenwart rettete. Er trat dem Offizier mit offner Brust entgegen und wurde von diesem sofort niedergehauen; so kam er mit dem Leben davon, weil man Anstand nahm, einen Schwerverwundeten zu töten. Im d'Heureuseschen Hause selbst kommandierte der Blousenmann Siegrist, dem die Ernennung des »Mr. Albert, ouvrier« zum Minister der öffentlichen Arbeiten zu Kopf gestiegen war. Er bewies viel Mut, taugte aber nichts und verschwand bald vom Schauplatz.

erst 1677 kirchlich als dritte Gemahlin an Kurt Hildebrand von der Marwitz, der 1700 als Generallieutenant zu Küstrin verstarb.

2. Friedrich Freiherr von Derfflinger, geboren 1662, vermählt mit Ursula Johanna von Osterhausen, erbte den reichen väterlichen Besitz und starb kinderlos 1724 als Generallieutenant.

3. Karl Freiherr von Derfflinger, machte als Volontair den Feldzug gegen die Türken mit und fiel am 25. Juni 1686 vor Ofen.

4. Luise Freiin von Derfflinger. Vermählt mit Joachim Balthasar von Dewitz, brandenburgischem Generallieutenant, Gouverneur der Festung Kolberg, Obersten zu Roß und Fuß.

5. Ämilia Freiin von Derfflinger. Vermählt mit Hans Otto von der Marwitz, brandenburgischem Obersten zu Pferde, Johanniterritter und designiertem Komtur zu Wietersheim.

6. Charlotte Freiin von Derfflinger. Vermählt mit Johann von Zieten, brandenburgischem Generalmajor, Gouverneur der Festung Minden.

7. Dorothea Freiin von Derfflinger. Blieb unvermählt.

Da von den zwei Söhnen Derfflingers der eine vor Ofen blieb, der andere kinderlos starb, so ging Gusow samt Platkow in den Besitz von Seitenverwandten über. General von der Marwitz, Sohn von Kurt Hildebrand von der Marwitz und Enkel des Feldmarschalls Derfflinger, erkaufte dasselbe 1724 aus der Erbschaftsmasse für 130 000 Taler und vererbte es auf eine seiner Nichten, die Frau des Ministers Grafen von Podewils. Durch weitere Vererbung kam Gusow 1804 an die Grafen von Schönburg. Graf Clemens von Schönburg ist der gegenwärtige Besitzer.

Gusow jetzt

Alles in Gusow, oder doch alles Beste, was es hat, erinnert an den alten Derfflinger: Schloß, Park, Kirche.

Das *Schloß*, architektonisch weder schön noch eigentümlich, besteht aus einem corps de logis und zwei langen, rechtwinklig vorspringenden Flügeln, die nun einen Schloßhof bilden. Ein breiter Graben umgibt den Bau nach allen vier Seiten hin, der, mit Hülfe dieser Wassereinfassung, wie auf einer künstlichen Insel liegt. Zwei Brücken führen hinüber. Die Hinterfront gewährt einen Blick in die weiten Anlagen des Parks.

Das Innere, soviel ich in Erfahrung bringen konnte, bietet nichts, was in die Derfflinger-Zeit zurückreichte, vielleicht mit Ausnahme zweier in der Vorhalle postierten Falkonetts. Ein Portrait des Feldmarschalls ist neueren Datums und aus der kunstgeübten Hand eines Mitgliedes der Schönburgschen Familie hervorgegangen. Es ist ein Derfflinger zu Pferde, als Pendant zu einem *Friedrich* von Derfflingerschen Reiterbilde, das sich noch aus alter Zeit her im Schlosse vorfand.*

Der *Park* ist ungewöhnlich groß und neben den schönsten Baumpartien auch reich an jenen gepflegten Rasenplätzen, die die Engländer »Lawn« nennen. Der alte Derfflinger, dem Gusow, wie so vieles andere, auch diesen Park verdankt, war besonders darauf aus, südliche Bäume, Zedern und Zypressen, großzuziehen. Die Zedern, wohl zwanzig an der Zahl, bilden eine Parkpartie für sich, die den Namen »Libanon« führt. Die Hauptzierde aber ist eine mehr denn sechzig Fuß hohe Zypresse, von der es heißt, daß sie der schönste derartige Baum in den Marken sei, ein Prachtstück, das König Friedrich Wilhelm IV. vergeblich bemüht war für Sanssouci zu erwerben. Nach meiner botanischen Kenntnis ist es übrigens keine Zypresse, sondern ein Taxodium.

Die *Kirche* geht in ihren Anfängen weit zurück, Derfflinger aber erweiterte und renovierte sie, und zwar von 1666 bis 1670, nach dem Tode seiner *zweiten* Frau, »seiner seligen, hochadligen, herzliebsten Barbara Rosine von Beeren«,

* Derfflinger-Portraits befinden sich im Potsdamer Stadtschloß, im Feldmarschallssaal des Kadettenhauses und im Besitz Seiner Kaiserlich-Königlichen Hoheit des Kronprinzen. Ein viertes (ebenfalls ein Derfflinger zu Pferde) befand sich in der Spandauer Straße, im »Pötterschen Hause«, Ecke der Parochialstraße. Graf Lippe, dem ich diese Notiz entnehme, spricht die Vermutung aus, daß es aus dem Stadtschlosse des Feldmarschalls Freiherrn von Sparr, der in der genannten Straße ein jetzt zum Hauptpostamt gehöriges Haus besaß, hierher gelangt sein könne. Neben diesen Ölbildern kommen ein im Kupferstichcabinet befindlicher Stich und eine vom kurfürstlichen Medailleur Höhn herrührende, schon Seite 205 erwähnte Medaille in Betracht. Sie wird in der Königlichen Medaillensammlung aufbewahrt und wurde vom Historienmaler Professor Kretschmer für sein bekanntes Ölgemälde »Landung des Großen Kurfürsten auf Rügen« benutzt. Der weiße Dragonerrock Derfflingers befindet sich im Königlichen Zeughause.

wie wir einer hinter dem Altar befindlichen Inschrift entnehmen können. Diese Inschrift lautet:

»Der Fürstlichen Durchlaucht von Brandenburg Geheimer Kriegsrat, Statthalter in Pommern, Generalfeldmarschall, Obergouverneur über alle Dero Festungen und Oberster zu Roß und Fuß, Ich, George Freiherr von Derfflinger, Herr auf Gusow, Platkow usw., als Patronus dieser Kirche, habe dem lieben Gott zu Ehren Anno 1666 angefangen, nach dem Tode meiner seligen hochadligen Ehehälfte Barbara Rosina von Beeren, diese Kirche, welche vor diesem sehr klein, unsauber und unordentlich war, aus meinen eigenen Mitteln zwanzig Schuh ins Best* zu verlängern, und ein Begräbnisgewölbe, neuen Altar, Kanzel, Chöre, Fenster, Türen, Leichenhalle und Stühle, alles neu verfertigen lassen, und ist solcher Kirchenbau mit der Malerei vollends Anno 1670 geendigt worden. Pfarrer ist zu dieser Zeit Salomon Sannovius, aus Münchberg bürtig. Gott erhalte diese Kirche und behüte sie vor Krieg und Feuersbrunst, und gebe, daß sein heiliges Wort darin lauter und unverfälscht gepredigt und die heiligen Sakramente nach Christi Einsetzung administrieret werden bis zum lieben Jüngsten Tag.«

Rechts und links vom Altar befinden sich Kirchenstühle mit den Wappen folgender Familien: von Schapelow, von Berfelde, von Rilicher, von Promnitzer, von Stosch, von Haubitz, von Loeben, von Hacke, von Redern, von Schulenburg, von Roebel, von Wenkstern. An andrer Stelle die Kriegs- und Gedenktafeln.

Von eigentlichen Sehenswürdigkeiten innerhalb der Kirche verbleiben noch das *Grabmonument* und das *Grabgewölbe.*

Das *Grabmonument* – ein trophäenartig aufgebautes Epitaphium – wurde durch Friedrich von Derfflinger dem Andenken seines Vaters errichtet. Es hebt sich von einer gemalten Wappendecke ab und muß ehedem sehr prächtig gewesen sein. Den Mittelpunkt bildet ein Steinsarkophag, in dessen flacher Vertiefung der Derfflingersche Feldmarschalls-

* So find ich in dem Derfflinger-Aufsatze Graf Lippes, der seinerseits eine beglaubigte Kopie Pastor Baltzers in Gusow benutzte. Weshalb ich mir auch keine Änderung erlaubt habe. Täuscht mich indessen mein Gedächtnis nicht, so muß es heißen: »zwanzig Schuh *ins Licht* zu verlängern«. Ein Gebäude hat soundso viel Fuß »im Lichten«, im Gegensatz zu dem Gebäudebrutto, wo die Dicke der Mauer mitgerechnet wird.

stab liegt. Er ist, wurmstichig, in zwei Teile zerfallen; an beiden Teilen der Sammet abgerissen und nur die vergoldeten Nägel noch sichtbar, die früher den Sammet hielten. *Über* dem Sarkophag erhebt sich die schon erwähnte Derfflinger-Büste: ausdrucksvolles Gesicht; ziemlich mager; die einzelnen Teile, mit Ausnahme der prononcierten Nase, eher klein als groß. Dazu langes, lockiges Haar und kleiner Schnurr- und Kinnbart. Einiges, das hierin von Paulis auf Seite 197 gegebener Schilderung abweicht, ist auf den Unterschied der Jahre zurückzuführen. Über der Büste ein schwebender Engel, dessen rechte Hand leider abgebrochen ist. Unter dem Sarkophage die Grabschrift, die neben Namen, Titel, Würden und Besitzungen zugleich auch Zeit und Ort seiner Geburt und seines Todes gibt. – Dies ist das eigentliche Epitaphium. Zu seiner weiteren Dekoration dienen zwei Standarten, die, divergierend gestellt, nach rechts und links hin über den Sarkophag hinausragen. Beide sind von gleicher Beschaffenheit: die blauseidenen Fahnentücher mit Fransen und Quasten geschmückt. Ihr Emblem besteht in einem nach außen gerichteten Arm, der ein Schwert führt, und darunter eine Flamme. Am oberen und rechtsseitigen Rande liest man in großen lateinischen Buchstaben: »Agere aut pati fortiora.« Nach allem ist anzunehmen, daß es *Dragoner*standarten waren, vielleicht von Derfflingers eigenem Regiment. Über ihre brandenburgische Zugehörigkeit lassen die metallenen Fahnenspitzen keinen Zweifel. Die eine zeigt in zierlich durchbrochener Arbeit einen einköpfigen Adler mit der kurfürstlichen Krone, die andre die Chiffre F. III. (Friedrich III.) und darüber die gleiche Krone.

Das *Grabgewölbe* Derfflingers befindet sich unter dem Altar. Eine Falltür führt hinab, aber sie pflegt sich keinem Besucher mehr zu öffnen. Diese Maßregel wurde nötig infolge von Unbilden, denen die irdischen Überreste des alten Helden durch viele Jahre hin ausgesetzt waren. Er lag, so hört ich, ein volles Jahrhundert lang in seiner Gruft, ohne daß sich Freund oder Feind um ihn gekümmert hätte. Erst als vor vierzig oder fünfzig Jahren der Sinn für das Heimische lebendig zu werden begann, kamen Reisende von nah und fern, die den alten Derfflinger sehen wollten. Ja, mit der Zeit wurd es Mode, neben dem schönen Gusower Park auch die

Gruft des alten Feldmarschalls zu besuchen. Eine Mischung von Frivolität und Kuriositätenkrämerei fing an ihr Spiel zu treiben, und eh ein Dutzend Jahre um war, lag der alte Feldmarschall, wie von Kroaten geplündert, in seinem halb erbrochenen Sarge, nur noch mit zwei großen Reiterstiefeln angetan, die man ihm wohl oder übel gelassen hatte. Dagegen mußte schließlich Remedur geschafft und der Sarg vor profaner Neugier oder Schlimmerem geborgen werden. So wurde denn der Tote samt der zerbrochenen Sargkiste, darin er lag, in einen schweren Eichensarg gesetzt und der Deckel ein für allemal geschlossen. (Nach Aussagen solcher übrigens, die bei dieser Umbettung ihn sahen, wäre seine frühere Kleidung: einfaches Wams und schwarze Hosen, noch sehr wohl erkennbar gewesen.)

Mit Worten Paulis aber, des ersten Derfflingerschen Biographen, nehmen wir Abschied von unsrem Helden: »Er erreichte das höchste Alter in höchsten Ehren. Das Alter allein hat keinen Anspruch auf unsere Ehrerbietung, aber wo wir Weisheit und den Sieg der Vernunft über Leidenschaft und Vorurteil mit ihm gepaart finden, da wird es uns ehrwürdig und liebenswert. Alles dies verband Derfflinger mit einer ungeheuchelten Gottesfurcht. Er unterhielt dieselbe durch Johann Arnds ›Wahres Christentum‹, das er sich fleißig vorlesen ließ. Unschuld und fromme Sitte bereiteten ihn sein Leben lang auf jenen Augenblick des Todes vor, der ein Schrecken der Gottlosen, aber die Zuversicht und der Frieden der Frommen ist.«

SCHLOSS FRIEDERSDORF

Ich kenne die Türme, die Zinnen,
Die steinerne Brücke, das Tor.

In der Nähe von Gusow liegt Friedersdorf, seit Ende des siebzehnten Jahrhunderts im Besitze der Familie von der Marwitz.*

Vom Städtchen Seelow aus erreicht man es in einer Viertelstunde. Die Landschaft ist reizlos, im wesentlichen auch das Dorf, und erst in der Mitte desselben, wo wir die Parkbäume, die bis dahin den Hintergrund des Bildes bildeten, in einem flachen, weit gedehnten Teiche sich spiegeln und die weißgrauen Wände des Schlosses durch das ziemlich dichte Laubwerk hindurchschimmern sehen, wird es uns leichter ums Herz. Und jetzt noch eine Biegung, und durch eine von zwei Obelisken gebildete Einfahrt hin führt uns unser Weg bis vor die gastlich geöffnete Tür.

Das Friedersdorfer Herrenhaus ist so recht das, was unsere Phantasie sich auszumalen liebt, wenn wir von »alten Schlössern« hören. Die Frage nach dem Maß der Schönheit wird gar nicht laut; alles ist charaktervoll und pittoresk, und das genügt. Auch hier. Die Front- und Seitengiebel sind staffelförmig mit Türmchen besetzt, und die hohen und deshalb schmal erscheinenden Fenster mit ihren desto breiteren Pfeilern dazwischen steigern nur den Eindruck des Eigentümlichen und geben ein Ansehen von Halt und Festigkeit. Rosenbäume wachsen über die Glastür hinaus, die von der Halle her in Park und Garten führt, vor der Front des Hauses aber, inmitten eines von Kieswegen umzirkten und von mächtigen alten Kastanien überschatteten Grasplatzes, stehen ein paar gußeiserne Böller und mahnen an den kriegeri-

* Wie diese Familie zu den ältesten der Mark gehört, so ist es ihr auch vorbehalten gewesen, durch drei Generationen hin, ihren Namen mit unserer Landesgeschichte zu verweben und zum Ruhme derselben beizusteuern. In 150 Jahren gingen mehrere hundert Offiziere aus ihr hervor, darunter acht Generale. Nur wenigen Familien (fünf) war es vergönnt, die Marwitze nach dieser Seite hin zu überflügeln; die Kleist weisen vierzehn auf, die Schwerin elf, die von der Goltz zehn, die Bork und die Bredow neun.

schen Geist, der hier durch viele Generationen hin lebendig war.

Wir betreten das Haus und verwundern uns über seine Raumfülle. Das macht, es stammt noch aus jener vornehmen Zeit her, wo man die vorhandene Gesamträumlichkeit in wenige imposante Gemächer teilte, statt sie wie jetzt in zahllose Stuben und Stübchen hotelartig zu verzetteln. Die Baumeister waren damals noch bei keinen Hauswirten in die Schule gegangen und hatten noch nicht gelernt, der trivialsten Ökonomie die Schönheit und Stattlichkeit der Verhältnisse zu opfern. Es war noch die Epoche der Treppen und Korridore, die Zeit der Renaissance.

Die Halle des Hauses nimmt uns auf, und zahlreiche Familienportraits blicken auf uns nieder, als stattlichstes unter ihnen ein Portrait über dem Kamin: Es ist das überlebensgroße Bildnis des alten Generallieutenants von Görtzke, des sogenannten »Paladins des Großen Kurfürsten«, der im Jahr 1652 Schloß Friedersdorf erstand, es renovieren ließ und in ihm verstarb. Wie derselbe lebenslang neben Derfflinger gestanden und den Ruhm des alten Feldmarschalls geteilt hatte, so fand er sich auch schließlich wieder auf nachbarlicher Scholle mit ihm zusammen.

Dieses Bildnis über dem Kamin interessiert uns aus mehr als einem Grunde. Ganz geharnischt, den Kommandostab in der Rechten, die leichte Feldbinde um den Hals, so steht der Alte da. Sein Helm ruht neben ihm auf einem Felsenvorsprung, und das lange Haar fällt dunkel und beinah lockig herab. Finsterer Ernst und kalte Bestimmtheit sprechen aus seinen Zügen. Es knüpft sich ein anekdotischer Hergang an dieses Bild, charakteristisch für den Mann und die Zeit und vielleicht auch für die Stellung, die die schönen Künste damals in brandenburgischen Landen einnahmen. Görtzke war bei Lützen schwer verwundet worden und hinkte seitdem; sein linker Fuß war zu kurz geheilt, und eine dicke, handhohe Holzsohle mußte wiedergutmachen, was das Unglück oder das Ungeschick des Arztes verschuldet hatte. Es scheint, daß er sich an diesen Holzfuß nicht gern erinnern ließ oder eine Vorstellung von der Pflicht des Idealisierens hatte, die dem romantischsten Vertreter der ehemaligen Düsseldorfer Schule Ehre gemacht haben würde. Als der Maler ihm das Bild brachte, fiel Görtzkes Auge zuerst auf die Holzsohle, die natürlich nicht fehlte, und im Unmut über den gewissenhaften Realisten warf er ihn die Treppe hinunter. Eine kaum minder empfindliche Strafe folgte: Görtzke behielt das Bild und verweigerte die Zahlung.

Das lebhafte Interesse, das wir zeigen, führt zu der Mitteilung, daß noch ein *zweites* Bild des alten Paladin, ein Grabsteinbild, vorhanden sei, und diesem zweiten Bildnisse durch die Kiesgänge des Parkes hin nachgehend, blicken wir alsbald in eine Dorfkirche hinein, die sehr wahrscheinlich in märkischen Landen nicht ihresgleichen hat. Ein Zusammenwirken von Umständen war nötig, um eine Ausschmückung wie diese zu schaffen: *lang andauernder Besitz und ein Herz für Kunst und Kirche.* Saubere Pfeiler von braunem Eichenholz tragen die weit vorspringenden Emporen, und allerhand Bilder und Inschriften umziehen die Brüstung derselben. Überall treten aus dem alten Mauerwerke Grabmonumente hervor, und Portraits, Sarkophage, Büsten und symbolische Figuren leihen diesem Kircheninneren etwas von dem Schönheitlichen und beinah heiter Anregenden eines Museums. Was den Eindruck dieser künstlerischen Heiterkeit noch steigert, ist das Vorherrschen der Farbe oder doch ihr glückliches Sichvermählen mit dem Weiß des Marmors. Steinerne Grabmonumente wecken oft mehr Schauer als Erhebung, hier aber werden die weißen Marmorgruppen zu bloßen Umrahmungen für die Bilder, die nun den Sieg über den kalten Marmor und die noch kältere Symbolik davontragen. Der Saturn wird zum gemütlichen Alten, wenn er ein Medaillonbild in Händen hält, das in allen Farben des Lebens lacht.

Unter solchen Betrachtungen sind wir das Mittelschiff hinaufgeschritten und werden nunmehr, unmittelbar zur Linken des Altars, jenes Görtzkeschen Steinbildes gewahr, das zunächst Veranlassung zu unserem Kirchenbesuche gab. Neben ihm, in gleicher Höh und Größe, ist das Reliefbild seiner Gemahlin, einer geborenen von Schlieben, in den Wandpfeiler eingelassen. Beide Grabsteine lagen früher an anderer Stelle, unmittelbar über der Gruft, und erst bei Renovierung der Kirche hat man sie aufgerichtet und ihnen den Ehrenplatz neben dem Altar gegeben. Vergleicht man dieses Steinbild des alten Görtzke mit seinem Ölportrait in der Halle, so bemerkt man allerdings Verschiedenheiten. Der Klumpfuß und die Krücke zeigen sich auch hier; ebenso tritt einem etwas typisch Märkisches im Ausdruck des Kopfes entgegen. Aber hiermit sind auch die Ähnlichkeiten erschöpft, und Wohlwollen, Heiterkeit und Bonhommie präsentieren sich anstelle des Herb-Martialischen, das unverkennbar aus dem Ölbilde spricht.

Ein kurzer Lebensabriß des »Paladin« möge zunächst hier seine Stelle finden.

Joachim Ernst von Görtzke,

ein Sohn Joachims von Görtzke und der Elisabeth von Wichmannsdorf, wurde den 11. April 1611 zu Bollersdorf in der Mittelmark geboren. Er war Page bei der Prinzessin Marie Eleonore, Schwester des Kurfürsten Georg Wilhelm, und folgte dieser, bei Gelegenheit ihrer Vermählung mit Gustav Adolf, in gleicher Eigenschaft nach Schweden hinüber. Das war 1620. Drei Jahre später ward er Page beim König selbst und machte von 1626 bis 1628 den Feldzug in Preußen mit, zu welchem Behuf er als Soldat in die königliche Leibwache trat. In dieser stand er noch, als Gustav Adolf im Sommer 1630 an der pommerschen Küste landete. Bald nach der Leipziger Schlacht (1631) avancierte Görtzke zum Offizier, focht im folgenden Jahre mit bei Lützen und empfing jene schwere Verwundung, deren ich, bei Besprechung seines Portraits über dem Kamin der Friedersdorfer Halle, bereits erwähnt habe. Kaum wiederhergestellt, ward ihm, in dem Reiterregimente des schwedischen Generalmajors Adam von Pfuel, eine Rittmeisterstellung angeboten. Görtzke nahm an, machte den »Pfuelschen Zug« mit und stieg bald danach zum Oberstwachtmeister, zum Oberstlieutenant auf, nachdem er sich 1636 bei Wittstock gegen General Hatzfeld und 1642 in der zweiten Schlacht bei Leipzig gegen Piccolomini ausgezeichnet hatte.

Bis hierher fehlt es an Einzelheiten. Aber von 1644 an wird seiner im besonderen und gelegentlich mit einer gewissen Ausführlichkeit erwähnt. Torstenson, als er nach Jütland aufbrach, hatte den erst Dreiunddreißigjährigen zur Verteidigung Schlesiens und Mährens zurückgelassen und ihn mit dem Oberbefehl über elf feste Plätze betraut. In dieser Stellung bewies er sich als einen würdigen Schüler Gustav Adolfs und zeigte neben dem Mute des Soldaten zugleich auch die Klugheit und Gesinnung eines protestantischen Feldherrn. Er rief die von ihren Kanzeln vertriebenen Geistlichen wieder zurück, besetzte die vakant gewordenen Stellen und stellte, soweit seine Macht reichte, den lutherischen Gottesdienst wieder her. In allem fand er so sehr die Zustimmung des Stockholmer Hofes, daß ihm – auch wohl, um sich seiner ferneren Dienste zu versichern – der Befehl über eins der schwedischen Reiterregimenter übertragen wurde. Diesem Regimente stand er während der letzten Kriegsjahre vor. Aber unmittelbar nach der Friedensunterzeichnung nahm er den Abschied und zog sich auf seine märkischen Güter zurück. Erst 1656, zwei Jahre nach seiner Vermählung mit Lucia von Schlieben, trat er wieder in Dienst, diesmal in *kurbrandenburgischen*, und beteiligte sich im selbigen Jahre noch an dem Kriege gegen Polen (dreitägige Schlacht bei Warschau), dann aber, in hervorragender Weise, an den durch fast drei Jahrzehnte sich hinziehenden Kämpfen mit Schweden und Frankreich.

1672, mittlerweile zum General aufgerückt, stand er als Chef und Inhaber an der Spitze *dreier* Regimenter des brandenburgischen Heeres. Dieses selbst aber hatte zu genannter Zeit, nach Paulis Angaben, folgende Zusammensetzung:

Fußvolk

Feldzeugmeister von der Goltz	1600 Mann
Generallieutenant der Infanterie Graf Dohna	1400 "
Generallieutenant der Kavallerie von Kannenberg	800 "
Generallieutenant der Infanterie Prinz von Holstein	1500 "
Generallieutenant der Infanterie von Götz . .	1000 "
Generalmajor der Leibgarde von Pöllnitz . .	3000 "
Generalmajor von *Görtzke*	500 "
Generalmajor von Spaan	1000 "

Generalmajor von Eller	300	Mann
Generalmajor von Pfuel	500	"
Generalmajor von Schwerin	1000	"
Generalmajor La Sare	1000	"
Oberst von Schöning	1400	"
Oberst Förgel	1400	"
Oberst von Pöllnitz	500	"
	16 900	Mann

Reiterei

Feldmarschall Fürst von Anhalt	600	Mann
Feldmarschall von Derfflinger	600	"
General der Reiterei Prinz von Homburg	600	"
General der Kavallerie von Kannenberg	600	"
Generalmajor von *Görtzke*	600	"
Generalmajor von Spaan	600	"
Generalmajor von Eller	600	"
Generalmajor von Pfuel	600	"
Generalmajor d'Espence	800	"
Oberst von Mörner	600	"
	6200	Mann

Dragoner

Feldmarschall von Derfflinger	400	Mann
Generalmajor von *Görtzke*	200	"
Oberst von Kanitz	500	"
Oberst von Schlieben	500	"
	1600	Mann

Total: über 24 000 Mann.

1674 war Görtzke mit am Oberrhein, ward am folgenden Neujahrstage zum Generallieutenant erhoben und focht in allen Bataillen der nun folgenden Jahre. Nirgends glänzender als in Ostpreußen während des Winterfeldzuges von 1679. Er war, während der Kurfürst seine Streitkräfte sammelte, mit 3000 Mann vorausgeschickt worden, um das durch 16 000 Schweden unter General Horn bedrohte Königsberg zu decken. Dieser schwierigen Aufgabe scheint er sich mit besonderem Geschick unterzogen zu haben. Als er in Königsberg eintraf, waren die Schweden schon diesseits des

Njemen. Ihnen eine Schlacht zu bieten, dazu war er numerisch zu schwach. Er vereinigte sich deshalb mit der etwa 4000 Mann starken ostpreußischen Landmiliz und nahm eine gute Stellung bei Wehlau, von der aus er durch einen unausgesetzten Scharmützelkrieg den Feind zu beschäftigen und an einem ernsten Vorgehn zu hindern trachtete. Er erreichte jedoch seinen Zweck nur halb. Die Wehlauer Stellung, weil alle Wässer mit Eis bedeckt waren, war auf die Dauer nicht zu halten, und Görtzke mußte sich auf Königsberg zurückziehen, zu dessen Entsatz der Kurfürst jeden Tag erscheinen konnte. Als dies geschah, ergriff Görtzke ungesäumt die Offensive wieder und leitete durch den Übergang über das zugefrorene Frische Haff jene berühmt gewordene Verfolgung ein, die mit der Vernichtung des schwedischen Heeres endigte. Über diese Verfolgung selbst hab ich in dem Kapitel »Tamsel« ausführlicher berichtet.

Der Friede von St-Germain machte diesen Kriegswirren ein Ende, und Görtzke zog sich nunmehr ruhebedürftig in seine Statthalterschaft Küstrin zurück. In nächster Nähe lagen seine Güter und gestatteten ihm Besuch und Aufenthalt. Um diese Zeit war es auch, daß er, lange vor seinem Hinscheiden, sich einen Sarg anfertigen ließ, den er mit der Standhaftigkeit eines hoffenden Christen zu betrachten liebte. Den 27. März 1682 starb er, seines Alters im zweiundsiebzigsten, und ward einen Monat später, am 27. April, von Küstrin aus nach Friedersdorf in seine Gruft übergeführt. Hans Otto von der Marwitz hat ihm die Standrede, Garnisonprediger Johann Heinrich Grunelius die Leichenrede gehalten.

Aus seiner Ehe mit der Lucie von Schlieben waren ihm drei Töchter: Maria Elisabeth, Barbara und Lucie Hedwig, geboren worden. Die mittlere (Barbara) starb jung, während sich die älteste mit dem anhalt-zerbstischen Hofmarschall Johann Georg von der Marwitz, die jüngste mit dem brandenburgischen Obersten und Kommandanten von Küstrin, Ulrich von Lüderitz, vermählte.

Der »alte Paladin« selbst aber muß im Rat und Herzen seines Kurfürsten in hohem und besonderem Ansehn gestanden haben.

Dennoch gebricht es an Erinnerungsstücken an ihn, auch

die Tradition schweigt, und alles, was die Stätte seines Heimganges von ihm aufweist, ist das Schloß, das er sich schuf, und die beiden Bildnisse, die seine Züge der Nachwelt überliefert haben.

Soviel über den »Paladin«. Aber zurücktretend von seinem Bilde, werden wir bei weiterer Umschau gewahr, daß *andere* jetzt an dieser Stelle zu Hause sind. Den Marwitzen gehört das Feld. Und vor allem auch diese Kirche. Von rechts her Gestalten und Inschriften, die der Epoche *vor* dem Siebenjährigen Kriege zugehören, von links her die Namen und Bildnisse derer, die *seitdem* gekommen und gegangen sind.

Da sind zunächst (zur Rechten) die Bildnisse Hans Georgs und seiner zwei Frauen, Medaillonportraits, deren eines träumerisch und wehmutsvoll aus dem weißen Kopftuche hervorblickt. Da sind, an derselben Stelle, die Monumente seiner beiden Söhne, von denen der eine, voll Eifer für die Wissenschaften, jung und unvermählt verstarb, während der andere (August Gebhard) in die Armee trat und, als Gardecapitain den Dienst quittierend, seine Tage auf Friedersdorf beschloß.

Von diesem August Gebhard von der Marwitz, dem Urgroßvater des gegenwärtigen Besitzers, existieren noch ein paar Überlieferungen, die hier Platz finden mögen, weil sie ein anschauliches Bild von dem Leben geben, das ein märkischer Edelmann vor den Tagen des Siebenjährigen Krieges zu führen pflegte.

August Gebhard lebte noch völlig als Patriarch. Die Bauern fürchteten sein grimmiges Ansehen und vermieden ihn lieber, als daß sie ihn suchten. Er war etwa der »Soldatenkönig im kleinen«, und das bekannte »Lieben sollt ihr mich« ward auch hier mit dem spanischen Rohr auf die Rücken geschrieben. Von besonderer Wichtigkeit war der sonntägliche Kirchgang. In vollem Staat, gefolgt von Frau und Kindern, erschien dann der alte Gardecapitain auf seinem Chor und teilte seine Aufmerksamkeit zwischen dem Prediger und der Gemeine. Sein kontrollierender Blick war über dem Ganzen. Ein eigens bestallter Kirchenvogt mußte aufmerken, wer von den Bauern ausgeblieben war, von denen jeder, der ohne triftige

Ursache fehlte, an seinem Beutel oder seinem Leibe bestraft wurde. Dabei war August Gebhard ein Lebemann. Sein Haus stand gastlich offen, und in heiterer Gesellschaft vergingen die Tage. Man aß von silbernem Geschirr, und eine zahlreiche Dienerschaft wartete auf. Der Sommer gehörte dem Leben auf dem Lande, aber der Winter rief alles nach Berlin. In einem mit sechs Hengsten bespannten Wagen brach man auf, und ein Läufer in voller Livrée lief vor dem Zuge her. Auch in Berlin machte August Gebhard ein Haus; vornehme Gesellschaft ging aus und ein, angezogen durch den feinen und geistreichen Ton seiner zweiten Gemahlin, einer geborenen von der Goltz. Das Weihnachtsfest führte die Familie auf kurze Zeit nach Friedersdorf zurück, bis mit dem herannahenden Karneval der Läufer und die sechs Hengste wieder aus dem Stall mußten.

Das waren die Zeiten August Gebhards. Die kommenden Jahre trugen von allen Seiten her Verwüstung in das Land und zerstörten die Wohlhabenheit, die die gesunde Basis dieses patriarchalischen Lebens war. August Gebhard starb 1753. Er hinterließ drei Söhne, von denen wir jedem einzelnen, statt der Verwirrung stiftenden Vornamen, lieber ein bezeichnendes Beiwort geben wollen. So nennen wir denn den ältesten den *Hubertsburg*-Marwitz, den zweiten den *Hochkirch*-Marwitz, den dritten aber, der nicht Gelegenheit fand, im Kriege sich auszuzeichnen, einfach nach seinem Titel den *Kammerherrn* Marwitz. Von jedem mögen hier ein paar Worte stehen.

Der *Hubertsburg*-Marwitz (Johann Friedrich Adolf) war 1723 geboren. Er trat in das Regiment Gensdarmes und avancierte von Stufe zu Stufe. Er war ein sehr braver und in großer Achtung stehender Soldat, ein feiner und gebildeter Weltmann, ein Freund der Literatur und der Kunst. Der große König schätzte ihn hoch, besonders auch, weil er das Regiment Gensdarmes fast den ganzen Siebenjährigen Krieg hindurch, statt des eigentlichen Kommandeurs, Grafen von Schwerin, mit dem größten Sukzeß geführt hatte. Bei Zorndorf war er mit unter den Besten gewesen.

So kam das Jahr 1760. Der König hatte nicht vergessen, daß

es sächsische Truppen gewesen, die das Jahr vorher Schloß Charlottenburg geplündert hatten, und voll Begier nach Revanche gab er beim Einrücken in Sachsen sofort Befehl, Schloß Hubertsburg – dasselbe, das später durch den Friedensschluß berühmt wurde – zu zerstören. Das Mobiliar des Schlosses sollte dem plündernden Offiziere zufallen. Der Befehl zur Ausführung traf unsern Marwitz, der damals Oberst war. Dieser schüttelte den Kopf. Nach einigen Tagen fragte ihn der König bei Tisch, ob Schloß Hubertsburg ausgeplündert sei. »Nein«, erwiderte der Oberst. Eine andere halbe Woche verging, und der König wiederholte seine Frage, worauf dieselbe lakonische Antwort erfolgte. »Warum nicht?« fuhr der König auf. »Weil sich dies allenfalls für Offiziere eines Freibataillons schicken würde, nicht aber für den Kommandeur von Seiner Majestät Gensdarmes.« Der entrüstete König stand von der Tafel auf und schenkte das Mobiliar des Schlosses dem Obersten Quintus Icilius*, der bald darauf alles rein ausplünderte.

Bei allen Revuen nach dem Frieden war nun der König immer höchst unzufrieden, andere Offiziere wurden dem tapfern Gensdarmenobersten vorgezogen, und Marwitz forderte seinen Abschied. Der König verweigerte ihn. Neue Kränkungen blieben indes nicht aus, und Marwitz kam abermals um seine Entlassung ein. Keine Antwort. Da tat Johann Friedrich Adolf keinen Dienst mehr und blieb ein ganzes Jahr lang zu Hause. Nun lenkte der König ein und versprach ihm das nächste vakante Regiment. Aber vergeblich. Er ließ antworten: er habe so gedient, daß er sich kein passe-droit brauche gefallen zu lassen; was geschehen sei, sei geschehen und könne kein König mehr ungeschehen machen. Zugleich forderte er zum drittenmal seinen Abschied und erhielt ihn nun (1769).

Er war damals erst sechsundvierzig Jahre alt. Das Ende seines Lebens entsprach nicht dem ruhmreichen Anfang. Aller regelnden Tätigkeit und jener wohltätigen Disziplin, die der »Dienst« auf die Kräfte und Leidenschaften starker

* Nach dem Kriege wurde Quintus Icilius (eigentlich Guichard, aus einer Refugiésfamilie) oft zur königlichen Tafel gezogen. Der König fragte einst über Tisch hin: »Was hat Er denn eigentlich mitgenommen, als Er das Schloß des Grafen Brühl plünderte?«, worauf Quintus Icilius replizierte: »Das müssen Ew. Majestät am besten wissen, *wir haben ja geteilt.*«

Naturen ausübt, überhoben, verfiel er einem glänzenden Müßiggange, den er nunmehr mit derselben Konsequenz und Energie wie früher seine soldatischen Tugenden durchführte. Den größten Teil des Tages verbrachte er beim Spiel. Kam er nach Friedersdorf, so war er sicher von seiner »Partie« begleitet. Unter der großen Linde, welche hinter dem Hause im Garten steht, hatte er sich eine Laube einrichten lassen. Dort saß er schon am Morgen und spielte. Dann wurde mit großem Aufwande getafelt, viel und gut und lange getrunken, bis der Abend die Beschäftigung des Morgens wieder aufnahm. Er besaß eine höchst wertvolle Bibliothek, die sich noch jetzt im Friedersdorfer Schloß befindet. Alle diese Bücher hatte er, partienweise, dem Quintus Icilius im Spiel abgewonnen und sich dadurch nachträglich und auf dem Wege Rechtens in Besitz *derselben Bibliothek gesetzt*, deren Fortführung aus Schloß Hubertsburg er, als unwürdig eines Marwitz und Obersten der Gensdarmes, verweigert hatte. Dieser Johann Friedrich Adolf, oder der Hubertsburg-Marwitz, wie wir ihn genannt haben, starb 1781. Die Friedersdorfer Kirche bewahrt sein Andenken durch einen Grabstein, auf dem wir die Worte lesen: »Johann Friedrich Adolf. Er sah Friedrichs Heldenzeit und kämpfte mit ihm in allen seinen Kriegen. *Wählte Ungnade, wo Gehorsam nicht Ehre brachte.*«

Sein jüngerer Bruder war der *Hochkirch*-Marwitz (Gustav Ludwig). Er diente ebenfalls im Regiment Gensdarmes und focht bei Hochkirch mit solcher Auszeichnung, daß er, unmittelbar nach der Schlacht, vom Rittmeister zum Major avancierte und den Pour le mérite erhielt. Er ist nicht zu verwechseln mit dem Quartiermeister von der Marwitz, dessen Name in noch glänzenderer Weise mit der verhängnisvollen Nacht von Hochkirch verwoben ist. Dieser letztere von der Marwitz, mit der Friedersdorfer Linie nur weitläufig verwandt, weigerte sich bekanntlich, das Lager, das einen Überfall gleichsam herauszufordern schien, an der angewiesenen Stelle abzustecken, und erhielt dafür nicht nur keinen Pour le mérite, sondern fiel in Ungnade. Er starb bereits im folgenden Jahre 1759. »Son mérite et ses services seraient oubliés, si ce monument n'en conservait la mémoire«, so schrieb Prinz Heinrich unter den Namen *dieses* Marwitz (des Quartiermeisters) und reihte denselben unter die Namen ein, die den Sockel des großen Rheinsberger Obelisken in goldner Schrift umziehen. *Unser* Hochkirch-Marwitz aber stieg von Stufe zu Stufe, kommandierte das altmärkische Kürassierregiment, das zu Salzwedel lag, und starb erst 1797 als Generallieutenant. Die Friedersdorfer Kirche erwähnt seiner nicht.

Der dritte und jüngste Bruder war der *Kammerherr* Marwitz (Bernd Friedrich August). Sein Leben verlief ohne historische Momente, ohne Taten nach außen. Kurz vor seinem Tode ward er als interimistischer Intendant an die Spitze der Königlichen Schauspiele berufen. Die Memoiren seines Sohnes äußern sich bei dieser Gelegenheit: »Der Ärger über das scheußliche Komödiantenvolk, mit dem er verkehren mußte, vorzüglich aber die unvermeidlichen Erkältungen während der Vorstellungen gaben ihm den letzten Stoß.« Er starb 1793. Seine Gedenktafel in der Friedersdorfer Kirche fügt seinem Namen einfach die Worte hinzu: »Grad, bieder, rechtschaffen.« So war er. Es war ihm nicht gegeben, zum Ruhme seiner Familie durch andere als durch stille Taten beizusteuern, aber was *ihm* versagt blieb, wurde seinen drei Söhnen um so reichlicher gewährt. Diese drei Söhne waren: August Ludwig, Alexander und Eberhard. Nur dem Namen des Ältesten begegnen wir in der Friedersdorfer Kirche. Über der Eingangstür, in ziemlicher Höhe, befindet sich ein reicher, in drei Felder geteilter Goldrahmen, in dessen Mittelfeld wir das Bildnis August Ludwigs von der Marwitz, rechts und links aber die Bildnisse seiner beiden Frauen erblicken. Besonders das Bildnis seiner ersten Frau, einer geborenen Gräfin Brühl, zeichnet sich durch einen Ausdruck gewinnender Liebenswürdigkeit aus und prägt sich dem Gedächtnis des Beschauers ein.

Über den Charakter und reichen Lebensinhalt dieses für die Entwickelungsgeschichte unseres Vaterlandes bedeutungsvollen Mannes sprech ich nunmehr ausführlicher in dem folgenden Kapitel.

Friedrich August Ludwig von der Marwitz

Er hat's verschmäht, sich um den Kranz zu mühen,
Den unsre Zeit, die feile Modedirne,
Geschäftig flicht für jede flache Stirne –
Er sah nach oben, wo die Sterne blühen.

Die Marwitze haben dem Lande manchen braven Soldaten, manchen festen Charakter gegeben, keinen aber braver und fester als Friedrich August Ludwig von der Marwitz, dessen Auftreten einen Wendepunkt in unserem staatlichen Leben bedeutet. Erst von Marwitz' Zeiten ab existiert in Preußen ein politischer *Meinungs*kampf. Das achtzehnte Jahrhundert mit seinem rocher de bronce hatte hierlandes überhaupt keinen Widerstand gekannt, und die Opposition, die während der drei vorhergehenden Jahrhunderte, von den Tagen der Quitzows an bis zum Regierungsausgange des Großen Kurfürsten, oft ernsthaft genug hervorgetreten war, war immer nur eine Opposition des Rechts oder der Selbstsucht gewesen. Ein *Ideen*kampf auf politischem Gebiete lag jenen Tagen fern. Das geistige Leben der Reformationszeit und der ihr folgenden Epoche bewegte sich innerhalb der *Kirche*. Erst die Französische Revolution schuf politisch-freiheitliche Gedanken, und aus der Auflehnung gegen den siegreichen Strom derselben, aus dem ernsten Unternehmen, Idee mit Idee und geistige Dinge mit geistigen Waffen bekämpfen zu wollen, gingen wahrhaft politische Parteien und ein wirklich politisches Leben hervor.

Derjenige, der, meines Wissens, zuerst den Mut hatte, diesen Kampf aufzunehmen, war Marwitz. Ich gedenke – zum Teil nach seinen eigenen Worten und Aufzeichnungen – zunächst die äußern Fakten seines Lebens und im Anschluß daran eine Schilderung seines Charakters zu geben. Die gereifteren und deshalb ruhigeren Anschauungen, zu denen sich unsere politischen Parteien hindurchgearbeitet haben, ermöglichen es uns, mit Unbefangenheit an unsre Aufgabe heranzutreten. Wie viele auch, mit größerem oder geringerem Recht, bestrebt sein mögen, Einzelparagraphen des Konservatismus zu bekämpfen, das Prinzip selbst ist von jedem Denkenden anerkannt. Die Tage des Kampfes sind nicht vorbei, nur die der Verdächtigung sind hoffentlich überwunden. Wir wünschen uns frischen und freien Wind in den Segeln unseres Staatsschiffs, aber wir brauchen auch den rettenden Anker, der uns auf tiefem Grunde mit seinem Eisenzahne festhält, wenn die frische Brise zum Sturme zu werden droht. Und ein solcher Anker war unser Marwitz.

Friedrich August Ludwig von der Marwitz wurde am 29. Mai 1777 zu Berlin geboren, wo seine Eltern, die nur den Sommer über in Friedersdorf lebten, ein Palais in der Wilhelmsstraße bewohnten. Das bedeutendste Erlebnis seiner frühen Kinderjahre waren mehrmalige Begegnungen mit dem großen Könige, das erste Mal in Dolgelin, einem Dorfe in der Nähe von Friedersdorf. Er selbst hat die Begegnung in höchst anschaulicher Weise beschrieben.

»Der Wagen hielt, und der König fragte: ›Ist das Dolgelin?‹ – ›Ja, Ihro Majestät‹, lautete die Antwort. Dabei wurde umgespannt. Die Bauern, welche von weitem ganz still mit ehrerbietig gezogenen Hüten standen, kamen sachte näher und schauten den König begierig an. Eine alte Semmelfrau aus Libbenichen nahm mich auf den Arm und hob mich gerade am Wagenfenster in die Höh. Ich war nun höchstens eine Elle weit vom König entfernt, und es war mir, als ob ich den lieben Gott ansähe. Er sah ganz gerade vor sich hin durch das Vorderfenster und trug einen alten dreieckigen Montierungshut, dessen hintere gerade Krempe er nach vorn gesetzt und die Schnüre losgemacht. hatte, so daß diese Krempe vorn herunterhing und ihn vor der Sonne schützte. Die Hutkordons waren losgerissen und tanzten auf diese heruntergelassenen Krempe hin und her, die weiße Generalsfeder am Hut war zerrissen und schmutzig, die einfache blaue Montierung mit roten Aufschlägen, Kragen und goldenem Achselband alt und bestaubt, die gelbe Weste voll Tabak. Dazu hatte er schwarze Sammethosen an. Ich dachte immer, er würde mich anreden. Ich fürchtete mich gar nicht, hatte aber ein unbeschreibliches Gefühl von Ehrfurcht. Er tat es aber nicht, sondern sah immer geradeaus. Die alte Frau konnte mich nicht lange hochhalten und setzte mich wieder herunter. Da sah der König den Prediger, winkte ihn heran und fragte, wessen Kind das sei. ›Des Herrn von Marwitz auf Friedersdorf.‹ – ›Ist das der General?‹ – ›Nein, der

Kammerherr.‹ – Der König schwieg, denn er konnte die Kammerherrn nicht leiden.«

Das zweite Mal, es war im Mai 1785, sah unser Marwitz den König in Berlin. Die Schilderung, die er uns davon gegeben hat, ist nicht minder lebendig als die vorhergehende.

»Er kam geritten auf einem großen weißen Pferde, ohne Zweifel der alte Condé, der nachher noch zwanzig Jahre lang das Gnadenbrot auf der École vétérinaire bekam. Sein Anzug war derselbe wie früher auf der Reise, nur daß der Hut ein wenig besser konditioniert, ordentlich aufgeschlagen und mit der Spitze nach vorn, echt militärisch, aufgesetzt war. Hinter ihm waren eine Menge Generale, dann die Adjutanten, endlich die Reitknechte. Das ganze Rondell (jetzt Belle-Alliance-Platz) und die Wilhelmsstraße waren gedrückt voll Menschen, alle Fenster voll, alle Häupter entblößt, überall das tiefste Schweigen und auf allen Gesichtern ein Ausdruck von Ehrfurcht und Vertrauen wie zu dem gerechten Lenker aller Schicksale. Der König ritt ganz allein vorn und grüßte, indem er fortwährend den Hut abnahm. Er beobachtete dabei eine sehr merkwürdige Stufenfolge, je nachdem die aus den Fenstern sich verneigenden Zuschauer es zu verdienen schienen. Bald lüftete er den Hut nur ein wenig, bald nahm er ihn vom Haupte und hielt ihn eine Zeitlang neben demselben, bald senkte er ihn bis zur Höhe des Ellbogens herab. Aber diese Bewegung dauerte fortwährend, und sowie er sich bedeckt hatte, sah er schon wieder andere Leute und nahm den Hut wieder ab. Er hatte ihn vom Halleschen Tore bis zur Kochstraße gewiß zweihundertmal abgenommen.

Durch dieses ehrfurchtsvolle Schweigen tönte nur der Hufschlag der Pferde und das Geschrei der berlinischen Gassenjungen, die vor ihm tanzten, jauchzten, die Mützen in die Luft warfen oder neben ihm hersprangen und ihm den Staub von den Stiefeln abwischten. Bei dem Palais der Prinzessin Amalie angekommen, das jetzt dem Prinzen Albrecht gehört, war die Menge noch dichter, denn sie erwartete ihn da. Er lenkte in den Hof hinein, die Flügeltüren gingen auf, und die alte, lahme Prinzessin Amalie, auf zwei Damen gestützt, die Oberhofmeisterin hinter ihr, wankte die flachen Stiegen hinab, ihm entgegen. Sowie er sie gewahr wurde, setzte er sich in Galopp, hielt, sprang rasch vom Pferde, zog den Hut, umarmte sie, bot ihr den Arm und führte sie die Treppe wieder hinauf. Die Flügeltüren gingen zu, alles war verschwunden, und noch stand die Menge, entblößten Hauptes, schweigend, alle Augen auf den Fleck gerichtet, wo er verschwunden war, und es dauerte eine Weile, bis jeder sich sammelte und ruhig seines Weges ging.«

In seinem achten Jahre erhielt Marwitz einen Hofmeister. Er hieß Herr Rosa, war ein völliger Ignorant, aber ein rechtschaffener Mann. Die Unterrichtsmethode, nach der er verfuhr, erwies sich als die einfachste von der Welt, bewährte sich aber durchaus. Schroeckhs »Allgemeine Weltgeschichte«, um ein Beispiel für seine Methode zu geben, wurde vorgelesen, was ohngefähr ein Jahr lang dauerte. War die letzte Seite gelesen, so wurde mit der ersten wieder angefangen. Der Sonnabend gehörte der Repetition. Nachdem Marwitz seinen Schroeckh zweimal durch hatte, fingen diese Repetitionsstunden an, eine Redeübung zu werden. Marwitz, mit gutem Gedächtnis ausgerüstet, hatte den Inhalt des Buches beinahe wörtlich im Kopf und sah sich dadurch in den Stand gesetzt, jedes Kapitel wie eine Erzählung vorzutragen. Der Vorteil, der dadurch gewonnen wurde, war ein doppelter: die Dinge saßen fest fürs Leben, und die Gewohnheit des Vortraghaltens gewann ihm die nicht hoch genug zu schätzende Fähigkeit, aus dem Stegreif zusammenhängend reden zu können.

Dreizehn Jahr alt, trat Marwitz als Junker in das Regiment Gensdarmes, also in dasselbe Regiment, in dem schon so viele Marwitze, darunter zwei seiner Oheime, gedient und Ruhm und Auszeichnung gefunden hatten. Dieser Eintritt verstand sich ganz von selbst; an die Möglichkeit eines andern Berufs war im Vaterhause nie gedacht worden. Marwitz gedachte dessen immer voll Dank, denn wie wenig auch die Verhältnisse ihm zu Gunst und Willen gewesen waren, immer blieb er dabei, daß das Leben des Kriegers das schönste und der Krieg der Prüfstein des Mannes sei. In etwas einseitiger, aber charakteristischer Auffassung schrieb er darüber noch kurz vor seinem Tode: »Zu vieles Lernen ertötet den Charakter. Im Kriege nur fallen all die Künste weg, welche den Schein an die Stelle des Verdienstes setzen. Diese Eigenheit des Krieges wird nicht genugsam erkannt. Blick und Urteil unter erschwerenden Umständen, Tapferkeit und Ausdauer können nirgends anders als im Kriege gezeigt und erprobt werden. Nur hier kann man mit Sicherheit auf den Charakter des Menschen schließen.«

Marwitz war also Junker im Regiment Gensdarmes. Wie er zeitlebens alles ernst nahm, so auch den Dienst. Der noch knabenhafte Körper mußte dem starken Willen gehorchen, und der Junker avancierte zum Cornet und Offizier. Klein, wie er war, machte ihm das Reitenlernen die größte Schwierigkeit, aber je mehr er diese Schwierigkeit empfand, desto mehr war er bestrebt, sie zu überwinden. Zu jeder Tageszeit saß er zu Pferde, gab aufs genaueste bei denen acht, die als die besten Lehrer und Stallmeister galten, und fragte, versuchte und quälte sich so lange, bis er endlich völlig triumphierte und zu einem der besten Reiter des Regiments wurde. Das wollte damals etwas sagen; denn wenn man den Erzählungen und Berichten Glauben schenken darf, die Marwitz über diesen Gegenstand – dem er auch in späterer Zeit noch besondere Aufmerksamkeit widmete – hinterlassen hat, so war die Kunst des Reitens nur in der alten Armee zu Hause und wurde in die neue Heeresorganisation nicht mit herübergenommen. Während des Krieges und nach demselben saß man noch zu Pferde, aber man *ritt* nicht mehr. Mit wahrer Begeisterung gedachte deshalb Marwitz seiner Lieutenantstage, wo diese Kunst noch geblüht, und erzählte mit Vorliebe von den Jagdspielen, die damals von Kavallerieoffizieren der Berliner Garnison im Tiergarten aufgeführt wurden. Lieutenant Rothkirch von den Gensdarmes (»ein gewaltiger Reiter, wie es keinen mehr gibt«, setzt er hinzu) machte den Hirsch und verbarg sich im Walde; die andern waren Jäger und Hunde. Es wurde parforcemäßig lanciert und dann gejagt; der Hirsch sollte gegriffen werden, was aber fast niemals gelang.

Das letzte Jahrzehnt des Jahrhunderts brachte Krieg; Marwitz machte 1790 den resultatlosen polnischen Feldzug, 1793 bis 1795 die Rheincampagne mit; wichtiger aber als diese Kriegsereignisse, an denen er bei seiner Jugend keinen hervorragenden Anteil nehmen konnte, war für ihn, besonders für seine geistige Entwicklung, die Rückkehr des Obersten

Baron von der Goltz, der eine lange Reihe von Jahren hindurch in Paris als preußischer Gesandter gelebt hatte. Baron von der Goltz war ein naher Verwandter der Marwitzschen Familie und verbrachte seine Abende mit Vorliebe im Hause derselben. Die Französische Revolution und ihre Ursachen bildeten natürlich einen unerschöpflichen Stoff für die Unterhaltung. Der ehemalige Gesandte, der ein Vierteljahrhundert und länger den Ereignissen der französischen Hauptstadt gefolgt war und mit scharfem Auge die Schwächen und Fehler des Hofes, die Machinationen der politischen Gegner und die Verworfenheit, Keckheit und dämonische Zuchtlosigkeit der Volksmassen und ihrer Führer beobachtet hatte, war natürlich schon damals befähigt, Aufschlüsse über die Triebfedern und zugleich eine Gesamtdarstellung des großen Ereignisses zu geben, wie es der Geschichtschreibung, der ein Wust traditioneller Lobpreisung im Wege stand, erst in viel späteren Jahren möglich geworden ist. Er hatte alle kleinen und schlechten Leidenschaften in dem Hexenkessel tätig gesehen und mußte natürlich, durch die Lebendigkeit seiner Schilderungen und die Überlegenheit seines politischen Urteils, Anschauungen befestigen, zu denen die Keime von Anfang an im Gemüt unseres Marwitz gelegen hatten. Er war von Natur Royalist; von da ab begann er es auch mit Bewußtsein zu werden.

Noch mehrere Jahre lang blieb Marwitz im Regiment Gensdarmes, bis er im August 1802 seinen Abschied nahm. Was ihn direkt dazu bestimmte, ist schwer zu sagen. Waren es Vorgänge im Regiment, die ihm den Dienst verleideten, war es der frivole Ton der Residenz, der seinem auf Ernst und Wahrheit gestellten Wesen widerstand, oder war es seine Verlobung mit der schönen Gräfin Franziska von Brühl, die im Juli desselben Jahres stattgefunden hatte, gleichviel, er quittierte den Dienst und zog sich nach Friedersdorf zurück. Die Sehnsucht nach der väterlichen Scholle war erwacht; der Pflug trat an die Stelle des Schwertes. Sein ganzes Wesen ließ keine Halbheit zu, und mit demselben Ernst, mit dem er Soldat gewesen war, ging er jetzt an die Bestellung seiner Äcker, an die Pflege seines Guts. 1803 vermählte er sich. Aber trübe Sterne waren über Schloß Friedersdorf aufgegangen, und der Tod trennte nach kaum Jahresfrist ein

Band, das die innigste gegenseitige Neigung geschlossen hatte. Marwitz bestattete die geliebte Frau, die sein Freud und Stolz gewesen war, und schrieb auf den Grabstein: »Hier ruht mein Glück.«

»Hier ruht mein Glück«, und in der Tat, es war, als habe Marwitz sein Glück begraben. Überall, wo sein Herz am verwundbarsten war, da wurd es jetzt verwundet. Was von dem Gange der großen Weltereignisse in seine Einsamkeit drang, steigerte nur die Niedergedrücktheit seines Gemütes. Endlich kam ein großer Schlag, und die politischen Vorgänge, die bis dahin nur Bitteres zu Bitterem gefügt hatten, *jetzt* schufen sie einen leidenschaftlichen Groll in seinem Herzen, und die Flamme hellen Zorns, die aufschlug, ward ihm zum Segen, indem sie ihn seinem Brüten entriß.

Der Napoleonische Übermut hatte Schmach auf Schmach gehäuft, neutrales preußisches Gebiet war in herausfordernder Weise verletzt worden; das durfte, das konnte nicht ertragen werden. Österreich und Rußland standen bereits im Felde; Preußen *mußte* seine Truppen zu dem vereinigten Heere beider stoßen lassen; der Krieg war sicher – wenigstens in Marwitz' Augen. Er riß sich heraus, suchte beim Könige seinen Wiedereintritt nach, erhielt ihn und wurde mit dem Range eines Rittmeisters zum Adjutanten des Fürsten von Hohenlohe ernannt.

Aber nicht jeder in preußischen Landen war damals ein Marwitz. Viele wurden durch Furcht und selbstsüchtige Bequemlichkeit in ihren Ansichten bestimmt, andere trieben das traurige Geschäft der »Staatskünstelei«. Noch viele Jahre später konnte Marwitz in nur zu gerechtfertigtem Unmut ausrufen: »Was redet man beständig von dem *edlen* Enthusiasmus von 1813? 1805 war es Zeit, *edlen* Enthusiasmus zu zeigen. Damals galt es, noch ehe man selbst in Großem und Kleinem etwas verloren hatte, Schmach und Verderben vom Vaterlande fernzuhalten. Als nachher, wie zu gerechter Strafe, ein jeder in seinem Hause geplagt und gepeinigt und, um ein Wesentliches nicht zu vergessen, die französische Armee in Rußland durch die Strafgerichte Gottes vernichtet war – da war es keine Kunst, Enthusiasmus zu zeigen.«

Der Tag von Austerlitz brach an, ehe Preußen sich entschlossen hatte; *nach* diesem Tage war es unnötig, noch kriegerische Entschlüsse zu fassen. Es blieb Friede, freilich ein Friede wie Gewitterschwüle, und Marwitz, nachdem er zum zweiten Male seinen Abschied genommen, kehrte nach dem väterlichen Gute zurück.

Die Erfahrungen der letzten Monate, die Schwäche, die Halbheit, die Indifferenz, ja die ausgesprochene französische Gesinnung, der er fast überall in der Hauptstadt begegnet war, während schon die Napoleonischen Adler stoßbereit über Preußen schwebten, alles das hatte wenig dazu beitragen können, seinem Gemüte den Mut und die Freudigkeit zurückzugeben, die ihn zehn Jahre früher erfüllt hatten, wenn er bei »Hirsch und Jäger« im Berliner Tiergarten einer der eifrigsten unter den Eifrigen gewesen war. Trübes Gewölk hing jetzt andauernd über ihm, und wenn auf länger oder kürzer das Wetter verschwunden schien, das drohend über dem Lande stand, so traf es ihn doppelt hart am eigenen Herd. Das Kriegsfeuer, das die Luft hätte reinigen können, war dem Lande zur Unzeit erspart geblieben, aber auf seinem eigenen Hofe brach ein Feuer aus und zerstörte Ställe und Scheunen und die Ernte des letzten Jahres. Zu der innerlichen Not gesellte sich äußere Bedrängnis; was ihn aufrecht hielt, war ein starkes Gottvertrauen und das bestimmte Gefühl, daß neue Not und neue Kämpfe bevorstünden, gegen die es geboten sei sich zu waffnen. Das Unglück, das ihn traf, rüstete ihn gegen größeres.

Dieses »größere«, wer kennte es nicht! Die Kaiserkatze, die so lange mit der Maus gespielt hatte, jetzt war sie des Spieles müde und hob die Tatze, um tödlich zu treffen. Der Kampf war unvermeidlich geworden. Zum *drittenmal* trat Marwitz ein; er hoffte nichts, aber gleichviel, er liebte es, da zu stehen, wohin ihn Pflicht und Ehre stellten, unbekümmert darum, ob ihm auch die Hoffnung zur Seite stehe. Fürst Hohenlohe, der ihn schätzengelernt hatte, erbat ihn sich abermals als Adjutanten. Der König willigte ein. So kam der Nebelmorgen jenes 14. Oktober, der soviel Schmach und Elend in seinen Schleiern barg. An Marwitz lag es nicht, daß der Ausgang des Tages war, wie er war; das Pferd wurd ihm unterm Leibe getötet, sein Hut von Kugeln durchlöchert, mehr als einmal führte er wankende Regimenter in die Schlachtreihe zurück – umsonst, die Anstrengungen der einzelnen vermochten nichts. Geist, Leben, Siegeszuversicht waren, wie aus Land und Volk überhaupt, so auch aus jener stolzen Schöpfung gewichen, die sich die Armee Friedrichs des Großen nannte, und was längst tot war, wurde an jenem Tage sichtlich zu den Toten geworfen. Die gesunden Elemente, soweit sie jener Tag nicht mit begrub, retteten sich in eine neue Zeit hinüber.

Ist es nötig zu sagen, daß Marwitz unter diesen gesunden Elementen war? Er glaubte an die Wiedererstehung Preußens und arbeitete daran. Die Mittel und Wege, die ihm dazu die rechten dünkten, waren freilich völlig abweichend von dem, was in den Augen der Neugestalter Preußens als das Richtige galt. Er konnte und wollte sich nicht überzeugen, daß Adel und Bürgertum als solche, oder ihr Verhältnis zueinander, das Unglück des Landes verschuldet haben sollten; umgekehrt erschien es ihm, als sei das Unheil hereingebrochen, weil beide Stände ein halbes Jahrhundert lang aufgehört hätten, ein echter Adel* und ein rechter Bürgerstand zu sein. Die alten Stände des Landes sollten sich selbst wiederfinden; der Egoismus sollte ausgefegt, die Zugehörigkeit zum Staat und das Bewußtsein davon neu geboren werden. An die Stelle des Schlendrian und der Laxheit sollten Umsicht, Pflichtgefühl und Rechtsbewußtsein, an die Stelle der Frivolität eine frische Glaubenskraft treten. In diesem Sinne wollte Marwitz reformieren. Gegen den Plan wird sich nichts sagen lassen. Ob es möglich war, ihn auszuführen, diese Frage werd ich später berühren. Die Steinsche Gesetzgebung

* Noch auf dem Stettinschen Landtage im Jahr 1602 hatte die Ritterschaft feierlich geschworen, denjenigen, der sich künftig weigern werde, richtige Schulden prompt zu bezahlen, für einen Unmann, Schelm und Bösewicht zu halten und mit ihm weder essen noch trinken zu wollen. Versündigung am Vaterland, Höhnung des Gottesdienstes, grobe Insolenz, mutwilliger Bankerott sollte der ritterschaftlichen Vorrechte verlustig machen und den Gutsbesitz auf den würdigeren Agnaten bringen. In solchem wahrhaft ritterlichen Sinne hatten der pommersche und brandenburgische Adel ihre Kinder meist in spartanischer Genügsamkeit für den Dienst des Königs erzogen, und die Schlachtfelder, auf denen Preußen seine Ebenbürtigkeit mit den großen Mächten errungen, hatten dem Stande den ersten Rang nach dem regierenden Hause gegeben. (Pertz, »Leben Steins«.) Und Marwitz selbst schreibt über denselben Gegenstand: »In der Tat hat es niemals eine Institution gegeben, in welcher das Rittertum ähnlicher wieder aufgelebt wär als in dem Offizierstande Friedrichs des Zweiten. Dieselbe Entsagung jedes persönlichen Vorteils, jedes Gewinstes, jeder Bequemlichkeit – ja, jeder Begehrlichkeit, wenn ihm nur die Ehre blieb; dagegen jede Aufopferung für diese, für seinen König, für sein Vaterland, für seine Kameraden, für die Ehre der preußischen Waffen. Im Herzen Pflichtgefühl und Treue, für den eigenen Leib keine Sorge.«

erschien ihm unpraktisch und revolutionär, aber er war insoweit mit ihr einverstanden, als sie die Gebrechen des alten Staats in dem Fehlen alles geistigen Lebens und Inhalts erkannte und durch *geistige* Mittel helfen wollte. Nur die Mittel selbst schienen ihm nicht richtig gewählt.

Marwitz liebte den rheinischen Freiherrn (Stein) nicht, aber er respektierte ihn. Anders stand er zu Hardenberg. Dieser war ihm ein Gegenstand entschiedenster Abneigung, seine ganze Natur lehnte sich gegen ihn auf. Hardenberg, im Gegensatze zu Stein, wollte das Wohl des Staats aus der sogenannten »Staatswohlfahrt« gewinnen. Nicht der Geist sollte helfen, sondern das *Geld.* Diesen Staatswohlfahrtstheorien gegenüber – die in der finanziellen Bedrängnis des Landes ihre Entschuldigung fanden, wenn sie überhaupt der Entschuldigung bedürfen – legte sich Marwitz die Frage vor: Beruht das Heil des Staates auf ökonomischen oder auf moralischen Prinzipien? Ist der reichste Staat seines Reichtums wegen der glücklichste? Oder verdient *der* glücklich genannt zu werden, in welchem die *Freiheit* der Bürger am festesten gegründet ist und in welchem die Bürger am ehesten fähig sind, ihr persönliches Wohl dem des Staates nachzusetzen? Und wenn ein Staat durch die Unbürgerlichkeit seiner Bürger (Adel, Bürger, Bauer) gefallen ist, kann ihm durch ökonomische Maßregeln geholfen werden? Wird es nicht vielmehr *darauf* ankommen, ob man das verlassene, das abgefallene Volk zur Bürgerlichkeit wieder zurückführen kann? Und wenn man endlich den entbürgerten, also selbstsüchtigen Individuen Reichtum darreicht, werden sie dadurch bürgerlicher werden oder nicht vielmehr noch selbstsüchtiger? Diese Fragen waren es, die sein Herz bewegten, und im Sinn und Geist derselben stellte er sich Hardenberg gegenüber.

Möglich, daß diese Ideen nie über Schloß Friedersdorf hinaus laut geworden, nirgends als ein Samenkorn in die Gemüter anderer gefallen wären, wenn nicht bestimmte Ereignisse des Jahres 1811 unsern Marwitz auf die Schaubühne gerufen und in den Vordergrund politischer Kämpfe gestellt hätten. Wie es immer in solchen Fällen sein muß, ging *er*, der den Streit aufnahm, vom Zunächstliegenden auf das Große und Allgemeine über. *Der Rechtskampf führte zum*

Prinzipienkampf. So war es immer, wo Ernstes und Nachhaltiges erstritten wurde. Das bloße Sichverlieben in Prinzipien ohne festes Fundament bleibt in der Regel ein energieloses Ding.

Die erwähnten Ereignisse aber, die für Marwitz' späteres Auftreten entscheidend wurden, waren die folgenden.

Hardenberg war entschlossen, die Macht der Stände zu brechen, ihre Existenz zu streichen; Schlag auf Schlag fiel gegen die alte Landesinstitution. Er verfuhr nach bester Überzeugung, aber völlig revolutionär, alles mit dem Zwang und Drang der Umstände oder mit einer höheren Staatsraison entschuldigend. Äußerste Dinge geschahen. Königliche Domainen, die an die Stände verkauft, also für ständisches Geld ständisches Eigentum geworden waren, wurden zum *zweitenmal* an Privatleute verkauft; ein großer Fonds, den die Stände unter Friedrich II. aus politischem Eifer gebildet hatten, um die endliche Tilgung *landesherrlicher* Schulden herbeiführen zu können, wurde eingezogen, aber nichtsdestoweniger die Pflicht der Schuldentilgung und Verzinsung bei den Ständen belassen; endlich drangen Regierungsbeamte in Begleitung von Landreitern in das Landschaftshaus ein, erbrachen, als man ihnen die Schlüssel verweigerte, die Kassen des Landarmeninstituts und führten die deponierten Summen ständischen Eigentums gewaltsam fort. Dies alles war geschehen gegen Recht und Billigkeit, ja im Widerspruch mit einer Anerkenntnis, die man erst vier Monate früher gegen die Loyalität und Opferfreudigkeit der Stände ausgesprochen hatte. »Mit Rührung«, so hieß es damals wörtlich in einem von Hardenberg kontrasignierten Erlasse, »haben wir die Beweise von Anhänglichkeit aller Klassen unserer getreuen Untertanen an unsere Person bemerkt, *insonderheit auch die Hülfe erkannt,* welche uns bei der Sicherstellung der Kontribution an Frankreich und bei der Aufbringung der einstweilen nötigen Fonds *von unsern getreuen Ständen mit größter Bereitwilligkeit geleistet worden ist.*« – Und nun? Mit Gewaltmaßregeln hatte man geglaubt der weiteren Hülfebereitschaft der Stände nachhelfen zu müssen. Viele fühlten die Bitterkeit des Unrechts, aber wenige hatten den Mut, auszusprechen, was sie fühlten. Unter diesen wenigen stand Marwitz obenan. Er war der bewußteste und selbstsuchtsloseste und konnte energischer auftreten als andere, weil er im eigenen Herzen empfand, daß er den Kampf nicht um äußern Vorteils, nicht um einer »Kasse«, sondern um Rechtes willen aufnahm.

Er stellte sich an die Spitze der lebusischen Stände und *protestierte*. Er bat nicht, er bettelte nicht, er betonte das *ständische Recht*. Das war dem Minister zuviel, und je mehr er fühlen mochte, wie schwer der begangene Rechtsbruch sei, desto mehr empfand er die Notwendigkeit, die Klage stumm zu machen. Einschüchterung sollte helfen. Marwitz und Graf Finckenstein, die den Protest abgefaßt hatten, wurden zu »warnendem Exempel« auf die Festung Spandau geschickt. Das Kammergericht selbst, als öffentlicher Ankläger auftretend, verfügte die Verhaftung beider, ohne daß ein Verhör oder eine wirkliche Gerichtsverhandlung stattgefunden hätte. So war denn auch der Anruf der Gerichte den vorweg Verurteilten abgeschnitten.*

Dies entschied für Marwitz' Lebenszeit, und vor seiner Seele stand von jetzt an das aide-toi-même. Das alte gekränkte Recht des Landes, den ständischen Staat, der nicht auf dem Wege Rechtens beseitigt war, gegen *jeden* Angriff zu halten, wurde von nun an seine Aufgabe, sein letztes Ziel. Da andere Schultern zu schwach oder zu träge waren, die Last auf sich zu nehmen, so tat er es. Den offenen Widerstand gab er auf, aber er schärfte sich die Waffen des Geistes für einen kommenden Kampf, und die Schwächen der Hardenbergschen Verwaltung sind vielleicht nirgends klarer und scharfsinniger erkannt und rücksichtsloser aufgedeckt worden als in den ziemlich zahlreichen Denkschriften Marwitzens, die wir jener Epoche steter und energischer Gegnerschaft verdanken. Es sind Musterstücke nach der *kritischen* Seite hin, auch an Ideen ist kein Mangel. Aber um *praktisch-*

* Marwitz, in seiner Bitterkeit, erklärte dies daraus, daß der Justizminister Kircheisen eine »Kreatur Hardenbergs« gewesen sei. Die eigentliche Erklärung – wie überhaupt die Erklärung alles dessen, was an Rechtsverunglimpfungen vorausgegangen war – liegt wohl darin, daß in der allgemeinen Anschauung des Volks, an der eben *jeder* mehr oder weniger teilnahm, ein ständischer Staat seit lange nicht mehr existierte. Die Stände hatten neben der absoluten obersten Regierungsgewalt eine Art geduldetes Dasein geführt, die Könige waren so viel und die Stände so wenig gewesen, daß, als der Moment kam, wo die zweifellos in ihrem Recht gekränkten Stände wieder etwas sein wollten, niemand mehr einen rechten Glauben an die Rechtmäßigkeit ihres Rechtes hatte.

unmittelbar zu helfen, dazu waren diese Ideen entweder überhaupt nicht angetan oder doch zu allgemeiner und weitaussehender Natur, und ihr Bestes ist ihre *ideelle Anregung* geblieben, die sie denn auch in reichem Maße gegeben haben.

Marwitz' Gefangenhaltung hatte im Juli 1811 stattgefunden. Mehr gehoben als gedemütigt war er nach Friedersdorf zurückgekehrt, voll des Gefühls, einen guten Kampf gekämpft zu haben. Mit gerechtem Selbstbewußtsein schrieb er später die Worte nieder: »Ich genoß seitdem eine weit verbreitetere Achtung und ward von allen Erbärmlichen geflohen als einer, in dessen Nähe man sich leicht verbrennen kann.«

So kam der Winter 12 auf 13. Die französische Armee war vernichtet, und Marschall Macdonald, der das abgetrennt operierende zehnte Corps kommandierte, hatte ausgerufen: »Où est la Grande armée? La Grande armée, c'est le dixième corps.« Die berühmte Kapitulation von Tauroggen war geschlossen; Alexander von der Marwitz, der jüngere Bruder, der damals in Potsdam lebte, brachte die Nachricht in fliegender Eile nach Friedersdorf. »Jetzt oder nie!« Beide Brüder waren einig, daß ein rasches und entschiedenes Parteiergreifen die Vernichtung des kaiserlichen Heeres, den Sturz Napoleons notwendig im Gefolge haben müsse; aber man war auch einig darin, daß es zweifelhaft sei, ob man in Berlin zu einem entschiedenen Parteiergreifen sich entschließen werde. Der jüngere Bruder drang in den älteren, Schritte zu diesem Zwecke zu tun, rasche Entschlüsse zu fördern, die Schwankenden fest zu machen. »Du mußt nach Berlin, zu – Hardenberg.« Marwitz stutzte. Der Bruder aber fuhr mit siegender Beredsamkeit fort: »Dies ist kein Moment der Abwägungen; eile! Hardenberg ist bestimmbar und in einem ehrlich, in seinem Hasse gegen Frankreich. Vielleicht bedarf er nur eines Anstoßes. Schon dein Erscheinen nach der unwürdigen Behandlung, die du von ihm erfahren und die du mit Würde getragen, wird einen tiefen Eindruck auf ihn machen. Es *muß* wirken. Viel ist gewonnen, sobald du mit eingreifst.«

Marwitz ging wirklich. Er ließ sich melden und trat ein. Diese merkwürdige Begegnung mit seinem alten Gegner hat er selbst beschrieben. »Ich kann nicht sagen, welchen Eindruck mein Eintritt auf ihn machte; Erinnerung dessen, was er mir und andern persönlich so oft versprochen und nicht gehalten hatte, Scham über sein Betragen gegen das Land und gegen mich und das Bestreben, in diesem hochwichtigen Momente mir nicht abermals nichtswürdig zu erscheinen, brachten in seinem Betragen eine seltsame Mischung von Verlegenheit und zuvorkommender Höflichkeit hervor. Ich sagte ihm: der gegenwärtige Augenblick müsse jeden Preußen und jeden Deutschen ergreifen; jetzt komme es darauf an, den Schaden wiedergutzumachen, den man dem Lande zugefügt; wenn die Regierung sich jetzt würdig betrage, werde alles Vergangene vergessen werden. Ich käme also, um zu vernehmen, wie er denke, und um zu allem Vaterländischen die Hand zu bieten.«

Aber Marwitz sah sich abermals getäuscht. Nicht rascher, ehrlicher Kampf war es, was man wollte, wieder wurde von Abwarten, von Verhandlungen gesprochen; mit Bitterkeit im Herzen kehrte er nach Friedersdorf zurück. »Kein Krieg!« schien die Losung sein und bleiben zu wollen.

Indessen, der Himmel hatte es anders beschlossen. Es *wurde* Krieg. Sechs kostbare Wochen waren versäumt, viel war verloren, aber nicht alles, und noch war es nicht zu spät. Brauch ich zu erzählen, daß Marwitz wieder zu den Fahnen eilte! Noch weit bitterere Kränkungen und Erfahrungen hätten es nicht vermocht, ihn in solchem Augenblick in seiner Einsamkeit zurückzuhalten.

Mit dem Rang eines Majors trat er ein und ward Anfang April mit der Bildung einer Landwehrbrigade betraut. Diese Brigade bestand aus vier Bataillonen des dritten kurmärkischen Landwehrinfanterieregiments und aus ebensoviel Schwadronen Landwehrkavallerie. Selber mit Eifer und Vorliebe Kavallerist, ließ er sich die Ausbildung dieser vier Schwadronen besonders angelegen sein. Mit jenem gesunden Sinn, der ihn immer ausgezeichnet hatte, erkannte er auf der Stelle, daß hier unter »Ausbildung« etwas anderes verstanden werden müsse, als das Reit- und Exerzierreglement in langen Paragraphen vorschrieb. Was er tat, auch auf diesem relativ untergeordneten Gebiete, scheint mir wichtig und charakteristisch genug, um einen Augenblick dabei zu verweilen. Die Raschheit und Selbständigkeit des Urteils, die jeder neuen Situation auch ein neues Benehmen anzupassen weiß, ist es ja vor allem, was den fähigen Offizier von dem bloß braven Soldaten unterscheidet, und in ähnlicher Weise, wie einst Lieutenant von dem Knesebeck während des Feldzugs in der Champagne einen halben Brottransport dadurch zu retten gewußt hatte, daß er nicht Anstand nahm, die andere Hälfte (ein paar tausend Kommißbrote) in einen sonst unpassierbaren Sumpf zu versenken, so war auch Marwitz seiner Landwehrkavallerie gegenüber rasch entschlossen, das erreichbar Unvollkommene einer unerreichbaren Vollkommenheit vorzuziehen. Sosehr er die Reitkunst verehrte und als unentbehrlich für eine echte, eigentliche Reiterei betrachtete, so klar erkannte er doch auch, daß unter den gegebenen Verhältnissen diese Reitkunst nicht gehegt und gepflegt werden konnte, ohne alles zu verderben. Die Landleute und Bauernknechte, die auf ihren kleinen, magern Gäulen vor ihm im Sattel saßen, *konnten* reiten, freilich schlecht genug; aber gut oder schlecht, er hielt es für das beste, sie bei *ihrer* Reitart zu belassen. Er sagte sich sehr richtig, daß, wenn ein Naturalist zur Reitkunst dressiert werden soll, er anfangs notwendig schlechter und ungeschickter reitet als vorher, weil er seine alten Gewohnheiten aufgeben soll und sich die neuen nicht schnell genug zu eigen machen kann. So ließ er es denn beim alten, befahl, die Pferde mit bloßer Trense zu zäumen, gab jedem Reiter einen Kantschu statt der Sporen und beschränkte seine ganze Forderung darauf, daß jeder imstande sei, dahin zu reiten, wohin er wolle. »Gewalt über das Pferd« war die einzige Forderung. Wie und durch *welche* Mittel war gleichgültig.

Mit dieser Reiterei, die, abgesehen von der Lanze und einem ärmlichen Uniformstück, nicht viel anders aussehen mochte als Bauerjungen und Pferdeknechte, die abends zur Tränke reiten, war Marwitz, weil er den Geist zu wecken gewußt hatte, nichtsdestoweniger imstande, am 7. Juni ein siegreiches Gefecht vor den Toren Wittenbergs zu bestehen und eine Abteilung polnischer Ulanen zu werfen und Gefangene zu machen. Eine Paradetruppe waren seine Landwehrreiter freilich nicht, und als während des Waffenstillstandes auf dem Tempelhof er Berge eine große Musterung vor dem Könige stattfand, ging das ganze Regiment, dessen kleine Klepper angesichts der Zuschauermenge scheu wurden, bis auf den letzten Mann durch. Was der Anblick des Feindes nicht vermocht hatte, vermochte der Anblick der Berliner Beaumonde. Der König ritt an Marwitz heran und sagte lächelnd: »Ein Glück, daß die Mauer so fest stand.« Der Spott war empfindlich. Marwitz aber blieb unerschütterlich bei seinem System.

Und mit Recht. Wie seine Leute sich bei Wittenberg bereits bewährt hatten, so vor allem auch am 27. August in dem berühmt gewordenen Gefecht bei Hagelberg (bei Belzig). Den Ausschlag an diesem Tage gab freilich das Fußvolk. Es traf sich glücklich für unsern Marwitz, der an diesem Tage die Reserve kommandierte, daß er mit seinen drei Bataillonen die schon verlorene Schlacht zum Stehen bringen und endlich siegreich hinausführen konnte. Den entscheidenden Stoß tat sein *Lebuser* Bataillon, was zu dem Stolz, den er an diesem Tage über die tapfere Haltung seiner ganzen Brigade empfand, auch noch eine gewisse lokalpatriotische Befriedigung fügte. Die Verluste seines Truppenteils waren nicht unbedeutend gewesen, er selbst kam gesund heraus und erhielt nur – ähnlich wie bei Jena, wo sein Hut mehrfach durchlöchert worden war – eine Kugel durch den Mantel.

Das Gefecht von Hagelberg war, während des Feldzugs von 1813 und 1814, das einzige, wo es – von einer Reihe glücklich ausgeführter Streifzüge abgesehen – unsrem Marwitz vergönnt war, sich persönlich und in mehr oder minder entscheidender Weise hervorzutun. Die Einschließung Magdeburgs, wozu man ebenfalls seine Brigade verwendete, hielt ihn vom großen Kriegsschauplatz fern. 1815 war er bei der Blücherschen Armee und focht mit Auszeichnung bei Ligny und Wavre. Bei Wavre, wo so viel auf dem Spiele stand, hielt er mit dem 8. Ulanenregiment während des ganzen 19. Juni den exponiertesten Posten. Er hatte das Seine getan. An mäßige oder zögernde Anerkennung war er gewöhnt.

Der Friede kam, und in Marwitz, der inzwischen zum Obersten (1817 zum General) aufgestiegen war, entstand die Frage: *bleiben oder gehen.* Die Neigung seines Herzens zog ihn zurück in die ländliche Stille, aber andere Erwägungen – »das schlechteste aller Motive, das Geld«, wie er sich selber ausdrückt – hinderten ihn, seiner Neigung zu folgen. Während der Kriegsjahre war daheim alles rückwärtsgegangen, der Wohlstand zerstört, die Erträge des Guts auf ein Minimum reduziert, und so blieb er denn im Dienst, weil er sich gegen Frau und Kinder verpflichtet hielt, seinen Generalsgehalt nicht ohne Nötigung aufzugeben. Möglich, daß er trotzdem zurückgetreten wäre, wenn nicht die zu seiner Brigade gehörigen Regimenter ihre Garnisonen in den Nachbarstädten des lebusischen Kreises gehabt hätten, so daß es ihm möglich wurde, von Friedersdorf aus die dienstlichen Geschäfte zu leiten. Zu gleicher Zeit blieb er ein scharfer Beobachter der politischen Vorgänge, immer bereit, mit Wort und Schrift einzugreifen, wo es nötig war, im Dienste der Sache (zumal gegen Hardenberg) ein Zeugnis abzulegen.

Zehn Jahre lang führte er die Brigade. 1827, als ihn der Zusammentritt des Brandenburgischen Landtages nach Berlin führte, dem er als Vertreter des erkrankten Landtagmarschalls zu präsidieren hatte, wurd ihm die Breslauer Division anstelle der bisher kommandierten Brigade angeboten. Nach kurzem Schwanken lehnte er das Anerbieten ab. Er war müde geworden im Dienst. Was aber den Ausschlag gab, war eben die Erwägung, daß die Übernahme eines fast vierzig Meilen von Friedersdorf entlegenen Kommandos ein längeres Verweilen auf seiner »Väter Schloß« unmöglich gemacht haben würde. So forderte er denn seinen Abschied und erhielt ihn. Der König ließ ihn rufen, um ihm ein Abschiedswort zu sagen. Es war eine Begegnung voll tiefpoetischen Gehalts. Der alte märkische Edelmann, der, wie kaum ein anderer vor ihm, sein eigenes Recht neben dem königlichen Recht von Gottes Gnaden zu behaupten gewagt hatte, trat jetzt am Ende seines Lebens vor seinen König hin, den er immer geliebt und verehrt und doch in entscheidenden Momenten des staatlichen Lebens aus der Überzeugung seine Herzens heraus bekämpft hatte.

Es war im Potsdamer Schlosse. Der König, der von seinem Beinbruche kaum wiederhergestellt war, ging ihm durch den halben Saal entgegen, reichte ihm fest die Hand und sagte dann laut, in Gegenwart aller Umstehenden: »Mir sehr leid getan, einen so ausgezeichneten General zu verlieren.« Marwitz, leise den Punkt berührend, wo Herr und Diener auseinandergegangen waren, antwortete mit der Versicherung unverbrüchlicher Loyalität. »Mir sehr wohl bekannt, immer *nach Grundsätzen gehandelt haben*«, antwortete der König mit gnädiger Verbeugung. So trennte man sich.

»Immer nach Grundsätzen gehandelt haben« – unter Wiederholung dieser königlichen Worte, die die ganze Bedeutung dieses Mannes in einen Satz zusammenfassen, nehmen auch wir von ihm Abschied. »Immer nach Grundsätzen gehandelt haben«, das war es, was er in einer in ihren Grundsätzen sehr schwankenden Zeit vor geistig höher Begabten, vor Weiterblickenden und namentlich auch vor Glücklicheren voraushatte, das war es, worin seine Bedeutung wurzelte. An Wissen, an Talent mochten ihm viele überlegen sein, nicht an Charakter. Nicht ein reaktionäres Wesen schuf er, nicht ein albernes Junkertum; er war es, der den Mut einer Meinung hatte, längst ehe dieses Wort gemünzt und in Kurs gekommen war. Er war kein Rückschrittsmann, der eifersüchtig und mißmutig auf jede Fortentwickelung geblickt hätte, er war nur mißtrauisch gegen das alleinige Recht der Neuerungen. Und nach dieser Seite hin ihn zu schildern war der Zweck dieser Zeilen.

Am 7. Dezember 1837 ging er aus einem Leben voll Unruhe in die ewige Ruhe ein. Drei Tage später ward er neben seiner ersten Gemahlin begraben. Den Sonntag darauf ward ihm die Gedächtnispredigt gehalten, gemäß den Anweisungen seines Letzten Willens. Diese Anweisungen lauteten: »Der Prediger soll mich nicht loben wegen dessen, was ich auf Erden getan, sondern soll zeigen, wie das irdische Leben nur eine Vorbereitung ist zu dem ewigen. Er kann aber sagen, daß ich gestrebt habe mein Leben lang, die mir auferlegten Pflichten und Arbeiten treulich zu erfüllen, dabei mein eigenes irdisches Wohlsein für nichts achtend. Er darf das sagen, *weil es wahr ist.*«

Wohl jedem, der mit gleichem Bewußtsein aus dieser Welt scheiden kann!

Ein Bild Marwitz', eingefaßt von den Seitenbildnissen seiner beiden Frauen (die zweite war eine geborene Gräfin Moltke, gestorben am 18. November 1848), schmückt, wie bereits erzählt, die Friedersdorfer Kirche.

Die Schilderung des Marwitzschen Lebensganges war zugleich eine Schilderung seines Charakters. Über diesen letztren aber mögen noch einige Bemerkungen hier Platz finden. Ich knüpfe zu diesem Behuf an die Vorgänge des Jahres 1811 an. Das Auftreten Marwitz' in jener Epoche, wenn man ihm irgendwie gerecht werden will, muß von zwei Gesichtspunkten, vom *juristischen* und *politischen* aus, betrachtet werden. Das Urteil über dieselben Vorgänge wird sich danach sehr verschieden gestalten.

Was zunächst die *juristische* Seite angeht, so hatte Hardenberg selbst das Recht der Stände anerkannt und mehr denn einmal der patriotischen Haltung derselben die königliche Anerkennung ausgesprochen. Nichts konnte deshalb falscher und begriffsverwirrender sein, als das Eintreten für ein derartig anerkanntes Recht auf *Rebellion zu* deuten. Daß es dennoch geschah, mag, wo nicht politische Berechnung und reformatorischer Eifer ein richtigeres Urteil trübten, als Beweis dienen für den Servilismus und die Indolenz jener Zeit.

Noch einmal, das *Recht* war unbestreitbar auf seiten der Stände, und dieses ständische Recht war verletzt. Gegen diese Verletzung hatte Marwitz protestiert. Der Protest war mutig und ehrenhaft. Aber freilich, wenn er, außer dem persönlichen Zugeständnis, mutig und ehrenhaft gehandelt zu haben, auch noch Sympathien für die *Sache* wecken wollte, so mußte sich das Festhalten am Prinzip über den Verdacht einer Donquixoterie, einer bloßen *Rechtsmarotte* erheben. Auch das beste Recht, wenn es sich sträubt, einem neuen Platz zu machen, muß den Beweis erbringen, daß es mehr ist als ein toter Buchstabe, als eine Last und ein Hemmnis. Es bleibt »Recht« auch ohne diesen Beweis, aber ein Recht, dem jeder wünscht, daß es dem formellen Unrecht unterliegen möge. Das fühlte Marwitz sehr wohl. Er verteidigte also das Ständische als ein äußerlich ererbtes Gut, aber er hielt es auch aufrecht im vollen Glauben an die *innerliche* Berechtigung desselben. Dies führt mich von der einfachen Rechtsfrage auf das *politische* Gebiet.

Mußte der alte ständische Bau fallen oder nicht? Millionen sagten ja, Marwitz sagte nein. Für ihn handelte sich alles um *Wiederbelebung*; nicht Tod, nur Lähmung war über den alten, kräftigen Organismus des Landes gekommen; es galt, einen Bann, eine Krankheit von ihm zu nehmen, und alles war wieder gut. Nicht die Paragraphen und Institutionen, die Herzen der Menschen wollt er ändern; an die Stelle kleiner Gesinnung sollte hohe Liebe und idealer Schwung, an die Stelle philiströser Beschränktheit eine opferfreudige Begeisterung treten – *so* wollt er reformieren. Vortrefflich. Aber wie? wodurch? Um die Weckung oder Mehrung dieser Dinge hat es sich immer gehandelt. Wie wollte Marwitz an die Herzen heran, wie wollt er das Wunder vollziehen? Die Antwort auf diese Frage ist er schuldig geblieben. Er zeigte das Ziel, aber nicht den Weg. Die. bloße Bußpredigt und ein langes Sündenregister haben noch nie geholfen. Hier liegt sein Fehler, sein *politischer* Fehler. Das Alte, ob mit Recht oder Unrecht, war jedem ein Greuel geworden; es war unmöglich, wenigstens *damals* unmöglich, eine Begeisterung dafür zu wecken; wenn diese geweckt werden sollte, so mußt es für etwas *Neues* sein, selbst auf die Gefahr hin, daß es sich als ein Falsches erweisen würde. Es handelte sich zunächst nicht um gesunde *Nahrungs-*, sondern viel, viel mehr um *Belebungs-* und *Erweckungsmittel.* Dies wußte Hardenberg, und in *dem* Sinne handelte er. Und dafür haben wir ihm zu danken.

Der alte ständische Staat hatte dem Sturm nicht widerstanden, und ein neues Haus mußte bezogen werden, *wenigstens auf Probe.* Möglich, daß der Zusammensturz nicht an der Schlechtigkeit des alten Baues, sondern an der Heftigkeit des Sturmes gelegen hatte, möglich das alles, aber die Verhältnisse gestatteten damals nicht, in die Diskussion solcher Fragen einzutreten. Rasche Hülfe war nötig. Dreißig Jahre später lagen die Dinge günstiger, und Friedrich Wilhelm IV. durfte bei seinem Regierungsantritte das Experiment wagen, den unterm Drang der Umstände kritiklos beiseite geworfenen ständischen Staat noch einmal auf seinen Wert und seine Stichhaltigkeit hin zu prüfen. Das Jahr 1846 brachte den Vereinigten Landtag. Ob die Formen, unter denen dieser ins Leben trat, ob namentlich die rheinische *Bourgeoisie* und ihr großer Einfluß dem Marwitzschen Ideal entsprochen hätten, muß freilich dahingestellt bleiben.

Diese nur allzu begründeten Zweifel führen mich auf Marwitz' angreifbarsten Punkt, auf sein Verhältnis zum *Bürger-*

stand. Er ließ den »Bürgerstand« gelten, soweit er in die alte ständische Institution hineinpaßte, aber er haßte die »Gebildeten«. Und da die Bürgerlichen zu jener Zeit überwiegend die Träger dieser Bildung waren, so wurde daraus eine Verkleinerung, eine völlig schiefe Stellung zum Bürgertum überhaupt. Daß ihm das damalige, von Revolutionsideen erfüllte Bürgertum, das wenigstens hier und dort die Niederlage von Jena mit Befriedigung vernommen hatte, wenig sympathisch war, war ebenso begreiflich wie berechtigt, aber er verharrte in dieser Abneigung auch noch, als die Ereignisse des Jahres 1813, und zwar nicht nur die Erhebung des *Volks*, sondern ganz speziell die Begeisterung der »Gebildeten«, ihm den Beweis geliefert hatte, daß auch ein Bücherwurm und Wissenschaftler für eine gute Sache zu fechten und zu sterben verstehe. Er selbst gab diese Dinge im einzelnen zu, aber dem ganzen Stande gegenüber blieb ihm das aristokratische Vorurteil. Der Adel nahm in seinen Augen nicht nur politisch und gesellschaftlich, sondern auch moralisch eine überlegene Sonderstellung ein; seine Gesinnung war besser, ebenso seine Haltung, und soviel Wahrheit und partielle Berechtigung, namentlich angesichts unseres märkischen Spießbürgertums, in dieser Auffassung liegen mochte, so führte dieselbe doch gelegentlich zu den allerbedenklichsten Konsequenzen. Eine Anekdote mag dies zeigen.

Im Jahre 1806 traf unser Marwitz, wenige Tage vor der Jenaer Schlacht, im Schlosse zu Weimar mit Goethe zusammen. Wie schildert er nun diesen? »Er war ein großer, schöner Mann, der, stets im gestickten Hofkleide, gepudert, mit einem Haarbeutel und Galanteriedegen, durchaus nur den Minister sehen ließ und die Würde seines Ranges gut repräsentierte, *wenngleich der natürlich freie Anstand des Vornehmen sich vermissen ließ*.« Also auch Goethe konnte sich in Haltung und Erscheinung nicht bis zur Ebenbürtigkeit erheben. Er war ein anstandsvoller Minister und ein großer Poet, war der Freund seines Fürsten und der leuchtende Stern des Hofes, aber geboren als ein Bürgerssohn zu Frankfurt, ließ er doch den »freien Anstand des Vornehmen vermissen«. Es gebrach ein unaussprechliches Etwas, vielleicht die Hohe Schule des Regiments Gensdarmes.

Und bei dieser Gelegenheit mög ein kleiner Exkurs gestattet sein. Es ist mit der Kunst des Anstands wie beispielsweise mit der Kunst des Reitenkönnens und vielleicht mit vielen andern Künsten. Jeder, Individuum wie Nationen, glaubt im Besitze des Rechten zu sein. Die englischen Gentlemen sagen zu deutschen Kavalieren: »Ihr seid die besten Reiteroffiziere, aber ihr könnt nicht reiten«, und die deutschen Kavaliere erwidern dem englischen Gentleman: »Ihr versteht euer foxhunting und steeple-chase, aber enfin, ihr könnt nicht reiten.« Und ein stilles Bedenken mischt sich dabei von rechts und links her ein, daß dem diesseitigen perfekten Kavalier und dem jenseitigen perfekten Gentleman doch noch dies und das zu seiner Vollkommenheit fehle. Und wie mit der Kunst des Reitens, so mit der Kunst der feinen Sitte. Die Gesetze derselben sind überall verwandt, aber ihre Formen weichen voneinander ab. Da, wo noch an *eine* ausschließliche Form der Gesellschaft geglaubt wird, hat die Gesellschaft selbst ihre höchste Blüte noch nicht erreicht.

In Standesvorurteilen, wie sie das Urteil über Goethe zeigt, war und blieb Marwitz befangen; aber er verfuhr auch hierin nach Ueberzeugung und stumpfte dadurch den Stachel des persönlich Verletzenden. Zudem hielt es nicht schwer, die Wurzel seines Irrtums zu erkennen. Während er nämlich *sich selbst* als Repräsentanten des Adels nahm, nahm er den ersten besten Bürgerlichen als Repräsentanten des Bürgerstandes. Der Zufall wollte, daß er in sich selbst einen so vollkommenen Vertreter adeliger Gesinnung zur Hand hatte, daß, bei solchem Herausgreifen aufs Geratewohl, der Bürgerliche mit einer Art von Notwendigkeit zu kurz kommen mußte. Er vergaß eben, daß nicht jeder Adelige ein Marwitz war und daß viele Eigenschaften, die er an den »Gebildeten« haßte, nicht Sondereigenschaften des Bürgerstandes, sondern allgemeine Eigenschaften der ganzen Epoche waren. So geißelte er das Auftreten eines eitlen, lekkern und gesinnungslosen Historikers, der damals in den Berliner Salons vergöttert wurde, mit verdientem Spott, aber andere bürgerliche Namen, die seines Beifalls würdig gewesen wären, hätten ihm ebenso nah oder vielleicht näher gelegen. Ich nenne nur Fichte. Statt dessen sah er mit Vorliebe auf die Kluft, die freilich zwischen seinem eigenen Empfinden und jener schnöden Niedrigkeit lag, die sich damals danach drängte, als »Bürgergardist« vor Marschall Victor Schildwache zu stehn.

Ängstliche Rücksichtnahme war nicht seine Sache, wo es die Wahrheit oder wenigstens *das* galt, was ihm als Wahrheit erschien. Durch Freund und Feind hin ging er seinen Weg. Die Furcht, anzustoßen, war nicht seine Furcht. Selbstbewußtsein durchdrang ihn und durft es, denn die Worte seines Testaments, »daß er die ihm auferlegten Pflichten treulich erfüllt und dabei sein eigenes irdisches Wohlsein für nichts erachtet habe«, waren Worte der Wahrheit. Verkannt, zurückgesetzt, verleumdet, hatten die Kränkungen, davon er genugsam erfahren, doch niemals schwerer in seinem Herzen gewogen als das Gefühl seiner Pflicht. Sooft es galt, war er da. Alles gab er auf, alles setzte er ein, sooft die großen Interessen des Vaterlandes auf dem Spiele standen. Das Einstehen für das Ganze war seinem Herzen Bedürfnis, und die höchsten Kräfte des Menschenherzens: Treue, Pietät und Opferfreudigkeit, waren in seiner Seele lebendig. Er war schroff nach außen, aber feinfühlig im Gemüt. Das Leben, ungehoben und unverklärt durch geistigen Gehalt, war ihm eine leere Schale; die *Idee* allein gab allem Wert, und im Kampfe für sie hat er sein Leben hingebracht. Möglich, daß er in diesem Kampfe geirrt; es würde nichts ändern an der Wertschätzung, die seinem Streben gebührt. Denn jedem selbstsuchtslos geführten geistigen Kampfe gelten unsere Sympathien, und erst aus Streben und Irren gebiert sich die Wahrheit. Auch der Kampf, den Marwitz kämpfte, hat uns *dieser* näher geführt.

»Er war«, so schließt ein Nekrolog, den befreundete Hand geschrieben, »ein Mann von altrömischem Charakter, eine kräftige, gediegene Natur, ein Edelmann im besten Sinne des Worts, der in seiner Nähe nichts Unwürdiges duldete, allem Schlechten entschieden in den Weg trat, Recht und Wahrheit verteidigte gegen jedermann, der die Furcht nicht kannte und immer in den Reihen der Edelsten und Besten zu finden war. Alles Versteckte, Unklare und Erheuchelte war ihm von Herzen zuwider. Wie er streng war gegen sich selbst, war er es auch gegen andere. In Fleiß und guter Wirtschaft, in Frömmigkeit und strenger Sittlichkeit, in einem rechtschaffenen Wandel strebte er, seiner Gemeinde ein Vorbild und Muster zu sein.«

An ernstem Streben, an Ringen nach der Wahrheit, an selbstsuchtsloser Vaterlandsliebe sei er Vorbild und Muster auch *uns*.

Alexander von der Marwitz

Du hoffst umsonst vom Meere,
Vom Weltgetümmel Ruh;
Selbst *Lorbeer, Ruhm* und *Ehre*
Heilt keine Wunden zu.

Waiblinger

Blühend blieb mir im Gedächtnis
Diese schlanke Heldenblume;
Nie vergeß ich dieses schöne
Träumerische Jünglingsantlitz.

H. Heine

Alexander von der Marwitz war der jüngere Bruder des Generallieutenants Ludwig von der Marwitz, dessen Leben und Charakter ich im vorhergehenden Kapitel zu schildern versucht habe. Der Anfang dieses Jahrhunderts war eine Epoche der Dioskuren, der glänzenden Brüderpaare: die beiden Humboldt, die beiden Schlegel, die beiden Tieck, die beiden Bülow – zu ihnen gesellten sich die beiden Marwitz. Beide Brüder waren von verwandter Naturanlage, von gleichem Temperament; beider Herz war groß und hatte jenen hohen Vollschlag, der die Freiheit bedeutet.

Sie hatten eine verwandte Naturanlage, so sagt ich, aber sie waren doch verschieden. Wie ein Adler war der *ältere* Bruder. Himmel und Einsamkeit um sich her, sah er auf die irdischen Dinge wie auf etwas Fremdes herab, wie auf das Treiben eines Lagers, das morgen abgebrochen wird; Ziel und Heimat lagen ihm *über* der Welt, nicht *auf* ihr. Anders der jüngere Bruder. Einem gezähmten Falken glich er, und früh an die Menschenwelt gewöhnt, blieb er in Zwiespalt, wo seine Heimat sei: ob hinter Gitterstäben, wo die schöne Hand der Herrin ihm Spielzeug und Schmeichelworte reichte, oder dort oben, wo die lichten Wolken im blauen

Äther ziehn. Sooft er in den Lüften war, zog ihn die süße Gewohnheit zur Erde zurück, sooft er auf der Erde war, zog ihn die eingeborene Natur nach oben. Als er auf dem Punkte stand, die Gegensätze zu versöhnen und *in Freiheit zu dienen*, traf ihn der Tod. So starb er, »ein Hoffnungsvoller, ein Vielgeliebter«, wie die kriegsgeschichtlichen Tagebücher jener Zeit ihn nennen.

Alexander von der Marwitz ward am 4. Oktober 1787 in Berlin geboren. Nach einer andern Angabe in Friedersdorf. Seine erste Erziehung erhielt er im elterlichen Hause, teils in Berlin, teils auf dem Familiengut. Seinen Vater verlor er früh (1793), und sein zehn Jahre älterer Bruder, Friedrich August Ludwig, wurde, wenn nicht dem Namen nach, so doch in Wirklichkeit, sein Vormund. Das stete Wechseln im Aufenthalt zwischen Berlin und Friedersdorf erwies sich nicht als günstig für die Erziehung des jüngeren Bruders, und so wurde derselbe im Sommer 1794 zum Hofprediger Arens in Küstrin in Pension gegeben. Arens, wohlunterrichtet, streng und gewissenhaft in seiner Methode, legte den Grund zu dem späteren ausgezeichneten Wissen seines Zöglings. Kaum vierzehn Jahre alt, verließ dieser die Küstriner Schule, nahm in einer noch aufbewahrten, durch Gedankenreife überraschenden Rede von Lehrern und Schülern Abschied und ging nach Berlin, wo er noch dritthalb Jahre lang das damals unter Gedikes Leitung stehende, höchst ausgezeichnete Gymnasium »Zum Grauen Kloster« besuchte. Er traf hier gute Gesellschaft. Unter seinen Mitschülern befanden sich zunächst die Söhne von Büsching, Biester, Adelung und Koepke, ferner der älteste Sohn des damaligen Obersten von Scharnhorst (welcher letztere kurze Zeit vorher in preußische Dienste getreten war) und endlich der Sohn der Frau von Staël-Holstein*, die, 1803 nach Deutschland gekommen, ihren Wohnsitz in Berlin genommen hatte. Sprachliche und historische Studien waren es, denen sich Marwitz schon damals mit ganzer Seele hingab.

* Es heißt über ihren Sohn im Schulprogramm (1804) des Grauen Klosters: »Staël-Holstein aus Paris empfahl sich die kurze Zeit, daß er die erste Klasse des Gymnasiums besuchte, durch ein gesittetes Betragen und einen lobenswerten Fleiß. Der unerwartete Tod seines Großvaters, des ehemaligen Finanzministers Necker, veranlaßte seine Mutter zur eiligen Abreise in die Schweiz, der er folgte.« – Diesem Schulprogramm entnehme ich auch eine Notiz über die Dichtun-

Johann von Müllers »Schweizergeschichte« machte einen solchen Eindruck auf ihn, daß er, kaum sechzehn Jahr alt, den berühmten Historiker aufsuchte, um ihm seinen Dank und seine Bewunderung auszudrücken.

Dieser Schritt, unscheinbar auf den ersten Blick, gab ihm doch Gelegenheit, die Selbständigkeit seiner Denk- und Handelweise zu zeigen, die ihn später so sehr auszeichnete. Sein älterer Bruder mißbilligte diese Bekanntschaft, wie aus der ziemlich unzweideutigen Beschreibung hervorgeht, die uns derselbe von der Person Johann von Müllers hinterlassen hat. »Johann von Müller«, so schreibt er, »war ein kleines, grundhäßliches Kerlchen mit einem Spitzbauch und kleinen Beinchen, einem dicken Kopf, immer glühend von vielem Fressen und Saufen, mit Glotzaugen, die weit aus dem Kopf herausstanden und beständig rot unterlaufen waren« etc. Aber so gern bereit der jüngere Bruder war, diesen ablehnenden Geschmack des älteren gelten zu lassen, so wenig war er doch andererseits geneigt, sich den Antipathien desselben unterzuordnen.

Neben der Selbständigkeit seines Charakters trat hierin zugleich auch jener andere Zug seiner Natur hervor, der ihn, in Freud und Leid, unter den wechselndsten Schicksalen und Stimmungen beherrschte: *der Zug und Hang nach dem Geistreichen.* Dieser Hang nahm, bevor die letzten Jahre seines Lebens eine Klärung und größere Reife schufen, fast die Form einer Krankheit an. Alles verschwand daneben.

Um dies in ganzem Umfange zu verstehen, ist es nötig, sich in die Genialitätsbestrebungen, in die geistige Genußsucht jener Zeit zurückzuversetzen. Der bekannte Ausspruch Friedrichs des Großen, »daß er der Beschäftigung mit guten Büchern und gescheiten Leuten die genußreichsten, wo nicht die einzig genußreichen Stunden seines Lebens verdanke«, schien plötzlich die Anschauung aller feinen Köpfe geworden zu sein; sie lebten wie im Theater und

gen, die Michaelis 1804 und 1806 bei Gelegenheit der öffentlichen Prüfung von den Schülern der Oberklassen deklamiert wurden. Es waren: 1. Monolog des Brutus aus der Voltaireschen Tragödie »Cäsar«; 2. »Elegie an Rosalie«, von Tiedge; 3. »Der Führer«, ein Gedicht von Luise Brachmann; 4. »Arion«, von A.W. von Schlegel; 5. »Kassandra«, von Schiller; 6. »Der Taucher«, von Schiller; 7. »Die Macht des Gesanges«, von Schiller; 8. »Hero und Leander«, von Schiller; 9. »Schillers Tod«, eine Elegie.

horchten auf die *besten Stellen.* Die Personen waren nicht mehr Personen, sondern *Akteurs*; alles kam auf die Unterhaltung, die Belehrung an, die sie gewährten. Der Witz, die geistreiche Sentenz, der Strom des Wissens, der Zauber der Rede lösten sich wie selbständige Kunstwerke vom Sprecher los, und in derselben Weise, wie es uns, angesichts eines schönen Landschaftsbildes, nicht im geringsten kümmert, *wer* es gemalt hat, ob ein Vornehmer oder Geringer, ob eine saubere oder eine unsaubere Hand, so wog damals der Glanz geistiger Gaben alles auf. Ein Höcker, physisch oder moralisch, war gleichgültig, wenn es nur ein Äsop war, der ihn trug. Ein brennender Durst erfüllte die Geister, und wer diesen Durst stillte, der war willkommen. Es hätte für Vorurteil, für kleinlich und altfränkisch gegolten, moralische Bedenken zu unterhalten. Erst der Kriegssturm reinigte wieder die Atmosphäre.

Die Gestalt des Prinzen Louis Ferdinand wird immer jene Zeit hoher Vorzüge und glänzender Verirrungen wie auf einen Schlag charakterisieren. Alexander von der Marwitz war ihm ähnlich. Der Unterschied zwischen beiden war nur der, daß die Genußsucht des Prinzen seinen Charakter schließlich beeinflußte und schädigte, während Marwitz, in wunderbarer Weise, eine getrennte Wirtschaft, eine doppelte Ökonomie zu führen verstand. Das Bedürfnis geistiger Nahrung war allerdings so groß in ihm, daß er, wie sein älterer Bruder von ihm erzählt, ohne geistige Gesellschaft nicht leben konnte und selbst zum Studieren und Arbeiten durch entsprechenden Umgang angeregt werden mußte. Er schreckte dabei vor »alten Schläuchen« nicht zurück, wenn es nur eben ein alter, feuriger Wein war, den sie boten. Aber alles dies blieb bei ihm lediglich Sache der Zerstreuung, des Studiums, des Kennenlernenwollens. Die geistigen Anregungen, sobald sie eines gesunden Kernes entbehrten, waren ihm wie der Genuß eines berauschenden Getränkes, aber auch nicht mehr. Sie gewannen nicht Einfluß auf seine Überzeugungen, am allerwenigsten auf seine Haltung und Führung. Das Gemeine blieb machtlos über ihn, und so ging er durchs Leben wie gefeit durch den Adel seiner Gesinnung.

Zu diesen Bemerkungen, die darauf aus sind, die Gesamterscheinung Alexanders von der Marwitz ins Auge zu fassen, glaubte ich gleich anfangs schreiten zu dürfen, und der Name Johann von Müllers bot die beste Gelegenheit dazu. Ebendieser war die vollendete Vereinigung von geistiger Kraft und Charakterschwäche, von hohem Erkennen und niederem Handeln. Marwitz übersah in Milde, was ihm nicht paßte, und bewunderte, was ihm der Bewunderung wert erschien. Auch die Antipathien des älteren Bruders, wie bereits hervorgehoben, störten ihn hierin nicht.

Um Ostern 1804 verließ er das Graue Kloster und bezog die Universität Frankfurt, um daselbst die Rechte zu studieren. In dem bereits zitierten Schulprogramm des genannten Jahres heißt es: »Alexander von der Marwitz bildete bei uns seine glücklichen Naturanlagen mit rühmlichem Fleiße aus und empfahl sich durch ein feines und anspruchloses Betragen. Er hat in den meisten Fächern des Unterrichts, besonders in der alten Literatur, glückliche und ausgezeichnete Fortschritte gemacht.« Er blieb nur ein Jahr in Frankfurt, dessen Stern sich damals bereits im Niedergange befand. Halle lockte ihn, und in Halle vor allem der Name Wolfs. Johann von Müller schrieb an den letzteren: »Diesen Gruß bringt Ihnen Alexander von der Marwitz. Ich brauche ihn nicht zu empfehlen, weil Sie selbst bald sehen werden, wieviel in ihm ist.«

Mit immer wachsendem Eifer ging er hier an das Studium der Alten; daneben beschäftigten ihn Geschichte und Philosophie, und wie er zwei Jahre zuvor unter den Schülern des Grauen Klosters der tonangebende gewesen war, so arbeitete er sich auch hier zu gleichem Ansehen durch. Die Kommilitonen weder meidend noch suchend, immer er selbst, ernst ohne Hochmut, freundlich ohne Vertraulichkeit, so beherrschte er sie, gleich angesehen an Wissen wie an Charakter. Diese Herrschaft war das natürliche und deshalb unvermeidliche Resultat seiner Überlegenheit; dennoch beklagte sein älterer Bruder in späteren Jahren diese frühen und unbedingten Erfolge, die zuletzt ein Hochgefühl des eigenen Wertes großzogen, das schwindlig machte.

In Halle war Marwitz anderthalb Jahre. Kurz vor der Jenaer Schlacht verließ er die Universität und begab sich nach Friedersdorf, um in Abwesenheit des älteren Bruders, der, wie wir wissen, als Adjutant des Prinzen Hohenlohe wieder in die Armee getreten war, die Verwaltung des Guts zu übernehmen. Mit der Kraft und raschen Umsicht, die ihm überall, damals wie später, zu Gebote stand, auch wo es die *praktische* Seite des Lebens galt, griff er in die Wirtschaftsführung ein, und ohne jemals vorher sich um landwirtschaftliche Dinge im geringsten gekümmert zu haben, übersah er die Verhältnisse sofort und setzte später den heimkehrenden Bruder durch die Ordnung, die dieser vorfand, in Erstaunen. Seine Wirtschaftsführung während eines vollen Jahres war eine musterhafte gewesen, nur sein überaus reizbares Temperament hatte im Winter 1806 auf 1807 die Verwaltung des Guts und, mehr denn das, sein eigenes Leben in Gefahr gebracht. Wir lernen hier eine neue Seite seines Charakters kennen. Die Beschäftigung mit den Wissenschaften, weit entfernt davon, ihm »die Blässe des Gedankens anzukränkeln« oder das innere Feuer, das nach Taten dürstete, zu dämpfen, hatte seine ganze, leidenschaftlich angelegte Natur nur noch glühender und leidenschaftlicher gemacht. Gegen Überlegenheit des Geistes und Charakters, wo er sie fand, verhielt er sich wie ein junger Königstiger, der ruhig wird in der Nähe des Löwen. Aber freilich, er fand diese Überlegenheit selten.

Sein auflodernder Zorn war es, der ihn, während seiner Gutsverwaltung, zu einer raschen Tat hingerissen hatte, die den Stempel der Ungerechtigkeit breit an der Stirne trug. Eine durch Nachbarn ihm zugefügte Unbill hatte er in einer Weise zu rächen gesucht, die von den damals die Landesobrigkeit bildenden Franzosen als ein Mißbrauch der Gewalt gestraft werden mußte. Er wurde nachts durch französische Gensdarmen vom Gute fortgeholt und in Fesseln nach Küstrin abgeführt. Man hielt ihn schon für verloren; doch wurde die Sache durch vielfach tätige Verwendungen schließlich auf gütlichem Wege beigelegt. Die Details über diesen Vorgang fehlen.

Ende Oktober 1807 traf der ältere Bruder wieder in Friedersdorf ein. Der Tilsiter Friede hatte zur Entwaffnung so vieler Regimenter geführt und natürlich auch zur Entlassung jenes Truppenteils, der unter dem Namen des »Marwitzschen Freicorps« in Preußen und Pommern gebildet worden war. Der jüngere Bruder verließ nun das Gut wieder und ging nach Memel, wo sich damals der preußische Hof befand. Empfehlungsbriefe führten ihn bei dem Minister Stein ein, Niebuhr schenkte ihm Aufmerksamkeit und Interesse, und sein überaus gewinnendes Wesen, das ihn überall, wo er sich sympathisch berührt und geistig heimisch fühlte, die Herzen wie durch einen Zauber erobern ließ, bewährte sich auch hier. Äußerliche Mittel unterstützten seine Erfolge. Er war groß und schlank, mit feinem jugendlichen Gesicht und die schönen dunkeln Augen voll Leben und Ausdruck. Wie auf Schule und Universität, so herrschte er alsbald auch hier, wo die Männer des »Tugendbundes« ihn in ihre Mitte zogen. Er belächelte vieles, was er geschehen sah, der gemeinschaftliche Franzosenhaß aber und noch mehr vielleicht der Umstand, daß es gescheite Leute waren, mit denen er eine Stunde geistvoll plaudern und Anregung zu neuen Studien mit heimnehmen konnte, ließ ihn die Kluft *absichtlich* übersehen, die zwischen ihm und ihnen lag.

Es scheint, daß er bis Weihnachten 1808 in Memel blieb und dann nach Berlin zurückkehrte. Sein Umgang hier gestaltete sich im Einklang mit den Bekanntschaften, die er in Memel und Königsberg angeknüpft hatte, zugleich aber wandte er sich mit verdoppeltem Eifer seinen Büchern zu. Politik wurde gelesen, und die staatsökonomischen Sätze Adam Smiths, dessen berühmtes Buch vom »Reichtum der Nationen« auch das Geheimmittel enthalten sollte, wie dem ruinierten preußischen Staate wieder aufzuhelfen sei, wurde der Gegenstand der eingehendsten Studien und Debatten. Schon damals verhielt er sich mehr kritisch als bewundernd gegen das Buch, das die Hardenbergsche Schule zur Panazee für alle Übel stempeln wollte, und wurde nicht müde, auf den Unterschied zwischen einem reichen und freien England und einem armen und unterjochten Preußen hinzuweisen.

Er trieb diese Studien mit einem solchen Ernst und verfügte neben dem klarblickenden Geiste, den ihm die Natur gegeben, über ein so umfangreiches Wissen auf diesem schwierigen und bis dahin wenig kultivierten Gebiete, daß ihm, dem zweiundzwanzigjährigen Jünglinge, von Niebuhr – der nicht leicht in Verdacht kommen wird, aus Leichtsinn oder Übereilung gehandelt zu haben – im April 1809 ein

Staatsratsposten angetragen wurde.* Die Sache war noch nicht entschieden, als der Schillsche Zug dazwischentrat und die Unterhandlungen zerschlug. Marwitz schloß sich dem Zuge an, und wiewohl er wenige Wochen später nach Berlin zurückkehrte, weil er das Kopflose des ganzen Unternehmens erkannt hatte, so wurden doch die einmal abgebrochenen Unterhandlungen nicht wieder aufgenommen.

Beinah unmittelbar nach seiner Rückkehr vom Schillschen Zuge machte Marwitz die Bekanntschaft der Rahel Levin. Er war dem Prinzen Louis Ferdinand an ritterlichem Sinn, an Schönheit der Erscheinung, an künstlerischem Bedürfnis und vor allem auch in jenem Selbstgefühl verwandt, das neben anderen Vorurteilen auch das des Standes überwunden hatte, und so ergab sich diese Bekanntschaft mit einer Art von Folgerichtigkeit. Wie diese Bekanntschaft ihm selber zu hoher Befriedigung gereichte und ihm in schweren Tagen eine Stütze, in dunkeln Tagen ein Sonnenstrahl war, so haben auch wir uns dieses Freundschaftsverhältnisses zu freuen, weil wir dem Briefwechsel, der sich zwischen beiden entspann, das beste Teil alles dessen verdanken, was wir über den Charakter und selbst über die äußern Lebensschicksale Alexanders von der Marwitz wissen.

Ihre Bekanntschaft begann im Mai 1809, und noch vor Ablauf desselben Monats trennten sich die schnell Befreundeten wieder, um erst nach länger als Jahresfrist die alten Beziehungen abermals anzuknüpfen. Ein gegenseitiges Verständnis scheint sich fast augenblicklich zwischen ihnen gebildet zu haben. Schon am 13. Juli 1809 konnte Rahel schreiben: »Ich ging in den Park hinunter, schön waren Wiesen und Feld. Tausenderlei sah ich um mich her, und alles hätte ich Marwitz gern gezeigt; *er war der letzte, den ich sah, der so etwas verstand.*« Und um dieselbe Zeit schrieb sie an Fouqué: »Ich habe Marwitz nur vierzehn Tage gekannt, und mein ganzes Herz liebt ihn; seine Existenz ist ein Trost für mich. Sie wissen, er ist mit Varnhagen hin nach dem Krieg.«

Marwitz war »nach dem Krieg«. Er war Ende Mai nach

* Schon im Sommer 1808 (also wahrscheinlich noch in Memel) war ihm ein ähnlicher Antrag geworden. Er hatte ihn aber mit dem Bemerken abgelehnt, daß er zuvor mehr sehen und lernen wolle. Nur in Zeiten wie die damaligen, wo nichts so niedrig stand als das Anciennitätsprinzip, waren solche Dinge möglich.

Österreich gegangen, um an dem Kampfe gegen Napoleon teilzunehmen. Was ihn forttrieb, war ein Mannigfaches; zunächst die Nachricht, daß sein jüngerer Bruder Eberhard*, der seit 1808 in österreichischen Diensten stand, in der Schlacht bei Aspern schwer verwundet worden sei, dann aber sein Haß gegen Napoleon und mit ihm die Überzeugung, »daß« – um die Worte seines Bruders zu wiederholen – »*die Freiheit das allein Wertvolle sei und alles Wissen in einem Sklavenlande nicht gedeihen, nicht echte Frucht treiben könne*«. Zudem war die Teilnahme am Kampf halb Ehrensache für ihn geworden. Er hatte Schill verlassen, weil er das Kopf- und Planlose des Zuges sofort erkannt hatte, aber ebendadurch gleichzeitig die stillschweigende Pflicht auf sich genommen, *jedem* Unternehmen seine Kräfte zu leihen, das, mit ausreichenderen Mitteln begonnen, irgendwelche Aussicht auf Erfolg bieten konnte. Ein solches Unternehmen war

* Anton Eberhard Konstantin von der Marwitz ward am 2. September 1790 zu Berlin geboren. Er befand sich als Schüler, kaum sechzehn Jahre alt, in der École militaire, als die Franzosen ihren Einzug in Berlin hielten. Der Gouverneur der Anstalt schoß sich tot, der Vizegouverneur verlor den Kopf und überantwortete sich und seine Anstalt der Gnade der Sieger. Diese schwankten, wie sie sich den halberwachsenen Schülern dieses Militärinstituts gegenüber verhalten sollten, zogen aber schließlich das Sichere vor und machten sie zu Gefangenen. Unter diesen war auch Eberhard von der Marwitz. Er und ein befreundeter Mitschüler verabredeten Flucht und brachen zusammen auf. Vorher schon hatten sie sich ein Pferd zu verschaffen gewußt und passierten glücklich das Tor. Ohne alle Rast setzten sie ihren Weg fort, immer abwechselnd der eine zu Fuß, der andere zu Pferde, so daß sie schon nach vierundzwanzig Stunden die zwanzig Meilen bis Lenzen an der Elbe und über die mecklenburgische Grenze zurückgelegt hatten. Nach kurzem Aufenthalt wanderten sie weiter ins Holsteinsche. Erst hier waren sie in Sicherheit, aber das Pferd auch so ruiniert, daß sie es verschenken und beide zu Fuß gehen mußten. In Kiel fanden sie ein Fischerboot, vertrauten sich in demselben dem Meere an und trafen, sechs Tage nachdem sie Berlin verlassen hatten, auf der Insel Rügen ein, wo der ältere Bruder eben sein »Freicorps« errichtete. Bei der bald erfolgenden Auflösung dieses Corps ging Eberhard von der Marwitz nach Österreich und trat als Cornet in das Chevau-légers-Regiment Klenau. Bei Regensburg (am 20. April) zeichnete er sich aus, bis der mörderische Tag von Aspern seiner so früh und so brav begonnenen Laufbahn ein Ziel setzte. Er erhielt an diesem denkwürdigen Tage gleich zu Beginne der Schlacht den Auftrag, mit einer Abteilung von zwanzig Reitern an das vom Feinde besetzte Dorf Aspern heranzujagen. Er gehorchte und machte die Attacke. Vierzig Schritte vor dem Dorfe traf ihn eine Kanonenkugel, tötete sein Pferd und verwundete ihn schwer am rechten Oberschenkel. Dieser Verwundung erlag er am 9. Oktober; am 10. ward er beerdigt. Eine Compagnie des 30. französischen Infanterieregiments gab bei der Gruft drei Salven, und der Stadtkommandant sowie vierzig französische und mehrere verwundete österreichische Offiziere geleiteten ihn zu Grabe. Er ruht auf dem Kirchhofe zu Nikolsburg in Mähren, »hingeopfert dem unsinnigen Befehle eines schwachköpfigen Untergenerals«, wie sein ältester Bruder in unerbittlicher Kritik schreibt. Ebendieser hat ihm auch auf dem Friedersdorfer Kirchhof einen Denkstein errichtet.

der österreichische Krieg. Marwitz trat in das berühmte Chevau-légers-Regiment Graf Klenau ein, dasselbe Regiment, in dem sein Bruder gedient hatte, und machte die letzten Kämpfe des Krieges, die Schlachten bei Wagram und Znaim, mit. Auch nach dem Friedensschlusse blieb er bis zum Herbst 1810 in österreichischen Diensten. Gleich die ersten Wochen nach dem Frieden wurden ihm schwer vergällt. Krank war er nach Olmütz gekommen, wo er Quartier in einem Gasthofe nahm. Der Wirt, ein roher und heftiger Gesell, erging sich – aus Motiven, die nicht klargeworden sind, vermutlich aber ohne all und jede Veranlassung – in heftigen Insulten gegen Marwitz und drang endlich auf diesen ein. Marwitz zog den Degen zu seiner Verteidigung und stieß den Angreifer endlich nieder. Dieser Vorgang machte großes Aufsehen und auf Marwitz' Gemüt einen tiefen und nachhaltigen Eindruck. Denn wiewohl er nur Notwehr gebraucht und den Ausspruch der Gerichte sowohl wie die öffentliche Meinung für sich hatte, so suchte er doch seitdem die Reizbarkeit und den Jähzorn seines Charakters strenger zu bewachen.

Das *Kriegsleben* war etwas, wie es zu Marwitz' innerstem Wesen stimmte, aber das *Garnisonsleben* war wenig nach seinem Sinn. Alsbald fehlten die Anregungen, ohne die er, wenn der Krieg nicht seine Würfel warf, nicht leben konnte. Wie viele Leute gab es in Olmütz und Prag, die ihm ein Gespräch mit Johann von Müller, mit Niebuhr oder mit Rahel Levin hätten ersetzen können! Während des Waffenstillstandes, solange die Wiederaufnahme des Krieges noch eine Möglichkeit war, beschäftigten ihn militärische Gedanken, an deren Ausarbeitung er mit einer Raschheit und einem Scharfsinn ging, als habe irgendein Hauptquartier ihn großgezogen und nicht der Hörsaal oder der Salon. Er entwarf unter anderem ein Exposé, wie, bei Wiedereröffnung des Kampfes, die österreichische Armee zu operieren habe. Eine umfangreiche Arbeit. Über den strategischen Wert derselben schweig ich, sie entzieht sich der Kritik eines Laien, aber die Klarheit der Darstellung ist bewundernswert und fast mehr noch die kühne Selbständigkeit, die ihm die Idee eingab, durch eine weit ausholende Flankenbewegung der Napoleonischen Armee den *Rücken abzugewinnen*. Er drückte dies in folgenden Worten aus: »Eine *veränderte Frontstellung* muß unser strategisches Prinzip sein; Front gegen Osten oder Nordosten – so müssen wir den Angriff erwarten.«

Aber der Waffenstillstand führte zum Frieden, und mit dem Frieden schwand ihm, ganz abgesehen von jener Aufregung, die ihm Bedürfnis war, auch jene aufs Ganze und Große gerichtete Tätigkeit, deren er bedurfte. Das Einerlei des Dienstes fing an, ihn zu drücken. Eine Korrespondenz, darunter auch der Austausch einiger Briefe mit Rahel, war kein Ersatz für so vieles andere, was fehlte, und so nahm er denn den Abschied. Im Herbst 1810 war er wieder in Berlin.

Das alte Leben, das ihm so teuer war, nahm hier aufs neue seinen Anfang. Die Bücher, die Studien, der gesellige Verkehr, die Plauderei, die Friktion der Geister, das Blitzen der Gedanken – er hing an dieser Art der Existenz, und doch, *wenn er sie hatte, genügte sie ihm nicht.* Er kam zu keinem Glück, wenigstens damals nicht. Das Gegenwärtige immer klein findend, von der Zukunft und sich selbst das Höchste wollend, rang er einer Traumwelt nach und verlor die wirkliche Welt unter den Füßen. Er gehörte so recht zu denen, die den Genuß nicht genießen, weil sie selbst im Besitz des Höchsten und Liebsten die Vorstellung nicht aufgeben mögen, daß es noch ein Höheres und Lieberes gibt.

In diesem Sinne schreibt Rahel zu Anfang des Jahres 1811. »Und wie treiben's unsere Besten? Ruhm wollen sie, wollen zehren, ohne beizutragen, und – *nichts* kriegen sie. Besseres noch, so denken sie, werden sie finden, und – *nichts* finden sie. Statt ihren wahren Freunden selbst Freund zu sein, statt ihnen etwas zu leisten und sich des Glückes zu freuen, das sie durch Opfer und Guttat geschaffen, vergeuden sie ihre beste Kraft in der Beschäftigung mit ihren Plänen, im Kampf mit Phantomen. *Marwitz hab ich dies noch nie gesagt, weil ich ihn zu sehr liebe und es zu persönlich würde.*«

So klagte Rahel über ihren »liebsten Freund« in einer Zeit, wo täglicher Verkehr und rückhaltloses Vertrauen ihr die beste Gelegenheit gab, einen Einblick in die Vorgänge seines Herzens zu gewinnen.

»Er war des Lebens früh überdrüssig und durchaus ermüdet vom täglichen Einerlei, wenn das Gewaltigste sich nicht von Tage zu Tage jagte.« So beschreibt ihn sein älterer Bruder. Er war ruhelos, unbefriedigt, unglücklich. Aber wir würden ihm Unrecht tun, wenn wir dieses Unbefriedigtsein, diesen Lebensüberdruß, Erscheinungen, die mitunter an die krankhaften Stimmungen Heinrich von Kleists erinnern, ausschließlich auf Rechnung eines überreizten Gemütes setzen wollten. Er war allerdings unstet und ruhelos, weil er einem »Phantom« nachjagte, das sich nicht erreichen und erringen ließ, aber er litt auch in aller Wahrheit und Wirklichkeit unter der Wucht schwerer Schläge. Wenn sich eigene Schuld mit einmischte, um so schlimmer. Er hatte ein Recht, ernster dreinzuschauen als mancher andere. Die Schmach des Vaterlandes, die Eisenhand des Unterdrückers, das alles waren sehr wirkliche Dinge, die damals manches Herz mit Schwermut oder Fanatismus erfüllten. Vor Marwitz aber stand noch ein *anderes*: sein Traum brachte ihm die Gestalt des polternden, zornroten und dann so still und blaß gewordenen Wirts, und wenn die Gestalt verschwand, so zog an ihrer Statt das Bild einer schönen Frau herauf, zu der er sich mit glühender, immer wachsender Leidenschaft hingezogen fühlte. Der Tag ist noch nicht da, über dieses Verhältnis ausführlicher zu sprechen; vielleicht wird die Pietät gegen einen unserer gefeiertsten Namen es für immer verbieten. Zorn und Liebe, Gewissensangst und Leidenschaft rangen auf und ab in Marwitzens Herzen, und es hätte des heißen Verlangens nach Ruhm und Auszeichnung, nach einem unbestimmten Höchsten nicht bedurft, um jene Rastlosigkeit zu schaffen, die zugleich ein Verlangen nach Ruhe war.

Im Mai 1811 ging Marwitz auf kurze Zeit nach Friedersdorf. Die Veranlassung dazu war nicht angetan, ihm die Heiterkeit zurückzugeben, deren er so sehr bedurfte. Das Eintreten des älteren Bruders für das ständische Recht hatte zu seiner Verurteilung geführt, und während er nach Spandau ging, um daselbst seine Haft anzutreten, trat der jüngere Bruder für ihn ein, um, wie, fünf Jahre früher, die Verwaltung des Guts zu übernehmen. Dieser nur kurze Aufenthalt in Friedersdorf scheint eine Krisis für ihn gewesen zu sein. Während ihn die zwischen ihm und der Rahel in dieser Zeit gewechselten Briefe zunächst noch auf einem Höhepunkte der Schwermut und Ratlosigkeit zeigen, klärt sich gegen das Ende hin alles auf. Das Gewitter scheint vorüber, und wir blicken wieder in klaren Himmel. Einzelne Briefbruchstücke aus jener Zeit mögen diesen Übergang vom Trübsinn bis zur neu erwachenden Hoffnung zeigen.

»Mit mir wird es besser. Zwar will mir das Herz noch zuweilen erkranken, aber ich gebiete ihm Ruhe. Wille und Tätigkeit bändigen es. Machen Sie sich meinetwegen keinen Kummer. Untergehen *kann* ich, aber mir zum Ekel, andern zur Last leben, das kann ich *nicht.* Und das ist doch noch sehr glücklich. Ich habe in dieser Zeit zuweilen an den Selbstmord gedacht, aber immer ist er mir vorgekommen wie eine verruchte Roheit.«

»Ich bin *bis jetzt* hier geblieben, teure Rahel, und hatte vor, noch einen Monat hier zu bleiben, weil, ungeachtet der Gespenster, die in meinem Innern herumwandeln, doch eigentlich der Körper durch Landluft gedeiht und ich jene durch Tätigkeit zu verscheuchen hoffte. Aber ich traue nicht mehr, denn gesunder bin ich zwar, aber nicht weniger reizbar. Ein einziger Moment kann mich dahin zurückwerfen, wo ich war, und was am Ende aus dem finstern Brüten werden kann, übersehe ich nicht. Nun sehe ich zwei Auswege. Der eine ist, mit Ihnen nach Teplitz zu gehen (unbeschreiblich reizend), der andere ist eine Reise nach England und von dort aus weiter nach Spanien, wo ich Dienste nehmen kann. Wäre es so unrecht, die Kraft der südlichen Sonne an mir zu prüfen?«

Diese Bruchstücke zeigen zur Genüge, daß er unmittelbar vor seinem Abgange aus Berlin einen Entschluß gefaßt hatte. Er will den Anblick fliehen, der so viele Gefahren in sich birgt; darum dehnt er auch den Aufenthalt in Friedersdorf aus. Er will nicht nach Berlin zurück, denn »er traut sich selbst nicht und fürchtet, daß er dahin zurückgeworfen werden könne, wo er war«. Er bangt vor der Möglichkeit neuen Brütens, neu aufsteigender Gespenster, und er will fort, weit fort – nach Spanien. Er will Dienste nehmen und das Notwendige und Nützliche zugleich erfüllen, *notwendig* ihm allein, aber nützlich der Allgemeinheit, der guten Sache.

Rahels Antworten indessen halten ihn in der Heimat fest

und führen ihn endlich aus seiner Friedersdorfer Verbannung wieder in die Welt zurück. »Sie dürfen nicht vereinsamen. In Friedersdorf ist keine Gesellschaft für Sie, und die müssen Sie haben, lebendigen, alles anregenden Umgang. Sie gehen da in Ihren eigenen Stimmungen wie in einem Zauberwald umher und werden bald nichts mehr vernehmen können.«

Zuletzt hat er überwunden, und er schreibt, frühere Briefworte Rahels in seiner Antwort wiederholend: »›Leben, lieben, studieren, fleißig sein, heiraten, wenn's so kommt, jede Kleinigkeit recht und lebendig machen, dies ist immer gelebt, und dies wehrt niemand‹; ... ja, Sie haben recht, liebe Rahel. Ja, ich weiß das *jetzt.* Fernab sind mir jetzt alle Träume von Heldengröße und äußerer Bedeutsamkeit; führt mich das Schicksal dahin, wo ich in großen Kreisen zu wirken habe, so will ich auch *das* können, aber meine Hoffnungen, meine Pläne sind nicht darauf gestellt. Ich klage auch nicht länger über die Zeit; ganz dumm ist, wer das tut. Wem das Herrliche im Gemüt gegeben ist, dem wird alle Zeit herrlich.«

Beinahe gleichzeitig mit diesem Briefe sehen wir Marwitz nach Berlin zurückkehren, und ein neues, klareres Leben beginnt. Es ist plötzlich, als habe der Most ausgegoren. Viele Ideale sind hin, aber das Schillersche Trostwort: »Beschäftigung, die nie ermattet«, wird auch ein Trostwort für ihn. Ernst, Arbeit nehmen von ihm Besitz, das wirkliche Leben, wie es ist, wohl oder übel, ist plötzlich für ihn da, er stellt sich zu demselben und tritt, mitwirkend, mitstrebend an dem Nächstliegenden, in dieses wirkliche Leben ein.

Er übersiedelte nach Potsdam, um bei der dortigen Regierung als Hülfsarbeiter einzutreten. Zugleich beschäftigten ihn Vorarbeiten zu einem juristischen oder kameralistischen Examen, das er noch zu absolvieren hatte. Es heißt, als er einige Monate später wirklich an die Absolvierung desselben ging, hätten die Examinatoren offen erklärt, »daß es sich bei dem glänzenden und vielseitigen Wissen des zu Examinierenden nur um die Erfüllung einer Form handeln könne, deren Innehaltung ihnen Verlegenheit bereite«.

Marwitz blieb in Potsdam etwa anderthalb Jahre, vom Sommer 1811 bis zum Schluß des Jahres 1812. Wir können diesen Zeitraum, wie auch das Jahr 1813, das er draußen im Felde zubrachte, besser überblicken als irgendeine andere Epoche seines Lebens und haben den Eindruck einer nicht länger ins Weite schweifenden Existenz. Die Richtung auf das »Immense« ist aufgegeben, und das Bestreben wird sichtbar, von einem bestimmten Punkt aus, nach der ihm gewordenen Kraft zu wirken und zu gestalten. *Er hat nicht das Glück, aber doch Bescheidung und Ergebung gefunden;* die Leidenschaften sind gezähmt. Eine gerade in dieser Zeit besonders lebhafte Korrespondenz zwischen ihm und Rahel läßt uns Einblick in wenigstens eine Seite seines Tuns und Treibens gewinnen. Politische Dinge werden wenig berührt, oder doch nur in philosophisch abstrakter Weise. Persönlichstes aber kommt ausführlich zur Sprache, und ästhetische Fragen werden mit Vorliebe behandelt. »Antworten Sie gleich, Ihre Briefe sind mir unentbehrlich«, schreibt Marwitz und fährt an einer anderen Stelle fort: »O wüßten Sie, wie ich Ihre Briefe empfange! Ich lese sie drei-, viermal hintereinander, und dann laufe ich im Zimmer umher und lasse den Inhalt Ihrer Zeilen in mir nachklingen.« Tagebuchartig werden die Briefe geführt, was der Tag bringt und verweigert, wird besprochen. »Mit welchem Herzensanteil verfolg ich Ihre Spaziergänge in Sanssouci; wie gerne nähme ich teil daran!« schreibt Rahel, und Marwitz antwortet: »Auf Sanssouci war ich lange nicht, es ist jetzt dort stürmisch und öde; öfters ging ich im Neuen Garten, wo der flutende See und die vielen dichten Tannengebüsche es lebendiger machen und die Marmorhalle vor dem Hause mir ernste, rührende und schwermütige Gedanken erweckt.« Immer wird von Berlin aus zur Arbeit ermutigt. »Nur ans Werk, wir warten hier auf Ihre Arbeit über die Propyläen und über die ›Politik‹ des Aristoteles.« Daran schließen sich die Vorkommnisse der großen Stadt; Reflexionen ranken sich um Großes und Kleines. »Gern hätte ich Ihnen gestern schon geschrieben, wenn mich nicht die Nachricht von Heinrich Kleists Tod völlig eingenommen hätte. Ich kenne nicht die näheren Umstände seines Todes; aber es ist und bleibt ein Mut. Wer bangte nicht vor jenen ›dunkeln Möglichkeiten‹? Forsche ein jeder selbst, ob es viele oder wenige sind.« So schreibt Rahel, wohl in Vergessenheit, daß sie die Antwort auf diesen

Brief vorweg empfangen hatte, als ihr Marwitz von Friedersdorf aus die schon zitierten Worte schrieb: »Mir ist der Selbstmord immer wie eine verruchte Roheit vorgekommen.«

So läuft das briefliche Geplauder zwischen den Befreundeten, einmal heiter, einmal paradox, einmal tief, wie Stimmung und Ereignis das Wort gestalten. Jeden Abend schrieb er; aber der Tag. gehörte den Studien. Die Marwitzsche Familie ist noch im Besitz umfangreicher Essays, kritischer Abhandlungen und Gutachten, die jener reifen Zeit ihre Entstehung verdanken. Alle diese Memoires teilen sich in zwei Gruppen, in politische und staatswissenschaftliche. In den Charakter und die Eigenart Napoleons einzudringen, schien er sich zu einer besondern Aufgabe gemacht zu haben, und man erstaunt billig über die Reichhaltigkeit der zu diesem Zweck unternommenen Studien. Alles, was erschien, wurde gelesen und exzerpiert und unter der Überschrift »Bonapartiana« zusammengestellt. Dazu gesellten sich mündliche Mitteilungen und Auszüge aus Briefen. Was der Tag brachte, ward in bunter Reihenfolge registriert, und Oberst Spiegel, Gentz, Brinkman, Fürst Liechtenstein, Oberst Bentheim, Itzenplitz, Müffling, General Krusemarck fanden sich hier auf denselben Blättern zusammen. »Chassez moi cette canaille là!«, so erzählt Oberst Spiegel, donnerte Bonaparte einem seiner Kammerherrn zu, als er bei einer großen Cour jene dreizehn Kardinäle erblickte, die sich in der Scheidungs- und Wiedervermählungsfrage *gegen* ihn erklärt hatten. Und wenige Tage später – so fährt derselbe Oberst Spiegel fort – spuckte der Kaiser, mit unverkennbarer Absicht, mitten in die Reihe der Könige hinein, die bei der großen Vermählungszeremonie mit Marie Louise unmittelbar hinter ihm standen.

Von besonderem Interesse unter diesen Aufzeichnungen ist die Ansprache Napoleons an eine Deputation märkischer Stände, die, wenn ich nicht irre, zu Dresden, auf sein spezielles Geheiß vor ihm erschienen war. Der Kaiser, der sie durch *liberale Phrasen kirren* und an sich und seine Sache fesseln wollte, sagte mit jener rücksichtslosen Offenheit, die er ebensogut wie List und Verschlagenheit zu handhaben wußte: »Vous êtes gouvernés que cela fait pitié. Votre roi est … Si l'empereur Alexandre avait tardé de trois jours de faire sa paix, j'aurais détrôné votre …, et je vous aurais fait une constitution, qui vous manque. Nous sommes tous des Romains, les Français, les Italiens et les Allemands, nous sommes la même nation. Je vous aime, vous êtes de bons enfants. Mais par exemple je ne fais pas cas de vos militaires. D'un côté ils ne sont pas des héros, et de l'autre *ils ont marché sur les têtes des bourgeois.* – Je suis militaire, et ce n'est pas moi, qui voudra jamais déroger aux privilèges du militaire, mais je ne permettrai jamais que mes *soldats traitent les citoyens français* comme les votres vous ont traités.« Itzenplitz, der ein Mitglied der Deputation war, hat diese Worte aufgezeichnet. Marwitz sammelte dergleichen zu doppeltem Zweck, zu seiner Instruktion und zur Nährung seines Hasses.

Aber Hand in Hand mit diesen losen Kollektaneen, bei deren Durchblätterung die ganze Epoche, der sie angehören, wieder lebendig vor uns hintritt, gingen abgerundete, tief durchdachte Arbeiten, von denen uns wenigstens eine über die sogenannte »Separation«, das heißt »die Teilung der Gemeinheiten«, in aller Vollständigkeit aufbewahrt worden ist. Marwitz ist *gegen* die Separation. Er sucht zu beweisen, daß die »Teilung der Gemeinheiten« und das sogenannte »Abbauen der Dörfer« ein Fehler sei; ein Fehler deshalb, weil es den Egoismus des einzelnen steigere, statt ihn zu mindern. Dieser Egoismus erscheint ihm als der Wurm, der den Geist der Nationen zerstört. Lassen wir ihn selber sprechen.

»Die Nationalkraft ist der Urgrund alles Produzierens. Selbst wenn unsere Zustände, wie sie jetzt sind, sich befestigen sollten, selbst wenn wir Zeiten der Ruhe entgegengingen, die einen ungestörten Auf- und Ausbau dessen zuließen, was ihr einzuführen gedenkt (Separation und Dörferabbau), so würde damit wenig gewonnen sein. Die Welt hat solche Zeiten schon einmal gesehen. Es waren die Zeiten der besseren römischen Kaiser. Friede herrschte von den Säulen des Herkules bis zu den Ufern des Euphrat; das Recht war genau bestimmt und wurde strenge gehandhabt, es wurden manche Roheiten der früheren Zeit verbannt durch die milde Gesinnung der Herrscher und überhaupt alle Störungen entfernt, die dem Wohlsein der einzelnen entgegenstehen mochten. Und doch waren dies dieselben Zeiten, in denen in den höheren Regionen des menschlichen Daseins völlige Öde herrschte, Zeiten, in denen weder Wissenschaft noch Religion noch Vaterland die Menschen begeisterte. Aber mehr denn das – *mehr* in den Augen derer, die sich durch die *Erscheinung* bestechen lassen –, auch der *äußere Glanz* verfiel. Schon unter Augustus verödeten ehemals berühmte Städte, und unter Trajan, dem besten der Kaiser, wurden im ganzen Peloponnes weniger Menschen gezählt als früher in der einzigen Stadt Athen. *So wahr ist es, daß nicht der einzelne produziert, sondern der Geist der Nationen*, und daß, wo dieser erstorben und mit ihm Lebenslust und Freude an der Gegenwart entschwunden ist, auch das äußere Dasein allmählich in eine kümmerliche und barbarische Entartung zurücksinkt. Auf den Gemeinsinn, auf die Gesamtkraft kommt es an; *diese zu* wecken ist Aufgabe, und alles, was die Kleinheit der Gesinnung und den Egoismus nährt, das schwächt die nationale Kraft und mindert dadurch den wahren und zuletzt auch den alleräußerlichsten Reichtum des Landes. Wohin der Dörferabbau führt, das läßt sich nirgends besser studieren als im Oderbruch. Es gibt kaum ein ruchloseres Geschlecht. Weder vor göttlichen noch vor menschlichen Dingen haben sie Ehrfurcht, weder den Nachbarn wollen sie helfen noch dem Staate dienen. Das letztere mit einigem Recht, denn sie verdanken ihm nichts. Im Gegenteil, er hat sie ausgestoßen und sie ihrer eigenen heillosen Roheit preisgegeben.«

So waren Marwitz' Gedanken über diese hochwichtige Frage. Er suchte sie nicht als ein »Praktiker«, sondern von einem höheren Gesichtspunkt aus zu lösen. Nicht in allem hat er recht behalten. Die Separation, die Teilung der Gemeinheiten, ist erfolgt und dem Lande, wie sich kaum bestreiten läßt, zum Segen ausgeschlagen. Aber wenn auch die Gesamtheit seiner Aufstellungen seitdem widerlegt sein sollte, was nicht der Fall ist, so würden wir doch immer einer Gesinnung zuzustimmen haben, die diese Fragen von einem idealen Standpunkt aus zu regeln trachtete. Nicht als ein Richtiges, praktisch Unangreifbares habe ich seine Aussprüche zitiert, sondern nur um die hohe Art eines Charakters zu zeichnen, der es verschmähte, dem Tag und der Mode zu dienen. Sein Blick drang in Zeit und Raum über das Zunächstliegende hinaus.

Unter solchen und ähnlichen Arbeiten, nur unterbrochen, wenn ein Besuch ihn zu den Berliner Freunden hinüberführte, verfloß das Jahr 1812. Der November und die ersten Wochen des Dezember vergingen in wachsender Aufregung: die aus Rußland eintreffenden Nachrichten meldeten den sich vorbereitenden Untergang des Napoleonischen Heeres. Wie ihn das erfaßte! Ein Hoffnungsstrahl dämmerte wieder. Die Studien, die Bücher waren ihm viel, aber der Krieg war ihm mehr, wenigstens ein *solcher* Krieg. »Alles Wissen war wertlos in einem Sklavenlande.« Krieg war gleichbedeutend mit Freiheit. Etwa am 18. Dezember traf in Berlin die Nachricht vom Beresina-Übergang ein. Marwitz war wie elektrisiert. Es war ihm klar, daß Preußen sich auf der Stelle erheben, die Reste der Großen Armee gefangennehmen und dadurch auf einen Schlag die Niederlage des Kaisers vollenden mußte. Die eigene Wiederherstellung ergab sich dann von selbst. Aber wie das ins Werk setzen? Er kannte zu gut die Halbheit, die Unentschiedenheit, die in den höchsten Regierungskreisen maßgebend war. Wie war dieser Geist der Schwäche zu bannen? Er beschwor zunächst seinen älteren Bruder, alles alten Grolls uneingedenk zu sein und, wie schon erzählt, eine Audienz bei Hardenberg nachzusuchen. Aber die Politik des Abwartens war noch nicht zu Ende.

Beide Brüder empfanden die Hardenbergschen Vertröstungen mit gleicher Bitterkeit; während aber der ältere nach Friedersdorf zurückkehrte, »auf Gott vertrauend, daß er sein großes begonnenes Wunder auch vollführen werde«, brannte dem jüngeren der Boden unter den Füßen. Er konnte sich nicht länger zur Untätigkeit verdammt sehen, und wenn Hardenberg nicht konnte oder wollte, so wollte *er*. In den ersten Tagen des Januar eilte er nach Ostpreußen. Hier wirkte er mit, daß sich die Provinz für Rußland und den General Yorck erklärte und ihre Landwehr zu errichten begann.

Als die ersten Reitercorps der Russen über die Weichsel gingen, schloß er sich dem Oberst Tettenborn an. Diesen suchte er, als man ins Neumärkische kam, zu kühnen Streifzügen gegen Frankfurt, Seelow und andere kleine Städte, in denen die Trümmer der französischen Armee Posto gefaßt hatten, zu veranlassen; Tettenborn aber, der sehr eitel war und durch einen nichtssagenden Streifzug gegen Berlin von sich reden machen wollte, opferte *wirkliche* Vorteile seiner Eitelkeit auf. Marwitz, als er das Spiel durchschaute, ging nach Breslau, um seinen Eintritt in die preußische Armee zu betreiben. Hier aber entwickelte sich alles zu langsam, und bei der Unruhe, die ihn verzehrte, konnt er das Hingehaltenwerden, das Abwickeln großer Dinge nach der Nummer nicht länger ertragen. Er verließ Breslau wieder, gesellte sich abermals zu den Russen und wohnte dem Gefechte bei Lüneburg bei, das mit der Vernichtung des Morandschen Corps endigte. Darauf begab er sich zu Tschernyschew, wurde dem General Benkendorf attachiert und zeichnete sich bei Halberstadt und Leipzig aus, bei welcher Gelegenheit er dem ganzen Corps sehr wesentliche Dienste leistete.

Indessen, wie sich denken läßt, vermocht er den Gedanken nicht aufzugeben, diesen schönsten Kampf, der je gekämpft worden, auf *preußischer* Seite mitzukämpfen. Im Jahre 1809 hatte er im österreichischen Heere gestanden, jetzt stand er in russischem Dienst, und war auch der Feind ein gemeinsamer, so schmerzte es ihn doch, halb unter fremden Fahnen zu fechten. Er bat also abermals um Anstellung im Preußischen. Da man ihn aber nur bei der Infanterie verwenden zu können meinte und dieser Dienst weder seiner Neigung noch seiner Körperkonstitution entsprach, so zerschlugen sich die Unterhandlungen abermals, und er blieb bei den Russen.

Gleich nach dem Waffenstillstand, am 21. oder 24. August, war er mit Tschernyschew in der Nähe von Wittenberg und griff mit den Kosaken ein Carré polnischer Infanterie an. Das Pferd wurd ihm unterm Leibe erschossen, die Kosaken kehrten um, und ein Pole, der aus dem Carré heraustrat, hieb mit seinem kurzen Säbel auf ihn ein. Marwitz schützte sich mit seinem Arm, so gut er konnte, der ihm denn auch, samt der Hand, bei dieser Gelegenheit völlig zerhackt und zerhauen wurde. Endlich trat ein Offizier heraus und rettete ihn. Er ward in das Carré genommen und so angesichts der Seinigen, da die Kosaken nicht wieder zum Angriff zu bringen waren, erst nach Wittenberg, dann nach Leipzig geführt, wo er schlecht behandelt, eng eingesperrt und seine Wunden vernachlässigt wurden. Ende September gelang es ihm, sich unter vielen Gefahren und Abenteuern nach Prag hin zu retten. Hier wurden seine Wunden geheilt, aber die Hand blieb steif und unbrauchbar.

In Prag traf er seine Freundin wieder – Rahel. Sie selbst hat diesen Moment des Wiedersehens in Briefen an Varnhagen und ihren Bruder Robert in sehr anschaulicher Weise beschrieben. Ich gebe diese Stelle, zugleich die Worte hinzufügend, in denen sie, nach Marwitz' eigener Erzählung, die Gefechtsszene bei Wittenberg beschreibt: »Gestern führte Tieck einen Freiwilligen Jäger, einen Enkel des Staatsrats Albrecht (aus Berlin), bei mir ein. Als ich eben mit Tieck und dem jungen Jäger verhandle, geht meine Tür auf, und – Marwitz steht vor mir. Den Arm in einer Binde, ruppig, abgemagert, steht er da, einen zerrissenen Bauernkittel an und ein Stück Kommißbrot, in ein grobes Schnupftuch eingewickelt, in der linken Hand. Welcher Jubel! Er lebt, ist der alte, ist gesund, hat aber acht Wunden. Sein Pferd fiel auf ihn und quetschte ihn. Polen fielen über ihn her und stießen ihn mit Kolben, wovon ihm der Degen entsank; ein anderer packte ihn und gab ihm drei Hiebe in Hand und Arm, ein dritter einen Lanzenstich, ein vierter setzte ihm das Gewehr an den Kopf und schoß los, aber der Schuß versagte. Der Oberst der Polen sprang vor und rettete ihm das Leben. Gefangen war er aber und ist nur durch tausend Aventüren entkommen, und endlich hier. Er ist einfach, gut, wahr, still, mild wie immer, ohne alles Vorurteil über irgend etwas, was vorgefallen ist.

Nachschrift. Der polnische Offizier, der Marwitz gerettet hat, ist der Obristlieutenant Skrzynecki*; er bot Marwitz seine Börse an, ein gleiches tat Obrist Szymanowsky. Ich schreibe Dir dies, weil der Krieg wunderbare Begegnungen schafft und man wissen muß, wo man Gutes mit Gutem zu vergelten hat.«

Am 15. September war Marwitz in Prag eingetroffen; die Heilung seiner Wunden verzögerte sich, und er blieb daselbst bis Mitte Dezember. Dieses Vierteljahr, das letzte, das

* Es ist dies derselbe Skrzynecki, der 1831 als polnischer Generalissimus berühmt geworden ist.

ihm zu leben bestimmt war, ging wie ein Friedensschein über der Unrast seiner Tage auf. Den Frieden, dem er nachgeeilt war, ohne ihn finden zu können, *hier* fand er ihn, und hier *durft* er ihn finden. Die heilige Sache der Freiheit und des Vaterlandes drang siegreich vor, und ein Blick auf seine Wunden, das hohe Gefühl, selbst für diese Freiheit gekämpft und geblutet zu haben, gab ihm ein Anrecht, ohne Vorwurf und mit ungetrübter Freude dem Siegeszuge der Verbündeten zu folgen. Die Plauderstunden, in deren stillen Genuß sich sonst vielleicht ein Wermutstropfen, das demütigende Gefühl: »du solltest woanders sein«, gemischt hätte, er durfte sie jetzt ganz und voll genießen, und er genoß sie wirklich. Die Briefe Rahels aus jener Zeit an Robert, an Varnhagen und andere Freunde lassen keinen Zweifel darüber.

»Marwitz«, so schreibt sie an Varnhagen, »wohnt mit uns in demselben Hause. Die Wirtin nahm ihn gleich auf, aus Rahel- und aus Preußenliebe. Er hat es en prince und ißt bei uns. Ich und ein Stücker sechs bis acht Domestiken warten ihm auf.« – »Du fragst wegen Marwitz. Er hat keinen Orden, aber – Tieck las ihm gestern den ›Hamlet‹ vor. Niebuhr, den Tieck den Mut hatte für hübsch ausgeben zu wollen, nennen wir seitdem ›Venus‹, und Marwitz heißt schlechtweg der ›Sklave‹. Er rief mir nämlich zu: ›Soll ich *noch mehr* Ihr Sklave sein?‹, was uns alle zum herzlichsten Lachen stimmte. Denn er ist ganz despotisch.« – »Wir plaudern hier oft über Goethe, und meiner Liebe und Bewunderung hab ich nicht Hehl. Marwitz, mit dem ich hier über alles die *knetendsten, herrlichsten Gespräche führte*, sagt auch: kein Mensch liebe ihn (Goethen) mehr als ich.«

Diese wenigen Auszüge gönnen uns einen Einblick in das heitere, bewegte und angeregte Leben, das jene Prager Herbst- und Wintertage ausfüllte. Endlich gegen Schluß des November heißt es: »Marwitz verläßt uns bald«, und wenige Tage später brach er wirklich auf. Er ging zunächst nach Wiesbaden, dann nach Frankfurt am Main, wo er bei der 1. Brigade des Yorckschen Corps eintrat und als diensttuender Adjutant zum General Pirch II. kommandiert wurde. Hier war er endlich *voll an seinem Platz*. Die Idee eines großen Kampfes war nirgends lebendiger ausgeprägt als im

Yorckschen Corps, und ein Feuergeist, wie Marwitz, mußte sich *da* am heimischsten fühlen, wo im geringsten Landwehrmann ein Teil jener treibenden Kraft, jenes Blücherschen Geistes zu finden war, ohne welchen jener schöne Kampf nie und nimmer siegreich hinausgeführt worden wäre.

Am 1. Januar ging es über den Rhein. Die Gefechte bei Brienne und La Rothière eröffneten den Kampf auf französischem Boden; der Sieg schien bei den Fahnen der Verbündeten bleiben zu sollen. Da kamen die Unglückstage von Champaubert und Montmirail. Der Kaiser warf sich auf das russische Corps unter General Sacken und war im Begriff, es zu vernichten, als Sacken selbst, der leichtsinnig dieses Unheil heraufbeschworen hatte, an das zunächststehende Yorcksche Corps die dringende Bitte stellte, den Feind in der linken Flanke zu fassen. An Sieg war nicht zu denken, aber die Rettung der Russen mußte wenigstens versucht werden. Die erste (Pirchsche) Brigade, bei der Marwitz stand, erhielt Befehl zum Angriff. General Pirch selbst setzte sich an die Spitze der ost- und westpreußischen Grenadiere, zwei Landwehrbataillone folgten als Soutien. So drang man im Sturmschritt gegen das Gehölz von Bailly vor. Aber der Angriff scheiterte. Die Führer der Bataillone fielen. General Pirch wurde verwundet, und Marwitz sank tödlich getroffen.

Es scheint, daß eine Flintenkugel ihn in die Schläfe traf. Sein Tod – »der Tod unseres hoffnungsvollen und sehr geliebten Marwitz«, so schreibt Schack in seinem Tagebuche – galt für ein Ereignis selbst in jenen Tagen, wo jede Stunde die Besten als Opfer forderte. Seine Leiche wurde nicht gefunden, und dieser Umstand gab Veranlassung, daß man geraume Zeit hindurch glaubte, er sei abermals, schwer verwundet, dem Feinde in die Hände gefallen. Auch Rahel teilte diesen Glauben. Noch am 26. April schrieb sie von Prag aus: »Nun fehlt nur noch Marwitz. Aber ich hoffe. Der kommt wieder, ganz durchlöchert an Körper und Wäsche.« Aber er kam nicht. Er lag, eingescharrt mit hundert andern, auf dem Sandplateau von Montmirail. »Jeder seiner Freunde fühlte seinen Tod nach Maßgabe des *eigenen Wertes*«, so schrieb Rahel im Juni, als sein Tod nicht länger zweifelhaft sein konnte, und Marwitz' älterer Bruder schrieb die Worte nieder: »Die Welt erlitt an ihm einen großen Verlust. Er war ein außerordentlicher Mensch im Wissen wie im Handeln. Er würde das Höchste geleistet haben, *wenn er erst zur inneren Beruhigung gelangt wäre.*«

Vielleicht war er dieser »inneren Beruhigung« näher, als der Bruder vermutete. Die Unruhe, die Kämpfe, die Leidenschaften, die ihn bis zu jener vorgeschilderten Epoche (im Sommer 1811) verzehrt haben mochten, hatten seitdem ruhigeren Anschauungen Platz gemacht, Anschauungen, die freilich dem älteren Bruder zu großem Teil ein Geheimnis geblieben waren. Sie sahen sich damals zu selten, als daß es sich für den letztren ermöglicht hätte, solche Wandlungen zu beobachten. Alexander von der Marwitz hatte bis zu jener Zeit ganz und gar den genialischen Leuten unserer politischen Sturm-und-Drang-Periode angehört; aber gegen das krankhafte Übermaß in Hoffen und Wollen war endlich seitens seiner angeborenen guten und gesunden Natur eine Reaktion eingetreten, und die *Handelweise* seiner letzten Lebensjahre würde uns darüber aufklären können, wenn es nicht direkte Worte täten. »Fernab sind mir jetzt alle Träume von Heldengröße und äußerer Bedeutsamkeit. Führt mich das Schicksal dahin, wo ich in großen Kreisen zu wirken habe, so will ich auch *das* können, aber meine Hoffnungen, meine Plane sind nicht länger darauf gestellt.« So hatte er an Rahel geschrieben, und diese schon oben zitierten Worte bezeichneten in Wahrheit einen Wendepunkt in seinem Leben, den ersten Moment der Genesung. Der ältere Bruder kannte weder diese Worte noch die Wandlung des Gemüts, der sie Ausdruck liehen. Marwitz, als ihn der Tod ereilte, hatte den Hang und Drang nach dem Unerreichbaren aufgegeben, er stand nicht mehr kritisch und ironisch außerhalb des Kreises, sondern mitschaffend und mitgestaltend innerhalb desselben. Was er wollte, war ein Erreichbares geworden. Ob die Wege, die Preußen einschlug, nachdem die Gefahr von außen her beseitigt und die Triebkraft der Nation auf Dezennien hin verzehrt war, ihm gefallen hätten, muß freilich billig bezweifelt werden, und in *diesem* Sinne, aber auch nur in diesem, stehen wir nicht an, die Worte des älteren Bruders zu den unsrigen zu machen: »Es war ein Glück zu nennen, daß Gott ihm verlieh, in seinem siebenundzwanzigsten Jahre für das Vaterland zu sterben.« Auf dem Friedhofe zu Friedersdorf hat die Liebe des Bruders auch ihm, neben dem bei Aspern gefallenen Eberhard von der Marwitz, einen Denkstein errichtet, der die Inschrift trägt:

»Christian Gustav Alexander von der Marwitz, geboren den 4. Oktober 1787. Lebte für die Wissenschaften. Erstieg deren Gipfel. Redete sieben Sprachen. Wahrete dieses Vatergutes 1806 und 1807, wie der Bruder zu Felde lag. Von Freiheitsliebe ergriffen, focht er 1809 in Österreich bei Wagram und Znaim. Diente 1813 dem Vaterlande. Schwer verwundet und gefangen, befreite er sich selbst. Wieder genesen, focht er in Frankreich und fiel dort bei Montmirail den 11. Februar 1814. Sein Vater war Behrend Friedrich August von der Marwitz, seine Mutter Susanne Sophie Marie Luise von Dorville. Hier stand er hoch, dort höher. Seinem Andenken gesetzt von seinem Bruder.«

Es erübrigt uns noch, ehe wir Abschied nehmen von Friedersdorf, ein Umblick in den Räumen des Schlosses selbst.

Auch hier heißt es: Die Schale bildet sich nach dem Kern. Die hohe, schwere Eichentreppe hinauf, treten wir, am Ausgang eines Korridors, in das Wohn- und Arbeitszimmer August Ludwigs von der Marwitz. Es ist ein großer luftiger Raum, den aneinandergereihte verhältnismäßig niedrige Wandschränke, nach Art einer Birkenmaserpaneelierung, umziehen. Hier entstanden jene Arbeiten, die, nach der Seite des Wissens und Talentes hin hervorragend, in noch höherem Maße sich auszeichnen durch ihren *Mut* und ihre *Selbständigkeit* und der Mittelpunkt der Bestrebungen geworden sind, die sich, um es zu wiederholen, seitdem längst das *Recht der Existenz* erobert haben.

Unsere Aufmerksamkeit gehört aber nicht länger der Tätigkeit des Mannes, sondern nur dem *Orte*, an dem er tätig war. Die Wandschränke bergen in ihrer Tiefe den besten Teil jener mehrerwähnten Bibliothek, die der Hubertsburg-Marwitz dem Quintus Icilius bändeweis im Spiel abgewonnen, während die vielen Türfelder die Rahmen für ebenso viele Kupferstiche bilden. Diese Benutzung macht einen eigentümlichen und sehr gefälligen Eindruck, der unter der Wahrnehmung wächst, daß die Auswahl der Bilder mehr nach kleinen Liebhabereien als nach irgendwelchem Kunstprinzip erfolgte. Neben den Abenteuern des Don Quixote begegnen wir ernsten und heitern Szenen aus der Zeit der Befreiungskriege; alte französische Stiche und moderne Gravierungen lösen sich ab. Interessanter noch als diese Schränke selbst erscheinen die Gegenstände, die sich oberhalb derselben aufgestellt befinden: alte Portraits aus dem Hause Holstein-Beck, ein Brustbild Friedrich von Derfflingers, Sohnes des Feldmarschalls, Büsten und Vasen und endlich ein Reitercasquet und ein sonderbar geformter schwarzer Wachstuchhut, dessen nach hinten zu herabhängende Krempe an die Helgoländer Schifferhüte erinnert. Das Casquet ist Eberhards von der Marwitz Chevau-légers-Helm aus der Schlacht von Groß-Aspern, und den schwarzen Wachstuchhut trug August Ludwig von der Marwitz am Tage von Auerstedt. Die vordere, hochstehende Krempe ist von Kugeln durchlöchert.

Den Tag selbst aber hat er in seinen hinterlassenen Schriften mit jener Klarheit und mutigen Unparteilichkeit geschildert, denen wir in der Gesamtheit seiner historischen Aufzeichnungen begegnen.

JENSEITS DER ODER

KÜSTRIN

Die Wasser grau und schwer,
Und Wolken drüber her,
Und über den Mauern
Liegt es wie Trauern.

Jenseits der Oder, wo zwischen Werft und Weiden die Warthe rechtwinkelig einmündet, liegt Küstrin, ein durch die Jahrhunderte hin in den Geschichten unseres Landes oft genannter Name. Oft, aber selten freudig. Etwas Finster-Unheimliches ist um ihn her, und in meiner Erinnerung seh ich den Ort, der ihn trägt, unter einem ewigen Novemberhimmel.

Über die Bedeutung des Namens fabeln die Chronisten in gelehrten Streitigkeiten; ich meinerseits begnüge mich mit dem Tatsächlichen, daß Küstrin um die Wende des Jahrtausends ein slawisches Fischerdorf, um 1200 ein oppidum oder Flecken und um 1300 eine civitas oder Stadt war. 1317 wird es zuerst als solche genannt. Ist dies sein Geburtsjahr als Stadt, so war es in eine schwere Zeit hineingeboren. Wenig später (1319) trat mit Markgraf Waldemar das askanische Haus vom Schauplatz ab, und jenes bayerisch-luxemburgische Interregnum folgte, das gerade lange genug währte, die bis dahin blühende Mark in eine Wüste zu verwandeln. Von dem allgemeinen Elend ward auch Küstrin betroffen, und die Blätter seiner Chronik erzählen ausgiebig von Ereignissen, wie sie damals in allen märkischen Städten, groß oder klein, so ziemlich dieselben waren: Fehden unter- und gegeneinander, Fehden mit den Pommern und Polen, Fehden mit Adel und Bischöfen und dazwischen Überschwemmungen und Feuersbrünste, Mißernten und schwarzer Tod. Jedes Blatt ein Klageschrei. Und doch verklingt er an unserem Ohr, weil der statistisch-trockenen Aufzählung aller dieser Notstände die menschlich-erschütternden Züge fehlen. Und nur *sie* haben Wert, nur *sie* stimmen uns zu Lust oder Schmerz, und der scherzhaft zugespitzte

Satz: »daß ein rauhes Wort Reinharts an Lorle uns mehr rühre als der Untergang einer Dynastie«, birgt einen Kern ernster und tiefer Wahrheit.

Schreckensvoll und doch inhaltsleer verging unseren Marken das vierzehnte Jahrhundert.

Das ihm folgende fünfzehnte schien endlich eine Wandelung zum Bessern bringen zu sollen: die Nürnberger Burggrafen kamen ins Land. Aber die Wandlung, die mit ihnen kam, reichte nur bis an die Oder, und alles, was »drüben« lag: die Neumark und das mit ihr dem Deutschen Ritterorden zugefallene Küstriner Land, hatte noch lange hin auf die Segnungen eines starken und wohlwollenden Regiments zu warten.

Erst als um die Mitte des Jahrhunderts Kurfürst Friedrich Eisenzahn alles *jenseits* der Oder gelegene Land für sich und seine Kurmark rückerwarb, zogen auch für *diese* Landesteile glücklichere Zeiten herauf, Zeiten, die nach abermals achtzig Jahren in *»Küstrins Glanzperiode«* gipfelten.

Das war unter Markgraf Hans.

Unter Markgraf Hans (1535–1571)

Markgraf Hans war der zweite Sohn Joachims I. (Nestor) und der der Lehre Luthers eifrig zugetanen Elisabeth von Dänemark. Als Joachim starb, erfolgte jene Landesteilung, die dem älteren Bruder, Joachim II. (Hektor), die Kurmark, dem jüngeren, Johann, die Neumark und die lausitzischen Besitzungen zusicherte.

Johann wurde den 3. August 1513 »zwischen drei und vier Uhr nachmittags« geboren. So genau diese Zeitbestimmung ist, so schwankend ist die Ortsangabe. Leuthinger sagt Angermünde, Angelus sagt Tangermünde, Hänfler sagt Peitz, Rentsch sagt Küstrin, und Kaspar Sagittarius stimmt dem letzteren bei. Es darf aber als jetzt feststehend angesehen werden, daß Markgraf Hans auf Schloß Tangermünde geboren wurde.

Er war seiner Mutter Liebling, die sich denn auch eifrig beflissen zeigte, seiner Erziehung, allen gegenteiligen Bestrebungen zum Trotz, eine *protestantische* Richtung zu geben. Leuthinger erzählt, »daß sich der Prinz weggeschlichen habe, wenn er mit seinem Vater in die Messe gehen sollte«, und fügt hinzu, »daß er der Überfülle von Symbolen und Zeremonien in der katholischen Kirche von Jugend auf abgeneigt gewesen sei«. In Sprachen und Wissenschaften, besonders in der Mathematik, empfing er einen vorzüglichen Unterricht und erwies sich früh als ein Erbe der väterlichen Wohlredenheit. Um ihn für seinen fürstlichen Beruf vorzubereiten, nahm ihn der Vater bei sich darbietenden Gelegenheiten mit außer Landes. 1521 war er mit in Worms, 1528 in Grimmen (bei Beilegung eines Streites mit dem Pommernherzoge), 1530 in Augsburg. Wenigstens nach Ansicht einiger. Eine gleiche Sorgfalt wurde seiner Ausbildung in den ritterlichen Künsten gewidmet, und er galt später, in seinen Mannesjahren, für einen glänzenden Turnierer. Einzelheiten aus seiner Jugend werden im übrigen wenig berichtet.

So kam das Jahr 1535, und beide Söhne leisteten am Sterbebette des Vaters das Versprechen, der alten Lehre treu bleiben zu wollen. In ihren Herzen aber stand es bereits fest, dieses Versprechen einer höhern Pflicht zu opfern. Ihr Übertritt zum Protestantismus durfte lediglich als eine Frage der Zeit angesehen werden. Johann, der entschiedenere der beiden Brüder, wartete nur seine Vermählung mit Katharina, Tochter des streng-katholisch gebliebenen Herzogs Heinrich von Braunschweig, ab und nahm dann in der Schloßkirche zu Küstrin das Abendmahl unter beiderlei Gestalt. Das war im Jahre 1538, »als am Neujahrstage die Blumen blühten«, und bald darauf reiste der Markgraf nach Wittenberg, um sich von Luther selbst eine Kirchenordnung für seine Neumark zu erbitten. Dieser schlug ihm zwei Prediger zu Superintendenten vor, einen gelehrten und einen bibelfesten, unter denen sich Johann ohne weiteres für den letzteren entschied. »Ein Zeichen«, sagt der Chronist, »daß er wohl wußte, worauf es ankam.«

So waren Haus und Kirche durch ihn bestellt, und wenn das Wort von der »christlichen Ehe« jemalen eine Wahrheit war, so war es in dem Bunde, den Markgraf Hans und seine Käthe geschlossen hatten. Ihr Ansehen war so groß, daß ein junger Herzog von Lüneburg an den Küstriner Hof kam, um »an einem rechten Tugendhofe selber Tugend zu lernen«, und der Hofprediger Buchholtzer schrieb in einer Vorrede: »daß Seines Durchlauchtigen Herrn Ehe denen Potentaten und Regenten ein sonderlich Exempel sein müsse, den Ehestand zu lieben«.

Markgraf Hans war ein geborener Regierer, und ordnen und aufbauen entsprach so recht dem innersten Zuge seiner Natur. Er fand – wiewohlen das Schlimmste bereits zurücklag – immer noch recht- und gesetzlose Zustände vor, und sein erstes Trachten, nachdem die *kirchlichen* Fragen im Lande geregelt waren, war darauf gerichtet, ein festes *Recht* zu gründen und zu handhaben. Zu diesem Behufe schuf er ein neumärkisches *»Hof- und Kammergericht«*, das lange Zeit in Segen wirkte und auch nach der Wiedervereinigung der Neumark mit der Kurmark als besonderer Gerichtshof fortbestehen blieb. Er widmete diesem Hof- und Kammergericht seine ganz besondere Aufmerksamkeit, wohnte den Versammlungen der Räte bei und zog in schwierigen und wichtigen Fällen auswärtige Rechtsgelehrte hinzu. Von ähnlicher Bedeutung waren seine *Polizei*verordnungen, in denen er das bürgerliche Leben in die richtigen Bahnen lenkte, natürlich alles vom Standpunkt eines patriarchalischen Regimentes aus. Ähnlich wie König Friedrich Wilhelm I., an den er überhaupt, in seinen Tugenden und Fehlern, lebhaft erinnert, griff er in Großes und Kleines ein, bestimmte die Preise der Lebensmittel, verbot den Handwerkern, werkeltags in Bierhäusern zu frühstücken, und ordnete die Zahl der Gerichte bei Hochzeiten und Kindtaufen. Selbst die Tafelstunden wurden bestimmt. Daneben war er um alles, was krank, elend und bedürftig war, aufs sorglichste und liebevollste bemüht, und die Armen hatten ein Recht, ihn ihren »Vater« zu nennen.

Er war aber nicht nur ein glänzender Verweser und Verwalter seines Landes, er war auch ein *Politiker* und beherrschte die nach außen hin liegenden Fragen mit absonderem Geschick. Unter diesen Fragen standen einerseits die Beziehungen zu seinem Bruder, dem Kurfürsten, andererseits die zu dem Bischofe von Lebus und dem innerhalb der Neumark reich begüterten Johanniterorden obenan.

Was die Beziehungen zu seinem Bruder, dem Kurfürsten, angeht, so waren und blieben sie, soweit das Herz in Betracht kam, immer die besten, während es da, wo die Landes- und beinahe mehr noch die *Privat*interessen mitsprachen, an ernsten Zerwürfnissen nicht fehlte. Dies war namentlich auf dem diffizilen Gebiete der Zölle, ganz besonders aber der Oder-Zölle, der Fall, in betreff deren oft schwer festzustellen war, ob der Kurmark oder der Neumark das größere Recht zur Seite stehe. An Nachgiebigkeit war nicht zu denken, weil diese Zolleinnahmen für beide Brüder den allerempfindlichsten Punkt bildeten: für den verschwenderischen Joachim, weil er das Geld beständig gebrauchte, für den sparsamen und geizigen Johann, weil er es beständig vermehren wollte.

Ungleich schwieriger noch lagen die Beziehungen zum Orden und zum Bischof, freilich durch eigene Schuld, insofern er von Anfang an bestrebt war, nicht bloß die Macht, sondern vor allem auch den *Besitzstand* beider zu schmälern. Es sind ihm, was hier gesagt werden muß, all diese Schritte, weil sie nicht nur von einem protestantischen Fürsten ausgingen, sondern zum Teil auch im direkten Interesse des Protestantismus geschahen, in der Geschichtschreibung seiner Zeit eher zum Guten als zum Schlimmen gedeutet worden; ein unparteiisches Urteil aber, das an dem Satze festhält, daß »Rechtsfragen nicht nach jeweiligen Tendenzen gemodelt werden dürfen«, wird nicht umhinkönnen, des Markgrafen Vorgehen gegen Orden und Bischof mit Mißbilligung zu nennen. Um so mehr (und wir kommen darauf zurück), je rücksichtsloser er in der Wahl seiner Mittel war. Rücksichtslos, aber *klug*.

Und diese Klugheit bewies er auch, als sich aus dem Schmalkaldischen Bunde, dem er zugehörte, der Schmalkaldische Krieg zu entwickeln begann. Norddeutschland, das in ihm einen Hort des Protestantismus sah, erwartete, daß er als der ersten einer auf die Seite der Bündler treten und einer ihrer Führer werden würde, ja seine damals noch lebende Mutter beschwor ihn, »die protestantische Sache nicht im Stiche zu lassen«. Aber vergebens. Er entschied sich für den *Kaiser* und führte diesem unter der Fahneninschrift: »Gebet dem Kaiser, was des Kaisers, und Gott, was Gottes ist«, 700 Reiter zu, die denn auch den blutigen Strauß bei Mühlberg mit ausfechten halfen. Den ihn für dieses Verhalten treffenden Tadel hat er durch die Versicherung zu beseitigen gesucht, »daß er das bündlerische Vorgehen nicht als einen *Glaubens*-, sondern als einen *Illoyalitäts*kampf angesehen habe«, Worte, die sein späteres ruhmvolles Verhalten auf dem Reichstage zu Augsburg rechtfertigen zu wollen scheinen. Nichtsdestoweniger möchte ich die größere Hälfte seiner Handlungsweise einer klugen Berechnung zuschreiben. Er war eben eine durch Mein-und-Dein-Fragen auch in seinen Prinzipien stark beeinflußte Natur, und wenn neuerdings, und zwar im Lager der Konservativen selbst, der Satz aufgestellt worden ist, »daß auch das konservativste Blatt immer noch mehr ›*Blatt*‹ als ›konservativ‹ sei«, so wird sich von Markgraf Hans, als dem protestantischsten Fürsten seiner Zeit, vielleicht sagen lassen, »daß er immer noch mehr ›*Fürst*‹ als Protestant gewesen sei«. Einzelne Züge, deren ich noch weiterhin erwähnen werde, sprechen – mit Ausnahme *eines*, des freilich wichtigsten – dafür.

Er stand ganz in der großen Kontroverse, die den Inhalt seines Jahrhunderts ausmachte, und nahm in Wort und Schrift vielfach daran teil. Mit Bibellesen begann er seinen Tag, und mit Disputationen über die schwebenden Fragen beschloß er ihn. Was ihn nebenher beschäftigte, waren Mathematik und Astrologie. Er hielt zwei Hofastrologen, unter ihnen den durch seine reformatorische Tätigkeit später so berühmt gewordenen Martin Chemnitz, und ließ täglich die Veränderungen im Stand der Gestirne beobachten, um daraus die Gesinnungen der fremden Fürsten gegen ihn kennenzulernen. Seine der Erholung gewidmeten Stunden gehörten der Musik, dem Brettspiel und nur ausnahmsweise der Jagd. Dabei war er von einer ausgesprochenen Neigung, kleine Reisen unerkannt ins Land hinein zu machen, um bei dieser Gelegenheit die Lage des Volkes und seine Stimmung kennenzulernen. Auch wohl, sich von der Zuverlässigkeit seiner Diener, höherer wie niederer, zu überzeugen. So trat er auf der ihm zugehörigen Quartschener Feldmark an einen seiner eigenen Schäfer heran und drang in ihn, ihm heimlich einen Hammel aus seiner Herde zu verkaufen. Und als der Angeredete dies weigerte, begann er nicht nur mit ihm zu zanken, sondern griff auch nach dem Hammel, bis der Schäfer endlich mit seiner Barte so gut und sicher nach ihm warf, daß der Spieß im Sattel des Markgrafen hängenblieb. Damit ritt dieser heim und ließ den Sattel mitsamt dem Bartenspieß in seinem Marstall aufbewahren.

Er kam, wie die meisten unserer früheren Hohenzollern, nicht hoch zu Jahren. Allerlei Krankheit trübte seinen Ausgang, und ein offener Wundschaden am Fuß, den er gegen den Rat seiner Ärzte zuheilen ließ, verschlimmerte seine Leiden. Er suchte Heilung, erst in Hirschberg, dann in Karlsbad, und an letzterem Orte war es, daß noch viele Jahre später ein Stein mit der Inschrift »Markgraf Hans von Küstrin« gezeigt wurde. Aber alle diese Quellen verschafften ihm kaum Linderung, geschweige Besserung, und als er in der ersten Januarwoche 1571 die Nachricht empfing, daß sein Bruder, der Kurfürst, auf seinem Jagdschlosse zu Köpenick plötzlich gestorben sei, mochte er das Herannahen seines eigenen Endes fühlen. Eine Ohnmacht überfiel ihn, und als er aus ihr erwachte, ließ er seinen Hofprediger und Generalsuperintendenten Dr. Cölestinus zu sich rufen. Dieser kam und setzte sich mit an den Tisch, auf dem Speisen aufgetragen waren, und als das Gebet gesprochen, sagte der Markgraf: »Hilf Gott! Wie arme Leute sind wir! Wär ich doch schier in einer Ohnmacht dahingegangen. Ach, was ist das Leben. Dolor et labor. Lieber Gott, gib, daß wir seliglich sterben.«

Das war am 12. Januar. Die Nacht darauf schied er aus dieser Zeitlichkeit. Schon fünfzehn Jahre vorher hatte er sich unter dem Marmoraltar seiner Küstriner Schloßkirche ein Grabgewölbe herrichten und demselben auch eine Inschrift geben lassen. Und zwar standen an einer in die Wand eingelassenen Messingtafel die folgenden Worte: »Johannes, Markgraf zu Brandenburg, ein Sohn Markgraf Joachims I., Kurfürsten zu Brandenburg, hat durch Gottes Vorsehung im Jahre 1536 angefangen, die reine Lehre des Evangelii und Wortes Gottes, inhalts Augsburgischer Konfession, nach prophetischer und apostolischer Schrift allhier zu Küstrin öffentlich lehren zu lassen, und ist in solchem Bekenntnis, Er und die Seinigen, aus Gnaden des Allmächtigen beständig geblieben. Solus spes mea Christus.«

In dieser Gruft wurde Markgraf Hans in feierlicher Weise beigesetzt, und die Chronisten geben eine Beschreibung davon, nicht viel kürzer als die Beschreibung seines Lebens. Er war ohne männliche Deszendenz gestorben, und so fiel die Neumark, nach einer verhältnismäßig kurzen Trennung von der Kurmark, wieder an diese zurück.

Es erübrigt uns noch ein Blick auf seinen Charakter, den anzudeuten schon die vorstehende Schilderung seines äußeren Lebensganges Gelegenheit bot, weshalb einige Aussprüche sich an dieser Stelle wiederholen werden. Er war klug und scharfblickend, ein Mann der Ordnung und des Gesetzes, ein glänzender Haushalter und ein unermüdlicher Begründer eigenen und fremden Wohlstandes. Das machte ihn volkstümlich. Aber alle diese Tugenden grenzten an ebenso viele Fehler. Sein Scharfblick, in Argwohn und Mißtrauen ausartend, ließ ihn den Spruch:

> Unter Tausenden trau einem recht,
> Bis du erkennst ihn treu oder schlecht,

zu seinem Lieblingsspruche wählen, und die Handhabung des Gesetzes trieb er mit einer eisernen Strenge und Unnachsichtigkeit, daß er den Beinamen Severus erhielt und verdiente. Es war zu rühmen, daß er sich beflissen zeigte, das Räuber- und Mordbrennerwesen, das an der Tagesordnung war, mit Stumpf und Stiel auszurotten, aber es war zu streng, zu streng auch aus dem Geiste *seiner* Zeit heraus, Flucher, die schon wiederholentlich wegen Fluchens bestraft worden waren, schließlich hinrichten zu lassen. Sooft er Todesurteile zu bestätigen hatte, tat er es mit dem Worte: »Auferas malum e medio populi tui«, und wer für Verbrecher zu bitten kam, erhielt einfach die Antwort: »Fiat justitia et pereat mundus.«

Sein Kardinalfehler war der *Geiz*, in den seine weise Sparsamkeit beständig ausartete. Wenn sein Kanzler Barthold von Mandelsloh in seidenen Strümpfen vor ihm erschien und er ihm zurief: »Bartholde, ich hab *auch* seidene Strümpfe, aber ich trage sie nur sonn- und festtags«, so mag das als ein humoristisch anklingender Zug lächelnd und dankbar hingenommen werden, wenn er aber, nach Art mancher modernen Adeligen, das Prinzip verfolgte, Rechnungen auf lange

Zeit hin unbezahlt zu lassen, so wird ihm dies schwerlich als Zierde angerechnet werden können. Sein Nürnberger Büchsenmacher kannte diese Sonderbarkeit des hohen Herrn und richtete deshalb folgendes Schreiben an ihn: »Guten Tag, Herr Markgraf. Eure Büchse ist fertig. Schickt Ihr mir Geld, so schick ich Euch die Büchse. Schickt Ihr mir das Geld *nicht, so* schick ich auch die Büchse nicht. Hiermit Gott befohlen.«

Er war von Kopf zu Fuß ein Finanz- und Börsenmann und lieh Geld auf Zinsen. Niedere und hohe, je nachdem. Innerhalb seines eigenen Landes wurd er dabei sehr wahrscheinlich von der nicht unlöblichen Absicht geleitet, Bedrängten Hülfe zu leisten, ohne geradezu schenken zu müssen, nach außen hin aber fielen diese Rücksichtsnahmen fort und entschied nichts als der eigene Vorteil. Und diesem Vorteile hing er derart energisch nach, daß es ihn unter Umständen nicht kümmerte, mit seinen sonstigen Rechtsanschauungen in den sichtlichsten Widerspruch zu geraten. Auch darin ganz wie Friedrich Wilhelm I., der kein furchtbareres Verbrechen kannte als Desertion und dennoch seine Werber beständig anhielt, in fremden Ländern dazu zu verführen. Alles nur um seiner dominierenden Leidenschaft, der Leidenschaft für große Soldaten, ein Genüge zu tun. Markgraf Hans, in sehr ähnlicher Weise, verpflichtete sich, wenn auch unter gewissen Reservationen, gegen ein Jahrgehalt von 5000 Talern in Philipps II. und des *katholischen* Spaniens Dienste zu treten. Seine dominierende Leidenschaft: der *Hang nach dem Gelde*, war eben stärker als sein Protestantismus.

Am häßlichsten erwies sich diese seine Leidenschaft in seinem Verhältnisse zum Johanniterorden, weil sie sich in diesem speziellen Falle bis zu Rachsucht und Grausamkeit steigerte. Es ist unerläßlich, bei diesen Vorgängen, deren Opfer der Herrenmeister Franz Neumann und sein Anhang war, einen Augenblick zu verweilen.

Franz Neumann war Ende des fünfzehnten Jahrhunderts zu Sagan in Schlesien geboren. Er kam nach Krossen, wurde Rektor daselbst und wußte, bei Gelegenheit eines festlichen Redeakts, den Markgrafen durch glänzende Beredsamkeit derartig hinzureißen, daß er ihn nicht nur zu seinem Küstriner Rat und Kanzler ernannte, sondern auch seine Wahl und Ernennung zum Herrenmeister des hochadeligen Johanniterordens durchsetzte. Eine hohe Stellung, die nie vorher von einem Bürgerlichen bekleidet worden war. Und so läßt sich denn mit einer an Gewißheit grenzenden Wahrscheinlichkeit annehmen, daß all dies nur auf *bestimmte Versprechungen* hin erfolgte, die zu *halten* der kaum ernannte Herrenmeister sofort ein Widerstreben zeigte. Die Herausgabe von Ordensländereien, vielleicht auch viel anderes noch, unterblieb und führte schließlich, bei fortgesetzter Weigerung, zu einer allerheftigsten Erzürnung des Markgrafen. Er begann, dem Herrenmeister – in dem er vielleicht eine bloße Kreatur, gewiß einen durch Amts- und Lehnseid an sich geketteten *Diener* sah – nach Freiheit und Leben zu trachten, und ließ ihn bei sich bald darbietender Gelegenheit durch einige seiner Mannschaften aufheben und auf das Sonnenburger Schloß bringen. Hier gedachte er ihn seine Rache fühlen zu lassen. Als es aber dem kaum gefänglich Eingebrachten glückte, seine Flucht zu bewerkstelligen, richtete sich des Markgrafen Zorn gegen alle diejenigen, die sich zwischen ihn und den angeblich Schuldigen gestellt hatten. Zunächst gegen den Sonnenburger Schloßhauptmann von Winning. Dieser wurde angeklagt, die Flucht begünstigt zu haben, und als von Winning leugnete, ward er auf die Folter gelegt, an deren Folgen er starb. Aber des erzürnten Markgrafen Rachegelüst ging weiter, und als ihm bald darauf die Meldung kam, daß Christoph von Döberitz, ein Schwiegersohn Franz Neumanns, harte Worte gegen ihn gebraucht habe, ließ er demselben den Prozeß machen und ihn hinrichten. Dies das Tatsächliche. Zeitgenössische Geschichtschreiber haben auch *hier* die Handlungsweise des Markgrafen erklären beziehungsweise entschuldigen wollen, einige, weil der *Wortbruch* seines ehemaligen Kanzlers und Günstlings, andere, weil die landesverräterischen Umtriebe desselben (Auslieferung von Ordensbesitz an den *Kaiser*) ihn aufs äußerste gereizt hätten, aber was immer auch die Schuld Franz Neumanns selbst, eines mutmaßlich zweideutigen Mannes, gewesen sein möge, die Tortur des von Winning und die Hinrichtung des von Döberitz werden schwerlich jemals gerechtfertigt werden können. Der Groll, sich in seinen Plänen gehemmt, in *seinen Interessen geschädigt* zu sehen, trübte sein Urteil und riß ihn zu jähzornigen Entscheidungen fort.

All dieser seiner Fehler unerachtet war der Markgraf ein bedeutender Fürst und ein Mann voll mutiger Überzeugung, wovon er, vor eine *letzte* Entscheidung gestellt, ein vollgültiges und ihm zu ewigem Ruhme gereichendes Zeugnis ablegte. Das war 1548 in Augsburg, als auf dem Reichstage daselbst die für Katholiken und Protestanten bestimmte Vereinigungsformel: das »Augsburger Interim«, zur Vorlage kam. Keinem gefiel die Vorlage. Aber der Kaiser bestand auf ihrer Annahme, und die besiegten protestantischen Fürsten schwiegen und – unterschrieben. Nicht so Markgraf Hans. Er las das Schriftstück; dann erhob er sich und erklärte vor Kaiser und Reich, »daß er dies verführerische Gemisch von Wahrheit und Trug *nicht* annehmen wolle. Lieber Beil als Feder, lieber Blut als Tinte«, und damit schob er das Schriftstück zurück. Der Kaiser sah ihn zornig an und gebot ihm, den Reichstag zu verlassen – eine Verbannung, der er gern gehorchte. Und heimgekehrt in seine Stadt Küstrin, schrieb er über die Tür seines Arbeitszimmers:

Hast du Feind' und fehlt dir Glück,
Hab guten Mut, weich nicht zurück.
In steter Hoffnung leb und trag,
Was dir auf Erden begegnen mag.

Um dieser seiner Standhaftigkeit willen ward er damals als ein Hort und Retter jener Glaubensbefreiung angesehen, der er in der Tat sein Leben gewidmet hatte, und dem Urteil eines seiner Biographen wird auch heute noch zuzustimmen sein: »daß sein Einfluß auf das Schicksal des Protestantismus in Deutschland ein *sehr* bedeutender gewesen sei, viel bedeutender, als selbst unsere märkischen Spezialgeschichten hervorzuheben pflegen«.

In dem neumärkischen Lande aber, das er ein Menschenalter lang regiert, lebt sein Andenken fort bis diesen Tag, freilich nicht in seiner Eigenschaft als Führer und Beschützer der protestantischen Sache! Was er nach *dieser* Seite hin getan, konnte nicht Wurzel fassen in den Gemütern eines Stammes, von dem in Lob und Tadel gesagt worden ist, *»daß er keine Heiligen hervorgebracht, aber auch keine Ketzer ver-*

brannt habe«. Er lebt fort in *dem*, was diesem tüchtigen, aber durchaus nüchternen Mischvolk zu beiden Seiten der Oder allezeit das Wichtigste war, in Fragen der Ordnung und der Vorsorge, des Häuslichen und des Wirtschaftlichen. Und das spiegelt sich in den Sagen, die bis heute von ihm umgehen. »In den Kasematten von Küstrin«, so heißt es, »steht sein Bett, das hängt in Ketten, und ein altes Mütterchen ist ausdrücklich gehalten, es jeden Tag aufs sorglichste zu machen. Des Morgens aber ist eine Grube darin und eine warme Stelle, als hätte wer darin gelegen.« – »Und fremdes Volk«, so plaudert die Sage weiter, »mag er in seiner Stadt nicht leiden, am wenigsten einen Feind. Das hat manche französische Schildwacht erfahren müssen, und ging sie zu nah am Rande des Wallgangs, der zwischen Bastion König und Bastion Brandenburg läuft, so war er bald neben ihr und sprach mit ihr und stieß sie hinunter.«

Und mit diesen Sagen gemeinschaftlich werden die Geschichten erzählt von dem Quartschner Schäfer und dem Nürnberger Büchsenschmied, und Markgraf Hans ist noch jetzt der »Regente« des Landes, das er streng, aber segensreich regiert.

DIE FESTUNG KÜSTRIN UND IHRE BELAGERUNGEN

Einer Reihe von Schöpfungen des Markgrafen Hans habe ich in vorstehendem gedacht, über die bedeutendste aber bin ich bis hierher hinweggegangen: über die *Befestigung* Küstrins.

Was ihn dazu bestimmte, den offenen Ort in eine Festung zu verwandeln, darüber ist hin und her gestritten worden. Nach den einen geschah es, weil ihn der Schmalkaldische Krieg über den Wert stark befestigter Plätze belehrt habe, nach anderen, weil er es für geboten ansah, »sich gegen das Papsttum zu schützen«. Beide Angaben unterliegen aber gerechten Zweifeln, ja sind mit Hülfe historischer Zahlen zu widerlegen. Als Markgraf Hans, bereits um 1536, mit den Befestigungen begann, stand der Schmalkaldische Krieg noch weit in Sicht, und von einer Furcht »vor dem Papsttum« konnte für *ihn*, der damals selber noch im »Papsttume«

stand, am allerwenigsten die Rede sein. Und so dürfen wir denn die Gründe zur Befestigung des Orts nicht in einer *besonderen* politischen Veranlassung, sondern einzig und allein in dem allgemeinen Zuge der Zeit suchen, der allerorten dahin ging, an die Stelle mittelalterlicher, durchaus unausreichend gewordener Stadtbefestigungen *wirkliche* Festungen treten zu lassen.

Einen Augenblick scheint der Markgraf geschwankt zu haben, *welche* seiner Städte zu bevorzugen sei (so kam beispielsweise Königsberg in der Neumark ernstlich in Betracht); aber die Vorteile, die Küstrin bot, konnten auf die Dauer nicht übersehen werden. Gewährte schon der rechtwinklige Zusammenfluß von Oder und Warthe nach zwei Seiten hin einen natürlichen Schutz, so wuchs dieser durch die Beschaffenheit des beiden Flüssen vorgelegenen Terrains. Dieses Terrain war nach Süden und Südosten hin ein anderthalb Meilen breiter, mit Schilf und Gesträuch bewachsener, weder zur Winter- noch Sommerzeit passierbarer Morast, während alles andere Vorland aus Wiesengrund bestand, der bei hohem Wasserstande völlig überschwemmt wurde. Nur zwei Dämme, der Lange und der Kurze Damm, führten von Westen und Nordosten her durch diese Küstriner Sumpf- und Wasserwildnis, in der nunmehr – etwa nach dem Vorbilde von Mantua – eine »*Sumpffestung*« anzulegen der italienische Baumeister Giromella berufen wurde. Dieser, sehr wahrscheinlich durch die Sparsamkeit seines Bau-

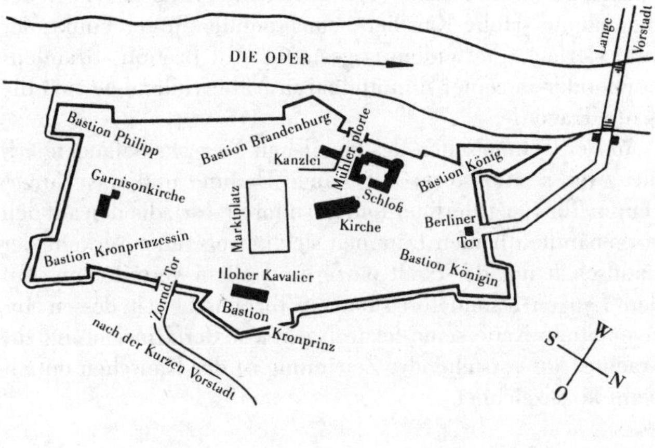

herrn dazu bestimmt, beschränkte sich zunächst auf Herstellung von Erd- und Torfwällen, die, fortifikatorisch gegliedert, die Stadt nach vier Seiten hin einzuschließen hatten; als sich aber herausstellte, daß die großen Frühjahrswasser der Oder und Warthe diese Wälle wieder fortspülten, schritt man dazu, dieselben mit Mauersteinen zu bekleiden.

Schon 1543 waren die Befestigungen so weit gediehen, daß sie mit Geschützen armiert werden konnten, aber erst 1557 erfolgte jene vorerwähnte Bekleidung. Bis dahin waren, nach Angabe der Chronisten, etwa 160 000 Gulden verausgabt worden.

Die Festung hatte damals (und in ihrem Kernstück auch jetzt noch) die Form eines *länglichen*, unregelmäßigen Vierecks. Dieses Oblong war mit vier Eckbastionen versehen, zwischen denen sich, und zwar an den zwei *Langseiten* des Oblongs, zwei weitere Mittelbastionen erhoben. Im ganzen also sechs. Diese sechs Bastionen hatten anfänglich andere Namen als heute. Gegenwärtig heißen sie:

Bastion König Bastion Königin Bastion Kronprinzessin Bastion Philipp	Eckbastionen.
Bastion Kronprinz Bastion Brandenburg	Mittelbastionen.

Auf Bastion »Kronprinz« erhob sich und erhebt sich noch der sogenannte »Hohe Kavalier«, ein besonders fester Punkt, der eine vierfache Verteidigung gestattet. Auf Bastion »Brandenburg« oder in seiner unmittelbaren Nähe vollendete sich die Katte-Tragödie.

An den Schmalseiten des länglichen Vierecks befanden sich die zwei Festungstore: das Lange-Damm- und das Kurze-Damm-Tor (jetzt Berliner und Zorndorfer Tor), die den auf den vorgenannten beiden Dämmen sich bewegenden Verkehr der Landschaft mit der Stadt einzig und allein vermittelten. Auf dem Langen-Damm-Tore stand ein Torhäuschen, in dessen einziger Stube Katte seine letzte Nacht vor der Hinrichtung zubrachte. Auf vorstehender Zeichnung ist das Häuschen mit einem ■ bezeichnet.

Innerhalb der Festungswerke lag die Stadt mit Marktplatz, Kirche, Schloß, letzteres hart an den Wall gelehnt, und zwar zwischen Bastion König und Bastion Brandenburg. Auf den Wällen selbst befand sich alles, was eine Festung an Magazinen, an Gieß- und Zeughäusern, an Pulver- und Getreidemühlen erforderte. Unter seiner Armatur waren auch einzelne aus der Küstriner Gießerei hervorgegangene berühmte Geschütze, die nach damaliger Sitte besondere Namen hatten. Das eine derselben hieß »Der wilde Mann«, ein anderes »Das Rebhuhn«. Dem »wilden Mann« war folgende Inschrift gegeben:

Der *Papst,* das ist der »wilde Mann«,
Er hat all' Unglück richtet an,
Das Gott und Mensch nicht leiden kann.

Und bei dem »Rebhuhn« heißt es:

Das Rebhuhn mit seinem Schnabel pickt,
Daß mancher drob zu Tod erschrickt.

So war Festung Küstrin. Sie galt für »unüberwindlich«. Daß sie sich nicht jederzeit als solche bewährte, lag an anderem als an dem Mangel oder der Unzureichendheit ihrer Befestigungen.

Dies führt uns, mit Übergehung seiner nicht bedeutenden Erlebnisse während des Dreißigjährigen Krieges, auf seine zwei Belagerungen von 1758 und 1806.

Das Bombardement vom 15. August 1758

Die langsam heranziehenden *russischen* Kolonnen unter General Fermor waren am 14. August in unmittelbarer Nähe von Küstrin eingetroffen. In diesem kommandierte Oberst Schack von Wuthenow, ein braver Mann, aber von geringer militärischer Begabung. Er hatte nur vier Bataillone zu seiner Verfügung. So schwach diese lebendige Verteidigung war, so stark war die tote: zahlreiche Geschütze standen gut placiert auf den Wällen, und aller Tadel, der nachträglich, und nicht unverdient, den Obersten und Kommandanten getroffen hat, läuft darauf hinaus, daß er es versäumt habe, von dieser starken artilleristischen Ausrüstung einen richtigen und namentlich *rechtzeitigen* Gebrauch zu machen.

Am 15. früh etablierten die Russen – und zwar unbehelligt durch irgendein diesseitiges Feuer, das, im rechten Moment, den Anmarsch mit Leichtigkeit hätte hindern können – ihre Batterien zur Seite der Kurzen-Damm-Vorstadt und begannen die Stadt aus allerhand kleinerem Geschütz, insonderheit aber aus zwei Schuwalowschen Haubitzen und vier »Einhörnern«, zu bombardieren. Aus den »Einhörnern wurden sechsundneunzig Pfund schwere Kugeln geworfen. Gleich eine der ersten Granaten, die der Feind warf, zündete; um neun Uhr standen mehrere Straßen in Flammen, und am Nachmittag war alles bis auf die Garnisonkirche und das mit ■ bezeichnete Torhäuschen in einen Aschenhaufen verwandelt. Besonders nachteilig für die Neumark wurde der Umstand, daß die Gefangenen, die sich in der Festung befanden, nicht nur umherliefen und plünderten, sondern auch alle Anordnungen zum Dämpfen des Feuers zu hintertreiben wußten. So ging ein großer Teil neumärkischen Landesvermögens, das man vor den heranrückenden Russen hierher geflüchtet hatte, verloren. Gegen die *Festung* wurde kein Schuß abgefeuert; nur auf Zerstörung der *Stadt* hatte man es abgesehen und fuhr mit dem Werfen von Brandraketen noch fort, als schon längst nichts mehr zu zerstören war.

Der 16. verging ruhig. Am 17. erschien ein Parlamentär, um den Obersten von Schack zur Übergabe der Festung aufzufordern, widrigenfalls die ganze Garnison über die Klinge springen müsse.

Von Schack, der von dem Heranziehen des Königs Kunde hatte, überhaupt mehr unfähig als mutlos war, wies das Ansinnen zurück.

Am 21. erschien der König und begab sich von der linken Oderseite her, von der er anrückte, nach Küstrin hinein, einesteils um die russischen Stellungen zu rekognoszieren, anderenteils um die Festung selbst in Augenschein zu nehmen. Diese war noch im besten Zustande, aber der Anblick der eingeäscherten Stadt erfüllte ihn mit Wehmut. Als sich von Schack wegen seiner bei der Verteidigung begangenen Fehler entschuldigen wollte, sagte der König: »Schweig Er; ich bin selbst schuld. Warum habe ich Ihn zum Kommandanten gemacht.«

Tags darauf führte der König seine Regimenter über die

Oder und stand am 24. zwischen Darmitzel und der Neudammschen Mühle dem Feinde gegenüber. »Mit solchem Kroop muß ich mich schlagen«, waren seine berühmt gewordenen Worte, als man ihm die ersten gefangenen Kosaken vorführte.

Der 25. war der »Tag von Zorndorf«, und die russische Flut, die wochenlang die Neumark überschwemmt hatte, staute nun wieder zurück. Aber Küstrin lag in Trümmern, und das Land war eine Wüste. Der Marquis Montalembert schrieb nach Paris: »Alles ist eingeäschert, tot, geflohen; man findet keine Menschen, kein Pferd, kein Herdenvieh mehr«, und dem neumärkischen Landrat von Wobeser, der um Vergütigung des erlittenen Brandschadens eingekommen war, antwortete der König selbst in jenem grimmen Humor, zu dem er nur zu sehr berechtigt war: »Am Jüngsten Tage kriegt jeder alles wieder.«

Bald nach dem Kriege wurde mit dem Wiederaufbau der Stadt begonnen. Er vollzog sich von 1768 bis 1770, so daß das gegenwärtige Küstrin, mit alleiniger Ausnahme des Schlosses, das während des Bombardements nur partiell zerstört wurde, als eine verhältnismäßig neue Stadt angesehen werden kann.

Küstrin am 1. November 1806

Jena war geschlagen; flüchtig und in Auflösung begriffen, ging die preußische Armee über die Elbe, und nur einzelne Trümmer derselben erreichten noch die Oder. In die Flucht hineingerissen ward auch der Hof. Am 19. trafen König und Königin in Küstrin zusammen und bezogen Quartier in einem am Markte belegenen Gasthof (»Goldener Hirsch«). Am Tore der Festung waren sie von dem Obersten und Kommandanten von Ingersleben empfangen worden. Unter den unrühmlichen Festungskommandanten jener Epoche der unrühmlichste, weil der zweideutigste. Von dem, was den Soldaten macht und ehrt, besaß er nichts.

»Ingersleben« – so schreibt General von der Marwitz, eine Quelle, deren Zuverlässigkeit niemand beargwöhnen wird – »war seit dem Champagne-Feldzug von 1792 Ritter des Pour le mérite. Aber wie hatte er den Orden erhalten?

Der König legte großen Wert darauf, kein Geschütz in dem aufgeweichten Kalkboden stehenzulassen. Eines Tages quälten sich die Artilleristen mit einer solchen Kanone, als das Regiment, bei welchem Ingersleben stand, vorüberzog. Dieser saß auf einem seiner gewaltigen Gestalt angemessenen riesigen Braunen, der, aller Kriegsstrapazen unerachtet, noch sehr wohl im Stande war. Ingersleben hatte den König kaum gesehen, als er vom Pferde sprang und seinen Braunen in eines der Geschirre steckte. Wohlweislich aber ließ er den Sattel mit Pistolenhalfter und der großen goldgestickten Paradeschabracke auf dem Rücken des Pferdes. Und nun tat er sehr geschäftig, schrie, legte selbst Hand an und trieb so, daß die Kanone richtig aus dem Schlamm herauskam. Der König fragt' sogleich, wem das Pferd gehöre, und gab ihm den Orden. Ingersleben aber, als der König weit genug fort war, spannte seinen Braunen wieder aus, setzte sich auf und ließ die Kanone stehen. Später wurde er wegen üblen Betragens vor dem Feinde vom Regimente entfernt, bis ihn höfische Fürsprache zum Kommandanten von Küstrin machte.«

Sein Adlatus war der Oberst von Weyher, ein hochmütiger, die Bürger und Soldaten gleichmäßig maltraitierender Bramarbas, dem die gesamte Festungsgarnison unterstellt war. Diese bestand aus den Depotbataillonen dreier berühmter Regimenter: Prinz Heinrich, Prinz von Oranien (früher Markgraf Karl) und von Zenge. Dazu 500 Mann von der Festungsartillerie.

König Friedrich Wilhelm der Dritte, der sich auf Menschenbeurteilung sehr wohl verstand und nur die bis zur Schwäche gehende Bescheidenheit hatte, sich dem Urteil anderer, öfter als gut war, unterzuordnen, scheint der Tüchtigkeit oder dem guten Willen Ingerslebens von Anfang an mißtraut zu haben. Er ließ sich von ihm auf den Festungswällen umherführen und stellte bei dieser Gelegenheit die Frage: »ob er sich's auch wirklich getraue«, worauf Ingersleben die berühmte Antwort gab: »er werde die Festung halten, bis ihm das Schnupftuch in der Tasche brenne«.

Von einzelnen Interpreten ist der bald darauf zutage tretende Verrat Ingerslebens auf dieses Gespräch zwischen ihm und dem Könige zurückgeführt und aus einem durch obige Frage, »ob er sich's auch getraue«, beleidigten Ehrgefühl erklärt, die Tat selbst also als ein Racheakt hingestellt worden. Aber dies ist falsch, weil viel zu tief und ernsthaft genommen. Ein Mann, der eine Komödie wie die, die von der Marwitz erzählt, aufführen konnte, entbehrte solchen Ehrgefühls durchaus, und die Triebfedern seiner Handlungsweise sind entweder in Feigheit und Bestechlichkeit oder günstigstenfalls in einer Art von Apathie zu suchen. Denn er gehörte zu den Leuten, die jeden Glauben an die Widerstands- oder auch nur an die *Lebensfähigkeit* Preußens verloren hatten. Sie spöttelten und freuten sich eigentlich dessen, was geschah. In den »Vertrauten Briefen« heißt es von Ingersleben, »daß er nichts als einen Magen gehabt habe«. Und dessen sollte das Land bald gewahr werden.

Am 24. Oktober verließen König und Königin Küstrin, und am 31. erschienen 250 Franzosen an der Torschreiberbrücke, von der aus sie mit einem in der Nähe stehenden preußischen Piquet zu plänkeln begannen. Als der Kommandierende dieses Piquets um Verstärkung bat, erhielt er die Antwort: »er (Ingersleben) *könne keine Leute aus der Festung lassen, weil sie alle davonlaufen würden*«. So ging denn das Piquet zurück und beschränkte sich darauf, die Brückenpfeiler in Brand zu stecken. Von den Wällen aus sah man die Franzosen am anderen Ufer promenieren, lachen und scherzen, wobei sie, wie zur Verspottung ihrer Gegner, die Finger in große Honigtöpfe tauchten, deren sie sich in den Kellern einiger vorstädtischer Bienenzüchter bemächtigt hatten.

Inzwischen rückte die feindliche Hauptkolonne nach, und schon um zwölf Uhr nachts schloß Oberst Ingersleben, ohne daß auch nur ein einziger Schuß gefallen wäre, in einem außerhalb der Stadt gelegenen Hause die Kapitulation ab. Da derselbe kein Amtssiegel mitgebracht hatte, so wurde das Siegel der Färberinnung, das sich am raschesten beschaffen ließ, herbeigeholt und auf diese burleske Weise der Kapitulationsvertrag vollgültig gemacht.

Damit war der Verrat geübt. Es handelte sich aber noch darum, diese Felonie den alten berühmten Bataillonen auch annehmbar zu machen. Und das war nicht leicht, denn Ingersleben kannte sehr wohl die Gesinnungen des gemeinen Mannes. In der Tat rebellierte das Bataillon Oranien, als ihm die Kapitulation endlich mitgeteilt wurde, so daß Ingersleben in die Lage kam, zu seinem eigenen persönlichen Schutz den Feind in Kähnen über die Oder herbeiholen zu müssen. Auch jetzt noch stand die Sache mißlich genug, denn ein am Geschütz postierter Artillerist hob, als er die heranschwimmenden Kähne sah, bereits die Lunte; aber ein Offizier von der Kapitulationspartei hieb ihn mit dem Degen über die Hand und rief: »Kerl, bist du des Teufels.« So landete denn der Feind unangefochten, und Ingersleben selbst ordnete die Waffenstreckung an. Wütend zerschlugen die Soldaten ihre Musketen und wurden dann in die Kriegsgefangenschaft geführt. Viele ranzionierten sich übrigens und waren später mit unter den Verteidigern von Kolberg.

Als dem Kaiser Napoleon einige Tage später die Kapitulation zur Gutheißung vorgelegt wurde, strich er eigenhändig den Paragraphen, der dem von Ingersleben den Eintritt in die französische Armee zusagte. »Er könne einen Mann nicht brauchen, der seinen Herrn verraten habe.« Durch ein preußisches Kriegsgericht wurde der Unwürdige später »zum Arquebusieren« verurteilt, entzog sich aber der Urteilsvollstreckung durch Flucht und lebte noch jahrelang in einem Winkel Deutschlands. Arm und ehrlos, meidend und gemieden – das Los aller, die damals »versagt« hatten. Ob durch Schuld oder Schicksal, war gleich.

Küstrin blieb länger als sieben Jahre in den Händen der Franzosen; erst am 20. März 1814 wurde es an ein preußisches Blockadecorps übergeben.

Manches hat es seitdem erfahren, auch als Festung. Der Warthe, die vordem rechtwinkelig einmündete, hat man einen zweckentsprechenderen Lauf gegeben, und ein Zirkel von Schanzen und Forts umspannt jetzt das alte Festungsviereck. Was sich aber dem Auge des Laien auch *heute* noch als »Festung Küstrin« darstellt, das sind nach wie vor die sechs alten Bastionen aus Markgraf Hansens Tagen her, mit deren *einer* (»Bastion Brandenburg«) und ihrer nächsten Umgebung wir uns in dem zweiten Abschnitt dieses Kapitels zu beschäftigen haben werden.

Die Katte-Tragödie

Stadt und Festung Küstrin haben eine fünfhundertjährige Geschichte, die zu skizzieren ich in vorstehendem bemüht gewesen bin. Nur über *einen* Tag innerhalb dieses langen Zeitabschnitts: über den 6. November 1730, an dem das Haupt Kattes auf Bastion Brandenburg fiel, bin ich hinweggegangen. Und doch wiegt dieser Tag schwerer als die Gesamtsumme dessen, was vorher und nachher an dieser Stelle geschah, und mag als das Gegenstück zu dem 18. Juni 1675 gelten, zu dem »Tage von Fehrbellin«. Mit diesen beiden Tagen, dem heiteren 18. Juni und dem finsteren 6. November, beginnt unsere Großgeschichte. Aber der 6. November ist der größere Tag, denn er veranschaulicht in erschütternder Weise jene *moralische Kraft*, aus der dieses Land, dieses gleich sehr zu hassende und zu liebende Preußen, erwuchs.

Es gibt kaum einen Abschnitt in unserer Historie, der öfter behandelt worden wäre als die *Katte-Tragödie*. Aber so viele Schilderungen mir vorschweben, das Ereignis selbst ist bisher immer nur auf den Kronprinzen Friedrich hin angesehen worden. Oder wenigstens vorzugsweise. Und doch ist der eigentliche Mittelpunkt dieser Tragödie nicht Friedrich, sondern *Katte*. Er ist der Held, und *er* bezahlt die Schuld.

Es ist meine Absicht, in nachstehendem *dem* die Ehre zu geben, dem sie gebührt.

Und hierin wird sich meine Darstellung von der anderer nicht unwesentlich unterscheiden, indem sie sich eigens vorsetzt, von allem, was auf den Kronprinzen Fritz Bezug nimmt, nur das Unerläßliche zu geben, nur soviel, wie zum Verständnis des Ganzen überhaupt erforderlich ist. Das ist zunächst, als Grundlage der ganzen Tragödie:

Der Fluchtversuch des Kronprinzen

Schon im November 1729 hatte der Kronprinz vorgehabt, »weil Dero Herr Vater immer ungnädiger auf ihn geworden«, außer Landes zu gehen, und seitens des ins Vertrauen gezogenen Lieutenants von Keith, der damals Pagendienste beim Könige tat, waren einleitende Schritte geschehen, um die Flucht ins Werk zu setzen. Aber man stand schließlich von der

Ausführung ab und nahm den Plan erst, nachdem auch ein Entweichen aus dem sächsischen Lager bei Mühlberg im Mai 1730 gescheitert war, im Juli letztgenannten Jahres wieder auf.

Um diese Zeit hatte der König eine Reise nach dem Ansbachschen hin angetreten, die bis an den Ober- und Unterrhein ausgedehnt werden sollte. In seiner Begleitung befand sich wie gewöhnlich der Kronprinz, dem noch im Momente der Abreise, seitens des inzwischen als Günstling an die Stelle des von Keith getretenen Lieutenants von Katte, aufs dringendste angeraten worden war: seine Flucht *nicht* von Süddeutschland, sondern lieber erst von Wesel aus zu bewerkstelligen, von welcher Grenzfestung aus er am leichtesten und schnellsten über Holland nach England gelangen könne. Diese Mahnung wurde später schriftlich wiederholt, und zwar in einem Briefe, den der in Berlin zurückgebliebene von Katte nach Ansbach hin richtete. Aber dem Kronprinzen brannte bereits der Boden unter den Füßen, und er antwortete: »daß er *so* lange *nicht zu* warten, vielmehr von Sinsheim aus (bei Mannheim) fortzugehen gedenke. Katte solle nachkommen und ihn, den Kronprinzen, im Haag unter dem Namen Comte d'Alberville erfragen. Mißlänge die Flucht, so wolle er in einem Kloster Zuflucht suchen, wo man unter Skapulier und Kutte den argen Ketzer nicht entdecken werde.« Dieser der Post anvertraute Brief wurde verhängnisvoll. Auf seiner Adresse, die »An den Lieutenant von Katte, über Erlangen, *Berlin*« hätte lauten sollen, vergaß der in begreiflicher Hast und Erregung schreibende Kronprinz die Hinzufügung des Wortes »*Berlin*«, und so gelangte das Schreiben nur bis Erlangen, wo der Postmeister in Verlegenheit geriet, was damit anzufangen sei. Da sich zufällig ein Rittmeister von Katte, ein Vetter des Lieutenants, als Werbeoffizier am Orte befand, so hielt er es für das Geratenste, *diesem* den Brief einzuhändigen. Der Rittmeister von Katte aber, als er von dem Inhalte Kenntnis genommen, konnte sich seinerseits nicht der Pflicht entziehen, den Brief durch einen Courier an den König zu schicken.*

* Die Köpenicker Kriegsgerichtsakten erzählen diesen Hergang anders. Danach schickte der Lieutenant von Katte seinen an den Kronprinzen gerichteten Brief *nicht direkt an diesen*, sondern an seinen Vetter, ebenden im Text genannten, auf Werbung in Erlangen liegenden Rittmeister von Katte, mit der Bitte, den Brief, seiner Adresse gemäß, weiter nach Ansbach an den Kronprinzen gelangen zu lassen. Der

Dieser war mittlerweile (am 31.) von Ansbach aufgebrochen und ging über Öttingen, Ludwigsburg und Heilbronn auf Sinsheim zu. Da letzterer Ort, sehr gegen den Wunsch und Willen des Königs, am 4. August nicht mehr erreicht werden konnte, so bequemte man sich, in dem zwei Stunden vorher gelegenen Dorfe Steinsfurth die Nacht in einer Scheune zuzubringen. Für die Pläne des Kronprinzen indes machte Steinsfurth oder Sinsheim keinen Unterschied, und so beschloß er, in selbiger Nacht noch seine Flucht von diesem Dorf aus ins Werk zu setzen. Um zwei Uhr erhob er sich, kleidete sich in einen roten Roquelaure, der zu diesem Behuf eigens angefertigt war, und ging auf die Dorfstraße hinaus, wohin er den Pagen Keith (einen jüngeren Bruder des früher genannten) mit Pferden bestellt hatte.

Alles dieses war aber von dem Kammerdiener Gummersbach bemerkt worden, der nicht säumte, den mit der Beobachtung des Kronprinzen speziell betrauten Oberstlieutenant von Rochow zu wecken. Dieser sowie Generalmajor von Buddenbrock und die Obersten von Waldow und von Derschau folgten dem Kronprinzen auf die Dorfgasse und fanden ihn hier an eine Wagendeichsel gelehnt, immer noch auf Keith* und die Pferde wartend. Die Obersten, über seine

Rittmeister aber, der den Brief »suspekt« finden mochte, scheint ihn entweder geöffnet und gelesen oder vielleicht auch uneröffnet, auf bloßen Argwohn hin, per Courier an den König geschickt zu haben. Die Differenz ist erheblich. In dem einen Falle würde der *kronprinzliche* Brief an Katte, in dem anderen der *Kattesche* Brief an den Kronprinzen die Katastrophe herbeigeführt haben.

* Zwei Brüder von Keith spielen in der Fluchtgeschichte des Kronprinzen eine Rolle. Es ist nötig, dies gegenwärtig zu haben, wenn man sich nicht in Angaben, die mehr als einmal wie Widersprüche wirken, verwirren soll. Der eigentliche Freund des Kronprinzen war der *ältere* von Keith. In seiner Eigenschaft als Page des Königs erfuhr er vieles und konnte mehr als einmal den Kronprinzen vor ihn bedrohenden Gefahren warnen. Es geschah dies alles, wie durchaus hervorgehoben werden muß, nicht aus Hang zur Intrigue oder auch nur aus besonderer Eitelkeit, sondern aus wirklicher Liebe zum Prinzen, jedenfalls aus Mitgefühl. Endlich entdeckt, schickte ihn der König zur Strafe nach Wesel in das dort stehende von Dossowsche Infanterieregiment und ließ den *jüngeren* von Keith in die Pagenstelle einrücken. Aber dieser jüngere Bruder erwies sich nicht viel anders als der ältere, bis er endlich, »gerührt von der ängstlichen Gemütsstimmung des Königs, diesem in Mannheim alles reumütig bekannte«. Er scheint denn auch mit einer geringen Strafe davongekommen zu sein. Der *ältere* Bruder, als er von den Vorgängen in Steinsfurth hörte, floh klugerweise von Wesel nach England und konnte daselbst in den Zeitungen lesen, daß er nach kriegsrechtlichem Spruch *»in effigie gehenkt worden sei«*. Bald darauf nahm er portugiesische Dienste, aus denen er später (nach 1740), übrigens ohne sonderliche Karriere zu machen, in preußische Dienste zurück trat.

Kleidung erstaunt, baten ihn, die Uniform wieder anzulegen, ehe ihn der König in diesem Aufzuge sähe. Aber eben jetzt brachte Keith die Pferde, und Friedrich schickte sich ohne weiteres an, sich in den Sattel zu werfen und davonzureiten. Nur mit Mühe gelang es den Obersten, ihn in die Scheune zurückzunötigen.

Derschau hinterbrachte das Vorgefallene dem Könige, der sich zunächst – weil es noch an eigentlichen Schuldbeweisen fehlte – gegen den Kronprinzen wie gewöhnlich zeigte. Auch in den folgenden Tagen noch, während welcher die Reise sich über Mannheim und Darmstadt fortsetzte. Nur in Darmstadt, am 6. August, konnte der König mit einer spöttischen Bemerkung gegen den Prinzen nicht zurückhalten. »Er wundre sich, ihn noch hier zu sehen; er habe ihn bereits in Paris vermutet.«

Und so blieb es bis zum 8. früh.

Am Abend vorher hatte man Frankfurt am Main erreicht, allwo der vom Rittmeister von Katte nachgesandte Courier dem Könige den vorerwähnten kompromittierenden Brief einhändigte. Durch diesen Brief war der Schuldbeweis gegeben, und der lange zurückgehaltene Zorn brach jetzt hervor. Das erste Zusammentreffen zwischen Vater und Sohn fand am Morgen des 8. auf einem Rheinboot statt, das für die Stromfahrt nach Wesel bestimmt war. Als der Kronprinz das Schiff betrat, stürzte sich der König auf ihn und schlug ihn, bis ihn der Oberst von Waldow durch sein Zwischentreten befreite und auf ein anderes bereitliegendes Schiff brachte.

Die Reise ging nun rheinabwärts. Am 10. war man in Bonn, am 11. in Wesel. Der »Arrestant« ward am Ufer von dem Oberstlieutenant von Borcke mit einem starken Kommando in Empfang genommen und in die Festung gebracht. Am anderen Morgen, den 12., erfolgte seine Vorführung vor den König.

»Warum habt Ihr entweichen wollen?«

»Weil Sie mich nicht wie Ihren Sohn, sondern wie einen gemeinen Sklaven behandelt haben.«

»Ihr seid nichts als ein feiger Deserteur, der keine Ehre hat.«

»Ich habe soviel Ehre wie Sie, und ich habe nichts getan, was Sie an meiner Stelle nicht auch getan hätten.«

Bei diesen Worten zog der König den Degen und wollte den Prinzen erstechen. Aber der tapfere Kommandant, Generalmajor von der Mosel, warf sich dazwischen und sagte: »Sire, durchbohren Sie mich, aber schonen Sie Ihres Sohnes.«

Einige Tage nachher empfingen die mehrgenannten Obersten den Befehl, den Kronprinzen unter sicherer Bedeckung von Wesel nach Treuenbrietzen zu schaffen. Schon vorher (ebenfalls am 12.) hatte der König folgende Zeilen an die Oberhofmeisterin der Königin gerichtet: »Meine liebe Frau von Kameke. Fritz hat desertieren wollen. Ich habe mich genötigt gesehen, ihn arretieren zu lassen; ich bitte Sie, auf eine gute Art meine Frau davon zu unterrichten, damit solche Neuigkeit dieselbe nicht erschrecke. Übrigens beklagen Sie einen unglücklichen Vater. F. W.«

Die Überführung des Kronprinzen erfolgte der Ordre des Königs gemäß. *Wann* er in Treuenbrietzen eintraf, ist nicht genau ersichtlich. Am 29. August wurde Generalmajor von Buddenbrock angewiesen, ihn von Treuenbrietzen nach Mittenwalde zu schaffen.

Aber auch Mittenwalde war nur Etappe, von der aus sein Weitertransport nach Küstrin am 4. September erfolgte. Tags darauf (am 5.) bezog er ein Arrestzimmer im zweiten Stocke des alten Küstriner Schlosses.

Von Katte vor dem König

Am 15. August wußte der in Berlin zurückgebliebene Grumbkow von dem Fluchtversuche des Kronprinzen, und am folgenden Tage war es in der Stadt herum. Gleichzeitig mit der Nachricht an Grumbkow war auch bei dem Feldmarschall von Natzmer der Befehl eingetroffen: »den Lieutenant von Katte vom Regiment Gensdarmes verhaften und auf die Wache seines Regiments abführen zu lassen«.

Kein Zweifel, daß Katte, *wenn er nur für seine Person besorgt gewesen wäre,* vollauf Zeit gehabt hätte, sich zu retten; das ergibt sich aus den verschiedensten Angaben. Alles befleißigte sich, ihn zu warnen, und ein von Asseburg, der ihm begegnete, rief ihm zu: »Was, Katte, Sie noch hier!« Ja, man ging weiter und schob seine Verhaftung um mehrere Stunden hinaus. So wenigstens stellt es die Prinzessin Wilhelmine, die spätere Markgräfin von Bayreuth, in ihren Memoiren dar. »Der uns zugetane dänische Gesandte von Löwenör«, so schreibt sie, »hatte gehört, was sich gegen Katte vorbereitete. Sofort schrieb er an ihn und riet ihm, aufs schnellste abzureisen, weil er unstreitig arretiert werden würde. Katte bat sich infolge dieser Benachrichtigung einen ›kurzen Urlaub‹ aus, der ihm – da sein Regimentskommandeur, Oberst von Pannewitz, von den umlaufenden Gerüchten zu jener Stunde noch nichts gehört haben mochte – auch ohne weiteres bewilligt wurde. Und so war denn eine vorzügliche Gelegenheit zur Flucht gegeben. Aber Katte sah sich verhindert, unmittelbaren Gebrauch davon zu machen, weil ein Sattel, in dem er Geld und Wertsachen zu verbergen vorhatte, leider noch nicht fertig war. So verging Zeit. Diese wandte er an, um alle Papiere zu verbrennen. Das war gut. Und nun endlich kam das Pferd, der Sattel war da, und er wollt es eben besteigen, als der Feldmarschall von Natzmer (in Wahrheit war es der vorgenannte Oberst von Pannewitz) erschien, um ihn im Namen des Königs zu verhaften. Katte übergab ihm, ohne die Farbe zu wechseln, den Degen und wurde sogleich auf die Wache des Regiments abgeführt. Man legte all seine Sachen in Gegenwart des Feldmarschalls – der betretener als sein Gefangener schien – unter Siegel. Der alte Herr hatte länger als drei Stunden mit Ausführung des königlichen Befehls gezögert und war sehr böse, Katten noch vorzufinden.«

So die Markgräfin in einer durch die ganzen Memoiren sich hinziehenden Mischung von Falschem und Richtigem. Übrigens wird, von Namensverwechselungen und ähnlichen kleinen Irrtümern ganz abgesehen, auch *das*, was Katte den rechten Augenblick zur Flucht versäumen ließ, von verschiedenen Personen sehr verschieden angegeben. Friedrich II. selbst soll später zu dem englischen Gesandten Sir Andrew Mitchell von einem »Liebesverhältnis« gesprochen und *dieses* als Grund der Versäumnis bezeichnet haben. Mir, offen gestanden, noch unwahrscheinlicher als der »verspätete Sattel«. Nach dem Bilde, das ich aus der Lektüre der zeitgenössischen Aufzeichnungen gewonnen habe, liegen die Dinge viel natürlicher und namentlich viel ehrenvoller für Katte. Er war einfach mit Aufträgen und Verpflichtungen überbürdet, indem er, wie schon angedeutet, nicht bloß an *sich*, sondern vor allem auch an den Kronprinzen, an die Königin und die Prinzessin Wilhelmine zu denken hatte. Und so glaube ich ihm nur gerecht zu werden, wenn ich ihn als ein *Opfer seiner ritterlichen Gesinnung hinstelle*, der er denn auch – was im übrigen immer seine Fehler gewesen sein mögen – bis zum letzten Atemzuge treu geblieben ist.

Aber kehren wir zu den Ereignissen selbst zurück.

Am 27. war der König von Wesel her in Berlin eingetroffen und hatte schon zwei Stunden später den Arrestanten von Katte vorfordern lassen. Es war ein schwerer Gang. Die Prinzessin Wilhelmine stand an einem der hohen Fenster und sah den Unglücklichen über den Schloßplatz führen. »Er war bleich und entstellt«, so schreibt sie, »nahm aber doch den Hut ab, um mich zu grüßen. Hinter ihm trug man die Koffer meines Bruders und die seinen, welche man weggenommen und versiegelt hatte. Gleich darauf erfuhr der König, dessen Empörung bis dahin sich gegen *uns* gerichtet hatte, daß Katte da sei. Und er verließ uns nun, um den Ausbrüchen seines Zorns ein neues Ziel zu geben.«

Als Katte den Gefürchteten eintreten sah, warf er sich vor ihm nieder. Der König aber riß ihm das Johanniterkreuz vom Halse, mißhandelte ihn mit dem Stock und trat ihn mit Füßen. Alsdann befahl er dem schon vorher herbeigerufenen Generalauditeur Mylius, unverzüglich mit dem Verhör zu beginnen. Katte bewies eine Standhaftigkeit, die den König in Verwunderung setzte, und gestand nur ein, von der Flucht des Kronprinzen gewußt und die Absicht, ihm zu folgen, gehabt zu haben. Auf die Frage jedoch, »an welchen Hof der Prinz sich habe begeben wollen«, antwortete er, »das wisse er nicht«. Und danach wurde er in die Gensdarmenwache zurückgebracht.

Während der Septemberwochen – auch noch bis in den Oktober hinein – folgte nunmehr Verhör auf Verhör, und als endlich mit Hülfe derselben ein ausgiebiges Material zur Anstrengung eines prozessualischen Verfahrens gesammelt war, wurde die Voruntersuchung geschlossen und ein *Kriegsgericht*, das über *fünf* Angeklagte, in erster Reihe aber über den Kronprinzen Fritz und den Lieutenant von Katte, zu befinden hatte, zusammenberufen.

Das Kriegsgericht zu Köpenick

Über dies Kriegsgericht und das durch dasselbe gefällte Urteil finden sich infolge regelmäßiger und oft ausschließlicher Benutzung der als Quelle dienenden Memoiren des Freiherrn von Pöllnitz und der Markgräfin von Bayreuth* immer noch Irrtümer verbreitet, die den Ergebnissen einer strengeren historischen Forschung bis diesen Tag getrotzt haben. Es wird nötig sein, die betreffenden irrtümlichen Stellen aus den Memoiren der beiden Vorgenannten zunächst zu zitieren. So schreibt die Markgräfin: »Dönhoff und Linger stimmten für Pardon, aber die anderen, um dem Könige zu Willen zu sein, *verurteilten den Kronprinzen und Katte zur Enthauptung.*« Und in Übereinstimmung damit heißt es bei Pöllnitz: »Weder der Kronprinz noch Katte waren persönlich zugegen. Nichtsdestoweniger wurden sie von dem Kriegsgerichte gerichtet und *verurteilt, den Kopf zu verlieren.*« Diese beiden Stellen sind in unzählige volkstümliche Geschichts- und Nachschlagebücher übergegangen, während umgekehrt das Wort »Tod« von seiten des Kriegsgerichts *nicht* gesprochen worden ist. Die dasselbe bildenden oder, richtiger, die innerhalb desselben den Ausschlag gebenden Männer fällten vielmehr über den Kronprinzen, »weil er jenseits ihrer Kompetenz läge«, *gar kein* Urteil und verurteilten Katte zu lebenslänglicher Festungsstrafe. Dies ist kurz das Tatsächliche.

Foerster und Preuß, unter Benutzung reicher und zuverlässigerer Quellen, haben in ihren epochemachenden Werken die Dinge so gegeben, wie sie realiter liegen; aber auch ihnen scheint ein voller Einblick in die *Details* des Verfahrens gefehlt zu haben, und erst eine verhältnismäßig sehr

* Diese Memoiren der Markgräfin sind nichtsdestoweniger, wie nicht genug anerkannt werden kann, von einem unschätzbaren Wert. Im einzelnen haben sie beständig unrecht, im ganzen haben sie beständig recht. Handelt es sich darum, ob etwas an diesem oder jenem Tage geschah, soll über Personen und Namen Endgültiges festgestellt werden, so lassen sie einen im Stich. Mitunter auch *dann* noch, wenn sie Selbsterlebtes erzählen. Aber das Gesamtbild, vor allem die *Stimmung* jener Tage, ist in unübertrefflicher Weise wiedergegeben. Selbst die *Charakteristik* der Personen – einige wenige ausgenommen, wo der Groll über erlittene Unbill ihr Urteil trübte – halte ich im wesentlichen für zutreffend. Wenn es heißt, daß sie den König zu streng beurteilt habe, so ist das nur halb richtig. Das Große, was unzweifelhaft in ihm steckte, können *wir* leicht bewundern; seiner Umgebung aber, die vor ihm zitterte, war es mindestens schwer gemacht, dies Große jeden Augenblick gegenwärtig zu haben.

neue Veröffentlichung (1861) ermöglicht einen solchen Einblick. Diese Veröffentlichung führt den Titel: »Vollständige Protokolle des Köpenicker Kriegsgerichts« und wurde durch Professor Danneil, den Vorstand des in der Propstei zu Salzwedel befindlichen Schulenburgschen Familienarchivs, veranstaltet. In einem kurzen Vorworte gibt der Herausgeber (Danneil) zunächst Auskunft darüber, wie dieser Protokollenschatz in das ihm unterstellte Familienarchiv gelangte. Einfach dadurch, daß ein Schulenburg, und zwar der Generallieutenant Achaz von der Schulenburg, der Vorsitzende des Köpenicker Kriegsgerichts war. »Alle diese Protokolle«, heißt es dann weiter, »finden sich in *Abschrift* vor. Die *Originale* wurden dem König überreicht. Sämtliche Abschriften sind sehr sorgfältig und sicherlich auf Veranlassung des Generallieutenants von der Schulenburg selbst angefertigt worden. Ihre Orthographie, weil man sich an die Originale hielt, weicht hier und dort untereinander ab. Die *von diesen Verhandlungen bisher allein bekannt gewordene Cabinetsordre vom 1. November 1730* (in der der König das *nicht* auf Tod lautende Urteil des Kriegsgerichts umstößt, um es seinerseits zu verschärfen) stimmt mit dem Abdruck derselben bei Preuß bis auf wenige unwesentliche Punkte überein.«

Soweit Professor Danneil. Seiner wichtigen Veröffentlichung entnehme ich nunmehr das unmittelbar Folgende. Zunächst einige Daten, die, namentlich auch, was die abweichenden *Zahlenangaben* betrifft, auf Zuverlässigkeit Anspruch haben.

Unterm 22. Oktober wurde das Kriegsgericht von seiten des Königs ernannt. Es bestand aus fünfzehn Offizieren, die sich in fünf Ranggruppen sonderten.

Und zwar:

Generalmajor von Schwerin
Generalmajor von Dönhoff
Generalmajor von Linger

Oberst von Derschau
Oberst von Stedingk
Oberst von Wacholtz

Oberstlieutenant von Weyher
Oberstlieutenant von Schenck
Oberstlieutenant von Milagsheim

Major von Einsiedel
Major von Lestwitz
Major von Lüderitz

Capitain von Itzenplitz
Capitain von Pudewels*
Capitain von Jeetze.

Am 27. Oktober traten diese fünfzehn Offiziere, aber zunächst noch in Gruppen gesondert, zu einer Vorberatung zusammen, um *fünf* schriftliche Separatvota abzugeben. Daran schloß sich als *sechstes* Separatvotum das des Vorsitzenden Achaz von der Schulenburg.

Der 28. war der Tag des eigentlichen Kriegsgerichts, an dem das Endurteil gefällt werden sollte und auch wirklich gefällt wurde. Dies Urteil in seiner ganzen weitgedehnten Motivierung hier zu bringen, verbietet der Raum, weshalb ich mich auf Wiedergabe des vorerwähnten Achaz von der Schulenburgschen *Separat*votums beschränke. Dieses Separatvotum deckt sich *inhaltlich* mit dem kriegsgerichtlichen Spruch und mag deshalb in Vertretung desselben hier seine Stelle. finden. Es lautete:

»Nach fleißiger und genauer Erwägung sämmtlicher dem General-Kriegs-Gericht vorgelegenen Akten finde *ich*, Praeses dieses Gerichtes, nach meinem Gewissen und abgestatteten Eyde mich verbunden

1. Was den Cron-Printzen betrifft, denen *sämmtlichen* dahin gehenden Votis beyzufallen, daß deßelben jetzige Sache nach ihren Umständen von einem Krieges-Recht *nicht* gesprochen werden könne, sondern Sr. K. M. zu überlassen sey, welchergestalt Sie deßen wiederholte wehmüthige Reu-

* Von Pudewels ist von Podewils. – Die Namensschreibungen wechseln überhaupt im Laufe der Zeit, dies gilt auch von *Katt* und *Katte*, die im Text beide, und zwar abwechselnd, wiederkehren. Die Familie nennt und schreibt sich jetzt von *Katte, damals* aber von *Katt*. Verschiedene später mitzuteilende Briefe führen diese letztere Unterschrift *(Katt)*.

Bezeugung, submission und Bitte als König und Vater in Gnaden anzusehen geruhen mögten.

2. So viel den Hans Hermann Katten anlanget, muß ich *denjenigen* Votis beystimmen, welche ewigen Vestungs-Arrest erkannt haben, Allermaaßen desselben sonst böser Raht und Anschläge, auch seine dem Cron-Printzen zur Flucht so offt versprochene und abgeredete Hülffe dennoch zu keinem Effect und Würcklichkeit gelanget. Aus meiner gesunden Vernunfft aber und vor mich ich nicht anders begreiffen kann, als daß auch in denen größten Verbrechen ein sonderbahrer Unterschied zwischen würklicher Vollziehung der vorgenommenen bösen That und zwischen denen dazu allererst genommenen Mesures seyn müsse, und eine Lebens Straffe zwar bey *jener*, nicht aber bey *diesen* stattfinden könne. Und da es in diesem Falle noch zu keiner würklichen Desertion gekommen, so kann ich nach meinem besten Wißen und Gewißen, auch dem theuer geleisteten Richter-Eyde gemäß, den Katten mit keiner Lebens-Straffe, sondern mit ewigem Gefängniß zu belegen mich entschließen.«

Am selbigen, spätestens an dem darauffolgenden Tage wurde das Urteil – wahrscheinlich unter Beischluß der Separatvota – dem zu Schloß Wusterhausen in finsterer Ungeduld wartenden König eingehändigt. Er war *nicht* befriedigt und sandte folgende Bemerkung zurück: »Sie sollen *Recht* sprechen und nit mit dem Flederwisch darübergehen. Das Kriegsgericht soll wieder zusammenkommen und *anders* sprechen.«

Auf der Rückseite des Blattes stand von der Hand des Königs: »5. Buch Mose, Kap. 17, Vers 8 bis 12. Zweites Buch Samuelis, Kap. 18, Vers 10 bis 12. Zweites Buch Chronika, Kap. 19, Vers 5 bis 7.« Im 5. Buch Moses heißt es an der Hauptstelle: »Und du sollst dich halten nach dem Gesetz, das sie dich lehren, und nach dem Recht, das sie dir sagen, daß du von demselben nicht abweichest, weder zur Rechten noch zur Linken.«

Aber alle diese Mahnungen zu größerer Strenge waren vergeblich. Das Kriegsgericht blieb bei seinem Spruch, und Achaz von der Schulenburg, in seiner Eigenschaft als Vorsitzender, antwortete unterm 31. Oktober: »Nachdem er nochmals reiflich erwogen und wohl überleget, finde er sich in seinem Gewissen überzeuget, daß es *dabei bleiben müsse* und solches zu ändern ohne Verletzung seines Gewissens nicht geschehen könne noch in seinem Vermögen stehe.«

Worauf nun, de dato Wusterhausen am 1. November 1730, jener königliche Machtspruch erfolgte, der den durch Kriegsgericht lediglich zu lebenslänglicher Festungshaft verurteilten Katte mit dem *Tode* bestrafte. Unter Fortlassung einiger weniger, die drei mitangeklagten Lieutenants von Keith, von Spaën und von Ingersleben* betreffenden Sätze, lautete diese berühmt gewordene »*Cabinetsordre*« wie folgt:

»Se. Königliche Majestät in Preußen, Unser allergnädigster König und Herr, haben das Denenselben eingesandte Kriegesrecht durchlesen, und sind mit demselben in allen Stücken sehr wohl zufrieden.« (Folgt die Zustimmung zu dem über die Lieutenants von Keith, von Spaën und von Ingersleben gefällten Urteile.)

»Was aber den Lieutenant *v. Katt* und dessen Verbrechen, auch die vom Kriegsrecht deshalb gefällte Sentenz anlanget, so sind S. K. M. zwar nicht gewohnt, die Kriegsrechte zu schärfen, sondern vielmehr, wo es möglich, zu mindern, dieser Katt aber ist nicht nur in meinen Diensten Offizier bey der Armee, sondern auch bey der Garde Gens D'Armes, und da bey der ganzen Armee meine Offiziers mir getreu und hold sein müssen, so muß solches um so *mehr* geschehen von den Offiziers von *solchen* Regimentern, indem bey solchen ein großer Unterschied ist, denn Sie immediatement Sr. Königl. Majestät und Dero Königlichem Hause attachirt seyn, um Schaden und Nachtheil zu verhüten, vermöge eines Eides.

Da aber dieser Katt mit der künftigen Sonne tramiret, zur Desertion mit fremden Ministern und Gesandten allemal durch einander gestecket, und er nicht davor gesetzet worden, mit dem Kronprinzen zu complottiren, au contraire es Sr. Königlichen Majestät und dem Herrn General-Feldmarschall v. Natzmer hätte angeben sollen, so wüßten S. K. M. nicht, was vor kahle Raisons das Kriegsrecht genommen, und

* Von Keith, wie schon in einer früheren Anmerkung hervorgehoben, war durch das Kriegsgericht zum Strang, von Spaën zu Kassation, von Ingersleben zu sechsmonatiger Festungshaft verurteilt worden. Da von Keith bereits flüchtig geworden war, ward er »in effigie« gehenkt.

ihm das Leben *nicht* abgesprochen hätten. S.K.M. werden auf die Art sich auf keinen Offizier noch Diener, die in Eid und Pflicht stehen, verlassen können. Denn solche Sachen, die einmal in der Welt geschehen, können öfters geschehen. Es würden aber dann alle Thäter den Prätext nehmen, wie es Katten wäre ergangen, und weil der so leicht und gut durchgekommen wäre, ihnen desgleichen geschehen müßte. S.K.M. seynd in Dero Jugend auch durch die Schule geloffen, und haben das lateinische Spruchwort gelernet: Fiat Justitia et pereat mundus! Also wollen Sie hiermit, und zwar von Rechtswegen, daß der Katte, ob er schon nach denen Rechten verdient gehabt, wegen des begangenen Crimen Laesae Majestatis mit glühenden Zangen gerissen und aufgehenket zu werden, Er dennoch nur, in Consideration seiner Familie, mit dem Schwert vom Leben zum Tode gebracht werden solle. Wenn das Kriegsrecht dem Katten die Sentence publicirt, soll ihm gesagt werden, daß es Sr. K.M. leid thäte, es wäre aber besser, daß er stürbe, als daß die Justiz aus der Welt käme.

F. Wilhelm.«

Von Kattes letzter Tag in Berlin

Katte war all die Zeit über in seinem Arrestlokal auf der Wache des Regiments Gensdarmes verblieben. Endlich, am 2. November, ward er nach dem »Neuen Markt« auf die daselbst befindliche Auditoriatsstube gebracht, wo jene fünfzehn Offiziere, die das Kriegsgericht gebildet hatten, bereits versammelt waren, um ihm durch den Vorsitzenden, Achaz von der Schulenburg, erst das ihrerseits gefällte Urteil, danach aber die verschärfte, auf Tod lautende Sentenz des Königs mitzuteilen. Katte bewahrte gute Haltung. »Ich bin«, sagte er, »völlig in die Fügungen der Vorsehung und den Willen des Königs ergeben. Ich habe keine schlechte Handlung verübt, und wenn ich sterbe, so ist es um einer guten Sache willen.«

Gleich darnach ward er vom Neuen Markt aus in sein Arrestzimmer zurückgeführt, das noch durch viele Jahre hin, bis zu seinem Abbruch, in einer seiner Fensterscheiben eine Reminiszenz an diesen seinen so berühmt gewordenen Gefangenen aufbewahrte. Es war dies ein Vers, den er während der langen Untersuchungshaft mit dem Stein seines Ringes ins Glas gekritzelt hatte. Der Vers lautete:

Mit der Zeit (geduldbeflissen)
Wird uns auch ein gut Gewissen.
Wenn du fragst, wer dies geschrieben hier,
Wird der Name Katt es sagen dir.
Hoffnung läßt Zufriedenheit nicht missen.

Darunter standen die Worte: »Derjenige, den die Neugier treiben wird, diese Schrift zu lesen, wird erfahren, daß der Schreiber auf Befehl Seiner Majestät den 16. August des Jahres 1730 in Arrest gekommen ist, nicht ohne Hoffnung, die Freiheit wiederzuerhalten, obgleich die Art, wie er bewacht wird, ihn etwas Unglückseliges ahnen läßt.«

Bald nach seiner Rückkehr bat er um Tinte und Feder. Als ihm beides gebracht war, schrieb er an den König: ein Bekenntnis seiner Schuld und zugleich ein Gnadengesuch. Der Brief lautete:

»Nicht mich zu rechtfertigen, nicht meine bisherige Aufführung zu entschuldigen noch durch viele Rechtsgründe meine Unschuld zu bezeugen, nein, sondern die wahre Reue und Leid, Ew. Königliche Majestät beleidigt zu haben, verpflichten mich in aller Untertänigkeit, mich Denenselben zu Füßen zu legen. Meiner Jugend Irrtum, Schwachheit, Unbedachtsamkeit, mein nichts Böses meinender Sinn, mein durch Liebe und Mitleid eingenommenes Herz, ein eitler Wahn der Jugend, der keine verborgene Tücke im Schilde geführt, sind es, mein König!, die demütigst um Gnade, Erbarmen, Mitleiden, Barmherzigkeit und Erhörung bitten und flehen! Gott, als der König und Herr aller Herren, läßt Gnade vor Recht ergehen und bringet durch Erbarmen und Gnade den auf irrigem Wege gehenden Sünder und Missetäter wiederum zu seiner Pflicht: Also, mein König! Sie, als ein Gott auf Erden, lassen mir doch dieselbe Gnade, als einem gegen Ew. Königliche Majestät mißhandelnden Sünder und Missetäter, zufließen. Die Hoffnung der Wiedererholung schonet noch des verdorreten Baums und erhält ihn vor der Glut des Feuers. Warum soll denn mein Baum, der schon wiederum neue Sprossen neuer Treue und Untertänigkeit zeiget, nicht Gnade vor Ew. Königlichen Majestät finden? Warum soll er sich schon in seiner Blüte neigen und nicht noch vorher Ew. Königlichen Majestät Gnade und Barmherzigkeit für unverfälschte Treue und Gehorsam erwirken? Ich habe gefehlet, mein König! ich erkenne es mit treuem Herzen, also verzeihen Sie es dem redlichen Gesteher und gewähren mir, was auch Gott dem größten Sünder nicht versaget. Manasse vermehrte ja, so gottlos er war, die Zahl seiner Fürsten; Saul konnte nicht so sehr in Ungehorsam verfallen und David nach Unrecht dürsten, als aufrichtig hernach ihre Bekehrung war. So viele Tropfen Blut in meinen Adern fließen, so viele sollen es Zeugen sein der neuen Treue und Gehorsams, die Dero Gnade und Huld würket; Gottes Gnade und Liebe lässet mich auch seiner Gnade hoffen; so verzweifle denn auch nicht, der darum flehet und bittet, als Ew. Majestät ungehorsam gewesener, nunmehr aber durch Reu und Leid zu seiner Pflicht getriebener Vasall und Untertan

Katt.«

So der Brief an den König.

Gleichzeitig schrieb er an seinen Großvater mütterlicherseits, den Generalfeldmarschall von Wartensleben. In diesem Briefe bezieht er sich auf sein eben an den König gerichtetes Gnadengesuch und schreibt wörtlich: »Ihm (Gott) ist nichts unmöglich, es sind ihm noch Mittel genug bekannt, um zu helfen; denn er kann das Herz des Königs noch regieren und lenken, daß er sich so zur Gnade wiederum kehrt, als er sich zur Schärfe bezeiget. Ist es sein Wille *nicht*, so sei er auch dafür *gelobet;* denn er kann es nicht anders als gut mit uns meinen; darum gebe mich in Geduld und erwarte, was Dero und andrer Vorsprache bei Ihro Majestät für Würkung tun werden.«

Aber alle »Vorsprache« war umsonst, das Gnadengesuch selbst blieb unbeantwortet, und am 3. November früh erschien Major von Schack von den Gensdarmes mit einem starken Kommando selbigen Regiments vor dem Wachtlokal, um den Delinquenten nach Küstrin zu schaffen, wo derselbe »vor den Augen des Kronprinzen« enthauptet werden sollte.

Von Schack war tief erschüttert. »Ich habe Befehl von Seiner

Majestät«, so wandte er sich an Katte, »bei Ihrer Hinrichtung zugegen zu sein. Zweimal habe ich mich geweigert, aber ich habe zu gehorchen; Gott weiß es, was es mich kostet. Gebe der Himmel, daß das Herz des Königs sich noch wenden und ich in letzter Stunde noch die Freude haben möchte, Ihnen Ihre Begnadigung anzukündigen.«

»Sie sind zu gütig«, antwortete Katte, »aber ich bin mit meinem Schicksal zufrieden. Ich sterbe für einen Herrn, den ich liebe, und habe den Trost, ihm durch meinen Tod den stärksten Beweis der Anhänglichkeit zu geben.«

Und danach bestieg er den Wagen, der vor dem Wachtlokale hielt, und der Zug setzte sich, durch das Landsberger Tor hin, auf Küstrin zu in Bewegung.

Von Kattes Überführung nach Küstrin

Das Kommando unter Major von Schack bestand aus dreißig Pferden, einem Rittmeister, einem Lieutenant und zwei Unteroffizieren, die den Wagen in ihre Mitte nahmen. In diesem selbst saßen außer Katte der Major von Schack, der Feldprediger Müller vom Regiment Gensdarmes und ein Unteroffizier. Als sie bis an den Wasserlauf der »Landwehr« gekommen, begann der Feldprediger ein Singen und Beten, und besonders war es das Lied: »Weg, mein Herz, mit den Gedanken«, was eines Eindrucks auf Katte nicht verfehlte. Zu guter Stunde kamen sie ins Quartier (nur Dörfer wurden gewählt), und hier sprach Katte den Wunsch aus, einen Abschiedsbrief an seinen »Herrn Vater schreiben zu dürfen, den er so sehr betrübet habe«. Dies wurde ihm bewilligt, und man ließ ihn allein, um sich zu sammeln. Aber es wollte ihm nicht gelingen, und als Major von Schack nach einiger Zeit wieder bei ihm eintrat, fand er ihn noch auf und ab gehend. Und dabei klagte er, »daß es so diffizil wäre und daß er vor Betrübnis keinen Anfang finden könne«. Von Schack sprach ihm zu, und er setzte sich nun hin und schrieb. Dieser Brief aber war folgenden Inhalts:

»In Tränen, mein Vater, möcht ich zerrinnen, wenn ich daran gedenke, daß dieses Blatt Ihnen die größte Betrübnis, so ein treues Vaterherze empfinden kann, verursachen soll; daß die gehabte Hoffnung meiner zeitlichen Wohlfahrt und

Ihres Trostes im Alter mit einmal verschwinden muß, daß Ihre angewendete Mühe und Fleiß in meiner Erziehung zu der Reife des gewünschten Glücks sogar umsonst gewesen, ja daß ich schon in der Blüte meiner Jahre mich neigen muß, ohne vorher Ihnen in der Welt die Früchte Ihrer Bemühungen und meiner erlangten Wissenschaften zeigen zu können. Wie dachte ich nicht, mich in der Welt emporzuschwingen und Ihrer gefaßten Hoffnung ein Genüge zu leisten; wie glaubte ich nicht, daß es mir an meinem zeitlichen Glück und Wohlfahrt nicht fehlen könnte; wie war ich nicht eingenommen von der Gewißheit meines großen Ansehens! Aber alles umsonst! Wie nichtig sind nicht der Menschen Gedanken: mit einmal fällt alles über einen Haufen, und wie traurig endiget sich nicht die Szene meines Lebens, und wie gar unterschieden ist mein jetziger Stand von *dem*, womit meine Gedanken schwanger gegangen; ich muß, anstatt den Weg zu Ehren und Ansehen, den Weg der Schmach und eines schändlichen Todes wandeln. Aber wie unbegreiflich, o Herr, sind deine Wege und unerforschlich deine Gerichte. Wohl recht heißet es: ›Gottes Wege sind nicht der Menschen Wege, und der Menschen Wege sind nicht Gottes Wege.‹ Würd ich nicht etwan in der Sicherheit fortgegangen, bei allem Glück und Wohlleben Gott vergessen und ihn hintenangesetzt haben? Würd ich nicht bei den guten Tagen den Weg des Fleisches, der Sünden und der Wollust dem Wege zu Gott vorgezogen haben? Ja gewiß hätte mich solches viel mehr von Gott ab- als zu ihm geführt.

Die verdammte Ambition, die einem von der Kindheit auf, ohne den rechten Begriff davon zu geben, eingeflößet wird, würde immer weitergegangen sein und zuletzt dem eitlen Verstande zugeschrieben haben, was doch einzig und allein von Gott kommt. Solchem hat der gütige und gerechte Gott wollen zuvorkommen und – da ich seiner öftern und vielfältigen Regung nicht Gehör gegeben – auf *solche* Art mich fassen müssen, daß ich mich nicht weiter ins Verderben stürzte und gar die ewige Verdammnis mir zuzöge. Darum sei er auch dafür gelobet! Fassen Sie sich demnach, mein Vater, und glauben Sie sicherlich, daß Gott mit mir im Spiel, ohne dessen Willen nichts geschehen, auch nicht einmal ein Sperling auf die Erde fallen kann! Er ist es ja, der alles regieret und leitet durch sein heiliges Wort; darum kommt auch dieses mein Verhältnis von ihm her. Ist gleich die Art des Todes bitter und herbe, so ist die Hoffnung und die Gewißheit der künftigen Seligkeit desto süßer und angenehmer! Ist es gleich mit Schimpf und Schmach verknüpfet, so ist es doch nicht im Vergleich der künftigen Herrlichkeit! Trösten Sie sich, mein Vater! Hat Ihnen doch Gott mehr Söhne gegeben, denen er vielleicht mehr Glück in dieser Welt geben wird, und Ihnen, mein Vater, die Freude in denenselben erleben lassen, die Sie vergebens an mir gehoffet. Welches ich Ihnen von Grund meiner Seele wünsche. Unterdessen danke mit kindlichem Respekt für alle mir erwiesene Vatertreue, von meiner Kindheit an bis zur jetzigen Stunde. Gott der Allerhöchste vergelte Ihnen tausendfach die mir erzeigte Liebe und ersetze Ihnen durch meine Brüder, was bei mir rückständig geblieben. Er erhalte und bewahre Sie bis in Ihr hohes und graues Alter und speise Sie mit Wohlergehen und tränke Sie mit der Gnade seines Geistes.

Ihr bis in den Tod getreuer Sohn Hans Hermann von Katt.

Nachschrift. Was soll ich aber Ihnen, liebwerteste Mama, die ich so sehr, als hätte uns das Band der Natur verbunden« (sie war seine Stiefmutter), »geliebet, und Euch, liebwerteste Geschwister, wie soll ich mein Andenken bei Euch stiften? Mein Zustand läßt nicht zu, alles, was ich auf dem Herzen habe, Euch vorzustellen; ich stehe vor der Pforte des Todes, muß also bedacht sein, mit einer gereinigten und geheiligten Seele einzugehen, kann also keine Zeit versäumen.

H. H. v. K.«

Als Katte mit diesem flüchtig und auf bloße Zettel niedergeschriebenen Briefe geendigt hatte, wollte er an eine Abschrift desselben gehen, aber der Prediger riet ihm ab: »seine Zeit wäre zu edel, und er möcht es nur lassen; sein Herr Vater sähe ja doch seine Meinung«. So begab er sich und bat den von Schack, den Brief späterhin rein abschreiben zu lassen. Danach aß er ein weniges, trank ein Glas korsikanischen Wein und nahm die geistlichen Unterredungen wieder auf, bei welcher Gelegenheit er ebenso große Fassung und Ergebung wie Kenntnis und Geistesschärfe zeigte. »Er gehe mit Freuden in den Tod«, so sagte er, »und wenn er die Wahl zu leben oder sterben hätte, so woll er das letztere wählen, denn es möchte ihm nicht immer die Zeit werden, sich so gut vorzubereiten wie jetzt.« Unter solchen Gesprächen verging der Abend. Gegen zehn Uhr bat ihn von Schack, sich niederzulegen, was er anfänglich nicht mochte. Zuletzt aber tat er es und genoß eines festen Schlafes.

Am anderen Morgen ging es weiter. Er war mitteilsam wie den Tag zuvor und sprach viel darüber, daß man ihn für einen Atheisten gehalten. Das sei er nie gewesen, ja er dürfe vielmehr versichern, daß er vor atheistischen Büchern allezeit einen wahren Abscheu gehabt habe. Andererseits könne er nicht leugnen, daß er öfters »eine Thesin maintenieret«, aber bloß, um seinen Verstand sehen zu lassen. Denn er habe gefunden, daß solches in belebten Gesellschaften »vor sehr artig passieret wäre«. Und so hätte er es mitgemacht.

Auch an diesem Tage – die jedesmalige Tagesfahrt war nur vier Meilen – kamen sie früh ins Quartier, und er erquickte sich an Kaffee, »der überhaupt sein bestes Labsal war«. Sowohl abends wie morgens.

Der dritte Tag war ein Regentag. Als er gegen Mittag Küstrin erkannte, das er immer nur bei Gelegenheit des in Sonnenburg (eine Meile östlich von Küstrin) stattfindenden Johanniter-Ritterschlages gesehen haben mochte, erinnerte er sich des Markgrafen Albrecht, damaligen Herrenmeisters, und bat von Schack, dem Markgrafen seinen untertänigsten Respekt vermelden, demselben auch danken zu wollen, daß er ihn in den Johanniterorden aufgenommen habe. Dieses sei die höchste Ehre gewesen, die ihm diese Welt erwiesen, und er wolle in schuldiger Dankbarkeit dafür bei Gott bitten, den hohen Herrn in seinen himmlischen Orden aufzunehmen.

Während dieses Gespräches waren sie bis an die große Oderbrücke gekommen; der Regen ließ nach, und die Sonne trat hervor. »Das ist mir ein gutes Zeichen«, sagte er, »hier wird meine Gnadensonne anfangen zu scheinen.«

Gleich danach hielten sie vor dem Tor und wurden von

dem Platzkommandanten von Reichmann empfangen, der den Delinquenten in eine dicht über dem Tor gelegene Stube führte.

Von hier aus trat er den anderen Morgen seinen letzten Gang an.

Der 6. November 1730

Der nächste Morgen war für die Hinrichtung bestimmt. Eine Relation des Majors von Schack, die derselbe dienstlich an den Feldmarschall von Natzmer richtete, enthält eine genaue Schilderung aller Vorgänge von dem Augenblick an, wo Katte am 5. nachmittags am Küstriner Tore eintraf. Es ist aus dieser Relation, daß ich nachstehendes entnehme.

»... Als wir um zwei Uhr«, so schreibt von Schack, »an das Tor kamen, fanden wir daselbst den Kommandanten. Er hielt uns an und ließ uns aussteigen. Danach nahm er den seligen Herrn von Katt bei der Hand und führte ihn die Treppe zum Wall hinauf, allwo über dem Tor« (es ist das Tor zwischen Bastion König und Bastion Königin; vergleiche die Festungsskizze) »eine Stube mit zwei Betten, eines für Katt und das andere für den Feldprediger, präparieret war. Der Kommandant sagte mir danach, daß wir den Herrn von Katt auch an dieser Stelle noch in Verwahrung zu halten hätten, und zeigte mir die Punkte, wo unsre Posten am besten auszusetzen wären. Gleicherzeit wies er mir die königliche Ordre, aus der ich ersah, daß die Hinrichtung am andern Morgen um sieben Uhr stattfinden und mein ganzes Kommando (aber zu Fuß) den Herrn von Katt in einen durch 150 Mann von der Küstriner Garnison zu bildenden Kreis hineinführen solle.

Als ich alles dieses erfahren, ging ich zu dem seligen Herrn von Katt, nicht ohne Wehmut und Betrübnis des Herzens, und sagte ihm, ›daß sein Ende näher sei, als er vielleicht vermute‹. Er fragte auch unerschrocken, ›wann und um welche Zeit?‹ Da ich ihm solches hinterbracht, antwortete er mir: ›Es ist mir lieb; je eher, je lieber.‹

Darauf hat ihm der Gouverneur von Lepel Essen, Wein und Bier geschickt, wovon er auch gegessen und getrunken.

Etwas später schickte der Herr Präsident von Münchow

auch Essen und ungarischen Wein, wovon er auch genossen. Dann aber nahm unser Feldprediger Müller den dasigen Garnisonprediger Besser mit zur Hülfe und blieb in beständiger Arbeit mit ihm. Von acht bis neun Uhr war ich mit den anderen Offiziers bei ihm, und wir sangen und beteten mit. Weil aber die Prediger gern mit ihm allein sein wollten, gingen wir weg. Um zehn Uhr ließ man ihm Kaffee machen, davon er nachgehends drei Tassen getrunken; meinen Kerl (Burschen) ließ ich die ganze Nacht bei ihm, ihm an die Hand zu gehen.

Um elf Uhr ging ich wieder zu ihm; ich konnte nicht schlafen; aber wenn ich noch so bekümmert und beängstet war und sah ihn nur, so richtete und munterte seine Standhaftigkeit mich wieder auf. Und ich betete und sang mit bis um ein Uhr morgens. Von zwei bis drei Uhr sah man an der Couleur des Gesichts wohl einen harten Kampf des Fleisches und Blutes. Um diese Zeit hat der Prediger ihn gebeten, sich ein wenig aufs Bette zu legen, um für sein Gemüt neue Kräfte zu erlangen, welches er auch getan und von drei bis fünf Uhr geschlafen, wo ihn das Ablösen des Postens aufgewecket. Darauf er kommunizieret. Wie das vorbei, ging ich wieder zu ihm. Da sagte er mir, sein Zeug, so er bei sich hätte, sollte mein Kerl haben, seine Bibel schenkte er dem Korporal, welcher sehr fleißig mit ihm gesungen und gebetet, insonderheit das oben benannte Lied, sooft er ohne den Prediger allein gewesen.

Wie kurz vor sieben das Kommando der Gensdarmes da war, fragte er mich: ›ob es Zeit wäre‹. Wie ich solches mit Ja beantwortet, nahm er Abschied von mir, ging hinaus, und das Kommando nahm ihn in die Mitte; der eine Prediger ging zur Rechten, der andre zur Linken und beteten und sprachen ihm immer vor. Er ging ganz frei und munter, den Hut unter dem Arm, nicht gezwungen noch affektiert, sondern ganz naturell weg.

Er war ein paar hundert Schritte längs dem Wall geführet, und waren die Zugänge des Walles militärisch besetzt, so daß wenig Menschen oben waren. Im Kreise ward ihm nochmals die Sentenz vorgelesen, ich kann aber hoch versichern, daß ich vor Betrübnis nichts gehöret habe, und wußt auch nicht drei Worte zusammenzubringen. Bei Vorlesung der Sentenz stund er ganz frei; wie solches vorbei, fragte er nach den Offiziers von den Gensdarmes, ging ihnen entgegen und nahm Abschied. Hernach ward er eingesegnet. Darauf gab er die Perruque an meinen Kerl, der ihm eine Mütze darreichte, ließ sich den Rock ausziehen und die Halsbinde aufmachen, riß sich selbst das Hemd herunter, ganz frei und munter, als wenn er sich sonsten zu einer sérieusen Affaire präparieren sollen, ging hin, kniete auf den Sand nieder, rückte sich die Mütze in die Augen und fing laut selbst an zu beten: ›Herr Jesu! dir leb ich‹ etc. Weil er aber meinem Kerl gesagt, er sollt ihm die Augen verbinden, sich aber hernach resolvieret, die Mütze in die Augen zu ziehen, so wollte der Kerl, der schrecklich konsternieret, ihm immer noch die Augen verbinden, bis von Katt ihm mit der Hand winkte und den Kopf schüttelte.

Darauf fing er nochmalen an zu beten: ›Herr Jesu!‹, welches noch nicht aus war, so flog der Kopf weg, welchen mein Kerl aufnahm und wieder an seinen Ort setzte.

Seine présence d'esprit bis auf die letzte Minute kann nicht genug admirieren. Seine Standhaftigkeit und Unerschrockenheit werde mein Tage nicht vergessen, und durch seine Zubereitung zum Tode habe vieles gelernet, so noch weniger zu vergessen wünsche.«

Außer dieser Relation des Majors von Schack liegt auch ein Bericht des Garnisonpredigers Besser vor, der, wie vorerwähnt, in Assistenz des Feldpredigers Müller, den von Katt auf seinem letzten Gange begleitete. Auf die Angaben dieser beiden »Augenzeugen« (von Schack und Besser) werden wir auch in der Folge bei Lösung schwebender Fragen in allen Hauptpunkten angewiesen sein. Alles andere steht erst in zweiter Reihe. Hier zunächst der Schluß des Besserschen Berichts im Wortlaut.

»... So trat er seinen letzten Gang zum Vater an mit solcher freimütigen Herzhaftigkeit, die jeder bewundern mußte. Seine Augen waren meistens zu Gott gerichtet, und wir erhielten sein Herz unterwegens immer himmelwärts durch Vorhaltung der Exempel solcher, die im Herrn verschieden, als des Sohnes Gottes selbst und des Sankt Stephanus wie auch des Schächers am Kreuz, bis wir uns unter solchen Reden dem hiesigen Schlosse näherten. An andern, die solchen

Gang gehen, habe ich sonst wohl Alteration und Betrübnis ihrer Sinne gemerket, wenn sie dem entsetzlichen Gerichtsplatz nahe kamen, daß ihnen auch öfters der freudige Mut entfallen ist. Ich hatte daher auch meine Obacht, ob der Wohlselige auch etwa eine verborgene Hoffnung in seinem Herzen hege wegen Linderung seines auszustehenden Urteils, wenn solche aber fehlschlagen möchte, daß ja nicht Kleinmütigkeit und schüchterne Blödigkeit entstünden. Allein Gott sei gedanket, der ihn mit seinem *Freudengeist* in seiner letzten Stunde stärkte und unsträflich behielt. *Er erblickte endlich, nach langem sehnlichen Umhersehen, seinen geliebtesten Jonathan, Ihro Königliche Hoheit den Kronprinzen, am Fenster des Schlosses,* von selbigem er mit höflichen und verbindlichen Worten in französischer Sprache Abschied nahm, mit nicht geringer Wehmut.* Er hörte ferner seine abgefaßte Todessentenz durch den Herrn Geheimrat Gerbett unerschrocken vorlesen. Da solche geendiget, nahm er vollends Abschied von denen Herren Offiziers, besonders von dem von Asseburg, von Holzendorf, und dem ganzen Kreise, empfing die letzte Absolution und die priesterliche Einsegnung mit großer Devotion, entkleidete sich selber bis aufs Hemd, entblößte sich den Hals, nahm seine Haartour vom Haupte, bedeckte sich mit einer weißen Mütze, welche er zuvor zu dem Ende bei sich gesteckt hatte, kniete nieder auf den Sandhaufen und rief: ›Herr Jesu, nimm meinen Geist auf!‹ Und als er solchergestalt seine Seele in die Hände seines Vaters befohlen, ward das erlösete Haupt mit einem glücklich geratenen Streich durch die Hand und Schwert des Scharfrichters Coblentz vom Leibe abgesondert; ein Viertel auf acht Uhr, den 6. November 1730. Dabei mir einfiel, was stehet 2. Makkabäer 7, Vers 40: ›Also ist dieser fein dahingestorben und hat seinen Trost allein auf Gott gestellt.‹ Ich nahm ferner nichts mehr wahr als einige Zuckungen des Körpers, so vom frischen Geblüt und Leben herrührten. Wenig zusammengelaufene Leute sah man außer dem Kreise, auf dem Walle und in denen Fenstern, und noch weniger von Extraktion waren zugegen, weil

* »Mon cher Katte«, rief ihm der Kronprinz zu, nachdem er ihm mit der Hand einen Kuß zugeworfen, »je vous demande mille pardons.« Worauf Katte mit Reverenz antwortete: »Point de pardon, mon prince; je meurs avec mille plaisirs pour vous.«

viele teils solches nicht geglaubet, teils nicht gewußt, teils es anzusehen Bedenken getragen.

Der Körper und Haupt ward mit einem schwarzen Tuch bedecket, bis er von denen besten und vornehmsten Bürgern dieser Stadt aufgehoben, in einen beschlagenen Sarg geleget und auf hiesigem Gottesacker in der sogenannten ›Kurzen Vorstadt‹ neben einen andern Offizier von hiesiger Garnison, so nicht lange vorher beerdigt ward, eingesenket wurde. Nachmittags um zwei Uhr.«

Dieser Gottesacker, vom »Hohen Kavalier« aus sichtbar, liegt in erheblicher Entfernung von der Stadt, jenseits der Warthe. Hier ruhte der Tote, bis der Familie zugestanden war, ihn wieder ausgraben und auf dem Rittergute Wust, in der Nähe von Jerichow, bestatten zu lassen. *Wann* dies geschah, ist nicht bestimmt ersichtlich. Der Sarg aber wurde nach dem genannten Gute (Wust) hinübergeführt und steht daselbst bis diesen Tag in der Familiengruft der Kattes.

Über diese Gruft selbst habe ich an anderer Stelle berichtet.

Wo stand Kronprinz Friedrich?

Wo fiel Kattes Haupt?

Diese Fragen, hundertfältig erhoben, sind bis in die neueste Zeit hinein keineswegs auch nur mit annähernder Sicherheit beantwortet worden. Erst Divisionsprediger Hoffbauer zu Küstrin ist in einer 1867 erschienenen Publikation diesen zwei Fragen gründlich nähergetreten, gründlicher als irgendwer vor ihm, und glaubt, auf die Frage 1: »Wo stand der Kronprinz?«, eine fast absolut richtige, auf die Frage 2 aber: »Wo fiel Kattes Haupt?«, eine wenigstens mit hoher Wahrscheinlichkeit richtige Antwort gefunden zu haben.

Wo stand der Kronprinz? An dem letzten Hochparterrefenster der Schloßfront, wenn man von Bastion König auf Bastion Brandenburg zuschreitet. Diese große »Front des Schlosses«, immer am Wasser hin, ist aber ein ziemlich kompliziertes Ding und besteht aus einer *eigentlichen* und *uneigentlichen* Front. Die eigentliche Front gehört dem corps de logis an. Und in dieser eigentlichen Front oder dem corps de logis befindet sich das historische Fenster *nicht*.

An das corps de logis lehnt sich indessen rechtwinkelig noch ein architektonisch unvermittelter Seitenflügel, dessen *Giebel* nunmehr den Eindruck macht, als gehöre er mit in die große Wall- und Wasserfront des Schlosses hinein. Dieser Eindruck würde noch entschiedener sein, wenn erwähnter Seitenflügelgiebel nicht um ein paar Schritte *zurückträte*, so daß wir, in ein paar Linien ausgedrückt, nebenstehendes Bild gewinnen.

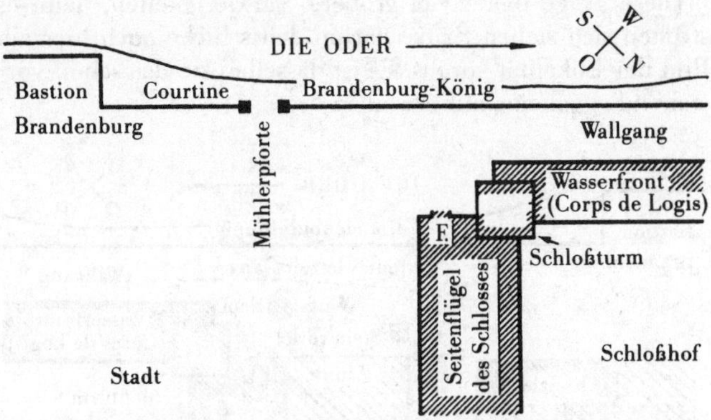

An der offengelassenen und mit einem F. (Fenster) bezeichneten Stelle dieses Seitenflügelgiebels oder, was dasselbe sagen will, dieses *uneigentlichen* Teiles der gesamten Schloßfront stand der Kronprinz.

Dafür, daß es gerade *dieses* Zimmer und kein anderes war, sprechen – neben der in Küstrin lebendig gebliebenen Tradition – einerseits die Angaben des Generals von Münchow (*Sohnes* des vorgenannten Kammerpräsidenten), der als etwa siebenjähriger Knabe jene Schreckenstage miterlebte, andererseits, wenn auch nur mittelbar, die Worte des Prediger Besserschen Berichtes: »Er erblickte *endlich*, nach *langem sehnlichen Umhersehen*, seinen geliebtesten Jonathan am Fenster des Schlosses.« Hieraus ergibt sich mit einiger Gewißheit, daß er an einem der *letzten* Fenster gestanden haben muß. Es war aber das allerletzte.

Das Zimmer selbst wurde später in eine Kasernenstube, noch später, unter Hinzulegung eines Nachbarraumes, in den Offizierspeisesaal der Küstriner Garnison verwandelt.

Jetzt ist ist es Casinosaal. Eine Inschrift fehlt ihm noch. Dafür aber ist als historisches Erinnerungsstück ein aus der Neudammschen Mühle stammender Lehnstuhl aufgestellt worden, derselbe, auf dem König Friedrich, achtundzwanzig Jahre später, die Nacht vor der Schlacht bei Zorndorf zubrachte.

Wo fiel Kattes Haupt?

Diese Frage bietet viel größere Schwierigkeiten, denn es streiten sich sieben Plätze darum. Ich schicke auch hier ein Bild der Lokalität voraus. Es ist dasselbe wie das schon vorstehend gegebene, nur erweitert.

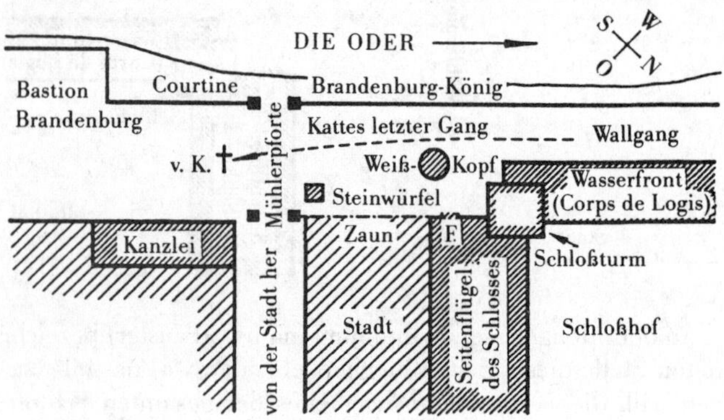

Weißkopf: Etwas über mannshoher Unterbau eines ehemaligen Rundturmes. *Auf* demselben jetzt ein Pavillon. – *Steinwürfel:* Nicht mehr vorhanden. Befand sich unmittelbar *rechts* neben einer von der Stadt beziehungsweise von der »Mühlenpforte« her auf den Wall hinaufführenden Treppe. – *Mühlenpforte:* Läuft noch jetzt *unter* dem Wallgang hin und von der Stadt auf den Fluß zu. Ein gewölbtes Tor. Ein Tunnel. Hat Bedeutung für die Ortsbestimmung. – *Kanzlei:* Hart am Wall gelegenes Haus, aber noch innerhalb der Stadt. Seine oberen Stockwerke ermöglichten »von denen Fenstern« aus, von denen der Bessersche Bericht spricht, einen bequemen Blick auf den Wall. Jetzt stehen da, wo 1730 die *»Kanzlei«* stand, das »Blockhaus«: (Gefängnis) und das Salzmagazin. – *F.*: Fenster, wo der Kronprinz stand. – † *v. K.*: Stelle, wo (nach Hoffbauer) Kattes Haupt fiel.

Nach dieser Lokalbeschreibung lasse ich nunmehr die *sieben* rivalisierenden Plätze beziehungsweise Hypothesen folgen:

1. Die Hinrichtung fand statt an der *Stelle*, wo jetzt der »Weißkopf« steht.

2. Die Hinrichtung fand *auf* dem »Weißkopf« statt, und zwar auf dem zum Schafott hergerichteten Turmunterbau, der damals (1730) noch keinen Pavillon trug.

3. Die Hinrichtung fand statt auf dem schmalen Raume, der *zwischen* dem »Weißkopf« und dem »historischen Fenster« liegt.

4. Die Hinrichtung fand statt auf einem »innerhalb des Festungs- oder Schloßhofes errichteten schwarzen Schafott«. So schreiben Pöllnitz und die Markgräfin.

5. Die Hinrichtung fand statt auf dem Hof von *Bastion Brandenburg*.

6. Die Hinrichtung fand statt (von der *Stadt* aus gerechnet) *rechts* neben der Treppe, die von der Mühlenpforte aus auf den Wallgang hinaufführt. Also da, wo früher der *Steinwürfel* stand.

7. Die Hinrichtung fand statt *links* neben der ebengenannten Treppe, unmittelbar – wieder von der Stadt aus gerechnet – hinter der »Kanzlei«, an der mit † v. K. bezeichneten Stelle.

Die vier ersten Ansprüche sind leicht zu beseitigen.

Ad 1. Von einer bloßen Weißkopf-*Stelle* zu sprechen ist untunlich. Der Weißkopf stand dort schon 150 Jahre, als die Hinrichtung stattfand.

Ad 2. Von einem Schafott *auf* dem Weißkopf kann ebensowenig die Rede sein, denn von Schack erzählt: »Er kniete auf einen *Sandhaufen* nieder.« Also nichts von Schafott.

Ad 3. Der Raum zwischen »Weißkopf« und »historischem Fenster« hat nur ungefähr sechs Schritt im Durchmesser und bot keinen Raum zur Aufstellung von 200 Menschen. Auch hätte der Prinz den Hergang nicht *vor* dem Auge gehabt, sondern auf diesen Hergang von oben her hinuntersehen müssen, wie in einen Topf hinein.

Ad 4. »Schloßhof« und »mit schwarzem Tuch ausgeschlagenes Schafott« ist ganz unstichhaltig und konnte nur von Personen aufgestellt werden, die, wie Pöllnitz und die Markgräfin, die Lokalität nie gesehen hatten.

Ad 5. und 6. räumt Prediger Hoffbauer ein, daß beide Hypothesen etwas für sich haben, ist aber nichtsdestoweniger der Ansicht, daß nur seiner

Ad 7. angegebenen Stelle († v. K.) alle gleichzeitigen Angaben, will sagen die Angaben Major von Schacks, Prediger Bessers, General von Münchows und Konrektor Georg Thiemes, unterstützend zur Seite stehen. Und zwar ist diese unter 7. näher bezeichnete Stelle:

erstens von dem »historischen Fenster« aus sichtbar; bietet

zweitens Raum genug zur Kreisaufstellung von 200 Mann; liegt

drittens ungefähr dreißig bis fünfzig Schritt, wie von Münchow schreibt, hinter dem »historischen Fenster«; und liegt

viertens, wie die handschriftlichen Aufsätze Georg Thiemes angeben, unmittelbar »hinter der Kanzlei«.

Niemand, der sich mit dieser Frage längere Zeit beschäftigt und gleichzeitig, was ganz unerläßlich, in Küstrin selbst Kenntnis von der Lokalität genommen hat, wird der Hoffbauerschen Beweisführung Gründlichkeit und Berücksichtigung aller in Betracht kommenden Punkte absprechen können. Dennoch bin ich persönlich geneigt, mich mehr für Annahme 5, will sagen für »Bastion Brandenburg«, zu erklären. Allerdings beträgt die Entfernung bis dahin nicht dreißig oder fünfzig, sondern achtzig Schritt, aber auch »Bastion Brandenburg« liegt noch »hinter der Kanzlei«, und jedenfalls war nur *hier* Raum und Gelegenheit zu *bequemer* Aufstellung von 200 Mann gegeben. Dies ist nicht unwichtig, denn der von Hoffbauer bevorzugte Platz 7 ist noch immer *sehr* eng und zu solcher Aufstellung nur gerade notdürftig ausreichend.

Unter allen Umständen bleibt die Wahl nur zwischen 5, 6 und 7 oder irgendeinem anderen zwischen dem Kreuz († v. K.) und »Bastion Brandenburg gelegenen Punkt.

Und so darf man denn, wie eingangs bemerkt, auch diese Frage als wenigstens annähernd entschieden ansehen.

Absolute Sicherheit wird freilich auch dann nicht gewonnen werden, wenn das Staatsarchiv die den Katte-Prozeß behandelnden Aktenstücke jemals zu freier und *ganzer* Verfügung stellen sollte. Denn Lokalfragen pflegen in amtlichen Verhandlungen, wenn nicht die Lokalität selbst den Gegenstand des Prozesses bildet, immer als etwas Nebensächliches angesehen zu werden.

Biographisches über Hans Hermann von Katte

Hans Hermann von Katte wurde den 21. Februar 1704 zu Berlin geboren. Diese Zahlen sind zuverlässig. Auf dem Familiengute Wust findet sich folgende, bald nach der Geburt Hans Hermann von Kattes in das dortige Kirchenbuch eingetragene Notiz: »Anno 1704 den 21. Februar ist des Herrn Obristwachtmeisters (von Katte) Söhnlein zu Berlin geboren und den 22. getauft und mit Namen Hans Hermann benennet worden. Dessen Paten waren der hochgräfliche Herr Feldmarschall von Wartensleben und dessen Frau und Sohn.«

Über die Jugend Hans Hermanns ist nur weniges und nur ganz Allgemeines bekannt geworden. Daß er seine Schulzeit in Königsberg – allwo sein Vater bald nach Abschluß des Spanischen Erbfolgekrieges ein höheres Kommando antrat – zugebracht haben muß, dafür spricht folgende Stelle eines weiterhin im Wortlaute mitzuteilenden Briefes: »Sein Portrait«, so schreibt der Vater im Dezember 1730, »haben hier in Königsberg zwei Leute, eines davon der Maler, *wo er zeichnen lernte.*« – Welcher Art im übrigen sein Unterricht war, kann nur gemutmaßt werden. Er war sehr begabt, weshalb ihn denn auch der Vater für den Zivildienst, und zwar für die Justizcarrière, bestimmte. Reisen unterstützten früh seine wissenschaftlichen Studien. Der König sah aber den Eintritt in den Zivildienst nicht allzu gern, und da seine Gnade nur für *diejenigen* zu hoffen war, die *Militärs* wurden, so kam Hans Hermann von Katte schließlich zur Armee. *Wann* dies war und ob er gleich anfangs bei den »Gensdarmes« oder vielleicht erst in ein Königsberger beziehungsweise ostpreußisches Kavallerieregiment eintrat, alle diese Dinge sind in Dunkel gehüllt und werden es mutmaßlich bleiben. Als er 1729, damals fünfundzwanzig Jahr alt, zuerst genannt wird, scheint er bereits geraume Zeit hindurch der Berliner Garnison angehört zu haben.

Von seiner äußeren Erscheinung, wie zugleich von seinem Charakter, gibt Pöllnitz folgendes Bild: »Er war klein und sonnenverbrannt und hatte von den Blattern außerordentlich gelitten. Dazu dicht zusammengewachsene Augenbrauen, was ihm ein finsteres Ansehen gab. Er besaß Geist, aber wenig Urteil und war ehrgeizig und dünkelhaft. Die Gunst des Kronprinzen verrückte ihm vollends den Kopf, und er betrug sich dabei wie ein indiskreter Liebhaber in Ansehung seiner Geliebten. Überall zeigte er die Briefe des Prinzen vor, erhob ihn bis in die Wolken und tadelte dagegen jegliches, was der König tat. Seine Sitten waren nicht regelmäßiger als sein Verstand; er debauchierte und brüstete sich, gar keine Religion zu haben. Vielleicht, daß ihn reifere Jahre geändert hätten. Um diese Zeit aber (1730) war er so, wie die vorstehende Schilderung ihn gibt. *Er* war es hauptsächlich, der die Unzufriedenheit des Prinzen nährte, denn er ward von demselben in allen Stücken zu Rate gezogen. Nichts geschah, ohne daß Katte befragt worden wäre, und dabei war er klug genug, dem Prinzen immer nur das anzuraten, was dieser wünschte. Es wäre für beide gut gewesen, wenn sie einander nie kennengelernt hätten.«

Mit dieser Schilderung stimmt überein, was die Prinzessin Wilhelmine (Markgräfin) von ihm schreibt: »Sein Gesicht war mehr abstoßend als einnehmend; ein Paar schwarze Augenbrauen hingen ihm fast über die Augen. Sein Blick hatte etwas Unheimliches, etwas, was ihm sein Schicksal prophezeite. Eine dunkle, von den Blattern bezeichnete Hautfarbe vermehrte seine Häßlichkeit. Er spielte den esprit fort und trieb die Liederlichkeit bis zum Exzeß. Viel Ehrgeiz und Keckheit begleiteten dieses Laster. Zugleich aber«, so fährt sie fort, »besaß er Geist, Belesenheit und Welt. Die gute Gesellschaft, in der er sich ausschließlich bewegte – so namentlich auch im Hause des französischen Gesandten Grafen Rothenburg –, hatte seine Sitten gebildet, was damals in Berlin sehr selten war.«

Wann die Prinzessin ihn kennenlernte, ist nicht bestimmt

ersichtlich, wahrscheinlich im Herbst 1729, als der König von einer nach Lübbenau hin unternommenen Reise zurückkehrte. Vom Mai 1730 an sahen sie sich jedenfalls häufig. Er überbrachte schriftliche und mündliche Botschaften hüben und drüben und nahm an den Aufführungen und literarisch-musikalischen Abenden teil, die, wenn der König in Potsdam oder Wusterhausen war, im königlichen Schloß oder in Schloß Monbijou stattzufinden pflegten. Einmal wurden sie überrascht. »Katte ergriff Flöte und Noten und sprang mit Quantz beiseit, um sich zu verstecken.«

Daß er der Prinzessin jemals mehr gewesen wäre als der Freund und Vertraute ihres Bruders, ist aus *nichts* ersichtlich; ihre eigenen Schilderungen sprechen dagegen. Katte seinerseits scheint sich freilich in jener grenzenlosen Eitelkeit, die sein hervorstechendster Charakterzug war, vor aller Welt das Ansehen gegeben zu haben, als ob ihr Verhältnis ein intimes gewesen sei. Die Prinzessin erfuhr davon, und vertraut mit der Tatsache, daß der Berliner Hof damals so recht eigentlich ein Klatschhof war, verhielt sie sich ablehnend gegen ihn und seine Huldigungen. Es handelte sich dabei ganz besonders um ein Medaillon- oder Dosenportrait, das er von ihr besaß, trug und zeigte. Sie verwies es ihm und wollte es zurückhaben. Aber er weigerte sich dessen. Der Charakter Kattes tritt einem in diesem eigentümlichen Verhalten am frappantesten entgegen. »Eines Tages«, so schreibt die Markgräfin, »benachrichtigte mich die Bülow, daß Katte, anderer Unbesonnenheiten zu geschweigen, auch mit einer Dose prunke, in der sich das Portrait des Kronprinzen und das meine befände. In der Tat war durch dies und ähnliches in seinem Benehmen unsere Verlegenheit auf den höchsten Grad gestiegen, weshalb ich es für notwendig hielt, der Königin Mitteilung davon zu machen. Diese zeigte sich denn auch sehr aufgebracht und gab meiner Gouvernante, dem Fräulein von Sonsfeld, Befehl, bei dem Herrn von Katte mein Portrait in aller Verbindlichkeit zurückzufordern. Und die Sonsfeld unterzog sich diesem Auftrage noch am selben Abend. Katte entschuldigte sich, so gut er konnte, aber wie viele Vorstellungen ihm meine Gouvernante auch machen mochte, das Portrait selber wollte er ihr nicht einhändigen, versicherte sie vielmehr seiner Diskretion für die Zukunft und bat sie, die Königin zu beruhigen. Dies geschah auch. Indessen, die abschlägige Erklärung verstimmte uns doch so, daß wir längere Zeit nicht mit ihm sprachen.

Aber«, so fährt die Prinzessin fort, »dies währte nicht lange. Am 11. August hatten wir Konzert in Monbijou. Auch Katte, der nie fehlte, war zugegen. Als ich in ein Nebenzimmer ging, folgte er mir dorthin und beschwor mich um meines Bruders willen, ihm einen Augenblick Gehör zu schenken. Und so hatten wir denn wieder ein längeres Gespräch.

›Ich bin in Verzweiflung‹, sagte er, ›über Eurer Königlichen Hoheit Ungnade. Man hat Ihnen falsche Nachrichten über mich gebracht. Man beschuldigt mich, den Kronprinzen in seinen Fluchtplänen zu bestärken. Umgekehrt, ich hab es ihm abgeschlagen, ihm zu folgen. Und ich stehe Ew. Königlichen Hoheit *mit meinem Kopf dafür*, daß er diesen Schritt nicht ohne mich unternehmen wird.‹

›Ich sehe Ihren Kopf schon zwischen Ihren Schultern wackeln‹, replizierte ich. ›Und wenn Sie nicht bald Ihr Benehmen ändern, so werd ich ihn leicht vor Ihren Füßen sehen.‹ Er wollte antworten, aber ich fuhr fort: ›Ich leugne Ihnen nicht, daß wir, die Königin und ich, sehr unzufrieden mit Ihnen sind, weil Sie die Pläne meines Bruders ausschwatzen; vor allem aber ziemt es sich nicht für Sie, mein Portrait zu besitzen und damit zu prunken. Die Königin hat es Ihnen abfordern lassen, und Sie hätten die Pflicht gehabt, ihr zu gehorchen und es uns wieder zuzustellen.‹

Er wußte sich jedoch geschickt herauszureden und versicherte nur immer wieder, daß er das Portrait lediglich als eine Probe seiner Arbeit gezeigt habe, es auch härter als den Tod empfinden würde, wenn er sich davon trennen müsse.

›Sie spielen ein großes Spiel‹, schloß ich, ›und ich fürchte sehr, daß ich in allem, was ich Ihnen gesagt habe, nur ein allzu guter Prophet gewesen bin.‹

›Wenn ich den Kopf verliere‹, antwortete er, ›so geschieht es um einer schönen Sache willen. Aber der Prinz wird mich *nicht* im Stiche lassen.‹

Nach dieser Unterredung« – so schließt die Prinzessin – »trennten wir uns. Es war das letzte Mal, daß ich ihn sah, und ich glaubte damals nicht, daß sich meine Voraussagungen so *bald* erfüllen würden.«

Dies Zwiegespräch fand am 11. August statt. Am 16. ward er verhaftet. Was danach folgte, ist in den voraufgegangenen Abschnitten dieses Kapitels erzählt worden.

Es erübrigt nur noch die Frage: Welche Dinge sind vorhanden, die den Namen Kattes in der einen oder anderen Weise bis diesen Tag festhalten: Baulichkeiten, Hausgerät, Bilder.

Briefe (wenn nicht das Staatsarchiv einiges davon bei den Akten hat) scheinen originaliter nicht mehr zu existieren; das »Wachtlokal« in der Kaserne des Regiments Gensdarmes ist, wie die Kaserne selbst, längst vom Schauplatz verschwunden, und das Küstriner Torhäuschen, in dem er die Nacht vor seinem Tode zubrachte, wurde neuerdings bei Wegräumung des Tores mit niedergerissen. Auf Schloß Retzin dagegen befindet sich noch eine silberne, das Kattesche Wappen tragende Zuckerdose, die der Gefangene mit in sein Gefängnis genommen haben soll, und drei Bilder sind noch vorhanden – an übrigens sehr verschiedenen Stellen –, die den Anspruch erheben, Bildnisse Hans Hermann von Kattes zu sein.

Das *erste* Katte-Portrait ist königliches Eigentum und befindet sich zu Schloß Charlottenburg in dem, soviel ich weiß, bis diesen Augenblick unberührt erhaltenen Arbeitscabinette König Friedrich Wilhelms des Vierten. Es hing, als ich es vor einer Reihe von Jahren zum ersten Male sah, über der Eingangstür.

Das *zweite* Katte-Portrait ist im Besitz von Gustav zu Putlitz auf Schloß Retzin in der Prignitz. Er schreibt darüber folgendes: »Kattes Halbschwester war meine Urgroßmutter, und aus der Nachlassenschaft einer Tochter derselben (meiner Großtante) kam dieses Bildnis in unser Haus. Ich entsinne mich deutlich noch des Tages, als es mit vielem anderen uralten Hausgerät ausgepackt wurde. Es machte einen großen Eindruck auf mich, trotzdem ich noch ein Kind war, denn ich kannte die Geschichte Kattes, die mir von der alten Tante als eine Familientradition oft erzählt worden war. Das einsame, abgeschlossene und meist ereignislose Leben jener Zeit erhielt die Familiengeschichten durch Generationen hin lebendig und gab ihnen besondere Wichtigkeit.«

Das *dritte* Katte-Portrait befindet sich inmitten anderer Familienportraits aus jener Zeit in dem großen Empfangssaale des Herrenhauses zu Wust.

Sind diese Bildnisse zuverlässig? Keines stimmt mit der charakteristischen Personalbeschreibung, die sowohl Pöllnitz wie die Markgräfin von von Katte gegeben haben. »Häßlich, blatternarbig, mit breiten, buschigen Augenbrauen« und infolge davon »finster, melancholisch, unheimlich«. Vergleichen wir damit die Portraits, so zeigen uns dieselben einen eher hübschen als häßlichen, eher fröhlichen als finsteren, eher anheimelnden als unheimlichen jungen Mann. Wenn wir, trotz der daraus entstehenden Zweifel, auf diese Bilder hingewiesen haben, so geschah es, um an einem glänzenden Beispiele zu zeigen, wie viel oder wenig es mit derartigen Echtheitsversicherungen* auf sich zu haben pflegt.

Der Strom der Tradition, solang er *ununterbrochen* fließt, kann unter Umständen ebenso wertvoll, ja wertvoller sein als das verbürgteste Aktenstück. Aber nichts ist seltener als solche Kontinuität der Überlieferung. Und nur *einen* Tag unterbrochen, bemächtigten sich Willkür und Einbildungskraft des Gegenstandes, und das Chaos der Meinungen beginnt.

Der König und die Kattes

Der König hatte für den Sohn nur die Strenge des Gesetzes gehabt; anders für den Vater. Das Füllhorn seiner Gnade war über ihm. Er wußte wohl, was er dem Herzen und Namen desselben an Schmerz und Kränkung angetan hatte, und alle seine Bemühungen – Bemühungen, die sich zeitweilig in die Form von Zartheiten kleideten – gingen zehn Jahre lang unausgesetzt dahin, das Geschehene vergessen zu machen oder wenigstens nach Kräften auszugleichen. Freilich nur mit halbem Erfolg. Der alte Katte nahm alle diese Gnadenbezeugungen hin und dankte dafür und küßte seines gnädigen Königs Hand; aber die Freude des Daseins war aus seinem Leben gewichen, und eine Reihe von Briefen, die

* König Friedrich Wilhelm IV. soll das Charlottenburger Katte-Bild, als er es erwarb, für echt, später aber für unecht gehalten haben. Geheimer Hofrat Bußler in Berlin, dem alle diese Dinge unterstehen, hält es für unecht. Schon um der Uniform willen, die er etwas später setzt.

durchzusehen mir gestattet war, gibt in rührender Weise Zeugnis davon.

Aus der Reihe dieser Briefe will ich in nachstehendem *zwei* mitteilen, die, noch unter dem ersten Eindruck geschrieben, seitens des Generallieutenants an seinen Bruder, den Kammerpräsidenten von Katte zu Magdeburg, gerichtet wurden. Der erste dieser Briefe an die *Gemahlin* des Kammerpräsidenten lautet:

»Hochwohlgeborne Frau, sehr werteste Frau Schwester! Die betrübten Umstände, darin ich nach Gottes heiligem, unbegreiflichem Willen gesetzet worden bin, sind wohl mit keiner Feder zu beschreiben, und wenn ich nicht auf Gott sähe, so müßte ich vergehen.

Meine liebe Frau Schwester, considerieren Sie mein Elend. Ist es möglich, es auszustehen! Anfänglich wußte ich nicht, wo ich war. Keine Träne ist aus meinen Augen gekommen … Bei meiner Frau war Doktor, Priester und Feldscher. Bedenken Sie das Elend in meinem Hause. Wäre nicht die Herzogin und Prinzessin gekommen, meine Frau wäre uns unter den Händen geblieben. Gott vergelte es ihnen.

Ich möchte vor Trauer vergehen, wenn ich an meinen Sohn gedenke. Mein Sohn hat es vergeben; ich muß es auch tun. Man hat dem Könige die Sache *größer* gemacht; ihr Ende ist noch nicht da. Mein Sohn stehet vor dem gerechten Richter, und tröstet mich sein schönes Ende. Aber morgens und abends quälet mich sein Tod. *Des Königs gnädige Briefe können ihn mir nicht wiedergeben.*

Mein Sohn hat dem Major von Schack (der mit kommandiert gewesen) in seine Schreibtafel seinen Letzten Willen diktieret. Unter anderem soll der Kriegsrat Katt seine güldene Tabatière und einen Schimmel mit dem roten Sattel haben … Ich will soviel als möglich in allem seinen Letzten Willen erfüllen. Es ist seine letzte Bitte gewesen: ich wolle doch ja seine Schulden bezahlen, *damit niemand über ihn seufze.* Da dies nun aus einer noblen Seele kommt, werde ich nach Möglichkeit alles tun.

Meine liebe Frau Schwester, haben Sie doch Mitleid mit mir. Ich möchte vergehen, wenn ich an meinen Sohn gedenke. Gott hat mir gar zu schweres Kreuz auferlegt. Mein Gott, wie ist mir zumute. Der arme Wurm hat kaum vier Tage

Zeit gehabt, sich zu präparieren; aber der barmherzige Gott hat Wunder an ihm erwiesen. Der sei gepreiset! Aber welche harte Wege führt mich mein Gott. Engels-Frau Schwester, grüßen Sie meinen Bruder und schicken Sie mir cito die Namen aller derer, so man es notifizieren muß. Ich kenne unsere Freundschaft nicht … Ich bin, meine Engels-Frau Schwester, anitzo in Tränen Ihr getreuer Diener H. H. Katt. Königsberg, 23. November 1730. *Nachschrift:* Lassen Sie sich doch von Herrn von Platen den Abschiedsbrief zeigen, den das arme Wurm unterwegs im Wirtshause auf Zettelpapier geschrieben hat.«

Der Brief, von dem der alte Generallieutenant hier spricht, ist der, den Katte am 3. November auf seiner Fahrt nach Küstrin im ersten Nachtquartier niederschrieb und den ich an betreffender Stelle mitgeteilt habe. Dem hier Vorstehenden nach scheint es fast, daß der Vater am 23. November das Abschiedsschreiben noch nicht in Händen hatte, wohl aber durch andere briefliche Mitteilungen aus Berlin von seiner Existenz unterrichtet war.

Der *zweite* Brief – wie der erste mit Trauerrand – ist vier Wochen später an den Kammerpräsidenten selbst gerichtet.

»Hochwohlgeborener Herr, wertester Herr Bruder! Ich bin Euch unendlich obligieret für Euer herzlich bezeigtes Mitleiden. Ja, mein lieber Bruder, Trost ist mir bei diesen betrübten Umständen höchst nötig; und obwohl der barmherzige Gott mir viel Gnade getan und bei meinem schweren Kreuz so viel Tröstliches gegeben hat, so will doch die natürliche Liebe sich noch nicht brechen, *kann* sich auch so bald nicht geben!

Ich weiß nicht, wie Gott mir alles solchergestalt zuführet, daß es mir zum Trost und Soulagement dienen muß.

1. Mein lieber Bruder, ist es nicht tröstlich, dieses schöne und exempelwürdige Ende?

2. Ist es nicht tröstlich, daß die Exekution in Küstrin hat geschehen müssen, um allen Leuten begreiflich zu machen, *warum* er ein Sacrifice?!

3. Ebenso, daß das Kriegsgericht ihm *nicht* das Leben abgesprochen, sondern des Königs Machtspruch.

4. Daß mein Sohn so généralement von aller Welt beklaget und bedauert wird. (Es ist étonnant, was man hier für ihn tut.

Die Menschen sprechen nur von ihm. Sein Portrait haben hier zwei Leute, eines davon der Maler, wo er zeichnen lernte. Dies Bildnis wird oft abgeholet, um kopiert zu werden. Der Maler hat noch einige Studienblätter, auf denen der Name meines Sohnes steht. Sie kaufen alles weg und zahlen, was er haben will. In den größten Häusern wird er bedauert, als ob ihnen ein Verwandter gestorben wäre.)

Der Kronprinz soll so wehmütig Abschied von ihm genommen haben.

Endlich schreibt mir der König so viel gnädige Briefe und bittet mich recht, *mich zufriedenzugeben.* Aber, mein lieber Bruder, hart ist es für einen Vater, sein Kind auf solche Art zu verlieren. Der König hat mir eine Information aus den Akten schicken lassen. Anfänglich habe ich sie nicht lesen wollen, aber nun möchte ich um nichts in der Welt, daß ich diese Information *nicht* hätte. Mein Herz möchte manchen Morgen vor Tränen vergehen, wenn ich an meinen lieben Sohn gedenke. Manche Zeit geht es, aber dann kommt wieder ein Stoß, so daß ich mich nicht fassen kann. Und doch, mein lieber Bruder, lasset uns den barmherzigen Gott und seine Zornrute in Demut küssen... Gott wird uns nicht verlassen. Was wir nicht erleben, wird er unsere Kinder genießen lassen. Mein Sohn hat mich einige Stunden vor seinem Ableben gebeten, unseren Albrecht nach Halle zu schicken und im Pädagogio in Gottesfurcht erziehen zu lassen. Er hätte Freylinghausens ›Theologia‹ viermal durchgehöret; die täte ihm an seinem Ende wohl. Ich möchte mich nicht so sehr betrüben über seinen Abschied. Er versicherte mir, daß er gewiß selig werde, und hat dem Prediger zum Zeugnis seines Glaubens die Hand gegeben. Nun, mein lieber Bruder, lebet wohl ... Ich bin Euer getreuer Diener H. H. Katt. Königsberg, den 19. Dezember 1730. *Nachschrift:* Schreibet mir doch, ob Ihr meines Sohnes Brief an den König, an den Feldmarschall (von Wartensleben) und an mich habet. Auch die königliche Reprimande an das Kriegsgericht und seine eigene Sentenz.«

Das Recht und das Schwert

Die Hinrichtung Kattes, abgesehen von ihrer geschichtlichen Bedeutung, ist auch in ihrer Eigenschaft als *Rechtsfall* immer als eine cause célèbre betrachtet worden. War es Gesetz oder Willkür? War es Gerechtigkeit oder Grausamkeit? So steht die Frage. Unsere Zeit, einerseits in Verweichlichung, andererseits in Oberflächlichkeit, die nicht tief genug in den Fall eindringt, hat in dem Geschehenen einen *Fleck auf* dem blanken Schilde der Hohenzollern erkennen wollen. Ich meinerseits erkenne darin einen *Schmuck*, einen Edelstein. Daß es ein Blutkarneol ist, ändert nichts.

Entscheidend für die Beurteilung des Katte-Falles erscheint mir in erster Reihe die Frage: »Wie hat sich die *damalige* Zeit dazu gestellt?«

Lesen wir die zeitgenössischen Berichte, so kommt uns freilich der Eindruck, daß ein Zittern durch die halbe Welt gegangen sei. Sind wir aber aus dem »Sensationellen« der Erzählung erst heraus, beginnen wir zu sichten und zu sondern, so werden wir sehr bald gewahr, daß die tiefgehende, ganz unzweifelhaft vorhandene Bewegung der Gemüter nicht dem Katte-Fall, sondern dem begleitenden *Kronprinzen*-Falle gilt und daß man in solch ungeheurer Aufregung war nicht um des Geschehenen, sondern um des *vielleicht noch zu Geschehenden willen.* Wird das Schwert, das den Lieutenant von Katte traf, auch den Kronprinzen treffen? Das war es, was alle Schichten der Gesellschaft in Schrecken setzte. Von dem Augenblick an, wo *diese* Furcht aus den Gemütern gewichen war, war der Schrecken überhaupt dahin, und nur dem Umstande, daß die Schicksale Kattes und des Kronprinzen viele Wochen lang Hand in Hand gingen und fast identisch erschienen, nur diesem Umstande ist es zuzuschreiben, daß die Vorstellung: die Hinrichtung sei als etwas Außerordentliches oder gar Unerhörtes angesehen worden, jemals hat Platz greifen können.

Es liegt vielmehr umgekehrt, und weder in den Pöllnitzschen Memoiren noch in denen der Markgräfin findet sich, bei schärferer Prüfung, auch nur ein einziges dahin lautendes Wort. Es findet sich nicht und *kann* sich nicht finden: denn

Hof, Adel, Armee* fanden eben alles, was geschah, zwar streng, *sehr* streng vielleicht, aber schließlich doch nur in der Ordnung. Jedenfalls statthaft, zulässig. Ja, die Familie selbst, so tief erschüttert sie war (vergleiche die zwei vorstehenden Briefe), so bestimmt sie Begnadigung erwartet haben mochte, scheint den auf Tod lautenden Machtspruch des Königs in seinem *Rechte* keinen Augenblick angezweifelt zu haben.

Es ist nötig, so sagte ich, den Fall aus der *damaligen* Zeit heraus zu beurteilen, aber er besteht auch vor dem Urteil der unserigen, vorausgesetzt, daß unsere Zeit sich Zeit nimmt, auf die Spezialien des Falles einzugehen. Denn die Wandlung der Gesamtanschauungsweise, die die Welt seit 150 Jahren erfahren hat, ist doch nicht so groß und stark, als manche glauben möchten, und wenn nicht alle Zeichen trügen, so stehen wir eben jetzt wieder auf dem Punkt, uns einer zurückliegenden und schon überwunden geglaubten Strenge mehr *zu nähern als* immer weiter von ihr zu entfernen. Und ich setze hinzu: »Gott sei Dank«, ohne damit die Segnungen, die wir einer anderthalbhundertjährigen freiheitlichen Entwickelung verdanken, anzweifeln oder verkennen zu wollen.

Und so denn noch einmal: auch von *unserem* Standpunkt aus angesehen, war Katte nicht das Opfer einer Willkür oder Laune, sondern einer schweren selbsteigenen Schuld, indem er unter chevaleresken und in gewissem Sinne selbst unter loyalen Allüren (denn er diente seinem *künftigen* Herrn) in naiv-frivoler Weise durch alle Stadien des Hoch- und Landesverrates ging. Er war, um seines Kriegs- und Landesherrn

* Wie die Armee über den Fall dachte, darüber geben die »*Kriegsgerichtsprotokolle*«, über die ich weiter oben ausführlich gesprochen, den besten Aufschluß. Das »Kriegsgericht« als *Ganzes* entschied in seiner Schlußsitzung am 28. Oktober allerdings für lebenslängliche Festungsstrafe. Liest man aber die einzelnen Protokolle, will sagen die Separatvota der fünf Ranggruppen durch, so ergibt sich, daß eine Majorität von *neun* Stimmen (die Majore, die Oberstlieutenants und die Obersten) für *Tod* und eine Minorität von *sieben* Stimmen (die Capitaine und die Generalmajore, dazu der Vorsitzende selbst) für lebenslängliche Festung stimmten, Der König, als er das Urteil schärfte, stieß also nur das *Schlußurteil* um, das unter dem hohen moralischen Ansehen der mildesten und vornehmsten: Achaz von der Schulenburg, General Graf Schwerin und General Graf Dönhoff, sich gebildet hatte, und griff auf die vorher dagewesene Majorität der Einzelstimmen zurück.

eigene Worte zu zitieren, »dazu da, seinem Königе getreu und hold zu sein«, doppelt in seiner Eigenschaft als Offizier der *Garde*-Gensdarmes, die des Vorzugs genossen, »immédiatement an Seine Majestät Allerhöchste Person attachieret zu sein« – und was finden wir tatsächlich?

Der Kronprinz steckt in Schulden; Katte tut das Seine, diese Schulden zu mehren.

Der Kronprinz steckt in Debauchen; Katte geht ihm dabei mit Rat und Tat zur Hand.

Der Kronprinz steckt im Unglauben; Katte bestärkt ihn darin.

Der Kronprinz steckt in Komplotten mit seiner Mutter und seiner Schwester, mit fremden Höfen und Gesandten*, und Katte macht den Zwischenträger und zuletzt gar den Liebhaber.

Der Kronprinz will desertieren; Katte nimmt es in die Hand und hält ihm einen Vortrag »über die beste Weise des Gelingens«. Endlich rüstet er sich selber zur Desertion.

Das sind so einige der »species facti«; nur einige, aber gerade genug, um seinen König und Herrn mit allem Fug und Recht aussprechen zu lassen: »Und da denn dieser Katte mit der künftigen Sonne tramieret, auch mit fremden Ministern und Gesandten allemal durcheinandergestecket, er aber nicht davor gesetzet worden, mit dem Kronprinzen zu komplottieren, au contraire es Seiner Königlichen Majestät hätte angeben sollen, so wissen Seine Majestät nicht, was vor kahle Raisons das Kriegsrecht genommen und ihm das Leben *nicht* abgesprochen hat.«

Es ist nur *eines*, was uns in diesem Schreckensschauspiel – denn ein solches bleibt es – widerstrebt und widersteht: der König wechselt hier die Rolle mit dem Richter. *Er läßt das Recht über die Gnade gehen.* Und das soll nicht sein.

Wenn aber etwas damit versöhnen kann, so ist es *das*, daß

* Diese Komplotte waren nichts weniger als harmloser Natur und nahmen auf die Lage des Königs und des Landes nicht die geringste Rücksicht. England (um nur *einen* Fall herauszugreifen) sollte helfen, und der englische Legationssekretär Guy Dickens ward ins Vertrauen gezogen. Er übernahm es auch, seinem Hofe Vorstellungen zu machen, brachte jedoch einen Refus zurück, »weil ein Sicheinmischen das Feuer an allen Ecken in Europa anzünden und die Brouillerien mit England nur noch stärker machen würde«. Man erkennt in dieser englischen Antwort sehr gut den starken und ernsten *politischen* Hintergrund, den der ganze Hergang hatte.

er dies im eigenen Herzen empfunden hat. Hören wir noch einmal ihn selbst: »Wenn das Kriegsrecht dem Katten die Sentenz publizieret, so soll ihm gesagt werden, *daß es Seiner Königlichen Majestät leid täte*; es wäre aber besser, daß er stürbe, als daß die Justiz aus der Welt käme.« Ein großartiges Wort, das ich nie gelesen habe (und ich habe es oft gelesen), ohne davon im Innersten erschüttert zu werden. Wer will nach *dem* noch von Biegung des Rechtes sprechen!

Es war ein grades Recht, freilich auch ein scharfes. Und das *Schwert*, das zuletzt diese Schärfe besiegelte – es existiert noch. *Die Familie Katte selbst besitzt es*, und auf dem alten Katten-Gute Vieritz, eine Meile von Wust, wird es bis diese Stunde aufbewahrt. Dreimal wurd es gebraucht, und drei Namen sind eingekritzelt. Der dritte und letzte aber heißt: Hans Hermann von Katte.

TAMSEL

Hoch ragt aus schatt'gen Gehegen
Ein schimmerndes Schloß hervor.

Chamisso

I

Tamsel ist ein reiches, schön gelegenes Dorf, etwa eine Wegstunde nordöstlich von Küstrin. Waldhügel, deren gewundene Linien mutmaßlich das alte Bett der Warthe bezeichnen, schließen es von Norden her ein, während nach Süden hin die Landschaft offen liegt und die Flußarme in allerlei Windungen sich durch das Bruchland ziehen.

Die Küstriner hängen mit einer Art Begeisterung an Tamsel, und bei bloßer Namensnennung überfliegt ein Lächeln ihre Züge, nicht unähnlich jener stillen Heiterkeit, mit der echte Berliner, soweit es deren noch gibt, den Namen »Charlottenburg« auszusprechen pflegen. Hier wie dort mischt sich kein Stolz über Historisches in dieses Lächeln; es ist vielmehr nur der Ausdruck eines plötzlich wiederbelebten Wohlgefallens, einer freundlichen Rückerinnerung an Park und Schloß, an Wasserpartien und Feuerwerke, an allerlei bunte Landschaftsbilder überhaupt, die bei dem freundlichen Klange noch einmal an dem inneren Auge vorüberziehen.

Und doch ist Tamsel ein historischer Name, wie Charlottenburg ein solcher ist. Er hat selbst eine *Vor*geschichte. Wir verweilen aber nicht bei dieser und versuchen nicht festzustellen, wann die Templer in seinen Besitz kamen und wann sie diesen ihren Besitz an den Johanniterorden abtraten. Wir übergehen die Jahrhunderte, wo abwechselnd der Küstriner Markgraf und der Sonnenburger Heermeister hier Landeshoheit übten, und beginnen mit verhältnismäßig neuer Zeit, mit Hans Adam von Schöning, der, nach einem ruhmvollen Türkenzuge, wenigstens vorübergehend in die Stille seines väterlichen Tamsels zurückkehrte und das bis dahin aller Wahrscheinlichkeit nach wenig wertvolle Gut in einen prächtigen Landsitz umzuschaffen begann.

Hans Adam von Schöning, bei dessen tatenreichem Leben wir weiterhin länger und eingehender zu verweilen haben werden, machte Tamsel im wesentlichen zu dem, was es jetzt ist, und wenn Um- und Neubauten auch dem Schloß und Park von damals eine nach außen hin veränderte Gestalt gegeben haben, so ist doch in seiner inneren Einrichtung und Ausschmückung gerade noch genug vorhanden, um uns ein Bild von dem Reichtum zu geben, der hier damals zusammenfloß, als ob es eigens darauf angekommen wäre, einen Sitz märkischer Schlichtheit in einen Sitz voll fürstlicher Pracht umzuwandeln. Griechische Handwerker, die Hans Adam von seinem Siegeszuge mit heimbrachte, füllten das rasch emporwachsende Schloß mit Reliefbildern und Skulpturen, und alle Hallen und Säle trugen Stuckornamente, die bis in unsere Tage hinein die Bewunderung der Fremden zu sein pflegten. Alle Zimmer waren paneeliert, die Wände der Galerie aber glänzten bis hoch hinauf im Schmuck einer kostbaren Holzbekleidung, in deren Tafelwerk die großen, goldumrahmten Bilder kunstvoll eingelassen waren. Unter diesen Bildern befanden sich vor allem die lebensgroßen Portraits Hans Adams und seiner Gemahlin: *sie* unter Blumen, von ihren Kindern umspielt, *er* zu Roß, den Feldmarschallsstab in der Rechten und die Füße bis hoch hinauf in scharlachrote Gamaschen gesteckt. Und vieles von dieser Pracht ist dem Schlosse bis diesen Tag erhalten geblieben. Noch hängen Jagd- und Blumenstücke von der Hand niederländischer Meister in den halb erleuchteten Korridoren; noch blitzen die Boiserien der Gemäldegalerie wie in alter Zeit, und die Scharlachgamaschen des Feldmarschalls mahnen noch immer an den Sturm auf Ofen, wo knietief im Blute gewatet wurde. Nur die Stuckornamente, die pausbackigen Engel, die in die Tuba bliesen, und Mars und Minerva, die aufhorchten, als hätten sie solche Klänge nie vernommen, nur diese Deckenreliefs erfreuen das Auge nicht länger. Wegen ihrer Fährlichkeit von Fries und Decke losgelöst, teilten sie das Schicksal des großen Schöningschen Wappensteins, der früher die Front des Schlosses krönte und seitdem, herabgenommen und beiseite gestellt, nur selten noch ein Auge findet, das sich durch ihn an alte Zeit und alten Ruhm erinnern läßt.

Uns aber erinnert er daran, und so erzählen wir zunächst die Geschichte Hans Adams, des Erbauers des Schlosses.

HANS ADAM VON SCHÖNING

Kaum gebiet ich dem kochenden Blute;
Gönn ich ihm die Ehre des Worts?
Oder gehorch ich dem zürnenden Mute?
Schiller

Hans Adam von Schöning wurde am 1. Oktober 1641 zu Tamsel geboren. Sein Vater, ebenfalls ein Hans Adam, war Rittmeister in brandenburgischen Diensten und hatte sich das Jahr vorher mit Marianne von Schapelow auf Wulkow vermählt. Eine andere von Schapelow, vielleicht eine Schwester Mariannens, heiratete sechs Jahre später, wie bereits an anderer Stelle hervorgehoben, den damaligen schwedischen Generalmajor Georg von Derfflinger.

Über die Art, wie Hans Adam seine Kindheit und Jugend im elterlichen Hause zubrachte, fehlt es an Nachrichten. 1658 ging er nach Wittenberg, um die Rechte zu studieren, 1659 nach Straßburg, 1660 nach Paris. Er hatte damit das begonnen, was man damals und auch später noch als die »große Tour« bezeichnete, den Besuch der Höfe und Hauptstädte des westlichen Europa. Nach längerem Verweilen in Paris, wo der Gesandte Kaspar von Blumenthal seinen brandenburgischen Landsmann am Hofe Ludwigs XIV. einführte, begab er sich zunächst über Turin und Mailand nach Venedig, besuchte im selben Jahre noch Rom, Neapel, Messina und Syrakus, erschien im September 1662 vor dem Großmeister des Malteserordens auf Malta, bat um die gern gewährte Ehre, einen Streifzug gegen die Ungläubigen mitmachen zu dürfen, wandte sich dann nach glücklicher Rückkehr von Malta nach Spanien, von Spanien nach England und kehrte über Amsterdam und Hamburg, nach einer fünfjährigen Abwesenheit, in die märkische Heimat zurück. »Er betrat sie wieder, nachdem er« – wie sein Biograph sich ausdrückt – »alles gesehen hatte, was es damals Großes und Ausgezeichnetes in Europa gab: den üppigen Hof des prachtliebendsten Königs, die Kunstschätze Italiens, den Glanz der Fastnachtsspiele in Venedig, das ritterliche Treiben auf Malta, den Hof der Dorias, die Grandezza Spaniens und die junge Freiheit der Niederlande.«

Ich habe bei der vorstehenden Aufzählung absichtlich länger verweilt, um daran einige Betrachtungen über die Erziehung junger Edelleute von damals und von heute zu knüpfen. Wir sind nur allzusehr geneigt, unsere jetzige Methode als etwas vergleichsweise Vorgeschrittenes und Zweckentsprechendes anzusehen, und doch möchte sich die Frage aufwerfen lassen: Wie viele Familien haben wir zur Zeit im Brandenburgischen, die geneigt sind, einen derartigen »Kursus«, eine fünfjährige Tour durch Europa, lediglich an die *weltmännische* Ausbildung ihrer Söhne zu setzen? Damals war ein derartiges »Die-Hohe-Schule-Beziehen« so allgemein, daß unser Hans Adam seinen Pariser Aufenthalt mit einem Aufenthalt in Orléans vertauschen mußte, »weil ihm die Anwesenheit so vieler Deutschen in Paris an völliger Erlernung der französischen Sprache hinderlich war«.

Seit hundert Jahren ist bei uns »die Armee« die Hohe Schule für die Söhne unserer alten Familien geworden, und so unleugbar der große politische und nationale Fortschritt ist, der in dieser Wandlung der Dinge liegt, so fraglich erscheint es doch, ob dem gegenwärtig Gültigen auch nach der Seite der weltmännischen Bildung hin der Vorzug gebührt. Jene edelmännische Erziehung, die Hans Adam von Schöning erhielt, erweiterte den Blick, während unsere jetzige nur allzusehr geeignet ist, den Blick zu beschränken. Wie vorzüglich auch das sein mag, was *daheim* gehegt und gepflegt wird, die Isolierung hindert die Wahrnehmung, ob draußen in der Welt nicht vielleicht doch noch ein Vorzüglicheres entstanden ist. Wir haben diesen Fehler einmal in unserer Geschichte schwer gebüßt. Die Armee müßte nur die eine Hälfte unserer adeligen Erziehung sein und die andere Hälfte, nach Vorbild dessen, was früher Sitte war, folgen. Der Eintritt aus des Vaters Edelhof in die Armee und der Rücktritt aus der Armee in den Edelhof – das genügt nicht mehr. Es ist dies einer der Punkte, wo das Bürgertum den Adel, wenigstens den unsrigen, vielfach überholt hat.

Aber wenden wir uns wieder unserm Schöning zu. Bald nach seiner Rückkehr starb sein Vater (1665), und kaum vierundzwanzig Jahr alt, wurde Hans Adam Besitzer von Tamsel. Ziemlich um dieselbe Zeit trat er in kurfürstlichen Dienst, vermählte sich 1670 mit einem Fräulein von Pöllnitz, avancierte rasch, wurde Rittmeister, Oberst, Gouverneur von Spandau und war mit kaum sechsunddreißig Jahren Generalmajor. Dieser seiner Ernennung, die 1677 erfolgte, waren aber bereits kriegerische Ereignisse: eine Campagne am Oberrhein gegen Turenne (wo ihm bei Erstürmung eines festen Platzes die drei äußern Finger der rechten Hand zerschmettert wurden), die Verjagung der Schweden aus der Mark* und die Eroberung Stettins, vorausgegangen.

Hans Adam von Schöning war nun Generalmajor. Die beiden ersten Akte des Krieges mit Schweden hatten ausgespielt. Die Marken waren befreit, Stettin erobert. Das folgende Jahr brachte gleiches Waffenglück. Rügen wurde besetzt, und das feste Stralsund, das seit den Tagen Wallensteins für uneinnehmbar gegolten, fiel, nach weniger als einer Woche, in die Hände des Kurfürsten. An allen diesen Waffentaten nahm Hans Adam rühmlichen Anteil; wir folgen ihm aber bei keiner derselben und begleiten ihn vielmehr auf dem weniger durch seine Resultate als durch die glänzende Art der Ausführung berühmt gewordenen »Winterfeldzuge in Preußen«.

Dieser Winterfeldzug, wie er den Schlußakt des Schwedenkrieges bildet, gab auch Schöning zum ersten Male Gelegenheit, sich in hervorragender Weise geltend zu machen. Die Veranlassung zu dieser »Januarcampagne zwischen Pregel und Düna« ist bekannt. Der schwedische General Horn war im November mit 16 000 Mann in Ostpreußen eingefallen, hatte die festen Plätze weggenommen und bedrohte Königsberg. Die Nachricht davon traf den Kurfürsten im Dezember 1678. Sofort beschloß er, durch »einen raschen Ritt« die Schweden ebenso aus Ostpreußen hinauszuwerfen, wie er sie vier Jahre früher aus der Mark hinausgeschlagen

* Schöning war nicht mit bei Fehrbellin. Er befand sich unter den *Fuß*truppen, die, unter dem Oberbefehl General Görtzkes, den Reiterregimentern nachrückten.

hatte. Wenn schon der »Ritt auf Fehrbellin« um seiner Kühnheit willen bewundert worden war, um wieviel mehr mußte dieses neue Kriegsabenteuer in Erstaunen setzen, das bei bitterer Kälte, in unwirtbare Gegenden hinein, unternommen wurde. Am 30. Dezember brach der Kurfürst auf; am 10. Januar 1679 war er in Marienwerder und nahm Musterung über das kleine Heer ab, das er so rasch von der Oder aus bis an die Weichsel geführt hatte. Die Schweden standen am Pregel, dicht vor Königsberg, das durch 3000 Brandenburger unter General Görtzke verteidigt wurde. Vergleiche Seite 221 f.

Die Aufgabe, die sich der Kurfürst gestellt hatte, war ersichtlich die: mit einer Hälfte seiner Truppen die Königsberger Besatzung unter Görtzke zu verstärken, mit der andern Hälfte die Schweden zu umgehen. Dann sollte Görtzke von Königsberg aus angreifen, während der Kurfürst selbst dem Feinde den Rückzug abschneiden und ihn auf einen Schlag vernichten wollte.

Was indessen auf dem berühmten Ritte »vom Rhein bis an den Rhin« möglich gewesen war, nämlich das Verschwiegenbleiben des Unternehmens, das erwies sich als unmöglich auf dem Wege von der Oder bis zur Weichsel: – es wurde nicht reiner Mund gehalten, und die Schweden schlüpften aus dem Garn. Ihr Rückzug ging auf Tilsit. Der Kurfürst, als er diese Nachricht empfing, resolvierte sich schnell, und da von Einschließung und Gefangennahme des Feindes nicht länger die Rede sein konnte, so galt es, ihn *einzuholen*. In Geschwindmärschen ging es bis Braunsberg und Heiligenbeil, dann – um Zeit zu sparen – in Schlitten über das Frische Haff. Schon am 16. war Königsberg erreicht, und nach eintägiger Rast folgte man in drei Abteilungen den Schweden, die mittlerweile Tilsit besetzt und daselbst haltgemacht hatten. Die drei brandenburgischen Abteilungen bestanden aus einer äußersten »Spitze« von 1000 Mann, aus einer eigentlichen Avantgarde von 3000 und aus einem Gros von etwa 5000 Mann. Treffenfeld führte die Spitze, Görtzke die Avantgarde, Derfflinger und der Kurfürst selbst das Gros. Wie die Truppen zehn Tage früher das Frische Haff passiert hatten, so jetzt das Kurische zwischen Labiau und Gilge; aber die Nähe des Feindes erlaubte keine Schlittenfahrt mehr, und kampffertig, in Reih und Glied ging es über das Eis. Die Schweden standen inzwischen nach wie vor bei Tilsit und schienen entschlossen, das preußische Gebiet nicht ohne Schwertstreich räumen zu wollen. So kam es zweimal zu einem blutigen Rencontre: am 20. bei Splitter, wo Treffenfeld, ähnlich wie bei Fehrbellin, der Held des Tages war; dann tags darauf, am 21., bei Heydekrug, wo Görtzke die feindliche Arrièregarde angriff und halb vernichtete. Bis dahin waren alle Ehren des Kampfes den beiden Avantgardeführern zugefallen; erst der weitere Verlauf des Kampfes gab auch Schöning Gelegenheit, sich auszuzeichnen.

Das Gefecht bei Heydekrug hatte über die Schweden entschieden, und in schleunigem Rückzuge ging es nördlich auf Riga zu. Die Frage für den Kurfürsten war, ob er diesen Rückzug ruhig gestatten oder die Fliehenden verfolgen und sich eines gefährlichen Feindes womöglich für immer entledigen sollte. Er entschied sich für das letztere. Die schwierige Aufgabe der Verfolgung, des Nacheilens durch verschneite Wüsteneien hin, fiel Schöning zu. Mit 1600 Reitern brach er auf. Diese bescheidene Zahl würde der schwedischen Armee gegenüber, die immer noch nach Tausenden zählte, sicherlich in eine sehr bedenkliche Lage gekommen sein, wenn nicht die verfolgenden Brandenburger in der litauischen Bevölkerung einen Bundesgenossen gefunden hätten. Kälte und Bevölkerung schienen sich zu einer völligen Vernichtung der Schweden verschworen zu haben. Oberst Truchseß, den Schöning auf diesem Zuge mit einer Meldung an den zur Zeit noch in Königsberg weilenden Kurfürsten zurückschickte, traf mit den Worten im Hauptquartier ein: die Brandenburger hätten keine Wegweiser nötig, um dem Feinde zu folgen, weil der ganze Weg mit toten Schweden bedeckt sei. »Viele kommen vor Kälte um, aber die meisten fallen von den Händen der Landesbewohner; die litauischen Bauern schlagen die Schweden mit Keulen tot und legen die Keulen alsdann auf den erschlagenen Körper.«

So war die Lage des schwedischen Heeres. Aber wir würden irren, wenn wir daraus den Schluß ziehen wollten, daß es ein leichtes gewesen wäre, diesem Heere zu folgen. Das Folgen selbst, ganz abgesehen von Kampf und Krieg, war ein Schrecknis. Die Kälte stieg oft auf sechsundzwanzig Grad, vielen erfroren ganze Gliedmaßen, niemand hatte Geld, und die wenigen, die noch eine Münze in der Tasche hatten, konnten meist nichts dafür erstehen. So näherte man sich Telcze, einem Städtchen etwa halben Weges zwischen Tilsit und Riga und nur fünf Meilen noch von der kurischen Grenze (damals schwedisch) entfernt. Hier beschloß Horn, der ohnehin mit Beschämung wahrgenommen haben mochte, daß der verfolgende Gegner um vieles schwächer sei als er selbst, das Glück der Waffen noch einmal zu versuchen, und ziemlich unvermutet sahen sich Schöning und seine Brandenburger einem plötzlich standhaltenden Gegner gegenüber, den man sich gewöhnt hatte auf diesen Schneefeldern zu verfolgen, aber nicht zu bekämpfen. Von dem Augenblick ab, wo sich Horn zu dem Entschluß eines Widerstandes aufraffte, war die Lage Schönings eine sehr bedrohte. Nichtsiegen war gleichbedeutend mit völligem Zugrundegehen. So kam es zum Gefecht bei Telcze.

Horn hatte von seinen 16 000 noch etwa 3 000 Mann übrig, mit ihnen eine ziemliche Anzahl von Geschützen; Schöning, da die bittere Kälte viel Menschenleben gekostet hatte, verfügte über wenig mehr als 1200 Reiter und Dragoner. Die Aufstellung, die er nahm, war kurz folgende: die Reiterei in zwei Treffen, in Front des Feindes, die Dragoner aber, nachdem sie abgesessen, in ein links und rechts gelegenes Gehölz, um im entscheidenden Momente die Schweden in beiden Flanken nehmen zu können. Diese glückliche Terrainbenutzung entschied den Tag. Oberst von Dewitz, ein Schwiegersohn Derfflingers, eröffnete den Angriff und warf einige Compagnien schwedischen Fußvolks über den Haufen; aber er drang nicht durch, und die Gegner ihrerseits machten jetzt Miene, zum Angriff überzugehen. In diesem Augenblicke ließ Schöning die Dragoner aufsitzen und brach von zwei Seiten her mit Ungestüm in die vorrückenden Schweden ein. Ein Gemetzel begann, da jeder instinktmäßig fühlte, daß fliehen verderblicher sei als fechten, und erst die hereinbrechende Nacht machte dem Kampf ein Ende. Keiner hatte ein Recht, sich den Sieg zuzuschreiben, aber die Schweden zogen sich in der Dunkelheit zurück und erklärten sich dadurch für geschlagen. Die Verluste waren auf beiden Seiten ungeheuer. Die feindlichen Offiziere hatten, während des ganzen Kampfes, immer in langer Linie vor der Front ihrer eigenen Leute gefochten, und vom schwedischen Leibregiment war alles tot oder verwundet. Auch Hans Adam war, an der Spitze seiner Dragoner, nur durch die Geistesgegenwart eines Rittmeisters gerettet worden, der einem schwedischen Reiter das Pistol aus der Hand schlug, das dieser eben auf Schöning abfeuern wollte. An den zwei folgenden Tagen ließ dieser durch kleine Streifcorps die Verfolgung der Schweden bis in die Nähe von Riga fortsetzen; dann trat er selbst den Rückzug an, um dem, wie schon erwähnt, in Königsberg zurückgebliebenen Kurfürsten wenige Trophäen nur, aber die schwerwiegende Nachricht von der gänzlichen Auflösung des schwedischen Heeres zu bringen.

Dieser glänzende Zug bis an die kurische Grenze, das erste Unternehmen, das Schöning in voller Selbständigkeit ausgeführt hatte, hob sein Ansehen in den Augen des Kurfürsten, der ihm bereits so mannigfache Beweise seiner besondern Gunst gegeben hatte, und Hans Adam, der mit sechsunddreißig Jahren zum Generalmajor ernannt worden war, wurde mit zweiundvierzig Jahren Generallieutenant und Gouverneur von Berlin, das damals, nach Plänen des alten Feldmarschalls Sparr, von fünf Ravelins und dreizehn Bastionen eingefaßt, durchaus den Charakter einer Festung hatte.

Wir verweilen aber nicht bei den Friedensjahren unseres Generallieutenants, sondern begleiten ihn statt dessen auf seinem *Türkenzuge*, bis zur Erstürmung der Festung Ofen.

Zwischen Kaiser und Kurfürst war ein Vertrag zu gegenseitiger Hülfeleistung geschlossen worden, und in Gemäßheit dieses Vertrages sah sich der Kurfürst gezwungen, zu einem bevorstehenden »Zuge gegen die Ungläubigen«, dessen Hauptzweck die Einnahme Ofens war, ein Hülfscorps von 8000 Mann zu stellen. Der Kurfürst sah sich »gezwungen«, diese Auxiliarmacht zu stellen; aber wir würden irren, wenn wir aus dieser Bezeichnung ableiten wollten, daß der Kurfürst *nur* einem Zwange nachgegeben und für die Besiegung des Christenfeindes kein Herz gehabt habe. Die Sache war einfach die, daß er seinem erschöpften, durch immer neue Kriege gegangenen Lande vor allem den Frieden gönnte. Der protestantische Norden stand ohnehin anders zur Türkenfrage wie der katholische Süden, ja, ein bedrohtes Österreich erschien manchem lutherischen Herzen als gleichbedeutend mit Sicherung und Kräftigung des Protestantismus; aber weit über dieses Abwägen einzelner hinaus ging doch, als *Grundstimmung*, durch die ganze Christenheit ein Doppelgefühl von Furcht und Haß gegen die Ungläubigen. Das siegreiche Vordringen der Türken bis an die Tore Wiens (1683) war noch frisch im Gedächtnis, und eine dunkle, im Volke fortlebende Erinnerung an die Tatarenhorden, die einst bis an die Oder hin alles verwüstet hatten, mochte auch in den kurfürstlichen Landen die Vorstellung einer Gefahr und den guten Willen, ihr vorzubeugen, wachgerufen haben.*

Wenn dieses Gefühl schon im protestantischen Norden lebendig war, so stieg es in den katholischen Ländern Südeuropas bis zu einem Enthusiasmus, ähnlich dem, wie ihn die Kreuzzüge gesehen hatten. Von allen Seiten strömten Freiwillige auf den Kampfplatz, besonders aus Spanien. In Wien fanden sich diese Volontairs zusammen, darunter allein sechzig Katalonier, und wurden dem Starhembergischen Regimente als eine eigene Truppe beigegeben. Astorga, ein Spanier, führte dieses Freiwilligencorps, das später vor Ofen mit höchster Auszeichnung focht und beinahe vollständig aufgerieben wurde. Gleich zu Anfang, bei einem der ersten Ausfälle der Türken, fielen der Herzog de Vecha, ein Grande von Spanien, und Karl Freiherr von Derfflinger, jüngster Sohn des Feldmarschalls, der, von einer Reise in Italien eben zurückkehrend, in die Astorgasche Volontaircompagnie eingetreten war.**

* Als Ofen endlich gefallen war, weckte die Nachricht davon in ganz Europa ein Gefühl freudigen Dankes. Aus Horn wurde berichtet: »der Papst habe mit lauter Stimme und unter den Dankestränen der Kardinäle das Gebet verrichtet«. Überall wurden Feste gefeiert, in Genua, Madrid, Brüssel etc. drei Tage lang, und der Kurfürst schrieb, »daß er die vergnügte, für die gesamte Christenheit so importante Nachricht während des Gottesdienstes in Potsdam empfangen und dem Allerhöchsten für die Besiegung eines so blutdürstigen Feindes öffentlich gedankt habe«. Man empfand die Abwendung einer Gefahr, die das Christentum überhaupt bedroht hatte.

** Der Herzog von Vecha wurde in vollem Ornat, angetan mit dem Orden des Goldenen Vlieses, vor dem Zelte des Obergenerals, des Herzogs Karl von Lothringen, zur Schau gestellt. Windlichter umstanden den Sarg, und alles drängte sich herbei, den Gefallenen zu sehen. – Karl von Derfflinger war derselbe, bei dessen Todesnachricht der alte Feldmarschall die bekannten Worte: »Warum hat sich der Narr nicht besser in acht genommen!« gesprochen haben *soll.* Wilhelm von Oranien sagte nach der

Wir sind aber, in der Absicht, den Geist zu schildern, der damals das christliche Europa durchwehte, Schöning weit vorausgeeilt, den wir zunächst noch in Krossen, an der märkisch-schlesischen Grenze, finden, wohin von Ost und West, von Königsberg und Kleve her, die Truppen beordert waren, die nach dem Willen des Kurfürsten das brandenburgische Hülfscorps bilden sollten. Der Kurfürst selbst nahm am 17. April die Musterung ab. Ein Augenzeuge beschreibt die Truppen wie folgt: »Die Service war überaus kostbar, und trachtete darinnen einer den andern zu übertreffen, indem etliche sie gar von Augsburg und anderen Orten hatten herbeischaffen lassen. Die Infanterie war blau, die Artillerie braun, die Kavallerie, sowohl Reiter als Dragoner, in lederne Kollette gekleidet. Zwei Soldaten bekamen ein Zelt und einen Strohsack (welch ein Train!), damit sie, wenn sie an einem Ort anlangten, nicht nach Holz oder Stroh laufen dürften. Die Unteroffiziere und Pikeniere hatten Pistolen im Gürtel und die Derfflingerschen Bataillone Kessel an der Seite; die Reiter und Dragoner führten dabei noch Dolche.« So waren die 8000 Brandenburger, die durch Schlesien und den Jablunka-Paß vor die Türkenfestung Ofen zogen, Hans Adam von Schöning als Oberstkommandierender, General von Barfus und General von der Marwitz als nächste im Kommando.

Am 24. Juni trafen die Brandenburger vor Ofen ein, das bereits seit mehreren Wochen von einer Reichsarmee von über 90000 Mann unter Führung des Herzogs von Lothringen belagert und durch 14000 Janitscharen und Spahis unter Oberbefehl von Abd ur Rahmân Pascha verteidigt wurde. 1200 Brandenburger unter General von der Marwitz rückten sofort in die Linie ein, avancierten unter dem lauten Beifall der ganzen alliierten Armee bis auf fünfzig Schritt an die Stadtmauer und stellten rechts und links ihre Verbindung mit den Kaiserlichen her. Die Festung war nun völlig zerniert. Aber noch über zwei Monate vergingen bis zum letzten siegreichen Sturm, und während dieser Monate

Schlacht an der Boyne, als ihm der Tod des Bischofs von Derry gemeldet wurde: »Ganz recht, warum war er auch, wo er nicht hin gehörte!« Es ist sehr wahrscheinlich, daß diese Wendung, etwas verändert und um vieles weniger passend, auf Derfflinger übertragen worden ist.

wurden, wie die Belagernden überhaupt, so auch namentlich die Brandenburger von immer wachsenden Verlusten betroffen. Der Minenkrieg kostete Opfer über Opfer, und die zahlreichen Ausfälle konnten nur mit großem Verlust an Menschenleben zurückgeschlagen werden. Von drei Grafen Dohna, die mit vor Ofen waren, fielen zwei, während der dritte, Graf Christoph, dessen Memoiren für die Geschichte jener Zeit und jener Belagerung so wichtig sind, verwundet wurde. In Wahrheit traf das Sprüchwort zu, das damals in Kurs kam: »je näher dem Ofen, je größer die Hitze.« Taten größter persönlicher Tapferkeit geschahen von beiden Seiten. Lieutenant von Wobeser, nachdem sein älterer Bruder, ein Capitain im Bataillon Prinz Philipp, von einem Spahi niedergesäbelt war, ging vor, um seinen Bruder zu rächen oder sein Schicksal zu teilen, und auf einen türkischen Anführer förmlich Jagd machend, zerschmetterte er ihm, im endlichen Zweikampf, mit einem Morgensterne den Kopf.

Der 17. August war der Tag, der über das Schicksal der Festung entschied. An diesem Tag erschien vor Ofen das große türkische Heer, 70 000 Mann stark, unter Führung des Großveziers, das die Aufgabe hatte, die hart bedrängte Festung zu entsetzen. Es kam zur Schlacht angesichts der Belagerten, und das türkische Heer wurde geschlagen. Von diesem Augenblick an war die Einnahme der Festung nur noch eine Frage der Zeit. Am 2. September schritten die Christen zum Sturm. 8 000 Mann, zur Hälfte Kaiserliche, zur Hälfte Brandenburger, jene vom Herzog von Croy, diese vom General von Barfus geführt, bildeten die Sturmkolonne und drangen unwiderstehlich vor. Nachdem die Palisaden erklettert waren, drang man in die Straßen der Stadt ein. Nur Türken und Juden hausten darin, und alles wurde niedergemacht, leider auch Weiber und Kinder. Die Türken steckten weiße Fahnen aus, zum Zeichen, daß sie bereit seien, sich zu ergeben, aber die Stürmenden rissen die Fahnen nieder und ließen alles über die Klinge springen. Vergebens mühte sich der Herzog von Lothringen, dem Gemetzel ein Ende zu machen; 9 000 wurden erschlagen; ein Rest von Janitscharen, der sich in das feste Schloß gerettet hatte, kapitulierte am andern Tage. Unter diesen, da sein Tod nicht gemeldet wird, befand sich mutmaßlich auch Abd ur Rahmân selbst, ein geborener Schweizer mit Namen Coigny. Schon während der Belagerung war er von einem in die Stadt geschickten Parlamentäroffizier namens Wattenwyl als Landsmann erkannt worden.

Auch die brandenburgischen Oberoffiziere waren bemüht gewesen, dem Blutvergießen Einhalt zu tun, und hatten durch ihr Dazwischentreten gerettet, wo noch zu retten war. Aber nur in einzelnen Fällen war es ihnen geglückt. General von Barfus rief zwei Türken Pardon zu, welche wie Verzweifelte sich wehrten, und brachte sie dem Kurfürsten als die *Tapfersten* nach Berlin. Schöning dagegen hatte das Glück, zwei schöne Türkinnen, noch Kinder, den Händen der alles niedermachenden Soldaten zu entreißen. Was aus dem älteren Mädchen geworden, entzieht sich unserer Kenntnis; die jüngere aber wurde, unter Beibehaltung ihres türkischen Namens, Fatime getauft und von Schöning, der sie mit nach Tamsel nahm, sorgfältig erzogen.

Fatime kam später nach Warschau, wo sie, ebensosehr durch ihre blendende Schönheit wie durch das romantische Interesse ihres Geschicks, aller Augen auf sich zog und ein Glanzpunkt der Gesellschaft wurde. Unter ihren Bewerbern war auch König August, dem sie lange widerstand, bis sie endlich dem Grafen Rutowski das Leben gab. Fatime vermählte sich später in die Spiegelsche Familie; ihr Sohn Rutowski aber stieg bis zum sächsischen Feldmarschall und ist, wenn wir nicht irren, derselbe, der bei Ausbruch des Siebenjährigen Krieges gezwungen war, bei Pirna zu kapitulieren.*

* Wie Fatime in Polen und Sachsen, so spielte eine andere Türkin, Emmetah Uellah, fünfzig Jahre später in Preußen eine Rolle. Im Jahr 1766 kam der bekannte Lord Marshall, der letzte »Freund« des Königs, nach Potsdam und lebte in dem nach ihm genannten Hause in Sanssouci. Ihn begleitete seine Pflegetochter Emmetah Uellah, die Tochter eines Janitscharenhauptmanns, welche sein Bruder, der Feldmarschall Keith, im Jahre 1737, bei der Erstürmung der Festung Oczakow, vor sicherem Tode gerettet hatte. Emmetah Uellah (»die Barmherzigkeit Gottes«) war eine auffallende Schönheit und in hohem Grade liebenswürdig. Schon 1747, als sie mit dem damals noch kaiserlich-russischen Feldmarschall zum ersten Male nach Berlin kam, hatte sie allgemeines Aufsehen erregt und auf den Gesandtschaftsreisen ihres Pflegevaters sich so vorteilhaft ausgebildet, daß sie mit ungezwungenstem Anstand die Honneurs des Hauses machen konnte. D'Alembert erzählt von ihr, Lord Marshall, obgleich schon im Greisenalter, habe eine leidenschaftliche Neigung für sie gefaßt, sei aber nicht erhört worden. Emmetah erwiderte auf den Antrag des Lords: »Ich bin deine Sklavin, und du kannst mit mir schalten, wie du willst; aber du würdest mich sehr unglücklich machen, wenn du von deinem Rechte Gebrauch machen wolltest. Ich liebe dich, wie eine zärtliche Toch-

Doch wir kehren zu Schöning und dem Türkenkriege zurück. – Die Beute, welche in Ofen gemacht wurde, war überaus groß. Namhafte Summen von Dukaten und Zechinen sowie Edelsteine und orientalische Perlen fielen den Siegern in die Hände. Unter den 500 großen Geschützen, die man eroberte, befand sich auch eine vierundzwanzigpfündige Schlange mit dem brandenburgischen Wappen, die nun dem Führer des brandenburgischen Hülfscorps als Trophäe zurückgegeben wurde. Außerdem überbrachte Schöning dem Kurfürsten einen türkischen Roßschweif und ein paar tatarische Pauken, Siegeszeichen, die sich bis auf diese Stunde im Berliner Zeughause vorfinden.

Der Rückmarsch ging abermals durch die Jablunka, und am 7. Dezember trafen die Brandenburger wieder in ihrer Heimat ein. Sie hatten unzweifelhaft mit großer Tapferkeit gefochten (fast die Hälfte war vor Ofen geblieben; dreißig Offiziere tot und einundsechzig verwundet), und die Türken gaben ihnen deshalb den Beinamen »Feuermänner«. Zugleich brachten sie das Sprüchwort in Umlauf: »Der steht wie ein Brandenburger.« Schöning aber, von seinem Landesherren reichlich geehrt, empfing ebenso vom Kaiser Leopold mannigfache Beweise seiner Huld, darunter einen mit Diamanten besetzten Degen von großem Wert.

Wir nähern uns nun jener Epoche im Leben unseres Helden, die durch einen kleinen, scheinbar geringfügigen Vorfall den Namen desselben ungleich bekannter gemacht hat als aller Glanz seiner Siege zusammengenommen. Ich meine seinen Streit mit General Barfus. Das Persönliche ist immer das Siegreiche. Die Schlachten und Belagerungen sind vergessen, oder doch halb vergessen, aber bis diesen Tag lebt in Barnim und Lebus das Sprüchwort fort: »Die hassen sich

ter ihren Vater nur lieben kann, mehr aber verlange nicht von mir!« Lord Marshall dachte viel zu edel, um der Unterwürfigkeit seiner Sklavin zu verdanken, was die Liebe des Mädchens ihm versagte, und selbst die giftigste Zunge unter den Tischgenossen Friedrichs hat es nicht gewagt, das Verhältnis zwischen beiden zu verdächtigen. Der König, welcher nicht liebte, Frauenzimmern in Sanssouci zu begegnen, sah sie nur bei seinen Besuchen in Lord Marshalls Hause, wo sie in den ersten Jahren die liebenswürdigste Wirtin zu machen wußte. Emmetah war wohl vorzüglich die Veranlassung, daß Lord Marshall sich von jungen Offizieren der Potsdamer Garnison gesucht und umgeben sah, die er dann für die spanische und englische Literatur, namentlich für den damals in Deutschland noch wenig bekannten Shakespeare, zu interessieren suchte.

wie Schöning und Barfus.« Wir wollen erzählen, wie es zu diesem Hasse kam.

Schöning war ein Glückskind und hatte, freilich nicht ohne großes persönliches Verdienst, seine Carrière über die Köpfe anderer Leute hin gemacht. Er war sechs Jahre jünger als Barfus und ihm doch immer um sechs Jahre voraus. Das ergab eine Differenz oder, wenn man so will, eine Ungerechtigkeit von zwölf Jahren. Der einundfünfzigjährige Barfus hatte vor Ofen unter dem fünfundvierzigjährigen Schöning gestanden, und zu der natürlichen Bitterkeit, die sich einfach schon aus diesen Zahlen ergeben konnte, mochte sich bei Barfus die Betrachtung gesellen, daß ihm die grobe Arbeit des Belagerns und Sichherumschlagens, dem Oberstkommandierenden aber das Vergnügen des Repräsentierens, des Dinierens im herzoglichen Zelt und schließlich die Entgegennahme eines mit Diamanten besetzten Degens zugefallen sei. Jetzt, drittehalb Jahre später, im Sommer 1689, standen beide Generale ebenso am Rhein, wie sie damals an der Donau gestanden hatten, das heißt, Schöning war abermals dem Barfus um einen Pas voraus, und wiewohl ein vorliegender Bericht aus jener Zeit eigens mit den Worten beginnt: »Es hat der Generallieutenant von Barfus dem General-Feldmarschall-Lieutenant von Schöning bisher jedesmal den gebührenden Respekt gegeben«, so wagen wir doch, ohne das Gemeldete geradezu bestreiten zu wollen, die Vermutung, daß dem Barfus dieser »gebührende« Respekt in seinem *Herzen* sehr schwer und die Bezeugung desselben um ebendeshalb etwas eckig geworden sein wird.

Das Hauptkriegsereignis im Sommer des genannten Jahres war die Belagerung des von den Franzosen besetzten Bonn. Ehe die Brandenburger unter des Kurfürsten und Schönings Führung energischer vorgehen konnten, war ein Zurückdrängen der Franzosen aus den kleineren Plätzen, die in der Nähe von Bonn lagen, nötig. Es kam dabei zum Gefechte bei Ordingen oder Uerdingen, das, von Schöning trefflich entworfen und von Barfus, der den rechten Flügel befehligte, mit vieler Bravour ausgeführt, dem Kurfürsten Raum schaffte, die Festung enger und mit mehr Aussicht auf Erfolg zu umschließen.

Die Zernierung hatte schon über zwei Monate gewährt, als

von dem durch Herzog Karl von Lothringen belagerten Mainz her die Nachricht anlangte, daß ein französisches Entsatzheer heranrücke und eine Verstärkung des dortigen deutschen Belagerungsheeres dringend wünschenswert mache. Barfus mit 6000 Brandenburgern ward auf diese Nachricht hin von Bonn nach Mainz detachiert. Als er am 30. August vor dem Kurfürsten Friedrich III., späterem König Friedrich I., erschien, um sich zu verabschieden, kam es im Vorzimmer zu folgender Szene.*

Barfus fand den Schöning auf einem Stuhle sitzend vor und trat mit der Meldung an ihn heran: »daß er mit dem detachierten Corps nach Mainz marschiere, was er hiermit dem Herrn Feldmarschall-Lieutenant zu wissen tue«. Hierauf gab Schöning eine »choquante Antwort«, etwa dahin gehend: »wie es ihn wundernähme, daß ihm der Barfus endlich einmal die *Zivilität* täte und ihm die gebührende Meldung mache«. Barfus, dieser choquanten Sprache begreiflicherweise choquant begegnend, antwortete schnell, »daß er die Meldung nur auf Befehl des Kurfürsten gemacht und sie sicher unterlassen haben würde, wenn er gewußt hätte, daß er einer *solchen* Antwort zu begegnen habe«. Darauf Schöning: »Auch ohne Befehl des Kurfürsten wäre die Meldung seine Schuldigkeit gewesen.« Worauf man sich trennte.

Aber diese Szene im Vorzimmer war nur Vorspiel. Barfus, als er eben das Haus verlassen hatte, hörte sich von dem hinter ihm hereilenden Schöning angerufen, der ihn jetzt aufforderte, mit ihm auf die Seite zu treten. Barfus war dazu bereit; Schöning aber, statt beiseite zu treten, stellte sich etwa 100 Schritte vor der Hauptwache auf und rief Barfus zu, er solle den Degen ziehen. Barfus durchschaute das Spiel, das offenbar darauf aus war, ihn angesichts von Zeugen zu einer Insubordination hinzureißen, und ließ bedächtig den Degen in der Scheide. Schöning aber wiederholte sein: »Zieht, Herr

* Ähnliche Eifersüchteleien und ein entsprechender Grad von Verbitterung herrschte damals überhaupt in der brandenburgischen Armee, und Schöning, was neben manchem andern ihn entschuldigen mag, war all die Zeit über gereizt worden. Vielfach wurden ihm die Honneurs versagt, besonders seitdem Feldmarschall Schomberg bei der Armee war. Graf Dohna zum Beispiel, der – ein Anhänger Schombergs und ein Gegner Schönings – als Obristlieutenant bei den Grands Mousquetaires stand, rief den Offizieren zu, als Schöning ihre Reihen passierte: »Meine Herren, daß Sie *nicht grüßen*! Ich verbiete es Ihnen.«

Generallieutenant!« und rief ihm endlich zu: »Der Teufel soll mich holen, wenn dieser Barfus das Herz hat, den Degen zu ziehen!« Dabei schlug er zu gleicher Zeit dem Barfus den Stock aus der Hand, auf den sich dieser in vorgebogener Stellung während des ganzen Zwiegesprächs gestützt hatte. Barfus bückte sich, um den Stock wieder aufzuheben, und stieß dann mit dem spanischen Rohre nach Schöning, was dieser durch einen Stoß gegen des Gegners Hals erwiderte. Das war zuviel. Barfus fluchte: »Ei Sacrement!« und zog seinen Degen. Schöning sah ihm lächelnd zu, und seine beiden Arme ineinandergeschlagen, rief er jetzt: »Haha, Monsieur zieht seinen Degen *zuerst*!« und zog dann auch. Es sprangen aber andere Militärs dazwischen, und die Streitenden wurden getrennt. Arrest folgte.

Dieser Vorfall machte größeres Aufsehen als die ganze Belagerung von Bonn, die beiläufig am 2. Oktober mit Übergabe der Festung endete, und führte neun Monate lang zu einem halb juristischen, halb diplomatischen Kampf, in dem sich die gegenüberstehenden Parteien, die Schöningsche und die Barfussche, in unzähligen Briefen, Eingaben, Gutachten etc. befehdeten. Aber die Partei Barfus war stärker. Die einflußreichsten Leute des Hofes: Danckelmann, Spanheim, Otto von Schwerin, alle nahmen, entweder weil die Sache selbst oder aber der hochfahrende Charakter Schönings zugunsten Barfus' sprach, die Partei des letzteren, und am 17. Juni 1690 erschien endlich folgendes kurfürstliches Reskript, das den Feldmarschall-Lieutenant von Schöning, ohne einem *Rechtsspruch* vorgreifen zu wollen, in ziemlich ungnädigen Worten aus dem brandenburgischen Dienst entließ: »Se. kurfürstliche Durchlaucht haben Sich unterthänigst referiren und in Dero Geheimen Rath vortragen lassen: was Dero würklich Geheimer Kriegsrath und General-Feldmarschall-Lieutenant, der von Schöningen, sub dato Weißen-See bei Berlin den 11. Juni gehorsamst supplicirt und gebeten. Wohin denn S. K. Durchlaucht Sich dahin nochmalen in Gnaden erklären: daß Sie nicht unterlassen werden, in den zwischen gemeldetem Feldmarschall-Lieutenant und dem General-Lieutenant von Barfus entstandenen Mißhelligkeiten gebührende Justiz administriren und solche rechtlich untersuchen, erörtern und decidiren zu lassen. Daß aber S. K.

Durchlaucht Dero General-Lieutenant des von Barfusen Person zu Dero Diensten bei Ihrer Armee indessen zu employiren resolviret, dessen haben Se. kurfürstliche Durchlaucht sowohl wegen deren hohen Interesse und Diensten, als auch in Consideration seiner, des von Barfusen, bisher observirten unterthänigsten Conduite und sonsten bewegende Ursachen gehabt und lassen es auch darbei nochmalen gnädigst bewenden, können Sich auch darunter von Niemanden Zeit noch Maaß setzen oder vorschreiben lassen. Sie wollen aber auch dem Feldmarschall von Schöning nicht wehren, sondern ihm vielmehr auch gnädigst erlauben, in einiger auswärtiger alliirter Potentaten Dienste, welche Deroselben und der guten Sache nicht zuwider sein, *interimsweise* zu treten, wenn er vorher dieselbe wird namhaft gemachet haben. – Indessen wiederholen Sr. kurfürstliche Durchlaucht Dero früher ergangene gnädigste Verordnung hiemit und befehlen dem General-Feldmarschall-Lieutenant von Schöning nochmalen gnädigst und ernstlichst: sich nicht allein dero hiesigen Residenzstädte zu enthalten, sondern auch aus bewegenden Ursachen, die so nahe daran gelegenen Örter zu meiden und sich daselbst nicht ferner aufhalten oder finden zu lassen.

Cölln a. d. Spree, den 17. Juni 1690.

Friedrich.

gegengez. Eberhard v. Danckelmann.«

Aus diesem Reskript (das wir dem nur als Manuskript existierenden Werke: »Geschichtliche Nachrichten über die Familie von Schöning«, verdanken) geht unverkennbar hervor, daß, abgesehen von der schwebenden Frage: »Wer hat recht?«, General Barfus in allem, was folgte, klug genug gewesen war, sich nachgiebig gegen die kurfürstliche Autorität zu zeigen, während der bedeutendere, aber rechthaberische und überall anstoßende Schöning den Kurfürsten und seine Umgebung durch die Art seiner Rechtsforderung verletzt hatte. Während der Streit schwebte, hatte er – mutmaßlich bedeutet, die Residenz unter allen Umständen zu meiden – abwechselnd in Tamsel und Weißensee gelebt. Jetzt, nachdem das oben mitgeteilte Reskript die Streitfrage praktisch zum Abschluß gebracht hatte, verließ er die Heimat, die seinem

Wirken und seinem Ehrgeiz keinen Schauplatz mehr bot, und trat am 9. April 1691 als Feldmarschall in kursächsischen Dienst.

Wir begleiten Hans Adam, der vom Herbst 1689 an bis zu seiner Übersiedelung nach Dresden fast ausschließlich in Tamsel lebte, nunmehr durch seine letzten Lebensjahre. Mit wachsenden äußeren Ehren gingen immer wachsende Kränkungen Hand in Hand. Schöning war nicht allein in sächsische Dienste getreten; dreißig brandenburgische Offiziere waren ihm gefolgt, und innerhalb der sächsischen Armee wurden jetzt ähnliche Empfindungen rege wie vier Jahre zuvor im Brandenburgischen, als Feldmarschall Schomberg, gefolgt von seinen Söhnen und anderen französischen Refugiés, über die Köpfe der alten brandenburgischen Generale (zum Beispiel Derfflingers) hinweg, in die brandenburgische Armee eingetreten war. Hier wie dort glaubte man Eindringlinge vor sich zu haben, und bittere Empfindungen griffen Platz. Neuerungen, die Schöning einzuführen Miene machte, machten ihn vollends nicht beliebt, und er mochte von Glück sagen, daß ein Feldzug am Rhein, zu dem auch sächsische Truppen beordert wurden, die Gedanken der Unzufriedenen in andere Bahnen lenkte.

Aber von anderer Seite her kam größere und ernstere Gefahr. Die sächsischen Truppen im kaiserlichen Heere waren während der Rheincampagne 1691 herzlich schlecht gehalten, ja bei Gelegenheit der Winterquartiere in einer Weise behandelt worden, daß es einer Beleidigung oder Mißachtung des Kurfürsten von seiten des Wiener Hofes ziemlich nahekam. Hiergegen lehnte sich Schöning, der seinem neuen Herrn in Ernst und Treue diente, energisch auf und drang in ihn, bei der kaiserlichen Armee nur das Reichskontingent (3000 Mann) zu belassen. »Schöning« – so erzählt Paul von Gundling in einem der Berliner Bibliothek angehörigen Manuskript – »handelte sehr sicher und war in seinen Reden wider des Kaisers Majestät sehr frei. Dadurch wurde indessen seine Stellung sehr gefährlich, und zwar um so gefährlicher, als eben jetzt ein französischer Abgesandter, namens Bidal, in Dresden eingetroffen war, der häufig mit dem Kurfürsten und Schöning verhandelte. Der österreichische Gesandte Clary ermangelte nicht, über alles dies sehr übertriebene Berichte nach Wien hin zu erstatten.«

Kurz, man glaubte alsbald in Wien an ein sächsisch-französisches Bündnis oder gab sich wenigstens das Ansehen, an ein solches zu glauben, um, gestützt darauf, einen Coup ausführen und die unbequeme Gestalt Schönlings vom sächsischen Hofe entfernen zu können. Schöning selbst hatte keine Ahnung von dem, was ihm drohte. Er reiste, seit längerer Zeit ernstlich am Podagra leidend, in die Bäder von Teplitz. Hier ward er, auf den eben geschilderten Verdacht hin, von den Österreichern aufgehoben, ganz unter ähnlichen Umständen, wie sechzig Jahre früher Hans Georg von Arnim, ebenfalls ein Brandenburger und sächsischer Feldmarschall, von den *Schweden* aufgehoben und nach Stockholm hin transportiert worden war.

Über die Art der Aufhebung Schönings liegt uns folgender Bericht vor. In der Nacht zum 23. Juni marschierte ein Offizier mit 200 Mann von Prag aus nach Teplitz, umstellte Schönings Wohnung, ließ ohne weiteres eine Salve geben, brach mit Gewalt ins Haus ein und nahm den Feldmarschall gefangen, der, im bloßen Hemd aus dem Bett gesprungen, kaum Zeit gefunden hatte, einen Schlafrock überzuwerfen. So, mit bloßen Füßen, setzte man ihn in eine Kalesche, der Offizier und zwei Mann mit ihm, und fuhr im schnellsten Galopp der Festung Prag zu. Der Adjutant des Feldmarschalls, Major von Droste, jagte sofort dem Wagen nach und griff die schwache Bedeckung an. Als aber einer der Soldaten das Gewehr auf Schöning anlegte und diesen zu erschießen drohte, überließ Droste den Feldmarschall den Händen seiner Überwinder. Von Prag aus brachte man ihn nach dem Spielberg bei Brünn und führte dort sein Verhör. Man wollte einen zweiten Wallenstein aus ihm machen und hielt die Meinung aufrecht, daß er nicht ohne Absichten nach dem Reichskommando gestrebt habe. Aber alle Bemühungen, ihn zu einem Hochverräter, zu einem »Verbrecher gegen die Interessen des Reichs« zu stempeln, waren vergeblich.

Sachsen war durch dieses eigenmächtige Vorgehen aufs schwerste beleidigt und zog zunächst die 3000 Mann zurück, die es als Reichskontingent gestellt hatte. Alle Schritte aber, die Freilassung Schönings zu erwirken, blieben fruchtlos, bis endlich, nach zwei Jahren schmählicher Gefangenschaft, der Regierungsantritt Kurfürst Friedrich Augusts und die energischen Proteste desselben Schöning die Freiheit wiedergaben. Um die Aussöhnung vollständiger zu machen, erschien der bis dahin Gefangengehaltene vor Kaiser und Kaiserin und ward, um seines Podagras willen, in einem *Sessel vor die beiden Majestäten getragen*, ein Umstand, der nicht ermangelte, in ganz Europa die größte Sensation hervorzurufen.

Es war das viel Auszeichnung, auch namentlich wohl in den Augen Schönings, der besonders empfänglich war für Huldigungen wie diese. Die Süßigkeit solcher Stunden indes konnte seinem Herzen nicht wiedergeben, was jahrelange Verbitterung ihm genommen hatte. Gefeiert, aber im Innersten gebrochen, zog er in Dresden ein, und die Gnadenbezeugungen Friedrich Augusts begleiteten nur noch einen Hinscheidenden. Er erkrankte; Podagra und Steinschmerzen zehrten an seinem Leben, Karlsbad versagte den Dienst, und am 28. August 1696 schied er, matt und müde, aus dieser Welt der Zeitlichkeit. Seine Leiche ward einbalsamiert und in der Kreuzkirche zu Dresden ausgestellt, dann aber am 25. November nach der Neumark übergeführt, um in der Kirche zu Tamsel beigesetzt zu werden. Dort ruht er noch jetzt in einem kupfernen Sarge, mit Gold reich verziert und ein Kruzifix auf dem Deckel.

Wir versuchen zum Schluß noch eine Schilderung Schönings, sowohl seiner äußern Erscheinung wie seines Charakters. Er war, namentlich dem Brustbilde nach zu schließen, dessen Original sich auf der Festung Königstein und in Kopie in Händen der Schöningschen Familie befindet, ein schöner Mann, in dessen Zügen sich Soldatisches und Hofmännisches, Strenge und Glätte, Selbstbewußtsein und Lächeln über die Eitelkeiten dieser Welt in interessanter Weise mischten. In andern Portraits, so zum Beispiel auf einer Denkmünze, die gleich nach seinem Tode geprägt wurde, tritt das streng Militärische beinah ausschließlich hervor; doch ist es fraglich, ob diesen letzteren Bildnissen irgendeine

Portraitbedeutung beigemessen werden darf oder ob sie nicht vielmehr jenen bloßen Ruhmes- und Ehrenmedaillen zuzurechnen sind, wie sie damals nach dem Ableben eines berühmten Mannes auf gut Glück hin angefertigt wurden, mehr in der Absicht, ihn durch bildliche Darstellung überhaupt zu feiern, als durch korrekte Wiedergabe seiner Züge seinem äußern Menschen gerecht zu werden.

Uns von Schönings Charakter ein Bild zu entwerfen ist nicht eben schwer, wenn wir den Berichten über ihn, die in ziemlicher Anzahl auf uns gekommen sind, ohne weiteres Glauben schenken wollen. Es bleibt aber doch fraglich, ob diesen Schilderungen, trotz des Übereinstimmenden, das sie haben, in allen Stücken unbedingt zu trauen ist. Alle Mitteilungen über ihn rühren nämlich von Gegnern her, und man würde die Pflicht haben, schon aus diesem Grunde die höchste Vorsicht walten zu lassen, wenn nicht der Umstand, daß er überhaupt *nur Gegner* gehabt zu haben scheint, allerdings auf etwas entschieden Unliebenswürdiges in seiner Natur hin verwiese. Barfus, die Schombergs, Danckelmann, der ältere Grumbkow, Otto von Schwerin, Graf Christoph Dohna, alle waren gegen ihn, und die Memoiren des letzteren, wenn wir Gutes und Böses, das sie erzählen, zusammenfassen, schildern ihn als einen begabten Feldherrn voll Mut, Umblick und Geistesgegenwart, aber zugleich auch als einen anmaßenden und habsüchtigen Mann, von spöttischem und zweideutigem Wesen. Seiner geistigen Überlegenheit sich bewußt, behandelte er, was *unter* ihm stand, mit Härte und, was neben ihm stand, mit Geringschätzung.

Diese Schilderung wird im wesentlichen richtig sein. Sein Streit mit General Barfus, den wir oben ausführlicher erzählt haben, zeigt ihn uns ganz von dieser Seite. Auch Barfus wird in den Pöllnitzschen Memoiren »auffahrend, halsstarrig und hochmütig« genannt; aber eine Reihenfolge von Umständen spricht dafür, daß Schöning in allem, was Dünkel und Hochmut anging, wenigstens ein *potenzierter* Barfus war. Schöning war wie Barfus, und Barfus war wie Schöning, aber der letztere hatte von allem ein voller geschüttelt und gerüttelt Maß. Mit Barfus, trotz seines auffahrenden Wesens, war wenigstens zu leben, mit Schöning nicht, und die Gekränkten und Beeinträchtigten wichen ihm entweder aus, das heißt quittierten den Dienst, oder forderten ihn zum Duell.* Auch dem Kurfürsten gegenüber verdarb er es durch seinen anmaßenden Ton. Er *mußte* recht haben, er war ja *Schöning*. In diesem Sinne sprach und schrieb er, und dies war es, was ihn endlich stürzte, nachdem er sich längst um alle Sympathien gebracht hatte.

Soweit nehmen wir nicht Anstand, in die Angriffe seiner Feinde mit einzustimmen. Auch den Vorwurf der Habsucht abzuweisen möchte schwer sein. Aber wenn wir auch die Schatten in seinem Charakter weder leugnen noch verringern wollen, so können wir ihm doch dadurch gerecht werden, daß wir seine Lichtseiten mehr hervortreten lassen, als seine mehr oder minder befangenen Zeitgenossen es getan haben. Schöning hatte keinen Freund unter seinesgleichen, aber diejenigen, die *über* ihm standen, und zwar je höher, je mehr, zeichneten ihn aus und gaben ihm Beweise eines besonderen Vertrauens. Kurfürst Friedrich III. war zu wenig selbständig und trotz seiner Kriege zu wenig kriegerisch, vor allem auch persönlich zu leicht verletzbar, um über die Vorzüge Schönings die Schwächen desselben vergessen zu können; der Große Kurfürst aber und Friedrich August der Starke bewiesen ihm dauernd ihre Wertschätzung und ihre Huld. Seine Stellung zum Großen Kurfürsten erinnert einigermaßen an das Verhältnis, das Winterfeldt siebzig Jahre später zum großen König einnahm. Auch Winterfeldt erkaufte die *Liebe* eines durch den *Haß* vieler. Die Vorwürfe, die gegen ihn erhoben wurden, waren zum Teil dieselben: Hochmut, Herrschsucht, Zweideutigkeit. Nur der Habsucht wagte man ihn nicht zu bezüchtigen. Schöning wurde mit sechsunddreißig Jahren General, mit achtundvierzig Jahren Feldmarschall; diese beiden Angaben genügen, um zu zeigen, was er war. Zwei Höfe, der brandenburgische und der sächsische, wetteiferten in Anerkennung seines militärischen Verdienstes. Dieses Verdienst war unbestreitbar da, und nur Stolz und Dünkel verdunkelten es oder machten die Welt

* Zum Teil freilich waren die schiefen Stellungen, in die er beständig geriet, unverschuldet. General von Promnitz wollte sich mit ihm schießen, weil Schöning statt seiner das Kommando zur Verfolgung Horns erhalten hatte, und General Beauvais d'Espagne nahm 1687 den Abschied, »weil er es nicht ertragen konnte, daß man dem General Schöning, der nach dem ungarischen Feldzug ein Liebling des Großen Kurfürsten geworden war, den Vorzug einräumte«.

unwillig, da noch anzuerkennen, wo schon die höchste *Selbst*anerkennung vorlag.

Er war seiner Umgebung überlegen, namentlich weltmännisch, aber sein spöttischer Mund verriet zuviel davon und brachte ihn um die beste Frucht des Lebens: *die Liebe der Menschen.* In wenig Herzen hat er sich eine Stätte gebaut, nur die Tamseler Fischer haben ihm eine poetisch-phantastische Erinnerung bewahrt bis diesen Tag. Wie Derfflinger in Gusow und der alte Sparr in Prenden, so lebt Schöning in Tamsel als ein »Zauberer« fort, und sie erzählen daselbst von ihm, er sei an der Spitze eines märkischen Fichtenwaldes vor die Türkenfestung Ofen gerückt, habe durch einen Zauberspruch all seine Fichten in baumhohe Pikeniere verwandelt und dann, wie der Birnamwald vor Schloß Dunsinan, die Türkenfestung gestürmt.

In den zwanziger Jahren dieses Jahrhunderts lebte das alles noch in einem *Volksliede*, das die Tamseler Fischer sangen. Nun ist das Lied verklungen, und nur noch die Sage geht von Mund zu Mund.

Kronprinz Friedrich und Frau von Wreech

In edlem Zorn erhebe dich, blick auf,
Beschäme, strafe den unwürd'gen Zweifel.
Schiller

Nach des Feldmarschalls Tode fiel Tamsel an den einzigen Sohn desselben, der mutmaßlich schon bei Lebzeiten des Vaters die Verwaltung der Familiengüter übernommen hatte. Aber das schöne Schloß, das die Hand griechischer Künstler geschmückt hatte, schien kein Glück und keine Fülle des Lebens für alle diejenigen beherbergen zu sollen, die den Namen Schöning führten, und kaum anderthalb Jahrzehnte nach dem Tode des berühmten Vaters folgte ihm der unberühmte Sohn in die Gruft.

Dieser Sohn war der letzte Schöning der Linie Tamsel. Er hinterließ nur eine einzige Tochter, Luise Eleonore, die, damals ein Kind noch, unter Vormundschaft ihrer Mutter die reiche Erbschaft antrat. Luise Eleonore war mit vier Jahren die Erbin von Tamsel und mit sechzehn Jahren die Gemahlin des Obersten Adam Friedrich von Wreech. Sie war acht Jahre mit diesem vermählt, also vierundzwanzig Jahre alt, als der damals neunzehnjährige *Kronprinz* Friedrich, mutmaßlich in den letzten Tagen des August 1731 (bis dahin hatte er die Festung Küstrin nicht verlassen dürfen), seinen ersten Besuch in Tamsel machte.

Es ist bekannt, daß der Prinz diesem ersten Besuche andere folgen ließ und alsbald in Beziehungen zu der schönen Frau von Wreech trat, die bis in die letzten Tage seines Küstriner Aufenthaltes hinein, also bis Ende Februar 1732, fortgesetzt wurden.

Die Frage drängt sich auf: Welcher Art waren diese Beziehungen? War es ein intimes Freundschaftsverhältnis, oder war es mehr? Die darüber herrschenden Anschauungen sind dem Rufe der Dame nicht allzu günstig gewesen; verschiedene Briefe jedoch, die der Kronprinz eben damals an Frau von Wreech richtete und deren Inhalt erst in neuester Zeit bekannt geworden ist, werden vielleicht imstande sein, die gäng und gäben Ansichten über diesen Punkt zu modifizieren. Diese Briefe, die sich jetzt im Besitz einer Urenkelin befinden, wurden von der letzteren in einem auf sie vererbten Berliner Hause zufällig aufgefunden, als ihr beim Ordnen von Papieren ein schon ziemlich vergilbtes Paket mit der kurzen Bezeichnung: »Papiers concernant la famille de Wreich« in die Hände fiel. Ein zweiter Umschlag führte die Aufschrift: »Lettres et vers de certain grand prince«, woran sich, wie zu bestimmterer Bezeichnung des Inhalts, die Worte reihten: »Lettres de Frédéric II. (comme prince royal) à Mad. de Schoening et à sa fille, Mad. de Wreich«.

Diese Briefe sind auf gewöhnlichem groben Schreibpapier und oft bis an den untersten Rand hin vollgeschrieben; die Linien sind krumm, die Orthographie höchst mangelhaft, Zeit und Ortsangabe fehlen. Nur einer trägt das völlige Datum, und zwar den 5. September 1731. Doch ergibt sich aus dem Inhalt der Briefe mit Bestimmtheit, daß sie zwischen Ende August 1731 und Ende Februar 1732 geschrieben sein müssen.

Ihre Bedeutung ist in mehr als einer Beziehung nicht gering zu veranschlagen. Sie werfen zunächst ein ganz bestimmtes und sehr vorteilhaftes Licht auf die Art des Verhältnisses. So wenigstens erscheint es mir. Sollten aber auch die traditionell gewordenen Anschauungen über diesen Punkt *nicht* erschüttert werden, so geben uns diese Briefe doch immerhin einen Reichtum von Details und dadurch ein minutiöses Bild jener Tage.

Denn die »Frau-von-Wreech-Literatur«, wenn man uns diesen Ausdruck gestatten will, war bisher ziemlich knapp bemessen und beschränkte sich auf zwei Briefzitate, von denen das eine einem Briefe des Grafen Schulenburg, an Grumbkow, wenn ich nicht irre, das andere einem Briefe Grumbkows an Seckendorff entnommen war. Beide sehr aphoristisch, und während Schulenburg einfach meldete: »Frau von Wreech sei sehr schön und habe einen Rosen- und Lilienteint«, sprach Grumbkow von einer »starken amour«, in die der Prinz verfallen sei, und fügte noch einige derbe Worte hinzu, die der König, gewissermaßen in Billigung und Gutheißung des Verhältnisses, geäußert haben sollte. Dies ist alles. Wohl sprechen die diplomatischen Klatschbriefe jener Tage von allerhand »Debauchen«, in die der Prinz verfallen sei, dieser Ausdruck aber bezieht sich ersichtlich nur auf sein Küstriner Leben überhaupt, *nicht* auf seine Tamseler Besuche. Ja, ich möchte weitergehen und die Behauptung wagen, daß Tamsel damals die Kehrseite dieser Küstriner Tage gewesen sei, ganz geeignet, durch Sitte, Feinheit und Anstand ein Leben wieder zu regulieren, das solcher Regulatoren allerdings dringend bedürftig war.

Treten wir dieser Frage näher, so wird es geraten sein, sich zunächst, gestützt auf die Briefe des Kronprinzen, mit der Persönlichkeit und dem Charakter der Frau von Wreech zu beschäftigen. Haben wir diesen festgestellt, so haben wir viel gewonnen. Denn die Handlungen der Menschen sind im Einklang mit ihrem Sinn.

»Ein Teint wie Lilien und Rosen«, schreibt Schulenburg und stellt mit Hülfe dieser wenigen Worte das Bild einer schönen Blondine vor uns hin: jung, heiter und blendend. Aber die Briefe des Kronprinzen geben uns mehr: sie durchgeistigen die schöne Gestalt. Frau von Wreech scheint sich ausgangs November 1731, während der Vermählungstage der Prinzessin Wilhelmine, mit am Berliner Hofe befunden zu haben, und während dieser Tage ist es, daß der Kronprinz sich niedersetzt, um an Frau von Schöning, die mutmaßlich in Tamsel zurückgebliebene Mutter der Frau von Wreech, zu schreiben. »Madame«, so heißt es in diesem Briefe, »ich habe das Vergnügen gehabt, Ihre Frau Tochter in Berlin zu sehen. Ich sah sie aber so flüchtig, daß ich kaum Gelegenheit fand, ihr guten Tag und guten Weg zu wünschen. Dennoch, so kurze Zeit ich sie sah, konnt es mir nicht entgehen, wie sehr sie sich vor allen anderen Damen des Hofes auszeichnete, und obschon ein ganzer Haufe von Prinzessinnen (une foule de princesses) zugegen war, die an Glanz sie übertrafen, so verdunkelte Ihre Frau Tochter doch alle durch Schönheit und majestätische Miene, durch Haltung und feine Sitte. Ich war wirklich in einer Tantalus-Lage, immer versucht, zu einer so göttlichen Person (à une si divine personne) zu sprechen, und nichtsdestoweniger zum Schweigen verpflichtet. Sie feierte schließlich einen völligen Triumph, und alles am Hofe kam überein, daß Frau von Wreech den Preis der Schönheit und feinen Sitte davontrage. Diese Worte müssen Ihnen wohltun, da Sie dieser liebenswürdigsten aller Frauen so nahestehen. Aber seien Sie versichert, Madame, daß Ihre Teilnahme an diesem allen nicht lebhafter sein kann als meine eigene, der ich alles liebe, was dieser liebenswürdigen Familie zugehört, und immer bin und sein werde Ihr ergebenster Freund, Neffe und Diener Friedrich.«

Wenn uns dieser Brief von der Feinheit und Grazie der schönen Frau erzählt, so erzählt uns ein anderer Brief von dem *Respekt*, den ihre Gegenwart einzuflößen verstand. Der Kronprinz schreibt unterm 5. September 1731 an Frau von Wreech selber:

»Ich würde die härteste Strafe verdienen, in *Ihrer Gegenwart* eine bêtise wie die gestrige begangen zu haben, wenn ich nicht Entschuldigungen hätte, die, glaub ich, einigermaßen stichhaltig sind. Der Graf sagte wirklich Dinge, die mir ganz und gar nicht gefielen, Dinge, deren rasche und ruhige Verdauung über meine Kräfte ging. Dennoch hab ich nur allzu guten Grund, Ihre Verzeihung für mein albernes Betragen nachzusuchen. Sie werden mir erlauben, meinen letzten Besuch durch einen anderen wiedergutzumachen, wo ich versuchen will, soweit wie möglich den Eindruck meiner gestrigen Torheit zu verwischen.«

So am 5. September. Aber die aufgefundenen Briefe fügen dem Bilde weitere Züge hinzu, und wir sehen Frau von Wreech nicht nur im Besitz von Jugend, Schönheit und einer Respekt erzwingenden Haltung – wir gewinnen auch einen leisen Einblick in ihre geistige Begabung und in die Liebenswürdigkeit ihres Charakters. Am 20. Februar 1732 schreibt der Kronprinz:

»Ich würde sehr undankbar sein, wenn ich Ihnen nicht meinen Dank aussprechen wollte, einmal darüber, daß Sie überhaupt nach Tamsel kamen, dann über die reizenden *Verse*, die Sie für mich gemacht hatten. Ich hätte mich einer Sünde schuldig zu machen geglaubt, wenn ich die Verse gleich gelesen und dadurch, wenn auch nur auf einen Augenblick, mich um den Zauber Ihrer Unterhaltung gebracht hätte. Gestern, in abendlicher Einsamkeit, fand ich Gelegenheit, alles in ungestörtester Muße zu lesen und zu bewundern. Da haben Sie meine Kritik. Alles, was von Ihnen kommt, entzückt mich durch Geist und Grazie. Doch genug – ich breche ab, seh ich Sie im Geiste doch ohnehin *erröten.* Ihrer *Bescheidenheit* aber jedes weitere Verlegenwerden zu ersparen und zugleich von dem Wunsche geleitet, Ihnen einen neuen Beweis meines blinden Gehorsams zu geben, schicke ich Ihnen, was Sie von mir gefordert haben.«

Das, was der Prinz schickt, was Frau von Wreech von ihm gefordert hat, ist sein *Portrait*, und er begleitet dasselbe mit einem Abschiedssonett, dessen Liebesgeständnis, eben weil es Abschiedszeilen sind, vielleicht ein gut Teil ernsthafter zu nehmen ist als alle die andern gereimten Huldigungen, auf die ich später zurückkomme. Das Sonett lautet:

Als mein Gesandter soll mein Bild dich grüßen,
Und des Gesandten Dolmetsch sei dies Lied,
Was ich zu sagen dir bisher vermied,
Ich sag es nun: Ich liege dir zu Füßen.

Ich trage Fesseln, aber jene süßen,
Von denen nie ein Herz freiwillig schied –

Mit jedem Ringe, jedem neuen Glied
Wächst nur die Lust, zu tragen und zu büßen.

Doch halt, o Lied, verrate nicht zuviel,
Verberge lieber hinter heitrem Spiel
Den Schmerz des Abschieds und des Herzens Wunde,

Verberge deiner Wünsche liebstes Ziel,
Verschweige, daß nur *eine* dir gefiel,
Um die du sterben möchtest jede Stunde.

Ich habe die Übersetzung dieses Sonetts mit gutem Vorbedachte hierher gestellt, weil es mir, ganz abgesehen von seinem Wert oder Unwert, einen passenden Übergang zu dem zu machen scheint, was ich zunächst noch zu sagen haben werde.

Nachdem ich nämlich bis hierher bemüht gewesen bin, das Bild der Frau von Wreech zu zeichnen, drängt sich uns nunmehr wieder die bis hieher zurückgewiesene Frage auf: Wie standen der Kronprinz und die Besitzerin von Schloß Tamsel zueinander? Wie eng oder wie weit waren die Grenzen ihrer Intimität gezogen?

Meine Antwort auf diese Frage weicht, wie ich schon angedeutet, von der üblichen Anschauung ab. Es stehen sich die Grumbkowschen Klatschereien und die eigenhändigen Briefe des Kronprinzen ziemlich diametral einander gegenüber, und die vorsichtigste Prüfung dieser letzteren, selbst ein argwöhnisches Lesen zwischen den Zeilen, hat mich nur fester in der Überzeugung gemacht, daß das Ganze nichts anderes als die Huldigung eines etwas verliebten *poetisierenden* jungen Prinzen war – eine Huldigung, die, mal leichter, mal leidenschaftlicher auftretend, von Frau von Wreech abwechselnd als eine Zerstreuung, eine Ehre, eine Schmeichelei, aber gelegentlich auch als eine Last entgegengenommen wurde.

Dementsprechend gestalteten sich ihre Beziehungen. Der sinnliche Reiz der jungen Frau mochte denselben vorübergehend eine andere Färbung geben; kein Zweifel, es kamen leidenschaftliche Stunden, aber sie kamen nur wie Fieberanfälle und ließen im wesentlichen das auf ästhetischen Interessen aufgeführte Verhältnis fortbestehen. Es war das *geistreiche Bedürfnis*, das immer wieder nach Tamsel hindrängte. Der Esprit der Küstriner Garnisonsoffiziere reichte nicht aus, ihr Verständnis für Verse war vollends ungewiß, und so sehen wir denn die Korrespondenz nach Tamsel hin nicht nur von zahlreichen Poetereien, von Hymnen, Sonetten etc., beständig begleitet, sondern auch die Briefe selbst in jener halb ironischen, halb humoristischen Weise abgefaßt, die sich immer da einstellt, wo junge Männer dem Zuge nicht widerstehen können, jeden Brief als eine kleine literarische Tat, als eine Anhäufung origineller Gedanken in die Welt zu senden.

Den ersten Brief des Kronprinzen übergeh ich hier; ich beginne mit dem zweiten, worin »der junge Poet«, dem nichts so sehr am Herzen liegt als das Schicksal seiner Verse, unverkennbar hervortritt.

»Madame«, so schreibt er, »die Heuschrecken, die das Land verwüsten, haben die Rücksicht genommen, Ihre Besitzungen und Ländereien zu verschonen. Ein zahlloses Heer viel schlimmerer und gefährlicherer Insekten indes steht auf dem Punkte, sich bei Ihnen niederzulassen, und nicht zufrieden damit, das Land zu zerstören, haben diese Geflügelten die Dreistigkeit, Sie persönlich und in Ihrem eigenen Schlosse zu überfallen. Diese Geflügelten führen den Namen *Verse*, sind Sechsfüßler, haben scharfe Zähne und einen langgestreckten Körper, dazu eine gewisse Kadenz, die genaugenommen ihr Grundprinzip ist und ihnen das Leben gibt. Es ist eine böse Race, jüngst vom Parnaß angekommen, wo sie der gute Geschmack nicht länger dulden wollte. Ein gleiches Schicksal wird ihrer in Tamsel harren. Wie immer dem sein möge, ich freue mich, daß Apollo sich aufgerafft hat, um seinen Musenberg von der Spreu der nüchternen Poeten zu säubern. Sein Staubbesen hat gründlich aufgeräumt. Ich selbst freilich bin unter den zumeist Getroffenen; aber ich verzeihe alles, verzeihe es um so lieber, als ich sehr wohl weiß, daß überall da, wo dem Bösen seine Strafe wird, auch das Gute seinen Lohn erhält. Sie, Madame, werden diesen Lohn empfangen, und ich bitte Sie dann um Ihr allergnädigstes Fürwort. Sagen Sie dem Apoll, daß er als Directeur der Künste und Wissenschaften eigentlich doch zu grob operiert und mich kaum noch als einen Mann von Ehre behandelt habe. Bitte, sagen Sie ihm ferner, daß es eigentlich nur *ein* Mittel gäbe, solche Züchtigungen und Backenstreiche erträglich zu machen, nämlich die Stiftung eines *Ordens vom schlechten Reim*. Willigt er darin, so kann er uns von da ab treffen, wie er will, wir werden es ruhig und dankbar hinnehmen – *Ritter*, die wir dann sind.«

So der Brief. Der Kronprinz hat in den ersten Zeilen desselben ein ganzes Heer von Versen angekündigt, »Sechsfüßler mit scharfen Zähnen und langgestrecktem Körper«, und diese Verse, die dem Briefe beiliegen, so wie andere, die später folgten, beschäftigen uns jetzt. Alle teilen sie sich in zwei Gruppen: in solche, die in direkter Huldigung gegen die schöne Frau geschrieben sind, und in solche, die ihr bloß zur Kritik vorgelegt werden.

Eine *Ode*, an Frau von Wreech gerichtet, eröffnet den Reigen. Man muß es damals mit den Gattungseinteilungen nicht allzu genau genommen haben, denn die Zeilen verhalten sich zu dem Schwung einer wirklichen Ode, wie sich Kotzebues »Armer Poet« zum Goethischen »Tasso« verhält. Der Prinz erklärt, daß er Frau von Wreech liebe; daß es freilich Menschen gäbe, die da meinten, Liebe sei Schwäche, daß er für sein Teil aber die schwachen Herzen angenehmer fände als die Herzen von Stein. In den mittleren Strophen heißt es dann in leidlich wohlgesetzten Alexandrinern:

Hab ich zuviel gesagt und ging mein Lied zu weit,
So wiss', in Bangen nur übt ich Verwegenheit,
So denke, daß ich schwieg, als ich zuletzt dich sah,
Ich schwieg, denn göttingleich, wortraubend standst du da.

Gebietrin, die du bist, gestatte mir noch oft
Geständnis all des Glücks, drauf meine Seele hofft,
Geständnis dessen all, was ich bisher bezwungen,
Darbringungen im Lied all meiner Huldigungen.

Ein glücklicher Zufall hat uns auch die Reimzeilen aufbewahrt, mit denen Frau von Wreech diese poetische Adresse des Kronprinzen beantwortete. Sie wurden nämlich im Brouillon auf die Rückseite des kronprinzlichen Briefes geschrieben und lauten wie folgt:

Welch Wunder trug sich zu? Was ist's, das sich begab?
Es steigt ein Königssohn, ein Prinz zu mir herab,
Besingt in Liedern mich und fordert mich zum Streit;
Antworten seinem Lied wär wie Verwegenheit,
Ich kann es nicht, nein, nein, verwirrt in jedem Sinn,
Fährt, über was ich schrieb, die Feder wieder hin.

Wohl hab ich oft gehört, an diesem, jenem Ort,
Wer nur im Herzen fühlt, dem gibt sich auch das Wort,
Doch trät ich keck zum Kampf mit dir, Erhabener, ein,
Müßt ich an Witz und Wort zuvor dein Echo sein.

Solch Echo bin ich nicht: all meiner Seele Schwung
Entspringt aus einem nur, aus der Bewunderung,
Womit ich vor dir steh; dein Tun, das in mir lebt,
Dein Schicksal ist's allein, was mich zu dir erhebt.

Es huldigt mir dein Wort; ich habe des nicht Leid,
Ist doch huldvolles Wort der Hoheit schönstes Kleid,
Und du, du botest mehr, der Grazien schöne Hand
Gestaltete zum Lied, was deine Huld empfand,
Du gabst mehr Ehre mir, als je mein Herz erfuhr,
Und all mein Sein ist Dank und stille Huld'gung nur.

Dies sei genug. Auffallend ist es, daß sich in diesen Versen, die spätere Ruhmesbezeichnung gleichsam antizipierend, bereits der Ausdruck »le grand Frédéric« vorfindet. Das bewundernde Hinaufblicken aber zu diesem grand Frédéric erklärt sich wohl überwiegend aus der erst kurze Zeit zurückliegenden »Küstriner Tragödie«, die den Kronprinzen, vor aller Welt Augen, mit einem Märtyrer- und Glorienschein umkleidet hatte.

Ich sagte, die Sechsfüßler, die der Kronprinz seinen Briefen beilegte, waren doppelter Art: einerseits Huldigungen gegen Frau von Wreech, andererseits kleine literarische Beilagen, die ein Geplauder, einen Meinungsaustausch, eine espritvolle Kontroverse wachrufen sollten. Begreiflicherweise sind es diese letzteren, denen ich ein besonderes Gewicht beilege, weil sie das ästhetisch-literarische Fundament des Verhältnisses ungleich besser charakterisieren als jene Huldigungsstrophen.

Diese literarischen Beilagen bestanden zunächst aus *Satiren*, ebenfalls in den unvermeidlichen Alexandrinern geschrieben. Er rächt sich in ihnen für alle während seiner Gefangenschaft erlittene Unbill, und jeder, der ihn gepeinigt oder auch nur vorübergehend gelangweilt hat, erhält seinen Geißelhieb. Der Gouverneur von Lepel, der Kammerdirektor Hille, die neidische Frau von Wolden, alle ziehen sie noch einmal vorüber, zuletzt die Colonelle Eberts, von der es heißt, »daß sich über ihre Dummheit eine ganze Äneïde schreiben ließe«. An Noten, Erläuterungen und Randbemerkungen ist kein Mangel, und in einem Postskriptum erfahren wir, daß die ganze Satire in etwa vierzehn Tagen geschrieben und doch immer noch voller Fehler sei, während alles Gute darin dem Horaz oder Juvenal entstamme. Oder auch dem Boileau.

So waren die Verspakete, die die kronprinzlichen Briefe nach Tamsel hin begleiteten. Diese selber glichen Aufsätzen und hoben das literarische Interesse weit über das Herzensinteresse hinaus.

Etwa um die Mitte November, kurz vor seiner völligen Aussöhnung mit dem Vater, schreibt er:

»Verehrteste Cousine! Des guten Glaubens, daß Sie zu meinen besten Freunden in diesen Gegenden zählen, kann ich nicht unterlassen, Ihnen einen Plan mitzuteilen, der sich auf meinen demnächstigen Einzug in Berlin bezieht. Es ist ohngefähr folgendes, was ich Ihnen darüber mitzuteilen habe. Der Zug soll durch eine Herde jener verpönten Tiere von zartem Fleisch und unzarten Gewohnheiten eröffnet werden, denen die Aufgabe zufallen wird, aus Leibeskräften und in Gemäßheit angeborner Instinkte zu schreien. Dann folgt eine Schaf- oder Hammelherde unter Führung eines meiner Kammerdiener. Danach eine Herde podolischer Ochsen, die mir unmittelbar voraufgehen. Nun ich selbst. Mein Aufzug ist folgender: ein großer Esel trägt mich, so einfach als möglich aufgeschirrt. Statt der Pistolenhalfter befinden sich zwei Getreidesäcke vor mir, und ein tüchtiger

Mehlsack vertritt die Stelle von Sattel und Schabracke. So sitz ich da, einen Knittel als Peitsche in der Hand und einen Strohhut statt des Helmes auf dem Kopf. Zu beiden Seiten meines Esels marschiert ein halbes Dutzend Bauern mit Sensen, Pflugscharen und anderen Attributen der Landwirtschaft und müht sich, Schritt zu halten und einen Ernst zu zeigen, wie er der Sache angemessen ist. Dann folgt, auf der Höhe eines schwerbeladenen Heuwagens, die heroische Gestalt des Seigneur von Natzmer, der Wagen selbst von vier Ochsen und einer Stute gezogen. Ich bitte Sie, verehrteste Cousine, mich bei Anordnung dieser Zeremonie unterstützen zu wollen. Was mich angeht, so zieh ich es vor, eine wirkliche Ursache zu Hohn und Spott zu geben, als ohne allen Grund von einem frechen Volkshaufen ausgelacht zu werden. Ich treffe alle Vorbereitungen für diesen meinen Einzug und warte nur noch Ihrer Ordre, um sie ins Werk zu setzen.«

Dieser Brief, mit allen seinen Vorzügen und Schwächen, was ist er anders als ein kleiner humoristischer Versuch, der der schönen Freundin in Tamsel übersandt wird, um bei nächster Gelegenheit einiges Schmeichelhafte darüber zu hören.

Noch einmal, die ästhetisch-literarischen Bedürfnisse des Kronprinzen schufen und unterhielten das Verhältnis, und wenn die Gefühle des jungen Poeten, wie kein Zweifel ist, zuzeiten die Gestalt einer leidenschaftlichen Zuneigung annahmen, so bleibt es doch mindestens ungewiß, ob diese Neigung eine glückliche, eine gegenseitige war. Wenn wir darüber die Schlußsätze des letzten Briefes vom 20. Februar zu Rate ziehen, so scheint es beinahe, daß Frau von Wreech einfach hinnahm, was sie nicht ändern konnte, und daß sie, namentlich nach Ablauf einer ersten Epoche poetischer Bewunderung, des Kronprinzen Liebe mehr duldete als erwiderte. Diese Schlußsätze des prinzlichen Briefes lauten: »So schicke ich Ihnen denn mein Bild. Ich hoffe, daß es mich wenigstens dann und wann in Ihre Erinnerung bringen und Sie zu dem Zugeständnis veranlassen wird: er war au fond ein guter Junge (un assez bon garçon), aber er langweilte mich, denn er liebte mich zu sehr und brachte mich oft zur Verzweiflung mit seiner unbequemen Liebe.«

Diese Worte, die fast wie ein Résumé klingen, sind mir als besonders charakteristisch erschienen. Ende Februar verließ der Kronprinz Küstrin, um vorläufig *nicht* mehr dahin zurückzukehren.

Die Jahre gingen, andere Zeiten kamen. Das Verhältnis, das einen Winter lang soviel Trost und Freude gewährt hatte, schien tot, und erst sechsundzwanzig Jahre später sehen wir den Kronprinzen, nun *König* Friedrich, abermals in Tamsel.

Aber wie anders sieht ihn jetzt Tamsel an! Es ist am 30. August 1758, fünf Tage nach der Schlacht bei Zorndorf. Das Schloß ist von den Russen ausgeplündert, alle Bewohner sind geflohen, der zurückgebliebene Lehrer der Wreechschen Kinder liegt erschlagen im Park, alles ist wüst, öde, halb verbrannt, und nur mit Mühe konnt ein Tisch für den König herbeigeschafft werden. Und jetzt gedenkt er entschwundener Tage und alter Pflicht und alter Liebe, und angesichts der Zerstörung, die sein Herz an *diesem* Orte doppelt trifft, richtet er noch einmal einige Zeilen an die schöne Frau. Keine Verse sind eingeschlossen, aber ein Besseres hat er sich in der Schule des Lebens erobert – ein echtes Gefühl. Der Brief selbst aber lautet:

»Madame! Ich habe mich nach der Schlacht vom 25. hierher begeben und eine volle Zerstörung an diesem Orte vorgefunden. Sie mögen versichert sein, daß ich alles nur Mögliche tun werde, um zu retten, was noch zu retten ist. Meine Armee hat sich genötigt gesehen, hier in Tamsel zu fouragieren, und wenn freilich die verdrießliche Lage, in der ich mich befinde, es ganz unmöglich macht, für all den Schaden aufzukommen, den die Feinde (*vor* mir) hier angerichtet haben, so will ich wenigstens nicht, daß von mir es heiße, ich hätte zum Ruin von Personen beigetragen, denen gegenüber ich die Pflicht, sie glücklich zu machen, in einem besonderen Grade empfinde. Ich halte es für möglich, daß es Ihnen selbst, Madame, eben jetzt am Notwendigsten gebricht, und diese Erwägung ist es, die mich bestimmt, auf der Stelle die Vergütigung alles dessen anzuordnen, was unsere Fouragierungen Ihnen gekostet haben. Ich hoffe, daß Sie diese Auszeichnung als ein Zeichen jener Wertschätzung entgegennehmen werden, in der ich verharre als Ihr wohlgewogener Freund Friedrich.«

Frau von Wreech empfing diesen Brief am selben Tage noch, woraus sich schließen läßt, daß sie auf einem der benachbarten Güter Zuflucht gesucht hatte, denn dem Briefe sind von der Hand der Empfängerin die Worte hinzugefügt: »Empfangen am 30. August 1758, in demselben Jahre, in dem ich alles verlor, das ich mein nannte« – oder, wie es im Originale heißt: »L'année où j'ai perdu tout ce que j'avais dans le monde pour vivre.«

Diese Worte der Frau von Wreech sind charakteristischer, als sie auf den ersten Blick erscheinen mögen. Der Brief des Königs hatte zweifellos den Zweck, ein Trostbrief zu sein; der Ausdruck seiner Teilnahme, zugleich die Zusage, für alles aufkommen zu wollen, was die Verpflegung *seiner* Truppen gekostet hatte, alles das bezeugt genugsam, daß er aufzurichten wünschte, tatsächlich, aber auch in Worten. Frau von Wreech indessen, unberührt von dem schönen Inhalte des Briefes, scheint nur dem einen bitteren und niederdrückenden Gedanken gelebt zu haben: Ich war reich und bin nun arm; ich konnte geben und helfen und bin nun selber hülfebedürftig.

Es würde gewagt sein, aus der kurzen Notiz: »*das* Jahr, in dem ich alles verlor, was ich mein nannte«, so weitgehende Schlüsse auf die damalige Stimmung der Frau von Wreech zu ziehen, wenn nicht die Korrespondenz, die sich von jenem 30. August an zwischen Jugendfreund und Jugendfreundin entspann, keinen Zweifel darüber ließe, von welchen Empfindungen das Herz der freilich schwer heimgesuchten Frau damals ausschließlich erfüllt wurde. Und wenn die Jugendbriefe des Kronprinzen uns mehr mit der Empfängerin in Tamsel als mit dem Küstriner Verfasser sympathisieren ließen, so wendet sich jetzt das Blatt, und der *König kommt zu seinem Recht.*

Auch auf diese *zweite* Korrespondenz werfen wir noch einen flüchtigen Blick. Sie besteht nur aus *fünf* Briefen, und diese wirken neben der Jugendkorrespondenz wie die Billets eines sich mit Anstand zurückziehenden Ehemanns neben dem Briefpäckchen, das er als Bräutigam geschrieben. Aber sie verlieren dadurch nichts von ihrem Wert. Im

Gegenteil. Von verschiedenen Punkten aus datiert, wohin der Krieg den schwerbedrängten König gerade rief, von Dresden, Breslau, Leipzig aus, gereicht jeder einzelne dem Schreiber zu hoher Ehre. Aus ihrem Inhalt ergibt sich, daß Frau von Wreech nicht müde wurde, den König erst um Unterstützung für die verarmten Bauern der Wreechschen Güter, dann um Darlehne für sich selbst zu bitten. Diese Gesuche waren sicherlich dazu angetan, die Geduld des Königs zu erschöpfen, der zum Beispiel einen dieser Briefe kurz nach dem schwer erkauften Siege von Torgau, will also sagen in einem Augenblick empfing, wo die halbe Monarchie ziemlich ebenso verwüstet war wie die Güter der Frau von Wreech; aber seine Antworten zeigen nirgends Ungeduld oder jenen herben Ton, durch den er so schwer verletzen konnte, und selbst da, wo er auf das bestimmteste ablehnt, lehnt er nur ab, weil er *muß*. Er schreibt eigenhändig von Breslau aus:

»Madame, Sie stellen sich die Dinge sehr anders vor, als sie sind. Bedenken Sie, daß ich seit einem Jahre weder Gehalte noch Pensionen zahle; bedenken Sie, daß mir Provinzen fehlen, daß andere verwüstet sind; denken Sie an die enormen Anstrengungen, die ich machen muß, und Sie werden einsehen, daß meine Ablehnung nur in der völligen Unfähigkeit ihren Grund hat, Ihnen zu helfen. Sobald die Dinge sich ändern, soll geschehen, was möglich ist.«

Ja, er geht schließlich weiter und bewilligt wirklich eine Summe zu einem Betrage, der nicht genannt wird, dessen Unzureichendheit aber sich mutmaßen läßt, denn die Anfangsworte des Begleitschreibens lauten: »Es tut mir aufrichtig leid, Madame, weder so viel tun zu können, wie ich möchte, noch so viel, wie Sie wünschen. Aber ich habe Ordre gegeben« etc.

Dies sind die letzten Zeilen, die Friedrich nach Tamsel hin richtete. Sie zeigen, wie diese letzten Briefe überhaupt, daß er auch unter den pressendsten Verhältnissen nie vergaß, was er diesem Hause und dieser Frau an Dankbarkeit schuldig war. Er hätte sonst einen ganz andern Ton angeschlagen. Frau von Wreech indes scheint anders empfunden und bis zuletzt die Vorstellung unterhalten zu haben, daß des Kö-nigs Benehmen hart überhaupt und speziell hart gegen *sie*, die Genossin, die Freundin seiner Jugend, gewesen sei.

Der Friede kam, das verwüstete Tamsel blühte wieder auf, der alte Feldmarschall mit seinen roten Gamaschen hing wieder an der boisierten Wand, und der Park, schöner werdend von Jahr zu Jahr, füllte sich mit Marmorstatuen. Dem Ruhme des Prinzen Heinrich wurden Tafeln und Obelisken errichtet, jedem einzelnen aus dem Hause der Hohenzollern fiel eine Huldigung zu. Nur dem Größten nicht. Kein Stein, keine Tafel trug damals den Namen König Friedrichs. *Hier*, wo er glücklich gewesen war und vielleicht auch glücklich gemacht hatte, sollte sein Name vergessen sein.

Aber die Zeiten üben Gerechtigkeit. Im Sommer 1795 wurde der jüngste Sohn der schönen Frau von Wreech, zugleich der letzte seines Stammes, in die Kirchengruft hinabgesenkt, und andere Bewohner zogen in Schloß Tamsel ein, andere, die lächeln mochten über den Unmut, der sich unterfangen hatte, den Namen des großen Königs von dieser Stelle ausschließen zu wollen.

Am 31. Mai 1840, am hundertjährigen Jahrestage der Thronbesteigung Friedrichs II., fiel die Hülle von dem Monumente, das Graf Hermann Schwerin dem Andenken des Königs im Tamsler Parke hatte errichten lassen. Es ist ein Denkstein von dreißig Fuß Höhe. Auf der Spitze desselben erhebt sich eine vergoldete *Viktoria*, während der Sockel die Inschrift trägt: »Es ist ein köstlich Ding einem Manne, daß er das Joch in seiner Jugend trage.«

Unter Beteiligung vieler Tausende aus Dorf und Stadt wurde die Enthüllungsfeier begangen. Ein alter Bauer, als er die Hüllen fallen sah, rief seinem Nachbar zu: »Ick dacht, et süll de Olle Fritz sinn, un nu is et sine Fru.«

Der alte Bauer hatte die Wahrheit gesprochen. Waren doch Viktoria und Friedrich immer zu treuem Bunde vereint gewesen. Die Hohenzollern aber, mögen sie nie aufhören, in gleicher Art dem *Siege* vermählt zu sein.

TAMSEL

Verschnittene Hecken,
Sich zu verstecken,
Und auf blühendem Raine
Liebesgötter, groß' und kleine –
Aber ihre Stunden
Sind hingeschwunden.

II

Über die schöne Lage Tamsels habe ich schon Seite 340 gesprochen. In früheren Zeiten hieß es die »Oase in der Wüste«, und noch jetzt hat es Anspruch auf jene rühmende Bezeichnung, wenn auch freilich die ringsumher liegenden, dem üppigsten Wiesewachs gewonnenen Bruchgegenden die Bezeichnung »Wüste« nicht länger zulässig erscheinen lassen.

Das Terrain, auf dem Tamsel liegt, hat viel Ähnlichkeit mit den Oderbruch-Partien zwischen Falkenberg und Freienwalde. Im Rücken eine Bergwand, mehr oder weniger steil und gelegentlich durch eine Schlucht unterbrochen; am Fuße dieser Bergwand ein Dorf und zu Füßen des Dorfs ein Wiesengrund, oft überschwemmt und immer von Flußarmen durchzogen. So das Freienwalder Terrain und so auch die Landschaft um Tamsel her.

Dorf Tamsel zieht sich unmittelbar am Hügel hin, und zwar in Form eines Quersacks: oben und unten breit und in der Mitte schmal und eng. Hier schiebt sich der Park ein und teilt das Dorf in eine östliche und westliche Hälfte, was indessen wenig bemerkt wird, da der Dorfverkehr unbehindert am Park entlang oder auch durch diesen hindurch geht. Ein solches Zusammengewachsensein von Dorf und Schloß tut immer wohl, und jeder Teil, auch nur malerisch genommen, hat Vorteil davon. Der Park gibt Schönheit und empfängt Leben und Heiterkeit zurück.

Der Park

Der Tamseler Park zerfällt in einen Außen- und Innenpark.

Der *Außenpark* ist eine Waldpartie, die vom Fuß des Hügels an bis zur Kuppe desselben aufsteigt und, vom Bruch aus gesehen, die Schlußcoulisse des ganzen Bildes bildet. Auf der Höhe des Hügels erhebt sich einer jener griechischen Tempel, wie sie die Rokokozeit zu bauen liebte, während weiter abwärts eine Schlucht die Hügelwand durchbricht, eine Talrinne, durch welche der Weg nach Zorndorf führt. In dieser Schlucht war es, wo in den achtziger Jahren dem Prinzen Heinrich zu Ehren die Forcierung des Passes von Gabel, die letzte Kriegstat des Prinzen, noch einmal in Szene gesetzt wurde. Natürlich bei bengalischem Feuer. Die Schlucht wurde zu diesem Behuf überbrückt; Minerva, die schöne zwanzigjährige Gräfin Dönhoff, führte die Sturmkolonne mit begeisterter Anrede über die Brücke, an deren anderem Ende der Prinz von drei Johanniterrittern: von Schack, Graf Dönhoff und Graf Tauentzien, in voller Ordenstracht begrüßt und mit den schon an anderer Stelle (Band I; in den Rheinsberger Kapiteln) mitgeteilten Worten empfangen wurde:

Henry parait! il fait se rendre!
Vous frémissez fiers Autrichiens!
Si vous pouviez le voir, si vous pouviez l'entendre,
Vous béniriez le sort qui vous met dans ses mains.

Also etwa:

Heinrich erscheint. Vor seinem Begegnen
Zittert Östreich und unterliegt; –
Kenntet ihr ihn, ihr würdet es segnen,
Stolze Feinde, daß *er* euch besiegt.

Zur Erinnerung wieder an diesen Erinnerungstag wurde gleich nach der Festlichkeit ein Obelisk an jener Stelle errichtet, wo die drei Johanniterritter den Prinzen begrüßt hatten, und diesem Obelisken die Inschrift gegeben: »En mémoire du passage de Gàbel en Bohême par le prince Henri de Prusse, le 31. Juillet 1778.« Darunter:

Ce marbre véridique aux siècles à venir
Du héros de notre siècle attestera la gloire,
Mais tout ce qu'il peut contenir
N'est qu'un feuillet de son histoire.

Dieser Obelisk steht noch.

Der *Innenpark* ist sehr reich an Statuen und Gedenksteinen und soll, vor nicht allzu langer Zeit, noch um vieles reicher daran gewesen sein. In einer seiner Ecken erhebt sich ein Altar mit den Büsten des »prince Henri« und des Großen Kurfürsten, und französische und deutsche Verse wetteifern, teils in unmittelbarer Huldigung gegen den Prinzen, teils in Vergleichen, die sie zwischen dem Ahnherrn und seinem Enkel ziehn. »Il a tout fait pour l'état«, heißt es an erster Stelle. Aber diesem einfachen Ausspruche folgen Verse des Chevaliers de Boufflers auf dem Fuß:

Dans cette image auguste et chère
Tout héros verra son rival.
Tout sage verra son égal
Et tout homme verra son frère.

Nun beginnen die Parallelen mit dem Großen Kurfürsten. Zuerst französisch:

Grands dans la paix, grands dans la guerre,
Tous deux, par de fameux exploits,
Devinrent et l'exemple et la leçon des rois.
D'infortunés proscrits le premier fut le père,
Le second, par son art d'étonner et de plaire,
Mit des Français tout les cœurs sous ses loix.

Dann folgen deutsche Distichen:

Mächtig erhub sich der Staat durch Wilhelm, der ihm zu Lehrern
Jeder friedlichen Kunst Galliens Flüchtlinge gab;
Mächtig beschützt ihn der Sieger bei Freiberg, der in die Lorbeern
Früh sich des feinen Geschmacks gallische Lilien wand.

Endlich, im lapidarsten Lapidarstil, machen lateinische Worte den Schluß. Zuerst (dem Kurfürsten geltend): »*Fridericus Guilielmus vere Magnus.* Civium Parens. Hostium Victor. Libertatis Germanicae Vindex. Fidei Exulis Perfugium.« – Dann (dem Prinzen geltend): »Henricus Militum Amor. Hostium Terror. Gallicae Gentis Deliciae. Musarum Altor. Ad Freibergam Victor.«

Hiermit schließen die Inschriften zu Ehren des Prinzen Heinrich, aber nicht die Denksteine und Inschriften überhaupt. »Rose, elle a vécu ce que vivent les roses – l'espace d'un matin«, so lauten die Worte auf einem halb unter Rasen verborgenen Sandstein, der zugleich den Namen der Frühgeschiedenen trägt: Lisette Tauentzien. Weiter abwärts begegnen wir in den Gängen des Parks einem Epitaph mit Bild und Urne, »dem Gedächtnis seiner zwei Geschwister errichtet vom Grafen Ludwig Alexander Wreich«. (»Complaints de Louis Alexandre Comte de Wreich sur la perte de sa sœur et de son frère.«) Darunter folgende Verse:

Naissez mes vers, soulagez mes douleurs
Et sans efforts coulez avec mes pleurs!
Pour vous pleurer je devance l'aurore,
L'éclat du jour augmente mes ennuis,
Je gémis seul dans le calme des nuits,
La nuit s'envole et je gémis encore.
Vous n'avez point soulagé mes douleurs,
Naissez mes vers, laissez couler mes pleurs.

Noch weiter abwärts erhebt sich das Denkmal, das ebenfalls Graf Ludwig Wreich dem Andenken seines Lehrers Fahndorff errichtete, desselben, der am 24. August 1758 von den plündernden Russen ermordet und unter die Bäume des Parks geworfen wurde.

Noch vieles andere ist an Tafeln und Inschriften da, aber wir verweilen dabei nicht länger und wenden uns vielmehr der Stelle zu, wo, im *Mittelpunkte des Parks*, en vue des Schlosses, vom Grafen Hermann Schwerin der große Denkstein errichtet wurde, dessen ich schon Seite 377 flüchtig erwähnte. Es ist, wie an jener Stelle hervorgehoben, ein Steinobelisk von etwa dreißig Fuß Höhe, der sich auf einem gegliederten

Postamente erhebt und seinerseits wieder eine Viktoria trägt. An den Seiten und der Rückfront des Postaments befinden sich drei auf den Küstriner Aufenthalt des Kronprinzen Bezug nehmende Basreliefs: ein Studierzimmer mit Büchern, Noten und Karten; ein strahlender Jüngling, der den Wagen zur Sonne lenkt; Küstrin mit der alten Oderbrücke; während die Vorderfront folgende Inschrift trägt:

Eh die Sonne (mit des Schöpfers Macht im Bunde)
Sendet ihren Glühstrahl über Welt und Ozean,
Geht des Frühlingsmorgens Nebelstunde
Tränenschwer, doch Segen bergend, ihr voran.

Weitere, am Obelisken selbst befindliche Inschriften knüpfen ebenfalls an den Aufenthalt des Kronprinzen in Küstrin und Tamsel an.

Vorderfront: »Hier fand Friedrich II. als Kronprinz von Preußen in seinem Duldungsjahre 1731 erwünschte Aufheiterung in ländlicher Stille.«

Rückfront: »Es ist ein göttlich Ding einem Manne, daß er das Joch in seiner Jugend trage. Klagelieder Jeremiä 3,27.«

An einer der Seitenfronten befinden sich einige auf die Errichtung des Denkmals Bezug nehmende Worte: »Dem erhabenen Verklärten Anno 1840, nach 100 Jahren seiner Thronbesteigung, geweiht vom Grafen Hermann von Schwerin.« Ein Gitter und Rosenbüsche fassen das Denkmal ein. Es ist an derselben Stelle errichtet worden, an der, laut Aussage alter Fischersleute, der Kronprinz, wenn er im Tamsler Parke spazierenging, mit Vorliebe zu verweilen und unterm Laubdach der Bäume zu lesen pflegte. Die Enthüllung des Denkmals war, wie schon hervorgehoben, ein Fest für die ganze Gegend. Friedrich Wilhelm III., der sieben Tage später starb, hatte noch den größten Anteil daran genommen und acht Invaliden aus der fridrizianischen Zeit, zur Erhöhung des festlichen Eindrucks, nach Tamsel geschickt. Die Uniformierung war eigens nach Angaben des Königs erfolgt.*

* Dies Denkmal, das vom Warthebruch und zugleich auch von dem hohen Eisenbahndamm aus gesehen werden kann, der dicht bei Tamsel das Bruch durchschneidet, gereicht dem Parke jederzeit zu einer besonderen Zierde; seinen schönsten Moment aber hatte dasselbe wohl, als in der Nacht vom 21. auf den 22. Oktober 1861 König Wilhelm I., von seiner Krönung in Königsberg zurückkehrend, im Eilzuge an Tamsel

Die Kirche

Die Tamsler Kirche steht ebenfalls im Park. Es ist ein alter, gotischer Bau, der durch Schinkel restauriert und malerisch in die Landschaft eingefügt wurde. Dies Bestreben, einer sterilen Landschaft künstlerisch aufzuhelfen oder eine hübsche Landschaft noch hübscher zu machen, spielt bei allen Schinkelschen Dorfkirchen eine wesentliche Rolle.

Wir treten ein. Das linke Querschiff ist eine mit Statuen und Waffentrophäen geschmückte Ruhmeshalle für die Schönings. Hier befinden sich, in einer Doppelnische, die überlebensgroßen Steinbilder des *Feldmarschalls* Hans Adam von Schöning und seiner Gemahlin. Zur Linken beider steht die Marmorbüste des *Sohnes* (Johann Ludwig, † 1713) und trägt folgende Inschrift: »Der hochwohlgeborne Herr, Herr Johann Ludwig von Schöning, des Sankt Johanniterordens Ritter und designierter Kommendator zu Lago, Seiner Königlichen Majestät in Polen und Kurfürstlichen Durchlaucht zu Sachsen gewesener Kammerherr, Herr zu Tamsel, Warnick, Groß und Klein Camin, Birkholz und Schönhof, ist geboren zu Küstrin den 25. Dezember st. vet. anno 1675 und auf dem adeligen Gute zu Neuendorf in dem Fürstentum Halberstadt anno 1713, den 29. Oktober, selig in dem Herrn entschlafen, seines Alters 37 Jahr, 10 Monate und 10 Tage.«

Andere Statuen enthält die Kirche nicht, wohl aber zwei Ölbilder zur Rechten und Linken des Altars. Das eine, von Wach gemalt, ist eine »Himmelfahrt«; das andere, ein »Christus am Kreuz«, wurde von Wach restauriert. Dies zweite Bild ist wesentlich besser und gilt für wertvoll. Es heißt, »der Feldmarschall habe es nach seinem Türkensiege aus Ungarn mitgebracht«, doch erscheint mir das wenig wahrscheinlich. Alles, was sich in den Schlössern und Kirchen unserer »Türkenbesieger« vorfindet, ist regelmäßig »aus Ungarn mitgebracht«. Ich meinerseits halte mich überzeugt, daß selbst die

und seinem Park vorüberfuhr. Signale, vom Eisenbahndamm aus, wurden gegeben, und in demselben Augenblick, in dem der Zug an der Parklichtung vorüberglitt, strahlte das Viktoriabild des Obelisken in rotem Feuer. Dahinter stieg das Schloß in scharf gezeichnetem Umriß auf. Aber einen Moment nur. Dann sank alles wieder in Nacht.

Seite 341 erwähnten, berühmten Stuckarbeiten im Tamseler Schloß einfach von Berliner Künstlern herrühren, an denen unter der Regierung König Friedrichs I. in der brandenburgischen Hauptstadt kein Mangel war. Der »Christus am Kreuz« konnte freilich damals von keinem Berliner Maler gemalt werden und stammt wahrscheinlich aus Dresden, wo, wie wir gesehen haben (vergleiche Seite 358), Feldmarschall Schöning von 1691 an lebte und 1696 starb.

Die Kirche hat *zwei Erbbegräbnisse*: das eine, ein neuerer Anbau, hinter dem Chor der Kirche, das andere eine gewölbte Gruft aus der Zeit der Schönings oder noch früher.

Der »neuere Anbau« ist das *Dönhoffsche Erbbegräbnis*. Es wurden darin beigesetzt: 1. Graf Dönhoff, an den, nach dem Tod des letzten Wreech, Tamsel als Frauenerbe fiel; 2. Gräfin Dönhoff, geborne Gräfin Schwerin; 3. und 4. zwei junge Grafen Dönhoff, von denen der eine als Kind starb, der andere, kaum einundzwanzig Jahr alt, von seinem Freunde, dem Grafen Saldern, im Duell erschossen wurde. Das Duell fand in Göttingen statt (1816), wo beide studierten. Graf Dönhoff hatte das Jahr vorher als Garde-du-Corps-Offizier die Campagne mitgemacht. – Außer diesen vier Särgen befinden sich noch zwei ältere in dem Erbbegräbnis, und zwar die Särge des Freiherrn Dodo Heinrich von Inhausen und Knyphausen, Erbherr der Herrlichkeit Jenelt und Visket, und seiner Gemahlin, einer gebornen Baronesse von Wreech. Er, der Freiherr, war am 5. August 1729 geboren und starb am 31. Mai 1789. Er gehörte dem Rheinsberger Kreise an.

Die *Gruft* scheidet sich in zwei gewölbte Räume. In der ältern, mehr zurück gelegenen Gruftkammer befinden sich die Särge der alten Familie von Schönbeck, die schon um 1510 Tamsel und Warnick von dem Johanniterorden zu Lehn trug. In dem andern Gewölbe stehen elf zum Teil sehr prachtvolle Särge, darunter der der schönen Frau von Wreech (Luise Eleonore)*, der beiden letzten Wreechs und des

* Da über verschiedene Daten aus dem Leben dieser Frau, namentlich über das Jahr ihrer Geburt und ihrer Verheiratung, abweichende Angaben vorkommen, so lasse ich hier nachstehendes folgen. Luisa Eleonora von Schöning wurde, dem Küstriner Kirchenbuche zufolge, durch den Küstriner Hofprediger am 6. Juli 1721 in Tamsel zum heiligen Abendmahl admittiert, *ihres Alters vierzehn Jahre*, sowie durch denselben *am 25. Mai 1723* mit dem Obersten Adam Friedrich von Wreech (gestorben

Feldmarschalls Hans Adam von Schöning. Der Sarg der schönen Frau von Wreech hat *keine* Inschrift, wohl aber befinden sich solche auf den Särgen ihrer beiden Söhne, der »letzten Wreechs oder Wreichs«. Beide Schreibarten gelten.

Diese Inschriften lauten:

1. »Friedrich Wilhelm Feodor Freiherr von Wreich, Seiner Königlichen Majestät von Preußen Wirklicher Kammerherr und Hofmarschall bei Seiner Königlichen Hoheit des Prinzen Heinrich von Preußen, sind geboren zu Berlin den 29. Januar 1733 und gestorben zu Berlin den 23. Mai 1785.«

2. »Ludwig Graf von Wreich, der letzte seines Stammes, königlich preußischer Kammerherr und Hofkavalier Seiner Königlichen Hoheit des Prinzen Heinrich von Preußen, Erb- und Gerichtsherr auf Tamsel etc., Ritter des Johanniterordens und Domherr des Stifts zu Magdeburg, ward geboren im Jahre 1734 zu Kyritz in der Altmark und starb den 20. Juni 1795 zu Rathenow im 61. Jahre seines ruhmwürdigen Lebens.«

1746) kopuliert. Sie war also bei ihrer Verheiratung sechzehn Jahr alt und vierundzwanzig Jahr bei dem ersten Besuch des Kronprinzen in Tamsel. Aus ihrer Ehe mit dem Obersten von Wreech hatte sie *sieben* Kinder. Das Küstriner Kirchenbuch nennt folgende fünf:

1. Eleonore Charlotte Amalie, geboren den 21. Dezember 1724.
2. Juliane Luise, geboren den 22. März 1726.
3. Friedrich Ludwig, geboren den 31. Juli 1727. Getauft den 7. August; zählt unter seinen Paten den König, den Kronprinzen und den Fürsten von Anhalt-Dessau.
4. Karl Albrecht Adam, geboren den 27. November 1728.
5. Sophie Friederike, geboren den 28. Mai 1730. Zählte unter ihren Paten die Prinzessin von Anhalt-Zerbst, die Feldmarschälle Graf von Wartensleben und von Natzmer. Sie war es, die sich am 7. September 1752 mit dem Grafen Stanislaus Gerhard von Dönhoff (später, in zweiter Ehe, mit dem Baron Dodo von Knyphausen) vermählte, durch welche Vermählung Tamsel zunächst an die Dönhoffs, dann an die Schwerins kam.

Fr. Foerster spricht noch von einer am 27. Mai 1732 geborenen Tochter, doch ist ziemlich ersichtlich, daß hier eine Zahlenverwechslung vorliegt und daß er die obige, am 28. Mai 1730 geborene Tochter (Sophie Friederike) meint. Auf diese Tochter bezieht sich auch die Stelle eines etwa Mitte Dezember 1731 geschriebenen Briefes des Kronprinzen an Frau von Schöning, die *Mutter* der Frau von Wreech: »Je l'ai vu, Madame, votre fille (Frau von Wreech), et elle sait que Vous et sa fille (ebenjene Sophie Friederike) se portent bien.«

Nach dieser Zeit, das heißt in den Jahren, die der Anwesenheit des Kronprinzen (1731) folgten, wurden jedenfalls noch zwei Kinder geboren, und zwar die schon im Text genannten:

6. Friedrich Wilhelm Feodor von Wreech, geboren 1733, gestorben 1785; und
7. Ludwig Alexander von Wreech, geboren 1734, gestorben 1795.

Diese beiden sind im Küstriner Kirchenbuche *nicht* verzeichnet.

Der Sarg des Feldmarschalls Hans Adam von Schöning ist sehr groß und prächtig und ganz von Kupfer. Ein goldenes (oder silbernes) Kruzifix liegt obenauf; das Wappen befindet sich oberhalb, der Namenszug unterhalb dieses Kruzifixes. Die Seitenwände basreliefartig mit Fahnen geschmückt; dazwischen folgende Inschrift: »Der hochwohlgeborene Herr, Herr Hans Adam von Schöning auf Tamsel, Warnick, Birkholz, kurfürstlich sächsischer wohlbestallt gewesener Generalfeldmarschall, Wirklich Geheimer und Geheimer Kriegsrat, Obrister der Leibgarde zu Fuß wie auch über ein Regiment Kürassiers und ein Regiment Dragoners, ward geboren zu Tamsel den 1. Oktober 1641, starb selig zu Dresden den 28. August 1696.«

Die Rückseite dieses Sarges enthält die Bibelstelle: Psalm 18, Vers 32 bis 36. – Der Deckel ist aufgelötet und macht ein Öffnen sehr schwierig. Zu Lebzeiten des Generals und Historiographen der Armee Kurd von Schöning, der alljährlich am Geburtstage seines berühmten Ahnherrn in Tamsel zu erscheinen und in der Gruft daselbst zu verweilen liebte, war öfters von Öffnen des Sarges die Rede, aber es unterblieb jedesmal, einmal, weil die Sache große Schwierigkeit hatte, und andrerseits, weil man sich scheuen mochte, die so wohlverwahrte Ruhe des Toten zu stören. Handelte es sich dabei doch ohnehin nur um Befriedigung einer Neugier. Freilich einer verzeihlichen. Man wollte nämlich in Erfahrung bringen, ob er mit dem mit Diamanten besetzten Degen, den ihm Kaiser Leopold nach der Einnahme von Ofen zum Geschenk gemacht hatte, begraben sei oder nicht. Dieser Degen war bis jetzt nirgends zu finden.

Das Schloss

In seinen Umfassungsmauern ist es noch das, was vom Feldmarschall von Schöning gebaut wurde; von seiner innern Einrichtung ebenso hat sich das Treppenhaus und der Ahnensaal erhalten. Im ganzen aber darf es, namentlich nach Beseitigung des gotischen Daches, das vor etwa vierzig Jahren durch ein Flachdach ersetzt wurde, als ein Neubau gelten.

Das Schloß ist reich an Bildern und Skulpturen aller Art; wir verweilen jedoch nur bei den historisch interessantesten, wie sie sich im Billardzimmer und im Ahnensaal vorfinden.

Im Billardzimmer.

1. *Portrait Friedrichs des Großen.* (Kniestück.) Vorzügliches Bild, wenn nicht von Pesne selbst herrührend, so doch wahrscheinlich unter seiner Leitung gemalt. Es erinnert wenigstens in Ton und Auffassung an andere Friedrichs-Portraits dieses Meisters. Der König ist auf diesem Bilde etwa dreißig Jahr alt, in weißgepudertem, natürlichem Haar. Um das noch volle Kinn herum bemerkt man einen bläulichen Bartton. Neben ihm liegt ein Hermelinmantel und ein mit Lorbeer geschmückter Helm. Er trägt einen eleganten blauen Rock mit rotem Futter und Goldbrokatbesatz, weiße Ärmel, die sich unter den kurzen Rockärmeln präsentieren, den Stern und das Orangeband des Schwarzen Adlerordens, Küraß und Schärpe.

2. *Portrait des Prinzen Heinrich.* Der Prinz in Generalsuniform, die Ärmelaufschläge von Tigerfell. Neben ihm der Plan der Schlacht bei Freiberg; im Hintergrunde die Schlacht selbst.

3. *Das Schloß zu Cölln an der Spree im Jahre 1602.* Höchst interessantes Bild; fünf Fuß hoch, sechs Fuß breit; der Name des Malers nicht bekannt. Es ist die der Breiten und Brüderstraße zugekehrte Front, und kaum irgend etwas erinnert an die Schloßfaçade, wie sie jetzt dem Auge sich darbietet. Der Bau ist noch durchaus mittelalterlich, mit gotischen Giebeln. In der Mitte der Façade und in Höhe des ersten Stocks bemerkt man einen eigentümlich geformten, kunstreich gegliederten *Balkon*, während sich in Höhe des Erdgeschosses, an der ganzen Front hin, eine *Kolonnade*, nach Art der noch jetzt existierenden Stechbahn, hinzieht. Diese Kolonnade ist von rötlichem Stein. Der Rest des Bildes zeigt einen grauen Ton. – König Friedrich Wilhelm IV., als er bei seinem Besuche in Tamsel (etwa 1845) dies Bild sah, nahm das größte Interesse daran und ließ eine Kopie anfertigen, die sich gegenwärtig im Berliner Schlosse befindet. Das Original wurde während der dreißiger Jahre nur durch einen glücklichen Zufall vom Untergange gerettet;

man fand es verstaubt, geschwärzt, zerrissen auf einem Bodengelaß.

Im Ahnensaal.

Unter den verschiedenen Portraits, die sich hier vorfinden, sind die folgenden die wichtigsten:

1. *Hans Adam von Schöning*, der Türkenbesieger. Großes Bild, neun Fuß hoch, zehn Fuß breit. Hans Adam sitzt zu Pferde und trägt einen gelbledernen Waffenrock, rote Gamaschen, eine kurze braune Perücke, Dreimaster mit weißen Straußenfedern und Galanteriedegen. Die rote Satteldecke ist reich mit Gold und Silber gestickt.

2. *Die Gemahlin Hans Adams von Schöning*. Das Pendant zum vorigen, also ebenso groß. – Die Feldmarschallin ist noch jung, mit weißgepuderten Locken und Perlen darin. Sie trägt ein weißes Atlaskleid mit Goldstickerei; ebensolche Schuhe. Vier Kinder spielen um sie her, ein fünftes ruht auf ihrem Schoß. Das älteste der Kinder, ein junges Mädchen, ist im Dianakostüm, ein Windspiel ihr zur Seite; ein andres Kind trägt ein Füllhorn, ein drittes spielt mit einem Lamm; dazwischen Windspiele und Bologneserhündchen. Links in der Ecke des Bildes Genien mit Kränzen und Palmen. Im Hintergrunde Schloß Tamsel vor 1686.

3., 4., 5. Drei Bilder des *Generals von Wreech*, des Gemahls der schönen Luise Eleonore.

6. und 7. Die Bilder des *Ministers von Brandt* (wahrscheinlich des bekannten Eusebius von Brandt) und seiner Gemahlin.

8. *Frau von Wreech* (Luise Eleonore). Kniestück. Sie ist hier achtundzwanzig bis dreißig Jahr alt, also ein Bild, das noch zu Lebzeiten ihres Gemahls gemalt wurde. Sehr hübsch, frisch, üppig, die Augen voll Leben und Klugheit. Sie trägt ein weißes Brokatkleid, mit natürlichen Blumen aufgesteckt, dazu eine hellblaue, silber- oder weißgestickte Überjacke; Granatblumen im weißgepuderten, natürlichen Haar und Perlenohrgehänge.

9. *Frau von Wreech* als Witwe; achtunddreißig bis vierzig Jahr alt; halbe Figur. Sie trägt ein schwarzes Kleid und über dem schönen Nacken einen weißen, durchsichtigen Tüllkragen, mit einer kleinen Halskrause daran. Die schwarze

Schnebbe der Witwenhaube geht bis tief in die Stirn; an der Haube hängt der schwarze Witwenschleier.

10. *Frau von Wreech* (drittes Portrait). Brustbild, lebensgroß. Sie ist hier etwa vierzig bis einundvierzig Jahr alt. Es scheint um die Zeit gemalt zu sein, wo sie die Witwentrauer ablegte. Sie trägt ein ausgeschnittenes weißes Atlaskleid, kurze Ärmel, breite Fall-Unterärmel, eine Halskrause (trotz des tief ausgeschnittnen Kleides) und eine schwarze Samtjacke mit buntem Futter über die Schulter geworfen. In der Hand hält sie eine Tabatière. Das Ganze macht einen sehr angenehmen Eindruck: eine vornehme, zugleich anspruchslos-hausmütterliche Dame, noch hübsch, aber ohne besondere Schönheit. – An Kunstwert ist ihr zweites Portrait, im Witwenkleide, das beste. Auch tritt sie einem hier am meisten als »schöne Frau« entgegen.*

Generalfeldmarschall Graf Kurt von Schwerin. Derselbe, der bei Prag fiel. Kniestück. Sehr gutes Bild, lebensvoll. Der Gesichtsausdruck freundlich, klug, fest und schlicht. Er ist in voller Rüstung, mehr Ritter als Kürassier, und trägt über der linken Schulter, als bloße Drapierung, einen Purpur-Sammetüberwurf, auf dem der Schwarze Adlerorden sichtbar ist.

Dieses Bild, das sich früher im Besitze des Generals Kurd von Schöning in Potsdam befand, kam auf folgende Weise nach Tamsel.

General Kurd von Schöning hatte bei seinen gelegentlichen Besuchen in Tamsel nie versäumt, seines Ahnherrn Hans Adam von Schönings Bild (den Reiter mit den blutroten Gamaschen) mit lebhaftestem Interesse zu betrachten, und Graf Hermann Schwerin nahm deshalb Veranlassung, eine Kopie des großen Bildes anfertigen und diese dem General von Schöning überreichen zu lassen. Ein *Schwerin* also hatte einem *Schöning* das Bildnis seines berühmten Ahnherrn zum Geschenk gemacht. Jahre vergingen, und Ge-

* An dieser Stelle sei übrigens noch der Frau Karschin, der bekannten Dichterin, erwähnt, die jahrelang zu Frau von Wreech in freundschaftlichen Beziehungen stand. Die Karschin war längere Zeit in Tamsel zu Besuch. Im Tamsler Archiv befinden sich verschiedene Gedichte der Karschin, an Frau von Wreech gerichtet, und Briefe (gewöhnlich in Versen), die beide Damen wechselten. Leider bot sich mir nur Gelegenheit, diese Papiere zu lesen, nicht, sie zu benutzen. Sie geben ein vortreffliches Zeitbild.

neral von Schöning starb. Bei Öffnung seines Testaments fand man in demselben folgendes: »§ 12. Das Bild vom Generalfeldmarschall Grafen Schwerin erhält der liebenswürdige, edle Herr Graf Schwerin auf Tamsel. Nur wenn derselbe eher als ich das Zeitliche segnen sollte, erhält es das *Schloß* von Tamsel in Anerkennung der treubewahrten Alt-Schöningschen Erinnerungen über und unter der Erde.«

So kam das Bild nach Tamsel. Ein *Schöning* hatte nunmehr einem *Schwerin* das Bildnis des berühmtesten Schwerinschen Ahnherrn als Gegengeschenk überreicht.

Ich habe geglaubt, bei Aufzählung alles dessen, was Tamsel einerseits an Erinnerungen, andrerseits an Kunstschätzen bietet, ausführlicher verweilen zu sollen, weil diesem schönen Landsitze, durch länger als ein Jahrhundert hin, die Rolle zufiel, nicht nur ein historischer Schauplatz, sondern auch eine *Pflegestätte für die Künste* zu sein. Wir haben Stätten in unsrer Provinz, die, wenn ich mich des Ausdrucks bedienen darf, glänzender debütiert oder vorübergehend ein *intensiveres* Leben geführt haben, aber was dem Ruhme Tamsels an Intensität abgehen mag, das ersetzt er durch Dauer, durch ein konsequentes Sich-auf-dem-Niveau-Halten. Es gibt märkische Schlösser, aus denen berühmtere Feldherrn als Feldmarschall von Schöning, schönere Frauen als Frau von Wreech und glänzendere Poeten als Graf Ludwig Wreech oder Graf Hermann Schwerin hervorgegangen sind, aber es gibt keinen Landsitz, der, wie Tamsel, durch *sechs* Generationen hin, in bewußter Ausübung und Pflege jeglicher Kunst sich immer gleichgeblieben wäre.

Schloß Rheinsberg, mit dem es überhaupt vieles gemeinsam hat, steht ihm hierin am nächsten, da die Zeit seiner Blüte siebzig Jahre umfaßt. Alle übrigen Schlösser aber, die hierlandes den schönen Künsten ihr gastliches Tor öffneten, sahen die Muse nur zeitweilig in ihren Mauern. Sie kam und ging. *Tegel:* die Humboldts; *Blumberg:* Canitz; *Wiepersdorf:* Achim von Arnim; *Nennhausen:* Fouqué; *Madlitz* und *Ziebingen:* Tieck – alle hatten ihre Zeit, und die literarische Bedeutung dessen, was in ihnen geboren wurde, ging weit über das hinaus, was Tamsel hervorbrachte. Aber dilettantisch, wie alles sein mochte, was der schöne neumärkische Herrensitz entstehen sah, klein, wie das Feuer war, *es losch nie aus.* Der Besitz wechselte vielfach und ging durch Erbschaft auf immer neue Namen über, jeder folgende jedoch empfand sich stets als Erbe gewisser Traditionen, und die Schönings, die Wreechs, die Dönhoffs, die Schwerins, wie verschieden sonst auch, sie zeigten sich einig in gefälliger Pflege der Kunst.

Und um dieser Eigentümlichkeit Tamsels gerecht zu werden, bedurfte es einer ins einzelne gehenden Aufzählung des reichen Materials, das sich daselbst in Schloß und Park und Kirche zusammenfindet.

ZORNDORF

Moskoviens Bär mit eisbehangnen Haaren
Dürstete Friedrichs Blut.
Christian Fr. Daniel Schubart

Mit Vergunst,
Der Will' ist eins, ein andres ist die Kunst.

Eine halbe Meile nördlich von Tamsel liegt Zorndorf. Der Weg führt zunächst durch eine tiefe Schlucht, die hier, unmittelbar im Rücken des Dorfes, die Hügelkette torartig durchbricht und, immer ansteigend, auf ein Plateau von mäßiger Höhe mündet. Die Fahrt, die sehr malerisch beginnt, verliert sehr bald ihren Charakter; Sand und Baumwurzeln treten an die Stelle von mit Laubholz besetzten Berglehnen, bis endlich das freundlich daliegende Zorndorf die ziemlich reizlose Öde wieder unterbricht.

Zorndorf ist wohlhabend, wie fast alle Dörfer, wo Schlachten geschlagen wurden. Ob es lediglich daran liegt, daß die während des Kampfes zerstörten Dörfer besser und hübscher wiederaufgebaut werden, oder ob die Schlachtfelder, wie große Kirchhöfe, einen reicheren Acker schaffen? Es stehe dahin. Vielleicht auch kommt noch ein Drittes hinzu. Das Auferbauen aus Trümmern schafft nicht nur einfach ein neues Dorf, es schafft auch, in nötig gewordener Anspannung, ein rührigeres Geschlecht. Und Fleiß und Energie, einmal wachgerufen, vererben sich weiter von Vater auf Sohn.

Unser Wagen hielt vor dem Krug, und mein in Zorndorf halb heimischer Reisegefährte rief nach dem Krüger. Und siehe da, aus einem kleinen dürftigen Laden trat eine Hünengestalt heraus, grüßte und stellte sich halb dienstlich neben den Tritt unseres Wagens. Seine riesige Gestalt und die kleine Ladentür paßten wenig zusammen. Ein ähnlich komisches Verhältnis bestand zwischen seiner Gestalt und seinem Namen.

»Guten Tag, Herr Nonnenprediger.«

Der Angeredete erwiderte ruhig den Gruß und verzog keine Miene.

»Herr Nonnenprediger«, fuhr mein Reisegefährte fort, »einer von den Bauern hier sammelt ja wohl alles, was auf dem Schlachtfelde gefunden wird. Verlohnt es sich, bei ihm vorzufahren?«

Nonnenpredigers Mund ging in ein leises Grinsen über, das über seine Stellung zu »vaterländischen Altertümern« keine weiteren Zweifel gestattete.

»Können Sie uns nicht ohngefähr sagen, was der Bauer alles hat?«

»Kanonenkugeln, Gewehrläufe, Schäfte, Flintensteine.«

»Nicht den Lehnstuhl, drauf Friedrich der Große die Nacht vorher geschlafen hat?«

»Nein, der steht in der Neudammschen Mühle.«

»Sonst nichts?«

»Nicht daß ich wüßte.«

»Danke schön. Guten Abend, Herr Nonnenprediger. – Fahr zu!«

Und so ging es weiter, an der hübschen neuen Kirche vorbei, hinaus ins Freie.

Unmittelbar hinter Zorndorf beginnt das Schlachtfeld. Es ist ein Viereck, das von der Neumühlschen Forst und dem Zicher Bach im Westen und Osten und von der Mietzel und einem Höhenzug im Norden und Süden gebildet wird. An dem Höhenzuge liegen Wilkersdorf und Zorndorf. Auf diesem Stückchen Erde wurde die Schlacht geschlagen. Der Boden ist wellenförmig, aber die Einschnitte ziehen sich nicht horizontal von West nach Ost, sondern senkrecht von Nord nach Süd, so daß das ganze Terrain mit seinen Höhen und Tiefen einer Tischplatte gleicht, auf der eine Riesenhand mit gespreizten Fingern liegt. Das an jenem Tage den Mittelpunkt der russischen Stellung bildende Dorf Quartschen entspricht dem Handgelenk. Hier trafen alle Höhen und Tiefen in einem Punkte fächerförmig zusammen.

Auf einem zwischen zwei dieser Vertiefungen, dem Zaber- und dem Galgengrunde, gelegenen Hügelrücken entschied sich die Schlacht. Richtiger: *von hier aus* wurde sie entschieden. Von Zorndorf her den Zabergrund hinaufrückend, begleitete Seydlitz am äußersten linken Flügel der preußischen

Aufstellung den Auf- und Vormarsch der Angriffskolonnen. Selber ungesehen, sah er seinerseits alles. Auf die Aufforderung des Königs, »anzugreifen, bei Gefahr seines Kopfes«, gab er die bekannte Antwort: »*Nach* der Schlacht stehe dem Könige sein Kopf zu Befehl; *während* derselben mög er ihm noch erlauben, davon in seinem Dienste Gebrauch zu machen.« Der Zeitpunkt war eben noch nicht da. Im Moment aber, als die bereits siegreichen Russen ihre Reiterei vorschickten, um in die fliehenden preußischen Bataillone einzuhauen, schwenkte Seydlitz plötzlich rechts, passierte den Bach und stieg aus der Tiefe herauf. Und nun wie Sturm über das Plateau zwischen dem Zaber- und Galgengrund hinfegend, führte er jene weltberühmte Attacke aus, die mit der Niederwerfung des zunächststehenden russischen Flügels endigte und, sechs Stunden später gegen den *andern* Flügel wiederholt, den Tag zugunsten des Königs abschloß.

»Seydlitz, auch diesen Sieg verdank ich Ihm.« – »Nicht mir, Majestät. Hier diesem Löwen, dem Rittmeister von Wakenitz.« Es war überhaupt, wie ein Tag glänzender Attacken, so auch ein Tag glänzender Impromptus und Repliken. »Keine Schlacht ist verloren, solange das Regiment Garde du Corps nicht angegriffen hat« etc.

Die Chaussee von Zorndorf nach Quartschen läuft auf der Höhe des flachen Hügelrückens zwischen dem Zaber- und Galgengrunde hin und durchschneidet also genau denjenigen Teil des Schlachtfeldes, auf dem die Würfel fielen.

Wir machen den Weg bei Sonnenuntergang. Der goldene Ball hängt verschleiert am Horizont, die Luft ist still, und nur hoch im Blauen singt es und klingt es noch. So geht es zwischen dem wogenden Korn dahin.

Etwa 1000 Schritt hinter Zorndorf passieren wir einen altmodischen Bauerhof mit Plankenzaun und Strohdach. Wieder 500 Schritte weiter fällt uns, rechts am Weg, ein auf verschiedenen Stufen errichtetes und das Kornfeld weithin überragendes Steinmonument auf, das am 25. August 1826 von Männern des Kreises an ebendem Punkte aufgebaut wurde, wo, alter Überlieferung zufolge, der König hielt und den Gang der Schlacht ordnete und überblickte. Diesem Punkte gilt unser Besuch.

Wir lassen halten und suchen nach einem Feldweg. Aber nichts der Art ist zu finden. Besucher auf dem Schlachtfelde von Zorndorf sind so selten, daß es sich nicht verlohnt, einen Weg nach dem Denkmale hin offenzuhalten. Lauter Ackerland. Oder wie es in dem Chamissoschen Liede heißt: »Der Pflug geht drüber hin.« Nach langem Suchen entdecken wir endlich eine Furche, die uns in gerader Linie, wenn auch von schräg liegenden Halmen völlig verdeckt, dem Denkmal entgegenführt. Wir stehen nun vor einem Sand- und Lehmhügel von der Form eines Backofens, auf dem sich das Monument erhebt. Der Aufgang ist steil, und man kann deutlich erkennen, daß die früher sich allmählich abflachenden Wände von dem Bauer, dem jetzt das Feld gehört, ab- und niedergepflügt wurden, um dadurch ein paar Quadratruten Ackerland zu gewinnen. Bauernegoismus ist sicherlich das einzige Motiv gewesen, aber der Egoismus ist hier zum Segen ausgeschlagen, und der Hügel mit seinen jetzt steil abfallenden Wänden, hier und dort von Liguster und Distelbüschen überwachsen, nimmt sich vortrefflich aus als Postament für das auf seiner Höhe errichtete Denkmal. Dieses ist einfachster Art. Es besteht aus drei Granitstufen, auf deren oberster sich ein Oblong, ebenfalls aus Granit, erhebt. Das Ganze ein etwa mannshoher, höchst schlichter Steinbau, der früher an einer seiner Fronten eine Inschrift trug. Man liest noch jetzt: »Hier stand Friedrich ... M. D. C. C. L. VIII.« Alles andere ist verlöscht.

Das Monument ist schlicht genug. Aber der Blick über das Schlachtfeld hin, das jetzt schattenhaft-grau vor der dahinter gelagerten Abendröte liegt, ist entzückend. Der Abend schickt einen Luftzug; ein leises Rauschen und Knistern ist in den Halmen; die Lerchen sind eben still geworden, und nur von rechts und links her rufen die Unken über das Feld hin. Die hausen noch im Zaber- und Galgengrund, wenn auch freilich nicht mehr wie sonst. Denn die beiden Gründe haben längst aufgehört eigentliche Wasserrinnen zu sein; die Kultur hat sie trockengelegt, und nur wo hier und da noch ein Restchen Sumpfwasser in der Vertiefung steht, halten sich ihre alten Bewohner.

Noch einmal, es ist ein schlichtes Monument, das an dieser Stelle das Gedächtnis an den Tag von Zorndorf zu wahren trachtet. Aber es ist gut, daß es schlicht ist. Prächtige Monumente gehören in die Stadt, in das Bereich der Kunst. Zu Wald und Feld stimmen Denkmäler, die sich einreihen in den Hausrat der Natur. Übergang und Verschmelzung, nicht Gegensatz. Würfel und Obelisk werden auf Schlachtfeldern noch lange das beste bleiben.

Mein Reisegefährte, zu dem ich in diesem Sinne gesprochen haben mochte, legte seine Hand auf meine Schulter und sagte lächelnd: »Sie haben recht. Dieser Stein weiß davon zu erzählen. Es schleicht sich nämlich etwas von höherer Kunstexistenz in sein Leben ein. Aber es waren keine glücklichen Tage.«

Auf meine Bitte fuhr der Sprecher fort: »Gern erzähl ich davon. Es soll Ihnen nichts verschwiegen bleiben. Aber ändern wir zuvor unsere Front und nehmen wir auf den Stufen der Rückseite Platz, damit wir nach Bauer Mertens' Gehöft hinübersehen können. Denn das Gehöft und seine Insassen spielen mit.«

Ich tat wie geboten.

»Sie haben im Tamseler Parke sicherlich das Monument gesehen, das auf seiner Spitze die Rauchsche Viktoria trägt. Dies Monument hat Graf Hermann Schwerin errichten lassen, ein sehr liebenswürdiger und kunstsinniger Herr. Sie werden gleich sehen, warum ich mit ihm beginne.

Es war um 1846, als ein benachbarter Freund bei dem Tamseler Grafen erschien und ihm von einem Küstriner Klempner erzählte, der in überpatriotischem Eifer auf die Idee gekommen war, den Alten Fritz in Weißblech zu treiben. Er hatte jahrelang seine Feierabendstunden darangesetzt. Nun stand der große König endlich fix und fertig da, sieben Fuß hoch und blank wie ein Zinnlöffel. Aber niemand wollt ihn haben. Der Graf, der nicht nur ein kunstsinniger, sondern vor allem auch ein sehr gütiger Herr war, überlegte sich's einen Augenblick, akzeptierte dann das angebotene Kunstwerk, zahlte den Preis und traf seine Dispositionen.

Ein paar Tage später traf alles in Tamsel ein. Tamsel aber war nicht Bestimmungsort. Der Graf hatte bereits anderweitig darüber verfügt, freilich mit einer an Vorahnung grenzenden Besorgnis.

Es war Anfang November, und zu mitternächtiger Stunde hielt ein Leiterwagen vor dem Schloß. Jetzt mußte sich's entscheiden. Die Statue wurde rasch aufgeladen, und ehe zehn Minuten um waren, setzte sich der Zug unter Begleitung von einem Mauerpolier und drei Gesellen in Bewegung. Andere Dienstleute folgten. Es ging still durch Schlucht und Wald, noch stiller durch Zorndorf hin, an Mertens' Gehöft vorüber, bis der Wagen hier zu Füßen des Hügels hielt. Und nun rasch und ängstlich und mit fast gespenstischer Stille wurde der blecherne Fritz auf den Granitwürfel gestellt. Sie können noch sehen, wo der Mörtel gesessen hat. Dann in stiller Nacht, wie der Zug gekommen war, verschwand er auch wieder.

Am andern Morgen trat Mertens' ältester Sohn in die Haustür, um nach dem Wetter zu sehen. Er sah auch zufällig nach dem Monument hinüber und bemerkte, daß eine menschliche Figur auf dem Steinwürfel stand. Er dacht aber nichts Arges dabei und ging in den Stall, um die Pferde zu futtern. Als er nach einer Stunde wieder in die Haustür trat, wurd es ihm verwundersam, und er brummte vor sich hin: ›He steiht ümmer noch!‹ Und er weckte nun den Alten. Der kam und alles Hausgesinde mit ihm. Aber es blieb, wie es war. ›De snaksche Kerl steiht ümmer noch‹, wiederholte der Sohn. Und in der Tat, im Nebel des Novembermorgens, regungslos und rätselvoll, stand eine menschliche Figur auf dem Zorndorfer Schlachtenstein. Welche Hypothesen in jener Stunde geboren sein mögen, ist schwer zu sagen. Endlich, wie sich von selbst versteht, löste sich der Spuk.

Die Mertensschen waren nun zufrieden, aber Graf Schwerin war es nicht. Sein künstlerisches Gewissen schlug ihm, und wenn anfangs das gute Herz über die ästhetischen Instinkte gesiegt hatte, so rächten sich diese jetzt und drangen ihrerseits auf Abhülfe. Der Graf, wenn er des Weges kam, ging an dem ›Alten Fritzen‹ vorüber wie an einer Schuld, welche Sühne verlangte.

Und endlich fand er sie. Nachdem das Bildnis einen Winter lang allen Stürmen getrotzt und jegliches Blanke seiner Erscheinung längst eingebüßt hatte, erschienen die Vermummten wieder, und siehe da, nächtlicherweile, wie die Statue gekommen war, so verschwand sie wieder. Eine kurze, freudlose

Existenz. Wie Leidtragende folgten der Mauerpolier und die Seinen und geleiteten die Figur nach Tamsel zurück. In einem der dortigen Kohlenkeller ist sie verschollen.«

Völlige Dämmerung lagerte jetzt auf den Feldern, und war es nun die Kühle des Abends oder die Stelle, auf der wir standen, ein leises Frösteln überlief mich. Dann sprangen wir über die Ligusterwand hinweg in die hohen Halme hinein, und Arm und Brust vorschiebend, schwammen wir durch das Kornfeld hindurch. Wir hörten nichts als ein Rauschen und Knistern, selbst im Zabergrunde war es still geworden, und unser Gespräch belebte sich erst wieder, als der Wagen über die Landstraße hinrollte und in das Prusten unserer Pferde hinein Bauer Mertens uns seinen »guten Abend« bot. Es klang treuherzig genug, ahnungslos, daß er und sein Ältester eben die Helden oder doch die Mitspielenden in einer Geschichte gewesen waren.

AUF DEM HOHEN-BARNIM

»DER BLUMENTHAL«

Und aber nach fünfhundert Jahren
Will ich desselbigen Weges fahren.
»Chidher, der ewig junge«

»Der Blumenthal«, das heißt der Blumenthal-Wald, ist der Name eines großen Forstreviers, das den Hohen-Barnim von Westen nach Osten hin durchzieht und durch die von Berlin nach Wriezen führende Straße fast seiner ganzen Länge nach durchschnitten wird.

»Der Blumenthal« hat seine Romantik. Etwas von dem Zauber Vinetas ist um ihn her, und die Sage von untergegangenen Städten, verschwunden in Wasser oder Wald, begleitet den Reisenden auf Schritt und Tritt. Wer um die Mittagsstunde hier vorüberzieht, der hört aus Schlucht und See herauf ein Klingen und Läuten, und wer gar nachts des Weges kommt, wenn der Mond im ersten Viertel steht, der hat über Stille nicht zu klagen, denn seltsame Stimmen, Rufen und Lachen ziehen neben ihm her.

Und ein *schöner* Wald ist »der Blumenthal«. Die vielen Seen, die ihn durchschneiden, geben, auch wo sie nicht sichtbar werden, seinem Laub eine duftige Frische, und ein Blühen ist ringsum, als woll es der Wald immer wieder beweisen: ich bin *»der Blumenthal«*!

Rapsfelder an den offenen Stellen, die sich breit in den Wald hineindehnen, würzen im Mai die Luft; dem Blühdorn folgt die Hagerose und dem Faulbaum der Akazienstrauch; die roten Erdbeeren lösen sich ab mit den röteren »Malinekens« (wie der Landmann hier, poetischen Klanges, die Himbeeren nennt), und wenn endlich der Herbst kommt, so lachen die Ebereschenbeeren überall aus dem dunklen Blattwerk hervor. Dabei ein Reichtum an Hölzern, wie ihn märkische Forsten wohl kaum zum zweiten Male zeigen. In reichstem Gemisch stehen alle Arten von Laub- und Nadelholz; Eiche und Edeltanne, Else und Kiefer, Buche und Lärchenbaum machen sich den Rang der Schönheit streitig; vor allem aber ist es die Birke, der Liebling des Waldes, die mit weißem Kleid und langem Haar an dem Auge des Reisenden vorüberfliegt.

Der Blumenthal ist fast zwei Meilen lang und ziemlich ebenso breit. Hier und dort aber, wie schon angedeutet, unterbrechen Ackerstrecken das Revier und dringen von rechts und links her bis an die Chaussee hin vor. Ungefähr in der Mitte des Waldes treffen von Nord und Süd her zwei solcher Einschnitte zusammen und teilen den Forst in zwei ziemlich gleiche Hälften, in eine westliche und östliche oder in eine Werneuchensche und Prötzelsche Hälfte. Die erste ist die landschaftlich schönere, die andere die historisch interessantere.

Der schönste Punkt der westlichen Hälfte ist der Gamen-Grund. Hier war es, wo Schmidt von Werneuchen seine Sommer- und Familienfeste zu feiern liebte. Sein feiner Natursinn bekundete sich auch in der Wahl dieser Stelle. Sie zeigt eine besondere Schönheit, und während sonst der Bau einer Chaussee wenig zum Reiz einer Landschaft beizusteuern pflegt, liegt hier ein Fall vor, wo das Landschaftsbild durch die durchschneidende Weglinie gewonnen hat. Der Chausseebau machte nämlich, wenn überhaupt eine passierbare Straße geschaffen werden sollte, die Überbrückung des Gamen-Grundes nötig, und da die Herstellung eines Dammes als passendstes Mittel erschien, ward ein Viadukt quer durch die Schlucht geführt, der nun das Hüben und Drüben des Hügellandes verbindet. Von der Höhe dieses Viaduktes aus blickt man jetzt nach links hin in die Wassertiefe des Gamen-*Sees*, nach rechts hin in die Waldestiefe des Gamen-*Grundes* hinab. Der Vorüberfahrende fühlt sich wie gebannt, und der Eiligste hat es nicht eilig genug, um nicht ein paar Minuten an dieser Stelle zu verweilen. Beide Bilder sind schön, auch einzeln betrachtet; aber das eine steigert noch die Wirkung des andern. Nach links hin Klarheit und Schweigen. Der Gamen-See, wie ein Flußarm, windet sich in leis gespanntem Bogen zwischen den Tannenhügeln hin, und nichts unterbricht die Stille als ein plätschernder Fisch, den die Nachmittagssonne an die Oberfläche treibt. Nach rechts hin Dunkel und Leben. Aus dem Grunde herauf und bis an die Höhe des Dammes, beinahe greifbar für unsere Hände, steigen die ältesten Eichen, und während sich die Stämme in Schatten und Waldesnacht verlieren, blitzt die Sonne über die grünen Kronen hin. Allerhand Schmetterlinge wiegen sich auf und nieder, und die Vögel singen in einer Herzlichkeit, als wäre dies das Tal des Lebens und nie ein Falk oder Weih über den Gamen-Grund dahingezogen. In der Ferne Kuckuckruf. Und ein blauer Himmel über dem Ganzen.

Die Westhälfte des »Blumenthals« ist der landschaftlich schönere Teil, aber die Osthälfte ist reicher an Sage und Geschichte. Wir wandern dieser anderen Hälfte zu. Der Wald hat uns bis an ein Vorwerk begleitet, dessen Stall- und Wirtschaftsgebäude bis hart an die Chaussee treten. Jenseits derselben fängt der Wald wieder an. Dies ist die Stelle, die wir suchen. Der Weg über den Hof hin wird uns auf Ansuchen freundlich gestattet, und hinaustretend in die halb bebauten, halb brachliegenden Felder, halten wir, einige hundert Schritte weiter abwärts, vor einem mit Steinmassen überdeckten Terrain. Dies Steinfeld ist die sogenannte *»Stadtstelle«*.

Hier stand vor 500 Jahren das Städtchen Blumenthal, das seitdem dem ganzen Walde den Namen gegeben hat.

Die ältesten Nachrichten reichen bis auf 1375 zurück, und das Landbuch der Mark Brandenburg führt »Blumendal« noch unter den Ortschaften des Landes Barnim auf. Der Umstand aber, daß nur das Areal des Städtchens angegeben und weder von Abgaben noch Hofediensten gesprochen wird, spricht dafür, daß die Feldmark bereits wüst und wertlos zu werden begann. Die Trefflichkeit der Äcker macht es zwar wahrscheinlich, daß im Laufe der nächsten Zeit noch Versuche gemacht worden sind, die wüst gewordenen Höfe neu zu besetzen, aber diese Versuche mußten notwendig scheitern. 1348 war das große Sterben gewesen; funfzig Jahre später, als neue Kolonisten mutmaßlich eben anfingen, dem toten Ort ein neues Leben zu geben, fielen die Pommern ins Land, und wieder dreißig Jahre später ging der Hussitenzug mit Mord und Brand über »den Blumenthal« hin. In achtzig Jahren die Pest, die Pommern und die Hussiten – das war zuviel. Ein Fluch schien über den Ort ausgesprochen zu sein; er war nun wirklich tot, und das Mauerwerk zerfiel. Der Wald mit Eichen und Schlingkraut zog in die offenen

Tore ein, die Malinekens rankten und blühten über Steintrog und Brunnen hinweg, und eh ein Jahrhundert um war, war es ein unheimlicher Ort, eine »verwunschene Stelle«. Jeder mied sie. Wie es Seen und Seestellen gibt, wo die Fischer nicht fischen, weil sie fürchten, daß eine Hand aus der Tiefe fahren und sie herniederzerren wird, so berührte kein Jäger die Stelle, wo die alte Stadt gestanden hatte. Rundum tobte die Jagd, die Kurfürsten selbst erschienen mit »Hund und Horn«, aber *vorüber* an der Stadtstelle ging ihr Zug. Und waren Kinder beim Himbeersuchen unerwartet unter das alte Mauerwerk geraten, so befiel sie's plötzlich wie bittere Todesangst, und sie flohen blindlings durch Gestrüpp und Dorn, bis sie zitternd und atemlos einen sicheren Außenplatz erreichten. Was gab es da nicht alles zu erzählen! Und so wuchs die Sage und zog immer festere Kreise um die »Stadt im Wald«. Selbst das Wild blieb aus, und nur Keiler und Bache hatten ihre Tummelplätze hier. An den tief gelegenen Stellen des alten Marktplatzes, wo aus moderndem Eichenlaub und sickerndem Quellwasser sich Sumpflandstücke gebildet hatten, kamen die Wildschweinsherden aus dem ganzen »Blumenthal« zusammen, und wenn sie dann in Mondscheinnächten ihre Feste feierten, klang ihr unheimliches Getös bis weit in den Wald hinein und mehrte die Schauer des Orts.

So vergingen Jahrhunderte. Die Eichen wurden immer höher, das Gestrüpp immer dichter – die »alte Stadt« schien verschwunden. Nur um die Winterzeit, wenn alles kahl stand, wurde das Mauerwerk sichtbar. Aber niemand war, der dessen geachtet hätte. Es waren die Zeiten des Dreißigjährigen Krieges! So viele Dorf- und Stadtstellen lagen wüst, so viele *neue* Herde waren zerstört; wer hätte Lust und Zeit gehabt, sich um alte, halbvergessene Zerstörung zu kümmern?

So kam das Jahr 1689, und mit diesem Jahre tritt die »alte Stadt«, die bis 1375 ein Stück wirklicher Geschichte gehabt hatte, wieder ins Leben ein. Man kümmert sich wieder um sie. 1689 besuchte sie Bürgermeister Grüvel aus Kremmen und fand noch Feldsteinmauern, die den Boden in Mannshöhe überragten. Von da ab folgten weitere Besucher in immer kürzeren Zwischenräumen: Bekmann um 1750, Bernouilli um 1777. Beide fanden Mauerreste und hielten sie für die Überbleibsel einer alten Stadt. Noch andere Reisende kamen. Aber ausführlichere Mitteilungen gelangten erst wieder zur Kenntnis des Publikums, als im Jahre 1843 der Geistliche des benachbarten Dorfes Prötzel einen auf genaue Forschung gegründeten Bericht veröffentlichte. In diesem heißt es: »Die merkwürdige Stadtstelle Blumenthal ist *unstreitig** in alten Zeiten ein menschlicher Wohnort gewesen. Man sieht noch jetzt Spuren von Feldsteinmauern. Vor einigen Jahren sind von den Waldarbeitern mehrere Werkzeuge, Hämmer, Sporen und dergleichen, gefunden worden, die, den Kindern dann zum Spielen gegeben, leider wieder verlorengegangen sind. Kalk wird noch jetzt dort gefunden. Die Stadt soll von den Hussiten auf ihrem Zuge nach Bernau zerstört worden sein. Einige meinen, daß die Zerstörung älter sei. Der große platte Stein innerhalb der ›Stadtstelle‹, der sogenannte Mark- oder Marktstein, ist vielleicht ein Denkmal aus der heidnischen Zeit. Es ist nicht undenkbar, daß hier, mitten im Urwalde, schon die Semnonen einen Volksversammlungsplatz oder eine Opferstätte hatten und daß die Städtebauer einer späteren Epoche den heidnischen Opferstein einfach liegenließen, wo er lag, weil es unmöglich war, ihn fortzuschaffen. Dieser Markstein wird hier auch noch liegen, wenn von den Feldsteinmauern ringsumher längst die letzte Spur verschwunden ist. Sollen diese Spuren aber vorläufig noch gewahrt werden, *so ist es die höchste Zeit.* Schon hat die Pflugschar ganze Strecken der ›Stadtstelle‹ in Äcker umgewandelt, und der Eichenwald ist hin, der diese Stelle so lang in seinen Schutz genommen.«

Soweit der Bericht von 1843. Ich suche nun in nachstehendem zu schildern, wie ich zwanzig Jahre später die Stadtstelle gefunden habe.

Von einem Wasserpfuhl, der sogenannten »Suhle«, aus ge-

* Dies »unstreitig« bezieht sich auf Klöden, der in seinen Auslassungen über die »Stadtstelle« bestreitet, daß hier eine Stadt gestanden habe. Klöden nimmt an, daß es eine *heidnische Begräbnisstätte* gewesen sei, und findet in den Steinreihen nichts als eine Art Feldsteinumzäunung oder Einfriedigung dieser Stätte. Er irrt darin ganz unbedingt. Hätte er die Stelle gesehen, wie sie *jetzt* daliegt, so hätte er sich auf den flüchtigsten Blick von seinem Irrtum überzeugen müssen.

sehn, hat man nach Osten hin ein wellenförmiges, hier und da bebautes Stück Land vor sich, das an einzelnen Stellen von aufgetürmten, sehr niedrigen Steinmauern eingefaßt, an anderen Stellen wie mit großen Feldsteinen besäet ist. Wer viel in der Mark gereist ist, dem fallen diese Feldsteine nicht auf, die hier einfach um des Ackers willen beiseite geworfen oder sozusagen an den Tellerrand gelegt erscheinen. Und so nähert man sich der Umwallung in der vollen Überzeugung, daß Klöden recht gehabt habe, als er die Existenz einer Stadtstelle bestritt. Aber dieser Eindruck ist nicht von Dauer. Unser kundiger Führer führt uns an ein Gestrüpp von Elsbusch und Brombeerstrauch und sagt dann, auf eine Steinlinie zeigend, die kaum fußhoch aus der Erde hervorragt: »*Dies ist die Kirche.*« Wir antworten zunächst mit einem halb verlegenen Lächeln. »Hier können Sie den Kalk sehen«, fährt er fort, ein Stück Mörtel aus den Fugen losstoßend, und indem wir uns nunmehr niederbeugen und das Kalkstück in die Hand nehmen, erkennen wir mit denkbar größter Bestimmtheit, daß wir hier nicht eine aufgeschüttete Einfriedigung, sondern ein in die Tiefe gehendes, *gemauertes* Fundament vor uns haben. Auf einen Schlag sind wir überführt. Wir verfolgen nun die Steinlinie, kommen an einen Eckstein, endlich an einen zweiten und dritten und überblicken das Oblong. Alle Zweifel sind geschwunden, und wir sehen klärlich, daß hier ein Gebäude gestanden hat. Die Fundamente liegen da. Ob Kirche oder Rathaus, ist gleichgültig. Höchstwahrscheinlich eine Kirche.

Unser Führer erkennt sehr wohl die Umwandlung, die mit uns vorgegangen. »Ich werde Sie nun zu dem großen Brunnen führen«, murmelt er gleichgültig vor sich hin, aber mit erkünsteltem Gleichmut, denn diese »Stadtstelle« ist sein Stolz. Und inmitten eines Stück Roggenlandes, dessen Halme kaum erst handhoch aus der Erde ragen, stehen wir alsbald vor einem jener Ziehbrunnen, wie wir ihnen noch jetzt in unsren Dorfgassen begegnen. Wir sehen eine Rundung von fünf bis sechs Fuß Durchmesser, die Rundung selbst mit Feldsteinen ausgemauert und die mit Geröll lokker zugeworfene Höhlung noch immer über fünf Fuß tief. Auf unsere Fragen erfahren wir, daß vor einem Menschenalter alle diese Dinge noch viel erkennbarer waren: das Mauerwerk der Kirche ragte noch mannshoch auf, die Brunnenhöhlung war noch gegen funfzehn Fuß tief, und der Mantel des Brunnens erwies sich noch deutlich als eine Art Lehmzylinder, in dem die Steine kreisförmig übereinandersteckten.

Wir schreiten von der »Brunnenstelle« zu der benachbarten »Backofenstelle«. Sie liegt im Roggenland und gibt sich zunächst durch nichts Besonderes zu erkennen. Halme stehen jetzt dicht umher. Erst bei genauerer Einsicht gewahren wir, daß sich mitten in dem schwarzbraunen Boden eine kreisrunde Lehmstelle von etwa Backofendurchmesser scharf markiert.

Von hier aus geht es weiter zum »Markstein«, der bis diesen Tag von einer alten Eiche überschattet wird. Aber sie gehört doch nur dem *Nachwuchs* an, der, als die Stadt zerstört war, durch die offenen Tore hier einrückte. Die *wirklich* alte Eichengeneration, die zu Lebzeiten der Stadt den Marktplatz einfaßte und beschattete, ist hin und zeigt nur noch an einzelnen Wurzelstubben, wes Schlages und Umfanges sie war.

Weit mehr indes als diese Wurzelstubben von kolossalem Durchmesser ist der Markstein selbst eine Sehenswürdigkeit. Es ist derselbe, über den wir schon weiter oben berichtet haben. Er mißt etwa acht Fuß im Quadrat, geht über vierzehn Fuß in die Tiefe und ragt nur wenig aus dem Erdreich hervor. Natürlich hat ihn nicht Menschenhand hierher gelegt, und die Annahme hat nichts Gezwungenes, daß er ein Opferstein der Ureinwohner war. Auf diesem Stein zu schlafen müßte mindestens ebenso unheimlich wie unbequem sein.

Und von diesem an höchster Stelle gelegenen »Markstein« aus haben wir jetzt, nach vorgängiger Kenntnisnahme der Einzelnheiten, alles in der Klarheit einer Reliefkarte vor uns. Wir erkennen deutlich die Mauer, die Tore, die Hauptstraße, die Kirche, die einzelnen Häuser und Gehöfte, und ungerufen wie eine Vision steigt die alte Stadt aus ihrem Grabe wieder vor uns auf. Gewiß ist das Bild, das wir uns von ihr machen, ein vielfach falsches; aber es sind dieselben Fehler nur, wie wenn wir uns, mit Hülfe eines Plans, eine Stadt im Geiste aufbauen. Die Dinge selbst sind nicht richtig, aber *wir geben den Dingen ihren richtigen Platz.*

Unten am Hügelabhang, in Nähe der »Suhle«, blickten wir noch einmal auf das Steinfeld zurück, das nicht länger ein Chaos für uns war. Dann erst trennten wir uns zögernd von einer Stelle, über der ein ganz besonderer Zauber waltet. Die Natur wuchs hier einst wild in eine Stätte der Kultur hinein und wucherte darin; nun hat eine andere Kultur den Wald gefällt und breitet ihre Saaten darin aus. Städtisches Leben von ehemals und Ackerbau von heut reichen sich über einem vierhundertjährigen Wald-Interregnum die Hand.

Aber an Unheimlichem fehlt es noch immer nicht. Das Wildschwein hat es nicht vergessen, daß jahrhundertelang *ihm* diese Stelle gehörte, und in Sommernächten, wenn der Rapsduft vom Felde her in den Wald zieht, dann bricht es in sein altes Revier ein, erst in die »Suhle«, dann in die Saat, und tritt nieder und wirbelt auf. Wer dann im »Blumenthal« seines Weges kommt, der hört ein Lärmen und Johlen, ein Grunzen und Quietschen wie in alter Zeit, und er weiß nicht, ist es ein Hexensabbat oder die Wilde Jagd.

PRÄDIKOW

Vor Taue noch und Tage
Zog aus er heut mit Hund und Horn,
Daß er den Hirsch erjage.
Alte Ballade

Um den großen und sagenreichen »Blumenthal-Wald« herum, der das Plateau des Barnim von West nach Ost durchzieht, gruppiert sich eine ganze Anzahl schöner und reicher Güter, die bis in die Zeiten des Dreißigjährigen Krieges hinein das Besitztum vier alter märkischer Familien waren: der Sparrs, der Pfuels, der Krummensees und der Barfuse.

Die letztren, die *Barfuse*, sind es, die uns in diesem Kapitel ausschließlich beschäftigen sollen. Sie kommen zuerst 1280 in den Marken vor. In ihre Vorgeschichte steigen wir aber *nicht* zurück und leisten namentlich darauf Verzicht, den alten Streit wegen »Barfus« mit einem s und »Barfuß« mit einem ß an dieser Stelle entscheiden zu wollen. Die Genealogen schreiben »Barfuß«, einfach auf das Wappen der Familie deutend, das drei unverkennbare *Barfüße* zeigt; die Familie selbst aber verwirft die Ableitung von einem niedersächsischen Geschlecht der Baarfoote, Barfuße oder Nudipes und schreibt sich Barfus, ihren Ursprung auf das altrömische Patriziergeschlecht der Parvus zurückführend, das mit bei der Gründung der Colonia Agrippina war und durch endlose Generationen hin den noch existierenden Parvusenhof in Köln innehatte.

Gleichviel ob Barfuß oder Barfus, für unsere Zwecke genügt es, daß die Barfuse, wie wir in Huldigung gegen die Familie, aber ohne direkte Parteiergreifung schreiben wollen, schon ausgangs des dreizehnten Jahrhunderts auf dem Oberbarnim sässig waren und bald darauf bereits dieselben Güter erworben hatten, die später den Kern ihres ausgebreiteten Besitzes bildeten: Kunersdorf, Batzlow, Prädikow und Möglin.

Prädikow galt als das eigentliche Familiengut, und damals unmittelbar am Rande des »Blumenthal-Waldes« gelegen, war es besonders wertvoll durch seine Forstbestände, die sich nach Westen hin bis weit in den genannten Wald hinein erstreckten. Diesen reichen Forstbeständen verdanken wir es auch, daß wir die Barfuse bereits um 1590 in der Spezialgeschichte unseres Landes auftreten sehen, indem es ebendieser Prädikowsche Anteil am Blumenthal-Walde war, der unter Johann Georg und Joachim Friedrich zu einem vieljährigen Streite zwischen den beiden eben genannten Kurfürsten und den Barfusen führte. Dem ganzen Ereignis – ohne schließlich in einer Schlacht von Otterbourne oder einem Percy-und-Douglas-Kampf zu kulminieren – stand nichtsdestoweniger von Anfang an ein gewisses romantisches Element zur Seite, und um dieses Stückleins Romantik willen (eine seltene Blume hierlandes) mag es gestattet sein, einen Augenblick bei der Erzählung des Herganges zu verweilen.

Kurfürst Johann Georg liebte die Jagd wie alle Hohenzollern vor und nach ihm, Friedrich den Großen ausgenommen, der das Jagdvergnügen einfach als eine Barbarei bezeichnete. Die Kurfürsten jagten damals in den schönen Forsten um Berlin herum, in den weiten Waldrevieren von Potsdam und Spandau, von Köpenick und Fürstenwalde, und besaßen in der am Werbellin-See gelegenen »Grimnitz« einen der schönsten Jagdgründe des Landes. Aber, voll wachsender Passion, mit *jeder* Grenze unzufrieden, ging ihr beständiges Streben dahin, ihre Territorien auszudehnen und immer neuen Wald in den großen Jagdgrund hineinzuziehen.

Eine seiner Jagden führte den Kurfürsten 1590 in den »Blumenthal«, und die Schönheit dieses Waldes verfehlte nicht ihres Eindrucks auf ihn. Der fruchtbare Boden, der allem, was hier wuchs, eine besondere Üppigkeit lieh, die hohen Eichen, das frische Niederholz, das Terrain selbst, in buntem Wechsel von Tal und Hügel und klaren Seen in Tiefen und Schluchten – all das erfreute das Jägerherz Georgs, und eh eine Woche um war, wandte er sich an die Barfuse, die damals auf Prädikow saßen, und bat um die Erlaubnis, in ihrem Walde jagen zu dürfen. Die Barfuse, vier Brüder: Richard, Nikolaus, Valentin und Kaspar, willfahrten gern dem kurfürstlichen Ansinnen, ohne Ahnung, daß aus ihrer Willfährigkeit alsbald das dauernde Recht der »Vorjagd« gefolgert werden würde. Und dennoch geschah es. Ohne weitere Nachsuchung, gestützt auf das plötzlich erklärte Recht »landesherrlicher Vorjagd«, brach im Sommer 1602 das Jagdgefolge Joachim Friedrichs, des Nachfolgers Johann Georgs, »mit Hund und Horn« in die Prädikowschen Waldungen ein, und das Geklaff von über 200 Rüden lärmte durch den Forst. Ehe der Tag um war, war das hohe Wild zu Tode gehetzt und der junge Wildstand vernichtet. Soweit die Romantik. Die vier Brüder aber, statt ihren Clan zu den Waffen zu rufen, wurden klagbar beim Obergericht, und als nach fünfzig oder hundert Jahren der Instanzenzug zu Ende war, war längst kein Barfus mehr auf Hohen- und Nieder-Prädikow.

Die Barfuse wurden klagbar. Aber wir würden sehr irren, wenn wir aus diesem Abstehen vom Kampf gegen die damals schon fest gegründete hohenzollernsche Gewalt etwa den Schluß ziehen wollten, die vier Barfuse auf Prädikow wären sehr friedliche Leute gewesen. Sie waren just das Gegenteil davon, was aus folgendem erhellen mag.

Von den vier Brüdern waren drei, die beiden ältesten und der jüngste, auf ihren »Höfen« in Prädikow geblieben, während der dritte Bruder, Valentin, in die Dienste des Pommernherzogs getreten und dessen Oberjägermeister geworden war.

Es war um 1610, also acht Jahre nach der Jagd im »Blumenthal«, als Valentin Barfus auf Besuch nach Prädikow kam. Es verstand sich von selbst, daß er von seinen Brüdern der Reihe nach bewirtet wurde. Der älteste, Richard, der auf dem »roten Hause« in Nieder-Prädikow saß, hatte natürlich den Vorrang, und eine tüchtige Zechkumpanei wurde nach Sitte jener Zeit geladen. Man trank, man jubelte, man tobte, und, unglaublich zu sagen, man tanzte auch; denn woher nahm man die *Damen*? So kam Mitternacht heran. Um Mitternacht aber legten die Spielleute müd und matt ihre Fiedeln nieder und sagten: »Wir können nicht mehr!« Da sprang Nikolaus, der zweite der Brüder, mitten unter sie und schrie, während er mit der Faust drohte: »Weiter, weiter, und wenn der Teufel selber aufspielen sollte!« Da erschien der böse Feind auf dem Ofen, mit der Sackpfeife unterm Arm, grinste den Nikolaus an und spielte auf. Da fürchteten sie sich und ließen den Pfarrer holen, und als er kam, begannen sie zu beten und beteten, bis der Sackpfeifer wieder verschwunden war.*

Aber der Teufel war doch im Hause gewesen, und Unfrieden ließ er zurück. Fehde brach aus zwischen den Brüdern. Die beiden älteren standen sich im Zweikampf gegenüber, und auf dem Grasplatz am Teich, hundert Schritt hinter dem roten Hause, fiel Richard, der älteste, von der Hand des zweiten Bruders, ebenjenes Nikolaus, der an dem geschilderten Zechabend den unheimlichen Sackpfeifer herbeigerufen hatte.

Unfriede kam ins Haus und mit ihm jedes Unglück. Der Dreißigjährige Krieg legte die Felder wüst, und fünfzig Jahre später war alles in andern Händen. List und Gewalt hatte den Barfusen ihr altes Erbe genommen.

In Prädikow ist wenig oder nichts mehr, was an jene Zeiten erinnerte. Noch unterscheidet man ein Ober- und Unterdorf, noch weiß man, wo das »rote Haus« gestanden und wo der älteste Bruder, auf den Tod getroffen, zusammensank. Aber sonst schweigt an dieser Stelle alles, mit Ausnahme der alten Ulmenallee, die die Barfuse gepflanzt, und der alten Kirche, die sie gebaut haben.

Diese Kirche gehört jenen einfach malerischen Feldsteinbauten an, denen man, aus dem vierzehnten und fünfzehnten Jahrhundert her, so häufig in unsern Marken begegnet. Ein Christuskopf auf dem Schweißtuch der heiligen Veronika stammt vielleicht noch aus jener Zeit der »vier Brüder«, aber niemand weiß es zu sagen. Im Jahr 1821 war

* Eine ähnliche Sage, darin der Teufel nicht als Spielmann, sondern als Tänzer auftritt, findet sich im Eiderstedtschen (Schleswig). Es war eine große Hochzeit auf Hoyersworth und unter den Gästen auch eine hübsche Dirne, die flinkste Tänzerin weit herum. Auch an jenem Abend tanzte sie schon seit Stunden unaufhörlich und sagte zuletzt übermütig: »*Und wenn der Teufel selbst käme, ich tanzte mit ihm.*« Kaum waren ihr diese Worte entfahren, so trat der Angerufene in den Saal, schritt auf das Mädchen zu und forderte sie zum Tanz. Und wie ein Wirbelwind drehten sich die beiden. Sie tanzten zuletzt nur noch allein, und die übrigen Gäste sahen dem rasenden Tanze voll Erstaunen zu. Endlich schwieg auch die Musik, aber das Paar tanzte noch immerfort, bis der Dirne plötzlich das Blut aus dem Munde stürzte und sie tot zusammenbrach. Sofort war der Tänzer verschwunden. Doch die Blutflecken waren nicht zu vertilgen, und das Mädchen fand keine Ruh. Um Mitternacht schlüpft sie von ihrem Grabe her in den Tanzsaal, und die höllische Musik bricht los, und sie dreht sich wieder im sausenden Walzer.

noch ein Barfussches Wappenfenster da. Protestantisches »Lichtbedürfnis« hat indessen längst das bunte Glas beseitigt und eine »helle Scheibe« an die Stelle der bunten gesetzt. Nichts mehr mahnt an die Barfuse hier als der Estrich über ihrer Gruft, der, immer tiefer einsinkend, zugleich von den unten stehenden drei Särgen erzählt: von dem Sarge Valentins, »der beim Pommernherzog das Zechen gelernt«, von Richard, der hinter dem »roten Hause« zusammensank, und von Nikolaus, der den Teufel-Spielmann rief, um ihm dann schließlich zu verfallen.

Von den Prädikowschen Barfusen aber wenden wir uns nunmehr einem berühmteren Zweige der Familie zu: *den Barfusen von Möglin.* Unter ihnen vor allem dem berühmtesten des Geschlechts überhaupt: dem Feldmarschall und Türkenbesieger Hans Albrecht von Barfus.

Hans Albrecht von Barfus

Der jetzt alles vermag und kann,
War erst nur ein schlichter Edelmann,
Und weil er der Kriegsgöttin sich vertraut,
Hat er sich diese Größ' erbaut.

Schiller

Hans Albrecht von Barfus ward inmitten der Drangsale des Dreißigjährigen Krieges 1635 zu Möglin geboren, und diese Drangsale waren es auch wohl, die seiner Erziehung und Bildung ein fast allzu geringes Maß gaben. Das Militärische trat von Anfang an in den Vordergrund und wurde Schule fürs Leben und Staffel zum Glück.

Hans Albrecht trat früh in Dienst. Es war die Zeit, wo die Söhne des Adels anfingen, den Krieg, aus eigenem Drang heraus, als *Metier* zu betreiben. Die Höfe lagen wüst, die Zeiten waren unsicher. Zudem entstanden eben damals die stehenden Armeen und brauchten Offiziere. Hans Albrecht diente »von der Pike auf«, ein Umstand, dessen er sieh in seinen Feldmarschallstagen gern zu rühmen pflegte.

Seine ersten Feldzüge machte er unter Sparr, Derfflinger und Görtzke. Er focht mit in Polen, in Pommern, in Preußen und am Rhein. Bei Fehrbellin war er höchstwahrscheinlich nicht, da er beim Fußvolk stand, das brandenburgischerseits in dieser Reiterschlacht fast gar nicht zur Verwendung kam. Auch Schöning, aus gleichem Grunde, fehlte bei Fehrbellin. Im übrigen begann schon damals die Differenz zwischen beiden, auch in ihrer äußeren Stellung, hervorzutreten. Es durfte nicht wundernehmen. Schöning war der Ausnahme-, Barfus der Durchschnittsmensch, und wenn jener den Mann der »großen Carrière« repräsentierte, so repräsentierte dieser den Mann der Anciennität und Subalternität. Freilich war er seinerseits wieder ein *subalternes Genie* und gehörte jener Klasse von Leuten an, die eine mäßige Begabung glücklich und segensreich für sich und mitunter auch für andere zu benutzen wissen. Ihre Tugenden sind Charaktersache, und ihre Genialität heißt: Abwarten, Ausdauer, Konsequenz.

Im Jahr 1670, fünfunddreißig Jahre alt, war unser Hans Albrecht noch Lieutenant, aber sei es, daß die immer rascher sich folgenden Kriegszüge ihm eine wachsende Gelegenheit boten, sich auszuzeichnen, oder daß das Glück, das ihm bis dahin so wenig hold gewesen war, plötzlich seine Gunst ihm zuwandte, gleichviel, mit fünfunddreißig Jahren noch Lieutenant, war er mit dreiundvierzig Jahren bereits Obrist eines Regiments und wenige Jahre später Generalmajor.* Als solcher machte Barfus zwei Türkenzüge mit, den ersten 1683 behufs Entsatzes von Wien, den andern 1686 wegen Eroberung von Ofen. Die Belagerung dieser Festung und den besonders ruhmreichen Anteil unseres Hans Albrecht daran hab ich unter »Tamsel« bereits ausführlicher erzählt. Schöning wird der Ruhm nicht genommen werden können, Brandenburg damals, sowohl durch sein persönliches Auftreten wie durch den Aplomb, mit dem er seine Truppen in den Vordergrund schob, glänzend repräsentiert zu haben, glänzender wahrscheinlich, als es der ihm unterstellte Barfus vermocht hätte; dem letzteren aber bleibt seinerseits das Verdienst, in der Nähe des »Ofens, der sehr heiß war«, am andauerndsten ausgehalten und zweimal aller-

* In der neueren preußischen Kriegsgeschichte bietet vielleicht nur Gneisenau ein ähnliches Beispiel verspäteten und dann sehr raschen Avancements, Gneisenau, der 1806 noch Capitain und 1813 bereits Generallieutenant war.

persönlichst die Kastanien aus dem Feuer geholt zu haben. *Seine* Sturmkolonne war es, die, neben der kaiserlichen des Herzogs von Croy, über das Schicksal Budas entschied.

Zwei ruhmreiche Türkenzüge lagen hinter ihm. Aber ein dritter, ruhmreicherer stand ihm bevor. Im Jahre 1691 stieß abermals ein Corps Brandenburger als Auxiliartruppe zu den Kaiserlichen, und am 19. August erfolgte angesichts von Peterwardein die große Türkenschlacht bei Szlankamen. Markgraf Ludwig von Baden führte das christliche Heer. Da Barfus diesen wichtigen Tag zu »Ehren der Christenheit« entschied, so ziemt es sich wohl, bei den Details dieses Tages etwas ausführlicher zu verweilen.

Die Türken, 100 000 Mann stark, hatten eine sehr feste, aber zugleich sehr gefährliche Position eingenommen, eine Position, in der sie siegen oder notwendig zugrunde gehen mußten. Sie standen nämlich mit ihrem Fußvolk, 50 000 Mann, meist Janitscharen, auf den Hügeln an der Donau, den Fluß im Rücken, die Ebene vor sich. Auf dieser Ebene standen andere 50 000 Mann, lauter Reiterei, Spahis. Die Janitscharen führte der Großvezier Köprülü, die Reiterei der Seraskier-Pascha. Die kaiserliche Armee war viel schwächer und betrug im ganzen kaum 50 000 Mann. Den rechten Flügel führte Feldzeugmeister Graf Souches, den linken Feldmarschall Graf Dünnewald, im Zentrum aber befehligte Hans Albrecht von Barfus. Siebzehn Bataillone und einunddreißig Schwadronen standen unter seinem Kommando.

Der Plan des Markgrafen Ludwig war vortrefflich. Graf Dünnewald sollte vom linken Flügel her mit fünfundachtzig Schwadronen die Spahis von der Ebene fortfegen und Graf Souches, in Benutzung dieses Moments, die Hügelposition erstürmen. Aber der große Reiterangriff unterblieb, und so griff denn Graf Souches unter sehr ungünstigen Verhältnissen an. Dreimal vordringend, ward er dreimal zurückgeschlagen, und schon schickte die ganze türkische Reiterei sich an, die Vernichtung des rechten Flügels vollständig zu machen, als Barfus, mit seinen Bataillonen vorrückend, einfach rechts schwenkte und dadurch eine schützende Mauer zwischen den eben angreifenden Spahis und unsrem fliehenden rechten Flügel aufrichtete. Diese eine Bewegung stellte die Schlacht wieder her.

Aber Barfus sollte nicht nur die schon verlorene Schlacht wiederherstellen, er sollte sie bald darauf auch *gewinnen*.

Der sieghafte Sturm der Spahis war gehemmt, noch eh er seinen vollen Anlauf hatte nehmen können. Die Schlacht stand. Da endlich kam Graf Dünnewald mit dem linken Flügel heran. Markgraf Ludwig stellte sich selbst sofort an die Spitze der Reiterei und brach jetzt von links her in die Spahis ein, während 6000 Kürassiere, die gesamte Reserve des christlichen Heeres, denselben feindlichen Reiterschwarm in der Front angriffen. Dieser Angriff war unwiderstehlich. Die Fortfegung der Spahis, womit die Schlacht hatte beginnen sollen, *jetzt* war sie vollzogen. Aber kein rechter Flügel existierte mehr, um die Gunst des Moments zu nutzen. Graf Souches selbst lag tot auf der Walstatt.

Nur das Zentrum stand noch. Barfus erkannte die volle Bedeutung des Augenblicks. Was der rechte Flügel nicht mehr konnte, das konnte das Zentrum. *Nur* noch das Zentrum. Die Aufgabe jenes war auf dieses übergegangen. Barfus rückte vor, und siegreich, wie vor Buda, stieg er die Höhen hinauf. Ein rasendes Gemetzel begann. Was nicht in Stücke gehauen wurde, warf sich in die Donau und ertrank. Der Großvezier Köprülü, der Stolz und Abgott der Türken, der Janitscharen-Aga, achtzehn Paschas, funfzehn Torbaschis der Janitscharen und 20000 Gemeine bedeckten das Schlachtfeld. Die Heeresfahne des Großveziers von grüner Farbe mit Gold, 145 Kanonen, die Kriegskasse, 10000 Zelte etc. waren erbeutet, und wohl mochte Markgraf Ludwig berichten, »daß diese Schlacht die schärfste und blutigste in diesem Säculo gewesen, maßen die Türken wie verzweifelte Leut gefochten und mehr als eine Stunde den Sieg in Händen gehabt hätten«. Der Verlust des Christenheeres betrug 7300 Mann, darunter 1000 Brandenburger.

Der Sieg bei Szlankamen, seiner allgemeinen Bedeutung zu geschweigen, war auch von einer sonderlichen Bedeutung für das Haus Brandenburg. Markgraf Ludwig schrieb an den Kurfürsten und drückte sich über die Mitwirkung der brandenburgischen Hülfsvölker in folgenden Worten aus: »Ich kann Euer Kurfürstlichen Durchlaucht den außerordentlichen Valor und das gute Benehmen von Dero Generallieutenant Barfus sowie Ihrer braven Truppen nicht genug rühmen, und ihnen allein hat der Kaiser den Sieg und die Vernichtung der Türken zu danken.«

Eine ähnliche komplimentenreiche Sprache war zwar damals an der Tagesordnung und verfolgte den leicht begreiflichen Zweck, durch freigebig gespendetes Lob die verschiedenen Reichsfürsten und ihre Truppenbefehlshaber bei guter Laune zu erhalten. Im vorliegenden Fall indes drückten diese Worte mehr als ein bloßes Kompliment und in der Tat eine wohlverdiente Anerkennung aus. Dies ergibt sich zum Teil aus der Schlachtbeschreibung selbst, am meisten aber aus der nachfolgenden, überaus gnädigen Haltung des Wiener Hofes. Brandenburg, als es nach der Königswürde zu streben begann, verabsäumte nicht, auf seine siegreiche Mitwirkung am Tage von Szlankamen immer wieder und wieder zurückzukommen, und so mögen denn die Barfuse nicht ganz unrecht haben, wenn sie später noch den stolzen Ausspruch wagten: »ihr Ahnherr, Hans Albrecht, habe, auf dem Felde von Szlankamen, die preußische Königskrone mit erobern helfen«.

Im Jahre 1692 kehrte Barfus mit seinem Hülfscorps nach Berlin zurück. Hier häuften sich jetzt die Ehren auf seinem Haupt. Ohne hofmännische Schulung, ja vielleicht selbst ohne den Ehrgeiz, sie haben zu *wollen*, trat er nichtsdestoweniger in das Parteigetriebe des Hofes ein. Was eigenes Verdienst ihm nicht erwarb, erwarb ihm die Coterie, der er angehörte. »Eine Hand wusch die andere« wie nicht zum zweitenmal in unserer Geschichte. Er hielt sich von Anfang an zur »Fraktion Dohna-Dönhoff«, und es gereicht ihm zur Ehre, in einer Zeit voll zynisch egoistischen Undanks in Treue bei der einmal erwählten Partei ausgehalten zu haben. Es kam freilich hinzu, daß er seit 1693 mit Gräfin Eleonore von Dönhoff vermählt und dadurch an die Interessen dieser Familie gefesselt war. 1695, ohne daß inzwischen neue Kriegstaten ihm neuen Kriegsruhm erworben hätten, ward er Feldmarschall-Lieutenant und das Jahr darauf *Feldmarschall.* Wie sein Rang und sein Ansehen, so wuchs sein Vermögen. Er erstand die Quittainenschen Güter in Ostpreußen, die bis dahin dem Feldmarschall Derfflinger gehört hatten, und endlich auch »Schloß Kossenblatt an der Spree«, seinen Lieblingsbesitz, von dem wir in dem nächsten Kapitel ausführlicher zu sprechen haben werden.

Aber erst das Jahr 1697 bezeichnet den Höhenpunkt seines Ruhms. Im November dieses Jahres ward Eberhard von Danckelmann, der bis dahin allmächtig geglaubte Minister, durch die Dohna-Dönhoffsche Fraktion gestürzt, und unserem Hans Albrecht fiel der Gewinn eines Spieles zu, daran sein persönlicher Einsatz, aller Wahrscheinlichkeit nach, ein nur geringer gewesen war. Seine Hand war zu schwer zur Einfädelung einer Intrigue. Er gab das Gewicht seines Namens her und ließ dann die andern machen.

Danckelmann war gestürzt, und Barfus übernahm die Leitung der Geschäfte. War es doch eine Zeit, in der sich jeder zu jedem fähig glaubte, wenigstens bei Hofe. Das bekannte Wort Oxenstiernas wurde wahr an jedem neuen Tag, und was als das Erstaunlichste gelten mag: die Dinge gingen auch so, gingen zum Teil sogar *gut*.

Barfus war Premierminister, noch richtiger *Universal*minister. Er war alles, er tat alles. Auswärtiges, Finanzen, Krieg – jegliches fiel ihm zu. Dazu war er Gouverneur von Berlin, Kommandeur der Garde, Landeshauptmann der Grafschaft Ruppin, und soviel Stellen sich ihm auftaten, soviel Quellen flossen in seinen Schatz. Er wurde sehr reich. Als Gouverneur von Berlin bezog er ein palastartiges Gebäude, das vor ihm der Obermarschall von Grumbkow (der Vater des bekannten) besessen hatte. Barfus ließ es umbauen, erweitern und einen Garten nach der Spree hin anlegen. Es ist dies dasselbe Gebäude, das wir jetzt als »Stadtvogtei« kennen und das, als solches, eine so hervorragende, wenn auch freilich wenig poetische Rolle in unserer Stadt- und Staatsgeschichte gespielt hat.

Hans Albrecht war *Universal*minister, aber er war es nur durch *Zulassung* und nicht durch eigne Kraft. Die Dohna-Dönhoffs schoben ihn einfach vor, um nicht in die durch Danckelmanns Sturz entstandene Günstlingslücke einen neuen, vielleicht viel gefährlicheren Günstling einrücken zu sehn, und unserem Barfus fiel es lediglich zu, durch sein bloßes Dasein den Satz zu predigen: Wo ich bin, kann kein anderer sein.

Das ging zwei Jahre lang, aber nicht länger. Der Kurfürst,

was immer seine Schwächen sein mochten, war aus zu feiner Schulung, um an der Haltung eines alten Campagnesoldaten, der nicht einmal französisch sprach, auf die Dauer ein Genüge finden zu können. Und die Einführung einer *Perückensteuer*, wodurch Hans Albrecht den Sitten und Finanzen des Landes gleichmäßig aufzuhelfen trachtete, bezeigte sich schließlich als der allerschlechteste Weg, die schon schwankende Waage zu seinen Gunsten wiederum sinken zu machen. Die neue Sonne: Kolbe-Wartenberg, stieg immer höher. Er begann den Majordomus zu spielen, und der Danckelmannsche Hochmut erschien nun wie Leutseligkeit neben dem Ton des neuen Günstlings. Niemand wurde geschont, kaum die Königin, am wenigsten die alten Parteien des Hofes.

Aber Barfus, der den Hof überhaupt wie ein Schlachtfeld nahm, war ein viel zu guter Soldat, um so ohne weiteres an Flucht oder Rückzug zu denken. Er hatte den türkischen Großvezier besiegt, warum nicht auch den Majordomus von Brandenburg? Die Königin, die Dohna-Dönhoffs dachten ähnlich, und so bereitete sich jene »große Liga von 1702« vor, die keinen anderen Zweck verfolgte, als den tyrannischen Günstling zu beseitigen und das Barfussche Interregnum von 1697 bis 1699, die Zeit der *vereinigten* Ministerien und der Perückensteuer, wiederherzustellen.

Aber Kolbe-Wartenberg war glücklicher, als es Danckelmann vor ihm gewesen war. Vielleicht weil es die Liga in der Person versah, die sie mit Ausführung der Hauptrolle betraute. Diese Person war der Hofmarschall von Wense. Graf Otto Dönhoff, als er von der Wahl dieses letztgenannten Herrn hörte, zuckte die Achseln und setzte gutgelaunt hinzu: »Wohlan denn, wir müssen dem Glück einen Ochsen opfern!« Er hatte recht gehabt. Nur blieb es nicht bei dem *einen* Opfer. *Alle* traf die Ungnade des Königs, und während der Hofmarschall von Wense den Hof mit der Festung Küstrin vertauschte, wurde der Rest vom Hofe verbannt: die Dohnas, die Dönhoffs und auch Barfus.

Dies war des letzteren letzte Aktion – kein Ruhmestag von Szlankamen. Der Hof war nicht sein Feld. Trösten mocht es ihn, daß auch Gewandtere unterlegen hatten. Unser Feldmarschall aber ging nach »Kossenblatt«, wo inzwischen, auf einer Spreeinsel, der Frontbau eines Schlosses entstanden war. Mit sich nahm er zu allem, was er sonst noch besaß, ein Jahrgehalt von 8000, nach Pöllnitz sogar von 12000 Talern. Aber er erfreute sich desselben nicht lange mehr. Am 27. Dezember 1704 beschloß er sein an Kämpfen und Wandlungen reiches Leben.

In einem schlichten Anbau neben der Kossenblatter Kirche hat er seine letzte Ruhestatt gefunden.

Wir versuchen nun, nachdem wir in vorstehendem die Lebensgeschichte Hans Albrechts erzählt haben, eine Schilderung seiner äußeren Erscheinung und seines Charakters.

Hans Albrecht von Barfus war von großem, kräftigem Körperbau, über sechs Fuß hoch und durchaus militärisch in Haltung und Auftreten. Selbst stattlich, legte er auch Gewicht auf Stattlichkeit, und lange bevor König Friedrich Wilhelm I. seine Riesengarde ins Leben rief, verriet Hans Albrecht eine entschiedene Neigung, hünenhafte Leute, besonders Offiziere, in den preußischen Dienst zu ziehen. Es waren dies die ersten Anfänge der später so notorisch gewordenen »blauen Kinder« von Potsdam. Und so mag es denn auch mehr als Zufall sein, daß das einzige größere Bildnis, das von unserem Hans Albrecht existiert, vom »Soldatenkönige« selber gemalt wurde. Dieses Bild stammt etwa aus dem Jahre 1737, und da um diese Zeit unser Feldmarschall längst verstorben war, so hat es nichts Unwahrscheinliches, daß der König es, nach einem Stich oder einer Zeichnung, eigens in Huldigung gegen denjenigen ausführte, in dem die Idee der »großen Blauen« zuerst gedämmert und gelegentlich Gestalt gewonnen hatte.

Fassen wir den Charakter unseres Feldmarschalls ins Auge, so finden wir: er war tapfer, soldatisch, spezifisch deutsch, antifranzösisch (auch hierin ein Vorläufer Friedrich Wilhelms I.), habsüchtig, aber unbestechlich, rechthaberisch, aber nicht ungerecht, in Intriguen verwickelt, aber nicht eigentlich intrigant.

Wir betrachten ihn zuerst in seinen soldatischen, dann in seinen hofmännischen Qualitäten. Als Soldat – ohne ihn überschätzen zu wollen – erhob er sich, trotzdem er immer der Mann blieb, der von der Pike auf gedient hatte, weit über die Klasse derer, die, auf den Befehl eines Vorgesetzten hin, ihre Truppe prompt ins Feuer zu führen verstehen. Hätte seine militärische Laufbahn mit der Erstürmung Ofens abgeschlossen, so würd er einfach einer jener »braven Soldaten« gewesen sein, wie deren unsere Kriegsgeschichte so viele aufzuweisen hat; sein zweimaliges und jedesmal entscheidendes Eingreifen in die Schlacht bei Szlankamen aber zeigt ihn uns allerdings als einen Soldaten von höherer Beanlagung. Beide Male handelte er selbständig und folgte nur seiner persönlichen Erkenntnis dessen, was der gegebene Moment erheischte. Sein Blick und sein Charakter bewährten sich dabei gleichmäßig. Er erkannte, was not tat, und hatte den Mut, das als richtig Erkannte auf eigne Verantwortung hin auszuführen. Dieser Blick und dieser Mut gehören schon zu den selteneren Gaben.

Was ihm andererseits fehlte, das erkennen wir am besten, wenn wir sein militärisches Auftreten mit dem seines Nebenbuhlers Schöning vergleichen. Schöning, wiewohl es ihm versagt blieb, in wirklich großen Verhältnissen zu wirken, geht dennoch, sooft er auftritt, jedesmal über das Alltägliche hinaus. Nicht zufrieden damit, den *Moment* zu begreifen, begreift er die *Situation* überhaupt. Es genügt ihm nicht, ein *Nächstliegendes* zu tun oder zu berechnen, sondern die Rücksicht auf das *Ganze* bestimmt seine Haltung. Am lehrreichsten nach dieser Seite hin ist sein Auftreten vor Ofen. Kaum auf den Höhen erschienen, kaum begrüßt von dem großen Christenheere, das in weitem Halbkreise die Festung umlagerte, rückte Schöning klingenden Spieles vor, und jede Deckung oder Vorsichtsmaßregel verschmähend, brachte er sich auf einen Schlag in Linie mit der Belagerungsarmee. Der ungedeckte Vormarsch kostete Opfer, und das ganze Manöver, glänzend, wie es war, fand nichtsdestoweniger lebhaften Tadel. Sogar bei den Brandenburgern selbst, von denen es als Rodomontade bezeichnet wurde. Dennoch hatte Schöning recht. Immer das Ganze ins Auge fassend, sagte er sich, daß er der allgemeinen Sache, mindestens aber der Sache seines Kurfürsten, durch etwas *Eklatantes* am besten diene. Und seine Berechnung traf im vollsten Maße zu. Den Türken sowohl wie den Verbündeten hatte dieser Aufmarsch imponiert, und lange bevor Buda über war, hatten die Brandenburger bei Freund und Feind einen moralischen Sieg errungen. Das war Schöningsch. Solcher Berechnungen und Einfälle wäre Barfus unfähig gewesen. Er gehörte zu den Schachspielern, die in jedem Moment einen guten Zug, vielleicht den besten zu tun verstehen, aber der Gabe weitsichtiger Vorausberechnung ebensosehr wie jeder genialischen Kombination entbehren.

Tapfer, wie Hans Albrecht war, besaß er auch in hohem Maße jenen liebenswürdigen, am häufigsten bei bewährten alten Soldaten vorkommenden Zug, *schwache Momente nachsichtig zu beurteilen. Nur* die Leute hinterm warmen Ofen dringen auf beständiges Heldentum. Einstmals beklagte sich der Graf Christoph Dohna über die Feigheit eines Offiziers, der ihn während des Gefechts kläglich im Stich gelassen habe. Barfus trat an Dohna heran und sagte: »Hören Sie, Graf, man muß Mitleid mit seinem Nächsten haben und ihm nicht alles Üble antun, was man ihm mit Gerechtigkeit antun könnte. Es *gibt schlechte Viertelstunden im Leben.* Vielleicht wird dieser Offizier ein andermal sich besser zeigen. Ich werde mit ihm allein reden.« Barfus tat es, und wenige Tage später fiel der Offizier an der Spitze einer Angriffskolonne.

Ein sehr hervorstechender Zug seines Charakters war das *Antifranzösische.* Seine vielbesprochene »Perückensteuer« war nicht bloß eine Finanzmaßregel, sie war auch gegen das »fremde Unwesen« überhaupt gerichtet. Der Umstand, daß er des Französischen nicht mächtig war, mocht ihn in seiner Abneigung gegen die »Welschen« bestärken. Es kamen in der Tat verdrießliche Szenen vor. Seine Gegner bei Hofe gefielen sich darin, in seiner Gegenwart französisch zu sprechen oder wohl gar bei seinem Erscheinen die bis dahin deutsch geführte Konversation mit einer französischen zu vertauschen. Den begreiflichen Ärger darüber ließ er hinterher die Sprache selbst entgelten.

Von Habsucht besaß er, wie fast alle Personen, die den Hof König Friedrichs I. bildeten, ein reichlich zugemessen Teil; doch scheint er sich, trotz alles Hanges nach Besitz, der Korruption jener Zeit entzogen und seine gut deutsche Natur in Unbestechlichkeit gezeigt zu haben. Er genoß auch dieses

Rufes. Im Jahre 1699 beschwerte sich der holländische Großpensionär Heinsius über eine ganze Reihe unbegreiflicher Handelsmaßregeln, die alle vom Feldmarschall Barfus (der damals *alles* war, auch Finanzminister) ausgegangen seien, und ließ den Verdacht durchblicken, daß Barfus im Solde Frankreichs stehe. Der Großpensionär erhielt indessen von kompetenter Seite den Bescheid, daß General Barfus überhaupt unbestechlich, »jedenfalls aber zu antifranzösisch sei, um sich jemals durch *Frankreich* bestechen zu lassen«.

Und sowenig bestechlich er war, sowenig intrigant war er. Er diente nur den Intriguen anderer, war vielleicht die Hauptkarte, ohne welche das Intriguenspiel nie und nimmer gewonnen werden konnte, aber wie hoch immer der Wert seiner Karte veranschlagt werden mochte, er war nicht der *Spieler* selbst. Klügere benutzten ihn und gönnten ihm die goldenen Früchte, die ihm für seine Mitwirkung in den Schoß fielen.

Er war nicht intrigant, aber wir würden irregehen, wenn wir ihm aus dem Fehlen dieser Eigenschaft irgendein besonderes Verdienst machen oder ihn gar mit der hohen Tugend der Selbstsuchtslosigkeit ausstatten wollten. Er gehörte jener Klasse von Charakteren an, denen man in Norddeutschland und besonders in den Marken häufig begegnet: Personen, die zu wirklicher oder scheinbarer Offenheit eine große Verschlagenheit gesellen und soldatische Derbheit, ja rücksichtsloseste Schroffheit mit einem scharfen Erkennen des eigenen Vorteils glücklich vereinen. Er war voll jener scharfen Lebensklugheit, die den Habsüchtigen eigen zu sein pflegt, und besaß in hohem Maße die Kunst (ganz wie bei Szlankamen), einen glücklich gegebenen Moment zu *benutzen*. Aber er besaß *nicht* die Kunst, einen solchen Moment durch eine klug geschürzte Verwickelung *herbeizuführen*. Und das ist es, was den Unterschied zwischen praktischer Lebensklugheit und Intrigue bedingt. Der »Praktiker« *nutzt* die Situation, der Intrigant *macht* sie. Jener wird meist realere, dieser meist idealere Zwecke verfolgen. Der Intrigant wird in der Regel gefährlicher, der »Praktiker« in der Regel selbstsüchtiger sein.

Die Hofgeschichte jener Tage bietet zwei Beispiele, die diesen Unterschied recht klar ins Auge stellen. Als der Streit zwischen Schöning und Barfus auf seiner Höhe stand und Schönings Hochmut und Rechthaberei den »richtigen Moment« für Barfus vorbereitet hatte, verstand es dieser, ebendiesen richtigen Moment zu benutzen. Und zwar einfach dadurch, daß er der in seinen Beschwerdeschriften immer anmaßlicher werdenden Sprache Schönings einen Ton der Devotion gegenüberstellte. Dieser Ton der Devotion gegen den Kurfürsten und seine Regierung hatte nichts von einer Intrigue an sich, war vielmehr nur das einfache Resultat des Schlusses: »Wo Anmaßung verletzt hat, wird Devotion *doppelt* willkommen sein.« Und der Erfolg bewies, daß dieser Schluß ein richtiger gewesen war.

So weit reichten die Gaben unseres Barfus. Als es sich aber sechs Jahre später darum handelte, den allmächtigen Eberhard Danckelmann, den Günstling des Kurfürsten, aus der Gunst seines Herrn zu entfernen, war es nicht genug, eine sich bietende Situation zu benutzen, sondern es kam vielmehr darauf an, mittelst einer Reihenfolge kleiner, ineinandergreifender Szenen erst eine Situation zu *schaffen*. Dazu war Graf Christoph Dohna der Mann. Er begann folgendes Meisterspiel. Er wußte sich eine Medaille zu verschaffen, die Danckelmann kurz vorher zu Ruhm und Verherrlichung seiner Familie hatte schlagen lassen. Gewölk hing über Berlin; durch das Gewölk hindurch aber leuchtete das Siebengestirn Eberhard Danckelmanns und seiner sechs Brüder. Inschrift: »Intaminatis fulget honoribus.« Christoph Dohna, der die Vorliebe des Kurfürsten für Münzen und Medaillen kannte, wußt es derartig einzurichten, daß sich im Vorzimmer ein Streit um ebendiese Medaille entspann. Als der Kurfürst heraustrat, um nach der Ursache des Lärms zu forschen, erzählte ihm Dohna, in erkünstelter Verlegenheit, daß es sich um eine Medaille handle. »Ich wünsche sie zu sehen.« – »Eure Kurfürstliche Durchlaucht werden die Medaille kennen.« Und damit überreichte sie Dohna. Der Kurfürst betrachtete die *sieben Sterne*, biß sich, eifersüchtig, wie er war, auf die Lippen und reichte sie sichtlich verstimmt zurück. An dieser Szene ging Danckelmann zugrunde. Ist es wahr, daß dieser letztere von der Medaille nichts wußte, dieselbe vielmehr hinter seinem Rücken, auf Anstiften seiner

Gegner, geprägt wurde, so haben wir es hier mit einer ziemlich unwählerisch eingefädelten, aber von Anfang bis Ende klug durchgeführten Intrigue zu tun, die zwar, wie schon erzählt, in ihrem glücklichen Ausgang alle Ehren auf unsern Feldmarschall ausschüttete, aber von dem Glückskinde selbst weder jemals geplant noch durchgespielt hätte werden können.

Wenn wir zum Schlusse Hans Albrecht von Barfus mit den hervorragenderen jener brandenburgisch-preußischen Kriegsleute vergleichen, die seitdem gefolgt sind, so zeigt er mit keinem eine größere Verwandtschaft als mit dem »alten Yorck«. Dieselbe Tapferkeit, dieselbe soldatische Schroffheit, dieselbe Strenge im Dienst und gegen sich selbst. Haß gegen französische Sitte, Gleichgültigkeit gegen die Frauen und Verachtung gegen Ausschweifung gesellen sich als weitere übereinstimmende Züge hinzu. Ebenso sind ihre Feldherrngaben nahe verwandt: kalte Ruhe, klares Erkennen der Fehler bei Freund und Feind, glückliche Benutzung des Moments. Was sie aber vor allem miteinander gemein haben, das ist die *hohe Meinung von sich selbst* und, infolge dieser eigenen, wie immer auch berechtigten Wertschätzung, eine krankhafte Reizbarkeit gegen alles das, was neben oder wohl gar über ihnen stand. Yorck, in seinem Verhältnis zu Bülow und später zu Gneisenau, erinnert mehr als einmal an »Schöning und Barfus«.

Wenn wir Yorck nichtsdestoweniger in einem helleren Lichte sehen, so hat das seinen Grund zu nicht unwesentlichem Teile darin, daß wir die »Konvention von Tauroggen« dankbarer in Erinnerung tragen als den Tag von Szlankamen. Soll aber auch auf die sittliche Superiorität Yorcks hingewiesen werden, so dürfen wir, ohne dieselbe bestreiten zu wollen, doch der Tatsache nicht vergessen, daß es 1813 leichter war als hundert Jahre früher, »selbstsuchtslos im Dienst einer Idee zu stehen«. *Die Charaktere waren weniger verschieden, als die Zeiten es waren.*

Mit Hans Albrecht von Barfus starb der letzte jener fünf brandenburgischen Feldherrn, die noch die jungen Tage des Großen Kurfürsten gesehen und die ersten Siege Brandenburgs unter seinen Fahnen erfochten hatten: Sparr, Derfflinger, Görtzke, Schöning, Barfus. Die Derfflinger sind ausgestorben. Glieder der vier andern Familien leben noch, aber von dem alten Besitz ist wenig oder nichts mehr in ihren Händen. Auf den alten Barfus-Gütern ist der Name des Geschlechts so gut wie vergessen, und nur »Schloß Kossenblatt an der Spree« erzählt noch von seinem Erbauer, dem Feldmarschall.

Diesem Schloß in der Öde wenden wir uns im folgenden Kapitel zu.

SCHLOSS KOSSENBLATT

Aber führt der Weg den Wandrer
An den Ort, den ich besinge,
Kann er nicht dem Bangen wehren,
Daß es ihm das Herz durchdringe.

Lenau

Der Weg nach Kossenblatt führt über Fürstenwalde, dessen freundlich erleuchtete Passagierstube wir bei Dunkelwerden erreichten.

Passagierstuben sind ein selten trügender Barometer für das Leben ihrer Stadt, und es hat eine Bedeutung, ob »Schwerins Tod« oder ein altes Postreglement über dem Sofa hängt. Die Fürstenwalder Passagierstube zeigte noch auf »schön Wetter«, und das Anheimelnde, was ihr überhaupt eigen war, wuchs im Hinblick auf eine Gruppe von älteren Männern, die, ein Glas Bier vor sich, am Sofatische Platz genommen hatten.

Es waren ihrer drei, zwei Bürger und der Wirt. Der letztere bestritt wie billig die Kosten der Unterhaltung und bemerkte mit freundlicher Würde: »Sie glauben nicht, was alles vorkommt, meine Herren. Bahnhof ist Bahnhof, und Post ist Post, aber die Menschen tuen immer, als ob *Bahnhof* und *Post* all ein und dasselbe wäre. Schreibt mir vorgestern ein Mann aus Dresden, er habe seinen Überzieher hier liegenlassen, ›über einer Stuhllehne‹, schreibt er. Ich lache und sage zu Spilleke, der jetzt die Post fährt: ›Spilleke‹, sag ich, ›wenn Sie rauskommen, fragen Sie doch auf 'm Bahnhof.‹ Er fragt auch, und am Abend ist der Überzieher hier. Wo war er gewesen? Über einer Stuhllehne, alles ganz richtig, meine Herrn, aber auf 'm *Bahnhof*. Und so geht es immer.«

Die beiden Zuhörer antworteten durch ein Gemurmel, das halb ihre Übereinstimmung mit dem Sprecher, halb ihre Mißbilligung des Dresdners ausdrücken sollte. Ich aber, um auch meinesteils jede Gemeinschaft mit dem letzteren abzulehnen, fuhr mit einer Art Ostentation in den neben mir liegenden Überzieher, empfahl mich sehr artig und stieg in den bereits draußen stehenden Postwagen, der mich noch drei Meilen weiter, in das Land Beeskow-Storkow hinein führen sollte.

Gegen Mitternacht war ich in dem Städtchen Beeskow und schlief hier in einem alten Hause, dessen Hinterwand von einem Stück Stadtmauer gebildet wurde. Zugleich erfuhr ich en passant, daß dies Haus ein Ursulinerinnenkloster gewesen sei und dann und wann von nicht Ruhe habenden Äbtissinnen und Nonnen besucht werde. Auch der übliche »unterirdische Gang« wurde mir nicht erlassen. Ich war aber zu müde, um dadurch besonders gestört zu werden, und schlief, bis die Sonne ins Zimmer schien. Eine Stunde später schlenderte ich durch die Stadt.

Beeskow hat zwei Sehenswürdigkeiten: das *Amt* und die *Kirche*.

Das *Amt*, auf einer Spree-Insel unmittelbar vor der Stadt gelegen, war in alter Zeit ein Schloß, dann ein »bischöfliches Haus«, das die Bischöfe von Lebus zu Beginn des sechzehnten Jahrhunderts erwarben und gelegentlich auch bewohnten. Viele der noch jetzt vorhandenen alten Mauern reichen bis in das fünfzehnte Jahrhundert zurück, wo das alte Schloß ausbrannte. Dies erwies sich 1828, als wegen Baufälligkeit das dritte Stockwerk abgetragen wurde. An vielen Stellen fand man doppeltes Mauerwerk. Das innere zeigte die Bischofsmütze, während das dahinter gelegene, ältere Mauerwerk mit Moos und Asche bedeckt war. Es waren Überreste des alten Schlosses. In den untern Stockwerken steckt noch einzelnes davon.

Die *Liebfrauenkirche*, der wir uns jetzt zuwenden, existierte schon drei Jahrhunderte lang, als die Lebuser Bischöfe von Lebus und Fürstenwalde herüberkamen, und hat dann die geistlichen Herrn um ebenso lange Zeit überlebt. Es ist eine der schönsten Kirchen in der Mark, und der Efeu, der sich bis in die Spitzbogen emporrankt, scheint zu wissen, was er an ihr hat. Der massive Turm geht in seinem zweiten Stockwerk sehr gefällig aus dem Viereck ins Achteck über, und eine pyramidenförmige Spitze schließt den ganzen Bau gefällig ab.

Eine zweiundachtzigjährige Küstersfrau führte mich, und

Großes und Kleines, Andacht und Stadtklatsch flossen gleichen Tones über ihre Lippen. Sie zeigte mir den Gekreuzigten und den einen Schächer, die beide »wegen Unschönheit« in einen Seitenraum geschafft worden waren, und erklärte mir die Grabsteine vorm Altar. Der eine war *hellbraun* und sehr abgetreten. »Das ist unser Pfefferkuchenmann«, sagte sie ruhig, und wirklich, das alte Ratsherrnbild konnte nicht treffender bezeichnet werden. Danach stiegen wir in einen Keller, drin dieselbe Küstersfrau während der Franzosenzeit ein tiefes Loch gegraben und die Kirchengüter versteckt hatte. »Wir fanden beim Graben nichts als Knochen und Schädel.« Sie sagte nicht »Knochen und Schädel von heimlich Verscharrten«, aber sie dacht es. Es gehört das mit zur Volkspoesie.

Dann kletterten wir wieder aufwärts, eine hohe schmale Treppe hinauf, und befanden uns auf einer Empore, die man zu einer Art Kunstkammer umgeschaffen hatte. Allerhand Raritäten waren hier ausgestellt. Aber es war doch schon der Übergang von der Kunstkammer zur Rumpelkammer. Unter andern entdeckt ich ein Luther-Portrait, dessen kurze Geschichte mich freilich mehr interessierte als das Bild selbst. Reisende Schauspieler, deren »erster Liebhaber« es gemalt hatte, hatten es auf Groschenlose ausgespielt, und der Gewinner war es durch »Schenkung« an die Kirche wieder losgeworden. Daneben hingen die lebensgroßen Bildnisse dreier Brüder, die vor längerer oder kürzerer Zeit in Stadt und Kirche geglänzt hatten. Das Ratsherrnbild trug folgende Inschrift:

Der Bürger Dankbarkeit und der Zuhörer Pflicht
Hat uns drei Treueren dies Denkbild aufgericht'.
Dort jenes graue Paar stirbt in der Kirche Würde,
Mich macht das Rathaus alt und schwerer Zeiten Bürde

Was jene bei der Kirch den Seelen Guts gebracht,
Das nahm ich bei der Stadt, nach Menschen Treu, in acht.
Urteilt uns nach dem Ambt in dem geführten Leben,
So wird ein gutes Lob man uns im Tode geben.

Von Beeskow nach Kossenblatt sind noch anderthalb Meilen. Ein leichter Wagen nahm mich auf, und in brennender Sonnenhitze macht ich den Weg. Die Landschaft war geradezu trostlos, und jedes kommende Dorf erschien noch ärmer als das voraufgegangene. Mahlender Sand und Kiefernheide, dazwischen Brach- und Fruchtfelder, die letzteren so kümmerlich, daß ich meinte die Halme zählen zu können.

Aber der reizlose Weg wurde mir durch eine Begegnung wert. Etwa eine halbe Meile vor Kossenblatt bemerkt ich einen Knaben, der auf einem Feldstein am Wege saß und augenscheinlich sehr ermüdet war. Er mochte zwölf Jahr alt sein. Ich ließ halten, und es entspann sich folgendes Gespräch zwischen ihm und mir:

»Willst du mit?«

»Wo wüllen Se denn hen?«

»Nach Kossenblatt.«

»Da will ick ooch hen.«

Und nun stieg er auf und setzte sich auf den Rand des Wagens. Mich beschäftigte der kleine Vorfall, weil er mir so recht wieder jene mißtrauensvolle *Vorsicht* zeigte, die den märkischen Stamm zum Guten und Schlechten hin so sehr charakterisiert. Er beantwortete meine Frage durch eine Gegenfrage, und erst als ich diese meinerseits zu seiner Zufriedenheit erledigt hatte, nahm er an, was ihm freundlich geboten war.

In Kossenblatt angekommen, ließ ich an einer Stelle halten, wo die Sehenswürdigkeiten des Dorfes: das *Herrenhaus* (jetzt Amtshaus), das *Barfus-Schloß* und die *Kirche*, dicht beisammenliegen.

Kossenblatt war immer ein reicher und ausgedehnter Besitz. In sumpfiger Niederung gelegen (Cossinbloth heißt »Krummensumpf«), unterschied es sich in alter Zeit schon vorteilhaft von den Sanddörfern der Höhe, aber erst von 1581 ab hat es eine Geschichte. Diese teilte sich seitdem in drei Epochen: in eine *Oppensche*, eine *Barfussche* und eine *königliche* Zeit.

Über die *Oppensche* Zeit gehen wir schnell hinweg. 1581 kam der brandenburgische Oberkammerherr, Georg von Oppen, in Besitz von Kossenblatt, bei dessen Familie es durch drei Generationen hin blieb. Bis 1699. Vom »Schloß«

existierte damals noch keine Spur, vielmehr bewohnten die Oppen das »alte Herrenhaus«, dessen Kellergewölbe bis diesen Augenblick vorhanden sind und eine Art Sehenswürdigkeit des im übrigen völlig modernen Amtshauses bilden. Die hohen, rundbogigen Kellergewölbe sind aus mittelgroßen, unbehauenen Feldsteinen aufgeführt, und Sachverständige pflegen hervorzuheben, daß die Baumeister damals einen andern, rascher fest werdenden Mörtel benutzt oder die Gewölbe jahrelang gestützt haben müssen. All dies geht bis in die Oppensche Zeit zurück, vielleicht noch weiter. Wir lassen aber diese Rundbogenfundamente, samt einer Anzahl alter, ebenfalls der Vorgeschichte Kossenblatts angehöriger Bilder, und wenden uns nunmehr seiner eigentlichen historischen Zeit zu, die mit Feldmarschall von Barfus beginnt.

Im Jahr 1699 kaufte Hans Albrecht von Barfus, wie bereits in dem Kapitel »Prädikow« erzählt, die Herrschaft Kossenblatt und zahlte dafür die für die damalige Zeit ziemlich beträchtliche Summe von 32 000 Talern und 100 Dukaten Schlüsselgeld. Das Oppensche Herrenhaus, das er vorfand, genügte ihm nicht, und er ging das Jahr darauf (1700) an die Aufführung eines Schlosses. Er starb aber drüber hin und hat die Räume desselben nie bewohnt.

Erst seine Witwe, Eleonore geborene Gräfin von Dönhoff, führte den Schloßbau glücklich hinaus. Sie war eine stolze Frau, und es geht die Sage, daß sie bemüht gewesen sei, ihrem einzigen überlebenden Sohne sein Erbe nach Möglichkeit zu schädigen und zu schmälern. Sie ließ zu diesem Behuf einen holländischen Baumeister kommen, befahl ihm, unterhalb der Keller des Schlosses einen zweiten Keller zu graben und zu wölben, und tat dann alles hinein, was sie an Gold und Kostbarkeiten besaß. Danach gab sie Befehl, die Gruft in ihrer Gegenwart zu schließen, und nahm dem Baumeister einen Eid ab, die Stelle niemandem zu verraten. Voll Zweifel aber, ob er den Eid auch halten werde, zog sie das Sichere vor und ließ ihn auf der Rückreise nach Holland aus dem Wege räumen. Der »Schatz«, so heißt es weiter, war nun glücklich beiseite gebracht, indessen die Bilder und Möbel waren noch da, die ganze Einrichtung eines reichen Schlosses. Auch das mußte fort. Als sie fühlte, daß es mit ihr zum Letzten gehe, befahl sie, den gesamten Hausrat auf den

Schloßhof zu tragen, und vergoldete Stühle und Tische, Spiegel und Konsolen, Diwans und Kommoden wurden nun zu einer Pyramide aufgetürmt. In einem Rollstuhle ließ sie sich dann an die Tür des Gartensaales fahren, gab Ordre, zwei Fackeln anzulegen, und starrte lang und befriedigt in die hoch aufschlagende Flamme. Sie fühlte das Feuer mehr, als daß sie es sah, denn die helle Mittagssonne stand über dem Schauspiel. Als alles niedergebrannt war, saß sie tot in ihrem Rollstuhl.

Das war 1728, und ihr einziger Sohn übernahm Kossenblatt. Aber nur acht Jahre blieb es in seinen Händen. 1736 erstand es König Friedrich Wilhelm I. und schlug es zu seiner Herrschaft Königs Wusterhausen. Über die Umstände, die diese Veräußerung begleiteten, sprech ich weiterhin.

Drei Generationen waren seit jenem Tage vergangen, da, während der fünfziger Jahre dieses Jahrhunderts, trat wieder ein Barfus in das alte Barfus-Schloß ein. Aber freilich nur als Gast. War es romantischer Herzenszug oder Pietät gegen die Stätte, wo sein Ahnherr gelebt und einen Denkstein seines Ruhms und seines Reichtums hinterlassen hatte, gleichviel, ein Enkel des Feldmarschalls hatte das Ansuchen an König Friedrich Wilhelm IV. gestellt, einen Sommer lang in Schloß Kossenblatt residieren zu dürfen, und diesem Ansuchen war nachgegeben worden.

Ein Wagen hielt vor der Steintreppe, die rostigen Angeln gaben halb widerwillig nach, und der nachgeborene Barfus, selber ein General, stand als Fremdling in dem wüsten und weitschichtigen Schloß seiner Ahnen. Niemand war mit ihm als seine Frau und deren Dienerin. Er bezog ein paar Eckzimmer, und das Nötigste an Hausrat wurde herbeigeschafft. Aber es war nicht möglich, den öden Ort in einen wohnlichen zu verwandeln. Der Regen fuhr durch die morsch gewordenen Fenster, und selbst das heitere Sonnenlicht war eine Pein, denn ungemildert fiel es durch die großen Fenster und sprang heiß und blendend von den kahlen weißen Wänden zurück. Zu dem Bedrückenden der Öde gesellte sich der Mangel an allem, was das Leben an Unterhalt erfordert. Die Stadt war weit, und das Dorf war arm. Die Frauen litten schwer. Nur das romantische Herz des Generals trug alles, was ihm Schloß Kossenblatt an Entbehrungen auferlegte, mit Freudigkeit. Ja, es hob ihn mehr, als daß es ihn niederdrückte. Er war nicht nach Schloß Kossenblatt gekommen, um zu bankettieren; es lag ihm nicht an lustiger Gesellschaft und an lautem Gespräch über den Tisch hin; es lag ihm an stiller Zwiesprach mit denen, die nicht mehr waren. Ihm waren diese weiten Räume *nicht* öde, und wenn er nachts oder am hellen Mittage sie durchschritt, vernahm er ein Flüstern und stand still, ob er's erlauschen könne. Vergeblich hingen die Blicke seiner Frau an ihm und baten um Rückkehr zu den Menschen.

Endlich kam Hülfe.

Es war Hochsommer, und die Hitze des Tags hatte den General in die Wald- und Wiesengründe geführt, die den Kossenblatter See nach Süden hin umziehen. Es wurde drückend schwül, und um die vierte Stunde brach das Unwetter los. Als die Donner heraufzogen, war es, als rollten schwere Wagen durch alle Säle und Korridore. Einzelne Windstöße fuhren gegen das Schloß, und die entsetzten Frauen hörten jetzt, wie nah und fern und oben und unten ein gespenstisches Klappen von Fenstern und Türen begann. An hundert Stellen zugleich wollte der Böse herein. Das Blitzen wurd immer heftiger, und Herrin und Dienerin flohen aus ihren Zimmern in den langen schmalen Korridor hinaus, der auf den Schloßhof niederblickt. Der Flügel gegenüber stand wie in Nacht. Aber plötzlich war es, als fiel' ein Feuer vom Himmel, und der Schloßhof stand wie in Flammen, und die Dienerin schrie laut auf: »Dort sitzt sie!« … Es war ihr, als habe sie die alte Reichsgräfin gesehen, im Rollstuhl, unter der Balkontür und in die Flammen des Hofes starrend.

Dieser Nachmittag entschied.

Die Gäste verließen Schloß Kossenblatt, und alles war wieder wie zuvor. Spinnen und Ameisen begannen ihre stille Wirtschaft, und niemand anders sprach ein als der Wind im Kamin.

Aber aus der Geschichte unserer Tage haben wir noch einmal um anderthalb Jahrhunderte zurückzugehen in die Tage des letzten Grafen Barfus und in aller Kürze jener *dritten*

Epoche Schloß Kossenblatts zu gedenken: der Zeit Friedrich Wilhelms I.

Im Jahre 1735 kam König Friedrich Wilhelm I. auf einer Jagd von Königs Wusterhausen aus in die Kossenblatter Gegend, sah das schöne Schloß und forderte den Besitzer auf, ihm seine Besitzung zu verkaufen. Als dieser Antrag abgelehnt wurde, wurden nichtsdestoweniger alle Mittel in Bewegung gesetzt, sich des ganzen Güterkomplexes zu versichern. Es fand sich auch bald ein Weg, da er sich durchaus finden *sollte*. Der Verlauf war folgender. Graf Barfus hatte dem Unterhändler des Königs gegenüber von 180 000 Talern gesprochen, nur um loszukommen, in der festen Voraussicht, daß diese hohe Summe nie bewilligt werden würde, worin er auch recht behielt. Vielmehr begnügte sich der König damit, den Grafen wissen zu lassen, daß der *Preis* seiner Güter, nachdem er überhaupt einmal auf den Verkauf derselben eingegangen sei, nicht länger einseitig durch ihn selbst bestimmt werden könne. Es geböte sich jetzt eine *Taxierung*. Hiernach kam denn auch im Januar 1736 ein Kauf zustande, ohne daß die belehnten Agnaten befragt worden wären. Der König bewilligte 125 000 Taler, schlug Kossenblatt zur Herrschaft Königs Wusterhausen und überwies es, gleich nach der Übergabe, seinem zweiten Sohne, dem Prinzen August Wilhelm. Ob dieser je dort residiert hat, ist zweifelhaft. Der Prinz bevorzugte das in Nähe seiner Garnison Spandau gelegene Schloß Oranienburg und begnügte sich damit, seinen Namenszug A. W. an dem großen Frontbalkon des ehemaligen Barfusen-Schlosses anbringen zu lassen.

Prinz August Wilhelm verschmähte Kossenblatt, aber der König selbst scheint während seiner letzten Lebensjahre viele Wochen und Monate daselbst zugebracht zu haben. Wenn der Ausdruck gestattet ist: er saß hier seine Gicht ab, und Kossenblatt wurde der Hauptschauplatz jener Kunstübungen, deren Resultate die bekannte Inschrift tragen: »In tormentis pinxit.«*

* Außer um die »Kunst«, der er hier oblag, kümmerte sich König Friedrich Wilhelm I., wenn er in Kossenblatt war, vor allem auch um die *Kirche*. Zumal um die Predigt. Er war nicht leicht zufriedenzustellen. Ich finde darüber folgendes: »Am

Nach diesen historischen Vorbemerkungen schicken wir uns zu einem Besuche des *Schlosses* selber an.

Es wirkt im Näherkommen nicht ungünstig, und erst die Rückseite des Baues zeigt uns seine Schwächen: zu lange Flügel und einen zu schmalen Schloßhof. Ebendiese Rückseite hat auch den Blick auf die Spree und eine kümmerliche dahinter gelegene Baumanlage, die den Namen »Lustgarten« führt. In diesem wurde der König in seinem Rollstuhl auf und ab gefahren, und die zugeschrägte Doppelrampe, die sich bis diesen Tag in Hufeisenform an die Schloßflügel legt, zeigt am deutlichsten, mit welcher Sorglichkeit all und jedes eingerichtet war, um die schlechte Laune des von Gicht und Wassersucht geplagten Königs nicht noch schlechter zu machen.

Wir haben jetzt das Schloß umschritten und treten ein. Der Eindruck, den es in seinem Innern macht, ist der des Stattlichen, aber zugleich der höchsten Trübseligkeit. Es ist ein imposantes Nichts, eine würdevolle Lehre – die Dimensionen eines Schlosses und die Nüchternheit einer Kaserne. Aber erst in den Zimmern der Beletage erreicht die Trübseligkeit ihren höchsten Grad. Hechtgrau gestrichene Türen tragen allerhand Inschriften in gelber Ölfarbe, und den Korridor des linken Flügels hinunterschreitend, lesen wir nach der Analogie von Kasernenstube Nr. 3 oder 4: »Ihro Hoheit Kronprinzessin«, »Ihre Hoheiten Prinzessin Ulrike und Amalie«, »Ihre Königlichen Hoheiten Prinz Heinrich und Ferdinand«, »Oberhofmeisterin«, »Fräuleinskammer« etc. Dazwischen immer »Garderobezimmer«, aber, sooft wir öffnen, alles in dieselbe weiße Tünche getaucht.

13. Sonntage nach Trinitatis im Jahre 1736 hat der König in der Kirche zu Kossenblatt eine Predigt von dem damaligen Prediger in Wulfersdorf (stellvertretend für den hiesigen, welcher krank gewesen ist) gehört, die seine höchste Unzufriedenheit erregt hat. Und da er nicht lange vorher mit einer in Rheinsberg gehörten Predigt ebenfalls unzufrieden gewesen, so haben diese beiden Prediger nach Berlin kommen und über vorgeschriebene Texte predigen müssen. Auch hat der König einen Cabinetsbefehl erlassen, infolgedessen sämtliche Prediger aus der Altmark, Prignitz, Mittel-, Ucker- und Neumark durch das Konsistorium nach Berlin berufen worden sind, ›um ein Monitorium und Instructorium zu vernehmen‹. Am 23. Sonntage nach Trinitatis (9. November) 1738 ist der König wiederum mit einer Predigt des damaligen hiesigen Predigers unzufrieden gewesen und hat auf einen ihm gemachten Vorschlag den Prediger aus Teupitz kommen lassen. Aber auch dieser hat ihn *nicht* zufriedenstellen können.«

Wir kehren nun aus dem ersten Stock in das Erdgeschoß zurück. Hier wohnte der König, und mancherlei erinnert noch an seine Neigungen und seine Tätigkeit. In dem großen Eckzimmer des linken Flügels sind die Wände bis zu beträchtlicher Höhe mit kleinen holländischen Kacheln bekleidet: glasierte Täfelchen mit blauen Figuren darauf. Dies war ersichtlich das Staats- und Empfangszimmer, denn über dem Kamine hängt ein Portrait Ludwigs XIV. in weit nachschleppendem Hermelin. Die Farben des Bildes sind halb abgefallen, aber auch der haftengebliebene Rest ist immer noch das einzige, was in dem ganzen weiten Schloß an Kunst erinnert und an Genius mahnt.

In demselben Staats- und Empfangszimmer befindet sich noch ein Dutzend anderer Portraits: die in tormentis gemalten Bilder des Königs selbst. Das Mildeste, was man von ihnen sagen kann, ist: sie verleugnen die Stunde ihres Ursprungs nicht. Freilich haben auch *sie* ihre Verehrer gefunden. Einige unbedingte Friedrich-Wilhelm-Bewunderer haben die ganze Frage auf das Gebiet der Energie gespielt und von diesem Standpunkt aus mit einem gewissen Rechte gesagt: »So malte ein Mann, der nicht malen konnte. Und so malte er unter *Schmerzen* und – jeden Tag ein Bild.«

Vor diesem Raisonnement verneigt sich die Kritik.

Alle diese Bilder des Königs rühren aus den Jahren 1736, 1737 und 1738 her. Es sind sämtlich Portraits (Bruststücke), und zwar einundvierzig an der Zahl, von denen sich zweiunddreißig in den Zimmern, neun aber im Korridor befinden. Alle in Rahmen von gebeiztem Eichenholz. So häßlich die Bilder sind und so unfähig, ein künstlerisches Wohlgefallen zu wecken, so wecken sie doch immerhin ein gewisses künstlerisches *Interesse*. Der Hang zum Charakteristischen ist unverkennbar. In dem einen Zimmer hängen zum Beispiel zwei seiner Judenköpfe nebeneinander. Man sieht deutlich, daß ihm der erste Kopf nicht jüdisch genug erschienen war und daß er sich zum zweitenmal an die Arbeit machte, um den nationalen Typus entschiedener herauszuarbeiten. Einmal ist ihm sogar ein hübscher Kopf geglückt: die Frau seines Ersten Kammerdieners. Hübsch cum grano salis.

Außer den Bildern des Königs, die neuerdings, wenn ich nicht irre, nach Königs Wusterhausen hinübergeschafft worden sind, bewahrt Schloß Kossenblatt auch die Staffelei, worauf die Bilder gemalt wurden. Daneben einen Eichentisch und um den Tisch herum eine Anzahl schwerer Holzstühle nach Art unserer jetzigen Gartensessel. Alles solid und primitiv.

Wir durchschritten endlich auch den Rest des Erdgeschosses und fanden seine Räume, wie wir die des ersten Stockes gefunden hatten: groß, öde, weiß. Dazu hohe Fenster und hohe Kamine. Sie hatten bloß *ein* charakteristisches Zeichen, und dieses Zeichen mehrte nur unser Grauen. In jedem Zimmer lag ein toter Vogel, in manchem zwei, auch drei. In Sturmnächten hatten sie Schutz gesucht in den Rauchfängen, und immer tiefer nach unten steigend, waren sie zuletzt wie in eine Vogelfalle hineingeraten.

Und hier vergebens einen Ausweg suchend, hin und her flatternd in dem weiten Gefängnis, waren sie verhungert.

Spät am Abend mahlte sich unser Fuhrwerk wieder durch den Sand zurück. Es war kühl geworden, und der Sternenhimmel gab auch *dieser* Öde einen poetischen Schimmer. Ich sah hinauf und freute mich des Glanzes. Aber in die heitern Bilder, die ich wachzurufen trachtete, drängte sich immer wieder das Bild von Schloß Kossenblatt hinein. Die weißen Wände starrten mich an, ich hörte das gespenstische Türenklappen, und in dem letzten Zimmer des linken Flügels flog ein Vögelchen hin und her und stieß mit dem Kopf an die Scheiben. Sein Zirpen klang wie Hülferuf.

Und inmitten dieses Hülferufes wechselte das Bild, und das Schloß stand in Flammen, und unsichtbare Hände trugen es ab und warfen es in das Feuer.

STEINHÖFEL

Es gab ihm das Geleite 'ne Ehrenkumpanei,
Die Briten-Degen sprachen: »Nun, General, good bye«,
Da sprach er: »Kameraden, grüßt Wellington mir schön,
Wer weiß, in Jahr und Tage wir uns mal wiedersehn.«
Scherenberg

Bei Fürstenwalde haben wir auf unsrem Rückwege die Spree nach Norden hin passiert und erreichen nach einstündiger Fahrt das von Massowsche Gut Steinhöfel.

Steinhöfel gehörte mehrere Jahrhunderte lang dem Güterkomplex an, den die in eine Tempelbergsche* und eine

* Das eine Meile weiter nördlich gelegene Tempelberg, oder doch wenigstens die Tempelberger Kirche, weist mehr Erinnerungen an die Wulffensche Zeit auf als Steinhöfel. Außer einem Epitaphium zu seiten des Altars befinden sich noch sechs Wulffensehe Grabsteine in der Kirche, die fast den halben Raum des Mittelschiffes einnehmen. Einer derselben zeichnet sich durch eine ganz besondre Sinnigkeit aus. Luisa Lucretia von Wulffen aus dem Hause Steinhöfel war an einen von Wulffen in Tempelberg vermählt und starb 1720, wahrscheinlich im Kindbett. Am Oberende des Grabsteins bemerkt man zwei Bäume, die sich mit ihren Wipfeln einander zuneigen. Darunter steht: »*Eine gleiche Neigung verbindet uns.*« Dann folgen Zeilen, in denen der Tod der jungen Frau gemeldet wird, bis zuletzt *ein* Baum mit der Inschrift: »Bei meinem Fruchtbarsein, / Da stellet Last sich ein« das Ganze nach unten hin abschließt. Ein *siebenter* Grabstein, der eine Zeitlang auch im Kirchenschiffe lag, steht jetzt an einem Wandpfeiler. Es ist dies der Grabstein der Frau Anna Lucretia von Gölnitz, einer gebornen von Götze. Sie lebte verwitwet in dem ihr befreundeten Wulffenschen Hause und wurde, als sie in Tempelberg starb, in der Tempelberger Kirche beigesetzt. Sie hatte aber keine Ruhe unter den Wulffens und sehnte sich zu den Götzes zurück. Es begann zu spuken, und immer wenn Margarete von Wulffen, die Freundin der Verstorbenen, in die Kirche trat, war es ihr, als ob eine Stimme riefe: »Grete, mach auf.« Das geschah denn auch endlich, und man schaffte den Sarg nach dem Familiengute der geborenen von Götze hinüber. Da war es ruhig. Der Grabstein aber blieb in Tempelberg und ward in den Wandpfeiler eingemauert.(*)

(*) Eine ähnliche Geschichte – darin ähnlich, daß Verstorbene keine Ruhe haben, bis sie an rechter Stelle bestattet sind – wird aus einem der Teltow-Dörfer zwei Meilen südlich von Berlin berichtet. Es ist das die Geschichte vom »*französischen Tambour*«. Das betreffende Dorf gehörte damals (1813) der alten Familie von H. Vater und Sohn (der älteste) standen im Felde, die Mutter und die jüngeren Geschwister aber lebten seit dem Tage von Großbeeren in der nahen Hauptstadt. So war das Herrenhaus verwaist. Als auch die Schlacht bei Dennewitz geschlagen war, nahm der älteste Sohn Urlaub und kam herüber, um auf dem väterlichen Gute, das viel Einquartierung gehabt hatte, nach dem Rechten zu sehn. Er traf spätabends ein. Bei seiner Ankunft baten ihn die Leute, nicht im Schloß, sondern im Wirtschaftshause zu schlafen: »im Schlosse

Steinhöfelsche Linie geteilte Familie von Wulffen im Herzen des alten Landes Lebus besaß.

Die Wulffens beider Linien blühten hier mehrere Jahrhunderte lang, bis, wenn die Sage recht hat, zu Anfang des vorigen Jahrhunderts ein Wendepunkt eintrat. Wenigstens mit Rücksicht auf die Steinhöfler Wulffens.

Und zwar wird folgendes erzählt.

Der alte Wulffen (Balthasar Dietloff), der damals Steinhöfel, Kersdorf, Gölsdorf und Madlitz besaß, war ein passionierter Jäger. Er unterhielt große, eingefriedete Waldstrecken, in denen das Wild gehegt und gepflegt wurde. Soweit alles gut. Im Dorfe befand sich aber auch ein alter Schäfer, der ein ebenso leidenschaftlicher Sackpfeifer wie der alte Wulffen ein leidenschaftlicher Jäger war. Es scheint nun, daß der Sackpfeifer mit besonderer Vorliebe gerade dann seine Stücke blies, wenn der alte Wulffen auf die Jagd reiten wollte, so daß die Hirsche jedesmal wußten, was und wen sie zu gewärtigen hatten. Es war für die Hirsche wie Hundeblaff und Büchsenschuß. Oft schon hatte der alte Jäger dem alten Schäfer diese »Meldung in den Wald hinein« verboten. Aber immer vergeblich. Als er ihn eines Tages wieder bei seinem Spiele betraf, *schoß er ihn nieder.* Damit war es indessen nicht abgetan; die Sache machte großes Aufsehn, und König Friedrich Wilhelm I. verurteilte den alten Wulffen zum Verlust seiner Güter. Nur Steinhöfel ward ihm belassen.

Soweit die Tradition. Daß etwas Tatsächliches zugrunde liegt, ist nicht unmöglich, andrerseits ist es unzweifelhaft, daß sich die Sache wesentlich anders verhalten haben muß. Einzelne der obengenannten Güter befanden sich nämlich in der zweiten Hälfte des vorigen Jahrhunderts noch in Wulffenschen Händen, und das Epitaphium, das dem Balthasar

spuke es seit vierzehn Tagen«. Herr von H. nahm natürlich keine Notiz davon und bezog wie immer seine Giebelstube im Herrenhaus. Um Mitternacht ward er durch Trommelwirbel geweckt, und als er aufsprang, hörte er deutlich, daß durch das ganze öde Schloß hin treppauf, treppab die französische Reveille geschlagen wurde. In der nächsten Nacht wiederholte es sich. Herr von H. stellte nun Nachforschungen an, und man entdeckte zuletzt in einem der Keller des Hauses, die Trommel neben sich, einen französischen Tambour, der tot unter Werg und Hobelspänen lag. Er hatte eine tiefe Kopfwunde. Wie er dort hinkam, wußte niemand zu sagen. Er erhielt nun ein ehrlich Begräbnis, und das Trommeln wurde nicht länger gehört.

Dietloff in der Steinhöfler Kirche errichtet wurde, führt ihn uneingeschränkt als Erbherrn auf Steinhöfel, Kersdorf, Gölsdorf etc. auf.

Dies Epitaphium, an das alle Wulffenschen Erinnerungen anknüpfen, ist ein großes und sehr in die Augen fallendes Denkmal. Degen, Flinte, Streitaxt, Lanze, Sponton, Lochaberaxt, Morgenstern, Keule, Streitkolben, Pauke, Trommel etc. bilden eine Art Trophäe, die, wie die Strahlen einer Kriegsglorie, das leidlich gemalte Portraitbild des alten Wulffen umzirken. Die mit den Worten »O Tugend hat ihr eigen Licht« anhebende Inschrift schließt verbindlich genug mit den Reimzeilen ab:

Hier ruhet nur der Leib, die Seel in Gottes Hand,
»O daß er lebte noch«, spricht, wer ihn hat gekannt,

ein Wunsch, in den wenigstens die Familie des Dudelsackpfeifers, wenn sie jemals existierte, schwerlich eingestimmt haben wird.

Steinhöfel blieb Wulffenscher Besitz bis 1774. Dann, nach einem kurzen Graf Blumenthalschen Interregnum, ging es durch Kauf an den Obermarschall von Massow, den jüngsten und einzig überlebenden Sohn des Staatsministers von Massow, über. Die vier ältren Brüder des Obermarschalls waren sämtlich in den Schlachten des Siebenjährigen Krieges geblieben.

Der Obermarschall besaß Steinhöfel von 1790 bis 1817, und in diese Zeit – trotzdem es die Kriegsjahre waren – fallen zum guten Teil die Neuerungen und Anlagen, die das Gut auch in seiner Erscheinung zu einem so ansprechenden Besitze gemacht haben. Das Schloß freilich blieb zunächst noch dasselbe, der Park aber ward in allem Wesentlichen zu *dem* gemacht, was er jetzt ist. Er zählt zu den schönsten, die wir in der Provinz besitzen. Was ihm indessen über die Schönheit seiner Linien und Details hinaus ein besonderes Interesse leiht, ist der Umstand, daß er der erste Park hierlandes war, dessen Anlage nach Prinzipien erfolgte, die seitdem in der Park- und Gartenkunde die herrschenden geworden sind. Es ist dies bekanntlich der Sieg des Natürlichen über das Künstliche, des Gebüsches über den »Poetensteig«, des englischen oder, wie einige wollen, des altchinesischen

Geschmacks über den französischen. Der Obermarschall, ohne jemals über diese Dinge theoretisiert zu haben, durchbrach das bis dahin Gültige nach einem ihm innewohnenden künstlerischen Instinkt und operierte dabei mit so glücklicher Hand, daß einzelne seiner Anlagen später als Muster gedient und in den königlichen Gärten, zum Beispiel in Paretz, eine teilweise Nachahmung erfahren haben.

Der Obermarschall hatte vier Söhne.

Wie sein Vater, der Minister, vier Söhne von fünfen in den Siebenjährigen Krieg geschickt hatte, so schickte er drei Söhne von vieren in den *Befreiungskrieg*. Der erste und zweite kehrten zurück. Der dritte, sechzehnjährig, fiel bei Leipzig. Ein auffliegender Pulverwagen nahm ihn mit in die Luft.

Der Obermarschall starb 1817.

1835 folgte ihm seine Witwe, und Steinhöfel ging nunmehr an den ältesten Sohn beider, den Major und späteren Generallieutenant Valentin von Massow, über.

Bei diesem werden wir auf den nächsten Blättern zu verweilen haben.

Valentin von Massow

Valentin von Massow ward am 24. März 1793 zu Berlin geboren. Er erhielt eine sorgfältige Erziehung und teilte diese sowie den Unterricht der Haus- und Privatlehrer mit dem Grafen Friedrich Wilhelm von Brandenburg, dem späteren Ministerpräsidenten, dessen Erziehung König Friedrich Wilhelm der Dritte 1797 dem Obermarschall von Massow anvertraut hatte. Außer dem Grafen von Brandenburg war der zweite Bruder unseres Valentin, der spätere Hausminister von Massow, der einzige Gefährte seiner Knabenzeit.

Dreizehn Jahre alt, machte er als Junker im Regiment Rudorf-Husaren die unglückliche Campagne von 1806 mit, wurde bei Lübeck gefangen und auf Ehrenwort in die Heimat entlassen. Das band ihn bis zum Tilsiter Frieden. Nach dem Friedensschlusse seines Versprechens ledig, trat er ins brandenburgische Husarenregiment und war im März 1812 mit unter den 300 Offizieren, die den Abschied nahmen, um nicht unter den Fahnen Frankreichs kämpfen zu müssen.

Die Mehrzahl jener 300 trat bekanntlich in russischen Dienst. Unser Massow aber begab sich mit zwei gleichgesinnten Freunden: von Barner und von Scharnhorst (*Sohn* des Generals), nach England und von da nach *Spanien*. Er focht unter Wellington und wurde vor Burgos durch einen Lanzenstich in die Lunge lebensgefährlich verwundet. Er genas indes und kehrte 1813 nach Preußen zurück. Er trat hier bei den braunen Husaren ein, die damals der Oberst von Blücher, Sohn des Feldmarschalls, kommandierte, und machte in diesem Regimente die Kämpfe jenes schlachtenreichen Sommers und Herbstes mit. Am Schluß des Jahres ward er in den Generalstab versetzt. 1815 befand er sich im Hauptquartier des Fürsten Blücher, dessen *Kommunikationen mit Wellington vor und während der Schlacht bei Belle-Alliance* durch unsern Massow vermittelt wurden. Welch besserer Vertrauensmann hätte sich finden lassen als eben *er*, der schon drei Jahre früher unter den Augen des Herzogs gefochten hatte und dessen volle Kenntnis des Englischen ihn ohnehin empfahl.

Der Niederwerfung Napoleons folgte bekanntlich eine Besetzung Frankreichs durch englische und preußische Truppen. Den Oberbefehl über dieselben führte Herzog Wellington, in dessen unmittelbare Umgebung unser Massow kommandiert wurde. Drei Jahre lang verblieb er in dieser Stellung, in der er sich die Zuneigung und das besondere Vertrauen »des Siegesherzogs« zu erwerben wußte. Die Berichte, die Massow während dieser drei Jahre von Paris und Cambray erstattete und die nicht nur militärischen, sondern auch allgemein politischen Inhalts waren, werden noch im Großen Generalstabe aufbewahrt und gelten für ausgezeichnete Leistungen.

Bei Ablauf der Okkupation nach Berlin zurückgerufen, ward er gegen Ende des Jahres 1818 zum Flügeladjutanten König Friedrich Wilhelms III. ernannt und stieg, in unmittelbarer Nähe des Königs verbleibend, von Stufe zu Stufe, bis er, nach langwieriger Krankheit, im Jahre 1843 seinen Abschied nahm und sich in die ländliche Stille von Steinhöfel zurückzog.

Hier trieb er mit Eifer Landwirtschaft, erweiterte das Schloß, verschönerte den Park und steigerte den Wert des Familienerbes. Dabei war er in weiten Kreisen ein Tröster der Betrübten, ein Wohltäter der Leidenden, ein weiser Ratgeber aller, die ihm vertrauend ihr Herz öffneten.

Die Ruhe ländlicher Zurückgezogenheit war ihm lieb geworden. Nur einmal noch ward er ihr entrissen, um auf kurze Zeit die Stille von Steinhöfel mit dem Lärm von London zu vertauschen.

Der Eiserne Herzog war am 14. September 1852 auf seinem Schlosse Walmer Castle bei Dover gestorben, und auf den 15. November war sein feierliches Begräbnis festgesetzt. Fast alle europäischen Armeen schickten Deputationen, um »den Feldmarschall der sieben Reiche« auf seinem letzten Gange zu begleiten; die preußische Deputation aber bestand aus Graf Nostitz, General von Scharnhorst und unsrem Massow, der in Veranlassung dieser Deputierung zum Generallieutenant ernannt worden war. So folgte dieser denn dem Sarge des großen Feldherrn, unter dessen Augen er vierzig Jahre früher zuerst das Hochgefühl des Sieges kennengelernt hatte, und neben ihm schritt General Scharnhorst, der, von gleichem Haß gegen die Napoleonische Familie erfüllt, mit ihm nach England gegangen war, um, wo immer es sei, den Unterdrücker seines Vaterlandes zu bekämpfen. Beide waren der *Fahne* Wellingtons gefolgt, nun folgten beide seinem *Sarge*.

Und welch Leichengefolge das! Ein schönes Gedicht George Hesekiels hat diesen Zug beschrieben:

– ein Leichengefolge schließt sich an,
So wie's gehabt noch kein Untertan!
Von sieben Monarchen ist's deputiert,
Für die er den Stab des Feldmarschalls geführt,
Die Feldzeichen, die mit Trauerflor wehn,
Vertreten die Trauer von sieben Armeen:
Rußland, Preußen und Österreich,
Sie klagen heut mit dem britischen Reich,
Niederland, Spanien und Portugal
Begraben in London den Feldmarschall.
Aus hundert Fahnen das Leichentuch,

Das England um seinen Lord Herzog schlug,
Der sich ein Grab in Sankt Paul ersiegt,
Wo Nelson in Lorbeer begraben liegt.

Massow, der durch Jahre hin dem »Old Duke« so persönlich nahegestanden hatte, war in London mit besonderer Auszeichnung empfangen worden; jetzt, nach der feierlichen Beisetzung, kehrte er aus dem Gewoge der Weltstadt in die ländliche Stille zurück. Aber eine tiefere Stille harrte seiner bereits. Es war beschlossen, daß er dem Siegesherzoge nach wenig mehr als Jahresfrist in die Ruhe des Grabes folgen sollte. Am 11. Januar 1854 erkrankte er, und am 18. entschlief er als ein ernster und gläubiger Christ.

Auf dem Kirchhofe zu Steinhöfel ruht er, und ein Granitstein gibt die Daten seines Lebens und Todes.

Er war nie vermählt. Steinhöfel fiel an seinen Bruder, den Hausminister, und nach dessen Ableben an den ältesten Sohn desselben, den Rittmeister Valentin von Massow.

Steinhöfel ist ein schönes und reizend gelegenes Gut. Es liegt an der Stelle, wo der breite Sandgürtel, der sich nördlich von Fürstenwalde hinzieht, in ein frischeres und fruchtbareres Terrain übergeht. Das *Schloß* hat in der Schinkelschen Zeit eine Renovierung erfahren. Interessante, halb landschaftlich, halb architektonisch gehaltene Bilder von Fr. Gilly, die sich bis diesen Tag in einem der Wohnzimmer vorfinden, zeigen uns deutlich, wie die ursprüngliche *äußere* Anlage war. Die *innere* Einrichtung stammt aus der Zeit des Generallieutenants Valentin von Massow und seines Vaters, des Obermarschalls. Nur unter den Portraits sind einige älteren Datums.

Aus der gesamten Reihe derselben mach ich die folgenden namhaft:

1. Cabinetsminister von Blumenthal; unter dem Großen Kurfürsten brandenburgischer Gesandter in Paris.

2. Feldmarschall von Flans, geboren 1664, gestorben 1748, besonderer Liebling und Jagdgenosse Friedrich Wilhelms I. (Diese beiden Portraits, namentlich das erstere, von vorzüglichem Kunstwert.)

3. General von Massow, aus der Zeit Friedrich Wilhelms I.

4. von Massow, Minister unter Friedrich II.
5. Seine Gemahlin.
6. von Massow, Obermarschall unter Friedrich Wilhelm II. und III.
7. Seine Gemahlin.
8. von Massow, Hausminister unter Friedrich Wilhelm IV.
9. Seine Gemahlin.
10. Generallieutenant Valentin von Massow als junger Mann in Zivil.

Außer diesen Portraits interessieren namentlich einige von Schinkel und Fr. Gilly herrührende, Schloß und Park von Steinhöfel in ihrer früheren Gestalt wiedergebende Gouachebilder. Sieben an der Zahl, und zwar zwei von Schinkel, fünf von Gilly. Sie sind ohne Datum, doch läßt sich mit ziemlicher Bestimmtheit annehmen, daß die Gillyschen Blätter zwischen 1795 und 1800, die Schinkelschen um 1805, gleich nach Schinkels Rückkehr aus Italien, gemalt wurden.

Die zwei *Schinkelschen* Bilder sind folgende:

1. »La maison du vigneron et vendange à Steinhoeffel«. Es ist eine Spätnachmittags-Beleuchtung. Eine Gruppe rechts sitzt im Schatten der Bäume, auf das laubumrankte Winzerhaus aber, sowie auf den freien Platz davor, fällt ein *mildes*, heiteres Sonnenlicht. Winzer und Bäuerinnen tanzen einen Rund- und Ringelreihn. In der weinumrankten Vorhalle des Winzerhauses und auf der Treppe, die zu dieser Vorhalle hinaufführt, stehen plaudernde Paare und ein Paar Fiedler, die zum Tanze spielen. Ein reizendes Bild. In seiner derb heiteren Stimmung niederländisch, in Beleuchtung und Farbenton italienisch und insofern allerdings einer gewissen realistischen Wahrheit entbehrend.

2. »La vigne de Steinhoeffel«.

Dies Bild ist ruhiger als das erste, aber vielleicht noch hübscher und anziehender. Es ist dasselbe Haus, nur mit dem Unterschiede, daß man mehr die Giebel- als die Frontseite sieht. Die Sonne geht eben unter, und ein rotbrauner Ton liegt über dem Ganzen. Zwei Bauerinnen kehren mit Fruchtkörben heim. An der sonnenbeschienenen, rotbraunen Gartenmauer steht eine kurzgeschürzte Winzerin in grünem Friesrock und rotem Mieder und reicht einem auf der niedrigen Mauer stehenden Winzer die abgeschnittenen schweren Trauben zu. Edeltannen und Silberpappeln im Hintergrund. Das Ganze in Auffassung und Beleuchtungston durchaus italienisch.

Die fünf *Gillyschen** Blätter haben mit den Schinkelschen nicht die geringste Ähnlichkeit. Sie führen alle fünf die gemeinschaftliche Unterschrift: »Vue de Steinhoeffel« und zeigen

1. das Schloß, wie es sich vor etwa achtzig Jahren präsentierte, wenn man von der Dorfgasse her in den Park einbog;
2. das Schloß vom Park aus;
3. das japanische Häuschen im Park, nach dem Friedrich Wilhelm III. das Paretzer aufführen ließ;
4. und 5. eine Baum- und eine Wasserpartie (Cascade) aus dem Park.

Wenn auf den zwei Schinkelschen Blättern Saftgrün und Rotbraun vorherrschen und ihnen Kraft und Frische geben, so sind auf den Gillyschen Blättern Weiß und ein helles Wassergrün die vorherrschenden Farben. Die Schinkelschen machen den Eindruck moderner, sehr farbenkräftiger Aquarelle, während die Gillyschen wie Federzeichnungen wirken, die mit dünnen und unkräftigen Wasserfarben hinterher fein und sinnig getuscht wurden.

Interessanter noch als diese Bilder und vielleicht überhaupt das Bemerkenswerteste, was sich an Kunstschätzen be-

* Friedrich Gilly, Sohn des Oberbaurates David Gilly, wurde 1771 zu Berlin geboren und zählte zu den talentvollsten Schülern seines Vaters, den er an Bedeutung übertraf. Wenig befriedigt durch den Halb- oder Pseudoklassizismus seiner Epoche, stand er, als einer der ersten, in der Reihe derer, die damals beflissen waren, auf die hellenische Kunst zurückzugehn. Aber leider war es ihm nur vergönnt, in einer großen Zahl von unausgeführt gebliebenen Entwürfen seiner künstlerischen Überzeugung Ausdruck zu geben. Für monumentale Werke großen Stils hatte die damalige preußische Hauptstadt weder den Sinn noch die Mittel. So muß G. denn nach dem beurteilt werden, was er *gewollt*. Seine Skizzen sind damals und später viel bewundert worden, von keinem mehr als von Schinkel, der eine Zeitlang in Gillys Atelier tätig war und jederzeit den Einfluß anerkannt hat, den des jugendlichen Meisters Anschauungen auf seine Kunstrichtung ausgeübt haben. Wie Thorwaldsen um ebendieselbe Zeit freudig hervorzuheben pflegte, daß er Carstens die »entscheidende Anregung« verdanke, so nannte Schinkel den jungen Gilly den »Schöpfer alles dessen, was er sei«. Friedrich Gilly starb bereits 1800, neunundzwanzig Jahre alt. Unter seinen Arbeiten befinden sich auch Aquarellskizzen zu einem Denkmale Friedrichs des Großen aus dem Jahre 1797 und Aufnahmen des Marienburger Schlosses aus dem Jahre 1799. (David Gilly, der Vater, wurde 1745 zu Schwedt a. O. geboren und überlebte den Sohn um acht Jahre. Er starb 1808 zu Berlin.)

ziehungsweise Kuriositäten in Steinhöfel vorfindet, ist ein andrer einfacher Bilderrahmen, der statt eines Bildes ein vergilbtes Quartblatt Papier umfaßt. Dies Quartblatt Papier, auf *beiden* Seiten beschrieben (weshalb der Rahmen hinten und vorn ein Glas hat), ist das Konzept eines in Versen abgefaßten Briefes, den Kronprinz Friedrich von Königsberg aus im August 1739 an Voltaire richtete. Im einundzwanzigsten Bande der Œuvres complètes, dem fünften der »Correspondance«, findet sich dieser Versebrief abgedruckt.

Ich stelle nun behufs eines Vergleiches den gedruckten Brief und die verschiedenen Versionen des Steinhöfler Konzepts zusammen, zugleich eine Übersetzung hinzufügend, bei der ich auf eine Markierung der kleinen Unterschiede verzichtet habe.

Sublime auteur, ami charmant,
Vous dont la source intarissable
Nous fournit si diligemment
De ce fruit rare, inestimable,

Erhabner Dichter, liebenswürdiger Freund,
Du, dessen unerschöpflicher Geist (Quell)
Uns so fleißig versorgt
Mit jener seltnen, unschätzbaren Frucht,

Que votre muse hardiment,
Dans un séjour peu favorable
Fait éclore à chaque moment;

Die Deine Muse dreist
Auch an minder günstigem Ort
Jeden Augenblick heranreifen läßt;

Au fond de la Lithuanie,
J'ai vu paraître, tout brillant,
Ce rayon de votre génie
Qui confond, dans la tragédie
Le fanatisme, en se jouant.

In der Tiefe Litauens
Hab ich glänzend erscheinen sehn
Jenen Strahl Deines Genies,
Der, spielend, in der Tragödie
Den Fanatismus schamrot macht.

J'ai vu de la philosophie,
J'ai vu le baron voyageur,
Et j'ai vu la pièce accomplie
Où les ouvrages et la Vie
De Molière vous font honneur.

Ich habe Philosophisches
Und habe den »reisenden Baron«
Und habe jene vollendete Arbeit erscheinen sehn,
Worin das »Leben Molières«
Und seine Werke *Dir* zur Ehre gereichen.

A la France, votre patrie,
Voltaire, daignez épargner
Les frais que pour l'Académie
Sa main a voulu destiner.

Erspare, Voltaire, Deinem Vaterlande,
Erspare Frankreich die Kosten,
Die es hergibt
Für seine Akademie.

En effet, je suis sûr que ces quarante têtes qui sont payées pour penser, et dont l'emploi est d'écrire, ne travaillent pas la moitié autant que vous. Les sciences sont pour tout le monde, mais *l'art de penser* est le don le plus rare de la nature.

Cet art fut banni de l'école,
Des pédants il est inconnu;
Par l'inquisition frivole
L'usage en serait défendu,
Si le pouvoir saint de l'étole
S'était à ce point étendu.
Du vulgaire la troupe folle
A penser juste a prétendu;

Diese Kunst, von der Schule verbannt,
Ist unbekannt den Pedanten;
Die schnöde Inquisition
Würde den Gebrauch (des Denkens) verboten haben,
Wenn die »heilige Macht der Stole«
Sich bis zu diesem Punkt erstreckt hätte.
Der tolle Schwarm des Pöbels
Hat den Anspruch erhoben, richtig zu denken;

Aimable auteur, ami charmant
Vous dont la source intarissable
Nous fournit si diligemment
De ce fruit rare, inestimable,

Que votre Muse *sagement*	Que votre Muse hardiment
Cueillit presque à chaque moment.	Dans un sejour peu favorable
	Fait éclore à chaque moment.

Les rayons etc. etc.

De Molière *sont en Honneur*

A la France votre patrie.
Voltaire, daignez épargner
Les frets etc.

Ich bin in der Tat sicher, daß diese vierzig Köpfe, die fürs Denken bezahlt werden und von Amts wegen zu schreiben haben, nicht halb soviel arbeiten als Sie. Die Wissenschaften sind für alle Welt, aber die *Kunst des Denkens* ist die seltenste Gabe der Natur.

Cet art fut bani de l'ecolle	Si le pouvoir *de leur ecole*
Aux pedants il est inconnu;	*A ce point c'etoit* étendu.
Par l'inquisition frivolle	Du vulgaire la troupe folle
L'usage en defendu;	*Sa part même en* a pretendu;
Le courtisan toujours a cru	*Le courtisan toujours a cru*
Que c'etait l'art de son idolle;	*Que c'etait l'art de son idole*
Du Vulgaire la troupe folle	*Et souvent on* a confondu
Sa part même en a pretendu	Le froid non-sens d'une parole
Nos … fois de l'hiperbolle	Et l'enflure de l'hyperbole
N'y est point non plus parvenu.	Avec l'art de penser, cet art si peu connu.

Du vil flatteur l'encens vendu
En a parfumé son idole;
Et l'ignorant a confondu
Le froid non-sens d'une parole,
Et l'enflure de l'hyperbole
Avec l'art de penser, cet art si peu connu.

Der käufliche Weihrauch des niederen Schmeichlers
Hat seinen Götzen (den Pöbel) beräuchert,
Und der Ignorant verwechselt
Den kalten Unsinn einer Redensart
Und den Schwulst der Hyperbel
Mit der Kunst zu denken, dieser so wenig gekannten Kunst.

Entre cent personnes qui croient penser, il y en a une à peine qui pense par elle-même. C'est cet esprit créateur qui sait multiplier les idées, qui saisit les rapports entre des choses que l'homme inattentif n'aperçoit qu'à peine, c'est *cette force du bon sens* qui fait, selon moi, la partie essentielle de l'homme de génie.

Ce talent précieux et rare
Ne saurait se communiquer;
La nature en parâit avare.
Autant que l'on a pu compter,
Tout un siècle se prepare
Lorsqu'elle nous le veut donner.
Mais vous le possédez, Voltaire,
Et ce serait vous ennuyer
Qu'apprecier et calculer
L'heritage de votre père.

Diese köstliche und seltene Gabe
Läßt sich nicht mitteilen;
Die Natur scheint damit zu geizen;
Soweit wir rechnen können,
Bereitet sie sich stets ein Jahrhundert lang,
Eh sie die Gabe wieder verleiht.
Du besitzt sie, Voltaire,
Und es hieße Dich langweilen,
Zu preisen und zu berechnen,
Was Erbe von Deinen Vätern ist.

Ce qui n'est parvenu de »*Mahomet*« me parait excellent ... Vous n'avez pas besoin, mon cher Voltaire, de l'éloquence de M. de Valori; vous êtes dans le cas qu'on ne sourait détruire ni augmenter votre réputation.

Vainement l'envieux, desséché de fureur,
Sur vos vers immortels répandant ses poisons,
De vos lauriers naissants retarde les moissons.

Vergebens sucht der Neidische, trocken vor Wut,
Auf Deine unsterblichen Verse sein Gift gießend,
Zurückzuhalten die Ernte Deines wachsenden Lorbeers.

Enfin un philosophe habile.
Dans ce monde aveugle est
venu

Et c'est par son secours utile
Que l'art de penser a vaincu
Le galimatias imbecile.

(Mais souvent on a confondu
Des mots l'arrogance frivole
Comme la frayeur lache et molle
Passe pour valeur et vertu.)

Unter hundert Menschen, die zu denken *glauben*, ist kaum einer, der *wirklich* denkt. Dieser schöpferische Geist aber, der die Ideen zu vermehren weiß, der da einen Zusammenhang der Dinge wahrnimmt, wo der Unaufmerksame kaum irgend etwas zu entdecken versteht, dieser bon sens, diese Kraft des gesunden Menschenverstandes ist es, die meiner Meinung nach den wesentlichen Teil eines Mannes von Genie ausmacht.

Mais vous le possédez, Voltaire,
Et c'est vouloir vous ennuyer
Que d'aller longtemps calculer
L'heritage de votre père.

Was ich vom »Mahomet« erhalten habe, erscheint mir vorzüglich. Sie, mein teurer Voltaire, bedürfen nicht der Beredsamkeit des Herrn von Valori; Sie sind in der glücklichen Lage, daß Ihren Ruf niemand weder zu zerstören noch zu steigern vermag.

*Un poeme immortel des Muses
approuvé
La Satire, aux abois, de depit
consumée,
Craind d'emousir ses dents sur
votre renommée;*

Sous les yeux d'Émilie, élève de Newton,	Unter den Augen Emiliens, der Schülerin Newtons,
Vous effacez de Thou, vous surpassez Maron.	Übertriffst Du de Thou, übertriffst Du Maron.
En tout genre d'écrits, en toute carrière,	In Vers oder Prosa, auf jedem Gebiet,
C'est le même soleil et la même lumière.	Es ist immer dieselbe Sonne, dasselbe Licht.
Cet esprit, ces talents, ces qualités du cœur	Dieser Geist, diese Talente, diese Herzensgaben
Peuvent plus sur mes sens que tout ambassadeur.	Vermögen mehr über meine Sinne als jeder Gesandte.

Je suis avec une estime parfaite, mon cher Voltaire etc.

Was uns an diesem beschriebenen Quartblatt am meisten interessiert, ist wohl der Umstand, daß uns dasselbe (eben weil Brouillon) in die *Entstehungsgeschichte* dieser und ähnlicher Versbriefe des Kronprinzen einführt und uns genau zeigt, *wie er arbeitete*. Es überrascht dabei einmal eine gewisse Strenge gegen sich selbst, die sich in den doppelten und dreifachen Varianten ausspricht, andererseits aber ein gewisses prosaisches »Sich's-bequem-Machen«, das die Reimworte nicht mit ahnungsvoller Sicherheit im Momente heraufbeschwört, sondern sie *aufschreibt*, um nun völlig nüchtern und nach Bedürfnis die Auswahl treffen zu können. So finden wir in kurzen und langen Kolumnen untereinander geordnet erst: hyperbole, parole, dann pretendu, venu, parvenu,

Et Rival de Virgille, élève de
Newton,
Cet esprit, ces talents, ces qualités
du cœur
Peuvent plus sur mes sens que
tout ambassadeur.

Ich bin, mein teurer Voltaire, mit vorzüglicher Hochachtung etc.

dann magnifique, rustique, implique, philosophique, intrique, musique, inique, poetique; endlich aprouvé, depravé, annoncé, consumé, alarmé etc., Aufzählungen, aus denen ersichtlich wird, daß der Kronprinz in vielen Fällen nicht eine Hülle für den Gedanken, sondern einen Gedanken für die Hülle suchte. Übrigens arbeiten bekanntlich viele Poeten auf ähnliche Weise, und so unpoetisch, auf den ersten Blick, dieser Weg erscheinen mag, so ist doch schließlich nicht erwiesen, daß derselbe wesentlich schlechter sei als ein andrer. Er erinnert an das Verfahren einzelner Maler, besonders guter Koloristen, die, zunächst eine bloß harmonische Wirkung auf die Sinne bezweckend, nicht klare Gestalten, sondern *Farben* nebeneinanderstellen. Farben, die dem *Reim* entsprechen. Form und Gedanke finden sich nachher. *Wie* sie sich finden, scheinbar zwanglos oder aber sichtlich erzwungen – davon hängt dann freilich das Gelingen oder Scheitern ab.

Wir haben diesem umrahmten Quartblatt Papier wieder seinen Ehrenplatz an der Längswand des Bibliothekszimmers gegeben und treten nun aus dem kühlen schattigen Raum in den sonnbeschienenen Park hinaus. Es ist jener Mittagszauber, von dem es im Liede heißt:

Vor Wonne zitternd hat die Mittagsschwüle
Auf Tal und Höh in Stille sich gebreitet,
Man hört nur, wie der Specht im Tannicht schreitet
Und wie durchs Tobel rauscht die Sägemühle.

Hier ist es nicht die Sägemühle, die rauscht, aber ein Bach, der, aus dem Felde kommend, über ein natürliches Wehr von Feldsteinblöcken niedersprudelt und schillernd in Regenbogenfarben in den hellbeleuchteten Park tritt. Weiterhin wird er ein Teich, und die umstehenden Bäume werfen ihr Bild in die dunkelklare Tiefe. Durch den Park hin, südenwärts, ist eine Lichtung geschlagen, und vor die lichte Öffnung schiebt sich in Dämmerferne der Hügelzug der »Rauenschen Berge«. Der scharf gezogene Kontur ihres Profils mahnt an südlich Land und blauen Himmel. Über den Teich hin fliegen Libellen, das einzig Lebende, das um diese Zeit noch flügge und munter ist. Denn ihre Flügel sind groß, und ihre Leiber sind leicht.

Ein seltsam Klingen und Tönen zieht durch die Luft,

Jetzt ist die Zeit, wo tief im Schilf ein Wimmern
Den Fischer weckt …,

aber eh noch das Klingen ein bestimmter Klang geworden, fällt die Kirchglocke mit ihren zwölf Mittagsschlägen ein, der Mittagsspuk verfliegt, und nur der Zauber der Schönheit und der Stille bleibt.

VON SPARREN-LAND
UND SPARREN-GLOCKEN

> Sagt selber, kommt's nicht dem Herren zugut,
> Wenn sein Kriegsvolk was auf sich halten tut?
> Wer anders macht ihn, als seine Soldaten,
> Zu dem großmächtigen Potentaten.

Unser Weg führt uns heut in das alte *»Sparren-Land«*.

Der ausgedehnte Landstrich, auf dem diese längst vom historischen Schauplatz abgetretene Familie reich begütert war, hat zwar nur noch sehr bedingungsweisen Anspruch auf jenen auszeichnenden Namen, aber in Huldigung gegen den Ruhm des alten Geschlechts sprechen wir auch heute noch von einem »Sparren-Land«, wiewohl sich von ebendiesem Lande kein Zollbreit Erde mehr in Sparrschen Händen befindet.

Die Sparrs oder die Sparren scheinen unter den ersten Askaniern in die Mark gekommen zu sein. Schon um 1300 begegnen wir ihnen an jenem Punkte, der später das Zentrum ihres Besitzes bildete. Unter den Hohenzollern treten sie uns von Anfang an in besonderen Vertrauensstellungen entgegen, und noch vor Ablauf desselben Jahrhunderts, das die Burggrafen ins Land führte, sehen wir die rasch emporgeblühte Familie im Vollbesitz ihrer Macht. *Das Sparren-Land ist da.*

Welcher Art ist es? und wo haben wir es zu suchen?

Schräg durch den Barnim erstreckt sich ein breiter Gürtel von Sand und Sumpf und Ackerland bis ins Uckermärkische hinein, ein Landstreifen, der etwa Neustadt-Eberswalde als Mittelpunkt und Bernau und Angermünde als linken und rechten Flügel hat. Die jetzige Stettiner Eisenbahn durchschneidet diesen Streifen und teilt ihn in eine nördliche und südliche Hälfte. Der Gesamtbesitz bestand zur Zeit des höchsten Reichtums der Familie, der dem *historischen* Glanz derselben um ein Jahrhundert vorausging, aus mehr als zwanzig Gütern, die sich in drei Gruppen sonderten, wie sich die Familie selbst in drei Zweige gespalten hatte.

Diese Zweige waren die Sparrs von *Lichterfelde*, von *Prenden* und von *Greiffenberg*.

Die Lichterfeldeschen Sparrs hatten das *Zentrum* inne, die Gegend um Neustadt.

Die Prendenschen saßen am *linken* Flügel, zwischen Bernau und Biesenthal.

Die Greiffenbergschen am *rechten* Flügel, nördlich von Angermünde.

Alle drei Linien haben – und zwar in ein und demselben Jahrhundert – je einen ausgezeichneten Soldaten hervorgebracht, alle drei Artilleriegenerale.

Die Prendensche Linie den Ernst Georg, 1654 Reichsgraf, verstorben 1666 zu Berlin;

die Greiffenbergsche den Georg Friedrich, neunmal verwundet bei der Belagerung von Candia, Reichsgraf 1670, gestorben 1677;

die Lichterfeldesche den Otto Christoph von Sparr.

Dieser letztere, dem es vorbehalten war, den Namen der Familie zu höchstem Ruhm zu führen, soll uns an dieser Stelle beschäftigen. Er überragte seine Vettern vielleicht an militärischer Bedeutung, gewiß an Innerlichkeit des Gemüts und Lauterkeit des Wandels und genießt des Vorzugs, die inhaltsreichere Hälfte seines Lebens dem Dienste seiner engeren Heimat gewidmet zu haben. Er starb als der *erste* brandenburgische Feldmarschall, einer der ausgezeichnetsten unter allen, die diese hohe Würde bekleideten.

PRENDEN

> Es scheint ein langes, stilles Ach zu wohnen
> In diesen Lüften, die sich leise regen.
>
> *Platen*

Otto Christoph war ein *lichterfeldischer* Sparr.

Wenn dieser Aufsatz, der einen kurzen Lebensabriß des Feldmarschalls beabsichtigt, dennoch den Namen des Nachbargutes Prenden als Überschrift trägt, so geschieht es, weil dieses Besitztum, mehr als irgendein anderes, mit dem Leben Otto Christophs verbunden ist. Es war sein Lieblingsaufenthalt, und hier starb er, wie denn auch Prenden – nachdem das Elend des Dreißigjährigen Krieges den Sparrs ihren alten Besitz geraubt hatte – zuerst wieder als ein kurfürstliches Geschenk in die Hände der Familie, und zwar unseres Otto Christoph, zurückgelangte.

Otto Christoph von Sparr

wurde mutmaßlich 1605 aus der Ehe Arndts von Sparr mit Emerentia von Seestedt* auf dem Schlosse zu Lichterfelde geboren.

Die Jugend Otto Christophs hüllt sich in Dunkel. Ob er sich im Parke zu Lichterfelde oder im Garten zu Prenden – dessen Mitbesitzer sein Vater war – umhertummelte, ob er im Hause des letzteren oder in der benachbarten Hauptstadt erzogen wurde, was und wo er war, als die ersten jener Gewitterwolken heraufzogen, die dann dreißig Jahre lang über dem unglücklichen Lande stehen sollten – darüber verlautet nichts und wird auch in Zukunft wenig verlauten, denn es war eine eiserne Zeit, die wenig schrieb und am wenigsten bei Jugendgeschichten verweilte. Annehmen aber dürfen wir, daß die Erziehung unseres Sparr eine sorgfältige war, da wir im weiteren zu zeigen haben werden, daß er keinesweges jenen abenteuernden Naturen zugehörte, die, voll Mut und Rücksichtslosigkeit, auf dem Boden des Krieges rasch emporwuchsen, sondern umgekehrt in Wissenschaften glänzte, die ihn befähigten, Befestigungen zu leiten und Feldzugspläne zu entwerfen. Ein im Auftrage des Kurfürsten von ihm angefertigtes Memorial über »Kriegsführung gegen die Türken« ist ein Meisterstück einfach klarer Darstellung, und unter den verschiedenen Städten, an deren Befestigung er erfolgreich gearbeitet, werden Peitz, Hamm, Berlin und Magdeburg vornehmlich genannt. König rühmt von ihm, daß er fortgesetzt habe, was in der Kriegsbaukunst siebzig oder achtzig Jahre vor ihm durch Rochus von Lynar begonnen worden sei.

* Arndt von Sparr war dreimal vermählt, und zwar: mit Edell von Sparr, gestorben im Kindbett am 13. November 1599, mit Emerentia von Seestedt und mit Katharina von Ribbeck. Nach Angabe des Sparrschen Biographen König wäre Otto Christoph ein Sohn der Edell Sparr gewesen; Theodor von Mörner aber hat in seinem vorzüglichen Werke: »Märkische Kriegs-Obersten des siebenzehnten Jahrhunderts«, diese Königsehe Angabe widerlegt.

Wahrscheinlich um 1626 trat er, wie so viele andere Märkische vom Adel, in die Dienste des Kaisers. Den Forschungen Theodor von Mörners ist es geglückt, auch über diesen weit zurückliegenden Abschnitt einiges Licht zu verbreiten und unseren Otto Christoph, zumal während des letzten Jahrzehnts des Dreißigjährigen Krieges, auf seinen Kreuzundquerzügen in Pommern, in der Mark, im Westfälischen und am Rhein zu begleiten. Wir leisten aber darauf Verzicht, jenen Forschungen an dieser Stelle zu folgen, und begnügen uns damit, hervorzuheben, daß unser Sparr die Lützener Schlacht wahrscheinlich als kaiserlicher Hauptmann mitmachte. Fünf Jahre später erblicken wir ihn in bestimmterer Gestalt bei einem versuchten, aber mißglückten Sturm auf Stargard und im selben Jahre noch (1637) als Kommandanten von Landsberg an der Warthe. Der Klagen über ihn, namentlich von seiten der Küstriner Regierung, waren damals viele: »Er habe die Regalien angetastet, sich das kurfürstliche Metzkorn angemaßt, ohne Zahlung zu leisten, habe die Zollrolle bedroht, den Mühlenmeister unschuldig in Ketten gelegt und 1000 Schafe aus der kurfürstlichen Schäferei zu Kartzig weggetrieben.« Anklagen, die, bei der sicherlich nicht angeborenen Rauf- und Raublust unseres Sparr, nur aufs neue zeigen, wie der Krieg seine eignen Gesetze hat, zumal der Dreißigjährige, dem ja Zeit gegeben war, seinen Kodex zu schreiben und einzubürgern.

Endlich kam der Frieden, und Deutschland suchte sich wieder an einen Zustand zu gewöhnen, an den es kaum noch geglaubt hatte.

Kurfürst Friedrich Wilhelm, dessen Jugend in das wildeste Treiben des Krieges gefallen war, nahm aus den Wunden und Wirren jener Zeit eine Lehre mit in den Frieden hinüber, und zwar *die*: »daß ein Land verloren sei, das sich nicht selbst zu schützen wisse«. Und mit dieser Lehre zugleich die Überzeugung, daß dieser Schutz nur aus *einem* hervorwachse, aus einem schlagfertigen und zuverlässigen Heere. Unter diesem Gesichtspunkte begann er den Wiederaufbau seines verwüsteten Landes. An Soldaten war kein Mangel, aber sie waren mehr eine Last als ein Segen, solange die Führer fehlten, um ihnen Halt und Ordnung zu geben. Diese Einsicht führte von seiten des Kurfürsten zur Anwerbung von Generalen, die sich im schwedischen oder kaiserlichen Dienst ausgezeichnet hatten. Joachim Hasso von Schapelow, George Derfflinger, Joachim von Görtzke, Otto Christoph von Sparr, alle traten zu beinahe gleicher Zeit in die Dienste des Kurfürsten über und verblieben darin, reich geehrt durch ihren Krieges- und Landesherrn, bis an ihr Ende. Die Schicksale Görtzkes und Sparrs zeigen viel Übereinstimmendes. Beide reich begüterten Familien des Landes Barnim angehörig, verloren sie diese Güter während langer Kriegsläufte, kehrten endlich, nach zwanzig- oder dreißigjähriger Abwesenheit, in den Dienst ihres Landesherrn zurück und brachten es, an derselben Stelle fast, wo sie geboren waren, zu neuem reichen Besitz und immer wachsenden Ehren.

Die Verhandlungen mit Sparr begannen 1649 und führten rasch zum Ziele. Aber erst 1651 erfolgte sein wirklicher Eintritt in das neugebildete Heer.

Die nun folgenden Jahre seines kurfürstlichen Dienstes zerfallen in eine Kriegs- und Friedensepoche. Den Mittelpunkt jener, von 1651 bis 1657, bildete der *Polnisch-Schwedische* Krieg. Wir werden bei den Ereignissen desselben einen Augenblick zu verweilen haben.

In Schweden war Karl Gustav von Pfalz-Zweibrücken der Königin Christine als erwählter König gefolgt und nahm mit Leidenschaft die Idee auf, die, seit fast einem halben Jahrhundert, die schwedische Politik bestimmt hatte: *die Gründung eines Baltischen Reiches.* Pommern, Preußen und die jetzt speziell so genannten Ostseeprovinzen sollten teils erst erobert, teils fester dem schwedischen Reich eingefügt werden. Es war eine Machterweiterung vor allem *auf Kosten Polens*, und Karl Gustav suchte sich dazu des brandenburgischen Beistandes zu versichern. Der Kurfürst lehnte jedoch, solange er noch freie Hand hatte, das ihm zugemutete Bündnis ab und zog in seinen preußischen Provinzen ein Heer zusammen, dessen nächster Zweck eine bewaffnete Neutralität war. In Wirklichkeit aber kam die Aufstellung dieses Heeres einem Bündnisse mit Polen *gegen* Schweden gleich. Das Heer selbst war ansehnlich. Es bestand aus 26 800 Mann mit vierunddreißig Geschützen und hatte in Otto Christoph von Sparr seinen obersten Befehlshaber.

So standen die Dinge im Sommer 1656.

Wenige Monate jedoch änderten die Sachlage. Dem raschen Vordringen Karl Gustavs hatte sich das schlecht gerüstete Polen fast ohne Widerstand unterworfen, Johann Kasimir war aus Warschau geflohen, und die schwedische Kriegswelle, wenig geneigt, sich in ihrem Siegeslaufe hemmen zu lassen, schickte sich eben an, das vom brandenburgischen Heere besetzte Preußen zu überschwemmen. Jetzt war für den Kurfürsten der Moment gegeben, den Kampf gegen das herausfordernde Schweden aufzunehmen, aber voll Mißtrauen in seines Landes Kraft, das damals noch keine glänzende Kriegsprobe bestanden hatte, vermied er den angebotenen Kampf und löste das stille Bündnis mit Polen, um dafür in ein offenes Bündnis *mit* Schweden *gegen* Polen einzutreten. Was er ein Jahr vorher den schwedischen Bitten abgeschlagen hatte, gewährte er jetzt rasch und rückhaltlos den schwedischen Drohungen. Er gab dabei dem Gebote der Klugheit nach, vielleicht in stiller Voraussicht, daß die Stunde der Rückzahlung kommen und alte und neue Kränkung quittmachen werde.

Der Kurfürst, von seinem Standpunkt aus, war im Rechte, *politisch* im Rechte, das Bündnis mit Schweden zu schließen; die Polen aber hatten, von ihrem Standpunkt aus, mindestens ein gleiches Recht, dies Bündnis als Abfall anzuklagen. Und war es nun Entrüstung über ebendiesen Abfall oder war es das Gefühl einer verdoppelten Gefahr, gleichviel, dasselbe Volk, das sich beinahe widerstandslos niedergeworfen hatte, als das Kriegsgewitter über dasselbe hingezogen war, stand jetzt plötzlich aufrecht da, wie ein Ährenfeld, das der Sturm gebeugt, aber nicht gebrochen hat. Und so sahen sich denn die vereinigten Schweden und Brandenburger einem stärkeren Feinde gegenüber, als er vor seiner ersten Niederwerfung gewesen war. Die Zahl des in Nähe der Hauptstadt aufgestellten polnischen Heeres wird verschieden angegeben und schwankt in den zeitgenössischen Berichten zwischen 40 000 und 200 000 Mann. Wahrscheinlich waren es 50 000, eher mehr als weniger. Am 18. Juli 1656 kam es zu der berühmten dreitägigen *Schlacht von Warschau.*

Versuch ich es, gestützt auf ein zum Teil widersprechendes Material, ein einigermaßen übersichtliches Schlachtbild zu geben.

Die Polen, so scheint es, hatten eine befestigte Hügelposition inne, zahlreiche Artillerie vor der Front, einiges Fußvolk am linken und rechten Flügel und große Reitermassen im *Zentrum*, auf einem die ganze Stellung beherrschenden Plateau. Dies Plateau bildete den Schlüssel. Aber es erschien doppelt schwierig, sich desselben zu bemächtigen, da sich am Abhang ein dichtes Gehölz hinzog, das feindlicherseits mit den besten Fußtruppen besetzt worden war. Gehölz und Plateau deckten und unterstützten sich gegenseitig. Nur drei Wege boten sich für den Angriff:

ein Frontalangriff gegen die beiden Flügel,

oder eine Umgehung der feindlichen Stellung überhaupt, oder drittens eine Durchbrechung des Zentrums.

Alle drei Wege wurden versucht.

Das schwedisch-brandenburgische Heer – wahrscheinlich um etwas schwächer als das Heer Johann Kasimirs – stand in entsprechender Dreiteilung dieser formidablen Position der Polen gegenüber. Der Angriff wurde beschlossen. Am rechten Flügel kommandierte Karl Gustav die Schweden, am linken der Kurfürst eine aus Schweden und Brandenburgern gemischte Truppe, im Zentrum aber hielt Generalfeldzeugmeister von Sparr mit zwei schwedischen und fünf brandenburgischen Regimentern, einschließlich der gesamten Artillerie. Unter ihm kommandierten Graf Josias von Waldeck und Joachim Rüdiger von der Goltz. Die Schweden trugen zur Unterscheidung ein Büschel Stroh am Hut, und das Feldgeschrei war: »In Gottes Namen!«

So begann die Schlacht.

Am *ersten* Tage (18. Juli) schritten der *rechte* und *linke* Flügel zum Angriff. Aber beide Angriffe, wiewohl mit größter Bravour und unter persönlicher Anführung von König und Kurfürst ausgeführt, wurden zurückgeschlagen. Die feindliche Hügelstellung, durch Redouten doppelt fest, schien uneinnehmbar.

Am *zweiten* Tage versuchten die Schweden und Brandenburger eine *Umgehung*; aber die Polen kamen den Angreifern zuvor, und nachdem, in veränderter Schlachtstellung, um eine Dorfgasse lange gekämpft worden war, kehrten beide Armeen in ihre früheren Positionen zurück. Dieses Scheitern aller Anstrengungen auf seiten der Verbündeten mochte den

Mut der ohnehin siegessichren Polen heben, und ihre zahlreiche Reiterei ging nunmehr zum Angriff über. Vom Plateau herabsausend, an dem Gehölz vorüber, in welchem der Hauptteil ihrer Infanterie steckte, suchten sie die Schlachtreihe der Verbündeten zu durchbrechen. Aber dieser Angriff wurde von dem Zentrum unter Sparr zurückgeschlagen und mißlang ebenso, wie am Tage vorher der schwedisch-brandenburgische Angriff auf die feindlichen Flügelpositionen mißlungen war.

So kam der *dritte* Tag. Das Operieren mit den Flügeln war erfolglos geblieben. Es blieb also nur noch übrig, wenn man Verbrauchtes nicht wiederholen wollte, den Feind an seiner stärksten Stelle zu fassen: im *Zentrum.* Zu diesem Behufe war es unerläßlich, sich zuvörderst in Besitz jenes Gehölzes zu setzen, das sich am Fuße des dominierenden Plateaus hinzog. Ein Angriff auf dasselbe glich einem Verzweiflungscoup, und Sparr erkannte die ganze Schwierigkeit desselben. Dennoch ging er vor und führte die Sache siegreich hinaus. Es ist sehr wahrscheinlich, daß er das im Walde versteckte Fußvolk durch konzentriertes Geschützfeuer zwang, sich hügelanwärts zu ziehen, und diesen Rückzugs- und Verwirrungsmoment benutzte, das gesamte Zentrum avancieren zu lassen. Infanteriekolonnen säuberten das Gehölz, während seine Kavallerie: fünf Schwadronen brandenburgischer Kürassiere, bergan stürmte und die durch ihr eigenes Fußvolk bereits in Unordnung geratene polnische Reiterei nach kurzem Kampf über den Haufen warf.

Einmal aus ihrer unangreifbar geglaubten Position herausgeschlagen, wandten sich die Polen zur Flucht und wurden teils in einen Morast, teils in die Weichsel getrieben. Viele der Flüchtigen ertranken.

Die Verbündeten hielten anderntags ihren Einzug in Warschau.

Es war dies – beinahe zwanzig Jahre vor Fehrbellin – der erste große Waffenakt der Brandenburger, die von diesem Tag an durch länger als ein Jahrhundert hin, nämlich vom 18. Juli 1656 bis zum 18. Juni 1757, immer siegreich kämpften. Erst der Tag von Kolin brachte die Demütigung einer Niederlage.

Wenn diese Waffentat nichtsdestoweniger halb vergessen ist

und jedenfalls nirgends im Herzen unseres Volkes fortlebt, so hat dies zunächst seinen Grund darin, daß alle Siege, bei denen kleinere Völker an der Seite eines größeren auftreten, immer nur dem letzteren als kriegerische Großtat angerechnet werden. Die Stärkeren verfahren dabei systematisch-absprechend und behaupten ihre Sätze so nachdrücklich und so beharrlich, daß das kleinere Volk schließlich selber glaubt, es habe eigentlich wenig oder gar nichts bei der Sache getan. Es kommt aber in dem vorliegenden Falle noch ein anderes hinzu: das ermangelnde *Lokalinteresse*. Fehrbellin liegt uns nah, und Warschau liegt uns fern. Bis diese Stunde feiern wir Großbeeren und Dennewitz auf Kosten größerer und entscheidungsreicherer Aktionen, nur weil uns an beiden Tagen allerpersönlichst das Feuer auf den Nägeln brannte. Die Menschen sind Egoisten in allen Stücken. Auch in diesen.

Die Beschreibungen der Schlacht von Warschau pflegen Sparrs und seines ausschlaggebenden Angriffs immer nur obenhin zu erwähnen, was uns, aus schon angeführten Gründen, eben nicht wundernehmen darf. Pufendorfs »De rebus a Carolo Gustavo gestis« kam den Schweden zugute, nicht uns, und im eigenen Lande entbehrten wir der Chronisten, die sich unsers brandenburgischen Feldherrn angenommen hätten. So müssen wir denn, was die hervorragende Mitwirkung des letztren an der großen, dreitägigen Aktion angeht, uns mit einem mittelbaren Beweise begnügen, den wir am besten in den Auszeichnungen finden, die der Kurfürst von jenem Tag an für unseren Otto Christoph von Sparr hatte. Am 26. Juni 1657 wurd er zum Generalfeldmarschall ernannt und sein Gehalt auf eine für die damalige Zeit überraschende Höhe festgesetzt. Er erhielt 800 Taler *monatlich*, Futter für vierzig Pferde und Verpflegung für eine zahlreiche Dienerschaft.* Auch Karl Gustav, unter dessen Augen er bei Warschau gekämpft hatte, bestätigte das Entscheidende des Sparrschen Angriffs, indem er kurz nach der Schlacht von ihm sagte: »Dieser alte Vater Sparr hat sich als ein kriegskundiger General erwiesen. Er

* Wegen schlechter Finanzlage des Landes wurden die Gehälter bald darauf (1660) herabgesetzt, und Sparr erhielt von da ab nur noch ungefähr 500 Taler monatlich und 120 Scheffel Korn.

hat seines Amtes unerschrocken gewaltet und *alles weislich hinausgeführt.*«

Der Schwedisch-Polnische Krieg verlief nicht plötzlich. Wir verfolgen unsren »Feldmarschall« aber nicht weiter auf seinen Zügen durch Pommern und Mecklenburg, bis nach Holstein und Jütland hinauf, sondern wenden uns vielmehr jenem letzten Abschnitte seines Lebens zu, der dem am 1. Mai 1660 geschlossenen Frieden von Oliva folgte.

Ruhmgekrönt kehrte Sparr in die Heimat zurück. Er war der erste Mann im Lande und nahm an Rang und Ansehen dieselbe Stellung ein, wie sie fünfzehn Jahre später der alte Derfflinger innehatte. Er war der Beirat und Vertraute seines Fürsten, besaß Schlösser und Häuser* und im Lande Barnim die Güter: Prenden, Trampe, Lanke, Ützdorf, Heckelberg, Dannenberg und Tiefensee.

Und betrachten wir nun den Inhalt dieser letzten Lebensjahre, so werden wir nicht ohne eine gewisse Rührung gewahr, wie der alte Kriegsmann in wenig Friedensjahren nachzuholen trachtet, was er in einem Leben voll Krieg und Unruhe versäumt. Aus allem spricht das tiefe Verlangen nach Auferbauen, die Sehnsucht nach Sammlung, nach Frieden in sich und nach Frieden mit Gott. Unser Sparr ist nicht länger mehr der Oberst Sparr, über den die Küstriner Kammer klagt, »daß er den Mühlenknecht in Ketten gelegt und das Volk gedrückt habe«, nein, *er*, dessen Scharen so manche Kirche gestürmt und erbrochen, stellt sein Herz jetzt auf die Tröstungen der Kirche und zeigt sich beflissen, ihre Gnaden durch Demut und Wohltun und frommen Wandel zu verdienen. Wenn es daneben noch ein anderes, ein mehr auf

* Das *Stadthaus* des Feldmarschalls lag in der Spandauer Straße und bildet jetzt mit seinen Seiten- und Hintergebäuden den dritten Posthof. Unmittelbar zur Linken, wenn man aus dem zweiten Posthof in den dritten eintritt, befindet sich ein in Stein gehauenes Brustbild des alten Sparr und unter demselben folgende, im Auftrag der Baronin von Blumenthal (gebornen von Schwerin) angefertigte Inschrift: »Aeternitati sacer heros illustrissim. L. B. Otto Christoph de Sparr coeli possessiones occupaturus gratam circumspexit posteritatem et linquendae huic sedi singulari mentis destinatione heredem fecit illustriss. dominam Louisam B. de Blumenthal ex domo Schwerina. Atque ea testatura benefico cineri quanti fuerit hoc inter vivos donum simul ut perennius esset generosae mentis monumentum. Ingenti id sumptu a damnosa die vindicavit et restituit in firmitatem et decus hoc quod lector prospicis. Servet hunc verticem salus et limen custodiat Jehovae vigil. oculus. Heroi autem nostro in Sion esto habitatio et in pace locus ejus. Anno 1668.« (In der Mitte des vorigen Jahrhunderts gehörte das Sparrsche Stadthaus dem Minister Adam Otto von Viereck.)

diese Welt Gerichtetes für ihn gibt, so ist es der verzeihliche Wunsch, sein eigenes Leben zu einer Abrundung zu bringen und seinen und seines Geschlechtes Ruhm der Nachwelt zu überliefern. Eine Familienstiftung und die Herstellung eines prächtigen Erbbegräbnisses beschäftigen ihn. Aber seine reichen Mittel und seine Sorgen gehören doch in erster Reihe dem Allgemeinen. Er baut Kirchen und Türme, schenkt Glasmalereien und Glocken, und vor allem ist es die Marienkirche zu Berlin, die sich in jeglicher Weise seines Beistandes in Not und Gefahr erfreut. Im Jahre 1661 wurde die Turmspitze vom Blitz getroffen, und die hervorbrechenden Flammen machten alsbald die Befürchtung rege, daß die Kirche selbst vom Feuer verzehrt werden würde. Der alte Feldzeugmeister aber wußte Rat, und mit einer damals im ganzen Lande bewunderten Kühnheit und Geschicklichkeit ließ er die brennende Turmspitze herunterschießen. War er so der Retter der Kirche geworden, so war es jetzt nicht minder sein Stolz, auch der Wiedererbauer des durch ihn zertrümmerten Turms zu werden. Er schien dies zur Ehrenaufgabe seiner letzten Lebensjahre machen zu wollen, überschätzte jedoch seine Mittel und führte dadurch seinen eigenen Ruin herbei, ohne seinen Lieblingswunsch erfüllt zu sehen. Seine Erben haben später ihrer Mißbilligung dieses frommen Eifers kein Hehl gehabt und nach seinem Tode folgende Worte des Evangelisten Lukas auf eine Kupfertafel niederschreiben lassen: »Wer ist aber unter euch, der einen Turm bauen will und sitzet nicht zuvor und überschlägt die Kosten, ob er's habe, hinauszuführen? Auf daß nicht, wo er den Grund geleget hat und kann's nicht hinausführen, alle, die es sehen, fangen an, seiner zu spotten, und sagen: Dieser Mensch hub an zu bauen und kann's nicht hinausführen. Oder welcher König will sich begeben in einen Streit wider einen andren König und sitzet nicht zuvor und ratschlaget, ob er könne mit zehntausend begegnen dem, der über ihn kommt mit zwanzigtausend?«

Hand in Hand mit dem Turmbau, der Armut hinterließ, wo Reichtum gewesen war, ging die Erbauung eines Sparrschen *Erbbegräbnisses**, das bis diesen Augenblick nicht bloß

* *Das Sparrsche Erbbegräbnis* in der Marienkirche besteht in einem an der Nordseite des Chors gelegenen Anbau, dessen oberer Teil einen kleinen, jetzt zum Teil zur Bibliothek eingerichteten Saal enthält. Darunter befindet sich die eigentliche Gruft,

eine Zierde der Marienkirche, sondern ihre größte Sehenswürdigkeit ausmacht. Ob es ihm vergönnt war, sein gebeugt Gemüt an der Schönheit jenes prächtigen Marmorbildes aufzurichten, das, von der Hand des Artus Quellinus, den Eingang zur eigentlichen Gruft umgibt, oder ob er hinstarb, eh es vollendet war, sind Fragen, die wir unentschieden lassen. Krank an Körper und Seele, verließ er im Frühjahr 1668 die Hauptstadt, um sie mit Augen nicht wiederzusehen. Er mochte fühlen, daß sein Ende nahe sei. Am 3. Mai vermachte er der Freifrau Luise Hedwig von Blumenthal, der Tochter seines Freundes Otto von Schwerin, sein Stadthaus in der Spandauer Straße; sechs Tage später schied er aus dieser Welt, am 9. Mai 1668, auf seinem Lieblingsschlosse zu Prenden. Der reiche Mann, der hochgestellte Diener seines Fürsten starb in Dürftigkeit. Die Leichenpredigt, die Propst Andreas Müller hielt, konnte wegen Mangels an Geld nicht gedruckt werden, und noch 1675, also sieben Jahre nach Sparrs Tode, bat der Propst bei den Erben desselben um Zahlung gehabter Unkosten und Auslagen. Die Beisetzung der Leiche erfolgte, wie das alte Kirchenbuch von Sankt Marien besagt, »am 12. Mai, abends in der Still', im Beisein vornehmer Leute«.

über deren am innern Chor befindlichem Eingange sich das *Grabdenkmal* von weißem Marmor erhebt. Dasselbe zeigt, in architektonischer Einfassung von zwei Säulen nebst Sims, einen etwas überlebensgroßen, geharnischten Mann, kniend vor einem Pult, auf welchem ein Buch nebst Totenkopf und Kruzifix. Hinter dem Betenden, zur Linken des Beschauers, ein helmtragender Edelknabe in ganzer Figur. Unter der Decke des Pultes schaut, mit nach seinem Herrn gewandtem Kopfe, ein Hund hervor. An der mit leiser Architekturandeutung versehenen Fläche hinter der Hauptfigur stehen in deutscher Sprache die Verse Hesekiel 37,3–6 und Hiob 19,25. Über dem Sims eine gleichsam zum Giebel sich gestaltende Gruppe: inmitten das einfache Sparrsche Wappen, von Mars und Minerva gehalten, zu deren Seiten je zwei an Geschützen gefesselte sitzende Figuren. Dahinter eine Anzahl Fahnen. Das Ganze, im Übergang von Renaissance zum Barockstil, trägt zwar in der gebotenen, herkömmlichen Anordnung die Manier oder den Charakter der Zeit, erweist sich dagegen in seiner Ausführung höchst verdienstlich. Ist gleich ein geharnischter Mann der möglichst ungünstige Gegenstand für Skulptur, so sind doch Kopf und Hände der knienden Hauptfigur vortrefflich modelliert, überhaupt aber ist im Ganzen, wie in den Teilen, zumal in den Nebenfiguren, ein künstlerisch modifizierter Realismus unverkennbar. Es offenbart sich darin etwas von dem kräftigen Geiste Schlüters, verbunden mit einem Anfluge jener Manier, die die französische Bildhauerkunst des vorigen Jahrhunderts beherrschte. Wer das Werk schuf, ist nicht mit Sicherheit festgestellt. Die Tradition nennt den jüngeren Artus Quellinus, einen Holländer, den Sohn und Schüler seines gleichnamigen Vaters. Das Denkmal selbst trägt weder Namen noch Chiffre.

Turm und Erbbegräbnis, die beiden Denkmale, die sich der Feldmarschall bei Lebzeiten gesetzt, hatten ihn zum armen Manne gemacht. Aber, wie so oft, was ihn erniedrigt hatte, hatte ihn auch erhöht. Turm und Erbbegräbnis sind es, die seinen Namen in der Erinnerung der Nachwelt festgehalten haben und bis diesen Tag von einem Ruhm erzählen, der ohne das ernste, halb rätselvolle Steinbild des Artus Quellinus vergessener wäre, als er es ist.

Die Geschichte vom alten Sparr hatte, seit meinen Kindertagen, immer den Zauber jener unbestimmten Linien für mich gehabt, die mehr ahnen lassen als geben, und, so seltsam es klingen mag, ich machte mich auf den Weg nach Prenden in einer gewissen Gehobenheit der Stimmung, als wanderte ich in altes, romantisches Land.

Und es ist auch ein romantisches Land, *märkisch*-romantisch.

Von Biesenthal aus – einem Städtchen, das seinerseits wie eine holprige Idylle in der Talrinne des Finow-Flusses liegt – haben wir noch eine halbe Meile, und diese halbe Meile führt durch eine Art Musterstück heimatlicher Landschaft. Wie Linien, die über ein Blatt gezogen sind, laufen zahlreiche Hügelreihen von Ost nach West, und da wir in senkrechter Linie gen Norden müssen, so haben wir das Terrain in vollkommener Wellenbewegung zu durchschreiten. Die Hügel sind von einer äußersten Sterilität, kaum eine Moosschicht hat sich darauf niedergelassen, und ihr ganzes Erscheinen erinnert lebhaft an die Sanddünen der Ostsee. Zwischen den Hügeln aber dehnt sich jedesmal ein grüner Streifen, aus dessen Mitte leise gekräuselte Wasserflächen, mal dunkel wie ein Teich, mal blau wie ein See, hervorblicken. Alles Lebendige scheint diese Öde zu meiden, keine Lerche wiegt sich in Lüften, kein Storch stolziert am Sumpf entlang, nur eine Krähe fliegt gleichgültig über die Landschaft hin, wie ein Bote zwischen dem vor uns liegenden Wald und dem Biesenthaler Kirchturm in unserm Rücken.

Die Krähe passiert diese Gegenden wie wir, sie wohnt nicht darin.

Ein halbstündiger Gang in dem mahlenden Sande hat uns endlich an eine tiefere Talschlucht geführt, und die andre Seite derselben hinaufsteigend, treten wir ein in die Stille des Waldes. Das Wellenterrain bleibt dasselbe, aber der Boden ist anders geworden, und die roten Fichtenstämme steigen in schlanker Schönheit auf, während das Fehlen alles Unterholzes einen Blick weit waldeinwärts gestattet und den grünen Moosteppich in überraschender Frische zeigt. Der Forst ist von großer Längenausdehnung, aber von wenig Tiefe. So sehen wir es denn bald wieder lichter vor uns werden und fühlen jenen veränderten Luftzug, der den Ausgang des Waldes verrät. Eh wir ihn erreicht haben, hören wir ein leises Geräusch und gewahren, zu seiten eines dichten Brombeerbusches, einen Alten, der Reisig sammelt und die zerbrochenen Zweige auf seine Karre wirft. Neben ihm liegt ein alter Spaten, um Wurzeln auszugraben, und an der obersten Karrensprosse hängt ein Korb, drin er die fleischfarbenen Reizker und die gelben Pfefferlinge sammelt, die ihm sein gutes Glück als Zugabe beschert.

Der Alte selbst trägt Strohhut und Leinwandjacke und zeigt nichts Auffälliges als das Fehlen jeder Spur von Oberlippe. Mittlerweile hab ich ihm guten Tag geboten und frag ihn, ob er aus Prenden sei.

»Joa, ick bin ut Pren'n.«

»Ist es noch weit, Papa?«

»Nei, jlieks wenn Se 'rutkomen. Awers sehen künn'n Se nich; 't liggt in 'n Grunn.«

»Und ist ein Krug da?«

»Joa, twee. Een jlieks hier vöhrnan, wo Sparren sin Slott stunn.«

»Noch was zu sehen?«

»Veel nich. As ick in 't Dörp käm (ick bin nich bührtig von Pren'n), doa stunn noch veel. Awers nu nich mihr. Ick hebb mien'n Zickenstall von Oll-Sparren sin Slott bu't.«

»Und erzählen sich noch die Leute von ihm?«

»Joa, se vertellen noch veel. Un mine Fru seggt immer, de grote Steen, dicht an unsern Tuun, dat wihr Sparren sien Steen. Un vördem, so meent se, sinn ook vier iserne Krampen anwest, un an jede Kramp wihr wedder ne iserne Kett un an jede Kett een von Oll-Sparren sine Skloaven. Un ook en Linnenboom wihr doa. Awers nu is de Linn' wech, un de Krampen sinn ooch wech. Man bloot den groten Steen, den hebben se liggenloaten. He mücht wol en beeten to sweer sinn.«

»Sonst nichts, Papa?«

»Duch, duch. Se vertellen noch allerhann anner dumm Tüüch un dohn joa binah, as wenn he de Düwel selber west wihr. Se seggen, he föhr nich giern dörch 'n Sann, un wenn he sinen Mantel antrecken deih, denn wihr et mit eens as en groten Winn, un Kutsch un Pierd un allens geng heidi dörch de Luft. Mal eens verfuhr sien Kutscher sien' Pietsch un wull sich büggen. Awers Oll-Sparr heel' em von hinnen her fast un seggte man bloot: ›Vergett nich, mien Söhn, wo du bist.‹ Un as de Kutscher den annern Dag durch Biesenthal torüggföhr, doa seech he, dat sien' Pietsch an 'n Biesenthalschen Kirchturm hängen deih. Awers ick glöv et nich. Ick bin nich bührtig vunn Pren'n.«

»Ich glaub es auch nicht, aber man kann doch nicht wissen.«

» Nei, weeten kann man't nich. Un se seggen ook, he spökt in dissen Wald, hier so rümmer. Un ick hebb ook all so watt hührt, as wie Pietschenknalln un Pruhsten un as ob een' vunn wiet aff lachen deih. Nei, weeten kann man't nich.«

»Adieu, Papa, und seht Euch vor.«

»Wovor?«

»Vor 'm alten Sparr.«

Er lachte und rief mir nach: »Nei, nei, de Sünn is joa noch an 'n Heben. Un he kümmt nich an helln lichten Dag.«*

* Es ist sehr interessant, zu verfolgen, in welcher Art und nach welchen Gesetzen das Volk sich seine Helden ausstaffiert. Es verfährt dabei lediglich nach einem ihm innewohnenden romantischen Bedürfnis und ist gegen nichts gleichgültiger als gegen den wirklichen historischen Sachverhalt. Otto Christoph von Sparr war in den letzten zehn Jahren seines Lebens ein frommer Kriegsheld. Hätte seine Frömmigkeit nach außen hin in irgend etwas Wundersamem eklatiert, so würde diese eklatante Tat für das Sagenbedürfnis der Prendener Stoff und Anlehnung geboten haben; da Sparrs Frömmigkeit aber stille Wege ging und alles frappierend Wundersame vermied, so war sie für die Prendener so gut wie gar nicht da, die denn auch sein Leben um Züge befragten, die *mehr* in die Augen sprangen. Da hörten sie von Türkenzügen, vom Niederschießen des Marienkirchturms, von Kettenkugeln, von seinen sonstigen Wundern als Artilleriegeneral, und der *Zauberer* war fertig. Er hat nun Fausts Mantel und fährt, wie Derfflinger, über die Kirchtürme hin, an denen der eine die Peitsche des Kutschers, der andre die Teerbutte seines Wagens hängenläßt. Was den Stein mit den Krampen und Ketten

Es war, wie der Alte gesagt hatte, Prenden versteckte sich. Aber in einiger Entfernung drehte sich eine Mühle langsam im Winde. Dort mußt es sein.

Und dort war es wirklich. Kaum daß ich die Mühle passiert hatte, so stand ich abermals an einem jener vielen Taleinschnitte, die hier das Hügelland durchziehen, und sah, über die Kronen der unten stehenden Bäume hinweg, in Dorf Prenden hinein. Ich werde dieses Anblicks nicht leicht vergessen. Nach rechts hin dehnte sich ein stiller, graublauer See mit breitem Sandufer, während sich zur Linken ein durch Gartenland und bestellte Äcker hinplätscherndes Fließ in Wald und Wiese verlor. Dazwischen aber – dem Lauf des Tales nicht folgend, sondern die Längslinie desselben quer durchschneidend – lag das Dorf, auf seinen zwei höchsten Punkten Schloß und Kirche tragend.

Die bunten Farben eines Herbsttages steigerten noch den Reiz des Bildes.

Ich durchschritt das Dorf, um zuerst die jenseits gelegene Kirche nach ihren etwaigen Schätzen zu durchforschen. Konnte nicht Edell Sparr ein Marmordenkmal. im hohen Chor oder Emerentia von Seestedt einen Denkstein vor dem Altar haben? Die Hoffnung war gerechtfertigt, aber sie blieb unerfüllt, und ich habe selten einen freudloseren Platz betreten. Malerisch hatte mich die Kirche von der andern Seite des Hügels aus gegrüßt, nun erst sah ich, daß alles nicht viel andres als eine Landschaftscoulisse gewesen war. Das Innere kahl, der Kirchhof verödet und kein Andenken erfindbar als das *eine*, das sich der Feldmarschall selber gestiftet: zwei schöne *Glocken*, deren Inschriften unter einer Kruste von Schwalbenguano meiner Entzifferungskunst spotteten.

Und so hatt ich denn Einblick in eine Kirche getan, deren gesamter Kunstschmuck ein zerbrochener Rest eines Altarschnitzwerks und deren historisches Glanzstück, außer den zwei Glocken, eine vereinzelte Kriegsdenkmünze vom Jahre 1813 war.

Ich war enttäuscht, aber nicht verstimmt, denn Kirchhof und Kirche hatten als Musterstücke in *ihrer* Art zu mir ge-

und den vier Sklaven angeht, so ist es ersichtlich, daß das Reiterbild des Großen Kurfürsten, mit den vier Gefesselten am Sockel desselben, zu dieser wie zu ähnlichen Sagen Veranlassung gegeben hat.

sprochen. Auch hatt ich bald der Öde vergessen, als die Dorfstraße mich wieder aufnahm. An hohen Stangen reiften die Saatbohnen für das nächste Jahr, und der eigentliche Baum an dieser Stelle schien der Holunderbaum zu sein, dessen schwarzrote Beerenbüschel über alle Zäune hingen. Diese selbst aber waren mehr in graue Flechten als in grünes Moos gekleidet, und der Rauch stieg langsam und mühevoll auf, als läg ein Druck auf allen Dächern.

So kam ich an den diesseitigen Krug, genau die Stelle, wo vordem die Einfahrt in den Schloßhof war. Die Krügerin berichtete mir ähnliches wie der alte Reisigsammler und fuhr dann, indem sie mich plaudernd an die Küchentüre führte, fort: »Hier links und rechts waren die Karpfenteiche, so weit das Kohlfeld reicht, und weiter hin, wo Sie den türkischen Weizen sehen, da fing der Obstgarten an. Dies hier herum war Hof. Mein Mann hat es gekauft: Krug und Schloß und Garten und alles, was *auf* und *in* der Erde ist.« Auf meine Frage, »ob viel *in* der Erde sei«, antwortete sie zustimmend und erzählte mir, daß nicht nur der Ziegenstall des alten Reisigsammlers, sondern auch die Wirtschaftsgebäude des Krügers aus dem bequemen Steinbruch des ehemaligen Sparren-Schlosses gebaut worden seien.

Ich trat nun in den Garten, um die Reste, die bis dahin der Spreng- und Grabekunst der Prendener gespottet haben mochten, in Augenschein zu nehmen. Anfangs empfing ich nur den Eindruck einer unentwirrbaren Masse, bald aber fand ich mich zurecht und konnte, mit Hülfe der nach zwei Seiten hin völlig intakt erhaltenen Fundamente, die Grundform des alten Schlosses unschwer verfolgen. Es scheint ein Gebäude von funfzig Fuß Länge und halb soviel Tiefe gewesen zu sein, an das sich nach der Hofseite hin ein Turm, wahrscheinlich der Treppenturm, anlehnte. Die schön gewölbten Keller sind noch teilweis im Gebrauch, ja, bis vor kurzem ließ sich das ganze Souterrain durchschreiten, und Küche und Waschküche (mit dem eingemauerten Kessel) waren unverkennbar. Die Festigkeit dieser Grundmauern ist ihre Rettung gewesen und ist es noch, sonst würden auch *sie* bald verschwunden sein, um als Stallgebäude wieder aufzuwachsen. Ein bescheidenes Maß von Schutz mag ihnen auch der Umstand gewähren, daß sie hoch mit

Erdreich überschüttet sind, so daß Birnbäume darauf wachsen und Hagebuttensträucher eine Art lebendiger Hecke bilden.

Ich pflückte mir einen Zweig, an dem bereits die roten Beeren hingen, und steckt ihn an den Hut. Und als ich bald darauf wieder auf der Höhe des Hügels stand und noch einmal in das verschleiert daliegende Dorf zurückblickte, das jetzt, bei niedergehender Sonne, in wunderbaren Farben schwamm, klang, von der andern Hügelseite her, die Betglocke zu mir herüber. Es war eine der alten *Sparren*-Glocken, und es klang mir, als riefe sie mir einen Gruß nach und einen Dank für freundliches Gedenken.

Und nun trat ich, weiterschreitend, in den dunkel gewordenen Forst, und die Fichtenkronen neigten sich tief im Abendwind, Ein Rauschen ging voll und wachsend durch den Wald. Ich zuckte zusammen, halb in Lächeln und halb in Bangen, und murmelte vor mich hin: »Sparr kümmt – man kann et nich weeten.«

Lichterfelde

Sein Nam' und seiner Glocken Klang
Ziehen still die Heid entlang.

Prenden bildete den linken Flügel des Sparren-Landes, dessen *Zentrum*, wie schon hervorgehoben, um Neustadt-Eberswalde herum gelegen war. Es bestand aus folgenden Dörfern: Hohenfinow, Tornow, Sommerfelde, Kruge, Klobbicke, Wölsickendorf, Dannenberg, Heckelberg, Trampe und Lichterfelde.

In den sechs erstgenannten Dörfern, die seinerzeit zu dem ältesten Besitzstande der Familie gehörten, ist nichts mehr, was an die Sparrs erinnerte. Verbleiben noch: Dannenberg, Heckelberg, Trampe und Lichterfelde.

In Dannenberg klingt es nur leise noch von den Sparrs, und allein ihr Name lebt noch fort in dem »Sparren-Busch«, der unmittelbar vor dem Dorfe beginnt und den Reisenden bis in die Freienwalder Heide begleitet.

In Heckelberg finden wir schon mehr. Hier begegnen wir wieder einigen Sparren-*Glocken*. Heckelberg war nur kurze Zeit in Händen der Familie; der Feldmarschall besaß es durch wenige Jahre hin, aber diese wenigen Jahre waren ausreichend für ihn, um seiner frommen Leidenschaft ein Genüge zu tun und. der Kirche entweder neue Glocken zu schenken oder die alten zu erneuern. Wir finden zwei: eine größere aus dem Jahre 1656, die außer dem Glockenspruche »Soli Deo Gloria« noch die Namen des Amtmanns, des Schulzen, des Pfarrherrn und der Kirchenvorsteher, außerdem eine etwas kleinere aus dem Jahre 1663, die den Namen »Otto Christoph Freiherr von Sparr« trägt.

In der Heckelberger Kirche – freilich ohne alle Beziehung zu den Sparrs – ist auch ein Schnitzaltar, dessen ich erwähnen möchte, nur um vor Restaurierungen zu warnen, wie deren eine hier stattgefunden hat. Ermöglicht sich keine *wirkliche* Restaurierung, die mit ihrem reichen Goldschmuck oft sehr kostspielig ist, so tuen die Gemeinden am besten, die Sache zu lassen, wie sie ist, oder aber dem ganzen Schnitzwerk einfach eine weiße Tünche zu geben. Ich bin diesem Auskunftsmittel in mehreren Dorfkirchen begegnet und muß einräumen, daß, wenn man das Bessere nicht haben kann, dies unter dem Schlimmen das mindest Schlimme ist. Die Sachen wirken dann gipsfigurenhaft, was etwas Kaltes, aber doch niemals etwas direkt Störendes hat.

Vor dem Altar der Heckelberger Kirche befindet sich ein Grab. Einer der Geistlichen. ist dort begraben, und die Stelle markiert sich durch nichts als durch eine schwache muldenhafte Einsenkung des Fußbodens, infolge deren die Steine lose geworden sind. Wir äußerten ein leises Befremden darüber, aber der uns begleitende Heckelberger antwortete ruhig: »Wir tuen, was wir können. Alle paar Jahr schütten wir nach und stampfen's fest, mörteln auch die Steine wieder ein, aber es hilft nichts, *er geht immer tiefer*, und eh wir's uns versehn, ist die Mulde wieder da.«

Ein leiser Schauer überlief uns bei dieser Erzählung.

Wir kommen nun nach Trampe. Trampe ist alt-sparrisch, aber in den Wirrsalen des Dreißigjährigen Krieges ging es teilweis verloren, und erst der Feldmarschall eroberte es der Familie zurück. Er scheint ihm eine besondere Vorliebe zugewandt und, wenn er nicht in der Hauptstadt war, abwechselnd hier und in Prenden residiert zu haben. Auf beiden Gütern entstand ein Schloß; während indes in Prenden nur noch ein Trümmerhaufen davon erzählt, zeigt sich in Trampe alles wohlerhalten. Schloß und Park existieren noch, verändert und umgebaut zwar, aber in ihrer Grundanlage dieselben geblieben. Der Park, mit kostbaren alten Bäumen und einer Burgruine, weist noch eine seltsam geformte, *acht* Zifferblätter zeigende Sonnenuhr auf, die auf mehreren dieser Zifferblätter den Namen des Feldmarschalls trägt. In der Kirche befinden sich ein paar Bilder und Grabsteine, doch ohne Beziehung zu den Sparrs. Nur die *Glocken* erzählen wieder von ihnen und diesmal nicht nur von unserem Otto Christoph, sondern auch von seinen Vettern, die er, wie es scheint, mit heranzuziehen und seiner Glockenpassion dienstbar zu machen wußte.

Die Inschrift der *ersten* Glocke lautet: »Der wohledle, geborne Herr Ernst Sparr, Ihrer Kurfürstlichen Durchlauchtigkeit zu Brandenburg Rat und bestallter Hauptmann zu Zechlin und Lindow, Erbherr auf Trampe, Prenden, Beerbaum und Dannenberg.« Dazu das einfache Sparrsche Wappen und: »Goß mich Jakob Neuwert zu Berlin 1660.« (Diese Angabe wiederholt sich auf allen drei Glocken.)

Die Inschrift der *zweiten* Glocke lautet: »Ernst George, des Heiligen Römischen Reiches Graf von Sparr, der Römischen-Kaiserlichen, auch zu Polen und Schweden Königlicher Majestät Geheimer Kriegsrat, Generallieutenant und Generalfeldzeugmeister, beiderseits Kammerherr und Obrister zu Roß und Fuß, Herr auf Trampe, Prenden, Dannenberg und Beerbaum.« Dazu das *gräflich* Sparrsche Wappen.

Die *dritte* Glocke ist die wichtigste. Sie rührt von dem Feldmarschall her, ist aber gesprungen und befindet sich deshalb nicht mehr neben ihren zwei Schwestern oben in der Höhe, sondern unten im Turm, wo man ihre Inschrift mit *Bequemlichkeit** auch lesen und neben dem schönen Guß auch

* Es verlohnt sich, dies eigens hervorzuheben, denn unter den mannigfachen kleinen Strapazen, womit das Hinaufsteigen in alte Türme und das Hinabsteigen in alte Grüfte verbunden ist, steht das Glockeninschrift-Lesen obenan. Ohne »Licht und Leiter« geht es eigentlich kaum, aber beide sind nie zur Hand, und so fällt einem das Los zu, sich zu helfen, so gut es geht. Das erste ist, daß alle Schallöcher geöffnet werden,

an ihrer Patina den ersichtlich feinen Erzgehalt bewundern kann. Die Inschrift lautet: »Otto Christoph Freiherr von Sparr, der Kurfürstlichen Durchlaucht zu Brandenburg Geheimer Kriegsrat, Feldmarschall, Obergouverneur der in der Kur und Mark Brandenburg, Herzogtum Hinterpommern und Fürstentum Halberstadt belegenden Festungen, Obristen zu Roß und zu Fuß, Herr zu Trampe, Prenden, Lanke und Neustadt an der Dohhl« (soll höchstwahrscheinlich *Dosse* heißen). Darunter das Sparrsche Wappen.

Diese Glocke, wie man sonst wohl mit gesprungenen Glocken tut, umzuschmelzen wäre nicht ratsam, da sie dadurch aufhören würde die alte *Sparren-Glocke* zu sein, und zwar, soviel ich weiß, die schönste und reichste, die er hat gießen lassen. Allerhand Sagen knüpfen sich außerdem an dieselbe, die den Feuertod sterben würden, wenn man sich entschlösse, durch Umschmelzung aus der alten Glocke eine neue zu machen. Die eine Sage berichtet die vielerorten wiederkehrende Geschichte vom Glockengießer, der eine Schlange mit in die Glockenspeise hineingetan habe, so daß seitdem die Schlangen aus der Umgegend verschwunden seien. Die andere meint, daß die Glocke aus türkischen Geschützen gegossen sei, die der Feldmarschall während seines Türkenzuges den Ungläubigen abgenommen, ja sie geht noch weiter und verbürgt sich, daß Sparr die Glocke selbst erobert und später dafür gesorgt habe, daß sie durch Tramper Bauern aus dem fernen Ungarlande herbeigeholt worden. Auch die glaubhaftere Hälfte dieser Tradition hält eine Kritik nicht aus, da die Glocke, wie sie selber besagt, 1660 gegossen wurde und »Vater Sparr« erst 1664 seinen großen Türkenzug antrat.

die nun natürlich einen Zug herstellen, als sollte Wäsche getrocknet werden, während es dem vom Treppensteigen Erhitzten wie der Tod über den Rücken läuft. Nun sind die Schallöcher auf, und das Licht dringt ein, aber entweder die Distance oder die gotischen Buchstaben oder gar der Schwalbenguano spotten noch immer der Entzifferungskunst des unten Stehenden, der sieh nun genötigt sieht, die Reste seiner Turnerschaft hervorzusuchen. Erst ein Griff nach dem Oberbalken, dann ein Schwung in das Kreuzgebälk hinein – so, halb hängend, halb stehend, beginnt die Lektüre. Ist nun ein gefälliger Küster, dem sich Wort für Wort diktieren läßt, mit in den Turm hinaufgestiegen, so kann das Schlimmste der Expedition als überstanden angesehen werden, hat er aber, aus diesem oder jenem Grunde, seine kleine Tochter mit hinaufgeschickt, so bleibt einem schließlich nichts anders übrig, als sich, wie der Glöckner von Notre-Dame, seitwärts auf die Glocke zu werfen und, die »große Marie« fest umarmend, auf dem erzenen Nacken derselben die Inschrift abzuschreiben.

Und nun endlich Lichterfelde selbst. In seiner Kirche, der ausnahmsweise die Sparren-Glocken fehlen, befinden sich drei Kindergrabsteine aus der Sparren-Zeit. Sie sind sehr abgetreten, einer so völlig, daß von Inschriftlesen keine Rede mehr sein konnte. Bei den beiden andern entzifferte ich folgendes. Auf dem *größeren*: »Anno 1606 (oder 1600, wahrscheinlich letzteres) ist geboren Anna Sparr und … 16.. in Gott selig entschlafen; der Seele Gott genade.« – Auf dem *kleineren*: »Anno 1604 den 2. Januar ist geboren Elisabeth Sparren … entschlafen den 3. Januar um 12 Uhr in der Nacht.«

Die Hauptsehenswürdigkeit ist das *Schloß*, in dem mutmaßlich um 1605 unser Otto Christoph geboren wurde. Dieser Umstand allein schon würde dem Schloß ein Anrecht auf unser Interesse geben; es trifft sich aber, daß es, abgesehen von seinen Beziehungen zu den Sparrs, auch als eine durch Eigenart und Munifizenz ausgezeichnete bauliche Schöpfung anzusehen ist.

Über die näheren Umstände des Baues, über Jahreszahl, Namen der Bauherrn und des Baumeisters, gibt eine lateinische Inschrift Auskunft, die sich in Front des Schlosses befindet. Sie lautet:

»Dommus conserva nos. Psalm 126: ›Nisi Dominus aedificaverit domum in vanum laboraverant, qui aedificant.‹ Ao. Dni. 1565 die 26 Julii Arendt et Christoph fratres de Sparrn hanc domum aedificare inceperunt, in Ao. 1567 cum gratia Dei patris nostri Jesu Christi consummaverunt per Joachimum de Roncha ex Italia de Manilia.

Soli Deo Gloria.

Renovat. In Ao. 1580.«

Also etwa:

»Der Herr schütze und bewahre uns. Psalm 126 (muß heißen: Psalm 127): ›Wo der Herr nicht das Haus bauet, so arbeiten umsonst, die dran bauen.‹ Anno 1565 haben die Brüder Arendt und Christoph von Sparr dies Haus zu bauen angefangen; Anno 1567 haben sie es durch die Gnade Gottes und unseres Heilands Jesu Christi beendigt, und zwar unter Leitung Joachims von Roncha aus Manilia in Italien. Ruhm dem alleinigen Gott. Erneuert Anno 1580.«

Diese Inschrift, wiewohl bis diesen Tag in aller Deutlichkeit zu lesen, hat zwei schwache Punkte: einmal den Namen und Geburtsort des italienischen Baumeisters, dann die Renovierungs-Jahreszahl 1580. Es ist mindestens ungewöhnlich, daß ein überaus solid aufgeführter Schloßbau nach dreizehn Jahren schon wieder renoviert wird. Dies aber ist unwichtiger. Wichtiger ist die Frage: Wer war dieser Joachim von Roncha aus *Manilia* in Italien? gibt es ein Manilia, gibt es einen Roncha? oder ist alles Irrtum und Verdrehung von Anfang bis Ende? Mörner hat folgende Lesart vorgeschlagen: »per Fra. Chiaramellum (da Gandino) ex Italia de Venetia«, wobei er sich auf die Tatsache beruft, daß es einen Joachim von Roncha niemals gab, wohl aber einen Francesco Chiaramelo oder Chiaramelli (da Gandino), der von 1562 bis 1565 die Festung Spandau zu bauen begann.

Diese Mörnersche Interpretation ist außerordentlich scharfsinnig und möglicherweise zutreffend. Wir lassen sie jedoch auf sich beruhen und treten lieber in den Schloßbau selber ein.

Im Vorflur empfängt uns ein alter Herr, der Freund und Majordomus des Hauses, der in Abwesenheit des Besitzers die Repräsentation auf sich genommen hat. Wir nennen ihm unsere Namen, er zieht sein Käpsel, und mit dem plaudergemütlichsten Cicerone-Ton von der Welt, nicht ohne liebenswürdigen Anflug von Humor und Satire, beginnt er: »Sie werden hier eine der sonderbarsten Bauschöpfungen alter und neuer Zeit kennenlernen. Das Schloß hat weder Treppe noch Küche und besteht ausschließlich aus zwölf Zimmern und zwölf Klosetts.«

So eingeführt, beginnen wir unsern Umgang und überzeugen uns alsbald, daß eine präzisere Totalbeschreibung des Schlosses und seiner baulichen Absonderlichkeiten nicht wohl gegeben werden konnte. Was sich der Baumeister, er heiße nun Chiaramelli oder Roncha, bei dieser Herrichtung gedacht haben mag, ist schwer zu sagen. Wohl bin ich Schlössern begegnet, zum Beispiel dem berühmten Lochleven-Schloß in Schottland, in denen die besondere Dicke der Mauern ebenfalls zur Herstellung solcher »Bequemlichkeiten« dienen mußte, weil es im übrigen an Raum gebrach. Wenn es indessen irgend etwas gibt, dessen das Lichterfelder Schloß nun gerade *nicht* ermangelt, so ist es Raum. Seine Dielen und Flure wirken wie Hallen und seine Zimmer wie Säle.

Unser Cicerone sprach aber auch die Worte: »keine Treppe und keine Küche«. Und auch damit hat es seine Richtigkeit. Wenigstens gehabt. Was die Treppe angeht, so befindet sich dieselbe bis diesen Tag in einem eigenen, von außen angebauten Treppenhause, von dem die Sage geht, daß es *deshalb* früher nicht vorhanden war, »weil der alte Arendt Sparr, nach Art ähnlicher Sagenväter, den Zutritt zu seiner schönen Tochter durchaus unmöglich machen wollte«. Erst nachdem der Eintritt der bekannten Erscheinungen unsren alten Sparren-Vater, wie so manchen Vater vor und nach ihm, von der Unmöglichkeit solcher Isolierung überzeugt hatte, entschloß er sich reumütig, dem Hause das zu geben, was ihm bis dahin gefehlt hatte – eine *Treppe*.

Das Schloß, wie seine Inschrift besagt, wurde 1565 bis 1567 gebaut und 1580 renoviert. Ich vermute jedoch, daß es 1650 statt 1580 heißen muß. Jedenfalls haben sehr bald nach dem Dreißigjährigen Kriege Renovierungen stattgefunden, da während des Krieges, wie Bekmann berichtet, die Seitengebäude des Schlosses durch den schwedischen General von Dewitz eingeäschert worden waren. Natürlich mußte das Schloß selbst bei dieser Einäscherung mit leiden. Aber gleichviel, die *Grundanlage des Schlosses* ist seit den Tagen Arendts von Sparr und seines Sohnes Otto Christoph unverändert geblieben.

Und wie das Sparren-*Schloß* blieb, so die Sparren-*Erinnerungen*. Vor allem selbstverständlich die, die dem alten Feldmarschall gelten. In jedem der Dörfer, die dem Sparren-Lande zugehören, ist er gekannt, in dem einen als Zauberer, in dem andren als Türkenbesieger, überall aber als der »Glockenmann«, der sich vorgesetzt hatte, am ganzen Laufe des Finow-Flusses hin seine Glocken klingen zu hören. Und wer an der Biesenthaler Wassermühle den kleinen Fluß passiert oder an einem Herbstabende, bei fallendem Nebel, an dem Tramper Park und seinen Burgtrümmern vorüberkommt, der fühlt wohl, daß ihn sein Weg in Gegenden geführt hat, wo's nicht wundernehmen darf, daß alte Volkssagen noch lebendig sind und weiter wachsen und schaffen. Und ein alter Knecht lebt noch auf einem der ehemaligen Sparren-Dörfer, der sieht alles voraus, was passiert, und prophezeit von einem großen Kriege, der in den achtziger Jahren kommen wird. »Dann werden die Menschen so rar werden wie die Störche im Jahre 1857, wo ein großer Sturm sie verschlagen und so viele umgekommen waren, daß man alle fünf Meilen nur einen noch sah. So wird Gott die Menschen schlagen, wie er damals seinen Gottesvogel geschlagen. Und dann werden die Menschen sich freuen, wenn einer den andern sieht.«

AM WERBELLIN

Ihre Dächer sind gefallen,
Und der Wind streicht durch die Hallen,
Wolken ziehen drüber hin.
Franz Kugler

Und eh der Mittag kam, da lag
Haufweis das Wild erschlagen.
»Chevy-Jagd«

Eine halbe Meile nördlich von Lichterfelde, schon auf uckermärkischem Grund und Boden, begegnen wir dem sagenreichen Werbelliner See, auch wohl in Kürze »der Werbellin« geheißen. Ein Zauber ist um ihn her, und was der »Blumenthal« unter den Forsten ist, das ist der Werbellin unter den Seen dieses Landesteiles.

Es scheint, als ob alle Welt, auch in alten Tagen schon, ein Ohr für den Wohlklang dieses Namens gehabt habe, denn alles, was um den See herum gelegen ist, hat den Namen von ihm entlehnt, und wir unterscheiden außer dem eigentlichen »Werbellin« noch eine *Stadt*, ein *Dorf* und ein *Schloß* gleiches Namens, woran sich dann schließlich der Werbelliner *Forst* reiht, dessen wir schon früher, als des kostbarsten Jagdgrundes der Hohenzollern, gedacht haben.

Stadt Werbellin

Sie soll an der Stelle des jetzigen Sees gestanden haben, so daß wir hier – wenn der Überlieferung irgend etwas Reales zugrunde liegt – einen jener »Erdfälle« anzunehmen hätten, über deren Art und Vorkommen ich in dem »Buckow«-Kapitel ausführlicher gesprochen habe. Das Terrain indes ist hier ein wesentlich andres und macht einen Erdfall um vieles weniger glaubhaft. Aller Wahrscheinlichkeit nach hat eine Stadt Werbellin niemals existiert. Wenn Fischbach von zwei alten, im Rathause zu Neustadt-Eberswalde befindlichen Urkunden spricht, die das Datum des Sankt-Gregors-Tages 1306 und des 19. Februar 1319, als Ausstellungsort aber den Namen *Werbellin* tragen, so steht jetzt fest, daß damit das *Schloß* Werbellin, nicht aber die sagenhafte *Stadt* gleiches Namens gemeint gewesen ist.

Dorf Werbellin

Ist neueren Datums. Eine halbe Meile südlich vom See gelegen, zählt es zu den Pfälzerkolonien, die 1748 in der Mark angelegt wurden. Es trägt seinen poetischen Namen ziemlich unverdient.

Schloss Werbellin

Es lag an der Südwestspitze des Sees*, höchstwahrscheinlich auf einer Landzunge, die, mittelst eines Durchstichs, in eine schwer zugängliche Insel umgewandelt wurde. Das war um 1247, und es scheint, daß es unter allen markgräflichen Schlössern jener Epoche nicht nur das größte, sondern auch ein bevorzugter Aufenthalt mehrerer unter den Askaniern war. Hier wurden die schon oben erwähnten Urkunden ausgestellt und wohl viele andre mit ihnen. Von Schloß Werbellin aus schickte Markgraf Waldemar seinen Kanzler Nikolaus von Buch an den Rhein, als, nach Kaiser Heinrichs VII. Tode, ein neuer Kaiser gewählt werden sollte, und gab ihm, wie wir heute sagen würden, carte blanche, zu wählen nach seinem Ermessen. Nikolaus von Buch gab seine Stimme an Ludwig den Bayer, an den einzigen, an den er sie, nach dem stillen Wunsche Waldemars, *nicht* geben sollte. Der empörte

* An der Mittelbiegung desselben, und zwar dort, wo jetzt malerisch zwischen Wald und See das Dörfchen Altenhof gelegen ist, erhob sich noch ein zweites Werbellin-Schloß: Schloß Breden. Unter dem dortigen Forsthause befinden sich gewölbte Keller, die man vor etwa hundert Jahren entdeckte, als der Grund zur Aufführung einer neuen Försterei gelegt werden sollte. Man fand aber nicht bloß alte Gewölbe, sondern auch kupferne und eiserne Gerätschaften, die bis diesen Tag in der Försterfamilie (seit über hundert Jahren immer dieselbe) aufbewahrt werden. Die dörfliche Tradition spricht sogar von einem Fasse mit Wein, dessen Dauben bei der Berührung in Staub zerfielen, während der Wein, in der topasfarbenen Weinsteinkruste, die sich gebildet hatte, wie in einer Kristallbowle unverschüttet stehenblieb.

Markgraf, so heißt es, ließ den zurückkehrenden Kanzler nach dem nah gelegenen *Schloß Grimnitz** bringen, ihn dort in den Kerker werfen und verhungern. Die Sage fügt hinzu, der Markgraf habe täglich frische Äpfel vor das vergitterte Fenster legen lassen, um durch den Anblick der Labefrucht die Qual des Unglücklichen zu steigern.

1319 starb Markgraf Waldemar, und es kam eine wilde, herrenlose Zeit. Auch Schloß Werbellin sank von seiner Höhe; noch im Laufe desselben Jahrhunderts, oder doch spätestens zu Beginn des nächstfolgenden, wurd es zerstört. Der eine Bericht sagt, »durch die Litauer«, ein andrer nennt die Quitzows, die gemeinschaftlich mit dem Ruppiner Grafen die Burg angegriffen hätten. Ihr Zug richtete sich gegen Chorin. Auf dem Felde zwischen Lichterfelde und dem Werbelliner See wird noch die Stelle gezeigt, wo der Abt von Chorin den Siegern entgegenkam und mit ihnen über gute Bedingungen verhandelte.

Der Werbelliner Forst

Aus Gründen besserer Verwaltung hat man ihn in eine westliche und östliche Hälfte geteilt, die nun den Namen »Groß-Schönebecker und Grimnitzer Forst« führen. Als Waldgrund mag er innerhalb unsrer Marken überflügelt werden, als *Jagdgrund* steht er einzig da. Ein Teil des Forstes, die sogenannte Schürf- oder Schorfheide, die sich eine halbe Meile lang am Nordwestufer des Sees entlangzieht, dient eigens dem Zwecke, das Wild zu pflegen, also den Rest des Forstes in einen desto reicheren und besseren Jagdgrund zu verwandeln. Der nahe See mit seinem kostbar klaren Wasser (eine

* Schloß Grimnitz, in unmittelbarer Nähe des »Werbellin« am Grimnitz-See gelegen, war ebenso der bevorzugte Aufenthalt Ottos IV., des sogenannten Markgrafen mit dem Pfeil, wie Schloß Breden und Schloß Werbellin die bevorzugten Plätze Markgraf Waldemars waren. »Hier war es auch wohl«, so schreibt F. Brunold, »wo Markgraf Otto mit seiner kühnen Gemahlin Heilwig von Holstein am Schachbrett saß, von Spielleuten umgeben, ganz so, wie es uns ein Bild in der Manessischen Sammlung der Minnesänger noch heute zeigt.« 1529 ward auf Schloß Grimnitz ein Friede zwischen der Mark und Pommern geschlossen, der ausdrücklich der Friede zu Grimnitz heißt, und 1549 brach hier Kurfürstin Hedwig, die Gemahlin Joachims II. (nicht die »schöne Gießerin«, wie andere erzählen), durch den morsch gewordenen Fußboden des ersten Stockes und nahm, auf die Hirschgeweihe der darunter befindlichen Halle niederstürzend, so schweren Schaden, daß sie von der Zeit ab an Krücken gehen mußte.

Folge seiner Kalk- und Tongründigkeit) eignet sich zur Tränke, während außerdem Brunnen in den Wald gegraben sind und überall ausgebreitete Heu- und Moosbetten über die Gefahren und Beschwerden des Winters hinweghelfen. Und das alles nur sehr ausnahmsweise mit der hinterlistigen Absicht, den heute noch gehegten und gepflegten Hirsch bei nächster Gelegenheit ins Blatt zu treffen. Denn der Wildstand hier entspricht einer Paradetruppe. Letzlingen, so heißt es, ist für den *Gebrauch*. Werbehin und Grimnitz aber sind für die *Repräsentation*. Dort jagen die Hohenzollern um des Jagens willen; im Werbehin jagen sie nur an Fest- und Galatagen, um ihren Gästen zu zeigen, was hohe Jagd in den Marken sei.

Letzlingen nichtsdestoweniger ist ein Rival, und in dieser und jener Branche sogar ein siegreicher. Aber an *Rotwild* bleibt Werbellin à la tête. Seine Forsten umschließen 3000 Hirsche, die größte Zahl, die, soweit die Kenntnis davon reicht, an irgendeinem Punkte der Welt, innerhalb eines abgegrenzten Reviers gehalten wird.* Hier war denn auch, wie selbstverständlich, der Platz, wo sich die Zahl der getöteten Hirsche (denn trotz des Prinzips der Schonung müssen die alten weggeschossen werden) auf eine Höhe bringen ließ, die selbst von den Taten des Cooperschen »Hirschtöters« schwerlich erreicht worden ist. Der jetzt im Potsdamer Wildpark angestellte Wildmeister Grußdorf war dreißig oder vierzig Jahre lang Förster im Werbelliner Forst, und die Leute versichern von ihm, daß er derjenige Jäger sei, der in seinem Leben die meisten Hirsche geschossen habe. Er *kannte* nicht nur alle, die überhaupt da waren, er *fand* auch alle, die er finden wollte, und *traf* alle, die er treffen wollte. Nur vom bayrischen Grafen Arco heißt es, daß er unsrem Grußdorf als »Hirschtöter« möglicherweise gleichgekommen sei.

Im Werbelliner Forst befinden sich 3000 Hirsche. Nur um die Brunstzeit, etwa von Mitte September bis Mitte Oktober, umschließt er noch 1000 mehr. Dann erscheinen die

* Eine gleich große Zahl befindet sich nur noch in dem berühmten Tiergarten (»Dyrehave«) von Kopenhagen. Als König Friedrich Wilhelm IV. 1844 in Kopenhagen war, besuchte er auch den Tiergarten; Treiber und Jagdbediente bildeten Spalier, und vor dem im Portal der »Eremitage« stehenden Könige wurden gegen 3000 Hirsche vorbeigetrieben. Die klugen Tiere verrieten keine Spur von Scheu. Die Leute in der Eremitage erzählen von dieser »Revue« bis diesen Tag.

Wanderhirsche. Sie kommen aus den benachbarten Landesteilen, aus Mecklenburg, Pommern, Schlesien, selbst aus Polen und Ostpreußen, also bis 100 Meilen weit. Alle diese Gegenden, namentlich die nordöstlich gelegenen, haben weniger Weibchen in ihren Wäldern, und dieser Umstand treibt die männlichen Hirsche westwärts und speziell an das Seeufer des Werbellin. Hier ist dann Rendezvous, »Convivium«, wie es die Leute nennen. Weil der Weg weit und die Fährlichkeit der Reise groß ist, so machen sich nur die stärksten Tiere auf den Weg, wissen auch wohl, daß sie als Eindringlinge kommen und daß es ohne schwere Kämpfe, ohne den ganzen Zorn erwachter Eifersucht nicht abgehen wird. Diese Kämpfe finden denn auch jedesmal statt, aber überraschenderweise selten mit den eigentlichen Herren des Forsts, sondern gemeinhin unter den Herbeigekommenen selbst. Sie fechten Eindringling gegen Eindringling, etwa Pole gegen Ostpreuße oder Schlesier gegen Pommer, und das Resultat ihrer Streitigkeiten pflegt in den meisten Fällen das zu sein, daß, während die beiden fremdländischen Heroen miteinander kämpfen, auch wohl sich töten, der einheimische Märker den Liebespreis davonträgt.

Die fremden Hirsche bleiben etwa vier Wochen. Dann kehren sie wieder heim.

Seit einem Menschenalter hat sich dieser Zuzug von außen her etwas verringert. Wahrscheinlich infolge des Jahres 1848. Die Jagdfreiheit machte damals den Marsch von Polen und Preußen bis in die Mark noch erheblich gefährlicher als in ruhigeren Zeiten, und die Gefahren jenes Jahres scheinen wenigstens bei den Wanderhirschen unvergessen zu sein.

Wir treten zum Schluß, aus dem Forste heraus, wieder an den *See*, den »Werbellin«, der all dieser Umgebung: Wald, Burg, Dorf, seinen Namen gegeben.

Einladend wie der See waren auch seine Fische. Es war ein Muränensee und sehr wahrscheinlich der größte und schönste unter denen, die sich mit ihm in die gleiche Namenslehre teilen.* Auch schon in kurfürstlichen Tagen wußte

* Märkische Muränenseen waren zu Bekmanns Zeiten folgende: der Moriner, der Soldiner, der Lychener und der Stechliner, ferner der Lindower und der Schermützel-

man davon, und 1565 schrieb Kurfürst Joachim an den Magistrat zu Neustadt-Eberswalde und ordnete an: »maßen man gegen Fastelabend etzlich-vieler Fische benötigt wäre, so viele Muränen und Karpfen, als nur zu bekommen wären, in dem ›Werbellin‹ fangen und mit zwei Pferden und Wagen zur kurfürstlichen Küche bringen zu lassen«.

Mit diesen Muränen ging es noch fast 300 Jahre lang, bis es plötzlich ein Ende damit hatte. *Der Kormoran kam.* Der Kormoran oder schwarze Seerabe, sonst nur in Japan und China heimisch, hatte auf seinen Wanderzügen auch mal den baltischen Küstenstrich berührt und es »am Werbellin« anscheinend am wohnlichsten gefunden. Denn hier war es, wo er sich plötzlich zu vielen, vielen Tausenden niederließ. Der schöne Forst am See hin bot prächtige Bäume zum Nesterbau und der See selbst die schönste Gelegenheit zum Fischen. Nun, scheint es, waren die Kormorans insonderheit auch Feinschmecker, und statt sich mit all und jedem zu begnügen, was ihnen in den Wurf kam, richtete sich ihr Begehr vor allem auf die *Muräne.* Sie fischten nach ganz eigentümlichen Prinzipien und betrieben den Raub nicht als einzelne Freibeuter, etwa wie Fischreiher und ähnliche auf niedrigster Stufe der Kriegskunst stehende Tiere, sondern das Geheimnis taktischen Zusammenwirkens hatte sich ihnen in seiner ganzen Bedeutung erschlossen. Sie manövrierten in Reih und Glied, und mit Hülfe ihrer Taucherkünste den See auch in seinen verschiedenen Tiefen, sozusagen in all seinen Etagen beherrschend, glückte es ihnen, überall da, wo sie Stand nahmen, ein lebendiges Netz durch den See zu ziehen: jede Masche ein geöffneter Kormoranschnabel.* Die Fischer mühten sich umsonst, sie zu vertreiben. Es gab damals Kormorans am Werbellin wie Fliegen in einer Bauernstube, und ein paar Hundert mehr oder weniger machte keinen Unter-

See. Mehrere davon, wenn nicht alle, haben inzwischen ihre Muränen verloren, ebenso wie der »Werbellin«.

* In China oder Japan, oder vielleicht in beiden Ländern, verstehen es die Bewohner, die Kormorans zum *Fischfang* abzurichten. Sie bedienen sich dazu der allereinfachsten Prozedur, indem sie dem Kormoran, nachdem ihm die Flügel gestutzt wurden, einen Ring um den Hals legen, der die Kehle des Tieres *halb zuschnürt.* Nun beginnt der Kormoran mit gewohntem Geschick seinen Fischfang, da er aber, der halb zugeschnürten Kehle halber, die Fische nicht hinunterschlucken kann, so wirft er sie großmütig in neben ihm befindliche kleine Boote, wo sie die Fischer in Empfang nehmen.

schied. Auch der Forst litt, denn in manchem Baume hatten die Kormorans zehn Nester, und es schien nicht möglich, ihrer Herr zu werden. Da ward endlich ein Vernichtungskrieg beschlossen. Alle Förster aus den benachbarten Revieren wurden herangezogen, das Garde-Jägerbataillon in Potsdam schickte seine besten Schützen, und so rückte man ins Feld. Zuletzt waren Pulver und Blei stärker als die Kormorans, und sie blieben entweder auf dem Platz oder setzten ihren Zug in friedlichere Gegenden fort. Sind auch nicht wiedergekommen. Aber die Muränen auch nicht.

Die Muränen sind hin wie die Schlösser, die den »Werbellin« umstanden, nur der See selber ist in seiner alten Schönheit verblieben. Bei Altenhof, unmittelbar an dem gelben Kiesufer, liegen ein paar Tannenstämme aufgeschichtet und bilden eine hohe Bank zum Überblick. Und dort nehmen wir Platz. Kleine Wellen schäumen ans Ufer, vor uns die breite Wasserfläche liegt noch im Licht, während sich nach Norden hin bläuliche Schatten über Wald und See breiten. Dorthin liegen auch die Trümmer des alten, halb Sage gewordenen Grimnitz-Schlosses. Und wenn jetzt ein goldenes Schiff den See herunterkäme und auf dem Deck des Schiffes, unter flatterndem Zeltdach, säße Markgraf Otto mit Heilwig von Holstein, scherzend und lachend über dem Schachspiel, wir ließen es vorübergleiten, vielleicht weniger verwundert über das goldene Schiff mit Segel und Zeltdach als über das ärmliche Schifferboot, das eben jetzt mit Netz und Reuse des Weges kommt.

Es ist ein Märchenplatz, auf dem wir sitzen, denn wir sitzen am Ufer des »Werbellin«.

DAS PFULEN-LAND

Ich lese gern von mancher tüchtigen Kraft,
Die kühn gefolgt der Größten ew'gem Schimmer.
H. von Blomberg

Wie um Neustadt-Eberswalde herum ein »Sparren-Land«, so gab es um Buckow herum, an der Grenze von Barnim und Lebus, ein *Pfulen*-Land.

Die Pfuels kamen so früh in die Mark, daß sie schon im Jahre 1603 in einer Leichenpredigt, die beim Hinscheiden eines der Ihrigen gehalten wurde, nicht nur ein »fürtreffliches«, sondern auch ein »*uraltes* Geschlecht« genannt werden konnten, ein Geschlecht, aus welchem »equestris et literati ordinis viri«, »tapfere Kriegsschilde und wohlgelahrte, verständige und versuchte Männer«, hervorgegangen seien.

Sie gehörten zu den »Schloßgesessenen«, insoweit sie die festen Schlösser Quilitz, Ranft und Leuenberg innehatten, und ihr Ansehen war bedeutend genug, um noch am Ende des fünfzehnten Jahrhunderts, also fast hundert Jahre später als die Quitzows, wegen einer rückgängig gemachten Verlobung eine zehnjährige Fehde mit den Mecklenburger Herzögen führen zu können. Ihr Besitz umfaßte damals und später die folgenden Güter teils ganz, teils anteilsweise: Buckow, Dannenberg, Leuenberg, Steinbeck, Altranft, Schulzendorf, Hohenfinow, Prötzel, Tiefensee, Werftpfuhl, Hasenholz, Garzin, Garzau, Dahmsdorf, Obersdorf, Quilitz, Friedersdorf, Kienitz, Münchehofe, Jahnsfelde, Gielsdorf und Wilkendorf.

Von diesem reichen Besitzstande sind der Familie nur die drei letztgenannten Güter geblieben: Jahnsfelde bei Müncheberg und Gielsdorf-Wilkendorf bei Strausberg. Der Name des alten Geschlechts aber lebt noch überall in dem ehemaligen Pfulen-Lande fort, so daß wir in nachstehendem von Dorf zu Dorf, von Kirche zu Kirche wandern und dabei aufzuzeichnen haben werden, was an Erinnerungsstücken aus alter Zeit geblieben ist.

Schulzendorf

Schulzendorf, eine halbe Meile von Wriezen, kam bald nach 1450 in Pfuelschen Besitz. Es blieb lange bei der Familie. Erst 1837 ist es in andere Hände übergegangen. Die alte Feldsteinkirche enthält außer einem weißgetünchten Schnitzaltar, der das Würfeln der Kriegsknechte um Christi Mantel darstellt, ein großes, sehr interessantes Bild, das, zu Ehren eines *Quilitzer* Pfuel gemalt, ursprünglich auch der Quilitzer Kirche zugehörte. Nachdem indes diesem Zweige der Familie das letztgenannte Dorf verlorengegangen und nur Schulzendorf noch geblieben war, hatten die späteren Repräsentanten der Quilitzer Linie den Wunsch, das Ehrenbild ihres Ahnherrn nicht mehr in einer ihnen fremd gewordenen Kirche zu sehen. Sie kauften daher das Bild und stellten es in der Schulzendorfer Kirche auf. Es ist sehr groß, wenigstens sechs Fuß zu vier, und stellt eine Kreuzigung Christi dar. Zu Füßen des Kreuzes kniet in *blanker Rüstung* der alte Pfuel, dem zu Ehren das Bild gestiftet wurde, und blickt betend zu dem Gekreuzigten auf. Weiter unterhalb die Donatoren: vier weibliche und zwei männliche Figuren. Dies wäre das Herkömmliche. Wodurch sich aber das Bild von ähnlichen unterscheidet, ist das, daß die Gestalten des Heilands und des in blanker Rüstung knienden Pfuel nicht gemalt, *sondern basreliefartig in Holz geschnitten* und nun erst an der ihnen zukommenden Stelle auf dem Bilde befestigt sind. Es ist dies das erste und einzige Vorkommnis der Art, dem ich begegnet bin. Mehr eigentümlich als schön. Man könnt es praktisch nennen, indem es die Aufmerksamkeit des Beschauers auf die beiden Gestalten *hinzwingt*, auf die es ankommt: auf den Gekreuzigten und den betenden Pfuel. Die blanke Rüstung des letzteren ist – ganz wie es sich für eine kleine Relieffigur geziemt – nicht durch Auftragen von Farbe, sondern durch *Belegen mit Silberschaum* hergestellt.

Das Bild hat drei Inschriften: eine *erste*, die von dem »alten Pfuel selber, eine *zweite*, die von dem Donator in Quilitz, und eine *dritte*, die von der Übersiedlung des Bildes nach Schulzendorf spricht.

Die *erste* Inschrift am obersten Rande des Bildes ist unleserlich geworden.

Zweite Inschrift: »Dies Epitaphium ist von dem edlen und ehrenfesten Jürgen Pfulenn seinem seligen Vater zum Gedächtnis gesetzet worden. Welchen auch (den ehrenfesten Jürgen Pfuel) der allmächtige Gott in wahrer Erkenntnis seines allerliebsten Sohnes Jesu Christi bis an sein Ende erhalten wolle. Amen.«

Dritte Inschrift: »Aus schuldiger Hochachtung vor dem Stammvater der anitzo im Segen lebenden dreien Gebrüder, als Heine Friedrich Wilhelm, Georg Ludwig Ditloff und Carl Christoph August von Pfuhll, königlich preußischer Lieutenants, ist dies Epitaphium von ihnen aus der Quilitzschen Kirche erkaufet und allhier zum beständigen Andenken aufgerichtet worden den 20. September 1747.«

Garzin

Garzin war bis vor kurzem noch reich an Erinnerungsstücken aus der Pfuelschen Zeit. Die Mehrzahl dieser Gegenstände hat indessen der gegenwärtige Besitzer von Jahnsfelde, ältester Sohn des 1846 verstorbenen Generallieutenants von Pfuel, käuflich an sich gebracht und sie seiner höchst interessanten Familiengalerie eingefügt.

Das Bemerkenswerteste, was der Garziner Kirche geblieben, ist eine 1654 in Hamburg gegossene *Glocke*. Dieselbe ist einerseits durch ein tellergroßes, in die Glockenwandung eingeschmolzenes Medaillon, das *»Urteil des Paris«* darstellend, andrerseits durch ihre plattdeutschen Inschriften interessant. Diese sind freilich nur zum Teil verständlich. Die untre, einreihige Inschrift lautet: »Gegaten tho Hamborch Anno Domini 1654 Junius.« Dazu:

In Gades Namen bin ick geflaten (geflossen),
Hans vam Damme het mi gegaten.

Die obere Inschrift ist viel länger und schwer zu entziffern.

Ick bin gegaten in Gottes Ehr;
. . . .
Wenn ick klinge, so denk zur Stundt,
Daß Christ mit der Baß dir bassunen kumpt,

Zu fordern alles vor Gericht –
Drumb halte di und sundige nicht.
. . . .
Vor alle Sunde, de du begahn,
Lath Christum den Vorloser (Erlöser) stahn.

Die Zeile: »daß Christ mit der Baß dir bassunen kumpt«, erscheint mir voll origineller Kraft.

In Garzin lebte Anfang des siebzehnten Jahrhunderts »Melchior von Pfuel, der Nekromant«, dessen Bildnis wir später begegnen werden. Es heißt, daß er vorzugsweise in Garzin seine alchimistischen Versuche machte.

Buckow

Die Stadt Buckow und ihre schönen Umgebungen habe ich an andrer Stelle (vergleiche Seite 101 etc.) ausführlich beschrieben. Das Schloß – gräflich Flemmingsch – enthält neben andern Sehenswürdigkeiten einen bemerkenswerten Speisesaal, eine Jugendarbeit Schinkels. Dieser Saal zieht sich, nach Art einer rundgewölbten Halle, quer durch die Mitte des Schlosses, das nun, an den beiden ausmündenden Stellen, nach vorn und hinten zu, um einige Fuß vorspringt. Kassetten schmücken die Decke des Saals, der mittelst einer großen, den Bau nach der Gartenseite hin abschließenden Glaswand das nötige Licht empfängt. Über der Halle, in einem Saal von gleichen Dimensionen, befindet sich die Bildergalerie.

Schloß Buckow, wie alles, was es enthält, ist aus verhältnismäßig später Zeit, und nur die Buckower Kirche, die sich malerisch auf einem der Hügel am Ausgange der Stadt erhebt, weist noch einzelne Pfuelsche Reminiszenzen auf. Links neben dem Altar, an einem der hohen Wandpfeiler*, befindet

* Gegenüber dem Wandpfeiler, der diese Trophäe trägt, befindet sich, in gleicher Höhe mit den Emporen der Kirche, der ehemalig Pfuelsche Chor- oder Kirchenstuhl, groß und geräumig, nach Art eines Zimmers. An seiner Vorderwandung bemerken wir drei oder vier ineinander verschlungene Goldbuchstaben, die aller Entzifferung spotten, höchstwahrscheinlich aber einen Pfuelschen Namenszug darstellen. Der Kirchenstuhl selber hat etwas unheimlich Geheimnisvolles. Die Fenster sind ausgenommen, und wenn man auf die Brüstung einer der Nebenemporen steigt, um von der Seite her hineinzulugen, so gewahrt man nichts als einen rostigen Kamin, Spinnweh und ver-

sich eine große, sieben bis acht Fuß hohe »Trophäe«, die sich aus in Holz *geschnitzten* Kanonen, Trommeln, Fahnen, Standarten etc. zusammensetzt und in seiner Mitte das Pfuelsche Wappen trägt. Das Ganze eine ziemlich rohe, bunt bemalte Arbeit mit folgender Inschrift: »Der hochedelgeborne Herr, Herr George Adam von Pfuel, Seiner Kurfürstlichen Durchlaucht zu Brandenburg hochwohlbestallter Generalmajor, Gouverneur und Oberhauptmann der Veste Spandau, auch Obrister zu Roß und Fuß, auf Groß und Klein Buckow, Obersdorf, Möschen, Garzin, Sieversdorf, Hasenholz, Dahmsdorf und Mönchehofe, geboren den 15. November 1618, gestorben im Juli Anno 1672, seines Alters vierundfünfzig Jahr weniger fünf Monat.«

Dieser Georg Adam von Pfuel, der in der noch zugänglichen Gruft der Buckower Kirche ruht, machte während des Dreißigjährigen Krieges unter seinem berühmteren Oheim Adam von Pfuel die Kriegsschule durch. Er kommandierte später selbständig, war ein Zeitgenosse Sparrs, Görtzkes, Derfflingers und zeichnete sich während des Polnischen Krieges und bald darauf während des Zuges nach Holstein aus. Die glänzendste Zeit des Großen Kurfürsten erlebte er nicht mehr. Außer der Herrschaft Buckow besaß er die Dörfer Dahlem und Marzahn in der Nähe von Berlin. Sein Bildnis befindet sich in Jahnsfelde.

Durch die Tochter Georg Adams, die den später in sächsischen und preußischen Diensten so berühmt gewordenen Feldmarschall Heino Heinrich von Flemming heiratete, kam Buckow an die Flemmings, die es also seit ungefähr zweihundert Jahren besitzen. Nach andrer Angabe war der Feldmarschall von Flemming ein *Sohn* aus der Ehe der Pfuelschen Erbtochter mit einem Flemming.

staubte Gewölbekappen, die unter den aufgerissenen Dielen sichtbar werden. Der Aufgang zu diesem Chorstuhl ist vermauert (man erkennt noch die Stelle, wo die Treppe mündete), und wie die Jahre wachsen, so wächst auch der Reiz der Frage: Wer hat diese Dielen aufgerissen? Wer bangte vor diesem Platz‹? Wer hat ihn vermauert?

Wilkendorf

Wilkendorf, eine halbe Meile nördlich von Strausberg, ist seit *vor* 1536 im besitze der Pfuels. Das reizend am Abhang gelegene, auf eine Talwiese niederblickende Herrenhaus ist neu, und unter den mannigfachen Kunstschätzen desselben befindet sich nichts, was bis in frühere Jahrhunderte zurückreichte. Einige ältere Familienportraits sind ohne Belang.

Die Kirche ist alt und zeichnet sich durch einen mit Geschmack und Pietät restaurierten Schnitzaltar aus. Interessanter noch als dieser ist der aus einem großen Granitblock ausgemeißelte *Taufstein,* der vor dem Altar steht. Er ist ungewöhnlich groß und hat über drei Fuß Höhe bei zwei Fuß Durchmesser. Solche granitnen Taufsteine waren in der ersten Zeit der Christianisierung des Landes sehr häufig; allerorten auf den Feldern umherliegende Rollsteine, wie sie das Material zu den Kirchen selber boten, wurden ausgehöhlt, und die »Taufe« war fertig. Die Bearbeitungskunst bleibt aber unter allen Umständen erstaunenswert, wenn man erwägt, wie geringe technische Hülfsmittel damals zu Gebote standen. Jetzt begegnet man solchen »Taufen« nur sehr selten noch.

Gielsdorf

Gielsdorf – durch den schönen Ihland-See von Wilkendorf getrennt – ist seit 400 Jahren im Besitze der Familie. In einen der alten Kirchenpfeiler wurde, mit Bezugnahme darauf, eine Steintafel eingemauert, die folgende Inschrift trägt: »Zur Erinnerung an die 1460 unter Kurfürst Friedrich geschehene Belehnung des Werner Pfuel mit Gielsdorf und an den vierhundertjährigen Besitz seiner Erben. Gustav von Pfuel, 1860.«

Auch in der Gielsdorfer Kirche befindet sich ein ausgemeißelter Taufstein, doch ist derselbe ersichtlich aus spätrer Zeit, nicht so groß wie der Willkendorfer und, statt in Granit, in bloßem Kalkstein (wahrscheinlich aus dem benachbarten Rüdersdorf) ausgeführt. In Front trägt der Stein ein flach gearbeitetes Kreuz und als Umschrift um dasselbe, in Form eines Kranzes, die Worte: »NON GLORIOR NISI IN CRUCE DOMINI.«

Die Emporen der alten Kirche ruhen auf kurzen, grobgeschnitzten Holzpfeilern; in einen derselben sind die Worte eingeschnitten: »BERTRAMB V. PFUEL. ANNO MDCX.« Dieser Bertramb von Pfuel war ein Vetter Kurt Bertrams von Pf., der während des Dreißigjährigen Krieges eine Rolle spielte und auf den wir weiterhin zurückkommen.

Unter dem Altar der Gielsdorfer Kirche soll ein anderer Pfuel (Christian Friedrich) bestattet sein. Eine Stückkugel riß ihm, beim Sturm auf Kaiserswerth, den Kopf weg, und Rumpf und Glieder wurden in Gielsdorf begraben. Das war 1702. Er war Oberst in einem Infanterieregiment. Sein Bild befindet sich in Jahnsfelde. Ein Spruch in der Jahnsfelder Kirche gedenkt sein. Dieser von Friedrich la Motte Fouqué herrührende Spruch lautet:

Italien hat und Niederland
Den edlen Kämpfer oft geschaut.
In vieler wilden Schlachten Brand
Hat er das Feld mit seinem Blut betaut.
Als letzter Kranz ward ruhmvoll ihm beschert
Zu sterben, *vorbewußt*, im Sturm auf Kaiserswerth.

Dieses »vorbewußt« bezieht sich auf folgenden Vorfall, der als Tradition in der Familie fortlebt. Am Tage vor dem Sturm auf Kaiserswerth will Pfuel in sein Zelt treten. Die vor dem Zelt stehende Schildwacht salutiert nicht, erblaßt aber und zeigt nur auf das Innere des Zelts. Pfuel tritt jetzt ein und sieht sich selber, schreibend, am Tische sitzen. Er tritt hinter die Gestalt, blickt dem ruhig Weiterschreibenden über die Schulter und liest sein Testament. Dann verschwindet die Gestalt. Pfuel wußte jetzt, daß er andern Tages sterben werde. Er setzte sich auf den Feldstuhl, auf dem eben sein Doppelgänger gesessen, schrieb an seine Frau und nahm Abschied von ihr. Andren Tages fiel er an der Spitze seiner Sturmkolonne.

Es ist sehr wahrscheinlich, daß diese Geschichte zu Chamissos schönem Gedichte »Die Erscheinung« Veranlassung gegeben hat. Wenigstens ist die Situation dieselbe. Chamisso war mit Fouqué befreundet, und Fouqué seinerseits kannte die Familientradition des ihm verwandten Pfuelschen Hauses.

JAHNSFELDE

Jahnsfelde ist seit 1449 in der Pfuelschen Familie, also noch elf Jahre länger als Gielsdorf. Die hübsche Inschrift über der Tür des Herrenhauses nimmt Bezug darauf und lautet:

Glück herein, Unglück heraus,
Dies ist der Pfuel ritterlich Haus
Seit vierhundert Jahren –
Gott wolle bewahren
Geschlecht und Haus.

Dies Herrenhaus selbst ist neu, doch ruht es auf den Fundamenten eines alten Gebäudes, das hier stand. Der Park, der das Herrenhaus von allen Seiten malerisch umschließt, ist eine Neuschöpfung. Auch der unmittelbar angrenzende Friedhof konnte mit in den Park hineingezogen werden, da die Herstellung eines neuen Begräbnisplatzes ohnehin geboten war. War doch schon seit 1244 an derselben Stelle begraben worden. Grab über Grab.

Der gegenwärtige Besitzer von Jahnsfelde hat, voll historischen Sinnes und zugleich in Pietät gegen die ruhmreiche Vergangenheit seines Geschlechtes, die untren Räume des Hauses nach Art eines Familienmuseums eingerichtet. Erinnerungsstücke aller Art, Wappenschilde, Waffen, besonders aber Bildnisse, finden sich hier auf engstem Raume zusammen. Sie alle namhaft zu machen liegt außerhalb der Zwecke dieses Buchs, und nur der ältesten und interessantesten möge kurz Erwähnung geschehen.

1. *Anna von Pfuel.* Ein interessantes Bild aus der Garziner Kirche. Es stellt eine junge, reichgeschmückte Frau dar, lebensgroß, ganze Figur. Im Haar scheint sie eine Brautkrone zu tragen. Ort und Jahreszahl lauten: Garzin, 1594. Dies ist das älteste Bild der Sammlung. Die Behandlung, besonders der Gewandung, ist noch steif und faltenlos.

2. *Heino von Pfuel* im Jahre 1602. Aetatis suae 58. Eine kriegerische Gestalt in Eisenrüstung und hoher Halskrause, dazu rot und weiße Schärpe. Die Unterschrift des Bildes, vom alten Maler selbst herrührend, lautet:

Heino von Pfuhl ich ward genannt,
Ein Obrister über Reuter und Knecht,
In Ungarland
Und mannigen Orts sonst wohlbekannt.

Es heißt von ihm, daß er ein brandenburgisches Hülfscorps gegen die Türken kommandiert und sich überhaupt im Felde wie bei Hofe ausgezeichnet habe. Auch er hat ein Schild in der Jahnsfelder Kirche und auf demselben einige Fouquésche Reimzeilen.

3. *Erneste Friedrich von Phull.* Wenn ich nicht irre, ebenfalls aus der Garziner Kirche nach Jahnsfelde gebracht. Stellt einen ältren Mann mit weißem Bart, von ernstem, fast schwermütigem Gesichtsausdruck, dar. Auf dem Bilde das Pfuelsche und Bismarcksche Wappen. Spruch:

Wer Gott allezeit vertrauen kann,
Der bleibt ein unverdorbner Mann.

Dann folgende Unterschrift: »Der edle, feste Erneste Friedrich von Phull, ein *Bruder* Heinonis auf Garzin, Trebnitz und der Neuen Langenwische Erbherr, starb allhier den 8. Oktober Anno 1613 früh, seines Alters vierundsechzig Jahr. Ward den folgenden 4. Novembris in das Begräbnis gesetzet und wartet der fröhlichen Auferstehung.«

4. *Melchior von Phull.* Ein vortreffliches Bild, das einen Mann in besten Jahren, in schwarzer Kanzler- oder Geheimeratstracht, darstellt, mit großem, schönem Spitzenkragen, Handmanschetten und Kanzlerkette. Links oben das Pfuelsche Wappen, rechts das Wappen der alten Familie von Menlishoff. Unter dem Pfuelschen Wappen lesen wir: »Melchior von Phull, Consilarius Brandenburgensis. In Garzin, Garzo, Hasenholz et Trebnitz. Pie obit. 18. November Anno 1609.« Unter dem Menlishoffer Wappen steht: »Ist Gott mit uns, wer mag wider uns sein.« Melchior selbst legt seine rechte Hand auf ein aufgeschlagenes Buch mit rotem Rand; auf der weißen Seite steht: »Wer meine Gebote hat und hält etc. Johannes 14, Vers 21. Anno Domini 1610.« An andrer Stelle nochmals: »Melchior von Phull. Aetatis suae 35. Anno 1609. Discite mortales fugitivam noscere vitam.« Dieser Melchior von Pfuel

ist derselbe, der sich auch als Nekromant einen Namen machte.

5. *Adam von Pfuel.* Brustbild. Ein älterer Mann, ernst, prononciert martialisch. Er zählt zu den bekanntesten Mitgliedern der Familie. Adam von Pfuel wurde 1604 geboren. Er folgte 1620 seiner Schwester, einer Hofdame Marie Eleonorens, bei Vermählung dieser mit Gustav Adolf, nach Stockholm. Diese Schwester heiratete später den berühmten Banér und wurde die Ahnmutter des gleichnamigen Geschlechts. Ihr Bruder, unser Adam von Pfuel, trat als Page bei Gustav Adolf in Dienst, begleitete ihn nach Deutschland und brachte, nach der Lützener Schlacht, des Königs Leiche von Weißenfels nach Stettin, von wo sie nach Stockholm eingeschifft wurde. Seine nahen, schon angedeuteten verwandtschaftlichen Beziehungen zu Banér machten es, daß er auch in der Folge der Partei dieses wüsten, aber genialischen Feldherrn zugehörte. 1634 führte er zuerst, als Kommandeur eines Regiments, einen selbständigen Zug nach Thüringen hin aus und deckte die Flanke des Heeres. Auf diesem Zuge war es, wo sich der damals noch jugendliche Derfflinger seine ersten Sporen im Pfuelschen Regiment verdiente. Später stieg Pfuel zum Avantgardenführer des schwedischen Heeres auf und eroberte sich als solcher den allerdings zweifelhaften Ruhm, 800 böhmische Dörfer niedergebrannt zu haben. Nach Banérs Tode war es Pfuel, der, in Gemeinschaft mit einigen andern Kriegsobersten, die Schlacht bei Wolfenbüttel schlug. Er stand damals hoch genug in Ansehn, um hoffen zu dürfen, das Oberkommando werde *ihm* übertragen werden. Er scheiterte aber, weil er Ausländer war, und Torstenson (ihm freilich hoch überlegen) erhielt den Oberbefehl. Als ihm auch Lilienhoek vorgezogen wurde, nahm er den Abschied. Dies war 1642. Wo er von da ab bis 1652 war, ist unbekannt. In spätren Jahren kaufte er sich die Güter Helfta und Polleben im Mansfeldischen und gründete eine neue Linie. Auf seinem Bilde in Jahnsfelde trägt er die goldne Kette, die ihm Gustav Adolf geschenkt hatte. Er starb als schwedischer Generallieutenant 1659 zu Polleben. Hat auch in der Jahnsfelder Kirche Schild und Spruch.

6. *Kurt Bertram von Pfuel.* Brustbild. Dieser Kurt Bertram war kurbrandenburgischer General-Kriegskommissar

während des Dreißigjährigen Krieges und wurde von seiten George Wilhelms mehrfach zu diplomatischen Sendungen verwandt, namentlich an Wallenstein, als dieser zuerst an den Grenzen der Mark erschien. Unser Kurt Bertram war damals »Kammerjunker«. Seine erste Mission an Wallenstein fällt in das Frühjahr 1626. Es scheint, daß er den Friedländer in Halberstadt traf und ihn, im Auftrage des Kurfürsten, zu bitten hatte, *nicht* in die Mark einzurücken. Wallenstein antwortete: »So wahr ich ein ehrlicher Mann bin, will ich dem Kurfürsten kein Widriges erweisen, nur bitte ich ihn um Gottes willen, die Mansfeldsche Armee (die in der Prignitz hauste) auszuschaffen, sonst muß ich nachrücken, um den Feind zu suchen, wo ich ihn treffe.« Im August traf Wallenstein mit sechzehn Regimentern in Cottbus ein. Der Kurfürst hatte den später so berühmt gewordenen Konrad von Burgsdorf zum Marschall bei ihm bestellt, und es verlautet nicht, daß unser Kurt Bertram bei dieser Gelegenheit weitere Verhandlungen mit Wallenstein gehabt habe. Er war indessen einige Wochen *vorher* in Cottbus gewesen, um, gemeinschaftlich mit einem von Rochow, die Empfangsvorbereitungen zu regeln. Kurt Bertram sah den Friedländer erst später wieder und, wie es scheint, unter ziemlich mißlichen Umständen. In Prag, als er dem Gefürchteten eine Vorstellung zu überreichen hatte, fuhr ihn dieser an: »Ich werde *schieferricht* (etwa das, was wir heute »nervös« nennen würden), wenn ich solche Schriften sehe«, und im Juni 1628 berichtete Pfuel von Frankfurt a. O. nach Berlin: »er habe den General nicht sprechen können, denn dieser habe just seinen *Schiefer* gehabt und nicht nur kurz vorher den Secretair, den Kammerdiener und Edelknaben abprügeln lassen, sondern auch das Glockenläuten verboten und zugleich befohlen, alle Hunde von der Gasse zu Schaffen«. Diese Missionen, wie wir hieraus genugsam ersehen können, waren verantwortungsvoller Natur und forderten ihren Mann.

Kurt Bertram, dessen Bruder (Adam) und Neffe (Georg Adam) direkt in schwedischen Diensten standen, gehörte selbstverständlich der Anti-Schwarzenbergschen Partei zu. Schwarzenbergs Einfluß setzte es schließlich durch, daß Kurt Bertram seiner Ämter enthoben und seine Güter eingezogen wurden. Nach dem Tode Kurfürst George Wilhelms aber wendete sich das Blatt; er erhielt seine Güter zurück und wurde ausersehn, den Adam Schwarzenberg gefangenzunehmen. Später kaufte er sich in Sachsen an und wurde, durch weitere Verzweigung, der Stammvater der noch blühenden württembergschen Linie. Das Bild Kurt Bertrams befindet sich in Jahnsfelde. Er ist ein schöner Mann, blühend, noch jung, voll klugen und energischen Ausdrucks. Seine Tracht, in Koller und Klapphut, ist im wesentlichen die eines schwedischen Kriegsobersten.

Was der Jahnsfelder Portraitgalerie einen Reiz verleiht und ihr unterscheidendes Merkmal bildet, ist, daß sie das Frostige eines sogenannten »Ahnensaals« vermeidet. Man steigt nicht erst treppauf, man zieht nicht erst die verschossenen Gardinen zurück, man sorgt nicht erst, abstäubend und Fenster öffnend, für Luft und Licht, in Jahresfelde lebt man *mitten unter ihnen*. Diese alten Herren in Rüstung oder Perücke, hier sind sie nicht zu steifer Repräsentation da, sind nicht Fremde am eigenen Herde, nein, man hat sich *häuslich-familiär* mit ihnen eingerichtet, kennt sie und liebt sie. Ein täglicher Verkehr hat Platz gegriffen zwischen denen, die *waren*, und zwischen denen, die *sind*; Ältestes und Neustes reichen sich die Hand, und wie ein ununterbrochener Strom wandert das Leben weiter von Geschlecht zu Geschlecht. Wohl mahnen auch hier die Bilder berühmter Ahnen an das Vergängliche alles Irdischen, aber sie predigen zugleich auch den Sieg des Geistes über den Leib und entfalten still die Fahne, auf der als Zuruf und Richtschnur das Dichterwort geschrieben steht:

»Und ein berühmter Name nach dem Tode!«

ANHANG

ZU DIESER AUSGABE

Obwohl Fontane lediglich vier Bände mit der Sammelbezeichnung »Wanderungen durch die Mark Brandenburg« herausgegeben hat, gruppiert die vorliegende Edition insgesamt sieben Bände unter diese Überschrift. Sie bietet in den Bänden 1 bis 4 die »Wanderungen durch die Mark Brandenburg«, wie sie Fontane von 1862 bis 1882 unter den Titeln »Die Grafschaft Ruppin« (so erst von der zweiten Auflage an), »Das Oderland«, »Havelland« und »Spreeland« veröffentlichte. Band 5 bringt das Buch »Fünf Schlösser. Altes und Neues aus Mark Brandenburg«, das Fontane im Herbst 1888 (mit der Jahreszahl 1889) erscheinen ließ, Verwandtschaft und zugleich Unterschiede zu den »Wanderungen« betonend. Die Bände 6 (»Dörfer und Flecken im Lande Ruppin. Unbekannte und vergessene Geschichten aus der Mark Brandenburg I«) und 7 (»Das Ländchen Friesack und die Bredows. Unbekannte und vergessene Geschichten aus der Mark Brandenburg II«) schließlich vereinigen erstmals jene über 60 Texte, die in einem direkten oder indirekten Kontext mit den »Wanderungen« stehen, bisher in keiner Ausgabe systematisch erfaßt und zu beachtlichen Teilen noch nie gedruckt worden sind; in einer »Nachlese« sind ausgeschiedene, vorbereitende und vorgesehene Texte zusammengestellt, eine zweite Abteilung erfaßt »Arbeiten und Entwürfe zum thematischen Umfeld«, eine dritte bietet »Anzeigen und Rezensionen Fontanes« zum Thema Mark Brandenburg/Berlin.

Diese siebenhändige Edition der »Wanderungen« bildet die zweite Abteilung in der Fontane-Ausgabe des Aufbau-Verlages. Sie schließt sich an die »Romane und Erzählungen in acht Bänden« an, herausgegeben von Peter Goldammer, Gotthard Erler, Anita Golz und Jürgen Jahn (zuerst 1969; zweite Auflage 1973; dritte Auflage 1984). Die dritte Abteilung, »Autobiographische Schriften«, erschien dreibändig (in vier Teilen) 1982, herausgegeben von Gotthard Erler, Peter Goldammer und Joachim Krueger, die vierte, sämtliche »Gedichte« umfassend, in drei Bänden 1989, herausgegeben von Joachim Krueger und Anita Golz.

Die Textgrundlage bildet für die Bände 1 bis 4 der »Wanderungen« die jeweils letzte Auflage, an der Fontane nachweislich durch Änderungen oder Durchsicht der Korrekturfahnen mitgewirkt hat; beim Band 2, »Das Oderland«, ist das (wie aus den Anmerkungen hervorgeht) die dritte Auflage von 1880. Der Text von »Fünf Schlösser« folgt der einzigen zu Fontanes Lebzeiten erschienenen Ausgabe (1889). Über die Textgrundlagen in den Bänden 6 und 7 geben die Anmerkungen detailliert Auskunft.

Die Texte werden vollständig und kritisch geprüft dargeboten. Orthographie und Interpunktion haben wir – unter sorgfältiger Wahrung des Lautstandes und unter Beibehaltung Fontanescher Eigenheiten (z. B. Anführung von indirekter Rede; Doppelpunkt vor Apposition) – dem heutigen Gebrauch weitgehend angeglichen, nachweisbare Druckfehler stillschweigend beseitigt und fehlende Anführungszeichen ergänzt. Die Modernisierung der Schreibweise betrifft auch – ausgenommen einige wenige Brief-, Tagebuch- oder amtliche Dokumente, bei deren Abdruck Fontane selbst auf das historische Kolorit Wert legte – Zitate und Inschriften, die der Autor oft nicht originalgetreu wiedergibt. Konserviert wurden die französischen Formen zahlreicher Wörter (z. B. Billet, Cabinet, Compagnie, Corps, Lieutenant) sowie die für Fontane charakteristischen Mischformen (z. B. Affairen, Défiléen, Domamen, Façaden, Gensdarmen). Zahlen bis 100 wurden (außer bei statistischen Aufzählungen, Datumsangaben oder Regimentsnumerierungen) ausgeschrieben, häufig (und uneinheitlich) gebrauchte Abkürzungen (v., geb., z. B., d. h., vgl., resp., S. K. M. [Seine Königliche Majestät]) bei der Wiedergabe gedruckter Texte aufgelöst, bei Texten, die aus den Handschriften übernommen wurden, dagegen erhalten. In der Vorlage gesperrt gedruckte Textstellen werden (sofern es sich um echte Hervorhebungen handelt) kursiv, Orts- und Personennamen in der heute üblichen Schreibweise wiedergegeben.

Da Fontane ständig nicht nur an der Gruppierung des Stoffes, sondern auch an der Textkonstitution gearbeitet hat, wurden für die Bände 1 bis 4 die.einschlägigen, textgeschichtlich relevanten Publikationen (namentlich alle Buchausgaben; in einzelnen Fällen auch die Zeitungs- und Zeitschriftenvorabdrucke) zum Vergleich herangezogen. Die dabei ermittelten Varianten werden für die Bände 1 bis 4 im Zusammenhang der Textanmerkungen mitgeteilt, soweit sie interessante inhaltliche oder stoffliche Ergänzungen oder Veränderungen bieten. Auch für die Bände 5, 6 und 7 wurden sämtliche Abdrucke ausgewertet; über wichtige Abweichungen informieren die jeweiligen entstehungsgeschichtlichen Vorbemerkungen. Bei der Wiedergabe von nur handschriftlich überlieferten Texten werden Varianten in [ ] direkt im Text mitgeteilt; stehen mehrere komplette Versionen nebeneinander, wurde im Prinzip die vermutlich letzte Fassung übernommen. Die innerhalb der Textanmerkungen von Band 2 bei den Quellenangaben der Varianten verwendeten Abkürzungen bedeuten:

W I[1] – Wanderungen durch die Mark Brandenburg [mit den Abschnitten: Die Grafschaft Ruppin, Der Barnim, Der Teltow, Anmerkungen = Die Grafschaft Ruppin, 1. Auflage], Berlin 1862;

W II[1] – Wanderungen durch die Mark Brandenburg, Zweiter Teil: Das Oderland. Barnim. Lebus. [1. Auflage,] Berlin 1863.

Die Anmerkungen, für die u. a. Fontanes Notizbücher im Theodor-Fontane-Archiv Potsdam (FAP) ausgewertet werden konnten, geben jeweils die Entstehungs- und (sofern möglich) die Wirkungsgeschichte der Bände beziehungsweise der Kapitel und Entwürfe und bringen alle zum Textverständnis notwendigen sachlichen Erläuterungen. Dabei werden Erklärungen zu Personennamen nur gegeben, wenn sie zum Verständnis der Textstelle unbedingt erforderlich sind. Knappe biographische Angaben und Auskünfte über alle weiteren Personennamen sind für ein gesondertes Personenregister vorgesehen. Um die Praktikabilität des Gesamtwerkes für den Benutzer zu erhöhen, haben wir uns bemüht, bei den von Fontane beschriebenen oder erwähnten Baulichkeiten knappe Angaben über Bauzeit und Baustil, Erhaltungszustand und heutigen Verwendungszweck mitzuteilen; nach den Veränderungen auf dem Gebiet der ehemaligen DDR können solche Informationen in zahlreichen Fällen nur vorläufigen Charakters sein.

Mit Auskünften und Nachforschungen waren uns für den vorliegenden Band Herr Pastor Fritz Danner (Kossenblatt), Frau Ursula Fischer (Seelow), Herr Dr. Günter Freyer (Freiberg), Herr Kurt Herlitschka (Beeskow), Herr Helmut Lasse (Fürstenwalde) und Herr Manfred Tippmann (Strausberg) in dankenswerter Weise behilflich. Besonderer Dank gilt Herrn Dr. Gerrit Friese (Eberswalde), der in den Kreisen Eberswalde, Fürstenwalde und Bad Freienwalde zahlreiche Erkundigungen eingeholt hat; Herrn Hans Ohnesorge (Bad Freienwalde), der uns viele Hinweise vermittelte, und Herrn Bibliotheksrat Joachim Schobeß (†), dem Leiter des Theodor-Fontane-Archivs, der unsere Arbeit großzügig unterstützte.

Für die Anmerkungen zu dieser Ausgabe haben wir u. a. folgende Publikationen dankbar genutzt:

Theodor Fontane, Werke, Schriften und Briefe, Abteilung II: Wanderungen durch die Mark Brandenburg, Band 1–3. Herausgegeben von Walter Keitel und Helmuth Nürnberger, Anmerkungen von Jutta Neuendorff-Fürstenau. Carl Hanser Verlag, München 1977 (2. Auflage);

Jutta [Neuendorff-]Fürstenau, Fontane und die märkische Heimat. Germanische Studien, Heft 232. Berlin 1941 (auf dieser

Publikation fußt auch das im Anschluß an die Anmerkungen abgedruckte Verzeichnis der Literatur);

Georg Dehio, Handbuch der deutschen Kunstdenkmäler. Bezirke Berlin/DDR und Potsdam. Bearbeitet von der Abteilung Forschung des Instituts für Denkmalpflege. Akademie-Verlag, Berlin 1983.

Aus der Vielzahl der Lage- und Umrißskizzen, die Fontane während seiner Fahrten durch die Mark in den Notizbüchern festhielt, bietet unsere Ausgabe eine kleine Auswahl. Wir veröffentlichen sie mit freundlicher Genehmigung des Theodor-Fontane-Archivs; die Fotos für die Druckvorlagen stellte Eberhard Renno, Weimar, her. Zum vorliegenden Band gehören:

1. Kirchen in Alt Rüdnitz und Alt Küstrinehen. Bleistiftskizze im Notizbuch A 9, Rückseite von Blatt 40. (Zu S. 18.)
2. Schloß in Reitwein. Bleistiftskizze im Notizbuch A 11, Rückseite von Blatt 52. (Zu S. 18.)
3. Kirche in Reitwein. Bleistiftskizze im Notizbuch A 11, Blatt 53. (Zu S. 18.)
4. Abendmahlskelch in der Kirche von Friedland. Bleistiftskizze im Notizbuch A 5, Rückseite von Blatt 49. (Zu S. 167.)
5. Schloß in Friedersdorf. Bleistiftskizze im Notizbuch A 21, Blatt 18. (Zu S. 216.)
6. Kirche in Prenden. Bleistiftskizze im Notizbuch A 3, Rückseite von Blatt 79. (Zu S. 470.)
7. Lageskizze Schorfheide/Werbellinsee. Bleistiftskizze im Notizbuch A 7, Blatt 38. (Zu S. 480.)
8. Kreuz auf dem Taufstein der Gielsdorfer Kirche. Bleistiftskizze im Notizbuch A 6, Blatt 28. (Zu S. 492.)

Die Entstehung der vorliegenden Edition reicht mit den Bänden 1–5 in die Jahre 1976–1987 zurück; Band 6 und 7 erschienen erstmals 1991. Entsprechend den damaligen Gegebenheiten ist in den Anmerkungen stets vom Theodor-Fontane-Archiv der Deutschen Staatsbibliothek in Potsdam die Rede (FAP). Seit 1992 gehört das Theodor-Fontane-Archiv, Potsdam, als selbständige Einrichtung zum Land Brandenburg.

Berlin, 1976/1997 G. E.

DAS ODERLAND

Entstehung und Überlieferung

Entstehung und Auflagen im Überblick

Oktober 1860: im »Morgenblatt für gebildete Leser« erscheinen unter dem Sammeltitel »Bilder und Geschichten aus der Mark Brandenburg« erstmals Kapitel, die später in den Band »Das Oderland« eingehen (»Küstrin«, »Gusow«)

Februar 1861: in den Verhandlungen mit dem Berliner Verlagsbuchhändler Wilhelm Hertz über »Wanderungen durch die Mark Brandenburg« taucht »Das Oderland« zum ersten Male als Buchprojekt auf

28. Mai 1863: Abschluß des Verlagsvertrages mit Wilhelm Hertz über den Band »Das Oderland«, dessen Kapitel inzwischen größtenteils vorabgedruckt sind

Anfang Juli bis Ende Oktober 1863: Satz und Druck des Bandes in der Kislingschen Druckerei in Osnabrück; Fontane schreibt in dieser Zeit das Manuskript zu Ende

3. November 1863: Fontane erhält die ersten Exemplare des Bandes »Das Oderland« (mit der Jahreszahl 1863)

Oktober 1867: zweite Auflage (mit der Jahreszahl 1868; revidierte Ausgabe)

Dezember 1879: dritte Auflage (mit der Jahreszahl 1880; stark veränderte Ausgabe)

Herbst 1888: vierte Auflage (mit der Jahreszahl 1889; unveränderter Nachdruck der dritten Auflage)

Januar 1893: fünfte Auflage im Rahmen der »Wohlfeilen Ausgabe« der »Wanderungen« (mit der Jahreszahl 1892; unveränderter Nachdruck der dritten Auflage)

Frühe Konzeptionen und erste Veröffentlichungen

Als Fontane im Winter 1860/61 mit dem Berliner Verlagsbuchhändler Wilhelm Hertz über die Sammlung seiner verstreut gedruckten »märkischen Arbeiten« verhandelte (vgl. den Abschnitt »Die erste Buchausgabe ...« im Anhang von Band 1 dieser Ausgabe), zeichneten sich bereits die Umrisse eines Buches über das »Oderland« ab. In einer Art Exposé unterbreitete der Autor am 22. Februar 1861 den »ohngefähren Inhalt des zweiten Bandes«:

Das Oderland

(Das Oderbruch. Das Land Lebus. Ein Stück Neumark. Ein Stück Uckermark.)
Das Oderbruch
Das Warthebruch
Küstrin (Friedrich und Katte)
Zorndorf
Tamsel 1–4 (Feldmarschall Schöning. Frau von Wreech. Die Schwerins)
Gusow (der alte Derfflinger)
Friedersdorf
August Ludwig von der Marwitz
Alexander von der Marwitz
Frankfurt a. O.
Kunersdorf
Cottbus (Blechen)
Reitwein (die Finckensteins)
Ziebingen (die Burgsdorf s. Tieck)

Aus jener Zeit könnte auch die Liste stammen, die sich in den Aufzeichnungen Fontanes über Fouqué (Rückseite von Blatt 13; Theodor-Fontane-Archiv der Deutschen Staatsbibliothek, Potsdam; vgl. Band 6 dieser Ausgabe) erhalten hat und folgende Gruppierungen vorsieht:

Tegel
Oranienburg
Buch
Blumberg
84 Prenden
10 Kienbaum
20 Friedrichsfelde

Teltow

Köpnick
Müggelsberge
Müggelsee
Schildhorn
Klein-Machenow
Großbeeren
Löwenbruch

Lebus

Von Frankfurt bis Schwedt
Küstrin (erweitert)
Tamsel
Zorndorf
Steinhöfel. Gusow
Schloß Friedersdorf
Quilitz oder Neu-Hardenberg

	Schloß Beuthen	Frankfurt, Tamsel, Zorndorf	70
100	Saalow	Küstrin	16
	Königs Wusterhausen	Steinhöfel	20
	Teupitz	Friedersdorf, Quilitz	100
40	Mittenwalde	Anmerkungen	30
20	Trebbin		236
10	Gröben und Siethen	Gusow	16
Ohngefähr 300			252 Seiten

Obwohl an eine Stoffdisposition für das spätere Gesamtwerk noch nicht zu denken war und damals auch nur die Kapitel »Das Oderbruch«, »Gusow«, »Friedersdorf« und »Küstrin« abgeschlossen oder wenigstens in Arbeit waren, nahm Hertz das Projekt »Oderland« in den Vertrag über den Band »Wanderungen durch die Mark Brandenburg« (von der zweiten Auflage an »Die Grafschaft Ruppin«) vom 24. Februar 1861 mit auf: Fontane verpflichtete sich, den zweiten Band – »selbst wenn er einen andern Titel führen sollte« – frühestens ein Jahr nach dem Erscheinen des ersten zu veröffentlichen und Hertz zuerst zum Verlag anzubieten. Der Autor hatte bereits präzise Vorstellungen über die Eigenart des Buches; er entwickelte sie in einem Brief an den Verleger vom 26. Februar 1861: »… ›Karwe‹ [aus »Grafschaft Ruppin«] ist vielleicht der Normal-Aufsatz, der da zeigt, wie mir das Ganze als vorzugsweise behandelnswert vorgeschwebt hat. Dennoch, denk ich, ist es richtig, daß ich diesen Touristen-, diesen gemütlichen Wandrer-Ton, wie er sich zum Teil auch noch in dem *Luch*- und in dem *Buch*-Aufsatz wiederholt, aufgegeben und statt dessen mehr eine Erzählungsweise angenommen habe, die von dem Erzähler selbst möglichst abstrahiert und den *Stoff* gibt, wie er sich findet, sei er nun historisch oder landschaftlich. In dem zweiten Bande werden meine kleinen Reise-Abenteuer so gut wie ganz verschwinden. Ich bin dabei im voraus Ihrer Zustimmung sicher, denn der Leser hört zwar recht gern von der Person des Schriftstellers, namentlich wenn sich die Person ohne Anmaßung gibt, setzt er sich aber zu oft in Szene, so merkt Publikum die Absicht und wird verstimmt.«

In diesem Sinne entstanden dann bis 1863 die Kapitel über das Oderland, die im »Wochenblatt der Johanniter-Ordens-Ballei Brandenburg« (»Freienwalde«) und in der »Neuen Preußischen (Kreuz-)Zeitung« (»Tamsel«, »Der Blumenthal«, »Von Sparren-Land und Sparren-Glocken« [»Prenden«]), zum überwiegenden Teil aber im »Morgenblatt für gebildete Leser« zuerst publiziert wurden.

Die erste Buchausgabe (1863)

Zwar hatte sich im Dezember 1861 zu Fontanes Erheiterung der Verlagsbuchhändler Louis Gerschel darum beworben, weitere Bände der »Wanderungen« verlegen zu dürfen, und im Sommer 1862 hatte Fontane gelegentlich den zweiten Band erwähnt, aber Hertz wollte wohl die Resonanz auf den ersten Band abwarten, ehe er sich festlegte. So kam es erst im Frühjahr 1863 zu Vereinbarungen über die Buchausgabe der »Oderland«-Aufsätze.

Der Autor wies in einem Brief vom 17. Mai darauf hin, daß er zwar Hertz' »frühre Geneigtheit« kenne, den Band zu übernehmen, aber keine »bestimmte, die Angelegenheit regelnde Zusage« habe. »Was nun den Inhalt des zweiten Bandes angeht, so liegt er, wenn auch noch nicht druckreif, im wesentlichen vor mir. Ich werde einen Zettel beilegen, der die Überschriften der Kapitel und Unterabteilungen gibt. Es ist fast alles Oderland und Oderbruch; ein paar Sachen aus Teltow-Beeskow sind mit eingeflochten, weil das Leben des Feldmarschall Barfus mich zu einem Abstecher nach Kossenblatt (im Beeskowschen) zwang und Kossenblatt wieder Motiv wurde für K. Wusterhausen und Teupitz. / An Umfang wird der zweite Teil wohl um ein paar Bogen über den ersten hinauswachsen, was hoffentlich nichts schadet; an Inhalt ist er (im wesentlichen) sachlicher, wenn ich so sagen darf, historischer. Die Liebe ist dieselbe geblieben, Ernst und Eifer sind gewachsen; aber andrerseits ist es wohl möglich, daß eine gewisse Frische, Unbefangenheit und gefällige Plauderhaftigkeit fehlt, die dem ersten Bande vielleicht wesentlich mit zu seiner guten Aufnahme verholfen haben. Ist ein solcher Unterschied da, so ist er (selbst wenn der zweite Band mindres Glück hätte) doch nur eine natürliche Fortentwicklung. Daß ich im *Prinzip* das ›Plaudern‹ nicht aufgegeben habe und nicht aufgeben werde, versteht sich von selbst.«

Hertz teilte umgehend seine Zustimmung mit, und in einem Gespräch am 28. Mai 1863 handelte er mit Fontane die Vertragsbedingungen aus. Die Auflage wurde auf 1250 Exemplare, das Honorar auf 13 Taler pro Bogen festgesetzt, und bei einer Neuauflage wollte Hertz 200 Taler für 1000 Exemplare zahlen; ein dritter Band sollte zuerst der Firma Hertz angeboten werden. Fontane schickte den Kontrakt am 30. Mai 1863 mit der Bemerkung zurück: *»Bin mit allem einverstanden!«*

Am 24. Juni wandte sich Hertz mit folgendem Brief an den Autor. »Werter Freund und Fontane! Nicht weil in unserer Unterredung vom 28. Mai der Termin zur Ablieferung des Mpts. auf den 24. Juni festgestellt ist, nicht weil ich schriftlich am 29. diese Abrede ins Gedächtnis zurückrief, nicht weil Setzer Kisling auf den

Beginn des Satzes brennt; nicht weil Sie mir auch jüngst den 24. als Ihnen wohlbekannt bezeichneten; nicht endlich weil ich ein Pedant bin, sondern weil ich *sechs* Silbergroschen sparen möchte, frage ich Sie, ob ich zwischen heute oder morgen den Anfang erwarten kann. Ich habe nämlich ein Paket nach Osnabrück zu senden und fügte sehr gern das Mpt. bei. So schlüge ich 2 Fliegen mit 1 Klappe. So hat sich ein Verleger in seiner Armut selten enthüllt, da Sie mich aber doch schon recht gut kennen, so wage ich es, auch diesen kleinen und durchaus nicht feinen Lug hinzuzufügen und für ihn die Nachsicht zu erbitten, die Sie dem ganzen Kerl so huldreich bislang erwiesen.«

Diese humoristische Mahnung traf Fontane nicht unvorbereitet. Er sandte, offenbar am gleichen Tage, den größten Teil des Manuskripts an Hertz und reichte am 29. Juni das (vorläufige) Inhaltsverzeichnis nach. Dabei handelte es sich möglicherweise um die folgende Liste, die von der endgültigen Anordnung noch beträchtlich abweicht:

1. Von Frankfurt bis Schwedt
2. Das Oderbruch
   a) Das alte Bruch
   b) Die Umwallung
   c) Die wendische Zeit
   d) Die Kolonisten-Dörfer und die neue Zeit
   e) Die Bedeutung des Oderbruchs für die Hauptstadt und seine landschaftliche Schönheit
3. Tamsel
   a) Hans Adam von Schöning
   b) Kronprinz Friedrich in Tamsel
   c) Der Hof Eleonorens von Wreech
   d) Schloß und Park
4. Zorndorf (*keine* Schlachtbeschreibung)
5. Der »Blumenthal«
6. Prädikow
   Hans Albrecht von Barfus
7. Kossenblatt
8. Königs Wusterhausen
9. Mittenwalde
10. Teupitz
11. Trebbin
    Wilhelm Hensel (heiter)
12. Steinhöfel
    Valentin von Massow
13. Buckow

14. Der große und kleine Tornow-See
15. Möglin
    Albrecht Thaer
16. Freienwalde
    a) Der Ruinenberg und Monte Caprino
    b) Falkenberg
    c) Der Gesundbrunnen
    d) Das Schloß
    e) Der Bar-See [Baa-See]
    f) Der Schloßberg und die Uchtenhagens
17. Kloster Friedland
18. Kunersdorf
    a) Die Lestwitz-Zeit
    b) Die Frau-von-Friedland-Zeit
    c) Die Itzenplitz-Zeit
19. Quilitz oder Neu-Hardenberg
    a) Die Wenden-Zeit
    b) Die Prittwitz-Zeit
    c) Die Fürst-Staatskanzler-Zeit
20. Frieder[s]dorf
    a) August Ludwig von der Marwitz
    b) Alexander von der Marwitz
21. Kienbaum (Das Kongreßdorf der Bienenzüchter in alter Zeit)
22. Cottbus
    Blechen, der Maler.

Hertz schickte das Manuskript, soweit es Fontane geliefert hatte, am 30. Juni in die Kislingsche Buchdruckerei (R. Meyer) nach Osnabrück, die bereits den ersten Band hergestellt hatte. Am 17. August unterrichtete Fontane den Verleger, der gerade von einer Reise in die Schweiz zurückgekehrt war, über den Stand der Arbeiten: »Wir sind jetzt bis Bogen 15; bis Bogen 28 schicke ich am Donnerstag oder Freitag das MS. (NB. bis Bogen 20 oder 21 hat K[isling] Manuskript in Händen.) / Es fehlen dann zum Schluß noch zwei Aufsätze, einer über die Pfuels und der zweite und letzte über märkische Dorfschulmeister, Bienen-, Blumen- und Seidenraupenzucht – ein kleines Idyll, womit die Sache schließen soll. Dann die Anmerkungen etwa drei Bogen. Im ganzen doch keinesfalls über dreiunddreißig.«

Fontane hatte also, wie beim ersten Band, schon die Korrektur des Anfangs zu lesen, während das Material für die Schlußteile noch zu beschaffen und aufzuarbeiten war. In dieser schwierigen Situation gestand er am 18. September 1863 seinem Verleger: »Die Sache nähert sich nun Gott sei Dank. ihrem Abschluß, denn ich sehne mich nach den Tagen (freilich nur *Tage*, denn neue Arbeiten treten ja gleich an die Stelle der alten), wo das Buch nicht mehr gespenstisch nachts an meinem Bette stehn und bittend oder drohend zu mir sprechen wird. / Es ist jetzt, ein paar Korrekturen abgerechnet, eigentlich *alles* fertig, mit Ausnahme des vorletzten Kapitels von den Pfuels, das ich nicht eher schreiben kann, als bis ich in Gielsdorf und Wilkendorf gewesen bin.«

Diesem Brief war das folgende Inhaltsverzeichnis beigefügt:

Das Oderland

Wanderungen durch Barnim und Lebus

Von Frankfurt bis Schwedt
Tamsel
  Hans Adam von Schöning
  Kronprinz Friedrich und Frau von Wreech
Zorndorf
»Der Blumenthal«
Prädikow
  Hans Albrecht von Barfus
Kossenblatt
Königs Wusterhausen
Teupitz
Mittenwalde
Steinhöfel
  Valentin von Massow
Buckow
Der kleine und große Tornow-See
Der Oderbruch
  1. Wie es in alten Zeiten war
  2. Die Verwallung
  3. Die alten Bewohner
  4. Die Kolonisierung und die Kolonisten
Möglin
  Albrecht Daniel Thaer
Freienwalde
  1. Von Falkenberg nach Freienwalde. Die Stadt
  2. Falkenberg
  3. Das Schloß
  4. Der Gesundbrunnen
  5. Der Rosengarten. Der Bar-See [Baa-See]
  6. Hans Sachs von Freienwalde
Der Schloßberg und die Uchtenhagens

Lichterfelde; oder Sparren-Land u. Sparren-Glocken
Am Werbellin
Friedersdorf
  August Ludwig von der Marwitz
  Alexander von der Marwitz
Quilitz oder Neu-Hardenberg
Kloster Friedland
Kunersdorf
Von den Pfuels
Kienbaum

Anmerkungen

Im allgemeinen kurze Notizen. Ausnahmen bilden nur:
  Tamsel (1 Druckbogen kleiner Druck)
  Oderbruch (1/4 Bogen)
  Freienwalde (1/2 Bogen)
  Steinhöfel; Friedersdorf; Quilitz; Kunersdorf (zusammen 1 Bogen)

Ende September 1863 übergab Fontane die (im wesentlichen kompletten) Anmerkungen und bat darum, sie sogleich setzen zu lassen, obwohl davor noch die Kapitel »Von den Pfuels« und »Kienbaum« eingeschoben werden müßten. Diese Partien lieferte Fontane Anfang Oktober nach, in der zweiten Oktoberhälfte besorgte er die letzten Korrekturen, und am 3. November hatte er die ersten Exemplare des fertigen Buches in Händen. Der Band führte die Sammelbezeichnung »Wanderungen durch die Mark Brandenburg. Zweiter Teil« und trug den Haupttitel »Das Oderland. Barnim. Lebus« (mit der Jahreszahl 1863). Fontanes durchschossenes Handexemplar dieser Ausgabe mit einigen wenigen Notizen und eingeklebten Zetteln und Zeitungsausschnitten hat sich erhalten; es befindet sich im Theodor-Fontane-Archiv der Deutschen Staatsbibliothek, Potsdam.

Satz und Druck des Bandes waren von mancherlei Verärgerungen begleitet, die mit Fontanes Arbeitsweise zusammenhingen. Er hatte die Durchsicht der Korrekturfahnen dazu benutzt, die Texte stilistisch und inhaltlich gründlich umzuarbeiten. Auf einer Rechnung der Kislingschen Druckerei vom 29. Oktober 1863 sind u. a. aufgeführt: »Entschädigung der Setzer für bedeutende Änderungen seitens des Verfassers … fast auf jeden Druckbogen 6 Taler 15 sgr.«; für »mehrfach gestrichenen Satz (nach eingereichtem Manuskript abgesetzt und bei Vorlage II. Korrektur durch d. Verfasser verworfen) 3 Taler 25 sgr.«. Fontane hatte bereits am 3. September 1863 in einem

Brief an Hertz zu den Beschwerden der Druckerei Stellung genommen: »Ist der Schriftsteller … exakt bis zum Peinlichen und meinetwegen Kleinlichen, so wird er – und wenn er zehnmal geglaubt hat, mit der Sache fertig zu sein – immer noch wieder etwas finden, das er ändern, bessern, erweitern möchte, und dies Verlangen wird natürlich zu kleinen Unbequemlichkeiten für den Drucker führen. / Ich habe nicht das Gefühl, nach dieser Seite hin geradezu mißbräuchlich operiert zu haben, gebe aber zu, daß ich an der ›Immer-besser-Machungs-Wollen‹-Krankheit bis zu einem gewissen Grade laboriere.«

Die zweite Auflage (1868)

Wie aus Fontanes Brief an Hertz vom 1. April 1864 hervorgeht, hatte der Verleger die Möglichkeit erwogen, »*beide* Bände zugleich in zweiter Auflage erscheinen zu lassen, wenn sich Band II bis auf 250 Exemplare verkauft haben sollte«. Da das »Oderland« aber nicht so rasch abzusetzen war, konzentrierte sich Fontane zunächst auf eine gründliche Überarbeitung des ersten Bandes, wobei die Gruppierung des Stoffes für das sich erst allmählich organisierende Gesamtwerk neue Überlegungen erforderte. Am 16. Mai 1864 unterbreitete Fontane den Plan für vier Bände, der eine Zweiteilung des Bandes »Oderland« vorsah (vgl. auch den Abschnitt »Die Metamorphosen des Bandes …« im Anhang von Band 1 dieser Ausgabe:

III. Ober-Barnim

Werneuchen
Der Blumenthal

Prädikow
Kossenblatt
Buckow

Der große und kleine Tornow
Das Oderbruch
Möglin
Im ganzen etwa 300 Seiten

Freienwalde
Die Uchtenhagens
Lichterfelde
Am Werbellin
Das Pfulen-Land
Friedland
Kunersdorf

IV. Lebus

Von Frankfurt bis Schwedt
Küstrin (erweitert)
Tamsel

Zorndorf
Steinhöfel
Gusow
Friedersdorf
Quilitz
Im ganzen etwa 260 Seiten
(Doch kann ich zu beßrer Verteilung Buckow, Tornow-See und Pfulen-Land mit zu Lebus nehmen – dann gleicht sich's besser aus. Das jetzige Hauptgut der Pfuels liegt nämlich in Lebus.) Aus verschiednen Gründen würde es gut sein, *Lebus* als Teil III zu nehmen und *Ober-Barnim* als Teil IV.

Dieses Vorhaben ist nicht verwirklicht worden, und »Das Oderland« erschien – mit der Jahreszahl 1868 – in einer zwar revidierten, aber im wesentlichen unveränderten zweiten Auflage; sie wurde gedruckt bei C. Schulze und Co. in Schmiedeberg (Sachsen). Von der Korrespondenz mit Hertz ist zwischen August 1867 und August 1868 nichts überliefert, so daß Einzelheiten vom Zustandekommen der Ausgabe nicht bekannt sind. Fontanes Brief an Pröhle vom 27. Oktober 1867 sowie eine Eintragung im Tagebuch (1866–1882) belegen indes, daß diese zweite Auflage Mitte Oktober 1867 ausgeliefert worden ist. Hertz druckte 800 Exemplare und zahlte 600 Mark dafür. Während von den 1250 Stück der ersten Auflage immerhin 1191 verkauft wurden, hatte Hertz Ende 1872 von der zweiten Auflage noch über 500 Exemplare am Lager.

Als Fontane und Hertz sich 1873 über die endgültige Disposition der »Wanderungen« auf vier Bände und über das geographische Ordnungsprinzip verständigten (vgl. den Abschnitt »Die Metamorphosen des Bandes ...« im Anhang von Band 1 dieser Ausgabe), ergaben sich auch für »Oderland« Veränderungen, die der Autor 1873 in der folgenden Notiz festhielt:

Band *Barnim-Lebus*

Dieser setzt sich nun zusammen
a. aus Material des jetzigen Barnim-Bandes
b. aus Kapiteln, die bei Ruppin und Havelland wegfielen
c. aus neuen Kapiteln.

Die dritte Auflage (1880)

Erst Ende 1878 waren die Bestände von »Oderland« so weit verkauft, daß Hertz eine neue Auflage vorsehen konnte. Er teilte dies dem Autor am 13. Januar 1879 mit und schrieb am 14. Januar ausführlicher: »Die 1000, die wir neu drucken lassen von Bd. II, werden voraussichtlich *recht weit* reichen, aber wir nehmen diese Zahl doch; das Buch hält sich in seinem gleichmäßigen Schritt. Es erstaunt mich das nicht weiter, denn ich kenne das Buch ja selbst am besten, aber es erfreut doch auch, und es soll auch alles geschehen, was die ›untergeordnete Stelle‹ tun kann, daß es dabei bleibt. Ihre Absichten und Pläne werden der neuen Auflage zugute kommen, vor allem Katte. Sobald Sie Zeit finden, den Druck beginnen zu lassen, kann es beginnen. Die Ausstattung wollen wir wie bei Band I nehmen.« Fontane bedankte sich am gleichen Tage und sprach gleichfalls sein Erstaunen aus, »daß in einer nicht bücherkaufenden Bevölkerung alles in allem 6 oder 7000 ›märkische Wanderungen‹ verkauft werden konnten. / Ich sah, gleich nach Eingang Ihrer freundlichen Zeilen, meine dicken Pakete, die unter anderm auch die Neu-Einteilung des Stoffes enthalten, durch und sah auf den ersten Blick, daß viel mehr Stoff da ist, als in dem betr. Bande untergebracht werden kann. Ich werde also im wesentlichen nur auszuscheiden und mich mit der Frage zu beschäftigen haben: ›Was kann am ehsten weg?‹ Umarbeiten will ich zwei Kapitel: *Küstrin* und *Gusow*, die beide schwach sind. ... ist es Ihnen recht, so beginne ich gleich in der nächsten Woche mit der Zusammenstellung des Stoffs und mit Niederschreibung des neuen Küstrin-Kapitels, auf das ich mich selber freue. Darf ich darauf rechnen, daß wir, wie bei der 3. Auflage von Band I, ein paar Zeilen mehr auf die Seite nehmen? nur dadurch gewinn ich den nötigen Raum.«

Fontane beschäftigte sich in der zweiten Januarhälfte 1879 »fast ausschließlich mit Vorbereitungen für die neue Auflage«, er bat Hertz am 30. Januar um zwei Exemplare, um einen »durchkorrigierten Text« herstellen zu können. Dann freilich schoben sich andere Arbeiten in den Vordergrund, und der Autor begann erst im Juni 1879 mit der Überarbeitung, ließ sie aber zugunsten eines Novellenentwurfs wieder liegen. Nachdem Hertz am 15. Juli 1879 an die vereinbarte Neuausgabe erinnert hatte, versprach Fontane, bis Ende Juli »ungefähr die Hälfte« des Manuskripts zu schicken. Hertz antwortete am 19. Juli: »Leben Sie ruhig im Grünen, und lassen Sie sich soviel Harzluft und Duft in Herz, Augen und Lunge hineinzaubern, als Sie für weitere Lebenswinter brauchen. Und sorgen und grämen Sie sich nicht über das gute Ereignis der neuen Auflage von Bd. II, sondern senden Sie, wie Sie vorhaben, den Anfang der Umarbeit

Ende des Monats etwa und dann wieder ein bissel und wieder ein bissel hier und da, daß ein solider Satz am Leben bleibt und nicht stille steht. So werden Sie auch über dieses erfreuliche Werk kommen.« Am 30. Juli bat Fontane – sehr intensiv mit »Schach von Wuthenow« befaßt -noch einmal um Aufschub; er kündigte die ersten durchkorrigierten Bogen für den 12. oder 13. August, den Rest für den 20. oder 21. August an (mit Ausnahme von »Gusow«). Am 12. August schickte Fontane von Wernigerode aus tatsächlich die ersten sechs Bogen an Hertz, zugleich betonend, daß er in das Manuskript noch viel Arbeit zu investieren habe: »... das Deprimierende liegt darin, daß Dinge, die ich mit zweiundvierzig Jahren geschrieben habe, und zwar sorglich und mühevoll, doch *so sehr* der Korrektur bedürftig sein konnten! Ich habe dabei nicht stilistische Finessen im Auge, deren Wert zweifelhaft bleibt, nein, direkte Fehler: Unverständlichkeiten und Widersprüche. Und diese Fehler wirken doppelt schwer *da*, wo die stoffliche Bedeutung, weil sie fehlt, auch nichts balancieren kann.«

Hertz bestätigte am gleichen Tage den Eingang des Manuskriptteils, den er sogleich an die Druckerei von Friedrich August Eupel in Sondershausen weitergab, und bemerkte verständnisvoll: »Daß Sie zu Korrekturen des Inhalts kommen, das muß Sie freuen, statt Sie zu drücken. Es ist ein Beweis der Treue und Gewissenhaftigkeit, die das einmal Ergriffene nicht aus dem Auge läßt, sondern weiterarbeitet. Wer diesen Kummer an seinen Werken, welche es auch seien, nicht erlebt, der ist im Begriff, sich auf das Aussterben zu setzen. Wann in aller Welt wird denn eine Sache fertig, auch wenn sie fertig ist?«

Am 23. August sandte Fontane bereits den ersten Revisionsbogen an Eupel zurück, hatte allerdings Anfang September noch immer ein Viertel des Manuskripts zu liefern. Diese Kapitel, schrieb der Autor am 8. September an Hertz, erhalte Eupel Ende der Woche: »Denn ich möcht es selber gerne los sein. Es war eine furchtbare Arbeit und doch unerläßlich, da ich nun mal auf das ›märkische Wandrertum‹ eingeschworen bin. Ich mußte die Stelle, wo mein Rühmchen tanzt, wenigstens sauberhalten.« Auch im Tagebuch bezeichnete Fontane die Vorbereitung der dritten Auflage von »Oderland« als »riesige und sehr ärgerliche Arbeit«. Die finanziellen Aspekte der zeitraubenden Umgestaltung des Bandes brachte er in einem Brief an Hertz vom 10. Oktober zur Sprache: »Es war eine große Mühe, größer noch, als ich anfangs dachte, was ich insoweit unumwunden aussprechen darf, als es mir nicht in den Sinn kommt, Sie durch Vorhaltung mir selbst geschaffener Quälereien rühren zu wollen. Ich bitte Sie vielmehr umgekehrt, in allem, was den Geldpunkt angeht, nur den Kontrakt und nicht Ihr gutes Herz walten zu lassen ...« Hertz entschloß sich daraufhin, für die 1000 Exemplare der dritten Auflage statt der vereinbarten 600 Mark »als eine gerechte Entschädigung für die neue Arbeit und Vermehrung« 1000 Mark zu zahlen. Fontane antwortete am 18. Oktober 1879 in einem bekenntnisreichen Schreiben: »Was den halbverjährten Zwischenfall angeht, den ich wieder hervorgeholt habe, so bitt ich sagen zu dürfen, daß ich ja nun durch zwanzig Jahre hin weiß, was ich an Ihnen habe. In mitunter sehr pressanten Lagen haben Sie mir immer nicht bloß treu, sondern auch mit einer unendlich wohltuenden Leichtigkeit (nichts schmerzlicher als in solchen Momenten eine ›schwere Hand‹) zur Seite gestanden. Ich vergesse so was nie. Aber, Pardon, Sie haben mich mitunter auch leiden lassen, wenn auch sicherlich ohne Absicht. Ein, zwei Fälle abgerechnet. Aber da mocht ich schuld sein.«

Am 1. Dezember 1879 trafen die ersten Exemplare der dritten Auflage, die auf 1880 vordatiert war, in Berlin ein. Fontane schrieb an Hertz: »Band II hab ich eben durchblättert. Die erste Abteilung hat einen falschen Schmutztitel; es müßte statt ›Wanderungen‹ etc. heißen ›Das Oderbruch und seine Umgebungen‹. Niemand wird es aber merken. Auch fürcht ich, daß ich selber schuld bin, nur insoweit nicht, als es vermieden worden wäre, wenn er [Eupel] mir die ganze Sache noch mal vorgelegt hätte.«

Fontane hatte den Text dieser dritten Auflage gründlich redigiert, alle nicht zum »Oderland« gehörenden Teile (mit Ausnahme von »Kossenblatt«) ausgeschieden (»Königs Wusterhausen«, »Teupitz«, »Mittenwalde« und »Kienbaum«, die er in den Band »Spreeland« einordnete), drei Kapitel – in völliger Umgestaltung – aus dem ersten Band herübergenommen (»Gusow«, »Küstrin« und »Prenden«) und die Anmerkungen aufgelöst.

Die vierte und fünfte Auflage (1889 und 1892)

In den beiden folgenden, noch zu Lebzeiten Fontanes veranstalteten Auflagen des »Oderland«-Bandes wurde die Fassung der dritten Auflage unverändert nachgedruckt.

Im Tagebuch notierte Fontane für den Zeitraum vom 4. März bis 8. Juli 1886: »W. Hertz zeigte mir an, daß von den ›Wanderungen‹, Band II und III, eine neue Auflage erscheinen würde ...« Der Autor bat am 5. September 1888 um das Honorar für beide Bände. Hans Hertz, der Sohn des Verlegers, teilte ihm am 6. September mit, daß die Ausgaben »binnen kurzem« vorliegen würden, und schickte 2000 Mark Honorar. Die vierte Auflage von »Oderland« war auf 1889 datiert.

Die fünfte Auflage kam im Rahmen der »Wohlfeilen Ausgabe« der »Wanderungen« im Jahre 1892 zustande (vgl. den Abschnitt »Die weiteren Auflagen ...« im Anhang von Band 1 dieser Ausgabe). »Das Oderland« erschien in dieser »Lieferungsausgabe« der vier Bände (zwanzig Fortsetzungen zu je 1 Mark) zuletzt. Hans Hertz hatte den Neudruck am 7. Dezember 1892 angekündigt. Es wurden 1500 Exemplare gedruckt; Fontane erhielt 1200 Mark Honorar, das »nach Vollendung des Druckes in der ersten Hälfte des Januar 1893« fällig wurde.

Zeitgenössische Resonanz

Nachdem die Presse auf den ersten Band der »Wanderungen« nur spärlich und mit meist nichtssagenden Anzeigen reagiert hatte, suchten Fontane und Hertz durch direkte Kontakte mit den Redaktionen eine stärkere Resonanz für »Das Oderland« zu stimulieren. Der Autor schrieb Empfehlungsbriefe für die »Vossische Zeitung«, die »Spenersche Zeitung« und die »National-Zeitung« und »machte«, wie er Hertz versicherte, »Kreuz-Zeitung« und »Johanniter-Blatt« »mündlich ab«. Zugleich wurden offenbar an zahlreiche Lokalblätter in den Oderland-Städtchen spezielle Werbetexte geschickt, die örtliche Interessen ansprachen (zumindest haben sich zahlreiche Entwürfe erhalten, die im Kommentarteil der Briefe an Hertz veröffentlicht wurden). Als dann 1864 die zweite Auflage von »Grafschaft Ruppin« erschien, ließ Fontane beide Bände an Wilhelm Wolfsohn (den Redakteur der »Russischen Revue«), an Dr. Langbein (den Berliner Korrespondenten der Augsburger »Allgemeinen Zeitung«) und an Theodor Storm senden (die freilich alle drei nicht über das Buch referierten). Auch 1879, gelegentlich der dritten Auflage, vergab Hertz wieder zahlreiche Rezensionsexemplare, Fontane allerdings empfahl am 18. November 1879 Zurückhaltung: »Ich denke mir, wir beschränken es auf wenige; die meisten wandern ja doch zu Gesellius [einem Berliner Antiquar], und der Vorteil einer kurzen und gleichgültigen Zeitungsnotiz, deren zwölf in einer Stunde geschrieben werden, ist mehr als fragwürdig.«

Von wenigen Rezensionen abgesehen, die übergreifende Aspekte erfaßten und daher schon im Zusammenhang mit der Wirkungsgeschichte des Bandes »Die Grafschaft Ruppin« ausgewertet wurden (Adolf Stahr in der »National-Zeitung« vom 8. Dezember 1863, Friedrich Campe in der »Zeitschrift für das Gymnasialwesen« von 1864 und Ernst Kossaks Beitrag in der »Montags-Post«, auf den Fontane in seinem Brief an den Rezensenten vom 16. Februar 1864 antwortete; vgl. den Abschnitt »Zeitgenössische Resonanz« im Anhang von

Band 1 dieser Ausgabe), gingen die meisten Besprechungen über das Niveau der »gleichgültigen Zeitungsnotiz« tatsächlich kaum hinaus. Fontane war besonders verärgert über die prätentiöse Geste, mit der ihm dergleichen zugestellt wurde; Heinrich Kruse zum Beispiel, der in der »Kölnischen Zeitung« auf die dritte Auflage aufmerksam gemacht hatte, habe ihm die vierzeilige Notiz mit einer Feierlichkeit überreicht, »als ob es die Insignien des Schwarzen Adlerordens wären«.

Meist begnügten sich die Rezensenten damit, umständlich und geschwollen die Eigenart der »Wanderungen« zu beschreiben. Am 11. Januar 1866 brachte das »Deutsche Museum« einen mit H. P. gezeichneten Beitrag, der mit Fontane über die »fließende Grenze« zwischen Anmerkungen und Text rechtete und u. a. feststellte: »Der Anblick eines märkischen Dorfes ist allerdings nicht besonders geeignet, die Phantasie des Lesers in Spannung zu setzen: allein der Verfasser belebt die ermattende [Phantasie] durch zahlreiche und anschauliche Rückblicke in die Vergangenheit, wobei Auszüge aus den gedruckten oder ungedruckten Denkwürdigkeiten des nächsten Edelhofs ihm die nützlichsten Dienste leisten. Sollte es dabei hier aber auch geschehen, daß der geschichtlichen Treue durch Gruppierung und Abrundung der Tatsachen einigermaßen Abbruch getan wird, so entschädigt. der Verfasser dafür durch dasjenige, was er selbst gesehen oder an Ort und Stelle erfahren und was er nun in geschicktester Weise in seine Darstellung einzuflechten versteht.« Mit ähnlichen Unverbindlichkeiten wartete auch G[eorg] H[esekiel] am 21. November 1863 in der »Kreuz-Zeitung« auf. Es stehe, so bemerkte er, unter kompetenten Beurteilern fest, »daß Fontane durch sein Buch in ganz ausgezeichneter Weise vielfachen Wünschen entgegengekommen ist, schwierige Aufgaben glücklich gelöst und der lieben Mark Brandenburg wirklich ein neues Ehrengeschmeid gewonnen« habe. Hesekiel, der damit auf seine Rezension des ersten Teils anspielte (vgl. den Abschnitt »Zeitgenössische Resonanz« im Anhang von Band 1 dieser Ausgabe), lobt dann vor allem die Kapitel über Steinhöfel und Friedersdorf, weil der Autor darin Männer porträtiert habe, die »in allen konservativen Kreisen« in hohem Ansehen stünden.

Unter der Überschrift »Aus dem Oderlande« lieferte ein Anonymus in der Zeitschrift »Europa. Chronik der gebildeten Welt« (1863, Nr. 47, Spalte 1475–1482) eine Paraphrase des Inhalts; als »Urteil« stand zu Beginn: »Das Buch ist ein mit viel Geist angelegtes, mit Feinheit und Geschmack ausgeführtes Gewebe von Landschaftsbildern, Volksszenen, Geschichten und Sagen. Wie man auf einer Fußwanderung, einen Steg überschreitend oder den Kamm eines Hügels ersteigend, von einer Gegend in die andere sich versetzt, so wandert man, von Fontane geleitet, aus der Gegenwart in die Vergangenheit, aus der Natur in die Geschichte und bemerkt an der Hand des liebenswürdigen Erzählers nicht, daß der Weg, den man mit ihm gemacht hat, ein ziemlich weiter gewesen ist.«

A. E. B[rachvogel] schrieb am 23. Dezember 1863 im »Wochenblatt der Johanniter-Ordens-Ballei Brandenburg« unter anderem: »Ob dieser zweite Band reichhaltiger als der erste, ob er an Landschafts- und Geschichtsbildern ergiebiger, ist eine Sache, über die sich streiten läßt, welche aber lediglich vom Orte abhängt; jedenfalls ist Fontane sich selbst nirgend untreu geworden, und wir wünschen lebhaft, daß er durchs ganze preußische, ja, wenn es ginge, durch alles deutsche Land seine Wanderungen fortsetzte. Jedenfalls würde er dann dem Kleineren, weniger Bedeutenden entsagen müssen, Orten und Namen, an denen vielleicht kaum Erhebliches gelegen ist, um nur die gewaltigsten Punkte *allein* ins Auge zu fassen, wo Natur und Geschichte deutscher Flur am *lautesten* zu Geist und Herzen reden. Das ist nun wohl ein Wunsch, aber für Fontane soll es gewiß kein versteckter Tadel sein.«

Bekanntlich ließ sich Fontane von Rezensionen oder anderen Urteilen über seine Bücher gern zu bemerkenswerten brieflichen Bekenntnissen anregen. Es ist bezeichnend, daß es für »Das Oderland« so gut wie keine derartigen Äußerungen gibt. Nur in einem Schreiben vom 18. Januar 1864 an Ernst von Pfuel, der ihm seine Zustimmung ausgedrückt hatte, fühlte er sich zu einer aufschlußreichen Charakteristik des Bandes veranlaßt: »Es tut jedem Schriftsteller überhaupt schon wohl, mit Liebe und Lust an der Sache gelesen zu werden, und jedes eingehende Urteil erfreut ihn natürlich doppelt, wenn es so wohlwollend und nachsichtig auftritt wie das Ihrige. Besonders erfreut hat es mich auch, daß Sie, wenn ich eine Stelle Ihres geehrten Schreibens richtig interpretiere, die eigentlichen Intentionen, die Grundidee meiner Arbeit richtig erkannt haben. Es ist alles auf ein *Ganzes* hin angelegt, auf die Beweisführung: auch im märkischen Sande flossen und fließen überall die Quellen des Lebens, und jeder Fußbreit Erde hat seine Geschichte und erzählt sie auch – man muß nur willig sein, auf die oft leisen Stimmen zu lauschen. Die zwei Bände, die bis jetzt erschienen sind, lassen das, worauf es mir ankommt, erst erraten: die Belebung des Lokalen, die Poetisierung des Geschehenen, so daß (ganz wie es am Rhein, in der Schweiz, in Schottland und an vielen Orten ist) in Zukunft jeder Märker, wenn er einen märkischen Orts- oder Geschlechtsnamen hört, sofort ein *bestimmtes Bild* mit diesem Namen verknüpft, was jetzt gar nicht oder nur in einer prosaisch-häßlichen Weise der Fall ist. Wenn jetzt ein Berliner die Namen Strausberg, Ruppin, Spandau, Kyritz hört, so tritt nur Häßliches oder Komisches vor ihn hin –

die Zucht- und Irrenhäuser leben in seiner Phantasie, nicht die historischen Häuser oder Gestalten dieser Städte. Erst der *Abschluß* meiner allerdings auf weithin angelegten Arbeit wird klar zeigen, worauf es mir ankam: nicht Verherrlichung des einzelnen, sondern Liebesweckung für das Ganze. Danach müssen auch die drunterlaufenden Fehler milde beurteilt werden.«

ANMERKUNGEN

Vorwort zur dritten Auflage

Wohl hat sich Fontane während der Vorbereitung und des Druckprozesses seines zweiten »Wanderungen«-Bandes vielfach mit der Stoffgliederung und der Kapitelanordnung beschäftigt, aber nicht ein einziges Mal wird der Plan des Vorwortes erwähnt. So erschienen die erste und die zweite Auflage des Bandes ohne Vorwort. Dieser Umstand läßt vermuten, daß Fontane, der bereits seit dem unerwartet großen buchhändlerischen Erfolg der Erstausgabe seiner »Wanderungen [Teil 1]« von 1862 eine territorial gegliederte mehrbändige Edition des Werkes beabsichtigte, fortan den Vorworten zum Teil 1 eine übergreifende Funktion zugedacht hat. Die allgemein gehaltenen, gleichsam den gesamten »Wanderungen«-Zyklus betreffenden Bemerkungen des Autors vom August 1864 über »Reisen in der Mark«, die der zweiten Auflage der »Grafschaft Ruppin« (1865) als Vorwort zugeordnet wurden, sprechen jedenfalls dafür. Im übrigen erhielt in der Folgezeit die jeweilige Auflage eines der »Wanderungen«-Bände nur dann ein Vorwort, wenn Fontane den Inhalt des Buches grundlegend umgearbeitet hatte. Für den vorliegenden Teil 2 ist das im Sommer und Herbst 1879 im Hinblick auf die dritte Auflage (1880) geschehen, und so gibt das »Vorwort zur dritten Auflage« vom 18. Oktober 1879 auch lediglich einen kurzen Rechenschaftsbericht über die vorgenommenen Veränderungen.

5 *Kapitel ... ausgeschieden* – Gemeint sind die in den ersten beiden Auflagen von »Das Oderland« (1863 und 1868) enthaltenen Kapitel »Königs Wusterhausen«, »Teupitz«, »Mittenwalde« und »Kienbaum«, die Fontane 1881 dem Teil 4 der »Wanderungen«, »Spreeland« (1882), zugeordnet hat. Vgl. die Vorbemerkungen zu den Kapiteln im Band 4 dieser Ausgabe.
Beeskow-Storkow – Kreis im ehemaligen preußischen Regierungsbezirk Potsdam.
Barnim-Lebus – Hügeliges Gebiet nördlich und nordöstlich von Berlin (Barnim) beziehungsweise zwischen Oderbruch und Spreewald (Lebus).
»Gusow«, »Küstrin«, »Prenden« – Die Kapitel befanden sich ursprünglich in der Erstausgabe der »Wanderungen [Teil 1]«

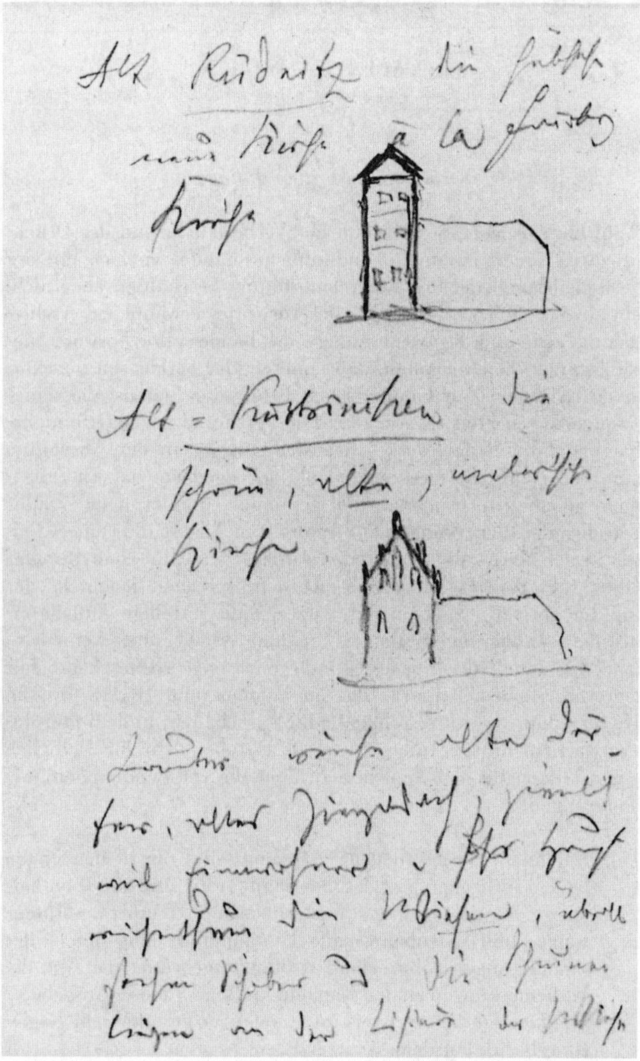

Kirchen in Alt Rüdnitz und Alt Küstrinchen

und wurden für die dritte Auflage von »Das Oderland« vollständig umgearbeitet (vgl. S. 515 f. sowie S. 583, 609 ff. und 655 ff.). Auf der Rückseite der »Fontaneschen Manuskripte« fanden sich – wie Jutta Neuendorff-Fürstenau in ihren Anmerkungen zur »Wanderungen«-Ausgabe des Carl Hanser Verlages, München, angibt – unter der Überschrift »Küstrin« und der von einer Kreislinie umgebenen erläuternden Angabe »Band II. Dritte Auflage« folgende Bemerkungen zur Bearbeitung der Kapitel »Küstrin«, »Prenden« und »Lichterfelde«: »Enthält: / a. Die Neueinteilung des Stoffes, b. Beneckendorff über Katte. / *Prenden.* / Otto Christoph von Sparr. / *Lichterfelde.* / (Ein Kapitel von Sparren-Land und Sparren-Glocken.) / Ich muß mit Prenden beginnen: Einiges aus dem Lichterfelde-Kapitel gleich anfangs hinübernehmen. Dann die Biographie. Dann Prenden localiter. / *Dann Lichterfelde.* / Aber, wie schon zu Beginn des vorigen Kapitels hervorgehoben, Prenden war nur linker Flügel des großen Sparren-Besitzes, der sich von dort aus weiter westlich [undeutlich, ob korrigiert zu »östlich«, wie es richtig wäre] ausdehnte bis Eberswalde u. Angermünde. Hier liegen: Hohenfinow etc. Und diesen Dörfern gehn wir nach und suchen sie auf Sparren-Glocken u. Sparren-Reminiszenzen ab. Gehen auch an manchem anderen nicht vorüber.«

5 *großer König* – Friedrich II.

Von Frankfurt bis Schwedt

Fontane hat Schwedt – und wahrscheinlich auch Frankfurt/Oder – in »Wanderungen«-Angelegenheiten zum erstenmal Ende September 1861 aufgesucht; denn in einem Brief an Wilhelm Hertz vom 19. September heißt es: »Gegen Schluß der nächsten Woche (seit Montag hab ich Urlaub) will ich noch nach Ziebingen, Tamsel und Schwedt. Dann hab ich ausreichenden Stoff für den Winter, in dem ich außerdem anfangen werde, ohne Betonung der *Lokalität*, einige märkische Biographien (Klöden, Blechen, Julius von Voß) zu schreiben. So wächst man sich in Varnhagen hinein; ich mach es aber in zwei Beziehungen doch besser, erstens wärmer, belebter, farbenreicher, dann zweitens stilistisch ungeschraubter, freier, natürlicher im Ausdruck. Auch bring ich wohl mehr Herz für die Sache mit.« Eine zweite, ausgedehntere Reise in das Odergebiet unternahm der Autor dann – in Begleitung des Berliner Verlagsbuchhändlers Adolf Enslin – vom 23. bis 29. Juni 1862. Sie führte ihn nach Küstrin, Sonnenburg, Frankfurt, Schwedt, Angermünde, Neustadt-Eberswalde, Falkenberg, Freienwalde, Wriezen, Letschin, Tamsel und auf das Zorndorfer Schlachtfeld. Vor allen Dingen aber ging während dieser Reise ein seit langem gehegter Wunsch Fontanes in Erfüllung: eine Dampfschiffahrt auf der Oder von Frankfurt bis Schwedt, die in diesem Kapitel beschrieben wird.

Verfaßt wurde das Feuilleton – jedenfalls in wesentlichen Partien – unmittelbar nach der Rückkehr von der Reise, im Juli 1862. Der erste, noch stark korrigierte Entwurf des gesamten Kapitels ist im Notizbuch A 4, Blatt 36–61, erhalten.

Der Vorabdruck erfolgte erst am 29. Oktober 1863 im Cottaschen »Morgenblatt für gebildete Leser«, Nr. 44, S. 1035–1040, als der Druck der Buchausgabe nahezu abgeschlossen war.

9 *Saßen all auf dem Verdecke* ... – Die Verse stammen wahrscheinlich von Fontane.
Zuzug – Hier: Verstärkung.

10 *Taler preußisch* – Auf den deutschen Reichs-Goldgulden bezogene Silbermünze; bis zur Einführung der Markwährung (1876) Hauptzahlungsmittel in Preußen. 1764 wurde der preußische Taler auf anderthalb Reichsgulden, 1876 auf drei Mark festgelegt.

12 *Regulierung des Oderbetts* – Erst gegen Ende des 19. Jahrhunderts wurde die Oder durch Kanalbauten dergestalt reguliert, daß sie (seit 1897) fast auf ihrer gesamten Länge für Schiffe bis 400 Tonnen befahrbar wurde.

13 *alte Stadt Frankfurt* ... – Die im 13. Jahrhundert gegründete Stadt Frankfurt wurde im Frühjahr 1945 während der Kämpfe an der Oder fast völlig zerstört, nach dem Krieg jedoch wiederaufgebaut. Auch ein Teil der historischen Bauten wurde inzwischen wiederhergestellt bzw. restauriert, darunter das gotische Rathaus (14./15. Jahrhundert) und zwei dreischiffige frühgotische Backstein-Hallenkirchen: die Friedenskirche (früher Nikolaikirche; 13. Jahrhundert) und die Nikolaikirche (ehemals Franziskaner-Klosterkirche; 14. Jahrhundert), die heute als Konzerthalle dient. Die Ruine der ausgebrannten fünfschiffigen spätgotischen Pfarrkirche Sankt Marien wurde gesichert, das gerettete Inventar einstweilen im Pfarrhaus und in der Friedenskirche untergebracht; die erhaltenen Werke sollen später in der Gertraudenkirche aufgestellt werden.
Kunersdorf – Vgl. die dritte Anm. zu S. 17.

16 *Bunzlauer Töpfe* – Seinerzeit bekanntes, braun glasiertes Steingutgeschirr, das seit dem 16. Jahrhundert in Bunzlau (Schlesien; heute Bolesławiec) hergestellt wurde.

Kirche in Reitwein

16 *die Elle … länger als der Kram* – Berliner Redensart; soviel wie: die Kosten sind größer, als die Sache wert ist.
alte Bischofsstadt – Lebus war seit 1325 Sitz eines Bistums, das 1555 an den Markgrafen Joachim Friedrich fiel und von diesem 1598 säkularisiert wurde.
Polenkönige und thüringische Herzöge – Im Jahre 1225 eroberte der thüringische Landgraf Ludwig IV., der Heilige, das in polnischem Besitz befindliche Lebus.
Nicht daß es noch Wein … zöge – Mitte des 18. Jahrhunderts wurden fast die gesamten Weinstöcke durch Frosteinwirkung vernichtet.
17 *Lebuser Kirche* – Ein Teil der Kirche wurde 1945 zerstört; Turm und Mittelschiff sind erhalten.
Kunersdorfer 12. August – In der Schlacht bei Kunersdorf erlitten die Truppen Friedrichs II. am 12. August 1759 (während des Siebenjährigen Krieges) gegen die Österreicher und Russen eine schwere Niederlage.
18 *Prittwitz, der ihn gerettet* – Vgl. S. 141–144.
sein Neffe – Der spätere König Friedrich Wilhelm II.
berühmter Wallfahrtsort – Göritz, »ein kleines Nest am rechten Oderufer«, im 13. und 14. Jahrhundert Residenz der Bischöfe von Lebus, hatte, wie Fontane am 8. November 1876 an Friedrich Wilhelm Holtze schrieb, »wie alle märkischen Nester doch sein bißchen Geschichte … Es hatte so etwas wie eine Bischofskirche – ähnlich wie Lebus und Fürstenwalde – und war später vielbesuchter Wallfahrtsort. Kirche und Kapelle wurden zerstört, diese zur Reformationszeit, jene schon früher.« In »Vor dem Sturm« ist dem Dorf ein eigenes Kapitel gewidmet (Zehntes Kapitel des Zweiten Bandes), worin es heißt: »Die Kirch-Göritzer hatten ein wundertätiges Marienbild, und dieses Bild schien allen Wechsel der Zeiten überdauern zu sollen. Auf allen Nachbarkanzeln wurde bereits die neue Lehre gepredigt, aber die Pilgerfahrten zur Heiligen Jungfrau, deren Mirakel in der eigenen Bedrängnis mit jedem Tage stiegen, hatten ihren Fortgang. Das reizte den Küstriner Markgrafen, einen scharfen Protestanten, und er gab dem Landeshauptmann im Lande Sternberg, Hansen von Minkwitz, Befehl, dem Unfug ein Ende zu machen. Minkwitz nahm zehn oder zwölf bewaffnete Bürger aus der Stadt Drossen, die zu seinem Amtsbezirke gehörte, und rückte mit ihnen auf Kirch-Göritz zu. Er gedachte das wundertätige Bildnis einfach wegzuführen. Aber es kam anders, als er wollte und sollte. Unterwegs schlossen sich nämlich in allen Dörfern, die er zu passieren hatte, Bauern und

Schloß in Reitwein

loses Gesindel seinem Zuge an, Leute, die noch vor wenig Wochen zu der allerheiligsten Jungfrau gebetet und ihre Pfennige zu den Füßen derselben niedergelegt hatten. Und so brachen denn in Folge dieses Zuwachses die Minkwitzschen nicht mehr als ein geordneter Trupp, sondern als ein wilder, regelloser Haufen in Kirch-Göritz ein. Das Muttergottesbild sah sich von seinem Standort gestürzt und in unzählige Stücke zerschlagen; alles andere: Chorstühle, Schnitzereien, Trauerfahnen, wurde zerrissen oder verbrannt. In die goldgestickten Meßgewänder aber, die diesem Schicksal entgingen, kleidete sich schließlich das Gesindel und zog in wüstem Mummenschanz in seine Dörfer heim. Der ganze Hergang ein zum Himmel schreiendes Beispiel, wie wenig in den sogenannten Glaubenszeiten der Glaube und wieviel die Roheit bedeutet. Nur daß sich jener in diese kleidet, gilt als ein Beweis seiner Kraft.«

18 *Kirche von Reitwein* – Sie wurde 1945 zerstört; die Ruine hat man in den nachfolgenden Jahren abgetragen. – Aufzeichnungen über Reitwein sowie Bleistiftskizzen von Schloß und Kirche finden sich in Fontanes Notizbuch A 11, Blatt 51–53. Vgl. die Abbildungen S. 527 und S. 529.

Zorndorfer Schlacht – Verlustreiche Schlacht im Siebenjährigen Krieg, die Friedrich II. am 25. August 1758 einen knappen Sieg über die Russen brachte.

19 *chiffonniert* – zerzaust, zerknittert.

Grasteufel – Häßliche, zwerghafte Sagengestalt.

Bastion König … Kattes Haupt – Vgl. S. 318–327.

20 *Campanellen* – Campanile: (ital.) Glockenturm; nach italienischer Bautradition meist frei stehend.

»Paladin des Großen Kurfürsten« – Vgl. S. 219–223.

21 *Markgrafenschloß* – Das Schwedter Barockschloß, in dem von 1689 bis 1788 die Markgrafen von Brandenburg-Schwedt residierten, ist während der Kämpfe im Frühjahr 1945 ausgebrannt; die Ruinen wurden nach dem Krieg abgetragen. – Auf der letzten Seite von Notizbuch A 9 verzeichnete Fontane »Bilder im Schlosse zu Schwedt«.

Das Oderbruch

Die Landschaft war Fontane seit langem bekannt, ja vertraut: Da sein Vater (seit 1838) die Apotheke in Letschin und sein Bruder Max die in Kriescht innehatte, unternahm er ohnehin ab und zu Fahrten in das Oderbruch und hielt sich auch zuweilen längere Zeit dort auf.

Mit der Niederschrift des Aufsatzes hat Fontane schon im Juli 1860 begonnen; beendet wurde er im April 1862. Die erste Veröffentlichung erfolgte Ende 1863 in der Erstausgabe von »Das Oderland«. Ein Vorabdruck ist nicht nachweisbar.

Für die Arbeit am Oderbruch-Kapitel hat Fontane folgende Literatur benutzt (die vollständigen Angaben finden sich jeweils im Verzeichnis der Literatur; vgl. S. 679): Christiani, »Das Oderbruch«. – Bekmann, »Historische Beschreibung ...«. – Berghaus, »Landbuch der Mark Brandenburg ...«. – Buchholtz, »Versuch einer Geschichte der Kurmark Brandenburg ...«. – Wehrmann, »Die Eindeichung des Oderbruchs«. – »Mündliche und briefliche Mitteilungen aus Letschin, Gusow, Quilitz, Groß Neuendorf, Neubarnim etc.« (laut Anmerkung am Schluß der Erstausgabe des zweiten »Wanderungen«-Bandes). Zu diesen Mitteilungen zählen die Auskünfte des Pastors Balzer aus Gusow, der einen Fragebogen des Autors mit exakt gestellten Fragen über das Oderbruch und seine Bevölkerung sorgfältig beantwortet, und das »Material« über die »wendische Vorgeschichte des Oderbruchs«, das »der Lehrer Rubehn in Groß Neuendorf« Fontane zur Verfügung gestellt hatte (vgl. die Fußnote auf S. 38).

22 *Wasser, Wasser überall ...* – Freiligrath, »Der alte Matrose«, Zweite Romanze, Strophe 9, Vers 1, und Strophe 10, Vers 1 und 3 f.

Wehrmann, »Die Eindeichung ...« – Vgl. das Verzeichnis der Literatur, S. 684.

Dithmarschen – Fruchtbare Landschaft an der Westküste Holsteins, in der sich im Hochmittelalter auf republikanischer Grundlage eine freie Bauerngemeinschaft entwickelte, die bis ins 16. Jahrhundert allen feudalistischen Eroberungsversuchen widerstand und ihre politische Unabhängigkeit bewahrte. 1559 fielen die Dithmarschen an Dänemark, 1867 an Preußen.

Die Bewohner ... – In W II[1], S. 191, heißt es am Beginn der Fußnote abweichend und ausführlicher: »Die Bewohner des Oderbruchs sind auch an Kraft und Mut, freilich noch nicht an *bewährter Freiheitsliebe* (das soll noch erst *kommen*), den Dithmarschen verwandt. Die ausgehobenen Rekruten gelten jedesmal als ein besonders treffliches Material.«

Kantonversammlungen – Kanton: In Preußen seit 1733 Aushebungsbezirk für den Militärdienst.

23 *Albrecht Thaer* – Vgl. S. 116–139.

Böhmischer Aufstand von 1618 – Am 23. Mai 1618 begann unter Führung des Grafen Heinrich Matthias von Thurn die nationale Erhebung der (protestantischen) böhmischen Stände gegen die habsburgische Herrschaft. Der Aufstand löste den Dreißigjährigen Krieg aus,

23 *Kirche* – Die Kirche in Ihlow existiert noch; auch das Wappen und der Leichenstein, 1945 teilweise beschädigt, sind noch vorhanden. Fontane hat die Grabinschriften im Notizbuch A 13, Blatt 26, aufgezeichnet und dort auch die Umrisse der Kirche skizziert.

während des Dreißigjährigen Krieges so ergiebig an Generalen und Kriegsobersten – Vgl. Fontanes Aufsatz »Die Mark und märkische Kriegsobersten zur Zeit des Dreißigjährigen Kriegs« (Band 6 dieser Ausgabe), der etwa um die gleiche Zeit wie das Oderbruch-Kapitel entstand.

24 *Johanniter-Komturei* – Vom Johanniterorden an eines seiner Mitglieder zur Verwaltung und Nutznießung übertragenes Gebiet (Kommende). – Der aus einem 1113 vom Papst bestätigten geistlichen Ritterorden hervorgegangene Johanniterorden widmete sich vor allem der Krankenbetreuung und pflegte feudale Überlieferungen. 1810 wurde die Ballei Brandenburg des Ordens aufgelöst; an ihre Stelle trat 1812 der Königlich Preußische Johanniterorden, der sich seit 1852 erneut als Ballei Brandenburg bezeichnen durfte, die eingezogenen Güter aber nicht zurückerhielt.

von Falkenberg bis Freienwalde – Vgl. S. 49–55.

27 *Elsen* – Erlen.

Obristwachtmeister – Alte Bezeichnung für Major.

Gensdarmes – Preußisches Kürassierregiment, das nach dem Vorbild der gleichnamigen Haustruppe der französischen Könige geschaffen worden war; es galt als »vornehme« Elitetruppe. 1807 wurde es bei der Reorganisation des preußischen Heeres aufgelöst.

28 *Graben und Wall ...* – Die Verse stammen wahrscheinlich von Fontane.

Dominien – Dominium: (lat.) Herrschaft, Besitz.

29 *Zweiter Schlesischer Krieg* – Zweiter Krieg Friedrichs II. gegen Österreich und Sachsen um den Besitz Schlesiens (1744/45). Nach anfänglichen Erfolgen wurden die Preußen unter schweren Verlusten aus Böhmen verdrängt.

30 *Bernhard Euler* – Gemeint ist Leonhard Euler.

Markgraf Karl – Karl Friedrich Albrecht von Brandenburg-Schwedt.

31 *Meile* – In Preußen etwa 7,5 Kilometer.

34 *Wische* – Fruchtbare Niederung in der Altmark, zu beiden Seiten der Elbe.

34 *»Hier hab ich im Frieden eine Provinz erobert«* – Franz Kugler zitiert in seiner »Geschichte Friedrichs des Großen« (1840): »Hier ist ein Fürstentum erworben, worauf ich keine Soldaten zu halten nötig habe.«
Alte Zeit und alte Sitt ... – Die Verse stammen wahrscheinlich von Fontane.

35 *Über ... die wendischen Bewohner ... wissen wir wenig* – Aus diesem Grunde druckte Fontane in den Anmerkungen zu W II[1] (S. 527–530) unter der Überschrift »Die letzten Wendenreste in Sachsen und Preußen« eine »interessante Zuschrift aus Bautzen, dem alten wendischen Budissin«, ab, die im September 1863 in der »National-Zeitung« veröffentlicht worden war.

Der Verfasser ebendieses Aufsatzes stellt die nationale und kulturelle Situation der von den Deutschen unterdrückten »letzten 101 000« Sorben dar und prophezeit (aus einer liberalen Mitleidshaltung heraus) den »sicheren Untergang« dieses »ehemals großen, mächtigen Volkes«, das »recht wohl seinen Vergewaltiger« kenne, binnen des folgenden Jahrhunderts. Aufschlußreich ist der Bericht über die um die Mitte des 19. Jahrhunderts einsetzenden (wenn auch zunächst bescheidenen) Bemühungen der Sorben – die immerhin erst hundert Jahre später ihre volle nationale und kulturelle Gleichberechtigung wiedererlangten –, dieser »Entwicklung« konstruktiv entgegenzuwirken.

Es heißt dort: »Unter den gebildeten Wenden regte sich zuerst mit der allgemeinen, dem Jahre 1848 vorangehenden Gärung die Liebe zur nationalen Sache und Sprache, und so entstand schon im Jahre 1846 die ›Macica Serbska‹, ein Verein nach Art des Zwickauer Volksschriftenvereins, mit dem Zweck, weitere Kreise mit lehrreicher Unterhaltungslektüre zu versorgen. Der Buchhandel hatte dem Bedürfnis nach wendischer Lektüre bisher fast gar nicht Rechnung getragen. Seit dem Bestehen der ›Macica‹ sind 35 dergleichen Schriften, in einer Auflage von 500 Exemplaren, von derselben herausgegeben und vertrieben worden, einige sogar in zweiter Auflage erschienen. Außer den Volksschriften, zu denen auch ein wendischer Kalender in einer Auflage von gegen 4000 Exemplaren gehört, gibt die ›Macica‹ auch eine gelehrte Zeitschrift, jährlich zwei Hefte, unter dem Titel ›Casopis‹ heraus, welche historische, linguistische, archäologische, naturwissenschaftliche etc. Aufsätze enthält; ebenso ferner ein Wörterbuch, dessen wendisch-deutscher Teil (63 Bogen) fast vollendet ist. Sodann enthält die Gesellschaft jetzt besondere Sektionen, und zwar eine Sektion für wendische Sprachforschung, eine archäologischhistorische Sektion, eine naturwissenschaftliche und eine belletristische Sektion. Was die wendische Literatur im engeren Sinne anlangt, so haben die Wenden aus den früheren Jahrhunderten eine solche nicht aufzuweisen … Außer Bibel, Gesangbuch, Katechismus, frommen Hauspostillen und einer Anzahl Erbauungsschriften gab es bis auf die neuere Zeit keine wendischen Bücher. Auch hier hat die ›Macica‹ neben Buchhändlern und einzelnen Privatpersonen sich das Verdienst erworben, nach allen Richtungen hin eine junge Literatur ins Leben zu rufen, sowohl im Gebiet der Prosa als Poesie. Das meiste ist natürlich Übersetzung. Unter den neueren Erscheinungen sind Gedichte und Liedersammlungen, Geschichtsbücher, Grammatiken, Chrestomathien und Lesebücher, geographisch-statistische Abrisse der Wendei zu nennen … Was die periodische Literatur der Wenden betrifft, so ist die Hauptzeitung die ›Serbske Noviny‹, welche in Bautzen in einer Auflage von ungefähr 1200 Exemplaren erscheint und neben dem politischen Teil auch Unterhaltendes und Belehrendes gibt. Hierneben bestehen noch drei Monatsschriften: ›Luzican‹, für die Gebildeten geschrieben und zu Bautzen in 300 Exemplaren erscheinend, und das wendische Missionsblatt ›Missionski Posot‹ und sein konfessioneller Konkurrent, der (katholische) ›Katholski Posot‹. Außerdem versorgen der ›Wendisch-lutherische Bücherverein‹ (Serbske lutherske knihowne towarstwo) und der ›Verein zum heiligen Cyrillus und Methodius‹ (Towarstwo SS. Cyrilla a Methodija) ihre Gemeinden mit Gebet- und Erbauungsschriften. Um nun aus der Isolierung herauszutreten, sind in neuerer Zeit auch Verbindungen mit Literaten anderer slawischer Stämme von seiten der wissenschaftlich gebildeten Wenden angeknüpft worden, und diese haben die Genugtuung, daß man ihnen mit großer Liebe und zugleich Achtung, wie einem verlassenen Bruderstamm, die Hand gereicht hat.«

35 … *Schlußfolgerungen zu schöpfen* – In W II[1], S. 205 f., heißt es an dieser Stelle ausführlicher: »Direktes ist nicht da oder noch nicht aufgefunden, und kein Haus oder Gehöft existiert, das – einen bestimmten Anhaltepunkt bietend – bis in die Wendenzeit, trotzdem diese lange Zeit hindurch ihr Dasein hier fristete, zurückreichte. In der Tat, alles, was im Bruche lebte, war nur Außenposten, oft auch (wenigstens moralisch genommen) verlorner Posten, der mehr und mehr unter deutsche Kultur geratenen *Randdörfer*, zu denen sich die Bruchdörfer, ihrer Mehrzahl nach, wie die verachteten ›Kietze‹ zu den deutsch gewordenen Städten verhielten. Die damals reicheren,

halbgermanisierten Dörfer ›auf der Höhe‹ kümmerten sich wenig um diese ihre wendischen Bruchanhängsel (die Sumpfstationen oder Wiesenvorwerke waren), und dieses Sich-nicht-um-sie-Kümmern bewahrte ihnen natürlich gewisse altwendische Eigentümlichkeiten. Aber freilich, diese Indifferenz wurde gleichzeitig auch die Ursach, daß niemand sich der Mühe unterzog, über diese mehr und mehr von deutschen Elementen eingesponnene Wendeninsel bestimmte Aufzeichnungen zu machen.«

35 »*Randdörfer*« – Auf dem Barnim-Höhenzug liegende Dörfer.
»*Bruchdörfer*« – In der Ebene des Oderbruchs liegende Dörfer.
Buchholtz' »Geschichte der Kurmark Brandenburg« – Vgl. das Verzeichnis der Literatur, S. 679.

37 *... macht keinen Unterschied* – In W II[1], S. 208 f., heißt es im Anschluß an diesen Satz ausführlicher: »Auch die wendische Tracht der Spreewälder entspricht den Resten wendischer Tracht, die sich in einigen Oderbruchdörfern erhalten haben und von denen ich noch zu erzählen haben werde. / So weit reicht die Ähnlichkeit. Es ist, wie schon angedeutet, eine Ähnlichkeit innerhalb der Gattung, der Art, und es läßt sich annehmen, daß diese Ähnlichkeit eine beinah vollständige sein würde, wenn wir den Spreewald und seine Bewohner noch in *solcher* Gestalt sehen könnten, wie sie vor hundert Jahren waren. Diese hundert Jahre aber haben auch den Spreewald, trotzdem er *wendisch blieb*, in seiner Erscheinung verändert, wenigstens, wie schon hervorgehoben, dem *Maß*, wenn auch nicht der *Art* der Dinge nach. Das In-Berührung-Kommen mit einer höhren Kultur pflegt, je nach den Verhältnissen, die sie vorfindet, eine sehr verschiedne, fast entgegengesetzte Wirkung zu üben. Entweder sie überwuchert und tötet das Alte (was im Oderbruch geschah), oder sie belebt und veredelt umgekehrt und zeigt ihre Wirksamkeit nur darin, daß sie das, was sie vorfindet, ohne es in seinem Wesen zu verändern, einfach auf eine höhere Stufe hebt. So geschah es im Spreewald. Daß der letztere einer *massenhaften* deutschen Kolonisierung, wie sie im Oderbruche stattfand, ebenfalls nicht widerstanden hätte, versteht sich von selbst. Ein Vergleich zeigt übrigens vielleicht am besten, wie ich obigen Satz verstanden haben möchte. Der wendische Oderbruchsrock ist seitdem verschwunden, er existiert nicht mehr, weder seinem Schnitt noch seinem Stoff nach; die eindringende deutsche Kultur hat ihn, wenn dieser Ausdruck gestattet ist, dem *Lande ausgezogen*. Nicht so im Spreewald. Hier blieb der *Schnitt* des Rocks, worin seine Eigenart besteht, nach wie vor derselbe; aber der

Stoff wurde *feiner*, und würde es möglich sein, einen solchen Spreewaldsrock von heute mit einem Oderbruchsrock von damals zu vergleichen, so würde das ohngefähr veranschaulichen, worin das alte Oderbruch dem jetzigen Spreewald ähnlich und worin es von ihm verschieden war.«

38 *Brosamen ..., die von des Herren Tische fielen* – Anspielung auf Matthäus 15,27 im Neuen Testament: »... aber doch essen die Hunde von den Brosamen, die von ihrer Herren Tisch fallen.«

Material dafür – Ausführliche Aufzeichnungen von Sagen, Spukgeschichten, alten Sprüchen und Merkversen aus dem Oderbruch sowie ein Brief Rubehns an Fontane vom 11. November 1863 befanden sich – wie Jutta Neuendorff-Fürstenau in ihren Anmerkungen zur »Wanderungen«-Ausgabe des Carl Hanser Verlages, München, mitteilt – früher im Fontane-Archiv, Potsdam.

39 *Bei einem Reetzer Fischer ...* – In seinen Anmerkungen am Schluß von W II[1] hat Fontane noch eine zweite Sage aus Reetz, »Die Unnererdschken« (Die Unterirdischen), aufgezeichnet (S. 530 f.): »Im Montagschen Hause in Altreetz – so erzählen sich die Reetzer – trug sich folgendes zu: An einem Weihnachtsabend waren alle, außer der Hausfrau, welche im Wochenbette lag, nach der Kirche gegangen. Plötzlich vernahm diese von ihrem Himmelbette aus ein summendes Geräusch, und indem sie die Gardinen zurückzog, ward sie zwischen Ofen und Wand viele kleine Gestalten gewahr, welche sich anschickten, Stühle an den Tisch zu rücken, diesen zu decken und kupferne Schüsseln, reichlich gefüllt, zinnene Teller, Krüge und Löffel aufzutragen. Hierauf erschienen, hinter dem Ofen hervorkommend, zwanzig bis dreißig Personen, paarweise, als ob irgendein Fest gefeiert werden sollte, hielten einen Umzug und begannen das Mahl. Man hatte zwar kein Licht auf die Tafel gestellt, doch war das Zimmer so erhellt, daß man jeden Gegenstand ganz deutlich erkennen konnte, und es schien, als ob die Helle den Geräten entströmte. Die Wöchnerin sah dies alles mit pochendem Herzen an, denn sie wußte wohl, was man sich erzählte, daß häufig Kinder, besonders Säuglinge, verschwunden waren, von denen es hieß, daß die ›Unnererdschken‹ sie geraubt hätten. Ein Raub ihres Säuglings erschien ihr um so unvermeidlicher, als das Kind eben jetzt zu schreien anfing. Die Unnererdschken horchten auf, berieten sich und schienen in Zank zu geraten, wahrscheinlich, weil eine Partei das Kind entführen, die andere es dagegen der Mutter belassen wollte. Endlich beruhigten sie sich wieder und

speisten weiter. Inzwischen war eine geraume Zeit verflossen, so daß die Kirchgänger zurückkehrten. Die Zwerge vernahmen ihre Annäherung und dachten an Rückzug. Einige aber eilten nun an das Himmelbett und wollten die Gardinen auseinanderziehen, um, während die andern die Sachen einpackten, das Kind zu rauben und mitzunehmen. Die Frau hielt aber die Gardinen fest zusammen. Endlich waren alle hinter dem Ofen verschwunden; nur einige leere Schüsseln hatten sie in der Eile stehenlassen, die man viele Jahre lang in dem Hause aufbewahrte. Zu Anfang dieses Jahrhunderts ließen die Hausbewohner eine *Ofentür* daraus machen, die noch jetzt vorhanden ist.«

40 *... länger als der Rock* – Diese Beschreibung ist nahezu wörtlich aus dem Notizbuch A 5, Blatt 77, übernommen. Dort folgt noch die Bemerkung: »Es ist sehr kleidsam; sie sind oft sehr hübsch, aber fast alle drall.«

41 *... zu bequemen gehabt* – In W II[1], S. 214, folgt der Zusatz: »Ohne diesen Zwang würde sich auch Quilitz schwerlich noch einer Auszeichnung erfreun, die jetzt allmählich wieder einen Corpsgeist, ein gewisses Selbstgefühl herauszubilden und, mittelst desselben, dem zunächst künstlich Erhaltenen neue, lebendige Wurzeln zu geben beginnt.«

Es fiel zu leicht euch in den Schoß ... – Die Verse stammen wahrscheinlich von Fontane.

44 *reformiert* – Der reformierten Kirche angehörend, die im 16. Jahrhundert von den Schweizern Zwingli und Calvin begründet wurde.

Domainen – Vorwerk – Hier: Zum königlichen Großgrundbesitz gehörendes Nebengut.

45 *Brief aus dem Jahre 1838* – Wahrscheinlich von Fontanes Vater, der sich 1838 als Apotheker im Oderbruch niedergelassen hatte (vgl. die Vorbemerkung, S. 530).

46 *»Tempel«* – Tempeln: Kartenglücksspiel, bei dem eine tempelartige Figur auf den Tisch gemalt wird, die so viele Felder hat, als verschiedenwertige Karten vorhanden sind.

47 *Tüchtigkeit ..., die aus einem starken Egoismus ... hervorgeht* – In W II[1], S. 222, folgt der Zusatz: »aus jener Beschränktheit, die, weil sie eine nah gesteckte Linie nicht überschreitet, auch nicht in Gefahr kommt, sich zu verirren«.

48 *Vingt-un* – Vingt-et-un: (franz.) Zwanzig und eins; ein Kartenglücksspiel (»Siebzehn und vier«).

»Blüchern« – Ein nach dem preußischen Feldmarschall Blücher benanntes Glücksspiel. (Blücher war ein leidenschaftlicher Spieler.)

48 *... zu schämen ... auszeichnete* – In W II[1], S. 223, heißt es an dieser Stelle ausführlicher: »... zu schämen. Man fühlt sich wieder mehr als *Bauer* (nur an dem Wort nimmt man Anstoß) und will nicht mehr und nicht weniger sein, als man ist. Das Adels- und Standesgefühl, was durch Jahrhunderte hin die niedersächsischen Bauern so ausgezeichnet hat, fängt auch an bei den Oderbrüchern lebendig zu werden.«

Freienwalde

Der Schloßberg bei Freienwalde und die Uchtenhagens

Die Gegend um Freienwalde kannte Fontane ebensogut wie das Oderbruch. Da sein Vater sich 1850 in Schiffmühle zur Ruhe gesetzt hatte, wo er 1867 starb, fuhr der Dichter mehrfach dorthin, zum Beispiel vom 23. bis 26. Mai 1860, am 4. Mai 1861, vom 23. bis 29. Juni 1862 (vgl. S. 525), im Frühjahr und Sommer 1863, im Juni/Juli 1866 sowie im März 1867. Während die späteren Reisen in erster Linie dem Besuch des Vaters galten (vgl. »Meine Kinderjahre«, Sechzehntes Kapitel: »Vierzig Jahre später. Ein Intermezzo«), wurden die früheren vorrangig in der Absicht angetreten, »Stoff einzuheimsen«. Wie strapaziös eine solche Erkundungsfahrt war, bei der Fontane auf Grund seiner beschränkten finanziellen Mittel stets auf rationellste Ausnutzung der knapp bemessenen Zeit bedacht sein mußte, dokumentieren unter anderem zwei Briefe des Autors an seine Frau vom 16. September 1862. »Ich war am Sonntag in Falkenberg, Cöthen und Freienwalde, um sechs bei Vater draußen, den ich sehr munter traf«, schrieb er ihr aus Wriezen. »Gestern um zwölf wieder in Freienwalde. Sechs Stunden lang geklettert. Von sechs bis acht reizende Fahrt nach dem Schloßberg; von acht bis elf mit dem Dichter und Drechslermeister Weise beim Biere geplaudert. Um elfeinhalb nach Wriezen, um eins im ›Goldnen Löwen‹ zu Bett, um zwei eine Wanze gefangen und langsam gebraten, dann rachebefriedigt eingeschlafen.« Und im Brief aus Kunersdorf heißt es: »Es geht mir ganz gut – aber ich bin doch sehr hin, und diese Strapazen, so ungern ich es auch einräume, übersteigen doch meine Kräfte. Es soll eine Erholung sein und ist eigentlich eine riesige Arbeit. Schlösser, Kirchen, Kirchhöfe, Inschriften, Grabschriften, Bilder, Statuen, Parks, Grafen, Kutscher, Haushälterinnen, Vater, poetische Drechslermeister – alles das und hundert andres dazu tanzt mir hurly burly im Kopf herum, dazu die Landschaftsbilder, die alle beschrieben werden müssen, dazu gestern die Strapaze des Marschierens und Bergekletterns und nun schließlich ein verdorbener Magen – das halte aus, wer kann. Ich habe in diesen drei Tagen so viel gesehn, daß das bloße Sehen eine Arbeit wäre, aber es sehen und dabei ständig ordnen, schreiben, arbeiten, einreihen in andres ist wirklich eine große Anstrengung. Zum Glück ist hier niemand im Schloß als ein alter Bedienter und eine freundliche Haushälterin (übrigens über fünfzig), sonst könnt ich es, wenn ich auch noch gesellschaftlich mich abstrapazieren müßte, geradezu nicht leisten. / Ich werde in einer Stunde zu Bett gehn und hoffe dann endlich mal wieder auszuschlafen.«

Der Aufsatz über »Freienwalde« wurde im Dezember 1862 geschrieben – der erste, noch stark korrigierte Entwurf vom Anfang des Kapitels ist im Notizbuch A 5, Rückseite von Blatt 82–91, erhalten – und am 17. und 24. Juni sowie am 1., 8., 22. und 29. Juli 1863 im »Wochenblatt der Johanniter-Ordens-Ballei Brandenburg«, Nr. 25 (S. 153 ff.), 26 (S. 157–160), 27 (S. 163–166), 28 (S. 169 ff.), 30 (S. 182 f.) und 31 (S. 188 ff.), vorabgedruckt.

Das Kapitel »Der Schloßberg bei Freienwalde und die Uchtenhagens« entstand im Januar 1863. Am 11. Februar 1863 hielt Fontane im Berliner Hôtel de Russie einen Vortrag darüber. Ein Vorabdruck ist nicht nachweisbar.

Beide Kapitel erschienen Ende 1863 zum erstenmal in der Buchausgabe von »Das Oderland« (erste Auflage).

In Fontanes Anmerkungen am Schluß dieser Erstausgabe findet sich (S. 531–537) ein später wieder weggelassener Bericht unter der Überschrift »Ein Hexenprozeß in Freienwalde (1644)«. Er lautet:

»Freienwalde hatte im 17. Jahrhundert eine ganze Anzahl von Hexenprozessen. Von vieren wissen wir mit Bestimmtheit. 1) Kurz *vor* 1628 wurde eine Frau Pfennig als Hexe verurteilt und verbrannt. 2) Anno 1628 wurden Judith Hoppe und ihre beiden verheirateten Töchter Anna Liebenwall und Gertrud Puhlmann verurteilt und hingerichtet. 3) Kurz *nach* 1628 wurde eine Anna Koch als Hexe verurteilt; ob verbrannt, ist ungewiß. 4) Anno 1644 wurde Ursula Hensel als Hexe verurteilt. Sie starb unter der Tortur. / Über den ersten und dritten Fall fehlen alle näheren Details; dagegen hat sich über den *zweiten* und *vierten Prozeß* allerhand Sagenhaftes und Historisches erhalten. / Der Fall mit der Judith Hoppe und ihren beiden Töchtern (1628) war wahrscheinlich der interessanteste und dramatischste unter allen. Das Aktenstück darüber, das lange Zeit aufbewahrt wurde, ist schließlich verlorengegangen. Die eine Tochter (Gertrud Puhlmann) starb schon während der Prozedur auf der Folter. Gegen die beiden andern, das heißt gegen Judith Hoppe und Anna Liebenwall, wurde von seiten der Frankfurter Rechtsfakultät das Urteil gefällt. Es lautet dahin: ›daß Judith mit glühenden Zangen auf beiden Brüsten gezwickt und verbrannt, Anna aber mit Feuer vom Leben zum Tode gebracht werde‹. *Beide Urteile wurden bestätigt* und dem Amtsschreiber der Befehl zur Ausführung gegeben. Judith Hoppe (die Mutter) starb unter den Martern; Anna Liebenwall wurde wirklich verbrannt an der Stelle, wo jetzt, eine Strecke vor der Stadt, dicht an der Berliner Chaussee, die sogenannte *Brandfichte* steht. Anna Liebenwalls letzte Worte waren: ›Im Angesicht des Todes beteure ich meine Unschuld. Zum Beweise desselben soll aus der Asche dieses Holzstoßes ein Keim aufgehen, wachsen, grünen. Gott, nimm mich gnädig auf.‹ In der Tat erwuchs der Brandstätte andern Jahres schon ein Reis, und der wachsende Baum wurde ›Brandfichte‹ genannt. Der jetzige ist nicht der alte, der morsch wurde und endlich zusammenbrach, sondern ein an derselben Stelle gepflanzter Ersatzmann. / Über den Prozeß der Ursula Hensel existiert noch im Freienwalder Stadtarchiv ein ziemlich umfangreiches Aktenstück. Leider ist es nicht mehr vollständig; sehr Wesentliches fehlt darin. Interessant aber ist die vom Freienwalder Ratsschreiber gefertigte *Darstellung des Sachverhalts*, die an die Juristenfakultät in Frankfurt a. O. eingeschickt wurde. Mit dieser ›Darstellung‹ beginnt das Aktenstück, und ich lasse dieselbe, nur unwesentlich abgeändert hier folgen. Einzelnes in dieser Darstellung ist häßlich und nichts weniger als eine *angenehme* Lektüre. Der Leser darf aber eben nicht vergessen, daß es sich hier um einen *Hexenprozeß* handelt, also um eine Angelegenheit, die man nicht mit Lavendelwasser abwaschen darf, um sie hübsch und sauber erscheinen zu lassen. / ›Edle, wohlehrenfeste, großachtbare, hochgelehrte und hochbenamete Herrn Dekane und Doctores facultatis juridicae der hochlöblichen Universität zu Frankfurt a. O., neben Entbietung unseres freundlichen Grußes und stets willigster Dienste müssen wir, Amtschreiber, Richter und Schöppen allhier in Freienwalde, tragenden Amtes halber, Euch zu vernehmen geben, wie daß ein Geschrei und Gerüchte allhier ausgebrochen, als sollte ein Weib am Ostermontage, nachdem sie das gesegnete Brot empfangen, selbiges hinter dem Altar wieder ausgespuckt haben. / Darauf wir denn, auf angestellte Inquisition, von Ursula Seidenschwanz, Hans Berlins Ehefrau, sowie von Gertrud Braatz, Hans Krausens Hausfrau allhier, den 2. Mai vernommen, daß sie beide, nachdem sie auch am Ostermontage zum Tisch des Herrn gegangen, mit ihren Augen angesehen, daß Ursula Heinrichs, Hans Hensels, Bürgers und Krämers allhier, eheliche Frau, da sie hinter dem Altar kommen, stark von sich gespucket. Wir haben darauf alsbald gedachte Ursula Heinrichs (oder Hensel) den 4. Mai, um sie darüber zu vernehmen, zu Rathause fordern lassen. / Weil sie aber nicht zu Hause gewesen, ist sie alsbald, wie sie heimgekommen und erfahren, daß sie zu

Rathaus wäre gefordert worden, zum Bürgermeister ins Haus kommen und hat zu erfahren begehret, was sie zu Rathause tuen solle. Darauf sie auf Montag wieder zu Rathaus gefordert, wobei sie wohl würde innewerden, warum sie dahin beschieden. / Den 5. Mai, Sonntags Misericordias Domini, nachdem sie die Predigt angehöret, hat unser Herr Diaconus auf der Kanzel solche Sünde mit diesen formalibus [Worten] taxieret: „Wie hoch ich auch erfreuet bin, daß ich seit Sonntag Palmarum bis heut'gen Sonntag Misericordias Domini auf der guten Weide des heil'gen Sakraments des hochwürdigen Abendmahls 172 Schäflein geweidet, also hoch und viel mehr betrübe ich mich, daß ich erfahren muß, als sollte ein stinkender Bock unter solchen 172 Schäflein sein erfunden worden, der das gesegnete Brot hinter dem Altar wieder soll ausgespucket haben." Ursula Heinrichs höret solches, zeucht sich solches an, gehet nach geendeter Predigt zum Herrn Diaconus ins Haus und setzet ihn zur Rede, warum er sie auf der Kanzel also angegriffen; er hätte *sie* damit gemeinet, daß sie den wahren Leichnam ausgespucket. Sie hätte aber böse Zähne, daran sie nichts leiden könne, und hätte mit der Zungen daran gestoßen, indem sie den Oblat hätte herunterschlukken wollen. Darüber habe sie soviel Schlamm im Mund bekommen, und hätte sie nicht ausgespien, so hätte sie brechen müssen. Dieses sie auch zum Bürgermeister (zu dem sie alsbald, wie sie vom Herrn Diacono weggegangen, gekommen und geklaget) ebenermaßen ausgesaget hat. / Als sie nun den 6. Mai herüber auf dem Rathause war und vor dem Rat zu Rede gesetzt worden, hat sie sich anfangs hoch vermessen, sie wäre unschuldig. Jesus Christus hätte auch unschuldig gelitten, dem wollte sie solches befehlen und leiden und Gott um Geduld bitten; daneben aber gestanden, daß sie am Ostermontage, als sie zum Tisch des Herrn gegangen und das gesegnete Brot empfangen, hinterm Altar ausgespien. (Nun folgt, unter Zutat einiger sehr häßlicher Details, eine Wiederholung ihrer vor dem Diaconus gemachten Aussagen, das heißt also Aufzählung der Gründe, weshalb sie nicht umhingekonnt habe, die Oblate auszuspeien.) / Darauf sie, wie sie vom Rathause gelassen worden, angefangen: „wenn sie ihren Sohn nicht bedächte, so wollte sie h...weise oder schelmisch-diebischerweise aus der Stadt laufen; denn ihr Mann wollte sich ihrer nicht annehmen". / Als sie folgenden Tages, den 7. Mai, wiederumb zu Rathause gefordert worden, seind ihr beide Zeugen, so es gesehen, daß sie (die Krämerin) hinterm Altar ausgespucket, gegenübergestellt worden. / Es ist ihr auch vom Bürgermeister vorgehalten, warum sie des vorigen Tages auf dem Rathause gesaget: „wenn sie es ihres Sohnes halber nicht täte, so wollte sie h...weise davonlaufen"; worauf sie solcher Worte auch jetzt noch geständig gewesen ist und geantwortet hat: „darumb, daß sich ihr

Mann ihrer nicht wollte annehmen". / Hierauf haben wir sie alsbald den 7. Mai gefänglich einziehen und in Fußeisen auf unserm Stadtkeller mit bürgerlicher Wache verwahren lassen. / Da sie denn alsbald, wie sie gesponnen, sich hinter den Tisch gesetzet, angefangen zu spucken und etzlichemal zu sich gesagt: „spucke, spucke" usw. und auch geredet: „wenn zehn Büttels über sie kämen, wollte sie nichts bekennen". / Da auch der Mann zu ihr gekommen und Essen gebracht, ihn angefahren: „Du lahmer Hund, ich begehre dein Essen nicht, du hast Schuld daran, daß ich hier sitze; du willst dich meiner nicht annehmen." Hat sich auch von einem Weibe lassen einen Kubben (Kübel) in der Stuben bringen, darinnen sie, reverenter, excernieret [mit Ehrerbietung, ausgeschieden]; hernach mit dem Vorderfinger umgerühret, darin dreimal gespuckt und wegtragen lassen. / Da sich denn dieses in der Wahrheit und nicht anders also verhält, zudem auch berührte Ursula Heinrichs außer diesem, vor etzlichen Jahren, der Zauberei halber bei jedermann verdächtig und berüchtiget gewesen ist, auch aus vielen Dingen nochmals verdächtig gehalten wird, als daß sie / 1) Mit vielen Leuten sich gezanket und daher sich fast ein jeder vor ihr gefürchtet. / 2) Ehrliche Leute, welchen sie nicht gewogen, nicht gegrüßet noch, wo sie gegrüßet wird, sich bedanket, sondern wohl auf einen Gruß einen garstigen Strepitum [Ton] fahrenlassen, daß es über die ganze Gasse erschollen, und etzlichen Leuten in den Fußtapfen nachgespucket. / 3) Ehrlichen Leuten, denen sie nicht gewogen, oftmals vor Geld nicht lassen wollen, was sie doch zu Kaufe gehabt, und wenn die Betreffenden dann *andrer* Leute Gesinde oder Frauen abgeschicket (da man vermeinet, sie würde es dann nicht versagen), hat sie alsbald gewußt, wem sie's holen wollten, und gesagt: „Gehe nur, du holest es dem und dem, ich lasse dir's nicht."/ 4) Velten Sternbecks, Baders allhier, Söhnlein, Gottfried genannt, ungefähr Anno 1636, *Osterkuchen* gegeben. Wie das Kind mit dem Kuchen zu Hause kommt, fanget es an zu schreien und klaget, der Bauch tu ihm wehe. Wie die Mutter des Kindes erfahret, daß das Kind den Kuchen von der Kramerin bekommen, gehet sie zu ihr und hält ihr vor, daß ihr Mann schelte und sage, das Kind habe die Wehetage von ihrem Kuchen bekommen. Darauf sie, die Krämerin geantwortet, es wäre Honig und Mandeln in dem Kuchen gewesen, das würde das Kind nicht vertragen können, sie sollte ihm einen venedischen Theriak [ein tierisches Heilmittel] eingeben, es würde wohl besser werden. Wie nun die Mutter vor einen Groschen Theriak von der Krämerin gekauft und dem Kinde eingegeben, schlaget das Kind aus, daß es so bunt auf dem Leibe wurde wie eine Kröte. / 5) Eine Tabel (das ist Kober), so feste zugebunden gewesen, ihres Sohnes damaliger Braut gegeben, die sie mit nach Oderberg nehmen sollen; selbigen Kober hat sie bei dem Bader eingesetzet und gebeten, weil sie noch etwas zu bestellen hätte, sollte man unterdessen die Tabel zu Kahne tragen. Wie man nun die Tabel zu Kahne tragen wollen, hat sie keiner von der Stelle heben können, wie denn noch Leute am Leben, so es versuchet, also daß auch das Strick zerrissen und die Tabel müssen stehnlassen. Da aber ihres Sohnes Braut die Tabel angefasset, hat sie dieselbe können unterm Arm nehmen und dem Schiff zutragen. / 6) Mit ihrem eigenen Sohne, ohngefähr vor sechs oder sieben Jahren, dergestalt wegen eines Ringes, so sie ihm verehrte und er ihr denselben sollte wiedergeben, in Haß gelebet, daß sie nicht einmal zu seinem Kinde, wie es so sehr krank gewesen, daß es weder leben noch sterben können, und er sie darum gebeten, nicht kommen wollen, er habe ihr denn den Ring wiedergegeben, und ist das Kind alsbald, wie sie bei ihm kommen, sanft abgeschieden. / 7) Auf einem Sonntag Anno 1640 an Herrn Michael Mielentzes, Pfarrers (so sich allhier aufgehalten), Tür, des Morgens gar früh, wider ihre Gewohnheit – da sie in großem Haß mit ihm gelebet und zu seiner Tür niemals kommen –, etzlichemal angeklopfet und, wie sie die Magd ansichtig worden, gefraget, was sie (die Magd) ihrer Henne getan hätte, da sie nicht hätte legen können; sie hätte auch eine Ente, der es gleich also ginge. Wie die Magd in der Stuben gangen zu der Ehefrau, so vorigen Tages eines Söhnleins genesen, und es ihr angesaget: daß die Kramerin vor der Tür wäre und hätte nach solcher Sache gefraget, ist die Frau erschrocken, und wie sie ihre Schwester hinausgeschickt, die Kramerin einzulassen, ist die Kramerin schon etzliche Haus weit davon gewesen und, da hinter ihr her gerufen worden, sich umgesehen und fortgegangen. Darauf die Kindesbetterin nachmittag so unvermögend geworden, also daß man keine Vernunft bei ihr spüren können. Sobald aber die Kramerin zu ihr gekommen, sie ans Bein getastet und geflüstert, ist die Kindesbetterin still worden, hat sich auch wieder vernehmen lassen, daß sie, die Kramerin, kommen könne, und ist hernach besser mit ihr worden. / 8) Ohngefähr Anno 1635 hat der Herr Amtsschreiber allhier, Johannes Nebentisch, ihr, der Kramerin, Flachs, den sie in der heißen Stuben desselbigen gehabt, nehmen und in die Amtstube bringen lassen; da springet aus dem Flachs ein lang Gewürmb, wie eine Blindschleiche, heraus, läuft in der Stuben herum, und wie sie danach schlagen, kriecht es wieder in den Flachs; darauf ihr der Amtschreiber den Flachs wieder ins Haus bringen lassen und nichts mit ihr wollen zu tun haben, weil das Gerücht zu der Zeit so groß von ihr gewesen, daß sie des Sonntags unter der Predigt einmal einen schwarzen Bock vor dem Spinde gespeiset, und eben auch sehr unruhige Zeit gewesen. / 9) Ohngefähr Anno 1638 der damaligen Frau Amtschreiberin allhier, so noch lebet, eine Schüssel voll Mohn gebracht. Wie sie nun den Mohn, so in einem Reibenapf weggesetzet worden, besah, sitzet eine große Kröte im Mohn, welche mit einem spitzigen Stock durchstochen, aufgespießet und mit dem Stock hinter der Hütten aufgestecket worden. Nicht lange darnach, wie sie wieder zum Mohn kommen, sitzet wieder eine große Kröte auf dem Mohn, darob sie sich verwundern und hingehn, zu sehn, ob die aufgesteckte Kröte noch vorhanden. Und siehe, sie finden zwar den Stock noch stecken, aber die Kröte ist davon. / 10) Ohngefähr vor vier Jahren des Nachts in ihrem Hause, da sie ganz allein darin gewesen, in die Hände geklopfet und gesungen: »Domica dondei, domica dondei«, so sie etzliche Male wiederholet und nicht anders von einer Magd und Weib (so hart an ihrer Schlafkammer, daß nur ein kleiner Gang dazwischen gewesen) angehöret worden, als wenn sie gesprungen und getanzet hätte. / 11) Vor etzlichen Jahren Planken in Baders Zaun aufgerissen, dadurch ihre Schweine in des Baders Garten kommen; wie nun der Bader sich mit ihr gezanket und die Schweine mit einem Hopfstangen herausjagen wollen, ist er so oft beim Zuschlagen auf das Gesicht niedergefallen und hat die Schweine gar nicht treffen können. / Und dieses alles nun ihr kann dargetan und bewiesen werden. Also ergehet hiermit an die Herrn Dekane und Doctores etc. unser dienstfreundliches Suchen und Bitten, uns hiernach Rechtens zu belehren, ob die bemeldete Ursula Heinrichs mit hartem Gefängnis anzugreifen und wie ferner mit ihr zu verfahren. / Freienwalde, den 10. Mai 1644 / Erhardt Kühnemann, Amtsschreiber; Justus Schorr (?), Richter; Andreas Fischer, Schöppe; noch zwei Schöppen; Baltzer, Richter-Schöppe; Johannes Heinrich, Schöppe; Joachim Heinrich, Schöppe.‹ / Dieses Anklagestück des Freienwalder Amtsschreibers gibt ein ziemlich trauriges Bild damaliger Zustände. Die Freienwalder Tage von 1644 müssen weniger heiter und harmlos gewesen sein als die heutigen. Ersichtlich war Ursel Heinrichs ein böses, zänkisches, verbittertes altes Weib und weiter nichts. Der Rest ist Nachbars- und Barbierklatsch. Im Lauf des Prozesses ergibt sich, daß der Bader immer aufs Gesicht fiel und beim Zuschlagen die Schweine nicht treffen konnte – weil er betrunken war. Dennoch kam Ursel auf die Folter.«

Für die Arbeit an den Freienwalde-Kapiteln hat Fontane folgende Literatur benutzt (die vollständigen Angaben finden sich jeweils im Verzeichnis der Literatur; vgl. S. 679): Bekmann, »Historische Beschreibung ...«. – Reichenbach, »Statistisch-topographische Altertumskunde der Stadt Freienwalde ...«. – Heidecker, »Beschreibung des Gesundbrunnens ...«. – Hagen, »Beschreibung der Stadt

Freienwalde ...« und »Beschreibung des adligen Geschlechts derer von Uchtenhagen«. – Riedel, »Codex diplomaticus Brandenburgensis«. – Rindfleisch, »Zwei Sagen aus der Umgegend von Freienwalde ...« und »Drei Sagen aus der Umgegend von Freienwalde ...«. – Thurneysser zum Thurn, »Pison«. – Adler, »Andres Schlüter ...«. – Weise, »Blumen der Wälder« und »Die Braut des Handwerkers«. – »Mündliche und briefliche Mitteilungen« (laut Anmerkung am Schluß der Erstausgabe von 1863). Dazu gehören u. a.: ein Brief des Schriftstellers und Redakteurs Hermann Grieben aus Freienwalde vom 22. Januar 1863, der Fontane auf von der Hagens »Beschreibung des adligen Geschlechts derer von Uchtenhagen« (siehe oben) sowie auf Arbeiten von Leopold von Ledebur über dieses Geschlecht hinwies; ein 1863 im »Oberbarnimer Kreisanzeiger« veröffentlichter Aufsatz von W. Melcher über den aufgefundenen Stammbaum der Uchtenhagens, den Fontane vom Autor zugesandt bekam, der ihn in einem Brief vom 22. März 1861 auch auf die beiden Arbeiten von Rindfleisch (siehe oben) aufmerksam gemacht hatte, die er dann am 28. September 1863 schickte; ein die Uchtenhagens betreffender Auszug aus Thomas Kantzows »Pommerania ...« (vgl. ebenfalls das Verzeichnis der Literatur), den Fontane in einem Brief vom 30. Dezember 1862 von L. Steinlein erhielt. – Ferner benutzte der Autor, wie ein Hinweis in den Anmerkungen am Schluß der Erstausgabe besagt, eine Karte von Freienwalde und Umgebung (»Berlin, bei Schropp«).

49 *Nehmt, Kinder, nehmt! ...* – Wilhelm Müller, »Kinderlust« aus dem Zyklus »Frühlingskranz aus dem Plauenschen Grunde bei Dresden«, Strophe 7, Vers 3 f.

... von besserm Klang – In W II[1], S. 253, folgt der Zusatz: »›Fehrbellin‹ klingt schöner, poetischer vielleicht (wie Trompetensignale hallt es dazwischen), aber Freienwalde ist lachender, hat freundlicheren Klang.«

Viele Wege führen hin ... – Anspielung auf das Sprichwort »Alle Wege führen nach Rom«.

Wie oft bin ich dieses Wegs gekommen – Vgl. die Vorbemerkung, S. 538.

51 *Breakfast-Tisch* – breakfast: (engl.) Frühstück.

52 *Muffin* – Englisches Teegebäck.

Luftbrot – Brot, dessen Teig durch Kohlensäurezusatz zum »Aufgehen« gebracht wurde.

Brönnerprobe – Brönner: Brönners Fleckwasser; damals viel benutztes Reinigungsmittel.

Antimakassar-Stuhl – Antimakassar: Gehäkelte Schutzdecke.

53 *Faule, Alte und Neue Oder* – Vgl. S. 31–33. Faule Oder: Gemeint ist der Faule See bei Wriezen, ein bei der Kanalisierung der Oder und der Trockenlegung des Oderbruchs übriggebliebenes Gewässer, das heute nicht mehr existiert.

54 *das »wendische Interregnum«* – Gemeint ist die Zeit zwischen der Völkerwanderung (4.–6. Jahrhundert), als slawische Volksstämme zwischen Elbe und Oder siedelten, und der Eroberung dieses Gebietes durch deutsche Territorialfürsten (10.–12. Jahrhundert).

Langobarden- und Semnonentum – Infolge der militärischen Schwächung des Römischen Reiches erstarkten seit dem 2. Jahrhundert die germanischen Stämme in Deutschland. Teile der Langobarden und Semnonen (Elbgermanen) ließen sich vorübergehend auf dem Gebiet der Mark nieder.

»Wie schön ist Gottes Erde.« – Abgewandeltes Zitat aus Höltys Gedicht »Aufmunterung zur Freude« (Strophe 6, Vers 1). Der Vers lautet bei Hölty: »O wunderschön ist Gottes Erde«.

»Monte Caprino« – (ital.) Ziegenberg.

... Amphitheaters aus gesehen werden – In W II[1], S. 260, folgt der Zusatz: »Freienwalde, wie schon erzählt, schiebt sich in das Amphitheater des Ruinenberges hinein und wird von dem Höhenzuge desselben derart beherrscht und flankiert, daß selbst der zunächst liegende Monte Caprino nirgends in den umschlossenen Halbkreis des Nachbars hineinzublicken vermag.«

55 *aus alten Berliner Tagen her bekannt* – Francesco Valentini (1789–1862) war, bevor er sich nach Freienwalde zurückzog, ein namhafter Italienischlehrer in Berlin; 1825 hatte ihn Friedrich Wilhelm III. zum Professor ernannt.

... ist ungewiß – In W II[1], S. 260, folgt der Zusatz: »aber wir entsinnen uns Valentinis und müssen deshalb hinzusetzen: *wir fürchten es*«.

Inschrift des Häuschens – Im Notizbuch A 5, Rückseite von Blatt 18–19, hat Fontane notiert: »Der eigentliche Naturkultus wird durch eine lange Inschrift, schwarz auf Zinkblech, besorgt. Es führt die Überschrift: ›*Wer mit Gott ist, mit dem ist Gott.*‹ Dann kommen zwei Spalten voll Pantheismus. Es fängt an: ›Gott ist die Seele seiner Schöpfung, in *der* Er sich gleichsam wie in ein herrliches Gewand hüllt.‹ Dieser Dativ stimmt schon bedenklich. Der Schluß lautet: ›Wie ein freundlicher Talisman erhält uns die Religion über *die* Wellen im Schiffbruch des Lebens.‹ So vollzieht sich eine Art von Gerechtigkeit, und die anfänglich beim Akkusativ gemachte Schuld wird schließlich gezahlt.«

Höltyscher Nachklang – Vgl. die dritte Anm. zu S. 54.

55 *hat … die letzte Schuld gezahlt* – ist gestorben; vielleicht in Anlehnung an das Bibelwort »… ein jeder wird um seiner Schuld willen sterben …« (Altes Testament, Jeremia 31,30).

56 *Falkenberg* – Verschiedene, von der gedruckten Fassung noch stark abweichende Entwürfe dieses (Teil-)Kapitels hat Fontane am Beginn des Notizbuchs A 5 notiert.

Da liegt zu Füßen … – Heyse, »Das Tal des Espingo«, Strophe 4, Vers 3 ff.

58 *Deichverband* – Genossenschaftliche Organisation zur Anlegung und Unterhaltung von Deichen, geleitet von einem sogenannten Deichhauptmann bzw. Deichgrafen. Die Mitglieder des Deichverbandes mußten das für Deichanlagen erforderliche Land (gegen Entschädigung) abtreten und Deichlasten aufbringen.

Ruhlenser – Einwohner des thüringischen Ortes Ruhla bei Eisenach.

59 *Aber freilich Anleitung und Schulung ging … voraus* – In W II[1], S. 266, heißt es an dieser Stelle ausführlicher: »Aber freilich Anleitung und *Schulung* ging diesem ›Selbständig-tätig-Sein‹ voraus, und Anregung, Anleitung treten noch jetzt, helfend und fördernd, an den Sommer-Falkenberger heran. Ein geläuterter Geschmack, das feinere Verständnis solcher, die weder mit dem Winter- noch dem Sommer-Falkenberger etwas Bestimmtes gemein haben, haben hier in Bauten und Anlagen vielfache *Muster* geschaffen. Und solcher Muster bedurfte es allerdings. Die Dinge hier, wie schon angedeutet, waren nicht immer das, als was sie jetzt dem Auge sich darbieten, und aller guter Wille der Falkenberger – selbst nachdem sie gelernt hatten, den Bergen sich zuzuwenden – hätte nie ausgereicht, diese Sandwand zur Rechten in Terrassen und Weingänge und diese Berglehnen zur Linken in Laubholzwald zu verwandeln. Ihr Verdienst war: sie *folgten*, sie hatten ein Auge für das Bessere, sie waren bereit, zu lernen.«

60 *Karlsburg* – Das im Volksmund als Karlsburg bezeichnete Gebäude (das nie eine Burg gewesen ist), unmittelbar am »Fontane-Wanderweg« gelegen, beherbergt auch heute ein Ausflugslokal.

… zu der weiten, grünen Fläche des Bruches hinüberschweift – In W II[1], S. 267, folgt der Zusatz: »Schöner fast noch als von der Höhe des Berges aus hat man diese Blicke schon beim Ersteigen desselben, wo mannigfache, durch den Wald geschlagene Laubengänge die schönsten Stellen des Hades (namentlich mit glücklicher Benutzung des Falkenberger Kirchturms) wie in einen Rahmen zusammenfassen.«

60 *»auf am Himmelsbogen ...«* – Zitat aus Bürgers Ballade »Lenore«, Strophe 12, Vers 7 f. Vers 7 lautet bei Bürger: »Bis auf am Himmelsbogen«.

61 *Cöthener Park* – Der Park wurde nach 1945 wieder hergerichtet und unter Naturschutz gestellt. Heute gehört das Gelände zu einem Schülerinternat. Die Kunstdenkmäler sind nicht mehr vorhanden.

Musterstücke ... in Schwetzingen und Wörlitz – Schwetzingen (zwischen Mannheim und Heidelberg): Schloßpark in französischem Barockstil aus dem frühen 18. Jahrhundert; er wurde Ende des 18. Jahrhunderts in englischem Stil erweitert. – Wörlitz (bei Dessau): Erster großer deutscher Landschaftspark (angelegt zwischen 1771 und 1800), mit Tempeln, Pavillons, Grotten und Denkmälern.

... Quell seiner Schönheit überhaupt – In W II[1], S. 269, folgt der Zusatz: »Ob man wirklich *mehr* Wasser und namentlich rascher fließendes hier hatte als anderswo, oder ob man sich nur besser auf seine Benutzung verstand, gleichviel – Wasser überall.«

62 *hinter der Freienwalder Kirche* – Die Pfarrkirche Sankt Nikolai. Der ursprünglich frühgotische Granitbau wurde im Jahre 1453 im Stil der Backsteingotik umgebaut und erweitert.

Hagens »Beschreibung der Stadt Freienwalde« – Vgl. das Verzeichnis der Literatur, S. 680.

kurfürstliches Schloß – Das Gebäude diente bis zum Ende des zweiten Weltkrieges als Volks- und Berufsschule; seit 1946 vom Rat der Stadt Bad Freienwalde genutzt, beherbergt es heute Behörden der Stadt- und Kreisverwaltung.

Die Nachrichten ... benutzt worden ist – In W II[1], S. 272 f., heißt es an dieser Stelle ausführlicher: »Die Nachrichten, die man in Freienwalde selbst einzieht, widersprechen sich einander, und ein Zurateziehen der reichen ›Freienwalder Literatur‹ gibt ebenfalls mehr Abweichendes als Gewisses. Philipp von der Hagen schreibt: ›In der *Stadt* ist ein Schloß, von Steinen gebaut, welches der Kurfürst um des willen erbauen ließ, weil er alle Jahre den Brunnen zu besuchen pflegte und *alsdann daselbst wohnte.*‹ Dies letztere aber (wenn es sich auf ein Wohnen in ebendiesem Stadtschloß bezieht) ist nicht möglich und wird durch von der Hagens Buch an anderer Stelle selbst widerlegt. Er schreibt (Seite 48): ›Der Kurfürst logierte (1685) mit seinem Gefolge in der Stadt *mit vieler Unbequemlichkeit* (das heißt also, ohne Schloß) und beschloß, beim Brunnen ein Gebäude aufführen zu lassen.‹ Von der Hagen fährt dann fort: ›1686 kam der Kurfürst *nicht* nach Freienwalde; als er 1687 sich des Brunnens wieder bediente, wohnte er in dem *neuen Brunnengebäude* (dem jetzigen sogenannten kurfürstlichen Flügel), sein Gefolge logierte aber in der Stadt.‹ Aus allem diesem geht wenigstens das eine hervor, daß der Große Kurfürst *niemals* im Stadtschloß zu Freienwalde gewohnt haben kann; 1685 (wo er in der Stadt logierte) *deshalb* nicht, weil das Schloß damals noch nicht einmal begonnen, geschweige fertig war, und 1687 deshalb nicht, weil er in diesem letztgenannten Jahre überhaupt nicht in der Stadt, sondern auf dem *Brunnen* wohnte. Landrat von Reichenbach schreibt 1824: ›Das alte königliche Schloß in Freienwalde wurde 1687 von Schlüter begonnen.‹ eine Notiz, die völlig wertlos ist, da der berühmte Baumeister erst 1691, also vier Jahre später und drei Jahre nach dem Tode des Großen Kurfürsten, in den brandenburgischen Dienst trat. Von Reichenbach verwechselt hier das *Stadtschloß* mit dem ›Schloß auf dem *Brunnen*‹. Am zuverlässigsten ist mir folgende Angabe erschienen, die ich einem 1848 erschienenen Büchelchen entnehme: ›König Friedrich I. vollführte den schon unter seinem Vater 1687 angefangenen Bau des *Amts-* oder *Rathauses* (hinter der großen Kirche), das ursprünglich zum *Jagdschloß* bestimmt war.‹ Dies Wort ›Jagdschloß‹ ist nicht ganz korrekt, sonst aber, wie schon bemerkt, dürfte diese letztzitierte Angabe der Wahrheit am nächsten kommen. Die Sache würde sich danach in Kürze so stellen. Der Große Kurfürst ordnete den Bau eines ›Stadtschlosses‹ an, und unter seinem Nachfolger wurde dieser Bau beendet. Dies ›Stadtschloß‹ ward aber weder vom Kurfürsten noch später vom König Friedrich I. je bewohnt, sondern erhielt gleich nach seiner Herstellung die Bestimmung eines *königlichen Amts-* und später (an die Stadt übergehend) eines *städtischen* Schul- und Rathauses. Das Haus, wenn auch bis zur Unkenntlichkeit verändert, steht noch, diente (wenigstens bis vor kurzem) als Schule und Gefängnis und zeigt begreiflicherweise nichts mehr von alter Schönheit und königlichem Glanz.«

63 *Das königliche Schloß Freienwalde* – Zweigeschossiger klassizistischer Bau; errichtet 1798/99 von David Gilly, 1837 und 1909 umgebaut.

1909 hatte Walther Rathenau, der spätere deutsche Außenminister, das Schloß von der Krone erworben, als Sommersitz umgebaut und mit Stilmöbeln und Kunstschätzen eingerichtet; seit 1919 wurde es als Schloßmuseum viel besucht. Das unter Denkmalschutz stehende Gebäude beherbergt jetzt eine ständige Rathenau-Ausstellung.

63 *Apothekerberges … Pavillon* – In W II[1], S. 273 ff., heißt es an dieser Stelle ausführlicher: »Auch das *neu-königliche* Schloß Freienwalde liegt nicht innerhalb der Stadt, sondern unmittelbar vor den Toren derselben, auf dem Wege zum Brunnen hinaus, fast am Fuße des ehemaligen ›Apothekerbergs‹. Dieser, inzwischen in einen Schloßgarten umgewandelt, führt demgemäß den Namen der ›*Schloßgartenberg*‹; nicht zu verwechseln mit dem *Schloßberg*, der, halben Wegs zwischen Freienwalde und Falkenberg gelegen, die Ruinen der alten Uchtenhagen-Burg auf seiner Kuppe trägt. Wir werden diesen letztern, den Schloßberg, in einem künftigen Kapitel kennenlernen. / Auch das neu-königliche Schloß Freienwaldes, wiewohl wenig älter als sechzig Jahre, hüllt seine Anfänge wenigstens insoweit in Dunkel, als es mir nicht hat gelingen wollen, das Jahr seiner Entstehung mit voller Gewißheit festzustellen. Eine freundliche Mitteilung aus Freienwalde selbst lautet wie folgt: ›Das hiesige königliche Schloß ist *anfangs der neunziger Jahre* von der Gemahlin Friedrich Wilhelms II. erbaut worden. Die Baulichkeiten sind unverändert geblieben, nur daß 1844 ein am Kirchhofsrande gelegenes Kammerfrauenhaus abgebrochen wurde. Der Schloßgarten, an den Abhängen des Berges, ist erst allmählich zu seiner jetzigen Ausdehnung angewachsen. Die Hofdamen wohnten, solange hier hofgehalten wurde (bis 1805), in dem Hause, das jetzt die Kastellanswohnung bildet. Friedrich Wilhelm IV. hatte vor, die Anlagen des Schloßgartens zu erweitern; die nötigen Ländereien waren auch bereits angekauft, als sein Hinscheiden dem Plan ein Ende machte.‹ / Diese Notizen enthalten so ziemlich eine Quintessenz alles dessen, was in Freienwalde über Geschichte und Entstehung des ›neuen Schlosses‹ kursiert. Die erste Zeile derselben ist insoweit nicht ganz korrekt, als ich nachzuweisen imstande bin, daß das neue Schloß bis 1795 *nicht* existierte, also nicht *anfangs* der neunziger Jahre, sondern höchstwahrscheinlich erst am Schluß derselben entstanden ist. Es liegt mir ein Buch aus dem Jahre 1795, ›Dr. Heideckers Beschreibung der Stadt Freienwalde‹, vor, dessen Titelkupfer eine Abbildung aller der Baulichkeiten gibt, die damals auf dem mehrgenannten Berge standen. Es sind dies: der Pavillon der Königin, der Königin Wohnhaus und der Königin Gartenhaus – aber vom ›Schloß‹ keine Spur, auch nicht einmal die Anfänge desselben. / Soweit die Vignette des Buches, die indessen möglicherweise täuschen könnte; aber der Inhalt des Buches bestätigt, was die Vignette zeigt, nämlich die Tatsache,

daß bis 1795 kein ›Schloß‹ an den Abhängen des ›Apothekerbergs‹ zu finden war. Dr. Heidecker schreibt in dem genannten Jahre: ›Die Gemahlin Friedrich Wilhelms II. fand die Lage dieses Berges so reizend, daß sie von 1790 bis 1795 alljährlich über sechs Wochen während der Badezeit in Freienwalde zubrachte und die Wohnung des Oberförsters Wiprecht, die zu diesem Zweck erweitert und eingerichtet worden war, bewohnte. Sie ließ zugleich neben der Oberförsterwohnung eine geschmackvolle Sommerwohnung bauen, die aus einem Saale, vier Cabinets und einer Küche bestand – der jetzige *Pavillon.*‹ Dieser Pavillon existiert noch, ganz in der Gestalt, wie ihn die Vignette zeigt; er wurde später zu Gartenfesten und kleinen Theaterspielen benutzt, ist aber durchaus nicht das ›Schloß‹. / Dies ›Schloß‹ selbst wurde höchstwahrscheinlich im Sommer 1798 zu bauen begonnen. Am 16. November 1797 war König Friedrich Wilhelm II. im Marmorpalais zu Potsdam gestorben, und wie locker immer die Beziehungen zwischen dem König und seiner Gemahlin, Luise, Prinzeß von Hessen-Darmstadt, gewesen sein mochten, nicht gut konnte diese *vor* dem Tode des Königs, ihres Gemahls, daran denken, ihren Aufenthalt *dauernd* in Freienwalde zu nehmen. Daß es bis 1795 nicht geschehen war, wissen wir bestimmt. Wir irren also wohl nicht, wenn wir annehmen, daß sich die Königin bis zum Ende der Saison 1797 mit der oben beschriebenen Sommerwohnung begnügte und erst 1798 – in diesem Jahre Freienwalde zu ihrem *Witwensitze* machend – auch ein wirkliches Schloß daselbst zu bauen begann. Der Bau dieses Schlosses nahm wenigstens zwei Jahre in Anspruch, so daß wir aller Wahrscheinlichkeit nach das Richtige treffen, wenn wir uns die Räume des Freienwalder Schlosses nicht vor Eintritt des neuen Jahrhunderts belebt denken. Den Namen des Baumeisters habe ich nicht in Erfahrung bringen können. Die Königinwitwe, wenn unsere obigen Zahlen zutreffen, residierte hier fünf Jahre; sie starb am 25. Februar 1805.«

63 *Pavillon* – Das sogenannte Teehäuschen wurde erst 1795 fertiggestellt; es diente vor allem den Theateraufführungen der italienischen Komödianten, die die Königinwitwe Luise Friederike nach Freienwalde kommen ließ. Das gut erhaltene Gebäude dient als Stätte kultureller Begegnungen.

64 *Otahaiti – Haïti.*
König – Friedrich Wilhelm III.
Königin – Luise.
Fritz – Der spätere König Friedrich Wilhelm IV.
Wilhelm – Der spätere König Wilhelm I.

64 *Papageno-Arie* – Aus Mozarts »Zauberflöte« (1791). Die Melodie war sehr populär.
... wünscht Papageno sich – In W II[1], S. 277, folgt der Zusatz: »eine Arie, die womöglich allabendlich und am liebsten mit Vokalbegleitung unter den Fenstern der alten Hofdamen gespielt wurde«.
... stand auf lange hin leer – In W II[1], S. 277, folgt der Zusatz: »Die Invasion, dann die Kriegsjahre – es waren nicht Zeiten für traulich ruhige Tage in Freienwalde.«

65 *... als den eines Schlosses* – In W II[1], S. 277 f., folgt der Zusatz: »Würden wir es, seinem Stil nach, zu rubrizieren haben, so müßten wir es als einen Renaissancebau bezeichnen, der sich, in fast zu weit gehender architektonischer Einfachheit, vorgesetzt zu haben scheint, unter Vermeidung jeglichen Ornaments, rein durch die Proportionen, durch das richtige Verhältnis der Formen, zu wirken.«
Inneres des Schlosses – Umfangreiche Notizen über das Inventar finden sich in Fontanes Notizbuch A 5 (ab Blatt 15).
Erinnerungsstücke, ... um der Personen willen – »Wir haben zwar die Reliquien abgeschafft, aber wir haben sie doch auf unsre Art, und ganz ohne so was geht es nu mal nicht. Mit dem Alten Fritzen fing es natürlich an. Wir haben seinen Krückstock und den Dreimaster und das Taschentuch ...« (»Der Stechlin«, Dreiundzwanzigstes Kapitel).

66 *... von der Kellerwand zurück* – In W II[1], S. 279, folgt der Zusatz: »Sechzig Jahr – eine lange Zeit. Die Heiterkeit manch zarterer Saite, manch feineren Instruments schlug um seitdem in Weh und Leid.«

67 *Gesundbrunnen* – Der ehemalige »Gesundbrunnen«, seit 1840 Moorbad, ist heute auf die Behandlung von Rheuma-Erkrankungen spezialisiert.
Hier an der Bergeshalde ... – Storm, »Immensee«, Kap. »Im Walde« (Anfangsverse).
von der Hagen, ... Beschreibung Freienwaldes – Vgl. das Verzeichnis der Literatur, S. 680.

68 *... an seinem Fenster vorüberfliegt* – In W II[1], S. 282, folgt der Zusatz: »– ein bloßer Passant, aber doch immerhin ein Gast. Ohne jegliches Verstimmtsein entreißt sich der an dem Pfeiler Lehnende seinem wachen Traum, der ihn (wir glauben nicht zu irren) soeben an die minder poetischen, aber vergnügliche-ren Ufer der Spree getragen hatte, in große Säle mit Glaskandelaber und Spiegelscheiben, mit Palmenkübeln und schmetternder Musik.«

68 *Kroll* – 1844 von Joseph Kroll am damaligen Königsplatz im Berliner Tiergarten eröffneter Vergnügungspalast mit eigenem Theater- und Konzertsaal. Aus dem Theater ging später die Kroll-Oper hervor.
Odeum … kein leerer Wahn – Ironisch abgewandeltes Zitat aus Schillers Ballade »Die Bürgschaft«: »Und die Treue, sie ist doch kein leerer Wahn.« Odeum: Bekannte Gaststätte in der Berliner Tiergartenstraße.
Stechbahn – Ehemaliger Turnierplatz neben dem Berliner Schloß (in Richtung Werderscher Markt); später Name einer Straße.

69 *Thurneysser … schrieb* – In »Pison«; vgl. das Verzeichnis der Literatur, S. 684.

70 *Kurfürst* – Friedrich Wilhelm, der Große Kurfürst.
seine Gemahlin – Dorothea.
Wispel – Altes norddeutsches Getreidemaß; in Preußen etwa dreizehn Hektoliter.
Bekmann, in seiner »Beschreibung …« – Vgl. das Verzeichnis der Literatur, S. 679.

71 *der von Schlüter erbaute Münzturm* – In W II[1], S. 286, heißt es: »der von Schlüter (freilich gegen seinen Rat) erbaute Münzturm«.
Neue Arbeiten Professor Adlers – »Andreas Schlüter«; vgl. das Verzeichnis der Literatur, S. 679. Fontane war mit Adler bekannt.
erster König – Friedrich I. Er regierte bis 1713.
»Soldatenkönig« – Friedrich Wilhelm I.
allerlängste Potsdamer Grenadiere – Sogenannte »lange Kerls« oder (nach ihrer Uniform) »große Blaue«; meist mit Gewalt oder List zum Dienst gepreßte, sehr große Soldaten, die die Leibgarde Friedrich Wilhelms I. bildeten.

72 *Alexandriner* – Zwölfsilbiges Versmaß der französischen Klassik.

73 *Brunnenfigur in Brüssel* – »Manneken Pis«, Bronzefigur (1619) des flämischen Bildhauers François Duquesnoy (1594 bis 1643).
… die jungen Paare kichern – In W II[1], S. 288, folgt der Zusatz: »und die alten Herren ihre eigenen Anekdoten so laut belachen, daß selbst die Blechinstrumente auf Augenblicke dagegen verstummen. Aber wie schön es immer in den Tagen der Saison an dieser Stelle sein mag, wenn die Najade, die sprudelnde Wirtin dieses Tales, umworbener ist als alle ihre Gäste, die jüngsten und reizendsten nicht ausgenommen …«

74 *Und wo der Rosengarten war* … – Uhland, »Der Rosengarten«, Strophe 13, Vers 3 f.
jeder eitle Kummer … – Waiblinger, »Der Kirchhof«, Strophe 3, Vers 5–8 (in der Bearbeitung von Eduard Mörike).
Die Ruh ist wohl das beste … – Anfangsverse desselben Waiblinger-Gedichts.
Johanniszeit – Ende Juni.

75 »*Fleurs animées*« – »Les fleurs animées« (1846; Die beseelten Blumen), zweibändiges Werk mit 52 Zeichnungen des Karikaturisten Ignace-Isidore Gérard, genannt Grandville (1803 bis 1847), das die Pariserinnen durch Blumensymbole charakterisierte.
Pfingstvogel – Pirol.
… *Scheu der Natur* – In W II^1, S. 292, folgt der Zusatz: »die Scheu des innersten Ich«.

76 *dalbern* – (herum)albern.
Wir sahen ihn bei Sonnenschein – In W II^1, S. 293 f., folgt der Zusatz: »Lachende Mädchen saßen am Ufer hin und flochten Kränze aus Moos und Wasserblumen; ein Boot mit zwei Jägerburschen fuhr über den See, der eine ruderte, während der andere von Zeit zu Zeit Hornsignale in den Wald blies. Die Mädchen am Ufer richteten sich auf, grüßten mit flatternden Hutbändern und klatschten Beifall; Sonne, Lust und Liebe schienen sich ein Rendezvous an dieser düsteren Stelle haben geben zu wollen. Es war, als ob der Griesgram lachen sollte; aber es ging nicht, es kleidete ihn nicht. / Ich fürchte, wir haben den Baa-See zur Unzeit gesehen.«
Wilder Jäger – In der deutschen Volkssage Anführer der »Wilden Jagd«, eines Geisterheeres, das nachts mit Getöse und Hundegebell durch die Lüfte fährt.

77 *Ich habe schon wieder* – Chamisso, »Frühling«, Strophe 1, Vers 3 f.
Sereschaner-Hauptmann – Sereschaner oder Seressaner: »Rotmäntel«, (seit 1700) berittene österreichische Grenztruppen.

78 »*Vue des environs* …« – (franz.) »Blick auf die Umgebung von Saverne, gewidmet der Marquise von Vilette, Herrin von Ferney-Voltaire

79 *Giebichenstein* – Felsen über der Saale am Nordrand von Halle, mit mittelalterlicher Burgruine.
»*Des Knaben Berglied*« – Gedicht von Uhland.
Kurrendemantel – Die Kurrendesänger trugen kurze schwarze Radmäntel.

80 *Wanderjahre … Lehrjahre* – vermutlich Anspielung auf Goethes Romane »Wilhelm Meisters Lehrjahre« und »Wilhelm Meisters Wanderjahre«.
Bursch – Student, Mitglied der Burschenschaft.
so genoß … zu sehn – In W II^1, S. 299, lautet diese Textstelle abweichend und ausführlicher: »wie es das Vorrecht allen Wanderlebens ist, so war es ihm nun, bei seiner Rückkehr, vor manchem andren Wandrer beschieden, daß er nicht aus der Poesie des Umherstreifens in die Alltagsprosa eintrat, sondern daß der Roman seines Lebens nun erst voll begann. Dem lyrischen Vorspiel folgte die dramatische Aktion.«
81 *»Blumen der Wälder«* – Vgl. das Verzeichnis der Literatur, S. 684.
83 *»Die Braut des Handwerkers«* – Vgl. das Verzeichnis der Literatur, S. 684.
84 *Gellertscher Esel* – Die Fabel »Der Esel und die drei Herren« stammt nicht von Gellert, sondern von Ludwig Heinrich von Nicolay (1737–1820).
85 *Und irr ich nicht, so zieht ein Feuerstrudel …* – Goethe, »Faust« I, Vers 1154 ff.
Ein Kind aus schwarzer Menge blickt … – Mörike, »Die traurige Krönung«, Strophe 4, Vers 1–4. Die Verse 1 und 2 wurden von Fontane zusammengezogen. Sie lauten bei Mörike: »Und aus der schwarzen Menge blickt / Ein Kind mit frischer Wunde«.
neuerer Forschung ist es gelungen – Gemeint sind wahrscheinlich die Arbeiten von Ledebur und Melcher; vgl. die Vorbemerkung, S. 544 f.
86 *… nach Freienwalde hin?* – In W II^1, S. 305, folgt der Zusatz: »Der Lösung dieser Frage unterzieht sich ausschließlich die Sage, ja sie geht noch einen Schritt weiter und beantwortet, ohne historische Skrupel, zugleich die Frage nach dem eigentlichen Ursprung des Geschlechts. / Die Sage, selbstverständlich, schwankt in ihren Angaben über diesen Punkt und führt in ihrer *einen* Version den Ursprung des Geschlechts auf die märkischen Jagows, in der andern Version auf die pommerschen Wedells zurück, auf die Wedells, deren einer (so erzählt sie) seinen Lehnsherrn, den Pommernherzog, mitten in der Schlacht an den brandenburgischen Markgrafen verriet und für diesen Verrat mit Freienwalde belohnt und belehnt wurde. Übrigens ein Verrat nicht um Goldes willen, sondern aus Zorn und Rache. / Die andre, die Jagow-Version, hat einen einschmeichelnden Klang und sei darum an dieser Stelle in Kürze erzählt.«
Henning von Jagow … – In seinen Anmerkungen am Schluß

von W II[1] (S. 538 f.) teilt Fontane drei Uchtenhagen-Sagen mit, darunter unter der Überschrift »Der Große Kurfürst und der alte Uchtenhagen bei Freienwalde« eine andere Fassung der hier angeführten. Sie lautet; »Auf dem Schloßberge hat Uchtenhagens Schloß gestanden; noch jetzt sieht man die alten Keller oben und die vielen Verwallungen an den Gehängen der Berge. Einer davon heißt der Räuberberg, da waren die Höhlen für seine Leute. Er ist nämlich ein Räuberhauptmann gewesen, und der ›Große Kurfürst‹ hat ihn freigegeben. Wie der nämlich gegen die ›*Russen*‹ zu Felde lag, kam Uchtenhagen zu ihm und sagte, er wolle die Feinde schla-gen, wenn er ihn freigebe. Da hat ihn der Kurfürst gefragt, wieviel Leute er denn hätte. Uchtenhagen hat gesagt: ›Einundsechzig.‹ Da hat sich der Kurfürst verwundert, daß er es unternehmen wollte, es aber ihm versprochen, wenn es ihm gelänge. Nun hat Uchtenhagen seine Leute in der Nacht zusammengerufen und ist über die Russen hergefallen, hat ihnen die Kanonen vernagelt und dann sich an sie selbst gemacht. Wie es Morgen geworden, ist der Kurfürst gekommen und hat sich gewundert über das furchtbare Blutbad, der Feind ist aber schon auf der Retraite [Rückzug] gewesen. Das Feld heißt noch heutzutage das *rote Land*, es liegt vom Freienwalder Brunnen nach Dorf Sonnenburg zu.« Dazu findet sich auf S. 539 die Fußnote: »Wie Sagen in der Tradition die Szenerie wechseln und namentlich an *näherliegende* Persönlichkeiten stets angeknüpft wird (so äußert sich Prof. W. Schwartz, der obige Sage erzählt), ist bekannt. So zieht also diese Version der Uchtenhagen-Sage den Großen Kurfürsten hinein, während sie sonst gewöhnlich in weit frü-here Zeit gesetzt wird. Wenn die Sage im Ruppiner Lande spielte, würden ferner in ihr unbedenklich die Schweden als die Feinde auftreten, hier aber in den Odergegenden hat die Russenzeit des Siebenjährigen Krieges in der Tradition ihre Spur zurückgelassen, und da das Volk schwer die Zeiten auseinanderhält, figurieren die Russen ganz ruhig so neben den Franzosen im Gedächtnis als Feinde überhaupt. Als ich ein altes Mütterchen fragte, woher die Ruinen auf dem Kapellenberge stammten, gab sie mir die in jeder Hinsicht naive Antwort: ›Das ist noch so aus alten Zeiten, da sind sie immer hinaufgeklettert, um zu sehen, ob die Russen oder Franzosen kämen.‹ Diese Vermischung der Zeiten tritt überall in der Tradition hervor. So gab neulich ein sonst gebildeter Mann die gefesselten Männer am Piedestal der Statue des Großen Kurfürsten zu Berlin für ›alte Wendenfürsten‹ aus, der Große Kurfürst wurde ihm zu einer Art von Markgraf Gero. Selbst ein tüchtiger, noch jüngerer Dorfschullehrer sagte mir neulich, die böhmische Gemeinde der Nachbarschaft sei zur Zeit der ›großen Völkerwanderung‹ hier eingewandert.«

86 *Robin Hood* – Legendärer angelsächsischer Freiheitsheld des 11./12. Jahrhunderts, der die reichen normannischen Feudalherren beraubte, um arme angelsächsische Bauern zu unterstützen. Fontane kannte Robin Hood, die Zentralgestalt zahlreicher englischer Balladen und Volkslieder, vor allem durch die Balladensammlung »Reliques of Ancient English Poetry« (1765; Reste altenglischer Dichtkunst) von Thomas Percy und den Roman »Ivanhoe« (1820) von Walter Scott. 1854 veröffentlichte er selbst eine Ballade »Robin Hood«.

Krieg mit den Pommern – Eine der zahlreichen Fehden, die die Pommernherzöge im 14. und 15. Jahrhundert inszenierten, um sich von der seit 1231 bestehenden brandenburgischen Lehnshoheit zu befreien. Vgl. »Fünf Schlösser«, Teil »Quitzöwel«, Kap. 7; Band 5 dieser Ausgabe.

collato pede – (lat.) Fuß an Fuß.

88 *wie es im Liede heißt* – Gemeint ist das »Abendlied« von Matthias Claudius, dessen erste Strophe lautet: »Der Mond ist aufgegangen, / Die goldnen Sternlein prangen / Am Himmel hell und klar; / Der Wald steht schwarz und schweiget, / Und aus den Wiesen steiget / Der weiße Nebel wunderbar.«

92 *... auf der Kuppe des Hügels an* – In W II[1], S. 313, folgt der Zusatz: »Diese Kuppe beschreibt einen Kreis von etwa vierzig Schritt Durchmesser. Wir traten zunächst an den Vorderrand des Berges, der sonst einen freien Blick in die Landschaft gestattete, jetzt aber von Bäumen so dicht umstanden ist, daß sich nur mühsam, durch Stämme und Laub hindurch, ein Blick auf das unten liegende Bruch ermöglicht. Auf den Wiesen brauten die Nebel, nicht länger golden durchglüht; nur im Westen säumte noch ein roter Streifen den Himmel, während wir selbst in völliger Nacht standen. / Wir umschritten nun die Rundung, denselben Kreis, der einst den Burghof einschloß, bis wir an die Rückseite der Hügelkuppe kamen, die ebenso in die tiefen Schluchten eines Bergterrains wie die Vorderseite in das offne Bruchland herniedersieht.«

Kyffhäuser – Gebirgszug südöstlich des Harzes, mit mittelalterlicher Reichsburg. Der Sage nach schläft Kaiser Friedrich I. Barbarossa (Rotbart; um 1123–1190) im Kyffhäuser, um wiederzukehren, wenn das Reich in Not ist.

93 *drittehalb* – zweieinhalb.

Urkundensammlung – Riedel, »Codex diplomaticus ...«; vgl. das Verzeichnis der Literatur, S. 683.

93 *Kostnitz … Worms* – Kostnitz: Konstanz. Worms und Konstanz waren im Mittelalter bevorzugte Tagungsorte für den Reichstag, die vom römisch-deutschen Kaiser einberufene Versammlung der Reichsstände. In Konstanz wurde auch der tschechische Reformator Jan Hus 1415 durch das Konzil zum Tode verurteilt und als »Ketzer« verbrannt.

unter Friedrich dem Eisernen vor Bernau – Kurfürst Friedrich II. (genannt der Eiserne) von Brandenburg begann 1442 die märkischen Städte (darunter offenbar Bernau) gewaltsam zu unterwerfen. Durch die Aufhebung der Selbständigkeit und Bündnisfreiheit der Städte (die zum Teil der Hanse angehört hatten) wurde die landesfürstliche Macht entscheidend gestärkt.

bei Mühlberg – In der Schlacht auf der Lochauer Heide bei Mühlberg (27. April 1547, während des Schmalkaldischen Krieges) hat das Heer Kaiser Karls V. den Schmalkaldischen Bund der protestantischen deutschen Reichsstände besiegt und seine Führer gefangengenommen. Kurfürst Joachim II. Hektor von Brandenburg und sein Bruder, Markgraf Johann von Küstrin, unterstützten den Kaiser, obwohl sie sich selbst zur Reformation bekannten.

gegen die Hussiten – Kurfürst Friedrich I. von Brandenburg hatte mehrere Reichsfeldzüge gegen die böhmische Hussitenbewegung geleitet. Zur Vergeltung fielen die Hussiten mehrfach, besonders in den Jahren 1431/32, in die Mark ein. Am 23. April 1432 wurden sie auf dem sogenannten Rutenfelde bei Bernau von den Brandenburgern entscheidend geschlagen.

gegen die Türken – Vgl. S. 348–353.

95 *berühmter Feldmarschall* – Otto Christoph von Sparr; vgl. S. 457 bis 467.

96 *Stadthaus der Uchtenhagens* – Ehemaliges Freihaus (zins- bzw. steuerfreies Haus); 1560 auf Geheiß des Ritters Franz von Uchtenhagen für den Pfarrer Charitis als Fachwerkbau errichtet; um 1660 durch den Vorsatz einer Putzfassade und andere Veränderungen dem Barockstil angeglichen. Das Gebäude (an dem sich übrigens keine gotischen Merkmale nachweisen lassen, wie Fontane meint) beherbergt seit 1952 das »Oderlandmuseum Bad Freienwalde«.

Amtshaus – Zweigeschossiger Renaissancebau vom Typ eines Festen Hauses, errichtet Ende des 16. Jahrhunderts. Das Gebäude, das zu Fontanes Zeit als Amtshaus diente und heute den Rat der Gemeinde, den Kindergarten und andere Einrichtungen des Dorfes beherbergt, wurde in jüngster Zeit modernisiert. Erhalten sind noch das Sitznischenportal, die Eingangshalle (mit Tonnengewölbe) und die alte Burgkapelle (mit Stuckreliefs). – Aufzeichnungen und Skizzen zu Neuenhagen finden sich in Fontanes Notizbuch A 5, Blatt 12–14.

97 *Kirche zu Neuenhagen* – Die größtenteils aus Holz gebaute Kirche ist abgebrannt. An ihrer Stelle wurde Ende des 19. Jahrhunderts eine neugotische Backsteinkirche errichtet. Die erwähnte Grabplatte (mit Inschrift) blieb nahezu unversehrt und befindet sich heute in der Nordwand des Kirchenschiffes.

»Das Blut Jesu ...« – »... das Blut Jesu Christi, seines Sohnes, macht uns rein von aller Sünde«; Neues Testament, 1. Brief des Johannes 1,7 (nicht Johannes 3).

alte Kirche von Freienwalde – Vgl. die erste Anm. zu S. 62.

98 *viertehalb* – dreieinhalb.

Aqua-Tofana-Kunst – Aqua Tofana: Tofanisches Wasser; nach seiner (1709 hingerichteten) sizilianischen Erfinderin benannter Gifttrank.

99 *Schaumünze* – Münze mit besonderer, künstlerischer Prägung, zumeist als Erinnerung an Zeitereignisse oder als Geschenk hergestellt.

»Vom Himmel hoch ...« – Luther bezeichnete das 1535 entstandene Lied als »Kinderlied auf die Weihnacht Christi«.

Buckow

Der Aufsatz entstand im Mai 1862, unmittelbar nach Fontanes Besuch in Buckow Anfang des Monats. Ein weiteres Mal suchte der Autor den Ort im Frühjahr oder Sommer 1863 auf, als er mehrere Kurzfahrten auf den Barnim unternahm, um die letzten Recherchen für sein Buchmanuskript zu machen, dessen Druck im Juli begann.

Kurz vor der Veröffentlichung in der Buchausgabe von »Das Oderland« (November 1863) wurde das Kapitel – zusammen mit den Aufsätzen »Der große und kleine Tornow-See« (vgl. S. 561) und »Am Werbellin« (vgl. S. 667) – unter dem Titel »Die ›Märkische Schweiz‹ (1. Buckow. 2. Der große und kleine Tornow-See. Am-Werbellin)« im Cottaschen »Morgenblatt für gebildete Leser«, Nr. 40 und 41 vom 1. und 8. Oktober 1863, S. 933–937 und 961–967, vorabgedruckt.

Für die Arbeit am Buckow-Kapitel hat Fontane folgende Literatur benutzt (die vollständigen Angaben finden sich jeweils im Verzeichnis der Literatur, vgl. S. 679): Berghaus, »Landbuch der Mark Brandenburg ...«. – »Landbuch des Kurfürstentums und der Mark Brandenburg ...«. – »Mündliches« (laut Anmerkung am Schluß der Erstausgabe von 1863).

101 *Das dritte* – Chamisso, »Kleidermacher-Mut«, Strophe 4, Vers 1 ff. Die Verse lauten bei Chamisso: »Das dritte, Herr König, noch wissen wir's nicht – / Courage! Courage! –, / Doch bleibt es das Beste an der ganzen Geschicht«.

... in den Waldbach niedertauchen – In W II¹, S. 174, folgt der Zusatz: »Selbst wer Buckow nie sah, freut sich an Wort und Namen und erwidert im Ton des Einverständnisses: ›Ah, Märkische Schweiz.‹«

102 *Wispel* – Vgl. die dritte Anm. zu S. 70.

Hügelkirche – Vgl. die vierte Anm. zu S. 490.

Herrschaft – Dem Landesfürsten unterstehendes Gebiet, in dem ein Feudalherr bestimmte Herrschaftsrechte (Grund-, Gerichts-, Leibherrschaft) ausübte (im Gegensatz zur reichsunmittelbaren Grafschaft).

Posseß – Besitz.

104 *fait accompli* – (franz.) vollendete Tatsache.

pfänden – Hier: als Pfand (Bürge, Geisel) wegführen.

105 *»Dieser Name ist mein.«* – In W II¹, S. 178 f., folgt der Zusatz: »Dabei ist es (ohne dadurch Freienwalde in den unverdienten Ruf der Eleganz bringen zu wollen), als hörte man Seide rauschen, während Buckow wie im Friesrock beiseite steht.«

106 *... gelegenen »Märkischen Schweiz«* – In W II¹, S. 179 f., folgt der Zusatz: »Die Partien, die sich innerhalb der letzteren bieten, sind zahlreich und anmutig (ich beschreibe dieselben zum Teil im nächsten Kapitel), der eigentliche Zauber aber, den Buckow übt, besteht nicht in der Schönheit dieser oder jener Details, sondern einfach in dem Blick auf den schönen, tief gelegenen, schon in seiner Erscheinung halb märchenhaften See, der sich von keinem Punkt der umgebenden Höhen her schöner und malerischer ausnimmt als von dem Bollersdorfer Plateau aus, das den See nach Westen hin begrenzt.«

109 *geognostisch* – die Gesteinskunde betreffend.

selten auf frischer Tat ertappt – In den Anmerkungen am Schluß von W II¹ (S. 526) schreibt Fontane mit Bezug auf diese Textstelle: »Es hat inzwischen, seitdem ich den Aufsatz über ›Buckow‹ und über *Erdfälle* in diesen Gegenden schrieb, wirklich ein solcher Erdfall stattgefunden; zwar nicht unmittelbar in der Mark, aber doch in unserer Nachbarschaft, in *Thüringen.* Aus Sachsenburg [bei Artern] wurde neuerdings berichtet: ‹Hier hat am 11. September ein „Erdsturz" alle Gemüter erschreckt. Nachmittags drei Uhr versank auf einem Rasenplatze in der Nähe der Kirche, unter donnerartigem

Krachen, ein Stück Erde, und unmittelbar darauf schlugen die Wasser aus der Tiefe in die Höhe. Am Abend betrug die Länge der eingestürzten Fläche bereits achtzehn Fuß und die Breite sechzehn Fuß; seitdem vergrößert sich die Versenkung täglich. Die Tiefe des entstandenen Loches mißt 174 Fuß, und das Wasser stand 160 Fuß. Man ist sehr besorgt um die neu gebaute Kirche, welche etwa 150 Fuß von dem einen Ende des Erdsturzes entfernt ist. Der Kommunikationsweg zwischen Bilzingsleben und Sachsenburg ist bereits erfaßt, so daß er an dieser Stelle – wenigstens mit Fuhrwerk – nicht ohne Gefahr passiert werden kann.«

Der große und kleine Tornow-See

Der Aufsatz ist zusammen mit den Kapiteln »Buckow« und »Am Werbellin« entstanden (Mai 1862), vorabgedruckt (vgl. S. 559) und ebenfalls 1863 zum erstenmal in der Buchausgabe von »Das Oderland« veröffentlicht worden. Vorher mußte er, wie auch die Aufsätze über Friedland und Kunersdorf, dem Grafen Heinrich August Friedrich von Itzenplitz, Besitzer der Güter Friedland, Kunersdorf, Bollersdorf und Pritzhagen, die Fontane während seiner »Oderland«-Reise vom 13. bis 20. September 1862 aufgesucht hatte, zur Genehmigung eingereicht werden. Am 3. September 1863 schrieb Fontane an Wilhelm Hertz: »Der alte Itzenplitz, dem ich drei Aufsätze (die Tornow-Seen, Friedland und Kunersdorf) laut Zusage vorlegen mußte, hat mir einen fabelhaft verbindlichen Brief geschrieben ...«

Für die Arbeit an dem Kapitel hat Fontane dieselbe Literatur wie für »Buckow« benutzt (vgl. S. 559).

111 *Im Mummelsee* ... – August Schnezler, »Die Lilien« aus dem Zyklus »Zehn Romanzen vom Mummelsee im Schwarzwald«, Strophe 1, Vers 1 f.

kleine gotische Kirche – Sie war im zweiten Weltkrieg abgebrannt, ist aber in der alten Form wiederhergestellt worden. – In Fontanes Anmerkungen am Schluß von W II[1] (S. 526 f.) findet sich folgender Bericht über den »Schnitzaltar in der Bollersdorfer Kirche«: »Der schöne alte Schnitzaltar in der Bollersdorfer Kirche, dessen. Restaurierung (durch den Maler Holbein) ganz vor kurzem durch den Grafen Itzenplitz veranlaßt wurde, zeigt in seinem Mittelstück, dem sogenannten ›Schrein‹, die Kreuzigung, jedoch nur mit Maria, Johannes und Magdalena. Der landschaftlich gemalte Hintergrund mußte, da nur unverständliche Überreste vorhanden waren, neu erfunden werden. Die beiden Flügel des Altars zeigen in ihrer obern Reihe hier Petrus und Paulus, dort Johannes und Sankt Georg, die der untern die vier Evangelisten mit ihren Symbolen. Sonderbarerweise stammt das Ganze nicht aus einer und derselben Zeit. Der größere Teil, die Kreuzigung samt den vier Evangelisten, zeigt nämlich den manierierten Stil, der sich in der zweiten Hälfte des 16. Jahrhunderts durch den Einfluß der italienischen Kunst in Deutschland bildete, während die anderen vier Heiligen ziemlich gute Arbeiten deutschen Kunsthandwerks vom Anfange desselben Jahrhunderts sind. Wie diese Verbindung heterogener Teile entstanden und ob diese älteren Figuren gleich bei der Anfertigung des neuen Altars oder erst später in denselben aufgenommen, muß zwar dahingestellt bleiben; jedenfalls ist aber die Tatsache bemerkenswert, daß man hier, *noch in sehr später Zeit und nach Einführung der Reformation*, diese Technik in Anwendung brachte und dabei keinen Anstand nahm, diese ältern, vielleicht aus einem verfallenen Altare herrührenden Statuetten zu benützen, obgleich sich unter ihnen neben Aposteln auch der etwas problematische und jedenfalls auf einem evangelischen Altare bedeutungslose Sankt Georg befand.« – Wie sehr sich Fontane für die Erhaltung solcher Altäre engagierte, zeigt der folgende Aufruf, den er im Mai und Juni 1863 im »Schulblatt für die Provinz Brandenburg« (Jahrgang 28, Heft 5 und 6) abdrucken ließ: »Bilderaltäre: Einige *Bilderaltäre* (vergoldetes Holzschnitzwerk, Szenen aus der heiligen Geschichte darstellend), die vor einigen Monaten hier in Berlin – wo sie restauriert worden waren – ausgestellt und von Kunstliebhabern in Augenschein genommen wurden, haben die Frage angeregt: wieviel von solchen alten *Schnitzwerkaltären* wohl noch in der Mark, zumal in den alten Dorfkirchen, zu finden sei. Der Unterzeichnete ist nach Erfahrungen, die er in einem verhältnismäßig kleinen Kreise gemacht hat, der Ansicht, daß von solchen mehr oder weniger wertvollen Bildwerken aus der katholischen Zeit her noch sehr vieles (mehr, als gewöhnlich geglaubt wird) vorhanden sein muß, und spricht den Herren Geistlichen, Kantoren und Lehrern unserer Provinz gegenüber an dieser Stelle den Wunsch aus, daß die Genannten die Freundlichkeit haben möchten, mich wissen zu lassen, wo sich dergleichen findet. Erlaubt es ihre Zeit, eine kurze Beschreibung beizufügen, so werd ich ihnen doppelt zu Dank verpflichtet sein. Zuschriften bitte ich zu adressieren an *Theodor Fontane*, Alte Jakobstraße 171. Berlin, im April 1863.« Die daraufhin eingehenden Zuschriften märkischer Pfarrer sammelte der Autor in einer Mappe und legte über das Vorkommen von Schnitzaltären, alten Taufsteinen und -becken, Abendmahlkelchen, Skulpturen, Kirchenbildern, Glocken usw. eine Tabelle an. (Das Konvolut unter dem Titel »Schnitzaltäre in märkischen Kirchen« ist im Theodor-Fontane-Archiv der Deutschen Staatsbibliothek, Potsdam, erhalten; vgl. auch Sonja Wüsten, »Schnitzaltäre in märkischen Kirchen. Zu unveröffentlichten Notizen Theodor Fontanes«, in: Fontane-Blätter, Band 2, Heft 5, 1971). Zwar wurde dieses Material später nicht ausgewertet, doch Fontane weist in seinem Werk immer wieder auf die kulturhistorische Bedeutung alter Dorfkirchen und ihres Interieurs hin. So heißt es zum Beispiel in »Vor dem Sturm« (Erster Band, Fünftes Kapitel, »In der Kirche«): »Nur unsere Dorfkirchen stellen sich uns vielfach als die Träger unserer *ganzen* Geschichte dar, und die Berührung der Jahrhunderte untereinander zur Erscheinung bringend, besitzen und äußern sie den Zauber historischer Kontinuität.« Vgl. auch Band 6 dieser Ausgabe.

111 *coupiertes Terrain* – Von Gräben, Hecken usw. durchschnittenes Gelände.

112 *Landbuch* – Eigentlich Landtafel: Seit 1309 in Böhmen, dem Stammland Kaiser Karls IV., geführtes Verzeichnis der Rittergüter. Nur der Adel und der hohe Klerus sowie später einige privilegierte Stände hatten die Landtafelfähigkeit, das heißt das Recht, die eingetragenen Güter *zu* erwerben. Die Mark Brandenburg, von 1372 bis 1378 im Besitz Karls IV., wurde 1375 in der Landtafel erfaßt.

114 *»Haus Tornow«* – Das Haus, in dem sich Fontane während seiner »Oderland«-Reise im September 1862 aufhielt, existiert noch. Aufzeichnungen unter der Überschrift »Haus Tornow« finden sich im Notizbuch A 5, Blatt 53–55.

Möglin

Fontane hat den Ort 1862 besucht und im Juli desselben Jahres an dem Kapitel gearbeitet, das 1863 zum erstenmal in der Buchausgabe von »Das Oderland« veröffentlicht wurde. Am 29. Juli 1862 hatte er seiner Frau mitgeteilt: »Gestern (Montag) abend sollte eine kleine Reunion im ›Moritzhof‹ sein … – ich bin aber nicht hingegangen, sondern habe lieber gearbeitet. Ich möchte diese Thaer-Denkmal-Geschichte gern hinter mir haben.«

Als Vorabdruck des Kapitelteils »Albrecht Daniel Thaer« ist die fünfzig Seiten umfassende Schrift »Denkmal Albrecht Thaers zu Berlin, nach dem Entwurfe Chr. Rauchs ausgeführt von H. Hagen ... Mit Text von Th. Fontane«, Berlin (Wiegandt und Hempel) o. J., anzusehen, die auch über Entstehung, Aussehen und Einweihung des Denkmals Auskunft gibt und die Biographien der auf seinem Relief abgebildeten Mitarbeiter Thaers mitteilt; vgl. Band 6 dieser Ausgabe.

Für die Arbeit am Möglin-Kapitel hat Fontane folgende Literatur benutzt: Körte, »Albrecht Thaer ...« (vgl. das Verzeichnis der Literatur, S. 684). (Im Notizbuch A 21, Rückseite von Blatt 51, findet sich der Hinweis, daß dort über Frau von Friedland und die Gräfin Itzenplitz etwas zu finden sei.) – »Mündliche und briefliche Mitteilungen« (laut Anmerkung am Schluß der Erstausgabe von 1863).

115 *Hans Albrecht von B.* – Vgl. S. 413–426.

116 *Feldsteinkirche* – Die Kirche wurde restauriert.

Schloßregister – Gemeint ist wahrscheinlich ein Schoßregister: Verzeichnis der Abgaben und Steuern.

Ehre jedem Heldentume ... – Die Verse stammen wahrscheinlich von Fontane.

Landrentmeister – Vorsteher des Rentamtes, einer Rechnungs- und Verwaltungsbehörde, die die landesherrlichen Einkünfte einzog.

117 *»Julius von Tarent«* – Das 1776 entstandene Trauerspiel hat auf die Dramatik des Sturm und Drang eingewirkt und namentlich Schillers »Räuber« beeinflußt.

118 *»Berliner Theologen«* – Gemeint ist die Berliner Gruppe der sogenannten Neologen (August Friedrich Wilhelm Sack, Johann Joachim Spalding u. a.), die in der Aufklärungsphilosophie und -theologie des 18. Jahrhunderts eine gemäßigte Richtung vertraten. Sie bekämpften den kirchlichen Dogmatismus und die überlieferten Offenbarungslehren, hielten aber (im Gegensatz zu den Rationalisten) am Begriff der Offenbarung fest, dem sie einen neuen, »vernünftigen« und »sittlichen« Inhalt zu geben suchten.

»Fragmente ...« – Die von Lessing 1774–1778 herausgegebenen »Fragmente aus den Papieren eines Ungenannten« stammen aus einem Manuskript (»Apologie oder Schutzschrift für die vernünftigen Verehrer Gottes«) von Hermann Samuel Reimarus (1694–1768), der darin den Offenbarungsglauben scharf angreift.

»Über die Erziehung des Menschengeschlechts« – »Die Erziehung des Menschengeschlechts« (1780). Die These von der Urheberschaft Thaers wurde nicht bestätigt.

119 *»De actione …«* – (lat.) »Über die Funktion des Nervensystems bei Fieberzuständen«.
Der Prophet galt nichts in der Heimat – Anspielung auf Matthäus 13,57 im Neuen Testament: »Ein Prophet gilt nirgends weniger als in seinem Vaterland und im eigenen Hause.«

121 *»Baue dein Gehöft so …«* – Zitat aus Marcus Porcius Catos (des Älteren) Werk »De agri cultura« (Über den Ackerbau).

122 *die Brache entbehrlich* – In der bis Anfang des 19. Jahrhunderts üblichen Dreifelderwirtschaft lag stets ein Drittel der Getreideanbaufläche brach, damit sich der Boden regenerieren konnte.

125 *Kameralisten* – Kameralismus: Ökonomische Lehre von der Hebung der Staatseinkünfte durch Förderung der Wirtschaft und Vervollkommnung des Steuersystems im Interesse der feudalen Landesherren.

126 *»Der isolierte Staat«* – »Der isolierte Staat in Beziehung auf Landwirtschaft und Nationalökonomie« (3 Bände; 1826, 1850, 1863).
Frau von Friedland – Vgl. S. 174–178.
General von Lestwitz – Vgl. S. 141.
Tochter und Schwiegersohn … Itzenplitz – Vgl. S. 178 ff. und die zweite Anm. zu S. 183.

127 *Besetzung Hannovers* – Nach der (dritten) Kriegserklärung Englands an Frankreich (18. Mai 1803) ließ Napoleon I. das Kurfürstentum Hannover besetzen und Elbe und Weser für den englischen Handel sperren.

128 *durch Koppe so berühmt gewordenes Amt Wollup* – Der Landwirt Johann Gottlieb Koppe bewirtschaftete seit 1827 die Staatsdomäne Wollup.

130 *Doch wird Natur …* – Zitiert nach der Übersetzung von Dorothea Tieck.

131 *unglücklicher Krieg von 1806* – Am 14. Oktober 1806 wurde die preußische Armee in der Schlacht bei Jena und Auerstedt von den Truppen Napoleons I. vernichtend geschlagen. Die Niederlage hatte den Zusammenbruch des morschen absolutistischen Staatsapparates, eine panikartige Auflösung der Armee sowie die Besetzung des preußischen Territoriums durch die Franzosen zur Folge.

133 *»Sumimus pecuniam …« – (lat.)* »Wir nehmen das Geld und schicken einen Esel zurück in seine Heimat.«
»Forstakademie« – Zentrale Hochschule für Forstwissenschaft, die Kandidaten für den höheren Staatsforstdienst ausbildete.

134 *Apologiam Confessionis* – Apologia Confessionis: (lat.) Nachtrag zur »Confessio Augustana« (Augsburger Konfession), einer

grundlegenden Bekenntnisschrift der lutherischen Kirche. Die 28 Artikel der (ebenfalls von Philipp Melanchthon) in lateinischer und deutscher Sprache abgefaßten »Augsburger Konfession«, die Kaiser Karl V. 1530 auf dem Reichstag zu Augsburg von den evangelischen deutschen Fürsten und Städten überreicht wurde, betonen bei aller Kritik an kirchlichen Mißständen das Gemeinsame von Protestanten und Katholiken.

134 *Gemeinheitteilungsordnung* – Gemeinheitsteilung: Aufteilung gemeinschaftlich genutzter Gemeindeländereien (besonders Weideland und Wald) an die Anteileigner.

135 *Wer müht sich wohl* ... – Goethe, »Zu Thaers Jubelfest, dem 14. Mai 1824«, Strophe 1, Vers 1 f. Das Gedicht erschien am 16. Mai 1824 in den »Festgaben, dem königlich preußischen Geheimen Oberregierungsrate Herrn Albrecht Thaer zur Feier seines fünfzigjährigen Wirkens dargebracht von seinen Freunden und Schülern«.

daß unser Leben köstlich gewesen – Anspielung auf Psalm 90,10 im Alten Testament: »Unser Leben währet siebzig Jahre, und wenn's hoch kommt, so sind's achtzig Jahre, und wenn's köstlich gewesen ist, so ist's Mühe und Arbeit gewesen ...« (nach dem revidierten Bibeltext von 1964: »... und was daran köstlich scheint, ist doch nur vergebliche Mühe«).

absichtsloseste Güte – nicht auf persönlichen Vorteil bedachte Güte.

136 *Der ist beglückt* ... – Friedrich Hagedorn, »Horaz« (aus der Sammlung »Moralische Gedichte«), Vers 263–266.

137 *Feldsteinkirche* – Vgl. die erste Anm. zu S. 116.

Wohngebäude ... Akademie – Beide Gebäude existieren noch. Träger der Gedenkstätte sind die 1991 gegründete Fördergesellschaft A. D. Thaer sowie der Lehr- und Demonstrationshof Möglin.

Grabhügel – Die mit einer Gedenktafel versehene Grabstelle Thaers ist noch vorhanden.

Kaiser Paul – Der russische Zar Paul I.

138 *Erinnerungsstücke* – Im Mögliner Schloß befinden sich lediglich noch ein Familienwappen Thaers und eine Gedenktafel (am Eingang). Die wenigen Erinnerungsstücke, die außerdem noch erhalten geblieben sind (ein Original-Häufelpflug, ein Brief und einige Bücher Thaers), werden im »Oderlandmuseum« in Bad Freienwalde aufbewahrt.

Obelisk – Von einem Obelisken ist in Möglin nichts bekannt.

Quilitz oder Neu-Hardenberg

Fontane hat den (1949 in »Marxwalde«, 1990 wieder in Neuhardenberg umbenannten) Ort während seiner »Oderland«-Reisen vom 5. bis 8. September 1860 und vom 13. bis 20. September 1862 besucht. Am 20. September 1862 schrieb er seiner Mutter einen kurzen Brief aus dem Neu-Hardenberger Schloß, »wo ich mich seit gestern früh aufhalte und sehr freundlich aufgenommen worden bin. Es ist sehr reich an Kunstschätzen und hat mir viel Ausbeute gegeben.« Und am 2. Oktober 1862 teilte er – wieder von Berlin aus – Mathilde von Rohr mit: »Daß ich in Kunersdorf und Friedland und hinterher in NeuHardenberg war, haben Sie vielleicht auf Umwegen schon erfahren. Die Aufnahme war überall die zuvorkommendste von der Welt; es wäre mir ganz lieb, wenn Sie hier und da, wo's eben paßt, aussprächen, daß ich mich zu lebhaftem Dank verpflichtet fühlte.«

Das Kapitel entstand im April 1863 und wurde, kurz bevor es Ende 1863 zum erstenmal in der Buchausgabe von »Das Oderland« (erste Auflage) erschien, am 15. Oktober 1863 im Cottaschen »Morgenblatt für gebildete Leser«, Nr. 42, S. 987–993, vorabgedruckt. Beträchtliche Teile vom Brouillon des Aufsatzes haben sich in dem Konvolut »Schnitzaltäre in märkischen Kirchen« (vgl. die zweite Anm. zu S. 111) erhalten.

Für die Arbeit an dem Kapitel hat Fontane folgende Literatur benutzt (die vollständigen Angaben finden sich jeweils im Verzeichnis der Literatur; vgl. S. 679): Prittwitz-Gaffron, »Joachim Bernhard von Prittwitz und Gaffron«. – Klose, »Leben Karl Augusts, Fürsten von Hardenberg …«. – »Karl August Fürst von Hardenberg« (Nekrolog). – Dorow, »Erlebtes aus den Jahren 1813 bis 1820 …«. – Nagler, »Neues allgemeines Künstler-Lexikon …«. – Schadow, »Kunstwerke und Kunst-Ansichten«. – Wolzogen, »Aus Schinkels Nachlaß …«. – »Mündliches« (laut Anmerkung am Schluß der Erstausgabe von 1863).

140 *Nun, König Edward, flieh …* – George Hesekiel, »Redgauntlet«, Vers 78 ff.

Quilitz – Im Notizbuch A 5, Rückseite von Blatt 74–75, hat Fontane noch folgendes über den Charakter der Dorfanlage notiert: »Quilitz brannte ohngefähr 1801 (?) ab. Seitdem ist es wieder aufgebaut, und zwar nach bestimmten Gesetzen. / Es ist (überwiegend) eine lange, breite Straße; der Fußweg an jeder Seite der Straße von einer Reihe Linden, Pappeln etc. eingefaßt. Das macht sich passabel gut, hält aber doch keinen

Vergleich aus mit den schönen Allee-Dörfern in der Nähe von Berlin, die *schon bloß dadurch schön sind.* / Die überaus breite Dorfstraße ist eben zu breit, so daß kein richtiges Verhältnis zwischen der Höhe der Häuser und der Breite der Straße existiert. / Die Häuser haben meist noch Strohdächer und stehen mit dem Giebel nach vorn.«

140 *als die Hohenzollern ins Land kamen* – Im Jahre 1411 setzte Kaiser Sigismund den Burggrafen Friedrich VI. von Nürnberg aus der fränkischen Linie der Hohenzollern zum erblichen Statthalter in Brandenburg ein. Gegen den neuen Verweser erhob sich der märkische Adel unter der Führung der Brüder Dietrich und Johann von Quitzow, die sich in zahlreichen Fehden und Raubzügen die Macht in Brandenburg gesichert hatten und das Land tyrannisierten. Burggraf Friedrich warf den Aufstand der Junker nieder (1412–1414). Im Jahre 1415 wurde er Markgraf, 1417 Kurfürst von Brandenburg. (Vgl. »Fünf Schlösser«, Teil »Quitzöwel«, Kap. 1–12; Band 5 dieser Ausgabe.) 1701 erhoben die Hohenzollern Preußen zum Königreich.

Hufenzahl – Hufe: Altes deutsches Flächenmaß von unterschiedlicher Größe (etwa sieben bis fünfzehn Hektar); diente zuweilen als Steuereinheit.

Hebungen – Steuererhebungen.

141 *Sieger von Torgau* – Vgl. S. 172 ff. In der verlustreichen Schlacht bei Torgau besiegten die Truppen Friedrichs II. am 3. November 1760 die Österreicher.

Schlacht bei Kunersdorf – Vgl. die dritte Anm. zu S. 17.

Rettung des Königs durch Prittwitz – In den Anmerkungen am Schluß von W II[1] (S. 543 ff.) gibt Fontane eine ausführliche Biographie von Joachim Bernhard von Prittwitz, deren Schluß lautet: »An der Reiterstatue Friedrichs des Großen in Berlin steht er lebensgroß in Husarenuniform, im Gespräch mit Lestwitz, dem Beschauer halb den Rücken zukehrend. Am bekanntesten ist er durch den Kupferstich geworden, der die Rettung des Königs durch Zietensche Husaren am Tage von Kunersdorf darstellt.«

Stadtschloß zu Potsdam – Die barocke Schloßanlage wurde 1945 zerstört; die Ruinen hat man nach dem Krieg abgetragen.

142 *Rheincampagne* – *Zu* Beginn des ersten Koalitionskrieges der europäischen Monarchien gegen das revolutionäre Frankreich (1792/93–1797) fielen preußische Truppen im Sommer 1792 in die Champagne ein. Nach der erfolglosen Kanonade von Valmy (20. September 1792) wurden sie zum Rückzug

gezwungen. Bis 1795 gelang es der französischen Revolutionsarmee, nach erbitterten Gefechten mit unterschiedlichem Ausgang, das gesamte linksrheinische Gebiet an sich zu bringen. Preußen schied durch den Baseler Friedensvertrag vom 5. April 1795 aus der konterrevolutionären Koalition aus.

143 *Frau von Blumenthal in ihrer ... Lebensbeschreibung Zietens* – Vgl. das Verzeichnis der Literatur, S. 679.

Détachement – (franz.) Für besondere Aufgaben zeitweilig zusammengestellter Truppenteil.

144 *Beletage* – Das erste, »schöne« Stockwerk eines Hauses, das als Haupt- und Prachtgeschoß galt.

Schloß – Das Schloß ist im zweiten Weltkrieg unversehrt geblieben. Es wurde bis Juli 1975 als Schulgebäude genutzt; in einer »Heimatstube« war die Privatsammlung des Lehrers und Heimatforschers Tietze untergebracht. Die Eingangshalle und der Gartensaal wurden Mitte der sechziger Jahre restauriert. Die Bibliothek wurde 1945 nach Potsdam ausgelagert. Die Kupferstichsammlung Hardenbergs ist verschollen. Im Juni 1991 hat sich die »Kultur- und Bildungsstätte Schloß Neuhardenberg e. V.« etabliert.

Park – Der Park mit dem Marmordenkmal Friedrichs II. existiert noch; die erwähnten Gedenksteine sind nicht mehr vorhanden.

145 *Schadowsche Autobiographie* – »Kunstwerke und Kunst-Ansichten«; vgl. das Verzeichnis der Literatur, S. 683.

Schadows Friedrichs-Statue auf dem Stettiner Exerzierplatz – Das Marmororiginal des Standbildes (1793) wurde später magaziniert, eine Bronzenachbildung auf dem ehemaligen Königsplatz in Stettin aufgestellt.

146 *Kirche* – Die Kirche ist gut erhalten.

Schwarzer Adler-[Orden] – Höchster preußischer Orden; gestiftet 1701 durch König Friedrich I.

Sankt-Johanniter-Malteser-Orden – Der Johanniterorden (vgl. die erste Anm. zu S. 24) nannte sich seit seiner Belehnung mit der Mittelmeerinsel Malta durch Kaiser Karl V. (1530) auch Malteserorden. Das Ordenszeichen war ein achtspitziges weißes Kreuz unter einer Krone (Johanniter- oder Malteserkreuz).

Regiment Gensdarmes – Vgl. die dritte Anm. zu S. 27.

Commandeur en chef – Chef eines Regiments; Ehrenposten für Fürsten, Prinzen und verdiente Generäle.

147 *Schloß zu Buckow* – Vgl. die zweite Anm. zu S. 490.

ex ungue leonem – (lat.) an der Klaue (erkennt man) den Löwen;

antikes Sprichwort in der Bedeutung: Kleine Anfänge deuten bereits auf die spätere Meisterschaft hin.

147 *Wolzogen … Schinkelsche Briefe* – »Aus Schinkels Nachlaß«; vgl. das Verzeichnis der Literatur, S. 684.

Raseneisenstein – Minderwertiges Eisenerz, das sich in Moorgegenden unter dem Rasen bildet.

149 *Villeggiatur* – (ital.) Landaufenthalt zur Erholung.

Wer die Körner wollte zählen … – Goethe, »Dem Fürsten Hardenberg zum siebzigsten Geburtstag«. Am 9. Juli 1820 schrieb Goethe an Karl Ernst Schubarth: »… ich stehe mit diesem wichtigen Manne, als alter Universitätsgeselle [in Leipzig], in einem freundlichen Verhältnis und habe einige wohlmeinende Worte zu seinem … Geburtstagsfeste gesagt.«

151 *Schloß Tegel* – Das Schlößchen Tegel wurde 1822 bis 1824 von Schinkel aus einem ehemaligen Jagdschloß des Großen Kurfürsten für Wilhelm von Humboldt in klassizistischem Stil umgebaut. Es blieb im zweiten Weltkrieg unversehrt und wurde in den fünfziger Jahren restauriert. Vgl. auch die zweite Anm. zu S. 390.

Tempelberg … Schloß – Es existiert nicht mehr.

Ansbach-Bayreuther Verwaltung – Hardenberg wurde 1790 auf Empfehlung des Königs von Preußen vom Markgrafen von Ansbach und Bayreuth als Minister angestellt. Auch nach der Vereinigung der fränkischen Markgrafschaften mit Preußen (1791) behielt Hardenberg, nunmehr preußischer Staatsminister, die Verwaltung dieser Provinz (bis 1806) bei.

»Memoiren …« – Wilhelmine, Markgräfin von Bayreuth, »Mémoires …«, vgl. das Verzeichnis der Literatur, S. 684. Zu Fontanes Urteil über das Werk vgl. die Fußnote auf S. 306.

Schlacht bei Jena – Vgl. die Anm. zu S. 131.

152 *Naglers Künstlerlexikon* – Vgl. das Verzeichnis der Literatur, S. 682.

153 *aus seiner ersten Ehe* – In den Anmerkungen am Schluß von W II[1] (S. 545) bringt Fontane biographische Angaben über die drei Ehefrauen und zwei Kinder Hardenbergs sowie einen Hinweis auf den Nekrolog in der »Preußischen Staatszeitung« vom 17. Dezember 1822.

auf französischer Seite gefochten … Friede zu Berlin – Weil Dänemark sich aus Rücksicht auf den gewinnbringenden Handel mit Frankreich geweigert hatte, der antifranzösischen Koalition beizutreten, hatten englische Kriegsschiffe im September 1807 Kopenhagen bombardiert und die Auslieferung der dänischen Flotte erzwungen. Daraufhin kämpfte Dänemark auf französischer Seite gegen England und Schweden, wurde 1813 von alliierten Truppen besetzt und mußte 1814 im Kieler Frieden Helgoland an England und Norwegen an Schweden abtreten. Es erhielt dafür Schwedisch-Pommern, das im Frieden von Berlin (25. August 1814) gegen das Herzogtum Lauenburg ausgetauscht wurde.

154 *Tempelruinen von Paestum* – Von der im 9. Jahrhundert durch Sarazeneneinfälle verwüsteten antiken Stadt Paestum (Unteritalien) sind drei dorische Tempel verhältnismäßig gut erhalten geblieben: die sogenannte Basilika, der Athena-Tempel (früher Ceres-Tempel genannt) und der Hera-Tempel (früher Poseidon-Tempel genannt).

155 *Rückantwort ... Niebuhrs* – Der Historiker und Staatsmann Barthold Georg Niebuhr war von 1816 bis 1822 preußischer Gesandter am päpstlichen Hof in Rom.

Wagner-Galerie – Die aus 262 Bildern zeitgenössischer Künstler bestehende Sammlung des Berliner Kaufmanns Joachim Heinrich Wilhelm Wagener fiel nach dessen Tod (1861) durch Schenkung an den preußischen Staat und wurde 1876 in die neueröffnete Nationalgalerie eingegliedert. Wageners Schinkel-Bilder sind seit 1931 Bestandteil des Schinkel-Museums (in der Nationalgalerie).

Landschafts-Bruegel – Gemeint ist der niederländische Maler Jan Bruegel der Ältere, der vornehmlich Landschafts- und Blumenbilder schuf. (Sein gebräuchlichster Beiname ist Blumen-Bruegel.)

Feuerprobe der Kaiserin Kunigunde – Kunigunde (gest. 1039) wurde der Legende nach von ihrem eifersüchtigen Gemahl, Kaiser Heinrich II. (nicht Rudolf, wie Fontane angibt), zur »Feuerprobe« gezwungen, die zu den gebräuchlichsten Formen des sogenannten Gottesurteils zählte, mit dem im Mittelalter (durch die vermeintliche Hilfe Gottes) Rechtsstreitigkeiten entschieden wurden. Die Kaiserin soll die erwähnte Tortur (nach anderer Überlieferung den Gang über glühende Pflugscharen) unversehrt überstanden und dadurch ihre Unschuld »bewiesen« haben.

Gegenkaiser Rudolf – Im Jahre 1077 wählte eine vom Papst unterstützte Minderheit deutscher Fürsten, die durch den Investiturstreit geschwächte Macht Kaiser Heinrichs IV. für ihre partikularistischen Ziele ausnützend, den Herzog Rudolf von Schwaben zum deutschen Gegenkönig bzw. römisch-deutschen Gegenkaiser.

156 *Adamiten* – Bezeichnung für verschiedene religiöse Sekten, deren Mitglieder sich, um die Wiederherstellung »paradiesischer Unschuld« zu demonstrieren, nackt versammelten. Ada-

miten traten besonders im 2. und 3. Jahrhundert in Nordafrika sowie im 15. Jahrhundert in Böhmen, im Rheinland, in Frankreich und Italien in Erscheinung.

156 *Aktuarius* – Gerichtsschreiber,
Kirche – Vgl. die erste Anm. zu S. 146.

157 *Berliner Dom … Restaurierung* – Schinkel hat die 1747–1750 von Johann Boumann dem Älteren errichtete Berliner Domkirche an der Ostseite des Lustgartens zwischen 1816 und 1821 mehrfach umgestaltet (innen und außen). 1893 wurde das Bauwerk abgebrochen; an seine Stelle trat der 1894–1904 errichtete neue Dom, der, im zweiten Weltkrieg stark beschädigt, 1993 wieder eingeweiht wurde.
Herz … Glasglocke – Der Altar wurde 1945 beschädigt, die Kristallglocke zerbrochen. Seit der Instandsetzung des Kircheninnern befindet sich das mumifizierte Herz Hardenbergs, mit einer neuen Glasglocke versehen, wieder am ursprünglichen Platz.

158 … *die im Vollbesitz des Materiales sind* – In W II[1], S. 436, folgt der Zusatz: »und zu voller *Einsicht* in den Charakter auch einen wirklichen, direkten *Einblick* in alles Geschehene, in die Dinge und ihre Motive, mitbringen«.
sans peur et sans reproche – (franz.) ohne Furcht und Tadel. »Chevalier sans peur et sans reproche« (Ritter ohne Furcht und Tadel) ist der Beiname des französischen Heerführers Bayard, der sich Anfang des 16. Jahrhunderts in den Italienkriegen der französischen Könige auszeichnete.
einer seiner Biographen – Carl Ludwig Klose; vgl. das Verzeichnis der Literatur, S. 681.
man braucht … »kein … Herschel zu sein …« – Anspielung auf den (aus Deutschland stammenden) berühmten englischen Astronomen Friedrich Wilhelm Herschel (1738–1822), der u. a. den Planeten Uranus entdeckte.

Friedland

Fontane suchte den Ort während seiner »Oderland«-Reise vom 13. bis 20. September 1862 auf, nachdem er am 6. September Gelegenheit hatte, den Grafen Itzenplitz, Besitzer des Gutes (vgl. S. 561), kennenzulernen. Am 5. September hatte er Wilhelm Hertz mitgeteilt: »Für morgen nachmittag hatt ich mir endlich einen kleinen Besuch bei Ihnen vorgenommen, ›Dienst‹ aber ist dazwischengekommen, nämlich eine Einladung zum Diner beim alten Itzenplitz. [Itzenplitz war von 1862 bis 1873 Handelsminister.] Da ich nun gerade, wie Sie wissen, im Anschlag liege von wegen Friedland, Kunersdorf etc. und schon zweimal was dazwischenkam, so ist mir diese Einladung sehr lieb, wiewohl sie mich um das Vergnügen bringt, Sie zu sehn.«

Der Aufsatz wurde im März 1863 ausgearbeitet und – nach der »Genehmigung« durch den Grafen Itzenplitz (vgl. S. 561) – kurz vor seiner Veröffentlichung in der Buchausgabe zusammen mit dem Kapitel »Kunersdorf« vorabgedruckt, und zwar im Cottaschen »Morgenblatt für gebildete Leser«, Nr. 39 (S. 238 f.), 40 (S. 243 ff.), 41 (S. 248 ff.), 43 (S. 263 ff.), 44 (S. 267–270) und 45 (S. 273 ff.) vom 23. und 30. September, 7., 21. und 28. Oktober sowie 4. November 1863.

Für die Arbeit am Friedland-Kapitel hat Fontane folgende Literatur benutzt (die vollständigen Angaben finden sich jeweils im Verzeichnis der Literatur; vgl. S. 679): Fidicin, »Die Territorien der Mark Brandenburg ...«. – Riedel, »Codex diplomaticus Brandenburgensis«. – Manrique, »Cisterciensium ...«. – »Mündliche und briefliche Mitteilungen« (laut Anmerkung am Schluß der Erstausgabe von 1863).

159 *Der Nixen muntre Scharen ...* – Uhland, »Das versunkene Kloster«, Strophe 1, Vers 5–8.

Nonnenkloster – Es wurde 1945 zerstört, die Ruine nach dem Krieg abgetragen. Das Kellergewölbe ist erhalten.

Zisterzienserorden – Im Jahre 1098 gegründeter, aus dem Benediktinerorden hervorgegangener christlicher Orden, für den die strenge Askese und das Streben nach äußerster Einfachheit des Klosterlebens charakteristisch waren. Seine Existenzgrundlage war der wirtschaftliche Eigenbetrieb auf der Basis von Ackerbau, Viehzucht und Handelstätigkeit. Die schweren landwirtschaftlichen und handwerklichen Arbeiten wurden allerdings nicht von den Mönchen (bzw. Nonnen), sondern von den aus niederen Volksschichten stammenden Laienbrüdern verrichtet, die keinen Anteil an der Verwaltung der Klöster hatten. Im 12. und 13. Jahrhundert war der Zisterzienserorden entscheidend an der »Germanisierung« der slawischen Gebiete östlich der Elbe beteiligt. Vgl. auch »Havelland«, Kap. »Die Zisterzienser in der Mark«; Band 3 dieser Ausgabe.

Geschichte des Ordens – Manrique, »Cisterciensium ...«; vgl. das Verzeichnis der Literatur, S. 682.

160 *bayrische und luxemburgische Herrschaft* – Nach dem Aussterben der Askanier in Brandenburg (1320) übertrug Kaiser Ludwig der Bayer die Mark 1323 seinem Sohn Ludwig dem Älteren, der sie seinerseits 1351 seinen Stiefbrüdern Ludwig

dem Römer und Otto dem Faulen überließ. Die Macht der Wittelsbacher Markgrafen war sehr gering. Besonders seit dem Auftreten des sogenannten Falschen Waldemar (seit 1347), der sich für den 1319 verstorbenen Markgrafen Waldemar ausgab und fast im ganzen Land Anerkennung fand (vgl. »Havelland«, Kap. »Kloster Chorin«; Band 3 dieser Ausgabe), konnten sie der innenpolitischen Kämpfe nicht mehr Herr werden. Im Jahre 1372 wurde Brandenburg von Kaiser Karl IV. aus dem Hause Luxemburg erworben, der für kurze Zeit das Fehdewesen unterbinden konnte, ehe unter seinen Nachfolgern die Raufereien der Junker wiederum begannen. Erst den Hohenzollern gelang es, das Land endgültig unter Kontrolle zu bringen (seit 1411).

160 *Riedel ... Urkunden* – Sie sind in der Sammlung »Codex diplomaticus Brandenburgensis« (vgl. das Verzeichnis der Literatur, S. 683) enthalten, die Fontane für die »Wanderungen« mehrfach benutzt hat.

161 *Abbatissin* – Äbtissin; Vorsteherin eines größeren Klosters.

Priorin – Vorsteherin eines kleineren Klosters.

Präpositus – (lat.) Vorgesetzter; hier: Propst.

Ordinatorien – Verordnungen.

164 *ad omnes moniales juniores* – (lat.) für alle jüngeren Klosterinsassen.

Gürtelschnebben – Wahrscheinlich Gürtelschnallen.

Cimiterium – (lat.) Begräbnisstätte, Friedhof.

165 *Hebungen* – Steuererhebungen.

Heiliges Römisches Reich – Heiliges Römisches Reich Deutscher Nation: Seit dem 15. Jahrhundert Bezeichnung für das 962 gegründete, (formal) bis 1806 bestehende Deutsche Reich (unter Ausschluß der nichtdeutschen Reichsteile), das sich als Fortsetzung des römischen Weltreichs verstand und eng mit der römisch-katholischen Kirche verbunden war.

Permutationen – Veränderungen.

166 *Schaffnerin* – Klosterverwalterin.

Schwedenzeit – Gemeint sind die Jahrzehnte um die Mitte des 17. Jahrhunderts, in denen Schweden (im Dreißigjährigen Krieg zur europäischen Großmacht geworden) die Vorherrschaft in Nordeuropa ausübte. Fontane meint wohl vor allem die Ereignisse des Holländischen Krieges (1672–1679), in dem die Schweden auf Veranlassung Ludwigs XIV. von Frankreich Teile Brandenburgs besetzten. Vgl. auch die erste Anm. zu S. 200.

167 *Ringenwalde ... Feldsteinkirche* – Die Kirche (mitsamt dem Altar aus dem 14. Jahrhundert) ist erhalten geblieben; sie wurde 1974/75 teilweise restauriert.

167 *Christentum und Kultur bringende Zisterzienser* – Vgl. die dritte Anm. zu S. 159.

Klosterkirche, jetzt die Dorfkirche – Sie ist erhalten geblieben und wurde nach dem zweiten Weltkrieg renoviert. Auch das Taufbecken ist noch vorhanden; die Abendmahlkelche sind 1945 verlorengegangen. Vgl. Fontanes Skizze, S. 576.

Kuglers Kunstgeschichte – Gemeint ist wahrscheinlich Franz Kuglers Werk »Denkmäler der bildenden Kunst des Mittelalters in den preußischen Staaten«, Berlin 1830. (Es kann sich aber auch um das zweibändige »Handbuch der Kunstgeschichte«, Stuttgart 1841 f., handeln.)

Wohl in einiger Überschätzung ... in unserer Mark – In W II[1], S. 448, heißt es an dieser Stelle ausführlicher: »Ich glaube indessen – irrtümlich. Möglich, daß damals, wo man sich der Mühe des Umherreisens, der Spezialforschung in den Provinzen (besonders auch in unsrer Mark) noch wenig unterzogen hatte, ein solches Taufbecken, das zufällig in die Hand eines Kunstforschers kam, als etwas Besonderes angesehen wurde, ähnlich wie noch vor kurzem die vergoldeten Bilderaltäre, von denen einige in Berlin ausgestellt waren, eine gewisse Verwunderung hervorriefen. Ebenso gewiß indes, wie nunmehr die Existenz von Hunderten solcher Bilderaltäre, aus der katholischen Zeit her, nachgewiesen ist, ebenso gewiß gibt es auch Hunderte solcher Taufbecken, wie sie die Friedländer Kirche aufweist.« Vgl. auch die zweite Anm. zu S. 111.

168 *Offenbarung* – »Die Offenbarung des Johannes« im Neuen Testament.

»Maria und Johannes zu beiden Seiten des Gekreuzigten« – Vgl. Neues Testament, Johannes 19,25 ff.

»Sankt Georg, den Drachen tötend« – Der katholische Heilige Georg, der nach der christlichen Legende im Jahre 303 als Märtyrer starb, wird in der bildenden Kunst gewöhnlich als junger Ritter dargestellt, der mit seiner Lanze einen Drachen tötet.

Wohnhaus – Es wurde 1945 zerstört, die Ruine abgetragen.

169 *Glocke* – Die 1735 vom Markgrafen Karl von Brandenburg-Schwedt gestiftete Glocke ist noch vorhanden. Sie trägt die Inschrift: »Durch Gottes Gnade goß mich zu Friedland Christian Heintze von Berlin. Gott sei gelobt, der uns die Kirch und Glocken hat gegeben, der wird mit seinem Schutz und Huld darüber treulich schweben.«

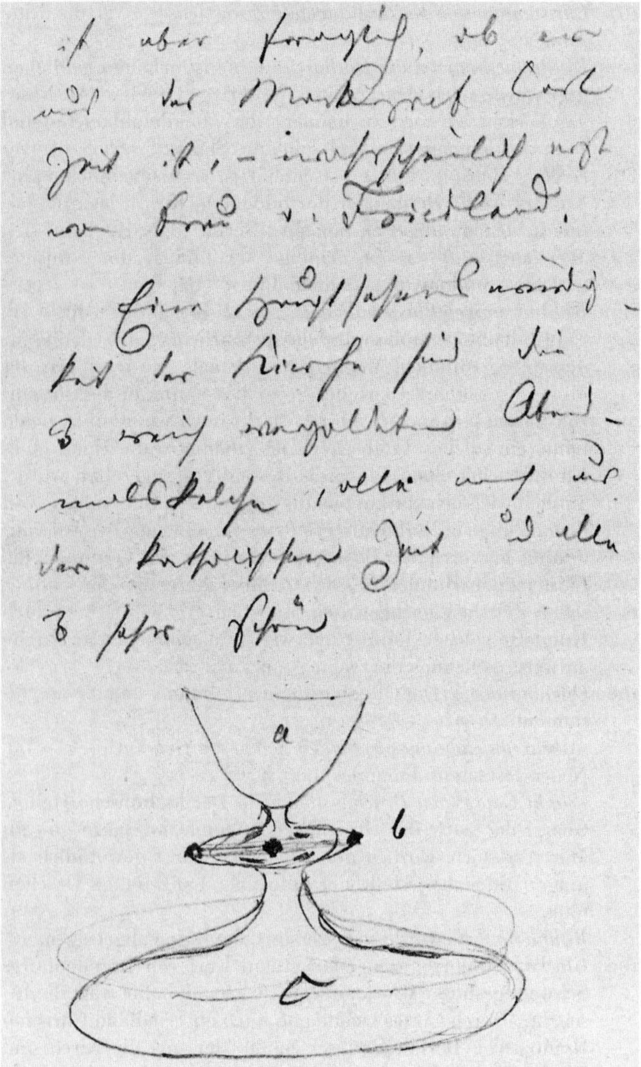

Abendmahlskelch in der Kirche von Friedland

Kunersdorf

Auch Kunersdorf besuchte Fontane während seiner »Oderland«-Reise vom 13. bis 20. September 1862, über die er in einem dort verfaßten Brief an seine Frau vom 16. September 1862 einen kurzen zusammenfassenden Bericht gibt (vgl. S. 538). Die Arbeit an dem Aufsatz, besonders an den Partien über »Frau von Friedland« sowie »Graf und Gräfin Itzenplitz«, wurde allerdings schon im August aufgenommen.

Der Vorabdruck erfolgte – nachdem Graf Itzenplitz sein Einverständnis bekundet hatte (vgl. S. 561) – zusammen mit dem Kapitel »Friedland« im »Morgenblatt für gebildete Leser« (vgl. S. 573), kurz vor der Veröffentlichung in der Buchausgabe.

Für die Arbeit am Kunersdorf-Kapitel hat Fontane folgende Literatur benutzt (die vollständigen Angaben finden sich jeweils im Verzeichnis der Literatur; vgl. S. 679): Adami, »Vor fünfzig Jahren«. – Pauli, »Leben großer Helden ...«. – Marwitz, »Aus dem Nachlasse ...«. – Frédéric le Grand, »Œuvres«. – [Waldersee,] »Die Schlacht bei Torgau ...«. – Körte, »Albrecht Thaer ...«. (Im Notizbuch A 21, Rückseite von Blatt 51, steht der Hinweis, daß dort über Frau von Friedland und die Gräfin Itzenplitz etwas zu finden sei.) – Thaer, »Einleitung zur Kenntnis der englischen Landwirtschaft ...«. – Chamisso, »Werke«. – »Mündliche und briefliche Mitteilungen« (laut Anmerkung am Schluß der Erstausgabe von 1863).

170 *mit einem K geschrieben* – Beide Kunersdorf werden heute mit K geschrieben. Fontane verwendet die (in dieser Ausgabe nicht nachvollzogene) C-K-Unterscheidung.
König – Friedrich II.
Prittwitz a sauvé ...« – (franz.) »Prittwitz hat den König, Lestwitz den Staat gerettet.« Vgl. S. 141 und die Anmerkungen dazu.
Lehn ... Allod – Im Feudalismus verschiedene Formen des Grundbesitzes. Lehen: Vom Lehnsherrn auf Grund geleisteter Dienste auf den Lehnsmann übertragenes Gut, das wieder zurückgenommen werden konnte. Allod: Frei veräußerliches und vererbbares Privateigentum an Grund und Boden.

171 *Schloß ... Barfussches Herrenhaus* – Beide Gebäude existieren seit 1945 nicht mehr. Das Chamissosche Herbarium, der »pultartige Schrank« und der Flötenkasten Friedrichs II. (vgl. S. 187 und 189 f.) sind verschollen. Zum Kunersdorfer Schloß vgl. auch S. 181 f.

172 *bei Liegnitz in der Mongolenschlacht* – Im Jahre 1241 besiegten die Mongolen, die bis nach Polen und Schlesien vorgedrungen

waren, bei Liegnitz das vereinigte Heer des Deutschen Ritterordens, der Polen und Schlesier, erlitten aber in der Schlacht so große Verluste, daß sie sich zurückziehen mußten.

172 *Universität zu Frankfurt a. d. O.* – Die 1506 von Kurfürst Joachim I. gestiftete Universität (»Viadrina«), die im 16. und 17. Jahrhundert hohes Ansehen genoß, wurde 1811 nach Breslau verlegt, jetzt wieder in Frankfurt.

die beiden Schlesischen Kriege – Kriege Friedrichs II. gegen Österreich (1740–1742) bzw. gegen Österreich und Sachsen (1744/45) um den Besitz Schlesiens.

Mollwitz, Chotusitz – Schlachten im Ersten Schlesischen Krieg. Bei Mollwitz (nahe Brieg) siegten die Preußen am 10. April 1741, bei Chotusitz (Böhmen) am 17. Mai 1742 über die Österreicher.

Hohenfriedberg und Soor – Schlachten im Zweiten Schlesischen Krieg. Bei Hohenfriedberg (südlich von Liegnitz) besiegten die Truppen Friedrichs II. am 4. Juni 1745 die aus Böhmen heranrückende österreichisch-sächsische Armee; bei Soor (Nordostböhmen) wurde am 30. September 1745 ein österreichischer Angriff von den Preußen abgewehrt.

Lobositz ... Torgau – Schlachten im Siebenjährigen Krieg (1756 bis 1763), in dem Friedrich II. versuchte, das geraubte schlesische Territorium zu sichern und Sachsen als Objekt der Ausplünderung sowie als Operationsbasis an sich zu reißen. Bei Lobositz (Nordböhmen) schlugen preußische Truppen am 1. Oktober 1756 die Österreicher zurück, die das bei Pirna eingeschlossene sächsische Heer entsetzen wollten. Zu *Torgau* vgl. die erste Anm. zu S. 141.

Pour le mérite – (franz.) Für das Verdienst: 1740 von Friedrich II. gestifteter preußischer Kriegsorden.

Waldersee ... »Schlacht bei Torgau« – Vgl. das Verzeichnis der Literatur, S. 684.

173 *Kapitulation von Breslau* – Nach der preußischen Niederlage bei Breslau am 22. November 1757 kapitulierte die seit 1741 in der Stadt befindliche preußische Besatzung (5000 Mann) vor den Österreichern. Nach seinem Sieg in der Schlacht bei Leuthen (5. Dezember 1757) gewann Friedrich II. Breslau zurück.

174 *Süptitzer Höhen* – Durch einen nächtlichen Überraschungsangriff Zietens auf die Süptitzer Höhen, wohin sich die Österreicher zurückgezogen hatten, konnten die Preußen die schon verloren geglaubte Schlacht bei Torgau (vgl. die erste Anm. zu S. 141) noch zu ihren Gunsten entscheiden.

174 *Garde du Corps* – Eigentlich die (von Friedrich II. 1740 geschaffene) berittene Leibwache des Monarchen. Das Regiment Garde du Corps (Garde-Kürassierregiment) galt als preußische Elitetruppe und war wegen der dünkelhaften, reaktionären Gesinnung seiner Offiziere berüchtigt.

Bayrischer Erbfolgekrieg – Militärische Auseinandersetzung zwischen Preußen und Österreich (1778/79), ausgelöst durch den Versuch Josephs II., nach dem Aussterben der bayerischen Wittelsbacher einen Teil Bayerns zu annektieren. Der Konflikt wurde durch Vermittlung Frankreichs und Rußlands beigelegt.

von der Marwitz ... Memoiren – Friedrich August Ludwig von der Marwitz, »Aus dem Nachlasse ...«; vgl. das Verzeichnis der Literatur, S. 682.

177 *förmlich* – in aller Form.

178 *Wispel* – Vgl. die dritte Anm. zu S. 70.

179 *Schreckenshöhe* – Gemeint ist die Zeit der Jakobinerdiktatur, die radikal-demokratische Phase der Französischen Revolution (Juni 1793–Juli 1794), in der zahlreiche Konterrevolutionäre hingerichtet wurden.

französische Okkupation Hannovers – Vgl. die Anm. zu S. 127.

An anderer Stelle ... – Im Kapitel »Möglin«; vgl. S. 126 f.

180 *Verwaltung seiner Güter* – In W II[1], S. 462, folgt der Zusatz: »zu denen eben jetzt nach dem Tode der Frau von Friedland die Herrschaft Friedland hinzugekommen war«.

Veräußerung der königlichen Domainen – Die preußischen Domänen, der land- und forstwirtschaftlich genutzte Grundbesitz des Staates, wurden auf Grund eines Kabinettsbeschlusses vom 6. November 1809 verkauft oder verpfändet, der Erlös zur Zahlung von Kriegskontributionen verwendet (vgl. die dritte Anm. zu S. 238).

Hofedienste – Frondienste; Dienstleistungen unfreier Bauern für den Gutsbesitzer.

Gesetzgebung von 1811 – Am 14. September 1811 wurde von der Regierung Hardenberg für Preußen ein Gesetz über die Aufhebung der bäuerlichen Feudallasten erlassen, dessen Durchführung die reaktionären Rittergutsbesitzer allerdings weitgehend verhindert haben.

Gemeinheitsteilungen – Vgl. die zweite Anm. zu S. 134.

Servitutsablösungen – Ablösungen der bäuerlichen Dienstleistungen.

181 *Beletage* – Vgl. die erste Anm. zu S. 144.

Nicolaisches Haus in der Brüderstraße – Gemeint ist das 1710 errichtete, 1787 von Karl Friedrich Zelter für den Verleger Friedrich Nicolai umgebaute barocke Bürgerhaus Brüderstraße 13 in Berlin, in dem heute das Institut für Denkmalpflege untergebracht ist.

181 *Herzog Leopold ... zum Opfer fiel* – Der dreiunddreißigjährige Herzog Leopold von Braunschweig-Lüneburg war bei dem Versuch, den durch das Hochwasser bedrängten Vorstadtbewohnern Frankfurts Hilfe zu leisten, ertrunken.

182 *Dehors* – Hier: standesgemäßer Aufwand.

Savants – (franz.) Gelehrte.

183 *Epoche der geistreichen Zirkel* – Zu Beginn des 19. Jahrhunderts waren die Salons des gebildeten, aufstrebenden deutschen Bürgertums Treffpunkte von Künstlern und Gelehrten. Am bekanntesten war der Berliner Salon der Rahel Levin, in dem auch der vielseitig gebildete Prinz Louis Ferdinand, »eine etablierte Zelebrität«, verkehrte, der am 10. Oktober 1806 bei Saalfeld im Gefecht mit französischen Truppen den Tod fand.

Gräfin Itzenplitz – Im Notizbuch A 21, Blatt 51–53, hat Fontane folgende Charakteristik aufgezeichnet: »Über die Frau v. Friedland finden sich im Marwitz Notizen. / Ihre Tochter (der Mutter in manchen Stücken sehr ähnlich) hieß wie?? Sie verheiratete sich mit dem Landrat Grafen v. Itzenplitz und spielte nun als Gräfin Itzenplitz viele Jahre lang eine Rolle. Sie hatte mehrere Kinder, ich glaube, 3 Töchter und 2 Söhne, oder umgekehrt; bei Geburt des letzten (die sie besch[l]eunigte, weil sie nach Italien reisen wollte) passierte ihr das Malheur. Es war eine sehr kluge, sehr stolze, sehr mutige, sehr charaktervolle Frau, über die sich in Körtes Buch (über Thaer) verschiedne Andeutungen finden. Was hier folgt, hat mir Jenny [Sommerfeld] erzählt, die es von der Frau Haensch in Neuendorf hat. Sie trug weiße Casimirbeinkleider, hohe Stiefeln, einen langen Gehrock mit großen Knöpfen und eine Art Halskrause. Wie die Mutter saß sie gern zu Pferde, nur wurd es ihr schwerer. Sie ging niemandem entgegen, ließ auch den vornehmsten Besuch warten, bis es ihr genehm war zu erscheinen. Nur als der König kam (mutmaßlich Fr. W. IV.), legte sie eine goldene Kette an und ging ihm bis zur Treppenschwelle entgegen. ›Die Itzenplitze (resp. Lestewitze) sind so alt wie die Hohenzollern.‹ Widerspruch kannte sie nicht; sie herrschte absolut. Ihre Buchführung war musterhaft, ob auch die Wirtschaft überhaupt, ist fraglich. Am 18. März [1848] oder kurz vorher kam sie nach Berlin und bezog ihre Wohnung am Kupfergraben. Am 18. oder 19. schickte sie ihren Bedienten, der auf dem Schloß oder bei Medings eine Bestellung machen sollte; er konnte nicht durch. ›Gräfin, das Volk wollte mich nicht lassen, als es meinen Livreerock sah.‹ – ›So sage dem Volk, daß du von der Gräfin Itzenplitz kommst.‹ – ›Dann wird man mich erst recht nicht durchlassen.‹ Dies war ihr zuviel. Der Widerspruch reizte sie, zugleich mochte ihr die Antwort des Dieners zeigen, *wie* die Dinge standen – Ärger, Furcht, Benommenheit erfaßten ihr Herz zu gleicher Zeit, sie wollte ihn schütteln, fiel aber um und war tot. (Oder starb in Folge dieser Aufregung.)«

184 *Epoche von Jena bis Leipzig* – Von 1806 bis 1813 (von der preußischen Niederlage in der Schlacht bei Jena und Auerstedt bis zum entscheidenden Sieg der Alliierten über Napoleon I. in der Völkerschlacht bei Leipzig).

Frieden von Tilsit – Im Friedensvertrag von Tilsit zwischen Frankreich und Rußland (7. Juli 1807) erkannte Zar Alexander I. die von Napoleon geschaffenen Machtverhältnisse in Europa an, stimmte der Bildung des Großherzogtums Warschau zu und trat der Kontinentalsperre gegen England bei. Preußen unterzeichnete daraufhin am 9. Juli 1807 die von Napoleon diktierten Friedensbedingungen, die u. a. die Zahlung einer hohen Kriegskontribution und die Abtretung der Hälfte seines Territoriums forderten.

185 *Grande armée* – (franz.) Große Armee; das Hauptheer Napoleons I. während des Rußlandfeldzuges von 1812 (vgl. die zweite Anm. zu S. 234).

Tage von Zorndorf und Schlachten-Kunersdorf – Vgl. die fünfte Anm. zu S. 18 und die zweite Anm. zu S. 17.

schreibt Friedrich Adami – In »Vor fünfzig Jahren«; vgl. das Verzeichnis der Literatur, S. 679.

186 *aus Frankreich emigriert ... Hameln* – Chamisso kam 1792 als Elfjähriger mit seinen Angehörigen über Belgien und Holland zunächst nach Süddeutschland, dann nach Berlin, wo er 1796 Page bei der preußischen Königin, 1798 Fähnrich und 1801 Leutnant in einem Infanterieregiment wurde. Den Zusammenbruch des preußischen Staates im Jahre 1806 erlebte er in Hameln, wo er zur Besatzung der Festung gehörte, die am 21. November 1806 kampflos den Franzosen übergeben wurde.

am 10. August 1792 – An diesem Tage wurde der französische König wegen konterrevolutionärer und landesverräterischer Umtriebe vom Volk gestürzt und verhaftet. (Am 14. Januar 1793 wurde er von der Konventsmehrheit zum Tode verurteilt, am 21. Januar hingerichtet.)

»Peter Schlemihl« – Die Märchennovelle »Peter Schlemihls wundersame Geschichte« erschien 1814.

187 *pro aris et focis* – (lat.) für Haus und Herd; Zitat aus Cicero, »De natura deorum« (Über die Natur der Götter).

»Reise um die Welt« – Chamissos Reisebeschreibung erschien 1836 unter dem Titel »Reise um die Welt mit der Romanzoffischen Entdeckungs-Expedition in den Jahren 1815–18 auf der Brigg ›Rurik‹, Kapitän Otto v. Kotzebue«.

Heimkehret fernher ... – Chamisso, »Bei der Rückkehr« aus dem Zyklus »Der Dichter« (Erstdruck 1818 unter dem Titel »An die Heimat«). Die am 17. Oktober 1818 »auf der Reede von Swinemünde« niedergeschriebenen Verse bilden auch den Beschluß des Ersten Teils (»Tagebuch«) der »Reise um die Welt«.

Lützen und Bautzen – In der Schlacht bei Lützen, bekannter als Schlacht bei Großgörschen (südlich von Leipzig), am 2. Mai 1813 und in der Schlacht bei Bautzen am 20./21. Mai 1813 siegte Napoleon I. über die verbündete russisch-preußische Armee, die dadurch zum Rückzug aus Sachsen gezwungen wurde.

Das ist die schwere Zeit der Not ... – Chamisso, »Kanon« (erstmals gedruckt 1830). Bei Chamisso stehen die Verse 1 und 2 in umgekehrter Reihenfolge.

wahrscheinlich im September – Im August 1813.

188 *»Schlagschatten«* – In »Peter Schlemihls wundersamer Geschichte« benutzt Chamisso das Symbol vom verlorenen Schatten als Ausdruck für die Einbuße von »bürgerlicher Solidität und menschlicher Zugehörigkeit« (Thomas Mann).

Brouillon – Entwurf.

Nennhausen – Vgl. die fünfte Anm. zu S. 390.

189 *Greenwich-Hospital* – Großes Seemannshospital (seit 1870 Marineakademie) im Londoner Stadtteil Greenwich. Das weiträumige Gebäude beherbergt zahlreiche Gemälde, Statuen und Büsten berühmter britischer Seehelden (vor allem Nelsons) sowie ein Marinemuseum mit Schiffsmodellen und den Überresten der Franklinschen Arktis-Expedition (1845 ff.).

Abbotsford – Landsitz Walter Scotts in der schottischen Grafschaft Roxburgh, mit Gemälde- und Antikensammlung.

»Kunstkammer« – Im 16. Jahrhundert von Kurfürst Joachim II. begründete Sammlung historischer, kunstgewerblicher und naturgeschichtlicher Raritäten und Kuriositäten. 1875 wurde die Sammlung auf das Kunstgewerbemuseum und das Hohenzollern-Museum aufgeteilt.

Schlachtplan von Torgau – Vgl. die erste Anm. zu S. 141 und die erste Anm. zu S. 174.

190 *»Aria per il Paulino …«* – (ital.) »Arie für den Paulino aus der Oper über Demophon [in der griechischen Sage Sohn des attischen Nationalheros Theseus], sehr heiter: Verschmähe nicht den Rat«. Es handelt sich wahrscheinlich um die Oper »Demofoonte, Ré di Trace« (1746; Demophon, König von Thrakien) von Carl Heinrich Graun, zu der Friedrich II. (für die Wiederholungsaufführung von 1774) drei Arien beigesteuert hat.
»di Frederico« – (ital.) »von Friedrich«.
Begräbnisstätte – Sie wurde 1954 restauriert; alle Urnen, Porträtköpfe, Reliefs usw. sind noch vorhanden. Ausführliche Aufzeichnungen unter der Überschrift »Die Ruhmeshalle« finden sich in Fontanes Notizbuch A 5 (ab Blatt 38).
192 *Lotosblume … allegorische Bedeutung* – Die Lotosblume gilt in Indien als Symbol für Schönheit, Reinheit, Sonne und ewiges Leben.
Palast Chigi – Palast des italienischen Fürstengeschlechts Chigi in Rom.
194 *Park* – Er wurde nach 1945 fast völlig abgeholzt und wird heute teilweise von den Eigentümern der anliegenden Grundstücke genutzt.

Gusow

Fontanes Besuch in Gusow und die Arbeit an dem Aufsatz gehören in die früheste »Wanderungen«-Zeit. Aufgesucht hat der Autor den Ort zwischen dem 23. und 26. Mai 1860, und niedergeschrieben wurde das Feuilleton bereits zwischen Juni und August desselben Jahres.

Ein Vorabdruck dieser ursprünglichen Fassung erfolgte im Cottaschen »Morgenblatt für gebildete Leser«, Nr. 44 vom 28. Oktober 1860, S. 1038–1042 – unter dem Sammeltitel »Bilder und Geschichten aus der Mark Brandenburg« –, und Ende 1861 wurde das Kapitel in der Erstausgabe der »Wanderungen [Teil 1]« (datiert 1862) veröffentlicht. Dort war es dem Abschnitt »Der Barnim« zugeordnet mit der Begründung: »Gusow liegt nicht mehr im Barnim, sondern einige Meilen östlich davon, im Lande Lebus. Da ich aber die beiden andern Feldherrn aus der Zeit des Großen Kurfürsten: Sparr und Görtzke, in diesem Bande besprochen habe, so sollte Derfflinger (auf Gusow) nicht fehlen …« (Fußnote, S. 317).

Im Sommer 1879 hat Fontane das Kapitel für die dritte Auflage von »Das Oderland« (1880), in die es nun eingegliedert werden sollte, umgearbeitet und – besonders durch die Vervollständigung der Derfflinger-Biographie – erweitert. Am 17. Juni 1879 schrieb er seiner Frau: »… heute schon hab ich mich wie toll und blind auf den ›alten Derfflinger‹ gestürzt, der biographisch in das Gusow-Kapitel hinein soll. Ich hoffe in drei, vier Tagen damit fertig zu sein und schick es Dir dann zur Abschrift; vielleicht ist auch keine Abschrift nötig.« Und am folgenden Tag: »Ich habe heute fleißig an meinem Gusow-Aufsatz gearbeitet, fleißig, aber nicht recht erfolgreich, weil es mich langweilt. Ich habe nun zuviel davon gehabt.« Welch quälende Mühe dem Autor die Neufassung des Gusow-Aufsatzes bereitet hat, bezeugt die Korrespondenz mit Wilhelm Hertz aus dieser Zeit (vgl. den Abschnitt »Die dritte Auflage«, S. 515 ff.).

Die Buchausgabe der dritten Auflage – vordatiert auf 1880 – wurde zu Weihnachten 1879 ausgeliefert. Ein Vorabdruck des Gusow-Aufsatzes im »Wochenblatt der Johanniter-Ordens-Ballei Brandenburg«, den Fontane seinem Verleger am 18. August 1879 angekündigt hatte, ist nicht zustande gekommen.

Für die Arbeit am Gusow-Kapitel hat Fontane folgende Literatur benutzt (die vollständigen Angaben finden sich jeweils im Verzeichnis der Literatur; vgl. S. 679): Lippe-Weissenfeld, »Derfflinger«. – Pauli, »Leben großer Helden …«. – Poellnitz, »Mémoires …«. – Buch, »Tagebuch aus den Jahren 1674–1683 …«. – »Mündliche Mitteilungen« (laut Anmerkung am Schluß der Erstausgabe der »Wanderungen [Teil 1]« von 1862).

195 *Und das Gold schwamm* … – Scherenberg, »Abu Abdallah el Zogoibi, der letzte Maurenkönig«, Vers 212 und 216 f. Vgl. auch Fontanes Buch »Christian Friedrich Scherenberg und das literarische Berlin von 1840 bis 1860«.

Eine Nachtfahrt … – In W I[1], S. 317 f., geht folgende Einleitungspassage voraus: »Unser Weg führt uns heute östlich, über das Plateau des Barnim hinweg, bis an den Südrand des Oderbruchs. Wir finden hier Land und Leute wesentlich verschieden von dem, was wir bis jetzt beschrieben haben; alles ist reicher, ursprünglicher, ungezähmter, das Leben hier pulst voller. Ob es ein stärkerer Beisatz von slawischem Blute ist, der hier eine Reihe abweichender Erscheinungen schafft, oder ob es einfach die größere Fruchtbarkeit des Bodens ist, die hier das Leben üppiger, saftvoller gestaltet – es sei dahingestellt. Es scheint, als ob die Zivilisation hier jüngeren Datums sei und noch nicht Zeit gehabt habe, das kaum eingefangene Steppenpferd zu zügeln und zu zähmen. / Das Oderbruch ist ein etwa zwei bis drei Meilen breiter und sieben Meilen langer Uferstreifen, der sich an der linken Seite der Oder zwischen

Lebus und Oderberg entlangzieht, ein Marschland, eine Niederung, die nach Westen hin von einem Höhenzuge, nach Osten hin vom Flusse selber begrenzt wird. In alten Zeiten waren diese Niederungen Sumpf, ein Spiel- und Tummelplatz des Flusses, der sich auf ihnen, sooft ihn die Laune anwandelte, mit breitem Behagen erging. Vor etwa hundert Jahren aber zog die Hand des Menschen zwischen Fluß und Sumpf einen viele Meilen langen Damm hin und wandelte dadurch das wüste, erlenbestandene Sumpfland in ein großes Fruchtland um, das heutige Oderbruch. Man unterscheidet ein Nieder-, Ober- und Mittelbruch, von denen das Niederbruch (zwischen Oderberg und Freienwalde) durch die Schönheit seiner Wiesen, das Mittelbruch aber durch die besondere Fruchtbarkeit seiner Äcker ausgezeichnet ist. Unser Besuch heut gilt weder dem einen noch dem andern, sondern dem südlichst gelegenen Teile des Bruchs, dem Oberbruch, von dessen Hügelwand wir nach zwei Seiten hin das Bruch und das im Vordergrunde gelegene Dorf Gusow überblicken. Doch ich greife unserer Reise vor.« In seinen Anmerkungen am Schluß von WI[1] schreibt Fontane (S.464) zum Kapitel »Gusow«: »Gleich beim Eintritt ins Dorf (von der Oderbruch- oder Platikower Seite her) bemerkt man zur Linken ein zweistöckiges altes Fachwerkhaus, das bis in die Derfflinger-Zeit zurückweist und damals als Kaserne (wahrscheinlich für einen kleinen Trupp Derfflingerscher Dragoner) diente. Jetzt ist die ehemalige Kaserne ein Armen- oder Familienhaus geworden und sieht auch danach aus.«

195 *Patriarchen* – Urväter; im Alten Testament Bezeichnung für Abraham, Isaak und Jakob, die Stammväter der Israeliten.

196 *an einem Pfingstheiligabend* – In W I[1], S. 319, folgt der Zusatz: »(wie es mir vor einer Reihe von Jahren vergönnt war)«. Pfingstheiligabend: Der Abend vor dem Pfingstsonntag.

Friedrich Eisenzahn – Friedrich II., genannt der Eiserne; er regierte von 1440 bis 1471.

Gusow kam zu gerichtlicher Versteigerung – In W I[1], S. 319, vertritt Fontane eine andere Auffassung. Es heißt dort an dieser Stelle: »Um 1646 vermählte sich Georg Derfflinger, damals noch in schwedischen Diensten, mit einem Fräulein von Schapelow und brachte sich dadurch in den Besitz der betreffenden Familiengüter, zu denen außer Gusow noch das benachbarte, etwas weiter ins Bruch hinein gelegene Platikow gehört. In einem viel gesungenen Liede heißt es, daß sich der alte Reitergeneral, auf eine Anfrage seines kurfürstlichen Herren, diese schönen Güter als Kriegs- und Siegeslohn erbeten habe;

diese Angabe ist aber falsch; Gusow und Platikow fielen ihm als Frauenerbe zu.« Anschließend folgt die später weggelassene Passage (S. 320): »Platikow, um diese kurze Notiz von unserem Besuche in Gusow vorauszuschicken, besaß bis ganz vor kurzem in der sogenannten ›Teerbutte des alten Derfflinger‹ eine Art von Sehenswürdigkeit, die, mehr als manches Wichtigere, den Namen des berühmten Feldmarschalls im Volke lebendig erhielt. Mit dieser Teerbutte hat es folgende Bewandtnis. Auf der Spitze des Kirchturms, wo sich sonst die Wetterfahne zu drehen pflegt, befand sich ein ziemlich rätselhaftes Ding von der Form eines großen Hutes, das allerdings einer Teerbutte nicht unähnlich sah. Es hieß (vielleicht, um die Verwegenheit des alten Reitergenerals, vielleicht auch nur, um die Niedrigkeit des Kirchturms zu charakterisieren), des alten Derfflingers Pferde seien scheu geworden; er aber, um die Widerspenstigen zu strafen und zu zähmen, sei über den Kirchturm weggefahren, bei welcher Gelegenheit die Teerbutte des Wagens an der Kirchturmspitze hängengeblieben sei. Soweit die Sage. Noch vor fünf Jahren existierte beides, der Turm und die Butte obenauf. Jetzt aber haben sich die Platikower einen neuen Kirchturm bauen lassen und zur Aufbringung der Kosten ihren alten Turmschmuck, der sich als ein kupferner Zylinder auswies, mit darangegeben. Ein Kupferschmied in Seelow hat alles an sich gebracht und die historische Teerbutte für *drei Taler und fünfzehn Silbergroschen* nach Pfund und Lot meistbietend erstanden. Das nennt man historischen Sinn.«

196 *sub hasta* – (lat.) unter der Lanze; das heißt: unter dem Hammer, in öffentlicher Versteigerung.

freihändig angenommen – als freies Landgut (Allod); vgl. die erste Anm. zu S. 171.

Lied vom Derfflinger – Vgl. auch Fontanes Ballade »Der alte Derffling«.

197 *Protestantenland – Zu* Beginn des 17. Jahrhunderts war die protestantische böhmische Ständeopposition gegen das feudalklerikale Habsburg-Regime so erstarkt, daß sie 1609 von Kaiser Rudolf II. (der gleichzeitig König von Böhmen war) den sogenannten Majestätsbrief erzwingen konnte, der ihr die Religionsfreiheit gewährte und andere Sonderrechte einräumte. Die Nichteinhaltung der vertraglichen Vereinbarungen durch die katholische Reaktion verschärfte die politisch-religiösen und nationalen Gegensätze und führte 1618 zum Böhmischen Aufstand (vgl. die vierte Anm. zu S. 23), der den Dreißigjährigen Krieg auslöste.

197 *Pauli … »Leben großer Helden«* – Vgl. das Verzeichnis der Literatur, S. 682.
Freischaren des Matthias von Thurn – Vgl. die zweite Anm. zu S. 23. Nachdem ein böhmisches Ständeheer unter seiner Führung 1619 erfolglos Wien belagert hatte und am 8. November 1620 in der Schlacht am Weißen Berge (bei Prag) von den Kaiserlichen besiegt worden war, floh Thurn nach Ungarn, später nach Ostpreußen, wo er in die Dienste des Schwedenkönigs Gustav Adolf trat.
Landung Gustav Adolfs – Am 6. Juli 1630 auf Usedom.
Lützen, Nördlingen, Wittstock – Schlachten im Dreißigjährigen Krieg zwischen der katholischen Liga und den Schweden. Bei Lützen (nahe Merseburg), wo Gustav Adolf den Tod fand, siegten die Schweden (16. November 1632); bei Nördlingen wurden sie geschlagen (5./6. September 1634) und mußten sich daraufhin nach Norddeutschland zurückziehen, wo sie dann durch den Sieg bei Wittstock an der Dosse (4. Oktober 1636) ihre Vorherrschaft festigten.
Échec – (franz.) Mißerfolg, Schlappe.
Brandschatzungsgelder – Durch Androhung von Brandstiftung und Plünderung von einer Stadt oder Landschaft erpreßte Kontributionen.

198 *zwei Jahre später* – Torstenson wurde erst 1641 schwedischer Oberbefehlshaber.
Bündnis gegen den Kaiser – Fürst Georg I. Rákóczi von Siebenbürgen schloß am 26. April 1643 einen Allianzvertrag mit Schweden und Frankreich.
zweite Leipziger Schlacht – Gemeint ist die zweite Schlacht bei Breitenfeld (nördlich von Leipzig), in der das kaiserliche Heer unter Piccolomini am 2. November 1642 von den Schweden besiegt wurde. Vgl. die zweite Anm. zu S. 219.
Friedensschluß – Mit der Unterzeichnung des Friedensvertrages in Münster und Osnabrück (Westfälischer Frieden) am 24. Oktober 1648 wurde der Dreißigjährige Krieg beendet.
mit in den Krieg verwickelt – Im Schwedisch-Polnischen Krieg (1655–1660) verbündete sich Kurfürst Friedrich Wilhelm zunächst mit den Schweden. In der Schlacht bei Warschau (28.–30. Juli 1656) besiegte das schwedisch-brandenburgische Heer die Polen. Nach dem Eintritt Dänemarks in den Krieg gegen Schweden (1657) schloß Friedrich Wilhelm in der Hoffnung, das durch den Westfälischen Frieden (1648) an Schweden gefallene Vorpommern zurückzugewinnen, ein Bündnis mit Polen.

199 *machiavellistische Politik* – Politik, die kein Mittel scheut, um ihr Ziel zu erreichen; benannt nach dem italienischen Staatsmann, Dichter und Philosophen Niccolò Machiavelli (1469 bis 1527), der die Herrscher Italiens zum rücksichtslosen Kampf um die Einigung des Landes aufforderte.

Alsen und Tönningen ... Fünen – Die kriegerischen Auseinandersetzungen auf dänischem Territorium hat Fontane in »Die Grafschaft Ruppin«, Kap. »Garz« (»Albrecht Christoph von Quast«), ausführlich beschrieben; vgl. Band 1 dieser Ausgabe.

Friede zu Oliva – Im Friedensvertrag von Oliva (3. Mai 1660) zwischen Schweden, Polen, Brandenburg und Österreich, der den Schwedisch-Polnischen Krieg beendete, wurde die Souveränität des Kurfürsten von Brandenburg über das Herzogtum Preußen endgültig bestätigt.

abermals zu Felde – Auf Grund eines Bündnisvertrages mit Österreich, den Generalstaaten (Holland), Spanien und Dänemark vom 1. Juli 1674 beteiligte sich Brandenburg gegen Zahlung von Subsidien am Reichskrieg gegen das expansive Frankreich, mit dem es erst am 21. Juni 1673 den Sonderfrieden zu Vossem abgeschlossen hatte.

Stückkugeln – Geschützkugeln.

200 *die Schweden ... eingebrochen* – Da Schweden vertraglich zur Hilfeleistung gegen alle Feinde Frankreichs verpflichtet war, fiel im Dezember 1674 ein schwedisches Heer in die Mark ein und besetzte bis zum Frühsommer 1675 einen großen Teil des Landes. Nach dem Verlust der Stadt Rathenow an der Havel am 25. Juni 1675 (nach dem bis 1700 gültigen Julianischen Kalender am 15. Juni) zum Rückzug gezwungen, mußten sich die Schweden am 28. Juni bei Fehrbellin ihren Verfolgern zur Schlacht stellen, in der sie eine vernichtende Niederlage erlitten. Der brandenburgische Sieg bei Fehrbellin hat die Mark endgültig von schwedischer Besetzung befreit. Vgl. die ausgeschiedenen Kapitel »Fehrbellin« und »Fehrbellin in Sage, Kunst und Dichtung«; Band 6 dieser Ausgabe.

von Buch in seinem Tagebuche – Vgl. das Verzeichnis der Literatur, S. 679.

201 *Tournierung* – Umgehung des Feindes (um ihm in den Rücken zu fallen).

Sukkurs – Hilfe, Verstärkung.

202 *Trabanten* – Hier: Angehörige der Leibgarde.

soutenieren – unterstützen.

203 *Anklam ... Greifswald* – Zwischen Juli und Oktober 1676 besetzte Kurfürst Friedrich Wilhelm Anklam, Demmin, Usedom

und Wollin; im Januar 1678 das lange belagerte Stettin; im September Rügen; im Oktober Stralsund und im November 1678 Greifswald. Damit befand sich Pommern in brandenburgischem Besitz.

204 *Zernierung* – Einschließung.

Halbkartaunen – Kanonen, mit denen zwölfeinhalb Pfund schwere Kugeln abgeschossen wurden.

Feldzug in Ostpreußen – Im Winterfeldzug 1678/79 vertrieb Kurfürst Friedrich Wilhelm die schwedischen Truppen aus Ostpreußen. Im Gefecht bei Telcze (7. Februar 1679) wurde der Rest der schwedischen Armee völlig aufgerieben.

Kurisches Haff – Großer Strandsee im ehemaligen Ostpreußen (zwischen Königsberg und Memel), durch eine Dünenkette von der Ostsee getrennt.

205 *abermalige Zerwürfnisse mit Frankreich* – Infolge des Pfälzischen Erbfolgestreits (seit 1685) drangen 1688 erneut französische Truppen in Deutschland ein. 1689 begann wiederum ein Reichskrieg gegen den Aggressor, der bis 1697 andauerte und an dem sich auch Brandenburg beteiligte.

»des Treibens müde« – »Ach, ich bin des Treibens müde!«; Zitat aus Goethes Gedicht »Wandrers Nachtlied« (»Der du von dem Himmel bist …«).

sein ältester Biograph – Carl Friedrich Pauli.

206 *eisernes Bett des Riesen Og* – Anspielung auf 5. Mose 3,11 im Alten Testament, wo es heißt: »Denn allein König Og zu Basan war noch übrig von den Riesen. Siehe, sein eisern Bette ist zu Rabba, [der Stadt] der Kinder Ammon, neun Ellen lang und vier Ellen breit nach eines Mannes Ellenbogen.«

»Grognard« – (franz.) Brummbär, alter Haudegen.

207 *en Chef* – (franz.) als Chef.

Maréchal – (franz.) Marschall.

208 *Frankreich und Portugal verlassen* – Nach der Aufhebung des Ediktes von Nantes (1598) im Jahre 1685, das den Protestanten in Frankreich die Religionsfreiheit und andere Sonderrechte zugesichert hatte, ging der protestantische Feldherr Schomberg, seit 1650 in französischen Diensten, nach Portugal, bevor er 1687 dem Ruf des brandenburgischen Kurfürsten folgte.

präferi[e]ren – vorziehen.

Conditions – (franz.) Bedingungen.

resolvi[e]ret – entschlossen.

accom[m]odi[e]ren – anpassen.

Preußen – Ostpreußen.

conferi[e]ren – übertragen, verleihen.

208 *approbi[e]ren* – billigen, gutheißen.
Rescript – Bescheid, Erlaß.
consideri[e]ren – erwägen, schätzen.
209 *Duc* – (franz.) Herzog.
daß Pöllnitz ... schreiben durfte – In »Mémoires ...«; vgl. das Verzeichnis der Literatur, S. 682 f.
Worte ..., die Prinz Heinrich dem alten Zieten widmete – Sie standen (in französischer Fassung) auf der vorderen Seite des Rheinsberger Obelisken. Vgl. »Die Grafschaft Ruppin«, Kap. »Rheinsberg«, Abschnitt 5; Band 1 dieser Ausgabe.
Uninteressiertheit – Hier: Uneigennützigkeit.
Graf Lippe, in seiner ... Biographie – »Derfflinger«; vgl. das Verzeichnis der Literatur, S. 682.
Courtoisie – Rücksichtnahme.
210 *Bartholomäuskirche* – Neugotische Backsteinkirche am Königstor (Friedrichshain; gegenüber dem Märchenbrunnen), errichtet 1854 bis 1858 nach einem Entwurf von F. A. Stüler.
d'Heureusesches Haus – Im Auftrage Derfflingers von dem Berliner Barockarchitekten Johann Arnold Nering am Köllnischen Fischmarkt/Ecke Roßstraße errichtetes kleines Palais, das später nach der Konditorei von Louis d'Heureuse benannt wurde, in der Fontane während seiner Berliner Apothekerzeit verkehrte, um »den ›Berliner Figaro‹, mein Leib- und Magenblatt, zu lesen, darin ich als Lyriker und Balladier schon verschiedentlich aufgetreten war« (»Von Zwanzig bis Dreißig«, Abschnitt »Berlin 1840«, Kap. 1). Das Gebäude ist nicht mehr vorhanden.
Schwedenkrieg – Gemeint ist die zweite Phase des Schwedisch-Polnischen Krieges (1657–1660; vgl. die fünfte Anm. zu S. 198), in der das brandenburgische Heer sich an der Zurückdrängung der Schweden aus Holstein und Schleswig sowie an den Kriegshandlungen in Dänemark beteiligte (vgl. »Die Grafschaft Ruppin«, Kap. »Garz«; Band 1 dieser Ausgabe).
Zeughaus – Zweigeschossige barocke Vierflügelanlage Unter den Linden, errichtet 1695–1706 von Johann Arnold Nering, Martin Grünberg, Andreas Schlüter und Jan de Bodt. Der 1945 schwer beschädigte Bau wurde wiederaufgebaut, war in der Zeit der DDR Museum für deutsche Geschichte und ist jetzt Sitz des Deutschen Historischen Museums.
18. März 1848 – Der 18. März 1848, an dem Berliner Arbeiter, Handwerker und Studenten das preußische Militär im Barrikadenkampf besiegten, war der Höhepunkt der bürgerlich-demokratischen Revolution von 1848/49 in Deutschland.

210 *Rathaus* – Es handelt sich nicht um das Rote Rathaus, das erst 1861–1869 erbaut wurde, sondern um das längst nicht mehr vorhandene sogenannte Köllnische Rathaus, das Ecke Breite Straße/Scharrenstraße stand. Vgl. auch Fontanes Schilderung der revolutionären Kämpfe in Berlin in »Von Zwanzig bis Dreißig«, Abschnitt »Der achtzehnte März«, Kap. 1.
Blousenmann – Bezeichnung für Arbeiter (nach der früher getragenen Arbeitsbluse).
»Mr. Albert, ouvrier« – Der Arbeiter (ouvrier) Alexandre Albert leitete während der französischen Februarrevolution von 1848 bewaffnete Aktionen des Pariser Proletariats. Nach dem Sieg der Revolution wurde er in die Provisorische Regierung berufen.
verschwand bald vom Schauplatz – Der Maschinenbauer Karl Siegerist, der auch ein am 17. März verbreitetes revolutionäres Flugblatt verfaßt hatte, wurde am 7. Oktober 1848, nach der Niederschlagung der Revolution, zu einer mehrjährigen Festungshaft verurteilt.
ziviliter – bürgerlich; vor den weltlichen Verwaltungsbehörden.

211 *Volontair* – Hier: Freiwilliger.
Feldzug gegen die Türken – Vgl. S. 348–353.
Johanniterritter ... Komtur – Vgl. die erste Anm. zu S. 24.
Schloß – Das 1945 stark beschädigte Schloß in Gusow wird seit 1960 renoviert und ausgebaut. Es diente in den ersten Nachkriegsjahren als Speicher und Lagerraum, später als Kindergarten und Schulhort und wurde für Kulturveranstaltungen genutzt. Jetzt enthält es das Brandenburger Zinnfigurenmuseum und soll mit Hotel- und Gaststättenbetrieb in ein Gesamtkonzept für Naherholung und Tourismus einbezogen werden.
corps de logis – (franz.) Mittel-, Hauptgebäude.

212 *Falkonetts* – Kleine Geschütze.
Potsdamer Stadtschloß – Vgl. die vierte Anm. zu S. 141.
Kadettenhaus – In Potsdam.
Kronprinz – Friedrich Wilhelm, der spätere deutsche Kaiser Friedrich III. (1888).
Pöttersches Haus – Es existiert nicht mehr.
Graf Lippe ... spricht die Vermutung aus – In »Derfflinger«; vgl. das Verzeichnis der Literatur, S. 682.
Hauptpostamt – In der Königstraße (heute Rathausstraße); es existiert nicht mehr.
Kupferstichcabinet – *Das* Kupferstichkabinett, ursprünglich dem (kriegszerstörten, noch nicht wieder aufgebauten) Neuen

Museum zugehörig, ist heute im Alten Museum untergebracht. Es beherbergt neben zahlreichen Zeichnungen alter Meister und illustrierten Büchern etwa 120 000 Blätter europäischer Druckgraphik.

212 *Zeughaus* – Vgl. die vierte Anm. zu S. 210.

Park – Der Gusower Park ist erhalten geblieben und befindet sich in gutem Zustand. In den Sommermonaten finden Parkkonzerte und andere kulturelle Veranstaltungen statt.

Taxodium – In Nord- und Mittelamerika beheimateter Nadelbaum.

Kirche – Die Gusower Kirche mit dem Grabmonument und dem Grabgewölbe Derfflingers wurde 1945 zerstört, die Ruine in den nachfolgenden Jahren abgetragen. Ein erhalten gebliebenes Epitaph ist in die Kirche der ehemaligen Komturei Lietzen-Nord umgesetzt worden.

214 *Zeit und Ort seiner Geburt und seines Todes* – In der in W I[1], S. 325, wiedergegebenen Inschrift heißt es: »›[Derfflinger] ... ist auf diese Welt geboren Anno 1606 den 10. Marty (März) zu Neuhofen in Oberöstreich im Lande ob der Ens und auf seinem Gute Gusow selig im Herrn entschlafen Anno 1695, den 4. Februar. Sein Alter neunundachtzig Jahr weniger ein Monat.‹« Fontane fügt dort hinzu: »Die vier letzten Zeilen dieser Inschrift widerlegen einzelne Irrtümer, denen man, vielleicht gestützt auf die Pöllnitzschen Memoiren, noch immer hie und da begegnet. Pöllnitz bezeichnet *Böhmen* als Derfflingers Heimat und gibt an, daß er in *Berlin* gestorben sei. Beide Angaben werden durch diese Grabschrift am ehesten berichtigt.«

»Agere aut pati fortiora.« – (lat.) »Handeln oder das Stärkere dulden.«

Eine Falltür ... ausgesetzt waren – In W I[1], S. 325 f., heißt es an dieser Stelle ausführlicher: »Eine einfache Falltür, wie sie in alten Häusern vom Wohnzimmer aus in den Keller zu führen pflegt, überdeckt hier das Gewölbe, und Eisenkrampe und Vorlegeschloß tun das übrige. Der Schlüssel, wenn man um die Erlaubnis bittet, in das Gewölbe hinabsteigen zu dürfen, ist nie zu finden. Der Küster verweist auf die Kastellanin, die Kastellanin auf den Rendanten, der Rendant auf den Prediger und der Prediger wieder auf den Küster; so daß man, nachdem man das halbe Dorf durchlaufen hat, sich schließlich überzeugt, daß der Schlüssel nicht gefunden werden *soll.* Das erste Gefühl ist ein Gefühl des Ärgers und der Verstimmung; man glaubt, es werde einem ein gutes Recht vorenthalten, das Recht, an den Sarg eines Mannes treten zu dürfen, der dem

Lande, unserer Geschichte und unserem eigenen Herzen angehört. Diese erste Verstimmung indes mindert sich einigermaßen, sobald wir erfahren, welchen Unbilden die irdischen Überreste des alten Helden viele Jahre hindurch ausgesetzt gewesen sind.«

215 *Remedur* – Abhilfe.

Arnds »Wahres Christentum« – »Vier Bücher vom wahren Christentum« (1605–1609), ein weitverbreitetes, in fast alle europäischen Sprachen übersetztes Werk, das sich mit dem kirchlichen Dogmatismus der Zeit auseinandersetzte.

Schloß Friedersdorf

Wie mit Gusow hat sich Fontane auch mit Friedersdorf und dem Geschlecht der Marwitz bereits im Jahre 1860 beschäftigt. Unmittelbar nach dem Besuch beider Orte (zwischen dem 23. und 26. Mai) schrieb er am 28. Mai an seine Mutter: »In Gusow und Friedersdorf fand ich sehr interessante Ausbeute, besonders in letztrem Dorf. Die Friedersdorfer Kirche ist geradezu der Sanspareil [die Unvergleichliche] unter allen Dorfkirchen, die ich bis jetzt gesehen habe, nicht an Schönheit, aber an historischem Interesse. Es verlohnt sich doch eigentlich nur noch, ›von Familie‹ zu sein. Zehn Generationen von 500 Schultzes und Lehmanns sind noch lange nicht so interessant wie drei Generationen eines einzigen Marwitz-Zweiges. Wer den Adel abschaffen wollte, schaffte den letzten Rest von Poesie aus der Welt.« Von Juni bis Dezember 1860 wurde dann das umfangreiche Kapitel niedergeschrieben.

Am 3. Mai 1861 schrieb Fontane an Hermann Hauff, den Redakteur von Cottas »Morgenblatt für gebildete Leser«, nach Stuttgart: »Anbei hab ich die Ehre, Ihnen wieder drei Arbeiten aus unsrer Mark Brandenburg zu übersenden, von denen ich wünsche, daß sie Ihnen zum Abdruck im ›Morgenblatt‹ geeignet erscheinen mögen. Ich hatte anfangs einen andern, gemeinschaftlichen Titel gewählt und das Ganze ›*Schloß Friedersdorf und die Marwitze*‹ genannt, habe aber schließlich die frühere Überschrift wiedergewählt, einmal, weil sie für manches Ohr verständlicher klingen dürfte, dann aber, weil es vielleicht gut ist, in der Erinnrung einzelner Leser an das früher Dagewesene anzuknüpfen. Denken Sie anders darüber, so bitt ich freundlichst, die Generalüberschrift ganz nach Ihrem Dafürhalten zu ändern. Am schlagendsten wäre diesmal, weil ich überwiegend *Charaktere* gebe, ›Land und Leute in Mark Brandenburg‹, aber das hieße sich an Riehls wohlgemünztem Eigentum vergreifen. [Band I von Wilhelm Heinrich Riehls Werk

»Die Naturgeschichte des Volkes als Grundlage einer deutschen Sozial-Politik« (1854) hatte den Titel »Land und Leute«.] / Ich schicke an dieser Stelle noch das voraus, daß der ältre Marwitz der Gründer und Beleber der konservativen Partei in Preußen, der jüngre Bruder (Alexander) einer von den Genialitätsleuten zu Anfang dieses Jahrhunderts, ein Rahel-Freund, ein Nachfolger Prinz Louis Ferdinands war. Die Dame, von der ich nur andeutungsweise spreche, ist *Schleiermachers* Frau. / Für den Fall, daß Sie sich veranlaßt sehen sollten, die Arbeiten abzulehnen, darf ich wohl darauf rechnen, in vier Wochen das M. S. zurückzuerhalten.« Hauff hat das Manuskript akzeptiert und am 13., 20. und 27. August sowie am 3. und 10. September 1861 in den Nummern 33 (S. 769 bis 775), 34 (S. 798–806), 35 (S. 829–833), 36 (S. 847–852) und 37 (S. 871–875) des Blattes vorabgedruckt, und zwar unter dem Titel »Bilder und Geschichten aus der Mark Brandenburg: Schloß Friedersdorf. Friedrich August Ludwig von der Marwitz. Alexander von der Marwitz«.

Zum erstenmal in der Buchausgabe veröffentlicht wurde das Kapitel 1863 in der ersten Auflage von »Das Oderland«. Bei dieser Gelegenheit erhielt der Stoff eine vom Vorabdruck abweichende Gliederung: Die Schloßbeschreibung faßte Fontane am Anfang des Kapitels zusammen und verknüpfte sie durch eine neu verfaßte Überleitungspassage mit der Biographie von Friedrich August Ludwig von der Marwitz. Der Abschnitt über Joachim Ernst von Görtzke – wahrscheinlich 1879 entstanden – wurde erst in der dritten Auflage des Bandes (1880) in das Kapitel eingeschoben.

An den Aufsätzen über Friedersdorf und Gusow läßt sich der enge Zusammenhang zwischen den »Wanderungen« und den Romanen Fontanes am deutlichsten nachweisen. Namentlich in »Vor dem Sturm« (1878), dessen Anfänge bis in die frühen sechziger Jahre zurückreichen, fanden große Teile des Stoffes und der Szenerie aus dem »Oderland«-Band Verwendung, und wie Gusow unter dem Namen Guse als einer der Hauptschauplätze im Roman-Erstling wiederkehrt, so wurde auch von Friedersdorf manches Lokaldetail auf Hohen-Vietz übertragen und Marwitz, der Besitzer von Friedersdorf, zum Vorbild für Berndt von Vitzewitz.

Für die Arbeit am Friedersdorf-Kapitel hat Fontane folgende Literatur benutzt (die vollständigen Angaben finden sich jeweils im Verzeichnis der Literatur; vgl. S. 679): Marwitz, »Aus dem Nachlasse …«. – Pauli, »Leben großer Helden …«. – Pertz, »Das Leben des Ministers Freiherrn vom Stein«. – Varnhagen von Ense, »Rahel …« und »Galerie von Bildnissen …«. – Programme des »Grauen Klosters« von 1804 und 1805. – »Papiere des von der Marwitzschen Familienarchivs« und »Mündliches« (laut Anmerkung am Schluß der Erstausgabe von 1863).

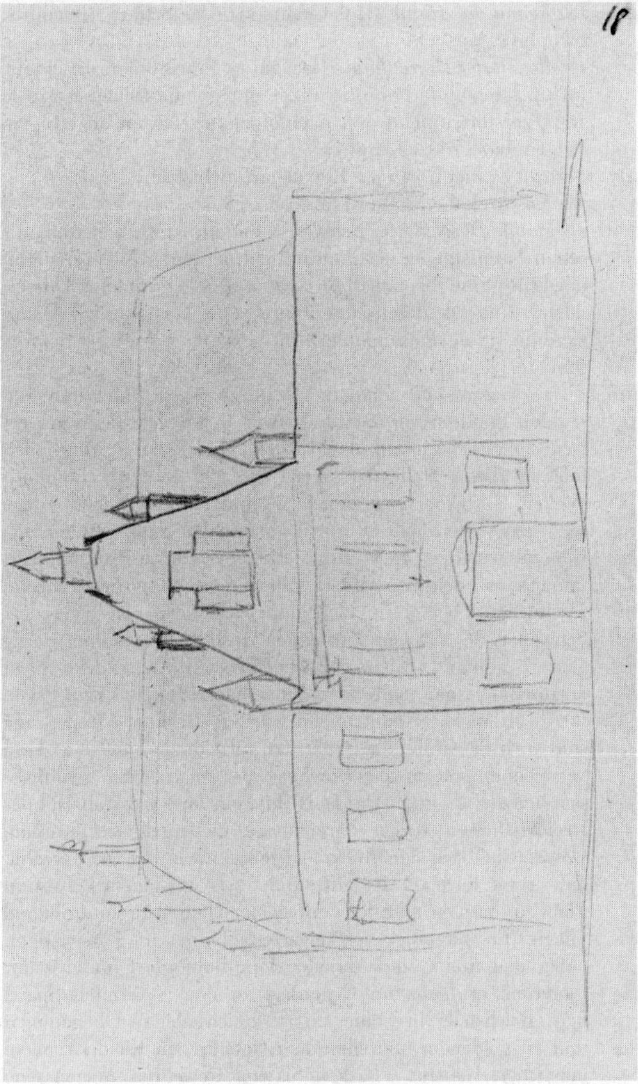

Schloß in Friedersdorf

216 *Ich kenne die Türme …* – Chamisso, »Das Schloß Boncourt«, Strophe 2, Vers 3 f.

Friedersdorfer Herrenhaus – Das im 17. Jahrhundert errichtete, im 19. Jahrhundert von Schinkel umgebaute Gebäude wurde 1945 zerstört und in den nachfolgenden Jahren abgetragen. Vgl. Fontanes Skizze, S. 595.

217 *Portrait … von Görtzke* – Es existiert nicht mehr.

Lützen – Vgl. die fünfte Anm. zu S. 197.

ehemalige Düsseldorfer Schule – Gemeint ist die von romantischen Auffassungen bestimmte Richtung in der Malerei, die in der Frühphase (bis um 1840) an der 1819 gegründeten Düsseldorfer Kunstakademie dominierte und vornehmlich Historienbilder von sentimentaler und heroischer Wirkung hervorbrachte.

218 *… verweigerte die Zahlung* – In Fontanes Anmerkung zu »Schloß Beuthen« am Schluß von W I[1], wo sich die später erweiterte Beschreibung der Görtzke-Bilder bereits vorfindet, folgt an dieser Stelle der Zusatz (S. 473): »(Aus der Empfindlichkeit Görtzkes über seinen zu kurzen Fuß haben einige schließen wollen, daß er von Natur ein Hinkefuß gewesen sei; General von der Marwitz bemerkt aber sehr richtig, dies sei mindestens höchst unwahrscheinlich. Görtzke sei mit sechzehn Jahren Page bei Marie Ele[o]nore – Königin von Schweden, Schwester des Großen Kurfürsten – und mit einundzwanzig Jahren Adjutant bei Gustav Adolf gewesen; es sei aber nicht anzunehmen, daß man einen Kurz- oder Hinkefuß zum Pagen für die Königin gewählt haben würde.)« In dieser Anmerkung sind auch die Grabstein-Inschriften für Görtzke und seine Frau verzeichnet, und im später nicht wieder verwendeten Schlußabsatz heißt es (S. 474): »Das Dorf (Friedersdorf) war während des Dreißigjährigen Krieges großenteils niedergebrannt worden; Görtzke ließ sich den Aufbau angelegen sein. Es wird erzählt, daß er am Teich (in der Mitte des Dorfs) auf einem Lehnstuhl Platz zu nehmen und den Aufbau der Häuser zu kontrollieren pflegte. Er war einer der reichsten Männer im Lande, denn außer den drei Gütern, Friedersdorf, Bollersdorf und Kienitz, hinterließ er (ganz im Gegensatz zu dem verarmten Sparr) 8591 Reichstaler in Gelde, 29 250 Reichstaler in Obligationen und an goldenem und silbernem Geschirr, an Kleidern, allem möglichen Hausrat, Pferden, Sätteln, Gewehren, Wagen eine unglaubliche Menge. Auch an ländlichem Reichtum 116 Wispel Roggen zu Friedersdorf.«

Dorfkirche – Der hintere Teil des Bauwerks wurde 1945 zerstört. Das Innere der nicht mehr genutzten Kirche wird durch eine provisorische Zwischenwand vor Witterungseinflüssen geschützt. Die Grabsteine des Ehepaars von Görtzke sowie zwei Epitaphe sind erhalten geblieben. – Ausführliche Aufzeichnungen über die Friedersdorfer Kirche finden sich in Fontanes Notizbuch A 8, Blatt 12–26.

219 *Feldzug in Preußen* – Schweden lag in Ostpreußen seit Beginn des 17. Jahrhunderts in beständiger Fehde mit Polen. Erst am 26. September 1629 kam ein (auf sechs Jahre befristeter) Waffenstillstand zwischen beiden Staaten zustande, der Schweden das Eingreifen in den Dreißigjährigen Krieg ermöglichte.

Leipziger Schlacht (1631) – Gemeint ist die erste Schlacht bei Breitenfeld (17. November 1631), in der das kaiserliche Heer unter Tilly auf Grund der modernen Taktik der Schweden unter Gustav Adolf eine folgenschwere Niederlage erlitt.

Wittstock – Vgl. die fünfte Anm. zu S. 197.

zweite Schlacht bei Leipzig – Vgl. die dritte Anm. zu S. 198.

Torstenson, als er nach Jütland aufbrach – Nach Ausbruch des Schwedisch-Dänischen Krieges (September 1643) zog der schwedische Oberbefehlshaber mit einem großen Teil seiner Truppen an den neuen Kriegsschauplatz ab.

220 *Friedensunterzeichnung* – Vgl. die vierte Anm. zu S. 198.

Krieg gegen Polen – Vgl. die fünfte Anm. zu S. 198.

Kämpfe mit Schweden und Frankreich – Vgl. S. 198–205.

Paulis Angaben – In »Leben großer Helden ...«; vgl. das Verzeichnis der Literatur, S. 683.

221 *1674 ... am Oberrhein* – Vgl. die dritte Anm. zu S. 199.

Winterfeldzug von 1679 – Vgl. die dritte Anm. zu S. 204.

222 *Frisches Haff* – Großer Strandsee in den ehemaligen Provinzen Ost- und Westpreußen, durch eine Dünenkette von der Danziger Bucht getrennt.

Friede von St-Germain – Auf Grund des Friedensvertrages von St-Germain-en-Laye (29. Juni 1679), der den Brandenburgisch-Schwedischen Krieg beendete, mußte Brandenburg auf Betreiben Frankreichs das soeben eroberte Vorpommern wieder an Schweden abtreten und sich mit einer kleinen Grenzänderung in Pommern begnügen.

Standrede – Kurze Rede am Grab (die stehend gehalten und stehend angehört wurde).

223 *Soldatenkönig* – Friedrich Wilhelm I.

Gemeine – Gemeinde.

224 *Regiment Gensdarmes* – Vgl. die dritte Anm. zu S. 27.

großer König – Friedrich II.

Sukzeß – Erfolg.

224 *Zorndorf* – Vgl. die fünfte Anm. zu S. 18.

225 *Schloß Charlottenburg* – Zweieinhalb Stockwerke hohe barocke Dreiflügelanlage, in den letzten Jahren des 17. Jahrhunderts nach Plänen von Johann Arnold Nering begonnen, bis um 1713 von Eosander von Göthe vollendet. Im November 1943 brannte das Schloß bei einem Bombenangriff aus; inzwischen ist es längst wiederaufgebaut worden.

Friedensschluß – Am 15. Februar 1763 wurde auf dem sächsischen Jagdschloß Hubertusburg mit dem Friedensvertrag zwischen Preußen, Österreich und Sachsen der Siebenjährige Krieg beendet.

Freibataillon – Bewaffneter Verband, der auf eigene Faust Krieg führt.

passe-droit – (franz.) Zurücksetzung.

226 *Hochkirch* – Bei Hochkirch in Sachsen gelang den Österreichern im Siebenjährigen Krieg (14. Oktober 1758) ein Überraschungsangriff auf die Preußen, die sich nach schweren Verlusten zurückziehen mußten.

Pour le mérite – Vgl. die siebente Anm. zu S. 172.

Quartiermeister – Generalquartiermeister: Mit besonderen Aufgaben betrauter (ursprünglich hauptsächlich für die Unterbringung der Truppen verantwortlicher) hoher Offizier des Generalstabes.

»Son mérite …« – (franz.) »Sein Verdienst und seine Leistungen wären vergessen, wenn dieses Denkmal nicht die Erinnerung daran festhielte.«

227 *Rheinsberger Obelisk* – Das 1791 eingeweihte Denkmal im Park von Rheinsberg war den Heerführern des Siebenjährigen Krieges gewidmet. Die Inschriften existieren heute nicht mehr. Vgl. »Die Grafschaft Ruppin«, Kap. »Rheinsberg«, Abschnitt 5; Band 1 dieser Ausgabe.

Memoiren seines Sohnes – Friedrich August Ludwig von der Marwitz, »Aus dem Nachlasse …«; vgl. das Verzeichnis der Literatur, S. 682.

228 *Er hat's verschmäht …* – Platen, »Sonette. Erste Sammlung«, [Nr.] XXXV, Vers 1–4. Vers 1 lautet bei Platen: »Wer möchte sich um einen Kranz bemühen«, Vers 4: »Aus Blumen flicht, die zwo Sekunden blühen?«

rocher de bronce – rocher de bronze: (franz.) eherner Felsen. Friedrich Wilhelm I. schrieb am 25. April 1716 als Randbemerkung auf eine Eingabe des Landadels (der eine Reform des Kriegssteuersystems forderte), er werde »die Souveränität« der Krone gegen die Ansprüche des Adels »fest wie einen rocher von bronce« stabilieren.

228 *Tage der Quitzows* – Vgl. die dritte Anm. zu S. 140.
Regierungsausgang des Großen Kurfürsten – 1688.
Tage ... der Verdächtigung – Auf Grund der Karlsbader Beschlüsse der zehn führenden deutschen Staaten (September 1819), die Maßnahmen zur Unterdrückung der bürgerlichen, insbesondere der studentischen Opposition festlegten (Verbot aller studentischen Verbindungen, Entlassung oppositioneller Professoren, Einführung der Pressezensur u. a.), wurden in fast ganz Deutschland Gesetze erlassen (in Preußen bereits am 18. Oktober 1819), die jede öffentliche politische Kritik untersagten. Viele Demokraten und Liberale wurden sogenannter demagogischer (»volksverführerischer«) Umtriebe bezichtigt und streng überwacht, gerichtlich belangt oder zur Emigration gezwungen. Die Demagogenverfolgungen gipfelten in der Zeit des Vormärz in einem System des Justiz- und Polizeiterrors.
229 *Montierungshut* – Diensthut.
230 *École vétérinaire* – (franz.) Tierarztschule.
Belle-Alliance-Platz – Heute Mehringplatz.
231 *Schroeckhs »Allgemeine Weltgeschichte«* – »Allgemeine Weltgeschichte für Kinder«, 4 Bände, Leipzig 1779–1784.
232 *Cornet* – Fähnrich bei der Reiterei, Standartenträger
parforcemäßig lanciert – einer Hetzjagd entsprechend Aufstellung genommen.
resultatloser polnischer Feldzug – Um eine Machterweiterung Rußlands und Österreichs zu verhindern, die gegen die Türkei Krieg führten, verbündete sich Preußen 1790 mit der Türkei und Polen und leitete militärische Aktionen gegen die polnischen Besitzungen der beiden Kaiserreiche ein. Der Konflikt wurde durch den Reichenbacher Vertrag vom 27. Juli 1790 beigelegt.
Rheincampagne – Vgl. die erste Anm. zu S. 142.
234 *König* – Friedrich Wilhelm III.
die französische Armee in Rußland ... vernichtet – Napoleon I. war im Juni 1812 mit seiner Großen Armee in Rußland eingefallen und bis September unter großen Verlusten nach Moskau vorgedrungen. Durch den Abwehrkampf des russischen Volkes im Oktober zum Rückzug gezwungen, erlitt das französische Heer in der Schlacht an der Beresina (26.–28. November 1812), die es überqueren mußte, eine vernichtende Niederlage und löste sich auf.
Tag von Austerlitz – Am 2. Dezember 1805 wurde die russisch-österreichische Armee bei Austerlitz von Napoleon I. vernichtend geschlagen. Rußland zog daraufhin seine Truppen ab,

Österreich schloß einen Waffenstillstand mit Frankreich (6. Dezember 1805).

235 *Kaiserkatze* – Napoleon I.

14. Oktober ... Schmach und Elend – Vgl. die Anm. zu S. 131.

236 *Neugestalter Preußens* – Gemeint sind die Mitglieder der patriotischen Reformpartei (Stein, Hardenberg, Wilhelm von Humboldt, Scharnhorst, Gneisenau u. a.), die 1807 in Preußen an die Regierung gelangten. Das Ministerium Stein führte, um die Volkskräfte gegen die französische Fremdherrschaft zu mobilisieren, eine Reihe von bürgerlichen Reformen im Bereich der Gesellschaft, Wirtschaft, Staatsverwaltung, Wehrverfassung und Bildung durch (zum Beispiel Aufhebung der Leibeigenschaft), die in den reaktionären Junkerkreisen auf heftigen Widerstand stießen.

ritterschaftliche Vorrechte – Im alten Deutschen Reich (bis 1806) den zum niederen Adel zählenden Rittern (gegen die Verpflichtung zum Kriegsdienst) von den Landesherren eingeräumte Vorrechte, wie Steuerbegünstigung, Zollfreiheit, Jagdrecht sowie – besonders in Nordostdeutschland – die niedere Gerichtsbarkeit und die Polizeistrafgewalt über die erbuntertänigen Bauern.

Pertz, »Leben Steins« – Vgl. das Verzeichnis der Literatur, S. 682.

Marwitz ... schreibt – In seinen Memoiren; vgl. das Verzeichnis der Literatur, S. 682.

Steinsche Gesetzgebung – Vgl. die erste Anm. zu S. 236.

237 *Hardenberg ... »Staatswohlfahrt«* – Nach seiner Ernennung zum Staatskanzler (Juni 1810) gelang es Hardenberg, durch Steuererhebungen und -umverteilungen sowie durch die Säkularisation geistlicher Güter und den Verkauf von Domänen (vgl. die zweite Anm. zu S. 180) Preußen vor dem drohenden Staatsbankrott zu retten. Vor allem durch die Neubelebung des inneren Handelsverkehrs und die Einführung der Gewerbefreiheit (1811) konnte die wirtschaftliche Situation des Staates verbessert werden.

Ereignisse des Jahres 1811 – Vgl. die vierte Anm. zu S. 180.

238 *... ein energieloses Ding* – In W II^1, S. 371, folgt der Zusatz: »erst aus dem Gefühl verletzten Rechtes geht der heilige Ernst des Kampfes hervor«.

Landschaftshaus – Genossenschaftliches Kreditinstitut des Landadels einer preußischen Provinz zur Förderung des Großgrundbesitzes. (Aus den Landschaften entwickelten sich später die Hypothekenbanken.)

Kontribution an Frankreich – Auf Grund des Friedensvertrages vom 9. Juli 1807 (vgl. die zweite Anm. zu S. 184) mußte Preußen Kriegskontributionen an Frankreich zahlen. Die Summe wurde im Pariser Vertrag vom 8. September 1808 auf 140 Millionen Francs festgelegt (am 5. November auf 120 Millionen ermäßigt).

239 *aide-toi-même* – (franz.) hilf dir selbst.

240 *Die französische Armee war vernichtet* – Vgl. die zweite Anm. zu S. 234.

»Où est la Grande armée? ...« – (franz.) »Wo ist die Große Armee? Die Große Armee, das ist das zehnte Korps.«

Kapitulation von Tauroggen – Preußen und Österreich waren durch Bündnisse genötigt worden, Napoleon I. für seinen Rußlandfeldzug (1812) Hilfstruppen zu stellen. Die nach der Niederlage der französischen Armee beginnende antinapoleonische Befreiungsbewegung in Ostpreußen veranlaßte General von Yorck, den Befehlshaber des preußischen Hilfskorps, zum eigenmächtigen Abschluß der Konvention von Tauroggen mit dem russischen General von Diebitsch (30. Dezember 1812). Kapitulation: Hier (in alter Bedeutung) »Vertrag«.

242 *Feldzug in der Champagne* – Vgl. die erste Anm. zu S. 142.

Naturalist – Hier: Naturmensch, der seine Geschicklichkeit durch eigene Übung, nicht durch Unterweisung und nach Regeln erlernt hat.

7. Juni – 1813.

polnische Ulanen – Die nach der Aufteilung Polens durch Rußland, Preußen und Österreich (1772, 1793, 1795) in der Emigration lebenden patriotischen Kräfte des Landes kämpften in Polnischen Legionen auf seiten Napoleons I., von dem sie sich die völlige Wiederherstellung der Unabhängigkeit Polens erhofften. (Bereits 1807 hatte Napoleon aus den von Preußen und Österreich annektierten polnischen Gebieten das Großherzogtum Warschau gebildet und dort die Leibeigenschaft aufgehoben.)

Waffenstillstand – Am 4. Juni 1813 schlossen die Alliierten (Rußland, Preußen und Schweden) mit Napoleon I. einen bis zum 11. August befristeten Waffenstillstand, den beide Seiten zur Bereitstellung von Reserven benötigten.

König – Friedrich Wilhelm III.

243 *Beaumonde* – beau monde: (franz.) vornehme Gesellschaft.

Gefecht bei Hagelberg – Das für die Landwehrtruppen siegreiche Gefecht vom 27. August 1813 trug dazu bei, die Bedrohung Berlins durch die Franzosen abzuwenden.

bei Jena – Vgl. die Anm. zu S. 131.

Einschließung Magdeburgs – Die mit einer starken französischen Besatzung versehene Festung Magdeburg konnte sich

1813 und 1814 gegen die preußischen Belagerer behaupten und wurde erst am 24. Mai 1814 auf Grund des ersten Pariser Friedens an Preußen zurückgegeben.

243 *bei Ligny und Wavre* – Bei Ligny (Belgien) wurde die preußische Armee unter Blücher am 16. Juni 1815 von Napoleon I. geschlagen. Vgl. »Die Grafschaft Ruppin«, Kap. »Regiment Mecklenburg-Schwerin Nr. 24«, Abschnitt »Das 24. Infanterieregiment 1815«; Band 1 dieser Ausgabe. Bei Waver (Belgien; franz. Wavre) lieferte das preußische Korps Thielmann am 18. Juni 1815 dem französischen Marschall Grouchy ein Gefecht, das ihn verhinderte, Napoleon in der gleichzeitigen Entscheidungsschlacht bei Waterloo zu unterstützen.

244 *Landtagmarschall* – Vorsitzender der preußischen Provinzialstände (bis 1875).

seiner »Väter Schloß« – Anspielung auf Strophe 7 in Adelbert von Chamissos Gedicht »Das Schloß Boncourt« (»So stehst du, o Schloß meiner Väter, / Mir treu und fest in dem Sinn, / …«).

245 *Rückschrittsmann* – In W II[1], S. 379, steht statt dessen: »Reaktionär«.

… Recht der Neuerungen – In W II[1], S. 379, folgt der Zusatz: »er war der Mann des Rechtsbodens, der loyalen Opposition«. Der folgende Satz lautet dort ausführlicher: »Nach dieser Seite hin ihn gezeichnet, seinen hohen Wert auch seinen politischen Gegnern dargelegt zu haben war der Zweck dieser Zeilen.«

erste Gemahlin – Franziska von der Marwitz, geborene Gräfin Brühl

247 *und Friedrich Wilhelm IV. durfte … das Experiment wagen* – In W II[1], S. 382, heißt es statt dessen: »und dem einsichtsvollen und gerechten Fürsten, den wir eben verloren haben [Friedrich Wilhelm IV. starb 1861], stand bei seinem Regierungsantritt allerdings das Recht zu«.

Vereinigter Landtag – 1847 von Friedrich Wilhelm IV. durch die Vereinigung der (seit 1823 bestehenden) acht preußischen Provinziallandtage zum Zwecke der Steuerbewilligung geschaffenes Scheinparlament ohne wesentliche konstitutionelle Rechte. Auf dem ersten Vereinigten Landtag, der vom 11. April bis 4. Juni 1847 (nicht 1846) in Berlin tagte, zeigte sich eine starke liberale Opposition, die von den Vertretern der rheinischen Großbourgeoisie geführt wurde.

auf Marwitz' angreifbarsten Punkt – In W II[1], S. 382, heißt es an dieser Stelle einschränkend: »auf seine angreifbarste, wenn auch mit Rücksicht auf die Zeit, in der er lebte, wenigstens halb erklärliche, halb zu entschuldigende Seite«.

248 *Niederlage von Jena* – Vgl. die Anm. zu S. 131.

Erhebung des Volks – In W II[1], S. 382, folgt der Zusatz: »(von der er, als von einer *Massen*erhebung, nicht einmal besonders hoch dachte)«.

Galanteriedegen – Zierlicher, nur als Schmuck getragener Degen.

Fürst – Karl August von Sachsen-Weimar-Eisenach.

Regiment Gensdarmes – Vgl. die dritte Anm. zu S. 27.

249 *fox-hunting* – (engl.) Fuchsjagd.

steeple-chase – (engl.) Hindernisrennen.

enfin – (franz.) schließlich, kurz (gesagt).

lecker – Schimpfwort in der Bedeutung von: unreif, aufgeblasen.

gesinnungsloser Historiker – Gemeint ist der Schweizer Historiker Johannes (von) Müller, der, nach einer Unterredung mit Napoleon (20. November 1806), im Dezember 1807 das Amt eines Minister-Staatssekretärs im Königreich Westfalen antrat, das der Kaiser im selben Jahr aus den linkselbischen Gebieten Preußens sowie aus den beseitigten Fürstentümern Hannover, Braunschweig und Kurhessen für seinen Bruder Jérôme Bonaparte geschaffen hatte und das 1813 nach der Völkerschlacht bei Leipzig von den Alliierten wieder aufgelöst wurde. Müllers Ruhm in den »Berliner Salons« und anderen zeitgenössischen Intellektuellenkreisen beruht auf der »Geschichte der Schweizer Eidgenossenschaft« (5 Bände; 1786–1808), dem ersten schriftstellerisch durchgebildeten Geschichtswerk in deutscher Sprache.

Ich nenne nur Fichte – In W II[1], S. 384 f., heißt es an dieser Stelle ausführlicher: »Hätte er Fichte, der eben damals durch seine begeisterten, aus Mut und Gesinnung heraus geborenen Reden selbst wieder Mut und Gesinnung in alle Herzen goß, hätte er Fichte als Repräsentanten deutschen Bürgertums und deutscher Bildung gewählt, sein Urteil würde sich anders gestaltet haben.«

250 *Bürgergardist* – Wahrscheinlich Angehöriger einer Hilfstruppe, die sich Napoleon zur Aufrechterhaltung der innerstädtischen Ordnung aus loyalen Bürgern geschaffen hatte. (Die Bezeichnung stammt eigentlich aus späterer Zeit. Bürgergarde oder Bürgerwehr wurden die bewaffneten Formationen des liberalen Bürgertums genannt, die während der Volksaufstände 1830/31 und der Revolution 1848/49 die revolutionär-demokratische Bewegung bekämpften.)

Marschall Victor – Der französische Marschall Claude Victor-Perrin, Herzog von Belluno, war vom Sommer 1807 bis zum Herbst 1808 Gouverneur im besetzten Berlin.

250 *... gelten unsere Sympathien* – In W II[1], S. 385, folgt der Zusatz: »›Es irrt der Mensch, solang er strebt.‹« (Goethe, »Faust«, »Prolog im Himmel«, Vers 317.)

»Er war ... ein Mann ...« – Zitat aus Varnhagen, »Galerie von Bildnissen ...«; vgl. das Verzeichnis der Literatur, S. 684.

251 *Du hoffst umsonst ...* – Waiblinger, »Der Kirchhof«, Strophe 2, Vers 5–8.

Blühend blieb mir im Gedächtnis ... – Heine, »Spanische Atriden«, Strophe 14 (»Romanzero«, Zweites Buch).

252 *»Zum Grauen Kloster«* – Ältestes Berliner Gymnasium; 1574 von Kurfürst Johann Georg in einem aufgehobenen Kloster der Franziskaner (Grauen Brüder) gegründet. Das Gebäude in der Klosterstraße wurde im zweiten Weltkrieg durch Bombenangriffe zerstört.

in preußische Dienste getreten – Scharnhorst trat 1801 aus dem hannoverschen Generalquartiermeisterstab als Oberstleutnant in das 3. preußische Artillerieregiment über und wurde bald darauf zum Direktor der Lehranstalt für junge Infanterie- und Kavallerieoffiziere ernannt.

Sohn der Frau von Staël-Holstein – Auguste-Louis Baron de Staël.

Michaelis – Nach dem Erzengel Michael benannter kirchlicher Festtag (29. September).

1803 nach Deutschland gekommen – Die französische Schriftstellerin, 1802 wegen ihrer antinapoleonischen Haltung aus Paris ausgewiesen, bereiste 1803/04 in Begleitung August Wilhelm Schlegels Deutschland und hielt sich fast ein Jahr lang in Weimar und Berlin auf.

253 *»Schweizergeschichte«* – Vgl. die fünfte Anm. zu S. 249.

Beschreibung – Sie wird in Varnhagens Buch »Galerie von Bildnissen ...« (vgl. das Verzeichnis der Literatur, S. 684) wiedergegeben.

254 *Ein Höcker ... Äsop* – Der griechische Fabeldichter Aisopos (Äsop) soll bucklig gewesen sein.

Prinz Louis Ferdinand ... hohe Vorzüge – Vgl. die erste Anm. zu S. 183. Vgl. auch Fontanes Gedicht »Prinz Louis Ferdinand«.

»alte Schläuche« – Anspielung auf Matthäus 9,17 im Neuen Testament: »Man füllt auch nicht jungen Wein in alte Schläuche; sonst zerreißen die Schläuche, und der Wein wird verschüttet ...«

255 *Frankfurt ... im Niedergange* – Vgl. die zweite Anm. zu S. 172.

255 *Halle lockte ihn* – Die 1693 gegründete Universität Halle, bereits im 18. Jahrhundert ein Wirkungszentrum der deutschen Aufklärung, gehörte zu Beginn des 19. Jahrhunderts zu den namhaftesten Hochschulen Deutschlands. Der Altertumsforscher und Philosoph Friedrich August Wolf, der von 1783 bis 1807 in Halle lehrte, trug wesentlich zum Ansehen der Universität bei.

Jenaer Schlacht – Vgl. die Anm. zu S. 131.

256 *»die Blässe des Gedankens anzukränkeln«* – Abgewandeltes Zitat aus Shakespeares »Hamlet«, III,1. Die Textstelle lautet (in der Übersetzung von August Wilhelm Schlegel): »So macht Gewissen Feige aus uns allen; / Der angebornen Farbe der Entschließung / Wird des Gedankens Blässe angekränkelt ...«

Tilsiter Friede – Vgl. die zweite Anm. zu S. 184.

257 *wo sich damals der preußische Hof befand* – Mitte Oktober 1806 flüchtete Friedrich Wilhelm III. mit seinem Hof vor den Napoleonischen Truppen, die am 27. Oktober Berlin besetzten, zunächst nach Küstrin, dann nach Memel (in den äußersten Nordosten Ostpreußens), wo er sich bis Dezember 1809 aufhielt.

»Tugendbund« – »Sittlich-wissenschaftlicher Verein«; Geheimbund, den patriotische Bürger, Adlige, Offiziere und Beamte am 16. April 1808 in Königsberg gegründet hatten, um nationales und liberales Gedankengut zu verbreiten und den politischen und moralischen Widerstand des deutschen Volkes gegen die Napoleonische Fremdherrschaft zu fördern. Die Vereinigung wurde am 31. Dezember 1809 von Friedrich Wilhelm III. aufgelöst.

Buch vom »Reichtum der Nationen« – »An Inquiry into the Nature and the Causes of the Wealth of Nations« (Eine Untersuchung über das Wesen und die Ursachen des Reichtums der Nationen). Das Standardwerk der klassischen englischen bürgerlichen politischen Ökonomie erschien 1776, in deutscher Übersetzung 1776 bis 1778.

von Niebuhr – Niebuhr stand seit 1806 in preußischem Staatsdienst; 1809 wurde er Staatsrat.

258 *der Schillsche Zug* – Der preußische Major von Schill zog am 28. April 1809 mit seinem Freikorps von Berlin aus nach Norddeutschland, um das Signal zur antinapoleonischen Erhebung zu geben. Nach einem siegreichen Gefecht gegen westfälische Truppen bei Magdeburg überrumpelte er am 25. Mai die französische Besatzung von Stralsund, fiel aber am 31. Mai 1809 im Kampf gegen die französische Übermacht. Elf Offi-

ziere wurden standrechtlich erschossen, die gefangenen Soldaten nach Frankreich gebracht.

258 *Rahel Levin* – Vgl. die erste Anm. zu S. 183.

Briefwechsel – Er wurde in Varnhagens Buch »Galerie von Bildnissen ...« (vgl. das Verzeichnis der Literatur, S. 684) veröffentlicht, dem auch die folgenden Briefzitate entnommen sind.

259 *École militaire* – (franz.) Militärschule; Kadettenschule.

Chevau-légers-Regiment – chevau-légers: (franz.) leichte Reiter.

Regensburg – Regensburg wurde am 19. April 1809 von den Österreichern, am 23. April von den Franzosen erstürmt.

Tag von Aspern – In der Schlacht bei Aspern gegen die Österreicher (21./22. Mai 1809) erlitt Napoleon I. seine erste militärische Niederlage.

260 *die Schlachten bei Wagram und Znaim* – In der Schlacht bei Wagram (Niederösterreich) wurde die österreichische Armee am 5./6. Juli 1809 von Napoleon geschlagen; im Gefecht bei Znaim (Südmähren) siegte am 11. Juli 1809 die französische über die österreichische Nachhut. Die Niederlagen zwangen Österreich am 12. Juli zum Abschluß eines Waffenstillstandsvertrages mit Frankreich und am 14. Oktober 1809 zur Unterzeichnung des Friedens von Wien, der die Monarchie zu einschneidenden Gebietsabtretungen, einer Reduzierung der Armee sowie zur Zahlung einer hohen Kriegskontribution verpflichtete.

262 *schöne Frau* – Henriette Schleiermacher, die Frau des Theologen und Philosophen Schleiermacher (seit 1809), mit dem Alexander von der Marwitz befreundet war.

263 *Teplitz* – Kur- und Badeort in Nordböhmen (Teplice).

nach Spanien – Das spanische Volk setzte seinen im Dezember 1808 von Napoleon niedergeschlagenen Aufstand gegen die französische Fremdherrschaft, unterstützt von englischen Truppen, bis zur endgültigen Befreiung des Landes (Sommer 1813) in Form eines Guerillakrieges fort.

264 *»Beschäftigung, die nie ermattet«* – Zitat aus Schillers Gedicht »Die Ideale« (letzte Strophe, Vers 3).

kameralistisch – Vgl. die Anm. zu S. 125.

265 *Neuer Garten* – Weiträumiger Landschaftspark im Norden von Potsdam, am Westufer des Heiligen Sees. Die ursprüngliche Anlage (1787–1791) von J. A. Eyserbeck dem Jüngeren wurde von 1816 bis 1824 von Peter Joseph Lenné völlig umgestaltet.

Marmorhalle vor dem Hause – Das zweigeschossige klassizistische Marmorpalais im Potsdamer Neuen Garten, errichtet

1787–1791 von Karl von Gontard und Carl Gotthard Langhans dem Älteren, hat an der Seeseite einen Säulenvorbau aus Marmor.

265 *Propyläen* – Antike griechische Torhallen, die den Eingang zu den Tempelbezirken bildeten. Die bedeutendsten Propyläen sind die der Akropolis von Athen, die 437–432 v. u. Z. erbaut wurden. (Gemeint sein kann aber auch die von Goethe 1798 bis 1800 unter dem Titel »Die Propyläen« herausgegebene Kunstzeitschrift der Klassik.)

»Politik« – Philosophisch-politisches Werk des Aristoteles, in dem der Mensch als gesellschaftliches Wesen aufgefaßt wird, dem der Staat als vollkommene Lebensgemeinschaft die Glückseligkeit garantiert.

Kleists Tod – Kleist beging gemeinsam mit Henriette Vogel am 21. November 1811 am Kleinen Wannsee Selbstmord. Vgl. »Fünf Schlösser«, Teil »Dreilinden«, Kap. 10; Band 5 dieser Ausgabe.

266 *billig* – Hier: recht.

Gentz – Der Publizist und Politiker Friedrich von Gentz.

Itzenplitz – Peter Alexander von Itzenplitz.

»Chassez moi cette canaille là!« – (franz.) »Jagt mir dieses Gesindel dort weg!«

Scheidungs- und Wiedervermählungsfrage – Napoleon I. ließ sich durch Senatsbeschluß am 16. Dezember 1809 von seiner kinderlosen Gemahlin Josephine scheiden und heiratete am 1. April 1810 aus dynastischen Gründen die Erzherzogin Marie Louise, Tochter des Kaisers Franz I. von Österreich. Die Trauung, gegen die die katholische Kirche gemäß ihren Satzungen protestierte, wurde von Kardinal Fesch, einem Onkel Napoleons, vollzogen.

»Vous êtes gouvernés … traités.« – (franz.) »Ihr werdet regiert, daß es einen dauert. Euer König ist … Wenn der Kaiser Alexander drei Tage gezögert hätte, seinen Frieden zu schließen, hätte ich euren … entthront, und ich hätte euch eine Verfassung gegeben, die euch fehlt. Wir sind alle Romanen, die Franzosen, die Italiener und die Deutschen, wir sind dieselbe Nation. Ich liebe euch, ihr seid gute Kinder. Aber ich habe zum Beispiel keine Achtung vor euren Militärs. Einerseits sind sie keine Helden, und andererseits *treten sie auf den Köpfen der Bürger herum.* – Ich bin Soldat, und ich würde niemals die Vorrechte des Militärs beeinträchtigen, aber ich werde niemals zulassen, daß meine *Soldaten die französischen Bürger behandeln,* wie die euren euch behandelt haben.«

267 *»die Teilung der Gemeinheiten«* – Vgl. die zweite Anm. zu S. 134.
von den Säulen des Herkules bis zu den Ufern des Euphrat – Von den Vorgebirgen an der Meerenge von Gibraltar (im Altertum als Herkulessäulen bezeichnet und als Ende der Welt betrachtet) bis nach Vorderasien.
268 *unter Augustus* – Der römische Kaiser Augustus (Gaius Iulius Caesar Octavianus) regierte von 27 v. u. Z. bis 14 u. Z.
unter Trajan – Der römische Kaiser Trajan (Marcus Ulpius Traianus) regierte von 98 bis 117.
269 *Beresina-Übergang* – Vgl. die zweite Anm. zu S. 234.
für Rußland und den General Yorck – Vgl. die dritte Anm. zu S. 240.
270 *Gefecht bei Lüneburg* – Mit dem Gefecht bei Lüneburg gegen den französischen General Morand begann am 2. April 1813 der Befreiungskrieg.
bei Halberstadt und Leipzig – Vor und während der Völkerschlacht bei Leipzig, in der Napoleon I. vom 16. bis 19. Oktober 1813 von der russisch-preußisch-österreichisch-schwedischen Koalition besiegt wurde.
Waffenstillstand – Vgl. die fünfte Anm. zu S. 242.
Carré – Alte Gefechtsform der Infanterie mit nach vier Seiten geschlossener Front.
polnische Infanterie – Vgl. die vierte Anm. zu S. 242.
271 *als polnischer Generalissimus berühmt geworden* – Jan Boncza Skrzynecki, von Februar bis August 1831 Oberbefehlshaber der polnischen Befreiungsstreitkräfte, erwarb sich während des polnischen Aufstandes von 1830/31 durch mehrere glänzende Siege über das russische Heer den Ruf eines militärischen Genies.
272 *en prince* – (franz.) fürstlich.
273 *Gefechte bei Brienne und La Rothière* – Bei Brienne-le-Château wurde Napoleon I. am 29. Januar, bei La Rothière am 1. Februar 1814 von der Armee Blüchers geschlagen.
Unglückstage von Champaubert und Montmirail – Vom 10. bis 14. Februar 1814 wurde die Armee Blüchers bei Champaubert, Montmirail und Vauchamps von Napoleon geschlagen.
Soutien – (franz.) Beistand; Hilfstruppe.
Schack – Wilhelm Karl von Schack, später General, war zu dieser Zeit Generalstabsoffizier.
275 *dem Quintus Icilius … abgewonnen* – Vgl. S. 226.
276 *Brustbild … Derfflingers* – In W II[1], S. 358, findet sich dazu die später weggelassene Fontanesche Fußnote: »Die Familien

Derfflinger und Marwitz waren damals viel verschwägert, und Gusow war eine Zeitlang, und zwar unmittelbar nach dem Tode des alten Derfflinger, Marwitzscher Besitz.«

276 *Reitercasquet* – Metallhelm (der Kürassiere und Dragoner).

Wachstuchhut … von Kugeln durchlöchert – In W II[1], S. 358 f., heißt es an dieser Stelle ausführlicher: »August Ludwig trug diesen Hut in der Schlacht bei Jena, die er, als Adjutant des Prinzen von Hohenlohe, an der Seite dieses unglücklichen Fürsten mitmachte und deren Verlauf und Katastrophe er in einer meisterhaften Darstellung geschildert hat. Der Hut, zumal die aufrecht stehende Vorderkrempe, ist von Kugeln durchlöchert. Der elegante, reich mit Goldblech beschlagene Reiterhelm, der neben diesem unscheinbaren Wachstuchhute steht, ist eines der Casquets, wie sie die österreichischen Chevau-légers im Kriege von 1809 trugen. Das Frontschild zeigt ein ›F. I.‹ [›Franz I.‹]. Diesen Helm trug *Eberhard* von der Marwitz, der jüngste der drei Brüder, in der Schlacht von Aspern, in der er, erst achtzehn Jahre alt, tödlich verwundet wurde. Er starb zu Nikolsburg in Mähren. / Seine ruhmvoll begonnene Laufbahn schloß sich zu rasch, um ausreichendes Material für eine eingehendere Biographie zu bieten: nur in den *Anmerkungen* (vergleiche daselbst) habe ich seiner in aller Kürze gedacht.«

Chevau-légers-Helm – Vgl. die zweite Anm. zu S. 259.

Schlacht von Groß-Aspern – Vgl. die vierte Anm. zu S. 259.

Tag von Auerstedt – Vgl. die Anm. zu S. 131.

Küstrin

Fontane hat Küstrin (das heutige polnische Kostrzyń) auf seinen Fahrten ins Odergebiet mehrfach besucht, so zwischen 23. und 26. Mai, 5. und 8. September 1860 sowie 23. und 29. Juni 1862 (vgl. S. 525 f.), ferner im Dezember 1878 und im Februar 1879.

Die ursprüngliche Fassung des Aufsatzes entstand im September 1860 und wurde am 14. Oktober 1860 unter dem Sammeltitel »Bilder und Geschichten aus der Mark Brandenburg« im Cottaschen »Morgenblatt für gebildete Leser«, Nr. 42, S. 985–989, vorabgedruckt. Ende 1861 erschien das Kapitel dann in der Erstausgabe der »Wanderungen [Teil 1]« (datiert 1862). Dort war es – ebenso wie das Kapitel »Gusow« – dem Abschnitt »Der Barnim« zugeordnet mit der Begründung: »Küstrin, die alte Hauptstadt der Neumark, liegt bereits sechs Meilen östlich vom Barnim und gehört also eigentlich nicht hierher, ebensowenig wie das im Lande Lebus gelegene Gusow. Wie ich aber ›Gusow‹ in diesen Band mit herübergenommen habe, um die drei Paladine des Großen Kurfürsten: Sparr, Derfflinger und Görtzke, beieinander zu haben, so geb ich auch, aus einem sehr ähnlichen Grunde, ›Küstrin‹, und zwar um die Epoche von 1730 bis 1740 in einer gewissen Vollständigkeit (versteht sich, nur nach der Seite des *Lokalen* hin) bieten zu können …« (Fußnote, S. 328).

Im März 1879 hat Fontane das Kapitel für die dritte Auflage von »Das Oderland« (1880), in die es nun eingegliedert werden sollte, vollständig umgearbeitet und wesentlich erweitert, vornehmlich durch eine detaillierte Darstellung der »Katte-Tragödie«. Am 14. Januar 1879 schrieb er an Wilhelm Hertz: »… in ›Küstrin‹ [will ich] die ganze Katte-Tragödie von Anfang bis Ende darstellen. Das ist dann wirklich etwas Interessantes und in dieser Umfassendheit noch nicht da. … ist es Ihnen recht, so beginne ich gleich in der nächsten Woche mit der Zusammenstellung des Stoffs und mit der Niederschreibung des neuen Küstrin-Kapitels, auf das ich mich selber freue.« Im Brief vom 23. Januar 1879 an Friedrich Wilhelm Holtze, der in seiner Eigenschaft als Generalsekretär des Vereins für Geschichte der Mark Brandenburg den Autor bei seinen »Wanderungen«-Arbeiten durch Hinweise, Ratschläge und Literatur vielfach unterstützte, heißt es: »Vorläufig sollen – so teilt mir W. Hertz mit – neue Auflagen erscheinen, in diesem Jahre von Band II, im nächsten von Band III. Einiges gedenke ich zu diesem Behufe umzuarbeiten, so das Kapitel ›*Küstrin*‹, das gar nichts taugt. Es soll nun aber ein Hauptkapitel werden, und zwar will ich darin – was dann auch vorzüglich zu ›Tamsel‹ paßt – die ganze *Katte-Tragödie* erzählen, derart, daß ich alles Einleitende ganz kurz, von der Umstoßung des Urteils an aber alles ganz ausführlich erzähle, zum Teil minutiös, bis zur Überführung der Leiche nach Wust.« Am 9. März 1879 erhielt Holtze dann die Nachricht: »Nach längerer Unterbrechung nehm ich morgen mein Küstrin-und-Katte-Kapitel wieder auf. Ich bildete mir ein, so ziemlich alles beisammen zu haben, erhielt aber vor zwei, drei Tagen einen Putlitzschen Aufsatz (in der ›Gartenlaube‹ 1872 erschienen!!), aus dem ich, so konfus und mangelhaft er ist, doch ersehe, daß mir einiges Wichtige noch fehlen muß. Wenn ich zwischen den Zeilen richtig lese, so hat er seine Weisheit den Memoiren der Markgräfin [Wilhelmine von Bayreuth] entnommen, und um diese möcht ich Sie deshalb in erster Reihe gebeten haben. Aber vielleicht haben Sie noch andres, Besseres. Was mir in diesem Augenblick zur Verfügung steht, ist: Poellnitz, Beneckendorf (der von Schacksche Bericht), Vehse, Foerster, Preuß und einige von Kattes Vater herrührende, sehr interessante Briefe, die ich selber vor sechs, acht Jahren im ›Johanniter-Blatt‹ veröffentlicht habe. C'est tout. Sie werden hieraus am besten ersehen können, was mir wohl noch fehlt. Am Mittwochnachmittag erlaub ich mir bei Ihrer Frau Schwester nachzufragen. / Ich will nun den Aufsatz so schnell wie möglich beenden; einiges macht große Mühe, so die Portrait-Frage. Drei Bilder gibt es von ihm [Katte], die untereinander keine Spur von Ähnlichkeit haben. Welches ist das rechte? Mutmaßlich keins.« Am 20. März 1879 schließlich konnte Fontane Holtze mitteilen: »Mein Katte-Aufsatz – lang; wohl zwei Druckbogen – ist fertig, und so hoff ich auch, in nächster Woche schon, Poellnitz und Vehse bei Ihrer Frau Schwester abgeben zu können.«

Bevor der umgearbeitete Aufsatz Ende des Jahres in der Buchausgabe erschien, wurde er unter dem Titel »Küstrin und die Katte-Tragödie« in »Westermanns Illustrierten deutschen Monatsheften«, Band 46, April bis September 1879, S. 691–725, vorabgedruckt.

Im Brief an Wilhelm Hertz vom 18. August 1879, in dem Fontane dem Verleger seine neue Gliederung des Bandes »Das Oderland« in der dritten Auflage erläuterte, heißt es: »Dann kommt ein Abschnitt ›*Jenseit der Oder*‹ mit nur drei Kapiteln: ›Küstrin‹, ›Tamsel‹, ›Zorndorf‹, die beiden ersten sind aber sehr lang. Der Küstrin-Aufsatz (ganz neu) erscheint in den nächsten zehn Tagen in ›Westermanns Monatsheften‹, und ich möchte Sie freundlichst bitten, einzelner Croquis [Skizzen] halber, ein Auge darauf zu richten. Die doch immerhin wichtige Frage: ›Wo fiel Kattes Haupt?‹ kann ohne Zeichnung gar nicht veranschaulicht werden, dasselbe gilt von der nur kurzen Beschreibung der Festungsanlage. Stimmen Sie mir hierin bei, so verbliebe nur noch die Frage, ob Sie die Westermannschen Stöcke kaufen (ich weiß nicht, ob das überhaupt geht) oder diese paar Zeichnungen lieber neu machen lassen wollen. Es wird wohl davon abhängen, wie Sie zu dem alten W[estermann] persönlich stehen. Eventuell könnt ich durch den Redakteur Dr. Karpeles, zu dem ich ziemlich gut stehe, bei W. anfragen lassen. Ich habe nur noch den Wunsch, daß Sie nicht für Wegfall der Zeichnungen überhaupt stimmen. Der ganze Aufsatz empfinge in seinem Wert einen schweren Schlag dadurch; gerade diese Lokaluntersuchung ist ebenso wichtig, wie sie schwierig war.« Selbstverständlich hat Hertz die Zeichnungen (vgl. S. 291, 323 und 324) akzeptiert, und Anfang September hatte Drucker Eupel in Sondershausen auch das Textmanuskript »mit ein paar kl[einen] Korrekturen … bereits in seinen Händen«.

Für die Arbeit am Küstrin-Kapitel hat Fontane folgende Literatur benutzt (die vollständigen Angaben finden sich im Verzeichnis der Literatur; vgl. S. 679): Kutschbach, »Chronik der Stadt Küstrin.« – Angelus, »Annales …«. – Leuthinger, »Scriptorum …«. – Rentsch,

»Des kur- und fürstlichen Hauses Brandenburg Stammbaum«. – Coelln, »Vertraute Briefe …«. – Vehse, »Geschichte der deutschen Höfe …«. – Poellnitz, »Mémoires …«. – Wilhelmine, Markgräfin von Bayreuth, »Mémoires …«. – Marwitz, »Aus dem Nachlasse …«. – Foerster, »Friedrich Wilhelm I. …«. – »Charakterzüge aus dem Leben König Friedrich Wilhelm I. …«. – Preuß, »Friedrich der Große. Eine Lebensgeschichte« und »Friedrichs des Großen Jugend und Thronbesteigung«. – Putlitz, »Ein altes Familienbild …«. – Hiltl, »Der Oberst von Münchow«, und die Erwiderungen dazu. – Hoffbauer, »Wo ist H. H. von Katte in Küstrin hingerichtet worden? …«. – »Vollständige Protokolle des Köpenicker Kriegsgerichts …«. – »Mündliche und briefliche Mitteilungen« (laut Anmerkung am Schluß der Erstausgabe der »Wanderungen [Teil 1]« von 1862). – Vgl. auch Band 6 dieser Ausgabe.

279 *Die Wasser grau und schwer …* – Die Verse stammen wahrscheinlich von Fontane. In W I^1 S. 328, lautet das Motto zu diesem Kapitel abweichend: »Deine Mauern / Haben Trauerns viel gesehen, / Hohe Warte an der Warthe, / Mach vergessen, was geschehn.«

Jenseits der Oder … – In W I^1, S. 328, lautet der Anfang des Kapitels abweichend: »An der großen Heerstraße zwischen Ost und West, in der Mitte der Monarchie, liegt die alte Oderfestung Küstrin. Seine Geschichte, in Gutem und Bösem, zählt zu den interessantesten Städtegeschichten der Mark. Es sah viele Dinge geschehen. Seine Belagerungen, leider keine leuchtenden Edelsteine im Wappenschilde preußischer Ehre, sind berühmt geworden; vor allem aber ist der Name Küstrins mit der Jugendgeschichte Friedrichs II. für immer verwoben und dadurch überall ein bekannter Klang geworden, wo man den Namen des großen Königs nennt.«

bayerisch-luxemburgisches Interregnum – Vgl. die erste Anm. zu S. 160.

Fehden mit den Pommern und Polen – Vgl. die vierte Anm. zu S. 86 und die vierte Anm. zu S. 16.

280 *ein rauhes Wort Reinharts an Lorle* – Anspielung auf die Hauptgestalten in Berthold Auerbachs Erzählung »Die Frau Professorin« (1846).

die Nürnberger Burggrafen kamen ins Land – Vgl. die dritte Anm. zu S. 140.

das … dem Deutschen Ritterorden zugefallene Küstriner Land – Der während der Kreuzzüge (Ende des 12. Jahrhunderts) entstandene, seit 1225/26 im Kulmer Land ansässige Orden, der während des 13. Jahrhunderts das Gebiet der baltischen Pruzzen, Livland und Kurland unterworfen hatte, kaufte 1399 die Neumark, die Kurfürst Friedrich II. (der Eiserne) von Brandenburg 1454 für 40 000 Gulden zurückerwarb.

280 *Leuthinger ... Sagittarius* – Chronisten der Mark, deren Werke Fontane benutzte; vgl. das Verzeichnis der Literatur, S. 682 und S. 683.

281 *Leuthinger erzählt* – In »Scriptorum ...«; vgl. das Verzeichnis der Literatur, S. 682.

1521 ... in Worms – Gemeint ist der Reichstag zu Worms, wo durch das Wormser Edikt (2. Mai 1521) über Luther und seine Anhänger die Reichsacht verhängt wurde.

Grimmen – Stadt zwischen Stralsund und Greifswald.

1530 in Augsburg – Vgl. die erste Anm. zu S. 134.

Turnierer – Teilnehmer an den mittelalterlichen Ritterturnieren.

Schloßkirche zu Küstrin – Küstrin wurde 1945 fast völlig zerstört und nach dem Krieg (zum Teil) als neue Stadt (Kostrzyń) wiederaufgebaut. Die Ruinen der ehemaligen Altstadt wurden seit 1970 eingeebnet. Nur von der Festung ist ein erheblicher Teil erhalten geblieben. Auf der nördlichsten Bastion (»Königin«) befindet sich ein großes Ehrenmal für die gefallenen sowjetischen Soldaten.

nahm ... das Abendmahl unter beiderlei Gestalt – Das heißt: als Brot und Wein. Liturgische Form und symbolische Ausdeutung des heiligen Abendmahls sind in der katholischen und evangelischen Kirche verschieden.

282 *»Hof- und Kammergericht«* – Höchstes Gericht eines Territoriums, das sich aus Juristen und Adligen zusammensetzte.

Wiedervereinigung der Neumark mit der Kurmark – 1571 unter Kurfürst Johann Georg, nach dem fast gleichzeitigen Tod von Kurfürst Joachim II. und Markgraf Johann von Küstrin (3. und 13. Januar).

Johanniterorden – Vgl. die erste Anm. zu S. 24.

283 *Schmalkaldischer Bund ... Schmalkaldischer Krieg ... Mühlberg* – Vgl. die fünfte Anm. zu S. 93.

»Gebet dem Kaiser ...« – Neues Testament, Matthäus 22,21.

seine ... Mutter – Elisabeth, Tochter des skandinavischen Unionskönigs Johann I.

284 *Verhalten auf dem Reichstage zu Augsburg* – Gemeint ist der sogenannte Geharnischte Reichstag (1. September 1547 bis 30. Mai 1548), auf dem Kaiser Karl V. das »Augsburger Interim« verkündete (15. Mai 1548). Die norddeutschen Stände protestierten energisch gegen diese Verfügung, die

den Protestanten nur geringe Zugeständnisse machte, im übrigen aber die katholische Auffassung vorschrieb. Vgl. S. 289 f.

284 *durch seine reformatorische Tätigkeit … berühmt* – Der lutherische Theologe Martin Chemnitz war maßgeblich beteiligt an der Ordnung des Kirchenwesens von Braunschweig-Wolfenbüttel sowie an der Abfassung der »Formula Concordiae« (Eintrachtsformel, 1577), die die Streitigkeiten innerhalb der lutherischen Kirche beilegen sollte. Vgl. »Die Grafschaft Ruppin«, Kap. »Neuruppin«, Abschnitt 4 (»Andreas Fromm«); Band 1 dieser Ausgabe.

285 *Jagdschloß zu Köpenick* – Das um 1550 errichtete Bauwerk wurde bereits 1677 wieder abgerissen, »um einem Neubau … Platz zu machen«. Vgl. »Spreeland«, Kap. »Schloß Köpenick«; Band 4 dieser Ausgabe.

Dolor et Labor – (lat.) Kummer und Mühsal.

Augsburgische Konfession – Vgl. die erste Anm. zu S. 134.

nach prophetischer und apostolischer Schrift – Nach den »Prophetischen Büchern« des Alten Testaments, die (nach christlicher Interpretation) das Christentum ankündigten, sowie nach den »Lehrbüchern« des Neuen Testaments, die die »Briefe« enthalten, in denen die Apostel nach dem Tod Jesu die christliche Lehre zu verbreiten suchten.

Solus spes mea Christus – (lat.) Allein Christus ist meine Hoffnung.

286 *Severus* – (lat.) der Grausame, Strenge.

»Auferas malum …« – (lat.) »Mögest du das Böse aus der Mitte deines Volkes tilgen.«

»Fiat justitia …« – (lat.) »Die Gerechtigkeit nehme ihren Lauf, wenn auch die Welt dabei zugrunde geht«; Wahlspruch Kaiser Ferdinands I. (1556–1564).

287 *Herrenmeister* – Bezeichnung für das Oberhaupt des Johanniterordens. Eigentlich war der Titel Herrenmeister erst im Königlich Preußischen Johanniterorden üblich; im alten Johanniterorden (vgl. die erste Anm. zu S. 24) hieß der Ordensvorgesetzte einer Ballei (Provinz) Heermeister (nach seiner mittelalterlichen Funktion als Anführer der ihm unterstehenden Ordensritter im Kriege). Die Heermeister der Ballei Brandenburg residierten von 1514 bis 1811 in Sonnenburg bei Küstrin.

289 *»Augsburger Interim«* – Vgl. die erste Anm. zu S. 284.

Hast du Feind' … – In W I[1], S. 329 f., werden die Verse in vollständiger Fassung wiedergegeben: »Wiltu Gott dienen alle Zeit, / Schick dich zu Kreuz und Traurigkeit, / In Anfechtung halt fest, dich drück, / Hab guten Mut, weich nicht zurück, / In steter Hoffnung leb und trag, / Was dir auf Erden begegnen mag; / Bei Gott halt an mit Gebet und Gnad', / Der gibt dir Trost, Stärk', Hülf' und Rat; / Denn gleich wie's Gold durchs Feuer probiert, / Also auch Gott sein Volk regiert, / Drum tu dich demselben ergeben, / Er hilft stets auf zum ewigen Leben!«

290 *Festung Küstrin* – Vgl. die sechste Anm. zu S. 281.

293 *So war Festung Küstrin ... 1758 und 1806* – In W I^1, S. 330, heißt es an dieser Stelle abweichend und ausführlicher: »Von diesen Kanonen existieren noch einige im Berliner Zeughaus. Markgraf Hans konnte das alles schaffen, denn er war sehr reich. In einer alten soldinischen Chronik befinden sich folgende Angaben: ›Der durchlauchtigste Fürst Herr Johannes Markgraf zu Brandenburg hat bei seinem Absterben 1571 an barem Gelde *vierundzwanzig Wispel alte Düttchens* hinterlassen. Jedes Düttchen hat jener und dieser Zeit gegolten zwei gute Reichsgroschen und drei Pfennige; eine Metze gestrichen Geld alte Düttchen macht demnach 528 Taler, macht ein Scheffel 8448 und ein Wispel 202752 Taler. Summa der ganzen Hinterlassenschaft (vierundzwanzig Wispel) 4866048 Taler.‹ Dies war die Glanzzeit Küstrins. Die Neumark fiel an die Kur zurück; von da ab ging es rückwärts. Der Dreißigjährige Krieg kam, dann der Siebenjährige, der das *alte* Küstrin vernichtete.«

294 *Schuwalowsche Haubitzen* – Nach dem russischen Kriegsminister (seit 1756) Peter Iwanowitsch Schuwalow benannte besondere Art der Geschütze.

Einhörner – Langrohr-Haubitzen, die in der russischen Artillerie seit 1756 üblich waren.

Garnisonkirche – In W I^1, S. 332 ff., findet sich dazu folgender ausführlicher Bericht: »Vom alten Küstrin überlebten mit Ausnahme des Schlosses, dessen dicke Außenwände stehen blieben, nur drei Gebäude das Bombardement: ein Torturm, die Hauptwache und die *Garnisonskirche.* Die beiden ersteren sind seitdem verschwunden; die letztere existiert noch und befindet sich bis diesen Tag im Stadtsiegel Küstrins, von fliegenden Bomben überschüttet, aber zugleich von der Sonne beschienen, mit der Umschrift: ›Ex ruinis den 15. August 1758‹. Dieser alten Garnisonskirche gilt zunächst unser Besuch. Sie dient jetzt als Magazin, als ›Schirrhaus‹, wie die Küstriner sagen, und ist auf Bastion Philipp gelegen, von wo aus man das Oder- und Warthebruch in ihrer üppigen Fruchtbarkeit überblickt. Mit Ausnahme einer Schwellentreppe, die aus alten Grabsteinen mühelos zusammengesetzt ist, zeigt sich nicht das Geringste, das Veranlassung geben könnte, diesen ärmlichen Bau für ein Gotteshaus zu halten. Vier Wände, ein Dach und ein Dutzend kleine, vergitterte Fenster – jedes Privathaus ist ein Prachtbau dagegen. Diese ärmliche Kirche gab nichtsdestoweniger zu einem Prozesse Veranlassung, der über hundert Jahre schwebte und einem als ein ›Viel Lärm um nichts‹ erscheinen könnte, wenn es in Fragen des Rechts etwas Kleines und Geringfügiges gäbe. Küstrin focht in diesem Streit mit der Ausdauer eines John Hampden und blieb schließlich Sieger. Der Streit, der kaum umhinkann, zu allerhand Betrachtungen über sonst und jetzt zu führen, war in aller Kürze der. Die Küstriner Bürger hatten sich in alter Zeit auf dem Wallgang eine Kirche gebaut. Die Kirche war unbestritten ihr Eigentum. Zur Zeit des Großen Kurfürsten suchte der Kommandant bei der Stadtbehörde nach, seine Soldaten zum Gottesdienst in die Wallgangskirche schicken zu können; wurde gewährt. Etwa vierzig Jahre später, zur Zeit des ›Soldatenkönigs‹, zeigte das Festungskommando dem Magistrate an, daß die Kirche *Garnisonskirche* sei und daß die Küstriner Bürgerschaft nicht länger Verfügung über dieselbe haben könne. Allgemeine Auflehnung. Der Kommandant droht mit Gewalt, so bleibt nichts anderes übrig als eine Klage beim König. Vergeblich; der König fragt an bei der Kommandantur, erhält Bescheid und entscheidet den Streit durch folgende Cabinetsordre: ›Mein lieber Oberst von Reichmann, was Ihr mir wegen des Zustandes der dortigen Garnisonskirche, als worüber der Magistrat sich eine Jurisdiction anmaßen will, berichtet, solches habe ich mit mehrerem aus Eurem Schreiben vom 17. d[ieses] ersehen; und habt Ihr solches inskünftige dem Magistrat auf keine Weise zu verstatten, sondern es soll solche Kirche von dem Gouvernement dependieren. Ihr habt also Eure Gerechtsame zu maintenieren. Ich werde Euch dabei auf alle Weise zu soutenieren wissen. Ich bin Ew. wohlaffektionierter König Friedrich Wilhelm.‹ Der Kommandant, begreiflicherweise ermutigt durch diese Ordre, begann jetzt ein städtisches Tor- und Brückengeld zu erheben, um einen Prediger und Kantor für seine eroberte Soldatenkirche besolden zu können. So mußten die Küstriner noch für das bezahlen, was man ihnen genommen hatte. Mit einem Mut, der in der Zeit des absoluten ›Nicht raisonnieren!‹ aller Achtung wert war, protestierte die Bürgerschaft gegen alle Übergriffe und bezeichnete die Cabinetsordre als einen baren Gewaltstreich. Zur Zeit Friedrichs des Großen wurde der Streit wieder aufgenommen, aber, wie sich denken läßt, mit demselben Erfolg; ebenso unter seinem Nachfolger. Erst Friedrich Wilhelm III., mit jenem unverbrüchlichen Rechtssinn, der für Soldat und Bürger die Gesetze gleicher Billigkeit anerkannte, befahl eine Revision des Prozesses und verhalf der Stadt zu ihrem Recht. Nachdem die Rechtsfrage erledigt war, kamen die streitenden Parteien leicht zu einer Versöhnung. Die Stadt trat die Kirche ab und empfängt dafür, bis diesen Tag, einen jährlichen Zins. / Seit der Franzosenzeit hat kein Gottesdienst mehr in dieser Kirche stattgefunden, und man könnte sich versucht halten, diese vier grauen Mauern für einen Bau anzusehen, der von Uranfang an eine Remise war und weiter nichts, wenn man nicht in jüngster Zeit unterhalb der Kirche ein weites Gewölbe mit verschiednen Särgen entdeckt hätte. Der am besten erhaltene dieser Särge, mit einem Kupfereinsatz, trug die Aufschrift: ›Hildebrand von Kracht, Oberst und Kommandant von Küstrin‹. Man öffnete den Sarg und fand einen *echten Kracht.* Die Krachte sagen nämlich von jedem Familienmitglied, das unter sechs Fuß lang ist: ›Der ist aus der Art geschlagen.‹ Dieser maß drei Zoll darüber.

294 *König* – Friedrich II.

295 *Kroop* – Kroppzeug, Gesindel.

»Tag von Zorndorf« – Vgl. die fünfte Anm. zu S. 18.

Montalembert schrieb nach Paris – Der französische General Marquis de Montalembert war während des Siebenjährigen Krieges als Befestigungsspezialist bei der schwedischen und russischen Armee tätig.

Jena war geschlagen – Vgl. die Anm. zu S. 131.

König und Königin in Küstrin – Vgl. die erste Anm. zu S. 257. Königin: Luise.

Champagne-Feldzug – Vgl. die erste Anm. zu S. 142.

Pour le mérite – Vgl. die siebente Anm. zu S. 172.

296 *König* – Friedrich Wilhelm II.

297 *»Vertraute Briefe«* – Von Friedrich van Coelln, vgl. das Verzeichnis der Literatur, S. 679.

Am 24. Oktober – 1806.

Piquet – (franz.) Kleine Abteilung berittener Soldaten.

298 *ranzionieren* -befreien.

Verteidiger von Kolberg – Die preußische Festung Kolberg (Pommern) konnte 1807 durch das Zusammenwirken von militärischer Besatzung (unter Oberst Gneisenau) und Bürgerschaft (unter Joachim Nettelbeck) erfolgreich gegen die Franzosen verteidigt werden.

298 *seinen Herrn verraten* – In W I^1, S. 331, findet sich innerhalb der (knapperen) Ausführungen über die Kapitulation Ingerslebens folgende Passage: »Frau von Ingersleben, eine geborne von Massow, spie vor ihrem Gemahl aus und trennte sich auf immer von ihm. Nach einer andern Lesart warf sie ihm, als er, bei den Vorbereitungen zur Flucht, von ihr ein Sitzkissen forderte, statt des Kissens eine Schlafmütze hin.«

Arquebusieren – standrechtliches Erschießen.

... die damals »versagt« hatten – In W I^1, S. 331, gibt Fontane dazu folgende Fußnote: »Das Ende fast aller der Generale und Kommandierenden, denen, gleichviel mit Recht oder Unrecht, die Schuld für die Katastrophe von 1806 beigemessen wird, war ein sehr trauriges. Massenbachs Schicksal ist bekannt; Fürst Hohenlohe, der, bei Jena geschlagen, bei Prenzlau die unselige Kapitulation geschlossen hatte, verbrachte seine letzten Lebensjahre in völliger Einsamkeit (in Oberschlesien). Als Generallieutenant von Pirch, der früher Adjutant des Fürsten gewesen war, ihn nach Beendigung der Kriege von 1813 und 1815 besuchte, fand er ihn in einem alten Überrocke. Pirch blieb zu Tisch, und der Fürst entschuldigte sich, daß er seinem Gaste nichts als eine Wassersuppe vorsetzen könne. Er war völlig mittellos, glücklicherweise auch bedürfnislos. Übrigens war er ein tapferer und hochherziger Mann, der, neben den ›Ingerslebens‹ jener Epoche kaum genannt, sicherlich nicht mit ihnen *verwechselt* werden darf.«

299 *Tag von Fehrbellin* – Vgl. die erste Anm. zu S. 200.

König – Friedrich Wilhelm I.

300 *sächsisches Lager bei Mühlberg* – Im Mai 1730 nahmen Friedrich Wilhelm I. und sein Hofstaat als Gäste des sächsischen Kurfürsten Friedrich August I. (August II. von Polen) an einem »glänzenden Lustlager« bei Mühlberg teil. Der Kurfürst soll die Fluchtpläne des Kronprinzen, von denen er informiert worden war, vereitelt haben, weil ihm zu der Zeit aus politischen Beweggründen an einem guten Einvernehmen mit dem preußischen König lag.

301 *Roquelaure* – (franz.) Überrock; Reisemantel.

in effigie gehenkt – symbolisch gehenkt (da man des Verurteilten nicht habhaft werden konnte).

303 *Königin* – Sophie Dorothea.

Regiment Gensdarmes – Vgl. die dritte Anm. zu S. 27.

304 *Memoiren* – Vgl. das Verzeichnis der Literatur, S. 684. Wilhelmine, Markgräfin von Bayreuth, war die älteste Tochter Friedrich Wilhelms I.

305 *Johanniterkreuz* – Vgl. die dritte Anm. zu S. 146.

305 *Generalauditeur* – Militärrichter im Generalsrang.

306 *Memoiren ... von Pöllnitz* – Vgl. das Verzeichnis der Literatur, S. 682 f.

Foerster und Preuß ... in ihren epochemachenden Werken – Vgl. das Verzeichnis der Literatur, S. 680 und 683.

307 *»Vollständige Protokolle ...«* – Vgl. das Verzeichnis der Literatur, S. 681.

308 *»Nach fleißiger und genauer Erwägung ...«* – Das von Fontane zuerst in den Anmerkungen am Schluß von W I[1] (S. 466 f.) unter dem Titel »Votum Praesidis« abgedruckte Kriegsgerichtsurteil enthält noch die folgenden Punkte 3–5 (deren Inhalt hier in der Fußnote von S. 310 zusammengefaßt ist): »3. Wegen des von Spaen halte dafür, daß desselben Strafe wegen Verschweig- und Verhehlung des Kronprinzen Vorhabens auf Cassation und dreijährigen Festungsarrest zu richten. / 4. Der von Ingersleben sein ungebührliches Verhalten mit sechsmonatlichen Festungsarrest, worinnen die bereits ausgestandene Zeit mit begriffen, zu verbüßen hat. / 5. Der desertierte Kait aber nach Kriegsmanier zu zitieren und, wann er nicht erscheinet, der Degen zu zerbrechen und sein Bildnis an Galgen zu hangen sei. / Köpenick, den 28. Oktbr. 1730 / gez.: Achatz von der Schulenburg.«

Praeses – (lat.) Vorsitzender.

denen ... Votis beyzufallen – den ... Äußerungen zuzustimmen.

309 *Mesures* – (franz.) Vorkehrungen.

Schloß Wusterhausen – Zweigeschossiger Renaissancebau; errichtet Mitte des 16. Jahrhunderts, 1717/18 erneuert und verändert, 1966–1970 wiederhergestellt. Das ehemalige Jagdschloß und seine Umgebung werden in den nächsten Jahren wieder in den alten Zustand versetzt.

5. Buch Mose, Kap. 17, Vers 8 bis 12 – »Wenn eine Sache vor Gericht dir zu schwer sein wird, zwischen Blut und Blut, zwischen Handel und Handel, zwischen Schaden und Schaden und was Streitsachen sind in deinen Toren, so sollst du dich aufmachen und hinaufgehen zu der Stätte, die der Herr, dein Gott, erwählen wird, / Und zu den Priestern, den Leviten und zu dem Richter, der zur Zeit sein wird, kommen und fragen; die sollen dir das Urteil sprechen. / Und du sollst tun nach dem, das sie dir sagen an der Stätte, die der Herr erwählen wird, und sollst es halten, daß du tust nach allem, das sie dich lehren werden. / Nach dem Gesetz, das sie dich lehren, und nach dem Recht, das sie dir sagen, sollst du dich halten, daß du von demselben nicht abweichest, weder zur Rechten noch zur Linken. / Und wo jemand vermessen handeln würde, daß er dem Priester nicht gehorchte, der daselbst in des Herrn, deines Gottes, Amt stehet, oder dem Richter, der soll sterben, und sollst das Böse aus Israel tun ...«

309 *Zweites Buch Samuelis, Kap. 18, Vers 10 bis 12* – »Da das ein Mann sah, sagte er's Joab an und sprach: Siehe, ich sah Absalom an einer Eiche hangen. / Und Joab sprach zu dem Mann, der's ihm hatte angesagt: Siehe, sahest du das, warum schlugest du ihn nicht daselbst zur Erde? so wollte ich dir von meinetwegen zehn Silberlinge und einen Gürtel gegeben haben. / Der Mann sprach zu Joab: Wenn du mir tausend Silberlinge in meine Hand gewogen hättest, so wollte ich dennoch meine Hand nicht an des Königs Sohn geleget haben; denn der König gebot dir und Abisai und Itthai vor unsern Ohren und sprach: Hütet euch, daß nicht jemand dem Knaben Absalom ...!«

Zweites Buch Chronika, Kap. 19, Vers 5 bis 7 – »Und er bestellte Richter im Lande in allen festen Städten Judas, in einer jeglichen Stadt etliche; / Und sprach zu den Richtern: Sehet zu, was ihr tut; denn ihr haltet das Gericht nicht den Menschen, sondern dem Herrn; und er ist mit euch im Gericht. / Darum laßt die Furcht des Herrn bei euch sein, und hütet euch, und tut's; denn bei dem Herrn, unserm Gott, ist kein Unrecht noch Ansehen der Person noch Annehmen des Geschenks.«

310 *Kassation* – Dienstentsetzung.

Garde Gens D'Armes – Vgl. die dritte Anm. zu S. 27.

immediatement – immédiatement: (franz.) unmittelbar.

mit der künftigen Sonne – mit dem künftigen König; Anspielung auf den französischen »Sonnenkönig« Ludwig XIV.

trami[e]ret – (eine Verschwörung) angezettelt.

nicht davor gesetzet worden – Etwa: nicht daran gehindert worden.

au contraire – (franz.) im Gegenteil.

kahle Raisons – Hier soviel wie: dürftige Auslegungen.

311 *Prätext* – Vorwand.

Fiat Justitia ... – Vgl. die dritte Anm. zu S. 286.

Crimen Laesae Majestatis – (lat.) Majestätsverbrechen; Hochverrat.

Consideration – considération: (franz.) Rücksicht.

Sentence – (franz.) Richterspruch, Urteil.

Auditoriatsstube – Schreibstube.

313 *Manasse ... Bekehrung* – Anspielung auf die Verfehlungen und Bekehrungen der alttestamentlichen Könige Manasse,

Saul und David; vgl. 2. Könige 21 und 2. Chronik 33 (zu Manasse), 1. Samuel 28 (zu Saul) sowie 2. Samuel 11 und 12 (zu David).

314 *»Weg, mein Herz, mit den Gedanken«* – Evangelisches Kirchenlied, das in neueren Gesangbüchern nicht mehr enthalten ist.

315 *wie unbegreiflich, o Herr ...* – Anspielung auf den Bibelvers »Wie gar unbegreiflich sind seine [Gottes] Gerichte und unerforschlich seine Wege!« (Neues Testament, Römer 11,33).

»Gottes Wege ...« – »Denn meine Gedanken sind nicht eure Gedanken, und eure Wege sind nicht meine Wege, spricht der Herr«; Altes Testament, Jesaja 55,8.

317 *eine Thesin maintenieret* – eine These verfochten.

»vor sehr artig passieret wäre« – für sehr ansprechend gegolten hätte.

Johanniter-Ritterschlag – Vgl. die erste Anm. zu S. 24.

Herrenmeister – Vgl. die Anm. zu S. 287.

318 *Relation* – Bericht.

319 *Couleur* – (franz.) Farbe.

kommunizieret – zum heiligen Abendmahl gegangen.

Sentenz – Richterspruch, Urteil.

320 *resolvieret* – sich entschlossen.

présence d'esprit – (franz.) Geistesgegenwart.

admirieren – bewundern.

Sankt Stephanus – Der heilige Stephanus gilt als der erste christliche Märtyrer; vgl. Neues Testament, Apostelgeschichte 7, 55–59.

Schächer am Kreuz – Einer der beiden Mörder, die zusammen mit Jesus gekreuzigt wurden; vgl. Neues Testament, Matthäus 27,38; Markus 15,27.

321 *Blödigkeit* – Hier: Schwäche, Ängstlichkeit.

Jonathan – Sohn des jüdischen Königs Saul im Alten Testament; im übertragenen Sinne Bezeichnung für einen treuen Freund.

»Mon cher Katte ... pardons« – (franz.) »Mein lieber Katte, ich bitte Sie tausendmal um Verzeihung.«

»Point de pardon ...« – (franz.) »Nichts von Verzeihung, mein Prinz; ich sterbe mit tausend Freuden für Sie.«

Haartour – Ein runder Haaraufsatz.

»Herr Jesu, nimm meinen Geist auf!« – Neues Testament, Apostelgeschichte 7,58.

von Extraktion – von guter Herkunft.

322 *an anderer Stelle* – In »Havelland«, Kap. »Wust«; vgl. Band 3 dieser Ausgabe.

322 *Hoffbauer … in einer 1867 erschienenen Publikation* – Vgl. das Verzeichnis der Literatur, S. 681.
corps de logis – (franz.) Hauptgebäude.

323 *Das Zimmer selbst … zubrachte* – In W I[1], S. 336 f., heißt es an dieser Stelle ausführlicher: »Die beiden andern Fenster (im Anbau) gehörten bis vor kurzem den beiden Kasernenstuben Nr. 21 und 22 zu. Als der alte Wrangel vor einigen Jahren in Küstrin war und die Garnison inspizierte, wurden ihm auch jene beiden Zimmer gezeigt. Er äußerte die Ansicht, daß es sich geziemen dürfte, diesen historischen Zimmern eine andere Bestimmung zu geben und sie nicht länger als bloße Kasernenstuben zu benutzen. Diese Ansicht kam lang gehegten Wünschen entgegen. Aus den zwei Zimmern ist inzwischen eines geworden, ein hübsch ausgeschmückter Casinosaal, in dem die Offiziere der Garnison zu Mittag speisen und an Balltagen ihre Damen zum Walzer führen. An den beiden Fenstern hin, an deren einem aller Wahrscheinlichkeit nach der Kronprinz stand, läuft jetzt eine Art Estrade, auf der die Musici zum Tanze spielen. Die grauen Nebel jenes finstern Novembermorgens sind längst verflogen. Der Lebende hat recht. Nichts mehr erinnert an die Friderizianische Zeit, mit Ausnahme eines hochlehnigen Lederstuhls, auf dem der Kronprinz bald nach seiner Befreiung saß und arbeitete, wenn er als jüngster Kriegsrat den Sitzungen des Regierungskollegiums beiwohnte. Die Russen nahmen 1758 diesen Stuhl mit nach Petersburg, fünfzig Jahre später kam er nach Frankfurt a. O. zurück, von wo aus ihn die Küstriner sich als Geschenk erbaten und erhielten.* Dieser Stuhl indessen genügt nicht. Auge und Herz verlangen mehr. Ein historisches Bild gehört an die Hauptwand des Saals, den beiden Fenstern gegenüber. Nimmt man Anstand, eine Szene aus der Kattschen Tragödie selbst als Vorwurf zu wählen, so wähle man irgendeinen andern Moment aus dem momentreichen Leben des großen Königs. Übrigens wäre ein Bildnis Katts (auch wohl vom Standpunkt militärischer Gewissenhaftigkeit aus) nicht eben verwerflich. Diese Vorgänge sind ja längst Geschichte geworden und können auf bedenkliche Sympathien oder Desertionsverherrlichung nicht länger gedeutet werden.« – *(Fußnote:) »Dieser Stuhl ist nicht zu verwechseln mit dem Friedrichs-Stuhl, der in der nah gelegenen Zorndorfer Mühle steht. Friedrich schlief auf ihm in der Nacht vor der Zorndorfer Schlacht.«

324 *Schlacht bei Zorndorf* – Vgl. die fünfte Anm. zu S. 18.
Wo fiel Kattes Haupt? – Anstelle der sieben Hypothesen findet sich in W I[1], S. 335 f., folgende Schilderung: »Die in Frage

kommende Lokalität ist folgende. Die Ostecke des Schlosses hat einen zwei Fenster breiten Anbau, aber so, daß dieses angebaute Stück um etwa sechs Schritt zurück liegt und dadurch einen kleinen hakenförmigen Platz schafft, der nach vorn hin offen ist, nach hinten zu aber von der Giebelseite des Hauptgebäudes und der Frontseite des Anbaus geschlossen wird. Auf diesem Platze erfolgte, wie man jetzt allgemein annimmt, die Hinrichtung, und zwar zehn Schritt von den zwei Frontfenstern des Anbaus und etwa achtzehn Schritt von dem Seitenfenster des Schlosses entfernt. An dieser Hinrichtungsstelle befindet sich jetzt eine Art Gartenhaus, das aus einem runden, turmartigen, massiven Unterbau und aus einem viel späteren Fachwerkaufsatz besteht. Der Unterbau (etwa zehn Fuß hoch bei zwanzig Fuß Durchmesser) macht entschieden den Eindruck eines *alten* Mauerwerks, wodurch die Hypothese an Wahrscheinlichkeit gewinnt, daß die Plattform dieses hohen Fundaments schon vor 1730 als allgemeine Exekutionsstätte gedient habe. Gleichviel indes, ob Katt auf diesem permanenten Schafott (wenn es ein solches war) oder aber auf einem eigens an dieser Stelle errichteten ›schwarzen Gerüst‹ vom Leben zum Tode gebracht wurde, jedenfalls bekundet es einen eigentümlichen Geschmack, daß diese Hinrichtungsstätte, wie geschehen, zum Ausbau eines Gartenhäuschens mit Wohn- und Schlafzimmer gewählt werden konnte. Die Aussicht ist entzückend, und die Blumen an den Fenstern nehmen sich freundlich genug aus; an jedem 6. November aber und auch sonst wohl, wenn der Sturm über ›Bastion Brandenburg‹ hinpfeift, muß man das ›Gruseln‹ an dieser Stelle trefflich lernen können, an einer Stelle, die zwischen Schafott und Pavillon nur mühsam die Mitte hält. ›Blut ist ein ganz besonderer Saft.‹ Die Sache wird nicht wesentlich anders dadurch, daß man den alten Unterbau selbst zu einem Kartoffelkeller eingerichtet hat.«

325 *So schreiben Pöllnitz und die Markgräfin* – In ihren Memoiren; vgl. das Verzeichnis der Literatur, S. 682 f. und S. 684. Markgräfin: Wilhelmine, Markgräfin von Bayreuth.

327 *Spanischer Erbfolgekrieg* – Militärische Auseinandersetzung (1701–1714) um das Erbe des 1700 gestorbenen letzten spanischen Habsburgers, Karls II. Um die drohende Hegemonie Frankreichs auf dem europäischen Kontinent wirksam zu bekämpfen, bildeten England, die Niederlande, Österreich, Preußen, Savoyen und Portugal die »Große Allianz«. Hauptkriegsschauplätze waren Spanien, Italien, die Niederlande und Deutschland.

328 *debauchieren* – ein ausschweifendes Leben führen.
esprit fort – (franz.) Freigeist.

329 *königliches Schloß* – Das königliche Schloß in Berlin, seit 1699 unter Andreas Schlüters und Eosander von Göthes Leitung aus vorhandenen Bauten zu einem einheitlichen Bauwerk umgestaltet, brannte im zweiten Weltkrieg aus und wurde 1950 abgerissen. Das barocke Westportal von Eosander wurde in die Vorderfront des ehemaligen DDR-Staatsrats-Gebäudes (1962 bis 1964) eingebaut.
Schloß Monbijou – Das 1703 von Hofbaumeister Eosander von Göthe errichtete Berliner Lustschloß Monbijou (franz.: mein Kleinod) wurde im Jahre 1877 »Hohenzollern-Museum«. 1927 kam es als »Museum Schloß Monbijou« unter Staatsverwaltung. Im zweiten Weltkrieg wurde das Gebäude durch einen Luftangriff völlig zerstört. An Stelle der abgetragenen Ruine befanden sich seit 1958 Grünanlagen, die 1974 zu einem Naherholungs- und Freizeitzentrum umgestaltet wurden.

331 *Schloß Charlottenburg* – Vgl. die erste Anm. zu S. 225.

332 *Herrenhaus zu Wust* – Vgl. »Havelland«, Kap. »Wust«; Band 3 dieser Ausgabe. Vgl. auch »Küstrin«; Band 6 dieser Ausgabe.

333 *considerieren* – betrachten, erwägen.
unter den Händen geblieben – gestorben.

334 *cito* – (lat.) schnell.
notifizieren – bekanntmachen, ankündigen.
Freundschaft – Hier: Bekanntschaft.
anitzo – zur Zeit, jetzt.
obligieret – verbunden, verpflichtet.
Soulagement – (franz.) Erleichterung, Unterstützung.
Sacrifice – (franz.) Opfer.
généralement – (franz.) überhaupt, im allgemeinen.
étonnant – (franz.) erstaunlich.

335 *Pädagogio* – Pädagogium: 1696 von dem pietistischen Theologen und Pädagogen August Hermann Francke im Rahmen der sogenannten Franckeschen Stiftungen (Waisenhaus, Buchdruckerei, verschiedene Schulen) in Halle gegründete Lehrerbildungsanstalt, die einen guten Ruf genoß.
Freylinghausens »Theologia« – Der Theologe und Kirchenlieddichter Johann Anastasius Freylinghausen, Schwiegersohn Franckes und nach dessen Tod (1727) Direktor des Pädagogiums in Halle, hatte 1703 das Werk »Grundlegung der Theologie« herausgegeben, das am Hof des frömmelnden Friedrich Wilhelm I. offenbar zur »Pflichtlektüre« gehörte.

336 *cause célèbre* – (franz.) aufsehenerregende Angelegenheit, berühmter Rechtsfall.

337 *Spezialien* – Besonderheiten.
stehen wir eben jetzt wieder auf dem Punkt ... – Anspielung auf die Neuregelung der Militärgerichtsbarkeit nach der Gründung des Deutschen Reiches (1871), die im Militärstrafgesetzbuch von 1872 zum Ausdruck kommt.
338 *immédiatement* – (franz.) unmittelbar.
Debauchen – Ausschweifungen.
Refus – (franz.) abschlägige Antwort.
Brouillerien – Mißverständnisse, Zwistigkeiten.
»*species facti*« – (lat.) Darlegung des Tatbestandes.
mit der künftigen Sonne tramieret – Vgl. die vierte und fünfte Anm. zu S. 310.

Tamsel

Fontane besuchte Tamsel (das heutige polnische Dąbroszyn) zwischen dem 5. und 8. September 1860, wahrscheinlich Ende September 1861 (wie aus dem Brief an Wilhelm Hertz vom 19. September dieses Jahres zu schließen ist; vgl. S. 525) sowie während seiner ausgedehntesten Reise ins Odergebiet vom 23. bis 29. Juni 1862 (vgl. S. 525 f.) – diesmal »wegen allerhand Sehenswürdigk[eiten] in Schloß u. Kirche, die ich das erste Mal nicht Zeit hatte alle zu sehn«, wie es im Brief an seine Frau vom 10. Juni 1862 heißt.

Der Aufsatz entstand im Winter 1861/62, der Abschnitt über Hans Adam von Schöning allerdings erst im März/April 1862. Schon im November 1861 hatte Fontane durch Mathilde von Rohr »Notizen über Tamsel, die eine Art Schlüssel zu leichterem Verständnis des Ganzen sind«, erhalten, die von der Gräfin Sophie von Schwerin, einer Urenkelin der im Kapitel beschriebenen Frau von Wreech, stammten. Im März 1862 war seine Arbeit dann so weit gediehen, daß er zwei Vorträge über Tamsel halten konnte: am 19. im Berliner Hôtel de Russie und am 24. im Potsdamer Militärcasino, und im April war das Manuskript für den Vorabdruck fertiggestellt. Am 15. April schrieb der Autor an Mathilde von Rohr: »Ich habe heut das ›Tamsel‹-M. S. an Dr. Beutner [Chefredakteur der »Kreuz-Zeitung«] abgegeben. Vorher sah ich es glücklicherweise noch einmal durch und fand noch, am Schluß des Aufsatzes, eine Stelle von seiten der Gräfin [Schwerin, der das Manuskript vor dem Druck vorgelegt werden mußte] beanstandet, wie ich gern zugebe, mit Recht. Um die *Gegen*stücke oder eine Art von Antithese schärfer herauszubringen, hab ich die schöne Frau von Wreech in der zweiten Hälfte des Aufsatzes vielleicht etwas *kleiner* gezeichnet, als die Billigkeit erheischt. / Ich habe nun die betreffende Stelle umgearbeitet, das heißt gemildert, und namentlich folgende Stelle ganz fortgelassen: / ›Er (der König) ist groß geworden, die schöne Frau aber nahezu kleinlich, engherzig, egoistisch. Im engen Sinn hat sich der Sinn verengert.‹ / Diese *stärkste* Stelle fehlt jetzt ganz. Die unmittelbar vorhergehenden Zeilen aber hab ich, um nicht den ganzen Zusammenhang zu stören, gelassen. Sie lauten: / ›Mit der Jugend hatte Frau von Wreech auch die Poesie der Empfindung eingebüßt, und während die Jugendbriefe des Kronprinzen uns ungleich mehr mit der *Empfängerin* in Tamsel als mit dem Küstriner Verfasser sympathisieren ließen, wendet sich nun das Blatt.‹ / Ich denke, dies ist nicht zu streng. Sollte aber Frau Gräfin wünschen, daß auch dies noch fiele, so müßte ich allerdings die ganze Stelle total umarbeiten, was bekanntlich, da solche Arbeit aus *einem* Guß ist und sein soll, seine Schwierigkeiten hat. Dennoch bin ich selbstverständlich und *pflichtschuldigst* jeden Augenblick dazu bereit, wenn Gräfin S[chwerin] solchen Wunsch äußert. – Ich schreibe dies Ihnen, mein gnädigstes Fräulein, weil die ganze Angelegenheit ja kein Geheimnis für Sie ist und ich der Gräfin, die Ihnen ihren Wunsch leicht sagen kann, dadurch eine schriftliche Auseinandersetzung erspare. Es *meinerseits persönlich* zur Sprache zu bringen schien mir auch nicht gut angetan.«

Der Vorabdruck erfolgte in der »Neuen Preußischen (Kreuz-)Zeitung«, Nr. 144 und 147 vom 24. und 27. Juni 1862, unter dem Titel »Tamsel (Ein Vortrag, gehalten von Theodor Fontane zum Besten des Germanischen Museums)«. In dieser Veröffentlichung fehlt noch die Biographie des Feldmarschalls von Schöning. Sie wurde unter dem Titel »Tamsel (Ein Kapitel von Hans Adam von Schöning)« separat vorabgedruckt im Cottaschen »Morgenblatt für gebildete Leser«, Nr. 8 und 9 vom 19. und 26. Februar 1863, S. 169–175 und S. 203–207. Das Manuskript hatte Fontane am 11. Januar 1863 mit folgendem Brief an Hermann Hauff, den Redakteur des Blattes, geschickt: »Anbei hab ich die Ehre, Ihnen abermals vier Aufsätze zu übersenden, in der Hoffnung, daß sie Ihnen zur Aufnahme in die Spalten des ›Morgenblatts‹ passend erscheinen werden. Es sind wieder Stoffe, die ich unsrer märkischen Spezialgeschichte entnommen habe: / 1) ›Tamsel und Hans Adam von Schöning‹. / 2) ›Zorndorf‹. / 3) ›Prädikow und Hans Albrecht von Barfus‹. / 4) ›Schloß Kossenblatt‹. / 1., 3. u. 4. stehen untereinander in Zusammenhang; ›Zorndorf‹ ist eingeschoben, weil es Nachbardorf von Tamsel ist, so daß die Zugehörigkeit nur eine äußerliche, lokale ist. Das M. S. erscheint sehr voluminös; es ist aber nicht so schlimm, wie es aussieht, und werden diese vier Aufsätze wenig länger sein als die drei Marwitz-Aufsätze, die Sie vor etwa anderthalb Jahren die Freundlichkeit hatten zu publizieren. / ... / P. S. Vielleicht ist es besser, die allgemeine Überschrift: ›Bilder und Geschichten etc.‹, fortzulassen und gleich zu beginnen: ›*Tamsel* und Hans Adam von Schöning‹.«

Am 24. Juni 1863 schickte Fontane die ersten Manuskriptteile für die Buchausgabe von »Das Oderland« (erste Auflage), deren Druck beginnen sollte, an Hertz. Das Tamsel-Kapitel hielt der Autor noch für kurze Zeit zurück, da er – wie aus seinen Briefen an Mathilde von Rohr vom zurückliegenden halben Jahr hervorgeht – immer noch hoffte, von der Gräfin Schwerin Unterlagen über die Beziehung der Frau von Wreech zu der Dichterin Anna Luise Karsch zu erhalten und sie verwenden zu können. Schon am 31. Dezember 1862 hatte er Mathilde von Rohr mitgeteilt: »Am Sonntagabend war ich bei Gräfin Schwerin; – ich wurde gütig wie immer empfangen; zuletzt auch wurde von den tamselschen Papieren gesprochen und mir eine Anfrage oder Verwendung von seiten der Gräfin zugesagt.« Am 23. Mai 1863 wurde die immer hilfsbereite Freundin um ihre Vermittlung gebeten: »Herr Hertz wird den zweiten Teil verlegen, und der Druck soll in etwa vier Wochen beginnen. ›Tamsel‹ ist der *zweite* Aufsatz im Buch; Sie sehen also, mein gnädigstes Fräulein, daß es, wenn ›Frau von Wreech und die Karschin‹ noch hinein soll, die allerhöchste Zeit ist. Alles Weitre überlaß ich Ihrer freundlichen Fürsorge.« Im Brief vom 3. Juni 1863 heißt es: »Daß es mit den Tamsler Papieren voraussichtlich gut steht, hab ich zu meiner großen Freude gehört. Verzögerungen werden durch meine Reise nicht entstehn; spätestens in acht Tagen bin ich zurück, träfen nun selbst die Papiere heute schon ein, so würd ich doch, bei vierzehntägiger Frist, von der Sie sprechen, immer noch eine volle Woche haben, und das reicht aus.« Und schließlich am 11. Juni: »Die Tamseler Papiere lassen lange auf sich warten (eine Bemerkung, die ich nicht auf Undank zu deuten bitte), und ich fürchte fast, daß sie ganz ausbleiben werden. Am Ende führe ich noch zu einem Familienkonflikt.« Auch in den folgenden Tagen trafen die Papiere nicht ein, und Fontane mußte schließlich auf eine Erweiterung des Aufsatzes verzichten (vgl. die Fußnote zu S. 389).

Das Tamsel-Kapitel, das erst von der dritten Auflage (1880) ab die Zweiteilung in »Tamsel I« und »Tamsel II« erhielt, umfaßte in der Erstausgabe von 1863 im Textteil nur die Abschnitte »Hans Adam von Schöning« und »Kronprinz Friedrich und Frau von Wreech«. Der spätere Kapitelteil »Tamsel II« wie auch die französischen Gedichte Friedrichs (II.) und sein Briefwechsel mit Frau von Wreech (später in einer Auswahl und in sehr freier deutscher Übersetzung in »Tamsel I« übernommen) waren in die Anmerkungen verwiesen. Der umfangreiche Anhangteil war folgendermaßen gegliedert:

1. Die Besitzverhältnisse Tamsels seit 1510
2. Der Tamsler Park
3. Die Kirche in Tamsel
4. Das Schloß
5. Briefe des Kronprinzen Friedrich an Frau von Wreech. 1731–32 (Lettres et vers de certain grand prince)
6. Briefe König Friedrichs an Frau von Wreech. 1758–61.

Für die Arbeit am Tamsel-Kapitel hat Fontane folgende Literatur benutzt (die vollständigen Angaben finden sich jeweils im Verzeichnis der Literatur; vgl. S. 679): Raumer, »Die Neumark Brandenburg …«. – »Sophie von Schwerin …« (von Fontane in den Anmerkungen zur Erstausgabe von 1863 als »Ungedruckte Memoiren der Gräfin Schwerin« bezeichnet). – Schöning, »Des General-Feldmarschalls Hans Adam von Schöning auf Tamsel Leben und Kriegstaten«, »Geschichtliche Nachrichten …« sowie (laut Anmerkung Fontanes) »Papiere, die Familie von König betreffend (als M. S. gedruckt)«. – Dohna, »Mémoires …«. – Poellnitz, »Mémoires …«. – Frédéric le Grand, »Œuvres«. – Kanitz, »Aus dem deutschen Soldatenleben …«. – »Das Tamsler Archiv [benutzt] … Mündliche und briefliche Mitteilungen« (laut Anmerkung am Schluß der Erstausgabe von 1863).

340 *Hoch ragt aus schautt'gen Gehegen* … – Chamisso, »Das Schloß Boncourt«, Strophe 2, Vers 1 f.
Templer … Johanniterorden – Nach der Auflösung des (1118 im Zusammenhang mit den Kreuzzügen gegründeten) Tempelritterordens im Jahre 1312 gelangte auf Anordnung des Papstes der größte Teil der Ordensgüter in den Besitz des Johanniterordens.
Sonnenburger Heermeister – Vgl. die Anm. zu S. 287.
ruhmvoller Türkenzug – Vgl. S. 348–353.

341 *Schloß und Park* – Vgl. S. 379–382 und 386–391.
Boiserien – Holzbekleidung der Wände.
Sturm auf Ofen – Vgl. S. 350 ff. Ofen: Deutsche Bezeichnung für Buda (ursprünglich selbständige Stadt; 1872 mit Pest zu Budapest vereinigt).

342 *Kaum gebiet ich* … – Schiller, »Die Braut von Messina« I,3.
… *vermählt* – In W II[1], S. 18, folgt der Zusatz: »Die Schapelows waren damals ein reichbegütertes Geschlecht im Barnim und Lebusischen (das später Derfflingersche Gusow gehörte mit zu ihrem Besitz), und wenn einerseits das *Vermögen*, das durch diese Verbindung in die Schöningsche Familie kam, den An-

kauf verschiedener Güter, darunter Tamsel, gestattete, so erwies es sich in der Folge für unsern Hans Adam von kaum geringerer Wichtigkeit, daß er durch die Schapelowsche Verwandtschaft mit den vornehmsten Familien des Landes verschwägert war.«

342 *an anderer Stelle* – S. 196.

Malteserorden – Vgl. die dritte Anm. zu S. 146.

343 *wie sein Biograph sich ausdrückt* – Kurd Wolfgang von Schöning in »Des General-Feldmarschalls … Leben und Kriegstaten«; vgl. das Verzeichnis der Literatur, S. 683.

prachtliebendster König – Ludwig XIV. von Frankreich.

Fastnachtsspiele in Venedig – Gemeint ist der berühmte, mit großer Prachtentfaltung gefeierte Karneval von Venedig.

junge Freiheit der Niederlande – Die nördlichen Provinzen der Niederlande hatten sich während der frühbürgerlichen Revolution (1566–1648) von der spanischen Herrschaft befreit (1581) und 1588 als Republik (Generalstaaten) konstituiert, die 1609 von Spanien de facto, im Westfälischen Frieden von 1648 vertraglich anerkannt wurde.

einmal … schwer gebüßt – Anspielung auf den Zusammenbruch des preuß. Staates im Jahre 1806; vgl. die Anm. zu S. 131.

344 *Campagne am Oberrhein* – Vgl. die vierte Anm. zu S. 199.

Verjagung der Schweden aus der Mark – Vgl. die erste Anm. zu S. 200.

Eroberung Stettins … Rügen … Stralsund – Vgl. die erste Anm. zu S. 200.

seit den Tagen Wallensteins … uneinnehmbar – Wallenstein mußte (während des Dreißigjährigen Krieges) die am 23. Mai 1628 begonnene Belagerung Stralsunds am 4. August 1628 abbrechen, weil die Stadt von der Seeseite durch Dänemark und Schweden unterstützt wurde.

»Winterfeldzug in Preußen« – Vgl. die dritte Anm. zu S. 204.

345 *»vom Rhein bis an den Rhin«* – Vgl. S. 199 f.

resolvieren – sich entschließen.

das Frische Haff – Vgl. die erste Anm. zu S. 222.

das Kurische [Haff] – Vgl. die vierte Anm. zu S. 204.

346 *Arrièregarde* – (franz.) Nachhut.

sechsundzwanzig Grad – Wahrscheinlich 26 Grad Réaumur (das sind nach der heute üblichen Celsius-Bezeichnung 32,5 Grad).

348 *Ravelins* – Außenwerke einer Festung.

Auxiliarmacht – Hilfsmacht.

349 *Vordringen der Türken bis an die Tore Wiens* – Im Jahre 1683 hatten die Türken die kaiserliche Armee aus Ungarn

und dem östlichen Niederösterreich vertrieben und waren bis nach Wien vorgedrungen. Die vom 15. Juli bis 12. September belagerte Stadt konnte, dank der Unterstützung seitens polnischer und Reichstruppen, durch den Sieg über die Türken in der Schlacht am Kahlenberge (12. September) entsetzt werden.

Tatarenhorden ... bis an die Oder – Vgl. die erste Anm. zu S. 172.

important -wichtig, bedeutend.

Kreuzzüge – Sieben Eroberungszüge, die die christlichen europäischen Feudalmächte im Mittelalter (zwischen 1096 und 1270) unter dem Vorwand des »Kampfes gegen die Ungläubigen« und der »Befreiung des Heiligen Grabes« gegen die nichtchristliche Bevölkerung des Orients unternahmen.

Volontairs – Freiwillige.

Orden des Goldenen Vlieses – Höchster habsburgischer Orden (gestiftet 1429 vom Herzog Philipp III. von Burgund); seit 1714 in Österreich (bis 1918) und Spanien (bis 1931) getrennt verliehen.

350 *Schlacht an der Boyne* – In der Schlacht am Boyne-Fluß in Ostirland (1. Juli 1690) besiegte Wilhelm III. von Oranien, seit 1689 König von Großbritannien, den 1688 abgesetzten (katholischen) Stuartkönig Jakob II., der mit französischer und irischer Unterstützung den englischen Thron zurückerobern wollte.

am 17. April – 1686.

Service – Hier: Ausrüstung, Ausstattung.

Dragoner – Hier noch in der ursprünglichen Funktion: mit Handfeuerwaffen ausgerüstete, berittene Infanterie.

dürfen – Hier: müssen, brauchen.

Pikeniere – Mit Spießen (Piken) ausgerüstete Fußsoldaten.

Jablunka-Paß – Gebirgspaß in den Beskiden.

Janitscharen und Spahis – Infanterie- und Kavallerie-Kerntruppe der türkischen Sultane.

zerniert – eingeschlossen.

351 *Memoiren* – Dohna, »Mémoires origineaux ...«; vgl. das Verzeichnis der Literatur, S. 680.

352 *König August* – August II., seit 1697 König von Polen (als Friedrich August I. seit 1694 Kurfürst von Sachsen).

bei Pirna ... kapitulieren – Nach der Niederlage des österreichischen Heeres bei Lobositz (Böhmen), das die bei Pirna von den Preußen eingeschlossenen sächsischen Truppen entsetzen wollte, kapitulierte am 15. Oktober 1756 die gesamte sächsische Armee.

352 *Erstürmung der Festung Oczakow* – Der Schotte Jakob Keith, seit 1747 preußischer Feldmarschall, hatte seit 1728 in russischen Diensten gestanden und sich 1736/37 in einem der zahlreichen russisch-türkischen Kriege hervorgetan, besonders bei der Eroberung der türkischen Festung Oczakow oder Otschakow am Schwarzen Meer (1737).

353 *Schlange* – Kleinkalibriges Geschütz mit sehr langem Rohr.

türkischer Roßschweif – Rotbraun gefärbter Schweif einer asiatischen Gebirgsbüffelart; im türkischen Heer Abzeichen höchster Befehlshaberwürde, das (an einer Stange) seinem Inhaber vorausgetragen wurde und zu besonderen Ehren berechtigte. (Dem Sultan standen sechs Roßschweife zu.)

Berliner Zeughaus – Vgl. die vierte Anm. zu S. 210.

Kaiser Leopold – Leopold I.

354 *im Sommer 1689 ... am Rhein* – Vgl. die erste Anm. zu S. 205.

Pas – (franz.) Schritt.

355 *detachiert* – abgeschickt, beordert.

Grands Mousquetaires – (franz.) Große Musketiere; kurfürstliche Leibwache, benannt nach der 1622 von Ludwig XIII. gebildeten, bis 1775 bestehenden Leibwache der französischen Könige (Mousquetaires de la garde).

Feldmarschall-Lieutenant – Alte Bezeichnung für den dritthöchsten Generalsrang.

choquant – (franz.) anstößig, beleidigend.

Zivilität – Höflichkeit.

356 *sub dato* – (lat.) unter dem Datum.

supplici[e]rt – nachgesucht, erbeten.

decidi[e]ren – entscheiden.

357 *zu employi[e]ren resolvi[e]ret* – anzustellen sich entschlossen.

Consideration – considération: (franz.) Rücksicht, Erwägung.

observi[e]rt – beobachtet, wahrgenommen.

Conduite – (franz.) Betragen, Lebensart.

»Geschichtliche Nachrichten ...« – Vgl. das Verzeichnis der Literatur, S. 683.

358 *Rheincampagne 1691* – Im Rahmen des Pfälzischen Erbfolgekrieges (1688–1697); vgl. die erste Anm. zu S. 205.

Kurfürst – Friedrich August I. von Sachsen.

359 *aufgehoben* – verhaftet.

wie sechzig Jahre früher ... – Arnim wurde wegen angeblicher Teilnahme an Intrigen gegen Schweden am 7. März 1637 auf Befehl des schwedischen Kanzlers Oxenstierna festgenommen und nach Stockholm gebracht (von wo aus er 1638 nach Hamburg entkam).

359 *23. Juni – 1692.*
ein zweiter Wallenstein – Anspielung auf den »Verrat« Wallensteins, der nach seiner Absetzung als Oberbefehlshaber der kaiserlichen Armee (Januar 1634) zu den Schweden überlaufen wollte, was durch seine Ermordung am 25. Februar 1634 verhindert wurde.

360 *Kaiser und Kaiserin* – Leopold I. und wahrscheinlich seine dritte Gemahlin, Eleonore Magdalene von Pfalz-Neuburg.
in der Kirche zu Tamsel beigesetzt – Vgl. S. 385 f.

361 *Dohna … Memoiren* – Vgl. das Verzeichnis der Literatur, S. 679.
Pöllnitzsche Memoiren – Vgl. das Verzeichnis der Literatur, S. 682 f.

362 *Verfolgung Horns* – Vgl. S. 344–348.
ungarischer Feldzug – Vgl. S. 348–353.
großer König – Friedrich II.

363 *sie erzählen daselbst von ihm* – In W II[1], S. 42, folgt der Zusatz: »(ohne Fichten geht es nicht ab in brandenburgischer Sage)«.
Birnamwald vor Schloß Dunsinan – Anspielung auf Shakespeares »Macbeth« V,3–6, wo sich das Heer von Macbeths Gegenspieler Malcolm mit »laubigen« Zweigen aus dem schottischen Birnamwald tarnt.
In edlem Zorn erhebe dich … – Schiller, »Die Jungfrau von Orleans« IV,11.

364 *in Beziehungen zu … Frau von Wreech trat* – In W II[1], S. 43, heißt es statt dessen: »ein intimes Verhältnis mit der schönen Frau von Wreich anknüpfte«.
Urenkelin – Sophie von Schwerin, geborene von Dönhoff. Vgl. die Vorbemerkung, S. 625.
»Papiers concernant …« – (franz.) »Schriftstücke, die Familie von Wreich betreffend«.
»Lettres et vers …« – (franz.) »Briefe und Verse eines gewissen großen Prinzen«; vgl. die Vorbemerkung, S. 627 f.
»Lettres de Frédéric II. …« – (franz.) »Briefe von Friedrich II. (als Kronprinz) an Frau von Schöning und an ihre Tochter, Frau von Wreich«.

365 *so geben uns diese Briefe … ein … Bild jener Tage* – In W II[1], S. 44 f., heißt es statt dessen: »so werden die letzteren doch unter allen Umständen *das* Gute haben, an die Stelle bloßer Überschriften einen verhältnismäßigen Reichtum von Details und an die Stelle des blassen Allgemeinen bestimmtere Farben und plastischere Gestaltung gesetzt zu haben«.

365 *»Debauchen«* – Ausschweifungen.
Vermählungstage – Wilhelmine Friederike Sophie, die älteste Tochter Friedrich Wilhelms I., heiratete am 20. November 1731 den späteren Markgrafen Friedrich von Bayreuth. Die Hochzeitsfeierlichkeiten dauerten mehrere Tage.

366 *Tantalus-Lage* – Nach der griechischen Sage wurde König Tantalos, ein Sohn des Zeus, weil er göttliche Geheimnisse an die Menschen verraten hatte, in die Unterwelt verdammt. Dort mußte er ewig Hunger und Durst leiden, weil weder das Wasser, in dem er stand, noch die Früchte, die über seinem Kopf hingen, für ihn erreichbar waren.
bêtise – (franz.) Dummheit.

369 *Fürwort* – Fürsprache.

370 *bloß zur Kritik* – In W II^1, S. 50, folgt der Zusatz: »mutmaßlich zur mildest denkbaren«.
Ode ... Brouillon – Die Ode des Kronprinzen und der gereimte Antwort-Entwurf (Brouillon) der Frau von Wreech sind in Fontanes Anmerkungen am Schluß von W II^1 (S. 515 f.) in der (vollständigen) französischen Originalfassung abgedruckt.
Kotzebues »Armer Poet« – »Der arme Poet«, Schauspiel von August Kotzebue (1813).

371 *»le grand Frédéric«* – (franz.) »der große Friedrich«.
zu diesem grand Frédéric ... umkleidet hatte – In W II^1, S. 52, heißt es an dieser Stelle abweichend und ausführlicher: »... zu diesem grand Frédéric, das – wenn auch vieles auf Rechnung bloßer gesellschaftlicher Phrase zu setzen ist – dennoch ziemlich unverkennbar aus diesen gereimten Zeilen der Frau von Wreech sich kundgibt, erklärt sich wohl überwiegend daraus, daß die Küstriner Tragödie, der Tod Kattes, mit allem, was vorausging und folgte, den Kronprinzen mit einem poetischen Zauber umkleidet hatte, der bei erster Begegnung noch nachwirkte. Dieser Zauber, diese Glorie, diese Bewunderung, wie immer sonst auch die Herzensbeziehungen zwischen beiden sich in jenen Herbst- und Wintermonaten gestalten mochten, waren jedenfalls *nicht* von Dauer.«

372 *podolische Ochsen* – Eine Rinderrasse. Podolien: Fruchtbare Landschaft in der Westukraine.

373 *au fond* – (franz.) im Grunde, eigentlich.
un assez bon garçon – (franz.) ein ziemlich guter Junge.

374 *Schlacht bei Zorndorf* – Vgl. die fünfte Anm. zu S. 18.

375 *»L'année ...«* – (franz.) »Das Jahr, wo ich all das verloren habe, was ich auf der Welt hatte, um zu leben.«

375 *fünf Briefe* – Auch diese fünf Briefe (aus den Jahren 1758 bis 1761) werden in Fontanes Anmerkungen zu W II^1 (S. 520 f.) in der französischen Originalfassung wiedergegeben.
Aber sie verlieren dadurch nichts von ihrem Wert – In W II^1, S. 57, heißt es statt dessen: »Aber diesen fünf Prosabriefen gebührt diesmal dennoch der Vorzug.«
376 *Sieg von Torgau* – Vgl. die erste Anm. zu S. 141 und die erste Anm. zu S. 174.
377 *... vergessen sein* – In W II^1, S. 58, folgt der Zusatz: »Eingeschlossen in die zwei Feldmarken von Küstrin und Zorndorf, sollte Tamsel dennoch den Namen nicht nennen, der, von allen Seiten her, hoch über Schloß und Park, wie ein Hymnus zusammenklang.«
vergoldete Viktoria – Von Christian Daniel Rauch.
»Es ist ein köstlich Ding ...« – Altes Testament, Jeremia 3,27.
378 *Tamsel* – Ausführliche Aufzeichnungen finden sich in Fontanes Notizbüchern A 9 (ab Blatt 60) und A 11 (ab Blatt 42).
Verschnittene Hecken ... – Die Verse stammen von Fontane.
379 *Tamseler Park* – Der Park ist erhalten geblieben; von seiner ehemaligen Ausstattung existieren jedoch nur noch zwei barocke Sandsteinfiguren am Eingang.
Forcierung des Passes von Gabel – Nach der Erstürmung des Passes von Gabel (südlich von Zittau) am 31. Juli 1778 war Prinz Heinrich mit seiner Armee zu Beginn des Bayerischen Erbfolgekrieges (vgl. die dritte Anm. zu S. 174) in Nordböhmen eingerückt.
in voller Ordenstracht – Zur Ordenstracht der Johanniterritter gehörten ein schwarzer Mantel mit achtspitzigem weißem Leinenkreuz und (als Kriegsbekleidung) eine rote Uniform (hervorgegangen aus der roten Weste mit weißem Balkenkreuz, die im Mittelalter über die Rüstung gezogen wurde).
in den Rheinsberger Kapiteln – Im Kapitel »Zwischen Boberow-Wald und Huwenow-See«; Band 1 dieser Ausgabe.
»En mémoire ...« – (franz.) »Zur Erinnerung an die Überquerung [des Passes] von Gabel in Böhmen durch den Prinzen Heinrich von Preußen am 31. Juli 1778.«
Ce marbre ... – (franz.) Dieser wahrheitsliebende Marmor wird den kommenden Jahrhunderten / Den Ruhm des Helden unseres Jahrhunderts bezeugen, / Aber alles, was er enthalten kann, / Ist nur ein Blättchen seiner Geschichte.

380 *»Il a tout fait pour l'état«* – (franz.) »Er hat alles für den Staat getan.«
Dans cette image … – (franz.) In diesem erhabenen und teuren Bildnis / Wird jeder Held seinen Rivalen sehen, / Jeder Weise sein Ebenbild / Und jeder Mensch seinen Bruder.
Grands dans la paix … – (franz.) Beide wurden, durch berühmte Heldentaten, / Groß im Frieden, groß im Krieg / Und Vorbild und Lehre für die Könige. / Der erste wurde der Vater unglücklicher Flüchtlinge, / Der andere, durch seine Kunst, zu fesseln und zu gefallen, / Gebot über die Herzen aller Franzosen.
Wilhelm – Kurfürst Friedrich Wilhelm.
Galliens Flüchtlinge – Im Zusammenhang mit der 1685 durch Ludwig XIV. verfügten Aufhebung des Ediktes von Nantes (1598), das den französischen Protestanten Religionsfreiheit und Rechtsgleichheit gewährt hatte, verließen Tausende der grausam verfolgten Hugenotten ihre Heimat. Die meisten Familien (darunter auch Fontanes Vorfahren) siedelten sich, gefördert durch das von Kurfürst Friedrich Wilhelm am 8. November 1685 erlassene Potsdamer Edikt, in der Mark Brandenburg an.
Sieger bei Freiberg – In der Schlacht bei Freiberg (Sachsen) siegten die preußischen Truppen unter Prinz Heinrich am 29. Oktober 1762 über die Reichsarmee und eine österreichische Abteilung.
gallische Lilien – Anspielung auf die Lilie im Wappen der französischen Könige.

381 *»Fridericus Guilielmus …«* – »Friedrich Wilhelm, der wahrhaft Große. Vater der Bürger. Der Feinde Besieger. Der Freiheit Deutschlands Beschützer. Des vertriebenen Glaubens Zuflucht.«
»Henricus Militum Amor …« – »Heinrich, der Soldaten Liebling. Der Feinde Schrecken. Des französischen Volkes Freude. Der Musen Beschützer. Bei Freiberg Sieger.«
»Rose, elle a vécu …« – (franz.) »Rose, sie hat gelebt, wie Rosen leben – die Zeitspanne eines Morgens«.
»Complaints …« – (franz.) »Klagen des Ludwig Alexander Grafen von Wreich über den Verlust seiner Schwester und seines Bruders.«
Naissez mes vers … – (franz.) Beginnt, meine Verse, lindert meine Leiden / Und fließet mühelos mit meinen Tränen! / Um euch zu beweinen, komme ich der Morgenröte zuvor, / Der Anbruch des Tages vermehrt meinen Kummer, / Ich seufze einsam in der Stille der Nächte, / Die Nacht entflieht, und ich

seufze noch. / Ihr habt meine Leiden nicht gelindert, / Beginnt, meine Verse, laßt meine Tränen fließen.

381 *en vue* – (franz.) in Sicht.

382 *»Es ist ein göttlich Ding …«* – Das Bibelzitat lautet: »Es ist ein köstlich Ding …«

383 *Tamsler Kirche* – Sie ist gut erhalten.

durch Schinkel restauriert – In Fontanes Anmerkungen am Schluß von W II^1 (S. 506) folgt der Zusatz: »wenn sich auch nicht alles loben läßt«.

Wir treten ein – In W II^1 (Anmerkungen, S. 506) heißt es statt dessen: »Die Kirche ist eine einfache Kreuzkirche.«

Kommendator – Besitzer einer Pfründe.

st. vet. – stili veteris: (lat.) alten Stils; das heißt: gemäß dem alten, (nach Julius Caesar benannten) Julianischen Kalender. Der Julianische Kalender wurde in den katholischen Ländern 1582, in den protestantischen erst im 18. Jahrhundert (in Deutschland 1700) von dem (nach Papst Gregor XIII. benannten) Gregorianischen Kalender abgelöst, der heute in der ganzen Welt gültig ist. Der alte Kalender war seit 1600 gegenüber dem neuen um zehn Tage zurück.

… »Türkenbesieger« vorfindet, ist … – In Fontanes Anmerkungen am Schluß von W II^1 (S. 506) folgt der Zusatz: »(wie ich das in dem Kapitel ›Lichterfelde‹ ausführlicher gezeigt habe)«.

384 *zwei Erbbegräbnisse* – Sie sind noch vorhanden.

Garde-du-Corps-Offizier – Vgl. die zweite Anm. zu S. 174.

Campagne – Gemeint ist der Feldzug gegen Napoleon I. im Jahre 1815, der am 18. Juni 1815 mit der vollständigen Niederlage der französischen Armee in der Schlacht bei Waterloo endete.

Rheinsberger Kreis – Gemeint ist der »Freundeskreis«, den der preußische Prinz Heinrich zwischen 1786 und 1802 am Rheinsberger Hof um sich versammelt hatte. Vgl. »Die Grafschaft Ruppin«, Kap. »Zwischen Boberow-Wald und Huwenow-See …«; Band 1 dieser Ausgabe.

die schon um 1510 Tamsel … zu Lehn trug – In seinen Anmerkungen am Schluß von W II^1 (S. 501 f.) gibt Fontane folgenden ausführlicheren Bericht über »Die Besitzverhältnisse Tamsels seit 1510«: »Tamsel war Ordensgut (des Johanniterordens) und gehörte zur Kommende Quartschen. Die Familie von Schönbeck besaß Tamsel und Warnick (Nachbargut) bereits 1510; von diesem Jahre datiert sich ein Lehnbrief. Sie hatte es zu Lehn vom Orden. / Die Schönbecks bleiben im Besitz von Tamsel und Warnick bis zum 16. Mai 1653. An diesem Tage kauft es Hans Adam von Schöning (zum Unterschied Hans Adam I. genannt) von seinem Stiefvater Asmus von Schönbeck. Von 1653 bis 65 besitzt es Hans Adam I. – Von 1665 bis 96 besitzt es Hans Adam II. (der Berühmte, der Türkenbesieger). Bis 1685 besaß er nur halb Tamsel zu Lehen und die andere Hälfte sowie Warnick pfandweise. Auf seine Vorstellung aber, daß er zur Verbesserung der Güter mehr angewandt habe, als sie vorher wert gewesen seien, wird er nun mit dem Ganzen beliehen. (*1693* wird durch den Herrenmeister Carl Philipp zu Brandenburg das Recht zur Belehnung in weiblicher Deszendenz ausgesprochen.) Von 1696 bis 1714 besitzt es Hans Ludwig von Schöning, der Sohn des Berühmten. 1714 geht es an Hans Ludwigs einzige Tochter, an Luise Eleonore von Schöning, vermählte von Wreech, über. Sie wird 1724 belehnt, laut des durch den Herrenmeister Carl Philipp zu Brandenburg 1693 ausgesprochenen Rechts: ›Wenn keine männlichen Lehnserben mehr am Leben, dann fallen die Lehne an die Deszendenten *weiblichen* Geschlechts.‹ Frau von Wreech stirbt 1766. Von 1766 bis 1785 Hofmarschall Friedr. Wilh. Theodor von Wreech. Von 1785 bis 1796 Domherr Ludwig Alex von Wreech. (Der letzte Wreech). Graf Ludwig von Wreech hatte Tamsel und Warnick an den Grafen Bogislaus von Dönhoff auf Dönhoffstädt, den einzigen Sohn seiner Schwester, einer vermählten Gräfin Dönhoff, vermacht, der seinerseits eine Schwerin zur Frau hatte. Von den fünf Töchtern des Grafen B. von Dönhoff war wiederum eine an einen Schwerin (Graf Hermann Schwerin-Wolfshagen) verheiratet. Durch diese Verheiratung kam Tamsel an die Schwerins. Der gegenwärtige Besitzer, Graf Bogislaw, ist ein Sohn des Grafen Hermann Schwerin-Wolfshagen.«

384 *Johanniterorden* – Vgl. die erste Anm. zu S. 24.
admittiert -zugelassen.

385 *Foerster spricht* ... – Wohl in dem Werk »Neure und neuste preußische Geschichte«; vgl. das Verzeichnis der Literatur, S. 680.
»*Je l'ai vu* ...« – (franz.) »Madame, ich habe Ihre Tochter gesehen, und sie weiß, daß Sie und ihre Tochter sich sehr geneigt sind.«
im ... Kirchenbuche nicht verzeichnet – In W II[1] (Anmerkungen, S. 508) folgt der Zusatz: »Es ist nicht unwahrscheinlich, daß die Zahl der Kinder der schönen Frau noch größer war.«

386 *Psalm 18, Vers 32 bis 36* – »Denn wer ist Gott, wenn nicht der Herr, oder ein Fels, wenn nicht unser Gott? / Gott rüstet mich mit Kraft und macht meine Wege ohne Tadel. / Er macht

meine Füße gleich den Hirschen und stellt mich auf meine Höhen. / Er lehrt meine Hände streiten und meinen Arm den ehernen Bogen spannen. / Du gibst mir den Schild deines Heils, und deine Rechte stärkt mich, und deine Huld macht mich groß.« (Revidierter Text, 1964.)

386 *Kaiser Leopold* – Leopold I.

Schloß – Das im klassizistischen Stil umgebaute Tamseler Schloß beherbergt heute den Gemeinderat von Dąbroszyn, einen Kindergarten und andere Einrichtungen.

... Ahnensaal erhalten – In W II[1] (Anmerkungen, S. 509) folgt der Zusatz: »Selbst von den berühmten Stuckarbeiten des Schlosses, die namentlich in der Bildergalerie höchst merkwürdig durch die Kühnheit ihrer Befestigung gewesen sein sollen, befindet sich noch ein Überbleibsel in einem der kleinen Seitengemächer.«

... als ein Neubau gelten – In W II[1] (Anmerkungen, S. 509) folgt der Zusatz: »Der Charakter des Hauses ist dadurch natürlich ganz verändert worden.«

387 *Schwarzer Adlerorden* – Vgl. die zweite Anm. zu S. 146.

Schlacht bei Freiberg – Vgl. die siebente Anm. zu S. 380.

Schloß zu Cölln an der Spree – Vorläufer des königlichen Schlosses in Berlin (vgl. die erste Anm. zu S. 329), dessen Baugeschichte mit der 1451 vollendeten Burg des Kurfürsten Friedrich II. beginnt. (Berlin und Cölln waren de jure bis 1709 selbständige Städte.)

Stechbahn – Vgl. die vierte Anm. zu S. 68.

388 *Galanteriedegen* – Vgl. die dritte Anm. zu S. 248.

Granatblumen – Die scharlachroten Blüten des in den Mittelmeerländern und in Vorderasien heimischen Granatapfelbaums, der in kühleren Regionen als Kübelpflanze gehalten wird.

389 *Schnebbe* – Eigentlich Schneppe: Spitz zulaufender Teil einer Haube.

nicht, sie zu benutzen – Vgl. die Vorbemerkung, S. 627.

der bei Prag fiel – General Graf Schwerin, in der Schlacht bei Prag (6. Mai 1757) Kommandeur des linken Flügels der Preußen, soll gefallen sein, nachdem er die Regimentsfahne ergriffen hatte, um seine sich zerstreuenden Truppen zum Sturmangriff gegen die Österreicher zu sammeln. Vgl. Fontanes Balladen »Schwerin« und »Die Fahne Schwerins«.

390 *Schloß Rheinsberg* – Vgl. »Die Grafschaft Ruppin«, Kap. »Rheinsberg«, Abschnitt 3; Band 1 dieser Ausgabe.

Tegel – Vgl. die erste Anm. zu S. 151. Wilhelm von Humboldt lebte nach seinem Ausscheiden aus dem preußischen Staatsministerium (Dezember 1819) zurückgezogen in Tegel, wo er sich vor allem seinen wissenschaftlichen Arbeiten widmete. Vgl. »Havelland«, Kap. »Tegel«; Band 3 dieser Ausgabe.

390 *Blumberg* – Das Schloß existiert nicht mehr. Blumberg war Ende des 17. Jahrhunderts Erbgut und bevorzugter Aufenthaltsort des brandenburgischen Staatsmannes und Dichters Friedrich Rudolf Ludwig Freiherr von Canitz. Vgl. »Spreeland«, Kap. »Blumberg«; Band 4 dieser Ausgabe.

Wiepersdorf – Das Herrenhaus in Wiepersdorf (bei Jüterbog), ein Barockbau, wurde 1731–1738 errichtet, 1780 und 1878 umgebaut. In dem mit italienischen Skulpturen versehenen Park, der das Gebäude umgibt, befinden sich die Gräber von Achim und Bettina von Arnim, die sich häufig auf dem Familiengut aufgehalten haben. Das Schlößchen Wiepersdorf, in der Zeit der DDR umfassend restauriert, wird als »Künstlerheim Bettina von Arnim« (Stiftung Kulturfonds) genutzt.

Nennhausen – Das Herrenhaus in Nennhausen (bei Rathenow) war ursprünglich ein Barockbau (1735) und wurde um 1860 in neugotischem Stil umgebaut. Der Dichter Friedrich de la Motte Fouqué, der sich nach seinem Ausscheiden aus dem preußischen Militärdienst vornehmlich auf dem Familiengut aufhielt und dort auch einen literarischen Zirkel unterhielt, ließ um 1815 den großen Landschaftspark anlegen, der das Gebäude umgibt. Vgl. die Aufzeichnungen über Fouqué (Band 6) und »Das Ländchen Friesack und die Bredows« (Band 7 dieser Ausgabe).

Madlitz – Das Herrenhaus in Alt Madlitz (bei Fürstenwalde), umgeben von einem großen Landschaftspark, wurde im 18. Jahrhundert errichtet und in der zweiten Hälfte des 19. Jahrhunderts umgebaut. Es beherbergte in der Zeit der DDR kommunale Einrichtungen und wird jetzt in ein territoriales Gesamtkonzept einbezogen.

Ziebingen – Heut Cybinka, Polen (südöstlich von Frankfurt/Oder). Friedrich Ludwig Tieck hielt sich von 1802 bis 1804 auf dem Ziebinger Gut auf, das damals seinem Freunde Burgsdorf gehörte.

Zorndorf

Fontane hat das Schlachtfeld von Zorndorf (heute Sarbinowo, Polen) während der Reise vom 23. bis 29. Juni 1862 (vgl. S. 525 f.) besucht und im September 1862 an dem Aufsatz gearbeitet.

Das Kapitel wurde – zusammen mit »Prädikow« (vgl. S. 642 f.) –

unter dem Titel »Zorndorf. Prädikow. Hans Albrecht von Barfus« im Cottaschen »Morgenblatt für gebildete Leser«, Nr. 10 und 11 vom 5. und 12. März 1863, S. 222–226 und 241–248, vorabgedruckt und Ende 1863 in der Erstausgabe von »Das Oderland« veröffentlicht.

Für die Arbeit an diesem Kapitel hat Fontane Varnhagens »Leben des Generals Freiherrn von Seydlitz« (vgl. das Verzeichnis der Literatur, S. 684) benutzt; ferner (laut Anmerkung am Schluß der Erstausgabe von 1863) einen »Schlachtbericht« und »Mündliches«.

392 *Zorndorf* – Zorndorf ist im zweiten Weltkrieg kaum zerstört worden. Die auf die Schlacht vom 25. August 1758 hinweisenden Denkmäler in der Umgebung des Ortes wurden beseitigt.

Moskoviens Bär ... – Christian Friedrich Daniel Schubart, »Friedrich der Große. Ein Hymnus«, Vers 83 f.

394 *Regiment Garde du Corps* – Vgl. die zweite Anm. zu S. 174.

395 *»Der Pflug geht drüber hin«* – Chamisso, »Das Schloß Boncourt«, Strophe 7, Vers 4. Der Vers lautet bei Chamisso: »Der Pflug geht über dich hin.«

Quadratrute – Altes Flächenmaß; zirka zehn Quadratmeter.

... *ihre alten Bewohner* – In W II[1], S. 64 f., folgt der Zusatz: »Die Sonne ist unter; aber noch ist es hell genug, um das ganze Terrain von dieser Stelle aus klar zu überblicken, und als ob das Übersichtliche des Feldes, das Plastische der Lokalität dem Heraufsteigen des ganzen Schlachtenbildes von ehemals zu Hülfe käme, so fängt das in Dämmer daliegende Feld an, sich mit russischen Carrés zu beleben. Aber sie stehen nicht lange: von links her, aus der schattigen Tiefe des Zabergrundes herauf steigen Seydlitz und die Gardes du Corps. Rittmeister von Wakenitz, mit gezücktem Pallasch allen andern vorauf, fliegt über die Ebene hin. – Da klappert (sehr zur Unzeit) ein Wagen aus Quartschen die Chaussee entlang; er fährt mitten durch die blanken Schwadronen hindurch, und – Vision und Waffenglanz sind hin.«

396 *Rauchsche Viktoria* – Vgl. S. 377 und S. 381 f.

397 *De snaksche Kerl* – Der ulkige Kerl.

»Der Blumenthal«

»Am nächsten Sonnabend möcht ich meine Wanderungen wieder beginnen, und zwar zuerst nach Blumberg und Werneuchen«, schrieb Fontane am 25. Februar 1861 an den Historiker und Sagensammler Wilhelm Schwartz. »Die Gegend werden Sie bereits kennen, denn Sie haben über den ›Blumenthal‹, Prötzel etc. bereits viel Hübsches erzählt.« Die Reise nach Bernau, Blumberg und Werneuchen, die mit einem Besuch des Blumenthal-Waldes verknüpft wurde, fand am 28. und 29. März 1861 statt.

Mit der Niederschrift des Feuilletons hat Fontane Mitte Dezember 1861 begonnen; fertiggestellt wurde es im Mai 1862.

Am 18. Januar 1863 wurde der Aufsatz dann in der »Neuen Preußischen (Kreuz-)Zeitung« vorabgedruckt, und Ende des Jahres erschien er in der Erstausgabe von »Das Oderland« als Buchkapitel.

Für die Arbeit am Blumenthal-Kapitel hat Fontane folgende Literatur benutzt (die vollständigen Angaben finden sich jeweils im Verzeichnis der Literatur; vgl. S. 679): Bekmann, »Historische Beschreibung ...«. – Berghaus, »Landbuch der Mark Brandenburg ...«. – »Prediger Lehmanns in Prötzel Bericht über die ›Stadtstelle im Blumenthal‹. Mündliches« (laut Anmerkung am Schluß der Erstausgabe von 1863).

401 *Und aber nach fünfhundert Jahren ...* – Friedrich Rückert, »Chidher«, letzte Strophe, Refrain. »Chidher, der ewig junge ...« lautet der Anfang des Gedichts.

Zauber Vinetas – Die im 10. und 11. Jahrhundert in hoher Blüte stehende slawische Handelsstadt Vineta auf der Ostseeinsel Wollin wurde der Sage nach »von den Wellen verschlungen«. Vgl. auch »Havelland«, Kap. »Die Wenden in der Mark«, Abschnitt 2; Band 3 dieser Ausgabe.

Else – Erle.

402 *Schmidt von Werneuchen* – Vgl. »Spreeland«, Kap. »Werneuchen«; Band 4 dieser Ausgabe.

... *Weglinie gewonnen hat* – In W II[1], S. 70 f., findet sich dazu die Fußnote: »Das glänzendste Beispiel hierlandes, wie solche schnurgerade, durch die Landschaft gezogene Linie die Schönheit des Bildes wesentlich erhöhen kann, ist die Glienicker Brücke, die sich unterhalb des Babelsberges über die Havel zieht. Der Blick von Babelsberg erhält erst dadurch seinen vollen Reiz.«

403 ... *fängt der Wald wieder an* – In W II[1], S. 72, folgt der Zusatz: »Das Ganze erscheint fast nur wie ein Steintor mitten im

Walde, wie eine Auffahrt in die Hügellandschaft hinein, die sich, halb Wiese, halb Ackerland, unmittelbar hinter dem Vorwerk auszudehnen scheint.«

403 *... halb brachliegenden Felder* – In W II^1, S. 72, folgt der Zusatz: »(die sich nicht nur im Rücken des Vorwerks, sondern auch hinter dem Waldsaume entlangziehen)«.

Landbuch – Vgl. das Verzeichnis der Literatur, S. 682, sowie die erste Anm. zu S. 112.

Hofedienste – Vgl. die dritte Anm. zu S. 180.

fielen die Pommern ins Land – Vgl. die vierte Anm. zu S. 86.

Hussitenzug – In W II^1, S. 73, folgt der Zusatz: »(der bei Bernau sein Ende fand)«. Vgl. die sechste Anm. zu S. 93.

er war nun wirklich tot – In W II^1, S. 73, folgt der Zusatz: »die Wiederbelebungsversuche blieben aus«.

404 *Brunnen hinweg* – In W II^1 S. 73, folgt der Zusatz: »Die Sage fing an, ihre Kreise um diesen Steinplatz zu ziehen ...«.

»Stadt im Wald« – In W II^1, S. 73, folgt der Zusatz: »Immer gefürchteter wurde der Platz.«

405 *der Geistliche ... Prötzel* – Lehmann; vgl. die Vorbemerkung, S. 641.

Klöden ... in seinen Auslassungen – »Beiträge ...«; vgl. das Verzeichnis der Literatur, S. 681. Möglicherweise hat Fontane die Klödensche Auffassung auch nach Berghaus wiedergegeben, der im Band 1 seines Werkes (»Landbuch ...«; vgl. das Verzeichnis der Literatur, S. 679) die Thesen Klödens referiert.

Semnonen – Vgl. die zweite Anm. zu S. 54.

406 *Unser kundiger Führer* – In W II^1, S. 76, folgt der Zusatz: »(der Meier auf dem obengenannten Vorwerk)«.

407 *ragt nur wenig ... hervor* – In W II^1, S. 77, folgt der Zusatz: »und gleicht einer großen, granitnen Tischplatte«.

408 *Hexensabbat* – Nach mittelalterlichem Volksglauben eine in der Walpurgisnacht (30. April/1. Mai) stattfindende Orgie der Hexen und des Teufels auf dem »Blocksberg«.

Wilde Jagd – Vgl. die dritte Anm. zu S. 76.

Prädikow

Am Prädikow-Aufsatz hat Fontane Ende 1861 und im Jahre 1862 gearbeitet, speziell über Feldmarschall von Barfus von Ende April bis Anfang Juli 1862.

Das Kapitel wurde – zusammen mit »Zorndorf« (vgl. S. 640) – unter dem Titel »Zorndorf. Prädikow. Hans Albrecht von Barfus« im Cottaschen »Morgenblatt für gebildete Leser«, Nr. 10 und 11 vom

5. und 12. März 1863, S. 222–226 und 241–248, vorabgedruckt und Ende des Jahres 1863 in der Erstausgabe von »Das Oderland« veröffentlicht.

Für die Arbeit an diesem Kapitel hat Fontane folgende Literatur benutzt (die vollständigen Angaben finden sich jeweils im Verzeichnis der Literatur; vgl. S. 679): Barfus-Falkenberg, »H. A. Graf von Barfus ...«. – Gähde, »Geschichte der Stadt Alt-Landsberg ...«. – Schöning, »Des General-Feldmarschalls Hans Adam von Schöning auf Tamsel Leben und Kriegstaten«. – Dohna, »Mémoires ...«. – Poellnitz, »Mémoires ...«. – »Mündliche und briefliche Mitteilungen« (laut Anmerkung am Schluß der Erstausgabe von 1863).

409 *Vor Taue noch und Tage ...* – Fontane, »Chevy-Chase oder Die Jagd im Chevy-Forst« (Nachdichtung der altschottischen »Ballad of Chevy Chase«), Strophe 2, Vers 2 ff.

... märkischer Familien waren – In W II[1], S. 79, folgt der Zusatz: »Lichterfelde, Hohenfinow, Trampe und Heckelberg (alle im Norden des Blumenthalwaldes gelegen) gehörten den Sparrs; Gielsdorf und Garzin (im Süden) den Pfuels; Werneuchen (westlich) den Krummensees; im Osten aber saßen die *Barfuse* auf Möglin und Batzlow, auf Prötzel und Prädikow./ Die Krummensees sind ausgestorben; von den Sparrs existiert noch ein Zweig in Pommern (ihre märkischen Güter sind längst in andere Hände übergegangen); die Pfuels blühen noch auf Gielsdorf und Jahnsfelde, anderer neu erworbener Güter zu geschweigen; die Barfuse aber, eine Zeitlang die mächtigsten und reichsten vielleicht, haben alles eingebüßt und besitzen von jenen fünfzehn Gütern, die sie zur Regierungszeit des Großen Kurfürsten (bloß im Lande Barnim) innehatten, nur eines noch – Batzlow.«

Colonia Agrippina – Köln. Die Stadt, im Jahre 38 v. u. Z. als römische Militärkolonie (Colonia) gegründet, wurde 50 u. Z. zu Ehren der dort geborenen Gemahlin des Kaisers Claudius, Agrippina, Colonia Agrippinensis benannt.

Kunersdorf – In W II[1], S. 80, folgt der Zusatz: »(nicht das Schlachten-Kunersdorf)«.

410 *Schlacht von Otterbourne ... Percy-und-Douglas-Kampf* – In der Schlacht bei Otterburn (1388), einem der zahlreichen englisch-schottischen Grenzgefechte des Mittelalters, siegten die Schotten unter James Douglas (der während des Kampes getötet wurde) über die Engländer, die von Henry und Ralph Percy, Grafen von Northumberland, angeführt wurden. (Die Rivalität zwischen den Adelsgeschlechtern Douglas und Percy

spielt in der Geschichte Großbritanniens eine gewichtige Rolle.)

410 *»Grimnitz«* – Vgl. S. 482.

411 *Recht der »Vorjagd« – Seit* dem 16. Jahrhundert maßte sich in Deutschland auch der hohe Adel, namentlich die Landesfürsten, das ursprünglich nur den Königen zustehende Jagdvorrecht auf fremdem Grundeigentum an.

hohes Wild – Hochwild.

412 *Kirche* – Sie existiert noch; der Kirchturm wurde vor einigen Jahren restauriert. Aufzeichnungen über die Kirche finden sich in Fontanes Notizbuch A 13, Blatt 28 und 29.

413 *Nichts mehr mahnt an die Barfuse hier ... erzählt* – In W II[1], S. 83 f., heißt es an dieser Stelle abweichend und ausführlicher: »als ihre Gruft, aber auch die Sprache der Särge ist stumm gemacht. Der Eingang in das Gewölbe ist zugemauert und die Gruft selber, so würden wir glauben, längst verschüttet, wenn nicht der Estrich hie und da tief versänke und hohlen Klang gäbe bei jedem Schritt darüberhin. Aber verschüttet oder nicht, da unten ruhen die vier Brüder Barfus, bei denen unsere Erzählung länger verweilt hat: ...«

Der jetzt alles vermag und kann ... – Schiller, »Wallensteins Lager«, 7. Auftritt.

zu Möglin geboren ... Maß gaben – In W II[1], S. 85, heißt es an dieser Stelle ausführlicher: »Dieses Dorf, dem zu Anfang dieses Jahrhunderts, durch den Namen Albrecht Thaers, ein Ruhm weit über die Grenzen unserer Heimat hinaus erwuchs, war an und für sich ein unbedeutender Besitz; der Vater Hans Albrechts aber, insoweit er einige Nachbargüter besaß, zählte keineswegs zu den ärmeren Gutsbesitzern des Barnim und verfügte zweifellos über die Mittel, seinem Sohne eine Erziehung zu geben. Aber sei es, daß der Vater, wie so viele damals und später, von Hohen Schulen nicht allzu hoch dachte oder daß die Verwüstungen des Krieges die vorhandenen Mittel erschöpft hatten, gleichviel, eine klassische Bildung unterblieb und eine weltmännische kaum minder.«

in Polen – Vgl. die fünfte Anm. zu S. 198.

in Pommern – Vgl. S. 203 f. und die Anm. zu S. 203.

in Preußen – Vgl. S. 344–348 und die erste Anm. zu S. 219.

414 *am Rhein* – Vgl. die erste Anm. zu S. 205.

Fehrbellin – Vgl. S. 199–203 und die vierte Anm. zu S. 199.

Entsatz von Wien – Vgl. die erste Anm. zu S. 349.

Eroberung von Ofen – Vgl. S. 350 ff.

Aplomb – Nachdruck.

415 *Buda* – Vgl. die dritte Anm. zu S. 341.

415 *Auxiliartruppe* – Hilfstruppe.
Szlankamen – Stadt an der Mündung der Theiß in die Donau (Ungarn), in der Nähe der 1688 umkämpften Festung Peterwardein.
Spahis – Vgl. die achte Anm. zu S. 350.
Seraskier-Pascha – Titel des türkischen Kriegsministers und der Oberbefehlshaber großer militärischer Verbände.

416 *Janitscharen-Aga* – Aga: Titel des Befehlshabers der Janitscharen (vgl. die achte Anm. zu S. 350).
Torbaschis – Wahrscheinlich Generäle.
Valor – (lat.) Wert, Geltung.

417 *... aus der Schlachtbeschreibung selbst* – In W II[1], S. 89 f., folgt der Zusatz: »Barfus, durch seine prompte Rechtsschwenkung, dann durch seinen Sturm auf die Höhen, entschied zweimal, durch *selbständige* Manöver, über das Schicksal des Tages. Aber freilich, Schlachtbeschreibungen können täuschen. Was indessen *nicht* täuschen kann, das ist das nachfolgende Benehmen des Wiener Hofes.«
Brandenburg, als es nach der Königswürde zu streben begann – Seit der Entlassung und Verhaftung des leitenden Ministers Eberhard von Danckelmann (Ende 1697) bemühte sich Kurfürst Friedrich III. am Wiener Hof zielstrebig um die Erhebung Brandenburg-Preußens zum Königreich, die ihm im Bündnisvertrag mit Österreich vom 16. November 1700 zugesichert und die am 15. Januar 1701 in Königsberg proklamiert wurde. (Als Gegenleistung mußte Friedrich sich verpflichten, die österreichischen Ansprüche auf die spanische Erbfolge militärisch zu unterstützen und bei der künftigen Kaiserwahl seine Stimme für Habsburg abzugeben.)
Coterie – (franz.) Partei, Clique.
»Eine Hand wusch die andere« – »Eine Hand wäscht die andere« (lat.: »Manus manum lavat«): Geflügeltes Wort, das auf Senecas »Apocolocynthosis« (Verkürbissung [des Kaisers Claudius]; 9,5) zurückgeht.

418 *»Stadtvogtei«* – Haus- oder Stadtvogtei: Ehemaliges Stadtgefängnis am Molkenmarkt in Berlin, wo im 19. Jahrhundert zahlreiche Demokraten inhaftiert waren.

419 *Königin* – Sophie Charlotte, die zweite Gemahlin (1684–1705) Friedrichs I.

420 *Frontbau eines Schlosses* – Vgl. S. 430–437 und die Anm. zu S. 431.
Kossenblatter Kirche – Vgl. die vierte Anm. zu S. 430.
Riesengarde ... »blaue Kinder« von Potsdam – Vgl. die fünfte Anm. zu S. 71.

420 *vom »Soldatenkönige« selber gemalt* – Vgl. S. 434 ff.
421 *Rodomontade* – (franz.) Prahlerei.
424 *Siebengestirn* – Danckelmann und seine sechs Brüder, »die sich *sämtlich* im Staatsdienst auszeichneten« (Fontane), wurden in zeitgenössischen Huldigungsgedichten häufig mit den sogenannten Sieben Weisen des alten Griechenlands verglichen, die sich durch Lebensklugheit und staatsmännische Tüchtigkeit hervorgetan hatten (7.–6. Jahrhundert v. u. Z.). Vgl. »Die Grafschaft Ruppin«, Kap. »Neustadt a. D.«, Abschnitt »Eberhard von Danckelmann«; Band 1 dieser Ausgabe.

»Intaminatis fulget honoribus« – (lat.) »Es glänzt in unbefleckten Ehren.«

425 *Yorck, in seinem Verhältnis zu Bülow und später zu Gneisenau* – In W II[1], S. 99, folgt der Zusatz: »(oder sagen wir wenigstens, ›zum Hauptquartier‹)«. – Zwischen den Generalen Yorck und Bülow war, wie Johann Gustav Droysen in seinem Werk »Das Leben des Feldmarschalls Grafen Yorck von Wartenburg« berichtet, »aus der Zeit her, wo beide Füsilierbataillone in Ostpreußen hatten [Ende der neunziger Jahre des 18. Jahrhunderts], tiefer Groll; es ist nicht erkennbar, was sie verfeindet hatte, aber es ist zwischen ihnen bis zu den heftigsten Auftritten gekommen«. Als Bülow im Sommer 1811 zum Brigadekommandeur der westpreußischen Infanterie und Stellvertreter Yorcks ernannt wurde, schrieb Yorck einen Beschwerdebrief an Scharnhorst, in dem es heißt: »Wer Bülow und mich kennt, muß absolut voraussehen, daß wir nicht miteinander fertig werden können und daß höchst unangenehme Szenen vorfallen müssen …« Schon während der Feldzüge von 1813, in verstärktem Maße aber in der Zeit von Januar bis April 1814 gab es auch zwischen Yorck und dem Blücherschen Hauptquartier des öfteren Meinungsverschiedenheiten über die anzuwendende Taktik bei der endgültigen Zerschlagung der Napoleonischen Armee, die durch die Rivalität zwischen Yorck und Blüchers Generalstabschef Gneisenau noch vertieft wurden und Yorck schließlich sogar zu einer Rücktrittsdrohung veranlaßten.

»Konvention von Tauroggen« – Vgl. die dritte Anm. zu S. 240.

Soll aber … Idee zu stehen – In W II[1], S. 99, heißt es an dieser Stelle abweichend und ausführlicher: »Der Charakter Yorcks ruht allerdings auf einer sittlichen Basis, deren der Charakter Hans Albrechts, wenigstens in so ausgesprochenem Maße, entbehrt. Aber andererseits dürfen wir diesen Umstand dem alten Yorck *nicht allzusehr* zum Ruhme und unserem Barfus nicht allzusehr zum Schaden anrechnen. Das sittliche Element, dessen sich Yorck, im Vergleich zu Hans Albrecht, allerdings als eines Vorzugs erfreut, war überwiegend ein Vorzug der Zeit, in der er lebte, wenigstens *jener* Jahre, die die Befreiung des Vaterlandes brachten. Es war 1813 leichter als hundert Jahre früher, ›selbstsuchtslos im Dienst einer Idee zu stehen‹. Was 1813 möglich war, war 1703 unmöglich.«

Schloß Kossenblatt

Fontane besuchte den Ort gleich zu Beginn seiner Reise vom 2. bis 6. Mai 1862, die ihn ferner nach Beeskow, Steinhöfel, Fürstenwalde, Müncheberg, Buckow, Werneuchen und Bernau führte. Über seine Reiseeindrücke von Kossenblatt schrieb er seiner Frau am 3. Mai von Steinhöfel aus: »Kossenblatt, wiewohl eher schaurig als schön, war doch ganz famos und gibt ein vortreffliches Kapitel; was mir aber vorzugsweise den Eindruck gibt, als hätte ich schon wer weiß wieviel erlebt, das ist der Umstand, daß ich diesmal auf so viele viel sprechende Leute gestoßen bin. Um den Berolinismus zu gebrauchen: ›Man hat mir den Kopf verkeilt.‹ Amtmann Buchholtz in Kossenblatt, Pastor Stappenbeck ebendaselbst, dessen Frau und Schwägerin, heute nun ein gewisser Beeskower Krösus namens Ribbeck (auf der Fahrt von Beeskow bis Fürstenwalde – der Kerl erzählte drei volle Stunden, ohne auszuspucken) und nun endlich der Kammerdiener des Herrn von Massow namens Lavas haben mir so viel erzählt, Kluges und Dummes, Interessantes und Langweiliges, daß mir der Kopf schwirrt. Ich schleppe an einem ganzen Sack voll Münzen und werde erst zu Hause die Goldpfennige von dem ganz gemeinen Dreier scheiden können.«

Schon Ende Mai begann Fontane mit der Niederschrift des Aufsatzes, der dann zehn Monate später, am 26. März 1863, im Cottaschen »Morgenblatt für gebildete Leser«, Nr. 13, S. 294–301, vorabgedruckt und Ende des Jahres 1863 in der Erstausgabe von »Das Oderland« veröffentlicht wurde.

Obwohl Kossenblatt territorial nicht zum »Oderland« gehört, hat Fontane das Kapitel auch in späteren Auflagen in dem Band belassen, »weil das Leben des Feldmarschalls Barfus mich zu einem Abstecher nach Kossenblatt (im Beeskowschen) zwang«, wie er diese Ausnahme am 17. Mai 1863 Hertz gegenüber begründete.

Für die Arbeit an diesem Kapitel hat Fontane folgende Literatur benutzt (die vollständigen Angaben finden sich jeweils im Verzeichnis der Literatur; vgl. S. 679): Barfus-Falkenberg, »H. A. Graf von Barfus …«. – Pauli, »Leben großer Helden …«. – Berghaus, »Landbuch der Mark Brandenburg …«. – Fidicin, »Die Territorien der Mark Brandenburg …«. – »Mündliche und briefliche Mitteilungen« (laut Anmerkung am Schluß der Erstausgabe von 1863).

427 *Kossenblatt* – Aufzeichnungen und Skizzen finden sich in Fontanes Notizbuch A 13, Blatt 3–10.

Aber führt der Weg … – Lenau, »Cisteron« aus dem Romanzenzyklus »Klara Hebert«, Strophe 5. Vers 3 lautet bei Lenau: »Kann er nicht dem Schauder wehren«.

Der Weg nach Kossenblatt … – In W II^1, S. 101, lautet die ausführlichere Anfangspassage: »Der Weg nach Kossenblatt führt über Fürstenwalde und Beeskow. Fürstenwalde ist allerliebst und verdient ein Kapitel für sich; heut aber erreichen wir es spät und begnügen uns mit dem Eindruck, den die halb im Dunkel liegende Stadt und die freundlich erleuchtete Passagierstube auf uns machen.«

»Schwerins Tod« – Der Tod des preußischen Feldmarschalls Graf Schwerin in der Schlacht bei Prag (vgl. die dritte Anm. zu S. 389) war ein beliebtes Motiv in der Historienmalerei.

428 *stieg in den … Postwagen* – In W II^1, S. 102, folgt der Zusatz: »In demselben fand ich einen Reisegefährten, einen jungen Beeskower, der also dieselbe Tour mit mir machte. Während der Wagen über das Pflaster rasselte und von rechts und links her das helle Licht großstädtischer Gaslaternen in unser Fenster fiel, wandte ich mich, halb überrascht, mit der Frage an meinen Gefährten: / ›Fürstenwalde hat Gas?‹ / ›Ja, und aus *Stubben*‹, lautete die Antwort. / ›Aus Stubben?‹ / ›Ja, aus Stubben.‹ / Nun erfuhr ich ein langes und breites über den Fürstenwalder Stadtforst, über Holzhandel und Wohlhabenheit und zuletzt auch über die ›Stubben‹, die in einer städtischen Gasanstalt auf Gas verarbeitet würden. Ich gestehe, daß ich Respekt bekam. Wer unsere kleinen Städte kennt, weiß am besten, wie abgeneigt sie sind, auf spekulative Neuerungen einzugehen. Staatsneuerungen – ja; Stadtneuerungen – nein. Die Fürstenwalder haben ein Stück städtischen Lebens gezeigt; die meisten unserer Ackerstädte sind tot.«

Beeskow – Im Notizbuch A 13, Rückseite von Blatt 2, beginnt Fontane die Aufzeichnungen über Beeskow mit dem Satz: »Beeskow ist nicht so schlimm, als es klingt.«

Ursulinerinnenkloster – Die 1535 gestiftete, 1544 vom Papst bestätigte Frauenvereinigung der Ursulinerinnen (benannt nach der heiligen Ursula), die sich der Armen- und Krankenpflege sowie dem Mädchenunterricht widmete, war nur zum Teil klösterlich organisiert. In Deutschland wurden erst nach 1639 einige Ursulinerinnenklöster mit Mädchenschulen und Pensionaten gegründet, die meisten davon in Brandenburg-Preußen.

428 *Amt* – Das sogenannte Alte Amt, Rest einer alten Burganlage, ist ein spätgotischer Bau aus dem frühen 16. Jahrhundert. Es ist gut erhalten; der Bergfried wurde 1959 restauriert. Das Amt beherbergt heute das Biologische Museum der Stadt, der als Aussichtspunkt dienende Bergfried eine Abteilung »Stadtgeschichte Beeskow«. Die übrigen Räume werden für kulturelle Veranstaltungen genutzt und stehen für Ausstellungen zur Verfügung. Auf dem Burghof finden im Sommer Konzerte statt.

Liebfrauenkirche – Die spätgotische Marienkirche existiert nur noch als Ruine. Das südliche Seitenschiff wurde als Notkirche ausgebaut.

Lebuser Bischöfe – Vgl. die dritte Anm. zu S. 16.

429 *Schächer* – Vgl. die fünfte Anm. zu S. 320.

Franzosenzeit – Gemeint sind die Jahre von 1806 bis 1813, in denen große Teile der Mark Brandenburg von Napoleonischen Truppen besetzt waren.

430 … *die Halme zählen zu können* – In W II[1], S. 106, folgt der Zusatz: »Auf Meilen hin eine reizlose Öde. Und doch hat der märkische Sand auch seinen Zauber. Ich werde des Wellenterrains zwischen Biesenthal und Prenden nicht leicht vergessen: in den Taleinschnitten ein Wassertümpel und Binsengestrüpp, auf der Höhe hüben und drüben eine Fichte, ein Kieferbusch; der Boden gelb, der Himmel grau und am Wege ein Stein, ein verwehter Tannenapfel; über dem allen aber nichts Lautes und Lebendiges als eine Krähe und die Schläge der Biesenthaler Turmuhr, die beide langsam über die Öde hinziehen. Wer solchem Bilde begegnet, der hat die Poesie des märkischen Sandes kennengelernt. / Aber auf dem Sandwege, den wir heute passieren, empfinden wir nichts davon, vielleicht weil die Öde nicht *vollkommen* ist und das Sandfeld vielfach den Anlauf nimmt, ein Fruchtfeld zu werden. Solche Anstrengungen haben immer etwas Tristes. Es sind dies die Gegenden der Mark, die ihr den Namen der ›*Streusandbüchse* des Heiligen Römischen Reiches‹ eingetragen haben, ein Name, der mutmaßlich nie entstanden wäre, wenn die Reisenden ›aus dem Reich‹ noch etwas anderes von der Mark kennengelernt hätten als ebenjenen breiten Sandgürtel, den sie auf ihrem Wege von Dresden nach Berlin notwendig passieren mußten.«

Herrenhaus (jetzt Amtshaus) – Feldsteinbau mit Tonnengewölbe. Das Gebäude dient heute als Wohnhaus.

430 *Barfus-Schloß* – Zweigeschossige barocke Dreiflügelanlage mit Mittelrisaliten am Haupttrakt und an der Gartenfront; errichtet 1700–1712 (an der Stelle einer ehemaligen Grenzburg).
Kirche – Spätgotische Kirche, deren älteste Bauteile aus dem Jahre 1275 stammen. Sie wurde 1703 umgebaut und 1736 mit einer Rokokokanzel und Stuckelementen versehen. Die letzten Renovierungen fanden 1965 (innen) und 1972/73 (außen) statt.

431 *Er starb … nie bewohnt* – In W II^1, S. 109, heißt es statt dessen ausführlicher: »Die Arbeiten begannen sogleich; da aber selbst der mittlere und älteste Teil des Schlosses, der Flügelbauten aus noch späterer Zeit ganz zu geschweigen, erst im Jahr 1712 beendet wurde, so ist es nicht wahrscheinlich, daß der Feldmarschall, der bereits 1704 starb, jemals einen Teil des Schlosses bewohnt habe. Das Herrenhaus mußte genügen.«

434 *Schloß Oranienburg* – In W II^1, S. 113, folgt der Zusatz: »dessen Park allein ausgereicht haben würde, es über das beinah baumlose und jedenfalls weitab gelegene Kossenblatt zu erheben«. Zu Schloß Oranienburg vgl. »Havelland«, Kap. »Schloß Oranienburg«; Band 3 dieser Ausgabe.
»In tormentis pinxit.« – (lat.) »Er malte unter Schmerzen.«
»Am 13. Sonntage …« – Das Zitat wird von Fontane in den Anmerkungen am Schluß von W II^1 (S. 524) als »Mitteilung des Predigers Stappenbeck in Kossenblatt« ausgewiesen. Es ist dort etwas umfangreicher. Der betreffende Anmerkungs-Abschnitt (»Friedrich Wilhelm I. in Kossenblatt«) enthält darüber hinaus einen Bericht Fontanes über *»Ein großes Gemälde in der Kirche«*.

435 *Monitorium* – Mahnung.
Instructorium – Instruktion.
… die den Namen »Lustgarten« führt – In W II^1, S. 115, folgt der Zusatz: »Früher ging eine Brücke über den Spreearm, aber nur ein einziger Pfahl zeigt noch, wo sie stand.«

436 *Raisonnement* – (franz.) Urteil.

Steinhöfel

Fontane besuchte den Ort während seiner Reise vom 2. bis 6. Mai 1862, und ein Teil des Reiseberichtes, den er seiner Frau im Brief vom 3. Mai gab (vgl. S. 647), bezieht sich auf Steinhöfel. »Um vier traf ich hier in Steinhöfel ein«, heißt es dort. »Herr von M[assow] hat sich's wirklich nicht nehmen lassen, herüberzukommen; er war aber seit einer halben Stunde fort aufs Nachbargut, wo seine Stiefmutter lebt, von dort kehrt er erst nach Mitternacht nach hier zurück, so daß ich ihn erst morgen früh beim Frühstück sehn werde. Schloß und Park hier sind sehr hübsch, doch ist es fraglich, ob ich viel Ausbeute finden werde; an Monumenten und Bildern ist wenig da – es wird also noch von den historischen Notizen abhängen.«

Der Aufsatz entstand zwischen Frühsommer 1862 und Frühsommer 1863 und wurde Ende des Jahres 1863 als Buchkapitel in der Erstausgabe von »Das Oderland« zum erstenmal veröffentlicht. Ein Vorabdruck ist nicht nachweisbar.

Für die Arbeit an dem Kapitel hat Fontane folgende Literatur benutzt (die vollständigen Angaben finden sich jeweils im Verzeichnis der Literatur; vgl. S. 679): Hesekiel, »Valentin von Massow« und »Fünf Bücher Deutscher Gedichte«. – Frédéric le Grand, »Œuvres«. – »Mündliche und briefliche Mitteilungen« (laut Anmerkung am Schluß der Erstausgabe von 1863).

438 *Es gab ihm das Geleite …* – Christian Friedrich Scherenberg, »Der alte Blücher in England«, letzte Strophe. Vers 1 lautet bei Scherenberg: »Und als vor Niederlanden die Ehrenkumpanei«.

Tempelberg – Aufzeichnungen über Tempelberg finden sich in Fontanes Notizbuch A 7, Blatt 60–64.

Kirche – Die Tempelberger Kirche, ein spätromanischer Granitbau, wurde 1956/57 renoviert. Das Epitaph war durch Kriegseinwirkung so beschädigt, daß es nicht erhalten werden konnte. Die sechs Grabsteine der Familie von Wulffen sind noch vorhanden, die Inschriften zum größten Teil leserlich.

Geschichte vom »französischen Tambour« – Fontane hat sie, wie im Notizbuch A 7 vermerkt ist, von Herrn von dem Knesebeck erfahren.

Großbeeren … Dennewitz – In den Gefechten bei Großbeeren (23. August 1813) und Dennewitz (6. September 1813) wurden die Napoleonischen Truppen von den Preußen entscheidend geschlagen. Dadurch konnte der geplante Vorstoß der Franzosen auf Berlin vereitelt werden. Vgl. auch »Spreeland«, Kap. »Großbeeren«; Band 4 dieser Ausgabe.

439 *Reveille* – Wecktrommel.

daß sich die Sache … – In W II^{1}, S. 159, folgt der Zusatz: »wenigstens in ihrem gesetzlichen Verlauf (Konfiskation der Güter)«.

440 *Steinhöfler Kirche* – Das frühgotische Bauwerk aus dem 14. Jahrhundert ist erhalten geblieben und wurde 1970 renoviert.

Epitaph und Porträt des Balthasar Dietloff von Wulffen sind seitdem im Ort sichergestellt.

440 *Sponton* – Im 18. Jahrhundert von den Infanterieoffizieren getragene Halbpike, eine zirka zwei Meter lange Waffe mit eiserner Spitze.

Lochaberaxt – Langstielige altschottische Streitaxt.

Schloß ... Park – Das ehemalige Schloß bzw. Herrenhaus existiert noch; der Park mit wertvollem alten Baumbestand steht unter Naturschutz. Das Schloß, das nach 1945 kommunale Einrichtungen beherbergte, wird jetzt in ein territoriales Gesamtkonzept einbezogen.

der Park aber ... – In W II[1], S. 160, folgt der Zusatz: »(damals kaum mehr als ein eichenbestandenes Stück Bruchland)«.

441 *königliche Gärten ... in Paretz* – Friedrich Wilhelm III., damals noch Kronprinz, ließ 1796 im Umkreis seines neuen Schlosses in Paretz (Havel) einen mit Stilelementen der französischen Gartenbaukunst (Tempel, Pavillons, Grotten) durchsetzten Landschaftspark anlegen. Vgl. »Havelland«, Kap. »Paretz«; Band 3 dieser Ausgabe.

bei Leipzig – In der Völkerschlacht (vgl. die zweite Anm. zu S. 270).

späterer Ministerpräsident – Graf Friedrich Wilhelm von Brandenburg, ein Sohn Friedrich Wilhelms II. und der Gräfin Sophie von Dönhoff, war vom 2. November 1848 bis November 1850 preußischer Ministerpräsident.

Hausminister – Für die Angelegenheiten des königlichen Hofes verantwortlicher Minister, der nicht dem Staatsministerium angehörte. (Das Hausministeramt wurde in Preußen 1819 geschaffen.)

unglückliche Campagne von 1806 – Vgl. die Anm. zu S. 131.

Tilsiter Frieden – Vgl. die zweite Anm. zu S. 184.

Offiziere, die den Abschied nahmen – Im Militärvertrag mit Frankreich vom 24. Februar 1812 hatte sich Preußen verpflichtet, für Napoleons Rußlandfeldzug (vgl. die zweite Anm. zu S. 234) 20 000 Mann zu stellen und der französischen Armee freien Durchzug durch preußisches Gebiet sowie das Requisitionsrecht zu gewähren. Daraufhin quittierten viele Offiziere und Beamte den Dienst.

442 *unter Wellington ... vor Burgos* – Im September und Oktober 1812 versuchte Wellington vergeblich, die befestigte spanische Stadt Burgos (Kastilien) zu stürmen, die seit November 1808 von Napoleonischen Interventionstruppen besetzt war. Vgl. die zweite Anm. zu S. 263.

442 *Belle-Alliance* – Belgischer Gutshof, nach dem in Preußen die Schlacht bei Waterloo (vgl. die dritte Anm. zu S. 384) benannt wurde.
Besetzung Frankreichs – Auf Grund des zweiten Pariser Friedens (20. November 1815), der die Niederlage Napoleons I. in der Schlacht bei Waterloo besiegelte, blieben die Nordostprovinzen Frankreichs bis Oktober 1818 von Truppen der Siegermächte besetzt.
Großer Generalstab – Zentrales Planungsorgan des preußischen Heeres (im Unterschied zum Truppengeneralstab); im Krieg Teil des Oberkommandos. Der kriegsgeschichtlichen Abteilung des Großen Generalstabes war auch das Kriegsarchiv unterstellt.
443 *Der Eiserne Herzog* – Wellington.
– *ein Leichengefolge schließt sich an* ... – George Hesekiel, »Das Begräbnis des Feldmarschalls der sieben Reiche«, Vers 23–36. Vers 23 lautet bei Hesekiel: »Und ein Leichengefolge, das schließt sich ihm an«.
444 *Grab in Sankt Paul* – Wellington wurde in der Sankt-Pauls-Kathedrale in London beigesetzt, in deren Krypta sich die Grabdenkmäler berühmter Briten, darunter das des Seehelden Nelson, befinden.
»Old Duke« – (engl.) Alter Herzog.
Kirchhof zu Steinhöfel ... Granitstein – Das Erbbegräbnis der Familie von Massow auf dem Kirchhof existiert noch. Auch der Granitgrabstein für Valentin von Massow ist erhalten geblieben, die Inschrift schlecht leserlich.
... *Terrain übergeht* – In W II[1], S. 165, folgt der Zusatz: »Das Dorf selbst, durch das sich Kastanienalleen ziehn, macht einen freundlichen und malerischen Eindruck; die Kirche ist alt, das Schloß neu, wenigstens in seiner gegenwärtigen Gestalt.«
Die innere Einrichtung – Aufzeichnungen über die Zimmer und ihr Inventar sowie über die Gemälde finden sich in Fontanes Notizbuch A 13.
... *des Obermarschalls* – In W II[1], S. 165, folgt der Zusatz: »Eine tiefe Stille herrscht innerhalb des Schlosses, während doch die heitren, nur in der Einsamkeit wie schwermütig gewordenen Räume den Eindruck machen, als würden sie's gern haben, statt der Lichter und Schatten, die auf dem Fußboden umherspielen, oder statt des Echos, das dann und wann durch die lange Zimmerreihe klingt, lebendige, lachende Gestalten zu empfangen.«
445 ... *junger Mann in Zivil* – In den Anmerkungen zu W II[1] (S. 525), wo Fontane das Bilderverzeichnis ursprünglich pla-

ciert hatte, folgt der Zusatz: »In den Sälen des Schlosses findet sich noch eine große Anzahl andrer Bilder und Portraits, zum Beispiel eine Büste (mit kunstvollem Marmorschleier) und ein andres, sehr liebliches Bildnis der Königin Luise. Diese wenigen, die ich hier namhaft gemacht habe, zeichnen sich entweder durch künstlerische Vortrefflichkeit aus oder sind Familienbilder im engeren Zirkel.«

445 *Rückkehr aus Italien* – Schinkel ist Ende Januar 1805 aus Italien zurückgekehrt, wohin er im Sommer 1803 zu Studienzwecken gereist war.

»La maison du vigneron …« – (franz.) »Das Haus des Winzers und Weinernte zu Steinhöfel«.

»La vigne de Steinhoeffel« – (franz.) »Der Weinberg von Steinhöfel«.

446 *»Vue de Steinhoeffel«* – (franz.) »Ansicht von Steinhöfel«.

das japanische Häuschen im Park – Das Teehäuschen im Steinhöfeler Landschaftspark existiert noch und wird zur Zeit von der Schule genutzt. Park, Teehäuschen und das ehemalige Amtshaus vor dem Parkeingang sollen in absehbarer Zeit restauriert werden. Vgl. dazu auch die vierte Anm. zu S. 440.

das Paretzer – Vgl. die erste Anm. zu S. 441.

447 *Œuvres complètes* – (franz.) Sämtliche Werke; vgl. das Verzeichnis der Literatur, S. 680.

… des Steinhöfler Konzepts – In W II[1], S. 167, folgt der Zusatz: »(die Orthographie habe ich an einigen Stellen unverändert gelassen)«.

448 *»heilige Macht der Stole«* – Anspielung auf die Feindseligkeit des katholischen Klerus (Stola: Priesterkleidung) gegenüber Voltaire, der den Offenbarungsglauben ablehnte und die Unduldsamkeit der Kirche in zahlreichen polemisch-satirischen Schriften attackierte.

449 *diese vierzig Köpfe* – Gemeint sind die vierzig (auf Lebenszeit gewählten) Mitglieder der Académie française, in die Voltaire nach langen Bemühungen im Jahre 1746 aufgenommen wurde.

451 *»Mahomet«* – Tragödie von Voltaire (veröffentlicht 1742).

452 *Schülerin Newtons* – Anspielung auf Voltaires Werk »Éléments de la philosophie de Newton« (1738; Elemente der Philosophie Newtons).

Brouillon – (franz.) Entwurf.

hyperbole … alarmé – (franz.; zum Teil in falscher grammatischer Form) Hyperbel (sprachliche Übertreibung), Redewendung, … beansprucht, gekommen, emporgekommen, … herrlich, schlicht, verflochten, philosophisch, ränkevoll, musikalisch, ungerecht, poetisch; … gebilligt, verdorben, angekündigt, verzehrt, aufgeschreckt.

454 *Vor Wonne zitternd …* – Hermann Lingg, »Mittagszauber«, Strophe 1.

Jetzt ist die Zeit … – Strophe 4, Vers 1 und (zur Hälfte) 2, desselben Sonetts von Lingg.

Von Sparren-Land und Sparren-Glocken

Das Kapitel, das in seiner endgültigen Fassung die Beschreibung der Orte Prenden und Lichterfelde mit der Biographie des Feldmarschalls von Sparr verknüpft, hat eine komplizierte Entstehungs- und Druckgeschichte.

Schon lange vor seinem Besuch in Prenden (Mitte September 1861), am 5. April 1861, äußerte Fontane gegenüber Wilhelm Hertz – im Zusammenhang mit der Bitte um Sparr-Literatur –, er wolle »ja auch einen Auf ratz schreiben: ›Prenden u. Trampe‹ (die beiden alten Güter des Feldmarschalls)«. Am 18. Juli 1861 bedankte sich der Autor bei Hertz »für das Mörnersche Buch« (vgl. das Verzeichnis der Literatur, S. 682) und fügte hinzu: »(Ich habe die Vorrede gelesen; er scheint schmählich eitel zu sein, wie alle Gelehrten und ›Forscher‹.) Ich werde doch viel aus dem Buche lernen; für die Arbeit indes (über Sparr oder über das Dorf Prenden), die ich vorhabe, werd ich nichts drin finden, denn ich sehe, daß die zweite, wichtigere Hälfte seines Lebens erst in einem zweiten Teile behandelt werden soll.« Am 12. September 1861 schrieb er dem Verleger: »Ich will nun nächsten Sonntag nach Prenden und dann in kommender Woche den Sparre-Aufsatz schreiben« (für die Erstausgabe der »Wanderungen [Teil 1]«, die zu dieser Zeit gedruckt wurde). »Zwei Fragen mit Rücksicht drauf: / 1) Macht es Ihnen Mühe, in Erfahrung zu bringen, wo die Stadtrat-Kleinsche Broschüre ›Geschichte der Marienkirche‹ (oder so ähnlich) erschienen ist? Ich glaube, daß sich darin einiges über den durch Sparre eingeschossenen Marienkirchturm finden wird. / 2) Glauben Sie, daß Herr von Mörner wohl bereit wäre, mir noch einzelnes Material aus der zweiten Hälfte seiner Arbeit – die noch nicht gedruckt ist – zu geben? / (Hier muß ich mich unterbrechen, um mich zu korrigieren – von Herrn von Mörners tief eingehenden Arbeiten, die mit archivalischer Unverwundbarkeit auftreten, will ich gar nichts haben, ebensowenig wie ich ihm zumuten könnte, mir die Resultate vieljähriger Forschung gemütlichst zu meinem Besten und meiner Bequemlichkeit zu überliefern –, ich meine nur, ob er mir aus der bereits vorhandenen *Sparre-Literatur* wohl den einen oder andern alten Schmöker auf acht Tage anvertrauen würde.)« Im Brief vom 19. September 1861 an Wilhelm Hertz heißt es dann: »Der Druck des Buchs nimmt seinen Fortgang, ich erwarte morgen den zwölften Bogen; das M. S. bis Bogen 20 oder 21 ist in Händen der Druckerei. Ich habe nur noch ›Prenden‹ (über Sparr) zu schreiben. Die nötigen Bücher – Pardon, daß ich Ihnen das nicht schon angezeigt – erhielt ich von der Bibliothek, auch Königs Arbeit über Sparr, die Mörner doch etwas zu sehr von oben herunter behandelt. Auf der andern Seite muß ich freilich, nachdem ich nun taktfest und in leidlichem Besitz des Materials bin, einräumen, daß das erste Kapitel des Mörnerschen Buchs, samt den dazugehörigen Anmerkungen, in Stil, Kürze und Korrektheit des Ausdrucks sowie in ersichtlicher Beherrschung des Gegenstandes ganz ausgezeichnet ist. In einem Punkt werd ich mich aber doch an König halten; ich glaube, trotz der entsetzlichen Zahlenkonfusion, die er anrichtet, dennoch, daß Sparr 1599 zu Prenden von Edell von Sparr geboren wurde. (Mörner ist geneigt anzunehmen, daß er erst 1605 in Lichterfelde zur Welt kam und daß seine Mutter nicht Edell von Sparr – reizender Name –, sondern ein Frl. von Seestedt war. Mörners Beweise reichen nirgends aus, haben sogar, was die Jahreszahl angeht, viel gegen sich; außerdem aber ist die alte, mit Unrecht beiseite geworfene Version viel poetischer.) Es ist eigentlich lächerlich, daß ich Ihnen das so ausführlich und ehrpußlig schreibe, es beschäftigt mich aber lebhaft.«

Spätestens Ende September / Anfang Oktober 1861 muß der Aufsatz fertig gewesen sein; denn er wurde – unter dem Titel »Märkische Bilder: Prenden. (Ein Kapitel vom alten Sparr)« – am 3., 6. und 19. Oktober 1861, vier bis fünf Wochen vor Auslieferung der Buchausgabe (Erstausgabe der »Wanderungen [Teil 1]«), in der »Neuen Preußischen (Kreuz-)Zeitung«, Nr. 231, 234 und 245, vorabgedruckt.

Den Entschluß, einen weiteren Aufsatz über das »Sparren-Land« zu schreiben, faßte Fontane Anfang Oktober 1862. Es ist jedoch anzunehmen, daß »Lichterfelde« erst entstand, nachdem der Autor den Ort im Frühjahr oder Sommer 1863 besucht hatte. Das Kapitel wurde – unter der Überschrift »Lichterfelde. (Ein Kapitel von Sparren-Land und Sparren-Glocken)« – erstmals im November 1863 in der Erstausgabe von »Das Oderland« veröffentlicht. Ein Vorabdruck ist nicht nachweisbar.

Im Jahre 1879 hat Fontane den Themenkomplex »Sparren-Land« für die dritte Auflage des »Oderland«-Bandes (1880) vollständig umgearbeitet (vgl. das Vorwort, S. 5). Dabei wurde die Lebensbeschreibung Sparrs – ursprünglich in variierter Form sowohl in das 1861 veröffentlichte »Prenden«-Kapitel als auch in den zwei Jahre später publizierten »Lichterfelde« – Aufsatz einbezogen – zusammengefaßt und als Mittelstück zwischen die Teile »Prenden« und »Lichterfelde« gestellt. Allerdings behielt »Prenden« dadurch nur noch die Funktion einer Überleitungspartie zur Biographie. Innerhalb der Sparrschen Lebensgeschichte wiederum publizierte Fontane jetzt erstmals eine endgültige, von beiden Erstdrucken abweichende Auffassung hinsichtlich Geburtsdatum, Geburtsort und Abstammung des Feldmarschalls. Hatte er sich im »Prenden«-Kapitel von 1861 der Ansicht Königs angeschlossen (vgl. den Brief vom 19. September 1861; S. 656) und im »Lichterfelde«-Kapitel von 1863 eine Entscheidung zwischen den Sparr-Biographen König und Mörner vermieden, so bekannte er sich nun vollständig zu den Ausführungen Mörners (vgl. die Fußnote auf S. 457).

Für die Arbeit am »Sparren-Land«-Komplex hat Fontane folgende Literatur benutzt (die vollständigen Angaben finden sich jeweils im Verzeichnis der Literatur; vgl. S. 679): Mörner, »Märkische Kriegs-Obersten ...«. – [König,] »Historisch-merkwürdige Beiträge ...«. – Droysen, »Die Schlacht von Warschau 1656 ...«. – Pufendorf, »De rebus gestis ...«. – Bekmann, »Historische Beschreibung ...«. – Fidicin, »Die Territorien der Mark Brandenburg ...«. – Fischbach, »Statistisch-topographische Städte-Beschreibung ...«. – Kuhn/Schwartz, »Norddeutsche Sagen, Märchen und Gebräuche ...«. – Brunold, »Abseits vom Wege«. (Der im »Barnimer Anzeiger« publizierte Aufsatz wurde Fontane vom Verfasser zugesandt.) – »Mündliches« (laut Anmerkung am Schluß der Erstausgabe der »Wanderungen [Teil 1]«, 1862) sowie »Mündliche und briefliche Mitteilungen« (laut Anmerkung am Schluß der ersten Auflage von »Das Oderland«, 1863).

455 *Sagt selber ...* – Schiller, »Wallensteins Lager«, 11. Auftritt.
unter den ersten Askaniern in die Mark gekommen – Albrecht der Bär aus dem anhaltischen Fürstengeschlecht der Askanier war 1134 von Kaiser Lothar III. mit der Nordmark (Altmark) belehnt worden. Von hier aus betrieb er seine Expansionspolitik gegen die Elbslawen, die bis 1157 völlig unterworfen wurden.
Jahrhundert, das die Burggrafen ins Land führte – Vgl. die dritte Anm. zu S. 140.
Schräg durch den Barnim ... – In W I[1], S. 297 (im Kapitel »Prenden«; vgl. die Vorbemerkung, S. 682 f.), folgt der Zusatz: »und in der Richtung von Südwest nach Nordost verlaufend«.

456 *Belagerung von Candia* – Candia, die Hauptstadt der seit dem 13. Jahrhundert im Besitz der Republik Venedig befindlichen Mittelmeerinsel Kreta, wurde seit 1645 von den Türken belagert und am 27. September 1669 von ihnen erobert. Georg Friedrich von Sparr gehörte den deutschen Reichstruppen an, die Venedig im Abwehrkampf unterstützten.

Es scheint ein langes … – Platen, Sonett (Nr.) XXIV, Vers 1f. Im Vers 1 heißt es bei Platen »ew'ges« statt »stilles«.

457 *Angabe des Sparrschen Biographen König* – In »Historisch-merkwürdige Beiträge …«; vgl. das Verzeichnis der Literatur, S. 681.

Mörner … »Märkische Kriegs-Obersten …« – Vgl. das Verzeichnis der Literatur, S. 682. Zu König und Mörner vgl. auch die Vorbemerkung, S. 655 ff.

Kurfürst – Friedrich Wilhelm.

Memorial – Vgl. das Verzeichnis der Literatur, S. 684.

458 *Lützener Schlacht* – Vgl. die fünfte Anm. zu S. 197.

Sturm auf Stargard – Die befestigte Stadt Stargard (Pommern) wurde im Dreißigjährigen Krieg mehrfach belagert und erobert.

Regalien – Ursprünglich dem König vorbehaltene, später auch auf weltliche und geistliche Feudalherren übergegangene finanziell nutzbare Hoheitsrechte, darunter das Recht, Zölle zu erheben, Münzen zu prägen und Märkte abzuhalten.

Metzkorn – Der in Getreide bestehende Mahllohn des Müllers. (Metze: Altes deutsches Hohlmaß für trockene Güter; in Preußen entsprach 1 Metze zirka 3,5 Litern.)

Zollrolle – Verzeichnis der zollpflichtigen Personen und der Beträge, die für bestimmte Güter entrichtet werden mußten.

459 *… wachsenden Ehren* – In W I^1, S. 301, folgt der Zusatz: »Nur ihre Stammgüter waren beiden für immer verloren.«

Polnisch-Schwedischer Krieg – Vgl. die fünfte Anm. zu S. 198.

Ostseeprovinzen – Kurland, Livland und Estland mit den dazugehörigen Inseln.

460 *Preußen* – Ostpreußen.

Am 18. Juli – Angabe nach dem Julianischen Kalender (vgl. die fünfte Anm. zu S. 383). Die Schlacht fand vom 28. bis 30. Juli 1656 statt.

461 *formidabel* – furchtbar, grauenerregend.

462 *Fehrbellin* – Vgl. die erste Anm. zu S. 200.

Tag von Kolin – In der Schlacht bei Kolin (östlich von Prag) gegen die Österreicher erlitten die preußischen Truppen am

18. Juni 1757 eine schwere Niederlage, nach der sie aus Böhmen abziehen mußten.

463 *Großbeeren und Dennewitz* – Vgl. die fünfte Anm. zu S. 438.
Pufendorfs »De rebus ...« – Vgl. das Verzeichnis der Literatur, S. 683.

464 *bis nach Holstein und Jütland* – Vgl. die zweite Anm. zu S. 199.
Frieden von Oliva – Vgl. die dritte Anm. zu S. 199.
»Aeternitati sacer ...« – (lat.) »Der hochberühmte, in Ewigkeit heilige Held L. B. Otto Christoph von Sparr hat, als er sich anschickte, die Besitzungen des Himmels einzunehmen, Umschau gehalten unter der lieben Nachkommenschaft und hat diesem Wohnsitz, den er verlassen mußte, durch besondere Willensentscheidung die hochberühmte Herrin Louisa B. von Blumenthal aus dem Hause Schwerin zur Erbin gesetzt. Und diese wird der wohltätigen Asche bezeugen, daß dieses Geschenk, wieviel es auch unter Lebenden gegolten haben mag, zugleich ein dauerhafteres Monument einer edlen Gesinnung war. Mit großen Kosten hat sie dieses [Geschenk] vorm Tag des Verderbens gerettet und in Festigkeit wiederhergestellt, auch diese Ehrung, welche du, Leser, liest, angebracht. Möge Heil diesen Giebel bewahren und das wachsame Auge Jehovas diese Schwelle behüten. Unserem Helden aber sei Wohnstatt in Sion, und er habe seinen Platz im Frieden. Im Jahre 1668.«
... *Tiefensee* – In W I[1], S. 307, folgt der (den Anfang der Fußnote einbeziehende) Zusatz: »In Berlin bewohnte er das ehemalige Haus des Kaufmann Peter Engel in der Spandauer Straße, das jetzt dem großen Postgebäude mit zugehört; in den Sommermonaten aber bezog er sein Prendener Schloß. Es war wohl der dem Menschenherzen innewohnende Zug nach der Stelle, die uns geboren./Auch diese acht Friedensjahre, die zwischen dem Frieden von Oliva und dem Hinscheiden des Feldmarschalls liegen, verliefen nicht ganz ohne Kriegslärm. Sparr, an der Spitze eines brandenburgischen Hülfsheers, entschied am Tage von St. Gotthard, als Verbündeter des kaiserlichen Heeres, in ähnlicher Weise den Sieg über die Türken, wie er als Verbündeter des schwedischen Heeres den Tag von Warschau entschieden hatte; aber wir verweilen nicht länger bei diesen Kriegs- und Siegeszügen, auch nicht bei neuen Ernennungen (*kaiserlicher* Feldmarschall, Reichsfreiherr etc.), sondern begleiten ihn auf dem stillen Gang durch seine letzten Lebens-, zugleich seine einzigen Friedensjahre. Denn zweiundvierzig Jahre lang hatte er nur den Krieg gesehn.«

465 *Marienkirche zu Berlin* – Dreischiffige gotische Hallenkirche. Das ursprünglich frühgotische Bauwerk aus dem letzten Drittel des 13. Jahrhunderts ist 1380 abgebrannt und wurde im 15. Jahrhundert in spätgotischen Formen wiederaufgebaut. Den neugotischen Turmhelm schuf Carl Gotthard Langhans der Ältere 1789/90. Die Marienkirche wurde im zweiten Weltkrieg beschädigt, inzwischen aber wiederhergestellt.

»Wer ist aber unter euch …?« – Neues Testament, Lukas 14, 28–31.

466 *Hesekiel 37,3–6* – »Und er sprach zu mir: Du Menschenkind, meinst du wohl, daß diese Gebeine wieder lebendig werden? Und ich sprach: Herr, Herr, du weißt es. / Und er sprach zu mir: Weissage über diese Gebeine und sprich zu ihnen: Ihr verdorrten Gebeine, höret des Herrn Wort! / So spricht Gott der Herr zu diesen Gebeinen: Siehe, ich will Odem in euch bringen, daß ihr wieder lebendig werdet. / Ich will euch Sehnen geben und lasse Fleisch über euch wachsen und überziehe euch mit Haut und will euch Odem geben, daß ihr wieder lebendig werdet; und ihr sollt erfahren, daß ich der Herr bin.« (Revidierter Text, 1964.)

Hiob 19,25 – »Aber ich weiß, daß mein Erlöser lebt, und als der letzte wird er über dem Staub sich erheben.« (Luther hatte übersetzt: »… und er wird mich hernach aus der Erden aufwecken.«)

Wer das Werk schuf … – In W I[1], wo Fontane den Fußnotentext in den Anmerkungen wiedergibt, folgt an dieser Stelle (S. 462 ff.) eine ausführliche Auswertung der historischen Fachliteratur über Sparr zu der Frage: »Wen stellt dies Grabmal dar? und wer hat es gemacht?« sowie eine detaillierte Beschreibung der Gruft.

eh es vollendet war – In W I[1], S. 309, heißt es: »eh dies Bildwerk – das bei weitem schönste, das Berlin aus jener vor-Schlüterschen-Zeit aufzuweisen hat – vollendet war«.

467 *was ihn erniedrigt hatte, hatte ihn auch erhöht* – Vermutlich Anspielung auf den Bibelvers: »Denn wer sich selbst erhöht, der wird erniedrigt; und wer sich selbst erniedrigt, der wird erhöht.« (Neues Testament, Matthäus 23,12; Lukas 14,11.)

468 *»Joa, ick bin ut Pren'n.«…* – Die mundartliche Textstelle hat Fontane von Wilhelm Schwartz überprüfen lassen.

Slott – Schloß.

vertellen – erzählen.

Tuun – Zaun.

469 *Tüüch* – Zeug.

antrecken – anziehen.

469 … *historischen Sachverhalt* – In W I[1], S. 313, folgt der Zusatz: »Der alte Sparr, wie meine Schilderung gezeigt haben wird, hat wenig oder nichts gemein mit *dem* Sparr, wie er in den prendenschen Spinnstuben lebt.«

Fausts Mantel – Anspielung auf Goethes »Faust« I, wo Mephistopheles in der Studierzimmerszene (Vers 2065–2072) zu Faust sagt: »Wir breiten nur den Mantel aus, / Der soll uns durch die Lüfte tragen. / Du nimmst bei diesem kühnen Schritt / Nur keinen großen Bündel mit. / Ein bißchen Feuerluft, die ich bereiten werde, / Hebt uns behend von dieser Erde. / Und sind wir leicht, so geht es schnell hinauf; / Ich gratuliere dir zum neuen Lebenslauf.«

wie Derfflinger – Vgl. die dritte Anm. zu S. 196.

470 *Reiterbild des Großen Kurfürsten* – Das 1703 von Andreas Schlüter geschaffene Reiterdenkmal, das ursprünglich auf der Langen Brücke in Berlin stand, befindet sich heute im Vorhof des Charlottenburger Schlosses.

lag das Dorf … tragend – In W I[1], S. 314, heißt es an dieser Stelle: »lag, wie eine Haselrute, die sich den Biegungen anschmiegt, Dorf Prenden selbst, an seinen zwei höchsten Punkten Schloß und Kirche tragend, das Schloß am Eingang, die Kirche am Ausgang des Dorfes«.

Kirche – Die Kirche in Prenden existiert noch. Aufzeichnungen und Skizzen finden sich in Fontanes Notizbuch A 3, Rückseite von Blatt 79–81. Vgl. auch die Abbildung S. 663.

… *Schätzen zu durchforschen* – In W I[1], S. 314, folgt der Zusatz: »Ich erwartete nicht viel, aber ich fand noch weniger, als ich erwartet hatte.«

… *Denkstein vor dem Altar haben?* – In W I[1], S. 314, folgt der Zusatz: »Konnte nicht irgendwo in das alte Mauerwerk ein Stein, eine Tafel eingelassen sein, um wenigstens den Namen des berühmten Geschlechts festzuhalten, das hier jahrhundertelang zu eigenem Ansehen und endlich (vor seinem Hinscheiden) zum Ruhme des Landes selbst gelebt?«

erfindbar – auffindbar.

… *Entzifferungskunst spotteten* – In W I[1], S. 315, folgt der Zusatz: »Nur ›Fudit me [mich goß] Nicolaus Schmidichen 1657‹ konnte ich lesen.«

471 … *als die Dorfstraße mich wieder aufnahm* – In W I[1], S. 315, folgt der Zusatz: »Es ist ein poetisches Dorf, dies Prenden, um so poetischer, als leise jenes Verfall und Tod atmende Etwas über dem Ganzen liegt, das in Kirche und Kirchhof seinen unschönen Ausdruck gefunden hat. Der Verfall, wo er die Vorstellung von Schuld und Vernachlässigung weckt, verletzt uns;

aber der Verfall, in dem wir den Vollzug eines Naturgesetzes ahnen, beschleicht unser Herz mit unnennbarem Zauber. Es blühte nichts mehr in Prenden; ich sah nicht Aster, nicht Georgine, am wenigsten meine Lieblingsblume, die Malve …«

471 *türkischer Weizen – Mais.*

Fundamente … des alten Schlosses – Sie sind heute nicht mehr vorhanden.

472 *Sein Nam' …* – Die Verse stammen wahrscheinlich von Fontane.

Prenden bildete … – In W II[1] hat das ursprünglich nicht im Zusammenhang mit dem Aufsatz über Prenden gedruckte Kapitel »Lichterfelde« einen anderen Anfang. Er lautet dort (S. 325): »Die nächsten Nachbarn der Uchtenhagens und vielfach verschwägert mit ihnen waren die Sparrs. Das Land um Neustadt-Eberswalde herum war ihre. Die Güter der Uchtenhagens lagen scheitelrecht (von Nord nach Süd) an der Oder hin, während die Güter der Sparrs sich waagerecht (von West nach Ost) an dem Flüßchen Finow entlangzogen. Das schöne Gut Hohenfinow, das wie ein Kastell in das Odertal hineinsieht, war der Punkt, wo der Besitz beider Familien rechtwinklig zusammenstieß. / Beider Familien hat sich in den Gegenden, in denen sie heimisch waren, die Sage mit einer besonderen Vorliebe bemächtigt, und wie es nicht möglich ist, in den Freienwalder Schluchten umherzustreifen, ohne – wo immer man anklopfen mag – dem Uchtenhagenschen Feuerpudel, dem ›roten Land‹ und dem Kind mit der vergifteten Birne zu begegnen, so ist es um Neustadt. herum selbstverständlich, vom alten Sparr zu hören, wie er hoch durch die Lüfte fährt, so hoch, daß seine niederfallende Peitsche am Bienenthaler Kirchturm hängenbleibt. Es ist interessant und lehrreich zugleich, das poetische Bedürfnis und die poetische Gestaltungskraft des Volks innerhalb einer gewissen Örtlichkeit sich so völlig lokalisieren zu sehen.«

473 *»Soli Deo Gloria«* – (lat.) »Allein Gott sei Ehre.«

Heckelberger Kirche – Die Kirche ist noch vorhanden; der Schnitzaltar befindet sich in gutem Zustand.

474 *Schloß und Park* – Das 1657 von Feldmarschall von Sparr erbaute feste Schloß wurde 1780 von General von Wartensleben auf den alten Mauern neu- bzw. umgebaut und prunkvoll ausgestattet. Von 1804 bis 1945 ist Trampe im Besitz der Grafen von der Schulenburg gewesen. Das Schloß wurde 1945 beschädigt und stand lange als Ruine. Seit 1969 wurde es modern umgebaut und beherbergte in der Zeit der DDR Wohnungen und mehrere kommunale Einrichtungen. Der

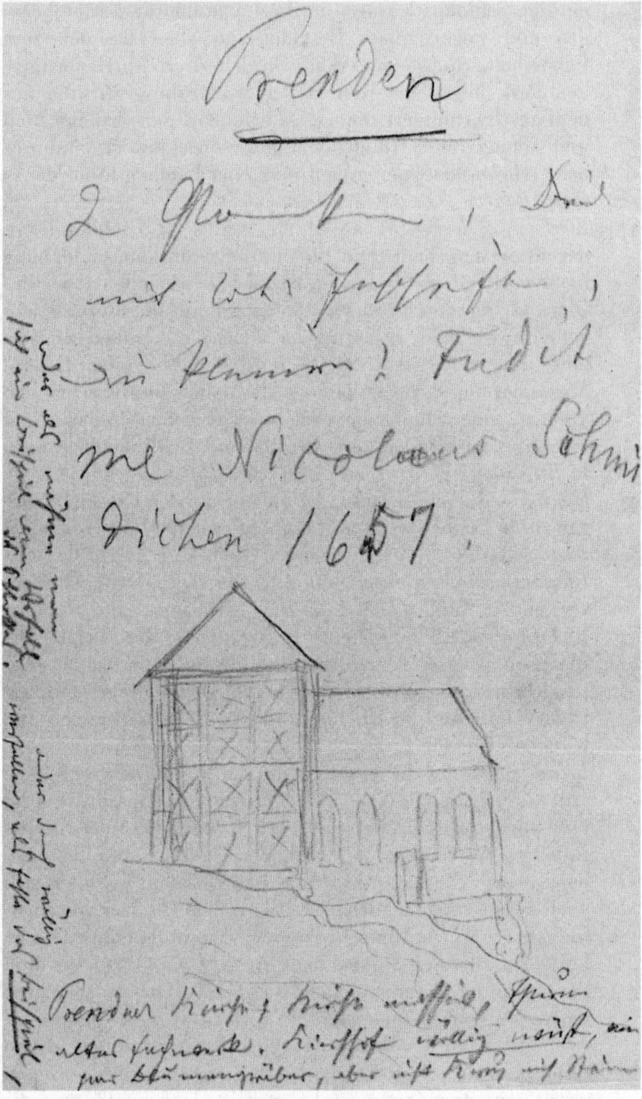

Kirche in Prenden

einstige Schloßpark wurde in die Umgestaltung mit einbezogen und wegen seines Bestandes an alten Bäumen zum Landschaftsschutzgebiet erklärt. In dem dreizehn Hektar großen Park liegen die Ruinen der Wulkowburg Breydin aus dem 13. Jahrhundert (im 14. Jahrhundert zerstört) mit Wall und Wassergraben (Bodendenkmal) sowie der sagenumwobene »Hexenstein«, ein großer nordischer Findling (Naturdenkmal).

474 *Kirche ... Glocken* – Die Kirche wurde 1960 modernisiert, der Chor umgebaut. Die Bilder und Grabsteine sind nicht mehr vorhanden. Die beiden zuerst beschriebenen »Sparren-Glocken« wurden im ersten Weltkrieg für die Rüstung abgeliefert; die dritte, gesprungene Glocke ist – entgegen Fontanes Rat – bereits 1868 im Auftrage des Grafen Eduard Alexander von der Schulenburg, des damaligen Besitzers von Trampe, umgeschmolzen worden. Diese spätere Glocke (mit Inschrift und Schulenburgschem Wappen) befindet sich noch im Turm.

475 *Glöckner von Notre-Dame* – Anspielung auf den Glöckner Quasimodo in Victor Hugos historischem Roman »Notre-Dame de Paris« (1831).

Glockenspeise – Glockengut: Zur Herstellung von Glocken verwendete Kupfer-Zinn-Legierung (Bronze).

476 ... *Lichterfelde selbst* – In W II[1], S. 330, folgt der Zusatz: »Die Berührung mit den Sparrs ist hier die intimste, das alte Geschlecht tritt einem in einer Reihenfolge von Dingen am faßbarsten entgegen, in Kirche und Schloß, in Grabsteinen und Kirchenbuch.«

Kirche – Die Kirche ist erhalten. Die drei Kindergrabsteine (mit Ganzfiguren in spanischer Tracht und Umschriften) im Fußboden vor dem Chor sind noch vorhanden. Auch von *der* Inschrift, die Fontane nicht entziffern konnte, sind Teile lesbar. In die Nordwand des Chores eingelassen, befinden sich noch zwei Grabsteine der nach-Sparrschen Besitzer von Lichterfelde. – Aufzeichnungen finden sich in Fontanes Notizbuch A 7, Blatt 34–37 und Blatt 47. In W II[1], S. 330, erwähnt der Autor im Zusammenhang mit der Kirche das Kirchenbuch, aus dem er an dieser Stelle sowie in den Anmerkungen am Schluß des Bandes (S. 539 f.) Auszüge bringt. In den Anmerkungen (S. 540 f.) findet sich darüber hinaus noch folgende Mitteilung unter der Überschrift »Lichterfelde und die Gröbens«: »Lichterfelde, nachdem es jahrhundertelang ein Sparrsches Gut gewesen war, kam 1620 an die *Gröbens*. Dieser Zweig der Gröbens war eigentlich im *Ruppinschen* ansässig und besaß daselbst das später an die Wartensleben, noch später an den Major von Kaphengst (vergleiche Band 1, Seite 310) übergehende schöne Gut Meseberg; als damaligen *Erbjägermeistern* des kurfürstlichen Hofes aber mochte den Gröbens wohl daran gelegen sein, in der unmittelbaren Nähe der großen Waldreviere (der Grimnitzer und Werbelliner Forsten) begütert zu sein, in denen die Kurfürsten vorzugsweise zu jagen liebten. So erstanden die Gröbens Lichterfelde, dessen Feldmark wenigstens damals an jene Waldreviere grenzte. / In der Kirche befinden sich noch drei Gröbensche Totenbanner oder Gedächtnisfahnen, die erste zur Erinnerung an *Otto* von der Gröben, gestorben 1655, die zweite zur Erinnerung an *Hans Ludwig*, gestorben 1669, die dritte zur Erinnerung an *Friedrich Otto* von der Gröben, Obrister und Erbjägermeister, gestorben 1697. / Dieser letztre hat auch ein Grabdenkmal links zur Seite des Altars, in Sandstein. Dies Denkmal, von ziemlich bedeutender Größe, besteht aus zwei Hälften, von denen die eine Hälfte bloß eine Inschrift und den Namen seiner Gemahlin (Maria von der Loë), die andre Hälfte die Portraitstatue (Hautrelief und *bunt bemalt*) Friedrich Ottos von der Gröben zeigt. Er trägt Kürassieruniform, Feldbinde, Perücke, Kommandostab. Dazu Sprüche und Inschriften. – Die Gröbens besaßen Lichterfelde bis 1721.«

476 *das Schloß* – Das ehemalige Schloß in Lichterfelde wird heute als Schule genutzt. 1972/73 erfolgten umfangreiche Umbauten. Der Eindruck eines Renaissancebaus ging dabei verloren. Die Außenmauern wurden glatt verputzt, wobei Portal und Inschriftplatte verschwanden; statt des hohen Walmdachs trägt das Gebäude jetzt ein Flachdach. Erhalten geblieben sind der Treppenhausvorbau und die Gewölbe in den unteren Geschossen.

… *Interesse geben* – In W II[1], S. 331, folgt der Zusatz: »wenn es auch im übrigen ein unbedeutendes oder halb zerfallenes Gebäude wäre«.

Beziehungen zu den Sparrs – In W II[1], S. 331, folgt der Zusatz: »an und für sich ein höchst interessanter Bau ist, groß, eigentümlich, gediegen und von einer Munifizenz der Anlage, wie damals (1567) in märkischen Landen nur für Fürsten gebaut wurde. Nach meiner Kenntnis existiert, aus so *früher* Zeit her, kein Edelsitz in der Mark, der einen gleich geräumigen und gleich soliden Schloßbau aufzuweisen hätte.«

477 *Mörner hat … vorgeschlagen* – In »Märkische Kriegs-Obersten …«; vgl. das Verzeichnis der Literatur, S. 682.

477 *»per Fra. Chiaramellum ...«* – (lat./ital.) »durch Francesco Chiaramel(l)o (aus Gandino) aus Italien, von Venedig«. Gandino: Ort in Oberitalien.
Majordomus – Hier: Hausverwalter.
zwölf Klosetts – In W II[1], S. 333, folgt der Zusatz: »Klosetts in des Worts verwegenster Bedeutung«.
... unsern Umgang – In W II[1], S. 333, folgt der Zusatz: »Was nun zunächst den delikaten Punkt angeht, mit dem unser Cicerone seine Eröffnungsrede schloß, so hat es damit allerdings seine völlige Richtigkeit ...«
Lochleven-Schloß – In W II[1], S. 333, folgt der Zusatz: »in dem Maria Stuart gefangensaß«. – Die schottische Königin Maria Stuart, die seit ihrer Rückkehr aus Frankreich (1561) an der Spitze der katholischen Feudalreaktion die bürgerlich-kalvinistische Reformation in England und Schottland bekämpfte, wurde 1567 von den Kalvinisten zur Abdankung gezwungen und im Wasserschloß Lochleven gefangengesetzt. Vgl. »Jenseit des Tweed«, Kap. »Lochleven-Castle« (in der 1974 im Verlag Rütten & Loening, Berlin, erschienenen, von Gotthard Erler herausgegebenen Neuedition des Schottland-Buches, in der dieses Kapitel – Fontanes Intentionen gemäß – zum erstenmal in den Text eingegliedert wurde).

478 *Seine Dielen ... wie Säle* – In W II[1], S. 333 f., heißt es statt dessen ausführlicher: »... denn der großen Flure und Dielen ganz zu geschweigen, sind die Zimmer selber von so saal- und hallenartiger Ausdehnung, daß eine Vierteilung jedes einzelnen Raumes immer noch vier hübsche Wohnzimmer respektive anderweitig nutzbare Räume geschaffen haben würde. / Genug, wir konstatieren einfach das Faktum der zwölf Rezesse (die selbstverständlich ihren früheren Beruf längst eingebüßt haben) und widmen nun der Grundanlage des Baus unsre Aufmerksamkeit. Das Erdgeschoß besteht aus einem breiten Flur, der zu jeder Seite zwei Zimmer hat (im ganzen also vier); diese selbe Einteilung wiederholt sich im ersten und zweiten Stock, so daß wir im ganzen drei Flure und zwölf Zimmer zu registrieren haben. Im Erdgeschoß und ersten Stock sind Flur und Zimmer gewölbt. Die Fensternischen sind wie Zimmer für sich, und die Dicke der Mauern – dazu die labende Kühle innerhalb derselben, während draußen die Sonne brennt – erinnert uns an das hübsche Wort von der Peterskirche, ›daß sie winters und sommers, unwandelbar wie die Kirche selber, eine immer gleiche Temperatur habe‹.«
wie Bekmann berichtet – In »Historische Beschreibung ...«; vgl. das Verzeichnis der Literatur, S. 679.

478 ... *unverändert geblieben* – In W II[1], S. 334, folgt der Zusatz: »nur die Einrichtung und Bemalung der Zimmer ist aus späterer Zeit, kleineren Teils aus der Gröbenschen Epoche (siehe die Anmerkungen), größtenteils aus der Zeit der Familie Splittgerber, die Lichterfelde von 1760 bis zu Anfang dieses Jahrhunderts besaß.« Im Anschluß daran (S. 334–337) erörtert Fontane die Frage, ob Sparr in Lichterfelde oder in Prenden geboren sei (vgl. die Vorbemerkung, S. 656).
Biesenthaler Wassermühle ... Nebel – In W II[1], S. 337, heißt es an dieser Stelle ausführlicher: »... Wassermühle oder weiter aufwärts am Neustädter Eisenhammer den Finow-Fluß passiert, wer an einem Herbstabend in die stille Dorfgasse von Prenden einfährt oder bei aufsteigendem Nebel ...«

Am Werbellin

Der Aufsatz entstand im Mai 1862, also schon vor Fontanes vermutlichen Besuchen am Werbellin-See während der Reise ins Odergebiet vom 13. bis 20. September 1862 sowie im Rahmen einer der Kurzfahrten auf den Barnim im Frühjahr und Sommer 1863, die gewiß zur Vervollständigung des Feuilletons beigetragen haben.

Der Vorabdruck erfolgte – zusammen mit den Aufsätzen über Buckow und die Tornow-Seen (vgl. S. 559 und S. 561) – unter dem Titel »Die ›Märkische Schweiz‹ (1. Buckow. 2. Der große und kleine Tornow-See. Am Werbellin)« im Cottaschen »Morgenblatt für gebildete Leser«, Nr. 40 und 41 vom 1. und 8. Oktober 1863, S. 933–937 und 961–967. Im November 1863 wurde das Kapitel dann in der Buchausgabe von »Das Oderland« veröffentlicht.

Für die Arbeit am Werbellin-Kapitel hat Fontane folgende Literatur benutzt (die vollständigen Angaben finden sich jeweils im Verzeichnis der Literatur; vgl. S. 679): Fischbach, »Statistisch-topographische Städte-Beschreibung ...«. – Bekmann, »Historische Beschreibung ...«. – Brunold, »Abseits vom Wege« (vgl. S. 657). – »Mündliches« (laut Anmerkung am Schluß der Erstausgabe von 1863).

480 *Ihre Dächer sind gefallen* ... – Franz Kugler, »Rudelsburg« (»An der Saale hellem Strande ...«), Strophe 1, Vers 3 ff.
Und eh der Mittag kam ... – Fontane, »Chevy-Chase oder Die Jagd im Chevy-Forst« (Nachdichtung der altschottischen »Ballad of Chavy Chase«), Strophe 8, Vers 1 f.
Sie soll ... – In W II[1], S. 338, beginnt der Abschnitt: »Sie ist sagenhaft. Sie soll ...«

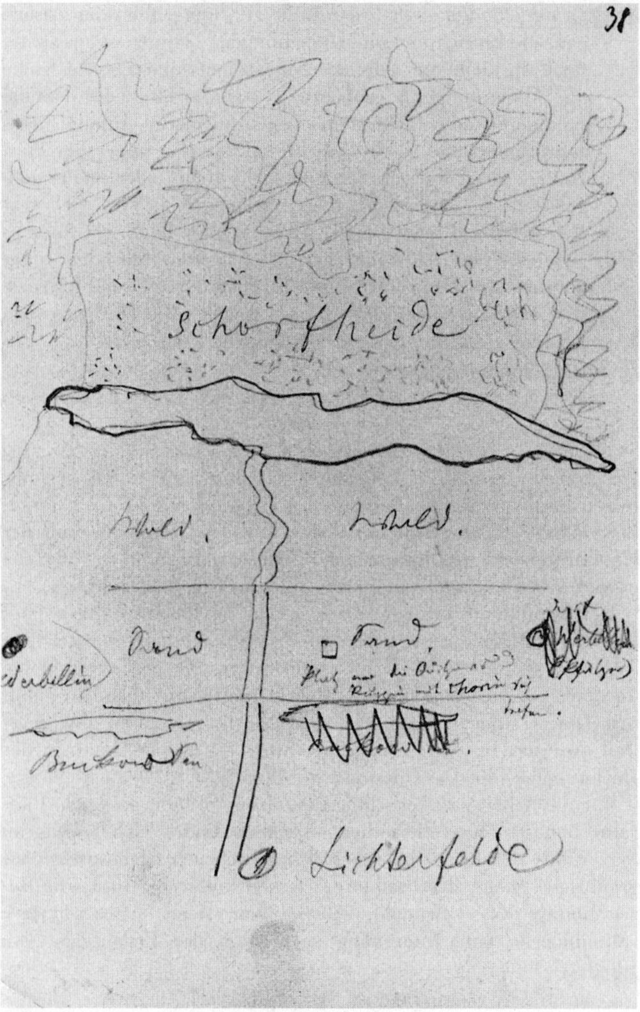

Lageskizze Schorfheide / Werbellinsee

480 *... weniger glaubhaft* – In W II[1], S. 339, folgt der Zusatz: »Übrigens gerät die Sage mit sich selber in Widerspruch, wenn sie fortfährt: ›daß die Einwohner der Stadt lange vorher einen Unfall befürchtet hätten, weil der See mehr und mehr die Ufer weggespült und gleichsam die Stadt unterminiert habe‹. Dies wäre jedenfalls kein ›Erdfall‹.«

Wenn Fischbach von ... Urkunden spricht – In »Statistisch-topographische Städte-Beschreibung ...«; vgl. das Verzeichnis der Literatur, S. 680.

481 *Sankt-Gregors-Tag* – 12. März. (Der nach Papst Gregor I. benannte Gedenktag wurde im Mittelalter als Schulfest begangen.)

Pfälzerkolonien – Landwirtschaftliche Niederlassungen von Einwanderern aus Sachsen, Süd- und Südwestdeutschland (verallgemeinernd Pfälzer genannt), die Friedrich II. unter wirtschaftlich günstigen Bedingungen in den infolge seiner Kriege verwüsteten sowie in neu erschlossenen (zum Beispiel Oderbruch) oder erworbenen Gebieten (zum Beispiel Westpreußen) ansiedelte. (In einer möglichst raschen Vermehrung der Bevölkerung sah der König das Hauptmittel zur ökonomischen Stärkung Preußens.)

Schloß Werbellin – Von der Burg Werbellin existiert heute nur noch der kleine Burghügel, auf dem 1879 ein Aussichtsturm errichtet wurde. Beim Bau des Turmes fand man neben rauchgeschwärzten Grundmauern unter anderem auch einige Pfeilspitzen, Sporen, eine Axt, eine Sense und eine Silbermünze. Noch heute ist auf einer Tafel über dem Turmeingang zu lesen: »Zur Erinnerung an die Askanierburg Werbellin 1247 bis 1350 weihete diesen Turm Prinz Carl von Preußen am 2. Oktober 1879.« Die Jahreszahl 1247 bezieht sich auf die älteste bekannte Urkunde, die hier ausgestellt wurde (letzte Beurkundung 1319 von Waldemar). Die Burg, die offenbar Otto III. (1226–1267) zu Anfang seiner Regierungszeit erbauen ließ, hat sicher nie strategische Bedeutung gehabt. Wahrscheinlich diente sie den Markgrafen und ihrem Gefolge hauptsächlich während der Jagden in der Schorfheide als Aufenthalt. Über Zeitpunkt und Anlaß der Zerstörung lassen sich auch heute noch keine genauen Angaben machen; im Landbuch Kaiser Karls IV. von 1375 wird die Burg nicht mehr erwähnt. Der Burghügel wurde 1974 vom Museum für Ur- und Frühgeschichte Potsdam zum staatlich geschützten Bodendenkmal erklärt.

Es lag an der Südwestspitze ... – In W II[1], S. 339, ist diesem Abschnitt der einleitende Satz »Unmittelbar am Werbellin-See erhoben sich zwei Schlösser; eins davon war das eigentliche Schloß Werbellin, das andere hieß Schloß Breden« sowie, gering variiert, der Text der Fußnote zu Schloß Breden vorangestellt.

481 *Askanier* – Vgl. die zweite Anm. zu S. 455.

ein neuer Kaiser gewählt – Nach dem Tode Kaiser Heinrichs VII. aus dem Hause Luxemburg (1313) begannen zwischen der habsburgischen und der luxemburgischen Partei der deutschen Kurfürsten heftige Auseinandersetzungen um die Thronfolge. Am 19. und 20. Oktober 1314 kam es zu einer doppelten Kaiserwahl, in der sich die habsburgische Partei für Herzog Friedrich den Schönen von Österreich, die luxemburgische (darunter Brandenburg) für Herzog Ludwig von Oberbayern entschied. Erst durch seinen Sieg in der Schlacht bei Mühldorf am Inn (28. September 1322) über Friedrich den Schönen konnte Ludwig der Bayer den Thronstreit endgültig zu seinen Gunsten entscheiden.

carte blanche – (franz.) Vollmacht.

482 *Schloß Grimnitz* – Die Anlage von Grimnitz war größer und bedeutender als die Burg Werbellin. Die erste Burg wurde vor 1250 von Johann I. (1226–1266), dem Bruder Ottos III. und Bauherrn von Werbellin, als Grenzfeste gegen die damals von den Pommern besetzte Uckermark errichtet. Die askanischen Markgrafen hielten sich sehr oft hier auf, was zahlreiche zu Grimnitz ausgefertigte Urkunden beweisen. Wir wissen außerdem von großen Ritterturnieren, Jagden und Sängerfesten, die weit über die Grenzen der Mark hinaus bekannt waren. Mit dem Aussterben der Askanier (1319) wurde es zweihundert Jahre lang still um die Burg. Erst im 16. Jahrhundert erlebte sie eine neue Glanzzeit. 1529 wurde auf dem »Jagdhause Grimnitz« ein Erbvertrag zwischen Brandenburg und Pommern abgeschlossen, der die jahrhundertelangen Streitigkeiten zwischen beiden Ländern beilegte. (Vgl. auch die vierte Anm. zu S. 86.) Die Hohenzollern bauten 1571–1575 die Burg zu einem Schloß aus und veranstalteten hier große Hofjagden. Im Dreißigjährigen Krieg wurde es trotz ausgebauter Befestigungsanlagen teilweise zerstört, muß aber nochmals instand gesetzt worden sein, denn die Kurfürsten Friedrich Wilhelm und Friedrich III. hielten sich mehrmals hier auf. Nach 1730 begann der Verfall des Schlosses, und nach 1760 wurden die Steine zu Haus- und Straßenbauten abgetragen. Noch heute ist die große Gesamtanlage durch Reste von Mauern, Fundamenten, Rondellen, Wällen und Gräben erkennbar. Von der ersten Burg, dem späteren Mittelbau der Anlage, sind noch die

Kellerräume mit Tonnengewölbe, Kamin, niedrigem Herd und Brunnen (heute zugeschüttet) erhalten. Auf zwei Dritteln dieser Keller errichtete man später ein Forsthaus.

482 *schreibt F. Brunold* – In »Abseits vom Wege«; vgl. die Vorbemerkung zu »Von Sparren-Land und Sparren-Glocken«, S. 657.

von Spielleuten umgeben – Der Hof Ottos IV., genannt Otto mit dem Pfeil, war um 1300 ein Mittelpunkt des geistigen Lebens. Vom Markgrafen selbst sind einige Minnelieder erhalten geblieben.

Manessische Sammlung – Gemeint ist die mit 138 prächtigen Miniaturen illustrierte Manessische oder Große Heidelberger Liederhandschrift, die um 1300 von dem Züricher Ratsherrn Rüdiger Manesse gesammelt und um 1340 zusammengestellt wurde. Die in der Heidelberger Universitätsbibliothek aufbewahrte Sammlung umfaßt Lieder von 140 (meist süddeutschen) Lyrikern.

die »schöne Gießerin« – Anna Sydow, die Frau eines Geschützgießers, war die Geliebte Joachims II. Vgl. »Spreeland«, Kap. »Schloß Köpenick«; Band 4 dieser Ausgabe.

Aus Gründen … – In W II[1], S. 341, beginnt der Abschnitt: »Der W*erbelliner Forst* endlich ist der alte, klangvolle Name des schönen, viele Quadratmeilen großen Wald- und Jagdreviers, das den Werbellin- und Grimnitz-See in weitem Halbkreis umgibt. Man hat den alten Namen jetzt aufgegeben …«

483 *Letzlingen* – Letzlinger Forst: Jagdrevier des preußischen Hofes in der Altmark (bei Magdeburg).

hohe Jagd – Jagd auf Hochwild; sie war in Deutschland bis 1848 dem hohen Adel vorbehalten.

à la tête – (franz.) an der Spitze.

»Eremitage« – Einsiedelei; im 18. Jahrhundert übliche Bezeichnung für einsam gelegene Wohnbauten.

Cooperscher »Hirschtöter« – Anspielung auf die Erzählung »Der Wildtöter« (1841) aus der fünfbändigen Sammlung »Lederstrumpferzählungen«, in denen James Fenimore Cooper den abenteuerlichen Lebensweg des Waldläufers und Trappers Natty Bumppo schildert.

484 *Convivium* – (lat.) Gastmahl, Gelage.

Jagdfreiheit – Infolge der bürgerlichen Revolution von 1848/49 wurde in Deutschland das Jagdvorrecht des Hochadels (vgl. die erste Anm. zu S. 411) aufgehoben und jedem Grundeigentümer Jagdfreiheit auf seinem Besitz gewährt.

Muränensee – In der »Mappe für die Wanderungen. Alle 4 Teile (Bei *jeder* neuen Auflage durchzusehn)«, die im Theodor-Fontane-Archiv der Deutschen Staatsbibliothek, Potsdam, aufbewahrt wird, liegt auch ein Brief des Berliner Zoologischen Museums vom 14. Februar 1883. Darin wird Fontane darauf aufmerksam gemacht, daß die Muräne ein aalähnlicher Seefisch sei, der in den heimischen Gewässern nicht vorkomme. In den märkischen Seen gebe es die Maräne, die zu den Lachsen gehöre.

484 *zu Bekmanns Zeiten* – In der ersten Hälfte des 18. Jahrhunderts.

486 *Altenhof* – Nördlich von Altenhof, an der Ostseite des Sees, wurde 1952 ein Kinderferienzentrum eingerichtet.

Das Pfulen-Land

Die meisten Ortschaften dieses »an der Grenze von Barnim und Lebus« gelegenen Gebietes hat Fontane vermutlich während seiner »kleinen Reisen auf den Barnim« im Frühjahr und Sommer 1863 besucht.

Am 17. August 1863 – fünfzehn Bogen der ersten Auflage von »Das Oderland«, in der das Kapitel veröffentlicht wurde, waren schon gedruckt – schrieb der Autor an Wilhelm Hertz: »Es fehlen dann zum Schluß noch zwei Aufsätze, einer über die Pfuels ...«, und am 18. September: »Es ist jetzt, ein paar Korrekturen abgerechnet, eigentlich *alles* fertig, mit Ausnahme des vorletzten Kapitels, von den Pfuels, das ich nicht eher schreiben kann, als bis ich in Gielsdorf und Wilkendorf gewesen bin. Schweren Herzens hab ich mir dazu einen Tag Urlaub erbeten, weil ich *mußte*. Ich gedenke Montag nacht zu reisen, entweder mit der Wriezner oder Müncheberger Post, und den Rest zu Fuß abzumachen; ich komme dann Dienstag abend mit der Frankfurter oder Stettiner Bahn zurück. / Sehr reizend wäre es, wenn wir die Frankfurter Reise damit verbinden könnten, was von Ihnen abhängen wird. Für den Fall, daß Sie darauf eingehen, erlaube ich mir folgenden Vorschlag. / *Montag mittag ein Uhr* in einem Ein- oder Zweispänner Abfahrt von hier auf gemeinschaftliche Kosten bis *Strausberg*, wo wir etwa viereinhalb Uhr eintreffen. Sofort von dort nach Gielsdorf und Wilkendorf, die dreiviertel Meile von Strausberg entfernt sind; wir würden fünfeinviertel in Gielsdorf, sechs Uhr in Wilkendorf sein, gerade noch rechtzeitig genug, um bei Tageslicht Dorf und Kirche sehn zu können. / Zu beliebiger Zeit nach Strausberg zurück. Am andren Morgen von Strausberg nach Fürstenwalde. Von dort nach Frankfurt, wo wir etwa elfeinhalb eintreffen würden. Mit dem Nachmittags- oder Abendzuge zurück. Ankunft in Berlin achteinhalb. – Hiergegen ist nur einzuwenden, daß die beiden Wagen, von Berlin bis Strausberg und von Strausberg bis Fürstenwalde, wohl an zehn Rtr. kosten würden, und das ist etwas viel. Im übrigen empföhle sich die Sache sehr; wir hätten in Frankfurt Zeit vollauf und schon am Dienstag die Sache hinter uns.« Hertz ist auf diesen Vorschlag nicht eingegangen, und Fontane hat seine notgedrungen auf Strausberg, Gielsdorf und Wilkendorf beschränkte Reise allein unternommen, allerdings erst am 29. und 30. September 1863.

Der Aufsatz wurde in der ersten Oktoberhälfte 1863 niedergeschrieben; denn im Brief an Hertz vom 2. Oktober heißt es: »Auch meine Fahrt nach Strausberg, Wilkendorf und Gielsdorf war sehr schön, nur wie all dies Reisen in der Mark, wenn man nicht von Herrn Hertz eingeladen wurde, etwas kostspielig. – Mit meinem Kapitel ›von den Pfuels‹ hoffe ich bis Montag oder Dienstag fertig zu sein, so daß, wenn Kisling [der Drucker in Osnabrück] meine Vorschläge akzeptiert hat, der Termin scharf innegehalten wird.«

Da der Aufsatz erst unmittelbar vor Abschluß der Druckarbeiten der Buchausgabe fertig wurde, war kein Vorabdruck mehr möglich.

Als Fontane im Sommer des folgenden Jahres mit Mathilde von Rohr über seine Pläne hinsichtlich eines Rohr-Kapitels für »Die Grafschaft Ruppin« korrespondierte (vgl. die Vorbemerkungen zu »Trieplatz« und »Tramnitz« im Anhang von Band 1 dieser Ausgabe), erwähnte er »Das Pfulen-Land« als Muster für die vorgesehene Arbeit. Im Brief vom 4. Juli 1864 heißt es: »Wenn es Ihnen nicht langweilig ist, so sehen Sie sich, mein hochgeehrtes Fräulein, im zweiten Bande das Kapitel ›*Das Pfulen-Land*‹ an; – *ganz nach demselben Rezept, wie dort die Pfuels besprochen sind, möchte ich nun die Rohrs besprechen*. Alles in der Kürze; aber mit einzelnen *Pointen*, damit es nicht allzu langweilig wird.«

Für die Arbeit am »Pfulen-Land«-Kapitel hat Fontane folgende Literatur benutzt (die vollständigen Angaben finden sich jeweils im Verzeichnis der Literatur; vgl. S. 679): Marwitz, »Aus dem Nachlasse ...«. – Fouqué, »Ausgewählte Werke«. – Chamisso, »Werke«. – Darüber hinaus hat Fontane die detaillierten Berichte über das Geschlecht der Pfuels ausgewertet, die ihm der preußische Ritterschaftsdirektor Alexander Friedrich Karl Reinhold von Pfuel zugesandt hatte.

487 *Ich lese gern ...* – Hugo von Blomberg, »Die Freske zu San Gregorio«, Strophe 4, Vers 10 f. Statt »Ich lese gern ...« heißt es bei Blomberg: »Auch les ich gern ...«.

... ein Pfulen-Land – In WII[1], S. 479, folgt der Zusatz: »Hier an der Grenze zwischen Barnim und Lebus hatten, von

kleinen Anfängen ausgehend, die Pfuels, die mutmaßlich mit den Askaniern ins Land gekommen waren, ihren Hauptbesitzstand aufgebaut, einen Besitz, der, zur Zeit der höchsten Blüte der Familie, bis weit in die genannten beiden Landesteile hinein reichte und, wenige Enklaven abgerechnet, so ziemlich einen Kreis von zwei bis drei Meilen Durchmesser bildete – Buckow als Mittelpunkt.«

487 *»equestris et literati ordinis viri«* – (lat.) »ritterliche und gelehrte Männer von Stand«.

... hervorgegangen seien – In W II[1], S. 479 f., folgt der Zusatz: »Diesem alten Ruhme hat die Familie in den dritthalbhundert Jahren, die seitdem vergangen sind, getreulich nachgelebt, und der Verlauf dieses Aufsatzes wird verschiedentlich Gelegenheit bieten, wie auf eine ganze Anzahl ›fürtrefflicher Kriegsschilde‹, so auch auf ›wohlgelahrte, verständige und versuchte [erprobte] Männer‹ hinzuweisen, die, wie *vor*, so auch *nach* 1603, dem alten Hause entsprossen sind. Einige waren ›Kriegsschilde‹ und ›wohlgelahrte Männer‹ zugleich; keiner glänzender vielleicht als jener eine, der noch, als ›Jüngling-Greis‹, unter uns weilt und, ein halb Jahrhundert zurück, in *großen, begeisterten* Tagen, die bessere Kämpfe als den der Tagesmeinung kämpften, hoffnungsreich, geliebt, bewundert, in das Leben und in die Schlacht trat. / Aber ich habe von den Pfuels vergangener Jahrhunderte zu berichten.«

... führen zu können – In W II[1], S. 480, folgt der Zusatz: »Diese Zeiten liegen zurück; der reiche Besitz ist zusammengeschmolzen, aber was die Familie an altem Besitz noch innehat, das hat sie an alter Stelle, in *Barnim* und *Lebus*. / In beiden Landesteilen haben die Besitzverhältnisse im allgemeinen vielfach gewechselt; nur drei alte Familien sind auf alter Scholle geblieben, die Barfuse in Ober-Barnim, die Burgsdorfs in Lebus, die *Pfuels* in *beiden*. / Der alte Besitz der Pfuels betrug, zur Zeit des höchsten Glanzes der Familie, vielleicht das Zehnfache von dem, was sie jetzt innehaben ...«

488 *alte Feldsteinkirche* – Die spätgotische Kirche (um 1500) befindet sich in gutem Zustand. Der Schnitzaltar und das große Kreuzigungsbild sind erhalten geblieben und wurden restauriert.

Würfeln der Kriegsknechte um Christi Mantel – »Da sie ihn aber gekreuzigt hatten, teilten sie seine Kleider und warfen das Los darum, damit erfüllt würde, was gesagt ist durch den Propheten: ›Sie haben meine Kleider unter sich geteilt und haben über meinen Rock das Los geworfen.‹« (Neues Testament, Matthäus 27,35.)

488 *Donatoren* – Stifter.

489 *Garziner Kirche* – Sie existiert noch; auch die Glocke von 1654 ist erhalten geblieben. Aufzeichnungen über die Kirche finden sich in Fontanes Notizbuch A 7, Rückseite von Blatt 56.

»Urteil des Paris« – In der griechischen Sage wird Paris, Sohn des Königs Priamos von Troja, zum Schiedsrichter im Schönheitswettbewerb der drei Göttinnen Hera, Athene und Aphrodite berufen; er entscheidet den Streit zugunsten der Aphrodite.

Gegaten – Gegossen.

mit der Baß dir bassunen kumpt – mit der Posaune dir posaunen kommt.

490 *Nekromant* – Totenbeschwörer, Schwarzkünstler.

Schloß – Das Buckower Schloß wurde 1947 abgerissen. Aufzeichnungen finden sich in Fontanes Notizbuch A 7, Blatt 54–56.

Bildergalerie – Sie ist seit Ende des zweiten Weltkrieges verschollen.

Buckower Kirche – Die Kirche ist während des zweiten Weltkrieges ausgebrannt, inzwischen aber wiederhergestellt. Die Trophäe wurde vernichtet. Die Grabstätten sind noch vorhanden.

491 *Polnischer Krieg* – Vgl. die fünfte Anm. zu S. 198.

Zug nach Holstein – Zum dänischen Kriegsschauplatz; vgl. die zweite Anm. zu S. 199.

492 *Wilkendorf* – Aufzeichnungen finden sich in Fontanes Notizbuch A 6, Blatt 26–27.

Herrenhaus – Es existiert noch.

Familienportraits – In Fontanes Anmerkungen am Schluß von W II[1] (S. 547) findet sich dazu die Mitteilung: »Die Portraits in Wilkendorf sind zum Teil aus der alten, nunmehr ausgestorbnen von Briestschen Familie. Der letzte Sproß der Familie, eine Tochter, war an Friedrich de la Motte Fouqué vermählt. (Landrat von Briest, auf Nennhausen im Havelland, bekannt durch den klugen Beistand, den er der Armee des Großen Kurfürsten erst bei der Überrumpelung von *Rathenow* und dann später auf ihrem Marsche nach *Fehrbellin* leistete.)«

Kirche – Sie ist erhalten geblieben; Schnitzaltar und Taufstein wurden in die Gielsdorfer Kirche gebracht.

... Schnitzaltar aus – In W II[1], S. 485, folgt der Zusatz: »Das Mittelstück besteht aus drei Figuren: Jungfrau Maria, mit Joseph (oder dem heiligen Rochus) und ihrer Mutter Anna zur Linken und Rechten. Die Anna hält *zwei* Kinder auf ihren

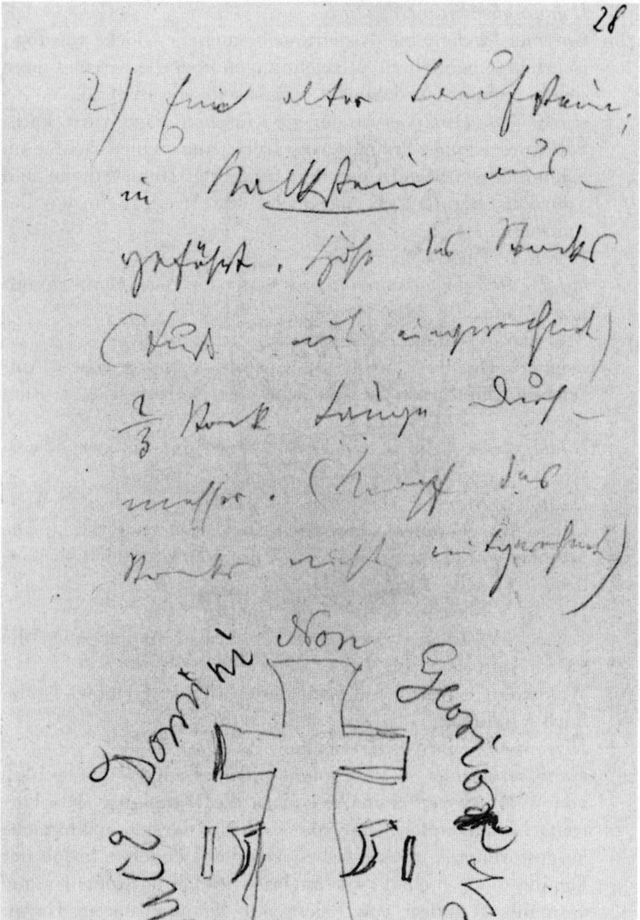

Kreuz auf dem Taufstein der Gielsdorfer Kirche

Armen, und zwar auf dem rechten die Jungfrau Maria (so daß diese zweimal auf dem Bilde ist, einmal groß und einmal klein), auf dem linken das Christkind. Die Jungfrau ist etwas größer als das Christkind und trägt, eminent puppenartig, das Kleid der Himmelskönigin.«

492 *Rollsteine* – Granitsteine aus der Eiszeit.

Gielsdorf – Aufzeichnungen finden sich in Fontanes Notizbuch A 6, Rückseite von Blatt 27–29.

Kurfürst Friedrich – Friedrich II., der Eiserne.

Kirche – Die Gielsdorfer Kirche ist erhalten geblieben. Auch der Taufstein mit Umschrift und die Inschrift an der Empore sind noch vorhanden, ebenso der (aus Berlin überführte) Grabstein eines Friedrich von Pfuel, gestorben 1530. Die Kirche hat eine Glocke aus dem Jahre 1517. Vgl. Fontanes Skizze, S. 676.

»Non glorior ...« – (lat.) »Ich setze meinen Ruhm allein in das Kreuz des Herrn.«

493 *Stückkugel* – Geschützkugel.

Sturm auf Kaiserswerth – Die von den Franzosen besetzte Rheinfestung Kaiserswerth wurde 1702, während des Spanischen Erbfolgekrieges (vgl. die Anm. zu S. 327), von kaiserlichen und preußischen Truppen erobert.

Dieser ... lautet – In W II^1, S. 487, heißt es: »Dieser Spruch (wie verschiedne andre in der eben genannten Kirche von Friedrich la Motte Fouqué herrührend) lautet: ...«

»Die Erscheinung« – »Erscheinung« (1828). Die mit der Pfuelschen Familienlegende korrespondierenden Verse (18–21) des Chamissoschen Terzinen-Gedichts lauten: »... Und öffnete die Tür und trat hinein. / Und, wie die Blicke nach dem Lichte spähen, / Da ward mir ein Gesicht gar schreckenreich – / Ich sah mich selbst an meinem Pulte stehen.«

494 *Jahnsfelde* – Aufzeichnungen finden sich in Fontanes Notizbuch A 7, Rückseite von Blatt 64–76.

Herrenhaus – Das ehemalige Herrenhaus beherbergte nach 1945 den Kindergarten, eine Schwesternstation, Klub- und Versammlungsräume sowie Wohnungen. Die Inschrift ist nicht mehr vorhanden.

Park ... Friedhof – Sie sind erhalten geblieben. An der Friedhofskapelle befinden sich noch die Grabdenkmäler der Pfuels.

Bildnisse ... Erwähnung – Ein Verzeichnis der hier nicht genannten Porträts findet sich in Fontanes Anmerkungen am Schluß von W II^1 (S. 547).

Brautkrone – Kopfschmuck aus farbigen Steinen und Perlen, den die Braut nach alter Sitte am Tage ihrer Hochzeit trug. (Die Brautkrone wurde später vom Brautkranz abgelöst.)

494 *Aetatis suae* – (lat.) seines Alters; im Alter von.

495 *Hülfscorps gegen die Türken* – Vgl. S. 350.

Consiliarius Brandenburgensis – (lat.) Brandenburgischer Rat.

Pie obit – (lat.) Stirbt fromm.

»Ist Gott mit uns ...« – Eigentlich: »Ist Gott für uns, wer mag wider uns sein?«; Neues Testament, Römer 8,31.

Johannes 14, Vers 21 – Der Text lautet vollständig: »Wer meine Gebote hat und hält sie, der ist's, der mich liebt. Wer mich aber liebt, der wird von meinem Vater geliebt werden, und ich werde ihn lieben und mich ihm offenbaren.«

Discite mortales ... – (lat.) Lernt, ihr Sterblichen, die Flüchtigkeit des Lebens zu erkennen.

496 *Lützener Schlacht* – Vgl. die fünfte Anm. zu S. 197.

Schlacht bei Wolfenbüttel – Bei Wolfenbüttel errangen die Schweden am 19. Juni 1641 einen Sieg über das kaiserliche Heer, der Kurfürst Friedrich Wilhelm von Brandenburg zum Abschluß eines Waffenstillstandes mit Schweden veranlaßte (24. Juli 1641).

auch Lilienhoek vorgezogen – Lilienhoek wurde 1642 Generalquartiermeister der schwedischen Armee.

497 *Kurfürst* – Georg Wilhelm; er regierte von 1619 bis 1640.

später so berühmt geworden – Konrad von Burgsdorf war von 1641 bis 1652 Berater des Kurfürsten Friedrich Wilhelm. Vgl. »Spreeland«, Kap. »Blumberg«; Band 4 dieser Ausgabe.

Vorstellung – Hier: Schriftliche Darlegung (die die Entscheidung des Adressaten beeinflussen soll).

Anti-Schwarzenbergsche Partei – Graf Adam zu Schwarzenberg, von 1619 bis 1640 einflußreichster Berater des Kurfürsten Georg Wilhelm, war während des Dreißigjährigen Krieges ein Gegner des (1631 von König Gustav Adolf erzwungenen) Bündnisvertrages zwischen Brandenburg und Schweden und bewog den Landesherrn zum engeren Anschluß an den Kaiser (1635 Beitritt zum Prager Separatfrieden zwischen Habsburg und Kursachsen). Nach dem Regierungsantritt des Kurfürsten Friedrich Wilhelm (1640) wurde Schwarzenbergs Macht beträchtlich eingeschränkt. Vgl. auch »Havelland«, Kap. »Zwei ›heimlich Enthauptete‹«; Band 3 dieser Ausgabe.

498 *»Und ein berühmter Name nach dem Tode!«* – Wahrscheinlich Abwandlung des Schiller-Zitats »Wenn der Leib in Staub zerfallen, / Lebt der große Name noch« (»Das Siegesfest«, Strophe 9, Vers 7 f.).

VERZEICHNIS DER LITERATUR

die Fontane bei der Arbeit am vorliegenden Band benutzt hat

Adami, Friedrich: Vor fünfzig Jahren. Berlin 1863

Adler, F[riedrich]: Andreas Schlüter. Leben und Werke. Vortrag ... Berlin 1862

Angelus, Andreas: Annales Marchiae Brandenburgicae ... (Annalen der Mark Brandenburg ...). Frankfurt a. O. 1598

Arndt, F[anny]: Hardenbergs Leben und Wirken. Nach authentischen Quellen. Berlin (1864)

Barfus-Falkenberg, Franz Wilhelm von: H. A. Graf von Barfus, königlich preußischer General-Feldmarschall. Berlin 1854

Bekmann, Johann Christoph: Historische Beschreibung der Kur und Mark Brandenburg ... ergänzet fortgesetzet und herausgegeben von Bernhard Ludwig Bekmann. 2 Bände. Berlin 1751

Berghaus, Heinrich Carl: Landbuch der Mark Brandenburg und des Markgrafentums Niederlausitz in der Mitte des 19. Jahrhunderts oder Geographisch-historisch-statistische Beschreibung der Provinz Brandenburg. 3 Bände. Brandenburg 1854–1856

Blumenthal, Louise Johanne Leopoldine, geb. von Platen: Lebensbeschreibung Hans Joachims von Zieten (nebst Abbild seiner Statue). Berlin 1797

Buch, Dieterich Sigismund von: Tagebuch aus den Jahren 1674 bis 1683 ... herausgegeben von Gustav Kessel. Jena und Leipzig 1865

Buchholtz, Samuel: Versuch einer Geschichte der Kurmark Brandenburg von der ersten Erscheinung der deutschen Sennonen an bis auf jetzige Zeiten. Mit einer Vorrede ... des Herrn Oberkonsistorialrats Süßmilch. 6 Teile. Berlin 1765–1775

Chamisso, Adelbert von: Werke. 4 Bände. Leipzig 1836. Band 5–6: Leben und Briefe. Herausgegeben durch Julius Eduard Hitzig. Leipzig 1839

Christiani, Walter: Das Oderbruch. Freienwalde 1855

Coelln, Friedrich van: Vertraute Briefe über die inneren Verhältnisse am preußischen Hofe seit dem Tod Friedrichs II. 6 Bände. Amsterdam und Köln 1807–1809. – Band 2–6 = Beitrag zur Geschichte des Krieges in Preußen, Schlesien und Polen in den Jahren 1806 und 1807 von dem Verfasser der Schrift: Vertraute Briefe ... Band 1–5

Dohna, Christian Comte de: Mémoires origineaux sur le règne et la cour de Frédéric I, roi de Prusse (Originalmemoiren über die Regierung und den Hof Friedrichs I., König von Preußen). Berlin 1833

Dorow, Wilhelm: Erlebtes aus den Jahren 1813–1820 (Teil 3–4: 1790–1827). 4 Teile. Leipzig 1843–1845. (Teil 3–4 mit dem Nebentitel:) Aufzeichnungen, Aktenstücke und Briefe zur Begründung historischer Wahrheit und der Berichtigung der Memoiren aus der neuesten Zeit. Teil 1.2

Droysen, Johann Gustav: Das Leben des Feldmarschalls Grafen Yorck von Wartenburg. 3 Bände. Berlin 1851/52

Droysen, Johann Gustav: Die Schlacht von Warschau 1656. Des IV. Bandes der Abhandlungen der philologisch-historischen Klasse der königlich sächsischen Gesellschaft der Wissenschaften Nr. IV. Leipzig 1863

Fidicin, E.: Die Territorien der Mark Brandenburg oder Geschichte der einzelnen Kreise, Städte, Rittergüter, Stiftungen und Dörfer in derselben, als Fortsetzung des Landbuchs Kaiser Karls IV. bearbeitet. Band 1–4. Berlin 1857–1864

Fischbach, Friedrich Ludwig Joseph: Statistisch-topographische Städte-Beschreibung der Mark Brandenburg. Berlin und Potsdam 1786

Foerster, Friedrich: Friedrich Wilhelm I., König von Preußen. 3 Bände. Nebst: Urkundenbuch zu der Lebensgeschichte Friedrich Wilhelms I. 2 Bände. Potsdam 1834–1835

Foerster, Friedrich: Neure und neuste preußische Geschichte … Lieferung 1–3. Berlin 1849

Fouqué, Friedrich Heinrich de la Motte: Ausgewählte Werke. Ausgabe letzter Hand. 12 Bände. Halle 1841

Frédéric le Grand: Œuvres. Tome 21 (Werke. Band 21). Berlin 1853 = Correspondance de Frédéric II, roi de Prusse. Tome 6 (Briefwechsel Friedrichs II., König von Preußen. Band 6)

Karte von *Freienwalde* an der Oder. Berlin: Simon Schropp [etwa 1855]

Charakterzüge aus dem Leben König *Friedrich Wilhelm I.* nebst verschiedenen Anekdoten. Herausgegeben von Beneckendorf. 1.–12. Sammlung. Berlin 1788–1798

Gähde, J. K. Fr. W. F.: Geschichte der Stadt Alt-Landsberg. Nach Quellen bearbeitet und den Bürgern der Stadt gewidmet von … F. G. Nach dessen Tode herausgegeben. Halle 1857

Hagen, Thomas Philipp von der: Beschreibung des adligen Geschlechts derer von Uchtenhagen. Berlin 1784

Hagen, Thomas Philipp von der: Beschreibung der Stadt Freienwalde, des dasigen Gesundbrunnens und Alaun-Werkes. Aus Urkunden und glaubhaften Nachrichten zusammengetragen. Berlin 1784

Karl August Fürst von *Hardenberg* [Nekrolog]. Allgemeine Preußische Staats-Zeitung, 17. Dezember 1822, 151. Stück

Heidecker, Friedrich Wilhelm: Beschreibung des Gesundbrunnens und Bades zu Freienwalde. 1795

Hesekiel, George: Fünf Bücher deutscher Gedichte. Berlin 1862

Hesekiel, George: Valentin von Massow. In George Hesekiel: Patronentaschenbuch. Neue Soldatengeschichten. Berlin 1855, S. 159 bis 167

Hiltl, Georg: Der Oberst von Münchow. Wochenblatt der Johanniter-Ordens-Ballei Brandenburg, 23. April 1862, Nr. 17, S. 82 ff. – Erwiderungen dazu: Graf Ernst zu *Lippe-Weißenfeld*, 7. Mai 1862, Nr. 19, S. 93 f.; Georg *Hiltl*, 28. Mai 1862, Nr. 22, S. 107 f.

Hoffbauer, Th.: Wo ist H. H. von Katte in Küstrin hingerichtet worden? und: Hat Kronprinz Friedrich der Hinrichtung wirklich zugesehen? Nach der Örtlichkeit, der lokalen Tradition und den zugänglichen Berichten von Augenzeugen und Zeitgenossen beantwortet. Küstrin 1867

Kanitz, Rudolf Graf von: Aus dem deutschen Soldatenleben. Militärische Skizze. Zur deutschen Sittengeschichte. Berlin 1861

Kantzow, Thomas: Pommerania oder Ursprung, Altheit und Geschicht' der Völker und Lande Pommern, Kassuben, Wenden, Stettin, Rügen in 14 Büchern, aus dessen Handschrift herausgegeben von H. G. L. Kosegarten. 2 Bände. Greifswald 1816

Klöden, Karl Friedrich: Beiträge zur mineralogischen und geognostischen Kenntnis der Mark Brandenburg. 5. und 8. Stück. Programm zur Prüfung der Zöglinge der Gewerbeschule am 31. März 1832 und 1. April 1835 … Berlin

Klose, Carl Ludwig: Leben Karl Augusts, Fürsten von Hardenberg, königlich preußischen Staatskanzlers. Halle 1851

[*König*, Anthon Balthasar:] Historisch-merkwürdige Beiträge zur Kriegsgeschichte des Großen Kurfürsten Friedrich Wilhelms in der Lebensbeschreibung Otto Christophs Freiherrn von Sparr … zur Erläuterung sehr wichtiger Begebenheiten des Hauses Brandenburg, im vorigen Jahrhunderte. Aus archivalischen und mit möglichster Genauigkeit benutzten, authentischen gedruckten und ungedruckten Schriften zusammengetragen. Stendal 1793

Vollständige Protokolle des *Köpenicker* Kriegsgerichts über Kronprinz Friedrich, Lieutenant von Katte, von Kait usw. Aus dem Familien-Archiv derer von der Schulenburg ([herausgegeben von Johann Friedrich] Danneil). Berlin 1861

Körte, Wilhelm: Albrecht Thaer, sein Leben und Wirken als Landwirt. Leipzig 1839

Kugler, Franz: Karl Friedrich Schinkel. Eine Charakteristik seiner künstlerischen Wirksamkeit. Berlin 1842

Kuhn, Adalbert, und Wilhelm *Schwartz:* Norddeutsche Sagen, Märchen und Gebräuche. Aus dem Munde des Volkes gesammelt, Leipzig 1848

Kutschbach, K. W.: Chronik der Stadt Küstrin, Küstrin 1845

Landbuch des Kurfürstentums und der Mark Brandenburg, welches Kaiser Karl IV., König von Böhmen und Markgraf zu Brandenburg, im Jahr 1375 anfertigen lassen ... aus den in den brandenburgischen Landesarchiven befindlichen Originalien herausgegeben und mit Anmerkungen erläutert. Berlin und Leipzig 1781

Leuthinger, Nicolaus: Scriptorum de rebus Marchiae Brandenburgensis maxime celebrium Nicolai Leuthingeri de Marchia et rebus brandenburgicis commentarii hucusque desideratissimi ac opuscula reliqua adhuc rarissima nec non Zachariae Garcaei successiones familiarum atque res gestae illustrissimorum praesidum Marchiae Brandenburgensis ab anno DCCCCXXVII ad annum MDLXXXII ... cum praefatione Joh. Gottlib Krausii. Francofurti et Lipsiae 1729 (Bis dahin [dringend] vermißter Abriß der Schriften über die Geschichte der Mark Brandenburg, vorzüglich der zahlreichen des Nicolaus Leuthinger über die Mark und die brandenburgische Geschichte sowie die bislang äußerst seltenen übrigen Abhandlungen, ebenso des Zacharias Garcaeus Abfolge der Familien und Taten der berühmtesten Statthalter der Mark Brandenburg vom Jahre 927 bis zum Jahre 1582 ... mit einer Vorrede von Joh. Gottlieb Krause. Frankfurt und Leipzig 1729)

Lippe-Weißenfeld, Ernst Graf zur: Derfflinger. Berlin 1880 = Biographische Blätter aus deutscher Geschichte. I,3

Manrique, Angelus: Cisterciensium seu varius ecclesiasticorum annalium a condito Cistercio ... Tom. 1–4. Lugduni 1642–1659 (Band 1–4 der Zisterzienser- oder, besser, der Kirchenannalen seit Gründung des Zisterzienserordens ... Lyon 1642–1659)

Marwitz, Friedrich August Ludwig von der: Aus dem Nachlasse F. A. L.s v. d. M ... 2 Bände. Berlin 1852

Mörner, Theodor von: Märkische Kriegs-Obersten des siebzehnten Jahrhunderts. ... Berlin 1861

Nagler, G[eorg] K[aspar]: Neues allgemeines Künstlerlexikon ... bearbeitet. 22 Bände. München 1835–1852

Pauli, Carl Friedrich: Leben großer Helden des gegenwärtigen Krieges. 9 Teile. Halle 1758–1766

Pertz, Georg Heinrich: Das Leben des Ministers Freiherrn vom Stein. 6 Bände. Berlin 1849–1855

Poellnitz, Charles Louis Baron de [d.i. Karl Ludwig Freiherr von

Pöllnitz]: Mémoires pour servir à l'histoire des quatres derniers souverains de la maison de Brandebourg royale de Prusse (Memoiren zum Nutzen der Geschichte der vier letzten Herrscher des brandenburgisch-preußischen Königshauses). Berlin 1791. [Deutsche Übersetzung, Berlin 1791]

Preuß, Johann David Erdmann: Friedrich der Große. Eine Lebensgeschichte. 4 Bände. Berlin 1832–1834

Preuß, Johann David Erdmann: Friedrichs des Großen Jugend und Thronbesteigung. Berlin 1840

Prittwitz-Gaffron, von: Joachim Bernhard von Prittwitz und Gaffron. Der Soldatenfreund. Herausgegeben von L[ouis] Schneider. Jg. 13, März 1863, Heft 9, S. 743–757

Pufendorf, Samuel: De rebus gestis a Carlo Gustavo Sueciae rege (Über die Taten Karl Gustavs, Königs von Schweden). Norimb. 1696. [Deutsche Übersetzung, Nürnberg 1697]

Putlitz, Gustav von: Ein altes Familienbild. (Hermann von Katte.) Die Gartenlaube, Jg. 1872, S. 633–636

Raumar, Georg Wilhelm von: Die Neumark Brandenburg im Jahre 1337 oder Markgraf Ludwigs des Älteren neumärkisches Landbuch herausgegeben und erläutert. Berlin 1837

Reichenbach, von: Statistisch-topographische Altertumskunde der Stadt Freienwalde an der Oder. Berlin 1824

Rentsch, Georg Christoph: Des kur- und fürstlichen Hauses Brandenburg Stammbaum. Bayreuth 1666

Riedel, Adolph Friedrich: Codex diplomaticus Brandenburgensis (Brandenburgisches Urkundenverzeichnis). Herausgegeben. 41 Bände. Berlin 1838–1868

Rindfleisch, L. Wilhelm: Zwei Sagen aus der Umgegend von Freienwalde, als Novellen bearbeitet. Wriezen 1846

Rindfleisch, L. Wilhelm: Drei Sagen aus der Umgegend von Freienwalde, erzählt. Wriezen 1846

Sagittarius, Caspar: Historie marchionum et electorum brandenburgensium ab origine Marchiae (Geschichte der brandenburgischen Markgrafen und Kurfürsten seit den Anfängen der Mark). Jena 1784

Schadow, Johann Gottfried: Kunstwerke und Kunst-Ansichten. Berlin 1849

Schöning, Hans und Kurd von: Geschichtliche Nachrichten von dem Geschlechte von Schöning und dessen Güter. Gesammelt und geordnet. Berlin 1830. – 2. Teil von Kurd Wolfgang von Schöning. Berlin 1848

Schöning, Kurd Wolfgang von: Des General-Feldmarschalls Hans Adam von Schöning auf Tamsel Leben und Kriegstaten. Berlin 1837

[*Schwerin*, Sophie von:] Sophie von Schwerin. Ein Lebensbild, aus eigenen hinterlassenen Papieren zusammengestellt von ihrer jüngeren Schwester A[malie] von R[omberg]. (Als Manuskript gedruckt.) Jena 1868

Sparr, Otto Christoph Freiherr von: Memorial, wie der Krieg gegen den Erb-Feind zu führen. Siehe *König:* Historisch-merkwürdige Beiträge … Beilage Nr. 10, S. 154 ff.

Thaer, Daniel Albrecht: Einleitung zur Kenntnis der englischen Landwirtschaft und ihrer neueren praktischen und theoretischen Fortschritte, in Rücksicht auf Vervollkommnung deutscher Landwirtschaft für denkende Landwirte und Kameralisten. 3 Bände. Hannover 1801–1804

Thurneysser zum Thurn, Leonhart: Pison. Das erst Theil. Von Kalten / Warmen Minerischen und Metallischen Wassern / sampt der vergleichunge der Plantarum und Erdgewechsen. 10 Bücher … Frankfurt a. O. 1572

[*Varnhagen von Ense*, Karl August:] Rahel. Ein Buch des Andenkens für ihre Freunde. 3 Teile. Berlin 1834

Varnhagen von Ense, Karl August: Galerie von Bildnissen aus Rahels Umgang und Briefwechsel. Herausgegeben. 2 Teile. Leipzig 1836

Varnhagen von Ense, Karl August: Leben des Generals Freiherrn von Seydlitz. Berlin 1834

Vehse: Geschichte der deutschen Höfe seit der Reformation. Hamburg 1851–1860. Abt. 1: Preußen. Teil 1–6

[*Waldersee*, Graf Georg von:] Die Schlacht bei Torgau am 3. November 1760. Nach archivalischen Quellen bearbeitet. Nebst 5 Beilagen. Berlin 1860 = Beiheft zum Militär-Wochenblatt für das 2te Quartal 1860

Wehrmann, Geh. Rat: Die Eindeichung des Oderbruchs. Berlin 1861. – Aus Band 37 der Annalen der Landwirtschaft

Weise, Karl: Blumen der Wälder. Wriezen 1859

Weise, Karl: Die Braut des Handwerkers. Mit einem Anhange vermischten Inhalts. 4. Aufl. Berlin 1861

Wilhelmine, Markgräfin von Bayreuth: Mémoires de Frédérique Sophie Wilhelmine, margrave de Bareith sœur de Frédéric le Grand. Depuis l'année 1706 jusqu'à 1742. Écrits de sa main (Memoiren der Friederike Sophie Wilhelmine, Markgräfin von Bayreuth, Schwester Friedrichs des Großen. Von 1706 bis 1742. Von ihr aufgezeichnet). 2 Bände. Braunschweig 1810. [Deutsche Übersetzung, Tübingen 1810]

Wolzogen, Carl August Alfred von: Aus Schinkels Nachlaß. Reisetagebücher, Briefe und Aphorismen. Berlin 1862

INHALTSVERZEICHNIS

JENSEITS DER ODER

AUF DEM HOHEN-BARNIM

Anhang

Theodor Fontane

Wanderungen durch die Mark Brandenburg

Havelland

VORWORT
ZUR ZWEITEN AUFLAGE

Auch diese neue Auflage des *dritten* Bandes der »Wanderungen« hat eine Umgestaltung erfahren. Wie bei Band I und II ist alles dem Spezialtitel *nicht* Entsprechende fortgelassen und durch ausschließlich Havelländisches oder doch dem Flußgebiet der Havel Angehöriges ersetzt worden. Auf diese Weise kamen hinzu: das Havel-Luch, Oranienburg, Tegel, Fahrland, die Fahrlander Chronik, Sacrow, »Wer war er?«, Falkenrehde, Zwei »heimlich Enthauptete« und Wust, das Geburtsdorf Hans Hermanns von Katte. Daran schließt sich noch Kloster Chorin, das, wiewohl außerhalb des Flußgebietes der Havel gelegen, um Lehnins willen, dessen Tochterkloster es war, mit herangezogen wurde. Wobei zugleich der Wunsch mitwirkte, dem mehrere Kapitel umfassenden Abschnitt von der Kolonisation der Mark durch die Zisterzienser wenigstens annähernd einen Abschluß zu geben.

Das Historische (im Gegensatze zu »Oderland«) tritt im ganzen genommen in diesem dritten Bande zurück, und Landschaft und Genre prävalieren.

An nicht wenigen Stellen entstand für mich die Frage, ob ich nicht, über die bloße Form hinaus, auch *inhaltlich zu* Änderungen zu schreiten und von einem inzwischen erfolgten Wechsel der Dinge Notiz zu nehmen hätte. Um ein paar Beispiele zu geben: das Friedrichsche Ehepaar auf der Pfaueninsel ist gestorben, Etzin ist niedergebrannt, und der in Trümmern liegende Teil der Lehniner Klosterkirche ist neu aufgebaut worden. Ich hab es aber mit Rücksicht darauf, daß alles Umarbeiten und Hinzufügen in der Regel nur Schwerfälligkeiten schafft, schließlich doch vorgezogen, das meiste so zu belassen, wie sich's etwa ums Jahr 70 dem Auge präsentierte, und bitte den Leser, wo sich die Benötigung dazu herausstellen sollte, dies freundlichst im Auge behalten zu wollen.

Berlin, 24. April 1880

Th. F.

HAVELLAND

Grüß Gott dich, Heimat! … Nach langem Säumen
In deinem Schatten wieder zu träumen,
Erfüllt in dieser Maienlust
Eine tiefe Sehnsucht mir die Brust.
Ade nun, Bilder der letzten Jahre,
Ihr Ufer der Somme, der Seine, Loire,
Nach Kriegs- und fremder Wässer Lauf
Nimm, heimische Havel, mich wieder auf.

Es spiegeln sich in deinem Strome
Wahrzeichen, Burgen, Schlösser, Dome:
Der Julius-Turm, den Märchen und Sagen
Bis Römerzeiten rückwärts tragen,
Das Schildhorn, wo, bezwungen im Streite,
Fürst Jaczko dem Christengott sich weihte,
Der Harlunger Berg, der an oberster Stelle
Weitschauend trug unsre erste Kapelle,
Das Plauer Schloß, wo fröstelnd am Morgen
Hans Quitzow steckte, im Röhricht verborgen,
Die Pfaueninsel, in deren Dunkel
Rubinglas glühte Johannes Kunckel,
Schloß Babelsberg und »Schlößchen Tegel«,
Nymphäen, Schwäne, blinkende Segel –
Ob rote Ziegel, ob steinernes Grau,
Du verklärst es, Havel, in deinem Blau.

Und schönest du alles, was alte Zeiten
Und neue an deinem Bande reihten,
Wie schön erst, was fürsorglich längst
Mit liebendem Arme du umfängst.
Jetzt Wasser, drauf Elsenbüsche schwanken,
Lücher, Brücher, Horste, Lanken,
Nun kommt die Sonne, nun kommt der Mai,
Mit der Wasserherrschaft ist es vorbei.
Wo Sumpf und Lache jüngst gebrodelt,
Ist alles in Teppich umgemodelt,

Ein Riesenteppich, blumengeziert,
Viele Meilen im Geviert.
Tausendschönchen, gelbe Ranunkel,
Zittergräser, hell und dunkel,
Und mitteninne (wie das lacht!)
Des roten Ampfers leuchtende Pracht.
Ziehbrunnen, über die Wiese zerstreut,
Trog um Trog zu trinken heut,
Und zwischen den Trögen und den Halmen,
Unter nährendem Käuen und Zermalmen,
Die stille Herde, … das Glöcklein klingt,
Ein Luftzug das Läuten herüberbringt.

Und an dieses Teppichs blühendem Saum
All die lachenden Dörfer, ich zähle sie kaum:
Linow, Lindow,
Rhinow, Glindow,
Beetz und Gatow,
Dreetz und Flatow,
Bamme, Damme, Kriele, Krielow,
Petzow, Retzow, Ferch am Schwielow,
Zachow, Wachow und Groß Behnitz,
Marquardt-Uetz an Wublitz-Schlänitz,
Senzke, Lentzke und Marzahne,
Lietzow, Tietzow und Reckahne,
Und zum Schluß in dem leuchtenden Kranz:
Ketzin, Ketzür und Vehlefanz.

Und an deinen Ufern und an deinen Seen,
Was, stille Havel, sahst all du *geschehn*?!
Aus der Tiefe herauf die Unken klingen –
Hunderttausend Wenden hier untergingen;
In Lüften ein Lärmen, ein Bellen, ein Jagen,
»Das ist Waldemar«, sie flüstern und sagen;
Im Torfmoor, neben dem Kremmer Damme
(Wo Hohenloh fiel), was will die Flamme?
Ist's bloß ein Irrlicht?… Nun klärt sich das Wetter,
Sonnenschein, Trompetengeschmetter,
Derfflinger greift an, die Schweden fliehn,
Grüß Gott dich Tag von Fehrbellin.

Grüß Gott dich Tag, du Preußenwiege,
Geburtstag und Ahnherr unsrer Siege,
Und Gruß *dir*, wo die Wiege *stand*,
Geliebte Heimat, Havelland!

Potsdam, im Mai 1872

DIE WENDEN
UND DIE KOLONISATION
DER MARK
DURCH DIE ZISTERZIENSER

DIE WENDEN IN DER MARK

1. Geographisch-Historisches

> Lichthelle Götter,
> Höret,
> Höret unser Flehen um Sieg!
> Wir kämpfen für Leben und Freiheit,
> Für Weib und Kind.
> Notschirmer Radigast,
> Krieghelfer Swantewit,
> Leidwahrer Triglaw,
> O verleihet uns Sieg!
>
> *Karl Seidel*

Am Nordufer der Mittelhavel, den ganzen Havelgau und südlich davon die »Zauche« beherrschend, lag die alte Wendenveste Brennabor. Ihre Eroberung durch Albrecht den Bären (1157) entschied über den Besitz dieses und der benachbarten Landesteile, die von da ab ihrer Christianisierung und, was insonderheit die Havelgegenden angeht, auch ihrer Germanisierung rasch entgegengingen. Diese Germanisierung, soweit sie durch die Klöster erfolgte, soll uns in den nächsten Kapiteln beschäftigen; unsre heutige Aufgabe aber wendet sich ausschließlich der heidnischen Epoche *vor* 1157 zu und versucht, in dieser Vorgeschichte der Mark eine Geschichte der märkischen Wenden zu geben. Dieser Ausdruck ist nicht völlig korrekt. Es soll heißen: Wenden, die, *noch eh es eine »Mark« gab,* in demjenigen Landesteile wohnten, der später Mark Brandenburg hieß.

Zuerst ein Wort über die Wenden überhaupt. Sie bildeten den am meisten nach Westen vorgeschobenen Stamm der großen slawischen Völkerfamilie; hinter ihnen nach Osten und Südosten saßen die Polen, die Südslawen, die Groß- und Kleinrussen.

Die Wenden rückten, etwa um 500, in die halb entvölkerten Lande zwischen Oder und Elbe ein. Sie fanden hier noch die zurückgebliebenen Reste der alten Semnonen, jenes großen germanischen Stammes, der vor ihnen das Land zwischen Elbe und Oder innegehabt und es – entweder einem Drucke von Osten her nachgebend oder aber durch Abenteuerdrang dazu getrieben – im Laufe des fünften Jahrhunderts verlassen hatte. Nur Greise, Weiber, Kinder waren teilweis zurückgeblieben und kamen in Abhängigkeit von den vordringenden Wenden. *Diese* wurden nunmehr der herrschende Stamm und gaben dem Lande sein Gepräge, den Dingen und Ortschaften ihre wendischen Namen. Als nach drei-, vier- und fünfhundert Jahren die Deutschen zum ersten Male wieder mit diesem Lande »zwischen Elbe und Oder« in Berührung kamen, fanden sie, wenige Spuren ehemaligen deutschen Lebens abgerechnet, ein völlig slawisches, das heißt wendisches Land vor.

Das Land war wendisch geworden, ebenso die östlicheren Territorien zwischen Oder und Weichsel. Aber das *westliche* Wendenland war doch die Hauptsache. Hier, zwischen Oder und Elbe, standen die berühmtesten Tempel, hier wohnten die tapfersten und mächtigsten Stämme.

Dieser Stämme, wenn wir von kleineren Gemeinschaften vorläufig absehn, waren drei: die *Obotriten* im heutigen Mecklenburg, die *Liutizen* in Mark und Vorpommern und die *Sorben* oder Serben im Meißnischen und der Lausitz.

Unter diesen drei Hauptstämmen der Westwenden, ja vielleicht der Wenden überhaupt, waren wiederum die *Liutizen*, denen also die märkischen Wenden als wesentlicher Bruchteil zugehörten, die ausgedehntesten und mächtigsten. Mit ihnen stand und fiel die Vormauer des Slawentums, und der beste, zuverlässigste und wichtigste Teil der ganzen Wendengeschichte ist die Geschichte dieses Stammes, die Geschichte der *Liutizen*. Schafarik sagt von ihnen: »Unter den polabischen, das heißt den an der Elbe wohnenden Slawen waren die Liutizen oder Lutizer oder Weleten durch ihre Volksmenge und Streitbarkeit wie durch ihre Ausdauer bei alten Sitten und Gebräuchen die berühmtesten. Ihr Name wird in den deutschen Annalen von Karl dem Großen bis zu ihrer völligen Unterwerfung (1157) öfter denn irgendein anderer Volksname genannt; er herrscht sogar in altdeutschen Sagen und Märchen. In russischen Volkssagen wird er noch heutigentags vom Volke mit Schrecken erwähnt.« Soweit Schafarik. Eh wir indessen zu einer kurzgefaßten Geschichte der Liutizen überhaupt übergehn, schicke ich den Versuch einer politischen Geographie des Liutizierlandes vorauf.

Die Liutizen, wie schon angedeutet, hatten ihre Sitze nicht bloß in der Mark; einige ihrer hervorragendsten Stämme bewohnten Neu-Vorpommern, noch andere das heutige Mecklenburg-Strelitz. Sie lebten innerhalb dieser drei Landesteile: Mark, Strelitz, Vorpommern, in einer nicht genau zu bestimmenden Anzahl von Gauen, von denen folgende die wichtigsten waren oder doch die bekanntesten gewesen sind.

In der Mark: die *Brizaner* in der Prignitz; die *Morizaner* in der Gegend von Leitzkau, Grabow, Nedlitz; die *Stodoraner* und Heveller in Havelland und Zauche; die *Spriavaner* im Teltow und Nieder-Barnim, also zu beiden Seiten der Spree; die *Riezaner* in der Nähe von Wriezen, am Rande des Oderbruches hin; die *Ukraner* in der Nähe von Pasewalk.

In Pommern und Mecklenburg-Strelitz: die *Kissiner* in der Nähe von Güstrow; die *Circipaner* um Wolgast herum; die *Dolenzer* um Demmin und Stolp; die *Ratarer* oder Redarier zwischen Oberhavel, Peene und Tollense; die *Woliner* auf Wollin und Usedom; die *Rujanen* oder *Ranen* auf Rügen. Kleinere eingestreute Gaue waren: Sitna oder Ziethen; der Murizzi-Gau am Müritz-See; der Dossaner Gau an der Dosse bei Wittstock.

Unter allen diesen Völkerschaften, Stämmen und Stämmchen, man könnte sie Clans nennen, waren wohl die Ranen und die Redarier die wichtigsten, beide als Hüter der zwei heiligsten Tempelstätten Rethra* und Arkona. Die Ranen außerdem noch ausgezeichnet als Seefahrer und siegreich über die Dänen.

Die märkischen Wenden konnten nach dieser Seite hin mit den Wenden in Pommern und Mecklenburg nicht wetteifern, aber andrerseits fiel ihnen die Aufgabe zu, in den jahrhundertelangen Kämpfen mit dem andringenden

* Darüber, wo Rethra oder Ratare stand, schwebt noch immer der Streit. Man nennt folgende Orte: Stargard (Mecklenburg), Malchin, Röbel (am Müritz-See), Rhesa, Strelitz, Prillwitz, Kuhschwanz. Der letztere Ort, unpoetischen Klanges, hat zur Zeit die größten Chancen, als »Rethra« anerkannt zu werden.

Deutschtum beständig auf der Vorhut zu stehn, und in dem Mute, den die Spree- und Havelstämme in diesen Kämpfen entwickelt haben, wurzelt ihre Bedeutung. Wenn die Ranen, und namentlich auch die Redarier, wie ein Stamm Levi, kirchlich vorherrschten, so prävalierten die märkischen Wenden politisch. Brandenburg, das wir wohl nicht mit Unrecht als den wichtigsten Punkt dieses märkischen Wendenlandes ansehn, wurde neunmal erobert und wieder verloren, siebenmal durch Sturm, zweimal durch Verrat. Die Kämpfe drehten sich mehr oder weniger um seinen Besitz.

Die ersten Berührungen mit der wendischen Welt, mit den Volksstämmen zwischen Elbe und Oder, fanden unter Karl dem Großen statt; sie führten zu nichts Erheblichem. Erst unter dem ersten Sachsenkaiser, Heinrich dem Finkler, wurde eine Unterwerfung der Wenden versucht und durchgeführt.

Diese Kämpfe begannen im Jahre 924 durch einen Einfall Heinrichs in das Land der Stodoraner und durch Wegnahme Brennabors. Dieser Wegnahme folgten Aufstände der Redarier, Stodoraner und Ukraner, woran sich dann neue deutsche Siege reihten.

Es war eine endlos ausgesponnene Kette, in der jedes einzelne Glied so Ursach wie Wirkung war. Die deutsche Grausamkeit schuf wendische Aufstände, und den wendischen Aufständen folgten erneute Niederlagen, die, von immer neuen Grausamkeiten des Siegers begleitet, das alte Wechselspiel wiederholten. So war es unter Kaiser Heinrich, und so war es unter Otto dem Großen. Zweimal wurden die Wenden in blutigen Schlachten niedergeworfen, 920 bei Lunkini (Lenzen)*, 935 am Dosa-Fluß (an der Dosse), aber

* Von dieser Schlacht bei Lunkini (Lenzen) findet sich in Widukinds »Sächsischen Geschichten« eine ausführliche Beschreibung. Die Christen belagerten Lunkini, als die Nachricht eintraf, daß ein großes Wendenheer zum Entsatz der bedrängten Festung heranrücke und während der Nacht das Lager der Christen überfallen wolle. Ein furchtbares Unwetter indes, heftige Regengüsse hinderten den Angriff des Feindes. So kam der Morgen, und die Christen schickten sich nun ihrerseits zum Angriff an. Die Zahl der Wenden war so groß, daß, als die Sonne jetzt hell auf die durchnäßten Kleider der hunderttausend Wenden schien, ein Dampf zum Himmel aufstieg, der sie wie in eine Nebelwolke hüllte, während die Christen in hellem Sonnenlicht heranzogen und ob dieser Erscheinung voll Hoffnung und Zuversicht waren. Nach hartem Kampfe flohen die Wenden; da ihnen aber eine Abteilung den Weg verlegt hatte, so stürzten sie einem See zu, in dem Unzählige ertranken. Die Chronisten geben das Wendenheer auf 200 000 Mann an. »Die Gefangenen wurden alle, wie ihnen verheißen, an einem Tage geköpft.«

ihre Kraft war ungebrochen, und der Tag kam heran, der bestimmt war, alle Niederlagen quittzumachen. Dies war die Schlacht am Tanger-Fluß 983. Da von dieser Zeit an das schon halb totgeglaubte Wendentum einen neuen Aufschwung nahm und noch einmal in aller Macht und Furchtbarkeit aufblühte, so mag es gestattet sein, bei den Vorgängen einen Augenblick zu verweilen, die zu dieser Schlacht am Tanger führten.

Mistewoi war Obotritenfürst und bereits Christ geworden. Er hielt zum Herzog Bernhard, der damals Markgraf von Nordmark war, und fühlte sich demselben an Macht, Geburt und Ansehen nah genug, um um dessen Nichte anzuhalten. Der Markgraf versprach sie ihm; Mistewoi aber, um ganz in die Reihe christlicher Fürsten einzutreten, zog zunächst mit 1000 wendischen Edelleuten nach Italien und focht an Kaiser Ottos Seite in der großen Schlacht bei Basantello. Als er zurückgekehrt war, erschien er vor Markgraf Bernhard und wiederholte seinen Antrag. Dieser schwankte jetzt aber, und ein anderer deutscher Fürst, der zugegen war, raunte dem Markgrafen zu: »Mitnichten; eines deutschen Herzogs Blutsverwandte gehört nicht an die Seite eines *wendischen Hundes.*« Mistewoi hatte gehört, was der Nebenstehende halblaut vor sich hin gesprochen hatte, und verließ die Halle. Bernhard, der das nun Bevorstehende ahnen mochte, schickte dem tödlich verletzten Wendenfürsten Boten nach, aber dieser ließ nur antworten: »Der Tag kommt, wo die Hunde beißen.« Er ging nun nach Rethra, wo der Haupttempel aller wendischen Stämme stand, und rief – die Obotriten standen selbstverständlich zu ihm – auch alle *liutizischen* Fürsten zusammen und erzählte ihnen die erlittene Schmach. Dann tat er sein Christentum von sich und bekannte sich vor dem Bilde Radegasts aufs neue zu den alten Göttern. Gleich darauf ließ er dem Sachsengrafen sagen: »Nun hab acht, Mistewoi der Hund kommt, um zu bellen, und wird bellen, daß ganz Sachsenland erschrecken soll.« Der Markgraf aber antwortete: »Ich fürchte nicht das Brummen eines Bären, geschweige das Bellen eines Hundes.« Am Tanger-Fluß kam es zur Schlacht, und die Sachsen wurden geschlagen. Das hatte Mistewoi der Hund getan. Die Unterwerfung, die 924 begonnen hatte, hatte 983 wieder ein Ende.

Der Dom zu Brandenburg wurde zerstört, und auf dem Harlunger Berge erhob sich das Bild des Triglaw. Von dort aus sah es noch wieder 150 Jahre lang in *wendische* Lande hinein. Die Liutizen waren frei.

Drei Generationen hindurch hielt sich, nach diesem großen Siege, die Macht der Wenden unerschüttert; Kämpfe fanden statt, sie rüttelten an der wiedererstandenen Wendenmacht, aber sie brachen sie nicht. Erst mit dem Eintritt des zwölften Jahrhunderts gingen die Dinge einer Wandlung entgegen; die Wendenstämme, untereinander in Eifersüchteleien sich aufreibend, zum Teil auch uneins durch die rastlos weiterwirkende Macht des Christentums, waren endlich wie ein unterhöhlter Bau, der bei dem ersten ernsteren Sturme fallen *mußte*. Die Spree- und Havellandschaften waren, so scheint es, die letzten Zufluchtsstätten des alten Wendentums; Brennabor, nachdem rundumher immer weiteres Terrain verlorengegangen war, war mehr und mehr der Punkt geworden, an dessen Besitz sich die Frage knüpfte, wer Herrscher sein solle im Lande, Sachse oder Wende, Christentum oder Heidentum. Das Jahr 1157, wie eingangs schon bemerkt, entschied über diese Frage. Albrecht der Bär erstürmte Brennabor, die letzten Aufstände der Brizaner und Stodoraner wurden niedergeworfen, und mit der Unterwerfung des Spree- und Havellandes empfing das Wendenland zwischen Elbe und Oder überhaupt den Todesstoß. (Rethra war schon vorher gefallen, wenigstens seiner höchsten Macht entkleidet worden. Nur der Swantewit-Tempel auf Arkona hielt sich um zwanzig Jahre länger, bis der Dänenkönig »Waldemar der Sieger« auch diesen zerstörte.)

Soviel in kurzen Zügen von der Geschichte des Wendenlandes zwischen Elbe und Oder. Wir wenden uns jetzt einer mehr kulturhistorischen Untersuchung zu und stellen zusammen, was wir über Charakter, über Sitte, Recht und Kultur des alten Wendentums wissen.

2. Lebensweise. Sitten. Tracht

Sie spinnen
Haben Linnen,
Sie regeln
Den Fluß und das Wehr,
Und mit Schiffen und Segeln
Sind sie zu Hause auf offnem Meer.

Die Frage ist oft aufgeworfen worden, ob die Wenden wirklich auf einer viel niedrigeren Stufe als die vordringenden Deutschen gestanden hätten, und diese Frage ist nicht immer mit einem bestimmten »Ja« beantwortet worden. Sehr wahrscheinlich war die Superiorität der Deutschen, die man schließlich wird zugeben müssen, *weniger* groß, als deutscherseits vielfach behauptet worden ist.

Die Wenden, um mit ihrer Wohnung zu beginnen, hausten keineswegs, wie ein mir vorliegender Stich sie darstellt, in verpalisadierten Erdhöhlen, um sich gleichzeitig gegen Wetter und Wölfe zu schützen; sie hatten vielmehr Bauten mannigfacher Art, die durchaus wirklichen Häusern entsprachen. Daß von ihren Gebäuden, öffentlichen und privaten, kein einziges bestimmt nachweisbar auf uns gekommen ist, könnte dafür sprechen, daß diese Bauten von einer inferioren Beschaffenheit gewesen wären; wir dürfen aber nicht vergessen, daß die siegreichen Deutschen natürlich alle hervorragenden Gebäude, die sämtlich Tempel oder Vesten waren, sei es aus Rache oder sei es zu eigner Sicherheit, zerstörten, während die schlichten Häuser und Hütten im Laufe der Jahrhunderte sich natürlich ebensowenig erhalten konnten wie *deutsche* Häuser und Hütten aus jener Zeit.

Die Wenden, soviel steht fest, hatten verhältnismäßig wohleingerichtete Häuser, und die Frage bleibt zunächst nur, *wie* waren diese Häuser. Wahrscheinlich sehr verschiedener Art. Wie wir noch jetzt, oft bunt durcheinander, noch häufiger nach Distrikten geschieden, Lehmkaten, Fachwerk-, Feldstein- und Backsteinhäuser finden, der Stroh-, Schilf-, Schindel- und Ziegeldächer ganz zu geschweigen, so war es auch in alten Wendenzeiten, nur noch wechselnder, nur noch abhängiger von dem Material, das gerade zur Hand war. In den Fischerdörfern an der Spree und Havel hin, in den Sumpfgegenden, die kein anderes Material kannten als Elsen und Eichen, waren die Dörfer mutmaßlich Blockhäuser, wie man ihnen bis diesen Tag in den Spreewaldgegenden begegnet; auf dem feldsteinübersäten Barnim-Plateau richteten sich, wie noch jetzt vielfach in den dortigen Dörfern geschieht, die Wohnungen höchstwahrscheinlich aus Feldstein auf; in fruchtbaren Gegenden aber, wo der Lehm zutage lag, wuchs das Lehm- und das Ziegelhaus auf, denn die Wenden verstanden sich sehr wohl auf die Nutzung des Lehms und sehr wahrscheinlich auch auf das Ziegelbrennen. Daß sie unter ihrem Gerät nachweisbar auch den *Mauer*hammer hatten, deutet wenigstens darauf hin. Einzelne dieser Dinge sind nicht geradezu zu beweisen, aber sie *müssen* so gewesen sein nach einem Naturgesetz, das fortwirkt bis auf diesen Tag. Armes oder unkultiviertes Volk baut sich seine Wohnungen aus dem, was es zunächst hat: am Vesuv aus Lava, in Irland aus Torf, am Nil aus Nilschlamm, an den Pyramiden aus Trümmern vergangener Herrlichkeit. So war es immer, wird es immer sein. Und so war es auch bei den Wenden.

Die Wenden aber hatten nicht nur Häuser, sie wohnten auch in Städten und Dörfern, die sich zu vielen Hunderten durch das Land zogen. Die wendischen Namen unserer Ortschaften beweisen dies zur Genüge. Manche Gegenden haben nur wendische Namen. Um ein Beispiel statt vieler zu geben, die Dörfer um Ruppin herum heißen: Karwe, Gnewikow, Garz, Wustrau, Bechlin, Stöffin, Kränzlin, Metzelthin, Dabergotz, Ganzer, Lentzke, Manker etc., lauter wendische Namen. Ähnlich ist es überall in der Mark, in Lausitz und Pommern. Selbst viele deutsch klingende Namen, wie Wustrau, Wusterhausen etc., sind nur ein germanisiertes Wendisch.

Wie die Dörfer waren, ob groß oder klein, ob stark bevölkert oder schwach, kann, da jegliche bestimmte Angabe darüber fehlt, nur mittelbar herausgerechnet, nur hypothetisch festgestellt werden. Die große Zahl der Totenurnen, die man findet, außerdem die Mitteilungen Thietmars und anderer, daß bei Lunkini 100 000 Wenden gefallen seien, scheinen darauf hinzudeuten, daß das Land allerdings stark bevölkert war.

Unsicher, wie wir über Art und Größe der wendischen Dörfer sind, sind wir's auch über die *Städte*. Einzelne galten für bedeutend genug, um mit den Schilderungen ihres Glanzes und ihres Unterganges die Welt zu füllen, und wie geneigt wir sein mögen, der poetischen Darstellung an diesem Weltruhme das beste Teil zuzuschreiben, so kann doch das Geschilderte nicht ganz Fiktion gewesen sein, sondern muß in irgend etwas Vorhandenem seine reale Anlehnung gehabt haben. Besonderes Ansehen hatten die *Handelsstädte* am Baltischen Meere. Unter diesen war Jumne, wahrscheinlich am Ausfluß der Swine gelegen, eine der gefeiertsten. Adam von Bremen erzählt von ihr: sie sei eine sehr angesehene Stadt und der größte Ort, den das heidnische Europa aufzuweisen habe. »In ihr« – so fährt er fort – »wohnen Slawen und andere Nationen, Griechen und Barbaren. Und auch den dort ankommenden Sachsen ist, unter gleichem Rechte, mit den übrigen zusammen zu wohnen verstattet, freilich nur, solange sie ihr Christentum nicht öffentlich kundgeben. Übrigens wird, was *Sitte* und *Gastlichkeit* anlangt, kein Volk zu finden sein, das sich ehrenwerter und dienstfertiger bewiese. Jene Stadt besitzt auch alle möglichen Annehmlichkeiten und Seltenheiten. Dort findet sich der Vulkanstopf, den die Eingeborenen das ›griechische Feuer‹ nennen; dort zeigt sich auch Neptun in dreifacher Art, denn von drei Meeren wird jene Insel bespült, deren eines von ganz grünem Aussehen sein soll, das zweite aber von weißlichem; das dritte ist durch ununterbrochene Stürme beständig in wutvoll brausender Bewegung.«

Diese Beschreibungen zeitgenössischer Schriftsteller, wie auch die Beschreibung von Vineta oder Julin (die beide dasselbe sind), beziehen sich auf wendische *Handels-* und Küstenstädte. Es ist indessen wahrscheinlich, daß die Binnenstädte wenig davon verschieden waren, wenn auch vielleicht etwas geringer. An Handel waren sie gewiß unbedeutender, *aber dafür standen sie dem deutschen Leben und seinem Einfluß näher.*

Wenden wir uns nunmehr der Frage zu, wie *lebten* die Wenden in ihren Dörfern und Städten, wie kleideten, wie beschäftigten sie sich, so wird das wenige, was wir bis hierher sagen konnten, auch ein gewisses Licht auf *diese* Dinge werfen. Wie beschäftigten sie sich? Neben der Führung der Waffen, die Sache jedes Freien war, gab es ein mannigfach gegliedertes Leben. Die Ausschmückungen der Tempel – Ausschmückungen, wie man ihnen noch jetzt in altrussischen Kirchen begegnet und wie sie in den alten Schriftstellern der Wendenzeit vielfach beschrieben werden – lassen keinen Zweifel darüber, daß die Wenden eine Art von Kunst, wenigstens von Kunsthandwerk, kannten und übten. Sie schnitzten ihre Götzenbilder in Holz oder fertigten sie aus Erz und Gold, sie bemalten ihre Tempel und färbten das Schnitzwerk, das als groteskes Ornament die Tempel zierte. Den Schiffbau kannten sie, wie die kühnen Seeräuberzüge der Ranen zur Genüge beweisen, und ihr Haus- und Kriegsgerät war mannigfacher Art. Sie kannten den Haken zur Beackerung und die Sichel, um das Korn zu schneiden. Die *feineren* Wollenzeuge, so berichten die Chronisten, kamen aus Sachsen; aber eben aus dieser speziellen Anführung geht hervor, daß die minder feinen im Lande selber bereitet wurden. Einheimische Arbeit war auch die Leinewand, in welche die Nation sich kleidete und wovon sie zu Segeln und Zelten große Mengen gebrauchte. Es ist also wohl nicht zu bezweifeln, daß der Webstuhl im Wendenlande bekannt war wie im ganzen Norden bis nach Island und daß die Hände, welche den Flachs und den Hanf dem Erdboden abgewannen, ihn auch zu verarbeiten verstanden. Die Hauptbeschäftigungen blieben freilich Jagd und Fischerei, daneben die *Bienenzucht.* Das Land wies darauf hin. Noch jetzt, in den slawischen Flachlanden Osteuropas, auf den Strecken zwischen Wolga und Ural, wo weite Heiden mit Lindenwäldern wechseln, begegnen wir denselben Erscheinungen, derselben Beschäftigung. Die Honigerträge waren reich und wichtig, weil aus ihnen der Met gewonnen wurde. Bier wurde aus Gerste gebraut. Die Fische wurden frisch oder eingesalzen gegessen, denn man benutzte die Solquellen und wußte das Salz aus ihnen zu gewinnen. Vieles spricht dafür, daß sie selbst Bergbau trieben und das Eisen aus dem Erze zu schmelzen verstanden.

Noch ein Wort über die nationale *Kleidung* der Wenden. Es

liegen nur Andeutungen darüber vor. Daß sie so gewesen sei oder auch nur ähnlich, wie die Wenden sie jetzt noch tragen, ist wohl falsch. Die wendische Tracht entwickelte sich in den wendisch gebliebenen Gegenden unter dem Einfluß wenn nicht der deutschen Mode, so doch des deutschen Stoffs und Materials, und es bedarf wohl keiner Versicherung, daß die alten ursprünglichen Wenden weder Faltenröcke noch Zwickelstrümpfe, weder Manchestermieder noch Überfallkragen gekannt haben. All dies ist ein in *spätern Kulturzeiten* Gewordenes, an dem die Wendenüberreste nolens volens teilnehmen mußten. Giesebrecht beschreibt ihre Kleidung wie folgt: »Zur nationalen Kleidung gehörte ein kleiner Hut, ein Obergewand, Unterkleider und Schuhe oder Stiefel; barfuß gehen wurde als ein Zeichen der äußersten Armut betrachtet. Die Unterkleider konnten gewaschen werden; der Stoff, aus dem sie bestanden, war also vermutlich Leinewand. Das Oberkleid war *wollen.*« Über Schnitt und Kleidung und die bevorzugten Farben wird nichts gesagt, doch dürfen wir wohl annehmen, daß sich eine Vorliebe für das Bunte darin aussprach. Der kleine Hut und die leinenen Unterkleider: Rock, Weste, Beinkleid, finden sich übrigens noch bis diesen Tag bei den Spreewaldswenden vor. Nur die Frauentrachten weichen völlig davon ab.

3. Charakter. Begabung. Kultus

In trotzigem Mut,
Gastfrei und gut,
Haben für ihre Götter und Sitten
Sie wie die Märtyrer gelitten.

Nachdem wir bis hierher die *äußere Erscheinung* betont und die Frage zu beantworten gesucht haben: Wie sahen die alten Wenden aus? wie wohnten sie? wie beschäftigten und wie kleideten sie sich?, wenden wir uns in folgendem mehr ihrem geistigen Leben zu, der Frage: Wie war ihr Charakter, ihre geistige Begabung, ihr Rechtssinn, ihre Religiosität?

Die Wenden haben uns leider kein einziges Schriftstück hinterlassen, das uns dazu dienen könnte, die Schilderungen, die uns ihre bittern Feinde, die Deutschen, von ihnen entworfen haben, nötigenfalls zu korrigieren. Wir hören eben nur *eine* Partei sprechen, dennoch sind auch diese Schilderungen ihrer Gegner nicht dazu angetan, uns mit Abneigung gegen den Charakter der Wenden zu erfüllen. Wir begegnen mehr liebenswürdigen als häßlichen Zügen, und wo wir diese häßlichen Züge treffen, ist es gemeinhin unschwer zu erkennen, woraus sie hervorgingen. Meist waren es Repressalien, Regungen der Menschennatur überhaupt, nicht einer spezifisch *bösen* Menschennatur.

Zwei Tugenden werden den Wenden von allen deutschen Chronikenschreibern jener Epoche: Widukind, Thietmar, Adam von Bremen, zuerkannt: sie waren tapfer und gastfrei. Ihre Tapferkeit spricht aus der ganzen Geschichte jener Epoche, und der Umstand, daß sie, trotz Fehden und steter Zersplitterung ihrer Kräfte, dennoch den Kampf gegen das übermächtige Deutschtum zwei Jahrhunderte lang fortsetzen konnten, läßt ihren Mut in allerglänzendstem Lichte erscheinen. Sie waren ausgezeichnete Krieger, zu deren angeborner Tapferkeit sich noch andere kriegerische Gaben, wie sie den Slawen eigentümlich sind, gesellten: Raschheit, Schlauheit, Zähigkeit. Hierin sind alle deutschen Chronisten einig. Ebenso einig sind sie, wie schon hervorgehoben, in Anerkennung der wendischen Gastfreundschaft. »Um Aufnahme zu bitten hatte der Fremde in der Regel nicht nötig; sie wurde ihm wetteifernd angeboten. Jedes Haus hatte seine Gastzimmer und immer offne Tafel. Freigebig wurde vertan, was durch Ackerbau, Fischfang, Jagd und in den größeren Städten auch wohl durch Handel und Gewerbe gewonnen worden war. Je freigebiger der Wende war, für desto vornehmer wurde er gehalten und für desto vornehmer hielt er sich selbst. Wurde – was übrigens äußerst selten vorkam – von diesem oder jenem ruchbar, daß er das Gastrecht versagt habe, so verfiel er allgemeiner Verachtung, und Haus und Hof durften in Brand gesteckt werden.«

Sie waren tapfer und gastfrei, aber sie waren falsch und untreu, so berichten die alten Chronisten weiter. Die alten Chronisten sind indessen ehrlich genug, hinzuzusetzen: »untreu *gegen ihre Feinde*«. Dieser Zusatz legt einem sofort die Frage nahe: Wie waren aber nun diese Feinde? Waren sie, ganz von aller ehrlichen Feindschaft, von offenem Kampfe abgesehen, waren diese Feinde ihrerseits von einer Treue, einem Worthalten, einer Zuverlässigkeit, die den Wenden ein Sporn hätte sein können, Treue mit Treue zu vergelten?

Die Erzählungen der Chronisten machen uns die Antwort auf die Frage leicht; in rühmlicher Unbefangenheit erzählen sie uns die endlosen Perfidien der Deutschen. Dies erklärt sich daraus, daß sie, von Parteigeist erfüllt und blind im Dienst einer großen Idee, die eigenen Perfidien vorweg als gerechtfertigt ansahen. Dagegen war wendischer Verrat einfach Verrat und stand da, ohne allen Glorienschein, in nackter, alltäglicher Häßlichkeit. Der Wende war ein »Hund«, ehrlos, rechtlos, und wenn er sich unerwartet aufrichtete und seinen Gegner biß, so war er untreu. Ein Hund darf nicht beißen, es geschehe ihm, was da wolle. Die Geschichte von Mistewoi haben wir gehört, sie zeigt die schwindelnde Höhe deutschen Undanks und deutscher Überhebung. In noch schlimmerem Lichte erscheint das Deutschtum in der Geschichte von Markgraf Gero. Dieser, wie in Balladen oft erzählt, ließ dreißig wendische Fürsten, also wahrscheinlich die Häupter fast aller Stämme zwischen Elbe und Oder, zu einem Gastmahl laden, machte die Erschienenen trunken und ließ sie dann ermorden. Das war 939. Nicht genug damit. Im selben Jahre vollführte er einen zweiten List- und Gewaltstreich. Den Tugumir, einen flüchtigen Fürsten der Heveller, den er durch Versprechungen auf seine Seite zu ziehen gewußt hatte, ließ er nach Brennabor zurückkehren, wo er Haß gegen die Deutschen heucheln und dadurch die alte Gunst seines Stammes sich wiedererobern mußte. Aber kaum im Besitz dieser Gunst, tötete Tugumir seinen Neffen, der in wirklicher Treue und Aufrichtigkeit an der Sache der Wenden hing, und öffnete dann dem Gero die Tore, dessen bloßes Werkzeug er gewesen war. Das waren die Taten, mit denen die Deutschen – freilich oft unter Hilfe und Zutun der Wenden selbst – voranschritten. Weder die Deutschen noch ihre Chronisten, zum Teil hochkirchliche Männer, ließen sich diese Verfahrungsweise anfechten, klagten aber Mal auf Mal über die »Falschheit der götzendienerischen Wenden«.

Die Wenden waren tapfer und gastfrei und, wie wir uns überzeugt halten, um kein Haar falscher und untreuer als ihre Besieger, die Deutschen; aber in einem waren sie ihnen allerdings unebenbürtig, in jener gestaltenden, große Ziele von Generation zu Generation unerschütterlich im Auge behaltenden Kraft, die zu allen Zeiten der Grundzug der germanischen Race gewesen und noch jetzt die Bürgschaft ihres Lebens ist. *Die Wenden von damals waren wie die Polen von heut.* Ausgerüstet mit liebenswürdigen und blendenden Eigenschaften, an Ritterlichkeit ihren Gegnern mindestens gleich, an Leidenschaft, an Opfermut ihnen vielleicht überlegen, gingen sie dennoch zugrunde, weil sie jener gestaltenden Kraft entbehrten. Immer voll Neigung, ihre Kräfte nach außen hin schweifen zu lassen, statt sie im Zentrum zu einen, fehlte ihnen das Konzentrische, während sie exzentrisch waren in jedem Sinne. Dazu die individuelle Freiheit höher achtend als die staatliche Festigung – wer erkennte in diesem allem nicht polnisch-nationale Züge?

Wir sprechen zuletzt von dem *Kultus* der Wenden. Weil die religiöse Seite der zu bekehrenden Heiden unsere christlichen Missionare selbstverständlich am meisten interessieren mußte, so ist es begreiflich, daß wir über diesen Punkt unserer liutizischen Vorbewohner am besten unterrichtet sind. Die Nachrichten, die uns geworden, beziehen sich in ihren Details zwar überwiegend auf jene zwei Haupttempelstätten des Wendenlandes, die *nicht* innerhalb der Mark, sondern die eine (Rethra) hart an unserer Grenze, die andere (Arkona) auf Rügen gelegen waren; aber wir dürfen fast mit Bestimmtheit annehmen, daß alle diese Beschreibungen auch auf die Tempelstätten unserer märkischen Wenden passen, wenngleich dieselben, selbst Brennabor nicht ausgeschlossen, nur zweiten Ranges waren.

Die wendische Religion kannte drei Arten der Anbetung:
Naturanbetung (Stein, Quelle, Baum, Hain);
Waffenanbetung (Fahne, Schild, Lanze);
Bilderanbetung (eigentlicher Götzendienst).

Die *Natur* war der Boden, aus dem der wendische Kultus aufwuchs; die spätere *Bilder*anbetung war nur *Natur*anbetung in anderer Gestalt. Statt Stein, Quelle, Sonne etc., die ursprünglich Gegenstand der Anbetung gewesen waren, wurden nunmehr Gestalten angebetet, die Stein, Quelle, Sonne etc. bildlich darstellten.

Die Wenden hatten in ihrer Religion einen *Dualismus schwarzer* und *weißer* Götter, einer lichten Welt auf der Erde und eines unterirdischen Reiches der Finsternis. Die Einheit lag im Jenseits, im Himmel.

An und in sich selbst unterschied der Wende Leib und Seele, doch scheint ihm die Menschenseele der Tierseele verwandt erschienen zu sein. Wenigstens glaubte er nicht an persönliche Unsterblichkeit. Die Seele saß im Blut, aber war doch wieder getrennt davon. Strömte das Blut des Sterbenden zu Boden, so flog die Seele aus dem Munde und flatterte zum Schrecken aller Vögel, nur nicht der Eule, so lange von Baum zu Baum, bis die Leiche verbrannt oder begraben war.

Die alten Chronisten haben uns die Namen von vierzehn wendischen Göttern überliefert. Unter diesen waren die folgenden fünf wohl die berühmtesten: Siwa (das Leben); Gerowit (der Frühlingssieger); Swantewit (der heilige oder helle Sieger); Radegast (die Vernunft, die geistige Kraft); Triglaw (der Dreiköpfige. Ohne bestimmte Bedeutung).

Vom Siwa haben wir keine Beschreibung. Gerowit, der Frühlingssieger, war mit kriegerischen Attributen geschmückt, mit Lanzen und Fahnen, auch mit einem großen kunstvollen, mit Goldblech beschlagenen Schild. Radegast war reich vergoldet und hatte ein mit Purpur verziertes Bett. Noch im fünfzehnten Jahrhundert hing in einem Fenster der Kirche zu Gadebusch eine aus Erz gegossene Krone, die angeblich von einem Bilde dieses Gottes herstammte. Swantewit hatte vier Köpfe, zwei nach vorne, zwei nach rückwärts gewandt, die wieder abwechselnd nach rechts und links blickten. Bart und Haupthaar war nach Landessitte geschoren. In der rechten Hand hielt der Götze ein Horn, das mit verschiedenen Arten Metall verziert war und jährlich einmal mit Getränk angefüllt wurde; der linke Arm war bogenförmig in die Seite gesetzt, die Kleidung ein Rock, der bis an die Schienbeine reichte. Diese waren von anderem Holz als die übrige Figur und so künstlich mit den Knien verbunden, daß man nur bei genauer Betrachtung die Fugen wahrnehmen konnte. Die Füße standen auf der Erde und hatten *un-*

ter dem Boden ihr Fußgestell. Das Ganze war riesenhaft, weit über menschliche Größe hinaus. Endlich Triglaw hatte drei Köpfe, die versilbert waren. Ein goldener Bund verhüllte ihm Augen und Lippen.

Diese Götter hatten überall im Lande ihre Tempel, nicht nur in Städten und Dörfern, sondern auch in unbewohnten Vesten, sogenannten »Burgwällen«, und zwar auf Hügeln und Klippen, in Seen und Wäldern. Wahrscheinlich hatte jeder »Gau«, deren es im Lande zwischen Elbe und Oder etwa fünfundvierzig gab, einen Haupttempel, ähnlich wie es in späterer christlicher Zeit in jedem größeren Distrikt eine Bischofskirche, einen Dom, ein Kloster gab. Dieser Haupttempel konnte in einer Stadt sein, aber auch ebensogut in einem »Burgwall«, der dann nur den Tempel umschloß und etwa einem Berge mit einer berühmten Wallfahrtskirche entsprach. In Julin, Wolgast, Gützkow, Stettin, Malchow, Plön, Jüterbog und Brandenburg werden solche Städtetempel eigens erwähnt. Unzweifelhaft aber gab es deren an anderen Orten noch als an den vorstehend genannten.

4. Rethra. Arkona. »Was ward aus den Wenden?«

Hier dient der Wende seinen Götzenbildern,
Hier baut er seiner Städte festes Tor,
Und drüber blinkt der Tempel Dach hervor:
Julin, Vineta, Rethra, Brennabor.

Karl Seidel

Die zwei Haupttempelstätten im ganzen Wendenland waren, wie mehrfach hervorgehoben, Rethra und Arkona. Stettin und Brennabor, ihnen vielleicht am nächsten stehend, hatten doch überwiegend eine *lokale* Bedeutung.

Rethra und Arkona repräsentierten auch die Orakel, bei denen in den großen Landesfragen Rats geholt wurde, und ihr Ansehn war so groß, daß der Besitz dieser Tempel dem ganzen Stamme, dem sie zugehörten, ein gesteigertes Ansehen lieh; die Redarier und die Ranen nahmen eine bevorzugte Stellung ein. Später entspann sich zwischen beiden eine Rivalität, wie zwischen Delphi und Dodona.

Rethra war unter diesen beiden Orakelstätten die ältere, und wir beginnen mit Wiedergabe dessen, was Thietmar, Bischof von Merseburg, über diese sagt. Thietmar berichtet:

»So viele Kreise es im Lande der Liutizier gibt, so viele Tempel gibt es auch und so viele einzelne Götzenbilder werden verehrt; die Stadt Rethra aber behauptet einen ausgezeichneten Vorrang vor allen anderen. Nach Rethra schicken die Wendenfürsten, ehe sie in den Kampf eilen, und sorgfältig wird hier vermittelst der Lose und des Rosses nachgeforscht, welch ein Opfer den Göttern darzubringen sei.«

Stadt und Tempel von Rethra schildert Thietmar nun weiter: »Rethra liegt im Gau der Redarier, ein Ort von dreieckiger Gestalt, den von allen Seiten ein großer, von den Eingeborenen gepflegter und heiliggehaltener Hain umgibt. Der Ort hat drei Tore. Zwei dieser Tore stehen jedem offen; das dritte Tor aber, das kleinste, weist auf das Meer hin und gewährt einen furchtbaren Anblick. An diesem Tor steht nichts als ein künstlich aus Holz gebautes Heiligtum, dessen Dach auf den Hörnern verschiedener Tiere ruht, die es wie Tragsteine emporhalten. Die Außenseiten dieses Heiligtums sind mit verschiedenen Bildern von Göttern und Göttinnen, die, soviel man sehen kann, mit bewundernswerter Kunst in das Holz hineingemeißelt sind, verziert; inwendig aber stehen von Menschenhand gemachte Götzenbilder, mit ihren Namen am Fußgestell, furchtbar anzuschauen. Der vornehmste derselben heißt Radegast oder Zuarasioi und wird von allen Heiden geehrt und angebetet. Hier befinden sich auch ihre Feldzeichen, welche nur, wenn es zum Kampfe geht, von hier fortgenommen und dann von Fußkämpfern getragen werden. Um dies alles sorgfältig zu hüten, sind von den Eingeborenen besondere Priester angestellt, welche, wenn die Leute zusammenkommen, um den Bildern zu opfern und ihren Zorn zu sühnen, allein sitzen bleiben, während die anderen stehen. Indem sie dann heimlich untereinander murmeln, graben sie voll Zornes in die Erde hinein, um vermittelst geworfener Lose nach Gewißheit über zweifelhafte Dinge zu forschen. Nachdem dies beendigt ist, bedecken sie die Lose mit grünem Rasen und führen ein Roß, das als heilig von ihnen verehrt wird, mit demütigem Flehen über die Spitzen zweier sich kreuzenden, in die Erde gesteckten

Speere weg. Dies ist gleichsam der *zweite* Akt, zu dem man schreitet, um die Zukunft zu erforschen, und wenn *beide* Mittel: zuerst das Los, dann das heilige Pferd, auf ein gleiches Vorzeichen hindeuten, so handelt man darnach. Wo nicht, so wird von den betrübten Eingeborenen die ganze Angelegenheit aufgegeben.«

Als Bischof Thietmar diese Schilderung von Rethra entwarf, stand dasselbe noch in höchstem Ansehen bei der Gesamtheit des Wendenvolkes, aber schon wenige Jahre später ging sein Ruhm als *erste* Tempel- und Orakelstätte des Wendenreiches unter. Arkona auf Rügen trat an seine Stelle. Noch 1066 hatten die Wenden, nach einem siegreichen Rachezuge, den Bischof Johann von Mecklenburg nach Rethra geschleppt und dem Radegast das Haupt des Bischofs geopfert; aber dies Ereignis führte zugleich zu jener Niederlage Rethras, von der es sich nicht mehr ganz erholte. Im Winter 1067 auf 1068 erschien Bischof Burkhard von Halberstadt vor Rethra, stürzte das Götzenbild um und *ritt auf dem weißen Rosse des Radegast heim.* Dieser wohlberechnete Hohn blieb auf die Wendenstämme nicht ohne Einfluß, Eifersucht gegen die Redarier kam hinzu, und so wendeten sich die Wendenstämme von dem Radegast zu Rethra, der sich schwach erwiesen hatte, ab und dem Swantewit-Tempel in Arkona zu. Hundert Jahre lang, von jenem Tage der Niederlage ab, glänzte nun Arkona, wie vorher Rethra geglänzt hatte. Auch von Arkona und seinem Swantewit-Tempel besitzen wir eine Beschreibung. Es scheint, daß vier mächtige Holzpfeiler, die auf Tierhörnern ruhten, ihrerseits ein Dach trugen, dessen Inneres dunkelrot getüncht war. Der Raum zwischen den vier Pfeilern war durch Bretterwände ausgefüllt, die allerhand bunt bemaltes Schnitzwerk trugen. Dies alles aber war nur die Außenhülle, und vier mächtige Innenpfeiler, durch Vorhänge geschlossen, teilten den inneren Tempelraum wieder in zwei Hälften, in ein Heiligstes und Allerheiligstes. In dem letzteren erst stand das Bild Swantewits. Arkona hatte besondere Tempeldiener, und mehr und mehr bildete sich hier eine Priesterkaste aus, Sie unterschieden sich schon durch Tracht und Kleidung von dem Rest der Nation und trugen Bart und Haar lang herabwallend, während die übrigen Ranen Bart und Haar geschoren trugen. Sie gehörten zu den *Edlen* des Landes; kriegerische und priesterliche Tätigkeit galt überhaupt den Wenden als wohl vereinbar.

Auch hier in Arkona diente das »weiße Pferd« zur Zeichendeuterei. Alle Poesie knüpfte sich an dasselbe. Nicht selten fand man es des Morgens mit Schaum und Schmutz bedeckt in seinem Stall; dann hieß es, Swantewit selber habe das Pferd geritten und es im Streit gegen seine Feinde getummelt. Die Formen, unter denen das Orakel erteilt oder die Frage »Krieg oder Friede« entschieden wurde, waren denen in Rethra nah verwandt, aber doch nicht voll dieselben. Drei Paar gekreuzte Lanzen wurden in den Boden gesteckt und das Pferd herangeführt. Schritt es nun mit dem rechten Fuß zuerst über die Speere, so war das Zeichen glücklich, unglücklich, wenn das Tier den linken Fuß zuerst aufhob. Entschiedenes Heil aber versprach das Orakel nur, wenn das weiße Pferd über alle *drei* Lanzenpaare mit dem rechten Fuße hingeschritten war.

Der Swantewit-Tempel auf Arkona war das letzte Bollwerk des Heidentums. Es fiel endlich, wie schon hervorgehoben, in den Dänenkämpfen, im Kriege mit »Waldemar dem Sieger«, nachdem es nicht nur den Radegast-Tempel Rethras, wenigstens den Ruhm desselben, um ein Jahrhundert, sondern auch den uns in gewissem Sinne näher angehenden *Triglaw-Tempel zu* Brennabor um zwanzig und einige Jahre überlebt hatte.

Dieser Triglaw-Tempel, wenn auch für die *Gesamtheit* der Wenden nur ein Tempel zweiten Ranges, erheischt noch ein kurzes Verweilen.

Triglaw war eine ursprünglich pommersche Gottheit und wurde, wie es scheint, erst in späterer Zeit, sei es aus *Eifersucht* oder sei es aus *Mißtrauen* gegen den Radegast (in Rethra), von Pommern her in die Havelgegenden eingeführt. In Kürze haben wir ihn schon an anderer Stelle beschrieben. Er hatte *drei* Köpfe, weil er Herr im Himmel, auf Erden und in der Unterwelt war, und sein Gesicht war verhüllt, zum Zeichen, daß er die Sünden der Menschen übersah und verzieh. In seinen. Händen hielt er einen gehörnten Mond, ein Symbol, über dessen Bedeutung nur Vermutungen existieren. Seinen Haupttempel hatte er in Stettin, der, den Schilderungen nach, die wir davon besitzen, den aus Holz aufgeführten, mit Bildwerk und Schnitzereien ausgeschmückten Tempeln in Rethra und Arkona sehr verwandt gewesen sein muß. Auch der *Triglaw-Dienst* war dem Dienst des Radegast oder Swantewit mehr oder weniger verwandt. Die Zeichen wurden in ähnlicher Weise gedeutet, das Roß schritt über die gekreuzten Lanzenspitzen hin, und das Berühren dieser oder jener Lanze, mit dem einen oder andern Fuß – alles hatte seine Bedeutung zum Heil oder Unheil. Nur das Roß selbst war nicht weiß, sondern *schwarz*, vielleicht weil Triglaw selbst mehr den finstern als den lichten Göttern zugehörte.

Um 982, unmittelbar nach dem großen Wendenaufstande, war es, daß nunmehr diesem Triglaw zu Ehren auch in Brennabor ein Tempel errichtet wurde. Derselbe erhob sich auf dem Harlunger Berge und sah triumphierend in das dem Heiden- und Wendentum wieder zurückeroberte Land hinein. Es war höchstwahrscheinlich kein Holzbau mehr, wie der Stettiner, sondern ein Steinbau, nach Art der christlichen Steinkapellen*, und M.W. Heffter, in seiner trefflichen »Geschichte Brandenburgs«, stellt sogar die Hypothese auf, daß aus diesem alten heidnischen Tempelbau, zunächst ohne wesentliche Umgestaltung, die später so berühmt gewordene Marienkirche auf dem Harlunger Berge hervorgegangen sei. Wir halten dies für wahrscheinlicher als nicht, finden indessen den Beweis dafür weniger in der eigentümlichen Architektur der Kirche als in dem historisch nachgewiesenen Umstande, daß sich unter den märkischen Wenden der Übergang aus dem Heidentum ins Christentum schließlich in aller

* In einer 1619 zu Wittenberg gedruckten Jubelpredigt eines Jüterboger Geistlichen findet sich folgendes: »Das uralte Templein allhier, welches ungefähr nun vor vierzig und etlichen Jahren ist eingerissen worden, *darinnen der heidnische Götzendienst der wendischen Morgengöttin soll sein geleistet worden*, dies Templein ist in der Länge, Breite und Höhe bis an das Dach recht viereckicht von Mauersteinen aufgeführt gewesen, hat oben ein Kreuzgewölbe und darüber ein viereckicht zugespitztes Dach von hellen Steinen gehabt. Die Tür oder Eingang von abendwärts ist niedrig gewesen, also daß man im Eingehen sich etwas bücken müssen. Es hat auch keine Fenster gehabt, sondern nur ein rundes Loch etc. – – *also habe ich's von mehreren Personen, die noch ans Leben sind, beschreiben hören.*« (Allerdings ist diese Angabe, der man wohl einen größeren Wert, als ihr zukommt, hat beilegen wollen, kein Beweis, daß das »Templein« wirklich heidnisch gewesen sei. Das Kreuzgewölbe spricht sogar dagegen. Als man hierlandes Kreuzgewölbe baute, war es mit dem Wendentum schon vorbei.)

Ruhe vollzog, etwa wie 400 Jahre später der Übergang aus dem Katholizismus in den Protestantismus. Der Fürst Pribislaw wurde Christ; das Volk folgte, teilweise widerwillig, aber doch vielfach auch willig und zwanglos. Man hatte sich bereits mit- und nebeneinander eingelebt, und der bloße Umstand, daß das gestürzte Bild des Triglaw *nicht* verbrannt oder zerstört, vielmehr, allen bekannt und allen zugänglich, bis 1526 in einer Seitenkapelle der Marienkirche aufbewahrt wurde (in welchem Jahre Christian II. von Dänemark es unter Zulassung Joachims I. mit fortnehmen durfte), deutet darauf hin, daß die Wandlung der Gemüter sich friedfertig genug vollzogen und der Christengott den Wendengott in aller Stille beiseite gedrängt haben muß. Diese Umwandlung des Triglaw-Tempels in eine Marienkirche erfolgte zwischen 1136 und 1141. 600 Jahre lang hat dann vom Harlunger Berge aus die berühmte Marienkirche ins Land gesehen. Ihre Entstehung drückte das Siegel auf den endlichen Sieg des Christentums über das Heidentum im Lande zwischen Elbe und Oder. Auf der Stätte des Triglaw-Tempels ging ein neues Leben auf, und der dreieinige Gott sprach hinfort statt des dreiköpfigen Gottes zu seinem Volke.

So, wie vorstehend geschildert, waren die Wenden zur Zeit der endgültigen deutschen Eroberung 1157.

Es bleibt uns noch die Beantwortung der Frage übrig: *Was wurde aus den Wenden?* Sie wurden keineswegs mit Stumpf und Stiel ausgerottet, sie wurden auch nicht einfach zurückgedrängt bis zu Gegenden, wo sie Stammesgenossen vorfanden – sie blieben vielmehr alle oder doch sehr überwiegenden Teils im Lande und haben in allen Provinzen jenseits der Elbe unzweifelhaft jene Mischrace hergestellt, die jetzt die preußischen Provinzen bewohnt.

Einzelne Historiker haben dies bestreiten wollen, aber wir glauben, mit Unrecht. Einmal würde eine solche konsequent durchgeführte Racengeschiedenheit gegen die historische Überlieferung aller andern Staaten, bei denen ähnliche Verhältnisse obwalteten, sprechen, andererseits dürfte es, von allen Analogien abgesehen, nicht schwerhalten, in aber hundert Einzelfällen solche Mischung der beiden Racen nachzuweisen. Es ist wahr, die Deutschen brachten den Stolz des Siegers mit, ein Racegefühl, das, auf geraume Zeit hin, eine Schranke gezogen haben mag; wir halten uns aber nichtsdestoweniger überzeugt, daß, noch ehe die Hohenzollern ins Land kamen, jedenfalls aber noch vor Mitte des fünfzehnten Jahrhunderts, *diese Unterschiede so gut wie verwischt waren.* Sie mögen an einzelnen Orten länger bestanden haben, es mag Ortschaften geben, wo sich bis diesen Tag eine Exklusivität findet, die auf jene alte Wendenabneigung zurückzuführen ist, im großen und ganzen aber liegt die Verschmelzung weit zurück. Wir wollen dabei andererseits gern zugeben, daß, wenn innerhalb der seitdem verflossenen Jahrhunderte die Generationen in den Dörfern, säend und erntend, in einem ewigen Wechsel und doch zugleich in einem ewigen Gleichmaß des Friedens aufeinander gefolgt wären, diese Empfindungen und Äußerungen des Racendünkels vielleicht fortgedauert hätten. Aber »die Not gibt wunderliche Schlafgesellen«, und die Konservierung alter Vorurteile wurde durch die Verhältnisse, durch Brand und Krieg, durch die Gemeinschaftlichkeit des Unglücks unmöglich gemacht. Das Aufeinanderangewiesensein riß jene Schranke nieder, die die Fülle selbstbewußten Glücks aufgerichtet hatte. Mehrfach ging der schwarze Tod durch das Land und entvölkerte die Dörfer; was der schwarze Tod nicht tat, das taten, in nie rastenden Kriegen, die Pommern und Polen, und was die Pommern und Polen nicht taten, das taten die Hussiten. Im Barnim befinden sich vielleicht zwanzig oder dreißig Feldmarken, die Namen wie Wüste-Sieversdorf, Wüste-Gielsdorf, Wüste-Büsow etc. führen, Benennungen aus jener Epoche immer neuer Verödungen her. Die wüst gewordenen Dörfer, namentlich solche, wo einzelne bewohnte Häuser und Hütten stehengeblieben waren, wieder neu zu besetzen war die Aufgabe der Landesverwaltung, die in Brandenburg von jeher den Friderizianischen Satz verfolgte: »Menschen; vor allem Menschen.« Man freute sich *jeden* Zuzugs, ohne nach der Racenabstammung zu fragen.

Das deutsche Dorf, in dem vielleicht ein Fritze, ein Hansen, ein Dietrichs wohnte, war froh, einen Kroll, einen Noack, einen Posedin die wüst gewordenen Stätten einnehmen zu sehn, und ebenso die wendischen Dörfer empfingen den deutschen Zuzug mit Freude. Die Namensverzeichnisse im

Landbuch von 1375, wie die Urkunden überhaupt, lassen keinen Zweifel darüber.

Alle diese Anführungen haben selbstverständlich nur die *Regel*, nur die Verhältnisse in ihren großen Zügen schildern sollen, ganz besonders aber die der *Mittelmark*. Die Mittelmark, im Gegensatz zu den mehr oder- und elbwärts gelegenen Landesteilen, war der eigentliche *Mischungsbottich*. Die Verhältnisse forderten dazu auf. Auf dem platten Lande war es die Not, in den *Städten* war es die Gelegenheit, die die Menschen ohne sonderliche Rücksicht auf ihre Abstammung zusammenführte. Die alten Bürgerfamilien freilich beharrten in ihrer Abgeschlossenheit und betrachteten den Wendenkiez um kein Haarbreit besser als ein jüdisches Ghetto, aber dem »Zuzug« gegenüber kamen die alten, alles nach Zunft und Race sondernden städtischen Traditionen wenig oder gar nicht in Betracht, und die »kleinen Leute« taten sich zusammen, unbekümmert um die Frage: wendisch oder deutsch. So lagen die Dinge in der *Mittelmark*, das heißt also in Teltow und Barnim, im Ruppinschen, in Beeskow-Storkow, in der Westhälfte von Lebus, überhaupt in allen Landesteilen, in denen sich Deutschtum und Wendentum einigermaßen die Waage hielten. Anders freilich war es in West und Ost. Je mehr nach der Elbe zu, je exklusiver hielt sich das Deutschtum, weil es ihm leicht gemacht war, sich aus seinen Stammesgenossen jenseits der Elbe zu rekrutieren; umgekehrt, je näher der Oder und den eigentlichen slawischen Landen zu, je länger blieb das Wendentum in Kraft. Jetzt indessen, wenige Stätten abgerechnet, ist es im Leben unsres Volkes verschwunden. Es lebt noch fort in der Mehrzahl unserer Städte- und Dorfnamen, in dunklen Erinnerungen, daß in einzelnen, den Namen eines Wendengottes bis heute festhaltenden Lokalitäten (in Jüterbog, in Jütergotz) ein Tempel stand, vor allem in den Heidengräbern und Wendenkirchhöfen, die sich allerorten in der Mark verbreitet finden.

Aber es ist charakteristisch, daß eben das einzige, was aus der alten Wendenwelt noch zu uns spricht, ein *Begrabenes* ist. Alles geistig Lebendige ist hinüber. Selbst der Aberglauben und die in ihm wurzelnden Gebräuche, Sitten und Volksweisen, die wohl dann und wann für wendische Überreste gehalten worden sind, lassen sich vielfach auf etwas

Urgermanisches zurückführen, das, auch *vor* den Wenden schon, hier heimisch war. Mit Sicherheit lebt noch Altdeutsches in den Gemütern, und das Volk erzählt von Wodan und Fricke (Freyja) und von dem Hackelberger Jäger. Aber *Radegast* und *Czernebog sind tot.* Das Wendische ist weggewischt, untergegangen in dem Stärkern, in dem germanischen Leben und Gemüt, und nur am Rande der Oder hin, den polnisch-slawischen Landen zu, zeigt sich je zuweilen, neben dem slawisch Heiteren, auch noch jener auf Hartnäckigkeit und Verschlossenheit deutende finstere Zug, der an die alte Zeit und ihre Bewohner mahnt.

DIE ZISTERZIENSER IN DER MARK

Der Morgen graut und lacht der Nacht entgegen,
Im Osten leuchtet schon des Lichtes Segen;
Die Finsternis entflieht.

Bruder Lorenzo (»Romeo und Julia«)

Die beiden Ereignisse, die über das Wendentum an Havel und Spree entschieden, waren die Erstürmung Brennabors am 11. Juni 1157 und unmittelbar darauf, wenn der halb sagenhaften Überlieferung Glauben zu schenken ist, die »Havelschlacht gegenüber dem Schildhorn«, in der Jaczko, der Neffe Pribislaws, und seine noch einmal zusammengeraffte Wendenmacht entscheidend geschlagen wurde.

Schon zweihundert Jahre früher, unter den ersten Sachsenkaisern, waren die Deutschen bis ebenfalls an die östliche Havel vorgedrungen, und schon damals waren, in ihren ersten Anfängen wenigstens, der Havelberger und Brandenburger Dom gegründet worden, aber Leichtsinn, Unklugheit, Grausamkeit von seiten der Sieger hatten zunächst zu Auflehnung der Besiegten und endlich zu völliger Abschüttelung des Jochs geführt. Das alte Wendentum war auf 150 Jahre hin wieder glänzend aufgeblüht. *Jetzt,* nach der Niederwerfung Jaczkos, war es zum zweiten Mal unterlegen, und es galt nunmehr, die Mittel und Wege ausfindig zu machen, um einer abermaligen Auflehnung vorzubeugen. Albrecht der Bär, von dem es im Volksliede heißt:

Heinrich de Leuw und Albrecht de Bar,
Darto Frederik mit den roden Haar,
Dat waren dree Heeren,
De kunden de Welt verkehren –

dieser Albrecht der Bär war just dazu angetan, diese Mittel ausfindig zu machen und das früher durch Unklugheit Gescheiterte durch Mut und Ausdauer endgültig siegreich hinauszuführen. Es ist bekannt, daß er, nach Plan und System, die Kolonisierung des Landes begann; zu den *Kirchen* und

Burgen aber, die schon einmal die Bekehrung und Beherrschung des Landes versucht hatten, gesellte er, als ein Neues, Drittes, *die Vereinigung von Burg und Kirche* – die *Klöster.* Mönche wurden ins Land gerufen, vor allem die Zisterzienser, ein Orden, der eben damals auf seinem europäischen Siegeszuge bis an die Saale und Unstrut vorgedrungen war.

Da diesem überallhin pionierenden Orden die Aufgabe zufiel, auch namentlich für die Kultur und geistige Eroberung der Mark von hervorragender Bedeutung zu werden, so mag es gestattet sein, bei seiner Entstehungs- und Entwickelungsgeschichte einen Augenblick zu verweilen und das Fortschreiten desselben auf seinen großen Etappen von West nach Ost zu begleiten.

Die ersten Klöster, die zumal in Süd- und Westeuropa ins Leben gerufen wurden, waren *Benediktinerklöster*, das heißt Klöster, in denen die Regeln des heiligen Benedikt: Gehorsam, Armut, Keuschheit, die Fundamentalsätze alles Klosterlebens, Geltung hatten. Die Benediktiner übten diese Tugenden jahrhundertelang, aber jene Epoche, die den Kreuzzügen unmittelbar vorausging, war eine Epoche des kirchlichen, mindestens des klösterlichen Verfalls, ganz in ähnlicher Weise, wie derselbe fünf Jahrhunderte später zum zweiten Mal in die Geschichte eintrat, und »sittliche Reform«, worauf zunächst die Reformation gerichtet war, war eine Parole, die, wie vielfach während des Lebens der Kirche, so auch um die Zeit der ersten Kreuzzüge gehört wurde.

Dies Ringen nach Reform, nach Wiederherstellung jener Klosterheiligung, wie sie die ersten Klöster gekannt hatten, gab Veranlassung zur Gründung eines neuen Ordens. Dieser neue Orden war der der *Zisterzienser.* Sein nächster Zweck war nicht *Abzweigung* vom Benediktinertum, aus dem er hervorging, sondern *Wiederherstellung* desselben in seiner Ursprünglichkeit und Lauterkeit. Aber es scheint das Los solcher und ähnlicher Bestrebungen – vielleicht nach jenem Naturgesetz, welches die volle Wiederherstellung von etwas Verschwundenem unmöglich macht –, jedesmal zu einer *Neuschöpfung zu* führen. Zu einer Neuschöpfung, die anfänglich, in aufrichtiger Demut, sich selbst nicht als eine

Neuschöpfung betrachtet sehen will und doch, sich selbst zum Trotz, mit jedem Tage mehr eine solche wird.

So gingen, gegen den Willen des Gründers, die *Zisterzienser* aus den Benediktinern hervor.

Verfolgen wir, nach diesen allgemeinen Bemerkungen, die Entwickelung des neuen Ordens aus dem alten auch an den Trägern dieser Entwickelung, an den *Personen*.

Robert (später der heilige Robert), Abt des Benediktinerklosters zu Molesme an der Grenze von Champagne und Burgund, gab, um der eingerissenen Verderbtheit willen, die er in seinem eigenen Kloster wahrnahm, das Kloster Molesme auf und zog sich in das unwirtliche, nur mit Dornen und Gestrüpp bewachsene, durch ein Flüßchen kümmerlich bewässerte Tal von Cîteaux (Cistercium) in der Nahe von Dijon zurück, um daselbst mit zwanzig anderen Mönchen, die ihm gefolgt waren, getreu nach der ursprünglichen Vorschrift des heiligen Benedikt zu leben. Seine Trennung war eine rein äußerliche und lokale, er hatte sich von seinem *Kloster* getrennt, nicht von der ursprünglichen Kloster*regel*, ja, er kehrte nach einjähriger Abwesenheit in Cîteaux, auf Befehl des Papstes, in das Kloster Molesme zurück. Aber unwissentlich war ein neuer Keim gepflanzt, und der bescheidene Versuch, der, wie schon vorstehend angedeutet, eine alte Schöpfung nur neu gestalten sollte, schuf nicht *in*, sondern *neben* dem Alten ein Neues. In dem Tale von Cisterz ging ein neues Klosterleben auf. Die Träger dieses neuen Lebens aber waren nicht Benediktiner mehr, sie waren Zisterzienser.

Bald zeigte sich die erfolgte Trennung auch in der äußeren Erscheinung, bald auch in den Zwecken und Zielen des Ordens, in der Art, wie er seine Aufgabe faßte. Was die Tracht angeht, so änderte bereits der heilige Alberich, der zweite Abt von Cîteaux, die Kleidung seiner Mönche, und das Kleid, das vorher *schwarz* gewesen war, wurde *weiß* mit einem schwarzen Gürtel und *schwarzem Skapulier*. Nach der schönen Sage des Ordens war seine, des Alberich, schwarze Kleidung unter der Berührung der Heiligen Jungfrau *weiß* geworden.*

* Dies weiße Kleid der Zisterzienser war ihr besonderer Stolz, und unter den zahlreichen Legenden(*) dieses Ordens bezogen sich viele auf die besondere Gunst, in der,

Wichtiger aber als diese äußeren Abzeichen war die Wandlung, die der neue Zweig der Benediktiner *innerlich* erfuhr. Er wurde eine Spezialität, er wurde der Orden der *Kolonisation.*

Nie hat ein Orden einen rascheren und gewaltigeren Siegeszug über die Welt gehalten. Aus dem Mutterkloster Cisterz, gegründet 1098, waren nach fünfzehn Jahren schon vier mächtige Töchterklöster: La Ferté, Pontigny, Morimad und Clairvaux, hervorgegangen, den Töchtern folgten wieder Töchter und Enkeltöchter, und eh ein halbes Jahrhundert um war, war nicht nur ein Netz von Zisterzienserklöstern über das ganze christliche Europa ausgebreitet, sondern auch tief in heidnische Lande hinein waren die Mönche von Cisterz mit dem Kreuz in der Linken, mit Axt und Spaten in der Rechten, lehrend und Acker bauend, bildend und heiligend vorgedrungen. Es war ein in jenen raschen Proportionen sich mehrendes Anwachsen, wie man es auf alten Stammbäumen veranschaulicht sieht, wo, von Generation zu Generation, aus jedem einzelnen Neuzweig wieder zahllos andere neue Zweige sprießen, anwachsend zu Multiplikationen, die der bekannten Verdoppelung der Schachbrettfelder entsprechen. Fünfzig Jahre nach der Gründung des Ordens gab es 500, hundert Jahre nach der Gründung bereits 2000 Zisterzienserklöster, und Kaspar Jogelinus, ein Deutscher, hat uns allein die *Beschreibung* von 791 Zisterzienser-

bei Gott und Menschen, das »weiße Kleid« stand. Im Jahre 1215 starb ein Zisterziensermönch zu Cher in Frankreich und wurde ohne sein Chorkleid begraben. Er kam zurück, um sein Kleid zu holen, weil der heilige Benedikt ihm nicht anders den Himmel aufschließen wollte. Der Prior gab es ihm, und er hatte nun Ruhe und kam nicht wieder.

(*) Unter den anderweiten Legenden des Ordens ist mir keine schöner erschienen als die folgende: Im Jahre 1167 dachte Mönch Heron in Galizien in der Frühmette über die Worte nach: »Tausend Jahre sind vor dir, Herr, wie der Tag, der gestern vergangen ist.« Er fand dies unbegreiflich und zweifelte. Als er aus der Kirche kam, flatterte ein bunter Vogel über ihm und sang sehr lieblich. Heron, von der Schönheit und dem Gesang des Vogels bezaubert, folgte ihm, wohin er flog, aus dem Kloster in einen benachbarten Wald, der Vogel hüpfte von Zweig zu Zweig und sang immerfort dreihundert Jahr lang. Als nun Heron dreihundert Jahr lang weder gehungert noch gedürstet, sondern allein von dem lieblichen Vogelgesang gelebt hatte, flog der Zaubervogel davon, und die Entzückung hörte auf. Heron kam nun wieder zu sich selbst und besann sich, daß er soeben aus der Frühmette gekommen sei. Er kehrte zurück zum Kloster und klopfte an die Klosterpforte, aber da waren weder Pförtner noch Abt noch Brüder mehr, die ihn kannten. Sie waren alle längst tot; dreihundert Jahre waren verflossen. »Tausend Jahre sind wie ein Tag.«

klöstern hinterlassen. Von diesen 791 Klöstern waren 209 in Frankreich, 126 in England, Schottland und Irland und 109 in Deutschland.

Die Frage drängt sich auf, was diesem Orden zu so rapidem Wachstum verhalf und ihm, zwei Jahrhunderte lang, in allen Ländern und an allen Höfen ein alles überstrahlendes Ansehen lieh. Es waren wohl drei Ursachen, die zusammenwirkten: die gehobene Stimmung der ganzen christlichen Welt während der Epoche der ersten Kreuzzüge, die wunderbare, mit unwiderstehlicher Gewalt ausgerüstete Erscheinung des heiligen Bernhard, der, aus dem Orden heraus, bald nach Entstehung desselben erwuchs und ihn dann durchleuchtete, und endlich drittens die besondere, schon in aller Kürze angedeutete kolonisatorische Eigenart dieses Ordens, die ihn, in einer Zeit, in der geistig und physisch überall auszuroden und urbar zu machen war, als ein besonders geeignetes Werkzeug sowohl in der Hand der Kirche wie auch des weltlichen Fürstentums erscheinen ließ.

1115 existierten nur fünf Zisterzienserklöster, 1119 bereits vierzehn, aber sämtlich noch innerhalb Frankreichs und auf verhältnismäßig engem Gebiet. Zwanzig Jahre später sehen wir den Orden, in immer rascherem Wachsen, von der Loire an den Rhein, vom Rhein an die Weser und endlich von der Weser bis an und über die Elbe vorgedrungen.

1180 erschienen seine ersten Mönche in der Mark.

An wenigen Orten mochten die Vorzüge dieses Ordens deutlicher hervortreten als in der Mark, weil sie nirgends ein besseres Gebiet für ihre Tätigkeit fanden. Wo die Unkultur zu Hause war, hatten die Kulturbringer ihr natürlichstes Feld. Rechnen wir die Nonnenklöster desselben Ordens mit ein, die, wenigstens was die Bekehrung, Lehre und Unterweisung angeht, die gleichen Ziele wie die Mönchsklöster verfolgten, so haben wir über zwanzig *Zisterzienserklöster* in der Mark und Lausitz zu verzeichnen, von denen die große Mehrzahl vor Ablauf eines Jahrhunderts entstand. Weder die Prämonstratenser und Kartäuser gleichzeitig mit ihnen noch auch später die die Städte suchenden Dominikaner und Franziskaner sind ihnen an Ansehn und rascher Verbreitung gleichgekommen.

Dem Zeitpunkt ihrer Entstehung nach folgen diese märkisch-lausitzischen Zisterzienserklöster wie folgt aufeinander:

Zinna, Mönchskloster, in der Nähe von Jüterbog, 1171.
Lehnin, Mönchskloster, in der Nähe von Brandenburg, 1180.
Dobrilugk, Mönchskloster, in der Lausitz, 1180–1190.
Neuzelle, Mönchskloster, in der Lausitz, 1230.
Marienfließ oder Stepenitz, Nonnenkloster, in der Prignitz, 1230.
Dransee, Mönchskloster, in der Prignitz, 1233.
Paradies, Mönchskloster, im Posenschen (früher Neumark), 1234.
Marienthal, Nonnenkloster, in der Lausitz, 1234.
Zehdenick, Nonnenkloster, in der Uckermark, 1249.
Friedland, Nonnenkloster, im Ober-Barnim, um 1250.
Mariensee, Mönchskloster, auf der Insel Pehlitz im Parsteier See, zwischen Oderberg und Angermünde (Uckermark), 1258.
Marienstern, Nonnenkloster, in der Lausitz, 1264.
Chorin, Mönchskloster, in der Uckermark, 1273.
Marienwalde, Mönchskloster, in der Neumark, 1286.
Heiligengrabe, Nonnenkloster, in der Prignitz, 1289.
Zehden, Nonnenkloster, in der Neumark, 1290.
Bernstein, Nonnenkloster, in der Neumark, 1290.
Reetz, Nonnenkloster, in der Neumark, 1294.
Himmelpfort, Mönchskloster, in der Uckermark, 1299.
Himmelstädt, Mönchskloster, in der Neumark, 1300.
Seehausen, Nonnenkloster, in der Uckermark, 1300.

Das wichtigste unter den hier aufgezählten märkisch-lausitzischen Klöstern war wohl das Kloster Lehnin. Es wurde das Mutterkloster für diese Gegenden, aus dem Neuzelle, Paradies, Mariensee, Chorin und Himmelpfort hervorgingen.

Alle diese Klöster, mit wenigen Ausnahmen, wurden in der Mitte des sechzehnten Jahrhunderts unter Joachim II. säkularisiert. Viele sind seitdem, namentlich während des Dreißigjährigen Krieges, bis auf die Fundamente oder eine stehengebliebene Giebelwand zerstört worden, andere existieren noch, aber sie dienen der *Kultur* dieser Lande nur noch insoweit, als sie, oft in ziemlich prosaischer Weise, der *Agrikultur* dienstbar gemacht worden sind. Die Abtwohnungen sind zu Amtshäusern, die Refektorien zu Maischräumen und Brennereien geworden. Es ist allen diesen Klöstern ergangen wie ihrer großen, gemeinschaftlichen Mater, dem Kloster zu Cîteaux, selber. Den Verfall, den Niedergang, den hierzulande die Reformation still und allmählich einleitete, schuf dort die Französische Revolution auf einen Schlag. »Auf den Trümmern der Abtei« – so erzählt der Abbé Ratisbonne, der eine »Geschichte des heiligen Bernhard« geschrieben hat und Cîteaux um 1839 besuchte – »erhob sich in dem genannten Jahre eine Runkelrübenzuckerfabrik, die selber wieder in Trümmer zerfallen war, und ein elender *Schauspielsaal* stand an der Stelle der Mönchsbibliothek, vielleicht an der Stelle der Kirche. Die Zelle des heiligen Bernhard, die vor ohngefähr zwanzig Jahren noch existierte, hatte inzwischen einem *Schmelzofen* Platz gemacht. Nur noch der Schutt der Zelle war vorhanden. Aus den bloßen Trümmermassen des Klosters waren drei Dörfer erbaut worden.«

In dieser kurzen Schilderung des Verfalls des Mutterklosters ist zugleich die Geschichte von über hundert Töchterklöstern erzählt. Auch die Geschichte der unsrigen.

Die Klöster selber sind hin. Viele von denen, die hierlands in alten Klostermauern wohnen, wissen kaum, daß es Klostermauern sind, sicherlich nicht, daß es Zisterzienser waren, die vor ihnen die Stätte innehatten. Und hörten sie je das Wort, so wissen sie nicht, was es meint und bedeutet. Und doch waren es die Pioniere, die hundert und tausend andern Kolonisten, die nach ihnen kamen, die Wege bahnten. Das Gedächtnis an sie und an das Schöne, Gute, Dauerbare, das sie geschaffen, ist geschwunden; uns aber mag es geziemen, darauf hinzuweisen, daß noch an vielen hundert Orten ihre Taten und Wohltaten zu uns sprechen. Überall, wo in den Teltow- und Barnim-Dörfern, in der Uckermark und im Ruppinschen alte Feldsteinkirchen aufragen mit kurzem Turm und kleinen niedrigen Fenstern, überall, wo die Ostwand einen chorartigen Ausbau, ein sauber gearbeitetes Sakristeihäuschen, oder das Dach infolge späteren Anbaues eine rechtwinklige Biegung, einen Knick zeigt, überall da mögen wir sicher sein – *hier waren Zisterzienser*, hier haben Zisterzienser gebaut und der Kultur und dem Christentum die erste Stätte bereitet.

KLOSTER LEHNIN

1. Die Gründung des Klosters

Wo das Kloster aus der Mitte
Düstrer Linden sah.

Mit des Jammers stummen Blicken
Fleht sie zu dem harten Mann,
Fleht umsonst, denn loszudrücken
Legt er schon den Bogen an.

Schiller

Die erste Gründung der Zisterzienser in der Mark – Zinna war nicht märkisch – war Kloster Lehnin. Es liegt zwei Meilen südlich von Brandenburg, in dem alten Landesteil, der den Namen »die Zauche« trägt. Der Weg dahin, namentlich auf seiner zweiten Hälfte, führt durch alte Klosterdörfer mit prächtigen Baumalleen und pittoresken Häuserfronten, die Landschaft aber, die diese Dörfer umgibt, bietet wenig Besonderes dar und setzt sich aus den üblichen Requisiten märkischer Landschaft zusammen: weite Flächen, Hügelzüge am Horizont, ein See, verstreute Ackerfelder, hier ein Stück Sumpfland, durch das sich Erlenbüsche, und dort ein Stück Sandland, durch das sich Kiefern ziehn. Erst in unmittelbarer Nähe Lehnins, das jetzt ein Städtchen geworden, verschönert sich das Bild, und wir treten in ein Terrain ein, das einer flachen Schale gleicht, in deren Mitte sich das Kloster selber erhebt. Der Anblick ist gefällig, die dichten Kronen einer Baumgruppe scheinen Turm und Dach auf ihrem Zweigwerk zu tragen, während Wiesen- und Gartenland jene Baumgruppe und ein Höhenzug wiederum jenes Wiesen- und Gartenland umspannt. Was jetzt Wiese und Garten ist, das war vor 700 Jahren ein eichenbestandener Sumpf, und inmitten dieses Sumpfes wuchs Kloster Lehnin auf, vielleicht im Einklang mit jenem Ordensgesetz aus der ersten strengen Zeit: daß die Klöster von Cisterz immer in Sümpfen und

Niederungen, das heißt in *ungesunden* Gegenden, gebaut werden sollten, damit die Brüder dieses Ordens jederzeit den Tod vor Augen hätten.*

Die Sage von der Erbauung Kloster Lehnins nimmt jedoch keine solche allgemeine Ordensregel in Aussicht, sondern führt die Gründung desselben auf einen bestimmten Vorgang zurück. Diesen Vorgang erzählt der böhmische Schriftsteller Pulkava (wie er ausdrücklich beifügt, »nach einer brandenburgischen Chronik«) wie folgt: »Otto I., der Sohn Albrecht des Bären, jagte einen Tag lang in den dichten Waldrevieren der Zauche und warf sich endlich müd und matt an ebender Stelle nieder, wo später Kloster Lehnin erbaut wurde. Er schlief ein und hatte eine Vision. Er sah im Traum eine Hirschkuh, die ihn ohne Unterlaß belästigte. Endlich ergriff er Bogen und Pfeil und schoß sie nieder. Als er erwachte und seinen Traum erzählte, drangen die Seinen in ihn, daß er an dieser Stelle eine *Burg* gegen die heidnischen Slawen errichten solle – die andrängende, immer lästiger werdende Hirschkuh erschien ihnen als ein Sinnbild des Heidentums, das in diesen Wäldern und Sümpfen allerdings noch eine Stätte hatte. Der Markgraf erwiderte: ›Eine Burg werde ich gründen, aber eine Burg, von der aus unsere teuflischen Widersacher durch die Stimmen *geistlicher* Männer weit fortgescheucht werden sollen, eine Burg, in der ich ruhig den Jüngsten Tag erwarten will.‹ Und sofort schickte er zum Abt des Zisterzienserklosters Sittichenbach, im Mansfeldischen, und ließ ihn bitten, daß er Brüder aus seinem Konvente, zur Gründung eines neuen Klosters, senden möchte. Die Brüder kamen. Markgraf Otto aber gab dem Kloster den Namen Lehnin, denn Lehnije heißt Hirschkuh im Slawischen.« So der böhmische Geschichtsschreiber.

* Der Orden, ohne geradezu in Askese zu verfallen, war doch in den ersten fünfzig Jahren seines Bestehens überall rigorös und unterschied sich auch dadurch von den Benediktinern, die, gestützt auf die Unterweisungen des heiligen Benedikt selber, diesen Rigorismus vermieden. Schon im zehnten Jahrhundert hieß es deshalb spöttisch: »die Regel des heiligen Benedikt scheine für *schwächliche* Leute geschrieben«. Die Gründer des Zisterzienserordens gingen von einer verwandten Anschauung aus, und aus der ersten Zeit des Ordens her finden sich folgende Vorschriften:

1. Die Unterlage des Bettes ist Stroh. Polster sind untersagt.
2. Als Speise dienen gekochte Gemüse, darunter *Buchenblätter*. Kein Fleisch.
3. In der Kirche soll sich ein offenes Grab befinden, um an die Hinfälligkeit des Daseins zu mahnen.

Das Kloster wurde gebaut, vor allem die Kloster*kirche*. Sie bestand in ihrer ursprünglichen Form bis zum Jahre 1262. In diesem Jahre ließ die rasch wachsende Bedeutung des Klosters das, was da war, nicht länger als ausreichend erscheinen, und ein Anbau wurde beschlossen. Dieser Anbau fiel in die erste Blütezeit der Gotik, und mit der ganzen Unbefangenheit des Mittelalters, das bekanntlich immer baute, wie ihm gerade ums Herz war, und keine Rücksichtnahme auf den Baustil zurückliegender Epochen kannte, wurde nunmehr das *romanische Kurzschiff der ersten Anlage durch ein gotisches Längsschiff erweitert*. Dieser Erweiterungsbau hat der Zeit und sonstigem Wirrsal schlechter zu widerstehen vermocht als der ältere Teil der Kirche; das Alte steht, der Anbau liegt in Trümmern. Unsere Schilderung führt uns später auf ihn zurück.

Unsere nächsten Untersuchungen aber gehören der *Geschichte* des Klosters. Wir knüpfen die Aufzählung seiner Schicksale an eine Geschichte seiner Äbte.

2. Die Äbte von Lehnin

Heut sind es grade hundert Jahr,
Seit er gelegen auf der Bahr
Mit seinem Kreuz und Silberstabe.
Die Ew'ge Lamp an seinem Grabe
Hat heute hundert Jahr gebrannt.

Hier war zu Hause kluger Rat,
Hier hat der mächtige Prälat
Des Hauses Chronik einst geschrieben.

Annette Droste-Hülshoff

Eh wir dazu übergehen, von den einzelnen leitenden Persönlichkeiten des Klosters, soweit dieselben überhaupt eine Geschichte haben, eingehender zu sprechen, mögen hier einige vorgängige Bemerkungen über die *Lehniner Äbte überhaupt* eine Stelle finden. Wenn dabei einzelne Dinge von mehr oder weniger allgemeinem Charakter mit aufgeführt werden sollten, Dinge, die nicht bloß in Lehnin, sondern überall innerhalb der klösterlichen Welt ihre Gültigkeit hatten, so wolle man dabei in Erwägung ziehen, daß wir eben noch, im Verlauf unserer »Wanderungen«, verschiedene andere Klöster zu besprechen haben werden und daß das *Allgemeingültige in betreff derselben* doch an irgendeiner Stelle wenigstens andeutungsweise gesagt werden muß.

Die Äbte von Lehnin standen an der Spitze ihres »Klosterkonvents«, das heißt ihrer Mönchsbrüderschaft, aus der sie, sobald die Vakanz eintrat, durch freie Wahl hervorgingen. Ihnen zur Seite oder unter ihnen standen der Prior, der Subprior, ein Präzeptor, ein Senior und ein Cellerarius (Kellermeister), der, wie es scheint, im Lehniner Kloster die Stelle des Bursarius (Schatzmeister) vertrat. Daran schlossen sich zwanzig bis dreißig Fratres, teils Mönche, teils Novizen, teils Laienbrüder. Die Tracht der Mönche war die übliche der Zisterziensermönche: weißes Kleid und schwarzes Skapulier.

Das Ansehen und die Gewalt des Abtes waren außerhalb und innerhalb des Klosters von großem Belang. 1450 wurde den Äbten zu Lehnin vom Papste der bischöfliche Ornat zugestanden. Seitdem trugen sie bei feierlichen Gelegenheiten die bischöfliche Mitra, das Pallium und den Krummstab. Auf den Landtagen saßen sie auf der ersten Bank, unmittelbar nach den Bischöfen von Brandenburg und Havelberg. Innerhalb des Klosters war der Abt selbstverständlich der oberste Leiter des Ganzen, kirchlich wie weltlich. Er sah auf strenge Ordnung in dem täglichen Leben und Wandel der Mönche, er beaufsichtigte den Gottesdienst, er kontrollierte die Verwaltung des Klosters, des Vermögens, der Einkünfte desselben, er vertrat das Kloster geistlichen und weltlichen Mächten gegenüber. Er regierte. Aber diese Regierung war weitab davon, eine absolute, verantwortungslose Herrschaft zu sein. Wie er über dem Konvente stand, so stand doch auch der Konvent wieder über ihm, und Klagen über den Abt, wenn sie von Draußenstehenden erhoben wurden, kamen vor den Konvent und wurden von diesem entschieden. Waren die zu erhebenden Klagen jedoch Klagen des Konventes selbst, so konnte letzterer freilich in seiner eignen Angelegenheit nicht Recht sprechen, und ein anderes Tribunal hatte zu entscheiden. Dies Tribunal, der Fälle zu geschweigen, wo es der Landesherr war, war entweder das Mutterkloster oder das große

Kapitel in Cîteaux oder der Magdeburger Erzbischof oder endlich der Papst. Solche Auflehnungen und infolge derselben solche Appellationen an die obere Instanz zählten keineswegs zu den Seltenheiten, wiewohl die Lehniner Verhältnisse, in vielleicht etwas zu optimistischer Auffassung, im allgemeinen als mustergültige geschildert werden. Der Abt Arnold, von dem wir später ausführlicher hören werden, wurde infolge solcher Auflehnung abgesetzt.

Dieser Abt-Arnold-Fall, der durch Beauftragte des Generalkapitels in Cîteaux untersucht und entschieden wurde, führt zu der nicht uninteressanten Frage: ob solche Beziehungen zu Cîteaux, zu dem eigentlichen, ersten und ältesten Ausgangspunkt aller Zisterzienserklöster, etwas Regelmäßiges oder nur etwas Ausnahmsweises waren. Die Ordensregel, die Charta caritatis, das Gesetzbuch der Zisterzienser, schrieb allerdings vor, daß einmal im Jahre alle Zisterzienseräbte in Cîteaux zusammenkommen und beraten sollten, aber diese Anordnung stammte noch aus einer Zeit, wo die räumliche Ausdehnung, die expansive Kraft des Ordens, die halb Europa umfaßte, ebensowenig mit Bestimmtheit vorauszusehen war wie sein intensives Wachstum bis zur Höhe von 2000 Klöstern. Zu welcher Versammlung, bei nur annähernd regelmäßiger und allgemeiner Beschickung, wäre ein solches Generalkapitel notwendig angewachsen! Freilich die Hindernisse, die die bloß räumliche Entfernung schuf, müssen wir uns hüten zu überschätzen. Die Kaiserfahrten, die Kreuzzüge, die Pilgerreisen nach Rom und dem Heiligen Grabe zeigen uns genugsam, daß man damals, sobald nur ein rechter Wille da war, vor den Schrecken und Hindernissen, die der Raum als solcher schafft, nicht erschrak; aber Cîteaux selbst, ganz abgesehen von allen andern leichter oder schwerer zu überwindenden Schwierigkeiten, hätte solche allgemeine Beschickung kaum bewältigen können, wie groß wir auch die bauliche Anlage einerseits und wie klein und bescheiden die Ansprüche der eintreffenden Äbte andererseits annehmen mögen. Wir treffen also wohl das Richtige, wenn wir die Ansicht aussprechen, daß *regelmäßige* Beschickungen des Generalkapitels *nicht* stattfanden, anderweitige Beziehungen aber, wenn auch nicht immer, so doch *vielfach*, unterhalten wurden. Mehrere Urkunden tun solcher Beziehungen direkt Erwähnung, und auch anderes spricht dafür, daß unser märkisches Kloster in Cîteaux einen guten Klang hatte und mit Vorliebe am Bande auszeichnender Abhängigkeit geführt wurde. Schon die Lage Lehnins, an der *Grenze aller Kultur*, kam ihm zustatten. Die näher an Cîteaux gelegenen Klöster waren Klöster wie andere mehr; während allen denjenigen eine gesteigerte Bedeutung beiwohnen mußte, die, als vorgeschobenste Posten, in die kaum bekehrte slawisch-heidnische Welt hineinragten. Ist doch der polnische Zweig immer ein Liebling der römischen Kirche geblieben. Die Analogien ergeben sich von selbst.

Die Lehniner Äbte hatten Bischofsrang, und sie wohnten und lebten demgemäß. Das Lehniner Abthaus, das, an der Westfront der Kirche gelegen, bis diesen Augenblick steht, zeigt zwar keine großen Verhältnisse, aber dies darf uns nicht zu falschen Schlüssen verleiten. Es war überhaupt keine Zeit der großen Häuser. Außerdem hatten die Lehniner Äbte, ebenso wie die Bischöfe von Havelberg und Lebus, ihr »Stadthaus« in Berlin, und es scheint, daß dies letztere von größeren Verhältnissen war. Ursprünglich stand es an einer jetzt schwer zu bestimmenden Stelle der Schloßfreiheit, höchstwahrscheinlich da, wo sich jetzt das große Schlütersche Schloßportal erhebt; der Schloßbau unter Kurfürst Friedrich dem Eisernen aber führte zu einer tauschweisen Ablösung dieses Besitzes, und das Stadthaus für die Lehniner Äbte ward in die Heiligegeiststraße verlegt (jetzt 10 und 11, wo die Kleine Burgstraße torartig in die Heiligegeiststraße einmündet). Das Haus markiert sich noch jetzt als ein alter Bau.

Länger als viertehalbhundert Jahre gab es Äbte von Lehnin, und wir können ihre Namen mit Hülfe zahlreicher Urkunden auf und ab verfolgen. Dennoch hält es schwer, die *Zahl* der Äbte, die Lehnin von 1180 bis 1542 hatte, mit voller Bestimmtheit festzustellen. Durch Jahrzehnte hin begegnen wir vielfach einem und demselben Namen, und die Frage entsteht, haben wir es hier mit ein und demselben Abt, der zufällig sehr alt wurde, oder mit einer ganzen Reihe von Äbten zu tun, die zufällig denselben Namen führten und durch I., II., III. füglich hätten unterschieden werden sollen. Das letztere ist zwar in den meisten Fällen nicht wahrscheinlich, aber doch immerhin möglich, und so bleiben Unsicherheiten. Nehmen wir indes das Wahrscheinliche als Norm, so ergeben sich für einen Zeitraum von 362 Jahren dreißig Äbte, wonach also jeder einzelne zwölf Jahre regiert haben würde, was eine sehr glaubliche Durchschnittszahl darstellt. Von allen dreißig hat es kein einziger zu einer in Staat oder Kirche glänzend hervorragenden Stellung gebracht; nur Mönch Kagelwit, der aber nie *Abt* von Lehnin war, wurde später Erzbischof von Magdeburg. Einige indessen haben wenigstens an der Geschichte unseres Landes, oft freilich mehr passiv als aktiv, teilgenommen, und bei diesen, wie auch beim Abte Arnold, dessen privates Schicksal uns ein gewisses Interesse einflößt, werden wir in nachstehendem länger oder kürzer zu verweilen haben.

Wir beginnen mit Johann Sibold, dem ersten Abt, von etwa 1180 bis 1190.

Abt Sibold, von 1180 bis 1190

Abt Sibold oder Siboldus war der erste Abt von Lehnin, und in derselben Weise, wie der älteste Teil des Klosters am besten erhalten geblieben ist, so wird auch von dem ersten und ältesten Abt desselben am meisten und am eingehendsten erzählt. Die Erinnerung an ihn lebt noch im Volke fort. Freilich gehören alle diese Erinnerungen der Sage und Legende an. Historisch verbürgt ist wenig oder nichts. Aber ob Sage oder Geschichte, darf gleichgültig für uns sein, die wir der einen so gerne nachforschen wie der andern.

Abt Sibold, so erzählen sich die Lehniner bis diesen Tag, wurde von den umwohnenden Wenden erschlagen, und im Einklange damit lesen wir auf einem alten, halb verwitterten Bilde im Querschiff der Kirche: »Seboldus, primus abbas in Lenyn, a slavica gente occisus.«

Abt Sibold wurde also erschlagen. Gewiß eine sehr ernsthafte Sache. Die Geschichte seines Todes indessen wiederzugeben ist nicht ohne eigentümliche Schwierigkeiten, da sich, neben dem Ernsten und Tragischen, auch Tragikomisches und selbst Zweideutiges mit hineinmischt. Und doch ist über diese bedenklichen Partien nicht hinwegzukommen; sie gehören mit dazu. Es sei also gewagt.

Abt Sibold und seine Mönche gingen oft über Land, um in den umliegenden Dörfern zu predigen und die wendischen Fischerleute, die zäh und störrisch an ihren alten Götzen festhielten, zum Christentum zu bekehren. Einstmals, in Begleitung eines einzigen Klosterbruders, hatte Abt Sibold in dem Klosterdorfe Prützke gepredigt, und über Mittag, bei schwerer Hitze heimkehrend, beschlossen Abt und Mönch, in dem nahe beim Kloster gelegenen Dorfe Nahmitz zu rasten, das sie eben matt und müde passierten. Der Abt trat in eines der ärmlichen Häuser ein; die Scheu aber, die hier sein Erscheinen einflößte, machte, daß alles auseinanderstob; die Kinder versteckten sich in Küche und Kammer, während die Frau, die ihren Mann samt den andern Fischern am See beschäftigt wußte, ängstlich unter den Backtrog kroch, der nach damaliger Sitte nichts als ein ausgehöhlter Eichenstamm war. Abt Sibold, nichts Arges ahnend, setzte sich auf den umgestülpten Trog, die Kinder aber, nachdem sie aus ihren Schlupfwinkeln allmählich hervorgekommen waren, liefen jetzt an den See und riefen dem Vater und den übrigen Fischersleuten zu: »Der Abt ist da«, zugleich erzählend, in welch eigentümlicher Situation sie die Mutter und den Abt verlassen hatten. Die versammelten Fischersleute gaben dieser Erzählung die schlimmste Deutung, und der bittre Groll, den das Wendentum gegen die deutschen Eindringlinge unterhielt, brach jetzt in helle Flammen aus. Mit wildem Geschrei stürzten alle ins Dorf, umstellten das Haus und drangen auf den Abt ein, der sich, als er wahrnahm, daß ihm dieser Angriff gelte, samt seinem Begleiter durch die Flucht zu retten suchte. Der nahe Wald bot vorläufig Schutz, aber die verfolgenden Dörfler waren ausdauernder als der ältliche und wohlbeleibte Abt, der es endlich vorzog, einen Baum zu erklettern, um, gedeckt durch das dichte Laubgebüsch desselben, seinen Verfolgern zu entgehen. Der Mönchsbruder eilte inzwischen vorauf, um Hülfe aus dem Kloster herbeizuholen. Abt Sibold schien gerettet, aber ein Schlüsselbund, das er beim Erklettern des Baumes verloren hatte, verriet sein Versteck und brachte ihn ins Verderben. Wohl kamen endlich die Mönche und beschworen den tobenden Volkshaufen, von seinem Vorhaben abzulassen. Der Säckelmeister bot Geld, der

Abt selbst, aus seinem Versteck heraus, versprach ihnen Erlaß des Zehnten, dazu Feld und Heide – aber die wilden Bursche bestanden auf ihrer Rache. Sie hieben, da der Abt sich weigerte herabzusteigen, die Eiche um und erschlugen endlich den am Boden Liegenden. Die Mönche, die den Mord nicht hindern konnten, kehrten unter Mißhandlungen von seiten der Fischersleute in ihr Kloster zurück und standen bereits auf dem Punkt, wenige Tage später die Mauern desselben auf immer zu verlassen, als ihnen, so erzählt die Sage, die Jungfrau Maria erschien und ihnen zurief: »Redeatis! Nihil deerit vobis« (Kehret zurück; es soll euch an nichts fehlen), Worte, die allen ein neues Gottvertrauen einflößten und sie zu mutigem Ausharren vermochten. So die Tradition, von der ich bekenne, daß ich ihr anfangs mißtraute. Sie schien mir nicht den Charakter des zwölften Jahrhunderts zu tragen, in welchem das Mönchtum, gehoben und miterfüllt von den großen Ideen jener Zeit, auch seinerseits ideeller, geheiligter, reiner dastand als zu irgendeiner anderen Epoche kirchlichen Lebens. Auch jetzt noch setze ich Zweifel in die volle Echtheit und Glaubwürdigkeit der Überlieferung und neige mich mehr der Ansicht zu, daß wir es hier mit einer im Laufe der Zeit, je nach dem Bedürfnis der Erzähler und Hörer, mannigfach gemodelten Sage zu tun haben, der, namentlich im fünfzehnten Jahrhundert, wo der Verfall des Mönchstums längst begonnen hatte, ein Liebesabenteuer oder doch der Verdacht eines solchen, statt des ursprünglichen Motivs, nämlich des *Racenhasses*, untergeschoben wurde.

Soweit meine Zweifel.

Auf der andern Seite deutet freilich (von der Backtrogepisode und andern nebensächlichen Zügen abgesehn) alles auf ein Faktum hin, das in seinem ganzen äußerlichen Verlauf, durch fast 700 Jahre, mit großer Treue überliefert worden ist. Eine Menge kleiner Züge vereinigen sich, um es mindestens höchst glaubhaft zu machen, daß Siboldus der erste Abt war, daß er wirklich von den Wenden erschlagen wurde, daß sein Eintritt in ein Nahmitzer Fischerhaus das Signal zum Aufstande gab und daß er, auf der Flucht einen Baum erkletternd, auf diesem Baume sein Versteck und endlich unter demselben seinen Tod fand. Die Überlieferungen nun, die sich sämtlich auf diese Punkte hin vereinigen, sind folgende:

Im Querschiff der Lehniner Kirche hängt bis diesen Tag ein altes Bild von etwa drei Fuß Höhe und fünf Fuß Länge, auf dem wir in zwei Längsschichten oben die Ermordung des Abtes, unten den Auszug der Mönche und die Erscheinung der Jungfrau Maria dargestellt finden. Vor dem Munde der Maria schwebt der bekannte weiße Zettel, auf dem wir die schon oben zitierten Worte lesen: »Redeatis, nihil deerit vobis.« Rechts in der Ecke des Bildes bemerken wir eine zweite lateinische, längere Inschrift, die da lautet:

Anno milleno centeno bis minus uno
Sub patre Roberto coepit Cistertius ordo.
Annus millenus centenus et octuagenus
Quando fuit Christi, Lenyn, fundata fuisti
Sub patre Seboldo, quam Marchio contulit Otto
Brandenburgensis; Aprilis erat quoque mensis.
Hic iacet ille bonus marchravius Otto, patronus
Huius ecclesiae. Sit, precor, in requie.
Hic iacet occisus prior abbas, cui paradisus
Iure patet, slavica quem stravit gens inimica.

Zu deutsch etwa:
Im Jahre 1098 begann, unter dem Pater Robert, der Zisterzienserorden. Als das Jahr Christi 1180 war, bist du, Lehnin, gegründet worden unter dem Pater Seboldus, welches der Markgraf Otto von Brandenburg dotiert hat; es war auch der Monat April. Hier ruhet jener gute Markgraf Otto, der Schützer dieser Kirche. Er möge in Frieden schlafen. Hier ruht auch der erste, gemordete Abt, dem das Paradies mit Recht offensteht, den das feindselig gesinnte Slawenvolk ermordet hat.

Diese Inschrift ist die Hauptsache, besonders durch die Form ihrer Buchstaben. Das Bild selbst nämlich ist eine Pinselei, wie sie von ungeschickten Händen in jedem Jahrhundert (auch jetzt noch) gemalt werden kann, die Inschrift aber gehört einem ganz bestimmten Jahrhundert an. Der Form der Buchstaben nach ist das Bild zu Anfang des fünfzehnten Jahrhunderts gemalt, und so ersehen wir denn mit ziemlicher Gewißheit aus diesem Bilde, wie man sich etwa ums Jahr 1400, oder wenig später, im Kloster selbst die Ermordung des Abtes Sibold vorstellte. 200 Jahre nach seinem Tode konnte diese Tradition, zumal bei den Mönchen selbst, durchaus noch lebendig und zuverlässig sein. Die Sagen unterstützen den Inhalt dieses Bildes bis diesen Tag.

Ich sprach eingangs schon von einem Stücklein Poesie, das mit dem Tode des Abtes verknüpft sei, und diese poetische Seite ist wirklich da. Aber sie zeigt sich viel mehr in den gespenstigen Folgen der Untat als in dieser selbst.

In dem mehrgenannten Dorfe Nahmitz bezeichnet die Überlieferung auch heut noch das Gehöft, in das damals der Abt eintrat. Das Haus selbst hat natürlich längst einem anderen Platz gemacht, doch ist ein Unsegen an der Stelle haftengeblieben. Die Besitzer wechseln, und mit ihnen wechselt die Gestalt des Mißgeschicks. Aber das Mißgeschick selber bleibt. Das Feuer verzehrt die vollen Scheunen, böse Leidenschaften nehmen den Frieden, oder der Tod nimmt das liebste Kind. So wechseln die Geschicke des Hauses. Jetzt ist Siechtum heimisch darin. Die Menschen trocknen aus, und blut- und farblos, jeder Freude bar, gehen sie matt und müd ihrer Arbeit nach.

Und wie die Tradition im Dorfe Nahmitz das Haus bezeichnet, so bezeichnet sie auch in dem schönen Eichenwalde zwischen Nahmitz und Lehnin die Stelle, wo der Baum stand, unter dem die Untat geschah. Der Stumpf war jahrhundertelang zu sehen; daneben lag der abgehauene Stamm, über den keine Verwesung kam und den niemand berühren mochte, weder der Förster noch die ärmsten Dorfleute, die Reisig im Walde suchten. Der Baum lag da wie ein herrenloses Eigentum, sicher durch die Scheu, die er einflößte. Erst im vorigen Jahrhundert kam ein Müller, der lud den Stamm auf und sagte zu den Umstehenden: »Wind und Teufel mahlen gut.« Aus dem Stamm aber ließ er eine neue Mühlenwelle machen und setzte die vier Flügel daran. Es schien auch alles nach Wunsch gehen zu sollen, und die Mühle drehte sich lustig im Winde, aber der Wind wurde immer stärker, und in der Nacht, als der Müller fest schlief, schlugen plötzlich die hellen Flammen auf. Die Mühlwelle, in immer rascherem Drehen, hatte Feuer an sich selber gelegt, und alles brannte nieder.

»Wind und Teufel mahlen gut«, raunten sich anderen Tags die Leute zu.

Abt Hermann, von 1330 bis 1340

Abt Sibold wurde etwa um 1190 oder etwas später von den umwohnenden Wenden ermordet. Die Urkunden erwähnen dieses Mordes nicht, wie denn überhaupt die ziemlich zahlreichen Pergamente aus der askanischen Epoche lediglich Schenkungsurkunden sind. Es vergehen beinah anderthalbhundert Jahre, bevor wieder ein Lehniner Abt mit mehr als seinem bloßen Namen vor uns hintritt. Dieser Abt ist Hermann von Pritzwalk. Zwei Urkunden von 1335 und 1337 erwähnen seiner; erst eine dritte indes, vom Jahre 1339, gibt uns ein bestimmtes Bild des Mannes, freilich kein schmeichelhaftes. Wieweit wir dieser Schilderung zu trauen haben, das wollen wir nach Mitteilung des Hauptinhaltes der Urkunde, die sich als ein Erlaß des Papstes, Benedikts XII., an die Äbte von Kolbatz, Stolp und Neukampen gibt, festzustellen suchen.

Dieser Urkunde nach, die also nichts anders ist als ein päpstliches Schreiben (Breve), erschien der Mönch Dietrich von Ruppin, ein Mitglied des Lehniner Klosters, im Jahre 1339 vor Papst Benedikt XII. in Avignon und teilte demselben in Gegenwart des Konsistoriums mit, daß durch »Anschürung des alten Feindes des Menschengeschlechts« seit etwa fünfzehn Jahren im Kloster Lehnin eine Trennung und Scheidung der Mönche stattgefunden habe, dergestalt, daß die mächtigere Partei, die sich die Loburgsche nenne, einen Terrorismus gegen die schwächere übe und dieselbe weder zu Wort noch am wenigsten zu ihrem Rechte kommen lasse. An der Spitze dieser stärkeren Partei (der Loburgschen) hätten, bei Bildung derselben, die drei Mönche Theodorich von Harstorp, Nikolaus von Lützow und Hermann von Pritzwalk gestanden, die denn auch, durch ihre und ihrer Partei Übergriffe und Machinationen, ohne den kanonisch festgestellten Wahlmodus irgendwie innezuhalten, sich nacheinander zu Äbten des Klosters aufgeworfen hätten.

Unter der Regierung dieser drei Eindringlingsäbte seien alsdann, von den Anhängern der Loburgschen Partei, sowohl innerhalb wie außerhalb des Klosters, die größten Verbrechen begangen worden. So sei unter andern ein Adliger aus der Nachbarschaft, mit Namen Falko, der zur Zeit des Abtes Nikolaus von Lützow im Kloster ein Nachtlager bezogen habe, von verschiedenen Laienbrüdern des Klosters, darunter namentlich der Anhang des damaligen Mönches, *jetzigen* Abtes Hermann, überfallen und samt seiner Begleitung ermordet worden. Als am andern Morgen das Gerücht von diesem Morde die Klosterzellen erreicht habe, sei Hermann (genannt von Pritzwalk) mit seinem Anhang an den Ort der Tat geeilt und habe denn auch den Ritter Falko sowie drei seiner Begleiter bereits erschlagen, zwei andre Dienstmannen aber schwer verwundet, im Bettstroh versteckt, vorgefunden. Mönch Hermann habe nunmehr Befehl gegeben, auch diese Verwundeten zu töten. Die Waffen Falkos aber hab er als Beute an sich genommen und späterhin vielfach gebraucht.

Dieser Mord, so heißt es in der Urkunde weiter, habe alsbald eine mehr als zehnjährige Fehde hervorgerufen, in der durch die Anhänger des Ritters Falko nicht nur drei Laienbrüder und viele Knechte und Schutzbefohlene des Klosters getötet, sondern auch die Güter desselben durch Raub, Brand und Plünderei verwüstet worden seien, so daß man den Schaden auf über 60 000 Goldgulden geschätzt habe. Während dieser Fehden und Kriegszüge hätten die Mönche zu Schutz und Trutz beständig Waffen geführt, so daß sie, ganz gegen die Ordensregel, im Schlafsaal und Refektorium immer gewaffnet erschienen wären. An den Kämpfen selbst hätten viele der Fratres teilgenommen, andre, namentlich von den Laienbrüdern, hätten das Kloster verlassen und ein anderes Obdach gesucht.

Auch von den Hintersassen des Klosters seien Mord und Brand und Untaten aller Art verübt worden, als deren moralische Urheber das umwohnende Volk längst gewohnt sei die Klosterbrüder anzusehen, weshalb denn auch all die Zeit über der Notschrei zugenommen habe, daß die Lehninschen Mönche vertrieben und durch Ordensbrüder von besserem Lebenswandel ersetzt werden möchten. Bei Gelegenheit dieser Fehden und Kämpfe seien übrigens die beweglichen und unbeweglichen Güter des Klosters vielfach veräußert und verpfändet worden.

Die Urkunde berichtet ferner, daß ein Laienbruder, der bei der Ermordung Falkos mit zugegen war und hinterher den Mut hatte auszusprechen: »daß dieser Mord auf Befehl des Abts und seiner Partei stattgefunden«, ins Gefängnis geworfen und innerhalb zehn Tagen von den Mönchen der Loburgschen Partei ermordet worden sei. Das päpstliche Schreiben meldet endlich, daß, nach den Aussagen Dietrichs von Ruppin, der an der Ermordung Falkos und der Seinen vorzugsweise beteiligte Mönch Hermann jetzt Abt des Klosters sei, wobei die herrschende Mönchspartei von dem vorgeschriebenen Wahlmodus abermals Umgang genommen und die gesetzlich geregelte Einführung unterlassen habe. Abt Hermann, dessen Wahl jeder Gesetzlichkeit und Gültigkeit entbehre, habe, wie sein Vorgänger, das Vermögen des Klosters verschleudert, die Ordensregeln mißachtet und ein dissolutes Leben geführt, und als besagter Abt endlich willens gewesen sei, ihn, den »Dietrich von Ruppin«, wegen Dispenses und wegen Absolution für die oben geschilderten Verbrechen an die päpstliche Kurie abzusenden, habe er ihn – lediglich weil er zuvor Rücksprache mit dem Abte eines *anderen vorgesetzten* Klosters genommen habe – durch einige Mönche und Konversen gefangennehmen, in Eisen legen und neun Monate lang in den Kerker werfen lassen, alles mit der ausgesprochenen Absicht, ihn durch schwere Peinigungen vom Leben zum Tode zu bringen. Einen andern Konversen des Klosters aber, mit Namen Geraldus, habe Abt Hermann wirklich töten lassen.

Die Urkunde schließt dann mit einer Aufforderung an die obengenannten Äbte von Kolbatz, Stolp und Neukampen, den Fall zu untersuchen und darüber zu befinden, damit die Angeklagten, wenn ihre Schuld sich herausstellen sollte, vor dem Päpstlichen Stuhle erscheinen und daselbst ihren Urteilsspruch gewärtigen möchten.

Soweit der Inhalt der Urkunde von 1339. Ob die Äbte sich des mißlichen Auftrags entledigt und, wenn so geschehen, welche Entscheidung sie getroffen oder welchen Bericht sie an Papst Benedikt gerichtet haben, darüber erfahren wir nichts. Übrigens dürfen wir vermuten, daß, gleichviel, ob die Untersuchung stattfand oder nicht, die Dinge unverändert ihren Fortgang genommen haben werden. Und wahrscheinlich mit Recht. Wir setzen nämlich in die Mitteilungen des Mönches Dietrich von Ruppin keineswegs ein unbedingtes Vertrauen und vermuten darin vielmehr eine jener halbwahren Darstellungen, die meist da Platz greifen, wo die Dinge von einem gewissen Parteistandpunkt aus angesehen oder, wie hier, Anklagen in zum Teil eigner Angelegenheit erhoben werden. Abt Hermann scheint uns weit mehr ein *leidenschaftlicher Parteimann* als ein Verbrecher gewesen zu sein.

Stellen wir alle Punkte von Belang zusammen, die sich aus den Aussagen Dietrichs von Ruppin ergeben, so finden wir

1. daß im Kloster zwei Parteien waren, von denen die stärkere die schwächere terrorisierte und die Äbte aus ihrer, der Majorität, Mitte wählte;
2. daß Ritter Falko von der stärkeren oder Loburgschen Partei ermordet wurde;
3. daß das Kloster nach Dispens und Absolution von seiten des Papstes verlangte und
4. daß Dietrich von Ruppin abgeordnet wurde, um die Absolution einzuholen, wegen vorgängiger Plauderei aber ins Gefängnis geworfen wurde.

Unter diesen vier Punkten involviert der zweite, die Ermordung Falkos, ein schweres und unbestreitbares Verbrechen. Der Umstand indessen, daß Abt Hermann für sich und sein Kloster nach der Absolution des Papstes verlangte, deutet darauf hin, daß das Geschehene mehr den Charakter einer sühnefähigen Schuld als den einer schamlosen Missetat hatte. Denn sollte die Gnade des Papstes angerufen werden, so mußten notwendig Umstände vorauf- oder nebenhergegangen sein, die imstande waren, eine Brücke zu bauen und für die Schuld bei der Gnade zu plädieren. Solche entschuldigenden Umstände waren denn wohl auch wirklich da und lagen, wie wir mehr oder weniger aus der Anklage selbst entnehmen können, in dem Parteihaß, der eben damals die ganze Mark in zwei Lager teilte. Es war die *bayerische Zeit.* Dies sagt alles. Es waren die Tage, wo die Berliner den Propst von Bernau erschlugen und die Frankfurter den Bischof von Lebus verjagten; es waren die Tage des Bannes und des Interdikts, Tage, die *dreißig Jahre* währten und in denen sich das Volk der Kirche so entfremdete, daß es verwundert aufhorchte, als zum ersten Male wieder die Glokken durchs Land klangen. Der alte Kampfesruf »Hie Welf, hie Waibling!« schallte wieder allerorten, und »bayrisch oder päpstlich« klang es vor allem auch in der Mark Brandenburg. Lehnin, gehegt und gepflegt vom Kaiser und seiner Partei, war *bayrisch*, der märkische Adel, vielfach zurückgesetzt, war *antibayrisch*. Aus diesem Zustande ergaben sich Konflikte zwischen dem Kloster und dem benachbarten Adel fast wie von selbst, und die Ermordung Falkos, die nach den Aussagen Dietrichs von Ruppin einfach als ein brutaler Bruch der Gastfreundschaft erscheint, war möglicherweise nur blutige Abwehr, nur ein Rachenehmen an einem Eindringling, der sich stark genug geglaubt hatte, den Klosterfrieden brechen zu dürfen. Ritter Falko und die Seinen, wenn sie wirklich Gäste des Klosters waren, waren vielleicht sehr *ungebetene Gäste*, *Gäste*, die sich nach eigenem Dafürhalten im Kloster einquartiert hatten, vielleicht im Komplott mit der *Minorität*, die höchstwahrscheinlich zum Papste hielt.*

Dies alles sind freilich nur Hypothesen. Aber wenn sie auch nicht absolut das Richtige treffen, so lehnen sie sich doch an Richtiges an und schweifen wohl nicht völlig in die Irre.

Was immer indes das Motiv dieses Mordes gewesen sein möge, entschuldbarer Parteihaß oder niedrigste Ruchlosigkeit, soviel erhellt aus dieser Überlieferung, daß die Kloster-Lehninschen Tage nicht immer interesselos verliefen und daß, wenn wir dennoch im großen und ganzen einer gewissen Farblosigkeit begegnen, der Grund dafür nicht darin zu suchen ist, daß überhaupt nichts geschah, sondern lediglich

* Daß die Majorität des Klosters und dadurch das Kloster selbst entschieden bayrisch war, ergibt sich unter anderm daraus, daß Papst Clemens in seiner Bannbulle vom 14. Mai 1350 eigens Veranlassung nahm, dem *Kloster seine Hinneigung zur Sache des bayrischen Hauses vorzuwerfen*. Auch das Erscheinen des Klage führenden Mönchs vor dem *Papst*, während ihm doch andere Tribunale, weltliche wie geistliche, soviel näher gelegen hätten, spricht dafür, daß der zu verklagende Abt Hermann, samt der Majorität des Klosters (der Loburg-Partei), *antipäpstlich*, das heißt also *bayrisch* war.

darin, daß das Geschehene nicht aufgezeichnet, nicht überliefert wurde.

Mönch Hermann, der mit seinem Anhang an die Stätte des Mordes vordringt, die Verwundeten in ihren Strohverstecken tötet oder töten läßt, dann selber, während zehnjähriger Fehde, in Schlafsaal und Refektorium die Waffenrüstung Falkos trägt – das gibt schon Einzelbilder, denen es keineswegs an Farbe fehlt, auch nicht an jenem Rot, das nun mal die Haupt- und Grundfarbe aller Geschichte ist.

Über den Ausgang des Abtes Hermann erfahren wir nichts; sehr wahrscheinlich, daß er noch eine Reihe von Jahren dem Kloster vorstand. Erst 1352 finden wir den Namen eines Nachfolgers verzeichnet.

Abt Heinrich Stich (etwa von 1399 bis 1430)

Heinrich Stich, vor seiner Abtwahl Kellermeister (cellerarius) des Klosters, wurde sehr wahrscheinlich im Jahre 1399 zum Abt gewählt. Seine Regierung fällt in die sogenannte *»Quitzow-Zeit«*, und wir werden in nachstehendem zu berichten haben, wie vielfach gefährdet Kloster Lehnin damals war und wie glücklich es, großenteils durch die umsichtige Leitung seines Abtes, aus allen diesen Gefahren hervorging. Die Geschichte jener Epoche, soweit sie das Kloster berührt, entnehmen wir den Aufzeichnungen Heinrich Stichs selber, der im Jahre 1419 ein Gedenkbuch anzulegen begann, in welchem er, zurückgehend bis auf das Jahr 1401, über die Streitigkeiten des Klosters mit seinen Nachbarn berichtet. Einiges ergänzen wir aus einer andern, ziemlich gleichzeitigen Chronik.

Das Kloster hielt es all die Zeit über, seinen Traditionen getreu, mit der *Landesobrigkeit*, das heißt also, Abt und Mönche waren im allgemeinen *gegen die Quitzows*. Da indessen die Landesobrigkeit damals sehr schwankend und eine Zeitlang, halb angemaßt, halb zugestanden, *bei den Quitzows* selber war, so entstanden daraus sehr verwickelte, zum Teil widerspruchsvolle Verhältnisse, deren Gefahren und Schwierigkeiten nur durch große Klugheit zu überwinden waren. Die schwankenden Verhältnisse nötigten auch zu einer schwankenden Politik. Die Grundstimmung des Klosters blieb *gegen die Quitzows* gerichtet, wiewohl wir einer, indes jedenfalls nur kurzen Epoche zu erwähnen haben werden, wo das Kloster *mit den Quitzows* ging.

Zwischen 1401 und 1403, so scheint es, sammelten die Quitzows Material gegen das Kloster. Inwieweit sie dabei bona fide handelten, ist schwer zu sagen; doch macht ihr Vorgehen allerdings den Eindruck, als hätten sie, voll übermütigen Machtbewußtseins, die Dinge nur einfach daraufhin angesehen, wie sie ihnen paßten, unbekümmert um den Wortlaut entgegenstehender Urkunden und Verträge. Sie stellten sich zunächst, als machten sie einen Unterschied zwischen dem *Abt des Klosters* und dem *Kloster selbst*, und sich das Ansehen gebend, als sei die Persönlichkeit oder der Eigensinn des Abtes an allem schuld, verklagten sie ihn beim Konvent seines eigenen Klosters. Als diese Klage, wie sich denken läßt, ohne Einfluß blieb, schritten sie zu einer förmlichen Anklageschrift, in der sie dem Kloster all seine vorgeblichen Vergehen und Eingriffe entgegenhielten. Diese Anklageschrift enthielt, unter vielen andern Paragraphen, drei Hauptpunkte:

1. Das Kloster habe ihnen, den Quitzows, zweimal den *Landschoß* verweigert, wiewohl sie doch die »Statthalter in Mark Brandenburg« wären.

2. Das Kloster habe den Quitzowschen Knechten auf seinen, des Klosters, Gütern jedes Einlager verweigert und die Zuwiderhandelnden mit Mord bedroht.

3. Endlich, das Kloster habe dabei beharrt, die Havel bei Schloß Plaue als sein Eigentum anzusehen, während sie doch ihnen, den Quitzows, als den zeitigen Besitzern von Schloß Plaue gehöre, denn weil das Wasser bei dem Schlosse sei, so müßte es auch zu dem Schlosse gehören, und führe das Schloß nicht umsonst den Namen »Schloß Plaue *an der Havel*«.

Abt Heinrich erwiderte auf alle Anklagepunkte in würdiger Weise, alle seine Aussagen urkundlich belegend. Er wies aus den Schenkungsurkunden und verbrieften Gerechtsamen des Klosters nach, daß sie, Abt und Mönche, erstens ihre Güter »in aller Freiheit« besäßen und niemals *Landschoß* zu zahlen gehabt hätten, daß es zweitens zu ihren vielfach verbrieften Gerechtsamen gehöre, keine Herren, keine

Lehnsträger, Ritter oder Knechte, wider Willen aufnehmen zu müssen, und daß sie drittens die Havel bei Plaue seit so langer Zeit als Eigentum besäßen, »daß niemand dessen anders gedenken möge«.

Dieser dritte Punkt, weil es sich dabei um eine *Eigentumsfrage* handelte, die den praktischen Leuten des Mittelalters immer die Hauptsache war, bekümmerte den Abt nun ganz besonders. Da man sich nicht einigen konnte, wurden Schiedsrichter vorgeschlagen, wobei Hennig von Stechow und Hennig von Gröben als Abgesandte oder Mandatare der Quitzows auftraten. Das Recht des Klosters indessen war zu klar, als daß die eigenen Vertrauensmänner (Stechow und Gröben) der Gegenpartei es hätten übersehen oder umdeuten können, und so beschworen sie den Hans von Quitzow, »daß er um Gottes und seiner eigenen Seligkeit willen mit dem Abte nicht hadern und das Kloster samt seinen Gütern und Besitzungen nicht anfechten möge«. Aber die Quitzows – die vielleicht aus politisch-strategischen Gründen in dieser Frage besonders hartnäckig waren – beharrten auf ihrer Forderung, und das Kloster mußte schließlich nicht nur auf sein Flußrecht Verzicht leisten, sondern auch noch weitere 100 Mark Silber zahlen, um sich guter Nachbarschaft und der Wohlgewogenheit der mächtigen Familie zu versichern.

Diese Nachgiebigkeit und die damit verknüpften Schädigungen mögen dem Kloster schwer genug angekommen sein; nachdem die Opfer aber einmal gebracht und mittelst derselben die Freundschaft und die guten Dienste der alles vermögenden *Quitzow-Sippe* gewonnen waren, lag es nun auch in der Politik des Klosters, diese Freundschaft zu pflegen und dadurch den eignen *Vorteil nach Möglichkeit zu fördern.* Die Niederlage blieb unvergessen, aber solange kein Stärkerer da war, um diese Niederlage zu rächen, wurde das Joch in Klugheit und Ergebenheit getragen.

Aber dieser Stärkere kam endlich, und ob es nun wieder nur die alte Klosterklugheit war, die in dem Nürnberger Burggrafen sofort den Stärkeren erkannte, oder ob in diesem Falle der heimliche Groll mitwirkte, der all die Jahre über, unter der Maske guter Freundschaft, gegen die Quitzows unterhalten worden war – gleichviel, kaum daß der erste Hohenzoller ernstlich Miene machte, eine eigene Macht zu etablieren und den Übermut seiner Widersacher zu demütigen, so sehen wir auch schon Kloster Lehnin unter den Hülfstruppen des neuen Landesherrn, der, anders eingreifend als wie all die Statthalter und Hauptleute vor ihm, in acht Tagen die vier Quitzow-Burgen und mit ihren Burgen auch ihr Ansehen brach. Die Klosterleute von Lehnin lagen, samt den Bürgern von Beelitz, Jüterbog und Treuenbrietzen, vor Schloß Beuthen und warteten, wie berichtet wird, die Ankunft »der großen Büchse«, der sogenannten Faulen Grete, ab. Ihr kriegerisches Verdienst scheint also, dieser Andeutung nach zu schließen, kein besonders hervorragendes gewesen zu sein und lediglich in einem geduldigen und möglichst gesicherten Davorstehen bestanden zu haben.

Schwerlich empfanden Abt und Konvent einen Gram darüber. Es lag ihnen nicht an Kriegsruhm, sondern, wie immer, lediglich an Mehrung und Förderung der Klosterinteressen, an wachsendem Besitz und – *guter Nachbarschaft.* Diese gute Nachbarschaft hatte Lehnin, das mit den Rochows grenzte, ein halbes Jahrhundert schmerzlich vermissen müssen. Jetzt traf es sich, daß der Ausgang des *Quitzow-Streits* unserm Kloster erwünschte Gelegenheit bot, sich auch dieser »guten Nachbarschaft« auf lange Zeit hin zu versichern. In Burg Golzow (dem alten Rochow-Sitz, in der Nähe Lehnins) war Wichard von Rochow, der treue Anhänger der Quitzows, gefangengenommen worden. Durch Vermittelung des Abtes, der allen Groll zur rechten Zeit zu vergessen wußte, ward ihm jetzt, dem Wichard, allerdings erst nach Abtretung Potsdams an den Kurfürsten, die Freiheit und – Schloß Golzow zurückgegeben. Beide Teile, der Kurfürst und die Rochows, wußten es dem Vermittler Dank, und dem Kloster waren zwei Freunde gewonnen.

Abt Heinrich Stich starb wahrscheinlich um 1430.

Abt Arnold (etwa von 1456 bis 1467)

Die Amtsführung des Abtes Heinrich von 1399 bis etwa um 1430 war in eine unruhige Zeit gefallen, und wir sehen all die Zeit über das Kloster in seinen Verwickelungen nach *außen*; die Regierung des Abtes Arnold fällt in friedlichere Tage, und die Urkunden, aus jener Zeit her, gönnen uns ausschließlich wieder einen Einblick in *innere Streitigkeiten*. Sie berichten über Zerwürfnisse, die an die Zustände unter Abt Hermann erinnern, wie wir dieselben, in vorstehendem, nach den Aussagen »Dietrichs von Ruppin« geschildert haben. Hier wie dort begegnen wir Parteiungen und einem siegreichen Auftreten der Majorität, nur mit dem Unterschiede, daß sich Abt Hermann, in seinem Terrorismus, auf die Majorität des Konventes stützte, während Abt Arnold gegen diese Majorität ankämpfte und in diesem Kampfe unterlag.

Die Urkunden aus der etwa zehnjährigen Zeit seiner Verwaltung sind ziemlich zahlreich und sprechen nicht gegen den Abt. Streitigkeiten werden geschlichtet, Vergleiche getroffen, Ländereien empfangen oder ausgegeben – nirgends erhellt aus ihnen ein Zerwürfnis zwischen Abt und Konvent. So verlaufen anscheinend die Dinge, bis wir, gleich aus den ersten Urkunden, die in die Regierungszeit seines Nachfolgers fallen, in Erfahrung bringen, daß Abt Arnold »wegen unstatthafter Veräußerung von Klostergütern« abgesetzt und Prior Gallus an seiner Statt ernannt worden sei. Wir erfahren ferner, daß inzwischen das Kloster Altenberg den Arnoldus zum Abte gewählt und dieser letztere, von seinem *jetzigen*, dem Altenberger Kloster aus, eine heftige Schmähschrift (libellum infamiae) gegen den Prior und die Mönche von Kloster Lehnin gerichtet, diese Schmähschrift auch zugleich als Anklageschrift beim Generalkapitel in Cîteaux eingereicht habe.

Diese Anklageschrift nun, von dem ehemaligen Abte des angeklagten Klosters ausgehend, scheint, wie begreiflich, ihre Wirkung auf das Generalkapitel nicht verfehlt zu haben, und so sehen wir denn im März 1469 die Äbte von Heilsbronn und Erbach als ernannte Untersuchungskommissarien in Lehnin eintreffen. Aber gleichzeitig mit ihnen treffen auch, als Zeugen in der Sache zur Begutachtung vorgeladen, die Äbte dreier *märkischer* Klöster, von Zinna, Chorin und Himmelpfort, ein und bezeugen durch ihre Aussage, daß Abt Arnold in der Tat willkürlich das Klostergut veräußert und somit die Absetzung seitens des Klosterkonvents (der sich dabei lediglich innerhalb seiner Befugnisse gehalten) durchaus verdient habe. »Was seine Schmähungen aber gegen die sittliche Führung des Klosters angehe, dem er so lange vorgestanden, so treffe ihn – selbst wenn diese Schmähungen begründet sein sollten – die Hauptverantwortlichkeit, da es in zehnjähriger Führung *seine* Aufgabe gewesen sein würde, diesem Verfall der Sitte zu steuern.« Auch der Kurfürst Friedrich der Eiserne, in einem an die Kommissarien gerichteten Briefe, nimmt Partei *für* den Konvent, *gegen* den abgesetzten Abt, und so sehen wir denn, ohne daß ein urkundliches Urteil der Kommissare in dieser Streitsache vorläge, den neuen Abt in seinem Amte verbleiben – eine Tatsache, die genugsam spricht. Über den *Inhalt* der Schmähschrift, des »libellum infamiae«, erfahren wir nichts; es wird ein Verzeichnis der alten Klostersünden gewesen sein, wie sie entweder überall vorkamen oder doch überall berichtet wurden.

Wenn nun einerseits diese Absetzung Abt Arnolds und seine darauf geschriebene Schmähschrift abermals dartun, daß die Tage Kloster Lehnins durchaus nicht so still-idyllisch verliefen, wie wohl je zuweilen berichtet worden ist, so gewähren uns andrerseits die betreffenden Urkunden noch ein besondres Interesse dadurch, daß sie die Frage in uns anregen: Wer war dieser Abt Arnold? welchen Charakters? war er im Recht oder im Unrecht? Freilich nur wenige Anhaltepunkte sind uns gegeben, aber sie rechtfertigen die Vermutung, daß er ebensosehr ein Opfer seiner geistigen *Überlegenheit* wie seiner Übergriffe war. Wahrscheinlich gingen diese Übergriffe zum Teil erst aus dem Bewußtsein seiner Überlegenheit hervor. Er war, so schließen wir aus einer Reihe kleiner Züge, das, was wir heutzutage einen genialischen, aber querköpfigen Gelehrten nennen würden, sehr gescheit, sehr selbstbewußt, sehr eigensinnig, dabei lauteren Wandels, aber launenhaft und despotisch von Gemüt. Wem schwebten, aus eigener Erfahrung, nicht Beispiele dabei vor! Die Gelehrtenwelt, in ihren besten und energischsten Elementen, war immer reich an derartigen Charakteren. Was speziell unsren Abt Arnold angeht, so scheint es, das Kloster *wollte* ihn los sein, weil er geistig und moralisch einen unbequemen Druck auf den Konvent ausübte. Daß er, um seines Wissens wie um seines Wandels willen, eines nicht gewöhnlichen Ansehens genoß, dafür spricht nicht nur der

Umstand, daß ihn die Urkunden einen professor sacrae theologiae nennen, sondern mehr noch die Tatsache, daß er unmittelbar nach seinem Austritt aus dem Lehniner Kloster zum Abt von Altenberg erwählt wurde. Altenberg, seinerzeit ein berühmtes Kloster, liegt in der *Rheinprovinz*, in der Nähe von Koblenz. Wir möchten daraus beinahe schließen, daß er ein *Rheinländer*, jedenfalls ein Fremder war und an der märkischen Art ebensosehr Anstoß *nahm, als* Anstoß erregte.

Abt Valentin (etwa von 1509 bis 1542)

Valentin war der letzte Abt des Klosters. Die Erscheinung, die sich so oft wiederholt, daß ersterbende Geschlechter und Institutionen vor ihrem völligen Erlöschen noch einmal in altem Glanze aufblühen, wiederholte sich auch hier, und die mehr denn dreißigjährige Regierung des Abtes Valentin bezeichnet sehr wahrscheinlich den Höhenpunkt im Leben des Klosters überhaupt. Freilich haben wir dabei die glänzende fünfundzwanzigjährige Epoche bis 1535 von der darauf folgenden kurzen Epoche bis 1542, die schon den Niedergang bedeutet, zu trennen.

Wir sprechen von der Glanzepoche zuerst. Der Besitz – nach den kurzen Gefährdungen während der Quitzow-Zeit – war von Jahrzehnt zu Jahrzehnt gewachsen und umfaßte in den Jahren, die der Reformation unmittelbar vorausgingen, zwei Marktflecken, vierundsechzig Dörfer, vierundfünfzig Fischereien, sechs Wasser- und neun Windmühlen, vierzehn große Forsten, dazu weite Äcker, Wiesen und Weinberge. Jeder Zweig des Betriebs stand in Blüte; die Wolle der reichen Schafherden wurde im Kloster selbst verarbeitet, und die treffliche Wasserverbindung, mittelst der Seen in die Havel und mittelst der Havel in die Elbe, sicherte dem Kloster Markt und Absatzplätze.

Reich und angesehen wie das Kloster, so angesehen und verehrt war sein Abt. Das Volk hing ihm an, und der Kurfürst Joachim I. – der ihn seinen »Gevatter« nannte, seit Abt Valentin bei der Taufe des zweiten kurfürstlichen Prinzen, des späteren Markgrafen Johann von Küstrin, als Taufzeuge zugegen gewesen war – war dem Abt zu Willen in vielen

Stücken. 1509 sprach Joachim die Befreiung des Klosters von kurfürstlichem Jagdeingelage »auf Lebenszeit des Abtes« aus, und 1515 ging er weiter und machte aus der zeitweiligen Befreiung eine Befreiung auf *immer.* Daß das Kloster selber den Tod Valentins nicht überleben würde, entzog sich damals, 1515, noch jeder Berechnung und Voraussage. Die Wirren und Kämpfe, die bald folgten, ketteten den Kurfürsten, so scheint es, nur fester an unseren Lehniner Abt, und wir dürfen wohl annehmen, daß die Ratschläge dieses seines »Rates und Gevatters« nicht ohne Einfluß auf die Entschlüsse waren, die ihn, der Strömung der Zeit und den Verschwörungen der Kurfürstin gegenüber, bei der alten Lehre beharren ließen. Dies einfach als Hartnäckigkeit zu deuten wäre Torheit; es war das Wirken einer festen Überzeugung, was ihn das Schwerere wählen und – gegen den Strom schwimmen ließ. Joachim, fest, wie er in seinem Glauben war, war auch fest in seiner Liebe zu Kloster Lehnin, und wiewohl er sich mit keiner Idee lieber und herzlicher getragen hatte als mit der Gründung eines großen Domstiftes zu Cölln an der Spree (wie es später unter Joachim II. auch wirklich ins Leben trat), so wollte er doch in Lehnin begraben sein, an der Seite seines Vaters, in der Gruft, die schon die alten Askanier ihrem Geschlecht erbaut hatten.

Und unser Lehniner Abt, wie er all die Zeit über der Vertraute seines Fürsten war, so war er auch der Vertrauensmann der Geistlichkeit und der zunächst Auserwählte, als es galt, den »mönchischen Lärmen« zu beschwichtigen, der in dem benachbarten Wittenberg immer lauter zu werden drohte. Unser Abt schien in der Tat vor jedem andern berufen, durch die Art seines Auftretens, durch Festigkeit und Milde, dem »Umsichgreifen der Irrlehre«, wie es damals hieß, zu steuern, und als Beauftragter des Brandenburger Bischofs Hieronymus Scultetus erschien er in Wittenberg, um den Augustinermönch zu warnen. Sein Erscheinen scheint nicht ohne Einfluß auf Luther geblieben zu sein, der nicht nur seinem Freunde Spalatinus bemerkte: »wie er ganz beschämt gewesen sei, daß ein so hoher Geistlicher (der Bischof) einen so *hohen Abt* so demütig an ihn abgesandt habe«, sondern auch am 22. Mai 1518 dem Bischof von Brandenburg schrieb: »Ich erkläre hiermit ausdrücklich und mit klaren Worten, daß ich in der Sache des Ablasses nur *disputiere*, aber nichts feststelle.«

Abt Valentin, wie wir annehmen dürfen, ging viel zu Hofe, aber wennschon er häufiger in dem Abthause zu *Berlin* als in dem Abthause des Klosters selber anwesend sein mochte, so war er doch nicht gewillt, um Hof und Politik willen den unmittelbaren Obliegenheiten seines Amtes, der Fürsorge für das Kloster selber, aus dem Wege zu gehen. Wir sehen ihn, wie er sich das Wachstum, die Gerechtsame, vor allem auch die Schönheit und die Ausschmückung seines Klosters angelegen sein läßt; er schenkt Glocken, er errichtet Altäre, vor allem zieht er die unter Dürer, Cranach, Holbein eben erst geborene deutsche Kunst in seinen Dienst und ziert die Kirche mit jenem prächtigen Altarschrein*, der, bis auf diesen Tag, wenn auch an anderem Ort, als ein Kunstwerk ersten Ranges erhalten, damals der Stolz des Klosters, die Bewundrung der Fremden war. Die wohlerhaltene Unterschrift: »Anno dom. 1518 sub d. Valentino abbate«, hat in aller Sichtlichkeit den Namen Abt Valentins bewahrt.

Ober fünfundzwanzig Jahre waren die Wirren der Zeit an Abt Valentin vorübergegangen, das Ausharren seines kurfürstlichen Herrn hatte ihn vor den schwersten Kümmer-

* Dieser Altarschrein, der jetzt eine Zierde und Sehenswürdigkeit des schönen Brandenburger Domes bildet, hat eine Höhe von etwa neun Fuß bei zirka zwölf Fuß Breite. Die Einrichtung ist die herkömmliche: ein Mittelstück mit zwei Flügel- oder Klapptüren, die je nach Gefallen geöffnet oder geschlossen werden können. Das Mittelstück zeigt in seiner schreinartigen Vertiefung die Gestalt der Heiligen Jungfrau; rechts neben ihr Paulus mit dem Schwert, zur Linken Petrus mit dem Schlüssel. Diese drei Figuren sind Holzschnitzwerk, bunt bemalt, mehr derb charakteristisch als schön. Der hohe Kunstwert des Schreins besteht lediglich in der Schönheit der Malereien, die sich auf beiden Flügeln, und zwar auf der Vorder- wie auf der Rückseite derselben, befinden. Sind diese Flügel, wie gewöhnlich, geöffnet, so erblicken wir die beiden besonderen Schutzheiligen der Zisterzienser, den heiligen Benedikt, aus dessen Orden sie hervorgingen, und den heiligen Bernhard, der den Orden zu höchstem Glanz und Ansehen führte. (Die Zisterzienser werden deshalb auch oft *Bernhardiner* genannt.) Neben den beiden Heiligen stehen die Gestalten der Maria Magdalena und der heiligen Ursula. Auf der Rückseite befinden sich: der heilige Gregorius, Sankt Ambrosius, Sankt Augustinus und der heilige Hieronymus, lauter Kirchenväter, die zu dem Klosterleben der katholischen Kirche in besonderer Beziehung stehn. Die Köpfe aller dieser Gestalten, besonders der des Sankt Benedikt und des heiligen Bernhard (die Frauenköpfe sind weniger vollendet), haben immer für Meisterwerke gegolten, und man hat sie, ebenso um ihrer Ausführung wie um ihrer Charakteristik willen, abwechselnd dem Albrecht Dürer, dem Lucas Cranach und endlich dem Grünewald, einem der besten Schüler Dürers, zugeschrieben. Der letzteren Ansicht ist Ernst Förster in München. Grünewald war allerdings speziell durch seine Charakterisierung der Köpfe ausgezeichnet.

nissen bewahrt, da kam, fast unmittelbar nach dem Regierungsantritt Joachims II., die sogenannte »Kirchenvisitation«, und auch Lehnin wurde ihr unterworfen. Man verfuhr nicht ohne Milde, nicht ohne Rücksicht in der Form, aber in Wahrheit erschienen die Visitatoren zu keinem andern Behuf, als um dem Kloster den Totenschein zu schreiben. *Draußenstehende* fingen an, es in ihre »Obhut« zu nehmen, man stellte es unter Kuratel. Es wurde dieses »Inobhutnehmen« von Abt und Kloster auch durchaus als das empfunden, was es war, und ein schwacher Versuch der Auflehnung, ein passiver Widerstand, wurde geübt. Als es sich darum handelte, einem der Klosterdörfer einen neuen Geistlichen zu geben, wurde der alte Abt Valentin aufgefordert, die übliche Präsentation, die Einführung des Geistlichen in die Gemeinde, zu übernehmen. Abt Valentin lehnte dies ab, weil er es verschmähte, der Beauftragte, der Abgesandte protestantischer Kirchenvisitatoren zu sein. Darüber hinaus aber ging er nicht. Zu hofmännisch geschult, um dem Sohn und Nachfolger seines heimgegangenen Kurfürsten eine ernste Gegnerschaft zu bereiten, zu schwach für den Kampf selbst, wenn er ihn hätte kämpfen wollen, unterwarf er sich dem neuen Regiment, und schon zu Neujahr 1542 bittet er den Kurfürsten nicht nur: »ihm und seinem Kloster auch bei *veränderten* Zeitläuften allezeit ein gnädigster Herre zu sein«, sondern fügt auch den Wunsch bei, »daß Seine Kurfürstliche Durchlaucht ihm und seinen Fratribus, wie bisher, *etzliches Wildpret* verehren möge«.

So verläuft der Widerstreit fast in Gemütlichkeit, bis im Laufe desselben Jahres der alte Abt das Zeitliche segnet. Sein Tod macht den Strich unter die Rechnung des Klosters. Keine Rücksichten auf den »alten Gevatter des Vaters« hemmen länger die Aktion des Sohnes, und der Befehl ergeht an die Mönche: *keinen neuen Abt* zu wählen. Den Mönchen selber wird freigestellt, ob sie »bleiben oder wandern« wollen, und die Mehrzahl, alles was jung, gescheit oder tatkräftig ist, wählt das letztere und wandert aus.*

* Eine Urkunde vom 8. Dezember 1542 hat uns die Namen von zehn Klosterbrüdern aufbewahrt, die, mit Geld und Kleidung (»mehr, als wir verhofft«) ausgerüstet, Lehnin verließen und in die Welt gingen. Es waren: Kaspar Welle, Christoph Brun, Martin Uchtenhagen, Joachim Kersten, Joachim Sandmann, Gregorius Kock, Wipertus Schulte, Heinrich Forten, Maternus Meier, Valentin Vissow. Dazu kamen später:

Die Alten blieben. Ob sie im Kloster selber ruhig weiterlebten oder aber, wie andrerseits versichert wird, in dem dritthalb Meilen entfernten, dicht bei Paretz gelegenen Klosterdorfe Neu Töplitz sich häuslich niederließen, ist nicht mehr mit voller Gewißheit festzustellen gewesen. Gleichviel aber, wo sie den Rest ihrer Tage beschlossen, sie beschlossen sie ruhig, friedfertig, ergeben, ohne jede Spur von Märtyrerschaft, ohne den kleinsten Schimmer von jenem Goldglanz um ihr Haupt, den zu allen Zeiten das Einstehn für eine Idee verliehen hat.

Die letzten Lehniner standen für nichts ein als für sich selbst, und das letzte Lebenszeichen, das wir, überliefert von ihnen, besitzen, ist eine Bitte des »Priors, Subpriors und Seniors, so zu Lehnin verharren«, worin sie ihren gnädigsten Herrn und Kurfürsten ersuchen, unter vielen andern Dingen jedem einzelnen auch folgendes zu gewähren:

Mittagessen: vier Gerichte; Abendessen: drei Gerichte; Bier: eine Tonne wöchentlich; Wein: acht Tonnen jährlich; außerdem zu Neujahr und zu Mitfasten einen *Pfefferkuchen*.

So erlosch Lehnin. Das vierhundertjährige Klosterleben, das mit der Ermordung Abt Sibolds begonnen hatte, schrieb zum Schluß einen Bitt- und Speisezettel, es den Räten ihres gnädigsten Kurfürsten überlassend, »an den obgemeldeten Artikeln zu reformieren nach ihrem Gefallen«.

Steffen Lindstedt und Johannes Nagel, beide aus Stendal, ferner Gerhard Berchsow und Hieronymus Teuffel. Einige von diesen Namen: Uchtenhagen, Lindstedt, Teuffel, waren Adelsnamen, doch ist nicht zu ersehn, ob die obengenannten drei von adliger oder bürgerlicher Abkunft waren. Im allgemeinen traten hierlands fast nur Bürgerliche in den Zisterzienserorden ein, während sich in den *Nonnen*klöstern desselben Ordens fast nur die Töchter adeliger Familien befanden.

3. Kloster Lehnin, wie es war und wie es ist

Kapellen
Das Schiff umstellen;
In engen
Gängen
Die Lampen hängen
Und werfen ihre düstren Lichter
Auf grabstein-geschnittene Mönchsgesichter.

Nach Waltham-Abtei hierher alsdann
Sollt ihr die Leiche bringen,
Damit wir christlich bestatten den Leib
Und für die Seele singen.

H. Heine

Lehnin war nicht nur das älteste Kloster in der Mark, es war auch, wie schon hervorgehoben, das reichste, das begütertste, und demgemäß war seine Erscheinung. Nicht daß es sich durch architektonische Schönheit vor allen andern ausgezeichnet hätte – nach dieser Seite hin wurd es von Kloster Chorin übertroffen –, aber die Fülle der Baulichkeiten, die sich innerhalb seiner weitgespannten Klostermauern vorfand, die Gast- und Empfangs- und Wirtschaftsgebäude, die Schulen, die Handwerks- und Siechenhäuser, die nach allen Seiten hin das eigentliche Kloster umstanden, alle diese Schöpfungen, eine gotische Stadt im kleinen, deuteten auf die Ausgedehntheit und Solidität des Besitzes.

Der stattliche Mittelpunkt des Ganzen, die zahlreichen Giebel überragend, war und blieb die hohe Klosterkirche, deren mit Kupfer gedeckter Mittelturm dunkel bronzefarben in der Sonne glänzte. Diese Kirche selbst war ihrer Anlage nach eher schlicht als schön, mehr geräumig als prächtig, aber das Leben und Sterben der Geschlechter, Hoffnung und Bangen, Dank und Reue hatten die weiten Räume im Lauf der Jahrhunderte belebt, und die ursprünglich kahlen Wände und Pfeiler waren unter der Buntheit der Dekoration, unter dem wachsenden Einfluß von Licht und Farbe, von Reichtum und Schmuck zu einem immer schöneren und immer imposanteren Ganzen geworden. Seitenaltäre mit Bildern und Kruzifixen, Nischen mit Marienbildern und Ewigen Lampen (oft gestiftet, um schwere Untat zu sühnen) zogen sich an Wand und Pfeiler hin, in den langen Seitenschiffen aber lagen die Leichensteine der Äbte, ihr Bild mit Mütze und Krummstab tief in den Stein geschnitten, während an der gewölbten Decke hin, schlanken Leibs und lächelnden Gesichts, die reichvergoldeten Gestalten der Heiligen und Märtyrer schwebten. In einer der Seitenkapellen lag der Grabstein Abt Sibolds, den die Nahmitzer erschlagen hatten.

Einem reichen Schmuck an Bildwerken, an Erinnerungszeichen aller Art begegnete der Besucher, wenn er vom Mittelpunkt der Kirche aus in das Längsschiff und die Seitengänge desselben niederblickte, aber die eigentliche Bedeutung von Kloster Lehnin erschloß sich ihm erst, wenn er, den Blick nach Westen hin aufgebend, sich wandte, um, statt in das Längsschiff hernieder-, in den *hohen Chor hinauf*zusehn. Unmittelbar vor ihm, in den Fußboden eingelassen, sah er dann, schlicht und unscheinbar, den Stumpf der Eiche, unter der Markgraf Otto, der Gründer des Klosters, seinen Traum gehabt hatte; zwischen dem Stumpf und dem Altar aber lagen die Grabsteine der Askanier, elf an der Zahl, die hier innerhalb des Klosters, das ihr Ahnherr ins Leben gerufen, ihre letzte Ruhestatt gesucht und gefunden hatten.

Elf Askanier lagen hier und einträchtig neben ihnen *drei* aus dem Hause der Hohenzollern, Friedrich mit dem Eisenzahn, Johann Cicero und Joachim I. Dieser stand nur ein einzig Jahr in der Gruft (von 1535 bis 1536), dann wurde sein Sarg, wie der Sarg seines Vaters und Großoheims, nach Berlin hin übergeführt, wo ihnen im Dom eine Stätte bereitet war. Jener Tag der Überführung der drei Särge von Lehnin nach dem Dom in Cölln an der Spree war recht eigentlich der Todestag Lehnins. Die Güter wurden eingezogen, und innerhalb zwanzig Jahren war die Umwandlung vollzogen – der Klosterhof war ein Amtshof geworden. Der Krieg kam und begann sein Werk der Zerstörung, aber schlimmer als die Hand der Schweden und Kaiserlichen, die hier abwechselnd ihr Kriegswesen trieben, griffen in Zeiten tiefsten Friedens die Hände derer ein, die am ehsten die Pflicht gehabt hätten, diese alte Stätte zu schützen und zu wahren: die Um-

und Anwohner selbst. Freilich waren diese Um- und Anwohner zumeist nur solche, die weder selbst noch auch ihre Väter und Vorväter das alte Lehnin gekannt hatten. 1691 waren Landleute aus der Schweiz nach *Amt* Lehnin berufen worden, um bessere Viehzucht daselbst einzuführen. Kloster Lehnin wurde nun ein Steinbruch für Büdner und Kossäten, und Haue und Pickaxt schlugen Wände und Pfeiler nieder. Die Regierungen selbst, namentlich unter Friedrich Wilhelm I., nahmen an diesem Vandalismus teil, und weil die ganze Zeit eine die Vergangenheit schonende Pietät nicht kannte, so geziemt es sich auch nicht, dem einzelnen einen Vorwurf daraus zu machen, daß er die Anschauungsweise teilte, die damals die gültige war. Kloster Lehnin, wär es nach dem guten Willen seiner Schädiger gegangen, würde nur noch eine Trümmerstätte sein, aber das alte Mauerwerk erwies sich als fester und ausdauernder als alle Zerstörungslust, und so hat sich ein Teil des Baues, durch seine eigene Macht und Widerstandskraft, bis in unsere Tage hinein gerettet.

Werfen wir einen Blick auf das, was noch vorhanden ist, von der Kirche sowohl wie von der ganzen Klosteranlage überhaupt! Der älteste Teil, der romanische, steht; der gotische Teil liegt in Trümmern. Da, wo diese Trümmer an den noch intakt erhaltenen Teil der Kirche sich lehnen, hat man jetzt eine Quermauer gezogen und mit Hülfe dieser das Zerfallene von dem noch Erhaltenen geschieden. Das lange gotische Schiff hat dadurch freilich aufgehört, ein Längsschiff zu sein, und ist ein Kurzschiff geworden; die Seitenschiffe fehlen ganz, und die Pfeilerarkaden, die früher die Verbindung zwischen dem Hauptschiff und den zwei Seitenschiffen vermittelten, bilden jetzt, nach Vermauerung ihrer Rundbogen, die Seitenwände jenes *einen* kurzen Schiffes, das überhaupt noch vorhanden ist. An die Stelle frischer Farben ist die leblose weiße Tünche getreten, und reparaturbedürftige Kirchenstühle, über denen sich, an einer Seite des Schiffs, eine ebenfalls hinfällige Empore mit vergilbten Brautkronen und Totenkränzen entlangzieht, steigern eher die Dürftigkeit des Anblicks, als daß sie sie minderten. Den Fußboden entlang, abgetreten und ausgehöhlt, liegen rote Fliesen; die Grabsteine sind fort, ebenso die schwebenden Heiligen mit roten Bändern und Goldschein hoch oben an der Decke. Alles, was einst glänzte und leuchtete, ist hin. Der schon erwähnte Altarschrein mit Schnitzwerk und Bilderpracht hat seine Stelle gewechselt, und statt des Purpurs und Brokats ist die übliche schwarzwollene Decke, die mehr zu einem Trauer- als zu einem Freudenmahle paßt, über den schlichten Altartisch gebreitet. Nur der alte, halb zu Stein gewordene Eichenstumpf, einstens die lebendige Wurzel, aus der dieses Kloster erwuchs, ist ihm geblieben und hat alles überdauert, seinen Glanz und seinen Verfall. Nichts mehr von Nischen und Marienbildern, von Kapellen und askanischen Grabsteinen; nur Otto VI., auch Ottoken genannt, Schwiegersohn Kaiser Rudolfs von Habsburg, der als Akoluth des Klosters verstarb, behauptet – auch in künstlerischer Beziehung ein interessantes Überbleibsel aus geschwundener Zeit – seinen Ehrenplatz an alter Stelle. Sein Grabstein liegt mitten im hohen Chor. Die Erinnerungszeichen an Abt Sibold sind zerstört; seine Begräbniskammer, die noch im vorigen Jahrhundert existierte, ist niedergerissen, und statt des Grabsteins des Ermordeten, der fünf Jahrhunderte lang seinen Namen und die Daten seines Lebens bewahrt hatte, erzählen nur noch die beiden alten Bilder im Querschiff die Geschichte seines Todes. Diese Bilder, wichtig wie sie sind, sind alles andre eher als ein Schmuck. Zu dem Grauen über die Tat gesellt sich ein Unbehagen über die Häßlichkeit der Darstellung, die diese Tat gefunden. Das ursprünglich bessere Bild ist kaum noch erkennbar.

Es ist ein trister Aufenthalt, diese Klosterkirche von Lehnin, aber ein Bild anheimelnder Schönheit tut sich vor uns auf, sobald wir aus der öden, freudlosen Kirche mit ihren hohen, weißgetünchten Pfeilern ins Freie treten und nun die Szenerie der unmittelbaren Umgebung: Altes und Neues, Kunst und Natur, auf uns wirken lassen. Innen hatten wir die nackte, nur kümmerlich bei Leben erhaltene Existenz, die trister ist als Tod und Zerstörung, draußen haben wir die ganze Poesie des Verfalls, den alten Zauber, der überall da waltet, wo die ewig junge Natur das zerbröckelte Menschenwerk liebevoll in ihren Arm nimmt. Hohe Park- und Gartenbäume, Kastanien, Pappeln, Linden, haben den ganzen Bau wie in eine grüne Riesenlaube eingesponnen, und was die Bäume am Ganzen tun, das tun hundert Sträucher an hundert einzelnen Teilen. Himbeerbüsche, von Efeuranken wunderbar durchflochten, sitzen wie ein grotesker Kopfputz auf Säulen und Pfeilerresten, Weinspaliere ziehn sich an der Südseite des Hauptschiffs entlang, und überall in die zerbröckelten Fundamente nestelt sich jenes bunte, rankenziehende Gestrüpp ein, das die Mitte hält zwischen Unkraut und Blumen. So ist es hier sommerlang. Dann kommt der Herbst, der Spätherbst, und das Bild wird farbenreicher denn zuvor. Auf den hohen Pfeilertrümmern wachsen Ebereschen und Berberitzensträucher, jeder Zweig steht in Frucht, und die Schuljugend jagt und klettert umher und lacht mit roten Gesichtern aus den roten Beeren heraus. Aber wenn die Sonne unter ist, geben sie das Spiel in den Trümmern auf, und wer dann das Ohr an die Erde legt, der hört tief unten die Mönche singen. Dabei wird es kalt und kälter; das Abendrot streift die Kirchenfenster, und mitunter ist es, als stünde eine weiße Gestalt inmitten der roten Scheiben. Das ist das Weiße Fräulein, das umgeht, treppauf, treppab, und den Mönch sucht, den sie liebte. Um Mitternacht tritt sie aus der Mauerwand, rasch, als habe sie ihn gesehn, und breitet die Arme nach ihm aus. Aber umsonst. Und dann setzt sie sich in den Pfeilerschatten und weint.

Und unter den Altangesessenen, deren Vorfahren noch unter dem Kloster gelebt, ist keiner, der das Weiße Fräulein nicht gesehn hätte. Nur die reformierten Schweizer und alle die, die nach ihnen kamen, sehen nichts und starren ins Leere. Die Alt-Lehninschen aber sind stolz auf diese ihre Gabe des Gesichts, und sie haben ein Sprüchwort, das diesem Stolz einen Ausdruck gibt. Wenn sie einen Fremden bezeichnen wollen oder einen später Zugezogenen, der nichts gemein hat mit *Alt*-Lehnin, so sagen sie nicht: »Er ist ein Fremder oder ein Neuer«, sie sagen nur: »Er kann das Weiße Fräulein nicht sehn.«

DIE LEHNINSCHE WEISSAGUNG

Jetzo will ich, Lehnin, dir sorgsam singen die Zukunft,
Die mir gewiesen der Herr, der einstens alles geschaffen.

»Vaticinium Lehninense«

Zu Anfang des vorigen Jahrhunderts, während der Regierungsjahre Friedrich Wilhelms I., erschienen an verschiedenen Druckorten, teils selbständig, teils umfangreicheren Arbeiten einverleibt, 100 gereimte lateinische Hexameter, sogenannte Leoninische Verse, die in dunklem Prophetenton über die Schicksale der Mark und ihrer Fürsten sprachen und die Überschrift führten: »Weissagung des seligen Bruders Hermann, weiland Lehniner Mönches, der ums Jahr 1300 lebte und blühte«.

Diese Verse, die sich gleich selbst, in ihren ersten Zeilen, als eine Weissagung ankündigen: »Jetzt weissage ich dir, Lehnin, dein künftiges Schicksal«, machten großes Aufsehen, da in denselben mit bemerkenswertem Geschick und jedenfalls mit ungewöhnlicher poetischer Begabung das Aussterben der Hohenzollern in der elften Generation nach Joachim I. und die gleichzeitige Rückkehr der Mark in den Schoß der katholischen Kirche prophezeit wurde. Eine solche Prophezeiung war durchaus dazu angetan, Aufsehn zu erregen, da es auch damals (1721) in Deutschland nicht an Parteien fehlte, die freudig aufhorchten, wenn der Untergang der Hohenzollern in nähere oder fernere Aussicht gestellt wurde. In Berlin selbst, wie sich annehmen läßt, war das Interesse nicht geringer, und man begann nachzuforschen, nach welchem *Manuskript* die Veröffentlichung dieser Weissagung erfolgt sein könne. Diese Nachforschungen führten zuletzt auf eine mehr oder weniger alte Handschrift, die etwa um 1693 in der nachgelassenen Bibliothek des in dem genannten Jahre verstorbenen Kammergerichtsrat Seidel aufgefunden worden war.

Diese älteste Handschrift, die übrigens nie die Prätension erhob, das rätselvolle *Original* aus dem Jahre 1300 sein zu wollen, existierte bis 1796 im Staatsarchiv. In ebendiesem Jahre wurde sie durch Friedrich Wilhelm II. nach Charlottenburg gefordert und *von dort nicht wieder remittiert.* Man muß annehmen, daß sie verlorengegangen ist. Die vier ältesten Abschriften, die *jetzt noch* in der Königlichen Bibliothek vorhanden sind, gehören, ihrer Schrift nach, dem Anfange des vorigen Jahrhunderts an. *Jedenfalls also fehlt nicht nur das wirkliche Original,* sondern auch alles, was sich, wohl oder übel, als Original ausgeben könnte! Hiermit fällt selbstverständlich die Möglichkeit fort, aus allerlei *äußerlichen* Anzeichen, wie Handschrift, Initialen, Pergament etc., irgend etwas für die Echtheit oder Unechtheit beweisen zu wollen, und wir haben die Beweise pro und contra eben woanders zu suchen. Solche Untersuchungen sind denn nun auch, gleich vom ersten Erscheinen der »Weissagung« an, vielfach angestellt worden und haben im Lauf von anderthalbhundert Jahren zu einer ganzen Literatur geführt. Katholischer- und seit einem Vierteljahrhundert auch demokratischerseits hat man ebenso beharrlich die Echtheit der Weissagung wie protestantisch-preußischerseits die Unechtheit zu beweisen getrachtet. Nur wenige Ausnahmen von dieser Regel kommen vor. Die demokratischen Paraphrasen und Deutungen, die an die Weissagung anknüpfen, sind sämtlich *tendenziöser* Natur, bloße Pamphlete und haben keinen Anspruch, hier ernstlicher in Erwägung gezogen zu werden; sie rühren aus den Jahren 1848 und 1849 her und sind eigentlich nichts andres als damals gern geglaubte Versicherungen, der Stern der Hohenzollern sei im Erlöschen. Was die katholischen Arbeiten angeht, die alle für die Echtheit eintreten, so sind sicherlich viele derselben bona fide geschrieben, dennoch haben sie samt und sonders wenig Wert für die Entscheidung der Frage, da sie, ohne mit der Grundempfindung, aus der sie hervorgingen, rechten zu wollen, doch schließlich aller eigentlichen *Kritik* entbehren.

Unter den protestantischen Gelehrten, die sich mit dieser Frage beschäftigt haben, begegnen wir sehr bewährten, zum Teil sogar hervorragenden Namen: Oberbibliothekar Wilcken, Dr. C. L. Gieseler, Professor Giesebrecht, Schulrat Otto Schulz, vor allem Professor Guhrauer in Breslau, meist Historiker, die mit einem großen Aufwand von Studium, Gelehrsamkeit und Scharfsinn die Unechtheit darzutun getrachtet haben. Sie haben indessen, meinem Ermessen nach, den Fehler gemacht, daß sie zu viel und manches an der unrechten Stelle haben beweisen wollen. Anstatt einen entscheidenden Schlag zu tun, haben sie *viele* Schläge getan, und wie es immer in solchen Fällen geht, sind die Schläge nicht nur vielfach nebenbei, sondern gelegentlich auch zurückgefallen. Man schadet einem einzigen, aber *ganzen* Beweise jedesmal dadurch, daß man zur Anfügung vieler Halbbeweise schreitet, namentlich dann aber, wenn man bei der Anwendung unkünstlerisch verfährt und, statt aus dem Halben zum Ganzen *fort*zuschreiten, aus dem Ganzen zum Halben hin die Dinge *zurück*entwickelt.

Ich sagte schon, die Angreifer hätten vielfach an unrechter Stelle angegriffen; ich muß hinzusetzen, nicht bloß an unrechter Stelle, sondern gelegentlich just an dem allerstärksten Punkte der feindlichen Position. Dieser stärkste Punkt der Lehniner Weissagung aber ist meinem Dafürhalten nach ihr *Inhalt*, ihr *Geist*, ihr *Ton*.

Sehen wir, wogegen die protestantischen Kritiker sich richteten. Sie haben zunächst als Verdacht erweckende Punkte hervorgehoben, erstens, daß der Prophet, wenn er denn nun mal durchaus ein solcher sein solle, vielfach *falsch* prophezeit, zweitens aber, daß er in vorhohenzollernscher Zeit bereits antihohenzollersch gesprochen habe. Dies deute auf spätere Zeiten, wo es bereits Sympathien und Antipathien in betreff der Hohenzollern gegeben. Auf beide Einwände ist die Antwort leicht.

Was die Irrtümer des Propheten Hermann angeht, so hat es sich ja niemals darum gehandelt, endgültig festzustellen, ob Mönch Hermann richtig prophezeit habe oder falsch, es hat sich bei dieser Kontroverse immer nur darum gehandelt, *ob er überhaupt geweissagt habe.* Wenn nun aber einerseits die Prophetie keine Garantie übernimmt, daß alles Prophezeite zutreffen muß, so übernimmt sie noch viel weniger – und hiermit fassen wir den zweiten Punkt ins Auge – die Verpflichtung, kommenden Herrschergeschlechtern, gleichsam in antizipierter Loyalität, angenehme Dinge zu sagen. Der Prophet sagt die Dinge so, *wie er sie sieht*, und kümmert sich nicht darum, wie kommende Zeiten sich zu den Menschen und Taten stellen werden, die er, lediglich kraft seiner Kraft, *vorweg* hat in die Erscheinung treten sehn. Nehmen wir einen Augenblick an, die Prophezeiung sei echt, so liegt doch für einen gläubigen Zisterziensermönch, der plötzlich, inmitten seiner Visionen, die Gestalt Joachims II. vor sich hintreten sieht, nicht der geringste Grund vor, warum er nicht gegen den Schädiger seiner Kirche und seines Klosters vorweg die heftigsten Invektiven schleudern sollte. Er weiß nicht, daß er Joachim heißen, er weiß auch nicht, daß er einem bestimmten Geschlecht, das den Namen der Hohenzollern führt, zugehören wird, er sieht ihn nur, ihn und die Tat, die er vorhat – das genügt, ihn zu verwerfen. Dies sagen wir nicht, wie schon angedeutet, zur Rechtfertigung dieser speziellen Prophezeiung oder als Beweis für ihre Echtheit, sondern nur zur Charakterisierung aller Prophetie überhaupt.

Wenn nun weder die Irrtümer, die mit drunterlaufen, noch der antihohenzollernsche Geist, der aus dieser sogenannten Weissagung spricht, etwas Erhebliches gegen die Echtheit beibringen können, so ist doch ein dritter Punkt allerdings ernster in Erwägung zu ziehn. Alle protestantischen Angreifer der Weissagung (mit Ausnahme W. Meinholds) sind dahin übereingekommen, daß die sogenannte Lehninsche Weissagung in ersichtlich zwei Teile zerfalle, in eine größere Hälfte, in der es der, nach Annahme der Gegner, um 1690 lebende Verfasser *leicht* gehabt habe, über die rückliegenden Ereignisse von 1290 bis 1690 zutreffend zu prophezeien, und in eine kleinere Hälfte von 1690 an, in der denn auch den vorgeblichen Mönch Hermann seine Prophetengabe durchaus im Stich gelassen habe. Hätten die Angreifer hierin unbedingt recht, so wäre der Streit dadurch gewissermaßen entschieden. Indessen existiert meiner Meinung nach eine solche Scheidelinie *nicht*. Es zieht sich vielmehr umgekehrt ein *vieldeutig-orakelhafter Ton durch das Ganze hindurch*, eine Sprache, die *überall* der mannigfachsten Auslegungen fähig ist und in der zweiten Hälfte, in rätselvoll anklingenden Worten, ebenso das Richtige trifft wie in der ersten Hälfte. Es ist kein essentieller Unterschied zwischen Anfang und Ende: beide Teile treffen's, und beide Teile treffen es nicht; beide Teile ergehen sich in Irrtümern und

Dunkelheiten, und beide Teile blenden durch Lichtblitze, die, hier wie dort, gelegentlich einen völlig visionären Charakter haben.

Beschäftigen wir uns, unter Heranziehung einiger Beispiele, zuerst mit der *ersten* Hälfte. Wir bemerken hier eine Verquickung jener drei Hauptelemente, die nirgends in dieser sogenannten Weissagung fehlen: Falsches, Dunkles, Zutreffendes. Frappant zutreffend vom katholischen Standpunkt aus sind die acht Zeilen in der Mitte des Gedichts, die sich auf Joachim I. und II. beziehen. Sie lauten:

Seine (Johann Ciceros) Söhne werden beglückt durch gleichmäßiges Los;
Allein, dann wird ein Weib dem Vaterlande trauriges Verderben bringen,
Ein Weib, angesteckt vom Gift einer neuen Schlange,
Dieses Gift wird auch währen bis ins elfte Glied.

Und dann:

Und nun kommt der, welcher dich, Lehnin, nur allzusehr haßt,
Wie ein Messer dich zerteilt, ein Gottesleugner, ein Ehebrecher,
Er macht wüste die Kirche, verschleudert die Kirchengüter.
Geh, mein Volk: du hast keinen Beschützer mehr,
Bis die Stunde kommen wird, wo die Wiederherstellung (restitutio) kommt.

Die Vorgänge in der Mark in dem zweiten Viertel des sechzehnten Jahrhunderts, der Übertritt Elisabeths zur neuen Lehre und die Aufhebung der Klöster durch Joachim II., der die Axt an den Stamm legte, konnten, wir wiederholen es, vom katholischen Standpunkt aus, nicht zutreffender und in nicht besserem Prophetenton geschildert werden. Aber zugegeben, daß – wie die Angreifer erwidern – der Verfasser im Jahre 1690 gut phrophezeien hatte in betreff von Vorgängen, die 150 Jahre zurücklagen, warum, so fragen wir, prophezeite er teils falsch, teils dunkel in betreff so vieler anderer Vorgänge, die, wenn 1690 die Scheidelinie ziehen soll, ebenfalls der Vergangenheit angehörten. Nehmen wir *ein* Beispiel statt vieler – die Verse, die sich auf George Wilhelm, also auf die Epoche während des Dreißigjährigen Krieges beziehen. Es sind die folgenden:

Nach dem Vater ist der Sohn Herr des Markgrafentums.
Er läßt nicht viele leben nach ihrem Sinne, ohne sie zu strafen.
Indem er zu stark vertrauet, frißt der Wolf das arme Vieh,
Und es folgt in kurzem der Diener dem Herrn im Tode.

Die vierte Zeile ist auf den Tod Adam Schwarzenbergs gedeutet worden, wogegen sich nichts sagen läßt. Der Inhalt dieser Zeile träfe also zu. Aber die zweite und dritte geben, wenn man das auch hier vorhandene Dunkel durchdringt, eine Charakteristik der Zeit sowohl wie des Mannes, wie sie nicht leicht falscher gedacht werden kann. Wenn es umgekehrt hieße: »Er ließ alle leben nach ihrem Sinne, ohne sie zu strafen«, und »er vertraute (da er bekanntlich immer schwankte) *nicht stark genug*« – so würden *diese* Sätze um vieles richtiger sein als die, die jetzt dastehen. Wo bleibt da das bequeme Prophezeien nach rückwärts?*

Vergleichen wir nun damit die Prophezeiungen der *zweiten Hälfte*, der Epoche *nach* 1690, wo also der Dichter, selbst wenn er um 1690 schrieb, jedenfalls gezwungen war, in die Zukunft zu blicken.

Über Friedrich den Großen** heißt es, wie nicht geleugnet

* Aus der Epoche von vor 1690 sind auch (aus einem andern Grunde noch als aus dem eben bei George Wilhelm angeführten) die vier Zeilen merkwürdig, die sich auf Kurfürst Friedrich I., den ersten Hohenzoller, beziehn. Sie lauten:

Wahrheit sprech ich: Dein Stamm, der zu langem Alter bestimmt ist,
Wird einst mit schwacher Gewalt die heimischen Gauen beherrschen,
Bis zu Boden gestreckt, die einst in Ehre gewandelt,
Städte verwüstet und frech beschränkt die Herrschaft der Fürsten.

In diesen vier Zeilen, wenn wir eine Post-fact-Prophezeiung annehmen wollen (was wir, schon hier sei es gesagt, wirklich tun), erschwert sich der Dichter seine Aufgabe *freiwillig*, und anstatt im Prophetenton Dinge über die Regierungszeit Friedrichs I. zu sagen, die er 1690 allerdings wissen konnte, *ohne* ein Prophet zu sein, verschmäht er diese bequeme Aushülfe völlig und knüpft vielmehr Betrachtungen an die Erscheinung des ersten Hohenzollern, die, selbst von 1690 ab gerechnet, noch in der Zukunft lagen. Er machte sich's also nicht leicht, hatte vielmehr immer das Ganze im Auge und prophezeite auch da noch *wirklich* und aus eigenstem Antrieb (man könnte sagen: »seine Mittel erlaubten es ihm«), wo das Prophezeien post fact einem Stümper in der Prophetie das bequemere und sichrere Auskunftsmittel gewesen sein würde.

** Die Prophezeiung geht von König Friedrich I. gleich auf Friedrich II. über und werden soll, mehr dunkel und anklingend als scharf zutreffend:

In kurzem toset ein Jüngling daher, während die große
Gebärerin seufzt;
Aber wer wird vermögen, den zerrütteten Staat wiederherzustellen?

Er wird das Banner erfassen, allein grausame Geschicke zu
beklagen haben,
Er will beim Wehen der Südwinde sein Leben den Festungen
vertraun.

oder (nach anderer Übersetzung):

Weht es von Süden herauf, will Leben er borgen den
Klöstern.

Dann (Friedrich Wilhelm II.):

Welcher ihm folgt, ahmt nach die bösen Sitten der Väter,
Hat nicht Kraft im Gemüt, noch eine Gottheit im Volke.
Wessen Hülf' er begehrt, der wird entgegen ihm stehen,
Und er im Wasser sterben, das Oberste kehrend zuunterst.

Dann (Friedrich Wilhelm III.):

Der Sohn wird blühen; was er nicht gehofft, wird er
besitzen.
Allein das Volk wird in diesen Zeiten traurig weinen;
Denn es scheinen Geschicke zu kommen sonderbarer Art,
Und der Fürst *ahnet nicht, daß eine neue Macht im Wachsen
ist.*

überspringt also Friedrich Wilhelm I. Man hat daraus einen Beweis für die Unechtheit herleiten wollen, *aber ganz mit Unrecht.* Der Prophet (so nehmen wir zunächst an) blickte in die Zukunft, er sah wechselnde Gestalten, und den Soldatenkönig sah er *nicht.* Das geistige Auge – dies müssen wir festhalten – kann Gegenstände ebensogut übersehen wie das leibliche. Ja, es läßt sich aus dem Fehlen König Friedrich Wilhelms I. viel eher, wenigstens mittelbar, ein Beweis *für* den wirklich prophetischen Gehalt der Weissagung herleiten. Versucht man nämlich, wie einige getan haben, das, was sich auf Friedrich den Großen bezieht, auf Friedrich Wilhelm I. zu deuten, so entsteht ein völliger Nonsens, und werden dadurch alle diejenigen schlagend widerlegt, die

Niemand, der vorurteilslos an diese Dinge herantritt, wird in Abrede stellen können, daß ganz speziell in den letzten acht Zeilen Wendungen anzutreffen sind, die von einer frappierenden Zutreffendheit sind, so zutreffend, daß in der ganzen Weissagung nur eine einzige Stelle ist: jene acht Zeilen, die sich auf Joachim I. und II. beziehen, die an Charakterisierung von Zeit und Personen damit verglichen werden können. Wenn auch hier ausweichend geantwortet ist, es handle sich in allen dreien um bloße Allgemeinheiten, so ist das teils nicht richtig, teils bezeichnet es den Charakter der ganzen Dichtung überhaupt, gleichviel, ob dieselbe Nahes oder Zurückliegendes in Worte faßt.

Es ist nach dem allem nicht zu verwundern, daß der Streit über die Echtheit nach wie vor schwebt und daß die Weissagung, selbst unter den Protestanten, die verschiedensten Urteile erfahren hat. Küster nennt das Vaticinium einfach ein »Spiel des Witzes« (lusus ingenii); Guhrauer bezeichnet es als eine lakonisch-orakelmäßige Darstellung, die, mit Rücksicht auf die einmal befolgte Tendenz, nicht ohne Geschick angelegt und durchgeführt worden sei. Schulrat Otto Schulz geht in seinem Unmut schon weiter und ist der festen Überzeugung, »daß der gesunde Sinn des preußischen Volkes diese Weissagung als die Ausgeburt eines hämischen Fanatikers zu würdigen wissen werde«. Professor Trahndorff denkt noch schlimmer darüber, indem er sie geradezu für Teufelswerk ausgibt; hält sie aber andererseits für eine wirkliche, wenn auch diabolische Prophezeiung. »Diese 100 Verse«, so sagt er, »sind als eine *echte Prophezeiung* anzusehn, aber zugleich wegen des darin waltenden unevangelischen Geistes als das Werk des Lügengeistes zu verwerfen.« Von Trahndorff zu Meinhold, dem Verfasser der »Bernsteinhexe«, ist nur noch ein Schritt. Wenn jener die wirkliche Prophezeiung zugegeben hat, so fragt es sich nur noch, ob nicht der Lügengeist, den der eine darin findet, durch den andern ohne viel Mühe in einen Geist der Wahrheit verkehrt werden kann. Meinhold vollzieht denn auch

beweisen möchten, daß diese Sätze überhaupt dunkle Allgemeinheiten seien, die schließlich, bei einiger Interpretationskunst, auf *jeden* paßten. Man kann aber leicht die Probe machen, daß dies durchaus nicht zutrifft und daß bestimmte Verse auch nur auf bestimmte Personen passen.

diese Umwandlung und versichert, »daß er beim Lesen dieser Lehninschen Weissagung die Schauer der Ewigkeit gefühlt habe«.

So weichen selbst *protestantische* Beurteiler im einzelnen und gelegentlich auch im ganzen voneinander ab.

Es wird also schwerlich jemals glücken, aus dem *Geist und Inhalt* der Prophezeiung, wie so vielfach versucht worden ist, ihre Unechtheit zu beweisen. Diese Dinge appellieren an das Gefühl, und bei dem poetischen Geschick, das aus dem Vaticinium unverkennbar spricht, empfängt dieser Appell keine ungünstige Antwort. Es ist nicht zu leugnen, daß, wenn man Geist und Ton der Dichtung durchaus betonen *will*, beide mehr *für* die Echtheit als gegen dieselbe sprechen. Beispielsweise die Schlußzeilen:

Endlich führet das Zepter, der der Letzte seines Stammes sein wird,
Israel wagt eine unnennbare, nur durch den Tod zu sühnende Tat,
Und der Hirt empfängt die Herde, Deutschland einen König wieder.
Die Mark vergißt gänzlich aller ihrer Leiden
Und wagt die Ihrigen allein zu hegen, und kein Fremdling darf mehr frohlocken,
Und die alten Mauern von Lehnin und Chorin werden wieder erstehen,
Und die Geistlichkeit steht wieder da nach alter Weise in Ehren,
Und kein Wolf stellt mehr dem edlen Schafstalle nach.

Selbst diese matte Übersetzung der volltönenden Verse des Originals hat noch etwas von prophetischem Klang.

Die Frage wird nicht aus dem Inhalt, sondern umgekehrt einzig und allein aus der *Form* und aus äußerlich Einzelnem heraus entschieden werden.

Guhrauer hat zuerst darauf aufmerksam gemacht, daß sich in der Weissagung (Zeile 63) das Wort »Jehova« vorfinde, und hat daran die Bemerkung geknüpft, daß dieser Ausdruck »Jehova«, anstelle des bis dahin üblichen »Adonai«, überhaupt erst zu Anfang des sechzehnten Jahrhunderts gebräuchlich geworden sei. Bis dahin habe man den Ausdruck oder die Lesart »Jehova« gar nicht gekannt. Ist diese Bemerkung richtig, so ist sie mehr wert als alle andern Halbbeweise zusammengenommen. Gleichviel indes, ob richtig oder nicht, der *Weg*, der in dieser Guhrauerschen Bemerkung vorgezeichnet liegt, ist der einzige, der zum Ziele führen kann. Nur Sprachforscher, Philologen, die, ausgerüstet mit einer gründlichen Kenntnis aller Nuancen mittelalterlichen Lateins, nachzuweisen imstande sind: »dies Wort, diese Wendung waren im dreizehnten Jahrhundert unmöglich«, nur *sie* allein werden den Streit endgültig entscheiden.

Das Resultat einer solchen Untersuchung, wenn sie stattfände, würde lauten: »unecht«. Darüber unterhalte ich, sowenig ich mich mit den *bisherigen* Verwerfungsbeweisen habe befreunden können, nicht den geringsten Zweifel. Aber auch der gegenteilige Beweis würde das alte Interesse an dieser Streitfrage nicht wiederbeleben können. Denn die Ereignisse haben mittlerweile die Prophezeiung überholt. Seit der Thronbesteigung Friedrich Wilhelms IV. ist sie *falsch* geworden, gleichviel ob sie *echt* ist oder nicht. Diesen Unterschied zwischen »unecht« und »falsch« ziemt es sich durchaus zu betonen. Schon Guhrauer hat sehr richtig darauf aufmerksam gemacht, daß der *Text* der Prophezeiung *echt* und die Prophezeiung selber doch eine *falsche*, das heißt eine unerfüllt gebliebene sein könne. »Eine unerfüllt gebliebene« – so fügt er hinzu –, »gleich so vielen anderen falschen Prophezeiungen, deren *Authentizität* von niemand bezweifelt worden ist.«

Friedrich Wilhelm III. war bereits der elfte Hohenzoller nach Joachim I.; der Zeiger an der Uhr ist über die verhängnisvolle Stunde ruhig hinweggegangen, die Hohenzollern leben, und nur die Weissagung, echt oder nicht, ist tot.

KLOSTER CHORIN

Den Leib des Fürsten hüllt der Rauch
Von Ampeln und von Weihrauchschwelen,
Und ringsum steigt ein Trauerchor,
Und ein Tedeum steigt empor
Aus hundert und aus tausend Kehlen.

Unter den Töchtern Lehnins war Chorin die bedeutendste, ja, eine Zeitlang schien es, als ob das Tochterkloster den Vorrang über die Mater gewinnen würde. Das war unter den letzten Askaniern. Diese machten Chorin zum Gegenstand ihrer besonderen Gunst und Gnade und beschenkten es nicht nur reich, sondern wählten es auch zu ihrer Begräbnisstätte. Unter den sechs Markgrafen, die hier beigesetzt wurden, ist der letzte zugleich der hervorragendste: Markgraf Waldemar, gestorben 1319. Nach dem Erlöschen der Askanier trat Chorin wieder hinter Lehnin zurück.

Chorin erreicht man am bequemsten von der benachbarten Eisenbahnstation Chorinchen aus, die ziemlich halben Weges zwischen Neustadt-Eberswalde und Angermünde gelegen ist. Ein kurzer Spaziergang führt von der Station aus zum Kloster. Empfehlenswerter aber ist es, in Neustadt bereits die Eisenbahn zu verlassen und in einem offenen Wagen, an Kapellen, Seen und Laubholz vorbei, über ein leicht gewelltes Terrain hin, den Rest des Weges zu machen. Dies Wellenterrain wird auch Ursache, daß Chorin, wenn es endlich vor unseren Blicken auftaucht, völlig wie eine Überraschung wirkt. Erst in dem Augenblicke, wo wir den letzten Höhenzug passiert haben, steigt der prächtige Bau, den die Hügelwand bis dahin deckte, aus der Erde auf und steht nun so frei, so bis zur Sohle sichtbar vor uns wie eine korkgeschnitzte Kirche auf einer Tischplatte. Es kommt dies der *architektonischen* Wirkung, wie gleich hier hervorgehoben werden mag, sehr zustatten, weniger der *malerischen*, die für eine Ruine meist wichtiger ist als jene. Wir kommen am Schlusse unseres Aufsatzes auf diesen Punkt zurück.

Kloster Mariensee

Kloster Chorin trat nicht gleich *als es selbst* ins Dasein, sondern ging vielmehr aus einer früheren, an anderem Orte gelegenen Anlage hervor. Es scheint geboten, auch bei dieser Vorgeschichte, die wenig bekannt ist, zu verweilen.

Kloster Chorin, ehe es diesen seinen Namen annahm, war Kloster Mariensee. Die Stelle, wo letzteres stand, war lange zweifelhaft. Die Urkunden sagten freilich deutlich genug: »auf der Ziegeninsel im Parsteiner See«; aber der Parsteiner See hatte *zwei* Inseln, von denen – wenigstens in den Nachschlagebüchern – keine mehr den Namen »Ziegeninsel« führte. Die eine hieß, in ebendiesen Büchern, der »Parsteiner Werder«, die andere der »Pehlitzer Werder«.

Nachfragen am Parsteiner See selbst indes, die ich anstellen durfte, haben die Streitfrage schnell entschieden. Der »Pehlitzer Werder« heißt im Volksmund an Ort und Stelle noch immer die *Ziegeninsel*, und wenn dennoch ein leiser Zweifel bliebe, so würde derselbe durch die Kirchentrümmer beseitigt werden, die, unverkennbar auf eine Klosteranlage deutend, bis diesen Augenblick noch auf dem »Pehlitzer Werder« – in alten Urkunden Insula Caprarum – angetroffen werden.

Diese Ziegeninsel liegt am Südende des Sees und ist Privateigentum, etwa wie ein eingezäuntes Stück Grasland, weshalb man auch nur vom gegenüberliegenden Amtshof aus die Überfahrt nach derselben bewerkstelligen kann. Die Erlaubnis dazu wird gern gewährt.

Früher, wenn die Tradition recht berichtet, war das Terrain zwischen dem Amtshof und der Insel mehr *Sumpf* als See, so daß ein Steindamm, eine Art Mole, existierte, die hinüberführte; der Parsteiner See aber, im Gegensatz zu anderen Gewässern der Mark, wuchs konstant an Wassermenge, so daß allmählich der Sumpf in der wachsenden Wassermenge ertrank und mit dem Sumpf natürlich auch der Steindamm. Die Tradition hat nichts Unwahrscheinliches; auch erkennt man noch jetzt, bei klarem Wasser, lange Steinfundamente, die in gerader Linie vom Ufer zur Insel führen.

Die Insel selbst, an deren Südwestseite man landet, hat die

Form eines verschobenen Vierecks, dessen vier Spitzen ziemlich genau die vier Himmelsgegenden bezeichnen. Der Umfang der Insel mag einige Morgen betragen.

An der Landungsstelle, in ziemlicher Ausdehnung, erhebt sich eine aus mächtigen Blöcken aufgetürmte Wand: Roll- und Feldsteine, von denen es schwer zu sagen ist, ob die Fluten hier vor Jahrtausenden sie ablagerten oder ob erst unsere Freunde, die Mönche, sie zu Schutz und Trutz hier aufschichteten.

Die Insel zeigt im übrigen auf den ersten Blick nichts Besonderes; sie macht den Eindruck eines vernachlässigten Parks, in dem die Natur längst wieder über die Kunst hinausgewachsen ist. Es vergeht eine Zeit, ehe man die Trümmer entdeckt und überhaupt in dem bunten Durcheinander sich zurechtfindet; dann aber wirkt alles mit einem immer wachsenden Reiz. Die Überreste des Klosters liegen nach Osten zu, fast entgegengesetzt der Stelle, wo man landet. Was noch vorhanden ist, ragt etwa zwei Fuß hoch über den Boden und reicht in seinen charakteristischen Formen völlig aus, einem ein Bild des Baues zu geben, der hier stand.* An der Profilierung der Steine erkennen wir, daß wir es mit einem romanischen Bau zu tun haben, der wahrscheinlich drei Schiffe (eher schmal als breit) hatte; an einzelnen Stellen glaubt man noch Pfeilerfundamente des Mittelschiffs zu erkennen. Weitere Nachgrabungen würden gewiß mancherlei Auskunft Ge-

* Eine Bauautorität gibt folgende Details: »Auf dem höchsten Punkte der Insel fand ich einen Gebäuderest, der mich, abgesehn von allem andern, schon durch das vortrefflich ausgeführte Mauerwerk interessierte. Ungefähr zweieinhalb Fuß aus der Erde hervorragend, zeigt es die eine *ganze* Frontmauer eines rechteckigen Bauwerks sowie die Ansätze der beiden daranstoßenden andern Seiten. Erstere hat eine Länge von 75′ und ist durch zwei von den Ecken des Gebäudes 18′ entfernte Strebepfeiler verstärkt, die eine Breite von 6′ haben und ebensoviel nach außen wie nach innen aus der Mauer hervortreten. In dem südlich gelegenen Pfeiler ist deutlich der Zugang zu einer Treppe zu erkennen, während sich nördlich von dem andern Strebepfeiler ein Eingang von außen in den wahrscheinlich durch mehrere Türen zugänglichen Raum befindet. Wenn schon die Sauberkeit der Arbeitsausführung auf ein monumentales Bauwerk schließen läßt, so gestattet der Formencharakter der vornehm gebildeten Fußglieder an den innern Strebepfeilern keinen Zweifel darüber, daß wir es mit einem Gebäude aus dem zwölften Jahrhundert zu tun haben, das entweder eine Kirche war oder einem Kloster zugehörte. Für die erstere Annahme spricht die Form der Ruine, die wohl am richtigsten als Überbleibsel der östlichen Giebelseite einer dreischiffigen Kirche angesehen wird. Es wäre interessant, diese Ansicht durch eine Aufgrabung des Terrains in der Richtung der nach innen vorspringenden Strebepfeiler vielleicht bestätigt zu finden.«

bendes zutage fördern, wobei bemerkt werden mag, daß auch das, was jetzt dem Auge sich bietet, erst infolge von Erdarbeiten, die der Pehlitzer Amtmann anordnete, vor kurzer Zeit zutage getreten ist.

Was die Trümmer selbst angeht, so gehören sie sehr wahrscheinlich der Ostseite der ehemaligen Klosterkirche an, woraus sich ergeben würde, daß das Längsschiff derselben sich nicht *parallel* mit dem Ufer, sondern senkrecht auf dasselbe, also *inseleinwärts*, hingezogen haben muß. In dieser Richtung hätten also auch weitere Nachgrabungen zu erfolgen.

Wie die eigentlichen Klostergebäude, die Mönchswohnungen, zu dieser Klosterkirche standen, wird um so schwerer nachzuweisen sein, als die ganze Anlage nur von bescheidenen Dimensionen war, einzelnes auch leicht möglicherweise in dem heraufsteigenden See versunken ist. Zwischen diesem und der Klosterkirche bemerken wir noch ein niedriges Feldsteinfundament, über dessen Zugehörigkeit und frühere Bestimmung die Ansichten abweichen. Ich bin indes der Meinung, daß alle diese *außerhalb* und doch zugleich in nächster *Nähe* gelegenen, dabei durch eine eigentümliche *Schräg*stellung markierten Feldsteinbauten nichts anderes waren als die Siechenhäuser, in denen die Mönche den Hospitaldienst übten.

In der Mitte der Insel erhebt sich der sogenannte Mühlberg, der beste Punkt, um einen Überblick zu gewinnen. Wir erkennen von hier aus unter den Zweigen der Bäume hindurch die Kirchenstelle und die Hospitalstelle, wir sehen die prächtige alte Lindenallee, die am Nordufer der Insel entlang den dahinter liegenden breiten Schilfgürtel halb verdeckt, und sehen durch die offenen Stellen hindurch die blaue Fläche des Sees, die sich wie ein Haff jenseit des Schilfgürtels dehnt. Dieser weitgedehnte See, überall eingefaßt durch prächtig geschwungene Uferlinien, gewährt ein Landschaftsbild voll imponierender Schönheit; aber dieser Schönheit vermählt sich eine Sterilität, wie sie an märkischen Seen nur selten getroffen wird. Die Ufer, wenn sie Basalt wären, könnten nicht unfruchtbarer sein. Keine Spur von Grün bedeckt die sandgelben, in ihren Formen nicht unmalerischen Abhänge, kein Saatfeld läuft wie ein grünes Band von den Hügeln zum See hernieder, kein Laubholz, kein Tannicht, keine Decke grünen Mooses. Diese absolute Öde, nur einmal zur Rechten durch eine Turmspitze unterbrochen, ist an sich nicht ohne einen gewissen Zauber, aber das Gefühl, daß hier die Grundelemente zu einem märkischen Landschaftsbilde ersten Ranges nur geboten wurden, um von seiten der Kultur unbenutzt zu bleiben, verkümmert die Freude an dem, was wirklich vorhanden ist.

Freilich, ständen diese Ufer auch in Grün und lachten auch die Wohnungen der Menschen daraus hervor, hier rote Dächer mit Tauben auf dem First, dort Wassermühlen, von niederstürzenden Gewässern getrieben – doch würde niemand dasein, um sich von dieser Inselstelle aus des schönen Landschaftsbildes zu freuen. Der »Pehlitzer Werder« (Insula Caprarum), einst in regem Verkehr mit den Bewohnern dieser Landesteile, eine Zufluchtsstätte für Verfolgte, eine Pflegestätte für Kranke und Verwundete, ist jetzt nichts mehr als Koppel- und Grasplatz für den Amtshof. Im Monat Mai schwingen sich Knechte und Hütejungen auf die Rücken der Pferde, und wie zur Tränke reitend, schwimmen sie mit ihnen zur Insel hinüber. Diese gehört nun sommerlang den Pferden und Füllen. Am Ufer hin, in der alten Lindenallee grasen sie auf und ab und horchen nur auf, wenn bei untergehender Sonne drüben der Parsteiner Kirchturm zu Abend läutet. Eines der halbwachsenen Füllen tritt dann auch wohl in das Klostergemäuer, um die Disteln abzugrasen, die über dem alten Mönchsgrabe stehen; aber plötzlich, als sei eine Flamme aus der Erde gefahren, dreht sich das Jungtier im Kreise herum und starrt und prustet, und mit Schüttelmähne und gehobenem Schweif flieht es die Stätte und jagt zitternd, rastlos an der Uferlinie der Insel hin.

Kloster Chorin von 1272 bis 1542

Bis 1272 bestand Kloster Mariensee auf der Ziegeninsel im Parsteiner See. In diesem Jahre, so scheint es, kam man überein, »wegen mehrerer Unbequemlichkeit, die sich aus der Lage des Klosters ergäbe«, dasselbe weiter westwärts, und zwar an den Choriner See, zu verlegen, richtiger wohl, es mit einer neuen klösterlichen Pflanzung, die sich bereits am Choriner See befinden mochte, zu *vereinigen.* Eine solche neue Pflanzung muß nämlich, wenn auch nur in kleinen Anfängen, um 1272 schon existiert haben, wie nicht nur aus einzelnen, allerdings so oder so zu deutenden urkundlichen Angaben, ganz besonders aber aus einer Steintafelinschrift hervorgeht, die noch bis zum Jahre 1769 im Kloster vorhanden war.* Die ersten Zeilen derselben lauteten:

»Anno 1254 ist der Markgraf Johannes (I.), Kurfürst zu Brandenburg, der dieses Kloster Chorin Zisterzienserordens gestiftet, allhier begraben.«

Wenn nun bereits um 1254 Markgraf Johann I. hier beigesetzt werden konnte, so mußte wenigstens ein Klosteranfang und in ihm eine Grabkapelle vorhanden sein. Wir werden nicht irregehen, wenn wir die Anfänge von Kloster Chorin gerade um die Mitte des dreizehnten Jahrhunderts setzen.

Wie immer aber dem sein möge, jedenfalls haben wir von 1272 an ein Kloster Chorin und dürfen annehmen, daß sich die bauliche Vollendung desselben, trotz einer unverkennba-

* Diese Steintafel befand sich an der Stelle, wo das später sogenannte »Invalidenhaus« an die Klosterkirche stieß, und gab in ihrer Inschrift die Namen aller in Chorin begrabenen Markgrafen. Diese Inschrift, wie jetzt nur noch aus den Choriner Amtsakten zu ersehen ist, lautete:

»Anno 1254 ist der Markgraf Johannes (I.), Kurfürst zu Brandenburg, der dieses Kloster Chorin Zisterzienserordens gestiftet, allhier begraben.

Anno 1267 ist Johannes (III.), Markgraf, welcher zu Merseburg auf seiner Schwester Hochzeit im Scharfrennen mit einem Klitz (Pfeil oder kleinen Lanze) verwundet worden und davon gestorben, allhier begraben.

Anno 1285 ist Markgraf Johannes (V.), Kurfürst zu Brandenburg, gestorben und allhier begraben.

Anno 1298 starb zu Beerwalde Markgraf Otto Sagittarius (der Pfeilschütze), des Kurfürsten Johannes zu Brandenburg Sohn, und ist allhier begraben.

Anno 1304 ist zu Sched(?) gestorben Markgraf Konrad (I.), Kurfürst zu Brandenburg, und ist allhier begraben.

Anno 1307 bestätigte Markgraf Hermann von Brandenburg, Markgraf Otten des Langen Sohn, dieses Kloster Chorin.

Anno 1319 starb Markgraf Waldemar (I.) zu Beerwalde und ist allhier begraben.

Tu mater Lehnin et filia tua Chorin,
Ex te est orta Nova Cella et Coeli Porta.«

(Diese Inschriften, wie schon im Text hervorgehoben, waren 1769 sicherlich noch vorhanden. 1823 suchte sie Konsistorialrat Bellermann, Direktor des Grauen Klosters, vergeblich. Er vermutet, daß sie 1772 bei einer Reparatur übertüncht oder beseitigt worden sind.)

ren Großartigkeit der Anlage, in verhältnismäßig kurzer Zeit vollzogen haben muß. Es sprechen dafür die zum Teil vortrefflich erhaltenen Überbleibsel des Klosters, die ihrem Baustil nach in die Wendezeit des dreizehnten und vierzehnten Jahrhunderts gehören. Die Zeit war einem solchen raschen Aufblühen besonders günstig; das Ansehen des Ordens stand auf seiner Höhe, und die Askanier, wie bereits hervorgehoben, waren unermüdlich, dem Kloster ihre besondere Gnade zu bestätigen. Keiner mehr als Markgraf Waldemar, der letzte des Geschlechts. Fast alles Land zwischen Neustadt und Oderberg im Süden und ebenso zwischen Neustadt und Angermünde im Norden gehörte dem Kloster. Der Parsteiner See war so ziemlich der Mittelpunkt der reichen Stiftung, die bei der Säkularfeier des Klosters zweiundsechzig Dörfer zählte.

Diese Dörfer deuten auf einen Totalbesitz, der dem Reichtum Lehnins (zwei Flecken und vierundsechzig Güter) nahekam, vielleicht auch diesen Reichtum übertraf, da die Dörfer der Odergegenden im allgemeinen für reicher und ergiebiger gelten als die Dörfer der Zauche und selbst des Havellandes; doch mochte das damals, wo der Reichtum, der in den Sümpfen und Brüchen des Oderlandes steckte, noch nicht erschlossen war, anders sein als jetzt. Ist es doch noch nicht lange her, daß *jedes* Sanddorf vor dem Sumpfdorfe den Vorrang behauptete; der Sand gab wenig, aber der Sumpf gab nichts.

Lassen wir aber die Frage nach dem größeren oder geringeren Besitz beiseite, so müssen wir bei Betrachtung beider Klöster sofort durch die Tatsache überrascht werden, daß wir von der Geschichte des einen, trotz aller Lücken und Mängel, verhältnismäßig viel, von der Geschichte des andern verhältnismäßig wenig wissen. Ohne die urkundlichen Überlieferungen, die Sagen und Traditionen, die sich an Lehnin knüpfen, überschätzen zu wollen, so muß doch schließlich zugestanden werden, daß etwas da ist und daß wir Gestalten und Ereignisse von größerem oder geringerem Interesse an uns vorüberziehen sehen. Nichts Derartiges aber, oder doch fast nichts, bietet Chorin.

Ob diese Armut der Überlieferung einfach darin liegt, daß das Kloster Chorin in der Tat nichts anderes war als ein klösterlicher Amtshof, mit vielen Gütern und Vorwerken, oder ob uns die Glanzseiten der Geschichte, wenn solche da waren, einfach verlorengegangen sind, ist nachträglich schwer zu entscheiden, doch spricht manches dafür, daß das erstere der Fall war und daß Kloster Chorin nicht viel etwas anders zu bedeuten hatte als eine große mönchische Ökonomie, in der es auf Erhaltung und Mehrung des Wirtschaftsbestandes, aber wenig auf die Heilighaltung ideeller Güter ankam. Was indessen mehr besagen will als die Dürre dieser urkundlichen Überlieferungen, das ist der Umstand, daß das Kloster auch bei seinen Um- und Anwohnern nicht die geringste Spur seiner Existenz zurückgelassen zu haben scheint.

Da sind keine Traditionen, die an die Lehniner Sagen von Abt Sibold erinnerten, da ist kein See, kein Haus, kein Baum, die als Zeugen blutiger Vorgänge mit in irgendeine alte Klosterlegende verflochten wären; da ist keine »Weiße Frau«, die abends in den Trümmern erscheint und nach dem Mönche sucht, den sie liebte; alles ist tot hier, alles schweigt.

Ein einziger kurzer Abschnitt klingt an die Historie wenigstens an. Es bezieht sich dies auf das *bayerische Interregnum* in unsrer Geschichte, spezieller auf die Epoche, die zwischen dem Tode des echten und dem Auftauchen und Wiederverschwinden des Falschen Waldemar liegt, also auf die Zeit zwischen 1319 und 1349. Man hat dem Kloster nachgesagt, daß es in dieser Zeit sich durch Intrigue, Schweigekunst und feines politisches Spiel hervorgetan und wenigstens um seiner Klugheit willen einen gewissen Anspruch auf unseren Respekt erworben habe. Ich habe indes nichts finden können, was einen Anhaltepunkt für die Annahme einer solchen Superiorität böte. Von scharfer Vorausberechnung, von raschem Hervortreten im rechten Moment oder wohl gar von dem Blitzenden eines genialen Coups nirgends eine Spur; überall nur die Betätigung allertrivialster Lebensklugheit, eine Politik von heute auf morgen, von der Hand in den Mund.

Verfolgen wir, wie zur Beweisführung für die vorstehenden Sätze, die Haltung des Klosters während der vorgenannten Epoche, so werden wir es einfach immer »bei der Macht« finden. Hielt die Macht aus, so hielt Chorin auch aus, schwankte die Macht, so schwankte auch Chorin. In zweifelhaften Fällen hielt sich's zurück und wartete ab. Wenn dies »Diplomatie« ist, so ist nichts billiger als die diplomatische Kunst.

Von 1319 bis 1323 waren für die Mark drei Prätendenten da: Herzog Rudolf von Sachsen, Herzog Heinrich von Mecklenburg und Herzog Wratislaw von Pommern-Wolgast. Die besten Ansprüche hatte unbedingt Rudolf von Sachsen; das Kloster sagte sich aber: »Herzog Heinrich und Herzog Wratislaw sind uns näher, und weil sie uns näher sind, sind sie wichtiger für uns.« Diese Erwägung genügte, um sich – im Gegensatze zur Mittelmark, die nach Sachsen hinneigte – auf die Seite von Pommern und Mecklenburg zu stellen.

So lagen die Sachen noch im Juni 1320. Aber das Ansehen Rudolfs von Sachsen wuchs; zu seinem größeren Rechte gesellte sich mehr und mehr auch die größere Macht, und sobald das Kloster diese Wahrnehmung machte, war es rasch zu einer Wandlung entschlossen. Im November 1320 begegnen wir bereits einer Urkunde, worin »Herzog Rudolf das Kloster Chorin in seinen Schutz nimmt, ihm *seine Ungnade erläßt*« und dabei natürlich seinen Besitz ihm bestätigt. Wir sehen, das Kloster hatte es für gut befunden, seine erste Schwenkung zu machen.

Indessen, die Dinge gingen nicht lange so. Kaiser Ludwig hielt es um diese Zeit für angetan, die Mark als ein verwaistes Reichslehn einzuziehen und seinen ältesten Sohn damit zu begnaden. Dieser kam als Markgraf ins Land. Die Rechnung, die von seiten Chorins nunmehr angestellt wurde, war einfach die folgende: »Rudolf von Sachsen ist stärker gewesen als Mecklenburg oder Pommern, Kaiser Ludwig aber ist wiederum stärker als der Sachsenherzog.« So wurde unser Kloster denn, nachdem es drei oder vier Jahre lang sächsisch gewesen war, ohne Zögern *bayrisch.* Dies war die *zweite* Schwenkung. Aber noch andere standen bevor.

1345 tauchte der sogenannte »Falsche Waldemar« auf; wir lassen dahingestellt sein, ob er der falsche oder der echte war. Sein Anhang mehrte sich, aber die größere Macht stand zunächst noch auf bayrischer Seite. Was tat nun Chorin? Es hielt aus bei den Bayern, solange Bayern der stärkere Teil war, und dies Ausharren führt den besten Beweis, daß man dem Kloster viel zuviel Ehre antut, wenn man ihm, wie geschehen ist, nachredet, daß es all die Zeit über (von 1319 bis 1345) gut askanisch gewesen wäre oder gar an der Rückkehr und Restituierung Waldemars, nötigenfalls *irgendeines* Waldemars, gearbeitet habe. Nichts davon. Das Kloster Chorin hatte weder die Treue, auf die Wiedereinsetzung eines »echten Waldemar«, wenn es an einen solchen glaubte, zu dringen, noch hatte es andererseits den Mut einer politisch-patriotischen Intrigue, das heißt den Mut, nötigenfalls auf jede Gefahr hin und bloß dem askanischen Namen zuliebe, den unechten Waldemar zu einem *echten zu machen*. Chorin tat nichts, es wartete ab. Waldemar, gleichviel, ob der falsche oder der richtige, zog schon zwei Jahre durchs Land, und die Uckermark, darin unser Kloster gelegen war, hatte ihn bereits anerkannt; nur gerade Abt und Konvent von Chorin zögerten immer noch, ein Wort zu sprechen und die alten askanischen Sympathien zu bezeigen. Warum? Die *bayrische Herrschaft*, wenn auch mannigfach bedroht, erschien noch unerschüttert, jedenfalls dem Eindringling überlegen. Chorin blieb also gut bayrisch, solange es das *Klügste* war, gut bayrisch zu sein.

Aber der Herbst 1348 änderte plötzlich die Machtstellung der Parteien, und mit der veränderten Machtstellung änderte sich natürlich auch die Stellung Chorins. Kaiser Karl IV., der Luxemburger, der dem bayrischen Kaiser, dem Vater des bayrischen Markgrafen von Brandenburg, auf dem Kaiserthron gefolgt war, trat auf die Seite des Falschen Waldemar und ließ ihn für echt erklären.

Jetzt wäre die Stunde für Chorin dagewesen, endlich Treue zu zeigen, wenn auch nur Treue gegen Bayern; aber es kannte nichts als Unterwerfung unter die Macht. Mit dieser Anerkennung des Falschen Waldemar durch den Kaiser war der bayrische Markgraf von Brandenburg auf einen Schlag der schwächere Teil geworden; die natürliche Folge davon war, daß Chorin aufhörte, bayrisch zu sein, um sofort kaiserlich und Waldemarisch zu werden.*

* Wenn man hier einwenden wollte, daß das Land im wesentlichen diese Schwankungen und Wandlungen mitmachte und daß deshalb kein Grund vorliege, für Chorin einen besonderen Vorwurf daraus herzuleiten, so darf man drei Dinge nicht übersehen: 1. daß Chorin besser wissen konnte, ob echt oder unecht, und wahrscheinlich es *wirklich* wußte; 2. daß Chorin sich mit Vorliebe bayrisch gezeigt und deshalb eine

Dies war ein böser Fleck, eine häßliche Wandlung; aber das Häßlichere kam noch nach. Die Sache währte nicht lange; der Kaiser dachte bald anders und ließ den Waldemar im Frühjahr 1350 ebenso leicht wieder fallen, wie er ihn achtzehn Monate früher erhoben hatte. Die Häuser Luxemburg und Bayern söhnten sich aus. Waldemar war nun wieder nichts oder doch nicht viel; nur die askanische Partei stand noch zu ihm. Einzelne treue unter den Städten suchten ihn auch jetzt noch zu halten, *nur nicht Chorin.* Die Machthaber hatten ihn fallenlassen, und das Kloster tat selbstverständlich dasselbe. Von einem Einstehen, einem Zeugnisablegen, von dem, was wir heute Charakter und Gesinnung nennen würden, keine Spur. Nach halbjähriger Teilnahme an der Waldemar-Komödie war Chorin wieder so gut bayrisch, wie es vorher gewesen war. Die bayrischen Markgrafen ihrerseits waren auch zufrieden damit und machten aus dem flüchtigen Abfall nicht allzuviel. Sie drückten zwar in einer Urkunde ihren Unmut und ihre Trauer darüber aus, das Kloster nicht fest befunden zu haben; aber das war wenig mehr als eine Formalität, die Sache war beigelegt und Chorin wieder angesehen, vielleicht angesehener als zuvor. Es hielt nun auch aus, solange die Bayern im Lande waren; aber wir dürfen wohl annehmen, nicht aus Treue, sondern einfach deshalb, weil das Ausbleiben jeder neuen Versuchung ein neues Ausgleiten unmöglich machte.

Die angebliche »politische Glanzzeit« Chorins war das natürliche Resultat gegebener Verhältnisse, nicht mehr und nicht weniger, und die Quitzow-Zeit wird dem Kloster zu einem ähnlich abwartenden politischen Verfahren Veranlassung gegeben haben. Doch sind die Aufzeichnungen darüber lückenhafter. Chorin hatte keinen Heinrich Stich (siehe Seite 60), entbehrte vielmehr eines Abtes, der sich gemüßigt gesehen hätte, die Verwicklungen einer verwicklungsreichen Epoche niederzuschreiben. Die letzten anderthalbhundert Jahre des Klosters unter der sich befestigenden Macht der Hohenzollern scheinen ohne jede Gefährdung hingegangen zu sein; Schenkungsbrief reiht sich an Schenkungsbrief, bis

größere Pflicht hatte, Farbe zu halten, und 3. daß andere Plätze, die zum Teil dieselbe Wandlung durchmachten, doch wenigstens länger ausdauerten und etwas schamhafter verfuhren.

endlich die Reformation dazwischentritt und den Faden durchschneidet.

Die Vorgänge, die die Säkularisierung Chorins begleiteten, waren wohl dieselben wie bei Einziehung der brandenburgischen Klöster überhaupt. Chorin wurde freilich zunächst aus freier Hand verkauft, aber dies hatte keinen Bestand, und binnen kurzem wurde auch hier der Klosterhof ein Amtshof, eine Domaine. Er ist es noch.

Kloster Chorin, wie es ist

Von den alten Baulichkeiten, wenn dieselben auch Umwandlungen unterworfen wurden, ist noch vieles erhalten; lange einstöckige Fronten, die den Mönchen als Wohnung und Arbeitsstätten dienen mochten, dazu Abthaus, Refektorium, Küche, Speisesaal, ein Teil des Kreuzganges, vor allem die Kirche. Diese, wennschon eine Ruine, richtiger eine ausgeleerte Stätte, gibt doch ein volles Bild von dem, was diese reiche Klosteranlage einst war. Schon die Maße, die Dimensionen deuten darauf hin; das Schiff ist vierundvierzig Fuß länger als die Berliner Nikolaikirche und bei verhältnismäßiger Breite um siebzehn Fuß höher. Im Mittelschiff stehen auf jeder Seite elf viereckige Pfeiler (einige zur Linken sind neuerdings verschwunden); der zwölfte Pfeiler, rechts wie links, steckt in der Mauer. Die Konsolen oder Kapitälornamente sind verschieden gestaltet und stellen abwechselnd Akanthus-, Klee- und Eichenblätter dar. Das Blattwerk zeigt hier und da noch Spuren von grüner Farbe, während der Grund rot und gelb gemalt war. Freskoartige Malereien finden sich noch in letzten Überresten im Kreuzgang; an einer stehengebliebenen Kappe zeigt sich Zweig- und Blattwerk, das ein Walnußgesträuch darzustellen scheint. Das hohe Gewölbe, welches von den Pfeilern des Mittelschiffes getragen wurde, ist seit einem Jahrhundert eingestürzt. Anstelle desselben wurde im Jahre 1772 ein Dachstuhl aufgerichtet, der seitdem das neue Dach trägt. Dies neue Dach ist niedriger, als das alte war, was sich an den Giebelwänden, besonders an dem Frontispice im Westen, noch deutlich markiert. Von den Seitenschiffen ist nur noch eins vorhanden, das nördliche;

über dem niedrigen Dach desselben ragen die elf Spitzbogenfenster des Hauptschiffes auf, deren obere Steinverzierungen noch beinahe unversehrt erhalten sind,

Leider geht dieser *baulich* schönen Ruine, wie gesagt, das eigentlich *Malerische* ab. Ruinen, wenn sie nicht bloß, als nähme man ein I nventarium auf, nach Pfeiler- und Fensterzahl beschrieben werden sollen, müssen zugleich ein *Landschafts-* oder auch ein *Genrebild* sein. In einem oder im andern, am besten in der Zusammenwirkung beider wurzelt ihre Poesie. Chorin aber hat wenig oder nichts von dem allen; es gibt sich fast ausschließlich als Architekturbild. Alles fehlt, selbst das eigentlich Ruinenhafte der Erscheinung, so daß, von gewisser Entfernung her gesehen, das Ganze nicht anders wirkt wie jede andere gotische Kirche, die sich auf irgendeinem Marktplatz irgendeiner mittelalterlichen Stadt erhebt. Nur fehlt leider der Marktplatz und die Stadt. Und treten wir nun in die öden und doch wiederum nicht malerisch zerfallenen Innenräume ein, so fehlt uns eines mehr als alles andere. Wer immer auch unser Führer sein mag, und wäre er der beste, wir vermissen die stille Führerschaft von Sage und Geschichte. Alles läßt uns im Stich, und wir schreiten auf dem harten Schuttboden hin wie auf einer Tenne, über die der Wind fegte. Alles leer.

Kloster Chorin ist keine jener lieblichen Ruinen, darin sich's träumt wie auf einem Frühlingskirchhof, wenn die Gräber in Blumen stehen; es gestattet kein Verweilen in ihm, und es wirkt am besten, wenn es wie ein Schattenbild flüchtig an uns vorüberzieht. Wer hier in der Dämmerstunde des Weges kommt und plötzlich zwischen den Pappeln hindurch diesen still einsamen Prachtbau halb märchenhaft, halb gespenstisch auftauchen sieht, dem ist das Beste zuteil geworden, das diese Trümmer, die kaum Trümmer sind, ihm bieten können. Die Poesie dieser Stätte ist dann wie ein Traum, wie ein romantisches Bild an ihm vorübergezogen, und die sang- und klanglose Öde des Innern hat nicht Zeit gehabt, den Zauber wieder zu zerstören, den die flüchtige Begegnung schuf.

SPANDAU UND UMGEBUNG

SANKT NIKOLAI ZU SPANDAU

Wie Spukgestalten die Nebel sich drehn,
's ist schaurig, über das Moor zu gehn,
Die Ranke häkelt am Strauche.
Annette Droste-Hülshoff

Ein klarer Dezembertag; die Erde gefroren, die Dächer bereift. Aber schon mischt sich ein leises Grau in die heitere Himmelsbläue, es weht leise herüber von Westen her, und jenes Frösteln läuft über uns hin, das uns ankündigt: Schnee in der Luft.

Schnee in der Luft; vielleicht morgen schon, daß er in Flocken niederfällt! So seien denn die Stunden genutzt, die noch einen freien Blick in die Landschaft gestatten.

Das Spreetal hinunter, an dem Charlottenburger Schloß vorbei (dessen vergoldete Kuppelfiguren nicht recht wissen, ob sie in dem spärlichen Tageslicht noch blitzen sollen oder nicht), über Brücken hin, zwischen Schwanenrudeln hindurch, geht der Zug, bis die Havelveste vor uns aufsteigt, mit Brücken und Gräben, mit Torwarten und Mauern, und über dem allen: Sankt Nikolai, die erinnerungsreiche Kirche dieser Stadt.

Der Zug hält. Ohne Aufenthalt, mit den Minuten geizend, steuern wir durch ein Gewirr immer enger werdender Gassen auf den alten gotischen Bau zu, der sich, auf engem und kahlem Platze, über den Dächerkleinkram hinweg, in die stahlfarbene Luft erhebt. Kein Bau ersten Ranges, aber doch an *dieser* Stelle.

Das Innere, ein seltner Fall bei renovierten Kirchen, bietet mehr, als das Äußere verspricht. Emporen, wie Brückenbogen geschwungen, ziehen sich zwischen den grauweißen Pfeilern hin und wirken hier, in dem sonst schmucklosen Gange, fast wie ein Ornament des Mittelschiffes.

Die Kirche selbst, bei aller Schönheit, ist kahl; im Chor aber drängen sich die Erinnerungsstücke, die der Kirche noch aus alter Zeit her geblieben sind. Hier, an der Rundung des Gemäuers hin, hängen die Wappenschilde der Quaste, Ribbeck und Nostitz, hier richtet sich das prächtige Denkmal der Gebrüder Röbel auf, hier begegnen wir dem berühmten Steinaltar, den Rochus von Lynar der Kirche stiftete, und hier endlich, in Front ebendieses Altars, erhebt sich das dreifußartige, schönste Kunstform zeigende Taufbecken, das zugleich die Stelle angibt, wo unter dem Estrich die Überreste Adam Schwarzenbergs ruhn. Zur Rechten die eigene Wappentafel des Grafen: der Rabe mit dem Türkenkopf.

Alle diese Dinge indes sind es nicht, die uns heute nach Sankt Nikolai in Spandau geführt haben, unser Besuch gilt vielmehr dem alten Turme, zu dessen Höhe ein Dutzend Treppenstiegen hinanführen. Viele dieser Stiegen liegen im Dunkel, andre empfangen einen Schimmer durch eingeschnittene Öffnungen, alle aber sind bedrohlich durch ihre Steile und Gradlinigkeit und machen einem die Weisheit der alten Baumeister wieder gegenwärtig, die ihre Treppen spiralförmig durch die dicke Wandung der Türme zogen und dadurch die Gefahr beseitigten, funfzig Fuß und mehr erbarmungslos hinabzustürzen.

Die Treppe frei und gradlinig. Und doch ist es ein Ersteigen mit Hindernissen: die Schlüssel versagen den Dienst in den rostigen Schlössern, und man merkt, daß die Höhe von Sankt Nikolai zu Spandau keine täglichen Gäste hat, wie Sankt Stephan in Wien oder Sankt Paul in London. Endlich sind wir an Uhr und Glockenwerken vorbei, haben das Schlüsselbund, im Kampf mit Großschlössern und Vorlegeschlössern, siegreich durchprobiert und steigen nun, durch eine letzte Klappenöffnung, in die luftige Laterne hinein, die den steinernen Turmbau krönt. Keine Fenster und Blenden sind zu öffnen, frei bläst der Wind durch das gebrechliche Holzwerk. Das ist die Stelle, die wir suchten. Ein Luginsland.

Zu Füßen uns, in scharfer Zeichnung, als läge eine Karte vor uns ausgebreitet, die Zickzackwälle der Festung; ostwärts im grauen Dämmer die Türme von Berlin; nördlich, südlich die bucht- und seenreiche Havel, inselbetupfelt, mit Flößen und Kähnen überdeckt; nach Westen hin aber ein breites, kaum hier und da von einer Hügelwelle unterbrochenes Flachland, das *Havelland*.

Wer hier an einem Junitage stände, der würde hinausblicken in üppig grüne Wiesen, durchwirkt von Raps- und Weizenfeldern, gesprenkelt mit Büschen und roten Dächern, ein Bild moderner Kultur; an diesem frostigen Dezembertage aber liegt das schöne Havelland brachfeldartig vor uns ausgebreitet, eine graubraune, heideartige Fläche, durch welche sich in breiten blanken Spiegeln, wie Seeflächen, die Grundwasser und übergetretenen Gräben dieser Niederungen ziehen. Wir haben diesen Tag gewählt, um den flußumspannten Streifen Landes, der uns auf diesen und den folgenden Seiten beschäftigen soll, in *der* Gestalt zu sehen, in der er sich in alten, fast ein Jahrtausend zurückliegenden Zeiten darstellte. Ein grauer Himmel über grauem Land, nur ein Krähenvolk aufsteigend aus dem Weidenwege, der sich an den Wasserlachen entlangzieht, so war das Land von Anfang an: öde, still, Wasser, Weide, Wald.

Freilich, auch dieses Dezembertages winterliche Hand hat das Leben nicht völlig abstreifen können, das hier langsam, aber siegreich nach Herrschaft gerungen hat. Dort zwischen Wasser und Weiden hin läuft ein Damm, im ersten Augenblicke nur wie eine braune Linie von unserem Turm aus bemerkbar; aber jetzt gewinnt die Linie mehr und mehr Gestalt; denn zischend, brausend, dampfend, dazwischen einen Funkenregen ausstreuend, rasseln jetzt von zwei Seiten her die langen Wagenreihen zweier Züge heran und fliegen – an derselben Stelle vielleicht, wo einst Jaczko und Albrecht der Bär sich trafen – aneinander vorüber. Das Ganze wie ein Blitz!

Der Tag neigt sich; der Sonnenball lugt nur noch blutrot aus dem Grau des Horizonts hervor. Ein roter Schein läuft über die grauen Wasserflächen hin. Nun ist die Sonne unter, die Nebel steigen auf und wälzen sich von Westen her auf die Stadt und unsere Turmstelle zu. Noch sehen wir, wie aus dem nächsten Röhricht ein Volk Enten aufsteigt; aber ehe es in die nächste Lache niederfällt, ist das schwarze Geflatter in dem allgemeinen Grau verschwunden.

Das Havelland träumt wieder von alter Zeit.

DAS HAVELLÄNDISCHE LUCH

Es schien das Abendrot
Auf diese sumpfgewordne Urwaldstätte,
Wo ungestört das Leben mit dem Tod
Jahrtausendlang gekämpfet um die Wette.
Lenau

Das Havelland, oder, mit andern Worten, jene nach drei Seiten hin von der Havel*, nach der vierten aber vom Rhin-Flüßchen eingeschlossene Havelinsel, bestand in alter Zeit aus großen, nur hier und dort von Sand- oder Lehmplateaus unterbrochenen Sumpfstrecken, die sich, trotz der mannigfachsten Veränderungen und Umbildungen, bis diesen Tag unter dem Sondernamen *»das Havelländische Luch«* oder auch bloß *»das Luch«* erhalten haben. Und sie haben in der Tat Anspruch auf eine unterscheidende Bezeichnung, da sie in Form und Art von den fruchtbaren Flußniederungen anderer Gegenden vielfach abweichen und zum Beispiel statt des Weizens und der Gerste nur ein mittelmäßiges Heu produzieren. Im großen und ganzen darf man vom »Luche« sagen, daß es weniger seine Produkte als vielmehr *sich selbst* zu Markte bringt – *den Torf.* Denn das Luch besteht großenteils aus Torf. Seitdem es aufgehört hat, ein bloßer Sumpf zu sein, ist es ein großes Gras- und Torfland geworden. Linum, der Hauptsitz der Torfgräbereien, ist das Newcastle unserer Residenz.

Wie das Havelland den Mittelpunkt Alt-Brandenburgs bildet, so bildet das Luch wiederum den Mittelpunkt des Havellandes. Das letztere (das heißt also der west- und osthavelländische Kreis) ist ohngefähr fünfzig Quadratmeilen groß; in diesen fünfzig Quadratmeilen stecken die zweiundzwanzig Quadratmeilen des Luchs wie ein Kern in der Schale.

* Zu den vielen Eigentümlichkeiten der Havel gehört auch die, daß sie, von Norden kommend, auf dem letzten Drittel ihres Laufes wieder nach Norden fließt. Sie beschreibt also einen Halbbogen und umfängt mit ihrem gekrümmten Arm ein fünfzig Quadratmeilen großes Stück Land, das »Havelland«.

Die Form dieses Kerns ist aber nicht rund, auch nicht oval oder elliptisch, sondern *pilzförmig*. Ich werde gleich näher beschreiben, wie diese etwas ungewöhnliche Bezeichnung zu verstehen ist. Jeder meiner Leser kennt jene Pilzarten mit kurzem dicken Stengel, die ein breites schirmförmiges Dach und eine große kugelförmige Wurzel haben. Man nehme den Längsdurchschnitt eines solchen Pilzes und klebe ihn auf ein kleines Quartblatt Papier, so wird man ein ziemlich deutliches Bild gewinnen, welche Form »das Luch« innerhalb des Havellandes einnimmt. Gleich der erste Blick wird dem Beschauer zeigen, daß das Luch aus *zwei Hälften*, aus einer schirmförmig-nördlichen und einer kugelförmig-südlichen, besteht, die beide da, wo der kurze Strunk des Pilzes läuft, nah zusammentreffen. Die schirmförmige Hälfte heißt das *Rhin-Luch*, die kugelförmige das *Havelländische Luch*. Das Verbindungsstück zwischen beiden hat keinen besonderen Namen. Dies verhältnismäßig schmale, dem Strunk des Pilzes entsprechende Verbindungsstück ist dadurch entstanden, daß sich von rechts und links her Sandplateaus in den Luchgrund hineingeschoben haben. Diese Sandplateaus führen wohlgekannte Namen; das östliche ist das zu besondrem historischen Ansehn gelangte »Ländchen Bellin«, das westliche heißt »Ländchen Friesack«. Diese beiden »Ländchen sind alte Sitze der Kultur, und ihre Hauptstädte, Fehrbellin und Friesack, wurden schon genannt, als beide Luche, das Rhin-Luch wie das Havelländische, noch einem See glichen, der in der Sommerzeit zu einem ungesunden, unsicheren Sumpfland zusammentrocknete.

Klöden hat den früheren Zustand der Luchgegenden sehr schön und mit poetischer Anschaulichkeit geschildert. Er schreibt: »Es war eine wilde Urgegend, wie die Hand der Natur sie gebildet hatte, ein Seitenstück zu den Urwäldern Südamerikas, nur kleiner und nicht Wald, sondern Luch. Es zeigte damals in großer Ausdehnung, was kleinere Bruchflächen der Mark noch jetzt zeigen. Weit und breit bedeckte ein Rasen aus zusammengefilzter Wurzeldecke von bräunlichgrüner Farbe die wassergleiche Ebene, deren kurze Grashalme besonders den Riedgräsern angehörten. In jedem Frühjahr quoll der Boden durch das hervordringende Grundwasser auf, die Rasendecke hob sich in die Höhe, bildete eine schwimmende, elastische Fläche, welche bei jedem Schritt unter den Füßen einsank, während sich ringsum ein flach trichterförmig ansteigender Abhang bildete. Andere Stellen, die sich nicht in die Höhe heben konnten, sogenannte *Lanken*, wurden überschwemmt, und so glich das Luch in jedem Frühjahr einem weiten See, über welchen jene Rasenstellen wie grüne, schwimmende Inseln hervorragten, während an anderen Stellen Weiden, Erlen und Birkengebüsch sich im Wasser spiegelten oder da, wo sie auf einzelnen Sandhügeln, den sogenannten *Horsten*, gewachsen waren, kleine Waldeilande darstellten. Solcher Horsten gab es mehrere, von denen einige mitten im Havelländischen Luche lagen. Die umliegenden Ortschaften versuchten es, dem Luche dadurch einigen Nutzen abzugewinnen, daß sie ihre Kühe darin weiden ließen und das freilich schlechte und saure Gras, so gut es ging, mähten. Beides war nur mit großer Mühseligkeit zu erreichen. Das Vieh mußte häufig durch die Lanken schwimmen, um Grasstellen zu finden, oder es sank in die weiche Decke tief ein, zertrat dieselbe, daß bei jedem Fußtritt der braune Moderschlamm hervorquoll, ja daß es sich oft nur mit großer Mühe wieder herausarbeitete. Oft blieb eine Kuh im Moraste stecken und ward nach unsäglicher Mühe kalt, kraftlos und krank wieder herausgebracht oder, wenn dies zu schwerhielt, an dem Orte, wo sie versunken war, geschlachtet und zerstückt herausgetragen. Nur im hohen Sommer und bei trockener Witterung war der größte Teil des Luchs zu passieren; dann mähte man das Gras, allein nur an wenigen Stellen konnte es mittels Wagen herausgebracht werden; an den meisten mußte man es bis in den Winter in Haufen stehenlassen, um bei gefrornem Boden es einzufahren. Unter allen Umständen war das Gras schlecht und eine kümmerliche Nahrung. Sowenig nutzbar dieses Bruch für den Menschen und sein Hausvieh war, so vortrefflich war es für das *Wild* geeignet. In früheren Zeiten hausten hier selbst Tiere, welche jetzt in der Mark nicht mehr vorkommen, wie Luchse, Bären und Wölfe. Besonders aber waren es die Sumpfvögel, Kraniche und Störche, welche hochbeinig in diesem Paradiese der Frösche einherstolzierten, und mit ihnen bewohnte die Wasser ein unendliches Heer von Enten aller Art, nebst einer Unzahl anderer Wasservögel. Kiebitze, Rohrsänger, Birkhähne, alles war da, und in den Flüssen fanden sich Schildkröten, wie allerhand Schlangen in dem mitten im Luch gelegenen Zotzenwald.«

Im *Rhin*-Luch änderten sich diese Dinge schon zu Anfang des sechzehnten Jahrhunderts; Gräben wurden gezogen, das Wasser floß ab, und die Herstellung eines Dammes quer durchs Luch hindurch wurde möglich. Wo sonst die Fehrbelliner *Fähre*, über Sumpf und See hin, auf- und abgefahren war, erstreckte sich jetzt der Fehrbelliner *Damm*. Das Jahr genau zu bestimmen, wann dieser Damm gebaut wurde, ist nicht mehr möglich; doch existiert schon aus dem Jahre 1582 eine Verordnung, in der von seiten des Kurfürsten Johann Georg »dem Capitul zu Cölln an der Spree, den von Bredows zu Kremmen und Friesack, den Bellins zu Bellin und allen Zietens zu Dechtow und Brunne kund und zu wissen getan wird, daß der *Bellinsche Fährdamm sehr böse sei und zu mehrerer Beständigkeit mit Steinen belegt werden solle*«.

Das große *Havelländische* Luch blieb in seinem Urzustand bis 1718, wo unter Friedrich Wilhelm I. die *Entwässerung* begann. Vorstellungen von seiten der zunächst Beteiligten, die ihren eigenen Vorteil, wie so oft, nicht einzusehen vermochten, wurden ignoriert oder abgewiesen, und im Sommer desselben Jahres begannen die Arbeiten. Im Mai 1719 waren schon über 1000 Arbeiter beschäftigt, und der König betrieb die Kanalisierung des Luchs mit solchem Eifer, daß ihm selbst seine vielgeliebten Soldaten nicht zu gut dünkten, um mit Hand anzulegen. 200 Grenadiere, unter Leitung von zwanzig Unteroffizieren, waren hier in der glücklichen Lage, ihren Sold durch Tagelohn erhöhen zu können. Im Jahre 1720 war die Hauptarbeit bereits getan, aber noch fünf Jahre lang wurde an der völligen *Trockenlegung* des Luchs gearbeitet. Nebengräben wurden gezogen, Brücken und Stauschleusen angelegt, Dämme gebaut und an allen trockengelegten Stellen das Holz- und Strauchwerk ausgerodet. Die Arbeiten waren zum großen Teil unter Anleitung holländischer Werkführer und nach holländischen Plänen vor sich gegangen. Dies mochte den Wunsch in dem König anregen, mit Hülfe der mal vorhandenen Arbeitskräfte aus dem ehemaligen Sumpf- und Seelande überhaupt eine reiche, fruchtbare Kolonie zu machen. Der Plan wurde ausgeführt, und das »Amt Königshorst« entstand an dem Nordrande des kreisförmigen Havelländischen Luchs, ohngefähr da, wo das vom Rhin-Luch abzweigende Verbindungsstück in das Havelländische Luch einmündet. Die Fruchtbarkeit freilich, die dem eben gewonnenen Grund und Boden von Natur aus abging, hat kein königlicher Erlaß ihm geben können; aber in allem andern hat der »Soldatenkönig« seinen Willen glücklich durchgeführt, und Königshorst mit seinen platten, unabsehbaren Grasflächen, seinen Gräben, Deichen und Alleen erinnert durchaus an die holländischen Landschaften des Rhein-Delta. Hier wie dort ist die grüne Ebene der Wiesen und Weiden belebt von Viehherden, die hier gemischter Race sind: Schweizer, Holländer, Oldenburger und Holsteiner.

Die Gewinnung guter Milch und Butter war von Anfang an ein Hauptzweck gewesen, und es wurde demgemäß eine förmliche Lehranstalt für die Kunst des Butterns und Käsemachens eingerichtet, wohin die Beamten der kurmärkischen Ämter eine Anzahl von Bauertöchtern, für deren gute Führung sie verantwortlich waren, als Mägde zu schicken hatten. Diese Mägde wurden während eines zweijährigen Dienstes in allem Nötigen unterwiesen. Dann mußten sie ohne Hülfe der Holländerin eine Probe guter Butter bereiten, die der König selbst zu prüfen nicht verschmähte. Fiel die Prüfung zugunsten der betreffenden Magd aus, so verlieh ihr der König einen Brautschatz im Betrage von 100 Talern. Diese Einrichtung hat bis zum Tode des Königs bestanden und zu ihrer Zeit reiche Früchte getragen, die noch heutzutage nachwirkend sind. Auch Friedrich II. widmete dem Amte Königshorst eine besondere persönliche Aufmerksamkeit. Anfänglich ließ er den größten Teil der dortigen Ländereien zu Fettweiden benutzen, um die Einfuhr von ausländischem Schlachtvieh für den Berliner Markt entbehrlich zu machen; in späteren Regierungsjahren aber kehrte er ganz zu dem Benutzungsplan des Gründers von Königshorst zurück und stellte das von seinem Vater begründete Lehrinstitut als »eine« – wie der König in einem Erlaß vom 13. Mai 1780 sich ausdrückte – »ordentliche Akademie des Buttermachens« wieder her. Bis diesen Tag gilt die

Königshorster Butter (Horstbutter) in Berlin als die beste. Eins fehlt ihr vielleicht – das *Aroma*. Das Luchgras, was immer auch die Kultur zu seiner Verbesserung getan haben mag, kann nicht wetteifern mit dem süßen, saftigen, kräuterreichen Gras der Nordsee-Marschen. Noch weniger ist es geglückt, das Sandland der alten *Horsten* (Sandstellen im Sumpf) zu einem fruchtbaren Boden umzugestalten; nur mühsam wird das Getreide gewonnen, das zum Unterhalt des Viehstandes nötig ist. Von der Bedeutung jener Entwässerungsarbeiten aber, die durch König Friedrich Wilhelm I. eingeleitet wurden, wird man sich am ehesten eine Vorstellung machen können, wenn man erfährt, daß die Gesamtlänge der im Luche befindlichen Gräben und Kanäle über einundsiebzig Meilen beträgt.

DER BRIESELANG

Balsamisch wogten die Düfte
Über das feuchte Revier,
Die alten Störche bezogen
Freudig das alte Quartier.
In all den Luchen und Lanken
Waren die Wasser erwacht,
Die Kiefern lauschten und tauschten
Ihre Grüße sacht.

G. Hesekiel

Eine der ältesten Waldpartien des Havellandes ist der *Brieselang*, anderthalb Meilen westlich von Spandau. Die Hamburger Eisenbahn schneidet an seinem Südrande hart vorbei und bildet, wenn man auf die Karte blickt, den Fuß, auf dem er steht. Wer ihn besuchen will und die Jahre des Turnerenthusiasmus hinter sich hat, pflegt deshalb auch die genannte Bahn zu benutzen, die ihn wochentags bis an die östlichen Vorlande des Waldes (Station Segefeld) oder sonntags in Extrazügen direkt bis an seine Eingänge führt.

Der Brieselang ist nicht mehr, was er war. In alten Tagen ging er über Quadratmeilen hin und füllte das ganze Territorium, das man damals als Alt-Bredow-Land bezeichnen konnte. Das Nauensche Luch, die Falkenhagenschen Wiesen, der Bredowsche Forst, das Pausinsche Bruch, alles war Brieselang, ein Elsbruch im großen Stil: im Frühjahr ein Sumpf oder See, im Sommer eine Prairie, zu allen Jahreszeiten aber von mächtigen Eichen, den »Brieselang-Eichen«, überragt, die um einen Schuh höher waren als alle anderen im Lande. Das ist nun anders geworden. In allen Teilen des alten Gebiets, zumal auch auf jener Strecke, die noch den alten Namen führt, haben sich die Elemente geschieden, aus weiten Sumpfstrecken, denen man die Elsen und Eichen *nahm*, sind weite Wiesenstrecken geworden, und aus anderen, denen man Elsen und Eichen *hinzutat*, sind regelrechte Waldreviere geworden. Nur da, wo Wald und Wiese miteinander grenzen und der Wald aus seinem Heerlager einzelne

Posten in die weite Wiese hinausstellt, nur an *diesen* Stellen zeigt der Brieselang noch seinen alten Charakter, zumal im Frühjahr, wenn das Sumpfwasser steigt und sich wieder in Lachen und Lanken um die Elsenbüsche sammelt.

Der Brieselang ist eine schwindende Macht, an Terrain verlierend wie an Charakter, aber auch noch im Schwinden ehrwürdig, voll Zeichen alter Berühmtheit und alten Glanzes. Er besteht zur Zeit noch aus zwei Hälften, aus dem eigentlichen Brieselang und aus der Butenheide, von denen jener, mit dem Hauptpunkt »Finkenkrug«, die südliche, diese, die Butenheide, mit dem Hauptpunkt »Königseiche«, die nördliche Hälfte bildet. Da aber, wo beide Hälften zusammentreffen, inmitten einer Lichtung, erhebt sich die »Försterei Brieselang«, die als Zentralpunkt mit Recht den Namen des ganzen Waldes trägt.

In den Brieselang also!

1. Finkenkrug

Es sauset und brauset
Das Tamburin,
Es rasseln und prasseln
Die Schellen darin.
Clemens Brentano

In Tagen sommerlicher Lust:
Mai, Juni, Juli und August,

vergeht kein Sonntag, wo nicht Scharen von Besuchern den Brieselang umschwärmten. Aber die Tausende, die kommen und gehn, begnügen sich damit, den Zipfel seines Gewandes zu fassen; die Parole lautet nicht »Brieselang«, sondern »Finkenkrug«. Und doch ist der Finkenkrug, an der südlichsten Stelle der Südhälfte gelegen, ein bloßes Portal, durch das man hindurch muß, um in die eigentliche Schönheit des Waldes einzutreten; nicht diesseits liegt die Herrlichkeit, sondern jenseits, und alles, was den Brieselang ausmacht, seinen Charakter, seine Erinnerungen, seine Schätze, alles liegt drüber hinaus. Der Finkenkrug ist nur erste Etappe. Wer den Brieselang kennenlernen will, der muß auch, rüstigen Fußes, die beiden andern Staffeln zu erreichen wissen: die *Försterei* und die *Eiche*. Nur erst, wer bei der »Königseiche« steht, der hat den Brieselang hinter sich und kann mitsprechen.

Wir tun's. Der geneigte Leser wolle uns folgen.

Es ist Sonntag vor Pfingsten. Wir haben den Elf-Uhr-Zug benutzt, und die Sonne steht bereits in Mittag, als wir landen. Wir sind zu drei: mein Reisebegleiter, ein pommersch Blut, ich selbst und als dritter unser Führer, ein Autochthone dieser Gegenden. Das Dreieck Spandau – Nauen – Kremmen umschließt seine Welt. Er ist hager und ausdauernd wie ein Trapper, erfahren und lederfarben wie »Pfadfinder«. Er versteht auch zu sprechen.

»Können Sie's glauben«, so hebt er an, »daß ich diese Straße seit zwanzig Jahren nicht gekommen bin. Ich fasse den Brieselang immer von Norden her, hier unten bin ich ein Fremder ... Ja, vor zwanzig Jahren! Das war ein Tag, geradeso kalt, wie der heutige warm ist, und wir hatten Wahl in Finkenkrug.«

»Im Finkenkrug?«

»Ja, in Finkenkrug. Er mag dadurch poetisch verlieren, *mehr* verlieren, als er politisch gewinnt, aber ich kann es nicht ändern. Es war in Finkenkrug, und ich kam mit dem Falkenhagener Oberförster hier des Wegs. Die Pferde waren ganz weiß, der Wald glitzerte; ich habe kein Rotkehlchen gesehn, so tot war der Wald.«

»Und Sie kamen an und stießen aufs leere Nest. Jeder war zu Hause geblieben.«

»Fehlgeschossen. Viele Hunderte waren da, immer neue Schlitten fuhren an, und ehe eine halbe Stunde um war, war es nicht mehr möglich, die Ankommenden und Hereindrängenden in den Stuben unterzubringen. Da rief Oberförster Brandt: ›Wir machen ein Feuer und tagen *draußen*.‹ Allgemeiner Jubel. Er war *Oberförster*, und die paar Klafter Holz, die nun bald lichterloh und mit Geprassel an zu brennen fingen, wird er wohl nach oben hin verdefendieret haben. Es war ein entzückendes Bild. Der glitzernde Wald, das verschneite Haus, auf dessen weißes Dach die roten Lichter fielen, und um das Feuer herum, in Pelze gewickelt, all die havelländischen Bredows, die Ribbecks, die Hünekens, Erxleben von

Selbelang, Risselmann von Schönwalde, dazwischen die Pastoren in ihren Filial-Reisemänteln, endlich die Kutscher und Knechte mit ihren Pferdedecken. Jede Stimme galt. Der alte Landrat von Hobe präsidierte und versicherte uns einmal über das andere, daß von Patow-Potsdam gewählt werden müsse.«

»Und was wurde?«

»Nun, er *wurde* gewählt. Aber nicht ohne Zwischenfälle. Es muß wahr sein, nie habe ich solche Vertilgung von Grog und Glühwein gesehen. In solchem Momente höchster Hitze sprang der Oberprediger aus Kremmen, ein scharfer Liberaler, auf die Tribüne und schrie: ›Was wollt ihr jungen Most in alte Schläuche fassen; weg mit Patow, ich stelle mich zur Wahl.‹ Und sein Anhang rief ihm bravo zu. Aber ein Pächter aus Pressentin, der schon völlig unter Grog stand, schrie in die Versammlung hinein: ›Runter mit ihm und hinein ins Feuer.‹ Allgemeines Gelächter. Aber der Oberprediger, der klugerweise nicht abwarten wollte, wieviel hier Ernst oder Spaß war (denn einige faßten bereits zu), rettete sich durch einen Sprung und verschwand im Unterholze des Brieselang. Er hat den Tag nicht vergessen können.«

So ging das Gespräch.

Es war inzwischen heiß geworden, so heiß, daß unsere Phantasie mit einem gewissen Neid an dem Winterbilde hing, das unser Führer eben vor uns entrollt hatte, und schon dämmerte die Frage herauf, ob nicht ein flüchtiges »Ausspannen«, eine Lagerung an schattiger Stelle gestattet sei, als wir deutlich eine Art Janitscharenmusik vernahmen, belebende Klänge, die, immer lauter werdend, unsern Füßen ihre Elastizität wiedergaben. Wir waren am Ziel, wenigstens an einem vorläufigen. Der Finkenkrug blitzte durchs Gezweig, und in guter Haltung rückten wir auf einen kastanienumschatteten Platz, zu dem sich der Waldweg hier verbreitert. Eine Alternative, vor die wir uns plötzlich und gegen Erwarten gestellt sahen, gebot uns, mitten im Wege haltzumachen. Der Finkenkrug umfaßt nämlich eine Doppelwirtschaft: *links* ist Kaffee und Kegelbahn, *rechts* ist Bier und Büchsenstand. Dies hielt sich die Waage. Aber was zuletzt unserem Schwanken ein Ende machte, war, daß nach rechts hin, wo freilich das verlockende Seidel blühte, doch zugleich auch die minder verlockende Janitscharenmusik ihren Platz genommen hatte, die, in die Waldesferne hinein unbedingt segensreich wirkend, in nächster Nähe ihr entschieden Bedenkliches hatte.

Also *links*.

Da hatten wir's denn wirklich mal getroffen. Es war auch die *Damen*seite, die Seite der jungen Paare, und ich kann mich nicht entsinnen, von meinen Landsmänninnen, honni soit qui mal y pense, jemals einen so ungestört guten Eindruck empfangen zu haben. Schlank, hübsch, wohlgekleidet, munter ohne Lärm, neckisch ohne Frivolität, frei ohne »Freiheiten«, schritten sie paarweise auf und ab, spielten zwischen den Bäumen oder flogen in der Schaukel durch die Luft. Fremde, die sich auf vergleichende Völkerkunde verstehen, würden die günstigsten Urteile von dieser Stelle mit hinweggenommen haben, wenn man ihnen, die Paare vorstellend, hätte sagen können: dies ist die Schwester eines Steinmetzen, die Braut eines Büchsenmachers, die junge Frau eines Schiffszimmermanns oder Kahnbauers.

Eine kurze Rast wurde genommen, das Seidel »von gegenüber« geprobt; dann brachen wir wieder auf, mit einem Gruß gegen das graziöse Paar, das eben jetzt im Versteckspiel hinter den Bäumen sich neckte, und traten dann in jenen schon erwähnten, an der Grenzlinie von Wald und Wiese sich hinschlängelnden Weg ein, der, zumal in Apriltagen, wenn alles wieder See und Sumpf ist und jedes Elsengebüsch zu einer Insel wird, die alten Brieselang-Zeiten heraufbeschwört. Heute bot die Szenerie nichts von den Bildern jener Zeit. Links zwitscherten die Vögel im Wald, nach rechts hin dehnte sich die Wiese, mit Tausendschön, Ranunkel und rotem Ampfer gesprenkelt. Alles war Heiterkeit und Friede. Unser »Pfadfinder«, der während unsers kurzen Aufenthalts im Finkenkrug sich mehr meinem Reisegefährten als mir zu attachieren gewußt hatte, brach hier die rasch angeknüpften Beziehungen ebenso rasch wieder ab, gesellte sich mir aufs neue und antwortete eingehend und immer bereit auf meine hundert Fragen, die alsbald kreuz und quer gingen wie der Weg, den er uns führte.

»Sie fragen nach Wildstand und Wilddieben. Nun, der Wilddiebe hat der Brieselang wohl nicht allzuviel, aber der

Walddiebe desto mehr. Sie glauben gar nicht, was in solchem Walde alles steckt und wie viele Hunderte von Menschen daraus ihre Nahrung oder doch einen Teil ihres Erwerbes ziehen. Es mag wohl zwanzig Arten von ›Jägern‹ geben, die hier im Brieselang zu Hause sind. Vielleicht noch viel mehr.«

»Und das wären?«

»Ich will Ihnen nur ein halbes Dutzend nennen. Da sind die Kräuterjäger, die Käfer-, Fliegen- und Insektenjäger, die Eier- und Vogeljäger, die Laubfroschjäger, die Schlangenjäger, die Ameisenjäger. Auf dem Schwanenkruge versammeln sich im Juni allerlei Gestalten, jung und alt, die Jagd auf wilde Rosenstämme, auf ›Hagebuttensträucher‹ machen, während andere, etwas früher schon, aber mit derselben Pertinazität, dem jungen Faulbaum nachstellen.«

»Dem Faulbaum?«

»Ja! das Faulbaumholz gibt eine allerbeste Kohle für die Pulverfabrikation. Selbst Pappeln und Linden kommen gegen den Faulbaum nicht auf. Da ist denn immer Nachfrage, und so macht sich der Handel. Nun werden Sie fragen: Ist das legal? Und die Frage ist nur allzu berechtigt. Aber wer will in der Kohle noch nach der Legalität des Holzes spüren? Wer kauft Pottasche und verlangt Ausweis über den eingeäscherten Wald?«

»Ich versteh. Aber Sie sprachen auch von Schlangenjägern. Das klingt ja bedenklich. Sind wir hier auf Reptilienterrain?«

»Nicht gerade hier. Aber weiter rechts, nach dem Spandauer Forst hinüber, da sind die Schlangen zu Hause.«

»Blindschleichen, Kolumbellen.«

»Nicht so harmlos. Die echte Kreuzotter. Es sind dort Stellen, wo sie so dicht wie Regenwürmer liegen. Diese Stellen kennen die Schlangenjäger ganz genau. Ihre ganze Waffe besteht in einem Stock, der vorn gegabelt ist. Nun lüften sie das halbverfaulte Gebälk, darunter die Kreuzotter liegt, und im nächsten Moment fahren sie mit dem Stock derart in die Erde, daß die Gabel sich wie ein Halsring um die Schlange legt. Nun ist sie wehrlos und wird durch eine zweite Manipulation in einem Behälter, meist einer Flasche, untergebracht.«

»Ist dies nun wissenschaftliche Passion?«

»Unter Umständen ja. Aber zumeist Erwerb. Solche Kreuzotter hat ihren Wert. Da sind Händler, auf deren Preiscouranten die Rubrik ›Schlange‹ eine halbe Spalte füllt.«

»Aber wer kauft dergleichen?«

»Hunderte von Personen. Da sind zuerst die Zoologen und Toxikologen von Fach, da sind die unerbittlichen Männer der Vivisektion, die von dem harmlosen Kaninchen mal gern auf ein kleineres Ungetüm mit Giftzahn und Giftblase überspringen (ein höherer Sport, weil gefährlich), und da sind endlich die chemisch-physikalischen Oberlehrer dieses oder jenes Progymnasiums, die das Naturaliencabinet in Pritzwalk oder Pasewalk auf der ›Höhe der Wissenschaft‹ zu erhalten, das heißt mit allerhand Reptilien in Glasflaschen auszustaffieren wünschen.«

»Auch mit Kreuzottern?«

»Gewiß. Die Herren von der Feder glauben immer, daß sich die Welt bloß aus Autographen- und, wenn es hoch kommt, aus Kupferstichsammlern zusammensetzt. Sie glauben gar nicht, was alles gesammelt wird.«

In diesem Augenblick, als ob uns der Beweis, »was alles gesammelt würde«, auf der Stelle geführt werden sollte, trat aus einem wilden Elsbuschbosquet eine sonnenverbrannte Gestalt hervor, deren Kostüm (eine Art Jagdtasche, aus der drei oder vier aufrecht stehende Zigarrenkisten hervorragten; dazu ein Stock mit flatterndem Gazebeutel) keinen Zweifel darüber lassen konnte, welcher Kategorie von Sammlern er zugehörte. Es war ein Musterexemplar.

Er trat mit rascher Wendung an uns heran, machte mit seinem Kescherstock eine Bewegung wie ein Tambourmajor, wenn die Musik aufhören oder wieder anfangen soll, und sagte dann im Berliner Dialekt: »Erlauben Sie, daß ich mich Ihnen vorstelle, mein Name ist Lampe, Kalittenjäger.«

Bei diesem Schlußwort wiederholte er die Bewegung mit dem Stock. Im ersten Augenblick, als er so jäh und plötzlich, wie die bekannten drei auf der schottischen Heide, vor uns hintrat, erschrak ich ein wenig. Und zunächst mit Recht. Die Klasse von Jägern nämlich, der er, auch wenn er sich nicht dazu bekannt hätte, ganz unverkennbar angehörte, zählt keineswegs zu den angenehmen, am allerwenigsten zu den harmlosen Erscheinungen, wie man, ihrem Namen nach, ohne weiteres schließen sollte. Sie vereinigen den Hochmut des Turners, des Dauerläufers und des Gelehrten in sich; jeder »steht und fällt mit der Wissenschaft«.

Zu dieser Gruppe gehörte Lampe nun glücklicherweise *nicht*. Das Berlinertum wirkte hier als Gegengift. Seine Selbstironie brachte wieder alles ins Gleichgewicht und ließ noch einen gefälligen Überschuß. Er bat, wie gesagt, sich uns anschließen und »seine Fahne hochhalten zu dürfen«. Unsere Herzen fielen ihm gleich zu, und so ging es weiter.

»Herr Lampe, Sie sind gewiß auch Kräuterjäger?«

»Nicht doch. Wer seinen Kescher mit Ehren tragen will, muß die grüne Trommel zu Hause lassen. Fauna apart und Flora apart. Sie glauben gar nicht, welche profunde Wissenschaft die Käferei ist. 120 Bockkäfer bloß im Brieselang. Das will gemacht sein.«

»Gewiß. Aber ich habe mir sagen lassen, daß die Dinge doch Hand in Hand gehen und daß die ›Käferei‹, wie Sie sagen, ohne ›Kräuterei‹ gar nicht recht bestehen kann. Beispielsweise wenn Sie eine Weißdornhecke sehen, so wissen Sie auch schon, was in dieser Hecke vorkommen kann, ebenso gewiß wir wissen, wo die Kretins und die Kröpfe zu suchen sind. Ursach und Wirkung, Theorie von der Ernährung. Bergwasser.«

»Ich danke Ihnen für Ihre Vergleiche. Aber Sie haben recht. Das Land und die Leute, die Kräuter und die Insekten stehen in allernächster Beziehung zueinander, und obwohl ich für strenge Scheidung bin und die Mengerei in der Wissenschaft nicht leiden kann, so kann man doch nicht käfern in absoluter Ignorierung der grünen Trommel. Rundheraus, ich kenne dies und das. Aber das ist nicht Wissenschaft.«

»Ich höre, daß der Brieselang eine eigene Flora haben soll, daß hier Dinge vorkommen, die sonst in der ganzen Mark nicht mehr zu finden sind. Hat das seine Richtigkeit?«

»Gewiß. Der Brieselang hat seine eigenen Pflanzen und seine eigenen Insekten, er ist unser Gelobtes Land, und selbst die Rudower Wiese, in ›all dem Ruhm ihrer Orchideen‹, muß sich gegen den Brieselang verstecken.«

»Was kommt denn wohl so vor? Ich meine zunächst von Pflanzen.«

»Da haben wir zunächst das Wanzenknabenkraut. Da haben wir ferner Neottia nidus avis, das Vogelnest. Noch seltener ist Coptolanthera rubra, der rote Rundbeutel. Die Krone von allem aber ist vielleicht Dicranum montanum, der gebirgliebende Gabelzahn. Wie der speziell in den Brieselang kommt, wo die Maulwurfshügel für alles, was Berglinie heißt, aufkommen müssen, ist mir unerfindlich.«

»Und nun die Käfer.«

»Nun, wissen Sie, da gibt's kein Ende. Aber ich will es gnädig machen. Da ist der Widderkäfer, der Bastkäfer, der Feuerkäfer; dies sind die leichten Truppen. Dann kommt die Garde: der Schwarzkäfer, der Panzerkäfer. Aber das eigentlich schwere Geschütz, das den Ausschlag gibt, das ist doch Procrustes coriaceus und Saperda Seydlii. Besonders Saperda. Sie lächeln; aber glauben Sie mir, wie unsereinem zumute wird, wenn man bloß das Wort Saperda aussprechen hört, davon können Sie sich keine Vorstellung machen. Ich hatte einen legitimistisch-historischen Freund, dessen Gesicht sich immer verklärte, wenn er ›Montmorency‹ sagte; sehen Sie, so geht es mir mit Saperda. Und sagen Sie selbst, klingt es nicht schön, apart, dies Doppel-a und das r in der Mitte! Oh, wir haben auch ein Herz.«

»Ist denn nun Saperda im ganzen Brieselang verbreitet?«

»Verbreitet? Ich weiß nicht, was Sie verbreitet nennen. Wenn eine Sache verbreitet ist, nun, so ist es mit ihr vorbei, so ist sie entzaubert. Es gibt keine verbreitete Schönheit. Schönheit ist immer rar. Saperda findet sich auf einem einzigen Baum, an der Segefelder Straße.«

»Davon hab ich gehört.«

»Nicht mehr wie billig. Manche Messerklinge ist da zerbrochen worden. Der Baum sieht aus wie ein Scheibenpfahl, den hundert Kugeln gestreift, durchbohrt, zersplittert haben. Es gibt keinen unter uns, der den Baum nicht kennte. Bei Segefeld liegt der Sand wie eine Sahara. Aber wir durchwaten ihn mit Freudigkeit – der Weg zu den großen Pilgerstätten hat noch immer durch die Wüste geführt.«

2. Försterei Brieselang

> Lesen konnt ich in seinen festen Zügen
> Seinen lang und treu bewahrten Entschluß:
> Auch mit keinem Fingerdrucke zu lügen;
> Sicher und wohl ward mir bei seinem Gruß.
>
> *Nik. Lenau*

Unter solchem Geplauder hatten wir eine Stelle erreicht, wo der Weg, die bis dahin innegehaltene Scheidelinie zwischen Wald und Wiese aufgebend, nach links hin scharf einbiegt. Hier schlug sich Lampe in die Tiefen des Waldes, während wir, den Weg weiter verfolgend, alsbald auf eine große Lichtung mit Gärten, Häusern und Stallgebäuden hinaustraten. Wir hatten den Zentralpunkt dieser Waldregionen erreicht: *Försterei Brieselang.* Daneben das »Remontedepot« gleiches Namens. Die Lichtung, die diese beiden Häuserkomplexe einschließt, hat den Charakter einer großen Waldwiese. Ein Wasserlauf, »der Neue Graben«, der in früheren Jahren das Sumpfland entwässert hat und nun zum Holzflößen dient, zieht sich quer durch die ganze Breite; eine Brücke führt darüberhin. Jenseits des Wasserlaufes aber steigt der Wald (»die Butenheide«) aufs neue an und schließt gegen Norden hin das Bild. Am jenseitigen Rande des Waldes: die Königseiche und Dorf Pausin.

Ein Hirschgeweih über der Tür ließ uns nicht lange in Zweifel, wo wir die Försterei, für die wir einen Gruß mitbrachten, zu suchen hätten. Wir traten ein. Es war um die dritte Stunde. Der Förster, ein Mann von nah an siebzig, fuhr aus seinem Nachmittagsschlaf auf, strich sich die momentane Runzel von der Stirn und stand grüßend vor uns. Wer in *solchen* Momenten Haltung bewahrt, ist allemal eine liebenswürdige Natur.

Wenn dies je zutraf, so hier. Wir setzten uns zunächst in eine Geißblattlaube, die den Eingang umrankte, als aber die Nachmittagsschwüle zu drücken begann, rückten wir – ein paar Forsteleven hatten sich uns zugesellt – weiter vor und stellten die Bänke ins Freie. Und nun die ganze Waldwiese samt Graben, Brücke und Remontedepot (das zur Hälfte eine Brandstelle war) vor uns, begann das Geplauder.

Der alte Förster verstand es. »Ich darf wohl sagen«, so hob er an, »der liebe Gott hat es gut mit mir gemeint. Mein Großvater war Förster, mein Vater war Förster, ich bin Förster und meine drei Jungens sind auch Förster, oder sollen's werden. Wir haben alle Waldblut in den Adern, Brieselang-Blut. Ein Jahr bin ich einmal in einer Kiefernheide gewesen, aber mir wurde erst wieder wohl, als ich wieder Elsen und Eichen um mich her hatte.«

»Ist der Brieselang Ihre Heimat?«

»Nicht so ganz, aber doch beinah. Wir sind auf dem Glien zu Hause. Mein Vater war in Diensten beim alten Blücher, der dazumal Groß Ziethen hatte. Ich habe oft auf des alten Feldmarschalls Knie geritten. ›Willst du auch ein Förster werden?‹ – ›Das will ich.‹ – ›Na, denn werd ein so braver Kerl wie dein Vater.‹ Das hab ich nicht vergessen. Es war doch ein gnädiger alter Herr. Als es Anno 15 wieder losging, sagte er zu meinem Vater: ›Grothe, denk dir, der Deubelskerl ist wieder da; wir müssen ihm noch mal eins geben; aber diesmal ordentlich, daß er genug hat un nich wiederkommt.‹ Und dabei sah er ganz ernsthaft aus, gar nicht so schabernackisch wie sonst wohl; es mocht ihm wohl schwanen, daß er am Ende selber nicht wiederkommen könne. Und hören Sie, es war auch dichte dran, als er da bei Ligny unter seinem Schimmel lag!«

Wir nickten alle. Vom Wald her aber schmetterte Finken- und Drosselschlag immer frischer zu uns herüber, und mit dem Daumen rückwärts deutend, sagte der alte Förster: »Ja, das klingt ins Herz.«

»Das tut's«, erwiderte jetzt mein Reisegefährte (den es nachgerade wohl Zeit ist aus seiner stummen Rolle zu erlösen, in der er bisher eigensinnig beharrte), »aber wollen Sie glauben, Herr Förster, daß es Gegenden gibt, wo die Vögel denn doch noch anders singen, so melodisch, so tief erschütternd, daß man aufhorcht, als habe man den Klang einer Menschenstimme, die ersten Töne einer wehmütigen Volksweise gehört.«

»Der Tausend auch«, sagte der Förster, »Sie machen mich neugierig.«

»Und diese Vögel, von denen ich spreche, die singen *da*, wo wir's am wenigsten glauben möchten, in Australien bei den Antipoden. Ein Engländer ist dort gereist, hat die Waldstimmen belauscht, hat die Töne in Noten festgehalten und zuletzt eine Art Melodienbuch herausgegeben, aus dem wir nun genau erfahren können, wie die australischen Vögel singen.«

»Ist es möglich!«

»Es ist sogar gewiß. Ich habe das Buch. Und unter all diesen Stimmen ist eine, die es mir besonders angetan hat, das ist die Stimme des Leather-head. Leather-head heißt Lederkopf, ein Name, den dieser Vogel führt, weil er einen völlig kahlen Kopf hat. Ich will Ihnen die Melodie pfeifen; sie geht leise; Sie müssen scharf aufhorchen.«

Unser Reisegefährte pfiff nun in langgezogenen Tönen die Klagemelodie des Leather-head. Selbst im Walde war es still geworden. Es war, als ob die Vögel drinnen mit zu Rate säßen.

»Das ist schön«, sagte der Förster, »aber Ihr Engländer kann sich die Melodie erfunden haben.«

»Ich gestehe«, fuhr unser Reisegefährte fort, »daß ich dann und wann denselben Verdacht hatte. Aber denken Sie, wo mir plötzlich die Gewißheit kam! Sie haben vom Aquarium gehört. Nun, in dem Aquarium befindet sich auch eine Vogelhecke, die mir das Liebste vom Ganzen ist. Jeder hat so seinen Geschmack. Und wie ich nun den Gang entlangkomme und das Gezwitscher der anderen Vögel einen Augenblick schweigt, was höre ich da plötzlich aus der Volière heraus? Die leisen, langgezogenen Töne meines Leatherhead, einmal, zweimal, dreimal. Mir war, als ob ich einen alten Bekannten wiedersähe. Da saß er und starrte mich lange an, wie wenn er gefühlt hätte: der hat dich verstanden.«

Alles schwieg. Der Erzähler pfiff die Melodie noch einmal. Dann knipste der Förster mit den Fingern und sagte: »Nichts für ungut, aber ich bin doch für eine richtige Brieselang-Drossel; ihr Leather-head hat mich ganz melancholisch gemacht. Ich bin fürs Fidele.«

»Ich auch, ich auch«, riefen die anderen. Der Lederkopf war abvotiert.

Inzwischen begann sich Gewölk am Himmel zu sammeln. Dann brach die Sonne wieder durch, aber die Schwüle wuchs. »Haben Sie viel Gewitter im Brieselang?« fragte ich.

»Oft nicht, aber wenn sie kommen, kommen sie gut. Im vorigen Juli ging's hier eine Stunde toll her. Sehen Sie dort die Brandstelle« (er zeigte nach rechts); »da stand vor Jahresfrist noch das Remontedepot, 180 Pferde, alle schwarz.«

»Und es schlug ein?«

»Es schlug ein, und es gab ein Wetter, wie ich's hier nicht wieder haben möchte, und doch war es zugleich eine Stunde, daß mir das Herz im Leibe lacht, wenn ich daran denke. Da habe ich gesehen, was ein preußischer Futtermeister ist.«

»Ein Futtermeister?«

»Ja, solch Remontedepot, müssen Sie wissen, hat einen Wachtmeister von altem Schrot und Korn, der regiert das Ganze; er ist wie ein kleiner König. Und ich sage Ihnen, dieser Futtermeister, ... nun, der verstand's. Das Remontedepot hatte acht Türen. Als nun das Wetter über uns stand und die ersten Blitze herunterfuhren, stellte er seine acht Knechte an die acht Eingänge, sich selber aber mitten auf diesen Platz da.

Da stand er wie ein Feldherr, während das Feuer in breiten Scheiben niederfiel. ›Kerls‹, schrie er, ›wenn ich rufe: „Vorwärts, Türen auf!", dann ist's Zeit, dann hat's eingeschlagen.‹ So vergingen wohl zehn Minuten; die Blitze ließen nach, ein Hagelwetter kam, Körner wie die Taubeneier. Mit einemmal schwieg auch das; der Hagel war wie abgeschnitten. Aber im nächsten Augenblick ›Krach!‹, und der Blitz lief über den First hin. ›Vorwärts!‹ Alle Türen flogen auf; die Schloßen fielen nieder wie ausgeschüttet, und im nächsten Moment jagten die 180 schwarzen Pferde an mir vorbei, hier über die Brücke hin, in die Butenheide hinein, auf Pausin zu. Zwölf Minuten später hatten wir die Spritzen hier; denn als die 180 schwarzen Pferde wie die Wilde Jagd durchs Dorf jagten, da wußten die Pausiner, was los war. ›Das Remontedepot brennt‹, und heidi ging's in den Wald hinein, auf das Depot zu. Solch Wettfahren hat die alte Butenheide ihr Lebtag nicht gesehen. Ein schöner Tag war's, aber ich mag ihn nicht wieder erleben.«

3. Die Königseiche

Man sieht noch am zerhaunen Stumpf,
Wie mächtig war die Eiche.

Uhland

Diese Erzählung konnte nicht umhin, uns leise daran zu mahnen, daß wir noch einen Teil unserer Wanderung vor uns hätten, ein letztes Drittel, einen Schlußabschnitt, den es auf alle Fälle gut sei hinter sich zu haben, um so mehr, als das sich ansammelnde, grell durchleuchtete Gewölk am Himmel das Einbrechen eines Brieselang-Gewitters nicht geradezu unwahrscheinlich machte.

Ein Wind machte sich auf, das Gewölk zerstreute sich wieder, die Schwüle ließ nach; so ging es vorwärts. Als wir den entgegengesetzten Waldrand nahezu erreicht hatten, nahm unser Führer die Tête und brach mit dem Kommando »halb rechts« in das Unterholz der Butenheide ein. Es schien undurchdringliches Gestrüpp, bald aber lichtete sich's wieder, und in eine breite, durch den Forst gehauene Avenue tretend, hatten wir die Königseiche auf etwa 300 Schritte vor uns. Wir ließen sie zunächst als ein Ganzes auf uns wirken. Sie steht da wie ein Riesenskelett mit gen Himmel gehobenen Händen. Die Avenue hat ganz den Charakter eines feierlichen Aufgangs, einer Trauerallee, die zu einem Denkmal oder Mausoleum führt. Erst ein Weißbuchen-, dann, immer schmaler werdend, ein Weißdornspalier, bis die Avenue in einen tannenumstellten Kreis mündet, aus dessen Mitte die »Königseiche« aufsteigt.

Sie führt ihren Namen mit Recht. Es ist ein majestätischer Baum, acht Fuß Durchmesser, achtzig bis hundert Fuß hoch; man braucht zwanzig Schritt, ihn zu umschreiten. Sein Holzinhalt wird auf fünfundzwanzig Klafter und sein Alter auf tausend Jahre berechnet. Bis vor kurzem lebte er noch; seit etwa drei Jahren indes ist er völlig tot, nirgends ein grünes Blatt, die Rinde halb abgefallen. Aber noch im Tode ist er gesund. Alles Kernholz. Die Forstleute sagen: er steht noch hundert Jahr. Dem wird jeder zustimmen, der die »Königseiche« sieht. Auf einen Laien macht sie den Eindruck, als halte sie nur einen langen Winterschlaf, als brauche sie dazu mehr Zeit als junge Bäume und müsse deshalb ein paar Sommer überschlagen, aber als sei ihr Erwachen unter allen Umständen gewiß und als würd es binnen kurzem im ganzen Brieselang heißen: sie lebt wieder.

Eine Welt von Getier bewohnt die alte Eiche. Der Bockkäfer in wahren Riesenexemplaren hat sich zu Hunderten darin eingenistet; am ersten großen Ast schwärmen Waldbienen um ihren Stock, und im kahlen Geäst, höher hinauf, haben zahllose Spechte ihre Nestlöcher.

In den Tagen sich regenden deutschen Geistes, in den Tagen Jahns und der Turnerei, wurde die Eiche Wanderziel und Symbol. Dies war ihre historische Zeit. Damals vereinigte man sich hier, gelobte sich Treue und Ausharren und befestigte in Mittelhöhe des Stammes die Inschrifttafel, die bis diese Stunde dem Baum erhalten worden ist. Die Inschrift selbst aber, die um des *Kaisergedankens* willen, den sie ausspricht, in diesem Augenblicke wieder ein besonderes Interesse gewährt, ist die folgende:

Sinnbild alter deutscher Treue,
Das des Reiches Glanz gesehn,
Eiche, hehre, stolze, freie,
Sieh, dein Volk wird auferstehn.
Brüder, alle, die da wallen,
Her zu diesem heil'gen Baum,
Laßt ein deutsches Lied erschallen
Auf dem altgeweihten Raum:
Wie in Sturmeswehn die Eiche,
Stehet fest bei Treu und Recht,
Einend schirme alle Zweige
Einer Krone Laubgeflecht.*

* Diese Verse, wie ich nachträglich erfahre, rühren *nicht* aus der Jahnschen Zeit her, sondern sind erst vor kaum zwanzig Jahren niedergeschrieben und an der Brieselang-Eiche befestigt worden. Das geschah an einem heißen Augustnachmittage 1862 durch zwei Mitglieder des kurz zuvor gegründeten Nauener Turnvereins. Der eine dieser beiden Turner hatte die Verse verfaßt, der andere die technische Niederschrift geliefert. Beide Turner blieben seitdem vereint; sie dienten in demselben Truppenteil der Garde; sie fochten am 3. Juli bei Königgrätz; und abermals an einem heißen Augusttage, heißer als jener Wandertag, der sie acht Jahre vorher zur Königseiche geführt hatte, *stürmten sie gemeinschaftlich gegen St-Privat.* Beide fielen schwerverwundet, der eine durch den Schenkel, der andere durch die Brust geschossen; beide sind genesen.

Außer diesen Turnerfahrten scheint die Eiche, vorher und nachher, nicht allzuviel gesehen und erlebt zu haben. Sie lebte wie so mancher Alte, still und abgeschieden. Ein beständiges Gleichmaß in beständigem Wechsel. Auf Sommerdürre folgten die Stürme, dann fiel Schnee, dann war alles Sumpf und Bruch, dann *wieder* Sommerdürre – so kamen die Jahre, so gingen sie. Nichts geschah. Es gibt Holunderbäume in Pfarrgärten, die in fünfzig Jahren mehr gesehen haben als die große Eiche in fünfhundert. Nur die letzten Jahrzehnte schufen einen Wandel: Landpartien und Berliner kamen.

Es handelte sich jetzt für uns darum, ihr ein besonderes Zeichen unserer Huldigung zu geben. Ein dreimaliges Hurra erschien uns für unsere zivilen Verhältnisse teils zu prätentiös, teils unausreichend. Aus dieser Verlegenheit indes sollten wir alsbald gerissen werden – unser Reisegefährte hatte alles bereits sinnig erwogen. Er nahm seine umsponnene Flasche, füllte ein Glas mit rotgoldenem Kap-Constantia-Wein, trat vor und sprach: »Eiche, tausendjährige, sei uns gegrüßt! Hier hat der Wende gelagert und der Berliner, und allerlei Wein, fränkischer und deutscher, nicht minder die ›gebrannten Wässer‹ beider Indien, Jamaikas und Goas sind *dir zu* Ehren an dieser Stelle verschüttet worden. Aber ob Südafrika, ob Mohrenland von jenseit der Linie dir je gehuldigt, das ist mindestens fraglich. Empfange denn die Gabe aus Gegenden, in denen nur Freiligrath und der Kaffer ›einsam schweift durch die Karroo‹, empfange diesen Tropfen Kap Constantia – die Hänge des Tafelberges grüßen dich und den Brieselang!« Damit goß er den Kapwein ihr zu Füßen. Wir schwenkten die Hüte, stimmten Lieder an von Arndt und Körner und machten uns auf den Rückweg.

Im Fluge. Denn immer bedrohlicher zog sich's über uns zusammen, und kein Wind machte sich mehr auf, das Gewölk zu zerstreuen. So ging es an den alten Stätten vorbei, am Forsthaus, am Remontedepot, an dem Elsbusch, aus dem uns Lampe, der »Jäger«, so bedrohlich entgegengetreten war. Als wir Finkenkrug erreichten, war es die höchste Zeit, wenn uns daran lag, mit den Extrazüglern, die eben in Sektionen formiert aufbrachen, den Rettungshafen der Eisenbahn zu gewinnen. Musik vorauf, so ging es durch die letzte

Waldstrecke. Die Pauke tat wieder ihr Äußerstes, als plötzlich einer rief: »Pauke still!« Und sie schwieg wirklich. Über das weite Himmelsgewölbe hin rollte der erste Donner. In den Wipfeln begann ein unheimliches Wehen, die obersten Spitzen brachen fast. »Rasch, rasch«, hieß es, »Laufschritt«; alles drängte durcheinander, »sauve qui peut«, und der Zug, der schon hielt, wurde im Sturm genommen. In demselben Augenblick aber brach es los; die Blitze fuhren nieder, das Gekrach überdröhnte das Gerassel des Zuges; wie ein Wolkenbruch fiel der Regen.

Als wir eine Stunde später, im klapperigen Gefährt, über die Alsenbrücke fuhren, auf den Tiergarten zu, stand das Wasser in Lachen und Lanken. Wer um diese Stunde vom Finkenkrug bis zur »Königseiche« gewandert wäre, der hätte wohl den *Brieselang* gesehen wie vor tausend Jahren!

DER EIBENBAUM IM PARKGARTEN DES HERRENHAUSES

Die Eibe
Schlägt an die Scheibe.
Ein Funkeln
Im Dunkeln.
Wie Götzenzeit, wie Heidentraum
Blickt ins Fenster der Eibenbaum.

Nicht voll so alt wie die Brieselang-Eiche, von der ich im letzten Kapitel erzählt habe, aber doch auch ein alter oder *sehr* alter Baum ist die *Eibe*, die in dem Parkgarten hinter dem Herrenhause steht. Von ihr will ich, einschaltend, an dieser Stelle erzählen.

Der Stamm dieses Baumes, wie es *seiner Art** in den Marken keinen zweiten gibt, ist etwa mannsdick, und die Spannung seiner fast den Boden berührenden Zweige wird dreißig Fuß sein. Die Höhe beträgt wenig mehr. Aus der Dicke des Stammes hat man das Alter des Baumes berechnet. Man kennt Taxusbäume, die nachweisbar 200 bis 300 Jahre alt sind; diese sind wesentlich kleiner und schwächer als der Baum, von dem ich hier spreche. Man kennt ferner *einen* Taxusbaum (bei Fürstenstein in Schlesien), der nachweisbar 1000 Jahr alt ist, und dieser *eine* ist um ein gut Teil höher und stärker als der unsrige. Dies läßt für diesen auf ein Alter von 500 bis 700 Jahren schließen, und das wird wohl richtig sein.

Dieser unser Taxusbaum war vor hundert oder hundertzwanzig Jahren eine Zierde unseres *Tiergartens*, der damals bis an die Mauerstraße ging. Als später die Stadt in den Tiergarten hineinwuchs, ließ man in den Gartenstücken der nach und nach entstehenden Häuser einige der schönsten Bäume stehen, ganz in derselben Weise, wie man auch heute noch verfahren ist, wo man die alten Elsen und Eichen von »Kemperhof« wenigstens teilweise den Villen und Gärten der Viktoriastraße belassen hat.

* Die schönste *Zeder* (eigentlich ein Taxodium) steht im Schloßpark zu Gusow, der größte *Birnbaum* im Predigergarten zu Werneuchen.

Unser Taxusbaum, jahrhundertelang ein *Tiergarten*baum, wurde, ohne daß er sich vom Fleck gerührt hätte, in der zweiten Hälfte des vorigen Jahrhunderts ein *Garten*baum. Und noch etwa zwanzig Jahre später tritt er aus seiner bis dahin dunklen Vergangenheit in die Geschichte ein.

Zu Anfang dieses Jahrhunderts gehörten Haus und Garten dem Generalintendanten von der Recke, der öfters von den königlichen Kindern, zumal vom Kronprinzen, dem späteren König Friedrich Wilhelm IV., Besuch empfing. Der Kronprinz liebte diesen von der Reckeschen Garten ganz ungemein; es wurde ein bevorzugter Spielplatz von ihm, und der alte Taxusbaum mußte herhalten zu seinen ersten Kletterkünsten. Der Prinz vergaß das dem alten Eibenbaume nie. Wer überhaupt dankbar ist, ist es gegen alles, Mensch oder Baum. Vielleicht regte sich in dem phantastischen Gemüte des Knaben auch noch ein anderes; vielleicht sah er in dem schönen, fremdartigen Baume einen Fremdling, der unter märkischen Kiefern Wurzel gefaßt; vielleicht war er mit den Hohenzollern selbst ins Land gekommen, und es wob sich ein geheimnisvolles Lebensband zwischen diesem Baum und seinem eignen fränkischen Geschlecht. War es doch selbst an dieser Stelle erschienen wie eine hohe Tanne unter den Kiefern.

Das von der Reckesche Haus wurde verkauft (ich weiß nicht, wann), und die Mendelssohns kauften es. Sie besaßen es erst kurze Zeit, da gab es eine hohe Feier hier: die Freiwilligen zogen aus, und ein Abschiedsfest versammelte viele derselben in diesem Garten. Eine lange Tafel war gedeckt, und aus der Mitte der Tafel wuchs der alte Eibenbaum auf, wie ein Weihnachtsbaum, ungeschmückt – nur die *Hoffnung* sah goldne Früchte in seinem Grün.

Und diese Hoffnung hatte nicht gelogen. Der Friede kam, und die heitern Künste scharten sich jetzt um den Eibenbaum, der ernst wie immer, aber nicht unwirsch dreinschaute. Felix Mendelssohn, halb ein Knabe noch, hörte unter seinem mondlichtdurchglitzerten Dach die Musik tanzender Elfen.

Doch wieder andere Zeiten kamen. Vieles war begraben, Menschen und Dinge; da zog sich auch über dem Eibenbaum ein ernstes Wetter zusammen. Wer weiß, was geschehen wäre, wenn nicht des Eibenbaumes bester Freund noch gelebt hätte. Der lenkte den Strahl ab.

1852 brannte die damals in der Oberwallstraße gelegene »Erste Kammer« nieder; das Mendelssohnsche Haus, samt Garten und Eibenbaum, wurde gekauft, und das preußische Oberhaus hielt seinen Einzug an neuer Stelle. Niemand ahnte Böses. Da ergab sich's, daß die Räumlichkeiten nicht ausreichten, und ein großes, neu zu errichtendes Hintergebäude sollte den fehlenden Raum schaffen. Soweit war alles klipp und klar, wenn nur der Eibenbaum nicht gewesen wäre. Der bereitete Schwierigkeiten, der »beherrschte die Situation«. Einige, mutmaßlich die Baumeister, wollten zwar kurzen Prozeß mit ihm machen und ihm einfach den Kopf vor die Füße legen. Aber die hatten es sehr versehen. Sie erfuhren bald zu ihrem Leidwesen, welch hohen Fürsprecher der Baum an entscheidender Stelle hatte.

Was war zu tun? Der Baum stand just da, wo das neue Gebäude seinen Platz finden sollte. 1851 in London hatte man über zwei alte Hydeparkbäume die Kuppel des Glaspalastes ruhig weggeführt und die Einweihungsfeier unter grünem Dach und zwitschernden Vögeln gehalten; aber der alte Eibenbaum im Sitzungssaale des Herrenhauses – das ging doch nicht. Man kam also auf die Idee einer *Verpflanzung*. Der König bot Sanssouci, der Prinz von Preußen Babelsberg zu diesem Behufe an. Wer wäre nicht bereit gewesen, dem Alten eine Stätte zu bereiten! Konsultationen wurden abgehalten und die Frage aufgeworfen, »ob es wohl ginge«. Aber selbst die geschicktesten Operateure der Gartenkunst mochten keine Garantie des Gelingens übernehmen. So wurde denn der Plan einer »Verpflanzung im großen« aufgegeben und statt dessen die Idee einer *Verschiebung*, einer Verpflanzung im kleinen aufgenommen. Man wollte den Baum loslösen, den Garten abschrägen und nun den losgelösten Baum, mit Hülfe der Schrägung, bis mitten in den Garten hineinschieben. Aber auch diese Prozedur wurde, als zu bedenklich, ad acta gelegt und endlich beschlossen, den Baum am alten Platze zu lassen. Da unser Freund nicht in der Lage war, sich den Baumeistern zu bequemen, so blieb diesen nichts übrig, als ihrerseits nachzugeben und die Mauer des zu bauenden Hauses an dem

Baume entlang zu ziehen. Man hat ihm die Mauer empfindlich nahe gerückt, aber der Alte, über Ärger und Verstimmung längst weg, reicht ruhig seine Zweige zum Fenster hinein. Ein Gruß, keine Drohung.

Seine Erlebnisse indes, auch seine Gefährdungen während der Bauzeit, sind hiermit noch nicht zu Ende erzählt. Während des Baues (so hatte es der hohe Fürsprecher gewollt) war der Baum mit einem Brettergerüst umkleidet worden, in dem er ziemlich geborgen stand, eine Art Verschlag, der die hübsche Summe von 300 Talern gekostet hatte. Der Freund in Sanssouci gab es gern für seinen Freund im Reckeschen Garten. Der Verschlag war gut gemeint und tat auch seine Dienste. Aber er tat sie doch nicht ganz. Mauerstaub und Berliner Staub dringen überall hin und finden jeden feinsten Spalt aus, wie Luft und Licht. Als endlich das Haus stand und mit dem Baugerüst zugleich auch der Verschlag des Baumes fiel, da ging ein Schrecken durch alle Herzen – der *Eibenbaum war weiß geworden.* Wie Puder lag der Mauerstaub auf allen Ästen und Zweigen. Was war zu tun? Gefahr war im Verzuge; der Besuch des Königs stand nahe bevor. Da trat ein leuchtender Gedanke auf die Lippe des einen der Geängstigten, und er sprach: »*Feuerwehr!*« Sie kam, ganz still, ohne Geklingel, und mit kunstvoll gemäßigtem Strahl wusch sie jetzt den Staub von dem schönen Baume ab, der nun bald schöner und frischer dastand als je zuvor. Er trieb neue Zweige, als ob er sagen wollte: »Wir leben noch.«

Frisch und grün, wie der jüngsten einer, so steht er wieder da, schön im Sommer, aber am schönsten in Dezembernächten, wenn seine obere Hälfte sich unter dem Schnee beugt, während unten die Zweige wie unter einem Dache weitergrünen. Dies Schneedach ist sein Schmuck und – sein Schutz. Das zeigte sich vor einigen Jahren. Der Schnee lag so dicht auf ihm, daß es schien, seine Oberzweige würden brechen. Mißverstandene Sorgfalt fegte und kehrte den Schnee herunter; da gingen im nächsten Sommer einige jener Zweige aus, denen man mit dem Schneedach ihr warmes Winterkleid genommen hatte.

Aber er hat's überwunden und grünt in Frische weiter, und wenn ihm wieder Gefahren drohen, so oder so, möge unser Eibenbaum immer einen treuen Freund haben, wie in alter Zeit.

Dies Vorstehende wurde im Herbst 1862 geschrieben; in den Jahren, die seitdem vergangen sind, sammelte ich Material über allerhand »alte Bäume«, insonderheit auch über *Eibenbäume*, und ich lasse zunächst folgen, was ich darüber in Erfahrung brachte.

Die *Eibe*, so scheint es, steht auf dem Aussterbeetat der Schöpfung. Wie bekanntlich im Laufe der Jahrtausende ganze Tiergeschlechter von der Erde vertilgt worden sind, so werden auch *Baumarten* ausgerottet oder doch nahezu bis zum Erlöschen gebracht. Unter diesen steht die *Eibe* (Taxus baccata) mit in erster Reihe. Einst in den Wäldern von ganz Europa, Nord und Süd, so häufig wie der Auerochs, das Elentier, begegnet man ihr in unseren Tagen nur noch ausnahmsweise. In Hecken und Spalieren trifft man kleinere Exemplare allerdings noch an, am häufigsten in Anlagen nach französischem Geschmack, aber große, imponierende Exemplare sind selten. Vor der waldvernichtenden Axt älterer Ansiedler und neuer Industrieller haben sich nur einzelne knorrige Taxusbäume retten können, die jetzt, wo wir ihnen begegnen, ein ähnliches Gefühl wecken wie die Ruinen auf unseren Bergesgipfeln. Zeugen, Überbleibsel einer längst geschwundenen Zeit.

In Mitteldeutschland ist dieser Baum jetzt schon recht selten, obwohl es bekannt ist, daß er hier, wie in ganz Europa, noch vor einem halben Jahrtausend allgemein vorkam. Zu Cäsars Zeiten war er, wie uns dieser gelehrte Feldherr selbst erzählt, sowohl in Gallien als in Germanien in großer Menge überall anzutreffen. Man findet in Thüringen nur noch einzelne verkrüppelte und verstümmelte Bäume. An einem einzigen Orte jedoch haben sie sich zahlreicher erhalten, nämlich am Veronikaberge bei Martinroda, unweit Ilmenau, wo noch zwanzig bis dreißig Fuß hohe Individuen mit einem Stammdurchmesser von ein bis eineinviertel Fuß stehen. Daß die Eibe in Thüringen ehemals einen wesentlichen Bestandteil der Wälder ausgemacht habe, ergibt sich aus den Ortsnamen »Ibenhain«, »Taxberg«, »Eiba« und anderen.

Die ältesten und schönsten Exemplare dieses einst auch in Griechenland und Italien häufig gewesenen Nadelbaumes trifft man heutzutage noch in *England* an, besonders auf Friedhöfen, wo einzelne auf mehr als 2000 Jahre geschätzte Stücke von prachtvollem Ansehen sich finden.* Der Taxus ist in England der Baum der Trauer, wie die Zypresse in den Mittelmeerländern und die Trauerweide in Deutschland. »Albero della morte« nennen ihn übrigens auch die heutigen Italiener.

Eine große, zum Teil noch nicht völlig aufgeklärte Rolle spielte die Eibe in dem Mythus der germanischen und keltischen Völker, von der sich Nachklänge noch in manchen bis heute üblichen Gebräuchen erhalten haben. Wie der deutsche Name Eibe von dem gotischen aiw (ivi), ewig, herrührt, weil der Baum immer grün ist, und das keltische Wort yw (eiddew) dieselbe Wurzel hat, so war dieser während des langen und schneereichen nordischen Winters im frischen Blattschmuck prangende Baum in Britannien und Skandinavien den ewigen Göttern geweiht. Die Druiden hatten bei ihren Heiligtümern ganze Haine davon, und manche in Cäsars Zeiten hinaufragende alte Eiben Englands mögen ehrwürdige Reste aus solchen heiligen Hainen sein. In der Nähe des berühmten heidnischen Tempels bei Upsala in Schweden stand ebenfalls, wie A. Krantz erzählt, »ein gewaltiger Baum mit dicht belaubten Zweigen, ebenso grün im Winter wie im Sommer; niemand kannte seine Art«. Sehr wahrscheinlich war es eine Eibe.

Daß dieser Baum in alter Zeit für heilig und geheimnisvoll gehalten wurde, ergibt sich aus gar vielen noch jetzt fortlebenden Bräuchen. In den östlichen Schären Skandinaviens wird die Eibe allgemein zu Maschenbrettern beim Netzstricken benutzt, weil man glaubt, daß alle Netze, welche über Bretter aus diesem Holze gestrickt worden sind, Glück beim Fischfang bringen.

* England, wie bekannt, ist überhaupt das Land schöner alter Bäume und einer entsprechend sorglichen Kultur. So befindet sich beispielsweise in der Nähe von Cumberlandlodge im Windsor-Park ein Leviathan-Weinstock, welcher ein einzelnes Haus von 138 Fuß Länge und 20 Fuß Breite gänzlich ausfüllt. Er bedeckt gegen 2870 Quadratfuß Glas und bringt jedes Jahr durchschnittlich 2000 Trauben hervor. Der mehr bekannte Weinstock in Hampton Court trug vor einigen Jahren 1400 Trauben, deren Wert man auf mehr als 100 Pfund Sterling veranschlagte.

Aber nicht bloß für glückbringend und heilig, auch für geeignet zu geheimnisvollem Zauber und selbst zu teuflischem Beginnen galt und gilt noch der Eibenbaum. Daher fehlen in der Macbethschen Hexenküche neben dem Auge des Wassermolchs, dem Fledermaushaar, Eidechsbein und Käuzchenflügel und der gegabelten Natterzunge auch nicht

»Eibenzweige, abgerissen
In des Mondes Finsternissen«.

In Thüringen heißt es, daß die »Ife« (Eibe) gegen Viehbezauberung schütze. Die Hälfte der Bewohner des Dorfes Angelroda bei Arnstadt, in dessen Nähe Eibensträuche noch ziemlich häufig sind, zieht an einem bestimmten Tage des Jahres hinaus und bricht sich Taxuszweige ab, um sie in die Viehställe zu stecken. Im Spessart meint man, daß ein Stück Eibenholz, am Körper getragen, allen Zauber vertreibe. Das Volk sagt dort: »Vor der Euwe ka Zauber bleibe.«

Im Altertume wurde die Eibe ihres elastischen und festen Holzes wegen vorzüglich zu Bogen verwendet. Ebenso machte man Pfeile aus deren zähem Kernholz. Während des ganzen Mittelalters gab so der Eibenbaum den Stoff für die vorzüglichsten Kriegswaffen ab, besonders in England und Schweden. Auch Uller, der nordische Jagdgott, hatte nach der »Edda« einen Eibenbogen (altnordisch ybogi). Heutzutage wird das rote oder purpurbraune Kernholz der Eibe zu viel friedlicheren und prosaischeren Gegenständen verarbeitet, namentlich zu Faßpipen. Besonders in Ungarn werden aus dem dort sogenannten »Theißholz« (»tisza-fa«, welcher Name aber nicht auf die Theiß bezogen werden sollte, sondern slawischen Ursprungs ist, da die Eibe slawisch tis heißt) viele Haus- und Wirtschaftsgegenstände verfertigt und zahlreiche Pipen aus Eibenholz in den Handel gebracht.

In modernem Englisch heißt die Eibe yew, der Efeu ivy; dieses deutsch, jenes keltisch. Beide Wörter (vergleiche oben) bedeuten »immergrün«.

Ich kehre, nach dieser Exkursion in die Eibenwelt im allgemeinen, zu unserer Eibe im besonderen, im Herrenhausgarten, zurück.

Auch an ihr gingen die letzten Ruhmesjahre preußischer Geschichte nicht unbeachtet vorüber, ja einen der schönsten Tage feierte sie mit. Noch wichtiger, sie bereitete der Feier die Stätte. Unter ihrem Dache gab am 20. September 1866 das Herrenhaus dem siegreich heimkehrenden Heere ein Festmahl. Der König saß unmittelbar rechts neben dem Eibenstamm und sah den Mittelgang des Gartens hinunter. Das Schrägdach des Leinwandzeltes war in geschickten Verschlingungen, streifenweise, durch das Gezweig der Eibe gezogen; ringsumher brannte das Gas in Sonnen und Sternen, ein Anblick, von dem der alte Baum in seinen Jugendtagen schwerlich geträumt haben mochte. Als das Fest auf seiner Höhe war, erhob sich Graf Eberhard Stolberg zu einer Ansprache, begrüßte den König und schloß dann prophetisch fast: »Und sollten Euer Majestät *noch einmal zu* den Waffen rufen, so wird Ihr Volk, wie es jetzt für seinen König geblutet und gesiegt hat, *neue Taten* mit eisernem Griffel in das Buch unserer glorreichen Geschichte schreiben.« Der König antwortete: »... Sie wissen nicht, wie schwer es einem Fürsten wird, das Wort ›Krieg‹ auszusprechen. Es war ein gewagter Krieg ... Die Armee hat alle meine Erwartungen übertroffen ... Ich nehme gern die Gelegenheit wahr, derselben meinen Dank zu sagen; zuerst meinem Sohne, hier zu meiner Rechten, meinem Neffen Friedrich Karl, den kommandierenden Generalen, unter denen ich *einen* schmerzlich vermisse. (Wahrscheinlich Hiller von Gärtringen.) Auch *Ihnen*, Graf Stolberg.«

Das war im Herbst 1866. Dem siegreichen Kriege, als eigentlichste Schöpfung desselben, folgte, das Jahr darauf, der »*Norddeutsche Reichstag*«, der, von 1867 bis 1870 in den Räumen des Herrenhauses tagend, auch nun seinerseits in Beziehungen zu unserem alten Eibenbaume trat. In die heitersten. Die Debattenflüchtlinge, sooft es das Wetter erlaubte, pflegten hier zu tagen, und während drinnen im Saale der Redner noch nach Beifall rang, unterlag er hier draußen bereits einer zersetzenden Kritik. Der Witz goß seine Lauge unter dem Eibenbaume aus.

Aber er, der Alte, an dem so viele Zeiten ihre Eigenart versucht hatten, überdauerte auch *das*, und eben jetzt (15. Mai 1872) haben alle seine Zweige neue Schößlinge getrieben, die, hellgelblich schimmernd, fast wie Holunderdolden auf dem dunklen Untergrunde liegen und den schönen Baum schöner und frischer erscheinen lassen denn je zuvor.

SCHLOSS ORANIENBURG

> Noch ragt der Bau, doch auf den breiten Treppen
> Kein Leben mehr, kein Rauschen seidner Schleppen,
> Die alten Mauern stehen öd und leer,
> 's sind noch die alten, und – sie sind's nicht mehr.

Die prächtige Havel, mit jener Fülle von Seen, die sie, namentlich um Potsdam herum, an ihrem blauen Bande aufreiht, ist, auf weite Strecken hin, wie ein Spiegel unsrer königlichen Schlösser, deren Schönheit sie verdoppelt.

Aber nicht überall zeigt sie diese breite Pracht. Schlicht, schmal, ein Wässerchen nur, tritt sie aus dem Mecklenburgischen in die Mark, um dann, auf ihrem ganzen Oberlaufe, ein Flüßchen zu bleiben, das nicht Inseln leicht und frei wie schwimmende Blätter trägt, sondern sich teilen muß, um hier und dort ein Stückchen Land mit dünnem Arm zu umspannen. Nicht das Wasser der Herr und Sieger, sondern das Land.

So gibt sich die Havel bei Oranienburg, dem unsere heutige Wanderung gilt. Der Weg dahin führt uns, an Tegel vorbei, zunächst bis an den romantischen *Sandkrug*, wo die Stehkrippen von unseren zwei Braunen mit lebhaftem Prusten begrüßt werden. Der Sandkrug verdient den Beinamen »romantisch«, den wir ihm soeben gegeben, denn die Forsten, die ihn einfassen, sind fast der einzige Punkt noch in der Umgegend Berlins, darin sich ein Stückchen mittelalterlicher Wegelagerei erhalten hat, freilich von jener unpoetischeren Art, die statt des lauten Angriffs in Stahl und Eisen die Schoßkelle leise beschleicht und sich damit begnügt, statt der Hälse die Koffer abzuschneiden.

Sandkrug ist halber Weg. Noch eine anderthalbstündige Fahrt an Tannenholz und Dörfern vorbei, und wir halten auf einem großstädtisch angelegten Platz, über dem sich eben der prächtigste Regenbogen wölbt. Das ist der Schloßplatz von Oranienburg. Das Wetter klärt sich auf; die Sonne ist da. Das Haus, das uns aufnehmen soll, verbirgt sich fast hinter den Lindenbäumen, die es umstehen, und erweckt, neben manchem anderen, unsere günstigsten Vorurteile auch dadurch, daß wir vernehmen, es sei Rathaus und Gasthaus zugleich. Wo Justiz und Gastlichkeit so nahe zusammen wohnen, da ist es gut sein. In alten Zeiten war das häufiger. Unsere Altvordern verstanden sich besser auf Gemütlichkeit als wir.

Die Luft ist warm und weich und ladet uns ein, unsern Nachmittagskaffee im Freien zu nehmen. Da sitzen wir denn auf der Treppe des Hauses, die sich nach rechts und links hin zu einer Art Veranda erweitert, und freuen uns der Stille und der balsamischen Luft, die uns umgeben. Die Kronen der Lindenbäume sind unmittelbar über uns, und sooft ein Luftzug über den Platz weht, schüttelt er aus dem dichten Blattwerk einzelne Regentropfen auf uns nieder. Zu unserer Linken, ziemlich in der Mitte des Platzes, ragt die Statue der hohen Frau auf, die dieser Stadt den Namen und, über einen allerengsten Kreis hinaus, ein Ansehen in der Geschichte unseres Landes gab. Dahinter, zwischen den Stäben eines Gittertors, schimmern die Bäume des Parks hervor, unmittelbar vor uns aber, nur durch die Breite des Platzes von uns getrennt, ragt der alte Schloßbau selbst auf, dessen Bild und dessen Geschichte uns heut beschäftigen soll.

Wir haben die Front des Schlosses in aller Klarheit vor uns, aber doch ist es nur die kleinere Hälfte, deren wir von unserem Platz aus ansichtig werden. Die Form des Oranienburger Schlosses in seiner Blütezeit war die eines lateinischen H, oder, mit anderen Worten, es bestand aus einem Haupt- oder Mittelstück (corps de logis), an das sich zwei Vorder- und zwei Hinterflügel lehnten. Die beiden Hinterflügel existieren noch, entziehen sich aber unserem Blick; von den Vorderflügeln wurde der eine (der rechts gelegene) durch Feuer zerstört.

Schloß Oranienburg, wenn wir diese Bezeichnung zunächst unterschiedlos und mit einer Art rückwirkender Kraft festhalten wollen, ist ein alter Schloß- und Burgbau, der sich an derselben Stelle, das heißt also auf der kleinen, vor uns gelegenen Havelinsel, seit nah an 700 Jahren erhebt. Wir haben hier, wie bei verschiedenen andern Hohenzollerschen Schlössern, drei Epochen zu unterscheiden, drei Epochen, die sich in aller Kürze durch drei bestimmte Worte bezeichnen lassen: *Burg, Jagdhaus, Schloß*. Erst das »Schloß« (wir werden bald sehen, aus welcher Veranlassung) empfing den Namen Oranienburg, während Burg und Jagdhaus den Namen Bötzow, das heißt den Namen jenes uralten wendischen Dorfes führten, den die vordringenden Deutschen bei ihrer Eroberung des Landes bereits vorfanden. Die Geschichte kennt also bis in die Mitte des siebzehnten Jahrhunderts hinein nur eine »Burg Bötzow« respektive ein »Jagdhaus zu Bötzow«; erst von den Tagen der *Oranierin* an, die hier ein *»Schloß«*, einen verhältnismäßig prächtigen Neubau, an alter Stelle erstehen ließ, existiert ein *Oranienburg*.

Burg und Jagdhaus Bötzow von 1200 bis 1650

Wann Burg Bötzow gegründet wurde, ist nicht genau ersichtlich, wahrscheinlich zwischen 1170 und 1200 von einem der unmittelbaren Nachfolger Albrecht des Bären. 1217 ist urkundlich von einer *Feldmark* zu Bötzow die Rede, aber freilich erst 1288 von einer *Burg* zu Bötzow. Nichtsdestoweniger ist der Schluß berechtigt, daß sie schon volle hundert Jahre früher existierte. Öfter genannt wird die Burg zu den Zeiten des Markgrafen Waldemar; Leben und Farbe jedoch erhalten die Überlieferungen erst zu Anfang des fünfzehnten Jahrhunderts während der *Quitzow*-Zeit.

Versuch ich es, in kurzen Zügen ein Bild jener Epoche zu geben.

1402 war Bötzow eine markgräfliche oder kurfürstliche Burg, die durch einen Burgvogt im Namen des Markgrafen Jobst von Mähren, oder vielleicht auch seines Statthalters, Günther von Schwarzburg, gehalten wurde. Das Elend des Landes stand damals auf seiner Höhe; wie ein hingeworfener Fetzen lag es da, von dem jeder Nachbar, ja jeder ehrgeizige Vasall im Lande selbst glaubte nehmen zu dürfen, was ihm gut erschien. Sie hatten es samt und sonders leicht genug; um aber noch sicherer und bequemer zu gehen, vereinigten sie sich zu gemeinschaftlichen Angriffen, nachdem die Verteilung der Beute zuvor festgesetzt worden war. Im genannten Jahre (1402) kam es zu einer Art von nordischem

Bündnis gegen die offen daliegende Mark, zu einer Ligue, die aus den Herzögen von Mecklenburg und Pommern sowie aus den ruppinschen Grafen bestand, deren Seele jedoch die Quitzows waren. Die letztern, wiewohl selber Lehnsträger des Markgrafen, verfolgten, *politisch* genommen, den richtigen und gutzuheißenden Plan, sich in dem immer herrenloser werdenden Lande schließlich selber zum Herrn zu machen, und die Bündnisse, die sie schlossen, dienten ihnen nur als Mittel zum Zweck. Die Völker dieser Ligue fielen endlich in die Mark ein, sengten und plünderten, wohin sie kamen, erstürmten Burg Bötzow und legten anstelle der märkischen nunmehr eine *pommersche* Besatzung in die Burg. Die Mark, nachdem die kurfürstliche Autorität durch diese Vorgänge, besonders aber infolge der Gefangennahme des Statthalters Günther von Schwarzburg (durch die Quitzows 1404) einen Schlag nach dem andern erfahren hatte, suchte endlich eine Aussöhnung mit ihren gefährlichsten Gegnern, den Quitzows, herbeizuführen und war in ihren Verhandlungen – vielleicht ebendeshalb, weil die beiden Brüder ein ebenso feines wie kühnes Spiel spielten – glücklich genug, diese selbst und ihren nächsten Anhang auf ihre Seite zu ziehen. Burg Bötzow wurde nun abermals gestürmt, diesmal von den *Märkern*, und die gefangenen Pommern im Triumph nach Berlin geführt. Eine *Quitzowsche* Besatzung aber, keine kurfürstliche, ward in die Burg gelegt.

Von da ab, auf fast zehn Jahre hin, blieb Bötzow eine Quitzowsche Burg, bis zum endlichen Untergang der Familie. In dieser Zeit wird die Burg vielfach genannt. Nach Burg Bötzow war es, wohin die Quitzows den Herzog Johann von Mecklenburg-Stargard (1407) als Gefangenen abführten, nachdem er zuvor in ihrer Burg Plaue gesessen hatte. In denselben Turm setzten sie vierzehn Monate später den Berliner Ratsherrn Nikolaus Wins, den sie, mit andern Berliner Bürgern, bei der *Tegeler Mühle* (3. September 1410) geschlagen hatten, und noch 1414, als der Stern des Hauses bereits im Niedergange stand, geschah es, daß ihr Hauptmann, Werner von Holzendorff, dem sie die Verteidigung der Burg anvertraut hatten, den Boten Kurfürst Friedrichs I., der die Aufforderung zur Übergabe brachte, in den Turm werfen und mit Ruten streichen ließ. Aber das war das letzte Aufflackern, und das kecke, kriegerische Leben ging seinem Ende rasch entgegen. Klugheit und Politik traten an die Stelle der Sturmleitern, und ohne Schwertstreich hielten alsbald die Hohenzollern ihren Einzug. An die Zeit der Quitzows aber erinnert der »Quitzen-Steig«, der bei dem nahe gelegenen Havelhausen vorüberführt.

Von da ab ist die Geschichte Burg Bötzows stumm. Verpfändungen und Einlösungen folgten einander, bis endlich um 1550 die Burg selbst verschwindet und ein »Jagdhaus« an seine Stelle tritt. Aber auch über diesem Jagdhaus liegen Dunkel und Schweigen. Wir irren wohl nicht, wenn wir uns einen Bau mit Ecktürmen und gotischem Dache denken.* Im übrigen ist kein Bild des alten kurfürstlichen Hauses auf uns gekommen, noch weniger ein Bericht von Vorgängen innerhalb seiner Mauern. Kurfürst Joachim gab den Spreeforsten den Vorzug, und das Jagdhaus zu Bötzow kam, dem Favorit-Jagdschloß zu Köpenick gegenüber, nur noch ausnahmsweise zu Ehren, wenn sich, zu dem Reize der Jagd überhaupt, auch noch der der Abwechselung gesellen sollte. Burg und Jagdhaus Bötzow sind spurlos verschwunden. Nur bei dem Umbau, dem, in jüngster Zeit erst, Schloß Oranienburg unterworfen wurde, stieß man auf gewölbte Feldsteinfundamente, die zweifellos wohl der alten Zeit von Burg Bötzow angehörten und bei weiterer Nachforschung (die sich leider nicht ermöglichte) vielleicht einigen Aufschluß über die Vorgeschichte der Burg gegeben haben würden.

SCHLOSS ORANIENBURG

So kam das Jahr 1650. Die Kurfürstin Luise Henriette, geborene Prinzessin von Oranien, seit dem 7. Dezember 1646 dem Großen Kurfürsten vermählt, pflegte ihren Gemahl auf seinen Jagdausflügen zu begleiten. Einer dieser Ausflüge

* Dagegen spräche nur, daß es in der Lebensbeschreibung des berühmten Grafen Rochus von Lynar heißt: »Zu gleicher Zeit (etwa 1578 oder 1580) gab der Graf allerhand Verbesserungen an dem kurfürstlichen Schloß oder Jagdhaus zu Bötzow an.« Diese Verbesserungen waren schwerlich im gotischen Stil.

führte das junge Paar im Laufe des Sommers 1650 auch in die Nähe von Bötzow, und hier war es, wo die junge Fürstin beim Anblick der lachenden Wiesen, die den Lauf der Havel einfaßten, sich lebhaft in die fruchtbaren Niederungen ihrer holländischen Heimat zurückversetzt fühlte und der Freude darüber den unverkennbarsten Ausdruck gab. Der Kurfürst, dessen Herz voller Liebe und Verehrung gegen die schöne, an Gaben des Geistes und Gemütes gleich ausgezeichnete Frau war, ergriff mit Eifer die Gelegenheit, ihr ein erneutes Zeichen dieser Liebe zu geben, und schenkte ihr das »Amt Bötzow mit allen dazu gehörigen Dörfern und Mühlen, Triften und Weiden, Seen und Teichen«. Die Schenkung wurde dankbar angenommen, und an die Stelle des alten Jagdhauses aus der Zeit Joachims II. trat jetzt ein *Schloß*, das im Jahre 1652, in Huldigung gegen die *Oranierin*, deren Eigentum und Lieblingssitz es inzwischen geworden war, den Namen »die Oranienburg« erhielt. In kürzester Frist tat auch die zu Füßen des Schlosses gelegene *Stadt* ihren alten Namen Bötzow beiseit und nahm den Namen Oranienburg an. Das Jahr 1650 (eigentlich 1652) bezeichnet also einen Wendepunkt. Bis *dahin* Burg und Stadt Bötzow, von *da ab* Schloß und Stadt Oranienburg.

Auch die Geschichte von Schloß Oranienburg, der wir uns jetzt zuwenden, sondert sich in drei Hauptepochen, und zwar in die Zeit der Kurfürstin Luise Henriette, von 1650 bis 1667, in die Zeit ihres Sohnes, des ersten Königs, von 1688 bis 1713, und in die Zeit des Prinzen August Wilhelm, von 1744 bis 1758. Alles andere wird nur in Kürze zu erwähnen sein.

Die Zeit Luise Henriettens, von 1650 bis 1667

Kaum war die Schenkungsurkunde ausgestellt, so begann auch die Tätigkeit der hohen Frau, die durch den Anblick frischer Wiesen nicht nur an die Bilder ihrer Heimat erinnert sein, die vor allem auch einen *Wohlstand*, wie ihn die Niederlande seit lange kannten, hier ins Dasein rufen und nach Möglichkeit die Wunden heilen wollte, die der Dreißigjährige Krieg diesen schwer geprüften Landesteilen geschlagen hatte. Kolonisten wurden ins Land gezogen, Häuser gebaut,

Vorwerke angelegt und alle zur Landwirtschaft gehörigen Einzelheiten alsbald mit Emsigkeit betrieben. Eine Meierei entstand, und Gärten und Anlagen faßten alsbald das Schloß ein, in denen der Gemüsebau, die Baum- und Blumenzucht ebenso das Interesse der Kurfürstin wie die Arbeit der Kolonisten in Anspruch nahmen. Sie war eine sehr fromme Frau (ihr Leben und ihre Lieder zeugen in gleicher Weise dafür), aber ihre Frömmigkeit war nicht von der bloß beschaulichen Art, und neben dem »bete« stand ihr das »arbeite«. Mild und wohlwollend, wie sie war, duldete sie doch keine Nachlässigkeit, und in diesem Sinne schrieb sie zum Beispiel am 27. April 1657 nach Oranienburg, daß es schimpflich für alle Beamten und geradezu unverantwortlich sei, daß in allen Gärten nicht so viel Hopfen gewonnen werde, wie zum Brauen erforderlich, und könne daran nichts als eine schändliche Faulheit die Schuld sein.

Eine Musterwirtschaft nach holländischem Vorbild sollte hier entstehn, aber die Hauptaufmerksamkeit der hohen Frau war doch dem Schloßbau, der Gründung eines Waisenhauses und der Aufführung einer Kirche zugewendet. Von dem Schloßbau werden wir ausführlicher zu sprechen haben; nur die Kirche sei schon hier in aller Kürze erwähnt. Mit großer Munifizenz ausgestattet, war sie nur wenig über hundert Jahr eine Zierde der Stadt. Im Jahre 1788 brannte sie nieder, und nichts blieb übrig oder wurde aus dem Trümmerhaufen gerettet als ein kleiner Sandstein, der als einzige Inschrift die Buchstaben trägt: »L. C. Z. B. G. P. V. O., MDCLVIII.« (Luise, Kurfürstin zu Brandenburg, geborene Prinzessin von Oranien, 1658.) Diesen Sandstein hat man bei Aufführung des kümmerlichen Neubaues, der seitdem an die Stelle der alten Kirche getreten ist, in die Außenwand, nahe dem Eingang, eingefügt. Insoweit gewiß mit Unrecht, als er nunmehr die irrige Vorstellung weckt, daß *dieser* Bau es sei, den die fromme Werktätigkeit der Kurfürstin habe entstehen lassen.

Waisenhaus und Kirche entstanden unter der christlichen Fürsorge Luise Henriettens, aber früher als beide entstand ihr Wohnsitz, das Schloß selber. Die Frage drängt sich uns auf: *Wie war dies Schloß?* Es war, nach allgemeiner Annahme, ein drei Stock hohes, fünf Fenster breites Gebäude von Würfelform, das nur mittelst eines stattlichen Frontispices den Charakter eines Schlosses erhielt. Dies Frontispice war drei Fenster breit und vier Stock hoch, so daß es nicht nur das Hauptstück der ganzen Front bildete, sondern auch den übrigen Teil des Gebäudes turmartig überragte. Auf dem flachen Dache befand sich ein mit einer Galerie umgebener Altan, auf dem sich in der Mitte ein hoher und an jeder der vier Ecken ein kleinerer Turm erhob. Der Schloßhof war mit einem bedeckten Gange umgeben, auf dessen Plattform zur Sommerzeit zahlreiche Orangenbäume standen. So war Schloß Oranienburg in den Jahren, die seiner Gründung unmittelbar folgten. Nichts davon ist der Gegenwart geblieben, und wir würden, da keine gleichzeitigen Pläne und Beschreibungen existieren, darauf verzichten müssen, uns eine Vorstellung von dem damaligen Schlosse zu machen, wenn nicht in dem Waisenhause ein großes, für die Lokalgeschichte Oranienburgs höchst wertvolles Gemälde existierte, das, früher den Prachtzimmern des Schlosses angehörig, jetzt dazu dient, uns, in Ermangelung jedes andern Anhaltepunkts, über die Gestalt der damaligen Oranienburg einen mutmaßlichen, wenn auch freilich immer noch sehr disputablen Aufschluß zu geben. Dies wandgroße Bild (etwa elf Fuß im Quadrat), von dem sich eine gleichzeitige Kopie als Plafondgemälde in einem der Säle des Schlosses befand, stellt, unter Benutzung der alten Dido-Sage, die Gründung Oranienburgs dar.

In der Mitte des Bildes erkennen wir das kurfürstliche Paar, angetan mit allen Abzeichen seiner Würde. Luise Henriette als *Dido*. Hinter dem Kurfüsten, den Speer in der Hand, steht der Oberst La Cave, während die Gräfin von Blumenthal, eine schöne, stattliche Dame, die Schleppe der Kurfürstin trägt. Weiter zurück, der Gräfin Blumenthal zunächst, erblicken wir den Oberjägermeister von Hertefeld und einen von Rochow. Die Angaben fehlen, welchen. Alle die Genannten füllen die linke Seite des Bildes, während zur Rechten des Kurfürsten der Geheimrat Otto von Schwerin steht, in wenig schmeichelhafter Weise mit zurückgeschlagenen Hemdsärmeln und im günstigsten Fall in der Rolle eines behäbigen Gerbermeisters. Er hält eine Kuhhaut mit der Inschrift »plus outre«, »immer weiter«, in der Linken, während er mit der Rechten bemüht ist, die Haut in Streifen zu schneiden. Diese Streifen werden von drei oder vier geschäftigen Dienern zur Absteckung einer weiten, sich im Hintergrund markierenden Feldfläche benutzt, aus deren Mitte sich in grauweißer Farbe ein Schloß erhebt, nur skizziert, aber doch deutlich genug erkennbar, um ein verständliches, anschauliches Bild zu geben.*

Schloß Oranienburg, wie es *jetzt* vor uns liegt, zeigt nichts mehr von dem Bau, den ich vorstehend (Seite 143) beschrieben habe. Weder Frontispice noch Säulengänge, weder Altan noch Türme bieten sich zur Zeit dem Auge dar, und die Umwandlung, die im Laufe von zwei Jahrhunderten erfolgt ist, ist eine so vollständige gewesen, daß es zweifelhaft bleibt, ob auch nur eine einzige Außenwand des oranischen Schlosses stehengeblieben und dem Neubau, der 1688 begann, zugute gekommen ist. Ein ähnliches Schicksal hat über allem gewaltet, was die fromme Kurfürstin hier entstehen ließ. Jegliches ging zugrunde, meist durch Feuer, und existiert nur noch dem *Wort* und *Wesen, aber nicht mehr seiner ursprünglichen Form nach.* Das Schloß, die Kirche, das Waisenhaus von heute sind nicht mehr das Schloß, die Kirche,

* Pastor Ballhorn, in seiner trefflichen »Geschichte Oranienburgs«, hat dieser architektonischen Skizze des großen Bildes eine Beweiskraft beigelegt, die sie schließlich doch kaum besitzen dürfte. Pastor B. vermutet, daß das Bild zwischen 1653 und 1654 gemalt worden sei, was aber unmöglich ist, da der holländische Maler, Augustin Terwesten, von dem es herrührt, erst 1649 geboren wurde. Augustin Terwesten (von 1696 ab Direktor der Akademie der Künste) kam 1690 nach Berlin, wohin er, vierzig Jahre nach der Gründung Schloß Oranienburgs, durch Kurfürst Friedrich III. gerufen wurde. Er begann damit, die kurfürstlichen Lustschlösser mit großen Tableaux zu schmücken, und da um 1690 Schloß Köpenick bereits beendet und Schloß Charlottenburg noch nicht angefangen war, so ist es wohl möglich, daß er in den Sälen von Schloß Oranienburg debütierte, das eben damals einem Umbau im großen Stil unterworfen wurde. Da dieser Umbau jedoch im Jahre 1688 bereits seinen Anfang nahm, so ist es mindestens fraglich, ob Terwesten das ursprüngliche Schloß, wie es die Kurfürstin hier entstehen ließ, noch gesehen hat. Dennoch möcht ich auf *diesen* Umstand kein allzu bedeutendes Gewicht legen, da es, zwei Jahre nach dem Neu- und Umbau des Schlosses, allerdings nicht schwerhalten konnte, bei Malern und Architekten Auskunft darüber zu erhalten, wie denn eigentlich das Schloß der Oranierin gewesen sei, *immer vorausgesetzt, daß dem Künstler daran gelegen war, über diesen Punkt Zuverlässiges zu erfahren.* Es ist aber sehr zweifelhaft, *daß* ihm daran lag. Denn wir dürfen nicht vergessen, daß er den Moment der Landesschenkung (1650) bildlich darzustellen hatte, also einen Moment, der dem Schloßbau um vier, mindestens aber um zwei Jahre vorausging. Er konnte sich also in seinem künstlerischen Gewissen nicht im geringsten gedrungen fühlen, ein Schloß in *historischer Treue* darzustellen, das 1650 noch gar nicht existierte, sondern erst 1654 fertig aus der Hand des Baumeisters hervorging.

das Waisenhaus von damals, und wenn wir von einem, übrigens in seiner Echtheit ebenfalls anfechtbaren Portrait absehen, so findet sich an Ort und Stelle nichts mehr, was sich mit Bestimmtheit auf die Zeit der Oranierin zurückführen ließe. Das ihr seitens der Stadt errichtete Denkmal, eine Neuschöpfung, stammt erst aus dem Jahre 1858. Es ist ein überlebensgroßes Bildnis in Erz, aus der Hand Wilhelm Wolffs hervorgegangen, und führt die Inschrift: »Der hohen Wiederbegründerin dieser Stadt, Luise Henriette, Kurfürstin von Brandenburg, gebornen Prinzessin von Oranien, zum dauernden Gedächtnis die dankbare Bürgerschaft Oranienburgs.«

Und dieser Dank war Pflicht. Was Luise Henriette schuf, es hat das Kleid gewechselt, aber die Dinge blieben, und der Segen lebt fort.

Die Zeit Friedrichs III., von 1688 bis 1713

Schloß Oranienburg war, wie wir es geschildert haben, ein Bau von mäßigen Dimensionen (nur fünf Fenster breit), als 1688, nach dem Tode des Großen Kurfürsten, der prachtliebende Friedrich III. zur Regierung kam. Es war eine Zeit für die bildenden Künste in unserem Lande wie vielleicht keine zweite*, zumal wenn man die verhältnismäßig bescheidenen Mittel in Anschlag bringt, die dem fürstlichen Bauherrn zur Verfügung standen. Schloß Köpenick, wo der Kurfürst die letzten Jahre vor seiner Thronbesteigung zugebracht hatte, wurde zuerst beendet; dann folgte, mit einer Munifizenz, die noch weit über das hinausging, was in Köpenick geleistet worden war, der Ausbau des Oranienburger Schlosses. Ob der Kurfürst damals die Absicht hatte, das Schloß an der Oberhavel zu seinem bevorzugten Aufenthalt zu machen, oder ob er seiner Stiefmutter, der holsteinschen Dorothea, in nicht mißzuverstehender Weise zeigen wollte, wie heilig, wie wert ihm die Schöpfung und Hinterlassenschaft seiner *rechten* Mutter sei, gleichviel, Schloß Oranienburg wuchs alsbald aus seiner engen Umgrenzung heraus, und ein Prachtbau stieg empor, wie die Marken damals, mit alleiniger Aus-

* Die Zahl der Baumeister, Bildhauer und Maler belief sich damals im Brandenburgischen auf 143.

nahme des Schlosses zu Cölln an der Spree, keinen zweiten aufzuweisen hatten. Von 1688 bis 1704 dauerte der Bau, und das Schloß nahm im wesentlichen die Gestalt und Dimensionen an, worin wir es noch jetzt erblicken. An ein reich ornamentiertes Mittelstück (corps de logis) lehnten sich zwei Vorder- und zwei Hinterflügel, zwischen denen ein nach einer Seite hin geöffneter Hofraum lag. Ganz wie jetzt. Am Ende jedes der vier Flügel erhob sich ein Pavillon, und das corps de logis trug zwischen dem Dach und den Fenstern des dritten Stockes die Frontalinschrift: »A Ludovica princip. Auriac. matre optima exstruct. et nom. gentis insignit. aedes Friedericus Tertius Elector in memoriam parentis piissimae ampliavit, ornavit, auxit MDCXC.« (Dies von der besten Mutter, der Prinzessin von Oranien, Luise, gebaute und durch den Namen ihres Geschlechts ausgezeichnete Schloß hat der Kurfürst Friedrich III. zum Gedächtnis der frömmsten Mutter erweitert und geschmückt im Jahre 1690.) Diese Inschrift existiert noch.

Es kann nicht Zweck dieser Zeilen sein, mit Hülfe noch vorhandener Aufzeichnungen den Leser durch eine lange Reihe von Prachtzimmern und Galerien, von Sälen und Porzellancabinetten zu führen, von denen, mit Ausnahme weniger Zimmer, die ich gegen den Schluß des Aufsatzes hin zu beschreiben gedenke, auch jede Spur verlorengegangen ist; nur einiges werde ich hervorzuheben haben, um wenigstens eine Andeutung von dem Reichtum zu geben, der innerhalb dieser Mauern heimisch war. In dem Treppenhaus, das fast die halbe Breite des corps de logis einnahm, sprang eine Fontaine und trieb den Wasserstrahl bis in das dritte Stock hinauf; die Treppe selbst aber war unten mit vier Jaspis- und weiter oben mit vier Marmorsäulen geschmückt. An der gewölbten Decke waren die vier Laster des Hofes: Gleisnerei, Verleumdung, Neid und Habsucht, dargestellt, wie sie von ebenso vielen Engeln aus dem Himmel gestürzt werden. Deckengemälde, zum Teil ähnlichen symbolischen Inhalts, zeigten sich in fast allen größeren Sälen. Im Vorzimmer des Königs befand sich, an den Plafond gemalt, wie schon erwähnt, eine *Kopie* des großen Terwestenschen Bildes, während im sogenannten »Orangesaal« ein anderes großes Deckengemälde die Verherrlichung des oranischen Hauses symbolisch darstellte. In der Mitte desselben erblickte man eine weibliche Figur mit dem oranischen Wappen und einem Orangebouquet im Haar, während sie zugleich eine Schnur mit Medaillons in Händen hielt, wodurch die Geschlechtsfolge des Hauses Oranien veranschaulicht werden sollte. Neid und Verräterei mühen sich, die Schnur zu zerreißen, aber ein Blitzstrahl aus den Wolken fährt zwischen sie.

In demselben Saale befanden sich die Bildnisse der Fürsten von Oranien von 1382 ab, daneben aber das Portrait König Friedrichs I. selbst, mit dem bekannten Distichon als Unterschrift, durch das einst der Königsberger Dichter Bödecker die Geburt Friedrichs verherrlicht und seine künftige Königschaft vorhergesagt hatte:

Nascitur in Regis Friedericus Monte; quid istud?
Praedicunt musae: Rex Friedericus erit.

(Königsberg heißt die Geburtsstadt des Prinzen Friedrich; was folgt draus? Musen, kündet es laut: *König wird Friedrich uns sein.*)

So waren Säle und Treppenhaus. Fast noch prächtiger war die Kapelle: die Wände waren mit Marmor bekleidet und die Decke mit Kirchenbildern geziert, während der Altartisch auf vier vergoldeten Adlern ruhte. Bischof Ursinus hielt hier 1704 die Einweihungsrede. Nun ist alles hin, alles verweht und zerstoben. Nur Orgel, Kanzel und königliche Loge existieren noch, sind aber nach Französisch-Buchholz hin verpflanzt worden und zieren dort die Kirche bis diesen Tag.

So war Schloß Oranienburg in den Tagen, die der oranischen Prinzessin unmittelbar folgten. Wir fragen weiter: *Wie war das Leben in diesen Räumen?* Darüber liegen leider wenige Aufzeichnungen vor, und wir müssen auf Umwegen und durch Schlüsse zu einem Resultat zu gelangen suchen. Daß der Kurfürst häufig hier verweilte, geht weniger aus der Reichtumsfülle hervor, mit der er das Schloß ausstattete (eine prächtige Ausstattung verrät noch keine persönliche Teilnahme, keine Herzensbeziehungen), als aus dem Eifer, mit dem er die Herrschaft Oranienburg zu erweitern und einige der im Umkreis gelegenen Dörfer in einen gewissen *Einklang mit dem Schlosse selbst zu bringen suchte.* Diese sorgliche *Fassung*, die er dem Edelsteine gab, bewies am besten, wie sehr er an demselben hing. So wurden Grabsdorf und Lehnitz, Cossebant und Perwenitz, vier in der Nähe befindliche Güter, angekauft und in Vorwerke oder Koloniedörfer umgewandelt. Grabsdorf erhielt ein Jagdschloß, das innerhalb seiner schmucklosen Mauern bis diesen Augenblick noch die eiförmigen Zimmer zeigt, die, nach damaliger Mode, ihm gegeben wurden. Dabei wurde der Name Grabsdorf, der an unbequeme Dinge erinnern mochte, beiseite getan und in »Friedrichsthal« umgewandelt, unter welcher Bezeichnung Dorf und Jagdschloß bis diesen Tag noch vorhanden sind. Auch Cossebant verlor seinen alten Namen und trat die Erbschaft des vakant gewordenen Namens »Bötzow« an. Das *heutige* Bötzow hat also nichts gemein mit Burg und Stadt Bötzow, die bis 1650 anstelle des jetzigen Oranienburg zu finden waren, sondern ist ein in der Nähe gelegenes Dorf, das bis 1694 den Namen Cossebant führte.

Diese Neuschöpfungen, mit denen der Kurfürst Schloß Oranienburg umgab, beweisen genugsam, daß dies Havelschloß, dies Vermächtnis von der Mutter her, ein bevorzugter Aufenthalt des Kurfürsten und spätern Königs war, aber auch einzelne Berichte sind uns zur Hand, die uns, trotz einer gewissen Dürftigkeit der Details, den Kurfürsten (damals schon König) direkt an dieser Stelle zeigen. »Im Sommer 1708«, so erzählt Pöllnitz, »rieten die Ärzte dem Könige, das Karlsbad in Böhmen zu gebrauchen, wohin er sich im Laufe des Sommers auch wirklich begab. Vorher war er in Oranienburg und hatte auf dem dortigen Schlosse eine Zusammenkunft mit dem regierenden Herzog von Mecklenburg-Schwerin. Diese Zusammenkunft der beiden Fürsten war nicht ohne Bedeutung: sie hatte zunächst nur eine Erneuerung und Bestätigung des alten *Erbfolgevergleichs* im Auge, der im Jahre 1442, zu Wittstock, zwischen Friedrich II., dem Eisernen, und den Herzögen von Mecklenburg geschlossen worden war, mußte aber natürlich, da man Gefallen aneinander fand, einige Monate später die Schritte wesentlich erleichtern, die, im November 1708, zu einer *dritten* Vermählung des Königs, und zwar mit Luisa Dorothee, der Schwester des regierenden Herzogs von Mecklenburg, führten. – Am 24. November«, so fährt unsere Quelle fort, »traf die neue Königin in Oranienburg ein und wurde daselbst vom Könige und dem ganzen Hofe empfangen. Nachdem die Vorstellung aller Prinzen und Prinzessinnen stattgefunden hatte, verließ man das Schloß und begab sich nach Berlin, wo am 27. desselben Monats die Königin ihren feierlichen Einzug hielt.« Der König, trotz seiner Jahre, war anfänglich von der Königin bezaubert; keine Ahnung beschlich sein Herz, daß, vier Jahre später, dieselbe Prinzessin geistesgestört und wie eine Mahnung des Todes an ihn herantreten werde. Das war im Berliner Schloß, in den Januartagen 1713. Der König, krank schon, ruhte auf einem Armstuhl und war eben eingeschlummert, als er sich plötzlich angefaßt und aus dem Schlaf gerüttelt fühlte. Die geisteskranke Königin, die eine Glastür erbrochen hatte, stand weißgekleidet und mit blutenden Händen vor ihm. Der König versuchte sich aufzurichten, aber er sank in seinen Stuhl zurück. »Ich habe die Weiße Frau gesehen.« Wenige Wochen später hatte sich die alte Prophezeiung seines Hauses an ihm erfüllt. Nicht zu seinem Glück hatte die mecklenburgische Prinzessin das Land und, als erste Stufe zum Thron, die Marmortreppe von *Schloß Oranienburg* betreten.

Die Zeit des Prinzen August Wilhelm, von 1744 bis 1758

Der Tod König Friedrichs I. traf keinen Punkt des Landes härter als Oranienburg; bis dahin ein Lieblingssitz, wurde es jetzt von der Liste der Residenzen so gut wie gestrichen. Dem Soldatenkönige, dessen Sinn auf andere Dinge gerichtet war als auf Springbrunnen und künstliche Grotten, genügte es nicht, die Schöpfung seines Vaters sich selbst zu überlassen, er griff auch festen und praktischen Sinnes ein, um die in seinen Augen halb nutzlose, halb kostspielige Hinterlassenschaft nach Möglichkeit zu verwerten. Bauten wurden abgebrochen und die Materialien verkauft; die Fasanerie, das einzige, woran er als Jäger ein Interesse hatte, kam nach Potsdam; die 1029 Stück eiserne Röhren aber, die der Wasserkunst im Schlosse das Wasser zugeführt hatten, wurden auf neun Oderkähnen nach Stettin geschafft.

Schloß und Park verwilderten. Wie das Schloß im Märchen,

eingesponnen in undurchdringliches Grün, lag Oranienburg da, als einunddreißig Jahre nach dem Tode des ersten Königs sein Name wieder genannt wurde. Im Jahre 1744 war es, wo Friedrich II., in betreff seiner Brüder, allerhand Ernennungen und Entscheidungen traf. Prinz Heinrich erhielt Rheinsberg, Prinz Ferdinand das Palais und den Garten in Neuruppin, der älteste Bruder August Wilhelm aber, unter gleichzeitiger Erhebung zum Prinzen von Preußen, wurde mit Schloß Oranienburg belehnt.

Über die baulichen Veränderungen, die in diese Epoche von 1744 bis 1758 fallen, wissen wir nichts, mutmaßlich waren sie allergeringfügigster Natur, aber einzelne Berichte von Bielefeld und namentlich von Pöllnitz sind auf uns gekommen, die uns zum erstenmal Gelegenheit geben, die bis hierher nur äußerlich beschriebenen Prachträume auch mit Gestalten und Szenen zu beleben. Der Prinz bewohnte nur einen einzigen Flügel, also ungefähr den fünften Teil des Schlosses, aber die entsprechenden Zimmer genügten vollständig, zumal zur Sommerzeit, wo der Park mit seinen Laubgängen aushelfen konnte. Bielefeld entwirft von diesem Park folgende ansprechende Schilderung: »Den großen, nach Le Nôtres Plan angelegten Garten fand ich, durch die Verwilderung, zu der die lange Zeit von 1713 bis 1744 vollauf Gelegenheit gegeben hatte, wunderbarerweise verschönt. Die seit 1713 nicht mehr verschnittenen Buchenhecken haben sich verwachsen und verschlungen und bilden einen Gang, der so dicht jetzt ist, daß weder Sonne noch Wind hindurchdringen kann. In der größten Mittagshitze gewährt er Kühlung und Schatten, und abends speist man darin, ohne daß die Luft die Kerzen auslöscht. Ein geschickter Gärtner, der die Verwilderung benutzte, hat viele geschmackvolle Gartenhäuser aus der Erde wachsen lassen.« Diese Schilderung paßt noch heute; nur die Gartenhäuser sind seitdem wieder verschwunden.

Prinz August Wilhelm lebte nur zeitweilig in Oranienburg; sein Regiment stand zu Spandau in Garnison, und die Pflichten des Dienstes fesselten ihn an den Standort desselben. Aber die Sommermonate führten ihn oft und so lange wie möglich nach dem benachbarten, durch Stille und Schönheit einladenden Oranienburg, und hier war es auch, wo er im April 1745 den Besuch seiner Mutter, der verwitweten Königin Sophie Dorothee, empfing. Über diesen Besuch liegt uns die Schilderung eines Augenzeugen vor – unverkennbar Pöllnitz selber, wenn sein Name auch nicht ausdrücklich genannt ist.

»Am 14. April«, so heißt es darin, »brach die Königinmutter von Berlin auf und traf am Nachmittag desselben Tages in Oranienburg ein. Ihr Hofstaat folgte ihr in einer langen Reihe von Karossen, wohl dreißig an der Zahl. Die Prinzessin Amalie saß im Wagen der Königin. Sobald dem Prinzen August Wilhelm das Herannahen des Zuges gemeldet war, eilte er die große Allee hinauf, dem Zuge entgegen, sprang angesichts des Wagens der Königinmutter vom Pferde und begrüßte sie, indem er entblößten Hauptes an den Schlag des Wagens trat. Dann schwang er sich rasch wieder in den Sattel und eilte dem Zuge in gestrecktem Galopp vorauf, um vor dem Eingang des Schlosses die Honneurs wiederholen zu können. Ihm zur Seite standen seine Gemahlin, die Prinzessin von Preußen (eine geborne Prinzessin von Braunschweig), die Prinzen Heinrich und Ferdinand, außerdem die Hofdamen von Wollden, von Henckel, von Wartensleben, von Kamecke, von Hacke, von Pannewitz und von Kannenberg. Die Königin umarmte ihre Söhne aufs zärtlichste, begrüßte die Umstehenden und wurde dann die große Treppe hinauf in das für sie bestimmte Schlafgemach geführt, dasselbe, das König Friedrich I. bei seinen Besuchen in Schloß Oranienburg zu bewohnen pflegte. Die Königin fand in diesem Zimmer ein Staatsbett von rotem Damast vor, ebenso einen Fauteuil, einen Ofenschirm und vier Tabourets von demselben Stoff und derselben Farbe. Bald nachdem die hohe Frau sich eingerichtet und an dem Anblick von Park und Landschaft erfreut hatte, erschien der Prinz, um ihr drei schöne Figuren von Dresdner Porzellan zu überreichen, an denen die Königinmutter, wie der Prinz wußte, eine besondere Freude zu haben pflegte. Aber die Königinmutter war es nicht allein, an die sich die Aufmerksamkeiten dieses liebenswürdigen Prinzen richteten, auch Baron von Pöllnitz wurde einer ähnlichen Aufmerksamkeit gewürdigt. Seine Königliche Hoheit kannten sehr wohl die Vorliebe des alten Barons (von Pöllnitz) für alle Antiquitäten und Kuriositäten aus der Zeit König Friedrichs I. her, der ihm immer ein guter und gnädiger Herr gewesen war, und eingedenk dieser Vorliebe überreichten Seine Königliche Hoheit dem alten Baron eine reich mit Gold gestickte Morgenmütze und ein Paar Pantoffeln, deren sich König Friedrich I. bei seinen Besuchen in Oranienburg zu bedienen pflegte und die nun seit über zweiunddreißig Jahren unbeachtet und ungewürdigt in einer halbvergessenen Truhe gesteckt hatten. Nach Sonnenuntergang folgten Promenaden in den Park; dann wurden Spieltische arrangiert, bis gegen zehn die willkommene Nachricht, daß das Souper angerichtet sei, das Spiel unterbrach. Welche Feinheiten und Überraschungen aus dem Bereich der Küche, welche hochqualifizierten Weine, welch Frohsinn, welche Heiterkeit der Gäste! Und doch zuletzt vollzog sich das Unvermeidliche, was schon König Dagobert seinerzeit so bitter beklagt hat, daß auch die beste Gesellschaft ihr Ende habe und sich trennen müsse.

Das war am 14. April. Früh am andern Morgen und früher fast, als uns lieb war, weckten uns ungewohnte Klänge; der Hirt trieb seine Herde, am Schloß vorbei, auf die frischen Felder hinaus. Den Beschluß machte ein Stier von so extraeleganter Schönheit, daß er kein anderer als der wohlbekannte glückliche Liebhaber der Jungfrau Europa sein konnte, ja die Art, wie er sich trug, dazu die Kraft seiner Brusttöne schienen andeuten zu wollen, daß er ein Erscheinen unserer Damen an den verschiedenen Fenstern des Schlosses erwartet habe. Aber er sah sich getäuscht, unsere Damen, die die Geschichte gelesen haben mochten, fürchteten sich und hielten sich zurück, um sich und ihre Reize nicht ähnlichen Gefahren auszusetzen. Wie dem immer sei, der Morgenschlummer war gestört, und an die Stelle des Schlafs, der nicht wieder kommen wollte, traten Promenaden in leichtem, flatterndem Morgenkostüm und, nach eingenommenem Frühstück, die gegenseitigen Besuche. Die Prinzessin Amalie empfing die Huldigungen, die ihrer Schönheit dargebracht wurden; sie trug ein Corset von schwarzem Atlas, das mit weißer Seide gesteppt war, und darunter ein silbergesticktes Kleid, mit natürlichen Blumen aufgenommen. In diesem Kostüm stand sie da und übte sich im Flötenspiel: Euterpe selbst hätte sie beneiden können.

Nach Tisch empfing die Königinmutter alle anwesenden Damen in ihrem Bettzimmer; diejenigen, die eine Handarbeit dem Kartenspiel vorzogen, setzten sich auf Tabourets um die Königin her, während Baron Pöllnitz seinen Platz als Vorleser einnahm und in der Lektüre von ›La Mouche oder Die Abenteuer des Mr. Bigand‹ fortfuhr. Die Königin folgte der Vorlesung und zog Goldfäden aus (se mit à effiler de l'or). Den Beschluß des Tages machte ein Ball in dem hell erleuchteten Tanzsaal, woran sich ein Souper in dem Staatszimmer, am Ausgange der Porzellangalerie, anschloß. Als die Königin eben in das Staatszimmer eintrat, bemerkte sie durch die hohen, gegenübergelegenen Fensterflügel, wie es plötzlich, inmitten des dunklen Parks, wie ein Flammenbaum aus der Erde wuchs. Immer deutlicher gestaltete sich das Bild, bis es endlich wie ein feuriger Laubengang dastand, der an höchster Stelle eine Krone und darunter die Worte ›Vivat Sophia Dorothea‹ trug.«

So lebte man 1745 in Oranienburg. Sechs Wochen später wurde die Schlacht bei Hohenfriedberg geschlagen, an welcher Prinz August Wilhelm, der eben noch Zeit zu Geplauder und Feuerwerk gehabt hatte, einen rühmlichen Anteil nahm.

Die Beziehungen der drei jüngern Prinzen: August Wilhelm, Heinrich und Ferdinand, zu ihrem älteren Bruder, dem Könige, waren damals noch kaum getrübt. Es ist wahr, sie lebten, zumal wenn sie in Potsdam, also in unmittelbarer Nähe Friedrichs waren, unter einem gewissen Drucke, aber man fand diesen Druck gleichsam in der Ordnung; er war der älteste, der begabteste und – der König. Dabei ließ er es seinerseits, um strengen Forderungen ein Gegengewicht zu geben, an Huldigungen nicht fehlen, und besonders war es der Prinz von Preußen, für den er die zartesten Aufmerksamkeiten hatte. Er widmete ihm sein großes Gedicht »Die Kriegskunst«, er widmete ihm ferner »die Geschichte seines Hauses« und sprach es in der meisterhaften Einleitung dieses Werkes vor der ganzen Welt und vor der Zukunft aus, *warum* er diesen seinen Bruder, der ihn einst beerben solle, *als Freund und Fürsten besonders liebe.* »Die Milde, die Humanität Ihres Charakters ist es, die ich so hoch schätze; ein Herz, das der Freundschaft offen ist, ist über niedern Ehrgeiz erhaben; Sie kennen kein anderes Gebot als das der Gerechtigkeit und keinen andern Willen als den Wunsch, die Hochschätzung der Weisen zu verdienen.«

So war das Verhältnis zwischen den beiden Brüdern, als die schweren Tage, die dem Unglückstage von Kolin folgten, diesem schönen Einvernehmen plötzlich ein Ziel setzten. Prinz August Wilhelm erhielt bekanntlich den Oberbefehl über diejenigen Truppen, die ihren Rückzug nach der Lausitz nehmen sollten; Winterfeldt wurde ihm beigegeben. Die Sachen gingen schlecht, und bei endlicher Wiederbegegnung der beiden Brüder fand jene furchtbare Szene statt, die Graf Schwerin, der Adjutant Winterfeldts, mit folgenden Worten beschrieben hat: »Ein Parolekreis wurde geschlossen, in dem der Prinz und alle seine Generale standen. Nicht der König trat in den Kreis, sondern *Winterfeldt statt seiner.* Im *Auftrage* des Königs mußte er sagen: ›Sie hätten alle verdient, daß über ihr Betragen ein Kriegsrat gehalten würde, wo sie dann dem Spruch nicht entgehen könnten, die Köpfe zu verlieren; indes wolle der König es nicht so weit treiben, weil er im General auch den Bruder nicht vergesse.‹ Der König stand unweit des Kreises«, so fährt Graf Schwerin fort, »und horchte, ob Winterfeldt sich auch strikte der ihm anbefohlenen Ausdrücke bediene. *Winterfeldt tat es, aber mit Schaudern,* und er konnte den Eindruck seiner Worte sogleich sehen, denn der Prinz trat augenblicklich aus dem Kreise und ritt, ohne den König zu sprechen, nach Bautzen.«

Im Spätherbst desselben Jahres finden wir den Prinzen wieder in Oranienburg, an selbiger Stelle, wo er uns zuerst als liebenswürdiger und aufmerksamer Sohn und geübt in der Kunst sinniger Überraschungen entgegentrat. Aber wir finden ihn jetzt in Einsamkeit und gebrochenen Herzens. Ob er sich in seiner Liebe zum König oder in seiner eignen Ehre schwerer getroffen fühlte, ist schwer zu sagen. Gleichviel, unheilbare Krankheit hatte sich seiner bemächtigt, und er litt an Leib und Seele. Über die letzten Momente seines Lebens ist nichts Bestimmtes aufgezeichnet, doch verdank ich den Mitteilungen einer Dame, die noch den Hof des Prinzen Heinrich und diesen selbst gekannt hat, allerlei Züge und Andeutungen, aus denen genugsam erhellt, daß der Ausgang so erschütternd wie möglich war. Die Gemütskrankheit hatte schließlich die Form eines nervösen Fiebers angenommen, und die Bilder von Personen und Szenen, die seine Seele seit jenem Unglückstage nicht losgeworden war, traten jetzt aus seiner Seele heraus, nahmen Gestalt an und stellten sich wie faßbar und leibhaftig an sein Lager. Den Schatten Winterfeldts rief er an, und als sich die Gestalt nicht bannen ließ, sprang er auf, um vor dem Gehaßten und Gefürchteten zu fliehen. Das waren die letzten Momente Prinz August Wilhelms; er starb im Fieber, am 12. Juni 1758, im Schlosse zu Oranienburg. Der König war bei der Nachricht von seinem Tode tiefgebeugt; im Volke hieß es, er sei vor Gram gestorben. 1790 errichtete ihm sein jüngerer Bruder Heinrich den oft beschriebenen Obelisken, gegenüber dem Rheinsberger Schloß, nachdem die sterblichen Überreste des Prinzen schon früher im Rheinsberger Parke beigesetzt worden waren. Dieser Punkt ist in Dunkel gehüllt, weshalb ich hier – damit Eingeweihtere es lichten mögen – die alte Version und meine eignen Aufzeichnungen aus dem Rheinsberger Park zusammenstelle. Prediger Ballhorn in seiner mehrzitierten »Geschichte« schreibt: »Seine Leiche wurde zuerst in einem Gewölbe der Oranienburger Kirche aufbewahrt, dann aber am 10. Juli von seinem Regimente nach Berlin abgeführt. Prinz Heinrich widmete ihm zu Rheinsberg ein prachtvolles Monument, *das zugleich die Urne umschließt, in welcher sein Herz aufbewahrt wird.*« Zwei Dinge erscheinen hierin unrichtig: erstlich stand das Regiment des Prinzen von Preußen damals im Felde (Friedrich der Große schreibt eigens: »Der Anblick des prinzlichen Regiments erneuert mir jedesmal den Schmerz um ihn«), und zweitens befindet sich die Urne nicht eingeschlossen im Monument, sondern steht frei und offen an einer ganz andern Stelle des Parks. Diese Stelle, in unmittelbarer Nähe des »bekannten Theaters im Grünen« gelegen, zeigt unter einer Baumgruppe zwei Marmorarbeiten: eine große Urne auf einem Piedestal und zweitens eine Art Herme, die die trefflich ausgeführte Büste des Prinzen August Wilhelm trägt. Beide Arbeiten stehen sich, in Entfernung von etwa sechs Schritt, einander gegenüber. Das Piedestal der Urne trägt die Inschrift: »Hic cineres marmor exhibit«, und darunter: »August Gullielm, Princeps Prussiae, Natus Erat IX Die

Mens. Aug. Ann. 1722. Obiit Die XII Mens. Jun. Anno 1758.« Die Inschrift unter der Büste aber lautet: »Hic venustum os viri, veritatis, virtutis, patriae amantissimi.« (Hier das freundliche Antlitz des Lieblings der Wahrheit, der Tugend, des Vaterlands.)

Die *erste* dieser Inschriften: »Hic cineres marmor exhibit«, also: »Diese Urne umschließt seine Asche«, schafft die eigentliche Streitfrage. Ruht der Prinz August Wilhelm im Dom zu Berlin oder ruht er (laut vorstehender Inschrift) im Rheinsberger Park? Vielleicht müßte die Inschrift lauten: »Diese Urne umschließt die Asche seines *Herzens*«. Dann hätte Pastor Ballhorn in der Hauptsache recht, nur nicht hinsichtlich der *Aufstellung* der Urne.

An jenem Tage, als der Prinz August Wilhelm aus dem Schloßportal getragen wurde und fünfzig Bürger dem Sarge folgten, um ihm bis Havelhausen das Geleit zu geben, an jenem Tage schloß das Leben in Schloß Oranienburg überhaupt. Auf ein Jahrhundert voll Glanz und lachender Farben folgte ein anderes voll Ode und Verwahrlosung. Andere Zeiten kamen; der Geschmack ging andere Wege – Schloß Oranienburg war vergessen.

1802 wurde der prächtige alte Bau, dessen zahlreiche Deckengemälde allein ein bedeutendes, wenn auch freilich totes Kapital repräsentierten, für 12 000 Taler mit all und jeglichem Zubehör verkauft und der Käufer nur zur Herausgabe der eingangs erwähnten vier Jaspis- und vier Marmorsäulen (im Treppenhause) verpflichtet. Schloß Oranienburg wurde eine *Kattunmanufaktur*. Wo die Edeldamen auf Tabourets von rotem Damast gesessen und der Vorlesung des alten Pöllnitz gelauscht hatten, während die Königinmutter Goldfäden aus alten Brokaten zog, klapperten jetzt die Webstühle und lärmte der alltägliche Betrieb. Aber noch tristere Tage kamen, Krieg und Feuer, bis endlich in den zwanziger Jahren ein chemisches Laboratorium, eine *Schwefelsäurefabrik*, hier einzog. Die Schwefeldämpfe ätzten und beizten den letzten Rest alter Herrlichkeit hinweg. Ich entsinne mich der Jahre, wo ich als Kind dieses Weges kam und von Platz und Brücke aus ängstlich nach dem unheimlichen alten Bau herüberblickte, der, grau und verkommen, in Qualm und Rauch dalag wie ein Gefängnis oder Landarmenhaus, aber nicht wie der Lieblingssitz Friedrichs I.

Nun ist das alte Schloß der Kolben und Retorten wieder los und ledig, und frisch und neu, beinahe sonntäglich, blickt es drein. Aber es ist das moderne Allerweltskleid, das es trägt; die Borten und Kanten sind abgetrennt, und der Königsmantel ist ein Bürgerrock geworden. Noch wenige Wochen, und das alte Schloß von ehedem wird neue Gäste empfangen: wie Schloß Köpenick ist es bestimmt, als *Schullehrerseminar* in sein drittes Jahrhundert einzutreten. Sei es. In den neuen Bewohnern wird wenigstens ein Bewußtsein davon zu wecken sein, welcher Stelle sie angehören, und leise berührt von der Macht und dem Zauber historischer Erinnerungen, werden sie später den Namen und die Geschichte Schloß Oranienburgs in ihre Berufskreise mit hinübernehmen.

Unter den Linden des Gasthofes, während der Sommerwind die Tropfen von den Bäumen schüttelte, hab ich dem Leser die Geschichte des alten Schlosses erzählt, die Bilder aufgerollt seines Glanzes und seines Verfalls. Die Frage bleibt noch übrig: Haben die letzten hundert Jahre alles zerstört? Haben Krieg und Feuer, Retorte und Siedepfanne von dem alten Glanze kein Restchen übriggelassen? Ist alles hin, bis auf die letzte Spur? Der Pietät des hohen Herrn, der nun vorm Altar seiner Friedenskirche in Frieden ruht, der Pietät Friedrich Wilhelms IV., dem es so oft zum Verbrechen angerechnet wurde, daß er das wahren wollte, was des Wahrens wert war, diesem hohen Liebessinne, der auf das *Erhalten* gerichtet war, haben wir allein es zu danken, daß wir der aufgeworfenen Frage mit einem »Nein« entgegentreten können – es ist *nicht* alles hin, es existieren noch Spuren, gerettete Überbleibsel aus alter Zeit her, und ihnen gilt zum Schluß unser Besuch.

Wir verweilen nicht bei zerstreuten Einzelheiten, die da, wo sie zufällig verlorengingen, auch zufällig aufgelesen und in die Wand oder den Fußboden, als wär es ein Relief- oder Mosaikstück, eingelegt wurden – wir gehen an diesen Einzelheiten ohne Aufenthalt vorüber und treten in den nach West und Norden zu gelegenen Hinterflügel ein, wo wir noch einer zusammenhängenden Zimmerreihe aus der Zeit König Friedrichs I. begegnen. Daraus, daß das vorzüglichste dieser Zimmer an den vier Ecken des Plafonds mit ebenso vielen Sternen des *Hosenbandordens* geschmückt ist, auf dessen Besitz König Friedrich I. einen ganz besonders hohen Wert legte, würde sich mit einiger Bestimmtheit ableiten lassen, wann dieser Teil des Schlosses ausgebaut wurde. Es sind sechs Zimmer, von denen zunächst zwei durch ihre Ausschmückung unser Interesse in Anspruch nehmen. Sie bilden die beiden Grenzpunkte der ganzen Reihe, so daß das eine (das kleinere) dem corps de logis, also dem Mittelpunkte des Schlosses zu gelegen ist, während das andere am äußersten Ende des Flügels liegt und den Blick ins Freie auf Fluß und Wiesen hat. Das kleinere Zimmer bildete entweder einen Teil der seinerzeit vielberühmten und von Touristen jener Epoche oft beschriebenen Porzellangalerie oder war ein Empfangs- und Gesellschaftszimmer, wo die fürstlichen Personen unter Herzuziehung ihres Hofstaats den Tee einzunehmen pflegten. Das Deckengemälde, das ich gleich näher beschreiben werde, scheint mit seinen vielen Porzellangerätschaften für die erstere Annahme zu sprechen; ein schärferes Eingehen aber macht es beinahe zweifellos, daß es das *Teezimmer* war. In der Mitte des Deckenbildes erblicken wir nämlich eine starke, blühend aussehende Frauensperson mit roten Rosen im Haar; in ihrer ganzen Erscheinung einer holländischen Teeschenkerin sehr ähnlich. Mit der linken Hand drückt sie eine blau und weiß gemusterte Teebüchse fest ans Herz, während sie mit der Rechten einen ebenso gemusterten porzellanenen Teetopf einer gleichfalls wohlbeleibten, blonden, hochrot gekleideten Dame entgegenstreckt. Diese, ihrerseits durch die Schlange, die sich um ihren weißen Arm ringelt, als Hygieia charakterisiert, hält der Teeschenkerin einen *Spiegel* entgegen, als ob sie ihr zurufen wolle: »Erkenne dich selbst und schrick zurück, wenn du dich als Lügnerin, das heißt deinen Tee als *schlecht und unecht* erkennst.«

Die Malerei ist vortrefflich, man erkennt durchaus die gute holländische Schule, und viele unserer Maler werden von Glück sagen können, wenn ihre Deckengemälde sich nach 150 Jahren und länger in ähnlich guter Weise präsentieren.

Auch die diesen Bildern zugrunde liegenden Ideen, denen es an Humor und Selbstpersiflage nicht fehlt, sind leichter zu verspotten als besser zu machen. Es sind doch immerhin Ideen, mit denen total gebrochen zu haben wir häufig zur Unzeit stolz sind.

Das am entgegengesetzten Ende liegende Zimmer ist aller Wahrscheinlichkeit nach das ehemalige Wohn- und Lieblingszimmer Friedrichs I., dasselbe, in das, wie ich Seite 151 beschrieben habe, am 15. April 1745 die Königin Sophie Dorothea eintrat und am Abend durch das prächtige Feuerwerk überrascht wurde, das wie eine Flammenlaube mitten aus dem Dunkel des Parks emporwuchs. Dies Zimmer, das nach drei Seiten hin Balkone hat, von denen aus man nach Gefallen den Park, das offene Feld oder den Hofraum überblickt, ist sehr geräumig, dreißig Fuß im Quadrat, und mit acht marmorierten Säulen derart umstellt, daß sie, an den vier Wänden entlang, einen deutlich markierten Gang oder Rahmen bilden, der nun das kleiner gewordene Viereck des Saales umspannt. Der Zweck dieser Einrichtung ist schwer abzusehen. Vielleicht diente das Zimmer auch als Tanzsaal, und die Tänzer und Tänzerinnen hatten den innern Raum für sich, während die plaudernden oder sich ausruhenden Paare wohlgeborgen unter dem Säulengange standen. Das Wichtigste ist auch hier das Deckengemälde. Ich schicke zunächst die bloße Beschreibung vorauf. In der Mitte des Bildes befindet sich eine weiße, hochbusige Schönheit mit pechschwarzem Haar, welches von Perlenschnüren durchzogen ist; in der Linken hält sie eine Art Zauberlaterne, in der Rechten einen kleinen Ölkrug. Allerhand pausbackige Genien halten Tafelgerät und Kannen empor, andere entschweben mit leeren Schüsseln, noch andre kommen mit Teegeschirr herbei und gießen den Tee in kleine Schälchen. Diese Szenen füllen zwei Drittel des Bildes. Links in der Ecke hält Apoll mit seinen Sonnenrossen, vor ihm her schwebt bereits Aurora, das Haupt des Sonnengottes selbst aber strahlt nicht, sondern ist noch von einer dunklen Scheibe umhüllt.

Neben diesem Staatszimmer, demselben, das den Stern des Hosenbandordens in seinen vier Ecken zeigt, befindet sich ein sehr kleines Gemach, nicht viel größer als ein altmodisches Himmelbett. Dies ist das Sterbezimmer des Prinzen

August Wilhelm. Die Wände sind schmucklos, ebenso die Decke, nur an der Hohlkante zwischen beiden zieht sich eine schmale Borte von *schwarzem* Holz entlang. Sie ist wie ein Trauerrand, der dieses Zimmer einaßt, und mahnt deutlich an die letzten, in Dunkel gehüllten Stunden eines liebenswürdigen und unglücklichen Prinzen.

Aus diesem engen Raume, der so trübe Bilder weckt, treten wir, da die übrigen Zimmer unserer Betrachtung nichts mehr bieten, wieder in den Korridor und über den noch immer imposanten Vorflur endlich ins Freie hinaus.

Der Ball der untergehenden Sonne hängt am Horizont, leise Schleier liegen über dem Park, und die Abendkühle weht von Fluß und Wiesen her zu uns herüber. Wir sitzen wieder auf der Treppe des Gasthofs und blicken durch die Umrahmung der Bäume in das Bild abendlichen Friedens hinein. Musikanten ziehen eben am Hause vorüber, auf die Havelbrücke zu und in die Vorstadt hinein; hinter den Musikanten allerlei Volk. Was ist es? »Das Theater fängt an; die Stadtkapelle macht sich auf den Weg, um mit dabeizusein.« Und wir lesen jetzt erst den Theaterzettel, der, in gleicher Höhe mit uns, an einen der Baumstämme geklebt ist. »Das Testament des Großen Kurfürsten, Schauspiel in fünf Aufzügen.« Wir lieben das Stück, aber wir kennen es, und während die Sonne hinter Schloß und Park versinkt, ziehen wir es vor, in Bilder und Träume gewiegt, auf »Schloß Oranienburg« zu blicken, eine jener *wirklichen* Schaubühnen, auf der die Gestalten jenes Stücks mit ihrem Haß und ihrer Liebe heimisch waren.

TEGEL

Die *Hoffnung* –
Sie wird mit dem Greis nicht begraben.

Havelabwärts von Oranienburg, schon in Nähe Spandaus, liegt das Dorf Tegel, gleich bevorzugt durch seine reizende Lage wie durch seine historischen Erinnerungen. Jeder kennt es als das Besitztum der Familie Humboldt. Das berühmte Brüderpaar, das diesem Fleckchen märkischen Sandes auf Jahrhunderte hin eine Bedeutung leihen und es zur Pilgerstätte für Tausende machen sollte, ruht dort gemeinschaftlich zu Füßen einer granitenen Säule, von deren Höhe die Gestalt der »Hoffnung« auf die Gräber beider herniederblickt.

Wer seinen Füßen einigermaßen vertrauen kann, tut gut, Berlin als Ausgangspunkt genommen, die ganze Tour zu Fuß zu machen. Die erste Hälfte führt durch die volkreichste und vielleicht interessanteste der Berliner Vorstädte, durch die sogenannte *Oranienburger* Vorstadt, die sich, weite Strecken Landes bedeckend, aus Bahnhöfen und Kasernen, aus Kirchhöfen und Eisengießereien zusammensetzt. Diese vier heterogenen Elemente drücken dem ganzen Stadtteil ihren Stempel auf; das Privathaus ist eigentlich nur insoweit gelitten, als es jenen vier Machthabern dient. Leichenzüge und Bataillone mit Sang und Klang folgen sich in raschem Wechsel oder begegnen einander; dazwischen gellt der Pfiff der Lokomotive, und über den Schloten und Schornsteinen weht die bekannte schwarze Fahne. Hier befinden sich, neben der Königlichen Eisengießerei, die großen Etablissements von Egells und Borsig, und während dem Vorübergehenden die endlose Menge der zugehörigen Bauten imponiert, verweilt er mit Staunen und Freude zugleich bei dem feinen Geschmack, bei dem Sinn für das Schöne, der es nicht verschmäht hat, hier in den Dienst des Nützlichen zu treten.

So zieht sich die Oranienburger Vorstadt bis zur Pankenbrücke; jenseits derselben aber ändert sie Namen und Charakter. Der sogenannte »Wedding« beginnt, und an die Stelle der Fülle, des Reichtums, des Unternehmungsgeistes treten die Bilder jener prosaischen Dürftigkeit, wie sie dem märkischen Sande ursprünglich eigen sind. Kunst, Wissenschaft, Bildung haben in diesem armen Lande einen schwereren Kampf gegen die widerstrebende Natur zu führen gehabt als vielleicht irgendwo anders, und in gesteigerter Dankbarkeit gedenkt man jener Reihenfolge organisatorischer Fürsten, die seit anderthalb Jahrhunderten Land und Leute umgeschaffen, den Sumpf und den Sand in ein Fruchtland verwandelt und die Roheit und den Ungeschmack zu Sitte und Bildung herangezogen haben. Aber die alten, ursprünglichen Elemente leben noch überall, grenzen noch an die Neuzeit oder drängen sich in die Schöpfungen derselben ein, und wenige Punkte möchten sich hierlandes finden, die so völlig dazu geeignet wären, den Unterschied zwischen dem Sonst und Jetzt, zwischen dem Ursprünglichen und dem Gewordenen zu zeigen, als die Stadtteile diesseits und jenseits des Panke-Flüßchens, das wir soeben überschritten haben.

Die Oranienburger Vorstadt in ihrer jetzigen Gestalt ist das Kind einer neuen Zeit und eines neuen Geistes; der »Wedding« aber, der nun vor und neben uns liegt, ist noch im Einklang mit dem alten nationalen Bedürfnis, mit den bescheideneren Anforderungen einer früheren Epoche gebaut. Was auf fast eine halbe Meile hin diesen ganzen Stadtteil charakterisiert, das ist die völlige Abwesenheit alles dessen, was wohltut, was gefällt. In erschreckender Weise fehlt der Sinn für das *Malerische.* Die Häuser sind meist in gutem Stand; nirgends die Zeichen schlechter Wirtschaft oder des Verfalls; die Dachziegel weisen keine Lücke auf, und keine angeklebten Streifen Papier verkürzen dem Glaser sein Recht und seinen Verdienst; das Holzgitter, das das Haupt- und Nebengebäude umzieht, ist wohlerhalten, und der junge Baum, der in der Nähe der Haustür steht, hat seinen Pfosten, daran er sich lehnt, und seinen Bast, der ihn hält. Überall ein Geist mäßiger Ordnung, mäßiger Sauberkeit, überall das Bestreben, sich nach der Decke zu strecken und durch Fleiß und Sparsamkeit sich weiterzubringen, aber nirgends das Bedürfnis, das Schöne, das erhebt und erfreut, in etwas anderem zu suchen als in der Neuheit eines Anstrichs oder in der Geradlinigkeit eines Zauns. Man will keine Schwalbe am Sims – sie bringen Ungeziefer; man will keinen Efeu am Haus – er schädigt das Mauerwerk; man will keine Zierbäume in Hof und Garten – sie machen feucht und halten das Licht ab; man will nicht Laube, nicht Veranda – was sollte man damit? Nützlichkeit und Nüchternheit herrschen souverän und nehmen der Erscheinung des Lebens allen Reiz und alle Farbe. Grün und gelb und rot wechseln die Häuser und liegen doch da wie eingetaucht in ein allgemeines, trostloses Grau.

Den kläglichsten Anblick aber gewähren die sogenannten Vergnügungsörter. Man erschrickt bei dem Gedanken, daß es möglich sein soll, an solchen Plätzen das Herz zu erlaben und zu neuer Wochenarbeit zu stärken. Wie Ironie tragen einige die Inschrift: »Zum freundlichen Wirt«. Man glaubt solcher Inschrift nicht. Wer könnte freundlich sein in solcher Behausung und Umgebung? An der Eingangstür hängen zwei Wirtshausschildereien, bekannte Genrebildszenen, die mehr an die Götzen und Kunstzustände der Sandwichs-Inseln als an die Nachbarschaft Berlins erinnern, und als einziger Anklang an Spiel und Heiterkeit zieht sich am Holzgitter des Hauses eine Kegelbahn entlang, deren kümmerliches und ausgebleichtes Lattenwerk dasteht wie das Skelett eines Vergnügens.

Auf halbem Wege nach Tegel sind wir endlich bis an die letzten Ausläufer der Stadt gelangt, und eine Tannenheide beginnt, die uns, ziemlich ununterbrochen, bis an den Ort unserer Bestimmung führt. Noch ein weiter freier Platz, der nach links hin einen Blick auf den See und das Dörfchen Tegel gestattet, dann eine Wassermühle, hübsch, wie alle Wassermühlen, und eine Ahorn- und Ulmenallee liegt südlich vor uns, an deren entgegengesetztem Ende wir bereits die hellen Wände von *Schloß* Tegel schimmern sehen.

Schloß Tegel, ursprünglich ein Jagdschloß des Großen Kurfürsten, kam, wenige Jahre nach dem Hubertusburger Frieden, in Besitz der Familie Humboldt. Alexander Georg von Humboldt, einem adeligen pommerschen Geschlechte angehörig, das im Fürstentum Cammin und im Neustettiner Kreise seine Besitzungen hatte, brachte es im Jahr 1765 durch Kauf an sich.* 1767 wurde Wilhelm, 1769 Alexander von Humboldt geboren, aber *nicht* in Tegel, sondern in Berlin, wo der Vater aller Wahrscheinlichkeit nach in Garnison stand. Nach dem Tode der Eltern wurde Schloß und Rittergut Tegel gemeinschaftliches Eigentum der beiden Brüder und blieb es, bis es im Jahr 1802 in den alleinigen Besitz Wilhelms von Humboldt, der damals Gesandter in Rom war, überging. Alexander von Humboldt hat sich immer nur besuchsweise in Schloß Tegel aufgehalten, und die historische Bedeutung des Orts wurzelt überwiegend in der vieljährigen Anwesenheit *Wilhelms* von Humboldt daselbst, der die letzten fünfzehn Jahre seines Lebens (von 1820 bis 1835), zurückgezogen von Hof und Politik, aber in immer wachsender Vertrautheit mit der Muse und den Wissenschaften, auf dieser seiner Besitzung zubrachte.

Die Kunstschätze, die Schloß Tegel bis diesen Augenblick umschließt, gehören, wie ich bei Aufzählung derselben noch weiter hervorheben werde, nicht unwesentlichen Teils in das Gebiet des Familienportraits. Wilhelm von Humboldt selbst, seine Gemahlin, seine drei Töchter (jüngerer, in Rom verstorbener Kinder zu geschweigen) haben alle, sei es in Stein oder Farbe, eine so mannigfache Darstellung gefunden, daß es nötig sein wird, behufs besserer Orientierung, dem Leser einen kurzen Überblick über die Familienverhältnisse Wilhelms von Humboldt zu geben.

Wilhelm von Humboldt war mit Karoline Friederike von Dacheröden (geboren am 23. Februar 1766, gestorben am 26. März 1829) vermählt. Aus dieser Ehe wurden ihm, mit Ausschluß der früh verstorbenen Kinder, drei Töchter und

* Es scheint zweifelhaft, ob Tegel 1765 durch *Kauf* oder 1766 als *Frauengut* an den Major von Humboldt kam. Ich finde nämlich anderen Orts, aus ersichtlich guter Quelle, folgendes: »1766 vermählte sich der Obristwachtmeister (Major) von Humboldt mit Marie Elisabeth, geborne Colomb, verwitwete Frau von Hollwede. Aus dieser Ehe wurden Wilhelm und Alexander von Humboldt geboren. Die Mutter der beiden Brüder war, als *Erbtochter* des Direktors Johann Heinrich Colomb, Besitzerin von Ringenwalde in der Neumark, Tegel und Falkenberg (anderthalb Meilen von Berlin). In der Falkenberger Kirche ließ Frau von Humboldt 1795 ein Erbbegräbnis bauen, in dem sowohl sie selbst wie ihre beiden Ehemänner: Hauptmann von Hollwede, gestorben 1765, und Obristwachtmeister von Humboldt, gestorben 1779, beigesetzt wurden. Frau von Humboldt starb 1796.«

zwei Söhne geboren. Die beiden Söhne erhielten die großen oberschlesischen Güter, die Töchter Tegel. Die älteste Tochter, Karoline von Humboldt, blieb unverheiratet und überlebte ihren Vater um kaum zwei Jahre. Die zweite Tochter, Adelheid von Humboldt, war mit dem Generallieutenant von Hedemann vermählt und besaß Schloß Tegel als väterliches Erbteil von 1835 bis zu ihrem Tode 1856. Nach ihrem Tode (sie starb kinderlos) ging Tegel nunmehr auf die dritte Schwester, Gabriele von Humboldt, Witwe des ehemaligen Gesandten in London und Staatsministers von Bülow, über. Das schöne Gut wird aber nicht im Besitz ihrer Deszendenz verbleiben, sondern fällt, nach dem Ableben der Frau von Bülow, an die ältere männliche Linie, will sagen an den Besitzer der schlesischen Herrschaft Ottmachau zurück.

Wir haben inzwischen die Ahorn- und Ulmenallee durchschritten und stehen nunmehr, rechts einbiegend, unmittelbar vor dem alten Schloß. Die räumlichen Verhältnisse sind so klein und die hellgelben Wände, zumal an der Frontseite, von solcher Schmucklosigkeit, daß man dem Volksmunde recht geben muß, der sich weigert, von *»Schloß Tegel« zu* sprechen, und diesen Diminutivbau beharrlich »das Schlößchen« nennt. Man erkennt deutlich noch die bescheidenen Umrisse des alten Jagdschlosses, dessen einzig charakteristischer Zug, neben einem größeren Seitenturm, in zwei erkerartig vorspringenden Türmchen oder Ausbuchtungen bestand. Diese Erkertürmchen sind dem Neubau, der 1822 unter Schinkels Leitung begonnen wurde, verblieben, während der große Seitenturm das hübsche Motiv zur Restaurierung des Ganzen abgegeben hat. An den vier Ecken des alten Hauses erheben sich jetzt vier Türme von mäßiger Höhe, die derart eingefügt und untereinander verbunden sind, daß sie im Innern nach allen Seiten hin die Zimmerreihen erweitern, während sie nach außen hin dem Ganzen zu einer Stattlichkeit verhelfen, die es bis dahin nicht besaß.

Wir treten nun ein und befinden uns auf dem niedrigen, aber ziemlich geräumigen Hausflur, der ganz im Charakter eines Atriums gehalten ist. Kurze dorische Säulen tragen Decke und Gebälke, eine einfach gemusterte Steinmosaik füllt den Fußboden, und Basreliefs aller Art und Größe schmücken zu beiden Seiten die Wand. Ziemlich in der

Mitte des Atriums erhebt sich, auf einem Sockel oder Fußgestell, die eigentliche Sehenswürdigkeit desselben: eine antike, mit bacchischen Reliefs verzierte Brunnenmündung, die sich vormals in der Kirche St. Calisto in Trastevere zu Rom befand. Der Sage nach soll der heilige Calixtus in dieser marmornen Brunnenmündung ertränkt worden sein, weshalb das Wasser, das aus derselben geschöpft wurde, lange Zeit für wundertätig galt. Wilhelm von Humboldt, während seines langjährigen Aufenthalts in Rom, brachte dieses interessante Kuriosum käuflich an sich und schmückte dasselbe mit folgender lateinischer Inschrift: »Puteal, sacra bacchica exhibens, idem illud, in quo, ad martyrium patiendum, circa A. CCXXIII, S. Calistus immersus traditur, ex eiusdem S. Calisti aede Romana Transtiberina emptionis iure huc devectum.« (Also etwa: »Diese Brunnenmündung, einen Bacchuszug auf ihrer Außenseite darstellend, ist dieselbe, in welcher, einer Sage nach, der heilige Calixtus ertränkt wurde und das Martyrium erduldete, etwa 223 nach Christus. In der Kirche des heiligen Calixtus zu Trastevere bei Rom käuflich erstanden, wurde sie [die Brunnenmündung] hierher gebracht.«)

Zu beiden Seiten des Atriums befinden sich verschiedene Räumlichkeiten, die alle ohne Bedeutung sind, mit Ausnahme des nach rechts hin gelegenen Studierzimmers Wilhelms von Humboldt. Vieles darin erinnert noch an seinen ehemaligen Bewohner, der hier die reifsten seiner Arbeiten überdachte und niederschrieb. Hier entstanden, seiner Familie selbst ein Geheimnis und nach seinem Tode erst aufgefunden, jene Sonette, die Alexander von Humboldt gewiß mit Recht »die Selbstbiographie, die Charakteristik des teuren Bruders« genannt hat. Hier traten, in mitternächtiger Stunde, jene stillen Klagen und Bekenntnisse ans Licht, zu deren sorglicher Konzipierung und Gestaltung ihm die Arbeit des Tages keine Muße gegönnt hatte; hier schrieb er in Dankbarkeit gegen die Stille und Verschwiegenheit der Nacht:

Das Leben ist an Möglichkeit gebunden,
Und ihre Grenzen sind oft eng gezogen;
Der Freude Maß wird spärlich zugewogen,
Des Leidens Knäuel langsam abgewunden.

Allein der Mitternacht geheime Stunden
Sind günstiger dem Sterblichen gewogen;
Wer um des Tages Glück sich fühlt betrogen,
Der heilt im süßen Traum des Wachens Wunden;

stille, durch poetische Innigkeit ausgezeichnete Bekenntnisse, an denen sich glücklicherweise die bescheidene Hoffnung des Dichters:

Vielleicht geschieht's, daß freundliches Gefallen
Vom Untergange kleine Anzahl rette,

und nicht die Resignation der zwei folgenden Zeilen erfüllt hat:

Sonst in des Zeitenstromes breitem Bette
Ist ihr natürlich Los, schnell zu verhallen.

In der Nähe der Fensterwand steht der Schreibtisch, kein elegantes Tischchen, sondern ein schwerer, massiver Bau aus Mahagoniholz, ersichtlich »ein Krieger für den Werkeltag«. Auf ihm, und zwar in der Mitte desselben, erhebt sich eine antike Doppelherme, rechts daneben ein Torso, links aber die berühmte, vom Maler Asmus Carstens herrührende Statuette einer Parze, die am Sockel die Namensinschrift des Künstlers und die Jahreszahl 1795 trägt. An der gegenüberliegenden Wand, so daß das Auge des Schreibers, sooft er aufblickte, darauf fallen mußte, befinden sich die Statuen der Kapitolinischen Venus und der Venus von Milo, zwischen beiden ein Panorama von Rom und die Konstantins-Schlacht, nach dem berühmten Raffaelischen Bilde. Die Gesamtheit der in diesem Zimmer vorhandenen Kunstschätze aufzählen zu wollen hieße den Leser ermüden; nur einer Kreidezeichnung Thorwaldsens, »Bacchus, welcher dem Amor zu trinken gibt«, sei noch, ihrer besonderen Lieblichkeit und Grazie halber, erwähnt.

Von den Bildern und Statuen hinweg treten wir jetzt an die Glas- und Bücherschränke heran, die ihrem Inhalte nach, wenigstens teilweise, der Humboldtschen Zeit angehören und uns somit Gelegenheit geben, einen Einblick in die privateren Studien, selbst in die Unterhaltungslektüre des Gelehrten zu tun. Da haben wir Byrons »Life and Works« in siebzehn und Adam Smiths »Wealth of Nations« in drei Bänden; Loudons »Encyclopaedia of Gardening« und Cooks Reisen um die Welt; Schleiermachers Predigten in acht und die Schriften der Rahel in drei Bänden; Voltaire und Rousseau in zusammen vierundsiebzig Halbfranzbänden friedlich nebeneinander; Goethe in einer Ausgabe von 1817; Bulwers »Eugen Aram« und »Rienzi« in großem Originalformat und Adelungs Wörterbuch in vier mächtigen Schweinslederbänden. Bescheiden in einer Ecke lehnen zwei der berühmtesten Werke Wilhelms von Humboldt selbst und führen, in Goldbuchstaben auf Dunkelblau, ihre wohlbekannten Titel: »Über die Kawi-Sprache auf der Insel Java« und »Über die Verschiedenheit des menschlichen Sprachbaus«.

Neben dem Arbeitszimmer befindet sich das ehemalige Schlafcabinet Wilhelms von Humboldt, in dem er am 8. April 1835 starb. Der überaus kleine Raum ist gegenwärtig unbenutzt und dient nur zur Aufstellung zweier weiblicher Torsen aus parischem Marmor, die zur Zeit des ägyptischen Feldzugs (1799) durch einen französischen Offizier von Athen nach Rom gebracht und an den Kunsthändler Antonini daselbst verkauft wurden. Von diesem erstand sie Wilhelm von Humboldt. Nach dem einmütigen Urteil aller Sachverständigen gehören diese Torsen zu dem Schönsten, was wir an weiblichen Körpern von griechischer Kunst besitzen. Professor Waagen ist der Meinung, daß beide einer Gruppe von Grazien angehören, deren dritten Torso er in der Skulpturensammlung des Herrn Blundell Weld in der Nähe von Liverpool entdeckt zu haben glaubt.

Wir verlassen nun die untern Räume und steigen vom Atrium aus treppauf, um den obern Zimmern unsern Besuch zu machen. Die Treppe selbst indes, vor allem die Art und Weise, wie Schinkel, der auch hier den Umbau leitete, alle entgegenstehenden Schwierigkeiten glücklich überwunden hat, fesselt uns noch auf Augenblicke. Die Enge des Raums schrieb ihm Verhältnisse vor, die etwas Kleines und Puppenstubenhaftes nicht vermeiden konnten, und doch glückte es ihm, durch Wölbungen hier, durch Mauereinschnitte dort, dem Ganzen den Eindruck einer lichthellen Heiterkeit zu leihen und endlich durch Farbe und Ornamentik diesen Eindruck bis zum Schönen und Gefälligen zu steigern. Die einzelnen Decken und Rundbögen, deren Dimensionen mehr an das *Modell* eines Hauses als an ein wirkliches Haus erinnern, sind mit Sternchen auf dunkelblauem Grunde geschmückt, und zwei in die Wandfläche des Treppenabsatzes gemalte Kandelaber (es war kein Raum da, um wirkliche aufzustellen) gelten für Meisterstücke guten Geschmacks und korrekter Zeichnung.

Die oberen Räume, ein Empfangszimmer, ein Saal, ein Wohnzimmer und zwei Turmgemächer, bilden ein völliges Museum und sind zu reich ausgestattet mit Kunstschätzen und Sehenswürdigkeiten aller Art, als daß mehr wie eine bloße Aufzählung des Vorhandenen an dieser Stelle gestattet sein könnte. Und selbst diese Aufzählung werde ich auf die Hauptsehenswürdigkeiten, das heißt also auf Originalwerke, zu beschränken haben. Es sind das, soweit die Plastik in Betracht kommt, neben Werken der Antike, Arbeiten von Thorwaldsen, Rauch und Friedrich Tieck. Aus der Reihe der Maler aber begegnen wir: Gottlieb Schick, Karl Philipp Fohr, Karl Steuben und Wilhelm Wach.

Antiken. Die Statue der Nymphe Anchyrrhoe mit einem Wassergefäß, gefunden vor Ponte Molle bei der Osteria la Finocchia. Ihren Namen (Anchyrrhoe) hat diese Statue nach einer Bezeichnung, welche Ennio Quiriño Visconti auf einem andern, lebensgroßen, jetzt im Louvre befindlichen Exemplar derselben Statue, von übrigens viel geringerer Arbeit, gefunden hat. *Diese* Statue hingegen zeichnet sich ebensosehr durch das graziöse Motiv wie durch die vortreffliche Arbeit aus.

Die Statuette einer tanzenden Bacchantin mit dem Thyrsus (der Kopf modern). – Das Fragment einer antiken Sarkophagskulptur, welche den Raub der Proserpina darstellt. – Der thronende Jupiter, ein Relief aus dem Palast Rondanini. – Vulkan, ein Relief, ebendaher. – Ein Rund, auf dessen einer Seite sich der Kopf des Jupiter Ammon, auf der andern eine opfernde Bacchantin befindet. – Die antike Statue des Bacchus aus pentelischem Marmor. Der Kopf, nach Angaben von Rauch, ergänzt. – Die drei Parzen, ein antikes Basrelief in Marmor. Dieses Relief ist besonders durch die Art der Auffassung merkwürdig. Die sitzende Klotho spinnt, und die in der Mitte stehende Atropos schneidet den Lebensfaden ab; die Lachesis aber steht an einem Globus und bezeichnet an demselben das menschliche Geschick.

Hieran schließen sich, bevor wir zu den Arbeiten neuer Meister übergehen, jene wertvollen, wenigstens zum Teil der Antike angehörigen Geschenke, die von seiten Pius' VII., als Zeichen des Danks für wichtige, auf dem Wiener Kongreß und später in Paris ihm geleistete Dienste, an Wilhelm von Humboldt überreicht wurden. Diese Geschenke sind folgende: Eine Säule von orientalischem Granit, die eine moderne Kopie, in grünem Porphyr, von dem berühmten Kopfe der Medusa aus dem Hause Rondanini trägt, deren Original sich in der Glyptothek zu München befindet. – Zwei andere Säulen aus rosso antico von großer Schönheit, die zwei zierliche Vasen aus jener Marmorart tragen, die den Namen giallo antico führt. – Alle drei Säulen tragen, aufgehängt an einem Kettchen, das in Erz gegossene und vergoldete Wappen Pius' VII. Es besteht aus drei Feldern, in deren größerem sich das päpstliche Doppelkreuz und die Inschrift »Pax« befindet, während die zwei kleineren Felder drei Sternchen und drei Köpfe zeigen. Über jedem einzelnen Wappen kreuzen sich die Schlüssel Petri. Diese wertvollen Geschenke wurden an Wilhelm von Humboldt mit folgendem Schreiben überreicht:

»An den Herrn Baron von Humboldt der Papst Pius VII.

Der so nachdrückliche Beistand, welchen Sie dem Ritter Canova* zu dem glücklichen Ausgang seines Auftrags haben angedeihen lassen, hat Uns nicht überrascht, denn da Wir Sie zur Genüge kennen, versahen Wir Uns mit Gewißheit, daß Sie sich der Sache Roms und Unserer Person mit Nachdruck annehmen würden. Nichtsdestoweniger fühlen Wir Uns, nachdem Wir vernommen, wieviel Sie zu der Rückkehr der antiken Denkmale, Handschriften und anderer kostbarer Gegenstände beigetragen haben, verpflichtet, Ihnen in eigener Person Unsern Dank zu erkennen zu geben. Rom hatte sicherlich Ursache, Sie nicht zu vergessen, der Sie sich, während Ihres Aufenthaltes daselbst, so viel Liebe und Achtung

* Der berühmte Bildhauer Canova war im Jahr 1815 Kommissarius für die Zurückforderung der aus den päpstlichen Staaten nach Paris entführten Kunstdenkmäler.

erworben, es wird aber fortan noch einen andern gewichtigen Grund haben, Ihrer als des wohlverdienten Freundes des Sitzes der schönen Künste zu gedenken.

Wir werden Ihnen ein dankbares Andenken für dasjenige bewahren, was Sie in dieser bedeutenden Angelegenheit gewirkt haben, wie Wir Ihnen ein Gleiches für alles dasjenige bewahren, welches Sie zu Unserm Frommen in Wien getan, wie der Kardinal Consalvi Uns berichtet hat.

Wir werden mit der größten Freude jede Gelegenheit ergreifen, um Ihnen Unser besonderes Wohlwollen und Unsere Achtung zu bezeugen, und werden den Höchsten bitten, daß es ihm gefallen möge, über Sie seine Gaben und seine himmlische Erleuchtung in Fülle auszugießen und Ihnen die vollkommenste Glückseligkeit zu bescheren.

Gegeben zu Castel Gandolfo, den 26. Oktober 1815, im sechzehnten Jahre Unseres Pontifikats.

Pius P. P. VII.«

Ich fahre nun fort in der Aufzählung der in Tegel vorhandenen Originalwerke der Skulptur sowohl wie der Malerei.

Zunächst von *Thorwaldsen.* Die Statue der »Hoffnung« im Stil der altgriechischen Kunst, mit der Lotosblume in der Rechten. Eine Kopie dieser Statue, von Friedrich Tieck herrührend, krönt die Säule auf dem mehrgenannten Begräbnisplatz der Familie. – Die Marmorbüste der Frau von Humboldt. – Die Marmorbüste Wilhelms von Humboldt. – Zwei Kreidezeichnungen: Maria mit dem Kinde und dem kleinen Johannes, und Maria und das Christuskind, welche sich liebkosen. Die erste Zeichnung trägt die Unterschrift: »Albertus Thorwaldsen in. et del.«; die zweite: »Roma, 23 Febbrajo 1818, A. Thorwaldsen f.«

Von *Rauch.* Venus, welche dem Mars ihre vom Diomedes verwundete Hand zeigt. Marmorrelief, in einem Rund ausgeführt. Eine der frühesten und reizendsten Arbeiten des Meisters. – Die sitzende Statue eines jungen Mädchens, durch den Schmetterling in ihrer Rechten als Psyche bezeichnet (zu gleicher Zeit Portraitstatue der damals, 1810, zehnjährigen Adelheid von Humboldt). – Die Marmorbüste Alexanders von Humboldt. – Die Büsten der als Kinder verstorbenen Gustav und Luise von Humboldt.

Von *Friedrich Tieck* Die Statuen des Odysseus, des Achill, der Omphale und Iphigenie. – Reliefbild Alexanders von Humboldt. – Reliefbild des Grafen Gustav von Schlabrendorf.

Von *Gottlieb Schick* Adelheid und Gabriele von Humboldt als Kinder, Ölportraits auf *einem* Bilde, eines der vorzüglichsten Werke dieses leider so früh verstorbenen Künstlers. Durch das offene, weinumrankte Fenster sieht man auf Berg und See einer still heitern italienischen Landschaft hinaus. Die schlichten, einfachen Kleidchen verhüllen nur eben die jugendlichen Körper der beiden Mädchen, von denen die jüngere träumerisch mit Blumen spielt. – Das Bildnis Karolinas von Humboldt, der älteren Schwester der beiden eben genannten. In Größe, Farbe und Auffassung dem vorigen Bilde sehr ähnlich, aber nicht ganz von demselben Reiz.

Von *Karl Philipp Fohr* (1818 in Rom ertrunken). Hagen im Gespräch mit den Donaunixen (Federzeichnung).

Von *Karl Steuben.* Das Bildnis Alexanders von Humboldt, damals (1812) zweiundvierzig Jahre alt, in lebensgroßer Figur. Vorn Basaltsäulen, im Hintergrunde der Chimborasso. Höchst brillant gemacht, aber nicht ohne Anflug von Manier.

Vielleicht verlohnt es sich, und zwar speziell im Hinblick auf die zuletzt genannten Portraits, die ganze reiche Sammlung noch ein zweites Mal kurz an uns vorüberziehen zu lassen, lediglich um uns mit der Tatsache vertraut zu machen, daß neben einem Kultus der Schönheit, der unbestritten hier stattfand, zu gleicher Zeit ein *Familiensinn, ein alle Glieder umschlingendes Liebesband hier anzutreffen war,* das, wie in manchem andern, so auch namentlich in der reichen Ansammlung von *Familienportraits* einen sprechenden Ausdruck gefunden hat. Die Zahl dieser Portraits, mit Umgehung geringfügiger Arbeiten, ist siebzehn.

Alexander von Humboldt: Zwei große Ölbilder von Steuben und einem Ungenannten, vielleicht Wach oder Krüger; eine Portraitbüste von Rauch; ein Reliefportrait von Friedrich Tieck.

Wilhelm von Humboldt: Eine Büste von Thorwaldsen; ein Relief von Martin Klauer in Rom; ein Kreideportrait von Franz Krüger.

Frau von Humboldt: Ein Ölportrait von Schick; eine Marmorbüste von Thorwaldsen; ein Kreideportrait von Wilhelm Wach.

Karoline von Humboldt: Ölbild von Schick.

Adelheid von Humboldt: Ölbild von Schick; Marmorstatue (als Psyche) von Rauch.

Gabriele von Humboldt: Ölbild von Schick.

Gustav und Luise von Humboldt: Zwei Büsten von Rauch.

Therese von Bülow: Büste von Rauch.

Außer den fünf Zimmern, die alle diese Kunstschätze von Meisterhand enthalten, befinden sich im obern Stockwerk noch einige andere Räume, die nicht eigentlich zu den Sehenswürdigkeiten des Schlosses gehören, aber, unter dem Einfluß des Kontrastes, bei jedem, der zu ihrem Besuch zugelassen wird, ein lebhaftes Interesse wecken werden. Hier in den Zimmern, die nach außen hin nichts zu bedeuten, nichts zu repräsentieren haben, hängen die ersten Anfänge kurbrandenburgischer Malerkunst wie ebenso viele grob getuschte Bilderbogen an Wand und Pfeiler und zwingen selbst dem preußenstolzesten Herzen ein mitleidiges Lächeln ab. Sinn und Seele noch tief erfüllt vom Anblick idealer Schönheit, die in hundert Gestalten, und doch immer als dieselbe *eine*, eben erst zu uns sprach, werden wir, angesichts dieser blauroten Soldateska, irre an allem, was uns bis dahin als Aufgabe einer neuen Zeit, als Ziel einer neuen Richtung gegolten hat, und verlegen treten wir seitwärts, um des Anblicks von Dreimaster und Bortenrock nach Möglichkeit überhoben zu sein. Mit Unrecht. Nicht die *Richtung* ist es, die uns verdrießt, nur das niedrige Kunstmaß innerhalb derselben. Ein Modell der Rauchschen Friedrichs-Statue, eine Menzelsche Hochkirch-Schlacht würden uns auch vielleicht frappiert, aber doch noch im Augenblicke der Überraschung, durch ihren Eindruck auf unser Gemüt, uns ihre Ebenbürtigkeit bewiesen haben.

Wir verlassen nun das Haus und seine bildgeschmückten Zimmerreihen, um der vielleicht eigentümlichsten und fesselndsten Stätte dieser an Besonderem und Abweichendem so reichen Besitzung zuzuschreiten – der *Begräbnisstätte.* Der

Geschmack der Humboldtschen Familie, vielleicht auch ein Höheres noch als das, hat es verschmäht, in langen Reihen eichener Särge den Tod gleichsam überdauern und die Asche der Erde vorenthalten zu wollen. Des Fortlebens im Geiste sicher, durfte ihr Wahlspruch sein: »Erde zu Erde.« Kein Mausoleum, keine Kirchenkrypta nimmt hier die irdischen Überreste auf; ein Hain von Edeltannen friedigt die Begräbnisstätte ein, und in märkisch-tegelschem Sande ruhen die Mitglieder einer Familie, die, wie kaum eine zweite, diesen Sand zu Ruhm und Ansehen gebracht.

Zwei Wege führen vom Schloß aus zu diesem inmitten eines Hügelabhangs gelegenen Friedhof hin. Wir wählen die Lindenallee, die geradlinig durch den Park läuft und zuletzt in leiser Biegung zum Tannenwäldchen hinansteigt. Unmerklich haben uns die Bäume des Weges bergan geführt, und ehe uns noch die Frage gekommen, ob und wo wir den Friedhof finden werden, stehen wir bereits inmitten seiner Einfriedigung, von dicht und wandartig sich erhebenden Tannen nach allen vier Seiten hin überragt. Das Ganze berührt uns mit jenem stillen Zauber, den wir empfinden, wenn wir plötzlich aus dem Dunkel des Waldes auf eine Waldwiese treten, über die abwechselnd die Schatten und Lichter des Himmels ziehen. Die Bergwand, die den Platz gegen Norden und Osten hin umlehnt, schützt ihn gegen den Wind und schafft eine selten unterbrochene Stille. Die Form des Ganzen ist ein Oblong, etwa dreißig bis vierzig Schritte lang und halb so breit. Der ganze Raum teilt sich in zwei Hälften, in eine Gartenanlage und in den eigentlichen Friedhof. Dieser besteht aus einem eingegitterten Viereck, an dessen äußerstem Ende sich eine dreißig Fuß hohe Granitsäule auf Quaderstufen erhebt. Von dem ionischen Kapitäl der Säule blickt die Marmorstatue der »Hoffnung« auf die Gräber herab. Blumenbeete schließen das Eisengitter ein.

Die Zahl der Gräber, wenn ich richtig gezählt, beläuft sich auf zwölf, und wenig Raum ist gelassen für neu hinzukommende. Die Grabsteine, die sich der Säule zunächst befinden, darunter die Wilhelms von Humboldt, seiner Gemahlin und der ältesten Tochter Karoline, haben keine Inschriften, sondern Name, Geburts- und Todesjahr der Heimgegangenen sind in die Quadern des Postaments eingegraben. Die mehr am andern Ende des Gitters gelegenen Hügel aber weisen kleine Marmortäfelchen auf, die einfach den Namen und die Daten tragen und in ihrer Schlichtheit an die Stäbchen erinnern, die der Gärtner dort in die Erde steckt, wo er um die Herbstzeit ein Samenkorn für den Frühling eingelegt hat. Alle Gräber sind mit Efeu dicht überwachsen; nur eines, der Gittertür und dem Beschauer zunächst, entbehrt noch des frischen, dunkelgrünen Kleides. Fahl gewordene Tannenreiser bedecken die Stätte, aber auf den Reisern liegen Lorbeer- und Eichenkränze und verraten leicht, wer unter ihnen schläft.

Wenn ich den Eindruck bezeichnen soll, mit dem ich von dieser Begräbnisstätte schied, so war es der, einer entschiedenen *Vornehmheit* begegnet zu sein. Ein Lächeln spricht aus allem und das resignierte Bekenntnis: Wir wissen nicht, was kommen wird, und müssen's – erwarten. Deutungsreich blickt die Gestalt der Hoffnung auf die Gräber hernieder. Im Herzen dessen, der diesen Friedhof schuf, war eine *unbestimmte Hoffnung* lebendig, *aber kein bestimmter siegesgewisser Glaube*. Ein Geist der Liebe und Humanität schwebt über dem Ganzen, aber nirgends eine Hindeutung auf das Kreuz, nirgends der Ausdruck eines unerschütterlichen Vertrauens. Das sollen nicht Splitterrichter-Worte sein, am wenigsten Worte der Anklage; sie würden *dem* nicht ziemen, der selbst lebendiger ist in der Hoffnung als im Glauben. Aber ich durfte den *einen* Punkt nicht unberührt und ungenannt lassen, der, unter allen märkischen Edelsitzen, *dieses* Schloß und *diesen* Friedhof zu einem Unikum macht. Die märkischen Schlösser, wenn nicht ausschließlich *feste Burgen* altlutherischer Konfession, haben abwechselnd den Glauben und den Unglauben in ihren Mauern gesehen; straffe Kirchlichkeit und laxe Freigeisterei haben sich innerhalb derselben abgelöst. Nur Schloß Tegel hat ein *drittes* Element in seinen Mauern beherbergt, *jenen* Geist, der, gleich weit entfernt von Orthodoxie wie von Frivolität, sich inmitten der klassischen Antike langsam, aber sicher auszubilden pflegt und, lächelnd über die Kämpfe und Befehdungen beider Extreme, das Diesseits genießt und auf das rätselvolle Jenseits *hofft*.

DIE SEESCHLACHT IN DER MALCHE

Of Nelson and the north
Sing the glorious day's renown.
Thomas Campbell

Die Mittelhavel, wie schon hervorgehoben, ist eine lange Kette von Seen, Buchten und Becken.

Eins dieser Becken, unmittelbar nördlich von Spandau, ist die »*Malche*«, die so ziemlich den ganzen Raum zwischen dem Eiswerder und der Zitadelle füllt. Eine prächtige Breite, die zunächst einen Wiesenplan und, daran anschließend, den »Saatwinkel« und die Jungfernheide in Flanke und Rücken hat, während sich die Bastionen und der Rundturm der Festung in der blauen Tiefe spiegeln.

Die Havelbuchtung nun, samt ihren Ufern, war in der Joachimischen Zeit, und zwar im Jahre 1567, der Schauplatz eines »Wasser- und Landgefechts«, über das Leuthinger in seiner Topographia marchica ausführlich berichtet. Diesem Berichte entnehmen wir das Folgende:

Kurfürst Joachim II., unser allergnädigster Herr, nachdem er abends spät mit seinem Hofstaate auf der Festung Spandow angekommen war, sandte, um den Bewohnern einen Schrecken zu bereiten, des Morgens ganz früh einige seiner Trabanten nach der *Stadt* Spandow, zum Hause des damaligen Bürgermeisters Bartholomäus Bier, welchen sie, da noch alles schlief, mit starkem Pochen an seiner Haustür erweckten. Da derselbe beim Öffnen der Tür die Trabanten des Kurfürsten erblickte und sogleich den Befehl erhielt, sich anzukleiden und die Trabanten zum Kurfürsten nach der Festung zu begleiten, erschrak er sehr und konnte sich nicht darin finden, wie er dazu käme, unter militärischer Gewalt nach der Veste abgeführt zu werden. Seine Frau, welche ebenfalls hinzugekommen war, war noch mehr erschrocken und fing schon ein gewaltiges Klagen an. Zugleich gab ihm der Anführer der Trabanten eine an die ganze Bürgerschaft gerichtete kurfürstliche Ordre. Der Herr Bürgermeister sandte eine

Magd eiligst nach dem Stadtdiener Strohband. Dieser, in gleicher Aufregung wie sein Herr, kam halb angekleidet und in Pantoffeln herbei. Er erhielt den Auftrag, sogleich zu allen Viertelmeistern zu gehen, um ihnen den kurfürstlichen Befehl, der ebenfalls auf ein Erscheinen vor dem hohen Herrn hinauslief, bekanntzumachen.

Während nun Strohband lief, um die Bürger zu bestellen, und der Herr Bürgermeister sich in aller Eile angekleidet hatte, mäßigte sich sein Schrecken, weil ihm sein gutes Gewissen sagte, daß der Kurfürst sowenig mit ihm wie mit der Bürgerschaft etwas Schlimmes im Sinne haben könne, da seines Wissens keine Sache vorlag, welche den Unwillen des hohen Herrn verdiente. Nachdem er seine Frau damit getröstet und beruhigt hatte, ging er getrosten Mutes mit den Trabanten ab. Einige alte Frauen und Mägde, welche früh aufgestanden waren, um die Kühe vor den Hirten zu treiben, als sie sahen, daß der gestrenge Herr Bürgermeister in der Mitte von Trabanten des Kurfürsten zur Veste geleitet wurde, kreuzten und segneten sich und liefen schnell, um die Neuigkeit zu hinterbringen. Jeder zerbrach sich den Kopf. Endlich kam denn auch der Krummstock, der allen Bürgern den uns schon bekannten Befehl brachte. Die Neugierde wuchs, und die Frauen vergaßen ihre Morgensuppe; aber schon um sechs Uhr morgens zog die ganze löbliche Bürgerschaft, Viertelmeister und Ratmänner voran, zum Tore hinaus der Festung zu.

Als der Herr Bürgermeister Bier auf der Festung angekommen war, wurde er alsbald dem gnädigen Kurfürsten vorgestellt, und als dieser ihm freundlichst entgegenkam, fiel ihm ein schwerer Stein vom Herzen, und er vernahm nun vom Kurfürsten, daß er sich über den kleinen Schrecken, welchen ihm sein Spaß vielleicht verursacht hätte, beruhigen möchte; indessen wünsche er, daß die Bürgerschaft zu dem Vergnügen, welches er sich heute vorgesetzt habe, ihm willig die Hand bieten möge; er habe nämlich ebenfalls die Berliner und Cöllner Bürger dazu beordert, daß sie auf *Schiffen mit den Spandauern ein Gefecht bestehen möchten*, und selbige hätten sich dazu bereit erklärt und würden wohl bereits dazu unterwegs sein; ein Gleiches wünsche er von ihnen; Waffen habe er mitgebracht, Schiffe möchten sie nehmen, wo sie solche fänden; die Anordnung überließe er dem Bürgermeister, und er mache ihn heut zugleich zum *Admiral der Flotte*.

Der Zug der Bürger kam indessen auf der Festung an. Der Kurfürst trat ihnen mit seinem Gefolge, den Herrn Bürgermeister in der Mitte, entgegen und sagte ihnen:

»Lieben Kinder, Spandower! Ihr habt wohl wer weiß was gedacht, daß ich euren Bürgermeister entführt und überhaupt euch so in Alarm gebracht habe. Indessen ist es so schlimm nicht. Es ist nichts weiter, als daß ihr euch heute mit den Berlinern zu Wasser und vielleicht auch zu Lande schlagen sollt. Waffen liegen dort, und Brustharnische und Heimhauben auch; diese nehmt. Der Herr Bürgermeister wird alles weiter anordnen, und wehrt euch tapfer!«

Nun wurden ihnen hölzerne Spieße, alle von einerlei Länge und Stärke, Helme und Harnische zugeteilt, damit sie sich zum Streit bewaffnen sollten. Jetzt zurückgekehrt zur Stadt, verwandelte sich der Schrecken in Jubel, und alles beeiferte sich, das Seinige beizutragen, um den Spaß vollkommen zu machen.

Da der neue Spandower Großadmiral wußte, daß die feindliche Berliner Flotte aus dreißig Segeln bestehen würde, so suchte er in der Eile aus den stets hier beiliegenden Stromschiffen ebenfalls einige zwanzig zusammenzubringen und solche zu bemannen; geübte Steuerleute waren auch bald gefunden, und jedes Schiff wurde mit einigen zwanzig Streitern unter einem Anführer besetzt.

Auf das Admiralschiff wurde der Stadtmusikus bestellt, und so wohlgerüstet und -geordnet erwarteten sie den Feind.

Die Flotte hatte sich bei der Festung links, vor dem Platze an der hiesigen Schleuse, vor Anker gelegt. Auch hatte der Herr Bürgermeister die Vorsicht gebraucht, die Fischer vom Kiez zu beordern, daß sie mit ihren Kähnen bei der Hand sein und, wenn einer der Schiffer und Streiter über Bord fiele, denselben sogleich retten möchten.

Die Anführer auf den Schiffen waren folgendermaßen verteilt:

<table>
<tr><td colspan="2">Bürgermeister Bartholomäus Bier</td></tr>
<tr><td>Burghard Margert</td><td rowspan="4">Ratmannen</td></tr>
<tr><td>Otto Ruttnitz</td></tr>
<tr><td>Bastian Rucken</td></tr>
<tr><td>Jakob Marzahn</td></tr>
<tr><td>Jonas Backe,</td><td>Viertelmeister</td></tr>
<tr><td>Paul Schober,</td><td>do.</td></tr>
<tr><td>Klaus Strohband,</td><td>do.</td></tr>
<tr><td>Hermann Doering,</td><td>do.</td></tr>
<tr><td>Jürgen Wardenberg,</td><td>do.</td></tr>
</table>

Die übrigen Anführer waren die Bürger: Martin Krokow, Klaus Marreligs, Peter Damitz, Andreas Raschan, Matthis Rürmundt, Sebastian Reinicke, Veit Wenzlow, Klaus Schumann, Jürgen Rohrschneider, Kurt Kiepert, Traugott Kühnert, Gottfried Schönicke, Jonas Müller, Ignatz Rasenack, an der Zahl vierundzwanzig.

Um neun Uhr endlich sah man die vereinte Berliner und Cöllner Flotte, die sich am Tegelschen See armiert und formiert hatte, die Havel heruntergesteuert kommen; sie steuerten, den Eiswerder rechts lassend, nach der Kleinen Malche und legten sich dort vor Anker, um sich zum Streit noch besser anzuschicken und dann das Signal zu erwarten. Voran lag das Admiralschiff mit dem Berliner Wappen, einem Bären im weißen Felde, am Vorderteil. Alle Schiffe waren mit prächtigen Flaggen und die Segelbäume und Stangen mit bunten Bändern geschmückt, die Steuerleute und Ruderer trugen runde Hüte, mit roten Bändern umwunden, und grüne Federbüsche.

Die meisten Schiffe waren mit Zelten von buntbemalter Leinwand überspannt, doch so, daß die Streiter, welche mit denselben Waffen wie die Spandower versehen waren, sich auf den Schiffen verteilt befanden. Alles gewährte einen prächtigen, imposanten Anblick. Freude und Jubel waren unter Begünstigung des schönsten Wetters allgemein.

Endlich wurde von dem Bastion der Festung, auf welchem sich der Kurfürst mit seinem Hofstaate eingefunden hatte und von welchem aus er das Ganze übersehen konnte, das Zeichen zum Angriff durch einen Kanonenschuß und durch den Schall der Trompeten gegeben. Im Nu war jetzt die ganze Wasserfläche, welche den *Großen und Kleinen Malche-See* zwischen der Festung und dem Eiswerder bildet, mit Schiffen bedeckt. Unter dem Donner der Kanonen und dem Schalle der Trompeten, welche unaufhörlich vom Walle der Festung ertönten, bemühten sich beide Parteien, einander so viele Schläge und Stöße zu erteilen, um womöglich eine die andere zum Weichen zu bringen. Und wie es denn gewöhnlich zu gehen pflegt, so ging es auch hier, die Gemüter erhitzten sich zu sehr, so daß das Spandower Admiralschiff zwei von den Berliner Schiffen dergestalt überfuhr, daß deren Steuermänner ins Wasser gestoßen wurden und auch einige Streiter durch den Stoß über Bord fielen. Durch das Herbeieilen der Fischer wurden diese glücklich wieder herausgefischt.

Nachdem das Gefecht zwei Stunden gedauert hatte und es, trotz der Brustharnische und der Helme, manchen blauen Fleck und Beulen gegeben hatte, auch auf keiner Seite nur ein Haarbreit der Sieg gewichen war, wurde das Zeichen zum Abbruch des Gefechts gegeben, und die Schiffe zogen sich unter gegenseitigen Drohungen und Neckereien (Leuthinger: »Spottereien«) der Mannschaften in ihre vorigen Stellungen zurück. Zugleich kam der Befehl, daß der Sieg auf dem Nachmittage zu *Lande* entschieden werden sollte. Die Berliner verließen ihre Schiffe und lagerten sich dort auf dem Felde, *»der Plan«* genannt; die Spandower gingen, um sich ihre Beulen zu besehen, einstweilen nach Hause, und die Anführer, um sich zu beraten, wie sie den Nachmittagskampf mit Ehren bestünden. Denn sie verhehlten sich nicht, daß sie, bei ihrer geringeren Zahl, es nur der großen Geschicklichkeit ihrer Steuerleute und Ruderer zu verdanken gehabt hätten, daß sie nicht besiegt worden wären. Auch war gewiß, daß sich die Zahl der Streiter ihrer Feinde aus der Zahl der Schaulustigen aus Berlin noch erheblich vermehren würde. Sie entschlossen sich also, einen Sukkurs aus dem städtischen Kämmereidorfe Staaken nebst den zur Stadt gehörigen Weinbergen, und was sie sonst noch aufzutreiben wußten, herbeiholen zu lassen.

Die Anzahl der Berliner war, wie Leuthinger versichert, über 1500 Mann. Die Spandower dagegen waren höchstens 800 Mann.

Der Gottfried Schönicke wurde demnach in aller Stille beordert, ein Pferd zu nehmen und damit nach Staaken zu reiten, um dort die Bauern und Knechte, so viel wie anwesend wären und einen guten Knüppel führen könnten, zusammenzunehmen, solche quer übers Feld und nach der Gegend der Valentins-Insel zu führen, um von dort auf Kähnen nach dem Saatwinkel geführt zu werden. Dann sollte Schönicke während des Gefechts, unter Begünstigung der vielen Gebüsche, durch die *Haselhorst* den Berlinern in den Rücken fallen.

Der Schönicke führte seine Sache, da er die Kähne dort richtig vorfand, so gut aus, daß er sich schon nachmittags um drei Uhr an Ort und Stelle befand, ohne daß die Berliner etwas davon ahnten. Nachmittags um zwei Uhr fing die Anordnung zur Feldbataille an. Es wurden zwei Schlachtordnungen formiert; die erste hatte auf ihrem rechten Flügel die Bürger von Berlin, auf dem linken Flügel standen die Cöllnischen, zum Hinterhalt waren die übrigen Berliner aufgestellt. In der Mitte hielt der Kurfürst mit einem kleinen Teile seiner Trabanten; auf der einen Seite hatten sie die Festung und den Graben, auf dem linken Flügel die Spree, hinter sich aber den Wald.

Die Berlin-Cöllner nun, welche so gut postiert waren, glaubten schon den Sieg in Händen zu haben und triumphierten laut, forderten dabei immer die Spandower auf, herauszukommen. Die Spandower hingegen erkannten ihre Schwäche und das Unvorteilhafte ihrer Lage, doch munterten sie sich einander auf und erwarteten nur die Zeit, von der sie glaubten, daß ihr angeordneter Hinterhalt angekommen sein könnte. Sie zogen nun getrost, in kleinere Haufen geteilt, dem Feinde entgegen, und der Streit begann. Man hielt sich wacker hüben und drüben. Der Sieg schien nicht zu wissen, wohin er sich neigen solle. Dennoch würden die Spandower schließlich überwunden worden sein, wenn nicht Gottfried Schönicke mit seinen leichten Truppen angekommen wäre. Dieser kam plötzlich von der *Haselhorst* den Berlinern in den Rücken, der Hinterhalt derselben war bald in die Flucht geschlagen, und nun ging's über die Hauptarmee los. Diese sah ihre Gefahr, hielt sich mit Erbitterung noch eine Weile, aber die »Staakenschen« unter Gottfried Schönicke gaben auch hier den Ausschlag und trieben endlich die vereinte Berlin-Cöllnische Armee in die Flucht.

Der Streit war so heftig geworden, daß selbst das Pferd des Kurfürsten von einem Spieße getroffen wurde. Die Nacht brach herein, und der Kurfürst ließ nun durch Herolde das Ende des Streites ausrufen. Dies war ein Glück; die Erbitterung war groß, und ohne diesen Abbruch des Gefechts würde Blut geflossen sein.

Die Berliner zogen sich darauf durch den Wald, die Jungfernheide, nach Berlin zurück, und die Spandower hatten die Freude, daß ihnen der Kurfürst sagte: *»Kinder, ihr habt euch brav geschlagen!«*

DAS BELVEDÈRE IM SCHLOSSGARTEN ZU CHARLOTTENBURG

Verschlossene Fenster,
Nichts ein noch aus,
Nur Spinnen und Gespenster
Sind hier zu Haus.

Es regnet. Auf den Plüschbänken des Charlottenburger Omnibus sitzt ein halbes Dutzend fröstelnde Gestalten, gleichgiltig oder verstimmt, jeder einen abtröpfelnden Alpaka in Händen. Keiner spricht. Ein Dunst, wie wenn Wäsche trocknet, nebelt um uns her, und ein Kautschukmantel neben mir ist nicht angetan, die klimatischen Verhältnisse zu bessern.

Es regnet, und am Ende mit Recht. Schreiben wir doch den 19. November! Wer mag da Sonnenschein fordern, wenn es ihn lüstet, den Charlottenburger Schloßgarten zu besuchen. Was von den Menschen gilt, gilt auch von den Tagen; man muß sie nehmen, wie sie sind.

Da ist das »Knie«. Seine Rundung ist heute völlig reizlos. Das »Türkische Zelt« sieht noch untürkischer aus als gewöhnlich, und bei Morellis hocken drei Sperlinge auf dem schräg gestellten Gartentisch, ziehen die Köpfe ein und schütteln die Federn. Nur die grüne Kuppel des Schlosses hat gewonnen; sie sieht blau aus, frischer als sonst.

An den leeren Gewehrpfosten vorüber, tret ich an das halboffene Parkgitter; der Türhüter schüttelt den Kopf. An *solchem* Tage Besuch! Er scheint die Frage ergründen zu wollen, ob ich Untat gegen mich oder gegen andere sinne. Ein Unglücklicher oder …

»Ich möchte nach dem Belvedère. Erst durch die Orangerie, dann gradaus; nicht wahr?« So Lokalkenntnis und Unbefangenheit heuchelnd, schreit ich an dem Bediensteten vorüber, der sich schließlich, seinem Mienenspiele nach, damit beruhigt: Freitag ist Besuchstag.

Asternbeete, Balsaminen; dann vorüber an den Kübeln des Gewächshauses; noch ein Fliesengang, und die Breite des eigentlichen Parkes liegt vor mir. An der Rückseite des einen

Schloßflügels hin stehen die Büsten römischer Kaiser, Nero, Titus, Trajan; mir zunächst Tiberius. An seiner Nase hängt ein Regentropfen, fällt ab und erneut sich wieder. Es sieht so gemütlich, so einfach-menschlich aus, daß man glauben könnte, seine »Wiederhersteller« hätten recht.

Weithin sichtbar laufen die Gänge des Schloßgartens bis zum Flusse nieder, parallel mit ihnen ein Wasserbecken, halb Graben, halb Teich. Die Alleen sind kahl. Nur einzelne Bäume, die windgeschützter standen, halten noch das je nach der Art in allen Herbstesfarben spielende Laub fest: die Eiche goldbraun, die Birke orangefarben, der Ahorn gelb; aber die meisten Blätter fielen ab und liegen an tieferen Stellen zusammengeweht oder schwimmen auf dem Wasser, das uns bis in die Mitte des Parks begleitet.

Hier biegt das Wasser (der Teichgraben) plötzlich rechtwinklig ab und durchschneidet den Weg. Eine Brücke führt darüberhin und unterhält den Verkehr zwischen den beiden Ufern. Diesseits stand ein Alter und harkte das Laub zusammen.

»Ist dies die Brücke mit der Klingel?«

»Ja. Aber es kommt keiner mehr.«

»Ich weiß, Papa. Die alten Moosköpfe sind tot.«

Er nickte und harkte weiter.

In der Tat befand ich mich an der vielgenannten »Klingelbrücke«, einer ehemaligen Besuchsstation des Gartens, die viele Jahre hindurch neben dem Mausoleum ihren Platz behauptet hatte. Der ernsten Erhebung gab man hier ein heitres Nachspiel. Alles drängte herzu; wurde dann die Klingel gezogen, so erschienen langsam und gravitätisch, aber immer hungrig, die berühmten *Mooskarpfen* des Charlottenburger Parkes an der Oberfläche. Uralte Bursche, wenn ich nicht irre, durch König Friedrich Wilhelm I. eigenhändig an dieser Stelle eingesetzt. Ein eigentümlicher Sport, der darauf hinauslief, Hellinge, Milchbrote, Kringel in die immer geöffneten Karpfenmäuler zu werfen, nahm dann seinen Anfang. Er erinnerte an Ähnliches im Zoologischen Garten, und man darf sagen: wie sich die Schrippe zum Elefanten verhält, so verhielt sich die Semmel zum Karpfen. Alte Frauen, nicht viel jünger wie die krokodilartigen Ungeheuer der Tiefe, saßen hier sommerlang mit ihrem Backwerk und sahen aus, als gehörten sie mit dazu. Es hatte etwas Spukhaftes, diese Altersanhäufung und die Kinderwelt dazwischen.

Dieser Sport indessen sollte plötzlich ein Ende haben. Der Winter 64 kam, das Wasser fror bis auf den Boden, die Karpfen suchten zu retirieren, immer tiefer, aber das Eis kam ihnen nach, und eingemauert in ihrem Moorgrund, wasser- und luftlos, mußten sie ersticken. Als im April das Eis aufging, stiegen sie wieder an die Oberfläche, aber tot. Noch am selben Tage wurden sie am Ufer begraben. Es waren sechsunddreißig Stück, keiner unter 150 Jahre, keiner unter vier Fuß; alle trugen sie die Karpfenkrone. »Wir haben nun neue eingesetzt«, brummelte der Alte, »aber was will das sagen; sie sind wie Steckerlinge.«

Dieser wohlgemeinte Satz hatte mir Mut gegeben. »Ich will nach dem Belvedère, Papa.«

»Nach 's Belfedehr. Ja, ja, da müssen Sie bis auf die Insel. Immer gradaus. Die Fähre geht nicht mehr. Aber rechts weg, wo der rote Werft steht, da is 'n Steg. Nehmen S' sich in acht; is alles frisch gestrichen mit Teer. Da drüberweg.«

»Dank schön, Papa.« Damit stapfte ich weiter, durch Laub und aufgeweichte Gänge hin, dem Rande des Parkes zu, voll wachsenden Dankes gegen den Erfinder der Gummischuhe. Endlich stand ich an einem schmalen, von der Spree her abgezweigten Wassergraben; zwei Pfosten hüben und drüben und ein Tau dazwischen zeigten mir, daß dies die Fährstelle sei. Nach rechts hin also mußte die Brücke sein. Richtig. Der frische Teergeruch ließ keinen Zweifel. Ich schritt über die schmale Bohlenlage hin.

Der Regen ließ einen Augenblick nach und gestattete einen Umblick. Ich stand ersichtlich auf einer Insel, der magre Boden mit dünnem Gras überzogen, die Ufer von blutrotem Werft eingefaßt. Nach Westen hin Wiesenland, von Spreearmen und Eisenbahnbrücken durchzogen; am Horizonte grau in grau der Spandauer Turm; unmittelbar vor mir aber ein seltsamer, jalousienreicher Bau, rund, mit vier angeklebten flachen Balkonhäusern und einem kupfernen Dachhelm, auf dessen Spitze drei Genien mit Genhimmelhaltung eines goldenen Fruchtkorbes beschäftigt waren. Rokoko durch und durch. Im Grundriß ein kurzes Kreuz, mit rundem Mittelstück. Dies war das *Belvedère*. Die drei Genien mit dem Blumenkorb unverkennbar an das Marmorpalais erinnernd. Die Tage der Lichtenau standen wie auf einen Schlag vor mir: Sentimentalität und Sinnlichkeit, Schäferspiele und kurze Röckchen, Antonius und Kleopatra. Nur alles trivialisiert. Statt des Pharaonenkindes eine Stabstrompetertochter.

Ein Gartenarbeiter, wie ich bald wahrnahm, hatte in einem der angeklebten Häuschen ein Unterkommen gefunden; es fand sich ein Schlüssel, der eine der Haupttüren öffnete. Das Erdgeschoß, einst als Küchen- und Wirtschaftsraum benutzt, war interesselos; eine schlank gewundene, von einem sauberen Eisengitter eingefaßte Treppe führte in den ersten und zweiten Stock. Wir stiegen hinauf. Ich hatte dieselbe Empfindung, als ging es hinunter in eine Gruft. Abgestorbenes ringsum. Nur mumienhaft erhalten.

Die Einrichtung beider Stockwerke ist dieselbe: ein einziges saalartiges Rundzimmer.

Der Saal des ersten Stockwerkes ist der reichere; der Fußboden parkettiert, die Wände rhombisch getäfelt mit rotbraunem Pflaumbaumholz. An der weißen Decke kristallne Leuchter. Reliefdarstellungen aus dem Apollo-und-Diana-Mythus umziehen, halb fries-, halb supraportenartig, die obere Rundung, während Ottomanen und Polsterstühle, in ihren Lehnen selbst wieder geschweift, dem Rund der unteren Boisierung folgen. Zahlreiche Bilder, meist englische Stiche nach den Dramen Shakespeares, stehen gruppenweis, die Rückseite nach vorn, an den Wänden umher. Die dunkle Täflung, dazu der blaue Moiréstoff, der alle Polster überzieht, geben dem Zimmer einen festlichen, beinah ernsten Charakter.

Anders der Rundsaal des zweiten Stockes. Hier ist dieselbe Art der Ausschmückung, aber ins Heitere übertragen. Wie dort Braun und ein tieferes Blau den Ton angeben, so lacht hier alles in Weiß und Rot und Gold. Konsolen, mit Tongefäßen in gefälliger Form, laufen guirlandenartig um die Rundung her, und die scharlachnen Seidenüberzüge, als sei es an ihrer leuchtenden Pracht nicht genug, haben ihr Rot noch mit bunten Malereien, mit Blumen und Bouquets geschmückt. Wie im Zimmer des ersten Stocks, so lehnen sich auch hier zwei Balkons und ein Cabinet an den Rundbau an;

das Cabinet marmoriert und mit Wandleuchtern von Goldbronze reich verziert.

In diesem Cabinette nun, nur durch zwei halb zurückgeschlagene Gardinen von dem Rundsaal getrennt, saß König Friedrich Wilhelm II. Es war in den ersten Jahren seiner Regierung. Eine Aufführung schien sich, mit einer Art von Feierlichkeit, vorzubereiten. Und so war es. In den goldbronzenen Wandleuchtern brannten ein paar Kerzen, aber ihr Licht, durch die schweren Gardinen zurückgehalten, fiel nur in einzelnen Streifen nach vorn hin in den Saal.

In diesem herrschte Dämmer. Der König hatte den Wunsch ausgesprochen, die Geister Marc Aurels, des Großen Kurfürsten und des Philosophen Leibniz erscheinen zu sehen. Und sie erschienen. Wie man dabei verfuhr, darüber bericht ich an anderer Stelle. Nur dies noch. Dem Könige war gestattet worden, Fragen an die Abgeschiedenen zu richten; er machte den Versuch, aber umsonst. Es gelang ihm nicht, auch nur einen Laut über die bebenden Lippen zu bringen. Dagegen vernahm er nun seinerseits von den heraufbeschworenen Geistern strenge Worte, drohende Strafreden und die Ermahnung, auf den Pfad der Tugend zurückzukehren. Er rief mit banger Stimme nach seinen Freunden; er bat inständig, den Zauber zu lösen und ihn von seiner Todesangst zu befreien. Nach einigem Zögern trat Bischofswerder in das Cabinet und führte den zum Tod Erschöpften nach seinem Wagen. Er verlangte, zur Lichtenau zurückgebracht zu werden, ein Wunsch, dem nicht nachgegeben wurde. So kehrte er noch während derselben Nacht nach Potsdam zurück.

Das war, wie schon angedeutet, mutmaßlich Anfang der neunziger Jahre. Bestimmte Zeitangaben fehlen.

Von jenem Abend an stand das *Belvedère* fünfzig Jahre lang leer. Es war, als wär es an dieser Stelle nur aus der Erde gewachsen, um als Rokokoschaubühne für eine Geisterkomödie, hinterher aber, um als Wahrzeichen *dafür zu* dienen, daß das alles einmal wirklich war.

Durch ein halbes Jahrhundert hin waren diese Plätze wie verfemt. Marmorpalais, Belvedère, Marquardt, das Eckardtsteinsche Haus, auch andre noch; man mied sie, man nannte sie kaum. Erst Friedrich Wilhelm IV., innerlich freier, machte einen Versuch, den Bann der neunziger Jahre zu durchbrechen. Das *Marmorpalais* sah wieder Gondeln an seiner Treppe; die Miniaturbüste der Lichtenau, ein chef-d'œuvre, wurde an altem Platze aufgestellt; was einst Abneigung erweckt hatte, weckte wieder Interesse. Auch das *Belvedère* schien wieder zu Ehren kommen zu sollen. Von seinem Balkone aus sah der heitere König, dessen eigene sittliche Integrität ihm die Milde, auch nach *dieser* Seite hin, zum Bedürfnis machte, in Dämmerstunden, beim Teegeplauder, das Spreetal hinunter, freute sich der Segelkähne, die kamen und gingen, der langen Züge, die rasselnd, dampfend vorübersausten, der dunklen Flächen des Grunewaldes hier, der Jungfernheide dort, endlich des roten Spandauer Turms, der die Zickzack-Festungswerke drüben am westlichen Horizont hoch überragte.

Das waren die Wiederbelebungsversuche für das Charlottenburger Belvedère. Aber sie kamen und gingen wie bloße Träume. Bald schlief der Bau mit seinen drei Rokokogenien weiter. Er schläft noch.

Etwas Unheimliches ist drumher, das nicht abzutun ist. Was ist es? Ist es, weil es ein Spukhaus war, weil Gespenster hier umgingen?

Nein, denn man *spielte* hier nur Gespenst.

Aber fast scheint es, als ob ein doppeltes Grauen ebendaraus erwuchs, daß die Geister, die hier auftraten, nur ein Schein, eine Lüge waren.

POTSDAM UND UMGEBUNG

DIE HAVELSCHWÄNE

Da geht's an ein Picken,
An ein Schlürfen, an ein Hacken;
Sie stürzen einander über die Nacken,
Schieben sich, drängen sich, reißen sich,
Jagen sich, ängsten sich, beißen sich,
Und das all' um ein Stückchen Brot.

»Lilis Park«

Die Havel, um es noch einmal zu sagen, ist ein aparter Fluß; man könnte ihn seiner Form nach den norddeutschen oder den Flachlands-Neckar nennen. Er beschreibt einen Halbkreis, kommt von Norden und geht schließlich wieder gen Norden, und wer sich aus Kindertagen jener primitiven Schaukeln entsinnt, die aus einem Strick zwischen zwei Äpfelbäumen bestanden, der hat die geschwungene Linie vor sich, in der sich die Havel auf unseren Karten präsentiert. Das Blau ihres Wassers und ihre zahllosen Buchten (sie ist tatsächlich eine Aneinanderreihung von Seen) machen sie in ihrer Art zu einem Unikum. Das Stückchen Erde, das sie umspannt, eben unser Havelland, ist, wie ich in den voraufgehenden Kapiteln gezeigt habe, die Stätte ältester Kultur in diesen Landen. Hier entstanden, hart am Ufer des Flusses hin, die alten Bistümer Brandenburg und Havelberg. Und wie die älteste Kultur hier geboren wurde, so auch die neueste. Von Potsdam aus wurde Preußen aufgebaut, von Sanssouci aus durchleuchtet. Die Havel darf sich einreihen in die Zahl deutscher Kulturströme.

Aber nicht von ihren Großtaten gedenke ich heute zu erzählen, nur von einer ihrer Zierden, von den *Schwänen*.

Diese Schwäne sind auf dem ganzen Mittellauf der Havel zu Hause. Die zahlreichen großen Wasserbecken, die sich hier finden: der Tegler See, der Wannsee, der Schwielow, die Schlänitz, die Wublitz, sind ihre Lieblingsplätze, Ihre Gesamtzahl beträgt 2000. In früheren Jahren war es nicht möglich, diese hohe Zahl zu erreichen. Während der Franzosenzeit waren sie, als ein bequemes Jagdobjekt, zu Hunderten getötet worden; später wurden die großstädtischen Eiersammler ihrer Vermehrung gefährlich. Erst die Festsetzung strenger Strafen machte diesem Übelstande ein Ende. Seitdem ist ihre Zahl in einem steten Wachsen begriffen. Wie mächtige weiße Blumen blühen sie über die blaue Fläche hin; ein Bild stolzer Freiheit.

Ein Bild der Freiheit. Und doch stehen sie unter Contrôle, in Sommertagen zu der Menschen, in Wintertagen zu ihrem eigenen Besten. Im Sommer werden sie eingefangen, um gerupft, im Winter, um gefüttert zu werden. So bringt der Hofstaat oder vielleicht der Fiskus, dem sie zugehören, seine sommerliche Untat durch winterliche Guttat wieder in Balance. Auf die Prozedur des Einfangens kommen wir weiterhin zurück.

Die 2000 Schwäne zerfallen in Schwäne der Ober- und Unterhavel; das Gebiet der einen reicht von Tegel bis Potsdam, das der andern von Potsdam bis Brandenburg. Die Glienicker Brücke zieht die Grenze. Die Schwäne der oberen Havel stehen unter der Herrschaft der Spandauer, die Schwäne der unteren Havel unter der der Potsdamer Fischer. Man könnte dies die Einteilung der »Provinz Havelschwan« in zwei Regierungsbezirke nennen. Diese großen Bezirke aber zerfallen wieder in ebenso viele Kreise, als es Haveldörfer gibt, besonders auf der Strecke von Potsdam bis Brandenburg. Die Uetzer Fischer beherrschen die Wublitz, die Marquardter Fischer den Schlänitz-See, die Fischer von Caputh den Schwielow usw. Auf der Unterhavel allein befinden sich gewiß zwanzig solcher Arrondissements, alle mit gewissen Rechten und Pflichten ausgerüstet, aber alle den beiden Hauptstädten dienstbar, alle in Abhängigkeit von Potsdam und Spandau.

Wir wenden uns nun dem Sommerfang der Schwäne zu. Er erfolgt zweimal und hat den doppelten Zweck: den Jungschwan zu lähmen und den Altschwan zu rupfen. Über die Lähmung ist nicht viel zu sagen; ein Flügelglied wird weggeschnitten, damit ist es getan. – Desto komplizierter ist der Prozeß des Rupfens. Er geschieht an zwei verschiedenen Stellen. Die Schwäne der Oberhavel werden auf dem Pichelswerder, die Schwäne der Unterhavel auf dem »Depothof« bei Potsdam gerupft. Das Verfahren ist an beiden

Orten dasselbe. Wir geben es, wie wir es auf dem Depothof sahen.

Der »Schwanenmeister«, Gesamtbeherrscher des ganzen Volkes cygnus zwischen Tegel und Brandenburg, gibt die Ordre: »Am 20. Mai (der Tag wechselt) wird gerupft.« Nun beginnt das Einfangen. Die Fischer der verschiedenen Haveldörfer machen sich auf, treiben die auf ihrem Revier schwimmenden Schwäne in eine Bucht oder Ecke zusammen, fahren dann mit einem zehn Fuß langen Hakenstock in die Schwanenmassen hinein, legen den Haken, der wie bei dem Schäferstock eine halboffene Öse bildet, geschickt um den Hals des Schwanes, ziehen ihn heran und in ihr Fahrzeug hinein. Dies geschieht mit großer Schnelligkeit, so daß binnen ganz kurzer Zeit das Boot mit dicht nebeneinander hockenden Schwänen besetzt ist, und zwar derart, daß die langen Hälse der Schwäne, über die Bootkante fort, nach außen blicken. Ein sehr eigentümlicher, grotesker Anblick.

In dieser Ausrüstung treffen nun die Boote aus wenigstens zwanzig Dörfern auf dem Depothof ein und liefern ihre Schwanenfracht in die dort befindlichen Hürden ab, von wo sie nach und nach zur Rupfbank geschleppt werden.

Diese Rupfbank ist ein langer Tisch, der in einem mächtigen Schuppen steht. An der einen Seite des Tisches entlang, mit scharfem Auge und flinker Hand, sitzen die Rupfweiber, meist Kiezfischer-Frauen. Ein Schwanenknecht trägt nun Stück auf Stück die Schwäne herein, reicht sie über den Tisch, die Frauen packen zu und klemmen den Hals zwischen die Beine ein, während der Knecht den auf dem Tische liegenden Schwan festhält. Nun beginnt das Rupfen mit ebensoviel Vorsicht als Virtuosität. Erst die Federn, dann die Daunen; kein Fleck von Fleisch darf sichtbar werden. Nach Beendigung der Prozedur aber nimmt der Schwanenknecht den Schwan wieder in seinen Arm, trägt ihn zurück und wirft ihn mit Macht in die Havel. Der Schwan taucht nieder und segelt nun mit aller Gewalt quer über den Fluß, um seinen Quälern zu entfliehen. Bald aber friert ihn, und zunächst sonnige Ufer- und Inselstellen aufsuchend, eilt er erst den zweiten oder dritten Tag wieder seinen Heimatplätzen im Schwielow oder Schlänitz zu.

Einen ganz anderen Zweck, wie schon angedeutet, verfolgt das Einfangen im Winter, wenn die Havel zugeht. Die schönen Tiere würden im Eise umkommen. Sie werden also abermals zusammengetrieben und eingesammelt, um an solche Havelstellen gebracht zu werden, die nie zufrieren oder doch fast nie zufrieren. Der Prozeß des Einfangens ist derselbe wie im Sommer, aber nicht der Transport an die eisfreien Stellen, welche letzteren sich glücklicherweise bei Potsdam selbst, fast mitten in der Stadt, befinden. Die Überführung in Booten ist jetzt unmöglich, da schon ganze Partien des Flusses durch Eis geschlossen sind; so treffen sie denn in allerhand Gefährt, in Bauer- und Möbelwagen, selbst in Eisenbahnwaggons, in ihrem Potsdamer Winterhafen ein.

Sie haben nun wieder sicheres Wasser unter den Füßen, die Gefahr des Erfrierens ist beseitigt, aber die Gefahr des Verhungerns – 2000 Schwäne auf allerkleinstem Terrain – würde jetzt um so drohender an sie herantreten, wenn nicht durch Fütterung für sie gesorgt würde. Diese erfolgt in den Wintermonaten täglich zweimal, morgens um acht und nachmittags um drei Uhr, immer an derselben Stelle, und zwar in der Nähe des Stadtschlosses.

Unmittelbar hinter der Eisenbahnbrücke, am Ende des Lustgartens, ist eine Stelle, welche wegen des starken Stromes nur selten zufriert. Diese ist Rendezvous. Wir geben die Drei-Uhr-Fütterung.

Schon um Mittag ziehen sich die Schwäne von allen noch offenen Stellen der Havel und aus den Kanälen der Stadt in der Nähe der Eisenbahnbrücke zusammen. Unruhig ziehen sie, nicht einzeln, sondern zu Hunderten, neben- und hintereinander, am Ufer hin und her, die alten und erfahreneren aber unter dem letzten Bogen der Eisenbahnbrücke hindurch, auf eine Stelle zu, von wo sie mit hochaufgerecktem Halse über die Uferbrüstung hinweg den langen Wallweg hinuntersehen können, auf dem der Schwanenmeister mit seinem Kornkarren heranfahren muß. Sie kennen ihn auch schon in weitester Entfernung, und kaum taucht seine Mütze zwischen den Bäumen auf, so fährt eine ganz besondere Unruhe in das zahlreiche Rudel. In höchster Anstrengung rudern sie sofort unter der Eisenbahnbrücke hindurch, nach dem Futterplatze, und, wenn sie ihn dort noch nicht angekommen sehen, wieder zurück zu der Stelle, wo sie seine Annäherung beobachten können. Diese unruhige Wanderung wiederholt sich so lange, bis der Schwanenmeister mit Karre und Gerstensack an der Brücke angekommen ist. Nun entsteht ein wahrer Tumult unter den Tieren. Alles stürzt übereinander und nebeneinander hin und reckt die Hälse, um nur ja keine Bewegung ihres Hüters zu übersehen und den ersten Schaufelwurf nicht zu versäumen. Noch ist es indessen nicht soweit. Der Schwanenmeister geht erst auf die Brücke, um in langgezogenen Tönen sein »Hans! Hans!« zu rufen, auf welchen Ruf die etwa noch Verspäteten von allen Seiten herbeischwimmen. Solange dies Rufen dauert, halten sich die Schwäne in der Nähe der Brücke. Hört es aber auf und wendet der Rufende sich zu dem eigentlichen Fütterungsplatze, so rauscht das ganze Schwanenheer in einer großen, blendend weißen Masse, drängend wie ein Keil und gewaltsam wie die Räder eines Dampfschiffs, im Wasser neben dem am Ufer gehenden Schwanenmeister her. Während der Sack aufgebunden wird, schroten sich einige der Gierigsten über die Eisschollen und Ränder am Ufer auf das feste Land, watscheln unbehülflich zum Karren, um womöglich die ersten zu sein, die etwas erhalten. Ihre Berechnung wird aber jedesmal getäuscht, denn wenn recht viele aus dem Wasser heraus und andere im Begriff sind, ihnen zu folgen, wird der Gerstenkarren rasch auf die entfernteste Stelle des Futterplatzes geschoben. Kaum sehen die ans Land gekommenen Schwäne, daß ihnen ihre Eile nichts hilft, so stürzen sie sich so rasch wie möglich in das Wasser zurück; aber es hält schwer, in der dichtgedrängten Masse der schwimmenden Schwäne ein Fleckchen zu finden, wo sie noch Platz hätten. Mit einer unglaublichen Gewaltsamkeit drängen die Hintersten gegen das Ufer. Nun erfolgt der erste Wurf weit ins Wasser hinein, und wo die Gerste das Wasser berühren kann, verschwinden im Nu alle Hälse, und man sieht plötzlich Hunderte von Zuckerhüten auf dem Wasser schwimmen. Unmittelbar am Ufer aber gelangt die Gerste gar nicht ins Wasser, sondern bleibt auf den dicht aneinandergedrängten Rücken der Schwäne liegen. Um sie aufzulesen, verschlingen die langen Hälse sich hin und wieder zu Knoten, so daß es oft den Anschein hat, als könnten sie kaum wieder auseinanderkommen. Soweit jeder Wurf reicht, tritt für einige Augenblicke eine gewisse Ruhe ein; desto unruhiger und drängender geht es ringsumher zu. Mit Bissen und Flügelschlägen suchen sich die Entferntesten Bahn in den dichten Haufen zu brechen; aber vergebens, denn es kann keines der Tiere Platz machen, wenn es auch wollte, aber es will auch nicht, sondern beißt und schlägt abwehrend auf seinen Angreifer los. Wieder kommt ein Wurf, und wieder beruhigt sich eine Gruppe; ein dritter, ein vierter – der letzte ist aber noch nicht geschehen, und schon kommen die, welche zuerst gefressen, wieder herbeigerauscht und drängen die Fressenden zu einem dichten Knäuel zusammen. Wild treibende Eisschollen, vom Föhn durcheinandergewälzte Schneemassen können kein seltsameres Bild geben als diese blendend weißen, belebten Körper auf dem dunklen Wasser der Havel, rings von Eis und Schnee umgeben, so daß man kaum unterscheiden kann, wo das Eis des Ufers aufhört und der Schwanenknäuel anfängt.

Täglich werden auf diese Weise drei Scheffel Gerste verfüttert. Vergleicht man indessen das Volumen all dieser herzudrängenden Schwäne mit den anderthalb Scheffeln, die ihnen morgens und ebensoviel nachmittags zugeworfen werden, so begreift man, daß die Tiere beim Weggehen ihres Pflegers noch ziemlich ebenso lange Hälse machen wie bei seinem Kommen. Eine Zeitlang verweilen sie noch; erst wenn sie Gewißheit haben, daß alles Warten nicht mehr fruchtet, schwimmen sie langsam fort. Zurück bleiben nur noch die Kranken, die jetzt einen Versuch machen, eine kümmerliche Nachlese zu halten und die letzten Körnchen zu entdecken.

Zu der Havelschönheit tragen die Schwäne ein sehr Erhebliches bei. Sie geben dem Strom auf seiner breiten Fläche eine königliche Pracht, und eine schönere Einfassung aller dieser Schlösser und Residenzen ist kaum denkbar. In neuerer Zeit hat man diesen Zauber dadurch noch gesteigert, daß man, durch Unterlassung der Flügellähmung, den Wildschwan wiederhergestellt hat. Man wurde dazu durch verschiedene Rücksichten bestimmt. Das Nächstbestimmende war die größere Schönheit des wilden Schwans; er ziert die Fläche mehr, die er durchschwimmt, und sein Flug durch die Luft, den er wenigstens gelegentlich macht, gewährt einen imposanten Anblick. Was aber mehr als diese Schönheitsrücksicht den Ausschlag gab, war der Wunsch, einen neuen jagdbaren Vogel, einen neuen Sport zu schaffen. Es werden jetzt von Zeit zu Zeit Wildschwanenjagden abgehalten.

Anfangs, wo man diese Jagden in unmittelbarer Nähe Potsdams abhielt, scheiterten sie. Die Tiere, zu den zahmen Schwänen sich haltend, waren zahm und vertraulich wie diese und entzogen sich kaum der Büchse des Schützen, wenn auch einzelne von ihnen schon dem Blei des letzteren erlegen waren – das war keine Jagd, das war bloßes Totschießen, und man stand auf dem Punkt, die Sache wieder aufzugeben. Da entdeckte man indessen plötzlich, daß der Wildschwan bei Potsdam und der Wildschwan flußabwärts auf den weiten, einsamen Flächen des Schwielow, der Schlänitz und der Wublitz ein ander Ding sei, und eine erste Jagd auf den großen Seen wurde abgehalten. Sie schlug ein. Hier war der Schwan noch scheu, und speziell auf der stillen, abgelegenen Wublitz, auf der bloß die gelben Mummeln und die weißen Schwäne zu Hause sind, bot er ein treffliches Jagdrevier. Sooft das Boot durch Schilf und Rohr heranschlich, horchte der Wildschwan auf, hier hatte er noch den Instinkt der Gefahr, und wenn der erste Schuß fiel, erhoben sich fünfzig der majestätischen Vögel und rauschten mit schwerem Flügelschlage durch die Luft.

Die Schönheit und Poesie dieses Tieres aber, vor allem die mächtige Schußfläche, die es bietet, werden sehr wahrscheinlich immer ein Hindernis bleiben, die Schwanenjagd in Jägeraugen zu etwas besonders Wünschenswertem zu machen. Es unterbricht nur mal den gewöhnlichen Lauf der Dinge. Ein Zwischengericht, das willkommen ist.

Die Schwäne der Havel bilden auch einen Versandartikel. Viele, von näher gelegenen Punkten zu schweigen, gehen bis Petersburg und nach den großen Städten der Union. Mannigfach sind die Versuche, ihn auch an andern Stellen einzubürgern. Es mag indessen lange dauern, ehe der Havelschwan übertroffen wird.

Der Limfjord, auf jenen weiten Wasserbassins, wo Tausende von Möwen wie weiße Nymphäen schwimmen, bietet ein ähnliches Bild. Aber doch nur ein ähnliches. Die Möwe ist eben kein Schwan.

Noch ist die Havel mit ihren 2 000 Schwänen unerreicht.

DIE PFAUENINSEL

1. Die Pfaueninsel bis 1685

Pfaueninsel! Wie ein Märchen steigt ein Bild aus meinen Kindertagen vor mir auf: ein Schloß, Palmen und Känguruhs; Papageien kreischen; Pfauen sitzen auf hoher Stange oder schlagen ein Rad, Volièren, Springbrunnen, überschattete Wiesen; Schlängelpfade, die überall hinführen und nirgends; ein rätselvolles Eiland, eine Oase, ein Blumenteppich inmitten der Mark.

Aber so war es nicht immer hier. All das zählt erst nach Jahrzehnten, und noch zu Ende der neunziger Jahre war diese Havelinsel eine bloße romantische Wildnis, die sich aus Eichen, Unterholz und allerhand Schlinggewächs zusammensetzte. An manchen Stellen urwaldartig, undurchdringlich. Um das ganze 2000 Schritt lange und über 500 Schritt breite Eiland zog sich ein Gürtel von Uferschilf, darin wildes Geflügel zu Tausenden nistete. Dann und wann, wenn im Grunewald die Jagd tobte, schwamm ein geängsteter Hirsch über die Schmalung an der Südwestspitze und suchte Schutz bei der Einsamkeit der Insel.

So war es unter den Joachims, auch noch unter dem Großen Kurfürsten. Wer nicht ein Jäger war oder das Schilf am Ufer schnitt, der wußte kaum von einer solchen Insel im Havelstrom, die durch alle Jahrhunderte hin namenlos geblieben war.

Erst 1683, also während der letzten Jahre des Großen Kurfürsten, trat die namenlose Insel, die inzwischen ein »Kaninchengehege« empfangen hatte, als *Kaninchenwerder* in die Geschichte ein, freilich ohne dadurch irgend etwas anders als einen Namen gewonnen zu haben. Das Eiland blieb vielmehr bis zu der eingangs erwähnten Zeit eine absolute Wildnis, an deren Bestand auch ein der Kaninchenherrschaft unmittelbar folgendes Prospero-Zwischenspiel nicht das geringste zu ändern vermochte. Im Gegenteil, zu dem Wilden gesellte sich noch das Grusliche, ohne daß von einem Caliban berichtet wird.

Der Prospero war Johann Kunckel, der Alchimist. Er erhielt die Insel 1685 aus der Hand des Kurfürsten. Bei diesem Zeitabschnitt verweilen wir zunächst.

2. Die Pfaueninsel von 1685 bis 1692
Johann Kunckel

»He, holla, halt«, schreit's hinter ihm, »wir kennen
Euch, nicht von der Stelle!
Hoch Euer Galgenmännlein, hoch der kleine rauchige
Geselle!
Und wieder hoch! und dreimal hoch! Alräunchen,
Hütchen meinetwegen,
Mag's ferner goldne Eier Euch und andern tote Bälge
legen.«

Annette Droste-Hülshoff

Johann Kunckel, zu Hütten bei Rendsburg, und zwar wahrscheinlich 1630, geboren, hatte sich von Jugend auf der Alchimie befleißigt, den Stein der Weisen gesucht, den *Phosphor* entdeckt und war 1677 in kursächsische Dienste getreten, wo ihm das für damalige Zeit außerordentlich hohe Gehalt von 1000 Talern, nebst Vergütung für alle Materialien, Instrumente, Gläser und Kohlen, zugesagt worden war. Er erhielt aber schließlich diese Summe nicht ausgezahlt und auf seine desfallsige Beschwerde einfach den Bescheid: »Kann Kunckel Gold machen, so bedarf er kein Geld; kann er solches aber nicht, warum sollte man ihm Geld geben?«

Die Verlegenheiten, die ihm daraus erwuchsen, veranlaßten ihn, einen Ruf an den brandenburgischen Hof anzunehmen, freilich unter bescheideneren Bedingungen, die aber das Gute hatten, daß sie gehalten wurden. Der Große Kurfürst sagte ihm in einer ersten Unterredung, in der diese Dinge zur Sprache kamen: »Ich kann Euch 1000 Taler nicht geben, denn ich gebe meinen Geheimen Räten nicht mehr; um keine Jalousie zu machen, so will ich Euch geben, was ich meinen Geheimen Kammerdienern gebe.« So erhielt Kunckel ein Jahresgehalt von 500 Talern. Er nahm erst die Drewitzer Glashütte in Pacht, wurde dann Compagnon der

Glashütte auf dem Hakendamm bei Potsdam, erfand hier das *Rubinglas*, das zu schönen Pokalen verarbeitet wurde, und erhielt endlich, da es ihm um ein möglichst abgelegenes, schwer zugängliches Plätzchen für seine Arbeiten zu tun war, in dem schon genannten Jahre 1685 den ganzen Kaninchenwerder (Pfaueninsel) zum Geschenk. Die Schenkungsurkunde besagte, daß ihm, unter Befreiung von allen Abgaben, die ganze Insel erb- und eigentümlich übereignet, das Recht des freien Brauens, Backens und Branntweinbrennens zuerkannt und der Bau einer *Windmühle* gestattet werden solle, »damit seine Leute nicht gezwungen seien, des Backens und Brauens, des Mahlens und Schrotens halber, die Insel zu verlassen«. Gleichzeitig wurde er in seiner Rubinglas-Fabrikation durch ein Privilegium geschützt, wogegen er es übernahm, »alljährlich für fünfzig Taler Kristallgläser an die Kurfürstliche Kellerei abzuliefern und seine Glaskorallen nur an die Guineasche Compagnie zu verkaufen«.

Die Errichtung der Glashütte erfolgte bald darauf an der nordöstlichen Seite der Insel dicht am Ufer. Er erbaute besondere Öfen, um die beste Art der Kondensierung des Feuers zu ermitteln; kein Fremder durfte die Insel betreten, nur der Kurfürst besuchte ihn wiederholt, um die Anlage des Ganzen sowie den Kunstbetrieb kennenzulernen. Dabei wurde, über die Glasfabrikation hinaus, viel experimentiert.

Worauf diese Bemühungen gerichtet waren, ist nicht mit Sicherheit festzustellen. Daß es sich um Goldmachekunst und um Entdeckung des Steins der Weisen gehandelt habe, ist sehr unwahrscheinlich. Nachweisbar verhielt sich Kunckel gegen solche Versuche, wenigstens wenn sie von andern ausgingen, sehr ablehnend.

So entzog ihm denn auch der Große Kurfürst nie seine Gnade, wiewohl die Erfolglosigkeit, auch die wissenschaftliche, aller der damals unternommenen Experimente so ziemlich feststeht. Friedrich Wilhelm rechnete, wie Kunckel ihn selbst sagen läßt, die daran gewendeten Summen zu solchen, die er verspielt oder im Feuerwerk verpufft habe. Da er jetzt weniger spiele, so dürfe er das dadurch Gesparte an Forschungen in der Wissenschaft setzen.

Mit dem Hinscheiden des Kurfürsten schied aber auch Kunckels Ansehen, wenigstens innerhalb der Mark Brandenburg. Man machte ihm den Prozeß auf Veruntreuung und Unterschleif, und wenn auch nichts bewiesen werden konnte, weil eben nichts zu beweisen *war**, so mochte er dennoch von Glück sagen, durch eine Aufforderung König Karls XI. von Schweden seiner alten Umgebung entrissen zu werden. Dies war 1692. Er ging nach Stockholm, wurde schwedischer Bergrat und unter dem Namen Kunckel von Löwenstern in den Adelsstand erhoben. Er starb wahrscheinlich 1702.

Sein Laboratorium auf dem Kaninchenwerder hatte nur allerkürzesten Bestand gehabt. Noch vor seiner Übersiedelung nach Schweden brannten die Baulichkeiten nieder – am östlichen Ufer der Insel finden sich bis heute einzelne verstreute Schlackenreste, die ungefähr die Stelle angeben, wo die alchimistische »Hütte« stand. Mehr als ein Jahrhundert verging, bevor die Zauberinsel zu einer Zauberinsel wurde.

3. Die Pfaueninsel unter Friedrich Wilhelm III. 1797–1840

Mein Herr ist König im Land,
Ich herrsch im Garten der Rosen.
Uhland

Die Anfänge dazu (zur Zauberinsel) fallen bereits in die Regierungszeit Friedrich Wilhelms II. Der Schilfgürtel, der die Insel vor jedem Zutritt zu bergen schien, wurde mittelbar die Ursach, daß sich ihre Schönheit zu erschließen begann. In diesem Schilfe nisteten nämlich, wie schon angedeutet, Tau-

* Der Prozeß lief im wesentlichen auf bloße Schikanen hinaus und kann einem keine besonders hohe Meinung von der Rechtspflege jener Epoche beibringen. Der Beklagte sollte eingeschüchtert, abgeschreckt werden. Als ihm Unterschleife nicht nachgewiesen werden konnten, richtete man schließlich die Frage an ihn: was denn bei all dem Laborieren und Experimentieren in einer Reihe von Jahren herausgekommen sei. Das ist nun in der Tat eine Frage, die schließlich jeden Menschen in Verlegenheit setzen kann, und Kunckel gab die beste Antwort, die er unter so bewandten Umständen geben konnte. Er sagte: »Der hochselige Herr Kurfürst war ein Liebhaber von seltenen und kuriosen Dingen und freute sich, wenn etwas zustande gebracht wurde, *was schön und zierlich war.* Was dies *genutzt* hat, diese Frage kann ich nicht beantworten.«

sende von Schnepfen und Enten, die den jagdlustigen König, als er davon vernommen, erst bis an den Rand der Insel, dann auf diese selber führten. Einmal bekannt geworden mit dieser Waldesstille, die ihm bald wohler tat als die Aufregungen der Jagd, lockte es ihn öfter, vom nahen Marmorpalais, zu Kahn herüber. Aus dem Heiligen See in die Havel, an Sacrow vorüber, steuerte er an heiteren Nachmittagen, umgeben von den Damen seines Hofes, der ihm lieb gewordenen Insel zu, auf deren schönster Waldwiese die reichen orientalischen Zelte, die ihm irgendein Selim oder Mahmud geschenkt hatte, bereits vorher ausgespannt worden waren. Die Musik schmetterte; Tänze und ländliche Spiele wechselten ab; so vergingen die Stunden. Erst mit der sinkenden Sonne kehrte man nach dem Marmorpalais zurück.

Solche Lust gewährten dem Könige diese Fahrten nach der stillen, nahe gelegenen Waldinsel, daß er sich im Jahre 1793 entschloß, dieselbe vom Potsdamer Waisenhause, dem sie durch eine Schenkung Friedrich Wilhelms I. zugefallen war, zu kaufen. Dies geschah, und schon vor Ablauf von drei Jahren war das Eiland zu einem gefälligen Park umgeschaffen, mit Gartenhaus und Meierei, mit Jagdschirm und Federviehhaus und einem Lustschloß an der Nordwestspitze. Die Zeichnung zu diesem Lustschloß, so wird erzählt, rührte von der Gräfin Lichtenau her, die das Motiv dazu, während ihrer Reise in Italien, einem verfallenen Schloß entnahm, das zwei, oben mit einer Brücke verbundene Türme, unten aber, zwischen den beiden Türmen, ein großes Bogentor zeigte. Wir halten diese Erzählung für glaubhaft, trotzdem Kopisch sie bezweifelt. Die Lichtenau dilettierte in Kunstsachen, und nicht ganz ohne Talent. Esprit und Geschmack zählen bekanntlich zu den Vorrechten aller Damen aus der Schule der Laïs.

Der Bau des Schlosses begann; aber noch eh dieses und anderes seinen Abschluß gefunden hatte, starb der König, und die Annahme lag nahe, daß auch die nun zurückliegenden zehn Jahre unter Friedrich Wilhelm II., genau wie die sieben Jahre unter Kunckel, zu einer bloßen Episode im Leben der Pfaueninsel werden würden. Es kam indessen anders. Friedrich Wilhelm III., in allem gegensätzlich gegen seinen Vorgänger und diesen Gegensatz *betonend*, machte doch mit Rücksicht auf die Pfaueninsel eine Ausnahme und wandte ihr von Anfang an eine Gunst zu, die, bis zur Katastrophe von 1806, alles daselbst Vorhandene liebevoll pflegte, nach dem Niedergange der Napoleonischen Herrschaft aber diesen Fleck Erde zu einem ganz besonders bevorzugten machte. Ohnehin zu einem kontemplativen Leben geneigt, fand der König, aus den Stürmen des Krieges heimgekehrt, die Einsamkeit dieser Insel anziehender denn zuvor. Was ihm Paretz zu Anfang seiner Regierung gewesen war, das wurde ihm die Pfaueninsel gegen den Schluß hin. Man schritt zu neuen Anlagen und war bemüht, den Aufenthalt immer behaglicher zu gestalten. Viele Anpflanzungen von Gesträuchen und Bäumen, darunter Rottannen und Laubhölzer aller Art, fanden statt. Wildfliegende Fasanen machten sich heimisch auf der Insel; neue Bauten wurden aufgeführt. Eine mit Kupfer beschlagene »Fregatte« traf ein, die der Prinzregent dem Könige Friedrich Wilhelm III. zum Geschenk gemacht hatte*; ein russischer »Rollberg« entstand, eine sogenannte Rutschbahn, und russische Schaukeln setzten sich in Bewegung. 1821 wurde ein Rosensortiment aus der Nachlassenschaft des Dr. Böhm für eine erhebliche Summe Geldes gekauft und in vier Spreekähnen von Berlin aus nach der Pfaueninsel geschafft. Die Überführung dieser Sammlung gab Anlaß zur Anlage eines *Rosengartens*, der alsbald 140 Quadratruten bedeckte und 3000 hoch- und halbstämmige Rosen, dazwischen ungezählte Sträucher von Zentifolien, Noisetten und indischen Rosenarten, umschloß.

Ziemlich um dieselbe Zeit wurde ein *Wasserwerk* mit einer Dampfmaschine errichtet, lediglich um ein großes Reservoir zu speisen, aus dem nun der sandige Teil der Insel bewässert werden konnte. *Damit war Lebensblut für alle darauf folgenden Verschönerungen gegeben.*

1828, nachdem viele Geschenke und Ankäufe vorausgegangen, ward auch eine reizende, alle Tierarten umfassende »*Menagerie*« erworben. Sie wurde hier wie von selbst zu einem *zoologischen Garten*, da Lenné, feinen Sinnes und verständnisvoll, von Anfang an bemüht gewesen war, den einzel-

* Sie zerfiel bald. 1832 wurde deshalb eine zweite, als Ersatz, durch Lord Fitz Clarence überbracht. Diese existiert noch, ist aber auch schon wieder defekt.

nen Käfigen und Tiergruppen immer die passendste landschaftliche Umgebung zu geben. 1830 wurde auch das *Palmenhaus* errichtet.

Das kleine Eiland stand damals auf seiner Höhe. »Eine Fahrt nach der Pfaueninsel«, so durfte Kopisch wohl schreiben, »galt den Berlinern als das schönste Familienfest des Jahres, und die Jugend fühlte sich überaus glücklich, die munteren Sprünge der Affen, die drollige Plumpheit der Bären, das seltsame Hüpfen der Känguruhs hier zu sehn. Die tropischen Gewächse wurden mit manchem Ach! des Entzückens bewundert. Man träumte, in Indien zu sein, und sah mit einer Mischung von Lust und Grauen die südliche Tierwelt: Alligatoren und Schlangen, ja das wunderbare Chamäleon, das opalisierend oft alle Farben der blühenden Umgebung widerzuspiegeln schien.«

Meine eigenen Kindheitserinnerungen, wie ich sie eingangs ausgesprochen, finden in dieser Schilderung ihre Bestätigung.

4. Die Pfaueninsel 15. Juli 1852

Und Stille, wie des Todes Schweigen,
Liegt überm ganzen Hause schwer.

»Die Kraniche des Ibykus«

Mit 1840 schied die Pfaueninsel aus der Reihe der herrschenden Lieblingsplätze aus; Friedrich Wilhelm IV. griff auf die Friderizianische Zeit zurück, und Sanssouci samt seinen Dependenzien belebte sich wieder. Das Rokokoschloß, das der Lichtenau ihre Entstehung verdankte, verfiel nicht, aber es kam außer Mode, und wie man die Jahrzehnte vorher gewallfahrtet war, um den Rosengarten der Pfaueninsel zu sehn, so führte jetzt die Eisenbahn viele Tausende hinüber, um, zu Füßen von Sanssouci, die Rosenblüte in Charlottenhof zu bewundern. Die Pfaueninsel kam außer Mode, so sagt ich, aber wenn sie auch nicht Sommerresidenz mehr war, so zählte sie doch noch immer zu jenen bevorzugten Havelplätzen, wo Friedrich Wilhelm IV. an Sommerabenden zu landen und in Stille, bei untergehender Sonne, seinen Tee zu nehmen liebte. Ein solcher Sommerabend war auch der 15. Juli 1852. Wir berichten näher über ihn.

Kaiser Nikolaus war am preußischen Hofe zu Besuch eingetroffen. Ein oder zwei Tage später erschien Demoiselle Rachel in Berlin, um daselbst ihr schon 1850 begonnenes Gastspiel zu wiederholen. Friedrich Wilhelm IV., mit seinem kaiserlichen Gaste in Potsdam verweilend, gab, als er von dem Eintreffen der berühmten Tragödin hörte, dem Hofrat Schneider Auftrag, dieselbe für eine Pfaueninsel-Vorstellung zu engagieren. Über diesen allgemein gehaltenen Auftrag hinaus wurde nichts angeordnet. Die nötigen Schritte geschahen; die Rachel, die natürlich ein Auftreten im Neuen Palais oder doch mindestens im Stadttheater erwartete, sagte zu.

Am Nachmittage des festgesetzten Tages traf die Künstlerin, in Begleitung ihres Bruders Raphael, auf dem Bahnhofe zu Potsdam ein. Hofrat Schneider empfing sie.

Die Situation dieses letzteren, der, trotz aller Bemühungen, nicht imstande gewesen war, bestimmtere Ordres, eine Art Festprogramm, zu extrahieren, war inzwischen eine ziemlich peinliche geworden. Die Tragödin verlangte Auskunft über alles, während solche über nichts zu geben war. Als ihr schließlich, auf immer direkter gestellte Fragen, gesagt werden mußte, daß es an all und jeder Vorbereitung fehle, daß alles in die *Macht ihrer Erscheinung und ihres Genius gegeben sei*, geriet sie in die höchste Aufregung, fast in Zorn, und drohte, mit einem mehrfach wiederholten »jamais«, die Unterhandlungen abzubrechen. Ihr Bruder Raphael bestärkte sie in ihrem Widerstande. »Eine Bänkelsängerin, eine Seiltänzerin, nie, nie!« Sie schickte sich an, mit dem nächsten Zuge nach Berlin zurückzufahren.

Was tun? Eine Niederlage ohnegleichen schien sich vorbereiten zu sollen. Aber die diplomatische Beredsamkeit des Unterhändlers wußte sie zu vermeiden. Er erinnerte die Tragödin zunächst daran, daß Molière in ähnlicher Situation vor dem Hofe Ludwigs XIV. gespielt und seine größten Triumphe gefeiert habe, was Eindruck zu machen schien; als aber die Zuflüsterungen des »linken Reiters« (Bruder Raphael) dennoch wieder die Oberhand erlangen zu wollen schienen, als das Wort »Bänkelsängerin« immer von neuem fiel, griff Hofrat Schneider endlich zu einem letzten Mittel.

Er wußte, daß der berühmten Tragödin ungemein daran lag, in Petersburg – das ihr seit 1848, wo sie, von der Bühne herab, als »Göttin der Freiheit« die Marseillaise gesungen hatte, verschlossen war – wieder Zutritt zu gewinnen, und dieser Köder wurde jetzt nicht vergeblich an die Angel gesteckt. Der diplomatische Plénipotentiaire schilderte ihr mit lebhaftesten Farben, welch einen Eindruck es auf den Kaiser machen müsse, wenn er, heute abend auf der Pfaueninsel landend, erfahren würde, »Demoiselle Rachel habe es abgelehnt zu erscheinen«, wie sich ihr aber umgekehrt eine glänzende, vielleicht nie wiederkehrende Gelegenheit biete, den Kaiser zu versöhnen, hinzureißen, wenn sie ihrer Zusage getreu bleibe. Dies schlug durch. »Je jouerai.«

Bedenken, die auch jetzt noch von Viertelstunde zu Viertelstunde auftauchten, waren nur wie Wetterleuchten nach dem Gewitter und wurden mit verhältnismäßiger Leichtigkeit beseitigt. Unter diesen kleinen Bedenken war das erste, das laut wurde, die Kostümfrage. Nichts war zur Hand, nichts zu beschaffen. Ihre eigne Gesellschaftsrobe half indessen über diese Verlegenheit am ehsten hinweg. Sie trug ein schwarzes Spitzenkleid. Dies wurde ohne Mühe zu einem spanischen Kostüm hergerichtet. Ein Teil der kostbaren Alençons, zu einem aufrecht stehenden Kopfputze arrangiert, barg eine blutrote Rose; ein schwarzer Schleier, ein irischer Kragen vollendeten die Toilette. So traf man, nach kurzem Aufenthalte in der Stadt, auf der Pfaueninsel ein.

Die Sonne war eben im Untergehn. Noch einmal ein flüchtiges Stutzen, als auf die Frage: »Où jouerai-je?« stumm auf den Rasenfleck hingedeutet wurde, der von rechts her bis dicht an das Schloß herantritt – es war indessen die Möglichkeit eines »Nein«, nachdem man bereits bis hierher gediehen war, so gut wie abgeschnitten, und zwar um so mehr, als eben jetzt der Hof, in seiner Mitte der Kaiser, erschien und, Kreis schließend, links auf dem Kieswege und rechts auf dem Rasenplatze Aufstellung nahm. Nach rechts hin, unter den Ministern und Generälen, stand auch die Rachel.

Es war inzwischen dunkel geworden, so dunkel, daß ihr Bruder ein in einer Glasglocke steckendes Licht ergriff und an die Seite der Schwester trat; späterhin, inmitten der Deklamation, reichte auch das nicht aus, und die berühmte Tragödin nahm dem Bruder das Windlicht aus der Hand, um sich selber die Beleuchtung zu geben. Ihr Mienenspiel war ihre Größe. Sie hatte eine Stelle aus der »Athalie« gewählt, jene, fünfter Akt, fünfte Szene, wo sie dem Hohenpriester das Kind abfordert:

Ce que tu m'as promis, songe à l'exécuter:
Cet enfant, ce trésor, qu'il faut qu'on me remette,
Où sont-ils?

Sie spielte groß, gewaltig; es war, als ob das Fehlen alles Apparats die Wirkung steigere. Der Genius, ungehindert durch Flitter und Dekorationen, wirkte ganz als er selbst. Dabei brachen die Schatten des Abends immer mehr herein; die Luft war lau, und aus der Ferne her klang das Plätschern der Fontainen.

Alles war hingerissen. Zumeist der König. Kaum minder sein Gast, der Kaiser. Er trat an die Tragödin heran:

»J'espère de vous voir à Pétersbourg.«

»Mille remercîments; mais … Votre Majesté …«

»Je vous invite, *moi.*«

Die kaiserliche Einladung war ausgesprochen, das Ziel erreicht, der große Preis des Abends gewonnen.

Eine Viertelstunde später, in lampiongeschmückten Gondeln, kehrte der Hof, der auf eine kurze Stunde die Pfaueninselstille belebt hatte, wieder in die jenseit der breiten Havelfläche gelegenen Schlösser zurück, nach Glienicke, nach Sanssouci, nach dem Neuen Palais. An der Stelle aber, an der an jenem Abend die Rachel gesprochen und einen ihrer größten Triumphe gefeiert hatte, erhebt sich jetzt, auf schlankem Postament, eine Statuette der Künstlerin, einfach die Inschrift tragend: »den 15. Juli 1852«.

5. Frau Friedrich

Herr Friedrich saß auf Sanssouci,
Den Krückstock, den vergaß er nie;
Frau Friedrich findet's à propos
Und sagt: »Ich mach es ebenso.«

Demoiselle Rachel ist hinüber, Frau Friedrich lebt noch. Ihre goldene Hochzeit liegt hinter ihr, sie steht vor ihrer diamantnen. Funfzig Jahre Inselherrschaft haben ihren Namen an den Namen dieses stillen Eilands gekettet. Und *welche* Herrschaft! Das absoluteste »Car tel est notre plaisir«, *hier* hat es seine Stätte.

Aber wer ist Frau Friedrich? In Potsdam kennt sie jeder; jeder hat ihr gehuldigt, jeder, wenn er auf der Insel landete, hat ihr einen allerfreundlichsten Guten Tag geboten und nach ihren Mienen gesehn, um zu wissen, ob gutes oder schlechtes Wetter sei. Das Schicksal ganzer Landpartien hing an dem Zwinkern dieser Augen; ein heitres Blinzeln bedeutete den besten Kaffee, eine einzige Krähenpfote strich einen Nachmittag aus dem Leben harmloser Mitmenschen und warf sie der Enttäuschung, unter Umständen dem Hunger in die Arme. Frau Friedrich war eine Macht. Sie ist es noch. Aber noch einmal, wer *ist* Frau Friedrich?

Sie ist die Frau des gleichnamigen *Maschinenmeisters*. In einem früheren Abschnitt dieses Pfaueninsel-Kapitels haben wir erzählt, daß um 1822 ein *Wasserwerk* angelegt wurde, das, zunächst ein großes Reservoir speisend, mit Hülfe dieses die Aufgabe hatte, die sandigen Stellen der Insel zu bewässern und fruchtbar zu machen. Dieses Wasserwerk nun bedurfte einer Maschine und die Maschine wiederum eines Maschinenmeisters, wozu ein junger Straßburger Mechaniker, ein Düftelgenie, einer aus der großen Familie der Perpetuum-mobile-Erfinder, ausersehen wurde. Er hieß Friedrich und bekleidete bis zu seiner Ernennung zum Pfaueninsel-Maschinenmeister das Amt eines Maschinisten und Versenkungskünstlers am Königstädtischen Theater. Wie er zu diesem Amt gekommen, was ihn überhaupt an Spree und Havel gekettet und seinem »o Straßburg« ungetreu gemacht hatte, darüber sind nur noch Vermutungen gestattet, die aber schwerlich weit vom Ziele treffen, wenn sie die Lösung des Rätsels in einer quicken, von Lenzen oder Havelberg nach Berlin verzogenen Prignitzerin suchen, die schon damals die wenigstens partielle Eroberung des Elsaß anstrebte. Und, wie sich von selbst versteht, *mit Erfolg*. Die märkischen Mädchen setzen durch, was sie wollen, und halten fest, was sie haben. Zumal die Fremden erliegen ihrer Zauberkunst. Los ist noch keiner gekommen. Ein neues Kapitel für die Dämonologie.

Wenn es nun je einen Elsasser gab, der einer Prignitzerin von allem Anbeginn an rettungslos verfallen war, so war es unser Freund Friedrich; in kürzester Frist waren die bindenden Worte gesprochen, die Ringe getauscht, und nachdem er noch eine kurze Zeit lang am Königstädtischen Theater gedonnert und geblitzt hatte, intervenierte plötzlich die mehrerwähnte Dampfmaschine und hob eines Tages nicht nur 6000 Tonnen Wasser in das Reservoir hinein, sondern auch noch unsern Theatermaschinisten samt Frau in das Maschinenmeisterhaus auf der Pfaueninsel. Da setzte sie beide nieder, und da sitzen sie noch. Da sitzen sie in einem gelben Hause, am Hügelabhang, unter Pfeifenkraut und Geißblattlauben, da sitzen sie seit nahezu fünfzig Jahren, erst mit Kindern, dann mit Enkeln, zuletzt mit Urenkeln gesegnet, und wiewohl als echte Inselbewohner unbekümmert um die Vorgänge des Kontinents, haben sie doch die Potentaten des Festlandes, die großen und die kleinen, *ihrerseits* empfangen und in langer Reihe an ihrem Hause und ihrer Gartenbank vorüberziehen sehn. Gute, glückliche Leute, loyal und frei. Da liegt's. Auf einer ganz eminenten Freiheit, die sich sonderbarerweise auf dem Beschränkungsparagraphen: »Wirts- und Kaffeehäuser sind unzulässig an dieser Stelle«, aufbaute, gründete Frau Friedrich ihre Pfaueninsel-Herrschaft. Alles, was hier landete, wenn es seinen Schloßgang hinter sich hatte, hatte das dem norddeutschen Menschen tief innewohnende Bedürfnis des Nachmittagskaffee, und da kein Platz da war, wo dies Bedürfnis regelrecht, nach den alten Traditionen von Angebot und Nachfrage befriedigt werden konnte, so blieb den Durstigen nichts übrig, als um Dinge zu *bitten*, die nun mal nach Lage der Sache nicht befohlen werden konnten. So wurde das Maschinenmeisterhaus ein Kaffeehaus von *Frau Friedrichs Gnaden*, und aus dieser eigentümlichen Machtstellung entwickelte sich schließlich jener Absolutismus, der wohl gelegentlich, wie alle unumschränkte Herrschergewalt, ein wenig bedrücklich empfunden worden ist. Um keinen Louisquatorze ist fünfzig Jahre lang so andauernd geworben worden wie um *diesen* »L'Etat c'est moi«. Die weibliche Trägerin dieses Satzes verkaufte nicht, sie spendete nur. Ein kleinster Verstoß, ein zu sicheres Auftreten, eine zu früh gezeigte Börse, eine Krawatte, deren Farbe mißfiel, und – die Gnade konnte entzogen werden. Man trank hier seinen Kaffee immer mit Augen links, immer lächelnd, immer die Hand am Hut, und vielleicht schmeckte er nur deshalb so vorzüglich, weil er wirklich teuer erkauft und errungen war.

Dies alles traf nun aber bloß den Namenlosen, den Unbekannten, der, führerlos an diese Küste verschlagen, des Vorzugs entbehren mußte, der Frau Friedrich vorgestellt oder irgendwie empfohlen zu sein. Über alle diese Hasardeurs brach es gelegentlich herein. Die Kugel rollte, rot oder schwarz, und wer wollte sagen, wohin sie fiel. Aber die Billigkeit erzwingt doch gleicherzeit das Anerkenntnis, daß das Gesetz des Introduziertseins nicht mit Strenge gehandhabt wurde und daß im großen und ganzen *jeder* ein Empfohlener war, der sich – nach den Traditionen des *alten* Preußens – durch Epaulette oder Orden beglaubigen konnte. Waren es nun gar Personen, die dem Königshause »verwandt oder zugetan« waren, so brach die Loyalität in hellen Flammen siegreich durch. Die Liebenswürdigkeit der Frau Friedrich wetteiferte an solchem Tage mit ihrer Kochkunst, und ihr märkisch-schlagfertiger Witz tat das Weitere, um das Maschinenmeisterhaus bei den hohen Besuchern in gutem Andenken zu erhalten. Traditionell pflanzte sich alsbald die Sitte fort, diesem Andenken einen ganz bestimmten Ausdruck zu leihn: ein *Milch-* oder *Sahnentopf* wurde »zur Erinnerung an eine froh verlebte Kaffeestunde« bei Frau Friedrich abgegeben. Daraus entstand denn im Laufe eines Menschenalters ein Porzellancabinet, wie es die Welt wohl nicht zum zweiten Male gesehen hat, eine Topfkollektion, neben der die berühmtesten Pfeifensammlungen verschwinden. Das Aufstellungslokal war und ist natürlich die in ihrer

Sauberkeit ein Schmuckkästchen bildende Küche, und an allen Borden und Realen hin, in Schränken und Ständern, als Garnierung von Wand und Rauchfang hängen an Nägeln und Häkchen an 200 Töpfe und Töpfchen. *Alle ein Souvenir.* Jede Form und Farbe, jedes denkbare Material, jede Art der Verzierung ist vertreten. Endlos wechseln Weiß und Blau, und Grün und Gold; Glas, Biscuit, Chausseestaub gesellen sich dem Gros des eigentlichen Porzellans, das wiederum seinerseits zwischen China und Frankreich, zwischen Meißen und Sèvres hin und her schwankt. Hautrelief und Basrelief, bemalt und gekratzt, so präsentieren sich die Ornamente. Zahlreich sind die *Portraits*, noch zahlreicher die *Schlösser* vertreten, und zwischen Prinzen und Prinzessinnen, zwischen Marmor- und Neuem Palais erscheinen Vater Wrangel und Minister von der Heydt; der letztere sogar in Begleitung eines Pfauenpaares. Schon in den fünfziger Jahren war die Zahl der Bildnisse so groß, daß König Friedrich Wilhelm IV., als er in neckischem Geplauder um einen Portraitkopf gebeten wurde, replizieren konnte: »Sie haben hier meine Minister und Generale aufgehängt, nun soll mir dasselbe passieren. Ich werde mich hüten.« Aber die Ablehnung selbst involvierte bereits eine anderweite Zusage, und zwei Tage später hatten zwei Souvenirs von Sanssouci die Sammlung vermehrt.

Diese Küche, wie wir nur wiederholen können, ist einzig in ihrer Art, und es verlohnt sich, eine Viertelstunde lang in dieser eigentümlichsten aller barocken Portraitgalerien zu verweilen.

Aber so unterhaltlich ein Aufenthalt an dieser Stelle ist, zumal wenn Frau Friedrich sich herabläßt, einiges aus der Fülle ihres Erinnerungs- und Anekdotenschatzes auszustreuen und die ganze Stätte zu beleben, der *eigentlichste* Zauber dieses glücklichen Fleckchens Erde liegt doch *draußen*, auf dem schmalen Gartenstreifen zwischen Haus und Fluß. Ulmen und Linden stellen sich zu natürlichen Lauben zusammen, und zwischen Apfelbäumen und Blumenbeeten hin führt ein schmaler Gang zu einer weinumlaubten Wassertreppe. Hier sitzt man, während der Wind über die Levkojenbeete fährt, und genießt die Stunde des Sonnenunterganges, dessen reflektiertes Licht eben jetzt die Spitzen der gegenübergelegenen Kiefern rötet. Das Haveltreiben zieht beinah geräuschlos an uns vorüber; Dampfschiffe, unter glückverheißendem Namen: Fortuna und Viktoria, schießen auf und ab; Segelschiffe, schwer und langsam, dazwischen. Und nun Gondeln mit Musik, und drüben schweigend der Wald, aus dem die Hirsche treten.

Der Abend kommt, die Nebel steigen, die Kühle mahnt zur Rückfahrt, und unser Boot schiebt sich durch das Rohr hin und in die freie Wasserfläche hinaus. Hinter uns, die verschleierte Mondsichel über den Bäumen, versinkt das Eiland. Mehr eine Feen- als eine Pfaueninsel jetzt!

GROSS GLIENICKE

In dunkler Gruft
Das Gebein;
In Licht und Luft
Der aufgerichtete Marmelstein.
Was ungemessen
Vielleicht gestrebt,
Es ist vergessen –
Nur das Bild noch lebt.

Die Havelufer links und rechts des Flusses weisen strichweise einen guten Lehmboden (im Wendischen: *Glin*, der Lehm) auf, weshalb wir in allen hier in Betracht kommenden Landesteilen, also in Havelland, Zauche, Teltow, vielfach den Ortsbezeichnungen: Glien, Glindow, Glienicke begegnen. In unmittelbarer Nähe von Potsdam, zu Füßen von Babelsberg, liegt Klein Glienicke mit seinen Schlössern und seiner Brücke; weiter nördlich, halben Wegs zwischen Potsdam und Spandau, treffen wir Groß Glienicke, Rittergut, Filiale von Kladow, 279 Einwohner. Darunter, wie die Nachschlagebücher gewissenhaft bemerken, zwei Katholiken. Diese werden es schwer haben, sich paritätisch zu behaupten.

Groß Glienicke wird 1300 zuerst genannt. Um die Mitte des fünfzehnten Jahrhunderts finden wir die Bammes hier, eine alte, westhavelländische Familie. In Groß Glienicke saßen sie nicht allzulange. Schon 1572 erscheinen die Ribbecks, zuerst Oberhofmeister Jürgen von Ribbeck; dann folgen zweihundert Jahre später die Winnings. Jetzt gehört das Gut der Familie Berger.

Es soll hier manches erlebt worden sein, namentlich unter den Winnings. Die Kirche aber erzählt nur von den Ribbecks.

Beim Eintreten in dieselbe überrascht die verhältnismäßig große Zahl von Bildwerken, namentlich in Stein.

An der Wand uns gegenüber bemerken wir, dicht nebeneinander, die Epitaphien *zweier* Hans Georg von Ribbeck, Vater und Sohn. Der Vater noch der Schwedenzeit angehörig, der Sohn aus der höfischen, französierten Zeit Friedrichs I. Ebendiesen Unterschied zeigen auch die hautreliefartigen Steinbilder. Der ältere Hans Georg, in Brustharnisch und Beinschienen, wie ein Derfflingerscher Reiterführer; der jüngere in einem Roquelaure mit mächtigen Aufschlägen und Seitentaschen, auf dem Haupt eine ziemlich seltsame Kappe, fast in Form einer Bischofsmütze. Das Ganze in einem bestimmten, künstlich gegebenen Farbenton: die Kappe rot gemalt. Dieser jüngere Hans Georg war ein brandenburgischer Domherr, vielleicht auch – wenn ich das Bild richtig interpretiere – ein Mann der Wissenschaft. Er tritt, einen Vorhang zurückschlagend, aus diesem hervor und legt seine Rechte auf einen Schädel. Das Ganze eine vortreffliche Arbeit und in Auffassung wie technischer Durchführung an das berühmte Sparr-Denkmal in unsrer Berliner Marienkirche erinnernd.

Beide Hans Georg von Ribbeck finden wir auch in der Gruft der Kirche wieder. Wie sie im Schiff, in bildlicher Darstellung, nebeneinander stehen, so liegen sie hier nebeneinander. Wohlerhalten. Denn die Groß-Glienicker Gruft gehört zu den vielen in der Mark, in denen die beigesetzten Leichen zu Mumien werden. Wir steigen hinab. Der Sargdeckel des zuvorderst stehenden Hans Georg (des Domherrn) ließ sich ohne Mühe aufheben. Da lag er, in Roquelaure und roter Samtkappe, in allem Äußerlichen von beinahe gespenstischer Ähnlichkeit mit dem Hautreliefbilde, das ich eben im Schiff der Kirche gesehen hatte. Ganz ersichtlich hat man, bei einer erst kürzlich stattgehabten Übermalung, die Gruft zu Rate gezogen und das *Mumienbild*, wenn dieser Ausdruck gestattet ist, bei Restaurierung des Steinbildes benutzt.

Kirche und Gruft enthalten übrigens der Epitaphien und Särge mehr, beispielsweise einer Frau von Ribbeck, gebornen Brand von Lindau, einer Frau von Lattorff, gebornen von Grävenitz, die alle dem vorigen Jahrhundert angehören, aber weder künstlerisch noch historisch eine besondere Aufmerksamkeit verdienen.

Ein Interesse erweckt nur noch das Altarbild, richtiger die Predelle desselben, die, wie so oft, ein Abendmahl darstellt. Christus in der Mitte, Johannes neben ihm; neben diesem aber, statt des Petrus, der *Große Kurfürst*. Er trägt Allongenperücke, dunkles, enganschließendes Samtkleid, Spitzenmanschetten und Feldbinde. Die wunderlichste Art von Huldigung, die mir der Art vorgekommen ist. Was wollen die anbetenden Donatoren auf den Madonnenbildern des Mittelalters daneben sagen! Sie knien doch immer zu Füßen der Madonna oder verdrängen wenigstens niemand; *hier* aber wird Petrus, wie eine Schildwacht, einfach abgelöst, und der Große Kurfürst zieht statt seiner auf.

FAHRLAND

Oh, wie warst du so schön, wenn die Fliegen der Stub im September
Starben und rot die Eb'reschen am Hause des Jägers sich färbten;
Wenn die Reiher zur Flucht, im einsam schwirrenden Seerohr,
Ahnend den Sturm, sich versammelten.

Aus Schmidt von Werneuchens »Fahrland«

Von Potsdam bis Fahrland ist eine gute Meile. Der Weg läuft in gerader Linie nordwärts und wendet sich erst ganz zuletzt gegen Westen. Die erste halbe Meile, wenn man nicht das Glück hat, auf dem linkshin sich dehnenden Exerzierfelde die Potsdamer Garden in Übung zu sehen, ist interesselos; in Höhe des Dorfes Nedlitz aber ändert sich die Szene, und wir treten, auf eine ganze Strecke hin, in ein durch Landschaft und Geschichte gleich bemerkenswertes Terrain ein. Nur schade, daß die Geschichte an der Grenze sagenhafter Vorzeit liegt und nur Vermutungen gestattet.

Die Nedlitzer Fähre

In Höhe von Nedlitz geben sich an einer Schmalung drei Seen ein Rendezvous; die Krampnitz, der Fahrlandsche und der Jungfernsee treffen an einer Schmalung zusammen, und ein viaduktartiger Bau, mit Brückentoren und Brückenhaus, führt von einem Ufer zum andern.

Ein so stattliches Bild präsentierte sich hier nicht immer. Dies war vordem die bescheidene Wirkungsstätte der *Nedlitzer Fähre*. Jahrhundertelang fuhr hier ein schlichter Kahn über die Schmalung, erst von Vater und Sohn, dann vom Enkel und zuletzt vom Ur-Urenkel geführt. Immer desselben Namens. Die Nedlitzer Fährstelle war eine Erbstelle geworden. Schon im vorigen Säculo war die Familie so angesehen, daß sich ihre Töchter nach Sanssouci hin mit Hofgärtnern und Hofbauräten vermählten. Die Fähr-Müllers von Nedlitz waren reiche Leute; in Bornstedt hatten sie ein Erbbegräbnis, das größte, was der Kirchhof bis diese Stunde noch aufzuweisen hat.

Die Fähre ist nicht mehr. An ihre Stelle ist die imposante Bogenbrücke getreten; aber noch im Ausscheiden aus ihrer alten dynastischen Herrlichkeit hielt das Glück bei den Müllers aus. Die Ablösungssumme entsprach nicht nur der Fähreinnahme, die sie aufgaben, sondern vielmehr noch der historischen Macht, die sie niederlegten. An das Haus Müller kamen liegende Gründe, Geld, zuletzt auch der Brükkenpalast, der auf ihrem alten Territorium, wie als Wahrzeichen ihrer früheren Herrlichkeit, ihnen errichtet worden ist. Selten wohl hat eine Fährstelle im Leben und Sterben so gute Tage gesehen.

Der Königswall

Von der Mitte der Brücke aus hat man ein ansprechendes Bild in die genannten drei Wasserflächen und die zwischenliegende Landschaft hinein.

Nach rechts hin, wo die Krampnitz und der Jungfernsee ein Eck bilden, zieht sich dammartig ein Erdwerk zwischen Wald und Wasser. Dieses Erdwerk ist der *Königswall*, im Munde des Volks, wie all dergleichen primitive Festungswerke, die Römer- oder Räuber- oder Schwedenschanze geheißen. Ausdrücke, die historisch gar keinen Anhalt geben. Die Bezeichnung »Königswall« ist übrigens kaum besser. Drei Seiten der Umwallung, welche sich zwanzig Fuß vom Boden erheben, sind mit geräumigen Eingängen versehen, von denen zwei dem Wasser, der dritte dem Lande zugewandt liegen. Die vierte Seite des Walles – wahrscheinlich eine von der Natur gebildete Hügelwand – fällt aus einer Höhe von mindestens fünfzig Fuß steil zum Seeufer ab und scheint auch darum keinen Zugang zu haben. Die ganze Umwallung, soweit sie künstlich ist, mißt 700 Schritt und muß viel Hände und viel Zeit erfordert haben. Es ist wohl unzweifelhaft ein alter Camp, ein wendischer Lager- oder Verteidigungsplatz aus jenem Jahrhundert her, wo sich Christen- und Heidentum hier bekämpften. Die Deutschen hatten das Westhavelland inne; hier in dem Waldterrain des Osthavellandes, auf der »Insel Potsdam«, von allen Seiten her durch Fluß und See und Sumpf geschützt, saßen noch die Wenden. Hier hatten sie ihre letzten Stätten, ihre ausgedehntesten Begräbnisplätze; einzelne Striche sind mit Waffen und Totenurnen wie besäet.

Das Hainholz und der Kirchberg

Eine kaum minder interessante Wegstrecke bildet das *Gehölz*, in das die Fahrlander Straße, unmittelbar nach Passierung der Brücke, einmündet. Dies Wäldchen führt den Namen des *»Hainholzes«*, und aus seiner Mitte hervor steigt der höchste Berg dieser Gegenden, der *»Kirchberg«*. Es verlohnt sich durchaus, ihn zu besteigen. Seine Höhe ist 270 Fuß. Das landschaftliche Bild, das sich von seiner Kuppe aus dem Auge darstellt, ist sehr schön und würde noch schöner sein, wenn nicht die Bäume, die den oberen *Abhang* umstehen, mit ihren Kronen allmählich über die *Kuppe* des Berges hinausgewachsen und dadurch einem Umblick hinderlich geworden wären. Wo er sich indessen bietet, ist er von großem Reiz und dem Wald- und Wasserpanorama nah verwandt, das ein Blick von den Müggelbergen gewährt.

Wie der »Königswall« unten, so ist die »Kirchbergskuppe« hier oben ein ergiebiges Feld für die Konjekturalhistorie; wie jener als ein Camp der Wenden, so wird dieser als eine Opferstätte bezeichnet. Sehr leicht möglich, aber sehr schwer nachweisbar! Was man *jetzt* noch auf der Kuppe des Kirchberges findet, deutet auf viel spätere Zeiten hin. Man begegnet Feldsteinfundamenten, dazu zerkrümelten Ziegel- und Mörtelresten, die, so gering sie sind, doch keinen Zweifel darüber lassen, daß hier ein *Backsteinbau* gestanden habe. Auch ist es noch keine dreißig Jahre, daß hier, zehn Fuß hoch, ein Mauerwerk aufragte, das unverkennbar einem *christlichen* Gotteshause zugehörte. Es befand sich also hier, ganz wie auf dem Kapellenberge bei Blankensee, dessen Bautrümmer überhaupt sehr lehrreich sind, eine jener weit ins Land hinausschauenden, zugleich als Wegweiser dienenden *kirchlichen Warten*, die symbolisch von allem Umherliegenden Besitz nahmen und der Bevölkerung verkündeten: »So weit diese Kapelle blickt, ist alles dem Christengotte untertan.« So war es unmittelbar nach der Christianisierung. Später wurden Pilgerstationen und Wallfahrtskapellen daraus, die, in der Spätgotik, die sie unverkennbar zeigen, einer verhältnismäßig neuen Zeit, oft erst, wie die Blankenseer Kapelle, dem Schluß des fünfzehnten Jahrhunderts angehören mögen. Denn die gotische Bauweise hielt sich in der Mark bis in die Mitte des sechzehnten Jahrhunderts hinein.

Dorf Fahrland, sein Amtshaus, seine Kirche und Pfarre

Drüben Fahrlands Turm, aus dessen Luke
Hörbar kaum die Abendglocke singt!
Sieh die Hirtenfrau, die Napf und Kruke
Ihrem Mann nach jener Hutung bringt;
Sieh den Waldrand, wo trotz härnen Schleifen
Unbesorgt die Sommerdrosseln pfeifen –
Rings Wacholdersträuche, bunt zerstreut,
Deren Frucht die Julisonne bläut.

Schmidt von Werneuchen

Eine offene Stelle, wo nur Hagebutten und verzwergte wilde Kirschen stehn, gestattet uns auf der sonst in ihrer Aussicht beschränkten Kuppe einen vollen Blick nach Nordwesten zu. Der nächste Punkt ist Fahrland. Wir steigen, um uns den Weg zu kürzen, den steileren Abhang des Berges hinunter, und nach zehn Minuten haben wir rechts und links, flach wie die Tenne, die Fahrlander Feldmark. Pappeln und Elsen fassen die zahlreichen Wege ein; Schlickmühlen stehen an den Gräben hin, bereit, um die Regenzeit, wenn alle Felder zu Inseln geworden sind, ihre Tätigkeit zu beginnen. Im ganzen eine reizlose Landschaft, gleich arm an charakteristischen wie an Schönheitspunkten.

Nicht viel günstiger wirkt Fahrland selbst. Von dem dichterischen Reiz, mit dem unser märkischer Poet par excellence dasselbe zu umkleiden wußte, ist wenig zu entdecken. Wir passieren es also, um jenseits desselben den »Sipunt«

kennenzulernen, der, in einem gleichnamigen Gedichte, *»Der Sipunt bei Fahrland«*, noch über die Dorfesherrlichkeit hinaus, eine poetische Glorifikation gefunden hat. Dieser Schilderung nach mußten wir eine Wolfsschlucht oder irgendeine Lieblingsstätte des Wilden Jägers erwarten*, aber eine mit Kropfweiden bepflanzte Niederung, die im Sommer den Charakter einer Wiese, im Herbst und Frühjahr den eines Luches hat, war alles, was sich unsrem Auge bot. Prosaische Tristheit anstelle poetischer Gruslichkeit. Wir wählten deshalb von zwei Übeln das kleinere und kehrten in das Dorf zurück, das immerhin drei bemerkenswerte Stätten hat: das *Amtshaus*, die *Kirche* und die *Pfarre.*

Das Amtshaus, ein relativ moderner Bau, auf dessen Entstehung wir zurückkommen, wirkt so nüchtern wie möglich. Die Stelle, auf der es steht, ist aber alter historischer Boden. Hier ging die Grenzscheide, hier stand das feste Schloß »Vorland«, ein Name, der sich erst um die Mitte des fünfzehnten Jahrhunderts in Fahrland umwandelte.

Um ebendiese Zeit, nachdem »Schloß Vorland« bis dahin landesherrliche Vogtei gewesen war, saßen hier die Stechows, die damals in verschiedenen Zweigen blühten und im Havellande reich begütert waren. Sie besaßen zunächst Stechow selbst, dann Satzkorn, Dyrotz, Groß Glienicke, Hainholz und Fahrland. Hier in Fahrland hatten sie *drei* Rittergüter.

Im allgemeinen wird wenig von ihnen gemeldet, doch erfahren wir aus den Kirchenbüchern, daß um die Mitte des

* Es heißt in dem genannten Gedichte, das allerdings mehr den Charakter einer Romanze als eines Idylls hat, wörtlich:

Wir sind da! Faßt dich ein süßer Schrecken
Zwischen diesen Bergen hier von Kalk,
Wo der Blutfink baut in Kreuzdornhecken,
In der Eiche Kranz der Lerchenfalk?
Witterst du der wilden Erdbeer Würze
Und des wilden Wermuts bittren Duft?
Mahnt dich an des Herbstes Regenstürze
Des zerrißnen Berghangs tiefe Schlucht?

So geht es weiter im Stile von »Spinneweb, mit Blut betaut«, ohne daß von Blutfink und Lerchenfalk das geringste zu bemerken wäre. Überhaupt ist es charakteristisch für die ganze Dichtungsweise Schmidts von Werneuchen, daß er sich in allen Gattungen der *beschreibenden* Poesie der höchsten Korrektheit, die dann sein Stolz war, befleißigt, sofort aber in Unnatur verfällt, wenn er den Boden des äußerlich Gegebenen verläßt und aus sich selbst zu schöpfen beginnt.

sechzehnten Jahrhunderts einer von der Familie lutherischer Prediger zu Fahrland war. Er hieß Hans von Stechow und starb 1558.* Beinahe hundert Jahre später erfolgte dann ein Rückschlag, und wir finden um das Jahr 1646 folgende Aufzeichnung: »Christoph von Stechow bekennt sich zur römisch-katholischen Lehre. Seine Mutter hält noch lutherisch aus. Gott kräftige sie.« Es ist also ersichtlich, daß ein Zweig der Stechows, ebenso wie der Rochows und andrer märkischer Familien, während des Dreißigjährigen Krieges wieder *katholisch* wurde. Es wäre gewiß interessant, zu erforschen, was diese Wandlung herbeiführte. War es einfach ein religiöser Zug, der in der einen Kirche keine Befriedigung fand und sie bei der andern suchte, oder war es deutsch-nationales Gefühl, Hinneigung zum Kaiser und Haß gegen Schweden, dessen bloß ehrgeizige Absichten damals bereits klar zutage lagen?

Die Fahrlander Stechows waren sehr wahrscheinlich noch 1699 katholisch, wenigstens einige von ihnen, wie aus folgendem Schreiben hervorgeht, das 1788 in Fahrland eintraf und den Kirchenakten einverleibt wurde. Das Schreiben lautete: »Herr Christoph von Stechow besaß mit seinem Bruder Johann Wolfgang von Stechow, Domherrn und nachherigem Domdechant zu Halberstadt, das Lehngut Fahrland in der Mittelmark und verkaufte solches für 50 000 Taler an den damaligen Kurfürsten zu Brandenburg, nachherigen König von Preußen, Friedrich I., Anno 1699. Herr Christoph von Stechow zog darauf nach Schlesien, kaufte daselbst Güter und ward vom Kaiser Leopold nebst seiner männlichen und weiblichen Deszendenz in den alten Freiherrnstand des Königreichs Böhmen erhoben. Seine Gemahlin war Thekla Margaretha von Moenster, mit welcher er in Fahrland zwei

* Eine spätere Notiz des Kirchenbuchs ist nicht gut auf diesen Hans von Stechow, der der *erste lutherische* Prediger in Fahrland war, zu sprechen. Es wird darin gleichsam Protest gegen die Ernennung von Junkern zu Pfarrherren eingelegt, wenn die betreffende Pfarre auf dem Grund und Boden derselben adligen Familie, der der Junker angehört, gelegen ist. Die Notiz lautet kurz und barsch: »War Hans von Stechow des Gutsherrn Vetter oder Sohn? etwa Cadet des Hauses? Warum ward die Einrichtung des Dorfes und der Pfarre damals nicht *besser* gemacht? Etwa darum, weil der Junker seinen Auszug aus dem Gute bekam und also doch leben konnte. *Das wäre nichts, wenn nur die gnädigen Junker gnädigst geruhen würden, Landprediger zu werden!* Kurz, wir freuen uns unseres Ahnherrn *nicht*, da er die zukünftigen Zeiten nicht besser beherziget hat. Aus der Hölle ist keine Erlösung. Und der Schlendrian herrscht nirgends ärger als im heiligen statu ecclesiastico.«

Kinder erzeugt hat: Maria Josepha von Stechow, welche 1690, und Franz Wolfgang von Stechow, welcher 1694 geboren wurde. Da diese Kinder in Fahrland das Licht der Welt erblickten und vermutlich in der dortigen Kirche getauft wurden, so wird um deren Taufschein ergebenst gebeten.« (Diesem Wunsche konnte willfahrt werden. Man fand beide Kinder im alten Kirchenbuch verzeichnet, und ihre Taufscheine wurden ausgestellt.)

Von 1699 ab war Fahrland kurfürstlich beziehungsweise königlich. Kurfürst Friedrich III. ließ das alte Schloß abtragen und dafür »ein neues Schloß oder Lusthaus von zwei Etagen mit sieben Logamenten«, welches zugleich als Amtshaus dienen sollte, erbauen. Bei Herstellung desselben wurde die alte Kirche auf dem Kirchberg als Steinbruch benutzt, und die schönen Gewölbe und Spitzbogen fielen, um als »Amtshaus im Kasernenstil« wieder aufzustehn.

Die Kirche in Fahrland wirkt nicht besser. Sie präsentiert sich als ein schmuckloser Bau, in dem direkte Überreste alter Gotik so geschickt bekalkt und bemörtelt sind, daß nichts übriggeblieben ist als Wand und Fenster und der Unterbau eines Turms. Auch das Innere wirkt nüchtern. Aber der Kirchhof ist nicht ohne Interesse, besonders an der schattigen Stelle, wo er seinen Rasen in einen durch Kirche und Sakristei gebildeten Winkel einschiebt. Hier wurden die Geistlichen bestattet; die Grabsteine erzählen davon. In Dörfern, in denen die adligen Geschlechter wegsterben, treten die Pfarrherren in gewissem Sinne an die Stelle derselben; *sie* werden die Herren, jedenfalls die Repräsentanten des Dorfs, alle entsprechenden Ehren fallen *ihnen* zu, und *ihre* Grabsteine fangen an, die bevorzugten Stellen innerhalb und außerhalb der Kirche einzunehmen. So auch hier.

Das Pfarrhaus. Einer der Grabsteine, hochaufgemauert, gönnt, wie ein kleines Kastell, einen Überblick, und zwischen schrägstehenden, dickstämmigen Maulbeerbäumen hindurch, über die alte Kirchhofsmauer hinweg, trifft unser Auge auf das still und abgelegen daliegende Predigerhaus. Ein märkisches Haus, so einfach wie möglich, einstöckig, zwei mächtige Linden vor der Tür, die Front des Hauses von wildem Wein umrankt; die Fensterpfeiler so schmal, daß das Ganze wie ein Glashaus aussieht oder wie die Predigerhäuser auf alten holländischen Bildern. Über der Tür ein kurzes: »Friede sei mit euch.«

Wir treten ein. Es ist ein historisches Haus. An ebendieser Stelle, wenn auch nicht unter diesem Dach, wurde Schmidt von Werneuchen geboren. Es entspricht in nichts dem reizenden Bilde, das unser viel und gern zitierter Freund in seinem besten Gedichte (»Fahrland«) von dem zu *seiner* Zeit hier stehenden Predigerhause entworfen hat:

Ach, ich kenne dich *noch*, als hätt ich dich gestern verlassen,
Kenne das hangende *Pfarrhaus* noch mit verwittertem *Rohrdach*,
Kenne die Balken des Giebels, wo längst der Regen den Kalk schon
Losgewaschen, die Tür, mit *großen Nägeln* beschlagen.
Kenne das Gärtchen vorn mit dem spitzen *Staket* und die *Laube*,
Schräg mit Latten benagelt und rings vom Samen der dicken
Ulme des Nachbars umstreut, den gierig die Hühner sich pickten.

Von all dem ist nichts mehr wahrzunehmen, das Haus ist hinüber wie die Menschen, die damals ihre Stätte in ihm hatten. Selbst die vorerwähnten Grabsteine, drüben zwischen Kirche und Sakristei, gehören einer anderen Epoche an, und nur einer ist da, der an jene Schmidtschen Tage mahnt. Er ist in die Kirchenwand eingelassen, und seine Inschrift lautet: »Vor diesem Stein ruht Mutter und Kind. Jene war die wohlgeborene und tugendbegabte Frau, Frau Sophie Schmidtin, älteste Tochter des königlich preußischen Stallmeisters in Potsdam, Herrn Ludwig Samson. Sie war geboren den 25. Februar 1724, ward verheiratet an Herrn Bernhard Daniel Schmidt, Prediger in dieser Gemeinde, den 13. Juli 1751 und starb den 7. Juli 1752, nachdem sie drei Tage vorher von einem toten Söhnlein entbunden worden, das ihr zur linken Seite liegt.«

Der Grabstein Bernhard Daniel Schmidts selbst fehlt, ebenso der seiner *zweiten* Frau, der Mutter unseres »Schmidt von Werneuchen«.

Aber während sie an dieser Stelle vergessen scheinen, leben sie doch recht eigentlich hier, und zwar mit Hilfe eines jeweilig geführten »Tagebuches«, das seit etwa hundert Jahren einen Schatz der Fahrlander Pfarre bildet. Wie zerstreute Blätter eines Romans einen Lebenslauf vor uns auftun, vielfach lückenhaft zwar, aber doch auch wieder vollständig genug, um die Personen in aller Anschaulichkeit vor uns schreiten zu sehen, so auch die Blätter dieses Tagebuches, das den Namen führt: die *»Fahrlander Chronik«*.

Von diesem Tagebuch, das uns vielfach auch von der Familie Schmidt unterhält, in dem folgenden Kapitel.

DIE FAHRLANDER CHRONIK

Und eintrug er, was geschah,
In sein »Buch der Chronika«.

In der Pfarre zu Fahrland befindet sich ein Schatz: die *Fahrlander Chronik.* Auf unsern vielen Hinundherzügen in der Mark sind wir keinen handschriftlichen Aufzeichnungen begegnet, selbst die Kirchenbuchnotizen aus der Schwedenzeit nicht ausgenommen, die an Interesse dieser »Fahrlander Chronik« gleichkämen. Sie bildet einen starken Quartband, hat festes Papier und einen blaugemaserten Deckel und führt die Aufschrift: »Die Pfarre Fahrland; Nachrichten und Tagebuch seit 1774«. Diese Aufschrift ist aber halb verwischt, und man findet in dicken Buchstaben darübergeschrieben: *»Fahrland;* Chronik des Pastor Moritz«. Man nennt es gemeinhin: die Fahrlander Chronik. Vor kurzem hat man dem Buche einen neuen Rücken gegeben und diese Rückseite mit drei Streifen Goldpapier ornamentiert, was sehr sonderbar aussieht.

Der Verfasser dieser Chronik, wie die vorstehenden Zeilen bereits andeuteten, ist Pastor Moritz. Er begann seine Arbeit 1787 und führte sie fort bis 1794. Gleich auf dem ersten Blatte begegnen wir, nach Art einer Vorrede, folgendem:

»Es ist kläglich, wenn man eine Pfarre bezieht und findet nicht einen geschriebenen Bogen von Nachricht. So ging es mir in Geltow. In Fahrland fand ich einige Blätter, aber von dem Orte und der Pfarre enthalten sie nichts. Überdies gehen einige Bogen leicht verloren, sonderlich im Vakanzjahr und beim Abzug. Die geistlichen Frauen verstehen's nicht. Der Bogen wird als Makulatur verbraucht.

So ließ ich denn dies Buch binden, und heute, den 1. August 1787, schreibe ich dieses. Ich bezeuge hiermit vor dem Allwissenden, daß ich nur Wahrheit schreiben will, es betreffe meine Zeit, oder es betreffe die alten einzelnen Papiere.

Moritz«

Nun beginnt er.

Sich in seinen Aufzeichnungen zurechtzufinden ist nicht leicht, da er Zurückliegendes und Gegenwärtiges, Biographisches und Kritisch-Betrachtendes, Allgemeines und Persönliches, Kirchliches und Wissenschaftliches, Fahrlander Vorkommnisse und Vorkommnisse in den Filialen, oft ohne Scheidung und Übergänge, hintereinander fort folgen läßt. Liest man aber liebevoll und wiederholentlich, so klärt sich zuletzt das Bild, die ganze Gegend: Fahrland und Satzkorn, Sacrow und Marquardt, Uetz und Döberitz, die Gutsherrschaften und Amtmänner, die Pastoren und Küster, die Beziehungen zu Potsdam und Sanssouci – alles tritt einem entgegen, und es wird einem zu einer eigentümlichen Freude, eine Zeit, die doch beinahe hundert Jahre zurückliegt, so bis in die *kleinsten Züge* hinein aus dem Grabe steigen zu sehen. Neben dem Inhaltlichen ist die »Chronik« auch sprachlich interessant. Es kommen Wendungen darin vor, die man für ganz modern halten möchte, beispielsweise wie »légère« oder »fidèle« oder »Schmu machen«. Dann wieder heißt es: »der Graf hatte viel nach mich gefragt«, und gleich darauf: »nach mich hatte er nicht gefragt«. Dies ist aber nicht als ein Zeichen mangelnder Bildung zu nehmen; Pastor Moritz war sehr gescheit, ein Gelehrter, ohne Pedant zu sein.

Über den Gang seines Lebens wird seine Autobiographie, die wir ebenfalls der »Chronik« entnehmen, Auskunft geben. Hier nur einige Vorbemerkungen.

1774 erhielt er die Pfarre. Das Jahr vorher war Pastor Schmidt, sein Amtsvorgänger, gestorben. Er traf die Witwe (die Mutter Schmidts von Werneuchen) noch im Pfarrhause an. Es war eine hübsche Frau, in der Mitte der Dreißiger, mit viel Familienanhang und Freundschaft. Diese ganze »Schmidtsche Coterie« hatte Pastor Moritz, den man einfach als einen »armen Teufel« und zugleich als einen bloßen Eindringling ansah, von Anfang an gegen sich. Die Coterie hoffte ihn stürzen zu können. Man hatte sich aber sehr in ihm verrechnet. Er war sittenstreng, tapfer, gescheit, voll moralischer Kraft und Energie; so focht er denn seine Kämpfe siegreich durch, behauptete sich gegen immer neue Kabalen, die von Amtmanns- und Pastorenfrauen (alles war versippt und verschwägert) gegen ihn ins Werk gesetzt wurden, aber er mußte seinen Sieg mit dem Frieden seines Lebens bezahlen. Er kam aus der Mißstimmung nicht heraus.

Ein Teil der Schuld lag bei ihm. Er war eine herbe Natur; sein Auftreten konnte nicht versöhnen. Er hatte nichts Verbindliches, er machte keine Konzessionen, er akkomodierte sich in nichts. Er focht gegen den Teufels- und Gespensterglauben, den sich die Fahrlander nicht nehmen lassen wollten, mit Heftigkeit, er drang ihnen das neue Gesangbuch auf im Gefühl seines auf die Matrikel gestützten Rechts einerseits und seiner geistigen und sittlichen Überlegenheit andrerseits, ja, ließ es sie wohl gelegentlich auch fühlen, daß er sie für »dumme Kerle« halte. Er mochte recht haben. Ein eigentlich *geistiger Hochmut* tritt einem nirgends entgegen.

Man war ihm nie zu Willen, man gab dem Küster reichlich und entzog ihm ebensoviel, als man jenem bewilligte; man besserte nichts aus; er mußte schwitzen und frieren; schließlich entdeckte er auch, wie mächtig die Hintertreppeneinflüsse waren, bis hoch hinauf.

Sein besonderes Unglück war, daß er einen splendiden, gut situierten, die Dinge leichtnehmenden Vorgänger gehabt hatte, der fünf gerade sein ließ und auf den nun beständig hingewiesen wurde. Dies tat vor allem der Küster, der – als ein Überbleibsel aus der »Schmidtschen goldenen Zeit« – von der Gemeinde bevorzugt wurde, der eitel, hochmütig war, sich emanzipierte, über Land reiste, wenn er wollte, und Schule hielt, wenn er wollte, der sich impertinent gegen den Pastor stellte und sich so stellen *durfte*, weil die Bauern, denen er immer zu Diensten war, ihm den Rücken deckten. Die Tagebuchblätter geben ein »Dorfidyll«, das alles andere eher war als idyllisch.

Eines gewissen *sprachlichen* Interesses dieser Chronik haben wir schon erwähnt; auch noch ein Wort über die Schreibweise. Sie ist kurz, kernig, von großer Klarheit und Durchsichtigkeit. Wo der Verfasser sich ausführlicher gibt, ist alles in einem brillanten Stil geschrieben, oft fortreißend. Man erkennt leicht die geistig nicht gewöhnlich und nach der Charakterseite hin bedeutend angelegte Natur. Ein Mann überall.

Wir beginnen nun, einzelnes aus der Chronik auszuziehen und zu einem Ganzen zusammenzustellen.

Bernhard Daniel Schmidt, Pastor zu Fahrland 1751 bis 1774

Bernhard Daniel Schmidt war der Vater unsres »Schmidt von Werneuchen«. Tragen wir ihm schon um deswillen ein gewisses Interesse entgegen, so wächst dasselbe unter dem Eindruck jener Aufzeichnungen, die wir von Pastor Moritz', seines Nachfolgers, Hand in der Chronik finden. Pastor Moritz war ihm nicht hold, *konnte* ihm nicht hold sein, da er unter der »légèren Praxis« seines Amtsvorgängers zu leiden hatte; dennoch tritt einem in diesem letzteren eine unverkennbar liebenswürdige Persönlichkeit entgegen. Wir geben nun die einzelnen Sätze, wie sie sich zerstreut in der Chronik finden.

»Bernhard Daniel Schmidt, bis dahin Feldprediger beim Cadettencorps, bekam die Pfarre durch Cabinetsordre und trat sie 1751 an, am 6. Februar.«

»Er vermählte sich am 13. Juli ebengenannten Jahres (1751) mit Sophie Samson, ältesten Tochter des Stallmeisters Samson zu Potsdam. Sie starb am 7. Juli 1752.«

»Anfang der sechziger Jahre verheiratete sich Prediger Schmidt zum *zweiten* Male. Er hatte Vermögen mit der Frau und liebte Windmacherei.«

»Prediger Schmidt hat die Pfarre um mehrere ihrer Einnahmen gebracht. Er nahm alles leicht. Die Tonne Most erhalte ich noch immer nicht, trotzdem sie in der Matrikel steht. Er hat's einschlafen lassen, wie manches andre. Wenn *ihm* diese Einnahme nichts war, durfte er annehmen, daß sie seinem Nachfolger auch nichts sein würde? Was fürchtete er? Er stand ja bei allen Herren der Kammer und der Forst in ausnehmendem Crédit! Jene gaben ihm eine Woorte, diese gaben ihm die Planken dazu, und das alles, weil er ein so einnehmender Herr war, der ihre ganze Gesellschaft immer zu lachen machte. – Nun ist es zu spät. Bei meinem Anzuge wußte ich von diesen Dingen nichts. Die ›vornehme Frau‹ verschmähte es, mit mir darüber zu reden.«

»Gleich bei seinem Amtsantritt sagte Pastor Schmidt: Von Ostern bis Johanni wird täglich, aber nur vormittags Schule gehalten; von Johanni bis Michaeli nur zweimal in der Woche.«

»Herr Schmidt stand gut zu seinem Küster. Als ihm dieser

Anzeige machte, daß er am andern Tage verreisen wolle, antwortete jener: ›Warum sagt Er mir das? Hab ich Ihm denn schon gesagt, wohin ich morgen verreisen will?‹«

»Prediger Schmidt hatte die Pforte machen lassen. Er pflegte durch dieselbe nach seiner Plantation oder Woorte zu gehn, *in kurzem Schlafrock, à la main die Flinte.*«

»Pastor Schmidt liebte Wortspiele nicht nur in seinen Predigten, sondern auch bei sonstigen Vorfällen. Bei der Leichenrede von einem Weinmeister sprach er vom Weinberge, und beim Tode eines Leinewebers mußte aus ›Hiob‹ die Weberspule herhalten.«

»Bei Pastor Schmidt war alles flott und kurz angebunden. Sein eigner Küster sagte: ›Und wenn ich an einem Tage an drei Orte kam, so fand ich meinen Pastor auch da. Er scheute sich nicht vor dem Teufel. Wenn er Beichte hielt, so sagte er: »Heran, ihr Sünder, bekennt und bessert euch«, und damit war es aus.‹«

Hiermit schließen die Aufzeichnungen über Schmidt. Es ist kaum möglich, in zehn, zwölf Sätzen ein vollständigeres Charakterbild zu geben: ein Lebemann, Jäger, Anekdotenerzähler, splendid, nie kleinlich, sich und andern es leicht machend, voll Verständnis für die Bauernnatur, derb, humoristisch und deshalb beliebt. Daneben konnte sein ernster Nachfolger nicht bestehen, dessen Leben wir nun, nach seinen eigenen Worten, geben.

JOHANN ANDREAS MORITZ, PASTOR ZU FAHRLAND 1774 BIS 1794

(Selbstbiographie)

»Ich wurde zu Magdeburg den 27. Mai 1721 geboren. Mein Vater war Bürger und Schneidermeister daselbst. Im sechsten Jahre ward ich eine vaterlose Waise. Bis 1736 war ich ins Gymnasium der Altstadt gegangen und saß in Quarta. Mein Bruder, damals Student in Halle und Mentor des jungen Frilinghausen« (er schreibt so; wahrscheinlich Freylinghausen), »brachte mich ins hallische Waisenhaus, wovon Pastor Frilinghausen Condirektor war, und zwar unter die Waisenkinder. Es war auf Ostern. Gesund und frisch kam ich nach

Halle, bekam aber gleich im ersten Jahre eine Augenentzündung und schleppte mich damit die sechseinhalb Jahre, in welchen ich alle Klassen der Lateinischen Schule bis Selecta, worin ich ein Jahr saß, durchlief.

Auf Michaelis 1742 ging ich, einundzwanzig Jahr alt, auf die Universität zu Halle, und verlassen von allem Beistand, stümperte ich mich zwei Jahre durch. Ich informierte des Tisches wegen auf dem Waisenhause.

1744 ging ich in Condition nach Siegen zu dem Baron von Horst, Chefpräsidenten der Grafschaft Siegen und Teklenburg. Sein dritter Sohn war mein Eleve. Der Vater war cholerisch, sehr scharf in der Kinderzucht; die Mutter war das Gegenteil. Sie verzärtelte den Sohn bis zum Tollwerden. Auch fand ich eine französische Mamsell vor, dies Kreuz aller Hofmeister.

1747 ging ich nach Halle zurück in dem frommen Vorsatz, mich den Anstalten zu widmen. Allein es war alles verändert, und nach längerem Aufenthalt in Berlin nahm ich auf Ostern 1749 in Uetz eine Stelle als Hofmeister bei dem Junker von Hacke an. Nach sechseinhalb Jahren brachte ich meinen Eleven aufs Ritterkollegium und war willens, mich abermals nach Berlin zu wenden, als mir die Pfarre zu Geltow durch den Herrn Inspektor Lieberkühn angetragen wurde. ›Sie ist freilich schlecht, aber doch besser für Sie als wieder eine Condition.‹

Auf Michaelis 1756 bezog ich die Pfarre Geltow, verpachtete die Ackerwirtschaft und behielt den Garten und Weinberg zu meiner Beschäftigung. 1759 heiratete ich meine selige Frau, damals Witwe des Bürgermeisters Pauli in Werder, mit welcher ich drei Töchter gezeuget habe.

Als ich auf die Pfarre Geltow examiniert und ordinieret wurde, war der Herr von Danckelmann Chef des Consistorii. Als wir, es war außer mir noch ein Examinandus, abtraten, sagte er zu den geistlichen Herren: ›Der Moritz hat gut geantwortet und spricht gut Latein.‹ – ›Er ist Schulmann‹, erwiderte Rat Hecker, ›schade, daß Geltow eine so schlechte Pfarre ist.‹

Mit 1756 begann der lange Krieg, und seine sieben Jahre haben mich wie sieben magere Kühe ganz aufgefressen. Ich hatte verpachtet, empfing bar 200 Taler, und der Preis aller

Lebensmittel stieg ungeheuer im Preise; ich lebte recht dürftig. Nach Ende des Krieges bat ich das Consistorium um eine bessere Stelle. Ich wurde angewiesen, mich wieder zu melden; aber in dem Winkel Geltow erfuhr ich nichts oder erfuhr es zu spät.

Erst 1773 ward ich wieder rege. Der Prediger Schmidt in Fahrland war tödlich krank, die Pfarre in großem Ruf, und meine Freunde lagen mich an, noch diesen Versuch zu tun.

Den 2. Dezember 1773 starb Herr Schmidt. Schon am andern Tag bekam ich einen Expressen, schleunig nach Potsdam zu kommen, und schon am 4. Dezember wurde die entsprechende Petition dem Könige vorgelegt und mit den gewöhnlichen Formalitäten bewilligt. Das Consistorium akzeptierte die königliche Ordre ohne Widerrede, und der Geheimrat Lamprecht erklärte öffentlich, daß ich die Pfarre verdiene, worauf in der Session vom 9. Dezember die Gastpredigt dekretiert und dem Inspektor Befehl zugeschickt wurde, dieselbe abzuhalten.

Soweit war alles gut; aber bald darauf veränderte sich mein Horizont; die Menschen verkehrten meine Freude in Traurigkeit.

In Fahrland entstand Unruhe aus Kabale. Die Bauern sagten: ›Wie lange werden wir den Mann haben, er ist ja schon alt, er ist ja nicht des Herfahrens wert.‹ – Dies war eigentlich nur der Widerhall der Intrigue, die im Pfarrhause geschmiedet ward und deren Bolzen der Küster Kaplitz verschoß. Woltersdorf, Pastor zu Kartzow und Priort, saß auch in diesem Rat und schickte sich recht gut dazu. Der Plan war, den Kandidaten Korthym zur Pfarre zu verhelfen, welcher dann aus Dankbarkeit heiraten sollte. Hier war also eine große Klerisei interessiert: erst die Witwe, dann deren Schwester, die Predigerin in Döberitz, und der Küster, der von meinem Vorgänger zum Kantor präkonisiert worden war, indem er nach abgelegter Singeprobe kurzweg zur Gemeinde sagte: ›Seht hier euren Kantor!‹

Küster Kaplitz kam nach Geltow herüber, horchte meinen Küster aus, und da er hörte, daß ich die Schule fleißig besuche, fürchtete er sich und dachte mit dem jungen Korthym besser fertig zu werden. Auch meine Armut ward bei diesen Gesprächen nicht vergessen.

Nach langem Zögern wurde endlich die Gastpredigt auf den 6. Februar 1774 angesetzt. Ich ging nach Worms, wie Luther. Keine lebendige Seele war, der ich mich anvertrauen konnte. Aber so viel achtete ich mich doch, daß ich dem Inspektor (Superintendent), dem Günstling des Pfarrhauses, in der Sakristei freimütig heraussagte: ›Wenn die Bauern mich zu pöbelhaft behandeln, so entsage ich der Pfarre, und Sie können es auf mein Wort mit ins Protokoll setzen.‹

Die Kirche war außerordentlich voll Menschen, für mich, gegen Geltow gerechnet, etwas Neues. Aber ich redete ohne Stottern und ohne Konzept. Ich handelte von der Kraft des göttlichen Worts, zur Besserung und Beruhigung des Menschen. Alle Honoratiores waren mit der Predigt zufrieden; die Einwürfe der Bauern beschränkten sich darauf: ›ich sei schon alt, und man hätte mich hinten bei den Fischern nicht hören können‹. Das Consistorium erteilte mir nichtsdestoweniger die Vocation.

Gegen Abend fuhr ich mit dem Herrn Inspektor bis an die Nedlitzer Fähre zurück. Merkwürdig war und ist mir noch sein Sentiment über meine Predigt. ›Sie lieben‹, sagte er, ›den dogmatischen Vortrag. Ihr Vorfahr (Pastor Schmidt) redete gern in Gleichnissen und Bildern; er würde das Gleichnis vom Samen durch die ganze Predigt durchgeführt haben.‹ Ich antwortete: ›Nach meinem Begriff sind die Gleichnisse nur Erläuterung des Lehrsatzes, dieser aber ist die Hauptsache, also auch das Hauptaugenmerk des Lehrers. Er soll unterrichten. Ich liebe den ernsthaften Ton und den moralischen Gehalt. Den Teufel laß ich an seinen Ketten liegen; Rechtschaffenheit des Herzens, Unschuld des Lebens sind meine Hauptsache.‹

Ich erhielt danach meine Vocation.

Im September aber verfiel ich in eine schwere Krankheit, welche mich dem Tode so nahe brachte, daß man mich oft für tot hielt. Zweimal während dieser Zeit war meine Pfarre bereits vergeben. Der Grund meiner Krankheit war der große Verdruß, den ich während des Vakanzjahres durch die schwarze Kabale in Fahrland auszustehen hatte. Dann kamen, wenn nicht glückliche, so doch ruhigere Jahre.«

Über diese Jahre hat Pastor Moritz nicht mehr in einer fortlaufenden, geordneten Lebensbeschreibung, sondern in einzelnen tagebuchartigen Notizen berichtet. Einige davon sind sehr charakteristisch; wir geben zwei, drei derselben, die dem Todesjahre des großen Königs (1786) und dem ersten Regierungsjahr Friedrich Wilhelms II. angehören.

1786

»*Anfang August.* Noch nie in meinem ganzen Leben hat jemand meinen Geburtstag gefeiert. Vorgestern feierte der Kammerhusar, Herr Neumann, den Geburtstag seiner Schönen, Mamsell Schultzen, und zwar in Sanssouci, in seinem Zimmer, welches etwa zwanzig Schritt von des Königs Zimmer ab ist. Es war eine Gesellschaft von sechzehn Personen, darunter unser Fahrlander Oberamtmann, und ich höre, daß die prächtige Mahlzeit bis zu 300 Taler wert gekostet haben soll. Gegessen wurde von silbernen Tellern, begleitet von Confituren und ähnlichen Aufsätzen. Der Vater der Schönen, ein Prediger aus Thüringen, ist dabeigewesen, ein überaus aufgeräumter Mann, der an allen Vergnügungen lauten Anteil nahm und unter anderen auch sein Stammbuch den neuen Freunden und Teilnehmern seines Glücks präsentierte. Einer von den Gästen fängt schließlich zu singen an. ›Pst, pst!‹ fallen mehrere dazwischen, bis ein anderer ruft: ›Singt ihr man. Der Alte ist schon zu Bette; er hört es nicht mehr.‹ Wie schnöde gegen den ablebenden, einst so gefürchteten König! Erst nach zwei Uhr sind sie auseinandergegangen. Sie, die Mamsell Schultzen, ist ein wahres Stück Fleisch, und man könnte auf dem Brustwerk Wache stehen! (Neumann wurde bald vergessen. Er kaufte das Haus des von Fouqué in Brandenburg und zog dahin. Die Ehe soll erbärmlich sein, bis zum Scheiden. Neumanns Glück war aus, aber das des Kammerhusaren Schöning stieg, steigt noch unter Belohnung seiner vormaligen geheimen Korrespondenz zwischen dem Thron und dessen Erben.)

Nachschrift. Den 16. August ward der König sprachlos und verlor sein Bewußtsein; den 17. in der Nacht vom Mittwoch auf den Donnerstag um zwei Uhr starb er; den 18. ward er beigesetzt.

Der große Mann! immer verehrungswürdig, und jeder neue Tag macht ihn verehrungswürdiger und unvergeßlich.«

1787

»*Im März.* Aus dem Kirchenbuche geht hervor, daß ›Unechte‹ (Illegitimi) im vorigen Jahrhundert etwas sehr Seltenes waren. Wie sich die Zeiten ändern! Niemanden rührt das mehr, ist alltäglich geworden, und die Prediger dürfen darob nicht murren. Jetzt, 1787, ist Befehl da, es recht laut auf der Kanzel zu sagen, daß keine Frauensperson darob soll getadelt werden. Das war eine der ersten Sorgen Friedrich Wilhelms II. (9. November 1786), daß ›gefallene Weibspersonen von allem Schimpf und aller Schande verschont bleiben sollen‹.

Am 28. August kam hier eine Eskadron Husaren von Goltz, sonst Belling, an. Am 30. früh marschierten sie weiter nach Zachow. Der Stab lag hier, die vier übrigen Eskadrons auf den nächsten Dörfern. Der Obrist ist Herr Goeckingk (seit dieser Regierung von Goeckingk), Bruder des berühmten Dichters Goeckingk. Sie marschieren zur Armee nach Westfalen, kommen von Stolpe in Pommern, vierundvierzig Meilen hinter Berlin, und treffen erst im Oktober in Westfalen ein.

September 20. Heute sind die Regimenter zum Manöver angekommen. Friedrich der Große hatte immer schön Wetter. Der heutige Anfang ist schlecht.

September 21. bis 25. Heute abend wurde in Potsdam des Königs Geburtstag gefeiert. Das 1. Bataillon Garde führte eine Komödie auf. Zur Illumination hat die ganze Garnison beigetragen, jeder Stabsoffizier zwei Louisdor. Das Fräulein von Voß, welches jetzt, nach Entfernung der Encken (Gräfin Lichtenau), das Haus des Mylord Mareschal bewohnt, hat dasselbe auch prächtig illuminiert gehabt.«

Weihnachten 1787

»Dreizehn Jahre stehe ich nun hier im Amt. Mein Gott! Du zeichnetest mir eine rauhe Bahn meines Lebens, gabst mir eine ängstliche Seele, mittelmäßig Brot, verwöhnte Zuhörer, keinen Gönner, starkes Gefühl der Sittlichkeit, unverletzbare Ehrlichkeit, strengen Ton im Vortrag, keinen lauten Beifall. Und doch, mein Vater, diente ich treu, meinte es mit jedermann gut. Doch ich stehe ja noch da, tätig, anständig gekleidet, hinlänglich satt, ohne Schulden, Vater dreier Töchter, deren ich mich nicht schämen darf, und keiner kann etwas lästern als: ›Du bist ein Samariter und hast den Teufel.‹ Gelobt sei Gott! Hosianna dem Sohne Davids, mit ihm stehe ich, mit ihm falle ich. Und nun nur eine Bitte noch: für *mich* – verlaß mich nicht im Alter; für die *Meinigen* – leite sie nach deinem Rat, und nimm sie endlich mit Ehren an.«

Hiermit schließen wir unsre Auszüge aus Chronik und Tagebuch. Was den Verfasser derselben angeht, so muß es immer wieder gesagt werden: es ist nicht möglich, sich gegen das Charaktervolle seiner Erscheinung zu verschließen. Und dadurch flößt er uns ein tieferes Interesse ein. Er war ein Ehrenmann, brav, bieder, gerecht; unsentimental, aber voll tiefer Empfindung, wo Empfindung an der rechten Stelle war. Ja, was ihm bei seinen Lebzeiten am meisten bestritten zu sein scheint, er war gütig, opferbereit, in Wahrheit ein barmherziger Samariter. In Geltow, selbst am Hungertuche nagend, hatte er die Hungrigen seiner Gemeinde gespeist, und jederzeit war es ihm Herzensbedürfnis, in heißem Gebete Gottes Gnade für die Unglücklichen anzurufen. Das alles erhellt aus seinem Tagebuche. Und nichts von eitler Schaustellung, von bloßem Gefühlsgepränge konnte sich mit einmischen, denn er schrieb dies alles nur *für sich*; kein fremdes Auge, solang er lebte, hat mutmaßlich diese Aufzeichnungen je gesehn.

Eine innerste Bravheit und Tüchtigkeit zieht sich durch das ganze Buch wie durch das Leben des Mannes hindurch, und *doch*, an derselben Stelle, wo Pastor Schmidt, die Flinte à la main, glücklich *gewesen* war und glücklich *gemacht* hatte, wollte *ihm* weder das eine noch das andere gelingen. Er war unbeliebt, unpopulär und blieb es bis zuletzt.

Woran lag es? Sonderbar zu sagen, er hatte wohl die echte charaktervolle, sich an rechter Stelle betätigende Liebe, aber er hatte nicht die leichte Liebenswürdigkeit, und wenn wir Umschau halten, so scheint es fast, als ob bei den Menschen diese leichtwiegende Tugend schwerer wöge und wichtiger wäre als die ernstere Schwester. Die skrupulösen Leute, die nichts leichtnehmen, die wenig lachen, die nie fünf grade sein lassen, jene korrekten, witz- und humorlosen Naturen, die sich immer auf den Rechtsstandpunkt stellen oder wohl gar auf ihr *persönliches* Recht sich steifen – diese peinlich-bedrücklichen Integritätsleute sind nie angesehn bei der Masse, wenn sie nicht nebenher noch eine freigebige Hand haben. Und diese *können* sie kaum haben, denn ihre Eigenart besteht eben darin, sich auch beim Geben noch die Frage »nach dem Rechte« vorzulegen. Vor allem aber, selbstverständlich, beim Fordern und Empfangen. Und dies ist das Allerschlimmste. Statt über das hinzugehen, was ausbleibt, empören sie sich beständig über die *Unbill*, die in diesem Ausbleiben liegt, und unter Mißmut, Gereiztheit, Bitterkeit vergehen ihnen die Tage, niemandem zur Freude, am wenigsten sich selbst.

Dieser Gruppe von Freudlosen gehörte auch unser Pastor Moritz an; er hatte keine Spur von jener christlich-leuchtenden Serenität, die dem liebenswürdig angelegten Naturell aus dem »sie säen nicht, sie ernten nicht« erwächst, und so bracht er es denn mit seiner ganzen Korrektheit in Geldsachen, mit seinen Klagen, Vorstellungen und Protesten, die immer nur darauf hinausliefen, daß der Heckenzaun *noch* nicht gemacht und die Tonne Most *noch* nicht geliefert worden sei, zu nichts andrem, als daß man ihn für einen unerquicklichen Geizhals hielt. Er *war* es nicht (im Gegenteil, er gab, er half), aber man darf sagen, er hatte die Allüren des Geizes. Und an *dieser* Stelle ist der Bauer am empfindlichsten, *deshalb* am empfindlichsten, weil er sich am besten selbst darauf versteht und jede kleine Nuance, nach selbsteigner Praxis und Erfahrung, am leichtesten entdecken und verfolgen kann.

Noch einmal, an einer gewissen ablehnenden Nüchternheit, an einem cholerisch gearteten Rechtsgefühl, das schließlich, als das Feuer verglüht war, in eine Art von Melancholie umschlug, scheiterte unser Pastor Moritz – es bewährte sich an ihm: unser Glück oder Unglück wurzelt in unsrem Charakter. Ohne Liebe sank er hin.

Aber wir Nachgebornen stehen anders zu ihm, und dem Bedrücklichen seines Wesens entrückt, können wir uns an seiner Bravheit und Tapferkeit aufrichten, an ihm messen. Er war in vielen Stücken ein guter Typus seiner Zeit und speziell auch des märkischen Charakters.

Die glücklich geänderten Zeiten werden von selbst dafür Sorge tragen, daß die Schwächen der Männer jener Epoche sich in uns mindern, Schwächen, die in der *Sterilität* des Bodens und aller Lebensverhältnisse ihren Grund hatten. Aber an uns ist es, dafür zu sorgen, daß ihre Vorzüge uns verbleiben: ihre Einfachheit, ihre Festigkeit, ihr Haushalten und ihre Treue.

SACROW

Nach den Tagebuchaufzeichnungen
eines havelländischen Landgeistlichen*

> Erröten ließ er die bescheidne Schande
> In ihrem ehrbar schonenden Gewande
> Und zog der Lust den Schleier vom Gesicht.
>
> *Annette Droste-Hülshoff*

Sacrow unter dem Grafen Hordt von 1774 bis 1779

Sacrow, als ich dies Filial erhielt, befand sich im Besitze des schwedischen Grafen Hordt; seine Gemahlin war eine Gräfin Wachtmeister. Gleich nach Empfang meiner Vocation schrieb ich von Geltow aus an den Grafen und bat für Sacrow um sein Accessit. Es hieß in meinem Briefe: »Ich weiß, daß das Dorf Sacrow eine ecclesia vagans ist; ich respektiere diese Independenz und sehe die Collation als eine freie Gnade an. Wenn Euer Hochgeboren nichts mehr verlangen als einen Mann, der in seinem Dienste solide ist, so bin ich der Mann dazu ... Ganz natürlich wäre hier der Ort, mich gegen die schwarze Kabale meines eigentlichen Pfarrdorfes zu verteidigen, weil es ihr doch gelungen ist, ihre Verleumdungen auch bis Sacrow auszudehnen. Die Zeit aber, die alles entdeckt, wird auch *dieses* aufdecken.«

Hierauf bekam ich folgende Antwort: »Euer Hochehrwürden an mich geschriebene Briefe habe ich richtig erhalten; da es aber noch lange Zeit hat, bis das Gnadenjahr um ist, so werden Sie mir wohl nicht verdenken, daß ich nicht eile. Unter der Zeit hoffe das Vergnügen zu haben, Sie persönlich kennenzulernen. Finde ich, was ich suche, nämlich einen

* Diese Aufzeichnungen sind im wesentlichen wörtlich wiedergegeben, nur selten gebot es sich, einzelne Worte, Namen, Sätze fortzulassen oder umgekehrt zur Erklärung einzuschalten. Alles trägt den Stempel des Ernstes, der Wahrheit und absoluter Phrasenlosigkeit. Das letztere führt zu einer gewissen Herbheit; nichts ist beschönigt, das Leben, eignes wie fremdes, gegeben, wie es war. Darin liegt aber, bei manchem ästhetisch Anfechtbaren, auch wieder der Wert dieser Notizen. Sie geben ein *Zeit- und Sittenbild* aus dem letzten Viertel des vorigen Jahrhunderts; die Laxheit des Herrenhauses, die Kümmerlichkeit der Pfarren, beide finden eine gleich treffende Darstellung.

wahren Seelsorger seiner Gemeinde, so wird die Vocation nicht lange ausbleiben. – Was die ›Kabale‹ anbetrifft, von der Sie sprechen, so ist mir dieselbe nicht nur unbekannt, sondern das Wort *Kabale* allein schon ist mir unerträglich, insonderheit in Sachen, wo man Gott sein *Schicksal* überlassen und von ihm erwarten muß, was er zu unserem *Seelenheil* bestimmt.«

Der Graf (so fährt das Tagebuch fort) schreibt von Seelenheil wie ein Pietist, wofür er auch in seiner Gegend gehalten wurde. Das Wort Schicksal, welches kein Hallenser verträgt, mag er verdauen. Er ärgert sich über den Ausdruck Kabale, wie mir Hofrat Brandhorst erzählt, bloß deshalb, weil es ihm seine *eigene* ehemalige Kabale zu Stockholm ins Gedächtnis ruft, worüber er öfter Gewissensvorwürfe haben soll.

Der 11. p. trinitatis führte mich zur Vakanzpredigt nach Sacrow. Ich predigte über die Sonntagsepistel und entwickelte den wahren Begriff der Bekehrung. Der Graf lobte mich ins Gesicht; die Gräfin bat sich die Predigt abschriftlich aus.

Während des Kaffees trat ein gemeiner Mann in den Saal. Er ward von der Herrschaft sehr freundlich bewillkommt, ihm ein Stuhl neben der Gräfin gesetzt und ein Glas Wein gereicht (mir nicht). »Kennen Sie diesen Mann?« – »Nein!« – »Es ist ein wahres Kind Gottes, der Weinmeister Reuter von Krampnitz. Lernen Sie ihn kennen.«

Ich erwartete nun des Grafen Erklärung über die Vocation. Allein er schwieg. Beim Abschied bat ich nochmals darum. »Ich werde Ihnen meine Meinung schriftlich melden.«

Ich ging ohne Freudigkeit weg, und diese Freudigkeit sollte mir auch nicht kommen, als endlich des Grafen Brief eintraf, in dem er mir einen Gehalt von sechzig Talern versprach, weil das Korn, das laut Matrikel der Stelle zugehört, so viel betrage. Dies war nicht richtig, es betrug *mehr*, und so schrieb ich denn, der Herr Graf möchte es entweder beim alten (Naturallieferung) belassen oder sich ans Oberconsistorium wenden. Wie sehr ich hierdurch den schwedischen Reichsgrafen aufgebracht und was er für böse Worte im Zorn gegen mich ausgestoßen, das hab ich wohl erfahren, mag es aber nicht niederschreiben.

(1775.) Der Graf war also mein Feind und suchte sich anderwärts zu helfen. Der Kandidat Korthym sollte sich ordinieren lassen – die Waisenhausdirektion widersetzte sich. Er (der Graf) bot es dem Prediger Hollmann in Uetz an, aber der war zu ehrlich, um im trüben zu fischen. Prediger Schmidt in Döberitz war bereit, wenn ihn der Graf wollte abholen und zurückfahren lassen. Aber der Graf wollte nicht plus, sondern minus. Endlich wandte er sich an den irrenden Ritter, Herrn Magister Kindleben, damals Prediger in Gladow, ein Mann von der schlechtesten Aufführung, der es mit Freuden annahm, aber bald seinen Posten niederlegte, um der öffentlichen Cassation zuvorzukommen.

Mit Anfang des August kam der Küster Wurm aus Sacrow zu mir, ein Mann, wie zum Küster gebaut, ohne den gewöhnlichen Nagel im Kopf. »Der Graf ist in der Enge«, sagte er, »jetzt ist es Zeit, schreiben Sie.« – »Ich! schreiben! der Graf hat unrecht.« – »Ja, das hat er; aber er ist doch ein großer Herr« (Wurm war vorher Bedienter des Grafen gewesen), »geben Sie nach.« – Und ich gab nach. Wir wurden einig. Ich ward nebst meiner Frau zu Tische gebeten. Nach Tisch standen der Graf und ich am Fenster. »Sie sind mein Mann, wir sind füreinander gemacht.« – »Ja«, sagte ich, »es sei so für meine Person. Mein Nachfolger bleibe ungebunden. Hier ist meine Hand.«

(1777.) Graf und Gräfin waren wenig hier. Sie lebten in Berlin. Nur einmal ist die Gräfin bei mir zum Abendmahl gegangen, am Sonntage vor der Predigt. Sie war ganz schlecht gekleidet, comme en négligé.

Es war auch in Berlin, wo sie am 13. Juli 1777 starb. Ihre Leiche wurde nach Sacrow gebracht. Über Stolpe kam sie und ward mit einer Fähre (die dazu angeschafft wurde und seit der Zeit da ist) übergesetzt. Ich war gegen sechs Uhr abends bestellt, und als ich kam, stand der Sarg schon im Salon und die Träger dabei. Ich ging hinauf zu ihm. »Wie wollen es der Herr Graf gehalten wissen?« – »Sie gehen mit dem Küster voran. Unterwegs wird nicht gesungen. Bei dem Grabe singen Sie: ›Jesus, meine Zuversicht‹. Dann tun Sie ein Gebet; darauf wird weitergesungen und das Grab zugeworfen.« Und so geschah es. Er hatte sich an einen Baum gelehnt und zog etliche Mal das Schnupftuch heraus. Nach vier

Wochen bestellte Herr Lüdicke (Schreiber und Faktotum) eine Leichenpredigt, brachte auch den Lebenslauf. Ich hielt sie, aber der Graf war bei dem König. Niemand vergoß eine Träne. Es sah für eine Gräfin etwas kahl aus.

Die verstorbene Gräfin wurde den 16. Juni 1722 geboren. Ihr Vater war Graf Karl Wachtmeister, königlich schwedischer Admiral, und der Großvater Graf Johann Wachtmeister, Reichsrat und Großadmiral der ganzen schwedischen Flotte. Die Frau Mutter war Henriette Baronesse von Metsch und die Großmutter eine Gräfin Archenberg. – Im zwanzigsten Jahre ihres Alters ward sie mit dem Grafen Johann Ludwig Hordt, damals königlich schwedischer Oberst, jetzt königlich preußischer Generallieutenant und Gouverneur der Veste Spandau, Erbherr auf Sacrow, vermählt. In dieser Ehe hat sie vier Kinder geboren, davon nur noch der zweite Sohn lebt, Graf Karl Ludwig Hordt, geboren 1749, jetzt Lieutenant beim Regiment Prinz Leopold von Braunschweig zu Frankfurt an der Oder und Adjutant des Prinzen. In den letzten Jahren stand sie manche Schwachheit des Körpers aus. Es waren gichtische Zufälle, die ihren Tod beschleunigten. Von Person ansehnlich, hatte sie das ganze air de grandesse. Sie sah aus wie die Ernsthaftigkeit selbst. Daher stutzte ich, als sie einst von dem liederlichen Kindleben sagte: »Er war ein allerliebster Mann, sprach gut französisch und konnte einen recht zu lachen machen.« Es heißt, daß die Ehe keine glückliche war. Die fromme Miene hatte sie ganz und besuchte oft den Weinmeister Reuter.

Seit dieser Beerdigung habe ich den Grafen nicht wieder in Sacrow gesehen. Er war seit des Lentulus Abreise beständig bei dem König und ging 1778 mit zu Felde als Chef eines Freiregiments. Beim Ende des Krieges 1779 verzürnte er sich mit dem König, nahm seinen Abschied, wohnte zu Berlin und verkaufte Sacrow an den Baron von Fouqué, Sohn des berühmten Generals.

Man muß dem Grafen Hordt die Gerechtigkeit widerfahren lassen, daß er das elende Sacrow umgeschaffen hat. Das schöne Wohnhaus, der ganze Plan des Gehöftes, des Gartens und des Dörfleins, alles kommt von ihm her. Wenn ich Sacrow jetzt mit dem von 1750 vergleiche, so kann ich sagen,

Sacrow war damals ein Ratzenloch. Hordt kaufte es, wie man sagt, für 15 000 Taler, baute stark, erholte sich in der Heide und verkaufte es an Fouqué für 23 000 Taler, doch inclusive vielen Meublements. Der Gräfin Zimmer blieb in statu quo. Der Graf, wenn er in Sacrow war, lebte sehr eingezogen. In meinen Jahren habe ich keine fremde Seele bei ihm getroffen. Er mochte es nicht überflüssig haben. Gegen mich hat er sich geizig betragen. Nichts von Generosität habe ich von ihm aufzuweisen. Der Schreiber Lüdicke war sein Herz und Werkzeug, tätig und wirtschaftlich, übrigens falsch wie eine Schlange und dumm wie ein Schöps.

SACROW UNTER BARON FOUQUÉ VON 1779 BIS 1787

Der Graf Hordt hatte keine Kirchenrechnung gehalten, weil er wenig da war. Bei der neuen Herrschaft drang ich oft darauf, aber die Baronesse Fouqué antwortete darauf: »Hat doch der Graf Hordt auch keine gehalten.« – Ich habe in nachstehendem, avec pardon, immer nur von der Baronesse zu sprechen. Dès lors règne la baronne. Der Gemahl bedeutet wenig. Monsieur le comte de Schmettau est l'aide de l'économie et – du reste.

1779, in demselben Jahre, in dem die neue Herrschaft nach Sacrow gekommen war, starb in dem benachbarten Kartzow Herr Prediger Woltersdorf. Er war ein Schwätzer, beliebt beim großen Haufen, weil er immer »weiland« und »selig« bei der Hand hatte. Dem Branntwein ergeben bis ans Ende mit vielen Ärgernissen. Seine Witwe wurde Haushälterin beim Baron von Monteton. Sein Nachfolger war Herr Schulte, ein Jüngling voll Eigendünkel, der sich bald beflissen zeigte, unserem Orden große Schande zu machen.

1780 den 30. November erging an mich Befehl, verschiedene Fragen hinsichtlich der Kirchenländereien mit möglichster Genauigkeit zu beantworten. Dies konnte ich nicht; Kirchenrechnung war nie gewesen. Die Herrschaft war damals in Brandenburg; der Baron hatte sein eigen Haus daselbst, wo sie den Winter zubrachten. Dazu kam, das Kirchenrechnungsbuch war noch beim Grafen Hordt. Wem muß das nicht auffallen! »Wie léger«, würde die Herrschaft ausrufen, wenn unsereiner so etwas täte.

Zum Gesangbuchstreit. Im selben Jahre 1780, am 1. Dezember, publizierte ich das neue Gesangbuch und kündigte an, daß ich über vierzehn Tage ausführlicher von dieser Sache reden wollte.

Währenddem entstanden schon allerhand Unruhen in dem orthodoxen Nachbardorf, gestiftet und unterhalten von dem Küster, wie das allerorten der Fall war. Madame Oberamtmann redete von nichts, als daß man wolle »neuen Schmu« machen.

Inzwischen (am 15.) hielt ich meine Rede über Kolosser 3,16.

Bei der Applikation sagte ich unter anderm: »Als König David von den vielen Kriegen, die er führen mußte, zur Ruhe kam, richtete er seine ganze Sorge auf die innere Verbesserung des Landes, namentlich auf das Kirchenwesen und öffentlichen Gottesdienst. Er entwarf den Plan, wonach der Nationaltempel sollte gebauet werden, und ordnete die Kirchenmusik nebst jeder äußeren gottesdienstlichen Verrichtung an.

Etwas Ähnliches geschieht jetzo und schon seit zehn Jahren in den protestantischen Ländern. Jeder gute Fürst führt *bessere Kirchenlieder* ein, weil die bisherigen *nicht* zweckmäßig waren. Nunmehr ist auch in diesem Lande ein neues Gesangbuch angefertigt worden. Ein Drittel unsrer Lieder konnte wegen unbekannter Melodien nicht gesungen werden, das zweite Drittel hatte gar nichts zur Erbauung, und das dritte Drittel konnte in einzelnen Stellen noch besser sein.

Ich kann von der ganzen Veränderung um so freimütiger reden, als es nicht meine Sache ist, die ich führe. Auch soll die königliche Verordnung nicht etwa *verteidigt* werden; das wäre ein lächerlicher Einfall. Ich will nur überzeugen, daß die Sache gut und nützlich sei. Ich will eure Gemüter gegen die schiefen Urteile anderer verwahren und euch zu einem Betragen bewegen, das euch Ehre macht.

Der Wert eines Liedes dependiert von dessen innerer Güte. Wenn der Ausdruck deutlich, der Begriff richtig, der

Ton rührend, der Gedanke erhaben, gleich faßlich dem Verstande und dem Herzen, passend zur Erweckung und Stärkung der Gottseligkeit ist – dann ist das Lied gut. Unseren meisten Liedern fehlet die Deutlichkeit, die Richtigkeit, die Verständlichkeit, die Anständigkeit, das Lehrreiche.«

Darauf beantwortete ich den Einwurf, daß *»Gottes Wort verfälscht worden sei«*.

So gedachte ich es gut zu machen und machte es übel. Denn es hieß bei den Bauern: *ich hätt ihren alten Glauben verachtet.*

Die Herrschaft kaufte gleich zwanzig Stück, und gleich mit Neujahr 1781 sang ich neu; der erste auf dem flachen Lande in der ganzen Provinz. Selbst Herr Teller, der erste in *Berlin*, sang nur vierzehn Tage eher.

1781, am 10. Januar, fand man zu Berlin folgendes, als Beitrag zum *Gesangbuchstreit* bemerkenswertes *Pasquill* an den *Galgen* angeschlagen:

»So hat uns der Teufel abermals drei Apostel auf den Hals geschickt, die unser Gesangbuch gotteslästerlich verdorben haben. Spalding, Teller, Dietrich. Kaum sind's fünfzehn Jahre (es war im März 1766), als Spaldings Name zum ersten Male am Galgen stand, und nun kommt er wieder mit zwei Bestien, Teller und Dietrich, und machen ein neu Gesangbuch. Jesu Christi wahre Gott- und Menschheit verleugnen sie. Jesu Leib und Blut im Abendmahl verleugnen sie. Verwerfen die Lehre vom Satan, wollen, es sei keine Hölle, keine Ewigkeit, da doch die Bibel dieses alles deutlich beweiset. Verwerfen die alten Lieder, auch *die*, welche Lutherus gemacht. Verdrehen, zerstümmeln, zerhacken die alten schönen Lieder, daß sie aussehen, als hätten sie die Henkersknechte auf ihre Fleischklötze gelegt. Dies alles tun die drei Höllenbrände: Spalding, Teller, Dietrich. Diese drei sind des Teufels Apostel, nebst dem Prediger Stork (oder Stark). Dieser dumme Mensch gehört nicht auf die Kanzel, sondern als ein Schulknabe in die Schule. Er kann die Einsetzungsworte noch nicht lesen, viel weniger beten; stottert, sooft er eine Predigt tut, aus dem verfluchten neuen Gesangbuche her. Kann der verfluchte Hund nicht einen Vers aus dem alten Porst herbeten? So gottlos handeln unsre verfluchten Geistlichen, davon die drei Bestien: Spalding, Teller, Dietrich, die drei Heerführer sind. ›Ach Gott im Himmel, sieh darein und laß dich das erbarmen.‹«

(Es folgen nun kurze Notizen über Acker, Ackerzins und allerhand Wirtschaftliches aus den Jahren 1782 und 1784. Davon stehe hier nur folgendes: »Im Jahre 1782 verkauften meine Kinder ihre gewonnene Seide. Sie erhielten vierzig Reichstaler zwölf Groschen. In andren Jahren in der Regel nur dreißig Reichstaler, auch weniger.«)

1785. Eins meiner Hauptleiden ist mein Küster. Vorgestern brachte mir sein Söhnlein folgenden Zettel:

»*Montag*. Wird Gerste geharkt und eingefahren.
Dienstag. Schule gehalten.
Mittwoch. Habe Besuch.
Donnerstag. Zu Markt.
Freitag. Schule gehalten.
Sonnabend. Nach Döberitz.

Weil hiervon nichts abzuändern ist, so werden Sie diese Woche gütigst als Hundstage ansehn.«

Mein Küster ist ein unausstehlicher Mensch. Soviel möglich, vermeide ich mündliche Unterredung. Er ist zu voll, hört nicht wieder auf. Daher schreib ich das Notwendigste. Der vorstehende Zettel bezieht sich auf eine Unterredung wegen der Sommerschule. Man sagt: die Seminaristen der Realschule wären immer solche Kerls von hohem Nagel. Der »Herr« wird ihnen da in Fleisch und Blut verwandelt. Als ich herkam, trug er Manschetten. Ich nicht. Nach Jahr und Tag legte er sie ab. Er wäre der vortrefflichste Rabulist geworden. Chef de parti ist er gern und bei jeder Gelegenheit Rat und Memorialschreiber der Bauern. Die Frau von Wülknitz sagte mal zu mir: »Ich möchte gerne meine Turmuhr abändern lassen. Rekommandieren Sie mir doch jemand.« – »Mein Küster versteht sich darauf.« – »Ach, um Gottes willen, verschonen Sie mich mit dem Menschen! Ich hab ihn schon hier gehabt. Aber der Kopf hat mir acht Tage von seinem Geschwätz weh getan.« Übrigens warne ich meinen einstigen Nachfolger, wenn er je diese Zeilen liest: alle Leineweber stecken mit dem Küster unter einer Decke.

1786 am 27. Mai. So hab ich ihn denn erlebt, den Anfang meines sechsundsechzigsten Jahres, nicht frisch und munter, aber doch nicht eigentlich krank oder untätig. Mein Gott, an dich sei mein erster Gedanke und mein bester Dank! Aber nun auch noch eine Bitte: Laß mich, deinen Diener, in Frieden fahren, sobald meine Kräfte nicht mehr hinreichen, meinen ganzen Beruf selbst zu bestreiten. Ich will treu arbeiten, solange ich kann, aber wenn das aufhört, dann gönne mir meine Bitte und erlöse mich von dem Übel dieses Daseins auf einmal!

28. Mai. Herr Trappiel, Prediger in Marquardt, ist erblindet. Noch schaudert meine ganze Seele! Der Mann, in der ärmsten Lage, der wie ein Tagelöhner arbeitete, dem jede Witterung gleichviel war – er ist blind. Ich höre es, erschrecke und schwimme mit meinem Wagen durch die Wasser des Sipunts nach Marquardt … O Gott, sende ihm Hilfe! Rühre den Patron des Orts; er *kann*, gib ihm *Wollen*.

29. Mai starb der Geheime Rat Stelter; im Zimmer des Königs, beim Vortrage, rührte ihn der Schlag. Er war homme de fortune – aus einem Kammerdiener Geheimer Rat! Doch hat er großes Lob der Geschicklichkeit und Applikation in seinem Posten. Madame und der Kommerzienrat Damm kannten sich genau.

1787 um Neujahr trat die Fouquésche Familie mit dem Grafen Hordt in Unterhandlung wegen *Rückkaufs von Sacrow*. Es kam zustande. Auf Johannis war die Übergabe.

Der Baron von Fouqué war reformiert; Graf Schmettau auch. Die Baronesse lutherisch. Die ersten Jahre ging sie jährlich zweimal zur Kommunion, immer mit der Gemeinde und immer nur als die erste von den Frauenspersonen. In den letzten Jahren war sie sehr freundschaftlich mit mir und den Meinigen.

Sacrow von 1787 bis 1794

Der Graf Hordt hatte in Berlin eine reiche Witwe geheiratet, die schon drei Männer und darunter einen Herrn von H. gehabt hatte. Der Sohn dieser Dame, Lieutenant im Regiment Gensdarmes, sollte nun Sacrow bewirtschaften.

Den sechsten Sonntag Trinitatis hielt ich in Sacrow Abendmahl. Herr von H., der nunmehrige Besitzer, war da, und ich speiste wie gewöhnlich bei ihm. Ein Lieutenant,

Herr von Sobbe, vom Regiment Herzog Friedrich, ingleichen ein Frauenzimmer waren auch da. Über Tisch kam eine Amme herein mit einem Kinde. »Es ist mein Sohn«, sagte er. Und nun hätte ich nur fragen dürfen: »Und die Mutter?« Aber ich vermied alle Weitläufigkeit. Es war ein allerliebstes Kind. Das Frauenzimmer wird Mamsell genannt.

Sonntag, den 15. September, war ich wieder in Sacrow. Traf niemand. Der Lieutenant war abermals des Morgens um acht Uhr weggefahren. Auch war der Graf Hordt zweimal dagewesen, einmal mit seiner Gemahlin. Nach mir hat er nicht gefragt. Des Morgens kommen sie an, besehen sich, essen zu Mittag, fahren wieder ab.

Weihnachten 87. Den 29. Dezember taufte ich des Küsters Söhnlein. Herr von H. war Gevatter und schickte seinen Jäger. Er kam mit der Mamsell ins Küsterhaus, als wir uns eben zu Tische setzen wollten. Sie blieb, er ging weg; dann kam er noch mal und ließ sie herausrufen. Sie kamen nicht wieder.

(1788.) Neujahr. Der Herr Lieutenant war da, fuhr aber unter der Kirche ab.

Sexagesima. Es fiel mir diesmal auf: gerade in der Minute, da ich an dem einen Ende hereinkam, fuhr der Dorfherr zum andern heraus. Seit dem fünfundzwanzigsten Sonntag Trinitatis vorigen Jahres hatte ich ihn nicht gesehen.

Elften Sonntag Trinitatis hielt ich Abendmahl. Dann ins Schloß. Nebst der Herrschaft war zu Tische Herr Jäger Sonnenberg aus Gatow, cum uxore. Den 4. August fuhr ich nach Döberitz. Unterdes war Herr von H. cum amasia hier gewesen.

Den zweiten Advent hielt ich Abendmahl. Der Herr Inspektor Schübe speiste mit. Er kommunizierte mir die Memoiren d'un comte suédois. Der schwedische Graf schließt mit folgenden Versen:

Las d'espérer et de me plaindre
Des grands de la terre et du sort,
C'est ici que j'attends la mort,
Sans la souhaiter, sans la craindre.

Den 28. November starb zu Lentzke Frau Marie Luise, geborne von Schlegel, verehelichte Baronesse von Fouqué, im neunundvierzigsten Jahre ihres Alters, nach einem sechswöchentlichen Krankenlager.

(1789.) Den 11. Januar. Wegen des außerordentlich vielen Schnees konnte ich ohne Lebensgefahr weder auf Weihnacht noch Neujahr nach Sacrow fahren. Heute wagte ich es, weil der Einwohner Weber gern seinen verstorbenen Sohn feierlich beerdigen lassen wollte. Ich predigte und begrub. Der Herr des Gutes war da. Ich ging nachher herauf, traf ihn cum annexis. 25. Januar. Der Weg war überaus beschwerlich. Ich fuhr anderthalb Stunde. Er und sie waren da. Zwischen dem 11. und 25. war das zweite Kind verstorben. Man überreichte mir eine kleine Summe Geld und sagte: »Für den verstorbenen Junker.«

8. März. Predigt über die Epistel. Er war nicht da, hat in Berlin abermals einen Sohn taufen lassen. – Schwerer Tag für mich. Bittre Kälte, dabei Ostwind. Ich fuhr also gegen den Wind und war schon seit acht Uhr in der Arbeit und Kälte gewesen. Fünf Frauen und sechs Männer kamen zur Kirche. Mein Körper fror zusammen; meine Seele war ganz niedergeschlagen. Fand nirgends ein freundlich Gesicht. – Auch du, Sacrow, so klein du bist, auch du bist seit 1776 herabgesunken. Die Exempel deiner Vorgesetzten haben dich verdorben. Unter Hordt war Sacrow fromm, denn er war zu der Zeit bigott. Unter Fouqué ward es leichtsinnig, endlich frech. Der Küster hatte oft nur drei Zuhörer. Das Verständnis der Baronin mit dem Grafen Schmettau wirkte schädlich auf die Sitten. Unter von H. ist alles frank und frei.

12. April. Ostertag. Achtundvierzig Zuhörer. Er hatte Fremde aus Berlin. Welch Exempel geben unsere Vorgesetzten!

Pfingsten. Der Herr Superintendent hat am Himmelfahrtstage mit außerordentlicher Lobeserhebung vom Könige und seiner Gottesfurcht gesprochen, da er einen seit zehn Jahren abgeschafften Fasttag wiederhergestellt hat. Was doch alles vorkommt!

Den 30. August, nachmittags drei Uhr, traute ich den Jäger Lindner. Es war wie Jahrmarkt und Puppenspiel. Der Roggenkranz hatte Hunderte von Potsdamern nach Sacrow gezogen. Die Kirche war so voll, daß ich kaum mein Plätzchen vor dem Altare behielt; Toben, Schreien der Kinder,

Lachen über meine Worte, alles machte, daß ich mich kurz faßte. Die Braut war ein Affe; sie zog sich die Handschuh an, anstatt sich die Hände zu geben. An ebendem Tage hat der Oberst von Winning auf Glienicke seinem Jäger die Hochzeit gemacht, auf eine anständige Art. Die Gemeinde war aufs Schloß invitieret. Er und sein Sohn führten den Bräutigam in den Saal, sie und die älteste Tochter die Braut. Es wurde ordentlich gesungen, geopfert, alles gespeiset.

(1790.) Den ersten Epiphanias hielt ich Abendmahl. Der Herr Baron von H. ging auch mit, kniete sogar mit vor dem Altar. Im übrigen war er noch geiziger wie Graf Hordt. Zu Tische war der Herr Lieutenant von Öttinger mit. Mamsell war so beredt, wie die Hausfrau zu sein pflegt. Man nahm es mir recht im Ernst übel, daß ich meine Tochter nicht mitgebracht hatte, denn man hatte sie namentlich invitieret.

20. November. In der Berlinischen Zeitung hieß es heute: »Seine Königliche Majestät haben den einzigen Sohn des verstorbenen Geheimen Legationsrats und Gesandten am dänischen Hofe, Herrn August Ferdinand von H., Erbherrn auf Sacrow, aus ganz besonderen Gnaden und in Rücksicht der von seinen Voreltern dem königlichen Hause geleisteten distinguierten Dienste in den Grafenstand allergnädigst erhoben. Der Großvater des Grafen mütterlicherseits war Heinrich Graf von Podewils, Erster Cabinetsminister, welche Würde er dreißig Jahre bis zu seinem Tode bekleidet hat.«

(1791.) Am Sonntag Reminiscere, den 20. März, war der Jäger Lindner betrunken und haselierte mit den beiden Frauensleuten rechts und links ganz unverschämt. Ich ärgerte mich gewaltig und schalt ihn. Der Jäger wollte mich später zur Rede setzen. Ich schrieb darüber an die Herrschaft. Den nächsten Sonntag kamen sie hierher und sagten: »daß sie die Leute, die den Lärm unterstützt, gerichtlich wollten bestrafen lassen«. Das ist geschehen. Den Jäger Lindner hat er ans Regiment abgeliefert, weil er in all den vorgekommenen Fällen als Urheber befunden worden ist. Sein Intimus Plage hat am Sonntage vor der Kirchtür etliche Stunden mit einem Zettel vor der Brust gestanden, rechts und links ein Gerichtsdiener.

Meine Pfarre ist eine beschwerliche Pfarre. Sacrow (nur Filial) liegt eine Meile ab, auf einer Straße, die niemand bereiset als ich, was denn beim Schnee desto beschwerlicher fällt, noch dazu, da es durch die Heide geht, wo der Wind oft sehr zusammendeilt. Es ist in allem Betracht ein verdrießlich Filial, und doch muß ich es alle vierzehn Tage bereisen. Gott! du weißt es, wie ich dann den ganzen Tag über vom Morgen bis Abend fahren und reden muß, wie sauer es mir jetzt wird in der Hitze des Sommers, in der Kälte des Winters. Aber du weißt es auch, Gott, wie treu ich darin gewesen bin, auch für Sacrow, das mein Vorgänger nur sah, wenn die Herrschaften da waren. Und doch achten sie mich gering und versagen mir das Kleinste. Werd ich eine Wandlung erleben? Nein.

BORNSTEDT

Nun weiß ich auf der Erde
Ein einzig Plätzchen nur,
Wo jegliche Beschwerde
Im Schoße der Natur,
Wo jeder eitle Kummer
Dir wie ein Traum zerfließt
Und dich der letzte Schlummer
Im Bienenton begrüßt.

Waiblinger

Bornstedt und seine Feldmark bilden die Rückwand von Sanssouci. Beiden gemeinsam ist der Höhenzug, der zugleich sie trennt: ein langgestreckter Hügel, der in alten Topographien den Namen »der Galberg« führt. Am Südabhange dieses Höhenzuges entstanden die Terrassen von Sanssouci; am Nordabhange liegt Bornstedt. Die neuen Orangeriehäuser, die auf dem Kamme des Hügels in langer Linie sich ausdehnen, gestatten einen Überblick über beide, hier über die Baum- und Villenpracht der königlichen Gärten, dort über die rohrgedeckten Hütten des märkischen Dorfes; links steigt der Springbrunnen auf und glitzert siebenfarbig in der Sonne, rechts liegt ein See im Schilfgürtel und spiegelt das darüber hinziehende weiße Gewölk.

Dieser Gegensatz von Kunst und Natur unterstützt beide in ihrer Wirkung. Wer hätte nicht an sich selbst erfahren, wie frei man aufatmet, wenn man aus der kunstgezogenen Linie auch des frischesten und natürlichsten Parkes endlich über Graben und Birkenbrücke hinweg in die weitgespannte Wiesenlandschaft eintritt, die ihn umschließt! Mit diesem Reiz des Einfachen und Natürlichen berührt uns auch Bornstedt. Wie in einem grünen Korbe liegt es da.

Aber das anmutige Bild, das es bietet, ist nicht bloß ein Produkt des Kontrastes; zu gutem Teile ist es eine Wirkung der pittoresken Kirche, die, in allen ihren Teilen deutlich erkennbar, mit Säulengang, Langschiff und Etagenturm, aus dem bunten Gemisch von Dächern und Obstbäumen emporwächst. Diese Kirche ist eine aus jener reichen Zahl von Gotteshäusern, womit König Friedrich Wilhelm IV. Potsdam gleichsam umstellte, dabei von dem in seiner Natur begründeten Doppelmotiv geleitet: den Gemeinden ein christliches Haus, sich selber einen künstlerischen Anblick zu gewähren. Auch für Bornstedt wählte er die Basilikaform.

Über die Zulässigkeit dieser Form, speziell für unser märkisches Flachland, ist viel hin und her gestritten worden, und es mag zugestanden werden, daß sie, samt dem danebengestellten Campanile, vorzugsweise ein coupiertes Terrain und nicht die Ebene zur Voraussetzung hat. Deshalb wirken diese Kirchen in den flachen und geradlinigen Straßen unserer Residenzen nicht eben allzu vorteilhaft, und der unvermittelt aufsteigende, weder durch Baumgruppen noch sich vorschiebende Bergcoulissen in seiner Linie durchschnittene Etagenturm tritt – an die Porzellantürme Chinas erinnernd – in einen gewissen Widerspruch mit unserem christlichen Gefühl. Mit unseren baulichen Traditionen gewiß! Aber so unzweifelhaft dies zuzugestehen ist, so unzweifelhaft sind doch auch Ausnahmen, und eine solche bietet Bornstedt. Es wird hier ein so malerischer Effekt erzielt, daß wir nicht wissen, wie derselbe überboten werden sollte. Der grüne Korb des Dorfes schafft eine glückliche Umrahmung, und während das Hochaufragende des Etagenturms etwas von dem Poetisch-Symbolischen der alten Spitztürme bewahrt, wird doch zugleich dem feineren Sinn eine Form geboten, die mehr ist als der Zuckerhut unserer alten Schindelspitzen. Der Ruf dieser hat sich nur, faute de mieux, im Zeitalter der Laternen- und Butterglockentürme entwickeln können.

Die Bornstedter Basilika samt Säulengang und Etagenturm ist ein Schmuck des Dorfes und der Landschaft; aber was doch weit über die Kirche hinausgeht, das ist ihr *Kirchhof*, dem sich an Zahl berühmter Gräber vielleicht kein anderer Dorfkirchhof vergleichen kann. Wir haben viele Dorfkirchhöfe gesehen, die um ihres landschaftlichen oder überhaupt ihres poetischen Zaubers willen einen tieferen Eindruck auf uns gemacht haben; wir haben andere besucht, die historisch den Bornstedter Kirchhof insoweit in Schatten stellen, als sie *ein* Grab haben, das mehr wiegt als alle Bornstedter Gräber zusammengenommen; aber wir sind nirgends einem Dorfkirchhofe begegnet, der solche Fülle von Namen aufzuweisen hätte.

Es hat dies einfach seinen Grund in der unmittelbaren Nähe von Sanssouci und seinen Dependenzien. Alle diese Schlösser und Villen sind hier eingepfarrt, und was in Sanssouci stirbt, das wird in Bornstedt begraben – in den meisten Fällen königliche Diener aller Grade, näher- und fernerstehende, solche, deren Dienst sie entweder direkt an Sanssouci band, oder solche, denen eine besondere Auszeichnung es gestattete, ein zurückliegendes Leben voll Tätigkeit an dieser Stätte voll Ruhe beschließen zu dürfen. So finden wir denn auf dem Bornstedter Kirchhofe Generale und Offiziere, Kammerherren und Kammerdiener, Geheime Räte und Geheime Kämmeriere, Hofärzte und Hofbaumeister, vor allem – Hofgärtner in Bataillonen.

Der Kirchhof teilt sich in zwei Hälften, in einen alten und einen neuen. Jener liegt hoch, dieser tief. Der letztere (der neue) bietet kein besonderes Interesse.

Der alte Kirchhof hat den freundlichen Charakter einer Obstbaumplantage. Die vom Winde abgewehten Früchte, reif und unreif, liegen in den geharkten Gängen oder zwischen den Gräbern der Dörfler, die in unmittelbarer Nähe der Kirche ihre letzte Rast gefunden haben. Erst im weiteren Umkreise beginnt der Fremdenzuzug, gewinnen die Gäste von Sanssouci her die Oberhand, bis wir am Rande des Gemäuers den Erbbegräbnissen begegnen. Wir haben also drei Zirkel zu verzeichnen: den Bornstedter, den Sanssouci- und den Erbbegräbnis-Zirkel.

An einige Grabsteine des mittleren, also des Sanssouci-Zirkels, treten wir heran; nicht an solche, die berühmte Namen tragen (obschon ihrer kein Mangel ist), sondern an solche, die uns zeigen, wie wunderbar gemischt die Toten hier ruhen. Da ruht zu Füßen eines Säulenstumpfes Demoiselle Maria Theresia Calefice. Wer war sie? Die Inschrift gibt keinen Anhalt: »Gott und Menschen lieben, Gutes ohne Selbstsucht tun, den Freund ehren, dem Dürftigen helfen – war ihres Lebens *Geschäft.*« Ein beneidenswertes Los. Dazu war sie in der bevorzugten Lage, diesem »Geschäft« zweiundachtzig Jahre lang obliegen zu können. Geboren 1713, gestorben 1795. Wir vermuten eine reponierte Sängerin.

Nicht weit davon lesen wir: »Hier ruht in Gott Professor Samuel Rösel, geboren in Breslau 1769, gestorben 1843. ›Tretet leise an sein Grab, ihr Männer von edlem Herzen, denn er war euch nahe verwandt.‹« Wer war er? Ein gußeisernes Gitter, einfach und doch zugleich abweichend von allem Herkömmlichen, schließt die Ruhestätte ein; um die rostbraunen Stäbe winden sich Vergißmeinnichtranken, und zu Häupten steht eine Hagerose.

Noch ein dritter Fremder an dieser Stelle: Heinrich Wilhelm Wagenführer, geboren zu Neuwied 1690. Er wurde vom Rhein an die Havel verschlagen, wie es scheint, zu seinem Glück. Der Grabstein nennt ihn mit Unbefangenheit »einen vornehmen Kauf- und Handelsmann zu Potsdam«. Diese Inschrift, mit den Daten, die sie begleiten, ist nicht leicht zu entziffern, denn ein alter Ulmenbaum, der zur Seite steht, hat sein Wurzelgeäst derart über den Grabstein hingezogen, daß es aussieht, als läge eine Riesenhand über dem Stein und mühe sich, diesen an seiner Grabesstelle festzuhalten. Gespenstisch am hellen, lichten Tag!

Wir gehen vorbei an allem, was unter Marmor und hochtönender Inschrift an dieser Stelle ruht, ebenso an den Erbbegräbnissen des dritten Zirkels, und treten in eine nach links hin abgezweigte Parzelle dieses Totenackers ein, die den Namen des »Selloschen Friedhofs« führt. Die Sellos sind Sanssoucigärtner seit über hundert Jahren. Ihre Begräbnisstätte bildet eine Art vorspringendes Bastion; ein niedriges Gitter trennt sie von dem Rest des Kirchhofs. Hier ruhen, außer der »Dynastie Sello«, mit ihnen verschwägerte oder befreundete Sanssoucimänner, die »Eigentlichsten«:

Karl Timm, Geheimer Kämmerier, gestorben 1839.

Emil Illaire, Geheimer Cabinetsrat, gestorben 1866.

Peter Joseph Lenné, Generaldirektor der Königlichen Gärten, gestorben 1866.

Friedrich Ludwig Persius, Architekt des Königs, gestorben 1845.

Ferdinand von Arnim, Hofbaurat, gestorben 1866.

Denkmal an Denkmal hat diese Begräbnisstätte der Sellos zugleich zu einer Kunststätte umgeschaffen: Marmorreliefs, in der Sprache griechischer und christlicher Symbolik, sprechen zu uns; hier weist der Engel des Friedens nach oben;

dort, aus dem weißen Marmorkreuz hervor, blickt das Dornenantlitz zu uns nieder, das zuerst auf dem Schweißtuche der heiligen Veronika stand. Nur die Sellos, die eigentlichen Herren des Platzes, haben den künstlerischen Schmuck verschmäht: einfache Feldsteinblöcke tragen ihre Namen und die Daten von Geburt und Tod.

Sie haben den künstlerischen Schmuck verschmäht, nur nicht den, der ihnen zustand. Die alten Gärtner wollten in einem Garten schlafen. So viele Gräber, so viele Beete – das Ganze verandaartig von Pfeilern und Balkenlagen umstellt. Die Pfeiler wieder hüllen sich in Efeu und wilden Wein, Linden und Nußbäume strecken von außen her ihre Zweige weit über die Balkenlagen fort, zwischen den Gräbern selbst aber stehen Taxus und Zypressen, und die brennende Liebe der Verbenen spinnt ihr Rot in das dunkelgrüne Gezweig.

Aus der Selloschen Begräbnisparzelle sind wir auf den eigentlichen Kirchhof zurückgeschritten.

Noch *ein* Denkmal verbleibt uns, an das wir heranzutreten haben: ein wunderliches Gebilde, das, in übermütigem Widerspruch mit Marmorkreuz und Friedensengel, den Ernst dieser Stunde wie ein groteskes Satyrspiel beschließt. Es ist dies das Grabdenkmal des bekannten Freiherrn Paul Jakob von Gundling, der Witz und Wüstheit, Wein- und Wissensdurst, niedere Gesinnung und stupende Gelehrsamkeit in sich vereinigte und der, in seiner Doppeleigenschaft als Trinker und Hofnarr, in einem *Weinfaß* begraben wurde. In der Bornstedter Kirche selbst, in der Nähe des Altars. Über seinem Grabe ließ König Friedrich Wilhelm I. einen Stein errichten, der trotz des zweifachen Neubaus, den die Kirche seitdem erfuhr, derselben erhalten blieb. Dies Epitaphium, ein Kuriosum ersten Ranges, bildet immer noch die Hauptsehenswürdigkeit der Kirche. Hübsche Basiliken gibt es viele; ein solches Denkmal gibt es nur einmal. Ehe wir eine Beschreibung desselben versuchen, begleiten wir den Freiherrn durch seine letzten Tage, auf seinem letzten Gange. Wir benutzen dabei, mit geringen Abweichungen, einen zeitgenössischen Bericht:

»Von Gundling wurde vor Ostern des Jahres 1731 krank und starb den 11. April auf seiner Stube im königlichen Schlosse zu Potsdam. Sein Körper ward sogleich auf einem

Brette nach dem Witwenhause der Lakaienfrauen getragen und hier von den Wundärzten geöffnet. In seinem Magen fand man ein Loch.

Sein Leichenbegängnis war äußerst lustig und seinem geführten Lebenswandel völlig angemessen. Schon vor zehn Jahren hatte ihm der König seinen Sarg in Form eines *Weinfasses* verfertigen lassen. Es war schwarz angestrichen und auf dem obern Teile mit einem weißen Kreuze geschmückt, welches nach allen vier Seiten herunterging. Es wird erzählt, daß Gundling sich schon bei Lebzeiten öfters in diesen Sarg gelegt und zur Ergötzung des Hofes ein Glas Wein darin getrunken habe. Nachdem er tot war, legte man ihn in seinem rotsamtenen, mit blauen Aufschlägen besetzten Kleide, desgleichen mit roten seidenen Strümpfen und einer großen Staatsperücke, in dasselbe hinein. Umher stellte man zwölf Guéridons mit brennenden weißen Wachskerzen. In dieser Parade ward er jedermann öffentlich gezeigt. Besonders kamen viele Fremde nach Potsdam, um ihn zu sehen.

Nachdem der Kastellan des Schlosses vom Könige den Befehl erhalten hatte, alles zum Begräbnis Erforderliche zu besorgen, ward dem Verstorbenen die Kirche zu Bornstedt als Ruhestätte bestimmt. Zur Leichenbegleitung wurden mehr als fünfzig Offiziere, Generale, Obersten und andere angesehene Kriegsbediente, die Geistlichen, die Potsdamer Schule, die königlichen Cabinetssecretaire, Kammerdiener, Küchen- und Kellereibediente eingeladen. Hiezu kam noch der Rat und die Bürgerschaft der Stadt, welche sich sämtlich, mit schwarzen Mänteln angetan, bei dieser Handlung einfinden mußten. Alle diese Begleiter waren bereit und willig, Gundlingen die letzte Ehre zu erweisen, bis auf die lutherischen und reformierten Geistlichen, die zu erscheinen sich weigerten. Da sie um die Ursache befragt wurden, schützten sie die Gestalt des Sarges vor, welche nicht erlaube, daß sie dabei ohne Anstoß erscheinen könnten. Man fand nicht für gut, sie weiter zu nötigen, und ließ sie weg.

Nun stellte sich aber ein zweiter Umstand dar, welcher neue Schwierigkeiten hervorbrachte. Da die Geistlichkeit, von der ein lutherisches Mitglied die Parentation halten sollte, nicht erschien, so war man verlegen, wer dies Geschäft nun übernehmen würde. Nachdem man hin und her gesonnen hatte, verfiel man endlich auf des Verstorbenen Erzfeind, auf David Faßmann. Dieser übernahm es und hielt wirklich die Leichenrede.

Nach Schluß derselben wurden Lieder gesungen und alle Glocken geläutet. Der bis dahin offengestandene Sarg ward zugemacht, ein Bahrtuch darübergeworfen, und so ging es in bester Ordnung und unter fortgesetztem Läuten bis vor den Schlagbaum von Potsdam hinaus. Hier blieb die Prozession zurück, und nur wenige folgten der Leiche, die auf einen Wagen gesetzt und nach Bornstedt gefahren wurde. Hier wurde sie abgeladen und inmitten der Kirche eingesenkt. – Ein großer, zierlich ausgehauener Leichenstein erhielt folgende Inschrift:

›Allhier liegt begraben der weiland hoch- und wohlgeborne Herr,
Herr Jakob Paul Freiherr von Gundling,
Seiner Königlichen Majestät in Preußen hochbestallt gewesener Oberzeremonienmeister, Kammerherr, Geheimer Ober-Appellations-, Kriegs-, Hof-, Kammerrat, Präsident der Königlichen Sozietät der Wissenschaften, Hof- und Kammergerichtsrat, auch Historiographus etc., welcher von allen, die ihn gekannt haben,
wegen seiner Gelehrsamkeit bewundert,
wegen seiner Redlichkeit gepriesen,
wegen seines Umgangs geliebt und
wegen seines Todes beklagt worden.
Anno 1731.‹

Darunter befindet sich groß und in sauberer Ausführung das freiherrliche Wappen.«

So etwa der zeitgenössische Bericht.

Des Wappens auf dem Leichensteine wird nur in aller Kürze Erwähnung getan, und doch ist dasselbe von besonderem Interesse. Es zeigt, daß des Königs Geneigtheit, an Gundling seinen Spott zu üben, auch über den Tod des letztern fortdauerte. Hatte schon früher durch Erteilung eines freiherrlichen Wappens, auf dem die angebrachten drei *Pfauenfedern* die Eitelkeit des Freiherrn geißeln sollten, seinem Humor die Zügel schießen lassen, so ging jetzt, wo es sich um die Ausmeißelung eines Grabsteins für Gundling handelte, noch über den früheren Sarkasmus hinaus, und das Grabsteinwappen erhielt zwei neue Schildhalter: eine *Minerva* und einen aufrecht stehenden *Hasen*. Die Hieroglyphensprache des Grabsteins sollte ausdrücken: er war klug, eitel, feige.

Dieser interessante Stein lag ursprünglich im Kirchenschiff; jetzt ist er senkrecht in die Frontwand eingemauert und wirkt völlig wie ein errichtetes Denkmal.

Wenn der weiße Marmor so vieler Gräber draußen längst zerfallen sein und kein rot-dunkles Verbenenbeet den Veranda-Begräbnisplatz der Sellos mehr schmücken wird, wird dies wunderliche Wappendenkmal, mit den Pfauenfedern und dem aufrecht stehenden Hasen, noch immer zu unsern Enkeln sprechen, und das Märchen von »Gundling und dem Weinfaßsarge« wird dann wundersam klingen wie ein grotesk-heiteres Gegenstück zu den Geschichten vom *Oger*.

WER WAR ER?

Ein Kapitel in Briefen aus aller Welt Enden

In dem vorstehenden Bornstedt-Kapitel ist auf Seite 255 des verstorbenen Professor Samuel Rösels Erwähnung geschehen und an die Nennung seines Namens die Frage geknüpft worden: *Wer war er?*

Diese Frage, sowenig passend sie sein mochte, namentlich um des Tones willen, in dem ich sie stellte, hat wenigstens das eine Gute gehabt, mir eine Fülle von Zuschriften einzutragen, aus denen ich nunmehr imstande bin ein Lebensbild Rösels zusammenzustellen.

Den Reigen dieser Zuschriften eröffnete ein »Hinterwäldler«, wie er sich selber am Schlusse seines, den Poststempel Saint Louis (am Mississippi) tragenden Briefes nennt. Es heißt darin wörtlich:

»Oh, mein lieber Herr F., röten sich nicht Ihre Wangen über solche Unwissenheit? Professor Rösel war ein hervorragender Mann der Berliner Akademie, eine wohlbekannte, sehr beliebte Persönlichkeit, Anfang der dreißiger Jahre in den Familien Schadow, Spener, Link gern gesehen, wo er durch Satire, Komik und ausgezeichnete Geselligkeit alles zu erheitern wußte. Und nun fragen Sie: *Wer war er?* Sie haben sich durch diese Frage eine arge Blöße gegeben, und wenn ich Sie nicht um Ihrer im letzten Kriege bewiesenen Vaterlandsliebe willen schätzte, so würden Sie sich eine *öffentliche* Rüge zugezogen haben. Nehmen Sie das nicht übel Ihrem Sie hochschätzenden

Hinterwäldler.«

Ich nahm diesen Brief anfänglich leicht und glaubte mich mit meinem »Wer war er?« immer noch in gutem Recht. Aber allmählich sollt ich doch meines Irrtums gewahr werden. Der Saint-Louis-Brief kam durch mich selber in die Öffentlichkeit, und ich mußte mich alsbald überzeugen, daß alle Welt auf die Seite Rösels und seines hinterwäldlerischen Advokaten und nicht auf die meinige trat. In der »National-Zeitung« erschien ein kleiner Artikel Adolf Stahrs, dem ich nachstehendes entnehme.

»Der Tadel vom Mississippi her ist doch nicht ganz unberechtigt. F. hätte die Pflicht gehabt, sich besser umzutun und nach einem Manne zu forschen, der noch zu Anfang der vierziger Jahre eine sehr bekannte Berliner Persönlichkeit war. Gottlob Samuel Rösel, Landschaftsmaler und Professor an der Zeichenakademie in Berlin, zählte zu seiner Zeit unter den tüchtigsten Künstlern seines Fachs, und Zelter nennt seine drei im Jahre 1804 ausgestellten Landschaften in dem über die Ausstellung jenes Jahres an Goethe berichtenden Briefe, neben den Landschaften von Hackert, Lütke, Genelli und Weitsch, mit großem Lobe. Der kleine, etwas verwachsene, aber sehr geistreiche und sarkastische Mann war ein intimer Genosse des Zelterschen Kreises, war mit Hegel befreundet und vor allen Dingen ein großer Verehrer Goethes. Es hätte F. nicht unbekannt sein dürfen, daß der größte deutsche Dichter das Andenken des Künstlers Rösel durch zwei seiner anmutigen kleinen Gedichte der Nachwelt zu überliefern für wert gehalten hat. Der Künstler hatte den Großmeister der deutschen Dichtung zu dessen Geburtstage wiederholt mit sinnigen Zeichnungen, unter denen Götz von Berlichingens Burg Jaxthausen, Tassos Geburtshaus in Sorrent und eine Zeichnung des Hofes von Goethes Vaterhause in Frankfurt, beschenkt, und Goethe dankte ihm dafür in mehreren Gedichten, von denen das eine: ›An Professor Rösel‹, mit den Worten beginnt:

Rösels Pinsel, Rösels Kiel
Sollen wir mit Lorbeer kränzen;
Denn er tat von je so viel,
Zeit und Raum uns zu ergänzen.

Näheres über die Beziehungen Rösels zu Goethe findet man an verschiedenen Stellen des Goethe-Zelterschen Briefwechsels sowie in den Anmerkungen, welche Herr Geheimrat von Loeper und Dr. Strehlke ihrer vortrefflichen Ausgabe Goethes an den betreffenden Stellen (Teil III, Seite 169, 170 bis 171) beigegeben haben.«

Und nun war das Eis gebrochen, und *Rösel-Briefe* kamen von allen Seiten.

»Es wäre leicht gewesen«, schrieb mir ein Unbekannter, »sich über R. zu informieren, und der Hinterwäldler hat es mit seinem Vorwurf doch eigentlich getroffen. Rösel war geistreich, witzig, spöttisch, von gediegenem Wissen und vor allem ein kreuzbraver Mann.

Friedrich Wilhelm IV., welcher ihn lange gekannt und geliebt hatte, nahm den alten, alleinstehenden und schließlich etwas geistesschwach gewordenen Mann nach Charlottenhof hinüber und ließ ihn daselbst mehrere Jahre lang in der Familie des Hofgärtners oder des Kastellans verpflegen. Dies gereicht dem Könige um so mehr zur Ehre, als Rösel, ein echter Sohn der Aufklärungszeit, seine Ansichten, ja, seine Spöttereien niemals verhohlen hatte.«

Diese Zeilen werden durch eine Stelle bei Varnhagen, Tagebücher II, Seite 75, bestätigt. Es heißt daselbst: »Sonnabend, den 4. *Juni* 1842. Der Maler Rösel ist sehr krank. Der König hat ihn nach Charlottenhof eingeladen, die Königin selbst wollte ihn pflegen – zu spät kommt dem armen Manne so viel Huld!« Soweit Varnhagen. Irrtümlich an dieser Notiz ist wohl nur das leis anklagende »zu spät«. Es scheint Rösel zu keiner Zeit an »Huld« und herzlichsten Freundschaftsbeweisen gefehlt zu haben. Einem Sterbenden war nur eben schwer zu helfen.

Beinah gleichzeitig mit den vorstehenden Zeilen empfing ich die folgenden.

»Sie werden Ad. Stahrs kleinen Artikel in der ›National-Zeitung‹ gelesen haben. Auch *ich* entsinne mich Rösels sehr wohl. Er war ein Meister in der Sepiamalerei und hat eine Anzahl seiner Blätter publiziert. Alte Berliner Familien, ich nenne nur Deckers, bewahren manches davon als Andenken, und Rauchs Tochter, Broses, Brendels, Marianne Mendelssohn und die Solmar müssen von ihm zu erzählen wissen. Er war sehr gefürchtet, weil er einen scharfen Witz hatte. Seine Herzensgüte glich es aber wieder aus. Mal wurde für ein armes Künstlerhaus eine Lotterie veranstaltet. Auch Rösel hatte beigesteuert und erschien endlich zur Ziehung: klein, krumm und in schwarzem Frack. Er sah dabei aus, als ob er nie etwas andres trage als einen schwarzen Frack. Ich seh den kleinen Mann noch durch die Stube schreiten. Stahr spricht von einem Blatte ›Goethes Hof‹. Das trifft nicht völlig zu. Was Rösel gezeichnet hat, ist der *Brunnen* auf Goethes Hof in Frankfurt. Ihr

W. Hertz«

Und noch ein Brief. Er lautete:

»Wiesbaden, 4. März 1873

... Sie fragen in Ihrem Buche: ›Wer war Rösel?‹ Diese Frage war mir wieder einmal ein rechter Beweis für die Vergänglichkeit alles Irdischen. Denn zu meiner Zeit war Rösel eine bei alt und jung, bei hoch und niedrig bekannte und beliebte Persönlichkeit. Ohne mich auf seinen Lebensgang und seine Leistungen hier einzulassen, will ich Ihnen doch wenigstens einige Notizen mitteilen. R. war Professor an der Kunstakademie und gab auch in Privatkreisen Unterricht im Landschaftzeichnen mit der Feder. Er hatte darin eine ganz eigene kräftige Manier, wie ich sie nie wieder gesehen habe. Die höchsten Herrschaften, die vornehmsten Familien nannten ihn ihren Lehrer, und alle liebten ihn, seiner Heiterkeit, seines Witzes und seiner unermüdlichen Gefälligkeit wegen.

Es gab kein Familienfest, kein Liebhabertheater, keine lebenden Bilder, bei denen er nicht Ratgeber und Helfer war. Es kam ihm gar nicht darauf an, Coulissen zu malen und Gelegenheitsgedichte zu machen. Ich selbst habe manchmal seine Güte in Anspruch genommen. Seine ganze Erscheinung hatte etwas Drolliges, Gnomenhaftes. Er war klein und verwachsen, der Kopf aber groß, mit dunklen, ins Graue spielenden langen Locken. Sein sehr markiertes Profil hatte etwas Orientalisches. Sie werden ihn leicht auf dem bekannten Krügerschen Huldigungsbilde in der Künstlergruppe auf der Estrade rechts erkennen. Wenn ich nicht irre, sind Zeichnungen von ihm im Kupferstichcabinet, doch bin ich dessen nicht gewiß. Er hat lange Jahre in der Friedrichsstraße gewohnt, Ecke der Mohrenstraße, unendlich einfach eingerichtet, ein echter Künstler-Junggeselle.

von Roeder*,
Generallieutenant z. D.«

* Generallieutenant von Roeder kommandierte im dänischen Kriege 1864 die »Düppel-Brigade«, Regimenter 24 und 64, und war unter den ersten, die auf Alsen landeten. Auf dem bekannten Bleibtreuschen Bilde »Übergang nach Alsen« (Nationalgalerie) steht er, ein großer schöner Mann, in einem der vordersten Boote. Während meines Militärjahres war er Offizier in der Compagnie des Kaiser-Franz-Regiments, in dem ich diente, und bewahrte mir seitdem sein Wohlwollen.

Das waren die Zuschriften, die ich ohne mein Zutun erhielt. Um andre bemühte ich mich, indem ich bei Personen anfragte, von deren früheren Beziehungen zu Rösel ich inzwischen erfahren hatte. Einen aus der Reihe dieser Briefe, der das reichste Material gibt, lasse ich in nachstehendem folgen.

»Rom, 21. Januar 1880
Piazza Campitelli, Palazzo Capizucchi

Ihren lieben Brief mit der Rösel-Anfrage habe ich gestern erhalten, und ich beeile mich, Ihnen darauf zu antworten.

Rösel wurde um 1770 in Breslau geboren. Und zwar am 9. Oktober. Sonderbarerweise bin ich über das Jahr unsicher, desto sicherer aber über den Tag. Ich weiß nämlich, daß es der Tag vor meines Vaters Geburtstag war. Er malte Landschaften, aber nicht in Öl, sondern in Sepia, hatte eine besondere Vortrags- und Behandlungsart, die er ›knackern‹ nannte. Was es bedeuten sollte, weiß ich nicht. Er war eine der bekanntesten Persönlichkeiten, und es gab kaum einen Abend im Jahr, an dem er nicht in Gesellschaft gewesen wäre. Inbesonders freundlichen Beziehungen stand er zur Familie Mendelssohn. Er hatte die Eigentümlichkeit, sich überall anzusagen, gewöhnlich zu einem Karpfenkopf. Bei meinem Großvater Feilner war er, dreißig Jahre lang, jeden Dienstag zur Whistpartie, sehr heftig beim Spiel und der jedesmalige Schrecken seines Partners. Ich sehe noch das große rote Kissen, mit dem darauf gestickten Röselchen, das ihm auf den Stuhl gelegt wurde. Denn Sie wissen, daß er sehr klein und bucklig war. Zu jedem Geburtstage meines Großvaters erschien er mit einem paar pompejanischen Scherben und obligatem Gedicht, das dann bei Tische vorgelesen wurde. Seine Handschrift war sehr charakteristisch, und jeden von ihm geschriebenen Brief bezog er am Rande mit einem rotgetuschten Strich. Seine Korrespondenz war die umfangreichste von der Welt, und ein paar alte Weiber dienten ihm dabei als Briefboten. Sie hatten verschiedene Namen. Eine nannte er ›Iris‹, doch waren die Namen, die *wir* ihnen beilegten, minder poetischen Klanges. Sie waren alle sehr häßlich und wahre Unholde. Seine Beziehungen zu Goethe sind bekannt. Er war auch Freimaurer. Ich habe ihn nie anders gesehen als in schwarzem Frack und weißer Krawatte. Seine letzten Jahre waren nicht die glücklichsten. Er wurde immer bärbeißiger, seine äußerliche Lage verschlechterte sich, und er hielt sich zuletzt zur Flasche, sogar zur Likörflasche. ›Iris‹ und ihre Kameradinnen bekamen ihn ganz in ihre Gewalt. Um ihn daraus zu befreien, wurd ihm, seitens seiner näheren Bekannten, ein Diener gehalten. Aber die Sache wurde hierdurch nicht gebessert. Im Gegenteil. Als er bald darauf, durch die Gnade Friedrich Wilhelms IV., eine Pension und eine Wohnung in Bornstedt empfing, begleitete ihn der Diener, der nun bald ›um die Wette mit ihm die Fahne hochhielt‹. Soll ihn auch schlecht behandelt haben. Endlich starb er, einsam und vergessen, und so schloß in Freudlosigkeit ein Dasein, das, durch ein halbes Jahrhundert hin, immer nur bemüht gewesen war, Gutes zu tun und Freude zu schaffen. Ihr

H. W.«

Soviel von Briefen.

Ich ließ es aber bei brieflichen Anfragen nicht bewenden und bemühte mich, auch in Familien Zutritt zu gewinnen, in denen Rösel seinerzeit verkehrt hatte. Dort hoffte ich nicht nur von ihm zu hören, sondern auch das eine oder das andere von ihm zu *sehen.* Ein glücklicher Zufall führte mich, gleich zuerst, in das Haus der seitdem verstorbenen Frau Geheimrätin Zimmermann, gebornen Palis, wo ich, zu meiner freudigsten Überraschung, ein ganzes Museum von Röselianas vorfand: Bilder, pompejanische Scherben und Briefe.

Die Ausbeute war so reich, daß ich, aus Furcht vor einem embarras de richesse, meine Bemühungen nicht weiter fortsetzte. Denn ähnlich intime Beziehungen wie zum Hause Zimmermann* unterhielt Rösel zu vielleicht zwanzig andern Häusern, unter denen hier nur die Häuser Mendelssohn,

* Rösels Beziehungen zum Hause Zimmermann waren schon Erbstück, zweite Generation. Eigentlich befreundet war er mit den Pflegeeltern der Geheimrätin Zimmermann, der Familie Jordan, die das große, schöne Haus am Gensdarmenmarkt, Ecke der Französischen- und Markgrafenstraße bewohnte. Die weiterhin mitzuteilenden Röselschen Briefe sind denn auch fast alle an Fräulein Fanny Jordan gerichtet, die später den Steuerrat Hedemann heiratete. Frau Geheimrätin Z., geborne Palis, war eine Pflegeschwester der letztgenannten Dame.

Brose, Feilner, Hotho, Decker und Hofzimmermeister Glatz genannt werden mögen.

Auf diese Röseliana des Hauses Zimmermann geh ich nunmehr näher ein.

I. Bilder

Eingerahmt und alle in Sepia

1. Kloster oberhalb Subiaco im Sabinergebirge.
2. Kloster *San Cosimato* ohnweit Tivoli, an welcher Stelle der heilige Benedikt längere Zeit lebte, eh er das erste Kloster auf Monte Cassino erbaute.
3. Die Kirche der *heiligen Constantia* (früher Bacchus-Tempel) vor der Porta Pia in Rom.
4. Ein Teil des alten Schlosses zu Mansfeld, der »Mittelort« genannt, in welchem Martin Luther kurz vor seinem Tode die gräflich Mansfeldsche Familie zur Eintracht ermahnte und Frieden stiftete.
5. Ein Blick vom südwestlichen Abhange des Schloßberges zu Wernigerode auf den Kirchhof und die Sankt-Theobalds-Kirche zu Nöschenrode. Das älteste Kirchlein im Harzgebirge; Sankt Theobald eines Köhlers Sohn.
6. *Die Bäder von Gastein im Salzburgischen.*
   Dies letztgenannte ist das Hauptbild, größer als die andern und mit besondrer Liebe ausgeführt. Ich glaube, daß es auch jetzt noch vor Künstleraugen bestehen kann. Es war zum 10. Oktober 1831 als Geburtstagsgeschenk für den alten Jordan bestimmt, leider aber nur halb fertig geworden. Um diesen unfertigen Zustand zu entschuldigen, begleitete er das Bild mit einem Gedichte, das folgendermaßen lautete:

Der Kritiker

Nun, das ist wahr, mein Herr Rösèll,
Ihre Zeichnung ist wirklich höchst originell,
Man möchte schwören, 's wär leeres Papier,
So schrecklich klar ist Ihre Manier.
Solch Angebinde kein Kind begehrt,
Am wenigsten ist es den Rahmen wert.

Der Zeichner

Geb zu, Sie treiben mich in die Eng',
Aber sind doch viel zu streng.
Diese Zeichnung erkennen bloß Kinder des
Lichts,
Sie sind aber keins, drum sehen Sie nichts.
Ich laß Ihnen noch acht Tage Ruh,
Dann sehn Sie mal wieder nach oder zu.

Der Kritiker

Nun merk ich, wie's zusammenhängt:
So geht es, wenn man *zu spät anfängt.*

Diese Verse sind auf die Rückseite geklebt, passen aber in soweit nicht mehr, als das Bild jetzt in allen Stücken fertig ist.

Außer diesen eingerahmten Bildern besitzt die Familie Z. noch eine ganze Anzahl von Zeichnungen, die als Vorlegeblätter benutzt werden. Wenn mich nicht alles täuscht, stehen sie, in ihrer saubren Einfachheit, künstlerisch höher als die sorglich ausgeführten großen Landschaften.

Hierher gehört auch ein Kästchen, auf dessen Deckel er eine kleine Niedlichkeit gezeichnet hat. Dies Kästchen, als er es schenkte, war von folgenden vier Zeilen begleitet:

Hölzern ist die Gabe
Und leer im Innern; drum habe
Den Inhalt ich mit gutem Bedacht
Gleich von *außen* angebracht.

II. Kuriositäten

Alle diese Dinge sind heute, wo jeder dritte Mensch in Rom und Neapel war, zu wertlosem Trödelkram geworden. Vor fünfzig Jahren hatten sie noch einigermaßen eine Bedeutung. Es sind das die »Scherben«, von denen der vorstehende, aus Rom mitgeteilte Brief H. W.'s spricht. Ich leiste deshalb auch Verzicht darauf, die einzelnen Stücke hier namentlich aufzuführen.

III. Briefe

Dies ist der Hauptschatz, und sie geben nicht nur ein vollkommenes und, wie ich meine, sehr liebenswürdiges Bild des Mannes, sondern auch seiner Zeit. Alte Berliner werden diese kleinen Schnitzel nicht ohne Freude, manche nicht ohne Bewegung lesen. Die etwa zwanzig, die ich mitteile, sind aus ein paar hundert ähnlicher ausgewählt. Meistens sind sie auf Papier in Duodezformat geschrieben, einige auf Karten, wie sie jetzt wieder Mode sind, und alle haben sie den rotgetuschten Rand, dessen H. W. in seinem Briefe Erwähnung tut. Nur wenige sind gesiegelt und zeigen dann ein Efeublatt mit den Initialen S. R. Und nun mögen die Briefe selber sprechen.

Den 4. *Mai* 1826

Wär's vielleicht um zwei?
Wär's vielleicht um drei?
Jedenfalls dabei.

Euer R.

Sonntag *Rogate* 1826

Wo seid Ihr heute,
Lieben Leute?
An der Panke?
Ich danke.
An der Spree?
Da käm ich. Juchhe!

Dienstag, 23. *Januar* 1827

Für den Seume schick ich hier den H. von Kleist. Ich bitte, später daraus vorlesen zu dürfen. Was macht der Onkel? Besser? Ich werd es sonst bei Barez bestellen!

23. *April* 1827

Gestern war Sonntag Quasimodo, und ich war quasi modo dicht am Sterben. O diese höllische Migräne! Das einzige Mittel ist Ruhe. »Ruhe ist die erste *Bürger*pflicht«, sagte schon Minister von der Schulenburg. Aber an Migränetagen dürfen es sich auch Hochadlige gesagt sein lassen. Und dann natürlich auch Kamillentee. Anbei sende ich den ersten Teil von H. von Kleist zurück. Darf ich mir dafür *den* Teil erbitten, in dem die Novelle »*Hans Kohlhaas*« steht? Auch nehme ich mit dem »*Käthchen von Heilbronn*« oder dem »*Prinzen von Homburg*« vorlieb.

Donnerstag, den 14. *Juni* 1827. Am Tage Sankt Modesti, des modestesten Heiligen.

In Ermangelung von etwas Besserem schicke ich das beifolgende Bildchen, das ich, je nachdem es die Größe des Kästchens verlangt, bei a oder bei b abzuschneiden bitte. Wird bei b abgeschnitten, so fällt der alte Herr auf dem Baume weg, und die Birnen fallen dann, wie vom Himmel, in die Schürze der Sammlerin. Unbekleidetes könnt ich in Menge liefern, aber das könnte Sankt Modestus übelnehmen, und mit Heiligen darf man's nicht verderben. Wir haben's hier unendlich heiß, und ich verkoche ganz allmählich, wobei mich nur die Krebse trösten, die längst gewohnt sind, lebendig gesotten zu werden. Haltet Euch tapfer in Pankow!

Donnerstag, den 6. *Dezember* 1827, am Tage des heiligen Nikolas, der den frommen und fleißigen Kindern goldne Äpfel bringt.

Und auch ich komme nicht mit leeren Händen und schicke endlich das versprochene Buch. Trotz allem Ungewissen steckt doch viel Wissen darin. Ein eigentliches Urteil darüber habe ich nicht, weil ich es nicht ganz verstehe; doch habe ich Meinungen, die einem Urteil beinah gleichkommen. Selbst Professor Hegel sprach mit großer Achtung und Schonung einige Worte über den jugendlichen Autor aus.

Montag, den 3. *November* 1828. Am Tage Gottlieb.

So hört denn: Alle, die Gott lieben,
In Wohltun nie zurückgeblieben,
Hungrige speisen, Durstige tränken,
Arme zum Geburtstag beschenken,
Beschenken in Gnad und Überfluß –
Euch, Ihr Lieben, herzlichen Gruß!

Den 5. März 1829. (Mit einigen Fragmenten aus dem Äskulap-Tempel in Pompeji.)

Gestohlen? So haben wir nicht gewettet.
Ich hab es gefunden und – gerettet.

Den 26. Dezember 1829. Am Tage des heiligen Stephanus, des ersten Märtyrers.

Ich komme bestimmt noch, aber leider erst spät, da ich noch notwendig zu dem Silberpärchen Mendelssohn Bartholdy muß.

Montag, den 19. *September 1831*

Cholera her, Cholera hin,
Leben, leben ist Gewinn,
Und könnt Ihr mir morgen 'ne Suppe geben,
So möcht ich morgen wohl noch leben.

Mittwoch, den 2. *November* 1831

Als ich vor zweiundvierzig Jahren nach Berlin kam, gab es eine Gesellschaft, welche sich »la Société du mercredi« nannte und immer donnerstags zusammenkam. Warum sollte es der gütigen Madam Jordan nicht erlaubt sein, ihren Donnerstag auf den Freitag zu verlegen?

Sonntag, den 6. *November* 1831, am Tage Sankt Leonhard oder Löwenherz.

Am heutigen Tage muß ich mir ein Löwenherz fassen und Dir schreiben, daß ich beim besten Willen nicht kommen kann, da heute zwei ehrenfeste Geburtstagskinder: der alte Hofzimmermeister Glatz und Fräulein Luise Hotho, befeiert werden müssen. Morgen bin ich bei Feilners.*

* In einem sehr viel späteren Briefe (27. Januar 1841) heißt es: »Es war gestern, trotz der kalten Witterung, ein schwüler Tag für mich. Der Abschied aus dem alten, ehrwürdigen Hause Feilner hatte mich windelweich gemacht. Ich hätte stundenlang wie ein Kind weinen können!«

Freitag, den 18. *November* 1831

Hier, meine teure Fanny, sende ich Ihnen den verheißenen Briefwechsel zwischen Goethe und Schiller, oder, wenn es die gute Tante so will, zwischen Schiller und Goethe. Streng-genommen gebührt aber diesem letzteren der Vorrang, die-weil durch seine früheren unsterblichen und höchst genialischen Werke der viel jüngere Schiller zum Schreiben und Dichten erst angeregt wurde, Goethe aber die weite Bahn sich selbst eröffnete. Vielleicht söhnt sich Tantchen durch diese Briefe mit dem verhaßten Goethe aus. Ich würde mich über solche Bekehrung herzlich freuen, denn jedes überwundene Vorurteil gewährt einen Triumph.

23. *Juni* 1832

Ich kann leider nicht kommen. Am Sankt-Johannis-Tage gehöre ich dem *Orden* an und muß diesen Tag feiern helfen, wie eben jeder gute Christ tun sollte. Denn Johannes der Täufer wurde von oben gewürdigt und berufen, dem Messias den Weg zu bahnen, auf daß der von Gott Gesandte die Menschen zur ewigen Glückseligkeit, das heißt zum Leben in Gott, zurückführe.

Freitag, 4. *Januar* 1833. Am Tage Methusalem oder Methusalah, der sich bekanntlich schämte, tausend Jahr alt zu werden, und schon im 969sten, in der Blüte des reiferen Mannesalters, das Zeitliche segnete.

Sie fragen, liebe Fanny, was coq-à-l'âne bedeutet? Soviel wie ungereimtes Zeug oder Durcheinander oder Quodlibet. Denn wenn Hahn und Esel sich in die Rede fallen, so kommt nicht viel Gescheites heraus.

13. *April* 1833

Bin leider immer noch krank. Und hätte doch geglaubt, einen bequemeren Posten verdient zu haben als den eines Nachtwächters, der die Stunden abhusten muß.

Sonntag, den 14. *April* 1833

Die Grippe nimmt schweren Abschied von mir. Ich kann es ihr nicht verdenken; es ging ihr so gut bei mir. Aber sie muß fort.

Dienstag, 16. *April* 1833

Es geht endlich besser. Schickt nun nichts mehr für den Kranken. Heute wird Gräfin Sophie Schwerin für mich sorgen und morgen Mendelssohns in der Jägerstraße. Donnerstag komm ich selbst.

In demselben Jahre (1833) machte er eine Sommer-, Studien- und Erholungsreise bis nach Hessen und Westfalen, und im August nach Berlin zurückgekehrt, schrieb er einen langen Reisebrief an seine Freundin Fanny Jordan, die mittlerweile Frau Steuerrätin Hedemann zu Demmin in Pommern geworden war. Der Brief lautet:

»Berlin, 18. *August 1833*

Mit fast noch größerm Recht als der muskauwitische Fürst Pückler könnte ich seit dem fünften Juli dieses Jahres meine Episteln ›*Briefe eines Verstorbenen*‹ titulieren, denn an jenem Tage stand mein Leben still, und alle meine Sinne versagten mir den Dienst. Zwar wäre diese Todesart eine ganz exzellente zu nennen gewesen, denn ich verschied in den Armen zweier Exzellenzen: Minister von Klewitz und Generallieutenant Graf von Hacke, auf des letztern Hausflur zu Magdeburg, aber ich bin nicht so eitel und ziehe ein bescheidenes Leben einer glänzenden Todesart vor. Mein alter Freund, der Medizinalrat Dr. Schulz, trat zur rechten Zeit ins Haus, denn der entscheidende Augenblick war nahe, und nur ein Aderlaß konnte mich retten. Die Herren Homöopathen mögen dagegen sagen, was sie wollen, denn alle ihre niedlichen Riechfläschchen und Millionteilchen hätten mich nicht wieder ins Leben gerufen. Mir gelang es besser wie jenem armen Sünder, der auf dem Wege zum Galgen, gefragt: ›ob er etwas zu seiner Erquickung begehre, etwa einen Schluck Wein‹, um einen Aderlaß bat und auf die Frage: ›Warum gerade *das*?‹ antwortete: ›man hab ihm immer gesagt, der erste Aderlaß könne vom Tode retten‹.

Mir hat's geholfen, dem armen Jungen aber nicht, trotzdem ich in Städten und Schlössern viel mehr eingesteckt habe als er. Aber so geht es in der Welt: Die kleinen Diebe henkt man, und die großen läßt man laufen.

Sorgfältiger und liebevoller kann kein Bruder vom andern gepflegt und gewartet werden als ich im gräflich von Hackeschen Hause, und so ward es mir möglich, nach acht Tagen meine Reise langsam fortzusetzen. Die Krisis war glücklich überstanden, und ich gehörte endlich wieder zu der uralten Familie A-Grippa, das heißt zu der, welche die Grippe *nicht* hat.

Leider trat mit der Sonnenfinsternis am 17. Juli erst Nebel, dann Regen und Kälte ein, so daß ich meinem Skizzenbuche nur schmale Kost reichen konnte. Ein Fremder an der table d'hôte in Hildesheim nannte den feinen Nebelregen ›Luftschweiß‹; er ist aber dem kalten Todesschweiße noch ähnlicher, der allen zarten Pflänzchen den Garaus macht. Zu meinem Glücke reise ich nicht bloß auf schöne Gegenden, Kirchen, Schlösser und Altertümer, sondern vor allem auf Menschen. Papa Goethe hat wohl recht, wenn er sagt: ›Die Welt ist so leer, wenn man nur Berge, Flüsse und Städte darinnen sich denkt; aber hie und da jemand zu wissen, der mit uns übereinstimmt, mit dem wir auch stillschweigend fortleben, das macht dieses Erdenrund erst zu einem bewohnten Paradiesgärtlein.‹

Da mochte es denn regnen und kalt sein, ich sonnte mich an den vielen, des unverhofften Wiedersehens sich freuenden Augen alter Freunde und Bekannte, die mir fast an jedem Orte entgegenleuchteten und mich alles Ungemach der Witterung vergessen ließen. Und so schied ich denn auch von jedem Orte viel reicher an Freunden und interessanten Bekanntschaften, als ich kam. Der Herzenskalender füllte sich zusehends mit neuen Geburtstagen und Lebensfesten, und solches tut auch not, denn in der letzten Zeit war der Abgang stärker als der Zuwachs. –

Den Geburtstag unsres teuren Königs feierte ich, trotz Sturm und Drang, auf einem höchst klassischen Boden, und zwar im arnsbergschen Regierungsbezirk, auf den Grundmauern der Burg Karls des Großen, wo er Reichsversammlungen und Zehntgerichte hielt, wo ihn die Päpste Hadrian I.

und Leo III. besuchten und allwo er die widerspenstigen und ungläubigen Sachsen ziemlich unsanft bekehrte. Dies war auch der weiteste Punkt meines Streifzuges, denn da ich durch mein Sterben und Auferstehn in Magdeburg zwölf Tage von der Urlaubszeit eingebüßt hatte und nur kleine Reisen wagen durfte, um nicht zum zweiten und vielleicht letzten Male zu verscheiden, so mußt ich kehrtmachen, ohne den alten Vater Rhein begrüßt zu haben. Und so bin ich denn über Arolsen, Kassel, Heiligenstadt, Nordhausen, Eisleben, Halle, Wittenberg am 8. August wieder heimgekehrt. Noch zu guter Letzt feierte ich in Halle ein beseligendes Fest des Wiedersehens, und zwar im Gasthofe am Zeitungstisch. Da saß ein eifriger Zeitungsleser, in den ›Hamburger Korrespondenten‹ ganz und gar versunken; plötzlich sah er auf und schrie: ›Sind Sie's wirklich, lieber Rösel?‹ – ›Ja, ich bin's, Exzellenz.‹ Es war mein alter Freund und Gönner, der Chefpräsident von Vincke aus Münster. Seine Umarmung bei meinem Einsteigen in die Extrapost-Chaise gab mir in den Augen der Umstehenden ein gewaltiges ›Basrelief‹, wie General Elsner zu sagen pflegte.

An der nächsten Station hielt gleichzeitig mit meinem Postwägelchen ein stattlicher Reisewagen. Ein elegant gekleideter Reisender stieg aus, und siehe, es war der Hofbuchdrucker Rudolf Decker. Bald darauf kuckte mich auch sein Schätzellchen gar freundlich an. Da gab's etwas zu erzählen, vom schönen Musikfeste in Düsseldorf, von den trefflichen jungen Künstlern daselbst usw. So plauderten wir von Station zu Station bis Wittenberg, wo wir noch miteinander zu Abend speiseten und uns ein: ›auf Wiedersehn in Berlin‹ zutranken. Denn ich wollte in Wittenberg übernachten, das junge Paar aber in einem Striche weiterrollen.

Seit dem Wiederaufleben in Magdeburg esse und trinke ich mit gesundem Appetite, schlafe wie ein Murmeltier und fühle mich gesund und heiter wie ein Fisch im Wasser …«

Am 8. Juli 1843 starb Rösel und wurde auf dem Bornstedter Kirchhof begraben. Die Chronik der Königlichen Akademie der Künste brachte das Jahr darauf folgenden kurzen Nekrolog: »Johann Gottlob Samuel Rösel, geboren zu Breslau den 9. Oktober 1768 (die Grabinschrift sagt 1769), wurde am 14. Februar 1824 zum ordentlichen Mitgliede der Akademie gewählt. Schon vorher war er königlicher Professor und Zeichenlehrer an der Bauschule. Als geistreicher Landschaftszeichner geschätzt, bis ins Alter von unverwüstlicher Heiterkeit und bei beschränkten Mitteln unermüdlich im Wohltun, folgt ihm das ehrende Andenken zahlreicher Freunde. Von königlicher Huld in den Gartenschlössern bei Potsdam bis an sein Ende gepflegt, starb er ebendaselbst.«

Auch noch in seiner letzten Krankheit war er durch Geheimrat Dr. Zimmermann ärztlich behandelt worden. An sogenannten »Erlebnissen« hat sein Leben wohl wenig aufzuweisen. Er gehörte ganz und gar einer gemütlichen Form gesellschaftlichen Daseins an; darin ging er auf, und man würde sagen müssen, auch unter, wenn sein Talent und seine Bedeutung ein so feierlich klingendes Wort überhaupt gestattete. Denn alles an ihm war Dilettantismus. Er erinnert in vielen Stücken an Wilhelm Hensel, der den besten Teil seines Lebens auch an vornehmen Umgang, an Einsammeln von Zelebritätsköpfen für seine Portraitmappe und an Briefchen und Gedichtchen setzte. Nichtsdestoweniger war ein Unterschied, und einer unsrer gegenwärtigen Altmeister, der *beide* noch gekannt hat, brach, als ich auf die vorstehende Parallele hinwies, unter herzlichem Lachen in die Worte aus: »Um Gottes willen nicht! Mit Hensel war es nicht viel, aber gegen Rösel war er ein Gott.«

Mit zwei Anekdoten will ich schließen. Schleiermacher und Rösel, beide Breslauer, beide klein und verwachsen, trafen sich in einer Gesellschaft und erinnerten sich, auf derselben Schulbank gesessen zu haben. »Wir waren damals halbwachsen«, sagte Rösel. »Im Grunde genommen«, lachte Schleiermacher, »sind wir's auch geblieben.«

In der zweiten Anekdote spielt Rösel seinerseits die Hauptrolle. Er saß in Sanssouci mit bei Tisch, und Friedrich Wilhelm IV. stieß aus Versehen ein Glas Portwein um. »Was sagen Sie nun?« fragte der König. »Gott, Majestät«, antwortete Rösel, »eben war es noch Portwein, und jetzt ist es bloß Tischwein.«

MARQUARDT

Des Hofes Glanz und Schimmer
Blinkt nur wie faules Holz,
Die Kirche lebt vom Flimmer
Und wird vor Demut stolz;
Arm sind des Lebens Feste,
Rings abgestandner Wein,
Das Höchste und das Beste,
Wie niedrig und wie klein.

»Walter Raleigh«

Eine Meile hinter Bornstedt liegt Marquardt, ein altwendisches Dorf, ebenso anziehend durch seine Lage wie seine Geschichte. Wir passieren Bornim, durchschneiden den »Königsdamm« und münden unmerklich aus der Chaussee in die Dorfstraße ein, zu deren Linken ein prächtiger Park bis an die Wublitz und die breiten Flächen des Schlänitz-Sees sich ausdehnt.

Die gegenwärtige Gestalt von Marquardt, ebenso wie sein Name, ist noch jung; in alten Zeiten hieß es Schorin. Im fünfzehnten Jahrhundert und weiter zurück war es im Besitz zweier Familien; die eine davon nannte sich nach dem Dorfe selbst (Zabel von Schorin, 1375), die andere waren die Bammes. Der Besitz wechselte oft; die Brösickes, Hellenbrechts und Wartenbergs lösten einander ab, bis 1704 der Etatsminister und Schloßhauptmann Marquardt Ludwig von Printzen das reizende Schorin vom Könige zum Geschenk und das Geschenk selber, dem Minister zu Ehren, den Namen Marquardt erhielt.

An von Printzen, der sieben hohe Staatsämter bekleidete und ebenso viele Titel führte, läßt sich die Phrase vom »unsterblichen Namen« mustergültig studieren. Wer kennt ihn noch? Und doch war der Ruhm, den er seinerzeit genoß, ein so allgemeiner und wohlverdienter, daß selbst der medisante Herr von Pöllnitz nicht umhin konnte, in seinen Memoiren zu schreiben: »Um 1710 wurde von Printzen zum *Oberhofmarschall* ernannt. Seine Verdienste machten ihn dieser

Stelle vollkommen würdig. Der Hof, bei welchem er schon sehr jung angestellt worden war, hatte weder seine Sitten noch sein Herz verdorben. Treue und Redlichkeit waren die Triebfedern aller seiner Handlungen, und man kann mit Wahrheit sagen, daß unter allen Ministern des Königs er derjenige war, der den Meinders und Fuchs, welche Deutschland unter seine größten Männer rechnete, am meisten gleichkam. Seine Aufrichtigkeit hatte ihm jedermanns Liebe zugezogen. Selbst der Kronprinz, der ein geborener Feind aller Minister war, konnte ihm seine Hochachtung nicht versagen, so daß er, als der Prinz zur Regierung kam, der einzige war, der seine Stelle behielt.«

So Pöllnitz über von Printzen. Ein Glück, daß sieben Hof- und Staatsämter ihn bei *Lebzeiten* schadlos hielten für die Undankbarkeit der Nachwelt. Er bezog 40000 Taler jährlich. Unter seinen vielen Ämtern war auch das eines »Direktors des Lehnswesens«, was die Anhäufung von Lehnsbriefen des gesamten Havellandes im Marquardter Archive erklären mag.

Von Printzen starb 1725; schon sechs Jahre früher (1719) war das anmutige Schorin, nunmehr Marquardt, in die Hände der Familie von Wykerslot übergegangen, die, zu Anfang des Jahrhunderts, vom Niederrhein, dem Jülichschen und Kleveschen her, ins Land gekommen war. Vater und Sohn folgten einander im Besitz, jagten und prozessierten ein halbes Jahrhundert lang und erwarben sich das im engsten Zusammenhang damit stehende fragwürdige Verdienst, das Gutsarchiv mit den meisten Aktenbündeln, diesmal nicht Lehnsbriefe, vermehrt zu haben. Es war eine calvinistische Familie, und das Interessanteste aus ihrer Besitzzeit bleibt wohl, daß, obschon sie die Kirche aus eigenen Mitteln erbaut hatten, ihnen, solange Friedrich Wilhelm I. regierte, *nicht* gestattet wurde, das heilige Abendmahl in dieser ihrer Kirche aus der Hand eines reformierten Geistlichen zu empfangen. Die Wykerslot mußten sich, an ihrem eigenen Gotteshause vorbei, nach Nattwerder begeben, einer benachbarten Schweizerkolonie, wo das Abendmahl nach calvinistischem Ritus erteilt wurde.

1781 starb der jüngere von Wykerslot. War der Besitz bis zu diesem Zeitpunkte kein konstanter gewesen, so wurde er von jetzt ab, in der Unruhe sich steigernd, ein beständig wechselnder, so daß wir in dem kurzen Zeitraum von 1781 bis 1795, die Wykerslots noch mit eingerechnet, das nunmehrige Marquardt in Händen von vier verschiedenen Familien sehn. Die Nähe Potsdams – wie bei vielen ähnlichen Punkten – spielte dabei eine Rolle. Wer dem Hofe nahestand oder, wenn außer Dienst, es schwer fand, sich ganz aus der Sonne zurückzuziehen, wählte mit Vorliebe die nahe gelegenen Ortschaften. Unter diesen auch Marquardt. Hofleute erstanden es, nahmen hier ihre Villeggiatur und verkauften es wieder. Die Besitzreihe war die folgende:

Oberstlieutenant von Münchow von 1781 bis 1789,
Hofmarschall von Dorville von 1789 bis 1793,
Kammerherr und Domherr Baron von Dörenberg von 1793 bis 1795,
General von Bischofswerder von 1795 bis 1803.

Über die Besitzzeiten der erstgenannten drei ist wenig zu sagen. Von Münchow errichtete seiner verstorbenen Frau ein Rokokodenkmal mit der Inschrift: »Friede sei über ihrer würdigen Asche«; Dorville und Dörenberg gingen spurlos vorüber. Erst mit General von Bischofswerder begann eine neue Zeit. Marquardt trat in die Reihe der historischen Plätze ein.

Marquardt von 1795 bis 1803

General von Bischofswerder

Die Zeit der Heerlager war vorüber, der Baseler Friede geschlossen; in demselben Jahre war es, 1795, daß der General von Bischofswerder Marquardt käuflich an sich brachte, nach einigen aus dem Vermögen seiner zweiten Frau, nach andern aus Mitteln, die ihm der König gewährt hatte. Das letztere ist das Wahrscheinlichere. Gleichviel, er erstand es und gab dem Herrenhause, dem Park, dem Dorfe selbst im wesentlichen den Charakter, den sie samt und sonders bis diesen Augenblick zeigen. So wenig Jahre er es besaß, so war dieser Besitz doch epochemachend. Ehe wir darzustellen versuchen, was Marquardt damals sah und erlebte, versuchen wir eine Schilderung des einflußreichen und merkwürdigen Mannes selbst.

Hans Rudolf von Bischofswerder wurde am 11. November 1740 zu Ostramünde im sächsisch-thüringischen Amte Eckartsberga geboren.* Die Angabe von Tag und Jahr ist zuverlässig, die Ortsangabe fraglich. Sein Vater war Adjutant bei dem Marschall von Sachsen, warb für Frankreich das Regiment Chaumontet und starb als Oberst im Dienst der Generalstaaten.

Hans Rudolf von Bischofswerder studierte von 1756 an zu Halle, nahm dann Kriegsdienste und trat 1760 in das preußische Regiment Carabiniers, dessen Kommandeur ihn zu seinem Adjutanten machte. In dieser Eigenschaft wohnte er den letzten Kämpfen des Siebenjährigen Krieges bei. Noch während der Campagne stürzte er mit dem Pferde, erlitt einen Rippenbruch, und zunächst wenigstens sich außerstande sehend, die militärische Laufbahn fortzusetzen, begab er sich auf ein Landgut in der sächsischen Lausitz, wo er sich 1764 mit einer Tochter des kursächsischen Kammerherrn von Wilke vermählte. Er lebte hier mehrere Jahre in glücklicher Zurückgezogenheit und »übte«, wie es in einer der zeitgenössischen Schriften heißt, »all die gesellschaftlichen und häuslichen Tugenden, die ihm die Hochachtung derer, die ihn kannten, erwarben«.

Sein guter Ruf verschaffte ihm die Ehre, als Kavalier an den sächsischen Hof gerufen zu werden. Von hier aus machte er mit dem Prinzen Xaver eine Reise nach Frankreich. Bald nach seiner Rückkehr wurde er Kammerherr des Kurfürsten, hiernächst Stallmeister des Prinzen Karl, Herzogs von Kurland.

Herzog Karl von Kurland, Sohn Friedrich Augusts II., lebte

* Dies Geburtsdatum festzustellen war schwierig. Die Geschichts- und Nachschlagebücher geben abwechselnd 1737, 1738 und 1741 an. Monat und Tag werden gar nicht genannt. In dieser Verlegenheit half endlich das Marquardter *Kirchenbuch*. Es heißt in demselben: Hans Rudolf von Bischofswerder starb am 30. Oktober 1803, in einem »ruhmvollen Alter« von zweiundsechzig Jahren, elf Monaten und neunzehn Tagen. Dies ergibt das oben im Text angegebene Geburtsdatum. – Eine verwandte Mühe (was gleich hier bemerkt sein mag) haben alle andern Namen-, Zahlen- und Verwandtschaftsangaben gemacht, und nicht immer ist das Resultat ein gleich befriedigendes gewesen. Vieles war absolut nicht in Erfahrung zu bringen. Ich habe das Vermählungsjahr Bischofswerders mit seiner zweiten Gemahlin, Gräfin Pinto, nicht mit Sicherheit feststellen können. Bestimmte Angaben hierüber würden mit Dank entgegengenommen werden.

damals zumeist in Dresden und gehörte in erster Reihe zu jener nicht kleinen Zahl von Fürstlichkeiten, die für das epidemisch auftretende Ordenswesen, für Goldmachekunst und Geistererscheinungen ein lebhaftes Interesse zeigten.

So konnte es denn kaum ausbleiben, daß auch Bischofswerder, wie alle übrigen Personen des Hofes, zu jenen Alchimisten und Wunderleuten in nähere Beziehung trat, die damals beim Herzoge aus und ein gingen. Unter diesen war Johann Georg Schrepfer der bemerkenswerteste. Er besaß einen »Apparat«, der so ziemlich das Beste leistete, was, nach dieser Seite hin, in damaliger Zeit geleistet werden konnte. Dazu war er kühn und von einem gewissen ehrlichen Glauben an sich selbst. Es scheint, daß er, inmitten aller seiner Betrügereien, doch ganz aufrichtig die Meinung unterhielt: jeder Tag bringt Wunder; warum sollte am Ende nicht auch mir zuliebe ein Wunder geschehn? Als trotz dieses Glaubens die eingesiegelten Papierschnitzel nicht zu Golde werden wollten, erschoß er sich im Leipziger Rosental (1774). Bischofswerder war unter den Freunden, die ihn auf diesem Gange begleiteten und denen er eine »wunderbare Erscheinung« zugesagt hatte.

Die ganze Schrepfer-Episode hatte als Schwindelkomödie geendet. Aber sosehr sie für Unbefangene diesen Stempel trug, sowenig waren die Adepten geneigt, ihren Meister und seine Kunst aufzugeben. Man trat die Schrepfersche Erbschaft an und zitierte weiter. Friedrich Foerster erzählt: »Bischofswerder, in einem Vorgefühl, daß hier ein Schatz, eine Brücke zu Glück und Macht gefunden sei, wußte den Schrepferschen Apparat zu erwerben.« Doch ist dies nicht allzu wahrscheinlich. Wenn Bischofswerder später sehr ähnlich operierte, so konnte er es, weil ein längerer intimer Verkehr mit dem »Meister« ihn in alle Geheimnisse eingeführt hatte.

Der prosaische Ausgang Schrepfers – prosaisch, trotzdem er mit einem Pistolenschuß endete – hatte unseren Bischofswerder nicht *um*gestimmt, aber verstimmt; er gab Dresden auf oder *mußte* es aufgeben, da der ganze Hergang doch viel von sich reden machte, und nicht gerade zugunsten der Beteiligten. Er ging nach Schlesien und lebte einige Zeit (1774 bis 1775) in der Nähe von Grüneberg, auf den Gütern des

Generals von Frankenberg. Bischofswerders äußere Lage war damals eine sehr bedrückte.

Dieser Aufenthalt vermittelte auch wohl den Wiedereintritt B.'s in den preußischen Dienst, der nach einigen Angaben 1775 oder 1776, nach anderen erst bei Ausbruch des Bayerischen Erbfolgekriegs 1778 erfolgte. Prinz Heinrich verlangte ihn zum Adjutanten; als sich diesem Verlangen indes Hindernisse in den Weg stellten, errichtete von B., inzwischen zum Major avanciert, ein sächsisches Jägercorps, das der Armee des »Rheinsberger Prinzen« zugeteilt wurde.

Beim Frieden hatte diese Jägertruppe das Schicksal, das ähnliche Corps immer zu haben pflegen: es wurde aufgelöst. König Friedrich II. indes, »der die Menschen kannte«, nahm den nunmehrigen Major von Bischofswerder in seine Suite auf, worauf sich dieser in Potsdam niederließ. Die schon zitierte Schrift schreibt über die sich unmittelbar anschließende Epoche (von 1780 bis 1786) das Folgende:

»Um diese Zeit war es auch, daß der damalige Prinz von Preußen, der spätere König Friedrich Wilhelm II., ihn kennenlernte und seines besonderen Zutrauens würdig fand. Wobei übrigens eigens bemerkt sein mag, daß von Bischofswerder der einzige aus der Umgebung des Prinzen war, welchen König Friedrich hochzuachten und auszuzeichnen fortfuhr, so groß war die gute Meinung des Königs von Herrn von B., so fest hielt er sich überzeugt, daß er nicht imstande wäre, dem Prinzen böse Ratschläge zu erteilen. Noch mehr. Der Prinz brauchte Bischofswerder, um sich bei den Ministern nach dem Gange der Staatsgeschäfte zu erkundigen, und der König, obwohl er dies wußte, zeigte keinen Argwohn.«

Wir lassen dahingestellt sein, inwieweit eine der Familie Bischofswerder wohlwollende Feder, deren es nicht allzu viele gab, hier die Dinge günstiger schilderte, als sie in Wahrheit lagen; gewiß ist nur, daß die Abneigung des großen Königs sich mehr gegen Wöllner und die Encke, die spätere Rietz-Lichtenau, als gegen Bischofswerder richtete und daß, was immer auch es mit dieser Abneigung auf sich haben mochte, sie jedenfalls die Vertrauensstellung zum Prinzen von Preußen, die er einnahm, nicht tangierte. In dieser befestigte er sich vielmehr so, daß, als sich im August 1786 die

»großen Alten-Fritzen-Augen« endlich schlossen, der Eintritt Bischofswerders in die Stellung eines allvermögenden Günstlings niemanden mehr überraschte. Dabei suchte er durch Friedensschlüsse mit seinen Gegnern, beispielsweise mit der Rietz, namentlich aber auch durch Besetzung einflußreicher Stellen mit Mitgliedern seiner Familie seine eigene Machtstellung mehr und mehr zu befestigen.

Seine beiden Töchter erster Ehe wurden zu dames d'atour bei der Königin, die in Monbijou ihren Hofstaat hatte, ernannt; seine Gemahlin aber war er, nach dem Tode der Frau von Reith, bemüht in die Stellung einer Oberhofmeisterin einrücken zu lassen. So war er denn allmächtiger Minister, war es und blieb es durch alle Wechselfälle einer elfjährigen Regierung hindurch, und die Frage mag schon hier in Kürze angeregt und beantwortet werden: *Wodurch wurde die Machtstellung gewonnen und behauptet?* Die gewöhnliche Antwort lautet: durch servile Complaisance, durch Unterstützen oder Gewährenlassen jeder Schwäche, durch Schweigen, wo sich Reden geziemte, durch feige Unterordnung, die kein anderes Ziel kannte als Festhalten des Gewonnenen, durch *jedes* Mittel, nötigenfalls auch durch »Diavolini« und Geisterseherei. Wir halten diese Auffassung für falsch. Der damalige Hof, König und Umgebung, hatte seine weltkundigen Gebrechen; aber das Schlimmste nach dieser Seite hin lag weit zurück; das »Marmorpalais« repräsentierte *nicht* jene elende Verschmelzung von Lust und Trägheit, von Geistlosigkeit und Aberglauben, als welche man nicht müde geworden ist es darzustellen; man hatte *auch* Prinzipien, und ein wie starkes Residuum von Erregtheit und Erschlaffung, von großem Wollen und kleinem Können auch verbleiben mag, niemals ist eine ganze Epoche so weit über Recht und Gebühr hinaus gebrandmarkt worden wie die Tage Friedrich Wilhelms II. und seines *Ministers*. Wir kommen, wenn wir am Schluß eine Charakterisierung Bischofswerders versuchen, ausführlicher auf diesen Punkt zurück.

Die Campagnen und auswärtigen Verwicklungen, die fast die ganze Regierungszeit des Königs, wenigstens bis 1795, ausfüllten, riefen, wie diesen selbst, so auch seinen Minister vielfach ins Feld. Diplomatische Missionen schoben sich ein. Von B. nahm teil an dem Kongresse zu Svičtow, brachte mit

Lord Elgin die Pillnitzer Konvention (Ergreifung von Maßregeln gegen die Französische Revolution) zustande, begleitete den König 1792 während des Champagne-Feldzugs und ging bald darauf als Gesandter nach Paris, von wo er 1794 zurückkehrte.

Das nächste Jahr brachte den Frieden. Mit dem Friedensschluß zusammen fiel der Erwerb von Marquardt. Schon einige Jahre früher, 1790 oder vielleicht schon 1789, hatte er sich zum zweiten Male verheiratet.

Die hohe Politik, die Zeit der Strebungen, lag zurück. Das Idyll nahm seinen Anfang.

Wir begleiten nun den Günstling-General durch die letzten acht Jahre seines Lebens. Es sind Jahre in *Marquardt*.

Das neue Leben wurde durch das denkbar froheste Ereignis inauguriert: durch die Geburt eines Sohnes, eines Erben. Das alte Haus Bischofswerder, das bis dahin nur auf zwei Augen gestanden hatte, stand wieder auf vier. Die Taufe des Sohnes war ein Glanz- und Ehrentag. Der König hatte Patenstelle angenommen und erschien mit seinen beiden Generaladjutanten von Rodich und von Reder. Die feierliche Handlung erfolgte im Schloß. Als Pastor Stiebritz, ein Name, dem wir im Verlauf unsres Aufsatzes noch öfters begegnen werden, die Taufformel sprechen wollte und bis an die Worte gekommen war: »ich taufe dich«, stockte er – die Namen waren ihm abhanden gekommen, der Zettel fehlte. Aber die Verwirrung war nur eine momentane. Von Bischofswerder selbst trat vor, sprach die Namen, und der Pastor, rasch sich wiederfindend, beendete den Akt.

Der Taufe folgte die Tafel und im Laufe des Nachmittags ein ländliches Fest. Der König blieb; die schöne Jahreszeit lud dazu ein. Noch leben Leute im Dorfe, achtzigjährige, die sich dieses Tages entsinnen. Ein Erinnerungsbaum wurde gepflanzt, ein Ringelreihen getanzt; der König, in weißer Uniform, leuchtete aus dem Kreise der Tanzenden hervor. Am Abend brannten Lampions in allen Gängen des Parks, und die Lichter, samt den dunklen Schatten der Eichen- und Ahornbäume, spiegelten sich im Schlänitz-See. Sehr spät erst kehrte der König nach Potsdam zurück. Er hatte dem Täufling eine Domherrnpräbende als Patengeschenk in das Taufkissen gesteckt. Von Jahr zu Jahr wachsend, steigerte sich der

Wert derselben bis zu einer Jahreseinnahme von 4500 Talern.

Zwischen diesem 17. Juli 1795 und dem 16. November 1797 lagen noch zwei Sommer, während welcher der König seine Besuche mehrfach erneuerte. Ob er eintraf, lediglich um sich des schönen Landschaftsbildes und der loyalen Gastlichkeit des Hauses zu freuen, oder ob er erschien, um »Geisterstimmen« zu hören, wird wohl für alle Zeiten unaufgeklärt bleiben. Die Dorftradition sagt, er kam in Begleitung weniger Eingeweihter, meist in der Dämmerstunde (der schon erwähnte Generaladjutant von Reder und der Geheimrat Dr. Eisfeld vom Militärwaisenhause in Potsdam werden eigens genannt), passierte nie die Dorfstraße, sondern fuhr über den »Königsdamm« direkt in den Park, hielt vor dem Schlosse und nahm nun an den Sitzungen teil, die sich vorbereiteten. Man begab sich nach der »Grotte«, einem dunklen Steinbau, der im Parke, nach dem rosenkreuzerischen Ritual, in einem mit *Akazien bepflanzten Hügel* angelegt worden war. Der Eingang, niedrig und kaum mannsbreit, barg sich hinter Gesträuch. Das Innere der Grotte war mit blauem Lasurstein mosaikartig ausgelegt, und von der Decke herab hing ein Kronleuchter. In diese »blaue Grotte«, deren Licht- und Farbeneffekt ein wunderbarer gewesen sein soll, trat man ein; der König nahm Platz. Alsbald wurden Stimmen laut; leiser Gesang, wie von Harfentönen begleitet. Dann stellte der König Fragen, und die Geister antworteten. Jedesmal tief ergriffen, kehrte Friedrich Wilhelm ins Schloß und bald darauf nach Potsdam zurück.

So die Tradition. Es wird hinzugesetzt, die Grotte sei doppelwandig gewesen und eine Vertrauensperson des Ordens habe von diesem Versteck aus die »musikalische Aufführung« geleitet und die Antworten erteilt. Daß die Grotte eine *doppelte Wandung* hatte, ist seitdem, und zwar durch den jetzigen Besitzer, der den Bau öffnete, um sich von seiner Konstruktion zu überzeugen, über jeden Zweifel hinaus erwiesen worden. Die Lasursteine existieren noch, ebenso der Akazienhügel. Dennoch gibt es Personen, die den ganzen Schatz Marquardter Volkssage einfach für Fabel erklären. Ich kann diesen Personen nicht beistimmen. Es ist eine nicht wegzuleugnende Tatsache, daß Bischofswerder ein Rosenkreuzer war, daß er mehr als einmal in Berlin im Palais der Lichtenau, in Sanssouci in einem am Fuß der Terrasse gelegenen Hause, endlich im Belvedère zu Charlottenburg (vergleiche Seite 183) wirklich »Geister« erscheinen ließ und daß er bis zuletzt in seinem Glauben an alchimistische und kabbalistische Vorgänge aushielt. Es ist höchst wahrscheinlich, daß die Grotte ähnlichen Zwecken diente, und nur darüber kann ein Zweifel sein, ob der König, der im ganzen vielleicht nur vier-, fünfmal in Marquardt war, an diesen rosenkreuzerischen Réunions teilnahm.

Am 16. November 1797 starb der König. Noch einmal, auf wenige Tage, wurde Bischofswerder aus der Stille von Marquardt herausgerissen und mitten in die Tagesereignisse hineingestellt, aber nur um dann ganz und für immer in die ihm liebgewordene Stille zurückzukehren.

Während des Hinscheidens Friedrich Wilhelms II. befand sich Bischofswerder im Vorzimmer. Er traf rasch und mit Umsicht alle Vorkehrungen, die der Moment erheischte, ließ die Eingänge zum Neuen Garten beziehungsweise zum Marmorpalais besetzen, warf sich dann aufs Pferd und eilte nach Berlin, um, als erster, den Kronprinzen als König zu begrüßen. Er empfing den Stern des Schwarzen Adlerordens. Ob diese Auszeichnung ihn einen Augenblick glauben machte, er werde sich auch unter dem neuen Regime behaupten können, lassen wir dahingestellt sein. Es ist nicht wahrscheinlich. Beim Begräbnis des Königs trat er zum letzten Mal in den Vordergrund.

Es war im Dom; das offizielle Preußen war versammelt, Lichter brannten, Uniform an Uniform, nur vor dem Altar ein leerer Platz: auf der Versenkung, die in die Gruft führt, stand der Sarg. Jetzt wurde das Zeichen gegeben. In demselben Augenblicke trat Bischofswerder, eine Fackel in der Hand, neben den Sarg, und der Tote und der Lebende stiegen gleichzeitig in die Tiefe. Es machte auf alle, auch auf die Gegner des Mannes, einen mächtigen Eindruck. Es war das letzte Geleit. Zugleich symbolisch ausdrückend: Ich lasse nun die Welt.

Und er ließ die Welt. Sein Dorf, sein Haus, sein Park füllten von nun an seine Seele. Mit seinen Bauern stand er gut; die Auseinanderlegung der Äcker, die sogenannte »Separation«, die gesetzlich erst zehn Jahre später ins Leben trat, führte er durch freie Vereinbarung aus; er erweiterte und schmückte das Schloß, den Park; dem letztern gab er durch Ankauf von Bauerhöfen, deren Brunnenstellen sich noch heut erkennen lassen, wie durch Anpflanzung wertvoller Bäume seine gegenwärtige Gestalt. Alle Wege, die durch die Gutsäcker führten, ließ er mit Obstbäumen, die er für bedeutende Summen aus dem Dessauischen bezog, bepflanzen und schuf dadurch eine Kultur, die noch jetzt eine nicht unerhebliche jährliche Rente abwirft. Er hatte ganz die Ackerbaupassion, den tiefen Zug für Natur, Abgeschiedenheit und Stille, den man bei allen Personen beobachten kann, die sich aus der Hofsphäre oder aus hohen Berufsstellungen in einfache Verhältnisse, aus dem glänzenden Schein in die Wirklichkeit des Lebens zurückziehen.

Der Verkehr im Hause war nichtsdestoweniger ein ziemlich reger. Die katholischen und ökonomischen Grundsätze seiner zweiten Frau griffen zwar gelegentlich störend ein; seine Bonhommie wußte aber alles wieder auszugleichen. Mit dem benachbarten Adel stand er auf gutem Fuß; die Beziehungen zur Potsdamer Gesellschaft waren wenigstens nicht abgebrochen; nur die eigentlichen Hofkreise, die der an oberster Stelle herrschenden Empfindung Folge geben mußten, hielten sich zurück. Friedrich Wilhelm III., sooft er auch auf dem Wege nach Paretz das Marquardter Herrenhaus zu passieren hatte, hielt nie vor demselben an; die Jahre, die nun mal die Signatur: Rietz, Wöllner, Bischofswerder trugen, trotzdem er zu dem letzteren nie in einem direkten Gegensatze stand, lebten zu unliebsam in der Erinnerung fort, um eine Annäherung wünschenswert erscheinen zu lassen.

So kam der Herbst 1803 und mit ihm das Scheiden. Die Arkana und Panazeen konnten's nicht abwenden; das »Lebenselixier«, von dem er täglich einen Tropfen nahm, und das rotseidene Kissen, das er als Amulett auf der Brust trug, sie mußten weichen vor einer stärkeren Macht, die sich mehr und mehr ankündigte. Der Erbring mit dem weißen Milchstein dunkelte rasch auf dem Zeigefinger, an dem er ihn trug, und so wußte er denn, daß seine letzte Stunde nahe sei. Er las im Swedenborg, als der Tod ihn antrat. Nach kurzem Kampfe verschied er in seinem Stadthause zu Potsdam. Es war am 30. Oktober.

Er war in Potsdam gestorben, aber nach letztwilliger Verfügung wollte er in Marquardt begraben sein. Nicht in der Kirche, auch nicht auf dem Kirchhofe, sondern im Park zwischen Schloß und Grotte. In wenig Tagen galt es also ein Erbbegräbnis herzustellen.

Eine runde Gruft wurde gegraben, etwa von Tiefe und Durchmesser eines Wohnzimmers, und die Maurer arbeiteten emsig, um dem großen Raum eine massive Wandung zu geben. Als der vierte Tag zu Ende ging, der Tag vor dem festgesetzten Begräbnis, mußt auch, um's fertig zu schaffen, die Nacht mit zu Hilfe genommen werden, und bei Fackelschein, während der erste Schnee auf den kahlen Parkbäumen lag, wurde das Werk wirklich beendet.

Am 4. November früh erschien von Potsdam her der mit sechs Pferden bespannte Wagen, der den Sarg trug; die Beisetzung erfolgte, und zum ersten Male schloß sich die runde Gartengruft. Nur noch zweimal wurde sie geöffnet. Ein Aschenkrug ohne Namen und Inschrift wurde auf das Grab gestellt.

Efeu wuchs darüberhin wie über ein Gartenbeet.

Wir versuchen, nachdem wir in vorstehendem alles zusammengetragen, was wir über den Lebensgang von Bischofswerder in Erfahrung bringen konnten, nunmehr eine Schilderung seiner Person und seines Charakters.

Er war ein stattlicher Mann, von regelmäßigen und ansprechenden Gesichtszügen, in allen Leibesübungen und ritterlichen Künsten wohlerfahren, ein Meister im Fahren und Fechten, im Schießen und Schwimmen, von gefälligen Formen und bei den Frauen wohlgelitten. Er blieb bis zuletzt ein »schöner Mann«. Seltsamerweise haben ihm Neid und Übelwollen auch diese Vorzüge der äußern Erscheinung absprechen wollen. In den französisch geschriebenen Anmerkungen zu den »Geheimen Briefen« wird er einfach als eine »traurige Figur« (figure triste) bezeichnet. Der Schreiber jener Zeilen kann ihn nie gesehen haben. Der erst 1858 gestorbene *Sohn* Bischofswerders, eine echte Garde-du-Corps-

Erscheinung, war das Abbild des Vaters und übernahm noch nachträglich eine Art Beweisführung für die Stattlichkeit des »Günstling-Generals«.

Der oft versuchten Schilderung seines Charakters sind im großen und ganzen die Urteile der »Vertrauten Briefe«, der »Geheimen Briefe«, der »Anmerkungen« zu den »Geheimen Briefen« und die Briefe Mirabeaus zugrunde gelegt worden. Es steht aber wohl nachgerade fest, daß alle diese Briefe unendlich wenig Wert als historische Dokumente haben und daß sie durch Übelwollen, Parteiverblendung oder bare Unkenntnis diktiert wurden. In letzterem Falle gaben sie lediglich das Tagesgeschwätz, das kritiklose Geplauder einer skandalsüchtigen und medisanten Gesellschaft wieder. So heißt es in den »Vertrauten Briefen« des Herrn von Coelln: »Bischofswerder war ein ganz gewöhnlicher Kopf. Sein Gemüt war den äußeren Eindrücken zu sehr offen, woraus eine große Schwäche des Willens entstand. *Ganz* gemein aber war er nicht.« Diese letzte halbe Zeile, in ihrem Anlauf zu einer Ehrenrettung, ist besonders bösartig, weil sie sich das Ansehen einer gewissen Unparteilichkeit gibt. Weit hinaus aber über das Übelwollen der »*Vertrauten* Briefe«, die an einzelnen Stellen immerhin das Richtige treffen mögen, gehen die »Anmerkungen« zu den »*Geheimen* Briefen«, in denen wir folgendem Passus begegnen:

»La fortune a quelquefois employé des hommes sans grande capacité dans l'administration des États; mais rarement elle a choisi un si triste sujet que ce Bischofswerder: naissance ordinaire, figure triste, physionomie perfide, élocution embarrassée; ne connoissant ni le pays qu'il a quitté, ni celui qui l'a recueilli, ni ceux qui intéressent la Prusse. N'étant ni militaire, ni financier, ni politique, ni économiste. Un de ces hommes enfin que la nature a condamné à l'obscurité et à végéter dans la foule. Voilà l'homme qui règne en Prusse.«

Wir verweilen bei diesen Auslassungen *nicht*, eben weil sie zu sehr den Stempel des Pasquills tragen, und wenden uns lieber der Darstellung zu, die ein anerkannter *Historiker* von dem Charakter B.'s gegeben hat, um dann an dieses maßvolle Urteil anzuknüpfen.

J. C. F. Manso in seiner »Geschichte des preußischen Staates vom Frieden zu Hubertusburg bis zur zweiten Pariser Abkunft« sagt über Bischofswerder:

»In den Fesseln der Rosenkreuzerei verlor er früh die unbefangene Ansicht des Lebens … Selten übte ein Mensch die Kunst, *andere zu erforschen* und sich zu verbergen, *glücklicher und geschickter* als er. Ihm war es nicht gleichgültig, wem er sein Haus am Tage und wem er es in der Dunkelheit öffne. Sein ganzes Wesen trug das Gepräge der *Umsichtigkeit*, und wenn er reden mußte, wo er lieber geschwiegen hätte, bewahrte er sich sorgfältig genug, um nichts von seinem Innern zu enthüllen. Rat gab er nie ungefragt, und den er gab, hielt er für sicherer oder verdienstlicher, dem Fragenden unterzuschieben; auch des Ruhms, der ihm aus dem gegebenen zuwachsen konnte, entäußerte er sich mit seltener Willfährigkeit … Friedrich Wilhelm ward nie durch ihn in der Überzeugung gestört, er wäge, wähle und beschließe allein … Das Vorurteil uneigennütziger Anhänglichkeit, das er für sich hatte, reichte hin, Verdächtige zu entfernen und Geprüftere zu empfehlen. So gelang ihm, wonach er strebte. Er ward *reich* durch die Huld des Monarchen, ohne Vorwurf, und der Erste im Staate, ohne Verantwortlichkeit … Anmaßungen, nicht Vergünstigungen gefährden.«

Dies Urteil Mansos, wenn wir von dem Irrtum absehen, daß er von B. als »reich« bezeichnet, wird im wesentlichen zutreffen. Aber was enthält es, um den Mann oder seinen Namen mit einem Makel zu behaften? Was andres tritt einem entgegen als ein lebenskluger, mit Gaben zweiten Ranges ausgerüsteter Mann, der scharf beobachtete, wenig sprach, keinerlei Ansprüche erhob, auf die glänzende Außenseite des Ruhmes verzichtete und sich begnügte, in aller Stille *einflußreich* zu sein? Wir bekennen offen, daß uns derartig angelegte Naturen nicht gerade sonderlich sympathisch berühren und daß uns solche, die, zumal in hohen Stellungen, mehr aus dem *Vollen zu* arbeiten verstehen, mächtiger und wohltuender zu erfassen wissen; aber, wohltuend oder nicht, was liegt hier vor, das, an und für sich schon, einen besonderen Tadel herausforderte? Zu einem solchen würde erst Grund vorhanden sein, wenn Bischofswerder seinen Einfluß, den er unbestritten hatte, zu bösen Dingen geltend gemacht hätte. Aber wo sind diese bösen

Dinge? Wenn die ganze damalige auswärtige Politik Preußens – was übrigens doch noch fraglich bleibt – auf ihn zurückgeführt werden muß, wenn also der Zug gegen Holland, der Zug in die Champagne, der Zug gegen Polen und schließlich wiederum der Baseler Frieden *sein* Werk sind, so nehmen wir nicht Anstand zu erklären, daß er in *allem* das Richtige getroffen hat. Die drei Kriegszüge erwuchsen aus einem und demselben *Prinzip*, das man nicht umhin können wird in einem *königlichen* Staate, in einer *absoluten* Monarchie als das Richtige anzusehen. Ob die Kriegsleistungen selbst, besonders der Feldzug in der Champagne, auf besonderer Höhe standen, das ist eine zweite Frage, die, wie die Antwort auch ausfallen möge, keinesfalls eine Schuld involviert, für die *Bischofswerder* verantwortlich gemacht werden kann. Er hatte gewiß den Ehrgeiz, einflußreich und Günstling seines königlichen Herrn zu sein, aber er eroberte sich diese Stellung weder durch schnöde Mittel, noch tat er Schnödes, solang er im Besitz dieser Stellung war. Er diente dem Könige und dem Lande nach seiner besten Überzeugung, die, wie wir ausgeführt, nicht bloß eine individuell berechtigte, sondern eine absolut zulässige war. Er war klug, umsichtig, tätig und steht frei da von dem Vorwurf, sich bereichert oder andere verdrängt und geschädigt zu haben. Was ihn dem Könige wertmachte (darin stimmen wir einer Kritik bei, die sich *gegen* die oben zitierten französischen »Anmerkungen« richtet), waren: des mœurs pures, beaucoup d'honnêteté dans le sentiment, un désintéressement parfait, un grand amour pour le travail.

In dieser Kritik vermissen wir nur eines noch, was uns den Mann ganz besonders zu charakterisieren scheint, seinen bon sens in allen praktischen Dingen, wohin wir in erster Reihe auch die Politik rechnen, das klare Erkennen von dem, was statthaft und unstatthaft, was möglich und unmöglich ist. Über diese glänzendste Seite Bischofswerders gibt uns Massenbach in seinen »Memoiren zur Geschichte des preußischen Staates« Aufschluß. Dieser (Massenbach) verfolgte damals, 1795 bis 1797, zwei Lieblingsideen: »Bündnis mit Frankreich« und »Neuorganisation des Generalquartiermeisterstabes« – wohl dasselbe, was wir jetzt Generalstab nennen.

In den »Memoiren« heißt es wörtlich: »Ich suchte den General von Bischofswerder für meine Ansichten zu gewinnen. Es hielt schwer, diesen Mann in seinem Zimmer zu sprechen. Desto öfter traf ich ihn auf Spazierritten. Er liebte den Weg, der sich vor dem Nauenschen Tore, auf der sogenannten Potsdamer Insel, längs der Weinberge hinzieht. Da paßte ich ihm auf, kam wie von ungefähr um die Ecke herum und bat um die Erlaubnis, ihn begleiten zu dürfen. Das Gespräch fing gewöhnlich mit dem Lobe seines Pferdes an; nach und nach kamen wir auf die Materie, die ich zur Sprache bringen wollte. Ich gebe hier eines dieser Gespräche, worin ich ihm, wie schon bei einer früheren Gelegenheit, ein Bündnis mit Frankreich empfahl.

Ich (Massenbach)*:* ›Preußen muß sich fest mit Frankreich verbinden, wenn es sich nicht unter das russische Joch beugen soll.‹

Bischofswerder: ›Aber bedenken Sie doch, daß der König mit der Direktorialregierung kein Freundschaftsbündnis errichten *kann.* Unter den Direktoren befinden sich einige, die für den Tod ihres Königs gestimmt haben. Mit Königsmördern kann kein König traktieren.‹

Ich: ›Traktieren? Wir haben ja in Basel traktiert. Und gab der staatskluge Mazarin seinem Zögling nicht den Rat, den Königsmörder Cromwell seinen »lieben Bruder« zu nennen? Das Interesse des Staates entscheidet hier allein.‹

Bischofswerder: ›Man hat keine Garantie. Morgen werden die „Fünf Männer" von ihren Thronen gejagt und nach Südamerika geschickt. Es ist eine revolutionäre Regierung.‹

Ich: ›Die englische Regierung ist es auch. Georg III. ist nicht nur ein schwacher Mann, er ist weniger als nichts; er ist wahnsinnig … Heute negoziieren wir mit Pitt, morgen ist ein Bute an der Spitze der Angelegenheiten. Die englische Regierung gibt uns auch keine Sicherheit. Wir haben mit der französischen Regierung unterhandelt; wir haben sie anerkannt; *wir* haben ihr eine diplomatische Existenz gegeben und uns dadurch den Haß aller Mächte zugezogen. Einmal mit diesem Hasse beladen, gehe man noch einen Schritt weiter …‹

Bischofswerder: ›Sie gehen zu weit, Massenbach. Eine solche Idee dem Könige vorzutragen, kann ich nicht wagen.

Auch kann ich Ihrer Meinung nicht beipflichten. Allianz mit Frankreich! Das ist zu früh. Die Dinge in Frankreich haben noch keine Konsistenz.‹«

Dies war im Frühjahr 1796.

»Die zweite, noch weit eingehendere Unterredung«, so fährt Massenbach fort, »die ich mit Bischofswerder um diese Zeit hatte, bezog sich auf die Neuorganisation des Generalquartiermeisterstabes. Ich bat um die Erlaubnis, ihm meinen Aufsatz über die Notwendigkeit einer ›*Verbindung der Kriegs- und Staatskunde*‹ vorlesen zu dürfen. Dies geschah denn auch an zwei Abenden, die ich bei Bischofswerder unter vier Augen zubrachte. Er machte, als ich geendet hatte, einige treffende Bemerkungen. Unter andern sagte er folgendes: ›Selbst angenommen, daß dies alles nur *politisch-militärische Romane* wären, so würde doch die Lektüre derselben den Prinzen des königlichen Hauses ungemein nützlich sein, nützlicher als die Lektüre von Grandison und Love-lace. Die jungen Herren würden dadurch die militärische Statistik unseres Staates und der benachbarten Staaten kennenlernen.‹

Das Ende meines Aufsatzes«, so schließt Massenbach, »ließ er sich zweimal vorlesen. Er lächelte. Als ich in ihn drang, mir dies Lächeln zu erklären, sagte er: ›Der Generalstab wird, wenn Ihre Idee zur Ausführung kommt, eine *geschlossene Gesellschaft*, die einen entscheidenden Einfluß auf die Regierung des Staates haben wird. *Ihr* Generalquartiermeister greift in alle Staatsverhältnisse ein. Sein Einfluß wird größer als der des jetzigen Generaladjutanten. Solange Zastrow der vortragende Generaladjutant ist, wird Ihre Idee nicht ausgeführt werden. Jetzt müssen Sie diese Idee gar nicht zur Sprache bringen. Teilen Sie solche niemandem mit. Die Sache spricht sich herum, und Sie haben dann große Schwierigkeiten zu bekämpfen … Ihren Antrag wegen der *Reisen* der Offiziere des Generalquartiermeisterstabes will ich gern beim Könige unterstützen.‹« (Dies geschah.)

Massenbach, der immer Gerechtigkeit gegen Bischofswerder geübt und nur seine Geheimtuerei, sein Sich-verleugnen-Lassen und sein diplomatisch-undeutliches Sprechen, das er »Bauchrednerei« nannte, gelegentlich persifliert hatte, war nach diesen Unterredungen so entzückt, daß er ihre Aufzeichnung mit den Worten begleitet: »Ich gewann den Mann lieb; er erschien mir einsichtsvoll, und ich konnte mich nicht enthalten, ihn zu embrassieren.«

Wenn nun auch einzuräumen ist, daß der immer Pläne habende Massenbach durch ein solches Eingehen auf seine Ideen bestochen sein mußte, so muß doch auch die nüchternste Kritik, die an diese Dialoge herantritt, eingestehn, daß sich überall ein Prinzip und doch zugleich nirgends eine prinzipielle Verranntheit, daß sich vielmehr Feinheit, Wohlwollen, Verständigkeit und selbst Offenheit darin aussprechen. Ein Mann, wie Bischofswerder gewöhnlich geschildert zu werden pflegt, hätte eher eine Fluchtreise nach Berlin oder nach Marquardt gemacht, als daß er sich dazu verstanden hätte, sich einen langen Aufsatz über die Neuorganisation des Generalstabes an *zwei* Abenden vorlesen zu lassen. In dieser einen Tatsache liegt ausgesprochen, daß er ein fleißiger, gewissenhafter, geistigen Dingen sehr wohl zugeneigter Mann war.*

Wir haben diese Zitate gegeben, um unsere Ansicht über den gesunden Sinn Bischofswerders, über seine Urteilskraft und seine politische Befähigung zu unterstützen; es bleibt uns noch die wichtige Frage zur Erwägung übrig: *War er ein rosenkreuzerischer Charlatan?* Was wir zu sagen haben, ist das Folgende: Ein Rosenkreuzer war er gewiß, ein Charlatan war er *nicht.* Er *glaubte* eben an diese Dinge. Daß er, wie bei Aufführung einer Shakespeareschen Tragödie, mit allerhand Theaterapparat Geister zitierte, eine Sache, die zugegeben werden muß, scheint dagegenzusprechen. Aber es scheint nur. Diese Gegensätze, so meinen wir, vertragen sich sehr wohl miteinander.

* Auch dies ist bestritten worden. Man gefiel sich darin, den König, seinen Günstling, den ganzen Hof als absolut unliterarisch, als tot gegen alles Geistige darzustellen. Sehr mit Unrecht. Ignaz Feßler, in seinem Buche »Rückblicke auf meine siebzigjährige Pilgerfahrt« (Breslau, W. G. Korn, 1824), schreibt: »Ich stand mit auf der Liste, die der Minister für Schlesien, Graf Hoym, als eine Art *Konspiratorenverzeichnis* beim Könige eingereicht hatte. Es traf sich aber, daß General von Bischofswerder, wenige Tage zuvor, einiges aus meinem ›Marc Aurel‹ dem Könige vorgelesen hatte, der nunmehr ohne weiteres den Namen Feßler durchstrich, dabei bemerkend: ›*Der* ist kein Schwindelkopf, er ist monarchisch gesinnt, wie sein „Marc Aurel" zeigt.‹« So geringfügig dieser Hergang ist, so lehrreich ist er doch auch. Er zeigt, ebenso wie das oben aus Massenbachs Memoiren Mitgeteilte, daß sich der Hof Friedrich Wilhelms II. (und in erster Reihe sein Generaladjutant) sehr wohl um literarische Dinge kümmerte, scharf aufpaßte und sich danach ein Bild von den Personen machte.

Es ist bei Beurteilung dieser Dinge durchaus nötig, sich in das Wesen des vorigen Jahrhunderts, insonderheit des letzten Viertels, zurückzuversetzen. Die Welt hatte vielfach die Aufklärung satt. Man sehnte sich wieder nach dem Dunkel, dem Rätselhaften, dem Wunder. In diese Zeit fiel von Bischofswerders Jugend. Wenn man die Berichte über Schrepfer liest, so muß jeder Unbefangene den Eindruck haben: Bischofswerder glaubte daran. Selbst als Schrepfer zu einer höchst fragwürdigen Gestalt geworden war, blieb von B. unerschüttert; er unterschied Person und Sache. Es ist, nach allem, was wir von ihm wissen, für uns feststehend, daß er an das Hereinragen einer überirdischen Welt in die irdische so aufrichtig glaubte, wie nur jemals von irgend jemandem daran geglaubt worden ist. Der gelegentliche Zweifel, ja, was mehr sagen will, das gelegentliche *Spielen* mit der Sache ändert daran nichts. Wenn irgendwer, groß oder klein, gebildet oder ungebildet, mit umgeschlagenem weißen Laken den Geist spielt und auf dem dritten Hausboden unerwartet einem andern »Gespenst« begegnet, so sind wir sicher, daß ihm in seiner »Geistähnlichkeit« sehr bange werden wird. Ein solches Spiel, weitab davon, ein Beweis freigeistigen Drüberstehns zu sein, schiebt sich nur wie ein gewagtes Intermezzo in die allgemeine mystische Lebensanschauung ein.

So war es mit Bischofswerder. Was ihn bewog, den Aberglauben, dem er dienstbar war, sich jezuweilen auch dienstbar zu *machen*, wird mutmaßlich unaufgeklärt bleiben; ein von Parteistreit unverwirrter Einblick in sein Leben spricht aber entschieden dafür, daß *es nicht zu selbstischen Zwecken geschah*. Und *das* ist der Punkt, auf den es ankommt, wo sich Ehre und Unehre scheiden. Der Umstand, daß die ganze Familie, weit über die letzten Jahre des vorigen Jahrhunderts hinaus, in dieser Empfindungswelt beharrte, ist bei Beurteilung der ganzen Frage nicht zu übersehen und mag allerdings als ein weiterer Beweis dafür dienen, daß hier seit lange ein Etwas im Blute lag, das einer mystisch-spiritualistischen Anschauung günstig war.

Wir kommen in der Folge darauf zurück und wenden uns zunächst einem neuen Abschnitt des Marquardter Lebens zu.

Marquardt von 1803 bis 1833

Frau von Bischofswerder, geborne von Tarrach, verwitwete Gräfin Pinto

Beim Tode Bischofswerders war sein Sohn und Erbe erst acht Jahre alt; es trat also eine Vormundschaft ein. Diese Vormundschaft führte die Mutter und blieb, weit über die Minorennitätsjahre ihres Sohnes hinaus (den der Dienst in Berlin und Potsdam fesselte), nicht de jure, aber doch de facto, die Regentin von Marquardt bis zu ihrem Tode. Auf diese dreißig Jahre richten wir jetzt unsere Aufmerksamkeit. Zunächst auf die Dame selbst.

Frau Generalin von Bischofswerder war eine geborene von Tarrach. Ihr Vater war der Geheime Finanzrat von Tarrach zu Tilsit, dessen Kinder es alle zu hohen Stellungen in Staat und Gesellschaft brachten. Sein Sohn war in den zwanziger Jahren preußischer Gesandter in Stockholm, eine jüngere Tochter vermählte sich mit dem Marquis von Lucchesini, die älteste, Wilhelmine Katharine, wurde die Frau des Günstling-Generals und Ministers von Bischofswerder.

Aber sie wurde es erst in *zweiter* Ehe. Ihre erste Ehe schloß sie mit dem Grafen Ignaz Pinto, den Friedrich der Große um 1770 aus sardinischen Diensten nach Preußen berufen, zum Flügeladjutanten gemacht und zum Mitgründer des unter ihm gebildeten Generalstabes, zum Generalfeldbaumeister, zum Maréchal de logis de l'armée und zum Generaladjutanten ernannt hatte. Gleichzeitig hatte er ihm verschiedene Güter in Schlesien, darunter Mettkau im Neumarkter Kreise, sowie das Inkolat als schlesischen Grafen verliehen. Man sieht, es war dem Fräulein von Tarrach das seltene Glück beschieden, den Günstlingen zweier Könige die Hand reichen zu können.

Graf Pinto starb 1788. Seine Witwe, die Gräfin, war damals einunddreißig Jahr alt. Sie trat sehr bald zu Bischofswerder, der etwa um ebendiese Zeit Witwer geworden war, in nähere Beziehungen, und klug und schön, wie sie war (sie »schoß« ein wenig mit den Augen, und die medisierenden Hofleute sagten: »Elle est belle, mais ses yeux ›ne marchent pas bien‹«), nahm das Verhältnis einen wirklichen Zärtlichkeitston an, der, wenigstens damals, zwischen Leuten von

Welt zu den Ausnahmen zählte. Es scheint, dieser Ton überdauerte selbst die Flitterwochen, die sehr wahrscheinlich in den Sommer 1789 oder 1790 fielen. 1792 während des Champagne-Feldzuges wurde von französischen Truppen eine eben eingetroffene preußische Feldpost erbeutet, und acht Tage später las irgendein Montagnard in der Nationalversammlung die Zeilen vor, die Frau von Bischofswerder an ihren Gemahl ins Feldlager gerichtet hatte. Der entschieden lyrische Grundton dieses Briefes erweckte die Heiterkeit der Versammlung.

Das war in den ersten Jahren. Aber die Intimität blieb. Ein Sohn und drei Töchter wurden aus dieser zweiten Ehe geboren, so daß damals im Marquardter Herrenhause alle Arten von Stiefgeschwistern anzutreffen waren: Kinder aus der ersten Ehe des Herrn von Bischofswerder, Kinder aus der ersten Ehe der Frau von Bischofswerder (mit dem Grafen Pinto) und Kinder aus der zweiten Ehe beider. Die gräflich Pintoschen Kinder scheinen übrigens nur ausnahmsweise in Marquardt gewesen zu sein, während die Bischofswerderschen Kinder aus seiner ersten Ehe mit dem Fräulein von Wilke bis zuletzt die freundlichsten Beziehungen zum Marquardter Herrenhause unterhielten.*

1803 starb der General. Wir haben seine Beisetzung geschildert. Seine Ehe, wie schon hervorgehoben, war eine glückliche gewesen, und die Wahrnehmung, daß auch ein allmäch-

* Es waren dies *zwei* Töchter. Die eine, Karoline Erdmute Christiane, blieb unverheiratet und starb 1842. Über ihr Begräbnis in Marquardt berichten wir an anderer Stelle ausführlich. Die andere vermählte sich schon 1794 oder 1795 mit dem jungen Grafen Gurowski, dem Besitzer der Starostei Kolo. Die »Vertrauten Briefe« sagen von ihm: »Er war ein junger Krüppel mit einem kurzen Beine, sonst ein Ungetüm und unter den jungen Polen der verdorbenste. Ein Libertin, auf der untersten Stufe des Zynismus. Wenige Wochen nach der Heirat kam es zur Scheidung: er nahm dann teil an der Insurrektion und trat später das schöne Gut Murowanna Goßlin an seine geschiedene Frau ab.« Über die weiteren Schicksale dieser verlautet nichts. – Beide Fräulein von Bischofswerder waren übrigens sehr liebenswürdig, von feiner Bildung und Sitte. Nichts war unwahrer und bösartiger als eine Schilderung derselben in den mehrgenannten »Anmerkungen« zu den »Geheimen Briefen«, worin es heißt: »Les demoiselles Bischofswerder sont deux petites filles mal élevées. L'aînée a dans ses yeux le flambeau de l'hymen. On les dit intrigantes. A propos jaloux. Au reste il faut distinguer les ridicules des vices et dire que jusqu'ici la conduite de ces demoiselles est intacte.«

So die »Anmerkungen«. Die »Vertrauten Briefe«, »Geheimen Briefe« etc. jener Epoche sind nie impertinenter, wie wenn sie sich zu einer halben Huldigung oder Anerkennung herablassen.

tiger Minister irgendwo die Grenzen seiner Allmacht finden müsse, hatte weder seinen Frieden noch seine Heiterkeit getrübt. Die »Gräfin«, eine Benennung, die ihr vielfach blieb, hatte ihr Leben nach dem Satze eingerichtet, daß, »wer der Herrschefähigste sei, auch die Herrschaft zu führen habe«, und dies scheint uns der Ort, ehe wir in der Vorführung biographischen Materials fortfahren, eine Charakterschilderung der Frau einzuschalten. Ihren Mann, trotz all ihrer Herrschsucht, liebte sie wirklich, und noch in den letzten Lebensjahren pflegte sie halb scherzhaft zu sagen: »Wenn ich im Himmel meinem ersten Mann begegnen werde, so weiß ich nicht, wie er mich begrüßen wird, aber vor meinem *Bischofswerder* ist mir nicht bange.«

Die »Gräfin«, auch wenn uns nichts Zuverlässigeres vorläge als das Urteil ihrer Neider und Tadler, war jedenfalls eine »distinguierte« Frau. Es mußte seinen Grund haben, daß zwei Günstlinge sich um ihre Gunst bewarben. Ein Enkel von ihr mochte mit Fug und Recht schreiben: »Die in meinen Händen befindlichen Papiere, leider nur Bruchstücke, geben ganz neue Aufschlüsse. Reichen sie auch zu einer klaren geschichtlichen Darstellung nicht aus, so haben sie mir doch einen genügenden Anhalt geboten, die *für Preußens Größe begeisterte*, die kühnsten Wünsche und Pläne hegende Frau verstehen zu lernen und die Bitterkeit zu begreifen, als sie mehr und mehr einsah, daß *nicht* die Macht der Verhältnisse, sondern die Schwäche der Menschen alles vereitelte und häufig in das Gegenteil verkehrte.« Wir haben nicht selbst Einblick in die Papiere, die hier erwähnt werden, nehmen dürfen, aber nach allem, was uns sonst vorliegt, sind wir geneigt, diese Schilderung für richtig zu halten. Sie war keine liebenswürdige, aber eine bedeutende Frau, ein ausgesprochener Charakter.

In den zahlreichen mehr oder weniger libellartigen Schriften jener Zeit wie auch im Gedächtnis der Marquardter Dorfbewohner, von denen sie noch viele gekannt haben, lebt sie allerdings nur in zwei Eigenschaften fort, als habsüchtig-geizig und bigott-katholisch. In den mehrfach schon zitierten »Vertrauten Briefen« finden wir zunächst: »Herrn von Bischofswerders Ehehälfte läßt sich jedes gnädige Lächeln mit Geld aufwiegen«, und an anderer Stelle heißt es: »Die in Südpreußen veranstalteten Güterverschleuderungen waren ihr Werk, indem sie ihrem Manne beständig sagte: ›Sie werden wie ein Bettler sterben, wenn Sie nicht noch die letzten Tage des Königs benutzen, um etwas für Ihre Familie zu tun.‹«

Das Fundament dieser Habsucht war mutmaßlich mehr Ehrgeiz als irgend etwas andres. Sie wußte: »Besitz ist Macht«, und die Jahre, so scheint es, steigerten diese Anschauung eher, als daß sie sie mäßigten. Ein Mann, der sie in ihren alten Tagen kannte, schreibt: »Sie war herb und hart, ertragbar nur im Verkehr mit kleinen Leuten und ausgiebig nur in Auflegung von Schminke.«

Ihr Katholizismus war von der ausgesprochensten Art, aber die Art, wie sie ihn übte, die Entschiedenheit im Bekenntnis auf der einen Seite und andererseits wieder die Toleranz gegen alle diejenigen, die nun mal auf anderem Boden standen, gereichte ihr zu hoher Ehre. Ignaz Feßler, früher Mönch, der zum Protestantismus übergetreten war, kam 1796 nach Berlin und – an Bischofswerder empfohlen – auch nach Marquardt. »Bischofswerder wollte mir wohl«, so schreibt er, »aber alles scheiterte an der Frau. Sie sah in mir nichts als den *Abtrünnigen von der römischen Kirche.* Sie beherrschte ihren Gemahl vollständig, und um des lieben Hausfriedens willen durfte er mich nicht mehr sehen.« Diese Strenge zeigte sie aber nur dem *Konvertiten.* In Marquardt griff sie nie störend oder eigenmächtig in das protestantische Leben in der Gemeinde ein, hatte vielmehr eine Freude daran, die evangelische Kirche des Dorfes mit allem Kirchengerät und Kirchenschmuck, mit Altardecke und Abendmahlskelch zu beschenken.

Wir kehren nach diesem Versuch einer Charakterschilderung in das Jahr 1803 zurück. Ihren Gemahl hatte sie vollständig beherrscht; aber wenn sie nach der Seite des Herrschens hin, bis zum Tode Bischofswerders, des Guten zuviel getan haben mochte, so begannen doch nun alsbald die Jahre, wo die »Gewohnheit des Herrschens« zu einem Segen wurde. Dieser Zeitpunkt trat namentlich ein, als die Franzosen ins Land kamen und auch die Havelgegenden überschwemmten. Der »Gräfin« Klugheit führte alles glücklich durch. Sie wußte, wo ein Riegel vorzuschieben war, aber sie ließ auch gewähren. Eine rätselvolle Geschichte ereignete sich in jenen Jahren. Französische Chasseurs zechten im Saal; einer stieg in den Keller hinab, um eine Kanne »frisch vom Faß« zu zapfen. Nun trifft es sich, daß das Marquardter Herrenhaus einen doppelten Keller hat, den einen unter dem andern. Wahrscheinlich erlosch das Licht, oder der Trunk schläferte den Chasseur ein, kurzum, er kam nicht wieder herauf; sein Hilferuf verhallte, der Trupp, in halbem Rausche, verließ Schloß und Dorf, und des Franzosen wurde erst wieder gedacht, als es im Hause zu rumoren begann. Nun forschte man nach. An einer dunkelsten Stelle des Kellers lag der Unglückliche, unkenntlich schon, neben ihm ein halb niedergebranntes Licht. Die »Gräfin« gab ihm ein ehrlich Begräbnis; da wurd es still. Sie ahnte damals nicht, daß sie im Glauben des Volkes, im Geplauder der Spinnstuben diesen Spuk einst ablösen würde.

Die Franzosenzeit war vorüber, der Siegeswagen stand wieder auf dem Brandenburger Tor, die Kinder des Marquardter Herrenhauses blühten auf; die »Gräfin«, noch immer eine stattliche Frau, war nun sechzig. Die Jugend der Kinder gab dem Hause neuen Reiz; es waren seit lange wieder Tage glücklichen Familienlebens, und dies Glück wuchs mit der Verheiratung der Töchter. Die älteste, Luitgarde, vermählte sich mit einem Hauptmann von Witzleben (später General), der damals eine Compagnie vom Kaiser-Franz-Regiment führte. Die zweite, Blanka, geboren 1797, von der die »Gräfin« mit mütterlichem Stolz zu sagen pflegte:

Meine Blanka, blink und blank,
Ist die Schönst' im ganzen Land,

wurde die Gattin eines Herrn von Maltzahn; die jüngste, Bertha, geboren 1799, gab ihre Hand einem Herrn von Ostau, damals Rittmeister im Regiment Garde du Corps. Tage ungetrübten Glückes schienen angebrochen zu sein, aber nicht auf lange. Die beiden jüngeren Töchter starben bald nach ihrer Verheiratung, innerhalb Jahresfrist Dem Tode der schönen Blanka ging ein poetisch-rührender Zug vorauf. Sie lag krank auf ihrem Lager. Da meldete der Diener, daß das »Kreuz« aus Potsdam angekommen sei. Die junge schöne Frau hatte wenige Tage zuvor ein Kreuz, das sie auf der Brust zu tragen pflegte, einer Reparatur halber nach Potsdam hinein geschickt, und sie bat jetzt, ihr das Andenken, das ihr schon gefehlt hatte, zu zeigen. Da trug man ihr ein Grabkreuz ans Bett, das von der alten Gräfin, anstelle der Urne, für die große Gartengruft bestellt worden war. Sie wußte nun, daß sie sterben würde. Schon ein Jahr vorher war die jüngere Schwester, Frau von Ostau*, gestorben. Beide wurden in der Marquardter Kirche beigesetzt.

Die Jahre des Entsagens, der Erkenntnis von den Eitelkeiten der Welt, waren nun auch für das stolze Herz der »Gräfin« angebrochen. Sie zog sich mehr und mehr aus dem Leben zurück; nur die Interessen der kleinen Leute um sie her und die großen Interessen der Kirche kümmerten sie noch; im allgemeinen verharrte sie in Herbheit und Habsucht. So kam ihr Ende. Sie starb, sechsundsiebzig Jahre alt, am 3. November 1833, im Hause der einzigen sie überlebenden Tochter, der (damaligen) Frau Oberst von Witzleben, zu Potsdam und wurde am 6. November zu Marquardt, an der Seite ihres Gemahles, beigesetzt. Die Rundgruft im Park schloß sich zum *zweiten* Mal.

Die Rundgruft im Park schloß sich zum *zweiten* Mal; aber die »Gräfin«, wie man sich im Dorfe erzählt, kann nicht Ruhe finden. Oft in Nächten ist sie auf. Sie kann von Haus und Besitz nicht lassen. Sie geht um. Aber es ist, als ob ihr Schatten allmählich schwände. Noch vor zwanzig Jahren wurde sie *gesehen*, in schwarzer Robe, das Gesicht abgewandt; jetzt *hören* die Bewohner des Hauses sie nur noch. Wie auf großen Socken schlurrt es durch alle unteren Räume; man hört die Türen gehn; dann alles still. Einige sagen, es bedeute Trauer im Hause; aber das Haus ist nicht Bischofswerdersch mehr, und so mögen die recht haben, die da sagen: sie »revidiert«, sie kann nicht los.

* Auch hieran knüpft sich ein eigentümlicher Zwischenfall, freilich aus viel späterer Zeit. Herr von Ostau hatte sich wieder vermählt, die Kinder dieser *zweiten* Ehe waren herangewachsen und hatten nur eine ganz allgemeine Kenntnis davon, daß ihr Vater einmal in erster Ehe mit einem Fräulein von Bischofswerder vermählt gewesen sei. Ein Sohn aus dieser zweiten Ehe kam, während der Manövertage, nach Marquardt in Quartier. Er besichtigte Schloß, Park, Kirche und stieg auch in die Gruft. Ein Lichtstümpfchen gab die Beleuchtung; alles Staub und Asche; ein solcher Besuch hat immer seine Schauer. Der junge Offizier mühte sich, die Inschriften der einzelnen Särge zu entziffern; da las er plötzlich auf einem Bleitäfelchen: »Bertha von Ostau, gestorben 1824.« Die Begegnung mit diesem Namen an dieser Stelle machte einen tiefen Eindruck auf ihn.

Marquardt von 1833 bis 1858

General von Bischofswerder II.

Es folgte nun der Sohn. Dem Rechte und dem Namen nach, wie bereits angedeutet, war er Besitzer von Marquardt seit 1819, aber in Wahrheit ward er es erst, nachdem der Mutter die Zügel aus der Hand gefallen waren. Die »Gräfin« war keine Frau, die sich mit Halbem begnügte.

Dem Sohne war dies Entsagen, wenn es überhaupt ein solches war, ziemlich leichtgefallen; der »Dienst« und die »Gesellschaft«, die ihn beide in der Residenz hielten, waren ihm mehr als die Herrschaft über Marquardt. Die Passion für die Stille und Zurückgezogenheit des Landlebens, eine der letzten, die in unser Herz einzieht, *diese* zu empfinden, dazu war er noch zu jung, dazu lag noch zu wenig hinter ihm, dazu nahm er den Schein noch zu voll für das Sein. Im übrigen war er in Erscheinung und Charakter ganz der Sohn seines Vaters, ganz ein Bischofswerder: groß, ritterlich, dem Dienste des Königs und der Frauen in gleicher Weise hingegeben, eine »Persönlichkeit«, mit Leidenschaft Soldat. Dabei, als bemerkenswertestes Erbteil, ganz im Mystizismus und Aberglauben stehend. Er trug das rotseidene Kissen auf der Brust, das der Vater, bis zu seinem Tode, als Amulett getragen hatte.

Der jüngere Bischofswerder machte seine Laufbahn in der Garde. 1833, bei dem Tode der Mutter, war er Major im Regiment Garde du Corps. Seine Familie, er war mit einer Schlabrendorf vermählt, pflegte meistens die Sommermonate in Marquardt zu verbringen; er selbst erschien nur auf Stunden und Tage, wenn der Dienst es gestattete oder die Wirtschaftscontrôle es forderte.

1842 bereitete sich eine eigentümliche Feier in Marquardt vor, ein letzter Schimmer aus Tagen her, wo der Name Bischofswerder Macht, Gunst und Glück bedeutet hatte. Es war am 20. April genannten Jahres, bei hellem Mittagsschein, als die Rundgruft im Park wieder geöffnet wurde. Ein dritter stiller Bewohner sollte einziehn. Von Berlin her kam ein langer Zug von Kutschen und Wagen, auf dem vordersten Wagen aber, katafalkartig aufgebaut, stand ein blumengeschmückter Sarg. In dem Sarge ruhte Karoline Erdmute Christiane von Bischofswerder, dame d'atour der Gemahlin Friedrich Wilhelms II., später Hof- und Staatsdame der Königin Luise. Sie war, sechsundsiebzig Jahre alt, in den stillen Oberzimmern des Berliner Schlosses gestorben. Wenige nur hatten sie noch gekannt; aber unter diesen wenigen waren die Prinzen des königlichen Hauses, vor allen der König selbst. Dieser folgte jetzt ihrem Sarge. Als der Park erreicht, der Sarg in die Gruft hinabgelassen und das Einsegnungsgebet durch den Pastor Stiebritz gesprochen war, trat König Friedrich Wilhelm IV. an die Gruft und rief ihr bewegt die Worte nach: »Hier begrabe ich meine zweite Mutter; sie hat mich genährt und erzogen.« Dann schloß sich die Gruft zum *dritten*, wohl auch zum *letzten* Male. Die Bischofswerders sind hinüber; wer wird sich eindrängen wollen in ihren stillen Kreis?

Der Pastor Stiebritz feierte an jenem Tage seinen achtzigsten Geburtstag. Auf welchen Wechsel der Dinge blickte er zurück! In demselben Jahre (1795), in dem Marquardt von den Bischofswerders erworben und der Sohn und Erbe, der nun mit am Grabe stand, geboren war, war er ins Amt getreten. Wie vieles war seitdem an ihm vorbeigegangen: die Besuche des Königs, der Park voll chinesischer Lampen, die blaue Grotte und ihre Stimmen. Wie ein Traum lag es hinter ihm.

Um diese Zeit (1842) war der jüngere Bischofswerder Oberstlieutenant; sechs Jahre später war er Oberst und Kommandeur der Gardekürassiere. Als solcher hielt er, am 18. März, mit seinem Regiment auf dem Schloßplatz. Während des mittägigen Tumults, in dem Moment, als die historischen drei Schüsse fielen, ließ er einhauen. Er tat, was ihn Rechtens dünkte. Die Wochen aber, die jenem Tage folgten, waren solcher Anschauung nicht günstig, die Verhältnisse erheischten eine Remedur, ein Désaveu, und die Versetzung Bischofswerders nach Breslau wurde ausgesprochen. Er erhielt bald darauf, unter Verbleib in der schlesischen Hauptstadt, eine Brigade.

Aber auch hier in Breslau zog bald eine Trübung herauf; unglücklich-glückliche Tage brachen an. Seine Huldigungen, die er ritterlich-galant einer schönen Frau darbrachte, führten zu Konflikten, und da Namen und Familien hineinspielten, die dem Herzen Friedrich Wilhelms IV. teuer waren, so bereitete sich ein Allerschmerzlichstes für ihn vor: er mußte den Abschied nehmen. Aufs höchste verstimmt, gedemütigt, zog er sich 1853 nach Marquardt zurück. Das Bild der Frau, die er gefeiert, begleitete ihn in seine Einsamkeit.

Sehr bald nach diesen Vorgängen war es, daß ihn die Herausgabe einer Biographie seines Vaters beschäftigte. Das vielfach verkannte Andenken des letztern schien eine solche Wiederherstellung von ihm zu fordern. Wie dabei vorzugehen sei, darüber hatte er zunächst nur unbestimmte Ideen. Er selber fühlte sich der Aufgabe nicht gewachsen, auch nicht unbefangen genug; aber *eines* wenigstens lag innerhalb des Bereichs seiner Kräfte: er begann das im ganzen Hause zerstreute Material zu *sammeln*. Es war im höchsten Maße umfangreich und bestand im bunten Durcheinander aus Cabinetsordres aller Könige seit Friedrich Wilhelm II. und aus unzähligen Briefen (meist in französischer Sprache), die zum Teil staatlich-politische Verhältnisse, zum Teil Verhältnisse von privater und sehr intimer Natur berührten – wahrscheinlich der Briefwechsel zwischen dem Günstling-General und der »Gräfin« aus den Jahren her, die ihrer Vermählung unmittelbar vorausgingen. Die mit Wöllner gewechselten Briefe waren deutsch geschrieben und bezogen sich zumeist auf das Preß- und das Religionsedikt. Seltsamerweise machte man eine *Tonne* zum Archiv; in diese wurde alles, vorläufig ungeordnet, hineingetan.

Dies reiche Material sollte aber nie zur Bearbeitung kommen. Die Verstimmung des Generals wuchs, dazu beschlich ihn die Vorahnung seines herannahenden Todes. Wir finden darüber unter den Aufzeichnungen eines Mannes, der ihm während der letzten Lebensjahre nahestand, das Folgende:

»1857 feierte Bischofswerder seinen zweiundsechzigsten Geburtstag. Meine Frau und ich waren geladen. Gegen Ende des Mahls, als wir seine Gesundheit in gutem ›Cliquot veuve‹ getrunken hatten, nahm er mich beiseite, küßte mich, bedankte sich für alle Liebe, die ich ihm und seiner Familie so viele Jahre lang bewiesen hätte, und sagte dann: ›Sie haben heute mit mir das letzte Glas Champagner getrunken; ich werde in dieser Welt keinen Geburtstag mehr feiern. Mein Großvater ist im dreiundsechzigsten Jahre gestorben, mein Vater auch, und ich werde ebenfalls im dreiundsechzigsten Jahre sterben. Gehen Sie übers Jahr auf unsern Kirchhof und beten Sie an meinem Grabe für meine arme Seele.‹«

Und so geschah es. Als sein dreiundsechzigster Geburtstag kam, war er hinüber. Nicht in der Gartengruft, auch nicht in der Gruft unterm Altar, sondern auf dem kleinen Friedhofe, der die Kirche einfaßt, ward er begraben. Zu Häupten des efeuumzogenen, von einer Esche beschatteten Hügels wurde ein Kreuz errichtet, das die Inschrift trägt: »Hier ruht in Gott der königliche Generallieutenant Hans Rudolf Wilhelm Ferdinand von Bischofswerder, geboren am 9. Juli 1795, gestorben am 24. Mai 1858«; auf der Rückseite des Kreuzes aber stehen die Worte:

»Der letzte seines Namens.«

MARQUARDT SEIT 1858

Der letzte Bischofswerder hatte seine Ruhestatt gefunden. Nur zwei Töchter verblieben. Die ältere, Pauline von Bischofswerder, der Liebling des Vaters, vermählte sich mit Herrn von Damnitz, der nun, sei es durch Kauf, sei es durch Erbschaft, auf kurze Zeit in den Besitz von Marquardt gelangte. Im ganzen nur auf zwei Jahre. Aber diese zwei Jahre schnitten tief ein. Herr von Damnitz, so wird erzählt, voll Anhänglichkeit gegen das blaubordierte und blaugepaspelte Kürassierregiment, bei dem er Jahre hindurch gestanden hatte, benutzte eine Neuweißung der Kirche, um den Wänden, den Kirchenstühlen, den Tür- und Kanzelfeldern einen blauen Einfassungsstreifen zu geben. Die oben erwähnte *Tonne* aber, auf der vielleicht einzig und allein die Möglichkeit einer exakten Geschichtschreibung der Epoche von 1786 bis 1797 beruhte, wurde zum Feuertode verurteilt. Zwei Tage lang wurde mit ihrem Inhalt der Backofen geheizt. Omar war über Marquardt gekommen.

Keine Frage, daß Herr von Damnitz, aus einer gewissen Pietät heraus, in dieser Weise handeln zu müssen glaubte; »wozu der alte Skandal, wozu die erneute Kontroverse!« Viele alte Familien denken ebenso: »der Gewinn ist précaire, der

Schaden ist sicher« – und so verlieren sich unersetzliche Aufzeichnungen in Ruß und Rauch. Wir begreifen die Empfindung, aber wir beklagen sie; es ist der Triumph des Familiensinns über den historischen Sinn. Und der letztere ist doch das Weitergehende, das Idealere.

Herr von Damnitz blieb nur bis 1860. Herr Tholuck, ein Neffe des berühmten Hallenser Theologen, folgte. In ihm war dem devastierten Gute endlich wieder ein *Wirt* gegeben, eine feste und eine geschickte Hand. Die *erste* seit dem Tode des älteren Bischofswerder (1803). Ein Geist der Ordnung zog wieder ein. Der Park klärte sich auf, das alte Schloß gewann wieder wohnlichere Gestalt, und an der Stelle verfallender oder wirklich schon zerbröckelter Wirtschaftsgebäude erhoben sich wieder Ställe und Scheunen, alles sauber, glau, fest. Marquardt war wieder ein schöner Besitz geworden.

Wir treten jetzt in ihn ein.

Der prächtige, zwanzig Morgen große Park nimmt uns auf. Er ist, in seiner gegenwärtigen Gestalt, im wesentlichen eine Schöpfung des Günstling-Generals. Seine Lage ist prächtig; in mehreren Terrassen, wie schon zu Eingang dieses Kapitels angedeutet, steigt er zu dem breiten, sonnenbeschienenen Schlänitz-See nieder, an dessen Ufern, nach Süden und Südwesten hin, die Kirchtürme benachbarter Dörfer sichtbar werden. Mit der Schönheit seiner Lage wetteifert die Schönheit der alten Bäume: Akazien und Linden, Platanen und Ahorn, zwischen die sich grüne Rasenflächen und Gruppen von Tannen und Weymouthskiefern einschieben.

In der Nähe des Herrenhauses steht eine mächtige Kastanie in vollem Blütenflor. Sie ist wie ein Riesenbouquet; die weit ausgestreckten Zweige neigen sich bis zur Erde. Es ist dies der Baum, der am Tauftage des Sohnes und Erben, in Gegenwart des Königs, gepflanzt wurde. Die Familie erlosch, der Baum gedieh.* An ihm vorbei treten wir in das Herrenhaus.

* In der Nähe dieses Baumes, auf einem Grasrondell, steht ein leichtes österreichisches *Feldgeschütz*, wie jedes Bataillon in alten Tagen eins aufzuweisen hatte. Es wurde in einer der Schlachten des Siebenjährigen Krieges von den Preußen genommen. Friedrich II. schenkte es dem Grafen Pinto auf Mettkau; durch dessen Witwe, »die Gräfin«, kam es nach Marquardt. An gewissen Tagen wird ein Schuß daraus abgefeuert. Jedesmal vorm Laden schüttet der Gärtner Pulver ins Zündloch und zündet es

Es ist ein relativ neuer Bau. 1791 legte ein rasch um sich greifendes Feuer das halbe Dorf in Asche; auch das »Schloß« brannte aus; nur die Umfassungsmauern blieben stehen. Das Herrenhaus, wie es sich jetzt präsentiert, ist also nur achtzig Jahre alt. Es macht indessen einen viel älteren Eindruck, zum Teil wohl, weil ganze Wandflächen mit Efeu überwachsen sind. Aber das ist es nicht allein. Auch da, wo der moderne Mörtel unverkennbar sichtbar wird, ist es, als blickten die alten Mauern, die 1791 ihre Feuerprobe bestanden, durch das neue Kleid hindurch.

Die innere Einrichtung bietet nichts Besonderes; hier und dort begegnet man noch einem zurückgebliebenen Stück aus der »historischen Zeit«: Möbel aus den Tagen des ersten Empire, Büsten, Bilder, englische und französische Stiche. Das baulich Interessanteste ist die doppelte Kelleranlage, die dem französischen Chasseur so verderblich wurde; man blickt die Stufen hinunter wie in einen Schacht. In den oberen Geschossen schieben sich Treppen und Verschläge, Schrägbalken und Rauchfänge bunt durcheinander und schaffen eine Lokalität, wie sie nicht besser gedacht werden kann für ein Herrenhaus, »drin es umgeht«.

Die Sonne geht nieder; zwischen den Platanen des Parkes schimmert es wie Gold; das ist die beste Zeit zu einem Gange am »Schlänitz« hin. Unser Weg, in Schlängellinien, führt uns zunächst an der *Gruft*, dann an der *Geistergrotte*, an den beiden historischen Punkten des Parkes, vorbei. Die Gruft ist wie ein großes Gartenbeet, ein mit Efeu und Verbenen überwachsenes Rondell; nur das griechische Kreuz in der Mitte, das die ursprüngliche Urne ablöste, deutet auf die Bestimmung des Platzes.

Weiter hin liegt die *Grotte*. Der Aufgang zu ihr ist mit den blauen Schlacken eingefaßt, die einst mosaikartig das ganze Innere des Baues ausfüllten. Jetzt ist dieser, weil er den Einsturz drohte, offengelegt. Durch ein Versehen (der Besitzer war abwesend) wurde bei dieser Gelegenheit die Innenmauer niedergerissen und dadurch der sichtbare Beweis zer-

an, um das Geschütz auszubrennen. Als es das letzte Mal geschah, flogen, zu heiterer Überraschung aller Umstehenden, nicht nur Eierschalen aus der Mündung heraus, sondern mit den Eierschalen zugleich ein halbverbrannter Wiesel, der in dem Kanonenrohr Quartier genommen und von hier aus den Hühnerstall geplündert hatte.

stört, daß diese Grotte eine doppelte Wand und zwischen den Wänden einen mannsbreiten Gang hatte. Nur die äußeren Mauern, mit Ausnahme der Frontwand, sind stehengeblieben und schieben sich in den Akazienhügel ein. Strauchwerk zieht sich jetzt drüber hin.

Nun stehen wir am Schlänitz-See, über der Kirche von Phöben hängt der Sonnenball; ein roter Streifen schießt über die leis gekräuselte Fläche. Der Abendwind wird wach; ein leises Frösteln überläuft uns; an Grotte und Gruft vorbei, kehren wir in das alte Herrenhaus zurück.

Hier ist Dämmrung schon. Es ist die Minute, wo das Licht des Tages erloschen und das Licht des Hauses noch nicht gezündet ist. Wir stehen allein; dort sind die Stufen, die in Souterrain und Keller führen; wie Dunkel steigt es draus herauf. Im Hause alles still. In der Ferne klappt eine Tür, eine zweite, eine dritte; jetzt ist es, als würd es dunkler; es rauscht vorbei, es schlurrt vorüber. Die alte »Gräfin« geht um.

GEHEIME GESELLSCHAFTEN IM ACHTZEHNTEN JAHRHUNDERT

1. Schwindelorden

Was sagt sie uns für Unsinn vor?
Es wird mir gleich den Kopf zerbrechen.
Mich dünkt, ich hör ein ganzes Chor
Von hunderttausend Narren sprechen.
»*Faust*«

Das vorige Jahrhundert war ein Jahrhundert der geheimen Gesellschaften. Der Absolutismus behinderte jede Kraftentwickelung, die Miene machte, selbständige Wege einschlagen zu wollen; die Kirche war starr; was Wunder, wenn der individuelle Ehrgeiz, der kein legitimes Feld fand, sich geltend zu machen, auf Abwege geriet und im Dunkeln und Geheimen nach Macht suchte.

Wie im zwölften Jahrhundert alles nach dem Heiligen Grabe, im sechzehnten nach Wittenberg oder nach der Neuen Welt drängte, so im achtzehnten Jahrhundert nach *Geheimbündelei.* Alchimie und Geistererscheinungen, Dinge, die sich ihnen vielfach gesellten, oft in den Vordergrund traten, waren nur Zugaben, Hilfsmittel, starke Dosen, zu denen man griff; das *Wesen* der Sache lag darin: Macht zu äußern in einer Zeit, wo das Individuum machtlos war.

Zwei Strömungen wurden alsbald erkennbar, die, neben einem starken Beisatz von Egoismus und Menschlichkeit, einen prinzipiellen Gehalt und einen prinzipiellen Gegensatz repräsentierten. Alle diese Gesellschaften indes, die einen derartig ideellen Kern andauernd und in *Wahrheit* und nicht nur dem Namen nach hatten, bildeten weitaus die Minorität – das meiste lief auf Herrschsucht und Eitelkeit, auf Täuschung und unmittelbaren Betrug hinaus. Mit dieser *letztern* Gruppe der geheimen Gesellschaften, die, trotz ihres quantitativen Übergewichts, kamen und gingen, ohne eine Spur zu hinterlassen, die nichts waren als Modetorheit oder Modekrankheit, beschäftigen wir uns zuerst.

Die Zahl dieser Gesellschaften, unglaublich zu sagen, ging vielleicht über 100 hinaus. Die meisten befanden sich in Bayern und am Rhein. Regensburg, die alte Reichstagsstadt, war Mittelpunkt, und einer Anzahl von Aufsätzen, die in dem letzten Viertel des vorigen Jahrhunderts in der Reichstagszeitung veröffentlicht wurden, verdanken wir, mehr als irgendeiner andern Quelle, Material, das uns Einblick gönnt in das Verbindungs- und Ordenswesen jener Zeit. Die genannte Zeitung schrieb in den achtziger Jahren: »Nie hat sich der Sektengeist tätiger gezeigt als in unsern Tagen, welche man die aufgeklärten nennt … Der immer allgemeiner werdende Hang zum Aberglauben, der uns in die Zeiten des Mittelalters zurückwirft, wird durch den alle Kräfte der Erwerbung übersteigenden *Luxus und* durch das *geschwächte Nervensystem* der jetzigen Generation (also auch schon 1785!) ungemein befördert. Unsre Großen suchen den Stein der Weisen, um unsterblich zu werden, und erhoffen von den Geheimnissen der Alchimie die Mittel zur Befriedigung ihrer Neigungen.«

Die Reichstagszeitung fährt dann fort: »An keinem Orte der Welt sind mehr Verehrer solcher neuen Wissenschaften anzutreffen als an dem Wohnsitze des Reichstages, in Regensburg selbst. Hier befinden sich: Loyolisten im gestickten Kleid, im Chorgewand und im einfachen Kittel; Gaßnerianer und Mesmerianer; Kabbalisten und Somnambulisten; Magier der verschiedensten Stufen und Namen; Cagliostro-Anhänger, die den Stein der Weisen suchen, und ›Lammsbrüder, die sich vom inneren Stolze nähren‹ – Vereinigungen, die samt und sonders schwarze und weiße Magie treiben, aus Zahlen, Buchstaben und Worten die Geheimnisse der Natur und der Staaten prophezeien, die ewige Jugend suchen, vor allem aber den echtesten Grundsatz aller Schwärmer üben: sich untereinander zu verfolgen.«

So die Reichstagszeitung. Die Orden, die wir vorstehend aufgeführt, wie sie nur einen ganz kleinen Teil der in Regensburg vertretenen, geschweige denn der in ganz Deutschland damals verbreiteten Ordensgesellschaften bildeten, waren andererseits immer noch Grenznachbarn, oft wirkliche Abzweigungen jener zwei großen Körperschaften, der »*Aufklärer*« und der »*Dunkelmänner*«, die ihren Kern in der Idee hatten und auf die wir zurückkommen. Es gab aber andere, die sich absolut von jedem ideellen Gehalt entfernt hatten oder das Ideelle doch bloß als ein nervenanregendes Komödienspiel trieben.

Aus der Reihe dieser greifen wir einige Musterbeispiele heraus.

Da war vorerst die *»Dukatensozietät«*. Sie war schon um 1746 durch den Grafen Karl Ludwig von Wied-Neuwied gestiftet worden. Die Gesellschaft ging aufs *Praktische* und war deshalb auch in der glücklichen Lage, in betreff aller kirchlichen Dinge das Wort »Toleranz« auf ihre Fahne schreiben zu können.

»Religionsvorurteile können unmöglich bei einer Institution Einfluß haben, die sich auf *Tugend und Geselligkeit* gründet und die *wahre* Menschenliebe zu ihrem Wegweiser hat.«

Die *»wahre* Menschenliebe« lernen wir nun aus Paragraph 7 der Statuten kennen. Es heißt daselbst: »Da jeder monatlich gerne einen *Dukaten* zur Sozietätskasse zahlen wird, wenn er hoffen darf, nicht nur dieser Bezahlung bald entledigt zu werden, sondern sogar viele Dukaten monatlich zu *empfangen*, so wird er für das erste anderweite Mitglied, das er seinerseits zum Eintritt engagiert, von der Zahlung befreit; der zweite, den er engagiert, zahlt gleichfalls zur Sozietätskasse; für den *dritten* aber empfängt er monatlich einen Dukaten *für sich;* der vierte zahlet ebenmäßig zur Sozietätskasse; für den fünften hingegen empfängt er wiederum einen Dukaten monatlich für sich; ferner auch für den siebenten, neunten, elften, dreizehnten und so fort für jede ungerade Zahl monatlich einen Dukaten. Wer also die Gelegenheit hat, ein Halbhundert Mitglieder zu dieser Sozietät zu engagieren, der bekommt monatlich eine Revenue von vierundzwanzig Dukaten.« Dies leuchtete vielen sofort ein. Vor Ablauf eines Jahres hatte der Orden bereits 416 Mitglieder, darunter einen Protektor, sieben Seniores, einen Kassierer, einen Secretair, einen Archivar. Die ersten Mitglieder waren fast lauter Offiziere der Garnison Wesel, daran schlossen sich Zivilpersonen aus Neuwied. In kürzester Frist hatte sich der Orden über ganz Deutschland ausgebreitet. Er bestand aber nicht lange. Die Regierungen schritten ein, warnten vor dieser »gefährlichen Sozietät« und verboten dieselbe. In betreff von Vergesellschaftungen, die auf *Geld* und Geldeswert ausgingen, waren die Regierungen immer am wachsamsten.

Ein anderer Orden, bei dessen Zeremonien die »Harmonika« eine große Rolle spielte und den wir deshalb den »Harmonikaorden« nennen wollen, hatte im Gegensatz zur »Dukatensozietät« etwas sinnbestrickend Theatralisches und operierte mit dem ganzen Apparat einer romantischen Oper. Diesen seltsamen Orden lernt man, in seinem Ritual (im Gegensatz zu den Statuten), aus einer kleinen Broschüre kennen, die 1787 in Berlin erschien und aus der wir folgendes entnehmen.

»Sie verschafften mir«, so schreibt der Held und Harmonikavirtuose*, »durch Ihre Adresse an Herrn N. eine sehr interessante Bekanntschaft ... Die *Harmonika* erhielt seinen ganzen Beifall; auch sprach er von *verschiedenen besonderen Versuchen*, was ich anfänglich nicht recht faßte. Nur erst seit gestern ist mir vieles natürlich.

Gestern gegen Abend fuhren wir nach seinem Landgute, dessen Einrichtung, besonders aber die des Gartens, außerordentlich schön getroffen ist. Verschiedene Tempel, Grotten, Wasserfälle, labyrinthische Gänge und unterirdische Gewölbe usw. verschaffen dem Auge so viel Mannigfaltigkeit und Abwechslung, daß man davon ganz bezaubert wird. Nur will mir die hohe, dies alles umschließende Mauer nicht gefallen; denn sie raubt dem Auge die herrliche Aussicht. – Ich hatte die Harmonika mit hinausnehmen und Herrn N..z versprechen müssen, auf seinen Wink an einem bestimmten Orte nur wenige Augenblicke zu spielen. Um diesen Augenblick zu erwarten, führte er mich in ein großes Zimmer im Vorderteil des Hauses und verließ mich, wie er sagte, der Anordnung eines Balls und einer Illumination wegen, die beide seine Gegenwart notwendig erforderten. Es war schon spät, und der Schlaf schien mich zu überraschen, als mich die Ankunft einiger Kutschen störte. Ich öffnete das Fenster,

* Der betreffende Brief gibt sich das Ansehen, als sei er aus *Wien* datiert und als habe die ganze Szene auf einem Landgut in der Nähe Wiens gespielt. Wer aber je in Marquardt war und den dortigen Park, den See, die Grotte, das Schloß und seine tiefen Doppelkeller kennengelernt hat, dem wird sich's zunächst aufdrängen, daß hier durchaus Marquardt gemeint sein müsse. Es ist aber trotz alledem *nicht* der Fall, *kann* nicht sein, da Marquardt erst 1795 in die Hände Bischofswerders kam.

erkannte aber nichts Deutliches, noch weniger verstand ich das leise und geheimnisvolle Geflüster der Angekommenen. Kurz nachher bemeisterte sich meiner der Schlaf von neuem; und ich schlief wirklich ein. Etwa eine Stunde mochte ich geschlafen haben, als ich geweckt und von einem Diener, der sich zugleich mein Instrument zu tragen erbot, ersucht ward, ihm zu folgen. Da er sehr eilte, ich ihm aber nur langsam folgte, so entstand daraus die Gelegenheit, daß ich, durch Neugierde getrieben, dem dumpfen Ton einiger Posaunen nachging, der aus der Tiefe des Kellers zu kommen schien.

Denken Sie sich aber mein Erstaunen, als ich die Treppe des Kellers etwa halb hinuntergestiegen war und nunmehr eine Totengruft erblickte, in der man unter Trauermusik einen Leichnam in den Sarg legte und zur Seite einem weißgekleideten, aber ganz mit Blut bespritzten Menschen die Ader am Arme verband. Außer den hilfeleistenden Personen waren die übrigen in langen schwarzen Mänteln vermummt und mit bloßen Degen. Am Eingang der Gruft lagen übereinandergeworfene Totengerippe, und die Erleuchtung geschah durch Lichter, deren Flamme brennendem Weingeist ähnlich kam, wodurch der Anblick desto schauriger wurde. Um meinen Führer nicht zu verlieren, eilte ich zurück. Dieser trat soeben aus dem Garten wieder herein, als ich bei der Türe desselben ankam. Er ergriff mich ungeduldig bei der Hand und zog mich gleichsam mit sich fort.

Sah ich je etwas Feenmärchenähnliches, so war's im Augenblick des Eintritts in den Garten. Alles in grünem Feuer; unzählig flammende Lampen; Gemurmel entfernter Wasserfälle. Nachtigallengesang, Blütenduft, kurz, alles schien überirdisch und die Natur in Zauber aufgelöst zu sein. Man wies mir meinen Platz hinter einer Laube an, deren Inneres reich geschmückt war und wohinein man kurz darauf einen Ohnmächtigen führte, vermutlich den, dem man in der Totengruft die Ader geöffnet hatte. Doch gewiß weiß ich es nicht, weil die Gewänder aller Handelnden jetzt prächtig und reizend von Form und Farbe und mir dadurch wieder ganz neu waren. Sogleich erhielt ich das Zeichen zum Spiele.

Da ich nunmehr genötigt war, mehr auf mich als auf andere

achtzugeben, so ging allerdings vieles für mich verloren. Soviel aber nahm ich deutlich wahr, daß sich der Ohnmächtige kaum nach einer Minute des Spielens erholte und mit äußerster Verwunderung fragte: ›Wo bin ich? wessen Stimme höre ich?‹ – Frohlockender Jubel und Trompeten und Pauken war die Antwort. Alles griff zugleich nach den Degen und eilte tiefer in den Garten, wo das Fernere für mich wie verschwunden war.

Ich schreibe Ihnen dieses nach einem kurzen und unruhigen Schlaf. Gewiß, hätte ich nicht noch gestern, ehe ich mich zu Bette legte, diese Szene in meine Schreibtafel aufgezeichnet, ich wäre sehr geneigt, dies alles für einen Traum zu halten. Leben Sie wohl.«

Die vorstehende Schilderung hat uns bereits in eine Gruppe von Ordensverbindungen (oder doch bis an die Grenze derselben) geführt, in denen »Erscheinungen« als Nervenstimulus und dieser wieder als »Mittel zum Zweck« die Hauptsache waren.

Wir wenden uns nunmehr diesen Magiern und ihren Verbindungen zu. Zuvor aber noch eine Bemerkung.

Auch *jene* Orden, die, was immer ihre Schwächen und Gebrechen sein mochten, doch in erster Reihe immer das *Prinzip* wollten und in Wahrheit ernst und aufrichtig einen geistigen Kern hatten, auch diese bedeutsameren, *nicht* ephemeren, wirklich zu politischer und sozialer Bedeutung gelangenden Orden glaubten wohl oder übel eines gelegentlichen Operierens mit »Erscheinungen« nicht entbehren zu können. Wir werden darauf ausführlicher zurückkommen und festzustellen suchen, wieviel davon zulässig oder, richtiger, wie groß oder wie gering das Maß der Verschuldung war.

Mit diesen ernsteren Bestrebungen, die sich gelegentlich im Mittel irrten, haben aber, trotz einer gewissen äußeren Ähnlichkeit, jene zu neun Zehntel auf Lug und Trug gestellten Vergesellschaftungen *nichts* gemein, die nicht einmal das ohnehin gefährliche und fragwürdige: »Der Zweck heiligt die Mittel« für sich geltend machen konnten, sondern einfach, unter prätentiösen Phrasen, ihrem Gewinn oder irdischem Vorteil nachjagten. Es waren Spekulanten und Komödianten. Geister erscheinen lassen war ihr *Geschäft* und *nur* ihr

Geschäft. Wir machen uns zunächst damit vertraut, wie sie dies Metier betrieben.

Es gab, soweit wir imstande gewesen sind, uns aus den verschiedensten Schriften zu informieren, *vier* Arten des Betriebes. Kleinere Abweichungen kommen nicht in Betracht. Es waren:

1. Das *Schattenbild* auf weißer durchsichtiger Fläche. Eine Art Laterna magica. Dies war die plumpeste Art.

2. Das *Hohlspiegelbild auf* weißer Wandfläche. Ein Verfahren, das, bei Geisterszenen auf der Bühne, auch jetzt noch zu gelegentlicher Anwendung kommt.

3. Das *Hohlspiegelbild* auf Rauch und Qualm.

4. *Bloße Benebelung* und Einwirkung auf die Imagination, so daß man Dinge sieht, die gar nicht da sind.

Über diese letztere Art des Verfahrens, die die unglaublichste scheint und, richtig gehandhabt, doch vielleicht die sicherste war, entnehmen wir zeitgenössischen Memoiren das Folgende:

Friedrich II. erfuhr, daß in Halle ein Professor sei, der Geister zitieren könne. Der König ließ ihn kommen. Der Betreffende erschien auch, lehnte es aber ab, Geister erscheinen zu lassen, erklärte vielmehr dem Könige ganz einfach, wie er dabei zu operieren pflege. Er sagte: »Ich benutze dazu ein Räucherwerk. Dies Räucherwerk hat zwei Eigenschaften: 1. den ›Patienten‹ in einen Halbschlaf zu versetzen, welcher *leicht* genug ist, ihn alles verstehen zu lassen, was man ihm sagt, und *tief* genug, ihn am Nachdenken zu verhindern; 2. ihm das Gehirn dergestalt zu erhitzen, daß seine Einbildungskraft ihm lebhaft das *Bild* der Worte, die er hört, abmalt. Er ist in dem Zustande eines Menschen, der nach den leichten Eindrücken, die er im Schlaf empfängt, einen Traum zusammensetzt. Nachdem ich in der Unterredung mit meinem Neugierigen möglichst viele Einzelheiten über die Person, die ihm erscheinen soll, kennengelernt und ihn nach der Form und den Kleidern gefragt habe, in denen er die zu zitierende Person sehen will, lasse ich ihn in das dunkle, mit dem Dunst des Räucherwerks angefüllte Zimmer treten. Dann – nach einiger Zeit – spreche ich zu ihm: ›Sie sehen den und den, so und so gestaltet und gekleidet‹, worauf sich sofort seiner erregten Phantasie die Gestalt abmalt. Hierauf frage ich ihn mit rauher Stimme: ›Was willst du?‹ Er ist überzeugt, daß der Geist zu ihm spricht; er antwortet. Ich erwidere; und wenn er Mut hat, so setzt sich die Unterredung fort und schließt mit einer *Ohnmacht.* Diese letzte Wirkung des Räucherwerks wirft einen mysteriösen Schleier über das, was er zu sehen und zu hören geglaubt hat, und verwischt die kleinen Mängel, deren er sich etwa erinnern könnte.«

Soweit die Enthüllungen des Professors.

Das *dritte* Verfahren: »das Hohlspiegelbild auf einer Rauchsäule«, wurde, wenn den betreffenden Überlieferungen Glauben zu schenken ist, vorzugsweise durch Johann Georg Schrepfer geübt. Dieser in seiner Art merkwürdige Mann bildete die Inkarnation jenes Lug- und Trugsystems, jener Geheimbündelei, die, unter großen rätselvollen Phrasen, das Wundertun, die Geisterzitation, den Rapport mit der geistigen Welt in den Vordergrund stellte und, ohne sich viel mit fortschrittlichen oder rückschrittlichen Ideen aufzuhalten, von der Leichtgläubigkeit der Menschen lebte. In der Kürze haben wir Schrepfers schon bei *»Marquardt«* erwähnt. Wir müssen auch hier wiederholen, daß er höchstwahrscheinlich nicht *bloß* ein Betrüger war, sondern durch Lesen mystischer und alchimistischer Schriften, dazu durch eigene Eitelkeit und fremde Huldigungen schließlich, ohne geradezu wahnsinnig zu sein, in einen verworrenen Geisteszustand geraten war, der ihn in der Tat an sich *glauben* machte und ihn namentlich *alles* für *möglich halten* ließ. Es ist nicht absolut unwahrscheinlich, daß er wirklich dachte, ein Paket Papierschnitzel werde sich ihm zuliebe über Nacht in vollgültige Banknoten verwandeln. Wir geben eine kurze Lebensskizze dieses Mannes, dessen Leben und Tod charakteristisch ist für eine spezielle Krankheitserscheinung jener Zeit.

Johann Georg Schrepfer, 1730 geboren, war anfangs Kellner in einem Leipziger Gasthause (nach andern Husar) und war unter die dienenden Brüder einer dortigen Freimaurerloge aufgenommen worden. Später hatte er eine Frau mit einigem Vermögen geheiratet und hielt seitdem eine eigne Schenkwirtschaft in der Klostergasse. Anfang der siebziger Jahre, vielleicht schon etwas früher, begann er auszusprengen, daß er die Gabe der *Geisterbeschwörung* habe. Sein Anhang wuchs, darunter Personen von hoher gesellschaftlicher Stellung. Der Herzog von Kurland, Herzog Ferdinand von Braunschweig, die Minister Graf Hohenthal und von Wurmb, der Kammerherr von Heynitz, Oberst von Fröden, der Geheime Kriegsrat von Hopfgarten und der Kammerherr von Bischofswerder pflogen Umgang mit ihm und besuchten ihn in seiner Wohnung im Hôtel de Pologne. Daß er, mit Hilfe des nach ihm genannten Schrepferschen Apparats, wirklich schemenhafte Gestalten erscheinen ließ, ist gewiß, noch gewisser, daß er in beständigen Geldverlegenheiten war und die reicheren der vorher genannten Herren benutzte, um auf ihre Kosten zu leben. Sie mußten Geld geben, auf daß der Schatz gehoben werden könne.

Vielleicht daß ihr Vertrauen oder ihre Geduld eher erschöpft worden wäre, wenn er es nicht verstanden hätte, zum Teil auf gefälschte Empfehlungen hin, mit den hervorragendsten Häuptern anderer geheimer Gesellschaften sich in Verbindung zu setzen, was ihm dann, in seiner nächsten Umgebung, immer aufs neue einen Nimbus lieh. Aus dieser Ordens-Geheimkorrespondenz, die er nach den verschiedensten Seiten hin führte, ist ein Briefwechsel zwischen ihm und dem Professor der Theologie Dr. Stark in Königsberg, später Generalsuperintendent in einem der thüringischen Staaten, aufbewahrt worden, der merkwürdige Einblicke gönnt.

Dr. Stark, ein Theologe von gründlichster Bildung, eröffnete die Korrespondenz und schrieb unterm 30. Juni 1773 aus Königsberg: »Mein sehr werter Freund und Bruder. Nach dem wenigen, was mir von Ihnen bekannt worden ist, müßte mich mein Geist sehr trügen und die Siegel, die unser Orden seinen Geweihten aufgedrückt hat, verwischt sein, oder ich muß in Ihnen einen Mann finden, der *eines Ursprunges mit mir ist* und mit mir zu *einem Zwecke* geht. *Und deren sind nicht viele unter den Maurern.* Trüge ich mich, so falle Nacht und Finsternis auf das, was ich sagen werde. Sind Sie es aber, so grüße ich Sie in der heiligen Zahl von Drei, Sieben und Zehn und durch die sieben Geister Gottes.

Sind Sie tiefer als ich ins *Heiligtum* geführet, so nehmen Sie mich als einen lehrbegierigen Schüler an … Sonst lassen Sie uns beide auf dem vor der Welt und so viel tausend Maurern *verdeckten Wege* gehen. Die wahre Weisheit liebt das Verborgene. Nur in der Dunkelheit ist das unzerstörliche Licht. Ich kenne, mein Bruder, *Florenz* ... Sie können zu mir reden ... An einem grünen Flecken im roten Lack des Wappens können Sie es erkennen, daß mein Brief nicht geöffnet gewesen.

Aber lassen Sie mich noch eine Bitte tun: *Zerstören Sie noch nicht eine Art von Maurerei in Deutschland, unter deren Maske Brüder verborgen liegen*, die diesen Brüdern selbst unbekannt sind, die Sie aber gewiß schätzen und lieben würden, wenn Sie sie näher kennen sollten. Unsere Macht und Gewalt ist lieblich, ein Feuer, das nähret und nicht zerstöret.

Ihr aufrichtiger Freund und Bruder,
der ›Verfasser der Apologie‹« (Stark)

Hierauf antwortete Schrepfer, der, bei aller Begabung, den Cafetier doch nie verleugnen konnte, unterm 29. Juli folgenden Bombast: »Mein werter Freund und Bruder. Dero an mich abgelassenes Schreiben habe richtig zu erhalten die Ehre gehabt. Der große Baumeister der Gottheit der Allmacht gehe vor uns über mit seiner Gnade! So tue ich denn als Schotte der Erkenntnis und Gewalt aus Schottland in den *Turm* den ersten Schritt, denselben die Wahrheit zu melden. Zerbrechen Sie Ihr † aus Florenz, lernen Sie dafür erkennen 5. 7., daß ich wirklich bin S. W. O. V.

Ist Wismar nicht sträflich, daß sie auf mein wiederholtes freundschaftliches Betragen nicht mehr Aufmerksamkeit bezeiget?

Was ich vor jetzt schreibe, schreibe ich auf Ihre Pflicht. Ziehen Sie Ihre Schuhe aus, denn der Ort der wahren ME ist heilig für den Busch. Fünf starben, der sechste ging in Feuer über, stehet die Säule so (unleserliches Wort) im Morgen, die 7 Siegel tun sich auf und erkennen die Wahrheit der Gottheit. Verflucht sei, der den Namen seines Gottes mißbraucht! Der Herr ist heilig und gerecht. Mein Bruder, wenn Sie wirklich der sind, der die 11 in der Wahrheit kennet, da doch durch 12 gerichtet wird, warum kennen Sie nicht S. W.? War England nicht gerecht, ließ es Ihnen nicht Ihre Freiheit; warum suchten Sie aber von dem einen Wege in den anderen zu fallen? Sind nicht Warnungen genug an die strikte Observanz ergangen? Wenn ich meine Brüder bei der

Vernunft überführe und selbigen die Unsterblichkeit der Seele beweise, so folge ich den wahren Pflichten B. I. I. Soll Gewalt dem Schwachen weichen, wenn der Schwache nur Bosheit in seiner Seele besitzt; wurde das Schwert nicht eingesteckt, da es schon gesiegt hatte?

Glauben Sie, mein Bruder, wenn ich gleich nach Dresden gegangen, so wäre jetzo alles ruhig und zufrieden; aber Leipzig, da wo nur Tugend und Wissenschaften blühen sollen, ist eine in Schleier gehüllte Buhlerin. Kennen Sie wirklich die Off. I.?

Ich kenne Purpur ganz rot, das Innerste der *Sonne gelb, blau, heilig* und *gerecht*, unter dem *Namen des Lammes.* I. V. N. D. I. K.

Um mich noch mehr zu erklären, erwarte Dero Antwort und empfehle Sie dem Schutz des Unerschaffenen.

N. S. Mein Bruder. Sie haben es mit E-land und Sch-land richtig getroffen; nur den Sitz des Turmes haben Sie mir nicht gemeldet. Erhalte ich einen Brief von Ihrer Hand und Namen, so tue mir der Herr dies und das, so ich ihn nicht unter meiner eigenen Hand beantworten will.

Nehmen Sie den Spiegel und sehen nach dem Licht. Wenn der Blitz fähret, so blendet er, aber dem Weisen ist er klar wie tausend Jahr.

Joh. Geo. Sch-r,
S. d. E. u. G.«
(Schotte der Erkenntnis und Gewalt)

Daß ein Mann wie Stark durch solchen mit Effronterie vorgetragenen Galimathias geblendet werden konnte, ist nicht anzunehmen, auch kam die Korrespondenz über diesen einmaligen Briefaustausch nicht hinaus. Aber Schrepfer hatte doch das eine Gute davon, daß er auf das Handschreiben eines in besonderem Ordensansehen stehenden, die höchsten Ordensehren in sich vereinigenden Mannes hinweisen konnte. Und das genügte ihm. Er suchte neue Mittel nach, »um den Schatz zu heben«, und Leipzig, das er so undankbar als »Buhlerin« bezeichnete, gewährte sie immer aufs neue.

Endlich indes, so scheint es, war die Geduld erschöpft, die »Erscheinungen« kamen, während der *Schatz* beharrlich ausblieb, und Schrepfer empfand zuletzt, daß seine Situation unhaltbar geworden sei. Aber wenigstens mit einem Knalleffekt wollte er scheiden.

An einem der letzten Meßtage, am 7. Oktober 1774, lud er Bischofswerder und Hopfgarten, nebst noch zwei anderen, zum Abendessen ein. Als sie beisammen waren, sagte er: »Diese Nacht legen wir uns nicht zu Bett, denn morgen mit dem frühesten, noch vor Sonnenaufgang, sollen Sie ein ganz neues Schauspiel zu sehen bekommen. Bis jetzt hab ich Ihnen Verstorbene gezeigt, die ins Leben zurückgerufen wurden; morgen aber sollen Sie einen Lebenden sehen, den Sie für tot halten werden.« Nach diesen Worten legte er sich aufs Sofa und schlief fest. Als der Tag anbrach, stand er auf mit den Worten: »Nun, meine Herren, ist es Zeit, daß wir gehen«; und alle begaben sich nach dem Rosental. Schrepfer, der auf dem Wege die vollkommenste Gemütsruhe zeigte, wies seinen Begleitern, als sie an einer bestimmten Stelle angelangt waren, ihre Plätze an, indem er zu ihnen sagte: »Rühren Sie sich nicht von der Stelle, bis ich Sie rufen werde; ich gehe jetzt in dieses Gebüsch, wo Sie bald eine *wunderbare Erscheinung* sehen sollen.« Er entfernte sich, und bald darauf fiel ein Schuß; im Dickicht fanden die Herren ihren Propheten tot. Er hatte sich mit einem Taschenpistol erschossen.

Soviel über Schrepfer, in dem sich die Lug- und Trug-Geheimbündelei, die ideenlose und karikierte Entartung des Ordenswesens verkörperte. Wir haben in den kurzen Lebensabriß, den wir von ihm gegeben, den Briefwechsel zwischen ihm und Dr. Stark mit besonderem Vorbedacht eingeschoben, um einen Gegensatz und dadurch zugleich einen Übergang zu schaffen zu jenen *ernsteren* Bestrebungen, die, wie befangen auch in Menschlichkeiten, doch ein *Prinzip* vertraten und zugleich jene Sache *selbst* waren, von der Schrepfer nur die Karikatur bildete.

Von diesen *ernsteren* Bestrebungen in dem folgenden Kapitel.

2. Illuminaten und Rosenkreuzer

Ei, Possen, das ist nur zum Lachen;
Sei nur nicht ein strenger Mann!
Sie muß als Arzt ein *Hokuspokus* machen.
»*Faust*«

Der Hang nach *Macht*, der im absoluten Staate (außer im Dienste desselben) keine Befriedigung fand, schuf, so sagten wir, die Geheimbündelei überhaupt; der Hang nach *Freiheit*, der im absoluten Staate begreiflicherweise nicht besser fuhr als jener, schuf eine besondere Abzweigung, eine ideale Blüte der Geheimbündelei: den *Illuminatenorden*. Dieser Orden, auf seinen gedanklichen Kern angesehen, war kaum etwas anderes als ein modifizierter, vielleicht ein potenzierter Freimaurerorden, hätte also allen Anspruch darauf gehabt, *neben* diesem zu leben und zu wirken, auch wurd in der Tat um 1780 eine Vereinigung beider erstrebt; die besonderen Umstände aber, unter denen der neue Orden ins Leben trat, seine Rührigkeit, seine Aggression, seine Übergriffe führten rasch zu seinem Untergange, nachdem er, etwa ein Jahrzehnt lang, eine hervorragende *politische* Rolle gespielt und sich als ein Repräsentant jener Freiheitsströmung gezeigt hatte, die damals durch Europa ging.

Der Stifter des Ordens war Adam Weishaupt, der, 1748 zu Ingolstadt geboren, an der Universität seiner Vaterstadt studiert und 1775 ebendaselbst die Professur des Natur- und kanonischen Rechts erhalten hatte. Schon als Student – es lag eben in der Zeit – hatte ihn die Stiftung eines Ordens beschäftigt; jetzt, gereifter, entwarf er die Statuten für den Orden der »Perfektibilisten«, die dann später den mehr bezeichnenden und besser sprechbaren Namen der *Illuminaten* annahmen. Die Gründung des Ordens erfolgte 1776. Weishaupt selbst bezeichnete als Aufgabe desselben: »selbstdenkende Menschen aus allen Weltteilen, von allen Ständen und aus allen Religionen durch ein gegebenes höheres Interesse in ein einziges Band dauerhaft zu vereinigen und sie dahin zu leiten, aus wahrer Überzeugung und von selbst zu tun, was kein öffentlicher Zwang, seit Welt und Menschen sind, je bewirken konnte«. In einem Briefe gab er sich noch deutlicher und zuversichtlicher: »Der Endzweck des Ordens ist, daß es *Licht* werde, und wir sind die *Streiter gegen die Finsternis*. In fünf Jahren sollen Sie erstaunen, was wir getan haben. Merken Sie sich's, der Endzweck des Ordens ist, *frei* zu sein. Wenn sich alles so fortentwickelt wie seit einiger Zeit, so gehört in kurzem unser Vaterland *uns*. Habe ich einmal den Grund des Baues fest gestellt, so mag geschehen, was wolle. Man wird dann, auch wenn man wollte, nicht mehr imstande sein, die Sache zugrunde zu richten.«

Die ersten Erfolge des Ordens entsprachen dieser Zuversicht; viele vornehme, gelehrte und rechtschaffene Männer traten ihm bei, darunter Knigge (1780), der alsbald eine besonders umsichtige und energische Tätigkeit zu entfalten begann. Aber diese Blüte, so rasch sie gezeitigt war, so rasch ging sie vorüber. Knigge und Weishaupt, von verschiedenen Ansichten geleitet, entzweiten sich; der erstere trat zurück, mit ihm eine Anzahl Mitglieder, und so in sich geschädigt und zerfallen, erlag der Orden dem Sturme, der jetzt von *außen* her ihn traf. Alles Illuminatentum wurde in Bayern, das den Hauptsitz bildete, verboten und Weishaupt 1785 seines Amtes entsetzt. Er fand bei dem Herzoge Ernst von Gotha Aufnahme; aber der Orden selbst erlag der staatlichen Obergewalt, die ihn, mit Prozessen und Strafverfügungen energisch vorgehend, wie einen Brand austrat.

Soviel über die Illuminaten. Ein kurzes Leben. Sehr wahrscheinlich, daß dieser Orden, wie so viele andere Verbindungen jener Zeit, ohne Sang und Klang und ohne ein Blatt in der Geschichte vom Schauplatz abgetreten wäre, wenn er nicht während der kurzen Dauer seiner Existenz eine Ge*genströmung* hervorgerufen hätte, die, berühmter werdend als der Illuminatenorden selbst, diesem alsbald einen Reflex der eigenen Berühmtheit lieh. Mit anderen Worten, das *Illuminatentum* wäre vielleicht vergessen, wenn nicht der geheimbündlerische Drang sofort einen feindlichen Bruder geboren hätte. Dies waren die *Rosenkreuzer*; ein alter Name, aber eine neue Sache.

Wir beginnen mit einem historischen Rückblick.

Die Rosenkreuzer waren eine alte alchimistische Verbrüderung, die weit in die Geschichte zurückgeht. Ihr Stifter war

Frater Rosenkreuz, ein Deutscher, wie sein Name bezeugt. Daß ein solcher Mönch wirklich gelebt und mit seinen Adepten die Goldmachekunst getrieben habe, scheint unzweifelhaft; über diese einfache Tatsache hinaus aber hüllt sich alles in Nebel, und die Geschichte vom Tode und von der Wiederauffindung des alten Rosenkreuz gibt sich nicht einmal die Mühe, ihren Fabelcharakter zu verbergen. Diese Geschichte lautet wie folgt:

»Frater Rosenkreuz, nachdem er seiner Reisen durch Arabien und Afrika und seines vieljährigen Verkehrs mit den ›afrikanischen Weltweisen‹ müde geworden war, begab sich nach *England* und wohnte nicht weit von London, woselbst er eine unterirdische Höhle errichtete und ein Buch schrieb, worauf er ›G. L.‹ statt des Titels setzte. Sein Vetter Benedikt Rosenkreuz war gemeiniglich um ihn. Diesem befahl er, bei Ablegung eines großen Schwurs, daß er nach seinem Tode sogleich das Gewölbe zuschließen und eine bestimmte große Tafel davorsetzen sollte, worauf die Namen seiner Schüler standen; den Zugang selbst sollte er mit Erde verschütten. Alles dies geschah mit der größten Genauigkeit, so daß man von Rosenkreuz nichts weiter hörte. Über dieser Höhle stand aber ein sehr alter *Akazienbaum*, unter dessen Schatten Rosenkreuz öfters seinen Gedanken nachgehangen. Nach 120 Jahren fiel einem Bauern ein, diesen Baum umzuhauen und seine Wurzeln auszugraben. Er kam an Steinplatten, nahm eine nach der andern fort, und eh er sich's versah, fiel er in eine Höhle fünfzehn Fuß tief in die Erde hinein. Kaum hatte er sich von seinem Fall und Schrecken erholt, so wurde er gewahr, daß diese unterirdische Gruft *erleuchtet* war und ein alter, ehrwürdiger Mann vor einem Tische saß und in einem Buche las. Als er (der Bauer) sich nun einen Schritt näherte, erhob sich der Alte, der einen *Stab* in Händen hielt. Bei dem zweiten Schritt hob er seinen Stab in die Höhe, bei dem dritten schlug er so gewaltig auf die Lampe, daß solche zerbrach und erlosch. Der Bauer stürzte vor Schreck nieder; so fand man ihn und hörte seinen Bericht. Zugleich fand man eine Leiche, die ein Buch in Händen hielt. Dies letztere war das *Buch Rosenkreuzers*, das alle Weisheit, die Ausbeute seines Lebens, seiner Studien, umfaßte.«

So die Erzählung von Frater Rosenkreuz und seinem *Weisheitsbuch.* Dies Weisheitsbuch, auf das es ankam, gaben nun die modernen Rosenkreuzer, die wir gleich näher charakterisieren werden, als ihren Besitz aus; es sei ihnen auf rätselhafte Weise zu Händen gekommen, und um den Verdacht oder den Vorwurf der Modernität von sich abzustreifen, nannten sie sich, eben auf die vorgeblich *alte* Weisheit gestützt, die Rosenkreuzer alten Stils. Ihr Spruch war: »Lux in cruce et crux in luce.« Die Welt erkannte sehr bald, und sie *sollte* es auch erkennen, daß die sich *so nennenden* Rosenkreuzer mit den *wirklichen* Rosenkreuzern alten Stils nicht das geringste gemein hatten, und mit Fug und Recht durfte Dr. Semler, der »Vater des Rationalismus«, von Halle aus schreiben: »Seit einiger Zeit haben wir von einer jetzt fortdauernden Rosenkreuzerei so manche wichtige Nachrichten, Nachrichten, aus denen wir erkennen können, daß eine große Partei mit gewiß weit aussehenden Absichten die Magie und Alchemie nur als Maske benutzt. Ein ›Hirtenbrief‹ dieser Rosenkreuzer, der mir vorliegt, ist ein auffallender Beweis von der dreisten und entschlossenen Denkungsart dieser geheimen Partei, welche ganz merklich es auf eine *öffentliche Revolution* im Sinne des Rückschritts absieht … Die Historie kann es am gewissesten dartun, daß diese *jüngeren* Rosenkreuzer ganz andere Leute sind als die *alten, die kein papistisches Mitglied unter sich duldeten.*«

Im wesentlichen hatte es der alte Rationalist hier richtig getroffen. Ob Papismus und Jesuitismus dahintersteckten, war damals fraglich und ist fraglich geblieben, aber um *Reaktion*, um einen Kampf gegen die Neologen und Ideologen, gegen die Aufklärer und Freimaurer, gegen die Demokraten und Illuminaten handelte es sich allerdings; die *alten* Elemente in Staat und Kirche, ganz wie in unsern Tagen, nahmen einen organisierten Kampf gegen den Liberalismus in allen seinen Gestalten und Verzweigungen auf. Nur die Organisation war verschieden, heute *öffentlich* in Kammer, Lehrstuhl, Presse, damals *geheim* in Orden und Brüderschaften. Jede Zeit hat ihre Kampfesformen; der Kampf bleibt derselbe.

Wie recht der alte Semler hatte, darüber gaben die trotz aller Vorsicht und Geheimtuerei nach und nach in die Öffentlichkeit dringenden Schriften des modernen Rosenkreuzertums die beste Auskunft. Umkehr, Absolutismus, Orthodoxie – das war ihr Inhalt. Wir geben einige Belegstellen zunächst aus der »Original-Instruktion für die Oberen der untern Klassen«.

pag. 27:
»Der hohe Orden, der *die Sache Christi mit Macht und Eifer betreibt*, weil sie seine eigene ist, hat die Größe des Menschengeschlechtes sehr am Herzen.«

pag. 30:
»Der Zirkeldirektor soll den Brüdern tiefe Ehrfurcht gegen den Befehl Gottes einprägen, daß wir hier glauben und dort erst schauen. Er soll ihnen auch die gewisse und freudige Hoffnung machen, daß, bei zunehmendem Wachstum im Orden, ihr Glaube viele starke Stützen erhalten und sie manches ihnen jetzt noch Unbegreifliche in den Geheimnissen unserer allerheiligsten Religion mit mathematischer Gewißheit einsehen werden.«

pag. 88:
»Der Orden kettet den Himmel an die Erde und öffnet den versperrten Weg zum Paradiese wiederum. Seine höchsten Vorsteher sind, im allergenauesten Verstande, Freunde Gottes, *wahre Jünger Christi*, weit über den Rest der Sterblichen erhaben, Meister über die ganze Natur, die, mit der einen Hand auf das *siegreiche Kreuz der Versöhnung gelehnt*, mit der andern die lange Ordenskette festhalten.«
Soweit die Auszüge aus der »*Instruktion*«.

Energischer noch traten die Grundgedanken des Ordens, die man vielleicht am besten mit »Umkehr zu Strenggläubigkeit und Mystizismus« bezeichnen kann, in einem 1782 zu Berlin erschienenen Buche hervor, das den Titel führte: »Die Pflichten der Gold- und Rosenkreuzer alten Systems; von *Chrysophiron*«. Dies Buch wurde bloß für die Junioren des Ordens gedruckt und sehr geheimgehalten. Ein Exemplar besaß der russische Major Kutusow, der, wie man glaubt, ebendieser Verbindung halber, mehrere Jahre in Berlin lebte und daselbst starb. Dies Exemplar wurde bei der stattfindenden

Auktion öffentlich versteigert und kam dadurch in fremde Hände. In der Vorrede zu diesem Buche fanden sich folgende Stellen:

pag. XIII:

»Gottes Barmherzigkeit über Deutschland hat noch kein Ende, sondern sie ist alle Morgen neu, und seine Treue ist groß. Der ewige Erbarmer hat sich durch das Gebet unserer gütigen Oberen endlich erweichen lassen. *Was unsere Väter von sich stießen,* das ist nach hundert Jahren ihren glücklichen Kindern, ist *uns* zuteil geworden.«

pag. XXXIX:

»Gott hat sie, hat mich, hat alle Mitglieder unsres hohen Ordens vor Millionen Menschen wertgeachtet, an dem paradiesischen Segen Anteil zu nehmen, den er nach seiner grundlosen Barmherzigkeit bei dem Falle Adams nicht aus der Welt hinausnahm, sondern ihn nur verbarg, damit diejenigen unter den Menschen, welche in allen Jahrhunderten der Welt es wert würden, diesen Segen finden und genießen könnten.«

pag. XL:

»Nur der ist dieses Segens im Orden wert, der *Jesum Christum,* den Schlangentreter, recht kennt, sein tinkturalisches Versöhnungsblut ganz auffasset und durch seinen starken Glauben mit ihm innigst vereinigt ist. Nur solchen *gab er Macht,* nur diesen dreimal glücklichen Ordensbrüdern gab er Macht, Gottes Kinder zu heißen, die an seinen Namen glauben. Johannes 1,12.«

Und an ebendieser Stelle (pag. XL):

»Ich habe Ihnen hiermit genug gesagt und schließe mit den Worten Pauli, 1. Korinther 16, Vers 22. Wer unsern Herrn *Jesum Christum* nicht liebhat, der sei verflucht oder Anathema maharam Motha. Das heißt: durch den großen Bann der göttlichen Strafgerechtigkeit ausgesetzt. Amen! Amen! Amen!«

Diese Schriften riefen im gegnerischen Lager, also unter Freimaurern und Rationalisten, einen Zorn hervor, den wir in unsern Tagen, wo dergleichen in offener Befehdung der Gegensätze jeden Tag gedruckt wird, einfach nicht zu fassen vermögen, wenn wir nicht gegenwärtig haben, wer jene Schriften schrieb, *wer* Chrysophiron war und welche staatliche Gewalt schützend hinter *diesem* Orden der Gold- und Rosenkreuzer stand. Dies alles waren nicht Blasen, die ein beliebiger Sektengeist warf, sondern diese Anschauungen herrschten an oberster Stelle, drohten in Edikten und Gesetzen bestimmend, maßgebend für Millionen Andersdenkender zu werden und traten schließlich *wirklich* als Landesgesetze in Kraft. Hinter dieser Rosenkreuzerei standen auf länger denn zehn Jahre hin die Machthaber Preußens: der König, Wöllner, Bischofswerder, Chrysophiron war Pseudonym für Wöllner.

Dies wird genügen, die oben erwähnte bittre Feindschaft zu erklären, die durch die liberale Welt ging. In Frankreich der Sieg des Voltairianismus bis in seine letzten Konsequenzen und – in Preußen, an dessen Spitze beinah fünfzig Jahre lang der Philosoph von Sanssouci gestanden und der Aufklärung eine Stätte bereitet hatte, in *diesem* Preußen: Umkehr, Gewissensdruck, Rosenkreuzerei. Solange hinter dieser letztern die staatliche Macht stand, solange sie mit dieser identisch war, war ein Kampf dagegen unmöglich, aber kaum daß der Sarg Friedrich Wilhelms II. in die Gruft des Domes niedergelassen war, so brach es hervor. An der Spitze der alte Nicolai. In der Vorrede zum sechsundfünfzigsten Bande der »Neuen Allgemeinen Deutschen Bibliothek« führte er nunmehr über die Rosenkreuzer, die jetzt freilich ein toter Percy waren, folgende Sprache:

»Sehr bald nach dem Tode Friedrichs des Großen fanden bei seinem Nachfolger Männer Gehör, welche zu mehreren nachteiligen Maßregeln Anlaß gaben. Dieselben waren großenteils durch eine *geheime Macht*, durch den *Gold- und Rosenkreuzerorden*, und durch den Einfluß der ›*unbekannten Väter*‹ geleitet, welche diesen Orden ungefähr seit 1778, noch zu Lebzeiten des großen Königs, unglaublich weit in Deutschland auszubreiten wußten. Wo die ›unbekannten Väter‹ sich aufhielten, wußten die Ordensgenossen nicht; aber wenn dunkle Winke hin und wieder gegeben wurden, so ward allemal auf *katholische* Orte gedeutet. Alle diese *Innern Orden* verlangten blindes Vertrauen auf die unbekannten Oberen; … der tollen *Geisterseherei* wurde nach und nach Tür und Tor geöffnet, damit der freie Gebrauch der Vernunft gehemmt und nach und nach der Herrschsucht der Hierarchie und ihrer *eigenen* Herrschsucht ein ausgedehnterer Wirkungskreis bereitet würde.

Es ist auch selbst dem allgemeinen Publikum nicht ganz unbekannt geblieben, welche wichtige Folgen von 1786 bis 1797 in den preußischen Staaten durch die Anhänglichkeit an die Rosenkreuzer bewirkt worden sind. Wenngleich dieselben keineswegs all ihre schädlichen Pläne haben durchsetzen können, so kann doch derjenige, der einigermaßen die Umstände kennt, kaum zweifeln, daß die *Rosenkreuzerei* auf die in die Augen fallende Veränderung der Verfügungen in Absicht auf die Religion (das Wöllnersche Religionsedikt ist gemeint) einen wichtigen Einfluß gehabt habe. Dank sei es den menschenfreundlichen Privatgesinnungen König Friedrich Wilhelms II., daß die Absicht der Obskuranten, alle Aufklärung auszurotten, nicht bis zur Absetzung der Aufklärer von ihren Ämtern, bis zu ihrer Einschließung in Gefängnisse oder ihrer Verjagung aus dem Lande fortgesetzt ward. Es gab Leute, denen es an *Willen* hierzu nicht fehlte und noch weniger an *Drohungen.*«

Zu dieser Sprache, die außerdem noch mit Bezeichnungen wie »bübisch«, »schmutzig«, »betrügerisch« reichlich verbrämt war, war Nicolai als Parteimann, als ausgesprochener Widerpart, dazu als Mann, der persönliche Kränkungen und Schädigungen erfahren hatte, zu gutem Teile berechtigt – *wir* nachträglich haben die Pflicht, unparteiischer auf das Getriebe dieses Ordens und der beiden einflußreichen, den Staat lenkenden Männer zu blicken, die entweder an der Spitze des Ordens standen oder doch seine wichtigsten, ja überhaupt die *einzig wichtigen* Mitglieder waren. Ohne die Namen Bischofswerder und Wöllner wären die Rosenkreuzer wie so viele andere Orden jener Zeit ohne Sang und Klang vom Schauplatz abgetreten.

Was wollte der Orden? wie entstand er? Er war, seinem Kern und Wesen nach, eine Unausbleiblichkeit, weil ein naturgemäßer Rückschlag. Wir konstatieren einfach eine Tatsache, wenn wir hervorheben, daß man in den letzten Regierungsjahren Friedrichs des Großen in vielen Kreisen anfing, der Aufklärung wenig froh zu werden. Gegensätze, die sich befehden, die beide in der Natur des Menschen ihre Wurzel und ihre Berechtigung finden, pflegen sich untereinander in Herrschaft und Ohnmacht abzulösen. Dem Puritanismus folgte Libertinage, der starren Orthodoxie Friedrich Wilhelms I. folgte der Voltairianismus der Friderizianischen Zeit, dem Kosmopolitismus folgte eine nationale Bewegung, und dem Illuminatentum, das überall ein Licht anzünden wollte, mußte naturgemäß irgendein Rosenkreuzertum folgen, das davon ausging: alles Tiefe liegt nicht im Licht, sondern im Dunkel. Das Empfinden der Zeiten und der Individuen wird in bezug auf diese Frage immer auseinandergehen, und jene Enthusiasten, die überall ein Rätsel, ein Wunder, ein direktes Eingreifen Gottes sehen, wo der Nüchternheitsmensch einfach das Verhältnis von Ursache und Wirkung zu erkennen glaubt, diese phantasiereicheren, unserer besten Überzeugung nach höher angelegten Naturen dürfen mindestens *eins* verlangen: Gleichstellung in bürgerlicher Ehre. Es ist nichts damit getan, ihnen einfach den Zettel »Dunkelmänner« aufzukleben und sie damit, zu beliebiger Verhöhnung, auf den Markt zu stellen. Seinem Kern und Wesen nach war das moderne Rosenkreuzertum nichts als eine Vereinigung von Männern, die, ob katholisierend oder nicht, an den dreieinigen Gott glaubten und diesen Glauben dem Deismus, dem Pantheismus und Atheismus gegenüberstellten.

Wer will in dieser Reaktionsbewegung, die den Glaubensinhalt vergangener Jahrhunderte *zurück*verlangt, ein für allemal einen geistigen Rückschritt, eine Einbuße an ideellen Gütern erkennen? Wer hat den Mut, die Glaubenskraft des Menschen unter die Verstandeskraft zu stellen? Glaube und wissenschaftliche Erkenntnis schließen einander nicht aus, und mit höchster Geisteskraft ist höchste Glaubenskraft durch ganze Epochen hin vereinigt gewesen. Das Rosenkreuzertum hat dadurch keine Sünde auf sich geladen, daß es das Gegenteil von *dem* wollte, was der alte Nicolai wollte.*

* Wie wenig der alte Nicolai, mit all seinen Meriten, imstande war, einer Erscheinung wie der des Rosenkreuzerordens gerecht zu werden, geht aus seinen eigenen Aufzeichnungen am besten hervor. Er sah in *allem*, was damals in Dichtung und Philosophie den Vorhang von einer neuen Welt hinwegzuziehn gedachte, nur Eitelkeit, Anmaßung, Phantasterei und Geisterschwindel und stand gegen die *ganze* junge Litera-

Wenn wir dennoch das Auftreten des Rosenkreuzertums zu beklagen und sein Erlöschen, nach kurzer Allmacht, als ein Glück für das Land zu bezeichnen haben, so liegt das in Nebendingen, in begleitenden Zufälligkeiten, die, teils irrtümlicherweise, von den Feinden aber in wohlüberlegter Absicht, in den Vordergrund gestellt worden sind, um das moralische Ansehen des Gegners zu diskreditieren. Wir meinen hier die *Geistererscheinungen*, den ganzen Apparat, der von den Rosenkreuzern in Bewegung gesetzt wurde, um einen trägen Glauben künstlich zu beleben.

Wegzuleugnen sind diese trüben Dinge nicht, wiewohl sie höchstwahrscheinlich eine viel geringere Rolle gespielt haben, als man gewöhnlich annimmt. Gleichviel: man *hat* zu diesen Hilfsmitteln gegriffen, und wir perhorreszieren es, daß es geschehen. Es war unwürdig, bei dem betrügerischen Schrepfer sozusagen auf Borg zu gehen, seine im Dienst der Lüge klug verwandten Künste in den Dienst einer Sache zu stellen, die, für unsere Überzeugung wenigstens, ganz unbestritten einen idealen Kern hatte. Es war ein Unrecht. Aber betonen wir dies Unrecht nicht stärker als nötig. Beurteilen wir die Dinge aus der Zeit heraus. Auch das *sittliche* Empfinden stellt sich in verschiedenen Jahrhunderten verschieden. Eine Politik, wie sie der Große Kurfürst, ein frommer, strenggläubiger Mann, gegen Polen und Schweden übte, würde heute verabscheut werden; damals nahm niemand Anstoß daran; man bewunderte nur den klugen, patriotischen Fürsten – und zu allen Zeiten sind Wunder *gemacht*

tur, wenigstens soweit sie romantisch war, ebenso feindselig wie gegen Wöllner und die Rosenkreuzerei. »Die Herren Fichte, Schelling, Hegel, Schlegel, Tieck«, so schreibt er, »und wie die sich wichtig dünkenden Männer und Männchen weiter heißen, preisen sich zwar fleißigst einer den andern und sprechen von allen Philosophen und Dichtern, welche nicht zu ihrer geheiligten Kirche gehören, sowie auch von der *gesunden Vernunft* und Aufklärung aufs verächtlichste. Aber auch das Verachten will nicht gelingen … Sie versichern daher, die Entdeckung gemacht zu haben, daß Fichte und Schelling, ob sie gleich, leider! schon anfangen voneinander zu differieren (wie uns Herr Hegel, ein neulichst berühmt werden wollender Philosoph, in einer besondern Schrift des breiteren auseinandersetzt), dennoch die einzigen Philosophen sind, denen, auch wenn sie nicht übereinstimmen, allein das wahre Wissen vom *Subjekt-Objekte* gebührt. Ferner noch haben diese Herren durch ihre intellektuelle Anschauung deutlich erkannt, daß Wieland und Klopstock *keine* Dichter sind, hingegen Friedrich Schlegel und Ludwig Tieck Dichter vom größten Genie!« So eifert Nicolai über viele Seiten hin. An einer anderen Stelle zieht er direkt Parallelen zwischen den Rosenkreuzern einerseits und Fichte-Schelling anderseits und findet, daß die Philosopheme beider sich als »gleich ungereimt« erweisen. All das ging ihm eben über Kraft und Verständnis.

worden, nicht bloß von Betrügern, sondern auch von Priestern, die an einen ewigen, allmächtigen und *wundertätigen* Gott in aller Aufrichtigkeit glaubten. Wie wir schon an früherer Stelle sagten: das kleine Mit-Eingreifen, das *Mit-Spielen* ist kein Beweis für ein frivoles Sich-drüber-Stellen über die transzendentale Welt.

Der *Hokuspokus* bleibt ein Fleck an jener interessanten geheimen Vergesellschaftung, die durch eine seltsame Verkettung von Umständen in die Lage kam, Preußen auf zwölf Jahre hin zu regieren, aber ein billiges Urteil über den *moralischen* Wert derjenigen, die damals an der Spitze dieses Ordens standen, wird doch nur derjenige haben, der sich die Frage nach dem »guten Glauben« der Betreffenden vorlegt und gewissenhaft beantwortet. Daß Bischofswerder diesen »guten Glauben« hatte, haben wir in dem Kapitel *»Marquardt«* darzulegen getrachtet; in betreff Wöllners steht uns das unverfänglichste Zeugnis zur Seite, das Zeugnis seines Antagonisten Nicolai selbst. Dieser schreibt über ihn: »Eine Menge kabbalistischer und magischer Worte verdunkelte nach und nach seinen hellen Kopf, und seine irregeleitete Einbildungskraft ließ ihn *allenthalben Geheimnisse und Wunder sehen.* Im Jahre 1778 war er bereits so weit, daß er die geheime Lehre der rosenkreuzerischen Philosophie für das einzig wahre Wissen hielt, für ein Wissen, das bald ganz *allgemein* werden und alle andere Philosophie verdrängen würde.«

So Nicolai. Die Verurteilung der *Richtung* Wöllners wird hier, unbeabsichtigt, zur Anerkennung seiner persönlichen *Aufrichtigkeit.* Und dies genügt uns. Wie wenig Nicolai fähig war, der *Richtung* gerecht zu werden, glauben wir im Vorgehenden gezeigt zu haben.

1800 starb Wöllner zu Groß Rietz, 1803 Bischofswerder zu Potsdam. Das Rosenkreuzertum ging mit ihnen zu Grabe.

UETZ

Wie reizend sind, du schönes Dörfchen Uetz,
Heut deiner Gärten Äpfelblütenreiser,
Dein gotisch Kirchlein, deiner Fischer Kiez,
Dein Pfarrgehöfte, deine Bauerhäuser …
Die Pferde sind zur Rückfahrt angespannt,
Vom Felde treibt der Kuhhirt durch die Gassen –
Du schönster Ort im ganzen Havelland,
Wer könnte je dich ungerührt verlassen!

»Du schönster Ort im ganzen Havelland«, unter diesem Anruf nimmt unser märkischer Poet par excellence, unser vielbespöttelter Schmidt von Werneuchen, von jenem stillen Haveldorfe Abschied, dessen etwas seltsam klingenden Namen wir an die Spitze dieses Kapitels gestellt haben.

»Du schönster Ort« – wir wollen es, auf die Autorität unseres Freundes hin, glauben. Aber ob der schönste oder nicht, der stillste gewiß. Die Natur hat es so gewollt.

Die Havel, die auf ihrem Mittellaufe überall Seen und Buchten bildet, streckt an dieser Stelle eine sackgassenartige Abzweigung, die »Wublitz«, tief ins Land hinein und bildet dadurch eine Wassergabel, die das von drei Seiten her umschlossene Stück Land zu einer Halbinsel macht. Auf dieser Halbinsel, tief innerhalb der Gabel, liegt unser Uetz, das, um ebendieser Lage willen, nur mit Hülfe einer Fähre oder aber auf weiten Umwegen erreicht werden kann. Beides ein Hindernis im Verkehr.

Eine kurze Zeit hindurch schien es, als sollte das stille Dorf mit in die Welt, von der es sonst abgeschlossen liegt, hineingezogen werden. Das war zu Ende des vorigen und zu Anfang dieses Jahrhunderts, wo das eine halbe Meile von Uetz gelegene Paretz, sozusagen die Hauptstadt dieser kleinen Halbinsel, in den Besitz König Friedrich Wilhelms III. überging. Um diese Zeit – der König wählte immer den Wasserweg – wurde Uetz zu einer vielgenannten Fährstelle. Der Fischer, der den Dienst versah, hatte seine goldnen Tage; an die Stelle der alten Fährmannshütte trat ein reizendes

Haus im Schweizerstil, betreßte Röcke spiegelten sich im dunklen Wublitz-Wasser, und die Dorfstraße entlang, in der bis dahin bei Regenwetter die Dungwagen steckengeblieben waren, schaukelten sich jetzt die königlichen Kutschen. Das war bis 1810. In den zwanziger und dreißiger Jahren flackerte es noch einmal auf, dann erlosch es ganz. Uetz war wieder das »stillste Dorf im ganzen Havelland«.

Solchem stillsten Platze zuzuschreiten, wie wir jetzt tun, hat immer einen besonderen Reiz. Die Nauener Chaussee, die wir halten, läuft parallel mit der Wublitz, und je nach den Sattlungen des Weges schwindet Uetz und erscheint wieder; immer neue Verschiebungen treten ein, und bald hinter hohen Pappeln, bald hinter Weiden hervor schimmert das goldene Kreuz seiner Kirche. Unser Weg hat uns endlich bis in die Höhe des Dorfes geführt, und nach links hin einbiegend, stehen wir nach einem kurzen Marsch am Ufer des mehrgenannten Havelarms, der sich selbst und seinen Zauber bis dahin vor uns verbarg. Drüben liegt das Fährhaus. Aber der Blick nimmt uns so gefangen, daß wir unser »Hol über!« unterlassen und zwischen ausgespannten Netzen auf einem umgestülpten Kahne Platz nehmen, um das Bild auf uns wirken zu lassen.

In Terrassen baut es sich auf: zuunterst der Fluß, tief und still und mit den breiten Blättern der Teichrose überdeckt; dahinter ein Schilfgürtel, dann Obstgärten, dann über diese hoch hinaus die alten Ulmen der Dorfgasse, und wieder hinter den Ulmen, am Abhang aufsteigend, die weißen Häuschen des Dorfes, das Ganze gekrönt von zwei altmodischen Windmühlen, die, von dem bastionartigen, gründossierten Mühlenberge aus, den Vordergrund überblicken und ihre Flügel so lustig drehen, als freuten sie sich der Umschau, die sie halten.

Die Längslinie des Bildes folgt dem Uferrande drüben, der zugleich der Hauptgasse des Dorfes entspricht. Das Treiben dieser von Busch- und Baumwerk dicht eingefaßten Gasse entzieht sich unserem Auge; überall da aber, wo breite Querlinien die Längslinie durchbrechen, entsteht ein heller Fleck im Dunkel, und das ganze sich fortbewegende Treiben drüben erscheint in dieser Lichtung und schwindet wieder. Die Entfernung ist groß genug, um jeden Lärm zu verschlingen, und so kommen die Bilder und gehen wieder wie auf der glatten Fläche einer Camera obscura. Jetzt Schnitter, die Harke und Sense über die Schulter gelegt, vom Felde heimwärts kehrend, jetzt Kiepen tragende Frauen, jetzt hochbeladene Heuwagen, deren helleres Grün in dem Dunkelgrün der Baumkronen schwerfällig hin und her schwankt.

Die Sonne, die eben noch wie ein Glutball über dem Windmühlenberge gestanden hatte, sank jetzt tiefer und ließ die Wandfläche der Mühle wie einen dunklen Schatten erscheinen, den ein rotgoldener Schimmer nach allen Seiten hin umgab. Und dieser Schimmer, sich Bahn brechend durch die Baumwelt des Vordergrunds, fiel jetzt auch auf die breite Fläche der Wublitz, und wo ein Schwan durch diesen glühenden Streifen hindurchfuhr, da überzog es sein Gefieder wie flüchtige Röte, die der nächste Augenblick wieder von ihm streifte. Wohl mochten hier die Mummeln blühen, als wäre die Wublitz ein Blumenbeet, denn es war ein Bild wie hergeliehen aus einem Feengarten.

Minutenlang sah ich still in diesen Zauber hinein, dann richtete ich mich auf und rief mein »Hol über!« über die Wasserfläche hin. Aber der Ruf schien in dieser Stille zu verklingen. Nichts regte sich drüben, und schon war meine ganze Naturbewunderung in Gefahr, im Ärger über den Fährmann unterzugehen, als es drüben lebendig zu werden begann. Eine hagere, mittelgroße, nach Wendenart in graue Leinwand gekleidete Gestalt trat aus dem Fährhaus, machte eine Handbewegung, die unverkennbar ausdrücken sollte, »ich möchte mich nur ruhig verhalten«, und löste dann langsam und mürrisch, soweit sich das aus seiner. Haltung erkennen ließ, einen Kahn vom Ufer und schob ihn, ohne Ruder, an einem zwischen beiden Ufern ausgespannten Taue von drüben zu mir herüber.

Als der Kahn auflief, blieb sein Insasse stehen und sah mich an. Ich ihn auch. Endlich gewann er's über sich und bot mir »Guten Abend«. Nach dieser Konzession von seiner Seite, denn so schien er es aufzufassen, glaubte auch *ich* ein übriges tun zu müssen. So entspann sich denn, während der Kahn langsam wieder zurückglitt, folgende Unterhaltung:

»Guten Abend, Fährmann. Geht's Geschäft?«

»I, wie wird's denn gehn?«

»Na, ich sollte doch meinen. Da sind erst die Uetzer …«

»Die fahren umsonst.«

»Und dann all die Dörfer, die hier hinten liegen …«

Er schüttelte griesgrämig den Kopf, beschrieb mit der Hand nach Norden hin eine Kurve und brummte: »Alles rum, immer rum!«

»Aber die Phöbener und Paretzer werden doch nicht über Falkenrehde fahren? Das ist ja die Meile sieben Viertel!«

»Das ist es. Aber was ein richtiger Bauer is, der geht nich übers Wasser.«

»Weil's ihm zu unsicher ist?«

»Nich doch. Es is ihm bloß sicher, daß der Fährmann sein Fährgeld kriegt. Das zahlt kein Bauer, wenn er nich muß. Und er muß nich. Eine Meile oder zwei, *ihm* ist's all' eins. *Er* braucht sie nich zu laufen. Er nimmt seine Peitsche, knipst und ruft seinen Gäulen zu: ›Der Hafer is teuer heut; verdient ihn euch!‹ Und der Uetzer Fährmann – na, der mag sehen, wo er seine Pacht hernimmt.«

Die Spitze des Kahns war jetzt auf dem Trockenen; ich sprang hinaus und fragte nach meiner Schuldigkeit. Die Taxe war niedrig; ich gab ihm ein Stück Geld, etwa das Fünffache. Er nahm es, sagte nichts und erwiderte meinen »Guten Abend« durch ein Geknurr, das über seine Enttäuschung keinen Zweifel ließ. Die Fährleute sind ein eigen Geschlecht und haben ihren eigenen Artigkeitskodex.

Ich schritt nun die Querallee hinauf, kreuzte die Dorfstraße und erstieg den Mühlenberg, hinter dessen Kamm, bereits erblassend, die Abendröte stand. Ein schwacher rötlicher Schimmer säumte nur noch den Himmel gegenüber. Das Dorf, die Wublitz waren still; im Fährhaus schimmerte ein Licht, die Schwäne sammelten sich am Schilf, die Abendglocke klang in langsamen Schlägen über Uetz hin.

Du schönster Ort im ganzen Havelland,
Wer könnte je dich ungerührt verlassen!

PARETZ

I

Die Stätte, die ein guter Mensch betrat,
Ist eingeweiht; nach hundert Jahren klingt
Sein Wort und seine Tat dem Enkel wieder.
»Tasso«

Von Uetz nach Paretz ist noch eine gute halbe Meile. An einem Sommernachmittag ein entzückender Spaziergang. Der Weg führt durch Wiesen rechts und links; der Heuduft dringt von den Feldern herüber, und vor uns ein dünner, sonnendurchleuchteter Nebel zeigt die Stelle, wo die breite, buchten- und seenreiche Havel fließt. Paretz selbst verbirgt sich bis zuletzt. Nun endlich wird der Weg ein aufgeschütteter Damm, an die Stelle der Obstbäume, die uns bisher begleiteten, treten hohe Pappeln, überall die spalierbildende Garde königlicher Schlösser, und alsbald, über eine zierliche Brücke hinweg, die den Namen »Infantenbrücke« trägt, beschreiten wir die Dorfstraße. Diese führt mitten durch den Park, macht eine Biegung, verbreitert sich, und – wir sind am Ziel: links das Schloß, ein langgestreckter, schmuckloser Parterrebau mit aufgesetztem niedrigen Stock, rechts eine Gruppe alter Eichen und ihnen zur Seite die gotische Kirche des Dorfs. Über die Straße hin grüßen sich beide, in ihrer Erscheinung und in ihrem Eindruck so verschieden wie die Zeiten, denen sie angehören. Die Poesie fällt der älteren Hälfte zu.

Es ist um die fünfte Stunde. Eine Schwüle liegt in der Luft; selbst das Pappellaub, das immer plaudert, ist still; das Schloß blickt uns an wie verwunschen; seine Läden sind geschlossen. Nur der Vorgarten, mit kleinen gezirkelten Beeten, hier mit Aurikeln, dort mit Reseda eingefaßt, liegt offen da. Wir treten ein. Der seltene Besuch hat Neugierige herbeigelockt, der Schloßdiener kommt, zuletzt er, der diesen Platz zu hüten hat – der Hofgärtner. Er begrüßt uns. Erhitzt vom

Marsch, sprechen wir den Wunsch aus, uns erst wieder frisch machen zu dürfen, ehe wir in die dumpfe Kühle des Schlosses eintreten. So nehmen wir denn Platz auf einer Sommerbank und plaudern.

Paretz ist altwendisch. Die Nachrichten sind sehr lückenhaft. Es gehörte ursprünglich zur Kirche von Ketzin, kam dann in den Besitz der Arnims und Dirickes, welch letztere es 1658 an die Familie Blumenthal veräußerten. Die Blumenthals, später freiherrlich und gräflich, saßen hier in drei Generationen, bis Obristlieutenant Hans August von Blumenthal es 1795 an den damaligen Kronprinzen, spätren König Friedrich Wilhelm III., verkaufte. Es entsprach ganz den gestellten Bedingungen und Wünschen.

Paretz von 1796 bis 1806

Diese Wünsche gingen vor allem auf Stille, Abgeschiedenheit. Sehr bald nach seiner Vermählung hatte sich der Kronprinz Schloß Oranienburg zum Aufenthalt ausersehen, dessen landwirtschaftlicher Charakter, beiläufig bemerkt, eine große Verwandtschaft mit dem von Paretz zeigt. Aber das Schloß daselbst – damals noch viel von der Pracht aufweisend, die ihm Kurfürst Friedrich III. gegeben hatte – war ihm viel zu groß und glänzend, und so kam ihm die Nachricht überaus erwünscht, daß das stille Paretz, das er zufällig aus seinen Kindertagen her kannte (Obristlieutenant von Blumenthal war damals Prinzengouverneur gewesen), zu verkaufen sei. General von Bischofswerder, von dem benachbarten Marquardt aus, machte den Vermittler, das Geschäftliche wurde schnell erledigt, und unter des Hofmarschalls von Massow Aufsicht begann der Abbruch des alten Wohnhauses und der Aufbau des neuen Schlosses. Dieser erfolgte, nach einem Plane des Oberbaurats Gilly, in »ländlichem Stile«. »Nur immer denken, daß Sie für einen armen Gutsherrn bauen«, sagte der Kronprinz, dem im übrigen die Vollendung des Baues sehr am Herzen lag. Alles wurde denn auch dergestalt beschleunigt, daß der neue Gutsherr mit seiner Gemahlin schon im Jahre 1796 einige Tage in Paretz zubringen konnte. Um dieselbe Zeit waren Parkanlagen in

Angriff genommen worden, und zwar durch den neu angestellten Hofgärtner David Garmatter, einen Erbpächtersohn der nahen Schweizerkolonie Neu Töplitz, der seine Aufgabe mit ziemlichem Geschick löste und, Natur und Kunst vereinend, in den drei durch Landstraßen umschlossenen Parkanlagen eine bescheidene Nachahmung der Gärten von Klein-Trianon versuchte.

Wohlangebrachte Durchblicke ließen die landschaftliche Fernsicht über die üppigen Havelwiesen und Seen nach den bewaldeten Höhen von Phöben und Töplitz hin frei. An einer anderen Stelle schweifte der Blick nach dem romantisch gelegenen Uetz, bis weiter hinaus zu den Höhen von Potsdam. Von anderen Standpunkten aus blickte man über die sich schlängelnde Havel nach der Stadt Werder und dem Wildpark und zu Rechten, tief in die flache Zauche hinein, bis an die Wälder des Klosters Lehnin. Dazu überraschten an geeigneten Punkten kleine bauliche Anlagen: Tempel und Pavillons, Moos- und Muschelgrotten. Auch die Dorfschmiede, an einer Durchsicht erbaut, täuschte durch eine gotische Façade mit Spitzbogenfenstern. Außerdem wurde ein Fasaneriewäldchen angelegt und vor und hinter dem Landhause ein bowling-green mit Blumenbouquets.

So war ein Sommerschloß gewonnen, anmutig, hell, geräumig; aber in allem übrigen von einer Ausschmückung, die heutzutage kaum noch den Ansprüchen eines Torflords genügen würde. 1797 erfolgte die Renovierung der Kirche, drei Jahre später der Neubau des Dorfes, wobei zugleich festgesetzt wurde, daß die im Giebel jedes Hauses befindliche Stube jederzeit für die königliche Dienerschaft, ebenso ein auf jedem Gehöft erbauter Pferdestall für die herrschaftlichen Pferde reserviert bleiben müsse. Seit 1797 war der Kronprinz König.

In diesem also umgeschaffenen Paretz, das bei Freunden und Eingeweihten alsbald den schönen Namen »Schloß Still-im-Land« empfing, erblühten dem Königspaare Tage glücklichsten Familienlebens. Die Familie und die Stille waren der Zauber von Paretz.

Diesen Zauber empfand die Königin, die wir gewohnt sind uns neben dem einsilbigen Gemahl als das gesprächigere, den Zerstreuungen zugeneigtere Element zu denken, fast noch lebhafter als dieser. Sie selbst äußerte sich darüber: »Ich muß den Saiten meines Gemüts jeden Tag einige Stunden Ruhe gönnen, um sie gleichsam wieder aufzuziehen, damit sie den rechten Ton und Anklang behalten. Am besten gelingt mir dies in der Einsamkeit; aber nicht im Zimmer, sondern in den stillen Schatten der Natur. Unterlaß ich das, so fühl ich mich verstimmt. O welch ein Segen liegt doch im abgeschlossenen Umgange mit uns selbst!«

Zu diesem »Umgange mit sich selbst« war nun »Schloß Still-im-Land« der geeignetste Platz, keine Straße führte vorüber, die Ruhe, wenn man sie haben wollte, war beinahe unbedingt; aber man ließ sie gern durch die Heiterkeit des Dorfes unterbrechen.

So wurde das Erntefest von seiten des Hofes alljährlich mitgefeiert. Wir finden darüber folgende Aufzeichnungen. »Das Fest begann am frühen Nachmittag. Sobald die Herrschaften sich von der Tafel erhoben hatten, setzten sich die festlich angetanen Schnitter und Schnitterinnen vom Amte aus in Bewegung. Geschart um ihr Feldbanner, den reichbebänderten Kranz von Ähren und Blumen, marschierten sie nach dem Takte der Dorfmusik aufs Schloß. Dort auf dem freien Platze hielt der Zug und stellte sich im Halbkreis auf. Der königliche Gutsherr trat heraus, hörte die an ihn gerichtete Rede der Großmagd an und schickte die Sprecherin sodann mit der Erntekrone hinein ins Schloß. Nun zeigte sich auch die Königin, und mit dem Erscheinen der ›gnädigen Frau von Paretz‹ begann der Tanz. Das königliche Paar mischte sich in die Reihen der Landleute, die Herren und Damen folgten, und sogar die Frau Oberhofmeisterin (Frau von Voß) konnte nicht umhin, auf diesem bal champêtre mitzuwirken.

Den ersten Tanz spielten die Dorfmusikanten, den zweiten die Garde-Hautboisten aus Potsdam; Bursche und Mädchen tanzten sich außer Atem; dann gliederte sich der Zug von neuem und bewegte sich dahin zurück, von wo er gekommen war – nach dem Amte. Im Dorfe mittlerweile wimmelte es von Käufern und Verkäufern; innerhalb der eigentlichen Straße zog sich noch eine Budenstraße, und inmitten dieses Gedränges, Einkäufe und Geschenke machend, gewahrte man die hohen Gestalten des königlichen Paares.«

Diese Erntefeste, die bald einen Ruf gewannen, machten das stille Paretz zu einem Wallfahrtsort für nah und fern. Jeder Besucher hatte Zutritt, König und Königin ließen sich die Fremden vorstellen, äußerten ihre Freude über zahlreichen Zuspruch und baten: »übers Jahr wieder unter den Gästen zu sein«. Es waren wirkliche Volksfeste, und wohl mochte der General von Köckritz damals schreiben: »Ich habe in Paretz wieder allerfroheste Tage verlebt. Wir haben uns ungemein divertiert und alles Angenehme des Landlebens in ganzer Fülle genossen, wobei die Jagd und Wasserfahrt die Hauptbelustigung waren. Ein besonderer Festtag aber war das Erntefest. Die Königin mischte sich in die lustigen Tänze. Hier war Freiheit und Gleichheit; ich selbst, trotz meiner fünfundfünfzig Jahre, tanzte mit.«*

Im Sommer 1805 hielten sich der König und die Königin länger in Paretz auf als gewöhnlich. Wie in einem Vorgefühl kommender Stürme genossen sie das Glück, das dieser stille Hafen bot, noch einmal in vollen Zügen. Man blieb bis zum 15. Oktober, dem Geburtstage des nunmehr zehnjährigen Kronprinzen. Er empfing, nach der Sitte des königlichen Hauses, den Degen und die Offiziersuniform und trat in die Armee. Die Königin sprach ermahnende Worte. Dann schied sie von ihrem lieben Paretz, das sie nur noch einmal auf wenige Stunden wiedersehen sollte.

* General von Köckritz mochte wohl so schreiben. Dieser liebenswürdige Mann (den Stein wohl zu hart beurteilt hat, denn »niemand ist verpflichtet, ein großer Mann zu sein«) stand damals auf der Höhe seiner Gunst und seines Ansehens. Es war so recht eigentlich die Köckritz-Epoche. In diese Epoche fällt auch die seinerzeit viel bewunderte Geschichte vom »Pfeifchen und Fidibus«, die beide dem überraschten General, einem leidenschaftlichen Raucher, von der Königin präsentiert wurden. Wir übergehen diese Anekdote nicht nur deshalb, weil sie oft erzählt worden ist, sondern viel mehr noch aus ästhetischen Bedenken, weil sie einen Hergang festzuhalten trachtet, der als Erlebnis reizend, als Plauderanekdote, über den Tisch hin, annehmbar, aber als gedruckte Geschichte mindestens entbehrlich ist. Schwarz auf weiß macht schwerfällig und entzaubert manches. Man kann dreist behaupten, die Helden, die durch solche oder ähnliche Anekdoten glorifiziert werden sollen, haben unter ihnen zu leiden, wie unter einer Jugendtorheit. Es gilt hier fein zu unterscheiden. Dieselbe Geschichte, die, auf einem Jungen-Damen-Kaffee vorgetragen, ein ungeteiltes und berechtigtes Entzücken weckt, wird sich in einem Zeitungsblatt etwas insipide ausnehmen, und die bejubeltste, als unbedingt »bester Witz der Neuzeit« proklamierte Jagd- und Portweinanekdote wird am besten tun, auf Darstellung in Typen ganz zu verzichten.

Paretz 20. Mai 1810

Im Spätsommer des nächsten Jahres (1806) standen bereits die großen Wetter über Thron und Land; am 14. Oktober wurde das alte Preußen begraben; der folgende Tag war der Geburtstag des Kronprinzen – keinen unglücklicheren hat er erlebt. Der Hof ging nach Königsberg; erst im Jahre 1809 kehrte das durch Jahre der Prüfung gegangene Königspaar nach Berlin zurück.

Der Winter verging, der schöne Frühling des Jahres 1810 kam; die Königin empfand eine tiefe Sehnsucht, ihr geliebtes Paretz wiederzusehen. Wir finden darüber folgendes: »Am 20. Mai fuhr sie allein mit ihrem Gemahl dorthin – es sollte nach Gottes Ratschluß das letzte Mal sein! Erinnerungsvoll begrüßten sie die alten, traulichen Stätten, die sie so oft in glücklichen Tagen mit Freud und Wonne gesehen; nicht trennen konnte und wollte sie sich von jener Anhöhe im Park, die das Rohrhaus trägt und die an jenem Tage eine weite Fernsicht über den mit schwellenden Segeln und zahllosen Schwänen belebten Havelstrom mit seinen Buchten und Seen sowie auf die im schönsten Maiengrün prangenden Wiesen und Äcker bot. Zu ihren Füßen lag das friedsame Paretz, im Grün der Bäume halb versteckt die Kirche. Die Sonne neigte sich; tiefer und länger dehnten sich die Schatten über die Landschaft und mahnten zum Aufbruch. Aber die Königin wollte so lange als möglich an diesem ihrem Lieblingsorte verbleiben; sie wartete bis zum Niedergang der Sonne und sprach dann vor sich hin:

›Die Sonne eines Tages geht dahin;
Wer weiß,
Wie bald die Sonne unsres Lebens scheidet.‹

Auf den Wunsch der Königin, den Wagen nicht an dem entfernter liegenden Schlosse, sondern hier an der Landstraße besteigen zu dürfen, wodurch der Aufenthalt verlängert wurde, war das Gefährt beim Rohrhause angelangt. Die Königin schritt am Arm ihres Gemahls den kurzen Gang zu Füßen der Anhöhe hinab und durch die Parktür nach der Landstraße.« Das war am 20. Mai. Am 19. Juli starb sie.

Unvergeßlich blieb dem Könige die Stätte, unvergeßlich

das Wort, das sie hier gesprochen. Er besuchte oft diese Stelle, doch stets allein, ohne jede Begleitung. Zum Andenken ließ er hier, wo sie den Park verlassen und den Wagen bestiegen, wo ihr Fuß zum letzten Mal die Erde von Paretz berührt hatte, eine gußeiserne gotische Pforte aufstellen.

Diese Pforte, wie es für solchen Platz sich ziemt, entzieht sich fast dem Auge. Abgelegen an sich, an dunkelster Stelle des Parks, birgt sich das Gittertor in dichtem Akaziengebüsch; nur der Spitzbogen ragt in die Helle auf und trägt ein L. und die Inschrift: »den 20. Mai 1810«.

Paretz von 1815 bis 1840

Die Stürme waren verweht; das gedemütigte Preußen war zweimal, unter den Klängen des »Pariser Einzugsmarsches«, in die feindliche Hauptstadt eingezogen; Friede war wieder, und die Paretzer Tage brachen wieder an. Nicht mehr Tage ungetrübten Glücks; sie, die diese Tage verklärt, diese Tage erst zu Tagen des Glücks gemacht hatte, sie war nicht mehr; aber Tage der Erinnerung. Die Zeit heilt alles; nur ein leises Weh bleibt, das in sich selber ein Glück ist; ein klarer Spätsommertag, mit einem durchleuchteten Gewölk am Himmel, so erschien jetzt Paretz.

Nach wie vor wurde das Erntefest gefeiert; ein Jahrzehnt verging, ein zweites begann. Die Heiterkeit der Dörfler war dieselbe geblieben, auch ihre Unbefangenheit im Verkehr mit der »Herrschaft«. Eine Alte, der der König im Vorübergehen versicherte, mit nächstem würden alle seine Kinder zu Besuch eintreffen, antwortete ohne weiteres: »Die Russen ooch?« Diese vertrauliche Ausdrucksweise mußte sich, hinter seinem Rücken wenigstens, der allmächtige Zar gefallen lassen! Der König hatte herzliche Freude an solcher Unbefangenheit und nährte sie durch hundert kleine Dinge, die zuletzt auch die Scheu des Allerbefangensten besiegen mußten. Bei einer der Festlichkeiten, die den »Russen« zu Ehren gegeben wurden, drängte sich des Schäfers Sohn herzu, ein unglückliches Kind, das an beiden Füßen gelähmt war, und strengte sich an, über den dichten Kreis der Umstehenden hinwegzusehen. Niemand sah es, nur der König. Er ließ ihn zu sich führen, sprach freundlich zu ihm und gab ihm einen Platz an seiner Seite.

Überhaupt die junge Welt hatte es vor allem gut.* Der König, im großen Verkehr beinahe menschenscheu, war ein ausgesprochener Kinderfreund. So begegnete er einstmals, während er im Schloßpark aus einem mit Pflaumen und Weintrauben gefüllten Körbchen aß, einem Jungen und fragte ihn, ob er wohl eine Pflaume haben wollte. Der Junge, ein echter Märker, schielte über das Körbchen hin und bemerkte: »Nee; Plummen hebben wi alleen to Huus; wenn't noch 'ne Wiendruv' wär.« Der König lachte und gab. – Einen andern hübschen Zug erzählt Eylert. »›Hast du schon mal Ananas gegessen?‹ fragte der König. ›Nee, Majestät.‹ –›Na, dann iß, aber mit Bedacht. Was schmeckst du heraus?‹ Der Junge, an den die Frage gerichtet war, kaute, besann sich und sagte dann: ›Wurst.‹ Alles lachte. Der König aber bemerkte ruhig: ›So trägt jeder seinen Maßstab in sich. Dem einen schmeckt die Ananas wie Melone, dem andern wie Birne oder Pflaume, diesem wie Wurst. Er bleibt in seinem Gefühlskreise.‹ In den Speisesaal zurücktretend, wo sich ein Fenster mit vielfarbigem Glase befand, fuhr er fort: ›Wer die Gegenstände draußen durch diese violettfarbige Scheibe anschaut, hält alles, was er sieht, für violett; so ein anderer alles für grün oder gelb, je nach dem Glas, durch das er blickt. Jeder behauptet, recht zu haben, und doch haben alle unrecht, und des Widerspruchs und Disputierens ist kein Ende. So geht's vor allem den Herren Theologen. Jeder hat da *sein* Glas.‹«

Derselbe Erzähler, an anderer Stelle das Paretzer Leben

* Allerhand Spiele: Turnen, Wettlaufen, waren an der Tagesordnung; die Sieger wurden beschenkt. Unter Anleitung der jungen Prinzen Karl und Albrecht kam die Bildung einer Art »Paretzer Legion« zustande, die im Feuer exerzierte und manövrierte, wobei sieben kleine Kanonen benutzt wurden, von denen eine, mit dem Greif und der Jahreszahl 1588, bis diesen Tag unter den Dörflern existiert. Bei einer bestimmten Gelegenheit – es mochte um 1820 sein, als die »Russen« einen ihrer Sommerbesuche machten – kam es zu einem vollständigen Gefecht zwischen der Paretzer Legion und den Zöglingen des Potsdamer Militärwaisenhauses, die nach Paretz hinaus befohlen und mit ihren Waffen erschienen waren. Die Legionäre nahmen ihnen, in einem unbewachten Augenblick, die Waffen fort, bezogen unter Führung und Anfeuerung des Großfürsten eine Art Waldposition und behaupteten sich im Besitz ihrer Beutestücke. Der König folgte der Bataille mit dem lebhaftesten Interesse und meinte schließlich: »die Dorfluft scheine doch derber zu machen«.

während der zwanziger und dreißiger Jahre zusammenfassend, gibt folgende Schilderung: »Die ruhigsten und glücklichsten Stunden, die dem Könige noch beschieden waren, hat er in diesem stillen Haveldorfe verlebt. Alle Singvögel schienen im Paretzer Park ihren Lieblingsaufenthalt zu haben; über der Landschaft lag ein Duft, die Wiesen immer frisch, und über das Sumpfland hin schritten die Störche. Der König hatte ein Auge für solche Bilder. Wenn er allein sein wollte, hier fand er, was er suchte. Viele wichtige Verfügungen sind von diesem abgelegenen Punkte ausgegangen. Hier senkten sich tiefer und fester in sein Gemüt die Lebensansichten und Grundsätze, die den innern Frieden bewahren. Sein patriarchalischer Sinn, hier fand er Genüge.«

Wann er zuletzt an dieser Stelle war, ist nicht verzeichnet; wahrscheinlich im Herbst 1839. Im Mai des folgenden Jahres, als mit dem Frühling draußen ein frisches Leben nicht wiederkommen wollte, sprach er mehr als einmal: »Wenn ich nur nach Paretz könnte!« Hoffte er Genesung, oder wollte er Abschied nehmen von der Stätte stillen Glücks? Gingen seine Gedanken zurück bis an den 20. Mai 1810?

Wer sagt es? Als das nächste Erntefest kam, war alles vorüber. Eine stillere Stätte hatte ihn aufgenommen als selbst Paretz.

Paretz seit 1840

Am 7. Juni 1840 war Friedrich Wilhelm III. aus dieser Zeitlichkeit geschieden; Paretz, samt den zwei angrenzenden Schatullegütern Uetz und Falkenrehde, fiel dem Thronfolger, Friedrich Wilhelm IV., zu; 1862, nachdem auch dieser aus der Unruhe in die Ruhe gegangen war, kam der schöne, erinnerungsreiche Besitz an den jetzigen Kronprinzen.

Die Glanztage von Paretz sind nicht wiedergekehrt, und sie werden kaum wiederkehren. Es bedurfte des eigenartig-scheuen Charakters Friedrich Wilhelms III., um diesen Platz über sich selbst zu erheben. Ein rechter »out-of-the-way place«, hindert ihn jetzt seine Abgeschiedenheit ebensosehr, wie ihn dieselbe einst zu ungeahnten Ehren führte. Was ihn jetzt noch hält, ist Pietät, Haustradition – nur das Wohlwollen der »neuen Herrschaft« ist ihm geblieben. Alle zwei

Jahre, am Geburtstage des Kronprinzen, werden die Dorfkinder neu eingekleidet: die Knaben erhalten des »Königs Rock«, der Uniform des 24. Landwehrregiments nachgebildet, während die Mädchen in russisch-grünen Tibetkleidern ihren Umzug halten.

Das Wohlwollen gegen die Paretzer ist das alte geblieben. Aber Paretz selbst ist nicht mehr, was es war. Kein Sehnsuchtspunkt mehr, nur noch ein Punkt für Erinnerung und stille Betrachtung.

II

Wo nun Gras und Staude beben,
Hat in froher Kraft geblüht,
Ist zu Asche bald verglüht
Manches reiche Menschenleben.

Die der Tod hinweggenommen,
Die hier einst so glücklich war:
Der geschiednen Seelen Schar,
Nachtigall, du hörst sie kommen.

Lenau

DAS SCHLOSS IN PARETZ

So ging das Geplauder. Die wachsende Schwüle des Julinachmittags, wir empfanden sie nicht; ein leiser Luftstrom zog von der Havel her herauf und trug uns die Kühle des Wiesengrundes und den Duft der Resedabeete zu. Es war eine halbe Stunde, wie sie nur an *dieser Stelle* erlebt werden kann, hier, wo sich Stille und Erinnerung die Hand reichen.

Wir hingen noch den letzten Worten nach, der Schloßdiener öffnete die Läden und lüftete die Zimmer, in die wir einzutreten hatten, als die Szene sich plötzlich änderte. Ein Windstoß, jäh und heftig, fuhr durch den Park, die uns zunächst stehenden hohen Pappeln beugten sich, Blätter, wie Flocken, fielen auf uns nieder, die Chaussee herauf kam eine Wolke von Kies und Staub, und über den ganzen Himmel hin rollte die erste Ankündigung des Gewitters. Es war, als ob wir erleben sollten, daß auch *diese* Stille täusche. Überall rollen die Donner Gottes und künden, daß kein ewiger Friede sei.

Einen Augenblick schwankten wir, ob wir von der Poesie des Gegensatzes Nutzen ziehen und die sich öffnenden Schloßräume, die verblaßten Zeichen stillen Familienglücks, bei Gewitterschein in Augenschein nehmen sollten, aber das mahnende Wort: »Das kommt schwer herauf«, gab uns doch zu denken, und nachdem erst einmal gezweifelt und der »angebornen Farbe der Entschließung« die bekannte Gedankenblässe angekränkelt war, gaben wir's auf und nahmen die Einladung an, die uns in die Wohnung des Hofgärtners führte. Es war die höchste Zeit; noch trafen uns die ersten großen Tropfen; kaum unter Dach, und das Schauspiel begann: Regen und Feuer fielen vom Himmel nieder. Als es vorüber war, war es zu spät, den Rückweg anzutreten; die Wege waren grundlos, die tiefen Stellen unter Wasser; wir blieben zu Nacht. Wer eingeregnet und eingewittert, mög es immer so gastlich treffen wie wir im Gärtnerhause zu Paretz.

Ein Morgen kam, wie er nur nach *solchem* Abend kommt. Die Sonne funkelte wie gebadet, und als die Läden des Schlosses sich wieder öffneten, schoß das Licht hinein und lief wie ein Blitz durch alle Räume. Das Dunstige und Trübselige, das sonst in solchen Räumen zu Hause ist, es war wie ausgefegt; Licht macht wohnlich, alles schien bereit; es war, als solle das schöne königliche Paar, das hier vor siebenzig Jahren lebte und lachte, jeden Augenblick wieder seinen Einzug halten.

Und *wenn* es so wäre, sie würden die Stätte ihres Glücks wenig verändert finden. Da sind noch dieselben Tapeten und Wandgemälde, dieselben kissenreichen, mit Zitz überzogenen Sofas und Ottomanen, dieselben gemalten Papageien und Fasanen, dieselben Büsten und Bilder. Bilder wohl 1000 an der Zahl, englische Stiche in Nußbaum- und Ebenholzumrahmung, wie sie jeder von uns aus dem Hause der Großeltern oder aus den Gast- und Logierstuben der Landedelleute kennt. Wie diese Gaststuben gemeinhin neben der Rumpelkammer liegen, so sind sie auch, in allem, was Kunst angeht, die Vorbereitung, die Etappe zu ihr. Ein junges Mädchen, mit Kaninchen spielend, ein junges Mädchen mit einem Taubenkorb, die Grotte der Egeria, die Kaskaden von

Tivoli, so folgen die Blätter aufeinander, abwechselnd in Schwarz- und in Buntfarbendruck und alle einer Lordship oder Royal Highness respectfully devoted.

1000 Blätter, aber keines von Bedeutung, mit Ausnahme eines einzigen, das durch seinen Gegenstand und seine Schicksale ein gewisses Interesse einflößt. Es ist dies »Die Zusammenkunft des preußischen Königspaares und des Kaisers von Rußland in Memel, 1802«. Der Stich nach diesem Bilde ist allgemein bekannt; *hier* befindet sich das Original, eine Arbeit Dählings, in Gouache sauber ausgeführt. Schloß Paretz ist genau der Punkt, wo dieses Bild seine Stelle finden mußte, denn die Personen, die es darstellt, sind recht eigentlich Paretzer Personen, Gestalten, die dem Schloß »Still-im-Land« in der Epoche von 1795 bis 1805 angehörten. Es sind, außer dem Kaiser auf der einen und dem König und der Königin auf der andern Seite, die folgenden: Prinz Wilhelm, Prinz Heinrich, Feldmarschall von Kalckreuth, Hofmarschall von Massow, Gräfin von Voß, General von Köckritz, die Kammerherren von Schilden und von Buch, die Kammerdame von Moltke und der Major von Jagow. Dies Gouachebild Dählings, das auf der Rückseite mit drei verschiedenen Zetteln oder Briefen beklebt ist, denen wir auch diese Notizen entnehmen, war wohl, wenn nicht direkt im Auftrage des Hofes, so doch wenigstens in der Hoffnung angefertigt worden, daß der Hof es erstehen würde; die Katastrophe von Jena fuhr aber dazwischen, und so ging dies Bild, das seinem Gegenstande nach in das Boudoir einer Fürstin oder Oberhofmeisterin gehörte, in kleinbürgerliche Hände über und wechselte mehrfach seine Eigentümer. Bis 1821 besaß es Herr Asner in Berlin, dann kam es nach Schlesien, und der letzte der drei aufgeklebten Briefzettel, womit dann (1850) die Irrfahrten dieses Bildes schließen, lautet wie folgt: »Der gegenwärtige Eigentümer dieses Bildes ist der königliche Kreisgerichtssecretair und Kanzleidirektor Wilhelm Heinrich aus Glatz, zur Zeit in Breslau, bis 17. August in Berlin. Beim Doktor Stoll in der Charité zu erfragen.« Das Weitere ergibt sich leicht. Der Kanzleidirektor, in richtiger Erkenntnis dessen, was er besaß, bot ein Gemälde, das recht eigentlich ein Hohenzollernsches Haus- und Familienbild war, dem König Friedrich Wilhelm IV. zum

Kauf an und hatte richtig gerechnet. Der König gab dem Bilde seinen Platz: Paretz.

Die Räume des Schlosses erlitten geringe Umwandlungen seit 1805; *ein* Zimmer blieb völlig intakt, das Schlafzimmer. Die Himmelbetten stehen noch wie damals; die Tische und Toiletten, das kleine Klavier, das die Königin selbst benutzte, die Kommoden in den Formen des ersten Kaiserreichs – alles behauptet noch die alte Stelle; auch die »Supraporten« blieben, die Genien und Amoretten über der Tür. Noch flattern ihre Bänder, noch streuen sie Rosen, aber die Bänder sind vergilbt, und die Rosen sind verwelkt. Selbst das *Bild* des Glückes konnte die Jugend nicht wahren.

Wir treten zurück in den Park. Alles Leben und Licht. Das Einzelne fällt, das Ganze bleibt.

Die Kirche

Dem Schloß gegenüber, hinter einem uralten Maulbeerbaum halb versteckt, liegt die Kirche, ein weit zurückgehender Bau, dessen Alter bei den vielen Wandlungen, die er durchzumachen hatte, schwer zu bestimmen ist. Dabei stellen wir die letzten Renovierungen, weil diese seinen Stil wenigstens unverändert ließen, nicht einmal mit in Rechnung. Eine letzte gründliche Wandlung erfuhr die Kirche wahrscheinlich verhältnismäßig spät, in Jahren, da der Protestantismus schon die Oberhand im Lande hatte – einige Glasbilder tragen die Zahl 1539. Um ebendiese Zeit, so schließen wir, oder doch nicht viel früher, erfolgte die Gotisierung des Baues, der vorher längst vorhanden und, wie alle die zahlreichen Feldsteinkirchen in der Mark, romanisch war.

Wie jetzt das Kirchlein sich präsentiert, sticht es jedenfalls sehr vorteilhaft von dem gegenübergelegenen Schloßbau ab, mit dem es nur das Alleräußerlichste und Gleichgültigste, die gelbe Tünche, gemein hat. Wieviel Anheimelndes in dieser gotischen Formenfülle, in diesem Reichtum von Details, und wieviel Erkältendes in dieser bloß durchfensterten Fläche, die sich nirgends zu einem Ornament erhebt! Eine indifferente Alltagsschönheit, die den Dünkel hat, keinen Schmuck tragen zu wollen. Erst die Phantasie, die geschichtskundig das Schloß mit Leben und Gestalten füllt, macht es uns lieb und wert, hebt über den ersten Eindruck der Nüchternheit hinweg.

An dem Maulbeerbaum vorbei treten wir jetzt in die Kirche ein. Wir wählen das Westportal. Der Eindruck besonderer Gefälligkeit, den schon das Äußere übt, er wiederholt sich hier; die Restaurierung ist pietätvoll zuwege gegangen. Alles Anmutige und Zierliche, alles, was in Form oder Farbe auch das Laienauge angenehm berühren konnte, man ließ es der Kirche und sorgte nur, wie es sein soll, für Luft und Licht, für Raum und Bequemlichkeit. Die nördliche Hälfte des Querschiffs wurde zum »Königsstuhl«, der Raum hinter dem Altar, also der hohe Chor, zu einer Art Kunstkammer hergerichtet.

Um diese beiden Punkte dreht sich das Interesse der Kirche. Zuerst der *Chor*. Mannigfach sind die Geschenke, womit königliche Munifizenz ihn bedachte. Auf engem Raum drängen sich hier die Bilder, meist Jugendarbeiten des trefflichen Wach: »Johannes der Täufer«, »Christus mit Johannes und Matthäus«, »Christus auf Gethsemane«. Das größte und bedeutendste aber, das sich hier findet, ist eine »Grablegung« von Schumann; die ohnmächtig niedersinkende Maria gilt als vorzugsweise gelungen. – Reich geschmückt, wie dieser Raum hinter dem Altar, ist vor allem auch der Altar selbst; eine schwere, grüne Damastdecke mit eingestickten goldenen Kreuzen deckt den Abendmahlstisch; Kruzifix und Altarleuchter, größer und reicher, als sie sonst in Dorfkirchen heimisch sind, deuten auf den königlichen Geber; zu Füßen des Kruzifixes aber liegt die sogenannte Kurfürstenbibel, mit vielen Stichen und Bildern, prächtig gebunden. Der breite Goldschnitt zeigt oben und unten, wie auch in Front, drei zierliche Aquarellbilder: die Taufe, das Abendmahl, die Himmelfahrt – eine Art der Ornamentierung, der wir hier zum ersten Male begegneten. Es sind Arbeiten (ihrem Kunstwert nach unsern Porzellanmalereien verwandt), wie sie damals in Dresden nach berühmten Poussins und Carraccis gut und mannigfach ausgeführt wurden.

Durch eine Balustrade vom Kirchenschiff getrennt ist der »Königsstuhl«. Er hat die Dimensionen eines kleinen Zimmers; die Herrichtung ist einfach; an der Westwand erhebt sich, in das Mauerwerk eingelassen, eine durch den Stich mannigfach bekannt gewordene Arbeit Schadows: »Die Apotheose der Königin Luise«. Mehr eigentümlich als schön. In ihrer Mischung von christlicher und heidnischer Symbolik ist uns die Arbeit kaum noch verständlich, jedenfalls unserem Sinne nicht mehr adäquat. Sie gehört, ihrer Grundanschauung nach, jener wirren Kunstepoche an, wo der Große Fritz in Gefahr war, unter die Heiligen versetzt zu werden, wo er im Elysium, mit Sternenkranz und Krückstock angetan, die der Zeitlichkeit entrückten preußischen Helden wie zur Parade empfing. Eine Art Sanssouci auch dort oben.

Schadow, sonst von so gutem Geschmack, vergriff sich in diesem Falle, wie uns scheinen will, und die Inschrift eines von einem Engel gehaltenen Schildes gibt Auskunft darüber, *wie* er sich vergriff. Diese Inschrift lautet: »Hohenzieritz, den 19. Juli 1810, vertauschte *sie* die irdische Krone mit der himmlischen, umgeben von Hoffnung, Liebe, Glaube und Treue, und in tiefe Trauer versinken Brennus und Borussia.« Wir haben hier *Kunst*mengerei und *Religions*mengerei, alles beieinander. Die Verdienste der Arbeit sind nichtsdestoweniger bedeutend, aber sie sind mehr technischer Natur und greifen zum Teil auf das Gebiet der Kunstindustrie hinüber.

Die anderweitigen Schätze, die die Paretzer Kirche, weit über diese großen Schildereien hinaus, in ihrer Mitte birgt, sind zwei Erinnerungsstücke, alt und neu, das eine aus der Zeit der kirchlichen, das andere aus der Zeit der politischen Umgestaltung, die dieses Land erfuhr – beinahe dreihundert Jahre liegen dazwischen. Aus dem Jahre 1539, wie die eingebrannte Jahreszahl zeigt, stammt das Bildnis des heiligen Mauritius, das aus dem Spitzbogen des Chorfensters in die Kirche hinein grüßt; zu Füßen des alten Schutzpatrons dieser Lande aber steht ein zierlicher, mit Tapisseriebildern versehener Kasten, in dem ein blauseidenes, silbergesticktes Tuch zusammengefaltet liegt. Es ist das Tuch, das Königin Luise bei ihrem letzten Besuch an dieser Stelle trug. Der König, nach ihrem Tode, breitete es, als das Liebste, was er hatte, über den Altartisch, bis es, halb zerfallend in seinem leichten Gewebe, durch den Damast abgelöst wurde, der, mit goldenen griechischen Kreuzen geschmückt, jetzt dieselbe Stelle ziert.

Aber in dem Kästchen liegen doch, wie verkörpert, die Erinnerungen dieser Stätte.

DER »TEMPEL«

Die Kirche von Paretz ist ein Platz reicher Erinnerungen, aber Paretz hat der Erinnerungsplätze mehr. Speziell der Erinnerung geweiht ist der »Tempel«. Er befindet sich in einer verschwiegenen Ecke des Parks, wo dieser die Havel berührt, und bildet einen Teil des an dieser Stelle künstlich aufgeworfenen Aussichtshügels, der auf seiner Spitze ein japanisches Häuschen, an seiner westlichen Seite eine Rokokogrotte und nach Süden hin ebendiesen »Tempel« trägt.

Dieser Tempel, eine bloße Façade, die auf halbversunkenen dorischen Säulen ruht und zunächst keinem anderen Zwecke gedient haben mochte, als Schutz gegen Regen und Sonne zu gewähren, scheint von Anfang an ein bevorzugter Platz gewesen zu sein, wie es auch in dem laubenreichsten Garten immer noch eine Lieblingslaube gibt, woran sich Leid und Freud des Hauses knüpft: der erste Kuß, die stille Verlobung, Abschied und Wiedersehen.

Zu solchem Platze wuchs der Tempel heran, und der ziemlich nichtssagende Bau, der bei seiner Anlage nichts gewesen war als eine Gärtnerlaune, ein Schnörkelornament, wurde zu einer Familienstätte, zu einem der Erinnerung geweihten Platz.

Dies geschah zuerst im Sommer 1797. Im Winter vorher, am 28. Dezember, war Prinz Ludwig gestorben, der Bruder, zugleich der Schwager Friedrich Wilhelms III., und an der bevorzugten Plauderstelle wurde in den Stein geschrieben: »Er ist nicht mehr.«

Die Jahre gingen; so kam der Juli 1810. In die Parkgruft zu Charlottenburg senkte sich der Sarg der Königin; in die Tempelwand zu Paretz wurde eine graue Marmortafel eingelassen, die nunmehr die Inschrift empfing: »Gedenke der

Abgeschiedenen.« Mehr und mehr erhob sich der Tempel zu einer Stätte des Familienkultus; in seiner Front, an ebender Stelle, wo die heimgegangene Königin so oft geruht hatte, wurde ein Friedensengel mit Kranz und Palmenzweig errichtet; der Tempel von Paretz war zu einem Vereinigungspunkt, fast zu einem Symbol geworden, das jedem Familienmitgliede das Beste bedeutete, was der Mensch hat: Liebe, Treue, Pietät. In diesem Sinne schrieb König Friedrich Wilhelm III. in seinem Testament: »Meine Zeit in Unruhe, meine Hoffnung in Gott … Wenn dieser mein Letzter Wille meinen innigst geliebten Kindern zu Gesicht kommen wird, bin ich nicht mehr unter ihnen und gehöre zu den Abgeschiedenen. Mögen sie dann bei dem Anblick der ihnen wohlbekannten Inschrift: ›Gedenke der Abgeschiedenen!‹ auch meiner liebevoll gedenken.«

Und sie gedenken seiner. Der 7. Juni, der Sterbetag des Königs, ist zu einem Gedächtnistag geworden, und kein Sohn oder Enkel betritt Paretz, ohne an die graue Marmortafel zu treten und freiwillig zu tun, woran ihn die Inschrift mahnt.

Der »tote Kirchhof«

»Gedenke der Abgeschiedenen!« so klingt es überall in Paretz, auch über den Kreis des Schlosses hinaus. Erinnerung und Pietät, die hier ihre Stätte haben, sie haben sie auch in den Herzen der Paretzer; still und unbemerkt üben sie ihren Totendienst: »Gedenke der Abgeschiedenen«, durchklingt es auch sie.

Um die Kirche herum liegt ein Kirchhof, ein sogenannter »toter Kirchhof«; der »lebende«, die Stätte, wo begraben wird, liegt draußen, am Rande des Dorfes.

Die alte Stätte ist nur ein Grasplatz noch, niedergetreten, ohne Kreuz und Stein, aber wer scharf zusieht, der nimmt bald wahr, daß hinter dieser Verwahrlosung noch immer eine Liebe lebt. Hier und dort wächst eine Schwertlilie, ein Hagebuttenstrauch unvermittelt aus dem niedergetretenen Grase auf, und alle diese Stellen kennen die Dörfler wohl, es sind die Gräber ihrer Teuren, die sie verstohlen hegen und pflegen, in heimlicher Liebe. Denn der Kirchhof *soll* tot sein, der offizielle Platz für Blumen und Tränen liegt draußen.

Aber welchem Herzen ließe sich gebieten!

Paretz ist eine Stätte der Erinnerung und Pietät – auch der »tote Kirchhof«.

ETZIN

Es haben alle Stände
So ihren Degen wert?
»Der alte Derfflinger«

Sei brav,
Sei gut,
Hast Schlaf,
Hast *Mut*.

Eine halbe Stunde von Paretz, wie dieses hart an der Havel, liegt Ketzin, schon ein Städtchen; wieder eine halbe Meile weiter, aber nun landeinwärts, Dorf Etzin. Es von Paretz aus zu besuchen verbot sich mir; ich hatte also eine eigne Fahrt, eine kleine Spezialreise dafür anzusetzen. Diese, per Bahn, ging zunächst über Spandau, Segefeld, Nauen, von hier aus zu Fuß aber, an den alten Bredow-Gütern: Markee und Markau vorüber, ins eigentliche Havelland hinein. Der Leser wolle mich freundlich begleiten.

Mit dem Glockenschlage zwölf sind wir auf dem Nauener Bahnhof eingetroffen, und das Straßenpflaster mit gebotener Vorsicht passierend, marschieren wir nach zehn Minuten schon, an Gruppen roter Husaren und gelbklappiger Ulanen vorüber, zum andern Stadtende wieder hinaus. Das weitgespannte Plateau, ein guter Lehmboden, ist flach und hart wie eine Tenne, und wäre nicht ein fichtenbestandener Höhenzug, der wie eine Coulisse sich vor uns aufrichtet, so würden wir beim Heraustreten aus dem Nauener Tore schon die spitzen Türme von Ketzin und Etzin vor uns erblicken. So aber teilt der Höhenzug das Bild in zwei Teile und gönnt uns zunächst nur den Überblick über die nördlich gelegene Hälfte.

Die Mühlen stehen so steif und leblos da, als hätten sie sich nie im Klappertakte gedreht. Sonntags- und Mittagsstille vereinigen sich zu einem Bilde absoluter Ruhe, und wäre nicht der Wind, der, oft umschlagend, bald wie ein

Gefährte plaudernd, neben uns hergeht, bald wie ein junger Bursche uns entgegenspringt, so wäre die Einsamkeit vollkommen. Die Sonne brennt heiß, und nach verhältnismäßig kurzem Marsche schon machen wir halt in einem der vielen Gräben, die sich neben der Straße hinziehen. Wie uns die kurze Rast erquickt! Der Weidenstamm gönnt eine bequeme Rückenlehne, und die herabhängenden Zweige schützen gegen den Anprall der Sonne. Auch für Unterhaltung ist gesorgt; das Stilleben der Natur tut sich auf, die Goldkäfer huschen durch das abgefallene Blattwerk, und die Feldmäuse, vorsichtig und neugierig wie auf der Rekognoszierung, stecken die Köpfchen aus den Löchern hervor, die sich zahllos zu beiden Seiten des Grabens befinden. In dem Sumpfwasser zu unserer Linken beginnen inzwischen die Unken ihre Mittagsmelodien. Wie das ferne Läuten weidender Herden klingt es, und zum erstenmal verstehen wir die Sage von den untergegangenen Städten und Dörfern, deren Glocken um die Mittagsstunde leise nach oben klingen. Wir lauschen auf, aber es bangt uns mehr und mehr vor dem unheimlich einschmeichelnden Getöne, und rasch aufspringend, marschieren wir rüstig weiter in die brennende Mittagsstille hinein, dankbar gegen den jetzt wieder entgegenkommenden Wind, der uns das Gesicht kühlt und die verfolgenden Unkenstimmen mit in unsern Rücken nimmt. So erreichen wir bald den mit Nadel- und Laubholz bestandenen Sandrücken, der, als wir die Nauener Mühlen passierten, wie eine Coulisse vor uns stand, waten geduldig durch den heißen mahlenden Sand des Fahrwegs hindurch und treten endlich aufatmend in die südliche Hälfte des Havellandes ein. Aufatmend – denn kaum die Tannen im Rücken, ist es uns, als wehe uns eine feuchte Kühle an, wie von der Nachbarschaft eines breiten Stroms, und doch ist es noch eine volle Meile bis an die Buchtung der schönen Havel.

Noch eine volle Meile bis an die Havel, aber nur eine halbe Stunde noch bis nach Etzin, dem unsere heutige Wanderung gilt. Seine schindelgedeckte Kirchturmspitze liegt schon wie greifbar vor uns, und dem Ziele unserer Reise uns näher wissend, spannen sich jetzt die Kräfte wie von selber an, Frische kehrt zurück, und noch ehe der Vorrat unsrer

Wanderlieder dreimal durchgesungen, marschieren wir fröhlich und guter Dinge in das alte malerische Dorf hinein.

Alles verrät Wohlhabenheit, aber zugleich jenen bescheidnen Sinn, der sich in Treue und Anhänglichkeit an das Überlieferte äußert. Das Dorf ist noch ein Dorf; nirgends das Bestreben, ins Städtische hineinzuwachsen und aus der schmalen Bank unterm Fenster eine Verande zu machen. Der Hahn auf dem Hofe und die Schwalbe am Dache sind noch die eigentlichen Hausmusikanten, und die Bauerntöchter, die eben ihr Geplauder unterbrechen und mit ruhiger, nirgends von Gefallsucht zeugender Neugier dem Schritt des Fremden folgen, haben noch nichts von jener dünnen Pensionstünche, die so leicht wieder abfällt von der ursprünglichen Stroh- und Lehmwand.

Die Kirche des Dorfs, am entgegengesetzten Ende gelegen, entzieht sich unsrem Auge, seit wir in die Dorfgasse eingetreten, aber die Bilder und Szenen um uns her lassen uns auf Augenblicke vergessen, daß es eben die Etziner Kirche und nichts anderes war, was uns hierher führte. Die Bilder wechseln von Schritt zu Schritt. Hier stellt sich ein alter Fachwerkbau, von einem schmalen Gartenstreifen malerisch eingefaßt, wie ein Familienhaus mitten in die Dorfgasse hinein und teilt den Fahrweg in zwei Hälften, wie eine Insel im Strom; dort an den Zäunen entlang liegt allerhand Bau- und Bretterholz, und die Kinder beim Anschlagspiel lugen mit halbem Kopf über die Stämme hinweg. Die Arbeit ruht, die lichten Kronen der Lindenbäume werfen ihren Nachmittagsschatten voll und breit auf die Dorfgasse, und wir schreiten frisch und aller Müdigkeit bar darüber hin, als lägen Binsenmatten vor uns ausgebreitet. So haben wir das Dorf passiert, und auf leis ansteigendem Hügel erblicken wir endlich die Kirche wieder, in die der eben herzukommende Küster uns nun freundlich und willfährig einführt.

Das Innere der Kirche ist wie das Dorf selbst: schlicht und einfach, wohlhabend, sauber, eine wahre Bauerndorfkirche, aber doch anders, wie sonst solche Kirchen zu sein pflegen. Denn die Gotteshäuser alter Bauerndörfer zeichnen sich im Gegensatz zu den Patronatskirchen gemeinhin durch nichts als durch eine äußerste Kahlheit aus, durch die Abwesenheit alles Malerischen und Historischen; die Generationen kommen und gehen, kein Unterschied zwischen dem Dorf und seinem Felde, ein ewiger Wechsel zwischen Saat und Mahd. Leben, aber keine Geschichte. So sind die Bauerndörfer, und so sind ihre Kirchen. Nicht so Etzin. Hier war zu allen Zeiten ein historischer Sinn lebendig, und so hat hier die Gemeinde Bildnisse derer aufgestellt, die dem Dorfe mit Rat und Tat vorangingen, sein »Wort und Hort« waren – die Bildnisse seiner Geistlichen. Wenn sich solcher Bildnisse nur vier in der Etziner Kirche vorfinden, so liegt es nicht daran, daß die Etziner seit 150 Jahren sich jemals ihrer Pflicht entschlagen und ihre alte Pietät versäumt hätten, sondern einfach daran, daß die Etziner Luft gesund und die Etziner Feldmark fruchtbar ist. Die Etziner Geistlichen bringen es zu hohen Jahren, und wenn wir die Inschriften und Zahlen, die sich auf den betreffenden Bildern und Grabsteinen in und außerhalb der Kirche vorfinden, richtig gelesen haben, so füllen die Namen dreier Prediger den ganzen weiten Raum des vorigen Jahrhunderts aus. Die Bilder dieser drei Geistlichen, von denen übrigens der mittlere, der Held dieser Geschichte, nur ein kurzes Jahrzehnt der Etziner Gemeinde angehörte, hängen, von Bändern und Brautkronen heiter eingefaßt, links vom Altar an einem der breiten Mauerpfeiler, und das helle Sonnenlicht, das durch die geöffneten Kirchenfenster von allen Seiten eindringt, macht es uns leicht, die Namen zu lesen, die mit dünnen weißen Schriftlinien auf schwarze Täfelchen geschrieben sind. Die Namen sind: Andreas Lentz, August Wilhelm Geelhaar und Joachim Friedrich Seegebart. Andreas Lentz, ein würdevoller Kopf, mit dunklem, lang herabhängendem Haar, gehört augenscheinlich der Zeit der ersten beiden Könige, August Wilhelm Geelhaar aber der zweiten Hälfte des vorigen Jahrhunderts an. Er trägt eine hohe Stehkrause, ist blond, rotbäckig, martialisch und blickt aus seinem Rahmen heraus wie die Bischöfe des ersten Mittelalters, die lieber zum Streitkolben wie zum Meßbuch griffen. Sein Blick ist kriegerisch genug, aber die Welt hat nie von seinen Kriegstaten erfahren, und den Ruhm, in den Gang einer Schlacht eingegriffen und die drohende Niederlage in Sieg gewandelt zu haben, muß er seinem Amtsbruder und unmittelbaren Vorgänger an der Etziner Pfarre überlassen, dessen Bildnis jetzt neben ihm am

Wandpfeiler hängt und dessen milde, fast weiche Gesichtszüge auf alles andre eher schließen lassen sollten als auf den »Geist Davids«, der ihn zum Siege fortriß. Und doch war es so. Joachim Friedrich Seegebart ist es, der uns nach Etzin und in diese Kirche geführt hat, Joachim Friedrich Seegebart, der Sieger von Chotusitz. Hören wir, wie es damit zusammenhängt.

Joachim Friedrich Seegebart, geboren den 14. April 1714 im Magdeburgischen, wahrscheinlich zu Wolmirstedt, war Feldprediger beim Prinz Leopoldschen Regiment, das vor Ausbruch des Ersten Schlesischen Krieges, und auch wohl später noch, zu Stendal in Garnison stand. Er war ein Anhänger der Spenerschen Lehre, demütig, voll Liebe, nur streng gegen sich selbst, ein Mann, von dem man sich einer gewissenhaften Wartung seines Amtes, der Festigkeit in Wort und Glauben, aber keiner kriegerischen Tat versehen konnte, er selbst vielleicht am wenigsten.

Die rasche Besitzergreifung Schlesiens war Ausgang 1740 beschlossene Sache. Die Regimenter erhielten Marschorder, und den 8. Dezember brach das Regiment Prinz Leopold von Stendal auf, mit ihm Seegebart. Über diesen Marsch durch die Kurmark und später durch Schlesien besitzen wir interessante Aufzeichnungen von Seegebarts eigener Hand. Am 11. März, nach längerem Aufenthalt in Berlin, betrat das Regiment schlesischen Boden, zeichnete sich bei der Erstürmung von Glogau aus, focht bei Mollwitz und bezog im Oktober das Winterquartier in Böhmen. Hier blieb es in Reserve, während der König in Mähren einrückte. Erst im Frühjahr 1742 vereinigte sich das Regiment wieder mit der aus Mähren zurückgehenden Hauptarmee und war mit unter den Truppen, die am 17. Mai 1742 der österreichischen Armee unter dem Prinzen Karl von Lothringen bei Chotusitz, eine Viertelmeile von Czaslau, gegenüberstanden.

Dieser Tag von Czaslau oder Chotusitz ist der Kriegs- und Ehrentag unsres Seegebart. Gegen acht Uhr morgens begann die Schlacht, die östreichische Infanterie eröffnete den Angriff und warf sich auf den rechten preußischen Flügel, litt aber, durch Kanonen und Kleingewehrfeuer, so stark, daß einzelne Regimenter den Rücken kehrten und, trotzdem sie von ihren eigenen Offizieren in kaum glaubhafter Anzahl niedergestochen wurden, nicht wieder zum Stehen zu bringen waren. Jetzt sollten Kavalleriechargen die Scharte auswetzen. Mit großem Ungestüm schritt man zur Attacke; aber vergeblich. Mal auf Mal wurden die Chargen abgeschlagen und die rückgehenden Regimenter schließlich mit solcher Vehemenz verfolgt, daß die dahinter aufgestellte Infanterie mit in die Flucht verwickelt und zum Teil niedergemacht, zum Teil über das Feld hin zerstreut wurde.

So standen die Dinge am rechten Flügel, zum Teil auch im Zentrum. Alles ließ sich glücklich an und schien einen raschen Sieg zu versprechen; aber völlig entgegengesetzt sah es am linken Flügel aus, wo unser Seegebart auf einer kleinen Fuchsstute im Rücken seines Regimentes hielt. Hier standen sechs Bataillone in Kolonne, und zwar in Front zwei Bataillone Prinz Leopold, dahinter einzelne Bataillone der Regimenter La Motte, Schwerin, von Holstein und Prinz Ferdinand. Das Unglück wollte, daß der Angriff der Östreicher eher erfolgte, als die Aufstellung der Preußen, insonderheit ihrer Kavallerie, beendigt und geordnet war, und so wiederholte sich hier zuungunsten der Preußen das, was sich am entgegengesetzten Flügel zu ihren Gunsten ereignet hatte. Die preußischen Dragoner wurden geworfen, die Infanteriekolonnen, zumal die in Front stehenden Bataillone Prinz Leopold, mit in den Wirrwarr hineingerissen und endlich alles in wildem Durcheinander durch das brennende Dorf Chotusitz hindurchgejagt. Reserven rückten vor und nahmen den Kampf wieder auf, aber im selben Augenblicke stoben, wie durch ein böses Ohngefähr, vom entgegengesetzten Flügel her, die flüchtigen Reitermassen heran, die dort dem Vordringen der Preußen hatten weichen müssen und nun eben rechtzeitig genug erschienen, um dem ohnehin siegreichen Stoß der Ihrigen eine gesteigerte Wucht zu geben. In diesem Augenblick äußerster Gefahr war es, wo der kriegerische Geist in unserem Seegebart plötzlich lebendig wurde und, zunächst den Kampf wiederherstellend, endlich alles zu Heil und Sieg hinausführte. Seegebart selbst hat dies sein Eingreifen in den Gang der Schlacht mit so viel Anschaulichkeit und Bescheidenheit geschildert, daß es wie geboten erscheint, ihn an dieser Stelle mit seinen eigenen Worten einzuführen:

»Als unser Regiment nun retirierte und zum Teil mit feindlicher Kavallerie und Grenadiers vermischt war, jug ich sporenstreichs hin und wider durch dasselbe und redete den Burschen und Offiziers beweglich und notabene recht ernstlich zu, daß sie sich widersetzen und fassen sollten. Einige schrien mich gleich an mit einem lauten: Ja! und waren bereit und willig, wurden aber von der andringenden Macht verhindert, kamen aber doch wieder zu stehen. Als ich dieses tat, flogen mir die Kugeln so dick um den Kopf, als wenn man in einem Schwarm sausender Mücken stehet, doch hat, gottlob, mich keine, auch nicht einmal den Roquelour, verletzt. Ein Bursch hat mein Pferd in diesem Lärm mit dem Bajonette erstechen wollen; aber ein anderer hat es ihm weggeschlagen. Bis hierher hatte ich nur zu den Leuten unsres Regiments gesprochen; ich sammelte jetzt aber einige Eskadrons Kavallerie, die in Confusionen waren, vom linken Flügel, brachte sie in Ordnung, und sie attackierten in meiner Gegenwart die feindliche Kavallerie und repoussierten sie. Ich war so dreist, daß ich mich an General und Obristen machte, sie bei der Hand faßte und im Namen Gottes und des Königs bat, ihre Leute wieder zu sammeln. Wenn dies geschehen, so jug ich hin und wider durch und trieb die Leute wieder dahin, wo sie sich wieder zu setzen anfingen. Ich brauchte allerlei Beredsamkeit, und man folgte mir in allen Dingen. Ich wundere mich, daß die schweren Pferde meinen kleinen Fuchs nicht zertreten haben, aber es schien, als wenn alles vor mir auswiche und mir Platz machte. Ich tat und redete als ein Feldmarschall und bemerkte augenblicklich die Impression von meinem Zureden und Vorstellungen an der Leute Gebärden und Gehorsam. Mein Gemüt war Gott ergeben und in einer guten Fassung, und ich habe in eigener Erfahrung damals gelernet, daß das Christentum resolut und mutig macht auch in den verworrensten Begebenheiten. Auch den Feind zu verfolgen war mir schließlich gestattet. Ich sammelte noch einmal einen großen Haufen fliehender Kavallerie, zum Teil von unsern linken und rechten Flügel, wohl eine Viertelmeile vom champ de bataille, welches mir wohl große Mühe machte, aber doch endlich gelungen, und führte sie zurück bis an den gedachten Champ, wo sie auch sogleich, weil sich die Bataille indes geendet, dem Feinde nachging und ihn verfolgte. Die Kavallerie, so ich gesammelt und die sogleich auf meine Vorstellung wieder zu agieren anfing, ist über zwanzig Eskadrons gewesen. Gott sei mir gelobet, der mir Davids Mut und Sinn gegeben.«

Soweit die Darstellung Seegebarts selbst. Der Vorgang machte Aufsehen bei Freund und Feind und wurde, ausgeschmückt und oft bis zur Unkenntlichkeit entstellt, in Zeitungen und fliegenden Blättern erzählt. Jordan schrieb, schon zehn Tage nach der Schlacht, von Berlin aus an den König: »Hier möchte alle Welt wissen, wer der Unbekannte gewesen sei, der sich mit soviel Bravour an die Spitze einiger Eskadrons setzte und durch rasches Eingreifen zum Siege mitwirkte. Es heißt, Ew. Majestät hätten nach seinem Namen gefragt, der Angeredete habe sich aber geweigert, sein Inkognito aufzugeben.« Der große König, der damals noch mehr jung als groß war und Anstand nehmen mochte, einem einfachen Feldprediger einen wesentlichen Anteil am Siege zuzusprechen, fand es angemessen, in seinem Antwortschreiben die ganze Angelegenheit als eine Fabel zu bezeichnen, und wir würden uns vielleicht in der Lage befinden, den ganzen poetisch und psychologisch interessanten Vorgang in Wirklichkeit als eine Fabel ansehen zu müssen, wenn wir nicht das Seegebartsche Tagebuch und jenen Brief (an Professor Michaelis in Halle) besäßen, aus dem wir schon die obige Schlachtszene zitiert haben. Das Tagebuch weist in seinem Tone und seiner Schreibweise für jeden, der sich auf den Klang von Wahrheit und Unwahrheit versteht, unwiderleglich nach, daß Pastor Seegebart eine ebenso demütige wie hochherzige Natur war, ein Mann, in dessen Herzen keine Lüge bestehen konnte. So glauben wir denn ihm und keinem andern, wenn er am 24. Mai in aller Bescheidenheit, aber auch in nicht mißzuverstehender Klarheit schreibt:

»Die Sache ist beim König, der Generalität, ja der ganzen Armee bekannt geworden, und man redete in den ersten Tagen selten von dem Siege, den uns Gott gegeben, ohne daß man meiner gedacht hätte. Wenn ich ein Narr wäre, so hätte ich die beste Gelegenheit, mich aufzublasen, gehabt. Der König hat mir durch unsern Prinzen (Erbprinz Leopold von Anhalt-Dessau) ein sehr gnädiges Kompliment machen und mich versichern lassen, ›ich sollte die beste Pfarrstelle in allen seinen Landen haben‹, wozu der Prinz hinzusetzt: ›Wenn das nicht geschähe, so wollte er mir die beste in seinem eigenen Fürstentum geben, denn ich hätte in der Bataille nicht nur wie ein Prediger, sondern auch wie ein braver Mann getan.‹«

Prinz Leopold, der gewiß Wort gehalten hätte, wurde nicht beim Wort genommen; Seegebart erhielt eine Pfarre, freilich keine beste, kaum eine gute (die Etziner Pfarrstelle ist jetzt eine sehr gute, war es aber damals nicht), indessen doch immerhin eine Pfarre, und im August 1742, also kaum drei Monate nach der Schlacht, ward er in die Etziner Kirche eingeführt. Mit ungewöhnlicher Tätigkeit – so erzählte mir der achtzigjährige Pastor Duchstein, der, als er sein Etziner Pfarramt zu Anfang dieses Jahrhunderts antrat, noch Leute vorfand, die seinen kriegerischen Amtsvorgänger gekannt hatten – hat dieser hier als Seelsorger und Landwirt gewirkt. An Wochentagen hielt er im Pfarrhause Erbauungsstunden, sowohl für Kinder wie für Erwachsene, und nahm sich überhaupt seiner beiden Gemeinden: Etzin und das nahe gelegene Knoblauch, mit Eifer und Liebe an. Nebenbei aber führte er die weitläuftige Pfarrwirtschaft selbst, verbesserte mancherlei in derselben und nutzte sie durch seine Betriebsamkeit, wie die von ihm geführten Register beweisen, ungemein hoch. Den Pfarrgarten hatte er ganz verwildert übernommen; er pflanzte die besten Obstsorten an und hatte die Freude, schon im zweiten Jahre einige Früchte davon zu ernten. Sooft er ein so günstiges Ergebnis seines Fleißes in seinen noch vorhandenen Rechnungen zu vermerken hatte, versäumte er nicht, in einfachen Worten einen kurzen Dank an Gott auszusprechen. Über seine Kriegs- und Siegestat bei Chotusitz sprach er nur selten und nur gezwungen, teils weil er eine natürliche Scheu hatte, sich vorzudrängen, teils weil er zu der Ansicht gekommen sein mochte, »er habe bei Chotusitz für einen Geistlichen wirklich etwas zuviel getan«. Aber ebendeshalb, weil der Tag von Chotusitz auf der Etziner Pfarre nur so selten genannt werden durfte, ebendeshalb ist auch jener Familientradition, die sich bis in unsere Tage hinein erhalten hat, ein ganz besondrer Wert beizulegen, jener Tradition nämlich, die übrigens auch in Andeutungen des Jordanschen Briefes ihre Bestätigung findet, daß der König seinem Feldprediger in der Tat eine Hauptmannsstelle habe anbieten lassen. Daß dies Anerbieten abgelehnt wurde, versteht sich von selbst. Seegebart wäre nicht er selbst gewesen, wenn er den Roquelour mit dem bunten Rock des Königs vertauscht hätte. Die angestrengte Tätigkeit des Predigens vor zwei Gemeinden scheint seiner wohl an sich nicht sehr festen Gesundheit geschadet und seinen frühzeitigen Tod herbeigeführt zu haben. Auch sein Bild zeigt jene klare, durchsichtige Hautfarbe und jene mild leuchtenden Augen, denen man bei Brustkranken so oft begegnet.

Er hinterließ eine Witwe, Christiane Elisabeth, geborene Sukro, und vier Kinder. Außer seinem Bilde, das ihn unverkennbar als eine poetische, dem Idealen zugewandte Natur darstellt, befindet sich an einer Außenwand der Etziner Kirche noch der Grabstein des früh Geschiedenen, der unter einem wenig geschmackvollen Ornament folgende Inschrift trägt:

»Hier ruhen in Hoffnung die dem Tode getrost anvertrauten Gebeine des weiland hochwürdigen und hochgelehrten Herrn Joachim Friedrich Seegebart. Das Prinz Leopoldsche Regiment und die etzinsche und knoblauchsche Gemeinde rühmen noch seine wahre Gottesfurcht und seltene Redlichkeit. Daher war er freudig vor Gott, liebreich vor Menschen, sorgfältig im Amt, demütig bei seiner Gelehrsamkeit. Von seinem geistigen Amt zeugen viel lebendige Briefe, von seinem Christentum die durch das Leben betätigte Lehre. Er betrat diesen mühseligen Schauplatz 1712, den 14. April. Er bezog die stolzen Wohnungen der Ewigkeit 1752, den 26. Mai. Leser! schaue sein Leben an und denke an seinen Tod. Betrachte seinen Glauben und ahme ihm nach. Sein freudiger Hingang mache dir die Ewigkeit süß.«

FALKENREHDE

Die Sage gebiert und schafft und treibt.
Was will unser Licht? Ein Dunkel bleibt.

Falkenrehde, halben Weges zwischen Potsdam und Nauen, ist eines der reicheren Güter des Havellandes und bildet mit dem nachbarlichen Uetz und Paretz einen Güterkomplex, dessen Erträge in die königliche Schatulle fließen. In früheren Jahrhunderten saßen hier die Bardeleben und Dirickes, später die Gröben, bis es, zur Zeit des Großen Kurfürsten, an den berühmten Artillerieobersten Ernst von Weiler und dessen weibliche Deszendenz überging. Eine der Weilerschen Töchter war an den Minister von Kraut, einen besonderen Günstling Friedrich Wilhelms I., vermählt. Diese Weilersche Zeit war die wichtigste. Sie gab dem Dorfe seine Geschichte, auch wohl die Erscheinung, die es bis diesen Augenblick noch zeigt.

Falkenrehde ist eines jener lachenden Dörfer, deren die Mark, ganz im Gegensatz zu ihrem Ruf, so viele zählt. Prächtige alte Linden ziehen sich zu beiden Seiten der Dorfstraße hin, saubere Häuser, von Kürbis- oder Pfeifenkraut umsponnen, blicken zwischen den Stämmen durch, und in nur kurzen Pausen rollen Postwagen und Omnibusse auf und ab, die den Verkehr zwischen Potsdam und den kleinen, aber wohlhabenden Städten des Havellandes unterhalten. In den dreißiger Jahren war auch vornehmeres Gefährt auf dieser Straße heimisch: königliche Kutschen. Friedrich Wilhelm III. kam an schönen Sommerabenden von dem nahen Paretz herüber, stieg in der Pfarre ab, nahm in einem eigentümlich dekorierten Zimmer, dessen Wände einen deutschen Götterhain und einen freiwilligen Jäger darstellten, den Freyja mit dem Schwert umgürtet, seinen Tee und plauderte mit dem pastor loci, während dessen Söhnlein, ein vierjähriger Blondkopf, mit Säbel und Ulanencasquet auf der Freitreppe Wache stand. In Paretz hatte der König unbedingte Stille; *hier* erquickte ihn jene heitere Geschäftigkeit, jener auf und ab wogende, doch nie zudringliche Verkehr, der wohl zerstreute, aber nicht störte.

Und diese heitere Geschäftigkeit, dieser nie rastende Verkehr, sie sind dem Dorfe geblieben, ja mehr, sie sind gewachsen. Freilich, wer sich ihrer freuen will, darf nicht gerade Novembertage wählen, wie wir es heute tun. Für *unsern* Zweck indes vielleicht die beste Beleuchtung.

Tagüber war Regen. Nun hat sich mit Sonnenuntergang der Himmel geklärt, eine eiskalte Luft geht über die Felder, das Wasser platscht in den breiten Lachen, die wir durchfahren, und die Weidenzweige, an denen noch einzelne Tropfen hängen, schlagen in den Wagen hinein. Selbst das Abendrot, das zwischen geballtem Gewölk steht, hat nichts Heiteres. Fröstelnd fahren wir in die Falkenrehder Dorfstraße ein.

»Es wird heute nichts«, brummte mein Gefährte, ein havelländischer Herr, aus seiner Kapuze heraus. »Um diese Stunde steigt keiner in die Gruft, am wenigsten zu dem Enthaupteten.«

»Wir müssen's versuchen. Tot ist tot, enthauptet oder nicht.« Mit diesen Worten hielten wir vor der Küsterwohnung, schlugen das Wagenleder zurück, so rasch es unsre klammen Finger gestatteten, und sprangen mit Vermeidung des Tritts, dem man es ansah, daß er nur zum »Hängenbleiben« da war, auf den aufgeweichten Boden.

Die warme Stube drinnen tat uns wohl. Wir trugen dem Küster unser Anliegen vor, der, unter Gräbern groß geworden und mit den Toten eingelebt, sofort seine Bereitwilligkeit ausdrückte, dem »Enthaupteten« einen nächtlichen Besuch zu machen. Zu gleicher Zeit erfreute er das Ohr meines Reisegefährten durch die Erklärung: »daß es für *drei* zu eng sei«. Wir nahmen, während Laterne und Kirchenschlüssel herbeigeschafft wurden, einen Augenblick Platz und plauderten, was mir erwünschte Gelegenheit gab, einige Fragen zu stellen.

»Nun sagen Sie, Herr Kantor, wie steht es damit, ist er wirklich enthauptet?«

»Das ist er. Darüber kann kein Zweifel sein. Sie werden es sehen.«

»Wer ist es?«

»Ich weiß es nicht. Ich kann nur sagen, was sich die Leute hier erzählen. Sie sagen, es sei der Oberst von Weiler, der um 1680 Falkenrehde besaß. Sie sagen, daß er Unterschleife machte, daß er heimlich hingerichtet wurde und daß die Frau des Obersten die Leiche freibat, um sie hier beisetzen zu können.«

»Das ist alles?«

»Ja!«

»Glauben Sie es?«

»Ich darf wenigstens nicht sagen: ich glaub es *nicht*. Ein Enthaupteter ist da. Irgend etwas muß passiert sein.«

So weit war unsere Unterhaltung gediehen, als die Frau die brennende Laterne brachte, was man so brennen heißt, vier angeblakte Scheiben mit einem Lichtstumpfe drin. Der Küster nahm den Vortritt, und so schritten wir auf die Straße hinaus, wo inzwischen die Falkenrehder, bis zu dem benachbarten Kirchhofe hin, Spalier gebildet hatten. Das Gerücht von unserm Vorhaben war durchs Dorf gelaufen wie ein Feuer übers Strohdach. Alles sah uns nach, mit einem andächtigen Ernst, als ob wir auszögen, den Lindwurm zu töten.

Alsbald hielten wir vor dem Kirchhofsportal, einem schmiedeeisernen Gittertor, das an höchster Stelle zwei in Erz getriebene Lorbeerzweige und inmitten derselben die vergoldeten Buchstaben E. v. W. (Ernst von Weiler) zeigte. Gerade hinter diesen Buchstaben und ihrer Einfassung stand der Mond. Über die Grabsteine von Pastoren und Amtleuten hinweg schritten wir nunmehr auf die Kirche zu und traten durch eine Seitentür in dieselbe ein.

Sie machte einen spukhaften Eindruck, weil sie überall da, wo das Mondlicht durch die Scheiben fiel, so hell war wie bei Tage. Daneben lagen breite Schattenstreifen. An den Wänden und Pfeilern hingen Totenkränze und Brautkronen mit ihren langen bunten Bändern. Es war, als bewegten sie sich bei unserem Eintreten. Wir schritten nun zunächst auf den Altar zu, wo ich im Halbdunkel ein großes Bild zu bemerken glaubte. Wirklich, es war eine Kreuzigung, alles in Rokokomanier, und die Magdalene mit hohem Toupet und Adlernase sah aus wie die Frau von Pompadour. Ich darf sagen, daß das Unheimliche des Ortes durch diese Anklänge nur noch gesteigert wurde.

Ich hatte, um an dem Bilde herumzuleuchten, die Laterne genommen und fragte jetzt, wo die Gruft sei.

»Da müssen wir wieder zurück.«

Gut. Wir kehrten also um und gingen das Schiff hinunter, bis wir, inmitten der Kirche, vor einer in die Fliesen eingelassenen Bretterlage standen. Es war alles so primitiv wie möglich; keine Falltür, kein eiserner Ring zum Hochheben, nur eben drei eichene Bohlen. Und sie waren nicht leicht zu fassen. Endlich mit Hülfe des schweren Kirchenschlüssels, den wir als Hebel benutzten, lüfteten wir das erste Brett; dann die beiden andern. Die Stiege, die hinabführte, war weniger eine Treppe als eine aus aufrecht stehenden Ziegeln gebaute Leiter; jede Stufe so hoch und so schmal wie möglich. Alles voll Staub und Spinnweb. Ohne Fähr indes kamen wir unten an; nur das Licht in der Laterne begann in bedenklicher Weise zu flackern, erholte sich aber wieder, und die Musterung konnte beginnen. Wir zählten vier Särge, zwei wohlerhalten und mit Metall beschlagen, die beiden anderen schon etwas schadhaft. Einer davon, von rechts her gerechnet der dritte, hatte eine Öffnung am Kopfende: das verschließende Brettchen fehlte. Es sah aus wie die offenstehende Tür eines kleinen Hauses.

»Das ist er«, sagte der Küster.

»Der Enthauptete?«

»Ja.«

Dabei fuhr er mit Totengräbergleichmut in die Öffnung des Sarges hinein, suchte einen Augenblick wie in einem Kasten, in dem man Bescheid weiß, und kam dann mit einem Schädel wieder zum Vorschein. Und nun hielt er ihn mir wie zur Begutachtung hin.

Ich nahm ihn in die Hand und sagte: »Das ist ein Schädel, nicht mehr und nicht weniger. Wo aber steckt der Beweis, daß es der Schädel eines *Enthaupteten* ist?«

Der Küster, statt aller Antwort, wies einfach auf einen fingerbreiten Halslappen hin, der sich unter dem Kiefer hinzog. Dieser aufgetrocknete Streifen war an seinem Rande so scharf, wie wenn man ein hartes Stück Leder mit einem scharfen Messer durchschneidet.

Dies mochte in der Tat als Beweis gelten. Es war ganz unverkennbar eine Schnittfläche. Irgend etwas Scharfes hatte hier Kopf und Rumpf getrennt. »Sie haben recht« – damit schoben wir den Schädel wieder in seine Behausung, kletterten hinauf und deckten die Bohlen darüber.

Unser Rückzug war eiliger als unser Kommen. Mir war, als lache die Frau von Pompadour hinter uns her, und über den Grabstein des alten Amtmann Kriele weg traten wir wieder in die Dorfstraße hinaus.

Alles stand noch in Gruppen. Wir mußten erzählen. Aber es war nur, was jeder wußte.

In der Falkenrehder Gruft ruht ein Enthaupteter. *Das* scheint festzustehen. Aber wer ist dieser Enthauptete? Die Sage, wie schon hervorgehoben, antwortet: Oberst Ernst von Weiler; die Geschichte dagegen *verneint*, was die Sage sagt. Oberst Ernst von Weiler, in seinen letzten Dienstjahren General, ist eine historische Person wie nur irgendwer, und wir können ihn bis an das Ende seines Lebens verfolgen. In hohem Alter und hohem Ansehen ist er gestorben. Wir erzählen, was man von ihm weiß.

Ernst von Weiler, aus einer angesehenen Patrizierfamilie, etwa um 1620 geboren, war der Sohn des kurbrandenburgischen Amtskammerrats und Hofamtmeisters Christian Weiler, Erbherrn auf Vehlefanz und Staffelde. Er trat früh in die Armee, nahm wahrscheinlich noch an den letzten Kämpfen des Dreißigjährigen Krieges teil und focht 1674 (über seine Beteiligung an der Schlacht von Warschau verlautet nichts) am Oberrhein gegen Turenne. Er war damals mutmaßlich Oberstwachtmeister in der Artillerie. Zuerst wird er mit Bestimmtheit 1675 genannt, wo er, in der Schlacht bei Fehrbellin, die »mit doppelter Bespannung versehenen Geschütze« mit großer Auszeichnung zum Siege führte.

Er hatte sich dabei das Zutrauen und Wohlwollen des Kurfürsten in einem besonders hohen Grade zu erringen gewußt, wurde 1677 Oberstlieutenant und Chef der Artillerie und leitete das Jahr darauf (1678) den artilleristischen Teil der Belagerung von Stralsund. »Den 10. Oktober abends«, so heißt es in Paulis »Leben großer Helden«, »machte Ernst

Weiler auf den Ort aus 80 Stücken, meist halben Kartaunen, 22 Mörsern und 50 Haubitzen ein entsetzliches Feuer. Mit anbrechendem Morgen stand die halbe Stadt in Flammen. Den 11. Oktober nach sechs Uhr sah man auf Mauern und Türmen drei weiße Fahnen ausgesteckt. Dies machte, daß Ernst Weiler mit dem groben Geschütz zu spielen aufhörte.«

So Pauli. 1683 wurde Ernst Weiler Oberst. 1689, bei der Belagerung von Bonn, Generalmajor. 1691 erhob ihn Kaiser Leopold in den Adelstand. Wann Falkenrehde in seinen Besitz kam, ist nicht genau festzustellen gewesen, jedenfalls schon vor 1684. In Berlin besaß er das Weilersche Haus, das gegenwärtige Kronprinzliche Palais. Er starb am 28. November 1692. In der Gunst des Großen Kurfürsten und seines Nachfolgers erhielt er sich bis zuletzt. Gleichzeitige Schriftsteller rühmen ihn als einen »Meister in der Geschützkunst«; die Erfindung der glühenden Kugeln aber, die ihm Feuquières zuschreibt, ist viel älter. Frundsberg schon bediente sich derselben.

Dieser Ernst von Weiler kann also der Enthauptete in der Falkenrehder Gruft unmöglich sein, und verbliebe somit nur noch eine vage Möglichkeit, daß sein *Sohn*, der ebenfalls Artillerieoberst war und ebenfalls den Namen Ernst (Ernst Christian) führte, irgendein Vergehen mit gewaltsamem Tode gebüßt habe. Aber auch dieser, wiewohl sein Leben allerhand Unkorrektheiten aufweist, ist natürlichen Todes gestorben. Auch *sein* Leben läßt sich bis zu seiner letzten Stunde verfolgen. Er war unglücklich verheiratet, entfloh mit einer Baronesse Blumenthal, trat in österreichische Dienste, verheiratete sich ein zweites Mal und starb zu Breslau, nachdem er vorher, auf ein salvum conductum gestützt, für kurze Zeit im Brandenburgischen eingetroffen war, um seine Angelegenheiten zu ordnen. Auch *er* also ist es nicht. Alle weiteren von mir angestellten Fragen und Untersuchungen sind erfolglos geblieben. Niemand weiß, wer der Enthauptete in der Falkenrehder Gruft ist. Nur das eine scheint festzustehen: *kein* von Weiler. Die Archive, die Akten des Feldzeugamts geben keine weitere Auskunft. Die Hoffnung ist schwach, dieses Dunkel je gelichtet zu sehen.

Auf der Dorfstraße, unter den vielen Neugierigen, die uns daselbst empfingen, befand sich auch mein Reisegefährte, der, wie jene, nur das Resultat unserer Expedition hatte abwarten wollen. Das lag nun vor, soweit es vorliegen konnte. Er bestieg also seinen Wagen, der uns glücklich bis Falkenrehde gebracht hatte, um seinerseits weiter ins Havelland hinein zu fahren. Ich meinesteils nahm herzlichen Abschied von ihm und meinem Kantor und schritt auf den Krug zu, um daselbst den Nauener Omnibus abzuwarten. In zehn Minuten mußte er dasein.

Die Krugstube war nicht viel größer als die Gruft, aus der wir eben kamen, aber es sah bunter darin aus. In einer Ecke hatte sich ein Kartentisch etabliert; ihm gegenüber saßen zwei alte Frauen, von denen die eine, in allerhand schottisch karierte Lappen gekleidet, an die Norne in Walter Scotts »Piraten« erinnerte. Beide tranken Kaffee und pusteten über die vollen Untertassen hin. Was sonst noch da war, durchschritt den Stubenkäfig, am unruhigsten unter allen ein hübscher, blonder Mann, Mitte dreißig, dessen Gesamthaltung, trotz einer gewissen weltmännischen Tournure, unverkennbar auf ein mühevoll absolviertes Obertertia hindeutete. Er hatte das Bedürfnis zu sprechen.

»Halb neune wird es wohl werden«, hob er an.

»Halb neun! Ich bitte Sie, das wäre ja furchtbar. Fahren Sie auch bis Potsdam?«

»Ja. Ich wohne in Potsdam. Ein teures Pflaster. Aber was will man machen? Die Erziehung, die Schulen … Ich bin Regierungsbeamter. Was nutzen einem 100 Taler mehr in Schlochau oder Deutsch-Krone? Als Familienvater …«

»Haben Sie mehrere Kinder?«

»Drei. Lauter Jungen. Und sehen Sie, das ist es eben. Ein Mädchen kann in Deutsch-Krone besser gedeihen als in Potsdam, aber ein Junge – was ist ein Junge ohne Gymnasium! Ich bin Regierungsbeamter. Ich kann meinen Kindern nichts mitgeben, außer Bildung, aber daran halt ich fest.«

»Wissen Sie, man muß es nicht überschätzen. Der innere Mensch …«

»Freilich, der innere Mensch bleibt immer die Hauptsache. Es muß drinstecken. Aber eine Kinderseele ist eine zarte Pflanze. Vorbild, Beispiel, elterliches Haus …«

In diesem Augenblicke (mir durchaus gelegen) erschien der Kutscher des inzwischen eingetroffenen Omnibus in der Tür, um allen Anwesenden, in einer Sprache, die mehr Vertraulichkeit als Respekt ausdrückte, das Signal zum Aufbruch zu geben. Alles drängte hinaus, und fünf Minuten später saßen wir, eng zusammengerückt und fest wie ein Spiel alter Karten, auf den beiden Längssitzen des Wagens. Die Pferde zogen an, und beinahe gleichzeitig rief eine Stimme aus dem Hintergrunde des Wagens: »Fenster zu, daß es *warm* wird.« Feste Kommandos werden immer befolgt. Eine geschäftige Hand zog sofort an der Lederstrippe, das alte Klapperfenster flog in die Höhe, und dreizehn Personen, drei Zigarren und eine kleine Tranlampe, die zunächst noch ganz keck und lustig brannte, unterzogen sich jetzt der gewünschten Erwärmungsaufgabe.

Als ich mich orientiert hatte, sah ich, daß der Schlachtschrei »Fenster zu« nur von der alten Norne gekommen sein konnte. Sie zog nunmehr eine bunte Kapuze über das graue Haar, packte ein Paar Handschuhe ohne Finger in einen Korb, den sie auf dem Schoße hielt, und sagte dann zu ihrem Nachbar, einem bärtigen, graumelierten, mittelalterlichen Herrn: »Sehen Sie, Herr Inspektor, wir sammeln und verlieren.«

»Jawohl, Mutter Sootzmann«, erwiderte der Angeredete, der die Alte ganz ersichtlich beschwichtigen wollte.

»In Nauen haben wir gesammelt, in Wustermark und Dyrotz haben wir verloren, in Falkenrehde haben wir wieder gesammelt.«

»Jawohl, Mutter Sootzmann«

»Alles im Leben ist Sammeln und Verlieren. Wenn der Mensch in Falkenrehde Kaffee trinkt, hat er gesammelt. Ich *habe* gesammelt, Herr Inspektor …«

»Jawohl, Mutter Sootzmann«, unterbrach dieser jetzt rascher als vorher, weil er irgendeinen unharmonischen Abschluß befürchten mochte.

Immer dichter inzwischen wurde der Dunstkreis. Die Laterne begann zu blaken, was kaum noch als ein Übelstand gelten konnte, und der »Regierungsbeamte«, gebildet bis zuletzt, sprach über Stickstoffoxyd und zu früh zugemachte Ofenklappen, ein Thema, dessen Zeitgemäßheit nicht zu bezweifeln war.

Ich weiß nicht mehr, was ich antwortete oder ob ich überhaupt antwortete. Ein Kopfweh, das schon die Grenzen des tic douloureux streifte, schlug meine Artigkeit in Banden.

Und so fuhren wir nach Potsdam hinein.

Endlich Luft!

Im Freien begann ich, über die *verschiedenen* Arten des Grauens zu reflektieren.

Was war die Falkenrehder Gruft gegen diesen Nauener Omnibus und was der »Enthauptete« gegen Mutter Sootzmann, die Norne!

ZWEI
»HEIMLICH ENTHAUPTETE«

Auch Tröstliches kommt ans Licht der Sonnen.
Romantisch verloren, menschlich gewonnen.

Geschichten von »Enthaupteten«, wie wir sie vorstehend in dem Falkenrehder Kapitel erzählt, am liebsten aber von »*heimlich* Enthaupteten«, haben hierzuland immer eine Rolle gespielt und sich neben den »Weißen Frauen« und »vergifteten Apfelsinen« in unsren Volkssagen erhalten.

Unter diesen »*heimlich* Enthaupteten« stehen, noch über den General von Weiler hinaus, Graf Adam Schwarzenberg (gestorben 1640) und General von Einsiedel (gestorben 1745) obenan.

Erst neuere Forschungen haben festgestellt, daß beide Geschichten, wie die Weilersche, bloße Erfindungen sind und jedes eigentlichen Anhalts entbehren. Verdachtgründe lagen vor, und die Gesamtsituation ließ dergleichen als *möglich* erscheinen.

Dies genügte. Wir beginnen mit dem Graf-Schwarzenberg-Fall und zeigen zuerst, wie das Gerücht entstand, dann, wie es widerlegt wurde.

1. Graf Adam Schwarzenberg

1755 kam Prinz August Wilhelm von Preußen, ältester Bruder Friedrichs des Großen, mit seiner Schwester, der Prinzessin Amalie, nach Spandau. Bei dieser Gelegenheit besahen sich die beiden königlichen Geschwister auch das Innere der Nikolaikirche. Bei der Begräbnistafel des Grafen Schwarzenberg blieb der Prinz erstaunt stehen, indem er zu seiner Umgebung äußerte: »Wie? Ist der Graf nach dem Tode George Wilhelms nicht nach Wien gegangen und dort verstorben? Diese Tafel ist wohl nur zum Schein hier angebracht?« Aller Gegenversicherungen ungeachtet blieb der Prinz auf seiner Meinung bestehen, und um sich vollständig von dem Sachverhalt zu überzeugen, befahl er, das Grab zu öffnen. Nachdem dies geschehen, erhielt der Page von Dequede von dem Prinzen die Weisung, hinabzusteigen und zu sehen, ob sich wirklich ein Leichnam im Gewölbe befinde. Der beherzte Page kam nach einiger Zeit mit dem halb vermoderten Kopfe eines Menschen wieder zum Vorschein. Der Prinz besah den Kopf genau und rief dann unwillig: »Ja, das ist er. Man werfe ihn nur wieder hin!«

Diesem Befehle folgte der Page buchstäblich, und als unmittelbar darauf Kirchendiener und Maurer in die Kirche kamen, um das Grab wieder zu schließen, bemerkten sie, daß *der Kopf auf der Brust des Leichnams lag.* Daraus entstand das Gerücht, daß Graf Schwarzenberg *enthauptet* worden sei. 1777 ließ der Prediger des damals zu Spandau in Garnison liegenden Regiments Prinz Heinrich einen Aufsatz drucken, in dem er die Enthauptung bereits als ausgemachte Tatsache hinstellte. Er beschrieb sogar den Ort in der Spandauer Heide, wo die Hinrichtung stattgehabt hätte, und fügte noch hinzu, daß man »im Jahre 1755 bereits den Körper des Grafen ohne Sarg, nur zwischen einigen Brettern liegend, vorgefunden habe«.

Aber durch ebendiesen Aufsatz wurde auch die Anregung gegeben, näher nachzuforschen und das Gerücht auf seine Grundlosigkeit zurückzuführen.

Oberst von Kalckstein, der damalige Kommandeur des Regiments, wollte Gewißheit haben und ließ am 20. August 1777 abermals das Gewölbe öffnen, wobei, außer dem Herrn Obersten, noch folgende Personen zugegen waren: Regimentschirurgus Laube, der Garnisonprediger, Justizrat Lemcke, Adjutant von Bardeleben, Konrektor Dilschmann, Inspektor Schulz und Dr. Heim (der spätre »alte Heim«, damals, von 1776 bis 1783, Arzt und Physikus in Spandau).

Den Deckel fand man neben dem Sarge sehr zertreten; der Sarg selbst war mit violettfarbenem Sammet ausgeschlagen und mit goldenen Tressen besetzt; der Leichnam ruhte auf Kissen von weißem Taft. Bekleidet war der Graf mit einer langen spanischen Weste von Silberstoff, an der Seite hatte er einen bereits verrosteten, mit goldener Tresse verzierten Degen, seidene, fleischfarbige Strümpfe bedeckten die Beine, und auf den Füßen trug er schwarzlederne Schuhe mit sehr dicken Sohlen. Ein schwarzsamtner, mit einer goldenen Rundschnur besetzter, niedergeschlagener Hut lag auf dem Körper und neben demselben der Kopf.

Dr. Heim nahm den Kopf in die Hand, um ihn genau zu untersuchen; hierbei fand sich, daß derselbe mit Kräutern angefüllt und einbalsamiert war. Die Knochen waren noch nicht vermodert, und *die sieben Halswirbel fanden sich im Sarge sämtlich unverletzt vor.* Heim erklärte: »Der Graf ist *nicht* enthauptet worden, sondern eines natürlichen Todes gestorben.« Auch wurde eine Urkunde darüber ausgestellt, die sich, bis diesen Augenblick, in einem verschlossenen Kasten des Spandauer Kirchenarchivs befindet.

2. General von Einsiedel

Ziemlich um dieselbe Zeit, als in Spandau die Enthauptungssage von Graf Adam Schwarzenberg aufkam, also in den Jahren unmittelbar vor Ausbruch des Siebenjährigen Krieges, hieß es auch in Potsdam, als ob die beiden Nachbarstädte auf diesen Punkt hin eifersüchtig gewesen wären: »General Einsiedel sei heimlich enthauptet worden«. Die Sache machte insofern noch ein gesteigertes Aufsehen, als alles, was den »katholischen Grafen« (Schwarzenberg) anging, um ein Jahrhundert zurücklag, während die *Einsiedel*-Enthauptung eine Art Tagesereignis war. Lange hielt sich der Glaube daran, bis endlich auch *dieser* »heimlich Enthauptete« von den Tafeln der Geschichte gestrichen wurde.

Wir geben, wie in dem Schwarzenberg-Fall, zunächst die Umstände, die die Sage entstehen ließen.

Gottfried Emanuel von Einsiedel wurde 1690, wahrscheinlich im Herzogtum Sachsen-Weißenfels, geboren. Er trat 1707 in die preußische Armee, wurde »seiner ansehnlichen Körperlänge wegen« ein Liebling Friedrich Wilhelms I., trat in das rote Leibbataillon (die spätere Riesengarde) und machte den Feldzug gegen die Schweden mit. Er avancierte, vermählte sich mit Margarete von Rochow aus dem Hause Reckahn und erhielt, neben anderen Donationen, im Jahre 1726 das ehemalige *Wartenbergsche* Haus in Potsdam, nebst angrenzenden Wohngebäuden, zum Geschenk. Auf dieser Stelle errichtete er das *Einsiedelsche* Haus, das noch existiert und als »Hotel Einsiedler« jedem Potsdam-Besucher bekannt geworden ist. Das Allianzwappen der Familien von Einsiedel und von Rochow über der Tür erinnert noch an den Erbauer.*

Die Huld, die von Einsiedel unter Friedrich Wilhelm I. erfahren hatte, verblieb ihm auch unter dessen Nachfolger. Friedrich II. ernannte ihn zum Generalmajor und zum Chef des neu formierten Grenadier-Garde-Bataillons. Mit diesem nahm er an dem Zweiten Schlesischen Kriege teil und erhielt, nach der Einnahme Prags, den Befehl über sämtliche die Garnison dieser Hauptstadt bildende Truppen. Es war ein höchst schwieriges Kommando, die Besatzung zu schwach, um sich auf die Dauer zu halten, dazu völlig unzuverlässig. In der Nacht vor dem Abzuge, der endlich stattfinden mußte, *desertierten 500 Mann von den Wachen,* während die nicht im Dienst befindlichen Mannschaften, der Sicherheit wegen, in ihre Quartiere eingeschlossen wurden. Während des Abzuges selbst steigerte sich das Übel; jede Minute brachte Verluste, die Geschütze blieben in den grundlosen Wegen stecken, ganze Bataillone lösten sich auf.

General von Einsiedel, als er mit den Überresten seines Corps in Schlesien angekommen war, wurde vor ein Kriegsgericht gestellt. Schuldlos, wie er war, konnte seine Freisprechung kaum ausbleiben. Aber die Gnade des Königs war verscherzt. An dem Feldzuge des nächsten Jahres durfte er nicht teilnehmen; er blieb in Potsdam, wo er am 24. Oktober 1745 starb.

Als wenige Monate später die Grenadiere heimkehrten und das Haus ihres Chefs verödet fanden, hieß es alsbald: er sei heimlich enthauptet. Mit allen Details wurd es erzählt. Der Scharfrichter aus Berlin sei mit verbundenen Augen herübergeholt worden; nachts, im Keller seines eigenen Hauses, habe die Hinrichtung stattgefunden; in ebendiesem Keller sei seine Leiche auch verscharrt worden.

Die Zweifel, die laut zu werden versuchten, wurden nieder-

* Ebendies Einsiedelsche Haus hatte, vielleicht aus derselben oder vielleicht auch erst aus späterer Zeit stammend, ein Holzbildwerk an seiner schrägen Eckfront, den Diogenes in der Tonne darstellend. In den dreißiger Jahren dieses Jahrhunderts verschwand es, wurde später unter altem Gerümpel entdeckt, wiederhergestellt und aufs neue an seinem alten Platz befestigt, wo es sich bis diese Stunde befindet.

geschlagen, und man muß einräumen, daß die Sache nicht nur ein verdächtiges Ansehen, sondern auch manches um und an sich hatte, was die Annahme mehr oder weniger direkt zu unterstützen schien. Die Vorgänge in Prag, das Kriegsgericht, die Ungnade des Königs waren Tatsachen; in das Kirchenbuch der Garnisonkirche war sein Tod nicht eingetragen. Was aber schwerer als alles andere ins Gewicht fiel und dem Verdacht, von ganz anderer Seite her, Nahrung zuführte, war der Umstand, daß das Ländchen Bärwalde (damals noch eine preußische Enklave im Kursächsischen) Einsiedelscher Besitz war und bei allen Schwarzsehern und Geheimniskrämern alsbald die Frage anregte: ob nicht, mit Rücksicht auf die Lage dieses Besitzes, ein Einverständnis von Einsiedels mit dem *sächsischen* Hofe angenommen werden müsse. Solche Frage, einmal angeregt, wurde selbstverständlich immer bestimmter mit »Ja« beantwortet, und in Potsdam, wie im Ländchen Bärwalde selbst, herrschte zu Anfang dieses Jahrhunderts nicht der geringste Zweifel mehr. Generallieutenant von Einsiedel war und blieb »heimlich enthauptet«, und die Bärwalder steigerten sich bis zu der grotesken Vorstellung, »daß das Haupt, um die Hinrichtung auch im Tode noch zu kaschieren, auf höchst sinnreiche Weise an dem *steifen Uniformkragen* (den es damals gar nicht gab) befestigt worden sei«. Gegen all diese Annahmen war nichts zu machen. Die heimlich bestrafte Untat hatte ein siegreich romantisches Interesse, während der Gegenbeweis prosaisch und undankbar war.

Und doch kam die Zeit, wo er geführt werden mußte. Friedrich Wilhelm IV., der in der immer wieder angeregten Frage endlich klarsehen wollte, gab dem General Kurd von Schöning Auftrag: »die Sache ins reine zu bringen«. Die Resultate dieser Untersuchung liegen nun vor.

Es sind zunächst zwei Aufzeichnungen, zwei Dokumente, die den Gegenbeweis übernehmen. Das erste derselben ist eine Zessionsurkunde, eine gerichtliche Konvention, worin der Einsiedelschen Familie der Besitz des Ländchens Bärwalde zugesichert wird. In dieser Konvention vom 7. Oktober 1745, die also nur sieben Tage vor dem Hinscheiden des Generals von diesem selber ausgestellt wurde, nennt er sich: Seiner Königlichen Majestät wohlbestallter Generallieutenant,

Oberst über ein Bataillon Grenadiergarde, Erbherr zu Bärwalde etc., woraus ersichtlich, daß die Ungnade des Königs keine besonders strenge und bedrohliche gewesen sein kann. Dieser würde sonst unzweifelhaft, vor Aufbruch und Rückkehr der Truppen, einen andern Chef des Gardebataillons ernannt und den Namen von Einsiedels gestrichen haben.

Das zweite, wichtige Dokument ist das Kirchenbuch zu Meinsdorf, im Ländchen Bärwalde, in dem wir von der Hand des damaligen Pfarrers Presso folgende Aufzeichnungen finden: »... Gedachter Herr Generallieutenant von Einsiedel ist gestorben zu Potsdam den 14. Oktober 1745, früh acht Uhr, im siebenundfünfzigsten Jahre; den 16. ist er im Erbbegräbnis zu Wiepersdorf beigesetzt worden. Den 30. Januar 1746 ist ein feierliches Leichenbegängnis gehalten, der Paradesarg von der Reinsdorfer Grenze eingeholt und die Leichenrede vom Herrn Hofprediger Ösfeld aus Potsdam gehalten worden.«

Für die absolut Ungläubigen reichte freilich auch *dieses* Dokument nicht aus. Dieselben entnahmen aus dieser Pressoschen Kirchenbuchnotiz weiter nichts als die Beisetzung in Wiepersdorf (statt der Verscharrung im Keller), wohingegen der Beweis, daß dieser beigesetzte von Einsiedel *kein* zuvor Enthaupteter gewesen sei, immer noch erübrigte.

Auch diese letzte Burg der Romantik mußte zerstört werden.

Es gab nur einen Weg. Man stieg in die Gruft hinunter, der Sarg wurde geöffnet, in welchem der General von Einsiedel wohlerhalten lag. Eine Art Mumifizierung, wie in so vielen Grüften der Mark, war eingetreten. Der Körper erwies sich völlig unversehrt, derart, daß er sich am *Kopf in die Höhe heben ließ.* Eine Trennung von Haupt und Leib hatte also nicht stattgefunden.

Auch *dieser* »heimlich Enthauptete« der Volkssage war uns also genommen.

WUST

Das Geburtsdorf des Hans Hermann von Katte

Und so schreiten
Die Zeiten
In Kriegestanz
Und Ruhmesglanz,
Bis all ihr Stolz und all ihr Mut
In Demut bei den Toten ruht.

Die märkischen Sagen von »heimlich Enthaupteten«: vom General von Weiler in Falkenrehde, vom Grafen Adam von Schwarzenberg in Spandau, vom General von Einsiedel in Potsdam, sind, wie wir es in den beiden voraufgehenden Kapiteln gezeigt haben, von der Geschichte widerlegt worden. Aber Blut, wie überall, floß auch bei uns. Es wurde von Zeit zu Zeit (und nicht eben allzuselten) auch *wirklich* enthauptet, und das Dorf, dessen Namen dieses Kapitel trägt, erinnert, wie kein anderes, an solche Wirklichkeiten. Wust ist ein alter Sitz der Familie von Katte. Wir führen das Dorf in wechselnden Zeiten und verschiedenen Bildern am Auge unserer Leser vorüber.

Wust 1707

Ein klarer Septembertag. Von Jerichow her, auf breiter Straße, deren junge Ebereschenbäume in roter Pracht stehen, kommen zwei Reiter, beide gut beritten, beide in Küraß und Klapphut, aber doch unverkennbar Herr und Diener. Der Weg führt auf Wust zu, dessen neuaufgesetzter Kirchturm eben sichtbar wird. Tausend Schritt vor dem Dorf hält der rechte Reiter, hebt sich in den Bügeln auf und blickt freudig auf das stille märkische Dorf. Er mag es wohl, er ist hier zu Haus, und da, wo das Doppeldach zwischen den Pappeln sichtbar wird, hat er gespielt. Er ist hier zu Haus; mehr noch, er ist der Herr dieses Dorfes. Seit Knabenjahren war er wenig hier, aber sooft er kam, ging es ihm ans Herz.

Nun gibt er seinem Pferde die Sporen, der Diener folgt, und in starkem Trabe geht es bis auf den Vorplatz, die Rampe hinauf. Sie sind erwartet: ein Hausverwalter, in verschossener Livrée, steht im Portal des Herrenhauses, ein Knecht nimmt das Pferd, und ein alter Hühnerhund mit langem Behang, dessen Braun überall schon ins Grau schimmert, richtet sich auf von der sonnigen Stelle, auf der er lag. Er erkennt seinen alten Spielkameraden und wedelt langsam hin und her. Aber er ist zu alt, um sich noch lebhaft zu freuen. Er reckt sich, schnappt nach einer Fliege und legt sich wieder.

Der Angekommene ist Hans Heinrich von Katte, Kürassieroberst, ein Liebling des Königs. Er kommt aus den Niederlanden, wo er an den Kämpfen gegen den Marschall Villeroi teilgenommen und in der Schlacht bei Ramillies mit seinem Regimente fünfzehn feindliche Geschütze genommen hat. Er hatte seit jenem Tag auch den Neid entwaffnet. Aber dasselbe Jahr, das ihm so viel der Ehren brachte, hatte ihm sein bestes Glück geraubt. Seine Gemahlin, eine geborne von Wartensleben, war ihm in den Krieg gefolgt und in Brüssel gestorben. Von dort aus war sie nach Wust zurückgeführt worden. Ihr Gemahl kam jetzt, um an ihrem Grabe zu beten und das einzige Kind, das sie ihm zurückgelassen, auf seinen Knien zu schaukeln.

»Wo habt Ihr den Junker?«

»Er spielt im Garten; des Pastors Kinder sind mit ihm.«

»Da laßt uns sehen, ob er den Papa wiedererkennt.«

Der Kürassieroberst schritt durch die ganze Reihe der Zimmer hin, bog dann links in den Gartensalon ein und trat ins Freie. Auf einem Rasenplatze spielte ein halbes Dutzend Kinder. In der Mitte war das Gras ausgerodet und aus dem gelben Sande des Untergrundes eine Burg aufgeführt, mit Kastell und Graben. Inmitten all der Herrlichkeit stand ein kleiner stubsnasiger Blondkopf, nicht hübsch, aber mit klugen Augen.

»Hans Hermann, junge, kennst du mich noch?«

Der Junge sah verwundert auf. Endlich schien es in ihm zu dämmern, und er ging ruhig auf den Vater zu.

Dieser hob ihn in die Höh, küßte und streichelte ihn und sagte dann: »Hans Hermann, wir müssen gute Freunde sein, du mußt mir allerhand erzählen. Komm, ich habe dir auch eine Kanone mitgebracht.« Damit gingen sie in die Halle des Hauses zurück, wo der Diener inzwischen ein Kaminfeuer angezündet hatte. Eine Magd trug ein Frühstück auf, während der Vater seinen Blondkopf auf den Knien schaukelte und mit Heiterkeit die Fragen beantwortete, die das Kind unbefangen stellte.

Der Oberst nahm einen Imbiß, ließ den Jungen an dem Sherry nippen, den er in seiner Satteltasche mitgebracht hatte, und sagte dann: »Hans Hermann, nun wollen wir in die Kirche gehen.«

»Ich mag nicht.«

»Wir wollen uns den Stein ansehen, unter dem die liebe Mama schläft.«

»Ich mag nicht.«

Der Papa nahm aber den Jungen bei der Hand, der sich nun willig führen ließ, und so schritten sie auf die Kirche zu, an deren altem Seitenportal der Küster bereits mit seinem Schlüsselbunde stand und wartete. Er war ein Mann von fünfzig.

»Guten Tag, Jerse, wie geht's?«

»Et jeiht jo, gnädige Herr, man en beten *to oll.*«

»Man kann nicht immer jung bleiben. Wenn man nur mit Ehren alt geworden ist. Was machen die Kinder?«

»Et jeiht jo, gnädige Herr, man en beten to *veel.*«

»Ja, Jerse, das ist Eure Schuld.«

Jerse schmunzelte. Der Oberst streichelte dem Jungen das lockige Haar und fuhr dann fort:

»Ich hoffe, daß alles in Ordnung ist. Wann kam der Steinsarg?«

»Gistern wiern't fief Wochen, un de Steinhauer wier glieks mit dabi un hett allens sülvst moakt. Un denn hebben wi de gnäd'ge Fru mitsamst den höltern'n Sarg insett.«

»Das ist recht, Jerse. Und nun schließt auf. Ich will erst sehen, wie es in der Kirche aussieht.«

Sie traten in das Mittelschiff. Nicht weit von der Kanzel war ein Reliefbild in die Wand eingelassen, ein Reiter in der Tracht des Dreißigjährigen Krieges. Der Oberst blieb stehen. Es war das Bildnis seines Vaters. Daneben war ein zweiter Stein, eine seltsame Rokokoarbeit. Minerva, mit drei Marabouts auf dem Haupte, sah einen vierzehnjährigen Knaben auf sich zuschreiten, der ihr, huldigend, einen Apfel überreichte. Alles bunt bemalt. Die bunte Farbe reizte die Neugier des Kindes.

»Was ist das?«

»Das ist eine Göttin. Weißt du, was eine Göttin ist?«

»Nein. Ich will nur wissen, wer der Junge mit dem Apfel ist.«

»Das ist dein Oheim. Er war *sehr* fleißig und ist ganz jung gestorben.«

»Ich will nicht fleißig sein.«

»Nun hört, Jerse, wie der junge aus aller Art ist.«

»Dat wahrd en richt'gen Junker, gnäd'ge Herr. Wat brukt so 'n lütt' Junker veel to liernen! Et givt all so veel davun.«

»Nun, Jerse, wollen wir in die neue Gruft.«

Damit traten alle drei durch die kleine Seitentür wieder auf den Kirchhof hinaus und schritten auf einen Neubau zu, der augenscheinlich erst vor Jahresfrist an die Ostseite der Kirche angebaut worden war, eine sehr einfache Architektur mit zwei Gitterpforten und einer Klapptür in Front. Das Äußere war öde, das Innere noch mehr. In dem frisch geweißten Raume stand ein einziger Steinsarg, ein Marmorsarkophag, kunstvoll und reich gearbeitet, dessen prächtige Schönheit in diesem schmucklosen Raume einen seltsamen Eindruck machte.

Der Oberst nahm seinen Knaben an die Hand und trat an den Sarg heran. Er blickte lange auf denselben. Dann beugte er sich zu dem Kinde nieder und küßte es auf die Stirn.

Das Kind sah sich ängstlich um, drängte sich an den Vater und sagte: »Komm, ich mag hier nicht sein.«

Und nun gingen sie über den Kirchhof wieder auf das Herrenhaus zu. Alles war still, wie ausgestorben. Aber ein *Sonnenschein* lag auf dem Dach, und Küster Jerse, der zurückgeblieben war, läutete Mittag.

Es sollten noch stillere Tage kommen. *Ohne* Sonnenschein und *ohne* Läuten.

Wust 1730

Dreiundzwanzig Jahre waren ins Land gegangen. Vieles hatte sich geändert, und nur Wust und sein Herrenhaus waren unverändert geblieben. Der »Dienst« hielt nach wie vor den Gutsherrn in der Ferne fest, *jetzt* in der Ostprovinz des jungen Landes, in Königsberg, aber der junge Oberst von damals war inzwischen ein alternder Generallieutenant geworden. Und Geschicke bereiteten sich vor, die innerhalb dreier Monate seine Seele völlig beugen und brechen sollten.

Verweilen wir einen Augenblick bei dem Vorspiele zu dieser Tragödie. Am 5. August hatte, unter Mitwissen und Beihilfe verschiedener Personen, darunter der Lieutenant Hans Hermann von Katte, ein Fluchtversuch des Kronprinzen stattgefunden. Die Nachricht davon lief durchs Land. Zwanzig Tage später war sie in Königsberg, und noch am selben Tage schrieb der Generallieutenant an seinen Bruder, den Kammerpräsidenten von Katte in Magdeburg:

»Mein lieber Bruder!

Mit was Betrübnis ich diese Feder ansetze, ist Gott bekannt. Ihr werdet von Eurem Sohn aus dem Reich leider erfahren haben, wie unsere *gottlosen Kinder* sich in das größte Labyrinth gesetzet, und hat Euer Sohn solches dem Major von Rochau geschrieben. Dieser hat mir dessen Brief mit der Ordonnance anhero gesandt, da ich eben anitzo hier in Königsberg sein und bleiben muß. Ich hab es als meine Pflicht erachtet, *meinen Sohn zu abandonnieren*, meinen Eid und meine Schuldigkeit vorzuziehen und Eures Sohnes Schreiben dem Könige mit einer Estafette zu senden. Hat mein Sohn in seinem Dessein nicht reussieret, so wird ihn der König wohl arretieren lassen. Ich kann nichts weiter tun als seufzen, ihn Gott und des Königs *Erbarmung* überlassen. Adieu, mein lieber Bruder. Gott stärke uns in unserem Elend. Ich bin Euer treuer Bruder

H. H. Katt.«

Dieser Brief trägt das Datum: Königsberg, 25. August. Es ist sehr bemerkenswert, daß der Vater Hans Hermanns von Katte in diesem Schreiben sich ganz auf die Seite des Königs stellt. Die Loyalität ging noch über das Vaterherz. Es darf nicht wundernehmen, da aus spätren Briefen hervorgeht, daß dem Generallieutenant *damals* noch der Gedanke fernlag, der König werde aus der Affaire ein Kapitalverbrechen machen. Man kannte das cholerische Temperament Friedrich Wilhelms, seine strengen Ansichten über »Dienst«, nichtsdestoweniger rechnete man auf Gnade. Niemand erwartete ein *Äußerstes*. Aber gerade das Äußerste kam. Das Votum des Kriegsgerichts zu Köpenick hatte auf dauernde Gefängnisstrafe gelautet. Der König, aus souveräner Machtvollkommenheit, stieß das Urteil um und (vielleicht ein *einzig* dastehender Fall in der Geschichte) *schärfte* das Urteil und verwandelte die Kerkerstrafe in Tod, unter Anfügung jener berühmt gewordenen Worte: »es wäre besser, daß Katte stürbe, als daß die Justiz aus der Welt käme«.

Das war am 1. November. Am 2. November kannte Hans Hermann von Katte sein Schicksal, am 3. begann seine Überführung nach Küstrin, am 5. mittags traf er ein, und am 6. früh fiel sein Haupt.

Über all dies hab ich in dem Kapitel *»Die Katte-Tragödie«* Band II, Seite 299 bis 339, ausführlich berichtet.

Die *letzte* Szene der Tragödie, die Beisetzung, führt uns wieder nach Wust.

Ein bleierner Novemberhimmel hing über Dorf und Landschaft, auf Feldern und Wegen standen Wasserlachen, und an den Ebereschenbäumen blinkten einzelne Regentropfen. Es war um die fünfte Stunde, die Sonne, die den ganzen Tag über nicht geschienen hatte, blinzelte im Untergehen über die triste Landschaft hin.

Denselben Ebereschenweg, den damals der Oberst von Katte entlangtrabte, kam jetzt ein schmaler Leiterwagen mit zwei mageren Pferden herauf. Der Kutscher ging nebenher, müd und matt, und tapste durch die Regentümpel, die zu umgehen ihm den Weg verlängert hätte. Der Wagen selbst gab ihm keinen Platz mehr, denn auf dem schmalen Brett stand ein langer Sarg, schwarz gestrichen, schmucklos, ohne Haspen und Beschlag.

Es dunkelte schon, als das Fuhrwerk vor dem Herrenhause hielt. Auf dem Vorplatze standen mehrere Leute aus dem Dorf, in ihrer Mitte der alte Jerse, ein Siebziger jetzt, mit einer Laterne in der Hand. Zwei von den Tagelöhnern nahmen die Pferde vorn am Zügel, und Jerse schritt vorauf. So bogen sie quer über die Straße, nach der gegenübergelegenen Seite des Dorfes ein und fuhren langsam über den holprigen Kirchhof hin, bis sie vor der angebauten Gruft hielten.

Drinnen war alles unverändert geblieben; ein einziger Steinsarkophag in einem weißgetünchten Raume. »Nu droagt em in«, sagte Jerse, und die beiden Männer, die bis dahin die Pferde geführt hatten, suchten jetzt an dem Sarge umher, um einen Handgriff zu finden. Aber nichts der Art war da. So schoben sie denn das Brett, auf dem der Sarg stand, von vorn nach hinten, faßten das Brett oben und unten und trugen es, samt dem Sarge, in den Anbau hinein. Als sie in der Mitte der Gruft standen, fragte der Vorderste: »Wo sall he hen?« Jerse schien unschlüssig und trat an den steinernen Sarkophag: »'t is ehr Söhn. Awer et jeiht nich. Stellt em in de Eck.« Und sie setzten alles nieder, hoben den Sarg einen Augenblick und zogen das Brett fort. Und nun schlossen sich die Torflügel wieder, und über den Kirchhof hin, an den schattenhaft dastehenden Kreuzen vorbei, verschwand das Fuhrwerk im Dunkel. Jerse blieb noch. Er leuchtete außen an der Gruft umher und murmelte, wie greisenhafte Leute tun, Unverständliches vor sich hin, schüttelte dabei den Kopf und tappte zuletzt, wie ein Irrer, zwischen den Gräbern hin in seine Wohnung zurück.

So wurde Hans Hermann von Katte beigesetzt. Ohne Sang und Klang. Seine Familie hatte seinen Leichnam freigebeten, und die Gnade des Königs hatte es gewährt.

Wust 1748

Wieder achtzehn Jahre später. Im Herrenhause zu Wust ist es still geblieben wie vordem, die Zimmer sind leer, und nur die Gruft hat sich gefüllt. Die Mutter Hans Hermanns und er selber sind längst nicht mehr die einzigen Bewohner darin. Die ganze Familie des Feldmarschalls ist in den weißgetünchten Raum eingezogen: er selber, seine zweite Frau, seine zwei Söhne zweiter Ehe. Die Wuster Linie war mit ihnen ausgestorben, und die Linie des anderen Bruders, des Kammerpräsidenten, war jetzt Besitzer von Wust geworden.

Aber auch dieser ältere Bruder hielt sich fern. Es schien, als ob Wust nur noch dazu dienen sollte, Begräbnisplatz der Familie zu sein.

Wust 1775

So blieb es bis zum Tode des Kammerpräsidenten (1760), auch noch einige Jahre drüber hinaus.

In der Mitte der sechziger Jahre aber begann hier ein neues Leben, und abermals zehn Jahre später stand es auf seiner Höhe. Solche Tage hatte Wust nie gesehn. Leid war in Freude verkehrt, und man gedachte nicht mehr des Novembers 1730. Das Füllhorn königlicher Gnade war über alles ausgeschüttet worden, was von Katte hieß, und man freute sich dieser Gnade und ließ die Toten ruhn. Es waren Zeiten, wo sich das Leben ums *Leben* drehte und nicht mehr um den Tod.

Der Besitzer Wusts um diese Zeit war Ludolf August von Katte, der älteste Sohn des Kammerpräsidenten. Der enthauptete Vetter, der in der Gruft stand, machte ihm wenig Sorge. Jenen hatte der Zorn des einen Königs, ihn hatte die Gnade des andern getroffen. Er war ein Glückskind, wie jener ein Kind des Unglücks gewesen war. Nicht nur, daß ihm Wust aus der Hinterlassenschaft des Vaters als Erbe zugefallen, nein, sein Glück zeigte sich ganz besonders auch darin, wie er zu einer Frau kam. Der König, der, vom Momente seiner Thronbesteigung an, sich in Aufmerksamkeiten gegen die Kattes erging, hatte, wie er das liebte (er war ein rechter Partienmacher), unter andern auch eine reiche Erbtochter, und zwar eine Rolas du Rosey, für den *zweiten* Sohn des Kammerpräsidenten ausgesucht. Die Kattes, ihrerseits verwöhnte Leute, wollten sich nicht so ohne weiteres drangeben und deputierten den *ältesten* Bruder, um zu erforschen, »wie es eigentlich stünde«. Denn es war bekannt, daß der König nur *Geld*heiraten stiftete und körperliche Gebrechen nie als ernstliches Hindernis betrachtete. Ludolf August brach also auf. Er fand die Erbtochter derart, daß er, seines eigentlichen Auftrages vergessend, als verlobter Bräutigam nach Wust zurückkehrte. Der getäuschte Bruder fand sich ohne Schwierigkeit in das fait accompli und der König noch viel mehr. Ihm lag nur daran, den Kattes eine Guttat anzutun; welchem Gliede der Familie, war zuletzt gleichgiltig. Die Vermählung erfolgte, und ein reiches, heiteres, glückliches Paar hielt seinen Einzug in Wust.

Was Wust an Trümmern alter Herrlichkeit noch aufweist, stammt aus der Epoche, die nun begann. Aus dem Garten wurd ein großer Park mit künstlichen Teichen; seltene Bäume, aus England über Hamburg bezogen, reihten sich zu Alleen, und zwischen den Stämmen der alten, vorgefundenen Ulmen, die nun zu Laubengängen hergerichtet waren, erhoben sich Statuen, unter Vorantritt von Flora und Pomona. Ein Verkehr begann, für den das Rheinsberger Leben das *Vorbild* und das Leben in Tamsel, in Schwedt, in Friedrichsfelde die Parallelen lieferte: Schäferspiele, Theater im Freien, Grotten und Tempel, Coquetterie und Courmachen, Kunstprätensionen ohne Sinn und Verständnis, wenig Witz und viel Behagen. Eine ganze Seite des Hauses bestand aus Gesellschaftszimmern, an den Wänden hin hingen große Tableaux, und die Tafel, wenn im Gartensaal gedeckt wurde, zeigte fürstliche Pracht. Auf der Tafel selbst aber, als Tafelaufsatz, standen die zwölf Apostel in Silber. Das Silberzeug, das auflag, hatte den Wert eines Rittergutes. Es verlohnte sich schon, diesen Reichtum zu entfalten, denn der Verkehr des Hauses ging über den benachbarten Landesadel hinaus, und prinzliche Kutscher und Vorreiter waren damals eine häufige Erscheinung an dieser Stelle. Die Dame des Hauses war mit der Gemahlin des Prinzen Ferdinand, einer geborenen Prinzessin von Brandenburg-Schwedt, intim befreundet, und man divertierte sich bei diesen Gelegenheiten um so mehr, als es in der Friderizianischen Zeit ein eigentliches Hofleben nicht gab und, bei der Seltenheit großer Couren und dem Fehlen einer allgemeineren Hofgeselligkeit, die *kleinen* Hofhaltungen (an denen dann auch der reichere Landesadel teilnahm) für das aufkommen mußten, woran es im großen und ganzen gebrach.

Das waren heitere, stolze Stunden, aber doch weit über die Mittel der alten märkischen Familien hinausgehend, und so kam es, daß Insolvenzen alsbald an der Tagesordnung waren. Die Elle ward überall länger als der Kram. Auch in Wust. Schon Ende der siebziger Jahre begann der Brunnen ziemlich trocken zu gehn; eine Zeitlang kam wieder Zufluß, aber er entsprach nicht den Ansprüchen, die an ihn gemacht wurden.

So, zwischen Hangen und Bangen, vergingen die Jahre, während das Äußerste mehr und mehr hereinzubrechen drohte. Es blieb freilich aus, aber nur, weil der Tod dazwischentrat. Das Paar, das unter so vielen Ansprüchen in diesen Besitz eingetreten war, starb mutmaßlich zu Anfang oder in der Mitte der neunziger Jahre und hinterließ Wust seinen zwei Söhnen.

Wust 1820

1820 waren auch diese beiden Söhne hinüber. Wunderliche Zeiten hatte Wust derweilen gesehen.

Der älteste der beiden Söhne war auch ein Hermann von Katte. Er hatte von seinen Eltern die Vergnügungssucht, den Hang zur Verschwendung geerbt. Die schon zerrütteten Finanzen wieder in Ordnung zu bringen, dazu war er am wenigsten angetan. Jener Rolas-du-Rosey-Reichtum, der dreißig Jahre lang den Extravaganzen der Eltern widerstanden hatte, *jetzt* brach er zusammen. Dieser Hermann von K. hatte den Beinamen der »Spieler«. In der Umgegend von Wust mied man ihn, und so kam es, daß er Kunstreisen in die großen Städte machte. Solange es sich ermöglichte, trat er standesgemäß auf, ja über Stand und Verhältnisse hinaus. In Leipzig erschien er mit Equipage und vierspännig, und als alles verspielt war, setzte er noch die Equipage auf eine Karte und kam per Fahrpost nach Wust zurück. Die Verpflichtungen häuften sich, und die Schuldhaft wurde gegen ihn ausgesprochen. Tagelang ging die Auktion. Er selber wurde inhaftiert und nach Stettin auf die Festung abgeführt.

Dies war zu Anfang des Jahrhunderts, und Wust ging um diese Zeit an den jüngeren Bruder Ferdinand von Katte über. Ob er die Erbschaft des devastierten Gutes gleich antrat, ist nicht mit Bestimmtheit zu ersehen; erst nach Schluß der Napoleonischen Kriege scheint er auf dem Gute Wohnung genommen zu haben. Er führte den Beinamen der

»Stiefel-Katte«. Völlig geistesgestört, war er nur von einer *einzigen* Leidenschaft beherrscht, und zwar von dem Verlangen, so viele Stiefel wie möglich zu besitzen, große und kleine, alte und neue, für jede neue Situation oder Beschäftigung auch neue Stiefel, Stiefel zum Fahren, zum Gehen, zum Reiten, Jagdstiefel und Tanzstiefel, alle von den verschiedensten Formen und Farben und von jeglicher Art von Leder. An diese Passion setzte er den Rest von Vermögen, den die Verschwendungssucht der Eltern und die Spielsucht des Bruders ihm übriggelassen hatte. Die Stiefelsucht tat das Letzte. Er wurde unter Kuratel gestellt; aber es war zu spät. Die volle Verwüstung der einst so schönen Besitzung hatte bereits Platz gegriffen: die Statuen im Park wurden zerschlagen und bildeten auf Jahrzehnte hin den Steinbruch für alle Fundamentbauten im Dorf, die Akten und Briefschaften, darunter mutmaßlich Dinge von unschätzbarem Wert, wurden zum Heizen und Gänsesengen benutzt, und die kostbaren alten Familienbilder, aus ihren Barockrahmen herausgeschnitten und mit zwei angenähten Hängseln versehen, mußten es sich gefallen lassen, als Maurerschürzen vorgebunden zu werden. So gingen die Dinge, bis zuletzt die Zerstörung aufhörte, nur deshalb, weil von *offen* Daliegendem und jedem Zugänglichen nichts mehr zu zerstören war. Ein Verwalter, dem, bis zur Regelung aller Verhältnisse, die Verwaltung des Gutes übergeben wurde, zog in einen Seitenflügel; das alte Herrenhaus selbst wurde geschlossen. Und dies war ein Glück. Was noch in Boden- und Giebelstuben versteckt, in Ecken und Winkeln vergraben lag, war nunmehr gerettet und konnte in einer andern Zeit, die heraufdämmerte, wieder gefunden und geborgen werden.

Diese Zeit kam mit dem Jahre 1850.

Wust seit 1850

Im Herbst 1850 trat der gegenwärtige Besitzer, ein Katte von der *uckermärkischen* Linie, in das Wuster Erbe ein. Ein besseres Los konnte diesem letzteren nicht fallen. Hier, wo seit ziemlich einem Jahrhundert immer nur Torheit in den verschiedensten Formen tätig gewesen war, erschien plötzlich die Kehrseite davon, und ein Geist gewissenhaftester Ordnung griff Platz. Die Äcker wurden wieder bestellt, und wo so lange bloß »Hof *gehalten* war«, erstand wieder ein Hof, wie er auf einem solchen Besitze sein soll: ein *Wirtschafts*hof. Scheunen, Ställe, Betriebsgebäude wurden aufgeführt, und Wust wurde eine Musterwirtschaft, was es mutmaßlich nie vorher gewesen war.

Aber mehr als das. Nicht bloß über das Gut war eine rettende Hand gekommen, ebenso über den *Erinnerungsschatz*, den das alte Herrenhaus umschloß. Vieles, das meiste war zerstört. Manches aber hatte der Zerstörung getrotzt, und noch anderes, wie bereits hervorgehoben, hatte sich in Ecken und Winkeln der Hand des Vandalismus entzogen. Dies alles wurde jetzt hervorgesucht, gesammelt, geordnet. Frau von Katte, mit sich gleichbleibender Pietät, dazu mit immer wachsender Liebe für die Aufgabe, die sie sich gesetzt, stellte aus Bruchstücken vieles wieder her, und *ihrem* unermüdlichen Eifer verdanken wir das meiste von dem, was wir hier mitteilen konnten.

Ein heller Augusttag führte uns als Gast in das alte, nun wiederhergestellte Herrenhaus. Der große Empfangssaal nahm uns auf, in dem einst (im Oktober 1806, wenn ich nicht irre) Marschall Soult gesessen und dekretiert hatte.

Es ist dies das interessanteste Zimmer des Hauses. Das meiste von seinen alten Erinnerungsstücken findet sich hier zusammen, namentlich von Bildern. Drei derselben stammen aus der historischen Zeit von Wust, also aus der ersten Hälfte des vorigen Jahrhunderts. Es sind der Feldmarschall von K. in Koller und Küraß, seine Gemahlin zweiter Ehe und der Sohn erster Ehe, Hans Hermann. Das Bild des letzteren, der hier etwa vierundzwanzig Jahre alt erscheint, nimmt selbstverständlich das Hauptinteresse in Anspruch. Er trägt die Uniform des Regiments Gensdarmes, dazu das gepuderte Haar rechts und links in drei Locken gelegt. Seine Züge, weder hübsch noch häßlich, verraten Klugheit, Energie und einen gewissen Standesdünkel. Der Kunstwert ist nur ein mittlerer. Auch scheint es durch Übermalung gelitten zu haben. Vergleiche Band II, Seite 331.

Wir musterten diese und andere Bilder. Dann, nach einem Umgange durch das Haus, schritten wir über die Dorfgasse hin, um zunächst der alten Kirche, dann dem Gruftanbau unseren Besuch zu machen. In der Kirche war seit 150 Jahren so ziemlich alles beim alten geblieben, die Grabsteine, die wir eingangs geschildert, standen noch an alter Stelle, und nur einige Deckenmalereien hatten dem Ganzen mehr Farbe, wenn auch freilich nicht mehr Schönheit gegeben.

Wenn nun aber die Kirche wenig verändert war, wie anders war es in der Gruft geworden! Sarg bei Sarg, der Raum gefüllt bis auf den letzten Platz. Dazu ein völliges Dunkel; die weiße Tünche längst einem tiefen Grau gewichen. Wir öffneten beide Torflügel, um etwas Helle zu schaffen, und der eindringende Luftzug setzte die Spinnweben am Portal in Bewegung. Aber dies Licht von außen war zu schwach, es drang nur zwei Schrittbreit in die dunkle Behausung ein, und dahinter blieb alles Nacht.

Ein Kind, das uns begleitet hatte, wurde deshalb mit der Weisung zurückgeschickt, daß ein Diener Licht bringen solle. Mittlerweile setzten wir uns auf das dürre Gras verfallener Gräber und sahen in die Gruft hinein, die, voll geheimnisvollen Zaubers, mit ihrem Pomp und ihrem Grausen vor uns lag.

Machte *dies* schon einen Eindruck auf mich, so verschwand es neben dem Bilde, das die nächsten Minuten brachten.

Ein reichgalonierter Diener kam vom Herrenhause herüber und schritt mit einem doppelarmigen, silbernen Leuchter in der Hand über den Kirchhof hin und auf uns zu. Wir erhoben uns. Der Diener nahm den Vortritt, strich mit einem Phosphorholz an dem rostigen Eisenbeschlag des einen Türflügels entlang, zündete die beiden Wachskerzen an und trat dann dienstmäßig und völlig ruhig zwischen die dicht gestellten Särge. Wir folgten, so gut wir konnten. Als wir die Mitte der Gruft erreicht hatten, hob er den Leuchter höher. Es war ein Bild, das ich mein Lebtag nicht vergessen werde. Die Kerzen warfen helle Streifen durch das Dunkel, und von der Decke herab wehte es in langen, grauen Fahnen. Stein- und Eichensärge ringsum. Inmitten dieser Machtzeugen des Todes aber bewegten wir uns in der ganzen Buntheit modernen

Lebens, die lange blaue Seidenrobe der einen Dame bauschte und knisterte bei jeder Bewegung, und die Tressen und Fangschnüre des Dieners blitzten im Licht.

Wir standen jetzt so, daß wir durch Heben und Senken unserer zwei Kerzen die prächtigsten Sarkophage: den Steinsarg des Feldmarschalls und rechts und links daneben die Särge seiner beiden Gemahlinnen, ohne Mühe sehen und ihre Ausschmückung bewundern konnten. Aber wo stand *Hans Hermann*? Wir taten scheu die Frage, die der Diener seinerseits ohne jegliches Bedenken aufnahm und abermals voranschritt. Wir folgten ihm, nach links hin, bis in die Ecke des Raums. Die Särge standen hier minder dicht. Einer unter ihnen war ein schlichter, langer Holzsarg, dessen Farbe teils abgegriffen, teils abgesprungen war. *Das war er.* Der Diener gab mir den Leuchter, faßte den Deckel und schob ihn beiseite. Noch verbarg sich uns sein Inhalt. In dem äußeren Sarge stand ein zweiter, der *eigentliche*, vielleicht der, in den man ihn zu Küstrin gelegt hatte, eine bloß zugeschrägte Kiste mit einem flachen Deckel. Nun hoben wir auch diesen und blickten auf alles Irdische, was von dem unglücklichen Katte noch übrig ist.

Ein hellblauer Seidenmantel umhüllt den Körper. Da, wo dieser Mantel nach oben hin aufhört, liegt ein Schädel, neben dem Schädel eine blaue, kunstvoll zurechtgemachte, mit Spitzenüberresten geschmückte Schleife, die früher das schöne Haar des Toten zusammenhielt. Noch in den zwanziger Jahren dieses Jahrhunderts war der Schädel wohlerhalten, seitdem aber, weil niemand lebte, der die Gruft und speziell *diesen* Sarg vor Unbill geschützt hätte, trat der Verfall ein, der sich jetzt zeigt. Es erging in Wust den Überresten des jungen Katte genau ebenso, wie es in Gusow den Überresten des alten Derfflinger erging: frivole Neugier, renommistischer Hang und Kuriositätenkrämerei führten zu offenbarer Entweihung.

Über einzelnes wird berichtet Ein junger Ökonom im Dorfe wettete in heiterer Mädchengesellschaft gegen einen Kuß, er wolle den Katteschen Schädel um Mitternacht herbeiholen und wieder an seine Stelle tragen. Er gewann auch die Wette, bestand aber nicht auf Zahlung und erklärte hinterher: *nie* wieder.

Etwa um dieselbe Zeit, oder schon etwas früher, erschien ein Engländer in Wust, ließ sich die Gruft aufschließen und trat an den geöffneten Sarg. Er war offenbar ein Kenner, suchte unter den Halswirbeln umher, fand endlich den, den das Richtschwert durchschnitten hatte, und führte ihn im Triumphe weg. Andere nahmen die Zähne des Enthaupteten als Erinnerungsstücke mit, so daß, als Anfang der fünfziger Jahre das traurige Administrations-Interregnum endlich sein Ende erreichte, der neue Besitzer ein wüstes Durcheinander vorfand. Die Pietät kam zu spät. Was noch geschehen konnte, geschah, ganz besonders auch an *dieser* Stelle. Eine Art Ordnung wurde wieder eingeführt, das eine oder andere gerettet und beispielsweise ein Rest Katteschen Haares in einer Kapsel sorglich verwahrt. Aber die Zerstörung der voraufgegangenen dreißig Jahre konnte nicht wieder ausgeglichen, das, was fort war, nicht wiedergewonnen werden.

Wir schlossen die Sargkiste, traten in das Licht des Tages zurück und schritten auf das Herrenhaus zu. Aber es duldete uns nicht in den geschlossenen Räumen, und der stille Park und seine breiten Rüsteralleen nahmen uns alsbald auf. Da lagen die umgestürzten Statuen, zerbrochen, zerschlagen, halb überwachsen von grünem Gesträuch. Auch hier die Bilder der Vergänglichkeit.

Unser Weg führte uns zuletzt bis an die Grenze des Parks. Eine Birkenbrücke, über einen Graben hinweg, ging ins Freie, breite Wiesen dehnten sich vor uns, jenseit stiegen Kirchentürme auf, und aus der Niederung zog ein Nebel langsam zu uns her.

Es dämmerte.

Und wie Dämmerung kam es über uns selbst, jener traumwache Zustand, dem Leid und Freud, dem Trauerspiel und Posse, dem der enthauptete und der Stiefel-Katte gleichmäßig zu Bild und Erscheinung werden – zu Gliedern in derselben Kette.

DER SCHWIELOW
UND SEINE UMGEBUNGEN

DER SCHWIELOW

Mit der Wasser Steigen steigt auch das
Gefühl ihm seiner Kraft,
Und der Damm, er ist zertrümmert,
und durchbrochen ist die Haft.

»Der Wenersee«

Sieh den Schwan,
Umringt von seiner frohen Brut,
Sich in den roten Widerschein
Des Himmels tauchen! Sieh, er schifft,
Zieht rote Furchen in die Flut
Und spannt des Fittichs Segel auf. (»Irin«)

Ewald von Kleist

Der Schwielow ist eine Havelbucht im großen Stil wie der Tegler See, der Wannsee, der Plauesche See. Allesamt sind es Flußhaffe, denen man zu Ehre oder Unehre den Namen »See« gegeben hat. In etwaige Rangstreitigkeiten treten wir nicht ein; sie mögen unentschieden bleiben wie andere mehr.

Unter allen Havelbuchten, welchen Namen sie immer führen mögen, ist der Schwielow die größte und sehr wahrscheinlich auch die neueste. Vielleicht zählt dies weite Wasserbecken noch keine tausend Jahre, keinenfalls geht es weit in die Vorgeschichte zurück. Mannigfachen Anzeichen nach ging in den ersten Jahrhunderten unserer Zeitrechnung die südliche Ausbuchtung der Havel nur etwa eine Meile über Potsdam hinaus, und ein Erdwall, über dessen Ausdehnung und Beschaffenheit es nutzlos wäre zu konjekturieren, schob sich etwa in Höhe des Dorfes Caputh *trennend* zwischen die höher gelegene Havel im Norden und ein tiefer gelegenes Moorland im Süden. Da, in einer Sturmnacht, stauete ein Südwest die ihm entgegenfließenden Havelwasser bis an die Potsdamer Enge zurück, und plötzlich umschlagend in einen eisigen Nordnordost, stieß er die aufgetürmte Wassermasse mit solcher Gewalt gegen den Erdwall, daß dieser zerbrach und die bis dahin abgedämmten Havelwasser wie aus einem Schleusenwerk sich in das tiefer gelegene Moorbecken ergossen. In jener Nacht wurde der Schwielow geboren.

Im Einklange hiermit ist es, daß die weite Wasserfläche, die jetzt diesen Namen führt, mehr durch ihre Masse als durch ihre Tiefe imponiert: der Schwielow hat ganze Striche, wo man Grund fühlen, noch andere, wo man ihn durchwaten kann. Unter allen unsren Seen kommt er dem Müggelsee am nächsten. An Fläche und Ausdehnung diesem Könige der märkischen Gewässer nah verwandt, weicht er im Charakter doch völlig von ihm ab. Die Müggel ist tief, finster, tückisch – die alten Wendengötter brauen unten in der Tiefe; der Schwielow ist breit, behaglich, sonnig und hat die Gutmütigkeit aller breit angelegten Naturen. Er hält es mit leben und leben lassen; er haßt weder die Menschen noch das Gebild aus Menschenhand; er ist das Kind einer andern Zeit, und der Christengott pochte vielleicht schon an die Tore, als er ins Dasein trat.

Der Schwielow ist gutmütig, so sagten wir; aber wie alle gutmütigen Naturen kann er heftig werden, plötzlich, beinahe unmotiviert, und dann ist er unberechenbar. Eben noch lachend, beginnt ein Kräuseln und Drehen, nun ein Wirbel, ein Aufstäuben, ein Gewölk – es ist, als führe eine Hand aus dem Trichter, und was über ihm ist, muß hinab in die Tiefe. In solchen Augenblicken gibt er der Müggel nichts nach. Es gibt ganze Linien, wo die gescheiterten Schiffe liegen.

Ihn zu befahren in seiner ganzen Breite war seit lange mein Wunsch. Heute bot sich die Gelegenheit. Der Wind war gut, ein regelrechter Südost. An der Fährstelle zu Caputh lag das Boot; grün und weiß die Planken und Ruder; das Segel war noch an den Mast gebunden. Wir stiegen ein zu dritt, mit uns die Söhne des Fährmanns, drei junge Caputher Midshipmen zwischen zehn und vierzehn, die auf dem Schwielow für den vaterländischen Dienst sich vorbereiten, wie einst der Peipus die Hohe Schule war für die werdende russische Flotte. Sie hatten bereits die Ruhe des Seemanns; dazu blaue Mützen mit Goldstreif und den Anker daran. Der Älteste nahm den Platz am Steuer; nun los die Bänder, der Wind fuhr in das flatternde Segel, und wie ein Pfeil glitten wir über die breite Fläche hin. Der Fährmann, eine prächtige Gestalt, stand am Ufer und wünschte gute Fahrt. Wir gaben Antwort mit Hohiho und Mützenschwenken.

Eine Weile ging das Geplauder, aber bald wurden wir still. Wir waren jetzt in der Mitte des Sees, die Sonne stand hinter einem Gewölk, so daß alles Glitzern und Blenden aufhörte, und nach links hin lag jetzt in Meilentiefe der See. Ein Waldkranz, hier und da von einzelnen Pappeln und Ziegelessen überragt, faßte die weiten Ufer ein; vor uns, unter Parkbäumen, Petzow und Baumgartenbrück, nach links hin, an der Südspitze des Sees, das einsame Ferch.

Dieser einsame Punkt war mit unter den Lieblingsplätzen Friedrich Wilhelms IV., der in Sommertagen, wenn er abends zu Schiff in die Havelseen hinausfuhr, gern hier anlegte und seine Teestunde in engstem Kreise verplauderte. Noch zeigt eine umfriedete Stelle den Platz am Abhang, wo er zu sitzen und das schöne Bild zu überblicken liebte.

Jetzt lag die Breite des Sees hinter uns; noch durch einen Schilfgürtel hindurch, und wir glitten das schlammige Ufer hinauf; nur der Stern des Kahns lag noch im Wasser. Hügelan steigend, suchten wir eine schattige Stelle unter dem Dach zweier halb zusammengewachsener Akazienbäume und sahen nun hinaus auf die blanke Fläche, auf das Spiel wechselnder Farben und auf das stille Leben, das darüber hinglitt. Blaue Streifen zogen sich durchs Grau, dann umgekehrt, und quer durch diese Linien, über die das Licht hinglitzerte, kamen und gingen die Schiffe. Die Segel standen blendend weiß in der Sonne.

Stunde und Stimmung waren günstig zum Plaudern. Unser Schwielow-Führer nahm das Wort, und an den Rand des Schattens tretend, der unsern Platz umzirkelte, hob er jetzt geschäftig an: »Dort, wo Sie den grauen Streifen sehen, fast in der Mitte, aber mehr nach Caputh zu, dort liegen die Schiffe, die der Schwielow hinabgerissen; was er hat, das hält er fest; er gibt sie schwer wieder heraus. Und doch *soll* er's, und doch wird er darum angegangen. Die Versicherungsgesellschaften setzen ihm scharf zu und fragen nicht lange, ob er will oder nicht. Es ist noch nicht lange, da haben sie's wieder versucht. In Caputh gibt es immer einen Freudentag; ob's glückt oder nicht, es bringt uns Geld ins Dorf.«

»Wie werden denn diese Hebungsversuche gemacht?«

»Das ist einfach genug. Eines Tages erscheinen zwanzig Mann oder mehr, und mit ihnen kommen zwei große, starke Havelkähne, mit hohen Wänden, zugleich mit allerhand Maschinen und Hebevorrichtungen an Bord. Nun legen sich die beiden Havelkähne zu seiten des untergegangenen Schiffes, von einem Kahn zum andern werden drei starke Bohlenbrücken gelegt und auf diese Brücke drei Drehbassen gestellt. Ein Assekuranz-Taucher, der immer mit zur Stelle ist und zu den Hauptfunktionären zählt, tritt nun seine Niederfahrt an, und unter dem Rumpf des gesunkenen Schiffes hinweg – an den Stellen, die oben den drei Brückenlagen entsprechen – zieht er jetzt drei eiserne Ketten, die nunmehr jede einzelne zusammengeknotet und an dem Kranhaken befestigt werden. Nun beginnen die Drehbassen ihr Werk. Geht alles gut und denkt der Schwielow bei sich: ›nun meinetwegen‹, so bringen sie das Schiff heraus und halten es zwischen den beiden gesunden Kähnen fest, bis die Ladung geborgen ist; ist aber der Schwielow schlechter Laune und weiß er's dahin einzurichten, daß der eine Kran schärfer anzieht als der andere, so ist alles verloren: das Schiff zerbricht, die Ladung geht in die Tiefe, und die Trümmer treiben umher. Wie es mit dem Strandrecht am Schwielow steht, kann ich nicht sagen.«

So ging die Rede. Noch manches Wort fiel, vom Ziegelbetrieb, von Maulbeerbäumen und Seidenzucht, vom Kornhandel nach Sachsen, vom Weinbau, der einst an diesen Hügelhängen blühte, zuletzt von der Jagd und den *Wilderern* am Schwielow hin.

»Sie treiben's arg«, hob unser Erzähler wieder an. »In den kleinen Ortschaften, da, südlich über Ferch hinaus, da sitzen sie; jeder kennt sie, aber keiner kann es beweisen. In Kittel oder Joppe geht es zum Tor hinaus, tausend Schritt weiter hin, unter einem dichten Wacholderbusch, hat er seine Büchse vergraben; nun holt er sie aus Moos und Erde hervor, und – der Wilderer ist fertig. Ja, ihr Herrn Berliner« – und dabei hob er scherzhaft den Finger gegen mich –, »um euren Festbraten säh es schlecht aus, wenn die Wilderer nicht wären und ihren Hals dransetzten. Wenn der Rehrücken erst auf der Tafel steht, schmeckt's keiner mehr, wessen Blei ihn getroffen. Manch einem mundet's auch wohl um so besser, je mehr er weiß, es ist so was wie verbotene Frucht. Aber sie zu *pflücken* ist mühevoll; das muß wahr sein. Der Förster da unten ist ihnen zu hart auf der Spur, der versteht keinen Spaß, ›du oder ich‹; zwei haben's schon bezahlen müssen, und beide Male haben ihn die Gerichte freigesprochen. Es ist ein eigen Ding um Menschenblut. Ich hätt's nicht gern an meinen Händen. Aber am Ende, wenn's hieße: meins oder deins, ich dächt auch lieber: deins.«

Unser Auge hatte sich unwillkürlich nach Ferch hinüber gerichtet; ein Schuß, der in den weiten Waldungen widerhallte, durchzitterte uns leise. Die Sonne neigte sich; in einer Viertelstunde mußte sie unter sein. Wir eilten zu unserm Boot und nahmen, uns rückwärts setzend, unseren Blick gegen Westen, um vom Wasser aus dem Schauspiel folgen zu können.

Noch eh wir die Mitte des Sees erreicht, hing der rote Ball über dem Sparren- und Schattengerüst der Zugbrücke von Baumgartenbrück, während das glühende Spiegelbild der Sonne nur drei Handbreit tiefer stand. Die *eine* Sonne dicht über dem Horizont, die *andere* dicht über dem Wasser, und nur der schwarze Streifen des Brückengebälks zwischen beiden!

Nun unter. Die Nebel fingen an, leise zu brauen. Ein Schleier über Wasser und Wald; Ferch dämmerte immer unbestimmter herauf; nur am Caputher Ufer war es noch hell.

Welch Bild jetzt! Da, wo das »Gemünde«, das tiefgehende eigentliche Fahrwasser, das aus der Havel in den Schwielow führt, sich als ein blauer Streifen markiert, zogen in langen Rudeln die Havelschwäne; zu beiden Seiten des »Gemündes« aber, an den einfassenden seichten Stellen Spalier bildend, blühten in dichten Guirlanden die weißen Teichrosen aus dem Wasser auf. In einiger Entfernung war es nicht zu unterscheiden, wo das Blühen aufhörte und das Ziehen und Schwimmen begann. Und durch all das Weiß hin, das eben jetzt einen leisen Schimmer der scheidenden Abendröte trug, schob sich unser Kahn an die Caputher Fähre heran, und der Fährmann, am Ufer unser harrend, hieß uns willkommen und beglückwünschte uns als »wieder zurück vom *Schwielow*«.

CAPUTH

Wer hat nicht von Caputh (so heißt das Dorf) gehöret,
Das, in verwichner Zeit, die größte Zier besaß,
Als Dorothea sich, die Brandenburg noch ehret,
Das Schloß am Havelstrom zum Witwensitz erlas.

Bellamintes: »Das itzt-blühende Potsdam«

Man hat bei diesem Schiff *das* Schiff sich vorzustellen,
Mit dem Kleopatra, in göttlicher Figur,
So einer Venus glich, auf Cydnus' blauen Wellen
Zu dem Antonius, als ihrem Bacchus, fuhr.

Ebendaselbst

Die Sonne war eine halbe Stunde unter, als wir wieder diesseit des Schwielow standen; es war keine Zeit mehr für Caputh; die schmale Mondessichel reichte nicht aus – die Stunde war verpaßt. So sahen wir uns denn vor die Alternative gestellt, ob wir, mit der Chance, den letzten Zug zu versäumen, unseren Rückweg antreten oder, coûte que coûte, in Caputh übernachten wollten. Ich tat die entsprechende Frage, meine Bedenken hinsichtlich des Nachtlagers nicht verschweigend.

Unser Führer (der Leser wird sich freundlichst seiner entsinnen) sah mich leise vorwurfsvoll an und erwiderte dann ruhig: »Sie kennen Boßdorf nicht.«

»Nein.«

»Nun, es ist Liebhaberei, daß er hier festsitzt. Er hat das beste Bier und die besten Betten. Von allem andern rede ich gar nicht. Boßdorf ist ein Name in diesen Gegenden.«

»Gut denn. Also Boßdorf!«

Diese Unterredung war zwischen Fährstelle und Dorf geführt worden; als wir eben schlüssig geworden, hielten wir vor dem Gegenstand unseres Gesprächs. Er reichte vielleicht nicht voll an die Höhe heran, die ihm der Lokalpatriotismus unseres Freundes anzuweisen trachtete, aber er hatte doch, wie ich auf der Stelle wahrnehmen konnte, die unerläßlichste aller Wirtseigenschaften: er war freundlich. Sein Bier und seine Rede lullten mich ein, und ich schlief bis an den hellen Tag. Nur einmal wacht ich auf; ich glaubte in einem Trichter zu liegen (was auch zutraf) und hatte geträumt, der Schwielow habe mich in seine Tiefe gezogen.

Unter einem Lindenbaum in Front des Hauses wurde der Kaffee genommen; die Spatzen musizierten über mir; endlich, als sie ihren Mann durchschaut, hüpften sie vom Gezweige nieder auf den Tisch und nahmen, nach dem Maße meiner Guttat, an meinem Frühstück teil. Ich konnt es ohne Opfer tun; es waren Semmeln in großem Format. Jenseit des Staketenzaunes ging das Leben des Dorfes stillgeschäftig seinen Gang: junges Volk, die Sense auf der Schulter, eilte zur Mahd hinaus; Kinder mit Erdbeeren kamen aus dem Walde; Schiffersleute, in weiten Teerjacken, schritten auf den See zu. Ein anmutiges Bild. Ich verstand jetzt Boßdorf vollkommen und warum er hier festsitzt.

Ein Wagen fuhr vor, ein vollgestopfter Kremser. Vormittagsgäste; unverkennbar eine animierte Gesellschaft. Ältliche Herren, junge Damen; aber nicht *zu* jung.

Boßdorf sprang an den Wagen. Als er wieder an mir vorbei wollte, suchte ich ihn zu fassen und fragte leise: »Potsdamer?« Er aber – mit einer Handbewegung, in der sich eine Welt widerstreitender Empfindungen: Diensteifer und Geschmeicheltsein, Verlegenheit und ironische Schelmerei, aussprach – antwortete im Vorüberfliegen: *»Berliner.«*

Berliner. Es gereichte meiner Menschenkenntnis wenig zur Ehre, diese Tatsache auch nur einen Augenblick verkannt zu haben. Es war Vollblut. Dabei unverkennbar auf einer sogenannten *»ernsten* Partie« begriffen.

Dieser Ausdruck mag einzelne meiner Leser überraschen; aber es hat seine Richtigkeit damit. Es gibt zwei Arten von Landpartien. Da sind zunächst die *heiteren.* Sie sind weithin kenntlich durch ihren starken Prozentsatz an Kindern; nie weniger als die Hälfte. In dem Moment der Landung, wo immer es sei, scheint die Welt aus lauter weißgekleideten kleinen Mädchen mit rosa Schleifen zu bestehen. Die Väter bestellen den Kaffee; das Auge der Mütter gleitet befriedigt über die glücklichen Gänseblümchen hin, von denen immer drei auf den Namen Anna und sechs auf den Namen Martha hören. Nun geht es in die Wiese, den Wald. Die Parole ist ausgegeben: Erdbeeren suchen. Alles ist Friede; die ganze Welt ein Idyll. Aber schon beginnen die dunklen Wetter zu brauen. Mit dem Eintritt in den Wald sind die weißen Kleider ihrem Verhängnis verfallen. Martha I. ist an einem Wacholderstrauch hängengeblieben, Martha II. hat sich in die Blaubeeren gesetzt – wie Schneehühner gingen sie hinein, wie Perlhühner kommen sie wieder heraus. Der Sturm bricht los. Wer je Berliner Mütter in solchen Augenblicken gesehen, wird die kriegerische Haltung der gesamten Nation begreiflich finden. Die Väter suchen zu intervenieren. Unglückliche! Jetzt ergießt sich der Strom in sein natürliches Bett.

Und doch sind dies die *heitren* Landpartien, denen wir die ernsten entgegenstellen. An diesen letzteren nehmen Kinder nie teil. Es gibt auch *rote* Schleifen, aber das Rosa ist Ponceau geworden. Man spricht in Pikanterien, in einer Art Geheimsprache, für die nur der Kreis der Eingeweihten den Schlüssel hat. Bowle und Jeu lösen sich untereinander ab; unglaubliche Toaste werden ausgebracht, und längst begrabene Gottheiten steigen triumphierend wieder auf. Sonderbar. Auf den heitren Landpartien wird immer geweint, auf den ernsten Landpartien wird immer nur gelacht.

Vor mir, am Staket, hielt eine *ernste* Landpartie. Zwei Herren, Fünfziger, mit großen melierten Backenbärten, Lebemänner aus der Schicht der allerneusten Torf- und Ziegelaristokratie, sprangen mit berechneter Leichtfüßigkeit vom Wagen und gaben dadurch Gelegenheit, das im Wagen verbliebene Residuum der Gesellschaft besser überfliegen zu können. Das meiste war Staffage, bloße Najaden und Tritonen, die als Beiwerk, auch wohl als Folie notwendig dasein müssen, wenn Venus aus den Wellen steigt. Wem die Rolle der letztern oblag, darüber konnte kein Zweifel sein. Sie war dreißig, überthronte das Ganze, trug das Haar kurz geschnitten à la Rosa Bonheur und hielt eine große italienische Laute auf ihren Knien. Übrigens war sie wirklich hübsch; alles im Brunhilden-Stil; dieselbe weiße Hand, die jetzt auf der Laute ruhte, hätte auch jeden beliebigen Stein fünfzig Ellen weit geschleudert.

In diesem Moment, ehe ich noch den Kremser völlig durchmustert hatte, erschien Boßdorf mit einem großen Tablett. Es war ein Morgenimbiß, der für den Rest des Tages einige Perspektiven eröffnete: vier Kulmbacher, vier Werdersche, mehrere Cognacs und eine Pyramide von Butterbroten. Alle Macht ist ein Magnet – Boßdorf präsentierte der Lautenschlägerin *zuerst*. Diese, ohne weiteres, machte eine halbe Schwenkung, glitt, nicht ohne einen Anflug von Entsagung, über die kleinen Gläser hin, nahm eine Kulmbacher, prüfte das Verhältnis von Schaum und Saft und trank aus. Ohne abzusetzen. Als ihr Boßdorf die Butterbrotseite des Tabletts zudrehte, nickte sie abwehrend.

In kürzester Frist war übrigens das Tablett leer, nicht alle waren wählerisch; die Entrepreneurs eilten zu ihren Plätzen, die Pferde zogen an. Ein Lindenzweig streifte noch huldigend die Stirn der Primadonna; im nächsten Augenblicke verschwand der Kremser in einer Querstraße des Dorfes. Ich horchte ihnen nach. Es war mir, als trüge der Wind herüber: »Im Wald, im schönen, grünen Wald«, und dazwischen verlorene Lautenklänge.

Ich war nun wieder allein und wollte bereits – was immer einen äußersten Grad von Verlegenheit ausdrückt – zu den »Territorien der Mark Brandenburg«, einer Art märkischem Baedeker, meine Zuflucht nehmen, als das Erscheinen unseres freundlichen Führers vom Tage vorher meiner Verlegenheit ein Ende machte und mich aus der toten Aufzeichnung in das frisch pulsierende Leben stellte. Wir schlenderten am See hin, das Dorf entlang, an Schloß und Park vorbei; es war eine anmutige Vormittagsstunde, anregend, lebendig, lehrreich.

Caputh ist eines der größten Dörfer der Mark, eines der längsten gewiß; es mißt wohl eine halbe Meile. Daß es wendisch war, besagt sein Name. Was dieser bedeutet, darüber existieren zu viele Hypothesen, als daß die eine oder andere viel für sich haben könnte. So zweifelhaft indes die Bedeutung seines Namens, so unzweifelhaft war in alten Zeiten die Armut seiner Bewohner. Caputh besaß keinen Acker, und die große Wasserfläche, Havel samt Schwielow, die ihm vor der Tür lag, wurde von den Potsdamer Kiezfischern, deren alte Gerechtsame sich über die ganze Mittelhavel bis Brandenburg hin erstreckten, eifersüchtig gehütet und ausgenutzt.

So stand es schlimm um die Caputher; Ackerbau und Fischerei waren ihnen gleichmäßig verschlossen. Aber die Not macht erfinderisch, und so wußten sich denn schließlich auch die Bewohner dieses schmalen Uferstreifens zu helfen. Ein doppeltes Auskunftsmittel wurde gefunden; Mann und Frau teilten sich, um von zwei Seiten her anfassen zu können. Die Männer wurden *Schiffer*, die Frauen verlegten sich auf *Gartenbau*.

Die Nachbarschaft Potsdams, vor allem das rapide Wachstum Berlins waren dieser Umwandlung, die aus dem Caputher Tagelöhner einen Schiffer oder Schiffsbauer machte, günstig, riefen sie vielleicht hervor. Überall an Havel und Schwielow hin entstanden Ziegeleien, und die Millionen Steine, die jahraus, jahrein am Ufer dieser Seen und Buchten gebrannt wurden, erforderten alsbald Hunderte von Kähnen, um sie auf den Berliner Markt zu schaffen. Dazu boten die Caputher die Hand. Es entstand eine völlige Kahnflotte, und mehr als sechzig Schiffe, alle auf den Werften des Dorfes gebaut, befahren in diesem Augenblicke den Schwielow, die Havel, die Spree. Das gewöhnliche Ziel, wie schon angedeutet, ist die Hauptstadt. Aber ein Bruchteil geht auch havelabwärts in die Elbe und unterhält einen Verkehr mit Hamburg.

Caputh – das Chicago des Schwielow-Sees – ist aber nicht bloß die große Handelsempore dieser Gegenden, nicht bloß End- und Ausgangspunkt der zauche-havelländischen Ziegeldistrikte, nein, es ist auch *Stations*punkt, an dem der ganze Havelverkehr *vorüber* muß. Der Umweg durch den Schwielow ist unvermeidlich; es gibt vorläufig nur diese *eine* fahrbare Straße. Eine Abkürzung des Weges durch einen Nordkanal ist geplant, aber noch nicht ausgeführt. So wird denn das aus eigenen Mitteln eine Kahnflotte hinaussendende Caputh, das, wenn es sein *müßte*, sich selbst genügen würde, zugleich zu einem allgemeinen See- und Handelsplatz, zu einem Hafen für die Schiffe anderer Gegenden, und die Flottillen von Rathenow, Plaue, Brandenburg, wenn eine Havarie sie trifft oder ein Orkan im Anzuge ist, laufen hier an und werfen Anker. Am lebendigsten aber ist es auf der Caputher Reede, wenn irgendein großer Festtag einfällt und alte gute Sitte die Weiterfahrt verbietet. Das ist zumal um

Pfingsten. Dann drängt alles hier zusammen; zu beiden Seiten des »Gemündes« liegen 100 Schiffe oder mehr, die Wimpel flattern, und hoch oben vom Mast, ein entzückender Anblick, grüßen hundert Maienbüsche weit in die Ferne.

Das ist die große Seite des Caputher Lebens; daneben gibt es eine kleine. Die Männer haben den Seefahrerleichtsinn; das in Monaten Erworbene geht in Stunden wieder hin, und den Frauen fällt nun die Aufgabe zu, durch Bienenfleiß und Verdienst im *kleinen* die Rechnung wieder ins gleiche zu bringen.

Wie wir schon sagten, es sind Gärtnerinnen; die Pflege, die der Boden findet, ist die sorglichste, und einzelne Kulturen werden hier mit einer solchen Meisterschaft getrieben, daß die »Caputhschen« imstande sind, ihren Nachbarn, den »Werderschen«, Konkurrenz zu machen. Unter diesen Kulturen steht die Erdbeerzucht obenan. Auch ihr kommt die Nähe der beiden Hauptstädte zustatten, und es gibt kleine Leute hier, mit einem halben Morgen Gartenland, die in drei bis vier Wochen 120 Taler für Ananaserdbeeren einnehmen. Dennoch bleiben es kleine Leute, und man kann auch in Caputh wieder die Wahrnehmung machen, daß die feineren Kulturen es nicht zwingen und daß fünfzig Morgen Weizacker nach wie vor das Einfachste und das Beste bleiben. –

Unter Gesprächen, deren Inhalt ich in vorstehendem zusammenzufassen gesucht habe, hatten wir das Dorf nach Norden hin passiert und hielten jetzt an einer Havelstelle, von wo aus wir über einen parkartigen, grüngemusterten Garten hinweg auf das Herrenhaus sehen konnten, einen Hochparterrebau, mit Souterrain und zweiarmiger Freitreppe.

Dies Herrenhaus führt den Namen »Schloß«, und trotz bescheidener Dimensionen immer noch mit einem gewissen Recht, wenigstens seiner inneren Einrichtung nach. Man geht in der Mark etwas verschwenderisch mit diesem Namen um und hilft sich nötigenfalls (wie beispielsweise in Tegel) durch das Diminutivum: Schlößchen.

Schloß Caputh war in alten Zeiten Rochowisch. Im Dreißigjährigen Kriege zerfiel es oder wurde zerstört, und erst von 1662 an erstand hier ein neues Leben. In diesem Jahre ging Caputh, Dorf wie Schloß, in den Besitz des Großen

Kurfürsten über und verblieb, ein kurzes *Vorspiel* abgerechnet, auf das wir des weiteren zurückkommen (wir meinen die Zeit de Chiezes), 150 Jahre lang bei der Krone. Eine lange Zeit. Aber die Zeit seines *Glanzes* war um so kürzer und ging wenig über ein Menschenalter hinaus. Mit dieser Glanzepoche, unter Weglassung alles dessen, was vorausging und was folgte, werden wir uns in nachstehendem zu beschäftigen haben. Auch diese vorübergehende Glanzesära gliedert sich in verschiedene Zeitabschnitte, und zwar in die Zeit des Generals de Chieze, bis 1671, die Zeit der Kurfürstin Dorothea, bis 1689, und die Zeit Sophie Charlottens und König Friedrichs I., bis 1713.

General de Chieze, von 1662 bis 1671

Der Große Kurfürst, nachdem er 1662 Schloß und Gut Caputh erstanden, entäußerte sich, wie in der Kürze bereits angedeutet, desselben wieder und schenkte es »mit allen Weinbergen, Schäfereien und Karpfenteichen« seinem Kammerjunker und Generalquartiermeister de la Chieze. Philipp de la Chieze, dessen Familie aus Piemont stammte, war 1660 aus schwedischem in brandenburgischen Dienst getreten. Er war Oberingenieur, ein bedeutender Baumeister und hatte für den Großen Kurfürsten eine ähnliche Bedeutung, wie sie Rochus von Lynar, hundert Jahre früher, für Joachim II. gehabt hatte. Er beherrschte den Schönbau wie den Festungsbau, führte das Hauptgebäude des Potsdamer Stadtschlosses auf, leitete den Berliner Schloßbau, beteiligte sich an der Ausführung des Friedrich-Wilhelms-Kanals, besserte und erweiterte die Festungen des Landes.

Dies war der Mann, dem die Gnade des Kurfürsten das nur in leisen Zügen noch an alte Kulturtage erinnernde Caputh übergab. Er konnte es in keine besseren Hände geben. Das in Trümmern liegende Schloß – mutmaßlich ein spätgotischer Bau – wurde in modernem Stile wieder aufgeführt und dem ganzen Gebäude im wesentlichen das Gepräge gegeben, das es noch aufweist. Namentlich der »große Saal« erhielt bereits seine gegenwärtige Gestalt, wie wir aus einer alten Notiz ersehen, in der es heißt: »Im Obergeschoß

(Hochparterre) befand sich zu seiten des Flurs ein großer Saal durchs ganze Schloß hin, mit zwei Fenstern nach Süden und zweien nach Norden.« – Der Kurfürst war hier oft zu Besuch, namentlich wenn ihn die Jagden nach dem Kunersdorfer Forste führten. Auch den jungen Prinzen wurde zuweilen gestattet, der Einladung des alten de Chieze zu folgen und einen halben Tag, frei von der strengen Aufsicht ihres Hofmeisters, in Caputh herumzuschwärmen. Die Parkanlagen waren damals noch unbedeutend, der Garten nur mit Obstbäumen besetzt.

Kurfürstin Dorothea, von 1671 bis 1689

Der alte de la Chieze starb 1671 oder 1673; Caputh fiel an den Kurfürsten zurück, und er verschrieb es nunmehr seiner Gemahlin Dorothea, die es – insonderheit nach dem Tode ihres Gemahls (1688) – zu ihrem bevorzugten Wohnsitz machte.

Das Schloß, um seinem neuen Zwecke zu dienen, mußte eine erhebliche Umgestaltung erfahren. Was für den in Kriegszeiten hart gewordenen de Chieze gepaßt hatte, reichte nicht aus für eine Fürstin; außerdem wuchsen damals – unter dem unmittelbaren Einflusse niederländischer Meister – rasch die Kunstansprüche in märkischen Landen. Erst funfzig Jahre später, unter Friedrich Wilhelm I. – obwohl er sich rühmte, ein »treuholländisch Herz« zu haben –, hörten diese Einflüsse wieder auf, und wir verfielen, auf geraume Zeit hin, in die alte Nacht.

Schloß Caputh rüstete sich also zum Empfang einer neuen Herrin. Die Grundform blieb, aber Erweiterungen fanden statt; zwei kleine Eckflügel entstanden, vor allem wurde die innere Einrichtung eine andere. Eine Halle im Souterrain, wo man den Jagdimbiß zu nehmen pflegte, wurde an Wand und Decke mit blaugrünen holländischen Fliesen ausgelegt, die Zimmer des Obergeschosses mit Tapeten behängt und mehrere mit Plafondschildereien geziert. Besonders bemerkenswert war die Ausschmückung des »großen Saales«, ein Deckengemälde, das, seinem Gedankengange nach, an spätere Arbeiten Antoine Pesnes erinnert.

Minerva mit Helm, Schild und Speer führt die Künste: Baukunst, Skulptur und Malerei, in die brandenburgischen Lande ein; ein gehörntes Ungetüm, halb Luzifer, halb Caliban, entweder den *Krieg* oder die *Roheit* oder beides zugleich darstellend, entweicht in Dunkel vor dem aufgehenden Licht. Ähnlich wohlerhalten präsentiert sich ein zweites Bild, im sogenannten »Grünen Zimmer«. Zwei geflügelte Genien halten die umkränzten Bilder von Kurfürst und Kurfürstin in Händen; die Fama bläst mit einer Doppeltuba den Ruhm beider in die Welt hinaus; eine andere geflügelte Gestalt zeigt auf die Chronik ihrer Taten. In einem dritten Gemach, das den Namen des Schlafzimmers der Kurfürstin führt, begegnen wir einem Deckenschmuck aus wahrscheinlich ebendieser Zeit. Außer einem Mittelbilde zeigt er zwei weibliche Figuren: die *Nacht*, ein Fackellicht tragend, und den *Morgen*, Rosen streuend, in leicht angehauchtem Gewölk.

Sophie Charlotte und König Friedrich I., bis 1713

Kurfürstin Dorothea starb 1689; beinahe unmittelbar nach ihrem Hinscheiden wurde Schloß Caputh von Kurfürst Friedrich III. erworben, der es nunmehr *seiner* Gemahlin, der gefeierten Sophie Charlotte, zum Geschenke machte. Es geschah nun Ähnliches wie nach dem Tode von de la Chieze. Die Ansprüche an Glanz und Luxus waren innerhalb der letzten zwanzig Jahre abermals gewachsen, nirgends mehr als am Hofe des prachtliebenden Friedrichs III. Wie das Schloß de Chiezes nicht reich genug gewesen war für Kurfürstin Dorothea, so waren die Einrichtungen dieser wiederum nicht reich genug für die jetzt einziehende Sophie Charlotte. Auch jetzt, wie während der siebziger Jahre, berührten die Ummodelungen, die vorgenommen wurden, weniger die Struktur als das Ornamentale, und wieder waren es in erster Reihe die Deckenbilder, diesmal in *allen* Räumen, die den ohnehin reichgeschmückten Bau auf eine höchste Stufe zu heben trachteten. Dies Betonen des Koloristischen lag ja im Wesen der Renaissance, die, selbst malerisch in ihren Formen wie kein anderer Baustil, es liebt, die Farbe sich dienstbar zu machen.

Ob Kurfürstin Sophie Charlotte noch Zeuge dieser letzten Neugestaltung wurde, die das Schloß in seiner inneren Einrichtung erfuhr, ist mindestens fraglich. Bis 1694 – wo der Stern Charlottenburgs aufging, der zugleich den Niedergang Capuths bedeutete – konnte die Fülle dieser Deckenbilder nicht vollendet sein; die kurze Zeitdauer verbot es. Aber auch der Inhalt dessen, was gemalt wurde, wenigstens jenes hervorragendsten Bildes, das sich in der »großen Porzellankammer« befindet, scheint dagegenzusprechen. Es stellt dar: *wie Afrika der Borussia huldigt.* Diese, auf Wolken thronend, trägt eine *Königskrone* und neigt sich einer Mohrenkönigin, zugleich einer Schar heranschwebender schwarzer Genien zu, die mit Geflissentlichkeit die Schätze Indiens und Chinas: Teebüchsen und Ingwerkrüge, sogar ein Teeservice mit Tassen und Kanne, der auf Wolken thronenden Borussia entgegentragen.

Die Königskrone der Borussia, *falls* es die Borussia ist, deutet unverkennbar auf einen Zeitpunkt *nach* 1701. Andererseits ist es freilich nicht ganz leicht, in dieser mit einer gewissen souveränen Verachtung der Länder- und Völkerkunde auftretenden Symbolik, die nichts so sehr haßt als Logik und Konsequenz, sich zurechtzufinden.

Kurfürstin Sophie Charlotte verließ schon 1694 Caputh. Aber bis zu ihrem Tode (1705) und noch darüber hinaus, bis zum Tode ihres Gemahls, blieb Caputh ein bevorzugtes Schloß, eine Sehenswürdigkeit von Ruf. Man setzte Summen an seine Instandhaltung, sei es nun, um vorübergehend hier eine Villeggiatur zu nehmen, oder sei es – insonderheit nachdem seine Ausschmückung vollendet war –, um es etwaigem bei Hofe eintreffendem Besuche als ein kleines märkisches Juwel zeigen zu können.

Eine solche Gelegenheit bot sich 1709. Wir finden darüber folgendes. Als in den ersten Julitagen ebengenannten Jahres König Friedrich IV. von Dänemark und Friedrich August von Polen auf Einladung Friedrichs I. von Preußen in Potsdam eine persönliche Zusammenkunft hielten (ein großes Staatsbild im Charlottenburger Schlosse stellt diese Begegnung der »drei Friedriche« dar), war der prachtliebende

Friedrich, an dessen Hofe diese Vereinigung stattfand, bemüht, seinen Gästen eine Reihe von Festen zu geben. Unter andern ward am 8. Juli auf der prächtigen Yacht, welche im Bassin des Lustgartens lag und mit zweiundzwanzig Kanonen ausgerüstet war, eine Lustfahrt nach Caputh unternommen. Dieses überaus prächtige Schiff, das mit allem nur erdenklichen Luxus ausgestattet war und in der Tat an die Prachtschiffe der alten Phönizier und Syrakuser erinnerte, war in Holland nach Angaben des königlichen Baumeisters und Malers Madderstegh erbaut worden. Man schätzte allein die goldenen und silbernen Geräte, die sich in seinem Innern aufgestellt befanden, auf 100 000 Taler. Auf diesem Schiffe, das eigens dazu gebaut war, die Havel zu befahren, glitten die drei Könige stromabwärts nach dem Lustschlosse von Caputh. Man erging sich in dem inzwischen zu einer baumreichen und schattigen Anlage gewordenen Parkgarten und kehrte gegen Abend zu Tafel und Ball nach Schloß Potsdam zurück.

Wenn dieser Tag in dem historischen Leben Capuths der glänzendste war, so war er auch der letzte. Der König, früh alternd, schloß sich mehr und mehr in seine Gemächer ein; der Sinn für Festlichkeiten erlosch, er begann zu kränkeln; am 25. Februar 1713 starb er. Alle Schlösser standen leer; sie sollten bald noch leerer werden.

Dem prachtliebenden Könige folgte ein Sparsamkeitskönig. Die holländische Yacht im Potsdamer Bassin wurde gegen einige Riesen vertauscht und ging nach Rußland zum Zaren Peter; die großen Schlösser zu Köpenick und Oranienburg, beides Schöpfungen des eben verstorbenen Fürsten, wurden vom Etat gestrichen; was verkaufbar war, wurde verkauft – konnte man sich wundern, daß, bei so veränderten Verhältnissen, das wenigstens seiner Größe und äußeren Erscheinung nach ungleich bescheidenere Caputh mit auf die Liste der Proskribierten gesetzt wurde! Es sank zu einem bloßen Jagdhause herab, an dem alsbald der mit holländischen Fliesen ausgelegte Souterrainsaal, weil sich's drin wie in einem Weinkeller pokulieren ließ, das Beste war. Von seinem alten Bestande über der Erde blieben dem Schlosse nur der Kastellan und die Bilder, wahrscheinlich weil mit beiden nichts anzufangen war. Der Kastellan war ein alter Türke, das rettete ihn; die Deckengemälde aber – in den Schlössern waren ihrer ohnehin mehr denn zuviel, und wenn die *Schlösser* sie nicht aufnehmen konnten, wer damals in brandenburgischen Landen hätte sein Geld an die sinnbildliche Verherrlichung der Künste, an Minerva und Caliban, an Borussia und die Mohrenkönigin gesetzt! Auch heute noch sind ihrer nicht viele.

Soviel über die historischen vierzig Jahre. Wir schicken uns jetzt an, in das Schloß selbst einzutreten.

Die doppelarmige Freitreppe, wir erwähnten ihrer bereits (schon Sophie Charlotte schritt über diese Stufen hin), ist von Efeusenkern des Hauses derart umrankt und eingesponnen, daß jeden Tragstein ein zierlich-phantastischer Rahmen von hellgrünen Blättern schmückt. Die Wirkung dieses Bildes ist sehr eigentümlich. Eine Treppe in Arabeskenschmuck! Natur nahm der Kunst den Griffel aus der Hand und übertraf sie.

Die Tür des Gartensalons öffnet sich. Freundliche Worte begrüßen uns; wir sind willkommen.

Von einem kleinen zeltartigen Raume aus, der unmittelbar hinter der Freitreppe liegt, treten wir nunmehr unseren Rundgang an. Die Zimmer führen noch zum Teil die Bezeichnungen aus der kurfürstlichen Zeit her: Vorgemach, Schlafzimmer, Cabinet des *Kurfürsten*, auf dem andern Flügel ebenso der *Kurfürstin*; dazu Saal, Porzellankammer, Teezimmer. Die meisten Räume quadratisch und groß. Alle haben sie jene Patina, die alten Schlössern so wohl kleidet und angesichts welcher es gleichgültig ist, ob Raum und Inhalt sich in Epoche und Jahreszahlen einander decken. Nicht *wie* alt die Dinge sind, sondern ob alt überhaupt, *das* ist es, was die Entscheidung gibt. So auch hier. Die verblaßten oder auch verdunkelten Tapeten, die Gerätschaften und Nippsachen – es sind nicht Erinnerungsstücke genau aus jener Zeit caputhischen Glanzes, aber sie haben doch *auch* ihr Alter, und wir nehmen sie hin wie etwa einen gotischen Pfeiler an einem romanischen Bau. Beide haben ihr Alter überhaupt, das genügt; und unsere Empfindung übersieht es gern, daß zwei Jahrhunderte zwischen dem einen und dem anderen liegen.

Die Tapeten, das Mobiliar, die hundert kleinen Gegenstände häuslicher Einrichtung, sie sind weder aus den Tagen der strengen noch aus den Tagen der heitern Kurfürstin, die damals hier einander ablösten; die Hand der Zerstörung hat mitleidlos aufgeräumt an dieser Stelle. Aber wohin die Hand der Zerstörung buchstäblich nicht *reichen* konnte – die hohen Deckengemälde, sie sind geblieben und sprechen zu uns von jener Morgenzeit brandenburgischer Macht und brandenburgischer Kunst. Die großen Staatsbilder haben wir bereits in dem kurzen historischen Abriß, den wir gaben, beschrieben, aber viel reizvoller sind die kleinen. Ich schwelgte im Anblick dieser wonnigen Nichtigkeiten. Kaum ein Inhalt und gewiß keine Idee, und doch, bei so wenigem, so *viel*! Ein bequemes Symbolisieren nach der Tradition; in gewissem Sinne fabrikmäßig; alles aus der Werkstatt, in der die Dinge einfach gemacht wurden ohne besondere Anstrengung. Aber *wie* gemacht! welche Technik, welche Sicherheit und Grazie. Wie wohltuend das Ganze, wie erheiternd. Jetzt setzen die Künstler ihre Kraft an eine *Idee* und bleiben dann, neun Mal von zehn, hinter *dieser* und oft auch hinter sich selbst zurück. Wie anders damals. Die Maler konnten *malen* und gingen ans Werk. Kam ihnen nichts, nun, so war es immer noch eine hübsche Tapete; erwies sich aber die Stunde günstig, so war es wie ein Geschenk der Götter.

So Großes fehlt hier; aber auch das Kleine genügt. Genien und wieder Genien, blonde und braune, geflügelte und ungeflügelte, umschweben und umschwirren uns, und die Guirlanden, die sich zwischen den Fingerspitzen der lachenden Amoretten hinziehen, sie haben eine Pracht und Wahrheit der Farbe, daß es ist, als fielen noch jetzt die Rosen in vollen roten Flocken auf uns nieder. Im Teezimmer bringt eine dieser geflügelten Kleinen ein Tablett mit blaugerändertem Teezeug – selbst Boßdorf, als er sein Riesentablett der Lautenschlägerin präsentierte, hätte von diesem Liebling der Grazien lernen können.

Diese Zeit sinnlich blühender Renaissance, sie ist dahin. Was wir *jetzt* haben, mit allen unsren Prätensionen, wird nach zweihundert Jahren schwerlich gleiche Freude und Zustimmung wecken.

Es war Mittag, als wir wieder auf die Freitreppe hinaustraten. Der Himmel hatte sich bezogen und gestattete jetzt einen unbehinderten Blick auf das weite Wasserpanorama.

Die holländische Yacht, mit drei Königen und einem ganzen Silbertresor an Bord, steuerte nicht mehr havelabwärts; aber statt ihrer schwamm eine ganze Flottille von Havelkähnen heran, und am Horizonte stand in scharfen Linien steifgrenadierhaft die Garnisonkirche von Potsdam: das Symbol des Jüngstgeborenen im alten Europa, des Militärstaats *Preußen.*

PETZOW

Auf der Fortuna ihrem Schiff
Ist er zu segeln im Begriff;
Will einer in der Welt was erjagen,
Mag er sich rühren und mag sich plagen.

Schiller

Wie Buda-Pest oder wie Köln und Deutz ein Doppelgestirn bilden, so auch Caputh und Petzow. Sie gehören zusammen. Zwar ist die Wasserfläche, die die beiden letzteren voneinander trennt, um ein Erhebliches breiter als Rhein und Donau zusammengenommen, aber nichtsdestoweniger bilden auch diese beiden »Residenzen diesseit und jenseit des Schwielow« eine höhere Einheit. Eine Einheit, so verschieden sie untereinander sind. Sie ergänzen sich. Caputh ist ganz Handel, Petzow ist ganz Industrie. Dort eine Wasserstraße, eine Werft, ein Hafenverkehr; hier die Tag und Nacht dampfende Esse, das nie erlöschende Feuer des Ziegelofens. Schönheit der Lage ist beiden gemeinsam; doch ist Petzow hierin weit überlegen, sowohl seiner eigenen unmittelbaren Erscheinung als dem landschaftlichen Rundblick nach, den es gestattet.

Die etwas unregelmäßig über einen Hügelrücken sich hinziehende Dorfstraße folgt im wesentlichen dem Schwielow-Ufer; zwischen Dorf und See aber ist ein ziemlich breites, schräg abfallendes Stück Land verblieben, in das *Schloß* und *Park* sich teilen.

Beide sind Schöpfungen dieses Jahrhunderts; Vater und Großvater des gegenwärtigen Besitzers, des Amtsrats von Kaehne, riefen sie ins Leben. Die genannte Familie sitzt nachweisbar seit 1630 an dieser Stelle; vielleicht viel länger. Die Kaehnes waren damals schlichte Bauern. In genanntem Jahre, also während des Dreißigjährigen Krieges, erwarben sie das Lehnschulzengut und hielten es nicht nur fest, sondern wußten auch ihren Besitz derart zu erweitern, daß im Jahre 1740 der damalige Träger des Namens in den Adelstand und fünf Jahre später (1745) der Gesamtbesitz zu einem kreistagsfähigen Rittergute erhoben wurde.

Ein Beispiel derartigen Aufdienens »von der Pike«, wie es die Familie Kaehne gibt, ist sehr selten; viel seltener, als man glaubt. Ein Blick auf die Geschichte der Rittergüter belehrt uns darüber. Was in den altadeligen Grundbesitz als Neuelement einrückt oder gar durch Zusammenlegung von Bauergütern (und selbstverständlich unter schließlicher Ernennung seitens des Landesherrn) neue Rittergüter kreiert, das sind entweder selbst wieder prosperierende, ihren Besitz erweiternde Adelige, die für jüngere Söhne einen ebenbürtigen Neubesitz stiften, oder aber – und das ist das Häufigere – es sind *Geldleute*, *Städter*, Repräsentanten einer modernen Zeit, die den Handels- und Industriegeist in die Landwirtschaft hineintragen. Der *Bauer* folgt selten dem Beispiel; er ist stabil, er bleibt, was er ist. Wenn er nichtsdestoweniger zu spekulieren beginnt, so tut er's auf seine Weise. Es reizt ihn dann weit mehr das *Geld* als das Wachsen der Ackerfläche. Er erweitert sich nicht innerhalb seiner eigenen Sphäre; er wird eben einfach ein anderer.

Die Familie Kaehne bezeichnet einen Ausnahmefall.

Schloß und Park, so sagten wir, sind Schöpfungen dieses Jahrhunderts.

Das *Schloß*, in seiner gegenwärtigen Gestalt, wurde nach einem Schinkelschen Plane ausgeführt. Es zeigt eine Mischung von italienischem Kastell- und englischem Tudorstil, denen beiden die gotische Grundlage gemeinsam ist. Der Bau, wie er sich unter Efeu und Linden darstellt, wirkt pittoresk genug, ohne daß er im übrigen besonders zu loben wäre. Es ist bemerkenswert, daß alles Gotische oder aus der Gotik Hergeleitete auf unserm märkischen Boden seit Wiederbelebung dieses Stils (einer Epoche, die kaum zwei Menschenalter zurückliegt) nicht gelingen wollte. Im Beginn dieses Jahrhunderts hatten wir uns zu entscheiden, nach welcher Seite hin die Entwickelung gehen sollte; *irgend*eine »Renaissance« war dem herrschenden Ungeschmack gegenüber geboten, es konnte sich nur darum handeln, ob das Vorbild bei der Antike oder beim Mittelalter zu suchen sei. Schinkel selbst – was jetzt so oft vergessen wird – schwankte; der einzuschlagende Weg war ihm keineswegs von Anfang an klar. Auch *er* hatte eine Epoche, wo das Malerische des Gewölbebaues, wo Strebepfeiler und Spitzbogenfenster ihn reizten. Hätte er sich damals, wie das bei den rheinischen Baumeistern der Fall war, für *Gotik* entschieden, so würde die bauliche Physiognomie unserer alten Provinzen, Berlins ganz zu geschweigen, überhaupt eine andere geworden sein. Wir würden die Gotik, nach einzelnen gescheiterten Versuchen, aufs neue gelernt haben, wie die Rheinländer und Engländer sie wieder lernten, und beim *Kirchenbau* (zu dem es uns an Gelegenheit nicht gefehlt haben würde) uns wieder vertraut machend mit der alten Technik, den zerrissenen Faden der Tradition wieder auffindend, würden wir alsbald auch verstanden haben, unsern *Privat*bau danach zu modeln und unsere Schlösser und Landhäuser im Kastell- oder Tudorstile aufzuführen. Dies wurde versäumt, weil – so wollen wir, halb aus Courtoisie, halb aus Überzeugung annehmen – ein Besseres an die Stelle trat. Wie die Dinge liegen, wird zwar auch jetzt noch gelegentlich der Versuch gemacht, es mit der Gotik und ihren Dependenzien zu wagen; aber diese Versuche scheitern jedesmal, wenigstens für das Auge dessen, der die Originale oder auch nur *das* kennt, was mit immer wachsendem Verständnis unsere westdeutschen Neugotiker danach bildeten.

Auch das Herrenhaus zu Petzow ist ein solcher gescheiterter Versuch. Was daran anmutend wirkt, ist, wie schon angedeutet, das *malerische* Element, nicht seine Architektur. Diese, soweit man überhaupt von einer Architektur sprechen kann, datiert aus dem Anfang der zwanziger Jahre, ist also kaum fünfzig Jahre alt. Dies gilt auch besonders von den angebauten Flügeln. Und doch, als wir diese näher besichtigten, nahmen wir an den Fenstern des Erdgeschosses kunstvoll geschmiedete Eisengitter wahr, die sich unschwer auf die Mitte des vorigen Jahrhunderts zurückführen ließen. Dies verwirrte uns. Das Rätsel sollte sich indes in Kürze lösen. Diese Gitterfenster wurden nämlich in Potsdam bei einem Häuserabbruch erstanden und hierher *verpflanzt.* Hier prangen nun die hundertfünfzigjährigen an einer erst fünfzigjährigen Front. Wir erzählen das lediglich zu dem Behuf, um zu zeigen, wie man durch Beurteilung von Einzeldingen, von denen man dann Schlüsse aufs Ganze zieht, erheblich irregeleitet werden kann. Nichts war verzeihlicher hier als ein Rechenfehler von hundert Jahren.

Der *Park* ist eine Schöpfung Lennés. An einem Hügelabhang gelegen wie Sanssouci, hat er mit diesem den Terrassencharakter gemein. In großen Stufen geht es abwärts. Wenn aber Sanssouci bei all seiner Schönheit einfach eine große *Wald*terrasse mit Garten und Wiesengründen bietet, so erblickt man von dem Hügelrücken des Petzower Parkes aus eine imposante *Wasser*terrasse, und unser Auge, zunächst ausruhend auf dem in *Mittel*höhe gelegenen, erlenumstandenen Parksee, steigt nunmehr erst auf die unterste Treppenstufe nieder – auf die *breite Wasserfläche* des Schwielow.

Der Park umschloß früher auch die *Kirche* des Dorfes. Alt, baufällig, unschön, wie sie war, gab man sie auf, und auf einem weiter zurück gelegenen Hügel wurde 1841 eine neue Kirche aufgeführt. König Friedrich Wilhelm IV., das Patronat ist bei der Landesherrschaft, ordnete an, daß der Neubau im romanischen Stile erfolgen solle. Stüler entwarf die Zeichnungen; die Ausführung folgte rasch. So reihte sich denn die Petzower Kirche in den Kreis jener neuen schönen Gotteshäuser ein, mit denen der kirchliche und zugleich der feine landschaftliche Sinn des verstorbenen Königs Potsdam und die Havelufer umstellte. Wir nennen nur: Bornstedt, Sacrow, Caputh, Werder, Glindow. Ihre Zahl ist um vieles größer.

Der Gottesdienst, die Gemeinde, vor allem die Szenerie gewannen durch diese Neubauten; aber die Lokalgeschichte erlitt erhebliche Einbuße, weil alles Historische, was sich in den alten Kirchen vorfand, meist als Gerümpel beseitigt und fast nie in den Neubau mit hinübergenommen wurde.

Unter allen Künstlern – diese Bemerkung mag hier gestattet sein – sind die Architekten die pietätslosesten, zum Teil, weil sie nicht anders können. Maler, Skulptoren treffen mit ihrem Vorgänger meist wie auf breiter Straße zusammen; sie haben Raum *neben*einander; die Lebenden und die Toten, sie können sich dulden, wenn sie wollen. Nicht so der Baumeister. In den meisten Fällen soll das *neue* Haus, die *neue* Kirche an der Stelle der alten stehen. Er hat keine Wahl. Und es sei. Wir rechten zudem mit keiner Zeit darüber, daß sie sich für die klügste und beste hält. Aber darin geht die jedesmalig modernste (die unsrige kennt wenigstens

Ausnahmen) zu weit, daß sie auch *das* zerstört, was unbeschadet des eignen Lebens weiterleben könnte, daß sie sozusagen unschuldigen Existenzen, von denen sie persönlich nichts zu befahren hätte, ein Ende macht. Der moderne Basilika-Erbauer mag ein gotisches Gewölbe niederreißen, das nun mal schlechterdings in die gestellte Aufgabe nicht paßt; aber das halbverblaßte Freskobild, die Inschrifttafel, der Grabstein mit der Plattenrüstung – *ihnen* hätte er auch in dem Neubau ein Plätzchen gönnen können. Er versagt dies Plätzchen ohne Not, er versagt es, und daran knüpfen wir unsern Vorwurf. Die historische Pietät ist fast noch seltener als die künstlerische. So entstehen denn entzauberte Kirchen, die helle Fenster und gute Plätze haben, die aber den Sinn kalt lassen, weil mit der Vergangenheit gebrochen wurde. Ein »gefälliger Punkt in der Landschaft« ist gewonnen, eine vielversprechende Schale, aber, in den meisten Fällen, eine Schale ohne Kern.

Zu diesen in historischer Beziehung »tauben Nüssen« gehört auch die Petzower Kirche. Aber so leer und kahl sie ist und so verstimmend diese Kahlheit wirkt, so gewiß ist es doch auch, daß man im Hinaustreten auf das Flachdach des Turmes diese Verstimmung plötzlich und wie auf Zauberschlag von sich abfallen fühlt. Sie geht unter in dem Panorama, das sich hier bietet. Die »Grelle«, eine tiefe Flußbucht, liegt uns zu Füßen; unmittelbar neben ihr der Glindower See. Die Havel und der Schwielow, durch Landzungen und Verschiebungen in zahlreiche blaue Flächen zerschnitten, tauchen in Nähe und Ferne auf und dehnen sich bis an den Horizont, wo sie mit dem Blau des Himmels zusammenfließen. Dazwischen Kirchen, Dörfer, Brücken – alles, nach zwei Seiten hin, umrahmt von den Höhenzügen des Havellandes und der Zauche. Das Ganze ein Landschaftsbild im großen Stil; nicht von relativer Schönheit, sondern absolut. Man darf hier getrost hinaustreten, ohne sich des Vergleichssinnes zu entschlagen.

Eine Viertelstunde später, und wir schritten dorfan, um der »Grelle« und ihren Anwohnern einen Besuch zu machen. Der Weg dahin führt durch eine Akazienallee und demnächst an einer ganzen Plantage von Akazien vorbei. Schon vorher war mir der besondere Reichtum des Dorfes an dieser Baumart aufgefallen. Man begegnet der Akazie überhaupt häufig in den Havelgegenden, aber vielleicht nirgends häufiger als hier. Es ist ein dankbarer Baum, mit jedem Boden zufrieden, und in seiner arabischen Heimat nicht verwöhnt, scheint er sich auf märkischem Sande mit einer Art Vorliebe eingelebt zu haben. Alle Akazien in Spree- und Havelland rühren mittelbar von Sanssouci her, wo der Ur-Akazienbaum, der Stammvater vieler tausend Enkel und Urenkel, an der Bornstedter Straße, gegenüber dem Triumphbogen, steht. Die Akazie, ursprünglich als Zier- und Parkbaum gehegt, hat übrigens längst aufgehört, eine exzeptionelle Stelle einzunehmen; sie ist, wie das ihrer anspruchslosen Natur entspricht, Nutzholz geworden und bildet einen nicht unerheblichen Handelsartikel dieser Gegenden. Ich erfuhr darüber folgendes:

Zu bestimmten Zeiten kommen Händler aus den Nordseehäfen, aus Hamburg, Stade, Bremerhaven, auch von der Jade her, bereisen die Akaziengegenden, kaufen an und markieren die Bäume, die zunächst gefällt werden sollen. Ein Hauptpunkt für diese Händler ist Petzow. Einige Wochen später erscheint ein Elbkahn von Hamburg oder den andern genannten Plätzen und hat eine kleine Armee von Holzfällern und Holzspaltern an Bord. Es sind Geschwisterkinder der Schindelmacher. Wie diese haben sie es zu einer Virtuosität gebracht; sie fällen, zersägen, spalten; während der Schindler aber ein Flachholz herstellt, stellt dieser nordische Holzspalter ein zylinderförmiges Langstück her, das später, als beste Sorte *Schiffsnägel*, auf den Werften der Seestädte eine Rolle spielt. Wenn der Kahn mit diesen Schiffsnägeln gefüllt ist, wird die Rückfahrt angetreten, und die Petzower Akazien schwimmen ein Jahr später auf allen Meeren und halten die Planken der deutschen Flotte zusammen.

Wir hatten inzwischen die »Grelle« und damit zugleich den großen Ziegelofen erreicht, der sich hier am Ufer der tief einschneidenden Havelbucht erhebt. Dieser Ziegelofen ist weit bekannt in Havelland und Zauche; er ist der ältesten einer, und schon im vorigen Jahrhundert umgab ihn eine Kolonie von Ziegelstreichern und Ziegelbrennern, die sich hier in Hütten und Häusern angesiedelt hatten. Diese übertrugen den Namen, den sie hier vorfanden, alsbald auf die ganze Anlage, so daß mit dem Worte »Grelle« nunmehr ebensooft das Etablissement wie die seeartige Einbuchtung bezeichnet wird. Der alte historische Ziegelofen modernisierte sich im Laufe der Jahre, vielleicht auch die Häuser, die ihn umstanden, aber sie blieben immerhin kümmerlich genug.

Auf eins derselben, dem man ersichtlich vor kurzem erst ein neues Stockwerk aufgesetzt hatte, schritten wir jetzt zu. Der Eingang war vom Hofe her.

Ein alter knorriger Birnbaum, der ziemlich unwirsch aussah, legte sein Gezweig nach links hin auf das niedrige Hausdach, nach rechts hin über ein Konglomerat unsagbarer Örtlichkeiten: Verschläge, Ställe, Kofen. Zwischen ihnen das gemeinschaftliche Gestade eines Sumpfes. Alles ärmlich, unsauber; selbst das Weinlaub, dem man dürftig und kunstlos ein Spalier zusammengenagelt hatte, spann sich verdrießlich an der Hinterwand des Hauses aus. Ein unpoetischer, selbst ein unmalerischer Ort! Aber aus dem Weinlaub hervor schimmerte eine weiße Tafel mit der Inschrift: *»Hier ward Zelter geboren am 11. Dezember 1758.«*

Beuth, wenn mir recht berichtet, hat seinem Freunde Zelter diese Tafel errichten lassen. Der Schüler und zweite Nachfolger des berühmten »Sohnes der Grelle« aber war – Grell. Auch der Zufall liebt es gelegentlich, mit Wort und Namen zu spielen.

BAUMGARTENBRÜCK

And thus an airy point he won,
Where, gleaming with the setting sun,
One burnished sheet of living gold,
Loch-Katrine lay beneath him roll'd.
»*Lady of the Lake*«

Die Havel, als sie nach Süden hin den Schwielow-See bildete, um sich innerhalb dieses weiten Bassins zu ergehen, mußte doch schließlich aus dieser Sackgasse wieder heraus, und die Frage war nur: wo? In der Regel behalten die durchbrechenden Wogen die einmal eingeschlagene Richtung bei und ruhen nicht eher, als bis sie, dem Durchbrechungspunkte gegenüber, einen Ausgang gefunden oder gewühlt und gebohrt haben. Nicht so hier. Die Havel *schoß* eben nicht wie ein Pfeil von Nord nach Süd durch das Moor- und Sumpfbecken hindurch, in welchem sie während dieser Stunden den Schwielow schuf, sie *erging* sich vielmehr innerhalb desselben, entschlug sich jeder vorgefaßten Richtung und nahm endlich ihren Abfluß *halbrückwärts*, keine 2000 Schritt von der Stelle entfernt, wo sie kurz vorher den Damm durchbrochen hatte. An dieser Abflußstelle, wo also die Havel nach ihrer Schwielow-Promenade sich wieder verengt, um nordwestwärts weiterzufließen, liegt Baumgartenbrück.

Dies Baumgartenbrück wird schon frühe genannt, und bereits im dreizehnten Jahrhundert findet sich eine Burg Bomgarde oder Bomgard verzeichnet, ein sonderbares Wort, in dem unsere Slawophilen, nach Analogie von Stargard, Belgard, eine halbwendische Bezeichnung haben erkennen wollen. Was es nun aber auch mit dieser Bomgarde auf sich haben möge, ob sie wendisch oder deutsch, soviel verbleibt ihr, daß sie seit historischen Tagen, und namentlich seitdem ein Bomgarden-*Brück* daraus geworden, immer ein Punkt von Bedeutung war, ein Punkt, dessen Wichtigkeit gleichen Schritt hielt mit dem industriellen Aufblühen der Schwielow-

und Havel-Ufer. Die Einnahmen verzehnfachten sich, und wenn früher hier ein einfacher, altmodischer Zoll gezahlt worden war, um die Landreisenden trocken von einem Ufer zum andern zu bringen, so kamen nun die viel einträglicheren Tage, wo, neben dem Brückenzoll für Pferd und Wagen, vor allem auch ein Brücken-*Aufzugzoll* für alle durchpassierenden Schiffe gezahlt werden mußte. Der Kulturstaat etablierte hier eine seiner Doppelpressen; zu Land oder zu Wasser – gezahlt mußte werden, und Baumgartenbrück wurde für Brückengeld-Einnehmer allmählich das, was die Charlottenburger Chausseehäuser für Chausseegeld-Einnehmer waren. Und so ist es noch.

Aber die lachenden Tage von Baumgartenbrück brachen doch erst an, als, vor etwa vierzig Jahren, aus dem hier stehenden Brückenwärterhaus ein *Gasthaus* wurde, ein Vergnügungsort für die Potsdamer schöne Welt, die mehr und mehr anfing, ihren Brauhausberg und ihren Pfingstberg den Berlinern abzutreten und sich eine stille Stelle für sich selber zu suchen. Sie verfuhren dabei kurz und sinnig wie die Schweizer, die ihre Allerwelts-Schönheitspunkte: den Genfer und den Vierwaldstätter See, den Fremden überlassen, um an irgendeiner abgelegenen Stelle der Glarner Alpen »ihre Schweiz für sich« zu haben. Die Potsdamer wählten zu diesem Behufe Baumgartenbrück.

Und es war eine vorzügliche Wahl! Es vereinigt sich hier alles, was einem Besuchsorte zu Zierde und Empfehlung gereichen kann: Stille und Leben, Abgeschlossenheit und Weitblick, ein landschaftliches Bild ersten Ranges und eine vorzügliche Verpflegung. Hier unter den Laubgängen zu sitzen, nach einem tüchtigen Marsch oder einer Fahrt über den See, ist ein Genuß, der alle Sinne gefangennimmt; nur muß man freilich die Eigenart des Platzes kennen und beispielsweise wissen, daß hier nur *eines* getrunken werden darf: eine Werdersche.

Mit der Werderschen, und wir treten damit in eine bukolische Betrachtung ein, ist es nämlich ein eigen Ding. Sie ist entweder zu jung oder zu alt, entweder so phlegmatisch, daß sie sich nicht rührt, oder so hitzig, daß sie an die Decke fährt; in Baumgartenbrück aber steht sie im glücklichen Mittelpunkt ihres Lebens; gereift und durchgeistigt, ist sie gleich weit entfernt von schaler Jugend wie von überschäumendem Alter. Die Werdersche hier hat einen festen, drei Finger breiten Schaum; feinfarbig, leicht gebräunt, liegt er auf der dunkeln und doch klaren Flut. Der erste Brauer von Werder ist Stammgast in Baumgartenbrück; er trinkt die Werdersche, die er selber ins Leben rief, am besten an dieser Stelle. Er ist wie ein Vater, der seinen früh aus dem Hause gegebenen Sohn am Tisch eines Pädagogen wohlerzogen wiederfindet.

Baumgartenbrück, trotz des Verkehrs, der an ihm vorübergleitet, ist ganz ausgesprochen ein stiller, lauschiger Platz; vor allem kein Platz prätentiöser Konzerte. Kein Podium mit Spitzbogenfaçade und japanischem Dach stellt sich hier, wie eine beständige Drohung, in die Mitte der Versammlung hinein, und keine Riesenplakate erzählen dem arglos Eingetretenen, daß er gezwungen sei, zu Nutz und Frommen eines Abgebrannten oder Überschwemmten zwei Stunden lang sich ruhig zu verhalten. Diese Ungemütlichkeiten haben keine Stätte unter den Bäumen von Baumgartenbrück.

Hier ist nur der böhmische Musikant zu Hause, der des Weges zieht und mit dem Notenblatt sammelt. Eben treten wieder ihrer sieben ein, stellen sich schüchtern seitwärts, und wohl wissend, wie gefährlich jedes Zaudern für sie ist, beginnen sie sofort. »Il Bacio« eröffnet den Reigen. Wohl ist es hart. Die Posaune, mit beinah künstlerischem Festhalten *eines* Tones, erinnert an das Nachtwächterhorn alter Tage; die Trompete kreischt, der Triangel bimmelt erbärmlich. Wie immer auch, seid mir gegrüßt!

Wenn ich dieser alten Gestalten mit den schadhaften Bärten und den verbogenen Käppis ansichtig werde, lacht mir immer das Herz. Nicht aus Sentimentalität, nicht weil sie mich an Jugendtage erinnern, sondern weil sie so bequem, so harmlos sind, während der moderne Künstler, nach eigner Neigung und vor allem auch durch die feierliche Gutheißung des Publikums, sich mehr und mehr zu einem Tyrannen der Gesellschaft aufgeschwungen hat. Du bist irgendwo in ein Gespräch verwickelt, nehmen wir an, in das unbedeutendste von der Welt, über Drainierung oder Spargelzucht oder luftdichte Ofentüren; niemand verliert etwas, der von diesem Gespräche nichts hört, aber *dir* und deinem Nachbar gefällt es, euch beiden ist es lieb und wert, und ihr treibt behaglich auf der Woge der Unterhaltung. In diesem Augenblicke stillen, harmlosen Glücks gibt irgendein dicker oder dünner primus inter pares mit seiner silbernen Klapptrompete ein Zeichen und verurteilt dich ohne weiteres zum Schweigen. Willst du nicht darauf achten, so wirst du gesellschaftlich in den Bann getan: du *mußt* zuhören, du mußt die »Lustigen Weiber von Windsor« sich zum zehnten Male zanken oder gar die Prinzessin Isabella zum hundertsten Male um »Gnade« rufen hören. Nichts hilft dagegen. Wie anders diese echten und unechten Bergmannsvirtuosen! Sie blasen drauflos, alle Kinder sind entzückt, du selber folgst lachend den stolpernden Dissonanzen und hast dabei das süße Gefühl bewahrter persönlicher Freiheit. Die allgemein anerkannte künstlerische Unvollkommenheit wird zum rettenden Engel.

Baumgartenbrück ist noch ein Platz dieser Freiheit.

Aber was dauernd hier fesselt, weit über das beste Bier und die bescheidenste Musik hinaus, das sind doch die Gaben der Natur, das ist – wir deuteten es schon an – die seltene Schönheit des Platzes. Es ist eine »Brühlsche Terrasse« am Schwielow-See. Bastionartig springt ein mit Linden und Kastanien dicht bestandener Uferwall in den See hinein, und so viele Bäume, so viele Umrahmungen eines von Baum zu Baum wechselnden Panoramas. Welche Reihenfolge entzückender Bilder! Man sitzt wie auf dem Balkon eines Hauses, das an der Schmalseite eines langen Squares gelegen ist, und während das Auge über die weite Fläche des oblongen Platzes hingleitet, zieht unmittelbar unter dem Balkon das Treiben einer belebten Straße fort. Der Platz ist der Schwielow-See, die belebte Straße ist die Havel, deren Fahrwasser an dem Quai vorüber und durch die unmittelbar zur Rechten gelegene Brücke führt.

Ist es hier schön zu allen Tageszeiten, so waltet hier ein besonderer Zauber um die sechste Stunde; dann schwimmen, kommend und gehend, aus dem Schwielow hinaus und in den Schwielow hinein, aber alle von der Abendsonne beschienen, die Havelkähne in ganzen Geschwadern heran, und zwischen ihnen hindurch gleitet von Werder her der obstbeladene Dampfer. Die Zugbrücke steigt und fällt in beständigem Wechsel, bis mit dem Niedergehen der Sonne auch der Verkehr zu Ende geht.

Nun dunkelt es. In den Lindenlauben werden die Lichter angezündet und spiegeln im See. Noch hallt dann und wann ein Ruf herüber, oder ein Büchsenschuß aus dem Fercher Forst her rollt im Echo über den See – dann alles still. Die Lichter löschen aus, wie die Glühpunkte in einem niedergebrannten Papier. Ein Huschen noch hierhin, dorthin; nun verblitzt das letzte.

Nacht liegt über Baumgartenbrück und dem Schwielow.

ALT GELTOW

I do not set my life at a pin's fee;
By heaven, I'll make a ghost of him that hinders me:
I say, away!
»Hamlet«

Etwa tausend Schritt hinter Baumgartenbrück, und zwar landeinwärts, liegt Alt Geltow.

Wenn es auch bezweifelt werden mag, daß die »alte Bomgarde«, die dem heutigen Baumgartenbrück den Namen gab, wenigstens soweit das *Sprachliche* in Betracht kommt, bis in die slawische Zeit hinauf zu verfolgen ist, so haben wir dagegen in Alt Geltow ein unbestritten wendisches Dorf. Die ältesten Urkunden tun seiner bereits Erwähnung, und es nimmt seinen Platz ein unter den sieben alten Wendendörfern der Insel Potsdam: Bornim, Bornstedt, Eiche, Golm, Grube, Nedlitz und Gelte. Diese letztere Schreibweise, ursprünglich Geliti, ist die richtigere. Geltow indes ist der übliche Name geworden.

Die Geschichte des Dorfes geht weit zurück; aber die schon erwähnten Urkunden, von denen die älteste aus dem Jahre 933 stammt, sind dürftigen Inhalts und lassen uns, von kleinen Streitigkeiten abgesehen, nur das eine erkennen, daß erst die Familie Hellings von Gelt, dann die Gröbens, dann die Hakes ihren Besitz hier hatten. 1660 gingen Dorf und Heide an den Großen Kurfürsten über und gehörten seitdem zu den vielen Besitzungen des kurfürstlichen beziehungsweise königlichen Hauses in der Umgegend von Potsdam. 1842 wurde die Heide zur Erweiterung des Wildparks benutzt.

Geltow war immer arm; dieser Charakter verblieb ihm durch alle Zeiten hin, und die schlichten Wände seiner Kirche, deren wir eben ansichtig werden, mahnen nur zu deutlich daran, daß die Pfarre, um die Mitte des vorigen Jahrhunderts, 200 Taler trug.

Wir schreiten zunächst über einen Grabacker hin, der seit

zwanzig oder dreißig Jahren brachliegt und eben wieder anfängt aufs neue bestellt zu werden. Zwischen den eingesunkenen Hügeln wachsen frische auf; diese stehen in Blumen, während wilde Gerste über die alten wächst.

Es ist Spätnachmittag; der Holunder blüht; kleine blaue Schmetterlinge fliegen um die Gräber; ein leises Bienensummen ist in der Luft; aber man sieht nicht, woher es kommt.

Die Kirchtür ist angelehnt; wir treten ein und halten Umschau in dem schlichten Raume: weiße Wände, eine mit Holz verschlagene Decke und hart an der Giebelwand eine ängstlich hohe Kanzel, zu der eine steile, gradlinige Seitenstiege führt.

Und doch das Ganze nicht ohne stillen Reiz. Krone neben Krone; gestickte Bänder, deren Farben halb oder auch ganz verblaßten; dazwischen Myrten- und Immortellenkränze im bunten Gemisch. Das Ganze ein getreues Abbild stillen dörflichen Lebens: er ward geboren, nahm ein Weib und starb.

Es ist jetzt Sitte geworden, die Kirchen dieses Schmuckes zu berauben. »Es sind Staubfänger«, so heißt es, »es stört die Sauberkeit.« Richtig vielleicht und doch grundfalsch. Man nimmt den Dorfkirchen oft das Beste damit, was sie haben, vielfach auch ihr – Letztes. Die buntbemalten Fenster, die großen Steinkruzifixe, die Grabsteine, die vor dem Altar lagen, die Schildereien, mit denen Liebe und Pietät die Wandpfeiler schmückte – sie sind alle längst hinweggetan; »sie nahmen das Licht«, oder »sie waren zu katholisch«, oder »die Fruen und Kinner verfierten sich«. Nur die Braut- und Totenkronen blieben noch. Sollen nun auch *diese* hinaus? Soll alles fort, was diesen Stätten Poesie und Leben lieh? Was hat man denn dafür zu bieten? Diese Totenkronen, zur Erinnerung an Heimgegangene, waren namentlich dem aufs Saubere und Ordentliche gestellten Sinn Friedrich Wilhelms III. nicht recht. In den Dorfkirchen, wo er sonntags zum Gottesdienste erschien, duldete er sie nicht. Er gestattete aber Ausnahmen. Pastor Lehnert in Falkenrehde erzählt: »Eine alte Kolonistenwitwe in meiner Gemeinde verlor ihren Enkel, den sie zu sich genommen und erzogen hatte und der ihr ein und alles war. Sie ließ eine reich mit Bändern verzierte Totenkrone anfertigen und begehrte, solche neben ihrem Sitze in der Kirche aufhängen zu dürfen, ›weil sie sonst keine Ruhe und keine Andacht mehr habe‹.« Pastor Lehnert gab nach. Der König, bei einem nächsten Kirchenbesuche von Paretz aus, bemerkte die Krone und äußerte sich mißfällig; als ihm aber der Hergang mitgeteilt wurde, fügte er hinzu: »*Will der Frau ihre Ruhe und Andacht nicht nehmen.*« – Solche Fälle, wo »Ruhe und Andacht« eines treuen und liebevollen Herzens an einem derartigen, noch dazu höchst malerischen Gegenstande hängen, sind viel häufiger, als nüchterne Verordnungen Unbeteiligter voraussetzen mögen.

Die Alt-Geltower scheinen so empfunden zu haben und haben ihren besten Schmuck zu bewahren gewußt. Die Giebelwand, an der sich Kanzel und Kanzeltreppe befinden, ist ganz in Kronen und Kränze gekleidet, im ganzen zählte ich siebenzig, und dazwischen hängen jene bekannten schwarz und weißen Tafeln, an deren Häkchen die Kriegsdenkmünzen aus der Gemeinde ihre letzte Stätte finden. Die eine Tafel erzählte von 1813; auf der andern las ich folgendes: »Aus diesem Kirchspiel starben im Befreiungskriege für ihre *deutschen Brüder* in Schleswig-Holstein:

F. W. Kupfer, gefallen vor Düppel am 17. März 1864;

Carl Wilhelm Lüdeke, gestorben an seinen Wunden im Lazarett zu Rinkenis am 22. März 1864.

Vergiß die treuen Toten nicht.«

Das Jahr 1866 schien ohne Opferforderung an Alt Geltow vorübergegangen zu sein. Aber *jetzt*! Manch neuer Name wird sich zu den alten gesellen.

In der Kirche hatte sich ein Mann aus dem Dorfe, ich weiß nicht, ob Lehrer oder Küster, zu uns gefunden. »Nun müssen Sie noch die Meusebachsche Begräbnisstätte sehen«, so sagte er. Wir horchten auf, da wir von einer solchen Begräbnisstätte nie gehört hatten, folgten dann aber unserem neu gewonnenen Führer, bis wir draußen an einen Vorsprung gelangten, eine Art Bastion, wo der Kirchhofshügel steil abfällt. Hier, an höchster Stelle, die einen Überblick über das Dorf und seine Gärten gestattet, bemerkten wir nunmehr einen eingefriedigten, mit Eschen und Zypressen umstellten Platz, dessen schlichtes, mit Convolvulus und wildem Wein umranktes Gitter drei Efeugräber einschloß. In ihnen ruhten Vater, Mutter, Sohn. Die letzten ihres Namens. Das Ganze wirkte durch seine große Einfachheit.

Der Vater, Karl Hartwig Gregor Freiherr von Meusebach, lange Zeit Präsident des Rheinischen Kassations- und Revisionshofes, war ein Kenner der deutschen Literatur, zugleich ein Sammler ihrer Schätze, wie kaum ein zweiter. Wir finden über ihn folgendes: »Seine bibliographischen Bestrebungen umfaßten das ganze Gebiet von Erfindung der Buchdruckerkunst bis auf die Gegenwart, doch so, daß er dem *Volks-* und *geistlichen Liede*, den Schriften Luthers, vor allen aber Fischarts sowie den nach seiner Meinung zu sehr verachteten und vergessenen Schriftstellern des siebzehnten Jahrhunderts einen gewissen Vorrang zugestand. Alle erheblich scheinenden Bücher, welche seine scharfsinnigen Untersuchungen ihn kennen gelehrt hatten, suchte er zu erwerben. So gedieh seine Bibliothek zu einer seltenen Vollständigkeit und zu einem fein gegliederten inneren Zusammenhange.«

Von 1819 an lebte er in Berlin, wenn ich nicht irre, in einem der Häuser, die bei dem Neuen-Museums-Bau verschwunden sind. Hier besuchte ihn anfangs der zwanziger Jahre Hoffmann von Fallersleben, der über diesen Besuch in seinen »Aufzeichnungen und Erinnerungen« berichtet.

»Schon in Koblenz hatte ich viel gehört von einem Herrn von Meusebach, der von dort aus als Geheimer Rat an den Rheinischen Kassationshof in Berlin versetzt worden sei.

Er besitze, so hieß es, eine große Bibliothek, reich an altdeutschen Werken, sei ein großer Kenner und immer noch ein eifriger Sammler. Ich erfuhr bald seine Wohnung: er wohnte in dem Hause der Frau Friedländer hinter der kleinen Brücke, die über den Kupfergraben auf den Museumsplatz und die Neue Friedrichsstraße zu führte. Ich ging eines Morgens zwischen neun und zehn hin, ließ mich anmelden, wurde aber abgewiesen. Ich wiederholte noch zweimal meinen Besuch; immer aber hieß es: ›Der Herr Geheime Rat schläft noch.‹ Ich ließ mich nicht abschrecken und versuchte es zum vierten Male, aber erst um elf Uhr. Diesmal hatte ich sagen lassen, der Herr von Arnim habe mich ja schon angemeldet. Nach einiger Zeit kehrte der Bediente zurück: ich möchte eintreten.

Herr von Meusebach war in eifrigem Gespräch begriffen

mit Frau von Savigny, begrüßte mich, ließ mich stehen und setzte sein Gespräch fort. Frau von Savigny war so gesprächig, daß sich gar kein Ende absehen ließ. Endlich nach einer Viertelstunde war der Born ihrer Beredsamkeit versiegt, und sie empfahl sich.

Meusebach wendete sich nun an mich. Ich sprach einfach aus, was ich von ihm wünschte, nämlich seine Bücher zu sehen. Das gefiel ihm. Ehe er mir aber etwas zeigte, öffnete er die Tür zur Bibliothek und holte links aus der Ecke zwei gestopfte Pfeifen und bot mir die eine an. Als wir so recht damit im Zuge waren, schloß er eine Tapetentür auf; in diesem unbemerkten Wandschrank wurden die Lieblingsbücher und kostbarsten und seltensten aufbewahrt. Zuerst zeigte er mir das Luthersche Gesangbuch von 1545. ›Was sagen Sie dazu?‹ Ich freute mich, staunte, bewunderte. Es folgte nun eine ganze Reihe derartiger Bücher, die ich alle noch nie gesehen hatte. Die Bücherschau dauerte bereits über anderthalb Stunden, da trat Friedrich, der Bediente, ein: ›Herr Geheimer Rat, es ist angerichtet.‹ Das störte uns nicht, wir fuhren in unserem angenehmen Geschäfte fort. Friedrich kam wieder: ›Herr Geheimer Rat, das Essen steht schon längst auf dem Tische.‹ – ›Gut. Nun kommen Sie mit.‹ Ich hatte früher nie Sauerkraut essen können, heute schmeckte es mir vortrefflich, sowie der leichte Moselwein (einen andern führte der Herr Geheime Rat nicht). Frau von Meusebach lachte, daß ich es heute so schön getroffen hätte. Die Unterhaltung war sehr heiter. Ich erzählte allerlei hübsche Geschichten so unbefangen, als ob ich in einem Kreise alter lieber Freunde mich befände.

Nach Tische begaben wir uns wieder an unsern Wandschrank. Als der Kaffee kam, holte ich mir selbst eine frisch gestopfte Pfeife – Friedrich mußte immer an die dreißig wohlgereinigt und gestopft im Gange erhalten. Meusebach ergötzte sich sehr, daß ich schon so gut Bescheid wußte.

Wir begannen von neuem die Bücherschau. Es wurde Licht angezündet, wir setzten uns. Jetzt kamen die Liederbücher und die *Fischartiana* an die Reihe. Meine Freude steigerte sich. Der Tee wurde gebracht. Frau von Meusebach kam mit ihren Kindern. Das störte uns weiter nicht. Wir unterhielten uns und besahen Bücher; Tee und Essen war

Nebensache. Die Kinder gingen wieder fort, Frau von Meusebach folgte bald nach, wir waren wieder allein. Eine frische Pfeife wurde angebrannt. Es war bereits spät. Ich wollte nach Haus, mußte aber bleiben. Es wurde zwölf, es wurde eins. Immer noch kein Ende. Da kam Meusebach auf meine ›Liederhandschrift‹, die ich das Glück gehabt hatte auf einem Trödel in Bonn zu entdecken, zu sprechen und meinte, es wäre hübsch, wenn er das Buch mal sehen könnte. Das ›Sehen‹ verstand ich recht gut und beschloß bei mir, es ihm zu Weihnachten zu verehren. Endlich um halb zwei schieden wir und waren nach *funfzehntehalb* Stunden erster Bekanntschaft beide recht frisch und vergnügt. Ich mußte versprechen, meinen Besuch bald zu wiederholen, und es fiel mir denn auch nicht im geringsten schwer, recht bald Wort zu halten.«

Gegen Ende seines Lebens hin empfand Meusebach immer tiefer das Bedürfnis, ungestört seinen Studien leben zu können. Er gab seine hohe richterliche Stellung auf (1842) und zog sich nun nach Alt Geltow zurück. Mit ihm ging seine Bibliothek. Aber nicht lange mehr hatte er sich dieser Muße zu freuen. Er starb am 22. August 1847. Seine Bibliothek, ein Schatz, wurde 1849 seitens der preußischen Regierung erstanden und der Berliner Bibliothek einverleibt.

Hatte der Vater der stillen Welt seiner Bücher angehört, so gehörte der Sohn (seiner äußeren Stellung nach ebenfalls Jurist) um so voller der Außenwelt, dem Markt des Lebens an. Er war in eminentem Sinne ein »Lebemann«, geistreich, schlagfertig, eine feine und spitze Zunge zugleich. Die Märzereignisse zogen ihn in die Politik; sein berühmter Ausspruch: »Ich rieche Leichen«, womit er in den Oktobertagen desselben Jahres auf die Tribüne trat, ist unvergessen geblieben und ein geflügeltes Wort geworden. Die fünfziger Jahre sahen ihn im diplomatischen Dienst, erst als Generalkonsul in den Donaufürstentümern, dann als Gesandten in Brasilien. Seine Wunderlichkeiten wuchsen. 1854 in Giurgevo war er im türkischen Kugelregen nicht nur spazierengegangen, sondern hatte seinen Rattenfänger auf das Apportieren von Sprengstücken abgerichtet; acht Jahre später in Rio verfiel er dem Wahnsinn. Seine Lebensweise hatte die angeborene Exzentrizität unterstützt. »Champagner in Eis« war sein steter Begleiter, und seine oft abgegebene Versicherung, »daß er seines Vaters Bibliothek in den *Keller* getragen habe«, war nur allzu richtig. So konnte die Katastrophe kaum ausbleiben. Eine reich angelegte Natur ging in ihm zugrunde.

Daß ich Gräbern wie diesen auf dem Geltower Kirchhofe begegnen würde, *der* Gedanke hat mir ferngelegen. Ich las die einfachen Inschriften, nahm ein Efeublatt vom Grabe des Vaters und stand noch immer wie im Bann dieser Stätte.

Unser Führer endlich löste ihn. »Da drüben ist noch ein Grab, das Sie sehen müssen.‹ – Zugleich brach er auf und gab uns dadurch das Zeichen, ihm zu folgen.

Ein dichtes Fliedergestrüpp hatte uns wie eine Coulisse von dem eigentlichen Kirchhof, der jetzt, wie erwähnt, seine *zweite* Bestellzeit hat, getrennt, und wir standen nunmehr, nachdem wir das Gestrüpp glücklich durchbrochen, vor einer kleinen Gräberreihe, die das so lange brachgelegene Feld neu zu durchziehen begann. Eines der Gräber war besonders gehegt und gepflegt: ein Gartenbeet, mit Rosen und Nelken, mit Levkojen und Heliotrop dicht überwachsen. Zu Häupten des Grabes stand ein Kreuz, dahinter hohe Malven. Die Inschrift lautete: »Hier ruhet in Gott Johann Schupke, geboren den 1. Februar 1822, gestorben den 30. November 1865. Jesajas, Kapitel 57, Vers 2: ›Und die richtig vor sich gewandelt haben, kommen zum Frieden und ruhen in ihren Kammern.‹«

Die Sonne war am Untergehen; die schönste Zeit des Tages, zumal für eine märkische Landschaft. Wir ließen deshalb die Gräber, unterbrachen unser Gespräch und stiegen die Kirchturmtreppe hinauf, um uns, nachdem wir die Luken geöffnet, der im Golde daliegenden Schwielow-Ufer zu freuen. Wie schön! Hier oben erst erneute sich das Gespräch. »Ja, von unserm Schupke wollt ich erzählen«, so hob unser Führer an. Ich nickte zustimmend.

»Gott hab ihn selig, das war ein Mann, und durch schwere Schulen war er gegangen! Wen Gott liebhat, den züchtigt er. Und das muß ich sagen, wenn der Himmel je einen preußischen Förster liebgehabt hat, dann hat er Schupken liebgehabt.«

»War er ein Alt-Geltower?« fragte ich, um wenigstens etwas von Teilnahme auszudrücken.

»Da seh ich, daß Sie ihn nicht gekannt haben. Er war ein Schlesier, aus dem Riesengebirge oder so herum, und sprach das Rübezahl-Deutsch bis an sein seliges Ende. Nie ist ein reines a über seine Lippen gekommen.«

»Wie kam er denn in diese Gegenden?«

»Wie so viele andre hierherkommen. Er wurde nicht lange gefragt. Sie hoben ihn aus, und ein schmucker Junge, wie er war, nahmen sie ihn zur Garde. Er stand bei den Jägern.«

»Und durch schwere Schulen ist er gegangen, sagten Sie?«

»Das will ich meinen! Lassen Sie sich erzählen. Der grüne Jägerrock sticht in die Augen; Grün geht noch über Blau; kurz und gut, Schupke wurde ein glücklicher Liebhaber. Der Himmel hing ihm voller Geigen. Ob er das Mädchen heiraten wollte, weiß ich nicht, aber sie hielt zu ihm, und eines Tages, der Böse hatte sein Spiel, schenkte sie ihm Uhr und Kette. Eine goldene Uhr. Es sei ein Erbstück; ein Onkel von ihr sei gestorben.

Das hätte nun unsern Schupke wohl stutzig machen sollen; aber der Mensch ist eitel, und wenn er hübsch ist und erst zweiundzwanzig Jahr, dann ist er's doppelt, kurzum, Schupke nahm die Uhr und freute sich dran; die kleine goldene Kette paradierte zwischen dem dritten und sechsten Knopf, und wenn ihm ein Gedanke durch den Kopf ging, so dachte er: ›Es sterben so viele; warum soll er nicht gestorben sein?‹

Es sterben so viele Onkel, aber *ihr* Onkel, des Mädchens Onkel, war *nicht* gestorben, und schon am andern Tage hieß es: des alten Wolffenstein goldene Uhr wird vermißt, Uhr und Kette; und eine Stunde später hieß es: man weiß, wer sie hat; sie hat es gestanden.

Das ging wie ein Lauffeuer durch die Stadt; es kam auch in die Jägerkaserne. Schupke wurde leichenblaß. Ein unbescholtener Mann, makellos, aller Leute Liebling – und nun entehrt. ›Ich hab es nicht gewußt‹; aber wer hätt es geglaubt? Der Schein war gegen ihn. Es schüttelte ihn am ganzen Leibe; er riß das Fenster auf, um wieder frei zu atmen; es half nichts; ein furchtbares Anklagewort gellte ihm vor den Ohren; er hörte das Ticken der unglückseligen Uhr auf seiner Brust; er tat sie weg – es tickte noch.

Es *mußte* sein; er nahm seine Büchse und ging hinaus.

Aber das Leben ist süß. Er irrte draußen umher, erst an der Havel hin, dann links in den Forst hinein. ›Jetzt!‹ Er riß seinen Rock auf. Nein, noch nicht. So vergingen Stunden.

›Wo ist Schupke?‹ hieß es derweilen in der Kaserne. Man öffnete seinen Schrank. Da lagen Uhr und Kette. Man sah auf den Büchsenstand. *Eine* Büchse fehlte; Schupkes. Alles war klar.

Der Hauptmann seiner Compagnie, Graf Schlieffen, warf sich aufs Pferd. Der Weg war wie vorgeschrieben. Er sagte sich: ein Jäger ist in den *Wald* gegangen. 500 Schritt hinterm Schützenhause begegnete ihm ein Mann, der Reisig auf seiner Karre heimkarrte. ›Guten Tag, Papa, habt Ihr nicht einen Gardejäger hierherum gesehen?‹

›Woll, den hebb ick sehn. Reiten S' man to, Herr Hauptmann. Mit den Jäger is et nich richtig. Ick kaek upp 'n Kirchhof. Do läg he an een von de Gräbers up sine Knie, un ick hürte, wie he lies beden und spreeken deih. Un denn legt he sinen Kopp up det Grab, immer deeper in 't Gras. Mit den Jäger is et nich richtig. Reiten S' man to, Herr Hauptmann.‹

Also doch. Graf Schlieffen jagte vor. In einer Minute hielt er an dem halb angelehnten Torflügel. Da lag der Gardejäger noch auf seinen Knien, wie der Reisigsammler erzählt hatte, und betete. ›Schupke!‹ rief der Graf.

Schupke sprang auf und griff nach seiner Büchse. Er sah wie gestört aus; dann winkte er mit der Hand, wie um anzudeuten: der Graf solle ihn nicht stören.

Der aber ritt näher. Schupke winkte noch einmal. Als der Graf auch jetzt noch weiter vor ritt, legte Schupke die Büchse an die Schulter: ›Zurück, Herr Hauptmann, oder ich schieße!‹

Der Graf hielt – ein Gardejäger trifft seinen Mann. So war Zeit gewonnen. Im nächsten Augenblick aber fiel ein Schuß. Schupke hatte sich durch die Brust geschossen.

Auf einer Bahre trugen sie ihn hinein. Er schien ein Sterbender. Aber die Jugend war stärker als der Tod. Drei Jahre lang lag er im Lazarett, die Kugel hatte ihm ein Stück Tragband mit in die Lunge gejagt; dann stand er auf und war ein genesener Mann. Kein Mensch in Potsdam sprach von dem, was *vorher*gegangen war; in Mitleid war jede andere Betrachtung untergegangen; jeder hatte ein tiefes Mitgefühl für den Mann von Ehre, der die leise Schuld, die ihn traf, mit seinem Blute bezahlt hatte. Er verließ das Lazarett und wurde Förster in der Pirschheide. Hier, wo die Lichtung ist, dort stand sein Haus.

Das Trauerspiel war aus; das Idyll begann. Er schloß eine glückliche Ehe, und ehe zehn Jahr ins Land gegangen waren, war er eine ›Figur‹ in Havelland und Zauche. Er trat wie ein Sonnenschein in jeden Kreis; jedes Gesicht wurde heiterer, die Kinder liefen ihm entgegen und reichten ihm die Hand. Er hatte die glücklichste Mischung: einen festen Sinn und ein freundliches Herz.

So lebte er in unserer Mitte, unseres Dorfes Stolz, sich und anderen zur Freude. Aber er sollte nicht zu hohen Jahren kommen. Eines Morgens – alle Dächer lagen in Reif, und die Sonne stand wie eine rote Kugel über den Bäumen –, da lief es von Haus zu Haus: ›Schupke ist tot.‹ Es war nur allzu wahr.

Er hatte einen eigenen Tod gehabt. Einen etwas engen Stiefel mit Gewalt anziehend, war eines der vernarbten Blutgefäße wieder geplatzt, und der Erguß in die Lunge hatte seinem Leben ein Ziel gesetzt.

Drei Tage später haben wir ihn begraben. Keiner fehlte. Es waren herzliche Tränen, die auf sein Grab fielen. Die Pirschheide hatte keinen bessern Mann gesehen.«

So erzählte unser Führer. Die Sonne war inzwischen untergegangen; wir gaben unsern Lukenplatz auf und stiegen *hinunter.* Ein weißer, kaum fußhoher Nebel zog über den Kirchhof hin und hüllte die Gräber ein; aber die Kreuze ragten hell darüber hinaus, und auf der goldenen Inschrift des einen lag es wie ein letzter Schimmer.

NEU GELTOW

Seit drei Menschenaltern schöpft ihr
Aus dem Meere dieser Weisheit;
Habt ihr keinen Tropfen, laßt mich
Wissen trinken, denn mich dürstet.

Scherenberg
(»Der letzte Maurenkönig«)

Es dämmerte, und die ersten Sterne zogen blaß herauf, als wir unsern Heimweg antraten. Unser Spezialführer auf dem Alt-Geltower Kirchhof blieb zurück. Welche Gegensätze hatten eben zu uns gesprochen! Ein gelehrter, bienenfleißiger Sammler; ein Lebemann, »der die Bibliothek seines Vaters in den *Keller* trug«, und als dritter ein Parkhüter, der in den Bäumen seines Wildparks so gut Bescheid wußte wie sein Nachbar in seinen Büchern. Ein schlichtes Dasein, diese Parkhüterexistenz, und doch war der blutige Ernst des Lebens erschütternder an sie herangetreten als an das Leben dessen, der im Granatregen von Giurgevo spazierengegangen war und dreizehn Duelle als Gesandter in Rio auf einmal kontrahiert hatte.

So plauderten mein Gefährte und ich, bis die wechselnde Szenerie unserm Gespräch eine andere Richtung gab. Wir hielten immer noch die Dorfstraße inne; aber das Dorf selbst schien ein anderes geworden, und in der Tat waren wir aus *Alt* Geltow in *Neu* Geltow hineingeraten. Der Unterschied war so groß, daß er sich uns aufdrängen mußte. Der dörfische Charakter hatte aufgehört, Sommerhäuser waren an seine Stelle getreten; klein, einstöckig, aber von großer Sauberkeit und überall da, wo ein Vorgarten war oder wo sich Caprifolium- und Rosenbüsche um Tür und Fenster zogen, voll Anmut und malerischem Reiz. In Front der Häuschen standen gedeckte Tische: Cabarets, Fruchtschalen, mit Erd- und Himbeeren gefüllt, Milchsatten und geriebenes Schwarzbrot, während in der Mitte der dichtbesetzten Tafel ein Teeapparat und eine Milchglaslampe aufragte, deren

Flamme ohne jegliches Flackern brannte. Denn kein Luftzug ging. Dies Bild wiederholte sich von Haus zu Haus, und ihre Gesamtheit erinnerte mich lebhaft an kleine Ostsee-Badeörter, wo an Juliabenden die Binnenländischen von Spree und Havel in Front der Schiffer- und Lotsenhäuser sitzen und sich an Blaubeeren mit Milch erlaben, während irgendeine Flagge oder ein roter Wimpel von dem Frontgiebel des Hauses niederhängt.

Die Szenerie dieselbe, aber nicht die Menschen. Während in jenen Badeörtern das *Weibliche* prävaliert und die scharf akzentuierten Laute, die jetzt Agathen und Elisen, jetzt Helenen und Clementinen zur Ordnung rufen, schon auf dreißig Schritt keinen Zweifel darüber lassen, daß hier eine Residenzmutter sich niedergelassen hat – wir sagen, während das *Weibliche*, die Glucke mit den Küchlein, die Signatur jener baltischen Badeplätze ist, herrscht hier das *Männliche* bis zu einem Grade vor, daß man Neu Geltow als ein ausgebautes Mönchskloster bezeichnen könnte, als eine Benediktiner-Genossenschaft, deren Zellen in Gestalt kleiner Häuschen nebeneinandergestellt worden sind.

Ich habe diese Auswahl unter den Mönchsorden mit gutem Vorsatz getroffen, denn die Benediktiner sind die Studiermönche, und was hier in diesen Neu-Geltower Zellen haust und wohnt, das sind in der Tat Wissenschaftsbeflissene, das sind junge Männer, die sich an dieser stillen, abgelegenen Stelle »Studierens halber« aufhalten.

Es hat damit folgende Bewandtnis.

In Preußen (wie in China) ist nichts ohne Examen! Alle Examina sind Klippengrund, besonders die juristischen. Aber wenn schon das Examen des *Gerichts*assessors den gefürchteten »Needles« entspricht, in deren Umkreis die Schiffe zu Hunderten liegen, so entspricht das Examen des *Regierungs*assessors den Goodwin-Sands, wo die Mastspitzen der Verlorengegangenen so dicht aufragen wie die Kreuze auf einem großstädtischen Kirchhof.

Solche und ähnliche Betrachtungen mochten es sein, die vor etwa zwanzig Jahren einen Dr. Foerstermann anspornten, der bedrängten Menschheit zu Hilfe zu eilen. Dem Plan folgte die Ausführung. In das schöne, beinah schloßartig gelegene Haus des alten Meusebach zog der junge Doktor ein;

die Bibliothekzimmer wurden zu Klassen und Auditorien, und ein Institut entstand, das sich, »einem tiefgefühlten Bedürfnis entsprechend«, rasch emporarbeitete und die Zahlen und Tabellen der Schiffbruchstatistik erheblich reduzierte, während Neu Geltow mehr und mehr jenen Klostercharakter annahm, den wir vorstehend bezeichnet haben. Auch ein Gelübde hatten die Eintretenden zu leisten; keins der drei großen, am wenigsten das der Armut, wohl aber das *eine*: jede der beim Examen an sie gerichteten Fragen gewissenhaft zu notieren und mitzuteilen. Diese Fragen, nunmehr Eigentum des Instituts, wurden in das Goldene Buch des Hauses eingetragen, und was in Upsala der Codex argenteus oder in London die Tischendorfsche Bibel ist, das wurde im Foerstermannschen Institut dieser Codex aureus. An ihm hing alles; er wog alles andere auf. Es war der Koran des Omar. »Wenn in anderen Büchern dasselbe steht, so sind sie überflüssig; wenn in ihnen etwas anderes steht, so sind sie unbrauchbar, *gefährlich.*« Wie die Welt auf der Schildkröte ruht, so ruhte das Institut auf diesem Buch. Und doch kam es anders, als Dr. Foerstermann gedacht hatte.

Die Zeit schritt vorwärts, Preußen mit, und mit ihm – seine Steuern. Ruhm war nie billig. An Dr. Foerstermanns Tür klopfte die »Einschätzungskommission«, klopfte häufiger und immer stärker, und müde der drohenden Schraube ohne Ende, schloß er das Institut. Die Studiermönche von Neu Geltow waren haupt- und führerlos. Der Orden schien seiner Auflösung nahe.

Aber er schien es nur. Ein junger begnadeter Referendarius, der noch nicht lange genug da war, um den Wald vor Bäumen nicht zu sehen, trat in den Kreis der bemoosten Häupter und sprach wie folgt: »Brüder! Ein Blitz aus heiterm Himmel hat unsern Orden getroffen. Wir sind wie gelähmt. Aber verloren ist nur, was sich selber verloren gibt. Ich schlage vor: Geben wir uns *nicht* verloren. (Beifall. Ironisches Lächeln.) Ich wiederhole: Geben wir uns *nicht* verloren. Kommilitonen, wir haben das Goldene Buch. (›Nein, nein! ja, ja!‹) Wir *haben* das Goldene Buch. Wir haben nicht den toten Einband (›gut, gut!‹), aber wir haben alles, was lebendig an diesem Buche ist, wir haben – die *Fragen.* Wir kennen sie, sie sind uns gegenwärtig. Was soll uns die Aufzeichnung? Was soll uns das Geschriebene? Wir haben die *Tradition*. Wir sind führerlos, führen wir uns selbst. Der Staat, *unser* Staat, über alles. ›L'État c'est nous!‹«

Eine außerordentliche Bewegung hatte sich aller bemächtigt. »Das Ei des Kolumbus!« riefen einige der Bemoosten. Man schüttelte sich die Hände, es war eine Szene wie auf der Rütliwiese; alte Gelübde wurden erneuert, und, was mehr ist, man hielt sie. Neu Geltow blieb. Die villenartigen Häuschen, die, wenn der exodus referendariorum eine Wirklichkeit geworden wäre, längst ihr zierliches Blütengerank mit Kürbis und Stangenbohnen vertauscht haben würden, verblieben in ihrem Rosen- und Geißblattschmuck, und nichts war geschehen, als – die Verfassung war geändert. Die monarchische Spitze war abgebrochen, errungen war eine freie Schweiz.

Während wir über dies und ähnliches sprachen, hatten wir die letzten Häuser von Neu Geltow erreicht, und müde vom Marschieren, dazu trocken in der Kehle, setzten wir uns auf eine am Ackerrand liegende Walze, um hier aus freier Hand ein etwas verspätetes Vesperbrot einzunehmen. Ich richtete dabei allerhand Fragen an meinen Gefährten, der, wie sich der Leser aus früheren Kapiteln freundlich erinnern wird, diese Territorien zwischen Havel und Schwielow-See wie seine zweite Heimat kannte, und ließ mir, unter immer wachsendem Interesse, von den sozialen Zuständen dieser Kolonie erzählen, von Parteien und Gegensätzen, von Krieg und Frieden, von Réunions und Festlichkeiten und von den delikaten Beziehungen zwischen Wirten und Mietern.

»Diese Beziehungen«, so nahm der Gefährte eingehender das Wort, »sind sehr gut, wie Sie sich denken können; es wird hier studiert, aber es wird doch auch *gelebt*, und überraschlich ist mir immer nur das *eine* erschienen, daß, bei aller persönlichen Hinneigung zu der unter ihnen weilenden jungen Rechts- und Regierungswelt, die Hauswirte und Villenbesitzer, die Autochthonen von Neu Geltow, eine entschiedene Vorliebe für höchst unjuristische Aushilfen an den Tag legen. Ob die in den Zimmern ihrer Mieter aufgehäuften Wälzer und Pandektenstöße die Frage in ihnen angeregt haben: ›Wer soll *da* Recht finden?‹ – gleichviel, es ist eine

Tatsache, daß sie eine Art Passion für das aide-toi-même und für ein ›abgekürztes Gerichtsverfahren‹ haben.

Sehen Sie hier drüben das Haus neben dem Eiskeller?« fuhr mein Reisegefährte fort. Ich nickte. »Nun gut; in dem zweiten Hause dahinter, mit den Jalousien und der kleinen Veranda, wohnen zwei Brüder, Kaufleute ihres Zeichens, die sich aus den Geschäften wohl oder übel zurückgezogen haben und als Zimmervermieter und Hoteliers kleineren Stils in der frischen Luft von Neu Geltow das Nützliche mit dem Angenehmen zu verbinden trachten. Sie heißen Robertson, erzählen von einem rätselhaften Urgroßvater, der aus Schottland hierher verschlagen wurde, und haben ihre Sofas mit Tartan in den Clanfarben der Robertsons überzogen. Ihre Vornamen sind Wilhelm und Robert, wobei jener, wenn es sich darum handelt, ›to do the honours for all Scotland‹, im Vorteil ist, indem er sich beliebig aus einem Wilhelm in einen William umwandeln kann, während der jüngere durch eine Art Sprachtücke unter allen Umständen ein Robert bleibt. Er hat dafür den Vorzug der Alliteration und eines gewissen Skandinavismus: Robert Robertson.

Sie müssen diese Abschweifung meiner Erzählung verzeihen. Aber die beiden Brüder sind eben die Helden meiner Geschichte, und wenn es auch eine bekannte Sache ist, daß man seine Lieblingsfiguren am besten durch Tatsachen schildert, so werden Sie doch eine kurze Charakterisierung gelten lassen.

Robert, zu der Zeit, wo meine Geschichte spielt, hatte die linke, Wilhelm die rechte Seite des Hauses inne. Sie können deutlich die Giebelfenster des letzteren sehen. Es war an einem frischen Oktobermorgen, die Sonne war noch nicht heraus, als Robert an die Jalousien von seines Bruders Schlafzimmer pochte. Dieser ließ nicht lange auf sich warten und öffnete: ›Wilhelm, sie sind bei dir eingebrochen.‹ Das war ein Donnerwort.

Aber über Wilhelm kam jetzt der alte Geist seiner Heimat; die Schotten sind scharf in Mein-und-dein-Fragen; er sprang in die Kleider, dann in den Hof. Wer ihn gesehen hätte, hätte ausrufen müssen: ›Jeder Zoll ein William.‹ Der Einbruch war rasch konstatiert; der Dieb war mit Hilfe einer Feuerleiter in das oberste Giebelfenster, da, wo Sie jetzt das

Licht sehen, eingestiegen, hatte dem nachbarlichen Rauchfang drei Schinken und sieben Würste, einer auf dem Boden stehenden Truhe ein Bettenbündel entführt und war dann auf demselben Wege verschwunden, auf dem er gekommen war. Die Feuerleiter wieder an ihren Platz zu bringen, hatte er nicht für nötig befunden.

Einen Augenblick schien guter Rat teuer, als Robert, ohne eine Ahnung von der Wichtigkeit seiner Bemerkung zu haben, vor sich hin murmelte: ›Und der *Kinderwagen* ist auch weg.‹

Der ältere Bruder richtete sein Auge nach der Schuppenecke, wo sonst der Wagen zu stehen pflegte; die Stelle war leer; er stieß die linke Faust triumphierend in die Höh und schrie: ›Jetzt kriegen wir ihn.‹ Es war ersichtlich, daß der Dieb sich des Wagens bemächtigt hatte, um seine Beute rascher und bequemer fortschaffen zu können; dem Bestohlenen aber stand es auf einen Schlag vor der Seele, daß er an der *Apartheit der Räderspur eines Kinderwagens* die Spur des Feindes und endlich ihn selber finden würde.

›Sollen wir Anzeige machen?‹ unterbrach Robert.

›Ei, was, Anzeige. Das wissen wir in Neu Geltow besser.‹ Damit sprang er ins Haus zurück, stülpte sich eine Filzkappe auf und stand im nächsten Moment mit zwei Dornstöcken wieder auf dem Hof. ›Da, nimm.‹

›Willst du nicht lieber die Pistolen …‹

›Nein, ein Knittel geht immer los.‹ Damit trat er auf die nach Potsdam führende Chaussee. Der Bruder folgte.

Nun begann ein Suchen, wie es seit den Tagen des ›letzten Mohikaners‹ nicht mehr erlebt worden ist. Alle Künste, die Falkenauge in seinen besten Momenten geübt, alle Instinkte, die den Unkas und Chingachgook jemals siegreich geleitet, wenn sie aus einem abgebrochenen Tannenzweig oder aus dem Tritt des Mokassins die Spur zu entdecken und die schon verlorene wieder aufzufinden wußten, alle diese Künste und Instinkte, sie wurden überboten von dem, was jetzt William Robertson in dieser frühen Oktoberstunde leistete. Das Terrain war das schwierigste von der Welt. Es hatte in der Nacht geregnet, und der Staub, der sonst auf der Chaussee liegt, war weggespült worden. Aber wenn die harte Steinstraße keine Spur herausgab, so zeigte sie sich dafür allemal da, wo der Kinderwagen momentan in den sogenannten Sommerweg eingebogen war, wie in eine Form gegossen. Die Brüder sprachen kein Wort, aber in solchem Augenblick begrüßten sich ihre Blicke.

So hatten sie die Spur bis zum Tore verfolgt; hier mußte sich's entscheiden. War er ein Potsdamer und hier in die Stadt *hineingefahren*, so waren alle Mühen umsonst gewesen; war er aber ein *Berliner* (und allerhand Zeichen hatten schon dafür gesprochen), war er, statt *in* die Stadt, um diese *herum* und auf die Berliner Chaussee gebogen, so mußte er eingeholt werden. Richtig; da war die Spur. Der Sieg gestaltete sich mutmaßlich nur noch zu einer Frage der Zeit.

Also weiter. Es war jetzt schon um die neunte Stunde. Als sie eben die große Glienicker Brücke passiert hatten, sahen sie eine Schwadron Gardehusaren des Weges kommen. ›Habt ihr nicht einen Mann und einen Kinderwagen gesehn?‹ – ›Jawohl; er muß jetzt hinter Dreilinden sein, auf Neu-Zehlendorf zu.‹

Die Hoffnung sank wieder. Der Vorsprung war zu groß. Die Kräfte ließen nach. In diesem kritischen Moment indessen kam von einem der Etablissements her eine Morgendroschke gefahren, die nach Potsdam zurück wollte. ›Halt! Zwanzig Silbergroschen bis Neu-Zehlendorf.‹ Der Kutscher rührte sich nicht. ›Einen Taler.‹ Er nickte. ›Noch ein Trinkgeld, Kutscher, aber nun laßt Euren Wettrenner laufen.‹

Was soll ich die Katastrophe länger hinausschieben! Sie erraten ohnehin den Ausgang. In einem Chausseegraben zwischen Dreilinden und Zehlendorf, hart zur Linken des Weges, saß der Gegenstand dieser energischen Suche und frühstückte, eine der geraubten Speckseiten neben sich, mit der ganzen Ruhe eines guten Gewissens, während der Kinderwagen mit seinem Bettenbündel wie das Junge eines Frachtwagens mitten auf der Chaussee stand. Dieser letztere Umstand sollte dem arglosen Frühstücker besonders verhängnisvoll werden, denn die gestörte Straßenkommunikation ließ nunmehr ein Ausbiegen nach links hin oder das ›Gewinnen der inneren Linie‹, wie die Strategen sagen würden, völlig unverfänglich erscheinen. So gelang ein totaler Überfall. Im Moment des Vorbeifahrens stürzten sich die beiden Brüder aus der schon vorher leise geöffneten Droschkentür auf ihr Opfer, entrissen ihm, unter Geltendmachung ihrer ›immer losgehenden Waffe‹, das Klappmesser, das der Überraschte einen Augenblick Miene machte à deux mains zu gebrauchen, und luden ihn dann ein, den Mittelplatz in ihrer Droschke einzunehmen. ›Er werde wohl müde sein.‹ Der Kinderwagen wurde angehakt, und so ging es im Triumph rückwärts, über die Glienicker Brücke. ›*Jetzt* wollen wir Anzeige machen‹, rief William seinem Bruder zu. ›*Wer die Doktors kennt*, kuriert sich erst selber.‹

Da haben Sie meine Geschichte. Sie mag Ihnen den Satz illustrieren, womit ich anfing, die Neigung zum ›abgekürzten Verfahren‹.«

Unser Vesperbrot war längst beendet; wir erhoben uns von unsrer Walze und schritten munter in den Forst hinein. Es dunkelte stark, trotzdem die Sterne jetzt heller schienen. Wo eine Lichtung war und ein mäßig heller Schein auf den Weg fiel, musterte ich unwillkürlich die Gleise, ob nicht eine Kinderwagenspur sie durchschnitt oder begleitete.

WERDER

Die Insel und ihre Bevölkerung. Stadt und Kirche. »Christus als Apotheker«

Es möchte sich niederneigen
In die spiegelklare Flut,
Es möchte streben und steigen
In der Abendwolken Glut.

Uhland

I do remember an apothecary,
And hereabout he dwells; … green earthen pots
Were thinly scatter'd to make up a show.

Shakespeare

Der Reisende, den von Berlin aus sein Weg nach *Westen* führt, sei es, um angesichts des Kölner oder auch schon des Magdeburger Domes zu landen, hat – wie immer ablehnend er sich gegen die Schönheiten von Mark Brandenburg verhalten möge –, wenigstens zu Beginn seiner Fahrt, solange die grünen Hänge von Potsdam ihm zur Seite bleiben, einige Partien zu durchfliegen, die er nicht Anstand nehmen wird als Oasen gelten zu lassen. Wenn aber all die lachenden Bilder zwischen Schloß Babelsberg und dem Pfingstberg, zwischen der Pirschheide und dem Golmer Bruch ihn unbekehrt gelassen hätten, so würde doch das prächtige See- und Flußpanorama ihn entzücken müssen, das die große Havelbrücke eine Meile *westwärts* von Potsdam vor ihm auftut und das ihm nach rechts hin eine meilenbreite, segelbedeckte Fläche, nach links hin eine giebelreiche, rot und weiß gemusterte, in dem klaren Havelwasser sich spiegelnde gotische Kirche zeigt. Um sie herum ein dichter Häuserkranz: Stadt Werder.

Stadt Werder, wie ihr Chronist Ferdinand Ludwig Schönemann in einem 1784 erschienenen Buche erzählt, liegt auf einer »gänzlichen Insel«. Diese umfaßt sechsundvierzig Morgen. »Zur Sommerzeit, wenn das Wasser zurückgetreten ist, kann man die Insel in einer Stunde umschreiten; sie aber zu umfahren, sei es in einem Kahn oder einer Schute, dazu sind zwei Stunden erforderlich. Ein solches Umfahren der Insel an schönen Sommerabenden gewährt ein besonderes Vergnügen, zumal wenn des Echos halber die Fahrt von einem *Waldhornisten* begleitet wird.« Der Chronist hat hier eine romantische Anwandlung, die wir hervorgehoben haben wollen, weil sie in seinem Buche die einzige ist.

Der Boden der Insel ist fruchtbar, größtenteils fett und schwarz; nur ein geringer Strich, von sehr unpoetischem Namen, ist morastig. Was die Entstehung der Stadt angeht, so heißt es, daß sich die Bewohner eines benachbarten Wendendorfes, nach dessen Zerstörung durch die Deutschen, vom Festlande auf die Insel zurückgezogen und hier eine Fischerkolonie gegründet hätten. »Doch beruht« – wie Schönemann sinnig hervorhebt – »die *Gewißheit* dieser Meinung bloß auf einer *unsicheren* Überlieferung.«

Unsicher vielleicht, aber nicht unwahrscheinlich. Das umliegende Land wurde deutsch, die Havelinsel blieb wendisch. Die Gunst der Lage machte aus dem ursprünglichen Fischerdorfe alsbald einen Flecken (als solchen nennt es bereits eine Urkunde aus dem Jahre 1317), und abermals hundert Jahre später war aus dem Flecken ein Städtchen geworden, dem Kurfürst Friedrich II. bereits zwei Jahrmärkte bewilligte. So blieb es in allmählichem Wachsen, und seine Insellage wurde Ursach, daß keine Rückschläge erfolgten und Stadt Werder durch allen Zeitenwirrwarr hindurchgehen konnte, ohne die Kriegsrute zu empfinden, die für das umliegende Land, wie für alle übrigen Teile von Mark Brandenburg, oft so hart gebunden war. Der Dreißigjährige Krieg zog wie ein Gewitter, »das nicht über den Fluß kann«, an Werder vorüber; die Brücke war weislich abgebrochen, jedes Fahrzeug geborgen und versteckt, und wenn der scharf eintretende Winterfrost die im Sommer gewahrte Sicherheit zu gefährden drohte, so ließen sich's die Werderaner nicht verdrießen, durch beständiges Aufeisen der Havel ihre insulare Lage wiederherzustellen. So brachen nicht Schweden, nicht Kaiserliche in ihren Frieden ein, und es ist selbst fraglich, ob der »schwarze Tod«, der damals über das märkische Land ging, einen Kahn fand, um vom Festland nach der Insel überzusetzen.

Das war der Segen, den die Insellage schuf, aber sie hatte auch Nachteile im Geleit und ließ den von Anfang an vorhandenen gewesenen Hang, sich abzuschließen, in bedenklichem Grade wachsen. Man wurde eng, hart, selbstsüchtig; Werder gestaltete sich zu einer Welt für sich, und der Zug wurde immer größer, sich um die Menschheit draußen nur insoweit zu kümmern, als man *Nutzen* aus ihr ziehen konnte. Diese Exklusivität hatte schon in den Jahren, die dem Dreißigjährigen Kriege vorausgingen oder mit ihm zusammenfielen, einen hohen Grad erreicht. In Aufzeichnungen aus jener Zeit finden wir folgendes: »Die Menschen hier sind zum Umgange wenig geschickt und gar nicht aufgelegt, vertrauliche Freundschaften zu unterhalten. Sie hassen alle Fremden, die sich unter ihnen niederlassen, und suchen sie gern zu verdrängen. Vor den Augen stellen sie sich treuherzig, hinterm Rücken sind sie hinterlistig und falsch. Von außen gleißen sie zwar, aber von inwendig sind sie reißende Wölfe. Sie sind sehr abergläubisch, im Gespenstersehen besonders erfahren, haben eine kauderwelsche Sprache, üble Kinderzucht, schlechte Sitten und halten nicht viel auf Künste und Wissenschaften. *Arbeitsamkeit und sparsames Leben* aber ist ihnen nicht abzusprechen. Sie werden selten krank und bei ihrer Lebensart sehr alt.«

War dies das Zeugnis, das ihnen um 1620 oder 1630 ein unter ihnen lebender »Stadtrichter«, also eine beglaubigte Person, ausstellen mußte, so konnten 150 Jahre weiterer Exklusivität in Gutem wie Bösem keinen wesentlichen Wandel schaffen, und in der Tat, unser mehrzitierter Chronist bestätigt um 1784 nur einfach alles das, was Stadtrichter Irmisch (dies war der Name des 1620 zu Gericht Sitzenden) so lange Zeit *vor* ihm bereits niedergeschrieben hatte. Die Übereinstimmung ist so groß, daß darin ein eigentümliches Interesse liegt.

»Die Bewohner von Werder«, so bestätigt Schönemann, »suchen sich durch Verbindungen untereinander zu vermehren und *nehmen Fremde nur ungern unter sich auf*. Sie sind stark, nervig, abgehärtet, sehr beweglich. Sie stehen bei früher Tageszeit auf und gehen im Sommer schon um zwei Uhr an die Arbeit; sie erreichen siebzig, achtzig und mehrere Jahre und bleiben bei guten Kräften. Ihre Kinder gewöhnen sie zu harter Lebensart; im frühesten Alter werden sie mit in die Weinberge genommen, um ihnen die *Liebe zur Arbeit* mit der Muttermilch einzuflößen. Die Kinder werden bis zum achten oder neunten Jahre in die Schule geschickt, lernen etwas lesen, wenig schreiben und noch weniger rechnen. Die meisten bleiben ungesittet; das kommt aber nicht in Betracht, weil ihnen an dem zeitlichen Gewinn gelegen ist. *Viele natürliche Fähigkeiten sind bei ihnen nicht anzutreffen,* und sie halten fest am Alten. Sie lieben einen springenden Tanz und machen Aufwand bei ihren Gastmählern. Im übrigen aber leben sie *kärglich und sparsam und suchen sich durch Fleiß und Mühe ein Vermögen zu erwerben.*«

Welche Stabilität durch anderthalb Jahrhunderte! Im übrigen, wenn man festhält, wie tief der Egoismus in aller Menschennatur überhaupt steckt und daß es zu alledem zwei »Fremde«, zwei »Zugezogene« waren, die den Werderanern die vorstehenden, gewiß nicht allzu günstig gefärbten Zeugnisse ausstellten, so kann man kaum behaupten, daß die Schilderung ein besonders schlechtes Licht auf die Inselbewohner würfe. Hart, zäh, fleißig, sparsam, abgeschlossen, allem Fremden und Neuen abgeneigt, das Irdische über das Überirdische setzend – das gibt zwar kein Idealbild, aber doch das Bild eines tüchtigen Stammes, und das sind sie auch durchaus und unverändert bis diesen Tag.

Wir haben uns bis hieher ausschließlich mit den *Bewohnern* beschäftigt; es erübrigt uns noch, in die *Stadt* selbst einzutreten und, soweit wir es vermögen, ein Bild ihres Wachstums, dann ihrer gegenwärtigen Erscheinung zu geben.

Der nur auf das Praktische gerichtete Sinn, der nichts Höheres als den Erwerb kannte, dazu eine Abgeschlossenheit, die alles Lernen fast mit Geflissentlichkeit vermied, all diese Züge, wie wir sie aus doppelter Schilderung kennengelernt haben, waren begreiflicherweise nicht imstande, aus Werder einen Prachtbau zu schaffen. Es hatte seine *Lage* und seine *Kirche*, beide schön, aber die Lage hatte ihnen Gott und die Kirche hatten ihnen die Lehniner Mönche gegeben. An beiden waren die Werderschen unschuldig. Was aus ihnen selbst heraus entstanden, was ihr Eigenstes war, das ließ allen Bürgersinn vermissen und erinnerte an den Lehmkatenbau der umliegenden Dörfer.

Noch zu Anfang des vorigen Jahrhunderts bestanden die Häuser aus Holz, Lehm und gestakten Wänden, die hölzernen Schornsteine zeigten einen riesigen Umfang, und die Giebelfronten waren derart, daß immer eine Etage vorspringend über die andere hing. Die Häuser waren groß, aber setzten sich zu wesentlichstem Teile aus Winkeln, Kammern und großen Böden, selbst aus unausgebauten Stockwerken zusammen, so daß die Familie meist in einer einzigen Stube hauste, die freilich groß genug war, um dreißig Personen bequem zu fassen. Im Einklang damit war alles übrige: die Brücke baufällig, die Straßen ungepflastert, so daß, in den Regenwochen des Herbstes und Frühjahrs, die Stadt unpassierbar war und der Verkehr von Haus zu Haus auf Stelzen oder noch allgemeiner auf Kähnen unterhalten werden mußte.

In allem diesem schaffte endlich das Jahr 1736 Wandel. – Dieselben beiden Faktoren: »das Königtum und die Armee«, die überall hierzulande aus dem kümmerlich Gegebenen erst etwas machten, waren es auch hier, die das Alte abtaten und etwas Neues an die Stelle setzten. Die Armee, wie unbequem sie dem einen oder andern sein mochte, damals wie heute, sie sicherte, sie bildete, sie baute auf. So auch in Werder.

Es war im Spätsommer genannten Jahres (1736), als das eben damals in Brandenburg garnisonierende 3. Bataillon Leibgarde Befehl erhielt, zur Revue nach Potsdam zu marschieren, und zwar über *Werder*. Der Befehl lautete so bestimmt wie möglich; so blieb nichts anders übrig, als dem Könige rund und nett zu erklären, daß die *Brücke* zu Werder unfähig sei, das 3. Bataillon Leibgarde zu tragen. Die Gardemänner aber, etwa im Gänsemarsch, einzeln in die Stadt einrücken zu lassen, dieser Vorschlag wurde gar nicht gewagt; Friedrich Wilhelm I. würde ihn als einen Affront geahndet haben. So gab es denn nur *einen* Ausweg, eine – *neue Brücke*. Der König ließ sie aus Schatullengeldern in kürzester Frist herstellen.

Eine neue Brücke war nun da; aber auch in der Stadt selber sollte es anders werden. Ein Kommando des Leibregiments, aus Gründen, die nicht ersichtlich, war in Werder geblieben, und im Spätherbst erschien Seine Majestät in der

Inselstadt, um über seine 150 Blauen eine Spezialrevue abzuhalten. Es war die unglücklichste Jahreszeit: die Karosse des Königs blieb mitten auf dem Markt im Moraste stecken, ein Parademarsch wurde zu einem Unding, und die Ungnade des Königs, wenn dergleichen nicht wieder vorkommen sollte, wandelte sich von selbst in eine Gnade um: Werder wurde gepflastert.

Die Kirche »Zum heiligen Geist«, auf der höchsten Stelle der Insel malerisch gelegen, war schon zwei Jahre vorher einem Neubau unterzogen worden; ob sie schönheitlich dadurch gewonnen hatte, wird zu bezweifeln sein; die Lehniner Mönche verstanden sich besser auf Kirchenbau als der Soldatenkönig. Jedenfalls verbietet sich jetzt noch eine Entscheidung in dieser Frage, da die Renovation von 1734 längst wieder einem *neuen* Umbau gewichen ist, einer wiederhergestellten, spitzenreichen Gotik, die, in der Nähe vielleicht mannigfach zu beanstanden, als Landschaftsdekoration aber, wie eingangs dieses Kapitels bereits hervorgehoben wurde, von seltener Schönheit ist.

Dieser letzte Umbau, und wir treten damit in die Gegenwart ein, hat die Kirche erweitert, gelichtet, geschmückt; jene königliche Munifizenz Friedrich Wilhelms IV., die hier überall, an der Havel und den Havelseen hin, neue Kirchen entstehen, die alten wiederherstellen ließ, hat auch für Werder ein Mannigfaches getan. Dennoch, wie immer in solchen Fällen, hat das geschichtliche Leben Einbuße erfahren, und Bilder, Grabsteine, Erinnerungsstücke haben das Feld räumen müssen, um viel sauberern, aber viel uninteressanteren Dingen Platz zu machen. Zum Glück hat man für das »historische Gerümpel«, als das man es angesehen zu haben scheint, wenigstens eine »Rumpelkammer« übriggelassen, wenn es gestattet ist, eine Sakristeiparzelle mit diesem wenig ehrerbietigen Namen zu bezeichnen.

Hier befindet sich unter andern auch ein ehemaliges *Altargemälde*, das in Werder den überraschenden, aber sehr bezeichnenden Namen führt: »Christus als Apotheker«. Es ist so abnorm, so einzig in seiner Art, daß eine kurze Beschreibung desselben hier am Schlusse unsers Kapitels gestattet sein möge. Christus, in rotem Gewande, wenn wir nicht irren, steht an einem Dispensiertisch, eine Apothekerwaage in der Hand. Vor ihm, wohlgeordnet, stehen acht Büchsen, die auf ihren Schildern folgende Inschriften tragen: Gnade, Hilfe, Liebe, Geduld, Friede, Beständigkeit, Hoffnung, Glauben. Die Büchse mit dem *Glauben* ist die weitaus größte; in jeder einzelnen steckt ein Löffel. In Front der Büchsen, als die eigentliche Hauptsache, liegt ein geöffneter Sack mit *Kreuzwurz*. Aus ihm hat Christus soeben eine Handvoll genommen, um die Waage, in deren einer Schale die *Schuld* liegt, wieder in Balance zu bringen. Ein zu Häupten des Heilands angebrachtes Spruchband aber führt die Worte: »Die Starken bedürfen des Arztes nicht, sondern die Kranken. Ich bin kommen, die Sünder zur Buße zu rufen und nicht die Frommen. (Matthäi 9, Vers 12.)«

Die Werderaner, wohl auf Schönemann gestützt, haben dies Bild bis in die katholische Zeit zurückdatieren wollen. Sehr mit Unrecht. Die katholische Zeit hat solche Geschmacklosigkeiten nicht gekannt. In diesen Spielereien erging man sich, unter dem nachwirkenden Einfluß der Zweiten Schlesischen Dichterschule, der Lohensteins und Hofmannswaldaus, zu Anfang des vorigen Jahrhunderts, wo es Mode wurde, einen Gedanken, ein Bild in unerbittlich-konsequenter Durchführung zu Tode zu hetzen. Könnte übrigens inhaltlich darüber noch ein Zweifel sein, so würde die malerische Technik auch diesen beseitigen.

1734, in demselben Jahre, in dem die alte Zisterzienserkirche renoviert wurde, erhielt Werder auch eine *Apotheke*. Es ist höchst wahrscheinlich, daß der glückliche Besitzer derselben sich zum Donator machte und das Bildkuriosum, das wir geschildert, dankbar und – hoffnungsvoll stiftete.

Im nächsten Kapitel einiges über die »Werderschen«.

DIE WERDERSCHEN

Blaue Havel, gelber Sand,
Schwarzer Hut und braune Hand,
Herzen frisch und Luft gesund
Und *Kirschen* wie ein Mädchenmund.

Was uns nun aber heute nach Werder führt, das ist weder die Kirche noch deren fragwürdiger Bilderschatz, das ist einfach eine Pietät gegen die besten Freundinnen unserer Jugend, gegen die »Werderschen«. Jeden Morgen, auf unserem Schulwege, hatten wir ihren Stand zwischen Herkules- und Friedrichsbrücke zu passieren, und wir können uns nicht entsinnen, je anders als mit »Augen rechts« an ihrer langen Front vorübergegangen zu sein. Mitunter traf es sich auch wohl, daß wir das verspätete »zweite Treffen« der Werderschen, vom Unterbaume her, heranschwimmen sahen: große Schuten, dicht mit Tienen besetzt, während auf den Ruderbänken zwanzig Werderanerinnen saßen und ihre Ruder und die Köpfe mit den Kiepenhüten gleich energisch bewegten. Das war ein idealer Genuß, ein Schauspiel, aber ach, »ein *Schauspiel* nur«, und siehe da, dem *ersten* Treffen, das in allem Schimmer Pomonens sich bereits faßbar vor uns präsentierte, verblieb doch immer der Sieg über unsere Sinne und unser Herz. Welche Pfirsiche in Weinblatt! Die Luft schwamm in einem erfrischenden Duft, und der Kuppelbau der umgestülpten und übereinandergetürmten Holztienen interessierte uns mehr als der Kommodenbau von Monbijou und, traurig zu sagen, auch als der Säulenwald des Schinkelschen Neuen Museums.

Das sind nun fünfundvierzig Jahre, das »Neue Museum« von damals ist schon wieder zu einem alten geworden, die Bilder jener Tage aber sind nicht verblaßt, und als unsere Havelwanderungen vor lang oder kurz begannen und unser Auge, von den Kuppen und Berglehnen am Schwielow aus, immer wieder der Spitzturmkirche von Werder gewahr wurde, da gemahnte es uns wie alte Schuld und alte Liebe, und die Jugendsehnsucht nach den Werderschen stieg wieder auf: hin nach der Havelinsel und ihrem grünen Kranz, »wo tief im Laub die Knupperkirschen glühn«.

Und wie alle echte Sehnsucht schließlich in Erfüllung geht, so auch hier, und ehe noch der Juli um war, brauste der Zug wieder über die große Havelbrücke, erst rasch, dann seinen Eilflug hemmend, bis er zu Füßen eines Kirschberges hielt: »Station Werder!«

Noch eine Drittelmeile bis zur *Stadt*; eine volle Drittelmeile, die einem um drei Uhr nachmittags, bei siebenundzwanzig Grad im Schatten und absoluter Windstille schon die Frage vorlegen kann: ob nicht doch vielleicht ein auf hohen Rädern ruhendes, sargartiges Ungetüm, das hier unter dem Namen »Omnibus« den Verkehr zwischen Station und Stadt unterhält, vor Spaziergangsversuchen zu bevorzugen sei. Aber es handelt sich für uns nicht um die Frage »bequem oder unbequem«, sondern um *Umschau*, um den Beginn unserer Studien, da die großen Kirschplantagen, die den Reichtum Werders bilden, vorzugsweise zu beiden Seiten ebendieser Wegstrecke gelegen sind, und so lassen wir denn dem Omnibus einen Vorsprung, gönnen dem Staube zehn Minuten Zeit, sich wieder zu setzen, und folgen nun zu Fuß auf der großen Straße.

Gärten und Obstbaumplantagen zu beiden Seiten; links bis zur Havel hinunter, rechts bis zu den Kuppen der Berge hinauf. Keine Spur von Unkraut; alles rein geharkt; der weiße Sand des Bodens liegt obenauf. Große Beete mit Erdbeeren und ganze Kirschbaumwälder breiten sich aus. Wo noch vor wenig Jahren der Wind über Thymian und Hauhechel strich, da hat der Spaten die schwache Rasennarbe umgewühlt, und in wohlgerichteten Reihen neigen die Bäume ihre fruchtbeladenen Zweige.

Je näher zur Stadt, um so schattiger werden rechts und links die Gärten; denn hier sind die Anlagen älter, somit auch die Bäume. Viele der letzteren sind mit edleren Sorten gepfropft, und Leinwandbänder legen sich um den amputierten Ast, wie die Bandage um das verletzte Glied. Hier mehren sich auch die Villen und Wohnhäuser, die großenteils zwischen Fluß und Straße, also zur Linken der letzteren, sich hinziehen. Eingesponnen in Rosenbüsche, umstellt von

Malven und Georginen, entziehen sich viele dem Auge, andere wieder wählen die lichteste Stelle und grüßen durch die weitgestellten Bäume mit ihren Balkonen und Fahnenstangen, mit Veranden und Jalousien.

Eine reiche, immer wachsende Kultur! *Wann* sie ihren Anfang nahm, ist bei der Mangelhaftigkeit der Aufzeichnungen nicht mehr festzustellen. Es scheint aber fast, daß Werder als ein Fischerort ins siebzehnte Jahrhundert ein- und als ein Obst- und Gartenort aus ihm heraustrat. Das würde dann darauf hindeuten, daß sich die Umwandlung unter dem Großen Kurfürsten vollzogen habe, und dafür sprechen auch die mannigfachsten Anzeichen. Die Zeit nach dem Dreißigjährigen Kriege war wieder eine Zeit großartiger Einwanderung in die entvölkerte Mark, und mit den *garten*kundigen Franzosen, mit den Bouchés und Matthieus, die bis auf diesen Tag in ganzen Quartieren der Hauptstadt blühen, kamen ziemlich gleichzeitig die *agrikultur*kundigen *Holländer* ins Land. Unter dem, was sie pflegten, war auch der *Obstbau*. Sie waren von den Tagen Luise Henriettens, von der Gründung Oranienburgs und dem Auftreten der kleveschen Familie Hertefeld an die eigentlichen landwirtschaftlichen Lehrmeister für die Mark, speziell für das *Havelland*, und wir möchten vermuten, daß der eine oder andere von ihnen, angelockt durch den echt holländischen Charakter dieser Havelinsel, seinen Aufenthalt hier genommen und die große Umwandlung vorbereitet habe. Vielleicht wäre aus den Namen der noch lebenden werderschen Geschlechter festzustellen, ob ein solcher holländischer Fremdling jemals unter ihnen auftauchte. Bemerkenswert ist es mir immer erschienen, daß die Werderaner in »Schuten« fahren, ein niederländisches Wort, das in den wendischen Fischerdörfern, soviel ich weiß, nie angetroffen wird.

Gleichviel indes, was die Umwandlung brachte, sie kam. Die Flußausbeute verlor mehr und mehr ihre Bedeutung; die Gärtnerzunft begann die Fischerzunft aus dem Felde zu schlagen, und das sich namentlich unter König Friedrich Wilhelm I., auch nach der Seite der »guten Küche« hin, schnell entwickelnde Potsdam begann seinen Einfluß auf die Umwandlung Werders zu üben. Der König, selber ein Feinschmecker, mochte unter den ersten sein, die anfingen, eine *werdersche* Kirsche von den üblichen Landesprodukten gleiches Namens zu unterscheiden. Außer den Kirschen aber war es zumeist das Strauchobst, das die Aufmerksamkeit des Kenners auf Werder hinlenkte. Statt der bekannten Bauernhimbeere, wie man ihr noch jetzt begegnet, die Schattenseite hart, die Sonnenseite madig, gedieh hier eine Spezies, die, in Farbe, Größe und strotzender Fülle prunkend, aus Gegenden hierhergetragen schien, wo Sonne und Wasser eine südliche Brutkraft üben.

Um die Mitte des vorigen Jahrhunderts hatte sich die Umwandlung völlig vollzogen: Werder war eine *Garten*insel geworden. Seinem Charakter nach war es dasselbe wie heut, aber freilich nicht seiner Bedeutung nach. Sein Ruhm, sein Glück begann erst mit jenem Tage, wo der *erste* Werderaner (ihm würden Bildsäulen zu errichten sein) mit seinem Kahne an Potsdam *vorüber*- und Berlin *entgegen*schwamm. Damit brach die Großzeit an. In Wirklichkeit ließ sie noch ein halbes Jahrhundert auf sich warten, in der Idee aber war sie geboren. Mit dem rapide wachsenden Berlin wuchs auch Werder und verdreifachte in fünfzig Jahren seine Einwohnerzahl, genau wie die Hauptstadt. Der Dampf kam hinzu, um den Triumph zu vervollständigen. Bis 1850 hielt sich die Schute, dann wurde sie als altehrwürdiges Institut beiseite gelegt, und ein »auf Gegenseitigkeit« gebauter Dampfer, der bald gezwungen war, einen großen Havelkahn ins Schlepptau zu nehmen, leitete die neue Ära der Werderaner ein. Von 1853 bis 1860 fuhr die »Marie Luise«; seitdem fährt der »König Wilhelm« zwischen Werder und Berlin.

Noch einiges Statistisches. Auch Zahlen haben eine gewisse Romantik. Wie viele Menschen erdrückt oder totgeschossen wurden, hat zu allen Zeiten einen geheimnisvollen Zauber ausgeübt; an Interesse steht dem vielleicht am nächsten, wieviel gegessen worden ist. So sei es denn auch uns vergönnt, erst mit kurzen Notizen zu debütieren und dann eine halbe Seite lang in Zahlen zu schwelgen.

Mit dem ersten Juni beginnt die Saison. Sie beginnt, von Raritäten abgesehen, mit Erdbeeren. Dann folgen die süßen Kirschen aller Grade und Farben; Johannisbeeren, Stachelbeeren, Himbeeren schließen sich an. Ende Juli ist die Saison auf ihrer Höhe. Der Verkehr läßt nach, aber nur, um

Mitte August einen neuen Aufschwung zu nehmen. Die sauren Kirschen eröffnen den Zug; Aprikosen und Pfirsich folgen; zur Pflaumenzeit wird noch einmal die schwindelnde Höhe der letzten Juliwochen erreicht. Mit der Traube schließt die Saison. Man kann von einer Sommer- und Herbstcampagne sprechen. Der Höhenpunkt jener fällt in die Mitte Juli, der Höhenpunkt dieser in die Mitte September. Die Knupperkirsche einerseits, die blaue Pflaume andererseits – sie sind es, die über die Saison entscheiden.

Der Versand ist enorm. Er beginnt mit 1000 Tienen, steigt in rapider Schnelligkeit auf 3000, auf 5000, hält sich, sinkt, steigt wieder und tritt mit 1000 Tienen, ganz wie er begonnen, schließlich vom Schauplatz ab. Als Durchschnittsminimum wird man 3000, als Maximum 4000 Tienen täglich, die Tiene zu drei Metzen, annehmen dürfen. Der Preis einer Tiene ist 15 Silbergroschen. Dies würde, bei Zugrundelegung des Minimalsatzes, in 4 Monaten oder 120 Tagen einen Gesamtabsatz von 120 mal 3000, also von 360 000 Tienen* ergeben. Dies ist aber zu niedrig gerechnet, da 360 000 Tienen, die Tiene zu 15 Silbergroschen, nur einer Gesamteinnahme von 180 000 Talern entsprechen würden, während diese auf 280 000 Taler angegeben wird. Gleichviel indes; dem Berliner wird unter allen Umständen der Ruhm verbleiben, als Minimalsatz alljährlich eine Million Metzen werdersches Obst zu konsumieren. Solche Zahlen sind schmeichelhaft und richten auf.

Sie richten auf – in erster Reihe natürlich die Werderschen selbst, die die entsprechende Summe einzuheimsen haben, und in der Tat, auf dem Werder und seinen Dependenzien ist ein solider Durchschnittswohlstand zu Hause. Aber man würde doch sehr irregehn, wenn man hier, in modernem Sinne, großes Vermögen, aufgespeicherte Schätze suchen wollte. Wer persönlich anfaßt und fleißig arbeitet, wird selten reich; reich wird der, der mit der Arbeit hundert anderer Handel treibt, sie als kluger Rechner sich zunutze macht. An solche Modernität ist hier nicht zu denken. Dazu

* Ein sehr bedeutender Teil des werderschen Obstes, namentlich aus den an der Eisenbahn gelegenen Obstbergen, geht nicht zu Schiff, sondern vermittelst Bahn nach Berlin. Auch dieser Verkehr ist außerordentlich bedeutend. Ob er in den Zahlen, die wir vorstehend verzeichnet haben, mit einbegriffen ist oder nicht, vermögen wir nicht mit Bestimmtheit zu sagen.

kommen die bedeutenden Kosten, Lohnzahlungen und Ausfälle. Eine Tiene Obst, wir gaben es schon an, bringt im Durchschnitt fünfzehn Silbergroschen; davon kommen sofort in Wegfall: anderthalb Silbergroschen für Pflückerlohn und ebenfalls anderthalb Silbergroschen für Transport. Aber die eigentlichen Auslagen liegen schon weit vorher. Die Führung großer Landwirtschaften ist aus den mannigfachsten Gründen, aus Mangel an Wiesen und vielleicht nicht minder aus Mangel an Zeit und Kräften, auf dem Werder so gut wie unmöglich; so fehlt es denn an Dung, und diese Unerläßlichkeit muß aus der Nachbarschaft, meist aus Potsdam, mühsam herbeigeschafft werden. Eine Fuhre Dung kostet sieben Taler. Dies allein bedingt die stärksten Abzüge. Was aber vor allem einen eigentlichen Reichtum nicht aufkommen läßt, das sind die Ausfalljahre, wo die Anstrengungen, um noch größerem Unheile vorzubeugen, verdoppelt werden müssen und wo dennoch mit einem Defizit abgeschlossen wird. Die Überschüsse früherer Jahre müssen dann aushelfen. Derartige Ausfalljahre sind solche, wo entweder starke Fröste die großen Obstplantagen zerstören oder wo im Frühjahr die Schwaben und Blatthöhler das junge Laub töten, die Ernte reduzieren und oft die Bäume dazu. So gibt es denn unter den Werderschen eine Anzahl wohlhabender Leute, aber wenig reiche. Es ist auch hier dafür gesorgt, daß die Bäume nicht in den Himmel wachsen.

»Die Werdersche«

Ein Intermezzo

> All Großes, wie bekannt, wirft seinen Schatten;
> Und ehe dich, o Bayrische, wir hatten,
> Erschien, ankündigend, in braunem Schaum
> Die *Werdersche.* Ihr Leben war ein Traum.

Unter einem Geplauder, das im wesentlichen uns die Notizen an die Hand gab, die wir vorstehend wiedererzählt, waren wir bis an eine Stelle gekommen, wo die große Straße nach links hin abbiegt und in ihrer Verlängerung auf die

Brücke und demnächst auf die Insel führt. Genau an dem Kniepunkt erhob sich ein ausgedehntes Etablissement mit Betriebsgebäuden, hohen Schornsteinen und Kellerräumen, und der eben herüberwehende Malzduft ließ keinen Zweifel darüber, daß wir vor einer der großen Brauereien ständen, die der Stadt Werder auch nach *dieser* Seite hin eine Bedeutung gegeben haben. Es sind eben *zwei* Größen, die wir an dieser Stelle zu verzeichnen haben: in erster Reihe die »Werderschen«, in zweiter Reihe »die Werdersche«. Eine Welt von Unterschied legt sich in diesen einen Buchstaben n. Wie Wasser und Feuer im Schoße der Erde friedlich nebeneinander wohnen, solange ihr Wohnen eben ein *Neben*einander ist, aber in Erdbeben und Explosionen unerbittlich sich Luft machen, sobald ihr Nebeneinander ein Durcheinander wird, so auch hier. Den Erfahrenen schaudert.

Die Einheitlichkeit unserer Darstellung zu wahren, hätten wir vielleicht die Pflicht gehabt, die »Werdersche« zu unterschlagen und den »Werderschen« allein das Feld und den Sieg zu lassen, aber das Wort: die »Werdersche«, ist einmal gefallen, und so verbietet sich ein Rückzug. Ein Bierkapitel schiebt sich verlegen in das Obstkapitel ein.

Die Zeiten liegen noch nicht weit zurück, wo die »Weiße« oder, um ihr Symbol zu nennen, die »Stange« unsere gesellschaftlichen Zustände wie ein Dynastengeschlecht beherrschte. Es war eine weitverzweigte Sippe, die, in den verschiedenen Stadtteilen, besserer Unterscheidung halber, unter verschiedenen Namen sich geltend machte: die Weiße von Volpi, die Weiße von Clausing oder (vielleicht die stolzeste Abzweigung) einfach das Bier von *Bier*. Ihre Beziehungen untereinander ließen zuzeiten viel zu wünschen übrig, aber alle hatten sie denselben Familienstolz, und nach *außen* hin waren sie einig. Sie waren das herrschende Geschlecht.

So gingen die Dinge seit unvordenklichen Zeiten; das alte Europa brach zusammen, Throne schwankten, die »Weiße« blieb. Sie blieb während der Franzosenzeit, sie blieb während der Befreiungsjahre, sie schien fester als irgendeine etablierte Macht, Aber schon lauerte das Verderben.

In jenen stillen Jahren, die der großen Aufregung folgten, wo man's gehenließ, wo die Wachsamkeit lullte, da geschah's. Eines Tages, wie aus dem Boden aufgestiegen, waren zwei Konkurrenzmächte da: die *Grünthaler* und die *Jostysche.*

Jetzt, wo sich ein freierer Überblick über ein halbes Jahrhundert ermöglicht, ist die Gelegenheit gegeben, auch ihnen gerecht zu werden. Es ist jetzt die Möglichkeit da, die Dinge aus dem Zusammenhange zu erklären, das Zurückliegende aus dem Gegenwärtigen zu verstehn. Beide Neugetränke hatten einen ausgesprochenen Heroldscharakter, sie waren Vorläufer, sie kündigten an. Man kann sagen: Berlin war für die Bayersche noch nicht reif, aber das Seidel wurde bereits geahnt. Die Grünthaler, die Jostysche, sie waren eine Kulmbacher von der milderen Observanz; die Jostysche, in ihrem Hange nach Milde, bis zum Koriander niedersteigend. Beide waren, was sie sein konnten. Darin lag ihr Verdienst, aber doch auch ihre Schwäche. Ihr Wesen war und blieb – die Halbheit. Und die Halbheit hat noch nie die Welt erobert, am wenigsten Berlin.

So herrschten denn die alten Mächte vorläufig weiter. Aber nicht auf lange. Die Notwendigkeit einer Wandlung hatte sich zu fühlbar herausgestellt, als daß es hätte bleiben können, wie es war. Die Welt, wenn auch nach weiter nichts, sehnte sich wenigstens nach Durchbrechung des Monopols, und siehe da, was den beiden Vorläufern des Seidels nicht hatte glücken wollen, das glückte nunmehr, in ebendiesen Interregnumstagen, einer *dritten* Macht, die, an das Alte sich klug und weise anlehnend, ziemlich gleichzeitig mit jenen beiden ins Dasein sprang.

Diese dritte Macht (der Leser ahnt bereits, welche) hatte von vornherein den Vorzug, alles Fremdartigen entkleidet, auf unserem Boden aufzutreten; – märkisch national, ein Ding für sich, so erschien die *Werdersche.* Sie war dem Landesgeschmack geschickt adaptiert, sie stellte sich einerseits in Gegensatz gegen die Weiße und hatte doch wiederum so viel von ihr an sich, daß sie wie zwei Schwestern waren, dasselbe Temperament, dasselbe prickelnde Wesen, im übrigen reine Geschmackssache: blond oder braun. In Kruken auftretend und über dreimal gebrauchten Korken eine blasse, längst ausgelaugte Strippe zu leichtem Knoten schürzend, war sie, die Werdersche, in ihrer äußerlichen Erscheinung schon, der ausgesprochene und bald auch der glückliche Konkurrent der älteren Schwester, und die bekannten Kellerschilder, diese glücklich-realistische Mischung von Stilleben und Genre, bequemten sich mehr und mehr, neben der blonden Weißen die braune Werdersche ebenbürtig einzurangieren. Die Verhältnisse, ohne daß ein Plan dahin geleitet hätte, führten über Nacht zu einer Teilung der Herrschaft. Die Werdersche hielt mehr und mehr ihren Einzug über die Hintertreppe; in den Regionen der Küche und Kinderstube erwuchs ihr das süße Gefühl, eine Mission gefunden und erfüllt zu haben; sie wurde *Nahr*bier in des Wortes verwegenster Bedeutung, und das gegenwärtige Geschlecht, wenn auch *aus zweiter Hand erst*, hat Kraft und Leben gesogen aus der »Werderschen«.

Dessen seien wir gedenk. Das Leben mag uns losreißen von unserer Amme; aber ein Undankbarer, der sie nicht kennen will oder bei ihrem Anblick sich schämt.

Sieh nur, sieh, wie behend sich die Menge
Durch die Gärten und Felder zerschlägt,
Wie der Fluß, in Breit' und Länge,
So manchen lustigen Nachen trägt;
Und bis zum Sinken überladen,
Entfernt sich dieser letzte Kahn.

»*Faust*«

Soviel über die »Werdersche«. Wir kehren zu den »Werderschen« zurück.

Vom Knie bis zur Stadt ist nur noch eine kurze Strecke. Wir schritten auf die Brücke zu, die zugleich die Werft, der Hafen- und Stapelplatz von Werder ist. Hier wird aus- und eingeladen, und die Bilder, die diesen Doppelverkehr begleiten, geben dieser Stelle ihren Wert und ihre Eigentümlichkeit. Der gesamte Hafenverkehr beschränkt sich auf die Nachmittagsstunden; zwischen fünf und sechs, in einer Art Kreislauftätigkeit, leeren sich die Räume des aus der Hauptstadt zurückkehrenden Dampfers und seines Beikahns wie im Fluge, aber sie leeren sich nur, um sich unverzüglich wieder mit Töpfen und Tienen zu füllen.

Es ist jetzt fünf Uhr. Der Dampfer legt an; die Entfrachtung nimmt ihren Anfang. Über das Laufbrett hin, auf und zurück, in immer schnellerem Tempo, bewegen sich die Bootsleute, magere, aber nervige Figuren, deren Beschäftigung zwischen Landdienst und Seedienst eine glückliche Mitte hält. Wenn ich ihnen eine gewisse Matrosengrazie zuschriebe, so wäre das nicht genug. Sie nähern sich vielmehr dem Akrobatentum, den Vorstadt-Rappos, die sechs Stühle übereinandertürmen und, den ganzen Turmbau aufs Kinn oder die flache Hand gestellt, über ein Seil hin ihre doppelte Balancierkunst üben: der *Bau* darf nicht fallen und sie *selber* auch nicht. So hier. Einen Turmbau in Händen, der sich aus lauter ineinandergestülpten Tienen zusammensetzt und halbmannshoch über ihren eigenen Kopf hinauswächst, so laufen sie über das schwanke Brett und stellen die Tienentürme in langen Reihen am Ufer auf. Im ersten Augenblick scheint dabei eine Willkür oder ein Zufall zu walten; ein schärferes Aufmerken aber läßt uns in dem scheinbaren Chaos bald die minutiöseste Ordnung erkennen, und die Tienen stehen da, militärisch gruppiert und geordnet, für den Laien eine große, unterschiedslose Masse, aber für den Eingeweihten ein Bataillon, ein Regiment, an Achselklappe, Knopf und Troddel aufs bestimmteste erkennbar. So viele Gärtner und Obstpächter, so viele Compagnien. Zunächst unterscheiden sich die Tienen nach der *Farbe*, und zwar derart, daß die untere Hälfte au naturel auftritt, während die obere, mehr sichtbare Hälfte in Rot oder Grün, in Blau oder Weiß sich präsentiert. Aber nicht genug damit. Auf diesem breiten Farbenrande befinden sich, zu weiterer Unterscheidung, entweder die Namen der Besitzer oder noch häufiger ihre Wappenzeichen: Kreuze, stehend und liegend, Sterne, Kreise und Sonnen, eingegraben und eingebrannt. Man kann hier von einer völligen *Heraldik* sprechen. Die alten »Geschlechter« aber, die diese Wappen tragen und pflegen, sind die Lendels, die Mays, die Kühls, die Schnetters und unmittelbar nach ihnen die Rietz', die Kuhlmeys, die Dehnickes. Als altwendisch gelten die Lendels und die Rietz', vielleicht auch die Kuhlmeys.

Ist nun aber das Landen der leeren Tienen, wie wir es eben geschildert haben, eine heitere und malerische Szene, so kann diese doch nicht bestehen neben dem konkurrierenden Schauspiel des *Einladens*, des An-Bord-Schaffens, das schon beginnt, bevor das Ausladen zur Hälfte beendet ist.

Etwa von fünfeinhalb Uhr ab, und nun rapide wachsend bis zum Moment der Abfahrt, kommen die Obstwagen der Werderaner heran, kleine, grüngestrichene Fuhrwerke, mit Tienen hoch bepackt und mit zwei Zughunden am Deichsel, während die Besitzer, durch Stoß von hinten, die Lokomotion unterstützen. Ein Wettfahren beginnt, alle Kräfte konzentrieren sich, von links her rollt es und donnert es über die Brückenbohlen, von rechts her, auf der chaussierten Vorstadtstraße, wirbelt der Staub, und im Näherkommen an das ersehnte Ziel heulen die Hunde immer toller in die Luft hinein, wie verstimmte Posthörner beim Einfahren in die Stadt. Immer mächtiger wird die Wagenburg, immer lauter das Gebläff, immer quicker der Laufschritt derer, die die Tienen über das Brett hin in den am Landungsdamm liegenden Kahn hineintragen. Jetzt setzt der Zeiger ein, von der werderschen Kirche herüber tönen langsam die sechs Schläge, deren letzter in einem Signalschuß verklingt. Weithin an den hohen Ufern des Schwielow weckt er das Echo. Im selben Augenblick folgt Stille der allgemeinen Bewegung, und nur noch das Schaufeln des Raddampfers wird vernommen, der, eine Kurve beschreibend, das lange Schlepptau dem Havelkahne zuwirft und, rasch flußaufwärts seinen Cours nehmend, das eigentliche Frachtboot vom Ufer löst, um es geräuschlos in das eigene Fahrwasser hineinzuzwingen.

Von der Brücke aus gibt dies ein reizendes Bild. Auf dem großen Havelkahn, wie die wilden Männer im Wappen, stehen zwei Bootsleute mit ihren mächtigen Rudern im Arm, während auf dem Dampfer in langer Reihe die »Werderschen« sitzen, ein Nähzeug oder Strickzeug in den Händen und nichts vor sich als den Schornstein und seinen Eisenkasten, auf dessen heißer Platte einige dreißig Bunzlauer Kaffeekannen stehen. Denn die Nächte sind kühl, und der Weg ist weit.

Eine Viertelstunde noch, und Dampfer und Havelkahn verschwinden in dem Défilé bei Baumgartenbrück; der Schwielow nimmt sie auf, und durch das »Gemünde« hin, an dem schönen und langgestreckten Caputh vorbei, geht die Fahrt auf Potsdam zu, an den Schwänen vorüber, die schon die Köpfe eingezogen hatten und nun unmutig hinblicken auf den Schnaufer, der ihren Wasserschlaf gestört.

Bei Dunkelwerden Potsdam, um Mitternacht Spandau, bei Dämmerung Berlin.

Und eh der erste Sonnenschein um den Marienkirchturm blitzt, lachen in langer Reihe, zwischen den Brücken hin, die roten Knupper der Werderschen.

GLINDOW

Hier nährten früh und spat den Brand
Die Knechte mit geschäft'ger Hand;
Der Funke sprüht, die Bälge blasen,
Als gält es, Felsen zu verglasen.
Schiller

Was Werder für den *Obst*konsum der Hauptstadt ist, das ist Glindow für den *Ziegel*konsum. In Werder wird gegraben, gepflanzt, gepflückt – in Glindow wird gegraben, geformt, gebrannt; an dem einen Ort eine wachsende Kultur, am andern eine wachsende Industrie, an beiden (in Glindow freilich auch mit dem Revers der Medaille) ein wachsender Wohlstand. Dazu steht das eine wie das andere nicht bloß für sich selber da, sondern ist seinerseits wiederum eine »Metropole«, ein Mittelpunkt gleichgearteter und zugleich widerstrebender *Distrikte*, die es fast geboten erscheinen lassen, nach Analogie einiger Schweizer Kantone, von Werder-Stadt und Werder-Land oder von Glindow-Dorf und Glindow-Bezirk zu sprechen.

Bei Werder haben wir diesen Unterschied übergangen; bei Glindow wird es dann und wann unvermeidlich sein, auf ihn Bezug zu nehmen. Deshalb an dieser Stelle schon folgendes: Distrikt Glindow ist etwa zwei Quadratmeilen groß (vier Meilen lang und eine halbe Meile breit) und zerfällt in ein Innen- und Außenrevier, in einen Bezirk diesseit und jenseit der Havel. Das Innenrevier »diesseit der Havel« ist alles Lehm- und Tonland und umfaßt die gesamten Territorien am Schwielow-, am Glindow- und Plessow-See; das Außenrevier oder das Revier »jenseit der Havel« ist neuentdecktes Land und dehnt sich vorzugsweise auf der Strecke zwischen Ketzin und Tremmen aus. Dies Außenland, abweichend und eigenartig, behauptet zugleich eine gewisse Selbständigkeit und zeigt eine unverkennbare Tendenz, sich loszureißen und Ketzin zu einer eigenen Hauptstadt zu machen. Vielleicht, daß es glückt. Vorläufig aber ist die Einheit noch da, und ob der Tag siegreicher Sezession näher oder ferner sein möge, *noch* ist Glindow* Metropole und herrscht über Innen- und Außenrevier.

Die Bodenbeschaffenheit, das Auftreten des Lehms ist diesseit und jenseit der Havel grundverschieden. Im *Innenrevier* tritt der Lehm in Bergen auf, als Berglehm, und wenn wir uns speziell auf die wichtige Feldmark Glindow beschränken, so unterscheiden wir hier folgende Lehmberge: den cöllnischen, zwei brandenburgische (Altstadt, Neustadt), den caputhschen, den schönebeckschen, den Invalidenberg, den Schloßbauberg, zwei Kurfürstenberge (den großen und den kleinen), den plaueschen, den mösenschen, den potsdamschen. Die drei letztgenannten liegen wüst, sind tot. Die andern sind noch in Betrieb. Ihre Namen deuten auf ihre früheren Besitzer. Berlin-Cölln, Brandenburg, Potsdam, Caputh, Schönebeck hatten ihre Lehmberge, der Invalidenberg gehörte dem Invalidenhause etc. Diese Besitzverhältnisse existieren nicht mehr. Jene Ortschaften haben sich längst ihres Eigentums entäußert, das inzwischen in die Hände einiger Ziegellords übergegangen ist. Die meisten sind in Händen der Familie Fritze.

Der Lehm in diesen Bergen ist sehr mächtig. Nach Wegräumung einer Oberschicht, »Abraum« genannt, von etwa dreißig Fuß Höhe, stößt man auf das Lehmlager, das oft eine Tiefe von achtzig bis hundert Fuß hat. Der Lehm ist schön und liefert einen guten Stein, aber doch keinen Stein ersten Ranges. Die Hauptbedeutung dieser Lager ist ihre Mächtigkeit, annähernd ihre Unerschöpflichkeit. Dabei mag als et-

* Es ist oft gesagt worden, daß der Stadt Berlin das *Material zu* raschem Emporblühen beinah unmittelbar vor die Tore gelegt worden sei. Das ist richtig. Da sind Feldsteinblöcke für Fundament- und Straßenbau, Rüdersdorfer Kalk zum Mörtel, Holz in Fülle, Torf- und Salzlager in unerschöpflicher Mächtigkeit. Ohne diesen Reichtum, der in dem Grade, wie er jetzt vorliegt, lange ein Geheimnis war, wäre das riesige Wachstum der Stadt, bei der ursprünglich geringen Fruchtbarkeit ihres Bodens, bei ihrer Binnenlage und ihrer immerhin beschränkten Wasserverbindung, nahezu eine Unmöglichkeit gewesen. Daran, *daß* es möglich wurde, hat Glindow seinen Anteil: der *große Ziegelofen* der Residenz. Das sogenannte »Geheimratsviertel« ist großenteils aus Glindower Steinen aufgeführt, und ein ganzes »Berlin der Zukunft« steckt noch in den Glindower Bergen. (Glindow heißt übrigens Lehmdorf, von dem wendischen Worte *Glin*, der Lehm. Kaum irgendein Wort, wie schon Seite 214 hervorgehoben, kommt häufiger vor in der Mark. Außer dem Landesteile »der *Glien*«, mit der Hauptstadt Kremmen, gibt es zahlreiche Dörfer dieses Namens. Vergleiche das Kapitel »Groß Glienicke«.)

was Absonderliches hervorgehoben werden, daß sich in diesen Lehmlagern *Bernstein* findet, und zwar in erheblicher Menge. Die meisten Stücke sind haselnußgroß und somit ohne besonderen Wert, es finden sich aber auch Stücke von der Größe einer Faust, dabei sehr schön, die bis zu fünfundzwanzig Talern verkauft werden. Wer solch Stück findet, hat einen Festtag.

Soviel über die Lehmberge des *Innen*reviers. Ganz anders ist das Auftreten der Lager im *Außen*revier jenseit der Havel. Der dort vorkommende Lehm ist sogenannter Wiesenlehm, der nur sechs Fuß unter der Rasenoberfläche liegt, aber auch selber nur in einer Schicht von sechs bis acht Fuß auftritt. Er ist wegen des geringen »Abraums«, der fortzuschaffen ist, leichter zugänglich; all diese Lager sind aber verhältnismäßig leicht erschöpft, auch ist das Material nicht voll so gut.

Dieser Unterschied im Material – wie mir alte Ziegelbrenner versicherten – ist übrigens viel bedeutungsloser, als gewöhnlich angenommen wird. Wie bei so vielem in Kunst und Leben kommt es darauf an, was Fleiß und Geschick aus dem Rohmaterial machen. Das Beste kann unvollkommen entwickelt, das Schwächste zu einer Art Vollkommenheit gehoben werden. So auch beim Ziegelbrennen. Die berühmtesten Steine, die hierzulande gebrannt werden, sind die »roten Rathenower« und die »gelben Birkenwerderschen«. Aber was ihnen ihre Vorzüglichkeit leiht, ist *nicht* das Material, sondern die Sorglichkeit, die Kunst, mit der sie hergestellt werden. Jedem einzelnen Stein wird eine gewisse Liebe zugewandt. *Das* macht's. Der birkenwerdersche Ton beispielsweise ist unscheinbar; aber geschlämmt, gesäubert, gemahlen wird er zu einem allerdings feinen Materiale entwickelt, und die Art des Streichens und Brennens macht ihn schließlich zu etwas in seiner Art Vollendetem. Man geht dabei so weit, daß die Messer beim Formen des Steines jedesmal geölt werden, um dem Ziegel dadurch die Glätte, Ebenheit und Schärfe zu geben, die ihn auszeichnet.

Auch in Glindow und seinen Dependenzien wird ein vorzüglicher Stein gebrannt, aber dennoch nicht ein Stein, der den Rathenowern und Birkenwerderschen gleichkäme. Die Herstellung im Dorfe Glindow selbst erfolgt durch etwa

500 Arbeiter aller Art. Wir unterscheiden dabei: *fremde* Ziegelstreicher, *einheimische* Ziegelstreicher und *Tagelöhner*. Über alle drei Kategorien ein Wort.

Fremde Ziegelstreicher werden hier seit lange verwandt. Die einheimischen Kräfte reichen eben nicht aus. Früher waren es »Eichsfelder«, die kamen und hier, ähnlich wie die Warthebruch-Schnitter oder Linumer Torfgräber, eine Sommercampagne durchmachten. Aber die »Eichsfelder« blieben schließlich aus oder wurden abgeschafft, und an ihre Stelle traten die »Lipper«. Die behaupten noch jetzt das Feld.

Die Lipper, nur Männer, kommen im April und bleiben bis Mitte Oktober. Sie ziehen in ein massives Haus, das unten Küche, im ersten Stock Eßsaal, im zweiten Stock Schlafraum hat. Sie erheben gewisse Ansprüche. So muß jedem ein Handtuch geliefert werden. An ihrer Spitze steht ein Meister, der nur Direktion und Verwaltung hat. Er schließt die Kontrakte, empfängt die Gelder und verteilt sie. Die Arbeit ist Akkordarbeit, das Brennmaterial und die Gerätschaften werden sämtlich geliefert; der Lehm wird ihnen bis an die »Sümpfe« gefahren; der Ofen ist zu ihrer Disposition. Alles andere ist ihre Sache. Am Schlusse der Campagne erhalten sie für je 1000 fertiggebrannte Steine einzweidrittel bis zwei Taler. Die Gesamtsumme bei acht bis zehn Millionen Steine pflegt bis 15 000 Taler zu betragen. Diese Summe wird aber schwer verdient. Die Leute sind von einem besonderen Fleiß. Sie arbeiten von drei Uhr früh bis acht oder selbst neun Uhr abends, also nach Abzug einer Eßstunde immer noch nah an siebzehn Stunden. Sie verpflegen sich nach Lipper Landessitte, das heißt im wesentlichen westfälisch. Man darf sagen, sie leben von Erbsen und Speck, die beide durch den »Meister« aus der lippeschen Heimat bezogen werden, wo sie diese Artikel besser und billiger erhalten. Mitte Oktober treten sie, jeder mit einer Überschußsumme von nahezu 100 Talern, den Rückweg an und überlassen nun das Feld den *einheimischen* Ziegelstreichern.

Die *Einheimischen* arbeiten ebenfalls auf Akkord, aber unter ganz andern Bedingungen. Sie erhalten nicht die ganze Arbeit, sondern die Einzelarbeit bezahlt und stehen sich dabei nicht erheblich schlechter als die Lipper. Während der

Sommermonate teilen sie den Arbeitsplatz mit den letzteren derart, daß die Lipper zur Rechten, die Einheimischen zur Linken ihre Ziegel streichen. Soweit sind sie den Lippern ebenbürtig. Darin aber stehen sie hinter diesen zurück, daß diese das Recht haben, ihre Ziegel *zuerst* zu brennen. Mit andern Worten, solange die Sommercampagne dauert, gehört der Ofen ausschließlich den Lippern, und erst wenn diese fort sind, ziehen die Einheimischen mit den vielen Millionen Ziegeln, die sie inzwischen gestrichen und getrocknet haben, auch ihrerseits in den Ofen ein.

Die dritte Gruppe von Beschäftigten sind die *Tagelöhner*. Sie arbeiten auf Tagelohn, erhalten täglich acht Silbergroschen der Mann (sechs Silbergroschen die Frau) und bilden die *Unter*schicht einer Gesellschaft, in der die Ziegelstreicher, wie eine mittelalterliche Handwerkszunft, die *Ober*schicht bilden. Sie sind bloße Handlanger, Aushilfen für den groben Dienst, der keine »Kunst« verlangt, und erheben sich nach Erscheinung und allgemeiner Schätzung wenig über ein dörfliches Proletariat, das denn auch meistens in Familienhäusern untergebracht zu werden pflegt.

Dies führt mich auf die Gesundheitsverhältnisse dieser Ziegelbrenner-Distrikte. Die Berichte darüber gehen sehr auseinander, und während von einer Seite her – beispielsweise von Potsdamer Hospitalärzten – versichert wird, daß dieser stete Wechsel von Naßkälte und Glühofenhitze die Gesundheit früh zerstöre, versichern die Glindower Herren, daß nichts abhärtender und nichts gesunder sei als der Ziegeldienst in Glindow. Personen zwischen siebzig und achtzig Jahren sollen sehr häufig sein. Die Streitfrage mag übrigens auf sich beruhen. Sie scheint uns so zu liegen, daß dieser Dienst eine angeborene gute Gesundheit und gute Verpflegung verlangt – sind diese Bedingungen erfüllt, so geht es; die kümmerliche Tagelöhnerbevölkerung aber, die »nichts drin, nichts draußen« hat und zum Teil von einem elenden Elternpaar geboren und großgezogen wurde, geht allerdings früh zugrunde.

Der Gesamtziegelbetrieb ist, soweit Glindow selbst in Betracht kommt, in Händen weniger Familien: Fritze, Hintze, Fiedler; etwa neun große Öfen sind im Gange. Die Gesamtmasse produzierter Steine geht bis sechzehn Millionen, früher ging es über diese Zahl noch hinaus. Die Summen, die dadurch in Umlauf kommen, sind enorm. 1000 Steine = 8 Taler; also sechzehn Millionen (1000 mal 8 mal 16) = 128 000 Taler. Dies auf wenige Familien verteilt, muß natürlich einen Reichtum erwarten lassen, und in der Tat ist er da. Aber wie in Werder, so ist doch auch hier in Glindow dafür gesorgt, daß Rückschläge nicht ausbleiben, und es gibt Zeitläufte, wo die Fabriken mit Schaden arbeiten. Überall im Lande wachsen die Ziegelöfen wie über Nacht aus der Erde, und die Konkurrenz drückt die Preise. Die Zeiten, wo 1000 Steine fünfzehn Taler einbrachten, sind vorläufig dahin, man muß sich, wie schon angedeutet, mit acht und selbst mit siebeneinhalb begnügen. Nun berechne man die Zinsen des Erwerbs- und Betriebskapitals, das Brennmaterial, den Lohn an die Erdarbeiter, die Ziegelstreicher (zwei Taler) und die Tagelöhner, endlich die Kahnfracht (ebenfalls anderthalb Taler), so wird sich ergeben, daß von diesen acht Talern für je 1000 Steine nicht viel zu erübrigen ist. Die Hauptsorge machen immer die Schiffer. Sie bilden überhaupt, wie jeder weiß, der mit ihnen zu tun hatte, eine der merkantil gefährlichsten Menschenklassen. Mit erstaunlicher List und Aushorchekunst wissen sie in Erfahrung zu bringen, welche Kontrakte die Ziegelbrenner mit diesem oder jenem Bauunternehmer der Hauptstadt abgeschlossen haben. Lautet der Kontrakt nun etwa dahin: »Die Steine müssen bis Mitte Oktober abgeliefert sein«, so hat der Schiffer den Ziegelbrenner in der Hand; er verdoppelt seine Forderungen, weil er weiß, er kann es wagen, der Ziegelbrenner *muß* zahlen, wenn er nicht der ganzen Einnahme verlustig gehen will.

Die glänzende Zeit dieses Betriebes ist vorüber*, genau seit jener Epoche, wo die Ziegelbrennerei einen neuen Aufschwung zu nehmen schien, seit Einführung der *Ringöfen.* Der Ringofen verbilligte die Herstellung des Steins; die ersten, die sich seiner bedienten, hatten enorme Verdienste; jetzt, wo ihn *jeder* hat, hat er die Produktion zwar gefördert, aber der Wohlhabenheit nur mäßig genützt.

Der Ringofen hat den alten Ziegelofen, wenige Ausnahmen abgerechnet, total verdrängt, und in Erwägung, daß

* Dieser Aufsatz wurde 1870 geschrieben. Seitdem haben sich die Dinge wieder zugunsten der Ziegeleibesitzer geändert.

diese Kapitel nicht bloß auf dem Lande, sondern auch von Städtern gelesen werden, die nur allzuselten Gelegenheit haben, Einblick in solche Dinge zu gewinnen, mag es mir gestattet sein, einen Ringofen, seine Eigentümlichkeiten und seine Vorteile zu beschreiben.

Der *Ringofen* hat seinen Namen von seiner Form; er ist ein Rundbau. Seiner Einrichtung nach könnte man ihn einen Kammer- oder Kapellenofen nennen; seiner Haupteigenschaft nach aber ist er ein *Spar*ofen. Er spart Feuerung. Wir kommen darauf zurück.

Zunächst seine Form und Einrichtung. Um beide zu schildern, greifen wir nach einem Bilde, das vor einigen Jahren, als es galt, das Pariser Ausstellungsgebäude anschaulich zu beschreiben, vielfach gebraucht wurde. Wir modifizieren es nur. Denken wir uns also eine gewöhnliche runde Torte, aus der wir das Mittel- oder Nußstück herausgeschnitten und durch eine schlanke Weinflasche ersetzt haben, so haben wir das getreue Abbild eines Ringofens. Denken wir uns dazu die Torte in zwölf gleich große Stücke zerschnitten, so haben wir auch die Einrichtung des Ofens: sein Zwölfkammersystem. Die in der Mitte aufragende Weinflasche ist natürlich der Schornstein.

Das Verfahren ist nun folgendes. In vier oder fünf der vorhandenen, durch Seitenöffnungen miteinander verbundenen Kammern werden die getrockneten Steine eingekarrt, in jede Kammer 12 000. Ist dies geschehen, so wird die Gesamtheit der erwähnten vier oder fünf Kammern durch zwei große Eisenschieber, der eine links, der andere rechts, von dem Reste der Kammern abgesperrt. Nun beginnt man in Kammer 1 ein Feuer zu machen, nährt es, indem man von oben her durch runde Löcher ein bestimmtes Quantum von Brennmaterial niederschüttet*, und hat nach vierundzwanzig Stunden die 12 000 Steine der ersten Kammer völlig gebrannt. Aber

* Die Feuerung geschieht von oben her durch eine runde Öffnung; ein eiserner Stülpdeckel von der Form eines Zylinderhuts (dessen Krempe übergreift) schließt die Öffnung und wird abgenommen, sooft ein Nachschütten nötig ist. Man sieht dann, wie durch eine schmale Esse, in die Kammer hinein und hat die aufgetürmten, rotglühenden Steine unter sich. Der Anblick, den man sich nur verschaffen kann, indem man auf die Gewölbedecke der Kammer tritt, hat etwas im höchsten Grade Unheimliches und Beängstigendes. Man steht über einer Hölle und blickt in sie hinab. Eine Schicht Steine, vielleicht kaum einen Fuß dick, trennt den Obenstehenden von dieser Unterwelt, und der Gedanke hat etwas Grausiges: Wenn jetzt dies Gewölbe –.

(und darin liegt das Sparsystem) während man in Kammer 1 eine für 12000 Steine ausreichende Rotglut unterhielt, wurden die Nachbarsteine in Kammer 2 halb, in Kammer 3 ein Drittel fertig gebrannt, und die Steine in Kammer 4 und 5 wurden wenigstens »angeschmoocht«, wie der technische Ausdruck lautet. Die Steine in Kammer 2, die nun am zweiten Tage unter Feuer kommen, brauchen natürlich, halb fertig, wie sie bereits sind, ein geringeres Brennmaterial, um zur Perfektion zu kommen, und so geht es weiter; wohin immer das Feuer kommt, findet es 12 000 Steine vor, die bereits drei Tage lang, und zwar in wachsender Progression, durch eine Feuerbehandlung gegangen sind. Der eine (vorderste) Eisenschieber rückt jeden Tag um eine Kammer weiter, der andere Eisenschieber, vom entgegengesetzten Flügel her, folgt und gibt dadurch *die* Kammer frei, in der am Tage zuvor gebrannt wurde. So vollzieht sich ein Kreislauf. In die leeren Kammern, bevor der Schieber sie in den Feuerrayon hineinzwingt, wird *ein*gekarrt, aus den im Feuer gewesenen, vom Schieber freigegebenen Kammern wird *aus*gekarrt. Der Prozeß, solange die Brenncampagne dauert, ist ohne Ende; das Feuer rückt von Kammer zu Kammer, bis es herum ist, und beginnt dann seinen Kreislauf von neuem. Der Vorteil liegt auf der Hand. Er steigt aber insonderheit auch noch dadurch, daß der Ringofen in seinen Feueransprüchen nicht wählerisch ist. Er frißt alles. Jedes Material dient ihm: Holz, Torf, Braunkohle, alles hat einen gleichen oder doch einen verwandten Wert, und das billigste Material behauptet sich neben dem teuersten. Die Ziegelbrennerei ist dadurch in eine ganz neue Phase getreten, zum Vorteil der Bauunternehmer, die seitdem die Steine für den halben Preis erstehen, aber wenig zum Vorteil der alten Ziegelbrennerfirmen, die, ehe die Dinge diese modern-industrielle Behandlung und Ausnutzung erfuhren, sich besserstanden. Wobei übrigens auch noch bemerkt sein mag, daß die *besten* Steine, beispielsweise die Rathenower und Birkenwerderschen, nach wie vor in den Ziegelöfen *alter* Konstruktion gebrannt werden. Der Ringofen hat keine andern Vorzüge, als daß er ein Sparofen ist.

Solcher Ringöfen hat Glindow *selbst*, wie wir schon hervorgehoben, etwa neun, der *Distrikt* Glindow aber, mit seinem Innen- und Außenrevier, wohl mehr denn fünfzig. Daß sie der Landschaft zu besonderer Zierde gereichten, läßt sich nicht behaupten. Der Fabrikschornstein mag alles sein, nur ein Verschönerungsmittel ist er nicht, am wenigsten, wenn er schöntut, wenn er *möchte*. Und wie dieser reiche Betrieb, der unbestreitbar, trotz Stillstände und Rückschläge, ein sich steigerndes Prosperieren einzelner oder selbst vieler geschaffen hat, die Landschaft nicht schmückt, so schmückt er auch nicht die Dörfer, in denen er sich niedergelassen hat. Er nimmt ihnen ihren eigentlichen Charakter, in richtigem unsentimentalen Verstande ihre Unschuld, und gibt ihnen ein Element, dessen *Abwesenheit* bisher, und wenn sie noch so arm waren, ihr Zauber und ihre Zierde war – er gibt ihnen ein Proletariat. Ob dasselbe städtisch oder dörfisch auftritt, ob es mehr verbittert oder mehr elend ist, sind Unterschiede, die an dem Traurigen der Erscheinung nicht viel zu ändern vermögen.

Auch Dorf Glindow hat von diesem allem sein geschüttelt Maß. An und für sich ausgestattet mit dem vollen Reiz eines havelländischen Dorfes, hingestreckt zwischen See und Hügel, schieben sich doch überall in das alt-dörfliche Leben die Bilder eines allermodernsten frondiensthaften Industrialismus hinein, und die schönen alten Bäume, die mit ihren mächtigen Kronen so vieles malerisch zu überschatten und zu verdecken verstehen, sie mühen sich hier umsonst, diesen trübseligen Anblick dem Auge zu entziehen.

Am See hin, um die Veranden der Ziegellords, rankt sich der wilde Wein, Laubengänge, Clematis hier und Aristolochia dort, ziehen sich durch den Parkgarten, Tauben stolzieren auf dem Dachfirst oder umflattern ihr japanisches Haus – aber diese lachenden Bilder lassen die Kehrseite nur um so dunkler erscheinen: die Lehmstube mit dem verklebten Fenster, die abgehärmte Frau mit dem Säugling in Loden, die hageren Kinder, die lässig durch den Ententümpel gehn.

Es scheint, sie spielen; aber sie lachen nicht; ihre Sinne sind trübe wie das Wasser, worin sie waten und plätschern.

ANHANG

ZU DIESER AUSGABE

Obwohl Fontane lediglich vier Bände mit der Sammelbezeichnung »Wanderungen durch die Mark Brandenburg« herausgegeben hat, gruppiert die vorliegende Edition insgesamt sieben Bände unter diese Überschrift. Sie bietet in den Bänden 1 bis 4 die »Wanderungen durch die Mark Brandenburg«, wie sie Fontane von 1862 bis 1882 unter den Titeln »Die Grafschaft Ruppin« (so erst von der zweiten Auflage an), »Das Oderland«, »Havelland« und »Spreeland« veröffentlichte. Band 5 bringt das Buch »Fünf Schlösser. Altes und Neues aus Mark Brandenburg«, das Fontane im Herbst 1888 (mit der Jahreszahl 1889) erscheinen ließ, Verwandtschaft und zugleich Unterschiede zu den »Wanderungen« betonend. Die Bände 6 (»Dörfer und Flecken im Lande Ruppin. Unbekannte und vergessene Geschichten aus der Mark Brandenburg I«) und 7 (»Das Ländchen Friesack und die Bredows. Unbekannte und vergessene Geschichten aus der Mark Brandenburg II«) schließlich vereinigen erstmals jene über 60 Texte, die in einem direkten oder indirekten Kontext mit den »Wanderungen« stehen, bisher in keiner Ausgabe systematisch erfaßt und zu beachtlichen Teilen noch nie gedruckt worden sind; in einer »Nachlese« sind ausgeschiedene, vorbereitende und vorgesehene Texte zusammengestellt, eine zweite Abteilung erfaßt »Arbeiten und Entwürfe zum thematischen Umfeld«, eine dritte bietet »Anzeigen und Rezensionen Fontanes« zum Thema Mark Brandenburg/Berlin.

Diese siebenbändige Edition der »Wanderungen« bildet die zweite Abteilung in der Fontane-Ausgabe des Aufbau-Verlages. Sie schließt sich an die »Romane und Erzählungen in acht Bänden« an, herausgegeben von Peter Goldammer, Gotthard Erler, Anita Golz und Jürgen Jahn (zuerst 1969; zweite Auflage 1973; dritte Auflage 1984). Die dritte Abteilung, »Autobiographische Schriften«, erschien dreibändig (in vier Teilen) 1982, herausgegeben von Gotthard Erler, Peter Goldammer und Joachim Krueger, die vierte, sämtliche »Gedichte« umfassend, in drei Bänden 1989, herausgegeben von Joachim Krueger und Anita Golz.

Die Textgrundlage bildet für die Bände 1 bis 4 der »Wanderungen« die jeweils letzte Auflage, an der Fontane nachweislich durch Änderungen oder Durchsicht der Korrekturfahnen mitgewirkt hat; beim Band 3, »Havelland«, ist das (wie aus den Anmerkungen hervorgeht) die zweite Auflage von 1880. Der Text von »Fünf Schlösser«

folgt der einzigen zu Fontanes Lebzeiten erschienenen Ausgabe (1889). Über die Textgrundlagen in den Bänden 6 und 7 geben die Anmerkungen detailliert Auskunft.

Die Texte werden vollständig und kritisch geprüft dargeboten, Orthographie und Interpunktion haben wir – unter sorgfältiger Wahrung des Lautstandes und unter Beibehaltung Fontanescher Eigenheiten (z. B. Anführung von indirekter Rede; Doppelpunkt vor Apposition) – dem heutigen Gebrauch weitgehend angeglichen, nachweisbare Druckfehler stillschweigend beseitigt und fehlende Anführungszeichen ergänzt. Die Modernisierung der Schreibweise betrifft auch – ausgenommen einige wenige Brief-, Tagebuch- oder amtliche Dokumente, bei deren Abdruck Fontane selbst auf das historische Kolorit Wert legte – Zitate und Inschriften, die der Autor oft nicht originalgetreu wiedergibt. Konserviert wurden die französischen Formen zahlreicher Wörter (z. B. Billet, Cabinet, Compagnie, Corps, Lieutenant) sowie die für Fontane charakteristischen Mischformen (z. B. Affairen, Défiléen, Domainen, Façaden, Gensdarmen). Zahlen bis 100 wurden (außer bei statistischen Aufzählungen, Datumsangaben oder Regimentsnumerierungen) ausgeschrieben, häufig (und uneinheitlich) gebrauchte Abkürzungen (v., geb., z. B., d. h., vgl., resp., S. K. M. [Seine Königliche Majestät]) bei der Wiedergabe gedruckter Texte aufgelöst, bei Texten, die aus den Handschriften übernommen wurden, dagegen erhalten. In der Vorlage gesperrt gedruckte Textstellen werden (sofern es sich um echte Hervorhebungen handelt) kursiv, Orts- und Personennamen in der heute üblichen Schreibweise wiedergegeben.

Da Fontane ständig nicht nur an der Gruppierung des Stoffes, sondern auch an der Textkonstitution gearbeitet hat, wurden für die Bände 1 bis 4 die einschlägigen, textgeschichtlich relevanten Publikationen (namentlich alle Buchausgaben; in einzelnen Fällen auch die Zeitungs- und Zeitschriftenvorabdrucke) zum Vergleich herangezogen. Die dabei ermittelten Varianten werden für die Bände 1 bis 4 im Zusammenhang der Textanmerkungen mitgeteilt, soweit sie interessante inhaltliche oder stoffliche Ergänzungen oder Veränderungen bieten. Auch für die Bände 5, 6 und 7 wurden sämtliche Abdrucke ausgewertet; über wichtige Abweichungen informieren die jeweiligen entstehungsgeschichtlichen Vorbemerkungen. Bei der Wiedergabe von nur handschriftlich überlieferten Texten werden Varianten in [ ] direkt im Text mitgeteilt; stehen mehrere komplette Versionen nebeneinander, wurde im Prinzip die vermutlich letzte Fassung übernommen. Die innerhalb der Textanmerkungen von Band 3 bei den Quellenangaben der Varianten verwendeten Abkürzungen bedeuten:

W I[1] – Wanderungen durch die Mark Brandenburg [mit den Abschnitten: Die Grafschaft Ruppin, Der Barnim, Der Teltow, Anmerkungen = Die Grafschaft Ruppin, 1. Auflage], Berlin 1862;

W III[1] – Wanderungen durch die Mark Brandenburg. Dritter Teil: Ost-Havelland. Die Landschaft um Spandau, Potsdam, Brandenburg. [1. Auflage,] Berlin 1873.

Die Anmerkungen, für die u. a. Fontanes Notizbücher im Theodor-Fontane-Archiv Potsdam (FAP) ausgewertet werden konnten, geben jeweils die Entstehungs- und (sofern möglich) die Wirkungsgeschichte der Bände beziehungsweise der Kapitel und Entwürfe und bringen alle zum Textverständnis notwendigen sachlichen Erläuterungen. Dabei werden Erklärungen zu Personennamen nur gegeben, wenn sie zum Verständnis der Textstelle unbedingt erforderlich sind. Knappe biographische Angaben und Auskünfte über alle weiteren Personennamen sind für ein gesondertes Personenregister vorgesehen. Um die Praktikabilität des Gesamtwerkes für den Benutzer zu erhöhen, haben wir uns bemüht, bei den von Fontane beschriebenen oder erwähnten Baulichkeiten knappe Angaben über Bauzeit und Baustil, Erhaltungszustand und heutigen Verwendungszweck mitzuteilen; nach den Veränderungen auf dem Gebiet der ehemaligen DDR können solche Informationen in zahlreichen Fällen nur vorläufigen Charakters sein.

Mit Auskünften und Nachforschungen waren uns für den vorliegenden Band Herr Dr. Gerrit Friese (Eberswalde), Herr Hans-Werner Klünner (Berlin) und Herr Dr. Joachim Krueger (†; Berlin) in dankenswerter Weise behilflich. Besonderer Dank gilt Herrn Franz Fabian (Neu Fahrland), der persönlich zahlreiche Erkundigungen eingeholt hat, Herrn Dr. Günter Mangelsdorf für mannigfache Hinweise und Herrn Bibliotheksrat Joachim Schobeß (†), dem Leiter des Theodor-Fontane-Archivs, der unsere Arbeit großzügig unterstützte.

Für die Anmerkungen zu dieser Ausgabe haben wir u. a. folgende Publikationen dankbar genutzt:

Theodor Fontane, Werke, Schriften und Briefe, Abteilung II: Wanderungen durch die Mark Brandenburg, Band 1–3. Herausgegeben von Walter Keitel und Helmuth Nürnberger, Anmerkungen von Jutta Neuendorff-Fürstenau. Carl Hanser Verlag, München 1977 (2. Auflage);

Jutta [Neuendorff-]Fürstenau, Fontane und die märkische Heimat. Germanische Studien, Heft 232. Berlin 1941 (auf dieser Publikation fußt auch das im Anschluß an die Anmerkungen abgedruckte Verzeichnis der Literatur);

Georg Dehio, Handbuch der deutschen Kunstdenkmäler. Bezirke Berlin/DDR und Potsdam. Bearbeitet von der Abteilung Forschung des Instituts für Denkmalspflege. Akademie-Verlag, Berlin 1983;

Schicksale deutscher Baudenkmale im zweiten Weltkrieg. Eine Dokumentation der Schäden und Totalverluste auf dem Gebiet der Deutschen Demokratischen Republik. 2 Bände. Herausgegeben und redaktionell bearbeitet von Götz Eckardt. Henschel Verlag Kunst und Gesellschaft, Berlin 1980.

Aus der Vielzahl der Lage- und Umrißskizzen, die Fontane während seiner Fahrten durch die Mark in den Notizbüchern festhielt, bietet unsere Ausgabe eine kleine Auswahl. Wir veröffentlichen sie mit freundlicher Genehmigung des Theodor-Fontane-Archivs; die Fotos für die Druckvorlagen stellte Eberhard Renno, Weimar, her. Zum vorliegenden Band gehören:

1. Früher Entwurf zum Kapitel »Die Wenden in der Mark«; Signatur Kc 6, Blatt 1. (Zu S. 13.)
2. Lageskizze des Klosters Lehnin. Bleistiftskizze in den Aufzeichnungen zum Kapitel »Die Wenden in der Mark«, »Kloster Lehnin«; Signatur Kc 6, Blatt 2. (Zu S. 44.)
3. Grabstein eines Lehniner Abtes (gest. 6. März 1509). Bleistiftskizze im Notizbuch A 14, Blatt 49. (Zu S. 46.)
4. Lageskizze von der ersten Gründung des Klosters Chorin auf dem Pehlitzwerder im Parsteiner See. Bleistiftskizze in den Aufzeichnungen zum Kapitel »Die Wenden in der Mark«, »Kloster Chorin«; Signatur Kc 6, Blatt 1. (Zu S. 87.)
5. Das frühere Schloß Oranienburg. Bleistiftskizze im Notizbuch A 3, Rückseite von Blatt 30. (Zu S. 143.)
6. Gußeiserne Pforte im Park von Paretz. Bleistiftskizze im Notizbuch A 17, Blatt 15. Auf dem gegenüberstehenden Blatt hat Fontane notiert: »a. b. Den 20. Mai / Anno 1810.« (Zu S. 341.)
7. Der »Tempel« im Park von Paretz. Bleistiftskizze im Notizbuch A 17, Blatt 10. (Zu S. 350.)
8. Kirche in Wust. Bleistiftskizze im Notizbuch A 18, Rückseite von Blatt 1. (Zu S. 380.)
9. Das »Schloß« in Caputh. Bleistiftskizze im Notizbuch A 15, Blatt 40. (Zu S. 405.)

Die Entstehung der vorliegenden Edition reicht mit den Bänden 1–5 in die Jahre 1976–1987 zurück; Band 6 und 7 erschienen erstmals 1991. Entsprechend den damaligen Gegebenheiten ist in den

Anmerkungen stets vom Theodor-Fontane-Archiv der Deutschen Staatsbibliothek in Potsdam die Rede (FAP). Seit 1992 gehört das Theodor-Fontane-Archiv, Potsdam, als selbständige Einrichtung zum Land Brandenburg.

Berlin, 1976/1997

G. E.

HAVELLAND

Entstehung und Überlieferung

Entstehung und Auflagen im Überblick

August 1860: im »Morgenblatt für gebildete Leser« erscheint unter dem Sammeltitel »Bilder und Geschichten aus der Mark Brandenburg« das Kapitel »Tegel«, das älteste des späteren Bandes »Havelland« (es wurde zunächst der Erstausgabe der »Wanderungen [Teil 1]« zugeordnet)

Februar 1861: in den Verhandlungen mit dem Berliner Verlagsbuchhändler Wilhelm Hertz über »Wanderungen durch die Mark Brandenburg« taucht erstmals ein Kapitelkomplex »Das Havelland« als Teil des (damals geplanten) ersten Teils auf

28. Mai 1863: im Verlagsvertrag über den Band »Das Oderland« verpflichtet sich Fontane, einen dritten Band der »Wanderungen« zuerst der Firma Hertz anzubieten

Wintermonate 1863/64: intensive Arbeit an Kapiteln des künftigen »Havelland«-Bandes

Sommer 1869: nach mehrjähriger Unterbrechung Wiederaufnahme der Arbeiten für den Band »Havelland«

Mai 1872: vertragliche Vereinbarungen über »Havelland« mit Wilhelm Hertz

Mai bis Oktober 1872: Satz und Druck des Bandes in der Waisenhausdruckerei in Halle

Erste Oktoberhälfte 1872: Auslieferung des Bandes unter dem Titel »Ost-Havelland« (mit der Jahreszahl 1873)

Frühsommer 1880: zweite Auflage (mit dem endgültigen Titel »Havelland«; stark veränderte Ausgabe)

Herbst 1888: dritte Auflage (mit der Jahreszahl 1889; unveränderter Nachdruck der zweiten Auflage)

November 1892: vierte Auflage im Rahmen der »Wohlfeilen Ausgabe« der »Wanderungen« (ebenfalls unveränderter Nachdruck der zweiten Auflage)

Langwierige Entstehungsgeschichte

Bereits in dem ersten Gliederungsversuch für »Wanderungen durch Mark Brandenburg« vom 22. Februar 1861 (vgl. den Abschnitt »Die erste Buchausgabe ...« im Anhang von Band 1 dieser

Ausgabe) sah Fontane als Teil des ersten Bandes einen besonderen Kapitelkomplex über »Das Havelland« vor, der folgende Abschnitte umfassen sollte: »Fehrbellin und Hakenberg«, »Das Rhinluch«, »Das Havelländische Luch«, »Der Kremmer Damm«, »Etzin (Pastor Seegebart, der Sieger von Czaslau)«, »Reckahn (Eberhard von Rochow)«, »Marwede« sowie »Friesack und die Bredows«. Da die Gesamtkonzeption der »Wanderungen« jahrelang unklar blieb und der Plan zu einem selbständigen Band über das Havelland sich erst allmählich konturierte, gingen die frühen »havelländischen« Aufsätze über »Tegel« (1860) und »Schloß Oranienburg« (1861) zunächst in die Erstausgabe der »Wanderungen [Teil 1]« (von der zweiten Auflage an »Die Grafschaft »Ruppin«) ein, oder einschlägige Beiträge wurden nur in Periodika veröffentlicht (»Etzin«, 1862, und »Der Eibenbaum«, 1862). Im Verlagsvertrag über »Das Oderland« vom 28. Mai 1863 war dann erstmals von einem dritten Band der »Wanderungen« die Rede; Fontane verpflichtete sich, diesen zuerst der Firma Hertz anzubieten (vgl. den Abschnitt »Die erste Buchausgabe ...« im Anhang von Band 2 dieser Ausgabe).

Eine Liste für »Aufsätze«, die teilweise schon auf den Band »Havelland« deuten, findet sich im Notizbuch A 7 (Blatt 28/29), das vorwiegend Eintragungen zum »Oderland«-Band enthält und 1863 benutzt worden sein dürfte (Blatt 24 gibt zum Beispiel eine Übersicht über »Interessante Bilder etc., die ich, durch die Güte des Major von Kessel, am 28. April 1863 im königl. Schloß gesehn«):

1) Die Zisterzienser in der Mark
2) Alte Bäume
3) Terwesten (Vielleicht noch ein paar andre aus der Zeit.)
4) Fehrbellin, als Stoff in Kunst und Dichtung
5) Auf der Waisenbrücke
6) Alte Berliner Gärten
7) Wendenzeit und Wendengräber
8) Die *Lichtenau*
   Marmorpalais. Das Eckardtsteinsche. Das Sommerhaus im Charlottenburger Park. (Frau Prof. Heyse. Frau von Haeseler etc. fragen; vielleicht auch Frl. von Crayn.)
9) *Alte Bäume*
   a) Die Bittschriften-Linde [in Potsdam]
   b) Die einsame Pappel
   c) Die Rotbuche (Eine ganz kostbare, unter Lebensbäumen stehend, am Großen Tornow-See.)
   d) Der Eibenbaum
   e) Der Birnbaum in Werneuchen

f) Die Verschwörungslinde in Müncheberg (dicht an der Stadtmauer)

10) Geschnitzte Bilder-Altäre

11) Taufbecken; aus der bekannten unbekannten Fabrik. Die verschiednen Muster, Bilder und Inschriften, die vorkommen

12) Glocken; Glockeninschriften und Glockenbilder

Unmittelbar nach Abschluß des »Oderland«-Buches, also seit Herbst 1863, begann Fontane sehr intensiv an dem neuen Band zu arbeiten. »Das *Havelland*«, schrieb der Autor am 3. März 1864 an Alexander von Pfuel, »soll den dritten Teil meines Buches, richtiger meiner bändereichen Arbeit bilden. / Ich habe mich nun den ganzen Winter über mit Kloster Lehnin (Zauche), mit den Zisterziensern in der Mark, mit der ›Lehninschen Weissagung‹, auch namentlich mit Chorin, als dem vorzüglichsten Tochterkloster von Lehnin, beschäftigt; diese Arbeiten sind nun beendigt, und ich habe noch zwei Monate Zeit, eh ich direkt wieder auf die Wanderschaft gehen kann. Bevor nicht die Bäume grün sind, verlohnt es sich nicht. Diese zwei Monate möchte ich nun gern an ein vorgängiges Studium havelländischer Familien resp. havelländischer Familien-*Geschichten* setzen, wo solche überhaupt existieren.«

Fontane war so mit dem neuen Stoff beschäftigt, daß er die notwendig werdende zweite Auflage des ersten Bandes, in die er erhebliche Mühe zu investieren hatte, fast als Störung empfand; er schrieb am 16. Mai 1864 an Hertz: »Sie selbst sind Schriftsteller genug, um mir das völlig nachempfinden zu können; eine Sache – und wenn's auch nur die Beschreibung eines alten Schlosses wäre, ja je langweiliger der Stoff, desto *mehr* trifft's zu –, eine Sache gedeiht nur, wenn man sich ihr mit einer gewissen Ganzheit der Seele hingibt. Ich kann nicht, wie ich jetzt seit November getan, an dem *neuen* Bande arbeiten, das Havelland mit Interesse bereisen und zugleich Gegenden im Geiste wieder vornehmen, die ich schon abgemacht habe. Hab ich Ruppin, Barnim, Teltow umzuarbeiten, so muß ich mich sozusagen *aufs neue in Ruppin, Barnim und Teltow verlieben*, muß die alten Plätze wiedersehn und derweilen das *Havelland* völlig beiseite schieben.«

Die ertragreiche Arbeitsphase vom Winter 1863/64, während der vor allem die Kapitel »Die Wenden in der Mark«, »Die Zisterzienser in der Mark«, »Kloster Lehnin«, »Die Lehninsche Weissagung« und »Kloster Chorin« entstanden, wurde ab Frühjahr 1864 zunächst durch die Neugestaltung des ersten Bandes (vgl. den Abschnitt »Wesentliche Umgestaltung« im Anhang von Band 1 dieser Ausgabe) unterbrochen, an die sich dann die Berichte über die

Kriege von 1864 und 1866 anschlossen, so daß Fontane erst 1869 wieder an die »Wanderungen« denken konnte.

Am 29. Mai 1869 berichtete er seiner Mutter, daß er nun, nach Abschluß des zweibändigen »Kriegsbuches« (»Der deutsche Krieg von 1866«), zu seiner Erholung – »der *Wechsel* der Arbeit ist die einzige Erholung, die sich unsereins gönnen kann« – sich wieder dem »Havelland« zugewandt habe: »Ich werde es, nach der alten Landeseinteilung, behandeln und in größeren Abschnitten den *Glien*, wo das herrliche Vehlefanz die Hauptstadt ist, den *Friesack* mit der Hauptstadt Friesack und zuletzt auch das Ländchen *Bellin* mit der Hauptstadt Fehrbellin meinen Lesern vorführen …« Diese Art der Stoffanordnung gab Fontane wohl schon in den nächsten Monaten wieder auf. Über die Arbeiten im Sommer 1869 resümiert das Tagebuch für die Jahre 1866 bis 1882 (aus dem wir mit freundlicher Genehmigung des Theodor-Fontane-Archivs der Deutschen Staatsbibliothek, Potsdam, zitieren): »Ende Juni [1869], nachdem ich mit der genauen Durchsicht meines Kriegsbuch-Manuskripts fertig bin, nehme ich meine märkischen Wanderungen wieder auf und setze sie fort bis Anfang August: Gütergotz, die Nutheburgen, Trebbin, der Schwielow-See und seine Dörfer, Werder, Glindow, Caputh, Bornstedt, Marquardt, Paretz, Fahrland. Garnisonschullehrer Wagener begleitet mich auf allen diesen Touren.« Weiter heißt es im Tagebuch: »November und Dezember [1869] vergehen ruhig; ich arbeite fleißig an einem 3. Bande meiner ›Wanderungen‹ (Havelland) und lese viel, namentlich über die Zeit Fr. Wilhelms II., über Bischofswerder, Wöllner und Lichtenau.«

Der Band gewann zunehmend Konturen, und daher wandte sich Fontane am 3. November 1869 an seinen Verleger: »St. Hubertus ist zu Wind und Wasser geworden, und statt ein Kapitel für Zeitung oder Buch zu schreiben, schrieb ich einen Brief, dessen Frage-Inhalt mir seit einem Vierteljahre auf der Seele brennt. / Es kommt mir nämlich so vor, als ob Ihnen die Fortsetzung der ›Wanderungen‹ *mehr Sorge* als Freude schaffe, wobei es wenig ausmacht, aus welcher Erwägung die Sorge erwächst, ob daraus, daß Sie die Zeit für derlei Bücher überhaupt als vorüber ansehn, oder ob Sie lediglich vor einem drohenden Zuviel (denn dieser dritte Band ist ja nur eine *Hälfte* des Havellandes) erschrecken. / Diese Betrachtung, bei meiner Sensibilität in solchen Dingen, ist mir im Schreiben immer wieder und wieder hinderlich, und von dem verzeihlichen Wunsche beseelt, den Schatten loszuwerden, den ich beständig vor mir auf dem Blatte liegen sehe, richte ich die herzliche Bitte an Sie, wenn's sein kann, mich über diesen Punkt zu beruhigen.«

Wilhelm Hertz antwortete am 4. November: »Nein, lieber Herr

Fontane! hiemit die ausdrückl. wohlüberlegte Erklärung: / daß ich sehr gern Bd. III von Fontane[s] ›Wanderungen‹ verlegen werde und mich hiemit *ausdrücklich* um diesen Verlag angelegentlich bewerbe. / … Wenn ein Freund mir einen literarischen Plan mitteilt, wenn wir uns die Hände darüber geschüttelt haben, entweder in bestimmter Abrede oder in Zusage, dann lasse ich ruhig ihn seinen Teig in den Ofen schieben und warte, bis die Semmel für mich da ist.« Fontane dankte am gleichen Tag für die »freundlichen Worte, die mir das Herz leichter und die Seele wieder elastischer gemacht haben«.

Über den Stand der Arbeit berichtete Fontane auch in einem Brief an Mathilde von Rohr vom 22. Dezember 1869: »An dem dritten Teil meiner ›Wanderungen‹ arbeite ich fleißig weiter; ich hoffe spätestens Pfingsten mit dem Manuskripte fertig zu sein. Vor etwa vierzehn Tagen war ich in *Spandau*, um, vom dortigen Kirchturme aus, einen Blick in das ›Havelland‹ zu tun, das ich eben im dritten Teile beschreibe. Dieser Blick vom Turm soll das Einleitungskapitel bilden.« Möglicherweise spiegelt der folgende Gliederungsentwurf, der auf der Rückseite von Blatt 8 des Konvoluts »Wolffs Tannhäuser. Versuch einer Kritik« im Theodor-Fontane-Archiv (Signatur P 20) überliefert ist, diesen ursprünglichen Plan wider:

Spandow und Umgebung

1. Sankt Nikolai etc.
2. Oranienburg
3. Das Havelluch
   (Die gut passende Karte dazu liegt in der grauen Pappmappe hinten im zweituntersten Kasten, Aufschrift: Havelland.)
4. Brieselang
5. Der Eibenbaum
6. Die Seeschlacht in der Malche
7. Das Belvedere

Aus der Arbeitsphase um 1869/70 haben sich zwei Inhaltsübersichten erhalten, die noch die ursprünglich weiträumigeren Dimensionen des Bandes zeigen und in der Disposition des Materials andere Absichten ausweisen. Im Notizbuch A 14, Blatt 42–44, ist folgende Liste überliefert:

Band III

1. Die Havel
2. Die Wendenzeit in der Mark
3. Kloster Lehnin
4. Kloster Chorin
5. Sankt Nikolai zu Spandau
6. Die Tegel-Insel, Konrad von Burgsdorf und der katholische Rochow
7. Die Quitzow-Schlösser (Plaue. Großbeuthen. Friesack. Golzow)
8. Plaue und die Königsmarcks
9. Fehrbellin
10. Hertefeld und der Rhin (das große Bild in Potsdam)
11. Am Kremmer Damm
12. Die Bredows
13. Reckahne und die Rochows
14. Etzin
15. Ketzin und Ketzür
16. Marquardt
17. Fahrland. Döb[e]ritz
18. Caputh. Paretz
19. Groß und Klein Behnitz
20. Linum (Wilhelm Hensel)
21. Pichelsdorf und Pichelswerder
22. Potsdam
    a. Sanssouci
    b. Das Schloß
    c. Die Garnisonkirche
    d. Die Schwäne in der Havel
    e. Das Tabaks-Kollegium
    f. Die Pfauen-Insel
    g. Charlottenhof und die Friedenskirche
23. Nennhausen. Landrat von Briest und La Motte Fouqué
24. Brandenburg
25. Rathenow
26. Heinrich von Stechow
27. Linum und das Königreich Torf

Das Notizbuch A 15, das Fontane mit der Aufschrift »Havelland (meist 1869)« versah, beginnt mit folgender Gliederung:

Havelland

1. Die Havel. Die Quellen
   Bei Fürstenberg. Bis Zehdenick.
   Bis Oranienburg. Bis Spandau.
   Bis Potsdam. Bis Brandenburg.
   Bis Plaue. Bis Rathenow.
   Bis Havelberg*
2. Die Wenden in der Mark bis 1150
3. Die Zisterzienser in der Mark
4. Kloster Lehnin. Die Gründung. Die Äbte.
   Wie es war und wie es ist
5. Kloster Chorin
6. Die Lehninsche Weissagung
7. Der Glien. Kremmen** etc.
8. Ländchen Bellin
9. Ländchen Rhinow
10. Ländchen Friesack
11. Der Nußwinkel
12. Die Bredows. Allgemeines. Die Dörfer. Einzelne Personen
13. Die Rochows. Allgemeines. Die Dörfer. Einzelne Personen
    [Dazu auf der linken Seite:] Rochow auf *Stülpe*. Allerlei Sagen, namentlich solche auch, die auf den Golm-Berg Bezug haben.
14. Stechow und Kotzen
    [Dazu auf der linken Seite:] von der Gröben. Schlaberndorf, Ribbeck. Knobloch. Stechow
15. Spandau. Schloß. Kirche. Schwarzenberg
16. Die Quitzow-Schlösser
17. Pichelsdorf
18. Potsdam [die die Reihenfolge verändernden kleinen Buchstaben sind nachträglich von Fontane mit Bleistift dazugeschrieben worden:]
    a. Das Tabaks-Kollegium
    b. Ein Zimmer im Stadtschloß (Fr. W. I.)
    e. Die Garnisonkirche und Gruft
    c. Sanssouci
    d. Lord Mareschals Haus
    f. Das Marmor-Palais

* Das Bild von der Havel-Luch-Entwässerung im Potsdamer Regierungs-Gebäude. – Dies an *andrem* Ort beschreiben.

** Kremmer Damm. Ein altes Bild, den Tod Hohenlohes 1412 (?) darstellend, befindet sich in der alten Klosterkirche.

g. Die Pfauen-Insel
Die Havel-Schwäne
h. Charlottenhof
i. Die Friedenskirche
19. Schloß Plaue
20. Groß und Klein Behnitz
[Dazu auf der linken Seite:]
Groß und Klein Behnitz
Die Bischofswerder-Güter zusammenfassen; – dann ebenso die Wöllner-Güter zusammenfassen, d.h. wo er geboren wurde, dann Behnitz, dann wo er starb.
21. Nennhausen*. Briest. Fouqué. Briest lebte auf Böhne, und erst sein Sohn bewohnte Nennhausen.
[Vorbereitende Aufzeichnungen über Nennhausen befinden sich im Märkischen Museum zu Berlin. Sie sind Teil des Fragments »Das Ländchen Friesack und die Bredows«; Band 7 dieser Ausgabe.]
22. Rathenow
23. Die Fehrbelliner Schlacht
24. Henning von Treffenfeld
25. Döb[e]ritz. Marquardt. Paretz. Caputh etc.
26. Etzin
27. Brandenburg
von der Gröben. Schlaberndorf
28. Linum und Velten
Ein Kapitel von »Torf und Ton«

Nach dem arbeitsreichen Winter 1869/70 teilte Fontane seinem Verleger am 26. April 1870 mit, er hoffe das Manuskript in etwa acht Wochen abschließen zu können. Entsprechend vermerkte er im Tagebuch: »Während der Abwesenheit Emiliens [20. April bis 14. Juni 1870] hatte ich sehr fleißig gearbeitet und meinen 3. Band ›Wanderungen‹ großenteils beendet. Nun begannen die Korrekturen und Abschriften.« Indes unterbrach der Deutsch-Französische Krieg schon bald die Arbeit an »Havelland«. Fontane übernahm es, für Decker auch über diesen Krieg zu schreiben. Er geriet 1870 in französische Gefangenschaft, wurde befreit, reiste 1871 erneut ins okkupierte Frankreich und schrieb außer dem »Kriegsbuch« zwei Berichte darüber.

* Ein Bild (wahrscheinlich von Prof. Kolbe), wie der Kurfürst, verkappt, zum alten Briest kommt, befindet sich jetzt in Jahnsfelde.

Die erste Buchausgabe (1873)

So konnte Fontane erst im Frühjahr 1872 – als es Verzögerungen beim Druck des ersten Halbbandes vom »Krieg gegen Frankreich 1870–1871« gab – wieder an den dritten Band der »Wanderungen« gehen. »Die Kapitel«, heißt es im Tagebuch, »lagen im wesentlichen fertig da; aber Korrektur, Anmerkungen, Einleitung (noch dazu in Versen) machen noch sehr viel Arbeit.« Fontane bot Hertz am 5. Mai 1872 an, »Havelland« nun zum Druck vorzubereiten. »Was die Honorarfrage angeht«, schrieb er, »so ersehe ich aus einem alten Kontrakt, daß die Sache vorweg mit 10 Rtl. pro Bogen geregelt ist, eine Summe, die einen in dieser Zeit der Mieten und Milliarden, freilich auch der Nieten und Nullen, etwas sonderbar ansieht. Aber was hilft's ...«

Hertz sah daraufhin die Auflagenhöhe mit 1250 Exemplaren, den Höchstumfang mit 30 Bogen und das Honorar mit 500 Rtl. vor (legte aber in einem Schreiben vom 13. Mai 1872 endgültig 1500 Exemplare bei 600 Talern fest). Fontane bedankte sich am 9. Mai für die »Abmachungen in betreff Band III der ›Wanderungen‹«, besonders für das »Honorar-Plus«, und schrieb: »Ich habe zwei Tage lang Mottos gesucht, immer eine Arbeit, die die Kopfnerven ein[e] Woche lang ruiniert. – Die zur Durchsicht gewünschten Blätter bringe ich morgen mittag oder schicke sie; es ist nahezu die Hälfte des Ganzen. Ich würde Ihnen vorschlagen, nur das lange Kapitel *›Marquardt‹ zu* lesen, da haben Sie alle Züge des Buches vereinigt: Schloß-, Park- und Landschaftsbeschreibung, Historisches, Anekdotisches, Familienkram und Spukgeschichte. Mehr kann man am Ende nicht verlangen.«

Um dem Verleger einen Eindruck von der Eigenart des neuen Bandes zu ermöglichen, stellte Fontane am 10. Mai 1872 die Kapitel »Die Wenden in der Mark«, »Sankt Nikolai zu Spandau« und »Der Brieselang« sowie ein Inhaltsverzeichnis zur Verfügung. Von Nr. 12 der (nicht mehr vorhandenen) Liste an sei mit Ausnahme von »Trebbin« alles in Ordnung; »gerade an den Anfangskapiteln muß ich aber noch basteln«. »Von ›Schlössern‹«, fügte er hinzu, »ist in dem ganzen Bande wenig die Rede. Erscheint Ihnen dies Manko – *wenn* es eins ist – bedenklich, so bitt ich Sie aufrichtigst, es auch jetzt noch auszusprechen. Ich möchte Sie nicht gern contre cœur bei einer Sache festhalten.«

Hertz stimmte den Textproben offenbar sofort und vorbehaltlos zu, denn der Autor schrieb am 11. Mai an den Verleger: »*Sehr* dankbar bin ich Ihnen für Ihre freundlichen Zeilen, die mich nun erst in meinem Gemüte frei gemacht haben. Einzelnes in dem Bande ist, wo der Stoff nicht recht was hergeben wollte und doch *nicht zu umgehen war*, leidlich langweilig; im ganzen aber halte ich diesen ›dritten im Bunde‹ für den weitaus besten. Sie haben das rechte Wort gesprochen: alles ist freier. Ich könnte vielleicht noch hinzusetzen, auch *frischer*, was einfach damit zusammenhängt, daß sich diese Arbeiten über fast zehn Jahre verteilen, so daß ich immer wieder mit erneuter Lust herantreten konnte. Dies ist sehr wichtig, ja es ist *alles*, weil – wenige Kapitel abgerechnet – die Dinge in sich keine Bedeutung haben und sozusagen die Liebe alles tun mußte.« Fontane stellte das Manuskript für die nächsten Tage in Aussicht und versprach, es so gut vorzubereiten, »daß *von nachträglichen Änderungen*, ja, wenn die Druckerei einen guten Korrektor hat, kaum von Korrekturen die Rede sein soll«.

Am 13. Mai 1872 schickte Fontane »vierundzwanzig Kapitel, fix und fertig, mit Mottos und allem. ... Ich hoffe, daß nächsten Sonnabend *alles* (mit alleiniger Ausnahme des vorletzten Kapitels ›Trebbin‹) in Händen der Waisenhausdruckerei sein soll« (die Satz und Druck übernommen hatte). Fontane hielt auch bei »Havelland« direkten Kontakt mit der Druckerei; den Verleger informierte er am 14. August über den Stand der Arbeiten: Der Druck sei bis Bogen 19 gediehen, umfangreicher als 29 1/2 Bogen solle der Band nicht werden, »wovon etwa zwei oder zweieinhalb Bogen auf Titel, Einleitung, Anmerkungen kommen«. Anfang September fiel die Entscheidung über den Titel; Fontane bemerkte darüber am 6. September in einem Brief an Hertz: »Das ›*Streifereien zwischen*‹ etc. haben Sie beanstandet, und wiewohl ich es an und für sich nicht schlimm finde, so scheitert es doch schon daran, daß es nicht zwei Zeilen vorher heißen kann ›*Wanderungen*‹ und dann gleich hinterher ›*Streifereien*‹. Nach halbstündigem Doktern (oder Apothekern) hab ich nun die angefügte Version gefunden. Sie scheint mir nicht übel, ja hat einen gewissen poetischen Anklang. Absolut Schönes und Richtiges ist, wie nirgends, so auch in Titelsachen nicht zu erreichen. Man kann beanstanden: ›Havel*land*‹ und dann ›*Land*schaft‹; außerdem ist es nicht ganz korrekt, denn Brandenburg gehört schon zu *West*-Havelland; ich denke aber, man muß über solche Bagatellen hinsehn und sich nur die Frage vorlegen: ob sich's überhaupt gut macht, ob's hübsch klingt. Und das tut es.«

In einem Brief an Mathilde von Rohr vom 25. September 1872 kündigte Fontane den Band für die nächsten vier Wochen an. Er wurde vermutlich in der ersten Oktoberhälfte ausgeliefert; zumindest schrieb der Autor am 31. Oktober an die Rohr: »Der III. Band meiner ›Wanderungen‹ ist vor etwa vierzehn Tagen erschienen ...« Im Tagebuch notierte Fontane rückschauend: »Ziemlich zugleich mit dem III. Bande ›Wanderungen‹ (Havelland) erscheint im November [!] 1. Halbband des 70er Kriegsbuches.« Der Band führte die Sammelbezeichnung »Wanderungen durch die Mark Brandenburg. Dritter Teil« und trug den Haupttitel »Ost-Havelland. Die Landschaft um Spandau, Potsdam, Brandenburg« (mit der Jahreszahl 1873).

Größere Teile des Manuskripts haben sich im Märkischen Museum zu Berlin erhalten; dort befinden sich folgende Kapitel: »Die Lehninsche Weissagung«, »Der Schwielow«, »Caputh«, »Petzow«, »Baumgartenbrück«, »Alt Geltow«, »Neu Geltow«, »Marquardt«, »Geheime Gesellschaften im achtzehnten Jahrhundert«, »Gütergotz«. Neben vielerlei verstreuten Notizen und ersten Aufzeichnungen werden ferner im Theodor-Fontane-Archiv zwei relativ vollständige Brouillons zu den Kapiteln »Der Brieselang« und »Die Seeschlacht in der Malche« aufbewahrt. Über diese Handschriften geben die Anmerkungen zu den einzelnen Kapiteln nähere Auskunft.

Die zweite Auflage (1880)

»Ost-Havelland« war als Teilband konzipiert, dem ein zweiter folgen sollte, das »West-Havelland und Brandenburg« behandelnd. Dieser Plan wurde indes aufgegeben, als sich Fontane und Hertz 1873 über die endgültige Disposition der »Wanderungen« auf vier Bände und über das geographische Ordnungsprinzip verständigten; schon im Brief vom 24. September 1873, der diese Gruppierung fixierte, bezeichnete Fontane den dritten Band mit dem Titel »Havelland« (vgl. den Abschnitt »Die Metamorphosen des Bandes …« im Anhang von Band 1 dieser Ausgabe). Über die Konsequenzen dieser Neuordnung für »Havelland« notierte der Autor 1873: »Hier [in »Ost-Havelland«] fallen etwa sechs Bogen aus, halb Barnim-, halb Teltow-Kapitel.« Durch den Verzicht auf einen gesonderten Band »West-Havelland« wurde auch Brandenburg nicht in die »Wanderungen« einbezogen. In einem Brief an den Verleger Hermann Wiesicke vom 13. Juli 1888 (1976 im Band 3, Heft 7, der »Fontane- Blätter« von Günter Mangelsdorf publiziert) bekannte Fontane: »… soviel ich mich mit Einzelpartien unserer Mark beschäftigt habe, zu einem auch nur leidlich gründlichen Studium der einst wichtigsten Stadt des Landes bin ich nie gekommen.«

Nach einer Aufstellung von Hertz waren von den 1500 Exemplaren der ersten Auflage im Oktober 1873 erst 853 Stück verkauft. Auch eine Notiz des Verlegers vom 13. Januar 1874 deutet auf hohe Bestände: »… ihm [Fontane] gesagt, daß es mit den neuen Aufl. v. II u. III doch so aussähe, daß es fraglich sei, ob von ihnen schon nach vier Jahren solche erforderlich. Wäre nur noch *wenig* da, so würde ich nicht eng sein u. makulieren.« Erst 1879, im Zusammenhang mit der Vorbereitung der dritten Auflage von »Oderland«, kam Hertz auf »Havelland« zurück. Er schrieb am 14. Januar 1879 an Fontane; »... endlich sei trotz aller üblen Zeiten die Hoffnung ausgesprochen, daß Bd. III doch auch nicht ewig dauern wird und daß über kurz oder lang, etwa Mitte, Ende 1880, der Bd. III neu zu drucken sein wird. Dies ist eine Hoffnung. Werde sie eine Wahrheit!« Am 1. Dezember 1879 teilte Hertz mit, daß die zweite Auflage von »Havelland« im Januar 1880 in Satz gehen könne. Fontane drückte am gleichen Tage seine Freude aus und schlug den 1. Februar vor: »... bis dahin hoff ich ... auch von ›Havelland‹ so viele Kapitel durchgesehn zu haben, daß Manuskriptmangel für die Druckerei nicht eintreten kann.« Am 8. Februar 1880 übergab Fontane »etwa ein Drittel des Gesamtmanuskripts«: »Wählen Sie wieder Freund Eupel [Druckerei von Friedrich August Eupel in Sondershausen], gegen den ja wohl nichts zu sagen war, so bäte ich nur, ihn noch mal darauf aufmerksam zu machen, daß die Korrekturbogen in ihrer ersten Gestalt zwar immer sehr manierlich gewesen wären, aber die Revisionsbogen oder zweite Korrektur desto weniger. Mit andern Worten, meine Korrekturen wurden in wenig geschickter Weise berücksichtigt, und der *zweite* Korrekturbogen enthielt oft viel schlimmere Fehler als der erste.« In der zweiten Märzhälfte war Fontane noch intensiv mit der Überarbeitung von Manuskriptteilen beschäftigt (Eupel warte mit Schmerzen, schrieb Fontane am 23. März an seine Frau), am 5. April schickte er die letzten acht Kapitel in die Druckerei, und am 11. April war der Satz bereits bis Bogen 24 vorgeschritten.

Die zweite Auflage, zu der, laut Tagebuch, »viele neue Kapitel hinzugefügt« worden waren und die den Titel »Havelland« führte, scheint Ende Mai 1880 erschienen zu sein. Fontane hatte, wie er im Vorwort hervorhob, »alles dem Spezialtitel *nicht* Entsprechende fortgelassen und durch ausschließlich Havelländisches oder doch dem Flußgebiet der Havel Angehöriges« ersetzt. Ausgeschieden (und 1882 in die erste Ausgabe von »Spreeland« übernommen) wurden folgende Kapitel: »Friedrichsfelde«, »Blankensee«, »Saarmund und die Nutheburgen«, »Trebbin«. Das Kapitel »Gütergotz« wurde völlig eliminiert (vgl. Band 6 dieser Ausgabe). Neu aufgenommen wurden dagegen folgende Kapitel, die teils aus »Grafschaft Ruppin« ausgegliedert worden waren bzw. nur als Vorabdrucke existierten: »Das Havelländische Luch«, »Schloß Oranienburg«, »Tegel«, »Fahrland«, »Die Fahrlander Chronik«, »Sacrow«, »Wer war er?«, »Falkenrehde«, »Zwei ›heimlich Enthauptete‹«, »Wust«. Zusätzlich eingegliedert wurde auch das Kapitel über »Kloster Chorin«, das zwar geographisch nicht ins Havelland gehörte, bei dem Fontane aber die historische Zusammengehörigkeit mit Kloster Lehnin zu betonen wünschte.

Die dritte und vierte Auflage (1889 und 1892)

1880 hatte Fontane es für zweifelhaft gehalten, ob er eine dritte Auflage des Bandes »Havelland« erleben werde (an Hertz, 25. Mai). Indes konnte er im Tagebuch für den Zeitraum vom 4. März bis 8. Juli 1886 bereits festhalten: »W. Hertz zeigte mir an, daß von den ›Wanderungen‹, Band II und III, eine neue Auflage erscheinen würde ...« Sie kam zwei Jahre später zustande. Am 30. Juni 1888 teilte Fontane dem Verleger mit, daß er den Titelbogen für »Havelland« zur Post gegeben habe. Am 6. September schrieb Hans Hertz, der Sohn des Verlegers, daß die Neuauflagen des zweiten und dritten Bandes »binnen kurzem« erscheinen würden, und überwies 2000 Mark dafür. »Havelland« kam – unverändert nach der zweiten Auflage gedruckt – im Herbst 1888 heraus und war auf 1889 vordatiert.

Eine vierte, wiederum unveränderte Auflage erlebte »Havelland« im Rahmen der »Wohlfeilen Ausgabe« der »Wanderungen« im Jahre 1892 (vgl. den Abschnitt »Die weiteren Auflagen ...« im Anhang von Band 1 dieser Ausgabe). Das »Havelland« erschien in dieser »Lieferungsausgabe« der vier Bände (20 Fortsetzungen zu je 1 Mark) im November 1892; es wurden 1500 Exemplare gedruckt; Fontane erhielt 1200 Mark Honorar.

Zeitgenössische Resonanz

»... mein Glaube an die Wirksamkeit von Preßnotizen ist längst erschüttert«, schrieb Fontane am 24. September 1872 an Wilhelm Hertz, aber er fügte hinzu: »Doch mag ich unrecht haben.« Und so unterbreitete er Anregungen für Rezensionen. Er empfahl Ranke und Droysen (auf die er allerdings am folgenden Tag »ohne Schmerz und Kummer« wieder verzichtete) sowie den Historiker Rudolf Foß (»Letztrer ist ein *spezieller* Verehrer dieser meiner Bücher, und die Begleit-Zeilen würde ich gern schreiben«). Außerdem notierte Fontane für seinen Verleger: »Blätter, die mir wichtig scheinen, zu denen ich aber keine Beziehungen unterhalte. / 1. Norddeutsche. 2. Nationale. 3. Spenersche. 4. Augsburger. 5. Neue Freie Presse. 6. Hamburger Nachrichten. 7. Schles. u. Bresl. Ztng. 8. Königsberger. 9. Stettiner. 10. Magdeb. 11. Schwäbische[r] Merkur.

12. Weser-Ztng. / Natürlich auch die *Kölnische*. Ich kenne Kruse, möchte aber keine Zeilen an ihn richten, um so weniger, als sein ›Wullenweber‹ im Anrücken ist. / Was die †Ztng. angeht, so muß ich Ihnen überlassen, was Sie tun wollen. Unter dem verflossenen [Chefredakteur] Beutner hat sie sich zu dumm, will sagen beutnersch gegen mich benommen. B. ist nun zwar beseitigt, aber es klebt doch noch viel von ihm dran.«

Am 25. September 1872 sagte der Autor acht Empfehlungsbriefe zu (die u. a., wie aus Fontanes Brief an Hertz vom 27. September hervorgeht, an die Lehrer Wagener in Potsdam und Krüger in Spandau gerichtet waren) und kam noch einmal auf sein Verhältnis zur »Kreuz-Zeitung« zurück: »Bei der † Ztng. liegen die Dinge in diesem Augenblick wieder anders als wie zu des seligen Beutners Tagen; man wird also wahrscheinlich – wenn Sie ein Exemplar spendieren wollen – irgendeinen zehnzeiligen Quatsch ›aus alter Freundschaft‹ loslassen. *Wer* ihn leistet, ist schließlich gleichgültig. Verständige lachen über das eine wie das andre, Dumme glauben an das eine wie das andre. Gott sei Dank bilden letztre immer noch die Majorität. Soll übrigens *mein* Sentiment am Zünglein der Waage den Ausschlag geben, so votiere ich (wie es jetzt in dem sehr miesigen About-Fall heißt) für ›Nicht-Statthaftigkeit‹. Man hat sich – ganz abgesehn von B., der freilich der Hauptsünder bleibt – zu dumm gegen mich benommen.« Fontane bat zugleich um ein gebundenes Exemplar von »Ost-Havelland«: »Ich gewinne dadurch vielleicht etwas an Zeit. Mit Schaudern denk ich noch an das *verspätete* Exemplar, das ich – weil der Buchbinder mich sitzenließ – jener lang aufgeschossenen langweiligen Exzellenz zu überreichen hatte. Eine Genugtuung, daß alle diese hochmütigen Lederschneider noch bei Lebzeiten vom Schauplatze abgetreten sind und in den verschiedensten Winkeln Zeit finden, an dem Stück Bleizucker zu lutschen: wäre *ich* im Amt geblieben, die Welt sähe besser aus. / … Pardon für diesen langen Schreibebrief, der mich Ihnen vielleicht von einer ganz neuen Seite zeigt, nämlich – verbissen.«

Der »zehnzeilige Quatsch ›aus alter Freundschaft‹«, den Fontane fürchtete, erschien am 1. Dezember 1872 in der »Neuen Preußischen (Kreuz-)Zeitung« (1. Beilage zu Nr. 282) und stammte von Ludovica Hesekiel. Sie registrierte u. a.: »Fontane hat hier keine wissenschaftlichen Arbeiten liefern wollen, und dennoch kann es dem Aufmerksamen nicht entgehen, daß in den ›Wanderungen‹ ein zum Teil sehr mühsames Studium steckt. Damit sind nicht nur die mühseligen, zum Teil vergeblichen Fahrten und Forschungen nach den Nutheburgen, diesen nie zu bannenden Kobolden aller märkischen Forscher, gemeint, denen wir aber doch eine Reihe von Aufsätzen verdanken, die wir ungern missen würden, sondern auch

Kapitel wie das vom ›Eibenbaum‹. … Ein genaueres Eingehen bleibt dem Leser überlassen, eine Empfehlung der ›Wanderungen‹ ist längst unnötig geworden. / Fontane gibt uns eine Heimatskunde, die vertraut macht mit Sitte und Sage, mit Land und Leuten, mit Geschichte und Poesie der Mark; jedem Zoll ihrer Erde gibt er sein Recht, Torfmoor und Kalkbruch, Sand und Heide umfaßt er mit gleicher Liebe. Junker und Bürger, Pastoren und Soldaten, die Helden von Schwert und Feder, jeder findet seinen Platz an seiner Stelle …« Ludovica Hesekiel verwies ironisch auf die Mottos, die den meisten Kapiteln vorangestellt sind, und Fontane nahm – ein wenig kalauernd – diese Anspielung in einem Brief vom 18. Dezember 1872 an die Rezensentin auf (sich zugleich auf ein Gedicht George Hesekiels beziehend, das am gleichen Tage in der »Kreuz-Zeitung« erschienen war): »Vielleicht haben Sie selbst mal – wie ich in meinen Kindertagen – alles nach Mehlweißchen oder Sechserpfannkuchen berechnet. Ein Groschen war kein Groschen mehr, sondern zwölf Mehlweißchen etc. Nun haben Sie selbst in Ihrer freundlichen Besprechung richtig erkannt, daß ich alle märkischen Dichter nach ihrem Mottogehalt (Brutto, Netto, Motto) berechne, werden es also auch als eine der schmeichelhaftesten Kritiken des papalichen Gedichtes gelten lassen, wenn ich Ihnen versichre, daß ich es mindestens auf drei, vielleicht aber auf sechs Mottos taxiere.«

Am 20. Oktober 1872 hatte Fontane auch an den Chefredakteur der »Vossischen Zeitung«, Hermann Kletke, in Sachen »Ost-Havelland« geschrieben: »Sollte Ihre hartbedrängte Zeit Ihnen eine Stunde zu gefälliger Besprechung meines Buches übriglassen, so würde ich Ihnen aufrichtig dankbar sein. Meines guten Pietsch' Gefälligkeit wieder mal in Anspruch zu nehmen, genier ich mich fast.« Gleichwohl übernahm Ludwig Pietsch die Rezension, die allerdings erst am 26. Januar 1873 in der Sonntagsbeilage der »Vossischen Zeitung« erschien. Pietsch hob den steten Wechsel der Gegenstände und den unterhaltenden Ton hervor: »Nirgends tritt dieser liebenswürdige Reise-Führer und -Begleiter weder mit den würdebewußten Prätensionen des Gelehrten noch mit der geschwätzigen Zudringlichkeit des Cicerone auf. Jedem Gegenstand bringt er wohl die Liebe, aber doch auch die volle Unbefangenheit entgegen. Weder an Gottes Natur (selbst nicht einmal am *Wetter*, und das macht ihn mir besonders wert) noch an den Szenen und Akteurs der großen und kleinen menschlichen Komödie, welcher jene als Bühne und Dekoration gedient, mäkelt er viel herum. Er ist ein guter fester Preuße und Konservativer aus Naturanlage und Überzeugung; aber keine Parteibrille färbt seine reine Anschauung.« Pietsch schloß mit den Sätzen: »Aber was dem Buch den rechten Wert und Reiz gibt, ist doch nicht diese Vorarbeit andrer [die Fontane in den Anmerkungen erwähnt], sondern das *eigene* Sehn und Empfinden des Verfassers. Wie sehr er auch seine Person im Hintergrunde taktvoll zurückhält – man vergißt hier über den Bildern doch keineswegs den Maler, über den Wanderungen nicht den Wanderer. Wer diese Bände gelesen hat, der muß die Mark liebgewonnen haben. Aber liebgewonnen sicher auch – diesen Märker.« Fontane bemerkte am gleichen Tage in einem Brief an Kletke: »L. Pietsch' Besprechung meines Buches hat mich sehr erfreut.«

Am 20. November 1872 brachte das »Wochenblatt der Johanniter-Ordens-Ballei Brandenburg« (Nr. 47, S. 286) eine (anonyme) Rezension über »Ost-Havelland«, in der ähnliche Überlegungen wie kurz darauf in der »Kreuz-Zeitung« angestellt wurden: »Zweck und Richtung dieser Arbeiten sind unsern Lesern bekannt. Es handelt sich dabei um ›Heimatkunde‹, um ein Sichvertrautmachen mit dem topographischen wie historischen Teil unsrer speziellen Provinz, um ihre Sitten und Sagen, um ihren landschaftlichen und ihren Volkscharakter. Es liegt in dieser Aufgabe vorgezeichnet, daß *jede* Stelle irgendwie und -wo zu ihrem Rechte kommen muß und daß es keine Quadratmeile Landes gibt, die ganz ohne Interesse wäre. Wo der Stoff nicht *auf* der Erde liegt, da liegt er *unter* ihr, und Torf- und Lehmschichten, Kalksteinbrüche und Salzlager finden so gut ihre Besprechung wie Sparr und Derfflinger oder der Wallgraben von Küstrin, auf dem das Haupt Kattes fiel. Kein Zollbreit Erde ist tot. Auf diese Wahrheit immer wieder aufmerksam zu machen ist die eigentlichste Aufgabe dieser ›Wanderungen‹. ... Nach der formellen Seite hin, und damit schließen wir diese Anzeige, scheint uns die Eigenart dieser Arbeiten vor allem in der Abwesenheit jeder wissenschaftlichen Prätension zu liegen; in dem Bestreben, auch *da* nur zu plaudern, wo der Eingeweihte ohne Mühe ein volles Maß von Eifer und Anstrengung erkennt. Das Studium ist überwunden, und das Spiel beginnt. / Wir empfehlen das Buch ... als ein besonders geeignetes Geschenk für den Weihnachtstisch märkischer Schlösser und Herrenhäuser.«

Was Fontane gegenüber Mathilde von Rohr bereits am 31. Oktober 1872 geäußert hatte – die Aufnahme des Werkes sei »bis jetzt sehr günstig« –, das bestätigte er am 13. Dezember 1872 noch einmal in einem Brief an Julius Rodenberg, der sein wohlwollendes Urteil offenbar mündlich oder brieflich übermittelt hatte: »Eine große Freude haben mir Ihre Worte über mein Buch gemacht; die Teilnahme, die es überhaupt findet, gibt mir zu denken. An Talent, an Stoff-Interesse stehen diese Wanderungs-Bücher nicht über dem, was ich sonst wohl schreibe; woran. liegt es, daß sie so ungleich mehr wirken als andres aus meiner Feder? Lokal- und Provinzial-Interesse, Heimatsgefühl, Jugenderinnerungen, verschämte Neigung für das, was der großen Mehrheit als jeder Neigung unwert erscheint – all dies kommt vielleicht zusammen. Geh. R. Wiese schrieb neulich, ›es sei die dem Kleinen und Geringen zugewandte Liebe‹; darin liegt viel Wahres. Enfin, was es sei, ich will mich des Erfolges freun.«

Die öffentliche zeitgenössische Resonanz auf »Ost-Havelland« scheint sich mit den genannten Äußerungen in der Presse erschöpft zu haben. Es sei indes noch auf ein aufschlußreiches späteres Urteil verwiesen, das Fontanes »Wanderungen« – und besonders die »Wenden«-Kapitel des Bandes »Havelland« – in eine entscheidende ideologisch-politische Kontroverse einbezieht und die humanistische Position des Werkes nachdrücklich unterstreicht. Am 25. September 1928 brachte »Die Weltbühne« unter der Überschrift »Fontane und die Wenden« folgenden Beitrag von Hans von Zwehl: »Zu Theodor Fontanes dreißigstem Todestag hat man eifrig seiner Berliner Romane gedacht, weniger seiner märkischen Wanderungen, in denen der Dichter die Heide und die Schlösser an der Spree, der Havel und der Oder neu entdeckte. Es ist zum Beispiel höchst interessant, nachzulesen, wie Saarow und Pieskow, die heutigen eleganten Badeorte, damals noch elende Fischernester waren, in denen es noch nicht einmal einen Pferdestall gab, nur Kühe und Ziegen. Auch am Müggelsee war eine Wildnis; dort stand eine Müggelbude mit einer Dependance aus hergeworfenem Schiffsgerät für die Knechte. Kulturpolitisch am wichtigsten aber ist vielleicht Fontanes Stellungnahme für die Wenden, weshalb man diese Kapitel denn auch bis auf den heutigen Tag unterschlägt. / Der kritische Geist in Fontane, der immer bereit war, die Gegengründe zu hören, untersuchte die landläufige Vorstellung über die slawische Urbevölkerung des Landes und fand sie falsch. Mit dem Freimut, den er auch in seinen Gesellschaftsromanen gegen das Preußentum übte, stellte der Dichter fest, daß das wendische Volk sehr oft von den deutschen Fürsten betrogen wurde und daß es auch keineswegs so ungebildet und roh erschien, wie ihre Nachbarn jenseits der Elbe es hinstellten. Gastfrei und tapfer, besaßen sie auch Kultur und eigne Schriftsteller und Tempel mit Göttern in Holz und Gold. Vor allem aber gibt der Dichter der Mark unumwunden zu, daß die Wenden nicht etwa, wie die Patent-Patrioten behaupten, vertrieben wurden, sondern sich mit der deutschen Einwanderung seit Albrecht dem Bären verschmolzen. Die Reste sitzen bekanntlich noch heute im Spreewald. / Wörtlich sagt Fontane von den Wenden: ›Sie wurden keineswegs mit Stumpf und Stiel ausgerottet, sie wurden auch nicht einfach zurückgedrängt bis zu den Gegenden, wo sie Stammesgenossen vorfanden – sie blieben vielmehr alle oder doch sehr überwiegenden Teils im Lande und haben in allen Provinzen jenseits der Elbe unzweifelhaft jene Mischrasse hergestellt, die jetzt die preußischen Provinzen bewohnt.‹ / Unsern arischen Rasseforschern mag diese Feststellung sehr unbequem sein, aber es bleibt dabei. / Und was Potsdam angeht, so hieß es einst Potsdupimi, und die Erbauer seiner Kultur waren Italiener, Holländer, Franzosen – Deutsche zuletzt.«

ANMERKUNGEN

Vorwort zur zweiten Auflage

Für das Vorwort zur zweiten Auflage von »Havelland« trifft dasselbe zu wie für das Vorwort zur dritten Auflage von »Oderland« (vgl. die Vorbemerkung dazu im Anhang von Band 2 dieser Ausgabe): Fontane hat es *nach* Beendigung seiner Arbeit am Manuskript verfaßt und auf einen knappen Rechenschaftsbericht über die gegenüber der Erstauflage von 1873 (»Ost-Havelland«) vorgenommenen Veränderungen beschränkt.

5 *alles dem Spezialtitel nicht Entsprechende fortgelassen* – Vgl. S. 492 f.
Landschaft und Genre prävalieren – Jutta Neuendorff-Fürstenau bemerkt in ihrem Kommentar zur »Wanderungen«-Ausgabe des Hanser Verlages: »In einem Entwurf zu einem Vorwort des 3. Bandes betont F.: ›Alles, was *vor* der Geschichte liegt und schon sagenhaft ist, oder *neben* der Geschichte liegt, weil es zu klein ist, das ist mein Sach, da liegen meine Aufgaben.‹«
prävalieren – das Übergewicht, den Vorzug haben.
das Friedrichsche Ehepaar – Vgl. S. 209–212.
Lehniner Klosterkirche ... neu aufgebaut – In den Jahren 1872 bis 1877. Vgl. auch die Anm. zu S. 46.
... daß alles Umarbeiten und Hinzufügen ... nur Schwerfälligkeiten schafft – Im Teil 3 der »Wanderungen«, »Havelland«, hat Fontane gegenüber der Erstauflage (1873) wesentlich weniger Textänderungen vorgenommen als in den Teilen 1 und 2, »Die Grafschaft Ruppin« und »Das Oderland«.
Benötigung – Notwendigkeit.

Havelland

Im Brief an Wilhelm Hertz vom 14. August 1872 bezeichnet Fontane das Gedicht als »Einleitung« des dritten »Wanderungen«-Bandes (erste Auflage). Wieder entwickelt er – wie im »Vorwort zur ersten Auflage« der »Grafschaft Ruppin« (vgl. Band 1 dieser Ausgabe) – aus einem poetischen Stimmungsbild die Motivation für die Beschreibung einer historisch geprägten Landschaft.

Im Gegensatz zu Fontanes eigener Datierung (»im Mai 1872«) gibt Hermann Fricke (»Theodor Fontane, Chronik seines Lebens«, Berlin 1960) an, das Gedicht sei erst im Sommer 1872 in Krummhübel (Schlesien) verfaßt, wo sich der Dichter bis zum 10. August aufhielt. Wahrscheinlich stützt sich Fricke darauf, daß ein erster (?) fragmentarischer Entwurf der Strophen 1 und 2 im Notizbuch A 10, Blatt 3 (Rückseite) bis Blatt 4 (Rückseite), überliefert ist, das Fontane mit der Aufschrift versah: »1872. / Sonnenburg. / Krummhübel. / Altwasser. Salzbrunn.«

7 *Ade nun … Ufer der Somme, der Seine, Loire* – Anspielung auf die Reisen in Frankreich, die Fontane in den Erlebnisbüchern »Kriegsgefangen. Erlebtes 1870« und »Aus den Tagen der Okkupation. Eine Osterreise durch Nordfrankreich und Elsaß-Lothringen 1871« unmittelbar vor den abschließenden Arbeiten für den »Havelland«-Band beschrieben hatte (Anfang und Ende 1871).

Julius-Turm – Turm der auf einer Havelinsel gelegenen Zitadelle von Spandau, einer mittelalterlichen Befestigungsanlage. Er ist noch vorhanden. Ein beträchtlicher Teil des Goldes, das Frankreich 1871 als Kriegskontribution an das Deutsche Reich zu zahlen hatte, wurde als »Reichskriegsschatz« im Julius-Turm deponiert.

Schildhorn … Fürst Jaczko – Fontane rekapituliert die erst im 18. und 19. Jahrhundert aufgetauchte Schildhorn-Sage, die von der Niederlage des »Wendenfürsten« Jaczko gegen Albrecht den Bären (vgl. die vierte Anm. zu S. 13) bei Spandau (Mitte des 12. Jahrhunderts) und seiner Bekehrung zum Christentum berichtet, in seinem Aufsatz »Das Schildhorn bei Spandau«; vgl. Band 6 dieser Ausgabe.

Harlunger Berg … unsre erste Kapelle – Vgl. S. 32 f.

Plauer Schloß … Hans Quitzow – Die Havelburg Johann von Quitzows, unter dessen Führung sich der märkische Uradel 1412 gegen die Hohenzollern erhoben hatte, wurde im Februar 1414 von den Truppen des Burggrafen Friedrich erobert (vgl. die erste Anm. zu S. 34). Vgl. auch »Fünf Schlösser«, Teil »Quitzöwel«, Kap. 9; Band 5 dieser Ausgabe, sowie Fontanes Gedicht »Der Quitzowen Fall und Untergang«.

Pfaueninsel … Johannes Kunckel – Vgl. das Kapitel »Die Pfaueninsel«, Abschnitt 2, S. 200 ff.

Schloß Babelsberg – Neugotischer Bau, errichtet 1834–1849 von Karl Friedrich Schinkel, Ludwig Persius und Johann

Heinrich Strack. Das Schloß diente seit 1963 als Museum für Ur- und Frühgeschichte und wird jetzt in ein Schloßmuseum umgewandelt.

7 *»Schlößchen Tegel«* – Vgl. das Kapitel »Tegel«, S. 161–175, sowie die zweite Anm. zu S. 163.

Elsenbüsche – Erlenbüsche.

Horste, Lanken – Vgl. S. 106.

8 *Hunderttausend Wenden hier untergingen* – In der Havelschlacht bei Spandau; vgl. die dritte Anm. zu S. 7.

Waldemar – Gemeint ist der dänische König Waldemar I., der Große, dessen Feldzüge gegen die an der Ostseeküste ansässigen wendischen Stämme 1168 mit der Eroberung Rügens endeten.

Kremmer Damm ... Hohenloh – In der Schlacht am Kremmer Damm (24. Oktober 1412) besiegte Burggraf Friedrich von Hohenzollern die Pommernherzöge Otto und Kasimir, die sich dem Aufstand der reaktionären märkischen Junker angeschlossen hatten (vgl. die erste Anm. zu S. 34). Auf der Seite des kaiserlichen Verwesers fiel u. a. Graf Johannes von Hohenlohe; Friedrich ließ ihm ein (später mehrfach erneuertes) Gedenkkreuz errichten. Vgl. »Fünf Schlösser«, Teil »Quitzöwel«, Kap. 7; Band 5 dieser Ausgabe.

Derfflinger ... Fehrbellin – Während des Krieges zwischen dem expansiven Frankreich und den niederländischen Generalstaaten (1672–1678) waren die Schweden, vertraglich zur Hilfeleistung gegen alle Feinde Frankreichs verpflichtet, im Dezember 1674 in das mit Holland verbündete Brandenburg eingefallen und hatten bis zum Frühsommer 1675 einen großen Teil des Landes besetzt. Nachdem der brandenburgische Feldmarschall Derfflinger, in Eilmärschen vom rheinischen Kriegsschauplatz zurückgekehrt, am 25. Juni 1675 die Stadt Rathenow an der Havel entsetzt hatte, mußten sich die Schweden zurückziehen und am 28. Juni bei Fehrbellin ihren Verfolgern zur Schlacht stellen, in der sie eine vernichtende Niederlage erlitten. Der brandenburgische Sieg bei Fehrbellin, an dem Derfflinger maßgeblich beteiligt war (vgl. Band 2 dieser Ausgabe, S. 200–203), hat die während des Dreißigjährigen Krieges verheerte Mark endgültig von der schwedischen Besetzung befreit. Vgl. die ausgeschiedenen Kapitel »Fehrbellin« und »Fehrbellin in Sage, Kunst und Dichtung«; Band 6 dieser Ausgabe.

Die Wenden in der Mark

Die Geschichte und Kulturgeschichte der zwischen dem 6. und 12. Jahrhundert auf dem Gebiet der späteren Mark Brandenburg heimischen slawischen Völkerstämme sowie ihre Beziehungen zu den deutschen »Kolonisatoren« haben Fontane jahrzehntelang beschäftigt. Seine Auseinandersetzung mit diesem Thema, das später in den Romanen und Erzählungen immer wieder zur Sprache kommt (»Vor dem Sturm«, »Cécile«, »Effi Briest«, »Der Stechlin«), begann spätestens mit den ersten Arbeiten für die »Wanderungen«, und seine unkonventionellen, humanistischen Auffassungen brachten den Dichter frühzeitig in einen eklatanten Gegensatz zur nationalistischen deutschen Geschichtsschreibung des 19. Jahrhunderts. (Vgl. »Das Oderland«, Band 2 dieser Ausgabe.)

Den Stoff für »Die Wenden in der Mark« hat Fontane bereits Ende Oktober 1863 zu sammeln begonnen; im Januar und Februar 1864 war er mit der Niederschrift des Aufsatzes beschäftigt.

Der Vorabdruck erfolgte am 2., 9., 16. und 23. Oktober 1867 im »Wochenblatt der Johanniter-Ordens-Ballei Brandenburg«, Nr. 40–43, S. 239 ff., 245 f., 252 ff., 257–260. Im Jahre 1872 wurde der Aufsatz dann in die Erstausgabe des dritten »Wanderungen«-Bandes, »Ost-Havelland« (1873), aufgenommen (Übersendung des Manuskripts an Wilhelm Hertz: 10. Mai 1872).

Eine Seite mit vorbereitenden Notizen unter der Überschrift »Die Wenden in der Mark bis 1150« wird im Theodor-Fontane-Archiv aufbewahrt (Kc 6); vgl. das Faksimile, S. 503.

Für die Arbeit am Wenden-Kapitel hat Fontane folgende Literatur benutzt (die vollständigen Angaben finden sich jeweils im Verzeichnis der Literatur; vgl. S. 658): Fidicin, »Die Territorien der Mark Brandenburg …«. – Berghaus, »Landbuch der Mark Brandenburg …«. – Giesebrecht, »Wendische Geschichten …«. – Schwartz, »Sagen und alte Geschichten der Mark Brandenburg«. – Schafarik, »Slawische Altertümer«. – [Cybulski], »Die slawischen Ortsnamen der Insel Potsdam …«. – Heffter (Carl Christian), »Urkundliche Chronik …«. – Heffter (Moritz Wilhelm), »Geschichte der Kur- und Hauptstadt Brandenburg«. – Büdinger, »Österreichische Geschichte bis zum Ausgang des dreizehnten Jahrhunderts«. – Adam von Bremen, »Mag. Adami gesta Hammaburgensis …«. – Thietmar, »Thietmari chronicon …«. – Widukind, »Res gestae Saxonicae …«. – Kantzow, »Pommerania …«. – »L. Schneider: Mitteilungen des Vereins für die Geschichte Potsdams« (laut Anmerkung am Schluß der Erstausgabe von 1873).

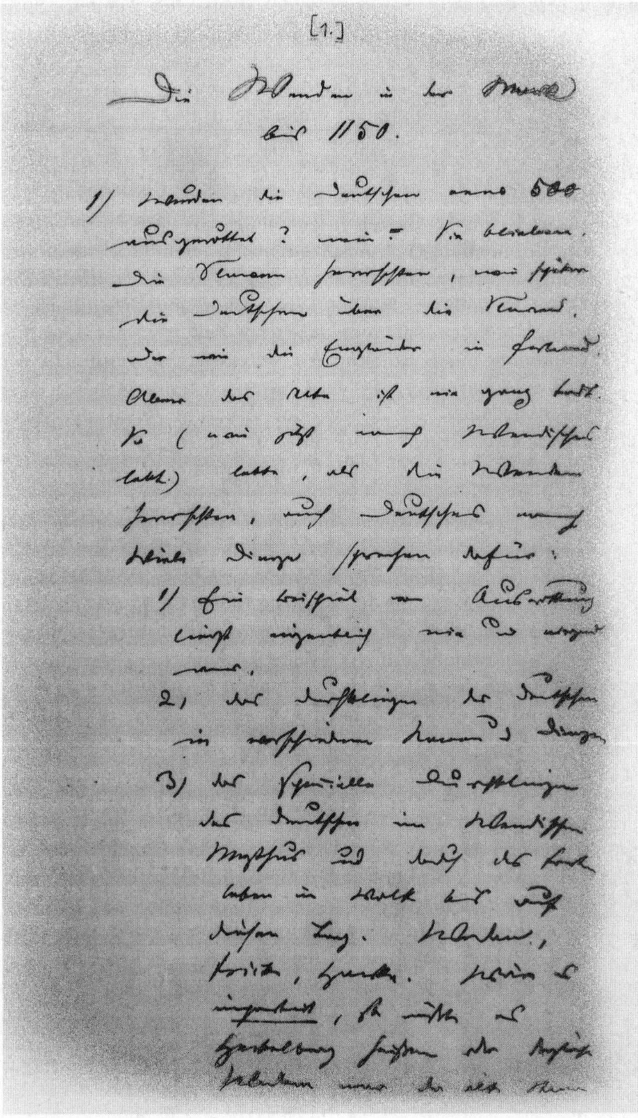
[1.]

Die Wenden in der Mark bis 1150.

Früher Entwurf zum Kapitel »Die Wenden in der Mark«

13 *Lichthelle Götter* … – Karl Seidel, »Gebet der Wenden«, Strophe 1 (aus dem Gedichtband »Das Kreuz in der Mark«, Berlin 1838).

»Zauche« – Soviel wie: Dürrland; Bezeichnung für die Kiefern- und Heidelandschaft südlich der Havel (zwischen Nuthe im Osten, Buckau im Westen und Flaming im Süden).

Brennabor – Der älteste schriftlich überlieferte Name für Brandenburg ist Brendanburg. (Das Original der Gründungsurkunde für das Bistum Brandenburg aus dem Jahre 948 ist im Brandenburger Domstiftsarchiv erhalten.) Bei dem Geschichtsschreiber Widukind von Corvey findet sich die Schreibung Brennaburg (um 967). Brennabor und Brennibor sind Erfindungen aus spätmittelalterlicher Zeit.

Eroberung durch Albrecht den Bären (1157) – Albrecht der Bär aus dem altsächsischen Geschlecht der Grafen von Ballenstedt, auch Anhaltiner oder Askanier (nach der Burg Ascania bei Aschersleben) genannt, war 1134 von Kaiser Lothar III. mit der Nordmark (dem westlichen Brandenburg) belehnt worden. Von hier aus betrieb er seine Expansionspolitik gegen die Elbslawen, die bis 1157 völlig unterworfen wurden.

Groß- und Kleinrussen – Großrussen: Seit dem 16. Jahrhundert Bezeichnung für die slawische Bevölkerung der mittleren und nördlichen Gebiete des europäischen Rußland. Der Begriff Großrußland erhielt erst eine bestimmtere geographische Bedeutung, als 1654 Kleinrußland (Ukraine) und 1655 Weißrußland (Belorußland) an das Moskauer Reich angegliedert wurden. Der Zar von Moskau nannte sich fortan »Zar des ganzen Großen, Kleinen und Weißen Rußland«.

Reste der alten Semnonen – Die Semnonen werden schon in der »Germania« des Tacitus als vornehmster Stamm der Elbgermanen genannt. Sie lebten im 1./2. Jahrhundert u. Z. im Havelgebiet. Wann und woher sie kamen oder ob sie sich hier als Stamm formierten, ist bisher nicht bekannt. Teile der Semnonen wanderten bereits im 2./3. Jahrhundert wieder ab. Im 5./6. Jahrhundert gerieten die im Havelland lebenden Germanen unter den politischen und kulturellen Einfluß des Thüringer Reiches, das 531 durch die Franken zerstört wurde. In der Völkerwanderungszeit verließen die Germanen das mittelbrandenburgische Gebiet. Die verbliebene Restbevölkerung ging in den einwandernden Slawen auf.

14 *Nur Greise … Wenden* – In W III^{1}, S. 6, heißt es an dieser Stelle abweichend und ausführlicher: »Nicht alle indes, so scheint es, hatten sich diesem Wanderzuge angeschlossen;

Greise, Weiber, Kinder, dazu alles, was wir heute als ›Invalide‹ bezeichnen würden, war zurückgeblieben, und alle diese Reste ehemaligen germanischen Lebens kamen nunmehr in Abhängigkeit von den vordringenden Wenden.«

14 *Bruchteil* – Hier: Bestandteil.

Schafarik sagt – In »Slawische Altertümer«; vgl. das Verzeichnis der Literatur, S. 663.

15 *Neu-Vorpommern* – Gemeint ist das vorpommersche Gebiet zwischen Oder und Peene (einschließlich der Inseln Usedom und Wollin), das Schweden während des Nordischen Krieges (1700–1721) auf Grund des Stockholmer Friedensvertrages vom 1. Februar 1720 an Preußen abtreten mußte. (Vorpommern war im Westfälischen Frieden von 1648 an Schweden gefallen.)

Wollin – Ostsee-Insel; heute Wolin (Polen).

Die märkischen Wenden konnten ... nicht wetteifern – In W III[1], S. 8, heißt es ausführlicher: »Keiner der *einzelnen* Stämme der märkischen Wenden konnte nach dieser Seite hin mit den zwei wendischen Hauptstämmen in Pommern und Mecklenburg (den Ranen und Retariern) wetteifern ...«

16 *wie ein Stamm Levi* – Leviten: Israelitischer Volksstamm, den Moses nach dem Alten Testament als heilig ausgewählt und mit der Pflege des religiösen Kultus (Priesterdienst) betraut hat.

Heinrich der Finkler – Gemeint ist der deutsche König Heinrich I. Der Beiname »Finkler« beruht auf der Legende, daß Heinrich die Gesandten der Fürsten bei seinem Vogelherd (Vogelfangplatz) in Quedlinburg empfangen habe.

Widukinds »Sächsische Geschichten« – Vgl. das Verzeichnis der Literatur, S. 665.

17 *zu dieser Schlacht am Tanger* – In W III[1], S. 10, heißt es statt dessen: »zu dieser Schlacht und dem ihr voraufgehenden großen Wendenaufstande«.

Schlacht bei Basantello – Es handelt sich um die Schlacht bei Cotrone am Golf von Tarent (Italien), in der das Heer Ottos II. am 13. Juli 982 von Byzantinern und Sarazenen geschlagen wurde.

Radegast – Vgl. S. 27.

die Sachsen wurden geschlagen – In der Tangerschlacht (bei Tangermünde), in der die unterdrückten Wenden dem Heer des grausamen Markgrafen Dietrich gegenüberstanden, wurden nicht die Sachsen, sondern die Wenden geschlagen. Es gelang ihnen jedoch, das zuvor zurückeroberte Gebiet bis zur Elbe zu behaupten.

18 *Triglaw* – Vgl. S. 27 und 31.
Swantewit-Tempel – Vgl. S. 30 f.
»Waldemar der Sieger« – Beiname des dänischen Königs Waldemar II., der von 1202 bis 1241 regierte. Gemeint ist hier allerdings Waldemar I. (vgl. die zweite Anm, zu S. 8).
19 *Sie spinnen …* – Die Verse stammen wahrscheinlich von Fontane.
20 *Elsen* – Erlen.
Mitteilungen Thietmars – »Thietmari chronicon …«; vgl. das Verzeichnis der Literatur, S. 664.
21 *Adam von Bremen erzählt* – In seiner »Geschichte der hamburgischen Kirchenfürsten«; vgl. das Verzeichnis der Literatur, S. 658.
Barbaren – Hier im ursprünglichen Sinn: Nicht-Griechen.
»griechisches Feuer« – Schon im Altertum bekanntes, im 7. Jahrhundert wiederentdecktes Brandgemisch aus Schwefel, Werg, Erdöl, gebranntem Kalk und Harzen, das stark zündet, zäh haftet und auch im Wasser nicht erlischt. Es wurde erstmals von den Byzantinern als Seekampfmittel eingesetzt.
Vineta – Im 10. und 11. Jahrhundert in hoher Blüte stehende slawische Handelsstadt auf der Ostseeinsel Wollin; sie wurde der Sage nach »von den Wellen verschlungen«.
23 *Giesebrecht beschreibt* – In »Wendische Geschichten …«; vgl. das Verzeichnis der Literatur, S. 659.
In trotzigem Mut … – Die Verse stammen wahrscheinlich von Fontane.
26 *… polnisch-nationale Züge* – In W III[1], S. 22, folgt der Zusatz: »Was die Polen jetzt sind, das waren die Wenden damals.«
28 *Hier dient der Wende …* – Karl Seidel, »Vorklänge« (Einleitungsgedicht des Bandes »Das Kreuz in der Mark«, Berlin 1838), Strophe 7, Vers 1, 4, 2, 6 (in dieser Reihenfolge). Die Verse 1–6 lauten bei Seidel: »Dort dient der Wende seinen Götzenbildern: / Bunt schimmert da manch Tempeldach hervor, / Wo blut'ge Priester mehr das Volk verwildern; – / Dort baut er seiner Städte festes Tor: / Bekannt sind wohl, auch ohne sie zu schildern, / Julin, Vineta, Rhetra, Brennabor; – / …«
Delphi und Dodona – Religiöse Kultstätten im antiken Griechenland, mit berühmten, auch politisch einflußreichen Orakeln. Delphi war dem »alles schauenden« Apollon, Dodona dem »alles wissenden« Zeus geweiht.
29 *Thietmar berichtet* – In seinem »Chronicon«; vgl. das Verzeichnis der Literatur, S. 664.

29 *sühnen* – Hier: versöhnen, aussöhnen.

32 *in Brennabor ein Tempel errichtet* – Der Tempel wurde von den Deutschen nach der Eroberung der Brandenburg zwischen 1150 und 1157 zerstört. Das dreiköpfige Götterbild ist noch bis ins 16. Jahrhundert in der Marienkirche aufbewahrt worden.

In einer 1619 … – In W III^1, S. 29, beginnt die Fußnote mit dem Zusatz: »Daß die Wenden, in späterer Zeit, solche aus Stein aufgeführte Tempel gehabt haben, dafür spricht manches, namentlich auch manche örtliche Tradition.«

»Das uralte Templein …« – Das (leicht abgewandelte) Zitat hat Fontane der Erzählung »Der Tempel der Morgenröte zu Jüterbog« aus der Sagensammlung von Wilhelm Schwartz (vgl. Verzeichnis der Literatur, S. 664) entnommen.

Eingang von abendwärts – Westeingang.

Heffter … »Geschichte Brandenburgs« – Vgl. das Verzeichnis der Literatur, S. 660.

Marienkirche auf dem Harlunger Berge – Die Kirche Sankt Marien auf dem Harlunger Berge, der heute Marienberg heißt, war eine der ältesten, schönsten und berühmtesten Kirchen im norddeutschen Raum. Sie verfiel, als sich nach der Reformation das Prämonstratenserkloster auf dem Marienberge auflöste; Glasgemälde, Altarbilder, Meßbücher, Chorstühle, Ordensrequisiten u. a. verschwanden spurlos. Im Jahre 1722 wurde die Ruine auf Befehl Friedrich Wilhelms I. abgetragen. Die Steine wurden zum großen Teil nach Potsdam gebracht und für das Militärwaisenhaus und andere Bauten verwendet. Vor dem Abbruch der Marienkirche wurden genaue Grundriß- und Ansichtszeichnungen angefertigt sowie ein Modell, das jetzt im Dom aufbewahrt wird. Ein weiteres Modell der Kirche ist im Heimatmuseum von Brandenburg zu besichtigen.

33 *sie wurden auch nicht einfach zurückgedrängt* – In W III^1, S. 31, folgt hinter »nicht« der Einschub: »(wie die Indianerstämme in Amerika)«.

würde eine solche … Racengeschiedenheit gegen die historische Überlieferung … sprechen – In W III^1, S. 31, folgt der Zusatz: »(Polen und Deutsche hassen sich bis diesen Tag und heiraten sich doch)«.

34 *die Hohenzollern ins Land* – Im Jahre 1411 setzte Kaiser Sigismund den Burggrafen Friedrich VI. von Nürnberg aus der fränkischen Linie der Hohenzollern zum erblichen Statthalter in Brandenburg ein. Gegen den neuen Verweser erhob sich der märkische Adel unter der Führung der Brüder Dietrich

und Johann von Quitzow, die sich in zahlreichen Fehden und Raubzügen die Macht in Brandenburg gesichert hatten und das Land tyrannisierten. Burggraf Friedrich warf den Aufstand der reaktionären Junker nieder (1412–1414), Im Jahre 1415 wurde er Markgraf, 1417 Kurfürst von Brandenburg. (Vgl. »Fünf Schlösser«, Teil »Quitzöwel«, Kap. 1–12; Band 5 dieser Ausgabe.) 1701 erhoben die Hohenzollern Preußen zum Königreich. Der alte Gegensatz zwischen dem märkischen Uradel und den Hohenzollern wurde von partikularistischen Kreisen noch im 19. Jahrhundert zeitweilig hochgespielt; vgl. »Der Stechlin«, Kap. 35.

34 *»die Not gibt wunderliche Schlafgesellen«* – »Die Not bringt einen zu seltsamen Schlafgesellen«: Zitat aus Shakespeares »Der Sturm« II,2 (Übersetzung von August Wilhelm Schlegel).

der schwarze Tod – Die Pest.

Pommern und Polen – Die Pommernherzöge inszenierten im 14. und 15. Jahrhundert zahlreiche Fehden, um sich von der seit Ende des 12. Jahrhunderts bestehenden brandenburgischen Lehnshoheit zu befreien. (Vgl. »Fünf Schlösser«, Teil »Quitzöwel«, Kap. 7; Band 5 dieser Ausgabe.) Die Polen waren in den Jahren 1325/26, nach dem Wiedererstarken ihres Königreiches, infolge von Streitigkeiten mit dem Markgrafen von Brandenburg in das märkische Gebiet eingedrungen. (Vgl. auch die erste Anm. zu S. 58.)

Hussiten – Kurfürst Friedrich I. von Brandenburg hatte mehrere Reichsfeldzüge gegen die sozialrevolutionäre böhmische Hussitenbewegung geleitet. Zur Vergeltung fielen die Hussiten mehrfach, besonders in den Jahren 1431/32, in die Mark ein. Am 23. April 1432 wurden sie auf dem sogenannten Rutenfelde bei Bernau von den Brandenburgern entscheidend geschlagen.

Friderizianischer Satz ...: »Menschen; vor allem Menschen« – In einer möglichst raschen Vermehrung der Bevölkerung sah Friedrich II. das Hauptmittel zur ökonomischen Stärkung Preußens. Er förderte systematisch die Einwanderung von Kolonisten aus Sachsen, Süd- und Südwestdeutschland, die er unter wirtschaftlich günstigen Bedingungen in den infolge seiner Kriege verwüsteten sowie in neu erschlossenen (z. B. Oderbruch) oder annektierten Gebieten (z. B. Westpreußen) ansiedelte.

35 *Landbuch von 1375* – Das sogenannte Landbuch, das Kaiser Karl IV., in dessen Besitz sich die Mark Brandenburg von 1373 bis 1378 befand, in den Jahren 1375/76 anlegen ließ,

hatte den Zweck, eine Übersicht über die gesamten Eigentumsverhältnisse des Landes zu schaffen. Es gliedert sich in zwei Teile: ein Verzeichnis der aus der Landeshoheit resultierenden Einkünfte des Kaisers und ein Dorfregister. Vgl. auch das Verzeichnis der Literatur, S. 659 (Fidicin).

36 *Hackelberger Jäger* – Ein braunschweigischer Oberjägermeister namens Hackelberg, der im 16. Jahrhundert gelebt und sterbend den Wunsch geäußert haben soll, ewig jagen zu können, gilt nach der norddeutschen Volkssage als Urbild des Wilden Jägers, der das Geisterheer (die »Wilde Jagd«) anführt, das nachts mit Getöse und Hundegebell durch die Lüfte fährt.

Die Zisterzienser in der Mark

Fontane hat Anfang Januar und im November 1863 an dem Kapitel gearbeitet.

Der Vorabdruck erfolgte am 4. Mai 1864 im »Wochenblatt der Johanniter-Ordens-Ballei Brandenburg«, Nr. 18, S. 113–116. Im Jahre 1872 wurde der Aufsatz dann in die Erstausgabe des dritten »Wanderungen«-Bandes, »Ost-Havelland« (1873), aufgenommen.

Für die Arbeit am Zisterzienser-Kapitel hat Fontane folgende Literatur benutzt (die vollständigen Angaben finden sich jeweils im Verzeichnis der Literatur; vgl. S. 658): Winter, »Die Zisterzienser des nordöstlichen Deutschlands ...« und »Die Prämonstratenser des 12. Jahrhunderts ...«. – Ratisbonne, »Histoire de Saint Bernard ...«. – Fehr, »Allgemeine Geschichte der Mönchsorden ...«. – Wetzer/Welte, »Kirchen-Lexikon ...«. – Riedel, »Die Mark Brandenburg im Jahre 1250 ...«. – »Historische Notizen über Kloster *Lehnin*«. – »Ein Aufsatz (anonym) über Klöster in der Mark« (laut Anmerkung am Schluß der Erstausgabe von 1873).

37 *Der Morgen graut ...* – Shakespeare, »Romeo und Julia« II,3; Anfangsverse. (Es handelt sich nicht um die Übersetzung von August Wilhelm Schlegel.)

»Havelschlacht gegenüber dem Schildhorn« – Vgl. die dritte Anm. zu S. 7.

Havelberger [Dom] – Dom Sankt Marien, dreischiffige Basilika. Die ursprünglich romanische, 1170 geweihte Kirche wurde nach dem Brand von 1279 in gotischem Stil umgebaut (vollendet um 1330). Anbauten und Interieur stammen aus späteren Jahrhunderten, der obere Teil der heutigen Turmanlage aus dem Jahr 1908.

37 *Brandenburger Dom* – Dom Sankt Peter und Paul, dreischiffige Basilika mit Querschiff. Die ursprünglich romanische Kirche (um 1165 bis um 1193; im 13. Jahrhundert erweitert) wurde im 14. Jahrhundert in gotischem Stil umgebaut und 1426 teilweise erneuert. 1672 wurde der Turm fertiggestellt, 1836 der Westbau vollendet. Das Interieur stammt aus verschiedenen Jahrhunderten. 1962–1966 fanden umfangreiche Sicherungs- und Restaurierungsarbeiten statt.

Heinrich de Leuw ... Frederik mit den roden Haar – Der Welfe Heinrich der Löwe (1129–1195), Herzog von Bayern und Sachsen, durch seine selbständige Expansionspolitik im ostelbischen Slawengebiet Rivale Albrechts des Bären (vgl. die vierte Anm. zu S. 13), wurde 1180 von Kaiser Friedrich I. Barbarossa (um 1125–1190) geächtet, weil er ihm 1176 auf Grund partikularistischer Machtbestrebungen die Heerfolge verweigert hatte.

38 *Benediktinerklöster ... Zisterzienser* – Die ersten Benediktinerklöster entstanden Mitte des 6. Jahrhunderts nach dem Muster des Klosters Monte Cassino (bei Neapel), das der italienische Adlige Benedikt von Nursia (der heilige Benedikt) im Jahre 529 gegründet hatte. Die »Benediktregeln«, von Karl dem Großen in den Klöstern seines Reiches eingeführt, waren im 9. und 10. Jahrhundert für alle Klöster West- und Mitteleuropas verbindlich. Der asketische, im 12. und 13. Jahrhundert entscheidend an der »Germanisierung« der slawischen Gebiete östlich der Elbe beteiligte Zisterzienserorden war im Jahre 1098 aus dem Benediktinerorden hervorgegangen. Seine Existenzgrundlage war der wirtschaftliche Eigenbetrieb auf der Basis von Ackerbau, Viehzucht und Handelstätigkeit. Die schweren landwirtschaftlichen und handwerklichen Arbeiten wurden allerdings nicht von den Mönchen, sondern von den aus niederen Volksschichten stammenden Laienbrüdern verrichtet, die keinen Anteil an der Verwaltung der Klöster hatten.

Kreuzzüge – Sieben Eroberungszüge, die die christlichen europäischen Feudalmächte im Mittelalter (zwischen 1096 und 1270) unter dem Vorwand des »Kampfes gegen die Ungläubigen« und der »Befreiung des Heiligen Grabes« gegen die nichtchristliche Bevölkerung des Orients unternahmen.

39 *Papst* – Wahrscheinlich Paschalis II., der 1099 Nachfolger von Urban II. geworden war.

40 »*Tausend Jahre ...*« – Altes Testament, Psalm 90,4.

40 *Verdoppelung der Schachbrettfelder* – Der Erfinder des Schachspiels soll sich als Lohn für das erste Feld des Schachbrettes zwei Weizenkörner, für jedes weitere Feld die zweite Potenz der Anzahl des vorherigen (also 2^2, 4^2, 16^2, 256^2 usw.) gewünscht haben. Die Endsumme war so hoch, daß die Forderung unerfüllt bleiben mußte.

41 *heiliger Bernhard* – Der französische Theologe und Mystiker Bernhard (1090–1153), seit 1115 Abt des Zisterzienserklosters Clairvaux bei Langres, beeinflußte mit seiner wissenschaftsverneinenden, Demut und religiöse Ekstase fordernden Lehre in starkem Maße das politische und geistige Leben des 12. Jahrhunderts. Seine eifernden Predigten initiierten u. a. den zweiten Kreuzzug (1147–1149).

Prämonstratenser – Angehörige eines 1120 von Norbert (später Erzbischof von Magdeburg) begründeten kirchlichen Ordens, der nach dem Gründungsort Prémontré (Frankreich) benannt wurde. Ihre Klöster waren ebenfalls Stützpunkte der feudalen Ostexpansion. Vgl. dazu auch Fontanes Aufsatz »Erzbischof Norbert und die Prämonstratenser in der Mark«; Band 6 dieser Ausgabe.

Kartäuser – Angehörige eines 1084 von Bruno von Köln im Tal La Chartreuse (bei Grenoble) auf der Grundlage der Benediktinerregeln begründeten, 1170 vom Papst bestätigten Mönchsordens, die in Einzelhäuschen (als Einsiedler) lebten.

Dominikaner – Angehörige eines 1215 von dem Spanier Dominicus Guzman in Toulouse begründeten, 1216 vom Papst bestätigten Prediger- und Bettelordens, der im Mittelalter ein Hauptinstrument der Inquisition war.

Franziskaner – Angehörige eines zu Beginn des 13. Jahrhunderts von dem Italiener Franz von Assisi begründeten, 1223 vom Papst bestätigten Bettelmönchordens.

42 *Dobrilugk* – Doberlug(-Kirchhain).

43 *Mater* – (lat.) Mutter.

Ratisbonne ... »Geschichte des heiligen Bernhard« – Vgl. das Verzeichnis der Literatur, S. 663.

Kloster Lehnin

Fontane besuchte das Kloster im Oktober 1863 (vor dem 23.). Eine zweite Reise nach Lehnin unternahm er – begleitet von seinem Freund Bernhard von Lepel und dem Architekten Richard Lucae – bereits im folgenden Monat, am 26. November 1863.

Mit der Stoffsammlung begann der Autor unmittelbar nach der ersten Reise, und in den folgenden Wintermonaten wurde der Aufsatz niedergeschrieben. Im Februar 1864 war die Arbeit beendet. Am 8. Februar hielt Fontane im Potsdamer Offizierskasino einen Vortrag über Kloster Lehnin. Zwei Monate früher, am 11. Dezember 1863, hatte er in einem Brief an Heinrich Pröhle, Professor am Luisenstädtischen Realgymnasium in Berlin und Herausgeber der Zeitschrift »Unser Vaterland«, einen solchen Vortrag abgelehnt. »Ich bin seit zwei Monaten mit Lehnin und Chorin, speziell mit dem erstren, beschäftigt und werde noch zwei Monate daran zu sitzen haben«, heißt es in diesem Brief. »All das Material ist in bestimmte Gruppen gebracht, auf eine ganz bestimmte Darstellung hin arrangiert, und es ist mir zuviel zugemutet, wenn ich all das wieder umwerfen soll, um es in die *Form eines Vortrags* zu bringen. Denn es kann sich doch nicht darum handeln, daß ich mich überhaupt dort hinsetze und fünfzig Minuten lang etwas vorlese; zugegeben, daß neun Zehntel der Zuhörer den Unterschied gar nicht merken würden, so merke ich ihn doch, und es ist Gesetz bei mir, mit nichts herauszutreten, das nach *meiner* Meinung nicht fertig oder doch für einen bestimmten Zweck ungeeignet ist. Es ist mir durchaus Bedürfnis, in jedem einzelnen Fall zu wissen: ›Es ist so gut, wie *du* es machen kannst.‹ Daraus schöpft man nachher seine Seelenruhe.«

Der Vorabdruck des Aufsatzes, der 1872 als Buchkapitel in den Band »Ost-Havelland« (1873) einging, erfolgte im »Wochenblatt der Johanniter-Ordens-Ballei Brandenburg«, Nr. 19–23 vom 11., 18. und 25. Mai sowie 1. und 8. Juni 1864, S. 119 ff., 126 ff., 132–135, 140–143, 147 f.

Aufzeichnungen zu diesem Kapitel finden sich in Fontanes Notizbuch A 14, Blatt 24–34 und 47–49. Das Theodor-Fontane-Archiv bewahrt überdies (Kc 6) weitere Vorarbeiten auf, die teilweise auf die »zweite Reise am 26. November [1863]« zurückgehen.

Für die Arbeit am Kloster-Lehnin-Kapitel – aus dem sich wesentliche Partien (Gründung des Klosters, Ermordung des Abtes Sibold, das Weiße Fräulein) später im Roman-Erstling »Vor dem Sturm« (1878) wiederfinden (Dritter Band, Kap. 15: »Lehnin«) – hat Fontane folgende Literatur benutzt (die vollständigen Angaben finden sich jeweils im Verzeichnis der Literatur; vgl. S. 658): Heffter (Moritz Wilhelm), »Die Geschichte des Klosters Lehnin«. – »Das Zisterzienserkloster *Lehnin*«. – Stich, »Des Abtes Heinrich Stich zu Lehnin im Jahre 1419 angelegtes Gedenkbuch …«. – Pulkava, »Chronicon«. – Klöden, »Diplomatische Geschichte …«. – Berghaus, »Landbuch der Mark Brandenburg …«.

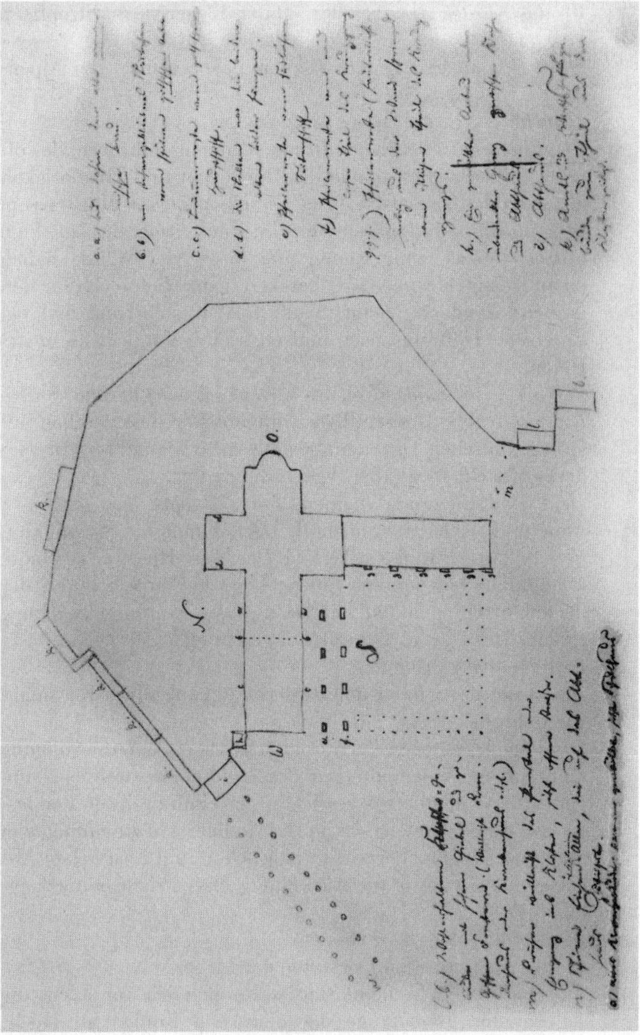

Lageskizze des Klosters Lehnin

44 *Wo das Kloster …* – Schiller, »Ritter Toggenburg«, Strophe 7, Vers 3 f.
Mit des Jammers stummen Blicken … – Schiller, »Der Alpenjäger«, Strophe 7, Vers 1–4.
»Zauche« – Vgl. die zweite Anm. zu S. 13.
Requisiten märkischer Landschaft – Fontane führte sie des öfteren ironisch als Symbole der Dürftigkeit und Trostlosigkeit an, so zum Beispiel im Brief an seine Tochter Martha vom 25. Juni 1880, in dem es heißt: »Im Hause treibt das Not-Floß unsres Lebens ruhig weiter, und unsre vier Wände haben einen richtigen Spreeufer-Charakter, ganz wie es sich für den großen ›Wanderer‹ ziemt. Sand, Torf, Kusseln und mal ein sinternder Hoffnungsbach und noch öfter Raupenfraß in der Heide.«

45 *Pulkava … Chronik* – Vgl. das Verzeichnis der Literatur, S. 663.

46 *Klosterkirche* – Dreischiffiger frühgotischer Backsteinbau mit spätromanischen Ostteilen; gestiftet 1180, geweiht 1270, wiederhergestellt 1872–1877. Vgl. auch S. 71–75.
Heut sind es grade hundert Jahr … einst geschrieben – Annette von Droste-Hülshoff, »Der Fundator«, Strophe 4, Vers 1–5, und Strophe 3, Vers 2 f. Den Vers »Hier war zu Hause kluger Rat« hat Fontane hinzugefügt; die Verse 2 und 3 der dritten Strophe lauten bei Droste: »Wo einst der mächtige Prälat / Des Hauses Chronik hat geschrieben –«.

47 *Fratres* – (lat.) Brüder.
Krummstab – Symbol der Regierungsgewalt eines Kardinals, Bischofs oder Abtes.
Landtage – Von den Territorialfürsten zur Steuerbewilligung einberufene Versammlungen der Landstände (weltliche und geistliche Feudalherren sowie Bürger einflußreicher Landesstädte), die seit Anfang des 14. Jahrhunderts in zunehmendem Maße ein Mitspracherecht in politischen und rechtlichen Angelegenheiten sowie die Ausweitung ihrer Privilegien erlangten.

48 *Abt Arnold* – Vgl. S. 63–66.
Charta caritatis – (lat.) Urkunde der Liebe.
Kaiserfahrten – Gemeint sind wahrscheinlich vor allem die sogenannten Römerzüge der deutschen Könige im Hochmittelalter, die in Rom durch den Papst zu Kaisern gekrönt wurden.
Kreuzzüge – Vgl. die zweite Anm. zu S. 38.
Heiliges Grab – Das angebliche Felsengrab Jesu an der Stadtmauer von Jerusalem, über dem der römische Kaiser Konstantin I. 326–335 einen Rundbau errichten ließ.

Grabstein eines Lehniner Abtes (gest. 6. März 1509)

49 *Lehniner Abthaus* – Die Lage der mittelalterlichen Wohnstätte der Lehniner Äbte ist umstritten. Möglicherweise ist das Abthaus mit dem heute als Königshaus bezeichneten Gebäude südöstlich der Klosterkirche identisch. Allerdings befindet sich dieses »Königshaus«, ein zweigeschossiger spätgotischer Backsteinbau aus dem 15. Jahrhundert, weit von der Klausur entfernt.

Schloßfreiheit – Zu einem Schloß gehörendes Rechtsgebiet. Die hier angesiedelten Bewohner waren von städtischen Abgaben befreit. (In Berlin befand sich die »Freiheit« auf der Westseite des Schlosses.)

großes Schlütersches Schloßportal – Gemeint ist das Nordportal des im zweiten Weltkrieg ausgebrannten, im Jahre 1950 abgetragenen Berliner Schlosses, das seit 1699 unter Andreas Schlüters und Johann Friedrich Eosanders Leitung aus vorhandenen ungleichartigen Bauten zu einem einheitlichen Bauwerk umgestaltet worden war.

Schloßbau unter Kurfürst Friedrich dem Eisernen – Das 1451 unter Kurfürst Friedrich II. (dem Eisernen) von Brandenburg vollendete burgartige Schloß der Doppelstadt Berlin-Cölln (vgl. die zweite Anm. zu S. 177) war der Vorläufer der späteren Schloßanlage.

viertehalbhundert – dreieinhalbhundert.

50 *»Seboldus, primus abbas …«* – (lat.) »Seboldus, erster Abt in Lehnin, wurde von Slawen erschlagen.« – Der Tod Sibolds ist wohl in erster Linie darauf zurückzuführen, daß zwischen der abgabepflichtigen, zum Christentum gezwungenen einheimischen Bevölkerung und den fremden, vom Markgrafen ins Land gerufenen Mönchen in der ersten Zeit nach der Gründung des Klosters ein gespanntes Verhältnis herrschte.

53 *altes Bild* – Es befindet sich noch heute in der Lehniner Klosterkirche.

55 *askanische Epoche* – Die askanischen Markgrafen (vgl. die vierte Anm. zu S. 13) herrschten in Brandenburg von 1134 bis 1320.

Papst … in Avignon – Die französische Monarchie hatte sich während der feudalen Machtkämpfe des Hochmittelalters innen- und außenpolitisch so gefestigt, daß sie Anfang des 14. Jahrhunderts erfolgreich gegen den imperialen Hegemonieanspruch des Papsttums aufbegehren konnte. Im Jahre 1309 zwang König Philipp IV. von Frankreich Clemens V., die päpstliche Residenz von Rom nach Avignon zu verlegen. Das sogenannte Babylonische Exil der Kirche, das die Päpste zu willigen Werkzeugen der französischen Krone machte, dauerte bis 1377. Später hielten (bis 1409) in Avignon noch mehrere nicht anerkannte Päpste hof.

55 *alter Feind des Menschengeschlechts* – Gemeint ist der Teufel.

57 *Umgang* – Hier: Umweg, Abweichung.

Konverse – Conversus: Klosterzugehöriger, der nicht das volle Gelübde ablegte.

58 *bayerische Zeit ... »bayrisch oder päpstlich«* – Nach dem Aussterben der Askanier in Brandenburg (1320) übertrug Kaiser Ludwig IV., der Bayer, die Mark 1323 seinem Sohn Ludwig dem Älteren. Dadurch wurde das Land unmittelbar in die Reichs- bzw. die Hausmachtspolitik der Wittelsbacher hineingezogen, die durch heftige Auseinandersetzungen mit dem Papst geprägt war. Die römische Kurie, die sich bereits hundert Jahre vorher in gleicher Absicht in den welfisch-staufischen Thronstreit (1198 bis 1215) eingemischt hatte (auf seiten der Welfen), förderte die partikularistischen Bestrebungen der weltlichen und geistlichen deutschen Territorialfürsten, um die kaiserliche Zentralgewalt zu schwächen und das Deutsche Reich als konkurrierenden Machtfaktor endgültig auszuschalten. Ludwig IV., von Papst Johann XXII. weder als deutscher König noch als römisch-deutscher Kaiser anerkannt, fand Unterstützung bei der antikurialen Oppositionsbewegung, die von den ökonomisch erstarkten Städten ausging. Im Jahre 1325 töteten Berliner Bürger den Propst von Bernau, und die Frankfurter vertrieben den Bischof von Lebus, der mit den in die Mark eingedrungenen Polen konspiriert hatte. Daraufhin wurde über beide Städte der Kirchenbann verhängt.

Waibling – Waiblinger: Bezeichnung für die Staufer (nach ihrer schwäbischen Burg Waiblingen).

60 *»Quitzow-Zeit«* – Vgl. die erste Anm. zu S. 34.

Stichs ... Gedenkbuch – Vgl. das Verzeichnis der Literatur, S. 664.

61 *Landschoß* – Grund-und-Boden-Steuer.

Einlager – Zwangseinquartierung.

Schloß Plaue – Von der mittelalterlichen Quitzow-Burg (vgl. die fünfte Anm. zu S. 7) ist wenig bekannt. Es ist lediglich überliefert, daß ihre Mauern so dick gewesen sein sollen, daß Wagen darauf fahren konnten. Nach ihrer Eroberung durch die Hohenzollern, bei der sie teilweise zerstört wurde, ist sie umgebaut, später ganz überbaut worden, so daß nichts mehr vorhanden ist. Mit dem Bau des Barockschlosses in Plaue, das gut erhalten ist, wurde 1711 begonnen. Vgl. auch »Fünf Schlösser«, Teil »Plaue a. H.«; Band 5 dieser Ausgabe.

62 *Lehnsträger* – Ein Lehnsmann, der das Lehen im Namen eines anderen empfing und an dessen Stelle die damit verbundenen Verpflichtungen erfüllte.
dieser Stärkere kam endlich ... – Friedrich VI. von Hohenzollern (vgl. die erste Anm. zu S. 34). Er eroberte im Februar 1414 mit Hilfe der sogenannten Faulen Grete, eines großen Geschützes, die vier Quitzow-Burgen Golzow, Friesack, Plaue und Beuthen (vgl. »Fünf Schlösser«, Teil »Quitzöwel«, Kap. 9; Band 5 dieser Ausgabe).
63 *Schloß Beuthen* – Vgl. das gleichnamige Kapitel in »Spreeland«; Band 4 dieser Ausgabe.
Burg Golzow – Der alte Herrensitz der Rochows wurde während der Kampfhandlungen im April 1945 zerstört.
64 *Die Urkunden ... sind ziemlich zahlreich* – In W III[1], S. 96, ist hinzugefügt: »(20)«.
daß inzwischen das Kloster Altenberg – Im Jahre 1133 gegründetes Zisterzienserkloster im ehemaligen rheinischen Fürstentum Berg.
66 *professor sacrae theologiae* – (lat.) Lehrer der heiligen Theologie.
67 *Jagdeingelage* – Einquartierung während der Jagden.
Verschwörungen der Kurfürstin – Elisabeth, die Gemahlin Joachims I., die um 1525 Anhängerin der Lutherischen Lehre geworden war, versuchte ihre höfische Umgebung, namentlich ihre beiden Söhne Joachim (II.) und Johann, im Sinne des Protestantismus gegen den streng katholischen Kurfürsten zu beeinflussen. Als ihr Joachim, nachdem sie 1527 das Abendmahl nach protestantischem Ritus (»in beiderlei Gestalt«, d. h. als Brot *und* Wein) genommen hatte, die Gefangenschaft androhte, entfloh sie in das sächsische Hoflager nach Wittenberg.
in Lehnin begraben – Vgl. S. 72.
den »mönchischen Lärmen« ... Wittenberg – Martin Luther, seit 1505 Mönch des Augustinerordens (bis 1524) und seit 1512 Professor der Philosophie und Theologie in Wittenberg, hatte am 31. Oktober 1517 an die Schloßkirche der Stadt 95 Thesen angeschlagen, die den Mißbrauch des kirchlichen Ablaßhandels kritisierten. Der sich daraus entwickelnde Streit mit der römischen Kurie leitete die Reformation ein. Die Versuche Wittenberger Handwerker und Plebejer von 1521/22, die eingeleiteten Reformen in bürgerlich-radikale Bahnen zu lenken, wurden von Luther, der sich inzwischen unter den Schutz der städtischen und territorialen Obrigkeit gestellt hatte, allerdings energisch bekämpft.

68 *Brandenburger Dom* – Vgl. die vierte Anm. zu S. 37.
heiliger Benedikt – Vgl. die erste Anm. zu S. 38.
heiliger Bernhard – Vgl. die erste Anm. zu S. 41.
Maria Magdalena – Nach dem Neuen Testament die »Sünderin«, die Jesus die Füße salbt und der er die »Sünden vergibt« (vgl. Lukas 7, 36–50); sie wurde in der Malerei und bildenden Kunst häufig als Einzelfigur (Büßerin) mit Salbenbüchse dargestellt.
heilige Ursula – Legendäre britische Königstochter, die zusammen mit ihren 11 000 Begleiterinnen auf dem Rückweg von einer Wallfahrt nach Rom bei Köln von einem Hunnenheer ermordet worden sein soll. Die seit dem 5. Jahrhundert bekannte Legende hat jahrhundertelang zu bildlichen Darstellungen angeregt.
Kirchenväter, die zu dem Klosterleben ... in besonderer Beziehung stehn – Die sogenannten Kirchenväter des 4./5. Jahrhunderts sollen ihren Besitz den Armen gegeben und zeitweilig zurückgezogen als Einsiedler gelebt haben. Der heilige Hieronymus z. B. leitete in seinen letzten Lebensjahren ein Mönchskloster in Bethlehem; der heilige Augustinus war u. a. Haupt einer asketischen Vereinigung in Nordafrika. – Gregorius: Wahrscheinlich Gregor von Nazianz (um 330–390).
als ein Kunstwerk ersten Ranges erhalten – In W III^1, S. 101, folgt der Zusatz: »(im Brandenburger Dom)«. In diesem Dom (vgl. die vierte Anm. zu S. 37) befindet sich der spätgotische Flügelaltar (1518) mit dem in der Fußnote beschriebenen Schrein noch heute.
»Anno dom[ini] 1518 sub d[omino] Valentino abbate« – (lat.) »Im Jahre des Herrn 1518 unter dem Abt Valentin«.

69 *Regierungsantritt Joachims II.* – 1535.
Kirchenvisitation – Im Auftrage des Kurfürsten durchgeführte Überprüfung der Kirchen, Kirchengüter und Prediger zu dem Zweck, das Kirchenwesen nach den Grundsätzen der Reformation zu normieren. (Die erste, beispielgebende Kirchen- und Schulvisitation fand auf Initiative Luthers 1527 bis 1529 in Sachsen statt.)
Fratribus – Frater: (lat.) Klosterbruder, Mönch.

70 *dritthalb* – zweieinhalb.
Mitfasten – Eigentlich Mittfasten: die Mitte der vierzigtägigen Fastenzeit vor Ostern, in der nach den Satzungen der katholischen Kirche alle Fleischspeisen untersagt sind.
reformieren – Hier: ändern.

71 *Kapellen / Das Schiff umstellen ...* – Die Verse stammen von Fontane. Die Berliner Stadtbibliothek bewahrt eine Hand-

schrift des Gedichts, überschrieben »Kloster Lehnin«, auf, die der Dichter unterzeichnet und »Berlin, d. 29. November 1873« datiert hat. Vgl. auch Stargardt-Katalog Nr. 344 (1933).

71 *Nach Waltham-Abtei …* – Heine, »Schlachtfeld bei Hastings«, Strophe 15 (aus »Romanzero«, Erstes Buch).

Kloster Chorin – Vgl. S. 86–98.

Klosterkirche – Vgl. auch die Anm. zu S. 46. Aufzeichnungen über die Kirche und ihr Interieur finden sich in Fontanes Notizbuch A 14, Blatt 24–34.

72 *Krummstab* – Vgl. die zweite Anm. zu S. 47.

Abt Sibold … erschlagen – Vgl. S. 50 ff.

Markgraf Otto … Traum – Vgl. S. 45 f.

Askanier – Vgl. die vierte Anm. zu S. 13 und die erste Anm. zu S. 55.

Friedrich mit dem Eisenzahn – Gemeint ist Kurfürst Friedrich II., genannt der Eiserne.

Krieg – Der Dreißigjährige Krieg.

73 *der gotische Teil liegt in Trümmern* – Er wurde 1872–1877 wiederaufgebaut.

74 *Akoluth* – Inhaber der höchsten der vier sogenannten niederen Priesterweihen.

75 *das Weiße Fräulein* – »Diese Weißen und Schwarzen Frauen gelten bei Kennern als die allerechtesten Spuke, gerade weil ihnen das fehlt, was dem Laien die Hauptsache dünkt: eine Geschichte. Sie haben nichts als ihre Existenz; sie erscheinen bloß. *Warum* sie erscheinen, darüber fehlen entweder alle Mitteilungen, oder die Mitteilungen sind widerspruchsvoll.« (Fontane, »Vor dem Sturm«, Zweiter Band, Kap. 8.)

die reformierten Schweizer … sehen nichts – Wahrscheinlich Anspielung auf die Nüchternheit und Bildnisfeindlichkeit des Kultus in der im 16. Jahrhundert von den Schweizern Zwingli und Calvin begründeten reformierten Kirche, die z. B. weder Altäre noch Bilder, weder Orgeln noch Kerzen zuläßt.

Die Lehninsche Weissagung

Der Aufsatz über die »Lehninsche Weissagung«, deren für die Existenz der Mark Brandenburg pessimistischer Prognose Jürgaß im »Lehnin«-Kapitel von »Vor dem Sturm« (Dritter Band, Kap. 15) die Aufforderung zur Erhebung gegen die Napoleonische Fremdherrschaft entgegenstellt, ist vermutlich im Zusammenhang mit den Arbeiten über die Klöster Lehnin und Chorin, also im Winter 1863/64, entstanden; denn in Fontanes Brief an den preußischen

Ritterschaftsdirektor Alexander von Pfuel vom 3. März 1864 heißt es: »Ich habe mich nun den ganzen Winter über mit Kloster Lehnin (Zauche), mit den Zisterziensern in der Mark, mit der ›Lehninschen Weissagung‹, auch namentlich mit Chorin, als dem vorzüglichsten Tochterkloster von Lehnin, beschäftigt; diese Arbeiten sind nun beendigt, und ich habe noch zwei Monate Zeit, eh ich direkt wieder auf die Wanderschaft gehen kann. Bevor nicht die Bäume grün sind, verlohnt es sich nicht.«

Der Vorabdruck erfolgte am 14. September 1864 im »Wochenblatt der Johanniter-Ordens-Ballei Brandenburg«, Nr. 37, S. 232 bis 235. Im Jahre 1872 wurde der Aufsatz dann in die Erstausgabe des dritten »Wanderungen«-Bandes, »Ost-Havelland« (1873), aufgenommen.

Der Anfang des Kapitels (bis S. 82, Z. 18 [... woanders zu suchen]) ist in Fontanes Handschrift im Märkischen Museum, Berlin, erhalten.

Für die Arbeit an dem Kapitel hat Fontane folgende Literatur benutzt (die vollständigen Angaben finden sich jeweils im Verzeichnis der Literaur; vgl. S. 658): Giesebrecht (W.), »Die Weissagung von Lehnin ...«. – Wilcken, »Über das sogenannte Vaticinium Lehninense ...«. – Küster, »Vaticinii Lehninensis ...«. – Guhrauer, »Die Weissagung von Lehnin«. – Schulz (Otto), »Die Lehninische Weissagung«. – Trahndorff, [Entgegnung in der Kontroverse über die Lehninsche Weissagung]. – Meinhold, »Weissagung des Abtes Hermann von Lehnin ums Jahr 1234 ...«.

76 *»Vaticinium Lehninense«* – (lat.) »Lehninsche Weissagung«.
Leoninische Verse – Hexameter und Pentameter, in denen Mitte und Schluß des Verses aufeinander reimen. Sie sollen nach einem Dichter namens Leo (12. Jh.) benannt worden sein.
in der nachgelassenen Bibliothek des ... Kammergerichtsrat Seidel aufgefunden – Verschiedene Autoren hielten Seidel selbst für den Verfasser der »Lehninschen Weissagung«. Um 1900 jedoch wurde das vermutlich 1684 oder 1685 entstandene Dokument, mit dem sich mehrfach die antipreußische Opposition identifizierte, dem zum Katholizismus übergetretenen lutherischen Geistlichen Andreas Fromm zugeschrieben; vgl. »Die Grafschaft Ruppin«, Kap. »Neuruppin«, Abschnitt 4, »Andreas Fromm« (Band 1 dieser Ausgabe).

77 *Königliche Bibliothek* – Die genannten vier Abschriften der »Lehninschen Weissagung« befinden sich in der Handschriftenabteilung der Deutschen Staatsbibliothek, die aus der ehemaligen Königlichen Bibliothek hervorging und heute zur Stiftung Preußischer Kulturbesitz gehört.

77 *demokratischerseits* – Gemeint sind alle (bürgerlichen) politischen Kräfte, die sich während der Revolution von 1848/49 für die Ablösung der monarchistischen durch die parlamentarisch-republikanische Staatsform in Deutschland engagierten. Fontane selbst vertrat in dieser Zeit, vor allem in seinen Aufsätzen für die »Berliner Zeitungshalle« (1848), radikaldemokratische Ansichten; vgl. »Preußens Zukunft« (31. August 1848; in: »Der junge Fontane. Dichtung, Briefe, Publizistik«, herausgegeben von Helmut Richter, Berlin und Weimar 1969, S. 411 f.).
Wilcken … Guhrauer – Vgl. das Verzeichnis der Literatur, S. 665 und 659.
79 *Meinhold* – Vgl. das Verzeichnis der Literatur, S. 662.
80 *Übertritt Elisabeths zur neuen Lehre* – Vgl. die zweite Anm. zu S. 67.
81 *Tod Adam Schwarzenbergs* – Graf Adam zu Schwarzenberg, von 1619 bis 1640 einflußreichster Berater des Kurfürsten Georg Wilhelm, verhinderte während des Dreißigjährigen Krieges ein Bündnis Brandenburgs mit Schweden und bewog den Landesherrn zum engeren Anschluß an den Kaiser (1627). Nach dem Regierungsantritt des Kurfürsten Friedrich Wilhelm (1640) wurde Schwarzenbergs Macht erheblich eingeschränkt; er starb vor dem unvermeidlichen Konflikt am 14. März 1641 in Spandau. Vgl. auch das Kapitel »Zwei ›heimlich Enthauptete‹«, S. 372 ff.
Post-fact-Prophezeiung – Nachträgliche Prophezeiung.
83 *Küster … Guhrauer … Schulz … Trahndorff … Meinhold* – Vgl. das Verzeichnis der Literatur, S. 661, 659, 664 und 662.
»Bernsteinhexe« – »Maria Schweidler, die Bernsteinhexe, der interessanteste aller bisherigen Hexenprozesse, nach einer defekten Handschrift ihres Vaters, des Pfarrers Abraham Schweidler in Koserow auf Usedom« (1843), eine fingierte novellistische Chronik von großer literarischer Wirkung über die Zeit des Dreißigjährigen Krieges, in der Karl Wilhelm Meinhold für die Opfer der barbarischen Hexenverfolgungen Partei ergreift.
85 *Bis dahin habe man den Ausdruck oder die Lesart »Jehova« gar nicht gekannt* – Die Hypothese Guhrauers wurde nach Fontanes Tod von dem Amerikaner George T. Moore widerlegt, der in zwei Aufsätzen (1908 und 1909) das Wort bis 1278 zurückverfolgt.

Kloster Chorin

Fontane besuchte Chorin Ende Oktober/Anfang November 1863, wiederum gemeinsam mit Bernhard von Lepel und Richard Lucae (vgl. S. 511). Am 29. Oktober 1863 hatte er an Wilhelm Hertz, den er zur Teilnahme an der Reise animieren wollte, geschrieben: »Ich stecke tief in den dumpfen, bedrückenden Vorstadien eines Schnupfenfiebers, möchte aber doch, wenn irgend möglich, nach *Chorin*, und zwar Sonnabend abend bis Neustadt, weil es sonst eine zu strapaziöse Geschichte wird. / Lepel, von Heyden, Lucae und, wenn ich nicht irre, auch Herr Hertz wollen mit. Die Schwierigkeit steckt in der Abfahrtszeit. *Ich* kann nicht (eben weil ich nicht ganz wohl bin) um fünf aufstehn, um um sieben den Zug zu benutzen; Lucae und Heyden werden wiederum nicht am Sonnabend wollen. Doch lasse ich mich dadurch nicht bestimmen; ist nun Hoffnung, daß Ihnen auch Sonnabend abend recht ist. Lepel, denke ich, wird auch nichts gegen Sonnabend haben, und Sie sollen sehn, Lepel ist gar so übel nicht.« Die Absage von Hertz quittierte Fontane am 30. Oktober mit der Bemerkung: »Bedaure sehr, daß ich um die Freude kommen soll, die Chorin-Partie mit Ihnen zusammen zu machen. Ich meinte übrigens nicht den Weg von Station Chorin bis Kloster Chorin; die Strapaze besteht einfach in dem Früh-aufstehen-Müssen, also Keine-Nachtruhe-Haben, außerdem bin ich nicht ganz wohl.«

Der Aufsatz entstand in den Wintermonaten 1863/64, hauptsächlich Anfang November 1863 und Mitte Januar 1864, und war Anfang Februar 1864 fertiggestellt (vgl. den Brief an Alexander von Pfuel vom 3. März 1864, S. 521).

Der erste Vorabdruck – von der späteren Buchausgabe etwas abweichend – erfolgte im »Wochenblatt der Johanniter-Ordens-Ballei Brandenburg«, Nr. 37–39 vom 11., 17. und 25. September 1867, S. 222 ff., 228 ff., 233 f.; ein zweiter Vorabdruck – mit der Buchfassung weitgehend identisch – erschien 1877 unter dem Sammeltitel »Deutsche Städte und Bauten« in der Zeitschrift »Daheim. Ein deutsches Familienblatt mit Illustrationen«, Jg. 13, Nr. 48, S. 786–790. Diese zweite Fassung war im August 1876 entstanden; am 7. August hatte Fontane an seine Frau geschrieben: »Am Sonnabend arbeitete ich fleißig an meinem ›Chorin-Aufsatz‹, änderte, kürzte und schickte ihn ... an Dr. König« (den Redakteur von »Daheim«).

Als Kapitel des »Havelland«-Bandes ist »Kloster Chorin« erstmals 1880 – in der zweiten Auflage – zu finden.

Das Theodor-Fontane-Archiv bewahrt (Kc 6) einige Vorarbeiten zu diesem Kapitel auf. Im Notizbuch A 14, Blatt 38–40, finden sich Aufzeichnungen über den Pehlitzer Werder.

Für die Arbeit am Chorin-Kapitel hat Fontane folgende Literatur benutzt (die vollständigen Angaben finden sich jeweils im Verzeichnis der Literatur; vgl. S. 658): Bellermann, »Neustadt-Eberswalde … mit der Beschreibung des Klosters Chorin …«. – Riedel, »Codex diplomaticus Brandenburgensis …«. (Am 17. Juli 1864 schrieb Fontane an Friedrich Wilhelm Holtze, den Generalsekretär des Vereins für Geschichte der Mark Brandenburg: »Fidicin über die Vorstadien von Chorin ist langweilig … und schwer verständlich wie immer. Ich glaube außerdem, daß er nicht einmal recht hat. – Nach meiner Meinung muß man die Urkunden anders interpretieren, wenigstens habe ich es getan. Dennoch ist es mir lieb, *seine* Auffassung zur Hand zu haben, und ehe ich meinen Aufsatz drucken lasse, bitte ich Sie noch einmal um den betreffenden Riedelschen Band, um ruhig untersuchen zu können, wer richtige Schlüsse gezogen hat, er oder ich. Da ich, was Übung in diesen Dingen angeht, ja nur ein absoluter Stümper im Vergleich zu Fidicin bin, so muß ich einräumen, daß er, trotz aller meiner Zweifel, zunächst Chance hat, mehr recht zu haben als ich. Er ist nur so furchtbar geistlos, und solchen Detailisten, die immer nur mit dem Auge auf den … ruhen, geht zuletzt aller freie Blick verloren.«)

86 *Kloster Chorin* – Einige Gebäudeteile des Ende des 13. Jahrhunderts gegründeten, nach der Säkularisierung (1542) zur Ruine zerfallenen Klosters (vgl. die erste Anm. zu S. 91) wurden 1957/58 wiederhergestellt. In der vielbesuchten Anlage findet der »Choriner Musiksommer« statt.

Den Leib des Fürsten … – Annette von Droste-Hülshoff, »Der Tod des Erzbischofs Engelbert von Köln«, Strophe 21, Vers 1 f., 5 ff. Die Verse 5 ff. lauten bei der Droste: »Im Dome steigt ein Trauerchor, / Und ein Tedeum stieg empor / Bei seiner Qual aus tausend Kehlen.«

letzte Askanier – Vgl. die erste Anm. zu S. 55.

87 *Insula Caprarum* – (lat.) Ziegeninsel.

88 *Fuß* – In Preußen etwa 0,31 Meter.

75′ – 75 Fuß.

89 *ehemalige Klosterkirche* – Dreischiffige frühgotische Backstein-Basilika, begonnen 1273, geweiht 1334; im 17. Jahrhundert als Steinbruch benutzt, wobei das südliche Seitenschiff abgetragen wurde.

91 *Steintafelinschrift* – Wahrscheinlich handelte es sich nicht um eine Tafel, sondern um eine in den Putz eingeritzte Inschrift (»Inscriptio«), die nach Aussage der Choriner Amtsakten (heute im Staatsarchiv Potsdam) »auf dem sogenannten Invaliden-

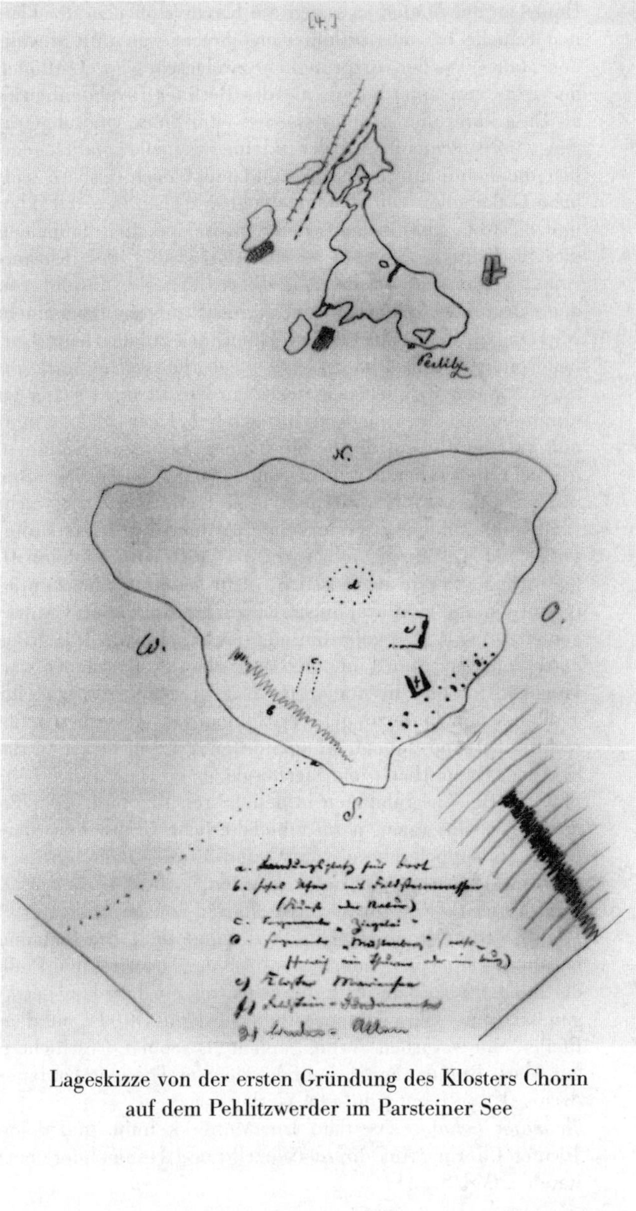

Lageskizze von der ersten Gründung des Klosters Chorin
auf dem Pehlitzwerder im Parsteiner See

Hause an der Mauer, so gegen die Kirche stößet, in der kleinen Kapelle bei der Auffahrt« angebracht war. (Mit »Invaliden-Haus« ist der ursprünglich zweigeschossige Ostflügel, der 1706–1721 einer Kompanie des Berliner Invalidenhauses als Unterkunft diente und dessen zweiter Stock 1769 abgetragen wurde, gemeint, mit der »kleinen Kapelle« wahrscheinlich die heute nur noch im Fundament nachweisbare südliche Ostkapelle.) Die Ungenauigkeit der historischen Fakten und die Abfassung in *deutscher* Sprache sprechen dafür, daß die Inschrift erst nach der Säkularisierung des Klosters (1542) angebracht wurde. Allerdings blieb sie, obwohl von dem Historiker Bellermann 1823 nicht aufgefunden, einem Nachtrag zu dem betreffenden Aktenstück zufolge beim Umbau von 1769 unbeschädigt. – Wieviel und welche Markgrafen in Chorin wirklich beigesetzt wurden, ist nicht sicher zu ermitteln; die einschlägigen historischen Fachschriften nennen vier bis sieben, ferner meist noch zwei Markgräfinnen. An meisten gesichert erscheint, daß Johann I. (gestorben 1266, nicht 1254), Otto IV. mit dem Pfeil (gestorben 1308, nicht 1298) und Waldemar (gestorben 1319) hier ihre letzte Ruhestätte fanden. Wahrscheinlich trifft das auch zu für Johann II. (gestorben 1281; in der Inschrift nicht genannt) und Konrad (gestorben 1304; er war *nicht* Kurfürst), Brüder und Mitregenten Ottos IV. Sie gehörten alle der von Johann I. begründeten Johanneischen Linie an, deren Hauskloster Chorin war. Fraglich sind die in der Inschrift genannten bzw. aus ihr geschlossenen Beisetzungen von Johann III. (gestorben 1268, nicht 1267) und Johann V. (gestorben 1317, nicht 1285), die beide der Ottonischen Linie angehörten, deren Hauskloster Lehnin war. Bei Ausgrabungen in den Jahren 1833 und 1884/85 fanden sich insgesamt neun mittelalterliche Grabstätten (darunter ein Doppelgrab), die auf Grund ihrer exponierten Lage den Markgrafen zugeschrieben wurden.

91 *Scharfrennen* – Ritterturnier mit scharfen Lanzen.

Pfeilschütze – Gemeint ist Otto IV. mit dem Pfeil. Der Beiname beruht auf einer Legende, der zufolge der Markgraf den Pfeil, der ihn 1280 bei Staßfurt in die Stirn traf, ein Jahr lang getragen hat. Eine Skizze Fontanes über »Markgraf Otto IV. mit dem Pfeile«, eine Vorarbeit für das geplante Lesebuch »Geschichten aus Mark Brandenburg«, befindet sich im Theodor-Fontane-Archiv (L 14); Band 7 dieser Ausgabe.

Tu mater Lehnin ... – (lat.) Du, Mutter Lehnin, und deine Tochter Chorin, / Aus dir ist Neuzelle und Himmelpfort entstanden. (Vgl. S. 42 f.)

91 *Graues Kloster* – Ältestes Berliner Gymnasium; 1574 von Kurfürst Johann Georg in einem aufgehobenen Kloster der Franziskaner (Grauen Brüder) gegründet. Das Gebäude in der Klosterstraße wurde im zweiten Weltkrieg durch Bombenangriffe zerstört.

92 *Flecken* – Historische Bezeichnung für Dörfer, die mit einzelnen städtischen Rechten (z.B. dem Marktrecht) ausgestattet waren.

Zauche – Vgl. die zweite Anm. zu S. 13.

der Reichtum … noch nicht erschlossen – Das sumpfige Oderbruch wurde erst im 18. Jahrhundert durch die Errichtung eines künstlichen Entwässerungssystems in fruchtbares Ackerland umgewandelt. Vgl. »Das Oderland«, Kap. »Das Oderbruch«; Band 2 dieser Ausgabe.

93 »*Weiße Frau*« – Vgl. die erste Anm. zu S. 75.

das bayerische Interregnum – Vgl. die erste Anm. zu S. 58.

der Falsche Waldemar – Der 1347/48 in der Mark aufgetauchte Hochstapler, der sich für den 1319 verstorbenen Markgrafen Waldemar ausgab und von Kaiser Karl IV. zunächst anerkannt wurde (1348), soll ein anhaltischer Müllerbursche namens Jakob Rehbock gewesen sein. Auch nachdem er 1350 auf Beschluß des Reichstages von Nürnberg öffentlich zum Betrüger erklärt worden war, blieb ihm der größte Teil Brandenburgs treu, bis er 1355 seiner Herrschaft entsagte.

94 *Die besten Ansprüche hatte … Rudolf von Sachsen* – Sie resultierten aus seiner Zugehörigkeit zum Geschlecht der Askanier.

Kaiser Ludwig … – Vgl. die erste Anm. zu S. 58.

96 *Quitzow-Zeit* – Vgl. die erste Anm. zu S. 34.

97 *aus freier Hand verkauft* – Die Klosterländereien hatten den Status von Allodialgütern, die von ihren Eigentümern frei veräußerlicht bzw. vererbt werden konnten (im Unterschied zu den Lehngütern, die ihren Inhabern auf Grund geleisteter Dienste von einem Lehnsherrn übertragen wurden und wieder zurückgenommen werden konnten).

Berliner Nikolaikirche – Dreischiffige spätgotische Hallenkirche, vollendet um 1470 (die frühesten Feldsteinfundamente werden auf die Zeit um 1200 datiert; erstmals urkundlich erwähnt 1264). Das 1877 restaurierte und mit einem zweiten Turm versehene Bauwerk wurde im zweiten Weltkrieg zerstört; seit 1981 wiederaufgebaut und 1987 als Museum eingeweiht (zum Märkischen Museum gehörend).

Frontispice – (franz.) Vorder-, Frontseite; hier: Flacher Giebel über dem Hauptgesims eines Gebäudes.

98 *wir vermissen die stille Führerschaft von Sage und Geschichte* – Im Vorabdruck des Aufsatzes im »Wochenblatt der Johanniter-Ordens-Ballei Brandenburg« heißt es an dieser Stelle: »Das Leben des Klosters ist nicht mächtig genug gewesen, um den äußerlichen Tod desselben zu überdauern.«

Sankt Nikolai zu Spandau

Am 22. Dezember 1869 schrieb Fontane an Mathilde von Rohr: »Vor etwa vierzehn Tagen war ich in *Spandau*, um, vom dortigen Kirchturme aus, einen Blick in das ›Havelland‹ zu tun, das ich eben im dritten Teile beschreibe. Dieser Blick vom Turm soll das Einleitungskapitel bilden. Májor von Tietzen unterstützte mich aufs freundlichste bei meiner Expedition; den Geschäften folgte ein solennes Diner bei Frau von Tietzen. Sie war liebenswürdig wie immer. Dennoch hatt ich den Eindruck, daß man froh war, die Sache ›abgemacht‹ zu haben, und daß man mich ohne Kummer scheiden sah.«

Der Vorabdruck des Aufsatzes erfolgte am 4. Januar 1871 im »Wochenblatt der Johanniter-Ordens-Ballei Brandenburg«, Nr. 1, S. 5 f. Im Jahre 1872 wurde das Feuilleton dann – in der Tat als Eröffnungskapitel (die Umstellung nahm Fontane erst in der zweiten Auflage von 1880 vor) – in die Erstausgabe des dritten »Wanderungen«-Bandes, »Ost-Havelland« (1873), aufgenommen.

Einen Teil erster Vorarbeiten für »Sankt Nikolai zu Spandau«, der vermutlich zu dem 1933 versteigerten Konvolut »Spandau« gehörte (vgl. Katalog Nr. 35 von Hellmut Meyer & Ernst), erwarb 1973 die Handschriftenabteilung der Staatsbibliothek Preußischer Kulturbesitz in Berlin. Die Aufzeichnungen wurden 1974 von Ingeborg Stolzenberg im »Jahrbuch für brandenburgische Landesgeschichte« (Band 25) veröffentlicht.

Für die Arbeit an dem Kapitel hat Fontane den Aufsatz »Schloß und Nikolaikirche zu Spandau« von Oskar Schwebel (vgl. das Verzeichnis der Literatur, S. 664) benutzt.

101 *Sankt Nikolai* – Dreischiffige spätgotische Hallenkirche, errichtet um 1430; der Turm wurde später hinzugefügt. Bei einem Umbau am Anfang des 20. Jahrhunderts wurde die Kirche weitgehend verändert. Trotz starker Zerstörungen im zweiten Weltkrieg sind in dem 1946–1949 und 1957/58 renovierten Bauwerk die von Fontane im folgenden genannten Ausstattungsstücke noch heute erhalten. Der Turm brannte nach einem Luftangriff vom 6. Oktober 1944 völlig aus. Er

wurde inzwischen wieder ausgebaut und die fehlende Spitze durch ein Zeltdach mit Kugel und Kreuz ersetzt.

101 *Wie Spukgestalten ...* – Annette von Droste-Hülshoff, »Der Knabe im Moor«, Strophe 1, Vers 3, 1, 4 (in dieser Reihenfolge). Die Verse (1–4) lauten bei der Droste: »O schaurig ist's, übers Moor zu gehn, / Wenn es wimmelt vom Heiderauche, / Sich wie Phantome die Dünste drehn / Und die Ranke häkelt am Strauche, / ...«

Charlottenburger Schloß – Aus dem ehemaligen Lustschloß Lietzenburg hervorgegangene, zweieinhalb Stockwerke hohe barocke Dreiflügelanlage; in den letzten Jahren des 17. Jahrhunderts nach Plänen von Johann Arnold Nering begonnen, bis um 1713 von Johann Friedrich Eosander vollendet; später mehrfach erweitert. Auf der Kuppelspitze steht die Nachbildung der antiken Siegesgöttin Nike. Im November 1943 brannte das Schloß bei einem Bombenangriff aus; inzwischen ist es wiederaufgebaut worden.

Havelveste – Spandau, bis 1920 selbständige Stadt, war in askanischer Zeit eine landesherrliche Burg, die den Weg nach Osten (Berlin, Köpenick und Lebus) sicherte.

102 *Wappenschilde ... Denkmal ... Steinaltar ... Taufbecken ... Wappentafel des Grafen [Schwarzenberg]* – In seinen Anmerkungen zu W III[1], S. 430 ff., beschreibt Fontane die historischen Sehenswürdigkeiten der Kirche, wobei er, weitgehend wörtlich, dem genannten Aufsatz von Oskar Schwebel über Spandau folgt: »*Der reiche Altar* aus bemaltem Sandstein ist ein Geschenk des Grafen Rochus von Lynar; er und seine erste Gemahlin, Freiin Anna von Montott, schenkten ihn im Jahre 1582 der Kirche. Die Hauptdarstellung in halb erhabener Arbeit zeigt ein Abendmahl, die Einwirkungen der italienischen Kunstformen sind unverkennbar. Höchst interessant sind die Figuren der Donatoren, links die Gräfin in weißem Damastkleide mit schwerem, dunkelblauem Obergewande, vor ihr drei Töchter in weißer Seide, rechts der Graf in prachtvoller Rüstung mit zwei Söhnen; goldene Ketten in Menge legen ein Zeugnis von dem Reichtum des Hauses ab. Besonders schön sind die Köpfe gearbeitet; das Ganze bildet mit dem Aufsatze, der ein Jüngstes Gericht und die Schlangen- und Turmschilde der Lynars, die Löwen und den Schach der Montotts enthält, ein Familiendenkmal von frommem Sinn und wahrhaft aristokratischer Pracht. Unter dem Altar ist die Familiengruft der Lynars; in dem großen schönen Zinnsarge schläft der alte ›kurfürstlich brandenburgische Rat, bestallter oberster Artolorei-Munitions-Baumeister‹, von seines Lebens

weiten Zügen und seinem reichen, angestrengten Tagewerke aus. Außerdem tragen die schönen Leuchter des Altars sein und seiner Gattin Wappen und Namen; der ritterliche Herr hat eine offene Hand gegen das Gotteshaus gehabt, und heut noch vergessen es seine Nachkommen nicht, den Altar von Spandau in schöner Pietät zu schmücken; die neue, schöne Sammetbekleidung trägt den Namen: Hermann Rochus Graf zu Lynar. // *Das Röbelsche Denkmal.* / Zur Rechten des Altars trifft unser Auge ein prächtiges Denkmal märkischer Tapferkeit; ein alter Feldmarschall ist's mit seinem Bruder. Von seinen Taten lassen wir die alten, treuherzigen Reime der Inschrift sprechen:

Der edel und viel kühne Held,
Joachim von Röbel, ich dir meld,
Von Jugend auf mit gutem Rat
Gar manche Schlacht besuchet hat.
In Holstein, Fünen, Kopenhagen,
In Ungarn, Frankreich tat er's wagen,
Der Graf von Oldenburg sein' Mut
Gespürt; der Sachs' ihm auch war gut:
Zum Wacht- und Rittmeister ihn macht',
Feldmarschall ihn vor Magd'burg bracht.
Clauß* er auch half nehmen ein,
In Ungarn Feldmarschall sollt sein.
Feldmarschall im Braunschweiger Land
War er, braucht' ritterlich sein' Hand;
Da Herzog Moritz fiel, der Held,
Feldmarschall er war kühn im Feld.
Feldmarschall er vor Gotha kam,
Kurfürst August ihn mit sich nahm.

[* Fußnote: »Eine Bergveste in Tirol, um deren Besitz sich auf Moritz' Zuge nach Innsbruck ein heftiger Kampf entspann.«] / Von *Fünen* bis nach *Ungarn*! Ein Vorläufer der späteren Brandenburger Siegeszüge, und, man muß gestehen, ein würdiger Vorläufer, dieser Held von Magdeburg und Sievershausen, dieser Begleiter des Herzogs Moritz auf seinem kühnen Zuge gegen das Tridentiner Konzil, der Kämpfer der Schlachten *Dänemarks* gegen den großen Lübecker Bürgermeister Jürgen Wullenweber und *Sachsens* gegen den wilden Markgrafen und den allmächtigen Kaiser! Drüben im Barnim, am Rande des Oderbruchs, in dem ehemaligen Nonnenkloster Friedland, das die Röbel erwarben, stand die Wiege dieses Helden, der dem märkischen, sächsischen und endlich dem kaiserlichen Heere angehörte, in beiden letzteren sogar die höchsten Ehren erwarb. Noch war er ein kräftiger Mann, da zog's ihn hin in die Heimat; er machte dem Bruder in Spandau einen Besuch, auf dem ihn sein Stündlein überraschte. Das Denkmal zeigt uns die Brüder, Joachim, gestorben 1572, und Zacharias von Röbel, gestorben 1575, beide gleich gewaffnet, obwohl der letztere nur Hauptmann zu Spandau war, in Plattenrüstung, Schwert und Morgenstern in der Hand, Löwen ihnen als Fußschemel dienend. // *Quast. Ribbeck. Nostitz.* / Ebenso wie die Herren von Röbel können zwei andere märkische Geschlechter die Spandauer Kirche als die Aufbewahrerin des Ruhmes ihrer Vorfahren ansehen. Eine prächtige Trophäe im Chor der Kirche erinnert an den brandenburgischen Generalfeldwachtmeister Albrecht Christoph von Quast, der 1669 an den Wunden, die er in der durch seine Tapferkeit gewonnenen Schlacht auf Fünen erhalten hatte, verstarb. In einer reichen Umgebung von Waffenschmuck aller Art erscheint sein Wappen, die fünf Lichter im Andreaskreuz. Die beiden folgenden Wappenschilder zeigen den Rumpf und den Hirsch der Herren von Ribbeck; sie sind dem Andenken zweier aus dem Geschlecht, Johann Georg, Vater und Sohn, gewidmet, die 1610 bis 1666 Oberhauptleute zu Spandau waren. Die Quadrierung des einen Schildes mit dem Johanniterkreuz bezieht sich auf Johann Georg von Ribbeck, den Sohn, der Komtur zu Nemerow und Werben gewesen ist. Ein viertes Wappen, die rot und weiß geschachten Hörner in blauem Felde zeigend, erinnert an den 1689 verstorbenen Oberst George Rudolf von Nostitz … // *Taufstein, Schwarzenbergs Wappen.* / Außer einem überlebensgroßen, schönen Kruzifix und den dazu gehörigen Figuren der Maria und des Johannes ist der eherne Taufstein ein schätzenswertes Denkmal des Altertums; er trägt die Inschrift: ›Anno MCCCXCVIII in festo nativitatis gloriose Mariae virginis‹ [1398 am Fest der Geburt der glorreichen Jungfrau Maria]. Der Taufstein steht auf einem Grabgewölbe, dem Grabgewölbe Graf Adam Schwarzenbergs [vgl. die erste Anm. zu S. 81]. In einer Nische des Chors hängt ein Wappen in Erz, eine vorzügliche Arbeit – es zeigt die Balken des uralten Hauses Seinsheim, das bis auf die schwäbischen Herzöge aus dem Geschlecht der Burchardinger zurückgeht, Raben und Mongolenkopf des Hauses Schwarzenberg und den Johanniterschild, darum die Kette des französischen Ordens vom h[eiligen] Michael. Dies Wappen ist des Grafen Adam von Schwarzenberg einziges Denkmal; die Inschrift dazu ist beseitigt.«

102 *der alte Turm* – Der Kirchturm von Sankt Nikolai. Vgl. die erste Anm. zu S. 101.

103 *wo einst Jaczko und Albrecht der Bär sich trafen* – Vgl. die dritte Anm. zu S. 7.

Das Havelländische Luch

Das Kapitel war ursprünglich Teil eines umfassenden Aufsatzes, der neben dem Havelländischen Luch auch das Wustrauer Luch behandelte und der nach der Reise ins heimatliche Ruppin, die Fontane vom 18. bis 23. Juli 1859 gemeinsam mit Bernhard von Lepel und einem Bruder von Alexander Gentz unternommen hatte, entstanden war – wahrscheinlich im November, spätestens im Dezember 1859. Im Brief vom 1. November 1859 an Tuiscon Beutner, den Chefredakteur der »Kreuz-Zeitung«, hatte Fontane nämlich fünf Aufsätze angekündigt, »die ich im Lauf der nächsten vier Wochen zu beenden gedenke (die Mehrzahl ist bereits halb fertig)«, darunter »Das Luch« – »wie ich hoffe, ein sehr interessanter Stoff«.

Der Vorabdruck dieses kombinierten Luch-Aufsatzes erfolgte, bevor er 1861 als Buchkapitel in die Erstausgabe der »Wanderungen [Teil 1]« einging, in der »Neuen Preußischen (Kreuz-)Zeitung«, Nr. 152–154 vom 1., 3. und 4. Juli 1860, unter dem Titel »Märkische Bilder: Das Rhinluch und das Havelländische Luch«. In den Buchausgaben des ersten »Wanderungen«-Bandes, »Die Grafschaft Ruppin«, ist der Text nur bis zur zweiten Auflage (1865) mit dem Vorabdruck identisch. Von der dritten Auflage (1875) ab wurde der erste Teil des Kapitels weggelassen, der verbleibende zweite Teil leicht überarbeitet und unter der Überschrift »Das Wustrauer Luch« separat veröffentlicht. Den abgetrennten ersten Teil hat Fontane dann, ebenfalls in überarbeiteter Form, fünf Jahre später als selbständiges Kapitel, »Das Havelländische Luch«, in die zweite Auflage des »Havelland«-Bandes (1880) eingegliedert. Bei der Teilung des Aufsatzes ist die Einleitungspassage der ursprünglichen Fassung entfallen. Sie lautet: »Die große norddeutsche Ebene ist reich an erlenbestandenen Sumpfstrecken, die entweder an den Ufern der Flüsse oder inselartig zwischen den Armen und Verzweigungen derselben sich hinziehen und gemeinhin Brüche oder Bruchland genannt werden. Jeder kennt das Weichsel- und das Oder-Bruch – Flußniederungen, die durch die Fruchtbarkeit ihres Bodens und einen entsprechenden Reichtum ihrer Bewohner berühmt geworden sind.«

Für die Arbeit am Luch-Kapitel hat Fontane folgende Literatur benutzt (die vollständigen Angaben finden sich jeweils im Verzeichnis der Literatur; vgl. S. 658): Berghaus, »Landbuch der Mark Brandenburg …«. – Klöden, »Beiträge …« (zu dem abgetrennten und in »Havelland« übernommenen Teil). – »Mündliches« (laut Anmerkung am Schluß der zweiten Auflage der »Grafschaft Ruppin«).

104 *Es schien das Abendrot …* – Lenau, »Der Urwald«, Vers 19 bis 22. Die Verse lauten bei Lenau: »Vermildernd schien das helle Abendrot / Auf dieses Urwalds grauenvolle Stätte, / Wo ungestört das Leben mit dem Tod / Jahrtausendlang gekämpft die ernste Wette.«
Torf – Über die märkische Torfgewinnung berichtet Fontane im Kapitel »Das Wustrauer Luch« (vgl. »Die Grafschaft Ruppin«; Band 1 dieser Ausgabe).
Linum … ist das Newcastle unserer Residenz – Die Industriestadt Newcastle upon Tyne ist das Zentrum des nord-ostenglischen Steinkohlebergbaus und verfügt über einen bedeutenden Kohleausfuhrhafen.
105 *das zu besondrem historischen Ansehn gelangte »Ländchen Bellin«* – Durch die Schlacht bei Fehrbellin im Jahre 1675 (vgl. die vierte Anm. zu S. 8).
Friesack – Vgl. Fontanes Fragment »Das Ländchen Friesack und die Bredows«; Band 7 dieser Ausgabe.
Klöden … schreibt – In »Beiträge zur … Kenntnis der Mark Brandenburg«; vgl. das Verzeichnis der Literatur, S. 660.
107 *Capitul* – (Dom-)Kapitel, aus Domherren (Kapitularen) bestehendes Kollegium an einer bischöflichen Kirche, das bei der Verwaltung des Amtsgebietes mitwirkte.
unter Anleitung holländischer Werkführer – Friedrich Wilhelm I. nutzte (wie schon seine Vorgänger, Kurfürst Friedrich Wilhelm und König Friedrich I.) beim Ausbau des Landes (bei Kanalbauten, Gartenanlagen, öffentlichen und privaten Gebäuden) die Erfahrungen (bürgerlicher) holländischer Spezialisten.
108 *»Amt Königshorst«* – Die 1719 von Friedrich Wilhelm I. (zum Teil auf landesherrlichem Besitz) als königliches Amt gegründete Ansiedlung nordwestlich von Nauen wurde 1950 in Friedenshorst umbenannt, heißt aber seit Oktober 1990 wieder Königshorst.
109 *Meile* – In Preußen etwa 7,5 Kilometer.

Der Brieselang

»Lepel ist munter; wir wollen nächstens eine kleine Wanderung ins Havelland zusammen machen«, schrieb Fontane am 13. Mai 1870 an Mathilde von Rohr. Diese gemeinsame »Wanderung«, zu der die beiden Freunde schon wenige Tage später, am 21. Mai, aufbrachen, führte in den Brieselang-Wald. Nach der Rückkehr, am 23. Mai, teilte Fontane seiner ebenfalls verreisten Frau mit: »Unsere kleine Brieselang-Reise war entzückend, trotzdem sie mit einem kolossalen Gewitter abschloß. Auf der Fahrt von Spandau bis Berlin schlug es zweimal dicht neben dem Zuge ein, es wäre nichts für Dich gewesen.«

Der Brieselang-Aufsatz, der wahrscheinlich unmittelbar nach der Reise entstand, wurde am 4., 11. und 18. Juni 1871 in der Sonntagsbeilage der »Vossischen Zeitung« vorabgedruckt und 1872 als Buchkapitel in die Erstausgabe des dritten »Wanderungen«-Bandes, »Ost-Havelland« (1873), eingegliedert.

Aufzeichnungen zu diesem Kapitel, zum großen Teil schon mit Brouillon-Charakter, finden sich in Fontanes Notizbuch A 17, Blatt 34 (Rückseite) bis 50. Das Theodor-Fontane-Archiv bewahrt überdies (Kc 1) einen teils stichwortartigen, teils ausgeführten Entwurf auf sowie eine Niederschrift vom Anfang des Kapitels (bis S. 125, Z. 2).

Für die Arbeit an dem Kapitel hat Fontane neben Berghaus' »Landbuch der Mark Brandenburg ...« (vgl. das Verzeichnis der Literatur, S. 658) – laut Anmerkung am Schluß von »Ost-Havelland« – »mündliche und briefliche Mitteilungen, besonders des Garnisonschullehrers Wagener in Potsdam und des Lehrers Krüger in Schönwalde«, benutzt.

110 *Balsamisch wogten die Düfte* ... – George Hesekiel, »Auf märkischer Heide« III, Vers 9–16.
Elsbruch – Mit Erlennieder- oder -hochwald bedeckte sumpfige Niederung.

111 »*Finkenkrug*« – Das Gebäude, ein Fachwerkhaus aus dem Jahre 1777, brannte am 23. April 1945 ab.
»*Königseiche*« – Vgl. die erste Anm. zu S. 123.
»*Försterei Brieselang*« – Sie existiert noch in gleicher Funktion, und auch Teile des um 1820 errichteten Remontedepots sind erhalten.
Es sauset und brauset ... – Brentano, »Die lustigen Musikanten«, Refrain, Vers 1–4.

112 *mein Reisebegleiter* – Gemeint ist Fontanes Freund Bernhard von Lepel.

112 *unser Führer* – Wahrscheinlich der Lehrer Krüger aus Schönwalde (vgl. die Vorbemerkung).
erfahren und lederfarben wie »Pfadfinder« – Anspielung auf den Roman »The Pathfinder« (1840; Der Pfadfinder) aus der fünfbändigen Sammlung »Leather-Stocking Tales« (Lederstrumpferzählungen) von James Fenimore Cooper.
verdefendieret – vertreten, verteidigt.

113 *Filial-Reisemäntel* – Gemeint sind die Mäntel, die Pastoren während der Reisen in ihre »Filial«-Gemeinden trugen (vgl. die erste Anm. zu S. 227).
jungen Most in alte Schläuche fassen – Anspielung auf Matthäus 9,17 im Neuen Testament: »Man füllt auch nicht jungen Wein [nach älterer Übersetzung: Most] in alte Schläuche; sonst zerreißen die Schläuche, und der Wein wird verschüttet …«
sein Anhang – In W III^{1}, S. 39, folgt der Zusatz: »(kein Drittel)«.
Janitscharenmusik – Mit Schlag- und Schüttelinstrumenten ausgeführte, lärmende Militärmusik der Janitscharen, der (1826 aufgelösten) Infanterie-Kerntruppe der türkischen Sultane.

114 *honni soit qui mal y pense* – (franz.) Ehrlos sei, wer Schlechtes dabei denkt; Devise des (1350 gestifteten) englischen Hosenbandordens.

115 *Schwanenkrug* – Die Gaststätte »Schwanenkrug« in Schönwalde, ein Fachwerkbau aus den Jahren 1784/85, ist (von einigen Anbauten abgesehen) in ihrer ursprünglichen Gestalt erhalten. Sie war einer der 29 »Schenkkrüge« der Stadt Spandau, in denen nur Spandauer Bier gezapft werden durfte. Die Eichen im Kruggarten werden auf 400 Jahre geschätzt.
Pertinazität – Hartnäckigkeit, Ausdauer.
Kolumbelle – Eine Eidechsenart.

116 *Preiscourant* – Preisliste.
Progymnasium – Auf das Gymnasium vorbereitende Lehranstalt.
Kalittenjäger – Schmetterlingsfänger.
die bekannten drei auf der schottischen Heide – Gemeint sind die drei Hexen in Shakespeares »Macbeth«.

117 *die grüne Trommel* – Gemeint ist die Botanisiertrommel, ein zylinderförmiger, an Schulterriemen getragener Behälter zur Aufbewahrung gesammelter Pflanzen.
Ursach und Wirkung, Theorie von der Ernährung – Anspielung auf die im 19. Jahrhundert vieldiskutierte Theorie, die Häufung von Strumaerkrankungen und Kretinismus in den

Alpentälern sei auf ungesunde Nahrung und die schlechte Beschaffenheit des Trinkwassers zurückzuführen.

117 *Rudower Wiese ... Ruhm ihrer Orchideen* – Reminiszenz an die botanischen Schulexkursionen Fontanes mit dem Oberlehrer Ruthe, die »regelmäßig nach Treptow und am liebsten nach Britz und der Rudower Wiese hin unternommen wurden ... Ruthe war ein prächtiger Mann, trotzdem er uns das ›Rätsel des Lebens‹ immer schuldig blieb; aber wenn ich ihn auch noch mehr geliebt hätte: daß er von der Rudower Wiese nicht loskonnte, das war doch etwas Schreckliches für mich.« (»Von Zwanzig bis Dreißig«, Abschnitt »Mein Leipzig lob ich mir«, Kap. 6.)

118 *Procrustes coriaceus* – Lederlaufkäfer, der größte Laufkäfer.

Saperda Seydlii – Eine Bockkäferart.

ein legitimistisch-historischer Freund – Wahrscheinlich Anspielung auf den konservativen Schriftsteller und Historiker George Hesekiel, der die Auffassung von der Unabsetzbarkeit eines regierenden Herrscherhauses teilte. (Legitimisten nannten sich in Frankreich die Mitglieder der von der Aristokratie und dem hohen Klerus geführten Partei, die die in den Revolutionen von 1789 bis 1794 und 1830 gestürzte »legitime« Bourbonendynastie wiederherzustellen versuchte.)

Montmorency – Altes französisches Adelsgeschlecht. Die Montmorencys hatten vom Mittelalter bis in die Mitte des 19. Jahrhunderts bedeutende politische und militärische Ämter inne.

119 *Lesen konnt ich ...* – Lenau, »Das Blockhaus«, Vers 9–12.

»Remontedepot« – Pferde-Ersatzdepot (der Kavallerie).

120 *Glien* – Lehmreiche Teillandschaft des nordöstlichen Havellandes (Glin: slaw. Lehm). Der Hauptort ist Kremmen, nicht Vehlefanz, wie Fontane annimmt.

Als es Anno 15 wieder losging – Napoleon I., nach seiner Abdankung (11. April 1814) auf die Mittelmeerinsel Elba verbannt, war am 1. März 1815 an der südfranzösischen Küste gelandet und am 20. März mit den zu ihm übergelaufenen Truppen wieder in Paris eingezogen. Daraufhin wurde auch die preußische Armee erneut mobilgemacht und unter dem Oberbefehl Blüchers nach Belgien entsandt, wo die französischen Streitkräfte inzwischen standen. Bei Waterloo wurde der Kaiser am 18. Juni 1815 von den vereinigten englischen und preußischen Verbänden vernichtend geschlagen.

als er da bei Ligny unter seinem Schimmel lag – In der Schlacht bei Ligny (16. Juni 1815), die der Entscheidungsschlacht bei Waterloo vorausging und in der die Preußen den

Napoleonischen Truppen unterlagen, stürzte Blücher vom Pferd und entging nur durch einen Zufall der Gefangennahme.

121 *Ein Engländer ist dort gereist* – Gemeint ist wahrscheinlich der englische Ornithologe John Gould (1804–1881), der nach ausgedehnten Australienreisen mehrere Standardwerke über die australische Vogelwelt veröffentlichte.

Aquarium – Gemeint ist das 1869 gegründete Aquarium in Berlin.

abvotiert – überstimmt.

122 *Wilde Jagd* – Vgl. die Anm. zu S. 36.

123 *Königseiche* – Sie ist im Jahre 1902 abgebrannt. – In seinen Anmerkungen zu W III[1], S. 433 f., veröffentlichte Fontane folgenden Exkurs über alte Eichen: »*Alte Eichen* von ähnlicher Berühmtheit wie die Königseiche im Brieselang stehen eine Meile südlich von Liegnitz, auf *dem* Teile des Katzbacher Schlachtfeldes, wo sich am 26. August 1813 der Kampf entschied. Wo das Plateau zur Wilden Neiße hin steil abfällt, liegen die Dörfer Ober- und Nieder-Weinberg, Ober- und Nieder-Crayn. Bei Nieder-Crayn befindet sich die einzige Brücke über den Fluß; diese Brücke suchten die flüchtigen Franzosen zu gewinnen, verfehlten sie aber und stürzten sich in das hochangeschwollene Wasser. An ebendieser Stelle, nur 500 Schritt von der Nieder-Crayner Brücke entfernt, ragen, auf prächtigem Wiesengrund, die erwähnten alten Eichen auf, von denen fünf (die jüngeren) sich durch besondere Schönheit und Frische auszeichnen. Sie sind noch völlig gesund, kein Zweig abgestorben, dabei voll Ebenmaß. Die schönste unter diesen fünf trägt folgende Inschrift:

O seid gegrüßt, der Gottheit stille Zeugen,
Ein Meisterstück der herrlichen Natur;
Hier unter euren majestät'schen Zweigen,
Im kühlen Schatten auf der prächt'gen Flur,
Hier schlägt das bange Herz in freud'gem Beben,
Ein heil'ger Schauer dringt durch meine Brust,
Wie lange sehet ihr des Menschen Leben
Mit seinem Leiden wie mit seiner Lust.

Das eigentliche Prachtstück und die große Sehenswürdigkeit dieser Gegenden – wenigstens was Bäume angeht – ist aber doch die *sechste* Eiche, die in einiger Entfernung von den fünf andern steht. Sie ist nicht voll so schön, hat durch das Absterben einzelner Partien das Ebenmaß ihrer Formen eingebüßt, ist aber um vieles stärker und wahrscheinlich auch älter als die übrigen fünf. Ihr Umfang ist einunddreißig Fuß, übertrifft also noch den der Königseiche im Brieselang um ein Erhebliches. Auch diese sechste und größte der ›Eichen an der Wilden Neiße‹ hat natürlich ihre Tafel und ihre Inschrift. Diese lautet:

Wohl mehr als tausend Jahre zähl ich schon;
Ich sah dereinst das alte Deutsche Reich entstehen,
Ich sah im Jahre sechs es wiederum vergehen.
Seitdem ich jüngst gesehn sein frisches kräft'ges Auferstehn,
Möcht ich um keinen Preis es nochmals sehn im Untergehn.
Das walte Gott auf seinem ew'gen Thron!

Schönau, im August 1871 Die älteste der alten sechs.

Man mag über diese Dichtungen denken, wie man will (es gibt jedenfalls schlimmere), unter allen Umständen zeigen sie die Liebe, mit der die ganze Umgegend an diesen schönen Bäumen hängt. Eine Fahrt zu den ›sechs Eichen‹ zählt zu den Lieblingspartien der Liegnitzer, die dann jedesmal mit einem Besuche des Katzbach-Schlachtfeldes – das übrigens außerdem noch seine Denkmäler hat – identisch ist.«

123 *Man sieht noch …* – Uhland, »Roland Schildträger«, Strophe 20, Vers 3 f.

Tête – (franz.) Spitze.

Klafter – Altes deutsches Raummaß für Holz; in Preußen entsprach 1 Klafter 3,34 Kubikmetern.

124 *in den Tagen Jahns und der Turnerei* – Friedrich Ludwig Jahn, der Begründer der bürgerlichen Turnbewegung, hatte 1811 auf der Hasenheide bei Berlin den ersten deutschen Turnplatz geschaffen. Er erstrebte mit dem Turnunterricht die Erziehung der Jugend zum Patriotismus und ihre Bereitschaft, am Kampf gegen die Napoleonische Fremdherrschaft teilzunehmen.

Kaisergedanke … in diesem Augenblicke wieder ein besonderes Interesse – Anspielung auf die Gründung des Deutschen Kaiserreichs im Januar 1871, wenige Monate vor der Veröffentlichung des »Brieselang«-Aufsatzes in der »Vossischen Zeitung«.

Diese Verse … rühren nicht aus der Jahnschen Zeit her – Sie sollen 1861 von dem Journalisten Hugo Jacobi verfaßt worden sein. Fontane hat sie im Notizbuch A 17, Blatt 34 (Rückseite), eingetragen.

Königgrätz – Bei Königgrätz (Böhmen) fand am 3. Juli 1866 die Entscheidungsschlacht des Preußisch-Österreichischen

Krieges um die Vorherrschaft in Deutschland statt, in der die preußischen Truppen die österreichische Armee infolge besserer militärischer Führung und Ausrüstung besiegten.

124 *St-Privat* – In der Schlacht bei St-Privat (18. August 1870) besiegten die deutschen Truppen im Deutsch-Französischen Krieg unter schweren Verlusten die französische Rheinarmee.

125 *Kap-Constantia-Wein* – Berühmter südafrikanischer Süßwein (aus dem Anbaugebiet Constantia bei Kapstadt).

Goa – Portugiesische Besitzung in Vorderindien (heute Teil der Republik Indien).

Linie – Äquator.

Gegenden, in denen nur Freiligrath und der Kaffer »einsam schweift durch die Karroo« – Anspielung auf das Gedicht »Löwenritt« von Ferdinand Freiligrath, wo es in Strophe 2 heißt: »Abends, ... / Wenn des jähen Tafelberges bunte, wechselnde Signale / Nicht mehr glänzen, wenn der Kaffer einsam schweift durch die Karroo, / ...« Karroo: Bezeichnung für die Trockensteppen Südafrikas.

Tafelberg – Tafelförmiger Sandsteinberg bei Kapstadt.

Lieder ... von Arndt und Körner – Die in der Zeit der Befreiungskriege entstandenen Lieder von Ernst Moritz Arndt und Theodor Körner waren lange Zeit außerordentlich populär.

126 *»sauve qui peut«* – (franz.) »rette sich, wer kann«.

Alsenbrücke – Spreebrücke in der Nähe des Lehrter Bahnhofs in Berlin.

Der Eibenbaum im Parkgarten des Herrenhauses

Der erste Teil des Aufsatzes – entstanden im Herbst 1862 – wurde am 25. Dezember 1862 in der »Neuen Preußischen (Kreuz-) Zeitung«, Nr. 302 (Beilage), vorabgedruckt. Die Publikation schließt mit der Bemerkung: »Diese Geschichte vom Eibenbaum ist nach freundlichen Mitteilungen eines neuen Freundes des alten Baums erzählt. Aber der neue Freund, der ihn erst seit wenigen Jahren kennt, hat uns selber gestanden, daß sein Wissen nur Stückwerk sei. Er hat dies und das gehört, aber er war nicht Zeuge seiner Geschichte. Der Eibenbaum hat viel, viel mehr erlebt, als hier erzählt ist, besonders in jenen heitern Jahren, wo Felix Mendelssohn und sein Freundeskreis unter der immergrünen Krone dichteten und sangen. Weitere Mitteilungen (unter Adresse dieser Zeitung) würden sehr willkommen sein.« Fontane hat die daraufhin eingehenden Zuschriften gesammelt und 1872, als er das Manuskript für die Erstausgabe des dritten »Wanderungen«-Bandes,

»Ost-Havelland«, vorbereitete, aus dem vorhandenen Material den als Buchkapitel vorgesehenen Aufsatz erweitert (vgl. S. 131 bis 135).

Zusätzliche Informationen über das Thema teilte der Autor in den Anmerkungen am Schluß der Erstausgabe mit, die in späteren Auflagen wegfielen. Der eleminierte Text (W III[1], S. 434 f.) lautet: »*Eibenbäume.* In Niederösterreich findet man vereinzelte Eiben bei Buchberg, in der Prein und Ramsau, bei Lilienfeld, im Kremstale, im Horner Walde und besonders alte Bäume im Gurhofgraben bei Aggstein. Einzelne tausendjährige Eiben kommen noch in Steiermark vor, und einen sehr alten Baum besitzt die Gegend von Brünn in Mähren; er steht nicht gar weit von dem berühmten Erdfall ›Macocha‹ (›Stiefmutter‹). Krone und oberer Stammteil sind abgebrochen, der hohle untere Stamm ist aber noch drei Klafter hoch und benadelt und hat einen Umfang von beiläufig acht Fuß (2,55 Pariser Metres). Das Alter dieses sehr merkwürdigen Exemplares wird auf nicht viel unter 2000 Jahre geschätzt. Zu den Palmsonntagssträußen, zu denen in Wien außer den Blütenzweigen der Sahlweide – den sogenannten Palmkätzchen – gewöhnlich auch Buchsbaum- und Sebenbaumzweiglein ihres immergrünen Laubes wegen verwendet werden, während in den eigentlichen Alpengegenden die Stechpalme (Ilex aquifolium) hiezu dienen muß, benutzt man in England und Irland allgemein blühende Weiden- und grüne Eibenzweige. Und merkwürdigerweise begegnet man genau demselben Palmsonntagsschmuck wieder in Mähren. In der Gegend von Olmütz ist die Eibe ein äußerst seltener Baum, und die Bauern von Mittel- und Nordwestmähren machen daher vor der Karwoche oft acht bis zehn Meilen weite Reisen zu Fuß, nur um von einem vereinzelt dastehenden Eibenstrauch oder -baum Zweige für den Palmsonntag abreißen zu können. Auch in Niederösterreich scheint die Eibe hie und da noch zu diesem Zwecke verwendet zu werden. So ist es uns bekannt, daß bei Traismauer ein alter Eibenbaum, der beiläufig einen Fuß Durchmesser hat, zur Osterzeit vom dortigen forstlichen Aufsichtspersonale förmlich bewacht werden muß, damit er nicht seiner Äste zu den ›Palmbuschen‹ beraubt werde. / Bei den Alten war er den Göttern der Unterwelt geweiht, wohl aus dem Grunde, weil die Nadeln dieses Baumes giftig sind und schon die Ausdünstung seiner Krone zarteren Naturen Unwohlsein verursacht. Der alte Plinius erzählt gar, daß die Ausdünstung des Taxus zur Blütezeit den Tod bringe, was eine ungeheure Übertreibung ist. In unseren Gegenden beißen Hirsche, Rehe und auch Schafe und Kühe nicht selten die Spitzen der Eiben ab, wahrscheinlich um sie in kleinen Mengen als eine Art Gewürz zu verzehren. Größere Mengen von Eibenzweigen, mit denen

Haustiere absichtlich gefüttert werden, brachten denselben aber in einigen Stunden den Tod, obwohl Ziegen zum Beispiel sich die auch für sie giftigen Zweige recht gut schmecken ließen. Die roten Beeren, welche von süßlichem Geschmacke sind, werden in Deutschland häufig von Kindern ohne Schaden verzehrt. / *Über den Eibenbaum-Klub,* dessen ich im Text Erwähnung getan habe, sind mir noch folgende Zeilen zugegangen: ›Was die Versöhnung der Parteien angeht, die sich mehr als einmal unter dem Eibenbaume vollzog, so würde ein bekannter märkischer Schriftsteller, zugleich Reichstagsmitglied, mit seiner in hohem Alter bewahrten Frische, vielleicht am besten imstande sein, Ihnen eine launige Erzählung zu liefern; andrerseits – da von ihm persönlich die meisten Schlagwörter, Einfälle, Scherze ausgegangen sind – wird er sich selbst nicht in Szene setzen, am wenigsten aber die gebotene Diskretion und Rücksicht gegen seine Kollegen außer acht lassen wollen. Nie hat eine Zeitung über den heitern Klub etwas gebracht, und ebendeshalb konnte man so vertraulich gegeneinander sein. Sie wissen, wie Herr Hans Blum wegen seiner Plaudereien, die allerdings in sich viel Unschickliches enthielten, angesehn wurde und daß auch, was den Eibenbaum-Klub angeht, jede Indiskretion wieder schlechtmachen könnte, was bis dahin unter den Zweigen des Baumes Gutes geschehen ist.‹«

Für die Arbeit am Eibenbaum-Kapitel hat Fontane folgende Literatur benutzt (die vollständigen Angaben finden sich jeweils im Verzeichnis der Literatur; vgl. S. 658): Hensel, »Die Familie Mendelssohn …«. – Krantz, »Chronica Daniae, Sveciae et Norvegiae«. – »›Über Eibenbäume‹, ein Aufsatz in der ›Neuen Freien Presse‹« sowie »Mündliche Mitteilungen, besonders des Geh. Rat Metzel« (laut Anmerkung am Schluß der Erstausgabe von 1873).

127 *Herrenhaus* – Von 1855 bis 1918 Erste Kammer des Preußischen Landtags, deren Mitglieder, zumeist reaktionäre Junker, vom König ernannt wurden. Das Gebäude des ehemaligen Preußischen Herrenhauses gehörte in der Zeit der DDR zum Komplex des Hauses der Ministerien und wird heute von Behörden des Bundesfinanzministeriums genutzt.

Die Eibe / Schlägt an die Scheibe … – Die Verse stammen wahrscheinlich von Fontane.

Taxodium – In Nord- und Mittelamerika beheimateter Nadelbaum.

Tiergarten – Der Tiergarten im Westen Berlins, ursprünglich ein Wildgehege, in dem die Kurfürsten jagten, wurde seit der Regierungszeit König Friedrichs I. in einen Park umgewandelt und erhielt unter Friedrich Wilhelm III. durch Peter Joseph

Lenné in den Jahren 1833–1839 im wesentlichen die Gestalt, die er zu Fontanes Zeit hatte.

127 *Viktoriastraße* – Straße am Südrande des Tiergartens.

128 *zu seinen ersten Kletterkünsten* – In W III[1], S. 56, heißt es statt dessen: »zu den ersten Kletterkünsten des bekanntlich bis zur Ausgelassenheit heitern und lebhaften Knaben«.

mit den Hohenzollern ... ins Land gekommen – Vgl. die erste Anm. zu S. 34.

die Freiwilligen zogen aus – Im Februar und März 1813 hatten sich Tausende von jungen Deutschen zu freiwilligen Jägerabteilungen zusammengeschlossen, um gegen die Napoleonische Fremdherrschaft zu kämpfen.

Mendelssohn, halb ein Knabe noch, hörte ... die Musik tanzender Elfen – Anspielung auf die berühmte Ouvertüre zu Shakespeares »Sommernachtstraum«, die Felix Mendelssohn Bartholdy als Siebzehnjähriger (1826) komponierte.

zog sich ... ein ernstes Wetter zusammen – Anspielung auf die bürgerlich-demokratische Revolution von 1848.

129 *des Eibenbaumes bester Freund* – König Friedrich Wilhelm IV.

»Erste Kammer« ... das preußische Oberhaus – Vgl. die erste Anm. zu S. 127.

Glaspalast – Gemeint ist der aus Eisen und Glas bestehende »Kristallpalast«, den der Architekt Sir Joseph Paxton für die in London stattfindende erste Weltausstellung (1851) schuf. Das 560 Meter lange, mit einer 31 Meter hohen Kuppel versehene Bauwerk hatte epochemachende Bedeutung für die moderne Architektur.

Prinz von Preußen – Wilhelm, der spätere König Wilhelm I. Den Titel »Prinz von Preußen« (vgl. die zweite Anm. zu S. 150) hatte er 1840 erhalten.

131 *wie uns dieser gelehrte Feldherr selbst erzählt* – In seinem Werk »De bello Gallico« (»Der Krieg in Gallien«; 7 Bücher). Caesar war während seiner Feldzüge gegen die Kelten in Gallien (58 bis 51 v. u. Z.) für kurze Zeit auch auf germanisches Gebiet vorgedrungen.

132 *»Albero della morte«* – (ital.) Todesbaum.

heidnischer Tempel bei Upsala – Der ehemalige Tempel im sogenannten heiligen Haine von Alt-Uppsala (Mittelschweden) war im frühen Mittelalter Hauptsitz des Asen-Kultus (Asen: Göttergeschlecht der germanischen Mythologie) und Residenz des Oberpriesters, der zugleich Oberkönig war.

wie A. Krantz erzählt – In seiner »Chronica«; vgl. das Verzeichnis der Literatur, S. 660.

133 *in der Macbethschen Hexenküche* – Vgl. Shakespeare, »Macbeth« IV,1.
Faßpipe – Langes, röhrenartiges Faß zur Versendung von Wein.
134 *siegreich heimkehrendes Heer* – Das preußische Heer, das im Krieg von 1866 die Österreicher besiegt hatte.
König – Wilhelm I.
Sohn – Friedrich Wilhelm, der spätere deutsche Kaiser Friedrich III.; er war im Krieg von 1866 Oberkommandierender der preußischen Zweiten Armee, die an der Schlacht bei Königgrätz (vgl. die vierte Anm. zu S. 124) entscheidenden Anteil hatte.
Neffe Friedrich Karl – Der Prinz war 1866 Oberkommandierender der preußischen Ersten Armee.
»Norddeutscher Reichstag« – Parlament des nach dem Preußisch-Österreichischen Krieg gegründeten Norddeutschen Bundes, dem alle nördlich der Mainlinie gelegenen deutschen Kleinstaaten angehörten und der unter preußischer Hegemonie stand.

Schloß Oranienburg

Fontane besuchte Oranienburg – begleitet von Wilhelm Hertz und dem Berliner Verlagsbuchhändler Adolf Enslin – zu Beginn der Reise, die ihn vom 28. Mai bis 4. Juni 1861, kurz vor Druckbeginn der ersten Buchausgabe der »Wanderungen [Teil 1]«, in seine »spezielle Heimat«, die Grafschaft Ruppin, führte. Am 31. Mai 1861 schrieb er von Neuruppin aus an seine Frau: »Vorgestern abend (Mittwoch) sind wir gegen Mitternacht wohlbehalten hier eingetroffen, nachdem wir am Dienstagabend und Mittwoch früh Oranienburg inspiziert und dann von Mittwoch mittag an unsere Reise über Kremmen, Linum, Fehrbellin bis hierher fortgesetzt hatten. Die Ausbeute in Oranienburg war ziemlich bedeutend.«

Die Niederschrift des Aufsatzes, an dem Fontane bereits Ende März zu arbeiten begonnen hatte, wurde wahrscheinlich Mitte Juli 1861 abgeschlossen. Vier Wochen vorher hatte der Autor mit Heinrich Pröhle, dem Herausgeber der Zeitschrift »Unser Vaterland«, über einen Vorabdruck verhandelt. »Die Arbeit über ›Schloß Oranienburg‹ (vor vierzehn Tagen war ich da)«, heißt es im Brief an Pröhle vom 14. Juni 1861, »steht Ihnen gern zu Diensten, etwa in vier Wochen, wenn es sein muß, auch früher, ich lasse dann andres liegen. Das Recht des Wiederabdrucks für mein im Oktober erscheinendes Buch setze ich … voraus.« Im Juli schrieb Fontane an

Pröhle: »Ich schicke Ihnen anbei den Aufsatz über ›Schloß Oranienburg‹, soweit ich ihn durchkorrigiert habe (ohngefähr – nicht ganz – die Hälfte), den Rest erhalten Sie am Sonntag oder doch spätestens am Montag früh, denn mir liegt nun selbst daran, eine Arbeit nicht länger vor mir zu sehn, mit der ich mich vier Wochen lang 'rumgeschlagen habe.«

Unter der Überschrift »Arrangement« hat Fontane im Anschluß an Aufzeichnungen über Schloß und Park Oranienburg im Notizbuch A 3, Blatt 24 (Rückseite) bis 26 (Rückseite), eine Disposition des Oranienburg-Kapitels skizziert, die sieben Punkte umfaßt und mit Folgendem endet: »Zum Schluß auf der Treppe des Rathauses (früher Jägerei) unter den Linden. Landschaftliches Bild. Das Schloß gegenüber. Die vorüberziehenden Musikanten. ›Das Testament des Großen Kurfürsten‹. Wir bleiben lieber sitzen und blicken auf die wirkliche Bühne, auf der jene Gestalten gespielt. Allerhand zieht an uns vorüber. Dann ein manierlicher Schluß.«

Der Vorabdruck in »Unser Vaterland« (Band 1, S. 193–207) erfolgte dann im Spätsommer 1861, und kurze Zeit darauf ging »Schloß Oranienburg« als Buchkapitel in die Erstausgabe der »Wanderungen [Teil 1]« ein, die im November 1861 erschien und auf 1862 vordatiert war. Dem »Havelland«-Band hat Fontane das Kapitel von der zweiten Auflage (1880) ab zugeordnet, für die er das Manuskript im Frühjahr 1880 fertigstellte. Am 20. März 1880 schrieb er an seine Frau: »Ich korrigierte das Kapitel ›Oranienburg‹, in dem Prinz August Wilhelm vorkommt, der vor Gram über nichtsnutzig schlechte Behandlung starb. Gott, und er war ein liebenswürdiger Prinz! Sowie man die Augen auftut, sieht man, daß es immer und überall Pech und Kränkung gegeben hat.«

Für die Arbeit an »Schloß Oranienburg« hat Fontane folgende Literatur benutzt (die vollständigen Angaben finden sich jeweils im Verzeichnis der Literatur; vgl. S. 658): Ballhorn, »Geschichte der Stadt Oranienburg«. – Poellnitz, »Relation du voyage ...«. – Varnhagen von Ense, »Leben des Generals Hans Carl von Winterfeldt«. – Schlözer, »General Graf Chazot«. – Frédéric le Grand, »Œuvres«. – Bielfeld, »Friedrich der Große und sein Hof ...«. – Leitritz, »Beiträge zu einer fruchtbaren Behandlung der ... evangelischen Kirchenlieder«. – »Lebensbeschreibung des berühmten Grafen Rochus von Lynar« (laut Fußnote, S. 140) sowie »Mündliche Mitteilungen« (laut Anmerkung am Schluß der Erstausgabe der »Wanderungen [Teil 1]« von 1862).

136 *Schloß Oranienburg* – Zweigeschossige Dreiflügelanlage mit hohen Mittelrisaliten an der Vorder- und Rückfront; errichtet 1651–1654 von Johann Gregor Memhardt und Michael

Das frühere Schloß Oranienburg

Matthias Smidts (anstelle einer seit 1560 von Joachim II. als Jagdschloß genutzten mittelalterlichen Wasserburg); 1688 bis 1695 von Johann Arnold Nering und Martin Grünberg umgebaut. Der rechte vordere Seitenflügel ist 1842 abgebrannt und wurde nicht wieder aufgebaut. Das 1945 schwer beschädigte Schloß wurde in den Jahren von 1948 bis 1960 wiederhergestellt.

136 *Noch ragt der Bau …* – Die Verse stammen wahrscheinlich von Fontane.

Schoßkelle – Als Gepäckhalter oder als Sitz dienendes Gestell an Pferdewagen.

137 *Statue der hohen Frau* – Vgl. S. 144 f. und die vierte Anm. zu S. 144.

Park – Gemeint ist der (noch vorhandene) sogenannte Lustgarten nordwestlich vom Schloß, der im 19. Jahrhundert aus einer Barockanlage in einen Landschaftspark umgewandelt wurde.

durch Feuer zerstört – Vgl. die erste Anm. zu S. 136.

138 *Zeiten des Markgrafen Waldemar* – Markgraf Waldemar von Brandenburg regierte von 1308 bis 1319.

Quitzow-Zeit – Vgl. die erste Anm. zu S. 34.

140 *Kurfürst Joachim … Favorit-Jagdschloß zu Köpenick* – Joachim II. Hektor, von 1553 bis 1571 Kurfürst von Brandenburg, war ein leidenschaftlicher Jäger. Er ließ sich um 1550 in Köpenick ein Jagdschloß errichten, das nach seinem Tode wieder abgerissen wurde, »um einem Neubau … Platz zu machen«. Vgl. »Spreeland«, Kap. »Schloß Köpenick«; Band 4 dieser Ausgabe.

141 *erster König* – Friedrich I. (König von Preußen seit 1701; vordem als Friedrich III. Kurfürst von Brandenburg).

142 *ihre Lieder zeugen … dafür* – In seiner »Dedikation« zum Berliner Gesangbuch von 1653, schreibt der Buchdrucker Christoph Runge der Kurfürstin Luise Henriette die Autorschaft von vier evangelischen Kirchenliedern zu, darunter der bekannten Weise »Jesus, meine Zuversicht«. Fontane teilte die umstrittene Auffassung Runges. In seinen Anmerkungen zu W I[1] heißt es (S. 457): »Daß diese … Zueignung Runges der Kurfürstin bekannt geworden ist, unterliegt keinem Zweifel, da selbst drei Exemplare (auf Pergament) des auf ihren Befehl veranstalteten Gesangbuches in ihre Hände kamen … Wäre nun die Angabe des Christoph Runge hinsichtlich der Autorschaft der angeführten Lieder eine Fiktion gewesen, *so würde die von Herzen demütige Kurfürstin derselben entgegengetreten sein,* aber nirgends begegnet man einer Zurück-

weisung, vielmehr wird bei den späteren Ausgaben dieses Gesangbuches das Gedächtnis der fürstlichen Sängerin an den betreffenden Orten fortgeführt.«

142 *»bete« ... »arbeite«* – Anspielung auf das geflügelte Wort »Ora et labora« (Bete und arbeite), das mit Vorliebe als Gebäudeinschrift gewählt wurde.

Waisenhaus – Zweigeschossiger frühbarocker Backsteinbau, gestiftet 1665, 1671 abgebrannt und sofort wieder aufgebaut. Die rechte Hälfte des Gebäudes wurde 1944 zerstört.

Munifizenz – Freigebigkeit, Großzügigkeit.

Neubau – In den Anmerkungen zu W I[1], S. 460, schreibt Fontane: »*Die jetzige Kirche in Oranienburg*, die an Stelle der 1788 niedergebrannten aufgeführt wurde, ist ein sehr dürftiger Bau, was jeder begreifen wird, der erfährt, daß sie für 7500 Reichstaler gebaut wurde. Sie droht jetzt fast einzufallen. Vor einigen Jahren genehmigte Friedrich Wilhelm IV. einen Neubau und sprach den Wunsch aus, daß die neue Kirche nach dem Vorbild der Santa Saba in Rom (eine kleine Basilika) gebaut werden möge. [Sie entstand 1864 bis 1866.] Noch aber behilft man sich mit der alten Kirche; vielleicht fehlt es wieder an den Mitteln. An der Altarwand befindet sich eine ›Maria mit dem Kinde‹ von Bernhard Rode, wohlerhalten, aber eine sehr mittelmäßige Leistung.«

143 *Frontispice* – (franz.) Frontseite; hier: Vordergiebel.

Gemälde – In den Anmerkungen zu W I[1], S. 460, schreibt Fontane: »*Im Waisenhause* befindet sich, außer den im Text genannten Bildern, auch ein altes Portrait Friedrichs des Großen, als Bild völlig wertlos und nur dadurch interessant, daß der König ein Buch in Händen hält, auf dessen Rückseite ›Gellerts Fabeln‹ steht. Dies ist mutmaßlich eine Art Demonstration, und wir gehen wohl nicht fehl, wenn wir annehmen, daß das Bild von einem jener vaterländischen Künstler herrührt, die damals – namentlich in Gemeinschaft mit Männern der Wissenschaft – eine Reaktion gegen das Französische versuchten.«

Dido-Sage ... Kuhhaut – Nach der griechischen Sage floh Dido, die Tochter des Königs von Tyros (Syrien), nach der Ermordung ihres Gemahls zusammen mit ihren Gefährten nach Afrika. Hier gewährte ihr König Iarbas so viel Land, wie sie mit einer Rinderhaut bedecken könnte. Dido zerschnitt die Haut in dünne Streifen und umspannte damit ein Gebiet, auf dem sie die Burg Byrsa (das Fell) errichten ließ, an die sie dann die Stadt Karthago anschloß.

144 *um ein verständliches, anschauliches Bild zu geben* – In W I[1], S. 215, folgt der Zusatz: »Diese Skizze, deren Details mit Frontispice und Türmen ich weiter oben beschrieben habe, ist der einzige Anhaltepunkt, den wir für die damalige Form von Schloß Oranienburg haben, ein Anhaltepunkt, dessen Stichhaltigkeit allerdings ziemlich gerechtfertigten Bedenken unterliegt.«
Ballhorn, in seiner … »Geschichte Oranienburgs« – Vgl. das Verzeichnis der Literatur, S. 658.
Tableaux – Tableau: (franz.) Gemälde.
nicht mehr das Schloß, die Kirche, das Waisenhaus von damals – In W I[1], S. 216 f., heißt es im folgenden abweichend und ausführlicher: »und seit wir nunmehr (ich verweise auf die vorstehende Anmerkung [das ist die Fußnote auf S. 144]) aus der Lebensbeschreibung Augustin Terwestens mit Bestimmtheit wissen, daß das große, im Waisenhause aufbewahrte Bild nicht zwölf Jahre *vor* dem Tode Luise Henriettens, wohl aber fünfundzwanzig Jahre *nach* dem Tode derselben gemalt worden ist, so existiert, mit alleiniger Ausnahme eines angeblichen Portraits der Kurfürstin, das ebenfalls im Waisenhaussaale aufbewahrt wird, in Stadt und Schloß Oranienburg nichts mehr, was sich mit einiger Bestimmtheit auf die Epoche der Oranierin zurückführen ließe. Aber leider sind auch gegen die Echtheit dieses eben genannten Portraits begründete Zweifel zu erheben, begründet schon dadurch, daß dieses Brustbildnis nicht die geringste Ähnlichkeit mit jener wirklichen und historisch beglaubigten Luise Henriette zeigt, der wir auf dem Terwestenschen Bilde begegnen. Dies Brustbild (übrigens vortrefflich gemacht) ist sehr wahrscheinlich das Portrait einer ganz anderen fürstlichen Dame, und zwar, wenn mein Gedächtnis mich nicht täuscht, das Portrait der Königin Marie von England, der Gemahlin Wilhelms von Oranien, ältesten Tochter des vertriebenen Jacobs II. Es ist wahr, sie trägt einen *Orange*blütenzweig (ich bin nicht völlig sicher mehr, ob in *Haar* oder *Hand*), aber wenn dieser Schmuck überhaupt mehr als ein Zufall und wirklich, was noch dahinsteht, von sinnbildlicher Bedeutung ist, so konnte ihr diese Huldigung allenfalls ebensogut als *Gemahlin* des Oraniers wie als einer gebornen Prinzessin von Oranien dargebracht werden. Kein Kupferstich existiert, der uns diese oder auch nur verwandte Züge als das Bildnis Luise Henriettens überlieferte, und so war es in der Tat wohlgetan, daß unser Bildhauer Friedrich Wilhelm Wolff, als ihm der Auftrag wurde, das Standbild Luise Henriettens für die Stadt Oranienburg zu fertigen, an dem Reiz dieses Bildes (es ist ein sehr an-

sprechendes Gesicht) vorüberging und die Züge der Kurfürstin nach jenem minder reizvollen Kopf modellierte, dem wir auf dem großen Bilde Terwestens begegnen. Wolff, ein geborner Fehrbelliner und halb Nachbarskind von Oranienburg, unterzog sich der ihm gewordenen Aufgabe mit Liebe und Geschick, und seit dem Herbste 1858 erhebt sich auf dem Schloßplatz zu Oranienburg das überlebensgroße Erzbildnis der frommen Frau, die beide, Schloß wie Stadt, mit ihrem Namen und ihrer eignen Geschichte auf immer verwob. / ›Der hohen Wiederbegründerin dieser Stadt, Luise Henriette, Kurfürstin von Brandenburg, gebornen Prinzessin von Oranien, zum dauernden Gedächtnis die dankbare Bürgerschaft Oranienburgs‹, so lautet die Inschrift. Was sie schuf, es hat das Kleid gewechselt seitdem, aber die Dinge blieben, der Segen lebt fort und mit ihm der Name und das Gedächtnis der Gründerin.«

145 *Denkmal … aus dem Jahre 1858* – Es existiert noch.

Inschrift – Sie ist in Fontanes Notizbuch A 3, Blatt 23 (Rückseite), verzeichnet.

Schloß Köpenick – Vgl. »Spreeland«, Kap. »Schloß Köpenick«; Band 4 dieser Ausgabe.

Ausbau des Oranienburger Schlosses – Vgl. die erste Anm. zu S. 136.

holsteinsche Dorothea – Dorothea, geborene Prinzessin von Holstein-Glücksburg, die zweite Ehefrau (seit 1668) des Kurfürsten Friedrich Wilhelm von Brandenburg.

146 *Schloß zu Cölln* – Vgl. die vierte Anm. zu S. 49.

Frontalinschrift – Sie ist noch vorhanden.

147 *Orgel, Kanzel und königliche Loge … nach Französisch-Buchholz* – Die Kirche in (Französisch-)Buchholz wurde 1964 restauriert, und die drei morschen hölzernen Emporen, deren eine die Orgel trug, wurden entfernt. Von den von Fontane genannten Ausstattungsstücken ist in der Kirche nichts mehr erhalten.

148 *Jagdschloß … »Friedrichsthal«* – Es wurde in den siebziger Jahren des 19. Jahrhunderts abgerissen.

erzählt Pöllnitz – In seinen »Mémoires …«; vgl. das Verzeichnis der Literatur, S. 662.

Erbfolgevergleich … im Jahre 1442 – Im Vertrag von Wittstock (12. April 1442) wurden die Streitigkeiten zwischen den Herzögen von Mecklenburg und den Markgrafen bzw. Kurfürsten von Brandenburg, die seit dem Mittelalter die Lehnshoheit über Mecklenburg beanspruchten, beigelegt. Das brandenburgische Kurfürstenhaus erhielt lediglich die Zusicherung der Erbnachfolge für den Fall, daß der männliche Stamm des mecklenburgischen Fürstenhauses aussterben sollte.

149 *die Weiße Frau* – Vgl. die erste Anm. zu S. 75.

Soldatenkönig – Friedrich Wilhelm I., der Preußen in einen absolutistisch regierten Militär- und Beamtenstaat umwandelte, in dem die Armee der wichtigste Machtfaktor war.

150 *Prinz Heinrich erhielt Rheinsberg, Prinz Ferdinand das Palais und den Garten in Neuruppin* – Vgl. »Die Grafschaft Ruppin«, Kap. »Rheinsberg« und Kap. »Neuruppin«, Abschnitt 5/I; Band 1. dieser Ausgabe.

Prinz von Preußen – In Preußen Titel des präsumtiven Thronfolgers, sofern er nicht Sohn oder Enkel des Königs (d. h. Kronprinz) war.

Berichte von Bielefeld und … von Pöllnitz – In »Friedrich der Große und sein Hof …« (von Bielfeld) sowie in den »Mémoires …« (von Pöllnitz); vgl. das Verzeichnis der Literatur, S. 658 und 662. In den Anmerkungen zu W I^1, S. 458 ff., zitiert Fontane (neben einer Eloge des preußischen Generals Graf von Chazot) Auszüge aus Bielfelds Werk, die dem Prinzen August Wilhelm »eine lebhafte Phantasie, ein[en] richtige[n] Verstand, Neigung zum Guten, Heiterkeit, … ein seltenes Gedächtnis«, künstlerische Fähigkeiten sowie Gesinnungstreue zuschreiben.

151 *seine Gemahlin* – Luise Amalie.

Tabouret – (franz.) Niedriger Sessel ohne Lehne.

152 *König Dagobert* – Dagobert I., 628–638 König des Frankenreiches.

Liebhaber der Jungfrau Europa – Anspielung auf die griechische Sage, nach der Zeus in Gestalt eines zahmen Stiers die phönikische Königstochter Europe nach Kreta entführte, wo er mit ihr mehrere Kinder zeugte.

Corset – (franz.) Mieder.

153 *»La Mouche oder Die Abenteuer des Mr. Bigand«* – »La Mouche ou Les Aventures et espiègleries facétieuses de Bigand« (Paris 1736–1742; Das Schönheitspflästerchen [?] oder die Abenteuer und drolligen Schelmereien des Bigand) von Charles de Fieux, Chevalier de Mouhy. Bei dem vierbändigen Werk handelt es sich wahrscheinlich um einen seinerzeit beliebten Unterhaltungsroman.

Schlacht bei Hohenfriedberg – Bei Hohenfriedberg in Schlesien errang Friedrich II. am 4. Juni 1745 (während des Zweiten Schlesischen Krieges) einen Sieg über die Österreicher und Sachsen.

»die Geschichte seines Hauses« – »Memoiren zur Geschichte des Hauses Brandenburg« (1751).

154 *Unglückstag von Kolin* – Bei Kolin (Böhmen) erlitt das preußische Heer am 18. Juni 1757 (im Siebenjährigen Krieg) eine Niederlage gegen die Österreicher und Sachsen, die Friedrich II. zur Aufgabe der Belagerung von Prag und zum Rückzug aus Böhmen zwang.

Parolekreis – Zum Empfang von Befehlen (Parolen) in Kreisform aufgestellte militärische Formation.

Mitteilungen einer Dame, die noch den Hof des Prinzen Heinrich und diesen selbst gekannt hat – Gemeint ist wahrscheinlich die Gräfin Sophie von Schwerin, von der Fontane im August 1861 »schönen Stoff über die letzten zehn Jahre des Prinzen Heinrich« erhalten hatte, der vor allem in den Rheinsberg-Kapiteln der »Grafschaft Ruppin« Verwendung fand. (Vgl. »Zwischen Boberow-Wald und Huwenow-See oder Der Rheinsberger Hof von 1786 bis 1802« und die Anmerkungen dazu; Band 1 dieser Ausgabe.)

155 *Obelisk* – Das 1791 eingeweihte, mit (heute nicht mehr existierenden) Inschriften versehene Denkmal im Park von Rheinsberg war dem Prinzen August Wilhelm und den Heerführern des Siebenjährigen Krieges gewidmet. Vgl. »Die Grafschaft Ruppin«, Kap. »Rheinsberg«, Abschnitt 5; Band 1 dieser Ausgabe.

Ballhorn in seiner … »Geschichte« – »Geschichte der Stadt Oranienburg«; vgl. das Verzeichnis der Literatur, S. 658.

»August Gullielm …« – (lat.) »August Wilhelm, Prinz von Preußen, geboren am 9. Tag des Monats August im Jahre 1722. Gestorben am 12. Tag des Monats Juni im Jahre 1758.«

157 *seine Friedenskirche* – König Friedrich Wilhelm IV. wurde 1861 in der Friedenskirche im Park von Sanssouci in Potsdam beigesetzt, deren Bau (1845–1854) von ihm initiiert worden war.

ihnen gilt zum Schluß unser Besuch – Ein Verzeichnis der Oranienburger Schloßräume und ihres Inventars sowie eine mit Bildbeschreibungen versehene Aufzählung der Gemälde finden sich in Fontanes Notizbuch A 3, Blatt 18–24. Wie intensiv Fontane selbst an den Beschreibungen der Bilder gearbeitet hat, zeigt ein Vergleich zwischen der gedruckten Schilderung des Deckengemäldes mit den Aufzeichnungen im Notizbuch A 3, Blatt 18/19: »Das Mittelbild. Eine Fülle von Amoretten oder Genien, wieder mit blauweißen Teebüchsen; in der Mitte eine dicke Person (wie eine holländische Teeschenkerin, rot und grünen Gewandes) mit roten Rosen im Haar, die eine große Teebüchse (blau und weiß) mit der Linken ans Herz preßt, während sie mit der Rechten einen blauweißen Porzellan-Teetopf einer andern hochbusigen, rotgekleideten blonden Person entgegenreicht, die ihr nun ihrerseits einen Spiegel entgegenhält. Diese Person, durch die Schlange um den Arm als Hygaea charakterisiert, hält der Teefrau (der symbolischen Figur des Tees) den Spiegel entgegen, damit sie, die Teefrau, darin sich selber erkennt und sich schämt, wenn sie unecht, lügnerisch ist, d. h. falschen Tee präsentiert oder überhaupt eine Giftgöttin statt eine Teegöttin ist. Zwischen beiden Gestalten noch eine Riesen-Teebüchse; – außerdem an der Decke viel Goldornamentik, z. B. fliegende Adler etc.«

158 *Hosenbandorden* – Höchster englischer Orden; vgl. die Anm. zu S. 114.

160 *»Das Testament des Großen Kurfürsten ...«* – Schauspiel (1858) von Gustav Heinrich Gans, Edler Herr von und zu Putlitz (1821–1890), in dem die Differenzen zwischen Kurfürst Friedrich III., seiner zweiten Frau Sophie Charlotte und seiner Stiefmutter Dorothea von Holstein sowie deren Versöhnung im Jahre 1688 geschildert werden (vgl. »Spreeland«, Kap. »Schloß Köpenick«; Band 4 dieser Ausgabe). Fontane hat das Stück am 22. März 1871 sowie am 30. September 1884 im Königlichen Schauspielhaus in Berlin gesehen und die spätere Aufführung in der »Vossischen Zeitung« Nr. 461 vom 2. Oktober 1884 rezensiert.

Tegel

Nach Tegel reiste Fontane – begleitet von seinem »Tunnel«-Kollegen Werner Hahn, dem ehemaligen Redakteur der »Deutschen Reform« (vgl. S. 576) – am 21. April 1860. Schon im März dieses Jahres hatte er die Arbeit an dem Aufsatz aufgenommen, den er dann gleich nach der Reise fertigstellte und am 20. Mai zusammen mit drei anderen »auf unsre Mark Bezug habende[n] kleine[n] Arbeiten« an Hermann Hauff, den Redakteur des Cottaschen »Morgenblatts für gebildete Leser«, schickte. Hauff brachte den Vorabdruck – unter dem Sammeltitel »Bilder und Geschichten aus der Mark Brandenburg« – am 12. August 1860 im »Morgenblatt«, Jg. 54, Nr. 33, S. 769–775.

Zum erstenmal als Buchkapitel erschien »Tegel« in der Erstausgabe der »Wanderungen [Teil 1]« von 1862, zum erstenmal im »Havelland«-Band in der zweiten Auflage (1880).

Für die Arbeit am Tegel-Kapitel hat Fontane folgende Literatur benutzt (die vollständigen Angaben finden sich jeweils im Verzeichnis der Literatur; vgl. S. 658): Waagen, »Das Schloß Tegel und seine Kunstwerke«. – »Briefe von Alexander von *Humboldt* an Varnhagen von Ense …«. (In den Anmerkungen am Schluß von W I[1] gibt Fontane an, daß er einen Brief benutzt habe, in dem Alexander von Humboldt »über die Abstammung seiner Familie, die Erwerbung Tegels etc.« berichtet.) – Humboldt (Wilhelm von), »Sonette«. – Berghaus, »Landbuch der Mark Brandenburg …«. – Fidicin, »Die Territorien der Mark Brandenburg …« (Band »Niederbarnim«). – Raumer, »Europa vom Ende des Siebenjährigen bis zum Ende des Amerikanischen Krieges (1763–1783) …«. – »Mündliches« (laut Anmerkung am Schluß der Erstausgabe der »Wanderungen [Teil 1]« von 1862).

161 *Die Hoffnung …* – Schiller, »Hoffnung«, Strophe 2, Vers 1 (Anfang) und 4.
Etablissements von Egells und Borsig – Namhafte Maschinenbauanstalten vor dem Oranienburger Tor. Die 1837 von Johann Karl Friedrich August Borsig gegründete Fabrik in der Chausseestraße, in der seit 1841 Lokomotiven gebaut wurden, war das größte eisenverarbeitende Unternehmen Berlins.

163 *Sandwichs-Inseln* – Die Hawaii-Inselgruppe im nördlichen Stillen Ozean, die James Cook 1778 während seiner dritten Weltumsegelung (1776–1779) entdeckt und nach dem englischen Minister Lord Sandwich benannt hat.
Schloß Tegel – Schlichter dreigeschossiger klassizistischer Bau mit vier Ecktürmen; 1822–1824 von Karl Friedrich Schinkel aus einem ehemaligen Jagdschloß des Großen Kurfürsten für Wilhelm von Humboldt umgebaut. (Auch die Wohnräume wurden nach Schinkels Entwürfen ausgemalt.) Das Schlößchen Tegel blieb im zweiten Weltkrieg unversehrt und wurde in den fünfziger Jahren restauriert.
Hubertusburger Frieden – Der am 15. Februar 1763 auf dem sächsischen Jagdschloß Hubertusburg zwischen Preußen, Österreich und Sachsen abgeschlossene Friedensvertrag beendete den Siebenjährigen Krieg.

164 *In der Falkenberger Kirche … Erbbegräbnis* – Die von Fontane beschriebene Begräbnisstätte der Eltern von Alexander und Wilhelm von Humboldt wurde später in ein Grabgewölbe unter der Kirche umgewandelt. Diese Gruft mit den Särgen ist heute noch erhalten, obwohl die Kirche im zweiten Weltkrieg zerstört wurde. In der ehemaligen Leichenhalle (neben der Ruine), die jetzt als Kapelle dient, sind die Originaltafeln der alten Särge aufbewahrt. Vgl. auch »Spreeland«, Kap. »Falkenberg«; Band 4 dieser Ausgabe.

164 *1802 … Gesandter in Rom* – Wilhelm von Humboldt hatte 1801 das Amt eines preußischen Ministerresidenten in Rom übernommen, wo er bis 1808 blieb (seit 1806 als bevollmächtigter Minister).

zurückgezogen von Hof und Politik – Wilhelm von Humboldt war im Dezember 1819 wegen seiner Kritik an den Karlsbader Beschlüssen, die der Unterdrückung der bürgerlichen Opposition gegen die feudale Restaurationspolitik dienten und repressive Maßnahmen gegen alle demokratischen Kräfte einleiteten, aus dem preußischen Staatsministerium entlassen worden.

166 *der heilige Calixtus* – Calixtus I. (Callistus), 217–222 Bischof von Rom, der (im Gegensatz zur bisherigen Sitte) den Grundsatz vertrat, daß die Kirche jede Sünde vergeben könne. Sein Martyrium beruht auf einer Legende des 7. Jahrhunderts.

Sonette – Vgl. das Verzeichnis der Literatur, S. 660. Alexander von Humboldt nennt sie im Vorwort zu dieser Ausgabe von 1853 »kleine poetische Schöpfungen«, die »gleichsam die Selbstbiographie, die Charakterschilderung des teuren Bruders« enthielten.

Das Leben ist an Möglichkeit gebunden … des Wachens Wunden – Wilhelm von Humboldt, »Die Phantasie«, Strophe 1 f.

167 *Vielleicht geschieht's … schnell zu verhallen* – Einleitungssonett (ohne Überschrift) der Ausgabe von 1853, Strophe 2.

Konstantins-Schlacht … berühmtes Raffaelisches Bild – Das Freskogemälde im Vatikan von Rom, das die Schlacht zwischen dem (christenfreundlichen) römischen Kaiser Konstantin I. und seinem Widersacher Maxentius (312) darstellt, wurde erst nach Raffaels Tod (1520) von seinen Schülern vollendet.

»Life and Works« – (engl.) »Leben und Werke«, eine der zahlreichen Byron-Ausgaben des 19. Jahrhunderts.

168 *Adam Smiths »Wealth of Nations«* – »An Inquiry into the Nature and the Causes of the Wealth of Nations« (Eine Untersuchung über das Wesen und die Ursachen des Reichtums der Nationen). Das Standardwerk der klassischen englischen bürgerlichen politischen Ökonomie erschien 1776, in deutscher Übersetzung 1776–1778.

Loudons »Encyclopaedia of Gardening« – »Enzyklopädie der Gärtnerei«, ein Werk des schottischen Botanikers John Claudius Loudon (1783–1843).

Cooks Reisen um die Welt – Die Reisebeschreibung James Cooks erschien 1773–1785 in acht Bänden.

168 *Rahel* – Rahel Varnhagen von Ense.
Halbfranzbände – Halblederbände (nach französischer Art).
Bulwers »Eugen Aram« und »Rienzi« – »Eugene Aram« (1832) und »Rienzi, the Last of the Tribunes« (1835; Rienzi, der letzte Tribun), Romane des englischen Schriftstellers und Staatsmannes Edward George Bulwer, Baron Lytton.
Adelungs Wörterbuch – »Versuch eines vollständigen grammatisch-kritischen Wörterbuchs der hochdeutschen Mundart« (5 Bände; 1774–1786) von Johann Christoph Adelung. Wilhelm von Humboldt besaß vermutlich die zweite Auflage des bedeutenden lexikalischen und sprachhistorischen Nachschlagewerkes, die 1793 bis 1801 in vier Bänden erschienen war.
»Über die Kawi-Sprache …« … – Mit diesem postum veröffentlichten Werk (3 Bände, 1836–1840) sowie mit dessen vorab separat gedruckter Einleitung, »Über die Verschiedenheit des menschlichen Sprachbaues und ihren Einfluß auf die geistige Entwicklung des Menschengeschlechts« (1835), wirkte Wilhelm von Humboldt bahnbrechend auf dem Gebiet der vergleichenden Sprachforschung.
ägyptischer Feldzug – Gemeint ist die im Auftrag des großbürgerlichen französischen Direktoriums durchgeführte, mißglückte Ägyptenexpedition Napoleon Bonapartes (1798/99), durch die die britische Herrschaft im Orient, besonders in Indien, gebrochen werden sollte.
169 *Raub der Proserpina* – Persephone (römisch Proserpina), eine Tochter des Zeus und der Demeter, wurde nach der griechischen Sage von Hades in die Unterwelt entführt.
Palast Rondanini – In Rom.
Kopf des Jupiter Ammon – Der häufig mit einem Widderkopf dargestellte ägyptische Sonnengott Ammon (ursprünglich Gott von Theben), der der Sage nach in einer Oase der Libyschen Wüste weissagte, wurde von den Griechen mit dem allwissenden Zeus (Jupiter) identifiziert.
170 *auf dem Wiener Kongreß und später in Paris ihm geleistete Dienste* – Wilhelm von Humboldt wirkte, als zweiter Bevollmächtigter Preußens, auf dem Wiener Kongreß zur territorialen Neugliederung Europas (September 1814 bis Juni 1815; nach der Abdankung Napoleons I. im Frühjahr 1814) an der Wiederherstellung des 1809 von Napoleon aufgelösten Kirchenstaates mit und engagierte sich nach der endgültigen Niederlage des französischen Kaisers (1815) für die Rückgabe der nach Paris überführten vatikanischen Kunstschätze an Papst Pius VII.

170 *rosso antico* – (ital.) antiker Roter; dunkelroter Marmor mit schwarzen Flecken und Adern, in der Antike vornehmlich für dekorative Zwecke verwendet.
giallo antico – (ital.) antiker Gelber; gelber, auch rot geäderter Marmor, den die Römer verbauten.
Doppelkreuz ... Schlüssel Petri – Päpstliche Insignien. (Das Papstkreuz ist eigentlich kein Doppelkreuz, sondern hat drei, nach oben kürzer werdende Querbalken.)
»Pax« – (lat.) Frieden.

171 *Kardinal Consalvi* – Kardinalstaatssekretär Ercole Marchese Consalvi vertrat auf dem Wiener Kongreß 1814/15 die Interessen des Papstes.
Castel Gandolfo – Südöstlich von Rom gelegener Sommerpalast der Päpste (seit 1596).
P. P. – Pastor Pastorum: (lat.) Hirt der Hirten.
Statue der »Hoffnung« ... Lotosblume – Wahrscheinlich weist die ornamentale Verwendung der Lotosblume in diesem Zusammenhang auf ihre allegorische Bedeutung hin (Symbol für Schönheit, Reinheit, Sonne und ewiges Leben).
in. et del. – (Wahrscheinlich) invenit et delineavit: (lat.) erfunden und gezeichnet.
f. – fecit: (lat.) gemacht, angefertigt.
ihre vom Diomedes verwundete Hand – Nach der griechischen Sage verwundete der Kriegsheld Diomedes, Sohn des Tydeus und König von Argos, im Kampf um Troja der Göttin Aphrodite (Venus), die ihrem Sohn Aineias zu Hilfe gekommen war, mit der Lanze die Hand.

172 *Omphale* – In der griechischen Sage Königin von Lydien, bei der Herakles drei Jahre lang Sklavendienste verrichten mußte.
Hagen im Gespräch mit den Donaunixen – Episode aus dem »Nibelungenlied« (25. Âventiure, »Aufbruch und Donauübergang«, Vers 1535–1542), in der Donaunixen dem burgundischen Helden Hagen von Tronege (Tronje) die Vernichtung der Nibelungen während ihres Besuches an König Etzels Hof prophezeien.

173 *Rauchsche Friedrichs-Statue* – Gemeint ist das 1839–1851 von Christian Daniel Rauch geschaffene Reiterdenkmal Friedrichs II., das Unter den Linden in Berlin steht. Es zählt zu den besten Arbeiten des Bildhauers.
Menzelsche Hochkirch-Schlacht – Gemeint ist das Ölgemälde »Nächtliche Kampfszene bei Hochkirch 1758« (1856), das zu den berühmtesten Bildern Adolph Menzels gehört und sich im königlichen Schloß in Berlin befand. Hochkirch: Bei Hochkirch in Sachsen gelang den Österreichern im Siebenjährigen

Krieg (14. Oktober 1758) ein Überraschungsangriff auf die Preußen, die sich nach schweren Verlusten zurückziehen mußten.

174 *»Erde zu Erde.«* – Beim christlichen Begräbniszeremoniell verwendete Formel (nach dem Alten Testament, 1. Mose 3,19: »Im Schweiße deines Angesichts sollst du dein Brot essen, bis du wieder zu Erde werdest, davon du genommen bist. Denn du bist Erde und sollst zu Erde werden.«).

175 *wer unter ihnen schläft* – Gemeint ist Alexander von Humboldt, der erst elf Monate vor Fontanes Besuch in Tegel, am 16. Mai 1859, gestorben war.

feste Burgen – Anspielung auf das berühmte Luthersche Kirchenlied »Ein feste Burg ist unser Gott« (nach Psalm 46).

Die Seeschlacht in der Malche

Der Aufsatz, dessen Entstehungszeit nicht nachgewiesen werden kann, wurde am 19. Juni 1872 im »Wochenblatt der Johanniter-Ordens-Ballei Brandenburg«, Nr. 25, S. 147–150, vorabgedruckt und erschien im Oktober 1872 in der Erstausgabe des dritten »Wanderungen«-Bandes, »Ost-Havelland« (1873), zum erstenmal als Buchkapitel.

Ein vollständiges Brouillon des gesamten Kapitels, für das ursprünglich als Überschrift vorgesehen war: »Ein Wasser- und Landgefecht der Spandower Bürgerschaft im Jahre 1567«, befindet sich im Theodor-Fontane-Archiv.

Für die Arbeit an dem Feuilleton hat Fontane folgende Literatur benutzt (die vollständigen Angaben finden sich jeweils im Verzeichnis der Literatur; vgl. S. 658): Leuthinger, »Scriptorum de rebus Marchiae Brandenburgensis ...«. – Krüger, »Chronik der Stadt und Festung Spandau«.

176 *Of Nelson and the north ...* – (engl.) Von Nelson und dem Norden / Sing des herrlichen Tages Ruhm. – Thomas Campbell, »Battle of the Baltic« (Schlacht in der Ostsee), Strophe 1, Vers 1 f.

Die Mittelhavel ... – In W III[1], S. 129, lautet die ausführlichere Anfangspassage: »Die Mittelhavel, wie schon hervorgehoben, ist eine lange Kette von Buchten und Seen, die mit dem Tegelschen See beginnt und mit dem Plauenschen schließt. Am dichtesten gruppieren sie sich, diese großen havelgespeisten Wasserbecken, um Potsdam herum, wo wir mehr als einem Dutzend derselben begegnen, dem Wannsee, der Krampnitz und dem Schwielow, dem Glindower und dem

Plessowschen See, der Schlänitz, der Wublitz und vielen andren noch.«

176 *Eiswerder* – Ringförmiger Havelsee östlich von Spandau.
Zitadelle … Rundturm der Festung – Vgl. die zweite Anm. zu S. 7.
Jungfernheide – Waldgebiet im Zentrum des Tegeler Forstes (im Nordwesten Berlins); seinerzeit beliebtes Ausflugsziel. (Der sogenannte Saatwinkel befindet sich im äußersten Westen der Jungfernheide.)
Leuthinger in seiner Topographia marchica – »Scriptorum de rebus Marchiae Brandenburgensis …«; vgl. das Verzeichnis der Literatur, S. 661.
Trabanten – Soldaten der Leibgarde.

177 *Viertelmeister* – Aufseher über einzelne Stadtviertel oder Vorsteher der in Stadtvierteln zusammengefaßten Handwerkszünfte.
Berliner und Cöllner Bürger – Berlin und Cölln waren de jure bis 1709 selbständige Städte.

179 *do.* – dito (dasselbe, ebenso).
anschicken – Hier: einrichten, vorbereiten.

180 *ins Wasser gestoßen* – Gemäß den Regeln beim sogenannten Fischerstechen, einem damals weitverbreiteten Kampfspiel.
Sukkurs – Hilfe, Verstärkung.
Kämmereidorf – Zum städtischen Besitz gehörendes Dorf.

181 *Haselhorst* – Gebiet im Südwesten des Tegeler Forstes.

Das Belvedère im Schloßgarten zu Charlottenburg

Am 5. Mai 1872 schrieb Fontane an Hermann Kletke, den Chefredakteur der »Vossischen Zeitung«: »Sind Sie damit einverstanden, daß ich Ihnen, in Fortsetzung der im vorigen Jahre abgedruckten Arbeiten über Wust und die Kattes, Falkenrehde, Werder und die Werderschen wieder drei Kapitel schicke: 1. ›Das Belvedère bei Charlottenburg‹, 2. ›Die Pfaueninsel‹, 3. ›Trebbin‹ (als Geburtsort Wilhelm Hensels). / Als Honorar möcht ich mir 6 Rtl. pro Kolumne erbitten, was hoffentlich Ihre Zustimmung hat.« Am 8. Mai mahnte er die Antwort auf seine Anfrage an: »Der Druck des Buches (III. Band ‹Wanderungen›) soll nämlich in den nächsten Tagen schon beginnen, und ich muß eilen, die noch nicht erschienenen Kapitel vorher – oder doch während des Drucks – erscheinen zu lassen; der Ausfall ist sonst zu groß. Sie sind vielleicht vorläufig noch mit Stoff überbürdet; ein ›Nein‹ also kann mich nicht kränken. Ich möchte nur wissen, woran ich bin, auch hinsichtlich der Honorarfrage.« Kletke stimmte der Veröffentlichung der genannten Feuilletons zu, Fontane lieferte die Manuskripte Ende Mai ab, und am 16. Juni 1872 wurde der »Belvedère«-Aufsatz in der Sonntagsbeilage der »Vossischen Zeitung« (Nr. 24) vorabgedruckt.

Als Buchkapitel erschien »Das Belvedère ...« zum erstenmal in der Erstausgabe des dritten »Wanderungen«-Bandes, »Ost-Havelland« (1873), der im Oktober 1872 ausgeliefert wurde.

Für die Arbeit an dem Kapitel hat Fontane das Werk »Neure und neuste preußische Geschichte« von Friedrich Foerster benutzt (vgl. das Verzeichnis der Literatur, S. 659).

183 *Belvedère* – Das 1788 von Carl Gotthard Langhans dem Älteren errichtete Gebäude im Nordteil des (von André Le Nôtre angelegten) Charlottenburger Schloßparkes brannte 1944 aus und wurde 1957 wiederhergestellt.

Verschlossene Fenster ... – Die Verse stammen wahrscheinlich von Fontane.

Omnibus – Geräumiges, oft mit unbedeckten Obersitzen versehenes Pferdefuhrwerk zur Personenbeförderung.

Alpaka – Regenschirm, der mit einem speziellen Gewebe aus Alpaka-Wolle bezogen war.

das »Knie« – Bezeichnung für den Knick in der zum Charlottenburger Schloß führenden Berliner Straße, die sich an die durch den Tiergarten führende Charlottenburger Chaussee anschließt.

»Türkisches Zelt« – Beliebtes Lokal im alten Charlottenburg, wo die »Spitzen« der Gesellschaft »einen sehr untürkischen Kaffee aus einer abgestoßenen Tasse« tranken und, »mit einem in allen Regenbogenfarben schillernden, hier und da noch Eireste tragenden Neusilberlöffel umrührend, das Gefühl« hegten, »einen Feiertag gelebt zu haben (Fontane an Paul Lindau, 14. Juni 1872). Der Hauptsaal, in türkischer Manier dekoriert, gab dem Lokal den Namen.

Morelli – Kaffeehaus am Charlottenburger Schloßpark.

grüne Kuppel des Schlosses – Vgl. die dritte Anm. zu S. 101.

Gewehrpfosten – Wohl ein Schilderhaus.

184 *seine »Wiederhersteller«* – Tiberius Claudius Nero, römischer Kaiser von 14 bis 37, galt nach der Schilderung seiner Biographen Sueton und Tacitus als Tyrann und Heuchler, der jede Opposition mit Verbannung, Vermögensentzug oder Hinrichtung ahndete. Im 19. Jahrhundert versuchten mehrere Schriftsteller und Historiker, diese Beurteilung zu revidieren;

ihre Schriften, darunter eine namhafte Abhandlung von Adolf Stahr unter dem Titel »Tiberius« (zuerst erschienen in der vierteiligen Sammlung »Bilder aus dem Altertum«, 1863 bis 1867, dann 1873 gesondert), wurden zu Fontanes Zeit viel diskutiert.

184 *Mausoleum* – Das 1810 nach Plänen von Heinrich Gentz in dorischem Stil erbaute, 1843 erweiterte Mausoleum im Charlottenburger Schloßpark enthält die Grabstätten mehrerer Hohenzollern sowie die von Christian Daniel Rauch geschaffenen Marmorgrabdenkmäler der Königin Luise (1815) und Friedrich Wilhelms III. (1843).

Hellinge – Eine Gebäckart.

186 *Marmorpalais* – Gemeint ist das 1787–1791 von Karl von Gontard und Carl Gotthard Langhans dem Älteren errichtete zweigeschossige klassizistische Marmorpalais im Potsdamer Neuen Garten (vgl. die erste Anm. zu S. 285). Es hat an der Seeseite einen Säulenvorbau aus Marmor und auf dem Dach einen turmartigen Aufsatz (Belvedere) mit Stufenkuppel.

Tage der Lichtenau – Wilhelmine Encke, Tochter eines Musikers, 1782 der Form halber mit dem Kammerdiener Ri(e)tz verheiratet und 1795 zur Gräfin von Lichtenau erhoben, war eine der zahlreichen Mätressen Friedrich Wilhelms II.

Antonius und Kleopatra – Fontane verwendet die in der Literatur und darstellenden Kunst häufig kolportierte Liebesbeziehung zwischen dem römischen Feldherrn Marcus Antonius und der ägyptischen Königin Kleopatra, die beide eines gewaltsamen Todes starben und zusammen beigesetzt wurden (30 v. u. Z.), als Symbol für eine etwas anrüchige Liaison.

Die Einrichtung ... – Fontane hat sie in seinem Notizbuch A 17, Blatt 16 ff., vermerkt.

Boisierung – Holztäfelung.

Moiréstoff – Seidenstoff mit maser-, wellen- oder schlangenartigen Lichtreflexen.

187 *an anderer Stelle* – Vgl. S. 284 f. und S. 313 ff.

Bischofswerder – Vgl. S. 278–294. – Bei der Wiedergabe des (im »Havelland«-Band überaus häufig vorkommenden) Namens wurde von der für die vorliegende Edition getroffenen Regelung, Personennamen in der richtigen bzw. heute üblichen Schreibweise darzubieten (vgl. »Zu dieser Ausgabe«, S. 476), abgewichen: Fontane schreibt (in Anlehnung an seine literarischen Quellen) immer *Bischofswerder*; der Name lautet richtig: *Bischoffwerder*.

Marquardt – Vgl. S. 276–307.

188 *chef-d'œuvre* – (franz.) Meisterwerk.
roter Spandauer Turm – Gemeint ist der Julius-Turm; vgl. die zweite Anm. zu S. 7.

Die Havelschwäne

Der Aufsatz, dessen Entstehungszeit nicht nachgewiesen werden kann, wurde 1871 als dritter Teil einer vierteiligen Serie unter dem Sammeltitel »Havel und Haveldörfer« in der illustrierten Stuttgarter Wochenzeitschrift »Über Land und Meer«, Band 26, Jg. 13, Nr. 49, S. 14 f., vorabgedruckt. Ein Nachdruck erfolgte 1880 in der Berliner Heimatzeitschrift »Der Bär«, Jg. 6, S. 400 ff.

Als Buchkapitel erschienen »Die Havelschwäne« zum erstenmal in der Erstausgabe des dritten »Wanderungen«-Bandes, »Ost-Havelland« (1873), der im Oktober 1872 ausgeliefert wurde.

Für die Arbeit an dem Kapitel hat Fontane den Aufsatz von Louis Schneider über »Die Schwanenfütterung bei Potsdam« (vgl. das Verzeichnis der Literatur, S. 663) sowie (laut Anmerkung am Schluß von »Ost-Havelland«) »mündliche und briefliche Mitteilungen des Garnisonschullehrers Wagener in Potsdam« benutzt.

191 *Da geht's an ein Picken ...* – Goethe, »Lilis Park«, Vers 22 (zur Hälfte), 23–27.
Hier entstanden ... die alten Bistümer Brandenburg und Havelberg – Die im Jahre 948 im Zuge der deutschen Ostexpansion gegründeten Bistümer Brandenburg und Havelberg gehörten zu den ältesten in Deutschland.
Von Potsdam aus wurde Preußen aufgebaut – Potsdam, seit der Regierungszeit von Kurfürst Friedrich Wilhelm (1640 bis 1688) Residenz-, seit der von König Friedrich Wilhelm I. (1713–1740) auch Garnisonstadt, war das Zentrum des systematisch ausgebauten, absolutistisch regierten brandenburgisch-preußischen Militär- und Beamtenstaates. Auch die ökonomische Entwicklung des Landes ging von Potsdam aus: Sie wurde gefördert durch die 20 000 Hugenotten (zumeist Kaufleute und Handwerker), die sich, nach der Aufhebung des Ediktes von Nantes (18. Oktober 1685) in Frankreich Repressalien ausgesetzt, auf Grund des Potsdamer Ediktes vom 8. November 1685 in der Mark ansiedelten, sowie durch zahlreiche holländische Spezialisten (vgl. S. 453 und die zweite Anm. zu S. 107).
von Sanssouci aus durchleuchtet – Anspielung auf die philosophischen Ambitionen Friedrichs II., der sich als »aufgeklär-

ter Monarch« ausgab und sich selbst als den »Philosophen von Sanssouci« zu bezeichnen pflegte.

191 *Franzosenzeit* – Gemeint sind die Jahre von 1806 bis 1813, in denen große Teile der Mark Brandenburg von Napoleonischen Truppen besetzt waren.

192 *Glienicker Brücke* – Die Brücke, die die Berliner Vorstadt in Potsdam mit Berlin-Wannsee verbindet.

Regierungsbezirke … Kreise – Bis zum Ende des zweiten Weltkrieges Verwaltungseinheiten in Preußen. Die »Provinz Brandenburg« umfaßte die Regierungsbezirke Potsdam und Frankfurt/Oder; diese untergliederten sich in Kreise, z. B. Ost- und Westprignitz, Ost- und Westhavelland.

Pichelswerder – Eine Havel-Halbinsel in der Nähe von Pichelsdorf (südlich von Spandau).

»Depothof« – In der Berliner Vorstadt von Potsdam, am Südende des Tiefen Sees.

193 *cygnus* – (lat.) Schwan.

194 *Stadtschloß* – Das 1664–1670 an der Stelle einer alten Burg als Nebenresidenz des Kurfürsten Friedrich Wilhelm errichtete Potsdamer Stadtschloß war 1679–1682 nach Plänen von Johann Gregor Memhardt, M. M. Smidts und Johann Arnold Nering erweitert worden und hatte 1744–1752 durch Georg Wenzeslaus von Knobelsdorff seine endgültige Gestalt erhalten. Die barocke Schloßanlage, die auf dem Alten Markt stand, wurde 1945 zerstört, die Ruine 1959/60 abgetragen.

Lustgarten – Der im Zusammenhang mit dem Schloßneubau im 17. Jahrhundert nach dem Muster holländischer Gärten angelegte Lustgarten in Potsdam wurde unter Friedrich Wilhelm I. größtenteils in einen Exerzierplatz umgestaltet. Auf dem Gelände befinden sich heute ein Sportstadion, ein Hotel sowie zwei Fahrbahnen der Langen Brücke.

197 *Union* – Gemeint sind die Vereinigten Staaten von Amerika.

198 *Limfjord* – Dänische Meeresstraße, die das nördliche (Vendsyssel) vom eigentlichen Jütland trennt und die Nordsee mit dem Kattegat verbindet.

Die Pfaueninsel

Fontane hat den beliebten Ausflugsort des öfteren besucht, u. a. am 22. Juni und am 23. Juli 1861, Wann der Aufsatz entstanden ist, kann nicht nachgewiesen werden. Er gehörte zu den drei Arbeiten, die der Autor am 5. Mai 1872 Hermann Kletke anbot und Ende Mai desselben Jahres bei der »Vossischen Zeitung« ablieferte (vgl. S. 558). Der Vorabdruck erfolgte dort in den Sonntagsbeilagen vom 23. und 30. Juni 1872 (Nr. 25 und 26).

Als Buchkapitel erschien »Die Pfaueninsel« zum erstenmal in der Erstausgabe des dritten »Wanderungen«-Bandes, »Ost-Havelland« (1873), der im Oktober 1872 ausgeliefert wurde.

Aufzeichnungen vor allem über den Abschnitt 5 finden sich unter dem Stichwort »Bei Friedrichs« in Fontanes Notizbuch A 3, Blatt 58a–64.

Für die Arbeit an dem Kapitel hat Fontane folgende Literatur benutzt (die vollständigen Angaben finden sich jeweils im Verzeichnis der Literatur; vgl. S. 658): Kopisch, »Die königlichen Schlösser und Gärten zu Potsdam«. – Schneider, »Kunckel von Löwenstern ...«. – Horn, »Ein Stilleben in der Havel«. – »Mündlicher Vortrag L. Schneiders über das Gastspiel der Rachel auf der Pfaueninsel« (laut Anmerkung am Schluß von »Ost-Havelland«).

199 *Ende der neunziger Jahre* – des 18. Jahrhunderts.
Ende der neunziger Jahre war diese Havelinsel – In W III[1], S. 144, folgt der Zusatz: »(übrigens die größte, die die Havel besitzt)«.
unter den Joachims ... unter dem Großen Kurfürsten – In der Regierungszeit der brandenburgischen Kurfürsten Joachim I. Nestor (1499–1535), Joachim II. Hektor (1535–1571) und Friedrich Wilhelm (1640–1688).
Prospero-Zwischenspiel ... Caliban – Anspielung auf Shakespeares Komödie »Der Sturm«, in der Prospero, der seiner Herrschaft beraubte Herzog von Mailand, auf einer wüsten Zauberinsel haust, die er kultiviert. Dabei bedient er sich, dank seiner magischen Kräfte, der Hilfe des Luftgeistes Ariel sowie des »wilden und mißgestalteten Sklaven« Caliban, eines Hexensohnes.

200 *»He, holla, halt« ...* – Annette von Droste-Hülshoff, »Der Spiritus familiaris des Roßtäuschers«, Teil IV, Strophe 4, Vers 1 (zur Hälfte), 2 ff. Die Worte »wir kennen Euch« im Vers 1 hat Fontane hinzugefügt. Spiritus familiaris: (lat.) Hausgeist; nach der deutschen Volkssage ein in eine Flasche einge-

schlossener Geist, der seinem Besitzer Glück bringt (z. B. auf verborgene Schätze hinweist), ihn aber in die Hölle mitnimmt, wenn es diesem nicht gelingt, die Flasche vor seinem Tode wieder loszuwerden.

200 *Alräunchen* – Alraun: Wurzelstock von menschenähnlicher Form, der im Altertum als Zauberpflanze bekannt war und sich im Volksglauben als Zaubermittel erhalten hat.

Stein der Weisen – Bezeichnung für die von den Alchemisten gesuchte »Quinta essentia« (Quintessenz), die nach Paracelsus in allen Stoffen enthalten sei und mit deren Hilfe man angeblich unedle Metalle in edle (besonders in Gold) umwandeln und alle Krankheiten heilen könne.

Jalousie – (franz.) Eifersucht, Neid.

201 *Rubinglas* – Die Herstellung von rubinrotem Glas, das als sehr kostbar galt und, häufig in Gold gefaßt, zu Tafelgefäßen verarbeitet wurde, gelang Kunckel erstmals im Jahre 1679; es wird, nach seinem Erfinder, auch Kunckelglas genannt.

Guineasche Compagnie – Gemeint ist die 1682 gegründete Brandenburgisch-Afrikanische Compagnie, eine Überseehandels-Gesellschaft, die die ökonomische Ausbeutung der von Brandenburg erworbenen Kolonie an der Guineaküste in Westafrika (Groß-Friedrichsburg) betrieb. (Die Besitzung wurde bereits 1717 wieder aufgegeben und für 6000 Dukaten an die Holländisch-Westindische Kompanie verkauft.) Die Glaskorallen dienten dem betrügerischen Tauschhandel mit den Afrikanern.

202 *Mein Herr ist König ...* – Uhland, »Der Rosengarten«, Strophe 2, Vers 1 f.

203 *Marmorpalais* – Vgl. die erste Anm. zu S. 186.

Heiliger See – See im Nordosten von Potsdam, an dessen Westufer das Marmorpalais liegt.

Selim oder Mahmud – Gebräuchliche Namen türkischer Sultane.

Potsdamer Waisenhaus – Gemeint ist das 1722 von Friedrich Wilhelm I. gegründete Militärwaisenhaus, eine Erziehungsanstalt für Waisen- und Soldatenkinder.

Jagdschirm – Rotunde mit erhöhtem Boden und Überdachung. Bei Jagden dient sie dem Jäger als Versteck, aus dem heraus das Wild erlegt wird.

Lustschloß – Es wurde von dem Potsdamer Tischlermeister Brendel gebaut. Gegen Ende des 19. Jahrhunderts wurden die Holzwände durch Betonmauern ersetzt.

Gräfin Lichtenau – Vgl. die zweite Anm. zu S. 186.

203 *trotzdem Kopisch sie bezweifelt* – In »Die königlichen Schlösser und Gärten zu Potsdam«; vgl. das Verzeichnis der Literatur, S. 660.
Damen aus der Schule der Laïs – Soviel wie; Halbweltdamen. Laïs: Name von zwei berühmten griechischen Hetären aus dem 5. bzw. 4. Jahrhundert v. u. Z. Die Hetären (»Gefährtinnen«) waren, im Gegensatz zu den griechischen Ehefrauen, oft hoch gebildet.

204 *Katastrophe von 1806* – Am 14. Oktober 1806 wurde die preußische Armee in der Schlacht bei Jena und Auerstedt von den Truppen Napoleons I. vernichtend geschlagen. Die Niederlage hatte den Zusammenbruch des morschen absolutistischen Staatsapparates, eine panikartige Auflösung der Armee sowie die Besetzung des preußischen Territoriums durch die Franzosen zur Folge.
Paretz zu Anfang seiner Regierung – Vgl. S. 336–339.
Prinzregent – Gemeint ist Prinz Georg, der spätere englische König Georg IV. (seit 1820), der 1811 für seinen geistesgestörten Vater Georg III. die Regentschaft übernommen hatte.
Zentifolien, Noisetten – Rosenarten.

205 *Palmenhaus* – Das Palmenhaus, eine vielgerühmte Attraktion des biedermeierlichen Berlin, brannte 1880 ab.
Und Stille ... – Schiller, »Die Kraniche des Ibykus«, Strophe 18, Vers 2 f.
Dependenzien – Nebengebäude.
Rokokoschloß – Vgl. die sechste Anm. zu S. 203.
Charlottenhof – Eingeschossiger klassizistischer Bau im Park von Sanssouci; errichtet 1826–1829 nach einem Entwurf von Karl Friedrich Schinkel, 1965–1969 restauriert. Der *Park* Charlottenhof (mit dem Rosengarten), 1825 von Peter Joseph Lenné entworfen, in einigen Teilen von Schinkel korrigiert, wurde ebenfalls seit 1826 angelegt.

206 *Kaiser Nikolaus* – Der russische Zar Nikolaus I. war ein Schwager Friedrich Wilhelms IV.
Demoiselle Rachel – Gemeint ist die berühmte französische Schauspielerin Elisa Rachel Félix (1820–1858), Mitglied des Théâtre français, die sich besonders um die Wiederbelebung der klassischen französischen Tragödie verdient gemacht hatte.
Hofrat Schneider – Der Schriftsteller und Hofschauspieler Louis Schneider, nach 1848 Vorleser Friedrich Wilhelms IV., war ein Günstling von Zar Nikolaus I. (Vgl. »Von Zwanzig bis Dreißig«, Abschnitt »Der Tunnel über der Spree«, Kap. 6.) Über den Auftritt der Rachel auf der Pfaueninsel berichtet

Schneider ausführlich in seinen Memoiren »Aus meinem Leben« (Band 2, Berlin 1879).

206 *im Neuen Palais* – Das Neue Palais im Park von Sanssouci (vgl. die siebente Anm. zu S. 208) enthält auch ein Theater, das dem Knobelsdorffschen Theater im ehemaligen Stadtschloß nachgebildet ist. Heute finden dort ständig Schauspiel-, Opern- oder Konzertaufführungen des Potsdamer Hans-Otto-Theaters statt.

Bruder Raphael – Der französische Schauspieler Raphael Félix.

»jamais« – (franz.) »nie«.

Zuflüsterungen des »linken Reiters« – Anspielung auf Gottfried August Bürgers Ballade »Der wilde Jäger«, in der der »linke Reiter« das Böse verkörpert.

207 *Plénipotentiaire* – (franz.) Bevollmächtigter.

»Je jouerai« – (franz.) »Ich werde spielen.«

Alençons – Genähte Spitzen mit Streublumenmuster auf tüllartigem Grunde. Sie wurden zunächst in der französischen Stadt Alençon von venezianischen Stickerinnen hergestellt, die 1665 dorthin berufen worden waren, um die Spitzenindustrie in Frankreich einzuführen.

irischer Kragen – Kragen aus gehäkelter Spitze.

»Où jouerai je?« – (franz.) »Wo werde ich spielen?«

208 *»Athalie«* – Tragödie (1691) von Jean Racine (nach einem Thema aus dem Alten Testament).

Hoherpriester – Höchste jüdische Priesterwürde, die seit 500 v. u. Z. der Oberpriester des Jerusalemer Tempels innehatte (der auch die weltliche Regierungsgewalt über die Volksgemeinde beanspruchte).

Ce que tu m'as promis, songe à l'exécuter … – (franz.) Was du mir versprochen hast, denke daran, es auszuführen: / Dieses Kind, dieser Schatz, den man mir wiedergeben muß, / Wo sind sie?

»J'espère de vous voir …« – (franz.) »Ich hoffe Sie in Petersburg zu sehen.« – »Tausend Dank; aber … Eure Majestät …« – »Ich lade Sie ein, *ich*.«

Glienicke – Gemeint ist das 1820 im Auftrag des Prinzen Karl von Preußen von Karl Friedrich Schinkel entworfene, seit 1824 ausgeführte klassizistische Lustschloß in Klein Glienicke. Das Bauwerk, seit 1935 Eigentum der Stadt Berlin, wurde 1945 beschädigt und später wiederhergestellt.

Sanssouci – Vgl. die zweite Anm. zu S. 252.

Neues Palais – Zweieinhalbgeschossige spätbarocke Dreiflügelanlage mit kupfergedeckter Kuppel im Park von Potsdam-

Sanssouci; errichtet 1763–1769 unter Leitung von Johann Gottfried Büring, Heinrich Ludwig Manger und Karl von Gontard.

208 *Statuette der Künstlerin* – Von Bernhard Afinger, einem Schüler Rauchs.

»den 15. Juli 1852« – Nach Louis Schneider, »Aus meinem Leben« (Band 2, 1879), trat Rachel Félix am 13. Juli 1852 auf der Pfaueninsel auf.

209 *Herr Friedrich saß auf Sanssouci …* – Die Verse stammen wahrscheinlich von Fontane.

»Car tel est notre plaisir« – Eigentlich: »Car tel est notre bon plaisir«: (franz.) »Denn das ist Unser gnädiger Wille«; seit Franz I. Schlußformel der Verordnungen der französischen Könige.

Königstädtisches Theater – Beliebtes Volkstheater am Alexanderplatz in Berlin (1824–1851).

»o Straßburg« – Anspielung auf das seinerzeit populäre Lied »O Straßburg, o Straßburg, du wunderschöne Stadt«.

210 *Eroberung des Elsaß* – Anspielung auf die Annexion des Elsaß durch das Deutsche Reich im Jahre 1871 (nach dem Deutsch-Französischen Krieg).

211 *»L'État c'est moi«* – (franz.) »Der Staat bin ich«; Ausspruch des (absolutistisch regierenden) französischen Königs Ludwig XIV. (Louis-quatorze).

Die Kugel rollte … – Anspielung auf das Roulettespiel.

das Introduziertsein – das Eingeführtsein.

212 *Biscuit* – Biskuitporzellan: Unglasiertes Weichporzellan.

Sèvres – Die französische Stadt Sèvres (heute Vorort von Paris) besitzt seit Mitte des 18. Jahrhunderts eine berühmte staatliche Porzellanmanufaktur.

Vater Wrangel – Gemeint ist der preußische Generalfeldmarschall Friedrich Heinrich Ernst Graf von Wrangel, der im Herbst 1848 die konterrevolutionären Truppen befehligte, von denen Friedrich Wilhelm IV. die preußische Nationalversammlung auflösen ließ.

Minister von der Heydt – August Freiherr von der Heydt war seit 1862 preußischer Finanzminister.

Groß Glienicke

Der Aufsatz, dessen Entstehungszeit nicht nachgewiesen werden kann, wurde am 22. Mai 1872 im »Wochenblatt der Johanniter-Ordens-Ballei Brandenburg«, Nr. 21, S. 125, vorabgedruckt.

Als Buchkapitel erschien »Groß Glienicke« zum erstenmal in der Erstausgabe des dritten »Wanderungen«-Bandes, »Ost-Havelland« (1873), der im Oktober 1872 ausgeliefert wurde.

214 *In dunkler Gruft* … – Die Verse stammen wahrscheinlich von Fontane.
Klein Glienicke mit seinen Schlössern – Gemeint sind das Lustschloß (vgl. die fünfte Anm. zu S. 208) und das aus einem Jagdschloß des Kurfürsten Friedrich Wilhelm umgebaute Palais in Klein Glienicke, das während Fontanes »Wanderungen«-Zeit dem preußischen Prinzen Friedrich Karl gehörte.
Brücke – Vgl. die erste Anm. zu S. 192.
Kirche – Dorfkirche im Spätrenaissancestil (vollendet 1680) mit sehenswerter Stuckdecke. Der mit Ornamenten verzierte Altar wurde 1684 gestiftet. Die von Fontane erwähnten Epitaphe der beiden Hans Georg von Ribbeck (Vater und Sohn) sowie der Eva Katharina von Ribbeck (mit Büste) sind noch vorhanden. Die vor wenigen Jahren restaurierte Groß-Glienicker Kirche erhielt 1977 auch eine neue Orgel.
Schwedenzeit – Die Jahrzehnte um die Mitte des 17. Jahrhunderts, in denen Schweden, im Dreißigjährigen Krieg zur europäischen Großmacht geworden, die Vorherrschaft in Nordeuropa ausübte. Fontane meint wohl vor allem die Ereignisse des Holländischen Krieges (1672–1678/79), in dem die Schweden auf Veranlassung Ludwigs XIV. von Frankreich Teile Brandenburgs besetzten. Vgl. auch die vierte Anm. zu S. 8.
215 *Roquelaure* – (franz.) Überrock; Reisemantel.
Sparr-Denkmal in unsrer Berliner Marienkirche – Eine ausführliche Beschreibung des Sparrschen Erbbegräbnisses und des Grabdenkmals gibt Fontane in dem »Oderland«-Kapitel »Von Sparren-Land und Sparren-Glocken«, Abschnitt »Prenden«; vgl. Band 2 dieser Ausgabe, S. 465 (Fußnote).
216 *Donatoren* – Stifter.

Fahrland

Die Fahrlander Chronik

»Neue Wanderungen haben mich nach Uetz, Döb[e]ritz, vor allem nach Fahrland, dem Geburtsdorfe Schmidts von Werneuchen, geführt, und ich bin in der Lage, mich wieder mit meinem alten Liebling, an einigen Stellen auch mit seinen Versen, beschäftigen zu müssen«, schrieb Fontane am 18. August 1869 an den Schriftsteller und Historiker Otto Friedrich Gruppe, seinen Vorgänger im Amt des Ersten Sekretärs der Akademie der Künste in Berlin. »Hesekiel sagt mir, Sie, hochzuverehrender Herr Professor, wären glücklicher Besitzer der opera omnia [sämtlichen Werke] unsres märkischen Poeten, und so frage ich denn ganz ergebenst bei Ihnen an, ob Sie mir wohl auf einige Wochen das anvertrauen möchten, was Sie von ihm besitzen.« Ein Dreivierteljahr später, am 13. Mai 1870, teilte der Autor dann seiner Frau brieflich die Absicht mit, über Fahrland zu schreiben. Wann die beiden Aufsätze entstanden sind, ist allerdings nicht genau festzustellen. Ausgangspunkt war offenbar ein im »Evangelischen Verein« gehaltener Vortrag unter dem Titel »Pastor Moritz zu Fahrland. Ein märkisches Charakterbild«, der am 12. und 19. April 1871 im »Wochenblatt der Johanniter-Ordens-Ballei Brandenburg«, Nr. 15 und 16, S. 101–104 und 109 bis 112, veröffentlicht wurde und den ersten Vorabdruck darstellt; vgl. Band 6 dieser Ausgabe. Ein zweiter Vorabdruck erfolgte viereinhalb Jahre später in der gleichen Zeitschrift: in Nr. 44, 46 und 48 vom 3. und 17. November sowie vom 1. Dezember 1875, S. 249 ff., 255–258 und 280 ff. Er war gegenüber dem ersten Vorabdruck wesentlich verändert, vor allem aber erweitert, was bereits aus der Überschrift »Fahrland und die Fahrlander Chronik« ersichtlich wird.

Erstmals in der Buchausgabe erschienen die Kapitel »Fahrland« und »Die Fahrlander Chronik« dann in der zweiten Auflage des »Havelland«-Bandes (1880), und zwar wiederum stark überarbeitet.

Zwei Skizzen zu Nedlitz und Fahrland finden sich in Fontanes Notizbuch A 15, Blatt 66–67.

217 *Oh, wie warst du so schön ...* – Friedrich Wilhelm August Schmidt, »An das Dorf Fahrland«, Vers 80–83 (83 zur Hälfte).

Jahrhundertelang fuhr hier ein schlichter Kahn – Die Nedlitzer Fähre existierte schon im Mittelalter. Sie wird 1323 erstmals urkundlich erwähnt.

218 *imposante Bogenbrücke* – Seit 1682 befand sich an dieser Stelle eine hölzerne Zugbrücke, an der Brückengeld und Zoll kassiert wurden. Auch die unter der Brücke hindurchfahrenden Kähne mußten einen Zins bezahlen. Nach Fertigstellung der neuen Chaussee Potsdam–Nauen (1844) wurde auch eine massive Steinbrücke geplant und in den Jahren 1852–1854 nach einem Entwurf von Ludwig Persius errichtet. Diese Brücke, die sich in zwei großen Bogen über das Wasser zieht, wird heute noch benutzt.

liegende Gründe – Liegenschaften; Grundstücke.

218 *Brückenpalast* – Ein unmittelbar neben der Steinbrücke gelegenes dreistöckiges burgartiges, mit Zinnen versehenes Gebäude aus gelben Klinkersteinen, das gut erhalten ist und heute noch genutzt wird.

Königswall – Der Königswall, im Volksmund »Römerschanze« genannt, ist ein ovaler Ringwall, der zu den größten Wehranlagen aus frühgeschichtlicher Zeit im nördlichen Mitteleuropa gehört. Der jetzt von hohen Bäumen umgebene, mit Gesträuch bewachsene Wall ist noch verhältnismäßig gut erhalten. Man kann auch noch erkennen, wo sich die Eingänge in die Schutzwehr befanden. Der innere Durchmesser des Ringwalles beträgt in der Länge von Nord nach Süd 175 Meter, in der Breite etwa 125 Meter. Die legendenumwobene »Römerschanze« hat die Nachwelt immer wieder beschäftigt; aber erst die 1908 und 1911 bis 1913 durch Professor C. Schuchardt vom Museum für Völkerkunde in Berlin vorgenommenen Ausgrabungen führten zu wissenschaftlich fundierten Erkenntnissen. Es wurde festgestellt, daß der jetzt etwa 3 Meter hohe Wall der Überrest einer 6 Meter hohen und etwa 3,5 Meter starken Erdmauer ist, die an der Vorder- und Rückseite durch eine Wand aus Holzbohlen und Flechtwerk gestützt wurde. Die Tore waren besonders stark gesichert und lassen einen bereits hohen Grad der Befestigungskunst erkennen. Sie waren ähnlich wie die hallenartigen Tore der späteren Ritterburgen angelegt, in denen eindringende Angreifer von allen Seiten her beschossen werden konnten. Innerhalb des Ringwalles standen Häuser, deren Grundrisse anhand der Pfahllöcher festgestellt werden konnten. Rings um die von einem breiten Sumpfgürtel umgebene Befestigung befanden sich mehrere Meter tiefe und sehr breite Hindernisgräben. Die Burganlage war in der späten Bronze- und frühen Eisenzeit entstanden, besiedelt und dann im 9./10. Jahrhundert noch einmal von den Slawen instand gesetzt und benutzt worden, worauf das bisher bekannt gewordene Fundmaterial hindeutet. Man erreicht die »Römerschanze«, die zu den geschützten Bodendenkmalen gehört, über die durch Krampnitz am nördlichen Ufer des Lehnitzsees verlaufende Straße.

Jahrhundert ..., wo sich Christen- und Heidentum hier bekämpften – Vgl. S. 13–18 sowie die dritte Anm. zu S. 7 und die vierte Anm. zu S. 13.

219 *Blick von den Müggelbergen* – Vgl. »Spreeland«, Kap. »Die Müggelsberge«; Band 4 dieser Ausgabe.

Konjekturalhistorie – Auf Vermutungen beruhende Geschichtsschreibung.

219 *Kapellenberg bei Blankensee* – Vgl. »Spreeland«, Kap. »Blankensee«; Band 4 dieser Ausgabe.

220 *Drüben Fahrlands Turm* ... – Friedrich Wilhelm August Schmidt, »Der Sipunt bei Fahrland«, Strophe 14, Vers 1–4, und Strophe 13, Vers 5–8 (zusammengezogen; in dieser Reihenfolge). Die Verse 5–8 (der Strophe 13) lauten bei Schmidt: »Jene Fichten, wo, trotz härner Schleifen, / Unbesorgt die Sommerdrosseln pfeifen! / Die Wacholdersträuche, rings zerstreut, / Wo der Sonne Glut die Beeren bläut!«

Elsen – Erlen.

märkischer Poet par excellence – Friedrich Wilhelm August Schmidt, genannt Schmidt von Werneuchen.

»Sipunt« – »Der Sipunt ist ein wüstes, romantisches Tal beim Dorfe Fahrland, ohnweit Potsdam.« (Anmerkung Schmidts zum Titel seines Gedichts.) Er wird schon 1704 im Erbregister als Teil der Gemarkung Fahrland genannt.

221 *Wolfsschlucht* – Anspielung auf Carl Maria von Webers Oper »Der Freischütz«.

Wilder Jäger – Anführer der Wilden Jagd; vgl. die Anm. zu S. 36.

Wir sind da! ... – »Der Sipunt bei Fahrland«, Strophe 4, Vers 1–4, und Strophe 5, Vers 1–4 (zusammengezogen).

Amtshaus – Das zweistöckige, um 1700 errichtete ehemalige Amtshaus (vgl. S. 223) beherbergt heute den Kindergarten des Ortes.

222 *Cadet* – Hier: Der jüngere Sohn einer adeligen Familie.

seinen Auszug ... bekam – auf Lebenszeit festgesetzte Zuwendungen erhielt.

statu ecclesiastico – status ecclesiasticus: (lat.) kirchlicher Stand.

Domdechant – In Domkapiteln (vgl. die erste Anm. zu S. 107) der zweite oder, wenn kein Propst vorhanden ist, der erste kirchliche Würdenträger.

Lehngut – Vgl. die zweite Anm. zu S. 96.

alter Freiherrnstand des Königreichs Böhmen – Böhmen erhielt bereits 1085 und 1158, als erstes der Lehnshoheit des römisch-deutschen Kaisers unterstelltes Herzogtum, vorübergehend den Status eines Königreiches. 1212 bestätigte die Sizilische Goldene Bulle Kaiser Friedrichs II. die Erblichkeit der böhmischen Königswürde. Der böhmische Freiherrnstand (im Mittelalter noch der erste Stand des Adels nach den Fürsten) besaß zahlreiche Privilegien und genoß auch nach der Annullierung seiner Vorrechte durch den habsburgischen Kaiser Ferdinand I. (1547) noch großes Ansehen. Christoph von Stechow konnte nur deshalb böhmischer Freiherr werden, weil er Katholik war; denn die protestantische Opposition wurde seit dem gescheiterten antihabsburgischen Ständeaufstand von 1618 in Böhmen unterdrückt;

223 *Logament* – Logement: (franz.) Wohnung.

Kirche ... Grabsteine – Die Fahrlander Kirche ist wahrscheinlich im 13. Jahrhundert erbaut worden; 1554 und 1663 wurde sie erneuert, 1709 vollständig umgebaut (im Barockstil); 1740 erhielt sie einen neuen Turm und wurde seitdem mehrfach (1742, 1774, 1869, 1930/31 sowie seit 1977) renoviert. In die Außenwand der Kirche sind vier Grabsteine (sämtlich aus dem 18. Jahrhundert) eingelassen, darunter der von Fontane erwähnte für »Sophie Schmidtin«.

Pfarrhaus – Das alte Pfarrhaus, in dem Fontane zu Gast war, existiert nicht mehr. Ende des 19. Jahrhunderts wurde ein neues Pfarrhaus erbaut. Im Notizbuch A 15, Blatt 67, findet sich eine Skizze des alten Fahrlander Pfarrhauses.

224 *»Friede sei mit euch«* – Nach dem Neuen Testament, Lukas 24,36.

Ach, ich kenne dich noch ... – »An das Dorf Fahrland«, Vers 4 f., 7–11.

225 *»Fahrlander Chronik«* – Der Fahrlander Pfarrer Meyering, mit dem Fontane im August 1869 korrespondierte, hatte sie dem Autor für seine Arbeit zur Verfügung gestellt. Die Chronik ist noch vorhanden; sie wird im Archiv des Pfarrhauses aufbewahrt. Arno Schmidt, der die »Fahrlander Chronik« für seinen biographischen Versuch über »Fouqué und einige seiner Zeitgenossen« (Karlsruhe 1958, S. 32 f.) heranzog, hat als erster auf Auslassungen und mildernde Veränderungen Fontanes gegenüber dem Original hingewiesen.

226 *Und eintrug er ...* – Die Verse stammen wahrscheinlich von Fontane.

Kirchenbuchnotizen aus der Schwedenzeit – Vgl. Fontanes Korrespondenz mit dem Pfarrer Schinkel in Barsikow über das Gottberger Kirchenbuch; »Die Grafschaft Ruppin«, Abschnitt »Gottberg«, im Anhang von Band 1 dieser Ausgabe. Schwedenzeit: Vgl. die fünfte Anm. zu S. 214.

Quartband – Großes Buchformat, bei dem eine Seite dem achten Teil eines Druckbogens entspricht.

geistliche Frauen – Die Ehefrauen der Pfarrer.

227 *Filialen* – Gemeinden ohne eigenen Geistlichen, die von dem Pfarrer eines Nachbarortes kirchlich betreut werden.

alles tritt einem entgegen – Fontane benutzte für seine Arbeit mit Vorliebe alte Chroniken, weil in ihnen eine »Welt von

Stoff« stecke. (Vgl. seinen Brief an Paul Heyse vom 25. Juni 1885.)

227 *Coterie* – (franz.) Partei, geschlossene Gesellschaft; hier (abschätzig): Sippschaft.

228 *das neue Gesangbuch* – Im 17. und 18. Jahrhundert gab die wechselnde religiöse Zeitströmung vielfach Anlaß zur Einführung neuer evangelischer Gesangbücher, die die alten poesievollen Lieder des Lutherischen Gesangbuches von 1545 oft in geschmackloser, moralisierender Weise veränderten. 1783 wurde das im Geiste der Aufklärungstheologie zusammengestellte »Gesangbuch zum gottesdienstlichen Gebrauch in den königlich preußischen Landen« (1780) gegen den Widerstand zahlreicher Geistlicher durch königlichen Befehl eingeführt. Später mußte die Verfügung wieder aufgehoben werden.

Matrikel – Pfarrmatrikel: Verzeichnis der einer Pfarrstelle zugewiesenen Einkünfte.

229 *Cadettencorps* – Gemeint ist die militärisch organisierte Kadettenanstalt in Berlin, die den preußischen Offiziersnachwuchs ausbildete.

Kammer – Den fürstlichen Haushalt leitende Behörde; sie verwaltete ursprünglich den privaten Grundbesitz eines Landesherrn (die Kammergüter), später auch die staatlichen Finanzen.

Forst – Die staatliche Forstverwaltungsbehörde.

Woorte – Wörde: (Hier) Ackerland um das Haus.

Johanni – Johannistag: 24. Juni (ursprünglich ein Johannes dem Täufer gewidmeter kirchlicher Feiertag).

Michaeli – Michaelisfest: 29. September (dem Erzengel Michael gewidmeter kirchlicher Feiertag).

230 *Plantation* – (franz.) Anpflanzung.

à la main – (franz.) in der Hand.

sprach er vom Weinberge – »... Es wird in allen Gassen Wehklagen sein, und auf allen Straßen wird man sagen: ›Wehe, wehe!‹ Und man wird den Ackermann zum Trauern rufen und zum Wehklagen, wer die Totenklage erheben kann. / In allen Weinbergen wird Wehklagen sein; denn ich will unter euch fahren, spricht der Herr.« (Altes Testament, Amos 5,16 f.) Gemeint sein kann aber auch die Erzählung »Die Arbeiter im Weinberg« (Neues Testament, Matthäus 20,1–16), die von einem gerechten und »gütigen« Weinbergbesitzer handelt.

aus »Hiob« die Weberspule – »Meine Tage sind schneller dahingeflogen als ein Weberschiffchen und sind vergangen ohne Hoffnung. / Bedenke, daß mein Leben ein Hauch ist und meine Augen nicht wieder Gutes sehen werden. / Und kein lebendiges Auge wird mich mehr schauen; sehen deine Augen nach mir, so bin ich nicht mehr.« (Altes Testament, Hiob 7, 6 ff.)

230 *Freylinghausen ... hallisches Waisenhaus ... Lateinische Schule* – Das Waisenhaus (1695) und die Lateinische Schule gehörten zu den von dem pietistischen Theologen und Pädagogen August Hermann Francke begründeten sogenannten Franckeschen Stiftungen in Halle, die außerdem eine Buchdruckerei und verschiedene Schulen umfaßten, darunter das »Pädagogium«, eine Lehrerbildungsanstalt, die einen guten Ruf genoß. Nach Franckes Tod (1727) übernahm sein Schwiegersohn, der Theologe und Kirchenlieddichter Johann Anastasius Freylinghausen, die Direktion des Pädagogiums und des Waisenhauses.

231 *Selecta* – (lat.) Die auserwählte (Klasse); an manchen höheren Lehranstalten eine besondere Klasse, in der die besten Schüler der obersten Klasse zusammengefaßt wurden.

Universität zu Halle – Die 1694 gegründete Universität in Halle, das seit 1680 zu Brandenburg-Preußen gehörte, war im 18. Jahrhundert die wichtigste Ausbildungsstätte für die (oft mittellosen) preußischen Theologiestudenten. Hier wirkten so namhafte Aufklärer wie Christian Thomasius, Christian Wolff und Johann Salomo Semler; gleichzeitig war Halle jedoch eine Hochburg des Pietismus, jener protestantischen Bewegung, die sich anfangs gegen die dogmatisch erstarrte Orthodoxie richtete und für ein »tätiges« Christentum engagierte, später jedoch zu religiöser Schwärmerei, Bekehrungseifer und Wissenschaftsverachtung führte.

Ich informierte des Tisches wegen – Ich unterrichtete des (kostenlosen) Essens wegen.

ging ich in Condition – nahm ich einen Dienst an (mit gegenseitigen Verbindlichkeiten und Bedingungen).

Hofmeister – Privater Hauslehrer und Erzieher in begüterten Familien, ein Amt, für das u. a. junge Theologen bevorzugt wurden.

Ritterkollegium – Gemeint ist wohl eine Ritterakademie, eine der Standesschulen, auf denen im 17. und 18. Jahrhundert junge Adlige für den Hof- und Militärdienst an Fürstenhöfen vorbereitet wurden. Eine solche Ritterakademie für den märkischen Landadel bestand seit 1705 auf der Dominsel in Brandenburg.

Consistorii – Konsistorium: Oberste staatliche Behörde zur Verwaltung und Leitung der Kirche. Die Konsistorien wurden im 16. Jahrhundert von den Landesfürsten eingesetzt, an die nach der Reformation in den protestantischen deutschen Ländern die kirchliche Oberhoheit übergegangen war.

231 *Examinandus* – (lat.) Prüfling.

der lange Krieg – Der Siebenjährige Krieg.

232 *einen Expressen* – einen besonderen Boten (geschickt).

präkonisiert – ausgerufen.

233 *Ich ging nach Worms, wie Luther* – Die Anspielung auf Luthers Auftreten vor dem Reichstag zu Worms (1521), wo der Reformator (angeblich mit den Worten »Hier steh ich, ich kann nicht anders, Gott helfe mir! Amen!«) den Widerruf seiner Lehren ablehnte, woraufhin Kaiser Karl V. über ihn und seine Anhänger die Reichsacht verhängte, ist hier in übertragenem Sinne zu verstehen: Sie soll die Schwere des Ganges, den für Moritz' berufliche Laufbahn entscheidenden Aspekt der Predigt ausdrücken.

Vocation – Berufung.

das Gleichnis vom Samen – Vgl. Neues Testament, Lukas 8, 11–15.

234 *großer König* – Friedrich II.

Confituren – Zuckerwerk.

das Haus des von Fouqué in Brandenburg – Das Haus des preußischen Generals Heinrich August Freiherr de la Motte Fouqué, der 1774 in Brandenburg gestorben war, wo ihm Friedrich II. nach dem Siebenjährigen Krieg eine Präbende als Dompropst verliehen hatte. Das Gebäude steht noch; es ist die Propstei auf dem Burghof der Brandenburger Dominsel.

235 *»Unechte« (Illegitimi)* – Gemeint sind die nicht während der Ehe geborenen Kinder.

Eskadron – Schwadron.

berühmter Dichter – Leopold Friedrich Günther von Goekingk.

Sie marschieren … nach Westfalen – In Westfalen sammelte sich die 20 000 Mann starke preußische Armee, die König Friedrich Wilhelm II. unter dem Oberbefehl des Herzogs Karl Wilhelm Ferdinand von Braunschweig im September 1787 in die niederländischen Generalstaaten (Holland) einmarschieren ließ, um mit Waffengewalt die Wiedereinsetzung des von der republikanischen Partei der »Patrioten« gestürzten oranischen Erbstatthalters Wilhelm V. (seines Schwagers) durchzusetzen.

Louisdor – Dem französischen Louis d'or nachgeahmte Goldmünze von hohem Wert (fünf Goldtalern entsprechend).

Fräulein von Voß … Entfernung der Encken – Julie von Voß, Hofdame bei der Gemahlin Friedrichs II., wurde 1787 die Geliebte Friedrich Wilhelms II., der mit ihr im gleichen Jahr eine »Ehe zur linken Hand« einging und sie zur Gräfin Ingenheim ernannte. (Vgl. »Spreeland«, Kap. »Buch«, Abschnitt »Julie von Voß«; Band 4 dieser Ausgabe.) Gleichzeitig wurde Wilhelmine Encke (vgl. die zweite Anm. zu S. 186) aus ihrer Favoritinnenrolle verdrängt.

235 *Haus des Mylord Mareschal* – Gemeint ist das sogenannte Lordmarschallhaus am Ostende des Parks von Sanssouci, das Friedrich II. 1764–1766 für George Keith, Earl-Marishal of Scotland (genannt Lord Marshal), erbauen ließ, der (ebenso wie sein Bruder, der preußische Feldmarschall Jakob Keith) zum engsten Freundeskreis des Königs gehörte.

236 *nicht schämen darf* – nicht schämen muß.

etwas lästern als ... – etwas lästern wie ... (in der Art von ...).

»Du bist ein Samariter und hast den Teufel« – Anspielung auf Johannes 8,48 im Neuen Testament. Das palästinensische Volk der Samariter oder Samaritaner wurde im Altertum wegen seines abweichenden religiösen Kultes von den israelischen Juden angefeindet.

Gelobt sei Gott! Hosianna dem Sohne Davids – Anspielung auf Matthäus 21,9 im Neuen Testament.

ein barmherziger Samariter – Ein Mensch, der »Nächstenliebe« übt, d. h. seinen in Not geratenen Mitmenschen beisteht; nach dem Gleichnis vom barmherzigen Samariter im Neuen Testament (Lukas 10,25–37).

237 *Serenität* – Heiterkeit.

»sie säen nicht, sie ernten nicht« – Anspielung auf Matthäus 6,25 f. im Neuen Testament.

Sacrow

Sacrow war Fontane gut bekannt, denn er hatte den Ort des öfteren besucht. Seit 1870 lebte hier ein alter Bekannter aus den Tagen des Berliner »Platen-Vereins« (1840) und des »Tunnels über der Spree«: der Schriftsteller und Publizist Werner Hahn (1816–1890) – ehedem (1850) Redakteur der »Deutschen Reform« (1851–1853 als »Preußische [Adler-]Zeitung« weitergeführt) –, der Fontane auf einigen seiner märkischen Reisen begleitete.

Der Aufsatz über Sacrow ist offenbar nach 1870 entstanden und wurde am 25. Dezember 1875 unter dem Titel »Aus dem Tagebuch eines havelländischen Landgeistlichen« in der »Vossischen Zeitung« vorabgedruckt.

Als Buchkapitel erschien »Sacrow« zum erstenmal in der zweiten Auflage des »Havelland«-Bandes (1880).

Für die Arbeit an dem Kapitel hat Fontane die 1869 in den »Mitteilungen des Vereins für die Geschichte Potsdams« abgedruckte Abhandlung über »Sacrow« (vgl. das Verzeichnis der Literatur, S. 664) von dem Potsdamer Garnisonschullehrer Wagener benutzt, über den er später im »Schlußwort« zu den »Wanderungen« (1881; vgl. Band 4 dieser Ausgabe) schreibt: »Unter seinem im Anfange sowohl ihm wie mir unbewußt bleibenden Einflusse war es, daß ich mich aus der historischen Vortragsweise … in die genrehafte zurückfand und den ursprünglichen Plauderton in sein ihm zuständiges Recht wieder einsetzte. Die ganze Gruppe der Kapitel aus der Umgegend von Potsdam, also Bornstedt, Sacrow, Fahrland, Falkenrehde, Marquardt, Uetz und Paretz am Nordufer der Havel und ebenso Werder, Glindow, Petzow, Caputh etc. am Südrande hin, entstanden unter *seiner* Führung, und was von ernsten und heitren Geschichten unter all diesen Kapitelüberschriften enthalten ist, entnahm ich zu sehr wesentlichem Teile seinem immer frischen und anschaulichen, weil überall aus der Erlebnisfülle schöpfenden Unterwegs-Gespräche.«

239 *havelländischer Landgeistlicher* – Der Fahrlander Pfarrer Johann Andreas Moritz (vgl. S. 230–238), der die Sacrower Kirche als »Filiale« betreute.

Erröten ließ er die bescheidne Schande … – Annette von Droste-Hülshoff, »Der Prediger«, Strophe 9, Vers 4 ff.

Accessit – (lat.) Er hat sich (dem Ziel) genähert; Formel bei akademischen Preisverteilungen. Hier ist jedoch ein »Acceß« (eine Zulassung) gemeint.

ecclesia vagans – (lat.) Gastgemeinde; Filialkirche.

Independenz – Unabhängigkeit, Selbständigkeit. (Das heißt hier: Der Sacrower Gutsherr hatte das »Patronatsrecht«, bei der Wahl des »Filial«-Pfarrers mitzuentscheiden.)

Collation – Verleihung (eines Amtes).

Gnadenjahr – Das Jahr nach dem Tod eines Pfarrers, während dem nach den Satzungen der evangelischen Kirche die Einkünfte der erledigten Pfarrstelle dessen Witwe und Kindern zugute kamen.

240 *Pietist* – Hier (abschätzig): Frömmler. Vgl. die zweite Anm. zu S. 231.

Das Wort Schicksal, welches kein Hallenser verträgt – Vgl. die zweite Anm. zu S. 231.

p. trinitatis – post (festum) trinitatis: (lat.) nach dem Trinitatisfest (»Fest der heiligen Dreieinigkeit«, der Sonntag nach

Pfingsten). In der evangelischen Kirche werden die Sonntage nach dem Trinitatisfest bis zum ersten Advent als Trinitatissonntage gezählt.

Sonntagsepistel – Der am Altar verlesene, der Sonntagspredigt zugrunde liegende (vorgeschriebene) Text aus den im Neuen Testament enthaltenen Briefen der Apostel. Am 11. Sonntag nach Trinitatis ist das: 1. Korinther 15,1–10.

241 *sich ordinieren lassen* – sich in das Predigeramt einsetzen lassen.

nicht plus, sondern minus – nicht mehr, sondern weniger; hier soviel wie: keinen besseren Prediger, sondern einen schlechteren.

der irrende Ritter – Anspielung auf den umherziehenden Ritter Don Quixote im gleichnamigen Roman (1605/1615) von Miguel de Cervantes Saavedra. Der Theologe und Dichter Christian Wilhelm Kindleben wird als »irrender Ritter« bezeichnet, weil er ein verbummeltes, unstetes Leben geführt haben soll.

Cassation – Amtsentsetzung.

comme en négligé – (franz.) nachlässig gekleidet.

»Jesus, meine Zuversicht« – Evangelisches Kirchenlied (1653).

242 *König* – Friedrich II.

Zufälle – Anfälle.

air de grandesse – (franz.) Aussehen der vornehmen großen Dame.

1778 … zu Felde – Im Bayerischen Erbfolgekrieg, einer militärischen Auseinandersetzung zwischen Preußen und Österreich (1778/79), die durch den Versuch Josephs II. ausgelöst worden war, nach dem Aussterben der bayrischen Wittelsbacher einen Teil Bayerns zu annektieren. Der Konflikt wurde durch Vermittlung Frankreichs und Rußlands beigelegt (Friede von Teschen, 15. März 1779).

Freiregiment – Meist aus Freiwilligen bestehendes Regiment, das von einem durch den Kriegsherrn dazu ermächtigten Offizier nur für die Dauer eines Krieges oder eines Feldzugs aufgestellt wurde.

243 *Meublement* – Möbel, Haus- und Zimmergerät.

in statu quo – (lat.) in unverändertem Zustand.

Kirchenrechnung – Bilanz über die Verwaltung des (gemeindeeigenen) Kirchengutes.

avec pardon – (franz.) mit Verlaub.

Dès-lors règne la baronne – (franz.) Seitdem herrscht die Baronin.

243 *Monsieur le comte de Schmettau …* – (franz.) Der Herr Graf von Schmettau ist der Wirtschaftsbeistand und – im übrigen.

244 *das neue Gesangbuch* – Vgl. die erste Anm. zu S. 228.

Kolosser 3,16 – »Lasset das Wort Christi reichlich wohnen in euch: lehret und vermahnet euch selbst in aller Weisheit mit Psalmen und Lobgesängen und geistlichen Liedern und singet Gott dankbar in euren Herzen.«

Applikation – Hier: Nutzanwendung, Veranschaulichung der Epistel (vgl. die vierte Anm. zu S. 240) in der Predigt.

»Als König David …« – Unter der Regierung des Königs David, dem nach zahlreichen Kriegen die Vereinigung von Juda und Israel zu *einem* Königreich gelungen war, erfolgte eine schöpferische Entwicklung der altjüdischen Kultur.

dependieren – abhängen.

245 *Spalding, Teller, Dietrich … die drei Höllenbrände* – Die Oberkonsistorialräte Johann Joachim Spalding, Wilhelm Abraham Teller und Johann Samuel Dietrich gehörten der Berliner Gruppe der sogenannten Neologen an, die in der Aufklärungsphilosophie und -theologie des 18. Jahrhunderts eine gemäßigte Richtung vertraten. Sie bekämpften den kirchlichen Dogmatismus und die überlieferten Offenbarungslehren, hielten aber (im Gegensatz zu den Rationalisten; vgl. die zweite Anm. zu S. 323) am Begriff der Offenbarung fest, dem sie einen neuen, »vernünftigen« und »sittlichen« Inhalt zu geben suchten.

im März 1766, als Spaldings Name zum ersten Male am Galgen stand – Wahrscheinlich spielt Spalding auf diese Verleumdungskampagne gegen seine Person an, wenn er in seinen Memoiren (»Johann Joachim Spaldings Lebensbeschreibung, von ihm selbst aufgesetzt und herausgegeben mit einem Zusatze von dessen Sohne, Georg Ludewig Spalding«, Halle 1804, S. 81 f.) schreibt: »In dem folgenden Jahre nach dem Antritt meines hiesigen [Berliner] Amtes (1765) ward der neue Anhang zu dem Porstischen Gesangbuche: ›Lieder für den öffentlichen Gottesdienst‹, zur Einführung autorisiert. Man hat, auch in gedruckten Schriften, mir die sehr unverdiente Ehre, vielleicht auch hie und da vermeinte Unehre erwiesen, mir einen Anteil an dieser Sammlung, der mir nicht zukam, zuzuschreiben und diese bisweilen sogar nach meinem Namen zu benennen. Alles, was ich dabei tat, bestand darin, daß ich die bloß von den damaligen Predigern bei der Marienkirche … vollendete und mir mitgeteilte Arbeit dem Minister von Münchhausen, unserm Departementschef, bekannt machte, worauf dann, nach dem deshalb geschehenen gehörigen Antrage, der öffentliche Gebrauch bewilliget ward. Indessen bestanden doch, selbst bei unserer Nikolaikirche, drei von den Predigern auf dem verabredeten Entschluß, nie daraus singen zu lassen, und ebendas taten auch die Prediger der mehresten andern Kirchen.«

245 *Einsetzungsworte* – Worte, mit denen Jesus das heilige Abendmahl eingesetzt haben soll; Teil der Abendmahlsliturgie.

Porst – Gemeint ist das 1708 von dem Theologen Johann Porst veröffentlichte Gesangbuch, – das sich großer Beliebtheit erfreute.

246 *»Ach Gott im Himmel, sieh darein …«* – »Ach Gott, vom Himmel sieh darein und laß dich des erbarmen!«; evangelisches Kirchenlied (1524) von Martin Luther (nach einer Vorlage von 1410).

chef de parti – (franz.) Parteiführer.

247 *Sipunt* – Vgl. die vierte Anm. zu S. 220.

homme de fortune – (franz.) Mann des Glücks, Glückspilz.

reformiert – Der reformierten Kirche angehörend; vgl. die zweite Anm. zu S. 75.

Kommunion – Hier: Abendmahl.

Herr von H. – August Ferdinand von Haeseler.

Regiment Gensdarmes – Preußisches Kürassierregiment, das nach dem Vorbild der gleichnamigen Haustruppe der französischen Könige geschaffen worden war; es galt als »vornehme« Elitetruppe. 1807 wurde es bei der Reorganisation des preußischen Heeres aufgelöst.

sechster Sonntag Trinitatis – Vgl. die dritte Anm. zu S. 240.

248 *fragen dürfen* – fragen müssen.

unter der Kirche – während des Gottesdienstes.

Sexagesima – Der achte Sonntag vor Ostern.

cum uxore – (lat.) mit Gattin.

cum amasia – (lat.) mit der Geliebten.

kommunizieren – mitteilen.

d'un comte suédois – (franz.) eines schwedischen Grafen.

Las d'espérer … – (franz.) Überdrüssig zu hoffen und mich zu beklagen / Über die Mächte der Erde und des Schicksals, / Erwarte ich hier den Tod, / Ohne ihn zu wünschen, ohne ihn zu fürchten.

249 *cum annexis* – (lat.) mit Angehörigen.

Epistel – Vgl. die vierte Anm. zu S. 240.

Auch du, Sacrow, so klein du bist – Variation der Wendung: »Und du, Bethlehem Ephratha, die du klein bist unter den Städten in Juda …«; Altes Testament, Micha 5,1.

249 *König* – Friedrich Wilhelm II.
Roggenkranz – Nach Abschluß der Roggenernte für die Gutsarbeiter ausgerichtete Vergnügung (mit Tanz und freier Bewirtung), wobei dem Gutsherrn ein Roggenkranz (Erntekranz) übergeben wurde.
250 *invitieren* – einladen.
erster Epiphanias – Der erste Sonntag nach dem Epiphaniasfest (»Erscheinungsfest«, Fest der Heiligen Drei Könige; 6. Januar).
Sonntag Reminiscere – Der fünfte Sonntag vor Ostern.
haselieren – sich possenhaft benehmen.

Bornstedt

Fontane besuchte den Ort im Jahre 1869 oder 1870 – in Begleitung des Potsdamer Garnisonschullehrers Wagener (vgl. S. 577) –, und 1870 ist wohl auch der Aufsatz entstanden.

Der Vorabdruck erfolgte – als letzter Beitrag einer vierteiligen Aufsatzreihe unter dem Sammeltitel »Havel und Haveldörfer« – in der illustrierten Stuttgarter Wochenzeitschrift »Über Land und Meer«, Band 26, Jg. 13, 1871, Nr. 51, S. 15 ff. Der Überschrift »4. Bornstedt« folgte hier der Zusatz: »(Bei Sanssouci)«.

Als Buchkapitel erschien »Bornstedt« zum erstenmal in der Erstausgabe des dritten »Wanderungen«-Bandes, »Ost-Havelland« (1873), der im Oktober 1872 ausgeliefert wurde.

Für die Arbeit an dem Kapitel hat Fontane – außer mündlichen Mitteilungen des Lehrers Wagener – folgende Literatur benutzt (die vollständigen Angaben finden sich jeweils im Verzeichnis der Literatur; vgl. S. 658): König, »Leben und Taten des ... Freiherrn von Gundling«. – Schneider, »Ist Gundling in einem Weinfasse begraben?«.

252 *Nun weiß ich auf der Erde ...* – Wilhelm Waiblinger, »Der Kirchhof«, Strophe 3 (in der Bearbeitung von Eduard Mörike).
Sanssouci – Eingeschossiges Rokokoschloß mit elliptischem Kuppelbau in der Mitte der Gartenfront; errichtet 1745–1748 (im Auftrag Friedrichs II.) von Georg Wenzeslaus von Knobelsdorff.
neue Orangeriehäuser – Langgestrecktes Gewächshaus mit kurzen Flügelbauten (westlich von Schloß Sanssouci); errichtet 1851–1860 von Friedrich August Stüler nach Entwürfen von Ludwig Persius (in der Art italienischer Renaissancepaläste).

Die Orangerie beherbergt heute das Brandenburgische Landeshauptarchiv.

252 *pittoreske Kirche ... Campanile* – Die von Friedrich Wilhelm IV. gestiftete Bornstedter Kirche wurde 1855/56 nach einem Entwurf von Friedrich August Stüler in der Art einer frühchristlichen Basilika mit frei stehendem, durch einen Säulengang mit dem Kirchenschiff verbundenen Glockenturm (Campanile) erbaut. Der Teil des Kirchenraums, in dem sich heute der Altar befindet, wurde auf Veranlassung des Kronprinzen Friedrich Wilhelm, des späteren Kaisers Friedrich III., angebaut.

253 *coupiertes Terrain* – Von Gräben, Hecken usw. durchschnittenes Gelände.

Porzellantürme Chinas – Gemeint ist wohl speziell der 1853 zerstörte, 84 Meter hohe, neunstöckige, achteckige, mit Porzellan überkleidete und mit zahllosen Glocken und Lampen behangene Turm in Nanking.

faute de mieux – (franz.) in Ermangelung eines Besseren.

Kirchhof – Der berühmte Bornstedter Friedhof, auf dem zahlreiche Persönlichkeiten aus der brandenburgisch-preußischen Geschichte sowie aus der Kultur- und Kunstgeschichte (auch aus neuerer Zeit) begraben liegen, ist gut erhalten. Die gußeiserne Grabtafel für den Maler Samuel Rösel ist noch vorhanden, ebenso der von einer gewaltigen Ulme zum großen Teil überwachsene, mit einem Totenschädel geschmückte Grabstein des Potsdamer Kaufmanns Heinrich Wilhelm Wagenführer sowie die erwähnten Requisiten auf dem Selloschen Teil des Friedhofs: der Friedensengel (auf dem Grab von Illaire) und das Marmorkreuz (auf dem Grab von Lenné).

254 *Dependenzien* – Nebengebäude.

reponiert – in die ursprüngliche Lage gebracht; hier: abgedankt.

256 *Dornenantlitz ... auf dem Schweißtuche der heiligen Veronika* – Nach der christlichen Legende reichte die heilige Veronika dem von Schweiß und Blut überströmten Jesus auf seinem Gang zur Hinrichtung ein dreifach gefaltetes Tuch zum Abtrocknen, worin sich dreifach sein Gesicht abgedrückt habe. Die Abdrücke sollen nach Jerusalem, Rom und nach Spanien (oder Frankreich) gekommen sein.

Satyrspiel – Possenspiel; Schlußstück der altgriechischen tragischen Trilogie (drei Tragödien), in dem der Chor im Gewand der halbtierischen Satyrn auftrat und Motive der vorangegangenen Tragödien scherzhaft variierte.

256 *Grabdenkmal des … von Gundling … Epitaphium* – Der Grabstein mit dem Epitaph für Jakob Paul von Gundling befindet sich nicht neben dem Altar der Bornstedter Kirche, sondern links neben dem Friedhofsseiteneingang.
ein zeitgenössischer Bericht – König, »Leben und Taten des … Freiherrn von Gundling«; vgl. das Verzeichnis der Literatur, S. 660.
257 *Guéridon* – (franz.) Leuchtergestell, Kerzenhalter.
Parentation – Leichenrede.
259 *… wie ein errichtetes Denkmal* – In W III[1], S. 255, folgt der Zusatz: »Er zählt über 130 Jahre.«
Oger – Legendärer menschenfressender Riese.

Wer war er?

Die im »Bornstedt«-Aufsatz von Fontane gestellte Frage »Wer war er?« fand eine unerwartete Resonanz. Sie löste eine Flut von Zuschriften »aus aller Welt« aus, die zahlreiche Informationen über den Fontane bislang unbekannten Maler Rösel zutage förderten, die der Autor, nun neugierig gemacht, durch persönliche Recherchen zu vervollständigen suchte. Die meisten Röseliana stellte ihm die Geheimrätin Zimmermann zur Verfügung (vgl. S. 265 und die Fußnote dazu).

Als Fontane zu Beginn des Jahres 1880 das Manuskript für die zweite Auflage des »Havelland«-Bandes vorbereitete, verarbeitete er das angesammelte umfangreiche Material zu einem neuen Kapitel, mit dem er das im Frühsommer 1880 erscheinende Buch bereicherte. Nicht alles konnte dabei berücksichtigt werden – sei es aus Qualitätsgründen oder weil es zu spät eintraf. Im Brief an Wilhelm Hertz vom 25. Mai 1880 heißt es dazu: »Besten Dank für die Röseliana. Hätt ich sie zwei Monate früher gehabt, hätt ich ein paar Zeilen davon, und namentlich Ihre freundliche Briefmitteilung über Zündhölzchen und Bratenschüssel (beides echt Röselsch), benutzen können. Nun bleibt es für eine neue Auflage, von der es zweifelhaft, ob ich sie noch erlebe. ›Das Heute und Gestern / Sind freundliche Schwestern‹ ist hübsch, sinnig, wohlklingend, ebenso kann das ›Der letzte vom Stamm der Rosen, / Der nicht hochstämmigen, doch dornenlosen‹ als kleine, liebenswürdige Niedlichkeit gelten – im ganzen aber hat mich der Einblick in die Massen-Röseliana, die mir vorlagen, doch traurig gestimmt, vielleicht weil ich selbst so viel Derartiges gemacht habe, und, wie ich leider, ohne jede falsche Bescheidenheit, hinzusetzen muß, *nicht* besser. Es ist so recht eine Beschäftigung für Kinder, Pucklige und ›immer Ausgebetene‹ (Bratenbarden); wer in der Kunst nicht das Höchste leistet, bleibt besser davon und klebt Tüten. Was ich beiläufig auch jahrelang getan habe.«

260 *»Oh, mein lieber Herr F. ...«* – Der Brieftext war bereits in W III[1], S. 250 f., als Fußnote abgedruckt. Fontane hatte ihm dort die Bemerkung vorangestellt: »Dies einfache ›Wer war er?‹ hat mir eine Reprimande ›von jenseit des großen Wassers‹ zugezogen, die zu eigentümlich ist, als daß ich sie dem Leser vorenthalten sollte. Dies Bornstedt-Kapitel war vor seinem Erscheinen in diesem Buch in ›Über Land und Meer‹ abgedruckt und die betreffende Nummer auch in Quincy am Mississippi, Illinois, gelesen worden; wie es scheint, auch von einem Rösel-Freund. Dieser schrieb unterm 17. Oktober 1871 (Poststempel St. Louis, 21. Oktober): ›Oh, mein lieber Herr F. ...‹« Im Anschluß an das Zitat schrieb Fontane: »Es ist traurig; aber ich kenne den Professor Rösel (der gewiß ein vortrefflicher Herr war) immer noch nicht.«

Ihre im letzten Kriege bewiesene Vaterlandsliebe – Anspielung auf Fontanes Gefangenschaft in Frankreich (1870) bzw. auf deren Beschreibung im Erlebnisbuch »Kriegsgefangen«, das Anfang 1871 erschienen war.

»National-Zeitung« – 1848 gegründete nationalliberale Berliner Tageszeitung.

261 *Zelter ... in dem ... an Goethe berichtenden Briefe* – Vom 15. November 1804.

zwei seiner anmutigen kleinen Gedichte – Beide Gedichte tragen die Überschrift »An Samuel Rösel«; das eine entstand am 4. November 1828, das andere am 25. Januar 1829.

zu dessen Geburtstage wiederholt mit sinnigen Zeichnungen ... beschenkt – In den Jahren 1825–1827.

Rösels Pinsel ... – Goethe schrieb die Verse (ohne Überschrift!) am 30. August 1827 nieder und schickte sie am 1. September an Rösel.

Näheres über die Beziehungen Rösels zu Goethe – Im »Jahrbuch für brandenburgische Landesgeschichte«, Jg. 1954, S. 68 ff., veröffentlichte Hermann Kügler einen Aufsatz darüber.

vortreffliche Ausgabe Goethes – Gemeint ist die von Gustav von Loeper, Friedrich Strehlke und Woldemar Freiherr von Biedermann besorgte, mit Lesarten und Erläuterungen versehene Edition »Goethes Werke. Nach den vorzüglichsten Quellen revidierte Ausgabe«, die 36 Bände umfaßt und 1867 bis

1879 im Verlag von Gustav Hempel in Berlin im Rahmen der »Nationalbibliothek sämtlicher deutscher Klassiker« (Hempels Klassiker-Ausgaben) erschien.

262 *nach Charlottenhof* – Friedrich Wilhelm IV. bewohnte das Schloß Charlottenhof (vgl. die fünfte Anm. zu S. 205) während seiner Kronprinzenzeit.

Königin – Elisabeth, geborene Prinzessin von Bayern, seit 1823 Gemahlin Friedrich Wilhelms IV.

263 *Krügersches Huldigungsbild* – »Huldigung der Stände vor Friedrich Wilhelm IV. zu Berlin, 15. Oktober 1840« (1843), Gemälde von Franz Krüger, auf dem zahlreiche zeitgenössische Berliner Persönlichkeiten mit großer Porträtähnlichkeit dargestellt sind.

Kupferstichcabinet – Das Kupferstichkabinett, ursprünglich dem (kriegszerstörten, noch nicht wiederaufgebauten) Neuen Museum in Berlin zugehörig, befindet sich heute am Matthäikirchplatz im Bezirk Tiergarten. Es beherbergt neben zahlreichen Zeichnungen alter Meister und illustrierten Büchern etwa 120 000 Blätter europäischer Druckgraphik.

»Düppel-Brigade« – Die Truppen, die im preußisch-österreichischen Krieg gegen Dänemark am 18. April 1864 die Düppeler Schanzen, die stärkste dänische Befestigungsanlage, erstürmten.

die auf Alsen landeten – Die Eroberung der von den Dänen besetzten Insel Alsen im Kleinen Belt durch die Preußen erfolgte (auf Booten) am 29. Juni 1864.

»Übergang nach Alsen« – Das Gemälde entstand zwischen 1864 und 1866.

Während meines Militärjahres ... – Fontane absolvierte seinen einjährigen Pflichtmilitärdienst von Ostern 1844 bis Ostern 1845 im Kaiser-Franz-Regiment in Berlin. Vgl. »Von Zwanzig bis Dreißig«, Abschnitt »Bei ›Kaiser Franz‹«.

z. D. – zur Disposition: zu künftiger Verfügung, d. h. einstweilen unbeschäftigt.

264 *Bei meinem Großvater Feilner ...* – Im (1829 von Schinkel entworfenen) Haus des seinerzeit namhaften Berliner Porzellankachel-Fabrikanten Feilner verkehrten viele Künstler.

pompejanische Scherben – Aus den Trümmern der im Jahre 79 durch einen Vesuv-Ausbruch verschütteten, seit der ersten Hälfte des 18. Jahrhunderts wieder ausgegrabenen hellenistisch-römischen Stadt Pompeji (Unteritalien) geborgene Fundstücke.

265 *H. W.* – Der Musikdirektor und Publizist Hermann Wichmann, der lange Zeit in Rom lebte; er war mit Fontane durch

die gemeinsame Mitgliedschaft im literarischen Verein »Der Tunnel über der Spree« bekannt.

265 *embarras de richesse* – (franz.) Verlegenheit aus Überfülle.

266 *heiliger Benedikt … Kloster auf Monte Cassino* – Vgl. die erste Anm. zu S. 38.

»Mittelort« …, in welchem Martin Luther … die gräflich Mansfeldsche Familie zur Eintracht ermahnte – Das alte anhaltische Grafengeschlecht der Mansfeld hatte sich seit 1475 in eine »vorderortische«, eine »hinterortische« und eine »mittelortische« Linie gespalten (so benannt nach den von den einzelnen Familienzweigen bewohnten Abteilungen des Stammschlosses zu Mansfeld). Luther fungierte mehrere Male als Schiedsrichter bei den Mansfeldschen Familienzwistigkeiten (so auch in seinem Todesjahr 1546), weil er sich dem Grafen Albrecht III., einem eifrigen Anhänger der Reformation, verpflichtet fühlte.

268 *Duodezformat* – Altes (kleines) Buchformat, bei dem der Bogen in 12 Blätter gebrochen wurde, also 24 Seiten hatte.

Sonntag Rogate – Der fünfte Sonntag nach Ostern.

Sonntag Quasimodo – Quasimodogeniti: Der erste Sonntag nach Ostern.

quasi modo – (lat.) gleichsam jetzt.

»Ruhe ist die erste Bürgerpflicht« – Sprichwörtlich gewordene Parole nach dem Aufruf, den Friedrich Wilhelm Graf von der Schulenburg-Kehnert als Gouverneur von Berlin nach der preußischen Niederlage in der Schlacht bei Jena und Auerstedt (14. Oktober 1806) durch öffentliche Aushänge in der preußischen Hauptstadt bekanntmachen ließ: »Der König hat eine Bataille verloren. Jetzt ist Ruhe die erste Bürgerpflicht.« (Willibald Alexis wählte die Sentenz als Titel für seinen 1852 erschienenen historischen Roman.)

269 *modest* – mäßig, bescheiden.

jugendlicher Autor – Wahrscheinlich Heinrich von Kleist.

270 *Äskulap-Tempel in Pompeji* – Er gehört wahrscheinlich zu den Bauwerken, deren Überreste in der erfolgreichen Ausgrabungsperiode von 1763 bis 1775 zutage gefördert wurden.

heiliger Stephanus, der erste Märtyrer – Stephanus, nach dem Neuen Testament, Apostelgeschichte 6 f., einer von den sieben Armenpflegern der Jerusalemer Urchristengemeinde, soll durch sein mutiges Auftreten die Verfolgung der griechischen Gemeindemitglieder ausgelöst haben und dabei selbst gesteinigt worden sein.

»la Société du mercredi« – (franz.) »Mittwochsgesellschaft«.

271 *meine teure Fanny* – Vgl. die Fußnote auf S. 265.

271 *Am Sankt-Johannis-Tage gehöre ich dem Orden an* – Rösel war Mitglied des in »Logen« bzw. »Johannislogen« (nach Johannes dem Täufer) organisierten Freimaurerordens, der den politischen und philanthropischen Zielen der Aufklärung verpflichtet war. Offenbar gehörte er der (1752 gestifteten) »Großen Loge von Preußen Royal York zur Freundschaft« an, die ihren Sitz in der Dorotheenstraße 27 hatte. – Am Gedenktag für Johannes den Täufer (Johannistag; 24. Juni) veranstalteten die Freimaurer sogenannte Festlogen.

Methusalem oder Methusalah – Nach dem Alten Testament einer der Urväter des Menschengeschlechts, der ein (sprichwörtlich gewordenes) Alter von 969 Jahren erreichte; vgl. 1. Mose 5,25 ff.

272 *»Briefe eines Verstorbenen«* – Reiseliterarisches Werk von Hermann Fürst von Pückler-Muskau, das 1830–1832 in vier Bänden erschienen war und großes Aufsehen erregt hatte.

Millionteilchen – Ironische Anspielung auf die homöopathische Behandlungsmethode, die Kranke mit kleinsten Mengen desselben Mittels zu heilen versucht, das in größeren Mengen ein der Krankheit ähnliches Bild erzeugt. Die Wirkstoffe werden in Verdünnungen im Verhältnis 1 : 10, 1: 100, 1 : 1000 usw. verabreicht.

273 *Die kleinen Diebe henkt man …* – Altes, bereits im Mittelalter vielfach variiertes und zitiertes Sprichwort.

A-Grippa – Wortspiel mit Agrippa (römischer Feldherr und Staatsmann des 1. Jahrhunderts) und Grippe.

»Die Welt ist so leer …« – Zitat aus Goethes Roman »Wilhelm Meisters Lehrjahre«, Siebentes Buch, Kap. 5. (Statt »Paradiesgärtlein« heißt es bei Goethe: »Garten«.)

König – Friedrich Wilhelm III.

im arnsbergschen Regierungsbezirk … Burg Karls des Großen – Die historischen Reminiszenzen Rösels entsprechen nicht ganz den Tatsachen. In den Trümmern der im Siebenjährigen Krieg zerstörten Burg von Arnsberg (Westfalen), die (wie die Stadt selbst) erst 1077 gegründet worden war, fanden sich Reste des sogenannten Hauptfreistuhls der westfälischen Femgerichte (im Mittelalter königliche Gerichte zur Aburteilung mit der Todesstrafe bedrohter Verbrecher), deren Ursprung fälschlicherweise auf Karl den Großen zurückgeführt wurde. Reichstage hielt Karl der Große in den Jahren 777 und 799 in Paderborn (nordöstlich von Arnsberg) ab: 777 verschärfte er die Friedensbedingungen für die 776 besiegten Sachsen, die später (bis 804) endgültig unterworfen und gewaltsam zum Christentum gezwungen wurden; 799 empfing er den auf Grund einer Adelsverschwörung aus Rom geflohenen Papst Leo III. (der ihn 800 aus Dankbarkeit für seine Wiedereinsetzung zum römischen Kaiser krönte). Papst Hadrian I., der Vorgänger Leos III., war auf keinem Reichstag, sondern hatte Karl den Großen 773 gegen die Langobarden (in Italien) zu Hilfe gerufen.

273 *Zehntgericht* – Gericht, das die um den Zehnten (den abgabepflichtigen zehnten Teil vom Naturalertrag eines Grundstükkes) entstandenen Streitigkeiten schlichtete.

274 *»Hamburger Korrespondent«* – Gemeint ist die »Staats- und Gelehrte Zeitung des Hamburgischen unparteiischen Korrespondenten«, das zu Beginn des 19. Jahrhunderts in Europa am meisten gelesene Blatt (seit 1830 Tageszeitung). Der »Hamburgische Korrespondent« war hervorgegangen aus dem um 1710 von Hermann Heinrich Holle gegründeten »Schiffbecker Posthorn«, das der Hamburger Buchdrucker Georg Christian Grund 1731 übernommen und umbenannt hatte.

mein alter Freund und Gönner … Vincke – Friedrich Wilhelm Ludwig Philipp Freiherr von Vincke war 1809/10 Regierungspräsident (oberster Beamter eines preußischen Regierungsbezirks) in Potsdam, woher ihn Rösel wahrscheinlich kannte.

Schätzellchen – Deckers Frau Pauline, geborene Schätzell, die vor ihrer Eheschließung (1832) Sängerin an der Berliner Königlichen Oper war.

Musikfest in Düsseldorf – Der seit 1818 bestehende Städtische Musikverein in Düsseldorf veranstaltete jährlich zu Pfingsten ein Musikfest. Der Leiter des Festes war 1833 Felix Mendelssohn Bartholdy.

treffliche junge Künstler daselbst – Gemeint sind die Maler der sogenannten Düsseldorfer Schule, einer von romantischen Auffassungen bestimmten Richtung in der Malerei, die in der Frühphase (bis um 1840) an der 1819 gegründeten Düsseldorfer Kunstakademie dominierte und vornehmlich Historienbilder von sentimentaler und heroischer Wirkung hervorbrachte.

Akademie – Die Königliche Akademie der Künste in Berlin. Das Gebäude befand sich an der Stelle, an der heute die Deutsche Staatsbibliothek steht (Unter den Linden).

275 *Bauschule* – Die Königliche Bauakademie in Berlin. Das Gebäude in der Nähe des Schlosses wurde 1945 stark beschädigt und nach dem Krieg abgetragen.

Wilhelm Hensel – Vgl. »Spreeland«, Kap. »Trebbin«; Band 4 dieser Ausgabe.

Marquardt

Fontane besuchte den Ort, in Begleitung des Potsdamer Garnisonschullehrers Wagener (vgl. S. 577), wahrscheinlich im Sommer 1869. Der Aufsatz entstand, im Zusammenhang mit dem Kapitel über die »Geheimen Gesellschaften im achtzehnten Jahrhundert«, zwischen Dezember 1869 und Mai 1870 (im Brief an seine Frau vom 13. Mai 1870 meldete der Autor den Abschluß der Arbeit).

Der Vorabdruck erfolgte im »Wochenblatt der Johanniter-Ordens-Ballei Brandenburg«, Nr. 27–29, 32 und 51 vom 6., 13. und 20. Juli, 10. August und 21. Dezember 1870, S. 159–162, 164 ff., 172 ff., 191 ff., 343 ff.

Als Buchkapitel erschien »Marquardt« zum erstenmal in der Erstausgabe des dritten »Wanderungen«-Bandes, »Ost-Havelland« (1873), der im Oktober 1872 ausgeliefert wurde. Fontane betrachtete es als eine Art Musterkapitel; denn bereits am 9. Mai 1872, während der Manuskriptvorbereitung, hatte er an seinen Verleger Wilhelm Hertz geschrieben: »Die zur Durchsicht gewünschten Blätter bringe ich morgen mittag oder schicke sie; es ist nahezu die Hälfte des Ganzen. Ich würde Ihnen vorschlagen, nur das lange Kapitel ›*Marquardt*‹ *zu* lesen, da haben Sie alle Züge des Buches vereinigt: Schloß-, Park- und Landschaftsbeschreibung, Historisches, Anekdotisches, Familienkram und Spukgeschichte. Mehr kann man am Ende nicht verlangen.«

Eine vollständige, vielfältig korrigierte Handschrift des Kapitels befindet sich im Märkischen Museum, Berlin. Verschiedene Bleistiftnotizen von fremder Hand, darunter Vermerke wie »Zu setzen« und »/:Fortsetzung folgt:/», deuten darauf hin, daß das Manuskript als Satzvorlage für den Vorabdruck im »Wochenblatt der Johanniter-Ordens-Ballei Brandenburg« gedient hat.

Für die Arbeit am Kapitel »Marquardt« hat Fontane folgende Literatur benutzt (die vollständigen Angaben finden sich jeweils im Verzeichnis der Literatur; vgl. S. 658): Fidicin, »Die Territorien der Mark Brandenburg ...« (Band »Osthavelland«). – Coelln, »Vertraute Briefe ...«. – »Geheime *Briefe* über die preußische Staatsverfassung ...«. – Mirabeau, »Histoire secrète ...«. – Poellnitz, »Mémoires ...«. – Massenbach, »Memoiren zur Geschichte ...«. – Feßler, »Rückblicke auf seine siebzigjährige Pilgerschaft«. – Lichtenau, »Mémoires ...«. – Manso, »Geschichte des preußischen Staats ...«. – Foerster, »Neure und neuste preußische Geschichte ...«. – König, »Biographisches Lexikon ...«. – Oettinger, »Moniteur des dates ...«. – Pierer, »Universal-Lexikon«. – Wagener, »Staats- und Gesellschafts-Lexikon ...«. – Brockhaus, »Allgemeine deutsche Real-Enzyklopädie ...«. – »Mündliche und briefliche Mitteilungen des Herrn Tholuck in Marquardt und des Herrn Prediger Müller in Fürstenwalde« (laut Anmerkung am Schluß von »Ost-Havelland«).

276 *Des Hofes Glanz und Schimmer* ... – Fontane, »Sir Walter Raleighs letzte Nacht«, Strophe 4, Vers 1–4, und Strophe 3, Vers 5–8 (zusammengezogen; in dieser Reihenfolge).
ein prächtiger Park – Vgl. S. 305 und die fünfte Anm. dazu.
Etatsminister – Staatsminister.
König – Friedrich I.
medisant – schmähsüchtig.
Pöllnitz ... Memoiren – Vgl. das Verzeichnis der Literatur, S. 662.

277 *Meinders und Fuchs* – Franz von Meinders und Paul Freiherr von Fuchs, einflußreiche Staatsmänner und Diplomaten im Dienste der Kurfürsten Friedrich Wilhelm und Friedrich III. (als König seit 1701 Friedrich I.).
Kronprinz – Friedrich Wilhelm, der spätere König Friedrich Wilhelm I. (seit 1713).
Lehnsbriefe – Urkunden über die Vergabe von Lehngütern durch den Landesherrn. Die Originale gingen in den Wirren der Zeit größtenteils verloren; vielfach sind jedoch Abschriften in den Kopialbüchern der Landesarchive erhalten geblieben.
reformiert – Der reformierten Kirche angehörend; vgl. die zweite Anm. zu S. 75.
Abendmahl nach calvinistischem Ritus – In der reformierten Kirche wird beim heiligen Abendmahl das Brot gebrochen und von den »Kommunikanten« mit der Hand (nicht mit dem Mund) entgegengenommen. Der kalvinistische Abendmahlsritus, von der Lutherischen Lehrmeinung abweichend, wurde von den orthodoxen Lutheranern bis zum Ende des 18. Jahrhunderts heftig angefeindet.

278 *Villeggiatur* – Landaufenthalt zur Erholung.
Rokokodenkmal mit ... Inschrift – Der Grabstein für Anna Elisabeth von Münchow befindet sich heute in der Marquardter Dorfkirche (in die Wand eingelassen).
Baseler Friede – Vgl. die zweite Anm. zu S. 283.
König – Friedrich Wilhelm II.
Herrenhaus – Vgl. S. 305 und die sechste Anm. dazu.

279 *Dies Geburtsdatum festzustellen war schwierig* – In der Handschrift heißt es danach ausführlicher: »Um dem Leser ein Bild davon zu geben, wieviel Muße, und dann schließlich oft noch vergebliche, es macht, ein Geburtsjahr oder gar einen Geburts*tag* ausfindig zu machen, zitier ich ihm hier die Anga-

ben folgender Lexika und Nachschlagebücher. Bischofswerder wurde geboren:
nach *Brockhaus'* Lexikon (Ausgabe von 1827) unbestimmt;
nach *Brockhaus'* Lexikon (Ausgabe von 1864) 1737 zu Dresden;
nach *Pierers* Lexikon 1738 in Sachsen;
nach *Wageners* ›Staats-Lexikon‹ " " " ;
nach Oettingers ›Moniteur des dates‹
1741 zu Ostramünde (Thüringen);
nach Berghaus, Fr. Foerster und Vehse ebenso.
Ordensrat König, vielleicht weil immer zuverlässig, macht gar keine Angabe.«

279 *Marschall von Sachsen* – Moritz Graf von Sachsen, ein unehelicher Sohn Friedrich Augusts I. von Sachsen (Augusts II. von Polen), war von 1744 bis zu seinem Tode (1750) Marschall von Frankreich; er, galt als hervorragender Stratege.

Generalstaaten – Von 1581 bis 1806 Bezeichnung für die Vereinigung der (kalvinistischen) nördlichen Provinzen der Niederlande (Holland), die sich im 16. Jahrhundert von der spanischen Unterdrückung befreiten.

Regiment Carabiniers – Zur Kavallerie gehörendes preußisches Eliteregiment. Carabinier: (franz.) Mit einem Karabiner bewaffneter leichter Reiter.

Kurfürst – Friedrich August III. von Sachsen.

280 *Schrepfer-Episode* – Vgl. S. 315–319.

Foerster erzählt – In »Neure und neuste preußische Geschichte ...«; vgl. das Verzeichnis der Literatur, S. 659.

281 *Bayerischer Erbfolgekrieg* – Vgl. die vierte Anm. zu S. 242.

Wöllner – Vgl. S. 326–330.

Encke – Vgl. die zweite Anm. zu S. 186.

Prinz von Preußen – Vgl. die zweite Anm. zu S. 150.

282 *Seine beiden Töchter erster Ehe* – Vgl. die Fußnote auf S. 296.

dames d'atour – (franz.) Schmuck-Damen; Kammerfrauen, die der Königin und den Prinzessinnen den Schmuck anlegten.

Königin – Luise von Hessen-Darmstadt, die zweite Gemahlin Friedrich Wilhelms II.

Monbijou – Das 1703 von Hofbaumeister Eosander von Göthe errichtete Berliner Lustschloß Monbijou (franz.; mein Kleinod) wurde im Jahre 1877 »Hohenzollern-Museum«, nachdem es zuvor als »Museum vaterländischer Altertümer« gedient hatte. 1927 kam es als »Museum Schloß Monbijou« unter

Staatsverwaltung. Im zweiten Weltkrieg wurde das Gebäude durch einen Luftangriff völlig zerstört. An Stelle der abgetragenen Ruine befanden sich seit 1958 Grünanlagen, die 1974 zu einem Naherholungs- und Freizeitzentrum umgestaltet wurden.

282 *seine Gemahlin* – Wilhelmine Katharine, die zweite Frau Bischofswerders (vgl. S. 295–300).

Complaisance – (franz.) Gefälligkeit, Dienstbeflissenheit.

»*Diavolini*« – (ital.) »Teufelchen«; hier vermutlich: Drogen.

»*Marmorpalais*« – Residenz Friedrich Wilhelms II.; vgl. die erste Anm. zu S. 186.

Kongreß zu Svičtow – Am 30. Dezember 1790 wurde in der bulgarischen Stadt Svičtov ein Kongreß eröffnet und am 4. August 1791 ein Friedensvertrag zwischen der Türkei und Österreich, dem Bündnispartner Rußlands in dem seit 1788 andauernden russisch-türkischen Krieg, abgeschlossen. Österreich gab seine Expansionsinteressen auf dem Balkan auf, um gemeinsam mit dem neu gewonnenen Bündnispartner Preußen eine Koalition gegen das revolutionäre Frankreich zustande zu bringen.

283 *Pillnitzer Konvention* – In der am 27. August 1791 in Pillnitz bei Dresden von Kaiser Leopold II. und König Friedrich Wilhelm II. erlassenen Pillnitzer Deklaration drohten Österreich und Preußen (unter der Voraussetzung, daß noch andere europäische Mächte der Koalition beiträten) dem revolutionären Frankreich mit militärischer Intervention zugunsten des französischen Königs. Der englische Diplomat Lord Elgin nahm als Beauftragter der britischen Regierung an der Zusammenkunft teil.

Champagne-Feldzug ... Friedensschluß – Zu Beginn des ersten Koalitionskrieges der europäischen Monarchien gegen das revolutionäre Frankreich (1792/93–1797) fielen preußische Truppen im Sommer 1792 in die Champagne ein. Nach der erfolglosen Kanonade von Valmy (20. September 1792) wurden sie zum Rückzug gezwungen. Bis 1795 gelang es der französischen Revolutionsarmee, nach erbitterten Gefechten mit unterschiedlichem Ausgang, das gesamte linksrheinische Gebiet an sich zu bringen. Preußen schied durch den Baseler Friedensvertrag vom 5. April 1795 aus der gegen Frankreich gerichteten Koalition aus.

Schloß – Vgl. die sechste Anm. zu S. 305.

Domherrnpräbende – Kirchliche Pfründe, die an das Amt eines Domherrn (vgl. die erste Anm. zu S. 107) geknüpft waren. Mit dem Domherrntitel, der an Staatsmänner, Feldherrn oder Gelehrte verliehen wurde, waren in Preußen keinerlei kirchliche Verpflichtungen verbunden.

284 *rosenkreuzerisches Ritual* – Vgl. S. 321 ff.

285 *Neuer Garten* – Weiträumiger Landschaftspark im Norden von Potsdam, am Westufer des Heiligen Sees. Die ursprüngliche Anlage (1787–1791) von J. A. Eyserbeck dem Jüngeren wurde 1816–1824 von Peter Joseph Lenné völlig umgestaltet.

Schwarzer Adlerorden – Höchster preußischer Orden; gestiftet 1701 durch König Friedrich I.

Es war im Dom – Im Berliner Dom, wo die meisten Hohenzollern-Herrscher beigesetzt wurden.

»Separation« ... gesetzlich erst zehn Jahre später – Die sogenannte Separation oder Gemeinheitsteilung – die Aufteilung gemeinschaftlich genutzter, infolge unzusammenhängender Lage und Benachteiligung durch feudale Gesetze unrentabler Gemeindeländereien (besonders Weideland und Wald) – gehörte in den Wirkungsbereich des »Ediktes, den erleichterten Besitz und freien Gebrauch des Grundeigentums sowie die persönlichen Verhältnisse der Landbewohner betreffend« vom 9. Oktober 1807, mit dem die Regierung Stein ihr bürgerliches Reformprogramm einleitete, das in reaktionären Junkerkreisen auf heftigen Widerstand stieß.

286 *Bonhommie* – (franz.) Gutherzigkeit.

Der Erbring mit dem weißen Milchstein – In Fontanes Roman »Vor dem Sturm«, Dritter Band, Kap. 14, wird er während des geselligen Gesprächs im Hause Ladalinskis scherzhaft als »Geisterring« bezeichnet, »der die Lebendigen einschläferte und die Toten zitierte«.

Swedenborg – Der schwedische Naturforscher und Theosoph Emanuel Swedenborg galt als größter »Geisterseher« des 18. Jahrhunderts. Seine okkulten mystizistischen und spiritualistischen Ideen, angeblich auf »physikalischer Grundlage« beruhend, waren in zahlreichen Publikationen verbreitet.

287 *Gartengruft. Nur noch zweimal wurde sie geöffnet* – Vgl. S. 300–302.

»Geheime Briefe« – Vgl. das Verzeichnis der Literatur, S. 658.

Garde-du-Corps-Erscheinung – Garde du Corps: Eigentlich die (von Friedrich II. 1740 geschaffene) berittene Leibwache des Monarchen. Das Regiment Garde du Corps (Garde-Kürassierregiment) galt als preußische Elitetruppe und war wegen der dünkelhaften, reaktionären Gesinnung seiner Offiziere berüchtigt.

288 *»Vertraute Briefe«* – Von Friedrich van Coelln; vgl. das Verzeichnis der Literatur, S. 659.
Briefe Mirabeaus – »Histoire secrète ...«; vgl. das Verzeichnis der Literatur, S. 662.
»La fortune a quelquefois ...« – (franz.) »Das Schicksal hat manchmal Männer ohne große Fähigkeiten beim Verwalten der Staaten benutzt, aber selten hat es ein solch trauriges Subjekt wie diesen Bischofswerder gewählt: gewöhnliche Herkunft, traurige Figur, perfide Physiognomie, unbeholfene Redeweise; kennt weder das Land, das er verlassen hat, noch dasjenige, das ihn aufgenommen hat, noch diejenigen, an denen Preußen Interesse hat. Ist weder Militär noch Finanzmann, noch Politiker, noch Nationalökonom. Also einer jener Männer, welche die Natur verdammt hat, in der Obskurität zu bleiben und in der Menge zu vegetieren. Das ist der Mann, der in Preußen regiert.«
Manso in seiner »Geschichte des preußischen Staates ...« – Vgl. das Verzeichnis der Literatur, S. 662.
290 *Zug gegen Holland* – Vgl. die vierte Anm. zu S. 235.
Zug in die Champagne – Vgl. die zweite Anm. zu S. 283.
Zug gegen Polen – Am 24. März 1794 hatten sich die Polen unter Führung des Generals Kościuszko zur Wiedererlangung ihrer nationalen Unabhängigkeit gegen die Fremdherrschaft erhoben. Im Juni 1794 rückten preußische Truppen in Polen ein und schlugen gemeinsam mit der russischen Armee den Aufstand nieder (Oktober/November 1794). Die polnische Niederlage hatte die dritte, endgültige Teilung des Landes durch Rußland, Österreich und Preußen (1795) zur Folge.
Baseler Frieden – Vgl. die zweite Anm. zu S. 283.
des mœurs pures ... – (franz.) Sittenreinheit, große Aufrichtigkeit des Gefühls, eine vollkommene Uneigennützigkeit, eine große Liebe zur Arbeit.
bon sens – (franz.) gesunder Menschenverstand.
Massenbach ... »Memoiren ...« – Vgl. das Verzeichnis der Literatur, S. 662.
291 *Ich gebe hier eines dieser Gespräche* – In den Anmerkungen am Schluß von W III[1], S. 437–440, teilt Fontane unter der Überschrift »Oberst Massenbach und General von Bischofswerder« auszugsweise drei weitere Gespräche mit, die »keineswegs durch Reservierth eit, Dunkelheit und Zweideutigkeit, sondern umgekehrt durch Offenheit, Entgegenkommen und vielen bon sens« gekennzeichnet seien. Es heißt dort: *»Erste Unterredung im Januar 1794.* Der Herzog von Braunschweig,

aufs höchste degoutiert, hatte seine Abberufung von der Armee am Rhein verlangt. Möllendorf sollte ihm im Oberkommando folgen, folgte ihm auch wirklich. Massenbach, der den Herzog für fähiger hielt, war bemüht, ihn der Armee zu erhalten. Er reiste vom Hauptquartier nach Berlin, suchte Bischofswerder auf und drang in ihn, der vom Herzog eingereichten Demission nicht Folge zu geben. / *Massenbach:* ›… Der Herzog wird das allein Richtige tun; Möllendorf nicht.‹ / *Bischofswerder:* ›Haben Sie den Auftrag vom Herzog, wegen seines *Verbleibens* offiziell zu sprechen?‹ / *Massenbach:* ›Nein.‹ / *Bischofswerder:* ›Was Sie mir über den Krieg und seine nachdrucksvolle Fortsetzung gesagt haben, will ich dem Könige vortragen. Hätte Ihnen der Herzog einen Wink gegeben, nur den Wunsch geäußert …‹ / *Massenbach:* ›Den Wunsch hat er nicht mit Worten geäußert, aber ich gebe meinen Kopf zum Pfande: le duc ne demande pas mieux [der Herzog wünscht nichts anderes als das].‹ / *Bischofswerder:* ›Können Sie mir dafür gutsagen?‹ / *Massenbach:* ›Ja, Herr General! Der Herzog bereut es schon, seine Zurückberufung verlangt zu haben. Gesagt hat er das nicht mit Worten, aber seine Physiognomie sagt es.‹ / *Bischofswerder:* ›Wären Sie einen Tag früher gekommen. Möllendorf ist ernannt. Doch ich will einen Versuch machen.‹ / So die Unterredung. Der Versuch wurde wirklich gemacht, aber er glückte nicht. // *Zweite Unterredung im Februar 1795.* Sie betraf denselben Gegenstand: den *Herzog.* Die Dinge am Rhein waren schlecht gegangen, Holland war verloren. Massenbach war der Ansicht, nur der Herzog könne den Krieg zu einem glücklichen Ende führen. Er trug dies Bischofswerder vor. / *Massenbach:* ›… Ich sehe wohl die Scheidewand zwischen dem Könige und dem Herzog; aber ist es nicht möglich, diese beiden Herren wieder einander näherzubringen?‹ / *Bischofswerder:* ›Nein. Der König hält den Herzog für zu bedenklich, für zu unentschlossen.‹ / *Massenbach:* ›Beim Entwurfe der Operationen, ja, da ist der Herzog bedenklich; aber im entscheidenden Moment, im Gefecht, wer hätte da den Herzog je bedenklich und unentschlossen gesehn?‹ / *Bischofswerder:* ›Massenbach, sind Sie aufrichtig?‹ / *Massenbach:* ›Ich lege die Talente des Herzogs in die eine, die Talente anderer in die andere Waagschale, und die Schale des Herzogs sinkt. Der Herzog besitzt keine absolute Größe, aber in Vergleichung mit vielen seiner Zeitgenossen ist er doch ein großer Mann. Man geb ihm Spielraum; Manstein ist entfernt; mit Zastrow wird sich der Herzog verstehen.‹ / *Bischofswerder:* ›Glauben Sie? Sie irren sich in Zastrow, wenn

Sie glauben: er lasse sich leiten. Er will leiten. Der Herzog wird also auch bei Zastrow auf Schwierigkeiten stoßen, die ihn bald wieder abschrecken werden. Der Herzog, bei all seinem Verstande und bei allen seinen großen Einsichten, ist doch ein *schwacher Mann.* // *Dritte Unterredung um dieselbe Zeit ... Februar 1795.* Sie betraf dieselben Gedanken, die wir schon im Text ... mitgeteilt haben: *Bündnis mit Frankreich.* Noch war man im Kriege mit der Republik, stand aber dicht vor dem Friedensschluß (Basler Frieden), was Massenbach nicht wußte. In dem Augenblick, wo letztrer dies durchschimmern sah, gab er seinen Plan: *energische Fortsetzung* des Krieges gegen Frankreich, auf und proponierte, die neue Situation schnell erfassend: *Bündnis* mit Frankreich. Ein bloßer Friedensschluß war ihm etwas Halbes, entweder zuviel oder zuwenig. Bischofswerder befand sich diesem rapiden Andringen gegenüber, das von zwei verschiedenen Seiten her ihn faßte, in einer üblen Lage. Er zog sich diplomatisch-taktvoll und doch ohne alle Ausflüchte und Geheimniskrämerei aus der Situation heraus. / *Massenbach:* ›Das einzige Mittel, einen dauerhaften und ruhmvollen Frieden zu erlangen, besteht darin: den Krieg mit Nachdruck fortzusetzen und Holland wiederzuerobern.‹ / *Bischofswerder:* ›Wir haben keine *Mittel*, den Krieg gegen Frankreich fortzusetzen; der böse Wille der Östreicher ist offenbar; wir *müssen* Frieden machen.‹ / *Massenbach:* ›Ein partieller Friede mit Frankreich setzt uns großer Gefahr aus. Wir werden uns mit Rußland entzweien.‹ / *Bischofswerder:* ›Rußland ist ohnedies unser Freund nicht. Die polnische Campagne hat es sattsam bewiesen. Sie sollten Suworows Brief an den König sehn: »Praga raucht, Warschau zittert! Auf den Wällen von Praga. Suworow.« Was denken Sie von dieser Sprache?‹ / *Massenbach* (nach kurzem Schweigen): ›Liegen die Dinge *so*, ist Rußland unser Freund *nicht*, so mache man mit Frankreich nicht nur Frieden, sondern schließe eine Offensiv- und Defensivallianz mit den Fünf Männern.‹ / *Bischofswerder:* ›Das ist zu früh.‹ / *Massenbach:* ›Der Schritt vom Frieden zum Schutz- und Trutzbündnis ist in Wahrheit ein kleiner Schritt. Ich bin nicht für *halbe* Maßregeln. Entweder die nachdrucksvollste Fortsetzung des Krieges gegen Frankreich oder Allianz mit dem Direktorium. Der Frieden ist eine halbe Maßregel.‹ / *Bischofswerder:* ›Eine Allianz verbietet sich. Jedenfalls ist es zu früh. Man kann nicht wissen, welche Gestalt die Dinge in Frankreich annehmen werden.‹ / So schloß diese Unterhaltung. Am 5. April 1795 erfolgte der Basler Frieden. Aus allen diesen Gesprächen aber, wie man auch politisch zu den in ihnen angeregten Fragen stehen mag, geht wenigstens soviel hervor, daß Bischofswerder nicht der Mann war, der weiter nichts tat, ‹als geheimnisvoll schweigen und, wenn er ein Gespräch nicht vermeiden konnte, in unartikulierten Tönen zu sprechen›.«

291 *Direktorialregierung* – Directoire exécutif: Auf Grund der Direktorialverfassung gebildete, aus fünf Politikern bestehende großbürgerliche Regierung in Frankreich, die von Oktober 1795 bis zum Staatsstreich Napoleon Bonapartes am 9. November 1799 bestand. Sie bekämpfte sowohl die monarchistische Reaktion als auch die revolutionäre Volksbewegung.

Tod ihres Königs – Der französische König Ludwig XVI., im August 1792 wegen landesverräterischer Umtriebe vom Volk gestürzt und verhaftet, wurde am 14. Januar 1793 von der Konventsmehrheit zum Tode verurteilt und am 21. Januar hingerichtet.

in Basel traktiert – Vgl. die zweite Anm. zu S. 283.

Mazarin … Cromwell – Der französische Staatsmann Mazarin setzte als Leitender Minister während der Minderjährigkeit Ludwigs XIV. (seit 1643) die von seinem Vorgänger Richelieu (unter Ludwig XIII.) eingeleitete Politik der Festigung des Absolutismus fort. Infolge eines »Angriffsbündnisses« (1657) mit dem englischen Lordprotektor Cromwell (der 1649, während der bürgerlichen Revolution, im Interesse der Bourgeoisie im Parlament für die Hinrichtung des englischen Königs Karl I. plädiert hatte) wurde die spanische Vorherrschaft ausgeschaltet und Frankreich – wie England zur führenden Seemacht – zur dominierenden europäischen Kontinentalmacht.

Heute … Pitt, morgen … ein Bute – Anspielung auf den häufigen Wechsel an der Spitze des britischen Kabinetts in der Herrschaftszeit König Georgs III. (1760–1820), in der der preußische Hof intensive diplomatische Kontakte mit der englischen Regierung unterhielt. Friedrich II. hatte während des Siebenjährigen Krieges, auf englische Unterstützung angewiesen, zunächst mit William Pitt dem Älteren (1757–1761), dann mit Graf Bute (1761–1763) verhandelt (von denen der eine den Krieg auszuweiten, der andere ihn einzudämmen trachtete). Während der ersten antifranzösischen Koalitionskriege war William Pitt der Jüngere britischer Premierminister (seit 1783); er wurde in der Tat, wie im Gespräch zwischen Bischofswerder und Massenbach vermutet, wenig später abgelöst (1801).

291 *negoziieren* – verhandeln.

292 *Grandison und Lovelace* – Gestalten aus den damals viel gelesenen englischen bürgerlichen Familienromanen »Sir Charles Grandison« (1753/54) und »Clarissa Harlowe« (1748) von Samuel Richardson.

293 *embrassieren* – umarmen.

Feßler ... »Rückblicke ...« – Vgl. das Verzeichnis der Literatur, S. 659.

Schlesien ... Konspiratorenverzeichnis – In Fontanes Anmerkungen am Schluß von W III[1], S. 440 f., findet sich dazu folgender Exkurs: »*Ignaz Aurelius Feßler*, katholischer Geistlicher, dann Freimaurer, dann protestantischer Konsistorialpräsident in Rußland, gründete in den neunziger Jahren in Carolath (Schlesien) den Evergeten Bund. Diese Verbindung erstrebte ursprünglich nur gegenseitige sittliche und wissenschaftliche Ausbildung; später aber, nachdem Feßler bereits ausgetreten war, erhielt der Bund auch einen politischen Charakter, und drei unzufriedene Evergeten griffen den Grafen Hoym, Minister für Schlesien, heftig an. Nun erfolgten Nachforschungen, Verhaftungen, Beschlagnahmen; man fand auch Briefe von *Feßler* und setzte nunmehr diesen obenan auf die Liste der Konspiratoren. (Der König – wie [im Text] erzählt – strich eigenhändig Feßlers Namen von der Liste.) 1796 lebte F. in Berlin. Er befand sich damals in bedrückter Lage, und in dieser Lage nahm ihn Bischofswerder, der ihm wohlwollte, mit nach Marquardt hinaus. Feßler selbst schreibt: ›Der General tat das Mögliche; er nahm mich treuherzig auf, gab mir Gelegenheit, den rechtschaffenen Staatsmann (soweit es unter den verworrensten Umständen möglich war) in ihm zu verehren, den uneigennützigen Vater seiner Untertanen in ihm zu lieben. Er schien Vertrauen zu mir gefaßt zu haben.‹ Woran die Bemühungen Bischofswerders scheiterten, habe ich im Text ... erzählt. 1798 wurde Feßler Rechtskonsulent in geistlichen und Schulangelegenheiten für Neu-Ost- und Südpreußen. Später, von 1803 bis 1807, lebte er auf dem Freigut Kleinwall an dem ›mäandrischen Flüßchen Lökenitz‹, dann ein Jahr lang, bis 1808, in Niederschönhausen, dann etwa ein oder anderthalb Jahre in Buckow bei Beeskow, an allen drei Orten literarisch tätig. – Seine oben zitierte Selbstbiographie: ›Rückblicke auf meine siebzigjährige Pilgerschaft‹, bringt über seinen Aufenthalt an diesen kleinen märkischen Ortschaften interessante Mitteilungen.«

»Marc Aurel« – Historischer Roman (1790–1792) von Feßler.

295 *Sein Sohn* – In W III^1, S. 277, folgt der Name: »(Friedrich Franz)«.
eine jüngere Tochter vermählte sich mit dem Marquis von Lucchesini, die älteste … wurde die Frau des Günstling-Generals – In Fontanes Anmerkungen am Schluß von W III^1, S. 441, findet sich dazu die Bemerkung: »*Die Marquise Lucchesini,* so schreibt W. Alexis …, haßte ihre Schwester, die Bischofswerder, auf Tod und Blut. Sie erklärte ihrem Gemahl (damals Gesandter in Paris), wenn sie mit ihr unter dem Himmel einer Stadt leben müßte, verginge sie an Krämpfen.«
aus sardinischen Diensten – In W III^1, S. 278, folgt der erläuternde Zusatz: »(die Familie stammte *ursprünglich* aus Portugal)«.
Maréchal de logis de l'armée – (franz.) Generalquartiermeister; vgl. die erste Anm. zu S. 406.
Inkolat – Zugehörigkeit zu den höheren Ständen eines Kronlandes (und damit Teilnahme an deren Privilegien).
medisieren – verleumden, lästern.
»*Elle est belle …*« – (franz.) »Sie ist schön, aber ihre Augen ›gehen verquer‹.«
296 *Montagnard* – (franz.) Bergbewohner; Mitglied der revolutionär-demokratischen Bergpartei während der Französischen Revolution, die in der Gesetzgebenden Nationalversammlung und im Konvent die höchstgelegenen Plätze einnahm.
an anderer Stelle – Vgl. S. 301 f.
Starostei – Ein königliches Gut, das im ehemaligen Königreich Polen einem Landeswürdenträger (Edelmann) geschenkt, verkauft oder als Lehen übertragen wurde.
Libertin – Zügelloser Mensch.
Insurrektion – Aufstand. Gemeint ist der polnische Aufstand von 1794; vgl. die dritte Anm. zu S. 290.
»*Les demoiselles Bischofswerder …*« – (franz.) »Die Fräulein von Bischofswerder sind zwei schlecht erzogene Mädchen. Die ältere hat in ihren Augen die Fackel Hymens. Sie gelten als intrigant, zuweilen auch mißgünstig. Im übrigen muß man die Lächerlichkeiten von den Lastern unterscheiden und sagen, daß bis jetzt die Aufführung dieser Demoisellen unbescholten ist.«
297 *libellartige Schriften* – Libell: Klage-, Schmähschrift.
Südpreußen – Die bei der zweiten und dritten Teilung Polens (1793 und 1795) annektierten zentralpolnischen Gebiete, eingeteilt in die drei Departements Posen, Kalisch und Warschau.

298 *»Besitz ist Macht«* – Wahrscheinlich Variation des geflügelten Worts »Wissen ist Macht«, das auf den englischen Philosophen Francis Bacon zurückgeht.
Feßler … schreibt – In »Rückblicke …«; vgl. das Verzeichnis der Literatur, S. 659.
Kirche des Dorfes – Die zu Fontanes Zeit noch vorhandene alte Marquardter Dorfkirche mußte wegen Baufälligkeit abgerissen werden. Von der Innenausstattung ist nur das Taufbecken erhalten geblieben, das in die neue, 1900/01 errichtete Kirche übernommen wurde.
als die Franzosen ins Land kamen – Vgl. die erste Anm. zu S. 204.
299 *Chasseurs* – (franz.) Jäger; leichte Reiter im französischen Heer.
Herrenhaus – Vgl. S. 305 und die sechste Anm. dazu.
der Siegeswagen stand wieder auf dem Brandenburger Tor – Die 1794 von Johann Gottfried Schadow geschaffene Quadriga mit der allegorischen Figur der antiken Siegesgöttin Viktoria auf dem Brandenburger Tor in Berlin wurde 1807, nach der Besetzung der Stadt durch Napoleonische Truppen, nach Frankreich gebracht, 1814 zurückgeholt und wieder am alten Platz aufgestellt. Das 1945 stark beschädigte Brandenburger Tor wurde nach dem Krieg wiederhergestellt, die Quadriga nach dem erhaltenen Gipsabguß des Holzmodells neu geformt.
Meine Blanka … – Wahrscheinlich Adaption der leitmotivischen Verse aus dem Volksmärchen »Schneewittchen«: »Spieglein, Spieglein an der Wand, / Wer ist die Schönste im ganzen Land?«
300 *anstelle der Urne* – Vgl. S. 287.
302 *Berliner Schloß* – Vgl. die dritte und die vierte Anm. zu S. 49.
am 18. März … als die historischen drei Schüsse fielen – Der 18. März 1848, an dem Berliner Arbeiter, Handwerker, Bürger und Studenten das preußische Militär, das in die auf dem Schloßplatz versammelte Volksmenge geschossen hatte, im Barrikadenkampf besiegten, war der Höhepunkt der bürgerlich-demokratischen Revolution von 1848/49 in Deutschland. Fontane hat die revolutionären Ereignisse als Augenzeuge miterlebt; vgl. »Von Zwanzig bis Dreißig«, Abschnitt »Der achtzehnte März«, Kap. 1.
Remedur – Abhilfe, Verbesserung.
Désaveu – (franz.) Verleugnung, Widerruf.
303 *das Preß- und das Religionsedikt* – Am 9. Juli 1788 erließ Friedrich Wilhelm II. ein von Johann Christoph Wöllner (seit

1788 preußischer Justizminister und Chef der geistlichen Angelegenheiten) verfaßtes, gegen die Aufklärung gerichtetes Religionsedikt, das die kirchliche Orthodoxie stärkte und die Reaktion unterstützte. (Es mußte 1797 von Friedrich Wilhelm III. wieder aufgehoben werden.) Dem Religionsedikt folgte am 19. Dezember 1788 ein Zensuredikt, das allen staatlichen Kollegien (Konsistorien, Kammergericht, Provinzialregierungen, Landesjustizkollegien, Medizinalkollegien, Departement des Auswärtigen) für ihre Amtsbereiche die Zensurpflicht auferlegte. (Die Zensur im Bereich der Literatur wurde von den Universitäten ausgeübt.)

303 *»Cliquot veuve«* – Berühmter französischer Sekt.

304 *kleiner Friedhof ... Kreuz* – Der Friedhof in Marquardt wurde im 20. Jahrhundert an eine andere Stelle verlegt. Das erwähnte Grabkreuz ist jedoch noch auf dem ehemaligen »kleinen Friedhof, der die Kirche einfaßt«, dem heutigen Kirchgarten, zu finden.

Feuertod ... Omar – Anspielung auf die Vernichtung der Alexandrinischen Bibliothek, der größten und berühmtesten Bibliothek des Altertums, die lange Zeit dem Kalifen Omar ibn al-Chattab zugeschrieben wurde, der 638–640 Ägypten erobert hat. (Der Hauptbestand der Bibliothek war bereits 48/47 v. u. Z. während Caesars Ägyptenfeldzug verbrannt, der Rest 391 durch eifernde Christen zerstört worden.)

305 *Herr Tholuck* – Der Rittergutsbesitzer Tholuck hatte Fontane Material über Marquardt zur Verfügung gestellt (vgl. S. 589). Fontane sandte ihm 1874 oder 1875 »verspätet« ein Exemplar des dritten »Wanderungen«-Bandes, »Ost-Havelland«, mit den Begleitversen: »Daß dies Buch Sie noch erfreue, / Über alles Hoffen geht, / Aber auch die spätste Reue / Kommt noch immer nicht zu spät.«

berühmter Hallenser Theologe – Gemeint ist der pietistische Hallenser Theologieprofessor (seit 1824) und Oberkonsistorialrat (seit 1867) August Tholuck, der sich als Vermittler zwischen kirchlichem Rationalismus und Orthodoxie sowie als Vorkämpfer einer protestantischen Union einen Namen gemacht hatte.

devastiert – verwüstet.

glau – (niederdeutsch) hell.

Park – Der nach einem Entwurf von Peter Joseph Lenné angelegte, mit prächtigen alten Bäumen bestandene Landschaftspark um das Marquardter Herrenhaus ist noch vorhanden. Er wurde Anfang des 20. Jahrhunderts um fast das Doppelte erweitert und durch neue Anpflanzungen und Anlagen verändert.

305 *Herrenhaus* – An dem in den Jahren 1791–1795 errichteten Herrenhaus (Schloß Marquardt) wurden im 20. Jahrhundert umfangreiche Veränderungen vorgenommen. Das Gebäude wurde aufgestockt und durch einen neuen Flügel mit Saal, einen großen Erker und Terrassen erweitert. 1932 erfolgte der Umbau zu einem Hotel. In der Zeit der DDR beherbergte Schloß Marquardt ein Obstbau-Institut der Humboldt-Universität Berlin sowie die Zentralstelle für Sortenwesen. Zur Zeit steht es ungenutzt leer.

König – Friedrich Wilhelm II.

306 *Tage des ersten Empire* – Die Zeit des ersten Napoleonischen Kaiserreichs (1804–1815), in der eine Sonderform des Klassizismus (Empire) entwickelt wurde, die in ganz Europa Verbreitung fand.

griechisches Kreuz – In der griechisch-orthodoxen Kirche gebräuchliches Kreuz; es hat vier gleichlange Arme (im Unterschied zum lateinischen Kreuz der römisch-katholischen und protestantischen Kirche, bei dem ein Arm verlängert ist).

Grotte – Eine Skizze dazu findet sich in Fontanes Notizbuch A 15, Blatt 68.

Geheime Gesellschaften im achtzehnten Jahrhundert

Der Aufsatz entstand, zusammen mit dem Kapitel »Marquardt«, zwischen Dezember 1869 und Mai 1870. In diese Zeit fällt auch Fontanes Kontroverse mit dem Oberpräsidenten der Provinz Brandenburg, August Friedrich Wilhelm Werner von Meding, der – offenbar aus Familienrücksicht – jegliche literarische Beschäftigung mit der zwielichtigen Gestalt des ehemaligen preußischen Ministers Wöllner zu unterbinden trachtete. (Meding war, wie seinerzeit Wöllner, mit einer geborenen von Itzenplitz verheiratet, und die Familie Itzenplitz hatte den in Ungnade gefallenen Minister geächtet.) Im Brief an Meding vom 19. Januar 1870 heißt es: »Ew. Exzellenz geehrte Zuschrift, für die ich meinen gehorsamsten Dank ausspreche, hat mich in nicht geringe Verlegenheit gebracht. Seit einem Vierteljahre sammle und ordne ich das Material zu einem Wöllner-Aufsatz, und nun soll ich ihn nicht schreiben. Wozu ich mich mit dem größten Vergnügen verstehe, ist das, daß ich den ›heiklen Punkt‹ mit keiner Silbe berühre; ohnehin lag es nicht in meiner Absicht, bei diesem ›displeasing event‹ [unangenehme Begebenheit] irgendwie zu verweilen. Aber was den ganzen Aufsatz, den Rechtfertigungsprozeß eines nach meiner aufrichtigen Meinung viel zu hart beurteilten Mannes angeht, so kann ich davon nur abstehen, wenn die Familie Itzenplitz mir den Beweis an die Hand gibt: *dieser Mann taugt nichts.* / Ew. Exzellenz heben hervor, er sei mit ›unreinen Händen‹ an eine Aufgabe herangetreten, die reine Hände verlange. Aber – und ich bitte, in diesem Ausspruch weder Frivolität, noch Widerspruchsgeist, noch Mangel an gebührendem Respekt erblicken zu wollen – wer hat reine Hände?! Wie fein ist die Grenzlinie zwischen einem (menschlich gesprochen) tolerablen und intolerablen Sündenmaß, und wie schwer ist es – wenn die Dinge nicht eklatieren –, festzustellen, daß diese Grenzlinie überschritten sei. Soweit ich aus vielen Schriften – und zwar vorwiegend von *Gegnern* Wöllners herrührend – mich habe informieren können, ist seit 1769, wo er sich verheiratete, bis zu seinem Tode (1800), also in vollen dreißig Jahren, nichts *geschehen*, was diesen immerhin bedeutenden Mann sichtbarlich und vor aller Welt mit einem Makel behaftet hätte, und so bleibt denn nichts übrig, als ihn auf seine *Gesinnung* hin zu prüfen resp. zu verurteilen. Hier liegt der Punkt. Ich habe durch Studium alles dessen, was von ihm ausgegangen ist, durch alles, was Freund und Feind über ihn berichten, *nicht* die Überzeugung gewinnen können, daß diese Gesinnung eine niedre war. Im Gegenteil. Wenn er sein Teil Ehrgeiz hatte, so ist das verzeihlich; weit zurückliegende Jugendimmoralitäten stören mich noch weniger. So liegt denn die Frage kurz so: War Wöllner ein *Heuchler*? war er ein Karrieremacher à tout prix, der von Staatswohl und Christentum redete und Religionsedikte in die Welt schickte, nur um *sich* zu fördern und seiner Eitelkeit oder überhaupt seinem Egoismus zu dienen? Kann mir bewiesen werden (und ich gehöre nicht zu denen, die sich in vorgefaßten Meinungen versteifen), daß er ein Heuchler war, so will ich zerreißen, was ich gesammelt habe. Aber Ew. Exzellenz werden es verzeihlich finden, wenn ich auf diesen Beweis warte.«

Der Aufsatz »Geheime Gesellschaften …« wurde am 29. März und 5. April 1871 im »Wochenblatt der Johanniter-Ordens-Ballei Brandenburg«, Nr. 13 und 14, S. 90–94 und 96–100, vorabgedruckt und erschien – wie »Marquardt« – 1872 zum erstenmal in der Erstausgabe des dritten »Wanderungen«-Bandes, »Ost-Havelland« (1873), als Buchkapitel.

Eine vollständige, verhältnismäßig wenig korrigierte Handschrift beider Teile des Kapitels befindet sich im Märkischen Museum, Berlin. Vielfach sind Textteile aufgeklebt, und ein längeres Zitat im ersten Teil stammt von der Hand Emilie Fontanes. Bleistiftnotizen von fremder Hand (zum Beispiel »Zu setzen«) deuten darauf hin, daß das Manuskript als Satzvorlage für den Vorabdruck im »Wochenblatt der Johanniter-Ordens-Ballei Brandenburg« gedient hat.

Für die Arbeit an dem Kapitel hat Fontane folgende Literatur benutzt (die vollständigen Angaben finden sich jeweils im Verzeichnis der Literatur; vgl. S. 658): Massenbach, »Memoiren zur Geschichte ...«. – Feßler, »Rückblicke auf seine siebzigjährige Pilgerschaft«. – Wilhelmine, Markgräfin von Bayreuth, »Mémoires ...«. – Lichtenau, »Mémoires ...«. – Reck, »Nachrichten von der Philidorschen Geisterbeschwörung«. – Nicolai, »Vorrede ...«.

308 *Was sagt sie uns ...* – Goethe, »Faust« I, Vers 2573–2576 (»Hexenküche«).
nach dem Heiligen Grabe – Anspielung auf die Kreuzzüge; vgl. die zweite Anm. zu S. 38.
nach Wittenberg – An die 1502 gegründete Universität Wittenberg, die durch ihre (vor allem durch Luther geprägte) antischolastische, humanistische Tendenz als Pflanzstätte der neuen bürgerlichen Ideologie große Anziehungskraft hatte.
nach der Neuen Welt – Nach Nordamerika. (Die ersten ständigen Ansiedelungen erfolgten erst im 17. Jahrhundert.)

309 *alte Reichstagsstadt* – Regensburg war (neben Worms, Augsburg, Nürnberg und Konstanz) im Mittelalter bevorzugter Tagungsort für den Reichstag, die vom römisch-deutschen Kaiser einberufene Versammlung der Reichsstände. Von 1663 bis zur Auflösung des Heiligen Römischen Reiches Deutscher Nation (1806) tagte der Reichstag permanent in Regensburg (Ewiger oder Immerwährender Reichstag).
Stein der Weisen – Vgl. die dritte Anm. zu S. 200.
Loyolisten – Anhänger des Ignatius von Loyola, der 1534 den (1540 vom Papst bestätigten) gegenreformatorischen und aufklärungsfeindlichen Jesuitenorden (»Gesellschaft Jesu«) gegründet hatte, der zwischen 1773 und 1814 vorübergehend aufgehoben war.
im gestickten Kleid, im Chorgewand und im einfachen Kittel – Metaphorische Umschreibung der drei Stände: Adel, Geistlichkeit und Bauer bzw. Handwerker.
Gaßnerianer – Anhänger des katholischen Geistlichen und Exorzisten Johann Joseph Gaßner, der in der zweiten Hälfte des 18. Jahrhunderts besonders in Österreich und in Süddeutschland großes Aufsehen erregte.

309 *Mesmerianer* – Anhänger des Theologen und Mediziners Franz Anton Mesmer, der mit seiner pseudowissenschaftlichen Lehre vom »animalischen Magnetismus« (einem angeblich dem menschlichen Organismus innewohnenden geheimnisvollen Fluidum) die romantische Naturphilosophie des ausgehenden 18. und frühen 19. Jahrhunderts nachhaltig beeinflußte. In der Medizin wurden dem Magnetismus als Heilverfahren Wunderkräfte zugeschrieben.

Kabbalisten – Kenner bzw. Ausübende der Kabbala, einer jüdisch-mystischen Geheimlehre des Mittelalters, die das auf göttlichen Ursprung zurückgeführte »Gesetz« (Talmud und Altes Testament) mittels Zahlen- und Buchstabensymbolik allegorisch auszulegen versuchten. In ihrer volkstümlichen Ausprägung betätigten sich die Kabbalisten als Magier, Zauberer und Geisterbeschwörer.

Somnambulisten – Hier: Magnetisten (z. B. ausübende Mesmerianer), die durch Hypnose die Willenskraft und den Organismus eines Menschen beeinflussen.

Cagliostro-Anhänger – Anhänger des italienischen Abenteurers Giuseppe Balsamo, der unter dem Namen eines Grafen Alessandro Cagliostro in den siebziger Jahren des 18. Jahrhunderts in ganz Europa als Verkünder von Geheimlehren und als Geisterseher auftrat, zahlreiche Anhänger fand und Logen gründete, in denen er sich mit »Wunderkuren« und Weissagungen »zum Heile der Menschheit« zur Schau stellte.

schwarze und weiße Magie – Die sogenannte schwarze Magie beschwört »böse Geister« (Schadenzauber), die weiße Magie »gute Geister« (Heil- und Abwehrzauber).

»Aufklärer« – Der Begriff »Aufklärung« umfaßt hier die gesamte auf die Vernunft gegründete, an den Renaissance-Humanismus und die Reformation anknüpfende frühbürgerliche geistige Bewegung, die den auf Aberglauben, Privilegien und despotischer Willkür beruhenden Feudalabsolutismus bekämpfte.

»Dunkelmänner« – Sammelbezeichnung für alle gegenreformatorischen, aufklärungs- und fortschrittsfeindlichen Kräfte. Der Begriff ist abgeleitet von den »Dunkelmännerbriefen« (»Epistolae obscurorum virorum«), einer von Humanisten verfaßten, 1515 und 1517 anonym erschienenen Sammlung fingierter Briefe, die die Borniertheit und moralische Verkommenheit der katholischen Geistlichkeit sowie die Rückständigkeit der mittelalterlichen Scholastik anprangerten.

311 *»Harmonika«* – Glocken- oder Glasharmonika, ein im späten 18. und frühen 19. Jahrhundert beliebtes Musikinstrument mit

großem Tonumfang (vier Oktaven) und zartem, »mystischem« Klang.

313 *Wir wenden uns nunmehr diesen Magiern ... zu* – In den Anmerkungen am Schluß von W III[1], S. 441 ff., findet sich unter der Überschrift »Geheime Gesellschaften« folgender Exkurs Fontanes über die »auf Lug und Trug gestellten« Geisterbeschwörungen jener Zeit: »*Das Geisterbeschwören* war, in den ersten Jahren der Regierung Friedrich Wilhelms II., in Berlin an der Tagesordnung. Die Verständigen lachten und deckten Mal auf Mal den Betrug auf, der oft von der gröbsten Art war; die Dinge hielten sich aber bis zum Thronwechsel. So erschien 1789 der Geisterbeschwörer Mr. St. Philidor, der, am 30. März, eine Gesellschaft von vierzehn Männern, natürlich gegen Erlegung ebenso vieler Friedrichsdore, zu einer ›Vorstellung‹ einlud. Der 13. Band der ›Berlinischen Monatsschrift‹, herausgegeben von F. Gedike und J. E. Biester, bringt darüber folgendes: ›Vor der Türe mußten die Geladenen Mäntel (namentlich Pelze) und *Stöcke* ablegen, welch letztere Entwaffnung in nur allzu begründeter Vorsicht ihren Grund haben mochte. Die Geladenen wurden darauf im zweiten Stockwerk in ein länglich-viereckiges Zimmer mit geweißten Mauern und mit zwei Fenstern und einer Tür und in demselben auf einen mit Latten abgesonderten engen Platz geführt, auf welchen an beiden Ecken eine metallne Hand hervorstand. Nahe an der Tür stand ein Gehülfe des Geisterbeschwörers. Im Zimmer war sonst nichts als, innerhalb einer auf dem Fußboden mit Kreide gezogenen Ellipse, ein zusammengeschlagenes schwarzes Tuch, eine brennende Lampe und ein Rauchfaß befindlich. Der Zauberer hielt überdem im Anfange ein brennendes Wachslicht in der Hand und war ohne irgendeine Auszeichnung schwarz gekleidet. Er fragte seine Gesellschaft im pathetischen Tone: „ob sie fest entschlossen wären, Geister zu sehen“, was allerseits bejaht wurde. Er erinnerte sie nunmehr, daß er nicht wie Schrepfer eine vierzehntägige Vorbereitung in der Diät zur Einweihung in diese Mysterien erfordert habe; daß er auch des sonst gewöhnlichen Hülfsmittels nicht bedürfe, zufolge dessen man sonst nur zwei oder drei Personen zuzulassen und solche den ganzen Tag über in demselben Zimmer einzusperren pflege. Er seinerseits verlange nur, daß niemand sich von der Stelle bewege, niemand etwas angreife, keiner während der Operation spreche, noch weniger einem andern *seine Gedanken über das Gesehene mitteile.* Sobald eines von diesen Gesetzen übertreten werde, stehe er nicht mehr für die *überaus*

große Gefahr, welcher sie sämtlich dadurch ausgesetzt würden. / Er legte nunmehr das schwarze Tuch, als zu der Feierlich[keit] wesentlich nötig, auseinander und bedeckte damit den Fußboden längs der Zauberwand. Licht und Lampe wurden ausgelöscht, und in der völligen Dunkelheit, die jetzt herrschte, benutzte er noch dazu das Rauchfaß auf eine für die Augen seiner Zuschauer sehr empfindliche Art. Mit väterlicher Sorgfalt erinnerte er sie nochmals in jeder Pause an die große Gefahr, in welcher sie sich befänden, empfahl ihnen, sich die Hände zu geben, und denen beiden, welche an den Ecken standen, die *metallne Hand* anzufassen, welche er in der Dunkelheit für eine abgestorbene Hand (main morte) ausgab. Die hierbei von einem der Zuschauer mit Nachdruck gegebene Versicherung, „daß der Zauberer, durch etwaige Anwendung eines zu empfindlichen elektrischen Schlages, sich einer *unangenehmen Erwiderung* aussetzen würde“, verstimmte zuerst den feierlichen mysteriösen Ernst, bei welchem allein eine Täuschung gedeihen kann. / Die Beschwörung nahm nun mit gebieterischer, aber dumpfer und unverständlicher Stimme, nach einem Hinundherschreiten im Kreise, mit dem Zauberstabe den Anfang. Es waren fast dieselben heiligen Worte („Helion“, „Melion“, „Tetragrammaton“), denen Cagliostro übernatürliche Kräfte beimißte, mit „Jehova“ und einigen französischen Formeln: „Parois, esprit terrible! Esprit terrible, epargne moi“ [Erscheine, gewaltiger Geist! Gewaltiger Geist, verschone mich!], vermischt. Über dem Zimmer ertönte ein Donner, und das Lämpchen warf einige Funken von sich. Nach einigem Hinundherbewegen des Rauchfasses und nach einigen in Ekstase auf die Zuschauer geworfenen Blicken erschien auf ein lautes: „Esprit, parois!“ an der von den Zuschauern etwa zwölf Fuß entfernten weißen Wand der Geist *Voltaires*, in weißem, langem Gewande, mit rundem Haar, fast in natürlicher Größe. Der Zauberer fragte, seines Verbots vom Stillschweigen selbst uneingedenk, die Gesellschaft: „ob sie den Geist erkennten“, und als man ihm antwortete, daß man die fast unkennbaren Gesichtszüge deutlicher zu sehen wünschte, entschuldigte er sich damit: daß er sich nicht anheischig gemacht habe, *Körper* zu zeigen. Das Phantom schien sich im Profil etwas rechts zu bewegen und würde ohne den dicken Rauch wie ein Schattenspiel ohne Farben oder wie eine vergrößerte, jedoch weiße ombre chinoise [chinesisches Schattenbild] geschienen haben. Es verschwand, nachdem der mitleidige Zauberer durch klägliche Beschwörungen und fast epileptische Verdrehungen die

Bestrafung der ungläubigen Zuschauer glücklich abgewandt hatte. / Der Geisterbeschwörer brachte hierauf *Friedrich den Großen* in Vorschlag, der auch sofort genehmigt wurde. Er erschien denn auch alsbald in Uniform, mit einem Federhut und völlig en face [von vorn]. / Nach kurzem Verweilen hieß es wie im „Hamlet": „Exit ghost" [Verschwinde, Geist], und Herr Philidor zeigte sich nunmehr bereit, den schon am Abend vorher verabredeten Geist des Vaters eines in der Gesellschaft befindlichen Engländers erscheinen zu lassen. Der Geist erschien auch wirklich, in englischer Offiziersuniform, etwas unter Lebensgröße und mit sehr irdischen Fehlern im Bau und in der Proportion des Körpers ausgestattet. Da der Magier die Person des Verstorbenen nie gesehen, auch sein Bildnis weder vor den „Œuvres de Voltaire" noch vor den „Œuvres postumes de Frédéric II." gefunden hatte, so waren, wie sich denken läßt, die Gesichtszüge völlig unkennbar. Auch verriet es wenig Feinheit, daß er nicht einmal den *Vornamen* des Verstorbenen vorher erforscht hatte, so daß man sich nicht hätte verwundern dürfen, wenn beim Aufrufen des Familiennamens das ganze *Geschlecht* mit allen Vettern und Namensverwandten erschienen wäre. / Das Augenscheinliche der Täuschung und die unangenehme Wirkung des immer dicker werdenden Rauches auf die Nerven hatten der Gesellschaft die Lust genommen, länger auszuhalten; einige forderten noch den *Teufel* zu sehn, worauf Herr Philidor jedoch aufs bestimmteste erklärte, daß seine Macht sich bloß auf *gute* Geister beschränke. / Es war ein totales Fiasko. Wahrscheinlich hatte er die Bilder aus der Laterna magica auf die Wand fallen lassen, welche wohl aus Pergament oder aus einem in Öl getränkten starken Papier bestand. Man fand nachher große Schnitzel von schwarzgefärbtem Papiere, woraus vermutlich die Hauptfiguren geschnitten waren. Das schwarze Tuch hatte zu besserer Zurückwerfung der Lichtstrahlen gedient; und zur Anbringung des optischen Werkzeuges war eine Türe ausgehoben, welche in eine an das Zimmer stoßende Kammer führte, wo ein Licht war. Bei einem bequemeren Lokal, bei genauerer Beobachtung des Rituals und bei Hinwegräumung alles dessen, was Verdacht erwecken mußte, würde die Täuschung erträglicher gewesen sein.«

313 »*Der Zweck heiligt die Mittel*« – Das geflügelte Wort, das als Quintessenz der Jesuitenmoral gilt, geht wahrscheinlich zurück auf die Sentenz »Cum finis est licitus, etiam media sunt licita« (Wenn der Zweck erlaubt ist, sind auch die Mittel erlaubt), die sich in dem Werk »Medulla theologiae moralis«

(1650; Kern der Moraltheologie) des Jesuitenpaters Hermann Busembaum findet.

315 *dienende Brüder* – Niedrigster Grad (»Lehrling«) in der hierarchischen Struktur einer Freimaurerloge (vgl. die zweite Anm. zu S. 271). Die »dienenden Brüder« sind bei Beschlußfassungen (durch Wahl) nicht stimmberechtigt.

316 *Hôtel de Pologne* – In Leipzig.

Briefwechsel zwischen ihm und dem Professor der Theologie Dr. Stark – Stark war, wie aus seinem Brief hervorgeht, Mitglied einer Freimaurerloge, deren intern verwendete Symbole sich offenbar u. a. auf die Zahlenmystik der »Offenbarung des Johannes« im Neuen Testament stützten (»heilige Zahl von Drei, Sieben und Zehn«, »sieben Geister Gottes«). Schrepfer hingegen kompiliert, um »Eingeweihtsein« vorzutäuschen, einige dilettantische Grundkenntnisse freimaurerischer Gepflogenheiten sowie einige Anspielungen auf landläufige Bibelzitate – z. B.: »die 7 Siegel tun sich auf« (vgl. Offenbarung 5–8), »Verflucht sei, der den Namen seines Gottes mißbraucht!« (vgl. 2. Mose 20,7), »Der Herr ist heilig und gerecht« (vgl. Psalm 116,5; Apostelgeschichte 3,14) – mit absolutem Nonsens.

317 *Cafetier* – (franz.) Kaffeehausbesitzer, Wirt.

strikte Observanz – strenge Ordensregel.

318 *Effronterie* – Unverschämtheit, Frechheit.

319 *Rosental* – Damals beliebter Leipziger Ausflugs- und Vergnügungsort (nordwestlich vom Stadtzentrum).

320 *Ei, Possen* … – Goethe, »Faust« I, Vers 2536 ff. (»Hexenküche«).

Natur- und kanonisches Recht – Naturrecht: Rechtsphilosophische Lehre, die die ethischen bzw. Rechtsnormen aus der als unveränderlich aufgefaßten »Natur« des Menschen herleitet (im Unterschied zum »positiven« Recht, zu den staatlichen Rechtssatzungen). Kanonisches Recht: Katholisches Kirchenrecht.

322 *Frater* – (lat.) Ordens-, Klosterbruder.

323 *»Lux in cruce et crux in luce«* – (lat.) »Das Licht im Kreuz und das Kreuz im Licht«.

Semler, der »Vater des Rationalismus« – Johann Salomo Semler, seit 1752 Professor der Theologie an der Universität Halle (vgl. die zweite Anm. zu S. 231), war der Begründer der von der Aufklärungsphilosophie beeinflußten sogenannten historisch-kritischen Theologie, die die Vernunft als oberstes religiöses Erkenntnisvermögen betrachtete und demzufolge den im kirchlichen Dogma verankerten übernatürlichen Offenbarungs- und Wunderglauben ablehnte.

323 *Neologen* – Vgl. die erste Anm. zu S. 245.
Ideologen – Hier (im ursprünglichen Sinn): Anhänger einer (in Frankreich begründeten) philosophischen Richtung, die durch die Analyse des Menschen Regeln für Moral, Recht und Politik finden wollte.
Kammer – Hier: Gewählte Volksvertretung (Reichstag oder Landtag).
324 *Chrysophiron* – Vgl. S. 326. Das Pseudonym enthält das griechische Wort chrysos (Gold).
325 *Fall Adams* – Anspielung auf die biblische Legende vom »Sündenfall«, der die Vertreibung Adams und Evas aus dem Paradies zur Folge hatte; vgl. Altes Testament, 1. Mose 3.
Jesus Christus, der Schlangentreter – Anspielung auf Lukas 10,19 im Neuen Testament: »Sehet, ich [Jesus] habe euch Vollmacht gegeben, zu treten auf Schlangen und Skorpione, und über alle Gewalt des Feindes; und nichts wird euch schaden.«
Johannes 1,12 – »Wie viele ihn [Jesus] aber aufnahmen, denen gab er Macht, Gottes Kinder zu werden, die an seinen Namen glauben [...]«
Anathema maharam Motha – Anathema sit, Maran Atha: (griech./aram.) Der sei verflucht; der Herr kommt!
326 *König* – Friedrich Wilhelm II.
In Frankreich der Sieg des Voltairianismus – Voltaire übte mit seinen aktuellen philosophischen und politischen Schriften, die maßgeblich zur Vorbereitung der bürgerlichen Revolution von 1789 beitrugen, bereits zu Lebzeiten einen immensen Einfluß auf die öffentliche Meinung in Frankreich aus.
Philosoph von Sanssouci – Vgl. die vierte Anm. zu S. 191.
der Sarg ... in die Gruft des Domes niedergelassen – Vgl. S. 285.
»Neue Allgemeine Deutsche Bibliothek« – Die von Christoph Friedrich Nicolai 1765–1792 herausgegebene »Allgemeine Deutsche Bibliothek«, eine literaturkritische und theoretische Zeitschrift der Aufklärung, war 1793 unter dem Titel »Neue Allgemeine Deutsche Bibliothek« fortgeführt worden (bis 1805). Nicolai hatte seit dem 56. Band der zweiten Folge (1801) wieder Redaktion und Verlag des Blattes übernommen.
ein toter Percy – Metapher für: ein toter Held; nach dem englischen Grafengeschlecht Percy von Northumberland, das in den kriegerischen Auseinandersetzungen der englisch-schottischen Geschichte eine wichtige Rolle spielte. Vgl. Fontanes

Balladen »Chevy-Chase oder Die Jagd im Chevy-Forst« und »Der Aufstand in Northumberland«.

327 *das Wöllnersche Religionsedikt* – Vgl. die erste Anm. zu S. 303. Das Edikt drohte jedem Geistlichen, der von der orthodoxen kirchlichen Lehre abweichen sollte, die Amtsenthebung an.

Obskuranten – Finsterlinge, Dunkelmänner; vgl. die zwölfte Anm. zu S. 309.

Wir konstatieren ... – In W III[1], S. 314, heißt es an dieser Stelle ausführlicher: »Wir gedenken hier keineswegs in eine Polemik gegen den Rationalismus einzutreten (er ist lange der ›Übel größtes *nicht*‹), wir konstatieren ...«

328 *Libertinage* – Zügellosigkeit, Liederlichkeit.

dreieiniger Gott ... Deismus ... Pantheismus – Das christliche Dogma von der göttlichen Dreieinigkeit (Trinität), wonach Gott die Einheit von Vater, Sohn und Heiligem Geist ist, wurde von der Aufklärungstheologie und -philosophie verworfen, abgeschwächt oder neu interpretiert. Zu den schärfsten Gegnern des dogmatischen Offenbarungsglaubens gehörte die in England begründete religionsphilosophische Strömung des Deismus, die Gott nur als abstraktes Urprinzip anerkennt, seinen Einfluß auf das Weltgeschehen jedoch bestreitet. (Der Deismus war das Vorbild des von Fontane oft erwähnten kirchlichen Rationalismus; vgl. die zweite Anm. zu S. 323.) Der Pantheismus hebt die Eigenständigkeit Gottes vollends auf und proklamiert die Identität von Gott und Welt; seine Anhänger wurden von der herrschenden Geistlichkeit als Gotteslästerer oder Atheisten bezichtigt und jahrhundertelang verfolgt.

Hegel ... in einer besondern Schrift – »Über die Differenz des Fichteschen und Schellingschen Systems (Jena 1801), eine der ersten Schriften Hegels.

das wahre Wissen vom Subjekt-Objekte – Ironische Anspielung Nicolais auf Theoreme der idealistischen Philosophie Fichtes und Schellings. Während Fichte von einem Dualismus von »Ich« und »Nicht-Ich«, d. h. von Subjekt und Objekt, ausgeht (wobei er das »Nicht-Ich«, die Materie, als »Tathandlung« des »Ich« auffaßt), lehrt Schelling – anfänglich von Fichte beeinflußt – die Aufhebung der Gegensätze von Subjekt und Objekt, von Geist und Materie im »Absoluten«.

So eifert Nicolai – Nicolai, mit seinen theoretischen Bemühungen bis 1792 von Bedeutung für die Geschichte der deutschen Aufklärung, geriet in der letzten Phase seines Wirkens durch sein selbstgefälliges, zensorisches Auftreten in Gegensatz zur klassischen deutschen Literatur und Philosophie.

329 *perhorreszieren* – verabscheuen, verwerfen.
Politik ... gegen Polen und Schweden – Im Schwedisch-Polnischen Krieg (1655–1660) verbündete sich Kurfürst Friedrich Wilhelm zunächst mit den Schweden. In der Schlacht bei Warschau (28.–30. Juli 1656) besiegte das schwedisch-brandenburgische Heer die Polen. Nach dem Eintritt Dänemarks in den Krieg gegen Schweden (1657) schloß Friedrich Wilhelm in der Hoffnung, das durch den Westfälischen Frieden (1648) an Schweden gefallene Vorpommern zurückzugewinnen, ein Bündnis mit Polen. Vgl. »Das Oderland«, Kap. »Gusow«, Abschnitt »Der alte Derfflinger«; Band 2 dieser Ausgabe.

330 *Verurteilung der Richtung Wöllners ... Anerkennung seiner persönlichen Aufrichtigkeit* – Mit dieser Auffassung korrespondiert eine Bemerkung von Willibald Alexis, die Fontane in den Anmerkungen am Schluß von W III[1], S. 441, zitiert: »›Die Herrschaft gedankenloser Roués [Wüstlinge], zu Ende der achtziger Jahre, konnte nur dahin führen, den Boden zur Aufnahme einer andren Saat bereit zu machen. Ein Ekel mußte schließlich jede bessere Natur überkommen ... Die Versuche der Wöllner und Bischofswerder, die jenen Verfall sehr wohl erkannten, kamen nur *zu früh, zu ungeschickt.*‹«

Uetz

Fontane hat den Ort im Sommer 1869 besucht (vgl. den Brief an Otto Friedrich Gruppe vom 18. August 1869; S. 568 f.) und den Aufsatz sicherlich nicht viel später verfaßt.

Der Vorabdruck erfolgte – als zweiter Beitrag einer vierteiligen Aufsatzreihe unter dem Sammeltitel »Havel und Haveldörfer« – in der illustrierten Stuttgarter Wochenzeitschrift »Über Land und Meer«, Band 26, Jg. 13, 1871, Nr. 47, S. 6 f. Der Überschrift »2. Uetz« folgte hier der Zusatz: »(Ein havelländisches Idyll)«.

Als Buchkapitel erschien »Uetz« zum erstenmal in der Erstausgabe des dritten »Wanderungen«-Bandes, »Ost-Havelland« (1873), der im Oktober 1872 ausgeliefert wurde.

Brouillonartige Aufzeichnungen zu diesem Kapitel finden sich in Fontanes Notizbuch A 17, Blatt 1–9; auch im Notizbuch A 15, Blatt 69–70, gibt es einschlägige Hinweise und Skizzen.

331 *Paretz ... in den Besitz König Friedrich Wilhelms III.* – Vgl. S. 336 f.

333 *Camera obscura* – (lat.) Dunkle Kammer; Vorform der fotografischen Apparate, deren Mattscheibe ein schwach erleuchtetes, umgekehrtes Bild des äußeren Gegenstandes in natürlichen Farben liefert.

334 *die Meile sieben Viertel* – Soviel wie: ein großer Umweg.

Paretz

Fontane hat den Ort mehrmals besucht, u.a. am 31. März und 1. April 1861 – »Morgen früh will ich nach Nauen, von da nach Ketzin und Etzin (zu Fuß), dann nach Paretz und über Potsdam zurück«; an Hertz, 30. März 1861 –, im August 1869, am 20. und 21. November 1869 sowie im Mai 1870. Im August 1869 hatte er im Hause des Paretzer Hofgärtners Wilken logiert, der manches Interessante zu berichten wußte und ihm auch fernerhin eine rührende Anhänglichkeit bewahrte. »Heute hatte ich auch einen Brief von meinem Paretzer Hofgärtner«, schrieb Fontane am 6. Mai 1870 an seine Frau. »Immer der alte, ein Nonplusultra von Artigkeit; Hesekiel nennt mich zwar jetzt auch ›Prinz Fontane‹, aber was will dieser Scherz sagen gegen den blutigen Ernst der Hofgärtner-Devotion. Sonntag werde ich wieder mit einem langen Aufsatz fertig, schreibe in nächster Woche ›Paretz‹ und werde wohl am 15. oder 22. d. M. einen Sonntag dort zubringen.« Bereits eine Woche später, am 14. Mai, teilte der Autor seiner Frau Emilie mit: »Heute vormittag hab ich ›Paretz‹ beendigt, woran noch ein Stück fehlte.«

Der Vorabdruck erfolgte – als erster Beitrag einer vierteiligen Aufsatzreihe unter dem Sammeltitel »Havel und Haveldörfer« – in der illustrierten Stuttgarter Wochenzeitschrift »Über Land und Meer«, Band 26, Jg. 13, 1871, Nr. 39 und 45, S. 6 f. und 17 f.

Als Buchkapitel erschien »Paretz« zum erstenmal in der Erstausgabe des dritten »Wanderungen«-Bandes, »Ost-Havelland« (1873), der im Oktober 1872 ausgeliefert wurde.

Aufzeichnungen zu diesem Kapitel finden sich in Fontanes Notizbuch A 17, Blatt 10–15, sowie in A 15, Blatt 69–74.

Für die Arbeit an dem Kapitel hat Fontane folgende Literatur benutzt (die vollständigen Angaben finden sich jeweils im Verzeichnis der Literatur; vgl. S. 658): Adami, »Luise, Königin von Preußen«. – Eylert, »Charakterzüge und historische Fragmente ...«. – Lehnert, »Das Leben Friedrich Wilhelms ...«. – Schulz (Fritz), »Paretz ...«. – Schadow, »Kunstwerke und Kunst-Ansichten«. – »Mündliche und briefliche Mitteilungen des Hofgärtners Wilken« (laut Anmerkung am Schluß von »Ost-Havelland«).

Gußeiserne Pforte im Park von Paretz

335 *Die Stätte, die ein guter Mensch betrat …* – Goethe, »Torquato Tasso« I,1 (Vers 80 ff.).
Meile – In Preußen etwa 7,5 Kilometer.
Schloß – Das 1796/97 nach einem Entwurf von David Gilly errichtete Schloß in Paretz existiert noch; allerdings wurde es stilwidrig verändert. Die ehemaligen Einrichtungsgegenstände sind seit 1945 verschollen. Einige der gemalten Tapeten befinden sich jetzt im Tempel der Römischen Bäder im Park von Charlottenhof. Vorgesehen ist, das Schloß nach der Restaurierung als Museum und als Fachhochschule zu nutzen. – Vgl. S. 344–347.
gotische Kirche – Vgl. S. 347 ff. und die dritte Anm. zu S. 347.
Hofgärtner – Wilken; vgl. S. 613.
336 *seine Vermählung* – Der Kronprinz vermählte sich am 24. Dezember 1793 mit der Prinzessin Luise Auguste Wilhelmine Amalie von Mecklenburg-Strelitz.
Schloß Oranienburg – Vgl. S. 136–160.
Parkanlagen – Der 1795–1803 von David Garmatter angelegte Paretzer Schloßpark ist nicht in seinem ursprünglichen Zustand erhalten. Das Rohrhaus (japanisches Lusthaus; vgl. S. 340) mit Grotte und Gruft (1799 von Gilly), die gußeiserne Pforte mit dem »L.« und der Inschrift (vgl. S. 341) sowie auch der »Tempel« mit der Marmortafel (vgl. S. 350 f.) wurden 1945 abgebrochen. Seit der Beseitigung des von vielen Bildern her bekannten Teiches (1954/55) sind im Park lediglich noch einige alte Bäume erhalten.
337 *Gärten von Klein-Trianon* – Das Lustschloß Petit Trianon im nördlichen Teil des Parkes von Versailles, im Auftrag Ludwigs XV. für die Gräfin Dubarry erbaut, war von einem mit Landhäusern versehenen englischen Garten umgeben.
Stadt Werder – Vgl. S. 444–450.
Wildpark – Ausgedehntes Wildgehege in der sogenannten Pirschheide (südlich von Potsdam, in der Nähe des heutigen Hauptbahnhofs); angelegt 1841/42 nach einem Plan von Peter Joseph Lenné.
Zauche … Wälder des Klosters Lehnin – Vgl. S. 44.
bowling-green – (engl.) Geschlossener Rasenplatz für das Bowling-Spiel, ein englisches Kugelspiel; hier wahrscheinlich allgemein: gepflegter Rasen.
Torflords – Gemeint sind die Besitzer der Torfabbaugebiete, die sich (als unentbehrliche Brennstofflieferanten für die Städte) im 19. Jahrhundert durch intensivste Ausbeutung von Saisonarbeitern große Vermögen erwarben. Vgl. »Die Graf-

schaft Ruppin«, Kap. »Das Wustrauer Luch«; Band 1 dieser Ausgabe.

338 *Aufzeichnungen* – In Friedrich Adamis Buch »Luise, Königin von Preußen« (vgl. das Verzeichnis der Literatur, S. 658), dem auch die zitierten Äußerungen der Königin und des Generals von Köckritz entnommen sind. (Köckritz war bis 1810, dem Todesjahr der ihn begünstigenden Königin Luise, Generaladjutant Friedrich Wilhelms III.)

bal champêtre – (franz.) Tanz im Freien, ländliches Fest.

Hautboisten – Oboisten; Militärmusiker.

339 *divertiert* – ergötzt, vergnügt.

»niemand ist verpflichtet, ein großer Mann zu sein« – Diesen Ausspruch des liberalen Historikers Friedrich Christoph Dahlmann (1785–1860) zitiert Fontane mehrfach.

insipide – albern, abgeschmackt.

Kronprinz – Friedrich Wilhelm, der spätere König Friedrich Wilhelm IV.

340 *am 14. Oktober wurde das alte Preußen begraben* – Vgl. die erste Anm. zu S. 204.

Wir finden darüber folgendes – Ebenfalls in Adamis Buch; vgl. das Verzeichnis der Literatur, S. 658.

341 *Preußen war zweimal ... in die feindliche Hauptstadt eingezogen* – Ende März 1814 und Anfang Juli 1815 (nach Napoleons I. Niederlage bei Waterloo). Vgl. »Die Grafschaft Ruppin«, Kap. »Regiment Mecklenburg-Schwerin Nr. 24«; Band 1 dieser Ausgabe.

Die Russen ooch? – Friedrich Wilhelm III. war der Schwiegervater des russischen Zaren Nikolaus I.

342 *Großfürst* – Nikolai Alexandrowitsch, der spätere Zar Nikolai I.

erzählt Eylert – In »Charakterzüge und historische Fragmente ...«; vgl. das Verzeichnis der Literatur, S. 659.

343 *Schatullegüter* – Zum Privatbesitz des Königs gehörende Güter (im Unterschied zu den Domänen, den Staatsgütern).

jetziger Kronprinz – Friedrich Wilhelm, der spätere deutsche Kaiser Friedrich III.

»out-of-the-way-place« – (engl.) ungewöhnlicher Ort; Anspielung auf das Gedicht »Out-of-the-way-places« (1863) von George Hesekiel, aus dem Fontane mehrfach Mottos für seine »Wanderungen«-Kapitel ausgewählt hat.

344 *Tibetkleider* – Tibet: Feiner, weicher Stoff aus Kammwolle.

Wo nun Gras und Staude beben ... – Lenau, »Die Heidelberger Ruine«, Strophe 2 und 15.

345 *der »angebornen Farbe der Entschließung« die bekannte Gedankenblässe angekränkelt* – Anspielung auf die oft zitierte Textstelle aus Shakespeares »Hamlet« (III,1; Monolog Hamlets): »So macht Gewissen Feige aus uns allen; / Der angebornen Farbe der Entschließung / Wird des Gedankens Blässe angekränkelt …« (Übersetzung von August Wilhelm Schlegel).
Zitz – Feiner, bunter Kattun.
Grotte der Egeria – Felsengrotte in der Nähe Roms, benannt nach der römischen Quellnymphe Egeria, der Gattin und klugen Beraterin des legendären Königs Numa Pompilius.
Kaskaden von Tivoli – Die Wasserfälle des Aniene-Flusses in der mittelitalienischen Stadt Tivoli (östlich von Rom) gelten heute wie damals als touristische Attraktion.

346 *einer Lordship oder Royal Highness respectfully devoted* – einer Lordschaft oder Königlichen Hoheit ehrerbietig gewidmet.
Zusammenkunft … in Memel, 1802 – Zar Alexander I. weilte vom 10. bis 16. Juni 1802 anläßlich eines preußischen Manövers als Gast Friedrich Wilhelms III. und der Königin Luise in Memel (Ostpreußen). Der junge, erst 1801 auf den Thron gelangte Monarch wollte sich, offenbar im Hinblick auf ein potentielles russisch-preußisches Bündnis gegen die in Europa bereits dominierende Militärmacht Napoleons, über die derzeitige Verfassung der preußischen Armee informieren.

347 *Die Räume des Schlosses* – Eine Aufstellung über die Schloßräume und ihr Inventar findet sich in Fontanes Notizbuch A 15, Blatt 71–74.
Formen des ersten Kaiserreichs – Empire-Stil; vgl. die erste Anm. zu S. 306.
Kirche – Ursprünglich gotische Dorfkirche; 1797 in neugotischem Stil erneuert. Das erwähnte Inventar ist noch vorhanden.

348 *Munifizenz* – Freigebigkeit, Großzügigkeit.
Kurfürstenbibel – Mit den Porträts von elf sächsischen Kurfürsten und zahlreichen Kupfertafeln ausgestattete Prunkbibel, die 1641 von der seinerzeit namhaften Nürnberger Buchhändler- und Buchdruckerfirma Endter herausgegeben worden und bis 1768 in vierzehn Auflagen erschienen war.

349 *Schadows: »Die Apotheose der Königin Luise«* – Flachrelief aus dem Jahre 1811.
jene wirre Kunstepoche – Gemeint ist die Frühperiode der eng mit dem theoretischen Programm der deutschen Romantik verbundenen sogenannten nazarenischen Kunst (1809 bis etwa 1840), die sich um die Erneuerung des mittelalterlichen

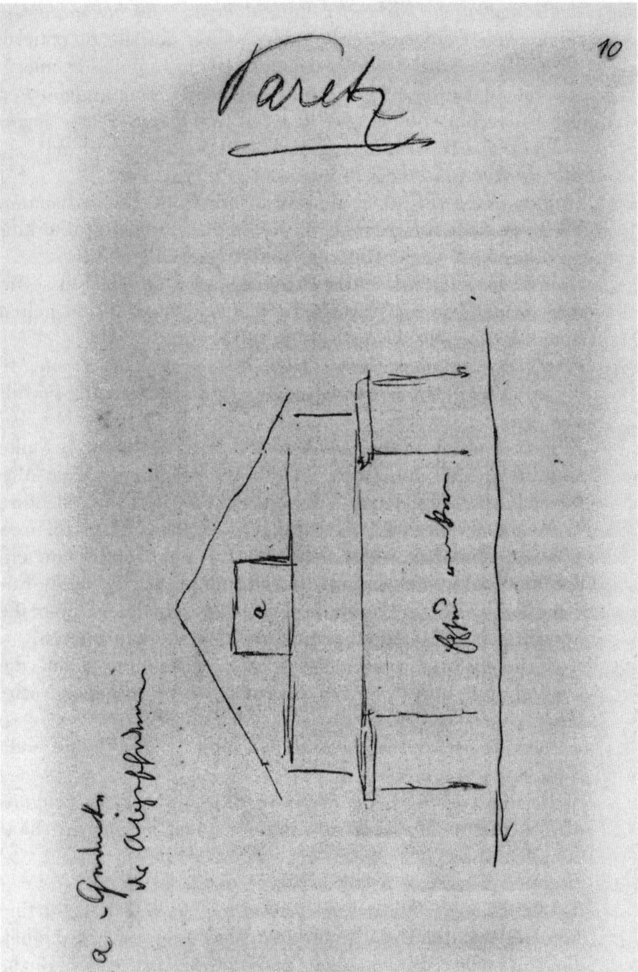

Der »Tempel« im Park von Paretz

Andachtsbildes sowie um die Darstellung der nationalen Geschichte und Legende bemühte.

349 *Brennus* – Latinisiertes keltisches Wort für »König«. (Bei den Römern Bezeichnung für den sagenumwobenen gallischen Heerführer, der im 4. Jahrhundert v. u. Z. in Italien einfiel und 387 v. u. Z. Rom bis auf das Kapitol zerstörte.)

Borussia – Neulateinische Bezeichnung für »Preußen«.

heiliger Mauritius – Legendärer christlicher Heerführer im Gefolge des römischen Feldherrn Maximianus Herculius; er soll, als er die angeordnete Christenverfolgung verweigerte, um 300 zusammen mit vielen seiner Soldaten auf dem Gebiet des heutigen Schweizer Kantons Wallis hingerichtet worden sein.

350 *griechische Kreuze* – Vgl. die zweite Anm. zu S. 306.

Prinz Ludwig ..., der Bruder, zugleich der Schwager Friedrich Wilhelms III. – Er war verheiratet mit Friederike von Mecklenburg-Strelitz, einer Schwester der Königin Luise.

Parkgruft zu Charlottenburg – Vgl. die zweite Anm. zu S. 184.

352 *Paretz ist eine Stätte der Erinnerung* – In den Anmerkungen am Schluß von W III[1], S. 444 f., findet sich unter der Überschrift »Das Belvedère« ein Exkurs Fontanes über eine weitere Paretzer »Erinnerungsstätte«. Es heißt dort: »Eine Viertelmeile von Paretz entfernt befindet sich das ›Belvedère‹, das, als Aussichtspunkt, schon 1803 angelegt wurde. Es ist ein als gotische Ruine gedachter viereckiger Turm, der zunächst aus einem Erdgeschoß und darüber aus einem großen gewölbten Zimmer mit vier Spitzbogenfenstern besteht. Das Zimmer selbst einfach geweißt. Es gewährt einen freien Blick über die übrigens ziemlich monotone Landschaft. Inmitten des Zimmers steht ein großer runder Kaffeetisch; um diesen herum zwölf Stühle. Friedrich Wilhelm III. liebte es, bei gutem Wetter, hier die Kaffee- oder Teestunde zu verplaudern. / Die einzige Sehenswürdigkeit dieses Orts, richtiger ein Kuriosum, bilden dreißig größere und kleinere *Theater-* und *Zirkuszettel* aus allen Ländern Europas, die, bis zu erheblicher Höhe, die Wände bedecken. Die größere Hälfte davon hatte der König von seinen gelegentlichen Reisen mit heimgebracht; sie wirken deshalb wie Tagebuchblätter aus einem Reisejournal. ...«

Etzin

Der Aufsatz gehört zu den frühen märkischen Feuilletons Fontanes; er entstand bereits im April/Mai 1861 – im Anschluß an die Reise vom 31. März und 1. April dieses Jahres (vgl. die Bemerkung aus dem Brief an Wilhelm Hertz vom 30. März 1861, S. 613).

Der Vorabdruck erfolgte 1862 – unter der Überschrift »Etzin und sein heldenmütiger Pfarrer« – in der von Heinrich Pröhle herausgegebenen Zeitschrift »Unser Vaterland. Bilder aus der deutschen Geschichte, Kultur und Heimatkunde«, Band 2, S. 130–135. Als Buchkapitel erschien »Etzin« zum erstenmal in der Erstausgabe des dritten »Wanderungen«-Bandes, »Ost-Havelland« (1873), der im Oktober 1872 ausgeliefert wurde. Fontane hat bei dieser späten Veröffentlichung die inzwischen eingetretenen Veränderungen in Etzin nicht berücksichtigt (vgl. das »Vorwort zur zweiten Auflage«, S. 5 f.).

Am 5. Januar 1873 übersandte Fontane dem Maler Adolf Menzel, seinem »Tunnel«-Kollegen, der sich offenbar für die Geschichte des Pastors Seegebart interessiert gezeigt hatte, ein Exemplar der Erstausgabe mit der Bemerkung: »Die süße Mandel ›Seegebart‹ kann ich Ihnen nicht gut anders bieten als in der dicken, dünnen Schale eines dritten Teiles meiner ›Wanderungen‹ (Kapitel ›Etzin‹). Erweisen Sie mir die Ehre, ihn freundlich entgegenzunehmen. Bitte, übersehen Sie nicht in den Anmerkungen die kurzen Auszüge aus Seegebarts Tagebuch.«

Aufzeichnungen über Ausstattungsstücke der Etziner Kirche finden sich in Fontanes Notizbuch A 3, Blatt 13–17; dort hat der Autor auch die Inschrift notiert, die er am Schluß des Kapitels (verkürzt) zitiert. Einen Hinweis auf Seegebart und die Gemälde in der Etziner Kirche trug Fontane im Notizbuch A 11, Blatt 17, ein.

Für die Arbeit am Kapitel »Etzin« benutzte Fontane neben Seegebarts »Tagebuch ...« (vgl. das Verzeichnis der Literatur, S. 664) »briefliche Mitteilungen des älteren Pastor Duchstein in Etzin« (laut Anmerkung am Schluß von »Ost-Havelland«).

353 *Es haben alle Stände ...* – Fontane, »Der alte Derffling«, Strophe 1, Vers 1 f. Der hier abgewandelte Vers 2 lautet in der Ballade: »So ihren Degenwert«.

Sei brav ... – Der Spruch stammt wahrscheinlich ebenfalls von Fontane.

eine kleine Spezialreise – Vgl. S. 613.

gelbklappige Ulanen – Ulanen, deren Uniform mit einer gelben (latzförmigen) Brustklappe versehen war.

355 *Pensionstünche* – In Pensionaten erlernte »gute« Umgangsformen.
Etziner Kirche – Die schlichte Dorfkirche ist 1945 zerstört, 1948 und 1967/68 teilweise restauriert worden; die erwähnten Porträtbilder der Etziner Geistlichen sind noch vorhanden.
Patronatskirche – Von einem Patron (zumeist dem Gutsbesitzer) gestiftete und ausgestattete Kirche. (Mit dem Patronat waren bestimmte kirchliche und rechtliche Privilegien verbunden.)
356 *»Wort und Hort«* – Anspielung auf Psalm 71,3 im Alten Testament: »Sei mir ein starker Hort, zu dem ich immer fliehen kann, / der du zugesagt hast, mir zu helfen; denn du bist mein Fels und meine Burg.«
Brautkrone – Vgl. die vierte Anm. zu S. 427.
Zeit der ersten beiden Könige – Die ersten vierzig Jahre des 18. Jahrhunderts.
357 *»Geist Davids«* – Gemeint sind der Mut und die Tatkraft des Hirten David (vgl. Altes Testament, 1. Samuel 17), den Gott zum König von Israel und zum Besieger aller Feinde des Landes auserwählt hatte. Vgl. auch die vierte Anm. zu S. 244.
Chotusitz – Bei Chotusitz (Böhmen) errangen die Preußen am 17. Mai 1742, im Ersten Schlesischen Krieg, einen Sieg über die Österreicher.
Spenersche Lehre – Der protestantische Theologe Philipp Jakob Spener gilt als Begründer des Pietismus (vgl. die zweite Anm. zu S. 231), dessen Grundgedanken er in der Schrift »Pia desideria oder Herzliches Verlangen nach gottgefälliger Besserung der wahren evangelischen Kirche« (1673) zusammengefaßt hat.
11. März … Erstürmung von Glogau – Die von den Österreichern besetzte Festung Glogau wurde von den Preußen in der Nacht vom 9. zum 10. März 1741 erobert.
Mollwitz – Bei Mollwitz (nahe Brieg) siegten die Preußen am 10. April 1741 über die Österreicher.
König – Friedrich II.
358 *Kavalleriechargen* – Hier: Kavallerieangriffe.
359 *jug* – jagte.
Roquelour – Roquelaure: (franz.) Überrock, Reisemantel.
repoussieren – zurückschlagen.
als ein Feldmarschall – wie ein Feldmarschall.
champ de bataille – (franz.) Schlachtfeld.
360 *Jordan schrieb … an den König* – Jordan, ein ehemaliger Prediger, gehörte bereits in der Rheinsberger Zeit (1734 bis

1740) zum Freundeskreis des damaligen Kronprinzen Friedrich; während des Ersten Schlesischen Krieges war er der bevorzugte Vertraute und Korrespondenzpartner des jungen Königs.

360 *Das Tagebuch … in seinem Tone und seiner Schreibweise* – In den Anmerkungen am Schluß von W III[1], S. 451, schreibt Fontane: »Das Tagebuch macht in dem Ernst und der Milde seiner christlichen Gesinnung einen außerordentlich günstigen Eindruck. Mut und Frömmigkeit, Selbstbeherrschung und vornehmes Empfinden, vor allem Demut, Wachsamkeit und Strenge gegen sich selbst treten einem fast auf jeder Seite entgegen. Zugleich ist es ein vorzügliches Zeit- und Sittenbild, wie wir deren – in bezug auf *diese* Schicht der Gesellschaft – nicht allzu viele haben.« Um auch von »Ton« und »Schreibweise« Seegebarts einen Eindruck zu vermitteln, geben wir die Tagebuchnotizen, die Fontane in W III[1], S. 445–451 (Anmerkungen), aufführt, originalgetreu wieder: »*Dorf Werder bei Rüdersdorff.* Den 14. Februar marschirte das Regiment vor 9 Uhr aus Berlin auf Landsberg; allwo ich dito um 1 Uhr anlangte und mein Quartier bekam bey einem Schuster Namens Steinhorst. Auf dem Wege war ein kranker Bursch von des Obristlieutenant v. Schulenburg Compagnie Namens Thoren gestorben, der daselbst auf dem Kirchhofe begraben wurde. Unterwegs traf ich ein Commando Bürger an, die 300 weniger 1 Recruten nach Berlin gebracht hatten von kaiserlichen Deserteurs, wie mir denn auch kurz nachher noch ein dergleichen Commando begegnete, das 25 Mann dergleichen Recruten dorthin begleitete. / Ich sprach zu Alten Landsberg den Oberprediger Herrn Martini, und fand den Diaconum Herrn Kampen bey ihm, der erste schien ein conduisirter Mann zu seyn. / Aus Berlin fuhr ich mit einem in Gottes Willen gelaßenem Gemüthe. Der Herr gebe mir eine gläubige in ihm getroste und freudige Seele! / Den 15. um 7 Uhr marschirte das Regiment aus Landsberg, das zu den Zeiten, da es noch den Herrn von Schwerin zugehört, ein Sitz der Socinianer gewesen, und wurde in 5 Dörffern unterm Amte Rüderstorf einquartiert. Ich bekam mit den Obrist Wachtmeistern von Götz und Osten mein Quartier im Dorfe Werder, vor dem Ende bey einem Manne namens Fleischhauer, so ein klein Freiguth besaß, wo man mir alle Willfährigkeit erwieß. Der Prediger dieses Orts von Einem, ein Edelmann der Geburth nach, stund bei den Leuten in geringem Credit, weil er Narrentheidinge auf der Cantzel und andere Possen auf der Cantzel vorbringe, darüber nicht nur Zuhörer, sondern auch er selbst la-

chen müße. Des Abends ging ich zu ihm, und blieb bey ihm zum essen, wozu er mich auch den folgenden Tag bitten ließ. Er ist ein freier Mann, der doch vieles vom Glauben und Buße saget. Weil er ein hannöverisch-Göttingischer patricius, so nennet er die Bauer, denen er durchaus gram ist, nur den Pöbel und die Canaille. Mein hospes mag wol ein privat-Haß wider ihn haben, weil er seine Frau, die von einem Grenadier geschwächt 10 Wochen nach ihrer Hochzeit entbunden worden, zwar als Jungfer aufgeboten, aber es auch hernach öffentlich gerüget hat. / Herr Jesu sey Du meine Weisheit auch in der Führung meines Amts! / Den 16. ward vom Major v. d. Osten zum essen gebeten, weil es aber schon dem Prediger zugesaget, so refusirte es bey diesem, und zu jenem nahm Mr. Warnicke mit. Nachmittags ritte auf eine Viertheil-Meile von meinem Quartier nach Zindorff zum Prediger Hrn. Scheibler, einem Sohn des ehemaligen Inspectoris zu Lindo bey Ruppin. Die Frau ist ein kluges conduisirtes Weib, Er selbst nicht ohne wahre Gottesfurcht und gründliche Erkenntniß vieler Wahrheiten. Sein antecessor Kohlhart ist vor 14 Jahren ausgetreten mit etlichen 100 Thlrn. Kirchen-Geldern, weil er sammt seinem Vater mit seiner gehabten Magd in Unreinigkeit gelebt, und auch sonst nicht nur unanständige Handthierung getrieben, sondern auf alle mögliche Weise ein höchst ärgerliches Leben geführt. Der Hr Scheibler hat vielen Verdruß ausstehen müssen, weil er die Unordnung abgestellt wissen und unter das unbändig rohe Volk Erkenntniß des Heils bringen wollen. / NB. Hier habe 3 rationes bekommen, da mir in dem ersten Nacht-Quartier nur 2 gereichet worden. / *Fürstenwalde* 17. Februar. Morgens um 7 Uhr reisete von Werder ab und kam um 11 Uhr in Fürstenwalde an, allwo ich mein Quartier bey einer Kunst-Pfeiffer-Wittwe, die Hörnichin genanndt, bekam. Sie hat 2 mannbare Töchter, die bey ihrer großen vorgeblichen und scheinbaren Dürfftigkeit der Galanterie ergeben zu seyn mir vorkamen. Der Herr gebe, daß ich mich irre. Auf dem Marsch stießen mir manche kleine widrige Zufälle auf, welche mir Gelegenheit gaben, die Nothwendigkeit der Wachsamkeit auch dabey zu erkennen. / Nachmittags machte Visite beym Archidiacono Herrn Baumann. Herr Baumann hat eine Lieberkühnia aus Berlin. Es gefiel mir nicht übel im Hause bey ihnen, wie sie denn auch nebst einem vorgesetzten Caffee auch das Abendessen mich bey ihnen einnehmen ließen. / Der Mann scheint ein gutes Gemüth zu haben. Sie ist ziemlich cholerisch. Er hat zuerst unter dem (ni fallor) Dewitzischen Regiment cavallerie in Preußen gestanden, nachdem er 2 Jahr zuvor beym vorigen Feld-Probst Gädicken im Hause gewesen. Hernach ist er Prediger zu *Bernäuchen* unter der Bernauischen Inspection geworden. Darauf zu Charlottenburg bey Berlin; von wo er auf Vorschlag des Feld-Probsts Carstedt nach Fürstenwalde gekommen. Multum in discordiis versatus est et apud Carolinaburgenses et ita esse dicitur apud Fürstenwaldenses. / *Frankfurt.* Am 18. ging ich nach Frankfurt, wo ich abends gegen 8 Uhr arrivirte. Ich fand daselbst beym Pastore der Unterkirche Herrn Hitzwedel den Herrn Feldprobst nebst einem Fähnrich Glasenapschen Regiments von Hart, welcher bekehret seyn soll. Man empfing mich mit complaisance. Ich nahm mein quartier samt dem Feld-Probst bey einem Kamm-Macher Herrn Wiesiger einem guten Freunde des Hrn. Hitzwedels. / d. 19. Weil es ein Sonntag war, *so hörte 3 Predigten*: Vormittags in der Oberkirche einen alten Candidaten nahmens Hortleder, so zur Probe predigte zur Pfarre in Kunersdorff, einem Dorfe so dem Magistrate in Frankfurt zugehörig. Eine so schlechte und magere Predigt habe lange nicht gehöret. Denn es war der Vortrag so indiscret, daß er nur lauter bekehrten Christen, deren er wol wenige vor sich haben mogte, predigte. / Die ganze Predigt war ein ausgedörrtes Sceleton, dessen Theile kaum aneinanderhingen. Er wollte das ganze Evangelium erklären, vergaß aber die Hauptsache und blieb bei den magern Umständen des Orts, der Zeit etc. ohne es durch porismata zu appliciren; begieng auch das falsum, daß Christus nachher niemals mehr vom Teufel versucht worden, da gleichwol einer der Evangelisten ausdrücklich meldet, daß der Teufel nur NB. eine Zeitlang von ihm abgelassen. Um die Mittagszeit hörte in der *Unter*-Kirche den Hrn. Ellinger, Archidiaconum daselbst. Der Mann mag nicht ohne Gnade seyn, steht aber in einer gar zu heftigen Gemüthsfaßung. Theilet aber sonst das Wort recht. Die Bitterkeit, so er gegen das auditorium zu haben scheint, mag vielen Segen hindern. Nachmittags hörete in der Oberkirchen (bey jetziger vacantz des diaconats, wozu Herr Hitzwedel gelangen wird) diesen Hrn. Hitzwedel. Er predigt noch so wie sonst zu Berlin i. e. biblisch, aber ohne specielle application an die herkömmlichen Bräuche, die Zuhörer zum Herrn Jesu zu ziehen. Der Herr lehre und beßere uns und gebe mir Gnade, die an euch bemerkten Fehler zu meiner Besserung anzuwenden. / In Frankfurt giebt es viel schöne Leute. / Die Universität war sehr schwach, so daß nach der Aussage Mr. Colbergs stud. theol. Luther. die Anzahl der Studenten nicht über 120 belaufen mögte. / In der Oberkirche war eine schöne Musique, weil ein Dankfest, daß Gott vor etwa 200 Jahren (anno 1565) die contagion und Wassers-Noth abgewandt, gefeiert wurde. 2 Paar Pauken, die Trompeten und schöne Orgel machten ein gewaltiges Gethöne. Die Leute haben unter der Music die Gewohnheit, daß sie ins gesammt ein Gebet oder sonst etwas lesen, weil, wie einer sagte, sie doch vom Text der music nichts verständen. Die Schule soll unter dem Rectorat des Hrn. Christgau mehr ab- als zunehmen. In prima classe sollen etwan 20 sein. Daß seine Frau sich in Schulsachen mischt, soll Schuld daran seyn. / Vormittags besuchte Hrn. Hitzwedel und Ellinger, der mir manches von dem irregulären Verhalten des Predigers Colberg's erzählte, item von seines Collegen Frauen, die auf einer Hochzeit in Mariti Gegenwart brav mitgetanzet, zuletzt auch mit den gemeinsten Bürgern; item ein andermal nicht nur dieses, sondern sich auch von mehrern Anwesenden, auch Studenten öffentlich küssen lassen. Er referirte mir auch manchen falschen Streich, den er ihm gespielt, item von so vielen Leiden, die er ausgestanden um des angelegten Waisenhauses willen, da er auch von den hospitaliten einmal sey geprügelt worden. / *Reppen.* Den 21. ging der Marsch auf Reppen. Ich fuhr aus morgens um 9 Uhr und langte mit dem Regiment um 1 Uhr daselbst an. Das quartier bekam beym Ober-Pfarrer Herr Klewer obgleich das billet auf den Diaconum gerichtet war. Denn aus Irrthum und vielleicht besonderer göttlicher direction wieß man uns dorthin. Reppen ist ein ebener Flecken, oder, weil es drei Bürgermeister hat, eine mäßige, aber pauvre Stadt. Herr pastor primarius Klewer ist 14 Tage lang unter dem jetzigen Glasenapschen, ehemals Wartenslebenschen Regiment musquetier gewesen. Auf Vorstellung der jetzt verwittweten Königlichen Frau Mutter aber wieder losgegeben worden; hernach auf recommendation höchst derselben in seinen jetzigen posten gekommen, der immer jährlich bis 600 Thlr. und darüber einträgt, aber auch mit vieler Arbeit verknüpft ist. Er ist ein ansehnlicher Mann. Schade daß er nicht fromm ist. Wenn sein natürliches Ehrgefühl und hospitalitas geheiliget wäre, würde er nutzbar und angenehm seyn. Er dünkt sich ein starker Wolffianer zu seyn. Da ihm aber auf die Zähne fühlte mit einem Paar dubiis, so sahe wohl, daß er etwas, aber nicht viel von der Philosophie wußte. / Hätte sein Weib Anleitung zur Gottseligkeit, sie würde Gott sehr treu seyn, da sie bey einem natürlichen Wesen so sehr viel artiges und gutes an sich finden lässet. Der Herr helfe ihr, und sey gelobt, daß er meine Seele nicht ohne Gnade in dieser Wüste gelassen. / Den 22. Febr. war Ruhetag, doch nicht für mich; denn ich reisete mit meinem Hrn. hospite und hospita, ich zu Pferde und sie im Wagen, nach Drentzig zum Hrn. Büttner Past. 1., weil er uns invitirte. Dieses Dorf liegt nach Frankfurt zu 1/2 Meile von Reppen. Wir trafen daselbst den Amtmann von Neuendorf Hrn. Baier, der Hrn. Büttner die Kirchen-Rechnung abnahm. Meine Seele fand daselbst keine Ruhe und gefiel mir nichts, als daß Herr Büttner zu einem weggehenden Kirchen-Vater sagte: fürchtet Gott und betet fleißig. Gott lehre es euch recht! / *Sternberg*. Den 23. ging der Marsch nach Sternberg, einem etwas kleinern und geringern Ort als Reppen, und umliegende Dörfer. Ich sprach unterwegs zu Botscho beym Prediger Hrn. Pirscher ein, weil ich einen Brief von Hrn. Klewer an ihn zu bestellen bekommen. Dieser, ein ehrlicher, und wo nicht wahrhaft frommer, doch vom Reich Gottes nicht weit entfernter Mann, gab mir, meinen Leuten und Pferden zu essen und Futter und bewieß sich sonst in allen Stücken cordat. Er dimittirte mich mit vieler tendresse und Freundschaftsbezeugung, und ich kam in Sternberg um 4 Uhr an, da ich des Morgens 3/4 auf 10 Uhr aus Reppen gereiset. Mein Quartier daselbst ward mir angewiesen bey dem Prediger Herrn Landvoigt, einem Manne der den Schein eines gottseligen Wesens, oder wenn dieses nicht, doch den Namen davon haben wollte: aber nichts von der Kraft der Gottseligkeit an sich hatte. Indes that er mir und den meinigen Gutes. / Das Land Sternberg heißt das Knödel-Land, weil viel Knödel-Bäume* [*Fußnote: wilde Obstbäume] auf dem Felde sowie bey mir die Eichbäume stehen. Und ist der Adel darin gleichsam gesäet. Allein in dem kleinen Flecken sollen nach Aussage des Herrn Landvoigts an die 60 adeliche Personen seyn. Zum Spaß, sagte mir Hr. Klewer zu Reppen nach seinem aufgeweckten Naturell, hat man daselbst das Sprüchwort: ›die Adelichen wären vom Teufel gesäet und als er über Sternberg gekommen, sey ihm der Sack aufgegangen‹. / *Züllichau*. Den 24. Februar marschirten wir in die Herrschaft des Grafen von Rottenburg. Ich wurde zur Compagnie des Major v. Rintorf und des Capitain v. Nekern gesellt und bekam auch Quartier in Driebitz, einem kleinen Dorfe. Ich bey dem Dorf-Schulmeister nahmens Elias Brose. Der Prediger dieses Orts wohnt zu Beutnitz, einem kleinen Städtchen: er heißet Schultze. Er hat 6 Dörffer, die zu ihm in die Kirche kommen müssen. In der Neumark haben die Prediger zum Theil schon viel Dörffer und müssen mehrere 3 mal, der Sternbergische 4 mal an einem Sonntage predigen. Die Leute reden hier schon sehr unverständlich, ob es gleich noch 4 Meilen dießeit Züllichau lieget. / NB. Gedachter Herr Graf ist ein Bruder des in französischen Diensten bisher gestandenen von unserm König zurückberufenen und zum Obristen über ein Regiment Cavallerie ernannten Grafen von Rottenburg.* [*Fußnote: Rothenburg. F.] / Den 25. Febr. war Ruhe-Tag zu Driebitz. Ich ließ mein Zelt aufschlagen und speisete des Mittags mit den Lieutenants von Heine und Katte beym Capitain von Nekern. / Den 26. Februar marschirten um 7 Uhr die 2 vorher in Driebitz gestandenen Compagnieen nach Blumberg, wo auch die vom Capitaine von Bandemer zu uns stieß. Dieses Dorff gehört der verwittweten Baronesse (oder vielmehr ihren noch unmündigen Kindern) v. Schmettau. Es ist außer 4 Häusern vor beynah 4 Jahren gantz abgebrannt und nun neu mit regulairen Straßen auf einem andern Orte aufgebauet. Es war beschlossen, daß ich sammt den Officiers auf dem Schlosse speisen sollte. Weil man aber aus vorgegebener Unwissenheit meines quartiers, mich nicht formellement invitirte, so blieb zurück und aß schon bey meinem Wirthe, als mir mein Knecht die von dem Amts-Schreiber committirte invitation brachte. Mein hospes war ein Schneider wie der zu Driebitz Nahmens Wotscheski; die Einwohner dieses Orts müssen nach Pommertzig, 1/4 Meile davon nach Züllichau zu, in die Kirche gehen. Woselbst der Prediger Hr. Samuel Borchart etwa auf die 8 Jahr gestanden. / Eine starke Meile hinter Blumberg kam der Major von Goetz uns entgegen aus der blocquade von Glogau, der daselbst hart kranck gelegen, auf ausdrücklichen Befehl des Königs, der sich noch gestern bey seiner Abreise dort befunden. Glogau ist noch nicht an die unsrigen übergegangen gewesen. Auch sind damals eben noch nicht Anstalten gemacht worden, die Festung mit Gewalt anzugreiffen. / Den 27. ging das ganze Regiment nach Züllichau, wo wir um 11 Uhr anlangten. Mir wurde Quartier gegeben beym Bürgermeister Segenitz, dessen Ehefrau eine Schwester von dem unglücklichen zu Berlin ausgestäupten Geheimen Rath Wilken war. / NB. Zu Blumberg vernahm auch, daß der Prediger in Pommertzig Hr. Samuel Borchart ein redlicher Mann wär. Die Leute, bey denen mein Quartier bekam waren ungemein redlich, dienstfertig und gottesfürchtig. / In Züllichau verhielt sich der Lieutenant von Klöden und der Hr. Capitain sehr grob gegen mich und ließ mir sagen künftig noch gröber zu seyn, doch dieses mir nicht unmittelbar, sondern durch andere. Er praetendirte mein quartier, das mir durch ein billet, da ich noch eine Stunde eher ankam als er, war zugetheilet worden. Ich sprach des Abends Hrn. Cantor Kannengießer daselbst, der mich des Abends mit sich zum essen nahm wo ich Hrn. Diaconum Kampe nebst seiner Frau antraff. Ich wurde nicht wenig erquicket. / Den 28. war Ruhetag. Ich besuchte das Waisenhaus und dessen Buchladen. Hr. pastor Steinbart an demselben bewieß mir viel Liebe. Gott hat ihn reichlich begnadigt.« Fontane fügte hinzu: »Am 1. März marschierte das Prinz-Leopoldsche Regiment, samt seinem Prediger Seegebart, in *Schlesien* hinein. Seegebart setzte das Tagebuch bis zum Beginn der Winterquartiere (18. November 1741) fort. Dann gibt er uns noch – in einem Briefe an den Professor Michaelis in Halle – eine Beschreibung seiner Beteiligung an der Bataille von Chotusitz, aus der wir im Text die Hauptstelle bereits zitiert haben.«

361 *der achtzigjährige Pastor Duchstein* – Vgl. S. 620; er war seit 1815 Pfarrer in Etzin.

362 *Grabstein ... Inschrift* – Der Grabstein des Joachim Friedrich Seegebart, geboren 1714 (nicht 1712; 1714 ist übrigens auch in der erwähnten Notizbuch-Eintragung angegeben), steht noch heute an der Außenwand der Etziner Kirche. Daneben ist auch der Grabstein des von Fontane genannten Andreas Lentz (geboren 1639) zu finden.

Falkenrehde

»Am Sonnabend und Sonntag [20. und 21. November] war ich in Paretz, Falkenrehde und Ketzin«, schrieb Fontane am 22. November 1869 an Wilhelm Hertz. »Die Krone, am Sonnabendabend, war Falkenrehde; ich mußte mit einer kleinen Laterne in eine halbverfallene Gruft hinunter, um dem Obersten von Weiler meinen Besuch zu machen, der daselbst (ähnlich wie Katte in Wust) enthauptet in einem einfachen Sarge ruht. Von Weiler lebte unterm Großen Kurfürsten. Es gibt da noch viel zu forschen; ich habe vor, mich an Droysen zu wenden.«

Der Aufsatz, an dem der Autor gleich im Anschluß an diese Reise gearbeitet hat, wurde am 30. Juli 1871 in der Sonntagsbeilage der »Vossischen Zeitung« vorabgedruckt. Am 29. Juni 1871 hatte Fontane Hermann Kletke, dem Chefredakteur des Blattes, das Manuskript mit den Worten zugeschickt: »Anbei habe ich die Ehre, noch einen Aufsatz, den *letzten* und eine Art Seitenstück zu dem Katte-Aufsatz, zu übersenden. Es ist, neben allerhand Beiwerk, ein Besuch in der Falkenrehder Gruft und Erörterung der Frage: ›Wurde Oberst Ernst von Weiler heimlich enthauptet oder nicht?‹

Ich glaube, es ist ein leidlich interessantes Thema. Ende gut, alles gut.«

Als Buchkapitel erschien »Falkenrehde« zum erstenmal in der zweiten Auflage des »Havelland«-Bandes (1880).

Für die Arbeit an dem Kapitel hat Fontane Paulis Werk »Leben großer Helden ...« (vgl. das Verzeichnis der Literatur, S. 662) benutzt.

363 *Die Sage gebiert ...* – Die Verse stammen wahrscheinlich von Fontane.
königliche Schatulle – Vgl. die erste Anm. zu S. 343.
freiwilliger Jäger – Vgl. die dritte Anm. zu S. 128.
pastor loci – (lat.) Ortspfarrer.

365 *Kirchhofsportal* – Das 1803 von Friedrich Wilhelm III. gestiftete schmiedeeiserne Gittertor existiert noch.
Kirche ... Gruft – Die Mitte des 18. Jahrhunderts errichtete Dorfkirche in Falkenrehde wurde 1910 im Neurenaissance-Stil umgebaut. Sie erhielt, nach Abbruch des alten Turms an der Westseite, einen neuen Turm an der Nordostecke, zwei Vorhallen an der Südseite sowie eine gewölbte Decke im Innenraum. Das Interieur wurde 1910 ebenfalls erneuert; von dem früheren Inventar ist lediglich das bemerkenswerte barocke schmiedeeiserne Taufgehänge erhalten. Die von Fontane beschriebene Gruft wurde beim Umbau der Kirche zugeschüttet.
Brautkronen – Vgl. die vierte Anm. zu S. 427.
Toupet – (franz.) Schopf; Modefrisur des ausgehende 18. Jahrhunderts, bei der die Haare über der Stirn gekräuselt waren.

367 *1674 ... am Oberrhein* – Auf Grund eines Bündnisvertrag mit Österreich, den Generalstaaten (Holland), Spanien und Dänemark vom 1. Juli 1674 beteiligte sich Brandenburg gegen Zahlung von Subsidien am Reichskrieg gegen das expansive Frankreich.
Schlacht von Warschau – Vgl. die zweite Anm. zu S. 329.
Oberstwachtmeister – Alte Bezeichnung für Major.
Schlacht bei Fehrbellin – Vgl. die vierte Anm. zu S. 8.
Belagerung von Stralsund – Zwischen Juli und Oktober 1676 besetzte Kurfürst Friedrich Wilhelm Anklam, Demmin, Usedom und Wollin, im Januar 1678 das lange belagerte Stettin, im September Rügen, im Oktober Stralsund und im November 1678 Greifswald. Damit befand sich Vorpommern, das durch den Westfälischen Frieden (1648) an Schweden gefallen war, in brandenburgischem Besitz; es mußte allerdings auf Grund des Friedensvertrages von St-Germain-en-Laye

(29. Juni 1679) unter dem Druck Frankreichs an Schweden zurückgegeben werden. Vgl. auch »Das Oderland«, Kap. »Gusow«; Band 2 dieser Ausgabe.

367 *Paulis »Leben großer Helden«* – Vgl. das Verzeichnis der Literatur, S. 662.

368 *Stücke* – Geschütze.

halbe Kartaunen – Halbkartaunen: Kanonen, mit denen zwölfeinhalb Pfund schwere Kugeln abgeschossen wurden.

1689 ... Belagerung von Bonn – Infolge des Pfälzischen Erbfolgestreits (seit 1685) drangen 1688 zu wiederholtem Male französische Truppen in Deutschland ein. 1689 begann wiederum ein Reichskrieg gegen den Aggressor, der bis 1697 andauerte und an dem sich auch Brandenburg beteiligte. Dabei wurde auch Bonn belagert.

Kaiser Leopold – Leopold I.

Kronprinzliches Palais – Klassizistischer Bau Unter den Linden; geschaffen 1857 von Johann Heinrich Strack durch Umbau eines älteren Gebäudes (wahrscheinlich des Weilerschen Hauses). Das Palais wurde 1945 zerstört und 1969 wiederaufgebaut.

sein Nachfolger – Kurfürst Friedrich III. (seit 1701 als Friedrich I. König).

Frundsberg – Kaiserlicher Heerführer im ersten Viertel des 16. Jahrhunderts, der wegen seiner Kriegstaktik und Belagerungskunst berühmt war.

salvum conductum – salvus conductus: (lat.) Schutz-, Geleitbrief.

Feldzeugamt – Verwaltungsstelle im preußischen Kriegsministerium.

369 *die Norne in Walter Scotts »Piraten«* – Scott beschreibt im 5. Kapitel seines Romans »The Pirate« (1822; dt. 1829 »Der Seeräuber«) die (nach einer der drei Schicksalsgöttinnen der germanischen Mythologie benannte) schottische »Norne« von Fitful-Head, eine alte Frau, sowohl »auffallend durch das Äußere als hochfahrend in ihren Ansprüchen«, »edel und wohlgebildet«, aber durch die »Verheerungen der Zeit« gezeichnet, die als Seherin und Prophetin verehrt wurde.

Tournure – Haltung, Gewandtheit.

Obertertia – Die vierte Klasse eines Gymnasiums.

Schlochau ... Deutsch-Krone – Kleinstädte im ehemaligen Westpreußen.

371 *tic douloureux* – (franz.) nervöser Gesichtsschmerz.

Zwei »heimlich Enthauptete«

Der Aufsatz, dessen Entstehungszeit nicht nachgewiesen werden kann, wurde am 27. Oktober 1875 im »Wochenblatt der Johanniter-Ordens-Ballei Brandenburg«, Nr. 43, S. 249 ff., vorabgedruckt und erschien in der zweiten Auflage des »Havelland«-Bandes (1880) zum erstenmal als Buchkapitel.

372 *Auch Tröstliches* ... – Der Spruch stammt wahrscheinlich von Fontane.
Weiße Frauen – Vgl. die erste Anm. zu S. 75.
Graf Adam Schwarzenberg – Vgl. die zweite Anm. zu S. 80.
Nikolaikirche ... *Begräbnistafel* – Vgl. S. 101 ff. sowie die erste Anm. zu S. 101.

374 *Riesengarde* – Die sogenannten »langen Kerls« oder (nach ihrer Uniform) »großen Blauen«, meist mit Gewalt oder List zum Dienst gepreßte, sehr große Soldaten, bildeten die Leibgarde Friedrich Wilhelms I.
Feldzug gegen die Schweden – Preußen beteiligte sich in den Jahren 1715–1720 am Nordischen Krieg (1700–1721), den Dänemark, Polen, Sachsen und Rußland gegen Schweden führten, das eine Vormachtstellung im Ostseegebiet innehatte. Auf Grund des Stockholmer Friedensvertrages vom 1. Februar 1720 erhielt Preußen den größten Teil Vorpommerns, das Kurfürst Friedrich Wilhelm 1678 erobert und 1679 wieder an Schweden abgetreten hatte (vgl. die fünfte Anm. zu S. 367), zurück.
Donationen – Schenkungen.

375 *»Hotel Einsiedler«* – Seinerzeit vornehmstes Potsdamer Hotel (Schloßstraße 8); es wurde 1945 zerstört.
Diogenes in der Tonne – Der griechische Philosoph Diogenes von Sinope (4. Jahrhundert v. u. Z.) soll, seine Bedürfnislosigkeit und Kulturverachtung demonstrierend, in einer Tonne gehaust haben.
Einnahme Prags – Im Zweiten Schlesischen Krieg (1744/45) fiel die von den Österreichern besetzte Festung Prag im September 1744 durch Kapitulation an die Preußen.

376 *Garnisonkirche* – In Potsdam. Vgl. Band 6 dieser Ausgabe.

377 *Wiepersdorf* – Gottfried Emanuel von Einsiedel, damals preußischer Major, hatte das »Ländchen Bärwalde«, zu dem Wiepersdorf (bei Jüterbog) gehörte, 1734 für 79 200 Taler gekauft. 1780 kam es als Mitgift in den Besitz des Kammerherrn Joachim Erdmann von Arnim, der es seinem Sohn Ludwig Achim vererbte. Für Achim und Bettina von Arnim war das

barocke Wiepersdorfer Herrenhaus (1731–1738; 1780 und 1878 umgebaut), das heute als »Künstlerheim Bettina von Arnim« (Stiftung Kulturfonds) genutzt wird, ein bevorzugter Aufenthaltsort.

Wust

Bunte Bilder in raschem Lauf
Steigen wechselnd vor mir auf:
Wust, der alte Kattesitz,
Im Sarge der Freund von Kronprinz Fritz.
Roter Abendschimmer umfloß
Die alte Linde vorm Bismarckschloß.
Und Mond und Wolken sah ich ziehn
Über Turm und Pappeln von Redekin.
Wünsche, die lang ich im Herzen getragen,
Wurden erfüllt in diesen drei Tagen,
Und ein dankbar Angedenken
Werd ich den Damen des Hauses schenken.

Dieses Dankgedicht schickte Fontane im Anschluß an seine Wust-Reise vom 16. August 1867 an Pauline von Katte, die Frau des derzeitigen Gutsbesitzers.

Der Aufsatz entstand im Frühsommer 1870 – vorwiegend auf der Grundlage des Materials, das Frau von Katte dem Autor zur Verfügung gestellt hatte (vgl. S. 389).

Der Vorabdruck erfolgte in der »Vossischen Zeitung« vom 2. und 9. April 1871 (Sonntagsbeilagen Nr. 14 und 15). Am 4. April schrieb Fontane an Hermann Kletke, den Chefredakteur des Blattes: »Die zweite Hälfte des Katte-Aufsatzes habe ich heute schon an den Faktor eingesandt; es fehlt noch etwa eine Spalte, die ihm bis morgen (Mittwoch) nachmittag zugehen wird.«

Der Schlußteil des Kapitels (ab S. 389: »Ein heller Augusttag …«) wurde ferner – unter der Überschrift »Die von Kattesche Familiengruft in Wust bei Jerichow« – in der Zeitschrift »Der Bär«, Jg. 2, Nr. 19 vom 1. Oktober 1876, S. 180 ff., veröffentlicht. Diesem zweiten Vorabdruck hat der Autor folgende kurze Einleitung vorangestellt: »Die preußisch-brandenburgische Geschichte, vielleicht mit alleiniger Ausnahme der Schlacht bei Fehrbellin, weist kein Ereignis auf, das von seiten der Spezialhistoriker mit größerer Vorliebe behandelt worden wäre als das Trauerspiel auf Bastion Brandenburg in Küstrin: die Hinrichtung Hans Hermanns von Katte. Aber so eingehend und umfangreich jene Novembertage 1730 dargestellt worden sind, jene Stätte, wo der un-

Kirche in Wust

glückliche Freund des großen Königs geboren, und jene andere, wo er beigesetzt wurde: der Herrensitz zu Wust und die Familiengruft der Kattes ebendaselbst, sie sind unbeschrieben, vielleicht sogar – wenn wir diejenigen, die durch bloße Neugierde herbeigelockt wurden, außer Betracht lassen – auch unbesucht geblieben.«

Als Buchkapitel erschien »Wust« zum erstenmal in der zweiten Auflage des »Havelland«-Bandes (1880). Dabei ist das im Vorabdruck zitierte Briefmaterial (bis auf den Brief von Kattes Vater an seinen Bruder vom 25. August 1730; vgl. S. 382) entfallen; Fontane hatte es im März 1879 in das Manuskript für die dritte Auflage des »Oderland«-Bandes (Kap. »Küstrin«, Abschnitt »Die Katte-Tragödie«; vgl. Band 2 dieser Ausgabe, S. 295–335 und die Vorbemerkung zu diesem Kapitel im Anhang) eingearbeitet, die im Dezember 1879 erschienen war. (Auf dieses Katte-Kapitel in »Oderland« – nicht auf das »Wust«-Kapitel in »Havelland« – bezieht sich übrigens auch die Bemerkung des Autors im Brief an seine Tochter vom 16. Oktober 1879: »Damit Deine diesjährige Mecklenburger ›Saison‹ nicht ganz ohne Lebenszeichen von meiner Seite verläuft, raff ich mich aus einem Wust von Korrekturbogen – die beiläufig Wust behandelten – auf, um Dir mit der bekannten dicken Feder einen kl. Brief zu stiften.«)

Ausführliche Aufzeichnungen über Wust und die Familie von Katte, zum Teil schon mit Brouillon-Charakter, finden sich in Fontanes Notizbuch A 18, Blatt 1–26.

378 *Und so schreiten ...* – Das Motto stammt wahrscheinlich von Fontane.

alter Sitz der Familie von Katte – In den Besitz von Wust (zwischen Tangermünde und Rathenow, im Elb-Havel-Winkel) teilten sich seit 1376 die Familien von Katte und von Britzke; erst seit 1608 gehörte das Dorf den Kattes allein. Da die Familie noch weitere Dörfer in der Umgebung von Wust besaß, wird diese Gegend der »Kattenwinkel« genannt.

379 *Herrenhaus* – Das Wuster Herrenhaus, ein einfacher, schmuckloser Bau aus dem Jahre 1726, ist gut erhalten; lediglich die später angebauten Seitenflügel sind (bis auf einen) 1945 abgerissen worden. Das 1977 renovierte Gebäude beherbergt die Schule des Dorfes.

König – Friedrich I.

Niederlande ... Schlacht bei Ramillies – Die Niederlande zählten zu den Hauptkriegsschauplätzen im Spanischen Erbfolgekrieg (1701–1714), einer militärischen Auseinandersetzung um das Erbe des 1700 gestorbenen letzten spanischen

Habsburgers, Karls II. Um die drohende Hegemonie Frankreichs auf dem europäischen Kontinent wirksam zu bekämpfen, hatten England, die niederländischen Generalstaaten, Österreich, Preußen, Savoyen und Portugal die »Große Allianz« gebildet. In der Schlacht bei Ramillies (nördlich von Cambrai) besiegten die Alliierten unter dem Herzog von Marlborough am 23. Mai 1706 die französischen Truppen unter François de Neufville, Herzog von Villeroi; Frankreich verlor dadurch den größten Teil der spanischen Niederlande.

380 *Kirche* – Einschiffige romanische Backsteinkirche, errichtet und geweiht zwischen 1191 und 1206. Der Turm, ein Fachwerkbau mit Schindeldach, stammt wahrscheinlich aus dem 18. Jahrhundert. Das Kircheninnere enthält ein bemerkenswertes barockes Inventar: Tafelmalerei an Decke und Wänden, reichverzierte Holzkanzel mit Inschriften, Sandsteinepitaph (1706) und Hochrelief-Porträt (mit Familienwappen) des sächsischen Geheimen Rats und Hofmarschalls Hans von Katte. An der Außenwand der Kirche, deren Dach 1976 erneuert wurde, befinden sich drei (zum Teil beschädigte) mit Reliefs versehene Grabplatten der Kattes (wahrscheinlich aus dem 16. und 17. Jahrhundert); ihre Inschriften sind nur noch teilweise zu entziffern. – Aufzeichnungen über die Sehenswürdigkeiten der Wuster Kirche finden sich in Fontanes Notizbuch A 18, Blatt 1–3.

381 *Gruft* – Die Familiengruft, über deren Eingang die Inschrift »Ruhestätte derer von Katte« angebracht ist, enthält insgesamt vierzehn Särge, darunter den Marmorsarkophag des Feldmarschalls Hans Heinrich von Katte, den einfachen Holzsarg von Hans Hermann von Katte sowie zwei Kindersärge.

382 *Euer Sohn* – Ludolf August von Katte.
abandonnieren – aufgeben, preisgeben.
König – Friedrich Wilhelm I.
Estafette – (franz.) Meldereiter.
Dessein – (franz.) Vorhaben, Vorsatz.
reussieret – seinen Zweck erreicht.

383 *»... als daß die Justiz aus der Welt käme«* – Die von Fontane oft zitierte Sentenz Friedrich Wilhelms I. geht wahrscheinlich zurück auf den Wahlspruch Kaiser Ferdinands I. (1556–1564): »Fiat justitia et pereat mundus« (Die Gerechtigkeit nehme ihren Lauf, wenn auch die Welt dabei zugrunde geht).
Haspen – Hier: Schließhaken.

385 *Der König* – Friedrich II.
Thronbesteigung – 1740.

386 *fait accompli* – (franz.) vollendete Tatsache.

386 *großer Park* – Der hinter dem Wuster Herrenhaus gelegene weiträumige Park mit Überresten künstlich angelegter Gewässer wurde zum Landschaftsschutzgebiet erklärt.
das Rheinsberger Leben das Vorbild – Vgl. »Die Grafschaft Ruppin«, Kap. »Zwischen Boberow-Wald und Huwenow-See oder Der Rheinsberger Hof von 1786 bis 1802«; Band 1 dieser Ausgabe.
das Leben in Tamsel – Vgl. »Das Oderland«, Kap. »Tamsel« II; Band 2 dieser Ausgabe.
in Schwedt – Schwedt an der Oder, die Residenz der Markgrafen von Brandenburg-Schwedt, wird von Fontane in den »Wanderungen« nicht behandelt. Lediglich am Schluß des »Oderland«-Kapitels »Von Frankfurt bis Schwedt« (Band 2 dieser Ausgabe, S. 21) wird das barocke Schwedter Schloß erwähnt.
Friedrichsfelde – Vgl. »Spreeland«, Kap. »Friedrichsfelde«, Abschnitt 1; Band 4 dieser Ausgabe.
divertieren – vergnügen.
387 *Die Elle ward … länger als der Kram* – Berliner Redensart; soviel wie: Die Kosten wurden größer, als die Sache wert war.
devastiert – verwüstet; hier: heruntergewirtschaftet.
388 *der gegenwärtige Besitzer* – Hans Emil von Katte.
389 *Frau von Katte* – Pauline von Katte, geborene von Klützow; vgl. S. 632.
Erinnerungsstücke – Fontane verzeichnete und beschrieb die Gemälde in seinem Notizbuch A 18, Blatt 13–15.
Regiment Gensdarmes – Vgl. die sechste Anm. zu S. 247.
391 *wie es in Gusow den Überresten des alten Derfflinger erging* – Vgl. »Das Oderland«, Band 2 dieser Ausgabe, S. 211 f.

Der Schwielow

Fontane hat den Schwielow-See und die in seiner Nähe gelegenen Ortschaften im Sommer 1869 gemeinsam mit dem Potsdamer Garnisonschullehrer Wagener besucht (vgl. S. 577).

Der Aufsatz entstand im August 1869 während des Sommerurlaubs in Hermsdorf (Schlesien). Am 22. April 1870 schrieb der Autor an seine Schwester Elise: »Vielen Dank für Deine freundlichen Worte über den Schwielow-Aufsatz, den ich mit besondrer Liebe in Hermsdorf schrieb und dann hier vielfach gefeilt habe. Es ist alles mit dem Haarpinsel gemalt; die meisten aber (meine Ruppiner Freundinnen natürlich ausgenommen) sind für Maurerpinsel und verstehen sich nicht auf den Unterschied zwischen malen und anstreichen. Ich mache den Unterschied; aber – *mir* wird's angestrichen! Ich muß dafür bluten.«

Der Vorabdruck erfolgte – als erster Beitrag einer vierteiligen Aufsatzreihe unter dem Sammeltitel »Der Schwielow und seine Umgebungen« – am 17. April 1870 in der »Neuen Preußischen (Kreuz-)Zeitung«, Nr. 90.

Als Buchkapitel erschien »Der Schwielow« zum erstenmal in der Erstausgabe des dritten »Wanderungen«-Bandes, »Ost-Havelland« (1873), der im Oktober 1872 ausgeliefert wurde.

Ein (bis auf die Mottos) vollständiges, aber im Detail noch erheblich vom endgültigen Text abweichendes, vielfältig korrigiertes Manuskript des Kapitels befindet sich im Märkischen Museum, Berlin; es bildete vermutlich die Grundlage für die Abschrift, die, von Fontane erneut korrigiert, als Satzvorlage diente.

Für die Arbeit an dem Kapitel hat Fontane Reinhards »Sagen und Märchen aus Potsdams Vorzeit« (vgl. das Verzeichnis der Literatur, S. 663) benutzt.

395 *Mit der Wasser Steigen* ... – Fontane, »Der Wenersee«, Strophe 3, Vers 3 (= erster Vers des Mottos); der zweite Mottovers ist aus Bestandteilen des Gedichts neu formuliert.
Wenersee – Größter Binnensee Schwedens.
Sieh den Schwan ... – Ewald von Kleist, »Irin«, Vers 12 (zur Hälfte), 13–17.
konjekturieren – mutmaßen, raten.

396 *leben und leben lassen* – Sprichwörtlich verwendetes Zitat aus Schillers Drama »Wallensteins Lager« (6. Auftritt).
Midshipmen – (engl.) Seekadetten.
der Peipus die Hohe Schule ... für die werdende russische Flotte – Um die wirtschaftliche und militärische Rückständigkeit Rußlands zu überwinden und Zugang zu den Weltmeeren zu finden, entwickelte Zar Peter I., der 1697/98 auf seinen Reisen nach Mittel- und Westeuropa u. a. den Schiffbau studiert hatte, die erste russische Hochseeflotte. Der sehr flache, aber ausgedehnte Peipussee im Nordwesten des Landes stellte dabei ein ideales Ausbildungs- und Versuchsgelände dar.

398 *Drehbassen* – Drehbare Hebebäume.
Ziegelbetrieb – Vgl. S. 463–471.
Maulbeerbäume und Seidenzucht – Die Blätter des Maulbeerbaums dienen als Futter für die Seidenraupen, deren Zucht in Preußen seit Friedrich II. gefördert wurde, um den Seidenimport einzuschränken. Die Erträge waren, hauptsächlich wegen der klimatischen Bedingungen, minimal.

398 *Weinbau* – Die Weinernten waren in Preußen nie sehr ertragreich, der Wein von schlechter Qualität. Mitte des 18. Jahrhunderts wurden fast die gesamten Weinstöcke durch Frosteinwirkung vernichtet.

399 *Es ist ein eigen Ding um Menschenblut* – Anklang an die Worte des Mephistopheles in Goethes »Faust« I, Vers 1740: »Blut ist ein ganz besondrer Saft.«

Caputh

Zu Fontanes Reise vgl. S. 636.

Der Aufsatz entstand wahrscheinlich im Spätsommer 1869 und wurde – als zweiter Beitrag einer vierteiligen Feuilletonreihe unter dem Sammeltitel »Der Schwielow und seine Umgebungen« – am 24. April und am 1. Mai 1870 in der »Neuen Preußischen (Kreuz-) Zeitung«, Nr. 95 und 101, vorabgedruckt.

Als Buchkapitel erschien »Caputh« zum erstenmal in der Erstausgabe des dritten »Wanderungen«-Bandes, »Ost-Havelland« (1873), der im Oktober 1872 ausgeliefert wurde.

Ein (bis auf die Mottos) vollständiges, aber im Detail noch erheblich vom endgültigen Text abweichendes, vielfältig korrigiertes Manuskript des Kapitels befindet sich im Märkischen Museum, Berlin; es bildete vermutlich die Grundlage für die Abschrift, die, von Fontane erneut korrigiert, als Satzvorlage diente. Frühe Aufzeichnungen finden sich auch in Fontanes Notizbuch A 15, Blatt 32 bis 38.

Für die Arbeit an dem Kapitel hat Fontane folgende Literatur benutzt (die vollständigen Angaben finden sich jeweils im Verzeichnis der Literatur; vgl. S. 663 f.): Reinhard, »Sagen und Märchen aus Potsdams Vorzeit«. – Wagener (Garnisonschullehrer), »Caputh«. – Schneider, »Caputher Urkunden«.

400 *Als Dorothea sich … das Schloß … zum Witwensitz erlas* – Vgl. S. 407 f.

Bellamintes: »Das itzt-blühende Potsdam« – »1727 erschien hier beim Buchhändler Rüdiger ein ausschließlich von unserer Stadt handelndes Buch in gebundener Sprache: ›Das itztblühende Potsdam‹ von Bellamintes. Hinter diesem Namen verbarg sich Georg Belitz, welcher damals Informator der Kinder des Herrn von Hacke auf Uetz und später Diakonus in Niemegk war. Die Dichtung atmet große Heimatliebe und ist von hohem Wert für die Stadtgeschichte, weil der Verfasser nach eigner Anschauung erzählt und schildert, was zu seiner Zeit vorhanden und im Entstehen begriffen war.« (Julius Haeckel,

Das »Schloß« in Caputh

»Geschichte der Stadt Potsdam«, Potsdam 1912, S. 215.) Fontane hat in seinen Reisebeschreibungen mehrfach aus Bellamintes' Buch zitiert.

400 *das Schiff ..., mit dem Kleopatra ... zu dem Antonius ... fuhr* – Der römische Feldherr Marcus Antonius berief die ägyptische Königin Kleopatra im Jahre 42 v. u. Z. von Alexandria nach Tarsus (Kleinasien), um von ihr Rechenschaft über ihre Haltung in dem nach Caesars Ermordung (44 v. u. Z.) ausgebrochenen römischen Bürgerkrieg zu fordern. Kleopatra soll, als Aphrodite geschmückt, auf einem prächtigen Schiff erschienen sein und dadurch die Liebe des Antonius errungen haben. Vgl. auch die dritte Anm. zu S. 186.

Cydnus – Kydnos: Kleiner Fluß (heute Türkei), der durch Tarsus fließt.

coûte que coûte – (franz.) koste es, was es wolle.

402 *Ponceau* – (franz.) Dunkelrot.

allerneuste Torf- und Ziegelaristokratie – Vgl. die sechste Anm. zu S. 337 sowie S. 464–468.

Rosa Bonheur – Französische Tier- und Landschaftsmalerin des 19. Jahrhunderts.

403 *Kulmbacher* – Bier aus der oberfränkischen Stadt Kulmbach, das wegen seiner Qualität sehr geschätzt wurde.

Werdersche – Vgl. S. 458 f.

Entrepreneur – (franz.) Unternehmer, Veranstalter.

»Territorien der Mark Brandenburg« – Von Fidicin; vgl. das Verzeichnis der Literatur, S. 659.

404 *Eine Abkürzung des Weges durch einen Nordkanal* – Gemeint ist der Sacrow-Paretzer Kanal, der in den Jahren 1889–1891 fertiggestellt wurde.

405 *»Schloß«* – Eingeschossiger Barockbau mit hohem Kellergeschoß; errichtet 1662 von Philipp de la Chieze, 1673 und 1700 umgebaut, erweitert und neu ausgestattet. 1808/09 wurde an der Nordseite ein eingeschossiger Flügel angebaut. Der Festsaal und mehrere Wohnräume, sämtlich mit reichen Stuckdekorationen und Deckengemälden versehen, sowie das berühmte ehemalige Porzellankabinett und der mit handgemalten Delfter Kacheln ausgelegte Sommersaal im Kellergeschoß sind erhalten geblieben; sie zählen zu den besten noch existierenden Zeugnissen des Berliner Frühbarock. Das Schlößchen Caputh, umgeben von einem kleinen Landschaftspark, wird als Schloßmuseum wiederhergestellt. – Ein Inventarverzeichnis findet sich in Fontanes Notizbuch A 15, Blatt 32–38.

Tegel ... Schlößchen – Vgl. die zweite Anm. zu S. 163.

406 *Generalquartiermeister* – Mit besonderen Aufgaben betrauter (ursprünglich hauptsächlich für die Unterbringung der Truppen verantwortlicher) hoher Offizier des Generalstabes.
Potsdamer Stadtschloß – Vgl. die erste Anm. zu S. 194.
Berliner Schloßbau – Vgl. die dritte und vierte Anm. zu S. 49.
Ausführung des Friedrich-Wilhelms-Kanals – Der Friedrich-Wilhelms- oder Müllroser Kanal, gebaut zwischen 1662 und 1668, stellte seinerzeit die einzige Verbindung zwischen Oder und Spree dar. Er wurde 1887–1891 durch den leistungsfähigeren Oder-Spree-Kanal ersetzt.
407 *Dorothea* – Vgl. die fünfte Anm. zu S. 145.
ein »treu-holländisch Herz« – Vgl. die zweite Anm. zu S. 107.
Plafondschildereien – Tafelgemälde an der Decke.
408 *Caliban* – Vgl. die vierte Anm. zu S. 199.
409 *Charlottenburg* – Vgl. die dritte Anm. zu S. 101.
wie Afrika der Borussia huldigt – Das Gemälde bezieht sich auf die brandenburgische Kolonialgründung in Westafrika (vgl. die zweite Anm. zu S. 201); die Genien und ihre Requisiten symbolisieren den Überseehandel des (1701 proklamierten) *Königreiches* Preußen.
... sich zurechtzufinden – In W III[1], S. 179, folgt der Zusatz: »Denn nicht bloß, daß schwer abzusehen ist, weshalb *schwarze* Genien dazu auserkoren wurden, den Tee zu servieren oder porzellanene Vasen durch die Lüfte zu tragen, so scheinen auch aufgespeicherte Chronikenbündel, auf denen der *Kurhut* liegt, solange nicht Geschichte ein leerer Wahn ist, notwendig auf kurfürstliche Zeiten zurückzudeuten. Man darf es aber freilich mit diesen Dingen nicht allzu genau nehmen. Gedankliche oder historische Korrektheit war niemals das, worin die großen Koloristen sich gefielen. Es lag ihnen an der sinnlichen Gesamtwirkung. Bis auf weiteres ist die *Königskrone* der Borussia das Entscheidende, die das Bild, als ob es eine Jahreszahl trüge, in den Anfang des 18. Jahrhunderts verweist.«
Villeggiatur – Landaufenthalt zur Erholung.
großes Staatsbild im Charlottenburger Schlosse – In den Anmerkungen am Schluß von W III[1], S. 436 f., findet sich dazu folgende Notiz Fontanes: »*Die Begegnung der drei Friedriche*, nämlich Friedrichs IV. von Dänemark, Friedrich Augusts von Sachsen und Friedrichs I. von Preußen ... ist auf einem großen Staatsbilde im Charlottenburger Schlosse dargestellt. Alle drei sind in rote Königsmäntel gekleidet, tragen mächtige Allongeperücken und reichen sich die Hand zur Besieglung ihres Bündnisses gegen Frankreich. Dies Bündnis wurde zu

Berlin geschlossen, wohin sich die dänische und die sächsische Majestät begeben hatten, und gab Veranlassung zu einer der blasphemistischsten Schmeicheleien, die jemals vorgekommen sind. Um dieselbe Zeit nämlich wurde dem Berliner Hofe ein Prinz geboren, der nun – in einer Dichtung jener Epoche –, unter glücklicher Ausnutzung der Situation, ohne weitres mit dem *Christuskinde* und die anwesenden drei Könige mit den Drei Königen aus Morgenland verglichen wurden. Der König Friedrich I. war so entzückt von diesem Vergleiche, daß er 10 000 Taler an den talentvollen Dichter auszuzahlen befahl. Was will die ›Wacht am Rhein‹ und Max Schneckenburger daneben sagen!«

410 *Bassin* – In Potsdam; vgl. die zweite Anm. zu S. 194.
Sparsamkeitskönig – Friedrich Wilhelm I.
Riesen – Vgl. die erste Anm. zu S. 374.
Zar Peter – Peter I.
die ... Schlösser zu Köpenick und Oranienburg ... wurden vom Etat gestrichen – Vgl. S. 149 sowie das Kap. »Schloß Köpenick« in »Spreeland«; Band 4 dieser Ausgabe.

413 *Garnisonkirche von Potsdam* – Flachgedeckter Saalbau mit 87 Meter hohem Turm und Glockenspiel; errichtet 1731 bis 1735 nach Plänen von Philipp Gerlach, 1898 umgebaut. Unter der prunkvollen Marmorkanzel (1737) befand sich die Gruft, in der Friedrich Wilhelm I. und Friedrich II. beigesetzt waren. 1945 wurde die Kirche durch einen britischen Luftangriff zerstört, die Ruine im Juni 1968 abgetragen. Vgl. Band 6 dieser Ausgabe.

Petzow

Zu Fontanes Reise vgl. S. 636.

Der Aufsatz entstand wahrscheinlich im Spätsommer 1869 und wurde – als dritter Beitrag einer vierteiligen Feuilletonreihe unter dem Sammeltitel »Der Schwielow und seine Umgebungen« – am 8. Mai 1870 in der »Neuen Preußischen (Kreuz-)Zeitung«, Nr. 107, vorabgedruckt.

Als Buchkapitel erschien »Petzow« zum erstenmal in der Erstausgabe des dritten »Wanderungen«-Bandes, »Ost-Havelland« (1873), der im Oktober 1872 ausgeliefert wurde.

Ein (bis auf das Motto) vollständiges, aber im Detail noch erheblich vom endgültigen Text abweichendes, vielfältig korrigiertes Manuskript des Kapitels befindet sich im Märkischen Museum,

Berlin; es bildete vermutlich die Grundlage für die Abschrift, die, von Fontane erneut korrigiert, als Satzvorlage diente. Frühe Aufzeichnungen finden sich auch in Fontanes Notizbuch A 15, Blatt 50–51.

Für die Arbeit an dem Kapitel hat Fontane das »Landbuch der Mark Brandenburg …« von Berghaus (vgl. das Verzeichnis der Literatur, S. 658) benutzt.

414 *Auf der Fortuna ihrem Schiff* … – Schiller, »Wallensteins Lager«; die Verse 1 und 2 stammen aus dem 7. Auftritt, die Verse 3 und 4 aus dem 11. Auftritt.

Buda-Pest … Köln und Deutz – Buda und Pest (getrennt durch die Donau) waren bis 1872, Köln und Deutz (getrennt durch den Rhein) bis 1888 selbständige Städte.

Caputh und Petzow – Petzow, bis zur Reformation Klostergut von Lehnin, gehört verwaltungsmäßig zu Werder, ist aber kein Stadtteil von Werder, sondern ein mehrere Kilometer entferntes Dorf.

Die genannte Familie – Die Kaehnes wurden erst 1840 in den Adelsstand erhoben. Die Erhebung des Besitzes zum landtagsfähigen Rittergut erfolgte 1845.

Lehnschulzengut – Ein vom Landesherrn dem Dorfschulzen (Gemeindevorsteher) überantwortetes Lehngut (vgl. die zweite Anm. zu S. 96).

415 *kreistagsfähiges Rittergut* – Ein Rittergut von einer bestimmten Mindestgröße, dessen Eigentümer das Recht hatte, den Verband der ländlichen Grundbesitzer im Kreistag zu vertreten. Rittergut: Aus dem Lehen entstandener feudaler Grundbesitz. Bis ins 19. Jahrhundert waren die adligen Rittergutsbesitzer mit verschiedenen Privilegien (Gerichtsbarkeit, Jagdrechte, Steuervergünstigungen) ausgestattet, die sie einbüßten, als sich die kapitalistische Produktionsweise auch auf dem Lande durchsetzte.

Das Schloß … – Das um 1828 (vermutlich nach Plänen von Karl Friedrich Schinkel) errichtete neugotische Schloß in Petzow, in jüngerer Zeit durch zwei Flügelanbauten erweitert, beherbergte in der Zeit der DDR Einrichtungen der Gewerkschaft und wird jetzt als Hotel genutzt.

Tudorstil – Baustil der englischen Spätgotik, benannt nach dem Königsgeschlecht der Tudors, das ihn während seiner Herrschaftszeit (1485–1603) pflegte. Der Tudorstil wurde seit dem 18. Jahrhundert, als die englischen Gärten in Mode kamen, an Gartenhäusern, Villen und Schlössern in vielen Ländern nachgeahmt.

415 *Gotik … Wiederbelebung dieses Stils …* – Vgl. auch Fontanes Ausführungen zu diesem Thema in »Die Grafschaft Ruppin«, Kap. »Neuruppin«, Abschnitt 7: »Karl Friedrich Schinkel«; Band 1 dieser Ausgabe.

416 *Dependenzien* – Hier: Zubehör.

417 *Park … Parksee* – Der Park vor dem ehemaligen Herrenhaus in Petzow, der sich bis zum Schwielowsee hinunterzieht, gehört zu den schönsten Schöpfungen Peter Joseph Lennés. Der von der Anlage eingeschlossene Haussee war ursprünglich eine Bucht des Schwielowsees, von dem er durch einen Damm getrennt wurde..

Sanssouci … Terrassencharakter – Vgl. S. 252.

neue Kirche – Die romanische Dorfkirche ist noch erhalten. Von ihrem Turm aus hat man einen eindrucksvollen Ausblick über die Havellandschaft westlich des Schwielowsees, über Glindow und den Glindower See, Werder und Geltow. – Auf der Rückseite eines (Notizbuch-)Zettels, der auf die letzte Seite der Handschrift im Märkischen Museum eingeklebt ist, hat sich eine vorbereitende Notiz zur vorliegenden Textstelle erhalten, die die von Friedrich Wilhelm IV. veranlaßten Kirchenbauten wesentlich kritischer sieht: »Die Kirche. Auf einem kahlen Wolfsmilchhügel. Hübsch. Aber sie sind alle, die Fr. W. IV. gebaut hat, uninteressant; sie wirken wie eine Landschafts-Dekoration, aber sie haben keine Geschichte.«

Patronat – Vgl. die dritte Anm. zu S. 355.

Stüler entwarf die Zeichnungen – Die Entwürfe stammen noch von Schinkel; Stüler übernahm die Bauleitung.

418 *nichts zu befahren* – nichts zu befürchten.

… einen Besuch zu machen – Zur Erinnerung an den Besuch Fontanes in Petzow im Jahre 1869 wurde im Herbst 1975 im rekonstruierten ehemaligen Dorfwirtshaus am Schwielowsee eine »Fontane-Klause« eröffnet. Die Gaststätte ist seit 1977 u. a. mit zwei Porträtfotos des Dichters und Handschriften-Reproduktionen ausgestattet, die vom Theodor-Fontane-Archiv zur Verfügung gestellt worden sind.

419 *Triumphbogen* – Gemeint ist das Brandenburger Tor (1770) in Potsdam, das einem römischen Triumphbogen nachgebildet ist.

Jade – Küstenfluß in Oldenburg. Gemeint ist hier wahrscheinlich der Jadebusen der Nordsee, an dessen Ausgang sich seit dem Jahre 1869 der Kriegshafen Wilhelmshaven befindet.

Ziegelofen … Häuser … kümmerlich genug – Vgl. S. 463 bis 471. Die in den drei Petzower Ziegeleien hergestellten Ziegel trugen als Herkunftszeichen ein Wappenschild mit drei Schiffchen.

420 *»Hier ward Zelter geboren …«* – Das Zelter-Haus mit der von Schinkel geschaffenen Tafel »Zelter ward hier geboren, am 11. Dezember 1758« wurde in den siebziger Jahren des 20. Jahrhunderts wegen Baufälligkeit abgerissen. Die Inschrift der Tafel (heute im Museum in Potsdam aufbewahrt) beruht auf einem Irrtum: Karl Friedrich Zelter, der Freund Goethes, Musikprofessor und einstiger Direktor der Berliner Singakademie, wurde in Berlin geboren. Erst geraume Zeit nach seiner Geburt pachtete sein Vater die damalige Petzower Ziegelei. Der Junge hat dann aber einen großen Teil seiner Kindheit in Petzow verlebt. Zelter hat später in seinen Erinnerungen darüber ausführlich berichtet.

Grell – Der Komponist und Musikschriftsteller August Grell, ein Schüler Zelters.

Baumgartenbrück

Zu Fontanes Reise vgl. S. 636.

Der Aufsatz entstand wahrscheinlich im Spätsommer 1869 und wurde – als letzter Beitrag einer vierteiligen Feuilletonreihe unter dem Sammeltitel »Der Schwielow und seine Umgebungen« – am 13. Mai 1870 in der »Neuen Preußischen (Kreuz-)Zeitung«, Nr. 112, vorabgedruckt.

Als Buchkapitel erschien »Baumgartenbrück« zum erstenmal in der Erstausgabe des dritten »Wanderungen«-Bandes, »Ost-Havelland« (1873), der im Oktober 1872 ausgeliefert wurde.

Ein stark korrigiertes Brouillon zu diesem Kapitel befindet sich im Märkischen Museum, Berlin. Diese Handschrift, die die ersten fünf Absätze umfaßt, bildete vermutlich die Grundlage für die Abschrift, die, von Fontane erneut korrigiert, als Satzvorlage diente. Frühe Aufzeichnungen finden sich auch in Fontanes Notizbuch A 15, Blatt 61–62.

421 *And thus an airy point …* – Scott, »The Lady of the Lake« (Die Jungfrau vom See), Canto First (Erster Gesang): »Die Jagd« XIV, Vers 7–10. Die Verse lauten in der Übersetzung von Emma Ernst: »Bis auf freien Punkt gelangt, / Wo unter ihm Loch-Katrin prangt. / Beglänzt vom Abendsonnenglühn, / Wie strömend Gold die Wogen ziehn.«

Loch-Katrine – Katharinen-See, einer der schönsten Gebirgsseen in Schottland.

422 *Und so ist es noch* – Die Holzbrücke ist 1909 durch eine Eisenbrücke ersetzt worden, die 1945 zerstört und bis zum Jahre 1950 wiederaufgebaut wurde.

Gasthaus …, ein Vergnügungsort für die Potsdamer schöne Welt – Das beliebte Gasthaus an der Baumgartenbrücke (auf der Geltower Seite), wo Fontane 1869 selbst eingekehrt ist, beherbergt seit 1959 den Kindergarten des Ortes. Im oberen Stockwerk wurde 1974 die »Geltower Heimatstube« eröffnet, zu deren Exponaten zahlreiche Fotokopien von Aufzeichnungen aus Fontanes Notizbüchern zählen, die das Theodor-Fontane-Archiv zur Verfügung gestellt hat.

Brauhausberg … – Der Brauhausberg im Süden und der Pfingstberg im Norden von Potsdam, damals beide noch außerhalb des Stadtgebietes gelegen, waren beliebte Ausflugsziele.

Werdersche – Vgl. S. 458 f.

423 *»Il Bacio«* – (ital.) »Der Kuß«. Gemeint ist der »Kußwalzer«, das populärste Musikstück des italienischen Komponisten Luigi Arditi (1822–1903).

424 *die »Lustigen Weiber von Windsor« sich … zanken* – Anspielung auf die komische Oper »Die lustigen Weiber von Windsor« (1849; nach Shakespeare) von Otto Nicolai.

die Prinzessin Isabella … um »Gnade« rufen hören – Anspielung auf die »Gnaden-Arie« aus dem vierten Akt von Giacomo Meyerbeers Oper »Robert der Teufel« (1831).

»Brühlsche Terrasse« am Schwielow-See – Anspielung auf die am Elbufer gelegene barocke Brühlsche Terrasse (1738) in Dresden, die zu den berühmtesten Sehenswürdigkeiten der Stadt zählt.

Alt Geltow

Zu Fontanes Reise vgl. S. 636.

Der Aufsatz, dessen Entstehungszeit nicht nachgewiesen werden kann, wurde am 21. Februar 1872 im »Wochenblatt der Johanniter-Ordens-Ballei Brandenburg«, Nr. 8, S. 44–48, vorabgedruckt.

Als Buchkapitel erschien »Alt Geltow« zum erstenmal in der Erstausgabe des dritten »Wanderungen«-Bandes, »Ost-Havelland« (1873), der im Oktober 1872 ausgeliefert wurde.

Ein vollständiges, aber im Detail noch erheblich vom endgültigen Text abweichendes, vielfältig korrigiertes Manuskript des Kapitels befindet sich im Märkischen Museum, Berlin; es bildete vermutlich die Grundlage für die Abschrift, die, von Fontane erneut korrigiert, als Satzvorlage diente. Frühe Aufzeichnungen finden sich auch in Fontanes Notizbuch A 15, Blatt 30–31 und 63 bis 65.

Für die Arbeit an dem Kapitel hat Fontane die Memoiren von Hoffmann von Fallersleben, »Mein Leben« (vgl. das Verzeichnis der Literatur, S. 660), benutzt.

426 *Alt Geltow* – Alt Geltow ist das an der Havel gelegene alte Dorf Geltow, dessen Existenz seit etwa tausend Jahren nachzuweisen ist. Es wird bereits im Jahre 993 urkundlich erwähnt, als Kaiser Otto III. seiner Tante, der Äbtissin Mathilde von Quedlinburg, die beiden Orte Poztupimi (Potsdam) und Geliti (Geltow) übereignete. (Die Urkunde ist im Staatsarchiv Magdeburg aufbewahrt.) Neu Geltow (vgl. S. 436) ist eine 1776–1778 von Friedrich II. angelegte Siedlung an der Straße nach Potsdam. Sechzehn aus dem Militärdienst entlassene Kriegsinvaliden wurden hier »zur besseren Kultur der Baumzucht« seßhaft gemacht. Man baute ihnen Wohn- und Stallgebäude, und jeder erhielt zwei Morgen Gartenland, zwei Morgen Wiese, dreißig Obstbäume nebst »Baumstangen« sowie eine Kuh und das nötige Inventar. Heute sind beide Ortsteile längst zu einem einheitlichen großen Dorf zusammengewachsen; die Bezeichnung »Alt« und »Neu« vor dem Ortsnamen ist entfallen.

I do not set my life … – Shakespeare, »Hamlet« I,4. Die Verse lauten in der Übersetzung von August Wilhelm Schlegel: »Mein Leben acht ich keine Nadel wert; / … Beim Himmel, / Den mach ich zum Gespenst, der mich zurückhält! – / Ich sage, fort! …«

Wildpark – Vgl. die dritte Anm. zu S. 337.

Kirche – Die alte Geltower Dorfkirche, wie sie Fontane gesehen hat und wie sie von vielen Bildern her bekannt ist (ein solches Gemälde, von dem Impressionisten Karl Hagemeister geschaffen, befindet sich in der »Heimatstube« in Geltow), existiert nicht mehr. An ihrer Stelle wurde 1886/87 eine neue Kirche erbaut.

427 *er ward geboren* … – Zitat nach Christian Fürchtegott Gellerts Gedicht »Der Greis«, Strophe 5, Vers 3 (zur Hälfte) und 4. Der Satz lautet bei Gellert: »… Er ward geboren, / Er lebte, nahm ein Weib und starb.«

Schildereien – Tafelgemälde.

verfierten sich – fürchteten, ängstigten sich.

Braut- und Totenkronen – Mit Perlen, farbigen Steinen und Flittern besetzte Kronen. Toten- bzw. Brautkronen wurden

Kindern und ledig gestorbenen Frauen auf den Sarg gesetzt und dann in der Kirche aufbewahrt.

427 *Lehnert ... erzählt* – In »Das Leben Friedrich Wilhelms III. ...«; vgl. das Verzeichnis der Literatur, S. 661.

428 *Kriegsdenkmünzen* – Zur Erinnerung an bestimmte militärische Ereignisse gestiftete Medaillen. In Preußen gab es zum Beispiel Kriegsdenkmünzen für die Befreiungskriege (1813–1815) sowie für die Kriege gegen Dänemark (1864), Österreich (1866) und Frankreich (1870/71).

Befreiungskrieg ... in Schleswig-Holstein – Gemeint ist der preußisch-österreichische Krieg gegen Dänemark (1864). In der Handschrift im Märkischen Museum ist nach dem Satz »Vergiß die treuen Toten nicht« gestrichen: »Es stieg mir das Blut zu Gesicht, als ich diese schlichten Worte las. So empfand man in Alt Geltow. Und die Schleswig-Holsteiner antworten: ›Wir haben euch nicht gerufen.‹«

Aber jetzt! – Gemeint ist der Deutsch-Französische Krieg von 1870/71. (Fontane hat den Aufsatz über Alt Geltow, der Anfang 1872 vorabgedruckt wurde, vermutlich im Jahre 1871 geschrieben.)

Meusebachsche Begräbnisstätte – Beim Neubau der Kirche in Geltow (1886/87) wurde die Begräbnisstätte der Familie Meusebach eingeebnet. Das Grabkreuz des Freiherrn von Meusebach sowie die Grabsteine seiner Frau und seines Sohnes wurden nun an der Außenwand der neuen Kirche aufgestellt, wo sie auch heute noch zu finden sind.

Convolvulus – Winde (Pflanze).

429 *Die letzten ihres Namens* – Der Geheime Oberregierungsrat Ludwig Wiese, dem Wilhelm Hertz ein Exemplar von »Ost-Havelland« geschenkt hatte, machte den Verleger in einem Brief vom 16. November 1872 darauf aufmerksam, daß in den USA noch Nachkommen der Meusebachs lebten.

Kassations- und Revisionshof – Oberster Gerichtshof eines Staates, dem die Überprüfung (Revision) von angefochtenen Entscheidungen der Instanzengerichte obliegt und der gegebenenfalls die Aufhebung (Kassation) des Urteils verfügt.

bei dem Neuen-Museums-Bau – Das Neue Museum wurde (von Friedrich August Stüler) in den Jahren 1843 bis 1855 errichtet. Das im zweiten Weltkrieg zerstörte Bauwerk (nördlich des Alten Museums) ist noch nicht wiederhergestellt.

Hoffmann von Fallersleben ... »Aufzeichnungen und Erinnerungen« – Vgl. das Verzeichnis der Literatur, S. 660.

430 *Luthersches Gesangbuch* – Vgl. die erste Anm. zu S. 228.

430 *Fischartiana* – Bücher von und über den Schriftsteller Johann Fischart, den bedeutendsten protestantischen Satiriker des 16. Jahrhunderts.

431 *»Liederhandschrift«* – Hoffmann von Fallersleben war seit seiner Studentenzeit (1819–1821) ein leidenschaftlicher Sammler alter Handschriften (besonders Liederhandschriften); er publizierte u. a. »Fundgruben für Geschichte deutscher Sprache und Literatur« (1830–1837), eine »Handschriftenkunde für Deutschland« (1831), »Altdeutsche Blätter« (1836–1840) sowie zahlreiche Liedersammlungen, die auf seinen volkskundlichen Forschungen basieren.

funfzehntehalb – vierzehneinhalb.

Berliner Bibliothek – Die Königliche Bibliothek am Opernplatz (1774–1780).

Markt des Lebens – Vermutlich Anspielung auf den Roman »Jahrmarkt der Eitelkeit« (»Vanity Fair«, 1848) von William Makepeace Thackeray.

Märzereignisse – 1848; vgl. die zweite Anm. zu S. 302.

»Ich rieche Leichen« ... in den Oktobertagen – Die zynische Äußerung des reaktionären Junkers Karl von Meusebach, der 1848 Abgeordneter des rechten Flügels der preußischen Nationalversammlung war, bezieht sich wahrscheinlich auf die Volkserhebung in Wien im Oktober 1848, die in der letzten Oktoberwoche von der Konterrevolution blutig niedergeschlagen wurde. Meusebach »prophezeite« damit offensichtlich den revolutionären Kräften in Preußen das gleiche »Schicksal«.

Donaufürstentümer – Frühere Bezeichnung für die Fürstentümer Moldova (Moldau) und Walachei, die sich 1862 zum Fürstentum, 1881 (nach der endgültigen Befreiung von der vierhundertfünfzigjährigen türkischen Okkupation, 1878) zum Königreich Rumänien zusammenschlossen.

1854 in Giurgevo – In der südrumänischen Stadt Giurgiu (früher auch: Giurgevo) erlitten die russischen Truppen (während des Krimkrieges, 1853–1856) am 7. Juli 1854 eine Niederlage gegen die Türken.

Rattenfänger – Eine Hunderasse.

432 *Geltower Kirchhof* – Der alte Kirchhof um die Dorfkirche ist zum großen Teil noch erhalten, obwohl heute hier niemand mehr beigesetzt wird. Das Grab des von Fontane erwähnten Johann Schupke ist nicht mehr vorhanden (beim Neubau der Kirche wurde es wahrscheinlich eingeebnet); wohl aber ist neben der Kirche noch eine Familiengrabstätte der Schupkes zu finden, wo die Frau des Johann Schupke, sein Sohn und dessen Töchter begraben liegen.

432 *Wen Gott liebhat, den züchtigt er* – Anspielung auf den Bibelvers: »Denn welchen der Herr liebhat, den züchtigt er, und er straft einen jeglichen Sohn, den er aufnimmt« (Neues Testament, Hebräer 12,6).

433 *Rübezahl-Deutsch* – Anspielung auf die schlesische Mundart.

Grün geht noch über Blau – Blau waren (vor dem ersten Weltkrieg) die Uniformröcke der meisten preußischen Waffengattungen.

Neu Geltow

Zu Fontanes Reise vgl. S. 636.

Der Aufsatz, dessen Entstehungszeit nicht nachgewiesen werden kann, wurde am 28. Februar 1872 im »Wochenblatt der Johanniter-Ordens-Ballei Brandenburg«, Nr. 9, S. 52 ff., vorabgedruckt.

Als Buchkapitel erschien »Neu Geltow« zum erstenmal in der Erstausgabe des dritten »Wanderungen«-Bandes, »Ost-Havelland« (1873), der im Oktober 1872 ausgeliefert wurde.

Ein vollständiges, aber im Detail noch erheblich vom endgültigen Text abweichendes, vielfältig korrigiertes Manuskript des Kapitels befindet sich im Märkischen Museum, Berlin; es bildete vermutlich die Grundlage für die Abschrift, die, von Fontane erneut korrigiert, als Satzvorlage diente.

436 *Seit drei Menschenaltern …* – Scherenberg, »Abu Abdallah el Zogoibi, der letzte Maurenkönig«, Vers 32–36 (frei variiert). Die Verse lauten bei Scherenberg: »›Seit drei Menschenaltern‹, spricht der / Ruhelose König, ›schöpft ihr / Aus dem Bronnen tiefer Sterne: / Habt für mich ihr keinen Tropfen? / Denn mich dürstet.‹ …« Vgl. auch Fontanes Buch »Christian Friedrich Scherenberg und das literarische Berlin von 1840 bis 1860« (erschienen 1884).

Caprifolium – Geißblatt.

Cabaret – (franz.) Kaffee- oder Teegeschirr.

437 *erinnerte mich … an kleine Ostsee-Badeörter …* – Reminiszenz an Fontanes Kinderjahre in Swinemünde; vgl. »Meine Kinderjahre«.

Benediktiner … Studiermönche – Die Benediktinermönche (vgl. die erste Anm. zu S. 38) widmeten sich neben ihrer seelsorgerischen und missionarischen Tätigkeit auch dem Studium und der Verbreitung der Wissenschaft. Große Verdienste erwarben sie sich z. B. um die Erhaltung der Kulturschätze des klassischen Altertums.

437 *In Preußen … ist nichts ohne Examen!* – Fontane benutzte oft die ironische Wendung von dem »durch sieben Examina gegangenen Patentpreußen«, die seine Kritik am praxisfernen Bildungsdrill in Preußen ausdrückte. »Einer wird dreimal oder siebenmal examiniert, und nun weiß er nicht bloß alles, nun *kann* er auch alles«, heißt es im Brief an seine Frau vom 8. Juni 1878. »Wissen ist gut, als Unterstützung, Förderung und Aufklärung im Praktischen; wenn es aber die Praxis ersetzen soll, ist es keinen Schuß Pulver wert.«

»Needles« – (engl.) Nadeln; Kreidefelsen an der Westspitze der britischen Insel Wight im Ärmelkanal.

Goodwin-Sands – Große Sandbank vor der Südostküste Englands, die (trotz Leuchtfeueranlagen) zahlreiche Schiffskatastrophen verursacht hat. Vgl. Fontanes Gedicht »Goodwin-Sand«.

438 *keins der drei großen* – Gemeint sind die drei Klostergelübde: der Armut, der Keuschheit und des Gehorsams.

Codex argenteus – (lat.) Silberner Kodex; in Silberschrift auf purpurfarbenem Pergament verfaßte Handschrift der westgotischen Bibelübersetzung des Bischofs Ulfilas (6. Jahrhundert), deren Fragment seit 1669 in der Universität Uppsala (Schweden) aufbewahrt wird.

in London die Tischendorfsche Bibel – Gemeint ist der Codex Sinaiticus, die älteste griechische Bibelhandschrift, die der deutsche Theologe Konstantin Tischendorf von seiner 1859 auf Kosten der russischen Regierung unternommenen Forschungsreise nach Vorderasien von der Halbinsel Sinai nach Petersburg mitbrachte. Fontane verwechselt offenbar diese »Tischendorfsche Bibel« mit dem Codex Alexandrinus (5. Jahrhundert), einem der wertvollsten Stücke in der Handschriftensammlung des Britischen Museums in London.

Codex aureus – (lat.) Goldenes Buch.

Koran des Omar – Der Koran, die »Heilige Schrift« des Islam und dessen Glaubens- und Rechtsgrundlage (die als Offenbarung Allahs an den Propheten Mohammed gilt), wurde im 7. Jahrhundert auf Anregung des (späteren zweiten Kalifen) Omar ibn al-Chattab (vgl. auch die zweite Anm. zu S. 304) von Mohammeds erstem Nachfolger Abu Bakr aus mündlicher und schriftlicher Überlieferung zusammengestellt. (Die endgültige Fassung erhielt der Koran erst unter dem dritten Kalifen, Othman.)

Wie die Welt auf der Schildkröte ruht – Allegorie aus der indianischen Mythologie, die die Entstehung der Welt aus dem Übergang vom »Feuchten« zum »Festen« erklärt.

438 *den Wald vor Bäumen nicht … sehen* – Die Redensart geht zurück auf Christoph Martin Wieland, in dessen »Musarion« (1768), Buch 2, Vers 142, es heißt: »Die Herren dieser Art blend't oft zu vieles Licht; / Sie sehn den Wald vor lauter Bäumen nicht.«
bemooste Häupter – Ausdruck aus dem Studentenjargon; Bezeichnung für ältere Studenten, deren Examen längst überfällig ist.
439 *»L'État c'est nous!«* – (franz.) »Der Staat sind wir!«; Adaption des Ausspruchs »L'État c'est moi!« (Der Staat bin ich!), mit dem der französische König Ludwig XIV. seine absolutistische Herrschaft manifestierte.
»Das Ei des Kolumbus!« – Sprichwörtlich für die verblüffend einfache Lösung eines scheinbar schwierigen Problems. (Die Aufgabe, ein Ei aufrecht hinzustellen, soll Kolumbus durch Eindrücken der Eispitze gelöst haben.)
eine Szene wie auf der Rütliwiese … freie Schweiz – Anspielung auf den »Rütlischwur« in Schillers Drama »Wilhelm Tell« II,2. Das Rütli, eine Bergwiese über dem Vierwaldstätter See, gilt als Gründungsstätte der Schweizerischen Eidgenossenschaft und Symbol für den erfolgreichen antifeudalen Kampf der Schweizer.
exodus referendariorum – (lat.) Auszug der Referendare.
440 *aide-toi-même* – (franz.) hilf dir selbst.
das Nützliche mit dem Angenehmen … verbinden – Das geflügelte Wort geht auf mehrere antike römische Quellen zurück (Horaz, Plutarch u. a.).
Tartan – Bunt gewürfelter Wollstoff.
»to do the honours for all Scotland« – (engl.) für Schottland Ehre einzulegen.
»Jeder Zoll ein William« – Adaption des Ausspruchs »Ja, jeder Zoll ein König« aus William Shakespeares Tragödie »König Lear« IV,6.
441 *Tage des »letzten Mohikaners« … Falkenauge … Unkas und Chingachgook* – Anspielung auf den Roman »The Last of the Mohicans« (1826; Der letzte der Mohikaner) aus der fünfbändigen Sammlung »Leather-Stocking Tales« (Lederstrumpferzählungen) von James Fenimore Cooper.
442 *Silbergroschen* – Preußische Silbermünze (1/30 Taler bzw. 12 Pfennige), die von 1821 bis zur Einführung der Markwährung (1876) im Umlauf war.
Straßenkommunikation – Verkehrsfluß.
443 *à deux mains* – (franz.) mit beiden Händen; doppelt, auf zwei Arten (hier: zum Speckschneiden und Zustechen).

Werder

Die Werderschen

Zu Fontanes Reise vgl. S. 636.

Die beiden Aufsätze, deren Entstehungszeit nicht nachgewiesen werden kann, wurden am 25. Juni und 2. Juli 1871 in der »Vossischen Zeitung« (Sonntagsbeilage) vorabgedruckt, und zwar unter dem Titel »Werder und die Werderschen. 1. Die Insel und ihre Bevölkerung. Stadt und Kirche. ›Christus als Apotheker‹. 2. Die Werderschen. ›Die Werdersche‹. Ein Intermezzo«. Unmittelbar nach der Veröffentlichung vom 25. Juni erhielten sowohl die Redaktion als auch Fontane persönlich je eine Zuschrift aus Werder. Fontane bemerkte dazu im Brief an Chefredakteur Hermann Kletke vom 29. Juni 1871: »Den Brief aus Werder beantworte ich heute noch; ich habe außerdem einen langen, enggeschriebnen Brief (sechs Quartseiten), wahrscheinlich vom dortigen Pastor, erhalten, der manches Gute enthält, das ich nun aber nicht mehr brauchen kann. Auch fühl ich wenig Beruf, als ›Sittenverbeßrer‹ der Werderaner eine Gastrolle zu geben.«

Ein Teil des Aufsatzes »Die Werderschen«, das »Intermezzo« »Die Werdersche«, wurde zehn Jahre nach dem Vorabdruck in der Zeitschrift »Der Bär«, Jg. 7, 1881, S. 369 f., nachgedruckt.

Als Buchkapitel erschienen »Werder« und »Die Werderschen« zum erstenmal in der Erstausgabe des dritten »Wanderungen«-Bandes, »Ost-Havelland« (1873), der im Oktober 1872 ausgeliefert wurde.

Aufzeichnungen zum Kapitel »Die Werderschen«, teilweise mit Brouillon-Charakter, finden sich in Fontanes Notizbuch A 15, Blatt 54–58 (unter der Überschrift »An der Brücke«).

Für die Arbeit am Kapitel »Werder« hat Fontane das Werk »Diplomatische und topographische Geschichts-Beschreibung ...« von Schönemann (vgl. das Verzeichnis der Literatur, S. 664) benutzt.

444 *Es möchte sich niederneigen* ... – Uhland, »Das Schloß am Meere«, Strophe 2.

I do remember ... – Shakespeare, »Romeo und Julia« V,1. Die Textstelle lautet in der Übersetzung von August Wilhelm Schlegel: »Mir fällt ein Apotheker ein; er wohnt / Hier irgendwo herum ... / ... / Und grüne Töpfe ... / ... / Das alles dünn verteilt, zur Schau zu dienen.«

Schloß Babelsberg – Vgl. die siebente Anm. zu S. 7.

Pfingstberg – Vgl. die dritte Anm. zu S. 422.

Pirschheide – Der Wildpark bei Potsdam; vgl. die dritte Anm. zu S. 337.

444 *Golmer Bruch* – Eigentlich Golmer Luch, eine ausgedehnte Niederung am Ostufer des Großen Zernsees (westlich von Potsdam, südlich von Golm). Teile des Luchs, in dem sich eine reiche Vegetation und eine interessante Vogelwelt vorfinden, sind heute Landschaftsschutzgebiet.
gotische Kirche – Vgl. S. 449.
Schönemann in einem ... Buche – »Diplomatische und topographische Geschichts-Beschreibung ...«; vgl. das Verzeichnis der Literatur, S. 664.
445 *der »schwarze Tod«* – Die Pest.
446 *Aufzeichnungen aus jener Zeit* – Von Stadtrichter Irmisch; Schönemann hat sie in sein Buch aufgenommen.
447 *Weinberge* – Vgl. die vierte Anm. zu S. 398.
Lehniner Mönche – Vgl. die zweite Anm. zu S. 449.
448 *gestakte Wände* – Die Wände der Lehm-Fachwerkbauten. (Staken sind die Hölzer, die mit Strohgeflecht umgeben und mit Lehm verstrichen wurden.)
Schatullengelder – *Vgl.* die erste Anm. zu S. 343.
449 *Blaue* – Vgl. die erste Anm. zu S. 374.
Kirche »Zum heiligen Geist« – Die 1250 von Zisterziensermönchen aus dem Kloster Lehnin errichtete Kirche wurde, inzwischen baufällig geworden, 1734–1736 unter Verwendung des alten Turmfundaments völlig umgebaut. Auf dem Fundament dieses Bauwerks entstand 1856–1858, in neugotischem Stil, abermals eine neue Kirche, die heute noch so erhalten ist, wie sie Fontane beschreibt. Auch das kuriose Altarbild »Christus als Apotheker« ist noch vorhanden.
Munifizenz – Freigebigkeit, Großzügigkeit.
Dispensiertisch – Tisch, an dem die Arzeneien zubereitet werden.
450 *Zweite Schlesische Dichterschule* – Bezeichnung für den zweiten von Schlesien aus wirkenden, schulebildenden Dichterkreis des 17. Jahrhunderts, in dem feudal-höfisch gesinnte Beamte (meist bürgerlicher Herkunft) wie Christian Hofmann von Hofmannswaldau und Daniel Casper von Lohenstein den Ton angaben. Die von der Zweiten Schlesischen Schule hervorgebrachten Werke sind gekennzeichnet durch artistische Wort- und Gedankenspielerei sowie durch eine schwülstige Sprache; Metaphern und Arabesken werden in solcher Häufung gebraucht, daß sie oft den Sinngehalt verdecken. (Zur Ersten Schlesischen Schule wurden für die Entwicklung der bürgerlichen deutschen Nationalliteratur so verdienstvolle Dichter wie Martin Opitz, Paul Fleming, Friedrich von Logau und Andreas Gryphius gezählt.)

450 *Donator* – Stifter.

451 *Blaue Havel …* – Die Verse stammen wahrscheinlich von Fontane.

Schulweg – Fontane hatte von Oktober 1833 bis März 1836 die Friedrichwerdersche Gewerbeschule Karl Friedrich Klödens in der Niederwallstraße in Berlin besucht. Seine Wohnung befand sich damals in der Großen Hamburger Straße, so daß der Schulweg ihn über die Friedrichsbrücke (östlich vom Neuen Museum) führte.

»zweites Treffen« – Scherzhafte Anspielung auf die klassische Schlachtordnung, bei der die Truppen in hintereinander stehenden Linien (Treffen) formiert waren.

Unterbaum – Gemeint ist die (später in Kronprinzenbrücke umbenannte) Unterbaumbrücke zwischen Charité und Reichstagsgebäude.

Tienen – Henkellose Obstkörbe.

ein Schauspiel, aber ach, »ein Schauspiel nur« – Anspielung auf Goethes »Faust« I, Vers 454 (»Welch Schauspiel! aber ach! ein Schauspiel nur!«).

Monbijou … Neues Museum – Vgl. die vierte Anm. zu S. 282 und die dritte Anm. zu S. 429. Beide Bauwerke befanden sich in der Nähe der Friedrichsbrücke, wo der beschriebene Obstmarkt stattfand.

452 *»wo tief im Laub die Knupperkirschen glühn«* – Adaption des Anfanges vom Lied der Mignon in Goethes Roman »Wilhelm Meisters Lehrjahre«: »Kennst du das Land, wo die Zitronen blühn, / Im dunklen Laub die Goldorangen glühn, / …« Knupperkirsche: Knorpelkirsche, eine Süßkirschensorte.

453 *Einwanderung … Franzosen … Holländer* – Vgl. die dritte Anm. zu S. 191 und die zweite Anm. zu S. 107.

Tage Luise Henriettens … Gründung Oranienburgs – Vgl. dazu S. 141 ff.

Auftreten der … Familie Hertefeld – Über den hervorragenden Beitrag, den die Mitte des 17. Jahrhunderts aus dem Herzogtum Kleve nach Kurbrandenburg übergesiedelte Familie Hertefeld für die Verbesserung der Bodenkultur (Entwässerung und Urbarmachung des Havelländischen Luches) sowie für die Entwicklung einer rentablen Landwirtschaft (Schaffung der Musterkolonie »Neu-Holland«) in der Mark geleistet hat, berichtet Fontane in »Fünf Schlösser«, Teil »Liebenberg«, Kap. 2; vgl. Band 5 dieser Ausgabe.

455 *Metze* – Altes Hohlmaß für trockene Güter; in Preußen entsprach eine Metze etwa 3,5 Litern.

Dependenzien – Hier: dazugehörende Grundstücke.

456 *All Großes …* – Die Verse stammen wahrscheinlich von Fontane.
Bayrische – Bayrisches Weißbier.
Ihr Leben war ein Traum – Anspielung auf den Titel des Lustspiels »La vida es sueño« (Das Leben ein Traum) von Pedro Calderón de la Barca, der seit der Entdeckung des spanischen Dramatikers für die deutsche Bühne (Anfang des 19. Jahrhunderts), nicht zuletzt aber auch durch Franz Grillparzers Gegenstück »Der Traum ein Leben« (1834) zum geflügelten Wort geworden ist.

457 *Stange* – Schmales zylinderförmiges Bierglas.
Franzosenzeit – Vgl. die fünfte Anm. zu S. 191.
Befreiungsjahre – 1813–1815.

458 *Seidel* – Nach einem alten bayrischen Flüssigkeitsmaß (0,535 Liter) benanntes (großes) Bierglas.
Kulmbacher von der milderen Observanz – Das Kulmbacher Bier war stärker als die Berliner und Potsdamer Biere.

459 *Sieh nur, sieh …* – Goethe, »Faust« I, Vers 929–934 (»Vor dem Tor«). Statt »Nachen trägt« heißt es bei Goethe: »Nachen bewegt« (Vers 932).

460 *Vorstadt-Rappos* – Rappo: Name eines bekannten Artisten dieser Zeit.

461 *wie die wilden Männer im Wappen …* – Anspielung auf das sogenannte mittlere Wappen des Königreichs Preußen, das zwei langbärtige, nur mit Lorbeerkränzen und -schurzen versehene »wilde« Männer zeigt, die sich auf mächtige Keulen stützen.
Bunzlauer Kaffeekannen – Seinerzeit bekanntes, braun glasiertes Steingutgeschirr, das seit dem 16. Jahrhundert in Bunzlau (Schlesien; heute Bolesławiec) hergestellt wurde.

462 *Marienkirchturm* – Der Turm der gotischen Marienkirche in Berlin (13./15. Jahrhundert) mit dem neugotischen Turmhelm (1789/90) von Carl Gotthard Langhans dem Älteren. (Die Kirche wurde im zweiten Weltkrieg beschädigt, inzwischen aber wiederhergestellt.)

Glindow

Zu Fontanes Reise vgl. S. 636.

»Dieser Aufsatz wurde 1870 geschrieben«, bemerkt Fontane in der Fußnote auf S. 468. Nachweislich hat sich der Autor jedoch bereits im September und Oktober 1869 damit beschäftigt; denn im Brief an seine Frau vom 19. Oktober 1869 heißt es: »Am Sonntage arbeitete ich fleißig an meinem ›Glindow‹-Kapitel …«

Der Vorabdruck erfolgte am 16. Juli 1871 in der Sonntagsbeilage der »Vossischen Zeitung«.

Als Buchkapitel erschien »Glindow« zum erstenmal in der Erstausgabe des dritten »Wanderungen«-Bandes, »Ost-Havelland« (1873), der im Oktober 1872 ausgeliefert wurde.

Aufzeichnungen zu diesem Kapitel finden sich in Fontanes Notizbuch A 15, Blatt 59–60.

463 *Hier nährten früh und spat den Brand …* – Schiller, »Der Gang nach dem Eisenhammer«, Strophe 11, Vers 5–8.
Revers der Medaille – Rückseite, Kehrseite der Medaille.

464 *Tag siegreicher Sezession* – Anspielung auf den Austritt der elf sklavenhaltenden Südstaaten aus dem Staatenbund USA (1860/61) und den dadurch ausgelösten Sezessionskrieg (nordamerikanischer Bürgerkrieg, 1861–1865), in dem die Nordstaaten siegten.
»Geheimratsviertel« – Bezeichnung für das Villenviertel am Südrande des Tiergartens, das als vornehmste Berliner Wohngegend galt.
Invalidenhaus – Gemeint ist das 1747/48 von Friedrich II. gegründete Invalidenhaus in der Scharnhorststraße in Berlin, eine militärisch geführte Pflegeanstalt für verdiente kriegsinvalide Offiziere und Soldaten.

469 *Pariser Ausstellungsgebäude* Gemeint ist das von dem Ingenieur Leplay geschaffene Gebäude für die Pariser Weltausstellung von 1867, ein Zentralbau von ovaler Grundform.

471 *Aristolochia* – Aristolochia sipho L'Herit.: Pfeifenstrauch, ein Holzgewächs mit großen Blättern und grünlichgelben Blüten.

VERZEICHNIS DER LITERATUR

die Fontane bei der Arbeit am vorliegenden Band benutzt hat

Adam von Bremen: Mag. Adami gesta Hammaburgensis ecclesiae pontificum edente Jo. M. Lappenberg (Des Magister Adam Geschichte der hamburgischen Kirchenfürsten, herausgegeben von Jo. M. Lappenberg) = Monumenta Germaniae historica. Scriptorum tomus VII (Historische Denkmäler Deutschlands. Band VII der Schriftsteller). Hannover 1846, S. 267–389. [Deutsche Übersetzung in: Geschichtschreiber der deutschen Vorzeit ... Band 7. Berlin 1850]

Adami, Friedrich: Luise, Königin von Preußen. Berlin 1851

Ahlefeldt, Baron von: Hans Kohlhase. Mitteilungen des Vereins für die Geschichte Potsdams, Teil 3, 1867, Nr. 128, S. 458

[*Althaus,* Friedrich:] Briefwechsel und Gespräche Alexander von Humboldts mit einem jungen Freunde. Aus den Jahren 1848 bis 1856. Berlin 1861

Ballhorn, Friedrich: Geschichte der Stadt Oranienburg. Berlin 1850

Bellermann, Johann Joachim: Neustadt-Eberswalde mit seinen Fabriken, Altertümern, Heilquellen, Umgebungen und seltenen Pflanzen, mit der Beschreibung des Klosters Chorin, des Zisterzienserordens und der vorhandenen Urkunden. Berlin 1829

Berghaus, Heinrich Carl: Landbuch der Mark Brandenburg und des Markgrafentums Niederlausitz in der Mitte des 19. Jahrhunderts oder Geographisch-historisch-statistische Beschreibung der Provinz Brandenburg. 3 Bände. Brandenburg 1854–1856

Bielfeld, Freiherr von: Friedrich der Große und sein Hof oder So war es vor 100 Jahren. In vertrauten Briefen ... geschrieben von 1738 bis 1760. 2 Teile. Breslau 1838

Geheime *Briefe* über die preußische Staatsverfassung seit der Thronbesteigung Friedrich Wilhelm des Zweiten. Utrecht 1787. – Correspondance secrète concernant la constitution de la Prusse depuis le règne de Frédéric-Guillaume II. Trad. de l'Allemand, avec des notes du traducteur (... Aus dem Deutschen übersetzt, mit Bemerkungen des Übersetzers). Potsdam 1788

Brockhaus: Allgemeine deutsche Real-Enzyklopädie für die gebildeten Stände. Konversations-Lexikon. Leipzig: Brockhaus. 7. Auflage 1827. 11. Auflage 1864–1868

Büdinger, Max: Österreichische Geschichte bis zum Ausgang des dreizehnten Jahrhunderts. Band 1 [mehr nicht erschienen]. Leipzig 1858

Coelln, Friedrich van: Vertraute Briefe über die inneren Verhältnisse am preußischen Hofe seit dem Tod Friedrichs II. 6 Bände. Amsterdam und Köln 1807–1809. – Band 2–6 = Beitrag zur Geschichte des Krieges in Preußen, Schlesien und Polen in den Jahren 1806 und 1807 von dem Verfasser der Schrift: Vertraute Briefe …

[*Cybulski,* Dr.]: Die slawischen Ortsnamen der Insel Potsdam und der allernächsten Umgegend. Siehe *Fidicin*: Die Territorien der Mark Brandenburg, Teil 2, S. 153–168.

Eylert, Bulemann Friedrich: Charakterzüge und historische Fragmente aus dem Leben des Königs Friedrich Wilhelm III. 3 Teile. Magdeburg 1842–1846

Fehr, Joseph: Allgemeine Geschichte der Mönchsorden, frei bearbeitet und beträchtlich vermehrt. Mit einer Vorrede von Hofele. 2 Bände. Tübingen 1845

Feßler, Ignaz Aurelius: Rückblicke auf seine siebzigjährige Pilgerschaft. Breslau 1824

Fidicin, E.: Die Territorien der Mark Brandenburg oder Geschichte der einzelnen Kreise, Städte, Rittergüter, Stiftungen und Dörfer in derselben, als Fortsetzung des Landbuchs Kaiser Karls IV. bearbeitet. Band 1–4. Berlin 1857–1864

Foerster, Friedrich: Neure und neuste preußische Geschichte … Lieferung 1–3. Berlin 1849

Frédéric le Grand: Œuvres. Tome 21 (Werke. Band 21). Berlin 1853 = Correspondance de Frédéric II, roi de Prusse. Tome 6 (Briefwechsel Friedrichs II., König von Preußen. Band 6)

Erzählung einer neulichen *Geisterzitation* in Berlin. Von einem Augenzeugen. Berlinische Monatsschrift. Herausgegeben von F. Gedike und J. E. Biester. Band 13, Januar bis Junius 1789. Mai, Nr. 5, S. 474–484

Giesebrecht, Ludwig: Wendische Geschichten aus den Jahren 780 bis 1182. 3 Bände. Berlin 1843

Giesebrecht, W.: Die Weissagung von Lehnin und Christoph Heinrich Oelven. Ein Beitrag zur Literaturgeschichte Berlins. Allgemeine Zeitschrift für Geschichte. Herausgegeben von W. Adolf Schmidt. Band 6, Berlin 1846, S. 433–478

Guhrauer, G. E.: Die Weissagung von Lehnin. Breslau 1850

Heffter, Carl Christian: Urkundliche Chronik der alten Kreisstadt Jüterbog und ihrer Umgebungen … Jüterbog 1851

Heffter, Moritz Wilhelm: Die Geschichte des Klosters Lehnin. Brandenburg 1851

Heffter, Moritz Wilhelm: Geschichte der Kur- und Hauptstadt Brandenburg. Potsdam 1840

Hensel, Sebastian: Die Familie Mendelssohn. 1729–1847. Nach Briefen und Tagebüchern. 3 Bände. Berlin 1879

Hoffmann von Fallersleben, August Heinrich: Mein Leben. Aufzeichnungen und Erinnerungen. 6 Bände. Hannover 1868

Horn, Georg: Ein Stilleben in der Havel. Die Gartenlaube, Jg. 1872, S. 6–9, 27 ff.

Briefe von Alexander von *Humboldt* an Varnhagen von Ense aus den Jahren 1827 bis 1858. Nebst Auszügen aus Varnhagens Tagebüchern und Briefen von Varnhagen und andern an Humboldt. (Herausgegeben von Ludmilla Assing.) Leipzig 1860

Humboldt, Wilhelm von: Sonette. Berlin 1853

Irmisch [Stadtrichter, Werder]: siehe *Schönemann*: Diplomatische und topographische Geschichts-Beschreibung ..., S. 63 f.

Kantzow, Thomas: Pommerania oder Ursprung, Altheit und Geschicht' der Völker und Lande Pommern, Kassuben, Wenden, Stettin, Rügen in 14 Büchern, aus dessen Handschrift herausgegeben von H. G. L. Kosegarten. 2 Bände. Greifswald 1816

Klöden, Karl Friedrich: Beiträge zur mineralogischen und geognostischen Kenntnis der Mark Brandenburg. 5. und 8. Stück. Programm zur Prüfung der Zöglinge der Gewerbeschule am 31. März 1832 und 1. April 1835 ... Berlin

Klöden, Karl Friedrich: Diplomatische Geschichte des Markgrafen Waldemar von Brandenburg. Vom Jahre 1295 bis 1323. 4 Teile. Berlin 1844

König, Anthon Balthasar: Biographisches Lexikon aller Helden und Militär-Personen, welche sich in preußischen Diensten berühmt gemacht haben. 4 Teile. Berlin 1788–1791

König, Anthon Balthasar: Leben und Taten des Jakob Paul Freiherrn von Gundling. Berlin 1745

König, Anthon Balthasar: Versuch einer historischen Schilderung der Hauptveränderungen der Religion, Sitten, Gewohnheiten, Künste, Wissenschaften etc. der Stadt Berlin. Teil 1. 2. 3. 4, [Abschnitt] 1.2; Teil 5, [Abschnitt] 1.,2. Berlin 1792–1799. (Teil 5, [Abschnitt] 2: Relation du voyage de Sa Majesté la reine mère à Orangebourg et Reinsberg 1745 [Bericht über die Reise Ihrer Majestät der Königinmutter nach Oranienburg und Rheinsberg 1745]. Wahrscheinlich von Pöllnitz)

Kopisch, August: Die königlichen Schlösser und Gärten zu Potsdam. Berlin 1854

Krantz, Albertus: Chronica Daniae, Sveciae et Norvegiae. Argentor[atum] 1546 (Chronik Dänemarks, Schwedens und Norwegens. Straßburg 1546)

Krüger, A.: Chronik der Stadt und Festung Spandau. Spandau 1867

Küster, Georg Gottfried: Vaticinii Lehninensis auctorem detegens (Enthüllungen über den Verfasser der Lehninschen Weissagung). 1759

Landbuch des Kurfürstentums und der Mark Brandenburg, welches Kaiser Karl IV., König von Böhmen und Markgraf zu Brandenburg, im Jahr 1375 anfertigen lassen ... aus den in den brandenburgischen Landesarchiven befindlichen Originalien herausgegeben und mit Anmerkungen erläutert. Berlin und Leipzig 1781

Ledebur, Leopold Freiherr von: Die Altertümerfunde bei Kohlhasenbrück. Mitteilungen des Vereins für die Geschichte Potsdams, Teil 2, 1866, Nr. 47

Ledebur, Leopold Freiherr von: Die heidnischen Altertümer des Regierungsbezirks Potsdam. Berlin 1852

Lehnert, J. H.: Das Leben Friedrich Wilhelms III., Königs von Preußen, in Paretz. Nach eigener Anschauung und Erfahrung dargestellt. Potsdam 1845

Das Zisterzienserkloster *Lehnin*. Schlesisches Kirchenblatt. Jg. 20, Breslau 1854, 22. Juli bis 12. August, Nr. 29–32, S. 361 ff., 377 ff., 389 ff., 401 ff.

Historische Notizen über Kloster *Lehnin*. Märkisches Kirchenblatt. Jg. 1860, 25. März und 1. April, Nr. 13 f., S. 97–100, 105 bis 109

Leitritz, Wilhelm: Beiträge zu einer fruchtbaren Behandlung der durch die preußischen Regulative bestimmten evangelischen Kirchenlieder. Zeitz 1856

Leuthinger, Nicolaus: Scriptorum de rebus Marchiae Brandenburgensis maxime celebrium Nicolai Leuthingeri de Marchia et rebus brandenburgicis commentarii hucusque desideratissimi ac opuscula reliqua adhuc rarissima nec non Zachariae Garcaei successiones familiarum atque res gestae illustrissimorum praesidum Marchiae Brandenburgensis ab anno DCCCCXXVII ad annum MDLXXXII ... cum praefatione Joh. Gottlib Krausii. Francofurti et Lipsiae 1729 (Bis dahin [dringend] vermißter Abriß der Schriften über die Geschichte der Mark Brandenburg, vorzüglich der zahlreichen des Nicolaus Leuthinger über die Mark und die brandenburgische Geschichte, sowie die bislang äußerst seltenen übrigen Abhandlungen, ebenso des Zacharias Garcaeus Abfolge der Familien und Taten der berühmtesten Statthalter der Mark Brandenburg vom Jahre 927 bis zum Jahre 1582 ... mit einer Vorrede von Joh. Gottlieb Krause. Frankfurt und Leipzig 1729)

Lichtenau, Comtesse de: Mémoires. écrits par elle-même en 1808; suivis d'une correspondance relative à ses mémoires et tirée de son portefeuille. Traduits de l'Allemand, par J.F.G.P. (Memoiren … von ihr selbst verfaßt im Jahre 1808; fortgesetzt durch eine ihren hinterlassenen Papieren entnommene Korrespondenz, die sich auf ihre Memoiren bezieht. Aus dem Deutschen übersetzt von J.F.G.P.). Paris 1809

Manso, Joh[ann] Casp[ar] Friedr[ich]: Geschichte des preußischen Staats vom Frieden zu Hubertusburg bis zur zweiten Pariser Abkunft. 3 Bände. Frankfurt a.M. 1819/20

Massenbach, August Ludwig von: Memoiren zur Geschichte des preußischen Staates unter den Regierungen Friedrich Wilhelms II. und Friedrich Wilhelms III. 3 Bände. Amsterdam 1809

Meinhold, Wilhelm: Weissagung des Abtes Hermann von Lehnin ums Jahr 1234. … Vorausgehend eine religionsphilosophische Einleitung … Leipzig 1849

Mirabeau, Honoré Gabriel Victor de Riquette [Comte de]: Histoire secrète de la cour de Berlin ou Correspondance d'un voyageur françois, depuis le mois de juillet 1786 jusqu'au 19 janvier 1787 (Geheime Geschichte des Berliner Hofes oder Briefwechsel eines französischen Reisenden von Juli 1786 bis zum 19. Januar 1787). 2 Bände. 1789 [Deutsche Übersetzung, 1789]

Nicolai, Friedrich: Vorrede zum 56. Band der »Neuen Allgemeinen Deutschen Bibliothek«, S. 5–40. Berlin und Stettin 1801

Oettinger, Eduard-Marie: Moniteur des dates, contenant un million de renseignement biographiques, généalogiques et historiques, publié sous le patronage de Sa Majesté le roi de Prusse. Tome 1–6. Dresde 1866–1868 (Daten-Anzeiger, enthaltend eine Million biographischer, genealogischer und historischer Auskünfte, veröffentlicht unter der Schirmherrschaft Seiner Majestät des Königs von Preußen. Teil 1–6. Dresden 1866–1868). [Teil 7–9 = Supplément, Teil 1–3. Leipzig 1873–1882]

Pauli, Carl Friedrich: Leben großer Helden des gegenwärtigen Krieges. 9 Teile. Halle 1758–1766

Pierer, H.A.: Universal-Lexikon

Poellnitz, Charles Louis Baron de [d.i. Karl Ludwig Freiherr von Pöllnitz]: Mémoires pour servir à l'histoire des quatres derniers souverains de la maison de Brandebourg royale de Prusse (Memoiren zum Nutzen der Geschichte der vier letzten Herrscher des brandenburgisch-preußischen Königshauses). 2 Bände. Berlin 1791 [Deutsche Übersetzung, Berlin 1791]

Poellnitz, Charles Louis Baron de: Relation du voyage de Sa Majesté la reine mère à Orangebourg et Reinsberg 1745 (Bericht über die Reise Ihrer Majestät der Königinmutter nach Oranienburg und Rheinsberg 1745). Siehe *König*: Versuch einer historischen Schilderung … der Stadt Berlin

Pulkava: Chronicon. Siehe *Riedel*: Codex diplomaticus Brandenburgensis. 4. Hauptteil, Band 1

Ratisbonne, Marie Théodore: Histoire de Saint Bernard et de son siècle. 5e éd. (Geschichte des heiligen Bernhard und seines Jahrhunderts. 5. Auflage). 2 Teile. Paris 1864 [Deutsche Übersetzung München 1865]

Raumer, Friedrich von: Europa vom Ende des Siebenjährigen bis zum Ende des Amerikanischen Krieges (1763–1783). Nach den Quellen im britischen und französischen Reichsarchive. Band 3. Leipzig 1839 = Beiträge zur neueren Geschichte aus dem britischen und französischen Reichsarchive, Teil 5

Reck, von der, Kammerherr: Nachrichten von der Philidorschen Geisterbeschwörung. Berlinische Monatsschrift. Herausgegeben von F. Gedike und J. E. Biester. Band 13, Januar bis Junius 1789. Mai, Nr. 5, S. 456–473

Reinhard, Carl von: Sagen und Märchen aus Potsdams Vorzeit. Potsdam 1837

Riedel, Adolph Friedrich: Codex diplomaticus Brandenburgensis (Brandenburgisches Urkundenverzeichnis). Herausgegeben. 41 Bände. Berlin 1838–1869

Riedel, Adolph Friedrich: Die Mark Brandenburg im Jahre 1250 oder Historische Beschreibung der brandenburgischen Lande und ihrer politischen und kirchlichen Verhältnisse um diese Zeit. Preisschrift. 2 Teile. Berlin 1831/32

Schadow, Johann Gottfried: Kunstwerke und Kunst-Ansichten. Berlin 1849

Schafarik, Paul Joseph: Slawische Altertümer. Deutsch von Mosig von Aehrenfeld, herausgegeben von Heinrich Wuttke. 2 Bände. Leipzig 1843/44

Schlözer, Kurd von: General Graf Chazot. Berlin 1856

Schmidt [von Werneuchen], Friedrich Wilhelm August: Kalender der Musen und Grazien für das Jahr 1796. Leipzig

Schneider, L[ouis]: Caputher Urkunden. Mitteilungen des Vereins für die Geschichte Potsdams, Teil 4, 1869, Nr. 150, S. 233–236

Schneider, L[ouis]: Die Schwanenfütterung bei Potsdam. Mitteilungen des Vereins für die Geschichte Potsdams, Teil 1, 1864, Nr. 31

Schneider, L[ouis]: Ist Gundling in einem Weinfasse begraben? Mitteilungen des Vereins für die Geschichte Potsdams, Teil 3, 1867, Nr. 124, S. 428–435

Schneider, L[ouis]: Kunckel von Löwenstern, Geheimer Kammerdiener und Alchimist des Großen Kurfürsten, auf der Pfaueninsel. Mitteilungen des Vereins für die Geschichte Potsdams, Teil 2, 1866, Nr. 74

Schönemann, Ferdinand Ludewig: Diplomatische und topographische Geschichts-Beschreibung der kurmärkischen Mediat-Stadt Werder. Potsdam 1784

Schulz, Fritz: Paretz. Eine historische Skizze. Mitteilungen des Vereins für die Geschichte Potsdams, Teil 5, 1872, Nr. 177, S. 42 bis 54

Schulz, Otto: Die Lehninische Weissagung. Schulblatt für die Provinz Brandenburg, Jg. 11, 1846, Heft 3, S. 348–357

Schwartz, W[ilhelm Friedrich Lebrecht]: Sagen und alte Geschichten der Mark Brandenburg. Berlin 1871

Schwebel, Oskar: Schloß und Nikolaikirche zu Spandau. Neue Preußische (Kreuz-)Zeitung, Nr. 219, 19. September 1869, Beilage

Seegebart, J. F.: Tagebuch des Feldpredigers J. F. S. und sein Brief an J. D. Michaelis, ein Beitrag zur Geschichte des Ersten Schlesischen Krieges, herausgegeben von K. R. Fickert. (Programm des Elisabeth-Gymnasiums zu Breslau) 1849

Stich, Heinrich: Des Abtes Heinrich Stich zu Lehnin im Jahre 1419 angelegtes Gedenkbuch über die Streitigkeiten des Klosters mit seinen Nachbaren. Siehe *Riedel*: Codex diplomaticus Brandenburgensis, 1. Hauptteil, Band 10, S. 413–446

Thietmar: Thietmari chronicon edente V. Cl. Joh. M. Lappenberg (Thietmars Chronik, herausgegeben von ... Joh. M. Lappenberg) = Monumenta Germaniae historica. Scriptorum tomus III (Historische Denkmäler Deutschlands. Band III der Schriftsteller). Hannover 1839, S. 723–871. [Deutsche Übersetzung von J. M. Laurent in: Geschichtschreiber der deutschen Vorzeit. XI. Jahrhundert. Band 1. Berlin 1849]

Trahndorff: [Entgegnung in der Kontroverse über die Lehninsche Weissagung.] Neue Preußische (Kreuz-)Zeitung, Nr. 65, 18. März 1849, S. 525

Varnhagen von Ense, Karl August: Aus dem Nachlaß V.s v. E. Tagebücher von K. A. V. v. E. Leipzig 1861 ff. Band 2

Varnhagen von Ense, Karl August: Leben des Generals Hans Carl von Winterfeldt. Berlin 1836

Waagen, Gustav Friedrich: Das Schloß Tegel und seine Kunstwerke. Berlin 1859

Wagener [Garnisonschullehrer, Potsdam]: Caputh. Mitteilungen des Vereins für die Geschichte Potsdams, Teil 4, 1869, Nr. 152, S. 249 bis 263

Wagener [Garnisonschullehrer, Potsdam]: Das Plateau von Stolpe und Kohlhasenbrück. Mitteilungen des Vereins für die Geschichte Potsdams, Teil 3, 1867, Nr. 127, S. 452–457

Wagener [Garnisonschullehrer, Potsdam]: Sacrow. Mitteilungen des Vereins für die Geschichte Potsdams, Teil 4, 1869, Nr. 129, S. 127

Wagener, Herrmann: Staats- und Gesellschafts-Lexikon. In Verbindung mit deutschen Gelehrten und Staatsmännern herausgegeben. 23 Bände. Berlin 1859–1867

Wetzer, Heinrich Joseph, und Benedikt *Welte*: Kirchen-Lexikon oder Enzyklopädie der katholischen Theologie und ihrer Hilfswissenschaften. Herausgegeben. 13 Bände. Freiburg i. B. 1847 bis 1860

Widukind: Res gestae Saxonicae edente D. Georgio Waitz (Sächsische Geschichte, herausgegeben von Dr. Georg Waitz) = Monumenta Germaniae historica. Scriptorum tomus III (Historische Denkmäler Deutschlands. Band III der Schriftsteller). Hannover 1839, S. 408–467

Wilcken, Friedrich: Über das sogenannte Vaticinium Lehninense (Lehninsche Weissagung). (Aus dem handschriftlichen Nachlasse des Verfassers mitgeteilt von dessen Sohne Fr. F. A. Wilcken.) Allgemeine Zeitschrift für Geschichte. Herausgegeben von W. Adolf Schmidt. Band 6, 1846, S. 176–191

Wilhelmine, Markgräfin von Bayreuth: Mémoires de Frédérique Sophie Wilhelmine, margrave de Bareith, sœur de Frédéric le Grand. Depuis l'année 1706 jusqu'à 1742. Écrits de sa main (Memoiren der Friederike Sophie Wilhelmine, Markgräfin von Bayreuth, Schwester Friedrichs des Großen. Von 1706 bis 1742. Von ihr aufgezeichnet). 2 Bände. Braunschweig 1810. [Deutsche Übersetzung, Tübingen 1810]

Winter, Franz: Die Prämonstratenser des 12. Jahrhunderts und ihre Bedeutung … Berlin 1865

Winter, Franz: Die Zisterzienser des nordöstlichen Deutschlands. … 3 Teile. Gotha 1868–1891

INHALTSVERZEICHNIS

POTSDAM UND UMGEBUNG

Der Schwielow und seine Umgebungen

Anhang